CORPS UNIVER[SEL] DIPLOMATIQ[UE]

DU
DROIT DES GENS;

CONTENANT UN

RECUEIL
DES
TRAITEZ
D'ALLIANCE, DE PAIX, DE TREVE,

DE NEUTRALITÉ, DE COMMERCE, D'ÉCHANGE, de Protection & de Garantie, de toutes les Conventions, Transactions, Pactes, Concordats, & autres Contrats, qui ont été faits en EUROPE, depuis le Regne de l'Empereur CHARLEMAGNE jusques à présent;

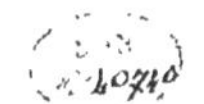

AVEC

LES CAPITULATIONS IMPERIALES ET ROYALES;

les Sentences Arbitrales & Souveraines dans les Causes importantes; les Déclarations de Guerre; les Contrats de Mariage des Grands Princes, leurs Testamens, Donations, Renonciations, & Protestations; les Investitures des grands Fiefs; les Erections des grandes Dignités, celles des grandes Compagnies de Commerce, & en général de tous les Titres, sous quelque nom qu'on les désigne, qui peuvent servir à fonder, établir, ou justifier

LES DROITS ET LES INTERETS DES PRINCES ET ETATS DE L'EUROPE;

Le tout tiré en partie des Archives de la TRES-AUGUSTE MAISON D'AUTRICHE, & en partie de celles de quelques autres Princes & Etats; comme aussi des Protocolles de quelques Grands Ministres; des Manuscrits de la Bibliotheque Royale de BERLIN; des meilleures Collections, qui ont déja paru tant en ALLEMAGNE, qu'en FRANCE, en ANGLETERRE, en HOLLANDE, & ailleurs; sur tout, des Actes de RYMER; & enfin les plus estimés, soit en Histoire, en Politique, ou en Droit;

PAR

MR. J. DU MONT, *BARON DE CARELS-CROON,*

ECUIER, CONSEILLER, ET HISTORIOGRAPHE DE SA MAJESTE IMPERIALE ET CATHOLIQUE.

TOME V. PARTIE I.

A AMSTERDAM,

Chez P. BRUNEL, R. ET J. WETSTEIN, ET G. SMITH, HENRI WAESBERGE, ET Z. CHATELAIN.

A LA HAYE,

Chez P. HUSSON ET CHARLES LEVIER.

MDCCXXVIII.

TABLE.
CHRONOLOGIQUE
DES PIECES
CONTENUES
Dans la I. Partie du V. Tome.

ANNO 1558.

cles, selon lesquels il promet de gouverner l'Empire. A Francfort sur le Meyn le 14. de Mars 1558. 17

1557. — 1558. 4. Avril. Acte secret, par lequel MARIE, Reine d'Ecosse, annexe, & unit son Royaume à la Couronne de France, au cas qu'elle vienne à deceder sans Enfans. Fait à Fontainebleau, le quatrieme Avril 1557. 21

19. Avril. Contract de Mariage de FRANCOIS, Fils de HENRI II. Roi de France & depuis II. du nom Roi de France, avec MARIE, Reine d'Ecosse, du 19. d'Avril 1558. après Pâques. 22

9. Nov. Remontrances faites en l'Abbaïe de Cercamp, le neuvieme Novembre 1558, par JEAN JAQUES DE MESME, Sieur de Roissy, en presence des Deputez du Roi d'Espagne, touchant l'injuste occupation du Royaume de NAVARRE, par FERDINAND Roi d'Arragon 23

1. Dec. Suspension d'Armes, conclue entre la FRANCE & l'ESPAGNE, par les Ambassadeurs assemblez en premier lieu en l'Abbaïe de Cercamp, le premier Decembre 1558 27

1558. — 1559. 6. Fevr. Prolongation de la suspension d'Armes d'entre l'ESPAGNE & la FRANCE, faite en l'Abbaïe de Cercamp, le premier Decembre 1558. par les Ambassadeurs des deux Couronnes. A Câteau Cambresis, le 6. Fevrier 1558. avant Pâques. ibid.

12. Mars. Traité Preliminaire de Paix, & de bonne Intelligence, entre HENRI II. Roi de France, FRANCOIS Dauphin son Fils & MARIE sa Femme Roi & Reine d'Ecosse d'une part, & ELIZABETH Reine d'Angleterre d'autre part; portant entr'autres choses, que Calais restera huit ans entre les mains du Roi de France, & qu'après ce terme il sera rendu aux Anglois. Fait à Câteau Cambresis le 12. Mars 1558. 28

2. Avril. Tractatus Pacis & Amicitiæ mutuæ inter ELISABETHAM Reginam Angliæ & MARIAM Reginam Scotiæ conclusus. Dat. apud Castellum in Agro Cameracensi die 2. Aprilis anno 1559. 29

2. Avril. Traité de Paix entre HENRI II. Roi de France & ELISABETH, Reine d'Angleterre, au sujet de Calais &c. A Câteau Cambresis le 2. Avril 1559. 31

le 17. Oct. Suspension d'Armes conclue entre les Ministres Deputez & Plenipotentiaires de HENRI II. Roi de France, & PHILIPPE II. Roi des Espagnes pour faciliter & assurer les Negotiations de la Paix, qui se traitoit entr'eux. A Cercamp le 17. d'Octobre 1558. 34

3. Avril. Traité de Paix entre HENRI II. Roi de France & FILIPPE II. Roi d'Espagne. A Cateau Cambresis, le troisieme Avril 1559. après Pâques. 34

3. Avril. Traité de Paix particulier, ensuite du Traité general entre le Roi HENRI II. Roi de France, & PHILIPPE II. Roi d'Espagne. A Câteau Cambresis le troisieme Avril 1559. 44

17. Juin. Revers & obligation des Habitans du Pais de DITHMARSEN, par lequel ils se soumettent à l'obeïssance de FREDERIC II. Roi de Dannemarc comme Duc de Holstein, & de JEAN & ADOLFE aussi Ducs de Sleswich-Holstein, leur promettant tout devoir & fidelité. Le Mardi après la St. Vite 1559. Avec la Confirmation de l'Empereur RODOLPHE II. Donnée à Lintz le 9. Juillet 1578. 46

ANNO 1559.

20. Juin. Contract de Mariage de PHILIPPE II. Roi d'Espagne avec Madame ELISABETH de France Fille-aînée du Roi HENRI II. A Paris le 20. Juin 1559. 47

25. Juin. Diplome de FERDINAND I. Empereur des Romains, portant Confirmation en faveur de JULES, Evêque de Naumbourg, & de son Chapitre de tous les Privileges, Droits, Libertés, Protections, & Concessions auparavant accordés audit Evêché & à ses Evêques, par les precedens Empereurs & Rois des Romains. A Ausbourg le 25. Juin 1559. 49

27. Juin. Contract de Mariage d'EMANUEL PHILBERT Duc de Savoye, avec Madame MARGUERITE de France Fille de FRANCOIS I. A Paris en l'Hôtel de Tournelles le 27. Juin 1559. 50

2. Juill. Lettres Patentes de HENRI II. Roi de France pour la restitution des Etats du Duc de Savoye, à EMANUEL PHILIBERT Duc dudit Pays, en vertu du Traité de Câteau-Cambresis. Donné à Paris, le 2. Juillet, 1559. Avec la Commission donnée pour recevoir ledit Pays, & le Procès Verbal de ladite reception. 52

11. Août. Accord entre GEORGE Evêque de Bamberg, & GEORGE FREDERIC Marcgrave de Brandebourg, au sujet de la Convocation des Etats du Cercle de Franconie, portant qu'à l'avenir toutes les fois que les Assemblées Circulaires seront requises, la Convocation s'en fera conjointement par l'Evêque de Bamberg Regent, & par le Marcgrave de Brandebourg aîné de la Maison. A Augsbourg le 11. d'Août 1559. 57

28. Août. Lettres d'EBERHARD Evêque d'Aichstad, portant qu'il a vendu, & vend le Village de Dertingen au Comte de STOLBERG pour la Somme de sept mille & cinq cens Florins. A Aichstad le Vendredi après la Fête de St. Barthelemi 1559. 58

15. Sept. Transaction entre FREDERIC II. Electeur Palatin, & GEORGE Comte Palatin son Frère par laquelle FREDERIC céde & transporte au Comte GEORGE le Château & Bailliage de Polanden, avec la Kellerey de Munsterdriesen &c. A Heidelberg le 15. Septembre 1559. 59

13. Dec. Convention moyenée par BOHUSLAUS FOLITZ Seigneur de Lobkowitz & Grand Baillif de la Basse Lusace, entre AUGUSTE Electeur de Saxe, & les Seigneurs de REUSSEN & de PLAVEN Bourgraves de Misnie, portant que l'Electeur leur prêtera pour trois ans la Somme de soixante mille Florins pour payer leurs dettes, à condition qu'ils leur en payeront l'Interêt à trois mille Florins par an, & que pour sûreté de ladite Somme ils lui assigne-

ANNO 1574. grand Fief, comme de Prince, de Comte & autre semblable, venant à tomber en caducité ne pourra être conferé par l'Abbesse sans le sû de l'Electeur & de ses Successeurs; Qu'elle ne pourra semblablement recevoir dans l'Abbaïe aucune Fille Chanoinesse contre leur gré &c. l'Abbesse y promet de plus d'étendre l'Expectative de la protection, & de l'Advocatie héréditaire aux autres Ducs de Saxe, & aux Landgraves de Hesse en Fief masculin. A Quedlinbourg le 17. d'Août 1574. 229

14. Dec. Traité entre HENRI II. Roi de France & de Pologne, & EMANUEL PHILBERT Duc de Savoye, pour la restitution des Villes & Places fortes de Pignerol, Savillan & autres audit Duc de Savoye. A Turin le 14. Decembre 1574. 231

1575. 8. Janv. Recès entre DANIEL GUNTHER, & HENRI Comtes de Waldeck au sujet de la Portion Héréditaire du feu Comte PHILIPPE. Ils y conviennent que la moitié du Bailliage & Maison de Waldeck appartiendra au Comte DANIEL, le Bailliage de Wildungen, à GUNTHER, & la moitié du Bailliage de Rhoden avec la Maison de Billinghausen à HENRI, à condition qu'après la mort, de l'un ou de l'autre des deux premiers sans Enfans, son partage reviendra au Comte HENRI, sauf les Revenus qui seront à partager entre lui & l'autre survivant. A Waldeck le Samedi après les trois Rois 1575. 233

14. Fevr. Contract de Mariage de HENRI III. Roi de France, & de Pologne avec la Princesse LOUISE de Lorraine. A Reims le 14. Fevrier 1575. 234

28. Mars. Transaction ulterieure, & Union Héréditaire entre DANIEL, HENRI, & GUNTHER, Comtes de Waldeck, touchant le reste de la portion Heréditaire, & non encore partagée du feu Comte PHILIPPE; portant que la Ville & Bailliage de Numberg, avec les Villages de Netze & Brunghausen, appartiendront à DANIEL; la moitié de la Seigneurie d'Itter, avec les Monasteres de Worba & de Obern-Ensa à HENRI, & le Monastere & Maison de Hohenscheid, à GUNTHER avec certaines Victuailles à tirer de la Ville de Freyenhagen, & la moitié des Allodiaux Héréditaires situés dans la Ville de Wildungen. Ils y conviennent aussi de ce qui regarde le payement des Dettes Paternelles, & le fournissement des Contributions Imperiales. Au reste l'aîné des trois demeure Seigneur Dominant & Territorial. A Waldeck le Lundi après le Dimanche des Rameaux 1575. 235

29. Avril. Declaration envoyée par HENRI III. Roi de France, en Angleterre, en 1575. par le Sieur de la Châtre, pour l'explication & renouvellement du Traité, fait entre le Roi CHARLES IX. & ELISABETH, Reine d'Angleterre. A Blois le 29. Avril 1575. 237

14. Juin. Confirmation de MAXIMILIEN Empereur, sur les Articles convenus l'an 1574. entre les Ducs de MUNSTERBERG & d'OLS, d'une part, & les ETATS de la Principauté, d'OLS, d'autre part, pour un meilleur Etablissemens des Constitutions du Pays. Donnée à Prague le 14. Juin 1575. 239

Traité d'Union entre la Noblesse & les Villes de HOLLANDE, par lequel ils deferent à GUILLAUME DE NASSAU Prince d'Orange, le suprême Gouvernement de la Province, conclu à Dort le 11. Juillet 1575. ibid. 11. Juill.

Declaration de HENRI III. Roi de France pour l'Explication & specifique Designation des Droits de Regale & de Souveraineté, qui sont entendus avoir été cédés au Duc de LORRAINE dans le Bailliage de Bar, Prevôté de la Marche, Conflans & Gondrecourt par le Traité du 25. Janv. 1571. Donnée à Paris le 8. d'Août 1575. 243 8. Août.

Capitulatione rinuovata in SULTAN AMURAT, dall' Illustrissimo Ambasciadore JACOMO SORANZO. 244 10. Août.

Capitulation Imperiale de RODOLPHE II. Roi des Romains, contenant les Articles, sélon lesquels il promet de gouverner l'Empire. Faite à Ratisbonne le 1. Novembre 1575. 247 1. Nov.

Acte Obligatoire de DANIEL, Comte de Waldeck, au profit de sa Femme BARBE née Landgrave de Hesse; par lequel, pour sûreté de la Somme de vingt mille Florins, qu'il avoit reçus d'Elle en Dot, & pour place de Residence pendant sa Viduité, il lui assigne & engage la Ville de Waldeck, avec les Bailliages de Waldeck & de Numberg, le Monastere & le Bourg de Netze, & la Maison de Brunghausen. Le Samedi 10. Decembre 1575. 251 10. Dec.

STEPHANI Regis Poloniæ Litteræ, continentes Pacta & Conventa inter ipsum Regem & ORDINES Regni POLONIÆ Magnique Ducatus LITHUANIÆ in Comitiis Generalibus Electionis Regis conclusa, quibus hic Libertates Legesque dicti Regni & Ducatus conservare, Terras & Loca à Moscis erepta recuperare, Fœdus cum Turcis confirmare, limitesque Regni munire &c. promittit. Dat. in summo Templo Civitatis Meggyes sub ipsis Comitiis Generalibus die 8. Febr. 1576. 252 1576. 8. Fevr.

STEPHANI Regis Poloniæ Litteræ, continentes Juramentum in sua Regia Electione ORDINIBUS Regni POLONIÆ & Magni Ducatus LITHUANIÆ præstitum, de observatione & manutentione omnium Jurium, Legum, Privilegiorum & Pactorum Conventorum. Actum in summo Templo Civitatis Meggyes in Comitiis Generalibus 8. Febr. 1576. 253 8. Fevr.

STEPHANI Regis Poloniæ Litteræ, quibus confirmat Articulos seu Leges ab Ordinibus Regni POLONIÆ & Magni Ducatus LITHUANIÆ in Electione HEINRICI Poloniæ Regis de Republica sancitos. Dat. in summo Templo Civitatis Meggyes 8. Febr. 1576. 254 8. Fevr.

STE-

Recès

Decla-

FIN DE LA TABLE
DE LA PREMIERE PARTIE DU TOME V.

TABLE CHRONOLOGIQUE DES PIECES

CONTENUES

Dans la II. Partie du V. Tome.

pré-

MAT-

Sen-

Man-

ANNO 1621.

15/25 Juin. *Attestation des Commissaires Imperiaux pour la Ville de* SPIRE, *portant, qu'en conformité du Recès conclu le* 24. *Mars avec la Ville de* STRASBOURG, *elle a pareillement accepté la grace de l'Empereur, & promis de se departir de l'*Union Evangelique *& de la Guerre Palatine. Le* 15/25 *Juin* 1621. 402

18. Juill. *Recès de Steinbourg conclu entre la Maison Royale & Ducale de* DANNEMARCK *& de* SLESWICH-HOLSTEIN *d'une part, & la Ville de* HAMBOURG *d'autre part; par lequel la Ville s'oblige à continuer de rendre les Hommages & les Devoirs accoutumez à ladite Maison Royale & Ducale, si long-tems que la Revision de la Sentence d'exemption renduë le* 6. *Juillet* 1618. *par la Chambre Imperiale de Justice contre la même Royale & Serenissime Maison, restera indecise. A Steinbourg le* 18. *Juillet* 1621. ibid.

10. Nov. *Recès & Accord entre* CHRISTIAN *&* WOLRAD *Comtes de Waldeck d'une part, & la Ville Provinciale ou Territoriale de* CORBACH *d'autre part, sur les diferents survenus entr'eux, au sujet de quelques Edits ou Sentences rendues contre certain Malfaiteur & affichées sur la Porte de la Ville, & de la Publication de quelques autres concernant la Monnoye, & le Droit de donner les Passeports. A Corbach la Vigile de St. Martin* 1621. 403

1622. 22. Janv. *Trois Traitez ou Accords passez à Milan, le* 22. *Janvier* 1622. *entre les Députez du Roi d'*ESPAGNE *& de la Maison d'*AUTRICHE *& les Députez des deux* LIGUES GRISES *& de la* CADE'E, *& ceux de* MAYENFELD. 406

26. Janv. *Extrait du Traité de Paix entre* FERDINAND II. *Empereur, d'une part, &* BETHLEM GABOR, *Prince de Transylvanie & les Etats de* HONGRIE *de son Parti d'autre. Fait à Niclasbourg le* 26. *Janvier* 1622. 407

8. Fevr. *Assurance de* CHRISTIAN IV. *Roi de Dannemarc pour la Ville de* BREME, *au sujet du* Coadjutorat *& de la future Succession du Prince* FREDERIC *son Fils dans l'Archevêché de Breme, portant qu'il maintiendra & defendra ladite Ville dans tous ses Droits, Libertés & Privileges. A Coppenhague le* 8. *Fevrier* 1622. 408

3. Mars. *Lettre des* GRISONS *aux Ambassadeurs de France résidans en Suisse sur le sujet du Traité, fait par lesdits Grisons à Milan au mois de Janvier, l'an* 1622. *ladite Lettre dattée du* 3. *Mars de la même Année* 1622. ibid.

10. Mars. *Tractatus inter Electorem Brandenburgicum* GEORGIUM WILHELMUM, *& Præpotentes* ORDINES GENERALES UNITI BELGII, *ad dictum Electorem in jure quod eidem in Dominia* Cliviæ, Juliaci &c. *competit, defendendum. Hagæ Comitis* 10. *Martii* 1622. 409

14. Nov. *Traité de Paix entre les* PROVINCES-UNIES *des Pays-Bas, & le Royaume de* TUNIS, *fait le* 14. *Novembre* 1622. 411

ANNO 1622.

Traité de Paix entre les PROVINCES-UNIES *des Pays-Bas, & la Ville & Royaume d'*ALGER, *fait en l'année* 1622. 413

1623. 7. Fevr. *Traité entre* LOUIS XIII. *Roi de France, la Republique de* VENISE *& le Duc de* SAVOYE *pour la restitution de la* VALTELINE. *Fait à Paris le* 7. *Fevrier* 1623. 417

8. Fevr. *Diplome de* FERDINAND II. *Empereur des Romains, par lequel il éleve le Comte de Salm* PHILIPPE OTTO *à la Dignité de Prince de l'Empire, pour lui & pour son Fils ainé après lui, comme aussi pour tous ceux de sa Ligne qui tiendront & possederont le Comté de Salm. A Ratisbonne le* 8. *Fevrier* 1623. 415

14. Fevr. *Scrittura overo Convenzione per la quale il* RE' CATTOLICO *si contenta por dar sodisfattione à tutto il Mondo, e particolarmente à tutta l'Italia, giudicando haver sodisfatto al suo zelo della causa Cattolica, di consegnare à Sua* SANTITA' *e alla Sede Apostolica i Forti della* VALTELLINA *in deposito, sino alla conclusione finale del Negotio principale con la Corona di* FRANCIA. *Fatto à li* 14. *Febraio* 1623. 417

25. Fevr. *Investiture donnée par l'Empereur* FERDINAND II. *à* MAXIMILIEN *Duc de Baviere de la Dignité Electorale Palatine, de l'Office d'Archidapifer, du Vicariat, Voix, Session & Droit d'Election; sauf les Droits & Pretensions qui peuvent competer aux Fils & Agnats de* FREDERIC V. *à Ratisbonne le* 25. *Fevrier* 1623. 418

26. Fevr. *Revers par lequel l'Electeur* MAXIMILIEN *Duc de Baviere, en recevant l'Investiture de l'Electorat Palatin, declare, qu'il accepte, ratifie & agrée la Clause de reservation, qui y est inserée en faveur du Comte Palatin* WOLFGANG GUILLAUME *& de ses Descendans.* 419

28. Mars. *Diplome de* FERDINAND II. *Empereur des Romains, par lequel le Comté de* Hohenzollern *est érigé en Principauté,* Furstliche Graffchafft, *& le Comte* JEAN GEORGE DE HOHENZOLLERN, *élevé à la Dignité de Prince de l'Empire, pour lui & pour ceux de ses Descendans, qui tiendront, possederont & gouverneront ledit Comté. A Ratisbonne le* 28. *Mars* 1623. 420

15/25 Mars. *Traité conclu entre* JAQUES I. *Roi de la Grande Bretagne &* ISABELLE-CLAIRE-EUGENIE *Infante d'Espagne, touchant la Sequestration de la Ville de* Frankendal *dans le Palatinat. Donné à Londres le* 15/25 *Mars* 1623. 422

30. Mars. *Declaration de* FERDINAND II. *Empereur des Romains, en faveur de* WOLFGANG GUILLAUME, *Comte Palatin, touchant la Succession Electorale Palatine; par laquelle il accorde que le cas avenant de la Restitution de* FREDERIC V. *le susdit Comte* WOLFGANG GUILLAUME *devra jouïr aussi de son Droit d'Expectative,*

ANNO 1616. *de Transilvanie, contenant une abolition generale de tous les Actes d'Hostilité, commis pendant les dernieres Guerres, tant contre Sa Majesté Imperiale, que contre ses Sujets.* 500

1627. *Imperatoris Romanorum* FERDINANDI II. *Edictum de Reformatione Regni Bohemiæ promulgatum; quô omnes Acatholicos, nisi intra spatium sex mensium ad Catholicam Religionem se convertant, de Regno migrare mandat. Datum Viennæ die Sabbati, recordationi S. Ignatii sacro Anni 1627.* ibid.

——— *Pacificatio Szönienfis, sive Articuli prorogatæ Pacis Vicennalis inter* FERDINANDUM II. *Imperatorem Romanorum, & MURATH HAN Turcarum Sultanum, conclusi in Campo Szönienfi Anno 1627.* Cum *Ratificatione Imperatoris* FERDINANDI II. *Data Viennæ 10. Septembris 1628.* 501

——— 12. Fevr. *Recès entre* JULIENNE *Epouse de* MAURICE *Landgrave de Hesse-Cassel, au nom de ses Fils & de ses Filles d'une part, &* GUILLAUME *postulé Administrateur de l'Abbaïe de Hirschfeld aussi Landgrave de Hesse & Fils de* MAURICE, *mais d'une autre Mere, d'autre part; Contenant un Accord sur la future Succession dudit Landgrave* MAURICE, *sous la reserve de son Aprobation & Ratification. A Cassel le 12. Fevrier 1627.* Avec *la* RATIFICATION *dudit Landgrave* MAURICE. *A Cassel ledit jour & an.* 503

——— 8. Mai. *Declaration du Roi de France* LOUIS XIII. *portant interdiction du Commerce avec l'Angleterre, donnée à Paris le 8. Mai 1627.* 506

——— 10. Mai. *Extrait de l'Ordonnance de* BOHEME, *qui est une Loi fondamentale du Royaume, tant à l'égard de la Succession Héréditaire qu'à l'égard du Droit public, faite par l'Empereur* FERDINAND II. *à Vienne le 10. Mai 1627.* 507

——— 27. Mai. *Accord entre les Marcgraves de Baden* GUILLAUME & FREDERIC, *sur les Diférents agités entr'eux au sujet des Revenus du Haut Marcgraviat, des Armes & du Titre; fait & conclu à Vienne, par l'interposition des Commissaires Imperiaux le 27. Mai 1627.* Avec *la* CONFIRMATION *de l'Empereur à Vienne le 9. Juin 1627.* 515

——— 1. Juill. *Recès de Colmar entre* FREDERIC *Electeur Palatin d'une part, &* CHARLES *Duc de Lorraine, &* JEAN *Duc de Wirtemberg d'autre part, sur les moyens de reconcilier ledit Electeur avec Sa Majesté Imperiale. Fait le 1. Juillet 1627.* 519

——— 28. Août. *Traité entre* LOUIS XIII. *Roi de France, & les Etats Généraux des* PROVINCES-UNIES *des Pays-Bas: par lequel, entr'autres, le Roi s'engage de fournir auxdits Etats, pendant neuf ans, un million de Livres tous les ans. Fait à Paris le 28. Août 1627.* 522

——— 24. Sept. *Traité d'Accommodement communément appellé* Haubt-Accord *entre* GUILLAUME *Landgrave de Hesse-Cassel, &* GEORGE *Landgrave de Hesse-Darmstadt, conclu & procuré par l'interposition de* PHILIPPE *Landgrave de Hesse, par laquelle* GUILLAUME *Landgrave de Hesse-Cassel, renonce pour lui & pour toute sa Maison à la Principauté de la* Haute-Hesse, *& cede au Landgrave de Darmstadt sa Portion du Bailliage d'*Umbstadt; *l'un & l'autre se desistant d'ailleurs de toutes les Prétentions & Contre-Prétentions, qui faisoient le sujet de leurs diferents. A Darmstadt le 24. Sept. 1627.* Avec *la Confirmation de l'Empereur* FERDINAND II. *à Prague le 1. Fevrier 1628.* 524

ANNO 1627.

——— 10. Octob. *Ratification de* HERMAN *Landgrave de Hesse-Cassel sur l'Accord Héréditaire passé à Darmstadt le 24. Septembre entre la Ligne de* HESSE-CASSEL & *celle de* HESSE-DARMSTADT. *A Cassel le 10. Octobre 1627.* 532

——— 18. Octob. *Ratification de* JULIENNE *Femme de* MAURICE *Landgrave de Hesse-Cassel, pour elle & pour ses Enfans, sur l'Accord Heréditaire passé à Darmstadt le 24. Septembre entre la Ligne de* HESSE-CASSEL & *celle de* HESSE-DARMSTADT. *A Cassel le 18. Octobre 1627.* 533

——— *Recès conclu entre* GUILLAUME *Landgrave de Hesse-Cassel, &* GEORGE *Landgrave de Hesse-Darmstadt, portant Prolongation du terme marqué pour obtenir la Confirmation de l'Empereur sur l'Accord passé entr'eux à Darmstadt le 24. Septembre dernier. Fait à Cassel le 28. Janvier 1628.* 534

——— 16. Dec. *Recès entre les Commissaires de l'Empereur* FERDINAND II. *& les Magistrats de la Ville d'*EGRA, *par lequel la Maison de l'Ordre Teutonique située dans ladite Ville est remise entre les mains de Sa Majesté, avec toutes ses Dependances & Apartenances. A Egra le 16. Decembre 1627.* ibid.

1628. *Serment de Fidelité & d'Hommage éventuel rendu par les Sujets du Landgraviat de* HESSE, *à tous les Princes de cette Maison, chacun en son Degré, & au cas de l'extinction des Lignes Masculines desdits Princes, à ceux de la Maison Electorale & Ducale de* SAXE, *comme aussi d'observer l'Accord Héréditaire, fait à Darmstadt le 24. Septembre 1627. entre les deux Maisons de* HESSE-CASSEL *& de* HESSE-DARMSTADT. *Fait l'an 1628.* 535

——— *Serment des Feudataires de la Maison de* HESSE, *portant qu'ils seront fidelles à tous les Princes Landgraves de* HESSE, *tant qu'il y en aura, & au cas de leur extinction, à la Maison Electorale & Ducale de* SAXE, *comme à leurs Seigneurs Territoriaux, conformément à l'Union Héréditaire des deux Maisons, comme aussi d'observer fidellement l'Accord de Darmstadt, du 24. Septembre 1627. pour autant qu'il les concerne. Fait en 1628.* 536

——— *Serment prêté par les Etats de la Principauté de* HESSE, *pour l'observation de l'Accord fait le 24. Septembre 1627. entre les deux Maisons de* HESSE-CASSEL *& de* HESSE-DARMSTADT. *Fait l'an 1628.* Avec *la Confirmation par Serment dudit Accord par les Land-*

 graves

ANNO 1628.

graves HERMAN de Hesse-Cassel, JEAN & HENRI de Hesse-Darmstadt. 536

26. Janv. Investiture de la Dignité Electorale de l'Office de Grand-Echanson de l'Empire & de tous les autres Droits, Provinces & Jurisdictions qui appartiennent à la Couronne de Boheme, donnée à FERDINAND III. Roi de Hongrie & de Boheme par l'Empereur FERDINAND II. à Prague le 26. Janvier 1628. 537

28. Janv. Traité entre CHARLES I. Roi de la Grand' Brétagne, & le Maire, les Echevins, Pairs, Bourgeois & Habitans de la Ville de la ROCHELLE. Fait par leurs Deputez le 28. Janvier 1628. 538

1. Fevr. Confirmation de l'Empereur FERDINAND II. sur le Traité d'Accommodement, communément appellé Haubt-Accord conclu en 1627. entre GUILLAUME Landgrave de Hesse-Cassel & GEORGE Landgrave de Hesse-Darmstadt. A Prague le 1. Fevrier 1628. ibid.

24. Fevr. Traité entre FERDINAND II. Empereur des Romains & Archiduc d'Autriche, & MAXIMILIEN Electeur de Baviere, par lequel l'Empereur vend & transporte à l'Electeur la Principauté du Haut-Palatinat, en échange dequoi l'Electeur renonce à la Somme de treize Millions qui lui étoit dûe par Sa Majesté Imperiale, & lui remet l'Archiduché d'Autriche audessus de l'Ens qui lui étoit engagé pour ladite Somme. A Munich le 22. Fevrier 1628. ibid.

4. Mars. Lettres ou Diplome de la Vente du Haut-Palatinat & de la Partie du Bas-Palatinat, qui est située en deça du Rhyn, où est Heidelberg, par l'Empereur FERDINAND II. à MAXIMILIEN Electeur de Baviere. A Prague le 4. Mars 1628. 542

4. Mars. Lettres de Garantie données par l'Empereur FERDINAND II. à MAXIMILIEN Electeur de Baviere sur la Vente du Haut-Palatinat & de la Partie du Bas-Palatinat située en deça du Rhyn. A Prague le 4. Mars 1628. 544

13. Mars. Obligation de LEOPOLD Archi-Duc d'Autriche, par laquelle il approuve & ratifie, pour lui & ses Héritiers & Successeurs, les Lettres de Garantie données par l'Empereur FERDINAND II. à MAXIMILIEN Electeur de Baviere pour la Vente du Haut-Palatinat & d'une partie du Bas-Palatinat. A Inspruch le 13. Mars 1628. 546

1. Avril. Diplome de l'Empereur FERDINAND II. par lequel il engage & donne en Hypotheque la Principauté de Mecklenbourg à ALBERT Duc de Fridlandt pour les Depenses par lui faites dans la Guerre. Donné au Château Royal de Prague le 1. d'Avril 1628. ibid.

3. Juin. Privilege accordé par l'Empereur FERDINAND II. à la Ville de HAMBOURG, portant que nul Fort ou Lieu fortifié ne pourra être construit dans les Isles ou dans les Terres situées le long de l'Elbe entre la Ville de Hambourg & la Mer, & à cinq Milles d'Allemagne audessus; & que nul Péage ne pourra y être établi, au Château Royal de Prague le 3. Juin 1628. 548

ANNO 1628.

22. Juill. Traité d'Alliance entre GUSTAVE ADOLPHE Roi de Suede & la Ville de STRALSOND pour la defense de la Ville, du Port & par conséquent de la Mer Baltique, pendant 20. ans. Ratifié par le Roi au Camp près de Dirschauw le 22. Juillet 1628. 549

1. Sept. Accord Fraternel & Héréditaire, fait & conclu entre GUILLAUME Landgrave de Hesse-Cassel, JULIENNE Femme du defunt Landgrave MAURICE, au nom de ses Enfans Mineurs, & HERMAN aussi Landgrave de Hesse-Cassel, par lequel tous les Etats de la Maison sont laissez à GUILLAUME comme Prince Regent; une quatriéme partie des Biens en général étant donnée aux autres en Appanage, & assignée sur quelques Domaines. A Cassel le 1. Septembre 1628. 551

3. Sept. Contracto Matrimonial entre FERDINANDO III. Rey de Hongria y de Bohemia, y MARIA Infanta de España, hecho y concluido por el Emperador FERDINANDO II. Padre de FERDINANDO III. y por FELIPPE IV. Rey Catholico de España Hermano de MARIA. En el que se declara que el dicho Rey FERDINANDO como Hijo mayor del Emperador avia de succeder solo en todos sus Estados Hereditarios, y que sera coronado Rey de Hongria y de Bohemia, pero con la condicion de que no haya de mesclarse en el Govierno. El Rey FELIPE promete a la Infanta su Hermana, una Dote de quinientos mil Escudos de oro, y por parte del Emperador se le assegura por aumento de Dote en su viudes la quantidad de veintiquatre mil Escudos al año, de los quales gozara durante tota su viudes. Hecho en Madrid a 3. Septiembre año 1628. 554

19. Sept. Traité entre les Sujets & au nom de LOUIS XIII. Roi de France, & ceux d'ALGER pour le Commerce. Fait à Alger le 19. Septembre 1628. 559

25. Sept. Accord passé entre le Reverendissime PHILIPPE CHRISTOPHLE Electeur de Tréves, comme Evêque de Spire d'une part, & la Ville de SPIRE d'autre part, sur les Diferents survenus entr'eux au sujet de la Démolition de la Forteresse d'Udenheim autrement Philipsbourg, & sur la Sentence du Conseil Aulique de l'Empire intervenuë en cette cause, par lequel ladite Ville s'oblige envers l'Electeur pour une Somme de cent mille Ecus en Capital, dont les Intérêts lui seront annuellement payez sur le pied de 4000. Ecus par an, lui engageant & hypothequant une branche de ses Revenus pour sûreté de l'un & de l'autre; ledit Electeur renonçant en échange à toutes les Pretentions qui pouvoient lui appartenir à cause de ladite Demolition & de ladite Sentence & promettant à la Ville toute sorte de bien & de faveur. Fait le 25. Septemb. 1628. 560

1629. Diverses Piéces concernant les Negociations de Lubec pour la Paix entre FERDINAND

FIN DE LA TABLE DE LA SECONDE PARTIE DU TOME V.

CORPS

CORPS DIPLOMATIQUE
DU
DROIT DES GENS;
OU
RECUEIL
DES
TRAITEZ D'ALLIANCE,
DE PAIX, DE TREVE, DE NEUTRALITÉ, DE COMMERCE, D'ÉCHANGE, &c.

Faits entre les Empereurs, Rois, Princes, & Etats de l'Europe, depuis CHARLEMAGNE jusques à present

I.

ANNO 1556. Janvier.

Donations- und Ubergabs-Brieff der Stadt Metz an König Henrich II. in Franckreich / durch den Cardinal Carl von Lothringen / Gubernatorn und Administratorn der Metzer Stadt und Landts / und dann Frantz von Beauquere Bischoffen zu Metz geschehen / mit Menschen / Vasallen / Unterthanen / Jurisdictionen / Regalien ꝛc. Metz unterm Dato Januarÿ 1556. [LEHMANNI Chronicon Spirense Lib. VII. Cap. CXXIV. pag. 969. ex Addit. JOAN. MELCHIOR. FUCHS.]

C'est-à-dire,

Donation & Cession de la Ville de METZ, *avec tous les Hommes, Vassaux, Sujets, Jurisdictions & Regales, à* HENRI II. *Roi de France, par le Cardinal* CHARLES DE LORRAINE *Gouverneur & Administrateur, & par* FRANÇOIS DE BEAUQUERE *Evêque de Metz. A Metz au mois de Janvier* 1556.

Arl von Göttlicher Fürsehung / der H. Röm. Kirchen / des Tituls Sancti Apollinaris Presbyter Cardinalis von Lothringen / Ertz-Bischoff und Hertzog zu Rheims / Erster Pair von Franckreich / gebohrner Legat des Heiligen Apostolischen Stuhls / beständiger Gubernator und Administrator aller zeitlichen Gefälle Metz und Metzer Landes / des Heiligen Römischen Reichs Fürst und auß Zugebung und Fürbehalt des Heiligen Apostolischen Stuhls Abbt und Herr zu Gortz: Und wir Frantz von Beauquere, Bischoff zu Metz entbieten allen Gegenwärtigen und Nachkommenden / unsern Gruß. Nachdem wir in sondere Betrachtung gezogen / welcher gestalt unsere Stadt und Fürstenthum ihren Ursprung und Anfang von der Monarchi und Kron der Aller-Christlichsten Könige von Franckreich hergenommen; welche zu allen Zeiten / von Vatter auf Söhne / und von Nachfolgern auf Nachfolgere eine besondere Liebe / zu Wohlfahrt / Aufnehmen und Erhaltung gedachter unserer Stadt und Fürstenthums biß auf die Regierung des Durchleuchtigsten / Großmächtigsten / Sieghafftesten und Christlichsten / der Zeit regierenden Königs Heinrich des II. ohnaußsetzlich getragen; Und daß dieser den löblichen Fürsatz bey sich gefast / nicht alleine in seiner Vorfahren Fußstapffen zu treten; sondern auch deren Gedächtnuß und erworbenen Ruhm / gedachter unserer Stadt Liebes und Gutes zu erzeigen / durchgehends zu übertreffen; Allermassen S. Maj. in Ansehung der Gefahr und endlichen Untergangs / welchs über erwehnter unserer Stadt und Fürstenthum / so wol wegen irriger Lehre / welche dem wahren H. Glauben und Religion zuwider / unter unseren Unterthanen sich außzubreiten angefangen; als auch in Absicht / daß ein und andere außländische Potentzen / vermittels gemachter grossen Anstalten und Zubereitungen / sich deren suchten zu bemächtigen / biß daher geschwebet / mit einer mächtigen Armee / um sothane unsere Stadt

ANNO 1556. Stadt und Fürstenthum / nicht alleine gegen frembden Gewalt zu schützen / sondern auch von gedachten eingeschlichenen Irrthumen zu reinigen / mithin dieselbe zu der alten löblichen Lehr der Heil. Röm. Kirche wieder zu bringen / in unsere Lande und Herrschafft eingeruckt / und selbige in dero Schutz und Schirm aufgenommen / ja biß daher alle Dinge wieder in solchen guten Stand gestellet / daß unserm Heyland und Seligmacher darinnen wieder Gottesdienst und Ehre erzeiget / uns aber von unseren Unterthanen gebührender Gehorsam geleistet wird / und diese hingegen unter den Macht-Schutz und Liebe zur Gerechtigkeit Sr. Maj. Ihrer Seelen Heyl und übrige zeitliche Güter in aller Freyheit und Sicherheit beybehalten mögen.

Hierum / und zu Bezeugung gebührender Danckbarkeit für empfangene Gut- und Wolthaten / zumal aber in dieser sondern Betrachtung / daß ausser der Besätz- und Beschützung gedachten Aller-Christlichsten Königs bey uns eine Unmöglichkeit ist / die Kosten / welche zur Defension und Erhaltung mehrgedachter unserer Stadt und Fürstenthumes Metz erfordert werden / zu erschwingen / sondern vielmehr ausser Sr. Maj. Hülff und Beystand in grössere Gefahr gesetzet würden / in oberzehlten Mißstand zu verfallen; So haben / mit Genehmhaltung und auf unterthäniges Bitten besagter unserer Unterthanen gedachtem Aller-Christlichsten Könige übergeben / überlassen und übertragen / Geben auch hiemit über / überlossen und übertragen demselben für sich und seine Nachfolgere Könige in Franckreich durch ohnebeschrenckte / freye / ewige und unwiederruffliche Ubergab / mehrgedachte unsere Stadt Metz / Menschen / Vasallen / Unterthanen / Jurisdictionen / Müntz-Gerechtigkeiten / Dignitäten / Privilegien / Prærogativen / und alle andere Rechten und Gerechtigkeiten / die uns in der Stadt Metz deren Bezirck und Gebiet / nichts darvon außgenommen / gehörig gewesen / rc.

8 Janv.

Des Ober-Schultheissens Michäel Praillon im Namen der gantzen Bürgerschafft beschehene Genehmhaltung und Ratification der vorhergehenden Donation und Ubergab. Metz den 8. Januar. 1556. [LEHMANNI Chron. Spirens. Libr. VII. pag. 971. Col. 2. ex Addit. JOH. MELCHIOR. FUCHS.]

C'est-à-dire,

RATIFICATION *de la précedente Donation faite par* MICHEL PRAILLON, *Grand-Baillif, au Nom de tous les Habitans. A Metz le* 8 *Janvier*, 1556.

Zu wissen seye hiemit: Nachdem wir der Ober-Schultheiß und übrige Raths-Verwandte auch die dreyzehen deß Gerichts in gemeiner unserer Versammlung obangezogene Ubergab zu Sr. Majest. Diensten fürträglich / gemeiner Stadt aber nutz und ersprießlich zu seyn ermessen und befunden. Als verjähen für uns und gesambte unsere Burgerschafft / daß wir sothane beschehene Ubergab gebührend ratificiret und gut geheissen / wie wir dan solche nochmahlen hiemit und in Krafft dieses Briefes ratificiren und gut heissen / sambt allem dem / so deßfalls vor dem Königl. Rath Seiner Majest. durch besagte unsere Deputirte verhandelt / angenommen und gut geheissen worden. Zu dessen wahrer Urkund und mehrer Festhaltung mehrangeregter Ubergab / haben wir unserer Stadt Insiegel an diesen Brief lassen hencken und durch unseren Raths- und Gericht-Schreibern unterzeichnen. Geschehen auf dem Rath-Hofe zu Metz den 8. Tag Monats Jan. tausend / fünffhundert und funfzig sechs. Und war folgender massen unterschrieben: Michel Praillon, Ober-Schultheiß / die übrige Raths-Verwandte: Matthelin le Febure, Humbert le Roille, Collignon Malgray, Mangin Bachellé, J. Braquenier, Jean de Fermonge, D. Rollin, Jacquemin Remion, Henry Jeulnes, Jean Ortheluf, J. D. Han, Jean de Montigny. So dann die Herren dreyzehen: Pierre Coppat, P. de la Maixe, Thomas Mondregat, Viriat Burthin, Jean Guillaume, Didier de Viller, Thiriat le Collon, J. Figuye, Abram Guiniez, André de Vignolle, Pierron Philippe, Pieron Pierrat. Und gesiegelt auff Pergament in grünem Wachs mit der Stadt Insiegel.

Des Dhomb-Capituls zu Metz Ratification und Consens über die vorhergehende Donation und Ubergab. Metz den 12. Marty 1556. [LEHMANNI Chronicon Spirense Lib. VII. Cap. CXXIV. pag. 970. Col. b. ex Addit. JOH. MELCH. FUCHS.] ANNO. 1556. 12 Mars.

C'est-à-dire,

RATIFICATION *& Consentement des Chanoines du Chapitre, sur la Donation & Cession précedente. A Metz le* 12. *Mars* 1556.

Wir Senior, Dechant / Capitularen / und Capitul des hohen Dohm-Stiffs zu St. Stephan in Metz / Entbieten allen Gegenwärtigen und Nachkommenden unsern Gruß / und thun hiemit zu wissen: Nach dem wir die jenige Donation und Ubergab / welche der Hochwürdigste und Durchleuchtigste Cardinal von Lothringen / des H. Röm. Reichs Fürst auch beständiger Administrator der zeitlichen Gefälle des Bisthums Metz: So dann der Hochwürdige Herr Frantz / jetzmahliger Bischoff zu besagtem Metz / an den Durchleuchtigsten / Sieghafftesten und Christlichsten jetzo regierenden König in Franckreich / Heinrich den II. über die Stadt / Menschen / Vasallen / Unterthanen / Jurisdictionen / Müntz-Gerechtigkeiten / Dignitäten / Privilegien / Prærogativen in der Stadt / deren Bezirck und Gebiet von Metz / unterm Dato Monats Januarii des tausend fünffhundert und sechs und fünfftzigsten Jahrs / mit eigenen Hand-Unterschrifften bezeichnet / und mit deren Ingesiegeln besiegelt / gethan / und uns von ihrentwegen durch den Hochwürdigen in GOtt Vattern / Herrn Nicolaus de Peleué, Bischoffen zu Amiens / Höchstbesagter Sr. Hochwürdigsten Durchleucht General Vicarium, und Dero Hofes ordentlichen Supplications- Rath überreichet worden / haben hören verlesen / und darauß / wie auch sonsten zur Gnüge / den Eyfer und Liebe vernommen / so gedachte Herren Cardinal und Bischoff zu Erhalt-Befestigung und Auffnahm der Catholischen Religion in der Stadt Metz / nicht weniger der Decreten / Concilien sampt übrigen Constitutionen der Röm. Kirche: und dargegen zu Außrottung aller Irrthume und falschen Lehre / womit auf den heutigẽ Tag verschiedene Orte angestecket sind / biß daher getragen / und die erste Ursache seynd / welche gedachte Herren Cardinal und Bischoff gereitzet und bewogen haben sothane Donation und Ubergab an den Christlichsten König zu thun.

Und wir dann darauf capitulariter beruffen uns versammlet / so fort um Ertheilung unseres Consens und Bewilligung sothaner Ubergab ersucht worden: Als haben / nach fürgenommener reiffer Beratschlagung / in solche Donation, Cession und Ubergab gewilliget / sie beliebt und gut geheissen / willigen auch hiemit / belieben und heissen dieselbe / alles ihres Inhalts / unter Genehmhaltung unsers heiligen Vatters des Pabsts hiemit gut. Wollen jedoch / zu mehrer Sicherheit und Erhaltung besagter Stadt bey der Catholischen Religion / heiligen Conciliis und Satzungen der Röm. Kirchen / Seine Königl. Majestät unterthänigst gebetten haben / sie wolten alle und jede Obrigkeitliche Personen / Richter und Beamte / welche zur Verwaltung deß Regiments auch Recht und Gerechtigkeit von deroselben vorgesetzt werden möchten / für allen Dingen dahin anweisen lassen / daß sie schuldig und gehalten sollen seyn / von einem zeitlichen Bischoff der je zu Zeiten in der Stadt Metz seyn wird / oder dessen Vicario, oder so viel andern Personen / auch in der Maaß und Form als derselbe für gut ansehen wird / mit beglaubten Urkundten / daß sie der Catholischen Religion zugethan / auch getreue Halter der göttlichen und der Heiligen Römis. Kirchen-Gebotten seyen / uñ sonsten von männiglich dafür geachtet würden / sich versehen zu lassen.

Als wir nun vorbeschriebener massen zu all denen / besagte Herrn Cardinal und Bischoff betreffenden Dingen unsern Willen und Consens ertheilet / so wollen doch dadurch an unseren und unseres Capituls hergebrachten Rechten / Herrschafften / Obrigkeiten / Befreyungen / Privilegien / Prærogativen, Unterthanen und Angehörigen / auch all andern unserm Capitul / der Kirchen / deren Unterthanen und der Stadt Metz zu Vortheil hiebevor aufgerichteten Verträgen nicht das geringste nachgegeben / sondern solches alles uns und unsern angehörigen Unterthanen / in

der

Anno 1556. der Maaß daß niemand darwieder zu handeln bemächtigt / sondern wir in allen Stücken dabey gehandhabet werden sollen / allerdings fürbehalten haben wollen. Dessen zu wahrem Gezeugnuß haben wir gedachten unsers Capituls grosses Insiegel an diesen Brieff hencken / und durch unsern Secretarium unterzeichnen lassen. Geschehen zu Metz in gewöhnlicher Versammlung unsers Capituls / den 12. Tag Monats Martii / im Jahr nach unsers Heylandes Geburt 1556.

II.

13 Mars. **Vertrag zwischen Churfürst Augustum zu Sachsen / und Heinrich dem Aeltern Burggraff zu Meissen / wegen des Voigtland und der Herrschafft Gera beschehen; daß neimblichen solche niemand anderem / als dem Churfürsten verkauffet werden / wann es darzur kommen solte. Geschehen St. Anneberg Freytags nach Oculi den 13. Martij Anno 1556. [Lunig, Teutsch. Reichs-Archiv. Continuat. II. Partis Spec. Absatz II. p. 308.]**

C'est-à-dire,

Accord entre AUGUSTE *Electeur de Saxe &* HENRI l'aîné, *Bourgrave de Misnie, pour l'inalienation du* Voigtland *& de la Seigneurie de* Gera, *portant que ni l'un ni l'autre ne pourront être alienés ni vendus, si ce n'est à l'Electeur. Fait à Anneberg, le Vendredi après le Dimanche* Oculi 1556.

Zu wissen: Demnach die Durchlauchtigsten / Durchlauchten / Hochgebohrnen Fürsten und Herren / Herr Augustus / Hertzog zu Sachsen / des Heiligen Römis. Reichs Ertzmarschalch und Churfürst / Landtgraf in Thüringen / Marggraf zu Meissen / und Burggraff zu Magdeburg / und dann Herr Heinrich der elter / des Heil. Römischen Reichs Burggraff zu Meissen / Graff zum Hartenstain und Herr zu Plawen und Gera / allhier auff Sanckt Anneberg aus sonderlicher Freundschafft zusammen kommen / sich mit einander ersehen und freundlich unterredet / und dan unter andern Hochermelter Burggraf dem Churfürsten freundtlich vermeldet / daß an seine Fürstliche Gnade gelanget / als weren seine Fürstl. Gnade / und derselben Bruder / der auch Durchlauchte / Hochgebohrne Fürst und Herr / Herr Heinrich der jünger / Burggraf zu Meissen / rc. bey dem Churfürsten in dem etwas verunglumpfft / als solten Ihre Fürstliche Gnaden Willens seyn / das Voitland und Gerische Herrchafft gar oder zum Theil zu verändern / und in anderer Leute Hände kommen zu lassen / daran aber Ihren F. G. ungütlich geschehen / und darauf freundlich gebethen / daß seine Churfürstliche Gnade hierin Fürstliche Gnaden freundlich entschuldigt nehmen wolten / und dann hierauf an seine Churfürstl. Gnaden allerley gelanget / daß sie demselben kein Statt geben; In sonderlicher Betrachtung / daß sich ohne Zweifel Hochgedachte Buggrafen freundlich zu berichten / welcher Gestalt seiner Churfürstlichen Gnaden Bruder / Churfürst Moritz / Hochlöblicher Gedächtniß / auch seine Churfürliche Gnade selbst / durch die Röm. Königl. Majestät / unsern allergnädigsten Herrn / mit obbemelten Gütern sämbtlich belehnet / Crafft welcher sämbtlichen Belehnung auch einige erbliche Veränderung / ohne seiner Churfürstlichen Gnaden Bewilligung / krafftiglich nicht beschehen könte; Als haben sich beyderseits Ihre Chur- und Fürstliche Gnaden / zu Abwendung solches Mißverstandts / und Vorkommung alles unfreundtlichen Willens / so dieser Sach halben / zwischen Ihren Chur- und Fürstlichen Gnaden / durch andere Leute künfftiglich erregt werden möchte / folgender Gestalt verglichen / daß Hochermelter Burggraf Heinrich der Elter für seine Fürstliche Gnaden und derselben geliebten Bruder / Hochgedachten Burggraf Heinrichen den Jüngern / auch Ihr beyderseits Erben und Nachkommen / in Betrachtung des freundtlichen Willens / so Hochgedachter Churfürst iederzeit gegen Ihren Fürstlichen Gnaden erzeigt / auch insonderheit der obbemelten sämbtlichen Belehnung / so seine Churfürstl. Gnaden freundtlich zugesagt / wie sie auch solches hiermit thuen / da über kurtz oder

lang Ihrer Fürstl. Gnaden Gelegenheit dermassen vorfiele / daß Sie die obgemelten Voitlandt und Herrschafft Gera mit ihren Ein- und Zugehörungen gar oder zum Theil verkauffen / verbeutten oder verändern wolten / daß Ihre Fürstl. Gnaden dieselben Herrschafft und Güter Hochermelten Churfürsten oder seiner Churfürstl. Gn. Leibs-Lehens-Erben vor allen andern freundtlichen anbieten und zukommen wollen lassen / daß sich auch Ihre Fürstl. Gnaden derhalben unersucht zuvor seiner Churfürstlichen Gnoden / oder derselben Erben / in keine Handlung einlassen wollen; Und wiewohl Hochgedachter Churfürst zu Sachsen den Herren Burggrafen / als derselben freundlichen Oheim und Schwägern / solche Landt- und Herrschafften / auch sonst alle andere Wohlfarht freundlichen und wohl gönnen / und nicht gerne erfahren wolten / daß Sie die nicht behalten solten / dieweil aber seine Churfürstliche Gnaden sich der obbemelten sämbtlichen Belehnung zu erinnern / auch nicht gerne wolten / da es der Burggrafen Gelegenheit nicht were / dieselben zu behalten / daß die in ander Leute Hand kommen solten / als haben seine Churfürstliche Gnaden solch der Burggrafen Erbieten zu freundtlichen Gefallen angenommen / wollen auch in keinen Zweiffel stellen / Ihre Fürstliche Gnaden werden demselben also freundtlichen nachsetzen; es wollen auch seine Churfürstl. Gnaden hinwieder Ihren Fürstlichen Gnaden nicht weniger / dann bißher geschehen / allen freundtlichen / schwägerlichen und nachbarlichen Willen beweisen; damit auch solche freundtliche Vergleichung und Zusage umb so viel desto kräfftiger seyn möge / hat sich Hochermeldter Burggraf Heinrich freundtlich erbothen / Seiner Fürstl. Gnaden Herrn Bruders / Burggraf Heinrichs sonderliche Bewilligung hierzu zu erlangen / und dieselbe dem Churfürsten zwischen hier und Cantate zu zu schicken; Es wollen sich auch aller seits Ihre Chur- und Fürstliche Gnaden sämbtlichen befleissen / hierzu der Römischen Kön. Majest. unsers allergnädigsten Herrn / als des Lehen-Herrn / Gunst / Bewilligung / Confirmation und Befestigung fürderlich zu erlangen / wie dann Hochgedachter Burggraff dieses Erbieten und Zusagen auf diesen Fall der Römischen Kön. Majest. gnädigster Nachlassung und Bewilligung gethan / wird auch nicht gezweiffelt / Ihre Kön. Maj. werden in Ansehung der vorigen sämbtlichen Belehnung / und zu Erhaltung dieses freundlichen Willen und Fürnehmens / Ihr solchs gnädigst und wohl gefallen lassen / dasselbige auch beyderseits Ihrer Chur- und Fürstlichen Gnaden unterthänig Ansuchen bewilligen und confirmiren / alles treulich und ungefehrlich / und zu Behaltniß und Bekräfftigung dieses alles haben beyderseits Ihre Chur- und Fürstl. Gnade sich hierunter mit eignen Händen unterschreiben / und Ihre Secret hierunter wissentlich ausdrucken lassen. Geschehen auff Sanckt Anneberg Freytags nach Oculi, den dreyzehenden Martii, Anno tausend / fünff hundert und sechs und funfftzig.

(L. S.)
AUGUSTUS,
Churfürst.
(L. S.)
Heinrich der elter /
Burggraff zu Meissen.

III.

27 Août. Charles-Quint et Ferdinand pour l'Empire.

Constitution de l'Empereur CHARLES-QUINT, *par laquelle il abdique l'Empire en faveur de* FERDINAND *Roi des Romains, son Frére. Fait à Gand, le 27. Août* 1556. [GOLDAST. Tom. I. pag. 576.]

CAROLUS V. *Imper. &c.* JOANNI *Osnabrugensi Episcopo, Cameræ Imperialis Spirensis Præsidi, atque Assessoribus.*

(1) QUANDOQUIDEM jam longo tempore singularibus, evidentibus, atque honestis rationibus nos impellentibus, maximè verò propter extremam decursamque ætatem, perpetuam indiesque crescentem molestissimam infirmitatem, qua summoperè afflicti, attenuati, exhausti, & omnibus corporis viribus debilitati sumus, manifesta valetudinis nostræ ratione id exigente, in Filii nostri dilecti Philippi Regis Hispaniarum & Angliæ, Regnum Hispanicum, melioris commoditatis ergo,

(1) *Charles Quint* auroit fait cette Cession dès l'année précédente, s'il n'eût voulu auparavant tâcher d'obliger son Frére à permettre, que *Philippe*, Fils de *Charles Quint*, fût déclaré Roi des Romains, ce à quoi il ne put réussir.

Anno 1556. go, Deo opitulante, nos conferre constituerimus, atque ejus propositi executioni inhærentes jam jamque ab omnibus rebus instructi simus. Ne itaque in nostra absentia aut imbecillitate quid detrimenti (quod Deus avertere dignetur) Imperio accidat, è re cum primis esse duximus, huic aliisque periculis pro virili maturo consilio occurrere atque providere, quo Sacrum Imperium, ejusque gravissima negotia & causæ, etiam in absentia nostra rectè administrentur, deliberentur, tractentur, & expediantur: ideò ex fraterna atque benevola fiducia, quam de nostro dilecto Fratre FERDINANDO Romanorum Rege habemus, ei (utpote qui absque eo ordinaria Electorum Imperii Electione proximus noster Successor in Imperio constitutus est, cuique nobis deficientibus administratio & gubernatio Imperii immediatè & absque ulla contradictione competit) in nostra absentia liberam, plenam, nullisque limitibus atque conditionibus circumscriptam administrationem & gubernationem Sacri Imperii, in generalibus atque specialibus causis, ac omnibus quæ Romanorum Imperatori atque Regi ratione officii, conditionis, dignitatis, & amplitudinis de jure, consuetudine, & æquitate competunt, tradidimus atque commisimus. Id quod ex Germania discessuri vobis significare, & simul tanquam nostris ac Sacri Imperii fidelibus Ministris salutem nostram nunciare voluimus: hoc ipso benignè atque diligenter petentes, ut vos consideratis his in futurum, ut hactenus, Gloriam Dei atque Justitiam præ oculis habeatis, eamque nulli denegatam æquabiliter administretis, nec vos quemquam vel quicquam in Mundo ab hoc averti, excludi, atque præpediri patiamini, & dicto nostro dilecto Fratri Romanorum Regi in omnibus ac singulis non minus quàm nobis, si præsentes essemus, fideles, obedientes, atque morigeri sitis; eum, tanquam vestrum Ducem ac Caput, revereamini; ad eum, ut Romanorum, (cui hisce vos subjectos volumus) re exigente confugiatis, à sua Dilectione convenientia auxilia atque consilia petentes. Vicissim quoque sua Dilectio vos benignè commendatos habebit, & convenienter in causis justis tuebitur, proteget, atque defendet, omniaque suscipiet atque faciet, quæ publica justitia ac vestra necessitas atque conditio requiret, prout id à sua Dilectione fraternè petivimus, eique summa diligentia injunximus. In hoc præterquam quòd id vos decet, præstatis nobis officium pergratum nostra clementia remunerandum. Quod si etiam in futurum vobis universis aut singulis clementiam cum rerum vestrarum promotione declarare poterimus, obedientiæ vestræ Sacro Imperio præstitæ perquam benevolè recordabimus, eamque benigna gratitudine agnoscemus. Gandavi, 27. Augusti, Anno 1556.

IV.

4 Sept. Ratification PHILIPPI II. Königs in Spanien der zwischen dem Haus Osterreich und Burgund eines / und einer Löbl. Eydgnoßschafft andern theils getroffenen Erbeinigung. Gent den 4. Sept. Anno 1556. [MICHAEL STETTLERS Schweitzer-Chronic, oder Gründliche Beschreibung der Geschichten in Helvetia am 191. Blatt des V. Buchs im II. Theil Bern 1626. in Folio.]

C'est-à-dire,

Ratification de PHILIPPE II. *Roi d'Espagne, sur le Traité d'Union Hereditaire conclu entre l'Auguste Maison d'*AUTRICHE *&* *de* BOURGOGNE *d'une part, & les louables* CANTONS HELVETIQUES *d'autre part. A Gand le 4. Sept.* 1556.

WIr Philips von GOttes Gnaden / König in Hispanien / Engelland / Franckreich / Sicilien / auch die Indianischen Insuln / deß Oceanischen Meers / Ertzhertzog zu Osterreich / Hertzog zu Burgund Brabandt und Meyland / Graff zu Habsburg / Flandern und Burgund / Fürst zu Schwaben / Herre zu Frissen / Salins und Malines / auch der Stadt und Flecken deß Landes Utrecht und Ghrüningen / Herscher in Asia und Africa. Thun kundt öffentlich / und bekennen männiglichem mit diesem Brieff / Nachdem die Käyserl. Maj. unser Herr und Vater / etlicher billicher und rechtmässiger Ursachen halb / Ihr Maj. dahin bewegt / unsz alle Ihr Maj. Königreich und Erbland übergeben / und resignirt / solche jetzt und hinführo / als Kaiserl. Maj. rechter / leiblicher Erb und Nachkommener vergwaltigen / regieren und niessen etc. Und dieweil wir genugsam verständiget / und wissenschafft deß guten freundlichen Willen und Gunst / so alle unsere Land und Unterthanen / nicht allein der zeit Kaysers Maximiliani unsers Anherren / sondern auch bey der regierung unsers Herrn Vatters / bey den Orthen Löbl. Eydgnoßschafft / unsern lieben und getreuen Nachbaren / allewegen gefunden und gespührt / derhalben damit sie erkennen und sehen / daß wir solche Nachbarschafft / auch die alte Bündnuß und Erbeinigung / so sie mit dem Haus Oesterreich und Burgund / von altem herkommen haben / entlichs willens und fürnemmens sind / solche steiff und vest zu erhalten / verhoffen auch mit gelegenheit der zeit / uns und unsere Land härter und steiffer mit Ihnen zu verbinden / und uns gegen ihren gesampten Eydgenossen deß guten und günstigen willens / so wir zu ihne tragen / mit der that zu erzeigen / deßhalben hat es uns für gut angesehen ietztmahls genannte alte Bündnus und Erbeinigung von newen dingen zu bestättigen und confirmiren.

Welcher Bündnus und Erbeinigung inhalt durch unsere obgenente Anherren und Vatter also aufgenommen und versprochen / wir der Länge nach wohl vernommen und bericht / haben auch solche angenommen / bestätiget und confirmirt, bestätigen und confirmiren sie nochmahlen durch diesen Brieff / alles nach Ihren Form und Innhalt / verheissen und versprechen bey Königs Glauben solche in aller Masz und Gestalt / wie sie dann von Wort zu wort lauten / unverbrüchenlich / steiff und straf zu halten / und darwider in keynerley weg thun noch gestatten / daß darwider gethan werde / und deß zu Uhrkunde haben wir diesen gegenwärtige Bestättigung und Erbeinigung / mit unser eygenen Hand unterschrieben / und unser Einsiegel lassen henken / Geben in unser Statt Gent / den 4. Septembris nach Christi unsers Herren Geburt tausend fünffhundert sechs und funfzigsten Jahrs / unsers Reichs im Ersten.

V.

7 Sept. CHARLES QUINT ET FERDINAND POUR L'EMPIRE. *Edit de l'Empereur* CHARLES-QUINT, *pour la cession de l'Empire à* FERDINAND *Roi des Romains son Frère; fait à Sudbourg en Zelande, le* 7. *de Septembre* 1556. [GOLDAST. Tom. I. pag. 576.]

CAROLUS Quintus divina clementia Romanorum Imperator Augustus, universis & singulis Electoribus atque Principibus, tam Ecclesiasticis quàm Secularibus, Prælatis, Comitibus, Baronibus, Equitibus, Nobilibus, Capitaneis, Vicedominis, Præfectis, Vicariis, Magistratibus, Judicibus, Burgimagistris, Consulibus, Communitatibus, aliisque Sacri Imperii Subditis, & fidelibus dilectis, cujuscunque status, dignitatis & conditionis fuerint, lecturis, aut legi præsentes audituris, Amicitiam, Gratiam, & omne bonum.

1. Reverendissimi, Venerabiles, Illustres, Amici & Cognati charissimi, similiter Generosi, Nobiles, & Spectabiles, devoti & fideles dilecti: Cum multis & gravissimis causis moveamur, & maximè quod ætate ac continua molestia infirmitatis, debilitatis, omnibusque virib. corporis ad res obeundas necessariis destituti simus, & jam longo tempore constituerimus, Serenissimo Principi Regi Angliæ & Hispaniæ Regna nostra tradere, & consueta nostræ Aulæ Sede relicta huc concesserimus ad Naveis: quibus omnibus necessariis instructis, cum venti secundi afflaverint, velificemur, nullo hoc iter nostrum, nisi solo Deo, impedituro. Unde cum propter talem absentiam administratio S. Imperii ad Sereniss. & potentiss. Principem, Ferdinandum Regem Romanorum, Hungariæ, atque Bohemiæ, & Fratrem nostrum Charissimum, ut legitimè electum Romanorum Regem, & post nos in ea, absque ulla contradictione, proximum Successorem pertineat, eique sæpius multis retroactis annis in nostra absentia nomine nostro magna fide præfuerit, sustinendo, verè fraterna atque benevola sollicitudine, gravissimum Imperii administrationis onus. Ideo ne Respublica Christiana, maximè Sacrum Imperium, nobis procul absentibus, aliquod detrimentum (id quod Deus avertat) patiatur, & quò prædictus noster Rex Romanorum negocia Imperii majori autoritate

ANNO 1556. ritate tractare possit: Volumus & constituimus, ut tanquam Rex Romanorum per se absolutè, citra nostram tractationem, habeat potestatem faciendi, tractandi, & mandandi quæcumque ad dignitatem, commodum, & augmentum Sacri Imperii necessaria & oportuna videbuntur in modum, quo nos, ut Imperator & Rex Romanorum, faceremus.

2. Et sanè nihil magis in votis habuimus & expetivimus, quam ante institutam profectionem in Civitate nostra Imperiali Ratisbona comparere, & vobiscum negocia publica deliberata ad exoptatum finem deducere, Sacrique Imperii Regimen præfato Romanorum Regi, Fratri nostro dilecto, in publico Conventu committere, cum dispositione, ut ipse ei nomine nostro præesset, & commonitione ad præstandam illi debitam obedientiam: sed invaletudo nostra, nota cuilibet, passa non est, ut itineri tam longo & maximè terrestri nos committeremus; præterquam quod maximè consultum est visum negligere occasionem, quæ hoc tempore navigationi quàm maximè commoda esse solet. Quare cùm ad indicta Comitia personaliter non venerimus, nec, quod in votis nostris erat, alias susceptas rationes ad constitutum & exoptatum finem perduxerimus, ad minus voluimus dilectioni & devotioni vestræ, vobisque hoc Edicto institutum animi nostri patefacere, & expressè vobis universis & singulis mandare atque injungere de potestate Imperiali, tenore præsentium, sub gravissima indignatione & pœna, ut, quemamodum dictum est, fidelitatem & obedientiam Regi Romanorum præstetis, & eum vice ac nomine nostro in omnibus Edictis, Mandatis & Actionibus revereamini, nec ei in re ulla repugnetis, sed eum omni cultu prosequamini, non secus ac nos in Imperio existentes observaturi essetis, nec aliter faciatis, aut nobis persuaderi sinatis, in quantum quisque vestrum gravissimam nostram indignationem effugere voluerit. Hæc est expressa & ultima voluntas nostra.

Datæ sub impressione Sigilli nostri, Sudburgi in Zelandia, VII. die Septembris Anno à Nativitate Christi MDLVI. Imperii nostri XXXVI.

VI.

1557. 6 Janvier. Capitolatione di CORREGGIO col Duca ERCOLE II. di Ferrara, il 6. di Gennaro 1557. [Sur une Copie manuscrite & ancienne.]

GLi Illustri Signori Giberto, & Camillo, & Fabritio; per il qual Fabritio essi Signori Giberto, & Camillo, promettono, & si obligano all' osservanza della presente Conventione, promettono all' Eccellentissimo Signor Duca di Ferrara che il Presidio che hora si trova in Correggio & tutti i Soldati fuorastieri saranno usciti di detto Luogo, Dominica prossima che sara alli sette del Mese presente ad hore diciotto, & che detto Presidio possa uscire con le Bandiere spiegate, Armi loro, & con le Bagaglie senza molestia; anzi che sua Eccellenza le faccia accompagnare fino al Pò da suoi Commissarii ò farli una Patente, portandosi essi Soldati modestamente senza fare violenza alcuna nello Stato di sua Eccellenza.

Item che detti Signori non habbiano ad accettar Presidio ne ammettere in quel Luogo alcun ribelle di sua Eccellenza, ne persona che sia per macchinare contra la santa Lega, S. Santità, Rè Christianissimo, & sua Eccellenza; ne da quel luogo & Stato loro verà mai disturbo alcuno alla santa Lega, alla Santità di Nostro Signore, alla Maestà del Rè Christianissimo, ne allo Stato di S. Eccellenza.

Item che detti Signori staranno dui di detti Fratelli, con le loro persone presso di sua Eccellenza, cio è il Signor Fabritio, & uno delli predetti Signori Giberto ò Camillo, & appresso vinti huomini di Correggio staranno per Hostaggi nello Stato di sua Eccellenza ove parerà à lei, fin che sarà data la sigurtà infrascritta.

La quale hà da essere che per osservanza della presente Conventione, & stabilimento li detti Signori promettono di dar sicurtà, cio è cinquantamila scudi in contanti, frà dui Mesi futuri dal dì della Data della presente Conventione, ò in Roma, Venetia, Bologna & Lucca, ò nello Stato di sua Eccellenza, ò in Mantua, intendendosi però che in quella di Mantua vi sia il consenso di quel Signor Duca, che l'effetto della essecutione di detta sigurtà, ne habbia da essere impedito per qualsivoglia causa ch' el potesse esser fatto & la predetta sicurtà di cinquantamila scudi di contanti, si possa dare divisamente in detti Luoghi pure che ascenda alla somma de i predetti cinquantamila scudi, & per gli altri cinquantamilia, obligano à sua Eccellenza tutti gli beni stabili che li Signori di Correggio hanno nello Stato di sua Eccellenza & nella Mirandola, che saranno annotati nel fine della presente Conventione: Promettendo essi Signori Giberto, & Camillo di mantenere à sua Eccellenza detti beni, & per maggior sicurezza di quest' effetti li detti Signori, oltra li detti Ostaggi, promettono di consignar tutti i beni del Signor Girolamo di Correggio nello Stato di Correggio, & darne libero possesso à sua Eccellenza, riservata però la parte che pertiene al Dominio & Giurisdittione. Il qual possesso habbi à restare in mano di sua Eccellenza fin tanto che sarà effettuata la sigurtà delli cinquantamilia scudi di contanti, & questa Conventione, & Obligatione delli Signori di Correggio s'intenda durare mentre che durarà questa sacra Lega & che sua Eccellenza sarà Luogotenente del Rè Christianissimo, & per quello che tocca alli Stati di sua Eccellenza habbi à durare perpetuamente con lei & con gli Illustrissimi suoi Successori.

Item che gli huomini di Correggio siano obligati per tutte le sedici hore del Lunedi prossimo, giurare, in quello che loro spetta, la osservanza delle sudette Conventioni, & possino conversare, negotiare, trattare, & haversi nello Stato di sua Eccellenza come prima si havevano.

Et effettuate che saranno le sopradette cose nelli tempi sudetti circa le securtadi, quelli che si trovaranno Hostaggi se ne possano tornare liberamente à casa sua, eccetto il Signor Fabritio il quale habbi à star presso à sua Eccellenza per trè anni.

Et effettuandosi la presente Conventione s'intenda esser derogato à tutte l'altre precedenti Capitolationi & à questa sola si attenda, & in caso d' inosservanza, s'intenda che l'altre Capitolationi restino in suo vigore oltra il cader nelle pene convenute nella presente Conventione.

Et all' incontro lo predetto Illustrissimo Signor Duca promette, in fede di leal Prence, che dalli esserciti della sacra Lega, dalla Santità sua, ne dal Rè Christianissimo, ne da lei, lo Stato di Correggio non sarà in modo alcuno offeso ne dannificato; anzi sua Eccellenza haverà per raccommandati le cose di Correggio & le favorirà in tutto quello che potrà.

Item quando li detti Signori di Correggio dubitassero d'essere assaltati, & violentati da' nemici della sacra Lega & di sua Eccellenza, che in tal caso habbino ad haver ricorso à predetta sua Eccellenza, dimandando aiuto in tempo che si possa dar atto à difenderlo, cessato il sospetto elli Signori li possano licentiare à piacer loro.

Nota delli beni obligati per la sicurtà delli cinquantamilia scudi in beni stabili.

Prima tutti li beni del Signor Giberto & Fratelli posti sul territorio di Ferrara & la Mirandola, & più Casa Lettin posta nel Ducato di Reggio.

Et più tutti li beni di Campo Riniero per indiviso, & quelli particolari del Signor Girolamo da Correggio, & più la Valle di Campigine.

Et più tutte le Possessioni de' Cittadini di Correggio poste sul Territorio di Reggio, Carpi, Modena, San Martino, intendendo però che li predetti Signori di Correggio possano fare obligare li detti beni de' Cittadini per cautione di chi prometterà & farà loro sicurtà delli contanti 50m. Scudi, & in tal caso della detta sicurtà data li detti beni restino liberi dalla predetta obligatione de' cinquantamila Scudi, di beni stabili, &

ANNO 1557. *& per maggior fermezza la presente sarà transcritta di mano delli predetti Signori Giberto & Camillo, & signata de loro Sigilli.*

Dato in Carpi adi 6. di Febraio 1557.

(Luogo del Sigillo del Duca Ercole.)

HERCOLE D'ESTE
Prometto quanto è di sopra.

Jo GIBERTO DI CORREGGIO *prometto di osservare quanto è soprascritto.*

(Luogo del Sigillo del Signor Giberto.

Jo CAMILLO DI CORREGGIO *prometto quanto sopra è scritto, & in fede di Cavaliere mi obligo quanto di sopra.*

(Luogo del Sigillo del Signor Camillo.)

VII.

13. Avril. **Erb-Einigung zwischen der Cron Böhaimb und dem Chur- und Fürstl. Hauß Sachsen/ von Kayser Ferdinando I. und Churfürst Augusto/ wie auch Johann Friederich dem Mittlern/ Johann Wilhelm/ und Johann Friederich dem Jüngern/ Gebrüdern/ alle Hertzogen zu Sachsen aufgericht. Geben zu Prag den 13. April 1557. Versprechen sich auf ewig reciporcirliche Freundschafft/ Treue und Beystand: Vergleichen sich auch der art und weise/ um alle unter ihnen entstehende sprüche und strittige punckten in der güte beylegen zu können.** [CHRIST. GASTELIUS De Statu Publ. Europæ Noviss. Cap. IX. pag. 428. D'où l'on a tiré cette Pièce, qui se trouve aussi dans LUNIG Teutsches Reichs-Archiv. Part. Spec. Abtheil IV. Absatz. II. pag. 87.]

C'est-à-dire,

Union Hereditaire, entre la Couronne de BOHEME *& la Maison Electorale & Ducale de* SAXE, *faite & conclue par l'Empereur* FERDINAND I. *pour lui & ses Successeurs Rois de Boheme, avec* AUGUSTE *Electeur de Saxe,* JEAN FREDERIC le puisné, JEAN GUILLAUME, *&* JEAN FREDERIC le jeune, *Freres & Ducs de Saxe, par laquelle ces Princes se promettent reciproquement une fidelle & perpetuelle Amitié & Assistance, & conviennent de terminer amiablement les Diferents qui pourroient dans la suite survenir entr'eux. A Prague le 13. d'Avril 1557.*

WIr Ferdinand/ ꝛc. bekennen offentlich mit diesem Brieff/ allen denen die ihn sehen oder hören lesen/ ꝛc. Nachdem Wir uns vergangenen tausent fünff hundert und sechs und viertzigsten Jahrs/ den 15. Tag deß Monats Octobris, mit wohlbedachtem Muth und Rath Unserer Cron Böheim getreuen Unterthanen/ Herren Rittern und Knechten/ und andere Unserer Land Leuthe/ in guten treuen/ ohne gefährde/ für Uns/ Unsere Erben/ Erbnehmen und nachkommende Könige in die Cron Böheimb/ mit weyland dem Hochgebohrnen Moritzen/ Hertzogen zu Sachsen/ Landgraffen zu Thüringen/ und Marggraffen zu Meissen/ deß Heil. Römischen Reichs Ertz-Marschalls/ Unserm Lieben Ohmen und Chur-Fürsten/ auch Ihrer Libden Erben/ Erbnehmen und Nachkommen/ einer ewigen Erb-Einigung freundlich und gnädiglich verglichen haben/ wie dan dessen die Verschreibungen/ zu beyderseits an obbemeldten Datum aufgerichtet/ weiter ausweisen. Nachdem aber nach den Willen Gottes jüngst vergangenen Jahre/ obberührter Chur-Fürst Moritz seeliger Gedächtnuß mit Todt abgangen/ als hat Uns hierauf Seiner Liebe nachgelassener Bruder itziger Chur-Fürst/ Hertzog Augustus durch dessen vollmächtige Abgesandten und Räth/ die Gestrenge Unsere liebe getreuen Heinrich von Gersdorff uff Doberling/ deß Coburgischen Crayses in Meissen Ober-Hauptmann/ und Heinrichen von Bünau auf Wiesenstein/ freundlich und bittlich ersuchet und angelanget; Daß Wir obangezeigete Erb-Einigung mit Sr. Liebd. derselben Erben und Nachkommen/ wiederumb freundlich und gnädiglich vornehmen/ deßgleichen auch zu solcher Erb-Einigung Ihrer Liebden Vettern die Hochgebohrnen Johanns Friedrichen den Mittlern/ Johanns Wilhelm/ und Johanns Friedrichen den Jüngern/ Gebrüdere/ Hertzogen zu Sachsen/ Unsern lieben Oheimen und Fürsten/ weyland deß Hochgebohrnen Johann Friedrichen Hertzogen zu Sachsen seeliger Gedencken/ nachgelaßne Söhne in derselben Erben/ Erbnehmen und Nachkommen/ zu vollkommlicher endlicher Verbindung deß gantzen Hauses Sachsen/ zu Uns gnädiglich kommen lassen/ und annehmen wollen; So wir dann umb solche Erb-Einigung/ nicht minder und zu gleicher Weise durch itzt berührte drey Gebrüder/ die Hertzogen zu Sachsen in itziger Cron Böheimb allhier gehaltenen Land-Tag untherthänig und freundlich angelanget und gebetten worden seyn; Demnach so haben Wir Uns mit zeitigem wohlbedachtem Rath/ guten Wissen und Willen Unserer Cron Böheimb gehorsame Stände und andere Unsere getreuen Rähte/ Officirer/ Land-Leute und Unterthanen/ stattlichen Bewegung der Sachen/ und aus sonderlichen und freundlichen gnädigen Willē/ so Wir zu berührten Chur- und Fürsten deß Hauses zu Sachsen tragen/ zu obgedachten Chur-Fürsten und Sr. Liebd. Vettern den dreyen Gebrüdern Hertzogen zu Sachsen ewiglich uns in guten Treuen ungefehrde verbunden/ verbinden uns auch hiemit/ wie obstehet/ von neuen für Uns/ Unsere Erben und Erbnehmen nachkommende Könige/ und die Cron Böheimb wissentlich und in Krafft dieses Brieffs in aller Maß/ als hernach beschrieben stehet; Als daß Wir/ Unsere Erben/ Erbnehmen und nachkommen Könige/ und auch die Cron Böheimb zu ewigen Zeiten nimmer zu fehden/ feindschafften/ oder Eingriff kommen/ auch den Unsern in Unsern Landen und Gebieten gesessen/ ungefehrlich nicht gestatten/ sondern allewege einander mit gantzer Treue meinen/ ehren und fördern sollen und wollen/ auch daß Wir demselben Chur-Fürsten Hertzogen Augusto/ derselben Vettern Chur-Fürsten/ Hertzogen/ Ihrer Erben/ Erbnehmen und nachkommenden Hertzogen zu Sachsen gerahten und beholffen seyn sollen und wollen/ ewiglichen zu behalten/ schützen und schirmen/ Ihrer Liebden Fürstenthumb/ Land und Herrschafften/ Erbguth/ Ehre/ Recht und Gewonheit/ und die Hülffe sollen und wollen wir ihnen thun/ mit aller Unser Macht ohnē Gefehrde/ wieder allermänniglich/ niemanden ausgenommen/ von denen sie angegriffen/ verhindert/ oder beschädiget werden/ und die an Ihr Liebden Fürstenthumben/ Herrschafften/ Erbgütern/ Ehre/ Recht und Gewonheit/ Land und Leute/ Geistlich und Weltlich greiffen/ und in einerley Weise Hinderung oder Schaden thun wollen/ bey Name an dem Land und Fürstenthumb zu Sachsen/ an der Wahl eines Römischen Königs/ eines künfftigen Käysers/ und an dem Land Thüringen/ Meissen/ Osterland/ und Voigtland/ so viel Ihr Liebd. daran zugehörig und zuständig ist und seyn wird. Und sollen auch Wir Unsere Erben/ Erbnehmen/ nachkommende Könige/ auch die Cron zu Böheimb/ Ihr Libd. und aller derselben Erben/ Hertzogen zu Sachsen/ Landgraffen in Thüringen/ und Marggraffen zu Meissen/ daran gemeiniglich oder sonderlich nimmermehr in keinen Zeiten irren/ hindern/ oder ansprechen in keiner Weise/ sondern sie darzu getreulich helffen/ schirmen und handhaben wieder allemänniglich/ als vorgeschrieben stehet/ und wann Wir Unsere Erben/ Erbnehmen und nachkommende Könige zu Böheimb wegen der genandten Unsern lieben Ohmen der Hertzogen zu Sachsen/ Landgraffen in Thüringen/ und Marggraffen zu Meissen ihren Erben und Nachkommen ermahnet werden/ so wollen und sollen Wir/ inwendig eines Monats/ ihnen zu Hülffe kommen/ würde aber die Hülffe eylend noth werden/ so sollen Wir mit der Hülff auch eher kommen/ nach dem Tage solcher Anmahnung/ immassen als vorgeschrieben stehet/ wann Wir auch den obgenandten Chur- und Fürsten zu Sachsen zu Hülffe kommen/ oder Unser Volck zu Hülffe schicken/ so sollen Sie Uns oder denselben/ die Wir Ihnen zu Hülffe senden werden/ mit Bier/ Brodt/ mit Küchen-Speiß/ und wo man nicht im Felde lieget/ mit Futter versorgen ohne Gefährde. ANNO 1557.

Nehmen

Anno 1557.

Anno 1557.

Nehmen aber Wir oder die Unsern einigen Schaden/ den seyn Sie Uns auszurichten oder abzutragen nicht pflichtig. Gewinnen Wir aber miteinander Schlosz und Städte/ die in Unsern Landen nicht gelegen wären/ oder von Uns nicht zu Lehen giengen/ die sollen Wir brechen/ und gleich miteinander theilen/ wie Uns das allerbeste miteinander gefället; Nehmen Wir aber Frommen an Schlössern und Städten/ die in Unsern Landen gelegen wären/ oder die von Uns zu Lehen giengen/ der Frommen soll Uns alleine bleiben/ wäre es aber/ dasz Wir und die Unsere Frommen nehmen an Gefangenen/ die sollen Wir nach jetzliches Anzahl gewapneter Leute gleich mit einander theilen/ und umb disz/ dasz Wir desto basz uñ mit Lob Unserer Königreichen und Lande/ friedlicher gehalten werden mögen; So haben wir Uns mit ihnen vertragen/ ihnen ihre Land und Strassen getreulich helffen schützen und schirmen/ damit der Kauffmann/ Pilgram/ und ein jeglicher sicher wandeln möge/ Wir sollen und wollen auch für Uns selbst/ auch den Unsern ungefährlich nicht gestatten/ ihre Feinde und Widersacher/ in Unsern Schlössern/ Städten Märckten/ Landen und Gebieten/ nicht hausen/ hofen/ etzen/ träncken/ oder keinerley Hülffe/ Vorschub oder Beystand thun/ und demnach zwischen weyland König Uladislao und Hertzog Georgen zu Sachsen derowegen ein Vertrag und. Vereinigung aufgerichtet/ der daro stehet/ zu Budissin am Sonnabend desz Tages S. Nicolai Episcopi Anno 1505. darinnen ausgedruckt/ welcher Gestalt es mit den Befehdern und Beschädigten/ auch mit der Folge und erobern deren Häuser und Beherberger solle gehalten werden. Demselben Vertrag soll in allen seinen Artikuln nachgegangen werden/ mit dieser Erklärung/ wann dem Beschädigten oder Befehder nachgefolget wird/ so sollen eins Theils Diener und Unterthanen/ in desz andern Land nachzufolgen/ und darinnen den Feind oder Beschädiger gefänglich anzunehmen haben/ doch dasz er sich in desz Landes Herrn nächste Ambt/ oder seiner Unterthanen/ Prælaten/ Graffen/ Herren vom Adel/ oder Städt/ in deren Gericht er gefangen/ und also solche Fehder oder Beschädiger gefänglich verwahren lassen/ doch soll keiner mit gewaltigem Heer dem andern in das Land einziehen/ auch die Nacheyl oder Nachfolge der Beschädiger in allwege ohne Schaden der Unterthanen und Land beschehen/ Wir sollen und wollen auch den obgenanten Chur-und Fürsten Ihr Ld. Erben/ Erbnehmen und Nachkommen an ihren Landen/ Leuten/ Regimenten/ Auszatzungen mit allen ihren Herrligkeiten/ keinerley Eingriff/ Irrung oder Eintrag thun/ noch Uns der ihren weder sie annehmen/ vertheydigen oder versprechen/ auch niemand der Unsern/ solches gestatten in keinerley Weise ohne Gefehrde/ und auch dasz solch Unser Einigung desto beständiger und aufrichtiger mag gehalten werden/ so haben Wir Uns auch darbey vertragen/ ob Wir mit dem obbemeldten Chur-und Fürsten einen von Sachsen zu schicken gewinnen/ von Sachen wegen/ die sich hinfüro begeben würden/ wann Wir dann demselben darumb schreiben/ und ihne einen Tag/ der dann in einem Monat nach solcher Schrifft erscheinen soll/ benennen/ so sollen wir beyde Theile Unsere schiedliche Rähte auf solchen Tag gegen Eger in die Stadt schicken/ daselbst hinkommmen/ versuchen und Fleisz haben/ die Sachen gütlich zu verrichten/ ob sie aber die Gütigkeit nicht erlangen möchten/ so sollen Wir einen Obmann benennen/ aus desz andern Rähten/ derselbe Obmann soll sich auch der Sachen beladen/ und ihme einen Monat/ von der Zeit an zu rechnen/ als er zu einem Obmann benennet wird/ einen Reichs-Tag gegen Eger setzen/ zudem sollen Unser jeder zween Rähte niedersetzen/ dieselbe beyde Partheyen im Rechte gegeneinander nothdürfftig verhören/ und wie sie alle/ oder der mehrer Theil/ die Sache im Rechte entscheiden/ dabey soll es bleiben/ und von uns beyden Theilen nachkommen und gehalten werden ohne Wegerung und Auszuge/ getreulich und ohne Gefehrde/ und solcher Entscheid soll geschehen in einem halben Jahr/ von der Zeit an zu rechnen/ als der erste Rechts-Tag von dem Obmann gesetzet ist; Es wäre dann/ dasz sich die Sache durch Erkandtnusz der Rechten länger verziehen würde/ dem soll auch nachgekommen werden/ und der obgenannte Obmann soll solcher Pflicht und Eyd/ damit er dem Herrn desz Rath er ist/ verwandt wäre/ in diesen Sachen desz Rechten/ von dem Herrn/ dem er verwandt ist/ unverzüglichen/ alsobald er zu einem Obmann benennt wird/ ledig gezehlet werden/ es soll auch der Herr/ desz Rath er ist/ darzu helffen uñ vermögen/ dasz er sich solcher Rechten annehme/ belade/ und den Sachen/ wie obstehet/ nachkomme. Ob aber Unsere Prælaten/ Graffen/ Herren/ Ritter/ Knechte oder Unterthanen/ mit dem obgedachten Chur-Fürst/ Hertzogen Augusto oder Seiner Liebd. Vettern vorgenant/ zu thun gewinnen/ so soll er sich darumb Recht begnügen lassen/ für dem Rechten desz/ mit dem er zu thun vermeinet zu haben/ doch dasz die Sache in einem halben Jahre von dem ersten Rechts-Tage an zu rechnen/ entscheiden werde/ wie obstehet. Würden aber Unsere Unterthanen beyderseits gegeneinander zu schicken/ gewinnen/ in wes Stands/ Würde oder Wesens der oder die wären/ berührete das Geistliche Gericht/ das soll an Geistlichen Gerichte gehandelt werden/ berührete es aber auf Lehn/ darumb soll man vor der Lehingern Gerichte rechten/ von dem die Güter/ darumb man dann rechtet/ zu Lehen herrühren.

Thäte es aber persönliche Sprüche antreffen/ die sollen verrecht werden/ an dene Gerichten/ darinnen der Antworter gesessen und wohnhafftig ist/ doch/ wären es Ritter oder Knechte/ und die in keinem Gericht gesessen wähmen/ alsdann soll der Antworter gerecht werden/ vor dem/ desz Rath/ Diener oder angehöriger er ist/ und so jemand in allen Fällen/ wie obgemeldt/ also binnen einen Monat/ Recht nicht erlangen köndte/ also soll Uns dem Landherrn der Kläger solches und wie/ aus was Ursach er verzogen worden/ vermelden/ als sollen und wollen Wir ohne einigen Verzug mit dem Richter verschaffen nach Gelegenheit der Sachen/ mit der Hülffe oder dem Rechten/ binnen einer nahmhafften Zeit/ ist es in Unser Cron Böhmen mit Rath Unsers Stadthalters/ ist es in benannter Chur-und Fürsten Land mit Rath Ihr Liebd. Ober-Hoffgerichts Hoffrichtern/ schleunig zu verfahren/ und was dann durch ihnen zu Recht erkandt/ da soll es ohne Weigerung darbey bleiben/ und kein Theil zum appelliren Fug haben/ wo aber der Richter die Sache/ binnen der Zeit/ die wir ihme ernennen/ zu Endschafft nicht fördern würde/ alsdann sollen Wir dem Kläger vergönnen einen Schiedes-Richter aus Unsern der Herrschafften/ darunter der Beklagte gesessen/ Rähte zu erwehlen/ welcher ihm geliebet/ und wann solches geschicht/ und Uns seine Herrschafft durch den Kläger angezeiget wird/ soll er alsobald durch Uns seiner Pflicht/ damit er Uns verwandt/ zur selben Sach losz gezehlet/ uñ mit Gelübden durchaus an Eydes statt in Beyseyn desz Klägers eingenommen werden/ dasz er sich in derselben Sachen/ gegen den Partheyen unverdächtig und ohne Betrug/ wie einem Richter geziemt/ nach allen seinem Vermögen und besten Verständnus halten wolle. Und zu Stund/ wann solche Zusage von ihme geleistet/ soll er in zweyen Monaten nächst darnach/ sich/ wo er von Uns/ Unsern Nachkommen oder Erben verordnet/ gegen Brix/ wo er aber von gedachten Chur-und Fuersten/ ihren Erben oder Nachkommen verordnet/ gegen Pirnau order Solfeld begeben/ und Uns beyden/ nemblich desz Beklägers und Beklagten Herrschafften den Tag/ wann er einkommen will/ deszgleichen den Partheyen anzeigen/ dann wollen Wir ein jeder/ desz Unterthanen die Sache betrifft/ ihme zween Unsere Rähte/ derselben Zeit und Stelle zuschicken/ welche die Sache neben ihme sollen verhören/ vortragen/ oder alsobald darüber/ was recht ist/ endlich erkennen/ und was dann durch die also erkandt/ darbey soll es bleiben/ und ein Theil soll dem andern/ laut desz Spruchs/ in Monats Frist/ ohne Wegerung bezahlen/ und beyde Theil ohne Behelff oder Ausflucht dem geschehenen Erkandnus folgen/ und in Wegerung desz soll der beklagte Herr die Hülffe thun/ wäre es auch Sache/ dasz einig Theil Gezeugen wolte verhören lassen/ die soll er auf die Zeit/ wann der Schied-Richter/ wie obgemeldt/ seine Zusage zu der Sachen thut/ angeben/ darauf sollen durch Uns die Herrschafften/ darunter die Gezeugen gesessen/ Commissarien/ solche Gezeugen auf die Form/ wie jedes Orts Brauch ist/ bey ihren geschwornen Eyden/ auf desz Zeugenführers Articul und der andern Theil Fragstücke durch einen glaubwürdigen Notarien/ in Beyseyn zweyer Männer/ zu verhören/ verordnet/ und sollen ihre Auszsag fleissig aufgeschrieben werwerden/ und beyden Partheyen auf die vorgemeldte Zeit zu Brix/ Pirna/ oder Solfeld geöffnet/ gelesen/ und sie daraus ihrer Nothdurfft nach mündlich gehöret/ uñ alsdann in der Sachen erkandt/ und allwege in der Cron den Böhmische Rechten und Ordnung/ und zu Meissen in Thüringen nach Sächsischen Rechten/ und in der Graffschafft Henneberg und Ortland in Francken nach angesetzten üblichen Käyserlichen gemeinen Rechten geurtheilet und gesprochen werden.

Deszgleichen ob Unser einer oder Unsere Erben mit desz andern Unterthanen zu schicken/ Schuld und andere Zusprüche zukünftig bekommen würden/ so soll Unser jeder Unserer Nachkommen und Erben dem andern/ wie nechst bemeldt/ bey desz Beklagten ordentliche Richter zu helffen/ oder da die Sache nicht klar oder liquida wäre/ in schleunigen Rechtlichen Austrage/ mit Erwehlung eines Obmanns

Anno 1557.

manns und Zusetzung der Rähte / wie oben gemeldt / verschaffen / und verstatten / auch Execution thun lassen.

Wir / Unsere Erben und nachkommende Könige in Böheimb wollen auch verfügen / und verschaffen / wie umb bekändtliche Schuld / oder umb Sachen / die mit Brieff und Siegel beweiset / von Unsern Ohmen / Chur-und Fürsten / ihren Erben / Erbnehmen und nachkommen Hertzogen zu Sachsen selbst / oder ihren Unterthanen / bey Uns selbst / Unsern Erben / Erbnehmen / nachkommenden Königen zu Böheimb / oder Unsern Unterthanen Hülffe gebetten wird / daß dißfalls Wir und Unsere Unterthanen die so die Hülffe suchen / und solchem Beweiß mit Brieff und Siegel fürlegen / in keine unnothdürfftige Rechtfertigung führen sollen und wollen / sondern ihnen Innhalts deß Beklagten eigenen Bekändtnus / oder der fürgelegten Brieff und Siegel schleunig und aufs längste in Monats Frist verhelffen / und in Verbleibung deß Oblegers Ansuchen / in 14. Tagen selbst verhelffen lassen / damit der Kläger die Bezahlung bekomme und erlange.

Im Fall aber / da der Beklagte am Gute nicht zu bezahlen hätte / alsdann sollen Wir und die Unsern in dem Gerichte der Schuldiger antroffen / verpflicht seyn / auf deß Glaubigers Ansuchen / zu seinem Leib zu greiffen / und ihn gefänglich setzen / und auf deß Glaubigers Unkosten halten zu lassen; oder aber da der Gerichts-Herr deß Haltens / oder auch der Glaubiger der Unkosten wegen sich beschweret / so soll der Gerichts-Herr schuldig seyn / den Schuldmann dem Glaubiger an seine Hand zu geben und folgen zu lassen / den mag der Glaubiger mit Fesseln / daß er ihm nicht entlauffe / verwahren / und an seine Arbeit stellen / bis so lang daß er ihme zu niessen gibt / die Schuld abarbeitet / oder sich sonst mit ihm verträget / doch ihm am Leben nichts Schädliches zu füge.

Es sollen aber hiervon ausgenommen seyn die neuen freyen Berg-Wirth / es wäre dann Sach / daß der Beklagte erhebliche Ursachen fürwendete / nemblich daß die Schuld bezahlet / oder durch Verlauffung Rechts-verwehrter Zeit getödtet / præscribiret und verloschen / und dergleichen Austrag gelassen werde / wie obstehet / und sonsten ihnen keiner Fristung / gefährlichen Aufzug und Behelff gestattet / und obs geschehe / durch Uns abgeschafft werden ohn Gefährde.

Dieweil Wir dann auch schleuniges Rechtens Execution der Urthel / bekänntlicher uñ überweisseter Schuld / wie gemeldet / verhelffen lassen wollen / so soll auch Unser keiner in seinem Königreich / Fürstenthumb / Landen und Gebieten gestatten / deß anderen Unterthanen oder Verwandten zu kümmern und aufzuhalten / umb Schulden willen / es wäre dann Sach / daß die Schuld an dem Ort zu bezahlen verschrieben oder zugesagt wäre.

Als sich auch offtmals zugetragen bey Unsern Vorfahren / wann sie die Rähte beyderseits zusammen geschickt / daß die Rähte ein Theil Böhmisch / der ander Theil Teutsch / deßgleichen auch die Unterthanen also haben reden wollen / daraus erfolget / daß die Sachen ungehört blieben in die Rähte / deßgleichen die bescheidene Unterthanen ohne Endschafft von einander ziehen müssen / daraus weiter Irrung und Fehden / und anders erfolget.

Derhalben haben Wir Uns vereinigt und verglichen / weil in der Cron Böheimb unter allen Ständen viel Personen sind / die der Teutschen Sprache berichtet / daß hinfürter so offt die Zusammenschickung durch Uns alle oder zum Theil geschicht / die Rähte und die Unterthanen die Teutsche Sprache gebrauchen sollen / und Wir Unsere Nachkommen uñ Erben wollen / so offt die Rähte zusammen geschickt / und der Unterthanen Sachen handeln / eine Person / so der Leute Nothdurfft vertragen kan / die beydes der Teutschen und Böhmischen Sprache berichtet sey / verordnen / wann es sich auch also zu tragen würde / daß beyderseits Unterthanen gegeneinander zu klagen haben / so soll anfänglich der Cron Böheimb Unterthanen einer mit seiner Klage / und wann darauf ein Bescheid von denen Rähten gegeben / alsdann Unserer Ohmen deß Chur-Fürsten / und Seiner Liebden Vettern der Fürsten zu Sachsen Ihr Liebd. Erben und Nachkommen / Unterthanen einer mit seiner Klage / und also fürter verwechselter Weise die Klagen und Antwort der Unterthanen gehöret werden / und es sollen auch die Rähte keine andere Sachen der Unterthanen fürnehmen / es sey dañ in der Sachen / die sie angefangen / ein Bescheid oder Abschied gemacht / uñ nachdem die Stände Unserer Cron Böheimb Beschwerung tragen / daß sie Todesfälle halber das Erbe und Gefäll aus der Cron Böheimb in andere Lande folgen lassen sollen / und deß Ursachen vorwenden / daß es vor Alters nicht also herkommen seyn soll / dagegen die Unterthanen bemeldter Unser Oheimb der Chur-und Fürsten zu Sachsen auch nicht schuldig seyn wollen / solche Erbfälle / wie die genannt mögen werden / in der Cron Böhmen folgen zu lassen.

Demnach / wo sich die Nachbarn in derer Gericht und Obrigkeit sich Erbfälle zu tragen / sich freundlich vergleichen / daß und welcher Gestalt einer dem andern die Gefäll aus seinen Gerichten will folgen lassen / und darüber nicht gestatten / daß die Unsern die Erbfälle an denen Orten fördern und berechnen sollen / dahin sie die selbst und wiederumb nicht folgen lassen wolten / nach dem es nicht gleich wäre / dasjenige von andern zu fordern / das man in gleichem Fall wiederumb nicht geben wolte. Ob sichs begebe / daß einer umb seine Verhandlung willen Unser deß einen Theils Landen zu rechten mit Urthel vertheilet flüchtig / und in deß andern Landen antroffen / und gefänglich eingezogen würde / so soll Unser einer / Unser Nachkommen und Erben den andern von seiner Gelegenheit / seiner Verhandlung Bericht thun und deß Urthels Abschrifften unter seinem Siegel zuschicken / solch Urthel soll der ander seine Nachkommen oder Erben auf deß andern Theils Ansuchen / Begehren und Bitten / würcklich zu exequiren schuldig seyn ohne Gefährde.

Da auch einer oder mehr Unser auch Unserer Nachkommen und Erben und Unterthanen aus Unsern Landen flüchtig / aus was Ursachen das geschehe / so soll der ander ihn in seinẽ Landt nicht gedulden noch geleiten / auch seinen Unterthanen solches zu thun / und aufzuhalten wissentlich nicht gestatten; Und ob einer das Geleit durch Mißbericht bey Uns ausbracht hätte / so wollen und sollen Wir / auch Unsere Erben und Nachkommen / so bald Wir deß verständiget / dasselbe aufkündigen und abschaffen.

Begebe sichs auch / daß einer oder mehr in Unsern ein Theils der Landen mit Mord / Raub / Dieberey / oder andern Mißhandlung und Ursachen seyn / oder ihr Leben verwürcket / und in deß andern Landen gefänglich eingezogen würden / wo dann die That bekändtlich / so sollen der oder die in Monats Frist / auf Ansuchen der beleydigten Personen oder ihrer Herrschafft / seinem Verwürcken nach / Peinlich in denen Gerichten / da er einkommen / gestraft werden / wo aber binnen Monats Frist derhalben bey den Gerichten / von den beschädigten Personen keine Ansuchung geschicht / so soll der oder die Gefangene auf einen Uhrfrieden ihres Gefängnus wiederumb erledigt werden / wann es aber Sache / daß die That bekändtlich / oder sonst also gelegen / daß sie Ausübung deß Rechtens / oder sonst Verzug haben müste / auf den Fall soll Unser einer dem andern nach Erstattung der Unkosten / so auf denen oder die Gefangene ergangen / dem oder die in sein Land folgen lassen / und soll sie der ander an denen Gerichten / darinnen sie sitzen / annehmen / und förder auf seine Unkosten in sein Land führen lassen / und nicht mit Gewalt / sondern Rechtlich wieder sie verfahren / darzu Unser jeder dem andern / da es die Nothdurfft erfodert / förderlich seyn solle.

Wir haben Uns auch weiter vereiniget und verglichen / dieweil sich viel muthwillige und leichtfertige Leute unterstehen Uns und Unsere Unterthanen mit Brieffen / Brand und andern Zeichen zu fehden / zu bedreuen / uñ die Unkosten zu der Vorsorge und sonst zu verursachen / deßgleichen auch etliche die Unseren zu Wege lagern / und auf den Landstrassen zu verhalten / daß Wir nun hinfüro solches Fehden und verhalten / im Feld und Strassen / bey Straff verlierung Leibs und Lebens in einem offentlichen Ausschreiben wollen verbieten / und wo sich jemand darwider unterstehen würde / Uns / oder die Unsern jeder Theils gegen den andern zu befehden / zu beweglagern / oder auf Strassen zu verhalten / daß derselbige Zustand / mit solcher That / der Befehdung oder Wegelagerung / ob gleich durch ihnen darauf nichts weiters erfolget / sein Leib und Leben soll verwircket / und wann er ankombt / mit dem Schwerdt vom Leben zum Todt gestrafft werde / und wiewol hieneben auch verordnet und gesetzet worden / welcher massen Wir / Unsere Erben / Erbnehmen und nachkommende Könige zu Böheimb bemeldten Unsern lieben Ohmen den Chur-Fürsten und S. L. Vettern und aller derselben Erben / Erbnehmen uñ Nachkommen Hertzogen zu Sachsen / Landgraffen in Thüringen / und Marggraffen zu Meissen / auf ihre Vermahnung zu Hülffe kommen solten / so haben Wir doch zu mehreren Nutz / Erhaltung und Handhabung Unserer Cron Böhmen und derselben incorporirten Fürstenthümber / Landen und Leuten / Uns ferner mit Ihr Liebd. (doch die Glaubens-und Religions-Sachen ausgenommen / derenthalben Wir einander zu helffen unverbunden seyn sollen /) nachfolgender Articul unterredet und verglichen; Also / wo gedachte Unserere lieben Ohmen der Chur-Fürst und die Fürsten zu Sachsen Ihr L. Erben / Erbnehmen uñ nachkommende Hertzogen zu Sachsen / oder derselben Land uñ Leute / über kurtz oder lange Zeit / durch jemand / wer der / oder die wären / von dem Gehorsam eines Römischen

Käy-

Anno 1557.

Käysers oder Königes gedrungen/ und derohalben vergewältiget/ oder überzogen werden wolte/ so sollen und wollen Wir/ Unsere Erben/ Erbnehmen und nachkommende Könige in Böheimb/ und Unsere Cron Böhmen/ sampt derselben incorporirten Landen/ auf Ihr Ld. und derselben Erben/ Erbnehmen/ nachkommenden Hertzogen zu Sachsen/ Vermahnung/ in Krafft aufgerichter Vereinigung/ nach dem Tage solcher Vermahnung ihme zu Hülffe schicken fünff hundert gerüster Pferde/ zum längsten innerhalb einer Monat Frist/ und dritthalb tausent Mann zu Fuß/ besold Kriegs-Volck/ innerhalb vierzehen Tagen/ und auf die ander Mahnung wiederumb einer Monats Frist/ den nächsten darnach folgenden abermals 500. gerüste Pferde/ und 2500. zu Fuß besoldet Kriegs-Volck innerhalb 14. Tagen; Und wo die Noth groß wäre/ und Wir zum drittenmal ermahnet würden/ alsdann mit Unser Cron Böhmen und derselben incorporirten Ländern/ gantzer Macht zuziehen/ schützen und retten helffen/ als ob die Sache Uns/ Unsere eigene Land und Leute selbst belanget und antreffe/ und das alles auf Unser und bemeldter Unser Cron Böhmen/ und desselben eingeleibten Landen/ eigenen Kosten und Darlegen/ wie sich dann der Chur-Fürst Hertzog Augustus zu Sachsen S. Ld. in voriger mit ihme/ und weyland Hertzog Moritzen/ gewesenen Chur-Fürsten/ zwischen Uns aufgerichteten Erbeinigung/ die dißfalls in seinen Puncten bey Kräfften bleiben soll/ ausdrücklich gegen Uns/ Unsern nachkommenden Königen zu Böhmen/ und der Cron Böhmen verschrieben hatt. Darauf auch die jetztgemeldten Johann Friedrich/ Johann Wilhelm/ und Johann Friedrich der Jünger/ Gebrüdere/ Hertzogen zu Sachsen/ für sich/ Ihre Erben und Nachkommen/ in dieser Erbeinigung gleichermassen zugesagt haben/ so viel obbemeldte specificirte Anzahl Hülffe deß Zuzuges betrifft/ einen dritten Theil/ welche bringet zu jeder Abmahnung hundert sechs und sechzig/ und 2. Drittel eines Pferdes/ und acht hundert drey und dreyssig/ und ein Drittel eines Fußknechts zu leisten/ und dann im Fall der grossen Noth/ gleicher Weise mit Ihrer und Ihrer Liebden Lande gantzen Macht/ und auf derselben eigen Kosten und darlegen zuzuziehen.

Wir wollen auch Unsere Hülffe von Ihnen nicht abwenden/ den Feinden sey dann ihr Fürnehmen gewehret/ und ob sie etwas eingenommen/ Ihr Liebd. wieder darzu helffen.

Gefügt es sich aber/ daß die Noth also groß/ und also eilend währe/ daß Ihr Ld. derselben Erben/ Erbnehmen und Nachkommen Hertzogen zu Sachsen/ Uns/ Unsern Erben und nachkommenden Königen zu Böhmen/ zu der ersten Mahnung mit Macht zu zuziehen/ ermahnen würde/ so sollen und wollen Wir darauf auch im nechsten Monat derselben Vermahnen/ also auffseyn/ Zuziehen und Retten helffen lassen. Ob auch Wir/ Unsere Erben und nachkommende Könige/ und die Cron Böhmen/ andere Einigunh oder Bündnus fürnehmen/ machen/ oder eingehen/ auch etliche alte Einigung verneuern und erstrecken würden/ darinnen sollen Wir/ Unsere Erbnehmen und nachkommende Könige/ und die Cron zu Böhmen/ die Einigung/ auch den obgenannten Chur-Fürsten/ Seiner Liebd. Vettern und derselben Erben/ Erbnehmen und Nachkommen Hertzogen zu Sachsen/ zuvor ausnehmen.

Auf solches/ so nehmen Wir auch in dieser Vereinigung aus/ Unsern Heil. Vatter den Pabst/ Unsern lieben Bruder und Herrn den Römischen Käyser und König/ auch Seiner Liebd. und Käyserlichen Majestät und Unser Nachkommen am Reich/ künfftige Römische Käyser und Könige/ beyneben auch den Durchleuchtigsten Fürsten/ Herrn Sigismundum Augustum Königen zu Pohlen/ Groß-Fürsten in Littau/ zu Reissen/ Preussen Hertzogen/ Unsern freundlichen lieben Sohne und Schwager/ deßgleichen die Häuser Pfaltz/ Brandeburg/ und den hochgebohrnen Albrechten/ Pfaltzgraffen bey Rhein/ Hertzog in Ober- und Nieder-Bayern/ Unsern lieben Sohn/ Vettern und Fürsten/ mit welchen Häusern Wir in Erbeinigung und freundlicher guten Verwandtnus stehen/ so viel derselben jetztgemeldten Häuser Pfaltz/ Brandeburg und Bayern sich der Röm. Käyser und Unser Königl. Majestät Gehorsamb unterthänigst verhalten.

Sonst alle und jegliche vorgeschriebene Articul und Punct/ wie die von Wort zu Wort gelautet/ haben Wir Uns/ Unsere Erben und nachkommende Könige/ und Unser Cron Böhmen/ obgemeldten Chur- und Fürsten/ Ihr Liebden Erben/ Erbnehmen und Nachkommen Hertzogen zu Sachsen/ Landgraffen in Thüringen/ und Marggraffen zu Meissen/ bey Unsern Königlichen Würden und wahren Worten gelobet/ diese Erbeinigung wahr/ stät und fest zu halten/ zu vollführen/ und deren nachzukommen/ dessen zu Urkund haben Wir Uns mit eigener Hand unterschrieben/ und mit Unsern Königlichen anhangenden Insiegel besigelt. Gegeben auf Unserm Königlichen Schloß Prag/ Mittwoch 13. April, nach Christi Unsers lieben Herren Geburt 1557. Unserer Reiche deß Römischen im 27. und der andern aller im 31. Jahre.

Anno 1557.

VIII.

16 Juin.

König Philipps in Spanien Bestättigung der zwischen Kayser Maximilian/ und denen Dreyzehen Orten der Eydgenossenschafft in der Schweitz anno 1511. aufgerichten Erb-Einigung und Bündnuß. Geben in der Königl. Haubtstadt Londen den 16. Juny anno 1557. [Lunig, Teutsch Reichs-Archiv. Part. Sp. Continuat. I. Fortsetz. I. Anhang. Absatz IV. pag. 236.]

C'est-à-dire,

Confirmation de PHILIPPE II. *Roi d'Espagne, sur l'Union hereditaire conclue en* 1511. *entre* MAXIMILIEN I. *Empereur des Romains & les Treize* CANTONS HELVETIQUES. *A Londres le* 16. *Juin* 1557.

WIr Philippus/ von GOttes Gnaden König in Castilien/ Leon/ Arragon/ zu Engelland/ Navarra/ und beyder Sicilien/ Ertz-Hertzog zu Osterreich/ Hertzog zu Burgund/ und Lothringen/ zu Braband/ zu Limburg/ Lützenburg/ Geldern und Mayland/ Graff zu Habspurg/ Flandern/ Arthois/ Burgund/ Pfaltzgraff/ und zu Hennegew/ Holland/ Seeland/ Namur und zu Zutphen/ Fürst zu Schwaben/ Marggraff deß Heil. Rom. Reichs/ Herr zu Frießland/ Geldern/ der Stadt/ Städten und Landschafften/ Utrecht/ Ober-Yssel und Grünningen. Bekennen offentlich mit diesem Brieff/ und thun kund männiglich/ nachdeme dann der Durchl. Großmächtigist Fürst und Herr/ Herr Carol der V. Römischer Käyser/ zu allen Zeiten Mehrer des Reichs/ &c. Unser gnädigster und geliebter Herr und Vatter/ vor etlich wenig Jahren/ auß etlichen redlichen und rechtmässigen Ihre Keyserl. Majestät darzu bewegenden Ursachen/ uns als derselben rechten und einigen Erben und Nachkommen/ alle Ihrer Käyserl. Majest. Königreich/ Fürstenthumb und Nieder-Burgundischen Erbland und derselben weltliche Administration, und Regierung/ nicht allein mit zeitigem Rath und rechtem Wissen/ sondern auch in vorhergehender einhelligen Bewilligung/ der gemeinen Ständen/ aller ding gantz und gar eigenthumlich und erblich abgetretten und übergeben/ wie wir dann dieselben dieser Zeit auß Göttlichen Gnaden inn haben und besitzen: und aber Ih. Kayserlichen Majest. unter anderm in solcher Abtrettung und Resignation, uns ernstlich und vätterlich aufferlegt und befohlen/ daß wir mit allen benachbarten Potentaten und Herrschafften/ auch insonderheit mit allen Städten/ Landen/ zugehörigen und Verwandten gemeiner Eydgenoßschafft/ jederzeit alle vertrauliche und gute Nachbarschafft und Freundschafft unterhalten solten; und wir aber neben solcher vätterlichen und gnädigen Erinnerung und Vermahnung/ auch genugsamen Bericht empfangen/ was massen vorgedachte Städte und gemeine Stand/ der Eydgenoßschafft/ noch bey Weyl. Kayser Maximilians/ unsers Ur-Anherrn/ Hochlöbl. Christlichen Gedächtnüß/ auch Hochgedachtes unsers geliebten Herrn und Vatters/ jetzigen Kaysers Zeiten/ und Regierung biß anhero/ mit beyden Häusern Oestreich und Burgund/ in sonderer nachbarlichen und erblichen Verständniß und Einigung gestanden/ und sich jederzeit/ demselben gemäß aller guter Nachbarschafft beflissen haben: Derohalben wir/ als derjenig/ so für sich selbst aus angeborener Natur und Güte nicht allein solche und dergleichen althergebrachte Erbeinigungen/ wie billig/ stracks zu unterhalten/ sondern auch/ so es künfftiglich die Zeit und Gelegenheit geben würde/ dieses Orts weitere Verbindnüssen/ Freundschafft und Nachbarschafft zu suchen/ insonderheit geneigt seyn/ auch uns deßgleichen bey gemeiner Eydgenoßschafft hinwider getröstet und versehen/ nit unterlassen haben sollen/ solche lang-hergebrachte Erb-Einigung

ANNO 1557.

guing und Bündnusz / auch durch Unsere Brieffliche Urkundt als sichs gebühret / zu bestättigen und zu bekräfftigen / und lautet von Wort / wie folget:

Siehe Tom. IV. Part. I. pag. 133.

Allwo dieselbe in Französischer Sprache befindlich.

So haben dem allem nach / Wir König Philippus / als jetz regierender Herr unserer Nieder-Burgundischen Erb-Land / mit wohlbedachtem Muth / gutem Rath / und rechter Wissen obeinverleibten / von alters wolherkommen erblichen Vertrag und Bündnusz angenommen / unsern Gunst und Willen darzu gegeben / und denselben confirmirt und bestättet / annehmen / bestättigen / und confirmiren solchen auch hiermit in Krafft disz Brieffs; Gereden und versprechen darauff bey unseren Königlichen und Fürstlichen Worten / für uns selbst / und mehrgedachte unsere Nieder-Burgundische Erb-Land / derselben Unterthanen und Verwandten / die obgeschriebene Erb-Einigung und Vertrag alles ihres Inhalts / steth / vest und unverbrüchlich zu halten und zu vollziehen nimmermehr darwider zu thun / noch darwieder verhengen / zu handeln oder verschaffen / umb keinerley Sachen willen / alle Gefährde gantz und gar auszgeschlossen. Und desz zu wahren Urkund haben wir diesen Brieff mit eigner Hand unterschrieben / und mit unserm anhangendem Königlichen Insigill besigeln lassen. Geben in unserer Königlichen Haupt-Stadt Lunden / am sechzehenden Tag desz Monats Juny / nach Christi unsers HErrn und Seligmachers Geburt / gezehlt ein tausend / fünff hundert / und in sieben und funffzigsten / unserer Reiche der Hispanischen und Sicilien im anderm / desz Englischen und der andern in vierdten Jahren.

PHILIPPUS.

Ad Mandatum Hispaniarum &c. Angliæ &c. Regiæ Majestatis, Ducis & Comitis Burgundiæ proprium.

V. SCHARBORGER.

IX.

3 Juillet. *Stipulatione dell' Investitura di* SIENA *del Rè* FILIPPO *al Duca* COSIMO DI MEDICI. *Dat. 3. die Julii Anno* 1557. [Sur une Copie manuscrite & ancienne.]

In Dei nomine Amen.

PER hoc presens publicum Instrumentum cunctis pateat evidenter, & sit notum quod anno à Nativitate Domini millesimo quingentesimo quinquagesimo septimo Indictione XV. die vero tertia Mensis Julii, in mei Notarii publici Testiumque infrascriptorum ad hæc specialiter vocatorum, & rogatorum præsentia, personaliter constitutus Illustris vir Dominus Joannes de Figueroa, Catholici & Potentissimi Principis Domini Philippi Hispaniarum Regis &c. Consiliarius ejusque Arcis Milani Præfectus qui verbo dixit, & expressit, quod cum ipse alias sub die decimaquinta, aut decimaseptima Mensis Martii Anni præsentis 1557. fuerit per Catholicam Majestatem dicti Potentissimi Hispaniarum Regis Philippi constitutus Procurator & Mandatarius ad infrascripta peragenda, ejus veris Patentibus Literis Regia manu sua signatis, & subscriptis ejusque Regii Sigilli impressione munitis & per Gundisalvum Pererium ejus Secretarium, Dat. Caleti dicto ut supra proximo Kalendarum die, cujus quidem tenor de verbo ad verbum, sequitur & est talis: PHILIPPUS Dei gratia Hispaniarum, Angliæ, Franciæ, utriusque Siciliæ, Hierusalem, Hiberniæ &c. Rex, Archidux Austriæ, Dux Burgundiæ, Mediolani, Brabantiæ, &c. Comes Aspurgii, Flandriæ, Tirolis, &c. Recognoscimus & notum facimus tenore præsentium universis, quod cum Cæsarea Majestas Patris nostri clementissimi longa obsidione, magnis sumptibus, vario ancipitique armorum conflictu, Civitatem Senensem, quæ nonnullorum perditorum hominum impulsu ab ejus obedientia desciverat atque à Gallica potestate in nostram redigisset, atque in eo bello Senensis Ager vastatus pleraque depopulata, ipsaque adeo Civitas miserrime tractata, atque afflicta fuisset, posteaquam in nostram potestatem devenit, nil majori nobis curæ fuit quam ut, quoad ejus fieri posset, mala illa omnia resarcirentur, ad explendumque istud desiderium nostrum ostendendumque amorem, quo eam Rempublicam semper prosequuti sumus viam aliquam inveniremus, temporum tamen gravitas, annorum sterilitas, bellorum sumptus & incommoda in quæ sub ipso Regni nostri initio incidimus, in causa extiterunt ut id quod tantopere optabamus ad hunc diem effici non potuerit, ut eam utique ex his angustiis in quas fuerat elapsa erigeremus.

ANNO 1557.

Verum cum hæc cogitatio nullo nos tempore destituerit, sed animo sepè ac multum volveremus qua id tandem ratione consequi possemus, nulla certior aut promptior occurrit, quam si eam cum ejus Castro atque universo Dominio in Fæudum honorificum & ligium, perquam Illustri Principi Cosmo Medici secundo Florentiæ Duci sub aliquibus conditionibus donaremus. Qui præterquam quod in ejus Urbis ac Dominii expugnatione, magnos labores substinuerit, & sumptus fecerit ob raras quibus præditus est virtutes Agrique Florentini vicinitatem & fertilitatem, Justitia eam regere, annona alere, ab hostibus defendere, omnibus modis juvare, cum summa denique Senensium tranquillitate & utilitate, bonorum perceptione & fruitione, in pace & libertate tenere poterit. Cupientes igitur hoc negotium, ipsi Senensium Reipublicæ tam necessarium, ad exitum perducere, nequa longior mora huic rei interjiciatur, confisi plurimum de fide & dexteritate Domini Joannis de Figueroa, Consiliarii nostri nostræque Arcis Mediolanensis Castellani eidem hanc Provinciam demandare duximus ac tenore præsentium demandamus, dantes ei plenam facultatem, auctoritatem & potestatem ut nostro nomine & pro nobis possit & valeat cum prædicto perquam Illustri Cosimo Medici Florentiæ Duce, Conventiones super hac re, Pacta, & Capitula quæcumque inire, tractare, concludere, & firmare, necnon quascumque cautiones, securitates & promissiones ad hanc rem necessarias, cujuscumque qualitatis, & existentiæ sint, prout ipsi benè visum fuerit, promittere, acceptare, & nostro nomine assecurare, etiam si Mandatum exigant magis speciale, quam præsentibus est expressum, omniaque alia, & singula facere, tractare, firmare, disponere, ordinare, quæ circa prædicta necessaria fuerint, & quomodolibet oportuna, & quæ nos ipsi facere, disponere, ordinareque possemus, si coram præsentes essemus, & illas si opus fuerit juramento firmare, eandem propria auctoritate potestatem eidem Domino Joanni de Figueroa damus & concedimus, ut post conclusa Pacta & Capitula prædicta ligii homagii & fidelitatis Juramentum nostro nomine ab ipso perquam Illustri Cosmo Medice Duce Florentiæ, pro Civitate & Dominio Senensi, & ea recipere possit & valeat, in hunc qui sequitur modum.

Ego Cosmus Medices, Florentiæ Dux secundus, promitto & juro ex nunc pro me, & meis descendentibus masculis & de legitimo natis Matrimonio, esse fidelem Vassallum & Feudatarium immediatum, & ligium Serenissimi Regis Philippi, ejusque Successorum Hispaniarum Regum in perpetuum, & veram & puram fidelitatem & homagium præstiturum, prout nunc præsto, & me ligium, & homagium constituo, quodque eorum res, jura, honores & salutem usque ad ultimum vitæ spiritum omni Jure & sollicitudine & quoad viribus meis uti potero, fideliter custodiam & servabo, & ablata vel injuste amissa recuperabo, & recuperata tenebo, omneque periculum ab eis avertam si potero, aut saltem si non potero, ne id fiat summopere impedire conabor; & ne eorum personæ damnum in corpore vel in aliqua ejus parte detrimentum patiantur, nec aliqua alia contumelia, injuriaque aut læsione afficiantur, pro meis viribus impediam. Et si odio & inimicorum conatui resistere non potero, saltem illico Dominis meis revelabo quod ab aliis tentari, & tractari in eorum bonorum, famæ & vitæ præjuditium cognovero, aut præsensero, ipseque contra eorum salutem, bona, & honorem nunquam conspirabo aut macchinabor per me, vel aliis ad id peragendum adjuvabo, secreta commissa fideliter retinebo, & nemini propalabo sine licentia Domini, nec aliquid faciam aut prætermittam scienter per quod prædicta secreta pandantur, & requisitus, si bella movere vel se defendere Dominus voluerit, omne sicut potero & debebo auxilium præstabo, consultus bonum dabo consilium prout mihi magis expedire videbitur, & demum omnia, & singula faciam & observabo in omnibus & per omnia ad quæ ipse ratione dicti Feudi juxta utramque formam antiquæ & novæ fidelitatis teneor. Ita me Deus adjuvet & hæc Sancta Dei Evangelia.

Habita

ANNO 1557. Habita pro nobis reali & vera possessione contentorum, in Tractatu super his firmando, & aliis omnibus quæ præcedere debent; & quæ subsequi debent cautelis necessariis assecuratis, & non alias, aliter, nec alio modo possit & valeat prædictum perquam Illustrem Cosimum Medicem Florentiæ Ducem in possessionem Civitatis Senensis, ejusque Castri, & Dominii, inducere, ponere, atque integrare, eo modo quo dictum est, promittentes sub nostra fide, & verbo Regis nos ratum gratumque habituros, & omni dolo, & fraude semotis observaturos quicquid per eundem Dominum Joannem de Figueroa, Mandatarium nostrum, actum, gestum, ordinatum, concordatum, promissum, atque conclusum fuerit, circa præmissa & quodlibet præmissorum, & nullo unquam tempore revocaturos neque ulla ex parte contraventuros, sub bonorum nostrorum omnium præsentium & futurorum obligatione, harum testimonio Literarum, manu nostra subscriptarum & Sigilli nostri secreti impressione munitarum.

Datum Caleti die 17. Mensis Martii Anno Domini 1557. Regnorum autem nostrorum, videlicet Hispaniarum & ulterioris Siciliæ, anno secundo; Angliæ verò, Franciæ, citerioris Siciliæ, Hierusalem & Hiberniæ Anno 4.

YO EL REY.

CONSALVUS PERETIUS.

Ideo Illustris Dominus Joannes de Figueroa, Mandatarius in præinsertis Regiis Patentibus Literis nominatus, & constitutus, & ex certa scientia, ac consultò, vice & nomine dictæ Serenissimæ ac Regiæ Majestatis, omnia Jura infrascripta etiam cum plenissima facultate ex.... concedendi, volens devenire, juxta & secundum tenorem præinserti Mandati & prout melius de jure & alias debuit & potuit, potestque & debet, Illustrissimo & Excellentissimo Principi & Domino Cosimo Medici Florentiæ Duci secundo ibidem præsenti & acceptanti, pro se & suis Filiis masculis, & descendentibus similiter masculis, legitimis & de legitimo Matrimonio natis in infinitum, salvo semper jure Primogenituræ, dat & concedit in Feudum nobile, ligium, & honorificum, cum omnibus præeminentiis, dignitatibus, prærogativis, honoribus, Civitatem videlicet Senarum cum ejus Castro, Arce, seu Fortilitio & totum & integrum suum Dominium & Statum, ejusque universum Agrum, ad dictam Civitatem olim & hodie pertinentem, tam per dictam Regiam Majestatem & per Illustrem Ducem prædictum possessum, quam per quoscumque Gallos aut alios quibuscumque nominibus censeatur invasum, occupatum seu usurpatum, unà cum omni jure ad Cæsaream & Regiam Majestatem pertinente, & prout habet à dicta Cæsarea Majestate, cum hoc quod dictus Illustrissimus Dux Cosmus suique, ut supra, descendentes teneantur, & obligati sint, ea omnia & singula recognoscere, & tenere in Feudum ligium, nobile & honorificum, secundum leges Feudorum, & secundum solitam & approbatam Feudorum consuetudinem, à dicta Regia Majestate Serenissimi & potentissimi Regis Philippi Hispaniarum, ac suis descendentibus & successoribus, Regibus Hispaniarum, & illis jurare fidelitatem ligium & homagium, juxta traditam à dicta Majestate Juramenti formam, in dictis ejus præinsertis Patentibus Regiæ Majestatis Literis ac alias in forma solita & consueta declaranda tamen ut infra & ab eis, seu ab unoquoque ipsorum in casibus à Jure expressis, petere Investituram, seu Investituras oportunas, ac omnia alia facere & adimplere, ad quæ ex natura dicti Feudi, Vassalli Feudatarii suis veris directis & supremis Dominis tenentur & sunt obnoxii: & si contingat (quod Deus avertat) dictum Illustrissimum Ducem seu, ut supra, descendentes masculos successores in dicto Feudo decedere sine Filiis masculis superius descriptis legitimis & de legitimo Matrimonio natis, tum & eo casu dicta Civitas Senarum, cum omni suo integro Dominio & Statu ejusque universo Agro prout supra concesso ac cum omnibus & singulis superius descriptis & concessis, ad dictam Regiam Majestatem ejusque in dicto Regno Hispaniarum Successores redeat, & omnino devolvatur & devolutum sit, & esse omnino censeatur.

In hac tamen Feudi concessione sua Catholica Majestas, & dictus Dominus Joannes de Figueroa Mandatarius prædictus, non intendit comprehendi nec quod ullo modo comprehendantur nec comprehensi videantur, sed omnino exclusi, & expressè excludantur Oppida, Castra & Loca & Terræ dicti Agri Senensis, videlicet Portus Herculis, Orbitellus, Thelamon, Mons Argentarius, & Portus Sti. Stephani. ANNO 1557.

Quæ supra Oppida, Castra, Loca & Terras, Montes, Portus, & omnia alia & singula Jura, & redditus, & bona ad ea, & eorum quemlibet quoquomodo pertinentia dictæ Regiæ Majestati, & Successoribus ejus Hispaniarum Regibus pleno jure, plenaque potestate reservat, ac pro reservatis habet, & habere vult, & intendit, prout sibi ante cessionem Feudi hujusmodi pertinebat & spectabat, ac si concessio dicti Feudi facta minimè fuisset, & quoad eam & ejus singula pro non facta censeatur. Hoc tamen expressè declarato, quod prædicta Pascua & bona quæ Marsiliana dicuntur & quæ sub dicto nomine continentur plenissimo Jure proprietatis & possessionis, ad Illustrissimum Ducem pertineant, etiam reservata suæ Majestati & Successionibus suis jurisdictione supra aliis bonis particularium personarum, existentium in Territorio supradictorum Locorum, aut alicujus eorum, sita existant, restituet seu relaxabit dictæ Catholicæ Majestati vel ejus Procuratori Illustrissimus Dux Oppidum & Statum Plumbini, Nuamque cæterasque Insulas cum suis annexis pertinentiis, Metallis, Ferrifodinis & Aluminibus, quæ à sua Excellentia ejus præsidiis tenentur, excepto tamen Oppido, Arcibus, & Portu Ferrato cum duobus millibus passuum Territorii circumcirca adjacentis, præter Metalla & cujuscumque qualitatis Fodinas & Alumina si quæ ibidem sint vel quandocumque reperiantur, quæ ad Plumbini Dominium pertineant sicut cætera dicti Status bona. Quod Oppidum, Arces, Portusque Ferratus, unà cum dicto Territorio, eodem Jure Feudi, sicut Civitas & Dominium Senense, Illustrissimo Duci concedere; hoc etiam addito, quod Tormenta, Pulvis salnitrum, Munitiones cæteraque bellica Instrumenta quæ in Civitate & Arce Senarum, & in Oppido & Arce Plumbini reperiuntur, suæ Majestati, & Illustrissimo Duci æquis æstimationibus invicem concedantur, vel compensentur. Hoc insuper expressè declarato, & in quacumque parte hujus Concessionis & Capitulationis repetito, quod sub nomine dicti Feudi Ligii contineantur duntaxat bona & Jura Civitatis, & Ditionis Senensis & Oppidi Portus Ferrati, Illustrissimo Duci elargita. Super aliis vero Statibus & bonis dicti Illustrissimi Ducis ejusque Successorum, nulla Jurisdictio nullumque Jus aliquo modo Regiæ aut Cæsareæ Majestatis queratur, quesitumque esse intelligatur, ratione dictæ infeudationis.

Remittit Illustrissimus Dux ex ejus certa scientia, & omni meliori modo quo de jure alias potest, & debet, quascumque summas & pecuniarum quantitates, sibi tam ratione Belli Senensis, quam causa mutui, aliisve quibusvis causis & rationibus, cogitabilibus & incogitabilibus, tam per suam Regiam Majestatem quam per Cæsaream Invictissimi Imperatoris Caroli Quinti, vel eorum quemlibet, calculatas vel non calculatas, de quibus realiter & cum effectu sibi satisfactum aut solutum non est; quas hic pro expressis & specificatis habet. Quas quidem omnes summas prædictas quantascumque, & qualescunque sint, cum omni & quocumque, & qualicumque interesse, illorum ratione quomodolibet subsequuto vel subsequendo, cedit & transfat, & transfert in easdem Majestates prout unicuique ea res spectat, eisque remittit, condonat, & relaxat, ab earum & cujuslibet earum solutione, eos, eorumque & cujuslibet eorum successores omnino liberat. Ita quod ad solutionem eorundem, seu alicujus partis earum amplius non teneantur, & de eis & earum singulis se verè & realiter, & omni fraude & dolo cessantibus, solutum & satisfactum vocat, exceptioni non habitæ & non numeratæ Pecuniæ, erroris calculi, & aliæ cuicumque exceptioni quæ sibi de jure & alias quovis modo juvare posset, expreisè & de similibus voluntate & certa scientia, renunciando, penitusque extinguendo & annullando omnes & quascumque scripturas, Chirographa, & Obligationes, tam publicas quam privatas, super dictis debitis per quoscumque factas, ubicumque & quandocumque reperiantur, quæ pro non factis omnino habeantur, & eodem modo ex simili renunciatione cedit & transfert in dictam Regiam Majestatem omnes illas quantitates & pecuniarum summas, quas facto computo dati & accepti, constiterit suæ Excellentiæ deberi per Plumbini Dominium, tam ratione Ferri quam alia causa & ratione quacumque usque in præsentem diem, ad quarum solutionem seu partem aliquam earum, minime teneatur dictus Plum-

ANNO 1557.

Plumbini Dominus, nec ejus successiones. Quodque dictus Illustrissimus Dux ejusque descendentes, ut supra, debunt, toties quoties opus fuerit, pro justo & moderato prætio, commeatus seu Annonam atque Operarios necessarios ad munitionem prænarratorum Portuum, & Oppidorum maritimorum Senarum & Plumbini dictæ Regiæ Majestati & Successoribus suis, & dicto Plumbini Domino, desuper reservatorum, quoties opus fuerit.

Atque etiam si majoribus præsidiis ea Loca, & quælibet eorum indiguerint, ea concedet, sumptibus tamen omnibus, & impensis Serenissimi Regis prædicti, & Successorum, & casu quo Oppida & Portus Orbetelli, Thelamonis & Portus Herculis atque alia quæ dictæ Regiæ Majestati, & Successoribus suis in præsenti Concessione reservantur, Terra aut Mari oppugnarentur, & obsiderentur, vel invaderentur ab hostibus suæ Majestatis & Successorum suorum, dictus Illustrissimus Dux ejusque Successores prædicti, toties quoties requisiti fuerint per suam Regiam Majestatem aut Successores prædictos, aut ejus Ministros, teneantur subsidium & auxilium ferre, & præstare dictis Locis, ut supra, obsessis, oppugnatis, vel invasis.

Sumptus autem in dictis auxiliis impendendi, pertineant pro tertia parte dicto Illustrissimo Domino Duci & Successoribus suis, & pro aliis duabus tertiis partibus dictæ Regiæ Majestati, & Successoribus prædictis, dummodo tertia illa pars sit juxta formam Obligationis, & Ligæ, & Confederationis hic contentæ, & illam non excedat.

Concedit idem Serenissimus Rex & Successores prædicti, & ad id dictus Illustris Dominus Joannes de Figueroa, pro sua Majestate & ejus nomine se obligat, dare dicto Illustrissimo Duci, pro recuperatione, & pro recuperandis Oppidis & Locis Senensis Ditionis ab Hostibus occupatis, quatuor mille partim Hispanorum, & partim Germanorum Peditum, & quadringentos Equites sumptibus & expensis suæ Majestatis, & pro sex mensibus, mercede conductos, si tanto tempore bellum pro Hostibus expellendis, ut supra, duraverit.

Sin autem infra dictum tempus bellum ab auxiliaribus Regiis unà cum Copiis Illustrissimi Ducis confectum non fuerit, rursus Regia Majestas & Illustrissimus Dux communi consensu, de ratione & tempore belli prosequendi convenient.

Modus autem belli prosequendi omnis dispositioni dicti Illustrissimi Ducis relinquatur, dum tamen Copiarum Ductores & Officiales à sua Majestate mittendi cum eis quibus missi fuerint, Copiis & Officiis remaneant, cum quibus in recensendis Militibus, & stipendiis persolvendis Ministri à sua Excellentia deputandi, ut omnia rectè, & diligenter agantur, interesse debeant.

Promittit idem Illustrissimus Dux quod tam ipse quam descendentes prædicti, dabunt & commodabunt Triremes quas habebunt Regiæ Majestati, & Successoribus prædictis, toties quoties ab eis seu eorum Ministris requisiti fuerint, absque tamen aliquo sumptu aut impensa suæ Majestatis, & Successorum. Eadem Regia Majestas, & dictus Dominus Joannes pro ea, & ejus Successoribus, ut supra, promittit se laturam opem, & auxiliaturam dicto Illustrissimo Duci & ejus Successoribus casu quo Status Florentiæ aut Senarum exercitu belloque petantur, cum decem millibus peditum Hispanorum, Germanorum aut Helvetiorum, quotquot tunc mercede ea Majestas conducere poterit, reliquis usque in eum numerum Italis atque insuper cum quadringentis Equitibus cataphractis & sexcentis lævis Armaturæ, sumptibus & expensis ejusdem Majestatis, quousque prædictæ Ditiones & Status ab illatis bellis, & imminentibus periculis liberi fiant.

Quod si quando Regnum Neapolitanum Armis terrestrique Exercitu petitum fuerit, præstabit Illustrissimus Dux præstiturumque se promittit, & descendentes predicti pro ejus defensione quatuor mille Hispanorum, Germanorum, aut Helvetiorum, quotquot haberi potuerint, reliquum usque ad eam quantitatem ex Hetruscis Peditibus supplendo, & quadringenti Equites vel majorem numerum Peditum ad libitum Regis, ejus Illustrissimi Ducis sumptibus stipendio, & mercede.

Dabuntque Illustrissimus Dux & descendentes prædicti, quandocumque suæ Regiæ Majestati & Successoribus suis in Lombardia bellum illatum fuerit, à Summo Pontifice, à Duce Ferrariæ, aut aliis quibuscumque Italiæ Potentatibus, pro se aut cum alio, vel aliis fœdere junctis, ita tamen ut uno, & eodem tempore dictus Illustrissimus Dux & descendentes prædicti non teneantur dicta Auxilia præstare nisi in altera tantum parte, ad suæ Majestatis, & Successorum suorum electionem.

ANNO 1557.

Eritque perpetuum fœdus quod ex nunc præsenti Stipulatione & Capitulatione expresse, & inviolabili vinculo firmatur, offensivum & defensivum, Illustrissimo Duci ejusque Successoribus cum sua Majestate Catholica & Successoribus suis prædictis, & Hispaniarum, aliisque omnibus Catholicæ Majestatis, & Successorum suorum Regnis & Statibus, Ditionibusque supra, & infrascriptis. Adeo ut Illustrissimus Dux & descendentes sui prædicti eosdem Hostes & Amicos habeant quos Serenissimus Rex & ejus Successores habebunt. Idemque per Regiam Majestatem ejusque Successores, erga dictum Illustrissimum Ducem, & Successores prædictos per omnia observabitur. Præterea si bellum alicui vel aliquibus inferendum censebitur, ex communi consensu Serenissimus Rex & Illustrissimus Dux & eorum, ut supra, Successores convenient tam de ratione Belli, quam de Copiarum, & expensarum numero contributionibus, & etiam acquirendorum participatione; suprascriptis nihilominus in robore permanentibus.

Nullum insuper Fœdus ac Ligamen tractabit aut inibit Illustrissimus Dux neque ejus in dictis Ditionibus Successores, cum aliquibus Principibus, Potentatibus, aut Dominiis, tam Italis quam exteris, in præjuditium præsentis Ligæ & Confœderationis.

Item, e converso Serenissimus Rex & ejus Successores erga Illustrissimum Ducem Successoresque illius observabunt.

Quibus omnibus & singulis &c.

Quæ fuerunt acta Florentiæ in Ducali Palatio, die, mense, Anno & Indictione quibus supra, præsentibus ibidem pro Testibus perquam Magnificis Dominis Don Bernardo de Brolia, Francisco de Villanova, Alexandro de Vicecomitibus, de Consilio Regiæ Majestatis, ac magnificis Dominis Lelio Daurello Auditore & Prosecretario suæ Excellentiæ Illustrissimæ, & Domino Alfonso Quintellio Auditore & Fiscale, ac Bartholomeo Concino, Secretario suæ Excellentiæ Illustrissimæ.

Ex factis præmissis dicta eadem die me Notario Testibusque, supra, & infrascriptis, in eodem loco ad infrascripta specialiter vocatis, & rogatis præsentibus in executione & confirmatione omnium prædictorum. Idem Illustris Dominus Don Joannes de Figueroa, dicto nomine, dictum Illustrissimum Dominum Cosimum Medicem, Ducem præsentem recipientemque, investivit, & actualiter investit, de dicta Civitate, & Dominio Senensi, ac Oppido, & Portu Ferrato, ut supra, per Bireti impositionem, Baculi traditionem, & Annuli immissionem, & ulterius in signum mutuæ dilectionis & fidei Pacis osculo prædicta omnia firmaverunt.

Et dictus Illustrissimus & Excellentissimus Princeps Cosmus Medices Florentiæ Dux secundus, volens Juramentum, per suam Excellentiam Illustrissimam, pro concessione dicti Feudi requisitum, præstare cum declaratione tamen, ut supra, in Capitulis præinserti Instrumenti facta, & expressa Protestatione per infrascriptum Juramentum, sub nomine Feudi Ligii contineantur bona & Jura Civitatis Senensis & Oppidi Portusque Ferrati dumtaxat dictum Juramentum efficaciter & reverenter tactis sacrosanctis Scripturis, flexis genibus, manibusque suis infra manibus dicti Illustris Don Joannis de Figueroa Mandatarii prædicti positis, per Deum supra Crucem Domini nostri Jesu Christi ac ad ejus Sancta quatuor Evangelia Juravit dicens: Ego Cosmus Medicis Florentiæ Dux Secundus, promitto & juro &c.

Extendantur Juramenta, prout supra in Mandati Instrumento continetur, quia illud taliter ut sibi cusum est præstitit, addito in ea parte in qua dicit prædicti Feudi, quod dicat Senensis & Portus Ferrati.

Ex quibus &c.

Requisiverunt fieri Publicum Instrumentum &c.

Testes fuere præmissi præsentes Reverend. Præsbiter Don Bernardinus Episcopus Aretinus, Reverend. Ugolinus de Grifonibus, Magister Generalis Altipassius, Illustris Dominus Albertinus Cibo Marchio Massæ, Illustris Dominus Ludovicus de Soleto, nec non Illustris Dominus Chiappinus de Vitellio, ac omnes alii

ANNO 1557. alii insuper inserto Instrumento pro Testibus descripti &c. nominati, vocati, atque rogati.

D. JOANNES DE FIGUEROA.

COSMUS MEDICES *Dux Flor.*

(*Locus Sigilli D.* Joan. de Figueroa)

(*Locus Sigilli Illustrissimi Ducis.*)

X.

Vereinigung und Bundniß zwischen Ihro Hochfürstl. Gnaden zu Costantz / Herrn Bischoff Christoph und den sieben Ohrten der Eydgenossenschaft / zu Erhaltung guter Treu / liebe und freyndschaft. Baden in Ergou / auf Mittwoch vor St. Laurentzen Anno 1557. [Pièce tirée d'une Information de Droit présentée à l'Empereur en 1716. de la part de l'Evêque & Prince de Constance sous le Titre de **Gründliche Information über des Hochfürstl. Stiffts Constantz Jurisdiction bey dessen in der Schweitz gelegenen Landschafft.** Aux Preuves Chap. VIII. Num. V.]

C'est-à-dire,

4. Août. *Traité d'Union & d'Alliance entre* CHRISTOPHLE, *Reverendissime Evêque & Prince de* CONSTANCE *d'une part, & les Seigneurs des* SEPT ANCIENS CANTONS *du* CORPS HELVETIQUE *d'autre part. A Bade en Ergau le Mecredi avant le Jour de St. Laurent.* 1557.

WIr Christoph von Gottes Gnaden Bischoff zu Costantz / und Herr der Reichenaw / Und wir die Schultheissen / Ammann / Räth / Burgere und landlüth gemeinlich dieser nachbenempten Stätten und Länderen der Eydtgenoszschaft / neimblich Luzern / Ury / Schwitz / Underwalden / Ob- und Nid dem Kernwald / Zug mit dem ussern Ambt / so darzu gehört / Freyburg in Uchtland und Solothurn / Thund kund allermenglichen und bekennend offentlich mit disem Brief / dasz wir beiderseidt angesehen und betrachtet haben / soliche Treu / liebe und Frundtschafft so unserer Vordere und wir lange Zeit mit einander gehept haben / und umb das die zwischent uns erhalten / und den wiederwertigen dingen so uns nach diesen Läuffen begegenen möchten dester basz widerstand gethan werden möge / so haben wir Uns dieser nachgeschriebenen stucken mit einanderen gutlich vereint / und sint dero einandern ingangen. Desz ersten sollen wir obgenanter Bischoff Christoph / den gemelten Eydtgenossen gemeinlich / noch dheinne Ohrt / sonderlich noch denen so mit inen in Bündnus oder Vereinung sind / in unser und unsers Stiffts Schlösserenn / Stätten / auch in der Rychenaw / und allen andern Landen uns zugehörig / und zu versprochen stand / weder darinn noch darusz keinen schaden zufügen / noch des jemands andern zuthun gestatten / sover wir vermögen. Desgleichen söllen wir die vorgemelten Eydtgenossen gemeinlich und sonderlich / gegen den obgenanten Unsern Gnädigen Herrn von Costantz und den sinen / durch und in unseren Stätten Schlössern und Ländern / hinwiderum auch thun; und wäre dasz jemand in unsers obgenanten Bischoff Christophen / Schlossern / Stätten oder in der Reichnaw und derselbigen Gepieten begriffen würde / der den obgenanten Eydtsgenossen gemeinlich oder deheinem orth sonderlich / schaden gethan hätte oder thun wolte / als viel wir dan waarhafftig bericht / zu denselben sollen wir oder unsere Vögt und Ambsluth gryffen / sy gefängklich annehmen / und inen das ze wissen thun / damit ob sy willen / sy dieselbigen berechtigen können. Dergleichen sollen wir obgenanten Eydtgenossen gemeinlich und sonderlich / dem vorgenanten Unsern Gnädigen Herrn von Costantz / seiner Gnaden Stifft und den ihren / so seine Gnaden zu versprächen stand / auch thun / und darby den jetzt genanten unsern Gnädigen Herrn von Costantz / seiner Gnaden Lebenlang by allen sinen und seines Stiffts Stätten / Schlössern und Landen / so Er bis dato innhat / und ihme zu versprächen stand / ob Jhn jemand wider Recht darvon trungen wölt / schützen und schirmen / nach unsern Vermögen / doch in seinen und sines Stiffts kosten; und dargegen so sollen wir obgenanter Bischoff den vermelten Eydtgenossen gemeinlich und jedern orth sonderlich / in unsern Schlosz bey Keyser-Stuhl / öffnung zu allen ihren Nöten / und Geschäfften / inen auch veylen kauff / ässen und trincken umb ihr Gelt vervolgen lassen / doch ohne unser und der unsern mergklichen / gefaarlichen schaden: und ob sich begäbe / dasz einer unsers jetz genanten Bischoff Christophen Rähten oder Diener / oder die in unseren Schlossern Stätten Gerichten und Gepieten gesässen sind / mit deheinen der obgenanten Eydtsgenossen / oder den ihren / oder deheiner unser obgenanten Eydtsgenossen / gemeinlich oder sunderlich / oder der unsern / so in unsern Stätten / Schlössern / Gerichten und Gepieten gesessen sind / gegen dehainen des obgenanten unsers Bischofs Christoph Räthen / Dienern oder die die in siner Gnaden oder synes Stiffts / Schlössern / Stätten / Gerichten und Gebiethern gesessen sind / iczit zeschaffen hätten / oder gewönnen / darum einer den andern Ansprach mit vertragen möcht / darumb soll sich ein jeglicher von den andern Rächts lassen benügen an den Enden und den Gerichten / da der ansprächig gesessen ist / oder dahin er gehört / daselbs auch ein jeder angesprochner dem kläger eins unverzognen Rächtens sin / und im des daselbs gestattet werden soll: fügte sich aber / dasz wir obgenanter Bischoff Christoph mit den obgenanten Eydtgenossen gemeinlich / oder deheinem orth sonderlich / zweyg würden / oder wir die jetzgenante Eydtgenossen gemeinlich / oder dehein Orth sonderlich / mit demselben unsern Gnädigen Herrn von Costantz (da Gott vor sye) darumb zu beyderseits wann de wäderen Theyl / den anderen erforderet / darnach in den negsten Vierzehen Tagen / uff ein namlichen tag / der darumb bemelt wirdt / mit einandere zu Tagen kommen gen Baden in Ergaw / in die Stadt / da sol dann jedwäderer Theyl / zween erber Man setzen / für die wir unser zweyunge bringen / die auch gelert Eyd zu Gott und den Heyligen schweren sollen / die sach unverzogenlich us zu sprächen / zu der Minne oder zu den Rächten / ob sy die Minn nit vinden möchten; und wie sich die darumb erkennen / dem sollen wir beyderseits genug thun / darby bliben / waar und stät halten ohne Jnred. Wäre aber sach / dasz sich dieselben Vier in ihren Urtheilen gleich theillen / und nit eins würden / so sollen sy by ihren obgedachten Eyden / einen gemeinen Mann under unser vorgenanten Bischoff Christophen / oder unser / der obgenanten Eydgenossen Räthen kiesen und nehmen / der zu der sach gemein schiedlich und unargwänig syn beduncke. derselb gemein dan auch loben und schweren soll / die sach mit den Vieren us ze sprächen / als vorgeschrieben statt. Und wie sy die ussprächen / dem sollen wir zu beyder seych nachkommen / genug thun / ohn alle widerred; und von welchen Theyl der gemein Mann genommen wirdt / der sol von synen Obern darzu gewiesen werden / sich zu der sach zu verbünden / und die uszusprechen in maszen wie obgestatt; wir obgenanter Bischoff sollen und wollen auch die Eydtgenossen und die Jhren / Geistlich und Weltliche Persohnen / by ihren guten / löblichen alten harkommen lassen belyben / und sy nit wyter dringen / wie sy das dann bis auff dato, von Alten herbracht häben und von unsern Vorfaren Bischoffen Seeliger und löblicher Gedachtnus gehalten worden sind. Und darauff so habent wir uns selbs vorbehalten / unsern Heyligen Vatter den Pabst / das heylig Römisch Rych / und all und ied unser freyheiten / wie die gestaltsamer und genempt werden / nichts uszgenommen / so dann unsere Vorfahren und wir von Altem herbracht haben / und wir obgenanten Eydtgenossen habent uns selbs auch harein vorbehalten unseren Heyligen Vater den Pabst / das Heylig Römisch Reich / auch all unser fryheiten und alte harkommen / auch die Bündt / Einigungen und Pflichten / so wir vor Datumb disz Briefs / mit einandern / oder iemand mit uns gemacht hant / und also geloben und versprechen wir obgenanter Bischoff Christoph / by unsern Fürstlichen Würden und Ehren / und wir die vorgemelte Stätte und Länder der Eydtgenossenschafft gemeinlich und sonderlich by unseren guten Trüwen / alles das / so dieser Brieff von uns wyst und seyt / waar und stät zehalten / dem nach ze kommen / und gnug zu thundt / ohne alles widerstehen / getrüwlich und ungevarlich; und des zu Vestem Urkund / und warer Bezügknus aller obgeschribenen dingen / so haben wir vorgenanter Bischoff Christoph / unser Bischöffliche Sigel / und wir die obgemelten Stätt und Länder der Eydtgenoszschafft / namlich / Lucern / Ury / ANNO 1557.

Schwytz /

ANNO 1557. Schwytz / Underwalden / Zug / Fryburg und Solathurn / unser Stätt und Länder Innsigel offentlich thun hencken / an dieser Brieffen zwen gleich geschriben / deren jedern Theyl ein worden ist / und geben sind zu Baaden in Ergow uff Mitwuch vor Sanct Laurentzen des heyligen Martterers Tag / nach Christi unsers Herrn geburt gezahlt 1557. Jahr.

XI.

5. Sept. *Pacificatio, mediantibus Cæsareis Commissariis, inter* WILHELMUM *Archiepiscopum Rigensem, Marchionemque Brandeburgensem &c.* & HENRICUM DE GALEN *Magistrum Ordinis Teutonici in Livonia ac* ORDINES LIVONIÆ *stabilita, Urbes omnes, Oppida, Arces, Præsidia, Fructus & Reditus dicto Archiepiscopo restituuntur, cum omni Jurisdictione, Superioritate, & Dominio, ita ut ab eo, antequam in potestatem Domini Magistri & Statuum Livoniæ redigerentur, obtenta fuerunt; ea lege tamen ut omnia hæc Sequestri, communi consensu eligendo, tradentur, donec Bellum inter præfatum Magistrum & Regem Poloniæ Archiepiscopi Causam agentem sopitum fuerit. Actum Paswal die 5. Septembris Anno 1557.* [GOLDASTI Constitutiones Imperiales Tom. I. pag. 577.]

NOs Wenceslaus de Novo Castro, Serenissimi Domini Ferdinandi, Archiducis Austriæ, Camerarius; & Valentinus Saurman à Gelische, Serenissimi atque Invictissimi Principis & Domini, Ferdinandi, Divina favente clementia Romanorum, Ungariæ, Bohemiæ, &c. Regis, &c. & Laurentius Otto utriusque Juris Doctor, ac Henningus à Walde in Losen, Illustrissimorum Principum ac Dominorum, Domini Barnimi, & Domini Philippi, Ducum Stetiniæ & Pomeraniæ, &c. à Sacri Romani Imperii Statibus, ad Regiam Dignitatem Poloniæ, de motibus hisce Livonicis componendis, Commissariorum Oratores notum facimus per præsentes Literas, quorum interest, universis: Cum inter Illustrissimum ac Reverendissimum Wilelmum Archiepiscopum Rigensem, Marchionem Brandeburgensem, Stetiniæ, Pomeraniæ, Cassubiorum & Sclavorum Ducem, Burgravium Noribergensem ac Principem Rugiæ; & Reverendum & magnificum Dominum Henricum de Galen, Magistrum Ordinis Teutonici in Livonia, ac Ordines & Status Livoniæ, exortæ nonnullis de rebus controversiæ essent, atque Illustrissimus & Reverendissimus Dominus Archiepiscopus ab eis bello impetitus, reductusque in eorum potestatem esset: Regia Dignitas Poloniæ, ut pro necessitudine Sanguinis, quæ illi cum Illustritate ejus intercedit, atque pro officio protectionis, ad quam ei Archiepiscopatus, Ecclesiaque Rigensis commendata est, illum ad pristinum statum assereret, & suas offensiones, Subditorumque suorum magni Ducatus Lituaniæ injurias, à Livonibus illatas, armis vindicaret, bellum adversus eos parare cœpit. Cumque idem Illustris Dominus Albertus senior, Marchio Brandeburg. & Prussiæ Dux, &c. ulciscendæ fraternæ injuriæ causa ageret, Serenissimus & Illustrissimus Princeps & Dominus Ferdinandus, Romanorum Rex, atque Romani Sacri Imperii Status intercesserunt, per nosque cum Regia ejus Dignitate diligenter egerunt, ut, sepositis belli consiliis, rem ad conditiones Pacis deduci permitteret. In quo Regia Dignitas illius facilè suam ad Pacem Christianitatis conservandam propensionem & studium declaravit, simulque testata est, quantum apud Serenissimi ac invictissimi Principis Domini Romanorum Regis, atque Sacri Romani Imperii Statuum postulatio valuerit. Assensa quippe est, ut negotium compositionis susciperemus, promittens, cum de restitutione Reverendissimi & Illustrissimi Domini Archiepiscopi integre constitutum per nos esset, passuram sese, ut Legatos Status Livonici mitterent, qui de suis offensionibus, Subditorumque suorum injuriis sarciendis apud se agerent. Itaque cum ex Livonia rediissemus, unaque venissent Legati Livonum, atque id, quod confectum per nos de Illustrissimi & Reverendissimi Domini Archiepiscopi restitutione esset, apud S. M. illius exposuissemus, tametsi quidem nihil studii aut operæ, quod quidem à nobis conferri eam ad rem potuit, prætermisissemus, tamen cum non in omnibus, ad eam formulam, quæ tradita nobis à Regia Dignitate illius fuerat, conditiones restitutionis redigi à nobis potuissent, Regia illius Dignitas id, quod constitutum erat, habere ratum recusavit. Itaque pro injuncto nobis à Serenissimo ac Invictissimo Principe Domino Romanorum Rege, & Sacri Romani Imperii Statibus munere egimus rursum cum Legatis Livonicis, ut in eo, in quo discessum à formula Dignitatis illius esset, Pacis constituendæ gratia, nova pacta fierent. Quamobrem cum deputatis à Dignitate illius eam ad rem Consiliariis, atque cum suprà dictis Livonum Legatis, plena Mandata ad id habentibus, quæ hic pro insertis haberi volumus.

2. De Reverendissimi & Illustrissimi Domini Archiepiscopi Rigensis restitutione ad eum modum conventum constitutumque est. Principio in pristinum rerum omnium Statum restituetur, ut integra illi constet & Dignitas, & in Ditione Diœcesique sua Jurisdictio, superioritas, præeminentia, Dominium, possessio, Regalia: reddenturque illi Urbes, Oppida, Arces, Pagi, Prædia, omnesque reditus, qui eorum fructibus atque emolumentis continentur, ut census & præstationes annuæ, vectigalia, portoria, Tributa, quibuscunque nominibus pendi solita, ad quæ quidem ita restitui debebit, ut illi integra sint omnia jura, quæ vel personam dignitatemque vel ditionem ac res illius attingunt, ita ut ab eo, antequam in potestatem Reverendi Domini Magistri & Statuum Livoniæ redigeretur, obtenta sunt.

3. Nominatim autem cautum est, ut illi reddatur dimidiata Jurisdictio Civitatis Rigensis quatenus in ejus possessione, antequam in potestatem illorum redigeretur, fuerat: neque in ejus possessione per R. & M. D. Magistrum atque Ordinem impediri debebit. Quod si nonnumquam acciderit, ut quidquam controversiæ de ea ipsa Jurisdictione, Reverendissimo & Illustrissimo Domino Archiepiscopo in possessione ejus existente, exoriretur: jure ac judicio legitimo experiri debebunt, neque unquam alter ad alterum oppugnandum armis utetur.

4. Item restituentur illi ea, quæ ad res mobiles illius pertinent; In quo genere primum sunt, quæ in ipsiusmet Archiepiscopatus atque Ecclesiæ Rigensis jure fuerunt, ut omnes Ecclesiasticorum Episcopaliumque ornamentorum apparatus, ad quoscunque usus, & quibuscunque rebus institutus. Nominatim verò Mitra, & Baculus Archiepiscopalis, Privilegia, Diplomata, Libri rationum privatarum, & Actorum publicorum, & si quidquam eorum interierit, cautum est, ut restauretur ac reficiatur.

5. Reddi ei quoque debebunt, quæ ad munitiones Arcium pertinentia ablata sunt, ut omne Armamentorum, Armaturæque genus, Bombardæ majores & minores, Globi, Pulveres, Hastilia, Ferramenta, Loricæ, & omnes Bellici apparatus: Commeatuum autem nomine centum Lastæ Siliginis. Denique & omnes res, quæ propriè Reverendissimi & Illustrissimi Domini Archiepiscopi fuerunt, quæque ablatæ sunt, omnes ex Inventario, ita uti inter Partes convenit, restituentur. Quæ autem deposita apud Reverendissimum ac Illustrissimum Dominum quoque fuerant, atque ab illis intercepta sunt, ea si comperiantur, integra reddentur.

6. De fructibus, quos post Captivitatem Reverendissimi & Illustrissimi Domini Archiepiscopi, antequam bona Archiepiscopatus in sequestrum traderentur, perceperunt, ita convenit. Cum enim ex iis Illustr Domino Christophoro Duci Megapolensi magna pars ad se, familiamque sustentandam attributa fuisse diceretur: Magna etiam pars Reverendissimo ac Illustrissimo Archiepiscopo ac in Arces ipsas familiamque impensa, ita, ut si quid reliquum ex iis esset, propter incertitudinem difficilis eorum ratio ad restitutionem esset futura: eorum nomine quinquaginta lastæ Siliginis dari debebunt. De reliqui autem temporis fructibus, inde scilicet, cum prima sequestratio bonorum Archiepiscopatus facta est, cautum est, ut omnes restituantur, exceptis iis, qui Reverendissimo & Illustrissimo Archiepiscopo & Illustri Domino Christophoro Duci Megapolensi, eorumque familiæ ad sese sustentandum concessi sunt.

7. Cum autem Regia Dignitas Poloniæ, & Illustris Dominus Albertus Marchio Brandeburgensis, & in Prussia Dux, non Reverend. & Illust. Domini Archiepiscopi tantummodo, sed suis etiam causis bellum ab se susceptum, præ se ferrent: existimaretque Reverend.

Anno 1557. rend. & Magnificus Dominus Magister & Prælati, ac Ordines Livonici, nequaquam sibi integrum esse, ut Reverend. & Illustr. Domino Archiepiscopo restituerent, nisi ante omnia eæ causæ consopitæ essent, atque sibi de Pace cautum fieret, ut tum demum Reverend. & Illustr. Domino Domino Archiepiscopo sua omnia restituerent: itaque constitutum est, ut Sequestri ex communi utriusque Partis consensu eligerentur, quibus Archiepiscopatus traderetur, ab illisque retineretur, quoad de iis causis ac motibus inter Regiam Dignitatem Poloniæ, & Reverendum ac Magnificum Dominum Magistrum, Prælatos & Ordines Livoniæ compositum erit, iisdemque traderentur omnia reditus commoda, & quicquid in restitutionem veniet, ut ab illis integrè omnes conserventur. Eos autem Sequestros utrinque & Reverend. ac Illustr. Dominus Archiepiscopus & Reverendus ac Magnificus Dominus Magister sibi elegerunt, Reverendissimos Dominos Curlandiæ & Tarbatensem Episcopos; Reverendissimus & Illustrissimus quidem Dominus Archiepiscopus Curlandiæ Episcopum; Reverendus autem & Magnificus Dominus Magister Tarbatensem, cum ii ab initio statim tractationis Pacis possessionem Archiepiscopatus obtinuerint, illisque jam essent omnes ejus reditus cogniti: itaque nunc quoque eosdem elegerunt & confirmarunt. Qui quidem tenebunt Arces, Villas, Curias Archiepiscopatus, præter eas Arces, quæ Illustr. Domino Christophoro Duci Megapolensi, & Reverendissimo ac Illustrissimo Domino Archiepiscopo datæ sunt, ut se ex earum reditibus sustentent, quas quidem illi, usque dum constituta Pax erit, libere possidebunt. Iidem quoque Domini Sequestri tenebunt omnes alias res, quæ ad restitutionem pertinent, & quæ nominatim specificatæ sunt. Eisdem itaque Sequestris, nos tanquam compositores, Serenissimi Principis Domini Regis Romanorum nomine, ad utriusque Principis postulationem injunximus, hortatique eos sumus, ut pro obedientia, quâ Serenissimæ & Invictissimæ Romanorum Regiæ Majestati tenentur, atque pro conservanda pace & tranquillitate communi, id muneris susciperent, præessentque fideliter, neque bona Archiepiscopatus non necessaria familia prægravarent: Præfecti quoque Arcium ad Archiepiscopatum pertinentium, neque Reverendo ac Magn. Domino Magistro, neque Prælatis, aut Statibus Livoniæ, sed solis Sequestris parere debebunt.

8. Cum autem de iis discordiarum causis, quæ inter Regiam Dignitatem Poloniæ, & Reverendum ac Magn. Dominum Magistrum, Prælatos Ordinesque Livoniæ intercesserunt, transactum erit, atque cum Regia Dignitas Poloniæ, & Illustris Dominus Albertus Marchio Brandenburgensis in Prussia Dux, firmam, indubiamque Pacem cum illis fecerint, habuerintque ratum hunc contractum: Confestim Reverendissimum & Illustrissimum Dominum Archiepiscopum in pristinum statum restituent, Castra scilicet, Villas, Curias, atque omnia, quæ contractu hoc comprehensa sunt. Quicquid autem nominati Domini Sequestri ad usus Archiepiscopatus è suo, ultra reditus ipsius, in necessarios usus impenderint, id, cum legitimè docuerint, atque intulerint rationes, in ipsa restitutione ex reditibus ejusdem consequentur.

9. Subditos quoque Reverendissimi & Illustrissimi Domini Archiepiscopi, quos per horum motuum tempus Reverendus & Magn. Dominus Magister, atque Status Livoniæ communi consensu & decreto ad fidem suam adegerunt, liberos solutosque facient, atque Literis datis testabuntur, eos coactos in suam potestatem venisse, tum etiam renunciatio fidei, quam Reverendissimo & Illustrissimo Domino Archiepiscopo Subditi ejus verbis atque Scriptis fecerunt, irrita erit, atque ei pristini jurisjurandi Sacramento obstricti tenebuntur. Ad novum tamen homagium faciendum cogendi non erunt, cum non sponte sed inviti à Reverendissimo & Illustrissimo Domino Archiepiscopo desciverint, atque in Reverendi ac Magn. Domini Magistri reliquorumque Livoniæ Statuum potestatem redacti essent.

10. Tametsi autem in iis sunt nonnulli, qui cum adhuc Reverendissimus ac Illustrissimus Dominus Archiepiscopus dignitatem statumque suum obtineret, ad Reverendum & Magn. Dominum Magistrum & Ordines ultrò transierint, in quos gravius Reverendissimus & Illustrissimus Dominus Archiepiscopus vindicandum esse putabat, tamen in gratiam Serenissimi & Invictissimi Domini D. Romanorum Regis, Domini sui clementissimi; ac Regiæ Dignitatis Poloniæ, quo firmior Pax instituatur, iis quoque unà cum cæteris Subditis suis, Capitulo, Nobilitate, Civibus, qui compulsi id fecerunt, ignoscit, promittitque pro se & Successoribus suis, nullam deinceps mentionem ejus rei se, Successoresque suos facturos esse. Vicissim autem Reverendus ac Magn. Anno 1557.
Dominus Magister & Ordines Livoniæ iis, qui Reverendissimo & Illustrissimo Domino Archiepiscopo sese adjunxerunt, aut ullo modo adfuerunt, omnem offensionem ex animo remittere debebunt. Et si qui ex Subditis Civibus Rigensibus Servitoribusque Reverendissimi & Illustrissimi Domini Archiepiscopi in his motibus exules facti sunt, ii omnes ad bona immobilia restitui debent. Mobilia verò, si quæ extabunt, illis reddentur. Reliqua vero à raptoribus vel detentoribus repetere legitima juris via poterunt.

11. Quod si etiam in vincula conjecti, aut pignoribus fidejussionibusque & aliis cautionibus obstricti sunt, eos liberos, securos immunesque præstabunt, atque eis, pristinis honoribus ac dignitati restitutis, liberam facient potestatem, sive in Livonia manendum, sive isthinc emigrandum putaverint, neque aliam de non nocendo cautionem, si ab ipsis postuletur, quàm juratoriam præstare tenebuntur.

12. Debebunt item Illustr. Dominum Christophorum, Ducem Megapolensem, ad commendationem Serenissimi ac Invictissimi Principis & Domini Domini Romanorum Regis, ac Regiæ Dignitatis Poloniæ, Electorumque Principum, & Statuum Sacri Imperii, atque eorumdem honoris causa, Coadjutorem Archiepiscopatus, ac deinde Reverendissimi & Illustrissimi Domini Archiepiscopi cessione vel morte consequuta illum legitimum Archiepiscopum agnoscere, neque ullis excogitatis rationibus ea in re impedire.

13. Cum autem Reverendus & Illustrissimus Dominus Archiepiscopus provectæ jam sit ætatis, liberum illi, si volet, erit, Domino Christophoro, Duci Megapolensi, dignitatem atque administrationem Archiepiscopatus tradere, cum quo tandem de reditibus & commodis ejus communi arbitrio transiget. Quod si ea consuetudo est, ut Subditi Archiepiscopatus Rigensis, simul atque quis in Coadjutorem cooptatur, ad ejus fidem jusjurandum adigi soleant; id quoque Illustri Domino Christophoro Duci Megapolensi, quandocunque Reverendissimo & Illustrissimo Archiepiscopo videbitur, præstituri sunt: sin vero ea consuetudo non sit, sed tum demum id usitatum sit, postea quam is, qui cooptatus in Coadjutorem est, plenam Archiepiscopi Dignitatem consequatur, ne ii quidem id facere tenebuntur, antequam vel per cessionem Reverendissimi ac Illustrissimi Domini Archiepiscopi, vel ipsius morte integram Dignitatem adeptus erit.

14. Debebit autem Illustr. Dominus Christophorus, Dux Megapolensis, sufficienter Ordinibus Livoniæ cavere, ut integra conservet Jura, Statuta, ac Privilegia, illis à Catholica Cæsarea, & Sacra atque Invictissima Regia Romanorum Majestate confirmata, exceptis decretis Recessus Volmariensis, atque ea parte, qua jus Archiepiscopatus & Ecclesiæ Rigensis convellunt, ad quæ rescindenda, ubi illi videbitur, agere, experirique legitimo jure poterit. Cavere item illis debebit, ne Archiepiscopatum in secularem, atque hæreditarium statum redigat, ne ullum inde detrimentum Sacrum Romanum Imperium suscipiat. Ad eundemque modum, ut bene sese erga Reverendum & Magn. Dominum Magistrum, Prælatos, atque Ordines Livoniæ gerat, vicissimque illi erga eum, & mutua Pax & Concordia perpetuo conservari possit. Cum autem Illust. Dominus Christophorus, Dux Megapolensis, nondum ætatis maturitatem consequutus sit, si ei Reverend. & Illust. Dominus Archiepiscopus Dignitatem Archiepiscopatus concedendam putaverit, debebit ipsemet & Reverend. & Illust. Archiepiscopus eligere duos ex ordine Spiritualium, & duos ex Equestri ejusdem Archiepiscopatus, qui Archiepiscopatum administrabunt, quoad legitimam ætatem attigerit, non diutius. Quemadmodum id & Illust. Dominus Christophorus, Dux Megapolensis, & nomine illius etiam Reverend. ac Illust. Dominus Archiepiscopus pollicitus fuerat; atque ut id præsenti Recessui insereretur, assensus est.

15. Quicquid autem Civitas Rigensis Capitulo, Ecclesiæque Rigensi ademerit, id restitui illi debebit, & si quid controversiarum eis intercedat, de iis ordinario judicio experientur. Debebunt etiam Reverend. & Magn. Domin. Magister, & Reverendissimus ac Illustrissimus Dominus Archiepiscopus & Prælati, Ordines, Nobilitas, Civitatesque Livoniæ, quæcunque odia aut inimicitiæ hoc bello inter eos intercesserunt, sibi mutuò condonare, atque oblivisci in posterum, ut certa firmaque illis perpetua Pax constare possit.

16. Quam quidem restitutionis, Reverendissimi & Illustrissimi Domini Archiepiscopi transactionem Regia Dignitas

ANNO 1557. Dignitas Poloniæ, atque idem Illust. Dominus Albertus Marchio Brandeburgensis, in Prussia Dux, Literis suis Patentibus comprobare, ratificareque debebunt, quod ipsum Reverendissimus ac Illustrissimus Dominus Archiepiscopus quoque facere debebit. In quorum fidem & testimonium manibus nostris præsentibus subscripsimus, & Sigilla nostra apposuimus. Datum Paswal ex Castris Regis, die 5. Septemb. Anno 1557.

XII.

6. Dec. **Vertrag zwischen denen Grafen Philipp und Johann zu Waldeck/ durch Vermitlung Landgraf Philipps zu Hessen-Cassel/ von wegen aneinander habenden Forderungen in puncto des Väter- und Mütterlichen Erb-theils; Craft derer Graf Johann seinem Brudern Graf Philipp für alle seine Ansprach und forderungen zwölf tausend Thaler erlegen/ Graf Philipp herentgegen allem Väter- und Mütterlichen Erbgut/ Salvo jure succedendi à latere, renunciiren solle. Geschehen zu Cassel den 6. Decemb. Anno 1557.** [LUNIG, Teutsches Reichs-Archiv. Part. Special. Continuat. II. Abtheil. VI. Abs. XXV. pag. 364.]

C'est-à-dire,

Transaction entre PHILIPPE *&* JEAN *Comtes de* WALDECK *par la médiation de* PHILIPPE *Landgrave de* HESSE CASSEL, *sur leurs différents au sujet de la Succession paternelle & maternelle; le Comte* JEAN *y promet à son Frere une somme de douze mille écus pour toutes ses prétentions, &* PHILIPPE, *moyennant cette somme, y renonce totalement* salvo tamen jure succedendi à latere. *Fait à Cassel le 6. Decembre* 1557.

Wir Philips/ von Gottes Gnaden Land-Graff zu Hessen/ Graff zu Catzenelnbogen/ Dietz/ Ziegenhain und Nidda/ rc. thun kund hieran öffentlich bekennendt/ als sich zwischen den Wohlgebohrnen unsern Neven und Getrewen/ Philipsen und Johannen/ Philipsen des eltern seligen Söhnen/ Grafen zu Waldeck/ von der Hochgebohrnen Fürstin/ Frawen Annen/ gebohrner Tochter von Cleve/ unser freundlichen lieben Mumen und Gevatterin/ geboren/ Gebrüdern/ über die derowegen hiebevor allenthalben gepflogener Unterhandlung/ beschehen Abrede und Verträge/ und was demselben bißhero nachgefolget/ Jrrung und Zwyspalt zugetragen/ wegen Graffen Philipsen Ablegunge und Contentirung/ welcher Jrrunge halber umb gebührlichen Endscheid/ auch gütlich Unterhandlung und Hinlegunge/ gemelte unser freundlich liebe Muhme und Gevatterin/ auch vorgemelte Grafen zu allen Theylen bey uns freundlich und dienstlich angesuchet/ sie vorzubescheiden/ und darin gebührlich Jnsehens zu haben/ daß sie solcher Jrrunge uff gebürliche billige Wege möchten verrichtet werden.

Daß demnach wir/ als der Landt- und Lehens-Fürst/ ihre Liebden und Sie/ zu allen Theylen uff den 29. Novembr. hieher uff unser Cantzley/ vor unser Stadthalter/ Cantzlar und Räthe vorbescheiden/ in ihren Vorbringen hören lassen/ und biß uff heut dato gehabter gnusamer Verhör/ und gepflogener fleißziger gütlicher Unterhandlung/ mit ihrer aller und iedes Theyl zeitigen Vorwissen/ und guten Verwilligen vertragen worden seyn/ wie folgt:

Es soll und will Graff Johann zu Waldecken/ seinen Bruder Grafen Philipsen/ für alle sein Anspruch und Forderung/ väterlicher und mütterlicher Gerechtigkeit/ es seyen Lehen/ Erb/ Eigen/ Pfandtschafft/ darzu das Hauß Aroldessen und alle und iede desselbigen An- und Zugehörungen/ und expresse unser ihme beschehen donation, und alle fahrend- und liegend Güter/ nichts ußgenommen/ wie das Nahmen haben/ oder geseyn mag/ einmahl vor alle/ zwölff tausend Thaler geben.

Was aber die Frau Mutter/ unser freundlich Liebe Mume und Gevatterin/ nach ihrem tödlichen Abgang/ an baaren Gelde nachlaßzen würde/ das soll Graffen Philipsen zum dritten Theyl zustehen und folgen/ und von dem silber Geschirr/ das Ihre Liebden nachlassen werden/ Graff Johann/ Graff Philipsen fünff vergülde Köpff reichen und geben. ANNO 1557.

Die Lieferung solcher zwölfftausend Thaler soll geschehen zu Corbach/ und soll Graff Johann das Geld uff sein Gefahr daselbst hin zur stedt bringen/ und do es Graff Johann müglich ist/ soll die Lieberung uff nechstkünfftigen Walburgen/ und da die Lieberung uff Walburgen nit geschehen köndte/ so soll solche Lieberung der zwölff tausend Thaler endlich und gewiß uff nechstfolgenden Michael des künfftigen acht und funfftzigsten Jahrs beschehen/ ohn alle und iede Ausflucht/ Einred und Weigerung.

Derowegen soll und will Graff Philips einen gnugsamen Verzieg übergeben/ uff alle und iede väterliche und mütterliche Lehens/ Erbs und eygen Gerechtigkeit/ die ihme vom Vatter und Frawen Mutter angefallen wären/ oder auch noch anfallen möchten/ (salvo jure succedendi a latere) auch auf das Hauß Aroldessen/ wie vorgemelt und gnugsam ist/ fahrend und liegend/ nichts ausgenommen.

Zu dem soll er auch abtreten/ fallen lassen/ und Verzieg thun/ uff alle und iede Verträge/ so biß anhero zwischen dero Frawe Mutter und ihme ergangen weren/ auch sich des Hauses/ so alhier gelegen/ welchs die Frau Mutter ihme gegeben/ verzeihen/ und Graff Johann dieselbige Behausung bleiben/ und dessen Graffen Philipsen gnugsam Schein in der Lieberung und Verzieg von sich ihme Graffen Johann geben.

Und im Fall Graff Philips ohne Leibes-Erben abgienge/ was er dann nach seinem Tode nachlassen würde/ daran soll Grafen Johannen und Graffen Frantzen/ seinen Brüdern alles und iedes/ was ihnen von Recht und der Erb-Einigunge wegen eignet und gebüret/ nichts benommen/ sondern vorbehalten seyn/ also auch in dem Fall/ do Graff Johann ohne Mann-Leibs-Erben würde abgehen/ Graffen Philipsen und Graffen Frantzen vorbehalten seyn die Succesion, darvon der Erbvertrag meldet.

Mitler Zeit biß die Bezahlung der zwölfftausend Thaler beschicht/ entweder uff Walburg oder Michaelis/ soll und mag Graff Philips das Theyl zu Aroldessen so viel/ und wie er das itzo inhat/ inhaben/ darzu soll und mag er/ nach beschehener Lieberung der zwölff tausend Thaler so die uff Walburgen beschicht/ nach vier Monat/ und do die auf Michaelis beschicht/ von Michaelis biß uff cathedra Petri, und lenger nicht/ sich uff demselbigen Theil erhalten/ dann soll Graff Johann daßselbig Theyl zustehen und folgen/ doch aber auch die Frawe Mutter ihr Lebenlang an ihrem itzt inhabenden Theyl unbeschwert und unvertrungen von menniglichen geruhiglichen gelassen werden und bleiben.

Hierüber ist auch abgeredt und bewilligt/ im Fall Graff Philips solche zwölff tausend Thaler/ alle oder zum Theil auswendig der Graffschafft Waldeck nicht wolt anlegen/ und wolt etliche Pfandtschafften/ so nicht uff ein Anzahl Jahr verschrieben/ in diesen Theil der Graffschafft Waldeck einlösen/ daß er solches thun mag/ vermöge der Erbeinigunge/ sich selbst und niemands frembds zu gutem/ doch in allwege Graff Johannen vorbehalten/ solche Güter/ die Graff Philips an sich lösen würde/ von Graffn Philipsen an sich Graffen Johann und sein Erben wieder zu lösen/ mit dem Pfand-Schilling/ Inhalt der Pfand-Verschreibung.

Und damit dieser Vertrag endlich vollnzogen/ auch so viel mehrer stedter/ vester und unverbrüchlicher gehalten werde/ so ist uff Bitt Graffen Philipsen diese Pön darauff gesetzt/ wo zwischen dato und negstkünfftigen Michaelis/ Graff Johann die zwölff tausend Thaler seinem Bruder Graffen Philipsen nicht liefern/ und also der Mangel an Ihme seyn würde/ so sollen und mügen wir Fug und Macht haben/ Aroldessen/ inmassen wir das ihme Grafen Philipsen geschenckt/ zu behalten inthun/ auch ihne darbey handhaben/ doch als ein Sampt-Lehen.

Hiermit sollen und und wollen vorgemelte unser freundliche liebe Mume und Gevatterin/ ihre Frawe Mutter und die Gebrüder/ iedes vor sein Interesse oberzehlter Gestalt/ vor sich/ alle ihre Erben und Nachkommen in der Güte vertragen seyn und bleiben/ und kein Theil wider diesen Vertrag/ inn- oder ußerhalb Rechtens/ nichts vornehmen/ unter welchem gesuchten Schein auch das immer beschehen möchte/ und welchs Theyl hierüber wider diesen

Anno 1557. diesen Vertrag würde handeln/ so sollen und wollen wir Land-Graff Philips dem andern Theyl/ so diesen Vertrag halten würde/ Beystand erzeigen/ so viel wir dessen von Rechts wegen thun sollen und mügen/ alle Gefehrde hierin ausgeschlossen/ und des zu Urkund haben wir Land-Graff Philips zu Hessen/ auch wir Anna gebohrne Tochter zu Cleve/ und wir Philips und Johann Gebrüdere/ Grafen zu Waldeck uns mit eigenen Händen unterschrieben und unser Secret und Ring-Pittschafft hieran hencken/ und geben lassen zu Cassel am 6. Decembr. im Jahr tausend fünffhundert funffzig und sieben.

Philips Landgraf zu Hessen ꝛc. mppria.
Anna ꝛc.
Philips der Mittler Graf zu Waldeck/ M. P.
Johann Graff zu Waldeck. M. P.

XIII.

1558. 14. Mars. **FERDINANDI I. Römischen Königs Wahl-Capitulation, worinn die Articklen enthalten/ wornach derselbe dem Heyl. Römischen Reich vorzustehen versprochen. Beschlossen zu Franckfurt am Mayn den 14. Martij Anno 1558.** [CHRISTOPH. ZIEGLERN Wahl-Capitulationes pag. 22. d'où l'on a tiré cette Pièce, qui se trouve aussi dans LYMNÆI Capitulationes Imper. & Regum Romanor. pag. 412.]

C'est-à-dire,

Capitulation Imperiale de FERDINAND I. *Roi des Romains, contenant les Articles, selon lesquels il promet de gouverner l'Empire. A Francfort sur le Meyn le* 14. *de Mars* 1558.

WIr FERDINANDUS, bekennen öffentlich mit diesem Brieffe/ und thun kund allermänniglich: Als Wir hievor/ nach Christi Unsers HErren Geburt im 1531. Jahr/ aus Schickung des Allmächtigen/ durch die Wahl der Hochwürdigen/ Ehrwürdigen und Hochgebohrnen/ Albrechten/ der Heiligen Römischen Kirchen/ deß Titels S. Petri ad Vincula Cardinals/ zu Mayntz und Magdeburg Ertz-Bischoffen: Administratorn deß Stiffts Halberstadt: Hermann/ zu Cölln: und Reichard/ zu Trier: Ertz-Bisschoffen/ deß Heil. Römischen Reichs in Germanien/ Italien auch Gallien/ und deß Königreichs Arelat Ertz-Cantzlern: Ludwigen/ Pfaltzgrafen beym Rhein/ und Hertzogen in Bayern: und Joachim/ Marggraffen zu Brandenburg/ deß H. Römischen Reichs Ertz-Truchsessen und Ertz-Cämmerer/ Unsere liebe Freunde/ Neven und Churfürsten/ auch mit folgender Genehmhaltung und ratification deß auch Hochgebohrnen/ Johann Friedrichen/ Hertzogen zu Sachsen deß Heil. Römischen Reichs Ertz-Marschallen/ Unsers lieben Oheimen und Churfürsten/ zu der Ehr- und Würde deß Römischen Königlichen Namens und Wappens erhaben/ erhöhet und gesetzet seynd/ auch GOtt zu Lob/ dem Heiligen Reich zu Ehren/ und der Christenheit und Teutschen Nation/ auch gemeinen Nutzens willen/ dieselbige auf Uns genommen/ und mit denen etliche Jahr her beladen gewesen/ und nunmehr sich zugetragen/ daß die Röm. Käyserl. Majestät Unser lieber Bruder und Herr/ aus beweglichen Ursachen/ fürnehmlich aber von wegen Ihrer Liebde und Käyserlichen Majestät obliegenden Alters/ immerwährenden Leibes-Schwachheit/ und augenscheinlicher Unvermögenheit/ sich in Ihres geliebten Sohns/ der Königlichen Würden zu Hispanien und Engelland/ Hispanische Königreich begeben; deren Liebden auch aus erzehlten Ursachen/ alle weltliche Regierung anderer Ihr. Liebden und Käyserliche Majestät Erb-Königreich/ Fürstenthum und Landen/ gäntzlichen/ williglichen und allerdings frey übergeben und zugestelt/ auch darneben zu endlicher resolution und Abtrettung deß H. Römischen Reichs Käyserthums J. L. und Käyserl. Majestät Bottschafft/ die Hochgebohrnen und Ehrsamen/ Gelehrten/ Unsere und deß Heil. Reichs liebe getreue/ Wilhelmen/ Printzen von Uranien und Graffen zu Nassau/ und Georg Sigmund Selden/ Lehrern der Rechten/ als rechte/ wahre/ unzweiffentlichhe Procuratoren/ Gesandten/ Sachwalter/ Gewalt und Befehlshaber/ zu Uns/ auch den Ehrwürdigen und Hochgebohrnen Danieln/ zu Mayntz Ertz-Bischoff: Johansen/ zu Trier: Antonium zu Cölln/ erwehlten und confirmirten zu Ertz-Bischoffen/ deß Heil. Römis. Reichs/ durch Germanien/ Gallien/ auch das Königreich Arelat und Italien Ertz-Cantzler: Otto Heinrichen/ Pfaltzgrafen beym Rhein/ Hertzogen in Nieder- und Ober-Bäyern: Augusten/ Hertzogen zu Sachsen/ Landgrafen in Thüringen/ Marggrafen zu Meissen; Joachim/ Margraffen zu Brandenburg/ Stettin und Pommern/ der Cassuben und Wenden Hertzogen/ Burggraffen zu Nürnberg und Fürsten zu Rügen/ deß Heil. Römischen Reichs Ertz-Truchsessen/ Ertz-Marschallen/ und Ertz-Cämmerern/ Unsern lieben Neven/ Oheimen und Churfürsten/ mit Credentz, Instruction, vollkommentlicher Gewalt und Befehl abgefertiget/ obangeregt Röm. Käyserthum/ wie J. L. und Käys. Majestät dasselbe biß dahero getragen/ nicht allein an Recht/ Macht und Gewalt/ das H. Reich zu regieren/ verwalten und administriren/ sondern auch den Titul, Namen und Würde deß Käyserthums/ mit samt dem Scepter und Cron/ gäntzlichen vollkommentlichen/ ewig und unwiderrufflich/ mit Vorwissen/ Bewilligung und in Beywesen derselben Unserer Churfürsten/ Uns aufzutragen und resigniren/ auch zu diesem effect Sie die Churfürsten/ Unsere und deß H. Reichs Fürsten und Stände/ aller und jeder Ihre Eyde und Verwandnus/ damit Sie J. L. und Käyserlichen Majestät als Römischen Käyser zugethan und verbunden gewesen/ gäntzlich zu erlassen/ und ledig zu zehlen/ und sie damit an Uns zu weisen. Welche Bottschafft dann bey Uns und gedachten Unsern lieben Neven/ Oheimen und Churfürsten/ allhier zu Franckfurt erschienen/ Wir auch auf ihre gethane Werbung und Aufftrag/ zuforderst aber obgedachter Unser Churfürsten Liebden Genehmhaltung/ und derowegen Uns frey mündlich und unterthäniglich mitgetheilten Rath/ Gutbedüncken/ Consens und Bewilligung/ Uns als zuvornerwöhlter und gekrönter König/ solch deß Käyserthums Administration und Regierung beladen: daß Wir Uns demnach aus freyem Gnädigen willen/ mit denselben Unsern lieben Neven/ Oheimen und Churfürsten dieser nachfolgenden Artickel/ Gedings- und Pactsweise/ vereiniget/ vertragen und angenommen/ bewilliget und zu halten zugesagt haben/ alles wissentlich und in Krafft dieses Brieffs.

Anno 1558.

Diese Capitulation bestehet in XXXI. Artickeln.

Der I. Artickel.

Der Käyser will (1) die Christenheit und die Kirchen schützen/ (2) im H. Reich Fried und Einigkeit pflantzen/ und (3) ohne Ansehen der Person das Recht nach des Reichs Ordnungen einem jeden widerfahren lassen.

I. Zum Ersten/ daß Wir in Zeit solcher Käyserl. Wür- (1)
de/ Ambts und Regierung die Christenheit/ und den Stuhl
zu Rom/ auch Päpstl. Heiligkeit/ und die Kirchen/ als
derselben Advocat, in gutem Befehl und Schirm haben;
darzu insonderheit in dem H. Reich Fried/ Recht und Ei- (2)
nigkeit pflantzen/ auffrichten und verfügen sollen und wollen/
daß die ihren gebührlichen Gang/ dem Armen als dem Reichen/ (3)
gewinnen und haben/ auch gehalten/ und denselben Ordnungen/ auch Freyheiten/ und allem löblichen Herkommen nach/ gerichtet werden sollen.

Der II. Artickel.

Der Käyser verspricht (1) des Reichs Ordnungen und Gesetze zu halten: (2) dieselben zu verneuen/ und wo Noth (3) mit Rath der Reichs-Stände zu bessern.

II. Wir sollen und wollen auch/ sonderlich die vorge- (1)
machte Gülden Bulla/ in Religion- und Prophan-Sachen/ auch den Land-Frieden/ samt der Handhabung desselben/ so auff jüngst zu Augspurg im fünff und funffzigsten Jahr gehaltenen Reichstag/ durch Uns/ an statt der Röm. Käyserl. Majest. Unsers lieben Bruders und Herrn/ auch für Uns selbst/ und gemeine Stände auffgerichtet/ an-

ANNO 1558. angenommen / verabschiedet und verbessert worden / stät
und vest halten / handhaben / und darwider niemands beschweren / oder durch andere beschweren lassen / und die
(2) andern / des Heil. Reichs Ordnung und Gesetz / so viel die
obgemeldten angenommen Reichs-Abschied im LV. Jahr zu
(3) Auspurg auffgerichtet / nicht zuwider / confirmiren / verneuen / und wo Noth / dieselbigen mit Rath / Unserer /
und des Reichs Churfürsten / Fürsten / und andern Ständen / bessern / wie das zu jederzeit des Reichs Gelegenheit
erfordern wird.

Der III. Artickel.

Der Käyser (1) will jederman im H. Römischen Reich in seinen Würden und Rechten rc. bleiben lassen / (2) denen Reichs-Ständen ihre Freyheiten und Gebräuche rc. zu Wasser und Land confirmiren / und (3) sie auch darbey schützen und handhaben.

III. Und in alle Wege sollen und wollen Wir die Teut-
(1) sche Nation / das H. Röm. Reich / und die Churfürsten /
als die fordersten Glieder desselben / auch andere Fürsten /
Grafen / Herren und Stände / bey ihren Hoheiten / Würden / Rechten / Gerechtigkeiten / Macht und Gewalt / jeden
nach seinem Stand und Wesen / bleiben lassen / ohne Unser /
und männigliches / Irrung / Eintrag und Verhinderniß;
(2) und ihnen darzu ihre Regalia, Oberkeiten / Freyheiten /
Privilegien / Pfandschafften und Gerechtigkeiten / auch
Gebräuch und gute Gewohnheiten / so sie bißhero gehabt
haben / oder in Ubung gewesen seynd / zu Wasser und Land /
in guter beständiger Form / ohn alle Weigerung confirmi-
(3) ren und bestätigen; Sie auch darbey / als erwöhlter Römischer Käyser / handhaben / schützen und schirmen / doch
männiglich an seinen Rechten unschädlichen.

Der IV. Artickel.

Der Käyser verspricht (1) denen Churfürsten / daß Er sie in ihren und des Reichs beschwerlichen Anligen / wolle lassen zusammenkommen / und (2) dergleichen Zusammen-Beruffungen nicht verhindern / sondern gnädiglich auffnehmen.

IV. Wir lassen auch zu / daß die gedachten sechs Chur-
(1) fürsten / je zu Zeiten / nach Vermöge der Güldenen Bullen / und ihrer Gelegenheit / zu ihrer / und des Heil.
Reichs Nothdurfft / auch so sie beschwerlich Obliegen haben / zusammen kommen mögen dasselbige zu bedencken und
zu berathschlagen; das Wir auch nicht verhindern / noch
(2) irren / und deßhalben keine Ungnad noch Widerwillen gegen ihnen / sämtlich noch sonderlich / schöpffen noch empfahen / sondern Uns in dem und anderm / der Gülden
Bullen gemäß / gnädiglich und unverweißlich halten sollen
und wollen.

Der V. Artickel.

Der Käyser soll (1) die Bündnüsse und Auffruhren der Geringern gegen die Obern auffheben / und (2) mit der Reichs-Stände Hülffe solchem Unwesen fürkommen.

(1) V. Wir sollen und wollen auch alle unziemliche / häffige
Bündniß / Verstrickung und Zusammenthun der Unterthanen / des Adels und gemeinen Volcks / und die Empörung /
Auffruhr und ungebührliche Gewalt / gegen den Churfürsten / Fürsten und andern fürgenommen / und die hinfüro
geschehen möchten / auffheben / abschaffen: und mit ihrer
(2) der Churfürsten / Fürsten und anderer Stände Rath und
Hülffe / daran seyn / daß solches / wie sichs gebühret und
billich ist / in künfftigen Zeiten verbotten und fürkommen
werde.

Der VI. Artickel.

Der Röm. Käyser soll ohne der Churfürsten Bewilligung keine Bündnuß mit frembder Nation / in des Reichs Händeln / auffrichten.

VI. Wir sollen und wollen darzu für Uns selbst / als ANNO
erwöhlter Römischer Käyser / in des Reichs Händeln / auch 1558.
keine Bündniß oder Einigung mit frembder Nation / noch
sonst in Reich machen / Wir haben denn zuvor die sechs (1)
Churfürsten deßhalben an gelegene Mahlstätte / zu ziemlicher Zeit erfordert / und ihren Willen sämtlich / oder des
mehrentheils aus ihnen / in solchem erlanget.

Der VII. Artickel.

Der Käyser wil (1) einem jeden Reichs-Stand / nach Billichkeit / zu dem seinen verhelffen / und (2) selbe dabey ohne Hinderung handhaben und schützen.

VII. Was auch die Zeit hero einem jeden Churfürsten / (1)
Fürsten / Herren und andern / oder dero Voreltern und
Vorfahren / geistlich oder weltlichen Standes / dergestalt
ohne Recht / gewaltiglich genommen / oder abgedrungen /
sollen und wollen Wir der Billichkeit / wie sich im Rechte
gebühret / wieder zu dem seinen verhelffen; bey solchem (2)
auch / so viel er Recht hat / handhaben / schützen und schirmen / ohne alle Hinderung / Auffhalt oder Saumniß.

Der VIII. Artickel.

Soll (1) der Käyser ohne Zulassung der Churfürsten vom Reich nichts hingeben rc. sondern vielmehr (2) dahin trachten / daß alles davon gekommene wieder darzu gebracht werde.

VIII. Zu dem / und insonderheit / sollen und wollen (1)
Wir dem Heil. Reich / und desselben Zugehörenden / nicht
allein ohne Wissen / Willen und Zulassung gemeldter Churfürsten sämtlich / nichts hingeben / verschreiben / verpfänden / versetzen / noch in andern Wege veräussern oder beschweren / sondern Uns auch auffs höchste bearbeiten / und
allen müglichen Fleiß und Ernst fürwenden / das jenige / (2)
so davon kommen / als verfallene Fürstenthümer / Herrschafften und andere / auch confiscirt und unconfiscirte
merckliche Güter / die zum theil in anderer frembder Nation
Hände / ungebührlicher Weise gewachsen / zum förderlichsten wieder dazu bringen / zueignen / auch darbey lassen;
doch männiglich an seinen gegebenen Privilegien / Rechten
und Gerechtigkeiten unschädlich.

Der IX. Artickel.

Der Käyser soll auff der Churfürsten Verlangen / wann Er oder die seinen etwas dem Reich zuständiges ohne rechtmässigen Titel hätte / dasselbe dem Reich ohne Verzug wieder zustellen.

IX. Und ob wir selbst oder die Unsern / ichtwas / das (1)
dem Heil. Reich zuständig / und nicht verliehen / noch mit
einigem rechtmässigen Titul bekommen wäre / oder würde /
innen hätten / das sollen und wollen Wir bey Unsern schuldigen und gethanen Pflichten / demselben Reith ohne Verzug / auff ihrer der Churfürsten gesinnen / wieder zu Handen wenden / zustellen und folgen lassen.

Der X. Artickel.

Der Käyser will (1) binnen währender Regierung mit den Christlichen Potentzen nachbarlich leben: (2) Ohne wenigstens der Churfürsten Wissen keinen Krieg in oder ausser dem Reich anfangen: (3) Kein frembd Kriegsvolck ins Reichs führen: doch daß Ihme (4) wann Er oder das Reich solte bekriegt werden / sich dargegen aller Hülffe zu bedienen / erlaubt verbleibe.

X. Wir sollen und wollen Uns darzu / in Zeit bemeld- (1)
ter Unser Regierung / friedlich und nachbarlich gegen den
anstossenden und Christlichen Gewälten halten / kein Ge- (2)
zänck / Fehde / noch Krieg / in oder ausserhalb des Reichs /
von desselben wegen / anfahen / oder unternehmen / noch
einig

ANNO einig frembd Kriegsvolck ins Reich führen / ohne Vorwis-
1558. sen / Rath und Bewilligung der Reichs-Stände / zum
wenigsten der sechs Churfürsten. Wo Wir aber von des
(3) Reichs wegen / oder das H. Reich angegriffen und bekriegt
(4) würden / alsdan mögen Wir Uns dargegen aller Hülffe
gebrauchen.

Der XI. Artickel.

Der Käyser soll (1) die Reichs-Stände / mit Nachreisen / Steuer &c. ohne Noth nicht beschweren / noch (2) dergleichen ohne der Churfürsten Willen nicht ansetzen / weniger (3) einen Reichstag ausser dem Röm. Reich anordnen.

(1) XI. Dergleichen sie / die Churfürsten / und andere desselbigen Reichs Stände / mit dem Reichstägen / Cantzley-
Geld / Nachreisen / Aufflagen oder Steuer / unnothdürff-
tiglich und ohne redlich und tapffere Ursach / nicht beladen
(2) noch beschweren: noch in zugelassenen nothdürfftigen Fällen / die Steuer / Auflagen und Reichstäge / ohne Wissen
und Willen der sechs Churfürsten / wie obegemeldt / darzu
(3) erfordert / nicht ansetzen noch ausschreiben: und sonderlich
keinen Reichstag ausserhalb des Reichs Teutscher Nation /
fürnehmen oder ausschreiben.

Der XII. Artickel.

Der Käyser soll (1) seine Königliche und alle Reichs-Aempter / mit Teutschen von gutem Herkommen versehen / und (2) solche in ihren Ehren und Würden &c. bleiben / auch ihnen nichts entwenden lassen.

(1) XII. Wir sollen und wollen auch Unsere Käyserliche und
des Reichs Aempter / am Hoff und sonst im Reich / mit
keiner andern Nation / denn gebohrnen Teutschen / die
nicht nieders Standes noch Wesens / sondern namhafftige
redliche Leute / von Fürsten / Grafen / Herren / von A-
del / und sonst tapffers guten Herkommens / hohen Perso-
(2) nen / besetzen und versehen. Auch die obbenannten Aempter / bey ihren Ehren / Würden / Gefällen / Rechten und
Gerechtigkeiten bleiben / und denselben nichts entziehen /
oder entziehen lassen / in einigen Weg / sonder Gefährde.

Der XIII. Artickel.

Will der Käyser (1) in des Reichs Sachen / keine andere Sprach / dann die Teutsch- oder Lateinische / ausser (2) an Ort und Enden / da eine andere üblich ist / gebrauchen lassen.

(1) XIII. Darzu in Schrifften und Handlungen des Reichs /
keine andere Zungen noch Sprach gebrauchen lassen / denn
(2) die Teutsche oder Lateinische Zungen: es wäre denn an
Orten / da gemeiniglich eine andere Sprache in Ubung und
Gebrauch stünde / alsdenn mögen Wir und die Unsern Uns
derselben auch behelffen.

Der XIV. Artickel.

Der Käyser soll (1) des Reichs Stände und Unterthanen mit gütlichen Tagleistungen ausserhalb Teutscher Nation / nicht fürbescheiden: sondern sie alle (2) bey des Reichs Gesetzen verbleiben lassen.

(1) XIV. Auch die Churfürsten / Fürsten / Prälaten / Grafen / Herren / und den Adel / auch andere Stände und Unterthanen des Reichs / mit rechtlichen oder gütlichen Tagleistungen / ausserhalb Teutscher Nation / und von ihren
ordentlichen Richtern nicht dringen / erfordern noch fürbescheiden: sondern sie alle / und jeden insonderheit / im Reich /
(2) laut der Gülden Bullen / auch wie des H. Reichs Ordnung
und andere Gesetz vermögen / bleiben lassen.

ANNO 1558.

Der XV. Artickel.

Soll (1) der Kayser sein bestes Vermögen beym Pabst anwenden / damit in Ecclesiasticis nicht ferner wider die Concordata Principum gehandelt: (2) Keine unleidliche Bündniß deßwegen auffgerichtet / sondern (3) solche Concordata Principum vielmehr gehalten / jedoch daß (4) die darinnen befindliche Beschwerungen abgeschafft werden mögen.

XV. Und als über und wider Concordata Principum, (1)
auch auffgerichtete Verträge zwischen der Kirchen / Päbstlichen Heiligkeit / oder dem Stuhl zu Rom und Teutschen
Nation / mit unsäglichen Gratien / Rescripten / Annaten
der Stifft / so täglich mit Mannigfaltigung und Erhöhung
der Officien am Römischen Hof / auch Reservation, Dispensation, und in andere Wege / zu Abbruch der Stifft-
Geistlichkeit / und andern gegebenen Freyheiten / darzu zu
Nachtheil Juris Patronatus, und den Lehen-Herren / stetigs und ohn unterlaß öffentlich gehandelt: Derhalben auch (2)
unleydlich und verbottene Gesellschafften (als Wir bericht)
fürgenommen und auffgerichtet werden / das sollen und wollen Wir mit ihr / der Churfürsten / und Fürsten und anderer Stände Rath / bey Unserm Heil. Vatter dem Papst /
und Stuhl zu Rom / Unsers besten Vermögens abwenden
und fürkommen: auch darob und daran seyn / daß die vorgemeldte Concordata Principum, und auffgerichte Ver- (3)
träge / auch Privilegia und Freyheiten / gehalten / gehandhabt / denen festiglich gelebt und nachkommen: jedoch was (4)
Beschwerung darinnen befunden und Mißbräuch entstanden / daß dieselbe / vermöge deßhalb gehabten Handlung
zu Augspurg / der mindern Zahl dreyssigsten Jahr gehaltenen Reichstag / abgeschafft / und hinfüro dergleichen ohne
Verwilligung der Churfürsten / nicht zugelassen werden.

Der XVI. Artickel.

Der Kayser soll der Kauffleute grosse Gesellschafften / die anders nichts als Theurung im Reich verursachen / mit der Churfürsten und des Reichs andern Ständen Rath gar abthun.

XVI. Wir sollen und wollen auch die grossen Gesell- (1)
schafften der Kauffleute / Gewerbsleute / so bißhero mit
ihrem Geld regieret / ihres Willens gehandelt / und mit
Theurung dem Reich / dessen Inwohnern und Unterthanen
mercklichen Schaden / Nachtheil und Beschwerunge eingeführet / einführen / und noch täglich gebähren / mit ihrer
der Churfürsten / Fürsten und anderer Stände Rath / wie
dem zu begegnen / hievor auch gedacht und vorgenommen /
aber nicht vollstreckt worden / gar abthun.

Der XVII. Artickel.

Der Kayser soll ohne Willen der Churfürsten keinen Zoll von neuem geben / noch einigen alten erhöhen.

XVII. Wir sollen und wollen auch insonderheit / die- (1)
weil Teutsche Nation und das Heilige Römische Reich / zu
Wasser und Lande / zum höchsten vor damit beschweret /
nun hinfüro keinen Zoll von neuem geben / noch einigen alten erhöhen / ohne besondern Rath / Wissen / Willen und
Zulassen der bemeldten sechs Churfürsten / wie vor und offt
gemeldt.

Der XVIII. Artickel.

Der Kayser will nicht geschehen lassen / daß die Churfürsten am Rhein durch Förderungs-Brieff und in andere Wege an ihren grossen Zollfreyungen über das Herkommen mehr sollen beschweret werden.

XVIII. Und demnach etliche Zeit die Churfürsten am (1)

Rhein /

ANNO 1558. Rhein/ mit vielen und grossen Zollfreyungen und Herkommen/ offtermals durch Forderungs-Brieffe/ und in andern Wegen/ ersucht und beschweret worden/ das sollen und wollen Wir/ als unträglich/ abstellen/ fürkomen/ und zumal nicht verhengen noch zulassen/ fürters mehr zu üben noch zu beschehen.

Der XIX. Artickel.

Der Käyser soll die/ von denen Reichs-Ständen anzustellende Rechtfertigungen/ wegen etwa geschwächt-oder gar entzogener Freyheit/ Recht ꝛc. nicht verbieten noch hindern.

(1) XIX. Und insonderheit sollen und wollen Wir auch/ ob einiger Churfürst/ Fürst/ oder ander/ seiner Regalien/ Freyheit/ Privilegien/ Recht und Gerechtigkeit halber/ daß die ihm geschwächt/ geschmälert/ gemindert/ genommen/ entzogen/ bekümmert oder betrübt worden/ mit seinem Gegentheil und Widerwärtigen zu gebührliche Rechten kommen/ oder fürzufordern/ untersiehen wolt/ oder auch anhängig gemacht hätte/ dasselbe und alle andere ordentliche schwebende Rechtfertigung/ nicht verhindern noch verbiten/ sondern den freyen stracken Lauff lassen.

Der XX. Artickel.

Der Käyser soll (1) die Reichs-Stände selbsten nicht vergewaltigen/ weder andern zu thun verhengen: sondern (2) im Fall eines Anspruchs/ die Sache zu gebührlichen Rechten kommen lassen/ und (3) wann sie das erbietig sind/ sie mit keinem Raub/ Brand/ Krieg ꝛc. überfallen.

(1) XX. Wir sollen und wollen auch die Churfürsten/
Fürsten/ Prälaten/ Grafen/ Herren/ und andere Stände des Reichs selbsten nicht vergewaltigen/ solches auch nicht
schaffen/ noch andern zu thun verhengen; Sondern wo
(2) Wir/ oder jemands anders zu ihnen allen/ oder einem insonderheit zu sprechen hätten/ oder einige Forderung fürneh-
men/ dieselbselben samt und besonder/ Auffruhr/ Zwie-
tracht/ und andern Unrath im Heil. Reich zu verhüten/
auch Fried und Einigkeit zu erhalten/ zu Verhör und gebührlichen Rechten/ stellen und kommen lassen/ und mit
(3) nichten gestatten/ in deren oder andern Sachen/ darinnen
sie ordentlich Recht leyden mögen/ und deß urbietig seyn/
mit Raub/ Nahme/ Brand/ Fehden/ Krieg/ oder ander Gestalt zu beschädigen/ anzugriffen oder zu überfallen.

Der XXI. Artickel.

Der Käyser soll (1) keinen Reichs-Stand oder andern unverhört und ohne Ursach in die Acht oder Ober-Acht erklären/ sondern hierinnen (2) nach denen Reichs-Satzungen verfahren.

(1) XXI. Wir sollen und wollen auch fürkommen/ und keines Wegs gestatten/ daß nun hinfüro hohes und nieder
Standes/ Churfürsten/ Fürsten/ oder andere/ ohne Ur-
sach/ auch unverhört/ in die Acht oder Ober-Acht gethan/
(2) bracht und erkläret werden: sondern in solchen ordentlicher
Proceß/ und des Heiligen Römischen Reichs vor auffgerichte Satzungen/ nach Anweisung des H. Reichs in bemeldten 55. Jahr reformirter Cammer-Gerichts-Ordnung/
in deme gehalten und vollogen werden: doch den Beschädigten seine Gegenwehr/ vermöge des Landfriedens/ unabbrüchlich.

Der XXII. Artickel.

Solle der Käyser die Reichs-Steuer der Städte und andere Gefälle/ die ohne Bewilligung der Churfürsten/ in besonderer Personen Hände gewachsen/ wieder zum Reich ziehen.

XXII. Und nachdem dasselbig Römische Reich fast und ANNO
höchlich in Abnehmen und Geringerung kommen/ so sollen 1558.
und wollen Wir/ neben andern/ die Reichs-Steuer der
Städte/ und ander Gefälle/ so in sonderer Personen Hän- (1)
de gewachsen und verschrieben/ wieder zum Reich ziehen/
und nicht gestatten/ daß solches dem Reich und gemeinen
Nutz wider Recht und alle Billichkeit entzogen werde: es
wäre dann/ das solches mit rechtmässiger Bewilligung
der sechs Churfürsten beschehen wäre.

Der XXIII.

Der Käyser soll (1) alle dem Reich heimfallende merckliche Lehen nicht wieder verleyhen/ sondern (2) zu des Reichs und der Käyser Unterhaltung einziehen.

XXIII. Was auch Lehen und Uns/ bey Zeiten Unser (1)
Regierung/ eröffnet/ und lediglichen heimfallen werden/ so
etwas merckliches ertragen/ als Fürstenthümer/ Graff-
schafften/ Herrschafften/ Städte/ und dergleichen/ die
sollen und wollen Wir ferner niemands verleyhen/ sondern (2)
zu Unterhaltung des Reichs/ Unser und ander nachkommen-
der König und Käyser behalten/ einziehen und incorpori-
ren/ biß so lange dasselbe Reich wieder zu Wesen und Auffnehmen komt: doch Uns von wegen aller Unser Erblande/
und sonst männiglichen an seinen Rechten und Freyheiten
unschädlich.

Der XXIV.

Was der Käyser (1) mit der Reichs Stände Hülffe gewinnet/ solle dem Reich zukommen/ und da Er (2) ohne der Stände Willen/ etwas fürnimbt/ das eroberte/ wann es dem Reich gehörig/ dennoch dem Reich wieder zueigenen.

XXIV. Wo Wir auch mit Rath und Hülff der Chur- (1)
fürsten/ Fürsten und anderer Stände deß Reichs/ ichtwas
gewinnen/ überkommen/ oder zu handen bringen/ das al-
les/ sollen und wollen Wir dem Reich zuwenden und zueignen; wo Wir aber in solchem ohne der Churfürsten/ (2)
Fürsten/ und anderer Stände Wissen und Willen/ ichtwas fürnehmen/ darinne sollen sie Uns zuhelffen unverbunden seyn/ und Wir nichts dest minder dasjenige/ so
Wir in solchem erobert oder gewonnen hätten oder würden/
und dem Reich zustünde/ dem Reich wieder zustellen und
eignen.

Der XXV. Artickel.

Der Käyser solle noch vorseyenden Beschwärungen der Müntze halber/ mit Rath der Reichs-Stände förderlichst fürkommen/ und nach Möglichkeit in ein beständiges Wesen stellen.

(1) XXV. Und nach dem im Reich bißher viel Beschwärung und Mängel der Müntze halben gewest/ und noch seyn/ wollen Wir/ dieselben zum förderlichsten/ mit Rath der Churfürsten/ Fürsten/ und Stände deß Reichs/ zu fürkommen/ und in beständliche Ordnung und Wesen zu stellen/ möglichsten Fleiß anwenden.

Der XXVI. Artickel.

Der Käyser solle (1) sich keiner Succession oder Erbschafft deß Röm. Reichs anmassen: (2) die Churfürsten bey ihrer freyen Wahl und Vicariat ungekränckt lassen/ und da (3) von jemand darwider gehandelt würde/ solches vor nichtig halten.

(1) XXVI. Und insonderheit sollen und wollen Wir Uns auch keiner Succession oder Erbschafft/ deß offternanten Röm. Reichs anmassen/ unterwinden/ noch in solcher Gestalt

stalt unterziehen / oder darnach trachten / auf uns selbst /
Unser Erben und Nachkommen / oder auf jemand anders /
unterstehen zuwenden : sondern Wir / dergleichen Unsere
(2) Kinder / Erben und Nachkommenden / die gemeldten Churfürsten Ihre Nachkommen und Erben / zu jeglicher Zeit
bey ihrer freyen Wahl / auch Vicariat, wie von Alters her
auf sie kommen / die gülden Bull / Päbstliche Recht / und
andere Gesetz oder Freyheiten vermögen / so es zu Fällen
käm / die Nothdurfft und Gelegenheit erfordern würde /
auch bey ihrem gesonderten Rath / in Sachen das Heil.
Reich belangende / geruhiglich bleiben und gantz ungedrängt
(3) lassen: wo aber darwider von jemandes gesucht / gethan /
oder die Churfürsten in dem gedrungen würden / das doch
keines wegs seyn soll / das alles soll nichtig seyn / und dafür gehalten werden.

Der XXVII. Artickel.

Der Käyser (1) soll seinen ersten Hof gen Nürnberg ausschreiben / und (2) die Käyserliche Cron zum schiersten zu erlangen / sich befleissigen.

(1) XXVII. Wir sollen und wollen auch Unsern ersten Hof
gen Nürnberg / innassen vor Alters im Reich herkommen /
ansetzen und ausschreiben / und auch zum besten befleissigen /
(2) die Käyserliche Cron in ziemlicher gelegener Zeit zum schiersten zu erlangen / und alle und jede Churfürsten / ihr Ampt
zu versehen / zu solcher Crönung thun erfodern / Uns auch
in deme allen dermassen erzeigen und beweisen / daß Unserthalben an aller Müglichkeit / kein Mangel gespühret noch
vermercket werden soll.

Der XXVIII. Artickel.

Der Käyser verspricht mit einem Eyd denen Churfürsten alles obstehende getreulich zu halten / und will nicht geschehen lassen / daß darwider gehandelt werden solle.

(1) XXVIII. Solches alles / und jedes besonder / wie obstehet / haben Wir obgemeldter Römischer Käyser / denen gemeldten Churfürsten geredt / versprochen / und bey Unsern Käyserlichhen Ehren / Würden und Worten / im Namen der Warheit zugesagt / thun dasselbe auch hiemit und in Krafft dieses Brieffs / innassen Wir denn deß einen leiblichen Eyd zu GOtt und den Heiligen geschworen / dasselbe stet / vest und unverbrochentlich zu halten / dem treulich nachzukommen / darwider nicht zu seyn / zu thun noch zu schaffen gethan werden / in einige Weiß oder Wege die möchten erdacht werden.

Der XXIX. Artickel.

Der Käyser (1) soll allen mit Rath deß Reichs Ständen / bereits aufgerichteten und noch aufzurichtenden Reichs-Gesetzen / nichts zuwider ausgehen lassen: noch (2) für Sich selbsten wider solche Gesetze von einiger hohen Obrigkeit nichts erlangen / auch (3) aus eigner Bewegnus gegebnen / sich nicht gebrauchen.

(1) XXIX. Wir sollen und wollen auch in dieser Unserer
Zusagung / der gülden Bulle / deß Reichs Ordnung / den
obberegten Frieden / in Religion- und Prophan-Sachen /
auch dem Landfriede / samt Handhabung desselben / und Gesetzen / jetzo gemacht / oder künfftiglich durch Uns und Ihr
der Churfürsten auch anderer Stände deß Reichs-Rath
möchten aufgerichtet werden / zuwider kein Rescript oder
Mandat / oder ichtes anders beschwerliches ausgehen lassen /
oder zu geschehen verstatten / in einige Weiß oder Wege:
(2) deßgleichen auch für Uns selbst wider solche güldene Bulla /
und deß Reichs-Freyheiten / den Frieden in Religion und
Prophan-Sachen / und Land-Frieden / samt Handhabung
desselben / von einiger hohen Obrigkeit nicht erlangen / noch
auch ob Uns ein an dergleichen aus eigener Bewegnus ge-
(3) geben wäre / oder würde / nicht gebrauchen / in keine Weise / sonder alle Gefährde.

Der XXX. Artickel.

Alles was (1) vorermeldten Articuln zuwider erlanget werden möchte / solle hiermit abgethan seyn: und auf Begehren (2) der Parthey derhalben brieflicher Schein ertheilet werden.

XXX. Ob aber diesen oder andern vorgemelten Artickeln (1)
und Puncten einiges zu wieder erlanget / oder ausgehen
würde / das alles soll krafftlos / todt / und abe seyn / inmassen Wir es auch jetzund / hiemit cassiren / tödten und
abthun: und wo Noth / der begehrenden Parthey / der- (2)
halben nothdürfftig Urkund und brieflichen Schein zu geben / und widerfahren zu lassen / schuldig seyn sollen / argen
List und Gefährd hierinnen ausgeschieden.

Der XXXI. Artickel.

Ist der Beschluß Käysers Ferdinandi I. Wahl-Capitulation.

XXXI. Deß zu Urkundt / haben Wir dieser Brief sechs im gleichen Laut gefertiget / und mit Unserm angehängtem Siegel besiegelt / und jedem obgemelten Churfürsten einen zustellen lassen: der geben ist / in Unser und deß Heil. Reichs-Stadt Franckfurt am Mayn / den 14. Tag deß Monaths Martii nach Christi Unsers lieben HErrn Geburth tausend / fünffhundert / acht und fünffzig / Unserer Reiche deß Römischen im XXIX. und der andern im XXXIX. Jahre.

Ferdinand

Ad Mantatum Domini electi
Imperatoris proprium.

J. Jonas, Doctor, Vice-Cantzler.
H. Kirchschlager Ungelter
von Wiesenhausen.

XIV.

Acte secret, par lequel MARIE, *Reine d'Ecosse, annexe, & unit son Royaume à la Couronne de France, au cas qu'elle vienne à décéder sans enfans. Fait à Fontainebleau, le quatrieme Avril* 1557. *avant Pâques.* [Communiqué en original par Messieurs GODEFROI. FREDERIC LEONARD, Tom. II. pag. 510.]

1557.
———
1558.
4 Avril.
FRANCE ET ECOSSE.

MARIE, Reine d'Ecosse, Considerant l'ancienne Ligue, Alliance, parfaite & perpetuelle Union, d'entre les Rois & Roiaumes de France & d'Ecosse, & qui inviolablement a été gardée, entretenuë, & observée jusques à present; aussi le gracieux & honorable traitement, dont elle a été favorisée, par la grandeur & Excellence du Tres-Chretien Roi de France: pour de plus en plus confirmer, établir, & du tout asseûrer l'affectionnée devotion de ces deux Roiaumes, sur toutes choses auroit & a desiré de lier, joindre, annexer, & unir le Roiaume d'Ecosse à la Couronne de France; & pour cet effet, en cas qu'elle decederoit sans Hoirs de son corps, auroit fait certaines dispositions au profit des Rois de France, lesquelles elle veut sortir leur plein & entier effet. Toutefois est de nouvel avertie par la communication qu'elle a eûë des Articles & Instructions des Députez du Païs d'Ecosse, que, sous la faveur & secrete pratique de certaines personnes, l'on veut affecter son Roiaume, en défaut d'Hoirs de son corps, à aucuns Seigneurs du Païs, ôtant par ce moien à elle vraie Reine toute faculté & liberté d'en pouvoir aucunement disposer, à son tres-grand regret & prejudice: à quoi pour le present elle n'a moien de contredire apertement, pour plusieurs grandes & justes occasions de crainte, dont elle est retenuë; même reconnoissant qu'elle est hors de son Roiaume, éloignée de la vûë de ses Sujets, non asseurée des Places fortes de son Païs: & que si telles choses étoient ouvertement par elle debatuës, se pouroient émouvoir grands troubles & combustions tournans à la ruïne de son

ANNO 1558. Roiaume; vû mêmement le tems present de la Guerre, qui est au Roiaume d'Angleterre, Païs Ennemi du Roiaume de France, & du sien. Pour ces causes, a protesté & proteste, que quelque accord ou consentement qu'elle ait fait ou fasse aux Articles & Instructions envoiez par les Etats de son Roiaume, signamment en ce qui concerne la Succession de son Roiaume, au cas qu'elle decede sans hoirs de son corps; elle veut & entend, que les dispositions par elle faites en icelui cas, pour & au profit des Rois de France, demeurent entieres, & sortent leur plein & entier effet, nonobstant les accords & consentement qu'elle fait ou fera ci-après, si aucuns elle en fait sur iceux Articles & Instructions, ou autrement, comme chose qui sera faite directement contre son gré, vouloir, & intention, dont elle a demandé Acte à Monsieur le (1) Garde des Sceaux, qui lui a été octroié, presens les soussignez Notaires & Secretaires de la Couronne de France. Et ont été pareilles Declarations & Protestations faites par Monsieur le Daufin, & par lui pareillement requis Acte d'icelles, ce qui lui a été octroié par Monsieur le Garde des Sceaux, presens les soussignez Notaires & Secretaires de la Couronne de France. Pour plus grande aprobation de quoi, Monditsieur le Daufin, & icelle Dame Reine, ont voulu signer ces presentes de leur propre main, ce jourdui 4 jour d'Avril, l'An 1557. avant Pâques, à Fontainebleau. MARIE. FRANÇOIS. *Clausse. Bourdin.*

(1) *Jean Bertrandi*, qui fut fait Cardinal en cette Année.

XV.

19 Avril. FRANCE ET ECOSSE. *Contrat de Mariage de* FRANÇOIS, *Fils de* HENRI II. *Roi de France & depuis* II. *du nom Roi de France, avec* MARIE, *Reine d'Ecosse, du* 19. *d'Avril* 1558. *après Pâques.* [FREDER. LEONARD. Tom. II. pag. 511.]

TRES-Haut, très-Excellent & très-Puissant Prince Henri, par la grace de Dieu Roi de France; très-Haute, très-Excellente & très-Puissante Princesse Caterine, par la même grace Reine de France; & très-Haut & très-Excellent Prince François, Daufin de Viennois, leur Fils-aîné, d'une part; & tres-haute & très-Excellente Princesse Marie, aussi par la même grace de Dieu Reine d'Ecosse; Haute & Puissante Dame Antoinette de Bourbon, Duchesse Doüairiere de Guise, Aieule maternelle de ladite Dame Reine d'Ecosse, tant en son nom, que comme Procuratrice de Très-Haute & Très-Excellente Princesse Dame Marie de Lorraine, à present Reine Douairiere, Regente au Roiaume d'Ecosse sa Fille; & les Reverendissime & Reverend Peres en Dieu Jaques, Archevêque de Glasco; Robert, Evêque des Orcades; nobles & puissans Seigneurs, Georges, Comte de Rothes; Gilbert, Comte de Cassel; Jaques, Prieur commendataire du Prieuré conventuel de Saint André; Jaques, Seigneur de Fleming; Georges, Lord de Setrim; & Jean Erszin, Sieur de Wis; pour & au nom des Etats du Roiaume d'Ecosse, d'autre part; ont été présens en leurs personnes, disant lesdits Seigneur & Dame Roi & Reine, que les Confederations & Amitiez de tout tems établies & continuées entre les Roiaumes de France & d'Ecosse, étoient notoires & reconnuës à un chacun, & en étoient les preuves si manifestes, & les demonstrations tant certaines, qu'il n'est possible de plus, dont s'est accruë l'entiere & parfaite benevolence, que se sont naturellement portée les Rois desdits Roiaumes de France & d'Ecosse, qui ont regné jusqu'à present, lesquels ont toûjours estimé les affaires propres des uns être communes aux autres, jusques à avoir, dés & depuis huit-cens ans en çà, voulu suivre & courir une même fortune, non seulement en tems de Paix, mais aussi aux plus grands perils & hazards de la Guerre. Pour l'entretenement & accroissement de laquelle Amitié le deffunt de bonne & louable memoire le Roi François dernier decedé, que Dieu absolve, auroit donné en Mariage sa Fille aînée à feu de bonne memoire (1) Jaques V. Roi d'Ecosse; étant le Mariage dissolu par la mort de sadite Fille, voulant renouveller cette Alliance, & à toûjours continuer leur commune & parfaite Amitié, lui auroit depuis donné en Mariage la susdite Dame Marie de Lorraine, à present Reine Douairiere & Regente en Ecosse, duquel Mariage seroit issuë la Reine dudit Roiaume d'Ecosse à present regnant. Et avenu le decés dudit Roi Jaques, le Roi continuant & succedant en la devotion du feu Roi François son Pere, auroit pris en sa protection ledit Roiaume d'Ecosse lors envahi, infecté & assailli par les Anglois, anciens & communs Ennemis de l'un & de l'autre Roiaume. Et pour empêcher, que ladite Dame Reine d'Ecosse, étant lors delaissée és prémiers ans de son Enfance, ne tombât en leurs mains & puissance, elle auroit été, du consentement de ladite Reine Douairiere sa Mere, & des Etats dudit Roiaume d'Ecosse, emmenée en son Enfance en ce Roiaume, en intention & propos d'en faire Mariage au jugement d'un chacun grandement sortable avec Monditseigneur le Daufin leur Fils-aîné; depuis lequel tems ladite Dame Reine d'Ecosse auroit pris telle nouriture auprès de la Reine, & avec l'âge seroit tellement accrue en bonnes mœurs, louables & recommandables vertus, que lesdits Seigneur & Dame Roi & Reine voiant à present Monditseigneur le Daufin, & elle, avoir atteint âge competent & capable, auroient été plus que devant mûs & incitez à avancer la perfection & consommation de leur Mariage. A laquelle fin seroient venus & passez en ce Roiaume les Seigneurs dessus nommez, Commis & Deputez des Princes & des trois Gens Etats dudit Roiaume d'Ecosse, & fondez de Pouvoirs & Procurations suffisans quant à ce, lesquels auroient reçû à grand honneur le bon plaisir desdits Sieur & Dame Roi & Reine, requis, consenti, & accordé icelui Mariage, suivant le Traité ci-devant fait à Edington le septieme Juillet 1548. lequel a été par les Parties respectivement aprouvé & ratifié, & après amplement conferé, selon leurs charges & Instructions, avec ladite Dame Reine d'Ecosse leur Souveraine, & entendu son vouloir & intention; ensemble l'avis de ladite Dame Duchesse Douairiere de Guise, avec laquelle ils se seroient depuis assemblez, en presence de Très-Haut & Très-Excellent Prince Antoine, par la grace de Dieu Roi de Navarre, de Messeigneurs les Cardinaux de Lorraine; de Sens, Garde des Seaux de France; de Chastillon, & de Guise; Monseigneur le Duc de Guise; Monseigneur le Maréchal de Brissac; du Sieur du Mortier; des Archevêque de Vienne, & Evêque d'Orleans; & du Sieur d'Avanson Conseiller au Conseil Privé de Sa Majesté; & par elle commis & deputez pour traiter dudit Mariage. Pour l'accomplissement duquel ont été conclus & arrestez les Traitez, Promesses, & Pactions qui s'ensuivent; c'est à savoir, que Monditseigneur le Daufin, prendra la Reine d'Ecosse pour Epouse & par loi de Mariage; & la Reine d'Ecosse prendra à Mari & Epoux Monditseigneur le Daufin solennellement en face de Sainte Eglise, Dimanche prochain vint-quatrieme jour de ce present mois d'Avril; & seront uns & communs comme Prince & Princesse de leur qualité doivent & ont accoûtumé d'être en tous biens & choses, esquelles communauté peut être & écheoir par les Loix & Statuts de France. En faveur duquel Mariage, lesdits Seigneur & Dame Roi & Reine, & Monditseigneur le Daufin de l'Autorité dudit Seigneur Roi, ont constitué à ladite Reine d'Ecosse Douaire de soixante mille Livres Tournois, au cas que Monditseigneur le Daufin vienne à la Couronne & predécedât étant Roi de France; ou autre tel & plus grand Douaire, qui se trouvera avoir été baillé à Reine de France aux choix & élection d'icelle Dame Reine d'Ecosse: & au cas qu'il predecedât étant Daufin, trente mille Livres Tournois, le tout de rente ou revenu par chacun an, en assiette commune & convenable. Lequel Douaire ont dès à present assis & assigné en & sur les Duché, Comté, Terres & Seigneuries de Touraine & Poitou, & de proche en proche, pour en joüir par ladite Dame Reine d'Ecosse par ses mains, ou de ses Gens & Officiers, si-tôt que Douaire aura lieu, sans autre interpellation & denonciation. Dont à cette fin dès à present comme dès lors, & dès lors comme dès à present, elle sera & est par ces presentes saisie, selon toutefois l'évaluation qui en sera faite; le Douaire écheant à la charge de la retranche, si plus lors valent lesdites Terres; & de l'augmentation de proche en proche, si moins elles valent; & ce avec tous droits de presentation, nomination, & collation respectivement des Benefices, Offices, & autres profits, revenus & émolumens, dependans des Terres & Seigneuries de Touraine & Poitou, & autres Terres, qui lui seront baillées de proche en proche,

(1) Mort à la fin de 1542. de poison, si l'on en croit *Jaques Melvil* dans ses Memoires, pag. 18. de l'Edition Françoise de 1694.

ANNO 1558.

che ; tout ainsi & en la forme & maniere qu'en a dernierement joui à pareil titre la feuë Reine Eleonor, Douairiere de France. Et a le Roi promis, qu'il entretiendra bien & honorablement Monditseigneur le Daufin, & ladite Dame Reine d'Ecosse, desorte que la Reine Douairiere Regente, & les Seigneurs Etats d'Ecosse auront occasion de contentement ; dont les Deputez des Etats d'Ecosse dessus nommez se sont contentez, par le commandement de ladite Reine d'Ecosse leur Souveraine.

A été accordé, qu'au cas que ladite Reine d'Ecosse survive Monditseigneur le Daufin, elle pourra demeurer en France, ou retourner en son Roiaume avec ses Serviteurs & Officiers, à son choix & option, & se marier comme elle verra bon être, par l'avis de ses Etats ; & si emportera ses deniers, Vaisselle, Bagues, Joiaux, Habillemens, Meubles precieux, biens, & autres choses, que les Reines doivent & ont accoûtumé d'avoir après le trepas des Rois de France leurs Maris ; & jouïra de ses droits & assignaux, soit qu'il y ait Enfans ou non.

Plus a été accordé, qu'au cas que du Mariage procede Hoir ou Hoirs mâles, l'aîné, ou qui representera l'aîné, avec le Roiaume de France, succedera au Roiaume d'Ecosse, & prendra les Armes des deux Roiaumes, liées ensemble, & sous même Couronne. Et si d'icelui Mariage n'y a que Fille ou Filles, l'aînée, ou qui representera l'aînée, succedera audit Roiaume d'Ecosse, & sera mariée, tant par l'avis du Roi de France qui sera lors, que des trois Etats dudit Roiaume d'Ecosse. Et neanmoins lesdits Seigneur & Dame Roi & Reine & Monditseigneur le Daufin, ont voulu & promis, tant pour eux, que pour leurs Successeurs, que la Fille, qui sera ou representera l'aînée, ait en outre en Dot & Mariage la somme de quatre-cens mille écus sol, & chacune des puisnées, trois cens mille écus sol, & ce pour tous droits successifs qu'elles pouroient pretendre és biens paternels, & ceux de leur Aieul ou Aieule ; moiennant lesquelles choses & chacune d'icelles, les Seigneurs Deputez ci-dessus nommez, ont promis & se sont obligez de faire & prêter, au nom des Etats d'Ecosse, incontinent après le Mariage solennisé, le serment de fidelité à Monditseigneur le Daufin, à cause de lad. Reine sa Compagne & Consorte, leur Souveraine, durant & constant ledit Mariage, & en ce respect les servir, obeïr, & honorer ensemble l'Hoir issu & procréé du Mariage auquel adviendra le Roiaume d'Ecosse, tout ainsi comme ils & leurs Predecesseurs ont réellement servi & honoré les nobles Progeniteurs & Antecesseurs de ladite Reine d'Ecosse.

Et a été accordé par le Roi & par ladite Reine d'Ecosse, que Monditseigneur le Daufin portera le nom & titre de Roi d'Ecosse, & portera ses Armes écartelées avec celles d'Ecosse ; & avenant qu'il fût Roi portera les titre & Armes des deux Roiaumes liées sous même Couronne. Toutes lesquelles choses & chacune d'icelles, les Comparans, & chacun d'eux és noms que dessus, ont promis & juré en leur foi respectivement, chacun endroit soi, de tenir, observer, & accomplir, selon leur forme & teneur, sans y contrevenir aucunement, sous l'obligation & hipoteque de tous & chacuns leurs biens presens & avenir. Et pour l'execution de ces presentes, en attendant la solennisation du Mariage en face de Sainte Eglise, Monditseigneur le Daufin, de sa pure & franche volonté, du gré, vouloir, & consentement desdits Seigneur & Dame Roi & Reine ses Pere & Mere, & dûement autorisé dudit Seigneur Roi, a dès à present pris, & prend par paroles de present la Reine d'Ecosse à Femme, Epouse, & Compagne legitime. Et par semblable, ladite Reine d'Ecosse, de sa pure & franche volonté, & par l'avis de ladite Dame Duchesse Douairiere de Guise, & des Deputez de ses Etats, és noms que dessus à ce presens & assistans, a pris & prend, par paroles de present, Monditsieur le Daufin pour son Seigneur, Mari, & Epoux legitime ; & ont toutes les Parties accordé ces presentes, qui seront expediées doubles, être mises és Trésors des Chambres de chacun des Roiaumes, après avoir été registrées és Registres de la Cour de Parlement & Chambre des Comptes de Paris, & au Conseil du Senat d'Ecosse : & pour plus grande aprobation les ont signé doubles de leurs mains, & ont voulu & accordé respectivement icelles être reçûes, passées, expediées, & delivrées à chacune des Parties, par nous soussignez Notaires & Secretaires de la Couronne de France, signans en états & commandement ; à ce presens & assistans Très-Hauts & Très-Puissans Princes, Messeigneurs (2) Charles-Maximilien, Duc d'Orleans ; (3) Alexandre-Edouard, Duc d'Angoulême, Fils du Roi ; Très-Hautes & Très-Excellentes Princesses, Mesdames Elisabet, & Claude, Filles du Roi ; Madame Marguerite, Sœur du Roi, Duchesse de Berry ; & Très-Hauts & Puissans Prince & Princesse, Antoine, & Jeanne, par la grace de Dieu Roi & Reine de Navarre ; Messeigneurs les Reverendissimes Cardinaux de Lorraine, de Bourbon, de Sens, Garde des Sceaux de France ; de Châtillon, & de Guise ; Très-Haut & Puissant Prince, Monseigneur Charles, Duc de Lorraine & de Bar ; Messieurs les Prince de Condé, Ducs de Guise, de Nemours, de Nevers, d'Aumalles, & Comte d'Aran ; Mesdames les Duchesses (4) d'Estouteville, Princesse de Condé, de Saint-Pol, de Guise, de Nevers, d'Aumalle, & de Valentinois : & autres Ducs, Seigneurs, Chevaliers de l'Ordre, & Gens du Conseil Privé du Roi. Maître Antoine Minard, President en la Cour de Parlement à Paris, Curateur de ladite Dame ; Maître Yves de Rubay, Maître des Requêtes, Garde des Sceaux de ladite Dame, & autres de son Conseil.

ANNO 1558.

XVI.

Remontrances faites en l'Abbaïe de Cercamp, le neuviéme Novembre 1558. *par* JEAN JAQUES DE MESME, *Sieur de Roissy, en presence des Deputez du Roi d'Espagne, touchant l'injuste occupation du Roiaume de* NAVARRE *par* FERDINAND, *Roi d'Aragon.* [FREDER. LEONARD, Tom. II. pag. 515.]

9 NOV. FRANCE, ESPAGNE, ET NAVARRE.

LES Députez de la part du Roi Très-Chrétien étoient Messieurs le Cardinal de Lorraine, le Connêtable de France, le Maréchal de Saint-André, l'Evêque d'Orleans, & le Secretaire de l'Aubespine.

Et de la part du Roi Catolique, étoient Madame la Duchesse de Lorraine, Messieurs le Duc d'Alve, le Prince d'Orange, le Comte Ruy Gomez de Silva, & l'Evêque d'Arras, depuis Cardinal de Granvelle.

Pardevant lesquels, Monditsieur de Roissy, étant en la compagnie de Monsieur l'Evêque de Mande, tous deux envoiez à cette fin, & étant assis par ordonnance de la Compagnie, commença au plus près en la forme qui ensuit.

MESSIEURS, Puisqu'il a plû à Dieu par son infinie bonté, & immense misericorde, toucher les cœurs des deux Majestez Roiales, Très-Chrétienne & Catolique, desquels dépend le repos & pacification de tout le Peuple Chrétien, d'avoir fait assembler cette tant haute & notable Compagnie, pour aviser & mettre fin aux diférends & occasions de Guerre entre lesdits deux Princes, & entre eux moienner une bonne, finale, & perpetuelle Paix & Amitié : Et voiant la Majesté du Roi Très-Chrétien, que plusieurs des Alliez & Adherans dudit Sieur Roi Catolique, mettoient en avant pardevant vous la restitution des choses, qu'ils pretendent être occupées par ledit Roi Très-Chrétien ; comme le Duc de Savoie, le Duc de Florence, les Genois, la Reine d'Angleterre, & autres ; il lui a semblé par raison, pour ne laisser rien en arriere, qu'il ne pouvoit moins faire, que de mettre en main, & faire mettre en avant le fait des Roi & Reine de Navarre, comme ses proches Parens & Alliez, & Enfans de Frere & de Sœur. Et à cette cause a donné charge à Monsieur l'Evêque de Mande, ici present, & à moi, de vous venir trouver en ce lieu ; vous remontrer & faire entendre les torts & griefs, que l'on a fait, & fait encore ausdits Roi & Reine de Navarre, ses Cousins Germains, de leur detenir si longuement ledit Roiaume de Navarre, & Principal de tout leur bien.

Messieurs, la déduction, que presentement nous entendons faire, consiste en trois points. Au premier, sera recité le fait, duquel on pourra colliger la forme, qui

(2) Qui fut depuis Roi sous le nom de *Charles* IX. *Maximilien*, Roi de Boheme, son Parain, lui avoit donné son nom.

(3) Il étoit filleul d'*Edouard* VI. Roi d'Angleterre : Mais la Reine sa Mére voulut qu'il changeât de nom, & qu'il prît celui d'*Henri*, sous lequel il regna depuis.

(4) *Marie de Bourbon*, Fille unique de *François* Comte de S. Pol.

ANNO 1558.

qui a été tenuë en l'occupation dudit Roiaume. Le second, contiendra les moiens, par lesquels aparoîtra évidemment, que la vraie proprieté & Seigneurie d'icelui Roiaume leur apartient, & non à autres. Et au tiers point, sera répondu à certains pretendus moiens, qu'aucuns Ennemis de Paix, & de verité, ont voulu mettre en avant, pour cuider couvrir & excuser ladite injuste occupation & detention.

Et auparavant qu'entrer au fait, je proteste ici devant vos Seigneuries, qu'il ne vous sera rien dit ou recité, qui ne soit veritable, & dont, s'il étoit besoin, nous avons Pieces au poing, pour vous en aparoir.

Pour le premier point, Messieurs, il vous plaira entendre, que le Roiaume de Navarre est un des plus anciens Roiaumes de la Chretienté, & par succession de tems & de personnes, est venu jusques à un nommé Thibaut, Roi de Navarre, & Comte de Champagne & de Brie, qui eût un Fils nommé Henri, marié avec la Fille du Comte d'Artois. Duquel Mariage issit une Fille nommée Jeanne, qui fut Reine de Navarre, Comtesse de Champagne & de Brie, laquelle fut mariée avec Filippe le Bel, Roi de France, Fils de Filippe le Tiers, Fils du Roi S. Louis.

Dudit Filippe le Bel, Roi de France, & de ladite Jeanne, Reine de Navarre, descendirent trois Fils, dont le premier fut Louis Hutin, Roi de France, du côté de son Pere; & Roi de Navarre, & Comte de Champagne, du côté de sa Mere; lequel mourut sans Enfans mâles, délaissé une petite Fille nommée Jeanne, depuis mariée avec Filippe, Comte d'Evreux, Fils de Louis, Frere dudit Filippe le Bel: & fut ladite Jeanne Femme dudit Comte d'Evreux, après le trépas de son Pere, & de ses deux Oncles, couronnée à Pampelune, dont s'il est besoin se montrera le Couronnement, scellé de quatre-vint Sceaux des Villes & Communautez dudit Roiaume; le tout du consentement, & à la faveur dudit Filippe de Valois, Roi de France, qui la fit jouir & posseder paisiblement dudit Roiaume, comme à elle apartenant du côté de sa grand Mere, Femme dudit Filippe le Bel.

Dudit Filippe d'Evreux, & de ladite Jeanne, descendit Charles I. Roi de Navarre, marié avec la Fille du Duc de Bourgogne; qui fut celui qui querella les Comtez de Champagne & de Brie, comme à lui apartenans, à cause de sa Bisaïeule, Femme de Filippe le Bel.

Ledit Charles I. fut Pere de Charles II. Roi de Navarre, marié avec la Fille du Roi de France Jean II. de ce nom; & de ce Mariage sortirent deux Filles seulement, l'aînée, nommée Blanche, la seconde, nommée Beatrix, mariée avec Jâques de Bourbon, Comte de la Marche. Ladite Blanche, Fille aînée, fut Reine de Navarre, & fut mariée avec Jean Roi d'Aragon, avec pacte exprès, que les Enfans venans & descendans dudit Mariage succederoient aux Roiaumes, Terres, & Seigneuries de leursdits Pere & Mere.

Dudit Mariage de ladite Blanche, & dudit Roi d'Aragon, descendirent deux Enfans; à savoir Charles, Prince de Navarre; & Eleonor, mariée au Comte Gaston de Foix. Ledit Charles alla de vie à trépas sans Enfans; & partant lui succeda Eleonor sa Sœur, qui fut couronnée Reine de Navarre: & dudit Mariage de ladite Eleonor, & de Gaston, entre autres descendirent deux Enfans mâles; l'un nommé Gaston, Prince de Viane, marié avec Madeleine de France, Fille du Roi Charles VII. & Sœur du Roi Louis XI. & l'autre Fils fut nommé Jean, qui eût pour son partage la Vicomté de Narbonne.

Dudit Gaston, Prince de Viane, qui mourut vivant ses Pere & Mere, sortirent un Fils & une Fille, à savoir François Phebus, qui fut couronné Roi de Navarre, & sans contredit; & Catherine, mariée avec le Fils-aîné du Sire d'Albret, de laquelle sortit le feu Roi de Navarre Henri; & dudit Henri est issuë la Reine de Navarre, qui est à present Femme du Duc de Vendomois.

Dudit Jean, Vicomte de Narbonne, second Fils dudit Gaston, & de ladite Eleonor, Reine de Navarre, sortirent un Fils & une Fille, à savoir Gaston, Duc de Nemours, qui mourut à la journée de Ravenne, l'an 1512. sans Enfans; & Germaine, Reine d'Aragon, qui aussi est morte sans Enfans.

Or il est vrai, Messieurs, qu'après le decès dudit Gaston, Fils dudit Jean, Vicomte de Narbonne, le Pape Jules II. qui lors presidoit au Siege Apostolique, troubla toutes les cartes, & fit tant par ses menées, qu'il mit tous les Princes à l'encontre du Roi Louis XII. en haine de ladite journée de Ravenne, qui firent tous une Ligue ensemble, pour envahir le Roiaume de France: & de fait, Don Fernand, Roi d'Aragon, dressa une Armée, pour icelle faire descendre à Fontarabie, là où les Anglois aussi de leurt part devoient venir, comme ils firent, & y descendirent avec forte & puissante Armée. Et parce que quelques jours auparavant lesdits Jean, & Caterine, Roi & Reine de Navarre, reçurent, eux étant à Pampelune, quelque Ambassade, que le Roi de France Louis XII. leur envoia, par laquelle il les prioit de conserver & entretenir les Alliances qu'auparavant ils avoient fait ensemble; à quoi ils voulurent bien obtemperer, & accorder de ne donner aucun passage par le Roiaume de Navarre audit Roi d'Aragon, pour venir en France: & aussi par semblable, qu'ils ne bailleront passage audit Roi de France, s'il vouloit venir assaillir & envahir le Roiaume d'Espagne: Icelui Roi d'Aragon, sous couleur de ce, manda au feu Duc d'Alve, Pere de vous, Monseigneur, qui êtes ici present, lors étant son Lieutenant, & Conducteur de ladite Armée, sous ombre & couleur de demander passage, de s'emparer de la Ville de Pampelune, Chef & principale Ville de tout leur Roiaume; ensemble de tous les autres Châteaux, & fortes Places, comme il fit depuis, sans aucunement sommer, ni advertir lesdits feus Rois Jean, & Caterine. De façon qu'à même instant que ledit Roi Don Fernand envoia sommer de lui bailler passage, & lui mettre entre ses mains quelques Places fortes pour sa seûreté, l'Armée dudit feu Duc d'Alve entroit par une Porte en ladite Ville de Pampelune, & lesdits feus Jean, & Caterine, Roi & Reine de Navarre, sortoient par l'autre Porte, avec leurs petits Enfans, pour se retirer en France. Et c'est à la verité la forme par laquelle ledit Roiaume de Navarre a ainsi été occupé, & detenu jusques à present.

Quant au second point, qui est de montrer les moiens, par lesquels la vraie proprieté & Seigneurie dudit Roiaume apartient ausdits Roi & Reine de Navarre, il se peut assez colliger par le fait au vrai recité cidessus; car ledit Roiaume, depuis l'an 1200. est venu par degrez & Successions de Pere à Fils, ou à Fille, & de Frere à Sœur, jusques à la Reine de Navarre, qui est aujourdui. Et suposé qu'en droit humain nous avons plusieurs moiens, pour aquerir la proprieté ou Seigneurie d'une chose, comme par Contrat d'achat, par Donation, par Legs Testamentaire, par Echange, & autres; toutefois l'un des plus seûrs & plus anciens moiens, c'est par Succession de Pere à Fils, de Frere à Sœur, ou de Parent à Parent: lequel moien de Succession a toûjours été aprouvé, tant de droit divin, que humain. Et encore que les Dignitez Papale & Imperiale se déferent aujourdui par élection de Cardinaux, & Electeurs du Saint Empire, toutefois tous les autres Roiaumes Chretiens, Duchez, Comtez, Marquisats, Principautez, & Baronnies, se déferent & aquierent par Succession de Pere à Fils, de Frere à Sœur, & de Parent à Parent. Et qui voudroit s'enquerir par quel moien la Majesté du Roi Catolique a recouvert & assemblé tant de Roiaumes, Duchez, Comtez, & Seigneuries, qu'il tient cejourdui, se trouvera que ce n'est autre chose que par Succession de ses Pere, Aieul, & Bisaieul, & autres ses Predecesseurs; & autant on dira de la Majesté du Roi Tres-Chretien, & autres. Partant ne faut pas insister, sous correction, à plus avant fonder & fortifier le droit que lesdits Princes ont audit Roiaume de Navarre, lesquels, & leurs Pere, Aieul, & Bisaieul, ont toujours été tenus & reputez couronnez & sacrez Rois dudit Roiaume de Navarre, mêmement ladite Jeanne, Fille dudit Roi de France, Louis Hutin; Charles I. Charles II. son petit-Fils; Blanche, Femme dudit Roi d'Aragon; Eleonor, sa Fille, Femme du Comte Gaston de Foix; François Phebus, leur petit-Fils, qui fut couronné Roi, & sacré à l'âge de quinze à seize ans, & mourut à l'âge de dix-huit: & après son trépas, la Reine Caterine, sa Sœur, & Jean, Fils-aîné d'Albret, son Mari, lesquels furent couronnez au vû & seû, & en la presence du feu Roi Don Fernand, & de la Reine Isabelle, quoi que soit, en la presence des Ambassadeurs par eux envoiez pour assister audit Acte. Et qui plus est, se trouvera plusieurs Traitez de Confederation & Alliance entre lesdits Rois de Castille Don Fernand, & Rois Isabelle, & lesdits Jean & Caterine, Roi & Reine de Navarre, là où ils ont toûjours été nommez, tenus, & reputez comme

ANNO 1558.

comme Rois de Navarre, & avec eux toûjours contracté en cette qualité, comme peut aparoir par les Confederations & Alliance entre eux faites & passées en l'an 1494. & depuis en l'an 1504. vivant encore ladite Reine Isabel. Et après la venuë du feu Roi Don Filippe, Archiduc d'Autriche, qui contracta, & fit nouvelles Amitiez & Confederations avec lesdits feus Rois Jean, & Caterine: & en peut assez aparoir par autre Traité fait en l'an mille cinq-cens six, après le trépas de ladite Reine Isabelle.

Partant, aujourdui de mettre en doute le titre, qualité, & droit du Roiaume de Navarre, sous correction, Messieurs, il n'y a pas grand propos.

Et de tant plus peut on connoître la male-foi dudit Roi Don Fernand, lequel six ans après toutes lesdites Alliances & Confederations, qui fut en l'an mille cinq-cens douze, de fait, & de force, sans titre, couleur, & occasion quelconque, expulsa lesdits Rois Jean, & Caterine, hors de leur Roiaume de Navarre, & icelui occupa & détint. A quoi, sous correction, la Majesté du Roi Catolique, lequel est arriere-petit-fils dudit Roi Don Fernand, devroit avoir égard, & du tout mettre peine, puis qu'il tient les biens, d'aquiter & décharger la conscience dudit Roi Don Fernand: & ose bien dire, que si la justice eût été faite dès le commencement, & que l'on eût gardé le droit à qui il apartient, que tout ainsi que lesdits Princes Charles, & Eleonor, sa Sœur, ont succedé au Roiaume de Navarre, à eux déferé par le trépas de ladite Blanche, Reine de Navarre, leur Mere; aussi devoient-ils succeder au Roiaume d'Aragon, à eux déferé par la mort & trépas dudit feu Jean, Roi d'Aragon, leur Pere. Car par le Traité de Mariage de ladite Blanche avec ledit Jean, Roi d'Aragon, il avoit été expressément convenu & accordé, que les Enfans, qui sortiroient dudit Mariage, succederoient en tous les biens & Roiaumes de leursdits Pere & Mere. Or sait-on bien de quel effet & importance sont telles pactions de succeder, aposées és Contrats de Mariage d'entre Rois, Princes, & autres Nobles, dont s'ensuivroit évidemment, que ledit Roi Don Fernand, qui est issu d'un second Mariage dudit Roi Jean d'Aragon, n'avoit rien audit Roiaume, ains apartenoit aux Enfans du premier lit dudit Jean, qui étoient lesdits Princes Charles, & ladite Eleonor, mariée au Comte Gaston de Foix; ausquels la Reine de Navarre, qui est aujourdui, a succedé directement, & recueilli tous leurs droits.

Reste, Messieurs, le troisiéme point, qui est de répondre à quelques frivoles objections, que aucuns flateurs étans près des Princes ont voulu mettre en avant, pour cuider couvrir & colorer ladite injuste ocupation & détention dudit Roiaume de Navarre.

Premierement, ont voulu dire qu'il n'est plus tems de mettre la querelle du Roiaume de Navarre en avant, vû la possession de plus de quarante ans, & que c'est renouveller les vieilles querelles; car assez, sous correction, y a prompte réponse. Car il est bien vrai, que ladite violente occupation fut faite en l'an mille cinq cens douze, mais depuis l'on n'a jamais cessé d'en faire querelle & poursuite; même en l'an mille cinq cens seize, ladite feuë Reine Caterine, incontinent après le trépas du feu Roi Jean, son Mari, envoia ses Ambassadeurs en la Ville de Noyon, là où se faisoit une grande Assemblée des Deputez du Roi de France, François I. de ce nom; & du Roi Catolique, qui lors recemment étoit venu aux Successions à lui déferées par le trépas dudit Don Fernand, son Pere-grand Maternel. Et à ladite Assemblée les Deputez de ladite Reine de Navarre Caterine firent instance & requête pour la restitution dudit Roiaume de Navarre, quatre ans auparavant occupé, & sur lesdites requêtes furent renvoiez à Bruxelles; là où depuis, après la matiere mise en deliberation du Conseil, leur fut dit & répondu, que si-tôt que Sa Majesté auroit passé en Espagne, & pris possession des Roiaume, Terres, & Seigneuries à lui avenuës par le decés de sondit Pere-grand, que ladite Reine Caterine envoiât ses Gens & Deputez pardevers Sa Majesté, il les feroit oüir en son Conseil, & leur feroit faire la raison.

Depuis, en l'an mille cinq-cens dix-huit, après le trépas de ladite Reine Caterine, le feu Roi de Navarre Henri, âgé lors de quinze à seize ans, avec l'autorité du Sire d'Albret, son Aieul Paternel, envoia le Sieur d'Andovins, l'Abbé de Luc, & autres ses Ambassadeurs & Deputez, jusques en la Ville d'Arande en Espagne, là où ils furent ouïs en plein Conseil; mais finalement ils furent renvoiez en certaine Assemblée, qui se devoit faire l'année après ensuivant mille cinq cens dix neuf, comme à la verité elle y fut depuis faite, & y furent assemblez de grands personnages d'un côté & d'autre. Car de la part dudit Roi Catolique, y étoit le Seigneur de Chievres, & plusieurs autres; du côté du Roi Tres-Chretien, y fut envoié le Sieur de Boisy, Grand-Maître de sa Maison, & l'Evêque de Paris, le Premier President de Paris, & autres; & ledit Roi de Navarre y envoia aussi ses Deputez: & la matiere debatuë & disputée d'une part & d'autre, l'espace de trois jours, la Compagnie se rompit sans rien conclure, à cause que ledit Sieur de Boisy, Grand-Maître de France, pendant ledit tems, alla de vie à trépas à Montpellier.

ANNO 1558.

Depuis, & deux ans après, commencerent les Guerres entre les deux Princes; de façon qu'en l'an mille cinq-cens vint-un, le feu Roi François I. envoia son Armée sous la conduite du Sieur de l'Esparre, pour le recouvrement dudit Roiaume de Navarre; ce qu'il fit & le recouvra, mais bien-tôt après il en fut mis dehors. Lesdites Guerres entre lesdits deux Princes ont duré par long-tems, comme l'on sait, de façon qu'il n'y a eû moien d'en faire aucune querelle jusques à l'an mille cinq-cens quarante-cinq, après l'apointement fait entre lesdites deux Majestez du feu Empereur, & du feu Roi Tres-Chretien. Et moi-même, qui parle, fus envoié en Allemagne, devers la Majesté dudit feu Empereur, auquel le feu Roi François écrivit, qu'il m'envoioit par delà, pour faire remontrance dudit affaire, & poursuivre la restitution dudit Roiaume de Navarre; ce que je fis, & fus oüi par sa Majesté: & après avoir le tout oüi, & bien entendu, me fit réponse, Qu'il y avoit long-tems qu'il n'avoit oui parler de la matiere; & qu'il esperoit bien tôt s'en retourner en Espagne, là où il avoit son Conseil, qui étoit instruit de la matiere; & que l'on envoiât pardevers lui, qu'il y feroit la raison telle qu'il y aviseroit par Conseil. Partant considerées lesdites allées & venuës, & remises si souvent reïterées, sous correction, il n'y auroit pas grand propos de s'arrêter audit laps de tems, veû qu'il est certain qu'en telles violentes occupations & détentions ainsi faites par force, telles prescriptions & laps de tems n'ont jamais lieu.

En second lieu, on a voulu dire, que ledit feu Roi Don Fernand a eû juste cause d'occuper ledit Roiaume de Navarre, au moien du droit, que la Reine Germaine de Foix, sa Femme, y pretendoit & quereloit par le trépas & Succession de Jean, Vicomte de Narbonne, Pere d'icelle Reine Germaine, avoit voulu dire, qu'après le trépas de François Phebus, Roi de Navarre, son Neveu & Fils de son Frere aîné, la Succession & Hoirie dudit Roiaume de Navarre lui apartenoit, & non à ladite Caterine, sa Niéce; parce qu'en tels Roiaumes, Duchez, Comtez, & autres Dignitez Roialles, les Femelles ne succedent point, tant qu'il y a des Mâles; & partant que lui, comme Mâle, devoit exclure ladite Caterine sa Niéce, qui n'étoit qu'une Femelle, incapable par tous droits de succeder en telles Dignitez. Davantage, vouloit dire ledit Jean, Vicomte de Narbonne, que puis qu'il étoit question de succeder à ladite Eleonor, Reine de Navarre, & Gaston de Foix, ses Pere & Mere, que lui, comme Fils, posé ores qu'il fut second, étoit plus proche en degré, que n'étoient lesdits François Phœbus, & Caterine, ses Neveu & Niéce, & partant à préferer esdites Successions: & que par ces moiens tous lesdits droits apartenoient à icelle Reine Germaine, Fille & Heritiere dudit Jean, Vicomte de Narbonne, son Pere; & dudit Duc de Nemours, son Frere.

A tout cela, sous corection, y a bonnes & peremptoires réponses; car ladite Dame Reine Germaine n'eût jamais aucun droit audit Roiaume de Navarre, & si aucun en avoit, il auroit été aquis & déferé au feu Roi de Navarre Henri, lequel avoit succedé, & s'étoit porté Heritier universel d'icelle Reine Germaine, pris & aprehendé tous les biens delaissez par son trépas.

Et pour ce montrer, & faire aparoir clairement, que ladite Dame n'y avoit aucun droit, faut entendre que après le trépas dudit François Phebus, Roi de Navarre, ledit feu Jean, Vicomte de Narbonne, mit en procès ladite Caterine, sa Niece, en la Cour de Parlement de Paris, pour raison des Comtez de Foix, Bigorre, Vicomtez de Nebousan, Marsan, Tursan, & Gavardan, étans en l'obeïssance & sujettion du Roiaume de France. Car quant au Roiaume de Navarre, & Païs de Bearn, qui sont Païs de Souveraineté, il n'en étoit point de question en ladite Cour de Parlement, mais les

ANNO 1558.

les raisons de l'un avoient lieu en l'autre. Et fut remontré en icelle Cour, que ledit Jean, Vicomte de Narbonne, sans propos, faisoit querelle pour le fait desdites Terres; parce qu'en premier lieu, supposé que par le droit des Fiefs les Femelles soient incapables de succeder és Fiefs Nobles; toutefois par Droit divin & humain, tant Civil que Canon, & par la generale Coutume, non seulement du Roiaume de France, mais aussi de tous autres, elles sont capables de succeder en tous Duchez, Vicomtez, Marquisats, & autres Baronnies, quand elles sont plus prochaines en degré, & excluent les Mâles plus éloignez en degré: & est ce qu'on dit communément, que par la generale Coûtume de France les Fiefs sont reputez & tenus comme les autres biens propres & patrimoniaux, en ce qui est de la succession, & de l'alienation. Il est bien vrai, que quant au Roiaume de France, il est si privilegié, que obstant la Loi Salique, Femme n'y peut succeder: mais en tous les autres Roiaumes Chretiens, Duchez, Comtez, & Baronnies, la Fille est toûjours reputée capable de succeder, pourveû qu'elle soit plus prochaine en degré, que le Mâle: & à ces fins, en a été fait preuve audit procès par plusieurs tourbes & enquêtes faites par toutes les Provinces du Roiaume de France. Par ce moien, la raison dudit Jean, Vicomte de Narbonne, pour exclure ladite Caterine, sa Niéce, s'en alloit à vau-l'eau. Et quant à l'autre point qu'il mettoit en avant, qu'il étoit second Fils de ladite Eleonor, & dudit Gaston de Foix, ses Pere & Mere; & partant plus prochain d'un degré que ledit François Phebus, Fils de son Frere-aîné: il y avoit encore moins d'aparence: car la commune opinion de la plûpart des Docteurs, qui ont écrit en la matiere, jusques au nombre de trente, ou trente-cinq, a toûjours été, que le petit Neveu, qui est issû du Fils-aîné, par representation de son Pere, doit exclure son Oncle en la Succession de son Aieul: & ainsi a été jugé par plusieurs Arrêts des Cours souveraines, & signamment fut jugé touchant la Duché de Bretagne, par Arrêt prononcé par le Roi, accompagné des douze Pairs de France, en l'an mille trois-cens quarante-un; par lequel fut ordonné, que la Fille du Fils-aîné succederoit audit Duché de Bretagne, en excluant le second Fils, qui étoit le Comte de Montfort. Et qui plus est, que combien que lesdites raisons soient peremptoires, si y-a-t'il encore un moien, là où il n'y a point de réponse: c'est que ledit Jean, Vicomte de Narbonne, connoissant que les raisons & moiens par lui déduits au procès, n'étoient pas fort asseûrez, & que son Conseil lui disoit, qu'ils ne valoient rien; en l'an mille quatre-cens quatre-vints dix-huit, fit une Transaction avec ladite Reine Caterine, sa Niéce, par laquelle il quita & renonça à tous les droits, noms, raisons, & actions, qu'il pouvoit pretendre & quereller esdits Roiaume de Navarre, Païs de Bearn, Comté de Foix, & de Bigorre, Vicomtez de Nebouzan, Marsan, Tursan, & Gavardan; & ce, moiennant la somme de quatre mille livres de rente en assiette, baillée & assignée sur lesdits Vicomtez. A la charge toutefois, que là où ledit Jean, & Gaston son Fils, Duc de Nemours, iroient de vie à trépas, sans Enfans mâles, comme il est avenu depuis, que lesdites Terres baillées pour l'assiete desdits quatre mille livres de rente, seroient rachetables à perpetuité, pour la somme de quarante mille écus.

Il est bien vrai, Messieurs, qu'après le trépas dudit Jean, Vicomte de Narbonne, ledit Gaston, Duc de Nemours, son Fils, se voiant favori du feu Roi Louis XII. son Oncle, obtint Lettres Roiaux, pour faire casser & rescindre ladite Transaction, & fit ajourner ladite Reine Caterine, sa Cousine, en ladite Cour de Parlement de Paris, alleguant & mettant en avant plusieurs faits non veritables, sur lesquels y a eû de bien grandes & longues procedures, tant que finalement ledit Gaston alla de vie à trépas sans Enfans, à la journée de Ravenne, en l'an mille cinq-cens dix-sept: & depuis, ladite Dame Germaine, Reine d'Aragon, sa Sœur, reprit ledit procès, avec laquelle, par Arrêt donné l'an mille cinq-cens dix-sept, en Octobre, a été dit, qu'elle seroit deboutée de l'effet & enterinement des Lettres Roiaux de rescision: & nonobstant icelles, furent les Parties condamnées respectivement à icelle Transaction omologuer en ladite Cour, garder, observer, & en retenir de point en point, & icelle Dame condamnée és dépens. Et depuis, en l'an mille cinq-cens dix-neuf, & mille cinq-cens vint, ladite Dame a fait executer ladite Transaction, qui est par ce moien aprouver toûjours les cessions & transports, que ledit feu Jean, Vicomte de Narbonne, avoit fait des droits par lui pretendus audit Roiaume de Navarre, Païs, Terres, & Seigneuries que dessus. Et partant apert plus clair que le jour, qu'on ne se peut aider des droits pretendus par icelle Reine Germaine, car elle n'en fit jamais aucun transport, comme on a voulu dire: & quand il s'en trouveroit, toutefois on voit bien par ce que dessus, qu'elle ne le pouvoit faire quoi que soit valable, parce qu'elle n'y avoit rien.

ANNO 1558.

L'autre & troisieme point, qu'aucuns ont voulu mettre en avant, pour donner couleur à ladite injuste occupation & détention dudit Roiaume de Navarre, c'est en ce qu'ils ont voulu dire, non pas à bouche ouverte, mais entre les dents, que le Pape Jules II. de ce nom, audit an mille cinq-cens douze, avoit declaré le Roi de France Louis XII. vrai Schismatique, avec tous ses adherans; & que lesdits Jean & Caterine, Rois de Navarre, s'étoient lors alliez & confederez avec ledit feu Roi Louis XII. & que partant il avoit été loisible audit Roi Don Fernand, de prendre, occuper, & envahir ledit Roiaume de Navarre, ses Terres, & Seigneuries, comme baillées au premier occupant, pour avoir adheré au Roi de France Schismatique.

A cela y a plusieurs réponses. Premierement, qu'il n'est à croire, & n'y a aucune verisimilitude, que la Majesté dudit feu Roi Catolique, Don Fernand, ni de ses Enfans, & Successeurs, voulussent mettre un tel fait en avant. Et en l'an mille cinq cens dix-neuf, les Deputez desdites deux Majestez étant assemblez à Montpellier, pour faire une perpetuelle Paix & Alliance entre elles, il y eût quelqu'un, qui voulut faire mention de ladite declaration dudit Pape Jules II. Sur quoi tout soudain fut repris par le Chancelier dudit Roi Catolique, qui étoit pour lors, disant qu'il n'avoit point de charge de mettre tels propos en avant, & qu'il se teût, comme il fit, & n'en fut plus parlé.

En second lieu, il seroit bien mal aisé à soûtenir & montrer, que ledit feu Roi Louis XII. ait jamais été Schismatique, ains a toûjours été bon & fidele Catolique, & bon Chrétien, obeissant au Saint Siege Apostolique, autant, ou plus que homme du monde: & partant si le principal, qui étoit le Roi Louis XII. n'a été tenu, reputé, ni declaré Schismatique, il n'est pas possible de dire, que les adherans, qui ne sont qu'accessoires, soient d'autre nature que le principal.

Et davantage, & en troisieme lieu, il ne se trouvera, que lesdits Rois Jean, & Caterine, aient aucunement adheré audit Roi Louis XII. ni fait Alliance avec lui, pour faire Guerre en Italie, ou en Espagne; mais seulement pour la tuition & défense de son Roiaume de France: & de ce peut clairement aparoir par lesdites Alliances, qui en furent faites audit tems, par lesquelles lesdit Jean & Caterine protestent expressément, qu'ils ne donneront aucun secours ou aide audit Roi Louis XII. s'il vouloit mener Armée pour passer en Espagne; & aussi qu'ils ne bailleront point de passage audit Roi d'Espagne, s'il vouloit venir en France; suivant la Capitulation & Articles long-tems auparavant acordez, promis, & jurez entre les Rois de Castille & de Navarre, comme il apert par le contexte d'iceux.

En quatrieme lieu, quand ores il se trouveroit, que lesdits feus Rois Jean, & Caterine, eûssent été adherans aux Schismatiques, que non, & ne se trouvera; toutefois il ne seroit pas en la puissance du Pape, de mettre la main audit Roiaume de Navarre, comme non étant du Fief ni Domaine de l'Eglise, & n'aiant à lui aucun serment d'obeissance, sinon pour le regard des choses spirituelles.

En cinquieme lieu, quand il auroit quelque puissance sur les Schismatiques toutefois n'auroit-il pû faire telle Declaration, sans apeller lesdits Rois Jean & Caterine; à la semblance de Notre-Seigneur, qui ne voulut jamais condamner Adam, sans parler à lui, & savoir s'il avoit contrevenu à ses commandemens. Et aussi de droit, seroit bien étrange de condamner une personne sans l'ouïr.

Finalement, quand tout ce que dessus est dit cesseroit, toutefois à faire une telle Declaration sans le seû & conseil de tout le College des Cardinaux, il n'étoit pas en la puissance du Pape, & falloit que tous ses Freres fussent apellez, comme étant une cause trop arduë, & de grand poids: & l'Empereur, combien qu'il fasse serment és mains du Pape, ne peut être déposé sans le conseil des Cardinaux, & avec grande & exacte connoissance de cause.

Ce sont, Messieurs, les trois points, que je vous ai dit

ANNO 1558. dit du commencement, que nous avons charge de vous remontrer, & suplier vouloir le tout considerer, & prendre de bonne part, & tenir la main envers la Majesté du Roi Catolique, de faire quelque raison ausdits Roi & Reine de Navarre, touchant ladite violente spoliation, & injuste occupation de leurdit Roiaume.

XVII.

1 Dec. ESPAGNE ET FRANCE. *Suspension d'Armes, concluë entre la* FRANCE *&* *l'*ESPAGNE, *par les Ambassadeurs assemblez en premier lieu en l'Abbaie de Cercamp, le premier Decembre* 1558. [FREDER. LEONARD, Tom. II. pag. 524.]

A TOUS ceux qui ces presentes verront, salut. Comme il soit que s'étant assemblez par commandement de leurs Princes, afin de continuer en ce lieu la Negociation de la Paix commencée à Lille; de la part du Roi Catolique, le Duc d'Alve, Grand-Maître de son Hôtel; Messire Guillaume de Nassau, Prince d'Orange, &c. Chevaliers de l'Ordre; & Messire Antoine Perrenot, Evêque d'Arras, tous du Conseil d'Etat dudit Seigneur Roi Catolique: Et de la part du Roi Très-Chrétien, le Reverendissime Cardinal de Lorraine; le Duc de Montmorency, Pair, & Connétable de France; le Maréchal de Saint-André, l'Evêque d'Orleans, & le Sieur de l'Aubespine, Conseiller dudit Seigneur Roi de France, & Secretaire de ses Commandemens & Finances. Et que pour vaquer plus tranquillement en cette besogne, afin que l'exploit des Armes en ce coûtel ne causât quelque alteration, qui pût donner empêchement ou détourbier à si sainte œuvre, les dessusdits, en vertu des Pouvoirs qu'ils ont respectivement, eûssent fait & acordé suspension d'Armes pour tous les Limites des Païs-Bas dudit Seigneur Roi Catolique, en quelque endroit qu'ils soient, le dix-setieme d'Octobre dernier, pour durer tout le reste dudit mois: & que pour s'être dilaiée la conclusion de cette Negociation plus longuement, ils aient depuis le vint-huitieme dudit mois d'Octobre, prorogé ladite suspension pour tout le tems, & si longuement que pourroit durer cette Assemblée, & six jours après la dissolution & separation d'icelle: & il soit que les choses se trouvent presentement en tel état, qu'ils n'ont le moien de pouvoir encore conclure & arrêter ladite Negociation, & qu'il ne convient que cependant ils soient absens du service de leurs Maîtres, par où il est requis que cette Assemblée pour maintenant se separer, sans toutefois vouloir par ce rompre ladite Negociation, que l'on ne voie si continuant après icelle, l'on en pourra tirer le fruit desiré. Les dessusdits ont avisé & resolu par ensemble, pour bons respects à ce les mouvans, de proroger, comme en vertu de leurs Pouvoirs ils prorogent par cette, ladite suspension, declarant qu'elle durera, & s'observera inviolablement des deux côtez, en la forme, & selon la teneur, en laquelle premierement elle s'est traitée & acordée ledit jour dix-setieme d'Octobre dernier, comme dit est, jusques à la minuit du dernier jour du mois de Janvier prochain, s'étant les dessusdits accordez de retourner, & se rassembler le vint-cinquieme dudit mois de Janvier, jour de la Conversion de S. Paul, soit en ce même lieu de Cercamp, ou autre que d'ici là ils aviseront; soit eux-mêmes, ou autres, que leurs Princes & Maîtres voudront envoier pour continuer la besogne, & voir si Dieu sera servi, de après si longue communication leur faire ce bien, de mettre entre leurs Maîtres bonne & ferme Paix; bien entendu que si l'une ou l'autre des Parties trouve la matiere disposée pour plûtôt se rejoindre, & continuer la besogne, en ce cas ils en pourront avertir les autres, pour s'acorder du tems & lieu, auquel plûtôt ils se pourront venir rassembler. Et de cette prorogation de suspension d'Armes sera donné avertissement aux Frontieres des deux côtez. Et pendant icelui tems ne se pourra faire ni commettre acte d'hostilité, d'une part ni d'autre, ains cesseront tous exploits d'Armes quelconques des uns contre les autres: & contiendront chacun desdits Princes, leurs Sujets en leurs limites, suivant ce qui en la premiere suspension avant dite a été accordé. Et si fait étoit, ou sera, quelque chose au contraire, il sera reparé de bonne foi, par le Prince du côté duquel sera faire l'innovation, & toutes prises restituées, & les infracteurs punis & châtiez comme il appartiendra; demeurant ladite suspension en sa force & vertu. Et à ce faire & souffrir, lesdits Seigneurs Deputez ont obligé & obligent la foi & biens de leurs Maîtres, presens & à venir, avec expresse renonciation de toutes choses à ce contraires. Et en témoin de ce ont signé la presente de leurs mains, en l'Abbaie de Cercamp, le premier jour du mois de Decembre, l'An de grace de Notre Seigneur 1558. Ainsi signé, ANNO 1558.

El Duque de Alva.	*C. Cardinal de Lorraine.*
Guillaume de Nassau.	*A. de Montmorency.*
L'Evêque d'Arras.	*Jâques d'Albon.*
	De Morvilliers, Ev. d'Orleans.
	De l'Aubespine.

XVIII.

Prolongation de la suspension d'Armes entre L'ESPAGNE *& la* FRANCE, *faite en l'Abbaie de Cercamp, le premier Decembre* 1558. *par les Ambassadeurs des deux Couronnes. A Câteau-Cambresis, le 6 Fevrier* 1558. *avant Pâques.* [FREDER. LEONARD, Tom. II. pag. 526.] 1558. 1559. 6 Fevr. ESPAGNE ET FRANCE.

LES Deputez des Rois, Catolique, & Très-Chrétien, pour le fait & Negociation de la Paix, considerant, qu'il seroit impossible de pouvoir achever ladite Negociation, transferée par lesdits Seigneurs Rois, de l'Abbaie de Cercamp, en ce lieu de Câteau-Cambresis, en si brief tems comme est celui pour lequel a été dernierement prorogée la suspension d'Armes, qui est jusques au dixieme de ce mois: Et afin de vaquer avec plus de repos à la susdite Negotiation, & qu'il ne survienne chose qui puisse donner aucune alteration, & causer plus de difficulté à l'effet de ce negoce; ont, en vertu des Pouvoirs qu'ils ont respectivement de leursdits Princes, de commun accord prorogé & prorogent de nouveau ladite suspension, pour tout le tems qu'ils seront en cette Negociation, & six jours après la separation de cette Assemblée, pour être observée de tous les deux côtez, en la même forme & maniere qu'elle fut premierement acordée audit Cercamp; promettant respectivement, que d'un côté & d'autre, pendant ledit tems, le fait des Armes sera suspendu, sans que par voie de fait les uns usent contre les autres d'hostilité quelconque: & se contiendront les Sujets des deux côtez riere leurs limites, selon la teneur de ladite suspension, & si quelque chose s'innove au contraire, elle se reparera de bonne foi, par le Prince, du côté duquel aura été faite ladite innovation: & toutes prises seront restituées, & les infracteurs chatiez comme il appartiendra; demeurant ce nonobstant ladite suspension en sa force & vigueur: & à ce faire & souffrir, obligent lesdits Sieurs Deputez la foi de leursdits Princes, & leurs biens presens & à venir, avec expresse renonciation de toutes choses à ce contraires. Et davantage, pour ôter tout scrupule, est acordé entre lesdits Sieurs Deputez, qu'ils pourront, & sera loisible à eux, & semblablement aux Deputez de la Serenissime Reine d'Angleterre, Elisabet, & leur suite, respectivement aller, venir, & sejourner durant ledit tems, en cedit lieu de Câteau-Cambresis, & deux lieuës à la ronde, & d'icelui partir, & se retirer franchement & librement, chacun és Païs de son Prince: & aussi, que tous Marchands, Vivandiers, Courriers, & autres allans & venans en cettedite Assemblée, puissent faire le semblable, pour la commodité desdits Sieurs Deputez, & service de leursdits Princes, sans aucun empêchement: & pour cet effet leur ont iceux Sieurs Deputez donné, & donnent bon & loial Saufconduit, & seureté. En témoin de ce ont signé cet Ecrit double, pour servir respectivement aux uns & aux autres, audit lieu de Câteau-Cambresis, le sixieme jour de Fevrier l'An 1558. Ainsi signé,

C. Cardinal de Lorraine.	*El Duque de Alva.*
A. de Montmorency.	*Guillaume de Nassau.*
Jâques d'Albon.	*Ruy Gomez de Silva, Conde de Melito.*
De Morvilliers, Ev. d'Orleans.	
De l'Aubespine.	*L'Evêque d'Arras.*

ANNO 1558. — 1559. 12. Mars.

XIX.

(1) *Traité préliminaire de Paix & de bonne Intelligence, entre* HENRI II. *Roi de France*, FRANÇOIS *Dauphin son Fils &* MARIE *sa Femme Roi & Reine d'Ecosse d'une part, &* ELISABETH *Reine d'Angleterre d'autre part; portant, entr'autres choses, que* Calais *restera huit ans entre les mains du Roi de France, & qu'après ce terme, il sera rendu aux Anglois. Fait à Château-Cambresis le* 12 *Mars* 1558. [Memoires de MICHEL DE CASTELNAU, Seigneur de Mauvissieres, Tom. II. aux Additions, pag. 283.]

PREMIEREMENT, qu'il y aura entre lesdits Seigneurs Roys Tres-Chrestien, Roy & Reine Dauphine, Roy & Reine d'Escosse, & ladite Dame Reine d'Angleterre, leurs Royaumes, Pays, Estats & Sujets, bonne, parfaite & inviolable Paix, Amitié & Intelligence.

Pour à laquelle parvenir, & estraindre plus fermement cette dite Amitié, a esté accordé que durant le temps & terme de huit ans prochains venans, à compter du jour & datte du present Traitté, ledit S. Roy Tres-Chrestien demeurera en la possession paisible de la Ville de Calais, ses appartenances & dependances & de tout ce qu'il a conquis deçà la Mer, sur la feuë Reine Marie d'Angleterre, sa Sœur, en ces dernieres Guerres. Et a promis & promet ledit S. Roy Tres-Chrestien, tant en son nom propre, comme au nom du Roy Dauphin son Fils, leurs Hoirs & Successeurs, se faisant fort de luy & promettant luy faire cecy approuver & ratifier dedans deux mois de la datte du present Traité, que ledit temps finy & expiré, se départira & desistera de ladite possession, & delaissera, rendra & restituera à ladite Dame Reine d'Angleterre, ses Hoirs & Successeurs à la Couronne d'Angleterre, ladite Ville de Calais avec ses appartenances & dépendances, prins par ledit Roy Tres-Chrestien sur les Anglois, durant cette derniere Guerre, en l'estat & fortification qui sont de present, & celle qui y sera faite pour la garde d'iceux jusques au jour de ladite restitution, sans rien demolir ne ruiner, ladite Ville de Calais garnie de trois Canons, trois demy-Canons, trois Bastardes & sept moyennes. Et que pareillement luy laissera & rendra la pleine possession & joüissance de tout ce de la Comté de Guines, Terre d'Oye, & de toutes lesdites choses conquises deçà la Mer dessus lesdits Anglois en cette dite derniere Guerre avec les Chasteaux, Forteresses, Seigneuries, Jurisdictions & Souverainetez, au mesme estat & nature que les Roys d'Angleterre les ont tenuës devant le commencement de la derniere Guerre. Bien entendu, que quant ausdits Chasteaux & Forteresses, ledit S. Roy ne sera tenu plus avant que de les livrer en tel estat & Fortification qu'ils sont de present, & celle qui sera faite pour la garde d'icelle jusques au jour de ladite restitution comme dessus, le tout de bonne foy & sans fraude.

Pour la seureté & accomplissement des choses dessusdites, baillera ledit S. Roy Tres-Chrestien le plustost que faire se pourra, sept ou huit Marchands Estrangers sans plus, non Sujets ne justitiables de Sa Majesté, mais resseans hors de ses Pays & Royaumes & bien solvables & convenibles, qui s'obligeront en la meilleure forme que faire se pourra, avec renonciation *beneficii ordinis & excussionis*, payer la somme de cinq cens mille escus Sol à ladite Dame Reine d'Angleterre ou ses Hoirs & Successeurs à la Couronne. Laquelle somme sera au lieu de peine, au cas que ledit S. Roy Tres-Chrestien ou en deffaut de S. M. ses Successeurs Roys de France, ledit terme escheu, fussent dilayans ou refusans faire ladite restitution: laquelle peine d'amende payée ou non payée, demeureront neantmoins lesdit S. Roy Tres-Chrestien & Dauphin, leurs Hoirs & Successeurs, obligez à ladite restitution suivant leur foy & promesse.

Et pour ce qu'il sera difficile trouver Marchands qui veulent demeurer si long-temps obligez de si grosses sommes, est accordé qu'il sera loisible audit S. Roy Tres-Chrestien de changer d'an en an si bon luy semble, & renouveller lesdites Cautions d'autres Marchands Estrangers au nombre comme dessus, aussi resseans hors de Pays & Royaumes dudit S. Roy & autre part justitiables, solvables & convenibles: lesquels s'obligeront en la maniere dessusdite, & avec ladite renonciation *beneficii ordinis & excussionis*. Sera ladite Dame tenuë les accepter au lieu des premiers, qui en ce faisant demeureront déchargez envers elle: & tout ce sans innovation de ce Traité: & jusques à ce que ledit Seigneur Roy Tres-Chrestien ait trouvé & fourny les Cautions de la qualité susdite, sera tenu bailler Ostages suffisans assez pour ladite somme de 500000. escus, & tels qu'ils seront accordez en faisant le Traité & icelles baillées, ne pourront lesdits Ostages estre arrestez ne retenus.

Est aussi accordé que durant ledit temps de huit ans, lesdits S. Roy & Reine Dauphine, & ladite Dame Reine d'Angleterre, leurs Hoirs & ayans cause, ne pourront innover, entreprendre ny attempter aucune chose de force, directement ou indirectement, l'un à l'encontre de l'autre, leurs Pays, leurs Royaumes & Pays & Sujets, au prejudice du present Traité: & au cas qu'il y eut aucune innovation ou attentat pendant ledit temps de la part de ladite Dame Reine d'Angleterre ou les siens, par l'authorité, commandement ou aveu d'icelle, lesdits Seigneurs Roy Tres-Chrestien, Roy & Reine Dauphine, demeureront quittes & absous des foy, promesses & conventions cy-dessus contenuës, & pareillement les Ostages & Marchands obligez pour ladite somme de 500000. escus déchargez & delivrez de leur foy, & obligation, sans ce que l'on leur en puisse demander aucune chose en leurs personnes ne biens, ne pour ce les arrester ne molester en quelque maniere que ce soit. Et reciproquement, au cas qu'il y eut aucune innovation ou attentat pendant ledit temps de la part dudit S. Roy Tres-Chrestien, Roy & Reine Dauphine ou les leurs, par authorité, commandement ou aveu de eux ou d'aucun d'entr'eux, lesdits S. Roy Tres-Chrestien, Roy Dauphin, leurs Hoirs & Successeurs, seront tenus, avenuë ladite innovation ou attentat, se départir incontinent de la possession & joüissance de ladite Ville de Calais & de tous autres lieux dessusdits deçà la Mer par ledit S. Roy prins dessus les Anglois, & les rendre incontinent à la maniere dessusdite, & en faute de ladite restitution, seront les Marchands & Ostages tenus de payer ladite peine de 500000. escus, *rato manente Pacto*. Et en cas que aucuns des Sujets de l'un costé & de l'autre se avançassent de leur authorité privée de entreprendre ou attempter l'un sur l'autre au prejudice de ces presens Traitez, seront punis comme infracteurs de la Paix selon l'exigence du cas.

Pour davantage oster occasion de troubles & mieux establir la Paix & Amitié, est aussi accordé que la Fortification faite au lieu d'Aimoulth, situé audit Royaume d'Escosse & sur la Frontiere d'iceluy, & toute autre chose innovée & qui se innovera avant la Publication de ce present Traité de la part desdits S. Roy Tres-Chrestien, Roy & Reine Dauphine au prejudice du Traité fait prés Boulogne au mois de Mars 1549. entre lesdit S. Roy Tres-Chrestien & le Roy Edoüart dernier decedé de bonne memoire, sera demolie & abbatuë, & le tout reparé & remis au premier estat. Aussi si depuis ledit temps & avant la publication de ce present Traité, lesdits Anglois avoient de leur part usurpé aucune chose sur ledit Royaume d'Escosse & autrement fortifié & innové à la Frontiere au prejudice dudit Traité, sera de leur part démoly & abbatu, & le tout restabli de bonne foy & sans fraude.

Et quant aux autres droits, actions, querelles pretenduës tant par ledit S. Roy Tres-Chrestien Roy & Reine Dauphine & ladite Dame Reine d'Angleterre respectivement l'un à l'encontre de l'autre, pour quelque cause & occasion que ce soit, elles leur demeureront sauves & reservées, & pareillement leurs deffenses & exceptions au contraire: esperans que pendant ledit temps Dieu donnera quelque moyen, avec lequel tous les differens & pretensions qu'ils peuvent avoir les uns contre les autres se pourront vuider amiablement. Bien entendu toute fois que les Articles cy-dessus arrestez n'auront aucun lieu sinon entant que le Traité de Paix qui est de present en terme entre lesdits Deputez desdits Seigneurs Roys Tres-Chrestien & Catholique, soit conclud & arresté entr'eux.

Fait au Chasteau-Cambresis le 12. jour de Mars 1558.

(1) On le trouve aussi dans le Livre intitulé, *Traité de Paix fait à Chateau-Cambresis &c. & ce qui se passa en la Negociation de ladite Paix*, pag. 115. mais imparfait. Le Paragraphe, *Est aussi accordé* &c. y manque avec les deux suivans. [DUM.]

XX.

ANNO 1559.

XX.

2 Avril. *Tractatus Pacis & Amicitiæ mutuæ inter* ELISABETHAM *Reginam Angliæ &* MARIAM *Reginam Scotiæ conclusus. Dat. apud Castellum in Agro Cameracensi die 2. Aprilis Anno* 1559. [RYMER, Fœdera, Conventiones &c. Tom. XV. pag. 513.]

CUM, inter Regna *Scotiæ* & *Angliæ*, sævo Bello exorto, multa hinc & inde gravia Dampna utrique Populo illata essent, Deus tandem Optimus Maximus, utriusque Gentis calamitate miseratus, Serenissimis Principibus *Francisco & Mariæ Regi & Reginæ Scotiæ, Delphinis Vienensibus, Comitibus Valentinensibus & Diensibus &c.* ac Serenissimæ *Elizabethæ Angliæ & Hiberniæ Reginæ*, ut ad Quietis & Pacis consilia animum inducerent, suâ Clementiâ inspiravit.

Quamobrem Nos,

Carolus Sacræ Romanæ Ecclesiæ Tituli Sancti Apolinaris Presbiter Cardinalis de Lotharingia nuncupatus, Archiepiscopus & Dux Remensis, primus Par Franciæ, & in Francia Legatus natus,

Anna Dux de Montmorency Par, Conestabilis & Magnus Magister Franciæ,

Jacobus d'Albon Dominus de Sancto Andre & Marchio de Fronssac, Franciæ Marescallus,

Johannes de Morvillier Aurelianensis Episcopus Franciæ Regis Christianissimi in suo Privato Concilio Consiliarius,

Et,

Claudius de l'Aubespine Miles Dominus de Haulterive ipsius Regis Christianissimi Consiliarius & graviorum Negotiorum quæ ad statum Regni pertinent Secretarius,

Dictorum Serenissimorum *Regis & Reginæ Scotiæ* Oratores, Procuratores & Negotiorum Gestores,

Cum Illustrissimo,

Guillelmo Howard Barone de Effingham Præclarissimi Ordinis Garterii Milite & Hospitii dictæ Serenissimæ Reginæ Angliæ Cubiculario supremo,

Reverendo in Christo Patre,

Thoma Episcopo Eliensi,

Et,

Nicolao Wotton Ecclesiarum Metropoliticarum Cantuariensis & Eboracensis Decano,

Dictæ Serenissimæ *Reginæ Angliæ* Commissariis, Oratoribus & Ambassiatoribus, de Pace & Concordia inter dictos Potentissimos Principes ineunda & concludenda, tractaturi convenimus, & denique in has Pacis, Concordiæ & Amicitiæ Conditiones & Pacta, authoritate Commissionum & Mandatorum a dictis Potentissimis Principibus nobis respective datorum Tenores inferiùs inferentur, convenimus & concordavimus, & per Præsentes convenimus, concordamus & concludidimus, prout sequitur.

IMPRIMIS, conventum & concordatum est, quòd inter prædictos Serenissimos Principes *Regem & Reginam Scotiæ* &c. ex una, & *Elizabetham Reginam Angliæ* ex altera, eorum Regna, Dominia & Subditos, cujuscunque conditionis existant, sit bona, sincera & firma Pax & Amicitia per Terram, Mare, Portus, Insulas & Aquas dulces inconcussè & inviolabiliter observanda.

ITEM, conventum, concordatum & conclusum est, quòd nullus dictorum Principum, Regna, Patrias, Terras, Dominia, Insulas aut alia Loca quæcumque, in præsenti per eorum alterum possessa, hostiliter invadet neque capiet per se neque per alios quoscumque suo Nomine, nec a suis sic invadi aut capi permittet, sed expressè & cum effectu prohibebit fieri.

ITEM, conventum & conclusum est, quòd nullus prædictorum Principum, alicui alteri, cujuscumque gradûs, statûs aut conditionis existat, seu quocumque Consanguinitatis aut Affinitatis vinculo connectatur, Regna, Patrias, Terras, Dominia, Insulas aut alia quæcumque Loca, per alterum prædictorum Principum nunc possessa, invadenti, expugnanti, aut capere volenti, auxilium, favorem, subsidium, Naves, Pecunias, aut aliam assistentiam quamcumque, publicè vel occultè, directè vel indirectè, dabit aut præstabit, nec a suis Subditis dari aut præstari permittet.

ITEM, conventum, concordatum & conclusum est, quòd, Pace & Amicitiâ prædictis durantibus, nullus Principum prædictorum quovis modo receptabit, nec a suis Subditis receptari permittet, aliquos Homicidas, Fures, Latrones, Transfugas aut Rebelles, nec alios Malefactores quoscumque, ex Subditis alterius eorum, nec hujusmodi Furibus, Latronibus, Homicidis, Transfugis, Rebellibus, aut aliis Malefactoribus quibuscumque, qui in aliquem Locum obedientiæ alterius Principum prædictorum declinaverint, quoquomodo dabit, præstabit consilium, auxilium, favorem, subsidium aut assistentiam, sed infra viginti dies proximos & immediate sequentes, postquam per Litteras illius Principis cujus hujusmodi Homicida, Fur, Latro, Transfuga, Rebellis aut Malefactor Subditus extitit, aut ejus Gardiani, Locumtenentis seu Depputati, alter ex Principibus hujusmodi requisitus fuerit Litterarum hujusmodi Requisitionis latori, aut alii in eisdem Litteris nominato seu deputato, prædictos Homicidas, Fures, Transfugas, Rebelles & Malefactores tradet & deliberabit tradive & deliberari faciet.

ITEM, ut omnes Controversiarum occasiones tollantur, & ut certiùs hæc Pax & Amicitia stabiliatur & firmetur, conventum, concordatum, & conclusum est, quòd Fortificatio seu Munitio facta in Loco dicto *Aymouth* sito in Regno Scotiæ & circa Limitem dicti Regni, ac etiam quicquid præterea jam innovatum est, aut ante publicationem hujus Tractatûs ex parte dicti *Regis Christianissimi* aut Serenissimorum *Regis & Reginæ Scotiæ*, in præjudicium Tractatûs initi apud *Boloniam*, Mense Martio Anno 1549. inter dictum *Christianissimum Regem* &, nobilis memoriæ, *Edvardum Sextum nuper Regem Angliæ*, innovatum erit, ea omnia, intra tres Menses a die Datæ hujus Tractatûs, aut citius si fieri possit, diruentur & solo æquabuntur, ac omnia in pristinum statum restituentur & reponentur bonâ fide & sine fraude, neque imposterùm quicquam contra Tractatum prædictum reædificabitur aut fortificabitur: Similiter etiam, si, post tempus prædictum & ante publicationem hujus Tractatus, per Anglos aliquid in Regno Scotiæ usurpatum fuerit, aut etiam aliquid circa Limitem dicti Regni in præjudicium dicti Tractatûs fortificatum & munitum fuerit, illa omnia per dictos Anglos diruentur & solo æquabuntur, & omnia in pristinum statum reponentur bonâ fide & sine fraude, neque imposterùm quicquam contra Tractatum prædictum reædificabitur aut fortificabitur.

ITEM, conventum, concordatum & conclusum est, quòd omnia alia Jura, Actiones & Petitiones quæ tàm dictus *Christianissimus Rex* ac Serenissimi *Rex & Regina Scotiæ*, quàm etiam dicta Serenissima *Regina Angliæ*, quacumque de causa sive occasione invicem, contra ipsorum aliquem seu aliquos respectivè habent & habere prætendunt, remanebunt eis salvè & integrè; & pari modo Exceptiones & Defensiones eorum hinc & inde eisdem reservabuntur; Bona autem spes est Deum Optimum Maximum occasionem & viam interim daturum, quâ omnes dictæ aliæ Controversiæ & Prætensiones, quas dicti Principes inter se respectivè contra invicem habent, amice componantur & concordentur.

ITEM cùm, Reverendissimi, Illustrissimi & Charissimi Viri, Commissarii, Ambassiatores & Oratores dictorum Serenissimorum *Regis & Reginæ Scotiæ*, non satis edocti aut informati super statu Negotiorum Regni Scotiæ, aut Tractatuum Pacis antehac inter Scotos & Anglos initorum & factorum, ea de causa distulerint convenire, pacisci & concludere super quibusdam Articulis ad Quietem, Pacem & Concordiam dictorum Regnorum spectantibus;

Videlicet,

De Concessione Salvorum Conductuum,

De Homicidis, Furibus, Latronibus & aliis Malefactoribus capiendis & puniendis,

De Deprædationibus & Attemptatis, & de prosequendo ea committentes,

De cedentibus Arbores alienas,

De Transfugis qui devenerunt Ligei alterutrius Principis,

De Spoliatis capientibus Prisas & Districtiones propriâ authoritate,

De Naufragis & appulsis vi Tempestatis,

De non comprehendendis Insula de Lundy *in Regno Angliæ, neque Dominio* de Lorne *in Regno Scotiæ*,

Æquum visum est, tàm dictis Oratoribus, quàm Oratoribus & Ambassiatoribus Serenissimæ *Reginæ Angliæ*, ut Commissarii & Oratores utrinque, tàm a dictis Serenissimis *Rege & Regina Scotiæ* quàm ab *Regina Angliæ*

ANNO 1559. *Angliæ*, Die & Loco per ipsos Principes præfigendis, ante tamen duos Menses a Die Datæ hujus Tractatûs, finitos & elapsos, simul convenient illic communi Consilio & Authoritate super illis Articulis deliberaturi & consulturi, & quæ in rem & commodum utriusque Regni maximè facere videbuntur, constituturi, determinaturi & conclusuri.

Et, ut omnes Discordiarum occasiones, quæ ex omissione dictorum Articulorum intervenire possint, evitentur, conventum & conclusum est, quòd Subditi utriusque Regni interim se gerent & tractabuntur, quoad contenta in dictis Articulis, eo modo & formâ quibus in ultimo Tractatu Pacis, inter, præclaræ memoriæ, *Edovardum Sextum nuper Angliæ Regem* & dictam Serenissimam *Dominam Mariam Reginam Scotiæ*, inito, conventum & conclusum fuerat.

ITEM, ex parte dictorum Serenissimorum *Regis & Reginæ Scotiæ* comprehenduntur in hoc Tractatu *Henricus Francorum Rex Christianissimus* & Regnum Franciæ secundùm antiquas Confœderationes & perpetuæ Amicitiæ Jura quæ sunt inter *Reges Franciæ & Scotiæ*, eorum Regna & Subditos, & Catholicus *Hispaniarum Rex*, & ex parte dictæ Serenissimæ *Angliæ Reginæ* & *Philippus Hispaniarum Rex* &c. juxta vim & effectum Tractatuum inter eosdem Regem & Reginam, ac eorum Regna, Terras, Patrias & Dominia.

ITEM, conventum & conclusum est, quòd uterque Principum prædictorum publicari & notificari faciet dictam Pacem, Ligam, Confœderationem & Concordiam Subditis suis, in omnibus & singulis insignioribus Locis Marchiarum suarum, infra triginta Dies post Datam præsentium proximè & immediatè sequentes.

ITEM, conventum, conclusum & concordatum est, quòd dicti Serenissimi *Rex & Regina Scotiæ*, & infra decem Dies postquam ad id per Oratorem sive Oratores dictæ *Reginæ Angliæ* fuerint requisiti, eisdem Oratori sive Oratoribus, Litteras suas Patentes Tractatûs istius confirmatorias & ratificatorias desuper sufficienti formâ confectas, necnon Magno eorum Sigillo munitas, tradent & deliberabunt seu tradi & deliberari facient cum effectu; & quod vicissim dicta Serenissima *Regina Angliæ* infra decem Dies postquam ad id per Oratorem sive per Oratores dictorum Serenissimorum *Scotiæ Regis & Reginæ*, fuerit requisita, eisdem Oratori sive Oratoribus Litteras suas Patentes Tractatûs istius confirmatorias & ratificatorias desuper sufficienti formâ confectas, necnon Magno suo Sigillo munitas, tradet & deliberari faciet cum effectu.

Tenores autem Mandatorum & Commissionum supramemoratorum hic sequuntur.

FRANÇOYS & MARIE, par la Grace de Dieu, *Roy & Royne d'Escosse & Dauphine de Viennoys, Contes de Valentinoys & Dyois*, a tous ceulx qui ces presentes Lettres verront, Salut.

Scavoir faisons que Nous,

Sachans l'affection grande que nous portent & au bien de noz Affaires nostre trescher & tresame Oncle,

Charles du Tiltre de Sainct Appollinaire, de la Sante Eglise Romaine Presbitre Cardinal de Lorraine, Arcevesque & Duc de Reyms, premier Pair de France, Legat nes du Sante Apostolicque,

Noz treschers & tresamez Cousins,

Anne Duc de Montmorency aussi Pair, Connestable & Grand Maistre de France,

Jaques *d'Albon Sire de Saint Andre Marquis de Fronsac* Mareschal de France,

Messires *Jehan de Morvillier Evesque d'Orleans*, Conseiller au Conseil Prive de nostre Treschier Seigneur & Pere le *Roy de France Treschretien Henry II. de ce Nom*,

Et *Claude de l'Aubespine* Chivalier, Seigneur de Haulterive aussi son Conseiller & Secretaire d'Estat & de ses Finances,

Iceulx pour ces causes avons faictz, commis, ordonnez & constituez, faisons, commectons, ordonnons & constituons, par ces Presentes, noz Commissaires, Deputez & Ambassadeurs, & leur avons & a chascun d'eulx, tant conjoinctement que divisement, donne & donnons plain Povoir, Puissance, Auctorite, Commission & Mandement general & especial, pour de par nous & en nostre nom, traicter communicquer, convenir, conclurre & accorder, avecques les Ambassadeurs, Commis & Deputez, de Treshaulte & Tresexcellente Princesse nostre Treschere & Tresamee Seur & Cousine, *la Royne d'Angleterre*, de & sur tous & chascuns les Poinctz, Moyens, Articles, Pactions & Conventions de Paix, Trefve, Amitie, Ligue offensive & deffensive, entre Nous & nostre dite Seur & Cousine, qu'ilz verront estre bons & necessaires, ANNO 1559.

Et d'icelles Pactions, Conventions & Accordz faire & bailler de nostre part toutes les Lettres qui seront necessaires; &, a l'observation & entretenement de tout ce qui sera convenu & accorde, obliger, en toutes les formes, manieres que besoing sera, nous, ensemble tous noz Royaumes, Pais, Subjectz, Terres & Seigneuries; Et generallement faire, en ce que dessus & es choses qui en deppendent, tout ce qu'ilz verront estre a propos & convenable, encores que le cas requist mandement plus especial qu'il n'est contenu en ces dites Presentes:

Promectans, en bonne foy & parolle de Roy & Royne, avoir agreable, tenir ferme & stable a tousjours tout ce que par nos dits Deputez & Ambassadeurs, & ung chascun d'eulx, tant conjoinctement que divisement, sera en ce que dessus & ce qui en deppend, faict, dict, convenu, arreste, conclud & accorde, ne a iceulx pour jamais aucunement contrevenir, mais inviolablement & de tout nostre povoir les entretenir, garder & observer de poinct en poinct.

En Tesmoing de ce Nous avons signes ces Presentes de noz propres mains, & a icelles faict apposer nostre Seel.

Donne a *Villiers Coste Retz*, le premier Jour de Mars, l'An de Grace mil cincqcens cinquante & huit, & de nostre Regne le premier & dixseptieme.

FRANCOYS. MARIE.

Super plicam,

Par les Roy & Royne d'Ecosse, Daulphins.

LE PARCHEMYMER.

Sub Magno Sigillo de Cera rubea pendente a duplici cauda pergamena.

ELIZABETHA, Dei Gratia, *Angliæ, Franciæ & Hiberniæ Regina &c.* universis & singulis ad quos præsentes Litteræ pervenerint, Salutem.

Sciatis quod Nos,

De fide, probitate, & circumspectione, Charissimi Consanguinei & Consiliarii nostri, *Guilielmi Domini Howarde Baronis de Effingham* Ordinis nostri Garterii Militis, & Hospitii nostri Primarii Camerarii, Reverendique in Christo Patris ac Prædilecti & Fidelis Consiliarii nostri, *Thomæ Eliensis Episcopi*, & etiam, Dilecti & Fidelis Consiliarii nostri, *Nicolai Woton* Clerici Ecclesiarum Cathedralium Cantuariensis & Eboracensis Decani, plurimùm confidentes,

Ipsos, & eorum quemlibet, conjunctim & divisim, nostros Commissarios, Deputatos & Legatos facimus, ordinamus & constituimus per Præsentes,

Dantes & concedentes eisdem, & eorum cuilibet, conjunctim & divisim, Potestatem, Authoritatem, Facultatem & Mandatum generale ac speciale, pro Nobis ac Nomine nostro, cum Oratoribus, Ambassiatoribus, Commissariis sive Legatis Illustrium Principum, Charissimorum Consanguineorum nostrorum, *Scotorum Regis & Reginæ* Fratris & Sororis nostrorum, de & super quibuscumque Articulis, Pactis sive Conventionibus Pacis, Treugæ, Amicitiæ, Ligæ tàm offensivæ quàm deffensivæ, inter *Nos* & eosdem *Fratrem & Sororem* nostros Charissimos conveniendæ, paciscendæ & concludendæ, tractandi, communicandi, paciscendi, conveniendi, concedendi & concludendi,

Ac de & super eisdem Pactis, Conventionibus & Articulis, Litteras pro parte nostra conficiendi & tradendi,

Necnon Nos, Regna, Patrias, Subditos, Terras & Dominia nostra ad observationem conclusorum & conventorum, sub quibuscumque modis & formâ obligandi,

Ac generaliter omnia & singula faciendi, exercendi & expediendi quæ in præmissis & circa ea necessaria fuerint & quomodolibet opportuna, etiam si Mandatum exigant magis speciale quàm præsentibus est expressum:

Pro-

ANNO 1559. Promittentes, bonâ fide & in verbo Regio, Nos ratum, gratum & firmum perpetuò habituros, totum & quicquid in præmissis aut aliquo præmissorum per dictos Commissarios nostros conjunctim aut divisim actum, pactum, conventum, gestum & conclusum fuerit, nec eis unquam contraveniemus, sed ea inviolabiliter observari curabimus.

In quorum Fidem & Testimonium, hiis Litteris nostris manu nostrâ signatis, magnum Sigillum nostrum apponi fecimus.

Datum apud *Palatium nostrum Westmunster*, vicesimo die Januarii, Anno Regni nostri primo.

Quæ quidem Mandata & Commissiones respectivè signata propriis manibus dictorum Potentissimorum Principum, eorumque magnis Sigillis sigillata.

In quorum omnium & singulorum præmissorum Fidem & Testimonium, Nos Oratores, Commissarii & Ambassiatores prædictorum Serenissimorum *Scotiæ Regis & Reginæ*, has Patentes manu nostrâ subscriptas Sigillorum nostrorum appositione muniri fecimus & corroborari.

Acta fuerunt hæc apud *Castellum in Agro Cameracensi*, Die secundâ Aprilis, Anno Domini millesimo quingentesimo quinquagesimo nono post Pascha.

CAROLUS CARDINALIS DE LOTHARINGIA.
A. DE MONTMORENCY.
JAQUES D'ALBON.
J. DE MORVILLIER.
E. D'ORLEANS.
DE L'AUBESPINE.

Sub Sigillis prædictorum Commissariorum de Cera rubea pendentibus a filis sericis albi coloris.

XXI.

2. Avril. FRANCE ET ANGLETERRE. (1) *Traité de Paix entre* HENRI II. *Roi de France &* ELISABET, *Reine d'Angleterre, au sujet de* Calais, *&c. A Câteau-Cambresis le* 2. *Avril.* 1559. [FREDER. LEONARD, Tom. II. pag. 527.]

ELISABET, Dei gratiâ Angliæ, Franciæ, & Hiberniæ Regina, Fidei Defensor, &c. universis & singulis, ad quorum notitias hæ præsentes Literæ pervenerint, salutem. Cùm post multas & varias deliberationes ac consultationes inter Oratores, Commissarios, Deputatos, Ambassiatores & Legatos nostros, & Illustrissimi & Potentissimi Principis Henrici, Dei gratia, Francorum Regis Christianissimi, Fratris & Consanguinei nostri Carissimi, quidam tandem Tractatus pro bona, sincera, firma, ac perpetua Concordia, Pace, & Amicitia inter nos & dictum potentissimum Principem Francorum Regem, Fratrem nostrum Carissimum, communi consensu, & virtute autoritateque Commissionum à nobis & dicto Fratre nostro respectivè concessarum, conventus, concordatus, & conclusus fuerit nuper apud Castellum in agro Cameracensi, sicut in Literis Oratorum & Commissariorum prædictorum desuper confectis pleniùs apparet & continetur, quarum tenor sequitur, & est talis.

UNIVERSIS & singulis, ad quorum notitiam præsentes pervenerint, salutem. Quam miserabilis rerum omnium ex Christianorum Principum discordiis commutatio facta sit, nemo est qui non videat, cùm sævis inter eos bellorum motibus, (a paucis annis) multæ Provinciæ vastationibus, incendiis, direptionibus, fœdatæ deformatæque conspiciantur, plurimæ etiam Civitates suis Civibus orbatæ, omnibusque facultatibus & ornamentis spoliatæ, verùm & alia deteriora in universas penè Reipublicæ Christianæ partes irruerint. Nam dum illi ipsi Principes inferendis ac ulciscendis ultrò citroque injuriis penitus intenti, suorum curam deserunt, usque adeò corrupti depravatique sunt hominum mores, contagione scelerum ac vitiorum, (quorum bella sunt feracissima) ut Legum justitiæ, & fidei, quæ quidem sunt Humanæ Societatis vincula, vix usquam ratio habeatur, omniaque divina Jura ita pervertantur ubique, ut infelicior rerum status esse non possit. Cùm autem hæc tam gravia vulnera Christianorum Principum dissidiis illata sint, nulla profectò ratione curari nec sanari possunt, quàm eorumdem ipsorum concordia, ad quam ut, reconciliatis animis, bona fide coire possint, & semel constitutam mutuis officiis confirmare, perpetuòque colere, oportet ipsi primùm insanas cupiditates, (quibus nullos habent graviores hostes) cohibeant ac doment; deinde ut Populos, quos habent in potestate, non suæ libidini traditos, sed fidei commendatos à Deo meminerint. Tum enim controversias, quæ ipsos diù tam acerbè exagitarunt, positis armis, ultro, jure atque æquitate component, extinctisque odiis, & deleta ex animis injuriarum recordatione, salutis publicæ curam melioribus consiliis amplectentur. Cùm itaque tot tantisque malis, nullo suo incommodo, imò verò maximo cum fructu laudis & perpetuæ gloriæ, mederi possint, detestabilis procul dubio erit immanitas eorum, qui remedia in manibus habentes, Christianæ Reipublicæ extremum spiritum miserè trahenti non succurrent; illique tales, si qui fortè essent, (quod minimè credendum) ultionis iræque divinæ flagella meritò possent judicari. Quæ omnia Potentissimi atque Illustrissimi Principes Elisabet, Dei gratiâ Angliæ & Hiberniæ Regina, Fidei Defensor, &c. necnon Henricus, eadem gratiâ Francorum Rex Christianissimus, verissima esse cùm sciant, ne gravissimo animi sensu Christianam Rempublicam omni genere calamitatum afflictam conspiciant, agnoscentes equidem, se à Deo optimo maximo in summo dignitatis fastigio constitutos, ut Populos divina providentia sibi commissos, paterna caritate regant, tueantur, ac protegant, quæque pertinent ad eorum incolumitatem diligenter procurent; existimarunt se neque Deo gratius, neque saluti publicæ utilius, neque Regia Majestate dignius facere posse; quàm si relictas à majoribus dissensionum causas amicè dirimerent, atque suos Populos, bellorum tempestatibus jamdiu conflictatos, è calamitatum scopulis eriperent, & ad Portum, aspirante divini Numinis aura, perducere conarentur. Quæ quidem ut feliciter ac maturè consequerentur, omnes suas cogitationes ac consilia in eam curam converterunt; tum verò ut bonæ mentis consiliis optatum exitum invenirent, consentientibus animis, Legatos utrimque miserunt, cum autoritate & mandatis, ut de componendis controversiis, & de concilianda Pace agerent. Qui quidem ad Castellum, in agro Cameracensi convenientes, habitis colloquiis, & agitatis per aliquot dies controversiis, iis tandem amicè compositis, autore Deo optimo maximo, Pacem, Concordiam, & perpetuam Amicitiam inter præfatos Reginam ac Regem conciliarunt & firmarunt, conditionibus, pactis, & forma, quæ sequuntur.

NOS Guillelmus Howard, Baro de Effingham, prænobilis Ordinis Garterii Miles, ac Hospitii dictæ Serenissimæ Reginæ Angliæ Cubicularius supremus; Thomas, Episcopus Eliensis; Nicolaus Wotton Ecclesiarum Metropoliticarum Cantuariensis & Eboracensis Decanus; ipsius Serenissimæ Reginæ Angliæ Consiliarii, Oratores, Procuratores, Negotiorum Gestores & Ambassiatores specialiter etiam deputati, & autoritatem habentes ad ea procuranda & perficienda quæ inferiùs scribentur; cum Reverendissimis, Excellentissimis, & Illustrissimis Carolo, Sac. Rom. Eccl. titul. Sancti Apol. Presbitero Cardinali, de Lotaringia nuncupato, Archiepiscopo & Duce Remensi, Primo Pari Franciæ, & in Francia Legato nato; Anna, Duce de Montmorency, Pari, Conestabili, & magno Magistro Franciæ; Jacobo d'Albon, Domino de Saint-André, & Marchion. de Fronsac, Franciæ Marescallo; Joanne de Morvilliers, Aurelianensi Episcopo, dicti Regis Christianissimi in suo privato Consilio Consiliario; & Claudio de Laubespine, Milite, Domino de Hauterive, ipsius Regis Christianissimi Consiliario, & graviorum negotiorum, quæ ad statum Regni pertinent, Secretario; Oratoribus, Procuratoribus, Negotiorum Gestoribus, & Ambassiatoribus præfati Regis Christianissimi, ab eoque commissis, cum autoritate & mandatis ANNO 1559.

(1) La Date qui manque à ce Traité se tire non seulement de ce Titre, où on l'a mise, mais aussi des Additions de *J. le Laboureur* aux Mémoires de *Castelnau*, où il avertit, en donnant le Traité préliminaire qu'on vient de voir, qu'il s'en fit un autre le 2. d'Avril plus étendu & plus solemnel, mais qui ne contenoit en substance que les mêmes choses. [DUM.]

ANNO 1559. datis in Literis publicis amplissimè & specialiter contentis ad procuranda & conficienda, quæ inferiùs scribentur, virtute atque autoritate fulti, hinc inde, Mandatorum & Commissionum nostrarum, quæ ad verbum inferiùs inferentur, convenimus, concordavimus, & conclusimus, ac per præsentes convenimus, concordamus, & concludimus ea quæ sequuntur articulatim.

Imprimis conventum, concordatum, & conclusum est, quòd inter prædictos Serenissimam Angliæ Reginam Elisabetam, & Christianissimum Francorum Regem Henricum, eorumdem Hæredes & Successores, in Regnis & Regia Dignitate succedentes, Angliæ videlicet & Francorum Reges, & eorum Subditos quoscumque, successivis futuris temporibus quandocumque existentes, Regna, Patrias, Terras, Dominia, Civitates, Castra, Territoria, Loca, Villas, & Oppida ipsorum, necnon Subditos, Vasallos, & Confœderatos eorumdem, sit vera, firma, solida, sincera, perpetua & inviolabilis Pax, Amicitia, Unio, Confœderatio, Liga, mutua Intelligentia, & vera Concordia perpetuis futuris temporibus duratura.

Item. Conventum & concordatum est, quòd neuter dictorum Principum, eorumve Hæredum aut Successorum, Regna, Patrias, Terras, Insulas, Dominia, aut Loca alia quæcumque, in præsenti per eorum alterum possessa, hostiliter invader, aut à suis sic invadi aut expugnari permittet, sed expressè & cum effectu prohibebit.

Item. Conventum, concordatum, & conclusum est, quòd neuter Principum prædictorum, Hæredum aut Successorum suorum, subsidia, auxilia, gentes armorum, aut aliquam assistentiam, re, verbo, consilio, aut assensu, præstabit aut dabit, directè aut indirectè, secretè aut apertè, aut quocumque colore quæsito, cuicumque alii Principi, cujuscumque gradus, status, aut conditionis existat, seu quocumque consanguinitatis aut affinitatis vinculo connectatur, aut quacumque Dignitate præfulgeat, vel cuicumque Genti, Populo, aut Nationi, alterum prædictorum Potentissimorum Principum, ejusve Regnum, Terras, Insulas, Patrias, aut Dominia, nunc ab eorum alterutro possessa invadenti, aut invadere volenti, aut molienti.

Item. Conventum, concordatum, & conclusum est, quòd si aliquid contra vires & effectus præsentis Tractatus Pacis & Amicitiæ, Terra Marive, aut in Aquis dulcibus, per aliquem Subditum, Vasallum, aut Alligatum alterius dictorum Principum fuerit attentatum, actum, aut gestum, nihilominus tamen hæc Pax, sive Amicitia, in suis viribus permanebit, & pro ipsis attentatis solummodò punientur attentantes, aut damnificantes, & non alii.

Item. Conventum, concordatum, & conclusum est, quamdiu hæc Pax & Amicitia integra inviolataque permanebit, omnes & singuli utriusque præfati Regni omniumque Terrarum & Dominiorum, quæ nunc ab utrolibet prædictorum Regum possidentur, aut imposterum possidebuntur, Incolæ, quacumque dignitate, quocumque statu & conditione extiterint, poterunt sese mutuis officiis amicitiæ prosequi, & excipere, liberè, tutò, securè, ultro citroque, Terra Marive, ac Fluminibus, commeare, navigare, inter se contrahere, emere, vendere, illicque quamdiu velint morari, vel hinc inde, quando visum erit, recedere & abire, & quæ comparaverint, emerint, arte, opera, industria, laboreve, aut quocumque alio justo modo quæsierint, ad suos vel exteros, quocumque locorum libuerit, sine ullo impedimento, offensa, arrestatione, seu cohibitione, salvo conductu, licentia, aut speciali permissione invehere & transportare.

Item. Conventum etiam est pro libero intercursu Mercium & Mercatorum utriusque Principis, quòd, durante Pace prædicta, nulla Navis armata, & ad Bellum seu Guerram parata & instructa, egredietur seu egredi permittetur Portus maritimos Regnorum Angliæ & Franciæ, nisi priùs satisdederit, ac cautionem, qualem poterit, præstiterit in manibus Admiralli Angliæ, seu Locumtenentis, aut Custumariorum prædictorum Portuum, quoad Naves Angliæ; & Admiralli Franciæ, seu ejus Locumtenentis, vel alterius Ordinarii illius loci, quoad Naves Franciæ attinet; de non invadendo, molestando, deprædando, vel offendendo, Subditos utriusque Principis, aut eorum alterius, nec eorum Alligatos, nec eis injuriam aliquam inferendo, sub pœna publicationis Navium, & punitionis corporis, cum restitutione omnium bonorum & damnorum quibuscumque illatorum.

Item. Conventum, concordatum, & conclusum est, quòd dictus Rex Christianissimus, ejus Hæredes & Successores, erunt & remanebunt, quantum ad dictam Reginam Angliæ, & ejus Successores attinet, durante tempore & spatio octo annorum, à die Datæ præsentis Tractatus proximè insequentium, in pacifica possessione Oppidi Calesiæ, cum pertinentiis & appendicibus, & Portu ejusdem, cum Arce de Ruisbank, ac etiam Arcibus, Dominiis, Villis & Locis, Pontis Nihouli, Merk, Oye, Hames, Sandgate, Arce & Oppido de Guines, reliquaque parte ejusdem Comitatus hoc ultimo Bello capta, ac cæteris omnibus Oppidis, Arcibus, Villis, Terris, Dominiis, Territoriis, Aquis, Fluminibus, Portubus, Propugnaculis, Fortalitiis & Littoribus, ac Locis denique quibuscumque cis Mare sitis, quæ dictus Christianissimus Rex hoc novissimo Bello occupavit, & armis cepit, regnante Serenissima Maria nuper Angliæ Regina. Et promisit, promittitque dictus Christianissimus Rex, tam suo proprio nomine, quàm nomine Regis Delphini Filii sui, Hæredum & Successorum suorum, pro quo Delphino fortem se fecit & facit dictus Christianissimus Rex, promittendo se curaturum & effecturum, quòd dictus Rex Delphinus hunc Tractatum approbabit & ratificabit intra duos menses post Datam istius Tractatus; quòd finito, & elapso dicto annorum termino, dictus Rex Christianissimus, Hæredes & Successores ejusdem, dictum Oppidum Calesiæ cum supra dictis pertinentiis & appendicibus, ac cætera omnia & singula supra dicta, ac etiam Propugnacula & Fortalitia quæcumque in supra dictis Portubus & Locis nunc per Francos recenter extructa, munita, & ædificata, atque etiam imposterum durante dicto termino octo annorum extruenda, munienda, & ædificanda, statim & sine dilatione relinquent, tradent & restituent, sive tradi & restitui facient dictæ Serenissimæ Elisabetæ, Angliæ Reginæ, Hæredibus & Successoribus ejusdem, aut ad id per eam, ejusve Hæredes & Successores deputatis; & possessione prædictorum omnium dictus Christianissimus Rex, Hæredes & Successores ejusdem, cedent, & ab illa discedent, ac plenè se exuent, ita ut dicta Serenissima Regina Elisabeth, Hæredes & Successores ejusdem, eorum possessione pacificè gaudere & quietè uti possint, cum omnibus juribus, jurisdictionibus, præeminentiis, superioritatibus, recognitionibus, & ressortibus, eo modo, statu, conditione & natura, quibus Anglorum Reges ea tenuerunt & possederunt ante initium hujus ultimi Belli. Proviso tamen & expressè convento, quòd dictus Christianissimus Rex, ipsius Hæredes & Successores, Oppida, Arces, Fortalitia & Loca munita supra dicta, aliter quàm in eo statu, modo & conditione, quibus nunc in præsenti sunt, & imposterum per eos durante termino prædicto munientur, aut fortificabuntur, restituere & reddere non teneantur; ita tamen ut nec tempore restitutionis hujusmodi, nec antea, quicquam data opera fiet, quo prior Munitionum sive Fortificationum status, qui nunc est, seu qui imposterum per eos adjicietur, imminuatur, rumpatur, sive diruatur; sed omnia bona fide, integra & illæsa eo modo quo supra restituentur.

Item. Conventum, concordatum, & conclusum est, quòd dictus Christianissimus Rex, eo tempore, quo dictum Oppidum Calesii virtute hujus Tractatus restituere tenetur, unà etiam cum dicto Oppido restituet dictæ Serenissimæ Reginæ, Hæredibus & Successoribus ejus, aut ab eis ad id deputatis, sexdecim Tormenta ænea, videlicet tria vulgò vocata *Canons*; & tria vocata *demi-Canons*; & tria vocata *Bastardes*; & septem minora, vulgò vocata *moiennes*.

Item. Conventum, concordatum, & conclusum est, quòd pro securiore & certiore adimpletione restitutionum ex parte dicti Christianissimi Regis, Hæredum Successorumque ejusdem, dictæ Reginæ Angliæ, virtute præsentis Tractatus, faciendarum, dabit Rex Christianissimus, quanto citiùs fieri poterit, septem aut octo, nec plures, Mercatores exteros non subditos sibi, neque jurisdictioni ejus subjectos, sed domicilium extra Regnum & Ditiones ejus habentes, quique idonei, locupletes, ac solvendo sint, & commodè jure conveniri possint. Qui Mercatores se obligabunt meliore modo & forma, quibus id fieri possit, cum renunciatione beneficii ordinis & excussionis, se soluturos summam quingentorum millium coronatorum aureorum de Sole, dictæ Serenissimæ Reginæ Angliæ, aut ejus Hæredibus & Successoribus in Regno Angliæ. Quæ quidem summa erit loco & vice pœnæ, casu quo dictus Rex

ANNO 1559.

Rex Christianissimus, ejus Hæredes aut Successores, restitutiones præmissorum, virtute hujus Tractatus, prædictæ Serenissimæ Reginæ, aut ejus Successoribus faciendas, adimplere recusaverint aut plus justo distulerint. Qua quidem pœna petita, sive non soluta, remanebunt nihilominus dicti Reges Christianissimus & Delphinus, eorum Hæredes & Successores, obligati ad dictam restitutionem faciendam, secundùm fidem datam, & pacta hoc Tractatu comprehensa. Et quoniam haud facile fortè reperientur Mercatores, qui velint tamdiu pro tam grandi pecuniarum summa remanere obligati, conventum, concordatum, & conclusum est, quòd benè licebit dicto Regi Christianissimo, (si illi ita expedire videbitur) dictos Mercatores de anno in annum mutare, & dictas cautiones renovare, dando alios Mercatores exteros in pari numero quo supra, similiter domicilium extra Regnum & Ditiones dicti Regis Christianissimi habentes, & qui alibi quàm in dictis Regno & Ditionibus Regis Christianissimi commodè conveniri, & de stando juri cogi possint, atque idonei, locupletes, & solvendo sint. Qui ubi modo & forma supra dictis, & cum renunciatione beneficii ordinis & excussionis se obligaverint, tenebitur dicta Serenissima Regina Angliæ eos acceptare loco priorum; quo facto liberabuntur & exonerabuntur dicti priores Mercatores à dictis promissionibus & obligationibus dictæ Serenissimæ Reginæ priùs factis: atque hæc quidem fient sine innovatione præsentis Tractatus.

Item. Conventum, concordatum, & conclusum est, quòd dictus Rex Christianissimus dictæ Serenissimæ Angliæ Reginæ præclaros & nobiles viros Fredericum de Foix, Comitem de Candale, & Capitalem de Buch; Ludovicum de Sainte-Maure, Marchionem de Nesle, & Comitem de Laval; Gastonem de Foix, Marchionem de Trans; & Antonium du Prat, Præfectum seu Præpositum Parisiensem, & Dominum de Nantouillet; Obsides dabit, ipsosque ante elapsum terminum, ad ratificationem hujus Tractatus intra assignatum, præfatæ Reginæ in Anglia tradendos curabit, & realiter tradi faciet, qui manebunt obligati pro dicta summa quingentorum millium coronatorum nomine pœnæ, eo modo quo supra dictum est, persolvenda, donec dictus Rex Christianissimus præstiterit & impleverit dictas cautiones, sive fidejussiones eo modo & forma quibus supra dictum est; quibus præstitis non poterunt dicti Obsides diutiùs retineri, vel arrestari: quos etiam Obsides dictus Christianissimus Rex fide sua recipit & promittit esse idoneos & tales, ut si contingat dictas Mercatorum cautiones, eo modo quo supra conventum est, non præstari, tunc possit dicta Serenissima Regina ab illis dictam summam quingentorum millium coronatorum consequi, & recuperare.

Item. Conventum & conclusum est, quòd dicti Obsides non retinebuntur in carcere vel alia custodia, sed fidem juramento dabunt & obstringent, se non discessuros ex Anglia, sine expressa Reginæ licentia. Atque ita Londini, vel in Aula dictæ Reginæ, vel alibi, ubi illis ex licentia dictæ Reginæ videbitur, manebunt. Quòd si dicti Obsides, vel aliquis aut aliqui eorum, contra fidem datam fecerint aut abierint, dictus Rex Christianissimus totidem alios idoneos & locupletes, intra unum mensem, post requisitionem ipsi super eo factam, dare & in Anglia dictæ Serenissimæ Reginæ tradere aut tradi facere tenebitur.

Item. Conventum, concordatum, & conclusum est, quòd benè licebit dicto Christianissimo Regi, dictos Obsides sic datos singulis quibusque duobus mensibus mutare, & alios pari numero, & ad solutionem dictæ summæ quingentorum millium coronatorum idoneos & sufficientes, loco eorum subrogare, & dictæ Serenissimæ Reginæ in Regno Angliæ tradere, quos sic traditos dicta Serenissima Regina Angliæ acceptare, & priores liberè abire pro illorum arbitratu sinere tenebitur.

Item. Conventum, concordatum, & conclusum est, quòd durante termino dictorum octo annorum, neque dictæ Serenissimæ Reginæ Angliæ, neque dicto Christianissimo Regi, vel Serenissimis Regi & Reginæ Scotiæ licebit quicquam adversùs invicem, vel uni eorum contra alterum, ipsorumve Regna, Ditiones, Patrias, & Subditos armis innovare, attentare, aut moliri, directè aut indirectè, in præjudicium Tractatus: & si quid durante termino prædicto per dictum Regem Christianissimum, aut Serenissimos Regem & Reginam Scotiæ, aut Subditos eorumdem, ex autoritate, jussu, aut approbatione eorum, eorumve alicujus, sic innovatum aut attentatum fuerit. Tunc dicti Christianissimus Rex, & Rex Delphinus, Hæredes & Successores eorum, innovatione ejusmodi aut attentato facto, possessione & occupatione dicti Oppidi Calesiæ, & cæterorum omnium Locorum supra dictorum citra Mare, per dictum Regem Christianissimum ab Anglis nuper captorum, statim cedere & decedere tenebuntur & obligabuntur, illaque omnia dictæ Serenissimæ Reginæ Angliæ, eo ipso modo & forma quibus illa omnia, finito dicto octo annorum termino, restitui debere supra promissum & conventum est, sine ulla dilatione reddent & restituent. Quæ restitutio si sic facta non fuerit, dicti Mercatores aut Obsides dictam pœnam quingentorum millium coronatorum dictæ Serenissimæ Reginæ Angliæ solvere tenebuntur; pacto tamen dictæ restitutionis rato nihilominus remanente. Et vicissim, si quid, durante termino prædicto, per dictam Serenissimam Angliæ Reginam, aut ejus Subditos, ex autoritate, jussu, aut approbatione ejus, sic innovatum aut attentatum fuerit, dictus Rex Christianissimus, & Rex & Regina Scotiæ, ab omni promissione, fide data, & conventione superiùs specificatis, liberabuntur & absolventur; ac pari etiam modo Obsides & Mercatores, obligati pro dicta summa quingentorum millium coronatorum, à dicta sua promissione & obligatione liberati & exonerati erunt, ita ut in corpora aut bona eorum eo nomine nulla actio intentari possit, neque ipsi detineri aut molestari quoquo modo valeant. Porrò si quis Subditorum alicujus Principum prædictorum, autoritate sua propria, aliquid molitus fuerit aut attentaverit contra Subditos alterius dictorum Principum, in præjudicium hujus præsentis Tractatus, punietur tanquam Pacis infractor secundùm facti qualitatem.

Item. Ut omnes controversiarum occasiones tollantur, & ut certiùs hæc Pax & Amicitia stabiliatur & firmetur, conventum, concordatum, & conclusum est, quòd Fortificatio seu Munitio facta in loco dicto Aimowth sito in Regno Scotiæ, & circa limitem dicti Regni, ac etiam quicquid præterea jam innovatum est, aut ante publicationem hujus Tractatus, ex parte dicti Regis Christianissimi, aut Serenissimorum Regis & Reginæ Scotiæ, in præjudicium Tractatus initi apud Bolonìam, mense Martio, Anno 1549. inter Eduardum Sextum nobilis memoriæ nuper Regem Angliæ, & dictum Christianissimum Regem, innovatum erit, ea omnia intra tres menses à die datæ hujus Tractatus, aut eo citiùs, (si fieri poterit) diruentur, & solo æquabuntur, ac omnia in pristinum statum restituentur & reponentur, bona fide & sine fraude: neque imposterum quicquam contra Tractatum prædictum reædificabitur aut fortificabitur. Similiter etiam, si post tempus prædictum, & ante publicationem hujus Tractatus, per Anglos aliquid in Regno Scotiæ usurpatum fuerit, aut etiam aliquid circa limitem dicti Regni, in præjudicium dicti Tractatus, fortificatum & munitum fuerit, illa omnia per dictos Anglos diruentur & solo æquabuntur, & omnia in pristinum statum reponentur, bona fide, & sine fraude, neque imposterum quicquam, contra Tractatum prædictum, reædificabitur, aut fortificabitur.

Item. Conventum, concordatum, & conclusum est, quòd alia jura, actiones & petitiones, quæ tam dicta Serenissima Regina Angliæ, quàm etiam dictus Christianissimus Rex, ac Serenissimi Rex & Regina Scotiæ, quacumque de causa sive occasione, invicem contra ipsorum aliquem seu aliquos respectivè habent & habere prætendunt, remanebunt eis salvæ & integræ; & pari modo exceptiones & defensiones eorum hinc & inde eisdem reservabuntur. Bona autem spes est, Deum optimum maximum occasionem, & viam interim daturum, qua omnes dictæ aliæ controversiæ & prætentiones, quas dicti Principes inter se respectivè contra invicem habent, amicè componantur & concordentur.

Item. Conventum, concordatum, & conclusum est, quòd neuter Principum prædictorum quovis modo receptabit, custodiet, aut retinebit, nec à Subditis suis receptari, custodiri, vel retinere permittet aliquos rebelles, sive proditores dictorum Principum, aut eorum alterius, de crimine læsæ Majestatis reos, nec hujusmodi rebellibus, seu proditoribus, qui in aliquem locum obedientiæ Principum prædictorum, seu alterius eorum, declinaverit, quoquo modo dabit seu præstabit auxilium, consilium, favorem, subsidium, aut assistentiam, sed infra viginti dies postquam per Literas ipsius Principum prædictorum, cujus hujusmodi rebel-

ANNO 1559.

rebelles sive proditores extiterint, alter ex Principibus hujusmodi requisitus fuerit, eos omnes & singulos Literarum hujusmodi requisitionis latori, aut alii ad hoc in hujusmodi Literis nominato sive deputato, bona fide tradet, restituet, & deliberabit, tradi, restitui, & deliberari faciet.

Item. Conventum, concordatum, & conclusum est, quòd ex neutrius Principum prædictorum Cancellaria, aut alia Curia imposterum concedentur aliquæ Literæ represaliarum, marcæ, aut contramarcæ, nisi super & contra principales delinquentes, aut eorum bona, eorumve factores, & hoc, in casu manifestæ denegationis justitiæ tantùm, de qua per Literas summationis, aut requisitionis, & prout de jure requiritur, sufficienter constabit.

Item. Comprehenduntur in hoc Tractatu Pacis, ex parte dictæ Serenissimæ Reginæ Angliæ, Philippus Hispaniarum Rex, &c. juxta vim & effectum Tractatuum inter eosdem Regem & Reginam, ac eorum Regna, Terras, Patrias & Dominia; & ex parte dicti Regis Christianissimi, Catolicus Hispaniarum Rex, necnon Rex & Regina, & Regnum Scotiæ, secundùm antiquas Confœderationes, & perpetuæ Amicitiæ jura, quæ sunt inter Reges Franciæ & Scotiæ, eorum Regna, & Subditos.

Item. Conventum, concordatum, & conclusum est, quòd uterque Principum prædictorum publicari & notificari respectivè faciet dictam Pacem, Confœderationem, & Concordiam, Londini & Lutetiæ, intra decem dies à data præsentis Tractatus, & in Portubus, & aliis Locis insignioribus Regnorum Angliæ & Franciæ, quàm citissimè commodè fieri poterit.

Item. Conventum, & conclusum est, quòd Serenissima Angliæ Regina omnia & singula præmissa fideliter observabit, seque ea sic observaturam, cùm per Oratorem aut Oratores dicti Regis Christianissimi, sufficiens ad id mandatum habentem vel habentes fuerit debitè requisita, tactis sacrosanctis Evangeliis, in ejus vel eorum præsentia jurabit, omniaque & singula Capitula in præsenti Tractatu contenta per Literas Patentes, manu subscriptas, & magno Sigillo suo sigillatas, ratificabit, autorisabit, & confirmabit, ipsasque Literas Ratificationis & Confirmationis in sufficienti, valida, & efficaci forma conceptas, Oratori seu Oratoribus dicti Christianissimi Regis, sufficientem ad id autoritatem habenti aut habentibus, infra sexaginta dies post datam præsentium tradet, tradive faciet, bona fide, realiter & cum effectu. Similiter autem omnia, quæ per hunc Articulum dicta Serenissima Regina Angliæ facere & præstare tenetur, dictus Rex Christianissimus vicissim facere & præstare debet & tenetur.

XXII.

(1) *Suspension d'Armes concluë entre les Ministres Deputez & Plenipotentiaires de* HENRI II. *Roi de France, &* PHILIPPPE II. *Roi des Espagnes, pour faciliter & assûrer les Negociations de la Paix qui se traitoit entr'eux. A Cercamp le* 17. *d'Octobre* 1558. [Pièce tirée du Livre intitulé, *Traité de Paix fait à Chateau Cambresis &c. & ce qui se passa en la Negociation pour ladite Paix* &c. pag. 22.]

A TOUS ceux qui ces presentes verront, soit notoire, Que comme ainsi soit, quetants condescendus tres Hauts, tres Excellents, & tres Puissants Princes, les Rois de France & des Espagnes, pour le bien universel de la Chretienté de procurer, faire cesser les Differents qui sont entr'eux, & parvenir a la Paix, pour éviter les inconvenients qui des Guerres succedent a leurs Royaumes, Païs & Sujets, a ce que leurs Deputés se trouvassent en ce Lieu de Cercamp, pour continuer leurs communications sur ce commencées, de la part dudit Seigneur Roi de France, Charles, Cardinal de Lorrainne, Archevesque & Duc de Rheyms, Premier Pair de France; Anne Duc de Montmorency, aussi Pair & Connetable de France; Jacques d'Albon Sire de S. André, Marquis de Fronssac, Marechal de France; Messire Jean de Morvillier, Evesque d'Orleans, Conseiller du Conseil privé; & Claude de l'Aubespine Chevalier, Seigneur de Haute-Rive, aussi Conseiller & Secretaire d'Estat & des Finances dudit Seigneur Roy de France: Et de la part dudit Seigneur Roy des Espagnes, le Duc d'Alve, Grand Maistre d'Hostel; Messire Guillaume de Nassau Prince d'Orange, Chevalier de l'Ordre &c. Ruy Gomes Comte de Melite, Sommelier du Corps; Messire Anthoine Perrenot Evesque d'Arras, & Messire Viglius de Iwichen Chevalier, President, & Chef du Conseil privé; Tous du Conseil d'Estat de la Majesté dudit Seigneur Roi des Espagnes, avec Pouvoirs suffisants pour traiter de ladite Paix;& aussi pour pouvoir accorder plusieurs choses, qu'ils verront convenir au service de leurs Majestez, respectivement, & specialement pour traicter, si bon leur semble & pour le tems qu'ils verront convenir, suspension d'Armes. Et que iceux Deputés par ensemble ayant consideré les nouvelletés qui journellement peuvent succeder, étant les Armées si proches, qui pouroient causer alteration, & reculer, plustost qu'avancer cette besongne. Iceux Seigneurs Deputés ont, pour éviter tels inconvenients, & affin que l'on puisse vacquer en cette sainte œuvre avec plus de repos, accordé par ensemble, en vertu de leurs dits Pouvoirs, pour leurs dites Majestez, respectivement, suspension d'Armes, & abstinence de Guerre, pour ce qui reste du present mois d'Octobre. De sorte que nulle des Parties ne poura outrager l'autre, en façon quelconque, ni entrer sur le Pais l'un de l'autre, usants d'hostilité. Ains retiendront chacun desdits Princes leurs Subjets & Gens de Guerre en leurs limites, comprenant cette Suspension toutes les Frontieres de leurs Pays de deça, confinans aux limites des Pays d'embas dudit Seigneur Roy d'Espagne; de quelque costé qu'iceux limites & Frontieres soient, sans que par tout ledit tems de ce qui reste dudit mois d'Octobre present, aucune chose de force se puisse intenter, & ce qui se pouroit intenter se reparera, par le Prince du costé duquel se pouroit avoir fait ledit attentat; se chatiant les Infracteurs, comme convient, & demeurant au surplus ladite suspension d'Armes en sa force & vigueur, laquelle commencera avoir force dez la publication és Lieux, où elle se publiera, & se fera ladite publication par toutes lesdites Frontieres, en la plus grande diligence que faire se poura, le tout sans malengin, & de bonne foy; obligeans en ce la Foy & Promesse de leurs Majestez, & leurs Biens presents & avenir avec Renonciation expresse de tout ce qui se pouroit imaginer, ne excogiter pour rendre inutile la susdite suspension. En temoin de cet Accord, les dessusdits Deputez ont signé de leurs mains la presente. Fait audit Lieu de Cercamp le 17 jour d'Octobre 1558.

XXIII.

3 Avril. ESPAGNE ET FRANCE.

Traité de Paix entre HENRI II. *Roi de France, &* FILIPPE II. *Roi d'Espagne. A Câteau-Cambresis, le troisieme Avril* 1559. *après Pâques.* [Recueil des Traitez de Paix, &c. entre les Couronnes d'Espagne & de France Imprimé à Anvers in 12. pag. 245. & FREDER. LEONARD, Tom. II. pag. 535.]

AU nom de Dieu le Createur. A tous ceux qui ces presentes Lettres verront, soit notoire, que après tant & si dures Guerres, dont il a plû à Dieu ja par plusieurs fois visiter & châtier les Peuples, Roiaumes, Païs, Etats, & Sujets, étans sous la dition & obeïssance de Tres-Hauts, Tres-Excellens, & Tres-Puissans Princes, Henri II. de ce nom, Roi de France Tres-Chretien, &c. & Don Filippe, Roi des Espagnes Catolique, & ceux d'aucuns de leurs Amis & Alliez, dont sont sortis les grands maux, dommages, & inconveniens au pauvre Peuple de tous les deux côtez, que chacun sait & connoit, tels que finalement sa divine bonté mûë de son infinie & immense misericorde, a daigné tourner son œil de pitié sur ses pauvres Creatures, & si avant toucher les cœurs de ces deux grands

(1) Cette suspension d'Armes fut prorogée le 28. du même mois d'Octobre pour tout le tems que pourroit durer l'Assemblée & six jours au delà. Et comme cette Assemblée se sépara le 1. Decembre suivant, avec resolution pourtant de la recommencer le 25. Janvier suivant, il se fit le même jour une seconde Prorogation pour durer jusques à la minuit du dernier jour dudit mois de Janvier. Après quoi une troisième Prorogation suivit le 6. de Fevrier à Chateau Cambresis, laquelle dura jusqu'à la Paix. On les omet ici, pour éviter la lougueur. [DUM.]

ANNO 1559.

grands Princes, qu'il les a disposez de sa sainte grace, à trouver les moiens de mettre fin aux diferends & débats, motifs, & occasions de ladite Guerre, & icelle changer en une bonne, finale, entiere, sincere, & durable Paix, avec ferme intention d'emploier le fruit d'icelle à restaurer les dommages sortis de ladite Guerre, par tous moiens à eux possibles, principalement à l'augmentation de l'honneur de Dieu, acroissement de son benoît nom, propagation de nôtre sainte Foi & Religion, repulsion des ennemis de la Republique Chretienne, & au bien commun, soulagement, & repos de leurs Peuples & Sujets. Et pour y parvenir, & icelle Paix, reconciliation, & amitié traiter, conclure, & arrêter, aiant iceux Princes commis & deputé, c'est-à-savoir de la part dudit Seigneur Roi Tres-Chretien, Illustre Prince Charles, du titre de Saint Apollinaire, de la Sainte Eglise Romaine Prêtre-Cardinal de Lorraine, Archevêque & Duc de Reims, Premier Pair de France, & Legat-né du Saint Siege Apostolique; Anne, Duc de Montmorency, Pair, Connétable, & Grand-Maître de France; Jaques d'Albon, Sire de Saint-André, Marquis de Fronsac, & Maréchal de France; Messire Jean de Morvilliers, Evêque d'Orleans, Conseiller du Roi en son Conseil Privé; & Claude de l'Aubespine, Chevalier, Sieur de Hauterive, aussi Conseiller dudit Seigneur Roi Tres-Chretien, son Secretaire d'Etat & de ses finances: & de celle dudit Seigneur Roi Catolique, Illustres Princes & Seigneurs, Don Fernand Alvarez de Toledo, Duc d'Alve, &c. Grand-Maître d'Hôtel du Roi Catolique; Messire Guillaume de Nassau, Prince d'Orange, &c. Rui Gomez de Silva, Comte de Melito, Sommelier de corps dudit Seigneur Roi; & Messire Antoine Perrenot, Evêque d'Arras, tous du Conseil d'Etat dudit Seigneur Roi Catolique: Tous garnis de Pouvoirs suffisans. Lesquels en la presence de Tres-Haute & Puissante Princesse, Madame (a) Chretienne, Duchesse de Lorraine, qui a de long-tems travaillé à promouvoir cettedite reconciliation entre eux; & de Tres-Haut, & Tres-Puissant Prince Charles, Duc de Lorraine, (b) son Fils, ont en vertu de leursdits Pouvoirs, tant de la part desdits Seigneurs Rois, que de Messeigneurs leurs Enfans, desquels iceux Princes se font forts, & traitant pour eux, leurs Hoirs & Successeurs, fait, conclu, & accordé les Articles qui s'ensuivent.

Premierement, sans déroger toutefois aucunement aux Traitez precedens faits entre leurs Predecesseurs, lesquels demeureront en telle force & vigueur qu'ils étoient auparavant les Guerres commencées entre l'Empereur Charles V. & le Roi Tres-Chretien moderne, l'an mille cinq-cens cinquante-un, & continuez depuis entre lesdits Seigneurs Rois Tres-Chretien & Catolique, & sans aucune alteration d'iceux, sinon entant que par ce present Traité pourroit être autrement disposé:

Est convenu, & accordé, que dorenavant entre lesdits Seigneurs Rois, Mesdits seigneurs leurs Enfans, Hoirs, Successeurs, & Heritiers, leurs Roiaumes, Païs, & Sujets, y aura bonne, seure, ferme, & stable Paix, Confederation, & perpetuelle Alliance & Amitié. S'entr'aimeront comme Freres, procurant de tout leur pouvoir le bien, honneur, & reputation l'un de l'autre, & éviteront tant qu'ils pourront loiaument le dommage l'un de l'autre, ne soûtiendront, & ne favoriseront personne, quelle qu'elle soit, l'un au prejudice de l'autre: & dés maintenant cesseront toutes hostilitez, oubliant toutes choses ci-devant mal passées, quelles qu'elles soient, qui demeureront abolies & éteintes, sans que à jamais ils en fassent ressentiment quelconque. Renonçant par ce Traité à toutes pratiques & intelligences, qui pourroient en quelque sorte que ce soit redonder au prejudice l'un de l'autre, avec promesse de jamais n'en faire ni pourchasser par l'un, qui puisse tourner au dommage de l'autre.

Pour le singulier desir, que lesdits deux Princes ont toûjours eû au bien de la Chretienté, & y voir les choses de la Religion se maintenir à l'honneur de Dieu, & union de son Eglise: mûs de même zele, & sincere volonté, ont accordé, qu'ils procureront, & s'emploieront de tout leur pouvoir à la convocation & celebration d'un saint (c) Concile universel, tant necessaire à la reformation & reduction de toute l'Eglise Chretienne en une vraie union & concorde: & étant faite ladite convocation, y feront trouver les Prelats de leurs Provinces, & au demeurant y emploieront tous autres bons offices necessaires à un bien tant requis à ladite Chretienté.

(a) Cousine-germaine de *Filippe II.*

(b) Qui venoit d'épouser Madame *Claude* seconde Fille d'*Henri II.*

(c) Cet Article choqua si fort le Pape *Paul IV.* qu'il en mourut de déplaisir.

Et par le moien de cette dite Paix, & étroite amitié, les Sujets des deux côtez, quels qu'ils soient, pourront, en gardant les Loix & Coûtumes des Païs, aller, venir, demeurer, frequenter, converser, & retourner és Païs l'un de l'autre, marchandement, & comme mieux leur semblera, tant par Mer que par Terre, & és Eaux douces, traiter & converser ensemble: & seront soûtenus & défendus les Sujets de l'un aux Païs de l'autre, comme propres Sujets, en paiant raisonnablement les droits en tous Lieux acoûtumez, & autres, qui par leurs Majestez, & les Successeurs d'icelles, seront imposez.

Et se suspendent toutes Lettres de marque & represailles, qui pourroient avoir été données à quelque cause que ce soit; & ne s'en donneront dorenavant aucunes par l'un desdits Princes, au prejudice des Sujets de l'autre, sinon contre les principaux delinquans, leurs biens, & de leurs complices; & ce encore seulement en cas de manifeste denegation de Justice, de laquelle, & des Lettres de sommation & requisition d'icelle, ceux qui poursuivront lesdites Lettres de marque & represailles, devront faire aparoir en la forme & maniere que de droit est requis.

Les Villes, Sujets, Manans, & Habitans des Comtez de Flandre & d'Artois joüiront des Privileges, Franchises, & Libertez, qui leur ont été acordez par lesd. Seigneurs Rois Tres-Chretien, & ses Predecesseurs Rois de France: Et pareillement les Villes, Manans, Habitans, & Sujets du Roiaume de France, joüiront aussi des Privileges, Franchises, & Libertez qu'ils ont au (d) Païs-Bas d'icelui Seigneur Roi Catolique, tout ainsi que un chacun d'eux en ont dûement joui & usé, & comme ils en joüissoient avant la rupture de cette Guerre, en l'an mille cinq-cens cinquante-un.

(d) Ou simplement *au Païs.*

Et retourneront les Sujets, & Serviteurs d'un côté & d'autre, tant Ecclésiastiques que Seculiers, nonobstant qu'ils aient servi en parti contraire, pleinement en la joüissance de tous & chacuns leurs biens immeubles, rentes perpetuelles, viageres, & à rachat, saisies & occupées à l'occasion de cette dite Guerre, pour en joüir dés la publication de cette dite Paix, sans rien quereller toutefois, ni demander des fruits perçûs dés le saisissement desdits biens immeubles, jusques au jour & date de ce present Traité, ni des dettes qui auront été confisquées avant ledit jour. Et se tiendra pour bon & valable le repartement qu'en aura fait, ou fera le Prince, son Lieutenant, ou Commis, riere la Jurisdiction duquel ledit Arrest sera fait; & ne pourront jamais les crediteurs de telles dettes, ou leurs aians cause, être reçûs à en faire quelque poursuite, en quelque maniere, & par quelque action que ce soit, contre ceux ausquels lesdits dons auront été faits; ni contre ceux, qui par vertu de tels dons & confiscations, les auroient paié, pour quelque cause que lesdites dettes puissent être, nonobstant quelconques Lettres obligatoires, que lesdits crediteurs en puissent avoir, lesquelles, pour l'effet de ladite confiscation, seront & demeureront par cedit Traité, cassées, annullées, & sans vigueur.

Et se fera ledit retour desdits Sujets & Serviteurs, d'un côté & d'autre, à leurs biens immeubles comme dessus, nonobstant toutes donations, concessions, declarations de confiscations, & commises, Sentences données par contumace, & en absence des Parties, & icelles non ouies, à l'occasion de cette dite Guerre, comme qu'il soit; remettant iceux Sujets, quant à ce, pleinement, & cessant tous empêchemens & contredits, aux droits qu'ils avoient au tems de l'ouverture de ladite Guerre: & s'entend le contenu en ce present Article, en tous lieux & endroits de la sujettion desdits Seigneurs Rois Tres-Chretien & Catolique; sauf quant aux foruscites de Naples, Sicile, & du Duché de Milan, lesquels ne seront compris en ce present Traité, ni joüiront du benefice d'icelui.

Ceux qui auront été pourvûs d'un côté & d'autre, des Benefices étans en la collation, presentation, ou autre disposition desdits Seigneurs Rois, & personnes laies, seront & demeureront en la possession, & jouissance, & droit de proprieté desdits Benefices, comme bien & dûement pourvûs d'iceux.

Le Roi Daufin entrera le jour de la publication de ce present Traité, en la possession de la Seigneurie de Crevecœur, ses apartenances & dépendances, pour en joüir comme il faisoit auparavant la Guerre; sans prejudice toutefois du droit de possession & de proprieté, pretendu par le Sieur de Cruningen, Heritier du feu Sieur de Bures, dernier decedé, lequel sera reintegré aux

ANNO 1559. aux droits & actions, qu'avoit feu Messire Adolfe de Bourgogne, Pere, & ledit feu Sieur de Bures, Fils, ausdits Châteaux, Terres, & appartenances de Crevecœur, Herleux, Rebilly, Saint-Souplet, & Châtellenie de Cambrai, & que les Commis déja aiant vaqué à l'instruction, vuidange & décision du procés & diferend, ou autres, se trouveront au premier jour d'Aoust en ce lieu de Câteau-Cambresis, pour le déterminer: & s'ils ne s'en peuvent accorder, se adjoindra avec eux un personnage non suspect, qui sera choisi par les Commis à la pacification sur le fait des Limites, dont en ce Traité se fait mention. Et sera tenu ledit Commis, qui s'adjoindra, jurer aux Saints Evangiles de Dieu, de bien & loiaument entendre à ladite decision, & sans faveur de l'une ou l'autre des Parties.

Aiant plû à Dieu apeller à soi la Reine Tres-Chretienne Douairiere, Madame Eleonor (a) dernierement decedée, délaissant l'Infante de Portugal Madame Marie, sa Fille unique, ledit Seigneur Roi Tres-Chretien traitera bien & favorablement ladite Dame Infante, & jouïra du Dot, que ladite feuë Reine avoit en France, sans y faire aucune nouvelleté, & tout ainsi que ladite Dame faisoit à l'heure de son trépas. Et quant à ce qui lui peut être dû de son Douaire, ou suplément d'icelui, jusques au jour de sondit trépas, lui en sera fait telle raison qu'elle aura occasion de contentement. Et au demeurant, aura ledit Seigneur Roi pour singulierement recommandée ladite Dame Infante, en tous les affaires & procés, qu'elle a, & pourra avoir en France, & lui fera sur ce faire & administrer bonne & pronte Justice.

(a) à Badajoz en 1558.

En faveur & contemplation de cette dite Paix, & pour donner, par lesdits Seigneurs Rois, reciproque contentement l'un à l'autre, est convenu, & acordé, qu'ils rendront, & restitueront réellement & de fait, c'est à savoir ledit Seigneur Roi d'Espagne, audit Seigneur Roi de France, les Villes, Places, & Châteaux de Saint-Quentin, le Câtelet, & Ham, leurs apartenances & dépendances, ensemble tous les autres Châteaux, Lieux, Bourgs, Forts & Villages à lui, & ses Sujets apartenans, en quelque lieu qu'ils soient situez & assis, par lui, & ses Sujets & Serviteurs occupez sur ledit Seigneur Roi de France, & sesdits Sujets & Serviteurs, & dont ils jouïssoient auparavant les dernieres Guerres, qui ont eû cours dés & depuis l'an mille cinqcens cinquante-un: Et ledit Seigneur Roi de France restituera aussi audit Seigneur Roi d'Espagne les Places, Villes & Châteaux de Thionville, Mariemburg, Yvoy, Damvilliers, & Montmedy, leurs apartenances & dépendances, & generalement tous les autres Châteaux, Lieux, Bourgs, Forts, & Places, par lui, & ses Sujets & Serviteurs, aussi occupez sur ledit Seigneur Roi d'Espagne, & ses Sujets & Serviteurs, dés & depuis le tems dessusdit, sans rien en reserver d'un côté ni d'autre; pour retourner par lesdits Seigneurs Rois, & leursdits Sujets respectivement, en la possession paisible desdites choses occupées, & jouïr de tous les droits, qu'ils avoient auparavant lesdites Guerres. Et néanmoins pourra chacun desdits Princes faire ôter & enlever desdites Places, qu'ils rendront, comme dit est, toute l'Artillerie, Poudres, Boulets, Armes, Vivres, & autres Munitions, qui se trouveront ésd. Places au tems de ladite restitution, laquelle se fera en l'état auquel elles sont presentement, sans rien démolir de la Fortification, ni aucunement les affoiblir, en quelque sorte que ce soit, le tout de bonne foi, & comme il apartient à Princes d'honneur.

Et pour ce que lors que la Ville & Cité de Therouänne fut prise sur ledit Seigneur Roi de France, elle fut ruïnée & démolie, au moien dequoi il ne sera possible audit Seigneur Roi d'Espagne de la restituer en l'état qu'elle étoit; a été convenu & accordé par lesdits Seigneurs Deputez, que le lieu & Territoire, où étoit assise ladite Ville, ensemble ce qui en dépend, & dont ledit Seigneur Roi de France étoit en possession, avant le commencement de ces Guerres, sera remis & restitué en son obeïssance, pour en jouïr & disposer, par lui, ses Hoirs, Successeurs, & aians cause, à toûjours, & perpetuellement, tout ainsi qu'il souloit faire auparavant lesdites dernieres Guerres. Et neanmoins sera loisible audit Seigneur Roi Tres-Chretien, atendu ladite démolition, faire ruïner & démolir la Fortification, Clôture, & Murailles de ladite Ville d'Yvoy, avant que d'en faire restitution; laquelle Ville ledit Seigneur Roi Catolique ne pourra retourner à fortifier; comme aussi ne pourra ledit Seigneur Roi Tres-Chretien faire aucun Fort au pourpris dudit Therouanne.

Et pour autant qu'étant ladite Ville & Eglise de Therouanne, ainsi que dit est, du tout ruïnée & démolie, le Service divin n'y peut être celebré, comme il apartient, aussi que ja dés long-tems l'on a procuré la division de l'Evêché, Chapitre, & Diocese dudit Therouanne; il a été convenu & accordé entre les Deputez desdits deux Princes, en vertu de leursdits Pouvoirs, que l'on deputera pour le premier du mois de Juin prochain, de chacun côté d'iceux, deux Commissaires à ce connoissans; lesquels avec l'intervention de celui, que deputera l'Archevêque de Reims, Metropolitain, se trouveront tous ensemble ledit jour à Aire, comme lieu plus commode à cet effet, & là s'acorderont par ensemble du moien qu'ils devront tenir pour faire égal repartement & division de toute la rente de la table, tant Episcopale que Capitulaire, & generalement de tous les biens, & revenus apartenans à l'Evêché, Chapitre, & Eglise dudit Therouanne, où qu'ils soient assis, & des Dignitez, Offices, Prebendes, & autres Benefices, des droits tant de collation que autres, & aussi de tout le Diocese, pour attribuer la moitié à l'Evêché, qui s'érigera és Païs dudit Seigneur Roi T. C. soit à Boulogne, ou ailleurs, où bon lui semblera; & l'autre moitié à l'Evêché, qui s'érigera à S. Omer, ou autre Ville és Païs dudit Roi Catolique, que bon lui semblera aussi; & porteront les uns & les autres la moitié des charges, suivant la division, que lesdits Commissaires en feront. Et suplieront lesdits Seigneurs Rois à nôtre Saint Pere le Pape, & lui feront commune instance d'aprouver lad. division, & de faire l'érection des deux Evêchez, au lieu d'un, pour le Service de Dieu, & plus grand benefice dudit Diocese.

Aussi se rendra la Ville de Bovine à Monsieur de Liege, ses apartenances & dépendances, & Fraisne, & generalement tout ce qui presentement s'occupe par ledit Seigneur Roi T. C., ou par gens tenans son parti, de ce que devant le commencement de cette presente Guerre possedoit l'Evêque, Chapitre, Eglise, & Païs de Liege, & specialement le Château de Bouillon, sans rien en reserver, pleinement & de bonne foi, en l'état qu'il se trouve, sans y rien démolir, y délaissant l'Artillerie trouvée dedans au tems de l'occupation derniere, à savoir celle qui s'y trouve encore de present; & retirant si bon lui semble toute autre Artillerie, qui depuis l'occupation y a été mise, avec les Poudres, Munitions, & Vivres, & ce, sans prejudice du droit, que le Sieur de Sedan, & ceux de la Maison de la Marck y peuvent pretendre, ains faisant lad. restitution, leur sont reservées leurs actions. Et ausdits Evêque, & Chapitre de Liege, demeurent reservées leurs exceptions, pour par voie de Justice s'en pouvoir servir respectivement les uns & les autres, & non autrement. Et pour vuider plus brievement lesdits diferends, qui sont entre ledit Evêque, Chapitre, & Communauté de Liege, & lesd. Sieurs de Sedan, se choisiront deux Arbitres, l'un par ledit Sieur Evêque, Chapitre, & Communauté de Liege; & l'autre, par lesdits Sieurs de Sedan; lesquels se dénommeront par les Parties dans deux mois, pour se trouver en la Ville de Cambrai le premier de Septembre; où sommairement & de plain, & au plûtôt que faire se pourra, ils vuideront lesdits diferends: & tous autres, que lesd. Sieurs de Sedan ont, & peuvent avoir à l'encontre du Corps & Communauté de ladite Ville. Et pour ce que Madame la Comtesse de Brenne, & ses Coheritiers, pretendent plusieurs choses à l'encontre du Corps de lad. Communauté de Liege, est aussi accordé, que les mêmes Arbitres auront pouvoir & charge de composer & vuider les diferends d'entre eux.

Hesdin, & le Bailliage, avec toutes ses apartenances & dépendances, demeurera audit Seigneur Roi Catolique entierement, en la forme & maniere que ses Predecesseurs le possedoient avant qu'il fut occupé par le feu Roi François, sans contredit quelconque: & n'y pourra ledit Seigneur Roi T. C. ses Hoirs, Successeurs, & aians cause, quereller aucune chose.

Et pour mieux terminer les occasions de toutes querelles pour l'Abbaie & Monastere de S. Jean au Mont, les Princes pourront choisir quatre personnes Arbitres, pour le procés par eux instruit, & même pris un Superarbitre en cas de discord, en vuider au profit de celle des Parties pretenduës à l'Abbaie qu'il apartiendra. Et durant la discussion dudit procés, celui qui est dénommé par ledit Seigneur Roi T. C. jouïra des biens situez en France; & celui nommé par ledit Seigneur Catolique, jouïra des biens étans en ses Païs: & moiennant cela,

ANNO 1559. cela, main sera levée par ledit Seigneur Roi T. C. des biens apartenans aux Abbaies de S. Vaast d'Arras, S. Bertin, & Arouaige, saisis par represailles, esquels ils revjendront du jour de la publication de cette presente Paix.

Et au regard des choses, qui dés le Traité de Crespi se pretendent être faites d'un côté & d'autre, au prejudice l'un de l'autre, & contre les Traitez: & davantage, les diferends qui ont été ci-devant mis en avant entre lesdits Seigneurs Princes, tant sur les limites, que autres, lesquels avant la rupture de la Guerre n'ont été vuidez, & dont l'éclaircissement ne sera pris par ce present Traité, se remettront à la décision des Ministres, qui des deux parts s'assembleront avec pouvoir suffisant, pour communiquer & vuider iceux en ce lieu de Câteau-Cambresis, le premier de Septembre prochain. Bien entendu toutefois, que pendant que lesdits diferends se vuideront par les Deputez d'un côté & d'autre, toutes choses non vuidées demeureront au même état qu'elles étoient auparavant la rupture de l'an 1551. & seront châtiez severement ceux qui d'un côté & d'autre feront aucune nouvelleté.

La Dame d'Estouteville reprendra le Comté de Saint-Pol dudit Seigneur Roi Catolique, pour en jouïr & posseder comme ses Predecesseurs en ont joui & possedé avant la Guerre, & specialement comme ils en jouïssoient avant l'échange fait dudit Comté de Saint-Pol, avec celui de Montfort, l'an 1536. & ce nonobstant tout ce qui depuis pourroit être avenu au contraire. Et quant au droit de reprise, que ledit Seigneur Roi Tres-Chretien pretend lui apartenir, ses actions lui demeurent reservées, comme aussi audit Seigneur Roi Catolique les siennes, pour s'en servir chacun au soûtenement de leur pretendu droit respectivement. Et pour en connoître se deputeront dedans six mois, deux Commis de chacun côté desdits Princes, avec pouvoir suffisant, ausquels iceux Princes se soumettront, pour ouïr ce que de la part de l'un & de l'autre l'on voudra proposer, & entendre les fondemens & allegations des Parties, instruire le procés sur ce, & le vuider s'ils peuvent: & sinon, que dans un an après le procés instruit, lesd. Seigneurs Princes s'acorderont d'un Superarbitre, qui se choisira en la maniere qui a été entre les Députez pourparlée, à savoir, que chacun des Princes nommera dix ou douze Princes ou Potentats, qui ne soient leurs Sujets, ni trop évidemment suspects à l'autre, pour en choisir un de ceux esquels ils rencontreront: & faire cette nomination si souvent, qu'ils rencontrent sur quelque personnage nommé des deux côtez; lequel Superarbitre ait toute autorité, pour avec les dessusdits à pluralité de voix le decider. Et pendant ledit procés, les Parties demeureront és droits, & en la même possession, en laquelle icelles sont dès le dernier Traité de Crespi, jusques à la rupture de la Guerre l'an 1551. sans rien innover d'un côté ni d'autre. Bien entendu que ledit Seigneur Roi Catolique ne se pourra servir pardevant lesdits Commis de la reprise, que ladite Dame d'Estouteville fera en vertu de ce present Article; ni ledit Seigneur Roi Tres-Chretien, d'autre quelconque, que ladite Dame lui puisse avoir fait: & si sera tenu en surseance ladite Dame faisant la reprise avantageuse, quant aux paiemens des droits Seigneuriaux & de relief, jusqu'à-ce que, le diferend vuidé, l'on voie s'ils seront dûs ou non.

Ledit Seigneur Roi d'Espagne rentrera en la jouïssance & possession du Comté de Charolois, pour en jouïr, & ses Successeurs, pleinement & paisiblement, & le tenir sous la Souverainté dudit Seigneur Roi de France.

Et pour autant qu'il y a aucunes Terres tenuës en surseance, entre le Comté de Bourgogne, & les Terres à present possedées dudit Seigneur Roi Très-Chretien, qui pour non reconnoître l'un des côtez ou l'autre, sont cause & occasion de grands maux, tant pour le refuge, que y prennent malfaiteurs, que autres raisons; l'on a convenu & accordé, que de la part desdits Seigneurs Rois Tres-Chretien, & Catolique, se deputeront Commis des deux côtez brievement, lesquels se trouvant sur les lieux, & visitant iceux, feront de commun consentement, (ouïes les Parties qui y peuvent avoir interest) égal département desdites Terres de surseance, pour mettre la moitié d'icelles plus proches, & à propos en l'obeïssance dudit Seigneur Roi Tres-Chretien; & l'autre moitié plus voisine au Comté de Bourgogne, sous l'obeïssance dudit Seigneur Roi Catolique, en son Comté de Bourgogne; sans toutefois aucune chose determiner, sinon après avoir entendu l'intention desdits Princes, & par leur Ordonnance. Lesquels Commis communiqueront aussi sur ce que ceux du Comté de Bourgogne pretendent devoir jouïr de l'exemption des Gabelles, & impositions foraines qui se levent au Duché de Bourgogne, comme ceux dudit Duché ne les paient audit Comté; sans aussi aucune chose en ordonner ni decider, sinon par commandement desdits Seigneurs Rois.

Et se restituera au Duc de Mantouë entierement le Marquisat de Montferrat, sans rien reserver ni détenir d'icelui, de ce que lesdits Seigneurs Rois Tres-Chretien, & Catolique, ou qui que ce soit de leur côté, en occupent presentement: demeurant en son entier audit Duc, le droit & action qu'il a en icelui, ses apartenances & dépendances; sans prejudice toutefois des exceptions, ou actions, que autres y pourroient avoir, lesquelles par qui que ce soit ne se pourront poursuivre que par voie de Justice, & non par la force: en retirant toutefois par eux l'Artillerie, Vivres, & Munitions, qui seront esdites Places, autres que celles qui se pourroient trouver apartenir ausdits Sieurs Marquis de Montferrat. Et pourront aussi, si bon leur semble, lesdits Seigneurs Rois, démolir & abatre les Fortifications, qu'ils y ont faites, promettant lesdits Seigneurs Rois, & chacun d'eux respectivement, qu'à l'avenir ils ne mettront audit Païs de Montferrat aucuns Gens de Guerre, ne s'aideront des Places, molesteront, ni travailleront les Sujets dudit Païs, ains les laisseront vivre paisiblement, sans aucune chose entreprendre, ni attenter en icelui Païs, en quelque maniere que ce soit.

Et davantage, afin que les Sujets dudit Montferrat, & par special les manans & habitans de la Ville de Cazal, ne puissent être molestez ni travaillez, pour avoir suivi l'un ou l'autre parti, & obeï à ce qui leur a été commandé durant le tems qu'ils ont été sous la puissance de l'un ou l'autre desdits Seigneurs Rois; est accordé, que ladite Dame & Sieur Marquis, en leur faisant ladite restitution, remettront, & pardonneront par expresse declaration & serment à tous les Sujets, Manans & Habitans dudit Marquisat de Montferrat, & notamment à ceux de ladite Ville de Cazal, toute desobéïssance, offense, & contravention, que lesdites Dame, Marquis, & Sieur Duc de Mantouë, pourroient pretendre à l'encontre d'eux, pour avoir obéï, suivi, & servi lesdites deux Majestez respectivement, leurs Lieutenans, & Officiers, sans que pour ce on les puisse poursuivre, punir, molester, ni travailler, ni en quelque maniere que ce soit, rien leur en imputer, ni reprocher, à eux, ni aux leurs à l'avenir; ains les laisseront vivre en paix & repos, & jouïr de leurs biens, sans aucun empêchement. Et de ce que dessus bailleront leurs Lettres Patentes en bonne & valable forme, & sans que l'on leur puisse aucune chose demander des droits, devoirs, revenus, cens, rentes, & autres contributions, esquels ils seroient demeurez redevables envers ledit Duc, jusques au jour de ce present Traité, dont ils demeureront quites & déchargez.

Aussi se départira ledit Seigneur Roi Tres-Chretien de la Ville de Valence, qui est du Duché de Milan, laquelle sera remise és mains dudit Seigneur Roi Catolique, en l'état auquel presentement elle se trouve, & sans y rien démolir, le tout de bonne foi; retirant ledit Seigneur Roi Tres-Chretien, prealablement l'Artillerie, Munitions, & Vivres: & le même fera-il, de tout ce que devant la publication de ce present Traité, il pourroit avoir occupé, ou occuper sur les Païs possedez par Sa Majesté Catolique: comme aussi se fera de la part dudit Seigneur Roi Catolique, de tout ce qui pourroit avoir été occupé jusques au jour de ladite publication, en tous autres Etats dudit Seigneur Roi Tres-Chretien.

Ledit Seigneur Roi Tres-Chretien recevra, en faveur de cettedite Paix, & pour plus grand repos de la Chretienté, les Genois en sa bonne grace & amitié; oubliant toutes causes de ressentiment, qu'il pourroit avoir à l'encontre d'eux; & en cette consideration leur restituera toutes les Places, que presentement il en tient en (a) l'Isle de Corsegue, & y ont été par lui occupées, détenuës, & fortifiées depuis la derniere Guerre, en l'état qu'elles sont, sans rien démolir; retirant prealablement les Gens de Guerre, Munitions, & Vivres, qu'il a esdites Places. Bien entendu, que dorenavant lesdits Genois tiendront le respect qu'ils doivent audit Seigneur Roi Tres-Chretien, vivant en bonne amitié, tant avec lui, que avec ses Sujets: & pourront respectivement, tant

(a) L'Isle de Corse qui apartient encore aujourd'hui aux Genois.

ANNO 1559.

tant ceux dudit Seigneur Roi, que d'eux, hanter, & converser librement, & marchandement, les uns avec les autres, non toutefois à main forte, ni port d'armes, qui puisse donner ombre ni soupçon és Ports & Païs les uns des autres, où ils seront favorablement traitez, en la sorte & maniere que propres Sujets pourroient être. A la charge aussi, que lesdits Genois ne pourront, directement ni indirectement, user de ressentiment quelconque à l'encontre de leursdits Sujets, soit de ladite Isle de Corsegue, ou autres, à l'occasion du service, que, comme qu'il soit, ils peuvent avoir fait audit Seigneur Roi Tres-Chretien, & à ceux de son côté, en cettedite Guerre, ou pour avoir suivi son parti, ains en demeureront absous & quites, & jouïront paisiblement de tous & chacuns leurs biens, sans que par voie de justice ni autrement, on leur puisse demander aucune chose, ni aucunement pour ce les inquieter. Et seront tenus iceux Genois (s'ils veulent joüir du benefice de ce que dessus est disposé en leur faveur par ce Traité) bailler ratification, contenant expresse obligation d'observer inviolablement le contenu.

A été conclu, & arrêté aussi par cedit Traité, que ledit Seigneur Roi Très-Chretien retirera tous les Gens de Guerre, de quelque Nation qu'ils soient, qu'il a dedans la Ville de Montalcin & autres Places du Siennois & Toscane, & se départira & désistera de tous droits, qu'il peut pretendre esdites Villes & Païs, en quelque maniere que ce soit, en retirant prealablement l'Artillerie, Armes, Vivres, & toutes autres Munitions qui y sont.

Est aussi convenu & accordé, que tous Gentilshommes Siennois, & autres Sujets dudit Etat, qui se détermineront à se soûmettre au Magistrat établi au gouvernement de la Republique de Sienne, y seront reçûs, & leur sera pardonné tout ce que l'on pourroit pretendre à l'encontre d'eux, pour s'être retirez audit Montalcin, & ailleurs; sans que à cette occasion, ni pour avoir pris les armes en cette presente Guerre, contre qui que ce soit, ou pour avoir suivi le parti dudit Seigneur Roi Tres-Chretien, on les puisse travailler, ni endommager en corps & biens, ou autrement en façon quelconque. Et si pour raison de ce, leursdits biens avoient été pris & saisis, leur seront rendus & restituez, pour en joüir pleinement & paisiblement. Et pour l'accomplissement & seûreté de ce que dessus, le Duc de Florence sera tenu de ratifier le contenu dedans ledit tems, & en bailler ses Lettres Patentes en bonne & valable forme: & de même sera pardonné à tous ceux, qui en Toscane auront en cette Guerre suivi le parti du feu Empereur, Pere dudit Seigneur Roi Catolique, le sien, ou dudit Duc de Florence, & seront remis en tous les biens, desquels ils auront été dejetez durant cette Guerre, & à l'occasion d'icelle; le tout de bonne foi: & ne seront à cette cause inquietez en corps ni en biens, en façon quelconque.

Et pour plus grande confirmation de cette Paix, & rendre l'amitié, union, & confederation plus ferme & indissoluble, les Deputez avant dits, en vertu de leursdits Pouvoirs, au nom desdits Princes, & se faisant fort les Deputez dudit Seigneur Roi Tres-Chretien, de Madame Elisabet, Fille aînée dudit Seigneur Roi, au nom d'icelui; ont traité, & accordé Mariage, qui se fera par Procureur par paroles de present, incontinent, & au plûtôt que faire se pourra, d'entre ledit Seigneur Roi Catolique, & ladite Dame Elisabet, en la forme, & ensuivant les Constitutions & Ordonnances de nôtre Mere Sainte Eglise. Et sera ladite Dame conduite & renduë aux frais dudit Seigneur Roi Tres-Chretien, accompagnée, & traitée comme il convient à Dame de telle qualité, & à l'Alliance qu'elle prend, jusques aux Frontieres des Roiaumes d'Espagne dudit Seigneur Roi Catolique; ou celles du Païs-Bas, au choix dudit Seigneur Roi Catolique; lequel la fera recevoir en l'un ou en l'autre desdits Païs, honorablement, & la traitera, comme requiert ladite qualité, & apartient à Dame de si haute Maison & Parentage. Et aura ladite Dame en Dot quatre-cens mille écus Soleil, pour tous droits Paternels & Maternels, laquelle somme sera païée à qui ledit Seigneur Roi Catolique députera pour la recevoir, à savoir le tiers au tems de la consommation du Mariage; l'autre tiers au bout de l'an du jour de ladite consommation; & l'autre tiers, six mois après; de maniere que le paiement entier de ladite somme de quatre-cens mille écus se fera en dedans dix-huit mois, aux termes, & par les portions ci-dessus specifiées, & ce en la Ville d'Anvers, comptant chacun desdits écus Soleil au prix de quatre-vingts gros, monnoie de Flandre, chacune piece. Et sera ledit Dot assigné à la mesure qu'il se recevra, bien & convenablement sur bons & suffisans assignaux, au raisonnable contentement & satisfaction des Ministres dudit Seigneur Roi Tres-Chretien, qui à cet effet se pourront deputer. Bien entendu que ladite assignation se fera si avant qu'elle se contente de l'hipoteque sur Villes & Places, pour seûreté de ses deniers, sans joüir des assignaux par ses mains au denier quatorze; & si elle en veut joüir par ses mains, au denier dix-huit, au choix & option de ladite Dame.

ANNO 1559.

Et ne pourra ladite Dame Elisabet pretendre, avoir, quereller, ni demander autre chose quelconque, és Biens, Hoiries, & Successions dudit Seigneur Roi Tres-Chretien, son Pere, ni de la Reine, sa Mere; à quoi dès maintenant elle renonce expressément; & si en baillera, le lendemain de la solennisation & consommation dudit Mariage, bonne & valable renonciation & quitance, au profit dudit Seigneur Roi Tres-Chretien, & des siens: & pour ce faire, sera suffisamment & expressément autorisée par ledit Seigneur Roi Catolique, son futur Epoux & Mari; sauf toutefois, & reservé tant seulement à ladite Dame Elisabet, les échcûtes, & successions collaterales.

Et si sera ladite Dame Elisabet joiaillée par ledit Seigneur Roi, son futur Mari, jusque à la somme de cinquante mille écus, qui sortiront nature d'heritage, comme aussi seront les autres bagues & joiaux, qu'elle portera, lesquels demeureront pour elle, ses Hoirs, Successeurs, & aians cause.

Et se donnera par ledit Seigneur Roi Catolique à ladite Dame, entretenement tel que à Fille & Femme de si grands Rois apartient, & icelui dûëment assigné sur Villes & Places, dont elle jouïra par ses mains, y pourvoiant de tous Offices & Benefices, pourvû que ce soit aux naturels du Païs, & conforme aux Ordonnances, & Constitutions d'icelui.

Et au lieu de Douaire, dont l'on n'a accoûtumé d'user aux Roiaumes d'Espagne, elle aura pour arres, selon l'usage & façon desdits Païs dudit Seigneur Roi Catolique, son futur Epoux, cent trente-trois mille troiscens trente-trois écus, & un tiers d'écu, revenans au tiers de sondit Dot, estimé chacun écu desdits arres, comme ci-dessus sont estimez & évaluez ceux de son Dot. Lesquelles arres, dissolu le Mariage, & icelle Dame survivant, sortiront nature d'Heritage, pour elle & les siens, audit cas qu'elle survive: & lors en pourra disposer, soit entre vifs, ou par derniere volonté, suivant l'usage & coûtume d'Espagne; & lui sera ladite somme dès maintenant assignée, ledit cas d'arres advenant, en la même maniere que dessus a été dit de sondit Dot.

Et si pourra ladite Dame Elisabet, ledit cas de dissolution de Mariage advenant, prédecedant ledit Seigneur Roi Catolique, partir & se retirer librement & franchement des Roiaumes & Païs dudit Seigneur Roi Catolique, sondit futur Mari, toutes & quantes fois qu'il lui plaira, & bon lui semblera, & avec elle tous ses Officiers, Serviteurs, & Familiers, & s'en retourner au Roiaume de France, & Païs dudit Seigneur Roi Tres-Chretien; faire emporter & emmener avec soi tous & chacuns ses biens, joiaux, accoûtremens, vaisselle, & autres meubles quelconques, sans que pour quelque occasion que ce soit, ou pourroit survenir, soit fait ou mis, directement ou indirectement, aucun contredit, empêchement, ou retardement en sondit partement, ni à la jouïssance de sesdits arres, & assignat des deniers de sondit Mariage: & à cette fin seront baillées devant la solennisation dudit Mariage, par ledit Seigneur Roi Catolique, asseûrances scellées de Sa Majesté, avec soumission & obligation, pour y être contraint par arrêt & détention de toutes personnes des Roiaumes dudit Seigneur Roi Catolique, de quelque état & qualité qu'ils soient.

Et pour execution de ce que dessus, se dépêcheront, de la part dudit Seigneur Roi Catolique, toutes Lettres & Dépêches necessaires.

Item. Dautant que la plus grande partie des Guerres, qui ont eû cours depuis plusieurs années en çà, sont procedées à cause des droits & pretentions, que Sadite Majesté Tres-Chretienne maintient avoir sur les Païs de Savoie, Bresse, Piémont, & autres, que tenoient les Ducs de Savoie: & que Tres-Excellent Prince, Emanuel-Philbert de Savoie, lui a fait entendre & remontrer la bonne intention qu'il a de lui en faire raison, & comme son tres-humble Parent, le reconnoître de tout l'hon-

ANNO 1559. l'honneur, service, & observance d'amitié, qu'il lui sera possible, pour le rendre à l'avenir plus content de lui, & de ses actions, que le tems & les occasions passées ne lui ont donné le moien, le supliant qu'il veuille, pour plus fermement établir cettedite reconciliation, affinité, & amitié, qu'il cherche & desire de Sadite Majesté, trouver bon, & avoir agreable, que le Mariage de Tres-Excellente Princesse, Madame Marguerite de France, sa Sœur unique, Duchesse de Berry, & de lui, se puisse faire, & l'honorer d'une telle Princesse qu'il desire singulierement, tant pour la proximité de sang, dont elle attouche a Sadite Majesté, que pour les dignes, excellentes, & rares vertus, qui sont en elle. Ce que Sa Majesté, comme Prince d'honneur, & aimant le bien & repos de la Chretienté, ainsi qu'il a démontré en toutes choses, a reçû à grand plaisir, & de voir le bon devoir, en quoi ledit Seigneur de Savoie offre de se mettre; desirant de sa part le gratifier dudit Mariage, & de toutes autres choses, qui pourront servir à fortifier cette reconciliation, pour l'asseûrance qu'il a aussi de l'honneur, & bon traitement que madite Dame sa Sœur, qu'il aime, & tient chere comme sa propre Fille, en recevra, & Sadite Majesté toute satisfaction, contentement, & parfaite amitié. Pour ces causes, le voulant reconnoître comme Parent, & de son sang, & pour de plus en plus corroborer & confirmer cette Paix; ont lesdits Seigneurs Deputez, en vertu de leursdits Pouvoirs, convenu & accordé, que ledit Seigneur de Savoie aura à Femme madite Dame Marguerite; à laquelle Sadite Majesté Tres-Chretienne laissera pour son entretenement la jouïssance, sa vie durant, dudit Duché de Berry, & autres Terres, & revenus, dont elle jouit à present. Et davantage, lui baillera en Dot, pour tous ses droits paternels, maternels, & autres, qui lui peuvent apartenir, & sont écheûs, ausquels moiennant ce, elle renoncera, la somme de trois-cens mille écus, payables, c'est à savoir, cent mille écus comptant, le jour de la consommation dudit Mariage; autres cent mille écus, un an après ladite consommation; & les autres cent mille écus, six mois après ledit tems revolu. Recevant laquelle somme, ou partie d'icelle, par ledit Sieur de Savoie, il sera tenu l'assigner bien & convenablement sur le Duché de Savoie, peage & dace de Suze, & gabelle de Nice, de proche en proche; dont ladite Dame, ses Hoirs, Successeurs, & aians cause, seront & demeureront saisis, jouïssans, & possesseurs jusques à l'entiere restitution de ladite somme, ou de ce qui reçû en aura été. Et advenant que ledit Sieur de Savoie aille de vie à trépas avant ladite Dame elle aura pour son Douaire la somme de trente mille livres par an, qui lui est & sera assignée sur les Païs de Bresse, Bugey, & Veromey, & autres Païs dudit Sieur de Savoie, aussi de proche en proche; dont elle jouïra par ses mains sa vie durant seulement, avec la provision & disposition des Offices & Benefices desdits Lieux: & si aura pour sa demeure & habituation la Maison de Bourg en Bresse, ou de Pontdain, à son choix & option; le tout avec les clauses & conditions, qui seront aposées au Contrat de Mariage qui en sera dressé.

Sera ledit Mariage solennisé en face de Sainte Eglise, & consommé entre eux dedans deux mois prochainement venans; & à cette fin s'obtiendra la dispense de nôtre Saint Pere le Pape: & deslors sera baillée & delaissée audit Sieur de Savoie, pour lui, ses Hoirs, Successeurs, & aians cause, l'entiere & pleine possession paisible, tant du Duché de Savoie, Païs de Bresse, Bugey, Veromey, Morienne, Tarentaise, & Vicairie de Barcelonnette, comme de la Principauté de Piémont, Comté d'Ast, Marquisat de Ceve, Comté de Coconas, & des Terres de Lannes de Gatieres, & Terres de la Comté de Nice, delà du Var, que ledit Seigneur Roi Tres-Chretien, ou autre quel qu'il soit de ses Serviteurs & Sujets, possedent; que de tout ce que le feu Duc Charles, son Pere, tenoit quand il fut mis hors de ses Païs, du vivant du feu Roi François; fors & excepté les Villes & Places de Turin, Quiers, Pignerol, Chivaz, & Villeneuve d'Ast, avec les Finages, Territoires, Mandemens, Jurisdictions, & autres apartenances desdites Places de Turin, Chivaz, & Villeneuve d'Ast, ainsi qu'ils s'étendent & comportent; & de celles dudit Pignerol, & Quiers, des Finages, Territoires, Mandemens, & Jurisdictions, tant & si avant que ledit Seigneur Roi Tres-Chretien connoîtra être necessaire pour la nourriture & munition de toutes lesdites Places, & compris les vivres qui se tireront desdites trois Places, & leursdits territoires; le tout de bonne foi, ce qui demeure à son arbitre & bon plaisir: pour icelles Places, Finages, Territoires, Mandemens, Jurisdictions, & leursdites apartenances, tenir par ledit Seigneur Roi Tres-Chretien, ainsi que dessus est dit, jusques à ce que les diférends sur les droits par S. M. pretendus contre ledit Sieur de Savoie, soient vuidez & terminez; ce que lesd. Sieurs s'obligent de faire dedans trois ans pour le plus tard, sans autre prolongation ni retardement. Et iceux diférends vuidez, & ledit tems de trois ans écheû, en laissera Sad. M. T. C. la possession libre audit Sieur de Savoie, pour en jouïr ainsi que de ses autres Terres; pourveû toutefois qu'il n'y ait aucun retardement ou refus procedant dudit Sieur de Savoie. Comme aussi le Roi Tres-Chretien promet n'en faire aucun de sa part, à peine de décheoir de ses pretentions & possession; n'entendant toutefois par ce present Article aucunement prejudicier aux droits & raisons dudit Sieur de Savoie. Lesquels diférends se vuideront selon les Concordats, & ainsi qu'il a été accoûtumé, quand aucuns diferends se sont offerts entre ceux de la Maison de France, & celle de Savoie. Et là où ils ne pourroient être determinez par ledit moien, seront dedans six mois, après la consommation dudit Mariage, choisis & deputez Arbitres, de commun accord & consentement, pour proceder le plûtôt que faire se pourra, à la determination d'iceux diférends.

ANNO 1559. Et neanmoins sera loisible audit Seigneur Roi Tres-Chretien, en baillant audit Sieur de Savoie la possession desdits Païs, faire démolir & abattre toutes les Fortifications faites en iceux Païs, tant par lui, que par le feu Roi son Pere, & en retirer l'Artillerie, Vivres, & autres Munitions qui y seront, pour en faire ce que bon lui semblera.

Item. Est semblablement traité & accordé, que tous ceux, qui ont été pourvûs par mort, ou resignation, ou autrement, legitimement des Benefices desdits Païs, durant que lesdits Seigneurs Rois Tres-Chretien, Pere & Fils, les ont tenus & possedez, demeureront au droit & possession d'iceux, & en jouïront tout ainsi qu'ils font à present, sans y être aucunement inquietez, empêchez, ni molestez, en quelque maniere que ce soit, par ledit Sieur de Savoie, ses Gens, ni Officiers. Et quant à ceux, qui ont été aussi par lesdits Seigneurs Rois pourveûs des Offices dudit Païs, durant ledit tems, icelui Sieur Duc les aura pour bien & favorablement recommandez selon leurs merites.

Aussi, que toutes procedures, Jugemens, & Arrêts donnez par les Cours souveraines desdits Païs, Grand-Conseil, & autres Juges de Sad. M. T. C. pour raison des diférends & procès poursuivis, tant par les Sujets desdits Païs de Piémont & Savoie, que autres, durant le tems qu'ils ont été sous l'obeissance dudit Seigneur Roi T. C. & dudit feu Seigneur Roi, son Pere, auront lieu, & sortiront leur plein & entier effet, tout ainsi qu'ils feroient, si ledit Seigneur Roi demeuroit Seigneur & possesseur desdits Païs: & ne pourront être lesdits Jugemens & Arrests revoquez en doute, annullez, ni l'execution d'iceux autrement retardée ni empêchée. Bien sera loisible aux Parties de se pourvoir par revision, & selon l'ordre & disposition du Droit, des Loix, & Ordonnances, demeurant neanmoins les Jugemens cependant en leur force & vertu.

Item. Et pour obvier à toute occasion de trouble, qui peut alterer la bonne volonté desdits Princes, l'un envers l'autre, & pour faire cesser toutes querelles & plaintes, est convenu & accordé, que ledit Sieur de Savoie jurera, & promettra de remettre, oublier, & pardonner toute haine & rancune, qu'il pourroit avoir conçû, & offense pretenduë à l'encontre des Sujets, & autres Manans & Habitans desdits Païs, ou aucun d'iceux, de quelque état, Nation, qualité ou condition qu'ils soient, pour avoir suivi, obeï, & servi lesdits Seigneurs Rois T. C. leurs Lieutenans, Gouverneurs, & Officiers, durant le tems qu'ils ont possedé lesd. Païs: & que pour raison de ce, ne les molestera, ni fera poursuivre, inquieter, molester, ni travailler en leurs personnes, ni biens, directement ni indirectement, en quelque sorte ni maniere que ce soit; ains les laissera, & permettra, avec leurs familles, vivre en tout repos & liberté, & jouïr de leurs biens paisiblement, sans empêchement, ni reproche quelconque; & de ce baillera ses Lettres Patentes en bonne & valable forme. Et le semblable fera ledit Seigneur Roi T. C. reciproquement pour le regard de ceux, qui ont servi & suivi ledit

ANNO 1559.

dit Sieur Duc de Savoie & le feu Duc son Pere, autres que Sujets naturels de S. M. T. C. qui demeureront exclus du benefice de ce present Traité.

Et afin que ledit Sieur de Savoie ait entiere cause de contentement, & qu'il ne demeure aucun scrupule és choses, qui pourroient alterer ce public bien de Paix, & dénouër ce nœud d'amitié, que lesdits Princes veulent former ensemble : a été convenu, & accordé, que au même temps de la consommation de Mariage dudit Sieur de Savoie, & de madite Dame Marguerite, ledit Seigneur Roi des Espagnes laissera aussi ledit Sieur de Savoie en l'entiere & libre possession de toutes les Villes, Places, Châteaux, & Forteresses de ses Païs, esquelles ledit Seigneur Roi des Espagnes tient Garnison de Gens de Guerre, dont il les fera sortir & vuider incontinent, pour en jouïr par ledit Sieur de Savoie, ses Hoirs, & aians cause, franchement, librement, paisiblement, & sans aucun empêchement, tout ainsi que faisoit auparavant le commencement des Guerres le feu Duc son Pere. Bien pourra icelui Seigneur Roi Catolique, du gré & consentement dudit Sieur de Savoie, tenir Garnison de Gens de Guerre à ses dépens, dedans les Villes & Places de Vercëil, & Ast, pendant que ledit Seigneur Roi T. C. tiendra lesd. cinq Places tant seulement; après lequel il sera tenu les en retirer, & en laisser l'entiere & libre jouïssance & administration audit Sieur Duc de Savoie, qui cependant ne laissera d'y avoir toute autorité & prééminence, pour des droits, profits, revenus, & émolumens d'icelles, & de leurs apartenances & dépendances, jouïr, user, & disposer par lui, comme de sa propre chose; & tout ainsi que si lesdites forces n'y étoient point. Demeurant au surplus ledit Sieur de Savoie, avec ses Terres, Païs, & Sujets, bon Prince, neutre, & ami commun desdits Seigneurs Rois T. C. & Catolique.

Item. Est accordé, que tous dons, graces, concessions, & alienations, que lesdits Seigneurs Rois T. C. ont faites du Domaine & Patrimoine desdits Païs, durant qu'ils les ont possedez, & des Vassaux Sujets dudit Sieur de Savoie, qui en avoient été privez, pour avoir suivi & servi ledit Sieur de Savoie, seront & demeureront cassées & annullées, & en la possession d'iceux biens, ceux ausquels ils apartenoient seront remis, sans toutefois qu'ils puissent aucune chose quereller ni demander des fruits & meubles perçûs en vertu desdits dons & confiscations.

Item. Est aussi accordé, que tous autres dons, graces, & remissions, concessions, & alienations faites par ledit Seigneur Roi T. C. ou le feu Roi son Pere, durant ledit tems, des choses qui leur sont advenuës & échuës, ou auront été adjugées, soit par confiscation pour cas de crime, & commise autre que de Guerre, pour avoir suivi & servi ledit Sieur de Savoie, reversion de Fief, faute de legitimes Successeurs, ou autrement seront & demeureront bonnes & valables, & ne se pourront revoquer, ni ceux ausquels lesdits dons ont été faits, inquietez, ni molester en la jouïssance d'iceux.

Aussi que ceux, qui durant ledit tems auroient été reçûs à foi & hommage par le Roi, ou ses Officiers aians pouvoir, à cause d'aucuns Fiefs & Seigneuries, tenus & mouvans des Villes, Châteaux, & Lieux possédez par ledit Seigneur audit Païs, & d'iceux auroient paié les droits & devoirs Seigneuriaux; ou que ledit Seigneur Roi leur en eût fait don & remission, ne pourront être molestez, ni inquietez pour raison desdits droits & devoirs, ains en demeureront quites, sans qu'on leur en puisse rien demander, en quelque maniere que ce soit.

Et se fera la restitution qui se doit faire d'un côté & d'autre, suivant ce present Traité, en cette sorte:

A savoir, ledit Seigneur Roi Tres-Chretien rendra tout ce que en vertu de ce present Traité, il doit rendre, tant des Païs de Monsieur le Duc de Savoie pardeçà, que en Italie, Corsegue, & ailleurs, où que ce soit, en dedans deux mois, dès la date de ce present Traité, & se commencera à faire ladite restitution en dedans un mois. Et devant que l'on commence de restituer, se donneront pour ôtages, pour asseûrance de l'accomplissement des restitutions de la part dudit Seigneur Roi Catolique, quatre ôtages, tels que ledit Seigneur Roi T. C. voudra choisir, Sujets de S. M. Catolique, & dedans un mois après ladite restitution faite par ledit Seigneur Roi T. C. devra ledit Seigneur Roi Catolique achever de restituer ce que aussi en vertu de ce present Traité il doit rendre, tant pardeçà que delà les Monts, où que ce soit. Et commencera ce mois pour ledit Seigneur Roi Catolique à avoir cours, dès qu'il sera certifié, que la restitution du côté dudit Seigneur Roi T. C. sera faite; laquelle restitution achevée, lesdits ôtages se rendront, & mettront en entiere delivrance, de bonne foi, & sans contredit, délai, ou difficulté quelconque.

ANNO 1559.

Et en cette Paix, Alliance, & Amitié, seront compris de commun accord & consentement desdits Seigneurs Rois Tres-Chretien & Catolique, si compris y veulent être,

Premierement, de la part dudit Seigneur Roi T. C, nôtre Tres Saint Pere le Pape, le Saint Siege Apostolique, l'Empereur, les Electeurs, Princes Ecclesiastiques & Seculiers, Villes, Communautez, & Etats du Saint Empire; & par special Messieurs les Ducs Jean-Frederic, & Jean-Guillaume de Saxe, le Duc de Virtemberg, le Landgrave de Hesse, & ses Enfans, la Comtesse de Frise Orientale, & son Fils; ensemble les Villes maritimes, selon les anciennes Alliances; le Roi Daufin, & la Reine Daufine, Roi & Reine d'Ecosse; la Reine Douairiere Regente d'Ecosse, & ledit Roiaume d'Ecosse, selon les anciens Traitez, Alliances, & Confederations, qui sont entre les Roiaumes de France & d'Ecosse; le Roi de Boheme, Messieurs les Archiducs ses Freres, Enfans dudit Seigneur Empereur, leurs Roiaumes, Païs, Terres, & Seigneuries; les Rois de Portugal, Pologne, Danemarc, & Suede; la Reine Elisabet, Veuve du feu Roi (a) Jean Vaivode, & le Roi son Fils; le Duc & la Seigneurie de Venise; les Treize Cantons des Ligues Grises, Valais, Saint Gal, Torquembourg, Mulhausen, & autres Alliez & Confederez desdits Sieurs des Ligues; Monsieur le Duc de Lorraine, & Madame la Duchesse Douairiere de Lorraine; Monsieur le Duc de Savoie, Monsieur le Duc de Ferrare, & Messieurs ses Enfans; Messieurs le Cardinal de Ferrare, & Don Francisco d'Est, pour joüir du benefice de ce present Traité, & en vertu d'icelui, de tous les biens temporels & Ecclesiastiques, qu'ils ont és Païs dudit Seigneur Roi Catolique; la Marquise de Montferrat, Duchesse Douairiere, & le Duc de Mantouë; le Sieur Ludovic de Gonzague, son Frere; la Republique de Luques; les Evêques, & Chapitres de Metz, Toul, & Verdun; l'Abbé de Gorze, sans par cette comprehension faire aucun prejudice au droit de celui, que de la part du Roi Catolique l'on pretend être Abbé de Gorze, auquel demeurent ses droits saufs & reservez; les Seigneurs de la Maison de la Marck; le Duc de Palliano, les Comtes de la Mirandole & de Petillan, le Sieur Jourdan Ursin, Camillo & Paulo Ursin; le Sieur Cardinal Strozzi; Filippe & Robert Strozzi; l'Evêque de Saint-Papoul, Salviati; le Sieur Cornelio Bentivoglio, & ses Freres; le Sieur Adrien Baillon; pour jouïr pareillement du benefice de cette Paix, & en vertu de ce present Traité, de tous & chacuns leurs biens Ecclesiastiques & temporels, qu'ils ont és Païs dudit Seigneur Roi Catolique. Bien entendu toutefois, que le consentement, que ledit Seigneur Roi Catolique donne à la Comtesse de Frise Orientale, & de son Fils, soit sans prejudice du droit, que S. M. Catolique pretend sur les Païs d'iceux. Comme aussi demeurent reservées à l'encontre les défenses, droits, & exceptions de ladite Dame, & de son Fils: aussi avec declaration expresse, que ledit Seigneur Roi Catolique ne pourra, directement ou indirectement, travailler, par soi ou par autre, aucuns de ceux qui de la part dudit Seigneur Roi T. C. ont ici dessus été compris: & que si ledit Seigneur Roi Catolique pretend aucune chose à l'encontre d'iceux, il les pourra seulement poursuivre par droit, pardevant Juges competans, & non par la force, en maniere que ce soit.

(a) Vaivode de Transilvanie, Roi de Hongrie, mort en 1540.

Et de la part dudit Seigneur Roi Catolique, seront compris en ce present Traité, nôtre Saint Pere le Pape, le Saint Siege Apostolique, l'Empereur des Romains, Messieurs ses Enfans, leurs Roiaumes & Païs, les Electeurs, Princes, Villes, & Etats du Saint Empire, obeissans à icelui: & specialement l'Evêque de Liege, le Duc de Cleves, l'Evêque & Cité de Cambrai, & Païs de Cambresis, les Villes maritimes, & les Comtes d'Oost-Frise. Et renoncent lesdits Princes à toutes pratiques, promettant de n'en faire ci-après aucune, ni en la Chretienté, ni dehors icelle, où que ce soit, qui puissent être prejudiciables, ni audit Seigneur Empereur, ni aux autres Membres, & Etats du Saint Empire; ains qu'ils procureront de tout leur pouvoir le bien & repos d'icelui, pourveû que ledit Seigneur Empe-

ANNO 1559. Empereur, & lesdits Etats, se comportent respectivement & amiablement avec lesdits Seigneurs Rois T. C. & Catolique, & ne fassent rien au prejudice d'iceux. Et de même y seront compris Messieurs les Cantons des Ligues des Hautes Allemagnes, & les Ligues Grises, & leurs Alliez: & davantage la Reine d'Angleterre, suivant ce qui a été capitulé entre ledit Seigneur Roi T. C. lesdits Roi & Reine Daufins, Roi & Reine d'Ecosse, & elle; se reservant expressément, par ce Traité, la Capitulation, que ledit Roi Catolique a avec les Rois & Roiaume d'Angleterre. Aussi se comprend expressement en cedit Traité, le Roi de Portugal, le Roi de Pologne, le Roi de Danemarc, le Duc de Savoie, le Duc de Lorraine, & Madame la Duchesse sa Mere; les Duc & Seigneurie de Venise; les Republiques de Gennes & de Luques; les Ducs de Florence, & de Ferrare. Bien entendu que cette comprehension soit sans prejudice du Traité, qu'il a fait avec S. M. Catolique, & de l'accomplissement d'icelui. Outre ce, se comprennent les Ducs de Mantoüe, & d'Urbin; le Duc de Parme & de Plaisance, & les Reverendissimes Cardinaux Farnese, & *Sant-Angelo*, ses Freres; & aussi le Cardinal Camerlingue, le Comte de Sainte-Flore, & autres ses Freres; les Reverendiss. Cardinaux Carpi & Perosa; Marc-Antonio Tollana, Paul Jourdain Orsino; Vespasiano Gonzaga; le Seigneur de Monaco, le Marquis de Final, le Marquis de Massa, le Sieur Bertoldo Farnese; l'Evêque de Pavie & ses Freres; le Sieur de Piumbino, le Comte de Sala, le Comte de Colorino; Sinolpho, Seigneur de Castello Thiery, pour joüir pareillement du benefice de cette Paix, & en vertu de ce present Traité, de tous & chacuns leurs biens Ecclesiastiques & temporels, qu'ils ont aux Païs dudit Seigneur Roi T. C. avec declaration expresse que ledit Seigneur Roi T. C. ne pourra, directement ou indirectement, travailler, par soi ou par autres, aucuns d'iceux: & que si ledit Seigneur Roi T. C. pretend aucune chose à l'encontre d'eux, il les pourra seulement poursuivre par droit, devant Juges competans, & non par la force, en maniere que ce soit.

Et aussi seront compris en ce present Traité tous autres, qui de commun consentement desdits Seigneurs Rois T. C. & Catolique, se pourront nommer, pourvû que six mois après la publication de ce Traité, ils donnent leurs Lettres, Declarations, & Obligations en tel cas requises respectivement.

Et pour plus grande seureté de ce Traité de Paix, & de tous les points y contenus, ledit Seigneur Roi Tres-Chretien le fera jurer, aprouver, & ratifier par Monseigneur le Roi Daufin, son Fils, & le fera verifier & enteriner en la Cour de Parlement à Paris, & en tous autres Parlemens du Roiaume de France, avec l'intervention, & en presence des Procureurs Generaux esdites Cours de Parlement, ausquels ledit Seigneur Roi baillera pouvoir special, & irrevocable, pour en son nom esdites Cours de Parlement, & illec consentir aux enterinemens, & eux soumettre volontairement à l'observation de toutes les choses contenues esdits Traitez, & chacun d'iceux respectivement: & que en vertu d'icelle volontaire soumission, ils soient en ce condamnez par Arrest & Sentence définitive desdits Parlemens, en bonne & convenable forme. Et sera aussi ledit Traité de Paix verifié & enregistré en la Chambre des Comptes audit Paris, en presence, & du consentement du Procureur dudit Seigneur, pour l'effectuelle execution & accomplissement d'icelui, & validation des quitances, renonciations, soumissions, & autres choses contenuës & declarées ausdits Traitez. Lesquelles Ratifications, enterinement, verifications, & autres choses dessusdites, seront faites & parfournies par ledit Seigneur Roi T. C. & les Dépêches d'icelles en forme duë, délivrées és mains dudit Seigneur Roi Catolique, en dedans trois mois. Et si pour les enterinemens & verifications que dessus, étoit requis & necessaire aux Officiers dudit Seigneur Roi T. C. avoir relaxation de lui des sermens, qu'ils peuvent avoir faits, de ne consentir, ni souffrir aucunes alienations de la Couronne, icelui Seigneur Roi la leur baillera. Et ledit Seigneur Roi Catolique fera faire en son Grand-Conseil, & autres ses Consaux, & Chambres des Comptes en ses Païs d'embas, semblables enterinemens & verifications, avec relaxation des sermens des Officiers, en dedans le terme que dessus; & en dedans six mois le fera aussi ratifier par Monseigneur le Prince des Espagnes son Fils.

Lesquels Points, & Articles ci-dessus compris, chacun d'iceux, ensemble tout le contenu, ont été traitez, accordez, passez, & stipulez reciproquement entre lesdits Deputez, au nom que dessus, & en vertu de leurs Pouvoirs: & ont promis, & promettent sous l'obligation de tous & singuliers les biens, presens & à venir de leursdits Maîtres, qu'ils seront par iceux inviolablement observez & accomplis, & de leur faire ratifier, & en bailler & délivrer les uns aux autres Lettres autentiques, signées & scellées, où tout le present Traité sera inseré de mot à autre, & ce en dedans huit jours prochains. Et d'abondant, ont accordé lesdits Procureurs, à savoir ceux dudit Seigneur Roi Catolique, que le plûtôt que convenablement faire se pourra, & en presence de tel qu'il plaira audit Seigneur Roi T. C. deputer, ledit Seigneur Roi Catolique jurera solennellement sur la Croix, & Saints Evangiles de Dieu, & Canon de la Messe, & sur son honneur, d'observer & accomplir pleinement & réellement le contenu esdits Articles. Et le semblable fera ledit Seigneur Roi Tres-Chretien, le plûtôt que la commodité s'en adonnera, en presence de tel qu'il plaira audit Seigneur Roi Catolique députer. En témoin desquelles choses, ont lesdits Deputez souscrit le present Traité de leurs noms. Au Lieu de Câteau-Cambresis, le troisieme jour d'Avril l'an 1559. aprés Pâques.

POUVOIR *donné par le Roy d'Espaigne au Camp lez Auchy Chateau le* 11. *d'Octob.* 1558. [Ancien Manuscrit tiré de la Chambre des Comptes de l'Isle.]

PHILIPPES par la grace de Dieu Roy de Castille, de Leon, d'Arragon, d'Angleterre, de France, de Navarre, de Naples, de Sicilles, de Maillorcque, de Sardayne, des Isles, Indes, & Terre Ferme de la Mer Oceane, Archiducq d'Austrice, Duc de Bourgoingne, de Lothier, de Brabant, de Lembourg, de Luxembourg, de Gheldres, & de Milan, Comte de Habsbourg, de Flandres, d'Arthois, de Bourgongne, Palatin & d'Hainault, de Hollande, de Zelande, de Namur, & de Zuphen, Prince de Zuave, Marquis du St. Empire, Seigneur de Frize, de Salins, & de Malines, des Cité, Ville, & Pays d'Utrecht, d'Overyssel, & de Groeningen, & Dominateur en Asie, & en Africque. A tous ceulx quy ces presentes Lettres verront, Salut. Comme pour mectre fin aux maux & inconveniens que la pauvre Chrestienneté a ja sy long temps souffert & soeffre encores journellement, a l'occasion des Guerres presentes, se soit consenty entre Treshault, Tresexcellent, & Trespuissant, Prince Henry Roy de France, second de ce nom & Nous, une assamblee de noz Ministres de deux costez, telz que denommerons, n'ayans, comme n'avons tousjours heu, chose en ce monde plus a cœur que la Paix, union & tranquillité de la Chrestienneté, pour veoir si de ladite communication icelle pourroit recepvoir ce fruict & les differents dentre ledit Seigneur Roy & nous cesser, SCAVOIR FAISONS que pour la grande confidence, & certaine cognoissance que nous avons, par vraye & longue experience, des personnes de noz treschiers feaulx & tresamez noz Co..ns, le Duc d'Alve Grand Maître de notre Hostel, &c. Messire Guillaume de Nassou, Prince d'Orenge, Chevalier de notre Ordre, &c. Rugonis, Comte de Melito, notre Sommelier de corps, Messire Anthoine Perrenot, Evesque d'Arras, & Messire Viglius de Zwichem, Chevalier, President & Chief de notre Privé Conseil d'Estat, avons commis & deputé, commectons & deputons iceulx, par ces présentes, pour se trouver & assambler, avecq les Personnaiges deputez dudit Seigneur Roy Treschretien, garniz de Pouvoir souffisant, au Lieu que de commun accord a este advisé & illecq traicter & conclure & accorder une bonne, sincere, parfaite & enthiere Paix & Amitié, qu'ilz verront estre a faire pour la direction d'icelle, de quel poix, grandeur & importance qu'ilz soient, & pour, s'ilz voyent estre convenable a l'establissement & fermeté de ladite Paix, & dont puisse resulter le service de Dieu, & le benefice de ladite Republique Chrestienne, traicter telles Alliances de Mariages, une ou plusieurs que mieulx leur samblera, soit de notre Treschier & Tresame Fils le Prince d'Espaigne, notre Cousin le Duc de Savoye, duquel quant a ce nous faisons fort, ou d'aultre que nous attouchent de consanguinité, & avecq telles pactions & conditions qu'ilz adviseront, comme nous mesme pourrions faire en notre

ANNO 1559.

notre propre personne, a quoy nous les authorisons & donnons tous plain Pouvoir & authorité, ou a la plus-grande partie d'iceulx quy vacquer y pourront, jaçoit qu'il y eust chose que requist mandement plus especial que aux presentes n'est exprimé, Sy promectons, en foy & parolle de Roy & Prince, & soubz nostre honneur & obligation de tous & singuliers noz biens presens & advenir quelconques, d'avoir aggreable, ferme & stable & inviolablement observer tout ce que par nosdits Procureurs sera faict & traicté en cest endroict, sans jamais aller ne venir allencontre directement ou indirectement comme qu'il soit. En tesmoing de ce nous avons signé cestes de nostre main & y faict mectre nostre grand Seel. Donné en nostre Camp lez Auchy Chasteau le onziesme jour d'Octobre l'an de grace mil cinq cens cinquante huict, & de noz Regnes, ascavoir des Espaignes, Sicille &c. le troiziesme, & d'Angleterre, France & Naples le cincquiesme. *Ainsi signé* PHILIPPES. *Et sur le reply*, Par le Roy, COURTEVILLE, *& scellées en Cyre rouge a double Queue.*

POUVOIR *donné par le Roy de France. Au Camp près d'Amiens le* 6. *d'Octobre* 1558. [Copie ancienne tirée de la Chambre des Comptes de l'Isle.]

HENRY par la grace de Dieu Roy de France. A tous ceulx quy ces presentes Lettres verront salut. Comme pour faire cesser la Guerre quy est de present entre Treshault, Tresexcellent, & Trespuissant Prince le Roy d'Espaigne & nous, & trouver avecq la grace de Dieu moyen de mettre la Paix en la Chrestienneté, a son honneur & repos de son Peuple, ayt esté advisé de notre commun consentement que sur certaines ouvertures ja faites pour y parvenir, nous ferons trouver sur la Frontiere de Dourleans certains bons, grans & notables Personnaiges de chacun des deux costez pour conferer & communicquer des poincts, articles & expediens a ce convenables, & sur iceulx arrester & conclure une bonne & indissoluble Paix, union & reconciliation entre nous, SCAVOIR FAISONS que nous desirans de tout nostre cœur, comme nous avons tousjours demonstré l'effect & accomplissement d'une œuvre sy aggreable a Dieu & tant utile a son Peuple, veullant pour le manyment d'icelluy, y preposer de notre part Personnaiges les plus dignes & du meilleur zeele au bien de la Chrestienneté que nous pourrons, sçachans que ne sçaurions pour ledit effect faire meilleure election que des personnes de noz Treschiers & Tresamez Cousins Charles, Cardinal de Lorraine, Archevesque de Reims, premier Pair de France, Anne Duc de Montmorency, aussy Pair & Connestable de France, Jacques d'Albon Sire de St. André, Marcquis de Fronsacq & Mareschal de France, Messire Jehan de Morvilliers, Evesque d'Orleans, Conseillier en nostre Conseil Privé, & Claude de l'Aubespine, Chevalier de Haulteryve, aussy nostre Conseillier & Secretaire d'Estat, & de noz Finances, a plain confians de leur sens, vertuz & integrité, & de l'affection grande qu'ilz portent au bien de nostre Royaulme, & de noz affaires, dont ils ont tout cognoissance, iceulx pour ces cause & aultres bonnes & grandes considerations a ce nous mouvans, avons commis, ordonnez & deputez, commectons, ordonnons & deputons par ces presentes, & leur avons doné & donnons plain pouvoir, puissance, aucthorité, Commission & Mandement especial d'eulx transporter en nostre Ville d'Orleans, & de là en tel Lieu & Lieux qu'il sera advisé entre lesdits Commis deputez, pour communicquer & conferer avecq ceulx dudit Seigneur Roy d'Espaignes, ayant samblable Pouvoir, des moyens de ladite Paix & reconciliations, de nostre mutuelle & commune Amitié & bonne intelligence, traicter, pacifier & accorder les differents que nous avons ensemble, & ceulx quy peuvent causer ceste presente Guerre, & sur iceulx faire, conclure & arrester une bonne, ferme & sincere Paix entre nous, noz Royaulmes, Pays, Terres, Seigneuries, & Subjectz, par tous les bons moyens & expediens quy pourront servir, & pour icelle mieux fermer & establir, faire & arrester, sy besoing est & les choses sy trouvent disposées, telz parties de Mariage de noz Enfans & aultres de nostre sang, qu'ilz adviseront, & oultre sy l'affaire le requiert, & pour faciliter ce bien tant desiré a la Chrestienneté, il se trouve necessaire faire & accorder samblablement de par nous cessation d'armes & abstinence de Guerre en tels Lieux, & pour tel temps que besoing sera, aussy pour la seureté de ladite Negotiation bailler telz Saultconduict aux allans & venans qu'il sera requis, & generallement faire, negotier, promettre & accorder que ledit effect, tout ainsy que nous mesmes ferions & faire pourrions sy presens en personnes y estions, jaçoit qu'il y eust chose quy requist mandement plus especial qu'il n'est contenu en cesdites presentes, promectans, en bonne foy & parolle de Roy & soubz l'obligation & hipothecque de tous & chacuns noz biens presens & advenir, avoir agreable, tenir ferme & estable & a tousjours tout ce que par nosdits Deputez ou les quattre ou trois d'entre eulx, en l'absence, maladie ou empeschement des aultres, sera faict, promis, accordé & convenu; & iceluy observer, accomplir, & entretenir de point en point, & faire observer, garder & entretenir inviolablement sans enfraindre. En tesmoing de ce nous avons signé cesdites presentes de nostre propre main, & a icelles faict mettre & apposer nostre Seel. Donné au Camp prez d'Amiens le sixiesme jour d'Octobre, l'An de grace mil cincq cens cincquante huict, & de nostre Regne le douziesme. *Ainsy signé* HENRY. *& sur le reply*, Par le Roy DUTHIER. *Et seellees en double queue de cyre jaulne. Ainsy Signé*, El Duque de Alva, Guillaume de Nassou, Rugonis de Silva Comte de Mileto, A. Perrenot Evesque d'Arras, Charles Cardinal de Lorraine, de Montmorency, Jacques d'Albon, J. de Morvilliers, Evesque d'Orleans, de l'Aubespine, lequel Traicté nous avons ratifié depuis & juré de l'observer de poinct en poinct.

Saufconduit de HENRI II. *Roi de France pour les Ministres Plenipotentiaires de* PHILIPPES II. *Roi d'Espagne & pour ceux de la Reine d'Angleterre, leurs Domestiques & leurs Messagers, afin qu'ils puissent librement venir de leur Camp au Lieu de l'Assemblée, & y retourner. Amiens le* 8. *d'Octobre* 1558. [Tiré du Livre intitulé, *Traité de Paix fait à Chateau Cambresis*, &c. *& ce qui se passa en la Negociation pour ladite Paix* &c. pag. 16.]

A NOSTRE Trescher, & Tresamé Cousin le Duc de Guise, Pair & Grand Chambellan de France, notre Lieutenant General, & autres nos Lieutenants Generaux, Gouverneurs, Capitaines, Chefs & Conducteurs de nos Gens de Guerre, tant de Cheval que de pied, de quelque Nation qu'ils soient, & autres nos Justiciers, Officiers, & Sujets, salut & dilection. Comme pour trouver moyen de faire cesser la presente Guerre, & metre la Chretienté en repos, ait ces jours passés été commencée quelque communication entre aucuns bons, grands, & notables Personnages, Ministres de Tres-Haut, Tres-Excellent, & Tres-Puissant Prince, le Roi d'Espagne & les nostres, en la Ville de l'Isle en Flandre, & sur les ouvertures y faites, resolu entre ledit Seigneur Roi & Nous, que pour voir si, dudit commencement des Negociations, se pourra tirer le fruit necessaire à la Chretienté, nous ferons trouver en l'Abbaye de Cercamp nos Deputez d'une part & d'autre en plus grand nombre avec Pouvoir; Et ayant a cet effect choisi de notre part nos Tres-Chers & Tres-Amés Cousins, le Cardinal de Lorraine, Archevesque & Duc de Rheims, Premier Pair de France; le Duc de Montmorency, aussi Pair & Connestable de France; le Sieur de St. André Marquis de Fronsac, & Marechal de France; Messire Jean de Morvillier Evesque d'Orleans, Conseiller en notre Conseil privé; & Claude de l'Aubespine notre Conseiller & Secretaire d'Estat, & de Finance; & de la part dudit Seigneur Roi d'Espagne, le Duc d'Alve Grand Maistre de son Hostel; Messire Guillaume de Nassau Prince d'Orange, Ruy Gomes Comte de Melite; Messire Anthoine Perrenot Evesque d'Arras, & Viglius de Zwychen Chevalier, President & Chef de son Conseil, tous de son Conseil d'Estat. Et afin que les susdits se puissent trouver audit Lieu de Cercamp, avec leur suite, & vacquer a ladite Negociation, en la tranquilité, repos, & seureté requise; & de même avoir la commodité, pour y faire ammener vivres, & autres choses dont ils auront besoin; & que les Messagers & Lettres que de tems a autre leur seront envoyés, & qu'ils depecheront, aillent & viennent seurement. Nous a ces causes, & pour

ANNO 1559.

ANNO 1559.

pour y satisfaire de nôtre part, nous donnons par ces presentes, toute seureté, & Saufconduit auxdits Deputez dudit Seigneur Roi d'Espagne, & a ceux de la Reyne d'Angleterre, si tant est, qu'elle y en veille faire trouver en ladite Assemblée, ensemble a leur Train, Famille, Couriers, Marchands, Vivandiers, Serviteurs, & quelconques autres personnes, pour venir, sejourner, & retourner librement depuis la Ville d'Arras, jusqu'au Camp dudit Roi d'Espagne, & dudit Camp, en ladite Abbaye de Cercamp, dez le jour & date des presentes, tant & si longuement que ladite Assemblée & Negociation durera, & deux jours après la separation d'icelle. Et sera suspendu l'exploit des Armes, sans que de notre part soit usé directement ni indirectement d'hostilité quelconque, dez ledit tems, sur le grand chemin de ladite Ville d'Arras jusques audit Camp, & dudit Camp, en ladite Abbaye de Cercamp, & une lieuë d'un costé & d'autre desdits grands Chemins. Pourveu toutes fois que dez lesdits Lieux compris en ladite suspension d'Armes, l'on ne puisse partir pour exercer aucune hostilité a l'encontre de nous, nosdits Sujets, Gens de Guerre & Ministres. Et si aucune innovation s'y fait, ledit Seigneur Roi d'Espagne la fera incontinent reparer, comme nous ferons de nostre part si aucune chose se faisoit par les nostres a l'encontre de notre presente Sauvegarde. Promettant par cesdites presentes signées de notre main, en bonne foi & parolle de Roi, ainsi l'observer inviolablement. Si voulons & vous mandons, & a chacun de vous endroit soi, & si comme a lui apartiendra que le contenu cy-dessus vous gardez, observez & effectuez, & faites garder, observer, & effectuer sans enfreindre. Car tel est nôtre plaisir. Donné en nôtre Camp près d'Amiens sous le Séel de notre Secret, le 8. jour d'Octobre 1558.

Declaration de HENRI II. *Roi de France, concernant le Connétable de* MONTMORENCY, *& le Maréchal de* SAINT ANDRE' *Prisonniers de Guerre en Espagne, & néanmoins ses Plenipotentiaires aux Conferences de la Paix, par laquelle il promet que lesdits Connétable & Maréchal n'abuseront point de cette liberté pour s'enfuir, & que si la Paix ne se fait point, il les renvoyera au Roi d'Espagne pour être ses Prisonniers comme auparavant. Donnée au Camp près d'Amiens le 6. d'Octobre* 1558. [Pièce tirée du Livre intitulé, *Traité de Paix, fait au Chateau Cambresis &c. & ce qui se passa en la Negociation pour ladite Paix.*]

NOUS HENRI par la grace de Dieu Roi de France. Comme puis n'agueres, pour trouver moyen de faire cesser la Guerre, qui est de present entre tres Haut, tres Excellent, & tres Puissant Prince, Philippes par la même grace de Dieu Roi d'Espagne &c. & nous, y ait eu certainne Conference entre nos treschers, & tresamés Cousins le Duc de Montmorency, Pair & Connetable de France, & le Sieur de l'Aubespine, notre Conseiller, & Secretaire d'Estat de notre part, & les Seigneurs Prince d'Orange, Comte de Melite & Evesque d'Arras, de la part dudit Seigneur Roi d'Espagne; Et là a été avisé, sous le bon plaisir de nos deux Majestez, que le plus expedient seroit deputer Ministres des deux costés, pour s'assembler en certain lieu, entre notre Ville de Doullens, & le Camp dudit Seigneur Roi d'Espagne, pour communiquer & negotier de la pacification de nos Differents. Ce que chacun de nous desirant le bien & repos de la Chretienté a eu agreable, & à cette fin choisi & nommé certains bons, grands, & notables Personnages. Et pour ce que du nombre des nostres sont noz dits Cousins les Connetable & Marechal de St. André, a present prisonniers de Guerre, ainsi que nous l'avons fait entendre audit Seigneur Roi d'Espagne, lequel s'est contenté qu'ils soient & interviennent en ladite Negociation sans aucune garde, ains seulement sur leur foi & parole avec la notre, tant & si longuement que ladite Assemblée & Negociation durera, & deux jours après la dissolution d'icelle. Sçavoir faisons que nous voulans demontrer, combien nous desirons & entendons proceder en cette Affaire, de vraye integrité, & sincerité; avons (a) permis & permetons, par cette en bonne foi & parole de Roi, que nous ne sauverons, ne, par aucuns moyens directs ne indirects, que l'on pouroit excogiter, ferons sauver lesdits Connetable & Marechal, & là où ils se retireroient d'eux mêmes devers nous, nous ne les porterons ni excuserons en leur fait, ni aussi les forcerons de, & en vertu de leur obeïssance, & du serment par lequel, comme nos Sujets & Vassaux ou autrement, ils nous peuvent estre obligés, demeurer auprès de nous & en notre Royaume. Ains aussi ne les y admonesterons & les renvoyerons au pouvoir dudit Seigneur Roi d'Espagne, pour estre mis en leur garde & état accoutumé, renonçants par exprès quand a cet effect, auxdits services, & autres obligations & deus qu'ils peuvent avoir envers nous, le tout sans aucune fraude ni mal engin. En témoin de ce nous avons signé les presentes de notre main, & a icelles fait metre & apposer notre Seel de notre Secret. Du Camp près d'Amiens le 6. jour d'Octobre 1558.

(a) Ce doit être une faute d'Impression. Le sens veut qu'on lise *promis & prometons.*

Mandement de PHILIPPES II. *Roi d'Espagne, à ceux du Grand Conseil de* Malines, *& de la Chambre des Comptes de* l'Isle, *pour l'Enregistrement du précedent Traité.* Avec *les Enregistrements & Publications faites en ces deux Cours en execution dudit Mandement du* 2. *Sept.* 1559. [Copie ancienne tirée de la Chambre des Comptes de l'Isle.]

PHILIPPES par la grace de Dieu Roi de Castille, & de Leon, d'Arragon, de Navarre, de Naples, de Sicile, de Majorque, de Sardaigne, des Isles, Indes, & Terre Ferme, de la Mer Occeane, Archiduc d'Autriche, Duc de Bourgogne, de Lothier, de Brabandt, de Lembourg, de Luxembourg, de Gheldres, de Milan, Comte de Habsbourg, de Flandres, d'Arthois, de Haynault, Palatin & Comte de Bourgogne, de Hollande, de Zeelande, de Namur, & de Zutphen, Marquis du St. Empire, Seigneur de Frise, de Salins & de Malines, des Citté, Ville, & Païs d'Utrecht, d'Overyssel, & de Groeningue, & Dominateur en Asie, & en Affrique, Sçavoir faisons, que comme nos Treschiers & feaux Cousins Don Fernando Alvares de Tolede, Duc d'Alve, Grand Maitre de notre Hostel, Messire Guillaume de Nassau, Prince d'Orange, & Rugonus de Silva Comte de Melito &c. & notre Sommelier du Corps, & Messire Anthoine Perrenot Evesque d'Arras, tous de notre Conseil d'Estat, ayant, en vertu de leurs Pouvoirs, traité le 3. jour du mois d'Avril dernier avec Illustre Prince Charles, du Titre de St. Apollinaire de la Sainte Eglise Romaine, Prestre Cardinal de Lorraine, Archevesque & Duc de Rheyms, premier Pair de France, & Legat né du Siége Appostolique, Anne Duc de Montmorenci, Pair, Connetable & Grand Maitre de France, Jacques d'Albon, Sire de St. André, Marquis de Fronsac, & Marechal de France, Messire Jean de Morvilliers Evesque d'Orleans, & Yoland de l'Aubepine Chevalier Seigneur de Haltenve, Deputez de Tres-Haut & Tres-Puissant Prince, notre Tres-chier & Tres-amé Frere, le Roi Henri de France Tres-Chretien, une Paix, Confederation & perpetuelle Amitié, entre nous & ledit Seigneur Roi T. C. dont la teneur s'ensuit.

Fiat Insertio.

Et il soit, qu'entre autres, il y ait ung Article, contenant que pour plus grande seureté dudit Traité, ledit Seigneur Roi T. C. le feroit verifier & interiner en la Court de Parlement a Paris, & en tous autres Parlements du Royaume de France, avec l'intervention & en presence des Procureurs Generaux desdites Cours de Parlement; ausquels ledit Seigneur Roi T. C. bailleroit pouvoir especial & irrevocable, pour en son nom esdites Courts de Parlement, & de illec consentir aux Interrinnements, & eux soubmetre volontairement a l'observance de toutes les choses contenuës esdits Traitez & chacun d'iceux respectivement & qu'en vertu d'icelle volontaire submission, ils soient en ce condempnez par Arrest & Sentence diffinitive desdits Parlemens en bonne & convenable forme, & que ledit Traicté de Paix seroit aussy verifié & enregistré en la Chambre des Comptes audit Paris, en presence & du consentement du Procureur dudit Seigneur Roy Tres-Chrestien, pour l'ef-

ANNO 1559.

l'effectuelle execution & accomplissement d'iceluy, & validation des quictances, renonciations & submissions, & aultres choses contenues, & declairees ausdits Traicteez, desquelles Ratifications, Interinemens, Verifications & aultres choses dessusdictes seroient faictes & parfurnies par ledit Seigneur Roy Tres-Chrestien, & les Despesches d'icelles en forme deue delivrees en noz mains endedans trois mois. Et sy pour les Intherinemens, & Verifications quę dessus estoit requis & necessaire aux Officiers dudit Seigneur Roy Tres-Chrestien avoir relaxation de luy des sermens qu'ilz peuvent avoir faictz de ne consentir ny souffrir aulcunes allienations de la Couronne d'iceluy Seigneur Roy Tres-Chrestien, la leur bailleroit, & que nous ferions faire en notre grand Conseil & aultres noz Consaulx & Chambres en noz Pays de pardecà samblables Interinemens & Verifications, avecq relaxation des sermens des Officiers endedans le terme que dessus. Nous a ces causes veullans satisfaire a tous les poinctz & articles contenuz audit Traictiez, & de notre part inviolablement les entretenir, garder & observer, & faire entretenir, garder & observer ainsy que l'avons promis & juré comme dessus, mandons, commandons, & tres expressement enjoingnons a noz amez & feaulx les President & Gens dę notre grand Conseil & Comptes a Lille que en presence & du consentement de notre Procureur General, & de notre Procureur a Lille respectivement, que nous voulons este a ce condempnez suivant la forme dudit Traicté, ilz facent interiner & verifier en nosdits grand Conseil & Chambre des Comptes, ledit Traicté de Paix; en laquelle Chambre des Comptes il sera aussy enregistré & iceluy avec tous & chacuns les poincts & articles, que y sont contenuz, enthierement gardent & observent, facent entretenir, garder & observer, sans enfraindre ne souffrir estre enfraint en aulcune maniere, & pour cest effect avons lesdits de notre grand Conseil, & Comptes a Lille, entant que besoing seroit, dispensez & dispensons du serment qu'ilz peuvent avoir faict de non passer samblables choses, promecttans, en bonne foy & parolle de Roy & soubz l'obligation & hipothecque de tous & chacuns noz biens presens & advenir, avoir agreable, ferme & estable, tout ce que aura esté faict par les gens de nosdits grand Conseil & Comptes en cest endroict, sans jamais aller ne souffrir aller au contraire, & que ce soit chose ferme & estable a tousjours, Nous avons faict mecttre notre Seel a ces presentes. Donné en notre Ville de Bruxelle le premier jour de Juing l'an de grace mil cincq cens cincquante noeuf, de noz Regnes, a scavoir des Espaignes, Sicille &c. le quattriesme, & de Naples le sixiesme. *Ainsy signé* PHILIPPES. *Embas estoit escript*, Par le Roy *& signé* COURTEVILLE, *Et plus bas estoit escript ce que s'ensuit*: Lecta, publicata, emologata, verificata & expedita, secondum sui formam & tenorem, in presentia Magistri Joannis a Marcques Substituti Procuratoris Generalis Regie Catholice Majestatis. Et eo audito hocque consentiente secundum Mandatum speciale a sua Majestate datum & concessum, quem eodem nomine, insequendo submissionem per eum volontariè factam ad observationem, executionem & adimpletionem contentorum in inserto Pacis Tractatu, Presidens & Senatus Magni Consilii Majestatis sue condempnaverunt atque condempnant. Actum Mechlinie vigesima quinta Mensis Augusti Anno millesimo quingentesimo quinquagesimo nono. *Soubscript*, Me presente, *Signé* DELTIN, *& encores plus bas estoit escript*, Lecta similiter, publicata, emologata, & registrata in Camera Computorum Regie Catholice Majestatis Insulis secundum sui formam & tenorem, in presentia Magistri Egidii Jouvenel, Procuratoris sue Majestatis, in eo audito hocque consentiente secundum Mandatum speciale a sua Majestate datum & concessum, quem eodem nomine, insequendo submissionem per eum volontariè factam ad observationem, executionem & adimpletionem contentorum in inserto Pacis Tractatu, predicta Camera Computorum condempnavit atque condempnat. Actum secondo die Mensis Septembris Anno Millesimo quingentesimo quinquagesimo nono. *Soubscript*, Me presente *& signé* VINCART.

XXIV.

ANNO 1559.

3. Avril. ESPAGNE ET FRANCE.

Traité de Paix particulier, ensuite du Traité general entre le Roi HENRI II. *Roi de France, &* PHILIPPE II. *Roi d'Espagne. A Câteau-Cambresis le troisieme Avril* 1559. [FREDER. LEONARD, Tom. II. pag. 553.]

AU nom de Dieu le Createur. A tous soit notoire, comme aujourdui date de cettes, soit été traité Paix, entre Tres-Hauts, Tres-Excellens, & Tres-Puissans Princes, Philippe, Roi Catolique, &c. & Henri, Tres-Chretien Roi de France; par Illustres Princes & Seigneurs, Don Fernand Alvarez de Toledo, Duc d'Alve, &c. Grand-Maître du Roi Catolique; Messire Guillaume de Nassau, Prince d'Orange; &c. Ruy Gomez de Silva, Comte de Melito, &c. Sommelier de corps dudit Seigneur Roi; Messire Antoine Perrenot, Evêque d'Arras, &c. tous du Conseil d'Etat dudit Seigneur Roi Catolique: Illustre Prince Charles, du titre de Saint Apollinaire, de la Sainte Eglise Romaine Prêtre-Cardinal de Lorraine, Archevêque de Reims, Premier Pair de France, & Legat-né du Saint Siege Apostolique; Anne, Duc de Montmorency, Pair, Connétable, & Grand-Maître de France; Jâques d'Albon, Sire de Saint André, Marquis de Fronssac, Maréchal de France; Messire Jean de Morvilliers, Evêque d'Orleans, Conseiller du Roi en son Conseil Privé; & Claude de l'Aubespine, Chevalier, Sieur de Hauterive, Conseiller dudit Seigneur Roi Tres-Chretien, son Secretaire d'Etat, & de ses Finances. Iceux commis, en vertu de leurs Pouvoirs, outre le contenu audit Traité de Paix, ont accordé les Articles suivans, & qu'ils soient, & un chacun d'iceux, inviolablement gardez par lesdits Seigneurs Rois, leurs Hoirs, Successeurs, & aians cause, & avec la même force, vigueur, faveur, & prerogative, comme s'ils étoient expressément inserez audit Traité de Paix.

Premierement, Que Messire Guillaume de Nassau, Prince d'Orange, &c. Heritier universel institué par le Testament de feu Messire René de Chalon, en son vivant Prince d'Orange, &c. Heritier immediat du feu Prince Philbert de Chalon, sera remis, restitué, & réintegré en la réelle, & corporelle possession & jouïssance de ladite Principauté d'Orange, Souveraineté, & dernier ressort d'icelle, ses membres & dépendances, fruits, revenus, profits, émolumens, & apartenances quelconques, pour d'iceux jouïr & user pleinement & paisiblement, tout ainsi qu'il faisoit, ou pouvoit faire devant l'ouverture des dernieres Guerres, commencées l'an mille cinq-cens cinquante un, tant en vertu des precedens Traitez, que des Lettres de main-levée & reintegrande à lui octroiées par le feu Roi François de bonne memoire, le vint-unieme de Fevrier mille cinq-cens quarante-six; pour l'execution desquelles, en ce qui reste à executer. & pour lever & ôter tout autre empêchement fait & donné audit Sieur Prince, en la jouïssance de ladite Souveraineté, & choses susdites, lui seront prontement octroiées par le Roi Tres-Chretien, Lettres de main-levée & reintegrande, conformes aux susdites Lettres de reintegrande du vint-unieme de Fevrier mille cinq-cens quarante-six, & toutes autres provisions requises & necessaires, ôtant toutes main-mises & empêchemens, cassant & annullant toutes procedures, exploits de Justice, & Arrests donnez depuis l'ouverture desdites dernieres, que autres precedentes Guerres, au prejudice dudit Sieur Prince ou ses Predecesseurs: & sera fait défense à la Cour de Parlement de Grenoble, & à toutes autres Cours & Juges, de ne rien atenter au préjudice desdits droits de Souveraineté, comme dit est: & ce qui ja auroit été atenté, sera reparé & remis en son premier état.

Item. Sera ledit Prince d'Orange, remis, restitué, & réintegré en la jouïssance paisible des Terres & Seigneuries (1) d'Orpiere, Terclus, Montbrison, Curnier, la Parerie, Novesan, & autres Lieux à lui apartenans és Païs de Daufiné, Cuyseaux, Varennes, & Beaurepaire, assises és Vicomtez d'Auxonne, ressort de Saint-Laurent, Maison-vignes, & Chevance de Dijon, leurs apartenances & dépendances, pour d'iceux jouïr pleine-

(1) Tous les droits des Princes d'Orange sont clairement expliquez sous le nom d'*Orange* dans les 6. 7. & suivantes Editions du Grand Dictionnaire de *Moreri*.

ANNO 1559. pleinement & paisiblement, tout ainsi qu'il faisoit, ou ses Predecesseurs faisoient, auparavant lesdites Guerres; le tout nonobstant les saisies & occupations depuis faites és choses susdites à son prejudice; & nonobstant les Procedures, Sentences, & Arrêts donnez au contraire, durant les dernieres & precedentes Guerres, lesquels sont & demeureront cassez, revoquez, & annullez, & lui remis en tel état qu'il étoit auparavant.

Sera pareillement remis en tous les autres droits, noms, raisons, actions, &c. qu'il avoit devant ladite Guerre, tant pour le regard des sommes de deniers, que de la Maison d'Etampes, & autres choses par lui pretenduës; sur lesquelles lui sera fait & administré la meilleure & plus brieve raison & justice que faire se pourra, sommairement & de plain.

Et touchant les actions, que ledit Sieur Prince a contre autres particuliers riere l'obéissance dudit Seigneur Roi Tres-Chretien, Sa Majesté ordonnera à tous Juges de son Roiaume, d'administrer audit Sieur Prince aussi prompte & bonne justice, que à ses propres Sujets, & singulierement touchant le procés de la Comté de Tonnerre, la Comté de Charny, & de celui qui pend au Parlement de Grenoble, des quatre Baronnies, mis en état passé long-tems. Et aura au demeurant icelui Sieur Prince, en tous ses procés & affaires, bonne & brieve distribution & expedition de justice, & telle qu'il aura juste occasion de contentement.

Tout ce qui fut dernierement traité à Crespi, au Traité particulier concernant la Princesse de Gaure, tant en general qu'en particulier, sortira son plein & entier effet en faveur du Comte d'Egmont, à present Prince dudit Gaure, lequel sera remis en la possession de tous les biens, que lui, ou feu ladite Dame, sa Mere, possedoient avant les Guerres, & dont il a été dépossedé à l'occasion d'icelles; annullant tout ce qui à leur prejudice pourroit avoir été fait durant lesdites Guerres, par contumace, & en son absence; & ne sera tenu de réedifier à ses dépens le Château de Fiennes, ni y pourra être contraint aucunement. Et quant aux dommages, pertes & dégats, qu'il pretend lui avoir été faits durant la Paix, par le Roi Tres-Chretien, ou à son occasion, il en pourra faire ses demandes juridiquement, & lui sera satisfait de ce qui par droit & justice lui sera adjugé; laquelle justice ledit Seigneur Roi Tres-Chretien lui fera administrer sommaire & brieve, & le traitera toûjours favorablement en tous ses affaires.

Messire Philippe de Crouy, Duc d'Arscot, sera remis & réintegré en la possession & jouïssance des choses, que le feu Duc son Frere possedoit au Roiaume de France, au commencement & à l'ouverture de cette Guerre: & lui sera observé & entretenu tout ce qui en sa faveur, & de ses Predecesseurs, a été disposé és Traitez precedens; & en tout ce qu'il voudra pretendre par justice, lui sera icelle bien & prontement administrée, desorte que avec raison il ne s'en puisse plaindre.

Aussi sera faite bonne & brieve justice aux Heritiers de la Maison de Vergy, en ce qu'ils pretendent sur Saint-Disier, Vitry en Partois, la Seigneurie de Vergy, & autres choses, selon les Traitez precedens, & les droits qui leur competent.

Sera faite au Sieur de Glaion bonne & brieve justice, au procés qu'il a pendant pour raison de la Baronnie de Chaumont.

Le Sieur de la Trouilliere rentrera és biens qu'il a au Roiaume de France, pour en joüir suivant le contenu és Traitez ci-devant faits entre le feu Empereur, & le feu Roi François, quelque saisie, confiscation, ou autre empêchement, qui y pourroit avoir été fait, ou donné depuis lesdits Traitez, pour avoir lui & son Pere suivi le parti dudit feu Sieur Empereur, & de Sadite Majesté Catolique, nonobstant toutes Sentences & Arrêts, ou Exploits donnez à l'encontre de lui, & à son prejudice, qui demeureront revoquez par ce present Traité.

Et sera aussi faite & administrée bonne & brieve justice à Messire Charles de Poitiers, Sieur de Vaydans, & à ses Freres, de ce qu'ils pretendent és biens & Succession de feu Messire Guillaume de Poitiers, Sieur de Saint-Valier, contre ceux qui les possedent.

Quant à la restitution, que le Duc d'Alburquerque demande, d'aucune vaisselle d'argent, & autres meubles, qu'il pretend lui avoir été pris par aucuns Ministres du feu Roi Tres-Chretien, en l'année mille cinqcens quarante-cinq, aprés le Traité de Crespi, lui en sera faite & administrée bonne & briéve justice.

Et davantage, se declare expressément que le Baron Nicolas de Polviller, & ses Freres, seront compris au Traité de Paix, ni plus ni moins que s'ils étoient dénommez à cet effet dedans le Traité principal, pour jouir du benefice d'icelui, sans que en façon quelconque l'on lui puisse rien demander, ni à sesdits Freres, à l'occasion du voiage qu'il fit en France l'an mille cinqcens cinquante-sept, ni ceux de sa compagnie, soit pour l'avoir suivi, ou pour avoir tenu le parti de Sad. M. Cat. si avant qu'ils ne soient sujets dudit Sieur Roi T. C. ANNO 1559.

A Madame Diane de Poitiers, Duchesse de Valentinois, en ce qu'elle pretend le Marquisat de Cotron, de Catenzane, & autres Terres lui apartenir au Roiaume de Naples, Sa Majesté Catolique lui fera faire audit Naples, aussi bonne & briéve justice, que à ses propres Sujets, & lui seront données à cet effet Lettres favorables au Viceroi, & autres Officiers audit Naples, où il sera de besoin.

Est aussi accordé, que au Reverendissime (a) Cardinal de Ferrare seront rendus & restituez les deniers, qu'il pretend lui avoir été arrêtez durant ces dernieres Guerres au Duché de Milan, par aucuns, au prejudice d'un Saufconduit, qui lui avoit été baillé.

(a) Il avoit été Gouverneur de Sienne pour Henri II.

Que le General *Albicio del Bene*, Florentin, ancien Serviteur & Officier du Roi Tres-Chretien, demeurant en la Ville de Lion, sera, ou son Procureur pour lui, remis & restitué en la possession actuelle de tous les biens à lui apartenans, assis en la Jurisdiction du Duc de Florence, à lui occupez & détenus depuis l'ouverture de ces dernieres Guerres: & le semblable sera fait au regard des autres Florentins, demeurans & habituez au Roiaume de France, autres que ceux qui auroient été particulierement declarez, bannis & foruscis de l'Etat dudit Duc de Florence, à moins qu'il ne se trouve, que ledit *del Bene*, ou autres Florentins de la qualité avant dite, eûssent conspiré contre la personne du Duc, au prejudice de la Republique & Etat de Florence.

Aussi le Comte Scipion de Flisque, & Octavian Fregose, jouïront du benefice du Traité de Paix, comme si specialement ils y étoient compris, pour pouvoir librement hanter & converser aux Païs dudit Seigneur Roi Catolique. Et quant à ce qu'ils pretendent leur être retenu de leurs biens, ils en feront par leurs Procureurs poursuite à Gennes, & ailleurs; & tiendra ledit Seigneur Roi Catolique la main, en faveur dudit Seigneur Roi Tres-Chretien, auquel ils sont Serviteurs, à ce que la justice leur soit faite & administrée bonne & brieve. De sorte que ledit Seigneur Roi Tres-Chretien connoîtra, combien il desire favoriser dorenavant ceux qui dépendent de lui, en ce qu'avec la raison faire se pourra.

Et generalement tous Sujets, tant du Roiaume de France, que des Païs dudit Seigneur Roi Catolique, seront remis & reintegrez en tous leurs biens, tant immeubles, rentes perpetuelles, viageres, & à rachat, desquelles ils ont été dépossedez à cause desdites Guerres, & d'avoir suivi & servi en parti contraire: & demeureront cassées & annullées toutes procedures faites à l'encontre d'eux, pour & à cause dudit Service, ensemble toutes prescriptions aians couru durant icelles.

Lesquels Points & Articles susdits, & tout le contenu en cettes, iceux Procureurs desdits Seigneurs Rois ont traité & accordé, au nom desdits Seigneurs Rois leurs Maîtres, promettant de les faire ratifier, & qu'ils l'observeront entierement de bonne foi, comme dessus. En temoignage de ce lesdits Sieurs Deputez ont signé cettes de leurs noms, au Lieu de Câteau-Cambresis, le troisieme jour d'Avril, l'An 1550. aprés Pâques.

Outre ce que dessus est contenu en ce Traité particulier; lesdits Deputez, au nom que dessus, & en vertu de leur Pouvoir, ont convenu, traité, accordé, & declaré, & declarent, que la Sentence de ceux, qui se commettront en vertu du Traité de Paix, aura décision & vuidange du diferend, qui demeure entre les Princes touchant Saint-Pol, ou à faute de se pouvoir lesdits Commissaires accorder, le Superarbitre choisi, comme il est convenu, s'executera, & aura force & vigueur sans apel, contredit, ou reclamation quelconque. *Ainsi signé,*

C. Cardinal de Lorraine.	*El Duque de Alva.*
A. de Montmorency.	*Guillaume de Nassau.*
Jâques d'Albon.	*Ruy Gomez de Silva, Conde de Melito.*
De Morvilliers, Ev. d'Orleans.	*L'Evêque d'Arras.*
De l'Aubespine.	

ANNO 1559.

SAvoir faisons, que Nous aiant agreable ce qui par nosdits Deputez a été fait, convenu, & conclu avec lesdits Deputez dudit Seigneur Roi Tres-Chretien, outre le contenu audit Traité principal, nous l'avons accepté, ratifié, aprouvé, & confirmé, acceptons, ratifions, aprouvons, & confirmons par ces presentes, de point en point, comme il est ici couché: & voulons que le tout soit de tel effet, force & valeur, comme si nous-mêmes l'eussions conclu, & comme s'il étoit expressément inseré audit Traité principal: promettant en bonne foi, & parole de Roi, avoir agreable, tenir, & faire tenir ferme & stable, en tous les points, & par tous nos Roiaumes, Terres, Païs, & Seigneuries, tout ce qui par nosdits Deputez a été fait és choses dessusdites, sans jamais y aller ni venir au contraire, ni souffrir y être contrevenu en quelque sorte que ce soit; le tout sans fraude, abus, ou malengin. En témoin de ce, nous avons signé ces presentes de nôtre main, & à icelles fait mettre nôtre Sceau. Donné en nôtre Ville de Bruxelle, le septieme jour dudit mois d'Avril, l'An de grace mille cinq-cens cinquante-neuf, aprés Pâques; de nos Regnes, à savoir des Espagnes, Sicile &c. le quatrième, & de Naples le sixième. *Et au dessous signé,* PHILIPPE. *& plus bas,* Par le Roi, COURTEVILLE. *Et a côté est écrit.*

Lecta, publicata, & registrata in Camera Computorum Domini nostri Regis, Procuratore Generali ejusdem Domini audito, præsente, & consentiente, quinta Maii, Anno Domini 1559. Signé, LE MAISTRE.

XXV.

17. Juin. Revers und Obligation der Innwohnern des Landes Ditmarschen/ wodurch sie sich König FRIDERICO II. in Dännemarck als Hertzogen zu Holstein/ wie auch Hertzog Johann und Adolphen zu Schleßwig und Holstein unterwerffen/ und alle treue als Unterthanen gebührt/ versprechen. Geben Dienstag nach St. Viti Anno 1579. Mit Käysers RUDOLPHI II. Confirmation. Geben in der Stadt Lintz den 9 Julij 1559. [JOH. LIMNÆI Juris Publ. Imperii Rom. Germanici Tom. I. Lib. V. Cap. IX. Num. III. LUNIG, Teutsches Reichs-Archiv. Part. Spec. Cont. II. Abtheil. IV. Absatz X. pag. 41. d'où l'on a tiré ces deux Pièces, qui se trouvent aussi dans CHRIST. GASTELIUS de Statu Europæ noviss. Cap. XIX. pag. 631. & dans OLDENBURGERI Limnæus Enucleatus Lib. III. Cap. XII. pag. 416.]

C'est-à-dire,

Revers & Obligation des Habitans du Païs de DITHMARSEN, *par lequel ils se soumettent à l'obéissance de* FREDERIC II. *Roi de Dannemarc comme Duc de Holstein, & de* JEAN *&* ADOLPHE *aussi Ducs de Slesvich-Holstein, leur promettant toût devoir & fidelité. Le Mardi après la St. Vite* 1559. Avec *la Confirmation de l'Empereur* RODOLPHE II. *donnée à Lintz le* 9. *Juillet* 1578.

WIr Rudolphus der Ander/ von GOttes Gnaden/ erwehlter Römischer Kaiser/ zu allen Zeiten Mehrer des Reichs/ in Germanien/ zu Hungarn/ Böheim/ Dalmatien/ Croatien und Sclavonien/ etc. König/ Ertz-Hertzog zu Oesterreich/ Hertzog zu Burgund/ zu Braband/ zu Steyer/ zu Kärndten/ zu Crain/ zu Lützenburg/ zu Würtemberg/ Ober- und Nieder-Schlesien/ Fürst zu Schwaben/ Marggraf des heyligen Römischen Reichs zu Burgau/ zu Mähren/ Ober- und Nieder-Laußnitz/ Gefürsteter Grafe zu Habspurg/ zu Tyrol/ zu Pfierdt/ zu Kyburg und Görtz/ Landgraff in Elsaß/ Herr auf der Wendischen Marck/ zu Portenau und Salins etc. bekennen offentlich mit diesem Brieff/ und thun kund allermänniglich/ daß uns der Durchleuchtigste Fürst/ Herr Friedrich der Ander/ zu Dennemarck/ Norwegen/ der Wenden und Gothen König/ und die Hochgebohrnen Johann und Adolph/ alle Hertzogen zu Holstein/ Gevettern und Gebrüder/ unsere liebe Freund/ Ohaim und Fürsten/ durch ihre vollmächtige Bothschafft/ die Ehrsamen/ Gelehrten/ unsere und des heyligen Reichs lieben Getreuen/ Heinrich von Alsfeld/ und Gerhardus Steding in Glaubwürdigen Schein fürbringen lassen ein Revers und Obligation, welchen Ihren Ldd. derselben Unterthanen und gemeinen Inwohner des Lands Dietmarischen über ein mit ihnen aufgerichten Vertrag gegeben und gefertiget haben/ so von Worten zu Worten hernach folgt und also lautet:

ANNO 1559.

Im Nahmen der Heyligen unzertheilten Dreyfaltigkeit/ wir die gewesene acht und viertzig Fürwesere und gemeine Innwohner des Lands Dietmarschen: Bekennen und thun kund vor unß/ unsere Erben und Nachkommen/ und sonst iedermänniglich/ denen dieser unser Brieff zu sehen/ zu lesen/ oder zu hören fürkömbt. Nachdem die Durchleuchtigen/ Großmächtigsten/ Durchleuchtige/ Hochgebohrne Fürsten/ und Herren/ Herr Friedrich der Ander/ erwehlter König zu Dennemarck/ Norwegen/ der Wenden und Gothen/ Herr Johann und Adolph/ Gevättern und Gebrüdere/ Erben zu Norwegen/ Hertzogen zu Schleßwig etc. Und der Dietmarischen Grafen zu Oldenburg und Delmenhorst/ unsere Gnädigste und Gnädige Herren und Lands-Fürsten von wegen unserer langwürigen Rebellion/ Ungehorsam und Wiederspenstigkeit/ damit wir unß Ihrer Königl. Maj. und Fürstl. Gnaden wiedersetzt/ zu einer befugten Kriegs-Handlung verursacht/ dardurch wir überzogen/ und vermittelst göttlicher Schickung bezwungen und überwunden worden.

Und aber Ihr Königl. Maj. und Fürstl. Gnaden aus angebohrner Königlicher und Fürstl. Güthe und Miltigkeit auf unser unterthänig/ kläglich/ demüthig Bitten und Ansuchen uns mit unsern armen Weibern und Kindern/ unangesehen unserer Verwürckung/ zu Gnaden aufzunehmen/ und zu unsern Gütern/ so viel deren übrig/ gnädigst und gnädiglich zu erstatten bewegen lassen; Davor wir nechst GOtt dem Allmächtigen zu ewiger Danckbarkeit Königl. Maj. und Fürstl. Gnaden uns schuldig erkennen/ daß wir demnach bey unsern Eyden/ Ehren/ Treuen/ und alle demjehnigen/ das einen frommen ehrlichen Mann binden kan/ uns verpflichtet/ verstricket und versprochen/ verpflichten und versprechen uns hiermit in Krafft dieses Brieffs vor uns/ unsere Erben und Nachkommen/ daß wir mit unbewehrter Hand mit einem Fußfall höchst- und hochgedachter Königl. Maj. und Fürstl. Gnaden unser Demuth erzeigen/ und um Verzeihung unser Missethat/ und Verhandlung bitten/ und wir die gewesene acht und viertzig Verwesere des Landes aller gehabten Regierung/ Verwaltung uns gäntzlich verzeyhen und eussern wöllen/ und sollen und wollen folgends Ihr. Königl. Maj. und Fürstl. Gnaden als einen Hertzogen zu Hollstein/ sambt beyden unsern gnädigen Herrn/ und Landfürsten/ Hertzog Johannsen/ und Hertzog Adolph/ und Ihr. Königl. Maj. und Fürstl. Gnad Erben und Nachkommen an Hertzogthum Hollstein loben und schweren/ alß Unterthanen von Rechts- und Gewohnheit wegen gebührt/ und Ihr. Königl. Maj. und Fürstl. Gnaden solchen Eyd uns warrlich verzicht/ staffiren/ und vorhalten lassen; Auch wollen wir die Haupt-Panier und Fahnen/ so in weyland König Johannsen zu Dennemarck und Hertzogen Friedrichs zu Hollstein etc. Niederlag erobert/ sambt allen Chamadaren/ so bey uns vorhanden/ bey unsern Eyden überantworten/ und sollen hinfortan alle Regalia, Hochheit/ Herrligkeit/ Gerechtigkeit/ Jagt/ Fischerey/ und was dem anhängig/ im gantzen Land Ihr Königl. Maj. und Fürstl. Gnadt zustehen/ auch soll aller Gerichts-Zwang/ Gericht und Recht durch Ihre Königl. Maj. und Fürstl. Gnaden Erben und Nachkommen an Hertzogthum Hollstein ohne alle unsere Verhinderung und Einrede verordnet werden/ und die Appellation an Ihre Königl. Maj. und Fürstl. Gnaden/ als Hertzogen zu Hollstein/ uns nicht ferner frey stehen/ auch die Brüche und Gerichts-Felde Ihr Königl. Maj. und Fürstl. Gnaden bleiben/ immassen solches alles mit andern Ihr. Königl. Majest. und Fürstl. Gnaden Unterthanen gehalten wird/ und soll zu der Königl. Maj. und Fürstl. Gnaden Willen und Gefallen stehen/ wie und was Gestalt/ und durch was Persohn Ihre Königl. Maj. und Fürstl. Gnaden die

Gericht

ANNO 1559.

Gericht bestellen wollen; Wir sollen und wollen vermittelst unserer Eyde zu Ihrer Königl. Maj. und Fürstl. Gn. Handen überantworten alle briefliche Uhrkunden/ wie die Nahmen haben mögen/ von Römischen Kaysern und Pabsten auch geistlichen und weltlichen Fürsten und Ständen ausgeben/ die bey dem Land Dietmarschen vorhanden/ und im Fall ein oder mehr/ welches doch mit unserm Wissen/ und fürsetzlich nicht geschehen soll/ hinderblieben und nicht überantwortet würden: Deren thun wir uns hiemit wissentlich ohne alle Gefehrde/ weniger nicht/ dann ob sie nahmkundig allhie gemacht/ oder wörtlich einverleibt wären/ bey unsern leibl. geschwornen Eyden/ und in der beständigsten Form und Maßz/ als solches zu rechte geschehen soll/ kan oder mag/ hiemit verzeihen/ und begeben/ dieselben zu keinen Zeiten für unßz/ unsere Erben und Nachkommen/ in einige Wege fürzuwenden/ zu gebrauchen/ noch jemands anders von unsertwegen in- oder ausserhalb der Rechten/ fürzuwenden und zu gebrauchen gestatten/ ingleichen sollen und wollen wir alle Geschütz/ Munition/ Gewehr/ Harnisch und Rüstung heraus geben/ zu Ihrer Königl. Maj. und Fürstl. Gn. oder derselben Erben und Nachkommen wissen und willen keine andere wiederum bauen/ noch aufwerffen; Auch soll das Hölzlein/ die Hamme genant/ fürderlich abgehauen werden/ jedoch das gefälte Holtz demjenigen bleiben/ dem es bishero Erblich zugehöret/ und alßdann Ihre Königl. Maj. und Fürstl. Gnaden auf unsere demüthige Bitt unser arme verderbte Gelegenheit gnädigst und gnädig angesehen/ und die Wiederlage des aufgewendten Kriegskostens/ ingleichen die Forderung von wegen der dreyen Häuser/ die wir im Land aufbauen sollen/ auch was an Acker/ Wiesen etc. darzu gelegt werden solte/ gnädigst und gnädig eingestellet/ und uns bey unsern Gütern/ Erben und Eygen zu lassen/ in Gnaden bewilligt/ dafür wir Ihr. Königl. Majest. und Fürstl. Gn. in aller Unterthänigkeit danckbar/ sollen wir und unsere Erben Ihre Königl. Maj. und Fürstl. Gnaden derselben Erben und Nachkommen zu jährlicher Pflicht und Bekänntnußz geben/ von jeder Morgen Marschlandes binnen Teiches/ gebauet und ungebauet/ die Morgen fünff Ruhten in die Breyte und sechtzig Ruthen in die Länge/ und die Ruhten sechzehen Füsse lang gerechnet/ jährlichs einen Gülden Müntz/ den Gülden zu 24. Schilling Lübisch gerechnet/ und auf der Gäst die halbe Saet/ die der Gestmann säet/ und sollen und wöllen der Landbede/ Landfolge Dienste/ und in allen andern unßz gegen Ihrer Königl. Maj. und Fürstl. Gnaden/ Ihre Erben und Nachkommen/ erzeigen und halten/ wie solches von den Friesen/ Strauderern/ Eyderstätt/ Exempern und Wilstermarscheren gehalten würd: Wir wollen auch die Bündnüßz/ so wir mit denen von Lübeck und sonst jemands anders haben/ denen ohne Mittel aufschreiben/ und uns aller anderer Verbündnüßz und Confœderation zu ewigen Zeiten gäntzlich eussern und enthalten/ solches alles und jedes/ und was sonst mehr frommen/ ehrlichen Unterthanen gebühret/ gereden und geloben wir die gewesene 48. und gemeine Innwohner des Lands Dittmarschen für uns/ und unser Erben und Nachkommen bey unsern Eyden/ Ehren und Treuen/ Glauben/ steth vest und unverbrüchlich wohl zu halten/ darwieder mit Gedancken/ Worten noch Wercken nicht zu thun/ noch jemands anders von unsertwegen zu thun erstatten/ alles sonder Argelist und Geverde/ zu dessen mehrer Uhrkund/ Sicherheit und Wissenschafft haben wir mit samtlichen einträchtigem Rath und Bewilligung das Innsiegel/ welches sich das Land Dittmarschen jetziger Zeit gebrauchet/ wissentlich lassen hengen an diesen Brieff: Der geben Dienstags nach Viti im Jahr nach Christi Geburt 1559.

Und unßz darauf freundlich haben ersuchen lassen/ daßz wir solchen Revers und Obligation alles seines Inhalts alßz jetzo regierender Kayser/ zu confirmiren/ zu bekräfftigen und zu bestätigen/ freundlich und gnädiglich geruheten/ das haben wir angesehen solch ihr freundlich Ersuchen und Bitten/ und darum mit wohlbedachtem Muth/ gutem Rath und rechten Wissen/ obermeldten Revers und Obligation in allen ihren Worten/ Puncten/ Clausulen/ Articulen/ Innhaltungen/ Meynungen/ und Begreiffungen/ als regierender Römischer Kayser/ freundlich und gnädiglich confirmiret/ bekräfftiget/ und bestättiget/ confirmiren/ bekräfftigen und bestättigen dieselbigen auch von Römischer Kayserlicher Macht Vollkommenheit hiemit wissendlich in Krafft dieses Brieffs/ was wir von Rechts oder Billigkeit wegen daran confirmiren sollen und mögen/ und meynen/ setzen und wollen von berührter unser Kayserlicher Macht/ daßz obermeldter Revers und Obligation in allen ihren Clausulen/ Artickeln/ Innhaltungen/ Meynungen und Begreiffungen kräfftig und mächtig seyn/ steht/ vest und unverbrüchlich gehalten und vollnzogen werden/ und sich obgemeldte unsere liebe Freund/ Oheimen und Fürsten/ der König zu Dennemarck/ und Hertzog zu Hollstein zc. auch Ihr. Liebden Nachkommen/ derselben alles seines Inhalts freuen/ gebrauchen/ geniessen/ und gäntzlich dabey bleiben sollen und mögen/ von allermänniglich unverhindert/ doch Uns und dem heyligen Reich an unsern und sonsten männiglich/ an seinen Rechten und Gerechtigkeiten unvergriffen und unschädlich. Und gebieten darauff allen und jeden Churfürsten/ Geistlichen und weltlichen/ Prälaten/ Grafen/ Freyen/ Herrn/ Rittern/ Knechten/ Landvögten/ Hauptleuthen/ Vitzthumben/ Vögten/ Pflegern/ Verwesern/ Ambtleuthen/ Schultheissen/ Burgermeistern/ Richtern/ Räthen/ Burgern/ Gemeinden und sonst allen unsern und des H. Reichs Unterthanen und Getreuen/ in was Würden/ Stand oder Wesen die seyn/ ernstlich und festiglich mit diesem Brieff und wollen/ daßz sie die obgemeldten unsere liebe Freund/ Oheime und Fürsten den König zu Dennemarck und Hertzogen zu Hollstein/ und Ihr. Liebden Nachkommen in obgeschriebenen Revers und Obligation aller darein verleibten Puncten und Artickeln/ und dieser unser Kays. Confirmation und Bestättigung nicht hindern noch irrn/ sondern sie deren geruhiglich gebrauchen/ geniessen uñ gäntzlich dabey bleiben lassen/ und hierwieder nicht thun/ noch das iemands andern zu thun gestatten/ als lieb einem ieden sey unser und des Reichs schwere Ungnad und Straff/ und darzu eine Poen 40. Marck löthiges Golds/ die ein jeder/ so offt er freventlich hierwieder thäte/ Uns halb in unsere Kays. Camer/ u. den andern halben Theil obgemeldten unseren lieben Freunden/ Oheimen und Fürsten dem König zu Dennemarck und Hertzogen zu Hollstein unnachläßzlich zu bezahlen verfallen seyn sollen/ zu vermeyden. Mit Uhrkund dieses Brieffs besiegelt/ mit unseren Kayserlichen anhangenden Innsiegel; Der geben ist in unser Stadt Lintz/ den 9. Monaths Julii/ nach Christi unsers lieben HErrn und Heylandes Geburth/ funffzehenhundert/ und in acht und siebentzigsten/ unserer Reiche/ des Römischen im dritten/ des Hungarischen im sechsten/ und des Böheimischen auch im dritten Jahre.

Rudolphus.

Ad mandatum sacræ Cæsareæ
Majestatis proprium.

Vice ac nomine Reverend. Domini Dn.
Danielis Archi-Episcop. Archi-Cancell. & Electoris Moguntinens.

V. S. Viehhäuser/ D.

Andreas Erstenberger.

XXVI.

20. Juin. ESPAGNE ET FRANCE.

Contrat de Mariage de PHILIPPE II. *Roi d'Espagne avec Madame* ELISABET *de France, Fille-aînée du Roi* HENRI II. *A Paris le 20. Juin 1559.* [FRED. LEONARD, Tom. II. pag. 557.]

FURENT presens & comparurent en leurs personnes, Tres-Haut, Tres-Excellent, & Tres-Puissant Prince Henri, par la grace de Dieu Roi de France; & Tres-Haute, Tres-Excellente & Tres-Puissante Princesse Caterine, par la même grace Reine de France, sa compagne, en leurs noms & comme stipulans en cette partie pour Haute & Puissante Princesse, Madame Elisabet de France leur Fille-aînée, d'une part; & Illustre Prince & Seigneur Don Fernando Alvarez de Toledo, Duc d'Alve, au nom & comme Procureur de Tres-Haut, Tres-Excellent & Tres-Puissant Prince Don Philippe, Roi des Espagnes Catolique, &c. aiant Pouvoir, Procuration, & Mandement special aux fins ci-aprés declarées, comme il est aparu par les Instrumens, Pouvoirs, & Procurations, qui sont demeurées par devers ledit Seigneur Roi Tres-Chretien. Lesquelles Parties de leur bon gré confesserent & confessent en la presence de Tres-Hauts & Tres-Puissans Princes les Roi & Reine, Daufins; Messeigneurs Charles-Maximilien, Duc d'Orleans; Alexandre-Edouard, Duc d'Angoulesme, (a) Hercule, Duc d'Anjou; Madame la Duchesse de Lorraine, & Madame Marguerite, tous Enfans d'icelui Roi Tres-Chretien; Madame Marguerite de France, Duchesse de Berri, Sœur

(a) Qui à la Confirmation changea ce nom, que lui avoient donné les Suisses ses parains, en celui de *François*.

ANNO 1559. Sœur dudit Seigneur Roi; Messeigneurs les Reverendissimes & Illustrissimes Cardinaux de Lorraine, de Bourbon, de Sens, Garde-sceaux de France; de Chastillon, de Guise, Strozi; Messieurs Emanuel-Philibert, Duc de Savoie; Charles, Duc de Lorraine; Alfonse d'Est, Prince de Ferrare; Louis de Bourbon, Prince de Condé; le Duc de Montpensier; le Prince de la Roche-sur-Yon; Leonor d'Orleans, Duc de Longueville; Nicolas de Lorraine, Comte de Vaudemont; François de Lorraine, Duc de Guise, Grand-Chambellan de France; François de Cleves, Duc de Nevers; François de Lorraine, Grand-Prieur de France, Capitaine General des Galeres; René de Lorraine, Marquis d'Elbeuf; Anne, Duc de Montmorency, Pair, Grand-Maître, & Connétable de France; & Jâques d'Albon, Sire de Saint-André, Marquis de Fronsac, & Maréchal de France; Mesdames les Duchesse d'Estouteville, Princesse de Condé, Comtesse de Vaudemont, Duchesses de Guise, & de Nevers, & autres Princes & Princesses, Seigneurs & Dames. A quoi aussi assisterent Messire Guillaume de Nassau, Prince d'Orange, Chevalier de l'Ordre de la Toison d'or; Maître Charles de Granchon, Sieur de Romain, Conseiller & Maître des Requestes ordinaire au Conseil Privé; Batiste Bertin, Secretaire des Conseils d'Etat & Privé dudit Seigneur Roi Catolique; avoir fait & font entre elles les Traitez, Accords, Convenances, Pactions, & autres choses ci-aprés declarées, pour raison du Mariage, qui, au plaisir de Dieu, sera de brief fait & solennisé en sainte Eglise, dudit Seigneur Roi Catolique, & de ladite Dame Elisabet, selon & en ensuivant les Articles du Traité de Paix, fait & conclu au Lieu de Câteau-Cambresis, le troisieme jour du mois d'Avril dernier, entre les Deputez desdits Seigneurs Rois Tres-Chretien & Catolique; & depuis par leurs Majestez respectivement confirmé & solennellement juré; c'est à savoir, lesdits Seigneur & Dame Roi & Reine de France ont promis & promettent, de donner & bailler par nom & loi de Mariage ladite Dame Elisabet leur Fille, à ce presente, de son bon vouloir, accord, & consentement, audit Seigneur Roi Catolique, au nom duquel ledit Sieur Duc d'Alve, en vertu de ladite Procuration, a promis & promet la prendre à Femme & Epouse, par paroles de present, le plûtôt que faire se pourra. En faveur duquel Mariage, & pour à icelui parvenir; lesdits Seigneur & Dame Roi & Reine de France ont promis & promettent pour le dot de ladite Dame leur Fille, la somme de quatre-cens mille écus d'or sol, pour tous droits Paternels & Maternels; laquelle somme sera paiée à celui, que ledit Seigneur Roi Catolique deputera pour la recevoir; à savoir le tiers au tems de la consommation dudit Mariage; l'autre tiers au bout de l'an du jour de ladite consommation; & l'autre tiers six mois aprés. De maniere que le paiement de ladite somme de quatre-cens mille écus se fera dedans les dix-huit mois, aux termes & par les portions ci-dessus specifiées, & ce en la Ville d'Anvers, comptant chacun desdits écus sol au prix de quatre-vints gros, monnoie de Flandre, chacune piece; & pour la seureté du tiers d'icelui dot, qui se paiera au tems de ladite consommation, revenant à la somme de cent-trente-trois mille trois-cens-trente-trois écus & un tiers d'écu; ledit Sieur Duc d'Alve, en vertu de sondit Pouvoir, a obligé & hipotequé tous & chacuns les biens meubles & immeubles, presens & a venir, dudit Seigneur Roi Catolique, & promet icelle somme specialement assigner, comme pareillement le surplus de ladite somme de quatre-cens mille écus, à mesure qu'elle se recevra, sur bons & suffisans assignaux, au raisonnable contentement des Ministres, qui à cet effet seront deputez par ledit Seigneur Roi Tres-Chretien; desquels assignaux sera au choix & option de ladite Dame future Epouse joüir par ses mains. Auquel cas lui seront iceux assignaux baillez en valeur de revenu au denier dix-huit; ou bien si elle se veut contenter de l'hipoteque sur Villes & Places pour seureté de ladite somme de quatre-cens mille écus, sans joüir des assignaux par ses mains; lui sera baillé de revenu à raison du denier quatorze.

Item. Est accordé, que moiennant ladite somme de quatre-cens mille écus, ladite Dame Elisabet ne pourra pretendre, avoir, quereller, ni demander autre chose quelconque, és Biens, Hoirie, & Succession desdits Seigneur & Dame Roi & Reine, ses Pere & Mere; ausquels ladite Dame Elisabet dés à present a renoncé & renonce, & en promet bailler, le lendemain de la solennisation dudit futur Mariage, bonne & suffisante renonciation, au profit dudit Seigneur Roi de France & des siens. Et pour ce faire, a promis & promet ledit Sieur Duc d'Alve, au nom dudit Seigneur Roi Catholique futur Epoux, suffisamment & expressément autoriser ladite Dame Elisabet; & dedans quarante jours aprés, fournir de Letres Patentes dudit Seigneur Roi Catolique en bonne & suffisante forme, contenant ratification & autorisation expresse, entant que besoin seroit, pour faire derechef ladite renonciation à icelle Dame, toutefois reservées les écheûtes & successions collaterales. ANNO 1559.

Item. A promis & promet ledit Sieur Duc d'Alve, audit nom dudit Seigneur Roi Catolique futur Epoux, joiailler ladite Dame Elisabet jusqu'à la somme de cinquante mille écus, qui sortiront nature d'heritage, comme aussi feront les bagues & joiaux qu'elle portera, lesquels demeureront propres pour elle, ses Hoirs, Successeurs, & aians cause.

Item. Est accordé, que ledit Seigneur Roi Catolique donnera à ladite Dame Elisabet entretenement pour son état, tel qu'à Fille & Femme de si grands Rois apartient; & icelui assignera dûement sur Villes & Places, dont elle joüira par ses mains, & pourvoira à tous Offices & Benefices d'icelles Villes & Places, pourvû toutefois que ce soit aux Naturels du Païs, & conforme aux Ordonnances & Constitutions d'icelui.

Item. Est convenu & accordé, qu'au lieu de Douaire, dont on n'a accoûtumé d'user au Roiaume d'Espagne, ladite Dame Elisabet aura pour arres, selon l'usage & façon du Païs dudit Seigneur Roi Catolique son futur Epoux, la somme de cent-trente-trois mille trois-cens-trois écus un tiers, revenant lad. somme au tiers de sondit dot, estimé chacun écu desdits arres, comme ci-dessus sont estimez & évaluez ceux dudit dot. Lesquelles arres, dissolu le Mariage, & icelle Dame survivant ledit Seigneur Roi Catolique son futur Epoux, sortiront nature d'heritage pour elle, les siens, & aians cause; & lors en pourra disposer, soit entre-vifs, ou par derniere volonté, suivant l'usage & coûtume d'Espagne; & lui sera ladite somme dés maintenant assignée, ledit cas d'arres avenant, en la même forme & maniere, que lui sera assigné sondit dot.

Item. Est accordé, que ledit cas de dissolution dudit Mariage avenant, & survivant ladite Dame Elisabet ledit Seigneur Roi Catolique son futur Epoux, elle pourra partir & se retirer franchement & librement des Roiaumes dudit Seigneur Roi Catolique toutes & quantes fois qu'il lui plaira; & avec elle tous ses Officiers, Familiers, & Serviteurs, & s'en revenir en ce Roiaume & Païs dudit Seigneur Roi Tres-Chretien, faire emmener & aporter avec soi tous & chacuns ses biens, joiaux, accoustremens, vaisselle, & autres meubles quelconques, sans que, pour quelque occasion que ce soit, ou pourroit survenir, soit fait ou mis, directement ou indirectement, aucun contredit, empêchement, ou retardement en son partement, ni en la joüissance desdits arres & assignat des deniers de sondit Mariage. A cette fin, sera baillée, devant la solennisation dud. Mariage par ledit Seigneur Roi Catolique, assurance scellée de Sa Majesté, avec soumission & obligation, pour y être contraint par arrest, & detention de toutes personnes des Roiaumes dudit Seigneur Roi Catolique, de quelque état & qualité qu'ils soient.

Item. Est convenu & accordé, que ladite Dame future Epouse sera conduite & renduë aux frais dudit Seigneur Roi son Pere, comme il convient à Dame de telle qualité, & alliance qu'elle prend, jusques aux Frontieres des Roiaumes d'Espagne, ou celles du Païs-Bas, au choix dudit Seigneur Roi Catolique, qui la sera recevoir en l'un ou l'autre desdits Païs honorablement, & la traitera comme apartient à Dame de si haute Maison & parentage; car ainsi a été le tout dit, convenu, & expressément accordé en faveur dudit futur Mariage, qui autrement n'eût été fait; promettant ledit Seigneur Roi, en bonne foi & parole de Roi & Prince, & ledit Sieur Duc d'Alve audit nom, n'en jamais aller ni venir, ni faire aller ni venir, par eux ni par autre, contre les presens Traité, Promesse de Mariage, Donations, Douaire, Quitance, & choses dessusdites; ains les tenir, entretenir, & avoir pour agreables, fermes & stables à toûjours, sans jamais y contrevenir, en quelque sorte que ce soit; obligeant à l'entretenement des choses dessusdites, tous & chacuns leurs biens, meubles & immeubles, presens & à venir quelconques,

ANNO 1559. conques, & même ledit Sieur Duc d'Alve audit nom ceux dudit Seigneur Roi Catholique; & renonçant en ce faisant à tous us, stils, ordonnances, noms, raisons, actions, tant de Droit Canon, que Civil, à tout Droit écrit, Lettres, & toutes autres choses quelconques à ces presentes contraires; même au Droit disant, generale renonciation non valoir. Ce fut fait & passé au Château du Louvre à Paris, en la presence de nous Notaires & Secretaires de la Maison & Couronne de France, Conseillers & Secretaires d'Etat, & des Finances dudit Seigneur, le 20. jour de Juin, l'an 1559.

XXVII.

25. Juin. **Diploma Römischen Käysers Ferdinand des ersten; wodurch Er Julio Bischoffen zu Naumburg und dem Capitel allda alle dero Freyheiten / Recht und Gerechtigkeiten / Schutz und Schirm / so denselben von anderen Römis. Käysern oder sonsten verliehen worden / confirmirt, erkläbret / und extendiret. Geben zu Augspurg den 25. Juny 1559.** [LUNIG, Teutsch Reichs-Archiv. Part. Spec. Abtheilung IV. Continuat. II. Abs. II. p. 313.]

C'est-à-dire,

Diplome de FERDINAND I. *Empereur des Romains, portant Confirmation en faveur de* JULES *Evêque de Naumbourg & de son Chapitre, de tous les Privileges, Droits, Libertés, Protections, & Concessions auparavant accordés audit Evêché & à ses Evêques, par les précédens Empereurs & Rois des Romains. A Ausbourg le 25. Juin 1559.*

WIr Ferdinand von GOttes Gnaden / erwählter Römischer Käyser / zue allen Zeiten Mehrer des Reichs / in Germanien / zue Hungarn / Böheimb / Dalmatien / Croatien und Sclavonien / ꝛc. König / Infant in Hispanien / Ertz-Hertzog zu Oesterreich / Hertzog zue Burgund / zue Brabond / zue Steyer / zue Kärndten / zue Crain / zue Lützenburg / zue Würtenberg / Ober- und Nieder-Schlesien / Fürst zue Schwaben / Marggraff des Heiligen Römischen Reichs / zue Burgau / zue Mähren / Ober- und Nieder-Laußnitz / gefürsteter Graf zue Habspurg / Tyrol / zue Pfierd / zue Kyburg und zue Görtz / Landgraff in Elsaß / Herr uf der Windischen Marck / zue Portenau und zue Salins / ꝛc. Bekennen öffentlich mit diesem Brieff / und thuen kund allermänniglich: Wiewohl wir allen und jeglichen unsern und des Heyligen Reichs unterthanen / und sonderlich Fürsten / alle Gnade und Gütigkeit mitzutheilen begierig / so werden wir doch billich mehr bewogen / denen unser Käyserl. Gnad und Sanfftmüthigkeit zu erzeigen / und zu ihren Nutz und Frommen fürzusehen und zu betrachten / die sich vor andern gehorsamer Gutwilligkeit gegen uns und dem Heyligen Reich erzeigen und beweisen; Wann nun der Ehrwürdig Julius, confirmirter Bischoff zue Naumburg / unser Fürst und lieber Andächtiger für uns kommen / und als erwehlten Römischen Käyser demüthiglich angeruffen und gebethen hat / daß Wir Ihme und seinem Stifft / den Ehrsamen / unsern lieben Andächtigen / Thumb-Probsten / Dechant / und Capittel / der Kirchen zu Naumburg / alle und jegliche Gnad / Privilegia, Freyheiten / Brieffe / Recht / Land-Gericht / Halß-Gericht / Renth / Gult / Zinnß / Leuth und Güther / Zehenden / Eigenschafft / Glaid / Besitzung / Wildpännen / und gut löblich Gewohnheiten / Voigteyen / Grund-Rechte / Wasser / Wasserläuffe / Urfart / Ertz / Müntz / Wälde / Fischerey / Mäuth und Zöll / die ihnen von unsern löblichen Vorfahren am Heyligen Reich / Römischen Käysern und Königen / auch andern Fürsten und Herren gegeben und verliehen / und damit Sie begnad worden seyn / zu verneuern / zue confirmiren und zue bestätigen / auch dieweil ihnen bey jetzigen gefährlichen und geschwinden Läuffen und Zeiten aus Mißverstand und in ander Weg / allerley Irrung und Eintrag beschehen und begegnen möchte / zu Verhütung derselben / auch Erhaltung gedachter sein und seines Stiffts löblich und althergebrachten Rechte und Gerechtigkeiten / dieselben ihre Gnaden und Freyheiten zu erweitern gnädiglich geruheten; Das haben Wir gnädiglich angesehen solch des vorgedachten Bischoffen Juliussen / Thumb-Probsts / Dechants und Capitels / fleißig und ziemlich Bete / auch die angenehmen / willigen und gehorsamen Dienst / so Uns und dem Heyligen Reiche gedachter Bischoff gethan / und sambt demselben gemeinen Capitel hinführo zu thun unterthänigst erbietig ist / auch wohl thun mögen und sollen; Und darumb mit wohlbedachtem Muth / gutem Rath unser Fürsten / Edlen und Getreuen / und rechter Wissen / alle und jede Ihre Gnad und Privilegia, Freyheiten / Brieffe / Recht / Land-Gericht / Halß-Gericht / Hand-Vesten / Renthen / Gült / Zinß / Leuthe und Güter / Zehenden / Eigenschafft / Besitzung / und gut löblich Gewohnheiten / Mäuth / Zölle / Voigteyen / Grund-Recht / Wasser / Wasser-Läuffe / Urfart / Ertz / Müntz / Wald / Fischereyen / die ihnen von Römischen Keysern und Königen / unsern Vorfahren am Reich / auch andern Fürsten und Herren geben und verliehen seyn / in allen und jeden Puncten / Stücken / Clausulen / Articuln / Meynungen und Begreiffungen / wie die von Wort zue Wort lauten / benant und begriffen seyn / gnädiglich verneuert confirmiret und bestätiget / ihnen dieselbigen auch nachfolgender massen erklähret / erleutert und extendiret; Nehmlich dieweil (wie uns gedachter Bischoff anzeigt) der Uralte vom Hauß Sachsen über angeregten Stifft Naumburg aufgerichte Schutz und Schirm / den weyland der Allerdurchlautigst Fürst / Herr Carl der Fünfft / Römischer Keyser / unser lieber Bruder und Herr / löblichster Gedächtnüß / als ihr Lieb und Keyserl. Maj. das Churfürstenthumb des Hauß Sachsen an Weyland Hertzog Moritzen zue Sachsen transferiret / seiner Lieb aufgeleget und befohlen / vermöchte / daß der Schutz-Fürst den Bischoff und seinen Stifft bey ihren Freyheiten / Rechten und Gerechtigkeiten handhaben / schützen / schirmen und verthaidigen soll / so erklähren / setzen und wollen wir / daß jetziger und ein jeder künfftiger Churfürst zue Sachsen / dem solcher Schutz und Schirm über gemeltem Stifft Naumburg zusichen wird / den Thumb-Capitul daselbst bey ihrer freyen Election, sie wöhlen Bischoffe oder andere Prælaten / deßgleichen auch die andern Collegiat-Kirchen / beruhig bleiben lassen / und ihnen in solcher Wahl keinen Eintrag thun / noch Maß geben / auch Sede vacante weder durch sich selbst / noch die Seinen / des Stiffts Häuser und Städte nit einnehmen / oder einnehmen lassen soll / er würde dann durch das Capitel zue Naumburg zuvor derhalb ersuchet. Damit auch die elegirten Bischöffe / Prælaten / und andere von der Clerisey zue der Possession ihres Stiffts Prælaturen und Beneficien fürderlich / und wie sich gebühret / kommen / und daran nicht geirret oder verhindert werden; So wollen wir / daß derselb Schutz-Fürst / so offt er derhalben von Bischoffen / Prælaten / oder Capiteln ersucht und angerufft wird / daß er ihnen darzu verhelffe / und bey ruhiglicher Possession ihrer Zinnse / Gülten und Renthen / auch der alten Catholischen Religion bleiben lasse / und darwieder nicht beschwehre / deßgleichen durch die Superintendenten dem Bischoffe und Prælaten des Stiffts Naumburg in ihrer Jurisdiction kein Eintrag zu thun / oder des Stiffts Pfarr-Lehen an sich zu ziehen / noch die in einig andern Weg ringern oder schmählern / darzu ihre Unterthanen und Zinß-Leuthe / so viel deren in der Weltlichen Fürsten Obrigkeiten und Gebiethen sitzen / mit keiner Neuerung / wie die Nahmen haben mag / beschweren lasse; Nachdem auch St. Georgen und St. Mauritzen Closter / vor der Stadt Naumburg / darüber bemelter Bischoff und seine Nachkommen die Administration hat / vermög eines Apostolischen Legaten Commission, und darüber von Hochgedachtem unserm lieben Brudern und Herren / Keyßer Carl / und unserer darüber beschehenen Ratification, etlicher Güther halb / so unter dem Hauß Sachsen gelegen / mit Fuhren gen Hoff fahren müssen / daß er dieselben mit solchen Frohnen / wider den alten Gebrauch und Herkommen / nicht belade / noch solches andern zu thun gestatte / deßgleichen daß er noch andere Weltliche Fürsten und Obrigkeit des Stiffts Unterthanen / aus keiner Ursach wider den Bischoff und die Capitel / nicht schützen / schirmen / noch verthaidigen / noch solches andern zu thun gestatten / und so offt Sie vom Bischoff und Capitel ersuchet werden / daß Sie denselben wider solche ihre ungehorsame oder widerwärtige Unterthanen Hülff und Beystand leisten und beweisen; Damit auch jetziger / und jeder künfftiger Bischoff / als ein Fürst des Heyligen Römischen Reichs / bey demselben und seinen Regalien / Rechten und Gerechtigkeiten / desto ruhiglicher und unvergewaltiget bleiben / sich

Anno 1559. auch seiner Freyheiten und Privilegien ohne Irrung besser gebrauchen möge/ so wollen wir aus Römischer Keyserlicher Macht/ daß er von Niemands der Fürsten/ oder andern Stands-Persohnen/ an solchem seinen alten Fürstlichen Herkommen/ Freyheiten/ Rechten und Gerechtigkeiten/ auch seiner Session im Reich/ nicht angefochten/ betrübet noch belästiget werde/ sich auch Niemand unterstehe/ Ihme von Heyligen Reich abzuziehen; Da Er auch seine Synodos oder Visitationes halten/ oder sonst sein Bischöffliches Ambt exerciren wolte/ daß der Schutz-Fürst/ so offt er von Ihme darumb ersuchet wird/ ob ihme/ und bey seiner Gerechtigkeit handhabe/ und aber aus solchem Schutz und Handhabung kein Gewalt oder Obrigkeit mache/ sondern sich desselben Schutz und Schirmes nach seiner rechten Maß/ Arth und Verstand gebrauche/ und darob und daran seye/ und halte/ daß dem Bischoff/ seiner Clerisey und ihren Unterthanen/ ihr Gerechtigkeit und dasjenige/ was Ihnen billig zugehöret/ wiederfahre/ und bey seinen Ambt-Leuthen verfüge/ daß sie Ihnen/ nach Gelegenheit einer jeden Sachen/ schleunig der Gebühr verhelffen/ ihme Bischoff und seinen Capitel auch zue einiger Alienation des Stiffts und anderer Geistlichen Güther nicht dringe/ noch einigen Consens vom Capitel nicht erzwinge/ des auch Niemands andern zu thun gestatte; Wenn es sich auch begebe/ daß sein des Bischoffs Stifft Naumburg Prælaten oder andere Geistliche Stands-Persohnen von unserer alten Catholischen Religion abweichen/ und der Bischoff und Capitel zu Naumburg und Zeitz/ oder andere Geistliche Collatores die Beneficia derselben Abgewichenen/ Vermöge unsers und des Heyligen Reichs Recht/ Ordnung/ und des im fünff und funfftzigsten Jahr der wenigern Zahl allhie zue Augspurg ergangenen Reichs-Abschieds/ andern Personen conferiren würden/ wollen wir auch/ daß ihnen der Schutz-Fürst/ noch jemands anderer in solcher Conferirung und Verleyhung kein Irrung oder Eintrag thun/ noch andern solches zu thun gestatten solle in kein Weiß/ deßgleichen auch/ daß weder der Schutz-Fürst/ noch seine Universitäten/ oder Unterthanen/ noch auch andere Personen/ so Jus Patronatus des offt bemeldten Stiffts Naumburg Kirchen haben/ sich unterstehen/ Personas inhabiles in dieselbig einzudringen/ sondern sich solches gäntzlich enthalten sollen; Wo auch in den Welelichen Fürsten-Aembtern gegen mehr gemeldtes Stifft/ Leuth und Unterthanen etwas gesucht wirdet/ es seye umb Schuld oder andere Sachen/ daß solche Anforderung/ Vermög unser und des Heyligen Reichs Recht/ Ordnung und Constitution gesucht und ausgeführet werde/ und nicht mit Verbiethung des Ackerbaues/ oder anderer ihrer Nahrung/ dadurch der gemeine Nutz gehindert/ und sie unrechtlich gezwungen werden möchten. Erneuern/ confirmiren/ bestättigen/ erleutern/ extendiren/ setzen und ordnen/ wie obstehet/ alles aus Römischer Keyserlicher Macht/ Vollkommenheit/ hiemit wissendlich und in Krafft dieses Brieffs/ was Wir ihnen von Recht und Billichkeit wegen daran erneuern/ confirmiren/ erleutern/ und extendiren sollen/ und mögen; Und meynen und wollen von derselben Macht und Vollkommenheit/ daß solches alles in allen und jeglichen Puncten/ Articuln/ Clausulen/ Inhaltungen/ Meynungen und Begreiffungen/ wahr/ fest/ und unzerbrochen bleiben/ und sich der offt bemeldt Bischoff und seine Clerisey desselben nach seinen Inhalt beruhiglich freuen/ geniessen und gebrauchen sollen und mögen/ von allermänniglich unverhindert. Wir erfüllen auch von obgemeldter Keyserlicher Macht alle und jede Gebrechen/ ob einige von Vergessenheit oder Zierung der Wort/ Unlauterkeit der Meynung oder sonst in ander Weiß oder Weg/ in den obgenannten Privilegien/ Freyheiten/ Handvesten/ auch in diesem unsern Briefe geschehen weren; Wir leyhen auch dem obgenanten Bischoffen Juliussen zue Naumburg und seinen Nachkommen/ als einem Fürsten/ den Pann über das Bluth/ wissendlich in Krafft dieses Brieffs/ also/ daß er den fürbaß seinen Ambtleuthen befehlen mag/ als von alter Herkommen und Recht ist; Und gebiethen darauf allen und jeglichen Churfürsten/ Fürsten/ Geistlichen und Weltlichen/ und sonderlich dem Hochgebohrnen Augusten/ Hertzogen zue Sachsen/ Landgraffen in Thüringen/ und Marggraffen zue Meissen/ unserm lieben Oheimen und Churfürsten/ auch allen seinen Nachkommen/ Churfürsten zue Sachsen/ so den Schutz und Schirm über das Stifft zue Naumburg haben werden/ Prælaten/ Graffen/ Freyen/ Herren/ Rittern/ Knechten/ Land-Voigten/ Haubt-Leuthen/ Vice-Domben/ Voigten/ Pflegern/ Verwesern/ Amtleuthen/ Schultheissen/ Burgermeistern/ Richtern/ Räthen/ Burgern und Gemeinden/ aller und jeglicher Städte/ Märckte und Dörffer/ und sonst allen andern unsern und des Reichs Unterthanen und Getreuen/ was Würden/ Stand/ oder Wesens die seyn/ von Römischer Keyszerlicher Macht ernstlich und festiglich/ mit diesem Brieff/ und wollen/ daß Sie dem obgenanten Bischoffen Juliussen zue Naumburg/ seine Nachkommen/ Stifft/ Thumb-Probst/ Dechant und Capitel daselbst/ auch der Collegiat-Kirchen und derselben Clerisey/ an den vorgenanten ihren Gnaden/ Privilegien/ Freyheiten/ Renthen/ Gülten/ Zinnßen/ Leuthen und Güthern/ Zehenden/ Eigenschafften/ Lehenschafften/ Besitzungen und guten löblichen Gewohnheiten/ Vogteyen/ Grund-Rechten/ Wassern/ Wasserläuffen/ Ufaren/ Ertzen/ Müntzen/ Wälden/ Fischereyen/ Mäuthen und Zollen/ Ihnen von Römischen Keyszern und Königen/ unsern Vorfahren am Reich/ auch sonst andern Fürsten und Herren/ gegeben/ und andern obgemeldten Stücken/ und dieser unser Verneuerung/ Confirmirung/ Bestättigung/ Erklährung und Extension ihrer Freyheiten und Schutz und Schirms/ fürbaß nit irren noch verhindern/ noch des jemands anders zu thun gestatten/ in kein Weiß/ sondern Sie dabey getreulich handhaben/ schützen/ schirmen/ und Sie der geruhiglich gebrauchen/ geniessen und dabey bleiben lassen/ bey unser und des Reichs schweren Ungnad/ und die Poen in den Privilegien und Brieffen des obgedachten Bischoff Juliussen Capitels und der Kirchen zu Naumburg begriffen/ und darzu auch ein Poen hundert Marck löthiges Golds zu vermeiden/ die ein Jeder/ der gefährlich darwider thete/ als offt und dick es geschehen/ halb in unser und des Reichs-Cammer/ und den andern halben Theil dem obgemeldten Bischoff Juliussen zue Naumburg/ seinem Stifft und Capitel/ mit sambt den obgenanten Poenen in den Privilegien begriffen/ unabläßlich zu bezahlen verfallen seyn soll/ doch Uns und Heyligen Reiche an unser Obrigkeit und sonst männiglich an seinen Rechten unvergreiffen und unschädlich. Mit Uhrkund dieses Brieffs besiegelt mit unsern Käyserlichen anhangenden Insiegel/ der geben ist in unser und des Reichs Stadt Augspurg/ den 25. Tag des Monaths Junij, nach Christi unsers lieben HErrn Geburth Funffzehenhundert und im Neun und Funfftzigsten Jahre. Anno 1559.

Ferdinand.

Vt. Daniel, Archi-Episcopus
Mogunt. Archi-Cancell.

Vt. Sold.

Ad mandatum Domini Electi
Imperatoris proprium

L. Kirchschlager.

XXVIII.

Contract de Mariage d' EMANUEL-PHILBERT, *Duc de Savoie, avec Madame* MARGUERITE *de France Fille de* FRANÇOIS I. *A Paris en l'Hôtel de Tournelles le 27. Juin* 1559. [S. GUICHENON, Histoire Genealogique de la Maison de Savoye. Preuves. pag. 530. & FREDER. LEONARD, Tom. II. pag. 560.] 27. Juin. FRANCE ET SAVOIE.

FURENT presens & comparurent en leurs personnes, Tres-Haut, Tres-Excellent & Tres-Puissant Prince, Henri, par la grace de Dieu Roi de France Tres-Chretien, en son nom, & comme stipulant en cette partie pour haute & puissante Princesse, Madame Marguerite de France, sa Soeur unique Duchesse de Berri, d'une part; & Tres-Excellent & Tres-Puissant Prince, Emanuel-Philbert, par la même grace de Dieu, Duc de Savoie, Prince de Piémont, d'autre: Lesquelles Parties de leur bon gré confessèrent & confessent en la presence de Tres-Excellente, & Tres-Puissante Princesse, Catherine, par la grace de Dieu Reine de France; Tres-Puissans Princes le Roi & Reine, Daufins; Tres-Haute & Tres-Puissante Princesse, Madame Elisabet, Reine Catholique des Espagnes; Madame la Duchesse de Lorraine, & Madame Marguerite; tous Enfans dudit Seigneur Roi Tres-Chretien; Messeigneurs les Reverendissimes & Illustrissimes Cardinaux de Lorraine, de Bourbon, de Sens, Garde des Sceaux de France; de Chastillon, de Guise, & Strozzi; Messeigneurs Charles, Duc de Lorraine; Alfonse d'Est, Prince

Anno 1559.

ce de Ferrare; Louis de Bourbon, Prince de Condé; le Duc de Montpensier, le Prince de la Roche-sur-Yon; Leonor d'Orleans, Duc de Longueville; Nicolas de Lorraine, Comte de Vandemont; François de Lorraine, Duc de Guise, Grand-Chambellan de France; François de Cleves, Duc de Nevers; François de Lorraine, Grand-Prieur de France, Capitaine General des Galeres; René de Lorraine, Marquis d'Elbeuf; Anne, Duc de Montmorency, Pair, Grand-Maître, & Connêtable de France; & Jâques d'Albon, Sire de Saint-André, Marquis de Fronsac, Maréchal de France; Mesdames les Duchesse d'Estouteville, Princesse de Condé, Comtesse de Vaudemont, Duchesses de Guise, & de Nevers, & autres Princes & Princesses, Seigneurs & Dames. A quoi aussi assisterent & furent presens les Seigneurs, René, Comte de Chalant, Maréchal de Savoie, Lieutenant-General dudit Seigneur Duc; Jean Thomas de Langusque, Comte de Stroppiana, Premier Conseiller; Jean-François d'Osasque, Comte de la Roche, President d'Ast; Charles, Comte de Luzerne; tous Conseillers d'icelui Seigneur Duc; avoir fait & font entre elles les Traitez, Accords, Convenances, Pactions, & autres choses qui seront ci-aprés declarées, pour raison du Mariage, qui au plaisir de Dieu, sera de brief fait & solemnisé en sainte Eglise, dudit Seigneur Duc de Savoie, & de ladite Dame Marguerite de France, selon & ensuivant les Articles du Traité de Paix fait & conclu au lieu du Câteau-Cambresis, le troisiéme jour du mois d'Avril dernier, entre les Deputez dudit Seigneur Roi Tres-Chretien, & ceux de Tres-Haut, Tres-Excellent, & Tres-Puissant Prince, Don Philippe, Roi Catholique des Espagnes, & depuis par leurs Majestez respectivement confirmez & solennellement jurez; c'est à savoir, ledit Seigneur Roi de France Tres-Chretien a promis & promet bailler par nom & loi de Mariage madite Dame Marguerite, sa Sœur, à ce presente de son bon vouloir & consentement, audit Seigneur Duc de Savoie, aussi à ce present, lequel a promis & promet la prendre à Femme & Epouse, le plûtôt que convenablement faire se pourra. En faveur duquel Mariage, ledit Seigneur Roi de France a promis & promet paier & bailler audit Seigneur Duc, ou à celui qu'il deputera pour cet effet, pour la Dot de ladite Dame sa Sœur, la somme de trois-cens mille écus d'or au Soleil, à savoir deux-cens mille écus le jour de la solennisation dudit Mariage; les autres cent mille écus six mois aprés; & ce pour tous droits de succession de Pere & Mere, & autres à ladite Dame échûs; moiennant laquelle somme de trois-cens mille écus, ladite Dame Marguerite a des à present renoncé & renonce ausdits droits, & en promet bailler, le lendemain de la solennisation dudit futur Mariage, bonne & suffisante renonciation, au profit dudit Seigneur Roi de France & des siens: & pour ce faire, a promis & promet ledit Seigneur Duc autoriser ladite Dame sa future Epouse. Pour la seureté duquel paiement desdits deux-cens mille écus, sera baillée bonne & suffisante assignation audit Seigneur Duc de Savoie, pour en être paié aux termes ci-dessus declarez, sur les Recettes generales de Lion, Riom, & Bourges, ou telles autres seuretez qu'il sera avisé, avant la consommation d'icelui Mariage. Outre laquelle somme de trois-cens mille écus ainsi promise & accordée à ladite Dame, elle prendra & joüira pour l'entretenement de soi & de son état, sa vie durant, de tout le revenu des Domaines du Duché de Berri, & Seigneurie de Romorantin, avec les autres assignations à elle baillées sur les Aides, Tailles, Equivalent, & Grenier à sel des Generalitez de Bourges, Orleans, & autres, selon les Lettres de don, & declarations de ce par Sa Majesté Tres-Chretienne octroiées à ladite Dame, tout ainsi & par la même forme & maniere qu'elle en a ci-devant joui & joüit à present, sans en rien ôter, changer, ni diminuer; duquel revenu & autres biens (1) parafernaux ladite Dame joüira & disposera, ensemble de tous les Benefices, Offices, & autres Droits à elle apartenans à cause desdits dons & assignations, librement, & à son bon plaisir & volonté.

Item. Ledit Seigneur Duc de Savoie a doué & doüe ladite Dame, sa future Epouse, de la somme de trente mille livres tournois, & icelui Douaire avoir & prendre chacun an, & en jouir par elle & par ses mains, si & quand Douaire aura lieu, sur les Comtez de Bresse, Bugey, & Verromay, peage de Suze, & autres Seigneuries de proche en proche, au choix & élection de ladite Dame, qui pourvoira à tous Offices & Benefices desdits Comtez, Terres & Seigneuries, qui lui seront baillées en assignation dudit Douaire; & si aura en iceux tout pouvoir, Jurisdiction mere, mixte impere, avec les Maisons de Bourg en Bresse, & de Pontdains, ou telles autres que ladite Dame choisira pour sa demeure, desquelles les Heritiers dudit Seigneur Duc seront tenus en meubler une de tous meubles, ornemens & ustenciles, selon la condition, qualité, & dignité de ladite Dame, sans que lesdites Maisons soient comptées, & viennent en diminution dudit Douaire. Et outre ladite somme de trente mille livres, a ledit Seigneur Duc doué ladite Dame future Epouse du revenu des Villes de Saintia, & de Querasque, dont elle joüira semblablement par ses mains, ensemble des Maisons desdits Lieux pour sa demeure, & y aura toute Jurisdiction, avec provision des Offices & Benefices, tout ainsi que des autres à elle delaissées pour fondit Douaire.

Item. A ledit Seigneur Duc promis, & promet enjoailler ladite Dame jusques à la valeur de trente mille écus.

Item. Et afin que ladite Dame puisse mieux, & plus aisément, entretenir sondit état selon le lieu & Maison, dont elle est, lui a ledit Seigneur Duc, outre ce que Sa Majesté lui delaisse, promis & promet bailler la somme de vint mille écus par chacun an, laquelle somme ledit Seigneur Duc lui fera paier & bailler par chacun quartier d'année, pour être emploiée à l'entretenement de sa personne & Maison, & autrement à son bon plaisir & volonté.

Item. Est convenu & accordé, que la dissolution dudit Mariage avenant par la mort de l'un ou de l'autre desdits futurs Epoux, ladite somme de trois-cens mille écus retournera, & sera renduë & paiée à ladite Dame, ou à ses Heritiers, c'est à savoir cent mille écus incontinent aprés ladite dissolution; & les deux-cens mille écus à même tems & terme, qu'ils auront été reçûs par ledit Seigneur Duc de Sadite Majesté: & où il y aura faute ou delai de paiement de ladite somme de trois-cens mille écus, en ce cas ledit Seigneur Duc a constitué, & dés à present constituë à ladite Dame, ou à ses Heritiers, rente sur tous & chacuns ses biens, & même sur le Duché de Savoie, peage de Suze, dace & gabelle de Nice, & autres Lieux, Païs & Seigneuries, ledit Douaire prealablement fourni, & ce à raison de cinq pour cent; laquelle rente aura cours du jour de la dissolution dudit Mariage, & demeurera éteinte à mesure que les paiemens du sort principal seront faits à ladite Dame, ou à ses Heritiers.

Item. Est convenu & accordé, que outre ce que dessus seront rendus & restituez à ladite Dame, ou à ses Heritiers, tous les autres biens, meubles & immeubles, à elle apartenans, qui lui seront échûs & avenus par succession, donation, ou autrement, ensemble toutes ses bagues & joiaux qu'elle aura aportez. Et ou lad. Dame survivroit ledit futur Epoux, en ce cas aura & prendra non seulement lesdits trois-cens mille écus, & autres biens parafernaux, bagues & joiaux qu'elle aura aportez, comme dessus est dit; mais aussi les bagues & joiaux, que ledit Seigneur Duc lui auroit donné comme propres à elle; le tout franchement & quittement de toutes charges, obligations, & hipoteques faites & contractées, tant durant & constant ledit Mariage, qu'auparavant, encore que ladite Dame eût parlé & consenti lesdits hipoteques, alienations, & obligations, & qu'elle s'y fût expressément obligée. Car ainsi a été le tout dit, convenu, & expressément accordé en faveur dudit Mariage, qui autrement n'eût été fait, nonobstant tous us, stils, coûtumes de Païs, & autres choses à ce contraires, à quoi lesdites Parties ont dérogé & dérogent pour ce regard. Promettant lesdits Seigneurs Roi & Duc, en bonne foi & parole de Roi & de Prince, non jamais aller ni venir par eux, ni par autre contre le present Traité, promesse de Mariage, Donations, Douaire, Quitances, & choses dessusdites; ains les tenir, entretenir, & avoir pour agreables, fermes, & stables à toûjours, sans jamais y contrevenir, en quelque sorte que ce soit; obligeant à l'entretenement des choses susdites, tous & chacuns leurs biens, meubles & immeubles, presens & à venir quelconques. Ce fut

Anno 1559.

(1) *C'est proprement ce qu'on apelle le trousseau de la Mariée, ses bagues & joiaux.* C'est ce que porte la Note de M. *Amelot de la Houssaie*: mais M. *Amelot* se trompe assurément, & cet Article même en porte la preuve. Les biens paraphernaux, sont ceux qui sont échûs à la Femme depuis son Mariage par succession, ou aquis par donation ou autrement, c'est-à-dire, que le Mari a reçus au delà de sa Dot. Ce mot est Grec & vient de *para* & *pherna*, *ultra dotem*.

ANNO 1559.

fut fait & passé en l'Hôtel des Tournelles à Paris, en presence de nous Notaires & Secretaires de la Maison & Couronne de France, Conseillers & Secretaires d'Etat, & des Finances dudit Seigneur Roi, le vint-septieme jour de Juin mille cinq-cens cinquante-neuf. Signé, *De l'Aubespine, Du Thiers, Bourdin, & Robertet.*

XXIX.

2. Juill. LA FRANCE ET LA SAVOYE.

(1) *Lettres Patentes de* HENRI II. *Roi de France pour la restitution des Etats du Duc de Savoye, à* EMANUEL PHILIBERT *Duc dudit Pays, en vertu du Traité de Câteau-Cambresis. Données à Paris, le 2. Juillet, 1559. avec la Commission donnée pour recevoir ledit Pays, & le Procès Verbal de ladite reception.* [S. GUICHENON, Histoire Généalogique de la Maison de Savoye. Preuves. pag. 510.]

HENRY par la grace de Dieu Roy de France, à nostre Trés-Cher & Trés-Amé Cousin le Duc de Guise Gouverneur & Lieutenant General en nos Pays de Dauphiné & Savoye, ou à son Lieutenant General audit Gouvernement, Salut. Comme par le Traitté de Paix fait & conclu au Chasteau de Cambresis, le troisiéme jour d'Avril dernier passé entre nos Deputés & ceux de Trés-Haut, Trés-Excellent & Trés-Puissant Prince le Roy Catholique des Espagnes, nostre Trés-Cher, & Trés-Amé bon Filz, Frere & Cousin, ayt esté entre autres choses traitté & accordé le Mariage de nostre Trés-Chere Soeur unique Marguerite de France Duchesse de Berry, avec nostre Trés-Cher & Trés-Aymé Frere le Duc de Savoye & convenu qu'aprés iceluy Mariage effectué & accomply, sera baillée & laissée à nostre dit Frere pour luy, ses Hoirs, Successeurs, & ayans cause l'entiere & plaine possession paisible, tant du Duché de Savoye, Maurienne & Tharentaise, qu'autres Places que le feu Duc de Savoye son Pere tenoit. A ces causes voulans de nostre part satisfaire audit Traitté, vous mandons, ordonnons, & enjoignons par ces presentes signées de nostre main, que vous ayés à bailler, & delaisser à nostredit Frere, ou à ses Commis & Deputés, ayans bon & suffisant Pouvoir de luy, lesdits Pays & Duché de Savoye, Maurienne & Tharentaise, en faisant semblablement par les Capitaines des Chasteaux & Places de sainct Jaquemoz, & Montmelian rendre & restituer lesdits Chasteaux & Places suivant les Lettres Patentes de decharge que leurs envoyons, avec toutes autres Villes, Places, Chasteaux & Forteresses qui soient dudit Gouvernement de Savoye, & que feu de bonne memoire le Duc Charles de Savoye nostre Oncle, Pere de nostredit Frere, tenoit quand il fut mis hors de ses Pays du vivant de feu nostre Trés-Honoré Seigneur & Pere le Roy dernier decedé que Dieu absolve, duquel Pays & Duché, Villes & Chasteaux, Places & Forteresses vous restituerés, & ferés sortir les Capitaines, Soldats & Gens de Guerre tenans Garnison pour nous, de maniere que l'entiere & pleine possession paisible en soit delaissée à nostredit Frere pour en jouïr ainsi que faisoit feu nostre Oncle son Pere quand il fut mis hors de ses Pays du vivant de feu nostredit Seigneur, & Pere comme dit est, & qu'il est porté par ledit Traitté, dont l'Extraict de l'Article est cy attaché sous le contre-séel de Chancellerie, en prenant toutesfois de nostredit Frere, ou ses Deputés bonnes, & suffisantes Lettres de ladite delivrance, en rapportant lesquelles avec cesdites presentes, & le double du Pouvoir des Deputés de nostredit Frere, ausquels sera faite ladite delivrance, vous en ferés deschargé par tout où il appartiendra, & besoin sera sans difficulté; car tel est nostre plaisir, de ce faire vous avons donné, & donnons pouvoir, puissance, authorité, commission, & mandement special par ces presentes, mandons, & commandons à tous nos Justiciers, Officiers, Capitaines, Gens de Guerre, & Sujets qu'à vous en ce faisant soit obey. Donné à Paris le deuxiesme jour de Juillet, l'an de grace mil cinq cens cinquante-neuf, & de nostre Regne le treziesme. Signé HENRY, *& plus bas* DE L'AUBESPINE.

(1) On a crû devoir mettre ici ces Piéces comme une dépendance du Traité du Câteau-Cambresis & où l'on trouvera un modele de la maniére dont se font les restitutions des Pays entre les Souverains, ou sur, que les Politiques cherchent souvent de semblables modéles.

ANNO 1559.

S'ensuit la teneur dudit Article.

SERA ledit Mariage solemnisé en face de saincte Eglise, & consommé entre eux dedans deux mois prochainement venans, & à cette fin s'obtiendra la dispense de nostre S. Pere le Pape, & dez lors baillée, & laissée audit Seigneur Duc de Savoye pour luy, ses Successeurs, & ayans cause l'entiere, & pleine possession tant du Duché de Savoye, Pays de Bresse, Bugey, Verromey, Maurienne, & Tharentaise, Vicarye de Barcellonnette, comme de la Principauté de Piemont, Comté d'Ast, Marquisat de Ceve, & Terres de la Comté de Nice de là du Var que ledit Seigneur Roy Trés-Chrestien, ou autre quel qu'il soit de ses Serviteurs & Sujets tiennent, & possedent, que de tout ce que feu le Duc Charles son Pere tenoit quand il fut mis hors de ses Pays du vivant du feu Roy François, fors exceptées les Villes, & Places de Thurin, Quiers, Pignerol, Chivas, & Villeneufve d'Ast, avec ledit finage, & Territoire, Mandemens, Jurisdictions, & autres appartenances dedites Places de Thurin, Chivas, & Villeneufve d'Ast, ainsi qu'ils s'estendent, & comportent, & de celles dudit Pignerol, & Quiers, des finages, Territoires, Mandemens, & Jurisdictions tant & si avant que ledit Seigneur Roy Trés-Chrestien connoistra estre necessaire pour la nourriture, & munition desdites Places, y compris les vivres qui se tireront desdites trois Places, & lesdits Territoires, le tout de bonne foy, ce qui demeure à son arbitre, & bon plaisir, pour icelles Places, finages, Territoires, Mandemens, & Jurisdictions, & leursdites appartenances tenir par ledit Seigneur Roy Trés-Chrestien, ainsi que dessus est dit, jusques à ce que les differens sur les droits pretendus par sa Majesté contre ledit Seigneur Duc de Savoye soient vuidés, & determinés, ce que lesdits Seigneurs s'obligent faire dedans trois ans pour le plustard sans autre prolongation, ny retardement ou refus procedant dudit Seigneur Duc de Savoye, comme aussi le Roy Trés-Chretien promet n'en faire de sa part à peine de descheoir desdites pretentions, & possession. N'entendent toutefois par ce present Article aucunement prejudicier aux droits, & raison dudit Seigneur Duc de Savoye, lesquels differens se vuideront selon les Concordats, & ainsi qu'il a esté accoustumé quand aucuns differens se sont offerts entre ceux de la Maison de France, & de la Maison de Savoye, & là où ils ne pourroient estre determinés par lesdits moyens seront dedans six mois aprés la consommation dudit Mariage choisis, & deputés Arbitres de commun accord, & consentement pour proceder le plustost que faire se pourra à la determination d'iceux differends.

Commission donnée au Comte de Chalant par le Duc EMANUEL-PHILIBERT, *pour prendre possession de ses Estats en suite de la Paix de* 1559.

EMANUEL-PHILIBERT par la grace de Dieu Duc de Savoye, de Chablais, & d'Aouste, Prince & Vicaire perpetuel du sainct Empire Romain, Marquis en Italie, Prince de Piemont, Comte de Geneve, & Genevois, de Baugé, de Romont, & d'Ast, Baron de Vaud, de Gex, & de Faucigny, Seigneur de Nice, Bresse, & Vercel, & du Marquisat de Ceve. A tous ceux qui ces presentes verront, Salut, & dilection. Comme Dieu le Createur par son immense bonté, & clemence, ait puis nagueres de ses yeux de pitié voulu voir, & visiter son pauvre, & desolé Peuple Chrestien, & pour iceluy delivrer des longues, & cruelles Guerres, & hostilités dont par si long-temps auroit esté affligé, ait pleu à sa divine Majesté induire les Roys Trés-Chrestien, & Catholique à se deporter d'icelles Guerres, & venir à une bonne, sincere, & entiere Paix, union, & amitié par le moyen de laquelle entre autres ayt esté conclu, & arresté que les Pays, Terres, & Seigneuries que feu de trés-heureuse memoire nostre trés-honoré Seigneur, & Pere le Duc Charles, que Dieu absolve, tenoit, & possedoit tant deçà que delà les Monts, desquels il fut desaisi par le feu Roy François Trés-Chrestien, & que depuis ayent esté tenus par ledit Seigneur Roy

ANNO 1559.

Roy de France moderne, nous feroient entierement rendus, & restitués avec la plaine jouyssance, & possession d'iceux, ainsi que plus amplement est contenu audit Traité de Paix, & que ne puissions presentement nous transporter en nosdits Pays, pour d'iceux prendre en personne ladite possession, laquelle sadite Majesté Trés-Chrestienne en execution dudit Traitté mande nous estre donnée, & remise ce que nous seroit requis, & necessaire, pour cét effet y envoyer, & deputer quelque personnage idoine, & de bonne qualité, & reputation, & sachans que ne pourrions faire eslection d'autre plus digne, & plus suffisant pour y satisfaire que de nostre Trés-Cher, Trés-Amé, & feal Cousin le Comte de Chalant, Mareschal de Savoye, Chevalier de nostre Ordre, & nostre Lieutenant General, duquel la vertu, integrité, fidelité, suffisance, & experience, nous est dés-long-temps connuë, & auquel telle charge pour raison de sondit estat de Mareschal de soy mesmes appartient. Nous par ces causes, & pour certaines autres bonnes, & justes considerations à ce nous mouvans, heu sur ce au preallable, l'advis, & deliberation de nostre Conseil, avons de nostre certaine science, & plain pouvoir nostredit Cousin commis, constitué, ordonné, & deputé, le commettons, constituons, ordonnons, & deputons par cesdites presentes pour en nostre nom, & de nostre part se transporter esdits Pays, & Duché de Savoye, & autres nos Terres, & Seigneuries deça les Monts, & illec prendre, recevoir, & tenir en nostre nom la possession, saisine, & jouyssance réelle, & actuelle d'iceux Duché, Terres, Chasteaux, Forteresses, & Seigneuries, leurs appartenances, & dependances, avec telle solemnité & observation qu'il appartiendra, & de tout, ensemble des papiers, enseignemens, & autres choses qui luy seront remises par les Ministres, & Deputés de la Majesté dudit Seigneur Roy Trés-Chrestien, leur faire bonnes, & valables quittances, & descharges, une ou plusieurs, ainsi qu'il appartient, lesquelles quittances, & descharges nous promettons avoir aggreables, comme si par nous avoient esté faites, & en outre prendre, & recevoir de nos Sujets, tant des Gentils-hommes, Feudataires, Villes, Cités, Communautés, & tous autres quels qu'ils soient les hommages, sermens de fidelité tels qu'ils sont tenus les nous prester comme à leur Prince naturel, se transportant pour cét effet ez lieux où bon luy semblera, & qu'il verra estre necessaire pour le fait que dessus, & faire en cét endroit tout ce qu'il conviendra, & que ferions nous mesmes en personne, & parce qu'il sera requis, & necessaire prenant ladite possession pour le bien de nos Sujets, entretenement de la Justice, & commodité de la Republique, ordonner, & pourvoir en tous lieux d'Officiers, & Ministres tant de Justices qu'autres, sans lesquels un Peuple ne peut estre bien regy, ny gouverné; Avons à nostredit Cousin donné, & donnons plain pouvoir, authorité, & commission speciale, & generale d'ordonner, & establir, constituer, & deputer tous Officiers, & Ministres tant en Justice inferieure, ordinaire, & moyenne, que souveraine, faire & créer Commissaires & Renovateurs de nos extentes, & reconnoissances, Notaires, Sergens, & tous autres Officiers en quels Offices, & esquels lieux que ce soit, & en tel nombre, & avec tel pouvoir, & gages qu'il advisera estre raisonnable pour le bien de nostre service, & soulagement de nos Sujets, d'ordonner, & disposer du fait de nostre Domaine, & revenus tant ordinaires qu'extraordinaires ainsi que requis sera, presenter, conferer, & pourvoir de tous Benefices qui pendant nostre absence pourroient vaquer à nostre presentation, ou collation, hormis Eveschés, & Abbayes que nous avons reservé à Nous, aussi luy avons donné pouvoir de subdeleguer, & substituer où besoin sera un, ou plusieurs pour les choses que dessus respectivement avec tel, & semblable, ou limité pouvoir que bon luy semblera, & generalement d'ordonner, & pourvoir en tout, & par tout où besoin sera, & faire au fait de sadite Charge tout ce que ferions, & faire pourrions nous mesmes si en personne y estions. Si donnons en mandement par ces mesmes presentes à nos chers bien amés & feaux les gens de nostre Chambre des Comptes, Baillifs, Capitaines & tous autres nos Justiciers, Officiers & Sujets desdits Pays de quelque qualité & condition qu'ils soient, qu'à nostredit Cousin & à tous ceux qui par luy seront deputés à leurs mandemens, & commandemens, ce faisant ils obeyssent de point en point sans refus ne difficulté, sur peine de nostre indignation, & d'autres amandes arbitraires; Car ainsi nous plaist y estre fait, toutes choses à ce contraires nonobstans. Donné à Paris le VIII. jour de Juillet M. D. LIX. *Signé* E. PHILIBERT, *& plus bas* Fabry.

Lettres Patentes du Roy FRANÇOIS II. *contenant pouvoir au Duc de Guise Gouverneur de Savoye, de faire la delivrance dudit Pays.*

FRANÇOIS par la grace de Dieu, Roy de France, à nostre Trés-Cher & Trés-Amé Oncle le Duc de Guise Gouverneur & nostre Lieutenant General en nos Pays de Dauphiné & Savoye, ou à son Lieutenant audit Gouvernement, Salut. Comme feu nostre trés-honoré Seigneur & Pere le Roy dernier decedé que Dieu absolve, suivant le Traitté de Paix accordé au Chasteau de Cambresis le troisiéme jour d'Avril dernier, vous ayt par ses Lettres Patentes mandé & ordonné bailler & delaisser à nostre Trés-Cher & Trés-Amé Oncle le Duc de Savoye, ou à ses Commis & Deputés le Pays & Duché de Savoye, Maurienne & Tharentaise, & les Villes, Places, Chasteaux & Forteresses estant dudit Gouvernement de Savoye & que feu de bonne memoire le Duc Charles de Savoye nostre Oncle tenoit; ce que, pour estre peu aprés l'expedition desdites Lettres survenu le decés de nostredit Seigneur & Pere, n'a esté encore executé; & pour ce que nous desirons singulierement l'observation & entretenement dudit Traitté & voir nostredit Oncle le Duc de Savoye content & satisfait en cet endroit & autres choses qui dependent de nous. A ces causes vous mandons & ordonnons que, suivant le contenu dudit Traitté, & lesdites Lettres Patentes de feu nostredit Seigneur & Pere, vous fassiés à nostredit Oncle, ou sesdits Commis le delaissement dudit Pays de Savoye, Villes, Places, Chasteaux & Forteresses d'iceluy, tout ainsi qu'il est porté par icelles Lettres, lequel delaissement qui ainsi sera fait par vous, nous avons pour aggreable & desdits Pays, Villes, Places, Chasteaux & Forteresses susdites vous avons deschargé & deschargeons dés à present comme pour lors par ces presentes signées de nostre main; car tel est nostre plaisir, de ce faire vous avons donné & donnons pouvoir, puissance, authorité, commission & mandement special par ces presentes données à Paris le XIV. jour de Juillet l'an de grace M. D. LIX. & de nostre Regne le premier. *signé* FRANÇOIS.

Commission du Duc de Guise au President de Portes pour la restitution du mesme Pays.

FRANÇOIS de Lorraine Duc de Guise, Pair & grand Chambellan de France, Gouverneur & Lieutenant General pour le Roy en ses Pays de Dauphiné & Savoye, au Sieur de Portes Conseiller dudit Seigneur & President en sa Cour de Parlement de Savoye, Salut. Comme pour satisfaire aux Lettres Patentes du feu Roy, que Dieu absolve, en Datte du second de ce moys signées HENRY par le Roy, l'AUBESPINE, & ratification depuis expediée, soit besoin commettre quelque bon & suffisant personnage de telle qualité qu'il se puisse bien & fidellement acquitter, savoir faisons que nous à plain confians de vos sens, suffisance, loyauté, preud'hommie, experience & grande diligence, vous prions & neantmoins, en vertu du Pouvoir à nous donné par sa Majesté, mandons trés-expressement que suivant le contenu esdites Lettres cy attachées sous le contre-séel de la Chancellerie de nostre Gouvernement & aprés avoir fait bailler aux Sieurs de Romaneche Capitaine de Montmeillan, & Chasteauneuf Capitaine de S. Jaquemoz les Lettres qui leur seront sur ce expediées, vous faciés faire l'entiere restitution & delivrance dudit Pays de Savoye aux Deputés dudit Seigneur Duc, suffisamment fondées de pouvoir quand à ce, desquels retirerés Lettres de ladite delivrance si amples qu'elles puissent servir à vostre décharge par tout où il appartiendra de ce faire, en vertu de nostredit Pouvoir vous avons donné puissance, authorité, commission & mandement special, mandant & enjoignant à tous Capitaines, Lieutenans & Gens de Guerre estans en nostredit Gouvernement, Baillifs,

ANNO 1559.

Baillifs, Chastellains, ou leurs Lieutenans, & autres Justiciers & Officiers de ladite Majesté, que à vous en ce faisant soit obey, car telle est la volonté de Sa Majesté, & la nostre. Donné à Paris le xv. dudit Juillet, l'an M. D. LIX. *Signé* FRANÇOIS, *& plus bas* par Monseigneur le Duc, Pair, Gouverneur, & Lieutenant General, MIRON.

Procés Verbal de la restitution au Duc EMANUEL-PHILIBERT *de ses Estats.*

A Tous ceux qui ces presentes verront, Nous Guillaume de Portes Conseiller du Roy, President en sa Cour de Parlement de Savoye & Commissaire en cette partie delegué, sçavoir faisons que l'an M. D. LIX. & le Vendredy quatriéme jour du mois d'Aoust, au Palais & Chasteau de Chambery, par Mr. le Comte de Chalant, Mareschal de Savoye, Commis & delegué en cette partie, comme il dit, de la part de Trés-Hault & Trés-Puissant Prince Monseigneur le Duc de Savoye, nous auroit este proposé & remonstré qu'il estime que dez long-temps sommes advertis du trés-heureux bien de Paix accordée entre les deux Majestés des Roys trés-Chrestien & Catholique, & des alliances d'entre leursdites Majestés par le moyen des Mariages qui ont esté faits, mesmes d'entre Madame Marguerite Duchesse de Berry, Sœur & Fille des Roys de France & mondit Seigneur le Duc de Savoye son Maistre, lequel Mariage à present estant solemnisé & consommé resteroit encores pour l'observation & accomplissement de ladite Paix, & du Traitté sur ce fait de remettre audit Seigneur Duc la possession & jouïssance de l'Estat & Duché de Savoye, Maurienne & Tharentaise & des Terres, Villes, Chasteaux, Places fortes & autres choses qui en dependent, & qui sont du present Gouvernement de Savoye, suivant un des Articles de ladite Paix, & à ces fins dit avoir esté delegué & envoyé icy exprés par ledit Seigneur Duc son Maistre, avec Pouvoir suffisant duquel il nous fera apparoir & dont il nous exhibe *Vidimus* sous le séel royal de la Seneschaussée de Lyon, dit en outre ledit Sieur Comte que déja Mecredy dernier deuxiéme du present mois, il auroit envoyé exprez par devers nous Maistre Estienne Cavet pour nous faire voir les Lettres Patentes de Commission & Lettres Missives, sur ce expediées, tant par le feu Roy Henry dernier decedé, que par le Roy François à present regnant & par Monseigneur le Duc de Guise, Gouverneur & Lieutenant General pour ledit Seigneur Roy au Pays de Savoye, ausdites fins de remettre audit Seigneur Duc de Savoye ladite possession & jouïssance dudit Estat & Duché, Terres & Pays susdits; ensemble Places fortes, toutes lesquelles Lettres il nous presente, affin de proceder à l'execution d'icelles, & ce faisant remettre audit Seigneur Duc son Maistre en la personne de luy, son Lieutenant General & ayant de luy Pouvoir, ladite possession & jouïssance, & pour ce fait, faire lever les Armoiries de France qui sont affigées sur les Portaux & autres Lieux eminens tant en cette Ville, qu'autres de ce Pays pour l'indication, & signe de la Souveraineté que Sa Majesté y avoit, declairant toutesfois estre de son intention que lesdites Armes soient levées avec tel honneur & reverence qu'il appartiendra à la grandeur de la Couronne de France & de si haut & puissant Prince, duquel ledit Seigneur Duc de Savoye son Maistre est humble parent, allié, amy & serviteur, & consequemment luy faire remettre les Places fortes & autres choses qui dependent de l'effet & execution desdites Commissions; & Nous President & Commissaire susdit avons receu lesdites Lettres & Commissions avec l'honneur & reverence qu'appartient, desquelles la teneur est cy-aprés inserée de mot à mot au pied de cetuy nostre Procez verbal, & icy obmise pour éviter redites. Et aprés que d'icelles tant Patentes que Missives, avons fait lecture de mot à mot, ensemble du Pouvoir dudit Sieur Comte de Chalant, nous sommes offerts obeir à tout ce qu'il plaist au Roy nostre Seigneur & Maistre & mondit Seigneur le Duc de Guise son Lieutenant General nous commander, declarans toutesfois audit Sieur Comte de Chalant que d'autant que l'affaire est de grand poids & importance nous n'entendions y proceder sans quelque deliberation prise au prealable avec ceux ausquels nous avons devoir d'en conferer, tant pour l'importance de l'affaire, que pour nostre descharge & pour le lieu qu'ils tiennent par deça au service de sa Majesté.

ANNO 1559.

Et neantmoins avons remonstré audit Sieur Comte avec supportation, que d'autant que le jour d'hier il avoit esté receu par les Syndics, Manans & Habitans de la presente Ville, en qualité de Gouverneur & Lieutenant General dudit Seigneur Duc de Savoye en grande assemblée de peuple en armes, en luy faisant entrée solemnelle, semble qu'en ce faisant l'ordre avoit esté grandement preposteré, d'autant que la mise en possession devoit estre executée au prealable & qu'il y pourroit avoir quelque mespris de l'authorité du Roy qui y est encores Souverain, & de ses Officiers & Ministres qui sont encore en ce lieu & ausquels n'en a esté parlé, ny donné à entendre aucune chose, ce neantmoins que nous estimions que ledit Sieur Mareschal venant recentement de la Cour, doit sçavoir sa charge & le vouloir & l'intention des Princes.

A quoy ledit Sieur Mareschal nous auroit respondu qu'estant fort pressé des Gentils-Hommes de ce Pays qui sont à sa suitte en grand nombre, & qui déja ont supporté plusieurs frais tant à la suitte dudit Seigneur Duc son Maistre que de luy, il n'a peu moins faire que d'accelerer, & haster sa venuë pour soulager ladite Noblesse & la relever de frais, & n'eust sceu faire contenir le Peuple qu'il n'ayt monstré l'affection & vouloir qu'il a envers ledit Seigneur Duc de Savoye son Prince naturel, toutesfois ce n'a esté pour aucun mespris de l'authorité du Roy, ny de ses Officiers & Ministres, lesquels il veut de sa part reverer & honnorer, & entend estre reverés & honnorés comment ils meritent, suivant aussi le commandement qu'il en a dudit Seigneur Duc son Maistre, lequel, comme il a déja remonstré, est humble parent, allié, amy & serviteur de Sa Majesté, veut & entend entretenir & garder son alliance, & amitié, & luy faire humble service & estime, que ce qui en a esté fait, n'a esté que pour l'indication d'une joye publique, & que de ce faire ils ayent eû permission de nous; quoy que ce soit que pouvions le leur inhiber & deffendre, ayans encor le pouvoir de ce faire, & quand à ce que voulions differer sous ombre d'en communiquer à autres Officiers de Sa Majesté, disoit ledit Sieur Mareschal que lesdites Commissions n'estoient addressées à autres qu'à nous qui pouvions proceder sans avoir autre permission, nous requerant de diligenter le plus que possible nous sera pour le soulagement de la Noblesse de ce Pays, estant comme dit est à sa suite à grands frais.

Et nous President susdit luy avons declaré que ferions de sorte qu'à nostre advis il auroit contentement.

Et au lendemain cinquiéme jour dudit mois d'Aoust à l'apresdinée nous Commissaire susdit estans derechef requis par ledit Sieur Comte de Chalant au nom que dessus de proceder au fait de nostredite Commission, avons à iceluy Sieur Comte remonstré que depuis les derniers propos tenus avec luy, & par la conference qu'avions fait avec certains des Officiers de Sa Majesté par acte qui seroit par nous mis hors ce present Procez verbal, comme ne servant à iceluy, avions esté advertis que les Syndics de la presente Ville à l'entrée dudit Sieur Comte luy auroient porté & presenté les clefs de ladite Ville, qu'estoit apparente demonstration de sujettion & obeyssance audit Seigneur Duc de Savoye & à luy son Lieutenant General, pourquoy frustratoirement requerroit-il l'execution desdites Commissions, & la possession ja par luy prise, d'ailleurs qu'aux portes & autres lieux eminens de ladite Ville avoient esté erigez certains titres faisans mention de triomphe, qui est mal sonnant au fait qui est proposé d'alliance & execution de bonne & ferme Paix.

A quoy ledit Sieur Comte de Chalant nous auroit dit & respondu que quant aux clefs de la Ville, que veritablement à son entrée elles luy furent presentées par les Syndics, mais il fit refus de les prendre & leur dit qu'ils les gardassent comme ils avoient de coustume, jusques à ce qu'il eut pris possession par nos mains suivant sa Commission, & Charge, auparavant laquelle il ne vouloit, ny entendoit rien entreprendre, & estime que telle faute provient plustost d'une particuliere affection qu'ont lesdits Syndics & Habitans envers ledit Seigneur Duc de Savoye leur ancien & naturel Prince, sous l'obeyssance duquel ils ont esté de tout temps, sauf le temps que le Roy a possedé ce Pays, que pour mespris de l'authorité du Roy & de ses Officiers & Ministres envers lesquels ils ont toujours rendu telle obeyssance que chascun sçait: Et quant à l'interpretation

ANNO 1559. tion de ce mot, triomphe, il ne l'entend point, bien confesse que la restitution qui se fait de ce Pays de Savoye audit Seigneur Duc son Maistre, est de la bonne volonté du Roy & par accord fait entre Sa Majesté & celle du Roy Catholique, & en faveur dudit Mariage & non par autre voye qu'elle soit, & n'a entendu qu'il y ayt de present autre possesseur de ce Pays de Savoye que le Roy, moins que par ladite entrée luy ait esté acquis aucun droit de possession, jusques à ce qu'il ait pris icelle par nos mains, dont il nous requiert instamment, & pour ce que quant à la levation des Armes du Roy par cy-devant par luy requise, ne luy avons fait aucune responce, nous a requis luy declairer sur ce nostre intention.

Auquel Seigneur Mareschal nous President, & Commissaire, avons fait responce que ladite mise en possession, & execution réelle par luy requise estoit le vray but où tendoit nostredite Commission, & estoit prealable à ladite levation des Armes de France, laquelle n'estoit de nostre chargé, & qu'estimions ledit Sieur Mareschal estre personnage si prudent, vertueux & sage, qu'estant possesseur de ce Pays, il en useroit si honorablement que la Couronne de France le requiert; mesmes que chascun sçait assés l'antiquité & Majesté desdites Armes de France, comme descenduës du Ciel & envoyées de Dieu, & qu'elles sont tant honnorées & prisées, non seulement par tous Pays de Chrestienté, mais universellement par tout le monde, qu'il y a plusieurs Pays, Provinces, & Villes estrangeres, esquelles on tient à grand honneur de les voir eslevées, insculpées, & affigées; Davantage c'est chose certaine, que durant le temps que le Roy a tenu & possedé ce Pays, l'on a laissé les armes de Savoye eslevées en plus de mille lieux de ce Pays, & encores à present sont elles, & tousiours sont eslevées au lieu plus eminent de l'entrée dudit Palais & Chasteau de Chambery, auquel ladite Court entroit & seoit journellement, comme ledit Sieur Comte a peu voir oculairement à sa venuë, declarant néantmoins audit Sieur Comte qu'aprés ladite execution & mise en possession, nous laissions ce fait à sa discretion, estans asseurés que par sa grande prudence, & experience, s'il procede à la levation desdites Armes de France, il advisera d'y proceder, & à la conservation d'icelles, avec tel honneur, reverence & respect qu'appartient à la grandeur du Roy Trés-Chrestien, & de sa Couronne; & que de ce il fera Procés verbal, lequel il pourra envoyer à mondit Seigneur de Guyse, ou à nous, & pour lors n'a esté passé plus outre.

Et le Dimenche sixiéme jour dudit mois d'Aoust, nousdit President, Conseiller & Commissaire estant derechef requis de la part dudit Sieur Mareschal de proceder à ladite execution, luy avons remonstré qu'avant y proceder, convenoit adviser sur certains points, esquels pourroit escheoir difficulté, & iceux accorder pour obvier à toute ambiguité & oster toute occasion & differend, lesquels par ledit Sieur Comte entendus ainsi que luy avons proposé, tant de bouche que par escript, aprés quelque amiable contestation, ont esté resolus & accordés entre nous comme s'ensuit.

Pource que sur la requisition qu'a esté faite par Monsieur le Comte Chalant, comme Procureur & Lieutenant de Haut & Puissant Seigneur Monseigneur le Duc de Savoye, à Monsieur Maistre Guillaume de Portes, Conseiller du Roy, President en sa Cour de Parlement de Savoye, d'executer certaines Lettres de Commission obtenuës du feu Roy Henry, & du Roy François regnant à present, ensemble les Lettres d'attache, & Commission de Monseigneur le Duc de Guise Lieutenant General, & Gouverneur pour le Roy audit Pays de Savoye, & ce faisant de remettre ledit Sieur Comte audit nom, en telle possession & jouyssance dudit Pays de Savoye, qu'estoit feu Monf. Charles Duc de Savoye, lors que ledit Pays fut reduit à l'obeyssance du feu Roy François Ayeul paternel du Roy à present regnant, ont esté mis en avant certains points esquels pourroit escheoir difficulté par cy-aprés, s'ils n'estoient resolus & accordés avant ladite execution, & mise en possession, à ceste cause pour obvier à toute ambiguité, & pour oster toute occasion de different, a esté accordé entre ledit Sieur Comte de Chalant, & ledit Sieur de Portes, sous le bon plaisir dudit Seigneur Roy, & de mondit Seigneur le Duc de Savoye:

Premierement, que le revenu & deniers provenans de la recepte dudit Savoye, tant ordinaires qu'extraordinaires, escheus jusques au neufviéme jour de Juillet dernier passé, jour de la consommation du Mariage d'entre mondit Seigneur le Duc de Savoye, & Madame Marguerite Fille & Sœur de Roys de France, Duchesse de Berry, seront prins & levés par les Receveurs tant particuliers que generaux dudit Seigneur Roy, & leur en sera faite raison par les Receveurs qui seront deputés aprés ladite execution, & restitution pour & au nom de mondit Seigneur le Duc de Savoye, sçavoir est au prorata de temps escheu en cette année mil cinq cens cinquante neuf jusques audit jour, & ce de bonne foy, & sans difficulté, sauf & reservé à mondit Seigneur le Duc, d'accorder avec sa Majesté sur le droit qu'il pretend és fruits, dés le jour de la conclusion de la Paix, jusques au jour dudit Mariage, & sauf aussi, & reservé le droit que ledit Seigneur Roy pretend luy appartenir ausdits fruits, non seulement jusques au jour dudit Mariage, & sauf aussi, & reservé le droit que ledit Seigneur Roy pretend luy appartenir ausdits fruits, non seulement jusques audit jour neufviéme Juillet; mais aussi jusques au jour de restitution, & execution réelle. ANNO 1559.

Plus sont demeurez d'accord, que tous les Papiers, Comptes, Registres, Jugemens, Ordonnances, & autres Procedures quelconques faites par les Gens tenans la Chambre des Comptes audit Pays pour ledit Roy, depuis ladite reduction à l'obeyssance du feu Roy François jusques à present, seront librement retirés de ladite Chambre des Comptes, & mis és Pays de l'obeyssance naturelle dudit Roy en la Chambre toutesfois dudit Seigneur Roy plus proche dudit Chambery pour la commodité de Sujets Ducaux qui voudroient y avoir recours pour l'extraction d'iceux Papiers, & tous autres Papiers, & Escritures qui se sont treuvés en ladite Chambre à ladite reduction à la forme des Inventaires y estans, seront en vertu de ladite execution, & restitution rendus aux Officiers de mondit Seigneur le Duc, ensemble lesdits Inventaires, avec toute bonne, & suffisante descharge aux Officiers du Roy en ladite Chambre, laquelle les Officiers de Monseigneur le Duc seront tenus bailler, sauf, & reservé que si aucuns desdits Titres ont esté retirés par la volonté du Roy par quelques estrangers, ou autrement ont esté transportés, ledit Seigneur Duc pourra avoir recours à sa Majesté pour avoir ayde, & faveur de luy au recouvrement desdites Lettres, & neantmoins pour le regard de cet Article est accordé que ledit Seigneur Roy communiquera de bonne foy lesdits Papiers retirés par sesdits Officiers audit Seigneur Duc, ou sesdits Officiers s'il en est requis, comme fera aussi ledit Seigneur Duc de sa part audit Seigneur Roy, ou aux siens, sesdits Papiers demeurans en sa Chambre de Savoye, & qui luy seront rendus comme dessus concernant le fait desdits Comptes.

Plus que lesdits Officiers du Roy pourront librement retirer, & emporter toutes Procedures, Jugemens, Registres, & autres Actes faits en temps de ladite obeyssance du Roy, en delaissant toutesfois, en vertu de ladite execution & restitution, aux Officiers de mondit Seigneur le Duc mesmes & semblables Procedures en bonne & authentique forme, & a esté dit que les droits, & émolumens des Greffiers, & Maistres Clercs de ladite Cour encourus jusques au jour de ladite execution, leur seront reservés, & sauvés, & que pour n'y commettre fraude, mondit Sieur le Comte, & Lieutenant y mettra reglement tel que de raison.

Plus a esté accordé que pour raison de toutes choses encouruës jusques aujourd'huy, & de tous debtes escheus deus tant aux Officiers de sa Majesté, qu'autres de quelque qualité qu'ils soient s'estans meslés des affaires dudit Seigneur Roy durant ladite jouyssance, sera faite bonne briefve Justice à ceux qui en poursuivront les payemens, & que l'on n'offencera, directement ny indirectement, par fait ou par parolles, les François naturels, ou autres ayans fait service à sa Majesté, & que cet Article sera observé de bonne foy sans aucune dissimulation, ou connivence, & quant esdits deniers escheus, si ce sont deniers de la recepte, & deus pour raison d'icelle nonobstant ladite restitution, l'on baillera Lettres de contrainte comme pour deniers fiscaux desquels tiendront la nature.

Plus que mondit Sieur le Comte asseurera sous sa foy, & parolle qu'incontinant aprés la mise en possession faite, & executée, & laquelle il suffira estre faite en cette Ville de Chambery pour tous autres lieux dudit Gouvernement, & l'ayans mis aussi en possession du Chasteau de Montmelian, il expediera Lettres en bonne forme de certification, & descharge contenans declarations qu'il a esté entierement satisfait, & l'Article de

ANNO 1559.

de la Paix concernant la restitution dudit Pays par ledit Seigneur Roy, & mesmes pour le regard de la restitution des deux Forteresses de Montmelian, & sainct Jaquemoz, attendu que dez à present audit S. Jaquemoz n'y a aucune garde & force pour le Roy, ce que ledit Seigneur Comte prend pour restitution dudit S. Jaquemoz, pour ce regard. Fait, & arresté le sixiesme jour d'Aoust mil cinq cens cinquante-neuf. *Ainsi signé* CHALANT.

Et le Jeudy septiesme jour dudit Moys d'Aoust audit Palais, & Chasteau de Chambery, & dans la grande Sale d'iceluy, où estoit grande assemblée. Nous President, & Commissaire susdit seant dans une chaire couverte de velours violet à la dextre, & seant à la gauche en autre chaire ledit Sieur Comte, iceluy s'estant premierement levé, & descouvert, & reassis, nous auroit derechef, & d'abondant presenté lesdites Lettres & Commissions desdits Seigneur Roy, & de mondit Seigneur le Duc de Guise, & le Pouvoir qu'il a dudit Seigneur Duc de Savoye, Nous requerant proceder à l'execution desdites Lettres, & luy bailler, & remettre la possession, & jouyssance dudit Pays, & Duché de Savoye, Maurienne, & Tarentaise, & des Terres, Places, Villes, Chasteaux, & Forteresses qui en dependent à la forme desdites Commissions, desquelles Commissions & Pouvoir susdits, ensemble desdits Articles, & Capitulations nous avons commandé estre faire lecture à haute & intelligible voix par nostre Greffier soubsigné, & ladite lecture faite, ledit Sieur Comte nous a promis, & juré sous sa foy, & parolle qu'il gardera, & observera, fera garder, & observer inviolablement lesdites Conventions, & Capitulations, & a reconnu les avoir soubsigné de sa main, dont nous avons ordonné estre fait Acte, & registre de ladite lecture par nostre Greffier pour valoir, & servir ce que de raison.

Et ce fait, nous President, & Commissaire susdit, suivant lesdites Lettres Patentes, & Commissions, & en execution d'icelles obeyssant au vouloir, & bon plaisir du Roy, & ainsi qu'il nous est mandé par mondit Seigneur le Duc de Guise, avons remis, & delaissé audit Seigneur Duc de Savoye, en la personne dudit Sieur Comte de Chalant son Lieutenant General, & à ce expressement commis & delegué, la possession, & jouissance dudit Duché de Savoye, Maurienne, Tarentaise, & des Villes, Chasteaux, Places, Forteresses, & autres choses qui en dependent, & qui sont de ce Gouvernement de Savoye, pour par ledit Seigneur Duc de Savoye, ses Commis, & Deputés estre iceux Pays, & Estats de Savoye estans sous le Gouvernement de mondit Seigneur le Duc de Guise possedés, & jouys tout ainsi que feu Haut, & Puissant Prince Messire Charles Duc de Savoye son Pere souloit posseder, & jouir du temps que ledit Pays fut reduit sous l'obeyssance du feu Roy François que Dieu absolve, Ayeul Paternel du Roy à present regnant, & qu'il est mandé par lesdites Lettres, & Commissions, faisans expresses inhibitions, & deffences de par ledit Seigneur Roy, & mondit Seigneur le Duc de Guise son Gouverneur & Lieutenant General audit Pays, à toutes personnes de quelque qualité qu'elles soient, de ne iceluy Seigneur Duc de Savoye, sondit Lieutenant General, & autres ses Commis, & Deputés troubler, molester, ny empescher en ladite possession, & jouyssance en aucune maniere.

Et lors s'est presenté par devant nous Maistre André Pillet se-disant Procureur des Estats de ce Pays de Savoye, lequel nous a supplié, & requis descharger lesdits Estats du serment de fidelité qu'ils ont fait au Roy, afin, qu'en prestant serment & fidelité audit Seigneur Duc de Savoye, ils ne puissent estre chargés d'infidelité envers sa Majesté.

Auquel nous avons fait responce que la descharge par luy requise n'estoit à nostre pouvoir ny de nostre commission, & charge, & que pour ce regard lesdits Estats se pouvoiront comment, & pardevant qui ils verront à faire, leur octroyans neantmoins Acte de leur requisition pour leur servir, & valoir ce que de raison.

Aussi se sont presentés par devant nous President, & Commissaire susdit les Syndics de la presente Ville de Chambery, Ville capitale dudit Duché de Savoye, lesquels aprés nous avoir déclairé par la bouche du Sieur de Monterminod premier Syndic, que par l'entrée faite en ladite Ville audit Sieur Comte de Chalant, ils n'ont entendu ny entendent avoir audit Seigneur Duc ny audit Sieur Comte attribué aucune possession, & jouissance de cedit Pays, ny de s'estre desmis, ou deschargés de la sujettion, & obeyssance qu'ils devoient au Roy, ains seulement pour demonstration de joye publique pour le bien de la Paix, & neantmoins attendu que presentement nous aurions baillé, & remis audit Seigneur Duc en la personne dudit Sieur Comte la possession dudit Duché, & que les clefs de ladite Ville leur furent remises par ledit Seigneur Roy, les nous presentent, & remettent comme tenant le lieu de sa Majesté suivant l'obeyssance qu'ils luy doibvent, pour par nous en ordonner comme verrons à faire.

ANNO 1559.

Et nous susdit Commissaire avons ausdits Syndics, & Habitans de ladite Ville, & Communauté octroyé Acte de leur declaration pour leur servir, & valoir ce que de raison.

Et aprés avoir receu lesdites clefs, icelles avons en signe de possession delivrées, & remises entre les mains dudit Sieur Mareschal en execution de nostredite Commission, pour desdites clefs user, & ordonner comme bon luy semblera, tout ainsi qu'en ordonnoit feu Messire Charles de Savoye lors de ladite reduction à l'obeyssance de France.

Et pour plus grande execution avons iceluy Sieur le Comte de Chalant mis, & instalé au Siege où nous estions, comme tenant le lieu de mondit Seigneur le Duc de Guise, Gouverneur & Lieutenant de sa Majesté en cedit Pays.

Ce que ledit Sieur Mareschal a trés-humblement accepté, remerciant ledit Seigneur Roy de la bonne volonté qu'il a envers ledit Seigneur Duc de Savoye son Maistre, laquelle luy est demonstrée affectueusement.

Et ce fait nous sommes retirés.

Et du mesme jour septiéme jour d'Aoust à l'apres-dinée au Palais, & Chasteau dudit Chambery, ledit Sieur Comte de Chalant, Lieutenant General, & Delegué dudit Seigneur Duc de Savoye, nous a requis qu'en continuant nostredite execution, nous ayons à faire remettre par les Seigneurs des Comptes establis pour ledit Seigneur Roy en ce Pays de Savoye, entre les mains de Messieurs les Maistres Michaut & Carra, Maistres des Comptes dudit Seigneur Duc estans en la presente Ville, tous & chascuns les Papiers de ladite Chambre des Comptes.

Maistre François Vachon President pour le Roy en ladite Chambre des Comptes de Savoye, present & assistant à ladite requisition, a declairé qu'il estoit prest obeyr, pourveu qu'il fust bien commandé, & deschargé suffisamment, & qu'il pleust d'abondant audit Sieur Comte suivant ce que par cy-devant il se seroit offert luy bailler promesse & asseurance, que là où ledit Seigneur Roy n'auroit à gré ladite delivrance desdits Papiers, Titres & Escritures, ledit Seigneur Duc en saisira sa Majesté, ou les Officiers d'icelle, toutesfois & quantes son bon plaisir sera.

Laquelle promesse ledit Sieur Comte auroit fait verbalement, disant que jaçoit il n'ayt de ce charge, toutesfois ainsi le promet-il, & asseure, sachant bien la bonne volonté, affection, parentage, alliance & amitié qui est entre lesdits Princes, de sorte que jamais n'y adviendra controverse.

Et nous President & Commissaire susdit, aprés avoir ouy les requisitions & declarations susdites, aprés aussi que par le Sieur President Vachon, & Maistre Felix Monnier, Maistre en ladite Chambre des Comptes pour ledit Seigneur Roy, nous a esté declairé qu'il a esté satisfait de la part dudit Sieur Comte, à ce que par luy avoit esté promis pour le regard des Papiers estans en ladite Chambre appartenans au Roy, & qu'iceux Papiers ont esté par eux retirés, & sont dés à present és Pays de l'obeyssance du Roy; en continuant l'execution réelle par nous encommencée, & en ensuivant les Conventions & Capitulations sur ce faites, entre ledit Sieur Comte de Chalant au nom qu'il procede, & nous Commissaire susdit du Roy, avons ordonné & ordonnons que ledit Sieur Comte de Chalant au nom qu'il procede; ou les Officiers dudit Seigneur Duc de Savoye, seront saisis de tous Papiers, Titres & Escritures qui se sont treuvées en ladite Chambre des Comptes de Savoye, lors de la reduction dudit Pays à l'obeyssance du Roy, & desquels feu Monsieur Charles Duc de Savoye estoit saisi auparavant à la forme des Inventaires, pour d'iceux Papiers, Titres & Escritures avoir la possession & jouyssance telle, & semblable qu'avoit & souloit avoir ledit Seigneur Duc Charles lors d'icelle reduction & auparavant, aux charges toutesfois contenuës aux declarations susdites,

&

ANNO 1559.

& en baillant par ledit Sieur Comte, & par lesdits Officiers dudit Seigneur Duc, bonne & suffisante descharge aux Officiers du Roy en ladite Chambre, & nostre presente Ordonnance avons prononcé ausdits Sieurs Vachon President, & Monnier Maistre des Comptes en ladite Chambre pour ledit Seigneur Roy, lesquels en ont requis copie, ensemble de nos Commissions, desdites Conventions, & Capitulations; laquelle copie nous avons ordonné leur estre expediée pour leur servir & valoir ce que de raison.

Et du Mardy huitiéme jour dudit mois d'Aoust, suivant la requisition à nous faite sur ce par ledit Sieur Comte de Chalant, nous sommes transportés en la Ville de Montmelian pour le parachevement de ladite execution, & pour faire les commandemens à ce requis au Seigneur de Romaneche au lict malade, ledit Sieur Mareschal comparant pardevant nous audit nom, nous a requis proceder à l'entiere & parfaite execution desdites Commissions, & ce faisant luy faire remettre ledit Chasteau & Forteresse de Montmelian, suivant nostre Commission, & comme est particulierement mandé audit Sieur de Romaneche, par Lettres Patentes du feu Roy Henry, données à Paris le deuxiéme jour de Juillet dernier passé, ensemble par la Lettre Missive de Monseigneur le Duc de Guise addressée audit Sieur de Romaneche pour sa descharge.

Et aprés qu'avons fait faire lecture d'icelles Lettres tant Patentes, que Missives, & que les avons remis audit Sieur de Romaneche pour sa descharge, aprés aussi que ledit Sieur de Romaneche nous a certifié, & affermé par serment avoir esté retirés de ladite Place forte, tous les vivres, artillerie, armes y estans suivant les mandemens & commissions dudit Seigneur Roy, & par les Commissaires à ce par luy deputés, & que rien n'y reste, nous President & Commissaire susdit avons ordonné & ordonnons qu'en execution de nostredite Commission, ledit Sieur de Romaneche delaissera audit Sieur Mareschal, au nom qu'il procede, la possession dudit Chasteau & Forteresse de Montmelian, dont il a la charge & garde pour ledit Seigneur Roy, baillera & remettra entre les mains d'iceluy Sieur Mareschal les clefs dudit Chasteau & Place forte, & fera vuider les gardes & garnisons y estans pour ledit Seigneur Roy, pour, par ledit Seigneur Duc de Savoye, ses Commis & Deputés, jouïr d'iceluy Chasteau & Forteresse; tout ainsi qu'en jouïssoit feu Monsieur Charles Duc de Savoye son Pere, au temps de la reduction d'iceluy à l'obeyssance de France, en baillant toutesfois par ledit Sieur Mareschal, bonne & suffisante certification & descharge de ladite remission & delivrance, & declairant qu'il s'en tient pour bien content & satisfait, & moyennant ce demeurera ledit Sieur de Romaneche deschargé de la garde de ladite Forteresse, suivant les Lettres Patentes du feu Roy à luy addressées, & Lettres Missives de mondit Seigneur le Duc de Guise par nous à luy delivrées & remises pour sa descharge comme dessus.

A quoy ledit Sieur de Romaneche s'est offert obeyr suivant le vouloir du Roy, moyennant toutesfois que ledit Sieur Mareschal luy baille ladite certification, & reconnoissance de ladite delivrance purement, & en bonne forme pour sa descharge.

Ce que ledit Sieur Mareschal verbalement a promis faire sous sa foy & parolle, nous requerant toutes-fois, que visitation soit faite de l'estat dudit Chasteau & Forteresse, & acte luy soit expedié de l'estat auquel il le treuvera pour luy servir semblablement de descharge envers ledit Seigneur Duc son Maistre, & tous autres qu'il appartiendra.

Et nous Commissaire susdit avons declairé audit Sieur Mareschal, qu'il pourra, si bon luy semble, faire la visitation par luy requise, & prendre acte de l'estat; pourveu toutesfois que ce soit par acte separé, & qu'il nous semble que pour ce faire doivent estre par nous ensemblement pris, & éleus personnages non suspects, un ou deux qui feront & accorderont ledit acte de l'estat auquel ladite Forteresse est de present, & auquel elle souloit estre au temps que ledit Seigneur Duc Charles la possedoit & jouyssoit, à quoy ledit Sieur Mareschal s'est accordé.

Et lors ledit Sieur de Romaneche Capitaine pour ledit Seigneur Roy dudit Chasteau & Forteresse, obeyssant au bon plaisir du Roy & de mondit Seigneur de Guise, & suivant nostredite Ordonnance, a remis les clefs d'iceluy Chasteau & Forteresse susdits, entre les mains dudit Seigneur Comte de Chalant Mareschal de Savoye, lequel les a honorablement receu & accepté, declairant que non seulement ladite Place; mais que tous les Estats de Monsieur le Duc de Savoye, seront tousjours au service & commandement dudit Seigneur Roy, quand son bon plaisir sera.

ANNO 1559.

En aprés nousdit Commissaire nous sommes transportés dans ledit Chasteau & Forteresse avec ledit Sieur Mareschal, & illec entré avons, pour plus ample execution, remis & delaissé ledit Seigneur Duc en la personne dudit Sieur Mareschal son Lieutenant General en telle possession & jouyssance dudit Chasteau & Forteresse qu'avoit ledit Seigneur Duc Charles deffunt, lors qu'il fut reduit à l'obeyssance de France, en faisant inhibitions & deffences, tant aux Soldats y estans pour ledit Seigneur Roy, qu'à tous autres qu'il appartiendra, de ne iceluy Seigneur Duc, ses Commis & Deputés, troubler, molester ou empescher en ladite possession & jouyssance, & leur enjoignant vuider ladite Place, & se retirer par devers leur Capitaine.

Et ce fait, n'a esté par nous plus outre procedé, en tesmoin desquelles choses susdites nousdit President & Commissaire, nous sommes soubsignés. *Ainsi signé*, DE PORTES.

XXX.

11. Août.

Vergleich zwischen Georg Bischoffen zu Bamberg/ und Georg Friedrich Marggraffen zu Brandenburg/ wegen Außschreibens im Fränckischen Kreysze auffgerichtet/ desz Inhalts: dasz die beyde/ und künfftighin jederzeit ein Regierender Bischoff zu Bamberg/ und der älteste Regierende Marggraf zu Brandenburg/ zugleich miteinander/ so offt es erforderlich seyn wirdt/ die Krays-Täge außschreiben sollen. Geben zu Augspurg den 11. Augusti 1559. [LUNIGS **Teutsches Reichs**-Archiv. Part. Special. Continuat. I. **Abtheilung** IV. **Absatz** III. pag. 312.]

C'est-à-dire;

Accord entre GEORGE *Evêque de Bamberg*, *&* GEORGE FRIDERIC *Marcgrave de Brandebourg*, *au sujet de la Convocation des Etats du Cercle de* Franconie, *portant qu'à l'avenir toutes les fois que les Assemblées Circulaires seront requises*, *la Convocation s'en fera conjointement par l'Evêque de Bamberg Regent*, *& par le Marcgrave de Brandebourg aîné de la Maison. A Augsbourg le* 11. *d'Août* 1559.

DEmnach sich zwischen uns beyden/ Georg/ Bischoffen zu Bamberg/ und Georg Friderichen/ Marggrafen zu Brandenburg/ von wegen Ausschreiben des Fränckischen Creysses biszhero eine Zeit lang Irrungen und Zwiespalt erhaben/ von deswegen wir uns letzlich um Beförderung willen des Creysses Obliegen und Geschäffte/ mit einander in freundliche Vergleichung eingelassen. Bekennen demnach hiermit für Uns/ unsere Nachkommen und Erben/ wissentlich in Krafft dieses Briefes/ und thun kund allermänniglich/ dasz wir uns berührtes Ausschreibens halber mit einander nachfolgender Gestalt freundlich vereiniget und verglichen/ dasz wir beyde/ und dann ferner und künfftig unsere Nachkommen und Erben/ als nemlich iederzeit ein regierender Bischoff zu Bamberg/ und der älteste regierende Marggraff zu Brandenburg des Hauses Onolszbach/ das Beschreiben und Erfordern der Stände des Fränckischen Creysses/ sämtlich und mit einander haben/ die Creysztäge zugleich mit einander ausschreiben/ und so offt unser einer/ unsere Nachkommen und Erben/ wie obstehet/ für gut und nothwendig erachten und ansehen werden/ einen Creysztag auszuschreiben/ soll der ander/ in Krafft dieser Vergleichung/ schuldig und pflichtig seyn/ solchen Tag zugleich mit auszuschreiben/ und darinnen einige Wegerung oder Verhinderung nicht fürnehmen/ gar in keine Wege: So dann die

Creysz-

Anno 1559.

Creysz-Stände persönlich / oder durch ihre Räthe / Bottschafften / und Gesandten / auf die ausgeschriebene Creysz-Täge erscheinen / zusammen kommen / und die Creysz-Täge gehalten werden / solle in Beratschlagung aller und ieder Creysz-Sachen / die Proposition, Umfrage / Conclusion, Begreiffung der Abschied und Cantzley / Uns Bischoff Georgen / und Unsern Nachkommen / Bischoffen zu Bamberg / allein zusiehen / zugehören und gebühren. Augspurg den 11. Augusti 1550.

XXXI.

28. Août.

Eberhards Bischoff zu Aychstadt Brieff / wodurch derselbe das Dorf Dertingen mit allen zugehörungen / Herrn Grafen Ludwig zu Stollberg / vor Sieben tausend und fünffhundert Gulden Rheinisch verkaufet. Geben zu Aystadt den Freytag nach Bartholomæi 1559. [LUNIGS Teutsches Reichs-Archiv. Part. Special. Contin. I. Fortsetz. III. Abtheil. III. Absatz VIII. pag. 150.]

C'est-à-dire,

*Lettres d'*EBERHARD *Evêque d'Aichstadt, portant qu'il a vendu, & vend le Village de* Dertingen *au Comte de* STOLBERG *pour la somme de sept mille & cinq cens florins. A Aischstadt le Vendredi après la Fête de St. Barthelemi* 1559.

Wir Eberhard von GOttes Gnaden / Bischoff zu Aystatt / Thumb-Probst unnd Ertzpriester zu Saltzburg / unnd dann Wir Martin von Schaunberg Dechant / und gemeintlich das Capitul des Thumbstiffts zu Aystatt / bekennen öffentlich hiemit vor uns und unsern Stifft und Nachkommen / nachdem Weyl. der Wohlgeborn unser besonder lieber Freund und Getreuer / auch gnediger Herr Michel Graff zu Wertheim seliger / von auch weyland Bischoff Eberharten / unserm Herren und Vorfahren am Stifft Aystatt / seliger Gedächtnusz / das Dorff Dertingen mit seiner Zugehörung (ausserhalb etzlicher Güter / so von dem Stifft Würtzburg zu Lehen rühren / und von Poppo Fuchsen erkaufft seynd / auch etliche Zinsz / Gülte und Gute / allda zu Dertingen / die weyland Graf Johanns zu Wertheimb seliger / von Eberharten Pfaler umb 40. fl. erkaufft / und eygen seynd) zu Lehen getragen / ist solch Dorff auf Absterben gedachtes Graf Micheln / alsz des letzten seines Nahmens und Stammes der Grafen zu Wertheim seeligen / uns Bischoff Eberharten / und unserm Stifft / frey auffgethan und heimgefallen / wie auch demnach wir gemelter Bischoff Eberhard / die Unterthanen zu Dertingen durch unsere verordnete Rähte / in Huldigung und Pflicht nehmen wollen lassen / hat der Wolgeborn unser besonder lieber Freund und gnädiger Herr / Ludwig Graff zu Stollberg / Königstein / Roschefort / und Wernigerode / an statt mehr gedachts Graf Micheln seeligen nachgelassener Wittiben / seiner Tochter / bey berürtem unser Bischoff Eberharten heimgefallenem Eygenthumb / dem Dorff Dertingen / Gerechtigkeit zu haben vermeint / unndt sich gedachter Unterthanen allda zu Dertingen angenommen / darauff ist letzlich die Sach auff Unterhandlung weylandt des Hochwürdigen Fürsten / unsers besondern lieben Herrn und Freunds / auch gnädigen Herrn Bischoff Melchiorn zu Würtzburg seeliger unnd löblicher Gedächtnusz / dahin gelangt / dasz wir aus rechten / vereinigten / guten Wissen und Willen / eines auffrechten / stätten / redlichen unwiederrufflichen Kauffs / in der besten Form / Masz / Weisz und Ordnung / so Wir solches thun sollen und mögen / für uns unsern Stifft unnd Nachkommen / verkaufft und zu kauffen geben haben / und geben zu kauffen / hiemit und in Krafft dieses Briefs / obernannten unsern besondern lieben Freund / und gnedigen Herrn / Graff Ludewigen zu Stollberg ꝛc. und allen seinen Erben bemelt Dorff Dertingen / mit seiner Zugehörung / auch mit allen seinen Renthen / Zinsz / Gülten / Lehenschafften / Nutzen / Diensten / fällen und allem deme / das darzu und darein gehört / von Recht und Gewohnheit wegen / darein gehören soll und mag / es seye an Dorffrechten / Eheschafften / Gerichten / Zehenden / Höfen / Solten / Häusern / Städeln / Hoffstätten / Hofraiten / Gärten / Aeckern / Wiesen / Wasen / Espannen / Wuhnen / Waiden / Wassern / Fischereyen / Holtzern / Hoffmarckungen / Stöcken / Steinen unnd Rainen / Wegen / Steigen / Gründen und Böden / gefunden und ungefunden / gebauen und ungebauen / besuchten und unbesuchten / ob- und unter der Erden / zu Dorff unnd Felde / auch mit Handlöhnen / Bethen / Diensten / Vorwercken / Mannschafften / unnd aller Bottmeszigkeit / gar nichts ausgenommen in aller maszen / wie es mehr gedachter Graff Michel zu Wertheimb / auch weylandt seine Voreltern / Grafen zu Wertheim seeligen / von obgedachtem Unser Bischoff Eberharten Vorfahren seliger Gedachtnusz und unserm Stifft zu Lehen gehabt / und getragen haben / umb sieben tausent unnd fünffhundert Gulden Rheinisch / an Müntz / guter grober / Landläufftiger Landtswehrung / nach laut einer verpetschierten Vertrags-Abrede / dero ieder theil eine zu seinen Händen genommen / auch obgedachts unsers Lieben Herrn undt Freundts unnd gnädigen Herrn / Bischoff Melchiorn zu Würtzburg seeligen / fernere beschehene Unterhandlung unnd gethanen Declaration, welcher Kauff-Summa wir Bischoff Eberhard von vorgenannt Graf Ludwigen zu Stollbergk ꝛc. gar und gäntzlich / bisz zu unsern guten Benügen entricht unnd bezahlet seyn / zehlen / sagen und lassen derwegen für uns / unsern Stifft und Nachkommen / ihne Graf Ludwigen ꝛc. und seine Erben / hiemit diesen Brief / berürter Summa acht halb tausend Gulden / gantz und gar quitt / frey / ledig unnd losz.

Demnach antworten unnd zustellen wir erstgenannter Bischoff Eberhardt / unnd dan Wir von dem Thumb-Capittel / für Uns / Unsern Stifft unnd Nachkommen / obgemeltes Dorff Dertingen / Güter und Leut / alle und iede / mit allen und ieden Gerechtigkeiten / ein- und Zugehörungen / inmaassen obstehet / aus Unserm / in des erst benannten Graff Ludwig zu Stollberg ꝛc. unnd seiner Erben Gewalt und Handt / solche numehr hinfüro an / als andere sein und seiner Gnaden ererbte und erkauffte eygenthumbliche Güter innen zu haben / zu nutzen / zu gebrauchen / zu niessen / zu versetzen / zu verändern / zu verkauffen / oder in andere Weg seines Gefallens damit zu handeln / zu thun und zu lassen / ohne unser / unsers Stiffts unnd Nachkommen / [illegible] menniglichs von unsern wegen Verhindrung. Wir weisen auch hiemit / alle und iegliche Leut zu Dertingen / so uns Eberhardten unnd unserm Stifft heimbgefallen gewesen / an offternannten Graff Ludwigen zu Stollberg ꝛc. unnd desselben Erben / alsz ihre rechte Herrn / denselben fürthin getrew / gehorsam undt gewertig zu seyn / auch ihnen alles zu thun / das fromme getrewe Unterthanen ihrer rechten Herrschafft pflichtig und schuldig seynd. Dann wir für uns / unserm Stifft und Nachkommen bey unsern wahren Worten und rechten Trewen / uns der vermeldten Leut und Güter zu Dertingen auch aller undt ieder Rent / Zinsz und Zehenden / Rechten und Gerechtigkeiten / Zu- und Eingehörungen / gar nichts daran vorbehalten noch ausgenommen / unnd gäntzlich sonst aller unnd ieder Vortheil / Rechten / Gnaden / Freyheiten / Behelff oder Fürtrag / so in einig Weg hiewieder fürgenommen / erdacht / aus eigner Bewegung ausgehen / oder auf Anruffen erlanget werden möchten / aus rechten Wissen / ietzt alszdann / und dann alsz iezt / zu ewiger und unwiederrufflicher Verzicht / begeben / entschlagen und verziehen haben / und thun solches hiemit wissentlich / in Krafft dieses Brieffs / dasz wir / noch unser Stifft und Nachkommen / und menniglich von unsert wegen / an den mehrgemelten Graff Ludwigen zu Stollberg ꝛc. und seine Erben / derhalben kein Forderung oder Anspruch nimmermehr / ewiglichen fürnehmen / noch Jemandts zu thun schaffen / bestellen / oder gestatten sollen noch wollen / in kein Weis / wie jemand das jetzund und hinfüro fürnehmen oder erdencken möcht: Wir wollen auch ihme Graff Ludwigen / alle Brieffliche Urkundt / alsz Revers / so Wir Bischoff Eberhard über das Dorff Dertingen lautend gehabt / überantworten / und wo hinfüro deren mehr fürgebracht würden / dieselbige sollen wieder diesen Kauff-Brieff unnd darinnen vermeldte Vertrags-Abrede / kein Krafft haben / sondern todt unnd abseyn / die wir auch hiemit für Uns / unsern Stifft und Nachkommen / vernichten und abthun / alles getreulich und ohne gefährlich.

Desz zu wahren Urkundt haben Wir vorgenannter Bischoff Eberhardt / ꝛc. unser Secret-Insiegel / unnd dann Wir gemeldte Dechant und Capitul des Thumb-Stiffts zu Eystett / unser mittler Insiegel / ad causas genannt / zu Bekräfftigung obgeschriebenen allen / an diesen Brieff thun hencken / der geben ist zu Aystatt auff Freytag nach Bartholomäi Apostoli / das ist / den fünff und zwantzigsten Monats-Tag Augusti / nach Christi unsers lieben HERRN Geburth /

Anno 1559. Geburth / tausend / fünffhundert / funffzig / und neun Jahr.

XXXII.

15. Sept. **Vergleich zwischen Churfürst Friedrich dem III. zu Pfaltz / und seinem Herrn Bruder Pfaltzgraf Georgen bey Rhein / wodurch jener diesem anstatt des ihm vermög Vätterlichen Testaments legirten Amts Böckelheim / Schloß und Ambt Polanden / item die Kellerey Münsterdrisen etc. einraumet. Geben zu Heydelberg den 15. Septembr. 1559.** [Electa Juris publici Cur. Contin. pag. 372. LUNIG, Teutsches Reichs-Archiv. Part. Spec. Abtheil. IV. Absatz I. pag. 676. d'où l'on a tiré cette Pièce.]

C'est-à-dire,

Transaction entre FREDERIC III. *Electeur Palatin*, *&* GEORGE *Comte Palatin son Frere*, *par laquelle* FREDERIC *céde & transporte au Comte* GEORGE *le Château & Bailliage de* Polanden, *avec la Kellerey de* Munsterdriesen, *&c. A Heidelberg le 15. Septembre* 1559.

WIr Friederich von GOttes Gnaden / Pfaltz-Graff bey Rhein / des Heil. Röm. Reichs Ertz-Truchseß und Churfürst / Hertzog in Bäyern rc. Bekennen und thun kund männiglicher mit diesem Brieff / für uns / und unsere Erben / als weyland der Hochgebohrne Fürst / unser freundlicher gnädiger lieber Herr und Vatter / Herr Johannes Pfaltz-Graff bey Rhein / Hertzog in Bäyern / und Graff zu Sponheim rc. seeligen und löblichen Gedächtnüß / aus beweglichen Christlichen Ursachen im nechstverschienen drey u. funffzigsten Jahr der mindern Zahle ein vätterliche Ordnung und Disposition auffgericht / wie es auff den Fall die Chur der Pfaltz an Se. Liebden / uns oder unsere Erben / mannlichs Geschlechts / alsdann nunmehr durch Schickung des Allmächtigen beschehen / gelangte / zwischen dem Hochgebohrnen Fürsten / unsern freundlichen lieben Bruder / Herrn Georgen Pfaltz-Graffen bey Rhein / Hertzog in Bäyern etc. Uns und unsern Erben mannlichs Geschlechts / so Churfürsten seynd / gehalten werden soll / welche vätterliche Ordnung und Disposition anfahet: Wir Johannes von GOttes Gnaden / Pfaltz-Graff bey Rhein / und Graff zu Sponheim / bekennen und thun kund offenbar mit diesem Brieff / demnach jüngst etc. und sich endet: Geschehen seynd diese Ding zu Simmern / in Vigilia Thomæ Apostoli, den 26. Decembr. als man zählt nach Christi unsers Seligmacher und Erlösers Geburt / 1553. In welcher Disposition und Ordnung unter andern vermeldet und statuiret / daß auff berührten Fall gedachtem unserm freundlichen lieben Bruder Hertzog Georgen Pfaltz-Graffen etc. und S. Liebd. ehelichen mannlichen Leibs-Erben das gantze Ampt Beckelheim mit allen seinen Zu- und Eingehörungen / Rechten und Gerechtigkeiten / Schlossen / Stätten / Dörffern / Weylern / Nutzungen und Gefällen etc. mit und neben andern Stucken in angezogener vätterlicher Ordnung benamset / würcklich eingeraumet und zugestellet werden soll / daß wir uns demnach aus redlichen bewegenden Ursachen und Motiven / mit offtbenannten unserm freundlichen lieben Bruder Hertzog Georgen Pfaltz-Graffen etc. freundlich und brüderlich dahin verglichen und vereinigt / daß Se. Liebd. bemelt Amt Böckelheim fallen / und uns und unsern Erben einhändig bleiben lassen soll / wie dann Se. Liebd. uns zu freundlichen brüderlichen Gefallen solches gütlich bewilliget und eingangen.

Dargegen und an statt obgedachten Ampts Böckelheim sollen und wollen wir Sein-unsers Bruders Liebd. unser Schloß und Ambt Polanten / item unser Kellerey Münsterbriesen / so gleichwohl unserer Universität allhie incorporirt / wir uns aber mit derofelben darum in andere Wege vergleichen und contentiren wollen / und darzu unser Dorff Erbes-Budesheim / jedes und alles mit seinen In- und Zugehörungen / Recht und Gerechtigkeiten / Herrlich- und Obrigkeiten / Flecken / Dörffern / Weilern / Mannschafften / Lehenschafften / Nutzungen / Renten / Gülten und Gefällen / Wasser / Weyden / Feldern / Wälden / ersuchts oder unersuchts / ober oder unter der Erden / nichts ausgescheiden / wie das Nahmen haben mag / und unser Herr und Vetter / auch wir und die Churfürstl. Pfaltz das bißhero an bestimmten Orten und Stücken ingehabt / genossen und gebraucht haben / auch dieser Zeit bey bemeltem Ambt / Kellerey und Dorff seyn / darein gezogen und verrechnet werden / sollen eigenthümblich und erblich einraumen und zustellen / wir wie auch hiemit wissentlich und wohlbedächtlich thun / in und mit krafft dis Brieffs / doch uns und unsern Erben / die Churfürsten seyn werden / an unsern Zöllen und gleitlichen Obrigkeiten / so die Churfürstl. Pfaltz durch Munsterdriesen Creyß ingehabt / und herbracht / damit gar nichts begeben / sondern in allwege derselben vorbehältlich / desgleichen sollen die Wißzmeider / so gleichwohl zu Munsterdriesen gehörig / aber bißher in unsere Kellerey allzeyt gezogen werden / desgleichen etliche Frucht-Gefälle zu Erbesbudesheim / welche unserm Hoff zu Worms zuständig / hierunter nicht begriffen oder gemeynt seyn.

Und wiewohl uns und der Churfürstl. Pfaltz / vermög unser hergebrachten / und zum öfftermahlen bestättigten Regalien / unangesehen dieser Einraumung / nichts minder die Wildfang und Pastarts-Fall der End / wie auch andern Orten allein zuständig / so haben wir doch aus freundlichem brüderlichen Willen zugeben / daß Se. Liebd. und dero ehel. mannlichen Leibs-Erben solcher an unser statt daselbst sich gebrauchen / geniessen und empfahen moge und soll / doch uns in andere Weg an vermeldter unser Gerechtigkeit unabbrüchlich. Ob es sich auch begebe / daß solcher Stuck eins oder mehr / über kurtz oder lang anspruchig würden / also daß gedachter unser freundlicher lieber Bruder bey demselben nit bleiben könte / sondern davon abtretten müste / so sollen wir und unser Erben S. Lbd. oder dero mannlichhe eheliche Leibs-Erben alsbald mit andern Stücken im gleichem Werth zu contentiren und zu vergnügen schuldig und pflichtig seyn.

Ferners haben wir Sr. Liebd. unnd männlichen ehelichen Leibs-Erben / aus freundlichem brüderlichen Willen / damit wir derselben geneigt / jährlichs bewilligt / dreyßig vier Fuder Weins / deren vier und zweintzig zu Soberheim und Monzingen / die übrigen zehen aber Sr. Liebd. zu Creutzenach gegen gebührlicher Quittung geraicht und geliefert werden. Im Fall auch Soberheim und Monzingen bey uns und der Churfl. Pfaltz nit mehr seyn / oder an bemeldten Orten nit so viel Weins gefallen würde / sollen und wollen wir Sr. Liebd. oder dero Erben obgemeldte anderstwo benannter Summen gnugsamlich verweisen / und solche jedes Jahrs liefern lassen.

Und soll sonsten / ausserhalb dieses Punctens / das Ampt Böckelnheim betreffent / so durchaus in seinem Innhalt hierdurch gäntzlich todt und abseyn soll / obberührter unsers gnädigen lieben Herrn Vatters auffgerichten vätterlichen Ordnung und Disposition durch diese freund-brüderliche Vergleichung gar nichts benommen / sondern dieselbige in allen ihren Inhaltungen / Clausuln und Begreiffungen / in Würden und Kräfften seyn und bleiben / als dann solches alles zwischen gedachtem unserm freundlichen lieben Hertzog Bruder Georgen Pfaltz-Graffen etc. und uns also freundlich und brüderlich betheidingt und abgeredt worden ist / getreulich und ohn alle Gefährde. Des zu Urkund haben wir Pfaltz-Graff Friederich Churfürst / etc. für uns und unser Erben dis Transfix, deren zwey gleichlautende / verfertigt / und offternannter vätterlichen Disposition angehenckt seynd / durch unser Insiegel bekräfftiget. Und Wir Georg von GOttes Gnaden Pfaltz-Graff bey Rhein / Hertzog in Beyern / rc. dieweil solche Vergleichung / als obstehet / mit unserm guten Wissen und Willen also beschehen / von uns angenommen und bewilliget / so haben wir gleichfalls für uns und unser mannliche eheliche Leibs-Erben unser Insiegel dasselb zu besagen und zu bezeigen / auch an die vorbemeldte beede Transfix hencken lassen. Geschehen und geben zu Heydelberg / den 15. Sept. An. 1559.

XXXIII.

Abrede zwischen Churfürst Augustum zu Sachsen und beiden Herren Reussen von Plauen / Burggraffen zu Meissen / durch unterhandlung Bohuslai Fölitz / Herrn auff Lobkowitz und Landvogts in Nieder-Lausnitz; worinn der Churfürst bewilliget / denen von Plauen Sechtzig tausend Gulden zu abstattung ihrer 13. Dec.

Schul-

ANNO 1559.

Schulden auff drey Jahr vorzulehnen / dagegen aber dieselbe bemelte Summam Jährl. durch bestimbte zeit mit drey tausend Gulden verzinnßen / wie auch dieselbe auf den Ambt Voigt=Berg / denen Städten Plauen / Olsnitz / und Adorff / dann denen Flecken Neukirchen und Schönck versichern sollen. Actum den 13. Decembris 1559. [LUNIG, Teutsches Reichs=Archiv. Part. Sp. Continnat. II. Abtheil. IV. Absatz XVIII. pag. 239.]

C'est-à-dire,

Convention moyenée par BOHUSLAUS FOLITZ *Seigneur de Lobkowitz & Grand-Baillif de la Basse Lusace, entre* AUGUSTE *Electeur de Saxe, & les Seigneurs de* REUSSEN *& de* PLAVEN *Burgraves de Misnie, portant que l'Electeur leur prêtera pour trois ans la somme de soixante mille Florins pour payer leurs Dettes, à condition qu'ils leur en payeront l'Interêt à trois mille Florins par an, & que pour sûreté de ladite somme ils lui assigneront & engageront le Bailliage de* Voigtzberg, *les Villes de* Plaven, Olsnitz, *&* Adorf, *& les Villages de* Neukirken *&* Schoneck. *A Dresde le* 13. *Decembre* 1559.

NAchdem beyde Burggrafen zu Meissen / Unsere gnädigste Herren / dem Churfürsten zu Sachßen 2c. unsern gnädigsten Herrn / mehr alß einsten des Schulden Lasts halber / darein Ihre Fürstl. Gnaden der vorgegangenen beschweerlichen Läufft halben kommen und noch steckten / Bericht thun lassen / und darauf bey Hochgedachten Churfürsten freundlich und fleißiglich angesucht / daß S. Churf. Gnaden Ihnen ein freundtlich Anlehen einer ansehnlichen Summa Geldes fürstrecken wolten / welches S. Churf. Gnaden bißher in bedencken genommen / und aber bey Ihren Churf. G. jetzundt abermahls durch des Wohlgebohrnen und Edlen Herren Bohuslaus Fölitz / Herrn auff Lobkowitz und Hassenstein / Röm. Kayserl. Maj. Rath und Land=Vogt in Nieder=Laußnitz 2c. Anregung geschehen; Alß hat sich Hochgedachter Churfürst / mit Hochgedachter Burggraven Räthe / Herren Georgen / Edlen von der Planitz / uf der Herrschafft Auerbach / und Joseph Levin Metzsch auf Mila / so dißmahl mit gnugsamer Instruction undt Befehlich zur Stedte gewest / auff vorgehende Unterhandlunge und Beyseyn des Herrn von Hassensteins 2c. nachfolgender Artickul vereiniget und verglichen / erstlich / nachdeme hiebevor zwischen Hochgedachten Churfürsten zu Sachßen / 2c. und dem Eltern Herrn Burggraven zue Meißen den Freytag nach Oculi, Anno Sechß und funffzig / eine freundtliche Vergleichung bewilliget / darein auch der jüngere Burggraff 2c. mit eingezogen; Alß soll seine Fürstlichen Gnaden solche Vergleichung zwischen hier und Fastnachten / innmassen dieselbe der elter Burggraf bewilliget und vollnzogen / mit Ihrer Fürstlichen Gnaden Handzeichen und Secret ratificiren / becrefftigen / und dem Chur=Fürsten zu obbestimbter Zeit gewißlichen zuschicken / dagegen will Hochgemelter Chur=Fürst zu Sachßen unser gnädigster Herre / Hochgedachten Herren Burggraven mit freundlichen Rath und Beystande nicht verlassen / und obwohl bey S. Churfürstl. Gnaden die gesuchte Haupt=Summa des Anlehens auff einnahl zu erlegen nicht wenig beschwerlich; so wollen doch seine Churfürstl. Gnaden Sechzig tausendt Gulden auf nechst künfftigen Ostermarck des sechzigsten Jahres an barem Gelde undt Annehmunge der Schulde / die S. Churf. G. mochten angewiesen werden / den Herrn Burggraven / gegen folgender Versicherung / aus freundtlichen Willen in der Stadt Leipzig darleyhen. Dagegen sollen die Herren Burggrafen verpflicht seyn / S. Churf. Gnaden und deren Erben solche Haupt=Summa sampt den darauf vertagten Zinsen von nechst kommend Ostern an zu rechnen / in dreyen Jahren / in der Stadt Leipzig auf einmahl wieder zu erlegen / es soll auch die Verzinsunge solcher Haupt=summa bestimpte Jahr über jährlichen mit dreytausende Guldten auff zweene Termin / alß Michaelis und Ostern / auff Michaelis nechstkünfftig damit anzufahen / beschehen / die Versicherung soll auf nachfolgenden Ampten / Schlossen / Städten und Flecken geschehen / nehmlich auffm ANNO 1559.

Amt und Schloß Voitsberg /

Der Stadt Plauen.

Der Stadt Olßnitz.

Der Stadt Adorff.

Dem Flecken Neukirchen /

Dem Flecken Schöneck / sambt dem Gehöltze / mit allen Zu= und Eingehörungen / Steuer / Volge / Bergwercken / Dorffern / Mannschafften / und anderer Hoheit und Nutzung / auch Fürstliche Vorgleitung biß an Hoff / nichts ausgeschlossen / desgleichen die Schrifft= und Amtsaßen / so hiebevor dem Churfürsten zue Sachßen im Voigtlande zugehörig gewest / ausserhalb der Gerischen und Reußischen Herrschafften / so hierein nicht gezogen noch gemeinet seyn sollen / und nachdeme die Herren Burggrafen zu Meißen solche Aembter / Städte / und Güter / Mitlerweile der Verpfändunge in Ihrer Regierunge / Besitz / Genieß und Gebrauch behalten; So sollen doch Ihre F. G. dieselben weiter nicht verändern / versetzen noch verpfänden / vielweniger vererben noch verkauffen / damit dieselben auff den Fall der Nichthaltunge dem Churfürsten in dem Stande / wie die ietzund seynd / möchten eingeräumet werden / Inhalts der Verschreibunge / deßgleichen sollen auch die ietzigen und künfftigen Ambtleute undt Ampts=Befehlhabere / deßgleichen die Räthe in Stedten dem Churfürsten dergestalt angewiesen und pflichtbar gemacht werden / daß sie S. Churf. Gnaden / im Fall der nicht=Haltung / die obgemeldte Ampte undt Stedte würcklichen einantworten / und denselben befehlen / sich an S. Churf. Gnaden zu halten / biß die Ablegung und Bezahlung beschidt / dessen denn auch die Ambts=Befehlhabere und Räthe in Stedten / vor sich und ihre Nachkommen / einen schrifftlichen besiegelten Schein Hochgedachtem Churfürsten zuschicken sollen / desgleichen soll auch denen von der Ritterschafft / so Schrifft= und Amtsaßen seyn / in der Verschreibung / sich auffn Fall der nicht=Haltung an den Churfürsten zu Sachßen 2c. zu halten / durch die Herren Burggrafen aufferlegt werden / wie dan deshalben einen Notull begriffen / und den Burggräfischen Räthen zugestellt worden ist / es sollen auch die Herrn Burggrafen über obgemelte Verpfändunge und Versicherunge der specificirten Stücke und Gütere bey der Kays. Maj. zum furderlichsten dem Churfürsten eine Verwilligung und Gunst zu erlangen / fleißigen / ferner haben auch Hochgedachte Burggrafen gegen dem Churfürsten freundtlichen bewilliget / daß Ihre Fürstliche Gnaden / in den obgemelten specificirten Vogtlandischen Herrschafften und Gütern / so viel an Ihnen / S. Churfl. G. unnd derselben mannliche Leibs=Lehens=Erben für Ihrer F. G. Mitbelehnten freundtlichen und gerne annehmen / undt sich dieser Herrschafften halben mit Niemands anders in einige andere Vergleichung einlassen / solche sämtliche Belehnung auch bey der Kayserl. Maj. mit / und neben S. Churf. Gn. oder vor sich selbst / wie S. Churf. Gn. und die Herren Burggrafen solchs am gelegensten und füglichsten befinden werden / fleißigen wollen / Im fall aber / da die Mitbelehnunge bey Höchstgedachter Kayserlichen Maj. hier und Michaelis des nechst kommenden Sechtzigsten Jahres nicht erhalten werde / so soll alßdenn auff solchen Fall von Ostern Anno sechtzig an zu rechnen / nach Verfließung zweyer Jahre / alß Ostern zwey und sechtzig / die ausgelegte Summa durch die Herren Burggraven wiederumb bezahlt werden / dafür auch die obbestimpten Ambte / Schloße / Städte / Flecken und Gütere dem Churfürsten gleichergestalt / wie allenthalben obgemelt / verpflicht seyn / es soll aber gleichwohl auf denselben Fall die Annabergische Vergleichung / welche auf der Kayserl. Maj. Ratification mit gestellt / nichts destoweniger zwischen dem Churfürsten zu Sachsen 2c. und den beyden Herrn Burggraven / in Würden und Kräfften bleiben / was letzlich die Benennung der Schulden betrifft / so dem Churfürsten zu Sachsen 2c. sollen angewiesen werden / wollen die Churfürstl. Sächsische Cammer=Räthe dessen auff den vorstehenden neuen Jahrsmarckt zu Leipzig gewärtig seyn / Zu Urkund ist diese Abrede gezwiefacht durch den ermelten Herren von Haßzenstein 2c. alß den Unterhändler unterschrieben / folgends die Churfl. Cammer=Räthe / desgleichen obgenannte der Burggraven Räthe neben S. G. verpetschirt / und iedem Theil davon eine Abschrifft zugestellt worden / Actum Dreßden / den 13. Dec. Anno 1559.

(L. S.) Bußle Fölix v. Haßzenstein.

(L. S.) Hanß von Ponickau mpr.

(L. S.) Mordeißa D. mpr.

(L. S.) George E. v. d. Plawnitz / mpp.

(L. S.) Mein Joseph Levin Metzschen Handtschrifft.

XXXIV.

ANNO 1559. 1560. 26. Mars. FRANCE ET SUEDE.

XXXIV.

Lettres Patentes de FRANÇOIS II. *Roi de France, où sont contenus les Privileges accordez aux Sujets de* GUSTAVE I. *Roi de Suéde, trafiquans en France. A Amboise le 26. Mars* 1559. (1) *avant Pâques.* [FRED. LEONARD, Tom. II. pag. 564.]

FRANÇOIS, par la grace de Dieu Roi de France: A tous ceux qui ces presentes Lettres verront, salut. Savoir faisons, que nous desirant entretenir avec nôtre Tres-Cher & Tres Amé Frere & Cousin, le Roi de Suede, l'ancienne amitié, bonne intelligence & confederation, qui a été entre nos predecesseurs Rois, & les Rois dudit Suede, nos Roiaumes, Païs, & Sujets; & voulant bien & favorablement traiter lesdits Sujets: & les gratifier & favoriser en cetui nôtre Roiaume, des graces, franchises, & Privileges, dont avons accoûtumé de gratifier nos bons Amis, Alliez, & Confederez, à ce qu'ils aient plus de moien de negocier avec nos Sujets, avec la liberté qui leur a toujours été ouverte, ainsi qu'il apartient à bons Amis & Alliez: Inclinant aussi à la requeste, qui faite nous a été de la part de nôtredit bon Frere, & de tous ses Sujets, manans & habitans dudit Roiaume de Suede. Pour ces causes, & autres à ce nous mouvans, avons permis, accordé, & octroié, permettons, accordons, & octroions par ces presentes, qu'ils puissent & leur soit loisible, d'aller, venir, frequenter, trafiquer, negocier, marchander en cetui nôtre Roiaume, Païs, Terres & Seigneuries de nôtre obeïssance, soit par mer, eaux douces, ou par terre, librement & sans aucun trouble, moleste, destourbier, ou empêchement, tout ainsi qu'ont accoûtumé, & peuvent faire nos propres Sujets, manans & habitans de nôtre Roiaume, en paiant les mêmes droits que nosdits Sujets, és lieux qui à ce sont destinez & ordonnez.

Item. Leur avons permis & octroié, permettons & octroions, voulons & nous plaist, qu'ils ne soient tenus paier en cetui nôtre Roiaume, pour le poids, mesure, ou compte des Marchandises à eux apartenans, & qui ont accoûtumé d'être pesées, mesurées, ou comptées, non plus que nos propres Sujets ont accoûtumé de paier, sans qu'on leur en puisse demander ni exiger aucune chose davantage, en quelque sorte que ce soit, sur peine de paier par ceux, qui feront le contraire, tous dépens, dommages, & interests.

Et si aucuns desdits Sujets de nôtredit bon Frere avoient avisé de se retirer, habiter, ou resider en cetui nôtre Roiaume, faire le pourront, en obtenant de nous, ou de nos Successeurs, Lettres de naturalité, & congé de rester, bien & dûement verifiées, & disposer de tous & chacuns leurs biens, tant meubles, qu'immeubles, soit par Testament, ordonnance de derniere volonté, donation entre vifs, ou autrement, en quelque sorte que ce soit, suivant les Ordonnances, Loix, & Statuts des Lieux où ils seront habituez, & tout ainsi que s'ils étoient originaires de nôtredit Roiaume.

Et si d'avanture, que Dieu ne veuille, il survenoit que la Paix, Amitié, & Confederation, que nous avons avec nôtredit bon Frere, vint à se rompre, pour quelque cause & occasion que ce soit; ou bien que nous eussions Guerre ouverte contre quelques autres Rois, Princes, ou Potentats; tellement que par ce moien l'entrecours & trafic de marchandise vint à être empêché en nôtre Roiaume: en ce cas pourront les Sujets, manans & habitans de nôtredit bon Frere residans en nôtredit Roiaume lors de ladite rupture de l'amitié & intelligence que nous avons avec nôtredit bon Frere, leur Prince & Roi, & ouverture de la Guerre d'entre nous & lui, dedans un an aprés le commencement de ladite rupture, emporter & emmener de cetui nôtredit Roiaume tous leurs Navires, Marchandises, Biens, & autres choses à eux apartenans, sans aucun empêchement public ou privé, moleste ou destourbier quelconque.

Et si nous avons Guerre contre autre que contre nôtredit bon Frere, sesdits Sujets pourront, selon l'occurence de leurs affaires, aller, venir, retourner, & frequenter en nôtredit Roiaume, y demeurer tant que bon leur semblera; & derechef en sortir, & retourner à leurs affaires, sans qu'il leur soit, ni à leurs gens, serviteurs, mariniers, biens, navires, & autres choses quelconques, fait, mis, donné aucun trouble, arrest, destourbier, ou empêchement, pourvû toutefois que sous ombre dudit trafic, & de la liberté qui leur est baillée par ces presentes, ils ne feront & ne pourchasseront, & ne feront faire, ni pourchasser aucune chose contraire ni prejudiciable à nous, nos Roiaumes, Païs & Sujets.

Item. Quelque Guerre que nous aions ci-aprés contre autres Princes, Rois, Potentats, & autres Nations quelconques, pourront neanmoins lesdits manans & habitans du Roiaume de Suede de nôtredit bon Frere, avec leurs biens, navires, & marchandises, aller & venir, & frequenter avec ceux ausquels nous aurons Guerre, comme dit est; demeurer en leurs Ports, Havres, Païs, Villes, & Détroits, tout ainsi qu'ils aviseront pour leur commodité, y vendre, acheter, negocier, & marchander, & aprés s'en départir & aller où bon leur semblera; y retourner derechef toutes fois & quantes qu'ils aviseront, sans qu'il leur soit mesfait, ni mesdit; ni que pour raison de ce, ils soient, ou puissent être censez, nommez, & reputez violateurs de Paix, Amitié, & Concorde; ou que nos Sujets leur puissent faire, mettre, ou donner aucun trouble & destourbier, arrest, & moleste quelconque; ce que nous leurs avons dés à present comme pour lors, & dés lors comme maintenant, interdit & deffendu, interdisons & deffendons par ces presentes. Et afin qu'ils puissent avec plus de seureté continuer leurdit trafic, quand par eux serons requis, nous leur baillerons & ferons bailler pour cet effet, durant la Guerre, telles Lettres de Saufconduit que besoin sera; de maniere qu'ils puissent librement negocier & trafiquer, sans être troublez ou molestez par nosdits Sujets.

Item. Nous avons ausd. manans & habitans dud. Roiaume de Suede permis & accordé, qu'ils puissent & leur loise acheter en nôtredit Roiaume telle quantité de sel, qui sera necessaire pour la provision dudit Roiaume de Suede, & convenir du prix de gré à gré comme nos Sujets, icelui transporter, mener, & conduire hors nôtredit Roiaume, sans aucun empêchement.

Item. Et afin qu'ils aient plus de moien de promtement mettre fin aux procés & diférends, qui pourront sourdre en nôtredit Roiaume pour leurs marchandises, biens, navires, & autres choses quelconques; nous leur avons permis & permettons par ces presentes qu'ils puissent & leur loise choisir & élire deux ou quatre Juges & Aldermans, pour juger, definir, & terminer lesdits procés qu'ils auront entre eux.

Mais s'il advenoit qu'ils eûssent procés ou diférend contre nos Sujets, ou autres étrangers en nôtredit Roiaume, nous deputerons tels de nos Officiers prochains des Lieux & Villes maritimes non suspects, que aviserons, pour leur administrer bonne, prompte, & briéve justice.

Item. Ne seront lesdits Sujets, manans & habitans du Roiaume de Suede contraints, pour quelque cause & occasion que ce soit, bailler leurs marchandises en cetui nôtre Roiaume, à plus vil prix qu'il n'apartiendra, ains leur sera libre en tirer ce qu'ils pourront en avoir.

Et s'il se trouve és Articles ci-dessus contenus aucune obscurité, seront iceux Articles interpretez & éclaircis selon raison & équité, & sur ce, leur sera pourvû, ainsi qu'il apartiendra.

Si donnons en mandement à nos amez & feaux les Gens tenans nos Cours de Parlement, & à tous nos Lieutenans Generaux, Gouverneurs, Admiraux, Viç-Admiraux, Baillifs, Senéchaux, Prevôts, ou leurs Lieutenans, Capitaines & Gouverneurs des Villes, Citez, Châteaux, Bastides, Havres, Navires, Vaisseaux, Maires, Consuls, Echevins, Maîtres & Gardes des Ports, Ponts, Peages, Passages, Jurisdictions & Détroits, que cesdites presentes ils fassent lire, publier & enregistrer en leurs Cours & Auditoires, & du contenu en icelles, lesdits Sujets, manans & habitans dudit Roiaume de Suede jouir & user pleinement & paisiblement, sans, en ce, leur faire, mettre ou donner, ni souffrir leur être fait, mis ou donné aucun trouble, destourbier, ou empêchement au contraire; lequel si fait, mis, ou donné leur étoit, faire incontinent le tout mettre & reparer à pleine & entiere delivrance, & au premier état & dû. Car tel est nôtre plaisir, nonobstant quelconques Ordonnances, Loix, Us, Statuts, restrictions, mandemens, ou defenses à ce contraires. En témoins de ce nous

(1) Quoi qu'il soit dit ici que ce Privilege fut donné, *avant Pâque*, & que l'Enregistrement du 13. Mai 1560. qui se trouve à la fin, semble le confirmer, cependant la Date du 26. Mars y contredit, puis que ce même jour fut, en 1559. celui de Pâques, & par consequent le 1. de l'année selon le Stile Paschal. [DUM.]

ANNO 1559. 1560.

nous avons signé ces presentes de nôtre main, & à icelles fait mettre & apposer nôtre Scel. Donné à Amboise le 26. jour de Mars, l'an de grace 1559. & de nôtre Regne le premier. *Ainsi signé sous le repli*, FRANÇOIS, *& sur ledit repli*, Par le Roi étant en son Conseil, DE L'AUBESPINE.

Lecta, publicata & registrata, audito Procuratore Generali Regis pro per impetrantes gaudendo contentis in dictis Litteris, dummodò sint reciproca ac mutua societas & commercia inter Cives & Subditos utriusque Regni, & communes ac mutuæ leges societatis. Actum Parisiis in Parlamento 13. die Maii, anno Domini 1560. Sic signatum, DU TILLET.

XXXV.

2. Avril. **Vertrag zwischen dem Hochwürdigen Fürsten Rudolffum / Bischoffen zu Speyer / als Probst zu Weissenburg eines; und der Stadt Weissenburg andern theils / von wegen bestellung und nothdurfftiger Unterhaltung der Kirchen und Schulen / Weissenburg den 2. Aprill 1560.** [LEHMANNUS suppletus & continuatus. Inter Acta Miscella ad Pacem Religiosam facientia in Imperio. pag. 392. d'où l'on a tiré cette Pièce, qui se trouve aussi dans LUNIG, Teutsches Reichs-Archiv. Part. Special. Abtheil. III. Abs. IV. pag. 491.]

C'est-à-dire,

Accord entre le Reverendissime Prince RODOLPHE *Evêque de Spire, comme Prevôt de l'Eglise de Weyssenbourg d'une part, & la Ville de* WEYSSENBOURG *d'autre part, sur la Collation des Benefices, & des Dignités. A Weyssenbourg le 2. Avril 1560.*

Kund und zu wissen sey hiemit männiglich / mit dieser offenen Abschieds Notel, als sich zwischen dem Hochwürdigen Fürsten und Herrn / Herrn Rudolffen / Bischoffen zu Speyr ꝛc. als Probst zu Weissenburg / auch Dechant / und Capitul daselbst eines / und dann den Ehrsamen Burgermeistern und Rath bemeldter Stadt Weissenburg andern Theils / von wegen Bestellung und nothdürfftiger Unterhaltung der Kirchen / Ministerien, Schulen und anders / allerhand Mißverständ / Irrung und Gebrechten erhalten; Deswegen sich dann beede Hoch-und vorgedachte Partheyen / (dieweil sie sich selbst gütlichen miteinander nicht vereinigen können) vermög des zu Augspurg in Anno ꝛc. Fünffzig und fünff auffgerichten Reichs-Abschieds und Religion-Friedens auff ein gebührlichen Aufftrag / und nemlich auf die Edlen / Ehrenvesten und Hochgelehrten Hans Diebold Waldtner von Freundstein / Röm. Käyserl. Maj. unsers Allergnädigsten Herrn Land-Vogt zu Hagenau / Chilian Günter der Rechten Licentiaten, Bischofflichen Rath zu Straßburg / als von dem Herren Probst / auch Dechant und Capitul / und dann die auch Edlen / Ehrenvesten und hochgelehrten / Caspar von Guttershausen / und Jacob Bobhard genannt Schützen / der Rechten Doctorn, beede der Chur-Fürstl. Pfaltz Amtmann zu Lauttern und Rath / als von denen von Weissenburg ausbrachte / erbettene / und vermög obangeregtes Reichs-Abschieds niedersetzte Unterhändler / Schieds-Richter und Commissarien, zu gütlicher / auch auff den Fall Rechtlicher Handlung und Spruch veranlast und verglichen. Daß demnach solcher Veranlassung / und jüngst den 8. Tag Monats Febr. dieses nochwährenden sechtzigsten Jahrs der minderen Zahl gemachten Abschied nach / in obberührter Stadt Weissenburg / anfänglich Hoch-und vorbemeldter Partheyen verordnete Gewalthaber und Räthe / und dann auch obgedachte niedersetzte Schieds-Richtere und Commissarien, auff den letzten Tag Monats Martii gegen Abend einkommen / und folgende Tag gütige Unterhandlung gepflogen.

Und wiewohl eines Ehrsamen Raths verordnete Gewalthabere anzeigen lassen / daß zu Verrichtung der Kirchen-Ministerien, ihnen ihrer Commun Gelegenheit nach / nicht weniger dann vier Personen / nemlichen in beeden St. Johann und St. Michaels Pfarr-Kirchen zween Pfarrer und zween Caplan (wie es dann zuvor auch also beschehen) zu unterhalten vonnöthen seyn wölle / deswegen begehrt / des Herrn Probsts abgefertigte Räthe / samt Dechant und Capitul in der Güte dahin zu weisen / solche vier Personen / samt einem täglichen Stadt-Schulmeister mit nothdürfftigen Competentien an Wein / Frucht und Geld (laut einer sondern specification, die sie damit übergeben) zu unterhalten.

Aber dagegen des Herrn Probsts Räth / sammt Dechant und Capitul keines wegs gestehen wollen / daß sie jemals mehr als zwo Personen / als nemlich zween Pfarr-Verwalther und je zu Zeiten einen Caplan unterhalten / viel weniger daß sie ausserhalb des gewöhnlichen Stiffts-Schulmeisters einen sonderen Stadt-Schulmeister zu erhalten / schuldig gewesen / mit fernerem Anhang / daß dieser Zeit die Personen / so die Pfarren verwesen / dermassen mit Competentien versehen / daß sie darob nicht billich zu klagen.

So haben doch nach hinc inde beschehenen ob-und andern mehr Fürträgen und eingenommenen Berichten / zu Erhaltung gutes nachbarlichen Willens / auch Verhütung allerhand Weiterung / obberührte Schieds-Richter und Commissarien in die Sachen gegriffen / und die Partheyen mit ihrem guten Wissen und Willen / (jedoch auff hinter sich bringen und 14. Tag zu-oder abzuschreiben) nachfolgender massen verglichen und vertragen.

„ Nemlich / nachdem hochgedachter Herr Probst auch Dechant und Capitul einem Pfarrer zu St. Johann biß daher achtzig fünff Gulden an Geld / ein und zwantzig Achtel Korn / zwölff Achtel Speltz / und dritthalben Fuder Wein / desgleichen einem Caplan daselbst dreyssig drey Gulden an Geld / zwölff Achtel Korn und ein Fuder Weins / und dem einen Pfarrherr zu S. Michel sechtzig Gulden an Geld / zwantzig fünff Achtel Korn und dritthalb Fuder Weins gutwilliglich gereicht und folgen lassen. So ist bethädingt / daß nach Gelegenheit dieser Commun und der vorstehenden theuren Zeit der Herr-Probst auch Dechant und Capitul zu noch ferner nothwendiger Bestellung und Unterhaltung der Kirchen-Ministerien, und was denselben anhangt / einem Ehrsamen Rath gegen gebührliche Quittung / Jährlichen und eines jeden Jahrs besondern noch ein hundert und fünffzigen Gulden guter gemeiner Landswehrung reichen und liefferen sollen; und darüber der Kirchen-Ministerien Unterhaltung halb / weiter nicht an sie gemuth / aber doch nichts destoweniger beyde Pfarrhöf / wie biß daher auch beschehen / durch den Herren Probst / auch Dechant und Capitul im ziemlichen wesentlichem und nothdürfftigem Bau erhalten / auch darneben ihnen den Pfarren und ihren Nachkommen die Gärten und Gutlein / so sie neben vorbemelter Besoldung biß daher innen gehabt / bleiben und gelassen werden.

„ Und nachdem E. E. Rath unter anderem auch angezeigt / daß sie zu Unterhaltung des Caplans zu St. Johann für sich selbst kein Behausung hätten / deshalben gebeten / daß der Herr Probst / auch Dechant und Capitul ihnen eine bequeme Behausung zustellen und einraumen wolten / haben des Herren Probst Räthe sammt Dechant und Capitul ihnen das Hauß so hiebevor ein Caplan bewohnt / vergönnet und bewilliget / doch mit dieser sonderen Bescheidenheit / daß sie dasselbige weiters und ferners dann die Nothdurfft jetzund zu bewohnen / erfordern wird / und keinen neuen Hauptbau zu bauen nicht schuldig oder verbunden seyn wöllen.

„ Und soll diese obvermeldte Vergleichung und Bewilligung die nächstfolgende fünff Jahr lang also betheidingt seyn / bleiben und gehalten werden / aber nach Ausgang derselben jedem Theil bevorstehen dieselbig wiederum auffzuschreiben / und sich auff andere Weg / der Ehrbar-und Billigkeit nach / mit einander zu vergleichen.

„ Letzlich ist auch hierinnen sonderlich bethädingt und abgeredt / daß diese Vereinigung und Vergleichung anfänglichen den Herren Bischoffen / als Probst / auch Dechant und Capitul an ihren Juribus patronatus & conferendi, und dann beyden Theilen an ihren habenden Rechten und Gerechtigkeiten unnachtheilig und sonderlich den alten und zuvor auffgerichten Verträgen ungreifflich und unverletzlich seyn soll; und sollen hiemit beede Hoch-und vorgemelte Partheyen solcher ihrer gegen einander gehabter Irrung hiemit gantz und gar vereinigt und verglichen seyn und bleiben. Des zu wahrem urkund /

ANNO 1560.

ANNO 1560. » kund / so seynd dieser Abschied zween gleichlautend verfer- » tiget / und mit obberührter Unterhändler aller eygenen » Handen unterschrieben und ihren Pitschiren zu End ver- » wahret worden / So beschehen auff Dienstag den zwey- » ten Tag Monats Aprilis / als man zahlt nach Christi » unsers Erlösers und Seligmachers Geburt 1560.

Hans Diebold Waldner von Freundstein / Landvogt zu Hagenau.
Jacob Bobhard genant Schütz D. Churfl. Pfaltz Rath.
(L. S.) (L. S.)
Caspar vor Guttershausen / Amptmann zu Käyserslautern.
Kilian Günther Lt.
(L. S.) (L. S.)

XXXVI.

13. Juin. **Ehe-Stifftung zwischen Friedrich Churfürst zu Pfaltz Fräulein Tochter Dorotheam Susannam, und Hertzog Georg Wilhelm zu Sachszen; worinn besagter Churfürst seiner Tochter zum Heuratsgut zwey und dreyßig tausend Gulden Rheinisch zu geben sich erbiethet; dahingegen der Hertzog derselben zur Morgengab vier hundert Gulden / nebst einem statlichen Kleynod / dann zum Heurats-guth 32000. Gulden / wie auch so viel zur widerlag auf das Ambt und Schloß Sachsenburg verschreibet / welches Schloß er Ihr auch zum Witthumbs-Sitz assigniret. Geschehen Heydelberg den 13. Juny 1560.** [LUNIG, Teutsches Reichs-Archiv. Part. Special. Continuat. II. Abtheil IV. Absatz II. pag. 315.]

C'est-à-dire,

Contract de Mariage entre JEAN GUILLAUME *Duc de Saxe, &* DOROTHÉE SUSANNE *Fille de* FREDERIC *Electeur Palatin, portant que ledit Electeur donnera 32. mille Florins à sa Fille pour sa Dot; Que le Duc son futur Epoux lui donnera en échange les Joyaux nécessaires avec 400. Florins de* Morganatique, *32000. Florins de Contre-Dot, & pareille somme pour augmentation de Dot, le tout assigné sur la Seigneurie & Château de Saxenbourg avec ses appartenances & dépendances, lequel Château est aussi assigné à ladite Dame pour Residence pendant sa viduité. A Heidelberg le 13. Juin 1560.*

Im Namen der Heiligen unzertheilten Dreyfaltigkeit und einigen wahren Gottheit / Amen.

WIr von GOttes Gnaden Friedrich / Pfaltz-Graff bey Rhein / des Heil. Römischen Reichs Ertz-Truchses und Churfürst / Hertzog zu Bayern / etc. und von desselben Gnaden Wir Johann Wilhelm / Hertzog zu Sachsen / Land-Graff in Thuringen / Marggraff zu Meissen / etc. thun kund und bekennen gegen männiglichen / daß Wir / auff vorhergehende mündliche Unterrede / und unser Johann Wilhelms freundlichen / auch der Hochgebohrnen Fürstin / unser des Churfürsten freundl. lieben Tochter / Fräulein Dorotheen Susannen / guten Willen und Bewilligung / GOtt dem Allmächtigen zu Lob / und unserer allerseits Chur- und Fürstl. Häuser zu Auffkommen und Gedeyen / auch mehrer und standhafftiger Bestätigung und Erweiterung guter beständiger Freundschafft und Verwandniß / darinnen ietztvermeldte Häuser albereit durch die aufgerichtete Ehe-Beredung und Ehe-Stifftung zwischen der Hochgebohrnen Fürsten und Fürstin / Herrn Johann Friedrichen dem Mittlern / und Frau Elisabethen / gebohrner Pfaltz-Gräfin bey Rhein / Hertzogen und Hertzogin zu Sachsen / etc. unsern freundlichen lieben Sohn / Vettern / Bruder / Gevattern / Tochter / Muhmen und Gevatterin / stehen / wegen einer weitern Freundschafft / der heiligen Christlichen Ehe / folgender Meynung uns vereiniget und verglichen haben: ANNO 1560.

Erstlich / daß Wir obgenannter Pfaltz-Grafe Friedrich / Churfürst / gedachte unsere freundlich-liebe Tochter / Fräulein Dorothea Susanna / gedachtem unserm freundlichen lieben Vetter / Schwager und Sohn / Hertzog Johanns Wilhelmen zu Sachsen / etc. zur heiligen Ehe / und einem Ehelichen Gemahl / nach Ordnung Christlicher Kirche / freundlichen zugesagt / versprochen und gelobet haben / und thun das hiermit Krafft dieses Brieffs.

Wollen auch dieselbige unsere liebe Tochter Sr. Liebden / vermittelst Göttlicher Verleyhung / ehelichen vertrauen / und auf schier kommenden Sonnabend nach Trinitatis beylegen und folgen lassen / (wäre der 25. Junii) und nach solchem vollbrachten Beylager unserer Tochter / zu einem rechten Heyrath-Guth / zwey und dreyßig tausend Gülden Rheinisch / jeden zu 15. Batzen oder 60. Kreutzer gerechnet / mit sambt Kleinodien / Kleidern / Geschmuck / Silber-Geschirr / und allen andern / wie einer Fürstin aus dem Churfürstl. Pfältzischen Hause wohl geziemet / abfertigen / welches alles denn wir Hertzog Johanns Wilhelm zu Sachsen / etc. mit freundlicher Dancksagung von ermeldtem unserm freundlichen lieben Vetter / Schwager und Vater / zu freundlichen Gefallen und Willen angenommen und vermercken. Und darneben insonderheit freundlich bewilliget haben / daß wir / alsbald solch Beylager mit gedachter unser künfftigen und freundlich-lieben Gemahlin geschicht / mit einem stattlichen Kleinod / und darüber mit vierhundert Gülden Müntz / ein und zwantzig Groschen vor einen Gülden gerechnet / jährlicher Zinß und Morgengabe / die bey unserm Leben alsbald angehen / und Ihrer Liebe jährlich folgen sollen / bemorgengaben wollen / welche Ihrer Liebden nach unserm tödtlichen Abgange / so Sie den erleben würde / mit vier tausend Gülden Haupt-Guths / so es Ihre Lbd. suchen und begehren würden / von unsern Erben abgelöst sollen werden / damit dann Ihre Liebden bey unserm Leben / und nach unserm tödlichen Abgange / Ihrer Lbden gefallen / zuhandeln und zugebaaren / auch dieselben vier tausend Gülden / wann / wie / wem / oder wohin es Ihrer Lbden gefällig seyn würde / zuverschafftlich zu verschencken und zu vergeben Macht haben / welches auch Ihrer Liebden mit gnugsamer Verschreibung gesichert und versehen werden soll.

Und gegen angesetzten zwey und dreyßig tausend Gülden zubringenden Heyrath-Guths wollen wir gedachtem Fräulein Dorotheen Susannen / als unserer geliebten Gemahlin / auff unserm Ambt und Schloß Sachsenburg / sambt denen darzu gehörenden Dörffern / Höfen / Renthen / Zinsen / Gülten / Obrigkeiten / Herrlichkeiten / Gerechtigkeiten und Zugehörungen / auch Vorwerckern / Gehöltzen / Fischereyen und Jagden / zwey und dreyßig tausend Gülden Heurath-Guths / und dann zwey und dreyßig tausend Gülden / obberührter Wehrung / Wiederlegung und Gegengeldes / welches denn in einer Summa vier und sechzig tausend Gülden anträgt / verschreiben / auch hiermit / und in Krafft des Briefs / und darüber Ihrer Lbden eine sonderliche Leibgedings-Verschreibung auffrichten zu lassen zugesagt und versprochen haben wollen / also daß Ihre Lbden sechs tausend vier hundert Gülden jährlicher Nutzung und Gefäll / wann es Ihrer Lbd. zu Einräumung des Wittwenthums / davon herhernach Meldung geschicht / keme / nach Brauch und Herkommen / zum Theil an gewissen Nutzungen / nach Landes Gewonheit / nicht zum höchsten / noch geringsten / inhaltendes Erb-Registers anzuschlagen / so hoch sich solches Ambts und Schlosses Nutzung erstreckt / wohlgehaben und sicher seyn möge.

Aber nachdem das Ambt Sachsenburg / mit seiner Zugehörung / solche sechs tausend vier hundert Gülden jährlicher Gülten und Nutzung nicht vollkömlich und genugsam ertragen / auch unsere und unsers freundlichen lieben Bruders Gelegenheit nicht seyn wil / wie jetziger Zeit die Sachen / erlittener Confiscation halben / und unsers freundlich-lieben Bruders ererbte Churfürstenthum und Lande mit uns und unserm lieben Brudern geschaffen / die übrige jährliche Abnützung auf Amt und Güther zu verschreiben und zu vermachen / so haben Wir mit freundlicher Bewilligung ermeldtem unserm freundlichen lieben Bruder / gegen ermeldten unsern freundlichen Vetter / Schwager und Vater / Pfaltz-Graff Friedrichen / Churfürst / versprochen und zugesagt / und thun solches hiermit in Krafft des Briefs zusagen und versprechen / daß Wir und unsere Erben gedachter unserer lieben Gemahlin / was an den sechs tau-

ANNO 1560.

send vier hundert Gülden mangelt / aus unserer Cammer und allen und jeglichen derselben Einkommen und Nutzungen genugsamlich erstatten / und vollkommen machen / aber die vier hundert Gülden Morgengabe auff unserer Stadt Altenburg Jahr-Renthen verschreiben und versichern wollen.

Es soll auch Ihre Liebden in bemeldten Ambt Sachsenburg / als Ihrer Liebden rechten Witthums-Ansitze / und allen derselbigen zugehörigen Dörffern und andern Zugehörungen / alle Obrigkeit / Gericht und Gerechtigkeit haben / in aller Massen / wie das unsere Vorfahren und wir bißhero gehabt und gebraucht haben / nichts ausgenommen / denn allein unser weltl. Ritlehn / desgleichen das Geleyt und desselben Bestellung auff Strassen / Feld- und Strassen-Bussen / Vollgereise / Tranck- und Land-Steuer / die wir uns und unsern Erben vorbehalten haben wollen.

Es soll auch Ihrer Liebden in die obgemeldten sechs tausend und vier hundert Gülden Ambts-Nutzungen und jährliche Gefälle / keine Wild-Bahn / Frohn-Dienst / so nicht zum Ackerbau gehörig / Fischerey und Dienst-Fische in den fliessenden Wässern / föderliche Lehn-Wahr / Gerichts-Büssen / oder dergleichen angeschlagen / und Ihrer Lbden zu geniessen gelassen werden.

Wir sollen und wollen auch alle Unterthanen solches unsers Schlosses und Ambts gemeldtem Fräulein Dorotheen Susannen geloben und schweren lassen / verpflicht und gewärtig machen: dergestalt / so es sich begäbe / daß Ihre Lbden unsern Tod / welcher in dem Willen des Allmächtigen GOttes stehet / erlebte / das alsdenn sie Ihrer Liebden / als Ihrer rechten Herrschafft / und sonst niemanden anders / Vermöge dieser unserer Verschreibung / gewärtig und gehorsam seyn sollen.

Und so es darzukäme / daß wir Hertzog Johann Wilhelm vor Ihrer Liebden mit Todt abgiengen / so sollen unsere Erben gedachter unserer Gemahlin / Ihrer Liebden Wohnung / das Schloß Sachsenburg / mit so viel Wein / Bier / Korn / Geld und andern Vorrath / (davon Ihrer Liebden biß zu Auffkommen der neuen Zinsen und Gefälle / Fürstlichen Stande gemäß sich erhalten würde /) versehen / auch sonsten mit Haußrath also bestellen / daß Ihre Liebden daran / Ihrem Stande nach / keinen Mangel habe. Wir und unsere Erben sollen auch auf einen solchen Fall das Schloß und Hauß Sachsenburg in wesentlichen guten Bau verfertigen lassen und unterhalten / damit Ihre Lbd. Ihre Fürstl. Wohnung darinn haben mögen; Ihre Lbden soll auch / da wir vor Ihrer Liebden mit Tod abgehen würden / sich an solchem Ihren Wittwenthum / Inhalt dieser Verschreibung / und was Ihrer Liebden mehr von uns zugelegt wäre / begnügen lassen / und an unsern nachgelassenen Landschafften / Erbschafften und Güthern alsdann keine Forderung / auch mit unsern Schulden (ob wir deren gemacht hätten /) nichts zu thun haben. Da wir Ihrer Liebden aus Freundschafft und guter Neigung über diese Verschreibung etwas weiters williglich zugestellet hätten / das soll Ihrer Lbd. auch bleiben.

Es ist auch hierin beredt / daß ermeldte Fräulein Dorothea Susanna / gegen gebührlicher Versicherung des Heuraths-Guths / solches zu Ausgang des Jahrs / von dato an zu rechnen / zu erlegen / sich Ihrer Väterlichen / Mütterlichen / Brüderlichen und andern Erbschafft gnugsamlich und nach Nothdurfft verzeihen solle / laut der Copey / die wir Pfaltz-Graff Friedrich / Churfürst / rc. deßhalben stellen lassen.

Weiters so ist bedingt und abgeredt / da nach GOttes gnädigem Willen gemeldte unsere des Churfürsten Tochter / Fräulein Dorothea Susanna / vor uns Hertzog Johann Wilhelm mit Todt abgehen würde / davor doch der Allmächtige GOtt gnädiglich lange seyn und erfristen wolle / und keine Leibes-Erben / von uns erzeugt / hinter sich verliesse / daß alsdenn wir Hertzog Johann Wilhelm zu Sachsen solche 32000. Gülden zugebrachs Heuraths-Guts die Zeit unsers Lebens gebrauchen und behalten mögen / und demnach auff uns Pfaltz-Grafen Friedrichen / Churfürsten / oder unser Erben und Töchter / von Fräulein Dorothea Susanna Kleinodien / Kleidern / Geschmuck und Silber-Geschir / mehr nicht denn der halbe Theil der Kleinod / Kette und Silber-Geschirr / so Ihrer Liebden auff Ihrem Beylager geschencket / aber was sonsten Ihre Liebden unserm lieben Vetter / Schwager und Sohn / Hertzog Johann Wilhelm / zu Ihrer Liebden Abfertigung / zubracht / gäntzlich und unvermindert zurück kommen und fallen soll.

Hinwiederumb aber / da sich nach GOttes Schickung der Fall an Uns Hertzog Johann Wilhelmen würde zutragen / welches GOtt auch gnädiglichen lange fristen wolle / daß Wir vor Fräulein Dorotheen Susannen ohne- oder auch nicht mit nach bleibenden Leibes-Erben abgehen würden / soll Ihrer Liebden obbeschriebene Leib-Guth und Witthumbs-Ansitz / das Schloß und Amt Sachsenburg / von unsern Erben eingeraumet werden / dasselbe mit seinen Zugehörungen zu Ihrer Liebden Fürstl. Withumbs-Ansitz und Enthalt in Zeit Ihrer Liebden Lebens / oder unverrückten Wittwen-Standes über / unverdrungen und unbeschwert zu besitzen und zu geniessen haben / auch unsere Erben Ihre Liebden bey solchem Wittwenthum geruhiglichen schützen / schirmen und handhaben / und was solches Amts jährliche Nutzung nicht ertragen würde / an und aus unserer Fürstlichen Renth-Cammer mit baarem Gelde jährlich entrichten sollen und wollen.

Und auf daß Fräulein Dorothea Susanna / auch Pfaltzgrafe Friedrich / Churfürst / und Ihrer Liebden Erben / solches Wiederfalls der zwey und dreyßig tausend Gülden des sicherer seyn mögen; So haben wir ihren Liebden berühret unser Schloß und Amt Sachsenburg mit seinen verordneten Zuhörungen vor solchem Wiederfall zu rechten Unterpfande eingesetzt / alsdenn nach unserm Tod Ihren Liebden und Ihren Erben / als Ihrer rechten Herrschafft und aller Obrigkeit / Herrlichkeit / Nutzung und Gerechtigkeit / gehorsam und gewärtig zu seyn / biß so lang unsere Erben Ihre Liebden / oder Ihren Erben / solche zwey und dreyßig tausend Gülden gäntzlich bezahlet haben / inmassen denn unsere Unterthanen berührts Amts solches auf unser Geheiß und Befehl zusagen / geloben und schwehren / auch deßhalben gnugsame Brieff und Verschreibung zu solchem obgemeldten Witwenthum und dieser Wiederfall geben sollen.

Wäre es aber Sach / daß Fräulein Dorothea Susanna nach unsern Hertzog Johann Wilhelm zu Sachsen tödtlichen Abgang ihren Wittwen-Standt verändern / und sich wiederum verehlichen würde / alsdenn soll zu unser Erben und Nachkommen Gewalt und Gefallen stehen / Sie Fräulein Dorotheen Susannen von berührter Vermächtniß und Leib-Guths mit zwey und dreyßig tausend Gülden unser Hertzog Johann Wilhelmen Wiederlag oder Gegenvermächtniß / welches zusammen vier und sechzig tausend Gülden austrägt / abzulösen / doch daß solche Ablösung Ihrer Liebden ein Jahr lang zuvor verkündiget / und diese vier und sechzig tausend Gülden in einer Summe Ihrer Liebden zu derselbigen sichern Händen geliefert und bezahlet werden. Und so ihrer Liebden solcher Summa vergnüget und bezahlet / alsdenn und nicht eher soll ihre Liebden eheberührtes Leib-Guth und Vermächtniß wiederum abtreten.

Es soll auch alsdann von uns Pfaltzgrafe Friedrichen / Churfürsten / oder unsern männlichen Leibes-Erben / unsers freundlichen lieben Vetters / Schwagers und Sohnes / Hertzog Johann Wilhelmes zu Sachsen Erben des Wiederfalls halben / vor Erlegung solcher Summen / durch Bürgschafft oder Pfandschafft / zu derselben Erben guten Begnügen / Versicherung geschehen / dergestalt und also / daß unsere Tochter Fräulein Dorothea Susanna allein den Besitz / Gebrauch und jährliche Nutzung des zugebrachten Heuraths-Guths und Wiederlege-Gelds angesetzter vier und sechzig tausend Gülden Ihrer Liebden Lebtage haben / nach Ihrer Liebden Tode aber sollen hiervon zwey und dreyßig tausend Gülden Wiederlage-Gelder auff die Kinder / so Fräulein Dorothea Susanna mit uns Hertzog Johann Wilhelmen erzeugen würde / und nach derselbigen Absterben vürdter auf derselbigen Kinder Leibes-Erben allein / oder aber in Mangelung derselbigen Erben und Nachkommen / auf alle Hertzogen zu Sachsen nach rechter Sippschafft / aber das zugebrachte Heurath-Guth auf die von beyder unser Hertzog Johann Wilhelms mit Fräulein Dorotheen Susannen erzeugten Erben auch allein / oder aber auf dieselbigen mit den Kindern / so Fräulein Dorothea Susanna / nach unserm Hertzog Johann Wilhelmen Todes-Fall / in verrücken Wittben-Stand der andern Ehe nach GOttes Willen erlangen und gewinnen würde / zugleich / und also auf die Anzahl der Häupter kommen und gefallen.

Würden aber wir Hertzog Johann Wilhelm zu Sachsen keine Leibes-Erben mit Fräulein Dorotheen Susannen / als wir doch zu GOtt seinen gnädigen Seegen und Vermehrunge hoffen / erzeugen / oder aber wir liessen gleich deren / die doch bey Leben unser Pfaltz-Graf Friedrichs / Churfürsten / und Fräulein Dorothea Susanna / tödtlich abgangen / alsdenn sollen die 32000. Gülden Ehe-Gelder / so Fräulein Dorothea Susanna uns Hertzog Johann Wilhelmen zubracht / nach Ihrem Fräulein Dorotheen Susannen Absterben / an und auf uns Pfaltz-Graf Friedrichen / Churfürsten / und unsere Erben / aber unser Hertzog Johann Wilhelms zu Sachsen 32000. Gülden Wiederlage-Gelds an unser Erben wieder zurück fallen. Welches alles Wir einander bey unsern wahren Worten und Fürstlichen

ANNO 1560. lichen Treuen / die unsere aufgerichtete Verschreibung stett / vest und unverbrechlich zu halten / und der nachzukommen / geredt und versprochen haben. Gereden und versprechen solches auch hiermit / und in Krafft dieses Brieffs.

Zu Urkund haben wir Pfaltzgraf Friedrich / Churfürst / ꝛc. und Hertzog Johann Wilhelm zu Sachsen / unser beyder Insiegel an diesen Brieff Zweene / die gleiches Inhalts seyn / thun hencken / Uns auch mit eigenen Händen unterschrieben.

Und nachdem von GOttes Gnaden Wir Johann Friedrich der Mittlere / und von desselbigen Gnaden Wir Johann Friedrich der Jüngere / Hertzogen zu Sachsen / Landgrafen zu Thüringen und Marggrafen zu Meissen / ꝛc. als die Brüder / Uns die durch diese Heurath erneuerte und erbreitete Freundschafft nicht allein freundlich und wohl gefallen lassen / sondern auch diese Ehe-Beredung handeln und schlüssen helffen. So haben Wir / zum Zeugniß freundlicher Brüderlicher Bewilligung und Bekräfftigung desselben / unser Insiegel an diesen Brieff neben obgenandter Beyder / unsers freundlichen lieben Vetters / Bruders / Vaters / Gevatters und Schwagers / Insiegel hengen lassen / und Uns mit eigenen Händen unterschrieben. Der geben ist zu Heydelburg Donnerstags nach Trinitatis, den 13. Monaths-Tag Junii, nach Christi unsers lieben HErrn und Heylandes Geburth 1560.

Friedrich / Pfaltz-Graf / Chur-Fürst.
Johann Friedrich / der Mittlere.
Johann Wilhelm. H. zu Sachsen.
Johann Friedrich der Jüngere.

XXXVII.

6. Juillet. *Tractatus Pacis & Amicitiæ inter* ELISABETHAM *Reginam Angliæ &* MARIAM *Reginam Scotiæ conclusus. Dat. apud Edinburgum die 6. Julii anno* 1560. [RYMER, Fœdera, Conventiones &c. Tom. XV. pag. 593.]

UNIVERSIS ET SINGULIS ad quorum notitiam Præsentes pervenerint, Salutem.

Cùm, Anno Domini millesimo quingentesimo quinquagesimo nono, secundâ Die Aprilis, apud *Castellum in Agro Cameracensi* quidam Pacis, Amicitiæ, Concordiæ & Fœderis Tractatus, inter Serenissimos & Potentissimos Principes *Henricum*, præclaræ memoriæ, *Francorum Regem* Christianissimum, ex una parte, & *Elizabetham Angliæ, Franciæ & Hiberniæ Reginam*, Fidei Deffensorem, ex altera parte, eorumque Hæredes & Successores, per Oratores, Deputatos, Ambassiatores & Commissarios ipsorum sufficienter ad id authorisatos initus, factus & conclusus fuisset, qui postea, juxta Pacta & Conventa dicti Tractatûs, per ipsos Potentissimos Principes respectivè ratificatus, approbatus & confirmatus, ac etiam, juramentis ipsorum solemniter præstitis, fuit corroboratus, inciderunt tamen postea quædam, inter dictos Illustrissimos Principes, ac etiam inter Serenissimum & Illustrissimum Principem *Franciscum Secundum & Mariam Francorum & Scotorum Regem & Reginam* & dictam Serenissimam *Reginam Elizabetham*, quæ suspitionum, simultatum, querelarum, controversiarum & discordiarum ciendarum & alendarum occasionem præbitura viderentur, usque adeò ut ad arma quoque corripienda, eâ gratiâ, itum sit, quibus factum est, & de dicti Tractatûs Pacis & Fœderis non rectâ observatione expostulationes & quærelæ hinc & inde exorirentur, ne tamen hæc rupta latiùs proserpendo, dictorum Regnorum, Orbisque Christiani quietem ac tranquilitatem interturbare queant, Deo sanctorum cogitationum ac Pacis Authore inspirante, visum est dictis Potentissimis Principibus *Francisco, Mariæ & Elizabethæ* certos Oratores, Depputatos & Commissarios suos constituere & delegare, qui de conservanda, constabilienda, reformanda, reconcilianda & perpetuanda Amicitia & Pace inter ipsos Potentissimos Principes, & eorum Posteros & Successores, ac inter Dominia omnia & Regna ipsorum, simul conveniant, tractent, statuant & concludant.

Nos igitur, *Joannes Monlucius Valentinus & Diensis Episcopus & Comes*, Secretioris Concilii Regis Consiliarius, & *Carolus de la Rochefoucault Dominus de Randay*, Miles & Eques Auratus, Alæ Cataphractorum Præfectus, dictorum Serenissimorum ac Potentissimorum Principum, *Francisci & Mariæ* Christianissimi Francorum & Scotorum Regis & Reginæ, Oratores, Commissarii, Deputati, Procuratores & Ambassiatores eorundem, ad infrascripta tractanda, paciscenda, convenienda & concludenda sufficienti authoritate præditi, cum præclaris & eximiis Viris, *Guillelmo Cecilio* Equite aurato, dictæ Serenissimæ *Reginæ Angliæ* Secretario Primario, & *Nicolao Wotton* Ecclesiarum Metropoliticarum Cantuariensis & Eboracensis Decano, jamdictæ Serenissimæ *Reginæ Elizabethæ*, in Concilio ejus Privato Consiliariis, ac Oratoribus, Commissariis, Deputatis, Procuratoribus & Ambassiatoribus ejusdem, ad infrascripta tractanda, paciscenda, convenienda & concludenda sufficientem Authoritatem habentibus, nomine Principum nostrorum supradictorum, & virtute & authoritate hincinde Mandatorum & Commissionum nostrarum (quæ ad verbum inferiùs scribentur) per præsentes convenimus, constituimus, concordamus & concludimus articulatim prout sequitur;

IMPRIMIS, conventum, concordatum & conclusum est, quòd supradictus Fœderis, Amicitiæ & Pacis Tractatus apud *Castellum in Agro Cameracensi*, ut dictum est, initus, conclusus & factus, omniaque & singula in eodem conventa, concordata & conclusa remanebunt & erunt firma & valida, ac in eodem robore, efficaciâ & viribus etiamnum consistent, in quibus erant vel esse debuerant statim & immediatè post Ratificationem vel Confirmationem dicti Tractatûs hinc & inde factam, perinde acsi nihil omninò contra aliquem Articulum sive Conventionem dicti Tractatûs ab utravis Parte interim innovatum, attentatum, gestum, factum aut omissum esset, & perinde acsi dicti Tractatûs conventa, pacta & concordata ad verbum hic essent de novo inserta & repetita, & nomine dictorum Illustrissimorum Principum *Francisci ac Mariæ* ex una, & *Elizabethæ* ex altera, expressè facta & conclusa.

ITEM, conventum, concordatum & conclusum est, quòd quidam Pacis, Fœderis & Amicitiæ Tractatus, inter dictos Serenissimos Principes *Franciscum & Mariam tunc Regem & Reginam Scotiæ, Delphinos Vienenses Comites Valentinenses & Dienses*, ex una, & *Elizabetham Angliæ, Franciæ & Hyberniæ Reginam*, ex altera, per Deputatos, Commissarios & Oratores eorum apud dictum *Castellum in Agro Cameracensi*, eodem Anno & Mense factus & conclusus, similiter & eodem modo per omnia quo Tractatus, de quo in proximo præcedenti Articulo dictum est, firmus, validus & efficax ad omnem Juris effectum remanebit & remanere debet.

ITEM, conventum, concordatum & conclusum est, quòd omnes Copiæ Militares, tàm maritimæ quàm terrestres, utriusque Partis ex Regno Scotiæ discedent, illis modo, formâ & conditionibus, de quibus inter dictos Deputatos & Commissarios, per Articulos, manibus eorum subscriptos & Sigillis corroboratos, latiùs & pleniùs exprimitur, describetur & conventum erit;

Excepto quòd in Arcibus de Dunbarre & Fortalitio de Ynchkeith tot solummodo Præsidiarii Milites Franci relinqui & remanere poterunt, de quot inter dictos Oratores Francos & Principes ac Primores Scotiæ expressè conventum erit.

ET SIMILITER conventum, concordatum & conclusum est, quòd omnes apparatus bellici; videlicet, in Anglia & Hibernia, adversus Francos vel Scotos, & in Gallia, adversus Anglos, Hibernos vel Scotos, deinceps omninò cessabunt, ita ut nulla Navis Milite, Instrumento aut Apparatu bellico onusta, ex Anglia vel Hibernia, aut alio loco quocunque, ex consensu dictæ *Reginæ Elizabethæ*, in Franciam seu Scotiam, aut ex Gallia aut alio loco quocunque, ex consensu dicti *Regis & Reginæ Mariæ*, in Angliam, Hiberniam aut Scotiam trajiciet.

ITEM, cùm in dicto Tractatu apud *Castellum in Agro Cameracensi*, inter alia conventum, concordatum & conclusum fuerit,

Quòd Fortificatio seu Munitio facta in loco dicto Aymouth sito in Regno Scotiæ, intra tres Menses a die Data dicti Tractatûs dirueretur & solo æquaretur, neque quicquam inposterùm ibi reædificaretur,

Quia dicta Munitio cæpta est aliqua ex parte dirui sed non sic prorsùs diruta est sicut conventum fuerat; ideò conventum, concordatum & conclusum est, quòd dicta Fortalitio de Aymouth prorsùs diruetur & subvertetur ante finem quatuor dierum ab incepta demolitione

ANNO 1560.

tione Villæ de Lethe, qua in re, si opus fuerit, Scoti ad id deputati ab Oratoribus uti poterint operâ Fossorum & Operariorum Anglorum.

Cùm Regna Angliæ & Hiberniæ ad dictam Serenissimam Dominam & Principem *Elizabetham* jure spectent & pertineant, & proinde nulli alteri se dicere, scribere, nominare seu intitulare; nec dici, scribi, nominari aut intitulari facere Regem & Reginam Angliæ aut Hiberniæ, neque Insignibus aut Armis (*vulgariter dictis Armoyries*) Regnorum Angliæ aut Hiberniæ uti aut sibi arrogare liceat, idcircò statutum, pactum & conventum est, quòd dictus *Rex Christianissimus & Regina Maria* & uterque eorum, abstinebunt deinceps a dicto Titulo atque Insignibus Regni Angliæ vel Hiberniæ utendis vel gerendis, prohibebunt etiam ac interdicent suis Subditis, nè quis, in Regno Franciæ & Scotiæ atque eorum Provinciis sive in aliqua parte eorum, quovis modo utatur dictis Titulo aut Insignibus, interdicent etiam ac præstabunt, quantùm in ipsis erit, nè quis aliquo modo dicta Insignia cum Insignibus dictorum Regnorum Franciæ aut Scotiæ commisceat; quòd si quæ inveniantur Litteræ aut Scripta quibus appositus sit Titulus Regnorum Angliæ vel Hiberniæ, vel Sigillo Insignium dictorum Regnorum vel alterius eorum fuerint obsignata, reformabuntur sine ulla dictorum Tituli & Insignium Angliæ vel Hiberniæ adjectione, & quòd omnes Litteræ & Scripta continentia dictum Titulum aut obsignata Sigillis dictorum Insignium, quæ non erunt, ut supra dicitur, renovata aut reformata infra sex Menses post publicationem hujus Tractatûs, erunt nulla & nullius momenti; curabunt præterea & cavebunt, quantum in ipsis erit, nè in dictis Regnis Franciæ aut Scotiæ Insignia prædicta immixta Insignibus dicti *Regis vel Reginæ Mariæ*, vel dictus Titulus præfatis *Regi vel Reginæ Mariæ* adscriptus alicubi extet, videatur aut reperiatur.

ITEM, cùm dicti Oratores & Commissarii Serenissimæ *Reginæ Elizabethæ*, prædictam cautionem expressam in fine præcedentis proximi Articuli publico Edicto fieri, & pro injuriis quas asserebant per dictos Serenissimum *Regem & Reginam Mariam*, dictæ Serenissimæ Reginæ *Elizabethæ* esse illatas, ulteriorem compensationem & reparationem, postularent; *Franciæ verò Oratores*, cùm ad hæc multa respondissent, illud etiam addiderunt, nullam se habere authoritatem iis de rebus quicquam agendi aut contractandi, quòd si spectandum esset è Gallia responsum magna intercederet temporis jactura & maximum huic reformandæ & reconciliandæ Pacis & Amicitiæ Tractatui & Instituto impedimentum inde emergere posset; ideò conventum, concordatum & conclusum est, quòd hæc Disceptatio super dictis Postulatis, tàm pro publicanda dicta cautione quàm pro ulteriori compensatione, rejicietur in alium Conventum Londini quamcitò commodè fieri poterit, inter dictos utriusque Partis Oratores & Deputatos instituendum & celebrandum; quòd si nè tunc quidem inter eos super dicta Disceptatione convenire poterit ante finem trium Mensium a die Datæ hujus Tractatûs, tum ex utriusque Partis consensu, in Potentissimum Principem *Philippum Hyspaniarum Regem* Catholicum dicta Disceptatio compromittetur, cujus arbitrio & Sententiæ super eadem utrinque stabitur, ita si ille super eadem Sententiam & finale Decretum, intra Anni vertentis spatium post dictum Trimestre finitum, Scripto prolatum edere non gravetur, nisi si ex utriusque Partis consensu tempus illud Annum ulterius prorogari & differri contingat, quod, sive factum non erit, sive intra tempus sic prorogatum, dictus *Rex Catholicus* finem ei Disceptationi non imposuerit; tunc dictæ Serenissimæ *Reginæ Elizabethæ* jus illa petendi cum voluerit integrum reservabitur in eo statu in quo erat ante hujus Tractatûs inchoationem.

Cùm, Deo Optimo Maximo, in cujus manu corda Regum sunt, visum sit, animos dictorum Christianissimi *Regis & Reginæ Mariæ* ita inclinare ut suam erga Nobilitatem & Populum suum Regni Scotiæ clementiam & benignitatem abundè ostenderint, vicissimque dicta Nobilitas & Populus suam erga dictos Christianissimum *Regem & Reginam* suos Principes obedientiam obsequiumque, sponte suâ ac libenter, professi sint, agnoverint & polliciti sint dehinc sese præstaturos, pro qua nutrienda, conservanda & perpetuanda, præfati *Christianissimus Rex & Regina* per dictos suos Oratores quibusdam Precibus dictæ Nobilitatis & Populi supplicibus præfatis *Regi & Reg.* exhibitis, ad honorem dictorum *Regis & Reginæ*, ad bonum publicum dicti Regni, & ad conservationem obedientiæ eorum spectantibus, assensum præbuerunt, qui dictus *Christianissimus Rex & Regina* volunt hanc suam erga suos benignitatem, præfatæ Serenissimæ *Reginæ Elizabethæ* Sorori Charissimæ & confœderatæ suæ, testatum esse, cujus intercessione & rogatu, dicti *Rex & Regina* animos suos huc eo propensiùs inclinârunt; idcirco, inter dictos Oratores & Deputatos utrinque, conventum est, quòd dictus *Christianissimus Rex & Regina Maria* adimplebunt omnia illa quæ per dictos suos Oratores præfatæ Nobilitati & Populo Scotiæ concessa sunt apud *Edinburgum* Die sexto Mensis Julii, Anno hoc præsenti millesimo quingentesimo sexagesimo, dummodò prædicti Nobiles & Populus Scotiæ adimpleant & observent quæcunque continentur in dictis Conventionibus & Articulis ab illis præstanda & observanda.

ITEM, comprehenditur in hoc Tractatu Reconciliationis, Pacis & Amicitiæ, ex parte dictorum Serenissimorum Principum *Francisci Christianissimi Gallorum Regis & Mariæ Reginæ*, & ex parte dictæ Serenissimæ *Reginæ Angliæ Elizabethæ*, Potentissimus Princeps *Philippus Hyspaniarum Rex* Catholicus juxta vim & effectum Tractatuum inter eosdem Reges & Reginas ac eorum Regna, Terras, Patrias & Dominia.

ITEM, conventum, concordatum & conclusum est, quòd iste præsens Tractatus, cum omnibus & singulis in eodem conventis & contentis, a dictis Illustrissimis & Potentissimis *Francisco ac Maria & Elizabetha*, ac eorum quolibet, intra sexaginta dies a Data hujus Tractatûs, ratificabitur & confirmabitur, ac in Litteras eorum Patentes magnis eorum Sigillis muniendas, & per eosdem manibus suis propriis subscribendas redigetur, ipsasque Litteras confirmatorias authenticas, & sic, ut præfertur, subscriptas & sigillatas, dicti Principes & eorum quilibet, alterius Principis Oratori sive Commissario, Oratoribus sive Commissariis, ad hoc Authoritatem & Mandatum habenti vel habentibus, invicem tradent seu tradet realiter & cum effectu.

ITEM, conventum, concordatum & conclusum est, quòd dicti Illustrissimi & Potentissimi Principes *Franciscus ac Maria & Elizabetha* ac eorum quilibet, in præsentia Oratoris sive Commissarii, Oratorum sive Commissariorum alterius Principis, sufficientem ad id Authoritatem habentis seu habentium, & ab eodem seu eisdem requisitus, in verbo Regio promittent & promittet, & tactis sacrosanctis Dei Evangeliis jurabunt & eorum quilibet jurabit, se omnes & singulos Articulos, Conventiones, Provisiones & Pacta in præsenti Fœdere & Tractatu comprehensa fideliter, bonâ fide & inviolabiliter observaturos, & eorum quemlibet pro parte sua observaturum.

Sequuntur Tenores Commissionum.

FRANÇOIS ET MARIE, par la grace de Dieu, *Roy & Royne de France & d'Escosse &c.* a tous ceux qui ces presentes Lettres verront, Salut.

Ce que nous avons plus desiré, despuis le trespas de feu nostre Treshonnoré Seigneur & Pere, *le Roy* dernier decedé (que Dieu absoille) a esté d'entretenir la Paix, Amytié & Confederacion, qui avoit esté establie de son vivant, avec les Princes Christiens ses voysins, & mesmement avecques, nostre Treschere & Tresamée Seur & Cousine, *la Royne d'Angleterre*, par tous les meilheurs offices d'Amytié qu'il nous a esté possible, ainsi que chacung a peu voir & cognoistre par la sinceritié de noz actions & noz gracieux deportements envers chascung des ditz Princes, mais d'autant que la Rebelion de aulcungz noz Subjectz du Royaulme d'Escosse a faict, que sur les Frontieres du dit Royaume & de celluy d'Angleterre, se sont faictes quelques Assemblées de Gens de Guerre d'une parte & d'aultre, de maniere que cela purroit aulcunement alterer nostre commune Amytié,

Pour la quelle r'establir, & paciffier les differens qui pour l'occasion susdite pourroyent estre survenoiz, ayans este advertiz que nostre *dite Seur* se contente depputer sur les Lieulx quelques bons Personnages,

Scavoir faissons que Nous,

Desirans sur toutes choses voir la Chrestienté en repos, & garder le plus longuement que nous purrons la Paix qu'il a pleu a Dieu nous envoyer a son honneur, & repoz de ses Peuples, comme chose que nous avons tousjours eu en singuliere recommendacion, pour la parfaicte & entiere confiance que nous avons des Personns de, noz Amez & Feaux, Messieur *Jehan de Monluc Evesque*

ANNO 1560.

Evesque de Valence & de Nicolas de Pelue Evêque d'Amyens, Conseillers de nostre Conseil Privié, *Jacques de la Baoffe* Seigneur du dite Lieu, Chivalier de nostre Order & nostre Chambellaine ordinaire, *Henry Cleutin* Sieur d'Oysel Gentilhomme de nostre Chambre & nostre Lieutenant aut dit Royaulme d'Escosse, & *Charles de la Rochefoucault* Seigneur de Randan Cappitaine de cinquante Hommes d'Armes de noz Ordonnances, & de leurs sens, vertuz, loyaulté, preudhommie, experience & grand diligence,

Iceux, pour ces causes, & aultres grands considerations a ce nous movans, & les trois & deux d'eux en l'absence ou occupation des aultres, avons commis, ordonnez & depputez, commectons, ordonnons & depputons par ces presentes, pour se transporter sur la Frontiere de nostre dit Royaulme d'Escosse, & se trouver & assembler avec les Deputez de nostre dite Seur *la Royne d'Angleterre*, au Lieu qui sera par leur commung consentement advisé, & au jour qui sera entre eux accordé & deliberé; & aultres deppendances d'icelluy, pour là traicter de la reconciliation de nostre dite commune Amytié & adviser des differens qui purroyent l'avoir alterrée en quelque sorte que ce soit, les composer & accorder, ainsi qu'ilz verront estre a faire pour le bien de nostre service, repoz & tranquilitié de noz Royaulmes, Paiis & Subjects,

Et generallement faire, en ce que dessus, circumstances & dependances, tout ce que Nous mesmes ferions ou faire pourrions si presens en Personne y estions, jaçoit qu'il y eust chose qui requist mandement plus especial qu'il n'est contenu en ces presentes, par les quelles,

Promectons, en bon foy & parolle de Roy & Royne, avoir pour aggréable & tenir firme & stable tout ce que par noz ditz Depputés, & les trois & deux d'eux en l'absence ou occupation des aultres, aura esté fait, conclud ou arresté, & le tout entretenir, garder & observer, approuver & ratiffier dedans le temps, & ainsi qu'ilz adviseront, sans jamais aller ne venir au contraire en quelque sorte que ce soit, car tel est nostre plaisir.

En tesmoin de ce nous avons signé ces presents de nox mains, & a icelles faict mettre nostre Seel.

Donné a *Chenonceau*, le deuxiesme jour de May, l'An de grace mil cinq centz soixante, & de nostre Regne le premier.

FRANÇOYS. MARIE.

Par les Roy & Royne.

L'AUBESPINE.

ELIZABETHA, Dei gratiâ, *Angliæ, Franciæ & Hyberniæ Regina*, Fidei Deffensor &c. omnibus ad quos præsentes Literæ pervenerint, Salutem.

Cùm nihil nobis unquam optabilius fuit quàm ut quies & tranquilitas inter nostros Subditos securè aleretur, cumque ob eam ipsam causam Nos ipsæ semper & naturâ propensæ & judicio etiam cupidæ fuerimus, ut inter Nos, interque omnes circumcirca vicinos Principes firma & in[illegible]lata Pax conservaretur, ex quibus rebus etiam nos certum fructum veræ obedientiæ nostrorum Subditorum ad eorumque singulorum commoditatem caperemus, Nos tamen, contra nostram & expectationem & voluntatem, hac dulci spe optatæ quietis plurimùm sumus fraudatæ, & propterea invitæ protractæ fuimus ut, ad defendendam Regnorum nostrorum Magestatem, & ad tuendam Subditorum nostrorum Salutem, Vires nostras, prout tanta res postulabat, comparatas instructasque haberemus; verùm enimverò, cum Dei benignitate, Charissimi nostri Frater ac Soror *Francorum Rex & Regina* ita sint affecti ad conferendum agendumque de reconcilianda inter nos communi nostra Amicitia, ut ad eam ipsam causam stabiliendam certos huc suos Commissarios legaverint; nos itidem libenter secutæ propensum nostrum cupidumque semper studium communis conservandæ Pacis, ex nostra etiam parte, nostros delegavimus constituimusque Commissarios, & quia plurimùm confidimus de fide, usu & prudentia, fidelium & prædilectorum Consiliariorum nostrorum, *Gulielmi Cecill* Equitis aurati, Secretarii nostri Primarii, *Nicolai Wotton* Ecclesiarum Metropoliticarum Cantuarien. & Eboracen. *Decani*, *Radulphi Sadler*, *Henrici Percy & Petri Carew* Equitum Auratorum:

Sciatis quòd Nos, eosdem, tres vel duos eorum, facimus, constituimus, creamus & ordinamus Oratores & Commissarios nostros generales & speciales;

Dantes & concedentes eisdem, tribus vel duobus eorum, Facultatem & Mandatum speciale & generale, capitulandi, tractandi, concludendi & concordandi, tàm pro Nobis quàm pro Hæredibus & Successoribus nostris, cum prædictis Commissariis *Regis & Reginæ Francorum*, vel eorum aliquo ad hoc Potestatem sufficientem habente, super omnibus & singulis Causis & Controversiis Nos, Honorem, & Regna nostra tangentibus, quæ nuper inter *Nos* & dictos *Francorum Regem & Reginam* orta sunt,

Et generaliter super omnibus aliis & singulis quæ ad mutuam nostri & prædictorum Principum, Regnorum & Subditorum nostrorum Unionem & certiorem Conjunctionem eis conducere videantur, ac etiam circa prædicta & illorum singula, cæteraque omnia ex illis dependentia, tractandi, communicandi, conveniendi & concludendi, sub, & cum talibus Conditionibus & Pactis quæ, dictis nostris Commissariis, aut eorum tribus vel duobus, oportuna & necessaria videbuntur; & quæ Nos faceremus aut facere possemus si personaliter interessemus.

Promittentes, bonâ fide & in verbo Regio, omnia & singula quæ per dictos nostros Commissarios, aut ipsorum tres vel duos, acta, promissa, conclusa & capitulata fuerint, nos rata & grata perpetuis temporibus habituras.

In cujus rei Testimonium has Litteras nostras manu nostrâ firmatas, fieri fecimus Patentes.

Datum apud Palatium nostrum de *Grenewich*, vigesimo quinto Die Mensis Maii, Millesimo quingentesimo sexagesimo, & Regni nostri secundo.

Quæ quidem Mandata & Commissiones sunt respectivè signata propriis manibus dictorum Potentissimorum Principum, eorumque magnis Sigillis obsignata.

In quorum omnium & singulorum præmissorum Fidem & Testimonium, Nos Oratores, Commissarii & Ambassiatores prædicti, has Litteras Patentes manibus nostris subscriptas, Sigillorum nostrorum appositione muniri & corroborari fecimus.

Acta fuerunt hæc apud *Edunburgum* in dicto Regno Scotiæ, die sexto Julii, Anno Domini Millesimo quingentesimo sexagesimo.

J. MONLUCIUS *Episcopus Valentinus*.
J. RANDAN.
W. CECILL.
N. WOTTON.

Sub Sigillis prædictorum Commissariorum Scotiæ de cera rubea pendentibus a filis sericis albi coloris.

XXXVIII.

25. Juil. DANEMARC ET LES VILLES ANSEATIQUES.

Verdrach of Tractaat genaamt van Odensee tusschen FREDERICH *de II. Coninck van Denemarck &c. en de* ANZEE STEDEN, *tot Odenzee den 25. July 1560.* [AITZEMA, *Saacken van Staet en van Oorlogh. Tom. I. pag. 77.*]

TE weten zy allen en een ygelijcken. Nadien sich eenige misverstanden tusschen den Doorluchtigsten, Grootmachtigen, hoochgeboren Vorst ende Heere, Heere *Frederich* de II. tot Denemarck, Noor-

XXXVIII.

Traité ou Réglement fait entre FREDERIC II. Roi de Danemarc &c., & les Villes ANSEATIQUES. A Odensée le 25. Juillet 1560. [AITZEMA, *Tom. I. pag. 77.*] 25. Juil. DANEMARC ET LES VILLES ANSEATIQUES.

SAchent tous & un chacun; Que dissention étant survenuë entre les Illustre, Très-Puissant Prince & Seigneur Frederic II. Roi de Danemarc, de Nortv

ANNO 1560.

Noorwegen, der Wenden en Gotthen Coninck; Hertoch tot Sleswijck, Holsteyn, Stormarn en Ditmarschen; Graaf tot Oldenborg en Delmenhorst, &c. en zijn Coninckliike Maj: Onderdanen, des Rijcx Denemarcken ende Noorwegen, aan d'eene zyde, en die Eerbare *Anzeesteden* en derselver Koopluyden, ter andere zyde, van weghen navigatie, hantering en anders, gelijk als hier na gemelt wort, onthouden, hebben, dat nademael Hoogstgemelten Koning tot Denemarck, Noorwegen, &c. heeft op 't aensoecken der gemelte *Hanzeesteden* een handels dach tot *Odenzee* in *Funen*, op den dach *Johannis Baptistæ* daer selven heen te komen, ende den volghenden dach, de handelingh aen te gaen, daer oock zijn Coninckliicke Majesteyt selfs, sampt des selfs Rijcx-Raden, ende van wegen ende uyt bevel der gemeene *Anzeesteden*, die Eerbare, Voorsichtige, Hoochgeleerde, ende Wijze Heeren, *Claes Bardewijck*, Borgermeester; *Bartholomeus Tynnaffel* Raetman ende *Nicolaes Wulf* Secretaris tot *Lubeck*, *Johan Rulwagen*, der Rechten Doctor ende Syndicus; en *Johan Plander* Raetman tot *Bremen*; *Hieronimus Bysenbeeck*, ende *Hieronimus Huge* Raetman tot *Hamburgh*; *Lambertus Kerckhof*, der Rechten Doctor, ende *Berent Pauls* Raetman tot Rostock; *Jorge Smitterlouws* Borgermeester, en *Nicolaes Steffen* Raetman tot *Straelsund*; *Jochem Ruge* ende *Georgius Tredeman* Raetsmannen tot *Wismar*; *Lubbert van Winsen* Licentiaet, Burgermeester, en Magister *Jacobus Helm* Secretarius tot *Deventer*; *Jochem Regelsdorph*, ende *Pieter Iramboldt* Raetsmannen tot *Stettin*; Magister *Jochem Pansow* Syndicus, en *Jochem Erick*, Raetman tot *Gripswalde*, aengekomen zijn, en hebben sich nae verscheydene gehouden onderhandelinge de voorschreve misverstanden eyndelijck in 't goeden veraccordeert ende verdraghen, gelijck verscheydentlijck volght: ende eerstelijck, voor soo veel de misverstanden sich in *Noorweghen* belangen, zijn deselve in voeghen als volcht verdragen: namentlijck, na dien die Burgers tot *Bergen* in *Noorwegen* hebben die navigatie Suyden ende Noorden van wegen haer Vaderlant ende sonderlingh d'oude Coninckliicke privilegien, oock in gebruyck ghehadt, ende die van de *Hanse Steden* daer teghens gheene privilegien, soo sullen sy die selve voortaen gebruycken, oock Noordtvaerders uyt reeden, maer sy sullen *twaelf* Jaer na date deses Noordtwaerts niet meer dan met vier en twintich Scheepen seylen. Willende nochtans sijne Coninckliicke Majesteyt sich voorbehouden na alsulcke *twaelf* Jaren andere ordre te stellen, ende die van *Bergen* meer oft min na 't welbehagen ende goet duncken van sijn Majesteyt te vergunnen: edoch soo die Steeden vermeenen dat die van *Bergen* tot sulcx niet gherechticht sullen sijn, en sy dieswegen met recht aenspreecken willen, so sullen die van *Bergen* dieshalven voor sijne Coninckliicke Majesteyt te rechte staen en antwoorden: maer sullen oock die van *Bergen* geene vreemde, dewelcke niet gesvvooren onderdanen van sijn Coninckliicke Majesteyt sijn, tot sich in hare hanteringhe na Noorden in laten, op dat alsoo door inlatinge der vreemden, de Coopman tot *Bergen* aen sijne handteringe niet verhindert werde. Het sal den borger wederomme vry ghelaten werden, met den Coopman te koopen, vercoopen, ende te handelen, en sal geen gebodt oft verbodt geschien, daer door sulcx verhindert werde, oock soo eenich statuyt hier tegens voorhanden waere, dat het selve ingetrocken sal sijn: op dat de hanteeringhe te *Bergen* te meer vervordert werde, en sullen die Burgers tot *Bergen*, wanneer sy wederomme komen van 't Noorden, niet datelijck na *Hollands* oft andere plaetsen loopen, alvoorens met haren visch ende waren tot *Bergen* koomen, maer soo dieselvighe alsdan haren visch ende waeren tot *Bergen* niet verkoopen, sal haer vrystaen deselve op andere plaetsen na haer welghevallen te brenghen.

Oock sal den *Noorman* niet verplicht sijn, hoe duyr hy sijnen visch sal geven, maer sal hem vry staen wanneer hy den visch gevanghen heeft denselven na ghelegentheyt te verkoopen, ghelijck oock den Coopman vry staet sijne waren aen te slaen; maer sullen aen beyderssijts Godt, ende de liefde des naesten voor oogen

Nortwegue, des Vandales & des Gots; Duc de Sleswick, Holstein, Stormarn, & Ditmarschen; Comte d'Oldenbourg, & de Delmenhorst, &c. ensemble les Sujets de Sa Majesté des Royaumes de Danemarc & Nortwegue d'une part; & les honorables Villes Anséatiques & les Marchands d'icelles d'autre part, concernant la Navigation, le Négoce & autrement, comme il est mentionné ci-aprés; Et comme le susdit Roi de Danemarc, Nortwegue &c. à l'instance des susdites Villes Anséatiques, auroit assigné un jour de Négociation à Odenzée dans l'Isle de Funen, sçavoir de s'y trouver le jour de S. Jean Baptiste, & commencer le Traité le lendemain, où le Roi s'est rendu luimême avec ses Conseillers, & de la part & ordre des Villes Anséatiques, les honorables, prudens, savants, & sages Seigneurs Nicolas Bardewick, Bourguemaître, Barthelemi Tynnaffel, Echevin, & Nicolas Wulf, Sécrétaire de Lubeck; Jean Rulwagen, Docteur en Droit & Sindic, & Jean Plander, Conseiller de Breme; Hierôme Bysenbeeck & Hierôme Huge, Conseillers à Hambourg; Lambert Kerckhof, Docteur en Droit, & Berent Pauls, Conseiller à Rostock; George Smitterlouws, Bourguemaître, & Nicolas Steffen, Conseiller à Straelsund; Joachim Ruge, & George Tredeman, Conseillers à Wismar; Lubbert van Winsen, Licencié, Bourguemaître, & Maître Jacob Helm, Secretaire à Deventer; Joachim Regelsdorph, & Pierre Iramboldt, Conseillers à Stettin; Maître Joachim Pansow, Sindic, & Jean Erick, Conseiller à Gripswalde; lesquels, aprés plusieurs conférences & négociations, ont enfin terminé à l'amiable les susdits différens, comme specialement il s'ensuit. Et premierement pour ce qui regarde les differens de la Nortwegue, ils se sont accordez comme s'ensuit; savoir, que puisque les Bourgeois de Bergen en Nortwegue ont, de la part de leur Patrie, & particulierement de leurs anciens Rois, le privilége de la Navigation pour le Sud & le Nord, & qu'ils en ont joui, au lieu que ceux des Villes Anséatiques n'en ont pas, c'est pourquoi ils en jouiront à l'avenir, même ceux qui trafiquent au Nord; mais aprés douze ans, de la datte de ces presentes, ne pourront lesdits trafiquans au Nord faire voile qu'avec vingt-quatre Vaisseaux. Voulant toutefois Sa Maj. Royale se reserver d'établir d'autres ordres aprés lesdits douze ans, & accorder plus ou moins audits de Bergen selon le bon plaisir de sadite Majesté. Mais si ces Villes pensent que ceux de Bergen ne sont pas en cela fondés en droit, & que pour ce ils veuillent les mettre en cause, lesdits de Bergen seront mis en cause & répondront devant Sad. Maj. mais aussi ceux de Bergen n'admettront dans leur Commerce du Nord nuls étrangers qui ne sont pas Sujets assermentez de sa Maj. afin que par l'admission desdits étrangers audit Commerce les Marchands de Bergen ne reçoivent aucun préjudice dans le Commerce du Nord. Et il sera derechef permis au Bourgeois d'acheter, vendre & negocier avec les Marchands, & ne sera fait aucun commandement ni deffence qui puisse l'empêcher, & que s'il y avoit quelque Statut à ce contraire il sera abrogé: Afin que le Commerce de Bergen soit d'autant plus avancé, lesdits Bourgeois de Bergen dès leur retour du Nord, avec leur Marchandise, ne feront pas d'abord voile pour la Hollande & autres lieux; mais viendront premierement à Bergen avec leur poisson & Marchandise; Et s'ils ne peuvent pas vendre led. poisson & Marchandise audit Bergen, il leur sera loisible de la mener en d'autres lieux où bon leur semblera.

Et ne sera le trafiquant au Nord tenu de vendre sa Marchandise à certain prix fixe, mais lui sera loisible, quand il aura pris du poisson, de le vendre selon l'occasion, comme aussi il est permis au Marchand de mettre le prix à sa Marchandise; mais ils auront en

ANNO 1560.

gen hebben, en een den anderen met sijne waer boven de billigheyt niet overloven noch over setten. En wanner de Coopman den visch van den *Noorman* incoopt oft aenneemt, soo sal hy datelijck daer voor de betalinghe doen, 't sy aen waer oft gelt, ghelijck sy dat eens worden, en den Norman over drie daghen na dat de visch ghelevert is, oock datelijck na den belloten koop ghelchien sal, met de betalinge niet ophouden: maer in cas het gheschiede, soo sal de Coninckliicke Amptman behoorlijck inspectie doen, op dat hier in geen indracht gebruyckt noch den *Noorman* buyten nooth, ende sonder oorsaecken opgehouden werde. Ende sullen de Koninckliicke Amptluyden de Koopman tot syne uytstaende schult nae behooren en *Lobe recht* verhelpen. Maer sal den Koopman egeenen Burger synen dienar, knecht ofte jonge ontrecken, noch eenige der selven huyren, hy sy dan te vooren jaer ende dagh uyt synes Heeren, des Burgers dienst geweest. Gelijck sig dan veel vreemde Koopluyden in de *Hansesteden*, onder deselve Privilegien niet gehoorende, onderstaen, den gemeenen Koopman ende tot nadeel der Borgers tot *Berghen*, het Winterleger tot *Berghen* te houden, sal voortaen daer in versien worden, dat sulcx niet geschiede, en de vreemde Coopman, die in de *Hanze* en Comptoir by die bruggen niet en hooren, geen Winterleger houde, als alleenlijck vermoge der Privilegien, tusschen den beyden Kruysdagen tot *Berghen*, ende dat hy alles in dien daghmarckt handelt, sal worden toegestaen. En overmits sulcx wort vergunt, sal soo de vreemde Koopman by die van *Bergen* logeren, en geen Duytsche Koopluyden, dewelcke in de *Hanzee* en Comptoir by de brugghen niet ghehooren in nemen, noch ophouden. Ende sal den vreemden Koopman niet gedwongen worden syn Schip aen de bruggen te leggen, en dienvolgens hem oock vry syn, met den Koopman of Borger te handelen, hy leyt met syn Schip aen de Brugghe of niet. Wyders terwijl in de privilegien uytdruckelijck versien is, dat de Duytsche Koopman niet meer victualie sal inkoopen, als hy tot syn eygen nootdruft behoeft, soo mach hy evenwel sulcx binnen en buyten den daghmarckt doen, maer die proviant niet op Schepen verkoopen, of uytslaen; edoch soo een syn Heer een tonne Butter, of diergelijcke geringe waren in syne Huyshoudinge oversendet, sal buyten perijckel syn, en sal oock den Koopman syn ware niet in andere plaetsen verkoopen, als aen die geene die daer toe gerechtight syn; als mede geen *Silver* en *Craemwerck* in de Huysen of anders om dragen, of verkoopen, noch op de Brugghen met kramen niet staen. Also dan door den *Besemer*, door welcke Visch in groot getal wert gewogen, wel bedroch geschieden konde, so sal voortaen met den *Besemer* niet meer Visch, dan wat geringher als een Waegh is, ghewooghen worden; maer wat een gantschen dagh of meer is, sal het selvighe alles met des Raets tot Berghen gheteeckende *Loothen* worden ghewoghen, ende sullen die *Loothen*, by 't oude ende eenerley gewichte blijven, soo sal 't ghewicht: de *Punder* ghenaemt, in den Raedt tot *Berghen* in bewaeringhe en aen een ghemeene plaetse zijn, daer een yeder toe komen kan; ende sullen de Amptman, Burghermeester, ende Raedt tot *Berghen* alle Jaer, en soo dickmaels die nooth sulcx vereyscht, ende voor goet aenghesien wort, of by haer versocht sal worden, die *Loothen* en gewichten besien, ende by haere plichten, daer mede sy syne Coninckliicke Majesteyt verwandt syn, justificeren, op dat sy in haeren Eedt onverkort blijven; oock sal een yseren *Elle*, ghelijck de oude Noordische *Elle*, aen 't Raethuys ghehanghen worden, op dat een yeghelijcken daer van de maet kan nemen, ende nae deselve lenghte sullen de *Ellen* ghemaeckt ende ghehouden worden, ende een yeder, die in ofte uyt meeten, sullen deselve en geen andere ghebruycken. Maer alsoo eenighe huysen op het strandt, 't welcke teghens de Previlegien is, ghebowt syn, sullen deselve tot vorderlijcke ghelegentheyt besichtight werden, ende wat naer ondervindinghe sonder syn Koninckliicke Majesteyt, en des Rijcx nadeel te verdragen is, sal sich sijn Koninckliicke Majesteyt ghenadigh betoonen, en sal ondertusschen niet nieuws op 't strandt gebouwt, maer alleen 't gebouw, soo 't daer tegenwoordigh staet, in beter ende vaster ghebouwte gehouden worden. Dewijl dan recht ende billigh is, dat een yeder sijn Overigheydt van 't Landt, en Stadt daer in hy woont respectere, ende haer rechten ende gehoorsaemheyt nakome, soo sullen alle Ambachts-luyden, die tot *Bergen* woonen, ende verders daer

ANNO 1560.

en cela, les uns & les autres, Dieu & la charité du prochain devant les yeux, pour ne point se surfaire l'un à l'autre au delà de la raison. Et quand le Marchand achetera le poisson du trafiquant au Nord, il en fera le payement aussi-tôt, soit en Marchandise ou en argent, selon qu'ils se seront accordés, & ne différera pas de le faire audit trafiquant au Nord trois jours après que le poisson aura été livré, voire aussi-tôt que le marché en sera fait; mais qu'au cas que cela arrivât, l'Officier de Sa Majesté en connoîtra, afin que le trafiquant au Nord ne reçoive point de dommage par un delai sans raison. Et les Officiers du Roi ordonneront sur la dette ce que de raison, mais ne pourra le Marchand ôter à aucun Bourgeois son serviteur, valet, ou garçon, ni en loüer aucun, à moins qu'il n'ait été hors du service de son Maître an & jour. Et comme aussi il arrive que plusieurs Marchands Etrangers des Villes Anséatiques, sans en avoir le privilége, entreprennent de passer l'hyver à Bergen, au grand dommage des Marchands & Bourgeois de ladite Ville, il y sera dorénavant pourvû, afin que telle chose n'arrive plus, & que les Marchands Etrangers qui n'appartiennent point à la Ligue *n'y passent point l'hyver; sinon seulement, suivant les Priviléges, entre les deux Rogations à Bergen, auquel jour de marché il aura permission; & pour autant que telle chose est accordée, les Marchands étrangers devront loger chez ceux de Bergen, mais ils ne recevront ni ne retiendront point de Marchands Allemands qui n'appartiennent point à la Ligue & Comptoir du Pont. Et ne sera pas le Marchand étranger contraint de mettre son batteau au Pont, mais il lui sera permis de negocier avec le Bourgeois, que son batteau soit mis au Pont ou non. Outre ce, comme il est expressément pourvû par les Priviléges, que les Marchands Allemands n'acheteront pas plus de victuaille que ce dont ils auront besoin; ils le pourront pourtant faire dedans & dehors les jours de marché, mais non pas vendre leur provision sur le batteau; cependant si quelqu'un envoyoit à son maître un tonneau de beurre pour son ménage, il n'y aura pas de danger; & ne pourra aussi le Marchand vendre sa Marchandise en d'autres lieux, sinon à ceux qui sont authorisez pour cela, & ne pourra vendre non plus de l'argent & mercerie dans les maisons, & ne pourra non plus étaler en boutique sur le Pont. Et comme par le Ballieur qui pese le Poisson en quantité, il pourroit être fait tromperie, ledit Ballieur ne pourra dorénavant peser davantage de Poisson qu'un peu moins que le poids, mais quand il s'agira d'un jour entier ou plus, tout sera pesé à la roue dans Bergen & marqué de plomb, & ces plombs demeureront à l'ancien Poids, & ainsi le Poids appellé de* Punder *sera mis en garde dans le Conseil de Bergen & dans une place commune, où chacun puisse avoir recours; Et les Officiers, Bourguemaîtres, & Conseil de Bergen feront tous les ans, & aussi souvent que la necessité le demandera & qu'il sera trouvé à propos, ou que requis en seront, la visite desdits plombs & poids, & justifieront iceux par leur devoir, comme ils sont obligez par serment envers sa Royale Majesté, & afin d'accomplir leurdit serment. Et sera mise une Aulne de fer, semblable à l'ancienne Aulne dite du Nord, à la maison du Conseil, afin que chacun en puisse prendre la mesure, & seront les Aulnes faites sur celle là, & s'en serviront, & non d'autre, tous ceux qui auront à faire mesurer. Mais comme, contre les Priviléges, il y a des Maisons bâties sur le rivage, elles seront visitées pour en faire profit dans l'occasion, & ce qui sera trouvé pouvoir être souffert sans préjudice du Roi & du Royaume, sa Majesté Royale se montrera favorable; cependant il ne sera fait sur le rivage aucun nouveau bâtiment, mais seulement ce qu'il y a de bâti sera entretenu & rendu plus solide & meilleur.*

Et

ANNO 1560.

daer komen, fullen onder 't ghemeen Stadts recht, ende Borgherlijcke plichten der Stadt *Bergen* fyn, ende zijn Koninckljjcke Majefteyt voor hare hoochfte Overicheydt te kennen, en te houden; daeromme oock haer vry zy Noordifche ende andere hantwercken te leeren; foo fy oock van de Coninghen tot Norwegen eenighe Privilegien hebben ende produceren, fullen die felvige oock genieten. Insgelijcx fal oock de Duytfche Coopman fyn Coninglijcke Majefteyts Hoogheyt, gerecht, gebodt, ende verbodt, in faecken foo niet aen 't Comptoir ghehooren, ende teghens hare Privilegien fyn onderworpen ende ghehoorfamen. Wanneer figh een Coopmansgefel wil tot *Bergen* ofte anders in 't Rijck neder fetten, foo fal hy eerftelijck fynen Heer ende Marfchap reeckenfchap en befcheyt doen, ende foo dierhalven misverftanden mochten voorvallen, fal den klager volgens recht, tegen den beklaeghden, al voorens hy figh neder fetten fal verholpen werden; Ende nademael een groot getal van *Hantwerckers* van *Bergen* fyn vertrocken, en hebben met den anderen, die daer ghebleven zijn, haer kleynodien ende meubelen ghedeelt, ende haren deel den Amptman *Chriftoffel Walckendorf* gegeven, ende figh met hem verdraghen na inhout der verkreghen verfeghelden Brief; maer foo die geene die vertrocken fyn hier over ghemelde *Chriftoffel Walckendorf* aenfpreecken, foo fal hy haer antwoorden; Ende dewijle de *Hantwerckers* althans fyn Coninckljjcke Majefteyt, ende niet den Coopman verbonden, oock onder Burgherlijcke plichten tot *Bergen* zijn, foo fal het volghens haeren Brief ende Segele, nae befichtinghe der felven, behoorlijck ghehouden werden. Die gene oock die Adventuriers en Boden hebben ghehadt, die haer eyghen fyn geweeft, ende daer voor haer geene vergoedinghe gheichiet was, die fullen haer nochmaels nae billicke waerdye vergoet werden; foo fal oock den hantwerckers tot haer uytftaende fchulden nae Lohe ende recht verholpen worden. Alfoo dan *Jochem Schullingh* een *Boode* nae *Bergifchen* rechten met recht en oordeel overwonnen is, foo wort het daer by ghelaten, doch de voorfchreve *Schullingh* voor behouden fyne gherechtlicke nootdruft voor fyn Coninckljjcke Majefteyt, gelijck fich dat naer rechten behoort, te foecken. Dewijl oock misverftant tusfchen den Coopman ende *Andries Schrijver* tot *Bergen*, van weghen een ghebouw achter fynen Thuyn gerefen is, in cas alfulck gebouw noch niet voltrocken is, foo fal *Andries Schrijver* daer mede foo langhe ftil ftaen en ophouden, tot dat fulcx is befichtight. Maer foo het bereyts voltrocken is, foo fal het by die Sententie foo diesweghen uytghefproocken is, verblijven, tot foo langhe de felve met recht wederleyt ende retracteert wort, en dewijle dan den Duytfchen Coopman die handt-tieringe in *Noorwegen* alvooren is ghemelt, vergunner wordt, foo fal oock wederomme den *Noordifchen* haere handttieringhe, vryen in ende uytvaert in der *Wendifchen Hanzefteden*, Stroomen ende Havenen vry ghelaten worden.

Et comme il eft raifonnable que chacun refpecte le Souverain du Païs & de la Ville où il demeure, & fe conforme à droit & obeïffance, tous les gens de métier qui demeurent à Bergen, & qui y viennent, feront obligez au droit commun de la Ville de Bergen, & au devoir de Bourgeois, & de reconnoître & tenir fa Majefté Royale pour leur Souverain; c'eft pourquoi il leur fera loifible d'aprendre les métiers du Nord & autres; Et s'ils ont quelque privilége des Rois de Nortwegue ils en jouïront auffi. Semblablement fera le Marchand Allemand foumis & obeïffant à fon Alteffe & Maj. Royale, en droit, commandement & deffence, en chofes qui ne concerneront pas le Comptoir & qui ne feront pas contre leurs Privileges. Quand un Compagnon Marchand fe voudra établir à Bergen ou autrement dans le Royaume, il rendra compte premierement à fon Maître, & s'il arrive qu'il y ait quelque differend; il fera fait droit au Demandeur contre le Deffendeur auparavant l'établiffement. Et comme une grande partie de Manœuvriers ont quité Bergen, & ont partagé leurs petites nipes avec les autres qui font reftez, & donné leur part à l'Officier Chriftoffle Walkendorf & fe font accordez fuivant le contenu de leur Lettres fcéllées, cependant fi ceux qui ont quité ont à demander quelque chofe audit Chriftoffle Walkendorf; il leur répondra. Et parce que les Manœuvriers font affujetis à fa Royale Maj., & non pas aux Marchands, & foumis aux devoirs de Bourgeoifie à Bergen, ils feront maintenus felon leurs Lettres fcellées, aprés qu'elles auront été veuës. Ceux auffi qui ont eu des Avanturiers & Meffagers & qui étoient les leurs propres, s'ils n'ont point eu leurs dedomagements, il leur fera fait fuivant la raifon & le merite, & feront auffi affiftez les Manufacturiers pour leurs dettes contractées felon la loy & le droit. Comme donc Joachim Schulling Meffager, felon le droit de Bergen, a été convaincu par raifon, la chofe a été laiffée là; mais le fusdit pourra avoir recours à Sa Maj. Royale pour fes neceffitez legitimes. Comme auffi il eft arrivé un differend entre un Marchand & André Schryver de Bergen, au fujet d'un bâtiment qui eft derriere fon jardin, fi en cas ledit bâtiment n'eft pas encore achevé, ledit André Schryver furfeoira jusques à ce qu'il ait été vifité; mais s'il eft déja achevé, il en demeurera aux termes de la Sentence qui a été renduë à ce fujet, jusques à ce que l'affaire ait été reprife de part & d'autre & remife fur le tapis. Et comme le Negoce a été accordé aux Allemands dans la Nortwegue, ainfi qu'il a été dit, il fera pareillement laiffé aux Negocians du Nord libre Negoce dans les Rivieres & Ports des Villes Anféatiques des Vandales.

Volgen de Deenfche Articulen.

HET fullen de Onderdanen van 't Rijck *Dennemarcken* in den *Wendifchen*, en *Hanzefteden* derfelver Stroomen en Havenen haere handttieringe, vryen in ende uytvaert hebben, haere goederen ende waeren te verkoopen, oock tot geenen fonderlicken koop ghedwongen worden: ende foo fy hare Goederen niet verkoopen, fullen met defelve te rugghe feylen, waer 't haer belieft; ende fullen met geen nieuwen tol of andere oplaghen befwaert werden, volghens inhoudt der Privilegien. Wanneer ook de Deenfchen Wijn na *Lubeck* brenghen, die fy daer niet verkoopen willen, foo fullen zy niet opghehouden, maer om den ghewoonlicken Tolle doorghelaten werden, het zy in groote of kleyne ftucken; maer wil de Deenfche defelve daer verkoopen, foo fal hy de felvighe in dat *Lohe-huys* bringhen laten, ende daer mede handelen na ghewoonte. Deegelijcken fal oock *Hamborger Bier* doorghelaten, ende van ydet tonne *drie fchellinghen Lubs* voor Tol ghegheven werden, maer foo wanneer dat Bier tot *Lubeck* uyt des Raets Kelder ghekoft wordt,

Suivent les Articles qui concernent les Danois.

LES Sujets du Royaume de Danemarck pourront librement trafiquer chez les Vandales & Villes Anféatiques & aller & venir dans leurs Riviéres & Ports, & y vendre leurs Marchandifes, fans être obligez à aucun prix particulier; Et s'ils ne vendent pas leurs Marchandifes, ils feront voile & s'en retourneront avec où ils voudront, & ne feront chargez d'aucun nouveau droit de peage, fuivant le contenu des Privileges. Quand les Danois transporteront auffi du Vin à Lubeck, s'ils ne l'y veullent pas vendre, on ne les retiendra pas; mais on les laiffera fortir, en payant le droit de peage ordinaire, foit que ce foit de gros tonneaux ou de petits. Mais fi les Danois les y veullent vendre, ils les transporteront dans le lieu dit Lohe-huys, pour en trafiquer fuivant la coutume. Semblablement on laiffera auffi paffer les Bieres de Hambourg, en payant trois efcalins Monnoye

ANNO 1560.

wordt, soo sal daer van ghegheven werden wat gebruyckelijck is, oock sullen die Deensche Onderdanen, wanneer sy met Koorn tot *Lubeck* ofte andere Steden aenkomen, niet gedwongen werden dat Kooren uyt haere Schepen in *Pramen* te brenghen; maer die de *Pramen* ghebruycken ende haer Kooren om bequaemelickheyts wegen daer in brenghen wil, die sal daer voor redelick huyr geven, ende niet over de billigheydt overschat worden; of soo sulcx ondernomen wiert, op 't aensoecken aen de Borgermeester, daer in behoorlick sal werden versien; ende die tot verkoopinge synes Kooren wil gebruycken eenen aengestelden Makelaer, mach het doen, maer die geen Maeckelaer begeert, en zyn Kooren selfs verkoopen wil, dien sal het oock vry staen, mits den Maeckelaer wat ghebruyckelijck is betaelt werde. Alsoo sigh dan oock die Deensche Steden beklaghen dat tot *Hamborgh* nieuwe beswaringhen, op *Witlinghen*, *Schollen*, *Butter*, en *Laecken* ghemaeckt zijn, soo sullen de selvighe soo daer van nieuws op ghesteth sijn, teghens de Onderdanen van 't Rijck Denemarck afghedaen, ende wijders niet ghevordert werden; soo sal oock dat *Packen* ende *Tonnengelt*, in tamelijcker maten ghehouden, en op dat de ghemeene hantteringhs man over de billigheydt niet overschat werden; wanneer oock die Onderdanen van 't Rijck *Denemarcken*, *Haringh* naer *Lubeck* brenghen ende niet verkoopen, maer deselvighe wederomme te rugghe scheepen willen, soo sal deselve *Haringh* teghens haeren wille niet ghezirckelt, maer haer ghelijck zy daer ghebracht is weder te rugghe wegh ghelaten werden. Den *thienden Penninck* sal van de afstervende *Duytschen* op der *Ansee*, op *Valsterbo* ende *Schonor* naeghelaeten goederen, niet ghenomen werden. Wanneer eenen uyt de *Hanzesteden* in 't Rijck sigh Burgerlick neder ghestelt heeft, ende sterft, ende heeft sijne Erven in de *Hanzesteden*, die sijne naeghelaetene goederen, uyt het Rijck vorderen willen, soo magh den *thienden penningh*, van deselve naeghelaten goederen ghenomen worden, ende anders niet; daer teghens sal oock van den Deenschen, die in de *Anzeesteden*, of der selver gebiet sterven, den *thienden penningh* oock niet ghenomen werden. Die om *Lubeck*, *Hamburgh*, *Rostock*, *Straelsondt*, *Wismar*, *Luneborgh*, ende *Dantzich*, sullen ende moghen dat gantsche Jaer over met Prelaten, Ridderschap ende Borgheren in de Steden, daer sy leggen, volghens Privilegien, vry handelen, koopen ende verkoopen, ende die andere Steden op haeren vitten tot *Martini*, ende in de Rijcxsteden tot op *Michaelis*, maer in de Herfstmercten in de Steden moghen sy handelen met yeder een, ende vermagh den selven Coopman, in de vrye Merckten in de Steden, met zijne waren in Buysen, Soldere, ende op de Merckt vry staen, vermoghe haere Privilegien. De Duytsche Coopman sal geen *Somerharingh* insouten, maer sigh van den rechten Haringhvangh ten behoorlijcken tijde ghebruycken. De Duytsche Visser sal oock uyt den *Wendischen* ende *Hanzeesteden* voortaen van yeder Vischschuyt ofte Boot een *Schellingh* groot, ende van een yeder *Riem drie wal Haringh* gheven. De Duytschen sullen den Warnemunders, ende wederomme de Warnemunders den Deenschen geene schaden aen haere netten doen, maer die daer teghens doet, sal den schaden betalen en strafbaer syn. Den tol van Haringh ende andere goederen, sal aen die plaetsen, daer die Stede vermoghe Coninck *Fredericks* &c. Privilegien bevrijt zijn, nae den inhoudt vande Coningh *Woldemari* Privilegien, ghenomen werden.

Alsoo dan die van Colbergh een afschrift eenes koopbriefs, den welcken sy over haere *vitten* vande Koninck *Woldemaro* souden hebben verkregen, soo die nu sulcke Copie met haeren *Originali* konnen bevestigen, soo sullen sy de Ardepacht van sulcke *vitten* verschoont blijven, maer den *Rudertol* sullen zy betalen.

Die van *Stettin*, sullen uyt genadighste gheneghentheydt, ende door bede van die van *Lubeck* van den *Ardtrenthe* ende *Rudertoll* verschoont worden, ende sul-

noye de Lubeck, pour chaque tonne; mais si ladite Biere a été achetée à Lubeck dans la Cave du Conseil, il en sera donné ce que de coutume. Quand les Sujets Danois viendront aussi à Lubeck ou autres Villes avec du bled, ils ne seront pas obligez de le décharger de leurs Vaisseaux, pour le transporter sur des Pramen; *mais ceux qui se serviront de ces Bateaux & y apporteront leur bled pour leur commodité, ils en payeront un louage raisonable, & ne seront point taxés à un prix hors de raison. Et si telle chose s'entreprenoit, on se pourvoira par devant le Bourguemaitre, qui y mettra ordre comme de droit. Et celuy qui pour la vente de son bled voudra se servir d'un Courtier juré, il le pourra faire; mais celui qui ne veut point de Courtier, mais vendre son bled lui-même, il lui sera aussi loisible, en payant au Courtier ce que de coutûme. Si aussi les Villes Danoises se plaignent que l'on augmente les droits à Hambourg sur les Loups marins, les Carrelets, le Beurre & les Draps, s'il y en a de nouveaux ils seront ôtés en faveur des Sujets du Royaume de Danemarc, & ne seront plus demandés; on agira aussi raisonnablement à l'égard du droit des Pacquets & Tonneaux, afin que les Negocians ne soient pas surchargez par delà la raison. Quand aussi les Sujets du Royaume de Danemarc aportent du Harang à Lubeck sans l'y vendre, & qu'ils veulent le raporter, ledit Harang ne sera pas* ghezirkelt *contre leur volonté, mais on le leur laissera remporter au même état qu'il aura été amené. On ne prendra point le dixiéme denier sur les biens des Allemands qui seront morts aux lieux dits Ansée, Valsterbo, & Schonor, & cela ne sera aussi pas observé autrement au Royaume de Danemarc. Quand quelqu'un des Villes Anséatiques se sera établi dans le Royaume comme Bourgeois, & qu'il meure, & ait ses biens dans les Villes Anséatiques, ceux qui voudront tirer du Royaume les Marchandises y délaissées, on pourra prendre le dixiéme denier desdites Marchandises sur eux, & pas autrement. Au contraire on ne pourra prendre le dixiéme denier des Danois qui seront morts dans les Villes Anséatiques ou leurs dependances. Ceux de Lubeck, Hambourg, Rostock, Straelsondt, Wismar, Lunebourg, & Dantzic pourront trafiquer, vendre, acheter un an entier dans les Villes où ils seront, avec les Prelats, la Noblesse, les Bourgeois, suivant les Privilèges, & les autres Villes jusques à la S. Martin, & dans les Villes du Royaume jusques à la S. Michel: mais dans les Marchés de l'Automne, dits* Herfstmerckten, *on peut trafiquer dans les Villes avec un chacun; Et peut le Marchand dans les Marchez libres dans les Villes étaller dans les maisons, caves, & sur le marché, & lui est loisible de ce faire en vertu des privilèges. Le Marchand Allemand ne salera aucun Harang d'Eté, mais se servira du tems convenable à la pêche des Harangs. Le Pêcheur Allemand en sortant des Villes des Vandales & Anséatiques donnera pour chaque Nacelle de Poisson ou Chaloupe un schelling gros, & de chaque Les Allemands & les Warnemunders ne se feront dommage l'un à l'autre quant à leurs filets, mais ceux qui en feront le payeront & seront punissables. Le droit de peage pour les Harangs & autres Marchandises sera pris selon le contenu des Privilèges du Roy Woldemar dans les lieux où les Villes sont exemptes, suivant le Privilège du Roi Frederick.*

Comme ceux de Colbergh ont une Copie d'un Marché qu'ils ont obtenu du Roy Woldemar touchant leurs Isles, s'ils peuvent confirmer ladite Copie par son Original, ils seront exempts du droit apellé Ardepacht, *mais ils payeront celui qu'on nomme* Rudertol.

Ceux de Stetin seront par grace & affection, & à la priere de ceux de Lubeck, exempts du droit qu'on nomme Ardtrente *&* Rudertoll, *& seront obligées les Villes*

ANNO 1560.

Anno 1560.

sullen die *Wendische* Steden, ende die van *Stettin* eenen *Groot* tot *Rudertoll* te geven schuldigh sijn, ende niet meer. De *Boerenmerckt* op *Valsterbo* sal op de *Sundische vitten* verset werden. Soo dan de Visschers dat Hooftlegher tot *Valsterbo* verlaten, ende sigh op kleyne *Vischleger* begeven; sal daer in versieninghe ghescheiden, ten eynde het Hooftlegher tot *Valsterbo* niet verlaten, maer door die Visschers besocht werde; in cas dieselve aldaer plaetse ende ruymte hebben te visschen; so sal oock geen Visscher over ses tonnen Haringh insouten volghen het Modeboeck; insghelijckx sal geen Haringh in de Schuyten ghesouten maer te lande ghebrocht werden, op dat deselve te beter bewaert werde, ende zijne Koninckl ijcke Majesteyt daer van zijn behoor gheniete; ende soo die van *Rostock* sigh weghens eenighe Solders halven die op haeren *vitten* sullen ghetimmert zijn, beklaghen, de welcke die Kercke onder handen heeft, en by die van *Rostoch* bewesen wort, dat deselve Solders op haere *vitten* ghebouwt sijn, ende haer toe ghehooren, ende die Voorstanders vande Kercken geene billige ende rechtmatige reden en hebben, soo sullen die afgeschaft werden; ten ware die van Rostock willen daer in consenteren. Die Duytsche Compagnie op *Valsterbo* sal met de Privilegie, ghelijck tot nu toe, verblijven, maer de misbruyck dat den Coopman meer Bier daer heenen voert, als hy tot syne eyghen nootdruft behoeft, ende wederom by gantsche of halve tonnen en anders verkoopt, daer door sijne Koninckl ijcke Majesteyts accijs verkort wort, sal afgheschaft werden; maer die voorschreve Compagnien hebben tot *Coppenhaghen, Elnboghen, Lantscroon* ende *Ustede*, sal het eerstelijck aengaende de Compagnien tot *Coppenhaghen*, by des Konincks *Fredericks* lofselijcker ghedachtenisse uytspraecke ghelaten werden, dat die Duytsche Compagnien sijn, terwijl dan die Duytsche Compagnie voorgheroerde maten in die Deensche ghetransfereert, nae dien zy een renthuys ende Burgherplichtigh gheweest is, en soo dan die ledighe Duytsche gesellen niet op die ghebouwde Deensche Compagnie gaen willen, welcke haer vergunt sal zijn, ende een huys koopen of hueren willen, daer inne zy haere vergaderinghe moghen hebben, dat wort haer vergunt. Kan 't oock na behooren bewesen worden, dat die Duytsche ledighe Coopluyden dat ghemelte Huys erffelijck ghekoft hebben, dat sal aenghenomen, ende daer op ghenadighste ende billicke bescheyt ghegeven werden. Oock vermoghen die Duytschen tot *Elnboghen, Lantscroon* ende *Ustede* Huysen koopen ofte huyren, daer inne sy haere Societeyt als voor ghenoemt, hebben, en in diervoeghen gelijck tot *Coppenhaghen* vergunt syn. Edoch sullen die van de Compagnie geen Bier ofte Wijn uyt tappen, noch sigh eenige besondere Privilegien aenmatigen; oock sullen die Huysen, die sy koopen ofte hueren, als vooren in Burgerlijcke plichten en rechten blijven; en ingeval die Coopluyden met den Raedt in de Steden daer de huysen zijn als voorgemelt, tot hare vergaderinge koopen ofte hueren, handelen, dat zy Jaerlijckx een somme voor die Burgherplicht van sulcke huysen nemen willen, dat laet syn Coninckl ijcke Majesteyt toe; Sijne Coninckl ijcke Majesteyt wil oock, gelijck sijn Voorvaderen hebben gedaen, voor behouden hebben, dat wat aengaet de voorschreve Compagnien tot *Coppenhaghen, Elnboghen, Lantscroon* ende *Ustede*, te vermeerderen, verminderen, nae dessels goede gheliefte en ghelegentheyt te doen; Ende die op *Godtlandt* handelen wil, sal een *Daeler* geven, ende dewijl een Elle en gewicht op *Godtlandt*, verordineert is so sal een yeder deselve in 't in ende uytmeten, ende wegen, gebruycken ende goet houden. Die van *Wismar* mogen de *drie* Havens op *Godtlandt* tot *Wedewemerick, Large*, ende *Slicke*, gelijck die Onderdanen van 't Rijck, besoecken; maer daer uyt niet als Steen en Houdt voeren nae ghebruyk; behalven die van *Rijpen* ende andere Deensche Steden tot *Manoe, Langlege, Phanoe* ende andere Vischlegers vande plaetsen sonderlinge geprivilegeert sijn; soo sullen die van *Hamborgh* haer onthouden op sulcke Vischlegers te visschen, ende te zouten, 't zy dan, dat zy bewijsen, daer toe vry ende gerechtigt te zijn. Wanneer Bier, van de *Wendische* ende *Hanzesteden*, in 't Rijck Denemarck gebracht, en aen eene plaets veraccijst wort, sal het daer by verblijven, of schoon de Coopman dat Bier op deselve plaetse niet verkoopt, ende 't selve op andere plaetsen vervoeren soude, sal hy een Billiet in die plaetse daer 't veraccijst is nemen, ende op andere plaetsen toonen, op dat hy niet met dubbele

Anno 1560.

Villes des Vandales & ceux de Stetin de donner un gros pour le droit de Rudertoll *& non plus. Le Marché des Païsans qui est à Valsterbo sera transferé aux Isles du Sund; si donc les Pêcheurs abandonnent le lieu principal apellé* Hooftleger *à Valsterbo, & se retirent à la petite Pêcherie, il y sera pourvû, afin que le* Hooftleger *de Valsterbo ne soit pas abandonné, mais soit aussi frequenté par les Pêcheurs, au cas qu'il y ait lieu à la pêche. Aucun Pêcheur ne pourra semblablement saler plus de six tonneaux de Harangs, suivant le livre du reglement. On ne salera non plus le Harang dans les Batteaux, mais ils seront portez pour cet effet à terre; afin qu'ils puissent être tant mieux de garde, & que le Roy puisse joüir de ce qui lui apartient. Et si ceux de Rostock se plaignent touchant quelques Greniers qui seroient bâtis dans leurs Iles, à celui qui gouverne l'Eglise, & qu'il soit prouvé par ceux de Rostock que lesdits Greniers sont bâtis sur leur Ile, & leur apartiennent, & que les protecteurs de l'Eglise n'ayent aucune bonne raison, ils seront rasés, à moins que ceux de Rostock ne donnent leur consentement (au contraire). La Compagnie Allemande de Valsterbo demeurera avec ses Privileges, comme jusques à present; mais l'abus que fait le Marchand d'y amener de la Biere plus qu'il n'en faut pour son usage & son propre besoin, & qu'il revend par demie tonne & autrement, dont les accises de sa Royale Majesté se trouvent lesez, il sera aboli; mais les Privilèges que ladite Compagnie a à Copenhague, Elnbogen, Landtscroon & Ustede seront laissez à l'égard de Copenhague, suivant la decision du Roi Frederic de loüable mémoire, sçavoir que ce sont des Compagnies Allemandes; Et puisque la mesure susdite de la Compagnie Allemande a été transferée en la Danoise; si les Matelots Allemands qui sont oisifs ne veulent pas aller sur les Bâtimens de la Compagnie Danoise, cela leur sera accordé, & s'ils veulent acheter ou loüer une Maison où ils puissent faire leur assemblée, cela leur sera accordé. Et s'il peut être prouvé comme il faut, que les Allemands Marchands oisifs ont acheté hereditairement ladite Maison, cela sera agréé, & il sera donné là-dessus une réponse favorable. Aussi pourront les Allemands à Elnbogen, Landtscroon & Ustede acheter ou loüer des Maisons où ils ayent leur Société, comme il est mentionné ci-dessus, & cela leur est accordé comme à Copenhague: mais ceux de la Compagnie n'y pourront vendre ni Biere, ni Vin en détail, ni s'arroger aucun nouveau Privilége; & seront ces Maisons qu'ils acheteront ou loüeront soûmises au devoir & droit des Bourgeois; Et si en cas ces Marchands avec le Conseil de Ville où sont ces Maisons, comme est dit ci-dessus, veulent acheter ou loüer, & trafiquer pour leur Assemblée, & qu'ils veuillent prendre une somme annuelle pour ces Maisons, sa Majesté Royale le permet. Sa Maj. Royale pretend aussi, comme ont fait ses Ancêtres, que pour ce qui regarde les susdites Compagnies à Copenhague, Elnbogen, Landtscroon, & Ustede, de les augmenter ou diminuer, selon son bon plaisir & l'occasion. Et ceux qui voudront trafiquer dans le Godtland donneront trente sols; Et comme on a réglé l'Aune & le Poids dans le Godtland, un chacun s'en servira & les tiendra pour bons, dans ce qu'il aura à mesurer & à peser. Ceux de Wismar pourront venir dans les trois Ports du Godtland, sçavoir Wedewemerick, Large, & Slicke, comme les Sujets du Royaume; mais ils n'en pourront emporter que de la pierre & du bois, suivant la coûtume, outre ceux de Rypen, & autres Villes Danoises à Manoe, Langle, Phanoe & autres places de pêche, des lieux specialement privilégiez. Ceux de Hambourg s'abstiendront aussi de pêcher dans ces lieux de pêche, comme aussi d'y saler, à moins qu'ils ne justifient qu'ils sont à cet égard libres & privilégiez. Quand on amenera des Villes*

ANNO 1560.

le Accijs beſwaert werde. Ende alſo ſich eenige Steden wegens de *Bier-accijs* beklaghen, ſoo ſal daer over verder ende onderlingh ter gelegener tijdt gehandelt worden. Alſoo die van *Straelſonds* vermeenen, dat zy met de *Vooghdye* gerechtigheyt op *Valſterbo* van *Jacobi* tot *Martini* gherechtight zijn, en ſulckx een private ſaecke is, ſoo mogen ſy dierhalven op een anderen tijt ſulcx verſoecken, ſal haer daer op beſcheyt toe komen.

De vaert door den *Oreſondt*, ende den Tol aldaer tot *Helſingneur* raeckende, vermoghen de *ſes Wendiſche Steden*, *Lubeck*, *Hamborgh*, *Roſtock*, *Straelſondt*, *Wismar* ende *Lunenborgh*, met haere eigen Scheepen ende Goederen op ghewoonlijcke Zeebrieven ende behoorlijcke Certificatien, vry door den *Oreſondt* loopen, ende niet vertollen, als alleenlijck Schrijf ende Tonnegelt, of ſchoon een in des anderes Schip, goederen hadde, maer ſoo wanneer zy Wijnen in de Schepen hebben, ſal deſelvige vertolt werden, ghelijck naer oude ghewoonte; ende is in meer gemelte vrye doorſcheepinge niet begrepen, als oock het Kooper, hier mede niet ſal ghemeent zijn, terwijle 't ſelve uyt ſonderlinghe Coninckliјcke vergunninghe ende op behoorlijcke Tol geſcheept wort. Soo oock in de ghemelte *ſes vrye Steden* onvry Scheepspart was, daer van ſal een *Roſennobel* ghegeven worden. Hebben oock de Scheepen van de *ſes* Steden andere, als haer eyghen goederen geladen, ſoo geeft dat Schip een *Roſenobel*, ende de goederen een *Roſenobel*, *Schrijf* ende *Tonnegelt*; Maer ſoo daer onder goederen waeren die Tolbaer zijn, als *Enghelſche*, *Schotſche*, ofte andere buyten de *Ooſterſche Hanzeſteden*, die ſullen behoorlijck vertolt werden, ende zijn deſelve goederen met eenen *Roſenobel* niet bevrijdt: maer wanneer de *ſes Steden* goederen in andere Hanzeſteden Scheepen gheſcheept werden; ſoo worden de goederen met een *Roſenobel* bevrijt, ende het Schip geeft zijnen *Toll*; Ende ſullen die Scheepen, ſo dickmael die aen de *Tollſtadt* tot *Helſingneur* komen, van de Goederen die ſy ingenomen ende geladen hebben, met haeren eedt certificeren.

Ende ſal oock een yeder Schipper alle Jaer een Zeebrief aen den Toll tot *Helſingneur* brenghen ende toonen; ſoo dat niet gheſchiet, ſoo ſal hy ſoo dickmael hy tot *Elſingneur* aenkomt een *Roſenobel* voor dat Schip gheven, maer wanneer die andere *Ooſterſche Hanſeſteden*, in den *Oreſondt* met haere eyghen Scheepen ende Goederen aenkomen, ſoo geven zy van haer eyghen Schip ende Goederen een *Roſenobel*, ende *Schrijf* ende *Tonnengelt*. Edoch ſullen zy nae behooren certificeren; maer heeft dat Schip andere Goederen, die ghehooren inde *Wendiſche* ofte andere Steden, ſoo wort van 't Schip een *Roſenobel*, ende van de Goederen oock een *Roſenobel*, *Schrijf* ende *Tonnengelt* gegeven; doch die Goederen die ſonderlick Tolbaer zijn, ghelijck hier vooren gemelt, als *Wijn*, *Cooper*, ende dierghelijcke andere Goederen, ſoo in de *Ooſterſche* Hanzeeſteden niet gehooren, hier inne niet begrepen, ſullen dieſelvige nae hare waerdye vertolt werden; ende alſoo het den Koopman beſwaerlijck valt, de gewoonlijcke Tolſtadt tot *Helſingneur* aen te doen, ſo wort hen vergunt om 't naeſte door de *Beldt* te loopen, maer ſy ſullen geene ongerechtigheyt plegen met de Scheepen in haer uyt en te rugh reyſe tot *Nyborgh*, of achter *Knutshoff* aen te ſetten, ende tot *Nyborgh* een yeder naer behooren certificeren ende 't geene aen 't Schip ende Goederen Tolbaer is, vertollen; invoegen gelijck aende Tol tot *Helſingneur* gewoonlijck is; maer ſoo bevonden wort, dat die Tolſtadt aende gemelte plaetſe beſwaerlijck zy, zoo wel ſijne Koninckliјcke Majeſteyt deſelve verſetten, ende aen een andere Stadt leggen, of wel wederomme naer *Helſingneur*: Ende ſal zijne Koninckliјcke Majeſteyt zijnen behoorlijcken Tol, ende Ko-

Villes des Vandales & Anſéatiques de la Biere dans le Royaume de Danemarc, & qu'elle y aura été acciſée, elle y reſtera, quand même le Marchand ne la vendroit pas au même lieu; Et s'il la veut tranſporter en d'autres lieux, il prendra un billet (d'acquit) où elle aura été acciſée, lequel il montrera aux autres lieux, afin de n'être pas grevé par une double acciſe. Et comme quelques Villes ſe plaignent touchant l'acciſe de la Biere, il en ſera traité plus amplement en tems & lieu. Comme ceux de Straelſondt croient être bien fondez pour l'adminiſtration de la Juſtice à Valſterbo, depuis la S. Jaques jusques à la S. Martin, & que cette affaire eſt une choſe particuliere, ils pourront former cette demande une autre fois, & il leur ſera fait raiſon. ANNO 1560.

Touchant la Navigation par l'Oreſondt, & le peage qui concerne Helſingneur, pourront les ſix Villes des Vandales, Lubeck, Hambourg, Roſtock, Straelſondt, Wismar & Lunenbourg, avec leurs propres Vaiſſeaux & Marchandiſes ſur les Paſſeports & Certificats convenables & accoutumez, paſſer par le Oreſondt ſans payer de droits, ſinon ſeulement le Schrijf & Tonnegelt, quand même l'un auroit de la Marchandiſe ſur le Vaiſſeau de l'autre; mais s'ils avoient du Vin dans leurs Vaiſſeaux, ils payeront le droit, ſelon l'ancienne coutume, lequel n'eſt point compris dans la cargaiſon libre, non plus que le Cuivre, parce qu'il n'eſt chargé que par une faveur particuliere du Roi, & moyennant un peage raiſonnable. Si auſſi dans les ſusdites ſix Villes libres il y avoit une portion de Navire qui ne fût pas libre il en ſera payé un * Roſenobel. Si auſſi les Vaiſſeaux des ſix Villes étoient chargez d'autres Marchandiſes que des leurs propres, le Vaiſſeau donnera un Roſenobel, & les Marchandiſes un Roſenobel, & le Schrijf & Tonnegelt; mais ſi parmi ces Marchandiſes il y en avoit qui fuſſent ſujetes à la doüane, comme les Angloiſes, Ecoſſoiſes, ou autres hors des Villes Anſéatiques de l'Eſt, elles payeront le droit convenable, n'étant pas icelles quites pour un Roſenobel; mais lors que les ſix Villes chargent de la Marchandiſe dans les autres Villes Anſéatiques, elles ſont quites pour un Roſenobel, & le Vaiſſeau paye ſon droit; Et ces Vaiſſeaux toutefois & quantes qu'ils viennent à la Ville de peage, c'eſt à dire à Helſingneur, on doit certifier par ſerment des Marchandiſes qu'on a pris & chargé.

* C'eſt 12 francs.

Et chaque Maître de Vaiſſeau aportera & montrera tous les ans ſon paſſavant de Mer au Bureau d'Elſingneur, & s'il y manque il payera toutes les fois qu'il viendra à Elſingneur un Roſenobel pour le Vaiſſeau; mais quand ceux des autres Villes Anſéatiques de l'Eſt viendront dans l'Oreſondt avec leurs propres Vaiſſeaux & Marchandiſes, ils donneront de leur propre Vaiſſeau & Marchandiſe un Roſenobel, & le Schrijf & Tonnegelt, en certifiant toutefois comme de raiſon; mais ſi le Vaiſſeau a d'autres Marchandiſes qui appartiennent aux Villes des Vandales ou autres; le Vaiſſeau payera un Roſenobel, & la Marchandiſe un Roſenobel, avec le Schrijf & Tonnegelt; mais les Marchandiſes qui ſont particuliérement ſujettes aux droits, comme il eſt dit ci-deſſus, ſçavoir Vin, Cuivre & autres ſortes de Marchandiſes ſemblables, ſi elles n'apartienent point aux Villes Anſéatiques de l'Eſt, qui ne ſont pas ici compriſes, elles payeront le droit ſuivant leur valeur. Et comme c'eſt une choſe qui incommode beaucoup le Marchand de venir à la Doüane ordinaire de Helſingneur, il leur eſt accordé, pour le plus court chemin de paſſer par le Beldt; mais ils ne commettront aucune injuſtice, en allant, venant, & retournant à Nyborg, ou en abordant derriere Knutshof à Nyborg, mais ſeront obligez de certifier la Marchandiſe, & de payer les droits tant pour le Vaiſſeau que pour ladite Marchandiſe, de la même maniere qu'on eſt accoutu-

ANNO 1560.

ninckliicke gerechtigheyt aen de Tolstadt in den *Beldt*, gelijck tot *Helsingneur* behouden, ende fullen die Raden in den *Wendischen* ende *Hanzesteden* geenen anderen Koopman, dan die haer Burger ende Inwoonder, ende de Stadt plichtigh is, ofte diefelvigen kinderen zijn, die met haere Ouders ofte Vrunden in de *Hanzesteden* Maeghschap hebben, ende met haer eygen geldt ende goedt handelen, oock niet in andere Plaetfen getrouwt, ofte Burgerlijck gefet zijn, in die Certificatien nemen; maer na een yeder Stadt behoorlijck Tol, ende die namen, der geene die de Scheepen toe ghehooren, ende aenpart daer aen hebben, ende wie die Goederen toe komen, in de Certificatie fetten, ende geene Certificatien uyt geven, zy fijn dan alvoorens be-eedight.

Sulcx alles, ghelijck voorfz, is beyderfijts, als door hooghstgemelte Koninckliicke Majesteyt voor figh, zijne Onderdanen in 't Rijck Denemarck ende Norweghen, met voorbedachten raet, fyne Majesteyts Rijcxraden, die Edele Welgheboorene, Gestrenghe, Erentfeste ende Eerbare, Heeren *Eller Hartenbergs tot Mattrop*; Ridder ende Rijcxhofmeester, Heer *Johan Friesfen* tot Hesselager, Cantzelaer, Heer *Otto Krumpen*, tot *Trutsholm*, Ridder ende Rijcx Maerschalck, Heer *Magnus Guldensteru* tot Sternholm Ridder ende Stadthouder tot Coppenhaghen, Heer *Pieter Schrammen* tot *Urups* Ridder, Heer *Byrge Trollen* tot Lilloe Ridder, *Oluf Muncken* tot Twifel, Heer *Erick Krabben* tot Busturp Ridder, *Anthoni Brusken* tot Langenfeo Rijcx-Cantzeler, Heer *Jorg Lucken* tot Offuergaard Ridder, Heer *Tage Totson*, tot Erickholm Ridder, *Eller Ronnowen* tot Wirkield, *Claas Urnen*, tot Belteberg, Heer *Werner Palsbergh*, tot Harre Stadt Ridder, Heer *Niels Langen*, tot Kersgaard Ridder, *Holger Rosenkrants* tot Boller, Heer *Lago Brade* tot Krockholm Ridder, *Iver Krabben* tot Oostergaard, *Pieter Bilden*, tot Swanholm, ende Heer *Harlof Trollen*, tot Harlofsholm Ridder, ende die meergemelte der Wendischen ende Hanzesteden Gesanten, van wegen ende uyt bevel der gemeene *Wendische* ende *Hanzesteden*, ende diefelvigen Koopluyden bewilliget, ende althoos voor vast een den anderen te houden versproocken worden, buyten ergh ofte liste, des ten oirkonde zijn van defen Recesse twee aleens luydende opgerichter, met hoochstgedachte Koninckliicke Majesteyts aenhangenden Zegel, ende de meergemelte Gesanten Signaturen befegelt worden, daer van een yder deel een tot figh genomen heeft, foo hebben oock die Gesanten versproocken by haere Overheeren ende oudtsten te bevorderen, dat die *Wendischen* ende *Hanzesteden* fullen ten overvloet door den Raet tot *Lubeck* ende eenige meer Steden, desen verdragh aggreeren, ende eene verseeckertheyt fyne Koninckliicke Majesteyt voor naestkomenden *Johannis Baptista* over te fenden gehouden fijn. Geschiet tot *Odenzee*, den 25. dagh van de maent *July*, nae de geboorte Christi onsen Verlosser in 't jaer *vijftien* hondert ende 't festigh, was bezegelt ende geteeckent,

(L. S.) FREDERICH.

WY *Frederik de tweede*, van Godes genaden tot *Denemarck*, Noorwegen, der Wenden ende Gotten Coninck, Hertogh tot Schleeswijck, Holsteyn, Stormaern, ende der Ditmarschen, Graef tot Oldenburgh ende Delmenhorst, doen kondt ende bekennen hier mede opentlijck voor yder man, nae dien die Eerbare, Eersame, hoogh-geleerde ende wijse, onse lieve befondere ende ghetrouwe die Steden *Lubeck*, *Bremen*, *Hamburgh*, *Rostock*, *Straelsondt*, *Wismar*,

mé de les payer à Helsingneur; mais si l'on trouve que cette Ville de Douane soit dommageable au susdit lieu, sa Maj. Royale la veut bien encore transferer en un autre lieu, ou la remettre à Helsingneur, & retiendra & conservera sa Maj. ses droits convenables & royaux à sa Douane dans le Beldt, comme à Helsingueur. Et conservera sa Royale Maj. sa Doüane & Justice Royale dans la Ville Doüaniere de Beldt comme à Helsingneur. Et ne prendront les Conseils des Villes des Vandales & Anséatiques en leur assurance d'autres Marchands que leurs Bourgeois & Habitans, & qui ont prêté serment à la Ville, ou leurs enfans, & qui ont été en societé dans les Villes Anséatiques avec leurs péres & parens, & ont trafiqué & trafiquent de leur propre argent, & qui ne soient pas mariez en d'autres lieux dont ils soient Bourgeois, mais de prendre en assurance ou protection les Doüanes de chaque Ville, marquant les noms des Echevins de la Justice, & qui y ont part, & à qui les Marchandises apartiennent, & de ne point donner de Certificat ou assurance qu'à ceux qui ont prêté auparavant le serment.

Toutes lesquelles choses ont été accordées par les Parties de part & d'autre, comme par sa susdite Majesté pour lui, ses Sujets & les Royaumes de Danemarc & de Nortwegue, avec meure deliberation des Conseillers de sa Majesté, & les Nobles & honorables Seigneurs Eller Hartenberg de Mattrop; le Chevalier & Grand Chambellan le Sieur Jean Friessen, de Hesselager; le Chancelier Sr. Otto Krumpen, de Trutsholm; le Chevalier & Maréchal du Royaume le Sr. Magnus Gulderstern, de Sternholm, Chevalier & Gouverneur de Copenhague; le Sr. Pierre Schrammen, de Urups, Chevalier; le Sr. Byrge Trollen, de Lilloe, Chevalier; Oluf Muncken, de Twisel; le Sr. Erick Krabben, de Busturp, Chevalier; Anthoine Brusken, de Languensée, Chancelier du Royaume, le Sr. George Lucken d'Offuergaard, Chevalier, le Sr. Tage Totson, d'Erickholm, Chevalier; Eller Ronnowen, de Witkield; Nicolas Urnen, de Belteberg; le Sr. Werner Palberg, de Harre, Chevalier de la Ville; le Sr. Nels Langen, de Kersgaard, Chevalier; Holger Rosenkrants, de Boller; le Sr. Lago Brade, de Krockholm, Chevalier; Iver Krabben, de Oostergaard; Pierre Bilden, de Swanholm; & le Sr. Harlof Trollen, de Harlofsholm, Chevalier; Et les susmentionnez Députez des Villes Anséatiques par leur mandement & de la part des Villes des Vandales, & y consentant & l'approuvant les Marchands d'icelles, promettant de l'avoir pour agreable, ferme & stable à toûjours & sans dissimulation; En témoin de quoi il a été fait un duplicata fidéle des presentes avec les Seaux de sa Majesté, y appendans, accompagnez de ceux & des signatures des susdits Deputez, dont chacun a pris le sien; Et lesdits Deputez ont aussi promis de faire ensorte auprés de leurs Souverains & Anciens que les Villes des Vandales & Anséatiques feront agréer ce que dessus par le Conseil de Ville de Lubeck, & par d'autres Villes encore, & d'en envoyer la ratification à sa Majesté devant la S. Jean Baptiste prochain, à quoi ils s'obligent. Fait à Odenzée le 25. jour du mois de Juillet, aprés la Naissance de nôtre Sauveur Jesus-Christ l'an 1560. étoit scellé & signé,

(L. S.) FREDERIC.

NOus Frederic II. par la grace de Dieu Roi de Danemarc, de Nortwegue, des Vandales & des Gots; Duc de Sleswick, Holstein, Stormaern, & de Ditmarschen; Comte d'Oldembourg & de Delmenhorst; sçavoir faisons & confessons par ces presentes, que comme les honorables, sages & prudentes nos cheres & fidelles Villes de Lubeck, Bremen, Hambourg, Rostock, Straelsondt, Wismar, Deventer,

ANNO 1560.

mar, Deventer, Stettin, ende Grijpswaldt, in namen van haer selfs, ende de andere Wendische ende Hanzesteden tot die Hanzee gehoorende, ons om confirmatie ende behoudenis van haerer Steden Privilegien ende Vryheden, als zy in onse Rijcken Dennemarcken ende Noorweghen, ende oock op onse Stroomen ende Haven sampt ende besonderlick hebben, ende hen van onse Voorvaderen, Coninghen tot Denemarck ende Noorweghen, ghenadighst, gegeven, verleent ende mede gedeelt sijn, hebben onderdanighst ende dienstelijck versoecken laten, derweghen oock in dese tijdt haere aensienlijcke Afgesanten, namentlijck, die Eerbare, Eersame, Hoochgheleerde en Wijse Heeren, Claes Bardewijck Borgemeester, Bartholomeus Tinappel, Raet, ende Nicolaes Wolft, Secretaris tot Lubeck; Johan Rolwagen Doctor en Syndicus, ende Johan Plander Raetsman, tot Bremen, Hieronimus Bissenbeeck ende Hieronimus Hugen, Raetsmannen tot Hambergh, Doctoren Lambertus Kerckhof ende Barent Pauls Raetsmannen tot Rostock, Jorg Smitterlow Burgermeester, ende Nicolaes Steven Raetsman tot Straelsondt, Jochem Rugen, ende Nicolaes Steven Raetsman tot Straelsondt, Jochem Rugen, Jorg Fredeman Raetsmannen tot Wismar, Lubbert van Winsen, Licentiaet ende Burgermeester, ende M. Jacobus Helm, Secretaris der Stadt Deventer, Jochem Regelsdorph, ende Pieter Frambeudt Raetsman tot Stettin, Magister Jochim Pansow Sindicus; en Jochim Erick, Raetsman der Stadt Grijpswaldt, aen ons voornaemlick afgeveerdight gehadt, soo hebben wy uyt ghenadighste genegentheyt, op dat wy die Steden sampt ende yder besonderlick toegedaen, oock den ghemeenen handtterenden Coopman ten besten, mee voorbedachten raet ende bewilginge, de Edelen, Gestrenge, Erentfeste ende Eerbare, onse ende onses Rijcx Denemarck ghetrouwe Raden, naemlijcken Heer Eler Hertenbergs tot Mattorp Ridder ende Rijcxhofmeester, Heer Johan Friesen tot Hesselager Cantzler, Heer Otto Krumpen tot Trutsholm Ridder en Rijcxmaerschalck, Heer Magnus Guldenstern tot Coppenhagen, Heer Pieter Schram tot Urups Ridder, Heer Byrge Trollen tot Lelloe Ridder, Oluf Munck tot Twisel, Heer Erick Krappen tot Bustrup Ridder, Anthoni Brusken tot Landgensee Rijcx Cantzelaer, Jorg Lucken tot Offuergaard Ridder, Tage Totson, tot Ericksholm Ridder, Eller Ronnowen tot Witkield, Claes Uhrnen tot Beltebergh, Werner Parstbergh, tot Harrestede Ridder, Niels Langen tot Kersgaard Ridder, Holleger Rosenkrans tot Boller, Lage Brade tot Kruckholm Ridder, Iver Krabben tot Oostergaard, Pieter Bilden tot Swantholm, ende Herlof Trollen tot Harlofsholm Ridder, als wy teghenwoordigh alhier ter Stede ghehadt, de boventghemelte Wendische en andere Hanzesteden aen die Ansee ghehoorende, alle ende yeder sampt ende besonderlijck haere privilegien, vryheyt ende genade, soo sy van onse Voorvaderen, Coningen in onse Rijcken Denemarck ende Noorweghen, ghehadt hebben, vergunt ende gheconfirmeert, ghelijck wy oock, kraft deses onsen openen Briefs doen; ende sullen de voorghemelte Wendische ende Hanzesteden, die in de Ansee ghehooren, haere Burghers ende haere Inwoonders, sigh der ghemelte haere Privilegien, Vryheden, ende begenadinghen in meerghemelte onsere Rijcken Denemarcken ende Noorwegen, onse ende meninghlijcke vande onse, onghehindert te getroosten, te ghenieten, ende te ghebruycken hebben; Edoch ons ende onsen Erven hoogh ende authoriteyt, Tollen en Heerlijckheden, ende onse Rijcken ende derselven Inwoonderen ende Onderdanen oock menighlijck aen Vryheden, Privilegien ende Gerechtigheden, welckers alles wy hier mede op 't bestandighste ende kraftighste voor behouden willen hebben, niet schadelijck noch nadeeligh zijn. Ende dewijle die misverstanden van eenighe Articulen vande Privilegien beyderzijdts ende andere raeckende, nu afghedaen, ende op heden date verrecesseert zijn, soo sal voortaen volghens 't selve Reçes ende Verdragh ghehouden werden, alles sonder argh ofte liste.

Ontbieden ende beveelen hier op alle en yder onse Rijcx Denemarck ende Noorwegen, lieve getrouwe Geestlijcke ende Wereltlijcke Prelaten, die van de Ridderschap ende Adel, oock Borgers ende Gemeente, ende alle onse Amptluyden, Vooghden, Burgermeesteren, Bevelhebberen, ende de geene die het om onsent willen doen ende laten sullen ende willen, die meerghemelte Wendische ende Hanzesteden haere Borgers ende In-

ter, Stettin, & Grypswaldt, en leur nom, & pour les autres Villes des Vandales & Anseatiques, appartenantes à la Ligue, nous ont prié de confirmer, & conserver leurs priviléges & libertez comme elles les possédent dans nos Royaumes de Danemarck & Nortwegue, & aussi sur nos Rivieres & dans nos Havres, lesquels nous leur avons accordé, & qu'ils ont aussi obtenus de nos Ancêtres les Roys de Danemarck & de Nortwegue, & dont ils jouissent gratuitement, & ce par lesdits Deputez, sçavoir les honorables, sçavans & prudens Seigneurs Nicolas Bardewick Bourguemaître, Barthelemi Tinappel Conseiller, & Nicolas Wolff Secretaire de Lubeck; Jean Rolwagen Docteur & Syndic, & Jean Plander Conseiller de Bremen; Hierome Bissenbeck, & Hierome Hugen, Conseillers de Hambourg; les Docteurs Lambert Kerckhoff & Barendt Pauls Conseillers de Rostock; George Smitterlow Bourguemaître & Nicolas Steven Conseiller de Straelsondt, Joachim Rugen, George Fredeman Conseillers de Wismar; Lubbert van Winsen Licentié & Bourguemaitre, & Mr. Jacob Helm Secretaire de la Ville de Deventer, Joachim Regelsdorph, & Pierre Framhou't Conseiller de Stetin; Maître Joachim Pansow Sindic, & Joachim Erick Conseiller de la Ville de Grypswaldt, qui nous ont été dépêchez, de sorte que comme pour la bonne affection que nous portons au dites Villes comme aussi les Marchands, aprés meure deliberation de nôtre Conseil, & de l'avis des nobles, prudens, & sages Conseillers de nôtre Royaume de Danemart, sçavoir les Seigneurs Eler Hertenberg, de Mattorp, Chevalier & premier Maître d'Hôtel, le Sr. Jean Friesen de Hesselager Chancelier; le Sieur Otton Krumpen de Trutsholm Conseiller & Marêchal du Royaume; le Sieur Magnus Guldenstern de Coppenhague; le Sieur Pierre Schram d'Urups, Chevalier; le Sieur Byrge Trollen de Lelloe, Chevalier; Oluf Munck de Twisel; le Sieur Erick Krappen de Bustrup, Chevalier; Anthoine Brusken de Langensée, Chancelier du Royaume; George Lucken de Oostergaard, Chevalier; Tage Totsom de Ericksholm, Chevalier; Eller Ronnowen, de Witkield; Nicolas Uhrnen de Beltebergh; Werner Parstbergh de Harrestede, Chevalier; Niels Langen de Kersgaard, Chevalier; Holleger Rosenkrans de Boller; Lage Brade de Krockholm, Chevalier; Iver Krabben d'Oostergaard; Pierre Bilden de Swantholm, & Herlof Trollen de Harlofsholm, Chevalier; lesquels étant presens avons confirmé les priviléges, libertés & graces des susdites Villes des Vandales & Anséatiques, & autres apartenantes à la Ligue tant ceux qu'ils ont reçus de nos Prédecesseurs, Roys de nos Royaumes de Danemarc & Nortwegue, comme de fait nous les confirmons par ces Lettres patentes. Et jouiront lesdites Villes des Vandales & Anséatiques & qui apartiennent à la Ligue, leurs Bourgeois & Habitans, de leursdits priviléges & libertez dans nosdits Royaumes de Danemarck & Nortwegue sans y être empêchez. A condition que ce que dessus ne sera domageable aux libertez, privileges, prerogatives, authorité de nous, de nos Héritiers, Doüanes, Seigneuries, de nos Villes, & de leurs Habitans, lesquels priviléges, & libertez voulons être tenus & conservez. Et comme les différens de quelques articles des priviléges qui concernent les deux Parties & autres sont à présent terminez & ont cessé ce jourd'hui, suivant ce present Accord, tout se passera dorenavant sans dissimulation ni tromperie.

Donnons en mandement à tous & un chacun de nos Royaumes de Danemarc & Nortwegue, à nos amez, fideles Ecclésiastiques & temporels Prélats, à ceux de la Noblesse, & aux Bourgeois & Communautez, & à nos Officiers, Gouverneurs, Bourguemaîtres, Commandans, & à tous ceux qu'il apartiendra qu'ils n'ayent point à empêcher la jouissance des susdits pri-

ANNO 1560.

ANNO 1560.

Inwoonders tegens haere Privilegien, Vryheyt, ende begenadinge, als zy in onse Rijcken Denemarck en Noorweghen, sampt ende besonderlijck hebben, oock het meergeroerde verdrach niet te beswaren, en te verhinderen, maer zy dieselve allenthalve laten genieten ende gebruycken, by vermijdinghe onser straffe ende ongenade.

Ten oirconde hebben Wy *Frederich* Coninck, onse Coninckliijck Secreet welwetentlijck aen desen onsen Brief hangen laten, die ghegeven is in onse Stadt *Odenzee*, den 25. July, naer de geboorte Christi onses Heeren ende Salighmaecker, inden Jare *vijftien hondert ende sestigh*, was gezegelt ende geteeckent

(L.S.) FREDERICH.

privilèges, libertez, & faveurs de nos Villes des Vandales & Anséatiques ci-dessus, ni de leurs Bourgeois & Habitans, mais au contraire de les en faire jouir, sur peine d'encourir châtiment & nôtre disgrace.

En foi de quoi nous Frederic Roi avons attaché nôtre Sceau Royal à ces presentes, qui furent données à Odenzée le 25. Juillet, après la Naissance de Christ nôtre Seigneur & Sauveur, l'an 1560. *étoit scellé & signé,*

(L. S.) *FREDERIC.*

ANNO 1560.

XXXIX.

31. Dec. **Vertrag / so durch vermittelung Kayserl. Comnissarien / als Carl Grafen zu Hohenzollern / und Johann Ulrich Jasium / zwischen der Clerisey derer dreyer Stifften S. Bartholomei / S. Leonharden / und unser Lieben Frauen zu Franckfurt am Mayn an einem / und Burgermeister und Rath daselbst am andern Theil / betreffend etliche Verzinsungen und Gerechtsame / aufgerichtet und geschlossen worden. Geben zu Speyer den letzten Decembris 1560. Mit Ihro Kayserl. Maj. FERDINANDI Confirmation / geben Wien den 18. Martij 1561. [LUNIG, Teutscher Reichs-Archiv. Part. Spec. Abtheilung III. Abs. IV. p. 493.]**

C'est-à-dire,

Accord moyenné par les Commissaires Imperiaux CHARLES *Comte de Hohenzollern, &* JEAN ULRIC JASIUS, *entre le Clergé des trois Eglises de S.* Barthelemi, *de S.* Leonard, *& de la bien-heureuse* Vierge *de* FRANCFORT *sur le Mein, d'une part, & le Magistrat de la Ville d'autre part, au sujet des Cens & Droits, qui leur appartiennent. A Spire le dernier jour de Decembre* 1560. Avec *la Confirmation & Ratification de l'Empereur* FERDINAND. *A Vienne le* 18. Mars 1561.

WIr Ferdinand von Gottes Gnaden erwölter Römischer Kåyser / zu allen Zeiten Mehrer des Reichs / in Germanien / zu Hungern / Böhmen / Dalmatien / Croatien / und Schlavonien etc. bekennen öffentlich mit diesem Brieff / und thun kund allermänniglich / als der Wohlgebohrn unser und des heiligen Reichs Erb-Cämmerer / und lieber Getreuer / Carl Graff zu Hohenzollern und Sigmaringen / unsers Kayserlichen Hoffgerichs Präsident und Hauptmann unserer Herrschafft Hohenberg / und die Ersamen Gelerten / unsere und des Reichs liebe getrewe / Johann Ulrich Jasius / unserer anderer Oesterreichischen End Cantzler / und Thomas Schwaber / beyde der Rechten Doctores, unsere Räthe und verordnete Commissarien / zwischen den Ehrsamen / unseren lieben andächtigen N / der Clerisey / der dreyer Stifft zu S. Bartholomeus / St. Leonharden / und unser lieber Frauen zu Franckfurt am Mayn eines / und dann den Ersammen unseren und des Reichs lieben Getreuen / Bürgemeister und Rath daselbst zu Franckfurt / ander theils / etlicher ihrer schwebender Irrungen und Mißverstand halben / vermög unserer an sie ausgangen Commission, nach vielfältiger gepflogener mühsamen Underhandlung / einen Vertrag abgeredt / beschlossen / und auffgericht haben / welcher uns auch hernach in glaubwürdigem Schein fürbracht worden / von Wort zu Wort also lautend:

Zu wissen / nachdem sich zwischen der Clerisey / der dreyer Stifft zu St. Bartholomeus / St. Leonhard / und unser lieben Frauen zu Franckfurt eines / und dann Bürgermeister und Rath daselbst anders theils / allerley Streit und Irrungen ein lange Zeit hero erhalten / betreffend etliche Verzinszunge Gerechtsame / derohalben die erstgedacht drey Stifft sich an einem Erbaren Rath benannter Stadt Franckfurt in mehr Fallen nachtheiliger Eingriffe und Schmelerung beschwerdt / und denselbigen an Römischer Kåyserlichen Majestät Cammergericht rechtlichen beklagt / volgendts auch daselbst ein Urtheil / welches man ein Endurtheil zu nennen pflegt / erlangt.

Jedoch über solches / in verschienen vier und funfftzigsten Jahr ein Vertrag auffgericht worden / der aber nachgehends auch in etwas Mißverstands erwachsen / und darzu der Hochwürdigste Fürst und Herr / Herr Daniel / Ertz-Bischoff zu Mäyntz / des heiligen Römischen Reichs durch Germanien Ertz-Cantzler und Churfürst / mein gnädigster Herr / als der obbestimten dreyer Stifften Ordinarius, &c. sich berührten jüngsten Vertrag in etlichen Puncten wiedersetzt / und die Römische Kåyserl. Majestät unsern allergnädigsten Herrn / vielfältiges umb einsehen angeruffen / also haben Ihre Römische Kåyserl. Majestät / zu Abhelffung dieser Gebrechen und den streitigen Theilen zu Gnaden / allerley fernere güttliche Unterhandlung zwischen denselben zu pflegen / gnädiglich fürgenommen / und letzlich zu solcher endlicher güttlicher Hinlegung verordnet / die wol-und nachbenannten ihrer Römischen Kåyserl. Majestät Rath / nemlich den Wohlgebornen Herrn / Herrn Carln / Graffen zu Hohenzollern / und Siegmaringen / Herrn zu Heigerloch und Werstein / des Heyligen Römischen Reichs Erb-Cämmerern / Ihrer Römischen Kåyserl. Majestät Kayserl. Hoffraths Präsidenten / und Hauptmann der Herrschafft zu Hohenberg / auch Herrn Johann Ulrichen Jorsien / Vorder-Oesterreichischen Cantzler / und Herrn Thomaszen Sohn / Hoffräthe / vor welche dann hochernants Ertz-Bischoffs und Chur-Fürsten zu Mayntz verordnete Beystände / für seiner Chur-Fürstlichen Gnaden selbst Interesse / und statt gedachter dreyer Stifft etliche ansehnliche Personen ausz ihrem Mittel / als vollmächtige Anwäld und Befelchhaber / dergleichen eines Erbaren Raths der Stadt Franckfurt stattliche Deputirte / zu viel mahlen erschienen / und ist nach Vernemmung eines jeden Theils notturfftigen Bey-und Embringen / auch darauff gebrauchte mehrseltige Unterhandlung der angeregten streitigen Puncten halber ein neue beständige unwiederruffliche Vergleichung auff nachlautende Articul abgered / und von beyden Theilen angenommen und beschlossen worden / wie volget.

Erstlich / dasz die bisz auff dato desz nechsten Anno 54. auffgerichten Vertrags auffgekünde Zinsz / alle durchausz indifferenter ablöszlich seyn sollen / allein das Pfacht-Korn (so unablöszlich bleibt) davon ausgeschieden / und dasz dargegen alle übrige und auffgekündigte Zinsz hiemit perpetuirt und unablöszig gemacht seyn sollen / doch mit dem Vorbehalte / wan kündiglich einiger Bürger in Erfahrung komme / dasz sein Zinsz / den er dem Stifft reicht / ein Pension / oder also wiederkeufflig wer / und derowegen an die Stiffter ihme die Hauptbrieff für zu legen begehrt / dasz ihm unbenommen / sondern sie / die Stifft-Herrn / nicht destoweniger bey ihren Ehren / Trewen und Glauben / dieselben auffzulegen schuldig seyn sollen / und da sie ablöszlich be-

ANNO 1560.

befunden/ der Wiederlösung stat zu geben. Im Fall aber hierüber/ ob dieselben ablösig oder nicht/ Mißverstand oder Irrungen fürfiele/ so sollen der Käyserlichen Majestät Cammergericht solche Mißverstandt oder Irrungen durch Erkändtnuß summariè zu entscheiden heimgestelt werden. Zum andern und so viel belangt den Außstandt der alten Haupt-Summa und Pension, und was dem weiter anhängig/ in dem solchen allen soll es bey dem Inhalt und buchstaben des vorgemeldten nechsten in An. 45. auffgerichten Vertrags gäntzlich bestehen und bleiben. So viel aber zum dritten alle andere retardata und Anstand an Zinsß und andern vorbenannten 54. biß zu Außgang dieses 60. verfallen/ betrifft/ ist solches auff gepflogene Unterhandlung dahin gemäßiget und bethedinget worden/ daß ermelte und erst specificirte Außständt zu vier unterschiedlichen Fristen und Zielen den dreyen Stifften verwanden/ als nemblich auf jetzt nechst künfftige Pfingsten/ der eine Viertheil/ der ander aber auf Martini, beyde des itzt anstehenden 61. Jahres/ und dann das 62. die übrigen zween Viertheil widerumb zu gleichen erstbestimpten Zielen/ gäntzlich und gar entricht und bezahlt werden sollen; Jedoch solle hierdurch weiter und so viel in gegenwärtigem Vertrag nit ausdrücklich vereudert/ den alten Verträgen/ so wohl als den nechsten Anno 54. zu Franckfurth gemachten Verträgen/ in allen Inhaltungen/ wie die von Wort zu Wort darin begriffen/ nichts præjudiciert noch benommen seyn/ sonder dieselben bey ihren Kräfften und Würden vestiglich bestehen und bleiben/ wie auch die Commissarien bewilligt/ bey der Kayserlichen Majestät die gehorsam Beforderung zu thun/ damit dieser ietziger Vertrag in aller seiner ietztbeschehener Veränderung von dem erstbemelten nechsten/ und der nechst in allen seinem hierinnen unveränderten Inhalt/ mit Ihrer Römischen Kayserl. Majestät/ Kayserlichen Confirmationen auch zu bestatten/ doch daß solches alles den übrigen allen beyden Theilen/ an ihren Privilegien/ Rechten/ Gerechtigkeiten und Herkommen/ sonst unvergrieffen und unabbrüchig sey/ alles getreulich und ungefehrde/ und zu festem Urkundt haben wir/ die Kayserliche Commissarien/ auff beyder Partheyen fürgewandt Bitten unsere Insiegel/ desgleichen der Clerisey der vielberührten dreyen Stiffter/ ihre grosse/ darneben auch auff Bewilligung der Franckfurtischen Deputirten ein Erbarer Rath derselben Statt/ sein auch grossen Insiegel an diesen Vertrags-Brieff/ (deren zween gleiches Inhalts also verfertiget/ und einem jeden Theil einer behendiget) thun hencken. Geschehen und geben zu Speyer am letzten Tag des Monats Decembris, nach unsers lieben HErren und Seeligmachers Geburth/ der mindern Zahl aufflauffendes 60. Jahres.

Und uns darauff ernennt Clerisey und der Rath zu Franckfurth beyderseits gehorsamlich angeruffen und gebeten/ daß wir solchen obbegriffen Vertrag mit allen seinen Inhalten zu confirmiren/ ratificiren und zu bestatten gnädigl. geruethen/ daß wir demnach mit gnadē angesehen solch ihr der Clerisey/ und des Raths zu Franckfurth demüthig ziemlich Bitte/ und darum mit wohlbedachtem Gemüthe/ gutem zeitigen Rath/ und rechtem Wissen/ obeingeleibten Vertrag in allen seinen Worten/ Puncten/ Clausulen/ Artickeln/ Meynung und Begreiffungen/ als Römischer Keyser gnädiglich confirmiret/ ratificirt/ bekräfftiget/ und bestattet/ confirmiren/ ratificiren/ bekräfftigen und bestatten denselben auch von Römischer Kayserlicher Macht hiemit wissentlich/ in Krafft dis Brieffs/ was wir daran von Rechts und Billigkeit wegen zu confirmiren/ zu bekräfftigen und zu bestatten haben sollen und mögen/ und meynen/ setzen und wöllen/ daß solcher Vertrag mit allem seinem Inhalt/ wie obsteht/ gantz mächtig und kräfftig seyn/ von beyden Theilen/ sofer der einen jeden belangt/ und ihren Nachkommen stet/ fest/ und unverbrüchlich gehalten und volnzogen/ und darwieder mit nichten gethan/ oder gehandelt werden solle/ in keinerley Wege. Und gebiethen darauff allen und ieglichen Churfürsten/ Fürsten/ Graven/ Freyen/ Herren/ Rittern und Knechten/ Lands-Hauptleuthen/ Landvögten/ Hauptleuthen/ Bißthumben/ Vögten/ Pflegern/ Verwesern/ Amptleuthen/ Schultheyssen/ Bürgermeistern/ Richtern/ Räthen/ Bürgern/ Gemeinden/ und sonst allen andern unsern und des Reichs Unterthanen und Getreuen/ wes Würden/ Standes oder Wesens die seyen/ ernstiglich und fästiglich mit diesem Brieff/ und wollen/ daß sie mehr genannter Clerisey und den Rath zu Franckfurth/ auch alle ihre Nachkommen an obbemelten Vertrag/ und dieser unser Confirmation/ nit irren noch verhindern/ sondern dabey ruhiglich bleiben lassen/ und darwider nit dringen oder beschweren/ noch das jemands anderen zu thun gestatten/ in keine weiß/ als lieb einem jeden sey unser und des Reichs schwere Ungnad und Straff/ und darzu ein Peen/ nemlich 30. Marck lötigs Golds zu vermeiden/ die ein jeder/ so offt er stevventlich hierwieder thäte/ uns halb in unser und des Reichs Cammer/ und den andern halben Theil gedachter Clerisey/ und dem Rath zu Franckfurt/ oder dem Theil/ so darwider beleidigt wird/ unablässlich zu bezahlen verfallen seyn sollen. Mit Urkund dis Brieffs besiegelt/ mit unserm Kayserlichen anhangenden Insiegel/ und gegeben in unser Stadt Wien/ den 18ten des Monats Martii, nach Christi Geburth 1561. unserer Reiche/ des Römischen im 31 und der andern im 35. Jahren.

Ferdinand.

Vice ac nomine Reverendissimi Domini Archi-Cancellarii Moguntinens.

Vt. Seld.

Ad mandatum Domini Electi Imperatoris proprium sst.

L. Kirchenschleger, sst.

XL.

1561. 13. Mars.

Sententia FERDINANDI I. *Romanorum Imperatoris in causa* ALPHONSI *Marchionis Finariensis contra* JANUENSES, *quâ his mandatum est, ut præfatum Marchionem, per eos spoliatum, in plenam possessionem restituant. Datum Viennæ die* 13. *Martii* 1561. [Pièce tireé d'une Information de Droit, publiée à Milan en 1633. par ordre du Roi d'Espagne, sous le Titre de, *Discussio Quæstionis Salariæ Finariensis.*]

FERDINANDUS Divinâ favente Clementiâ electus Romanorum Imperator semper Augustus, ac Germaniæ, Hungariæ, Bohemiæ, Dalmatiæ, Croatiæ, Sclavoniæ &c. Rex, Infans Hispaniarum, Archidux Austriæ, Dux Burgundiæ &c. Marchio Moraviæ & Comes Tyrolis &c. Recognoscimus, & notum facimus tenore præsentium universis, quorum interest, præsentibus, ac futuris, quòd, cum à certo tempore coram Nobis, ac Deputatis Consiliariis nostris hucusque agitata fuerit gravis quædam controversia inter Illust. nostrum, & Sacri Imperii Fidelem dilectum Alphonsum de Carreto Marchionem Finarii Actorem ex una, & Magnificos Nobiles Spect. nostros, & sacri Imperii Fideles dilectos Nob. Ducem, & Magistratus Cameræ, & Civitatis nostræ Imperialis Genuæ Reos conventos ex altera, eâ occasione, quod præfatus Marchio conquestus sit sese à Republica Januensi Statu suo Finarii, & Castro Franco à Nobis, & sacro Imperio Romano in Feudum dependente spoliatum esse, multisque hinc inde allegatis productis, gestis, & agitatis res eò devenerit, quæ nos in ejuscemodi Causa, & Lite, præhabito maturo consilio plurimorum fidelium Consiliariorum nostrorum, ac Jurisperitorum, sedentes pro Tribunali ad ferendam diffinitivam nostram Sententiam procedendum duxerimus, prout processimus, ac eandem in scriptis tulimus, & publicavimus, hoc tenore, qui sequitur.

Sacra Cæsarea Majestas Dominus noster Clementissimus, diligenter examinatis, & discussis omnibus iis, quæ in Causa, & Lite Possessorii recuperandæ possessionis vertente inter Illustr. Alphonsum de Carreto Marchionem Finarii & Actorem ex una, & Magnificos, ac Excellentissimos Ducem, & Gubernatores Civitatis Genuensis Reos conventos ex aliâ, ratione totius Status Finarii, Castrorum Govoni, & Castri Franchi, acta, & agitata fuerunt, habitâ etiam super iis omnibus maturâ deliberatione, ac Jurisperitorum consilio, pronuntiat, ac declarat, & hac suâ Sententiâ diffinitiva pronuntiando, & declarando decernit: Primò rejicienda ea, & non admittenda tanquam non relevantia Capitula, quæ nomine præfatæ Civitatis Genuensis exhibita, & producta fuerunt. Deinde ipsum Alphonsum de Carreto restituendum, & redintegrandum fore, & esse in possessionem dicti Marchionatus, & Castrorum, atque adeò in eum statum, in quo erat, ante-

ANNO 1561. quam Marchionatum, & Castra, vigore quorundam Pactorum, & Capitulorum cum dicta Civitate Genuensi initorum, in manus Illustr. quondam Andreæ ab Auria Principis Melphi &c. tanquam Sequestri deposuisset, & subsequentes, Pacta, & Conventiones eo nomine initas cum ipsa Civitate Genuensi irritas, & nullas esse, ac illis non obstantibus teneri ipsos Genuenses omnia restituere, quæ ex Bonis ipsius Marchionis per se, vel alios possident, amplius etiam teneri ad relaxandum, quod ad ipsos attinet, præfatum Sequestrum una cum præstatione, & refusione omnis damni, quod passus est ipse Marchio eâ occasione, quod prædicta Civitas Genuensis ipsi Marchioni Bellum indixit, eumque oppugnare cœpit, una cum restitutione fructuum omnium, qui percepti sunt, & percipi potuissent, ac etiam refusione expensarum tam præsentis Juditii, quàm illarum, quas Marchio fecit pro defensione sui Marchionatus, postquam ipsa Civitas ei Bellum indixit, salvâ tamen, & reservatâ, quo ad damna, fructus, & expensas, juditiali taxatione, reservato etiam jure Petitorii, & proprietatis, si quod ipsi Genuenses in Statu Finarii prætendunt. Et hæc omnia sine præjuditio tam jure Imperii, quam Partium, in reliquis prout eis de jure competit. In contumaciam lecta, & publicata die decimâ Mensis Marcii Anno Domini 1561. Ipse verò Marchio Nobis desuper humillime supplicaverit, ut sibi hujuscemodi Sententiæ nostræ Copiam in authenticâ, & idoneâ formâ ad futuram rei memoriam concedere dignaremur; Nos sanè, exauditis humillimis precibus dicti Marchionis, memoratam Sententiam nostram diffinitivam de verbo ad verbum, ut superiùs descripta est, jussimus inseri præsentibus Litteris nostris, quas pro evidentiore testimonio, ac firmiore robore ejus rei manu nostrâ subscripsimus, & sigilli nostri appensione communiendas duximus. Datum in Civitate Nostrâ Viennæ die 13. Mensis Martii Anno Domini 1561. Regnorum Nostrorum Romani trigesimo primo, aliorum verò trigesimo quinto. *Subscript.* FERDINANDUS. *In Angulo*, vice, ac nomine Reverendissimi Domini Archicancellarii Mogontini. Vidit Seld. *in alio Angulo*, Ad Mandatum Sacræ Cæsareæ Majestatis proprium. *Subt. ejusdem Anguli* M. sing. R. H. MOSER. *Sigillat. Sigillo Imperiali, in cera rubeâ impresso.*

XLI.

2. Mai **Vertrag zwischen dem Thum-Capitul zu Hamburg / und der Stadt dieses Namens / wodurch jenes sich verpflichtet die Stadt bey der Augsburgischen Confession geruhig zu lassen / auch ihre Geistliche Jurisdiction darwider nicht zu exerciren; dagegen gelobet die Stadt die Thum-Herren bey ihren Freyheiten bleiben zu lassen; wobey doch beyde theile die Justitz gegen beyderseits untergebene innerhalb 6. wochen zu administriren versprechen / auch wegen Collation der Geistlichen Beneficien sich mit einander vergleichen 2c. Geben zu Bremen den 2. May 1561. [LUNIG, Teutsches Reichs-Archiv. Part. Spec. Abtheilung III. Abs. IV. p. 496.]**

C'est-à-dire,

Accord entre le Chapitre & la Ville de HAMBOURG, *par lequel le Chapitre promet à la Ville de ne la point troubler dans l'Exercice de la Confession d'Augsbourg, & de ne point user contr'elle de sa Jurisdiction Ecclesiastique; la Ville en échange s'y oblige à ne rièn entreprendre contre les Privileges & Immunités des Capitulaires; & de part & d'autre on se promet de rendre bonne Justice dans six semaines aux Particuliers. On y convient aussi de la Collation des Benefices Ecclesiastiques. A Brême le 2 Mai 1561.* ANNO 1561.

WIr / Heinricus Withmer, Decanus, Johannes Keie, Senior, und gantze Capittel der Thum-Kirchen zu Hamburg an einem: und Burgermeistere und Rath der Stadt Hamburg / andern Theils / bekennen in diesem Briefe für uns und unsere Nachkommen und gemelten Capittel und Rath / und ferner für alle die / so von unser beiderseits wegen in nachfolgender Handlung und Vertrage begriffen seyn / gegen jedermänniglichen / dasz wir GOtt dem Allmächtigen zu Lob und Ehren / Uns und Unsern Nachkom̃en am Capittel und Rath / und sonst allen jeglichen geistlichen und weltlichen Standes ingesessener Clerisey und Bürgerschafft der Stadt Hamburg / zu Wohlstandt / aller Speen- und Irrung / darumme wir die vom Capittel gegen genandte Herren Bürgermeistere und Rath / auch Kirchengeschworne / Bürgere und gantze Gemeinde vorgenandter Stadt / vor etzlichen Jahren am Kayserl. Cammer-Gericht in Rechtfertigung erwachsen / und bisz auff diese Zeit gestanden / uf vorgehabten zeitigen Rath / tractation und Bedenckung mit unserm guten und freyen Willen / ohne einige Bedrängnis / Furchte oder gefährliche induction seynd verglichen und endlich vertragen / derogestalt / dasz wir Thumb-Dechant und Capittel neben und mit unsern Thumb-Probsten / wollen einem Ehrbahren Rath der Stadt Hamburg / ihren Bürgern / Unterthanen und sämbtl. Gemeinde / vermöge des Religion-Frieden / bey der Augspurgschen Confeszion / Religion / Glauben / Bestellung der Ministerien / auch Kirchen-Gebräuchen / Ordnungen und Ceremonien / so der Ehrbahr Rath in ihrer Stadt und Gebiethe auffgerichtet hat / friedlich und geruhiglich bleiben lassen / und nicht practisiren / sie davon zutringen oder bewegen / noch durch mandata oder einiger anderer Gestalt beschweren oder verachten. Wir obgemelte Thum-Capittel wollen auch unsere geistliche jurisdiction dawieder bisz zu endlicher Vergleichung der Religion nicht exequiren / gebrauchen und üben / sondern solle alle solche jurisdiction bis zu endlicher Christlicher Vergleichung der Religion ruhen / angestellet und suspendiret seyn und bleiben / jedoch wollen wir Burgermeistere und Rath den Thum-Probst / Dechant und Capittel nicht hindern oder beeinträchtigen ihre jurisdiction in criminalibus causis, wie von altershero gewöhnlich / und sie dessen execution / brauch und Ubung gehabt / über die Persohnen ihres Thumb-Capittels / Vicarien / Kemerer / Staffträger / Vogt / Küstere uff Kirchen-Knecht zu gebrauchen / sondern wollen sie dabey friedsahm lassen / mit dem Bescheid / so ferne in obberührten malefitz- und criminal-Sachen die Thäter in unserer jurisdiction angetroffen oder ratione domicilii oder delicti gefallen / haben wir uns den Angriff fürbehalten / die Thäter bey dem Wirth auff dem Winserbaum einzuziehen / jedoch wollen wir all solche Missethäter inwendig vier und zwantzig Stunden dem Thumb-Probst / Dechant und Capittel ihren Kemerern / oder einigen derselbigen Dienern auff ihre erste Anforderung folgen lassen / wie sonsten in mehr Ohrten gebräuchlich / illæsos und unverletzt in des Capittels Verwahrung zu überantworten / folgends dieselben Thätere nach gestalt der Miszhandlung der Gebühr nach zu straffen. Wir wollen auch den Thum-Probst / Dechant und Capittel nicht hindern oder beeinträchtigen / über und zwischen gedachten geistlichen Persohnen / auch ihren Dienern und wesentlichen Hauszgesinde in civilibus causis und bürgerlichen Sachen die jurisdiction, wie sie deren von altershero in Ubung gewesen / zu gebrauchen / doch mit der Bescheidenheit / dasz wir / Thumb-Capittel obgemelt / auff dem Fall / da jemands von Bürgern oder Inwohnern und Verwandten der Stadt Hamburg oder sonsten anderen frembden Persohnen ein oder mehr unser mittels Thumb-Herren oder andere Geistliche / unsere oder ihre Dienere und Hauszgesinde mit Rechte anlangen würde / als dehme oder denen auff ihr Ansuchen gebührlich unverzöglich Recht durch uns soll mitgetheilet werden / dermassen / dasz die Sache innerhalb sechs Wochen soll anhängig gemacht / und zum längsten einwendig Jahres Frist / nach Gelegenheit darinne erkandt und keinem theile Ursache gegeben werden / umb Weigerung oder Verzögerung Rechtens sich zu beklagen.

Dagegen wollen wir Bürgermeistere und Rath es gleichermassen in Verhelffung Rechtens halten / so ferne jemand von dem Thumb-Capittel und Clerisey und ihrern Dienern / und wesentlichem Hauszgesinde / jenige Bürgere / Ein-

ANNO 1561.

Einwohnere und Verwandten / so unserm Gerichts-Zwang unterworffen / mit Recht anlangen würde / daß inwendig sechs Wochen die Sache soll anhängig gemacht / und nach Gelegenheit innerhalb Jahresfrist darinnen erkandt werden / was sich zu Rechte eigenen und gebühren will / jedoch sollen von unserer des Thumb-Capittels jurisdiction exempt und ausgezogen seyn der Doctor Theologiæ, oder Superintendens, Secundarius, Lector, die Pastoren / Capellanes und Diener der vier Pfarr-Kirchen / item zu St. Jürgen / dem Heil. Geiste / St. Johannes / Marien Magdalenen / Clostere / Schulmeistere / und Schulgesellen / auch alle andere Persohnen und Kirchen-Dienere außerhalb Hamburg / in des Raths jurisdiction, wie die Nahmen hatten / nicht gebrauchen / ausserhalb dem / so in obangesetzten Articulen vermeldet / sondern soll in allen andern Fällen / inmassen obstehet / alle solche jurisdiction, vermöge des Religion-Friedens biß zu endlicher Christlicher Vergleichung der streitigen Religion ruhen / eingestelt und suspendirt seyn und bleiben.

Wir Bürgermeistere und Rath wollen die eilff Thumb-Hoffe bey ihrer von alters hergebrachten Freyheit / so ferne die von Thumb-Herren / in welcher Behoff die Hofe gebauet / oder anderen geistlichen Persohnen / so dem Thumb-Probst / Dechant oder Capittel bewohnet seyn / bewohnet werden bleiben lassen / dagegen wollen wir Thumb-Capittel ingemein und unsers Capittels Persohnen insonderheit in allen solchen Hoven keine Missethäter oder jemand / so der Stadt jurisdictioni ratione delicti vel domicilii unterworffen / wieder des Raths Willen nicht unterschleiffen / sondern Einen Ehrbahren Rath auff ihr (Verantwortung) Anforderung folgen lassen / und nicht vorenthalten / würde auch einer oder mehr berichter Thumb-Hofe von weltlichen Persohnen befordert (welche doch / so dieselbigen einem Ehrbahrn Rath aus billigen Ursachen unleidlich / von uns insgemein oder von den Capitular-Persohnen nicht sollen unterhalten werden) als dann sollen all solche Einwohner der gebühr nach und vermüge alter concordien, wie andere Bürger / steuren.

Wir Burgermeistere und Rath wollen in beneficialibus dem Thumb-Probste / Thum-Dechant und Capittel / wie gewöhnlich / die investitur und institution / so dem Capittel von altershero gebühret hat / nicht verhindern / doch mit dem Abscheide / dieweilen wir oder durch andere sonderbahre Persohnen zu etlichen Lehnen das jus patronatus haben / so sol uns oder andern patronen in ihrer Gerechtigkeit nicht benommen seyn / dergestalt wanner wir oder andere Persohnen / so dazu berechtiget / als patroni dem Thumb-Probst / Dechant und Capittel zu alle solchen Lehnen eine tugendliche Persohn præsentiren würden / soll der Thum-Probst / Dechant und Capittel auff conscienz der patronen oder præsentanten / ohne ferner inquisition die præsentirte Person gegen Erstattung gewöhnliches Statuten-Geldes und Eydes / welcher Eydt allein auff getreue Verwaltung der Güther ihrer beneficien und dieselbe gefährlicher oder ungebührlicher Weise von den benificien nicht zu alieniren soll gerichtet seyn / ohne allen weitern Zusatz in den vier Pfarr-Kirchen / auch in Thume / in den Vicarien und commenden / zu welchen wir oder andere Laici das jus patronatus haben / schuldig seyn / dieselbige zu investiren / und instituiren / doch soll niemand investiret werden / er sey dann ein Scholer / oder in Universitæten gestanden / und daß er sein studiren nicht übergeben habe / und da er sich zu weltlichen Aembtern begeben würde / so sollen solche beneficia ipso jure vaciren und andere vorgeschriebener maassen tugendlicher Persohnen durch die Persohnen præsentirt / und die investitur gegen Erstattung / wie oben angesetzet / gegeben werden / und zu Verhütung aller Gefährlichkeit und Weiterung / so offte sich angereegter Fall begeben würde / soll dasselbige dem Patronen durch die Herren des Capittels denunciirt und angekündiget / und inwendig dreyer Monathe / darnach von Zeit der Denunciation und à tempore scientiæ anzurechnen / so fern der Patron ausserhalb Landes / durch den Patronen eine andere Persohn / wie vor gemeldet / den Collatoribus præsentiret werden / wo aber die Patrone in gesetzter Frist nach empfangener Denunciation darinnen säumig würden / soll pro illa vice die provision derselbigen an Thum-Probst / Dechant und Capittel gefallen seyn. Wir wollen uns auch aller Collation der geistlichen Lehne / welche in des Capittels Monath erleediget und vacirt / und so dem Thum-Probst / Dechant und Capittel ohne alle Mittel zu conferiren gebühren / hinferner enthalten / dargegen wollen wir Thumb-Capittel auffrichtig damit handeln / und nach dehme zu Richtigmachung der Lehne / so expirirt / oder durch andre Wege derselbigen Güter / corpora und andere jährliche Hebung / entwendet oder untergeschlagen seyn / von

ANNO 1561.

nöthen ist / daß eine visitation von uns / dem Thumb-Capittel / fürgenommen und ein Ehrbahr Rath auff dieses mahl etzliche Persohnen dabey zu verordnen / von uns angelanget und erbethen worden / wollen wir dasselbige fordersahm und zu erster Gelegenheit würcklich an- und für die Hand nehmen / und sollen die Visitatores gründlich aller Patronat-schafft und was von den beneficien verrücket / auch der expirirten Lehen Gelegenheit sich fleißig und eigentlich erkundigen / doch soll die Beforderung weltlicher Persohnen bey dieser Visitation Uns in unserm jure visitandi folgendes für uns alleine zu thund unschädlich seyn / und nach vollenführter visitation sollen die Visitanten davon uns beständige relation thun / auch einem Ehrbahren Rath / worin der Mangel befunden / gründlich soll angezeiget werden / und so viel die expirirten Lehne belanget / können wir Thumb-Capittel zwischen uns und den Patronen trägliche und friedsahme Handelung und Mittel leiden / aber da sonst befunden / daß etwas von den beneficien ungebührlicher maaß alienirt, occupirt oder entzogen / wollen wir ein gleichnis / auch wir Burgermeister und Rath jeder die Unsrigen ernstlich nach eusserstem Vermögen dahin halten / daßselbige bey- und an die beneficia, davon es entwendet / wiederumb zu bringen / alß auch E. Ehrbahr Rath oder die Burgermeistere / etliche beneficia für dieser Zeit conferiret und verlehnet haben / daranne wir Thum-Capittel ihnen des juris conferendi nicht geständig / auch andere Persohnen dieselbigen erlanget / haben wir demnach umb mehrer Ruhe und Friedes willen nachgegeben / daß die jetzigen belehnten des Raths auff billige contentation des impetranten nach Erkändtniß und Mäßigung der nehesten visitatoren, so ferne sie sich sonsten darüber nicht könten vergleichen / dabey sollen gelassen werden / jedoch wollen wir hiemit angereegten Impetranten die persecution ihres Rechten / auff den Fall / da sie mit diesem Mittel nicht friedlich / vorbehalten haben; Dagegen wollen wir Bürgermeistere und Rath hinführo dergleichen collation im Thumb Unß enthalten / aber mit den Lecturen in Thumb und Unterhaltung der Lectoren soll es bey jetziger Verordnung gelassen werden / doch daß nach Abgange des jetzigen Doctoris Theologiæ Pauli ab Eitzen, und des Sub-Lectoren M. Joachimi Dugeners / der nechstfolgende Doctor Theologiæ und Sub-Lector, und ihre Successores hinfürder von dem structuario und ältisten Bürgermeister die præsentation, aber von uns dem Thumb-Capittel die collation u. possession empfangen / und an statt des edicts mit ihrem Handgelübde sich verpflichten / immaassen hieoben von anderer beneficianten, so von Ehrbahrem Rath oder andern patronis præsentiret werden / gesetzet / auch gewöhnliche statuten bezahlen / die memorien in den vier Pfarr-Kirchen sollen bey den Kirchen bleiben / und den gemeinen Vicarien, so dazu berechtiget / ohne Verhinderung und invaß außgetheilet und zugestellet / auch in prophanos usus und weltliche ungebührliche Gebräuche keines weges angewandt werden / jedoch dieweiln nach Ordnung der Religion in der Stadt Hamburg eine Summa Geldes alle Jahr aus den Memorien zu Unterhaltung der Schulen / alß einem nothwendigen nutzbahren und Christlichen Ambte verordnet und bestellet; So haben wir Thumb-Capittel zu Erbauung gemeinen Wohlstande und alles guten ehrbahrlichen Wesens nachgegeben und bewilliget / daß hinführo sollen die Monitoren in denen vier Pfar-Kirchen / den Vorstendern der Schulen sechshundert Marck L. zu Unterhaltung der Schulen und Besoldung denen Schulmeistern auß obberührten Memorien zu überantworten und behändigen schuldig seyn / und mit dem übrigen der Memorien, so ein grosses und merckliches / soll es gehalten werden / wie oben stehet.

Nachdeme auch die Herren des Capittels alle und jetzliche der geistlichen Lehne silbern und gülden Kleinodien / Kirchen- und Altar-Zierat / Siegel und Briefe / so bey dem Ehrbahrn Rath / oder den Bürgern verhanden / auff der Thumb-Kirchen Teesle in Zeiten der ersten visitation liefern zu lassen gesonnen; Und wir Burgermeistere u. Rath es dafür halten / daß bey uns solcher Stück nicht enthalten / da es dennoch über unser Wissenschafft daselbst oder bey unsern Bürgern gefunden werden möchte / in dem wollen wir aller unverweißlicher Gebühr / und aller dermaassen uns erzeigen / daß denen geistlichen beneficien wieder Recht und Fuge nichts soll fürenthalten werden. Wir wollen auch auß unsern und unsern Unterthanen Dörfern alle Hebung von Korn und Gelde den Thum-Capittel restituiren / und die Leute anhalten / die retardata zu bezahlen an Enden und Ohrten / da dem Thumb-Capittel und Clerisey solches gebühret. Wir wollen auch dem Thumb-Dechant am Closter Heuerstehude itzo binnenen Hamburg seine alte Gerechtigkeit / alß einen Hamburger Gülden jährliches folgen lassen /

ANNO 1561.

lassen/ und sollen einem Vicarien Beatæ Mariæ Albæ im Thumb von demselbigen Closter zwo Marck vier Schilling jährlich gegeben werden/ wir wollen auch alle jährliche Hebung von des Klosters Dörfern restituiren und die retardata bezahlen lassen/ dagegen wollen wir Thumb-Capittel unsers Gerichts Leuten zu Gassel ernstlichen befehlen/ dem Closter zu Heuerstehude dasjenige/ so sie ihnen schuldig/ zu entrichten.

Wir Burgermeister und Rath wollen auch das Korn sambt einem Wispel Weitzen-Malts aus der Mühlen und Heiligen Geiste sonder Arrest dem Thum-Capittel folgen lassen/ daraus/ um des Arrests willen einem Ehrbahren Rath ein Wispel vorzeiten durch Freundschafft nachgegeben worden/ welche Behaltung jederzeit geschehen soll und gebühret zwischen Martini und Nativitatis Christi, dagegen wollen wir Thumb-Capitel dem Doctori Theologiæ und Superintendenten in der Thumb-Kirchen nach Bezahlung der Statuten seine gebührende Hebung auch folgen lassen.

Wir Burgermeister und Rath wollen auch der Thumb-Kirchen/ dem Capittel/ Thesaurarien und Cämmerern und andern des Capittels Officianten/ Vicarien und Commendisten ihre gewöhnliche jährliche Grundhaur/ Creutz-Pfenning und andere Gefälle binnen und für der Stadt Hamburg allenthalben wiederum folgen und die Retardata bezahlen lassen/ an Enden und Ohrten/ da sie dessen befugt zu seyn gebührlich bescheinen werden/ im Fall auch wir Burgermeister und Rath oder unsere Bürgere auff der Thum-Kirchen und Capittels oder ihrer Verwandten Hauer oder Grunde in- oder ausserhalb Hamburg ohne ihren Willen etwas gebauet hätten/ dafür sollen die Güter von uns oder unsern Bürgern/ von welchen das Gebäuw geschehen/ befriediget werden/ in allen darinnen sie befugt/ bey erster ihrer Anforderung/ oder wir oder unser Bürger wollen solche Gebäu abbrechen/ und were etwas von des Capittels Grund in der Stadt Vestung gezogen/ solches soll ohne Wiedererstattung dabey gelassen werden/ sonst wollen wir auch dem Thumb-Capittel den Platz bey dem Thumb und Schuldore im jetzigen Stande lassen/ und kein Pardt darauff bauen/ oder andern darauff zu bauen verstatten/ sonst soll von wegen der Siebenhauer zu Hammen bey nechster Visitation ingenant der dreyer Vicarien/ so sich der Jurisdiction des Ohrts annehmen/ gütliche Handlung fürgenommen werden.

Wir Burgermeister und Rath wollen auch hinfüro von der gantzen Clerisey und des Thumb-Capittels verwandten geistlichen Standes und Kirchendienern obgemelt/ inmassen sie von Alters her dafür gefreyet/ kein Wacht-Geld/ Stadt-Knecht-Geld/ Hencker-Geld/ Schott und andere dergleichen nicht schatzen/ sie sollen auch nicht bey Tage oder Nacht in den Graben zu gehen/ auch zu Wachen gedrungen/ sondern bey alter Freyheit gelassen werden/ also wollen wir auch den freyen Wohnungen unter der Dechaney und so andern Dhom-Herren-Höven annectirt uneinverleibet/ und sonst auff der Thumb-Kirchen und andern freyen Grund und Boden gelegen/ davon in den alten Concordien/ so versiegelt/ angerührt/ kein Schodt/ Schatz oder ander Bürger-Pflicht fordern lassen/ so ferne dieselbige von Geistlichen und Kirchendienern werden bewohnet/ sondern uns enthalten und berührte Häuser frey lassen/ aber Weltliche sollen steuren/ als oben gesetzt/ wir wollen auch der Clerisey Güther mit einigem Arrest ausserhalb ordentlichen Rechten/ auch mit Inventirung nicht beschweren/ dagegen haben wir Thumb-Capittel nachgegeben/ dasz/ obwohl unser Cämmerer hierbevor in seiner Behausung ohne Accise Wein und Bier geschencket/ dasz solches hinführo verbleiben/ aber sonsten genannten Cämmerer sein Eller-Holtz/ so viel von demselbigen noch verhanden/ welches auff Erkundigung bey der nehesten Visitation stehet/ gefolget werden soll/ aber der Streit zwischen uns/ dem Thum-Capittel und dem Rathe von wegen einer Wische vor dem Dam-Thore und einer für dem Schaar-Thore/ item von wegen des Wedings-Büttels/ soll auff der Ausspürung unser beederseits Rechten beruhen/ zu güthlicher Handlung bey der nechsten Visitation, oder zu rechtlichem Austrage/ per viam compromissi, so ferne güthliches entstehet/ alsdann nicht zu erlangen.

Wir Burgermeister und Rath wollen dem Thum-Capittel copiam aller Siegel und Brieffe/ jura der Doctorien in Dhome zugehörig/ welche Doctor Möller uns für etzlichen Jahren auff unsere Cämmerey gelevert/ in unserm besondern versiegelten Reversale zustellen/ in welchem/ dasz solche Brieffe bey Uns zu getreuen Händen in Deposito seyn/ soll bekandt werden.

Wir wollen auch befordern/ dasz dem Thum-Dechanten/ Capittel/ Provisoren und gantzen Clerisey aus dem ewigen Testament ihres Inhalts/ als nemblich Segebandes/ Storlangwedels Bandschoven und andere dergleichen Testamenta, jederzeit/ was darin verordnet/ möge gehalten und gefolget werden/ als können wir auch leiden/ und wollen befordern/ dasz zwischen Uns und dem Thumb-Capittel gütliche Handlung fürgenommen/ und billige Vergleichung getroffen werde von wegen Pavenwerders wüsten Hof-Stete und dem Feld-Marcken zwischen dem Fulesbüttel und Eppendorp/ und einer grossen Wisch dabey gelegen. Sonst soll in dem Hasenmorder/ alte Gebrauch/ laut darüber auffgerichteten Vertrags/ gehalten/ und auff die Jugend und Bürger-Kinder mit ernstlicher Zucht genug gesehen/ und ihnen gewehret werden/ die Fenster am Thumb und angehörigen Gebäuden auszuwerffen oder zu brechen/ und sonst des Orts zu fluchen/ schweren oder andern Muthwillen und Unzucht zu treiben/ dargegen wir beyderseits die Gebührnüsz beschaffen wollen/ im Fall auch nach erkundigter Gelegenheit befunden würde/ dasz zu der Ungebühr etwas entwendet/ von den Fundation-Juribus und andern zugehörigen Rechten/ wollen wir Burgermeister und Rath auff Anfoderung des Thumb-Capittels/ darum auch gegen Herrn Joachim Möllers etwan Rathmanns zu Hamburg/ Heinrichen Fischer und der alten Soltowischen Erben/ so die zu Rechte vom Thum-Capitel umb ungebührliche Verwendung geistlicher Güther beschuldiget werden/ ordentlich und gebührlich Recht ergehen lassen/ aber von wegen des neuen Schodesteines zwischen Saszen und der Beyern/ so ferne erkundiget kan werden/ dasz wir beederseits uns darum hiebevorn vergleichet/ soll es dabey gelassen werden. Nachdem auch die Lade zugehörig Langwedels Testament seel. mit Ihren inverwandten Clenodien/ Siegel und Brieffen aus des Eltisten Herrn Burgermeisters Hausz/ ihnen ihre alte gebührliche stete als dem Doctori Theologiæ wiederum geliefert ist/ in gleichnüsz/ so bescheinet würde/ dasz zwischen uns und den Bürgermeistern und Rath und dem Testamentarien vorgemeltes Testament transigirt/ von wegē sechtzig Marck L. jährlicher Hebung/ wollen wir Thumb-Capittel es dabey lassen/ aber so befunden würde/ dasz von uns dem Rathe Büchsenpulver unter die Thumb-Kirchen gelegt/ dasselbige soll hinweg gebracht/ aber Vietrill/ Salpeter und Schwefel mag daselbst gelassen werden/ dergestalt/ wenn es dem Capittel nicht länger leidlich/ wollen wir uns dieselbigen Stücke hinweg schaffen/ und sonst dem Capittel wider Werner Rollfinck/ da er durch freundliche Abhandelung sie nicht wird klaglosz machen/ gebührlich Recht mittheilen/ und gemelten Thumb-Capittel jährlich sechs und dreyszig Marck Lübisch ungefehrlich aus den Zollen auff Luciæ betaget/ so ferne die Grafen von Schauenburg daran keine Verhinderung thun/ mit den Retardaten bezahlen/ auch sie und ihr Rittmeister bey ihrem alten Gebrauch in Züchtigung ihrer Land und Leute lassen/ und so viel müglich und thunlich/ wollen wir dem Thumb-Capittel auff ihr Ansuchen berathen und hülfflich erscheinen/ damit ihre Thum-Herrn-Höfe durch Gewalt wieder ihren Willen von niemands mögen inne gehalten und bewohnet werden/ und im Fall als sonst mehr irrige Stücke zwischen uns dem Capittel und Rath fürhanden/ welche in dieser Concordien ausdrücklich nicht verglichen/ dieselben sollen von obgedachten Visitatoren für die Hand genommen/ und/ so müglich/ bey der ersten Visitation entschiedē werden/ als auch dahin fürder zu erkunden/ oder bey künfftiger Visitation erregte/ dasz etwan bey dieser Concordien unbegriffen/ daran von Rechts- und Billigkeit wegen dem Thumb-Capittel die Restitution gebühret/ solches ihnen zu specificiren/ und darauff bey uns dem Rathe Restitutionem soll vorbehalten/ alle Kosten/ Schaden/ Zehrung/ Bottenlohn und was sonst wir Thumb-Capittel an einem/ und wir Burgermeister/ und Rath mit unsern Consorten andern Theils/ auff diese Sache und von wegen derselbigen in- oder ausserhalb des Gerichts aufgewendet/ wie dasselbige Nahmen haben möchte/ solches alles und jedes haben wir aus freyem Willen gegen einander compensirt/ zu deme wir Thumb-Capittel auch unser Interesse und Antheil an den Condemnatis dem Ehrbahren Rath und gemeiner Stadt Hamburg nachgegeben/ dagegen haben wir Burgermeistere und Rath guthertziglich angesehen/ die gegenwärtige Baufälligkeit der Thumb-Kirchen zu Hamburg und den Unvermügen/ darin das Thumb-Capittel durch allerhand widrigen Zustand gerathen/ und ihnen fünfftausend Marck Lübisch einwendig zehen Jahren zu bezahlen glaublich versprochen und verschrieben/ Inhalts einer Obligation, so wir ihnen darüber gegeben/ im Fall auch künfftiger Zeit unser ein von dem andern wieder diese Concordia beschwert zu seyn vermeinen würde/ und wir unter uns darum nicht könten freundlich vergleichet werden/ haben wir freywillig uns hiemit folgender Gestalt in ein ewig Compromisz begeben/ dasz bey dem Thumb-Capittel zu Bremen/

ANNO 1561.

ANNO 1561. men/ welch wir Thum-Capittel zu Hamburg/ und dem Ehrbaren Rath der Stadt Lüneburg/ welche wir der Stadt zu Hamburg darzu erbetten und ernennet haben/ der klagende Theil seine Nothdurfft anzeigen sollen/ und ob dieselbige vermittelst Göttlicher Unterhandlung durch ihre Vollmächtige oder ihre Commissarien den Irrsallen nicht abhelffen können/ dasz alsdann dieselbigen durch schleunigen schrifftlichen Process beider Theil Nothdurfft zu Rechte annehmen/ und uns einwendig Jahres-Frist durch ihr Laudum, Macht-Spruch und willkührlich Erkändnisz entscheiden sollen/ dabey es auch ohne alle Appellation, Reduction oder einige Ausflucht/ wie die Schein und Nahmen haben möchten/ soll gelassen und dem Laudo und Macht-Spruch von uns beyderseits gehorsahmet werden/ bey poen zweyer tausend Gülden/ jedern Gulden zu vier und zwantzig Schilling Lubisch zu rechnen; Es soll auch das gewinnende Theil wieder den Ungehorsamb am Käyserl. Cammer-Gericht Execution auf das Laudum oder Urtheil/ in Gleichnisz auch auff die berührte Geld-Poen nicht weniger zu bitten und würcklich zu prosequiren haben/ als ob solches Laudum oder Urtheil am wohlgemelten Cammer-Gericht wäre ausgesprochen/ im Fall auch die gerührte Scheid-s-Herren durch ihre Verordnete in Güte oder durch ihren rechtlichen Ausspruch uns gegen einander einwendig eines Jahres Frist/ immassen fürgesetzet/ nicht entscheiden würden/ alsdann soll dem klagenden Theil hiemit fürbehalten seyn/ seine Klage am Käyserlichen Cammer-Gericht oder Regimenten/ so von wegen der Käyserlichen Majestät und des Heiligen Reichs in Teutschen Landen zu jederzeit seyn wird/ anhängig zu machen und auszuführen/ dagegen auch der beklagte Theil fori declinatoriam, oder andere gleichmässige Behelff nicht einwenden soll.

Wir Burgermeister und Rath wollen hinfüro in allen guten dem Thumb-Probst/ Dechant und Capittel uns lassen befohlen seyn/ die schützen und schirmen/ auch niemand/ darüber wir zu gebiethen oder verbiethen haben/ wissentlich verstatten/ sie zu verachten/ oder die Personen so verkleinern/ schmähen/ injuriren oder bespotten/ da wir dessen gnugsamen bericht/ der Gebühr nach/ zu bestraffen/ dagegen wollen auch wir Thumb-Dechant und Capittel neben und mit unserm Thum-Probst aller Bescheidenheit uns wissen zu gebrauchen/ und nichts/ wie obstehet/ zu verursachen/ was auch für Personen von unser beyderseits wegen in dieser Sache sich haben lassen gebrauchen/ sollen derhalben von keinem Theile beneidet oder gehasset/ dagegen auch nichts heimblich oder offentlich practisiret oder fürgenommen werden/ sondern wir Thumb-Capittel und Rath vorgemelt/ auch unser Nachkommen an dem Capittel und Stadt Hamburg und unser beederseits Mitbeschriebenen sollen und wollen alles/ wie obstehet/ sampt und besondern/ mit allen seinen Inhaltungen/ Clausulen und Artickeln/ wahr/stet/fest/ und ehrbarlich halten/ und dieser Concordien auffrichtig und unverweiszlich nachleben/ dawieder wissentlich nimmer thun/ in wasserley Schein und Nahmen das auch geschehen möchte/ und verziehen uns für uns und unsere Mitbemelten an beyden Theilen hiemit allen Privilegien/ Freyheiten und Gnade/ die jederm Theil gegeben sind/ oder hinfüro hinweder gegeben und erworben werden möchten/ und sonst alles/ damit wir und jedes Theil insonderheit wieder diesen Vertrag sich beschirmen oder behelffen könte oder möchte/ u. nahmhafftiglich/ wir Thumb-Capittel renunciiren hiemit liti & causæ absque ulla protestatione & reservatione, so von obengesetzter Stücke wegen am Kayserl. Cammer-Gericht bisz auff diese Zeit anhängig gewesen/ in allerbesten und beständigsten Form Rechtens/ laut eines darüber auffgerichteten Instruments/ haben auch zu mehrer Befestigung dem Ehrbahren Rathe die Executorial, so erlanget/ übergegeben/ also auch wir Burgermeister und Rath cassiren und heben auff hiemit bester Form Rechtens/ dasjenige/ so etwan durch unsere und gemeiner Stadt Hamburg Verordnung oder Rechtens möchte eingeführet seyn/ so weit und ferne dasselbige dieser Concordien zuwider/ verstanden und ausgelegt könte werden/ arge List und Gefehrde von dem allen gäntzlich ausgeschlossen/ und nachdeme vorgesetzter maassen diese Sachen abgehandelt/ und mit unser beyder Part Wissen und gutem Willen verglichen und vertragen/ und in diese schrifftliche Concordia verfasset seyn/ so haben wir Thumb-Dechant/ Senior und Capittel der Thumb-Kirchen/ und wir Burgermeister und Rath der Stadt Hamburg vor uns und unser beiderseits Nachkommen und Mitbenante am' gemelten Capittel unser Kirchen- und Stadt-Siegel wissentlich heissen hangen an diesen Brieff/ deren zween eines Einhalts gemacht/ und jederm Theil einer davon zugestellet ist/ wir haben auch die Ehrwürdige/ Ehrenveste/ Hochgelahrte/ Ehrbahre und Weise Herren/ Thum-Probsten/ Dechant/ Seniorn und Capittel der Ertz-Stiffte Bremen und Burgermeistern und Rath der Stadt Lüneburg freundlich vermöcht/ mit ihres Capittels und Stadt-Siegel um mehrer Wissenschafft willen diesen Brieff neben uns zu befestigen/ und bekennen wir Thumb-Capittel zu Bremen und Rath zu Lüneburg/ dasz wir auff obangesetzter Partheyen freundlich Gesinnen unsers Capittels und Stadt-Siegel mehrer Wissenschafft halber/ jedoch uns und unserm Nachkommen ohne Schaden/ neben des Capittels und Raths zu Hamburg Siegele haben befohlen zu hangen an diesen Brieff/ welcher gegeben und geschrieben ist/ binnen Bremen auff dem Thum-Capittel-Hause nach unsers Herrn und Seeligmachers Geburth tausend/ fünffhundert ein und sechtzig/ den zweyten Tag May/ Unterhandlers-Herren die Ehrwürdigen/ Ehrenvesten/ Hochgelährten und Ehrbahren Herren Ludolff von Borendorff/ Thumb-Probst/ Joachim Hencke der Rechten Doctor und Thumb-Dechant und Gebaden von der Hude/ Probst zu St. Ancharii zu Bremen/ von wegen des Thumb-Capittels zu Hamburg/ Verhandlers/ die auch Ehrwürdige/ Ehrenveste und Ehrbahr Henricus Wittmar/ Dechant/ Johann Schlüter/ Structuarius, Johannes Eckleff/ Cantor, Anthonius Barckley Boldewin von Wersebe/ Bartholomeus Justus, Secretarius, von wegen eines Ehrbahren Raths zu Hamburg verordnete und abgesandte/ die Achtbahre/ Weyse/ Hochgelahrte/ Ehrbahre/ Herren/ Albrecht Hanckmann/ Lorentz Neubur/ beyde Burgermeistere/ Willhelm Möller/ Doctor und Syndicus, Herman Wetcken/ Nicolaus Vogeler der Rechten Licentiat, beede Rathmanne zu Hamburg/ Heinrich Reders und Lucas Beckmann/ heilige Leichnams Schworne zu St. Nicolai und St. Petri aus der Gemeine.

XLII.

Vertrag zwischen Johann Grafen zu Waldeck/ und seiner Frawen Mutter Annam/ gebohrner Hertzogin zu Cleve/ wegen des Ambts und Hauses Aroldessen; worinn derselbe besagtes Ambt mit allen Renten und Nutzungen auf lebens-lang seiner Frawen Mutter überlässet/ iedoch dasz selbtes nach ihrem Todt ihme anstammen solle; daentgegen Sie besagtem Grafen nebst einigen Zehenden Jährl. anderthalb hundert thaler zu folgen verspricht. Geschehen zu Cassel den 3. Octobris 1561. [LUNIG, Teutsches Reichs-Archiv. Part. Special. Continuat. II. Abtheil. VI. Absatz XXV. pag. 365.] 3. Octobre.

C'est-à-dire;

Accord entre JEAN *Comte de Waldeck & ANNE née Duchesse de Cleves sa Mere, touchant le Bailliage de* Aroldessen; *par lequel le Comte cede ledit Bailliage à ladite Dame sa Mere pour tout le tems de sa vie, à condition qu'après sa mort il retournera à lui ou à ses Heritiers, & qu'elle lui payera annuellement Cent-cinquante Ecus, outre certaines Dimes qu'elle lui laissera, à Cassel le 3. Octobre 1561.*

VOn GOttes Gnaden wir Wilhelm/ Hertzog zu Gülch/ Cleve und Berge/ Graff zu der Marck und Ravenszberg/ Herr zu Ravenstein/ und von desselbigen Gnaden wir Philips/ Land-Graff zu Hessen/ Graff zu Catzenelnbogen/ Dietz/ Ziegenhain und Nidda/ rc. Thun kundt hieran bekennende/ als sich eine Zeithero zwischen der hochgebohrnen Fürstin/ unser freundlichen lieben Mumen und Gevatterin/ Frawen Annen/ gebohrnen Tochter zu Cleve und Gräfin zu Waldeck/ Witiben/ an einem/ und ihrem Sohne/ dem wolgebohrnen unserm Neven und lieben Getrewen/ Johann/ Graffen

Anno 1561. zu Waldeck am andern Theil/ hernach folgender Articul halber Irrunge und Gebrechen zugetragen/ derowegen wir dann zu Pflantzung guter Einigkeit/ und Erhaltunge mütterlichen und sohnlichen Willens/ solcher Gebrechen halber/ zu gütlicher Verhör und Unterhandlunge uns eines Tages gegen Cassel auf den ersten dieses Monats Octobris verglichen/ daselbst auch beyde Theil in eigener Person erschienen seyn/ und der Handlunge für unsern darzu verordneten stattlichen Räthen abgewartet haben/ daß demnach durch Verleihunge deß Allmächtigen nach vielfältigen angewandten Fleiß/ die Güte erfolgt/ und beyde Theil/ Mutter und Sohn/ mit ihrem guten Wissen und Willen in der Güte anheut dato verglichen und vertragen worden seyn/ immassen hernach folgt.

Erstlichen soll und will Graff Johann seiner Fraw Mutter aus hertzlichem Bedencken und gehorsamb nachgeben und zulassen/ ihr Lebenlang das Hauß Aroldessen/ es sey an Renten/ Zinsen/ Gefällen/ Vorrath/ Ackerbaw/ Diensten/ und allen andern Nutzungen/ auch mit der Ober- und Gerichtbarkeit/ Gebotten und Verbotten/ wie ihre Liebden solches alles vom Jahr funffzig sieben bis anhero ingehabt/ und gebraucht/ und in gegenwertiger Zeit innehat/ vor sich allein zu besitzen/ inzuhaben/ zu nützen und zu gebrauchen/ doch soll diß uff den tödtlichen Fall der Fraw Mutter/ Graffen Johann und seinen Erben/ an dem Caßelischen in Anno funffzig sieben uffgerichten Vertrag dieses Puncten halben/ in allewege ohnnachtheilig seyn.

Es sollen auch die Diener/ als Pförtner und andere Befehlhaber im Hauß Aroldessen/ Graff Johannen geloben und schweren/ ihm und sonst niemands uff solchen Fall des tödtlichen Abgangs/ mit Inräumung des Hauses Aroldessen gewertig zu seyn/ gleichwohl aber sollen bemelte Diener/ Pförtner und Befehlhabere/ wie auch das übrige Gesind im Hauß/ in ermelter unserer Mumen und Gevatterin/ da ihre Liebden am Leben seyn wird/ Verwaltunge/ Verpflichtunge und Dienst seyn/ auch durch Ihre Liebden ihres Gefallens angenommen/ und wieder beurlaubet werden mögen.

Und nachdeme die Eingesessene und Unterthane des Hauses und Ampts Aroldessen Graff Johannen als ihrem Erb- und Land-Herrn Erb-Huldigung gethan/ ihme/ uff obberührten Fall seiner Fraw Mutter tödtlichen Abgangs/ als ihrem Erb-Herrn/ und sonst niemands gewertig zu seyn/ da sich dann mitlerzeit Landfriedbrüchtige oder andere unziembliche frefentliche Thaten zutrügen/ daß die gemeine Unterthanen der Graffschafft Waldeck zu Rettunge deß Landes oder sonst folgen müsten/ oder auch/ da gemeine Reichs- oder Lands-Stewren bewilliget/ und von den samptlichen Unterthanen der Graffschafft Waldeck erhaben werden solten/ so sollen uff solchen Fall die Unterthanen des Ampts Aroldessen/ Grafen Johannem ihrem Erbherrn/ so wohl als andere seine Untersassen zu folgen/ auch die bewilligte Reichs- und Land-Stewern zu geben verpflicht seyn/ ohne allen Inntrag oder Verhinderung seiner Frau Mutter/ sonst soll Graf Johann ausserhalb dieses Puncten sich der Jurisdiction, alldieweil die Fraw Mutter im Leben ist/ weiter nit anmassen.

Und damit den Unterthanen gleichmäßiges billichen und schleunigen Rechtens ohne Unterscheid verholffen werde/ und sich dessen niemands mit Fugen zu beklagen haben möge/ so soll die Fraw Mutter und Graff Johann ungesäumpt diese Versehung thun/ daß die ordentliche Land- und Bawren-Gericht/ wie die von Alters/ und vor diesen entstandenen Irrungen gebraucht worden/ wieder ins Werck gerichtet und gehalten werden.

Was auch in Criminal- und ander bußfelligen Sachen/ darinn die Leib-Straffe nicht erfolgt/ von den Unterthanen deß Ampts Aroldessen verwürcket und sie deßwegen straffbar weren/ sollen solche Straffen und Bussen/ wie herkom̃en und bräuchlich gewesen/ durch ihre Liebden der Billigkeit nach/ gesetzt und eingenommen werden.

Und wiewol die Frau Mutter der Unterthanen keinen mit unbillichen Gebotten oder Straffen wider die Billigkeit zu beschwehren gemeint/ so hat gleichwol Ihre Lbd. nachgegeben und bewilliget/ wie es auch zwischen ihr und Graff Johannem abgeredt ist/ nemblich daß zween aus der Ritterschafft der Graffschafft Waldeck/ einer von Ihrer L. und der ander von Graff Johann benennt und verordnet werden/ vor welchen diejenige/ so mit Ihrer Lbd. zu thun/ und wider Billigkeit mit Abforderunge übermäßiger Bussen/ oder in andere Wege beschwert zu seyn sich bedüncken liessen/ Macht haben sollen/ ihre Beschwehrunge vorzubringen/ daruff dieselbige zween von der Ritterschafft solche Beschwehrung hören/ sich derselben halben erkundigen/ und endlichen ihrem Ermeßen nach/ billichen Bescheid geben sollen/ und da dieselbe solche Gebrechen vor sich selbst zweene alleine nicht entscheiden könten noch wolten/ so mögen sie solches an unsern Land-Graff Philipsen Amptmann zum Wolffhagen/ Georg von der Malßpurg gelangen lassen/ der sich auch als dann an unser statt neben ihnen solcher Gebrechen unternehmen/ und darinnen endlichen Bescheid zu geben Macht haben soll. Anno 1561.

Sonst sollen die Inwohner und Untersassen deß Ampts Aroldessen bey ihren alten Freyheiten/ Herkommen und guten Gewohnheiten auch bey hergebrachtem Gebrauch gelassen werden.

Es soll auch die Fraw Mutter vom Hauß Aroldessen keine Güter/ Zinse oder Rente vereusern/ sondern solches Hauß unverrückt bey einander bleiben lassen/ wo es aber darüber beschehe/ soll es von Unwürden seyn und bleiben.

Es soll auch Ihre Liebden die Gehöltze zu Aroldessen gehörig/ nicht übermäßiger Weise auslösen und verwüsten/ darzu die jährlichen Pension, so aus dem Hauß Aroldessen zu entrichten seyn/ nicht uffwachsen lassen/ sondern dieselben/ Inhalt Brieff und Siegel/ entrichten.

Und nachdem auch Graff Johann drittehalb hundert Thaler jährlichen uß Bernburg von der Fraw Mutter gefordert/ so ist mit ihme endlichen dahin gehandelt/ daß er solche drithalb hundert Thaler zu besserm Unterhalt der Fraw Mutter ihr Lebenlang will fallen lassen/ und sollen hiermit die Verschreibunge/ so Ihre Liebden über sich derowegen geben/ und Graff Johann hinder sich hat/ so viel die Fraw Mutter belangt/ krafftloß/ todt und abseyn.

Dargegen hat die Fraw Mutter freundlich bewilliget/ ihrem Sohn Graff Johannen zu sampt dem Dorpetter Zehenden und Hewer/ so er allbereit inhat/ aus Mütterlicher Liebe jährlich anderthalb hundert Thaler die Zeit ihres Lebens unweigerlichen durch J. Lbd. Küchenschreiber zu Aroldessen zu seinen Händen/ uff einen jeden Oster-Tag zu geben und zu lieffern/ und mit Erlegunge solcher anderthalb hundert Thaler nechst künfftigen Oster-Tag des zwey und sechtzigsten Jahrs anzufangen.

Und hiermit sollen beyde Mutter und Sohn aller obbemelter Irrungen halber gäntzlich/ gründlich und ewiglich vertragen seyn/ und sich gegen einander freundlich und also erzeigen und verhalten/ wie solches zwischen Fraw Mutter und Sohn sich gebühret/ auch Christlich und billich ist/ darzu bey ihren Dienern beyderseits die Versehung thun/ daß sie sich gegen einander friedlichen/ und also verhalten/ daß diese freundliche Vergleichung nicht zerrüttet/ auch kein newer Zanck erweckt werde.

Dergleichen soll auch der Cammer-Gerichts-Proceß/ so gemelter Irrungen halber angefangen/ gefallen seyn/ und sonst diese Vergleichung dem Casselischen Vertrag in allen andern Puncten und Inhaltungen gantz unschädlich/ ohne Abbruch/ und unnachtheilig seyn/ dann derselbige Vertrag nicht destoweniger in allem dem/ so Graff Johann zum besten darin erthedingt und bewilliget ist/ in seinen Kräfften bleiben soll.

Daß nun solches alles dermassen als obstehet/ abgeredt/ verhandelt/ auch von einem jeden Theil insonderheit mit zeitlichen vorgehabten Rath und Bedencken beliebt/ angenommen und bewilliget worden; Dessen zu Urkund und mehrer Sicherheit seynd dieser Verträge zweene gleichlauts mit unser als der Unterhändler und darbeneben beyder Partheyen Fürstl. und Gräfflichen anhangenden Insiegeln verfertiget/ auch von uns und beyden Theilen mit eigenen Händen unterschrieben worden/ und hat jedes Theil der Verträge einen zu sich genommen/ geschehen zu Cassel/ Freytags den dritten Tag Octobr. Anno Domini fünffhundert sechzig eins.

XLIII.

Transactio inter SIGISMUNDUM *Poloniæ Regem,* & GOTHARDUM *Magistrum Ordinis Teutonici; Quâ conventum est, ut Provincia* Livoniæ *præfato Regi subjecta maneat, & in communitatem cum Regno Polonia recipiatur, atque omnibus viribus tam contrà Moschos, quàm alios ejus Hostes defendatur, & cuncta ejus amissa repetantur; Porrò etiam suprafato Magistro* Titulus Ducalis *cum omni dignitate tribuitur, nec non certi Districtus in Feudum conceduntur, & rursus alia Provincia pro suscepta* Livoniæ *defensione Regi reservantur. Actum Vilnæ die* 28. *Novembris* 1561. 28. Novembre.

[LU-

NIG

ANNO 1561.

Nig Teutsches Reichs-Archiv. Part. Special. Contin. I. Abtheil. III. Fortsetzung III. Vom Teutschen Orden pag. 51.]

SIGISMUNDUS Augustus, Dei gratia, Rex Poloniæ, Magnus Dux Lithuaniæ, Russiæ, Prussiæ, Masoviæ, Samogitiæ, Livoniæque Dominus & Hæres. Significamus præsentibus Literis nostris, Universis & Singulis, quorum interest, cum Terra Livoniæ nobis, ex parte Magni Ducatus nostri Lithuaniæ, & vicinitate, & multis, partim antiquis, partim novis Pactis & Fœderibus devincta & consociata, jam ab aliquot annis immanissimi Hostis Moschi crudelibus armis, incendiis & vastationibus propemodum funditus eversa ac desolata esset, ita ut extrema quæque illi imminerent, nec quicquam certius esset, quam quod ad primam quamque incursionem illius præpotentis Hostis, illud, quod reliquum, tam in Dioecesi Rigensi, quam in Terris Magistri Ordinis Teutonici fuerat, similibus cladibus exscinderetur, & in durissimam servitutem hostilem veniret, quemadmodum jam magna pars, propter multarum Civitatum, Arcium, Propugnaculorum amissionem venerat, & ob maximam in omnes partes depopulationem, vastitatemque ferro atque igni in ea allatam & propter quotidianas incursiones, magnumque Hostis ad ejus reliquias occupandas apparatum, ad eam angustiam & difficultatem Ordines illius redacti essent, ut nequaquam opibus, viribusque propriis Statum suum defendere, atque se a servitute & crudelitate hostili tueri ac vindicare possent.

Ideo Illustrissimus & Magnificus Dominus *Gothardus*, Equestris Ordinis Teutonici in Livonia Magister, Nobilitas, Civitates Statusque & Ordines illius universi, dum & omnia domestica consilia sua convulsa, & se ab aliorum præsidiis, præsertim Sacræ Cæsareæ Majestatis & Statuum Romani Imperii destitutos animadverterent, a vicino etiam Rege Sueciæ Terra, Marique peterentur, tam suo, quam Civitatum aliorumque Ordinum Livoniæ, ad dictum Magistrum & gravissimum periculum nobis crebris internunciis & Literis præsentem calamitatem & gravissimum periculum nobis exposuissent, multisque precibus opem & auxilium nostrum implorassent.

Nos & commiseratione afflictissimæ Provinciæ & amore totius Reipublicæ adducti, & ne barbarus Hostis latius pro sua libidine in Populo grassaretur, dedimus negotium Illustrissimo Principi Domino *Nicolao Radziwil*, Duci in *Olika* & *Nischewitz* Palatino Vilnensi, &c. ut iterum in Livoniam properaret, & primo quoque Rigam peteret, ibique tam cum ipso Magistro, quam cum illius Ordinibus ac Civitatibus, de memoratæ Provinciæ defensionis ratione tractaret. Cumque in illis Tractatibus ab omnibus perspiceretur, nisi communibus viribus tam Polonorum quam Lithuanorum defensio suscipiatur, non posse potentiam hostilem reprimi: Polonorum vero auxilia, nisi deditio quoque ad Regnum Poloniæ, non solum Magnum Ducatum Lithuaniæ fiat, nequaquam adduci posse.

Tandem ad hunc extremum casum, ita ut fit in rebus desperatis & præsenti periculo expositis, deventum est, ut de facienda deditione statuerent, eoque nomine communis profectio, tam ab ipso Principe prænominato, quam ab Ordinum ac Civitatum Nunciis, ad Nos susciperetur.

Sed quia prædicto Principe, aliorumque Ordinum ac Civitatum Nunciis ad nos Vilnam venientibus, & Subjectionem certis conditionibus Nobis, Regno Poloniæ, Magno Ducatui Lithuaniæ, Russiæ, Prussiæ, Masoviæ, Samogitiæque cæterisque Ditionibus nostris profitentibus, Senatus Poloniæ copiam tunc non habebamus, sine quo subjectio ipsa, ex parte Regni, rite atque commode peragi non possit, necessario hujus rei tractationem in nostram in Poloniam profectionem, ex parte Regni rejicere Nos oportuit.

Ne vero interea, dum hæc ad Senatores & Ordines Regni nostri perferuntur, atque ibi ab eisdem omnibus approbantur, multis modis afflicta Livonia, vel in spe dubia vel ancipiti statu rerum suarum, vel etiam ope destituta & extremæ depopulationi hostili exposita relinquatur; indeque mutata voluntate, vel servitutem tyrannicam, vel alias quantumvis iniquas conditiones subire cogatur, sed ut & illi de indubitata ope & præsidio nostro, & Nos vicissim de constanti fide & voluntate eorum certi simus.

ANNO 1561.

Ita tandem post varios multosque Tractatus hoc tempore inter Nos & prædictum Principem aliorumque Ordinum ac Civitatum Nuncios conventum est, ut ipsa Livonia ex nunc Nobis, ut Regi Poloniæ, Magno Duci Lithuaniæ, Russiæ, Prussiæ, Masoviæ, Samogitiæ, Domino ac Hæredi subjecta sit, & maneat, dum certi aliquid de approbatione Procerum Regni retulerimus.

Quandoquidem vero hoc negocium ad Regni Conventum proxime in Masovia futurum, & ad Status & Ordines Regni rejecimus: In eo quidem Conventu sancte promisimus & authoritate harum Literarum promittimus, ut a Senatoribus cæterisque Ordinibus Regni nostri in Polonia, professa subjectio tam Principis prædicti, quam Subjectorum suorum in commune seu conjunctim, cum Regno, Ducatu Lithuaniæ & cæteris Dominiis recipiatur & approbetur, juxta Tractatus hic nobiscum initos, utque interea Livonia a nobis totis viribus Regni, Magni Ducatus Lithuaniæ, cum omnibus adjunctis Ditionibus nostris, tam adversus Moschos, quam adversus omnes alios hostile aliquid illi molientes defendatur & propugnetur, & Civitates Arcesque amissæ armis repetantur. Si vero præter spem nostram, Status Regni nostri Poloniæ in subjectionem istam consentire, & ita Livoniam, conjunctis viribus, prout Ditiones prænominatæ ferant, defendere nollent, Livonia vero a solis Proceribus Lithuaniæ ad modum præscriptum defensa fuerit, ex tunc, prout nunc, Magno huic Lithuaniæ Ducatui incorporata, illique unita esse censeatur.

Cum autem in Conditionibus Subjectionis illud inter cætera contineatur, quod tam prædictus Princeps quam Subditi & Civitates sibi a Nobis caveri postularint: Ne Deditio & Subjectio illa, quam Nobis, ut Regi Poloniæ, Magno Ducatui Lithuaniæ, aliarumque Ditionum nostrarum, extremis casibus & periculis adducti obtulerunt, apud Cæsaream Majestatem aliosque Imperii Ordines Germaniæ illis damno & fraudi sit; bona fide spondemus & recipimus, Nos interea, donec cum Senatoribus quoque Regni de Livonia in fidem & Subjectionem recipienda acturi sumus, omnem curam & diligentiam adhibituros, ut vel per Internuncios, vel per Literas nostras, Cæsareæ Majestatis aliorumque Imperii Ordinum, imprimis vero Magistri Ordinis Teutonici per Germaniam animi & voluntates ad probandam hujus facti necessitatem inducantur & flectantur. Quodsi id plane confici non poterit, huc tamen totis viribus incumbemus, ne vel Princeps, vel Subditi ullum detrimentum tam in honore & fama, quam in bonis & fortunis, ex hac necessaria Deditione patiantur, nec ullam Imperii proscriptionem, aliave Gravamina hoc nomine incurrant, vel si incurrerint, Nos tamen providebimus, ne hoc cuique publice vel privatim fraudi sit.

Dedimus præterea fidem, sicut & præsentibus Literis sancte damus, recipimus atque promittimus, Nos tam Principi ipsi, quam Civitatibus, aliis, vel Subditis suis, cujuscunque Ordinis vel status fuerint, liberum usum Religionis, Cultusque divini, & receptorum Rituum, secundum Augustanam Confessionem, in suis Ecclesiis, totiusque rei Ecclesiasticæ integram administrationem, sicut eam hactenus habuerunt, libere permisimus, nec in ea ullam mutationem facturos, neque ut ab aliis fiat, permissuros.

Omnia etiam eorum Jura, Beneficia, Privilegia secularia & Ecclesiastica, præsertim Nobilium, tam simultaneæ Investituræ jus, quam & libertatem gratiæ in successione hæreditaria ad utrumque Sexum, superioritates, præeminentias, dignitates, possessiones, libertates, transactiones & plebiscita, immunitatesque confirmaturos esse; denique & Jurisdictionem totalem, juxta leges & consuetudines moresque antiquos.

Cum provocatione tamen eorum, qui tam ex Nobilibus, quam Civitatibus immediate imperio nostro, vigore præsentis cum ejus Illustritate Transactionis adjiciuntur, ad Vicegerentem nostrum per Livoniam, vel Senatum, Senatores, Judices nostros, per Nos in Civitate Rigensi constituendos, eligendos communibus Equestris Ordinis, hoc est, tam ipsorum Membrorum Teutonici Ordinis, quam Nobilitatis Livonicæ suffragiis; idque non ex aliis, quam indigenis & bene possessionatis illius Provinciæ Incolis, nempe ex nobilibus Vasallis & Civitatum Senatoribus, Membrorum etiam Ordinis, qui mutato statu totos se huic Provinciæ dederint: Ita tamen, ut eisdem Subditis nostris Equestris

ANNO 1561. & civilis conditionis indifferens sit appellatio prout cuique appellanti provocare visum fuerit. Nempe immediate ad Nos, vel mediate ad vices gerentem, vel ad Senatum nostrum præfatum. Illi vero, qui dicti Principis Magistri Jurisdictioni subjecti, & ratione Dominiorum ejus Subditi erunt & manebunt, ad suum tantum Principem provocabunt. In causis tamen gravibus & maximi momenti, licebit Equestri Ordini a Principe suo ad Conventum Provincialem Terrarum Livoniæ juxta veterem consuetudinem provocare.

Præterea recepimus, prout præsentibus recipimus, Subditos Provinciæ illius penes Magistratum suum Germanicum relicturos esse, proinde Officia, Præfecturas, Præsidiatus, Judicatus, Burgrabiatus, & id genus, non aliis, quam Nationis ac Linguæ Germanicæ hominibus ac adeo indigenis collaturos esse, quemadmodum in Terris Prussiæ conferre soliti sumus.

Et quicquid publice vel privatim universis & singulis de jure & æquitate competere videtur, vel videbitur, in posterum nostris Literis & Diplomatibus confirmaturos & approbaturos, nec ullam in prædictis rebus diminutionem, sed potius pro Regia nostra gratia & beneficentia augmentum & accessionem facturos, quemadmodum ex nunc reipsa, vigore præsentium Diplomatum confirmamus, approbamus, augemus, ratificamus, attestamur & comprobamus, confirmareque & comprobare quibusvis hominibus, privatim & publice, nunc & in posterum, quocunque tempore benigne super ea re compellati fuerimus, debebimus; ac ad eundem modum in reliquis Civitatibus Livoniæ, Imperio nostro subjectis, Officiales nostros constituemus; durante tamen tumultu bellico, reliquas Arces Hosti vicinas & periculo expositas indifferenter per cujusvis Nationis & Linguæ Officiales administrabimus, quorum Nobis virtus, fides integritasque fuerit spectata; ita tamen, ut illi nihil attentent, faciant, jubeant atque mandent, quam quæ pro defensione Civitatum ac Arcium facere videbuntur, nisi forte in nostrum & Reipublicæ damnum vergere, quid isti animadverterint, tum ad Nos ea de re referant, & pro virili satagant, ne quid detrimenti ad Nos & Rempublicam redundet. Jus autem, Justitiam & potestatem gladii exerceant tam in Cives quam Nobiles, Magistratus Civitatum atque Arcium Præfecti. Sepositis armis & optata Pace recuperata non aliis quam indigenis Natione & Lingua Germanis Præfecturas in tota Provincia concedemus.

Illustri Domino Magistro Livoniæ, porro cum ad Equestris Ordinis consilium & nostram approbationem Statum mutaverit, & per conjunctionem affinitatis ad Principum virorum penetrarit amicitiam, quo vicinorum Regum & Principum amicitia suffultus, contra hujus Provinciæ Hostes eo solidior firmiorque compareat, Ducalem titulum, ad instar *Illustris Domini Ducis in Prussia*, cum omni Dignitate, Insignibus & Privilegiis Ducalibus tribuemus, ita ut Vasallus noster, feudatariusque Princeps sit, quemadmodum ex nunc Illustritatem ejus pro Vasallo nostro Principe suscepimus, habebimus atque habemus.

Ac quo vicissim Illustritas ejus certa sit, quam primum voluntatem Regni nostri Senatorum exploraverimus, aut illi cum Senatu nostri Magni Ducatus Lithuaniæ super ea re convenerint, quotam Livoniæ partem a Nobis & Successoribus nostris in Feudum habere, tenereque debeat Illustritas sua cum posteris suis ex linea masculina descendentibus; has Arces subsequentes, Districtus atque Præsidiatus cum jure suæ Illustritati concessimus in Feudum atque concedimus &c. (non obstante, licet ipsa infeudatio titulique insignium & honorum solennis attributio nunc concedi nequeat; quæ omnia ad nostrum ex Polonia reditum differenda esse duximus) possessionem illorum omnium Illustritati suæ assignavimus, contulimus.

Atque conferimus primum totum illum tractum Curlandiæ & Semigalliæ incipiendo a salso Mari sursum, sequendo Fluvium Hilgæ, ascendendo ad antiquos limites, per Radzivilum inceptos & dispositos inter Samogitiam, Lithuaniam & Russiam; & Russiam ab una & Livoniam ab altera partibus, versus Districtum Polocensem ad Dunam Fluvium, descendente vero Duna usque in Mare salsum; Adeo ut quicquid in istis terminis cis Dunam versus Lithuaniam continetur & ad Ordinem Livoniæ spectabat, nunc & in perpetuum apud Illustritatem suam & ejus Hæredes masculos permaneat, Curias videlicet, bona & Nobilitatem quæ Arcem Duneburgensem ex hac parte Fluminis Dunæ versus Lithuaniam spectarunt.

Arcem Selburgam cum toto Districtu; Curias, item Nobilitatem, & omne id, quod videlicet ex hac parte ad Arcem Ascherat spectavit; Arcem Bausko, Neugut, cum iis quæ ad Arcem Kirchholm pertinebant; Arces Mitau, Tuckum, Neuburg, Doblen, Kandau, Alswangen, Schrunden, Frauenburg, Zabel: tum & illas Arces, quæ nobis oppignoratæ sunt: Goldingen, Hasenpoth, Durben, Windau, in Summa octuaginta millium. Arcem vero Grobin in quinquaginta millibus Illustrissimo Principi, Domino Alberto, Marchioni Brandenburgensi in Prussia Duci, itidem oppignoratam, & illas quidem summas Illustritati ejus remittimus. Arcem vero Grobin ære nostro apud ipsum Illustrissimum Dominum in Prussia Ducem eliberabimus, ac dabimus operam, ut ab ipsa oppignoratione primo quoque tempore eliberetur atque in possessione Illustritati suæ tradatur. Ad eundem modum & Arcem Bausko ex possessione & usufructu Reverendissimi & Illustrissimi Principis Domini Archiepiscopi Rigensis eliberabimus, & ut ejus possessio ad Festum Paschæ Illustritati ejus tradatur, curaturi sumus; Ex altera vero parte Dunæ solam Arcem Dunemundam Illustritati ejus, ad tempora vitæ, concedimus. ANNO 1561.

Pro nobis vero & Serenissimis Successoribus nostris, ratione susceptæ defensionis & aditorum, ac etiam nunc adeundorum multorum periculorum & certaminum, quæ Nobis pro Livonia propemodum jam desperatis rebus sumpsimus, totum tractum & omnem reliquam Provinciam ultra Dunam, vigore præsentis Contractus cum Illustritate ejus initi reservamus.

Primum, & ante omnia, Arcem & Civitatem Rigensem, cum omni quod in ea antiquitus obtinuit in re, dominio & proprietate, meroque & mixto Imperio, apud Imperatores Romanos obtento, de quo nobis Illustritas ejus condescendit, illudque Nobis resignavit, prout præsentibus resignat, cedit & condescendit & ab Homagio, quo Civitas illa Rigensis Illustritati suæ tenebatur, absolvit, absolvereque & renunciare coram Legato nostro in Civitatem Rigensem, per Nos ablegando publice, tum & Patentibus Literis suis; etiamsi Civitas illa ei rei adversari velit, aut quomodo reclamet, & ab ipso Homagio liberos facere; nec non omnia Diplomata, ab Imperatoribus Romanis super ea re obtenta, Nobis tradere tenebitur, eamque sicut & reliqua omnia, quæ sequuntur, potestati meroque & mixto Dominio nostro permittere, sicut jam ex nunc harum Literarum vigore permisit ac permittit, tanquam scilicet eam Civitatem, cujus salute & conservatione salus & conservatio reliquæ Provinciæ nititur: *Ex amissione vero extremum illi Provinciæ excidium, vicinis autem Dominiis nostris præsens, certissimum & indubitatum periculum impendeat.* In ea tamen Civitate Rigensi & Arce, non peregrinum aliquem alienigenam & adventitium ad gerendum Magistratum, & alia Officia præficiemus, sed ex indigenis Germanicæ Livonicæque Linguæ & Nationis. Et alterum quidem Officialem Arcis, qui rei militari & præsidiis nostris; alterum vero, qui rebus Urbanis Burgrabius præsit, ex Senatorio Civitatis illius Ordine per illos deligendo, per Nos autem confirmando ad exemplum Civitatis Gedanensis, constituemus, qui tam Nobis Regi Poloniæ, quam Magno Ducatui Lithuaniæ speciali jure jurando obstricti sint.

Sequentes vero Civitates & Arces, Præsidiatus, Præfecturæ, tractus, pro Nobis cesserunt, tam videlicet illæ, quæ adhuc in potestate Ordinis permanserant, ut sunt Arces Kircholmia, Ascherad, Duneburg ad ripas Dunæ sitæ, Rositen, Lutzen, Trikaten, Ermis, Helmet, Karkus, Weisenstein cum tota Jervia, Arx & Civitas nova Parnovia, Sahra, Rugia, Burtneck, & Arx & Civitas Wolmaria, Wendena, Wolfardt, Arries, Segewalt, Schuien, Jurgenburg, Nithow, Lemborgh, Rodenpeus, Neumöle. Dein & illæ, quæ jam in potestatem Hostis pervenerunt, & armis nostris recuperandæ Nobis sunt; Videlicet Ducatus Esthoniæ, Episcopatus Dorpatensis, quantum in eo sua Illustritas interesse habet, cum omnibus illarum Nobilibus, Vasallis, Curiis, Fundis & universis bonis ad eas spectantibus, de quibus omnibus certis personis, quæ adhuc ex Ordine Teutonico restant, nec non Consiliariis & aliis honestis viris de Republica Livoniensi bene meritis pro judicio & arbitrio nostro, servato delectu adhibitaque in personis proportione Geometrica, concedemus providebimusque. Munitionibus tamen interim omnibus in nostra & Successorum nostrorum potestate reservatis.

De

ANNO 1561. De persona tamen Illustrissimi Domini Magistri secus statuimus, tanquam de ea, quæ in Nos singulari fide & observantia semper propendit, præ cæterisque Regni nostri se observantissimam præbuit: Ideo parem gratiam & benevolentiam nostram illi referre volentes, dignam existimavimus, cui Locum tenentiæ titulum & prærogativam in Arce & Civitate Rigensi concederemus, prout præsentibus concedimus, ut in ea resideat, Jus & Justitiam cum aliis Officialibus nostris administret, quam ad rem certum stipendium annuum illi suo tempore concedimus assignabimusque.

Præterea inter cætera & hoc inter Nos & Illustritatem suam convenit, ut permutatione Episcopatus Curoniensis pro Sonepurga Arce, & Curiis Leal & Hapsel Illustrissimus Holsatiæ Dux, Magnus contentetur, quam ad rem nostram illi recipimus operam ut cum aliqua Curonia, Episcopatu quoque Curoniensi Illustritas ejus potiatur.

Neve etiam limitum indiscussorum cum vicinis Illustritas ejus controversiam aut difficultatem habeat, pro Regia nostra authoritate curabimus, ut primo quoque tempore fines ad præscriptum Pactorum Porzuolensium & posteriorum Vilnensium regantur & certi constituantur in tota illa vicinia limites. Interea vero neutra Pars alteri damnum inferat, aut litem & difficultatem moveat.

Cumque tractus Dunæ sursum atque deorsum limites inter Nos & Illustritatem ejus constituat, æquitatis ratio postulat, ut medietate Fluvii in piscando & aliis commoditatibus ejus Illustritas perpetuo gaudeat, quæque Insulæ sive mediamnes alteri parti viciniores sunt, apud eandem partem maneant.

Et cum hoc sexennali Bello suæ Illustritatis quam etiam Nobilitatis Coroniensis præcipue vero eorum Districtuum, qui penes Nos manebunt, vires exhaustæ sint, relaxatam Illustritatem suam & Nobilitatem ab oneribus hujus Belli, aut saltem ut hoc præstent, aut nitantur, quæ commode pro modulo suo possunt, volumus: Alio autem tempore eadem sit ratio, quæ Illustritatis Domini Ducis Prussiæ.

Neve etiam a Gedanensibus & Rigensibus ob æs alienum contractum sua Illustritas molestetur, Regia nostra intercessione studebimus, ut aut in gratiam nostram sua Illustritas pecunia liberetur, aut non prius quam commode solvi possit, repetatur, quemadmodum & Vendensibus, Wolmariensibus, Pernoviensibus ex mera nostra gratia & beneficentia Regia in solvendis eorum debitis aliquid opis per subministrationem rei frumentariæ & alterius generis commeatus adferemus.

Monetæ etiam cudendæ facultatem Illustri Domino Magistro concedimus ad pondus & valorem Lithuanicæ, & ut ejus promiscuus & indifferens usus sit, tam in Lithuania quam in Livonia. Volumus attamen, ut ea una parte nostra effigies vel insignia Regni & Magni Ducatus Lithuaniæ, in altera Illustritatis ejus exprimantur.

Si quid porro Illustritati suæ vendendum, impignorandum, permutandumve fuerit, super hoc Illustritati ejus libertatem facultatémque concedimus; ita tamen, ut ad Nos & Serenissimos Successores nostros de eo primo loco referatur, Nobisque optio detur, si talem oppignorationem ipsi acceptare voluerimus: sin minus, tum Illustritati ejus liceat, cui volet.

Dabimus etiam operam, quando Ducatus Estoniæ cum Civitate Revaliensi vel Transactione aliqua justa, & nomini nostro honorifica, vel per Belli rationes recuperatur, ut Illustritati suæ æqua portio vel in bonis vel pecunia concedatur; sumtibus Belli, si hoc nomine contra Serenissimum Sueciæ Regem insumendi erunt, ante omnia Nobis refusis.

Tormenta item bellica, quæ Nobis ad præsens in cessione Arcium & Civitatum relinquuntur, Bello confecto, pro ratione quantitatis qualitatisve a Nobis restituantur.

Judæis vero nulla per totam Livoniam Commercia, Vectigalia Teloniave ullo unquam tempore concedemus.

Curabimus etiam, ut interea temporis, dum a Magno Ducatu nostro Lithuaniæ absumus, & negotium subjectionis in Polonia ex parte Regni tractamus, Livonia necessariis copiis militaribus, tam ad præsidia Castrorum & Civitatum, quæ id a Nobis postulaverint, quibusve id necesse fuerit, quam ad arcendam subitaneam incursionem hostilem in futurum eventum instruatur & firmetur.

Hæc omnia & singula Nos prædicto Principi aliorumque Ordinum ac Civitatum Nunciis sacrosancte & religiose servaturos, Nos jure jurando spopondimus. Ipse autem Princeps pro se & suis Subditis, cæterorumque Ordinum, utpote universæ Nobilitatis & Civitatum Nuncii vicissim fidem suam sacrosancte, præstito solenni jurejurando, obstringunt, quod ab hoc tempore & imposterum in ea fide, voluntate & obsequentia, quam Nobis semel detulerunt, constanter permansuri & firmiter perseveraturi sint, tanquam Fidelem Vasallum & Subditos decet Imperio & potestati nostræ subjectos. Nos vero pari ratione Principem ipsum benevolentia & favoribus, Subditos vero illius & nostros clementia & benignitate nostra Regia prosequuturos, ornaturos, & aucturos Nos recepimus, & præsentibus *interventu juris jurandi nostri Regii recipimus*, harum testimonio Literarum, quibus in fidem Sigillum nostrum præsentibus est subappensum. Datum Vilnæ XXVIII. Mensis Novembris. Anno Domini M. D. LXI. Regni vero nostri XXXII.

(L. S.)

XLIV.

Vergleich zwischen denen Grafen von Schwartzburg/ und den Verwaltern des Closters Ilfeld/ wegen des Hofes zu Kirch-Engel / so das Closter ehebevor innengehabt. Wodurch bemelter Hof denen Verwaltern des Closters abgetreten/ dagegen die Verwaltere und derselben Erben Jährl. über 52. Marck Scheffel Getrayds/ annoch sechtzig gulden an gelde/ zum Schutz-gelde denen Grafen erlegen solten. Geschehen zu Northausen den Montag nach Lucie 1561. 15. Decembre. [LUNIG, Teutsches Reichs-Archiv. Part. Special. Continuat. II. Abtheilung VI. Absatz XVIII. pag. 297.]

C'est-à-dire,

Accord entre les Comtes de SCHWARTZBOURG *& les Administrateurs du Monastere* ILEFELDT *au sujet de la Maison de Campagne* Kirch-Engel, *possédée ci-devant par le Monastere. Ils y conviennent qu'elle restera auxdits Administrateurs, lesquels en échange payeront annuellement aux Comtes une certaine mesure de Froment, avec soixante florins de Protection. Fait à Northausen le Lundi après la Sainte Lucie 1561.*

WIr Ernst/ Graff zu Hohnstein/ Herr zu Löhra und Clettenberg/ gegen jedermänniglich dieses Brieffes Ansichtigen bekennen/ und thuen kund öffentlichen. Als sich zwischen den Wohlgebohrnen Hn. Günthern und Herren Hansen Günthern/ Gebrüderen/ Graffen zu Schwartzburg/ Hr. zu Arnstadt und Sondershausen/ auch Ihrer Liebde Brüdern/ unsern freundlichen lieben Vettern an einem/ und dem Wohlgelahrten und Achtbaren Unsern lieben besondern Verwaltern und Convent des Closters Ilfeld/ des Hofes und seinen zugehörigen Gütern halben/ zu Kirch-Engel gelegen/ andern Theils/ Irrung und Gebrechen zugetragen und erhalten/ daß wir uns in solche Irrungen geschlagen/ und sie zwischen unsern wohlermelten unsern Vettern und den Verwaltern des Closters Ilefeldt in der Güthe verglichen und vertragen haben/ nehmlich/ daß wohlgedachte unsere freundliche liebe Vettern/ uns zu freundlichen Gefallen/ gedachten Hoff zu Kirch-Engel sammt Ein- und Zubehörung abgestanden/ und ihnen den Verwaltern des Closters Ilefeldt wiederum würcklichen/ immassen das Stifft Ilefeldt das geruhiglich zuvorn innen gehabt/ eingeräumet und überantwortet. Dargegen haben die Verwalter J. L. und derselben Erben und Nachkommen jährlich über die 52. Marck-

Scheffel

ANNO 1561.

Scheffel hart Getreyde / die sie zuvorn der Graffschafft Schwartzburg aus dem Hofe Kirch-Engel alle Jahr gegeben / noch 60. Fl. an Gelde / auff jedem S. Michaelis Tag zum Schutz-Gelde gäntzlichen zu entrichten / und soll J. L. frey stehen / 4. Knaben aus der Herrschafft Schwartzburg in die Schule und Closter Jlefeld zu verordnen / dieselbigen sollen gleich andern Knaben darinnen mit der Lahr und anderer Nothdurfft ihre Unterhaltung haben / und mit derselben Einlager / Uffnehmung und andern / wie das die Graffen zu Schwartzburg von Alters gehabt / und hergebracht haben / gehalten werden / und die Rechtfertigung / davon sich beyde Theile berühmtes Hofes halber am Keyserl. Cammer-Gerichte begeben / hiermit aufgehoben / nichtig und krafftlosz / auch was sich der Expens und eingenommenen Nutzung halber zwischen beyden Partheyen zugetragen / hiermit aufgehoben / und kein Theil das andere zu besprechen oder zu beklagen haben / doch soll dem Verwalter des Closters Jlfeld der Vorrath / welcher im Hoffe zu Kirch-Engel in der Scheune und auff dem Boden / auch sonsten an Hauszrath und andern / so dem Hoffe zugehörig / verhanden / bleiben / und auch etwas von Getreyde bey den Leuten / die es zu geben schuldig / das sollen sie einzunehmen und zu behalten auch Macht haben / und haben ihnen J. L. ausdrücklich vorbehalten / da die Schule zu Jlefeld zugienge und abgeschafft / oder nicht / wie sie von dem nechsten verstorbenen Abte Herrn Thomasen verordnet / und wie jetzo regieret würde / und der Hoff mit seiner Zubehörunge zu Jlfeld in weltliche Hände kommen / und prophaniret werden solte / dasz J. L. an ihrem Rechte und Gerechtigkeit / so sie an solchen Hoff zu Kirch-Engel / und seinen zugehörigen Gütern zu haben vermeynen / nichts benommen / noch abbrüchig seyn soll. Solches haben beyde Theile also zu halten gewilliget und zugesaget. Das zu Uhrkundt / steter und fester Haltung haben wir diesen Recess gleiches Lauts gezweyfachet / und einen wohlgemeldten unsern freundlichen lieben Vettern / und den andern den Verwaltern des Closters zu Jlefeld / unter unsern vorgedruckten Hand-Secret zugestellet. Geschehen und gegeben zu Northausen den Montag nach Luciæ, im Jahr Christi unsers HERRN und Heylandes Gebuhrt im Tausend fünff hundert und ein und sechtzigsten.

XLV.

28. Decembre.

Zwey Pfand-Verschreibungen Graf Christophs zu Mansfeld / denen Herren Petro und Hieronimo Buchner / über das Ambt und Schlosz Seeburg / vor einiges von denenselben entlehntes Geldt auszgestellet. Geschehen Cölln an der Spree den 28. Decembris 1561. Und Schraplaw den 3. Aprilis 1563. Benebst SIGISMUNDI Ertz-Bischofs zu Magdeburg als Lehen-Herrns des besagten Grafens / hierüber gegebenen Consens-Brief. Actum zu Halle auf St. Moritzburg / Sambstag am tag Philippi Jacobi 1563. Dann auch Verzicht-Brief AMALIÆ Gräfin von Manszfeld / über obbesagt derselben ehebevor zum Witthumb verschriebenes Ambt. Geben zu Manszfeld den 31. July 1563. Und ihro Kays. Majestät MAXIMILIANI II. Confirmation. Geben Wienn den 17. Septembris 1565. [LUNIG, Teutsches Reichs-Archiv. Part. Special. Continuat. II. Abtheilung VI. Absatz XXX. pag. 580.]

C'est-à-dire,

Deux Engagemens faits par CHRISTOPHLE *Comte de Mansfeld à* PIERRE *& à* JERÔME *Seigneurs de Buchner, du Bailliage, & du Château de* Seebourg, *pour une certaine somme d'argent. A Cologne sur la Sprée le* 28. *Decembre* 1561. *& à Schraplaw le* 3 *Avril* 1563. Avec *le Consentement de* SIGISMOND, *Archevêque de Magdebourg comme Seigneur Féodal à Hall, dans la Maison appellée S. Moritzbourg, le Samedi avant la St. Philippe & St. Jacques,* 1563. *La Renonciation* d'EMILIE *Comtesse de Mansfeldt, à laquelle ledit Bailliage étoit assigné pour Douaire pendant sa Viduité, a Mansfeld le* 31 *Juillet* 1563. *Et la Confirmation de l'Empereur* MAXIMILIEN II. *à Vienne le* 11. *Sept.* 1565.

ANNO 1561.

Wir Maximilian der Ander von GOttes Gnaden erwehlter Römischer Käyser / zu allen Zeiten Mehrer des Reichs / in Germanien / zu Hungern / Böheimb / Dalmatien / Croatien / und Sclavonien rc. König / Ertz-Hertzog zu Oesterreich / Hertzog zu Burgundi / zu Braband / zu Steyer / zu Kärnten / zu Crain / zu Lützenburg / zu Würtenberg / Ober- und Nieder-Schlesien / Fürst zu Schwaben / Marggraff des heiligen Römischen Reichs zu Burgaw / zu Märhen / Ober- und Nieder-Lauszitz / Gefürster Graff zu Habspurg / zu Tyroll / zu Pfierd / zu Kyburg und zu Görtz rc. Landgraff in Elsasz / Herr auff der Wendischen Marck / zu Portenaw und zu Salins rc.

Bekennen öffentlich mit diesem Brieff / und thun kund allermänniglich / dasz Uns Unsere und des Reichs liebe Getreue / Peter und Hieronymus die Buchner / Gevettern / in glaubwürdigen Schein unterthäniglich fürgebracht zwo unterschiedliche Schuld- und Pfands-Verschreibungen / so ihnen von dem Wohlgebohrnen / unserm und des Reichs lieben Getrewen / Christoffen / Graffen und Herrn zu Manszfeld zugestellt / über etliche tausend Gulden auff den Kupffer-Handel paar fürgestreckten Geldes / und das Haus und Ampt Seeburg / so ihnen den Buchnern / von ietzt gemeltem Graffen zu Manszfeld / aus Mangel erst verschriebener Bezahlung / Unterpfands-Weise eingethan / sagendt sampt zweyen unterschiedlichen Consens-oder Gunst-Brieffen / von dem Ehrwürdigen und Hochgebohrnen Sigismunden Ertz-Bischoffen zu Magdeburg / Primaten in Germanien / Administratorn des Stiffts Halberstadt / Marggraffen zu Brandenburg rc. Unserm lieben Oheimb und Fürsten / als dem Ordinario und Lehen-Herrn über obangeregte Schuld- und Pfand-Verschreibung gegeben / und denn der Wohlgebohrnen unserer lieben andächtigen Amalien / gebohrner Gräffin zu Schwartzburg / obgemeltes Graff Christoffen zu Manszfeld Gemahlin / Verzicht-Brief / darin sie sich auff berürtem Haus und Ampt Seeburg ihres Leib-Zucht und Witthumbs / so ihr darauff hätte verschrieben werden sollen / frey lediglich begiebt und verziecht / welche beyde Ertz-Bischoffliche Magdeburgische Consens- und Gunst-Brieffe / mit einverleibten obgemeltes Graffen zu Manszfeld zweyen unterschiedlichen Schuld- und Pfand-Verschreibungen / sampt angeregtem sein Graff Christoffen Gemahles Verzicht-Brieff / von Worten zu Worten hernach geschrieben stehen / und also lauten:

Wir Sigismundus / von GOttes Gnaden / Ertz-Bischoff zu Magdeburg / Primat in Germanien / Administrator des Stiffts Halberstadt / Marggraffe zu Brandenburg / zu Stettin / Pommern / der Cassuben und Wenden / auch in Schlesien zu Crossen Hertzog / Burggraff zu Nürnberg / und Fürst zu Rügen / Bekennen gegen iedermänniglich / mit diesem Unserm Brieffe. Demnach die Erbare unsere liebe besondere Peter und Hieronymus Buchner / Gevettern / und ihres Handels Mit-Verwandte / dem Wohlgebohrnen Unserm lieben Getreuen / Christoffen Graffen und Herrn zu Manszfeld / auf sein Ansuchen und Bitten / achtzehen tausent / drey hundert und fünff und siebentzig Gulden auffbracht und vorgestreckt / dargegen er sich denn bey seinen Gräfflichen Ehren / wahren Worten / Trewen und gutem Glauben verpflichtet und verschrieben / gedachten Buchnern solche Summa der achtzehen tausend / drey hundert / fünff und siebentzig Gulden / sonder ferner Auffhalten oder Verlängerung / den nechstkommenden Ostermarck ausgehende desselbigen zwey und sechzigsten Jahrs zu Leipzig / mit Thalern / der Chur- und Fürsten zu Sachsen Schrot und Korns / jeden zu vier und zwantzig Groschen gerechnet / zu gutem Danck wiederumb zu bezahlen / und zu entrichten.

Da aber wohlermelter Graff mit der Bezahlunge sänmig

ANNO 1561.

ung und nicht einhalten würde/ dasz er auff den Fall gedachten Buchnern sein Schlosz und das gantze Ampt Seeburg/ mit allen Ein- und Zubehörungen/ Ober- und Nieder-Gerichten/ und allem deme/ nichts ausgeschlossen/ was darzu gehörig/ zu einem gnugsamen Unterpfande eingesetzet/ das zu nutzen/ zu gebrauchen/ zu versetzen/ zu verwenden/ zu alieniren/ und sich daran/ als ihr Eygenthumb/ also lange/ bisz sie aller ihrer Schuld/ sampt gebührlichem Interesse vollkömmlich und endlich bezahlt seyn/ zu halten.

Nachdem auch wohlgemelter Graff/ sich mit mehrgedachten Buchnern/ den achtzehenden Maji, des ein und sechtzigsten Jahrs/ eines auffrichtigen beständigen Kupffer-Kauffs verglichen/ die Buchner auch ihme eine Summa Geldes heraus geliehen/ und aber wohlgedachter Graff den Buchnern auff den eilfften Tag Novembris, dieses ein und sechzigsten Jahrs/ auff sein Antheil des Bergwercks/ sechs und zwantzig tausend/ zwey hundert/ vier und sechtzig Gulden/ funffzehen Groschen ablaufft/ und sich wohlgemelter Graff gleichfalls mit den Buchnern dahin verglichen und verschrieben/ auff den Fall die Buchner/ die Zeit der Kupffer-Kauffs-Verschreibung den Handel behielten/ oder aber des Handels abtreten/ und ihrer Schulden also bald/ wie sich die in guter und klarer Abrechnung finden/ nicht zahlt würden/ dasz alsdenn auch gedachtes Schlosz und Ampt Seeburg/ alsbald umb den Werth/ so hoch sich ihre Schulden allenthalben erstrecken werden/ den Buchnern zu einem gnungsamen Unterpfande/ die Prioritæt und Erstigkeit vor männiglichen/ niemand ausgeschlossen/ daran zu haben/ eingeraumpt und zugestellt werden soll/ dasselbig zu versetzen/ zu verwenden/ zu veralieniren/ und sich des/ als ihres Eygenthumbs/ so lang zu gebrauchen/ bisz sie aller ihrer Schulden gantz und gar bezahlt und zu Frieden gestellt seyn/ alles nach ferner Vermeldung/ und vermöge ihrer darüber auffgerichteten Haupt-Verschreibung/ die von Wort zu Wort also lautet:

WIr Christoff/ Graff und Herr zu Manszfeld/ rc. Für Uns/ alle Unsere Leibes-Lehens-Erben/ Erbnehmen und Nachkommen/ hiermit öffentlich und vor männiglich thun kund und bekennen/ demnach die Gestrenge/ Edle und Ehrenveste Friedrich von Wangenheim/ Otto von Ebeleben und Hoyer Schüttesack/ Unsere Räthe und liebe Getrewe zu unserm Besten/ bey den Erbarn und Vesten Peter und Hieronymo Buchner Gevettern/ und ihren Mit-Verwandten/ acht tausend/ drey hundert und fünff und siebentzig Gülden/ jeden zu ein und zwantzig Groschen gerechnet/ laut darüber auffgerichter Verschreibung/ deren Datum den achtzehenden Novembris des sechtzigsten Jahrs in Eiszleben stehet/ auffbracht/ und Schüttesack/ nechst verschienen Michaelis des ein und sechtzigsten Jahrs/ zu Rettung unserer Gräfflichen Ehren/ Trawen und Glauben/ abermahls bey gedachten Buchnern/ zehen tausend Gulden/ jeden vor ein und zwantzig Groschen gerechnet/ auffbracht/ vermöge ihrer darüber gegebenen Verschreibung/ deren Datum den sechzehenden Octobris in Leipzig/ des tausend/ fünffhundert und ein und sechtzigsten Jahrs stehet/ dafür sie sich allenthalben/ Inhalt derselben ihrer gegebenen Brieff und Siegel/ als für ihre eigene Schuld obligiret/ und dieselbe zu bezahlen verpflicht haben. Damit aber gemelte Buchner ihrer gutwilligen vorgestreckten Summen/ welche zusammen ohne die Zinsen/ achtzehen tausend/ drey hundert und fünff und siebentzig Gulden machen/ zu Danck befriedigt und bezahlt werden mögen; Als gereden und versprechen Wir bey Unsern Gräfflichen Ehren/ wahren Worten/ Trawen und guten Glauben/ dasz sie solcher Summa zusampt gebührlichen Interesse, sonder ferner Auffhalten/ oder Verlängerung/ den nechstkommenden Ostermarck des zwey und sechtzigsten Jahrs zu Leipzig/ in Georgen Hutters Behausung mit Thalern/ der Chur- und Fürsten zu Sachsen Schrot und Korns/ jeden Thaler zu vier und zwantzig Groschen gerechnet/ zu gutem Danck gantz und gar bezahlt werden sollen/ da aber Wir mit der Zahlung säumig und nicht einhalten würden/ auff den Fall setzen Wir gemeltem Otto von Ebeleben/ Hoyer Schüttesack/ und den Buchnern hiermit Unser Schlosz und gantz Ampt Seeburg/ zusampt Wormbsleben/ mit allen Ein- und Zugehörungen/ Ober- und Nieder-Gerichten/ und allem deme/ nichts ausgeschlossen/ was darzu gehörig/ zu einem gnungsamen Unterpfande ein/ das zu nutzen und zu gebrauchen/ zu versetzen/ zu verwenden/ zu alieniren/ und sich daran/ als ihr Eygenthumb/ also lang/ bisz sie aller dieser Schulden/ und alles darauff gewandten gebührlichen Kostens und Interesse, vollkömmlich und endlich bezahlt seyn/ zu halten. Nach dem und als Wir auch Uns mit mehrgedachten Peter und Hieronymo Buchner/ Gevettern/ und ihren Mit-Verwandten/ besage darüber auffgerichten Verschreibung/ der Datum den achtzehenden Tag Maji/ des tausend/ fünff hundert/ ein und sechtzigsten Jahrs in Manszfeld stehet/ eines erbarn/ auffrichten/ unwiederrufflichen Kupffer-Kauffs drey Jahr lang verglichen/ und uns in derselben verbindlich gemacht haben/ bey Unsern Gräfflichen Ehren/ ihnen den Buchnern/ und ihren Mitverwandten/ von Strauben und Pfintzingen/ dasz sie von denselben diesen Handel geruhig zu treiben/ ungehindert bleiben sollen/ einen gnungsamen Schein auszubringen/ und aber dasselbige bisz anhero von Uns verblieben/ die Buchner aber und ihre Verwandten endlich wissen wollen/ wo sie ihrer Uns heraus geliehenen Summen/ die sich Dato, in sechs und zwantzig tausend/ zwey hundert/ vier und sechtzig Gülden/ funffzehen Groschen erstreckt/ bezahlt würden/ also haben Wir auff vielfältiges Anregen gemelter Buchner/ zu Volge unser Verpflichtung zugesagt/ sagen ihnen auch das in und mit Krafft dieser Verschreibung hiermit gegenwärtig zu/ wie solches nach Ordnung der Recht am kräfftigsten und besten geschehen kan/ soll oder mag/ dasz Wir aus dem Handel mehr nicht denn zwene Gulden/ vor Uns oder in unser Renth/ auff jeden Centner/ wie Uns von Buchnern bisz anher gereicht worden/ nehmen/ und den Handel höher nicht in keinerley Wege beschweren wollen/ und im Fall es von Uns geschehe/ sollens die Buchner keines Weges zu thun verpflicht noch schuldig seyn/ und setzen ihnen auch vor diese Schuld der sechs und zwantzig tausend/ zwey hundert vier und sechtzig Gülden/ funffzehen Groschen/ oder aber was sich also bald nach Auffschmeltzung der Kohlen an Kupffern/ so damit/ in oder ausserhalben der Roesi gemacht/ und den Buchnern geantwortet worden/ in klarer Abrechnung finden würde/ Unser Schlosz und Ampt Seeburg/ mit aller Ein- und Zubehörunge/ der Ober- und Nieder-Gerichte/ inmassen zuvor angemelt/ auch zu einem gnungsamen Unterpfande/ die Prioritæt und Erstigkeit vor männiglich/ niemand ausgenommen/ daran zu haben/ ein/ im Fall die Buchner des Handels abtreten/ und ihrer Schulden alsbald/ wie sich die in klarer und guter Abrechnung finden/ nicht zahlt würden/ dasz sie dasselbige Ampt alsbald umb den Werth/ so hoch sich ihre Schulden allenthalben erstrecken werden/ versetzen/ verwenden/ veralieniren/ und sich des/ als ihres Eygenthumbs so lange gebrauchen mögen/ bisz sie derselben Schuld gantz und gar bezahlt/ und zu frieden gestellt seyn/ und Wir Christoff Graff und Herr zu Manszfeldt/ sagen hiermit zu/ dasz Wir auff den Fall der Nicht-zahlung/ uns dieses Ampts und Schlosz Seeburg/ sampt Wormsleben/ allen Ober- und Nieder-Gerichten/ Flecken/ Dörffern/ Fischereyen/ Schäffereyen/ Rechten/ Diensten/ in Dörffern/ Felde und Fluren/ und allen andern Gerechtigkeiten/ Herrlichkeiten/ Ein- und Zugehörung/ nichts ausgeschlossen/ in allermassen Wir Uns derer gebraucht/ gantz und gar verziehen haben wollen/ verzeihen uns auch derer in Krafft disz Brieffes/ darzu keinen Zuspruch zu haben/ bisz so lange die Buchner der Schulden/ darvor Wangenheim/ Ebeleben und Schüttesack hafften/ und auch des/ was sich in guter Abrechnung zur Zeit/ wo sie des Handels abtreten/ finden wird/ zusampt allen billichen Interesse gantz und gar bezahlet seyn/ in welchen verändern/ versetzen oder alieniren/ Wir oder unsere Erben/ sie die Buchner in keinem Weg hindern/ sondern sie mehr darbey zu erhalten/ und derhalben zu vertreten schuldig seyn sollen und wollen/ wie Wir sie denn im Fall der Nichthaltung/ in die geruhigliche Possession berürts Schlosz und Ampt Seeburg mit aller Ein- und Zubehörunge/ hiermit würcklichen einsetzen/ wie solches im Rechten beständigster und kräfftigster Weise immer geschehen soll/ kan oder mag/ renunciren/ und wiedersagen auch hiermit allen Privilegien/ Statuten/ Geboten und Verboten/ so uns zu Behelff der Nichthaltung vorträglich seyn mögen/ uns derselben wieder diese unsere Verschreibunge nicht zu gebrauchen/ und des zu mehrer Sicherheit/ steter vester Haltunge/ gereden und geloben Wir hiermit bey unsern Gräflichen Ehren/ dasz Wir hierüber also bald unsers gnädigsten Herrn/ Herrn Sigismunden/ Postulirten und bestettigten Ertz-Bischoffs zu Magdeburg/ Primaten in Germanien/ Administratorn zu Halberstadt/ Marggrafen zu Brandenburg rc. gnädigste Verwilligung/ und der Wohlgebohrnen unserer freundlichen lieben Vettern/ der Graffen zu Manszfeld/ Consens und Gunst zum förderlichsten ausbringen/ und die den Buchnern zustellen wollen/ des zu Uhrkund habend Wir an diese Verschreibunge unser angebohren Secret, wissentlich thun hengen/

ANNO 1561.

gen/ und uns mit eigener Hand unterschrieben. Geschehen Schraplaw den fünfften Novembris, der weniger Zahl im tausend/ fünffhundert und ein und sechszigsten Jahre. Daß Wir demnach als der Ordinarius und Lehens-Herr hierüber unsern Consens und Bewilligung gegeben haben/ consentiren und bewilligen auch hierin/ in und mit Krafft dieses Brieffes/ wie solches am kräfftigsten geschehen kan oder mag/ sonder Gevehrde/ des zu Uhrkund haben Wir unser Insiegel wissentlich hieran hängen lassen/ und uns mit eygenen Händen unterschrieben/ geschehen zu Cölln an der Sprew/ den acht und zwantzigsten Monaths-Tag Decembris, im Jahr Christi/ tausend/ fünff hundert/ ein und sechtzigsten Jahrs.

WIr Sigmund von GOttes Gnaden/ Ertz-Bischoff zu Magdeburg/ Primas in Germanien/ Administrator des Stiffts Halberstadt/ Marggraff zu Brandenburg/ zu Stettin/ Pommern/ der Cassuben und Wenden/ auch in Schlesien/ zu Crossen Hertzog/ Burggraff zu Nürnberg und Fürst zu Rügen/ bekennen und thun kund von männiglichen hiermit in Krafft dieses Brieffes. Als der Wohlgebohrne und Edle unser lieber Getreur/ Christoff/ Graff und Herr zu Mansfeldt uns fürbracht/ daß ihme die Erbare unsere liebe besondere/ Peter und Hieronymus Buchner/ Gevettern/ und ihre Mit-Verwandten vor dieser Zeit/ fünff und zwantzig tausend Gulden / auf seinen Kupffer-Handel herausgegeben/ und sie ihme noch ietzo darzu fünff tausend Gulden/ bar über fürgestreckt/ die er auch empfangen/ und zu seinem Nutz angewand/daß er ihnen also dißfalls in eins/dreyßig tausend Gulden bekentlicher liquidirter Schulden/ über das sie ihme allbereit auff das Haus Seeburg/ geliehen schuldig worden/ mit welchen dreyßig tausend Gulden/ er sie auch/ gleichsfalls der vorigen Summa/ an das Haus Seeburg/ sampt den Vorwerg Wormsleben verweiset/ und ihnen deß ein Pfand-Verschreibunge darüber zugestallt/ wie von Worten zu Worten hernach volget:

WIr Christoff/ Graffe und Herr zu Mansfeld/ vor Uns/ alle unsere Leibes- und Lehens-Erben/ Erbnehmen und Nachkommen/ hiermit öffentlichen und gegen männiglichen thun kund und bekennen/ Nachdem Uns die Erbarn und Besten/ Peter und Hieronymus die Buchner/ Gevettern/ und ihre Mit-Verwandten/ vor dieser Zeit/ fünff und zwantzig tausend Gulden auff unsern Kupffer-Handel heraus gegeben/ nach Inhalt einer Verschreibung/ deren Datum in Leipzig/ den acht und zwantzigsten Aprilis, des tausend/ fünff hundert/ zwey und sechtzigsten Jahres stehet/ daß sie Uns zu solchen fünff und zwantzig tausend Gulden/ noch fünff tausend Gulden gutwillig vorgestreckt/ welche fünff tausend Gulden Wir also von ihnen baar empfangen/ und sowohl als die fünff und zwantzig tausend Gulden/ in unsern kundlichen und besten Nutz gewant. Daß Wir ihnen also in einer Summa/ dreyßig tausend Gulden/ an Thalern der Chur- und Fürsten zu Sachsen Schrott und Korn/ jeden Tholer vor vier und zwantzig groschen/ ieden Gulden aber vor ein und zwantzig Meißnische Groschen gerechnet/ vom Kupffer-Handel herrührende schuldig/ solche dreyßig tausend Gulden/ berührtes Werths/ sollen und wollen Wir ihnen den Buchnern/ ihren Erben/ Erbnehmen oder getreuen dieses unsers Brieffes Innehabern/ nach Verlauffunge eines Jahrs von Dato anzurechnen/ und also im Ostermarckt/ wenn man Anno ein tausend/ fünff hundert/ vier und sechtzig schreiben wird/ wiederumb sampt einer halben Jahres Pension oder Interesse, als sieben hundert und funfftzig Gulden/ gutwillig in Leipzig entrichten und bezahlen/ und damit die Buchner dessen desto mehr versichert/ und gewissert seyn mögen/ so haben Wir ihnen unser Haus und Ampt Seeburg/ sampt Wormsleben/ mit allen Ober- und Nieder-Gerichten/ Gehöltzen/ Jagden/ Fischereyen/ und allen des Ampts Gerechtigkeiten/ Ein- und Zugehörungen/ nichts ausgeschlossen/ zu einem willigen Unterpfande vor solche dreyßig tausend Gulden hypothecirt und eingesetzt/ hypotheciren und setzen ihnen dasselbe hiemit ein/ wie solches im Rechten am beständigsten und kräfftigsten geschehen soll/ kan oder mag/ also und dergestalt/ da Wir die Zahlung Anno tausend/ fünff hundert/ vier und sechtzig/ im Ostermarckt/ wie obstehet/ nicht thun würden/ daß alsdenn und auff den Fall/ berührte Summa der dreyßig tausend/ sieben hundert und funfftzig Gulden/ zu dem Gelde/ welches sie sonst auff berührtem Ampt stehen/ und damit nach Laut und Inhalt derselben Pfand-Verschreibung/ ietzund und iederzeit ihres Gefallens zu gebahren haben/ geschlagen/ und sie sich nicht weniger solcher dreyßig tausend/ sieben hundert und funfftzig Gulden/ als des andern Gelds halben/ an Seeburg/ als an einem freywilligen eingesatzten Pfand-Guth zu erhohlen haben/ und ihnen frey stehen solle/ dasselbe nach Anzahl ihrer darauff habenden Schulden/ zu versetzen/ zu verwenden/ oder sonsten zu alieniren/ oder auch an statt ihres allenthalben darauff stehenden Geldes/ als ihres Eygenthumbs/ so lange zu geniessen und zu gebrauchen/ biß sie aller ihrer Schulden/ so sie Dato an/ der ersten Summen/ und ietzunder an den dreyssig tausend/ siebenhundert und funfftzig Gulden/ darauff allenthalben haben/ und förder noch darauff bekommen mögen/ und alles darauff gewandten gebührlichen Kostens und Interesse, an bahrem Gelde/ gantz und gar/ unvermindert desselben/ von uns bezahlet/ und vollkommlichen auff einmahl in einer Summa bahr zu frieden gestellt seyn/ in allermassen wie ihnen vielberührtes Ampt/ nach Inhalt der Verschreibunge/ so zu Schraplaw/ den fünfften Novembris Anno tausend/ fünffhundert/ ein und sechzig auffgericht/ allenthalben verschrieben/ wie denn die Buchner derselben auch vom Handel herrührenden/ und nahmer liquidirten Schulden/ die sich auff drey und funfftzig tausend/ ein hundert/ sieben und sechtzig Gulden/ acht Groschen und vier Pfenning Haupt-Summa erstrecken/ darumb sies Ambt Seeburg/ ausserhalb der dreyssig tausend/ sieben hundert/ und funfftzig Gülden/ ietzt besitzen und innehaben/ uns durch die Ertz-Bischoffliche Magdeburgische Commissarien/ als Melchior von Wollen/ und Magister Paulum Görlitz/ Saltz-Graffen/ eine klare Rechnung (damit Wir auch zu frieden/) den Sontag Luciæ, als den dreyzehenden Decembris, des tausend fünff hundert/ zwey und sechtzigsten Jahrs übersenden und zustellen lassen. Und nachdem Wir vielgemelten Buchnern/ vermöge des Vertrags/ so durch die Chur-Fürstliche Sächsische Regierung/ zwischen uns beyderseits/ den neundten Martii, dieses tausend/ fünff hundert drey und sechzigsten Jahres auffgericht/ versprochen und zugesagt/ über die dreyßig tausend/ sieben hundert und funfftzig Gulden/ ihnen eine Pfand-Verschreibung zu vollnziehen und zuzustellen/ welche mit allen Clausuln und Gerechtigkeit auffgericht und gestallt werden solle/ wie die lautet und innehelt/ so die Buchner über die andere Summa von Uns haben/ derowegen sie ietzo das Ampt Seeburg besitzen und innehaben/ welcher Verschreibung Datum stehet/ wie obgemelt/ zu Schraplaw den fünfften Novembris Anno tausend/ fünffhundert/ ein und sechzig/ als bekräfftigen wir dasselbe alles/ in und mit Krafft dieser unser Verschreibung/ und haben derowegen zu mehrer desselben allen Bestettigung und Vergewissung/ ihnen diese Pfand-Verschreibung/ mit des Hochwürdigsten/ Durchleuchtigen/ Hochgebohrnen Fürsten und Herrn/ Herrn Sigismunden/ Ertz-Bischoffs zu Magdeburg/ Primaten in Germanien/ Administratorn des Stiffts Halberstadt/ Marggraffen zu Brandenburg ꝛc. unsers gnädigsten Herrn/ als des Lehens-Fürsten und Lehen-Herrn Gunst vollnzogen/ und ihnen die neben dieser unser Verschreibung zugestellt/ gereden und geloben darauff/ bey unser Gräfflichen Trawen und guten Glauben/ solches alles wie obstehet/ stett/ vest und unverbrüchlich zu halten/ deßgleichen auch vielgemelten Buchnern/ unserer Vettern der andern Graffen/ als der Agnaten und Mitbelehnten Consens derhalben auch zu Wege zu bringen/ und ihnen dieselben zeitlich vor Ausgang des Jahres/ und eher der Ostermarck/ des tausend/ fünffhundert/ und vier und sechtzigsten Jahres kommen wird/ gewißlich in Schrifften geben/ und antworten zu lassen/ der ersten/ den fünfften Novembris, Anno tausend/ fünff hundert/ ein und sechtzig in Schraplaw/ von uns gegebenen Verschreibunge/ an ihrem Esse (die vor sich kräfftig solle seyn und bleiben/) hiemit nichts benommen/ alles getrewlich und ohn Gefehrde. Und des zu Uhrkund haben wir an diese unsere Verschreibunge/ unser angebohren Secret wissentlich thun hängen/ und uns mit eygenen Händen unterschrieben. Geschehen Schraplaw/ den dritten Aprilis, Anno tausend/ fünffhundert/ drey und sechtzig. Derowegen gedachter Graff Christoff uns unterthäniglichen angefallen und gebeten/ daß wir als Landes- und Lehens-Fürst/ hierein allenthalben consentiren und verwilligen wolten/ so wir dann seine nothwendige Bitt und Gelegenheit bewogen/ haben Wir in dieselbige vorgeschriebene/ seine von sich gegebene Pfand-Verschreibung und die Verpfendunge des Hauses Seeburg/ sampt dem Forwerg Wormsleben/ auff dieselbige dreyßig tausend Gulden/ sampt dem verschriebenen siebenhundert und funfftzig Gülden Interesse, sowohl als auff die vorige darauff verweiste und verholssene Summa/ welche Summa ausserhalb dieser dreyßig tausend/ sieben hundert und funfftzig Gül-

Anno 1561.

Gülden/ auch vom Handel herrührender/ berechneter/ liquidirter/ klarer Schuld/ drey und funffzig tausend/ ein hundert/ sieben und sechzig Gülden/ acht Groschen/ vier Pfenning macht/ und also in diese beyde Summen/ welche zusammen gerechnet/ in einer Summa/ drey und achtzig tausend/ neun hundert und siebenzehen Gulden/ acht Groschen und vier Pfenning Haupt-Summen thun/ zusampt allen billigen Kosten und Interesse, gnädigst gehelet/ gehelen/ consentiren und verwilligen darein beständigst in Krafft dieses unsers offenen Consens-Brieffes/ und wollen/ dasz diese vorgeschriebene Pfand-Verschreibung/ in allen ihren Puncten/ Clauseln und Articuln/ durchaus nichts ausgescheiden/ wie Wir denn dieselbige allenthalben hiermit insonderheit ratificirt und confirmirt haben wollen/ soll stett/ vest/ unverruckt gehalten werden/ gantz trewlich und sonder Gefehrde. Und des zu Uhrkunde haben Wir Unser grosses Insiegel hieran wissentlich lassen hängen/ und uns mit eygenen Händen unterschrieben. Geschehen und gegeben zu Halle/ auff Sanct Moritzburg/ Sonnabends am Tage Philippi & Jacobi, nach Christi unsers lieben HERRN und Seeligmachers Geburt/ tausend/ fünff hundert und im drey und sechtzigsten Jahre.

WIr Amalia/ geborne von Schwartzburg/ Gräffin und Fraw zu Mansfeld/ des Wohlgebornen und Edlen Herrn/ Herrn Christoffs/ Graffen und Herrn zu Manszfeld/ eheliche Gemahlin. Und Wir Gabriel von Döbelln/ und Valtin von Uttenhoffen/ wohlgedachter Gräffin unser gnädigen Frauen verordente Vormunden/ bekennen hiermit und thun kund/ nachdem Wir hiebevorn den Wohlgebornen und Edlen Herrn/ Herrn Christoffen/ Graffen und Herrn zu Manszfeld/ Unsern freundlichen lieben Herrn Gemahl/ in seiner Liebden Schwachheit angelangt/ dasz seine Lieb uns Frawen Amalien/ S. Liebd. Gemahl/ zu Volge der Ehe-Beredung/ so durch weyland den Hochgebohrnen Fürsten und Herrn/ Herrn Wilhelm/ Graffen und Herrn zu Henneberg/ und weyland den Wohlgebohrnen und Edlen Herrn/ Herrn Gebharten/ Grafen und Herrn zu Manszfeld/ wohlgedachtes Graffen Christoffs ꝛc. unsers lieben Herrn und Gemahls Herrn Vatern/ Christlicher und seeliger Gedächtnüsz/ zwischen Uns/ und wohlgedachtem Unsern Herrn und Gemahl auffgericht/ auff dem Ampt Seeburg beleibdingen wolte/ dasz demnach sein Liebd. uns Frauen Amalien/ mit Unser und der Vormunden Gabriel Döbelln/ und Valtin von Uttenhoffen Bewilligung/ in andere Wege/ mit einem andern Leibgedinge dermassen versorget/ dasz Wir daran gute Gnuge haben/ welches wir auch zu gutem Danck und voller Gnüge unserer Ehe-beredung und begehrten Leibgedings angenommen/ thun Uns derowegen alles Rechten und Gerechtigkeiten/ so Wir solches unsers Leibgedings halber an dem Ampt Seeburg zu erlangen/ oder zu haben verhofft/ so lang der gantze Pfand-Schilling oder Schulden auff dem Hause Seeburg/ desselben Einkommens/ und Zugehörungen unabgelegt stehen bleibt/ hiermit und in Krafft dieses Brieffes/ in der allerbesten Form und Weise/ als solches zu Rechte geschehen kan oder mag/ verzeihen und begeben/ und da Uns einig Leibgedings-Brief zu Gute darüber auffgericht/ so soll derselb hinförder die Zeit der Verpfändung todt und abseyn/ wie wir denn denselben/ da einiger verhanden/ hiermit auffheben und cassiren/ und das Ampt Seeburg an solcher Leibgedings-Beschwerunge hiemit frey machen/ ledig und loszzehlen. Gereden auch und geloben hiermit vor Uns und Unsere Erben/ uns solchs Leibgedings-Brieffs/ da der verhanden/ hinfüro des nicht zu gebrauchen/ noch uns an dem Ampt Seeburg/ desselben Ein- und Zubehörungen/ einiges Leibgedings/ oder ander Gerechtigkeit/ oder Ansprache/ die Zeit der Verpfändunge anzumassen. Dessen zu Urkunde/ und mehrer Sicherheit/ haben Wir obbemelte und von dem Ertz-Bischoff bestätigte Vormunden/ solche Verzicht/ neben wohlgedachter Gräffin ꝛc. unser gnädigen Frawen und Mündlein bewilligt/ dieselbe auch neben ihrer Gnaden/ mit unsern angebornen Secreten bekräfftigt/ und uns mit eygenen Händen unterschrieben/ welches geschehen zu Manszfeld/ den ein und dreyszigsten Monats-Tag Julii, nach Christi unsers lieben HERRN Geburt/ im funffzehen hundert/ und drey und sechszigsten Jahre.

Und Uns darauff demütiglich angeruffen und gebeten/ dasz Wir ihnen obinserirte Schuld- und Pfand-Verschreibung/ sampt den beyden Ertz-Bischofflichen/ Magdeburgischen/ auch des Capitels daselbst Consens, und denn auch obgemelter Gräfin Verzicht-Brieff/ als Römischer Käyser und der Ober-Lehen-Herr/ umb mehrer Versicherung und Bekräfftigung willen zu confirmiren und zu bestäten gnädiglich geruhten/ das haben Wir angesehen/ solch ihr demütig ziemlich Bitt/ auch ihrenthalben bey Uns durch den Hochgebohrnen Augusten/ Hertzogen zu Sachsen/ ꝛc. des heiligen Römischen Reichs Ertz-Marschalcken/ und obgemelten Ertz-Bischoffen zu Magdeburg/ ꝛc. unsere liebe Oheimen Chur-Fürsten und Fürsten/ als ihre Ober- und Lehen-Herren beschehene stattliche Vorbitt und Beförderung/ und darumb mit wohlbedachtem Muth/ gutem Rath und rechter Wissen obinserirte Schuld- Pfand- Consens- und Verzicht-Brieff/ als Römischer Käyser und Ober-Lehen-Herr gnädiglich confirmirt und bestätet/ confirmiren und bestäten die auch hiemit von Römischer Käyserlicher Macht/ wissentlich in Krafft dieses Brieffs/ was Wir daran von Rechts und Billigkeit wegen zu confirmiren und zu bestäten haben/ confirmiren und bestäten sollen und mögen/ und meinen/ setzen und wollen/ dasz alle obinserirte Schuld- Pfand- Consens- und Verzicht-Brief/ in allen ihren Worten/ Punckten/ Clauseln/ Articuln/ Inhaltungen und Begreiffungen kräfftig und mächtig seyn/ stett/ vest und unverbrüchlich gehalten und vollnzogen werden/ und sich obgemelte Buchner derselben alles ihres Inhalts/ freuen/ gebrauchen und geniessen sollen und mögen/ von allermänniglich unverhindert/ doch Uns und dem heiligen Reiche an unsern/ und sonst männiglich an seinen Rechten und Gerechtigkeiten unvergriffen und unschädlich. Und gebieten darauff allen und jeden Chur-Fürsten/ Fürsten/ Geistlichen und Weltlichen/ Prälaten/ Graffen/ Freyen/ Herren/ Rittern/ Knechten/ Hauptleuten/ Vitzdomben/ Vögten/ Pflegern/ Verwesern/ Amptleuten/ Schultheissen/ Burgermeistern/ Richtern/ Räthen/ Burgern/ Gemeinden/ und sonst allen andern unsern und des Reichs Unterthanen und Getrewen/ was Würden/ Standes oder Wesens die seyn/ sonderlichen aber obgemelten Graff Christoffen zu Manszfeld/ und seiner Gemahl/ ernstlich und vestiglich mit diesem Brieff/ und wollen/ dasz sie gedachte Buchner an obgeregten ihren verschriebenen Unter-Pfanden/ des Haus und Ampts Seeburg/ und dieser Unserer Käyserlichen Confirmation und Bestättung (so lang ihnen ihr ausgelegt Handels-Geld durch obgemelten Graff Christoffen nicht wiederumb entricht/ oder sie sonst in andere Wege von ihme/ seinen Erben und Agnaten vermögt/ und zu frieden gestellt werden/) nicht irren noch hindern/ sondern sie deren geruhiglich freuen/ gebrauchen/ geniessen und gäntzlich dabey bleiben lassen/ und hierwieder nicht thun/ noch des iemand andern zu thun gestatten/ in kein Weise/ als lieb einem ieden sey unser und des Reichs schwere Ungnad und Straffe zu vermeiden/ das meynen Wir ernstlich. Mit Uhrkund dieses Brieffs versiegelt mit unserm Käyserlichen anhangenden Insiegel. Geben in unser Stadt Wien/ am eilfften Tag des Monats Septembris, nach Christi unsers lieben HERRN Geburt/ funffzehen hundert/ und im fünff und sechzigsten/ unserer Reiche/ des Römischen und Hungerischen im dritten/ und des Böhmischen im siebenzehenden Jahre.

Maximilian/ ꝛc.

Vice ac nomine Reverendissimi
Domini Archi-Cancellarii
Moguntinens.

Vt. I. V. Zase, V.

Ad mandatum Sacræ Cæsareæ Majestatis proprium

Haller.

XLVI.

1561.
—
1562.
17. Janv.
Catholiques et Reformez en France.

Edit de CHARLES IX. *Roi de France, sur les moyens les plus propres d'appaiser les troubles & séditions pour le fait de la Religion, donné le 17. de Janvier, 1561. & publié en la Cour de* (1) *Parlement de Paris le 6. Mars du dit an.* [Benoit, Histoire de l'Edit de Nantes. Tom. I. dans les Preuves, pag. 1.]

(1) Le Parlement eut bien de la peine de se resoudre à vérifier cet Edit. Il falut le lui ordonner par deux fois; & il declara qu'il ne le faisoit que pour obéir au Roi, ceder au tems, & par provision.

Anno 1561. 1562.

CHARLES par la grace de Dieu Roy de France, A tous ceux qui ces presentes Lettres verront, Salut. On sait assez quels troubles & seditions se sont dès pieçà, & de jour en jour suscitées, accruës & augmentées en ce Royaume par la malice du tems, & de la diversité des opinions qui regnent en la Religion: & que quelques remedes que nos Predecesseurs ayent tenté pour y pourvoir, tant par la rigueur & severité des punitions, que par douceur, selon leur accoutumée & naturelle benignité & clemence: la chose a penetré si avant en nôtre dit Royaume, & dedans les esprits d'une partie de nos Sujets de tous sexes, états, qualitez & conditions: que nous nous sommes trouvez bien empêchez à nôtre nouvel avenement à cette Couronne, d'aviser & resoudre les moyens que nous aurions à suivre, pour y apporter quelque bonne & salutaire provision. Et de fait, après avoir longuement & meurement consulté de cet affaire, avec la Roine nôtre très-honorée & amée Dame, & Mere, nôtre très-cher & très-amé Oncle le Roy de Navarre, nôtre Lieutenant general, representant nôtre personne par tous nos Royaumes & Païs, & autres Princes de nôtre sang, & gens de nôtre Conseil privé: Nous aurions fait assembler en nôtre Cour de Parlement à Paris nôtre dit Oncle, Princes de nôtre sang, Pairs de France, & autres Princes & Seigneurs de nôtre dit Conseil Privé.

Lesquels avec les gens de nôtre dite Cour auroient, après plusieurs conferences & deliberations, resolu l'Edit du mois de Juillet dernier: par lequel nous aurions entre autres choses deffendu sur peine de confiscation de corps & de biens tous Conventicules & Assemblées publiques avecques armes, ou sans armes. Ensemble les privées, où se feroient Prêches & administration des Sacremens en autre forme, que selon l'usage observé en l'Eglise Catholique dès & depuis la foy Chrêtienne, reçue par les Rois de France nos Predecesseurs, par les Evêques & Prelats, Curez, leurs Vicaires & Deputez: ayans lors estimé que la prohibition desdites Assemblées étoit le principal moyen, en attendant la determination d'un Concile general, pour rompre le cours à la diversité desdites opinions: & en contenant par ce moyen nos Sujets en union & concorde, faire cesser tous troubles & seditions. Lesquelles au contraire par la desobeïssance, dureté & mauvaise intention des Peuples, & pour s'être trouvée l'execution dudit Edit difficile & perilleuse, se sont beaucoup plus accruës, & cruellement executées, à nôtre très-grand regret & deplaisir, qu'elles n'avoient fait auparavant. Pour à quoy pourvoir, & attendu que ledit Edit n'étoit que provisional: Nous aurions été conseillez de faire en ce lieu, autre Assemblée de nôtre-dit Oncle, Princes de nôtre sang, & gens de nôtre Conseil privé: pour avec bon nombre de Presidens, & principaux Conseillers de nos Cours souveraines par nous mandez à cette fin, & qui nous pourroient rendre fidele compte de l'état & necessité de leurs Provinces, pour le regard de ladite Religion, tumultes & seditions: aviser les moyens les plus propres, utiles, & commodes, d'apaiser, & faire cesser toutes lesdites seditions.

Ce qui à été fait: & toutes choses bien & meurement digerées & deliberées en nôtre presence, & de nôtre dite Dame & Mere, par une si grande & notable Compagnie, Nous avons par leur avis & meure deliberation dit & ordonné, disons & ordonnons ce qui s'ensuit.

I. A savoir, que tous ceux de la nouvelle Religion, ou autres qui se sont *emparez de Temples*, seront tenus, après la publication de ces presentes, d'en vuider & s'en departir: Ensemble des maisons, biens & revenus appartenans aux Ecclesiastiques, en quelques lieux qu'ils soient situez & assis: desquels ils leur delaisseront la pleine & entiere possession & jouïssance, pour en jouïr en telle liberté & seureté qu'ils faisoient auparavant qu'ils en eussent été dessaisis. Rendront & restitueront ce qu'ils ont pris des Reliquaires, & ornemens desdits Temples & Eglises, sans que ceux de ladite nouvelle Religion puissent prendre autres Temples, n'en édifier dedans ou dehors les Villes, ni donner ausdits Ecclesiastiques en la jouïssance & perceptions de leurs dismes & revenus, & autres droits, & biens quelconques, ores ne pour l'advenir, aucun trouble, detourbier ni empêchement. Ce que nous leur avons inhibé, & deffendu, inhibons & deffendons par cesdites presentes: & d'abattre & demolir Croix, Images, & faire autres actes scandaleux & seditieux: Sur peine de la vie, & sans aucune esperance de grace ou remission.

II. Et semblablement de ne *s'assembler* dedans lesdites Villes pour y faire Prêches & Predications: soit en public, ou en privé, ni de jour ni de nuit.

III. Et neanmoins pour entretenir nos Sujets en paix & concorde, en attendant que Dieu nous face la grace de les pouvoir reunir, & remettre en une même bergerie, qui est tout nôtre desir, & principale intention: Avons par provision, & jusques à la determination dudit Concile general, ou que par nous autrement en ait été ordonné: *surfis*, suspendu & supercedé, surseons, suspendons & supercedons les deffenses & *peines* apposées, tant audit Edit de Juillet, qu'autres precedens, pour le regard des *Assemblées* qui se feront de jour hors desdites Villes, pour faire leurs Prêches, Prieres, & autres exercices de leur Religion.

IV. Deffendant sur lesdites peines, à tous Juges, Magistrats, & autres personnes, de quelque état, qualité, ou condition qu'ils soient, que lors que ceux de ladite Religion nouvelle iront, viendront & *s'assembleront* hors desdites Villes, pour le fait de leur dite Religion: ils *n'ayent à les y empêcher*, inquieter, molester, ne leur courir sus en quelque sorte ou maniere que ce soit. Mais où quelques-uns voudroient les offencer: Ordonnons à nosdits Magistrats & Officiers, que pour éviter tous troubles & seditions, ils en empêchent, & facent sommairement & severement punir tous seditieux, de quelque Religion qu'ils soient, selon le contenu en nosdits precedens Edits & Ordonnances, mêmes en celle qui est contre lesdits seditieux, & pour le port des armes: que nous voulons & entendons en toutes autres choses sortir leur plain & entier effect, & demeurer en leur force & vertu.

V. Enjoignant de nouveau, suivant icelles, à tous nosdits Sujets, de quelque Religion, état, qualité, & condition qu'ils soient; qu'ils n'ayent à faire aucunes *Assemblées à port d'armes*, & à ne s'entre injurier, reprocher, ne provoquer pour le fait de la Religion, ne faire, émouvoir, procurer ou favoriser aucune sedition: mais vivent & se comportent les uns & les autres doucement & gracieusement, sans porter aucunes pistoles, pistolets, haquebuttes, ne autres armes prohibées & deffenduës, soit qu'ils voisent ausdites Assemblées ou ailleurs, si ce n'est Gentilshommes, pour les dagues & épées, qui sont les armes qu'ils portent ordinairement.

VI. Deffendons en outre aux Ministres & principaux de ladite Religion nouvelle, qu'ils ne *reçoivent en leurs dites Assemblées aucunes personnes*, sans premierement s'être bien informez de leurs vies, mœurs, & conditions: afin que si elles sont poursuivies en justice, ou condamnées par deffaut & contumaces de crimes meritant punition, ils les mettent & rendent à nos Officiers pour en faire la punition.

¶ Et toutes & quantes fois que nosdits *Officiers* voudront *aller esdites Assemblées* pour assister à leurs Prêches, & voir quelle doctrine y sera annoncée, qu'ils les y reçoivent & respectent selon la dignité de leurs Charges & Offices. Et si c'est pour prendre & apprehender quelque mal-faicteur, qu'ils leur obeïssent, prêtent & donnent tout aide, faveur & assistance dont ils auront besoin.

VII. Qu'ils ne facent aucuns *Synodes* ne *Consistoires*, si ce n'est par congé, ou en presence de l'un de nosdits Officiers: ne semblablement aucune creation de Magistrats entr'eux, Loix, Statuts, & Ordonnances, pour être chose qui appartient à nous seul. Mais s'ils estiment être necessaire de constituer entr'eux quelques reglemens pour l'exercice de leur dite Religion: qu'ils les montrent à nosdits Officiers, qui les authoriseront, s'ils voyent que ce soit chose qu'ils puissent & doivent raisonnablement faire: sinon, nous en avertiront pour en avoir nôtre permission, & autrement en entendre nos vouloir & intention.

VIII. Ne pourront en semblable faire aucuns *enrôllemens de gens*, soit pour se fortifier & aider les uns les autres ou pour offencer autruy: ne pareillement aucunes impositions, cueillettes, & levées de deniers sur eux. ¶ Et quant à leurs *Charitez* & *Aumônes* elles se feront non par cottisation & imposition, mais volontairement.

IX. Seront ceux de ladite nouvelle Religion tenus garder nos *Loix politiques*, mêmes celles qui sont reçuës en nôtre Eglise Catholique en fait de *Festes* & *jours chomables* & de *mariage*, pour les degrez de consanguinité & affinité: afin d'éviter aux debats & procès qui s'en pourroient ensuivre à la ruïne de la plûpart des bonnes maisons de nôtre Royaume, & à la dissolution

des

ANNO 1561. 1562.

des liens d'amitié qui s'acquierent par mariage & alliance entre nos Sujets.

X. Les *Ministres* seront tenus se retirer par devers nos Officiers des lieux, pour *jurer* en leurs mains l'observation de ces presentes, & promettre *de ne prêcher doctrine* qui contrevienne à la pure Parole de Dieu, selon qu'elle est contenuë au Symbole du Concile de Nicene, & ès Livres Canoniques du Vieil & Nouveau Testament: afin de ne remplir nos Sujets de nouvelles heresies. Leur deffendant très-expressément, & sur les mêmes peines que dessus, de ne proceder en leurs Prêches que par convices contre la Messe, & les ceremonies reçuës & gardées en nôtre dite Eglise Catholique: & de n'aller de lieu en autre, & de Village en Village, pour y prêcher par force, contre le gré & consentement des Seigneurs, Curez, Vicaires, & Marguilliers des Parroisses.

XI. Et en semblable à tous *Prêcheurs*, de n'user en leurs Sermons & Predications d'injures & invectives contre lesdits Ministres & leurs sectateurs: pour être chose qui a jusques icy beaucoup plus servi à exciter le Peuple à sedition, qu'à le provoquer à devotion.

XII. Et à toutes personnes de quelque état, qualité ou condition qu'ils soient, de ne recevoir, *receler*, ni retirer en sa maison aucun *accusé*, poursuivi ou condamné pour sedition: sur peine de mil écus d'amende applicable aux Pauvres. Et où il ne sera solvable, sur peine du foüet, & de bannissement.

XIII. Voulons en outre, que tous *Imprimeurs*, semeurs & vendeurs de Placars, & *Libelles diffamatoires*, soient punis pour la premiere fois du foüet, & pour la seconde de la vie.

XIV. Et pour ce que tout l'effet & observation de cette presente Ordonnance, qui est faite pour la conservation du repos general & universel de nôtre Royaume, & pour obvier à tous troubles & seditions, dépend du devoir, soin & diligence de nos Officiers. Avons ordonné & ordonnons, que les Edits par nous faits sur les *residences*, seront gardez inviolablement, & les Offices de ceux qui n'y satisferont, vaquans & impetrables: sans qu'ils y puissent être remis ni conservez, soit par Lettres patentes, ou autrement.

XV. Que tous *Baillifs*, Senechaux, Prevôts, & autres nos Magistrats & Officiers seront tenus, sans attendre priere ou requisition, d'aller promtement & incontinent la part où ils entendront qu'aura été commis quelque malefice, pour informer ou faire informer contre les delinquans & malfaiteurs, & se saisir de leurs personnes, & faire & parfaire leurs procés: & sur peine de privation de leurs états, sans esperance de restitution, & de tous dommages & interêts envers les Parties. Et s'il est question de *sedition*, puniront les seditieux, sans deferer à l'appel, selon (& apellé avec eux tel nombre de nos autres Officiers ou Avocats fameux) qu'il est porté par nôtre dit Edit de Juillet, & tout ainsi que si c'étoit par Arrêt de l'une de nos Cours souveraines.

XVI. En deffendant à nôtre très-cher & feal Chancelier, & à nos amez & feaux les Maîtres des Requêtes ordinaires de nôtre Hôtel tenans les Seaux de nos Chancelleries, de ne bailler aucuns reliefs d'appel: & à nos Cours de Parlemens de ne les tenir bien relevez, ne autrement empêcher la connoissance de nosdits Officiers inferieurs audit cas de sedition: attendu la perilleuse consequence, & ce qu'il est besoin d'y donner promte provision & exemplaire punition.

SI DONNONS en mandement par cesdites presentes à nos amez & feaux les gens tenans nosdites Cours de Parlemens, Baillifs, Senechaux, Prevôts, ou leurs Lieutenans, & à tous nos autres Justiciers & Officiers, & à chacun d'eux, si comme à luy apartiendra. Que nos presentes Ordonnances, vouloir & intention, ils facent lire, publier, & enregîtrer, entretiennent, gardent & observent, & facent entretenir, garder & observer inviolablement, & sans enfreindre. Et à ce faire & souffrir, contraignent & facent contraindre tous ceux qu'il appartiendra, & qui pour ce seront à contraindre: & proceder contre les transgresseurs, par les susdites peines. Et nous avertissent lesdits Baillifs, Senechaux, Prevôts, & autres nos Officiers, dedans un mois après la publication de ces presentes, du devoir qu'ils auront fait en l'execution & observation d'icelles. Car tel est nôtre plaisir. Nonobstant quelconques Edits, Ordonnances, Mandemens, ou deffences à ce contraires: Ausquels nous avons pour le regard du contenu en cesdites presentes, & sans y prejudicier en autres, derogé & derogeons. En témoin de ce, nous avons fait mettre nôtre Seel à cesdites presentes.

Donné à saint Germain en Laye, *le dixseptiéme jour de Janvier, l'an de grace mil cinq cens soixante & un*; & de nôtre regne le deuxiéme.

Ainsi signé, Par le Roy étant en son Conseil, BOURDIN. *Et scellé sur double queuë de cire jaune.*

ANNO 1561. 1562.

Déclaration & interpretation du Roi, sur aucuns mots ès Articles VI. & VII. contenus au présent Edit du dix-septiéme de Janvier, mil cinq cens soixante & un.

CHARLES par la grace de Dieu Roi de France, A nos amez & feaux les gens tenans nos Cours de Parlement, Baillifs, Senechaux, Prevôts, ou leurs Lieutenans & à tous nos autres Justiciers & Officiers & chacun d'eux, si comme à luy appartiendra, salut & dilection.

Par nôtre Ordonnance du dixseptiéme jour du mois de Janvier dernier passé, cy attaché sous le contre-seel de nôtre Chancellerie, fait pour le repos & pacification de nos Sujets, & pour appaiser & faire cesser les troubles & seditions que suscite en cettuy nôtre Royaume la diversité des opinions qui regne à nôtre Religion: il est dit entre autres choses, [Article VI.] *Que toutes & quantes fois que nos Officiers voudront aller aux Assemblées de ceux de la nouvelle Religion pour assister à leurs Prêches, & voir quelle doctrine y sera annoncée, ils y seront reçus & respectez selon la dignité de leurs Charges & Offices: Et si c'est pour prendre & apprehender quelque mal-faiteur, seront obeïs & assistez:* selon qu'il est plus à plein contenu en l'Article de ladite Ordonnance qui en fait mention.

Et pource que à l'interpretation de ce mot *d'Officiers*, ainsi generalement couché audit Article, il se pourroit mouvoir quelque difficulté, pour savoir si tous nos Officiers de Judicature y sont indifferemment entendus & compris, Nous pour donner à nôtredite Ordonnance la plus claire intelligence qu'il nous sera possible, & ne laisser rien qui puisse être revoqué en doute ou difficulté, Avons en l'interpretant dit & declaré, disons & declarons, que sous cedit mot d'*Officiers*, & la permission que nous leur avons faite de se trouver ausdites Assemblées, pour le fait contenu en nôtre dite Ordonnance, nous n'avons entendu, comme encore n'entendons avoir donné le pouvoir qu'à nos Officiers ordinaires, ausquels appartient la connoissance de la Police, comme Baillifs, Senechaux, Prevôts, ou leurs Lieutenans, & non à ceux de nos Cours souveraines, ni à nos autres Officiers de Judicature, que nous entendons vivre en la foy de nous, & de nos Predecesseurs. Et s'étendra ledit pouvoir lors seulement que l'occasion se presentera pour pourvoir, & donner ordre à ce qui est porté par ladite Ordonnance.

¶ Et davantage avons ordonné, & ordonnons, quant à ce qu'il est dit puis aprés [*Art. VII.*] en ladite Ordonnance. *Que ceux de la nouvelle Religion ne fassent aucuns Synodes ne Consistoires, si ce n'est par congé, ou en presence de l'un de nosdits Officiers.* Que si leursdites Assemblées qu'ils appellent *Synodes & Consistoires*, sont *generales* de tout le Gouvernement & Province, ils ne se pourront faire, si ce n'est par congé ou en presence du Gouverneur, ou nôtre Lieutenant general de la Province, de son Lieutenant general, ou autres par eux commis: Et si ladite Assemblée est *particuliere*, par congé ou en presence de l'un de nos Officiers Magistrats, qui sera élu & deputé par ledit Gouverneur ou sondit Lieutenant general. ¶ Pourveu toutefois que lesdites Assemblées, qu'ils appellent Synodes & Consistoires, se fassent seulement pour le reglement de Religion, & non pour autre occasion. ¶ Et le tout par maniere de provision, en attendant la determination du Concile general, ou que par nous autrement en ait été ordonné. Et sans que par nôtre-dite Ordonnance & la presente Declaration, nous ayons entendu & n'entendons approuver deux Religions en nôtre Royaume, ains une seule qui est celle de nôtre sainte Eglise, en laquelle nos Predecesseurs Rois ont vêcu.

Si voulons & vous mandons qu'en procedant à la lecture, publication & enregîtrement de nôtre-dite Ordonnance, vous faciez par même moyen lire, publier, & enregîtrer nôtre presente *Declaration & interpretation*, &

Anno 1561. 1562. & icelle entretenir, garder & observer inviolablement & sans enfraindre : Car tel est nôtre plaisir, nonobstant le contenu en nôtre-dite Ordonnance, & quelconques Edits, mandemens, ou deffenses à ce contraires. Donné à Saint Germain en Laye *le quatorziéme jour de Fevrier l'an de grace mil cinq cens soixante & un*, & de nôtre regne le deuxiéme.

Ainsi signé, Par le Roy étant en son Conseil : auquel la Roine sa Mere, Monseigneur le Duc d'Orleans, le Roy de Navarre, Messieurs le Cardinal de Bourbon & Prince de la Roche-sur-Yon, Cardinaux de Tournon & de Chastillon, Vous les Sieurs de Saint André, & de Montmorenci Marechaux, & de Chastillon Admiral de France, du Mortier Evêque d'Orleans, d'Avanson & Evêque de Valence, de Selve, de Gonor, & Dandelot, & plusieurs autres étoient presens.

Bourdin.

XLVII.

1562. 6. Mars. *Investitura de Ducatu* Sabaudiæ, *Principatu* Pedemontium *&c. per* Ferdinandum I. *Imperatorem*, Emanueli Philiberto *Duci ob mortem Patris ejus concessa, pro se, Successoribus & Hæredibus suis legitimis. Datum Pragæ, die 6 Martii Anno* 1562. [Pièce authentique tirée des Archives Royales du Château de Milan.]

Ferdinandus &c. Ad perpetuam rei memoriam recognoscimus, & notum facimus tenore præsentium Universis; Et si inter alias plurimas, & gravissimas curas, quas constituti in hoc sublimi Imperatoriæ Celsitudinis fastigio, ad quod Deus Optimus Maximus nos clementer evexit, jugiter sustinemus, nobis in primis incumbit, ut quoque loco, & tempore sedulò, & clementer tueamur salutem, & quietem publicam, promoveamusque commodum, & augumentum pariter eorum omnium, quos Divina Majestas nostro Imperio subjectos esse voluit, quatenus & ipsi sese Cæsarea benignitate dignos præstant, ita ut quando benemeriti de Republica debitis fidei, & virtutis ipsorum præmiis non frustrantur, alii etiam exemplo ipsorum ad eadem honestatis, & fidei studia capessenda accendantur; quia tamen ii qui in Republica principem locum obtinent, & prudentia, magnanimitate, temperantia, aliisque optimè constituti animi dotibus, cæteros Sacri Imperii fideles antecellunt Imperatoriæ Sublimitati, magno, plerunque, & ornamento, & præsidio esse consueverunt, non immeritò certè, summam ante omnes rationem à nobis habendam existimamus illorum, qui Illustribus, ac de Sacro Imperio benemeritis Majoribus prognati ipsi quoque eorum laudatissima vestigia secuti prò dignitate ejusdem Imperii tuenda gravissima quæque salutis, & fortunarum pericula, ac maximos quosque labores, curas & molestias infracto animo suscipere non dubitaverunt : Quæ cùm ita se habeant, & præfatus Illustr. Emanuel Philibertus, Dux Sabaudiæ, Princeps & Consanguineus noster charissimus, nobis humiliter supplicaverit, ut ipsum de Ducatibus Sabaudiæ, Cablasii & Augustæ, Vicariatu perpetuo Sacri Romani Imperii, Marchia in Italia, Principatu Pedemontium, Comitatibus Gebennarum, & Gebennesii, Baugiasi, Rotondimontis, & Astæ, Baroniis Vuaudi, Fausigniasi, & Gay, Dominiis Niciæ, Bressiæ, Vercellarum, & Marchionatu Cevæ, ut quæ à nobis & Sacro Romano Imperio in feudum moventur, unà cum universis, & singulis eorundem Regaliis, Honoribus, Homagiis, Gratiis, Juribus, Libertatibus, & Pertinentiis, quemadmodum ea quondam Illustr. Carolus Dux Sabaudiæ ejus Genitor, aliique Majores sui tenuerunt, & per obitum præfati Genitoris sui successionis jure sibi cesserunt, & ipse in præsentiarum tenet, & possidet, aut de jure ad eum spectant investire, eaque illi in Feudum de novo concedere dignaremur. Nos igitur hujusmodi precibus ejus benignè admissis, motu proprio, ex certa nostra scientia, animo bene deliberato, non per errorem, aut improvidè, sed sacro Principum, Comitum, Baronum, Procerum, & aliorum nostrorum, & Imperii sacri fidelium dilectorum accedente consilio, ac de nostræ Cæsareæ potestatis plenitudine, præfatum Illustr. Emanuelem Philibertum Sabaudiæ Ducem, Principem & Consanguineum nostrum charissimum de præfatis Ducatu Sabaudiæ, Principatu Pedemontium, aliisque Ducatibus, Marchionatibus, Comitatibus, Baroniis, & Dominiis, cum universis, & singulis eorum omnium Regaliis, Honoribus, Homagiis, Gratiis, Juribus, Libertatibus, ac Pertinentiis, quæ à nobis, & Sacro Romano Imperio in Feudum obtinet, & ad ipsum per obitum antenominati Genitoris sui jure successionis pervenerunt, & de jure spectant, & quemadmodum præfatus Illustr. quondam Carolus Dux Sabaudiæ Genitor ejus, & alii Prædecessores sui Sabaudiæ Duces, & Comites respective habuerunt, & tenuerunt, vel ipse Illustr. Dux Emanuel Philibertus de jure habere, & tenere deberet, quæ omnia hîc pro sufficienter expressis, & specificatis haberi volumus, recepto prius nomine illius à Magnifico fidele nobis dilecto Scipione Comite Archi nostro Consiliario, & Supremo Camerario, ad id sufficienti, & legitimo mandato instructo fidelitatis, subjectionis, & obedientiæ debito juramento omnem caducitatem, negligentiam, & culpam, quam ipse, aut Prædecessores sui ob non petitam legitimo tempore Investituram, aut aliàs quovis modo incurisse censeri possent, remittentes, & condonantes pro se, Successoribus, & Hæredibus suis legitimis, investimus, eaque illi de novo in Feudum concessimus, pro ut investivimus, & in Feudum concedimus per præsentes quidquid de jure, vel consuetudine possumus, & debemus, nostris tamen, & Imperii Sacri juribus semper illæsis, & salvis. Nulli ergò omninò hominum liceat hanc nostræ Infeudationis, Investituræ, Concessionis, & Gratiæ paginam infringere, aut ei quovis ausu temerario contravenire; si quis autem attentare præsumpserit nostram, & Imperii sacri indignationem gravissimam, & pænam centum Marcharum auri puri Fisco, seu Errario nostro Imperiali, totidemque injuriam passi usibus irremissibiliter applicandam toties quoties factum fuerit se noverit incursurum harum testimonio Litterarum manu nostra subscriptarum, & Sigilli nostri Cesarei appensione munitarum. Datum Pragæ die sexta Martii Anno Domini milesimo quingentesimo sexagesimo secundo. Anno 1562.

Signatum Ferdinandus.

Collacionata cum vero Registro originali de verbo ad verbum concordat.

B. Argento. M. Singkhmeser.

Extracta fuit præsens Copia, ab alia existente in Regio Archivio Castri Portæ Jovis Mediolani, in papiro scripta. Datum Mediolani die trigesima mensis Octobris, Anni 1719.

Examinavit Joannes Franciscus Strigellius *Regii Archivii Officialis.*

XLVIII.

Verzicht-Brief Frauen Sibyllen Burggräfin zu Kirchberg / gebohrner Gräfin zu Isenburg / auf all-Väter-Mütter-Brüder- und Schwesterliches Erbantheil / an der Graf- und Herrschafft Ysenburg und Budingen. Geben zu Budingen / am Montag nach Sontag Cantate den 27. Aprilis 1562. [Lunig, **Teutsches Reichs**-Archiv. Part. Special. Continuat. II. **Abtheilung** VI. **Absatz** XXVIII. pag. 443.] 27. Avril.

C'est-à-dire,

Renonciation de Sibylle *Bourgrave de Kirchberg,*

ANNO 1562.

berg, née Comtesse d'Isenbourg à la Seigneurie d'Isenbourg *& de* Budingen. *A Budingen le Lundi après le Dimanche* Cantate *le* 27 *Avril* 1562.

Wir Sibylla/ Burggräfin zu Kirchbergk/ und Fraw zu Farenrodt/ geborne Gräffin von Ysenburgk zu Budingen/ bekennen und thun kund offentlichen mit diesem Brieff/ für uns/ alle unsere Erben und Nachkommen/ als der Wolgeborn Johannes Günter Graffe zu Schwartzenburg/ Herr zu Arnstadt und Sondershausen unser freundlicher lieber Herr Vetter/ und nechst verwandter Bluts-Freund/ mit Wissen und Willen der Wolgebornen Georgen/ Wolffgangs/ und Heinrichs von Isenburgk/ Graffen zu Budingen/ unserer freundlichen lieben Gebrüdere/ ein Freundschafft der heiligen Ehe betheidingt/ und beschlossen/ zwischen dem Edlen und Wolgebornen Herrn/ Sigmunden dem Eltern/ Burg-Graffen zu Kirchbergk/ und Herren zu Farenrod/ an statt und von wegen des auch Edlen und Wolgebornen Herrn Sigmunden des Jüngern/ Burggrafen zu Kirchberg/ ꝛc. unsers freundlichen lieben Herrn Ehegemahls/ und uns betheidingt/ und geschlossen/ under andern des Inhalts/ dasz wolgedachte unsere freundliche liebe Gebrüdere/ uns zu wolgedachtem unsern lieben Herrn Ehegemahln/ drey tausend Gülden/ funffzehen Batzen oder sechtzig Creutzer für den Gülden gerechnet/ zu Ehesteur und Heyrat-Gut/ in benambter Zeit/ ausrichten/ daneben auch uns mit Kleidern/ Kleinodien/ und andern/ unserm Herkommen nach/ ehrlichen abfertigen sollen/ und wollen/ dessen alles gedachtem unserm lieben Herrn und Gemahl/ und uns wol benüget. Und so dann ferners Inhalts bemelter Abrede/ wir mit solcher Vermachung auch derselben Wiederlegung und Morgengabe/ unsern gentzlichen Abschied haben sollen/ vor unsern Antheil Erbschafft und Gebürnisz der Graffschafft und Herrschafft Ysenburgk und Budingen/ derowegen auch auf ihre Zugehörde/ und uff alle und jede Recht/ Erbschafft und Gerechtigkeiten letztgemelter Graffschafften und Herrschafften/ Zu- oder Anfälle/ wasz uns von Vätterlicher/ Mütterlicher/ Brüderlicher und Schwesterlicher Erbschafft/ daraus gebürt/ gantz gründlichen verzeihen und herüber Verziegs-Brieff/ in notdürfftiger Form verfertiget übergeben sollen/ dasz wir demnach uff solche Vermachunge zu Ehren/ Wolfarth/ und Erhaltung unsers Nahmens und Stammens/ der Graffschafft Ysenburgk/ und also aus freundlicher Zuneigung und Lieb/ so wir zu wolgedachten unsern freundlichen Brüdern tragen/ mit freyem wolbedachtem Muth/ auch mit Willen/ Wissen/ und Rath/ unserer nechst verwandten Freunde/ und sonderlichen Befelch und Geheisz wolermelts unsers lieben Herrns und Gemahls/ aus rechter Wissen/ uff alle und jede unsere Recht/ Erbschafft und Herrschafft Budingen/ dero Zu- oder Anfälle/ was uns von Vätterlicher/ Mütterlicher/ Brüderlicher und Schwesterlicher Erbschafft daraus gebürt/ oder gebüren mag/ gantz gründlichen verziehen haben/ und verzeihen gegenwertiglichen/ mit Krafft disz Brieffs/ in dero besten Form/ Weisz und Gestalt/ wie ein stettiger/ ewiger/ unwiderrufflicher Verzieg in Recht oder durch Gewonheit allerbestendigst Krafft hat/ haben soll und mag/ also dasz wir/ unsere Erben und Nachkommen/ an obgerürter Graffschafft und Herrschafft/ aller derselben Ampt/ Schlosz/ Städt/ Gericht/ Dorff/ Höffe und Nutzungen/ Erb-Pfandschafft/ Lehen/ oder fahrende Haabe/ gantz nichts ausgenommen/ kein Recht/ Forderung oder Anspruch/ uns behalten/ suchen oder gebrauchen wollen/ in zu mahl keine Weisz/ verzeihen uns auch uff alle und iegliche Recht und Gerechtigkeit/ die wir darzu haben oder gewinnen möchten/ gar nichts ausgenommen/ geloben und versprechen auch bey unsern Frawlichen Ehren/ auch bey unsern Eyden/ wir darumb nach Gräfischer Gewonheit uff unsere Brust/ leiblichen zu GOtt und seinem heiligen Wort geschworen haben/ dasz wir/ unsere Erben und Nachkommen/ darzu oder daran nimmermehr kein Anforderunge haben/ noch fürnehmen sollen/ durch uns selbst/ oder andere von unsertwegen/ mit oder ohne Gericht/ Geistlichen oder Weltlichen/ noch sonsten in einige Weisz/ wie das vorgenommen werden möchte/ verzeihen uns auch ferners hieruff wissentlichen/ aller und jeder Freyheiten und Privilegien/ Gnaden/ Restitution, Dispensation, Absolution, und andere Behelffe ingemein/ und besonder/ die uns und gemeinen Frawlichen Geschlecht/ von Päbsten/ Käysern/ Königen/ oder sonsten von gemeinen Rechten gegeben seynd/ erlanget/ und gegeben werden möchten/ besonderlichen aber der Freyheiten Käysers Adriani, und anderer Römischer Käyser und Königen/ Frawlichem Geschlecht zu gutem gegeben/ und gesezt/ und dann auch den Rechten/ so verbiethen/ künfftig Erb zu verzeihen/ oder zu begeben/ und allen andern/ was hiewider seyn/ oder erfunden/ so von der Ober-Hand aus eygener Bewegung/ oder uff unser Anruffen gegeben/ vergönnet oder erlaubt würde/ oder sonsten in einigen Weg diesem unserm Verzieg zu wider gegeben/ und erlangt werden möchte/ desz alles wir uns noch sonsten einiges Fürstandts/ so hierwider seyn oder thun möchte/ nicht gebrauchen noch auch fürwenden sollen oder wollen/ dasz Wir hierin erfahren/ betrogen/ hindergangen/ mit Forcht/ Gewalt/ oder sonsten darzu getrungen/ oder Gestalt und Gelegenheit der Sachen nit genugsam underricht gewesen/ noch sonsten einiges anderen Behelffs/ wie der Nahmen haben/ oder durch Menschen Sinne erdacht werden möchte/ hiewider einiges Wegs zugebrauchen/ es were dann/ dasz wohlgedachte unsere freundliche liebe Gebrüdere/ Graffe Georg/ Wolffgang/ und Heinrich obgenandt/ ohne Eheliche geborne Leibs-Erben/ würden abgehen/ alsdann sollen Wir und unsere Eheliche geborne Kinder/ zu unser und ihrer Erb-Gerechtigkeit freystehen/ und in angezeigtem Fall uns und unsern Erben alle unsere Recht und Erb-Gerechtigkeit hiemit fürbehalten haben/ wie das die Verträge/ zwischen den Herrn von Ysenburgk/ Graffen zu Budingen/ Gevettern/ uffgericht/ vermögen und innhaben/ alle Geferde und Argeliste hierein gentzlichen ausgeschieden/ undt hindan gesetzt.

Und desz alles zu Urkund/ so han Wir Sibilla obgenant/ diesen Verziegs-Brieff/ mit unser eygen Hand underschrieben/ und Prestens halben einiges Insiegels gebetten/ die Wolgebornen Herrn/ Johannes Günthern/ Graffen zu Schwartzburgk/ Herrn zu Arnstadt/ und Sondershausen/ und Herrn Bartholomeus Friedrichen/ Graffen zu Beuchlingen/ Erb-Ober-Marschalcken in Düringen/ sampt und sonder/ als die bey gegenwertigem unsern Verzieg gewesen/ den gesehen und gehöret han/ dasz ihre Liebden und ihr jeder sein Insiegel an diesem Brieff gehangen hat; So bekennen Wir Sigmund der Jüngere/ Burggraffe zu Kirchbergk/ und Herr zu Farenrod/ dasz diese hievor gemelte/ unserer freundlichen lieben Gemahlin Sibillen/ geborner Gräffin von Ysenburgk Verzeihunge/ mit unsern Gunsten/ gutem Willen und Wissen zugangen und beschehen ist/ welche Wir auch für uns/ alle unsere Erben und Nachkommen gewilliget/ und aus rechter Wissen/ in Krafft disz Brieffs bewilligen und annehmen/ darwider nimmermehr nichts zu suchen oder zu thun/ in zumal keine Weise/ sonder Gefärde/ haben auch dessen zu Urkund unser eigen Insiegel zuforderst an diesen Brieff thun hencken/ und dieweil dann auch solcher Verzieg/ Gelübt und Eydt in unser Graffen Johannes Günthers/ und Gräfen Bartholomeus Friedrichs/ zu Beuchlingen/ obernant/ als beyderseits Freunde Beywesen/ geschehen/ und zugangen ist/ wir auch solches gehört/ und gesehen; So hat unser jeder/ als Beyweser uff Bitt/ wie oblaut/ sein eigen Insiegel an diese Verschreibung auch thun hencken/ Geben zu Budingen/ am Montag nach dem Sontag Cantate den 27. Monaths tag Aprilis/ als man ab der Geburth Christi unsers lieben HErrn tausend fünff hundert sechtzig und zwey Jahr zahlte.

Sibilla von Ysenburgk/ Gräffin
zu Budingen.

ANNO 1562.

XLIX.

Kaysers FERDINANDI I. Absolution von der Acht/ worein Kayser CAROLUS V. die Stadt Magdeburg erkläret. Prag den 12. July 1562. 12. Juillet.

[HORTLEDERUS von Anfang und fortgang des Teutschen Kriegs Tom. II. Libr. IV. Cap. XIX. pag. 1268. LUNIG, Teutsches Reichs-Archiv. Part. Special. Continuat. I. Erstere Abtheilung/ Num. C. pag. 290. d'où l'on a tiré cette Pièce.]

C'est-à-dire,

Absolution accordée par l'Empereur FERDINAND I.

à

ANNO 1562.

à la Ville de MAGDEBOURG, *du Ban de l'Empire qui avoit été prononcé contr'elle par l'Empereur* CHARLES V. *à Prague le* 12. *Juillet* 1562.

WIr Ferdinand / von GOttes Gnaden / erwehlter Römischer Kayser / zu allen Zeiten Mehrer des Reichs 2c. bekennen öffentlich mit diesem Briefe und thun kund allermänniglich / nachdem die Ehrsamen unsere und des Reichs lieben Getreuwen / Bürgermeister / undt gantze Gemeine der alten Statt Magdeburg verschienen Jahren / durch Weylandt unsers lieben Herrn Brudern / und nechsten Vorfahren am Reich / Kayser Caroln / löblicher Gedächtnisz / in ihrer Majestat undt des Heiligen Reichs Acht und Aberacht declariret und erkläret / und hernachmahls gegen denselbigen zu Vollziehung solcher Acht ein Kriegs-Expedition fürgenommen / die Statt durch des Heiligen Reichs Kriegs-Volck belägert / doch letzlichen durch weylandt Hertzog Moritzen / Churfürsten zu Sachsen / alsz des Heiligen Reichs verordenten Obersten (an statt unnd von wegen gedachtes weilandt unsers gnedigsten Herrn Bruders / Keyser Carols und des Heil. Reichs) auff etliche Capitulation unnd Artickel / so sie / die von Magdeburg zu vollnziehen / zugesagt undt bewilliget / zu Gnaden an- und aufgenommen / wir auch hernachmahls durch gemeldten Rath zum offternmahl umb endliche Absolution von berührter Acht / unterthäniglichen unnd demüthiglichen angelanget und ersucht worden / dasz wir demnach gedacht Bürgermeistere / Schöffen / Rathmanne / Innungsmeistere / unnd gantze Gemeine der alten Statt Magdeburg / auf solch ihr beschehen vielfältige / demüthige / fleiszige Bitt / unnd zu Erzeigung unser Keyserlichen Sanfftmüthigkeit / Güte und Mildigkeit / mit wohlbedachtem Muthe / guten Rath und rechter Wissen / von obberürter Acht und Ober-Acht gnädiglich wiederumb absolvieret / entledigt und entbunden / sie aus dem Unfrieden wiederumb in Frieden gesetzt / unnd in unser und des Heil. Reichs Gnade / Huld / auch Verspruch / Schutz und Schirm auffgenommen unnd empfangen haben / und thun das alles hiemit von Röm. Keys. Maj. Vollkommenheit / wissentlich in Krafft dieses Briefs / also / dasz sie nun hinfüro berürter Acht halben an ihren Leiben / Haab und Gütern nicht angefochten / beschädiget noch bekümmert werden / sondern gantz frey und ledig stehen und bleiben / und ihnen berürte Acht an ihren Ehren / Würden / Emptern und Standen / auch an ihren habenden Freyheiten / Privilegien / Ober- und Gerechtigkeiten / auch allen löblichen Gebräuchen und Herkommen gantz kein Verletzung noch Verhinderung bringen sollen oder mögen / in keine Weise.

Doch sollen sie demjenigen / was ihnen obberürte mit weilandt Hertzog Moritzen / Churfürsten zu Sachsen 2c. alsz des Heiligen Reichs verordtenten Kriegs Obersten / auffgerichtete Capitulation auffgelegt / so viel dessen noch nicht vollnzogen / nochmahls (gleichwohl ausser des Fuszvolcks und Schleiffung der Vesten / die wir ihnen aus Gnaden nachlaszen) nachkommen und ein Gnügen thun / und sich hinfort gegen uns und dem Heiligen Reich / alles schuldigen gebührlichen Gehorsambs / halten und erzeigen / auch insonderheit der Spruch und Forderung halben / so iemandts / wer der auch seyn möchte / von des verlauffenen Kriegswegen / oder sonsten zu ihnen gemeinlich oder insonderheit haben möchte / an gebührlichen Orten Rechts statt thun / und dem nicht vor seyn.

Und gebieten darauf allen und ieden Churfürsten / Fürsten / ernstlich und festiglich mit diesem Brieffe und wollen / dasz obgedachten Bürgermeister / Schöffen / Rathmanne / Innungs-Meistere und gantze Gemeine der alten Statt Magdeburget auch ihre Hab und Güter obberürter Handtlung halben unangefochten unnd unbekümmert / unnd bey dieser unser Absolution / Friede / Huld und Gnade frey / sicher und ohne Beleidigung geruhlichen bleiben lassen / und hiewieder nichts thun / noch iemandts anders zu thun gestatten / in keine Weise / alsz lieb einem ieden sey unsere und des Reichs schweere Ungnad und Straffe und darzu ein Poen / nehmlich hundert Marck löthiges Goldes zu vermeiden / die ein ieder so offt er freventlich hiewieder thete / uns halb in unser und des Reichs Cammer / und den andern halben Theil gedachter Bürgermeister Rath und Gemein der alten Statt Magdeburg unnachläszlich zu bezahlen verfallen seyn solte. Mit Urkundt dieses Briefs besiegelt mit unsern Keyserlichen anhangendem Insiegel. Geben auff unserm Königlichen Schlosz zu Prag / den 12 Tag des Monats Julii nach Christi unsers Herrn und Heylandes Geburth 1562. unser Reich des Römischen im 32. und der andern im 36. Jahren.

ANNO 1562.

L.

20. Sept. ANGLETERRE, ET LA LIGUE DES REFORMEZ DE FRANCE.

Traité entre ELISABET *Reine d'Angleterre, le Prince de* CONDE' *& la* LIGUE *des* REFORMEZ *de France. A Hamptoncourt le* 20. *Septembre* 1562. [FREDER. LEONARD. Tom. II. pag. 571.]

ILLUSTRISSIMUS Princeps *de Condé* ad defendendum Rothomagum, *Dieppe*, & *Havre-de-Grace* in Normandia, & eorum Oppidorum habitatores, aliosque Serenissimi Francorum Regis Subditos, qui sese in Oppida receperunt, à cæde & interitu qui in eos à (1) Duce Guisio, ejus Fratribus & aliis Guisianæ Factionis hominibus crudeliter intentatus est: & pro auxilio, quod Serenissima Angliæ Regina pollicetur propter defensionem ejus, & reliquorum illius Confœderatorum, in obsequio suo præstando, erga suum Regem, in tuendo Dei honore & in propegando communi commodo Regni Galliæ, curabit & efficiet ut Oppidum *du Havre-de-Grace*, hujusmodi Locumtenenti ejusve Deputato tradatur, quem Serenissima Angliæ Regina illi Oppido sit præfectura, unà cum universis & singulis Arcibus, Castris, Munitionibus, Armamentariis, omnibusque armorum generibus & aliis rebus quibuscumque, quæ ad Regem spectant, & ad prædicti Oppidi defensionem, ullo modo spectare possunt vel poterunt; cum hac etiam conditione, ut nemo Miles Gallicus in eo Oppido maneat, nisi cum consensu & approbatione Locumtenentis Serenissimæ Reginæ, ejusve Deputati, ut illud Oppidum teneatur & custodiatur per illam Serenissimam Reginam Angliæ, ejusque Locumtenentes, ad defensionem Principis & Confœderatorum suorum, reliquorumque Subditorum Regis, qui solummodo propter Religionis Evangeliique professionem Edictique regii observationem vexantur & oppugnantur à Guisianis.

Et propterea Serenissima Angliæ Regina, ejusve Locumtenens, curabit & efficiet, ut tres sufficientes Obsides Capitaneo prædicti Oppidi *du Havre-de-Grace* ejusve Deputatis illud petentibus, tradantur apud *Dieppe*, ut in eo Oppido ejusve præcinctu, libero more versentur, donec isti Articuli manu & sigillo Serenissimæ Reginæ Angliæ consignati illustrissimo Palatino Rheni Principi Electori, aliive Principi Germano Protestanti tradantur, de quo inter Partes convenerit; in cujus vel quorum manibus dicta Serenissima Regina tenebitur de novo, bona fide promittere, se omnia hîc contenta perimpleturam, & istis Articulis traditis, & dicta promissione facta dicto illustrissimo Palatino Rheni, vel alii Principi Germano, prædicti Obsides in pristinam suam libertatem restituentur. Interea verò temporis, dum illi permanserint in *Dieppe*, cum minori favore tractandi sunt, quàm Gallici Obsides in præsenti Londini solent tractari.

Item. Serenissima Angliæ Regina curabit & efficiet, ut centum millia aureorum Coronatorum Gallicorum, vel ea pecuniæ summa, quæ ejusdem erit valoris, prædicto Principi *de Condé*, ejusve certo Deputato, vel Argentorati, vel Francofordiæ, aut alibi, ut inter Partes convenerit, persolvantur, videlicet septuaginta millia Coronatorum quamprimùm certo vel Argentorati, vel Francofordiæ per Nuncios sciri poterit de tradito illo Oppido *du Havre-de-Grace*, in manus Serenissimæ Reginæ Angliæ, ejusve Locumtenentis; & reliqua triginta millia Coronatorum, intra spatium mensis proximi sequentis in prædicto Loco, sive Argentorati, sive Francofordiæ similiter persolventur.

Item. Quo melius defendantur Oppida etiam *Dieppe* & Rothomagus contra eorum hominum vim, qui vastitatem & cædem fidelibus Subditis Serenissimi Regis Francorum istic habitantibus, sive eò confugientibus, conantur intentare, præter ter mille præsidiarios Milites destinatos pro præsidio *du Havre-de-Grace*, Serenissima Angliæ Regina mittet alia tria millia hominum pro custodia vel auxilio aliarum Urbium, videlicet pro auxilio Rothomagi, si id necessarium & tutum videbitur Locumtenenti Serenissimæ Reginæ, & pro custodia Villæ

(1) Cela se doit entendre du *Massacre de Vassy*, arrivé le 1. de Mars de cette année, lequel fut la principale occasion de cette Ligue, & le signal aux Guerres civiles, qui troublérent tout le régne de *Charles IX*.

Anno 1562. Villæ *de Dieppe*, si in illam Villam à Capitaneo & Civibus amicè admittantur. Quæ Militum Præsidia Serenissima Regina continuabit, donec eo modo quadraginta millia Coronatorum aureorum expendantur, nisi interea temporis, Concordia facta fuerit inter dictum Principem & suos Adversarios. In cujus pecuniæ expensione illa quidem pecunia computabitur, quæ mandato Serenissimæ Reginæ persolvetur Capitaneo *du Havre*, ejusve Deputato, ab ultimo die mensis superioris Augusti, adusque dum prædictum Oppidum *du Havre-de-Grace*, Serenissimæ Angliæ Reginæ, ejusve Locumtenenti, prout antea declaratum est, tradatur. Si verò is Locumtenens non queat pro commoditate rerum gerendarum Præsidium mittere Rothomagum, tum Serenissima Regina, vice illius Præsidii, curabit & efficiet, ut viginti millia Coronatorum Principi *de Condé*, ejusve certo Deputato in Normandia ad defensionem Rothomagi, vel ad alium usum Principis, persolvantur. Et si Regina non expendat summam viginti millium Coronatorum in defensione Villæ *de Dieppe*, proptereaque sui Milites ibi non fuerint recepti à Capitaneo & Civibus, tunc reliqua pars viginti millium Coronatorum non expensa simili modo Principi persolvetur, hac quidem ratione, ut illa & ista summa viginti millium Coronatorum in summa illorum prædictorum quadraginta millium computentur, & tunc etiam Serenissima Regina non tenebitur continuare diutius in Oppido *de Dieppe* illud Præsidium, quàm per idem Præsidium ipsa expenderit viginti millia Coronatorum, computandorum etiam in illa pecuniæ summa, quæ prædicta jam ratione persolvenda erit Capitaneo *du Havre-de-Grace*, ab ultima die mensis superioris Augusti.

Provisum etiam est atque conclusum, ut Illustrissimus Princeps *de Condé* curet diligenter atque provideat, ut Milites Serenissimæ Reginæ Angliæ, qui mittendi ad suppetias ferendas vel *Dieppe* vel Rothomago, possint sine offensione & molestia ingredi in illa Oppida, & istic liberè versari, ingenuèque tractari, prout par est, ut tractentur amici & fautores prædicti illustrissimi Principis; & quo certior atque exploratior ratio habeatur illarum expensarum, Serenissima Regina concedit, ut certi Ministri illustrissimi Principis de die in diem, de eadem expensarum ratione certiores unà reddantur.

Item. Serenissima Regina permittet ut Subditi Serenissimi Regis Francorum, qui sive in illis Oppidis, sive in aliis habitant, bonis suis atque libertate utantur & fruantur, & quòd jus dicatur in illis Oppidis per Officiarios & Præfectos dicti Regis Francorum solummodo, quantum ad dicti Regis Subditos pertinet. Permittet etiam Serenissima Regina, ut in Oppido *du Havre-de-Grace* & *Dieppe*, perfugium & receptus pateat illis Serenissimi Regis Francorum Subditis, qui vel purioris Religionis nomine miserè exagitantur, vel suo Regi sub ductu illustrissimi Principis *de Condé* fideliter inserviunt. Hoc interim cautum sit, ut liberum & integrum relinquatur Locumtenenti Serenissimæ Reginæ, ut possit prohibere eum numerum hominum ab introitu in Oppidum *du Havre-de-Grace*, qui suo judicio ulli detrimento securæ custodiæ illius Oppidi esse queant.

Item. Serenissima Regina promittit restituere illud Oppidum *du Havre-de-Grace*, cum omnibus adjacentibus, sine avectione alicujus apparatus bellici illic reperti, aut repetitione expensarum quæ fient pro reparatione dictæ Villæ, cæteraque loca illic per suos possessa, in manus Serenissimi Regis Francorum, quamprimùm labore & opera illustrissimi Principis *de Condé*, Oppidum Caletum, unà cum singulis aliis territoriis adjacentibus, in manus Serenissimæ Angliæ Reginæ, aut ejus Locumtenentis, restituetur, secundum tenorem Conventionis illorum Fœderum quæ apud *Câteau* juxta Cameracum inter Serenissimam Angliæ Reginam, & Serenissimum Regem Francorum Henricum secundum, anno 1559. pacta conclusaque sunt, licet de longiore illius Oppidi Caleti restituendi tempore in prædictis Fœderibus cautum sit; & quamprimùm etiam prædicta summa centum quadraginta millium Coronatorum Serenissimæ Reginæ, vel ejus Deputatis, reddatur absque ullo interesse.

Item. Serenissima Regina non restituet Oppidum *du Havre-de-Grace*, in manus Serenissimi Regis Francorum, nec ab eo Rege Caletum Oppidum recipiet, sine expressa consensione illustrissimi Principis *de Condé*, vel illorum, qui primas partes in dicta associatione tenebunt; & nisi facta illis Nobilibus compensatione bonorum, quibus propter traditionem dicti Oppidi *du Havre-de-Grace* in manus Serenissimæ Reginæ Angliæ privati sunt.

Item. Locumtenens Serenissimæ Reginæ patietur Capitaneum *du Havre-de-Grace*, sive ejus Deputatos, postquam illud Oppidum commissum fuerit protectioni Serenissimæ Reginæ, avehere ex eo Oppido eas res, quæ meræ merces sunt, & quæ non propriè spectant ad defensionem illius Oppidi. Anno 1562.

Item. Licitum erit eidem Capitaneo, sive ejus Deputato abducere duodecim Naves Gallicas istinc, quæ jam illic sunt, unà cum armamentis omnibus atque munitionibus, quæ non adhibitæ sunt ad defensionem illius Oppidi, sed usurpantur propriè ad alias marinas negociationes.

Ad extremum neque Serenissima Regina neque Illustrissimus Princeps *de Condé* quicquam paciscentur, transigent, aut facient, quod alterutri Parti præjudicio esse queat, absque consensu Partis cui præjudicabitur.

Ad harum rerum certissimam confirmationem, Serenissima Angliæ Regina & suam manum, & magnum Angliæ Sigillum huic Scripto apposuit. Datum apud Regiam de Hamptoncourt, 20. mensis Septembris 1562. *Signé*, ELISABET. *Et scellé sur le repli, en lact ou cordons de soie blanche & noire, du grand Scel d'Angleterre sur cire verte.*

LI.

Vertrag zwischen Churfürst Daniel zu Mayntz/ und Churfürst Augusto zu Sachsen durch Vermittelung Churfürst Johann zu Trier und Churfürst Joachim zu Brandenburg aufgericht des Ansagens halber sowohl in gemeinen Reichs-Versamlungen/ als sonderbahren Zusammenkunfften / wenn solches Chur-Meyntz oder Chur-Sachsen zustehen solle. Geschehen zu Franckfurt am Mayn / Mitwochs nach Omnium Sanctorum 1562. 4. Novembre. **[Anhang zu des Europaeischen Herolds vier Haupt-handlungen pag. 1553. col. I. LUNIG, Teutsches Reichs-Archiv. Part. Spec. Abtheil. III. Absatz I. pag. 396, d'où l'on a tiré cette Pièce.]**

C'est-à-dire,

Traité d'Accommodement entre DANIEL *Electeur de Mayence &* AUGUSTE *Electeur de Saxe, par l'entremise de* JEAN *Electeur de Treves, & de* JOACHIM *Electeur de Brandebourg, sur le Droit d'intimer, tant aux Diétes Générales de l'Empire, qu'aux particulieres, lorsque c'est à l'un ou à l'autre de le faire. A Francfort sur le Meyn le Mecredi après la Fête de tous les Saints.* 1562.

Wir Johann von GOttes Gnaden / Ertz-Bischoff zu Trier / und von desselben Gnaden wir Friedrich / Pfaltz-Graff bey Rhein rc. und wir Joachim / Marggraff zu Brandenburg / des Heiligen Reichs durch Gallien und im Königreiche Arelat Ertz-Cantzler / Ertz-Truchseß / Ertz-Kämmerer und Churfürsten / bekennen und thun kund : Als sich zwischen dem Ehrwürdigen und hochgebohrnen Fürsten / Herrn Danieln / Ertz-Bischoffen zu Mayntz / und Herrn Augusten / Hertzogen zu Sachsen / des Heil. Röm. Reichs durch Germanien Ertz-Cantzlern / Ertz-Marschalln / und Chur-Fürsten / unsern besonders lieben Herrn / auch Frl. lieben Brüdern / Oheimen / Schwägern und Gevettern / des Ansagens halber / und durch welchen Ihrer Liebd. dasselbe in gemeinen Reichs-Versammlungen und sonderbaren Zusammenkünfften des Heil. Reichs Churfürsten / bestellet werden solle / jetzo allhier Irrung zugetragen / in welche Ihre Liebd. uns freundliche und gütliche Handlung eingeräumet / daß wir demnach zu gäntzlicher Hinlegung derselben Gebrechen nachfolgende Articul zwischen Ihren Lbd. abgeredt und verglichen haben : Nehmlich auff allen Reichs-

Tägen

ANNO 1562.

Tägen und Versammlungen / da der Churfürst von Sachsen zur stäte ist / soll der Churfürst zu Mayntz oder Sr. Ld. dahin verordnete Räthe die Ansag-Zettul dem Churfürsten von Sachsen selbst / oder in Sr. Liebd. Cantzley schicken / damit Se. Liebd. aus ihrer Cantzley ferner befehlen mögen / dem Erb-Marschall-Amt die umhero zutragen. Wann aber Se. Liebd. auf solchen Reichs-Versammlungs-Tägen nicht persönlich seyn / sollen Ihre Räthe den Ansage-Zettul dem Erb-Marschall-Amt geben lassen / damit es denselben erst den Churfürstl. Sächs. Räthen zeigen / und folgends umher tragen möge. Gleichermassen soll es gehalten werden auf allen Tägen / so die Käyserl. oder Königl. Majestät ausschreiben würden / obgleich darzu allgemeine Reichs-Stände nicht erfordert; insonderheit aber soll es auch also mit der Ansage gehalten werden auff Wahl-Tägen / wenn dieselbe durch den Churfürst zu Mayntz alleine / nach Absterben eines Römischen Käysers / oder auch bey Leben desselben / auff der Churfürsten Einung ausgeschrieben werden.

Wann aber sonst / vermöge derselben Einung ein Churfürsten-Tag ausgeschrieben / darauff von der Wahl nicht gehandelt würde / alsdenn soll den erscheinenden Churfürsten oder der abwesenden Botschafftern im Rath Ansagen / dem Churfürsten von Mayntz alleine zustehen / und also / wie ietzo vermeldt / soll es hinführo allewege mit der Ansage gehalten werden / innmassen denn obbenannte beyde Churfürsten solches also halten zu lassen / und einer dem andern / wenn ihme die Ansage gebühret / daran nicht zu verhindern / bewilliget haben. Dessen zu Urkund haben wir obgemeldete Churfürsten unser Secret wissentlich hierunter aufgedruckt. Geschehen zu Franckfurt am Mayn Mitwochs nach Omnium Sanctorum 1562.

LII.

30. Novembre.

Ihro Röm. Königl. Majestät MAXIMILIANI II. Wahl-Capitulation; worinn die Articuln begrieffen / wornach Er dem Röm. Reich vorzustehen verspricht. Geschehen Franckfurt am Mayn den letzten tag Novembris 1562. [CHRISTOPH. ZIEGLERN Wahl-Capitulationes pag. 38. THULEMARII de Bulla aurea pag. notata CIↃ sequente paginam 171. d'où l'on a tiré cette Pièce qui se trouve aussi dans GOLDAST Part. II. der Reichs Satzungen pag. 258. & dans LIMNÆI Capitulationes Imper. & Regum Romanorum pag. 483.]

C'est-à-dire,

Capitulation Imperiale de MAXIMILIEN II. *Roi des Romains, contenant les Articles, selon lesquels il promet de gouverner l'Empire. A Francfort sur le Meyn le dernier jour de Novembre 1562.*

WIer Maximilian der Ander von Gottes Gnaden Römischer König / zu allen Zeiten Mehrer des Reichs / in Germanien und zu Böheim König / Ertz-Hertzog zu Oesterreich / Hertzog zu Burgund / zu Lützenburg / in ober- und nieder-Schlesien / zu Braband / zu Steyr / zu Kährnden / zu Crain / zu Würtenberg ꝛc. Fürst zu Schwaben / Marg-Graff zu Mähren / in ober- und nieder Lausitz ꝛc. Gefürster Graff zu Habspurg / zu Flandern / zu Tyrol / zu Pfierd / zu Khyburg und zu Görtz / Land-Graff im Elsas / Marg-Graff des Heil. Röm. Reichs ob der Enß und zu Burgau / Herr auff der Windischen Marck / zu Portenau und zu Salins ꝛc. bekennen öffentlich mit diesem Brieff / und thun kund allermänniglich; Als Wier auß Schickung des Allmächtigen in kurtz vergangenen Tagen durch die ordentliche Wahl der Ehrwürdigen und Hochgebohrnen Danielen zu Mentz Ertz-Bischoffen / Johansen bestättigten zu Trier / Fridrichen erwehlten zu Cöln / des Heil. Röm. Reichs in Germanien, Gallien und durch das Königreich Arelat auch Italien Ertz-Cantzlar / Fridrich Pfaltzgraven bey Rhein und Hertzogen in Beyern / Augusten Hertzogen zu Sachsen / Landgrafen in Thüringen und Marggrafen zu Meissen / und Joachimen Marggrafen zu Brandenburg / zu Stettin / Pommern / der Cassuben und Wenden Hertzog / Burggrafen zu Nürenberg und Fürst zu Rügen / des Heil. Röm. Reichs Ertz-Truchsessen / Ertz-Marschalck / und Ertz-Cammerer / unsere liebe Neven / Oheim und Churfürsten / zu der Ehr und Würde des Römischen Königlichen Nahmens und Gewalts erhoben / erhöhet und gesetzt seyn / der wir uns auch / Gott zu Lob / dem Heil. Reich zu Ehren / und der Christenheit und Teutscher Nation, auch gemeines Nutz willen beladen / daß Wir Uns demnach auß freien gnädigen willen / mit denselben unsern lieben Freunden / Neven und Churfürsten / dieser nachfolgenden Articul geding- und Pacts-weiß vereiniget / vertragen / die angenommen / bewilliget und zu halten zugesagt haben / alles wissentlich / und in krafft diß Brieffs.

1. ZUm ersten daß wir in Zeit solcher unserer Königl. Würde / Ambts und Regierung die Christenheit und den Stuel zu Rom / auch Bäpstliche Heiligkeit und die Christliche Kirchen / alß derselbigen Advocat, in gutem Befelch / Schutz und Schirm haben / darzu insonderheit in dem Heil. Reich Frieden / Recht und Einigkeit pflantzen und auffrichten und verfügen sollen und wollen / daß die ihren gebührlichen gang / dem Armen alß dem Reichen / gewinnen und haben / auch gehalten / und denselbigen ordnungen auch freiheiten / und alten löbl. herkommen nach / gerichtet werden sollen.

2. Gleichwohl so viel diesen auch den nachfolgenden Articul gegenwertiger Obligation, anfahende: Das sollen und wollen wir mit ihr der Chur-Fürsten / Fürsten ꝛc. belangt / haben vorgemelte unsere liebe Oheim / die Weltlichen Churfürsten sich außtrücklich gegen uns erkläret / was daselbst von dem Stuel zu Rom / auch der Päbstlichen Heiligkeit / für meldung geschicht / das ihre Liebden darin nit wolten bewilligt noch uns darmit verbunden haben.

3. Wir sollen und wollen auch sonderlich die vorgemachte güldene Bull / den Frieden in Religion und Prophan-Sachen / auch den Landfrieden / sampt der handhabung desselben / so auff jüngst zu Augspurg im fünff und fünffzigsten Jahr gehaltenen Reichstag aufgerichtet / angenommen / verabschiedet und verbesseret worden / stett und fest halten / handhaben / und darwider niemands beschweren / oder durch andere beschweren lassen / und die andere des Heil. Reichs Ordnungen und Gesetz / so viel die dem obgemelten angenommenen Reichs-Abschied im fünff und fünffzigsten Jahr zu Augspurg auffgerichtet / nicht zuwider / confirmiren, erneuen / und wo noth dieselbigen mit Raht unser und des Reichs Churfürsten / Fürsten und anderer Stände besseren / wie das zu jederzeit des Reichs gelegenheit erforderen wird.

4. Und in alle weg sollen und wollen wir die Teutsche Nation, das Heil. Römische Reich / und die Churfürsten / als die fordersten Glieder desselbigen / auch andere Fürsten / Graven / Herren und Stände / bey ihren Hoheiten / Würden und Rechten / Gerechtigkeiten / macht und gewalt / jeden nach seinem stand und wesen bleiben lassen / ohne unser und männigliches eintrag und verhinderung / und ihnen darzu ihre Regalia und Obrigkeit / Freiheiten / Privilegien / Pfandschafft und Gerechtigkeiten / auch gebrauch und gute gewohnheit / so sie bißhero gehabt haben / oder in übung gewesen seyn / zu wasser und zu land / in guter beständiger Form / ohne alle weigerung confirmiren und bestätten / sie auch dabey / als erwehlter Römischer König / handhaben / schützen und schirmen / doch männiglich an seinem recht unschädlich.

5. Wir lassen auch zu / daß die gedachte Sechs Churfürsten je zu zeiten / nach vermög der güldenen Bull und ihrer gelegenheit zu des Heil. Reichs und ihrer nothdurfft / auch so sie beschwerlich obliegen haben / zusammen kommen mögen / dasselb zubedencken und zuberathschlagen / das wir auch nicht verhinderen noch irren / und derhalben kein ungnad oder widerwillen gegen ihnen samentlich noch sonderlich schöpffen und empfahen / sondern uns in deme und anderm der güldenen Bull gemäß / gnädiglich und unverweißlich halten sollen und wollen.

6. Wir sollen und wollen auch alle unziembliche hässige Bündnüssen / verstrickung und zusammenthun der unterthanen / des Adels / gemeinen Volcks / auch die empörung und auffruhr und ungebührlich gewalt / gegen den Churfürsten / Fürsten und anderen fürgenommen / und die hin-

führ-

Anno 1562. führo geschehen möchten / auffheben / abschlagen / und mit ihrer der Churfürsten / Fürsten und anderer Stànd rath und hülff daran seyn / dasz solches / wie sichs gebührt und billich ist / in künfftiger zeit verbotten und fürkommen werde.

7. Wir sollen und wollen darzu für uns selbst / als erwehlter Römischer König / in des Reichs Händeln auch kein Bündung oder Einigung mit frembden Nationen noch sonst im Reich machen / Wir haben dan zuvor die Sechs Churfürsten derhalben an gelegene Mahlstatt zu ziemlicher Zeit erfordert / und ihren willen samentlich / oder des mehrentheils aus ihnen / in solchem erlangt.

8. Was auch die Zeit hero einem jeden Churfürsten / Fürsten / Herren und andern / oder dero Voreltern oder Vorfahren / geistlich und weltlichs Standts dergestalt ohne recht gewaltiglich genommen oder abgetrungen / sollen und wollen wir der billigkeit / wie sich in recht gebührt / wieder zu dem seinen helffen / bey solchen auch / so viel er recht hat / handhaben / schützen und schirmen / ohne alle verhinderung / auffhalt oder saumnus.

9. Zu dem und insonderheit sollen und wollen wir dem Heiligen Römischen Reich und desselben zugehörden / nicht allein ohne Wissen / Willen und Zulassen ermelter Churfürsten samentlich nichts hingeben / verpfänden / versetzen / noch in ander weg veräussern oder beschweren / sondern auch uns auffs höchste bearbeiten und allen möglichen fleisz und ernst fürwenden / das jenig so darvon kommen / als verfallen Churfürstenthumb / Herrschafften und andere / auch confiscirt und ohnconfiscirt mercklich Güter / die zum Theil in anderer frembder Nation hände ohngebührlicher weisz gewachsen / zum fürderlichsten wieder dazu bringen / zuäigen / auch dabey bleiben lassen / und in diesem mit rath / hülff und beystand der Sechs Churfürsten / der andern Fürsten und Stánd / jederzeit an die hand nehmen / was durch uns und sie für rathsamb / nützlich und gut angesehen / und verglichen seyn wirdt / doch männiglich an seinen gegebenen Privilegien / recht und gerechtigkeiten ohnschädlich.

10. Und ob Wir selbst oder die unseren ichtes das dem Heyl. Reich zuständig / und nicht verliehen / noch mit einem rechtmässigen Titul bekommen were / oder würde / inn hetten / das sollen und wollen wir bey unsern schuldigen gethanen Pflichten demselben Reich / ohne verzug / auf ihr der Churfürsten gesinnen wieder zu handen wenden / zustellen und folgen lassen.

11. Wir sollen und wollen uns dazu in zeit bemelter unserer Regierung friedlich und nachbarlich gegen den Anstössern und Christlichen Gewalten halten / kein gezänck / vehd / noch krieg / inn oder-ausserhalb des Reichs von desselben wegen anfahen oder undernehmen / noch einig frömbd Kriegs Volck ins Reich führen / ohne vorwissen / rath und bewilligung des Reichs Ständen / zum wenigsten der sechs Churfürsten : wo wir aber von des Reichs wegen / oder das heylig Reich angegriffen und bekriegt würden / alsdan mögen wir uns dargegen aller hülff gebrauchen.

12. Dergleichen sie die Churfürsten / andere desselben Reichs Stände mit den Reichs-Tägen / Cantzeleygeldt / nachreissen / auflagen oder steuer / ohnnotturfftiglich und ohne redliche dapffere ursach nicht beladen noch beschweren / auch in zugelassenen notturfftigen Fällen die Steuer-ufslag und Reichstäg ohne wissen und willen der sechs Churfürsten / wie obgemeld darin erfordert / nicht ansetzen noch ausschreiben / und sonderlich keinen Reichstag ausserhalb des Reichs Teutscher Nation fürnehmen oder auszschreiben.

13. Wir sollen und wollen auch unsere Königliche und des Reichs ämter am Hoff und sonst im Reich auch mit keiner andern Nation dann gebohrenen Teutschen / die nicht nideren Stands noch wesens / sonderen nahmhafftig redlich Leuth / von Fürsten / Graven / Herren von Adel / und sonst dapffers gutes herkommen / hohen Personen besetzen und versehen / die sonst niemand als uns und dem heiligen Reich mit pflichten und diensten verwand seyn / auch obbemelten ämbter bey ihren ehren / würden / fällen / rechten und gerechtigkeiten bleiben / und denselben nichts entziehen lassen / in einige weeg / sonder gefehrde.

14. Darzu in schrifften und handlungen des Reichs kein ander zungen noch sprach gebrauchen lassen / dan die Teutsch oder Lateinisch zung / es were dan an orthen / da gewöhnlich ein ander sprach in übung were und gebrauch stunde / alsdan mögen Wir und die unseren Uns derselbigen daselbst auch behelffen.

15. Auch die Churfürsten / Fürsten / Prälaten / Graven / Herren / von Adel / auch andere Stände und unterthanen des Reichs / mit rechtlichen oder gütlichen tagleistungen ausserhalb Teutscher nation, und von ihren ordentlichen Richtern nicht dringen / erfordern noch fürbescheiden / sondern Sie alle und jede / insonderheit im Reich / laut der gülden Bull / auch wie des heiligen Römischen Reichs ordnung und ander gesetz vermügen / bleiben lassen. Anno 1562.

16. Und als über und wider concordata Principum auch auffgerichtete verträg zwischen der Kirchen / Päbstlicher Heiligkeit oder dem Stuel zu Rom und Teutscher Nation mit unförmlichen Gratien, Rescripten, Annaten der Stifft / so täglichs mit manigfältigung und erhöhung der Officien am Römischen Hoff / auch reservation, dispensation und in andere wege / zu abbruch der Stifft / Geistlichkeit und anders / wider gegeben freiheit / darzu zu nachtheil Juris Patronatus und den Lehen-Herren / stetigs und ohn underlassig offentlich gehandelt / derohalben auch unleidlich verbotten gesellschafft und contract oder bündnusz / als wir bericht / fürgenommen und aufgericht worden. Das sollen und wollen wir mit ihr der Churfürsten / Fürsten und anderer Stände rath bey unserm heiligen Vatter dem Pabst und Stuel zu Rom unsers besten vermögens abwenden und fürkommen / auch darob und daran seyn / dasz die vermelte concordata Principum und aufgerichte verträg auch Privilegia und Freyheiten gehalten / gehandhabt und denselben vestiglich gelebt und nachkommen / jedoch was beschwerung darinn funden und miszbreuch entstanden / dasz dieselbigen vermög deszhalben gehabter handlung zu Augspurg der mindern Zahl im dreissigsten Jahr gehaltnen Reichstages abgeschaft / und hinfürter dergleichen ohne verwilligung der Churfürsten nit zugelassen werden.

17. Wir sollen und wollen auch die grosse gesellschafften der Kauff-gewerb-leuth / so biszhero mit ihrem gelt regirt / ihres willens gehandelt und mit theurung viel ungeschickligkeiten dem Reich / des innwohnern und unterthanen mercklich schaden / nachtheil und beschwerung zugefügt / einführen / und noch täglich thuen geberen / mit Ihrer der Churfürsten / und anderer Stände rath wie dem zubegegnen / hie vor auch bedacht und fürgenommen / aber nicht vollstreckt worden / gar abthuen.

18. Wir sollen und wollen auch insonderheit / dieweil Teutsche Nation und das Heilig Reich zu wasser und zu land zum höchsten vor damit beschwert / nun hinführo keinen Zoll von neuem geben / noch einige alte erhöhen lassen / ohne besondern rath / wissen / willen / und zulassen der bemelten sechs Churfürsten / wie vor und offt gemelt.

19. Und da jemand bey Uns umb neue Zolls-begnadigung oder erhöhung der alten und vor erlangten Zollen suppliciren und anlangen würde / so sollen und wollen Wir ihme einige vertröstung / Promotoriales oder vorbittliche schreiben an die Churfürsten nicht geben / oder auszgehen lassen.

20. Auf dem Fall auch einer oder mehr / was Stands und Wesens der oder die weren / die einigen neuen Zoll in ihren Fürstenthumen / Landschafften / Herrschafften und gebieten für sich selbst / ausserhalb Unser begnadigung und der sechs Churfürsten bewilligung angestellt / oder aufgesetzt hetten / oder künfftiglich also anstellen und auffsetzen würden / den oder dieselben / so bald wir dessen für Uns selbst in erfahrung kommen / oder von anderen anzeig davon empfangen / sollen und wollen Wir durch mandata sine clausula und in alle andere mügliche weg davon abhalten und gantz und zumal nit gestatten / dasz jemand de facto und eigens fürnehmens neue Zöll anstellen / oder sich deren gebrauchen und einnehmen müge.

21. Und nachdem etliche zeit hero die Churfürsten am Rhein mit vielen und grossen Zollfreyungen über ihre freyheit und herkommen offtermahls durch forderungs brieff und in andere weg ersucht und beschwert worden / das sollen und wollen wir als unträglich abstellen / fürkommen und zumahl nicht verhengen noch zulassen fürter mehr zu üben noch zubeschehen.

22. Und insonderheit so sollen und wollen Wir / ob einiger Churfürst / Fürst oder andere seine Regalien / Freyheiten / Privilegien / recht und gerechtigkeiten halber das ihme geschwecht / geschmählert / genommen / bekümmert oder betrübt worden / mit seinem gegentheil und wiederwertigen zu gebührlichen rechten kommen / oder fürzufordern untersiehen wolte / oder auch anhängig gemacht hätte / dasselb und auch alle ander ordentliche schwebend rechtfertigung nicht verhinderen noch verbieten / sondern den freyen stracken lauff lassen.

23. Wir sollen und wollen auch die Churfürsten / Fürsten / Prälaten / Graven / Herren und andere Stände des Reichs selbst nicht vergewaltigen / solches auch nicht schaffen / noch andern zuthun verhengen / sondern wo Wir oder jemand anders zu ihnen allen oder einen insonderheit zu sprechen hetten / oder einige forderung fürnehmen / die-

ANNO 1562.

selben sambt und sonder auffruhr / zwitracht und ander unrath im Heil. Reich zuverhüten / auch fried und einigkeit zu erhalten / zu verhör und gebührlich rechten stellen und kommen lassen / und mit nichten gestatten in den oder andern sachen / in was schein oder under was nahmen es geschehen mögt / darinn sie ordentlich recht leiden mögen und das uhrpüttig seyn / mit raub / nahm / brand / vehden / krieg oder ander gestalt zubeschädigen / anzugreiffen oder zuüberfallen.

24. Wir sollen und wollen auch fürkommen / und keines wegs gestatten / daß nun hinführo jemands hoch oder niedern stands / Churfürst / Fürst / oder andere ohne ursach / auch ohnverhört in die Acht und Aberacht gethan / bracht oder erklehret werden; sondern in solchen ordentlicher Procesſ und des H. Römischen Reichs vor aufgerichte satzung / nach außweisung des Heiligen Reichs in bemeltem fünff und fünfftzigsten Jahr reformirter Cammer-Gerichts ordnung in dem gehalten und vollzogen werden / doch dem beschädigten sein gegenwöhr vermüg des Landfriedens ohnabbrüchig.

25. Und nachdem dasselb Römisch Reich fast und höchlich in abnehmen und ringerung kommen / so sollen und wollen Wir neben anderen die Reichs-steuer der Stätt und ander gefäll / so in sonderer persohn hände gewachsen / und verschrieben / wieder zum Reich ziehen / und nit gestatten / daß solches dem Reich und gemeinen nutz wider recht und alle billigkeit entzogen werde / es were dann / daß solches mit rechtmässiger bewilligung der sechs Churfürsten beschehen were.

26. Wann auch lehen dem Reich und uns bey zeit unserer regierung eröfnet / und lediglich heimfallen werden so etwas merckliches ertragen / als Fürstenthum / Graffschafften / Herrschafften / Stätt und dergleichen / die sollen und wollen wir ferner niemands leihen / sondern zu unterhaltung des Reichs / unser und unserer nachkommen der König und Keyser behalten / einziehen und incorporiren / biß so lang dasselb Reich wieder zu wesen und aufnehmen kombt / doch uns von wegen unserer Erblande und sonst männiglich an seinen rechten und freyheiten unschedlich.

27. Auf dem fall aber zukünfftiger zeit / Fürstenthum / Graffschafften / Herrschafften und andere güter dem Heiligen Reich mit dienstbarkeiten / Reichs-anlagen und steuren und sonst verpflicht / dessen Jurisdiction unterwürffig und zugethan / nach absterben dero inhaber uns durch Erbschafft heimfallen oder anwachsen / und wir die zu unsern handen behalten / oder andern zukommen lassen würden / davon sollen dem heiligen Reich seine recht / gerechtigkeiten / anlagen / steuren / und andere schuldige pflicht / wie darauf herbracht / geleist / abgericht und erstattet werden.

28. Wo wir auch mit rath und hülff der Churfürsten und anderer Stände des Reichs / ichts gewinnen / überkommen oder zu handen bringen / das alles sollen und wollen wir dem Reich zuwenden / und zueigen; wo Wir aber in solchem ohne der Churfürsten / Fürsten und anderer Stände wissen und willen ichtes fürnehmen / darin sollen sie uns zu helffen unverbunden seyn / und wier nichts desto minder das jene / so wier in solchem erobert oder gewonnen hetten oder würden / und dem Reich zustünde / dem Reich wieder zustellen und aignen.

29. Und nachdem im Reich bißhero viel beschwerung und Mangel der Müntz halben gewesen / und noch seyn / wollen wier dieselbigen zum fürderlichsten mit rath der Churfürsten / Fürsten und Stände des Reichs zuvorkommen / und in beständigliche ordnung und wesen zustellen / müglichen fleiß fürwenden.

30. Wir sollen und wollen auch hinführo ohne vorwissen der Sechs Churfürsten niemands / was Stands oder wesen der sey / mit müntz-freyheit begaben oder begnadigen.

31. Und insonderheit sollen und wollen wir uns auch keiner succession oder erbschafft des offternenten Römischen Reichs anmassen / underwinden / noch in solcher gestalt underziehen / oder darnach trachten / auf Uns selbst / Unser Erben und nachkommen / oder auf jemand anders understehen zuwenden / sondern Wir / dergleichen unsere Kinder / Erben und Nachkommen die gemelten Churfürsten / ihr Nachkommen und erben zu jeglicher zeit bey ihrer freyen wahl / auch Vicariat, wie von alters her auf sie kommen / die Gülden Bull / Bäbstlich recht und andere gesetz oder freyheiten vermügen / so es zu fallen kommen / die notturfft und gelegenheit erfordern würde / auch bey ihrem gesunderten rath / in sachen so das heilig Reich belangen / geruhiglich bleiben und gantz unbedrängt lassen; Wo aber dawider von jemands gesucht / gethan / oder die Churfürsten in dem getrungen würden / das doch keines weges seyn soll / das alles soll nichtig seyn und dafür gehalten werden.

32. Wir sollen und wollen auch die Römisch Künigliche Cron / wie Uns als erwehlten Römischen Künig wohl gezimbt / empfahen / und anders / so sich deshalb gebührt / thun / auch Unser Künigliche Residentz / anwesen und hoffhaltung in dem Heil. Römischen Reich Teutscher Nation, allen glidern / Ständen und underthanen desselben zu ehren / nutzen und gutem des mehrentheils so viel müglich haben und halten / und nachfolgends so sich der fall erledigung des Keiserthumbs begebe / das der Allmächtig lang mildiglich verhüten wolle / Uns alsdan und nicht eher zum besten befleissigen die Keyserlich Cron zu zimlicher gelegener zeit zum schiersten zuerlangen / und alle und jede Chur-Fürsten ire ampt zuversehen / zu solcher Crönung thuen erfordern / Uns auch in dem allen dermassen erzeigen und beweisen / daß unsert halben an aller möglichkeit kein mangel gespührt oder vermerckt werden soll.

33. Wir sollen und wollen auch Uns keiner regierung noch administration im H. Römischen Reich weiter oder anders unterziehen / dann so viel Uns des von Keis. Mayst. vergönnt und zugelassen wird / das wir auch ihrer Keys. Maj. die zeit ihres Lebens an ihrer Hoheit und Würden des Keiserthums kein irrung oder eintrag thun sollen noch wollen.

34. Wir wollen auch in dieser Unserer zusag der gülden Bull / des Reichs Ordnung / dem obangeregtem frieden in Religion- und Prophan sachen / auch dem Landfrieden / sampt handhabung desselbigen und andern gesetzen / itzo gemacht / oder künfftiglich durch Uns mit ihrer der Churfürsten und Fürsten auch anderer Stände des Reichs rath möchten auffgericht werden / zuwider kein rescript oder mandat, oder ichtes anders beschwehrlichs außgehen lassen / oder zu geschehen gestatten / in einige weiß oder weeg / dergleichen auch für Uns selbst wider solche gülden Bull und des Reichs freiheit / den frieden in Religion- und Prophan sachen / und Landfrieden sampt handhabung desselbigen von einiger höheren Obrigkeit nichts erlangen / noch auch / ob Uns etwas dergleichen auß eigener bewegnus gegeben wäre oder würd / nicht gebrauchen / in kein weiß / sonder alle gefehrd.

35. Ob aber diesen oder andern vorgemelten articuln und puncten einigs zu wider erlangt oder außgehen würde / das alles soll krafftloß / tod und ab seyn / immassen wir es auch itzo als dann / und dann als itzo hiemit cassiren, tödten und abthun / und wo noth / der begehrenden parthey derhalb notturfftig uhrkund oder briefflichen schein zugeben und widerfahren zulassen schuldig seyn sollen / arge list und gefehrde hierin außgeschieden.

36. Solches alles und jedes besonder / wie obstehet / haben Wir obgemelter erwehlter Römischer Künig den gedachten Chur-Fürsten geredt / versprochen und bey Unsern Küniglichen ehren / Würden und worten im nahmen der warheit zugesagt / thun dasselb auch himit und in krafft dies Brieffs / immassen Wir des einen leiblichen eyd zu Gott und dem heiligen Evangelio geschworen / dasselb steet / vest und unverbrochen zu halten / dem treulich nachzukommen / darwider nit zuseyn / zu thun / noch schaffen gethan werden / in einige weiß oder weeg / die möchten erdacht werden.

37. Deß zu uhrkund haben Wir dieser brieff sechs in gleichem laut gefertigt / und mit Unserm anhangenden Insigel besiegelt / und jedem obbenantem Chur-Fürsten einen zustellen lassen. Der geben ist in Unser und des heiligen Reichs Statt Franckfurt am Meyn / am tag des heiligen Apostels Andree / den letzten tag des monats Novembris / nach Christi unsers lieben Herren und Seligmachers geburt / tausend fümff hundert und in dem zwey und sechszigsten jahr / Unserer Reiche des Römischen im ersten / und des Böheimischen im vierzehenden.

Maximilian.

Ad mandatum Domini Regis proprium

H. Lindegg.

Daß diese Copia Capitulationis Maximiliani II. ihrem wahren und unversehrten beym Chur-Pfältzischen Archivo befindlichen Originali von wort zu wort gleichlautend seye / attestire hiemit. Heydelberg den 5. Martii 1682.

J. B. Otto, Archivi Adjunctus.

LIII.

ANNO 1563.

LIII.

26. Août. ORANGE.

(1) *Edict de Pacification donné par* GUILLAUME IX. *Prince d'Orange, pour appaiser les troubles survenus dans la Principauté à cause de la Religion. Donné a Bruxelles, le 26. Aout 1563.* [JOSEPH DE LA PISE, Tableau de l'Histoire des Princes & Principauté d'Orange. pag. 312.]

GUILLAUME, par la grace de Dieu Prince d'Orange, Comte de Nassau, de Catzenellembogen, de Dieft, de Vianden, de Tonnerre, de Charny, de Buren, de Leerdam &c. Seigneur & Baron de Breda, d'Harlay, de Noseroy, de Chastelbelin, de Dietz, de Grimbergen, de Warneston, de la Lecke, de Niervaert, d'Iselstein, de S. Martensdick, de Cranendonck; Vicomte d'Anvers & de Besançon, Chevalier de l'Ordre; Gouverneur & Capitaine General de Bourgogne, Charolois, Hollande, Zeelande, West-Frise, & Utrecht. SÇAVOIR FAISONS, que ayans esté advertis des troubles & tumultes advenus au Royaume de France, mesmes és Pays de Dauphiné & Languedoc voysins de nostre Cité & Principauté d'Orange, pour le fait de la Religion. Et craignans pour la proximité des lieux, le mesme advenir entre les Manans & Habitans de nostredit Cité & Principauté, y aurions pour à ce obvier envoyé nos Deputés & Commis afin de prevenir le mal qui depuis par le peché & malice du temps est succedé: ayant ladite Cité à nostre tres grand regret esté prinse, saccagée & bruslée, beaucoup de nos Subjects tués & meurtris, & les autres entre eux fort esmeus, à l'occasion des tumultes suscités & eslevés de la diversité des opinions pour le fait de la Religion. Dont en sont sorties inimitiés intestines, & autres infinis maux & inconvenients, & plusieurs de nosdits Subjects, tant Ecclesiastiques que autres, dessaisis de leurs biens & possessions, que a causé partie d'iceux se rendre absents & fugitifs de nostre Cité & Principauté, sans que à present ils y osent retourner, pour la crainte & peur qu'ils ont que leur soit fait quelque facherie & oppression que revient à leur ruyne & diminution de nostre Domaine: dont avons estimé être le meilleur & plus utile de pacifier par douceur, en rappellant & reconciliant les volontés de nosdits Subjects à union & recognoissance qu'ils doivent tous à nostre obeïssance, les pourvoyant du moyen par lequel ils pourroient être contenus & contentés par ensemble, jusques à ce que par un S. Concile sera donné le remede convenable à l'honneur & gloire de Dieu, ainsi que voyons le Roy Tres-Chrestien avoir donné assés semblable remede à ses Subjects pour la pacification d'iceux.

Pourquoy, desirans pourvoir & consoler nosdits Subjects d'une Paix & Pacification, eu sur ce l'advis & deliberation des gens de nostre Conseil, de grace speciale, pleine puissance, & authorité souveraine, avons dit, declaré, statué, & ordonné disons, declarons, statuons, voulons, ordonnons, & nous plaict, que tous nos Subjects & leurs Familles, de quelque état, qualité, & condition qu'ils soient, & chacun d'eux qui sont absents ou fugitifs de nostredite Principauté, pour la diversité de la Religion, à cause de la Guerre ou autrement puis les emotions des troubles, retournent incontinent & sans dilay en leurs maisons & biens, & en iceux soient conservés, maintenus, & gardés soubs nostre protection. Aussi que nosdits Subjects de l'ancienne & Catholique Religion vivent en nostre Cité & Principauté librement, sans empêchement, en exerçant & faisant le Service Divin y accoustumé és Eglises Cathedrales & autres dudit Orange. *Pareillement* à la Requeste de nos Subjects de la Religion qu'ils appellent Reformée, leur avons permis de vivre librement par tout nostredit Principauté sans être recerchés ni molestés, forcés, ne contraints, pour le fait de la Religion & l'exercice d'icelle. Et pource avons à nosdits Subjects de nostre Cité d'Orange & à leur Requeste accordé pour le temps & terme de six mois l'Eglise & Temple des Freres Jacobins, pour illec faire exercice de leurdite Religion, & d'icelle se contenter sans en pouvoir retenir autre, facher ny molester les Ecclesiastiques, & autres qui sont de la Religion Catholique en façon que ce soit. *Semblablement* à la Requeste de ceux de nosdits Subjects des lieux de Courthezon, Jonquieres, & Gigondas, qui sont de ladite Religion pretendue Reformée, ordonnons que en chacune de sesdites Villes leur sera designé par nostre Cour de Parlement certaines Places pour faire l'exercice de ladite Religion, sans qu'ils pourront retenir aucune Eglise, que voulons incontinent estre restituée aux Ecclesiastiques & autres de ladite Religion Catholique, pour y faire & continuer le Divin Office, ainsi qu'ils souloient faire de tout temps, sans en ce leur donner aucun trouble ou empêchement. *Aussi* que toutes injures & offences, & autres choses passées & causées pour raison des susdits tumultes demeureront suspendus comme morts jusques à l'arrivée de nos Commis & Deputés, lesquels, Parties ouies, nous en fairont rapport pour y estre pourvû, comme verrons estre à faire par raison. En ce non compris, les Voilleurs, Brigands, & Larrons. Deffendant cependant à tous nos Subjects qu'ils n'ayent à s'attaquer, injurier, ny provoquer l'un l'autre par reproche de ce qui est passé, disputer ni quereller ensemble du fait de la Religion, offencer ny outrager de fait ny de parole; ains se contenir & vivre paisiblement ensemble, comme Freres, Amys, & Concitoyens. Que tous les biens Ecclesiastiques de l'Eglise Cathedrale d'Orange, Nonains, Cordeliers, Carmes, & Jacobins, seront regis & gouvernés par Sequestres. Du revenu desquels seront baillés & distribués par les Commis qui sur ce seront par nous deputés à iceux gens d'Eglise qui se retireront, & personnellement deserviront l'Office divin, telles parts & portions qu'ils souloient avoir lors qu'ils estoient en l'ancien & complet nombre. Aussi ordonnons & voulons que tous estrangers retirés en nostredit Cité & Principauté d'Orange puis dix-huict mois en ça, ayent à vuider nostredite Ville & Principauté, si dedans un mois du jour de la Publication de cestes, ils ne font suffisamment apparoir aux gens de nostre Cour de Parlement par bonne & suffisante Attestation des Magistrats où ils ont fait leur derniere demeure, touchant leur bonne vie & mœurs. Et par mesme moyen deffendons doresnavant y recevoir aucun sans semblable Attestation & nous recognoistre pour leur Prince naturel, Droiturier & Souverain, le tout par provision & jusques à ce que autrement par nous en sera ordonné. Voulans les presents Edicts être gardés & observés à peine que les contrevenans seront punis & chastiés comme Perturbateurs du repos public. Si donnons en mandement par ces mesmes presentes à nos amés & feaux les gens tenans nôtre Court de Parlement, que ces presents Edicts ils facent lire, publier & enregistrer, & iceux entretenir & faire entretenir, garder & observer inviolablement de point en point, & du contenu jouir & user plainement & paisiblement, cessans & faisans cesser tous troubles & empechements au contraire. Car ainsi nous plaict & tel est nostre plaisir. En tesmoin de ce avons signé ces presentes & y fait mettre le Seel armoyé de nos armes. Donné en la Ville de Bruxelles le vingt sixiesme jour du mois d'Aoust, l'An de Grace mil cinq cents soixante trois. Signé GUILL. DE NASSAU. *Et sur le reply.* Par Ordonnance de son Excellence: DEPNANTS, *& scellées en cire rouge sur double queue pendant.*

(1) Cet Edit fut ponctuellement exécuté par le Gouverneur d'Orange, quoi qu'à regret, persuadé que les Ennemis de son Maître en profiteroient à son désavantage.

ANNO 1563.

LIV.

23. Septembre.

Traité de Paix & d'Amitié conclu entre ELIZABETH *Reine d'Angleterre &* MARIE *Reine d'Ecosse Douairiere de France. Donné le 23. Septembre l'An 1563.* [RYMER, Fœdera, Conventiones &c. Tom. XV. pag. 631.]

TO All Christiane Peeople, to quhame this present Wrytting indentit shall cum, *Schir Jhonne Maxwell* of Terreglie Knycht Wardane of the West Mercheis of Scotland, and *Schir Thomas Bellenden* Justice Clerk of the said Realme, Commissionaris, Oratouris, Ambassiadouris and speciall Messingeris of, the most

ANNO 1563. moiſt Excellent Princeſe, ***Marie***, by the Grace of God, ***Quene of Scotland, Dowreare of France***, &c. and ***Henrie Scroope*** Knycht ***Lord Scroope of Boltonn*** Wardane and Kepare of the Weſt Mercheis of England anentis Scotlande, ***Jhonne Forreſter*** Knycht Wardane of the Midle Mercheis of England anentis Scotland, ***Schir Thomas Gargraif*** Knycht Vice-Preſident of the Quenis Majeſteis Counſell in the North, and ***Jhonne Rookbie*** Doctor of Law and one of the ſaid Counſell, Commiſſioneris, Oratouris, Embaſſadouris and ſpeciale Meſſingeris of, the moſt Excellent Princeſe, ***Elizabeth***, by the Grace of God, ***Quene of France, England and Ireland &c.*** being ſufficiently authoriſed by the ſeveral Commiſſiones of the ſaid Princeſſes, wiſcheth Greting in God Evirlaſting.

Forſamekle as boith the ſaidis Princeſſes, knowing the greit Diſordours of thair Subjectis of all the Mercheis and Fronteris of boith the Realmis, the quhilk preſenthe, quhat by necligence of ſome Officiaris, and lak of due Executionn of the Lawis and Ordouris of the ſaid Mercheis of boith Realmis, and by want of ſome more ſtrate Ordours then heirtofoir hathe bene provided, be come almoſte to ane Confuſionn by multitude of Offenſes and injurious Attemptatis, not redreſſable without greit & extreme ſuppreſſionn of verie many Subjectis of boith Realmis, to the weakning of thair Fronteris. The quhilk thairfor for this tyme is by the mutuale Aſſent of boith Princeſſes qualefied and born with of thair Princelie Goodnes, Zeale and Favour towardis thair Subjectis, to the end to reduce the Evell by Clemency and Mercy to Goodnes and dew Obedience, and to admoniſche thame and all utherris that from hencefurth ſall attempt to vyolett the good Peace and Amitie of the ſaid Princeſſes and Realmes, and the Lawis, Orderis and Agrementis devyſed for preſervation thairof, that thai ſal be moſt rigoruſly puniſched according to thair deſerveing.

For redreſe quhairof it has pleaſed Ye the forſaid moſte godly Princeſſes to caus Ws preſentlie convene, commanding Ws to procead not as Pairties for the one Realme, bot all to joyne indifferentlie as Perſones equalie choſin for both the Realmes fearing God and haveing thes ſcope to reduce thair Bordoris to ſome good Ordore, and to conſent and agre to all ſuche thingis as apertenith for the ſuir eſtabliſchement and continuance of the mutuale Loove, Amity and perpetual Peace, heretofore begun and contracted betuix the ſaidis Princeſſes and thair Realmes, quhilk we pray God the Father Almychtye of his infinite Goodnes and Mercy, and for his Dearly Beloved Son Chryſt Jeſus our Saviour ſaik, for ever to confirm and preſerve.

We tharfore the forſaidis Commiſſioneris, according to our bounden dewteis haveing met and cummit togithir ***at Carliſle*** in the Realme of England, the elevinct of this inſtant September, and from thence have and repared ***to Drumfreſe*** in Scotland, and ſo continued unto this preſent Day, firſt calling to our remembrance that God is the Fontane of all Goodnes, and that we can bring no good thing to effect, without his mere grace and aſſiſtance, have called upon his holy Name maiſt humbly requiring him according to his moſte loving kyndnes ſo to aſſiſt Ws wyth his Holy Spirit, that thairby We may alwayis perform our Interpryſe to his eternal Glory and to the Honoris, Pleſour and commen Welth of boithe the ſaidis Princeſſes and thair Realmes: Eſtir long Reſſoning and mutuale Conference upon all and every one of the Articles following, We have condeſcended, agreit and finally concluded in maner, forme and effect as after followeth.

IN THE FIRSTE, it is concluded and agreit that Redreſe ſal be maid upon all the Fronteris of both the Realms, by the Officiaris thairof reſpective every one within the Boundis of his Office, for all ſuche Murderis, Slauchteris, Offenſis and Attemptatis heirtofore committit, as be conteyned in the Rollis, Wryttingis and Byllis, ſigned and ſubſcryved with our Handis and delivered interchangeably be athir of Ws Commiſſioneris to the uther, in maner and forme as at mair lenth is expreſſed thairintill to the effect that by lauthfull deliverie of Offenderris, Puniſchement of Attemptatis bypaſt, the trew Subjectis of both the Realms ſall have juſt occaſion to prayſe God for the mantenance of Peace and Juſtice, and the Wicked throuch fear and terrour thairof be moved to ceaſe and deſiſt from farder offending in tymes cumming.

ITEM, as concerning all uther Offenſis and Attemptatis committed be any of the Inhabitantis of the Mercheis of both the Realmes, contrary to the ſaid Treatie of Peace and Amity of the Princeſſes, befoir the tent Day of this inſtant, and not conteyned nor mentioned in the forſaid Rollis, Writtingis and Billis, ſubſcryved and mutually amongis Ws interchanged, the ſame to be put under perpetuale ſilence and oblivion, and never to be reſuſcitated, nor commpleaned upon heiraftir. ANNO 1563.

ITEM, for all Attemptatis that hes bene committed ſence the ſaid tent day of this Inſtant, or ſchall happin heiraftir to be committit be any of the Subjectis of athir Realm agains the uther, it is ordanit that the ſamyn ſal be redreſſit by the Officiare of the Offender, according to the Laws, Treateis, and Ordinances thereupon of befoir and preſently inſtituted and that with all convenient ſpead without delay. For performance quhairof the Wardanes of the Merches moſt kepe thair Dayis of Merche often, and in proper perſone ſo far as may be, and not by thair Deputteis, without greit and juſt occaſionn, nor ſall not ſlipe or diſapoynt any Day of Trew apoynted, ſo that at the leiſt every Moneth one Day of Trew to be kept at every Merche by the Officiaris thairof, and oftener yf neid requyre. And that every ſic Meting to kepe thair Sitting day by day untill all former Attemtatis complened upon be orderit and fully anſuerit according to the Treaty, ſo that the ſaidis Wardans ſall not have reſpect to make Redreſe of Valeu for Valeu, or Bill for Bill; bot for all Offenſſis compleyned upon unto thame for the zeal of Juſtice, and as thai will anſuir to thair Princeſſes, and in the preſence of God at the latter Day quhen al ſchall gif an accompt of thair Miniſtrationn.

ITEM, that every Wardane at the firſt Day of Trewis heireaſtir to be haldin by him, ſchall in the preſence of the oppoſite Wardane and the Inhabitantis of boith the Merches mak ane ſolempnid Othe, and ſweare by the Hich God that reigneth above all Kyngis and Realmis, and to quhome all Chriſtiane aucht obedience, that he ſchall in the name of God do, excerce and perſue his Office without reſpect of Perſones, fear, favour or affection, diligently and undelayedly, according to his Vocationn and Charge that he bereth under God and his Prince. And ſhall do Juſtice upon all Complaintis preſented unto him, upon every Perſon complened upon under his Reull. And that quhen ony Complaint is referred unto him to ſpeir, ſyle and deliver upone his Honour, he ſhall ſerche and enquire and redreſe the ſamyn at his uttirmoſt power. And yf it ſhall happin him in ſo doing to acquyte and abſolve the Perſons complained upon, as clean and innocent; zit yf he ſhall be ony wiſe gate ſuir knawlege of the verie Offendor, he ſhall declair him foull of the Offence, and mak lauthfull redreſe and delivery thirof, albeit the very Offenderris be not nominat in the Complaynt. And this Othe of the Wardanes not only to be maid at this firſt Meting heireaſtir to enſew; bot als to be maid every Zeir onis ſolemnedlie, as ſaid is, at the firſt Meting eſtir Midſomer, to put thame in the bettir remembrance of thair Dewty, and to place the Feir of God in thair hertis.

ITEM, all ſic perſons as ſal be adjoyned to the Wardens or be choſin upon the Inqueiſt or an Aſſyſe for the trying of Complayntis, ſhall mak on lyke maner one ſolemned Othe for the dew executionn of thair Dewteis.

ITEM, albeit We, for a moir ſpedie redreſe and fortherance of Juſtice, do heir ſtatute and ordane the Wardans to procead upon all Complaintis or Attemptatis by ſpering, ſyling and delyvering upon his Honour, togither with ſix uther honeſt and famous Men of that Wardenry adjoyned to him for the Tryal thairof, to be nominat by the oppoſit Wardane; zit hierby intend We not thairby to mak derogationn nor aboliſcheing of the Lawes and Cuſtomes of Merches of awld ordanit and obſervit, bot alsweill permitting to Pairties greved to follow thair lauthfull ***Trode with Hund and Horne, wyth How and Cry*** and all uthir accuſtomed manner of freſche Perſute for recoverie of thair Goodes ſpoilzeit, as uthirways to uſe the Ordour and Tryall be ane lauthfull Aſſyſe and in Queſt leading of lauthfull Profe to be uſed at the electionn and choſe of the Complener.

ANNO 1563.

ITEM, becaus it haith bene perceaved of lait sen the Ordour was begun by the Wardanis to speir, fyle and deliver upon thair Honour, that some ungodly Persones have made Complaint and billed for Goodes lost quhair none was takin from thame, and so trubled the Wardanis, causing thame to speir and serche for the thing that nevir was done; it is thairfore statute and ordeyned in tymes to cum, that all Persones so trubling the Wardans by Billing and Complenand without caus, shall be poneiched as eftir followis; that is to say, he shall be delivered to the opposit Wardane, to be imprisoned and fyne for his Offence at the discretioun of the same Wardane quhome he so trubled.

ITEM, it is thocht necessairy and expedient for the conservatioun of the Subjectis in good ordour and obedience, that every of the Princesses Officiaris of boith the Realmes sall tak Security and sic ordour within the Boundis of thair Office, that everilk Lord Awner, Possessore, Officiar or Baillie of the Ground, quhair ony Offendor duellith eftir that the Offendor be arrestit, and warning and knawlege be gevin of the Offence to the Lord Awner, Possessor, Officiar or Baillie &c. foirsaid, sall endevoir himself at the uttermost of his power to mak his Tennand and Inhabitant of the Ground to compeir and be answerable befoir his Warden for ony Complaint, swa that the Warden therby may be able to do Justice, and mak lauthfull Answir to redresse to the Complenaris according to the Treatise of Peace; and gif it sall happin the said Lord Awner, Possessor, Officiar or Baillie to be fund necligent and culpable heirintill, it sall be lesull to his awin Wardane to charge him with the redresse of the Tennentis Offence: always except he shall not suffir Deith for the said Offence committed by his Tennand.

ITEM, it is thocht expedient and agreit upon, that every Wardane within his awin Jurisdictionn shall tak cair and reull upon the Induellaris under him, for to kepe thame under dew obedience, geving thame so strait Commandiments and Charge as apertenith therunto, and if it shall happin any Person or Persons to be disobedient, eschape, ryn away, and be fugitive from ony of the saidis Wardanis, the Wardane so disobeyed shall certifie the Wardane fornentis him, requyring him to take, apprehend and deliver the Offender with all possible spead; quhilk Wardane so requyred shal be bund nocht onlie at the uttermost of his power to serche for, apprehend and deliver the Offender being within his Jurisdictioun; bot als sall make Proclamatioun throuch his Wardenry within the space of sex Days thaireftir of the said Fugitive, and sall also certifie the uthir tuo Wardanes of that Realme, to proclame the foirsaid Fugitive throuchout all the Bounds of thair Wardenriis within the space of sex Days after thair Certificatioun in manner foirsaid, to the effect that none may pretend ignorance thairof, and excuis thameselffis thairby quhen thai shal be charged for their wilfull resett of the forsaid Fugitive so proclamed; and gif the said Fugitive shall hereftir be keped, recept, aided or comforted by ony Subject of that Realme, the same Subject sal be delivered to the Wardane complenand, and underly the same Punishment that was dew unto the Fugitive, in cais he do not present and deliver the Fugitive to suffir for his owne Offence.

ITEM, yf it shal happin the foirsaid Fugitive to fle with his Goodes and carie thame away within the opposit Realme, the Wardane thairof deliverand the Fugitive to be ponisched for his Offence, sall retene the Goodes to his awin use for his labouris. And gif the Fugitive can not be apprehended, than the Goodes to be restored to the Wardane of the Realme thai come fra, and to be redressit as Goods unlauthfully resett aganis the Treatie of Peace.

ITEM, it is agreit that gif the Fugitives of bothe the Realms shall joyn or keip togithir, or gif ony Warden of athir Realme shall requeist the uther Wardanis of the opposite Realme, or ony of thame, to tak or ryde upon the Rebellis of both the Realmes, or of ather Realme; that than the Warden or Wardennis so requeisted, shall with ressonable and convenient Power be aiding and assisting to the said purpois wit suche convenient Numberse, and at sic Dayes and Places, as by the said Wardennis shall be agreit upon.

ITEM, yf ony Persone shall gif knawlege or warning to ony Fugitive of the cuming or purpose of the said Warden for thair apprehensionn, quhairby ony suche Rebell or Fugitive escaped; that then every suche Offender to be delivered to the Warden complenand, thair to be imprissoned for the space of ane Zeir, and to pay Fyne to the value of all his Goodis: And forther to be puniched to the Deith, gif the same be fund expedient to the Wardennis of bothe the Realmes, for his Offence.

ANNO 1563.

ITEM, gif any Person of ather Realm shall cum within the uther Realme to make Schout, and raise Frey, beir Armore, or with force mak ony impediment to the Wardane of that Realme in the executionn of his Office, the Persone so doing shall be repute as ane publict Offender aganis the Tretie of Peace; so that gif he shall happin to be slane, hurt or apprehended by the Warden of that Realme, he may be disponed upone as ane Subject of that Realme quhair he committis the Offence, without any Challenge or Clame of the Prince or Officiar of the Cuntrey quhair he com fra: And gif it shall happin the said Offender to returne within his awin Cuntrey eftir the committing of the said Offence; it shal be lesull to the Warden offended to Bill for him, and he being fund full of the Crime, to be delivered to the Warden he offended to be punisched be him at his discretioun, and as ane Subject of that Realme quhair he offended.

ITEM, if it shal happin the Warden of ather Realme for the apprehending of Fugitives, or Punitioun of Offenderis in the executionn of Justice to persew ony Fugitive or Offender throughout the Realme quhair he beris Reull unto the Merche, and the Fugitive or Offender fle within the opposit Realme; it shall be lesull to the said Warden to persew the Chace in *Hote trode*, unto sic tyme and place as the Fugitive or Offender be apprehendit, and to bring thame agane within thair awin Jurisdiction, to be punisched for thair Offensis as efferris; and that without ony lett, truble or impediment to be maid or done to him be ony of the Inhabitantis of that Realme quhair he persewed: And if ony Persone or Persones shall mak resistance, let or impediment to the said Warden in the foirsaid Persoote, he shall be *Billet* for and delivered to the Wardane quhome he offended, to be punissed for his Offence at the discretionn of the said Warden: And in the following of the Chace in maner foirsaid, it is thocht expedient and ordeyned, that the Persewer sall at the first Toun he cummis by of the opposite Realme, or to the first Persones that he metis with gif knawlege of the occasionn of his Chace, and require thame to go with him, and assist him in the said Persute.

ITEM, If it sall happin the said Warden Persewer, or ony of his Cumpany, to do injurie or unlaufull harme within the opposit Realme the tyme of thair being therintill, the Offender shal be delivered to the opposit Warden to be tryed of the Offence, and punisched therfor at the discretionn of the said Warden, and uthir Tuelff honorable Persones of that Realme, to be nominat by the opposite Warden.

ITEM, For avoiding of Perjurie heirtofore committed in the valeuing of Cattell, and for ane gretar terroure unto the Wicked; it is agreit and ordeyned that the single Value, uthirwise callit the Principall for Attemptatis committit, sence the Tent Day of this instant, and heirefter shal be estemed and adjudged as efter followeth;

That is,

Every Ox above foure Zeris old, *fourty Schillingis Sterling*;

Everylk Kow above four Zeris old, *thretty Schillingis Sterling*;

Every uthir Ox above tua Zeris old, *thretty Schillingis Sterling*;

Every zong Kow above twa Zeris old, *tuenty Schillingis Sterling*;

Every uthir Beist under tua Zeris old, *ten Schillingis Sterling*;

Everilk old Scheip, *sex Schillingis Sterling*;

And every Hog, *thre Schillingis Sterling*;

Every old Swyne above ane Zeir old, *sex Schilling*;

Every zoung Swyne, *tua Schilling*;

Every Gate above ane Zeir old, *fyve Schillingis Sterling*;

Every Gait zoung *tua Schillingis Sterling*;

And every double to be valued efter the same rate of the single.

ITEM,

Anno 1563.

ITEM, If ony Subject of athir Realme sall manure, occupy or saw with Corne ony Ground within the opposite Realm; it sal be leful to the Awner of the Ground or Warden to destroy the same gif he thinkis convenient, or ellis to mak Bill and Complaint therupone to the opposite Warden; And gif the Pairty be fylit, he sall forfalt his Corne to the Complener, and sal pay four times the value of the Cornis sawin, and ferther suffre Impressionment be the space of thre Monethis.

ITEM, forsamekle as it hes apperit by the Experience of the Times past, that Theves and evill Doeris hes noth ceissit nor forborne frome committing of Attemptatis and Offensis aganis the Treateis of Peace, albeit thai war compellit to mak redrese by payment of the Principall with the tua Doublis; it is by this present Treatie specialie agreit and contracted, that from this forwart, yf it shall happin ony of the Subjectis of athir Realme to be fyled upone Billis for thre severale Offensis or Attemptatis, to be committit heireftir aganis the Peace and Amytie; that for the thrid Falt he shall incur the pane of Deith as ane common Offender aganis the Lawes of-Merchese: So that alwayse above the satisfactionn and redressing of thai Attemptatis with payment of the single and tua Doubles to the Pairty Complener; the Wardane of the foursaid commone Offender shall at the uttermest of his power serche, seek, tak and apprehend the said Offender, and bring him to the nixt Daye of Merche, and deliver him to the opposite Warden for to be executed unto the Deith; so that by this Exemple all utheris shall tak feir tu offend or violet the Amitie betuix the tua Realmes.

Providid alwayes that the intent of this Article is to be takin, that the secund of the foirsaidis thre Offensis sal be understand tu be committit eftir the Offendore be anis fund foull of the first Offence; and the thrid Offence lykwise to be takin one Offence to be committed efter the Offender be found foull of the secund Offence.

ITEM, for ane spediar fortherance of the Trewman to recover his Goodis from the Robber, Spoilzear or Resetter thairof, it is agreit that yf shall happin the Inhabitant of one of the Merchese to commit ony Attemptate within the Limites of ony uther Merch and so fyle the uthir Merche; it sall be lefull to the Pairty grieved for to bill for the Offence, athir before the Warden of the Merche quhair the Offender duellith, or quhan the Goods remaneth, or before the Warden of the Merche fyled at his plesore and chose, and both the Wardans sal be bound to mak him lauthfull redrese upon his Complaint.

ITEM, albeit in ane Treatie and Endentor maid *at Berwik upon the Ferd day of December*, in the Zeir of God one thousand five hundred fifty three Zeris betuix the Commissioneris of both the Realmes, it was convened and establisched that the Inhabitantis of both the Realmes suld feid and pastor thair Cattellis within the Limitis and Bounds of thair awin Realmes with Pane imputed to the Offenderis therof willinglie or customably depastoring and feding his Cattell or Shepe within the Boundes of the uthir Realme, by payment of *ane Penny Sterling* for every Cattell or Nolt at the first falt; and for every Schepe ane *Scottis Penny*, and by iterating the Offence to double the Pane of the Parcage or Poundage, unto sic tyme as the Pondage for every Nolt suld extend to *tua Schilling Sterling*, and for every Scheip *sex Penneis Sterling* &c. as at more lenth is expressed in the said Treatie; Zit, now upone diverse respectis it is forthermore agreit and concludit by Ws, that this Addition sal be added therunto, that yf sal happin the Cattell or Scheip of the one Realme to be stafhirdit or to remane depastoring upon the Ground of the opposite Realme by the space of sex Houres in one day; it sal be lefull to the Owner of the Ground so depastored, or to the Wardane or Depute of that Merches, for to tak and apprehend the said Cattell and Scheip as forfalted and lost to his awin use without ony redrese to be maid therfor: And for avoyding of all Controversie, it is agreit and thocht convenient, that the Lord or Owner of the Ground so depastored, or the Warden quhen ony of thame will proceid to the apprehending and escheting of ony Goodes so depastoring, he sall tak with him of his awin Cuntre four or ma honest and credible Persones unsuspect for to be present with him, to se that the executionn be deulie maid, all fraud and mal engyn removed and set apart; And for Cattell and Scheip remaning be shorter space than the foirsaid sex houres, We agre and think meit that the foirsaid Ordore establisched at *Berwik* sal be used and observit, with this Addition also, that in cais the Kepairis of the Cattell so depastoring the Ground of the opposite Realme, or ony uther for or with thame will not permitt the Owner of the Ground or Wardane to use the Ordore of Parcage and Pondage establisched in the said Endentore, bot will mak lett, trouble or impediment aganis the poynding or keping of the Cattell quilk thai be redemed by paying of the Pondage; in that cais the Cattell and Scheip sal be thairby lauthfullie forfaltit and takin to the use of the Owner of the Ground or Warden, for the contempt and resistance maid aganis the Ordore of Justice: And as for the Proofe of this Apprehension or Poynding, or for the number and quantitie of the Goodes apprehended and poynded, and for the tyme of the remaning of the Cattell on the Grund, We will that the same be reforred and tryed by the Othe of the Warden or his Depute, or by the Apprehender therof, togither with sex uther honest Men of that Realme, to be declared upone thair Faith and Honore; and thir sex to be nominat be the opposit Wardane.

Anno 1563.

ITEM, becaus it has oftentymis happinnit that the Offenderis fylit in Billis, and being deliverit to the opposit Wardane for redrese of the Attemptate committit be him, wald mak resistance to tham that led or suld leid him away, and sodenlie eschape and returne to his awin Cuntrey, qherby in so doing both the Party greved lackith redrese, and truble araise betuix the Cumpaneis being togither of both the Realmes at Dayes of Trewis, for avoyding quhairof, it is now agreit and ordeyned that the Offenderis so delivered sal quietlie pas and remane with the Pairtie thai ar delivered unto, during all the tinne of thair said Assemblie, and tua houres efter thair departing: And gif the said Offender shall do in contrare heirof, he or thai shal be punished by Deith, or uthirwise at the discretion of the Warden, as ane Breckar of the Assurance, and this to have pleace for Offenderis that ar not delivered to be put to Deith; for in sic Persones as suld be executed unto the Deith, We will that strait holde and keping sal be used unto thame till Justice be executed.

ITEM, albeit it haith bene verie prudentlie provyded in the foirsaid Endentore maid at *Berwik*, that no bachling or reproving at the Assembleis for Justice betuix Realme and Realme suld be used under the Pane conteined thairintill, and that silence thairby is put to the Complenar, and no Remeid provided to do Justice upone his Complaint; it is now agreit, that quhen ony Persone of athir Realme shall complene upon the Subject of the uthir Realme, duelling within ony of the Wardenriis thairof, that he will not according to his Band or Promise reentir as lauthfull Prissoner, outher for himselff or ony uthir that he standeth bound for, or will not pay his Ranson promitted, and uther semblable materris and caussis, that the Persone complenand shall gif in his Bill unto the Wardane of the Merche quhair the persone complened upone duelleth, and the Wardon shall caus him to be lauthfullie arreistit, to ansuer the nixt Day of Trew, and to do Justice upon the Complaint, be geving of Sentence according to the Lawes of Merches, Equitie and Ressonn.

ITEM, albeit it mae cleirlie apeir by the Treatie of Peace last maid and contracted at our *Lady Kirk* in Scotland, upone the   day of   the Zeir of our Lord one thousand five hundred and   Zeris, and all uther Treateis maid be Commissionerris of both the Realmes thairefter, that the Princesses hes willeth that Menslayeris, Murderaris, cruell gevaris of Woundis and Hurtis to ony Persone, Thevis, Reberris, Raserris of Fyre by birning of Cornis or Houssis, Committerris of wilfull Perjurie, Resettaris and Confortaris of Rebellis and Fugitivis, and all uther Offenderris and Transgressors of the Tretisis of Peace and Lawes of Merches, to be moste rigoruslie ponisched, and have ordeyned worthy Pane and Punischement to be executed aganis the Offenderris: Zit, having Experience that the necligent omissionn of Officiaris nether executand nor performand thair Dewtie in that behalf, nor zit geveand knawlege to the Sub-

jectis

ANNO 1563.

jectis be continuall exercise of Justice, how thai suld behave thamselfis in obeying God and thair Prince, hes bene the occasion of suche great Enormiteis and Misordors as heirtofore haith bene committed upone the Bordors, quhairby God hes bene provoked to powre furth his Wraith and juste Punischment upon the Inhabitantis of bothe the Realmes; it is now thocht convenient and agreyd, that all and every of the Wardennis of bayth the Realmes, shall incorporate and joyne togither in one Book the foresaid Tretie of Peace maid at our *Lady Kirk*, and this present Indentore and all utherres Treateis and Indentors maid betuex the Commissionerris of bothe the Realmes during this last Amitie and perpetuale Peace: And efter that he haith, in presence of the uther Wardane and Inhabitantis of bothe the Merches, solemnitlie swome and maid his Othe for the using of his Office in forme before mentionat; then thai sall caus the foirsaidis hoill Treteis and Booke, or at the lest sa mony Articlis and Hedis thairof as tendis to the conservation of the Amitie, the gude Ordore of the Subjectis, and Punishment of the Offendors be oppinlie and publiclie onis in the Zeir red and published in oppin Audience, at the nixt meting of the Wardennes eftir Midsomer zerlie, quhairby the Wardane and Subjectis of athir Realme may be put in remembrance of their Dewtie, and tak the mor feare to offend in ony wise.

ITEM, for avoiding of all controversie debate and stryff that may heireftir arise betuix the Subjectis of baith the Realmes concerning certane Grunds lying upone the Fronteris of the Midle and Est Merches of the saidis Realmes, acclamed by the Nythbors thairof of bathe the Realmes to apertene to thame; And so as zit remaneth debatable, not fullie nor perfytlie declared or knowen to quham the same justlie aucht to apertene; we the forsaidis Commissionerris of both the Realmes, foirseing the Dangeris that may happin to the breache of Amitie and Peace, hes thocht goode to mak foote ather of ws at our owin Princesse, and to requyre tham most humblie to appoynt Commissionerris for to joyne togither, and to consider the Differencees and Controversis presentlie thairby apering, and amiable to compone and end the samyn by division of the Ground debatable, and setting of perpetuale Merches Boundes and Methis betuix Realme and Realme, inviolablie heireftir to be observit; and that we shall certifie ather of ws till utheris, quhat ansuere we obtene from our Princesse, nocht douting bot that thai shall mutualie agre therunto, as a thing tending to the quyett and common welth of baith the Realmes, and preservationn of the Amitie.

FYNELLIE, becaus in tyme bypast the Lawes of Merches, making of Redrese, Punishment of Offensses, and Proceding in Justice hes not (as said is) bene so dilgentlie executed as apertened, bot rather be some abused, every Wardane haveand ane different forme and maner of Procedingis from the uther; some redressing the Attemptatis with the single onlie; and one uther redressing with the single and tuo Doublis: Some redressand with ane law pryce and valuationn of Goodes, and uther with ane hier price; some permitting the Pairty to valuat and esteme alsweill his Cattell and Schepe, as all his uther Goodes spoyled, by his Othe, and some by the contrarie; and so haveand different Customes at sindrie Merches, quhilk was altogither much inconvenient, to the offence of God and dishonore of thair Princesse, to have in one Realme, and undir the Obedience of one Prince different maner and forme of Jugement: Thairfore it is presentlie heir ordeyned and concluded in the name of booth our Princesses, that every of the forsaidis Wardennes shall heirefter kepe, observe and execute his Office according to the Treatise of Peace, and of these Articlese, and utheris heirtofore past amangis Commissionaris of both Realmes, not contrariande heirunto; and shall use one Forme of Jugment and Executionn of Justice, according to the said loveable Lawes, and to the Customes of the Merches heirtofore usit, quhairby Thevis and evill Doeris may be punished, trew and obedient Subjectis manteyned to leve in quyetnes under the Protectionn of thair Prince and Wardane, and so God may be glorified over all.

In witness and for the goode performance heirof, the Commissioneris of bothe Realmes hethe interchangeablie sett to thair Handis and Seales to thir Presentes; that is to wit, to the one parte therof remaning with the saidis Commissioneris of Scotland, the abovesaidis Commissioneris of England hes subscrivit thair Names, and sett to thair Seales: And to the uthir parte thairof remaning with the Commissioneris of England, the said Commissioneris of Scotland haith subscribed thair Names, and set to thair Seales, the XXIII. day of September, in the Zeir of the Incarnationn of our Lord Jesus Chryst ane thousand fyve hundreth threscore and three.

JHONE MAXWELL.
J. BELLENDEN.

Sub Sigillis prædictorum Commissariorum de Cera rubea pendentibus a Filis sericis intertextis cerulei coloris.

LV.

30. Septembre. AVIGNON ET ORANGE.

(1) *Traité de Paix entre le Vicelegat d'Avignon & ceux du Comté Venaissin d'une part, & la Principauté d'*ORANGE, *pour appaiser les troubles survenus au sujet de la Religion. Fait au Château de Caderousse, le 30. Septembre*, 1563. [JOSEPH DE LA PISE, Tableau de l'Histoire des Princes & Principauté d'Orange. pag. 314.]

L'AN mil cinq cents soixante trois & dernier Septembre au Château de Caderousse entre l'Evesque de Ferme Vice-Legat & Fabrice Serbellon Gouverneur d'Avignon, & les gens de la Religion Reformée du Comté de Venisse sur le fait de la Guerre, au Traicté de François de Scepeaux Seigneur de Vielleville Mareschal de France, ainsi le commandant faire à ceux de la Religion, pour le service du Roy, repos & tranquillité des Subjects de sa Majesté, fut accordé:

Que toutes les Places Papales & tenues par ceux de ladicte Religion seront rendues à l'obeissance Papale: Et tous estrangers n'estans Subjects naturels du Pape, s'ils sont de ladite Religion, vuideront dudit Comté & Terres Papales: Et ceux de ladite Religion ne pourront estendre leur habitation plus que des Places où ladite Religion regnoit au jour de cet Accord, ny frequenter hors icelles, exceptés ceux qui sont deça la Riviere d'Egues & non autres, sans licence escrite.

Ceux de ladite Religion seront mis en la protection & sauvegarde du Vice-Legat, Fabrice, Officiers & Consuls des Lieux, promettant audit Seigneur Mareschal qu'il ne leur sera faite aucune Injure de fait, ou de parole.

N'y fairont aucun Exercice de Religion, n'useront d'aucunes Persuasions & Dogmatisations, demeurans toûjours leur Conscience en toute liberté, sans estre recerchés pour la Religion du passé ne de l'advenir.

Tous Prisonniers prins en Guerre relaxés sans Rançon. Les Gouverneurs des Places seront Gentilshommes qualifiés & approuvés par ledit Sieur Mareschal, qui tiendront chacun en bonne paix.

En tous Lieux où habiteront ceux de ladite Religion, armes posées & serrées en Lieu, gardées par Personnages qui seront advisées par les Gouverneurs & Officiers des Lieux: sans y comprendre ceux de la Garnison.

Et le tout jusques à ce que par le Pape soit autrement ordonné.

Que les Vice-Legat & Fabrice seront tenus l'en informer de tout, par tout le mois de Novembre prochain,

Si

(1) *La Pise* nous aprend que ce Traité fut ponctuellement exécuté de la part de ceux d'Orange: mais que le Gouverneur d'Avignon n'en fit rien, disant, qu'il ne faisoit pas la Guerre aux Huguenots, mais qu'il ne faisoit que les harceler.

ANNO 1563. Si le Pape ne veut ratifier, pourront lesdits de la Religion dans delay honneste se retirer où bon leur semblera, vendre ou jouïr de leurs biens avec abolition des crimes, suivant ce que fut arresté entre le Roy de France & le Cardinal de Ferrare Legat audit Royaume.

Ceux de Chasteau-neuf de Pape, Bedarrides & Avignon jouiront de mesme Privilege, excepté la residence.

Les Brigands, Meurtriers & Larrons, ny autres attaints de Crimes hors la Guerre, ne seront comprins auxdits Articles & la cognoissance en sera remise à ceux à qui appartient. *Ainsi signés* Descepeaux. Lepisco. Firmens. Vice-Legato. Fabritio de Serbellone. Truchon. Demont-dragon. De Caderousse. Idetenalo. De Vignande. P. de Pontais. Et de Vaupergue. André de Vaurias, Dantrechaux. Des Essars. B. André. De Gilles. De S. Marie. Causans. A. de Bellan. *Par commandement de mondit Seigneur le Mareschal.* DE NEUFVILLE.

LVI.

22. Novembre. **Abschied zwischen Ihro Römische Kayserl. Majestät FERDINANDO und des Heiligen Römischen Reichs Chur-fürsten/ Fürsten und Ständen aufgerichtet. Worinn diese/ zufolge dem von Ihro Majestät als König in Böheim/ dann Ihro Kayserl. Majestät Carl den Fünfften in Anno 1555. Occasione des/ zwischen denen Ständen von wegen der Religion entstandenen mißvertrauens/ auffgerichten Land- und Religions-Frieden/ sich mit Ihro Majestät vergleichen und vereinigen/ ordnende/ einer den andern hinführo nicht zu bekriegen/ sondern in wahrer Freundschafft zu verharren/ zu dessen erhaltung ein und das anders statuiret wird. Geben den 22. Novembris/ Anno 1563. [LUNIG, Teutsches Reichs-Archiv. Part. Special. Continuat. I. Fortsetzung II. Abtheilung II. pag. 233.]**

C'est-à-dire;

Recès conclu entre FERDINAND *Empereur des Romains & divers* ELECTEURS, PRINCES *&* ETATS *de* L'EMPIRE, *par lequel, en conformité de la Paix publique établie en* 1555. *par l'Empereur* CHARLES V. *& par lui-même comme Roi de Boheme à l'occasion des Inimitiés & des Guerres arrivées pour cause de Religion ; on convient de ne rien entreprendre les uns contre les autres, & l'on y prend des mesures pour le maintien de la Paix & de l'Amitié. Le* 22. *Novembre* 1563.

Zu wissen sey allermänniglich : Nachdem weyland der Aller-Durchlauchtigste/ Großmächtigste Fürst und Herr/ Herr CARL der Fünffte/ Römischer Kayser/ seeligster und Hochmildester Gedächtniß; desgleichen der auch Allerdurchlauchtigste/Großmächtigste/ selbiger Zeit Römischer König/ und jetziger Kayser/ unser allergnädigster Herr/ ausser sonder Väterlicher und Gnädigster Zuneigung zu dem Reich Teutscher Nation/ unser aller geliebten Vaterland/ und fürnemlich zu Erhaltung desselbigen Fried/ Ruhe/ Einigkeit und Auffgang/ auch Pflantzung des beständigen/ rechten/ unverfälschten Teutschen Vertrauens und geliebter Einigkeit/ zwischen denen ANNO 1563.
Ständen und Gliedern desselbigen/ durch vier heylsame/ fürtreffliche und hochnützliche Constitutiones des Land-Friedens/ auch anderer Reichs-Ordnungen und Abschieden/ gemeldt unser geliebt Vaterland allergnädigst bedacht/ und in Väterlichem gnädigstem Schutz und Schirm gehabt; Sonderlich aber/ dieweil wegen der gespaltenen/ alten und der andern Augspurgischen Confession/ Lehr und Religion/ zwischen denen Geist- und Weltlichen Chur- und Fürsten/ auch Ständen beyder obgemeldter Religionen/ etwas Mißvertrauen und Unrichtigkeit entstanden/ in Anno 1555. einen beständigen/ auffrichtigen/ immerwährenden Land- und Religions-Frieden/ mit beyder Ihrer Majestäten Mit-Verpflichtung/ Beförderung/ auch einhelligem Rath/ Zuthun/ Wissen und Willen aller Geist- und Weltlicher Chur-Fürsten/ Prälaten/ Grafen/ Herren/ und aller anderer Reichs-Stände und Städte/ mit folgender Massen verglichen/ beschlossen/ und mit höchstem Verspruch und Pönen in das Reich Teutscher Nation publiciren/ und öffentlich ausgehen lassen : Wie dann solcher Abschied mit nachfolgenden Worten lautet/ vermag und innhält.

1. Wir Ferdinand : von GOttes Gnaden/ Römischer König/ zu allen Zeiten Mehrer des Reichs/ in Germanien/ zu Ungarn/ Böheim/ Dalmatien/ Croatien und Schlavonien 2c. König/ 2c. Bekennen öffentlich und thun kund allermänniglich/ und haben demnach den Articul des Friedens/ wie gemeine Ruhe und Sicherheit in Teutscher Nation zu erlangen/ zu erbauen und zu erhalten/ wie auch Chur-Fürsten und Stände in gut Vertrauen gegen einander zu setzen/ dardurch ferner Nachtheil/ Schaden und Verderben abgewendet werden/ auch die Käyserliche Majestät/ Unser lieber Bruder und Herr/ Wir und Sie die Stände des Reichs/ in geliebten Frieden/ andere mehrfältige Obliegen des Reichs Teutscher Nation so viel desto stattlicher/ sicherer und fruchtbarlicher/ bey noch währendem Reichs-Tag/ oder zu anderer Zeit/ tractiren und handlen möchten/ in Berathschlagung gezogen.

2. Wiewohl nun auff vorigen Reichs-Tagen der Landfried fürgenommen/ erwogen/ gebessert/ und in gemein auffgericht/ dadurch im Heil. Reich verhoffentlich ein friedlich Wesen zu erhalten; So hat doch die Erfahrnüß nach der Hand mit sich bracht/ daß derselbige aufgerichtete Landfried/ und die darinn verordnete Handhabung/ Unruhe und Empörungen zu verhüten/ nicht gnugsam/ und sich auch des Zuziehens halben/ wie die Anstossende und Benachbarte denen Beleidigten zu Hülffe kommen solten/ sonderliche Beschwer- und Verhinderungen zugetragen : Derowegen Wir Sie die Stände und Bothschafften ersucht und vermahnt/ etliche Mängel des Land-Friedens/ aus begegneten und noch vor Augen stehenden Dingen/ stattlich zu erwegen/ und auff Mittel zu gedencken/ dardurch zu gewisser und standhafftiger Handhab- und Erhaltung des gemeinen Friedens zu kommen/ und ob solche Besserung der hievor darüber auffgerichteten Constitutionen/ in angezogenen Mängeln/ oder in andere erschießliche Wege/ versehen werden möchte/ damit also die Unruhigen Abscheu hätten/ den gemeinen Frieden zu betrüben/ und die Gehorsame einen Trost wüsten/ wenn sie vergewaltigt werden wolten/ daß ihnen gewisse Hülffe und Rettung beschehen würde.

3. In solcher fürgezogener Berathschlagung des Friedens haben sich gleich alsbald/ aus der Erfahrnüß/ und dem jenigen/ so hievor fürgangen/ der Churfürsten Räthe/ erscheinende Fürsten/ Stände/ Bothschafften und Gesandten erinnert/ dieweil auff allen vor 30. oder mehr Jahren gehaltenen Reichs-Tagen/ und etlichen mehr Particular-Versamlungen/ von einem gemeinen/ beharrlichen und beständigen Frieden/ zwischen des Heil. Reichs Ständen/ der streitigen Religion halben/ auffzurichten/ vielfältig gehandelt/ gerathschlagt/ und etliche mahl Fried-Stände auffgerichtet worden/ welche aber zu Erhaltung des Friedens niemahls gnugsam gewesen/ sondern deren unangesehen die Stände des Reichs für und für in Widerwillen und Mißtrauen gegen einander stehen blieben/ daraus nicht geringer Unrath seinen Ursprung erlanget. Wofern dann in währender Spaltung der Religion eine ergäntzte Tractation und Handlung des Friedens/ in beyden/ der Religion/ Profan und Weltlichen Sachen/ nicht fürgenommen würde/ und in alle Wege dieser Articul dahin gearbeitet und verglichen/ damit beyderseits Religionen hernach zu vermelden wissen möchten/ was einer sich zu dem andern endlich zu versehen/ daß die Stände und Unter-

ANNO 1563.

Unterhanen sich beständiger / gewisser Sicherheit nicht zu getrösten / sondern für und für ein jeder in unträglicher Gefahr zweiffentlich stehen müsse. Solche nachdenckliche Unsicherheit auffzuheben / der Stände und Unterthanen Gemüther wiederum in Ruhe und Vertrauen gegen einander zu stellen / die Teutsche Nation / Unser geliebtes Vaterland / vor endlicher Zertrennung und Untergang zu verhüten / haben Wir Uns mit der Churfürsten Räthen und Geordneten / denen erscheinenden Fürsten und Ständen / der abwesenden Bothschafften und Gesandten / und sie hinwieder sich mit Uns vereinigt und verglichen.

4. Setzen demnach / ordnen / wollen und gebieten / daß hinfüro niemand / wes Würden Standes oder Wesens der sey / umb keinerley Ursachen willen / wie die Nahmen haben möchten / auch in was gesuchtem Schein das geschehe / den andern befehden / bekriegen / berauben / fahen / überziehen / belägern / auch darzu für sich selbst / oder jemands andern / von seinetwegen / nicht dienen / noch einig Schloß / Städte / Märckte / Befestigung / Dörffer / Höffe und Weyler absteigen / oder ohn des andern Willen / mit gewaltiger That / freventlich einnehmen / oder gefährlich mit Brand / oder in andere Wege beschädigen / noch jemands solchen Thätern Rath / Hülff / und in keiner andern Weise Beystand oder Fürschub thun / deßgleichen sie wissend- und gefährlich nicht herbergen / behausen / ätzen / träncken / enthalten oder gedulden / sondern ein jeder den andern mit rechter Freundschafft und Christlicher Liebe meynen / auch kein Stand noch Glied des heiligen Reichs dem andern / so an gebührenden Orten recht leyden mag / den freyen Zugang der Proviant / Nahrung / Gewerb / Rennt / Gült und Einkommen abstricken / noch auffhalten / sondern in alle Wege die Kayserl. Majestät und Wir alle Stände / und hinwiderumb die Stände die Kayserliche Majestät und Uns / so dann ein Stand den andern bey dieser nachfolgenden Religions- auch gemeiner Constitution des auffgerichteten Land-Friedens / alles Innhalts bleiben lassen sollen.

5. Und damit solcher Friede auch der spaltigen Religion halben / wie aus hievorbemeldten und angezogenen Ursachen die hohe Nothdurfft des Heiligen Reichs Teutscher Nation erfordert / desto beständiger / zwischen der Römischen Kayserl. Majestät / Uns / auch Churfürsten und Ständen des Heiligen Reichs Teutscher Nation angestellt / aufgericht / und erhalten werden möchte: So sollen die Kayserliche Majestät / Wir / auch Churfürsten und Stände des Heiligen Reichs / keinen Stand des Reichs / von wegen der Augspurgischen Confeßion / und derselbigen Lehr / Religion und Glaubens halb / mit der That / gewaltiger Weise überziegen / beschädigen / vergewaltigen / oder in andere Wege / wider seine Conscientz / Gewissen um Willen / von dieser Augspurgischen Confeßions-Religion / Glauben / Kirchen-Gebräuchen / Ordnungen und Ceremonien / so sie aufgericht / oder nachmals aufrichten möchten / in ihren Fürstenthumen / Land- und Herrschafften tringen / oder durch Mandat, oder in einiger anderer Gestalt beschweren oder vergachten / sondern bey solcher Religion / Glauben / Kirchen-Gebräuchen / Ordnungen / und Ceremonien / auch ihren Haab / Gütern / liegend und fahrend / Land-Leuten / Herrschafften / Obrigkeiten / Herrlig- und Gerechtigkeiten / ruhig und friedlich bleiben lassen; Und soll die streitige Religion nicht anders / dann durch Christliche / freundliche Mittel und Wege / zu einhelligem Christlichen Verstand und Vergleichung gebracht werden: Alles bey Kayser- und Königlichen Würden / Fürstlichen Ehren / wahren Worten / und Pön des Land-Friedens.

6. Dargegen sollen die Stände / so der Augspurgischen Confeßion verwandt / die Römische Kayserliche Majestät / Uns und Churfürsten und andere des Heiligen Reichs-Stände / der alten Religion anhängig / Geist- und Weltlich / sammt und mit ihren Capituln / und andern Geistliches Standes / auch ungeachtet / ob und wohin sie ihre Residentzen verrückt oder gewendet hätten / (doch daß es mit Bestellung der Ministerien gehalten werde / wie hierunten darvon ein sonderlicher Articul gesetzet /) gleicher Gestalt bey ihrer Religion / Glauben / Kirchen-Gebräuchen / Ordnungen und Ceremonien / auch ihren Haab / Gütern / liegend und fahrend / Landen / Leuten / Herrschafften / Obrigkeiten / Herrlig- und Gerechtigkeiten / Renten / Zinsen / Zehenden / ohnbeschwert bleiben / und sie derselbigen friedlich und ruhiglich gebrauchen / geniessen / unweigerlich folgen lassen / getreulichen darzu verholffen seyn. Auch mit der That / oder sonsten in Unguten gegen dieselbigen nichts fürnehmen / sondern in allewege / nach Laut und Ausweisung des Heiligen Reichs-Rechten / Ordnungen / Abschieden / und aufgerichteten Land-Frieden / jeder sich gegen den andern an gebührenden ordentlichen Rechten begnügen lassen; Alles bey Fürstlichen Ehren / wahren Worten / und vermeidung der Pön / in dem auffgerichteten Land-Frieden begriffen.

7. Doch sollen alle andere / so obgemeldten beyden Religionen nicht anhängig / in diesem Frieden nicht gemeint / sondern gäntzlich ausgeschlossen seyn.

8. Und nachdem bey Vergleichung dieses Friedens / Streit fürgefallen / wo der Geistlichen einer oder mehr von der alten Religion abtretten würden / wie es der von ihnen biß daselbsthin besessenen und eingehabten Ertz-Bischthum / Bischthum / Prælaturen und Beneficien halb gehalten werden solle / welches sich aber beyder Religions-Stände nicht haben vergleichen können: Demnach haben Wir in Krafft Hochgedachter Römischer Kayserl. Maj. Uns gegebener Vollmacht und Heimstellung erklärt und gesetzt / thun auch solches hiemit wissentlich / also: Wo ein Ertz-Bischoff / Prälat / oder ein anderer Geistliches Stands von Unser alten Religion abtretten wird / daß derselbig sein Ertz-Bischoffthum / Bischthum / Prælatur, und andere Beneficia, auch damit alle Früchte und Einkommen / so er davon gehabt / alsbald ohn einige Wiederung und Verzug / jedoch seinen Ehren unnachtheilig / verlassen / nicht weniger denen Capituln / und denen es von Gemeinen Rechten / oder der Kirchen und Stifft Gewohnheiten zugehört / eine Person / der alten Religion verwandt / zu wehlen und zuordnen zugelassen seyn; Welche auch sammt den Geistlichen Capituln und andern Kirchen / bey den Kirchen- und Stiffts-Fundationen / Electionen / Præsentationen / Confirmationen / alten Herkommen / Gerechtigkeiten und Gütern / liegend und fahrend / unverhindert und friedlich gelassen werden sollen; Jedoch künfftiger Christlicher / freund- und endlicher Vergleichung der Religion unvorgreifflich.

9. Dieweil aber etliche Stände und derselbigen Vorfahren etliche Stifft / Clöster / und andere Geistliche Güter eingezogen / und dieselbigen zu Kirchen / Schulen / Milden und andern Sachen angewendet / so sollen auch solche eingezogene Güter / welche denen jenigen / so dem Reich ohne Mittel unterworffen / und Reichs-Stände seynd / nicht zugehörig / und deren Possession die Geistlichen zur Zeit des Passauischen Vertrags / oder seithero nicht gehabt / in diesem Friedstand mit begriffen und eingezogen seyn / und bey der Verordnung / wie es ein jeder Stand mit obberührten eingezogenen und allbereit verwendeten Gütern gemacht / gelassen werden / dieselbige Stände auch derentwillen / weder in- noch ausserhalb Rechtens / zu Erhaltung eines beständigen ewigen Friedens / nicht besprochen noch angefochten werden. Derhalben befehlen und gebieten Wir hiemit und in Krafft dieses Abschieds der Kayserlichen Majestät Cammer-Richtern und Beysitzern / daß sie dieser eingezogenen und verwendeten Güter halben keine Citation, Mandat und Process erkennen und decerniren sollen.

10. Damit auch obberührte beyderseits Religions-Verwandte so viel mehr in beständigem Frieden und guter Sicherheit gegen und bey einander sitzen und bleiben mögen / so soll die Geistliche Jurisdiction (doch denen Geistlichen Chur-Fürsten und Ständen / Collegien / Clöstern / und Ordens-Leuten / an ihren Renthen / Gült / Zinß und Zehenden / Weltlichen Lehenschafften / auch andern Rechten und Gerechtigkeiten / wie obsteht / unvergriffen /) wider die Augspurgische Confeßions-Religion / Glauben / Bestellung der Ministerien / Kirchen-Gebräuchen / Ordnungen und Ceremonien / so sie auffgerichtet / oder auffrichten möchten / biß zu endlicher Vergleichung der Religion / nicht exerciret / gebraucht oder geübet werden / sondern derselbigen Religion / Glauben / Kirchen-Gebräuchen / Ordnungen / Ceremonien / und Bestellung der Ministerien / wie hievon nachfolgends ein besonderer Articul gesetzt / ihr Gang gelassen / und keine Hinderniß oder Eintrag dardurch beschehen / und also hierauff / wie obgemeldt / biß zu endlicher Vergleichung der Religion / die Geistliche Jurisdiction ruhen / eingestellt und suspendirt seyn und bleiben; Aber in andern Sachen und Fällen der Augspurgischen Confeßions-Religion / Glauben / Kirchen-Gebräuchen / Ordnungen / Ceremonien / und Bestellung der Ministerien nicht anlangend / soll und mag die Geistliche Jurisdiction durch die Ertz-Bischöffe / Bischöffe / und andere Prälaten / wie deren Exercitium an einem jeden Ort hergebracht / und sie in deren Ubung / Gebrauch und Possession seynd / hinführo / wie bißher / unverhindert exerciret / geübt und gebraucht werden.

11. Als auch denen Ständen / der alten Religion verwandt / alle ihre zuständige Renthe / Zinß / Güld- und Zehenden / wie oblaut / folgen sollen / so soll doch einem jeden Stand / unter dem die Renthe / Zinß / Gült / Zehenden oder Güter gelegen / an denselbigen Gütern seine Weltliche Obrigkeit / Recht und Gerechtigkeit / so er vor Anfang dieses Streits in der Religion daran gehabt / und im Brauch gewesen / vorbehalten und dardurch demselben nichts benommen seyn; Und sollen dannoch von solchen obgenannten Gütern die nothdürfftige Ministeria der Kirchen / Pfarren und Schulen / auch die Allmosen und Hospitalia, die sie vormahls bestellt und zu bestellen schuldig / von solchen obgemeldten Gütern / wie solche Ministeria der Kirchen und Schulen vormahls bestellt / und nachmals bestellt und versehen werden / ungeachtet wes Religion die seyn.

12. Und ob solcher Bestallung halben Zwyspalt und Mißverstandnus vorfielen / so sollen sich die Partheyen etlicher Schieds-Personen (deren jeder Theil eine oder zwey zubenahmen / und da sich dieselbige nicht vergleichen könten / einen unpartheyischen Obmann zu erwehlen / der nachmals mit ihnen denen Zugesetzten die Sachen zu entscheiden /) vergleichen / die nach summarischer Verhörung beyder Theilen in sechs Monathen erkennen / was und wie viel zu Unterhaltung obbesagter Ministerien und Stück gegeben werden soll; Doch daß diejenigen / so der Unterhaltung halben der Ministerien angefochten werden / ehe und dann dieser gütliche Austrag oder Bescheid der Schieds-Personen / und auff den Fall Obmanns erfolget / des ihren / so sie in Posses seynd / nicht entsetzt / oder auch arrestiret noch auffgehalten werden; Desto weniger aber nicht / so sollen doch mitlerweil diejenigen / so / wie obgemeldt / denen die Renthen / Gült / Zinß / Zehenden und Güter / davon von Alters her die Ministeria der Kirchen versehen worden / und die solch Onus auff ihnen gehabt / zustehen / biß zu Austrag der Sachen / was sie von Alters her zu solchen Ministerien gegeben haben / auch fürter entrichten.

13. Es soll auch kein Stand den andern / noch desselben Unterthanen / zu seiner Religion dringen / abpracticiren oder wider ihre Obrigkeit in Schutz und Schirm nehmen / noch verthädigen / in keinem Weg. Und soll hiermit denenjenigen / so hievor von Alters Schutz- und Schirm-Herren anzunehmen gehabt / hierdurch nichts benommen / und dieselbige nicht gemeinet seyn.

14. Wo aber Unsere / auch der Chur-Fürsten und Ständen Unterthanen / der alten Religion oder Augspurgischen Confeßion anhängig / von solcher ihrer Religion wegen / aus Unsern / auch der Chur-Fürsten und Ständen des Heiligen Reichs-Landen / Fürstenthumen / Städten und Flecken / mit ihren Weib- und Kindern / an andere Orte ziehen / und sich niederthun wolten / denen soll solcher Ab- und Zuzug / auch Verkauffung ihrer Haab und Güter / gegen ziemlichen billigen Abtrag der Leibeigenschafft und Nachsteuer / wie es jedes Orts von Alters her üblichen herbracht / und gehalten worden ist / ohnverhindert männliches zugelassen und bewilliget / auch an ihren Ehren und Pflichten allerding unentgolten; Doch denen Obrigkeiten an ihren Gerechtigkeiten und Herkommen der Leibeigenen halben / dieselbige ledig zu zehlen oder nicht / hiedurch nichts abgebrochen oder benommen seyn.

15. Und nachdem eine Vergleichung der Religion und Glaubens Sachen durch ziemliche und gebührliche Wege gesucht werden solle / und aber ohne beständigen Frieden zu Christlicher freundlicher Vergleichung der Religion nicht wohl zu kommen: So haben wir / auch der Chur-Fürsten Räthe / an statt der Chur-Fürsten / erscheinende Fürsten / Stände und der abwesenden Bottschafften und Gesandten / Geist- und Weltliche / diesen Fried-Stand / von geliebten Friedens wegen / das hochschädliche Mißvertrauen im Reich auff zu heben / diese löbliche Nation vor endlichen vorbestehendem Untergang zu verhüten / und damit man desto ehe zu Christlicher / freund- und endlicher Vergleichung der spaltigen Religion kommen möge / bewilliget / solchen Frieden in allen obgeschriebenen Articuln / biß zu Christlicher / freund- und endlicher Vergleichung der Religion und Glaubens-Sachen / stet / vest und unverbrüchlich zu halten / und demselben treulich nachzukommen. Wo dann solche Vergleichung durch die Wege des General-Concilii, National-Versammlung / Colloquien / oder Reichs-Handlungen / nicht erfolgen würde / soll alsdann nichts desto weniger dieser Fried-Stand in allen oberzehlten Puncten und Articuln bey Kräfften / biß zu endlicher Vergleichung der Religion / und Glaubens-Sachen / bestehen und bleiben; und also hiemit obberührter Gestalt / auch sonst in alle andere Wege / ein beständiger / beharrlicher / unbedingter / für und für ewig währender Friede auffgerichtet und beschlossen seyn und verbleiben.

16. Und in solchem Frieden soll die freye Ritterschafft / welche ohne Mittel der Kayserlichen Majest. und Uns unterworffen / auch begriffen seyn / also und dergestalt / daß sie obgemeldter beyder Religion halber auch von niemand vergewaltiget / beträngt / noch beschwehrt sollen werden.

17. Nachdem aber in vielen Frey- und Reichs-Städten die beyde Religionen / nemlich Unsere alte Religion / und der Augspurgischen Confeßions-verwandten Religion / eine Zeithero im Gang und Gebrauch gewesen; So sollen dieselbigen hinführo auch also bleiben / und in solchen Städten gehalten werden / auch derselben Frey- und Reichs-Städte Bürger und andere Einwohner / Geist- und Weltliches Stands / friedlich und ruhig bey und neben einander wohnen / und kein Theil des andern Religion / Kirchen-Gebräuch oder Ceremonien abzuthun / oder ihn davon zu tringen unterstehen / sondern jeder Theil den andern / laut dieses Friedens / bey solcher seiner Religion / Glauben / Kirchen-Gebräuchen / Ordnungen und Ceremonien / auch seinen Haab und Gütern / und allem andern / wie hier oben beyder Religion Reichs-Stände halber verordnet und gesetzet worden / ruhig und friedlich bleiben lassen.

18. Und soll alles / das in hievorigen Reichs-Abschieden / Ordnungen / oder sonst begriffen und versehen / so diesem Fried-Stand in allem seinem Begriff / Articuln und Puncten zu wider seyn / oder verstanden werden möchte / demselbigen nichts benehmen / derogiren / noch abbrechen / auch dagegen keine Declaration oder etwas anders / so denselbigen verhindern oder verändern möcht / nicht gegeben / erlangt / noch angenommen / oder ob es schon gegeben / erlangt oder angenommen würde / dannoch von Unwürden und Unkräfften seyn / und darauff weder in- noch ausser Rechtens nichts gehandelt noch gesprochen werden.

19. Solches alles und jedes / so obgeschrieben / und in einem jeden Articul nahmhafftig gemacht / und die Käyserliche Majestät und Uns anrühret / sollen und wollen Ihr. Liebd. und Käyserliche Majestät und Wir / bey Ihren Käyserlichen und Unsern Königlichen Würden und Worten / für Uns und Unsere Nachkommen / stet / unverbrüchlich und auffrichtig halten und vollziehen / dem strack und unwegerlich nachkommen und geleben / und darüber jetzt oder künfftiglich / weder aus Vollkommenheit / oder unter einigem andern Schein / wie der Nahmen haben möcht / nicht fürnehmen / handlen oder ausgehen lassen / noch jemand andern von Ihr. Liebd. und Käyserlichen Majestät und Unsert wegen zu thun gestatten.

20. Und Wir / die verordnete der Churfürsten Räthe / an statt Ihrer Churfürstl. Gnaden / auch für Ihre Nachkommen und Erben / Wir die erscheinende Fürsten / Prälaten / Grafen und Herren / auch der abwesenden Fürsten / Prälaten / Grafen und Herren / und des Heiligen Reichs Frey- und Reichs-Städte / Gesandte / Bottschafften und Gewalthaber / an statt und von wegen Unserer Herrschafften und Obern / auch für ihre Nachkommen und Erben / willigen und versprechen bey Fürstlichen Ehren und Würden / in rechten guten Treuen / und im Worte der Warheit / auch bey Treu und Glauben / so viel einen jeden betrifft / oder betreffen mag / wie allenthalben oben stehet / stet / vest / auffrichtig und unverbrüchlich zu halten / und getreulich und unweigerlich nachzukommen / und zu geleben.

21. Ferner verpflichten und verbinden Wir Uns zu allen Theilen / daß die Kayserl. Majestät / Wir / und kein Stand den andern / mit was gesuchten schein das geschehen möcht / mit der That / oder sonst einiger Gestalt / heimlich oder öffentlich / durch Uns selbst / oder andere von unsertwegen / beschweren / überziehen / vergewaltigen / bekriegen / dringen / beleidigen oder betrüben sollen oder wollen. Und so einig Theil oder Stand wider solchen auffgerichteten Frieden den andern (als doch nicht seyn soll /) jetzt oder künfftiglich mit thätlicher Handlung / die geschehe heimlich oder öffentlich / vergewaltigen oder bedrangen würde / daß die Kayserliche Majestät / Wir und sie / auch Unsere und Ihre Nachkommen und Erben / alsdann nicht allein dem vergewaltiger / oder so thätliche Handlung furgenommen oder fürnehmen / keinen Rath-Hülff oder Beystand leisten / sondern auch dem andern Theil oder Stand / so wider diesen Frieden vergewaltiget / überzogen oder bekriegt würde / wider den vergewaltiger / oder der sich thätlicher Handlung unternimmet / Hülff und Beystand leisten wollen und sollen. Alles getreulich und ungefährlich.

22. Wir befehlen und gebieten auch hiemit / und in Krafft dieses Unsers Reichs-Abschieds / denen Kayserlichen Cammer-Richtern und Beysitzern / daß sie sich diesem Friedstand gemäß halten und erzeigen / auch die anruffenden Partheyen darauff / ungeacht welcher der obgemeldten Religion die seye / gebührliche und nothdürfftige Hülff des Rechtens mittheilen / und wider solches alles keinen Process noch Mandat decerniren / oder auch sonst in einigen andern Weg thun noch handlen sollen.

23. Und nachdem auch zu Erhalt- und stattlicher Vollziehung dieser Ordnung vonnöthen / daß die Obersten und Ihnen Zugeordnete nicht allein in oben erzehlten Fällen / und oben berührter massen / sich ihres Amts und Befehls gebrauchen / sondern auch gegen die Land-Friedbrecher und andere die Kayserliche gesprochene Acht-Urtheil und andere Pön und Straff / so sie ordentlicher Weise darein gefallen zu seyn mit Recht erkennt und erklärt werden / exequiren: So ist der Weg der Execution in der Cammer-Gerichts-Ordnung hievor darinn gestellt und begriffen / revidiret / besichtiget / ferner berathschlaget / auff diese Handhabung auch zu reguliren verglichen / wie unter dem Titul: Von der Execution und Vollziehung der Urtheil / und was dem anhanget / begriffen.

24. Und soll wider alles / was obgesetzt / niemands / wes Würden / Standes oder Wesens der sey / einige Gnade / Privilegien / Freyheit / Herkommen / Bündnüß und Pflicht / von der Kayserlichen Majestät / Uns / oder andern hiervor ausgegangen und verfast / in dem / und die einiger Weise wider diese Ordnung seyn oder thun möchten / mit was Worten / Clausuln und Meinungen die gesetzt und verpflichtet wären / schützen / schirmen / verantworten / befreyen oder ausziehen / in keinen Weg.

25. Zu dem obgemeldter hochverpönter Land- und Religions-Frieden auff folgenden gehaltenen Reichs-Tagen / nemlich An. 556. zu Regenspurg / mit nachgehenden Worten vermag:

26. So haben Wir Uns zu Unserer glücklichen Ankunfft in Unser und des Heiligen Reichs Stadt Regenspurg mit ihnen / und sie hinwieder sich mit Uns hierüber verglichen und entschlossen / daß der Articul der Religion in einem besondern Ausschuß von beyderseits Religion Ständen in gleicher Anzahl zu besetzen / Inhalt hievor zu Passau / und jüngsten zu Augspurg abgeredten / verabschiedten Beschlüssen zu tractiren und zu handlen / und nichts desto weniger den hievor zu Augspurg in Religion- und Profan-Sachen auffgerichteten und verthädigten Frieden / dem Augspurgischen Abschied beschließlich einverleibet / wiederumb erneuert / repetirt: Setzen / ordnen und wollen / daß / im Fall die Vergleichung der streitigen Religion sich etwas verweilen / oder endlich nicht getroffen würde / derselbige Fried in Religion- und Profan-Sachen alles seines Inhalts beständig in seinen Kräfften bleiben / und immerwährend gehalten / auch durch diese fürgenommene Tractation der Religion demselben nichts derogiret / entzogen oder abgebrochen werden soll: Alles bey denen Versprüchnüssen in oben berührtem Augspurgischen Abschied weiter verleibt.

27. Deßgleichen abermahls der zu Augspurg An. 559. ergangene Abschied mit folgenden Worten in sich hält:

28. Dieweil aber dasselbige / auch etliche vorige / wenig fürträglich gewesen / und solcher Weg der Colloquien / denen Spaltungen in der Christlichen Religion dadurch abzuhelffen / dißmahls weiter nicht fürgenommen werden mag: So haben Wir / auf stattliche derowegen gepflogene Berathschlagung und Fürkommen der Churfürsten und Ständen / der abwesenden Räthe / Gesandten und Botschafften Bedencken / für rathsam angesehen / die Tractation der Religion auf andere und bessere Gelegenheit einzustellen / und daß nichts desto weniger der Passauische Vertrag / auch der darauff erfolgte / und allhier im fünff und fünffzigsten Jahr beschlossene Religion- und Land-Fried / samt Handhabung und Execution derselben / für und für kräfftig und beständig bleibe; Derhalben Wir Uns dann zu allen und jeden Ständen samt- und sonderlich versehen /

setzen /

ANNO 1563. setzen/ ordnen und wollen/ daß jetzberührter Passauischer Vertrag/ darauff erfolgte/ und allhie im 555. Jahr beschlossene Religion- und Land-Frieden/ samt Handhabung und Execution derselben/ stet/ vest und ohnverbrüchlich gehalten werden solle: Alles bey denen Versprüchnüssen in offt angeregtem Augspurgischen Abschied weiter verleibt und begriffen rc.

29. Und also solches alles mit Ihrer Kayserlichen Majestät/ so wohl als aller Churfürsten und Ständen des Heil. Reichs einhelligem Zuthun/ Wissen/ Willen/ und unwiderrufflichen Beschluß nach einander erhohlt/ und von neuem confirmiret/ auch/ inmassen oberzehlet/ zu ewigen Zeiten erstreckt/ und ins Reich Teutscher Nation öffentlich publiciren lassen.

30. Zu dem nicht allein oberwehnte Reichs-Constitutiones des Land- und Religion-Friedens unter denen Ständen des Reichs einhelliglichen beschlossen; Sondern auch in gemein Maaß und Ordnung der beständigen Handhabung und Execution desselben unter denen Ständen und Reichs-Craysen verglichen/ wie solches alles in allen obberührten Abschieden/ und darbey auff dem Reichs-Tag des 555. Jahrs gefolgten Kayserlichen/ so wohl der Geistlichen Chur- und Fürsten/ als Ständen der alten Religion bewilligten Declaration, und dann der sondern ihrer Kayserlichen Majestät und des Reichs/ auff beyder Religion Stände/ Gemeine und Sondere/ der Religion halben übergebene Gravamina, Reichs-Decreten/ und Kayserliche Abschiede/ so auff dem Reichs-Tag/ in Anno 557. und Anno 559. ergangen/ zu sehen und zu finden ist; Insonderheit aber denen Chur- und Fürsten/ auch Ständen und Craysen des Reichs frey gelassen/ sich nach ihrer selbst/ und gemeiner Reichs-Craysen Gelegenheit/ solcher Execution und Handhabung halben/ auff offt besagte Constitutiones mit einander zuvergleichen.

31. Und dann die Stände des Schwäbischen Crayses zu unterthänigsten Gehorsam/ beständiger und auffrechter Vollziehung mehr gedachten Religion- und Land-Friedens/ auch würcklicher Execution und Handhabung desselben/ auff vielen gehaltenen Crayß-Tagen/ die Gelegenheit angeregtes Crayses und desselben einverleibter Stände und Glieder mit allem Fleiß erwogen/ und gleichwohl unter ihnen die stattliche und ansehnliche Anzahl der Stände/ hinwieder aber die merckliche Ungleichheit der Vermögen/ an Landen/ Leuten/ und andern Einkommen befunden/ und also unter und mit einander freundlich/ gnädig/ unterthänig und nachbarlich/ (hindangesetzt aller deren Geist- und Weltlichen Hochheiten Præeminentz/ Würden/ Standes und Wesens/) mit gutherzigem/ auffrechtem/ ohnverfälscht- und rechtem Teutschen Gemüth und Hertzen bedacht und erwogen/ welcher massen der Geringere bey dem Mehrern bleiben/ und von demselben sich keiner Gefahr oder Gewalts zu besorgen/ hinwieder auch die Mehrern bey denen Mindern in auffrechtem gutem Vertrauen beständiglich verharren und bestehen mögen/ und also in Krafft dieser schließlichen und endlichen Vergleichung lediglichen verabschiedet/ und sich auffrecht gegen einander erklärt/ versprochen und zugesagt haben/ daß es allerdings bey dem Buchstaben/ rechtem Verstand und Ausweisung des obvermeldten/ hochverpönten Land- Religion- und Profan-Friedens gelassen/ der auch durchaus unter denen Ständen dieses Crayses gegen einander vertraulichen und auffrecht gehalten/ vollzogen/ darwieder durch sich selbst/ oder jemands andern/ nichts heimlichs noch öffentlichs gesucht/ angericht/ gefordert oder fürgenommen/ viel weniger mit der That/ ausserhalb Rechtlicher Erkäntnüß/ einiger Stand von dem andern bedränget/ entsetzt/ oder vergewaltiget werden solle. Und damit solchem allem desto vertraulicher und gutherziger nachgesetzet/ und angeregte Reichs-Abschiede endlichen vollnzogen werden; Daß auch jederzeit dieses Crayses Oberster/ auch desselben zugeordnete Stände/ und deren nachgesetzte Räthe/ unterschiedlich/ richtig/ und mit guter Ordnung/ was deren Stat/ Amt/ Gewalt und Befehl sey; ingleichen wes sich gemeine Stände zu denenselben ohnzweiffentlich zu versehen und zu getrösten/ wissen/ zu dem sich alle Stände desto baß mit der Hülff/ und was sich sonsten gebühret/ zu berichten/ und also sich gefast machen mögen/ daß in Nothfällen bey ihnen kein Abgang/ Mangel/ oder Verhinderung zu finden oder zu besorgen: So haben sich gemeine Crayß-Stände mit einhelligem Rath/ Zuthun/ Beschluß und Willen/ folgender Ordnung mit einander verglichen/ und gegen einander/ denselbigen getreulichen zu geleben und nachzukommen/ bey den Versprechnüssen Pflichten und Eyden/ wie die im offt angeregtem Religion- und Landfrieden begriffen und einverleibet/ versprochen. Thun das auch mit und in Krafft dieser Vergleichung hiemit wissend- und öffentlich/ doch mit dieser Bescheidenheit/ daß dieses Werck gar nicht für eine sondere Bündnüß zu achten oder anzusehen/ sondern allein für eine auffrichtige/ gutherzige/ vertrauliche Correspondentz/ Execution und Handhabung viel bemeldtes Religion- und Landfriedens zuhalten; Innmassen solches alles mit fernerer Ausführung/ Erklärung und Vorbehalt/ bey Beschluß desselbigen angeregt werden soll.

32. Haben auch solch folgend Werck und schließliche Vergleichung/ zu noch mehrer Richtigkeit/ ausser mehr allegirten Reichs- und hievor verglichenen Crayß-Abschieden/ zusammen in diese Ordnung gesetzt und gezogen/ daß in dem Ersten Theil von denen Personen/ so zu solcher Execution und Handhabung/ vermöge der Reichs-Abschieden/ gebraucht müssen werden/ auch von derselben Ambt/ Befehl/ und Gewalt; Im andern Theil von nothwendiger Zugehörnüß/ und denen Stücken/ ohne die solche Ordnung weder angerichtet/ vielweniger bestehen noch vollnzogen mag werden: Et sic de rebus; Im dritten Theil von der Execution, und also unterschiedlichen Fällen/ auch unterschiedlicher Maaß und Ordnung tractiret würde/ wie jetzt gehörtes alles zugleich in thätlichen öffentlichen Kriegs-Empörungen/ Gewerben und Landfriedbrüchigen Vergewaltigungen/ als auch in Abtreibung der Musterplätz/ Plackereyen/ Rottierungen/ gardenden Herrnlosen Knechten/ und was denenselben weiter anhangen mag/ in das Werck der Execution gerichtet werden solle. Welches sämtlich in vorvermerckter gemeiner Disposition, und darunter unterschiedlichen eingetheilten Capituln und Rubricis folgen wird. ANNO 1563.

PARS PRIMA.

Von Personen.

Von dem Crayß-Obristen und seiner Erwehlung.

DAmit des Heiligen Reichs Land-Friede desto steiffer gehalten/ auch die Stände und Unterthanen sich so viel mehr Sicherheit zu getrösten/ und des Reichs Land-Frieden in mehr fürträgliche Würcklichkeit gestellt werde; So soll dieser Löbl. Schwäbische Reichs-Crayß zu beständiger Handhabung/ Execution und würcklicher Vollziehung desselben/ jederzeit seinen gewissen Crayß-Obristen haben/ welcher durch die Stände dieses Crayses erwehlet worden; Und soll nach der Ständen Gelegenheit und Gefallen stehen/ entweder einen Fürsten/ der diesen Crayß zu beschreiben/ oder einen andern fürnehmen Stand aus diesem Crayß/ oder sonst eine taugliche Person/ diesem Crayß angenehm/ auff den die Stände ein gut Vertrauen setzen/ anzunehmen und zu erwehlen. Und auff den Fall ein ausschreibender Crayß-Fürst oder ein anderer fürnehmer Stand zu dem Amt des Obristen gezogen/ derselbige/ der sich solches Amts unternimmet/ soll gemeinem Nutz zu gutem/ ohne Wart-Geld oder Belohnung demselben fürseyn. Da aber dieser Crayß eine sonderbare Person/ ausserhalb der Crayß-Stände/ zu solchem Amt bestellen würde/ mit demselben sollen die Stände/ wie sie mögen/ überkommen.

Von Verspruch/ Pflicht/ Eyd und Verschreibung der Crayß-Obersten.

Als auch in des Reichs-Ordnung und Abschied gesetzet/ was massen der Crayß-Oberste seines befohlenen Amts halben Verspruch oder Pflicht zu thun schuldig sey; So sollen alle jetzige und künfftige Crayß-Obersten denen Ständen dieses Crayses/ welche Fürstliches Standes oder Wesens seyn werden/ bey ihren Fürstlichen Würden und wahren Worten Verspruch thun; Aber die andere über obgemeldtes einen leiblichen Eyd schwören/ wie nachfolgende Form vermag und ausweiset.

Form des Verspruchs oder der Pflicht und Eydes/ so ein Crayß-Oberster thun und schwören soll.

Ich N. &c. als des Schwäbischen Crayses Oberster/ verspreche/ gelobe und schwöre GOtt dem Allmächtigen/ dem löblichen Schwäbischen Crayß/ und dessen Ständen/ in gemein und sonderlich/ daß ich die Wohlfahrt dieses Crayses und aller desselben Ständen und Glieder/ Geist- und Weltliche/ zugleich nach meiner besten Verständnüß und Vermögen befördern/ alles/ was zu Erhalt- und Handhabung des Land-Friedens noth und gut seyn wird/ fürnehmen und handlen/ und in dem keinen Stand/ er sey Geist- oder Weltlich/ vor dem andern ansehen/ sondern mich gegen alle gleichmäßig halten/ die Crayß-Hülffe nicht eigenen/ sondern des Crayses und desselben Ständen gemeinen Sachen/ darzu sie von dem Crayß bewilliget und erstattet/ gebrauchen/ auch meinem Obersten-Amt jederzeit/ nach Ausweisung gedachten Reichs- auch dieses Crayses-Ordnung und Abschieden/ zum getreulichsten auswarten soll und will; was ich auch neben denen nachgesetzten rathschlage und schliesse/ soll ich es im Fall der Nothdurfft mit dem Werck vollnziehen/ auch alles das/ so einem ehrlichen Obersten Amts halber gebühret und wohl ansteyet/ thun und handlen/ darunter nichts ansehen/ das mich daran verhindern möchte/ und in dem allem keinen sonderbahren Nutz/ Vortheil oder Gefährde suchen oder treiben; Was auch jederzeit berathschlaget/ niemand/ dann demjenigen/ so zu Vollziehung desselbigen nothwendig zu gebrauchen/ und sich zu thun gebühren will/ anzeigen. Und was also mir in Rathsgeheim eröffnet und wissend gemacht wird/ dasselbige biß in meinen Tod und Grube verschweigen; Als mir GOtt helffe/ getreulich und ungefährlich.

Und sollen diejenigen/ so in diesem Crayß zu Obersten gewehlet und fürgesetzet/ ingleichen diejenigen/ so diese an ihre statt/ wie nachgemeldt/ ordnen oder darstellen möchten/ auch die Obersten/ so dieser Crayß ihme seines Gefallens bestellen würde/ zuvor und ehe sie obgesetzte Versprüche oder Pflicht thun/ aller andrer Pflichten/ Eyden/ Verbündnissen/ Versprüchnüssen und Obligationen/ wie die genannt werden/ oder sich erhalten möchten/ gegen wem das wär/ keine andere/ weder allein die Pflicht/

ANNO 1563. damit sie der Röm. Kayserl. und Königl. Majestät und dem heiligen Reich zugethan und verwandt seynd / hierinn ausgenommen und vorbehalten / in Verwaltung dieser ihrer Aemter und Befehl / auch zu würcklicher Vollnziehung alles des / so solche Aemter erfordern / so lang sie diese Crayß-Verwaltung tragen / freystehen / derselben ledig gezehlt seyn / und daran nicht gehindert noch geirret werden / sondern in diesen Crayß-Sachen / Innhalt ihrer Versprüche / Pflicht und Eyde / die sie diesem Crayß gethan / nach ihrer besten Verständnüß rathen und handlen. Aber ausserhalb dieser Crayß-Sachen / darauff sie sonst verpflicht / oder jemands in Verwandnüß zugethan / mögen sie wohl in denselben Pflichten und Verwandnüssen stehen und bleiben.

Wie lang ein Obrister das Ambt tragen soll.

Neben dem soll es auch jederzeit zu der Crayß-Stände Willen und Gefallen stehen / ihrer Gelegenheit nach / einen Obersten seines Amts zu erlassen / und einen andern an seine statt zu setzen; Entgegen auch der Obriste zu solchem Amt / er wäre dann darzu insonderheit auf eine bestimmte Zeit verschrieben und bestellt / nicht für und für verbunden / sondern dasselbe nicht länger / dann seine Gelegenheit / (doch nicht weniger als ein Jahr lang) zu tragen schuldig seyn; Und da einer diesem Amt nicht länger fürseyn wolte / soll er dem ausschreibenden Crayß-Fürsten solches sechs Monat zuvor zu erkennen geben / die andern Crayß-Stände haben zu beschreiben; Oder da der ausschreibende Crayß-Fürst selbst ein Obrister wäre / daß er auch zuvor die andern desselbigen Crayses Stände gleicher Gestalt beschreibe / und vor ihnen sein Amt auffsage / darauff sie alsbald einen andern an des abgestandenen Statt zu setzen.

Daß dem Crayß-Obristen sein Amt keine Superiorität über die Stände geben oder zubringen soll.

Und obwohl / wie gemeldt / die Obersten aus denen Crayß-Ständen nach dieses Crayses Gelegenheit zu erwehlen / und ihnen obangesetzte Gewalt und Befehl zuzustellen: So sollen doch dieselbige Fürsten oder Stände / so zu solchem Amt gezogen / hierdurch sich keiner Hoheit über andere Stände annehmen / oder sich unter dem Schein dieses Amts Verwaltung in einige Superiorität über die andern eindringen / und ferners Gewalts oder Macht über sie / dann ihnen / vermöge der im begriffenen Reichs- und dieses Crayses Abschied / zugestellet / anmassen.

Von denen zugeordneten Ständen / und daß der Crayß-Oberste ohne dieselbe nichts handlen noch verrichten soll.

Der Crayß-Oberste soll in diesem Crayß der zugeordneten Ständen / oder ihrer nachgesetzten Kriegs-Räthen Wissen / Willen und Consens in allem zu ersuchen und zu gebrauchen schuldig seyn / auch ohne ihren Rath und Zuthun etwas zu handlen weder Macht noch Gewalt haben. Wann aber auff Erforderung des Crayß-Obersten einer oder mehr zugeordnete aus ehehaffter Verhinderung nicht erscheinen könten / so soll nichts desto weniger der Oberste mit denen erscheinenden und gegenwärtigen / deren doch nicht weniger dann drey Stände dieses Crayses seyn sollen / in vorstehender Crayß-Sache / die Nothdurfft ihrem zugestellten Befehl gemäß zu handlen / Macht und Gewalt haben; Und was also durch den Obersten / samt denen zugeordneten / wie obstehet / durch das Mehr beschlossen wird / das soll nicht weniger / als ob sie alle beysammen gewesen / getreulich vollnzogen werden.

Von der zugeordneten Ständen Anzahl / Unterhaltung / Pflichten und Ersetzung.

Nachdem aber die Anzahl der Zugeordneten in des Reichs Abschied nicht bestimmet / sondern einem jeden Crayß / nach desselben Gelegenheit / die Zahl der Zugeordneten zu bestimmen / frey zugelassen; Ist geordnet / verabschiedet und verglichen / daß in diesem Crayß jederzeit sechs Zugeordnete / von denen dreyen Bäncken: Nemlich von denen Fürsten / Geist- und Weltlichen / zween / von denen Prälaten / Grafen und Herren zween / und von denen Städten zween / gewehlet und verordnet werden; Doch soll diese Gleichheit der Zugeordneten Anzahl der dreyen Bäncke denen Geist- und Weltlichen Fürsten hinführo in andern Fällen keinen Nachtheil bringen.

Dieweil auch die Zugeordnete / vermöge des Reichs Abschiedes / aus denen Ständen gezogen / erwehlet und angenommen werden sollen / haben die Stände dieses Crayses für nöthig und gut angesehen / auch verabschiedet: Wo dieselbe auff des Obersten Erfordern durch sich selbst / aus ehehafften Ursachen / nicht erscheinen möchten / daß sie andere an ihre statt zu substituiren Macht haben / aber doch keine andere Person / dann diejenigen / so aus diesem Crayß gebohren / und ihre Güter darinnen liegen / und also dieses Crayses / als ihres Vaterlands / Ehre und Wohlfahrt desto mehr zu bedencken / Ursach haben / schicken und brauchen sollen. Was aber der Zugeordneten nachgesetzter Unterhaltung mit Wart-Geld und Zehrung belangt / haben sich die Stände einer jeden Banck mit einander freundlich / und doch der Zehrung halben verglichen / daß keine Banck des Tages / auff Roß und Mann / über einen Gülden zu geben schuldig sey. ANNO 1563.

So soll auch kein Untergesetzter / ohne sondere ehehaffte Ursachen / verändert / und andere an seine statt geschickt werden.

Ob aber einer der Zugeordneten mit Tode abgieng / oder sonst aus ehehaffter Verhinderung seinem befohlenen Amt nicht auswarten könte / oder aber sich seines Ambts entschlagen / und keinen andern an seine statt darstellen würde / so soll in diesem Crayß die Banck / welche denselben geordnet / alsbald einen andern an seine statt geben / darstellen / und dem Obersten benahmt machen / welcher alsdann unverzögerlich seine Pflicht / wie oben gemeldt / thun / und zu diesen Dingen gezogen werden soll / damit daran kein Mangel erscheine; Nichts destoweniger / da / wie vorangeregt / einer oder mehr Zugeordneten Todes verfielen / oder ihres Amts nicht auswarten könten / soll der Oberst / samt denen andern Zugeordneten mitlerweil / biß andere an der Abgestorbenen statt nachgeordnet / wie obstehet / zu handlen und fürzuschreiten Macht haben. Und sollen denen Ständen dieses Crayses die Zugeordnete / so Fürstliches Standes oder Wesens / bey ihren Fürstlichen Würden und wahren Worten versprechen / die andere aber / auch derselben nachgesetzte Kriegs-Räthe / solcher ihrer befohlenen Aembter halben / in Krafft des Heil. Reichs-Ordnung und Abschied / Pflicht und Eyd thun / wie nachfolgende Form ihres Eydes vermag.

Wir N. N. und N. ꝛc. als der Schwäbischen Crayß zugeordneter Ständen Nachgesetzte / und Ich obgedachter N. als Lieutenant, geloben / schwören und versprechen / GOTT dem Allmächtigen / dem Löblichen Schwäbischen Crayß / und dessen Ständen / in gemein und sonderlich / in Krafft habenden Gewalts / in unser Principal / auch für uns selbst / in unsere Seelen / daß unsere Principal und Wir die Wohlfart dieses Crayses und aller desselben Stände und Glieder / Geist- und Weltlich / zugleich nach unser besten Verständnüß und Vermögen befördern / alles / was zu Erhalt- und Handhabung des Land-Friedens noth und guth seyn wird / fürnehmen und handlen / und in dem keinen Stand / er sey Geist- oder Weltlich / vor dem andern ansehen / sondern Uns gegen alle gleichmäßig halten / dieses Crayses Hülff nicht in eigen / sondern des Crayses und desselbigen Ständen den gemeinen Sachen / darzu sie von dem Crayß bewilliget und erstattet / gebrauchen / auch Unsern Aemtern jederzeit / nach Ausweisung gedachtes Reichs / auch dieses Crayses Ordnung und Abschieds / zum getreulichsten auswarten sollen und wollen / was wir obgenannte / als Kriegs-Räthe / neben unserm Obersten / oder gemeines Crayß Obersten Lieutenant rathschlagen und schliessen / solches im Fall der Nothdurfft mit dem Werck vollnziehen / alles das auch / so getreuen Dienern und Kriegsleuten gebührt und wohl ansiehet / thun und handlen / darwider nichts ansehen / das Uns daran verhindern möchte; Und in dem allen keinen sondern Nutz / Vortheil oder Gefährde suchen oder treiben; Was auch jederzeit berathschlagt / niemands / dann denjenigen / so zu Vollziehung desselben nothwendig zu gebrauchen / und sich zu thun gebühren will / anzeigen / und was also Uns in Rathsgeheim eröffnet und wissend gemacht wird / dasselbe bis in unsern Tod und Grub verschweigen / als Uns GOTT helff / getreulich udd ungefährlich.

Vom Gewalt / Befehl und Macht des Obersten und seiner zugeordneten Ständen / auch derselben nachgesetzten Räthen.

Und Erstens / wann sich thätliche Handlungen zwischen denen Ständen dieses Crayses begeben / oder ein Crayß-Stand von einem andern Ausgesessenen vergewaltiget wird.

Neben des Obersten und der zugeordneten Ständen / auch derselben nachgesetzten Kriegs-Räthen / vermöge mehrgemeldter Reichs- und Crayß-Abschieden / habenden Staat und Befehl / ist verabschiedet und beschlossen worden / im Fall / in Profan- oder Religions-Sachen / einiger Stand den andern / es wäre von dem Mindern gegen den Mehrern / oder dem Mehrern und Mächtigern gegen den Mindern / oder auch / da ein Ausgesessener dieses Crayses / einer oder mehr / wes beyder obgemeldter Religion / hohen oder niedern Stands der wäre / einen Crayß-Stand mit thätlicher Handlung angreiffen wolte oder würde / dessen auch kundbare / gewisse und augenscheinliche Anzeig / mit Bedrohung / Absagung / oder thätlicher Stärckung oder Rüstung vorhanden / oder auch solche thätliche Handlung und Entsetzung unversehendlich vollnbracht und ins Werck gerichtet wäre / daß der Oberste die zugeordnete Stände unverzögerlich zu sich an gelegene Ort beschreiben / die auch selbst / oder durch ihre Nachgesetzte / mit gnugsamen Befehl / Instruction, und Abfertigung von dem deputirten Stand / erscheinen / und solche thätliche befahrte Handlung mit allem Ernst / und zeitlichem gebührlichem Zuthun / Friedbot / oder in andere Wege abwenden / fürkommen / und die streitige Partheyen zu gebührlichem Austrag Rechtens weisen / oder wo die That in solcher Eil / daß die nicht abgewendet möchte werden / vollnbracht und ins Werck gericht / alle Thätlichkeit abwenden und fürkommen.

Wie dann darauff der Obrist und die zugeordnete Stände / oder

oder deren substituirte Kriegs-Räthe / die streitige Partheyen für sich bescheiden / und allen möglichen Fleiß anwenden sollen / damit dieselben in der Güte verglichen / und die Irrungen gäntzlich auffgehebt; Da aber bey einiger Parthey die Gütlichkeit nicht wolte verfahen / sollen sie dannoch die Partheyen zu ordentlichem Austrag Rechtens / vermöge eines jeden Stands hergebrachter Austrägen / Freyheiten / und des Heil. Röm. Reichs Constitution und Ordnungen / weisen / und mitler weil nichts destoweniger einige thätliche Handlung denen Partheyen mit nichten gestatten / auch derowegen Verspruch und Pflicht von ihnen nehmen; Und derjenige / so diesem zuwider handelt oder handeln würde / von dem Obersten und zugeordneten Ständen oder Kriegs-Räthen / im Namen gemeines Crayses / in Krafft der Reichs-Abschied und dieser Vergleichung / mit der That abgehalten / zumahl der Kosten bey dem unruhigem Theil wiederum diesem Crayß erlangt und erhohlet werden. Im Fall aber / da ein Stand / er wäre was Religion er wolle / durch den andern mit thätlicher Handlung beschwert / und des seinen entsetzt / und der beschwerte und entsetzte Theil sich in solcher That / oder so bald er seine Freunde und derselben Hülff haben möchte / das seinige wiederum auch mit der That und natürlicher Gegenwehr zu erholen unterstehen würde / soll es bey denen gemeinen Rechten und Constitutionen des Käyserlichen Land- und Religions-Friedens ohnverhinderlich bleiben / und dem Beschädigten und Entsetzten seine natürliche / thätliche Gegenwehr weder durch den Obersten / seine Zugeordnete / noch jemand andern abgestrickt und verwehrt werden.

Von Bestallung der Befehls-Leute / und Kriegs-Verfassung / auch des Obersten und Zugeordneten Schadloshaltung.

Und damit der Oberst / sambt denen Zugeordneten / (dabey in diesem / auch allen andern nachfolgenden Artickuln derselben Nachgesetzte mit verstanden werden sollen /) ihre Aemter desto stattlicher verrichten / und jederzeit des Crayses Nutzen zum besten schaffen und handlen mögen: Ist ihnen von denen Ständen dieses Crayses heimgestellt / jederzeit Rittmeister und andere Befehlsleute anzunehmen / sich derselben / auch der Anzahl zu vergleichen: In dem allem sie dann gemeines Crayses und dero Stände Nothdurfft und Nutz zum besten bedencken / und es dahin richten sollen / damit dieses Crayses Stände / so viel möglich / mit unnöthigen Kosten verschonet / und solche Befehlsleute aus den Ständen dieses Crayses oder desselbigen Einwohnenden / wo sie zu bekommen / genommen werden; Wie ihnen dann solches alles lediglich vertrauet / und in Krafft dieser Ordnung alle Vollmacht gegeben ist / sonderlich aber die hievor bedachte und zu Ende dieser Vergleichung angeheffte Kriegs-Verfassung nach Gelegenheit zu ändern und zu verbessern / mindern und zu mehren.

Was auch der Oberste also und in Krafft dieser Ordnung und Vergleichung / mit Wissen und Willen der zugeordneten Ständen / oder ihrer Nachgesetzten / zusagen und versprechen / oder sonst von wegen tragender Aemter gemachter Vergleichung nach ausgeben / darleihen / zu bezahlen und zu entrichten schuldig wären / das alles soll vollnzogen / stet gehalten / und durch gemeine Crayß-Stände bezahlt / und er der Obriste samt seinen Zugeordneten umb das alles enthebt und schadloß gehalten werden / und die Stände ein solches zu erstatten / in Krafft dieser Vergleichung / bey Verpfändung aller ihrer Haab und Güter verpflicht und verbunden sey.

Und nachdem der Crayß-Oberste / und die Zugeordneten von gemeinen Crayß-Ständen erwehlet und angenommen / und was ihnen des Reichs-Abschied aufferlegt / aus Befehl des Crayses / und demselben zu Nutz und gut handlen / und sich dann begeben würde / daß sie von solcher ihrer Aemter und derselben Verwaltung wegen / einigen kundbaren Schaden nehmen / sich auch erfinden thäte / daß solcher Schade allein von solcher ihrer Verwaltung herrührte / und sonst aus keiner andern Ursache / auch ohne ihr Verschulden entstanden wäre / und dann billich / daß niemand sein Ammt schädlich seyn soll: Ist verabschiedet und verglichen / daß die Stände in denen Fällen / da sie vermöge gemeiner Rechten / den empfangenen Schaden zu erstatten schuldig seyn / den Obersten und die Zugeordneten gemeiniglich solches empfangenen Schadens ergötzen sollen; Dagegen soll ein jeder angenommener und bestellter Crayß-Oberster gemeinem Crayß einen Revers geben / auff Maaß / wie die gestellte Bestallung-Schadloßhaltung- und Revers-Verschreibungen zu erkennen geben / so der Kriegs-Verfassung hierunter annectiret und angehencket worden.

Weiter / von Gewalt der Crayß-Obersten und seiner Zugeordneten.

Welcher massen dann der Crayß-Oberste / und seine Zugeordnete / im Fall der Noth / dieses löblichen Crayses zusammen geschlossenen Vorrath anzugreiffen / Kriegs-Volck zu Roß und Fuß anzunehmen / die ordentliche doppel- oder tripel-Hülffe von denen Ständen zu erfordern / auch die benachbarten Crayß-Obersten umb Hülffe auffzunahmen / den Vorrath / im erheischenden Obliegen und Noth / auff vier Monat zu erhöhen / dieselbigen Erhöhung denen Ständen bey einer sondern Pön / die in ihre Willkühr gestellt / zu injungiren / und gegen die Ungehorsamen und säumigen Stände mit Einziehung doppelter Straffe zu verfahren / Gewalt und Macht haben sollen: Das alles ist unter denen Rubricen / vom Vorrath rc. und der Crayß-Hülffe / auch im dritten Theil dieser schließlichen Vergleichung / da von Execution des Religion- und Land-Friedens weitläufftiger Erklär- und Ausführung beschicht / begriffen und zu finden: Und was dann dem Crayß-Obersten und seinen zugeordneten Ständen / oder derselben nachgesetzten Kriegs-Räthen / vermög der Anno 555. 57. und 59. auffgerichteten Reichs-Abschieden / und in Krafft dieser Ordnungen / weiter für Gewalt / Befehl und Macht allenthalben aufferlegt / gegeben und vergönnt worden ist; Solchem allem / als dem hierdurch nichts benommen seye / sollen sie ihres obliegenden Amts und tragenden Befehls / auch geleisteter Pflicht wegen / getreulich nachkommen / wie sich in Krafft berührter Reichs-Abschied und dieser Ordnung gebührt / und ihren Ehren / Pflicht und Billigkeit halben wohl zustehet.

Von des Crayß-Obersten Vice-Regenten.

Da ein Fürst / oder ein andere fürnehmer Stand dieses Crayses / zu einem Obersten gezogen / oder geordnet würde / und derselbe Fürst oder Stand den Sachen seines Amts nicht eigener Person vorseyn könte oder wolte / derselbe Fürst oder Stand soll alsdann an seine Statt eine andere tapffere / taugentliche / redliche / Kriegs-erfahrne Persohn darstellen / welche gemeinen Crayß-Ständen Verspruch oder Pflicht und Eyd zu erstatten schuldig seyn soll / auff Maaß und Form / wie hier oben von des Crayß-Obersten Eyd begriffen und verordnet worden ist.

Wann der Crayß-Oberste selbst wider den Land-Frieden handelte / ausser Landes verstorben / oder sonst in seinem Amt säumig wäre.

Wo sich auch zutrüge / daß in diesem Crayß ein Oberster selbst gegen einen andern Stand desselben / oder eines andern Crayses / thätliche Handlung fürnehme / Rottirung oder Versammlung eines Kriegs-Volcks zu Roß und zu Fuß verursachte / oder in was Wege es seyn möchte / wider den Land-Frieden sich empörte / oder auch in seinem Amt säumig wäre / auf Anzeige und Anruffen der Ständen / so wohl als anderer Crayß-Obersten / sich der Sachen anzunehmen / in Nothfällen seines Amts sich nicht wolte finden lassen / ausser Landes thäte / oder Todes verfiele / dadurch denen jenigen / so andere zu beschädigen / oder den gemeinen Frieden zu betrüben / vorhätten / Statt und Raum / ihr Vorhaben fürzusetzen / geben würde / und sie desto ungehinderter auffkommen / und ihr Vorhaben verbringen möchten: Auff diese Fälle der Verhinderung und hinderlicher Vollnziehung dieser Amts-Verwaltung des Obersten / soll in diesem Crayß / da der Oberste also sein Amt auff Anzeig- und Anruffen nicht thäte / thun könte oder wolte / einer aus denen Zugeordneten dieses Crayses / der auch specialiter darzu gleich alsbald in Annehmung des Obersten zu benennen / auff Anruffen eines jeden Stands dieses Crayses / sich des Obersten / der sich / wie obgemeldt / also säumig erwiese / Gewalts zu unterfangen / und an des Obersten Statt als ein Nachgeordneter / die Sache zu vertreten / Befehl haben.

Gleicher Gestalt / da ein Oberster / oder sein Nachgeordneter / in Verwaltung ihrer Amts und Befehls / sich saumig oder ungehorsam erzeigten: Sollen die andere desselben Crayses Zugeordneten / den oder die / ersuchen und vermahnen / daß sie sich ihrem Amt und Befehl unverzögerlich gemäß erweisen; Im Fall aber diese über beschehene Vermahnung und Anlangen / auff ihrem Ungehorsam / und in der saumnis bestünden und verharreten / so soll nachmahls gegen diesen ebenmäßig / als einen ungehorsamen Stand / wie hernach in einem sondern Titul zu sehen / procediret und vollfahren werden.

Von des Crayß-Obersten Lieutenant.

Ferner des Lieutenants halber ist von gemeinen Crayß-Ständen dahin geschlossen / wann der Crayß eines bestellten Lieutenants nothdürfftig seyn / oder denselben bestellen und annehmen würde / soll derselbige / der hierunten angehengten Kriegs-Verfassung gemäß / zu Kriegs- und Friedens-Zeiten unterhalten werden; Dieweil aber gemeine Crayß-Stände sonst mit Anlagen beschwehrt / soll derselbe des Lieutenants halben / so viel immer möglich / verschonet werden. Doch ist darbey verabschiedet / daß im Fall / da die Stände mit ihrer Hülffe zu Felde ziehen / und keinen zuvor bestellten Lieutenant haben würden / daß des Lieutenants Staat und Unterhaltung abseyn / und die bestimmte Unterhaltung desselben / in gemeldter Ordnung begriffen / jederzeit der weltlichen Fürstenbanck nachgesetztem Kriegs-Rath und Lieutenant, vermöge angeregtes Staats / und dann folgends nach Gelegenheit / da solch Amt und Befehl auff andere auch würde kommen / gegeben und gereicht werden / der soll auch schwehren / wie hieroben bey der zugeordneten Ständen und ihrer nachgesetzten Kriegs-Räthen Eyds-Form begriffen.

Von des Crayses Haupt- und Befehls-Leuten.

Und damit obgedingter Friede-Stand / der aufgerichtete Land-Friede / und was hievor in diese Ordnung statuiret und gesetzet / zu Erhaltung gemeiner Sicherheit / desto beständiger und gantz unverhinderlicher / auch ohnmangelhafftiger gehandhabet / und in dem allen stattliche Vollnziehung beschehe: So ist in des Reichs Abschieden constituiret und geordnet / daß ein jeder Crayß ins gemein auff nothwendige und taugendliche Befehls-Leute / in Kriegs-Sachen und Handlungen / neben seinem Obersten und denen Zugeordneten / bedacht seyn solle / damit sie derselben im Fall der Nothdurfft sie zu gebrauchen vergewißt und häbig seyn. Dieweil aber in dem ein jeder Crayß nach seiner Gelegenheit über das / so einem jeden Crayß-Stand seinen Anschlägen nach insonderheit oblieget / gebührliche und nothwendige Fürsehung thun soll: So haben die Stände erwogen / da etliche in der Person zu bestimmen / daß dieselbigen ohne Verdienst und Wart-Geld / da ihnen andere Anstand fürfallen solten / sich nicht auffhalten lassen würden; Daß auch die Stände dieses Crayses / bevorab die Mehrer / zuversichtlich mit Provisionen und Kriegs-Volck also versehen / daß sie jederzeit zu solchen gemeinen Befehls-Leuten gefast seyn mögen / derowegen von unnöthen / hierinnen zwyfachen Kosten auffzuwenden / und dann die Crayß-Stände mit andern Ausgaben ziemlich beladen: So ist bedacht und beschlossen / daß solche Befehls-Leute von denen Ständen / welche unter ein Fähnlein zusammen gestossen / im Fall der Nothdurfft bestellt / und von dem Obersten erfordert sollen werden; Als in Erforderung der ersten und einfachen Hülffe / von dem Bischoffe zu Augspurg / als dem Geistlichen Fähnlein; Desgleichen der Weltlichen Fürsten-Banck / von dem Hertzogen zu Würtenberg; Grafen und Herren / vom Grafen zu Montfort; Aber denen erbahren Städten: Augspurg / Ulm und Eßlingen; Welche sich auch darüber also mit einander verglichen haben / im Fall die doppel- oder tripel-Hülffe zu leisten / wie es deshalben unter ihnen selbst gehalten und umgetheilt soll werden.

Demnach aber die Römische Kayserliche Majestät eine gemeine Reichs-Bestallung und Articuls-Brieff / auff gemeine des Reichs Gebräuche / wie und worauff Ritter und Knecht im Fall der Noth anzunehmen und zu unterhalten / mit Rath und Zuthun der Reichs-Stände und Bothschafften / stellen und begreiffen / und denen Ständen behändigen lassen: So sollen die Reuter und Knechte / wann sie von diesem Crayß auff den Crayß-Obersten beschieden seyn / demselbigen / von wegen des Crayses und gemeiner Stände desselben / auff solche Bestallung und Articuls-Brieff geloben und schweren: Und findt man dieselbige Bestallung und Articuls-Brieff hierunter der Kriegs-Verfassung angehenckt.

SECUNDA PARS.

Von denen nothwendigen Stücken / ohne welche die Execution des Religion- und Land-Friedens nicht beschehen / noch vollnzogen werden kan.

DE REBUS.

Vom Vorrath / auch welcher massen derselbige angewendt / und weiter belegt und ergäntzt soll werden.

NAchdem sich die Läuffe im Reich Teutscher Nation eine Zeit her also beschwerlich zugetragen / daß etwan von unruhigen Leuten mit geringem Geld nahmhaffte Anzahl und Rüstung zu Roß und Fuß geworben / auch unversehnlich zu Hauff gebracht / und also etwan gantze Crayse / etwan sonder Glieder desselben also übereylt / daß ehe sie zu gebührlichem Widerstand und Gegenwehr kommen / oder auch andere Ständen Hülff und Rettung erlangen mögen / zu höchstem Verderben / Brandschatzung / oder anderer Beschwerniß getrungen worden; Und dann des Heiligen Reichs Abschied mit sich bringt / daß die Stände / zu Verhütung solches / und Erstattung anderer nothdürfftigen Ausgaben / sich einer Anlage und Vorraths an Geld vergleichen sollen und mögen: So haben die Stände dieses Crayses einen ziemlichen Vorrath an Geld zusammen geschossen. Und ist darbey ferner einhelliglich verglichen / beschlossen und verabschiedet / da sich bey diesem Crayß die Läuffe / Kriegs-Gewerb und Practicken also mächtig / starck / beschwerlich / geschwind und unversehens wolten ereignen und zutragen / daß die ordentliche Hülffe von denen Ständen in Eyl nicht zusammen gebracht / sondern mit eylendem Aufbringen und Annehmung Volcks zu Roß und Fuß der vorstehenden Last begegnet werden müste oder sonst von dem Obersten und denen Zugeordneten für besser / nützer / und denen Sachen fürständiger angesehen würde / in Eyl Volck zu Roß und Fuß anzunehmen / so soll ausser sonderem Vertrauen dem Obristen und Zugeordneten in ihre Gewalt und Willen gestellt seyn / von solchem Vorrath / doch allein zu Rettung / Fürstand und Gutem dieses Crayses / und desselbigen einverleibten Gliedern / gehörter massen / nach Gelegenheit der Gefahr Volck zu Roß und Fuß auff zu bringen / zu besolden / und sich der erscheinenden Gefahr und Verträngnüs zu widersetzen / auch darbey nichts desto weniger die Stände / mit der zugeordneten Hülffe stattlich gefast zu seyn / und im Fall der Nothdurfft zuzuziehen / zu vermahnen und zu warnen.

Da sich auch über solche angewandte Hülffe die Gefahr / Noth und Verträngnüs so hoch und beschwerlich ereignen und zutragen wolte / ist abermahl von den Ständen dieses Crayses dem Obersten und denen Zugeordneten heimgestellt / über den Vorrath / so vorhanden / noch vier Monath an Geld auff die Stände umzuschlagen / welche andere vier Monath auch in Krafft dieser Vergleichung die Stände unweigerlich an Ort und auff Zeit / wie sie von dem Obersten und Zugeordneten beschiedent / bey Straffe / wie die jederzeit von ihnen angehenget / erstatten und erlegen sollen.

Es sollen auch von solchem Vorrath jederzeit gemeine Crayß- und Kriegs-Ausgaben / als Unterhaltung der Befehls-Leute / Rittmeister / und was auff nothwendige Kundschafft gehen wird / verrichtet und bezahlet werden.

Und bey obgemeldten beyden Nothfällen / in Annehmung und Besoldung des Kriegs-Volcks / soll dannoch nichts desto weniger die Maaß und Ordnung / wie der Reichs-Abschied solches mitbringt und ausweiset / an Hülff dieses Crayses und Zuschickung / auch Auffnahmung der andern benachbarten Crayß-Hülffen / gehalten / die Hülffe erfordert / und vermöge gemeldtes Abschiedes gehandelt werden. Da auch anderer Crayß-Hülffe erkannt und würcklich geleistet würde / werden alsdann der Obriste und Zugeordnete nach Gelegenheit die Hülffe dieses Crayses wohl zu ringern und zu mildern wissen.

Da aber mit Anwendung obgemeldter Hülffe an Geld der vier Monath / und dann auffgemahnter / einfacher / doppelter oder tripelter Hülffe / diesem Crayß nicht geholffen / und zu besorgen / die vorstehende Gefahr und Beträngnüs mit der andern angeruffenen Crayß-Hülffe nicht abgewendet solt mögen werden / zumahlen die Gelegenheit der Zeit erleyden würde / eine gemeine Crayß-Versammlung zusammen zu beschreiben / soll solche Beschreibung zeitlich und förderlich geschehen / auch alsdann mit Ernst weiter berathschlaget werden / mit was fernerer Zusammensetz- und Anwendung des äussersten Vermögens / Gutes und Blutes / diesem Crayß und desselben Gliedern geholffen / und die vorstehende Gefahr / Gewalt und Beträngnüs abzuwenden und fürzukommen sey.

Bey welcher Berathschlagung und Zusammenkunfft von denen Ständen auch auff Maaß und Mittel gedacht soll werden / wie der auffgewendte Vorrath jederzeit wieder zu ergäntzen und erstatten seyn möge.

Und dieweil die Stände dieses Crayses sich nicht allein mit Erhöhung der Zusammenschickung der Hülffe / sondern auch Zusammenschiessung einer nahmhafften Summa Geldes / im Fall der Nothdurfft / diesem Crayß zu gutem / also stattlich angegriffen / auch nach Gelegenheit der vorstehenden Gefahr / zu Rettung ihrer selbst / und also in die Fußstapffen ihrer Vor-Eltern zu treten / weiter anzugreiffen vorbehalten; So haben sie hinwieder auch zu dem Obersten und denen Zugeordneten das freundliche / unterthänige Vertrauen / daß dieselbigen jederzeit die Gelegenheit dieses Crayses / und sonderlich der geringern Ständen / ihrem von GOtt hochbegabten Verstand nach / gnädig und freundlich bedencken / auch mit Anwendung des Vorraths und anderer Nothdurfft diese Bescheidenheit ansehen werden / damit die Crayß-Stände zu keinen unnöthigen Ausgaben oder andern Beschwerden geführt / und sie nach Möglichkeit enthebt bleiben. Daß auch / so viel möglich / in Bestellung der nothwendigen Aemter und Annehmung des besoldten Kriegs-Volcks / diejenige / so in diesem Crayß gesessen / und ihnen / wie billich / dieses Crayses / als ihres geliebten Vaterlands / Wohlfahrt / Ehr / Aufgang / Rettung / Schutz und Schirm / weniger nicht / dann andern Ständen / angelegen lassen seyn sollen / vor andern gebraucht / fürgezogen / und dieser Crayß mit ausländischen Kriegs-Volck verschonet werde.

Und ist obgesetzter Hülff und Zusammenschiessung des Gelds und Vorraths halben von diesen Ständen einträchtig / beständig / endlich und unwiederrufflich verabschiedet / versprochen und zugesagt worden / daß gemeldter Vorrath an Geld jederzeit allein bey diesem Crayß / und in desselbigen Handen / Gewalt und Verwaltung bleiben / und niemands / wer der wäre / mit was Schein / Ansuchen / Bill oder Practica das immer könte oder möchte beschehen / hinaus geliehen / gefolgt oder gegeben / auch allein zu dieses Crayses und desselben zugethanen Gliedern Nothdurfft / und zu dem Werck / darauff solcher Vorrath angesehen / angegriffen und verwendet werden soll. Da sich auch einiger Stand in dem von andern Ständen absondern / durch Practiquen oder in andere Weg bewegen würde / oder wolte lassen / der soll jederzeit von denen andern Ständen / nach Gelegenheit / mit zweyfacher oder mehrer Straff unnachläßig gestraffe werden.

Darbey haben die Crayß-Stände bedacht und beschlossen / daß künfftiglich die gemeine Ausgaben keines wegen von dem gemeinen Vorrath genommen / oder derselbig darmit ergäntzt / sondern bey einander ohnverwend gelassen / auch derselbig / nicht dann im Fall der Nothdurfft / angegriffen / beneben solche geringe gemeine Ausgaben unter die Stände in sonderer Zusammenschiessung ausgetheilt werden sollen.

ANNO 1563.

ANNO 1563.

Von Verwahrung und Beraittung des Vorraths.

Dann Verwahrung halben desselben ist verschiedet worden/ daß gemeldter Vorrath in der Stadt Ulm Verwahrnüß bleiben/ das Geld von ihren Steuermeistern eingezogen/ und in Verwahrnüß also behalten/ damit die Stände dessen jederzeit gewiß seyn mögen; Daß auch darvon nichts heraus gegeben und gefolgt werde/ es geschehe dann mit Vorwissen und Bewilligung des Obersten und der nachgesetzten Räthen. Und daß allewegen/ gegen Herausnehmung einer Summa/ein Bekäntnüß unter des Obristen/ und zum wenigsten dreyer Crayß-Räthen Pittschiere und Hand-Zeichen eingelegt und gegeben werde.

Und damit hierinnen auch gute Richtigkeit gehalten/ so haben der Oberst und zugeordnete Räthe bey einer vertrauten Person angesucht/ wie dann künfftiger Zeit dergleichen allwegen beschehen soll/ daß er sich dergestalt des Pfennigmeister-Ambts wolte unterfahen/ daß/ im Fall eine bestimmte Summa Gelds ausser dem Vorrath zu gemeinen Ausgaben genommen müste werden/ sie solch Geld bey ihren Handen und Verwahrung behalten; Darneben aber durch einen andern/ nach ihrem Befehl/ ausgeben/ aufschreiben/ und ihr verrechnen hätte lassen/ welche Rechnung folgends durch sie denen Ständen zugestellet und verrechnet soll werden. Darbey auch ferner bewilligt/ daß jederzeit denjenigen/ so/ wie gehört/ dieselbe vertraute Person zu solchen Sachen würde brauchen/ nach Gelegenheit seiner gehabten Müh und Arbeit/ eine Besoldung und Verehrung gegeben werden solle.

Vom Geschütz und Artillerie.

Und nachdem zu stattlicher und ernstlicher Vollnziehung obberührter Hülffen die Nothdurfft erfordern will/ mit Geschütz/ und was darzu gehörig/ auch gefast zu seyn/ zumahl in des Reichs Ordnung und Abschied denen Craysen aufferlegt/ daß die Stände derselben sich mit einer gewissen ziemlichen Anzahl Geschütz ingemein zugebrauchen gefast machen/ oder sich/ bey wem sie unter ihnen jederzeit solches finden und nehmen mögen/ vergleichen sollen. Und aber auff hiervor verglichene Crayß-Abschiede allbereit Fürsehung geschehen/ solch Geschütz gemehrt und ergäntzt/ auch zu Ulm zusammen verordnet worden: So lassen es die Stände bey solcher Verordnung noch bleiben.

Und ist weiter bedacht/ im Fall man groß Haupt-Geschütz bedörffen würde/ daß die Stände/ so damit versehen/ nach Gelegenheit der Ort/ da man es zu gebrauchen/ solches darzuleihen angesucht und gebeten werden.

Und da im solchen Fall etwas davon abgehen/ zerbrochen oder sonst schadhafft würde/ das alles soll dem darleihenden Stand gemeinlich von allen Ständen bezahlt/ und die hiemit von denenselben nothdürfftiglich versichert seyn.

So haben auch der Hertzog von Würtenberg/ desgleichen beyde Städte Augspurg und Ulm/ bewilliget/ daß jeder derselben Ständen gemeinem Crayß zu gutem/ im Fall der Noth/ N. Centner Pulver jederzeit umb gebührliche Bezahlung folgen lassen sollen und wollen.

Von der Crayß-Hülff.

Nachdem in des Reichs-Abschied versehen/ daß die Crayß-Hülff jederzeit auff den einfachen Reichs-Anschlag geleistet/ und wie dieselbe auff die Underthanen/ Geist- und Weltlich/ exempt oder nicht befreyet/ gelegt werden solle; So lassen es die Stände dieses Crayses bey solchem Reichs-Abschied und Ordnung bleiben.

Als aber darneben bedacht/ daß zwischen diesem und andern Craysen der Unterscheid ist/ daß der andern Crayse mindere Stände/ als Prälaten/ Grafen/ Herren/ und die vom Adel/ zu mehrem Theil denen Landes-Fürsten unterworffen/ und also Landsassen; Aber in diesem Crayß die Grafen und Herren/ desgleichen die von Adel und der Ritterschafft mehrentheils/ (ausserhalb der Lehen/ so sie von Fursten und andern Ständen tragen/ die sie vermög ihrer Lehen-Pflicht zu verdienen schuldig/) wie auch der fürnehmste Theil der Prälaten und Städten nicht denen Landes-Fürsten/ sondern dem Reich ohne Mittel unterworffen seynd/ daß derhalben dieses Crayses Nothdurfft erfordert/ nachdem die ordinari des Reichs Hülffe auff den einfachen Anschlag gantz gering/ und in fürfallenden Nothfallen zur Rettung/ Schutz und Schirm/ desselbigen nicht gnug/ sondern Noth seyn würde/ daß über angeregte des Reichs ordinari Hülff/ dieser Crayß ihme selbst zu gut sich einer sondern weitern Hülff (deren er sich auch ausserhalb der sondern nachgesessenen Crayß-Mit-Hülff zugetrösten hab/) vergleiche; Haben sich die Stände solcher sondern Hülff vereiniget/ und dieselbige auff nachfolgende Maaß gestellet und geordnet.

Zum Ersten/ wo dieser Crayß/ vermöge des Reichs-Abschieds von einem oder mehr andern auswendigen Craysen angeruffen würde/ soll solche Hülffe denen anruffenden Craysen/ auff den einfachen Reichs-Anschlag/ vermog allegirter Reichs-Ordnung/ geschickt und geleistet werden. Und dieweil zu Verordnung solcher Hülff auch die Ubersolde gehören/ also/ wo die gantze Anzahl der Hülff andern Craysen geleistet werden solte/ Hülffe zu erhöhen/ oder wo die Ubersolde ohne fernere Erhöhung der Hülff bezahlt werden sollen/ daß die an Personen geringert/ und/ was an denen Personen abgehet/ derselbigen Besoldung an die Ubersolde gewendet werde: Ist bedacht/ daß auff den ersten Weg/ zu Erstattung der Ubersolden/ die Hülff auf den einfachen Reichs-Anschlag mit dem fünfften Theil erhöhet werden möchte; Da sich nun andere Crayse ihrer ordentlichen Hülff halber auff angeregten/ einen oder andern Weg/ gegen diesen Crayß erklären würden/ wie sie sich dann allbereit auff die gemeine Reichs-Abschiede und Anschläge erkläret haben/ soll es gegen sie mit Erstattung der Hülffe zugleich gehalten werden.

Zum Andern/ so viel die sonderbahre Hülffe dieses Crayses belanget/ darvon hiervor Meldung geschehen/ ist geordnet und verabschiedet/ daß die Anzahl der ordentlichen Hülff/ so vermöge des Reichs-Abschiedes/ auff den einfachen Anschlag gemässiget/ im Fall der Noth/ durch den Obersten und Zugeordnete/ allein diesem Crayß zu gutem/ und zu Rettung desselben einverleibten Gliedern/ dupliciret und tripliciret/ und die Hülff mit dem fünfften Sold allwegen/ wie oben stehet/ erhöhet werden solle/ daß auch die Stände dieses Crayses solche erforderte und gehörter massen erhöhete Hülff jederzeit gehorsamlich und ohnverweigerlich schicken sollen.

Wie die Crayß-Hülffen zusammen gestossen und geleistet werden sollen.

Wiewol auch die Stände/ im sechs und fünfftzigsten Jahr/ verschienen/ in dem zu Ulm des Monats April angerichteten Abschied beschlossen/ daß die Crayß-Hülff zu Roß und zu Fuß an geschicktem Volck von denen Ständen geschehen und geleistet werden solle/ so seynd doch in solcher Berathschlagung/ und da dieselbige mit der That ins Werck gerichtet und geleist/ auch mit dem Volck zu Feld ausgezogen/ und die Sachen angegriffen müssen werden/ dermassen Unrichtigkeit/ Verhinderung/ Ungleichheit und Bedencken fürgefallen/ welche in viel Wege nicht allein das gantze Werck mit gemeiner Ständen vergeblichen unnützen Kosten und Schaden aufhalten/ sondern auch letzlich mit höchstem Schimpff/ Spott und Verkleinerung/ auch endlichen Verderben und Untergang gar zerstossen/ und in eusserste Gefahr bringen und setzen möchten.

Dann da anfänglich würde bedacht und erwogen/ daß diese Hülffe/ die würde gleich dem Crayß und desselbigen Gliedern selbst zu Rettung und Gutem/ oder auch zu Trost und Hülff andern Craysen angestellt und fürgenommen/ dieselbige doch jederzeit förderlich und ohne einigen Verzug geschehen müste; Hinwieder aber der Ständen dieses Crayses/ als die ziemlich weit von einander gesessen/ Gelegenheit/ desgleichen die Ungleichheit und viele der geringen Ständen angesehen würde/ und da sich ein unfürsehenlicher Fall in diesem Crayß zutragen/ wie das leichtlich geschehen möchte/ und der Oberst/ auch die Zugeordnete allererst die Hülff unter denen Crayß-Ständen hin und wieder zusammen beruffen und sammlen solten/ daß solches nicht allein zu beschwehrlicher Verlängerung/ sondern auch verderblichem unwiederbringlichem Schaden dieses gemeinen Crayses/ und der sonderbahren desselbigen Gliedern reichen und dienen. In dem heut einer/ morgen der ander seine Hülff/ etwan auch viele Stände gar keine schicken würden.

Was Beschwerden/ Gefahr/ Sorg und Verkleinerung der Oberst/ so wohl die nachgesetzte Crayß- und Kriegs-Räthe daraus auch zu gewarten/ das haben die Stände bey ihnen selbst zu erwegen.

Zu dem/ wie beschwerlich/ im Fall/ da schon ein solches gesammletes Gesind zu Hauffe solte gebracht werden/ dasselbige ohne Meuterey/ Rottirungen und heimliche Practicken/ in gebührlichen Gehorsam zu halten/ mit ihnen gleiche Züge/ Wachten/ und andere Nothdurfft zu versehen/ oder sonst dem Feind Widerstand zu thun/ indem der eine auf diesen/ der ander auf einen andern Stand sehen/ und also keine Gleichheit/ gebührlicher Gehorsam und Folge sein würde/ das hat ein jeder Geringverständiger/ zugeschweigen diejenigen/ so hiebevor dergleichen Sachen nicht mit geringer Gefahr/ Sorg und Beschwerden erfahren/ selb zu erachten und zu bedencken. So ist männiglich unverborgen/ wie ungleich die Stände dieses Crayses ihres Thuns/ Herkommens und Staats mit einander seyn; Solte dann/ nachdem der Fall oder Gelegenheit sich begeben würden/ etwan zu einer Zeit eines oder des andern Standes Volck und Angehörige vor denen andern beschwehret/ das würde alsbald dahin gedeutet werden/ als wäre man einem Stand mehr/ denn dem andern geneigt/ und daraus Widerwill und Mißvertrauen entspringen.

So ist in dem auch ferner erwogen/ daß kein Stand sein Volck/ wie in geringer Anzahl das wäre/ ohne Zehrung und Kosten auff den Muster-Platz bringen/ zugeschweigen der Enden/ die Zeit-währender Kriegs-Rüstung/ erhalten würde; Solte dann ein jeder Stand die Unterhaltung seinem geschickten Volck jederzeit mit zweyfachen Kosten und Gefahr zukommen lassen/ und deßhalben eygene Pfennigmeister und Schreiber erhalten/ das brächte die höchste Zerrüttung und Unrichtigkeit. Neben dem es sich bald und leichtlich begeben und zutragen möcht/ daß ein

Stand

Anno 1563.

Stand oder Banck sein Volck bezahlte / der andere aber säumig und fahrlässig mit der Bezahlung der seinigen erschiene / das Kriegs-Volck aber zu gleichen Zügen und Wachten angehalten werden solte / daß daraus anders nichts zugewarten / dann daß die Unbezahlten unwillig / weder Zug noch Wachten thun / oder ihrem Obersten und Hauptleuten einigen andern Gehorsam leisten würden; Da die aber von denen bezahlten zum Gehorsam angehalten werden solten / daß mehr Aufruhr / Empörung / Meuterey / dann einige ordentliche Krieges Hülff / deren sich gemeiner Crayß zu getrösten / und der Ursachen solchen Unkosten anwenden / daraus zu gewarten hätten.

Zu dem hierinnen auch erwogen und bedacht worden / da nach Gelegenheit der fürfallenden Läufften und Kriegs-Empörung der Muster-Platz an denen Gräntzen dieses Crayses müste bestimmet und fürgenommen werden / mit was Beschwehrden und grossen Zehrungen die Stände an denen anderen Gräntzen dieses Crayses ihr sonderlich Volck dahin abfertigen / verzehren / und expensiren müsten / auch da ein Stand von Hauß aus biß auff den Muster-Platz sein Volck versolden solte / würden die Besoldungen und Dienst-Geld ungleich aus- und angehen / auch dem Pfennig-Meister und sonst grosse Unrichtigkeit machen.

So muß je bey einem beständigen / einträchtigen Regiment das ein Corpus seyn / und einerley zugleich verrichten / auch deshalben zugleich dem Höchsten / als dem Geringsten / und hinwieder dem Geringsten / als dem Höchsten / mit Diensten / Pflichten und Eyden verwant und zugethan seyn soll / gleiche Unterhalt- und Bezahlung / zu dem gleicher Gehorsam und Auffsehens seyn: Wie dann hierinnen billich keines Stands Angehöriger vor dem andern bedacht / und die Fähnlein gleich mit übersolden und anderer Nothdurfft versehen / bedacht und angericht / auch das geschickte Volck unter die Fähnlein zugleich ohne Vortheil untergestossen werden soll; Da aber heute ein Stand die seinen / morgen ein anderer die seinen / der dritte aber gar nichts / desgleichen der eine mit Geld / der ander mit dieser / der dritte mit anderer Waare bezahlen / das würde die höchste Zerrüttung und Ungleichheit gebähren und bringen / auch niemands zu finden seyn / der solchem Volck mit statten gern fürstehen oder beywohnen würde.

So haben hierinnen die Mehrern so wohl / als die Mindern zu erwegen / ob sie schon ihr eigen Volck also abgefertiget / daß sie dannoch nicht vergeblich würden dienen / und zum wenigsten mit ihrer Nahrung / also unterhalten / und darauff besoldet müsten werden / daß sie bey andern Kriegsleuten bleiben möchten; Und da etwan einer oder mehr Stände dieses Crayses ihr Volck selber werben / annehmen / besolden und abfertigen müsten / daß sie solches mit doppelten Kosten nicht wohl zu wege bringen / sie wolten dann unerfahren Kriegs-Volck / mit dem nichts zu verrichten / schicken / welche dannoch in der Musterung nicht angenommen / wieder heimgeschickt / und sie / vermöge Abschiedes / gedoppelt gestrafft werden.

Dieweil dann aus oberzehlten und andern mehr Ursachen nicht gut / nütz- noch förderlich / sondern diesem Crayß und denen sondern Ständen desselben in mehr Wege zu Nachtheil / Verkleinerung / Schimpff und Spott reichen würde / angeregte Hülff / sonderlich aber die zu Fuß also stückelt zu leisten / und auff die Musterplätz zu schicken: So ist ferner dahin bedacht und beschlossen / daß solche Hülff zu Fuß an Volck etlicher massen solle zusammen gezogen / damit die nicht also zerstückelt / sondern samtlich geschickt werden möchte. Und als sich aus Ersehung dieses Schwäbischen Crayses Reichs-Anschläg befunden / daß sich die einfache Hülff zu Fuß ungefährlich auff sechs Fähnlein Knechte erstreckt / an dero die Geist- und Weltliche Fürsten / Prälaten / Grafen und Herren / ungefährlich den halben Theil / und also drey Fähnlein / und die andere drey Fähnlein die erbare Städte schicken sollen / und sich aber der Geist- und Weltlichen Fürsten Banck / desgleichen der Prälaten / Grafen und Herren Banck Gebührniß der einfachen Hülff / zu einem Fähnlein gar zu hoch / aber jedes Bancks Hülff zu zwey Fähnlein zu gering / und doch der Weltlichen Fürsten / also auch der Grafen und Herren Gebührniß jedes Theils sich fast auff ein Fähnlein anläufft: So ist demnach bedacht und beschlossen worden / daß sich in Zusammenstossung der Hülff gedachte beyde Bäncke theilen sollen / also / daß der Geistlichen Fürsten / Prälaten und Prälatin gebührende Hülff unter eines / desgleichen der Grafen und Herren / auch ihrer Bancks-Verwandten gebührende Hülff unter ein Fähnlein / aber der Städte Bancks-Hülffe unter drey Fähnlein gestossen werden sollen; Darauff auch also obernante Geistliche sämtlich / desgleichen die Weltlichen Fürsten / und dann die Grafen und Herren / sich jeder unter ihnen selbst auff die einfache Hülffe eines Hauptmanns; Aber die erbare Städte der übrigen dreyer alsbald verglichen und verfast gemacht haben / damit die in zufallender Noth / und da man einiger Hülff / vermög des Reichs und dieses Crayses Abschied und Ordnungen / nothdürfftig / gebrauche werden mögen. Gedachte Geistliche sämtlich an einem / die Weltliche Fürsten am andern / Grafen und Herren sambt ihren Banck-Verwandten am dritten / und dann die Erbare Städte zum vierdten / sollen sich auch jeder / unter ihnen selbst / der Fendrich und Feldwebel halber vergleichen / mit ihren Hauptleuten in der Bestallung dahin handlen / damit ein jeder die Gebührniß seiner Hülffe zu Fuß an gutem Kriegs-Volck / wie das die Kriegs-Verfassung in sich hält und vermag / auf den von dem Obersten und Zugeordneten bestimmten Muster-Platz / im Fall / da solche Hülff erfordert / eigentlich bringe / der Musterung darauff erwarte / und in dem allen nicht säumig erscheine.

Damit auch die Bezahlung des geschickten Kriegs-Volck sämtlich und nicht durch jeden für sich selbst zerstückelt beschehe / daraus dann allerley Unrichtigkeit / Weiterung und Nachtheil / wie obvermeldt / zu gewarten: So ist ferner bedacht und beschlossen / daß die Geistlichen sämtlich / die Weltliche Fürsten / item Grafen und Herren samt ihren Bancks-Verwandten / desgleichen Städte / jeder Theil unter ihme selbst Maaß und Ordnung fürnehmen / auff daß eines jeden Gebührniß zu Handen gebracht / und die fürter dem gemeinen Pfennig-Meister jederzeit / da solches die Nothdurfft erfordert / sämtlich zugeschickt werden möge. Da auch einer oder oder mehr Stände ihr Gebührniß nicht erlegen wolten / sondern in dem säumig erscheinen würden / soll das ihren Mitverwandten ohne Nachtheil seyn / doch eigentlich verzeichnet übergeben werden / wer und welche solche Säumigen / was auch der Ausstand oder Gebühreniß sey? damit der Oberste samt denen Zugeordneten dagegen (vermöge des Reichs- und dieser Crayß-Abschieden auch dieser Ordnung) die Gebühr zu handlen wisse / und das geschickte Kriegs-Volck so viel richtigere / gewissere und sämtliche Bezahlung bekommen möge.

Und wie hieroben der einfachen Hülffe halber bedacht / die unter einander und zusammen zu stossen / die Bezahlung einzubringen / sämtlich und nicht zerstückelt zu thun; Also soll es auch in Schickung der doppel- und tripel-Hülffe / da die gefordert werden / und sich jeder darauff mit nothdürfftigem Haupt- und Befehls-Leuten und Fendrichen gefast machen. Doch soll mit Auffnehm- oder Mahnung der doppelten oder tripelten Hulff der Stände dieses Crayses / so viel immer möglich / verschonet werden: In sonderer Betrachtung / daß von vielen Ständen das Reisige Volck / wo die Hülffe dupliret oder tripliret soll werden / nicht wol zu bekommen oder zu schicken seyn möchte. Dieweil auch die Stände dieses Crayses etwan weit von einander gesessen / und da ein jeder Stand sein Volck selbst solte biß zu dem Muster-Platz verzehren / derjenige / so weit gesessen / vor den Nachgesessenen beschwert / desgleichen die Bestallungen und derselbigen Aus- und Angang ungleich möchten werden / ist bedacht und beschlossen / daß alle Wege auff ein Fähnlein jedes Bancks Hauptmann ungefährlich 200. Gülden Lauff-Geldes geben / welche von denen Ständen jedes Bancks dargeliehen / und denen darleihenden folgends ausser gemeinem Vorrath wiederum erlegt und bezahlt sollen werden.

Zu dem ist der übersolde halben beschlossen / nachdem der zusammen verordneten Stände Fähnlein ungleich / daß jederzeit auff vier Sold ein übersold gerechnet und gegeben werden soll. Und seyn die Stände endlich bedacht / und entschlossen / mit Gnaden des Allmächtigen / dieser Ordnung jederzeit getreulich und gutherzig gegen einander zu leben / und mit der That nach zu kommen.

Es haben sich auch die Stände / so zu und unter ein Fähnlein verordnet / sich mit einander verglichen / daß ihres Fähnleins Hülff und Unterhaltung an Geld jederzeit unter ihnen zusammen gebracht / und aus einer Hand dem gemeinen Pfennig-Meister erleget werden solle.

Von der Crayß-Hülffe des Kriegs-Volcks zu Roß.

Und ist vorerwehnte Disposition nicht allein auff die Hülffe zu Fuß / sondern auch die zu Roß gericht / dieselbe soll obgehörter massen simpel, doppel und tripel darnach reguliret werden / auch der Oberste und zugeordnete Stände / oder deren nachgesetzte Kriegs-Räthe Macht haben / solche Hülffe allerdings / wie an statt des Fuß-Volcks verabschiedet / an Geld zu erfordern / die Stände auch solche Hülffe zu ihr jedes Angebühr zu schicken schuldig und verbunden seyn. Und dieweil zu dieser Hülffe zu Roß ein Rittmeister auf gemeines Crayses Kosten allbereit bestellt / so soll es bey solcher Bestallung bleiben. Doch ist hierbey lauter bedinget und verglichen / daß die Stände ohnverhindert dieser Ordnung / auf des Crayß-Obersten und der Zugeordneten Auffordern / ihre Hülffe zu Roß / dem Anschlag gemäß / alsbald auff den Muster-Platz an Pferden und Reutern / ob sie wollen / zuschicken mögen; Und wofern einer oder mehr Stände dieses Crayses seine aufferlegte Hülffe zu Roß mit Reisigen Pferden und Reutern alsbald leisten würde / soll alsdann dem oder denenselbigen solches / wie billich / an seiner Angebührnüß Monatlich abgezogen werden.

Wann und wem die Crayß-Hülffe verweigert werden soll.

Darneben aber ist mit lautern Worten vorbehalten / im Fall einiger Stand dieses Crayses von wegen seiner sondern Verwandnüssen / Bestallungen / Diensten oder Correspondentz mit denen Ausländischen / und in dem Reich Teutscher Nation nicht gesessenen Potentaten / wer die wären / inn- oder ausserhalb dem Reich / angeregter Ursach halben / beschwert / bedränget / oder sonsten zu Gefahr kommen / auch zu Abschaffung derselbigen der Oberste und Zugeordnete / oder auch gemeine Crayß-Stände / derwegen ersucht würden / daß man solchem Crayß-Stand einige Hülffe zu erzeigen oder zu beweisen mit nichten schuldig. Welcher massen dann aber diejenigen / so sich / ohne Ausnahm der Kayser- oder Königlichen Majestäten / und dieses Crayses / auch

der

ANNO 1563.

der gehorsamen Ständen und Glieder desselbigen / und des Heiligen Reichs / in frembder Potentaten Bestallungen einlassen / gestrafft werden sollen / und was sie für Pön verwircken / das findet man im dritten Theil dieser Ordnung von Execution des Land-Frieden / bey dem Titul: Von denen / die sich in frembder Potentaten Dienst / Bestallung oder Verwandnüs einlassen.

Von Straff der ungehorsamen Stände / und deren / so in Leistung ihrer Hülffe säumig erscheinen.

Ferner / nachdem es ein gantz vergeblich Werck / gute vernünfftige Ordnungen / Constitutionen und Satzungen auffzurichten / wo dieselbige nicht gehandhabet / würcklich vollzogen / und die Ungehorsamen oder Säumigen mit Ernst darzu angehalten / damit nun dieser hochnothwendigen Handhabung und Execution desto festiglicher nachgesetzet / und die so viel weniger zu nicht gemacht werden möge / so ist gleichwol entschlossen / da einer oder mehr / Fürst oder Stand / auff Ersuchen des Obersten und der Zugeordneten dieses Crayses / seine gebührende Hülffe auff bestimmte Zeit und Malstatt nicht leistete / und sonst / was ihme zu andern gemeinen Ausgaben gebühret / jederzeit nicht erlegte / (wie er in Krafft des Reichs-Ordnung und Constitutionen und Satzungen / auch dieser Vergleichung zu thun schuldig / pflichtig und verbunden seyn soll /) sondern sich in dem ungehorsam oder säumig erwiese / daß alsdann der Oberste und Zugeordnete dieses Crayses den ungehorsamen oder säumigen Stand / über das erst beschehene Erfordern / weiter ersuchen und ermahnen sollen / sein oder ihre Gebührnüß zu thun / und was er / oder die schuldig / zu erstatten / dadurch ihme oder ihnen selbst vor Schaden und Nachtheil zu seyn. Im Fall aber er oder sie abermals auff sein- oder ihrem Ungehorsam verharreten / und weiter säumig wären / so soll der Oberste / von wegen des gantzen Crayß-Interesse, auch mag der Stand / dem aus solcher Säumniß und Ungehorsam Schaden zugestanden wäre / von wegen empfangenen Schadens / gegen den Säumigen und Ungehorsamen / an dem Kayserlichen Cammer-Gericht klagen / gegen ihn biß zu endlichen Spruch fortschreiten / und was erkannt / durch den Obersten mit Rath seiner Zugeordneten / darzu sie auch andere Crayse / auff Maaß und Weise / wie hernach gesetzet / zu erfordern / würcklichen exequiret und vollnzogen werden.

Wie dann hierauff / in Krafft des heiligen Reichs Abschiedes / Anno 555. den Kayserlichen Cammer-Richter und Beysitzern befohlen und gebotten worden / daß sie in diesen Fällen / auff Anruffen des jemeldten klagenden Theils / zu dem schleunigsten / summariè, simpliciter, & de plano, alle vergebliche Exceptiones abzuschneiden / procediren und vollfahren sollen.

Damit aber an gebührender / hochnothwendiger Execution des Land-Friedens desto weniger Verhindernüß / Fehl oder Mangel erscheine / so haben die Stände dieses Crayses bewilliget / geschlossen und geordnet / im Fall (desselben man sich billich nicht versehen soll /) auff solche Meynung und Erforderung des Obersten und der Zugeordneten die aufferlegte Hülffe von denen Ständen nicht zu gebührlicher Zeit geschehen solte / und hierinnen Mangel bey denen Ständen / nach Erkäntnüß des Obersten und Zugeordneten / erscheinen würde / daß der säumige und ungehorsame Stand über seine angebührende Hülff / so dannoch bey Handen behalten soll werden / eine andere gleichmässige Hülffe an Geld unnachlässig erstatten / und dieselbige soll von dem Obersten und Zugeordneten auch eingezogen / und zu des Crayses gemeinen Nutz angewendet werden.

Ob denn gleich etliche Stände ein Theil ihrer Anlagen zu erlegen erbietig wären / aber das übrige zu bezahlen sich darum verweigerten / daß sie der Ringerung halber an der Kayserl. Cammer hangen / und desselben Austrag zu erwarten gedencken: So haben doch die Stände zu noch mehrerer und würcklicher Vollziehung dessen alles bedacht / und hiermit verordnet / daß gemeine Stände sämtlich und ein jeder für sich selbst insonderheit seine gebührende Anlagen alle wege / auff bestimmte Ort und Zeit / ohne Abgang bezahlen / sich in denselbigen nicht säumig erzeigen / und sollen solche Auszüge zu keiner Entschuldigung angenommen werden.

TERTIA PARS.

Von der Execution des Religion- auch Profan- oder Land-Friedens.

Von Kriegsgewerben / Vergadderung oder Versammlung des Kriegs-Volcks.

UNd damit die hieroben gesetzte des Heiligen Reichs und dieses Crayses Abschied und Ordnungen desto würcklicher gehalten und vollzogen werden: So sollen in allen Fürstenthumen / Landen / Oberkeiten und Gebieten dieses Crayses die Vergadderung- und Versammlungen des Kriegs-Volcks / welches sich für sich selbsten eigenes Vorhabens / ohne Vorwissen / Erlaubnüß der ordentlichen Obrigkeit / zusammen schlagen möchte / und sonst andere verbottene Practicken / Gewerb- und Aufwicklungen / auch alle thätliche Handlungen deren / so im Heiligen Reich Gleich und Recht nicht leiden möchten / daraus nach Gestalt und Gelegenheit der Sachen / und dieser obliegenden Zeit und Läufft / anders nichts / dann Unruhe / Empörungen / Auffruhr / Verderben / Verheer- und Verwüstung Land und Leut zu gewarten ist / keines weges geduldet / sondern mit allem Fleiß dagegen getrachtet / und wider diejenige / so hierüber ungehorsam und säumig befunden / auff nachbestimmte Pön und Straff / auch sonst mit allem Ernst procediret / gehandelt und vollfahren werden.

Wo sich dann über diß alles künfftiglich zutrüge / daß sich in eines Fürsten und anderer Ständen Geist- und Weltlichen Fürstenthumen / Land / Städten oder Gebieten dieses Crayses frembd Kriegs-Volck zu Roß oder Fuß / es wäre eintzig oder Rottenweise / oder sonst in grosser Anzahl / ausser der Fürsten oder Herrschafften eines jeden Orts Willen und Zugeben / zu legen und zu garden unterstehen würden: So soll der Fürst oder Stand / in dessen Fürstenthum / Land oder Gebiet solch Kriegs-Volck versammlet / sie besprechen lassen / welchem Herrn sie zu gut geführet werden? Und so fern sie sich auff die Kayserl. oder Königl. Majest. ansagten / und desselben einen guten Schein und Urkund haben würden / soll man sie gehorsamlich auff ihren Kosten passiren lassen.

Wo sie aber keine Herren oder Versprecher hätten anzuzeigen / oder sich auch mit Grund auff einen Herrn ansagten / aber daß derselbige solch Kriegs-Volck / es sey / wem es wolle / zu gutem / aus der Kayserl. oder Königlichen Majestät Zugeben und Erlaubnüß wissend- oder bedränglich-redlicher Ursach einigen Fug zuzuführen hab / kein Anzeig zu thun wüste / alsdan soll der Fürst oder Stand / in deren Fürstenthum / Land oder Gebiet sie liegen / allen müglichen Fleiß fürwenden / die Versammlung / Vergadderung und Läufft / sie geschehen eintzig oder Rotten-weise / alsbald ohne Verzug / und ehe solch Feur überhand nimmet / seines besten Vermögens abzuwenden zu fürkommen.

So fern ihme aber solches für sich selbst nicht möglich wäre / alsdann soll er dieses Crayses-Obersten und Zugeordnete / (derowegen in vorgehender Disposition Meldung geschiehet /) ersuchen / ihme / nach Gelegenheit der Zahl und Macht des versammelten Herrnlosen / und andern Kriegs-Volcks / auff Maaß und Gestalt / wie abermahls in vorstehender Disposition von der Obersten Befehl und bestimmter Crayß-Hülff begriffen / Hülff zu erweisen / zu leisten / und solch versammlet Herrnloß oder zweiffentlich Kriegs-Volck mit Güte oder der That zu trennen / und ohne Männigliches Nachtheil und Schaden ausser Landes / so viel müglich / zu bringen / auch die Haupt- so wol / als andere Befehls-Leute und Führer / so fern sie verhanden / oder wo die hernachmahls an andern Orten betretten / anzuhalten / nicht allein denen armen Unterthanen ihren Schaden zu kehren / treulich / behülfflich und beyständig zu seyn / sondern auch solche Haupt- und Befehls-Leute so wol / als die Rädlinsführer und Aufwiegler / zu gebührlicher Straff anzunehmen; Und wann auch gleichwohl Kriegs-Volck aus oberzehlten zugelassenen Ursachen geduldet würde / so sollen die Oberste Haupt- und Befehls-Leute um die Bezahlung und Proviant gut seyn / zu solchem auch bey Pflichten und Eyden an- und darzu gehalten werden.

Im Fall auch solch Kriegs-Volck einigem Stand / oder desselben Landen und Leuten unbilliche Beschwerung zufügen / keine gebührliche Bezahlung / oder auch die Versicherung nicht thun würde / dißfalls soll dem beschwerten Stand / auch dem Beschädigten zugelassen seyn / sich solches Schadens an den Obersten / Rittmeistern und Haupt-Leuten / zu ihrer Gelegenheit / wie sich gebührt / zu erhohlen.

Nachdem aber die hievor angeregte Vergadderung und Versammlung der Kriegs-Leute zu Roß und Fuß / daraus nunmehr etliche Jahr hero denen Ständen Teutscher Nation hochschädliche Nachtheil erfolget / und nicht weniger Beschwernüß hinfürter derowegen denenselben zu befahren / dieser geschwinden besorglichen Zeit gantz gemein / und dann das Kriegs-Volck hin und wieder leichtlich aufzubringen: Damit nun dieser beschwerlichen obliegenden Last noch so viel mehr in andere fürträgliche Wege zu begegnen / sollen Fürsten und Stände dieses Crayses / ein jeder für sich selbst / ihme / seinen Unterthanen / Angehörigen und Verwandten / auch gemeiner Wohlfarth zu gutem / wie diesen der Teutschen Nation für andern obliegenden Beschwerligkeiten zu steuren / ein ernstliches fleißiges Nachdencken haben / darzu nicht wenig ersprießlich / und im Fall der Noth vorständig seyn mag / daß ein jeder Fürst und Stand in guter Bereitschafft sitze / auch in seinen Fürstenthumen / Landen / Herrschafften / Oberkeiten und Gebieten / solche emsige Vorsehung thue / daß Er und die Seinen dannoch dermassen gefaßt / damit Sie sich unversehenen Uberfalls selbst etwas zu entschütten / und sich ein jeder dermassen mit den Seinen anzustellen / und in die Sachen zu richten / auf daß er und die Seinen in solchen Nothfällen zusammen lauffen / und seinen Benachbarten förderliche und fürträgliche Rettung leisten / und hinwiederum von andern tröstlichen Beystand und Entsatzung erwarten möge / in dem weiter ein jeder Stand und Benachbarter / so wohl andere weit gesessene Oberkeiten einander mit rechten / guten / wahren und gantzen Treuen meinen / halten und fördern sollen / auch in solcher guten Correspondentz / Verständnüß und Verwandtnüß stehen / daß je einer dem andern / was er verständigt oder vernimmet / so dem andern zu Beschwerde und Nachtheil fürgehen möchte / desselbigen zu dem förderlichsten verwarne / auch für sich selbst seines besten Verstands und Vermögens vor dem / ehe die Sachen zu thätlicher Beschädigung gelangen / abzuwenden geneigt / gutwillig und beflissen seyn soll.

Und nachdem ein jeder Stand sich / in Krafft des Heiligen Reichs Abschiedes / auch dieser Ordnung und Vergleichung / nach

ANNO 1563.

Gelegenheit und Nothdurfft der Sachen/ jederzeit dermassen freundlich und mitleidentlich gegen den andern erweisen soll/ wie ein jeder/ vermöge der natürlichen/Völcker- und gemeiner Rechten/ des Heiligen Reichs Land-Frieden/ Constitutionen/ Ordnungen und Satzungen/ auch Christlicher Brüderlicher Liebe/ zu thun schuldig und verbunden ist.

So haben die gemeine Crayß-Stände/ zu würcklicher Handhab- und Vollziehung dieser Ordnung/ ferner bedacht/ sich auch beswegen mit einander einhellig verglichen und entschlossen/ da sich in diesem Crayß heimliche Vergadderungen/ Plackerey/ oder andere verdächtliche Zusammenschlupffung und Rottirung eräugnen/ desgleichen andere gemeine/ doch schlechte Landfriedbrüchige Sachen zutragen wolten/ und der Oberst und Zugeordnete dessen bericht/ auch die Zeit und Gelegenheit den Verzug erleiden würde/ soll in des Obersten und der Zugeordneten Befehl und Macht stehen/ solchem angehenden Unrath fürzukommen und abzuwenden/ die gantz/ halb/ dritt- oder vierdten Theil der Reisigen Hülff von denen Ständen dieses Crayses zu erfordern/ welche die Stände auch unweigerlich/ stattlich/ und ohne Abgang an bestimmte Ort schicken und leisten sollen.

Daß sich niemand wider die Röm. Kayserl. oder Königl. Majest. noch einigen gehorsamen Stand des Heiligen Reichs/ zu Kriegs-unfriedlichen oder thätlichen Handlungen/ ohne Ihrer Majest. und seiner Oberkeit Vorwissen/ soll gebrauchen lassen.

Und damit sich niemand der Unwissenheit dessen/ so auff denen Reichs-Tagen statuiret und verabschiedet/ zu entschuldigen; Haben der Churfürsten Räthe/ erscheinende Fürsten/ Stände/ Bothschafften und Gesandte sich Anno 555. mit der Kayserl. Majest. eines offenen Mandats hierüber/ in das Reich auszukündigen/ und in allen und jeden Fürstenthumen/ Landschafften/ Städten/ Flecken und Gebieten öffentlich anzuschlagen/ verglichen.

Und derowegen/ auff beschehene Vergleichung/ gesetzt/ verordnet/ und von Röm. Kayser- und Königl. Macht ernstlich gebotten/ daß niemand/ wes Standes oder Wesens der sey/ besonder und fürnemlich keine Obersten/ Rittmeister/ Hauptleute/ Befehlshaber/ und gemeine Kriegs-leute/ auch alle die/ so solcher Vergadderung/ Zusammenlauffen oder Hauffen/ so wohl anderer Werbungen und Bestallungen der Knechten/ Anfänger/ Ursacher/ Auffwiegler seynd/ und sich darzu gebrauchen lassen/ bey Pflicht/ damit ein jeder Höchstgedachter Kayserl. und Königl. Maj. und dem Heil. Reich/ und sonst seiner Oberkeit/ zugethan und verwandt ist/ auch Vermeidung Ihr. Majest. und des Reichs/ zugleich seiner Obrigkeit schweren Ungnad und Straff/ Privir- und Entsetzung aller Regalien/ Lehen/ Freyheiten/ Privilegien/ Gnaden/ Schutz und Schirms/ so viel ein jeder des von Ihr. Kayserl. und Königl. Majestät/ dem Heil. Reich und seiner Obrigkeit hat/ sich zu einigem Krieg/ und unfriedlicher/ thätlicher Handlung oder Fürnehmen/ zu dienen wider die Römische Kayserliche oder Königl. Majestät/ oder einigen gehorsamen Stand des Heil. Reichs/ ohne Ihr. Majestät/ oder seiner Obrigkeit Vorwissen und Bewilligung/ in und bey jetzigen geschwinden/ sorglichen Zeiten und Läufften/ auch künfftiglich bestellen und bewegen lassen/ noch heimlich oder öffentlich wider mehr Höchsternannte Kayserl. und Kön. Majest./ oder die Stände des Reichs zuziehe/ noch einige Hülff oder Beystand/ Förderung oder Fürschub thue/ oder sich sonst im Heil. Reich in einige Vergadderung oder ungebührliche Versammlung einiges Kriegs-Volcks zu Roß oder zu Fuß begebe/ sondern ein jeder sich des alles gäntzlich enthalte. Daß auch ein jeder Stand des Heil. Reichs auff die Personen/ so verbottene Kriegs-Gewerb und andere sorgliche Practicken zu treiben verdacht seynd/ oder die sonst hin und wieder in Städten und Flecken müßig liegen/ um ihren Pfennig zehren/ von denen man aber nicht weiß/ was ihr Thun und Lassen ist/ wohl auffmercke/ und was ihr Fürnehmen sey/ erfahre/ und so der Argwohn ungerechter Sachen wider sie so groß wäre/ sie auch/ wormit sie umgehen/ nach guter Gelegenheit besprechen/ und von ihnen Versicherung nehmen lasse.

Daß auch die Obrigkeiten in ihren Chur-Fürstenthumen/ Fürstenthumen/ Landen/ Städten/ Flecken und Gebieten/ ein fleißiges/ ernstliches Auffsehen haben/ und alle ihre Lehnmannen/ Hindersassen/ Underthanen/ Zugehörigen und Verwandte dahin weisen und halten/ zumahln ihnen mit Ernst/ und schwehrer Pön und Straff/ als nehmlich Verwirckung und Confiscirung eines jeden Haab und Güter/ Lehen und Erben/ beweglichen und unbeweglichen/ auch nach Gestalt und Gelegenheit der Sachen und Personen/ mit Nachschickung Weib und Kinder/ gebieten/ daß sie sich in keinen Weg rottiren/ vergadderen/ oder zu einiger Versammlung wider die Röm. Kayserl. und Königl. Majestät/ noch einigen gehorsamen Stand des Reichs/ weder heimlich noch öffentlich begeben/ bestellen oder annehmen lassen/ auch die/ so sich allbereit in solche Dienste begeben haben möchten/ oder für sich selbst im Heil. Reich Teutscher Nation sich rottiret/ vergaddert/ oder zusammen geschlagen hätten/ oder nochmahls rottiren/ vergaddern oder zusammen thun würden/ von Stund an bey obberührten Pönen wiederum abmahnen; Und ob also einer oder mehr hierüber ungehorsam/ und dem obgesetzten nicht geleben/ darüber in ihren Fürstenthumen/ Landen/ Herrschafften/ Städten/ Flecken/ Oberkeiten und Gebieten betretten würden/ alsdann gegen den/ oder dieselben mit oberzehlten Straffen/ oder in andere Wege/ mit allem Ernst/ nach Ungnaden handlen und fürnehmen/ und dasselbig denen Ihren zu vollziehen ernstlich befehlen/ und zu thun verfügen und verschaffen.

ANNO 1563.

Weil dann die Kayserl. Majest. auf räthlich Gutachten der Churfursten/ Fursten/ Stände/ und der abwesenden Räthe und Gesandten/ bey nächstem zu Augspurg Anno 559. gehaltenem Reichs-Tag/ für nothwendig angesehen/ Ihr. Majest. vorige/ auf die gemeine Execution, Ordnung und Handhabung gemeinen Friedens ausgegangene Mandata zu erneuern/ und dieselbige wiederum unverlängt in das Reich auskündigen zu lassen/ mit dieser/ der obgemeldten Pön halber/ gethanen Erweiterung: Daß die Obersten/ Rittmeister/ Hauptleute/ Befehlshaber und gemeine Kriegsleute/ desgleichen alle die/ so der Vergadderungen/ Zusamlauffens oder Hauffens/ auch anderer Werbungen und Bestallungen der Knechten/ Anfänger/ Auffwiegler seynd/ und sich darzu gebrauchen lassen/ neben und über die benannte Pön-Fälle in Ihr. Kayserl. Majest. und des Heil. Reichs Acht ipso facto gefallen seyn sollen; Wie dann die Kayserl. Majest. dieselbige desfalls/ auch ohne einige fernere Erklärung/ jetzo als dann/ und dann als jetzt/ in die Acht gethan/ und sie als der Kayserl. Majest. und des Reichs Aechter erkennt.

Wie auch dieselbige Mandata hernacher erneuert/ in das Reich/ und in diesem Schwäbischen Crayß wiederum publicirt und verkündiget worden: So lassen es gemeine Stände dieses Crayses bey solcher Verordnung durchaus verbleiben/ haben auch einhellig und nochmahln bedacht und entschlossen/ daß solchen der Kayserl. Majest. und gemeiner Reichs-Stände gemachten Vergleichungen/ erfolgten Abschieden/ und publicirten Mandatis, gehorsamlich/ unterthänigst und würcklich soll nachgesetzet und gelebt/ und wider solches alles samt und sonders/ durch einigen Stand dieses Crayses/ nichts fürgenommen oder gehandelt werden/ bey Pön und Straffen/ die solche Vergleichung/ Abschied und Mandata mit sich bringen.

Von denen/ die sich in frembder Potentaten Dienst/ Bestallung oder Verwandniß einlassen.

Dieweil sich im Reich Teutscher Nation/ sonderlich aber in diesem Crayß befunden/ daß sich etliche/ so zum Theil Crayß-Stände oder doch desselben eingesessen/ und auch darinnen begüttert seynd/ in frembder Potentaten Bestallung und Dienst/ ohne sondere Ausnahm der Röm. Kayserl. Majestät/ des Heil. Reichs und sonderlich dieses Crayses/ und desselbigen einverleibten Ständen einlassen: Ist verabschiedet und beschlossen/ daß dieselben von solcher Bestallung durch die Stände dieses Crayses abgehalten/ und nach Gelegenheit gegen sie nachfolgender Gestalt mit Straff fürgefahren werden/ auch ein Stand den andern darüber handhaben solle: Nemlich: Wo die Uberfahrer dieser Ordnung Crayß-Stände wären/ gegen die soll nach Ausweisung des Kayserl. Land-Friedens/ im Namen des gemeinen Crayses gehandelt werden; Wo es aber der Ständen dieses Crayses Unterthanen/ oder sonst für sich selbst/ dem Reich ohne Mittel Unterworffene seyn würden/ alsdann sollen die Stände gegen die Uberfahrer/ ihre Unterthanen/ angeregten Ubertretung halben gebührliche Straffe fürnehmen; Hingegen und wider diejenige/ so nicht dieses Crayses Stände/ aber doch dem Reich ohne Mittel unterworffen/ soll im Namen des gemeinen Crayses/ vor ihren ordentlichen Obrigkeiten/ um gebührliche Straffe angehalten werden.

Wie auch dieses Schwäbischen Crayses Stände diejenigen/ so in diesem Crayß gesessen/ und desselbigen Mitstände seyn oder nicht/ auch mit frembder Potentaten Diensten und Bestallungen beladen/ oder nicht/ wo die denen Reichs- und Crayß-Abschieden zuwider Werbungen oder Muster-Plätz in diesem Crayß/ ohne vorgehendes Wissen/ Bewilligung/ und nicht allerdings des Reichs-Abschieden gemäß/ fürnehmen/ oder anstellen würden/ oder wolten/ anders nicht/ dann für dieses Crayses und aller desselbigen Glieder Widerwärtige erkennen/ und da durch dergleichen Gewerb oder Muster-Platz einigem Stand dieses Crayses Bedrängnüs und Beschwernüs zugefüget würde/ solches mit gemeines Crayses Zuthun/ an des Beschädigers Leib und Gut/ durch gebührliche Mittel/ einkommen und erholet werden/ immassen dann der Muster-Plätze halben nicht weniger ein besonderer Articul in dieser Ordnung gesetzet worden: Welcher Articul auch auff alle andere Potentaten/ Stände und sondere Personen/ inn- oder ausserhalb des Reichs gesessen/ wer die wären/ niemands ausgenommen/ so diesem Crayß oder desselben sonderbahren einverleibten Ständen eine solche Beschwernüß zuzufügen oder zu thun unterstehen thäten/ verstanden werden solle.

Von Muster-Plätzen/ Durch- und Uberzügen.

Alsdann höchstgedachte Kayserliche Majest. sich gegen gemeine Stände des Heiligen Reichs/ auff dem mehrgemeldten zu Augspurg Anno 555. gehaltenen Reichs-Tag/ gnädigst erkläret/ daß Ihr. Majest. ihren Haupt- und Befehls-Leuten/ so offt sie umschlagen und Knechte annehmen wollen/ zuvor denen Obrigkeiten jedes Orts ihre Befehls-Brieffe auffzulegen/ gnädigst befehlen/ und das Einsehen thun wollen/ auff daß gemeiner Reichs-Stand mit Muster-Plätzen/ Durch- und Uberzügen sammt andern Beschwerungen verschonet werde.

Auch

Anno 1563. Auch auf folgendem zu Regenspurg Anno 557. gehabtem Reichs-Tag denenselbigen Reichs-Ständen gnädiglich und Väterlich zugesagt und versprochen/ die Vorsehung zu thun/ damit die Unterthanen neben denen innerlichen Kriegen/ Durch- und Überzügen/ auch der Muster-Plätze halben/ über und wider des Heiligen Reichs Constitutiones, Abschied und Satzungen hievor auffgericht/ unbeschwert gelassen.

Und dann Anno 559. zu Augspurg abermahlen mit gemeinen des Heiligen Reichs Ständen verabschiedet und constituiret: Daß hinfüro keinem frembden Potentaten einiger Muster-Platz/ oder seines Kriegs-Volcks also beschwerlicher Durchzug im Heiligen Reich und desselbigen Crayssen gestattet; Und ob einiger Obrister/ Haupt- oder Befehlsmann eigenes Gewalts/ von solcher frembden Potentaten wegen/ Muster-Plätze in die Crayse zu legen/ oder sonst mit Kriegs-Volck den Durchzug zu nehmen/ sich unterstehen würde/ demselbigen durch gemeine Crayß-Hülffe/ vermög viel angeregter Executions-Ordnung und Handhabung gemeinen Friedens/ Widerstand gethan/ und solche Beschwerden von denen Unterthanen abgewendet werden sollen.

Im Fall aber sonst im Heiligen Reich teutscher Nation/ es geschehe/ von wes wegen es wolle/ Musterungen fürgenommen würden/ so sollen die Muster-Herren zuvor die Crayß-Obersten und Zugeordnete um die Muster-Plätze ansuchen/ aber mit der Musterung fürzugehen nicht zugelassen werden/ sie haben dann zuvor dem Crayß/ darin die Musterung fürgenommen würde/ mit statthafften Ständen/ im Heiligen Reich teutscher Nation gesessen/ Bürgschafft gethan/ was in solcher Musterung bey denen Unterthanen oder ihren Herrschafften verzehret/ oder was die solcher Musterung wegen Schaden nehmen/ daß solches allerdings gäntzlich bezahlet werden solle/ daß auch sie mit solchem gemusterten Kriegs-Volck keinen Stand des Reichs überziehen/ vergewaltigen noch beschädigen wollen.

So haben die Stände dieses Crayses über solche der Kayserl. Majest. und gemeiner Reichs-Stände Constitution- und Verordnungen/ als die in alle Wege in ihren Kräfften verbleiben/ und würcklich sollen vollnzogen werden/ ihrer hohen unvermeidlichen Nothdurfft nach/ weiter bedacht und entschlossen/ daß hinführo keinem/ wer der sey/ für sich selbst/ oder anderer wegen/ einiger Muster-Platz in diesem Schwäbischen Crayß/ und auff den Ständen desselbigen gestattet und zugelassen werden soll; Es wäre dann das Kriegs-Gewerbe im Reich oder des Reichs-Abschied und ausgekündigtem Land-Frieden gemäß/ auch dem Reich zu gut und zu Beschirmung der Christenheit wider den Erb-Feind unsers heiligen Christlichen Glaubens/ den Türcken/ angestellt. Doch soll es auch auff solchen Fall anders nicht/ dann mit der Crayß-Obersten und der Zugeordneten Wissen/ auch des Orts des Muster-Platzes halben mit deren Willen geschehen/ und auff diesem so steiff gehalten werden/ daß es auch keinem Stand dieses Crayses frey stehen soll/ für sich selbst ein solches auff ihme zu gestatten/ zu zugeben und zu bewilligen; In Betrachtung/ das ohne der benachbarten Ständen und derselben Unterthanen verderblichen Schaden/ in denen Durch- Zu- und Abzügen solche Haltung der Muster-Plätze in einiges Standes Oberkeit nicht geschehen mag.

Ob aber dem allem/ so hieroben vermeldt/ zugegen/ in dem Bezircke dieses Crayses durch jemand/ wer der wäre/ Muster-Plätze fürgenommen würden/ und daß an des Crayß-Obersten und Zugeordnete gelangete/ wie dann ein jeder Crayß-Stand/ dem ein solches in seiner Oberkeit begegenet/ in Krafft dieses Abschiedes zu thun schuldig seyn soll: So sollen dieselbige nicht gestattet/ sondern alsbald durch sie/ den Obersten und Zugeordnete/ nach Anweisung desjenigen abgeschaffet werden/ so hieroben von Vergaderung und Versammlung des Kriegs-Volcks/ und von des Obersten/ seiner zugeordneten und nachgesetzten Räthen Amt und Befehl verordnet worden/ damit solchem Fürnehmen statlich und zeitlich begegnet/ und wo nicht mit Güte/ dasselbige mit der That abgetrieben/ und also des heiligen Reichs und dieses Crayses Abschiede und Ordnungen würcklichen gehalten und vollnzogen werden.

Es soll auch auf solchen Fall ein jeder Stand/ sonderlich aber diejenigen/ so an denen Orten gemeldtes Crayses gesessen/ auff Erinnerung des Crayß-Obersten/ und seiner Zugeordneten/ solch Gesind/ woher sie zögen/ wo sie hinaus gedächten/ auff wen sie sich zu versprechen/ auch was für Schein und Patenten sie bey sich hätten. Und da sie an die Orte/ da man sich der (wie obvermeldt) unerlaubten Muster-Plätz zu befahren/ versprechen/ daß ihnen der Paß oder Durchzug keines Weges gestattet/ noch zugelassen/ auch da sie nicht gütlich abzuweisen/ alsbald mit der That wiederum zurück getrieben werden; Wo sie auch Rottenweiß mit einander zögen/ daß die benachbarte Stände/ was gegen solches Gesind fürgenommen/ bericht/ und da sie bey denselbigen gleicher Gestalt ankommen solten/ sie/ wie zuvor geschehen/ abermahls zurück gewiesen werden; In dem dann/ wo von nöthen/ auch der Oberste und dessen zugeordnete Kriegs-Räthe gebührende einsehung thun und haben sollen.

Da auch künfftig einiger Stand dieses Crayses durch Patenten/ vermöge der Reichs-Abschiede/ umschlagen zu lassen ersucht/ und solches zu gestatten in seiner Gelegenheit seyn würde/ soll doch weder den Befehls-Leuten umzuschlagen/ noch auch des ersuchten Stands Unterthanen und Angehörigen hinweg zu ziehen gestattet werden; Es versprechen dann die Befehls-Leute bey ihren Treuen und Glauben/ solch auffgebracht und geworben Gesind in diesem nicht zu mustern/ ausserhalb oberzehlter erlaubter Fällen.

Anno 1563. Und ob wohl viel und mancherley Wege in der Berathschlagung fürkommen/ wie und was massen/ vermöge der Reichs-Abschiede/ in den zugelassenen Durchzügen und Muster-Plätzen/ der Crayß-Oberste und dessen zugeordnete Kriegs-Räthe caution zu begehren und zu erfordern: So ist doch letzlich für das rathsamste geacht/ daß in dem noch zur Zeit/ keine gewisse Maaß noch Ordnung zu geben/ sondern ein solches dem Crayß-Obersten und seinen zugeordneten Kriegs-Räthen heim zusetzen und zu vertrauen sey/ die werden/ nach Gelegenheit solcher erlaubter Kriegs-Gewerben/ Durchzügen und Muster-Plätze/ jederzeit die Sachen dahin zu bedencken und zu richten wissen/ damit die gehorsamen Stände dieses Crayses und derselben Unterthanen/ so viel möglich/ vor Nachtheil/ Schaden und Verderben verhütet bleiben.

Zu dem dann nicht wenig dienstlich geachtet/ da bey denen Kriegs-Obersten/ Haupt- und Befehls-Leuten in Bestimmung der zugelassenen Muster-Plätzen dahin gehandelt/ daß die Knechte oder Reuter länger nicht/ dann zween oder drey Tage ungefährlich vor der Musterung/ auff solche Muster-Plätze/ wie vor Alters geschehen/ beschieden werden/ und derenthalben nothdürfftige Verschreibung geben sollen/ damit die Knechte und Reuter auf denen armen Unterthanen nicht vier/ sechs oder acht Wochen/ wie eine zeithero geschehen/ zu ihrem höchsten Verderben/ still liegen bleiben/ sondern alsbald gemustert werden möchten; Wie dann der Kriegs-Oberste/ samt seinen Haupt- und Befehls-Leuten/ das nicht allein bey denen Reutern und Knechten haben/ sondern auch bey denen Krieges-Herren wohl und leichtlich erhalten mag/ daß die Bezahlung/ also auch die Muster-Herren zu solcher Zeit gewißlich der Enden ankommen/ und demnach an solcher Musterung keine Verhinderung erscheine. Dann da derhalben nicht nothdürfftige Verschreibungen und genugsame Versicherungen oder Zusagen gegeben und geschehen/ so sollen die Muster-Plätze in diesem Crayß zu halten geweigert und abgeschlagen werden.

Und soll sonst auff den Fall/ da dieser Crayß oder desselbigen Stände von frembden Potentaten/ mit offt erregten Muster-plätze/ Versammlungen/ Durchzügen oder Angriff/ dem Land-Religion-Frieden und Reichs-Abschieden zuwider/ beschweret oder gefährt wolten werden/ zugleich/ wie in andern zufallenden und obliegenden Beschwernissen/ durch den Obersten/ desselbigen Zugeordnete und Nachgesetzte/ alles dasjenige gehandelt/ fürgenommen/ und mit der That exequiret werden/ was der vorstehenden Gefahr Nothdurfft erfordert/ und die Reichs- auch dieses Crayses-Abschied/ Vergleichung/ Execution und Handhabung des Religion- und Land-Friedens ausweisen und mit sich bringen.

Von Plackereyen/ Herrenlosen/ gardenden und andern umschweiffenden Reisigen und Fuß-Knechten.

Und damit die hieroben gemeldte Vergatterung/ Versammlung/ Auffwicklung und Zusammenlauffung der Knechte desto stattlicher und zeitlicher vorkommen und abgeschafft würde/ haben gleichwohl die Kayserl. Majest. über die hievor auffgerichtete und publicirte Reichs-Abschiede/ auff dem nächst in Anno 555. zu Augspurg gehaltenen Reichs-Tag constituirt und befohlen/ welcher massen die umlauffende gardende Knechte durch die Obrigkeiten in Gelübd genommen sollen werden/ sich des Gardens ferner in der Herrschafft/ Oberkeit oder Gebiet dieses Crayses/ darinnen er oder sie mit Garden betreten/ zu enthalten; Mit angehefftet Bedrohung/ wo er oder sie darüber in diesem Crayß mit dem Garden weiter betreten/ daß der oder die alsdann gefänglich angenommen/ in das nächst hoch ordentliche Gericht geführet/ und gegen den/ oder dieselbigen/ als Meineydige gehandelt werden solle.

Würde sich aber bey einem oder mehr befinden/ daß sie jemands mit Gewalt das seine abgedrungen/ oder in andere Wege wider den Land-Frieden vergewaltiget hätten/ daß dieselbige/ als öffentliche Land-Friedbrecher und Nothdränger/ vermöge gemeiner Rechten/ und des Heil. Reichs Constitution und Ordnungen/ sollen gestrafft werden; Mit dem fernern Anhang/ wo sich einer oder mehr der Obrigkeit mit Gewalt zu widersetzen unterstehen würde/ daß gegen denselben mit nacheilen/ biß er oder sie zu Handen und Hafft gebracht/ und alsdann abermahls gegen sie mit Straff/ vermöge gemeiner des Reichs-Rechten und Constitutionen/ auch jedes Orths Gewonheiten/ Freyheiten und alten Herkommen/ Handlung fürgenommen werden; Und daß alle Stände und Oberkeiten ihren Unterthanen/ Verwandten und Zugehörigen/ bey einer nahmhafften Straff sollen gebieten/ daß dieselbige solchen umlauffenden und gardenden Knechten nichts geben/ noch sie hausen oder herbergen/ sondern jederzeit ohne einige Gabe abweisen; Und da sie sich nicht wolten gütlich hinweisen lassen/ alsdann sie greiffen/ und folgends ihren ordentlichen Amtleuten/ die Gebühr gegen dieselbigen fürzunehmen und zu verfügen/ überantworten/ auch alle Unterschleiffe solchen gardenden Knechten in ihren Städten/ Märckten/ Dörffern und Flecken abschaffen/ und keines weges gestatten/ daß solche Knechte/ was sie an einem Ort von denen armen Unterthanen abschätzen/ und für sich selbst nehmen/ an einem andern Ort verzehren.

Es haben auch gemeine Stände dieses Crayses zu würcklicher Vollziehung desjenigen/ was auf berührten und andern Reichs-Tagen solcher gardender Knechte halber constituiret und verab-

ANNO 1563.

verabschiedet worden / auff andere Wege und Mittel gedacht / wie solchem unerträglichen und landkündigen Schaden und Verderben der arme Leute einmahl möchte begegnet und geholffen werden; Wie sie dann auch verschiedener Jahren Streiffe deswegen fürgenommen / und über die Kayserliche / in das Reich publicirte Mandata, auch besondere Befehl in diesem Crayß ausgehen / und männiglich verkündigen lassen.

Nachdem sich aber im Werck befunden / daß nicht allein des heiligen Reichs und dieses Crayses Ordnungen und Constitutiones, sondern auch das berührete Streiffen / und die darüber publicirte Kayserliche / als gemeine / und der Crayß-Ständen sonderbare Mandata, wenig fürträglich und ersprießlich seyn wollen.

So haben die Stände dieses Crayses mit gemeinem einhelligen Beschluß / unter jeder Obrigkeit Nahmen und Ausschreiben / öffentliche und neue Mandata publiciret / angeschlagen / und darin statuiret / was nach Ausgang vier Wochen / nach solchen publicirten Mandaten / von denen Ständen dieses Crayses für gardend / Herrnloß / auch zu Roß und Fuß umschweiffend Gesind / die sich mit guter Kundschafft auff keinen Stand / oder kundlichen Befehls-Mann beziehen / und dessen Schein fürzeigen mochten / daß alsobald beygefangen / in Hafftung gelegt / allein mit Wasser und Brod erhalten / auff die Galleen geliefert / also aus dem Reich verführet / und männiglichen dieser unträglichen Last enthebt seyn möchte; Gestalt dann solche Verordnung nicht dieses mahl allein / sondern auch künfftig von allen Ständen gehörter massen darob gehalten; Und soll das Verführen auf die Galleen / auf gemeines Crayses Kosten / (ausserhalb was denen Ständen / die Zeit solche Buben in ihren Hafftungen auffenthalten / auffgehen würde /) endlich vollnzogen werden.

Als aber bey fernerer Berathschlagung dieses Puncts bedencklich fürgefallen / daß solch umschweiffend / gardend Gesind / gantz unerhörter Sachen & citra causæ cognitionem, auf die Galleen solt condemniret werden / darum dann zu besorgen / es möchte etwan der Unschuldige des Schuldigen in solchem entgelten müssen; Hergegen aber auch bedacht / daß unter solchen umschweiffenden / gardenden Knechten viel befunden / die sich nicht allein des Gardens / sondern auch Stehlens / Mordens / und anderer noch mehr und höhern Maleficien befleissen und gebrauchen / und also eine höhere und grössere Straff / dann berührte condemnation der Verführung und Liefferung auff die Galeen / verwirckt: Haben die Stände dieses Crayses sich einhellig verglichen / verabschiedet und geordnet / wo solch gardend und umschweiffend Gesind / zu Roß oder Fuß / hinfühero in diesem Crayß betretten / daß es durch die Obrigkeit selbiger Orten / Innhalt hievor gesetzter Mandaten / gefänglich soll angenommen / und alsobald peinlich befragt werden.

Befindt sich nun / daß dieselbige sich nicht allein des Gardens beflissen / sondern auch andere Maleficia begangen / sollen dieselbigen / vermöge der gemeinen beschriebenen Rechten / der Kayserl. Maj. und des Heil. Reichs peinlichen Hals-Gerichtes so wohl / als anderer Ordnungen / oder eines jeden Orts Freyheiten / altem Herkommen und Gebräuchen gemäß / peinlich beklagt und an dem Leben gestrafft werden.

Würde aber bey denenselben befunden / daß sie sich allein des gardens gebraucht / und neben oder mit demselben kein ander Maleficium begangen / oder daß sie desselbigen begangenen Maleficii halben das Leben nicht verwirckt haben möchten: So sollen dieselbige / es sey einer oder mehr / an dem Gericht / da jemand betreten und angenommen / auch peinlich für Gerichte gestellet / folgends auff die Pön des vielgemeldten Mandats beklagt / und da sich durch Urgichten und Bekäntnüß / oder andere im Recht vollkommene Beweisungen befunden / daß sie wider solch Mandat gehandelt / sollen sie / als die ipso facto in die Pön declariret und erklärt / und also auff die Galleen endlich verurtheilet / condemniret und geliffert werden. Und dieweil bey solcher Berathschlagung auch ferner fürgefallen / welcher massen dieselbige condemnirte Person mit dem wenigsten Kosten und Gefahr auff die Galleen zu bringen und zu lieffern seyn möchte; Ist bedacht / wann solcher umschweiffenden / gardenden Knechte einer oder mehr auff die Galleen gehörter massen unter einem Stand dieses Crayses condemniret worden / soll derselbige Stand solches dem hieroben benannten zugeordneten Stand seines Bancks berichten / der soll alsdann solche Condemnation dem Herrn Obersten dieses Crayses / welcher jederzeit seyn wird / auch zu wissen machen / welcher Oberste samt seinen Zugeordneten alsdann / je von einem viertel Jahr zu dem andern / à dato dieser Vergleichung anzufangen / die Verordnung thun soll / damit alle diejenigen / so in demselben viertel Jahr / in dem gantzen Crayß / auff die Galleen condemniret / sämtlich auff des gemeinen Crayses Kosten / zu gebührender Straffe / und dahin auff die Galleen verführet / und überantwortet werden / wie es den Herrn Obersten und Zugeordneten am bequemsten und füglichsten ansehen würde. Doch soll hierdurch gemeinen Ständen unbenommen seyn / gegen solche Buben / nach Gelegenheit ihrer Verhandlung / auff die Maaß / wie die hievor in denen Abschieden verglichen / Handlung und Straffen fürnehmen zu lassen. Als dann viel Reisige und Fuß-Knechte seynd / die eines theils keine Herrschafft haben / aber etliche mit Diensten verpflicht / darinn sie sich wesentlich doch nicht halten / oder die Herrschafften / darauff sie sich versprechen / ihrer zu Recht und Billigkeit nicht mächtig seynd / sondern im Lande ihrem Vortheil und Meuterey nachreuten: So sollen hinfort solche Reisige und Fuß-Knechte in diesem Crayß nicht geduldet oder auffenthalten / sondern / wo man die betreten mag / angenommen / härtiglich gefraget / und um ihre Mißhandlung mit Ernst gestrafft / auff das wenigste ihr Haab und Gut eingezogen / gebeutet / und sie mit Eyden und Burgschafften nach Nothdurfft verbunden / auch diejenige / so unbesessen / oder kein häußlich Wesen oder Wohnung / oder keinen schrifftlichen schein eines Nachlaß an jedes Orts Obrigkeit fürzulegen haben / von niemand bey nahmhaffter Straff gehauset / geherberget / oder in einige Wege auffgehalten werden.

ANNO 1563.

Wo auch in diesem löblichen Crayß / in was Ober-Herrligkeiten und Gebieten das wäre / jemand zu Roß oder zu Fuß gefährlich halten / reiten / oder ziehen / und das gesehen oder gespüret würde: So sollen die Stände und Obrigkeiten jedes Orts die erspriesliche Ordnung und Fürsehung thun / daß dieselben / so also vermerckt / gerechtfertiget / und wo sie alsdann argwöhnisch erfunden / in eines jeden Obrigkeit angenommen / gefangen / und vermöge des Land-Friedens und des Heiligen Reichs-Recht / auch eines jeden Orts Gewonheiten / Freyheiten / und alten Herkommen / gegen dieselbigen gehandelt werden.

Als sich dann hin und wieder im Reich teutscher Nation eine Zeither allerhand Plackeryen / verdächtliche Reuteryen / Raubereyen und Mord beschwerlich ereugen und zutragen / dadurch der gemeine Fried und Sicherheit nicht wenig betrübet und zerrüttet / auch gemeinen Ständen und Unterthanen im heiligen Reich teutscher Nation nicht geringer Nachtheil und Schaden daraus erfolget: So soll ein jeder Fürst und Stand dieses Crayses / in seinen Gebieten und Obrigkeiten / auf solche Plackeryen / verdächtige Reuteryen und Raubereyen / ein fleißiges ernstliches Auffsehen haben / und sich dieser Ordnung in alle wege gemäß erzeigen und verhalten,

Von Nacheil / auch Sturm- oder Glocken-Streich / und denen Thätern / die in frembder Obrigkeit ergriffen / und niedergeworffen werden.

Nachdem die hievor angeregte Reisige und Fuß-Knechte / an vielen Orten teutscher Nation / aus einem Gebiet in das ander kommen / und von einer Obrigkeit ungesäumt die andere erlangen oder erreichen / und also entrinnen und darvon kommen mögen: So ist der Kayserlichen Majestät und des Heiligen Reichs im 559. Jahr auffgerichtetem Abschied gemäß geordnet / wann hinführo obgemelte gefährliche Reisigen und Fuß-Knechte / Räuber oder Mörder / einer oder mehr / in der Ober-Herrlichkeit und dem Gebiet / darinn er oder dieselbigen argwöhnisch befunden / jemands wider ihrer Majestät und des Heiligen Reichs Constitution und gemeinen Frieden / auch derowegen hiebevor ausgegangene Mandat / thätlich angegriffen / beschädiget / oder einiger Handlung sich unterstanden hätten / und in solcher Ober-Herrlichkeit und Gebiet / darinn dieser Angriff und Beschädigung geschehen oder fürgenommen / nicht betreten / ereilet oder ergriffen werden könten / daß diejenigen / so beschädiget worden / zu Roß und zu Fuß / ziemlicher weise und nach Gelegenheit der Macht oder Stärcke / auch Rüstung dessen oder deren / so solchen Angriff und Beschädigung gethan / oder zu thun unterstanden hätten / den oder dieselbe von einer Oberkeit in die ander / auch einem Crayß in den andern / jedoch ihnen den Obrigkeiten und Craysen ohne Entgelt / nacheilen / und sie niederwerffen mögen.

Wofern aber die Nacheiler und Beschädigte dißfalls berührte Thäter und Beschädiger niederzuwerffen und handzuhaben selber nicht mächtig noch starck gnug wären / alsdann mögen sie die nächstgesessene Obrigkeit / oder dero Amtleute und Befehlhaber / mit Erzehlung / warum die Nacheil beschiehet / um Hülff und Handhabung / auch mit Tastung und Einziehung der Thäter und Beschädiger anruffen; Inmassen dann eine jede Obrigkeit / oder dero Amtleute und Befehlhaber / in Krafft jetzt angeregten des Heil. Reichs Constitution und Ordnung / verbunden und schuldig seyn / ihrem besten Vermögen nach / alsbald dem Anruffenden zu Roß und zu Fuß zu Hülffe zu kommen / und im Fall es die Nothdurfft und Gelegenheit wolt erfordern / den Sturm- und Glocken-Streich ziemlicher massen angehen / auch inmittelst alsbald von einem Flecken / Dorff oder Weiler in das ander / warum solches beschiehet / mit Vermahnung / denen Thätern oder Beschädigern mit helffen nacheilen / berichten zu lassen.

Doch soll des Sturmstreichs halben eine solche Maaß und Unterscheid gegeben werden / damit in denen Flecken / Dörffern oder Weilern / da derselbige mit Anschlagung der Glocken / oder Ausschressung der Büchsen / nach Gelegenheit eines jeden Orts erfolget / die Underthanen / ob derselbige von wegen Feuers / oder aber der Plackereyen beschehe / wissen mögen.

Dabey auch in einer jeden Stadt / Marckt / Flecken / Dorff und Weiler / die Amtleute / Vögt / Schultheiß oder andere / so der Gemein vorstehen / die Ordnung zu geben / auff daß die Unterthanen / wie starck und wo hinaus sie lauffen sollen / Bericht haben / und in dem / nach Gelegenheit und Zufall der Sachen / die Fürsehung zu thun / daß keine gefährliche Auffwieglung oder Rottirung daraus erfolge.

So nun in solcher Nacheil einer oder mehr der Thäter oder Beschädiger niedergeworffen und ergriffen / sollen der oder dieselbigen in der Oberkeit und Herrschafft Gericht / darinn er oder sie nieder-

ANNO 1563. niedergelegen / gelassen und eingestellt / daselbst verstrickt / oder in Gefängnüß und gute Verwahrung geantwortet / der Ort auch von den Beschädigten oder Beleidigten / vermöge des Land-Friedens / und des Heiligen Reichs-Rechten / oder sonst nach Gelegenheit / und wie er dessen zum besten befugt zu seyn bey sich selbst befinden mag / beklagt / auch gegen den Beklagten / Inhalt gemeldten Land-Friedens / der gemeinen Rechten / und wie es sonst jedes Orts die sondere Gewohnheit / Freyheiten und alt Herkommen vermögen und mit bringen / gehandelt werden.

Dieweil sich aber offtmahls zuträgt / daß die anruffende Partheyen in denenselbigen Gerichten in mercklichen Unkosten geführet / und die Sachen durch beschwerliche Processe dermassen verlängert / dadurch die Klagende etwa die Sachen nicht durchbringen / sondern von wegen solcher Unkosten und Processe getrungen werden / das angefangene Recht ersitzen zu lassen: Sollen alle und jede solcher Gerichts-Oberkeiten / in diesem Crayß gelegen / die gewisse Fürsehung thun / damit hinfüro denen Klägern förderlich und ungesäumet Recht gegen solche Missethäter ergehe und ertheilet werde. Daß auch danebens nichts desto weniger / ausserhalb berühreter Nacheil oder Klag / dieselbige Oberkeiten für sich selbst / nach gestalten Sachen / gegen ermeldte verdächtige Thäter und Beschädiger ex officio mit ernstlicher Straff sich erzeigen.

Und nachdem in diesem Crayß viele Herrschafften / auch gefreyte Personen / die da vermeinen von diesem Crayß / und was demselbigen in Krafft der Reichs-Executions-Ordnung oblieget / exemt und frey zu seyn / in welcher Stadt / Sitz / Flecken / Dörffern / Weilern und Höfen / etwan auch die umschweiffende Reuter / Herrnlose und gardende Knechte sich enthalten: So sollen ermeldete Herrschafften und gefreyte Personen / auff der Kayserl. Majest. mit Churfürsten / Fürsten und Ständen / des 559. Jahres zu Augspurg geschehene Vergleichung / dieselbige Executions-Ordnung / was auch der Nacheil halber Ihr. Majest. damahln gesetzt / und in diesem Crayß zu Vollziehung dessen alles beschlossen / unangesehen fürgewendeter Exemtion, nicht weniger / als andere Reichs- oder Crayß-Stände binden / und sie dem zu gehorsamen schuldig seyn.

Es haben auch gemeine Crayß-Stände solcher Nacheil halber sich mit und unter einander ferner erinnert / und befunden / daß denen Sachen nicht gnugsam geholffen / wo allein nach geschehener That nachgehenget / sondern vielmehr dahin zu sehen / wie dieselbige mit zeitlichem Rath und embsigen Auffsehen bey denen verdachten Personen fürkommen werden möge / und derowegen solcher verdachten / umschweiffenden / unbekannten Personen halben / sich einhelliglichen verglichen / daß alle Stände / in ihren Fürstenthumen / Herrschafften und Gebieten und Oberkeiten / sonderlich aber an denen Gräntzen / die ernstliche Fürsehung und Verordnung durch offene Mandata thun / und ihren Amt-Leuten / Unterthanen / Gastgebern / und wie es die Nothdurfft erfordert / und zum füglichsten geschehen mag / thun sollen / daß auff denen Strassen / in den Flecken und Herbergen solche unbekannte Personen mit bestem Glimpf und guter Bescheidenheit angesprochen und gefragt: Woher sie zögen / wer sie wären / wenne sie zuständen / und wo sie hinaus wolten? rc. mit Vermeldung / man wolte ihnen solches in Ungutem nicht vermercken / dann solche Ordnung mit gemeinem Beschluß aller Ständen dieses Crayses geschehen; so würde es ihnen denen unbekannten Personen zu keiner Gefahr / sondern zu Gutem in diesen gefährlichen / geschwinden und unsichern Läuffen fürgenommen / rc. Da nun auff solch Befragen guter unverdächtlicher Bescheid gegeben / daß es alsdann darbey bleibe / und die Fürziehende ohne weitere Besprechung hingelassen würden.

Begebe es sich aber / daß auff solch Ansprechen / die unbekannte Personen Bericht zu geben sich gar weigern / oder aber unrichtig / argwöhnisch antworten / zu dem in Herbergen / sonderlich aber in denen offenen Flecken sich gegen Abends nicht ausziehen / ihr Gewehr und Harnisch nicht von sich thun / ihre Roß über Nacht gesattelt stehen / auch nicht zu Bette weisen lassen / oder allein etliche zu Bett / die andern in Stallen bey denen Gaulen sich halten würden / das soll alsbald ein jeder Wirth oder Unterthan / bey welchem solche Leute einziehen / oder Unterschleiff suchen / bey den Pflichten und Eyden / damit er seiner Obrigkeit verwandt / auch einer ansehnlichen Leib- oder Geld-Straff / so jede Oberkeit nach Gelegenheit hat zu bestimmen / schuldig und verbunden seyn / solches alsobald und ohne Verzug / so Tag / so Nacht / mit allen guten nothwendigen Umständen / und wie viel der verdachten Personen seyn / seinen Amt-Leuten und Schultheissen anzuzeigen / welcher alsbald sich ebenmäßig in der Stille Hacken-Schützen / beneben andern gewehrten Personen / gefast machen / und anfänglich sich allein / oder mit noch einer oder zweyen Personen in solche Herberge verfügen / die andern aber an einem gewissen Ort lassen warten / und die verdachte Personen gebührlichen umb Bescheid (wie obgemeldt /) ansuchen / mit dem Zusatz / wo sie sich dessen solten verweigern / müsten sie ihrem habenden Befehl nach gegen sie handlen / und würden sie nicht von statten lassen / und im Fall ausser ihrer Antwortung guter Bericht / auch nach Gelegenheit der Personen / als da etwan von Adel / oder andere ansehnliche Leute unter ihnen / abzunehmen / daß sie rechte Sachen führen thäten / alsdann es darbey lassen bleiben; Wo aber der Verdacht ausser denen Umbständen sich also erzeigte / daß man sich nicht gründlichen wüste darein zu richten / sollen sie abermahls Handlung fürnehmen / die Personen verhafften / verwahren oder sonst bey Handen behalten; Da es aber ein gesammlet Gesind / nicht einerley Kleider / die auch keinen Herrn oder Haupt bey ihnen / auff welchen sie sich versprechen / wären verkappt / auff den Strassen / oder mit gemachten Bärten abwegs geritten / liessen sich auch sonsten verdächtlicher Reden oder Trohworten vernehmen / dieselbigen alsbald wohl verwahren / die Ställ / darinn die Roß / verriegeln und verlegen / sie nicht hinzu lassen / und also lang gegen sie handlen / biß die zu Hafft und Sicherheit gebracht; In welchem auch die genachbarten Flecken / es wäre in welches Herrschafft und Oberkeit es wolle / einander treulich zuspringen / einander warnen / auff die Strassen und Päße Achtung geben / und also mit allem Vermögen sich solchem Gesind wiedersetzen / und im Fall der Noth auch auff die Nacheil ein wachsam Aug haben sollen. ANNO 1563.

Und dieweil solch Gesind gemeinlich der sondern Schlüpff und Abwege sich befleißigen / auch da sie deren gebrauchen / desto ehe für die jenigen / so nicht rechte Sachen führen / zu halten seyn: So sollen alle Stände dieses Crayses / für sich selbst / und bey ihren Unterthanen / zeitliche Fürsehung thun / daß nach Gelegenheit der Landes-Arten die Land-Wehren verriegelt / vergraben / die Fürt verschlagen / und also angericht / daß man bey der gemeinen Land-Strassen muß bleiben / und die Verdachte durch solche Schlüpff nicht konten entfallen. Da auch ein Angriff geschehen / und die Nacheil an die Hand genommen werden müste / die Underthanen wissen / wohin ein jeder lauffen / und mit was Wehr und Maaß er die Fürt und Hält / auch Wehren und Gräben verhalten und dem Thäter begegnen solle.

Es ist auch solcher Nacheil halber von denen Ständen dieses Crayses / in ihren Gebieten und Oberkeiten / diese fernere Verordnung geschehen / daß die nacheilende Flecken nicht gar leer verlassen / sondern allein etliche nach Gelegenheit des Nothfalls ausgeschickt / die andere aber die Flecken / Thor und Crayßen verhüten / sonderlichen aber / daß allwegen einer oder zween Reitende eilends ausgeschickt / und von einem genachbarten Flecken zu dem andern Bericht und Warnung thun sollen; Wie dann ein jeder Stand nach gelegenheit seiner Herrschafft solche Verordnung wohl zu thun / auch in Krafft dieses Abschieds zu thun verpflicht und schuldig seyn soll.

Und nachdem / wie oben erwehnt / die Nacheil nicht allein von einer Oberkeit / sondern auch ausser in einem Crayß in den andern / vermög gemeinen Reichs-Abschieder geschehen soll / und sich derowegen die Stände des löblichen Fränckischen Crayses hiebevor gegen die Stände dieses Crayses / mit Uberschickung ihres dieses Punctens halber verglichenen Abschiedes / erklärt: So haben sich die Stände dieses Crayses hinwieder gegen angeregten Fränckischen Crayß und desselbigen Stände / deßgleichen andere benachbarten / die Churfürstliche Rheinische / Bayrische und Rheinländische Crayse / in Krafft dieser Ordnung verglichen / erboten / und darbey dieselbigen auch gebührlicher Weise ersucht / die Gleichheit in diesem Fall der Nacheil ausser einem Crayß in den andern auch zu halten / daß es sonst in alle wege / vermöge mehr gerührter Reichs-Abschiede / keinem Stand oder Crayß an seinen habenden Oberkeiten / Herrlichkeiten / Hochheiten und Gerechtigkeiten / in einen Weg verletzlich / verkleinerlich / abbrüchig / oder sonsten zu Schmälerung reiche und diene.

Von dem Streiffen und seiner Ordnung.

Ein jeder Fürst und Stand dieses Crayses soll sein Fürstenthum / Land und Gebiet / auch Strassen / vermöge vieler / und sonderlich des zu Augspurg in Anno 555. gemachten und publicirten Reichs-Abschiedes / auff seine selbst eigene Kosten / reine und darzu nothdürfftige streiffende Rotten zu erhalten / und damit sich nicht muthwillige Leute in seiner Oberkeit zusammen schlagen / und andere beschädigen / nothwendige Fürsehung zu thun schuldig seyn.

Damit aber der Röm. Kayserl. Majest. und des Heiligen Reichs auffgerichteten Constitutionibus, Abschieden und Ordnungen / die Execution und Handhabung des hochverpönten Land-Friedens belangend / in diesem löblichen Schwäbischen Crayß noch mehr und würcklich nachgesetzet / und sonderlich die vielfältige / beschwerliche und gefährliche Plackereyen / auch das Garden der Herrnlosen Knechten / und anders ohnnützen umschweiffenden Gesinds / so viel immer möglich / abgestellt und fürkommen werde: So seynd die Stände dieses Crayses in vier unterschiedliche Viertheil / wie sie hernach verzeichnet zu befinden / eingetheilet / und in jedes Viertheil N. Reisiger Pferd / welche folgende Stände geben / und alle Wege unter denen einen Hauptmann erkiesen sollen / auff gemeines Crayses Kosten geordnet / und wollen die Stände jeden Hauptmann täglich mit einem Gülden / aber die andere Pferde jedes mit neun Batzen / so lang der Streiff währet / besolden lassen.

Solche Reisige wohlgerüstete Pferde sollen in denen ausgetheilten Viertheilen alle Hält / Paß / Fürt / Steg / Weg / Ort und Winckel fleißig durchstreiffen / über die Plackereyen / und wo dieselben ihren Enthalt / Unterschleiff / Nacht- und Tag-Lager suchen / gute Kundschafft haben / und da sie sich in ein- oder dem andern Weg argwöhnisch oder verdächtig erzeigten / oder sich eines Angriffs und Ubelthat unterfahen und annehmen wolten / oder aber denselben schon gethan hätten / daß sie die Thäter alsbald zur Hafft und Gefängniß bringen / da sie aber denen nicht starck genug wären / soll jeder Hauptmann bey den nechsten Stän-

ANNO 1563. den seines untergebenen und befohlenen Viertheils / nach Gelegenheit des Reichs Anschlags / ein oder mehr Pferde / auch Fußvolck / so viel die Nothdurfft erfordert / damit die Räuber und Ubelthäter niedergeworffen / und man ihnen starck genug seyn möge / zur Stärckung erfordern / welche auch ein jeder Stand auff das Patent / so jeder Hauptmann bey Handen haben und fürzeigen wird / ohne Widerrede von Stund an zuzuschicken verpflicht und schuldig seyn soll. Und wollen gemeine Stände in dergleichen Nothfällen alle Wege auf ein geschickt Pferd / Tag und Nacht / auch neun Batzen zu Besoldung verordnen.

Ob sich aber die Noth also zutrüge / daß der Räuber und übelthäter Versammlung so groß / oder sie sich unterstünden / von dannen zu trachten und zu entreiten / also / daß die Nacheil angehen müste: So haben gemeine Crayß-Stände bey allen ihren Ober- und Unter-Amtleuten / auch derselben Unterthanen / alsbald / neben Verkündigung dieser Ordnung / solche Fürsehung gethan / daß sie den Hauptmann und andern streiffenden Reutern / auff ihr Begehren und Erfordern / auch Fürlegung des offnen Patents / von Stund an bey Pön und Straff des Land-Friedens / deßgleichen der Crayß-Stände sondern hohen Ungnade und Straff / helffen nacheilen und in Hafft bringen / auch im Fall der Noth unterschiedlich den Sturm-Streich angehen lassen.

Gleichfals sollen der verordnete Hauptmann und Reuter / in Krafft des offenen Patents / andere gefreyte Herrschafften / Geist- und Weltlich / auch die von der Ritterschafft / Adel und sondere Personen / so in diesem Crayß gesessen / vermöge des Heil. Reichs Constitutionen / sonderlich aber jüngst auffgerichteten Reichs-Abschieds / um Mit-Hülff und die Nacheil anzuruffen / Befehl / Macht und Gewalt haben / des unzweiffentlichen Versehens / sie werden denjenigen / so mit gemeinem Reichs-Beschluß verabschiedet / unweigerlich nachkommen / und zu keiner Weiterung Ursach geben.

Und ob also vor- in- oder unter der Nacheil jemands Verdächtiger oder die Thäter selbst niedergeworffen und zur Hafft gebracht würden: Sollen der oder dieselben in dieses Crayses-Stand oder derjenigen Oberkeit und Gebiet / in deren die Niederlag geschehen / Verwahrung und Gefängnüß überantwortet / und der Enden gegen selbige / Inhalts der Reichs- und Crayß-Abschied / ihrem Verschulden nach gehandelt und vollfahren werden.

Müste aber die Nacheil biß in einen andern anreinenden Crayß beschehen: So sollen sich die Verordnete zum Streiff ihres offenen Patents bey jedem Stand oder seinen Amt-Leuten auch gebrauchen / und sie in Krafft des Land-Friedens und Reichs-Abschieds zur Nacheil und Handhabung der Ubelthäter / auch dem Sturm-Streich / wie es jedesmahl die Gelegenheit der Sachen erfordern würde / fleißig und ernstlich ermahnen.

Nicht wenigern Fleiß / Kundschafft und Auffmercken sollen die Verordneten zum Streiff in jedem Viertheil auff die Herrnlosen und gardende Knechte / so den armen Mann auff dem Lande / der sonderlich zu dieser klemmen theuren Zeit mit seinen Kindern selbst Hunger leyden muß / seinen blutigen Schweiß schändlich abnime / haben / und denen Streiffenden hiermit ernstlich befohlen seyn / wo sie deren einen oder mehr auff dem Garden und Außmergeln der armen Unterthanen / gemeinen Crayses Ständen zugethan / betretten / daß sie gegen und mit solchen / nach Besage des Crayses Abschied und Mandaten / handeln sollen / von welchen hieroben unter dem Titul / von Plackeryen / Herrnlosen / gardenden / und andern umschweiffenden Gesinde / ferner verordnet.

Da auch der verordnete Streiff zu diesem müßig gehenden Gesinde nicht starck genug / sondern sie sich etwan zusammen rottiren / und sich obgehörter massen nicht abmahnen lassen wolten: Auff solchen Fall soll es mit der Nacheil / Sturm-Streich / und in andere Wege / nicht allein bey dieses Crayses Ständen / sondern auch denen andern gefreyten Herrschafften / wie oblautet / gehalten / und aller Fleiß fürgewendet werden / ob man doch einmahl dieser schweren Last abkommen / und die armen Leute auff dem Lande / zu dieser theuren Zeit / solcher schweren Bürden erledigen und abhelffen möchte.

Und folge also hernacher die Austheilung obgemeldeter vier Viertheil in diesem Schwäbischen Crayß / mit samt den benannten Bezirck / wie weit und wohin jede streiffende Rotte auff denen Gräntzen herum streiffen soll. Und ist sonderlich einem jeden Stand sein Reichs-Anschlag beygesetzt / damit sich jeder Hauptmann / in Erforderung einer Stärcke mehrer Pferden / um so viel mehr darnach wisse zu richten.

In das erste Viertheil seynd hernachfolgende Stände verordnet:

Zu Roß.	Zu Fuß.	Von denen Fürsten.
60.	277.	Würtenberg.
		Prælaten.
5.	18.	Ellwangen.
4.	8.	Elchingen.
		Grafen und Herren.
2.	-	Graf Ulrich zu Helffenstein.
8.	45.	Alle Grafen zu Oettingen.
1.	3.	Die Frey-Herren zu Grafen-Eck.
		Von denen Städten.
25.	150.	Ulm.
3.	38.	Reutlingen.
5.	40.	Eßlingen.
3.	35.	Gmünd.
1.	12.	Weyl.
4.	40.	Haylbronn.
2.	14.	Wimpffen.
10.	80.	Schwäbischen Hall.
4.	40.	Dunckelspühl.
-	6.	Bopffingen.
1.	12.	Giengen.
1.	12.	Aalen.
5.	50.	Nordlingen.
3.	30.	Wörd.

Dieser Streiffenden Rott Grentz soll seyn / von Bruchein an die Marggraffschafft Baden / nach dem Hertzogthum Würtenberg / biß auff die Graffschafft Helffenstein zu Wiesensteig / und die Stadt Ulm; Darnach die Donau hinab / auff Word; Von dannen in die Graffschafft Oetingen / biß an die Grentz der Marck Brandenburg / auff Dünckelspühl / Ellwangen / Hall / Haylbronnen / Wimpffen / und also auff andere des Fränckischen Crayses anreinende Stände / biß wieder auff das Hertzogthum Würtenberg / am Bruchein.

Darein sollen der Hertzog zu Würtenberg und Oetingen die N. Pferde zum Streiff ordnen / und sonderlich J. F. G. den Hauptmann darzu geben.

So gehören in das ander Viertheil diese Stände.

Zu Roß.	Zu Fuß.	Von denen Fürsten.
8.	28.	Marggraff zu Baden / Hochberg und Roteln / ꝛc.
24.	60.	Samt deren Fürstl. Gn. Vettern Marggraf Philibertten / und Christophen zu Baden / ꝛc.
		Von wegen Marggraf Philipsen zu Baden nachgelassener Landschafft.
1.	4.	Die Aebtißin zu Rottenmünster.
		Von Grafen und Herren.
-	4.	Graf Wilhelm zu Eberstein.
1.	2.	Der Freyherr von Geroltzeck.
6.	30.	Die Grafen zu Fürstenberg.
6.	20.	Graf Carl zu Hohenzollern.
2.	9.	Die Grafen zu Sultz.
1.	8.	Und als Innhaber Brandis.
		Von denen Städten.
3.	61.	Rotweil.
-	30.	Offenburg.
-	15.	Gengenbach.
-	10.	Zell am Hammersbach.

Und ist dieses Viertheils streiffender Rott Grentz / von Bruchein in die Marggraffschafft Baden / biß an Rhein / auff Offenburg / Gengenbach / Geroltzeck / und wieder in die Marggrafschafft gen Röteln und Hochberg / biß an das Oesterreichische und Eydgenoßische; Von dannen herüber an die Donau / auff Sigmaringen / Hohenzollern und Hechingen / biß an das Hertzogthum Würtenberg.

Die N. Pferd in dieses Viertheil sollen beyde Fürsten und Herren / die Marggraffen zu Baden ꝛc. geben / und sich darunter eines Hauptmanns vergleichen.

Im dritten Viertheil seynd folgende Stände begriffen.

Zu Roß.	Zu Fuß.	Von denen Fürsten.
7.	30.	Der Bischoff zu Costantz.
6.	20.	Der Abt zu Kempten.
		Von den Prälaten.
2.	4.	Reichenaw.
7.	77.	Salmansweiler.
		Dieser Prälat ist in Ann. 1577. auf dem Moderation-Tag zu Franckfurt umb 3. zu Roß und 10. zu Fuß moderiret / und also bey dem Wormbsischen ersten Anschlag An. 21. gelassen worden.
4.	18	Weingarten.
2.	14.	Weissenaw.
-	6.	Petershausen zu Costantz.
2.	14.	Schussenried.
4.	20.	Ochsenhausen.
2.	5.	Marchthal.
1.	8.	Münchrott.

Von

ANNO 1563.

Zu Roß.	Zu Fuß.	Von den Aebtißin.
=	5.	Lindau.
2.	6.	Buchaw.
=	5.	Heckbach.
=	5.	Guttenzell.
=	5.	Baint.
3.	31.	Die Ballay im Elsaß.

Von den Grafen und Herren:

4.	22. u. 1. h.	Die Grafen von Fürstenberg / als Inhaber des halben Theils der Werdenbergischen Güter.
3.	20.	Alle Grafen zu Montfort.
4.	22. u. 1. h.	Graf Carl zu Hohenzollern / als Inhaber des andern halben Theils der Werdenbergischen Güter.

Von den Grafen und Herren.

=	5.	Inhaber der Herrschafft Justingen / Georg Ludwig von Freyberg.
2.	6.	Herr Hanß Jacob / Freyherr zu Königs-Eck und Aalendorff.
	5.	Mehr als Inhaber der Herrschafft Königs Eckenberg.
2.	4.	Inhaber Hn. Schweickhards von Gundelfingen S. Güter / Graf Georg von Helffenstein.
10.	42.	Die Herren Truchsässen von Waldburg / von wegen ihr und der Truchsäßischen Waldburgischen Güter / von Sonnenberg auff sie gefallen.
4.	18.	Grafen zu Lupffen.
2.	9.	Die Grafen zu Zimmern.

Und von Städten.

3.	30.	Kempten.
4.	46.	Biberach.
1.	14.	Leutkirch.
2.	14.	Yßni.
2.	14.	Wangen.
3.	40.	Lindaw.
3.	40.	Ravenspurg.
=	5.	Buchhorn.
6.	60.	Uberlingen.
2.	20.	Pfullendorff.
=	2.	Buchau am Feder-See.

Der Bezirck dieses Viertheils ist von der Graffschafft Hohenzollern an auff Hechingen / biß an das Land Würtenberg / und der Herren Grafen zu Helffenstein / zu Wiesensteig / Grafschafft / und die Stadt Ulm / folgends die Iler hinauff / biß an das Gebürg / darnach hinumb an den Bodensee / an die Eydgenoßschafft / und die Graffschafft Fürstenberg.

Darzu sollen der Bischoff zu Costantz / und Graf Haug zu Montfort die N. Pferd / darunter ein Hauptmann seyn soll / verordnen.

Und dann in das vierdte Viertheil gehören:

Zu Roß.	Zu Fuß.	Von den Fürsten.
21.	100.	Der Bischoff zu Augspurg.

Von Prälaten.

2.	10.	Roggenburg.
=	10.	Uhrsperg.
=	14.	Yrsin.

Von Grafen und Herren.

4.	14.	Herr Georg von Fronsberg.
5.	20.	Die Herren von Baumgarten.
4.	15.	Herr Marx / Johann und Jacob die Fugger / Gebrüdere.

Von denen Städten.

25.	150.	Augspurg.
2.	34.	Kauffbeurern.
4.	50.	Memmingen.

Und ist der Bezirck dieses Viertheils / was zwischen den dreyen Wassern der Donau / Lech / Iler und dem Gebürg liegt.

Zum Streiffen soll der Bischoff / und die Stadt Augspurg den Hauptmann und Pferd geben.

Damit nun dieser Streiff zugleich angehe / soll jedes Viertheil seine N. Pferd / auff einen bestimmten Tag / zum Antritt verordnen / und dieselben obgehörter massen / nach den Antritt / auff gemeines Crayses Kosten / wie oben stehet / so lang es jederzeit die Gelegenheit und Nothdurfft erfordern würde / streiffen lassen; Jedoch mit der Bescheidenheit / daß ein jeder Hauptmann / vor Ausgang derselben Wochen / denen Fürsten und Ständen / von welchen sie verordnet / zu wissen thue / wie die Sachen in jedem Viertheil geschaffen / wie sie von einem jeden Tag zu dem andern gestreifft / wo ihre Nachtläger gewesen / und was ihnen also täglichen unter solchen Streiffen begegnet / auch wo hin und wieder die verdachte Unterschleiffe seyn möchten. Item / ob die Beschwerden ab- oder zugenommen / damit Ihre Gnaden / im Fall der Noth / Verordnung thun mögen / den Streiff länger fortgehen zu lassen / oder ihn abzuschaffen / oder aber denselben auff eine andere Zeit / in vorgeschriebener Maaß / wieder anzustellen / und zu verordnen; Dann sonst / und ausserhalb Ihr. F. G. Gnaden und Gunsten weiter Verordnung / würde auff die Reuter / nach Verscheinung der bestimmten Zeit / keine fernere Besoldung gereicht werden. ANNO 1563.

Insonderheit sollen auch Hoch- Wohl- und oben ernannte deputirte Stände zu diesem Streiff ein jedes Viertheil solche Hauptleute und Personen schicken und verordnen / so der Lands-Arten / Steg / Weg / Hälch / Fürth und Pässe kündig / wohl bericht und erfahren / denenselben auch diesen ernstlichen Befehl anhencken / daß sie nicht allerdings auff denen Gräntzen ihrer verordneten Viertheil / oder in den Herbergen zu lang liegen / sondern umb und durch die Viertheil gerings- und Creutzweise / und wie es jedesmahls die Nothdurfft erfordern würde / also streiffen und ziehen / daß diesem Crayß kein Spott / Nachtheil oder anderer Verweiß daraus erfolge. Zu dem so sollen auch die Oberkeiten jeder Viertheil gute Achtung haben / daß in derselben Gebieten und Vierteln die Strassen sauber und rein gehalten / und diß unnütze Gesind allenthalben abgeschafft und ausgetrieben werde / des wollen sich gemeine Stände dieses Crayses gäntzlich und ernstlich versehen.

Von Raub-Häusern / Vorschüben und Enthalten der Beschädiger und Räuber / auch abgedrungenen und gestohlenen Gütern.

Nachdem dann bey der Execution und Handhabung offt allegirter Reichs- und Crayß-Abschieden und Ordnungen die Erfahrnüß geben / daß über gemeine der Kayserl. Majest. und des Heiligen Reichs Ordnung und Satzung vielgemeldte Beschädiger und Räuber / desto ungestraffter ihr Vorhaben und Boßheit zu vollziehen und zu üben / von etlichen in ihren Schlössern und Häusern enthalten und fürgeschoben werden: So haben mit höchstbesagter Kayserl. Majest. sich die Fürsten und Stände dieses Crayses / und der abwesenden Räthe / Gesandten und Bottschafften / auch sie hinwieder mit ihnen verglichen / und wollen / wo in diesem löblichen Crayß solche Raub-Häuser befunden / darinnen die Strassen-Räuber und andere Beschädiger wissentlich unterschleifft und enthalten / so fern und bald man dessen in gute und gewisse Erfahrung kommt / daß gegen dieselbigen / auf vorgehende gnugsame Erkundigung und Schein / vermöge gemeiner Rechten / und des Heil. Reichs Ordnung / vollfahren / und auff Erkäntnüß des Crayß-Obersten und der Zugeordneten / auff gemeinen dieses Crayses Kosten / verbrennt / oder sonsten umbgerissen werden sollen.

Im Fall aber die Erfahrnüß und Gewißheit nicht also / (wie jetzt gemeldt /) kundbar / und doch die Vermuthungen und Indicia vorhanden: So sollen Fürsten und Stände dieses Crayses die Kayserl. oder Königl. Maj. oder derselben Cammer-Gericht anruffen / nicht allein berührte Beschädiger und Thäter / sondern auch die Unterschleiffer und Enthalter zu der Purgation und Entschuldigung zu erfordern / und wofern sie darauff nicht erscheinen / oder sich ordentlicher Weise / vermöge Ihrer Majest. und des Heil. Reichs Ordnung / so wohl Kayserl. Land-Friedens / nicht purgiren würden / alsdenn zum schleunigsten gegen sie auff die Achts-Erklärung / auch deren würcklichen Execution, procediren lassen.

Mit dem fernern Anhang / dieweil an etlichen Orten / Oberkeiten und Gebieten / solche Mißbräuche und Gewohnheiten in Ubung seynd / nemlich / da etwan die Räuber und Beschädiger niedergeworffen werden / daß desselben Orts Obrigkeit / Amtleute oder Befehlhaber das obgeraubte oder gestohlene Gut / als verwirckt / confisciren / ihnen zueignen / oder aber die Beschädigten dahin bewegen / sich darum mit ihnen zu vertragen. Wann nun solche Mißbräuche und unleidliche Gewohnheiten denen Rechten widrig / und die Römische Kayserliche Majest. dieselben / als denen Beschädigten hochbeschwerlich / mit Consens, Wissen und Willen des Heiligen Reichs Chur-Fürsten und Ständen / aus Kayserlicher Macht und Vollkommenheit / gäntzlich auffgehaben / und verordnet / daß solche Mißbräuche / auch denen Rechten widrige Gewohnheiten / denen Beraubten / Beschädigten / oder Bestohlenen / forthin ohne Nachtheil seyen: So soll dasjenige / so entwendet / mit Gewalt abgedrungen / oder gestohlen / und bey denen Thätern / so / wie oblautet / niedergeworffen / befunden / oder aber sonst noch gäntzlich oder zum Theil vorhanden / denen Partheyen / welchen das ihrige gestohlen oder abgeraubet worden / ohne Entgelt wiederum zugestellet werden.

Und zu noch mehrerer / beständiger und würcklicher Vollziehung desselben haben gemeine Stände dieses Crayses bedacht und entschlossen / da in diesem Crayse / es wäre bey denen Ständen desselbigen / oder auch bey denen gefreyten Herrschafften und Personen / verdächtige Unterschleiffe / Fürschub / Behausung oder Auffenthaltungen sich würden oder wolten zutragen: Solten dieselbige durch die benachbarten Crayß-Stände selbst / oder / auf ihr Anbringen / durch den Crayß-Obersten mit Ernst gewarnet und vermahnet werden / solchen Unterschleiff und Fürschub abzustellen /

Anno 1563.

zustellen/ mit Vermelden/ wo es mehr geschehe/ daß alsdann/ vermöge angeregtes Abschiedes/ gegen sie mit der That gehandelt soll werden; Wie dann auch auff solchen Fall/ da über beschehene Warnung wissendliche Unterschleiffe der Thäter geschehen/ oder die geraubte Güter wissendlich in einiges Stands Behausung eingeführt/ und darinnen auffenthalten/ dieses Crayses Obrister samt seinen zugeordneten Räthen/ so er für sich selbsten ex officio, oder auf des Beschädigten Anruffen/ zu sich zu erfordern Macht hat/ nach Ausweisung mehr gerührtes Reichs-Abschiedes/ Handlung fürnehmen soll und mag.

Und dieweil sonderlich in Krafft des jüngsten zu Augspurg auffgerichteten und publicirten Abschiedes begriffen und versehen/ daß ein jeder öffentlicher Land-Fried-Brecher und wissendlicher Fürschieber ipso facto in die Pön der Acht gefallen/ also und dergestalt/ daß es keiner weitern declaration bedarff/ sondern nechstens zu der Execution geschritten werde/ soll hochermeldter Obrister samt denen zugeordneten Räthen schliessen/ wie solche Straffe gegen denselbigen vollzogen/ und was also einhelliglich beschlossen/ würcklich auf angeregten Abschied exequiret werde.

Von Auffnahmung der Crayß-Hülff/ auch Hülff der anreinenden Craysen und denen Deputirten.

Dieses löblichen Crayses jetziger und künfftige Obersten/ auch die Zugeordnete und andere Stände sollen in ihren Gebieten/ und ein jeder für sich selbst/ ihr fleißiges Auffmercken haben/ ob und wo sich einige Kriegs-Empörung/ Muster-Plätze/ und andere Rottirungen/ in diesem Crayß ereugnen wolten/ und was sie jedes mahls scheinbarlich befinden/ das zu angeregten Empörungen/ Muster-Plätzen/ andern Rottirungen und thätlichen Handlungen seinen Fortgang erreichen wolte/ dem Obersten unverzögerlich anbringen/ auff welches/ so ihn den Obersten solches/ wie obgemeldt/ selbst angelangt/ oder ihme durch einen der Zugeordneten/ oder andere Stände dieses Crayses angebracht/ soll alsdann der Oberste zum förderlichsten/ auch auff Ansuchen eines Standes/ diesem Crayß zugewandt/ gegen den sich was beschwer- oder gefährliches zutrüge/ oder ereugnete/ oder für sich selbst/ unersucht/ nach gelegenheit fürstehender besorgter Gefährlichkeit/ unverlängt die Zugeordneten an einen gelegenen Ort zusammen erfordern/ welche auch fürderlich erscheinen/ sämtlich zu berathschlagen und zu erwegen/ wie starck auff die gewisse bestimmte Hülffe/ davon hieroben Meldung geschiehet/ die Sachen fürzunehmen/ nemlich/ ob die zum vierten/ dritten/ halben oder gantzen Theil auffzunahnen und zu gebrauchen/ darauff sie auch in diesem Craiß solche Hülffe/ durch sie bedacht/ von einem jeden Stand seines Antheils zu erfordern Macht haben/ und ein jeder Stand nach seiner Gebühr solche Hülffe auf Zeit und Mahlstatt/ wie es durch den Obristen und seine Zugeordnete bedacht/ zu leisten und zu schicken schuldig seyn soll/ damit sie sich/ wo möglich/ diesem Crayß fürstehender Beschwerlichkeit zu entschütten.

Auf daß aber die Stände dieses Crayses nicht vergeblich bemühet/ und in unnöthige Kosten geführet: So sollen in keinen Fällen der Oberste und Zugeordnete die Auffnahnung fürnehmen/ sie haben dann vorstehender Gefahr und Nothwendigkeit gewisse Kundschafft zuvor empfangen und eingenommen.

Im Fall aber berührte Kriegs-Empörung/ Muster-Plätze/ und andere Rottirungen/ und thätliche Vergewaltigungen/ gegen einen oder mehr Stände dieses Crayses/ sich dermassen ereugten/ daß der Crayß-Oberst und Zugeordnete die Sachen so beschwerlich befunden/ daß dieses Crayses bestimmte Hülffe dargegen nicht gnugsam/ sie auch sich ohne Hülffe der andern benachbarten Crayß-Stände ihres ermessens nicht zu entsetzen/ oder Widerstand zu thun/ alsdann sollen sie sich nichts desto weniger in diesem Crayß/ wie vorstehet/ in Bereitschafft stellen/ zum Widerstand gefast machen/ und darzu die andere ihnen nechst anreinende zwey Crayß-Obersten und deren Zugeordnete um Hülffe erfordern/ darauff auch die erforderte Crayß-Obersten und Zugeordnete/ in Krafft des Heil. Reichs Abschieds und Ordnung/ durch sich selbst/ oder wo einer Fürstlichen Stands wäre/ durch einen Verständigen/ und der Kriegs-Sachen erfahrnen Rath/ unweigerlich und ohne einige Auffzüge/ Ausflucht oder Ausrede/ als ob sie nicht die nechst gesessene Crayse wären/ oder was dergleichen/ unter was gesuchtem Schein es zur Entschuldigung erdacht werden möchte/ zu erscheinen/ und die Maaß oder Hülffe/ worauff und wie hoch die zu stellen/ samt dem dieses anruffenden Crayses-Obersten und denen Zugeordneten zu berathschlagen und zu beschliessen schuldig seyn.

Wo nun dieses anruffenden und der andern zwey erforderten/ und ihrer zugeordneten Craysen bestimmte Hülff auch nicht starck genug wäre/ die viel berührte Kriegs-Empörung/ Muster-Plätze/ andere Rottirung/ und thätliche Vergewaltigungen/ so fürstünden/ sich gegen dieselbigen zu entsetzen/ zu trennen/ und abzuwenden: Alsdann sollen sie sich nichts desto weniger mit ihrer Hülffe in Rüstung und Bereitschafft stellen/ auch nach Möglichkeit denen Widersachern/ Vergewaltigern und Beschädigern begegnen/ und dannoch darneben zweyer anderer Craysen/ die den vorigen dreyen nicht zum weitesten entlegen/ Obersten und ihnen Zugeordneten fürter auch zu sich erfordern/ ferner zu berathschlagen und zu entschliessen/ wie und welcher Gestalt/ und auff was Maasse/ mit derselben zweyer nachgeforderten Crayß-Hülffe/ sie sich der obliegenden Last zu erretten und zu erwehren. Wie dann vermöge des Heiligen Reichs-Ordnung abermahls diese zween Obersten samt ihren Zugeordneten/ auff der vorigen dreyer Erfordern/ ohne Ausrede/ als ob andere Crayse näher dann die ihren gesessen/ oder einiger anderer Entschuldigung/ zu erscheinen/ mit zu handeln/ zu rathschlagen und zu schliessen schuldig seynd.

Anno 1563.

Und sollen in oberzehlten Fällen/ nemlich da eines oder dreyer und auch fünffer Crayß-Hülffe/ vermöge des Heiligen Reichs-Ordnung/ in Anzug und ins Feld gestellt/ dieses löblichen Schwäbischen und derselbigen Crayß-Obersten und Zugeordneten/ die Kayserliche Majest./ rc. oder in deren Abwesen aus dem Reich/ die Römische Königliche Majestät/ rc. ihres Vorhabens/ und was sie darzu verursacht/ in Schrifften unverzüglich/ und in Unterthänigkeit/ der Sachen wissens zu haben/ verständigen und vergewissen/ und nicht desto weniger mit der fürgenommenen Gegenwehr/ der Ordnung gemäß/ fürschreiten.

So sich dann abermahls die Sachen noch beschwerlicher/ und so eine grosse Empörung ereugete/ daß dieses beschwerten Crayses/ und der andern vier Craysen bestimmte Hülffe dagegen nicht fürträglich oder starck genug/ oder dieses/ und derselben Crayß-Obersten/ und ihnen Zugeordnete ermessen würden/ daß aller Crayß-Hülffe von nöthen seyn wolte: Alsdann sollen dieser fünff Crayß-Oberste und Zugeordnete/ wie die Sachen geschaffen und fürgehen/ mit allem nothwendigen Bericht der schwebenden Empörung- und Sorglichkeiten/ dem Chur-Fürsten und Ertz-Bischoffen zu Mayntz/ rc. dasselbige uneingestellt/ in Schrifften zu erkennen geben; Desselben Liebd. und Chur-Fürstliche Gn. hat von der Röm. Kayserl. Majestät/ in Krafft des vorbemeldten Reichs/ im Namen und von wegen der Kayserlichen Majest./ und wo die ausserhalb des Reichs wären/ der Röm. Königlichen Majest./ die andern Chur-/ Fürsten/ auch von den Fürsten sechs/ nemlich: den Ertz-Hertzogen zu Oesterreich/ den Bischoffen zu Würtzburg/ den Bischoffen zu Münster/ den Hertzogen in Ober- und Nieder-Bayern/ den Hertzogen zu Jülich/ und den Land-Grafen zu Hessen; und dann den Abt zu Weingarten/ von den Prälaten; den Grafen zu Fürstenberg rc. von den Grafen und Herren; auch Cölln und Nürnberg/ von der Frey- und Reichs-Städten wegen/ auff einen bestimmten Tag gen Franckfurth am Mayn zusammen zu beschreiben und zu erfordern/ darüber S. L. auch gleich alsbald allen Bericht/ wie dero solcher von denen Fünff Crayß-Obersten und Zugeordneten überschickt/ der Kayserlichen Majest./ oder wo die ausserhalb des Reichs wäre/ der Röm. Königlichen Majest./ mit Benennung des angesetzten Tages gen Franckfurth/ wie vor geredt/ ohne alles Verziehen/ schrifftlich anzeigen und zufertigen solle/ damit die Kayserliche oder Königliche Majest. ihre Commissarien auch zu schicken wissen; Innassen dann des Heil. Reichs Ordnung aufferlegt und vermag/ daß die beschriebene Churfürsten/ Fürsten/ Prälaten/ Grafen und Städte/ persönlich/ oder durch ihre Vollmächtige erscheinen/ und die Sachen ferner nothwendig/ zu Beförderung gemeiner Wolfahrt/ berathschlagen/ und von wegen ihr selbst/ auch anderer Stände erwegen sollen/ ob und wie viel aus denen übrigen fünff Craysen/ oder die alle zu erfordern.

Und im Fall/ da die Kayserliche oder Königl. Majest. ihre Commissarien auch dahin zu der Berathschlagung und Handlung schicken; Alsdann sollen die Churfürsten/ deputirte Fürsten und Stände/ ihr rähtliches Bedencken jederzeit an dieselbige/ Ihrer Kayserl. oder Königlichen Majest. Commissarien gelangen lassen/ die werden an Ihr. Majest./ als der Häupter statt sich mit ihnen/ wie bräuchig und herkommen/ wissen zu vergleichen und zu vereinigen/ und da beschlossen/ daß der andern fünff Craysen/ deren etlicher oder aller Hülffe auch auffzufordern/ so seynd dieselbige ferner auffgeforderte Crayse ihre bestimmte Hülffe auch unweigerlich zu schicken schuldig.

Und da abermahls die versammleten Chur-Fürsten/ deputirte Fürsten und Stände/ samt der Kayserl. oder Königlichen Maj. Commissarien/ ermessen würden/ daß aller Craysen bestimmte Hülffe auch nicht gnugsam; Alsdann sollen sie fürter die Dinge an die Kayserl. oder Königliche Majest. gelangen lassen/ damit dieselbige in solchen Beschwerlichkeiten/ ihren hohen tragenden Aemtern nach/ sich den Ständen des Reichs berathen/ und hülfflich zu erweisen/ da es auff Anzeige und Gutachten der Churfürsten die Nothdurfft erfordern solte/ ohne allen Verzug eine gemeine Reichs-Versammlung fürzunehmen/ und auszuschreiben haben.

Ferner sollen der Oberste und die Zugeordnete nicht allein im Fall/ da dieser Crayß oder ein Stand desselben mit der That allbereit wider den Land-Frieden bekriege/ belagert/ überzogen oder sonst beschädiget wäre/ sich ihres Amts/ wie obgesetzt/ gebrauchen/ sondern auch/ so ein offenbahr Gewerb und Empörung/ welche über diesen Crayß oder einigen Stand desselben gehen solten/ kündlich und wissendlich vor Augen/ und dannoch kein Angriff beschehen wäre/ wie auch künfftiger vorstehender Unrath abgewendet/ und fürkommen werden möchte; Und dann/ welcher gestalt/ da ein versammlet Kriegs-Volck zum Theil/ oder gäntzlich zertrennet/ Fürsehung thun/ daß sich dieselbige nicht wiederum zusammen schlage/ erwegen/ und was sie dargegen fürnehmen/ für gut achten und schliessen/ das soll (doch nicht über die bestimmte Hülffe hieroben vermeldet) würcklich vollzogen/ und im Fall der Noth/ mit Auffnahnung der nechst anreinenden Craysen/ vorgehender disposition gemäß/ gehandelt werden.

Anno 1563.

Ob auch der Oberste und ihme Zugeordnete / nach Gelegenheit der Sachen / zu Beförderung gemeines Friedens und Fürkommung weitern Unraths / für gut und rathsam ansehen würden / einen Anstand oder Frieden zu machen oder anzunehmen / darauf sollen sie in beyseyn der beschädigten / und derjenigen / so die Sachen mit belanget / zu handeln / und solchen Anstand oder Frieden / doch anderst nicht / dann mit Bewilligung der Beschädigten / einzugehen und auffzurichten Macht haben.

Alsdann ferner die Nothdurfft erfordert / sonderlichen in Kriegs-Sachen und Versammlungen eines Kriegs-Volcks im Felde zu gebrauchen / daß einer / auf welchen die andern ein Auffsehen zu haben / Unordnung fürzukommen / fürgesetzt sey: Ist entschlossen / auf die Fälle / da dreyer oder auch fünffer Crayß-Obersten / und deren Zugeordnete / die vorstehende Beschwerligkeiten abzuwenden / zu berathschlagen / die Hülffe ins Feld zu bringen / und dann gegen die Feinde oder Beschädiger zu handlen / zusammen kommen / daß um mehrerer Richtigkeit willen der Oberste dieses Crayses / der die andern erstlich erfordert / unter ihnen / denen Obersten / ein fürgesetzter Oberster seyn / dafür gehalten / die Sachen in berathschlagungen proponiren / umfragen / die letzte Stimme haben / und dirigiren / auch in Krieges-Sachen / da sie ihre Hülffe zusammen stossen / im Felde / gegen die Feinde / Beschädiger / oder die sich zusammen rottiren / und andern obgesetzten Fällen / als der Oberst-Hauptmann seyn und gehalten werden soll; Doch daß er solches mit Rath und Vorwissen der andern Obersten und Zugeordneten / so viel der bey Handen / fürnehme und handle / auf den auch die andere bey Ihme erscheinende Obersten und Zugeordnete ein Auffsehen / und diesen / als ihren fürgesetzten Obersten haben und halten sollen.

Da aber auf versammleter fünff Crayß-Obersten Anlangen die Churfürsten / deputirte Fürsten und Stände / zusammen beschrieben / in ihren Berathschlagungen für rathsam erachten und schliessen würden / daß auch der andern Craysen bestimmte Hülffe denen vorigen fünffen zuzuthun / und ins Feld zu bringen. So haben sich auch die Churfürsten / deputirte Fürsten und Stände / in solchem gemeinen Werck zu entschliessen und zu vergleichen / wen sie alsdann zu einem Obersten ins gemein gebrauchen / und wie sie den mit gebührlichem Stand unterhalten wollen.

Damit aber in diesem / da das Geld nicht gleich alsbald zu Unterhaltung des Kriegs-Volcks / und Kriegs-Handlung / aus allen Craysen / nach eines jeden Antheil / auszutheilen und zusammen zu bringen / Unrichtigkeiten / und dem fürgenommenen Werck Zerrüttungen nicht erfolgen: So sollen die Stände dieses und derselben erforderten Craysen / vermöge vielberührter Reichs-Ordnung / ein jeder seine Hülffe / auf die Anschläge aus seinem Seckel zu voraus unterhalten und versolden. Was dann in gemein / wie auch bey nächst vorgesetztem Fall gestellt / anzuwenden / das sollen dieses und derselbigen dreyer / oder fünff Crayß-Stände auch in gemein / auf vorangeregte Wege / zusammen tragen / entrichten / voraus erlegen / und aber nachmahls alles / was die Stände der erforderten Craysen insonderheit und gemein erlegt / entricht / versoldet und bezahlt / in währender Handlung / oder nach vollendter Sachen / wie in dem die Gelegenheit zu treffen / in eine Summa und glaubwürdige unterschiedliche Rechnung zusammen gebracht / und durch die Obersten und Zugeordnete auf alle dieses und andere des Reichs-Crayse und deren Stände (doch einem jeden seinen Anschlägen nach) ausgetheilt / aufgelegt / und von einem jeden sein Gebührnüß / die er auch zu geben schuldig seyn soll / eingebracht / und an bestimmte Ort erleget werden.

Ferner / da sich die Sachen dermassen und so sorgsam im Heil. Reich eräugten / daß auf der fünff erforderten Crayß-Obersten und Zugeordneten Anlangen (als hievor von diesem Fürsehung beschehen /) die Churfürsten / deputirte Fürsten und Stände zusammen beschrieben / und auff gepflogene Berathschlagungen und vergleichen der übrigen Crayß-Hülffen auch auffgemahnet würden: Auf diesen Fall sollen abermahls die Stände dieses / wie anderer Craysen / ein jeder seine Hülffe aus seinem Seckel / wie bey obernennten Fällen vermeldet / auch unterhalten und versolden; Was aber in gemein zu verwenden / das soll auf alle Crayse / und jeden seines Theils / vermöge der Anschlage / auch ausgetheilt / auferlegt / und von einem jeden sein Antheil / nach Abzug dessen / so er zuvor erlegt / bezahlt und entrichtet werden.

Im Fall aber / da über die fünff Crayse etliche mehr der andern / aber doch nicht alle / auffgefordert oder auffgemahnet würden / so würde es abermahls / des Unkostens halben / wie bey denen fünff Craysen davon Erwehnung gethan / denselben auf alle des Reichs-Crayse auszutheilen / gehalten werden.

Und damit in allen obenerzehlten Fällen unter denen Craysen und derselben Ständen eine gleiche Austheilung beschehe: So soll unter denen Ständen der Craysen / zwischen den / so die Hülff zeitlich oder langsam geschickt / kein Unterscheid gemacht noch gehalten / sondern alle Stände / sie haben zeitlich oder langsam geschickt / zugleich beleget werden.

Von ausgetretenen Unterthanen.

Als sich dann auch zu vielmahlen und an vielen Orten im Heiligen Reich zugeträgt / daß etliche Unterthanen / so zu Zanck und Unruhe geneigt seynd und Lust haben / muthwilliger Weise austreten / und unter dem gesuchten Schein / als solte ihnen von andern die Billigkeit nicht wiederfahren mögen / etwan sondern Personen / etwan gantzen Communen und Gemeinden / Abklag- oder Absagen zuschicken / oder an die Thor der Flecken und Häuser anschlagen / darinnen sie dieselben bedräuen / wo sie sich mit ihnen ihres Gefallens nicht vertragen würden / daß sie es an ihrem Leib und Gütern einkommen / und mit Brand und in andere Wege verderben wollen / etliche auch frembde Ansprach an sich kauffen / darauf austreten / und ihnen daher solchen Muthwillen und Gewalt zu treiben Ursach schöpffen. Wiewohl nun in der Kayserlicher Maj. und des Heiligen Reichs-Ordnungen und Constitutionen versehen / daß keine Oberkeit / noch derselben Unterthanen / des andern ausgetretene Unterthanen hausen / herbergen / unterschleiffen / ätzen / träncken / noch in andere Wege enthalten oder fürschieben sollen: So befindet sich doch / daß dessen unangesehen solche ausgetretene Absager / Bevehder und Land-Zwinger / an vielen Orten geduldet / und der Gebühr nach nicht gestrafft werden / daraus dann denen Unterthanen mit Brand / und in andere Wege viel Schadens zugefüget wird / auch solche muthwillige Ausgetretene zu allerhand Empörungen / Vergadderungen und Auffwieglungen Ursacher seynd.

Solches alles abzustellen und fürzukommen / ist verordnet / daß anfänglich die Oberkeiten dieses Crayses / darunter sich solche Ausgetretene halten / so sie solche Bedräuung vernommen und verstanden haben / dieselben zu Pflichten annehmen / sich ordentlichen Rechtens vor ihren Herrschafften begnügen zu lassen / und thätliche Handlung zu vermeiden / auch eine Oberkeit der andern / wider solche ausgetretene Personen / zu schleunigen Rechten / und mit wenigsten Unkosten verholffen seyn / dafür die ausgetretene Bedräuer keine Freyheit schützen oder schirmen soll. Doch daß ihnen die Herrschafften nothdürfftig Geleit / für Gewalt / zum Rechten geben / auch förderlichs gebührlichs Rechtens gestatten und verhelffen sollen: Alles nach Ausweisung der Kayserlichen Cammer-Gerichts-Ordnung / im andern Theil / unter dem Titul: Daß wider die / so ausgetretene Unterthanen / rc.

Im Fall aber da solche Ausgetretene kein Recht annehmen / noch sich Rechtens sättigen lassen wolten / daß alsdann hinführo die Stände und Oberkeiten dieses Crayses gewisse Ordnungen fürnehmen und bestellen / damit die muthwillige ausgetretene Unterthanen nicht allein an keinem Ort ihrer Gebiet geduldet / gehauset / geherberget / geätzt / geträncket / oder in andere Wege enthalten / oder fürgeschoben werden / sondern daß sie auch allen Fleiß fürwenden / auff daß solche ausgetretene Absager und Landzwinger zu Handen und Hafft gebracht / beygefangen / und ihnen den Oberkeiten zu gebührlicher Straffe eingestellet und überantwortet / so dann gegen dieselben / als Land-Zwinger / mit strengem Recht vollfahren und gehandelt; Und ob einige Stände / Oberkeiten und Unterthanen dieses Crayses / solcher Ordnung zuwider / dergleichen ausgetretene Unterthanen hausen / herbergen / ätzen / träncken / unterschleiffen / oder in andere Wege enthalten oder fürschieben würden / so sollen solche Unterschleiffer / Enthalter und Fürschieber / mit gleicher Straffe / wie die Austreter / gestrafft / und diese Ordnung nicht allein auf die ausgetretene / sondern auch die Unterschleiffer und Enthalter verstanden und vollzogen werden.

Und damit diese Ordnung desto stattlicher und würcklicher vollzogen / so sollen alle und jede Communen und Flecken dieses Crayses ihre Ausgetretene der Oberkeit mit ihren Tauf- und Zunahmen verzeichnet zustellen / und nahmhafft machen / auch die Stände und Oberkeiten Mandata in ihren fürnehmsten Städten und Flecken öffentlich anschlagen / und männiglich auf solche ausgetretene muthwillige Land-Zwinger / nicht weniger derselben Enthalter / Unterschleiffer und Fürschiebe acht zu geben / sie niederzuwerffen / und denen Oberkeiten zu gebührlicher Straf zu überantworten / gebieten.

Solche Absager und Land-Zwinger sollen auch vermöge des Heil. Reichs-Ordnung / in Fällen / da einer oder mehr die Leute wider Recht und Billigkeit bedräuen / entweichen und austreten / und sich an Ende oder zu solchen Leuten thun / da muthwillige Beschädiger Enthalt / Hülff / Fürschub und Beystand finden / von dannen die Leute je zu Zeiten wider Recht und Billigkeit mercklich beschädiget werden / auch Gefahr und Beschädigung von denselben leichtfertigen Personen erwarten müssen / welche auch mehrmals die Leute durch solche Bedräuung und Furcht wider Recht und Billigkeit tringen / auch an Gleich und Recht sich nicht lassen begnügen / derhalben solche für rechte Land-Zwinger gehalten werden sollen. Hierumb / wo dieselbe an verdächtige Ende / als oben steht / austreten / die Leute bey ziemlichen Rechten und Billigkeit nicht bleiben lassen / sondern mit berührtem Austreten von dem Recht und Billigkeit zu bedrohen oder zu schrecken unterstehen / wo sie bey denen Ständen dieses Crayses in Gefängnüß kommen / sollen sie mit dem Schwerdt / als Land-Zwinger / vom dem Leben zum Tod gerichtet werden / unangesehen / ob sie sonst nichts anders mit der That gehandelt hätten; Daß es auch desgleichen gehandelt werde / gegen diejenigen / die sich sonst durch etliche Werck mit der That zu handlen unterstehen. Wo aber jemand aus Furcht eines Gewalts / und nicht der Meynung / jemand vom Recht zu tringen / an unverdächtige Ende entwiche / der soll dadurch vorbesagte Straffe

ANNO 1563.

nicht verwircket haben; Und ob darinnen einigerley Zweiffel einfiel/ soll es umb weitere Unterrichtung an die Rechts-verständige gelangen.

Von des Schwäbischen Crayß-Hülff/ Abschieden und Verordnungen in gemein.

Auff daß auch desto weniger in Zweiffel zu stellen/ in was Sachen die Hülff eines oder mehr Crayses einem Stand oder Crayß auff sein Ansuchen zu leisten: Ist verordnet/ daß diese Ordnung/ wie hievor angeregt/ wider alle Vergadderung/ Auffwieglung und Versammlung Reuter und Knecht/ auch alle thätliche Handlungen derjenigen/ so sich im Heil. Reich an Gleich und Recht nicht begnügen lassen/ und da ihnen solches fürgeschlagen/ dasselbige nicht geben oder nehmen wollen; verstanden werde.

Also auch nachdem die Stände dieses Schwäbischen Crayses etliche Jahr/ und sonderlich in Berathschlagung dieses Wercks/ vielfältig befunden/ mit was beschwerlichen unträglichen Neuerungen sie von dem Land-Richter/ auch mit der Land-Vogtey in Schwaben/ täglichs/ und je länger je beharrlicher und unträglicher beschwert und beträngt werden/ auch derwegen mit einhelligem/ einmüthigem Beschluß durchaus von allen Ständen hiebevor/ und bey allen Crayß-Tagen beschlossen worden/ solchen Beschwerden mit einhelligem und unzertrenntem Rath zu begegnen. Darauf auch solcher Beschwerden halben an gebührenden Orten unterthänigst und unterthänig angehalten/ wider solche Processe und Handlungen protestiret/ zu dem durch etliche viel Appellationes und Contradictiones an dem Kays. Cammer-Gericht rechthängig gemacht/ dessen aber unangesehen dannoch die Stände nicht allein mit solchen ungewöhnlichen Processen/ über alle ausführlich gethane Berichte/ beschwert/ sondern auch thätlicher Gefahr und Zugriff sich darbey höchlich zu befahren/ zumahln über solches alles gantz unbedächtlich/ unerhörter Weise/ von dem Land-Richter in einem seiner Schreiben/ dessen datum Altdorff/ den 28. Jul. Anno &c. 563. fürgegeben wird/ daß mehr gemeldtes Land-Gericht in Schwaben/ und dessen concurrens Jurisdictio, so weit als der Schwäbische Bezirck sich erstrecken thue: So haben sich gemeine Stände abermahls mit einander dieses allgemeinen einhelligen Beschlusses erinnert/ auch in Krafft dieser Verordnung endlichen verglichen/ demselbigen/ und sonderlich denen ordentlichen Austrägen des Rechtens/ gebührlicher Weise/ deßgleichen der eingebrachten Protestation, wider die fürgegebene Reformation, nachzusetzen/ auch wo darüber einiger Stand mit der That oder Gewalt bedränget wolte werden/ denselbigen durch den Obersten und die deputirte Stände/ auch derselben nachgesetzte Kriegs-Räthe/ mit gemeinen Crayses-Hülffe nicht zu verlassen; Damit sie auch gemeldten Land-Richters ungegründetem Fürgeben in angeregtem Schreiben des Land-Gerichts Bezirck und Jurisdiction halben hiemit wiedersprochen/ und dabey Männiglichen zu erwegen und zu bedencken heimgestellet haben/ aus was dringlichen Ursachen diese und dergleichen Neuerung und unträgliche Beschwernüß/ bey und von denen Ständen dieses Crayses/ die Zeit her und auch künfftig/ für ein gemein Werck sollen und müssen gehalten werden.

Und was hinfüro/ in der hieroben gesetzten Executions-Ordnung des gemeinen Friedens/ durch den mehrern Theil der Stände dieses Crayses demselben zu guten beschlossen und statuiret wird/ dasselbige soll durch den wenigern Theil nicht verhindert/ oder wiedertrieben/ sondern durch alle Stände/ so viel der Beschluß einen jeden betrifft oder betreffen wird/ ohne alles verweigern/ getreulich vollzogen werden; Mit dem fernern Anhang/ wo einer oder mehr Crayß-Stände an solcher Vollziehung ungehorsam oder säumig erscheinen würde/ das doch nicht seyn soll/ so sollen die andere Stände/ mit Hülffe und Zuthun des Crayß-Obersten und der Zugeordneten/ durch Mittel und Wege/ wie sie sich deren sonderlich zu vergleichen/ den oder dieselbige Ungehorsame zu der Gebühr/ beneben Abtrag des Schadens anhalten; Daß auch in allem dem/ so viel das Anstellen und Verrichtung vielberührter Executions-Ordnung und Handhabung des Friedens anlanget/ kein Crayß-Stand auf den andern/ mit Verweigerung dessen/ so jeglichem insonderheit oblieget/ nachsehen/ oder derohalben Ausreden suchen sollen.

Ferner haben die Stände dieses Crayses bedacht/ sich auch unter und mit einander einhelliglich verglichen/ und verordnet/ daß ein jeder Stand dieses Crayses auf die ausgeschriebene Crayß-Tage hinfüro/ durch sich selbst/ oder seine Bottschafften/ es sey dann/ daß es aus mercklichen Verhinderungen/ Leibes-Kranckheiten oder sonsten nicht seyn konte/ erscheinen solle; Wo aber solch erscheinen ihrer Person oder deren Bottschafften halben nicht seyn möchte/ daß sie neben dem Mandato, so sie denjenigen/ die sie vertretten sollen/ zuschicken und beantworten lassen/ auch eine sondere Instruction auf jeden Punct/ so zu tractiren seyn würde/ vermöge des Ausschreibens/ übersenden.

Und soll dasjenige/ was bey diesem Crayß in gemein durch den mehrern Theil beschlossen und verabschiedet/ Inhalt offt angeregter Reichs-Abschiede/ stet und vest gehalten/ auch denselben zuwider/ durch die sondere hohe und niedere Stände oder deren Räthe und Bottschafften/ nichts fürgenommen und gehandelt/ desgleichen/ was die Crayß-Sachen belanget/ niemand offenbahret werden. Damit auch dieser Crayß nicht zertheilt und zertrennet/ sondern in seinem löblichen Wesen/ altem Herkommen/ und billigem Ansehen ungeschmählert erhalten/ und dasjenige/ so hievor für ein gemein Werck von denen Ständen dieses Crayses erkannt angesehen und beschlossen/ mit würcklicher Nachsetzung vollnzogen werde: So ist von denen Ständen dieses Crayses/ allen Rechten/ der Erbar- und Billigkeit gemäß geacht/ und auch einhellig verordnet/ daß kein Stand/ Geistlich oder Weltlich/ oder auch einiges Standes Räthe/ Diener und Bottschafften/ obgemeldeten Articuln in gemein oder zum Theil zuwider/ Abbruch oder Verhinderung/ sich ohne Vorwissen/ Willen/ und vorgehende gemeiner aller Stände Erkäntnüß/ in einige Disputation-, abgesonderte Handlung/ Antwort oder Weiterung einlasse/ sondern/ da die Stände deßhalben/ von wem das wäre/ zu Rede gestellt/ angefochten oder besprochen würden/ dieselben jederzeit auf gemeine dieses Crayses Versammlung/ da sie rechtmäßige/ gebührliche und billige Antwort zu gewarten hätten/ endlich weisen/ und es dabey bleiben sollen lassen.

ANNO 1563.

Derowegen dann in Krafft dieser Vergleichung auch beschlossen worden/ daß alle hiebevor verglichene Crayß-Abschiede beysammen behalten/ wohl auffgehebt/ und wie die nach einander ergangen/ in Originali zusammen geordnet/ damit im Fall bey diesem Werck Mißverständnüsse vorfielen/ ausser denenselbigen Bericht und Vergleichung gefunden werden möchten.

Und/ zu Beschluß dieses Wercks/ haben sich abermahl gemeine Stände mit einander freundlich/ gnädig/ unterthänig und nachbarlich erinnert/ daß zugleich/ wie im vorgehenden gantzen Werck/ allein auf die unterthänigste Vollnziehung/ Handhabung und Execution des hochverpönten Religion- und Land-Friedens/ auch der Reichs-Ordnungen und Constitutionen/ gesehen: Ebener massen sich auch weiter gegen einander/ in Krafft dieser schließlichen Vergleichung/ öffentlichen erkläret; Thun das auch hiermit wissentlich/ daß mit solchem Werck einige Absonderung von der Röm. Kayserl. und Königlichen Majestät/ unserm allergnädigsten Herrn/ als Häuptern und von GOtt dem HErrn vorgesetzten Obrigkeiten/ deßgleichen andern Geistlichen und Weltlichen Churfürsten/ Fürsten und Ständen des Reichs/ auch desselben gemeinen Constitutionen und Ordnungen/ so bißher verglichen/ oder weiter mit einhelligem Beschluß im Reich verglichen möchten werden/ keinesweges gesucht/ gemeint oder verstanden/ vielweniger dasselbige für eine abgesonderte Confœderation oder Bündnüß/ sondern allein für eine solche auffrechte/ vertrauete und würckliche correspondentz auf die Handhabung und Execution des hochverpönten Land-Religion- und Profan-Friedens zu halten/ damit die Stände/ deren mercklichen Ungleichheit und unterschiedlicher Gelegenheit dieses Crayses nach/ in gutem/ auffrechtem/ unverfälschtem Vertrauen/ beneben allem Gottseligen/ Christlichen/ friedlichen Leben und Wesen/ mit und bey einander in ihrem geliebten Vaterland bleiben und hinkommen/ auch ihr alt- und rühmlich wohlhergebrachte Reputation ferner erstrecken und erhalten/ zumahlen auff deren Posterität und Nachkommene erweitern mögen.

Also soll das auch in andern/ dann in dieser Execution- und Handhabungs-Ordnung des hochverpönten Religion- und Land-Friedens bestimmten Fällen/ zu Abbruch der Geist- und Weltlichen Fürsten sonderer Verwandnüs/ und Hochheiten nicht gemeint oder angezogen/ fürnehmlich aber gemeinen Crayß-Ständen unbenommen seyn/ jederzeit um gebührende und nothwendige Hülffe bey der Röm. Kayserl. und Königlichen Majest. so wol/ als bey deroselben Cammer-Gericht/ ordentlicher Weise anzusuchen/ auch was der Enden mit rechtlicher Erkäntnüs und Urtheilen erlanget/ weniger/ vermöge der Reichs-Abschiede/ nicht/ dann in dieser Vergleichung gesetzten Fällen/ die Execution und Handhabung von dem Crayß-Obristen und zugeordneten Ständen erfolgen und geleistet werden.

Welches alles/ wie es zum vordersten zu Lob/ Ehr und Glori des Allmächtigen/ und dann der Röm. Kayserl. und Königl. Majestät/ Unsern allergnädigsten Herren/ zu unterthänigem Gehorsam gereichet/ und damit bey und unter Ihro Majestät/ als deren von GOtt vorgesetzten einigen Herren und Oberkeiten/ weltlichem Schutz und Schirm/ desgleichen bey allen andern Chur-Fürsten/ Fürsten und Ständen des Heil. Reichs/ die Stände dieses Crayses friedlich und ruhig bleiben/ auch neben und mit denenselbigen in allem Gottseligen/ unterthänigen/ gehorsamen/ friedlichen Leben und Wesen hinkommen/ und sich unter Ihnen selbst erhalten mögen rc. Also wolle Seine Göttliche Allmächtigkeit zu diesem allem seine Väterliche Gnade/ Segen/ Gedeyen/ milde Hülffe und Handreichung jederzeit gnädiglich verleihen.

Und des alles zu wahrer Urkund/ mehrerer Krafft/ Sicherheit und beständiger Gezeugnüs/ daß auch allen obeinverleibten Puncten und Articuln würckliche und auffrechte Vollnziehung geschehen soll.

So haben von GOttes Gnaden/ Wir Marcus Sittich/ Cardinal und Bischoff zu Costantz/ Herr der Reichenau/ rc. Und Wir Otto/ Cardinal und Bischoff zu Augspurg/ Probst und Herr zu Ellwangen; Auch Wir Georg/ Abt des Stiffts Kempten/ rc.

Und von desselben Gnaden/ Wir Christoff/ Hertzog zu Würtenberg und Teck/ Graf zu Mümpelgart/ rc. Auch Carl/ Marggraff zu Baden und Hochberg/ Landgraf zu Susenberg/ Herr

zu Rö-

ANNO 1563. zu Röteln und Badenweyler; Desgleichen Philibert/ Marggraff zu Baden/ und Graff zu Sponheim/ rc. für Uns selbst/ so dann von wegen der Geistlichen und Weltlichen Fürsten dieses Crayses.

Also auch Wir Gerwick/ zu Weingarten und Ochsenhausen; Johann zu Rockenburgck; Sebastian zu Elchingen; Aebte/ für Uns selbst/ und von wegen aller Prälaten und Prälatinnen/ Ständen dieses Crayses.

Zum dem Wir Siegmund von Hornstein/ Land-Commenthur der Balley Elsaß und Burgundt/ Teutschen Ordens; Haug/ Graf zu Montfort und Rottenfels/ Herr zu Tetnang und Langenargen; Carl/ Graf zu Hohenzollern und Sigmaringen/ des Heiligen Römischen Reichs Erb-Cammerer rc. für Uns selbst/ und von wegen der Grafen/ Herrn und dero Bancks-Verwandten/ Ständen dieses Crayses.

Und dann Wir Bürgermeister und Räthe der Städten/ Augspurg/ Ulm und Eßlingen/ von unser selbst/ und anderer Unsers Bancks-Verwandten Städten wegen dieses Schwäbischen Crayses; Unserer Stifft/ auch angebohrne/ desgleichen Fürstliche/ Prälatische/ Gräffliche und gedachter Städten Insiegel/ für Uns und die Unsere/ an diese einhellige/ vertrabte und aufrechte Vergleichung angehenget. Welches alles geschehen/ und gegeben ist Montags/ den zwey und zwantzigsten Tag des Monats Novembris, als man nach Christi/ unsers lieben HERRN Erlösers und Seeligmachers Geburt zehlete funffzehenhundert/ und im drey und sechzigsten Jahre.

LVII.

23. Nov. *Probibizione dell' Officio di* S. GIORGIO DI GENOA *ad ogni & singolar persona, tanto Forastiero come Cittadino o Destrittuale, di condurre, ne far condurre trà Marsiglia e Monte Argentario, in tutto il Dominio della Republica, ne ancho in qualsivoglia Luogo desse Distretto, Sale di qual sorte si voglia per poca somma che potessi essere. A Genoa il dì 23. di Novembre 1563.* [Pièce tirée d'une Information de Droit publiée à Milan par ordre du Roi d'Espagne en 1633. sous le Titre de *Discussio quæstionis Salariæ Finariensis.*]

Essendo le pertinenze del Sale d'eccessiva importanza alle Compere di S. Giorgio Magnifico Officio del Sale, & anche alli Signori nuovi Appaltatori del Sale per sette Anni, & acciochè in parte si rammemori quel che per il passato si è fatto, si commanda per parte de detti Magnifico Officio, e Signori Appaltatori, volendo porlo in rigida osservanza ad ogni, e singolar persona, di qual stato, grado, e conditione si sia, tanto Forastiero, come Cittadino, e Destrittuale, che dal primo di Genaro prossimo in auvenire, non ardisca in qualsivoglia modo, ne sotto qualsivoglia forma, condurre, ne far condurre, recettare, trattare, ne intromettersi trà Marsilia, e Monte Argentario, ne in tutto il Dominio dell' Eccellentissima Republica di Genova, ne anche in qualsivoglia Luogo d'esso Distretto, e Dominio, ne in qualsivoglia Luogo del Mondo, Sale di qual sorte si voglia, per poca somma che potessi essere, così per uso di Nave, Barche, ò qualsivoglia altro Vassello, come per qual' altra si vogli causa, & effetto, ne anche dar' aiuto, e favore, palesamente, ne secretamente, à cui ne conducessi, ò facesse condurre, ne comprarne da cui ne conducessi senza licenza di esso Magnifico Officio, & Signori Appaltatori sotto pena della vita, confiscation de Beni, Nave, Barche, e Vasselli, e s'intendino anche cascare in tutte l'altre pene applicate ad'esso Magnifico Officio, e Signori Appaltatori, che si contengono nelli Decreti del Magnifico, e prestantissimo Officio di S. Giorgio, e Magnifico Officio del Sale, concessi ad essi Signori Appaltatori.

Dichiarato però, che si conferma prima tutte le Proibizioni, Gride, e Decreti fatti sopra ciò per il passato per il detto Magnifico Officio del Sale, non intendendosi, che sia proibito à venire tra detti Confini alle Nave, e Vasselli, che avessero in scriptis *licenzia di portar Sale da detto Magnifico Officio, & anche à quelli, che portassero Sal d'Evisa secondo il consueto, le quali Navi, e Vasselli possino portar Sale sotto le pene, scise, cautele, e termini soliti. Ciascun dunque si guardi di non contrafare alli sopradetti Ordini sotto le dette pene, perchè contra li Delinquenti sarà essequito senza remissione alcuna. Di Genova il dì 23. di Novembre 1563.*

Copia. HIERONYMUS DE AURIA Not.

LVIII.

ANNO 1563. 24. Nov. Heuraths-Beredung zwischen der Fürstin Clara gebohrner zu Sachßen/ und Verwittibten Hertzogin zu Braunschweig/ von wegen dero Fräulein Tochter Catharina eines/ dann Herrn Wolffgang Fürsten zu Anhalt/ nomine Herrn Heinrichs des Jungern Hertzogs zu Lüneburg und Burggraffs zu Meißen andern Theils aufgerichtet. Worinn jene dero Fräulein Tochter zum Heurath-gut zwölff Tausend Thaler nebst gebührlichen geschmuck zu geben verspricht/ der Bräutigamb herentgegen derselben das Ambt Schleitz zur widerlag verschreibet/ auch mit 200. gulden Meißnisch Jährlicher nutzung an gewißen gütern im Ambt Schleitz zu bemorgengaben sich verpflichtet. Geschehen zu Coßwig am abend Catharinæ 1563. [LUNIG, Teutsches Reichs-Archiv. Part. Spec. Abtheil. IV. Continuat. II. Absatz IV. pag. 276.]

C'est-à-dire,

Contract de Mariage fait & passé entre CLAIRE *née Duchesse de Saxe, & Duchesse Veuve de Brunswick pour & au nom de sa Fille* CATHERINE *d'une part, &* WOLFGANG *Prince d'Anhalt au nom de* HENRI *le jeune Duc de Lunebourg & Burgrave de Misnie d'autre part; La Duchesse* CLAIRE *y promet de donner à sa Fille une Dot de 12. mille Reichsdalers, avec des Habits & ornemens convenables à sa qualité; en échange dequoi le futur Epoux lui assigne la Ville de* Schleitz *pour Contre-Dot, avec une Morganatique de* 200. *Florins par An, monnoye de Misnie. A Cosswig la Vigile de Ste. Catherine* 1563.

VOn GOttes Gnaden/ wir Wolffgang/ Fürst zu Anhalt/ Graf zu Aschanien/ und Herr zu Zerbst und Berneburgk/ hiermit und in Urkunde dieses Brieffs vor allermänniglich thun kund und bekennen: Daß wir dem Allmächtigen zu Lob und Ehren/ und zu Stifftung mehrer Freundtschafft/ zwischen den Fürsten zu Lüneburgk/ und Burggrafen zu Meissen/ rc. und beyder theil Landen und Leuten zu gedeyen und Wohlfahrt/ zwischen der Hochgebohrnen Fürstin/ Frauen Klara/ gebohrne zu Sachsen/ rc. des Hochgebohrnen Fürsten/ Herrn Frantzen/ weyland Hertzogen zu Braunschweig und Lüneburg/ rc. Unsers geliebten Herrn Oheimen/ Christmilder Gedächtnüß/ gelassenen Wittiben/ unser freundlichen lieben Frau Muhmen und Schwestern/ von wegen ihrer Liebden Tochter/ der Hochgebohrnen Fürstin Fräulein Catharina/ Hertzogin zu Braunschweig und Lüneburg/ rc. unser geliebten Muhmen/ an einem/ und dem auch Hochgebohrnen Fürsten/ Herrn Heinrichen dem jüngern/ des Heiligen Römischen Reichs Burggraffen zu Meissen/ Grafen zu Hartenstein/ Herrn zu Plauen und Gera/ unserm freundlichen lieben Vettern und Sohne/ andern Theils mit ihrer allerseits Liebden Bewilligung/ guten Wissen und Willen/ und nach zeitiger Vorbetrachtung und gutem Rath/ eine Christliche Heyrath und Befreundung/ folgender Gestalt und Meinung abgeredet/ verhandelt und beschlossen haben/ nehmlich/ daß gedachte unsere freundtliche liebe Frau und Muhme und Schwester Fr. Clara/ will ihrer liebden Tochter Fräulein Catharina/ auch ermeltem unsern freundtlichen lieben Vettern und Sohne/ Burggrafen Heinrichen zu Meissen/ rc. zum Standte der heiligen Ehe/ und zum Gemahl geben/ uff dem Sonntag Vocem Jucunditatis kegen Schleitz heimbringen/ und nach löblichen Gebrauch und Ordnung der Heiligen Christlichen Kirchen vertrauen und beylegen/ und ihr Liebd. zwölff tausend Thaler Heyrath-Geld (daran die Hochgebohrne Fürsten Herr Heinrich und Herr Wilhelm die jüngern/ Gebrüdere/ Hertzogen zu Braunschweig und Lüneburgk/ rc. Unsere freundtlichen liebe Herren und Oheimen/ zehen tausendt Goldgülden/ vermöge dero zwischen Ihren Ldd. unndt gemeldter unser freundtlichen Lieben Muhmen und Schwestern/ Frauen Claren/ aufgerichten Verträgen/ erlegen/ und das übrige letztgemelte unsere Frau Muhme und Schwester/ von dem ihren darzu thun wird) binnen Jahr und Tag nach gehaltenen ehelichen Beylager zu Leipzigk bar über/ und in einer Summen kegen gnugsamer Quittung/ und gebührlicher Leib-Zucht-Verschreibung/ darzu Kleidung/ Kleynodien/ Geschmuck/ und Silber-Geschirr/ ihrer L. Fürstlichen Stande gemäß mit geben entrichten und bezahlen.

ANNO 1563.

Hir entkegen will gedachter Burggraff Heinrich zu Meißen/ der jünger/ unser freundtlicher liebir Vetter und Sohn/ mehr genannt Fräulein Catharina zur Heiligen Ehe nehmen/ Seiner Liebden uf Zeit und Städte wie obgemeldet/ vertrauen und beylegen laßen/ und gegen obgedacht Heyraths- und Ehegelt Ihre Liebden mit dem Hauß/ Ambt und Stadt Schleitz bewidmen und beleibzüchtigen/ also daß Ihre L. uff den Fall/ derselben Widums-Sitz zu Schleitz und darzue Jährlich dritthalb tausendt Thaler gewisser Nutzung auffs wenigste/ außerhalb Viehezucht/ Mast/ notthürfftig Bau- und Brenn-Holtz/ Gericht/ Jagd/ Fischerey und Dienst zum Hause undt Ampt Schleitz gehörig/ welche in die Nutzung der dritthalb tausend Thaler nicht mit eingezogen/ sondern sonsten Ihrer L. neben obberürten Leibgut unweigerlich folgen sollen/ jährlichen und vollkommlichen Angeld und beständiger Nutzungen/ die auch gewohntlicher Weise und also in Geld angeschlagen werden sollen/ daß Hochgedachte Fürstin das ein gut begnügen haben solle/ bekommen und genießen müge/ auch die obberürte Leibzucht und die Morgen-Gabe/ davon hernach würdet gemeldet/ mit seiner Liebden Briefen und Siegeln versichern/ und derselben Herrn Bruders des ältern Burggrafen zue Meissen/ &c. unsers freundtlichen lieben Vetters und Sohns Bewilligung erlangen.

Was auch künfftig an Aeckern/ Wiesen und sonst vor Beßerung zum Hause Schleitz kan zugerichtet/ das soll auch nicht gerechnet oder angeschlagen werden.

So will auch unser Vetter und Sohn der jüngere Burggraf zu Meißen/ &c. seiner Liebden künfftige Gemahl/ mit zweyhundert Gulden Meißnischer Müntz/ jährlicher Nutzung bemorgengaben und an gewissen Gütern in Amt Schleitz versichern.

Und sollen die Ambtleute/ Befehlhaber/ Diener und Unterthanen des Hauses und Ambts Schleitz/ auch Burgermeister und Rath daselbst/ mit Ayden und Pflichten an ihre Liebd. uff den Fall gewiesen und die Regiester des Einkommens der Leibzucht/ und Morgengabe/ gedachter unser freundtlichen lieben Frau Muhmen und Schwester/ Frauen Clara/ kegen gebührliche Versicherung des Heyrathgeldes/ zur Zeit des Fürstlichen Beylagers zugestelt und überantwortet werden.

Und do gemelt Hauß und Ambt Schleitz an gewissen Nutzungen dritthalb tausendt Thaler (doch ausbescheiden/ wie obstehet) nicht ertragen könte/ soll der Abgang der gewissen Nutzungen und Einkommens/ an andern gelegenen Diensten erstattet/ und dieselben in den Regiestern auch specificirt und nahmhafft gemacht werden.

Es sollen aber unsers freundtlichen lieben Vettern und Sohns des jüngere Burggrafen zu Meissen &c. Lehens-Erben die gemeine Landtsteuer und Landfolge an den Unterthanen des Ampts Schleitz vorbehalten/ doch ohne Ihr L. Vorwissen und Bewilligung dieselbigen zu hoch nicht beschweren/ aber hirkegen schuldig seyn/ Ihre L. bey derselben Leibzucht und Morgengabe freundlich zu schützen und zu vertreten.

So ist auch ferner abgeredet/ Ob das Schloß/ Ambt unde Stadt Schleitz/ alß zur Leibzucht und Widumb verordnet/ verwüstet oder verdorben würde (welches der Allmächtige GOtt gnädiglich abwenden wolle) also daß Ihre Lden. Ihre vollkommen Leibzucht und Morgen-Gabe daraus nicht haben könte/ daß dann solcher Mangel und Abgang aus andern gewißen Gütern/ mehrgemelten unserm lieben Vettern und Sohn/ dem Burggrafen zu Meissen zuständig/ erstattet werden solle/ so lange biß dasselbte wiederum erbauet/ besetzet/ und in Nutzung gebraucht werde.

Wann auch nach dem Willen GOttes/ obberührter Ehgemahln eins/ nach gehaltenem Beylager vor dem andern Todtes halber abgehen würde/ ist ferner beredt: Wann Fräulein Catharina/ vor genanten Burggrafen zu Meissen/ alßdann Ihrem Ehegemahl versterben/ und keine Leibs-Erben nach sich laßen würden/ so sollen von den zwölff tausend Thalern Heyrath-Geld/ so viel alß zehen tausen Gold-Gulden ertragen/ an Hochgedachten Fürsten Herr Heinrichen und Herr Wilhelmen die jüngern Gebrüdern/ Hertzogen zu Braunschweig und Lüneburgk &c. unsere freundtliche liebe Muhmen und Ihrer L. Erben/ oder worin Ihr L. solch Geld verordnen werden/ wiederum zurück fallen; doch ist bewilliget/ daß Burggraff Heinrich zu Meissen &c. unser Vetter und Sohn berühret Heyrath-Geld/ die Zeit seiner L. Lebens genießen und gebrauchen mag/ und sollen solche zwölff tausendt Thaler erst in Jahr und Tag nach seiner L. Absterben durch seiner L. Erben und Lehensfolger bezahlt/ und des von seiner L. gnugsame Versicherung gethan werden.

So viel die Kleynodia/ Ketten/ Kleider und Silbergeschirr/ alß gedachte Fräulein Catharina zu Hochgemelten Burggrafen Heinrichen zu Meissen/ bringen wird/ belangen thut; Sollen dieselbigen nach dem Beylager inventiret/ und in ein Regiester/ daß sein L. unterschrieben und versiegeln soll/ gebracht werden/ und uff obgesatzten Todtfall/ nehmlich da keine Leibes-Erben von Ihr beyder erzeuget/ vorhanden weren/ wiederumb an die Oerter zurücke fallen/ dahin sich solches mag gebühren.

Geschehe aber/ daß Burggraff Heinrich vor Fräulein Catharina mit tode abgienge (welches in dem Willen des Herrn stehet) so soll seiner L. gelassenen Gemahl ihre Kleider/ Kleynodien/ Schmuck/ Silber-Geschirr und anders/ was ihr. Ldd. derselben Herrn zugebracht/ oder ihrer L. gegeben worden/ oder was ihr L. zugezeuget/ behalten/ und darzu ihren Widumbsitz/ mit dem Vieh/ Hauß- und Vorrath/ wie der zu solcher Zeit befunden/ Leibgutt/ und Morgengabe haben/ wie obgemelt/ so sollen auch etliche dem Ambt Schleitz nechst gesessene Lehen-Leute von Adel/ und die alß im Ambt Schleitz wohnen/ auff den Fall an Fräulein Catharina geweiset/ welche Ihr L. wenn sie ausreisen oder sonsten frembde Leute zu Ihr kommen werden/ zu Dienst zu fordern haben mügen; Geschehe auch der Fall ausserhalb der Zeit/ und ehe die Früchte/ Zinse/ Pacht/ und Nutzungen betagen/ Fürstlich unterhalten werden/ oder Ihren L. so viel nach lenge der Zeit gegeben werden.

ANNO 1563.

Wann dann Fräulein Catharina uf den Fall gelegener seyn würde/ sich von ihren Widumbsitz und Leibgedings-Guth abkauffen zu lassen; So sollen ihr auf ihr Erfordern die zwölff tausendt Thaler Heyrathgeld herausser gegeben/ und die zwölff tausendt Thaler Gegen-Vermachung/ die Zeit ihres Lebens/ jährlich mit zwölff hundert Thalern verrenthet/ und des genugsame Versicherung gegeben/ oder solche zwölff hundert Thaler jährlicher Renthe/ mit sechs tausendt Thalern Hauptgelds abgekaufft undt abgelöset/ uf ihr L. Todtes-Fall/ die Gegen-Vermächtnuß der zwölff tausendt Thaler uff Burggraffen Heinrichs Erben fallen und kommen/ darzu sollen ihr L. die zweyhundert gülden Morgengabe/ jährlich auch die Zeit ihres Lebens folgen/ oder dieselben mit zweytausendt Gülden Meißnischer Wehrung abgekaufft werden/ doch soll in ihrer L. Willen stehen/ so keine Leibs-Erben von ihrer L. gebohren/ alsdann vorhanden wären/ bey ihrem bewilligten Widumsitz/ Leibguth und Morgengabe zu bleiben/ oder sich davon obgesatzter gestalt abkeuffen zu lassen.

Wann aber Erben/ von ihrer L. Leibe gebohren/ vorhanden/ und ihre L. ihren Wittiben-Standt verrucken würden/ soll alßdann derselben ihrer L. Erben/ und sonsten niemand gegönnet seyn/ ihre L. von ihrem Widumbsitz/ Leibgedings gute und Morgengabe abzulösen und abzukauffen/ do auch der Allmächtige GOtt den Fall also schickte; daß Burggraff Heinrich zu Meißen mit seiner L. künfftigen Gemahl allein eine oder mehr Töchter und keine Söhne überkommen/ und seiner L. Erbtheil/ an derselben Bruder/ oder seiner L. Erben fallen würden/ so sollen die Töchtere nach ihrem Stande von allem seiner L. nachgelassenen Herrschafften unterhalten/ und wann sie nach dem Willen des Allmächtigen verheyrathet/ immassen ietzo unsere geliebte Muhme Fräulein Catharina/ mit gegeben wird/ ausgesteuret werden.

Es sollen ihrer L. die mütterliche und schwesterliche Anfälle hierdurch nicht benommen noch entzogen seyn.

Alles und iedes wie obstehet/ Fürstlich/ auffrichtig und sonder einige Gefehrdte und Argelist.

Zu mehrer Urkundt haben wir Fürst Wolfgangk zu Anhalt/ &c. unser Fürstl. Instegel hieran wissentlich hengen lassen/ und uns mit eigner Hand unterschrieben.

Und wir von GOttes Gnaden Clara/ gebohrne zu Sachsen/ &c. Hertzogin zu Braunschweig und Lüneburgk/ &c. Wittbe/ von wegen und in natürlicher Vormundschafft obgenannter unser freundtlichen lieben Tochter/ Fräulein Catharina/ Hertzogin zu Braunschweig und Lüneburgk/ &c. und von deßelben Gnaden wir Heinrich der jüngere/ des heiligen Römischen Reichs Burggraf zu Meißen/ Graff zum Hartenstein/ Herr zu Plauen und Gera/ bekennen öffentlich vor uns/ unsere Erben und Nachkommen/ daß gemelte Heyraths-Beredung/ wie die von Worten zu Worten und von Artickeln zu Artickeln obstehet/ durch den Hochgebohrnen Fürsten/ Herrn Wolffgangen/ Fürsten zu Anhalt/ Grafen zu Aschanien und Herren zu Zerbst und Berneburgk/ unsern freundtlichen lieben Oheimen/ Brudern/ Vettern und Vatern/ durch aus unsern freundtlichen zu- und nachlassen/ Wissen und Willen fürgenommen/ abgehandelt/ beredt und beschlossen sey.

Gereden und versprechen hiermit in Krafft dieses Brieffs mit gutem Wissen und Bedacht/ im Wort der Warheit/ dieselbe stet/ vest und unverbrüchlich zu halten/ und deren in allen ihren obstehenden Artickeln und Punckten/ Fürstlich/ treulich und auffrichtig nachzukommen/ ohne einigen Behelff/ Kegenrede/ sonder arge List.

Zu mehrer Urkundt haben wir unser Fürstl. Hand-Secret hieran hengen lassen/ und uns auch mit eigenen Handen unterschrieben.

Geschehen und geben zu Coßwigck/ Mittwochens am Abende Catharina/ nach Christi unsers Seeligmachers Geburth/ im tausendt fünffhundert und drey und sechtzigsten Jahre.

Wolff/ Fürst zu Anhalt/ meine Handt/ &c. (L.S.)
Klara/ H. z. B. v. Lw. (L.S.)
Heinrich/ Burggraff zu Meißen/ der Jünger. (L.S.)

LIX.

Investitura de Ducatu Mediolani *Comitatuque* Papiæ & Angleriæ, *per Imperatorem* FERDINANDUM I. PHILIPPO *Hispaniarum Regi concessa. Dat. Viennæ* 5. *Januarii* 1564. 1564. 5. Janv.
[Voyez-la ci-après sous le 28. Fevrier 1579.]

LX.

ANNO 1564.

LX.

27.Janv. Königs FRIEDERICI II. zu Dännemarck Erbtheilungs-Brief / über die von ihm mit seinem Herrn Bruder / Hertzog Johann zu Schleßwig Holstein Sonderburg getroffene theilung / wodurch dieser die Häußer Sonderburg und Nordburg / Schloß und Stadt Plön nebst dem Closter Arnsbocke erhalten. Geben auf dem Schloß Flensburg den 27. Januar. 1564. [Vorstellung des nähern Succession-Rechts Hertzogs Joachim Ernst zu Holstein Sonderburg an die Graffschafften Oldenburg und Delmenhorst vor Ihro Königl. Majest. zu Dännemarck ꝛc. in Docum. sub Lit. C. in Appendice Diar. Europ. Cont. XIX. pag. 286. LUNIG, Teutsches Reichs-Archiv. Part. Spec. Continuat. II. Abtheil. IV. Absatz X. pag. 265. d'où l'on a tiré cette Piéce.]

C'est-à-dire,

Diplome de FREDERIC II. *Roi de Dannemarc pour le Partage Hereditaire assigné par lui à son Frere* JEAN *Duc de Holstein Sonderbourg, consistant dans les Maisons de* Sonderbourg *&* *de* Noorbourg, *avec le Château & Ville de* Ploen, *& le Monastere d'*Arnsbocke. *Donné à Flensbourg le 27. Janvier* 1564.

WIr Friedrich der Ander von GOttes Gnaden / zu Dennemarcken / Norwegen / der Wenden und Gothen König / Hertzog zu Schleßwig Holstein / Stormarn und der Dithmarschen / Graf zu Oldenburg und Delmenhorst. Thun kundt / und bekennen hiemit vor jedermänniglich / Nachdem wir nunmehr aus erheblichen / großwichtigen Ursachen gelegen / und zu Erhaltung allerseits Richtigkeit / fürträglich erachtet / daß zwischen Uns und dem Hochgebohrnen Fürsten / Unserm lieben Brudern / Herrn Johansen dem Jüngern / Hertzogen zu Schleßwig Holstein / Unserer angeerbten Fürstenthumben / Land- und Herrschafften / billige und endliche Theilung gethan / welches dann auch also der Durchlauchtigen Fürstin / Frauen Dorothen zu Dennemarcken / Norwegen Königin / gebohrner zu Sachsen / Hertzogin zu Schleßwig Holstein / Wittwen / unser beyderseits freundlichen geliebten Frau Mutter / für gut angesehen worden / und derhalben die auch Hochgebohrne Fürsten / Unser freundliche geliebte Vetter und Brudere Herr Johans und Herr Adolff / Hertzogen zu Schleßwig-Holstein / jetzo zu solcher Handlung von Uns anhero vermocht / daß Wir König Friedrich demnach mit gedachtem unserm jungen Bruder / und S. L. hinwieder mit Uns durch sondere glückliche Schickung des Allmächtigen / Fleiß und Zuthun nechst gerührten unser beeder Vettern / auch Unserer und Ihrer L. allerseits anwesenden Räthen / auff vielfältige / solchen Sachen zu gutem Bedacht und vorgeschlagener Mittel und Wege der Theilung halber endlich eins geworden / zusammen kommen und folgender maßen verglichen worden.

Anfänglich haben Wir aus rechtem brüderlichem treuhertzigem Willen und Gemüthe / gedachtem unserm geliebten Bruder S. L. gebührenden Dritten Theil / nachdem Uns des Hochwürdigen / Hochgebohrnen Fürsten / unsers auch freundlichen lieben Brudern / Herrn Magnussen der Stiffte Oesel / Wick und Thurland Bischoffen / Administratoren des Stiffts Rekel / Erben zu Norwegen / Hertzogen zu Schleßwig Holstein / Antheil / Krafft darauff ergangener beständiger Siegel und Brieffe / abgetreten und zugeeignet / in starcker Theilung eingangen und bewilliget / thun auch dasselbe hiemit in Krafft diß / daß S. L. die beede Häuser Sonderburg und Norburg / auch Schloß und Stadt Plöen / neben dem Kloster Arnßböcke mit aller Zubehörung / Herrlichkeit und Gerechtigkeit erblich zugetheilet / und überwiesen seyn soll: mit der ausdrücklichen Vergleichung / Nachdem Hochgedachte unsere geliebte Frau Mutter auf den Häusern Sonderburg und Norburg / auf Plöne aber dem Schloß und Stadt / die auch Durchleuchtige Hochgebohrne Fürstin / Frau Sophia zu Dennemarcken Königin / Wittwe / unser freundliche liebe Frau Muhme / unter andern bewiddumbt / daß so lange gedachte beede Häuser Sonderburg und Norburg / auch das Schloß und Stadt Plön / durch einen oder andern Ihrer L. respective tödtlichen Abgang (den der Allmächtige lange verhüten wolle) nicht erlediget würden / Wir sein gedachten unsers jungen Bruders Ld. an stat gemelter beeder Häuser Sonderburg und Norburg in der Stadt Kiel in Holstein auf dem Umschlage daselbst = = = = Tausend Marck Lübisch / vorgemelten Schloß und Stadt Plön halber aus dem deputat des Zollen zu Gottorff jährlich = = = = Tausendt Marck / jährlichen zum Kiel in Umschlage / das erste Jahr von dato an zu rechnen / ungefehrlich bezahlen lassen sollen und wollen; Alsbald aber ein oder beede Theil der bewiddumbten Häuser / Stadt und Aembter wie obgerührt / erlediget / sollen S. L. dieselbigen wie gemeldt / mit allen ihren Zubehörungen / sinmassen die für unsers Herrn Vaters Seliger Hochlöblicher Gedächtniß Absterben gelegen / und von vorigen Ambtleuten gehalten worden / ohne was zu bemelten Ampt Sonderburg von Gütern und von unserm Reich Dennemarck gebracht / welche dann wiederumb zurücke / vermöge darauf ergangener Contract und Verschreibung gehören / und in die Einantwortung des nechstgemelten Hauses und Ambt Sonderburg / nicht gezogen werden sollen / gefolgt und eingeantwortet werden.

Jetzo aber weisen wir S. L. das Kloster Arnsböke mit der Vorbittung alsbald an. Uber das wollen wir auch zu mehrer Erklärung unsers brüderlichen Willen an den Steur und Anlagen / so im Reich oder den Craisen künfftiglich bewilliget werden möchten / S. L. auch neben den Unsern Dritten Theil Zeit unser beederseits Leben / so viel sich gebühret / erlegen und S. L. deßfals frey halten / doch ander Inländische Steur / Landbet / Dienst / Hülff und Zulage / so gemeine unsere Unterthanen oder andere Stände dieser Fürstenthumb künfftig tragen würden / in alle Wege ausbescheiden: Uber daß sol S. L. auch wann der Pfandschilling unsers Antheils auf dem Hause Steurwald / nemlich = = = Tausend Thaler ausgelöset / den Dritten Theil davon / nemlich = = = Tausend gefolget werden. Damit sich dann S. L. nicht allein friedlich / sondern auch gegen Uns der brüderlichen Zuneigung und Erzeigung halber danckbarlich vernehmen lassen / und diese Erbtheilung so viel S. L. betrifft vollkommlich / stett / fest und unwiederrufflich zu halten angenommen / und sich darauf aller Väterlichen Erbschafft und Gerechtigkeit übriger unser Fürstenthümbe und Land Schleßwig / Holstein / Stormarn und Ditmarschen / auch an dem allen hangenden Zoll / Ober- und Herrligkeiten / Nutzung und Einkommen / wie das etwa zu nennen / darzu S. L. hiebevor oder auch künfftig bey Uns oder Unsern Erben / auff dem Fall / den GOTT lang verhüten wolle / unser geliebten Frau Mutter Absterbens / Fürderung gebühren können / nichts ausbescheiden / ohne der Fürderung / Rechts-Leute / Hoheit und Gerechtigkeit / so wir bey der Stadt Hamburg sämptlich haben / darinnen Wir dann S. L. Ihren Antheil auch mit gestatten / sich gäntzlich verziehen und begeben haben / darauf auch insonderheit zugesaget / unter S. L. auch der Hochgebornen Fürsten / unser freundlichen geliebten Vetter und Brudern / Herrn Johansen des Eltern / und Herrn Adolffen / und Holsteinischen Räthen / Herrn Johann Rantzowen Rittern / Heinrich Sivert und Christoff der Rantzowen Vatter / Sohn und Gevetter / Laurentzen Wensin / Benedicts von Alfeldt / Moritz Rantzowen / Benedicts von Alfelden zu Haseldorff / und Pawel Rantzowen / Ern Johans Sohn / Siegel und Handzeichen genugsamb Verzeichnüß-Brieff verfertigen und übergeben zu lassen / allermaßen als wir uns der obgesetzten Häuser / Stadt / Ambt / Kloster und andere Gerechtigkeiten daran auch völliglichen verziehen und begeben haben wollen / Krafft diß ohne Gefehrde. Urkundlich mit Unserm Königlichen Secret bekräfftiget / und geben auf Unserm Schloß Flensburg / den 27. Tag des Monats Januarii, nach Christi unsers lieben HERRN und Seligmachers Geburt 1564. Jahre.

Friedrich.

(L. S.)

LXI.

Verzicht-Brieff Hertzogs Johansen zu Schleßwig-Holstein-Sonderburg / Krafft dessen Er nach denen in der Brüderl. theilung von Ihro Königl. Majest. in Dännemarck empfangenen Häusern Sonderburg und Nordburg / auch dem Schloß und Stadt Plön mit dem Closter Arnsböcke / nichts mehr an der Vätterl. Verlassenschafft prætendiren will. Geben zu Flensburg den 28. Januar. 1564. [Vorstellung des nähern Succession-Rechts Hertzogs Joachim Ernsts zu Schleswig Holstein zu den Graffschafften Oldenburg und Delmenhorst vor Ihro Königl. Majest. zu Dännemarck ꝛc. in Docum. sub Lit. D. in Append. Diar. Europ. Contin. XIX. pag. 288. LUNIG, Teutsches Reichs-Archiv. Part. Spec. Cont. II. Abtheilung IV. Absatz X. pag. 266. d'où l'on a tiré cette Piéce.] 28.Janv.

C'est-à-dire,

Renonciation de JEAN *Duc de Holstein Sonderbourg,*

ANNO 1564. *bourg, par laquelle il déclare qu'ayant reçu du Roi de Dannemarc, à titre de Partage Fraternel & Hereditaire, les Maisons de* Sonderbourg *& de* Noorbourg, *avec le Château & la Ville de* Ploen, *& le Monastere d'*Arnsbocke, *il se tient pour content, & ne prétend plus rien à la Succession Paternelle. A Flensbourg le 28. Janvier* 1564.

WIr Johans der Jünger / von GOttes Gnaden / Erbe zu Norwegen / Hertzog zu Schleßwig Holstein / Bekennen hiemit vor Uns und Unsere Erben / Nachkommen und jedermänniglich / nach dem Uns der (cum Titulo) König Friedrich zu Dennemarcken / Unser freundtlicher geliebter Herr und Bruder / in brüderlicher Theilung aller unserer angeerbten Fürstenthumb / welche mit der (cum Titulo) Königin Dorothea / Unser freundlichen hertzliebsten Frau Mutter / auch der Hochgebornen Fürsten / Herrn Johann und Herrn Adolffen / auch Erben zu Norwegen / Hertzogen zu Schleßwig Holstein / Unser freundlichen geliebten Vättern / Rath und Vorwissen / zwischen Hochgedachter Ihr. Königl. Majest. und Uns Gebrüdern / fürgenommen und angestellet / die beyden Häuser Sonderburg und Norburg / darauf jetzt hochgedachte Unsere geliebte Frau Mutter bewiddumet / auch das Schloß und Stadt Plön mit dem Closter Arnßböke / auf gewisse Maß und Mittel / geeignet / ferner auch zu mehrer Erklerung brüderlichen Willens / die des Heil. Reichs und der Kräyse in Teutschland Steuer und Anlage / so Zeit Unser beyder Leben fürfallen werden / vor unsern Dritten Theil zu bezahlen auch angenommen / neben andern mehren / wie solches alles / der uns von Ihrer Königl. Majest. zugestelter Brieff und Verschreibung länger ausweiset und mit sich bringet / daß wir solches alles hiemit Krafft dieses von Ihrer Königl. Majest. zu brüderlichen Danck angenommen / und damit von Unserm angeerbten Fürstenthumb / gäntzlich und all begnüget und abgefunden seyn sollen und wollen / Uns auch darauf aller Zuspruch / Recht und Gerechtigkeit / so Wir an den übrigen Fürstenthumben / Land und Herrschafften / oder sonst in einigen Wege / Unser Väterlichen Erbschafft halben bey Ihrer Königl. Majest. zuvor / nun und jetzo oder auch künfftig auf den Fall Unser geliebten Frau Mutter tödtlichen Abgangs (ohne was Uns an Barschafft und beweglichen Gütern / insonderheit auch der Pfandschilling / so Ihre Lieb. den hinterlassen möchten / von Rechtwegen gebühren will) gehabt und haben könten / wie das sonst etwa zu nennen / vor Uns und Unsere Erben / stett und unwiederruffLich verziehen und begeben. Und thun solches hiemit Krafft dieses / sollen und wollen auch hinfürder an Ihrer Königl. Majest. oder derselben Erben in einigen Wege / in oder ausser Rechtens / Geistlichs oder Weltlichs / ferner keine Fürderung thun oder thun lassen; Welches Wir alles in massen obgemelt / so viel Uns berühren thut / als vest und trewlich woll zu halten / hiemit in Wort der Warheit in Aydes-stadt / bey Unsern Fürstlichen Ehren und guten Glauben geloben und versprechen thun / widersagen und renunciiren wissentlich allen Behelff und Begnadungen aller Geistlichen und Weltlichen Rechte und Satzungen / so den Minderjährigen oder sonst einiger massen verliehen / deren Wir dan gnugsam berichtet seyn / und sonst allem / was dieser Unser Verschreibung zu wider seyn mag / ohne Gefehrde. Zu mehrer Urkundt haben Wir Hertzog Johans der Jünger obgemelt / solches mit eigner Hand unterschrieben / und Unserm Siegel befestiget / und wir Johans und Adolff von GOttes Gnaden / Erben zu Norwegen / Hertzogen zu Schleßwig / Holstein / Gebrüdere / haben auf freundliche Erforderung / so bey Uns derwegen beschehen / wie auch Wir N. N. N. Ritter und Holsteinische Räthe zur Wissenheit / daß solches dermassen als obgemelt zwischen Ihrer Königl. Majest. &c. und Fürstl. Gnaden gehandelt / unsere Fürstl. angeborne Siegel daran hengen lassen / jedoch Uns und Unsern Erben / ohne Nachtheil. Geben zu Flenßburg den 28. Januarii Anno 1564.

LXII.

27. Mars. *Imperatoris* FERDINANDI I. *Investitura de* Castro Burgo *& Villis* Finarii *aliisque Castris, & Juribus*, ALPHONSO DE CARRETTO *Marchioni Clavexanæ & Finarii concessa. Dat. Viennæ die 27. Martii* 1564. [Voyez-la ci-après sous le 31. d'Août 1577.]

LXIII.

11. Avril. FRANCE ET ANGLETERRE. *Traité de Paix, de Confédération, & d'Alliance entre* CHARLES IX. *Roi de France, &* ELISABET *Reine d'Angleterre. A Troïes, le* 11. *Avril* 1564. [FREDER. LEONARD, Tom. II. pag. 574.] ANNO 1564.

ELISABET, Dei gratiâ Angliæ, Franciæ & Hiberniæ Regina, Fidei Defensor, &c. Universis & singulis ad quorum notitiam hæ præsentes Litteræ pervenerint, Salutem. Cùm Tractatus quidam ad pristinam Amicitiam, Pacem, & Concordiam Bello nuper interruptam feliciter reconciliandam & resarciendam, inter Oratores, Commissarios, Deputatos & Legatos nostros, ac Illustrissimi & Serenissimi Principis Caroli, Francorum Regis Christianissimi, ejus nominis noni, Fratris, & Consanguinei nostri carissimi, virtute & autoritate Litterarum ac Commissionum à Nobis, & à dicto Fratre nostro respectivè concessarum, nuper conventus, concordatus, & conclusus fuerit, videlicet undecima die præsentis mensis Aprilis, apud Civitatem Trecensem, sicut in Litteris, Scriptis & Actis Oratorum, Commissariorum, Deputatorum, & Legatorum prædictorum desuper confectis, subscriptis, & sigillis obsignatis, pleniùs apparet & continetur, quorum tenor sequitur, & est talis.

UNIVERSIS & singulis, ad quorum notitiam præsentes pervenerint Salutem. Cùm Christianissimus Francorum Rex Carolus, ejus nominis nonus, & Serenissima Angliæ Regina Elisabeth, pro sua Christiana pietate & caritate, ac Regia animi magnitudine & sinceritate, pristinam Amicitiam, Pacem & Concordiam, Bello interruptam, reconciliare & resarcire cuperent, ad Dei optimi maximi honorem & gloriam, totius Reipublicæ Christianæ beneficium, necnon & suorum Regnorum ac Subditorum communem salutem, commodum, & utilitatem, præfati Rex & Regina commiserunt & delegarunt, videlicet Christianissimus Rex pro sua parte, Reverendum in Christo Patrem Joannem de Morvilliers, Episcopum Aurelianensem, in suo sanctiori Consilio Consiliarium; & Nobilem ac Egregium Virum Jacobum Bourdin, Equitem, Dominum à Villanis, etiam in suo sanctiori Consilio Consiliarium, & status Regis Regnique Secretarium; & Serenissima Regina Angliæ, pro se suoque nomine generosos, & insignes Viros Dominum Nicolaum Trokmorton, Equitem, unum generosum privatæ suæ Cameræ, ac suum Consiliarium; & Thomam Smyth, etiam Equitem, Consiliarium, Legatum & Oratorem suum in Francia residentem. Qui quidem Procuratores & Legati, virtute Mandatorum & Commissionum suarum, simul convenerunt, deque componendis controversiis, & eadem Pace concilianda & constituenda, multis ac diversis habitis colloquiis, egerunt & tractarunt; tandemque, Deo optimo maximo autore, Pacem, Concordiam, & Amicitiam perpetuam & inviolabilem, inter Christianissimum Regem & Serenissimam Reginam, constituerunt & concordarunt, Legibus, Conditionibus, Pactis & forma, quæ sequuntur.

Imprimis concordatum & conclusum est, quòd inter prædictos Christianissimum Francorum Regem, & Serenissimam Angliæ Reginam, eorumque Hæredes & Successores, Franciæ videlicet & Angliæ Reges, eorumque Subditos & Vassallos quoscumque, successivis futuris temporibus quandocumque existentes, Regna, Patrias, Terras, Dominia, Civitates, Castra, Territoria, Loca & Oppida ipsorum, necnon Subditos, Vassallos, & Confœderatos eorumdem, sit firma, vera, solida, sincera, perpetua & inviolabilis Pax, Amicitia, Unio, Confœderatio, Liga, mutua Intelligentia, & vera Concordia per Terram, Mare, & omni Loco, perpetuis futuris temporibus duratura.

Item. Conventum & concordatum est, quòd neuter prædictorum Principum, eorumve Hæredum & Successorum, Regna, Patrias, Terras, Insulas, Dominia, aut Loca alia quæcumque in præsenti per eorum alterum possessa hostiliter invader, aut à suis invadi aut expugnari permittet; sed expressè & cum effectu prohibebit.

Item. Conventum, concordatum, & conclusum est, quòd neuter Principum prædictorum, Hæredum etiam aut Successorum suorum, Subsidia, Auxilia, Gentes Armorum, Assistentiam, re, verbo, consilio, aut assensu præstabit, aut dabit, directè aut indirectè, secretè aut apertè, aut quocumque colore quæsito, cuicumque alii Principi, cujuscumque gradus, status, aut conditionis existat, seu quocumque Consanguinitatis aut affinitatis vinculo connectatur, aut quacumque Dignitate præfulgeat; vel cuicumque Genti, Populo,

aut

ANNO 1564.

aut Nationi, alterum prædictorum Principum, ejusve Regnum, Terras, Insulas, Patrias, aut Dominia nunc ab eorum alterutro possessa, invadenti, aut invadere volenti aut molienti.

Item. Conventum, concordatum, & conclusum est, quòd si aliquid contra vires & effectus præsentis Tractatus Pacis & Amicitiæ, Terra, Marive, aut in Aquis dulcibus, per aliquem Subditum, Vassallum, aut Alligatum alterius dictorum Principum, fuerit attentatum, actum, aut gestum, nihilominus hæc Pax sive Amicitia in suis viribus permanebit, & pro ipsis attentatis solummodò punientur attentantes & damnificantes, & non alii.

Item. Conventum, concordatum, & conclusum est, quamdiu hæc Pax & Amicitia integra inviolataque permanebit, omnes & singuli utriusque præfati Regni, omniumque Terrarum & Dominiorum, quæ nunc ab utrolibet prædictorum Regum possidentur, aut imposterum possidebuntur, Incolæ, quacumque dignitate, quocumque statu & conditione extiterint, poterunt sese mutuis officiis Amicitiæ prosequi & excipere, liberè, tutò, securè, ultra, citraque, Terra, Marique, ac Fluminibus, commeare, navigare, inter se contrahere, emere, vendere, illicque quamdiù velint morari, vel hinc inde (quando visum fuerit) recedere & abire. Et quæ comparaverint, emerint, arte, opera, industria, laboreve, aut quocumque alio justo modo, quæsierint, ad suos vel exteros, quocumque locorum libuerit, fine ullo impedimento, offensa, arrestatione, seu cohibitione, salvo conductu, licentia, aut speciali permissione, invehere & transportare.

Item. Conventum etiam est pro libero intercursu Mercium & Mercatorum utriusque Principis, quòd, durante Pace prædicta, nulla Navis armata, & ad Bellum seu Guerram parata & instructa, egredietur, seu egredi permittetur Portus maritimos Regnorum Franciæ & Angliæ, nisi priùs satisdederit, aut cautionem qualem poterit præstiterit in manibus Admiraldi Franciæ, seu ejus Judicis ordinarii illius Loci, quoad Naves Franciæ; & Admiraldi Angliæ, seu ejus Locumtenentis, aut Custumariorum prædictorum Portuum, quoad Naves Angliæ; de non invadendo, molestando, deprædando, vel offendendo Subditos utriusque Principis, aut eorum alterius, nec eorum Alligatos, nec eis injuriam aliquam inferendo, sub pœna publicationis Navium, & punitionis corporis, cum restitutione omnium bonorum, & damnorum quibuscumque illatorum.

Item. Conventum, concordatum, & conclusum est, quòd neuter Principum prædictorum quovis modo receptabit, custodiet, aut retinebit, nec à Subditis suis receptari, custodiri, vel retineri permittet, aliquos Rebelles sive Proditores Principum prædictorum, aut eorum alterius, aut de Crimine læsæ Majestatis reos; nec hujusmodi Rebellibus seu Proditoribus, qui in aliquem Locum obedientiæ Principum prædictorum, seu alterius eorum, declinaverint, quoquo modo dabit seu præstabit consilium, auxilium, favorem, subsidium, aut assistentiam, sed infra viginti dies, postquam per Litteras ipsius Principum prædictorum, cujus hujusmodi Rebelles sive Proditores extiterint, alter ex Principibus hujusmodi requisitus fuerit, eos omnes & singulos Litterarum hujusmodi requisitionis latori, aut alii ad hoc in hujusmodi Litteris nominato sive Deputato, bona fide tradet, restituet, & deliberabit, tradi, restitui & deliberari faciet.

Item. Conventum, concordatum, & conclusum est, quòd ex neutrius Principum prædictorum Cancellaria, aut alia Curia, imposterum concedentur aliquæ Litteræ represalium, marcæ, aut contramarcæ, nisi super & contra principales delinquentes, aut eorum bona, eorumve factores; & hoc, in manifestæ denegationis Justitiæ casu tantùm, de quo per Litteras summationis aut requisitionis, prout de jure requiritur, sufficienter constabit.

Item. Cùm certa & firma sit mens & intentio utriusque Partis, ut hæc Pax & in præsens contracta Amicitia, stabilis, integra, & inconcussa maneat, tam inter dictos Principes, quàm inter eorum Subditos, conventum, conclusum, & ordinatum est, ad tollendas omnes & omnimodas controversiarum occasiones, quæ hinc inde ex captura seu prehensione Navium, Armorum, Machinarum Bellicarum, Victualium, Mercium, seu aliorum Bonorum mobilium, antehac perpetrata per Subditos alterutrius Principum, nasci & oriri possunt; quòd non licebit alicui prædictorum Principum adversùs invicem, neque alicui Subditorum alterutrius eorum, contra alterum, petere aliquid, seu exigere, lege agere, litem seu actionem movere, aut intentare, nomine, ratione, occasione, sive prætentione capturæ, prehensionis, direptionis, detentionis, sive spoliationis Navium, Armorum, Machinarum Bellicarum, Mercium, Annonæ, Victualium, & aliorum Bonorum mobilium quorumcumque, à primo die mensis Septembris, anni millesimi quingentesimi sexagesimi secundi, usque ad diem publicationis præsentis Pacis; sed quòd omnes hujusmodi querelæ, petitiones, lites & actiones cessent, sopiantur, oblivioni mandentur, & pro extinctis censeantur & habeantur.

ANNO 1564.

Et quantum attinet ad Francos & Anglos hinc & inde captivos detentos, conventum & concordatum est, quòd opera & ministerio Oratorum & Ambassiatorum respectivè residentium, tam in Aula Christianissimi Regis, quàm Serenissimæ Reginæ Angliæ, de liberatione prædictorum captivorum cum supra dictis Principibus tractabitur amicè, benevolè, & ut æquum & dignum est magnitudine & excellentia prædictorum Principum; quoque magis eorum Amicitia corroboretur; idque fiet intra duos menses à data præsentis Tractatus.

Item. Conventum, concordatum, & conclusum est, quòd omnia & singula jura, actiones, petitiones, prætentiones & demandæ, quas tam dictus Christianissimus Rex, quàm præfata Serenissima Regina Angliæ, aut eorum Hæredes & Successores, quacumque de causa, sive occasione, invicem contra ipsorum aliquem respectivè habent aut habere prætendunt, remanebunt eis salvæ & integræ, & pari modo exceptiones & defensiones eorum hinc inde eis reservabuntur.

Item. Comprehenduntur in hoc Tractatu Pacis ex parte dicti Regis Christianissimi, Ferdinandus Romanorum Imperator, & Sacrum Romanum Imperium; Philippus Catolicus Hispaniarum Rex; necnon Regina & Regnum Scotiæ; secundùm antiquas Confœderationes, & perpetua Amicitiæ Jura, quæ sunt inter Reges Franciæ & Scotiæ, eorum Regna & Subditos. Comprehenduntur etiam Reges Daniæ & Sueciæ. Et ex parte Serenissimæ Reginæ Angliæ, Ferdinandus Romanorum Imperator semper Augustus, & Philippus Hispaniarum Rex Catolicus, juxta vim & effectum Tractatuum inter eosdem Reginam & Regem, & eorum Regna, Terras, Patrias, & Dominia, antehac factorum; necnon Serenissima Domina Maria Regina & Regnum Scotiæ; Maximilianus Romanorum Rex; & Philibertus, Dux Sabaudiæ.

Item. Conventum, concordatum, & conclusum est, quòd uterque Principum prædictorum publicari & notificari respectivè faciet dictam Pacem, Confœderationem, & Concordiam, Lutetiæ & Londini, intra duodecim dies à data præsentis Tractatus, & in Portubus, & aliis Locis insignioribus Regnorum Franciæ & Angliæ, quàm citissimè fieri poterit.

Et ne quid ab illa duodecima die hostiliter committatur, Terra, aut Mari, quod damnum afferat dictis Principibus, aut eorum Subditis, concordatum & conclusum est, quòd omnes capturæ personarum quarumcumque, Bonorum & Navium, quæ post illum duodecimum diem fient hinc & indè, nullæ sint & invalidæ, & deprædationes quæcumque ab illo tempore factæ, damnaque illata à Subditis alterutrius Principum prædictorum, restituantur, & ad ipsam restitutionem condemnentur & cogantur captores, eorumque complices, per detentionem Personarum & Bonorum, donec satisfecerint.

Item. Conventum & conclusum est, quòd dicti Christianissimus Francorum Rex & Serenissima Regina Angliæ omnia & singula Capitula in præsenti Tractatu conventa, per Litteras Patentes, manibus suis subscriptas, & magno Sigillo suo sigillatas, ratificabunt, autorisabunt, & confirmabunt; ipsasque Litteras Ratificationis in sufficienti, valida, & efficaci forma conceptas & confectas, infra viginti dies post datam præsentium tradent, tradive facient bona fide, realiter & cum effectu: videlicet Rex Christianissimus, in manus Oratoris prædictæ Serenissimæ Reginæ, in Gallia apud Suam Majestatem Christianissimam residentis; & Serenissima Regina Angliæ, in manus Oratoris dicti Christianissimi Regis, in Anglia apud Suam Majestatem Serenissimam residentis; atque etiam omnia & singula præmissa uterque eorum fideliter observabit, seque sic ea observaturum, cùm per Oratorem, vel Oratores, utrinque respectivè missum, vel missos, sufficiens ad id mandatum habentem, vel habentes, fuerit requisitus, tactis Sacrosanctis Evangeliis, in ejus vel eorum præsentia jurabit.

IN

ANNO 1564.

IN quorum omnium & fingulorum præmifforum fidem & Teftimonium, nos Oratores, Commiffarii, & Negotiorum Geftores fuprà nominati, hunc Tractatum manu noftra fubfcriptum, Sigillorum noftrorum appofitione muniri & roborari fecimus. Actum Trecis, die undecima menfis Aprilis, anno Domini 1564. poft Pafcha.

NOs Tractatum prædictum cum omnibus & fingulis in eodem conventis, rata, firma, & grata habentes, ea omnia & fingula, pro nobis, Hæredibus, & Succefforibus noftris, quatenus nos, Hæredes, Succeffores noftros, Regna, Patrias, Dominia, vel Subditos noftros concernunt, feu tangunt, aut concernere vel tangere poterunt, acceptamus, ratificamus, autorifamus, & confirmamus, ac inviolabiliter ea omnia & fingula tenere, obfervare, tenerique, & obfervari, facere promittimus. In quorum omnium & fingulorum præmifforum fidem & Teftimonium his præfentibus manu noftra propria fubfcriptis magnum Sigillum noftrum Angliæ apponi fecimus. Datum apud Richemond, 27. die menfis Aprilis, anno Domini 1564. Regnique noftri 6. *Signatum*, ELISABET.

Regiftrata in Camera Rationum Regiarum, decima quinta Maii, anno Domini 1564. FORMAGET.

LXIV.

6 Août. SIGISMUNDI III. *Poloniæ Regis Edictum, contra emergentes in Poloniâ Hæreſes; Datum in Conventione generali Parchovien die 6. Augufti. Anno* 1564. *Regni fui* 35. [ABRAHAM. BZOVII de præftantia, Officio, & authoritate, rebusque præclare geftis Romanorum Pontificum Commentarius Cap. XXV. In Biblioth. Maxima Pontificia. Tom. I. pag. 334.]

SIGISMUNDUS AUGUSTUS Dei gratia Rex Poloniæ, Magnus Dux Lithuaniæ, Ruffiæ, Bruffiæ, Mafoviæ, Samogitiæque, &c. Dominus, & Hæres.

Univerfis Palatinis, Caftellanis, Capitaneis, Proconfulibus, Advocatis, Scabinis, & quibufcunque cum poteftate Magiftratibus, tam in Caftris, quam Oppidis, & Villis, ubicunque per Regnum noftrum conftitutis, fincere, & fidelibus dilectis gratiam noftram. Sincere fideles dilecti. Ex plerifque cum veteribus tum recentibus exemplis externis, nunc autem jam quoque ex domeftica hac experientia noftra, aperte cognofcimus, confenfu quidem, & concordia religionis firmari, ac ftabiliri Refpublicas; eafdem autem commutandis, ac perturbandis pro cujusque arbitrio Religionibus, fi qua ulla alia re diffipari maximè & everti. Quod quidem cum omnes omnium Nationum quantumvis barbaræ, & inanes ac falfæ Religiones confirmare videntur, tum noftræ potiffimum Chriftiana verum effe oftendit: quæ ut fola vera Religio eft, ita ubi in Catholicæ Ecclefiæ confenfu iisdem ftudiis ac Ceremoniis culta fuerit, ibi præfentem prope ac propitium Deum: & contra, ubi ftudiis ac ritibus diverfis contaminata fuerit, ibi maximè facit alienum, & averfum. Cujus fane utriusque rei, noftra, & majorum noftrorum memoria facile exempla fuppeditare poteft. Prætemni donec Patrum noftrorum memoria, idem de Religione Chriftiana effet noftrorum hominum fenfus, & confenfus, vidimus quanta, & feveritas in Legibus, & authoritas in Magiftratibus, ac pudor & obedientia dominaretur in privatis: Tum vero etiam, quanta omnium rerum profperitas omnia illorum, & facta & confilia divinitus confequeretur: fic quidem ut & univerfus hic Imperii noftri Orbis quàm longè, & latè patet, & univerfus hic fplendor opum, quem, per Dei gratiam, his fere adhuc temporibus in Regno noftro intuemur, fola propemodum Religionis Chriftianæ confenfione, & ab initio partus, & per fexcentos annos ad noftra usque tempora effe confervatus videatur: Cum contra ante paucos hos annos, ubi ab ejus Religionis concordia obliti muneris officiique noftri difcedere cæpimus, & Leges elanguerint, & Magiftratus prope dignitatem omnem amiferit, ac pudor & obedientia plane interierit: quas res, & privatim quidem confufio, & publice tanta omnium rerum perturbatio eft confequuta, ut interdum vix ullis noftris confiliis poffe videatur fuperari. Quod quidem ira atque indignatione juftiffima immortalis ipfius Dei non dubitamus eveniffe. Cum enim hactenus impunita extiterit in Regno noftro homunciorum quorundam aperta in Dei Majeftatem, & Catholicam Religionem petulantia, qui, nefcimus ex quibus latebris prodeuntes, non folum Religionis noftræ Myfteria, Sacramenta, facraque omnia perftringere, fed etiam ipfi Dei Filio palam convicium facere non verentur: & quæ ab hominum atque adeo Angelorum ipforum intelligentia remota funt, ea fub fenfus ipfos fubjicere conantur. Idcirco in his quoque Politicis rebus, meritò, noftra quidem fententia, Deus confudit confilia noftra, ut interdum ne fatis quidem ipfa explicari poffe videantur. Quamobrem, de conftanti atque confentienti totius Confilii noftri fententia, quod nobis in hoc Parchovienf. Conventu Generali adfint, ita ftatuimus, & præfentibus Literis noftris edicimus, ac fevere mandamus, ut omnes externi homines, qui ex aliis Regionibus propter fupradictam Religionis caufam extorres huc confluxerunt, & qui a Catholica Religione averfi, nova dogmata noftris hominibus obtrudere, eaque five privatim, five publicè, tam fcripto quam voce viva profiteri audent, continuo ex omnibus Ditionibus noftris ita emigrent, ut ne quis prorfus eorum ad Calend. Octobres intra fines noftros remaneat. Quos nos jam quidem hoc ejusmodi Decreto noftro profcribimus, & ex omnibus Ditionibus noftris exterminamus, profcriptósque, & exterminatos effe, & haberi volumus. Denuntiamus fingulis eorum, quod quisquis ejusmodi poft tempus defignatum intra fines noftros verfari aufus fuerit, is ubique per Officium Præfectorum Capitaneorum noftrorum, capi, vinciri, ac uti facinorofus ac feditiofus in Repub. plecti ac puniri: & præterea à privatis hominibus, fi quid fortè ejusmodi fibi evenerit, ejus rei culpam omnem non in alium quam in feipfum conferre debebit. Neque enim amplius fanè ferre poffumus, ut, propter paucorum quorundam exulum, & abjectorum hominum licentiam ac temeritatem, diutius hæc irati atque infefti Dei Judicia fuftinere omnes in univerfum neceffe habeamus. Itaque fi quis Præfectorum noftrorum in exequendo hoc Decreto noftro five remiffior five negligentior fuerit, in eum nos quidem, uti Edictis ac Mandatis noftris Comitialibus contravenientem, animadverfuri fumus. Interea autem Subditis noftris, ac præfertim inferioris ordinis hominibus mandamus, ne novis iftis, & peregrinis doctrinis ullis, in aliud Evangelium quam quod ab initio in hoc Regnum illatum, nobisque per manus traditum fuit, abduci fe patiantur: fed uti fubjectionem noftram verbo, & aliis civilibus argumentis libenter profitentur, ita quoque Religionem, ac pietatem noftram, quam nos à majoribus noftris conftanter retinemus, ftudeant imitari. Præcipue vero caveant, ut fe ab omni peftifera iftius, & recens exortæ Sectæ focietate atque contagione puros confervent: quæ nimis altum fapiendo os in Cœlum pofuit, deque Dei immortalis ingenio prorfus abfcondita, ea in vulgus jactare non erubefcit, quæ funt non folùm arrogantiæ non ferendæ, fed etiam curiofæ cujusdam impietatis pleniffima. Alioqui nifi ejusmodi mandato noftro obtemperaverint, daturi fumus ad Magiftratus noftros multo feveriora mandata, quibus animos ipforum in officio omnino contineant, nihilque iis permittant quod à noftris Catholicæque Ecclefiæ moribus quoquomodo alienum, ac domefticæ alicujus, & civilis feditionis feminarium effe poffit. Quarum omnium rerum ne quis fit qui ignorantiam poffit prætendere: Mandamus omnibus ab initio nominatis, ut hoc Edictum noftrum publicari, & Preconis voce de more promulgari faciant. Pro gratia noftra. Datum in Conventione noftra generali Parchovien. die VI. Augufti, Anno Domini M D. LXIV. Regni noftri XXXV.

Ad Mandatum Sacræ Regiæ Majeftatis proprium.

LXV.

Articles qui ont été accordez, en la préfence du Roi & de la Reine de France fa Mere, entre Monfieur le Nonce de nôtre S. Pere le PAPE, *le Sieur* FABRICE SERBELON, *& l'Evêque de Ferme, Vicelégat d'Avignon, d'une part, & le Capitaine & Gouverneur d'*ORANGE, *& autres Officiers de Monfieur le Prince d'Orange, d'autre.* 11. Oct. AVIGNON ET ORANGE.

Fait

ANNO 1564.

Fait le 11. *d'Octobre* 1564. [Extrait sur l'Original Manuscrit.]

I. QUE ceux de la Principauté d'Orange laisseront les Armes.

II. Ledit Sr. Fabrice faira aussi lever les Gens de Guerre qu'il tient en Garnison à Bedarrides, Caderousse, Camaret, & Serignan, Lieux du Comtat plus prochains de ladite Principauté, sauf toutes fois les Gouverneurs & six ou huit hommes à chacun pour leur garde.

III. Pourront les Sujets & Habitans de ladite Principauté venir & converser dedans Avignon, & les Villes & autres Lieux dudit Comtat, y faire leur Commerce & Trafique, & ceux qui y auront des biens & Terres les y cultiver & autrement faire labourer, & joüiront de leursdits biens paisiblement sans estre aucunement troublés ny empechés.

IV. Et quant aux fruits desdits biens recueillis en la Principauté leur seront rendus & restituez par les Communautez ou autres qui les auront receus & perceus, sauf toutes fois & reservé le quart desdits fruits, lequel demeurera auxdites Communautez, suivant l'Ordonnance sur ce faite de l'authorité de Mr. le Vicelegat.

V. A condition toutes fois que les Sujets de la Principauté promettront de n'entreprendre ni machiner aucune chose contre l'Etat d'Avignon & dudit Comtat, ni aucuns des habitans d'iceux, ni ne procederont par voye de fait contre aucune personne ni biens de ladite Ville d'Avignon & dudit Comtat, pour raison des injures qu'ils pourroient pretendre avoir receuës, ne pourront aussi entrer audit Avignon & Comtat en Assemblée de plus grand nombre que de neuf, ou dix personnes sans autres armes que leurs espées, ni ne porteront Livres deffendus, ny allans ny y estans ne parleront de la Religion aucunement, ny ne fairont aucun exercice d'icelle sur peine d'estre punis.

VI. Le Gouverneur d'Orange aussi promettra par escrit authentique de ne souffrir ny permettre en la Ville d'Orange ny autres Lieux de la Principauté de faire aucunes Assemblées, menées ny entreprises contre ladite Ville d'Avignon & le Comtat ou personne quelconque qui y demeure, & qu'en ladite Principauté les Catholiques qui en sont hors y retourneront & seront reintegrés en tous leurs biens pour y demeurer, comme ils souloient, & y celebrer le service divin ainsi qu'il avoit accoustumé d'estre fait auparavant les troubles, & auront les trois quarts des fruits de cette année qui auront esté receus par ceux d'Orange, ainsi qu'il a esté ordonné pour les autres cy-dessus. Fait à Avignon le 11. Octobre 1564. *Estoit signé.* L. Episcopus Firmans Vicelegat, Fabricio Serbeloni, Pierre de Varich. *Dessous estoit escrit*, Collationné à l'Original par moi Secretaire d'Etat de S. Majesté, le 11. d'Octobre 1564. *Signé* ROBLET, Secretaire d'Etat.

LXVI.

7. Dec.

FRANCE ET LES LIGUES DE SUISSE.

Traité & Renouvellement d'Alliance entre CHARLES IX. *Roi de France, & Messieurs des Ligues de* SUISSE, *faite & concluë en la Ville de Fribourg le* 7. *jour de Decembre* 1564. [FREDER. LEONARD, Tom. IV.]

AU Nom de la Sainte Trinité. Amen. L'exemple de nos Predecesseurs jusques aux plus anciens Royaumes & Republiques, demonstre & apprend assez à ceux qui sont vrays amateurs & zelateurs de leurs Princes, Païs & Libertez, & qui en desirent & veulent le bien, grandeur & augmentation, que le seul fondement aprés Dieu, qui par ses secrettes Ordonnances dispose de nous, est l'union & mutuelle concorde entre les Sujets conjoints, sans s'alterer en nouveaux changemens, constans & reünis avec leurs anciens Amis, Associez & Alliez, procedans de la seule force & maintien de leurs Estats; & par consequent tout repos & tranquilité en la douce conversation, Commerce & Amitié qui doit estre entre les Provinces & hommes, lesquels sont de Nostre-Seigneur créés pour secours, communication & assistance les uns des autres, ce qui s'étend jusqu'aux plus barbares & Gentils, par les seules Loix naturelles, observances gardées de tout temps immemorial; combien est-il plus raisonnable qu'entre Princes, Seigneurs & Republiques regies sous la connoissance & crainte de Dieu le Createur, cette fermeté & intelligence tendant à la gloire de Dieu, & seule deffense & protection de ce qui nous appartient, soit saintement & inviolablement gardée & entretenuë parmy les Chrestiens. C'est pourquoy Nous Charles IX. par la grace de Dieu, Roy de France, Duc de Milan, Comte d'Ast & Seigneur de Gennes, assisté du bon & prudent Conseil de nostre tres-honorée Dame & Mere. Et nous les Bourguemestres, Advoyers, Amandz, Conseillers & Communautez des Villes, Pays & Seigneuries des anciennes Ligues des Hautes Allemagnes, ensemble de nos Amis, Alliez & Combourgeois; à sçavoir de Lucerne, Ury, Schuitz, Undervald dessus & dessous le Bois, Zug, avec ses Offices exterieurs y appartenans, Glaris, Basle, Fribourg, Soleurre, Schaffuzen, Appenzel; ensemble le Sieur Abbé & Ville de Saint Gal, les Capitaines, Chastelains, Dizanies, Communautez & Païsans des Seigneuries & Païs des Grisons, Vallais, Milhusen & Bienne; A tous les presens & à venir. Certifions par les presentes, que considerans que comme dés le temps & Regne de nos Rois nos Ancestres de haute & loüable memoire Charles & Loüis consecutivement, de François premier de ce nom, Henry & François II. nos tres-honorez Sieurs Ayeul, Pere & Frere Rois de France, Duc de Milan, Comte d'Ast, & Seigneurs de Gennes d'une part; Et des Predecesseurs nous les Bourguemestres, Advoyers, Amandz, & autres des Ligues susdites d'autre part; s'est jusques à present étroitement conduit & observé une bonne voisinance, Amitié, Paix & Alliance, au bien & prosperité de nous tous, rememorans & mettant en consideration les tres-loüables gestes de nos Predecesseurs, durant le temps & correspondance que dessus; & combien en est experimentée leur gloire, nom & renommée, au rapport & grandeur de leur posterité. Tellement que non seulement ils ont pû resister ainsi genereux & vaillans à l'encontre de toutes entreprises déraisonnables, mais aussi par leur vertu, proüesse & commune intelligence, donné crainte aux autres Nations qui auroient voulu entreprendre, ou machiner par Guerre ou autrement, au préjudice de leurs Estats & tranquilité de la Chrestienté; Desirant en suivre le chemin & trace de nos tres-puissans, tres-excellens, sages & magnanimes Antecesseurs, pour la tuition, défense & conservation de nos Personnes, Royaumes, Duchez, Principautez, Villes, Païs, Seigneuries, Terres, Sujets quelconques que nous possedons & avons droit à present tant deça que delà les Monts, Avons de part & d'autre deliberé renouveller, conclure & arrester entre nous une Alliance, Confederation mutuelle, défense & intelligence. Et à cet effet nous sommes respectivement condescendus d'envoyer en la Ville & Canton de Fribourg nos Deputez, avec suffisans & amples Pouvoirs, lesquels ont été vûs, lûs, & pour tels reçûs & reconnus: A sçavoir, nous ledit Seigneur Roy, nos Ambassadeurs, & à ce expressement commis & deleguez François de Scepeaux, Sieur de Vieille-Ville, Comte de Duretal, Chevalier de nostre Ordre, Mareschal de France, Capitaine de cent Hommes d'Armes de nos Ordonnances; & Sebastien de Laubespine, Evêque de Limoges, Sieur de Verrieres, tous deux Conseillers en nostre Conseil Privé; & Nicole de la Croys, Abbé d'Orbais, Sieur de Nogent, nostre Ambassadeur ordinaire audit Païs. Et nous aussi les Cantons, Alliez & Confederez des Ligues, nos Ambassadeurs instruits, & amplement autorisez, & par nous commandez, lesquels, aprés longue communication entr'eux pour le bien & établissement d'un si bon œuvre, ont en vertu de leur Pouvoir & Commission, avec nostre gré, approbation & consentement, sans toutes-fois, horsmis en ce que cy aprés sera declaré, aucune innovation, adjonction, ou diminution de Traité de Paix, & passé avec le Roy François, de haute & loüable memoire, & sans aucunement en vouloir à perpetuité departir, conclu, definy & arresté une vraye & certaine Alliance, Confederation, défense mutuelle, & intelligence que lesdites Parties veulent estre de bonne foy, & inviolablement observée en toute amitié pure & entiere sincerité, ainsi & suivant ce que plus amplement est cy-aprés ecrit & declaré.

Premierement que nous recevons l'un l'autre de bonne foy, en vrais, certains & entiers Alliez, sans aucun dol, fraude ne deception pour le repos, tuition, défense & conservation de nos personnes, honneurs, Royaumes, Duchez, Principautez, Païs, Villes, Droits & Su-

ANNO 1564. & Sujets que presentement avons, tenons & possedons, tant deça que delà les Monts, & en quelque lieu & part que ce soit, Voulons & entendons que la presente Alliance dure tant & si longuement qu'il plaira à Dieu, pour son service, donner à nous Charles Roy vie, & nous conserver en ce monde & sept ans aprés le jour de nôtre decez.

Et cependant nous Charles Roy, ne nous les Cantons & Alliez en general ou particulier, n'aurons pouvoir ne puissance de nous desister, ne quitter cette Alliance, soit pour quelques Capitulations, Contrats, ou Conventions faites entre nous des Ligues, ne autrement, en quelque façon que ce soit, renonçant à toutes Capitulations, particulierement, & generalement, lesquelles pourroient occasionner aucun de nous, de se desister de cette Alliance, sinon qu'il y eût causes raisonnables & declarées, par droit ou vertu de la Paix.

Et si durant cette Alliance nous Charles Roy étions invahis, ou molestez par Guerre en nos Royaumes, Duchez & Principautez, Pays, Droits & Seigneuries que presentement avons & possedons tant deça que delà les Monts, par qui que ce fust, de quelque état & dignité que ce soit, nul excepté, encores qu'il nous excedast en dignité, nous pourrons lever tel nombre de Gens de pied des Ligues, pour la tuition & défense de nosdits Royaumes, Duchez, Principautez, Villes, Païs, Droits & Seigneuries, qu'il nous plaira, toutesfois non moins de six mil, & non plus de seize mil, sans le consentement de nous des Ligues, ausquels Soldats nous pourrons élire & bailler Capitaines suffisans, & de bonne renommée, selon nostre vouloir & intention, & à nos dépens, de tous les Cantons, & de leurs perpetuels Alliez; à sçavoir, du Sieur Abbé & Ville de S. Gal, des trois Ligues Grises, Valais, Milhusen, Rottwil & Bienne, & étant lesdits Gens de Guerre à nous des Cantons & Confederez, requis & demandez, & qu'iceux, ensemble leurs Capitaines, comme Gens de Guerre, veülent aller & marcher au secours & service de Sa Majesté, nous ne pourrons ne devrons en nulle maniere les retarder; mais sans aucun delay, dix jours aprés avoir été demandez, les y laisser sans autre mandement, ne dilation marcher.

Et doivent lesdits Capitaines & Soldats demeurer & perseverer au service du Roy, tant que la Guerre durera, & qu'il luy plaira, & ne seront de nous des Ligues rappellez tant que la Guerre soit entierement finie, & eux soldoiez aux dépens dudit Sieur Roy, à la façon accoûtumée. Mais si cependant lesdits Sieurs des Ligues étions chargez de Guerre en nos Terres, Païs & Seigneuries, tellement que, tout dol & fraude exceptez, ne puissions bailler au Roy Tres-Chrêtien Gens de Guerre à pied, sans nostre grand dommage & moleste, tel cas advenant, nous en serons pour cette fois-là francs & quittes, & aurons pouvoir & puissance de revoquer iceux Soldats, sans nul delay & non autrement. Et nous Charles Roy, iceux Soldats revoquez, leur donner congé.

Si-tost que nous des Ligues serons déchargez de telles Guerres faites à l'encontre de nos Païs, comme est cy-devant dit, Nous permettrons en vertu de la presente Alliance à nosdits Soldats & Gens de Guerre, d'aller & retourner au service de Sa Majesté à sa premiere requeste, comme cy-dessus est accordé & declaré.

Et s'il avenoit durant la Guerre, que Sa Majesté Tres-Chrestienne se trouvât, ou voulsit trouver en propre personne en quelque lieu & endroit à l'encontre de ses Ennemis, il pourra lever à ses dépens tant de Capitaines & de Soldats qu'il voudra, ce que bon luy semblera, toutefois non moins de six mil, & élira les Capitaines d'un chacun Canton de nous des Ligues, & de nos perpetuels Alliez, comme dessus est dit.

Nousdit Sieur Roy, ne pourrons ne devrons departir lesdits Capitaines & Soldats durant la Guerre actuelle, sans l'avis & consentement de leurs Colonels & Capitaines, mais les laisser ensemble; & toutesfois les furies de la Guerre passée, les pourront mettre ça & là en Garnison pour la tuition de nos Villes, Places & Châteaux, & autres endroits de nôtre obeïssance, reservé qu'ils seront seulement employez par Terre & non sur Mer.

Estant au surplus accordé que nous baillerons à chacun Soldat, pour la solde d'un mois, comptant douze mois en l'an, quatre florins & demy de Rhin, ou la valeur d'autant, selon les Païs esquels le payement se sera, & commencera ledit payement dés l'heure qu'ils partiront, par commandement de celuy qui aura charge de faire la levée, de leurs Maisons pour aller à nostre service, & les Soldats ja reçûs en service, leur sera payée la solde de trois mois, encores que ne les retinssions si long-temps à nostre service, & leur sera payé la solde du premier mois avant le partement de leur Païs, & les deux autres en lieux commodes & convenables, ainsi que l'occasion se presentera. ANNO 1564.

Et au cas que nous retenions lesdits Gens de Guerre, outre les trois mois, nous serons tenus de bailler à un chacun de mois en mois, & au commencement du mois quatre florins & demy par mois, comme dit est, si ce n'est quand ils seront licentiez, qu'on leur payera raisonnablement dequoy s'en retourner en leur Païs; & quant aux Capitaines, Lieutenans, Porte-Enseignes, & autres Officiers, les soldoyeront selon la coûtume des feus Rois nos Predecesseurs, de haute & louable memoire

Et s'il avenoit, que pendant la continuation & durant la Guerre, se donnât par nôtre commandement, ou de nos Lieutenans Generaux en l'Armée, une Bataille, en laquelle eussions Victoire par l'aide de Gens de Guerre Suisses, ou bien que lesdits Suisses fussent pressez & forcez par nos Ennemis au combat, tellement qu'il s'ensuit Bataille & Victoire, Nous Roy Charles usant de l'inclination naturelle, qu'avons toûjours portée & portons à l'endroit de leur Nation, le cas avenant, Voulons & entendons donner aux Soldats la paye & solde d'un mois, outre celle qui court pour leurs apointemens ordinaires, ce que nous serons tenus leur payer & faire delivrer avant que de les licentier & renvoyer en leur Païs.

Et pour le respect de Nous des Ligues & de nos Alliez, où il adviendroit que serions molestez par Guerres en Personnes, Païs, Sujets & Seigneuries, par quelque Prince ou Seigneur, de quelque dignité qu'il fut, en ce que presentement nous possedons, Sa Majesté sera tenuë nous envoier, aprés les avoir requis pour la conservation & défense de nos Païs, Sujets & Seigneuries, tant que la Guerre durera, deux cens Lances, & douze pieces d'Artillerie sur roües, six grosses & six moyennes, ensemble toutes Munitions à ce ordinaires & appartenans, le tout aux dépens de Sa Majesté. Et davantage pour l'entretenement de ladite Guerre, tant qu'elle durera, Sadite Majesté sera tenuë nous faire bailler & fournir en la Ville de Lyon, pour chacun quartier d'an vingt-cinq mil écus, fut-il chargé de Guerre ou non. Et si nous des Ligues aimions mieux, au lieu desdites deux cens Lances deux mil écus pour chacun quartier, sera à nostre choix de prendre lesdits deux mil écus, au lieu desdites Lances, & nous sera payée cette Somme en même sorte & maniere que lesdits vingt-cinq mil écus; & en ce faisant ledit Sieur Roi ne sera abstraint de nous envoier aucuns Gens d'Armes. Et la Guerre finie, Nous des Ligues serons obligez à la restitution & renvoi, des douze pieces d'Artillerie cy-dessus mentionnées, au cas qu'elles ne fussent perduës, & qu'à nôtre requeste elles eussent été envoiées.

Et si Sa Majesté, ou Nous, tombions en Guerre avec qui que ce fust, est accordé que l'un ne l'autre, ne fera Paix ne Trêve avec l'Ennemi, sans le sçû de l'autre Partie, & sans la comprendre au Traité qui se fera pour Paix ou Trêve; que ce neanmoins, il demeurera en la liberté, option & choix de celui qui sera ainsi compris d'accepter ladite comprehension, ou la laisser ainsi qu'il avisera, pour le bien & commodité de ses affaires.

L'une ou l'autre Partie ne pourra ne devra recevoir en sa protection & Bourgeoisie, les Sujets de l'autre Partie, ne souffrir ne donner passage aux Ennemis adversaires & bannis, mais iceux de tout leur pouvoir dechasser, & dejetter de tout leur pouvoir, selon le Traité de la Paix perpetuelle avec tout soin & diligence, ainsi qu'il appartient entre bons Amis & Alliez; & en outre tenir par tout les passages ouverts, afin que sans empêchement puissions respectivement subvenir à nos Sujets, Païs & Terres en quelque part & endroit que ce soit, & secourir, assister & aider à nos Amis, en vertu des presentes.

Et afin que lesdits Sieurs des Ligues connoissent clairement la sincere Amitié que nous Charles Roi leur portons, Nous voulons & nous plaist annuellement bailler dorénavant tant que cette Alliance durera, & donner à chacun Canton des Ligues, outre les deux mil francs qu'ils ont eu par ci-devant de feuë haute & louable

ANNO 1564.

loüable memoire nostre Seigneur & Ayeul par le Traité de Paix encore mil livres de creuë, & s'en fera le paiement à chacun desdits Cantons au tems & terme, & en la forme & maniere que les pensions des deux mil livres seront paiez.

A sçavoir qu'elles seront fournies comptant sans aucun delai à Lyon au jour de la Nôtre-Dame de Chandeleur. Et en défaut de ce que les Ambassadeurs attendissent & demeurassent audit Lyon plus de huit jours, Nous serons tenus leur payer leurs dépens qu'outre lesdits huit jours ils pourront faire.

Et en semblable Nous voulons & entendons aussi bailler, & donner annuellement aux Alliez & Confederez desdits Seigneurs des Ligues, & de Nous, tant que cette Alliance durera, outre les pensions generales qu'ils reçoient presentement par vertu du Traité de la Paix, pour augmentation d'icelles pensions à chacun Allié la moitié de la Somme de la pension generale, laquelle moitié sera paiée ausdits Alliez, en la forme & maniere que les pensions generales sont ordinairement fournies & paiées.

Il est aussi accordé en outre, que si par occasion de quelque Guerre, la Traitte du Sel estoit à nous des Ligues refusée és Lieux desquels pouvons & avons de coûtume d'en avoir, alors Sa Majesté nous permettra la Traitte dudit Sel de ses Païs, & d'autres Vivres pour nôtre provision & necessité, tout ainsi & au même prix que ses Sujets l'achetent és Païs de son obeïssance. Toutefois quant aux Peages seront traitez comme il est accoutumé.

Et pour autant que les Traitez de Paix & Amitié doivent, sans aucun changement, demeurer en leurs Articles, force & vigueur, & qu'à cause de la Justice des personnes qui ont pretentions & querelles, il se trouve quelque obscurité; Sur ce a esté conclu que si aucuns des Ligues avoient ci-aprés action ou demande à l'encontre dudit Seigneur Roi pour quelque cause que ce fût, que alors le demandeur donnera à entendre sa pretention & querelle à ses Seigneurs & Superieurs; ou si lesdits Seigneurs & Superieurs declarent & connoissent que la cause soit juste & raisonnable pour être poursuivie, le demandeur sera tenu le faire entendre aux Ambassadeurs de Sa Majesté étans aux Ligues; & en défaut d'Ambassadeurs, les Sieurs & Superieurs dudit demandeur en écriront au Roy, le priant & admonestant de satisfaire à leur Sujet; & au cas que ledit Sieur Roy luy satisfît, tellement qu'eussions raison de nous en contenter, lors le demandeur comme satisfait, s'en tiendra pour content sans plus en molester Sa Majesté, ni ses Ambassadeurs; mais où ledit Sieur Roy ne donneroit provision raisonnable audit demandeur sur ses pretentions, alors la Partie poursuivante pourra faire venir ledit Sieur Roy devant les Juges & le Cinquiéme, & en cet endroit user de Justice. Et au cas que Sa Majesté à nostre demande n'envoyast ses deux Juges, ainsi qu'il est porté par le Traité de Paix & qu'il ne voulût répondre & ester à droit, est arrêté que les Juges de Nous des Ligues, sur la plainte du poursuivant & demandeur, donneront & pourront donner leur Sentence qui aura force & vigueur, tout ainsi que si les quatre Juges avoient sententié & prononcé, & ce qui sera ainsi jugé de bonne foy sera satisfait & payé; bien entendu que le reciproque s'observera à l'endroit de Sa Majesté & de ses Sujets, où ils auroient action à l'encontre d'aucuns des Ligues en particulier & general.

Et suivant ce que les Traitez de Paix d'entre la Couronne de France & Nous des Ligues, contiennent comme les Marchands de Nous des Ligues doivent être traitez quant aux peages & subsides, demeurera le tout en son entier comme du passé, & sans aucune innovation; & pourront les Marchands, Pelerins, Messagers, & autres de nous des deux Parties qui trafiqueront & negotieront és uns & autres Païs, seurement & sans aucun empêchement, en corps & en biens, librement & à leur volonté, aller, venir, sejourner, & demeurer par les Païs de l'une & l'autre Partie sans fraude & deception.

Et si entre les Sujets de Nous Charles Roy & des Ligues, avenoit querelle, pretention ou demande, pour quelque chose que ce fût, les Demandeurs seront tenus chercher les Défendeurs aux Lieux & Jurisdictions là où ils seront demeurans & residans, ausquels sera faite bonne & brieve Justice selon le contenu de la Paix.

Estant au demeurant accordé que le present Traité, ainsi que les precedens, s'étendra à la tuition & défense de toutes les Seigneuries & Terres que nôtre feu Seigneur ayeul François I. de ce nom, de haute & loüable memoire, tenoit & possedoit, tant deça que delà les Monts du tems que la penultiéme Alliance fut faite & concluë entre lui & Nous des Ligues en l'an 1520. pourvû que Nous Charles Roi puissions recouvrer lesdits Païs, desquels sommes presentement frustrez, de nous mêmes & sans l'aide des Ligues, tellement que lors nosdits Alliez seront tenus en vertu de la presente Alliance nous bailler aide & secours pour la conservation desdits Païs, tout ainsi qu'il est declaré des Païs & Terres que nous possedons à present.

Et dautant que les Terres & Seigneuries possedées par feu nôtre Seigneur & Ayeul en l'an 1521. ne sont encore en nôtre possession. Cependant nous des Ligues ne baillerons, directement ou indirectement, aucune aide, assistance, faveur ni Gens de Guerre à ceux qui presentement les possedent, ou pourroient ci-aprés posseder contre le vouloir de nous Charles Roi, pour estre lesd. Païs gardez & deffendus. Mais au contraire nous des Ligues reffuserons tout secours, faveur, assistance & aide sans respect de qui que ce soit, & de quelque plus haute dignité & qualité qu'ils puissent pretendre, ou soient ceux qui voudroient le requerir.

En cette Alliance sont reservez le Pape, le Saint Siege Apostolique, le Saint Empire, les Rois d'Espagne & Portugal, Escosse, Danemarc, Pologne & Suede, la Seigneurie de Venise, les Ducs de Lorraine, de Savoye & Ferrare. Et de la part de Nous des Ligues seront reservez le Pape, le Saint Siege Apostolique, nos Alliances jurées, toutes nos Franchises & Libertez, tous Droits de Bourgeoisie, de Combourgeoisie, les Maisons d'Autriche & de Bourgogne, & de toutes les anciennes Lettres & Sceaux, Contrats, Intelligences, Confederations, Paix civiles, & tous nos Alliez & Coalliez, la Seigneurie de Florence & la Maison de Medecis.

Et si aucuns des reservez desdites deux Parties vouloient molester, envahir ou endommager par Guerre ou autrement, directement ou indirectement, l'une ou l'autre Partie en ses Roiaumes, Duchés, Païs, Terres & Seigneuries que de present tient & possede à droit, tant deçà que delà les Monts; lors l'autre Partie, sans regard ne consideration du contenu en cette apprehension, donnera aide & secours à la Partie envahie, molestée ou assaillie contre les aggresseurs, molestans & assaillans quels qu'ils soient, ainsi que dessus est declaré.

Et sur ce Nous les deux Parties, à sçavoir Nous Charles Roi de France Tres-Chrestien, Duc de Milan, Comte d'Ast & Seigneur de Gennes; Et Nous lesd. Bourguemestres, Advoiers, Amands, Conseillers, Bourgeois, petits & grands Conseils, Communautez des Villes, Païs & Seigneuries des anciennes Ligues, ensemble nos Alliez, Amis & Confederez, avons accepté & confirmé cette presente Alliance, Confederation & Intelligence, voulons & promettons inviolablement tenir & observer toutes les choses ci-devant écrites, passées & accordées par les Ambassadeurs de Nous respectivement, avec declaration que ne pretendons par cette Alliance & Confederation aucunement diminuer ou innover au Traité de la Paix & Amitié perpetuelle par ci-devant concluë entre les Predecesseurs de Nous les deux Parties, & ne voulons & n'entendons suivant la declaration susdite nous en desister, mais icelle à perpetuité garder, & comme bons, loiaux, vrais & sinceres Amis corroborer & confirmer. En témoignage des choses susd. Nous avons de part & d'autre commandé apposer nos Sceaux à ces deux presentes Lettres, dont l'une est en Allemand, & l'autre en François, toutes deux de semblable substence & teneur, aiant toutefois, nonobstant cette conclusion, respectivement laissé lieu à ceux de nos Alliez & Confederez des Cantons & leurs Alliez, qui n'auront encore accepté la presente Alliance, & qui ne seroient sitost resolus, d'y entrer & se declarer à leur commodité. Fait & passé en ladite Ville de Fribourg, quant à Nous des Ligues & nos Alliez, le Jeudy 7. jour du mois de Decembre, l'an present à la Nativité de nôtre Redempteur J. C. 1564. Et quant à Nous ledit Roi Charles le Samedy 12. jour de Juillet, l'an 1565.

LXVII.

1565. 11. Sept.

Ihro Kayſ. Maj. MAXIMILIANI II. Confirmation über die de Annis 1561. und 1563. von Graff Christoph

ANNO 1565. Christoph zu Mansfeld, denen Herrn Petro und Hieronymo Buchnern, auf das Ambt Seeburg zugestellte Pfand Verschreibungen. Geben Wien den 11. Septembris 1565.

C'est-à-dire,

Confirmation de l'Empereur MAXIMILIEN II. *sur les deux Engagemens faits par* CHRISTOPHLE *Comte de* MANSFELD, *à* PIERRE *&* JERÔME *Seigneurs de* BUCHNER, *du Bailliage & du Château de* Seebourg. *Donnée à Vienne le* 11. *Septembre* 1565. [Voyez-la ci-devant sous le 28. Decembre 1561. & sous le 3. Avril 1563. pag. 89.]

LXVIII.

1566. *Fœdus, Unio, & Confraternitas Statuum* LIVONIÆ *cum Statibus Magni Ducatûs* LITHUANIÆ, *ad repellendos crudeles Hostium insultus, & recuperandam Pacis pristinæ tranquillitatem inita. Quibus insuper illi priores promittunt,* SIGISMUNDUM *Regem Poloniæ, tanquam Ducem Lithuaniæ pro vero suo Hæreditario Domino habituros, & cum præfato Ducatu Lithuaniæ unius Regis & Principis fideles Subditos se perseveraturos.* Cum CONFIRMATIONE *præfati Regis Poloniæ. Datum Grodnæ in generali Conventione die* 26. *Decembris annô* 1566. [LUNIG, Teutsches Reichs-Archiv. Part. Spec. Abtheilung III. Contin. I. Fortsetzung III. pag. 66. von Teutschen Orden.]

In Nomine Domini feliciter, Amen.

CUm omnia, quæ nostra ætate gesta & ad posteritatem transmittenda sunt, Literarum monumentis & Sigillorum appensionibus muniri soleant, quo ab erroribus & oblivionis incommodo vindicentur. Proinde Nos SIGISMUNDUS AUGUSTUS, Rex Poloniæ &c. notum testatumque esse volumus, quorum interest, universis & singulis, præsentibus & futuris notitiam harum habituris Quod cum Nos superiore tempore, gravibus Reipublicæ Livonicæ rationibus postulantibus, cum plenissima facultate, de omnibus & singulis rebus, tam Spiritualibus quam Secularibus, tamque publicis quam privatis, ordinandis, disponendis & constituendis, ablegassemus ad Status ejusdem Provinciæ, Illustrem & Magnificum *Johannem Chodkiewitz*, Baronem in Slow & Bychow, Samogitiæ Livoniæque Capitaneum & Administratorem Generalem, nec non Magni Ducatus nostri Lithuaniæ Archi-Marschalcum supremum, in Livonia Exercituum nostrorum Capitaneum & Campiductorem nostrum, Plocellensem Teschoviensemque Tenutarium, syncere Nobis dilectum, Senatorem nostrum: ac ibidem in Comitiis publicis varii Tractatus cum Statibus Livoniæ, partim de nova ineunda defensionis ratione, partim etiam status Spiritualis in Secularem mutatione haberentur, post diligentem & sedulam consultationem deliberationemque, unanimi omnium Livoniæ Statuum consensu atque suffragio, placuit, proque indubitato habitum est, Livoniam, inhiantibus undequaque hostibus immanissimis, nec tueri, nec defendi, nec conservari commode posse, nisi inita prius cum Magno Ducatu nostro Lithuaniæ, tanquam Amicis & Vicinis propinquioribus, certa Concordia, Societate, Confœderatione ac perpetua quadam Fraternitate, ut sic, conjunctis utriusque Dominii Consiliis, Opera, Auxiliis & Viribus, Hostium crudeles insultus commodius sustinerentur ac reprimerentur, hacque ratione plusquam misera & afflicta Provincia ex faucibus illorum erepta, tanquam postliminio pristinæ paci, tranquillitatique restitueretur. Quam quidem viam & rationem cum tanquam salutarem ac plusquam utilem sibi omnique posteritati suæ fore, Incolæ Statusque Livoniæ omnes, tam Spirituales quam Seculares, perspicerent, hanc, quæ sequitur, unanimi consensu omnium cum Statibus, & Ordinibus Magni Ducatus nostri Lithuaniæ, Concordiam, Consocietatem & perpetuam Fraternitatem inierunt, constituerunt ac confirmarunt, cujus capita hic subjecta sequuntur: ANNO 1566.

Inprimis cum hactenus luce clarius Livones compertum habuissent, suoque malo experti essent, pluralitatem Principum illi Provinciæ plus periculi & dissensionis, quam commodi, salutis atque utilitatis attulisse, idque se bene perspectum habere, concordia nihil sanctius atque utilius esse, præsertim, cum unus aliquis Princeps regimini præsit, ac moderetur administretque omnia; ideo communi omnium suffragio, id omnes Status tam Archidiæcesis Rigensis, quam reliquæ Provinciæ Livoniæ Transdunensis receperunt, proque seipsis suisque Successoribus sancte & inviolate sub fide & Juramento præstito promiserunt, se imposterum Sacram Serenissimam Majestatem Regiam præsentem atque feliciter regnantem, videlicet Serenissimum ac Potentissimum Principem ac Dominum SIGISMUNDUM AUGUSTUM, Dei gratia, Regem Poloniæ, eundemque Magnum Ducem Lithuaniæ, Russiæ, Prussiæ, Samogitiæ, Livoniæ Dominum & Hæredem, Dominum nostrum clementissimum & posteros legitimosque Successores ejus Majestatis, pro suo vicino vero supremo & Hæreditario Principe Dominoque habituros, agnituros, veneraturos, culturosque, seque Majestati ejus Regiæ, tanquam Magno Duci Lithuaniæ, quæ jam in Provincia Livonia merum & mixtum Imperium habet, & habitura est, Successoresque legitimi ejus Majestatis habituri sunt, in omnibus justis & licitis, ut fideles decet Subditos, obedientes ac fideles futuros, loco vero Regiæ Majestatis nunc præfatum Illustrem & Magnificum *Joannem Chodkiewitz* & deinceps omnes reliquos à Regia Majestate, suisque Successoribus Magnis Ducibus Lithuaniæ pro tempore existentes Administratores, modo, quo inferius descriptum est, ordinatos pro vero legitimoque Magistratu acceptare, habere, eisque in omnibus licitis & honestis debitam obedientiam præstare tenebuntur. Salvis tamen bono titulo obtentis, atque a Majestate Regia confirmatis, neque huic præsenti novæ ordinationi Reipublicæ adversantibus Privilegiis, Libertatibus, Juribus atque Consuetudinibus receptis.

Volunt etiam nunc & imposterum, promittuntque, pollicentur atque spondent robore suarum scriptionum, memores fraterni amoris erga se Statuum atque Ordinum Magni Ducatus Lithuaniæ, præstitæ benevolentiæ, latique fideliter, quantum in illis fuit, auxilii, nec illos, nec eorum Successores posse aut debere sese a Magno Ducatu Lithuaniæ sejungere, avellere, subtrahere, tergiversari sempiternis ullis temporibus, imo una & pariter cum Magno Ducatu Lithuaniæ esse unius Regis & Principis fideles Subditos, membrumque unius corporis perfectum, unumque corpus unius Capitis, prout Fraternitate atque Amicitia conjunctos, mutuoque nexu devinctos conglutinatosque Fratres atque Amicos decet.

Quinimo post discessum (quod utinam sero contingat) Majestatis Regiæ, una pariter conjunctimque inseparabili modo cum Magno Ducatu Lithuaniæ nullum alium Principem ac Dominum agnituri, recepturi, habituri, veneraturique sunt, præterquam eum duntaxat, qui ex progenie, posterisque Majestatis suæ divinitus Magno Ducatui Lithuaniæ, illisque pariter legitime datus concessusque fuerit: ita tamen, ut quibus Privilegiis, Libertatibus, Prærogativis & beneficiis, Status atque Ordines Magni Ducatus Lithuaniæ gaudere, uti, fruique apparuerit, iisdem quoque ex æquo Livones gaudeant, utantur, fruantur.

Nullos quoque Tractatus, Pacta, Transactiones, Confœderationes cum ullo Principum vel quovis Reipublicæ Statu, tam Belli quam Pacis tempore, tam publice quam privatim, præsertim vero in contrarium vel quovis modo hanc Hæreditatem & unanimem fraternæ conjunctionis coagulationem labefactare aut violare possit, in præjudicium Magni Ducatus Lithuaniæ habituros esse, nisi una & pariter cum Magno Ducatu Lithuaniæ ejusque omnium consensu & approbatione, salvis nihilominus utriusque Dominii, a Pontificibus Romanis, Imperatoribus, Regibus, Magnis Ducibus, Archiepiscopis, Magistris Ordinis Teutonici, aliisque Principibus & Dominis concessis Libertatibus, Prærogativis, & Immunitatibus quibusvis.

Volunt etiam, eoque nomine se suosque obligant imposterum cum Senatoribus & Statibus Magni Ducatus

ANNO 1566.

tus Lithuaniæ Conventus atque Comitia communia celebrare, proque posse suo consilia, opem atque operam, pro communi Reipublicæ salute, fideliter communicare & in medium conferre, eandem sortem in rebus prosperis & adversis æqualiter sustinere: utque hi Conventus utrinque semper communes fiut, Senatoribus & Nunciis Livonicis sessio atque locus in Conventibus Magni Ducatus Lithuaniæ decens atque conveniens assignari debet, quo vocati comparere atque in commune una eademque forma consulere tenebuntur. Idque maxime, ne quid, insciis illis, in rebus Livonicis constituatur vel decernatur.

Ne item hæc Concordia atque Societas Incolis Livoniæ fraudi damnove sit, cum ipsa Sacra Regia Majestas pro se actura præstaturaque est, tum etiam omnes & universi Status ac Ordines Magni Ducatus Lithuaniæ pro sua parte acturi præstaturique sunt, ne ob professam ejus Majestati, communi Principi ac Domino nostro clementissimo, tam necessariam subjectionem & initam hanc utrinque fraternitatem, Incolæ Livoniæ quam Nobiles, tam Civitatibus degentes, a Serenissima Romanorum Imperatoria Majestate Statibus Imperii Romani, aut aliis quibusvis, qui jus aliquod in Provincia Livoniæ se habere putaverint, ullam honoris nomini suo exprobrationem, aut facultatum aliquod damnum sustineant, vel denique proscriptionis censura graventur, bannove Imperii submittantur.

Adhæc quoque Provincia Livonia, ac omnes Incolæ ejus, in vera & agnita Religione prædicationeque Verbi Divini & usu Sacramentorum, juxta ordinationem Augustanæ Confessionis, conservari ac retineri debent, nec Concionatores alterius Confessionis, in eandem Provinciam ad mutandum vel innovandum quicquam in Doctrina Religionis unquam admitti intrudive debebunt ac poterunt. Præterea ad conservandum in ea Provincia Religionis & Divini Ministerii statum, veræque Doctrinæ propagationem, ut homines eruditi, qui non tantum Ministerii munere in docendo & administrandis Sacramentis fungantur, verum etiam vitæ sanctimonia irreprehensibiles sint, in Livoniam accersantur & alantur. Atque ut honorificum Collegium aliquod primo quoque tempore fundetur, ac instituatur, in quo stipendiis idoneis foveantur Doctores ac Professores, ex quibus tandem Superintendentes, Consistoriales, Visitatores, Concionatores, Scholarum Rectores, Professoresque Literarii haberi & eligi possint, imo ut ex hac ratione erudiantur educenturque qui & Reipublicæ aliquando præsint: Plures etiam Scholas & Ecclesias pro rustica plebe instituendas & stipendiis ornandas juvandasque esse placuit. Nec minus ut cœlibum Virginum Cœnobia conserventur, tam propter honestarum & minorennium Nobilium, quam aliarum Virginum educationem, tum ut senes & annosæ Matronæ in iis alantur, exulum & ab utroque Hoste, Moscho videlicet & Sueco, profligatorum, ac bonis exutorum in illa Provincia habeatur pia ratio, Hospitaliaque seu Xenodochia liberalius dotentur.

Cum etiam sublatum veterem Ecclesiasticum statum tam in Archidiœcesi, quam in reliqua Provincia Livoniæ ordini prius subjecta, & in secularem mutatum prorsus esse constet, æquum ac justum esse ducunt, ut inter se Incolæ Livoniæ, sive sint de Nobili stemmate, sive alia dignitate vel conditione præditi, aliquam Patriarum Legum Constitutionem & Fraternitatis compositionem faciant, ad quam quisque respicere debeat, aut possit, ut, sicuti nunc & imposterum uno eodem utuntur utenturque Dominio, iisdem Libertatibus, iisdemque Legibus vivant & teneantur, utque in ea conjunctione nullus præ alio sibi usurpet prioritatem aut præeminentiam, præterquam eam, quæ in Dignitatibus atque Honoribus per gradus a sua Majestate collata est, atque conferetur, salvis tamen Privilegiis, Beneficiis & Libertatibus personalibus & singulorum.

Cumque Incolæ Livoniæ fere omnes sint origine Germani, Linguæ, Morum, Magistratus ac Legum patriarum assueti, unde Judicia, Officia Civitatum, Arcium regimina nullis melius quam Indigenis committi possunt, æquitati inprimis consulendo, sibi & posteris cavent, ut porro Magistratus Indigena & Germanus in Livonia habeatur ac retineatur, eaque Provincia in quatuor Districtus, nempe Rigensem, Treidensem, Vendensem ac Duneburgensem partiatur, quorum cuivis præcipuus aliquis autoritate, usu & peritia rerum præditus ex Indigenis Senator præficiatur, & ut in singulis hisce Districtibus tres Judices Terrestres, ad hæc duo de Nobilitate Assessores & Notarius tam in Civilibus quam in Criminalibus Causis & Negotiis cognoscant, jus dicant & Justitiam administrent, secundum Leges Patrias & Consuetudines rationabiles ibidem usu receptas: Civitatibus tamen Juribus suis Municipalibus ac Privilegiis, Consuetudinibus atque Statutis integris ac salvis, dummodo bono publico, Consuetudini, Juri & Libertati ab antiquo possessæ non adversentur.

ANNO 1566.

Qui quidem præfati Senatores, de numero, compagine membroque Senatus Magni Ducatus Lithuaniæ haberi, censeri, honorarique debebunt, inque publico Magni Ducatus Lithuaniæ Consessu locum & sessionem certam & decentem obtinebunt.

Præfati vero Districtuum Judices ad vocandos in jus citandosque homines Sigillo Sacræ Majestatis Regiæ ad instar Provinciarum reliquarum Magni Ducatus Lithuaniæ utentur, Causas vero decisas propriis suis appositis Sigillis consignabunt atque edent.

Placuit quoque atque convenit unanimiter, ita Judiciis per suos Districtus distributis, appellationum Causas extra Provinciam Livoniæ non trahi, sed per Dominum Administratorem prope existentem & quatuor Senatores Districtuum cognosci & justificari debere.

Decisæ vero Actiones per Dominum Administratorem, & quicquid præterea tam ad publicorum quam privatorum negotiorum expeditionem pertinere videbitur, ea omnia sub Sigillo Officii a Sacra Majestate Provinciæ Livoniæ dando edentur, exhibebuntur & confirmabuntur.

Acta etiam omnia Idiomate Germanico concepta, Literis mandabuntur atque edentur, sub eodem Sigillo, per Secretarios & Notarios Domini Administratoris Latinæ & Germanicæ Linguæ peritos.

Cum etiam contraria Mandata Regia, quæ hactenus ex diversis Dicasteriis & Cancellariis sæpe ex ignorantia emanarunt in Provincia Livonia, haut leves difficultates pepererint, jam vero Livonia cum Magno Ducatu solum, immediate atque Hæreditariè conjuncta sit, omnibus & singulis placuit Sigillum duntaxat Lithuanicum in tota Livonia locum habere & acceptari debere, ita tamen, ut illo Sigillo omnia Privilegia, Libertates, Consuetudines Germanicæ usitatæ, Jura ac Leges Incolarum, & quicquid præterea personæ bene meritæ per justam informationem & sine detrimento Provinciæ Livoniæ, legitime a Majestate Regia obtinuerunt in Livonia, vel adhuc obtinebunt, ratificentur & confirmentur.

Debet quoque, jam conjunctis & perpetuo connexis Provinciis Lithuania & Livonia, Moneta uniformis ejusdemque grani & ponderis excudi, quæ utrinque in contrahendis commerciis indifferenter acceptetur.

Porro, quod si forte Senatores, Status, Nobilitas, vel Civitates Magni Ducatus Lithuaniæ, majoribus Libertatibus gaudeant, quam Incolæ Livoniæ, ut illæ non minus ad Livones tanquam Confratres Statuum atque Ordinum Magni Ducatus Lithuaniæ, ad posteros illorum omnes extendantur, sintque Livonibus cum Magno Ducatu communes.

Atque ne futuris unquam temporibus administrationis nomine in Livonia aliqua vel controversia vel ambiguitas oriatur, convenit, ut per Sacram Regiam Majestatem, tam Consilio Senatorum Magni Ducatus Lithuaniæ, quam etiam Livoniæ, tanquam unius jam conjuncti Senatus, & utrorumque communi Consilio & suffragio Indigenæ Livoniæ, eo vero deficiente, solum ex Magno Ducatu Lithuaniæ Administrator Germanicæ Linguæ peritus, & Muneri gerendo idoneus nominetur, eligatur & constituatur, qui Subditis Regiis & Incolis in Livonia publice præsentetur & offeratur. Quod si tum hi Subditi in persona præsentata quicquam se desiderare putaverint, causasque, ob quas administrationi Livoniæ commode præesse non possit, habuerint, liberum eis erit, eo nomine Sacræ Regiæ Majestati supplicare, agereque, ut persona magis idonea administrationi præficiatur.

Postremo placuit quoque, ut, intercedente unione Magni Ducatus Lithuaniæ cum inclyto Regno Poloniæ, simul & non divisim, iisdem punctis, clausulis & conditionibus, Provincia Livonia cum Magno Ducatu Lithuaniæ Regno uniatur, utque jam sit pars & membrum Magni Ducatus, salvis tamen utriusque Dominii Privilegiis, Libertatibus propriis & specialibus.

Atque ita ab utrisque tam Magni Ducatus nostri Lithuaniæ quam & Provinciæ Livoniæ, Statibus ac Ordinibus, submisse atque ea, qua par est, reverentia, petitum a nobis est, ut, cum in tali animorum coalitione & conjunctione utriusque Dominii nostri utilitas haut leviter versaretur, eam acceptare & ratam gratam-

ANNO 1566.

que habere, autoritateque nostra Regia ratificare, approbare & confirmare dignaremur. Nos itaque SIGISMUNDUS AUGUSTUS, Rex Poloniæ, Magnus Dux Lithuaniæ &c. considerantes petitionem eam æquitate niti, tum ea in re pacem, tranquillitatemque publicam, communemque omnium salutem versari. Ideo præinsertam Transactionem, Concordiam, Societatem & Fraternitatem inter Magnum Ducatum nostrum Lithuaniæ & Provinciam Livoniam, uti præmittitur, in omnibus suis punctis, articulis, clausulis & conditionibus (per illos accurate prius perlectis, revisis atque perpensis) authoritate nostra Regia ac principali acceptandas, ratificandas, approbandas, corroborandas & confirmandas esse duximus, prout præsentibus ac perpetuo hoc valituro Diplomate acceptamus, ratificamus, approbamus, corroboramus & confirmamus, Provinciamque Livoniam ex nunc Magno Ducatui Lithuaniæ revera conjungimus, consociamus, adjungimus & conglutinamus irrevocabiliter modoque inseparabili, decernentes ea omnia & singula, uti præmittuntur, perpetuum firmitatis robur habere debere perpetuo & in ævum, recipientes sanctèque promittentes verbo nostro Regio atque sub onere præsentis Juris jurandi, Reipublicæ Magni Ducatus nostri Lithuaniæ (utpote cujus Livonia nunc pars atque membrum effecta est) tam pro Nobis quam Successoribus nostris, Nos præscriptæ Societatis, Fraternitatisque universa & singula capita, ut in antecedentibus expresse continetur, firmiter ac inviolabiliter omni modo servaturos, nec vel in minimo illorum puncto labefacturos, eisve contraventuros, nec, ut a quoquam alio, quantum in Nobis erit, violentur, labefactentur aut quoquo modo illis contraveniatur, permissuros, concessurosve. Salvo tamen in omnibus præscriptæ Consociationis ac Fraternitatis punctis, articulis & conditionibus Jure superioritatis ac præeminentiæ nostræ, integrisque omnibus regalibus ac principalibus nostris quacunque ratione Nobis, Magnoque Ducatui fore competentibus.

Denique cum ex præmissis pateat haut obscure Provinciam Livoniam, sublatis priorum Ordinum, Statuumque Spiritualium & Secularium differentiis, pari Jure, modo & ordine sese ex æquo Nobis Magnoque Ducatui nostro Lithuaniæ inseparabiliter adjunxisse, partemque corporis Magni Ducatus nostri factam esse, ubique Incolas illius, una eademque Lege imposterum vivere atque iisdem Juribus & Judiciis tenere opportere, nullo relicto loco pristinorum Statuum differentiis. Ideo totam Ultradunensem Livoniam, tam Archidiœcesin Rigensem, quam reliquam Livoniæ partem, tamque eam quæ hoc tempore Imperio nostro paret, quam quæ adhuc successu temporis, Divina favente clementia, a Nobis recuperata Dominiis nostris addita fuerit, Ducali Dignitate ac titulo insigniendam, ornandam atque decorandam authoritate nostra Regia esse duximus, prout præsentibus Literis nostris insignimus, ornamus & decoramus: volentes hoc perpetuo valituro Edicto, ac Privilegio nostro decernentes, totam Livoniam nostram Ultradunensem, ex nunc à singulis haberi, censeri, nominari, dici, scribi, reputari venerarique debere & oportere perpetuo & in ævum.

Eidemque Ducatui certa & propria Insignia concedentes, videlicet in campo rubro Gryphum album evectum, & dextro pede anteriore gladium strictum gestantem, in pectore vero primas seu initiales literas aureas nominis nostri scilicet S. & A. simul conjunctas cum supra posita iisdem literis Corona prout eadem Pictoris industria accuratius hic concepta & expressa cernitur, cujus usus erit perpetuis temporibus, in more reliquarum Provinciarum Magno Ducatui Lithuaniæ adhærentium, nempe ut in Vexillo terrestri, deinde Sigillis Officiorum, in Moneta & aliis id genus rebus publicum usum concernentibus. In quorum omnium fidem & robur perpetuum, præsentibus manu nostra subscripsimus, & Sigillum nostrum appendi jussimus. Actum & datum Grodnæ in Conventione generali Magni Ducatus nostri Lithuaniæ, præsentibus & ad præmissa omnia consentientibus, imo vero instanter eadem a Nobis petentibus, videlicet Reverendis in Christo Patribus, Illustribus, Spectabilibus, Magnificis, Generosis & Nobilibus *Valeriano* Vilnensi, *Victorino Wierzbiczky* Luceoriensi, *Georgio Pitkiewitz* Mednierensi, *Nicolao Pao* Kioviensi Episcopis, nec non *Nicolao Radziwil*, Duce in Dubingi & Bierze Palatino Vilnensi, Archi-Cancellario Magni Ducatus Lithuaniæ, Mozirensi, Lidensi, Borisoviensique Capitaneo, *Georgio Chodkiewitz* Castellano Vilnensi, Supremo Exercituum Magni Ducatus Lithuaniæ Duce ac Grodnensi Capitaneo, *Stephano* Duce Zbaraski, Palatino Trocensi, *Georgio Chodkiewitz* Castellano Trocensi Bielscensique Capitaneo, *Joanne Chodkiewitz* Barone in Sklow & Bychow Samogitiæ Livoniæque Capitaneo & Administratore Generali, Archi-Marschalco Magni Ducatus Lithuaniæ, Plotenensi Teschoviensique Tenutario, *Constantino* Duce Ostrosi, Palatino Kioviensi, Marschalco Wolinensi, nec non Wlodymiriensi Capitaneo, *Paulo Sapieha*, Palatino Novogrodensi, *Alexandro*, Duce Certoryski, Palatino Terræ Woliniæ, Stalislaw Pac, Palatino Witepsiensi, Basilio *Jiskiewitz*, Palatino Podlascensi, Pisnensique Capitaneo, *Georgio Criskiewitz*, Palatino Brestensi, Wilkowiscensique Capitaneo, *Georgio Oscick*, Palatino Miscislaviensi, Braclaviensique Capitaneo, Romano Duce *Sanguszkowitz*, Palatino Braclaviensi, Szitomiriensique Capitaneo, *Melchiore Schomet*, Castellano Samogitiæ, *Paulo Sapieha*, Castellano Kioviensi, *Georgio Szimkowitz*, Castellano Terræ Polocensis, nec non Leplensi Capitaneo, *Michaele Roszinski*, Castellano Luceoriensi, *Georgio Wolowitz*, Castellano Novogrodensi, Slominensique Capitaneo, *Paulo Pac*, Castellano Vitepsiensi, Dorshunicensique Capitaneo, *Georgio Frisna*, Castellano Podlasiensi, *Joanne Keiko*, Castellano Berestensi, Wilkienique Capitaneo, *Ivan*, Castellano Duce Solomiricensi, & Capitaneo Mscislaviensi, *Andrea*, Duce Kapusta, Castellano Braclaviensi, Owrucensique Capitaneo, *Nicolao Talvosz*, Castellano Miscens. Duneburgens. Capitaneo, *Eustatio Wollowitz*, Vice-Cancellario ac Marschalco Curiæ Magni Ducat. Lithuaniæ, Brezesten, Kobrinensque Capitaneo, *Nicolao Naruszewitz*, Thesaurario Terrestri Magni Ducatus Lithuaniæ, Marcoviens. Miodelensque Capitaneo, *Nicolao Kiszka* Pocillatore Sacræ Regiæ Majestatis Magni Ducatus Lithuaniæ, Droicinensque Capitaneo, *Nicolao Olechnowitz Dorohostaisky*, Primario Dapifero Magni Ducatus Lithuaniæ, alias Stolnyck Velanens. Tenutario, *Joanne Szimkowitz*, Marschalco ac Notario Sacræ Majestatis Regiæ in Magni Ducatus Lithuaniæ Tikocinens. Wilkomiriensque Capitaneo Marschalco Regiæ Majestatis, *Petro Saborousky, Luca Swiersky, Joanne Wolowitz, Joanne Wolezek, Joanne Swiersky, Ivan Jarzingez, Paulo Ostrovietzky*, Notariis Sacræ Regiæ Majestatis, *Laurentio Wayka, Michaele Haraburda, Basilio Drzevinsky, Matthia Savitzky*, aliisque quam plurimis Officialibus tam Terrestribus quam Curiæ nostræ ac Nunciis Terrarum in præsentibus Comitiis congregatis, syncere & fideliter Nobis dilectis. Die XXVI. Mensis Decembris Anno Domini M. D. LXVI.

SIGISMUNDUS AUGUSTUS.

(L. S.)

LXIX.

NOBLESSE DES PAYS-BAS.

Verbondt tusschen verscheide Graven, Ridders en Edelen van de NEDERLANDEN *tegens de Inquisitie, en die deselve wilde invoeren, enz. gesloten in 't Jaar 1566.* [Oorspronck, Begin, en Vervolg des Nederlandsche Oorlogh. Tom. I. pag. 53.]

EEnen yegelijken zy kundig die desen tegenwoordigen Brief sullen sien ofte horen lesen, dat wy hier on-

LXIX.

(1) Alliance de plusieurs NOBLES des PAYS-BAS, pour maintenir leurs Priviléges contre les entreprises de la Cour d'Espagne, faite au mois de Novembre, 1566. [BOR. *Histoire des Guerres des Pays-Bas. Tom. I. pag. 53.*]

S*Achent tous ceux qui ces presentes Lettres verront ou entendront lire, que nous soubsignez qui avons été*

(1) C'est cette Alliance si célèbre, dont les Chefs furent dans la suite appellez *Gueux*, pour les raisons que chacun sait.

ANNO 1566. ondergeschreven, hebben behoorlijk en ten vollen geadverteert en geinformeert geweest, hoe dat een hoop vreemdelingen, en geensins geaffectioneert ten welvaren van den Lande van herwaerts-over, niet tegenstaende datse geen grote sorge hebben van de eere en glorie Gods, en ook mede van het welvaren van de gemeente, maer alleen soeken te versaden haer eigen ambitie en gierigheit, ja al ist tot kosten van den Coning en van alle sijne ondersaten, nochtans voor haer nemende valschelijken de grote affectie die sy hebben tot onderhoud van het Catholijke Geloof, en de eendrachtigheit van 't gemeen volk, hebben so veel verworven van sijne Majesteit, door middel van schoon bewijs en valsche onderwijsinge, dat hy hem heeft laten persuaderen, te willen tegens sijnen Eed en hope, in de welke hy ons altoos heeft onderhouden, niet alleenlijk geensins versoeten, de Placcaten eertijds gemaekt op te Religie, maer de selve mede te reforceren en sterker te maken, en besonder in te brengen met alle gewelt d'Inquisitie, de welke niet alleenlijk en is onrecht en contrarie allen Rechten Geestelijken en Wereltlijken, en verre te boven gaende de aldergrootste barbarie die oit gepractiseert is geweest onder de tyrannen, maer ook sulke dat sy niet en souden mogen dan te strecken tot groter oneere des naems Gods, en tot een geheele verderffenisse en desolatie van dese gansche Nederlanden: also dat onder het dexel van valsche hypocrisie of geveinstheid van sommige, sy souden te niet te doen alle Ordonnantien en Policien, souden krenken alle autoriteiten en machten van alle oude Wetten, Costumen en Ordonnantien, over lange van allen ouden heerkomen gepractiseert, souden ook weg nemen, om vryelijk in de Staten van den Lande te spreken, souden te niet doen alle oude Privilegien, Vryheden, Immuniteiten, souden ook niet alleen maken de Borgers en Inwoonders van dese Landen eeuwige en ellendige slaven van de Inquisiteurs, volk van geender estime, maer onderbrengende sonderlinge d'Overheid, Officieren, en alle den Adel in de genade van haer doorsoekinge en visitatie, en eintelijk souden stellen alle goede en getrouwe Ondersaten van den Koning in merkelijke en continuele periculen van haer lijf en goet. Door welke middelen niet alleen de eere Gods, en het heilige Catholijke Geloof ('t welk sy luyden nemen voor te staen) souden grotelijk wesen geinteresseert, maer ook de Majesteit van den Coning ons Hooft, soude wesen verminderd, en hy in groot affet en perijkel om te verliesen alle sijnen Staet, ter oorsake dat de gewoonlijke treffelijke Hanteringhe en Koopmanschappen souden cesseren en stil liggen, d'Ambagten te niet gebracht, de Garnisoenen en de Frontiersteden weinig versekert, het gemene volk altijd gemuteert tot contumelie en muterie: met ten kortsten, en souder niet konnen navolgen, dan een afgryselijke confusie en ongeregelheit in alle dingen. Wy, hebbende alle dese saken wel gewichtigt, en rypelijk geconsidereert, en voor oogen nemende de beroepinge tot welken wy zijn geroepen, en tot het devoir of behoren, tot welke getrouwe Vassalen van sijn Maj. en sonderlinge de Edelluiden zijn gehouden, (de welke in dese sake zyn assisterende sijn voorseide Maj. om door haer gerede en williglijke diensten te mainteneren en voor te staen sijn autoriteit en grootheid int voorst, en welvaren van 't Land,) hebben geacht, en noch mitsdesen achten, dat wy onse behoren niet en mogen voldoen, dan alleenlijken wederstaende en tegenkomende de voorsz. inconvenienten, mits ook soekende om te voorsien tot versekertheid van ons lijf en goet: ten einde om niet uitgeset te wesen tot een aes ofte roof van alsulke, de welke onder het dexel van de Religie hen selfs souden willen rijk maken met ons Goet en Bloet, door welke redenen wy hebben gesloten, en met gemeerder stemmen voor genomen, om te maken een heilige en uitterlijke Confederatie en Alliance, belovende en ons verbindende d'een aen d'ander met solemnelen Eede, om te wederstaen met alle onse macht de voorsz. Inquisitie, dat de selve Inquisitie niet en sal worden ingevoert in eeniger manieren, het zy heimelijk of openbaer, het zy onder wat dexel, couleur of naem het soude mogen wesen, alwaer 't onder 't dexel van Inquisitie, Visitatie, Decreten of Placcaten, of eenigsins

été convenablement à plein avertis & informez, qu'un tas d'étrangers, & nullement affectionnez pour la prosperité des Païs de deça; & ne se souciant pas beaucoup de l'honneur & gloire de Dieu, non plus que du bien des Peuples, & ne cherchant seulement que d'assouvir leur propre ambition & avarice, fut-ce même aux dépens du Roy & de tous ses Sujets, ne laissent pas que de se vanter faussement, de la grande affection qu'ils ont pour l'entretien de la Foy Catholique & la concorde du Peuple; & ont tant fait qu'ils ont obtenu de Sa Majesté, par le moyen de leurs belles suggestions & fausse instruction, qu'il s'est laissé persuader contre son Serment & l'esperance dans laquelle il nous a toujours entretenu, non seulement de ne point adoucir les Placards faits cy-devant sur le point de la Religion, mais de leur donner une plus grande force, & singulierement d'introduire par violence l'Inquisition; ce qui n'est pas seulement contraire aux Droits Ecclesiastiques & temporels, mais surpasse la plus grande barbarie qui jamais ait été pratiquée par les Tirans, & qui ne peut aller qu'à deshonorer le nom de Dieu, & à desoler & ruiner entierement tous les Païs-Bas, puisque, sous le pretexte de la fausse hipocrisie & dissimulation de plusieurs, ils aboliroient toutes les Ordonnances & la Police, donneroient atteinte à toute l'authorité & force des anciennes Loix, Coutumes & Ordonnances qui sont en usage de toute ancienneté, & les abrogeroient pour parler avec toute licence dans les Etats du Païs, de plus annulleroient les anciens Privileges, Libertez & Immunitez, ne rendroient pas seulement pour toujours les Bourgeois & Habitans de ces Païs de miserables esclaves des Inquisiteurs, Gens de nulle estime; mais à la faveur des recherches & visites soumettroient les Superieurs, les Officiers, & la Noblesse, & enfin mettroient tous les bons & fideles Sujets du Roy dans un danger continuel de leur Vie & de leur Bien. Par le moyen dequoy, la gloire de Dieu non seulement, & la sainte Foi Catholique, (qu'ils penseroient deffendre) en seroit grandement interessée, mais aussi la Majesté du Roy nôtre Souverain amoindrie, & lui en grand peril de perdre tous ses Etats; & parceque le Negoce & Commerce ordinaire & si renommé y cesseroit, les métiers seroient discontinuez, les Garnisons & Villes Frontieres peu en sureté, & les communs Peuples toujours en tumulte & molestez. En un mot il ne pourroit s'en ensuivre qu'une affreuse confusion & un desordre en toute chose. Nous ayant bien & murement pesé & consideré toutes ces choses, & la vocation à laquelle nous sommes apellez, aussi bien que le devoir auquel sont obligez de fidéles Vassaux Sa Majesté, & particuliерement les Gentilhommes qui en cette affaire doivent assister Sa Majesté pour maintenir son authorité & sa grandeur dans les susdits Païs, ou de même que la prosperité d'iceux, avons jugé & jugeons par ces presentes, que toute nôtre satisfaction ne doit aller qu'à repousser & prevenir les susdits inconveniens, en tâchant en même tems à pourvoir à nôtre sureté & à la conservation de nos biens, pour ne pas être en proye & au pillage de Gens qui sous le manteau de la Religion voudroient s'enrichir eux mêmes de nos Biens & de nôtre Sang. Pour lesquelles raisons nous avons resolu & arrêté d'une commune voix de faire entre nous une sainte & particuliere Confederation & Alliance; promettant & nous obligeant les uns les autres par Serment solemnel de nous opposer de tout nôtre pouvoir à la susdite Inquisition, & de faire ensorte qu'elle ne soit établie en aucune maniere, soit en cachette ou ouvertement, ou sous quelque pretexte, couleur ou nom que ce puisse être, fut-ce pour raison de recherche, visite, Decrets, Placarts ou ANNO 1566.

Anno 1566.

nigsins anders: maer om deselve alles te niet te doen, en grontlijk uit te roeijen, gelijk een moeder, begin, en oorsake van alle ongerechtigheid en ongeregeltheit, bysonder hebbende voor oogen die van het Coninkrijk van Napels, de welke so veel hebben verworpen, tot groter vertroostinge van haer Land. Protesterende niettemin in goeder conscientien voor God en allen menschen, dat wy niet van meeninge zijn in geenderhande manieren iet te attenteren of ter handen te trecken eenige saken, welke souden mogen strecken tegens de eere Gods, of tot verminderinge van de grootheit en Maj. van den Coning, of sijne Staten, maer ter contrarie dat onse voorseide intentie anders niet en is, dan alleenlijken om voor te staen den Coning en sijnen Staet, en om te bewaren alle goede orderen en policien, wederstaende so veel wy sullen kunnen alle seditie en oproerte van de gemeente, monopolien en partialigheden. Welke Confederatie en Alliantie wy hebben gelooft en gesworen, en als noch beloven en sweren t'onderhouden geheel, vastelijk en onverbrekelijk, eeuwelijk en tot allen tijden continuelijken so lang als ons 't leven duert, nemende den Almogenden God tot getuige op onse conscientie, dat wy noch met werken, noch direŒtelijk noch indireŒtelijk, met onsen weten of wille niet en sullen hier tegen contrarieren of tegens doen, in eeniger manieren, en om de selve Confederatie en Alliantie te ratificeeren en stedes te maken int eeuwig: wy hebben gelooft, en geloven mitsdesen, de een den anderen alle assistentie met lijf en goet, als Broeders en getrouwe Gesellen, die handhoudende d'een aen d'ander, dat niemand van de onse of van onse geconfedereerde sal worden ondersocht, onteert, getormenteert, of vervolgt, in geender wijse, noch aen lijf noch aen goet, om eenige respeŒten spruitende uit te genoemde Inquisitie, of eenigsins gefondeert op de Placaten, tenderende tot deselve, of ter oorsake van deser onser Confederatien. En so verre daer eenige molestatie of persecutie valt aen eenige van onse Broeders en Geallieerde, van wien en in wat manieren 't selve soude mogen geschien: so hebben wy gelooft, gesworen, geloven en sweren hem te assisteren in sulke, also wel met onse goeden (ja dat meer is, met alles wat in onse macht is) sonder iet te sparen, of eenige exceptie of subterfugie, hoe die soude mogen wesen, alles also of voor ons eygen persone ware, verstaende en bescheiden wel uitdruckelijken, dattet ons niet sal vorderlijk zijn, om ons te willen exempt maken, of vry en ontbonden achten van dese onse voorseide Confederatie, wanneer de selve vervolgers of molestateurs souden willen bedecken haer persecutien onder een ander coleur of pretext, gelijk of sy niet en pretendeerden dan alleen te straffen de rebelligheid, of andere diergelijke deksels hoe die souden mogen wesen, als ons metter waerheit blijkt dat diergelijke occasien zijn geprocedeert of gekomen uitte boven-geschreven saken, also dat wy mainteneren en verstaen, dat in die en diergelijke saken niet en mach geimputeert worden eenige crime van rebelligheit, gemerkt dat die oorsake procedeert uit eenen heiligen yver en loflijke begeerte, om voor te staen de glorie Gods, en de Maj. van den Koning, en tot ruste van de gemeente, en versekeringe van ons lijf en goet: welverstaende nochtans, en belovende d'een d'ander, dat een yeder van ons in dergelijke exploiŒten hem gedragen sal tot gemeen advijs van alle de Broeders en Verbond-genoten, of aen de gene die daer toe sullen wesen gedeputeert, ten einde dat de heilige vereeninge onder ons zy gemainteneert en onderhouden, en 't selve dat gedaen word by gemeene consent en stemmen, mach wesen so veel vastiger en bestendiger, in getuigenisse van welker Confederatie en Alliantie, wy hebben aengeroepen, en aenroepen den alderheyligsten God, Schepper des Hemels en der Aerden, als een Richter en ondersoeker onser conscientien en herten, de welke siet, kent, en weet dit onse voornemen en resolutie also te wesen, den selfden biddende ootmoedelijk, dat hy ons door sijne kracht van boven wil onderhouden in een vaste standtachtigheit, en

Anno 1566.

ou autrement; mais de l'aneantir & l'extirper de fond en comble, comme la mere, la source & la cause de toute injustice & déréglement, nous remettant particulierement devant les yeux ceux du Royaume de Naples qui l'ont rejettée à la grande consolation de leur Pais; Protestans neantmoins en bonne conscience devant Dieu & tous les hommes, que nôtre intention n'est pas en aucune maniere de rien attenter ou entreprendre qui pût donner atteinte à la gloire de Dieu ou tendre à la diminution de la grandeur & Majesté du Roi ou de ses Etats; mais qu'au contraire elle n'est autre que de maintenir le Roy & sesdits Etats, conserver tout bon ordre & police, repoussant autant que nous pourrons toute sedition & troubles entre les Peuples, & nous opposant aux monopoles & partialitez. Laquelle Confederation & Alliance nous avons promis & juré comme nous promettons de fait & jurons de l'entretenir entierement, fermement & inviolablement à jamais & pour toujours, & continuellement pendant toute nôtre vie; prenant Dieu à témoin sur nos consciences que nous ne ferons rien directement ou indirectement qui y soit contraire en aucune maniere, de fait, de nôtre sçu, ou de volonté, & pour ratifier cette Alliance & Confederation & la rendre stable à jamais, nous avons promis & promettons par ces presentes de nous assister les uns les autres de nos biens & de nos vies comme Freres & Compagnons fideles, se prêtant la main les uns aux autres, ensorte que personne de nous ne soit recherché, deshonoré, tourmenté ou persecuté en nulle maniere, ni en son corps ni en ses biens, pour quelque occasion resultant de la susdite Inquisition ou des Placarts tendants à icelle, ou a cause de nôtre presente Confederation. Et s'il arrivoit que pour cette cause quelques uns de nos Freres & Alliez souffrissent quelque molestation ou persecution de la part de qui & en quelque maniere que ce puisse être; nous avons promis & juré, promettons & jurons de l'assister en cela de tous nos biens, & même de tout ce qui sera en nôtre pouvoir, sans rien épargner, ni alleguer aucune exception ou subterfuge, quels qu'ils puissent être, & comme si la chose se faisoit à nôtre propre personne; entendant & repondant bien expressement, qu'il ne nous servira de rien de nous vouloir exempter ni nous tenir pour deliez de nôtredite presente Confederation, quand lesdits persecuteurs ou molestateurs voudroient couvrir leur persecution de quelque autre couleur ou pretexte, comme s'ils ne pretendoient que de punir les rebellions, ou de quelque autre manteau quel qu'il puisse être, car comme il nous paroit en effet que telles occasions de persecuter ne procedent que de la source cy-dessusdite, aussi maintenons nous & entendons, que ces choses & semblables ne peuvent être imputées à aucun crime de rebellion, puis qu'elles ne procedent que d'un saint zele & d'un louable desir de deffendre la gloire de Dieu & la Majesté du Roy, & de procurer le repos des Peuples & la sureté de nos Vies & de nos Biens. Bien entendant neantmoins & promettant l'un l'autre qu'un chacun de nous se comportera dans de semblables actions par l'avis commun de tous nos Freres & Alliez, ou de ceux qui seront deputez à cet effect, afin qu'une sainte Union soit maintenuë & conservée entre nous, & que ce qui se fera d'un commun consentement & de commune voix, soit d'autant plus ferme & stable. En témoin de laquelle Confederation & Alliance nous avons invoqué & invoquons le Dieu trés saint, Createur du Ciel & de la Terre, comme Juge & scrutateur de nos consciences & de nos cœurs, qui voit connoit & sçait nôtre dessein & resolution être telle, le priant avec toute humilité, qu'il nous veüille entretenir par sa vertu d'en haut, dans une ferme constance,

ANNO 1566. en ons also wil geven eenen geest der wijsheit en discretie, om also verlien wesende van goeden en rijpen raed, ons voornemen mach wesen volcind tot een goet geluckig einde, d'welk hem selven sal dragen tot de glorie van sijnen naem, tot dienst van de Coninklijke Maj. tot vrede en ruste van het gemeene welwaren, en tot saligheit van onse zielen, Amen.

En was dit Verbont onderteickent by dese naervolgende, H. de Brederode, Loduik de Nassau, le Conte de Culenburg, 2 van der Bergen, le Conte Charles, twe gebroeders van Batenburg, Risoir, Dolhain, la Tour, Villiers, Wendeville, 2 Hunepel, 2 Brecht, Escaubec, Brandenburg, Delbay, Backerzelle, Charloy, d'Alveringe, Bosck, Graven, 2 Botzelaer, Cock, Dandelot, Meluin, Corbaron, le Baron de Fleschy, Boysot, Mol, Baylleu, van der A, Gibercije, Andegonde, Nievem, Argenteau, Berlo, Hautain, Creham, Tangrie, Picq, Risenburg, Languerak, Warenburg, twe Vramerye, Merodes, Sr. de Rumen, Merodes, Sr. de Duffel, Hames, Gistelles, le Sr. de la Grange, Louverval, Martijn, Lopes, Leefdal, Braclé, twe Helmont, de la Vevre, Hovegen, de Montoye, Carnes, twe Landas, Denture, Cullemburg, Knobeldorf, van der Meren, Estauburge, Lumey, Longastre, Heule, Liques, Isselsteyn, Eecke, Loen, Scaran, twe Haeften, Hornes, du Haupon, Hespaigne, Gorre, Beton, Lierre, Merwen, Welle, Boucholt, Steenbor, Berendrecht, la Haye, Mansart, Rosenbo, Libercal, Sterck, la Movillerie, Floyon, Grutte, Frezin, Mechelen, Hucckelem, Jean de Marnix, Sr. de Toulouze, Philippus Marnix *dict de mont* St. Aldegonde, Werdenburg, Joost Sonoy, Diderich Sonoy, Bracle, Cock, Cijn, Besoye, Matauts, Champrans, Boextel, Chalon, twe Bongaert, Frans van Haeften, Duynen, Varic Marco, Malberg, Vander a Bourgem, de Malines, Seraets, Bermel, Melroye, Tijlly, twe Freres de Permelle, Conhoven, Berck, Wtenenge, Brodart, Cerclaes, Hincart, Wulpa, Ravesteyn, Baillonville, Elderen, Froidecourt en Ardenes, Hamal, Gustinie, Opdam, Verdus, la Cocoye, Mondricourt, Fourny, Mosthoven, Pipenbasse, Crousbeek en sijn Broeder, Frans van Culenburg, d'Enbain *Gentilhomme de Madame de Parmes*, du Bloys *dict* Treslong, Crohain *homme d'armes de Monsr.* de Hoogstraten, quatre-Vaulx, la Croix, Longeval, Capres, Risbroug, Cigoigne, Oyembrugge, Frits van Egmond, Ferru, Xander Turk, Libert Turk, Benting Drossart de Workem, la Dense, Mercenelle, Nuynhem Drossart de Hornes, Ysselsteyn en Buren, naderhand is dit Verbond noch by meer andere ondertekent, en by sommige is alleen een approbatie van 't selve ondertekent.

tance, & nous donner aussi un esprit de sagesse & de discretion, pour être pourvûs de bon & meur conseil. Nôtre dessein puisse-t-il être amené à une bonne & heureuse fin, & qui tourne à la gloire de son nom même, au service du Roy, à la Paix, au repos & à la prosperité commune & au salut de nos ames, Amen. ANNO 1566.

Cette Alliance étoit signée par les personnes suivantes; H. de Brederode, Louïs de Nassau, le Comte de Culenbourg, 2 van der Bergen, le Comte Charles, deux Freres de Batenburg, Risoir, Dolhain, la Tour, Villiers, Wendeville, 2 Hunepel, 2 Brecht, Escaubec, Brandenbourg, Delbay, Backerzelle, Charloy, d'Aiveringue, Bosck, Graven, 2 Botzelaer, Cock, Dandelot, Meluin, Corbaron, le Baron de Flechy, Boysot, Mol, Baylleu, van der A, Gibercye, Andegonde, Nievem, Argenteau, Berlo, Hautain, Creham, Tangrie, Picq, Risenbourg, Languerack, Warenburg, deux Vramerye, Merodes, Sr. de Rumen, Merodes Sieur de Duffel, Hames, Gistelles, le Sieur de la Grange, Louverval, Martin, Lopes, Leefdal, Bracle, deux Helmont, de la Vevre, Hovegen, de Montoye, Carnes, deux Landas, Denture, Culenbourg, Knobeldorf, van der Meren, Estanburge, Lumey, Longastre, Heule, Liques, Isselstein, Eecke, Loen, Scaran, deux Haeften, Hornes, du Haupon, Haispaigne, Gorre, Beton, Merwen, Welle, Boucholt, Steenvbr, Berendrecht, la Haye, Mansart, Rosenbo, Libercal, Sterck, la Movillerie, Floyon, Grutte, Fresin, Mechelen, Hueckelem, Jean de Marnix, Sr. de Toulouze, Philippes de Marnix dit de mont St. Aldegonde, Werdenburg, Joost Sonoy, Thiery Sonoy, Bracle, Cock, Cyn, Bezoye, Matauts, Champrans, Boextel, Chalon, deux Bongaert, François de Haeften, Duynen, Varic Marco, Malberg, Wiltz, vander a Bourgem, de Malines, Seraets, Bermel, Melroye, Tylly, deux Freres de Bermalle, Conhoven, Berck, Wtenenge, Brodart, Cerclaes, Hincart, Wulpa, Ravestein, Baillonville, Elderen, Froidecourt & Ardenes, Hamal, Gustinie, Opdam, Verdus, la Coceye, Mondricourt, Fourni, Mosthoven, Pipenbasse, Crousbeek son Frere, François de Culenbourg, d'Enbain, Gentilhomme de Madame de Parmes, du Bloys, dit Treslong, Crohain, homme d'armes de Monsr de Hoogstraeten, quatre Vaulx, la Croix, Longeval, Capres, Risbroug, Cigoigne, Oyembrugge, Frits d'Egmond, Ferru, Lander Turck, Liber Turck, Benting Drossart de Workem, la Dense, Mercenelle, Nuynhem Drossart de Hornes, Tysselstein & Buren, cette Alliance fut encore ensuite signée par plusieurs autres, & quelque uns en ont seulement signé l'aprobation.

LXX.

5. Mars. Vertrag und Recess zwischen Herrn Burchardt Bischoffen zu Hildeßheimb / dann denen Hertzogen Heinrich und Wilhelm die Jüngern zu Braunschweig und Lüneburg / Zellischer Linie, durch unterhandlung Eberhardt Bischoffs zu Lubeck / von wegen der / von denen Hertzogen verschriebenen Zinß-geldern zu Zelle / so anno 1533. Johann Bischoffen zu Hildeßheimb wegen darlenhung 15000. Reinischer gulden verschrieben / undt durch viele Jahre nicht entrichtet worden / geschehen den 5. Martii 1566. [LUNIG, Teutsches Reichs-Archiv. Part. Spec. Continuat. II. Absatz IV. pag. 410.]

C'est-à-dire;

Recès & Accord entre BURCHARD *Evêque d'Hildesheim d'une part,* & HENRI & GUILLAUME *Ducs de Brunswich-Lunebourg de la Branche de Zell d'autre part, par l'interposition d'*EBERARD *Evêque de Lubeck, touchant une Somme de 15. mille Florins qui étoit dûe au Prédecesseur dudit Evêque en vertu d'une* Obligation *du 9. Avril 1533. & qui devoit lui être payée par lesdits Ducs sur leurs Revenus de Zell. Fait le 5. Mars 1566.*

Zu wissen und kund sey Allermänniglichen / Nachdem der Hochwürdige Fürst und Herr / Herr Burchardt / Postulirter

ANNO 1566. und bestätigter Bischoff zu Hildesheimb / hat wieder die Durchläuchtige / Hochgebohrne Fürsten und Herren / Herrn Heinrichen und Herrn Wilhelmen die Jüngere / Gebrüdere / Hertzogen zu Braunschweig und Lüneburg / etc. eine Forderung von wegen etlicher Zinsen / als uff funffzehen tausend Goldgülden Haupt-Summen / sollen in den Einkommen und Zinse zu Zell verschrieben / und von vielen Jahren auffgeschlagen und hinterständig seyn / vermöge einer Verschreibung / die anfahet: Von GOttes Gnaden wir Heinrich / und datirt ist im funffzehen hundert und dreyzehenden Jahre / am Mittwochen nach dem H. Palm-Tage / augestalt / und aber hochgemelte Fürsten dargegen grossen Schaden / welchen Ihre Fürstlichen Gnaden etc. derhalb sollen erlitten haben / daß Ihre Eltern haben etliche Schlösser / Städte und Weichbilder / die man die Herrschafft Homburg-Eberstein nennet / dem Stifft Hildesheimb verpfändet / und sie aus dem das die Bischoffe und Capitul zu Hildesheimb in etlichen und viertzig Jahren facultatem restituendi gegen die Wiederlösung / die sonst hätten geschehen mögen / nicht gehabt.

Daß demnach der Hochwürdige Fürst und Herr / Herr Eberhart / confirmirter Bischoff zu Lübeck / Coadjutor des Stiffts Veerden / und Abt zu Sanct Michael binnen Lüneburg / sich aus friedliebenden Gemüthe in Unterhandlunge zwischen hochgedachtem Bischoff zu Hildesheimb und einem Ehrwürdigen Capitul daselbst an einem / und hochgedachtem Fürsten zu Braunschweig und Lüneburg anders theils / eingelassen / und nach gehabter Unterhandlunge obberuhrte Sachen mit beyder Theile gutem Willen gütlich und endlich vertragen / wie folget:

Erstlich sollen und wollen hochgemeldter Bischoff und ein Ehrwürdig Capitul zu Hildesheimb hochgedachten Fürsten zu Braunschweig und Lüneburg die obberührte Verschreibung uf die fünffzehen tausend Goldfl. Haupt-Summen haltend / zustellen und überantworten / dargegen sollen und wollen hochgenandte Fürsten hochgemeldtem Bischoffe und einem Ehrwürdigen Capittel / zwey und zwantzig tausend gute unverschlagene Thaler geben / und von nechsten Ostern über ein Jahr / das ist in Ostern / wenn man der wenigern Zahl sieben und zwantzig zehlen wird / in der Stadt Hildesheim gegen Quitantz entrichten / und haben I. F. Gn. hochgemeldten Bischoff und Capittel hierauff eine absonderliche Verschreibung / gegen überantwortung obberührten Verschreibung der fünffzehen tausend Goldfl. zugestalt / welche dann auch neben der Quitantz Ihren Fürstl. Gn. gegen Bezahlunge der zwey und zwantzig tausend Reichsthaler / die funffzehen tausend Goldgülden Hauptsummen / und alle darauff betagte und hinderständige Zinse gäntzlich abgeleget und bezahlet / und die Verschreibunb auff solche funffzehen tausend Goldgülden haltende / tod und abe seyn. Hierzu haben auch hochgemeldte Fürsten ihre Forderung obangezogen Schadens halber fallen lassen.

Und soll die Sache / betreffend obberührte Schloß / Städe und Weichbilde / in Ruhe stehen zehen Jahr lang / nach Ausgang aber der zehen Jahren wollen hochgemeldte Fürsten zu Braunschweig und Lüneburg / Ihr Recht und Forderung wider diejenige / wo solches Ihren Fürstl. Gnaden zu fordern gebühren mag / vorbehalten haben / doch einem jeden seine gebührende Exception und rechtliche Einrede unbenommen. So soll auch Ihren Fürstl. Gn. unbenommen seyn / auch mitler Zeit der zehen Jahren die obgemelte Güter und Herrschafft von den Hertzogen zu Braunschweig / als jetzigen Possessoren / in Güte oder Recht zu fordern.

Ob sich auch zutragen würde / daß sich hochgemeldter Bischoff und Capittul zu Hildesheim / mit den Hertzogen zu Braunschweig der abgedrungenen Stiffts-Güter halber vertragen / und Ihren Fürstl. Gnaden obbemelte Güter und Herrschafft lassen würde / so sollen sie in solchem Vertrage ausdrücklich bedingen / daß sie den Hertzogen zu Lüneburg wollen ihr Recht und Forderung an solchen Gütern und Herrschafft nicht begeben / sondern dieselbigen Ihren Fürstlichen Gnaden vorbehalten haben / und soll zu beyder Theil Willen stehen / sich innerhalb der zehen Jahren / oder darnach / umb die Pfand-Verschreibung auff die Herrschafft lautende / gutlich zu vertragen / oder es an seinem Ort einem jeden an seinen Rechten unschädlich stehen zu lassen. Solches alles und jedes / wie obgeschrieben / haben Hoch- und obgedachte Partheyen gutwillig angenommen und bewilliget / und einandern stet und unverrückt zu halten / bey gutem Glauben und Trewen zugesagt / allen Behelff / Exception und Einrede gäntzlich ausgeschlossen / denn sie sich derselbigen aller und jeder / als wären sie wörtlich hier einverleibet / begeben / und in beständigster Form und Gestalt verziehen haben / alles ohne Gefehrde.

Des zu Uhrkund seyn dieser Recess und Vertrags-Brieff zweyen gleichlautende auffgerichtet / und mit hochgemeltes Bischoffen zu Lübeck / als Unterhändlers und hoch- und obgedachter Parteyen / auch des Thum-Capittuls zu Hildesheimb anhangenden Insiegeln bestätiget / Und von GOttes Gnaden wir Burchardt confirmirter Bischoff zu Hildesheim / und Dechant / Senior und Capittel daselbst an einem / und wir Heinrich und Wilhelm die jüngere Gebrüdere / Hertzogen zu Braunschweig und Lüneburg / anders theils / bekennen daß solches und jedes / wie obgeschrieben mit unserm Wissen und guten Willen gehandelt ist / und wir bewilliget und ein dem andern zugesagt haben. In Urkund haben Wir Burchart Bischoff zu Hildesheim / und Wir obgedachte Hertzogen zu Braunschweig und Lüneburg diesen Vertrag mit eignen Händen unterschrieben / unsere neben hochgedachtes Bischoffen zu Lübeck Insiegel an diesen Brieff heissen hangen / und Wir Willcken / Thum-Dechant / Dietrich Scholaster, Senior und gantze Capittel / bekennen und bezeugen hiermit / daß wir solches alles ratificiret und bewilliget / und des zu Urkunde haben wir unser Kirchen-Insiegel / neben hochgemelter Unserer gnädigen Herren Secret und Siegel an diesen Brieff wissentlich gehänget / der gegeben ist am fünfften Tage des Monats Martii, nach der Geburth Christi unsers Erlösers im funffzehen hundert und sechs und sechtzigsten Jahre. ANNO 1566.

B. zu Lübeck.

B. zu Hildesheim.

H. Hertzog Heinrich und Hertzog Wilhelm.

LXXI.

Antwartungs-Brieff auf die Succession der Chur-Pfaltz / von Kayser MAXIMILIANO II. Pfaltzgraff Wolffgang ertheilet. Augspurg den 29. April 1566. 29. Avr.

C'est-à-dire,

*Investitures de Succession dans l'*Electorat Palatin, *données par l'Empereur* MAXIMILIEN II., *à* WOLFGANG *Comte Palatin. A Augsbourg le* 29. *d'Avril* 1566. [Voyez-les ci-après sous le 30. Mars 1623.]

LXXII.

Vertrag durch vermittlung Ihrer Röm. Kays. Majest. und Augusti Churfürsten zu Sachsen zwischen Albrecht Pfaltzgraffen bey Rhein / und Hertzogen in Bayern / und Joachim Graffen zu Ortenburg aufgerichtet; Worinnen die / zu deroselben Versöhnung durch obbenante Unterhändler vorgeschlagene mittel beederseits bewilliget / und angenommen worden. Geschehen zu Augspurg den 10. Maji 1566. [LUNIG, Teutsches Reichs-Archiv. Part. Spec. Abtheil. IV. Absatz I. pag. 678.] 10. Mai.

C'est-à-dire,

Accord moyené par l'Empereur, & par AUGUSTE *Electeur de Saxe, entre* ALBERT *Palatin du Rhyn & Duc de Baviere, &* JOACHIM *Comte d'Ortembourg, contenant certains moyens de Reconciliation proposés par les hauts Médiateurs, & acceptés par les deux Parties. A Augsbourg le* 10. Mai 1566.

Als verschiener Zeit bey dem Durchleuchtigsten / Hochgebohrnen Fürsten und Herrn / Herrn Albrechten / Pfaltz-Graven bey Rhein / Hertzogen in Obern- und Niedern-Bayern / etc. Unserm gnedigen Herrn / der Wohlgeborne Herr Graff Joachim zu Ortenburg in Ungnad kommen / derwegen Hochgedachter Unser gnädiger Fürst und Herr ihme seine Landt-Güter einziehen lassen. Dieweil nun seine Fürstliche Gnaden derhalben hievor durch gedachts Herrn Graven Joachims löbliche Freundschafft von Graven und Herrn Stände / als aus ihrem Mittel Abgesandte und Verordnete / um sein Graff Joachims Aussönunge unterthenigcklich ersucht und gebetten worden ist / und dann die Römische Kayserl. Majest. unser allergnädigster Herr / auch der Durchleuchtigste Hochgebohrne Fürst und Herr / Herr Augustus / Hertzog zu Sachsen / des Heil. Röm. Reichs Ertz-Marschalck und Churfürst etc. ab jetzwehrendem Reichs-Tage bey Hochermeldtem Hertzog Albrechten / etc. sich derwegen gütlicher Handlung freundlich / gnädigst und gnediglich underwunden / und Graff Joachim zu Gnaden gepflogen / seindt nach langer Unterhandlung letzlichen nachvolgende Mittel beschlossen / und in massen / wie zu Ende dis gemeldet würdt / von Hochermeldtem Hertzogen also auch den Graven bewilligt und angenommen worden / nemlich und zum ersten soll Hochgedacht. Unserm gnedigen Fürsten und Herrn der Herr Graff mit den nachgeschriebenen formalibus verbis ein Abbit thun: Durchleuchtiger / Hochgeborner Fürst / gnediger Herr / wiewol ich bey meinen

ANNO 1566.

nen Gräfflichen Ehren an Eydts-statt betheuren kan / daß ich niemahls vorhabens gewesen / auch noch nicht bin / weder wider Ew. Fürstl. Gnaden noch das hochlöblich Fürstlich Hauß zu Bayern / alß mein geliebts Vatterlandt / etwas nachtheilichs oder ungebührlichs / wie das Namen haben möchte / weder durch mich selbst oder andere anzurichten / noch auch mich derselben theilhafftig zu machen / und alles das jenig / was ich gehandelt / anderst nicht gemeint habe / alß daß ich dessen zu Erhaltung meines fürgewendten Rechtens / auch zu Ledigung mein / meines Gemahels / Kinder und Unterthanen Gewissens befügt zu sein gedacht; So seyndt doch Ew. Fürstl. Gnaden verschiener Zeit / mit Verenderung der Religion und den darauf erfolgten Ursachen wider mein unterthenigs Verhoffen inn mehr Weg zum höchsten offendirt und beleydigt; derwegen sie gegen mir zu Ungnaden und darumb zu Einnemung meiner Landtgüter bewegt worden / welches mir / GOtt weiß / von Hertzen und treulich leydt ist / als der nicht verhoffet / das solches Ew. Fürstl. Gnaden so hoch zu wider gewesen sein sollen. Dieweil ich dann solcher Ungnad je gern entladen sein wolte / so bitte Ew. Fürstl. Gnaden ich gantz unterthänig / und zum höchsten / die wollen mir solches gnedigklich nachsehen / und die gefaste Ungnad fallen lassen / und mich wider zu Gnaden und ihren gehorsamen Landtsassen meiner Landegüter aufnehmen / mir auch derwegen dieselbigen meine Landtgütter hinwider gnedigklich restituirn und eingeben; So will ich mich gegen derselben / inn deme was mir Pflicht und Ehren halben wohl gebührt / also gehorsam und untherthenig verhalten / daß Ew. Fürstl. Gnaden mich hinfürder mit Gnaden / und nit mit Ungnaden zu mir oder den Meinen Ursach gewinnen sollen auch solche Gnad um Ew. Fürstl. Gn. in alle mügliche Wege mit Leib und Gut unterthenigklich zu verdienen geflissen sein.

Und diese Abbitt soll nicht in publico, sondern in der newen Vesten zu München / in einen Gemach / das unserm genedigen Fürsten und Herrn gefellig / doch auch nicht auf dem Saal / in Gegenwertigkeit irer Fürstl. Gnaden Räthe / auch etlichen fürnemsten seiner Fürstl. Gn. Hoffdiener beschehen / und damit die Abbit in forma beschehe / und im Reden nichts aussen gelassen werde / sols der Herr Graff schrifftlich für jme haben: auf solche Entschuldigung und Bitt soll Hochernanter Hertzog Albrecht ihme seine Landegütter wiederum zustellen / die Underthanen und verglübten Diener ihrer Pflicht und Gelübte bemüßigen / und sie an den Herrn Graven weisen lassen.

Zum andern / weil der aufgelauffenen Unkosten und Schaden halben / dann auch von wegen der empfangenen Abnutzung und Abschlauff der Grävischen Landtgütter gleichfals hinc inde Streitt entstanden / sollen dieselben gegen einander aufgehebt und compensirt werden.

Fürs dritte soll dem Herrn Graven sich der new angestelten Religion / doch allein vor sich / seine Gemahel / Sohn und Unterthanen / so im Ortenburgischen Gezirckt und Gerichts-Zwang / ohne Mittel sitzen / zu gebrauchen unverwehrt sein / doch weil hievor der Einlauff von den Bayrischen Unterthanen so groß gewest / so wird hochgedachter Hertzog zu Bayrn bey seiner Fürstlichen Gnaden eignen Unterthanen derhalben und zu Abwendung desselbigen selbst gebührliche Verschaffung thun; Gleichfalls soll auch der Herr Graff zu destowürcklicher Abstellung desselben solche seine Religion bis zu Austrag des am Kayserl. Cammer-Gericht schwebenden Rechtens / im Schloß halten und mit Fleiß darob seyn / daß die Bayrischen Unterthanen durch ihnen oder durch die Predicanten in Gelubt nicht genommen / und ihnen die Sacramenta nicht gereicht werden / wie dann der Herr Graff in ihren Bestallungen sich dem Religion-Frieden gemeß in allem zu verhalten einbinden soll / doch soll er der Graff in denselben nicht gefahret noch ihme an seiner Obrigkeit einig præjudicium eingeführet werden.

Wann auch ihme dem Herrn Graven seine Landegüter wider eingeantwortet seyndt / alsdann soll er sich im Bayrischen Landt und Fürstenthumb dem Religion-Frieden gemeß verhalten / auch durchaus in Religions-Sachen / noch sonsten in seiner Fürstl. Gnad. Landen kheine Zerrittung machen / und bey den Landschafften der Religion halben / noch sonsten nichts anders fürnehmen noch fordern / alß was ihme gegen GOtt / gegen mehrgedachtem unserm gnedigen Fürsten und Herrn / und menniglich verantwortlich / auch alß einem gebornen Graven ehrlich und wol anstehet.

Es soll auch seinen des Graven Hoffmarcks Underthanen des Fürstenthumbs Bayrn der Zulauff zu den Orttenburgischen Kirchen-Ceremonien / so wenig als den andern unsers gnedigen Fürsten und Herrn Unterthanen / ob schon sie oder andere hinein gehn Orttenburg gepfarret weren / obberurter massen nit gestattet / noch ichtes practicirt / sondern er der Graff denselben aufs beste er kan / doch ungefehr fürkommen / sich auch in solchem also erzeigen / daß dem Religionfrieden zu wieder nichts gehandelt werde.

Fürs vierdte / alß hochgedachter unser gnediger Fürst zu Erhaltung des Gehorsambs bey dero Landleuthen und Unterthanen / dann auch von der andern vom Adel wegen / welche dieser Sachen halben bey seinen Fürstlichen Gnaden auch in Ungnade und Straff erwachsen / für ein sondere Notturfft geachtet / daß dem Herrn Graven an statt der Straff ichtes auferladen werde / das doch ihme an seinem Leib / Ehren und Gewissen unschedlich seyn / sondern auf Gelt gestelt werden solle; Aber der Herr Graff aus etlichen fürgewendten Ursachen darfür gebetten / und diesen Punct dahin verstehen wöllen / alß köndte er ohne Verletzung Gewissens und Ehren sich in einige Straffen nicht einlassen / da entgegen aber hochgedachter Hertzog Albrecht ohne diß die fürgehenden Puncten auch in die Restitution zu bewilligen keines wegs vermeinet; So hat hochgedachter Churfürst zu Sachsen bey seiner Fürstl. Gnaden so viel gehandelt / daß sich sein Fürstl. Gnaden derselben / der Röm. Kayserl. Majest. zu underthenigsten Ehren und dem Churfürsten zu Sachsen etc. zu freundlichem und brüderlichen Gefallen begeben und darvon abzustehen bewilliget.

Letzlich solle das jenig / was sich zwischen seinen Fürstlichen Gnaden / und dem Graven alten und newen Orttenburg halben streittet / bey dem Austrag Rechtens bestehen / und alle diese Handlungen sampt deme / so darunter und derhalben fürgelauffen / keinem Theil an seinen Sprüchen / Rechten und Gerechtigkeiten præjudicial sein.

Und mit diesem sollen hochgedachten unserm gnedigen Fürsten und Herrn / dem Hertzogen zu Bayren / alle seiner Fürstl. Gnad. gegen dem Herrn Graven auch seinem Weib und Kindt gefaßte Ungnad aufgehaben sein / auch derwegen alle Amptleut und Unterthanen / Advocaten und Diener / aus Sorgen und Ungnaden / in krafft dis Vertrags / gentzlichen gelassen / und ihnen solche Handlung gegen Jhro Fürstl. Gnaden und mennigklich unenthalten seyn / auch die Diener und Unterthanen bey seinen Hoff-Marckten und Underthanen im Lande der Pflichten / damit sie seinen Fürstl. Gnaden jetzt verwandt / wieder an ihne / den Graven / doch mit Fürbehalt der Landfürstlichen Obrigkeit / gewiesen werden / alles treulich und ungefehrlich. Zu Urkund seind dieser Vertrags-Handlung zwo gleichlautende Noteln auffgericht / welche Hochgedachter Churfürst neben beeden Theilen mit eigner Handt unterschrieben / und hieran hangenden Innsiegeln bekräfftiget. Geschehen zu Augspurg den zehenden Tag May, Anno Domini, eintausent fünffhundert und im sechs und sechtzigsten Jar.

Augustus Churfürst.

Albrecht Hertzog in Bayern.

Joachim Grave zu Orttenburg.

LXXIII.

Schreiben Viti Bischofs zu Bamberg / an Ertzhertzog CARL zu Oesterreich; Wodurch er bewilliget / daß sein Vitzthum zu Wolfsberg in Kärndten / dem Ertzhertzog die Huldigung thuen möge. Geben den 25. Martii zu Bamberg 1567. [Wahrhaffte in Jure & facto gegen-deduction der Oesterreichischen Jurium.] 1567. 25. Mars.

C'est-à-dire,

Lettres de VITUS *Evêque de Bamberg à* CHARLES *Archiduc d'Autriche, par lesquelles il consent que son* Vicedom *à Wolsberg fasse hommage audit Archiduc comme au Seigneur Territorial. A Bamberg le 25. Mars 1567.*

UNser freundtlich Dienst zuvor. Durchleuchtigister Fürst / besonder lieber Herr. Von unsern am jüngsten bey E. L. gehabten Räthen / seyn Wir zu Jhrer Wider hieherkunfft / was der Begehrten (wiewol hievor unerhörten Erbhuldigung) bey E. L. solten ob Unsern / deroselben begehrten schrifftlichen Schein / kein Bedenckens / sonder aus allerley bewegenden Anzaigungen / desselben zu Frieden gewest seyn / so befinden Wir doch / daß E. L. Uns zu geben bedacht / stellen lassen / und ob uns wol derselbig etwas bedencklich / und schwärlich falle / Jedoch / und damit E. L. je spürn / und vermercken / daß Wir vil lieber mit E. L. in freindtlicher nachbarlicher gutten Ainigkeit / dann unnotthurfftigen Gezänck / und Widerwillen / sitzen / seyn und bleiben / deß endlichen Verhoffens / E. L. werden dadurch Unß und Unsern Stüfft / in andere Weeg / nachtheilig seyn möchte / zuezufiegen nicht gestatten: Vil weniger Jhres theils begehren. So haben Wir den würdigen Unsern Vitzdomb zu Wolffsberg in Kärndten / Rath / lieben Andächtigen und Getrewen / Simon von Berg / unsers Thumb-Stüffts / und zu Würtzburg Thumbherrn / Innhalt und Vermöge deß bey sich habenden Gewalts / berührte Erbhuldigung zu thuen / aufferlegt / und befolchen / wie E. L. von Jhme vernehmen werden / wolten wir E. L. alß unsern insonders lieben Herrn / dero Wir zu freindtlichen dienstlichen Willen und Diensten jederzeit berait / freindtlichen nicht verhalten. Datum in unsern Statt Bamberg / Dinstags den 25. Martii 1567.

Wir von Gottes Gnaden Bischoffe zu Bamberg.

Item VITUS Episcopus Bambergensis.

ANNO 1567.

LXXIV.

9. Mai. Revers Carl Ertzhertzogs zu Oesterreich an Veit Bischoff zu Bamberg / nach der ihme abgestatteten Huldigung von des Bischofs Vitzthum zu Wolffsberg / ausgestellet; Worin Er verspricht / den zwischen seinen Vorfahrern und dem Stiefft anno 1530. aufgerichten Vertrag zu halten / und darwieder nichts vorzunehmen. Geben Grätz den 9. May 1567. [Wahrhaffte in Jure & facto gegen-deduction der Oesterreichischen Jurium.]

C'est-à-dire,

Assurance de CHARLES *Archiduc d'Autriche à* VITUS *Evêque de Bamberg, portant que le* Vicedom *dudit Evêque de Wolsberg lui ayant rendu l'hommage accoûtumé, il observera de sa part religieusement la Transaction passée en* 1530. *entre l'Evêché & son Prédecesseur, sans rien entreprendre qui y soit contraire. A Gratz le* 9. *Mai* 1567.

WIr Carl von Gottes Genaden / Ertzhertzog zu Oesterreich / Hertzog zu Burgundt / Steyer / Kärndten / Crain und Württenberg / rc. Graff zu Tyrol und Görtz / rc. Bekennen für uns und unsern Erben / und Nachkommen offentlich mit disen Brieff / und thun kundt allermänniglich; Als uns verschienes 64. Jahr / auff Weyland der Römischen Kayserlichen Majestät / Unsers geliebten Herrn und Vatters Hochlöblichisten Gedächtnus gnädigste beschehene verordnung / in unseren Fürstenthumb Kärndten / von den gemeinen Ständen einer gantzen Ehrsamen Landschafft daselbst / die Erbhuldigung beschehen / darzue aber die Bambergische Amtleuth zu Wolffsberg und anders wo daselbst in unserm Fürstenthumb Kärndten gesessen / nicht erschinen / welches wir aber geandet / und letzlich zwischen unser und unsern lieben Freund Herrn Veiten / Bischoffen zu Bamberg / die Sachen dahin verglichen worden / das seine Liebden mit Rath und vorwissen derselben Capitils / den jezigen Vitzdomb daselbst zu Wolffsberg Simon von Berg / Thumbherrn zu Bamberg und Würtzburg / zu uns mit Gewalt und Befelch abgefertiget / uns als Landts-Fürsten in Kärndten / für sich selbst und die andern seiner Liebden Ambtleuth gedachter Ihrer Herrschafften / solche Erbhuldigung zu thun und zu erstatten / wie Er dann dieselb auch an heut Dato ziemlich und offentlich allhie zu Grätz in Gegenwart unseren gehannen Hoff-Regiments und Cammer-Rath / auch vilen Landleuth gethan und erstattet; Das Wir demnach unsern lieben Freund dem Herrn Bischoffen zu Bamberg guetwillig zuegesagt und versprochen haben / thun solches auch hiemit wissentlich in Krafft diß Brieffs / also / daß dann durch den Vertrag / so zwischen Weyland Ihrer in Gott Ruhenden Kayserl. Majest. Hochmilder Gedöchtnus und seiner Liebden Stüfft Bamberg 1530. auffgericht / in allen Puncten und Articuln / in seinen Kräfften und Würden / und seine Liebden bey allen dem / so sie und derselben Stüfft bißher rechtmaßig innengehabt und genossen / auch noch gegenwärtigen Zeit in rechtmäßigen Possession / Nutzung / Innenhabung und Gebrauch ist / künfftiglich darbey ruhiglichen gelassen / und vermittels unsers Schutz und Schirm von ainigen / weder seiner Liebden noch Ihre Nachkommen wider solchen Vertrag nicht beschwärt oder davon gedrungen werden sollen / genädiglich und ungefährlich / mit Urkund diß Brieffs besiglet mit Unserm anhangenden Insigel / Beschehen in Unser Statt Grätz den 9. May / Anno 1567.

CAROLUS.

Ad Mandatum Archi-Ducis proprium.

Caspar Prener / Freyherr.
Hannß Georg Mordax.
Hannß Kowentzl.

LXXV.

5. Avril. Quittung Burchardt Bischoffs zu Hildesheimb / und dessen Capituls daselbst / über die von denen Hertzogen Heinrich und Wilhelm zu Braunschweig und Lüneburg erlegten 22000. Reichsthalern / so dieselbe laut einen hierüber de anno 1566. auffgerichten Vertrags zu entrichten sich verpflichtet. Geben den Sonnabend in den Heiligen Ostern / der da war der 5. Tag Aprilis anno 1567. [LUNIG, Teutsches Reichs-Archiv. Part. Special. Abtheil. IV. Continuat. II. Absatz IV. pag. 412.]

ANNO 1567.

C'est-à-dire,

Quitance de BURKHARD *Evêque d'Hildesheim & de son Chapitre pour la Somme de* 22000. *Reichsdalers qui lui ont été payés par* HENRI & GUILLAUME *Ducs de Brunswich en execution de l'Accord passé entr'eux l'an* 1566. *Fait le* (1) *Samedi de Pâque, savoir le* 5. *Avril* 1567.

VOn GOttes Gnaden / Wir Burchardt / erwehlter und bestättigter Bischoff des Stiffts Hildesheimb / und neben seiner Fürstlichen Gnaden rc. Wir Dechant / Scholaster / Senior und gantz Capittul der Kirchen daselbst / bekennen und bezeugen hiermit öffentlich / thun kund und zu wissen jedermänniglich / daß demnach zwischen dem Hochgebohrnen und Durchleuchtigen Fürsten und Herrn / Herrn Heinrichen und Herrn Wilhelmen den Jüngern / Gebrüdern / Hertzogen zu Braunschweig und Lüneburg rc. unsern besondern lieben Herren und Freunden und gnädigen Herren eines / uns und unserm gnädigen Herrn dem Bischoff andern theils / ein Vertrag / wegen etlicher Schuld-Forderung / so wir der Bischoff gegen Ihre Fürstliche Gnaden auff eingehabte Brieffe und Siegel / und hinwiederumb Ihre Fürstliche Liebden wegen Restitution etlicher Schlösser und Weichbilde gegen uns instituiret und angestalt / auffgerichtet am fünfften Tage des Monats Martii, im sechs und sechtzigsten Jahre datiret / und vermöge desselbigen obgemelte Fürsten uns auff jetzige Ostern / zwey und zwantzig tausend Thaler / laut einer uns gegebenen Verschreibung zu entrichten sich verpflichtet / daß wir solcher zwey und zwantzig tausend gangbahrer Thaler in diesen acht Tagen zu Ostern seynd entrichtet und vollkommen vergnügt worden. Sagen derowegen für uns unsere Nachkommen / hochermelte Hertzogen zu Braunschweig und Lüneburg / Ihre Fürstliche Liebden und Gnaden rc. Erben und Erbnemen / und wem sonsten mehr quittirens von nothen / hiermit wegen solcher zwey und zwantzig tausend entrichtet und vergnügten Thaler quitt / ledig und loß / und ist also dadurch dem auffgerichteten Vertrage / diesen Punct belangend genügen geschehen / und sol derselbige in andern seinen Puncten und Articuln in seinen Kräfften und Würden seyn und bleiben / des zu Urkund haben wir Bischoff Burchardt unser Bischöfflich Secret an diese Quitantzien wissentlich gehangen / die gegeben ist des Sonnabends in den heiligen Ostern / der da war der fünffte Tag Aprilis nach Christi unsers lieben HERRN und Seligmachers Geburt / Tausend fünff hundert und darnach in dem sieben und sechtzigsten Jahre.

(L. S.) (L. S.)

LXXVI.

Ratificatione della Pace tra la RP. di VENETIA & il Sultan SELIM conchiusa dal Clarissimo Ambasciadore *Cavalli*, el 24. de Giugno 1567. [Sur une Copie manuscrite & ancienne.] 24. Juin.

PEr questo segno eccelso & signorile, il quale per aiuto del puro Idio significa Signoria del Mondo si dichiara com' io ilquale al presente sono Signor de' Signori & maraviglioso frà quelli & donator di Corona alli Signori che sono sopra la faccia della Terra Signor Selim Imperator Figliolo del Signor Solimano Imperatore. Havendo per il passato il Duca di Vinetia Pietro Lando nella felice vita del Padre mio mandato Aloise Badoaro per Ambasciatore à domandar gli patti d'Amicitia, gli furono concessi gli infrascritti Capitoli.

Capitula quidem reperiuntur in Commemorali 22. ad Cartas 134.

HAvendo me al presente il Duca di Vinetia Girolamo Priuli che l'eccelso Dio gli doni contento mandato alla

(1) Ou plutôt *le Samedi après Pâques*; autrement ce seroit le 29. Mars, & non pas le 5. Avril. [DUM.]

ANNO 1567. *alla mia eccelsa Porta l'honorato & valoroso Marino di Cavalli Cavaliere per Ambasciadore con Lettere sue, il quale insieme con il Bailo Jacomo Soranzo Cavaliere, havendo desiderato la confirmatione & rinnovatione delli sopradetti Capitoli anch' io gli hò accettati & confirmati, & in fede diciò hò dato questo eccelso Segno, per il quale dichiaro che accetto l'Amicitia secondo i Capitoli & giuro per il giusto Creatore & Conservatore del Cielo & della Terra che sempre che da loro saranno osservati i Capitoli, & Amicitia & quello che non nascera dalla parte loro cosa contraria alli eccelsi miei Capitoli non nastera ne anco dalla parte mia.*

Et perchè i sopradetti Capitoli è notato che se occorrerà che Venetiani incontrandosi in Navilii di Corsari & Leventi assaltati da quelli combattessero & rimanessero con l'aiuto di Dio vincitori debbano mandare sani, & salvi alla eccelsa Porta quanti ne haveranno presi & fatti schiavi che saranno con tale & si gagliardo castigo fatti punire che saranno essempio agli altri. Pero se secondo la continentia di questi Capitoli fino adesso non sono stati mandati gli Leventi che sono rimasti vivi nelli combattimenti da questi giorno in poi se nascerà cosa alcuna contra il detto Capitolo bisogna che siano gagliardamente castigati i contrafacienti.

Osservando dunque il detto Capitolo non ammazzaranno gli Leventi & i Corsari che gli capitaranno nelle mani, ma secondo, come di sopra è detto, gli mandaranno sani, & salvi di qui ove saranno gagliardamente puniti.

Et questo è quanto si hà da sapere dal presente nobile mio Segno alquale sia prestata piena fede I sopradetti eccelsi Capitoli miei furono scritti nella custodita Città di Costantinopoli nel Millesimo della Maestà del nostro Profeta grande Mehemet Mustafa, sopra laquale sia la salute & beneditione di Dio à 17. della Luna di Tilghigè del Novecento settanta quattro che è del Millesimo del Profeta Giesù sopra del quale sia la salute à 24. di Giugno 1567.

LXXVII.

4. Juill. Revers Churfürsts Augusti / und Johann Wilhelms Hertzogen zu Sachssen auf die von denen Landgraffen Philipp dem Jüngern / und Georg / Gebrüderen zu Hessen / geschworne Erb-Verbrüderung / so zu Naumburg de dato 12. Martii anno 1555. aufgerichtet worden / daß sie / obbenante Landgraffen / der gantzen Disposition der Erb-Verbrüderung sich zu erfreuen haben / alß wann dieselbe mit ihren Herren Brüderen Landgraffen Wilhelm / und Ludwigen darinn benannt wären. Geben den 4. Julii 1567. Nebst dem Eyd besagter Landgraffen zu Hessen Philipp des Jüngern / und Georgen Gebrüderen. Geben zu Cassel den 23. Junii 1567. [LUNIG, Teutsches Reichs-Archiv. Part. Spec. Abtheilung IV. Continuat. II. Absatz II. pag. 320.]

C'est-à-dire,

*Revers d'*AUGUSTE *Electeur de Saxe, & de* JEAN-GUILLAUME *Duc de Saxe à* PHILIPPE *le jeune, & à* GEORGE *Landgraves de Hesse, portant que lesdits Landgraves ayant prêté le Serment requis sur l'*Union Héréditaire *concluë à Naumbourg le 12. Mars 1555. entre les Maisons de Saxe & de Hesse, ils doivent en être participans, de la même maniere que s'ils y étoient nommés avec leurs Freres* LOUIS *&* GUILLAUME. *Le 4. Juillet 1567.* Avec *le* SERMENT *desdits Landgraves sur ladite* Union Héréditaire. *A Cassel le 23. Juin 1567.*

VOn GOttes Gnaden / Wir Augustus / des heil. Römischen Reichs Ertz-marschall / Churfürst / und Burggraff zu Magdeburg / und von denselben Gnaden / Wir Johannes Wilhelm / Gevettere / Hertzogen zu Sachsen / Landgraffen in Thüringen / und Marggraffen zu Meissen / thun kund hieran vor uns und unsere Erben und Nachkommen / öffentlich bekennende: Als Wir jetzo von den Hochgebohrnen Fürsten / unsern freundlichen lieben Vettern / Schwägern und Brüdern / Herrn Philipsen dem Jüngern / und Herrn Georgen / Gebrüdern / Landgraffen zu Hessen / Graffen zu Catzenelnbogen / Dietz / Ziegenhain und Nidda / ꝛc. auf die jüngst in Anno tausend / funff hundert und funff und funfftzig / zu Naumburg verneuerte Erb-Verbrüderunge der Häuser Sachsen und Hessen / durch unsere darzu gevollmächtigte Räthe / Erich Volckmar von Berlipsch / und Friederich von Wangenheim den Mitlern / Gebrüderliche und von Alters herbrachte Gelübde und Eyde nehmen lassen / die auch ihre L. L. würcklichen geleistet / und uns desselben eine besonder Verschreibung gegeben haben / von Worten zu Worten lautende / wie hernach folget:

ANNO 1567.

VOn GOttes Gnaden / Wir Philips der Jünger / und George / Gebrüdere / Landgrafen zu Hessen / Grafen zu Catzenelnbogen / Dietz / Ziegenhain und Nidda / ꝛc. thun kund hieran öffentlich vor uns / unsere Erben und Nachkommen / bekennende: Als weyland der Hochgebohrne Fürst / unser geliebter Herr Vatter / löblicher und seeliger Gedächtnüß / Herr Philips der Elter / beneben unsern freundlichen lieben Brüdern / Herrn Wilhelmen / und Herrn Ludwigen / Landgraffen zu Hessen / vor sich und ihre rechte Männliche Lehns-Erben / zur Naumburg am zwölfften Mart. Anno 1555. mit den auch Hochgebohrnen Fürsten / Herrn Augusten / des H. Römischen Reichs Ertzmarschallen / Churfürsten / und Burggrafen zu Magdeburg / Herrn Johanns Friedrichen dem Jüngern / Gevettern und Gebrüdern / allen Hertzogen zu Sachsen / Landgraffen in Thüringen / ꝛc. unsere freundlichen lieben Herren Vettern / Schwägern und Brüdern / die von Alters zwischen den löblichen Häusern zu Sachsen und Hessen wohlherbrachte Erb-Verbrüderunge erneuert / die auch einander gelobet und geschworen haben / alles fernern Inhalts darüber aufgerichteten Verschreibung / und aber dieselbig Erb-Verbrüderunge unter andern vermag / daß ieder Partheyen Männliche Lehens-Erben / Fürsten zu Sachsen und Hessen / solche Erb-Verbrüderung / wann deren einer oder mehr vierzehen Jahr alt / auch geloben und schweren sollen / wie von Alters herkommen / deßhalben uns dann obermelte unser freundliche liebe Herren Vettern / Schwäger und Brüder / Herr Augustus / Churfürst / und Herr Johanns Wilhelm / beyde Hertzogen zu Sachsen / (weil Hertzog Johanns Friederich der Mitler dieser Zeit in der Käys. Majest. Custodien enthalten wird / und Hertzog Johanns Friederich der Jünger dabevor in GOtt seeliglichen verstorben ist /) durch ihre hierzu / insonderheit mit gnugsamer Vollmacht / abgefertigte Gesandten / die Veste / unsere liebe Getreue / Erich Volckmar von Berlypsch / Amtman zu Saltza / und Thomas Brück / und Friederich von Wangenheim den Mittlern / ietzo freundlich ersuchen lassen / daß wir demnach auf solch Ihrer L. L. freundliches Anlangen / zu Volg obermelten unsers geliebten Herrn und Vaters / Gotseeligen / vor sich / und seine Männliche Lehens-Erben von unsern freundlichen lieben Brudern / L. Wilhelmen / und L. Ludwigen / allbereit dabevor beschehener Gelübdnüß und Zusage / auch in Ansehung / daß gedachte unsere freundliche liebe Vettern / Schwäger und Brüder / die Chur- und Fürsten zu Sachsen / uns bey zuvor von ihren L. L. gethaner Gelübdnüß versprochen und zugesagt / daß wir Landgraff Philips der Jünger / und Landgraf George / Gebrüdere / des gantzen Inhalts / Disposition und Verordnung vorermelter Erb-Verbrüderunge / vor uns und unsere rechte Männliche Leibs-Lehens-Erben / eben so wohl / als wann wir mit und beneben unsern freundlichen lieben Brudern / L. Wilhelmen / und L. Ludwigen / ausdrücklichen mit Nahmen darin benandt weren / vehig seyn / und uns deren durchaus auf die darein bestimmte Fälle erfreuen sollen / versprochen und zugesagt haben / versprechen und zusagen auch vor uns und unsre rechte Männliche Leibs-Lehens-Erben / hiermit und in Krafft dieses Brieffs wissentlich / vielermelte erneuerte Erb-Verbrüderunge in allen ihren Stücken / Puncten und Articuln / stett / fest / und unverbrüchlich zu halten. Innmassen wie solches an statt des Churfürsten / und Hertzog Johanns Wilhelms zu Sachsen / ꝛc. vorbenandten ihrer L. L. Abgesandten / Erich Volckmar von Berlipschen / und Friederich von Wangenheim dem Mitlern / auf ihre uns übergebene gnugsame Gewalts-Brieff / in gegenwartigkeit unsers freundlichen lieben Bruders / Landgraf Wilhelms / ꝛc. Hand in Hand / in Treuen gelobt / und zu GOtt geschworen / auch nochmahls hiermit gelobet und geschworen haben wollen / alles treulich und ungefehrlich.

Und des zu wahrer Uhrkund / und mehrer Sicherheit / haben wir uns mit eignen Händen unterschrieben / und ein jeder sein Secret hieran wissentlich hencken lassen / der geben ist zu Cassel / Montags den drey und zwantzigsten Junii, Anno Domini tausend / funff hundert / und im sieben und sechtzigsten.

Demnach versprechen wir hiermit / und in Krafft dieses Brieffs / bey dem Eydt / den wir hiebevor auf die Erb-Verbrüderunge leiblich geschworen haben / daß beyde ihre L. L. des gantzen Inhalts / Disposition und Verordnung derselben Erbbrüderung / vor sich / und ihre rechte Männliche Leibs-Lehens-Erben / eben so wohl / und weniger nicht / als wann ihre L. L. mit und neben ihren Brüdern / Herrn Wilhelmen und Herrn Ludwigen / beyden Landgrafen zu Hessen / ꝛc. unsern freundlichen lieben Vettern / Schwägern und Brüdern / ausdrücklichen mit Nahmen darinn benandt weren / vehig seyn / und sich deren durchaus auf die darin bestimpte Fälle zu erfreuen haben / auch wir ihren L. L. weniger nicht / als ihren Brudern / alles dasjenige / was solche Erb-Verbruderunge vermag und inhalt / treu-

ANNO 1567.

lich leisten sollen und wollen/ immassen wir solches alles allbereit ihren L. L. durch obermeldte unsere gevollmächtigte Abgesandten zusagen und versprechen lassen/ alles treulich und ohne Gefehrde.

Zu Urkundt haben wir uns mit eigenen Händen unterschrieben/ und unser Secret hieran wissentlich hangen lassen/ der geben ist den vierdten Tag des Monats Julii, nach Christi unsers lieben Herrn und Seeligmachers Geburt/ ein tausend/ funffhundert und im sieben und sechzigsten Jahre.

Augustus/ Churfürst.
Johann Wilhelm/ H. zu Sachsen.

LXXVIII.

23. Juill. Compactata oder Vertrag zwischen Churfürst Augustum/ und Johann Wilhelm Hertzogen zu Sachsen. Worinn alle und jede Landes-gebrechen/ der Gräntz-Steinen halber/ so sich seither beschehener Kayserl. Capitulation de-dato 19. Maji 1547. und des darauf erfolgten Naumburgischen Vertrags den 24. Februarii 1554. datiret/ zwischen denen Land-Ambten und Unterthanen ereignet haben/ beygelegt werden. Geschehen zu Zeitz den 23. July 1567. [LUNIG, Teutsches Reichs-Archiv. Part. Special. Continuat. II. Abtheil. IV. Absatz II. pag. 321.]

C'est-à-dire,

Accord entre AUGUSTE *Electeur de Saxe, &* JEAN GUILLAUME *Duc de Saxe, par lequel tous les diférens survenus entre leurs Sujets & Vassaux, au sujet des Confins & Limites depuis le tems de la Capitulation Imperiale du* 19. *Mai* 1547. *& la Transaction de Naumbourg du* 24. *Fevrier* 1554, *sont terminés & accommodés. A Zeitz le* 23. *Juillet* 1567.

VOn GOttes Gnaden Wir Augustus/ des Heiligen Römischen Reichs Ertz-Marschall und Churfürst/ und Burggraff zu Magdeburgk/ rc. und von desselben Gnaden Wir Johann Wilhelm/ beyde Hertzogen zu Sachsen/ Landgraffen in Thüringen und Marggraffen zu Meissen/ bekennen und thun kund: Nachdem sieder Auffrichtung der Römischen Kayserlichen Majest. Capitulation, der Datum steht/ im Feld-Lager vor Wittenbergk den neuntzehenden May Anno rc. Sieben und viertzig/ und dem darauf erfolgeten Naumburgischen Vertrage/ den vier und zwantzigsten des Monats Februarii Anno vier und funfftzig datiret/ zwischen denen Land-Ambten und Unterthanen/ so unsers des Churfürsten Brudern/ Hertzog Moritzen/ und folgends Uns blieben/ und denen/ so uns Hertzog Johann Wilhelmen/ und unserm Bruder/ Hertzog Johann Friederichen dem Mitlern/ und Hertzog Johann Friederichen dem Jüngern/ Krafft ernannter Kayserl. Majest. Capitulation und Naumburgischen Vertrags/ zukommen/ allerley Irrungen und Land-Gebrechen fürgefallen/ daraus Spaltung/ unfreundlicher/ unnachbarlicher Wille/ auch den Unterthanen/ durch die hin und wieder beschehene Arrest, Kummer/ gefänglich Einziehen/ Auffhalten/ und dergleichen thätlich Eingriff/ allerley Beschwerung/ Schäden und Nachtheil erfolget seyn; Und dann nunmehr unser Hertzog Johann Wilhelms jüngster Bruder seeliglich verstorben/ auch Uns/ Krafft der ergangenen Achts Execution, unsers ältern Bruders gewesener Antheil Landes durch die Kayserl. Majestät allein übergeben und angewiesen worden; So haben uns beyderseits erinnert/ daß zu Auffnehmung des Hauses zu Sachsen/ auch zu Pflantzung und Erhaltung freundlichen Willens/ und guter Nachtbarschafft/ und zu Gedeyen der armen Unterthanen/ nützlich und nothwendig sey/ solche Irrung durch freundliche suhnliche Unterhandelung zu entscheiden und zu verrichten/ haben auch derowegen unserer etzliche ansehnliche und schiedliche Räthe/ als Wir/ der Churfürst/ Hanntzen von Germar zu Nällstett/ Hanntzen von Bernstein daselbst/ und zum Bernfelß/ und Lorentz Lindemann zu Sedelitz/ der Rechten Doctor, und Wir Johann Wilhelm/ Friedrichen von Wangenheim den Mitlern/ zu Beringen/ Heinrichen Schneidewein/ und Lucas Tannigeln/ beyde der Rechten Doctorn/ und Johann Förster/ zu Hauff geordnet/ und ihnen Befehl gegeben/ die vorgefallene Irrungen und Gebrechen in allen Aemtern und Orten/ da sie entstanden/ zu besichtigen/ die Partheyen zu hören/ die Uhrkunden zu ersehen/ die vorgestellten Personen zu erfragen/ aller Gelegenheit zu erkunden/ und sie/ biß auff unser Ratification der streitigen Sachen/ allen gebührlichen Gehorsam geleistet/ sich aus unserm Befehl/ nach gehaltener Verhör und genommener Erkundigung der Irrungen/ verglichen/ und Uns davon/ mit Anziehung und Ausführung der Ursachen/ gründlich und guten Bericht gethan/ so haben Wir auch solche ihre abgeredete und verglichene Handlung ratificiret/ beliebet und angenommen/ und die also abgeredete und von Uns ratificirte Articul in diesen Haupt-Vertrag fassen/ stellen und authentisiren lassen/ rc. Nehmlich wie allenthalben folget:

ANNO 1567.

Ambt Altenburgk.

Und als fürnehmlich im Amt Altenburgk Irrungen und Gebrechen aus deme fürgefallen/ daß der Naumburgische Beyvertrag unter andern besaget/ wassergestalt etzliche Personen zu verordnen/ die auf denen durch das Amt Altenburgk lauffenden Strassen Steine setzen oder Hauffen auffwerffen solten/ zur Anzeigung und Grentzscheidung/ wie weit Wir Hertzog Augustus/ Churfürst/ Unsere Söhne und Nachkommen/ an die Grentz des Amts Altenburgk zu geleiten haben/ und Uns die Strassen mit allen Gerichten und Strassen-Rechten zustehen biß an das Amt; Darauf denn erfolget/ daß beyderseits Persohnen geordnet/ dieselben auch die Grentz besichtiget und umzogen/ sich derer verglichen/ und die Steine zu setzen befohlen; Welche Steine dann ferner auf die verglichene und vermahlte Oerter gesatzt/ und etzliche Jahr lang unangefochten stehen blieben/ hernacher aber durch unsern Hertzog Johann Wilhelms Bruder/ Hertzog Johann Friedrichen/ offtmahls gestritten/ und daher ergangen/ daß beiderseits Räthe vielmahls zu Besichtigung und Abhandlung solcher fürfallender im Amt Altenburgk Irrungen abgefertiget/ derowegen Unterredung und Handlung gepflogen/ und dann alle gütliche damahls vorgewesene Handlung zwischen ihnen entstanden; So haben wir beyderseits solche Besichtigung zum Überfluß noch einsten durch unsere verordnete Räthe fürnehmen lassen/ Uns auch solcher Gebrechen halber auf der Räthe gepflogene Handlung und eingebrachte Relation folgender gestalt freundlich verglichen und vereinget:

Und Erstlich/ weil befunden/ daß die Steine auf der Strassen uber die Heide nach Leipzig zwischen der Breitunger und Halßbacher Fluhr recht gesatzt/ und daselbst des Ambts Obrigkeit und des Stiffts Zeitz Güther von einander scheiden; So sollen auch berührte Steine/ inmassen wir sie ietzo verneuen lassen/ stehen bleiben/ und die Strasse/ wie die Steine weisen daselbst/ mit der Vergleitung und anderer Strassen-Gerechtigkeit gehalten werden.

Desgleichen und zum andern sollen die Steine/ so in einem Grunde/ die Treiner Marck genant/ und zwischen Trena und Blumenroda stehen/ also/ wie sie unsere Verordnete auffs neue gesetzet/ gelassen werden/ und durch dieselbe die Altenburgische und Bornische Land-Strassen vermahlet und geschieden seyn/ sintemahl an demselbigen Orte die Grentz zwischen dem Ambte Born und Altenburg allewege für alters gehalten worden.

So viel zum Dritten/ die Steine belanget/ so zwischen der Treinischen und Wierischen Fluhr auf einen Wege von Altenburgk nach Born gesatzt seyn; Dieweil unsere Räthe in der Besichtigung befunden/ daß keine Land-Strasse vor Alters daselbst gewesen/ auch sonsten der Fluhr halber allerley Gemenge ist; Als haben wir berührte Steine ausheben und abthun lassen/ und wollen/ daß an solchem Orte keine Land-Strasse seyn noch gehalten werden soll.

Zum Vierten/ sollen zweene Steine/ so am Holtz/ die Plan genannt/ auf dem Wege von Altenburgk nach Grimme gesetzt seyn/ also bleiben und gelassen werden/ in Erwegung/ daß daselbst die Eschefeldische Fluhr/ so denen von Einsiedel mit Ober-Gericht zuständig/ und Unser des Churfürsten Lehen ist/ von unsern Hertzog Johann Wilhelm Holtz die Bahn gescheiden und begrentzt wird. Gleichergestalt/ und

Zum Fünfften/ solle es auch mit den andern Steinen/ so am Ende der Bahn auf den Wege Froburgk gesetzt seyn/ gehalten werden/ und dieselbigen Steine bleiben/ auch die Grentz zwischen dem Amt und des Einsiedels Güther auf der Frohburgischen Strassen halten/ sintemahl befunden/ daß daselbst die Güther/ so die Einsiedel von denen von Bünau/ Dechwitz und Kreutzen erkauffet/ und zu der Eschenfeldischen Fluhr gehörig seyn/ berührter von Einsiedel/ gegen dem Gnandstein mit Ober-Gerichte zuständig/ und nunmehr ohne Mittel Unser des Churfürsten Lehen seyn: Derowegen wir Hertzog Johann Wilhelm fort an/ wie von unserm Bruder Hertzog Johann Friedrichen geschehen/ es weiter nicht fechten/ noch uns des Orts über die Steine Strassen-Gerechtigkeit annassen wollen.

Zum Sechsten: Was sonderlich die Steine belanget/ so an der Leicher am Ende der Bockhauer und Anfang der Dulsenheiner Fluhr gesatzt seyn/ und die Strasse durch Merbitz bey den Past-Holtz/ über den alten Landgraben auf Ponick zu/ bezeigen und weisen/ sollen obberührte Steine des Orts gelassen werden/ stehen bleiben/ und von bemelten Steinen an uns dem Churfürsten die Strasse durch Alt Merbitz uber die Schönbachische und neue Merbitzer Fluhr/ auch über obbenanten alten Landgraben nach Ponick/ zusamt allen daselbst des Orts einlauffenden Strassen/ mit Vergleitung/ Strassen-Gericht/ Recht und Gerechtigkeit/ und was darzu gehörig/ nichtes ausgeschlossen/ allein zustehen/ welches wir auch Hertzog Johann Wilhelmen Freundlichen bewilliget/ ungeachtet/ daß berührter Ende dieselbe Strasse zum Theil über die Schönbachische und neu

Mer-

ANNO 1567.

Merbitzer Fluhr/ so in unser Amt Altenburg Obrigkeit gehören/ strecket/ dann wir bewegen/ daß doch berührte Straß über der Einsiedel Güther und das Dorff alten Merbitz/ so unsers Vettern Lehen/ ein gut Theil gehet/ auch ohne das ein groß gemenge und Unrichtigkeit mit vielen verwechselten Steinen daraus erfolgen würde/ zu dem/ daß wir auch sonsten solcher beyden Fluhren halber/ an andern Orten/ und sonderlich an der Luckauischen Strassen genugsam vergnüget und verglichen worden.

Zum Siebenden: Als auch vor Alters auff der Strassen/ so von Altenburg nach Penick gehet/ im Dorff Steinbach an einem Bächlein jenseits des Wirths-Hauses allewege die Grentze gewesen/ daselbsthin von den vormahls Verordneten Steine gesetzet/ und also dieselbige recht befunden; So lassen wir es beyderseits darbey bleiben/ und wollen/ daß unsere Hertzog Johann Wilhelm Strassen von Altenburgk aus/ daselbst wenden/ und unser des Churfürsten Strassen gegen Penick der Oerter angehen/ und mit Vergleitung und anderer Strassen-Gerechtigkeit gehalten werden sollen.

Zum Achten und Neundten: Wiewohl die vier Steine/ derer zweene auf der Strassen zu Altenburgk nach Waldenburg/ am Ende der Geppersterffer Fluhr/ und die andern an dem Waldenburgischen Forst gesatzt/ Uns dem Churfürst zu Sachsen aus deme bedencklich seyn möchten/ dieweil des Dorffs Ziegelheim Fluhr/ so dem Herrn von Schönberg zugehörig/ auff der einen Beystrasse/ welche letzlich auf dieselbige Steine auch stosset/ mit eingeschlossen; So lassen wir es doch bey solcher Steinsetzung auch beruhen/ und seind freundlich zu frieden/ daß nicht allein an denselbigen Ort die Straß-Grentz gehalten/ sondern auch nach Inhalt der ersten Vergleichung unser Vetter Hertzog Johann Wilhelm durch das Dorff Ziegelheim zu vergleiten haben soll.

Zum Zehenden: Dieweil an dem Ort/ da die Steine bey der Ober-Wira gesatzt/ keine Land-Strasse ist/ und dann jenseit der Oberwirischen Fluhr allerley Gemenge/ der Schönburgischen und Altenburgischen Gericht und Fluhren halber/ biß zu dem Dorff Neukirchen/ mit einfället; Als haben wir beyderseits solche Steine ausheben und abthun lassen/ und wollen/ daß daselbst keine Land-Strasse seyn/ noch gehalten werden soll.

Zum Eilfften: Als bey dem Dorff Roda zweene Steine befunden/ und aber dieses Orts gar keine Land-Strasse ist; So haben wir aus dergleichen Bedencken und Ursachen dieselbigen auswerffen und wegthun lassen/ wollen auch/ daß derselbige Dorff-Weg zu keiner Land-Strasse soll gebraucht werden.

Zum Zwölfften und Dreyzehenden: Nachdeme auf zweyen Strassen/ so von Altenburg auf Gluchau lauffen/ vier Steine vermahlet/ derer zweene am Ende der Pferdorffer Fluhr/ und die andere zweene am Kilbischen Fluhr gestanden/ und wir befunden/ daß die Menge der Steine derer Orten mehr Unrichtigkeit verursachen möchte; Als haben wir Uns freundlich verglichen/ daß vier Steine ausgehoben/ und an der statt zweene Steine/ der eine am Ende der Kolbitzer Fluhr/ da noch ein alter Reinstein zu befinden/ und der ander gegen über auf die Tettauische Fluhr gesetzt werden/ damit also die beyde Strassen zu Hauff gezogen/ und an demselbigen Ende eine richtige Grentz gehalten werden möge/ welches wir der Churfürst freundlich bewilliget/ ungeacht/ daß Uns an der Strassen über die Tettauische Fluhr etwas abgangen.

Zum Vierzehenden: Nachdem zweene Steine auf die Zwickauische Strassen/ so von Altenburgk durch Gößnitz lauffet/ an der Merlacher und Henniger Fluhr gesetzet/ und aber dieselbe von der anstossenden und an beyden Seiten jenseit der Steine weitlauffenden Panitzer und Merauischen Fluhren allerley Zanck und Streit verursachet/ wir auch berichtet/ daß vor Alters zwischen beyden Aembtern Zwickau und Altenburg die rechte Haupt-Grentz auf der Höhe bey den Kleinstetten/ derer eine gegen Merau/ die andere gegen Panitz gehörig/ gehalten worden; Als haben wir Uns freundlich verglichen/ daß berührte beyde Steine daselbst an der Merlacher Fluhr ausgehoben/ und in die Höhe disseits der Merauischen Kleinstett dergestalt versatzt und vermahlet worden/ daß auch die Merauische Querstrasse mit eingeschlossen/ und berührte Steine nicht allein die Grentz auf der Zwickauischen Strassen/ ungeachtet/ ob die Panitzer und Merauische Fluhr sich weiter hinaus die Länge nach Zwickau warts erstrecken/ sondern auch die berührten Querstrassen halten und scheiden sollen.

Zum Funffzehenden die zweene Steine/ so an demselbigen Orte auf dem Fußsteige bey dem Dorff Kauritz gesetzet/ anlangend: Dieweil berührter Fußsteig weit von der Strassen abgelegen/ auch jenseit der Steine viel gemengte Gerichte mit einfallen; so haben wir solche Steine auswerffen und abthun lassen/ und wollen beyderseits/ daß auf beruhrte Fußsteig keine Strassen-Gerechtigkeit gebraucht oder angezogen werden solle.

Zum Sechzehenden: Als auch an dem Orte/ da zweene Steine am Ende der Merbacher/ und im Anfang der Panitzer Fluhr auf der Strassen nach Krimmitzschau gesatzt/ bißher eingefallen; Ob uns Hertzog Johann Wilhelm/ Inhalts des Naumburgischen Vertrags/ der Strassen Gerechtigkeit uber die in berührten Vertrag übergebenen und angewiesenen Schrifftsassen gebühren und zustehen solte/ derowegen auch etwan die Rechtfertigung zwischen unserm Vetter/ dem Churfürsten/ und unserm Bruder/ Hertzog Johann Friederichen/ sonderlich mit fürgestanden; So haben wir/ der Churfürst/ aus nachbarlichen Willen/ diese Dinge auch fallen lassen/ und freundlich bewilliget/ daß nunmehr unserm Vetter/ Hertzog Johann Wilhelmen/ die Strassen mit Vergleitung und anderer Strassen-Gerechtigkeiten auf der übergebenen und angewiesenen Schriftsassen Güther dieses und an anderen Orten um das Ambt Altenburg auch folgen und gebühren sollen/ ungeachtet/ wie es mit denen Worten des Naumburgischen Vertrags/ so der Strassen vermahlung halben gesatzt/ und etwas zweiffelhafftig seyn/ gelegen ist; Darauff haben wir auch freundlich geschehen lassen/ daß berühret zweene Steine an der Merlachischen Fluhr ausgehoben/ und Ausgangs des von Ende zu Panitz/ als eines angewiesenen Schrifftsassen Güther/ und also zwischen der Panitzer und Franckenhausischen Fluhr gesatzt und vermahlet worden/ daselbst dann forthin derer Ende die Krimmitschauer Strassen durch solche Steinsetzung zwischen uns und unser Vetter geschieden und begrentzet seyn sollen.

Zum Siebenzehenden: Nachdem die Steine/ so bey der Zschepler Fluhr gestanden/ auf keine Landstrasse gesetzet/ auch des Orths allerley Gemenge der Fluhren und Gerichte halben mit einfällt/ und durch die Steine mehr Unrichtigkeit verursachet werden könte; Als haben wir beyderseits geordnet/ dieselben abzuthun und auszuheben/ und soll an demselbigen Orte keine Landstrasse seyn noch gebraucht werden. Desgleichen

Zum Achtzehenden: Dieweil auch die Steine bey der Brandribler Fluhr auf einem Beywege/ so von Schmöln nach Crimmitzschau lauffet/ dessen die Leut mit Holtz- und Korn-Fuhr zu gebrauchen pflegen/ und also auf keine rechte Landstrasse gesetzt/ auch wegen der einlauffenden Franckenhäusischen/ Brandribler/ Heiersdorffer und Thanhäuser Fluhr allerley Gemenge fürfallet/ daraus vielerley Verwechselung der Steine verursachet würde; Als haben wir beyderseits bewilliget/ solche Steine auszuheben und abzuwerffen/ und soll berührter Weg von Schmöllen ab/ biß er in die Zeitzische und Zwickauische Strassen/ welche durch Selckau läufft/ komme und eingehet/ für keine Landstrasse gehalten noch gebraucht werden.

Zum Neunzehenden: Dieweil die Strassen von Zeitz aus nach Zwickau/ hinter den zweyen Steinen/ so bey dem Dorff Selckau gestanden/ uber der von Weißbach im Naumburgischen Vertrage angewiesenen und übergebenen Schriftsassen Güther/ auch hernach über andere mehr Altenburgische Ambts-Obrigkeit läuffet; Als haben wir uns verglichen/ daß berührte Steine daselbst ausgehoben/ und fast zum Ende der Thanhäuser Fluhr/ etliche Schritt über den Mannichwaldischen Zwiselweg/ nach den Sahn zu gesatzt/ und daselbst der Strassen Grentz halten und weisen sollen.

Zum Zwantzigsten: Nachdem auch an derselben Zwickauischen und Zeitzischen Strassen/ unter Selckau nach Zeitz zu/ zweene Steine bey dem Dorff/ die Hart genannt/ gesetzt/ und nach Endung derselben Hartischen Fluhr etzliche des Ambts Altenburg Güther und des Creytzen zu Peltzig/ als eines im Naumbischen Vertrag angewiesenen Schrifftsassen Güther/ darüber die Strasse gehet/ wiederumb anfangen/ und sich einen weitern Weg hinaus erstrecken/ daraus denn Gemenge und Umwechselung etlicher Steine fürgestanden; Als haben wir/ der Churfürst/ aus guter Nachbarschafft nachgelassen/ daß berührte Steine auch ausgehoben/ und am Ende der Peltzischer Fluhr disseits der Schnauder/ da die Zeitzische Lehnen und Güther anfangen/ gesatzt und vermahlet werden.

Demnach soll berührte Zwickauische und Zeitzische Strasse von den Steinen ab/ so bey dem Mannichwaldischen Zweiffel-Weg gesatzt/ biß auf die Steine/ so ietzo am Ende der Beltziger Fluhr bey der Schnauder stehen/ uns Hertzog Johann Wilhelm samt dero Vergleitung und allen Strassen-Gerichten und Gerechtigkeit alleine folgen und zustehen.

Die Strasse aber/ so daselbst an einem Ort an den Mannichwaldischen Steinen nach Krimmitzschau und Zwickau lauffet/ und am andern Orte vom Ende der Beltzischer Fluhr nach Zeitz gehet/ solle Uns/ dem Churfürsten zu Sachsen/ mit aller Vergleitung/ Strassen-Gericht und Rechten alleine bleiben/ folgen und gebühren.

Zum ein und Zwanzigsten und zwey und Zwanzigsten: So viel die vier Steine/ deren zweene zwischen Stehau und Berntwald/ und die andern zweene auf der Thauschischen Fluhr stehen/ anlanget; Dieweil an demselbigen Orte keine rechte Landstrassen seyn/ wie auch daselbst mit einander nicht zu grentzen haben; Als haben wir berührte Steine ausheben und abthun lassen/ dabey es bleiben und beruhen solle.

Zum drey und Zwanzigsten: Als die zweene Steine/ so fast am Ende des Dorffs Ober-Cessa Fluhr und bey der Baumsheimer Fluhr auf dem Wege von Altenburg nach Eisenberg gesatzt/ auff keiner Landstrassen gestanden/ dadurch jenseit der Steine ein groß Gemenge mit den Altenburgischen/ Zeitzischen und Geraischen Güthern einfälle/ derowegen es Verwechselung vieler Steine von nöthen seyn wolte; Als haben wir uns verglichen/ daß auch dieselbigen Steine abgethan worden/ und berührter Weg für keine Landstrasse geachtet und gehalten werden soll.

Zum vier und Zwanzigsten haben wir die Steine/ so auff der Strassen von Altenburg aus nach Zeitz zwischen Roda und und Starckenberg gestanden/ etwas verrücket/ und an den Ort/ da der Hügel ist/ und die alte Grentz-Scheidung zwischen Al-

ANNO 1567.

ANNO 1567.

tenburg und Zeitz allewege gehalten worden/ setzen und mahlen lassen/ dabey es auch bleiben / und die berührte Steine die Grentze auff solcher Strassen also bezeichnen und halten sollen.

Zum fünff/ sechs und sieben und Zwanzigsten: Dieweil sechs Steine an drey Oertern/ als zweene auf dem Fußsteige/ zwischen Losten und Ristmar/ die ander zweene auf einem Querwege/ bey einem Ort/ das Esels-Bette genannt/ und die dritte auff dem Wege nacher Altenburg von Meuselwitz/ disseits gestanden/ und aber an denselbigen Oertern keine Landstrassen seyn/ auch die Steine in der Fluhr Aeckern und Gerichten derer Oerter mehr Gemenge/ dann Richtigkeit veruhrsachen; Als haben wir solche Steine auswerffen und abthun lassen/ und wollen/ daß an solchen dreyen Oertern keine Landstrassen gehalten und gebraucht werden sollen.

Zum acht und Zwanzigsten: Als auch zweene Steine auf der Strassen von Altenburg nach Weissenfelß hinter dem Dorff Wintersdorff gestanden/ und aber hinter denselbigen Steinen der von Bünau zu Breitenhain im Naumburgischen Vertrag angewiesen- und übergebenen Schrifftsassen Güther gelegen/ die über die Strasse einen guten Weg biß an die Falckenhanische Fluhr gehen; Als haben wir/ der Churfürst/ freundlich bewilliget/ daß die Steine bey Wintersdorff ausgehoben/ und zwischen der Breitenhanischen und Falckenhanischen Fluhr gesetzet worden/ daselbst dann berührte Steine des Orts die Grentz der Weissenfelsischen Strassen zwischen uns halten und bezeichnen sollen.

Letzlich: So viel die Steine an dem Luckischen Forst anlanget; Wiewohl wir/ der Churfürst/ anzuziehen/ daß berührte Steine der Hagenestischen Fluhr halben/ so Zeitzisch Lehn/ und sich jenseit der Steine fast an das Stedtlein Luckau strecket/ nicht alleine nicht unrecht gesatzt/ sondern auch darüber die Ruppersdorffer Fluhr/ ins Amt Born gehörig/ hart vor Wintersdorff an/ biß zum Ende der Hagenestischen Fluhr/ uns billig zugegrentzet were; So haben wir doch aus Freundnachtbarlichen Willen/ und damit im Geleit das Gemenge und der Wechsel uff einiger Fluhr verhütet werde/ und dann auch zu Vergleichung dessen/ was uns auff der Pemckschen Strassen bey dem Postholtz eingereumet/ freundlich bewilliget/ daß berührte Steine bey dem Luckauischen Forst ausgehoben/ und jenseit Luckau/ hart hinter das Stedtlein/ auf den Pegauischen Weg gesetzet und vermahlet worden/ daselbst sie dann die Grentz auf der Pegauischen Strassen halten und weisen sollen; Und solle demnach uns Hertzog Johann Wilhelm berührte Straß von Altenburg aus/ durch das Stedtlein Luckau/ biß an die gesetzten Steine gantz und gar allein mit der Vergleitung/ Strassen-Gericht/ Recht und Gerechtigkeit/ und was darzu gehörig/ nichts ausgeschlossen/ zustehen und gehören/ ungeachtet/ daß dieselbige Straß zum theil über die Ruppersdorffische und Hagenestische Fluhr/ darüber wir/ der Churfürst/ uns der Strassen-Gerechtigkeit anzumassen hätten/ lauffet und streichet. Und nachdem wir uns der Haupt-Strassen also/ wie allenthalben obstehet/ freundlich verglichen; So haben wir uns auch darneben etzlicher anderer General-Articul, so zu Erhaltung der Strassen-Gerechtigkeit/ auch sonst zur Richtigkeit und Pflantzung guter Nachtbarschafft dienen mögen/ vereiniget; Nehmlich:

Wollen wir/ daß die also abgesatzte/ vermahlte und versteinte Strassen vor rechte Land-Strassen gehalten/ und wenn Vergleitung fürfallen/ dieselbigen darzu/ und nicht Bey-Wege/ darauff dann gantz keine Vergleitung geschehen soll/ gebraucht werden.

Wenn auch die Fuhrleute/ so Centner-Guth führen/ und das Geleit zu geben pflegen/ andere Beywege/ da wir die hiebevor gesetzte Steine ausgehaben/ suchen und brauchen wollen; So sollen sie aus unsern nechst angelegenen Aembtern umgetrieben/ und mit gewöhnlicher Straffe/ auf die also von uns geordnete Landstrassen gewiesen werden.

Da sich auch Rauben/ Morden und dergleichen auf den Fußsteigen und Bey-Wegen zutragen und begeben würden/ wollen wir/ daß dieselbigen Thaten vor keine Landstrassen-Fälle geachtet/ sondern von denen anstossenden und über die Wege lauffenden Fluhren gerüget/ gerechtfertiget und gestraffet werden sollen/ iedoch soll die Folge dem Ambte dadurch unbenommen/ und in Landfriedbrüchigen Thaten/ Raubereyen/ und wie sie Nahmen haben/ iederzeit gebührlich angestellet und gebraucht werden.

Sonderlich aber erklahren wir uns hiermit freundlich beyderseits/ und wollen/ daß die abgesatzte Vermahlung und Versteinung der geordneten Landstrassen/ allein auf die Vergleitung und anderer Strassen-Gericht/ Recht und Gerechtigkeit/ so den Strassen anhängig/ gemeinet und gezogen werden sollen; So viel aber die dabey anstossende und daran gelegene Fluhr/ Aecker/ Wiesen und andere Güther belanget/ dieselbige/ so weit sie in die Strassen nicht mit eingezogen/ sollen unsern Aembtern oder Unterthanen/ und einem ieden/ dem sie gehören/ mit Lehnen/ Zinsen/ Gericht/ auch Steuer/ Folge und anderer Land-Fürstlicher Oberbotmäßigkeit/ wie allenthalben herbracht/ bleiben/ und in eines ieden Eigenthum und Besitz gelassen werden/ und die Steinsetzung niemandes einigen Schaden oder Nachtheil derentwegen bringen noch einführen.

Ferner: Nachdem wir die Strassen/ und was denselben anhängig/ also/ wie obstehet/ richtig machen lassen/ und uns dessen freundlich verglichen; So haben wir andere im Ambt Altenburgck/ und unserer daselbst anstossenden Aembter und Unterthanen fürgefallene Irrungen durch unsere verordnete Räthe auch verhören/ entscheiden/ vergleichen/ und folgender gestalt verabschieden lassen:

ANNO 1567.

Der vom Ende zu Lantzig und der von Weißbach zu Ramsdorff.

Es seynd im Naumburgischen Vertrage die Lehen/ und andere Landesfürstliche Obrigkeit/ über den von Weißbach zu Ramsdorff/ uns Hertzog Johann Wilhelm und unsern Brüdern übergeben gewesen/ und die über den von Ende zu Lantzig uns dem Churfürsten vorbehalten; Dieweil dann das Dorff Ramsdorff mit Ober-gerechtigkeit in das Ambt Born für Alters gehörig gewesen/ und dagegen das Ambt Altenburgk über den mehrern Theil/ deme vom Ende gegen Lantzig zuständig/ die Obergerichte/ sambt Steuer/ Folge und dergleichen/ allwege gehabt/ und dann auch das Guth Lantzig mit andern zweyen Dörffern/ Braunsheim und Hart/ darüber berührten von Ende die Obergerichten gehörig/ in dem Altenburgischen Bezirck gelegen/ daraus dann biß anhero an Strassen-Gerichten/ Folge/ Bestellung der Heer-Wägen und andern/ allerley Gemenge/ Streit und Unrichtigkeit fürgefallen; Damit dann nun derentwegen des Orts Zanck verhütet/ und in den Aembtern gute Richtigkeit gehalten werden möge/ haben wir solche beyde Lehnen/ und andere uns zustehende Gerechtigkeit über berührte Güter/ und deren Besitzer zu Lantzig und Ramsdorff/ gegen einander ausgewechselt/ und bewilligen hiermit freundlich/ daß die Lehen über den von Weißbach zu Ramsdorff/ uns dem Churfürsten/ auch die obere Gerichte/ Folge/ Steuer/ Dienst und andere Gerechtigkeit über berührtes Dorff Ramßdorff/ sambt der Wüstung Leizisch und den Geschoß daran/ in unser Ambt Born/ wie vor Alters/ erblich gehören/ und dagegen die Lehn-Steuer/ Folge/ Dienst und Landesfürstliche Oberbotmäßigkeit und Gerechtigkeit über das Guth Lantzigk/ sambt denen darzu gehörigen Dörffern/ in dem Altenburgischen Bezirck gelegen/ uns Hertzog Johann Wilhelm erblich zuständig seyn sollen/ immassen wir denn auch solche Lehen und Güther durch unsere Räthe gegen einander übergeben und anweisen lassen.

Die Kreutzen zu Heckenwald und Besitzer des Guths Nemitzsch.

In dem Naumburgischen Vertrage seind die Kreutzen zu Heckenwalde und Urban von Ritt zu Nemitzsch/ als Schriftsassen/ mit ihren Lehnen uns Hertzog Johann Wilhelm/ und unsern Brüdern übergeben gewesen/ welches bey unsers Bruders Regierung dahin verstanden werden wollen/ daß die Lehen über die Häuser Heckenwalde und Nemitzsch und die vor alters darauff stehende Ritter-Dienst mit überwiesen seyn solten; Dieweil aber uns numehr durch die verordneten Räthe diese ausführliche Erklährung geschehen/ daß die Häuser Heckenwalde und Nemitzsch des Stiffts Zeitz Lehen seyn/ und in berührt Stifft verdienet werden/ und daß mit der Anweisung im Naumburgischen Vertrag die Lehen gemeinet/ so im Ambt Altenburg gelegen/ und zu solchen Häusern vor alters gehörig gewesen/ wir auch der Churfürst in berührten Vertrag nicht mehr unsern Vettern anweisen und übergeben können/ dann wir zur selben Zeit selbst gehabt; Als wollen wir es Hertzog Johann Wilhelm auch dabey bleiben lassen/ und die Lehn und Dienste über berührte Güter Heckenwald und Nemitzsch ferner nicht fechten.

Ambt Born und das Städtlein Lucka.

Und als zwischen dem Ambt Born und dem Städtlein Lucke/ eines Platzes halben/ die Hut-Weide genannt/ hart haussen vor dem Städtlein bey dem Pegauischen Wege gelegen/ darauff der Stadt Vogelstange stehet/ Irrunge also fürgefallen/ ob der Platz in das Ambt Altenburg gehörig/ oder Zeitzisch Lehen sey/ und dann unsere Räthe in gehaltener Erkundigung so viel befunden/ daß berührter Platz etwan von dem von Hagenest der Lucke verwechselt zu der Berndorffer Fluhr/ und also in das Ambt Born gehörig; So wollen wir/ daß dem Ambt Born die Obrigkeit/ Steuer und andere Gerechtigkeit/ auch dem von Hagenest die Erb-Gericht/ wie vor alters/ darauf zustehen sollen.

Desgleichen/ dieweil der von Wolckau/ zu Nemitzsch gesessen/ fürbracht; Als solten ihme drey Oerter zwischen zweyen Brücklein/ nicht weit von seinem Hause gelegen/ derer Oerter einer Stiffts und die Hutweide genannt sey/ die ander zweene/ so hart daran stossen/ in das Ambt Born Obrigkeit gehören/ darunter einer Gallen Ohmen Wit-Frauen/ der andere Franckens Erben gewesen/ dergestalt von dem Städtlein Lucka gefochten werden/ daß sie von dem Aeltesten aus ihnen jährlich umgangen/ und in das Ambt Altenburg gezogen worden/ neben dem/ daß die Gemeine zu Lucka sich der Fischerey des Orts/ und so weit solcher Platz mit dem Bach umlauffen/ anmassen wolte/ und dann unsere Räthe in Verhör dieser Sachen so viel befunden/ daß es zweiffelhafftig/ und ohne Beweisung und Ausführung nicht wohl zu erörtern gewesen; Als haben sie es

dahin-

ANNO 1567.

dahin gemittelt/ daß der Ort/ die Hutweide genannt/ und hart im Anfang zwischen den beyden Brücklein gelegen ist/ Zeitzisch Lehen seyn und bleiben/ und dem von Wolcken mit Obrigkeit zuständig seyn/ desgleichen daß auch die anderen zwey Plätzlein/ so der Gallen Ohmen Witben/ und Francken Erben gewesen/ denen von Wolcken mit Erb-Gerichten/ und die Obrigkeit/ und anders/ was deme anhängig/ in das Ambt Born gehören sollen/ und daß sich die Gemeine zu Lucka des Fischens daselbst in dem Bach/ von der grossen Erlen an/ biß über die Birnbaume an den neuen Graben/ so von den Wolcken und den Pfarr-Herrn daselbst/ der verwechselten Wiesen halber/ auffgeworffen/ verzeihen/ und gäntzlich enthalten soll/ dargegen hat der von Wolcken sich der Erb- und Obrigkeit über die Fahrt-Wiese oder GOttes Wiesen/ so er neulichen dem Rath zu Luckau verkaufft/ samt deme dabey Baltein Schmidts liegenden Flecklein/ in des Ambts Altenburg Obrigkeit geschlagen/ auch dahin mit Gericht/ Steuern und andern gehörig seyn/ begeben/ darbey wir dann es beyderseits bleiben lassen/ und wollen/ daß demselbigen unwegerlich nachgesetzet werde.

Auswechselung der Geistlichen Zinse aus dem Ambt Altenburgk/ zu der Universität Wittenberg gehörig/ gegen den Schulden/ so etzlichen Städten verschrieben.

Zu Unserer des Churfürsten Universität zu Wittenberg seind aus dem Ambt Altenburg etliche Geistliche Zinse/ als Sechshundert Gülden Jährlich in unsers Brudern Hertzogen Moritzen Fundation geschlagen und gewidmet worden/ und in Anweisung des Ambts Altenburg der Universität fürbehalten/ und biß anhero etliche Jahr erleget worden; Dieweil dann auff Einnehmung und Abholung solcher Zinß der Universität allerley Unkosten auffgelauffen/ auch die Zinse nicht allewege auf die gefallene Termine richtig bezahlet werden können/ und aber wir/ der Churfürst/ den Städten Weymar/ Coburgk und Gotha aus unserer Cammer/ Inhalt der Käyserl. Capitulation vor Wittenbergk auffgericht/ sechshundert fünff und zwantzig Gülden/ als der Stadt Weymar einhundert fünff und siebenzig Gülden/ der Stadt Gotha dritthalb hundert Gülden/ der Stadt Coburg zwey hundert Gülden wiederkäufflich verschreiben/ welche dann bequemer von uns Hertzog Johann Wilhelm aus unser Cammer berührten Städten jährlich können erlegt und gegeben werden/ so haben wir diese beederseitige Verschreibungen gegen einander freundlich ausgewechselt; Und wir der Churfürst übergeben hiermit die sechs hundert Gülden jährliche Zinse/ so im Ambt Altenburg stehen/ unserm Vettern Hertzog Johann Wilhelm erblich und eigenthümlich; Dagegen benehmen wir Hertzog Johann Wilhelm unserm Vetter/ dem Churfürsten/ sechs hundert Gülden Zinß/ und der verschriebenen Haupt-Summen/ so unsern Städten/ Weymar/ Gotha und Coburgk zugestanden; Und damit solche Auswechselung desto kräfftiger sey/ so wollen wir Hertzog Johann Wilhelm bey unsern Städten beschaffung thun/ daß auf den zukünfftigen Michaelis Marckt in der Stadt Leipzigk/ unsers Vettern/ des Churfürsten Rentmeister/ Barthel Lauthel Lauterbach die Haupt-Verschreibung von berührten Städten/ oder in Mangel deren/ ihre sonderbahre genugsame Renunciation-Schrifften sollen überantwortet und zugestellet werden; Dagegen wollen wir der Churfürst bey unserer Universität Wittenberg Versicherung/ so wir ihnen aufrichten werden/ eine Renunciation und Verzicht der obberührten sechs hundert Gülden geistlicher Zinß stellen/ und unsers Vettern/ Hertzog Johann Wilhelm Diener/ Caspar Neumeister zu Leipzigk übergeben und zustellen. Und dieweil in solcher Auswechslung/ fünff und Zwantzig Gülden jährlich Zinß der Stadt Weymar überbleibet/ so wollen wir der Churfürst dieselbige beruhrter Stadt auffs neue verschreiben/ jährlich aus unser Cammer reichen lassen/ und die gestalte Haupt-Verschreibung auff zukünfftig Michaelis-Marckt ihren dahin Geschickten auch überantworten lassen.

Ambt Altenburg und das Stifft Zeitz.

Nachdem sich das Stifft Zeitz beklaget/ daß die Inhabere des Dorffs Persen/ und die von Ende zu Rodemeuschell/ und andere mehr/ so in der Pflege Altenburgk gesessen/ etliche Zinß und andere Güther vom Stifft zu Lehn trügen/ und dieselbige in etzlichen Jahren nicht empfangen hätten/ und dann auch/ daß der Rittersitz Ramßdorff/ und das Dorff Munesdorff untern Stifft gelegen/ item, daß die Erb-Gerichte über fünff Höffe im Dorff Mannstab dem Stifft zuständig/ welches alles der Schösser zu Altenburg nicht in Abrede seyn möge; So haben unsere Hertzog Johann Wilhelms Räthe dem Schösser aufferleget/ daß er dem Stifft nicht allein darinnen kein Einhalt noch Hinderung thun/ sonderlich auch die Leute dahin weisen soll/ die Lehn von dem Stifft zu empfahen/ auch dem Stifft alle gebührende und zustehende Gerechtigkeit/ und was dem anhängig/ folgen zu lassen/ dabey es auch bleiben soll/ und ist unsere Meinung/ daß demselbigen allenthalben Folge und Gehorsam geleistet werde. Und damit die Erb-Gerichte/ so das Stift auf etzlichen Leuthen in des Ambts Obrigkeit/ und sonderlich in dem Dorff Mannstab hat/ richtig gehalten/ auch derentwegen desto weniger Streit und Irrungen fürfallen mögen/ so soll und will das Stifft im Dorff Roda/ so in des Ambts Altenburg Obrigkeit gelegen/ einen Erb-Stuhl mit Richter und Schöppen bestellen und halten/ und von dannen aus/ und also durch dieselbigen Richter und Schöppen die Leuthe/ so dem Stifft mit Erb-Gerichte zugethan/ in Fällen zu solchen Gerichten citiren/ und alles anders mit Geboth/ Verboth/ Urthel/ Recht und Execution und Hülff/ so solchen Gerichten anhängig/ leisten/ vollstrecken und verrichten lassen/ daran denn dem Stifft durch unsern Ambts-Verwalter zu Altenburg kein Einhalt geschehen soll.

ANNO 1567.

Ambt Altenburg und die von Einsiedel.

Es haben sich die Leute zu Bocka über Hillebrand von Einsiedel/ dem sie mit Lehnen und Erb-Gerichten zuständig/ und unser des Churfürsten Lehen ist/ aber in unserer Hertzog Johann Wilhelms Ambts Altenburg Obrigkeit gelegen seyn/ beklagt/ daß er sie mit einer übrigen Schaaff-Trifft belegen solt/ zuwieder einem Vertrag/ Anno &c. 34. datirt/ darinnen ausgedrückt/ daß die von Einsiedel gewilliget/ die Gemeine zu Bocka ferner und mehr nicht/ dann andere Dörffer in der Trifft/ gegen Gnandstein gehörig/ zu betreiben/ do sie doch ietzo/ nach beschehener der von Einsiedel Theilung/ dieselbige Trifft mehr dann andere tragen und gestatten müsten; Dargegen dann der von Einsiedel solches nicht geständig gewesen/ auch allerley hiewieder fürgewandt; Darauff haben es unsere Räthe/ mit der Part beyder Wissen und Willen/ dahin verabscheidet/ daß Hillebrand von Einsiedel und die Besitzer des Guths Wolfftitzsch sich der Schaaff-Trifft auf der Bockauischen Fluhr gebrauchen und haben sollen/ in allermassen sein Vorfahr und Er dasselbige herbracht; Und damit es eine Gewißheit habe/ ist von Hillebrand von Einsiedel vor sich und seine Nachkommen bewilliget/ daß die Schäfferey zu Wolfftitzsch höher nicht/ dann mit sechs hundert Schaaffen beleget/ und die Bockauer Fluhr damit betrieben werden soll/ dabey wir es auch bewenden und bleiben lassen.

Haußgenossen.

Als auch zwischen dem Ambt Altenburg und denen von Einsiedel/ der Haußgenossen halber/ in den Dörffern/ darinnen die Einsiedel die Erb-Gerichte/ und das Ambt die Ober-Gerichte haben/ Irrungen fürgefallen/ als seind dieselbigen durch unsere Räthe dahin gemittelt und verabschiedet; Nehmlich/ daß die Haußgenossen mit beyder Theile/ als des Ambts und der von Einsiedel/ Vorwissen und Bewilligung an- und auffgenommen/ auch ohne ihr beyder Erlaubnüß nicht wiederum vertrieben werden sollen; Da sich auch von den Haußgenossen Verbrechung und Würckung zutrügen/ so solle die Mißhandlung/ in die Ober-Gerichte gehörig/ dem Ambt Altenburg/ die aber/ so sich in die Erb-Gerichte ziehen/ denen von Einsiedel zu rechtfertigen und zu straffen gebühren/ auch ein Theil dem andern in unterschiedenen Fällen/ wie obstehet/ kein Einhalt noch Hinderung thun.

Abraham von Einsiedel zu Scharffenstein/ und Hanß Caspar von Schadewitz zu Nieder-Leuben.

Zwischen Abraham von Einsiedel zum Scharffenstein/ und Hanß Caspar von Schadewitz zu Nieder-Leuben/ haben sich des Sitz- und Mehrhauses halber/ darinnen Teichmann ist/ Irrung also erhalten/ daß obberührter Sitz sambt vier Ruthen Aecker in der Ober-Leube oder Nieder-Leube gelegen/ und es in des von Einsiedels Ober-Gericht gehöre; Dieweil dann unsere Räthe aus dem Augenschein und etzlicher alten Persohnen Aussage so viel befunden/ daß berührter Sitz sambt den Ruthen in der Ober-Leuba gelegen/ so sollen darüber deme von Einsiedel die Lehen/ Erb- und Ober-Gerichte/ und uns dem Churfürsten die Folge und Steuren gebühren und zustehen; Was aber des Teichmanns andere Güther belanget/ darüber sollen dem von Schadewitz die Lehen und Gerichte/ und unserm Hertzog Johann Wilhelms Ambte Altenburg Folge und Steuer folgen.

Hanß von Einsiedel zum Gnandstein Rehe-Jagd.

Als dann Hanß von Einsiedel zum Gnandstein fürbrachte/ daß ihme die Rehe- und Schwein-Jagd auf der Bockauer Fluhr/ und dem darinnen liegenden Raubolitzer Höltzlein gebührte und zuständе/ darinnen ihm unser Hertzog Johann Wilhelms Jäger-Ambt alle Verhinderung und Einhalt thäte; Und aber unsere beyderseits Räthe/ aus Vorlegung eines Vertrags und Verschreibungs-Brieff/ so wir der Churfürst Anno &c. 50. als wir das Ambt damahls gehabt/ der Erbarn Mannschafft in der Altenburgischen Pflege geben lassen/ so viel befunden/ daß denen Einsiedeln zum Gnandstein solche Jagd gegen Abtretung und Einräumung der hohen Jagd auf dem grossen Holtz/ die Phan genant/ geeignet und verschrieben/ wir auch folgends im Naumburgischen Vertrag das Ambt Altenburg anderer Gestalt nicht/ denn mit Fürbehalt eines ieden Gerechtigkeit/ so er zur selbigen Zeit dar-

ANNO 1567.

innen gehabt/ übergeben und angewiesen; So wollen wir Hertzog Johann Wilhelm es auch dabey lassen/ und berührte Jagd des Orts auf dem Raubolßer Holtz denen von Einsiedel ferner nicht fechten/ jedoch behalten wir uns für/ wann wir selbst/ oder durch unsere Jägermeister und Befehlhaber/ Hoh-Wild Schwein- und Rehe-Jagdten in der Lehen anstellen und halten würden/ daß wir der Raubolßer Holtz und den Ort der Bockauer Fluhr daselbst in die Stallung mit einziehen/ über dieselbige/ wie über andere Fluhren/ selbst persöhnlich zu unser Fürstl. Lust uns der Fuchs-Jagd gebrauchen mögen.

Der Pfarr-Herr zu Frohburg und die Leute zu Zernitz.

Dem Pfarr-Herrn zu Frohburgk hat vor Alters auff Elff Hufen zu Zernitz der Zehende gebühret/ wiewohl nun die Besitzer des Güther und Einwohner berührtes Dorffs fürgewant/ daß sie etzliche viele Jahre lang Geld/ jedoch mit Erhöhung und Steigerung der Zinnß geben/ und niemahls kein Getreyde-Garben gezehndet; Dieweil aber unsere Räthe/ aus Fürlegung der ersten Fundation, auch aus einem Vertrag/ so der nechste Pfarr für diesem mit den Leuthen daselbst aufgericht/ so viel befunden/ daß die Fundation auf den Zehenden des Getreides gerichtet/ und daß der nechste Pfarr-Herr den Geld-Zinß auff achtzehende halbe alte Schock sein Lebenlang dermassen vertragen lassen/ daß doch dadurch der Gerechtigkeit des Zehenden dem Pfarr und denen künfftigen Besitzern nichts begeben seyn solte; Innassen dann die Registratur des Ambts Altenburgk solches auch klährlich in sich hält; Als haben es unsere Räthe dißmahls dahin gerichtet/ daß die Einwohner zu Zernitz dem ietzigen Pfarr-Herrn/ so lange derselbe im Leben seyn/ oder die Pfarr besitzen würde/ zwantzig alte Schock jährlich auf den Tag Luciæ gewißlich erlegen und geben/ auch im Fall da sie damit säumig seyn würden/ alsbald auf Ansuchen/ des andern Tages/ aus dem Ambt Altenburg gebührliche und schleunige Hülffe wieder sie geleistet werden solle/ iedoch mit diesem ausdrücklichen Bescheid/ daß dadurch dem Pfarr-Herrn zu Frohburg und den künfftigen Pfarr-Herren an der Gerechtigkeit des Getreid-Zehends nichts benommeen/ sondern Inhalts der ersten Fundation fürbehalten seyn soll/ darbey wir es auch berühren lassen.

Christoph von Hagenest und das Städtlein Lucka.

Als dann Christoph von Hagenest unsern Räthen fürbracht/ daß etliche Einwohner des Städtleins Lucka Aecker/ Wiesen und anders von ihme zu Lehen empfangen/ und weil dieselbige mit Reichung der Zinße/ Leistung der Frohnen und andern seumig worden/ hätte er sie durch seinen Richter von Hagenest aus beschicken/ citiren und gebührlich dazu halten lassen wollen/ darinne ihme vom Ambt Einhalt geschehen/ mit Fürwendung/ daß Hagenest solches aus einer andern Obrigkeit also fürzunehmen nicht berechtiget/ und daß er bey des Städtleins Richter derentwegen ansuchen/ und durch denselbigen ihme helffen lassen möchte/ welches aber Hagenest nach Gestalt seiner habenden Erb-Gericht zu thun sich nicht schuldig erachtet; So haben wir durch unsere Räthe solche Irrungen dahin vermitteln und verabschieden lassen/ daß Hagenest im Dorff Teupitz einen Erb-Stuhl mit Richter und Schöppen auffrichten/ bestellen/ und von dannen aus/ und durch dieselbige Richter und Schöppen die Leuthe/ derentwegen er oder andere dieselbige solcher Stück halben/ darüber ihme die Erb-Gerichte zuständig/ zu besprechen haben mögen/ citiren lassen/ und alles andere mit Gebot/ Verboth/ Urthel/ Recht/ Execution und Hülff/ so solchen Stücken/ und den darauff stehenden Erb-Gerichten anhängig/ gebührender Weise soll leisten/ vollstrecken und verrichten lassen/ und das Ambt Altenburgk ihme darinne keine Hinderung noch Einhalt thun solle.

Ambt Altenburgk und die von Rüdigsdorff.

Desgleichen auch Melchior und Balthasar von Rüdigsdorff unsern Räthen vorbracht/ als solten im Dorff Ransern ihnen über eines Bauern/ Facius Winter genant/ Hauß und Garten die Ober- und Erb-Gerichte/ Inhalts unserer des Churfürsten Belehnung/ zuständig seyn/ darinnen ihnen der Schösser zu Altenburgk allerley Hinderung und Einhalt thäte. Dieweil dann unsere Räthe aus genommener Erkundigung also viel befunden/ daß die Erb-Gerichte des Orts denen von Rüdigsdorff zustehen/ und die Ober-Gerichte in das Ambt Altenburg gehörig; Als wollen wir/ daß es auch dabey bleiben soll/ und die von Rüdigsdorff/ sich daselbst der Erb-Gerichte allein/ wie herbracht/ halten und gebrauchen mögen.

Ambt Eisenbergk und das Stifft Zeitz.

Nachdem zwischen dem Ambt Eisenbergk und dem Stifft Zeitz/ bey dem Ambt Krossen/ und derer Oerter/ der Grentz-Gericht/ Trifft und anderes mehres halben/ eine Zeithero Irrungen und Gebrechen eingefallen/ derentwegen nicht allein Pfändung ergangen/ sondern auch aus beyden Aembtern/ Eisenberg und Krossen/ eines Gerichts-Falls halber/ belangende eine Kampffer-Wunde/ so sich am Teissischen Berge zugetragen/ etzliche Leuthe beyderseits zu Erhaltung der Gericht gefänglichen eingezogen und enthalten worden; So haben wir unsere Räthe/ nach Verrichtung der Altenburgischen Irrungen/ dahin auch ziehen/ und berührte Gebrechen daselbst nothdürfftiglich verhören/ erkundigen/ und nach Befindung aller gründlichen Gelegenheit/ auf folgende Maaß vergleichen und verabschieden lassen:

Und Erstlich hat das Ambt Eisenberg ein altes Verzeichnüß fürgeleget/ darinnen verleibt/ daß die Gerichte im Felde und Dorff zu Altendorff gegen Trebenitz warts/ biß an den Bach die Gauritz/ und unten wiederum biß zum Mittel des Wassers die Elster/ und also hierauf biß an die Zeune/ und fürder biß an den Stadt-Graben zu Krossen/ und fürder üm biß an den alten Mühl-Graben/ und in das Feld und Dorff Neuben über Krossen/ mit Gericht über Halß und Hand in das Ambt Eisenberg gehören solten;

Darüber dann berührtes Ambt etwan ein Gezeugnüß etzlicher unterschiedlicher Gerichts-Fälle halben/ so an solchem Ort ins Ambt gerüget/ und von demselbigen gestraffet und gerechtfertiget seyn solten/ geführet und fürgelegt;

Derwegen sich dann das Ambt/ crafft solches alten Verzeichnüsses/ und der genommen Erkundigung/ der Gericht am Teßler/ Eichberg und Rosenthal anmassen/ daneben auch Christoph Hauffnuß und seine Leuthe zu Etzdorff mit ihrem Viehe aus Etzdorff der Trifft über dem Teißler berechtiget seyn wollen.

Dargegen/ obwohl das Stifft dem Ambte des Gerichts von Altendorff nach Trebenitz und daselbsten/ und biß zum Mittel der Elster geständig gewesen; So hat es doch nicht einräumen können/ daß sich berührtes Ambts-Gerichte förder auf der andern Seiten biß in die Elster/ oder an den Stadt- und alten Mühl-Graben/ und in das Feld und Dorff über Krossen erstrecken solte.

Darzu dann berührtes Stifft angezogen/ daß das fürgelegte Verzeichnüß in keinem Ambts-Buch zu befinden/ oder sonsten glaubwürdig gemacht werden könte/ und daß die Zeugen/ deren Deposition vom Ambt fürgelegt/ des mehrern Theils von solchen Fällen aussagten/ so sich zu den Gerichten nicht zögen/ auch sonsten an unstreitbaren Orten ergangen/ neben dem/ daß niemand wißlich/ wo der alte Stadt- und Mühl-Graben gewesen.

Darüber auch die Verordnete des Stiffts die Grentz zwischen beyden Aembtern gezogen/ und daneben alsbald glaubwürdig ausgeführt/ daß die Aecker/ Wiesen/ Höltzer und Plätze/ jenseit ihres Grentz-Ziehens/ nach Krossen zu/ in des Stiffts Bottmässigkeit gelegen/ und über verwarter Zeit darinnen verzinset und versteuret worden.

Zu dem haben sie viel Gerichts-Fälle/ so sich in etzlichen Jahren anhero/ auf denen also von ihren begrentzten Oertern zugetragen/ in das Ambt Krossen gerüget/ auch darinnen gestrafft/ und dieselbige alsbald durch alte Zeugen beglaubiget.

So viel aber der Hauffnussen und der Leuthe von Etzdorff Trifft anlanget/ haben die Geordneten des Stiffts fürgewannt/ daß vor Zeiten zwischen den Ambtleuten und dem Hauffnuß eine Kuppel-Trifft der Oerter/ jedoch ohne Bewilligung des Bischoffs oder Capituls/ aus ihrer privat-Vereinigung gehalten worden/ und dieweil dieselbige durch sie selbst aufgehoben/ auch ohne das dem Stifft und dem Hauffnuß bedencklich gewesen/ und noch seyn möchte; So wäre auch das Ambt Krossen berührte Trifft auff dem Teißker ferner zu gestatten nicht schuldig.

Demnach haben wir diese irrige Grentz-Sachen/ nach gehaltener Verhör/ genommener Erkundigung/ und empfangenen genugsamen Bericht/ durch unsere Räthe/ mit Bewilligung des Stiffts Verordneten/ folgendergestalt mitteln/ richtig machen/ vergleichen/ und verabschieden lassen: Nehmlich/ es soll des Stiffts Grentze zwischen dem Amte Eisenberg über Dorff Silitz/ jenseit der Elster/ an einem Orte biß an die Kaschwitzer/ und an dem andern Orte biß an die Hartmannsdörffer Fluhr/ da sich beyderseits die Silbitzer Fluhr endet/ und dahin die Vergleitung von des Stiffts wegen in die Strasse am Zwiselberg nach Gera/ biß zu einem alten Stock gehalten/ daselbst auch auf einer Seiten weiter hinnauff der andern Seiten des Ambts Eisenbergk Güter gelegen seyn/ lauffen und gehen/ und alsdenn soll berührte Grentz weiter auf die andere Seiten neben Burckhart Truben Aecker/ da ein Stein liegt/ auf das Werichen zu/ von dannen wieder in die Straß/ auch den Schieß-Graben hinnauff über des Pfarren zu Krossen Holtz/ den Heydenbergk und Teißker herum/ biß an des Ambts Krossen Aecker/ da Reinsteine liegen/ und von dannen hinabwerts über den Eichberg und den Heimen biß an Altendorff streichen/ und also vor die rechte Grentz-Scheidung gehalten werden.

Was dann nun in solcher Stiffts- also verglichener und billigter Grentz an Aeckern/ Wiesen/ Höltzern und Püschen gelegen/ dasselbige soll alles mit Lehen/ Zinsen/ Gerichten/ Ober- und Niedern/ an Steuer und Folge in das Stifft Zeitz gehören/ und darüber soll sich unsers Hertzogs Johann Wilhelms Amt Eisenberg nichts anmassen.

Und nachdem/ wie oben erzehlet/ an dem Orte/ dahin von wegen des Stiffts vor Alters vergleitet worden/ am Zwieselwege

nach

ANNO 1567.

nach Gehra / biß in die Caßbitzer Fluhr / auf einer Seiten die Sillitzer Aecker / und auf der andern des Ambts Eisenberg Güther / der Hengenberg an den Weg stosset und rühret / da sich nun etwan ein Gerichts-Fall auf denselbigen Zippel des Weges / mit Verwundung / Beraubung / oder anders zutragen würde / so soll derselbige in die Gericht der Fluhren / davon die That am nechsten beygerüget / und durch dieselbige in dem Gericht gerechtfertiget werden / desgleichen da des Orts solchen Wege ein Todter gefunden / so soll der Cörper von den Gerichten derer Fluhren / daran der Verstorbene mit dem gantzen Leibe / oder ie im Zweifel mit dem Haupt am nechsten gelegen / aufgehaben und begraben werden.

So viel letzlich die Trifft anlanget / soll Hauffnuß und seine Leuthe zu Ezdorff berührte Trifft mit ihrem Viehe über den Teißker / iedoch nicht weiter / denn von den grossen Eichen biß an das Holtz / haben / und darneben auch daselbst das Brünnlein zum Getränck des Viehes gebrauchen; Innassen das Stifft bewilliget / solche Trifft und Tranck denen Einwohnern des Dorffs Ezdorff zu gestatten / und nachzulassen / ungeachtet / daß ihnen die Kuppel-Trifft auf der Ezdorffischen Fluhr nicht wiederum hat wollen vergönnt werden / derer sich dann das Amt Krossen verziehen und begeben.

Alsdann ferner die Verordenten des Stiffts Zeitz unsern Räthen fürbracht / daß denen Capitular- und Geistlichen berührtes Stiffts etliche Zinsen aus dem Amt Eisenberg zustehen / und jährlichen gefallen sollen / welche die Leuthe zu rechter Zeit nicht reichen / und damit offtmahls sich säumig erzeigen; So wollen wir Johann Wilhelm in berührt unser Ambt Befehl und Ordnung thun / daß solche jährliche Zinse / und was denen Geistlichen sonst daraus gehöret / auf gebührende Termin unweigerlich gegeben werden / und folgen sollen / iedoch daß sie davon die schuldigen Lands-Bürden auch tragen und leisten.

Ambt Eisenberg und die Herren Schencken zu Prießnitz.

Es haben die Herren Schencken zu Prießnitz / auf eines Bauern Matthes Krieges zu Tersenick Acker / der Trifft halber / einen Ochsen pfänden und wegführen lassen / und dieweil die Gerichte dessen Orts zwischen den Amte Eisenberg und den Herren Schencken streitig / hat der Gleitsmann aus Tersenick der Herren Schencken Unterthanen an einem Orte / da die Gerichte ohne Zweiffel den Herren Schencken / und uns dem Churfürsten die Lehn und Landes-Fürstliche Ober-Botmäßigkeit zuständig / samt den Ochsen / fangen / und gen Tersenick führen lassen / daraus erfolget / daß die Herren Schencken in unser / Hertzog Johann Wilhelms / Obrigkeit gefallen / und ihre gefangene Unterthanen samt dem Ochsen wiederum abfangen und holen lassen / derowegen sie auch unserm Brudern / Hertzog Johann Friedrichen / sechs hundert Gülden Straffe erlegen müssen; Damit nun auch dieser Ort / der Gericht / Trifft / und anders halben / zwischen dem Amt Eisenberg und den Herren Schencken / und zwischen Uns / der Steuer / Folge und Landes-Fürstlichen Ober-Botmäßigkeit halber / verglichen und richtig gemachet würde / haben wir unsere Räthe die streitigen Oerter besichtigen / Leuthe verhören / Uhrkunden verlesen / und solches alles folgender gestalt vereinigen und verabschieden lassen:

Nehmlich / daß der Skölische Weg so von dem Naumburgischen Weg / Strassen / zwischen Tersenick und Prießnitz / ablauffet / darauf dann vor etzlichen vielen Jahren ohngefehr funff oder sechs Steine gesetzet / die Grentz zwischen Tersenick und den Herren Schencken dergestalt und also halten und zeigen / daß die Fluhr Aecker und Wiesen / so jenseit des Weges gegen Tersenick / in unser Hertzog Johann Wilhelms Amt Eisenberg / mit Steuer / Gericht / Ober- und Nieder / gehören / die Aecker aber an dem Skölischen Wege / so disseits gegen Metzdorff gelegen / und in das Ritterguth Prießnitz gehören / den Herren Schencken mit Gerichten / Ober- und Nieder / und uns dem Churfürsten mit Lehen und Steuer zuständig seyn sollen.

Dergleichen soll es auch mit der Trifft gehalten werden / nehmlich / daß die Einwohner zu Tersenick des nichts weiter / dann an solchen Skölischen Wege von Tersenick aus zu treiben und zu hüten haben sollen.

So viel aber Matthes Kriegs Aecker / Wiesen und Höltzlein anlanget / welche Fluhr nach Endung der funff oder sechs Steine / so auf dem Skölischen Wege gesetzet / sich anfähet / und sich weiter herunter biß an die Grobsdörffer Felder erstrecket / dieweil unsere Räthe befunden / daß von derselbigen Fluhr etliche Jahr anhero die Steuer in unser Hertzog Johann Wilhelms Amt Eisenberg gereichet / und das Höltzlein in der Höhe gelegen / forthin mit Steuer und Ober-Gerichten in berührtes Amt Eisenberg geschlagen und gehörig seyn.

Nachdem aber die Herren Schencken auff solche des Krieges Felder und Holtz die Lehen / Zinse / Trifft und Pfandung gehabt und herbracht / so sollen ihnen berührte Lehen / Zinß / auch die Trifft / und daneben die Erb-Gerichte darauff bleiben und zustehen; Und so viel das Höltzlein anlanget / damit dasselbige der Gräserey / und der jungen Sommerlatten halben / in etwas geheget werden möge / haben wir die Trifft der Herren Schencken durch unsere verordnete Räthe dahin mitteln lassen / daß die Herren Schencken in dreyen Jahren von Zeit an / wann das Höltzlein abgehauen / darein zu treiben und zu hüten sich enthalten sollen; Da aber nach dem Abhauen drey Jahr verflossen / so mögen / sie alsdenn von Laurentii an / den Herbst / Winter und Frühling hindurch / biß auf Ostern / ohne Verhinderung darein treiben und hüten / von Ostern biß auf Laurentii soll Matz Kriegen frey stehen / solches Höltzlein der Gräserey und anderer seiner Nutzung halber zu hegen und zu gebrauchen; Es soll aber auch Matthes Krieg und die Besitzer desselbigen Höltzleins solches aller Wege nach ietzigen Gehau funff Jahr nach einander stehen und wachsen lassen / damit die Herren Schencken solche Trifft darinn zum wenigsten zwey Jahr über / wie obstehet / gebrauchen mögen.

Da sich dann auch in berührten Höltzlein / und auf den andern des Krieges Aeckern und Wiesen / der Trifft oder andere Fälle halber / denen Erb-Gerichten anhängige Pfandung und dergleichen zutragen würde / sollen dieselbigen gegen Prießnitz gewendet / gerüget und gerechtfertiget werden.

Die Fälle aber / so zu denen Ober-Gerichten gehören / und sich darauf zutragen würden / sollen in unser Hertzog Johann Wilhelms Ambt Eisenberg gerüget / und daselbst ausgerichtet und gestrafft werden.

Als dann derer Ende Hanß von Mosen / so etwa zu Tersenick gewohnet / verstorben / und etwa eine Wittfrau verlassen / Aecker halben / welche denn auf der andern Seiten gegen Tersenick zu / an des Kriegs Felder zum Theil ruhen / dergleichen Irrungen sich der Gerichte wegen erhalten / und dann unsere Räthe aus dem Augen-Schein und anderer Erkundigung so viel befunden / daß berührte Aecker in der Tersenicker Fluhr gelegen / auch sambt andern daselbst liegenden Güthern in das Ambt Eisenbergk versteuert werden / so sollen berührte des von Mosen Güther mit Steuer und Gerichten also in berührten Amte Eisenberg bleiben / und sich die Herren Schencken keiner Gericht darauff anzumassen / iedoch sollen ihnen die Zinsen / so ihnen von Mosen Güthern anhero zugestanden und gereicht worden / bleiben und jährlich folgen.

Dergleichen soll es auch mit andern Lehnen und Zinsen / so die Herren Schencken von denen Aeckern / welche in der Tresenickischen Fluhr gelegen / biß anhero gehabt / gehalten werden; Nehmlich / daß dieselbige ihnen bleiben und folgen / auch in die Grentzscheidung / so alleine die Landesfürstl. Oberbothmäßigkeit und die Gericht belangen thät / nicht gezogen / gemeint / sondern damit allenthalben gelassen werden / wie vor Alters herkommen.

Nachdem auch desselben Orts an die Tersenickische Fluhr etliche des Dorffs Grobsdorff Aecker mit einstreichen / daran rühren und stossen / und aber berührtes Dorff den Herren Schencken zuständig / und unser des Churfürsten zu Sachsen rc. Lehen ist; Als sollen alle desselbigen Dorffs zugehörige Aecker / Wiesen und Fluhren denen Herren Schencken mit Lehen / Zinsen / Erb- und Ober-Gerichten / und uns dem Churfürsten mit Steuer / Folge und anderen Landes-Fürstlichen Gerechtigkeiten zuständig seyn und bleiben / auch derentwegen keine Irrungen erreget werden.

Und nachdem letzlich die Einwohner des Dorffs Tersenick eine Kuppelweide und Trifft / so sie etwan mit den Herren Schencken auf ihrer Fluhr gehabt / angezogen / derer dann die Herren Schencken zum theil nicht in Abrede gewesen; Als haben auch unsere Räthe solche Kuppelweide und Trifft mit ihrer beyderseits Bewilligung dahin verglichen / daß die Einwohner des Dorffs Tersenick die Kuppelweide auf der Herren Schencken Ober-Gerichten drey halbe Tage lang in der Wochen / wenn die Felder offen seyn / haben sollen / nehmlich von dem Gleidtschilder anzufahen / den Rosenweg nach Schleißte hinunterwarts / so ferne der Leute zu Tersenick Aecker wenden / von welchen Aeckern sie den Herren Schencken die Lehn und Zinß / und uns dem Churfürsten die Steuer zu geben schuldig seyn / und von dannen hinnauff an die faule Pfützen an der Zehmischen Strassen / und wiederum von der Pfützen gleich hinnauffwarts an denselbigen Stücklein biß an den Weg / der von Prießnitz nach Skölen biß in die Wetzdorffische Straß lauffet / iedoch daß berührte Weide und Trifft sich weiter nicht biß an die Ende der Stücke / so hinnauff gehen / erstrecken / und Quer-Stücke davon ausgeschlossen und abgesondert seyn sollen.

Hinwieder und dergleichen sollen auch die Herren Geschencken und ihre Unterthanen zu Prießnitz und Grobsdorff auf Tersenicker Fluhr und allen derselbigen Feldern die Kuppelweide und Trifft auch nicht länger / dann drey halbe Tage in der Wochen in offenen Zeiten gebührlicher Weise halten und gebrauchen.

Würde sich dann in solcher Trifft und Kuppelweide / da etwan zu unrechter Zeit gehütet / oder dergleichen Schadens halber Pfandung zutragen / so sollen die Pfande / wann sie an Orten / da die Herren Schencken denen Einwohnern zu Tersenick die Kuppelweide vergönnet / genommen / in die Gericht gegen Prießnitz gewendet / und daselbst der Schaden abgetragen werden.

So aber auff der Tersenicker Fluhr und Feldern gepfändet würde / sollen die Pfande gegen Tersenick oder in das Ambt Eisenbergk überantwortet / und daselbst hin der Abtrag folgen und geleistet werden.

Beschließlich / als auch wir im Anfang dieser obergesatzen Irrungen erzehlet / daß die Herren Schencken von unserm Hertzog Johann Wilhelms Brudern / Hertzog Johann Friedrichen zu Sachsen / in sechshundert Gülden derenthalben in Straff genommen / daß sie den Gleitsmann zu Tersenick in des Ambts Eisenbergk Obrigkeit gefolget / und daselbst ihre Unterthanen wiederum abgefangen / und den Ochsen wiedergenommen / und obergedachter

ANNO 1567.

ANNO 1567. Gleitsmann mit Fangen und Wegführung der Unterthanen und Ochsen aus der Herren Schencken Gerichten / und unser des Churfürsten Landfürstl. Bothmäßigkeit / dergleichen begangen / auch von deßwegen / daß er denen Dingen also einen Anfang gemachet / mehr straffwürdig; Als wollen wir Hertzog Johann Wilhelm ihn sonderlich in gebührliche und ernstliche Straffe zu nehmen wissen.

Naumburgische Strassen-Bereitung und Einlager in S. Georgens-Kloster und Thum-Probstey daselbst.

Bey unser Hertzog Johann Wilhelms Bruders Regierung Zeiten / hat sich das Ambt Eisenbergk anmassen wollen / die Strassen von der Naumburg aus / so weit dieselbig über das Ambt Eisenberg laufft / mit Halt-Reutern zu bestellen / und die Halt-Reuter folgends in S. Georgen Kloster / oder in der Probstey Nacht- und Innlager halten zu lassen; Nachdem dann wir Hertzog Johann Wilhelm durch unsern Vetter freundlich erinnert / daß solche Anmassung in die Schutz-Gerechtigkeit des Stiffts Zeitz und Naumburg / daran uns Inhalts der Röm. Kayserl. Majest. Capitulation nichts zustehet / sondern dieselbig unserm Vetter dem Churfürsten alleine gebühret / mit einlauffet / und dann auch die zwo Strassen von Weissenfels und der Naumburg aus / nach Camberg / Dornburg und Eckers-berge / ungeachtet ob dieselbigen das Ambt Eisenbergk berühren möchten / unsern Vetter in dem Naumburgischen Vertrag alleine fürbehalten; So wollen wir solches in dem Ambte Eisenberg abschaffen / und solcher Strassen Bestellung / auch der Nacht- oder Inlager in des Stiffts Kloster und Probstey ferner nicht unterfangen.

Straß von Tersenick ab / auf Schletz.

Im Naumburgischen Vertrag ist uns Hertzog Johann Wilhelm das Beygeleith zu Tersenick / und damit die Naumburgische Straß / so weit dieselbige von der Tersenicker Fluhr ab / und weiter auf das Ambt Eisenberg Grund und Boden / gegen Schleitz zu / lauffet / übergeben worden; Wiewohl nun desselbigen Orts die Wetzdörffische Fluhr / den Herren Schencken zuständig / darüber die Straß einen guten weiten Weg gehet / mit einlaufft / und wir der Churfürst anzuziehen hätten / daß berührte Fluhr unser Lehn / und also auch die Straß des Orts / so weit die Wetzdorffische Fluhr wendet / uns zuhören sollt; Dieweil aber daraus nichts anders dann Gemenge und Verwechselung der Geleit erfolgen würde / haben wir freundlich und nachbarlich gewilliget / daß unserm Vetter / Hertzog Johann Wilhelmen / des Orts das Leibgeleit / und alle andere Strassen-Gericht und Gerechtigkeit über die Wetzdorffische Fluhr auch zustehen und gebühren soll / was aber sonst die andere Naumburgische Strasse / so auf Dornburg und Camb.rg lauffet / belanget / soll es bleiben und gelassen werden / wie der Naumburgische Vertrag besaget und innenhält.

Amt Camberg und Herren Schencken zu Prießnitz.

Zwischen dem Amt Camberg und den Herren zu Prießnitz / haben sich etliche vieler Aecker Hufen und dergleichen / als nahmlich der Schultheissen Hufen / so etwa aus dem Dorff Schleußka gegen Prießnitz verkaufft seyn sollen / und dann etzlicher Christoph von Elbens zu Rodemeuschel Felder / auch einer wüsten Laiden / folgens eines Holtzleins / Wiesen / Flecks und Weinberges halber Irrungen also verhalten / ob die erzehlten Stück mit Gerichten gegen Prießnitz dem Schencken / oder aber in das Camberger Amt gehören solten; Als dann unsere Verordnete in Besichtigung und genommener Erkundigung so viel befunden / daß die Steuer von der Schultheissen Hufe etzliche viele Jahr her durch die Einwohner zu Prießnitz dem Herrn Schencken / als dem Gerichts-Herrn / überantwortet / und dann daß die daran liegende Land / biß an das Höltzlein / in das Ritter-Guth gegen Prießnitz gehörig / dagegen das Höltzlein / Cunitzer genannt / auch die Wiese und das Weinberglein / sambt denen darunter liegenden Aeckern / den Leuten und Einwohnern gegen Weymar und Rodemeuschel zuständig / und etzliche Jahr in das Amt Camberg versteuret worden / letzlich daß Christoph von Elbens Aecker zu seinem Lehn-Guth Rodemeuschel gehörig; so haben es unsere Räthe dahin gemittelt und verglichen / daß die Schuldesten Hufe / sambt der daran stossenden grossen Laiden / darinnen neulich etzliche Aecker gerissen / biß an das Höltzlein / und von dannen gar hinauff gegen Dornberg zu / hart vor dem Höltzlein / dem Wießlein und Weinberg / hinder dem Holtz den Robitzer Weg / so der Herren Schencken ist / biß an den alten Grentz-Stein nach Steudnitz / denen Herren Schencken zu Prießnitz mit Gerichte / Ober und Unter / und uns dem Churfürsten zu Sachsen mit Landes-Fürstliche Ober-Bothmässigkeit / Steuer und Folge zuständig; Und dagegen Christoph Elben Aecker / das Cunitzer Höltzlein / das Wießlein und Weinbergelein / sambt den darunter liegenden Feldern / mit Ober- und Nieder-Gerichten / Steuer und Landesfürstl. Oberbothmäßigkeit in unser Hertzog Johann Wilhelms Ambt Camberg gehörig seyn und folgen sollen. ANNO 1567.

Und darauff haben wir Verordnung gethan / daß zu Scheidung solcher abgesatzten Gericht und Gerechtigkeiten hinter der Schultheissen Huffen / zwischen derselben und Elben Aeckern / an der Laiden herunter / biß an das Cunitzer Höltzlein / und für denselbigen hin / und hinter dem Rabitzer Höltzlein / Stein gesetzet und vermahlet worden / so solche Scheidung also weisen und bedeuten sollen.

Nachdem aber zwischen den Leuten zu Rodemeuschel und Wichmar / und den Herren Schencken / auf der Laiden / und den Feldern / so darum auch unter den Cunitzer Hültzlein gelegen / vor Alters und biß anhero Kuppelweide gehalten; Als soll dieselbige in Würden bleiben und gelassen / auch von beyden Theilen / wie sie herbracht / gebrauchet werden.

Es sollen aber auch in dieser Grentz-Scheidung die Zinsen und Lehnen nicht begriffen / sondern dieselbige von allen berührten Feldern an die Oerter / dahin sie biß anhero gereicht / unweigerlich gegeben werden.

Amt Dornburg und die Herren Schencken zu Tautenberg.

Zwischen dem Amt Dornburg und den Herren Schencken zu Tautenberg ist vor alters / der Gericht halben / wie weit sich dieselbige von Dorndorff an / gegen Steudenitz und den Tautenbergischen Forst zu / und daselbst umher erstrecken solten / Streit und Irrung gewesen; Nachdem dann derentwegen ein alter Vertrag fürgelegt / so durch Melchiorn von Kutzleben und Christophen von Taubenheim / unsers Vettern / Hertzog Georgens / milder Gedächtniß / Räthe / vor etlichen vielen Jahren auffgericht und besiegelt / folgendes Inhalts:

Auf Befehl des Durchlauchtigsten Fürsten und Herrn / Herrn Georgen / Hertzogen zu Sachsen / rc. unsers gnädigen Herrn / haben wir Christoph von Taubenheim / und Melchior von Kutzleben / zu Freyburg und Sangerhausen Amt-Leuthe / der Gebrechen / so sich zwischen des Durchleuchtigen / Hochgebohrnen Fürsten und Herrn / Herrn Georgen / Hertzogen zu Sachsen / rc. unsers gnädigen Herrn / Amt Dornburg an einem / und dem Edlen und Wohlgebohrnen / Hanßen Schencken / Herrn zu Tautenberg / der Obrigkeit und Gericht halben am Fluhr zu Dorndorff / am andern Theil / irrig gehalten / abermahl Besichtigung und Verhör gehabt; Und wiewohl Schenck Hanß Lehn-Brieff etlicher massen / seinem Fürwenden nach / Anzeige geben; Dieweil aber in Amts-Büchern zu Dornburg ausfündig / daß das Dorff Dorndorff mit der Fluhr und seinen Gütern / so darinnen gelegen / in bemelt Amt mit Schoß / Zinsen / Frohnen / Diensten / Gerichten und aller Obrigkeit gehörig / und daß sich gemelter Herr Schenck Hanß aus beruhrter seiner Lehns-Verschreibung biß an den untersten Weg / so von Steudenitz / nahe unter Dorndorff / nach Dolnsdorff gehet / so viel die Gerichte und Obrigkeit belanget / angemasset / welches ihme unser gnädiger Herr / aus obangezeigten Ursachen / nicht geständig / derhalben Schenckhanß seinen Fürstl. Gnaden zu unterthänigen Gefallen gewichen: Und dieweil befunden / daß denen von Dorndorff nachtheilig / daß die Fluhr oder Feld gegen Steudenitz geschlagen / soll nun hinfort an / aus Vollraths von Watzdorff Aus an / durch die Saal über die Probstey-Wiese biß an die Strasse / da die Schencken etwa einen Todten sollen auffgehoben haben / von dannen den Schlicht hierum / biß auff einen Lachstein / so vor dem Forst stehet / von demselbigen Lachstein an über das Melbethal an den bemelten Forst / und folgends unter den Calckofen hin / biß an den Weinberg / mein Christoph Taubenheimes obbenannt / der Rege genannt / und was in diese Refier leit / Dorendorffer Fluhr und Weinberge darinnen liegen haben / sie mit Folge / Steuer / neben den von Dorndorff / zwiefach ins Ambt Dornburgk / unsers gnädigen Herrn / des Landes-Fürsten / rc. Förster / auf ihrer Fürstl. Gnaden Höltzer und Eigenthum / ungeachtet daß die in des Herrn Schenckhansen Obrigkeit begriffen / umb zugefügte Schäden pfanden / und in seiner Fürstl. Gn. Ambt Dornburgk wenden und rechtfertigen möge; Desgleichen Volrath von Watzdorff auf sein Eigenthum des Orts gelegen / und so viel denen Erb-Gerichten zuständig / auch nachgelassen / doch anderer Obrigkeit Schenckenhansen unschädlich / und daß Watzdorff die Pfändung Schenckhansen Kellermeister zu Dorndorff allewege antworten soll und will. Hingegen wollen wir obbenannte Fürstl. Commissarien bey unsern gnädigen Herrn / Hertzog Georgen / Fleiß ankehren / daß seine Fürstl. Gn. mehr bemelten Schenckhausen / und allen seinen Lehns-Erben soll die hohe Jagdt und Gericht auf solchen Forst und Höltzern ungehindert folgen lassen. Hiermit sollen angezeigte Gebrechen / so sich anhero zwischen dem Ambt Dornburg und Schenckhansen von Tautenberg irrig gehalten / so weit die von Hochgedachten Landes-Fürsten / unsern gnädigen Herrn / ratificiret und bewilliget / gütlich beygelegt und vertragen seyn. Des zu Uhrkund haben wir solche Abrede gleichs Lauts gezwiefacht / und unsere angebohrne Pittschafft derselbigen zu Ende wissentlich thun drücken / geben und geschehen Freytag nach Nativitatis Mariæ, im tausend / funffhundert und zwey und dreyßigsten Jahre.

Und aber die Partheyen unsers Hertzog Johann Wilhelms Ambts Dornberg / und die Herren Schencken zu Tautenberg

derer

ANNO 1567.

derer in solchen Vertrag benannten Mahl- und Grentz-Oerter nicht einig gewesen / sintemahl im Anfang der berührten Grentz-Scheidung drey fort gezeichnet / darunter das Ambt den mittelsten / und die Herren Schencken den ersten von Dorndorff ab / für das Mahlzeichen angeben / zu deme daß auch berührte Partheyen strittig gewesen / an welchem Ort über der Probstey Wiesen / und Welbethals / die Scheidung herdurch lauffen sollen / und daß zweene Kalcköfen befunden / deren obersten / gegen dem Forst zu / das Ambt Dornburgk / und den untersten die Herren Schencken bestritten / darüber man auch nicht eigentlich befinden können / wo man dasselbe durch die Höltzer auf den letzten benannten Orte / Christoph von Taubenheim Weinberg / die Grentz zeigen möchte; So haben wir nach gehaltener Besichtigung durch unsere verordente Räthe solche der Gericht-Scheidung auffs neue wiederumb vergleichen / und den alten Vertrag folgender Gestalt erklähren lassen:

Nehmlich / daß berührte Grentz und Scheidung von einem Stein / so wir an der Saalen fast mitten uff Hanß Cuyns Wiesen setzen lassen / anfangen / und von dannen auf andere folgende gesatzte Steine / erstlichen auff einen Stein / so am Ende der Herren Schencken eigenthümlichen Wiesen / und von dannen auf den Stein / so besser hinnauff hart bey der Heer-Strassen / auch weiter auf den / so zwischen zweyen Birn-Stämmen / folgends auf zweene Steine / so den Berg hinnauff auf zweene Hügel gesatzt / und daran ab über das Roht / an einen Stein hart beym Forst / der im Vertrag benannt / und von dannen den Forst herum / und für denselbigen hinweg auf einen Stein / welcher abermahls auf einen hohen Hügel des Berges stehet / und davon herab wiederum auf vier Steine / derer einer im Grunde hart bey dem Wege / der ander für neuen gerotten Aeckerlein / der dritte hinter den daselbst liegenden Dornbergischen Aeckern / und der vierte am Ende der Ledern hierum bey einem Birnbaum stehet / und dann aber weiter den Berg hinnauf zu einem Stein / so an dem Steinweg gesetzet / davon ab hinter der alten Kalck-Gruben auf den Steinweg / das Holtz hindurch / biß auf einen Stein / so von dem Zwieselwege durch den Forst also gesatzt / daß er nicht den Zwieselweg / sondern den Rosenweg / auf die rechte Hand gegen Dornberg zu / bedeuten soll / und auf denselbigen Rosenweg förder auf einen Stein / der auf einem grünen Rasen-Kätzlein davon weiter auf den Beysteg stehet / und weiter auf einen / so am Ende des Bergs in der Höhe gegen Taubenheimes Weinberg gesatzt / und hierunter auf den alten Stein am Ende desselben Taubenheimer Weinbergs weiset / gehen / lauffen und streichen sollen.

Was nun disseits solcher vermahlten und begrentzten Oerter nach Dornberg an Aeckern / Holtzwiesen / Berckthal und Leden gelegen / darüber sollen die Gerichte / Ober und Unter / in unser Hertzog Johann Wilhelms Ambt Dornberg gehören.

Was aber an Wiesen / Aeckern / Holtzbergk / Thal und Leden / Steubenitz und dem Forst zu jenseits der Steine streichet und gelegen ist / darüber sollen die Herren Schencken die Gerichte / Ober und Nieder / haben und behalten.

Es soll aber durch diese gezogene und vermahlte Grentz nicht anders / dann die Gericht gemeinet und gescheiden seyn / das Eigenthum / Lehn / Zinß / Frohn und anders / sollen bleiben in einem ietz Lehen / dahin sie ietzo gehören / und wie allenthalben herbracht.

Dergleichen / nachdem in Endung dieser vermählten Gerichts-Scheidung das Ambt Jehna am Taubenheimer Weinberg / und daselbst vor Alters zwischen dem Ambt Jehna und der Herren Schencken Güter eine richtige Grentz vermahlet worden / welche auch nachmahls richtig ist / und nicht gefochten wird / so soll es bey derselbigen gelassen / und diese ietzige Grentz-Ziehung / so das Ambt Dornburg belanget / daselbst am Ende derselbigen / zu keinem Abbruch der Jenischen gemeinet seyn.

Dieweil auch durch die Grentz-Scheidung ein Acker zweene oder drey abgezogen / derer einer oder zweene in unser Ambt Dornberg / und die ander zweene oder drey gegen Steubenitz gesteuret / welches doch mehrer Richtigkeit halber nicht verbleiben können / so soll durch diese Vermahlung der Steuer nichts benommen / sondern dieselbige allenthalben / wie vor Alters / bleiben und folgen.

So viel dann die Jagd belanget / dieweil der Schencken alte und neue Lehn-Brieffe klare Masse geben / wie weit sie mit der hohen Wild- und anderer Jagd biß an den Heerweg / und daselbst allenthalben die Berge herum beliehen / auch unsern Räthen so viel dargethan / daß sie dieselbige Jagd gebrauchet und herbracht / und ihren Vorfahren und ihnen niemahls daran Inhalt geschehen; So soll durch diese Steinsetzung der Jagd denen Herren Schencken nichts benommen / noch selbige zu Abbruch der Jagd gemeinet seyn / und wir Hertzog Johann Wilhelm wollen die Herren Schencken dabey bleiben lassen / ihnen berührte Jagd durch unser Amt nicht fechten / auch sonsten uns derselbigen auf dem Forst und denen anliegenden Vorhöltzern nicht anmassen. Allein dieweil unser Amt Dornberg / auch die Watzdorffe zu Dornberg auf dem Weinberg / ehe die Vorhöltzer angehen / und dann an einem Ort des Vorholtzes bey dem neuen Kalckofen unter der alten Kalckgruben biß an einen alten Eich-Stock / mit einer Stattung die Hasen-Jagd gebrauchet; So soll ihnen dieselbige Jagd / und keine andere noch höhere / bleiben und zustehen / und wie biß anhero zu gebrauchen freystehen / iedoch daß sich die Herren Schencken an berührten Oertern der Hasen-Jagd / wie vor alters / auch gebrauchen mögen / sonsten aber / und ausserhalb dieser Oerter / sollen sich das Ambt Dornberg und Watzdorffe keiner Jagd durchaus derer Oerter unterfangen. Und damit die Herren Schencken die hohe Wild-Jagd auf bemelten Oertern und Enden desto besser erhalten können / so sollen sie auf allen benannten Vorhöltzern die Pfändung in denen Feldern haben / da etwan ihnen an solcher Jagd Hinderung / Abbruch und Einhalt geschehe / oder sich andere daselbst zu jagen anmassen wolten / und solche Pfand sollen sie auch in das Ambt Dornberg zu antworten nicht schuldig seyn / sondern gegen Tautenberg zu wenden / und daselbst den Abtrag zu nehmen Macht haben / ungeachtet der obberührten Steinsetzung und Gerichtscheidung / welche diese Pfandung der Jagd halben nicht belangen / noch darzu gezogen werden soll.

Dieweil auch letzlich die Einwohner zu Dorndorff und Naschhausen / der Trifft und Weide nicht allein in ihren eigenen Höltzern / so sie von dem Ambt Dornberg zu Lehn tragen / sondern auch daselbst in des Ambts eigenen Höltzen / als dem Münnchholtz und andern / so zum Theil in der Herren Schencken Forst über den Steinen gelegen / und darüber die Gericht / Krafft berührter Steinsetzung / den Herren Schencken gebühren / befugt und berechtiget gewesen; So soll ihnen berührte Trifft und Weide auf des Ambts Dornberg eigenthümlichen Höltzern / wie vor Alters / unbenommen und fürbehalten seyn / jedoch sie sich der jungen Geheg des Lands / enthalten / und daß sie der Herren Schencken Leuthen die Mitweide und Hut auf des Ambts eigenthümlichen Höltzern / wie vor Alters / auch gestatten / und sonderlich / daß sie ihren Schäffers-Hunden Knüttel Fünff Viertel Ellen lang anhängen lassen / damit dieselbigen dem Wild nicht nachjagen mögen / und da der Herren Schencken Jäger die Hunde ohne solche Knüttel antreffen und ergreiffen würden / soll ihnen nicht allein die Pfandung wieder den Schäffer / sondern auch ihres Gefallens mit den Hunden zu gebahren frey stehen und nachgelassen seyn.

So viel aber sonsten die Hut und Trifft über die Steinsetzung an andern der Herrn Schencken und deren Leuthen Höltzern / Aeckern / Wiesen und Leden anlanget / deren haben sich die Einwohner zu Dornberg / Dorndorff und Naschhausen gantz und gar verziehen / sollen sich auch derselben fortan darauff nicht gebrauchen noch anmassen.

Desgleichen sollen sich auch die von Steudenitz und andere der Herren Schencken Unterthanen mit ihrer Hut und Trifft halten / auf den ihrigen bleiben / und über die Steine des Ambts Unterthanen Güther mit der Hut und Weide nicht berühren.

Ambt Dornberg und Jehna / und Hoff Borstendorff alter Erd-Graben.

Es hat vor wenig Jahren das Ambt Dornberg einen Erd-Graben / welcher zwischen den Neuenginnischen und Dornburgischen Güthern etwa für alters darzu gehalten worden / daß die wilde Fluth / so von den Bergen herab zu kommen pfleget / dadurch wegflüssen möge / von dannen zufüllen / und dadurch das Wasser mit Gewalt auff die Neuenginnischen Felder treiben lassen / daraus dem denen Leuthen grosser augenscheinlicher Schade mit Verschlemmung der Aecker und Wiesen geschehen; Nachdem nun unsere verordente Räthe aus gehaltener Verhör / genommener Erkundigung und dem Angenschein befunden / daß durch Eröffnung und Wiederauffrichtung des alten Erd-Grabens / solchem Schaden jährlich zu vorkommen / auch die Dinge nach Gestalt der daselbst gelegenen Umbstände für sich billig; Als haben wir es dahin richten und verordnen lassen / daß die drey Dorffschafften / Dorndorff / Naschhausen und Neuen-Ginna / auff einem nahmhafftigen Tag zu Hauff erfordert / und ihnen von unsern Aembtern auferleget werden soll / daß sie im beyseyn unserer Schösser / den alten Erd-Graben wiederum eröffnen / denselbigen weit und tieff genung machen / biß zu dem Ende / da eine grosse Weide mitten auf dieselbige Stete gesetzet / führen / und also zurichten / damit das wild Wasser von den Bergen herab darein seinen gewissen Lauff habe.

Wann nun solcher Grabe von den dreyen Dorffschafften erbauet und aufgerichtet / so sollen und mögen die Dorffschafften / eine iegliche am Ende des Grabens auf den ihren / und also auf beyden Seiten ander Quer- und Schoß-Graben führen und machen / dadurch das wild Wasser von ihren Wiesen und Feldern ab / und vollends in die Saale geleitet / oder sonst / so viel möglich / Schad verhütet werde.

Darüber sollen auch obberührte drey Dorffschafften den also wiederum aufgerichteten Erd-Graben jährlich / und so offt es von nöthen / auf einen gewissen bestimmten Tag sämbtlich zu räumen / zu bessern / und dann auch sonderlich ihre Bey- und Schoß-Graben in guten Stande und Wesen zu erhalten schuldig seyn / darauf dann unsere beyderseits verordnete Schösser und Befehlhaber gut Achtung haben / und sich dessen mit einander iederzeit jährlich vergleichen sollen.

Brücken-Bau zu Dorndorff.

Des Brücken-Baues halber zu Dorndorff soll etwan zwischen dem Ambt Dornburg und den Befehlhabern zu Borstendorff

ANNO 1567. dorff ein Vertrags-Notul beredet/ und auf Bewilligung unserer Vorfahren der Chur- und Fürsten gestellt seyn/ folgendes Inhalts:

Wir Andreas von Heerda/ Inhaber und Besitzer des Hoffs Vorstendorff/ zwischen Dornberg und Jena gelegen/ und Hanß Breiting/ dieser Zeit Schösser zu Dornberg/ bekennen/ und thun kundt mit diesem Brieff/ vor uns und alle unsere Nachkommen: Wiewohl der Hoff Vorstendorff die Brücken zu Dornberg zu bauen/ zu erhalten/ von dem Kloster Pforten auf sich genommen/ und derwegen ietzo von neuen zu fertigen pflichtig gewesen/ dargegen derselbe Hoff nachfolgende Zinß und Hand-Frohne/ auch ein Stück Holtz im Ambt Dornberg gehabt: Nehmlich funff Gülden/ zweene Groschen/ neun Pfennig/ am Gelde/ ein Viertel Jehnisch Maaß Weitzen/ vier und zwantzig Scheffel und drey Viertel Jehnisch Maaß Gemang-Korn inclusive, achtzehen Scheffel Mühlen-Zinß/ drey Viertel/ ein halb Maaß Gersten/ sechs Scheffel/ zwey Viertel/ ein Maaß Haber/ vierzehen Ehlen/ drey Viertel grobe Sackleinwandt/ sieben Pfund/ drey Viertel Wachs/ neun Michaelis-Hüner/ alles jährlich/ und dann eilff Hand-Fröhner zu Saalbrücken/ wenn man sie bedarff/ auch einhundert und zehen Aecker Busch-holtz am Tautenberger Forst/ ohngefehr etzliche Aecker mehr oder weniger/ und zu Weichmar im Ambt Camberg drey Michaelis-Hüner jährlich; So haben wir uns doch dessen/ mit Vorwissen und Zulassung der Durchlauchtigen Hochgebohrnen Fürsten und Herren/ Herrn Moritzen/ Churfürsten/ rc. von wegen des Klosters Pforten/ und Herrn Johann Friedrichen/ gebohrnen Churfürsten/ beyder Hertzogen zu Sachsen/ unserer gnädigsten Herren/ mit einander vereinigt und verglichen/ also und dergestalt/ daß der Hoff Vorstendorff nun hinfürder und zu ewigen Zeiten berührtes Brücken-Baues erlassen und gefreyet seyn soll/ und das Ambt Dornburg denselben Brücken-Bau/ so offt es noth ist/ zu fertigen und zu halten/ auff sich nehmen; Dargegen habe ich der von Heerda mich von wegen des Hoffs Vorstendorff/ und aller desselben Nachkommen/ aller oberleibten Zinß/ Frohn und Holtzes gäntzlich begeben und allerding verziehen/ und solches alles dem Ambt Dornburg übergeben/ und ihm Gewehr und Gewalt in Krafft dieser Verschreibung zugestellt/ und über welches auch vorgemelter Schösser von wegen des Ambts Dornburg zur Gnüge angenommen/ und den Brücken-Bau zu fertigen und zu halten/ auch alsbald ihn dem beschwerlichen Brücken-Bau von neuen zu fertigen angetreten/ damit die Leute der Ende überkommen mögen/ und wie vormahls geschehen/ an Leib und Guth nicht Schaden leiden dürffen/ auch die Zölle und Geleite an der Saal über und unterhalb Dornburgk wiederum ganghafftig gemacht werden. Zu Uhrkund und steter Haltung haben wir dieser Vertrag zweene eines Lauts verfertiget/ mit unsern Petschafften und Handschrifften bekräfftiget/ und ieder Theil einen zu sich genommen/ den auch von Heerda in des Hoffs Vorstendorff Erb- oder Zinß-Buch/ und ich/ der Schösser/ in das Ambts-Buch/ unsern Nachkommen zu ewigen Gedächtnüß registriren lassen sollen und wollen. Geschehen am Tage Michaelis nach Christi unsers Herrn Geburth im 1552. Jahre.

Nachdem dann unsern verordneten Räthen fürbracht/ daß die gäntzliche Vollziehung solches Vertrags aus dem verblieben/ daß die Aemter/ Dornburgk und Jehna/ mehr Zinse in die Abredungs Notel setzen und einverleiben wollen/ denn der Befehlhaber zu Vorstendorff bewilliget/ und aber unsere Räthe so viel befunden/ daß das Ambt Dornburgk solche Zinse biß anhero zu Erhaltung des Brücken-Baues eingenommen; So lassen wir es beyderseits dabey bleiben/ und wollen hiermit berührte Abrede bewilliget und ratificiret haben; Wir der Churfürst lassen auch geschehen/ daß berührte streitige Zinß/ nehmlich zweene Gülden/ zweene Groschen und zweene Pfennig an Gelde/ ein Viertel Weitzen/ ein Scheffel/ viertehalb Viertel Korn/ drey Viertel ein halb Maaß Gersten/ zweene Scheffel/ anderthalb Viertel Haber/ drey Pfund/ ein Viertel/ Wachs/ zwey Hüner zu dem Brück-Bau jährlich gegeben/ und von unsern Befehlhabern zu Vorstendorff forthin nicht gefochten werden sollen; Dagegen wollen wir/ Hertzog Johann Wilhelm/ in unser Ambt Dornburg solchen Brücken-Bau auf uns genommen/ und den Hoff Vorstendorff forthin damit nicht mehr derentwegen belangen lassen.

Bericht über die Kunitzer Wiesen.

Als dann unser Vetter/ Hertzog Joh. Wilhelm/ dem Dorff Kunitz/ in das Ambt Dornburg gehörig/ etliche Wiesen und Aecker jenseit der Saale/ in oder bey der Vorstendorffer Fluhren/ geliehen hat/ darüber sich der Gericht Ober- und Nieder unser Ambt Dornburg angemaßt/ und dagegen die Befehlhaber berührte Gerichte gegen Vorstendorff ziehen wollen/ und dann unsere Räthe in gehaltener Verhör so viel befunden/ daß von den Aeckern und Wiesen/ so den Einwohnern gegen Kunitz eigenthümlich/ Lehn/ Zinß und Steuer in unser Ambt Dornburg etliche Jahr gereichet; Alß haben wir der Churfürst freundlich bewilliget/ daß es nicht allein fortan mit Reichung der Steuer und andern dabey gelassen/ sondern auch die Gericht über berührte Kunitzer Wiesen und Felder in das Ambt Dornburg gehörig seyn sollen.

Vorstendorffische Gericht.

ANNO 1567. Was aber alle andere des Hoffs Vorstendorff und um denselbigen liegende/ auch darzu gehörige Felder/ Aecker/ Wiesen/ Gehöltze/ Weinberge/ Leden und anders anlanget/ über solches alles/ und dann auch über alle Neuengünnische Güther/ so zum Brücken-Bau nicht geschlagen/ nichts davon ausgeschlossen/ sollen berührte Gericht/ Ober- und Nieder dem Hoff Vorstendorff durchaus zuständig seyn/ und wir Hertzog Johann Wilhelm wollen/ daß dieselbige von unsern Aembtern Dornburgk und Jehna den Inhabern des Hoffs ferner nicht gefochten werden/ noch auch berührte Aembter sich derer Orte einiger Gericht über die Vorstendorffische und Neuengünnische Fluhr und Güther annassen sollen.

Fischerey.

Wenn auch zwischen dem Dorff Kunitz und dem Hoffe Vorstendorff Irrungen der Fischereyen halben also fürgefallen/ daß die Kunitzer angeben/ als solte die Fischerey in dem Mühl-Graben von Kunitz ab/ gegen Vorstendorff/ nahe biß an die Pferde-Weide/ nicht weit vom Hoffe/ ihnen gegen Kunitz zustehen; Dargegen der Befehlhaber angezogen/ daß die Fischerey vom Hoffe und der Mühlen ab/ den Mühl-Graben weit hinnauff/ biß an einen alten Erlen-Stock zu dem Hoffe Vorstendorff gehören sole; Als haben wir durch unsere verordnete Räthe berührte Fischerey dahin mitteln und vergleichen lassen/ daß der Ort/ da für Alters das Weer auff des Hoffes Grund und Boden gestanden/ die rechte Scheidung/ der Fischerey halben/ zwischen den Einwohnern zu Kunitz und dem Hoffe Vorstendorff seyn und gehalten werden soll; Nehmlich/ daß die von Kunitz von ihren Dorff ab/ und die Inhaber des Hoffs von dannen an das Weer zum Fischen haben/ und keiner den andern darüber greiffen noch einigen Einhalt thun; Dergleichen soll auch berührter Ort am alten Weer die Gericht im Wasser zwischen dem Ambt Jehna und dem Hoff Vorstendorff scheiden/ nehmlich also/ daß der eine Wasser-Strohm samt den Ufern gegen dem Hoff zu/ mit Gerichten/ Ober- und Nieder/ im Wasser/ dem Inhaber des Hoffs/ und der ander Wasser-Strohm sambt den Ufern von dannen ab gegen Kunitz zu/ in unser Ambt Jehna gehören sollen.

Das neue Vorstendorffische Weer.

So viel das ietzige neue Weer anlanget/ so vor etlichen Jahren in dem Wasser auf des Ambts Jehna Gerichten bey dem Kunitzer Uffer durch Vergleichung und Nachlassung geschlagen/ soll dasselbige in Wesen und guten Würden gelassen und gehalten werden/ und den Kunitzern aufferleget seyn/ demselbigen mit Durchführung ihrer Kahne/ Abnehmung des eingelegten oder daran und darauff geführten Holtzes und sonsten keinen Schaden zu thun/ alles bey ernster Straffe/ so sie neben dem Abtrage zu erlegen schuldig seyn sollen.

Dieweil auch durch die Fach und gelegte Fisch-Körbe das Wasser in grossen Fluthen gesteigert/ und dadurch den umliegenden Wiesen und Aeckern Schaden zugefüget wird/ so sollen die Kunitzer berührte Fach/ so sie in ihr selbst Wasser der Jenischen Gericht geleget/ jährlich auf Bartholomæi abzuthun und aufzuheben schuldig seyn/ oder in Verbleibung dessen soll den Innehabern zu Vorstendorff frey stehen/ dieselbige Fachen selbst abzureissen und abzuwerffen.

Straß auf die Schenckischen/ Vorstendorffischen und Zwetzischen Güther.

Die grosse Land-Strasse von der Naumburg aus auf Nürnberg/ da sie am hohen Höltzer Creutzberg/ als für dem Gehöltz desselbigen Forsts der Reihnung/ zwischen dem Ambte Eisenberg und Camberg wendet/ davon der Naumburgische Vertrag meldet/ gehet alsdenn von Camberg ab auf Steudenitz/ Dorndorff und Jehna/ auf der Herren Schencken/ auch auf die Vorstendorffischen und Zwetzischen Güther/ biß fast an Jehna; Wiewohl nun wir der Churfürst uns auf solchen Fluhren der Strassen Recht und Gerechtigkeit billich anzumassen: Damit aber gleichwohl das Gemenge und Verwechselung der Geleit verhütet/ und gute Richtigkeit fortan im Hause Sachsen gehalten würde/ so haben wir freundlich und nachbarlich bewilliget/ daß unserm Vetter/ Hertzog Johann Wilhelmen/ auff obbemelten Fluhren/ allein die Steudenitzer/ Vorstendorffische und Zwetzische Fluhren/ die Strasse mit dem Leib-Geleit/ Strassen-Gericht und allen Gerechtigkeiten/ nichts davon ausgeschlossen/ zustehen und gebühren sollen/ daran wir seiner Liebden keine Verhinderung thun wollen lassen; Sonsten ausserhalb der Strassen soll der Eigenthum Gericht und anderer Gerechtigkeit auf allen anstossenden Güthern/ so weit dieselbigen die Strassen nicht berühren/ wie sie einem ieden gebühret/ und Herkommens ist/ bleiben.

Was aber auch die obbemelte Strasse von der Naumburg aus biß an die hohe Höltzer/ benannten Creutzer/ anlanget/

dieſel-

ANNO 1567. dieselbige soll uns dem Churfürsten/ Inhalts des Naumburgischen Vertrags/ und nach Besage desselbigen/ allein bleiben/ zustehen/ auch diese Bewilligung dahin nicht gemeinet noch gezogen werden.

Jagd auff der Platten.

Bey unsers Hertzogs Johann Wilhelms Bruders Regierung Zeiten/ hat sich das Jäger-Amt auf einem Ort/ die Platt genannt/ so mit den Gerichten und Eigenthum in den Hoff Borstendorff gehörig/ der hohen Wild-Jagd unterfangen/ und darzu unter andern fürwenden wollen/ daß das Ambt Dornburgk/ so durch die Capitulation an Hertzog Johann Friedrichen den Aeltern/ gebohrnen Churfürsten/ kommen/ dessen vor Alters berechtiget gewesen; Wiewohl nun wir der Churfürst dagegen angezogen/ und noch anzuziehen haben/ daß der Hoff Borstendorff mit mit allen zugehörigen Fürstl. Hoheiten und Regalien nicht übergeben/ sondern fürbehalten/ und sich derwegen unser Vetter von wegen des Ambts Dornberg oder sonsten keiner Jagd oder anderer Gerechtigkeit auf den Borstendorffischen Güthern anzumassen; So haben wir doch aus nachbarlichen Willen/ und in Ansehung/ daß unser Vetter die daran stossende Jagd hat/ freundlich bewilliget/ daß S. L. auf den benannten Ort der Platt die hohe Wild-Jagd haben und gebrauchen mögen/ iedoch daß dem Besitzer und Inhaber solcher hohen Wild-Jagd Hirsch/ Schwein und Rehe auch nicht benommen/ sondern/ wann es ihme gefällig/ iederzeit zu gebrauchen frey stehe/ inmassen wir Hertzog Johann Wilhelm Befehl und Beschaffung thun wollen/ daß von unserm Jäger-Ambt dem Inhaber zu Borstendorff derenthalben keine Hinderung noch Inhalt geschehen solle.

So viel dann die Hasen- und Fuchs-Jagd und ander Weidewerck auf der Platten und anderen Borstendorfischen Gütern anlanget/ die soll den Inhabern des Guthes Borstendorff alleine bleiben und zustehen; Was aber über die hohe Wild-Jagd derer Oerter auf den Leistischen Höltzern und Feldern betreffend ist/ dieweil der von Germar/ Inhaber des Guths Leisten/ etliche alte Kauff-Briefe bey Hertzog Georgen milder Gedächtnüß Zeit/ als das Guth an den Orden kommen/ darinnen der Jagd/ daß die Vorfahren darmit belehnet und beliehen gewesen/ ausdrückliche Meldung geschehen/ vorgelegt/ auch darüber Ausführung gethan/ wie Leisten solche hohe Wild-Jagd mit aller andern Jagd allein zustehe und bleibe/ sollen solcher die Inhaber desselbigen auf allen Leistischen Höltzern/ Feldern und Lehnen/ auch wie vor Alters gehalten/ zu gebrauchen/ auch auf den gemengten Feldern an den Höltzern zu stellen haben; Und wir Hertzog Johann Wilhelm wollen/ daß sich unser Jäger-Ambt der Jagd mit stellschiessen/ und andern auf den Leistischen Höltzlein und Güthern enthalten soll.

Als auch der ietzige Stadthalter der Balley in Thüringen der hohen Wild-Bahn auf dem Raventhaler Holtz befugt seyn wollen; Und aber unsere Räthe so viel erkundiget/ daß sich seine Vorfahren derselbigen nicht angemasset/ sondern das Ambt Dornburg sich derer gebrauchet/ so lassen auch wir der Churfürst freundlich geschehen/ daß unser Vetter die hohe Jagd auf benannten Raventhale alleine haben und gebrauchen möge; Wenn auch das hohe Wild auf den dabey liegenden Uttenbachischen Holtz treten würde/ so soll unserm Vetter darauf die obberührte hohe Jagd auch zustehen/ ungeachtet daß S. L. von solchen Uttenbachischen Holtz fünff und zwantzig Aecker der Pfarr gegen Mürckwitz eigenthümlich folgen lassen.

Brodt und Käß/ so etwan aus Borstendorff gegen Dornberg mag vor Alters gegeben worden seyn.

Der Gemeine zu Dornberg mag vor Alters aus dem Hoffe Borstendorff anderthalb Schock Brodt und fünfftehalb Schock Käse dafür seyn gegeben worden/ daß sie dem Hoffe in Wassers-Nöthen Hut und Trifft an etzlichen Hohen/ nach Borstendorff zu gelegen/ vergünt und nachgelassen haben; Dieweil dann unsere verordnete Räthe im Augenschein befunden/ daß berührter Ort/ so vor Alters zur Trifft Lehde liegen blieben/ ietziger Zeit durch die Einwohner zu Dornberg des mehr theils eingezogen/ und zum Weinberge gebraucht/ auch täglich mehr damit belegt wird/ der Hoff Borstendorff sich auch solcher Trifft und Hut gäntzlich und gar verziehen und begeben; So soll dagegen die jährliche Reichung der Brodt und Käse auch fallen/ und der Inhaber des Hoffs Borstendorff derwegen ferner unbelanget bleiben.

Ambt Eckertsberge/ Roßla/ Weimar und die Herren Schencken zu Nieder-Trebra.

Gericht und Jagd auf der Nieder-Trebraischen und andern umliegenden Fluhren.

Es haben sich die Herren Schencken zu Nieder-Trebra vielmahls beklaget/ daß ihnen durch das Amt Roßla auf der Nieder-Trebraischen Fluhr/ so sie ohne alle Mittel von uns dem Churfürsten zu Lehn tragen/ die Gericht und Jagd nicht alleine entzogen werden wollen/ sondern auch zu Abbruch derselbigen/ und zum Nachtheil unserer des Churfürsten Lehen und Landes-Fürstl. Ober-Bothmäßigkeit/ drey Hege-Seulen auf berührter Fluhr/ und die eine hart an das Hauß Trebra gesatzt worden; Dieweil dann unsere verordnete Räthe aus Besichtigung der Fluhr und der daran stossenden Oerter/ auch aus Verlesung der alten im Hause zu Sachsen auffgerichteten Verträge/ der Lehn-Brieff und anderer Uhrkunden/ und ausgenommener durch Verhör etlicher Persohnen Erkundigung/ so viel befunden/ daß die Trebraische Fluhr und Felder/ darinnen auch die Schäfferey Schönreda gelegen/ von uns dem Churfürsten und unsern Vorfahren den Herren Schencken mit Ober- und Nieder-Gerichten verliehen/ auch ihre Vorfahren berührte Gericht/ neben der Jagd/ viele lange Jahr auf der Nieder-Trebraischen Fluhr in Besitz und Gebrauch erhalten/ inmassen sie solches mit vielfältigen Gerichts- und andern Fällen unsern Räthen glaubwürdig bescheiniget/ daß dagegen unser Hertzog Johann Wilhelms Amt Roßla gantz keinen Titul/ Schein oder Ankunfft solcher Gericht und Jagd auf unser des Churfürsten Lehn fürzubringen weiß/ neben dem/ daß auch die Gerichts-Fälle/ so berührtes Ambt angezogen/ zum theil auf den Dornstetter Feldern ergangen/ und zum theil auch der Trebraischen Fluhr Gericht sonsten nicht belangen; Als seind wir Hertzog Johann Wilhelm von solcher Anmassung der Gericht und Jagd auf der Nieder-Trebraischen Fluhr abgestanden/ und die gesatzten Hege-Seulen alsbald abthun und auswerffen lassen/ und bewilligen hiermit/ daß berührte Gericht und Jagd des Orts auf den Nieder-Trebraischen Feldern/ Aeckern/ Wiesen/ Leden/ und andern über der Ilmen nach Darnstet-Pfülsberg und umbher/ darinnen auch die Escherodische Schäfferey und Marck gelegen/ den Herren Schencken zustehen/ und von unserm Ambt Roßla oder sonst ihnen ferner nicht gestritten noch gefochten werden solle/ iedoch sollen damit die Gericht über beyde Höffe der zweyen Einwohner zu Nieder-Trebra/ so uns Hertzog Johann Wilhelmen zustehen/ nicht gemeinet/ sondern dieselbigen Gericht und Steuer über solche Höffe im Dorff/ auch die Steuer von ihren Feldern/ zu solchen Höffen gehörig/ wie herbracht/ uns fürbehalten/ die Gericht aber über solcher Leuth Felder sollen/ wie obstehet/ den Herren Schencken zuständig seyn.

Eberstädt Gericht und Jagd auf der Herren Schencken Weinberg und Weydicht gehören nach Gebstedt.

So viel aber auch das Weydicht etzlicher Wiesen und Weinberge/ so den Herren Schencken zuständig/ und über der Ilmen in unsers Hertzog Johann Wilhelms Eberstädtischen Fluhr/ darüber die Gericht in unser Voigtey Gebstedt gehören/ gelegen seyn/ anlanget/ haben sich die Herren Schencken der Jagd auf demselbigen Weidicht/ Aeckern/ Wiesen und Weinberg gäntzlich verziehen und begeben/ ungeachtet daß sie und ihre Vorfahren die Jagd auf der Eberstädtischen Fluhr von viel langen Jahren/ nach Besage der alten im Hause Sachsen ergangenen Handlung/ befugt zu seyn angezogen/ und derentwegen eine Rechtfertigung in der Chur- und Fürsten zu Sachsen Hoff-Gerichte anstellen wollen.

Desgleichen/ weil auch in alten Verträgen befindlich/ daß die Gericht über der Dornstedtischen Fluhr ausserhalb der Zeune/ so sonsten mit Lehn/ Zinß und Steuer der Schul-Pforte zustehet/ in unser Hertzog Johann Wilhelms Ambt Roßla gehörig/ und wir uns biß anhero der Hasen-Jagd auf solcher Fluhr gebrauchet; So haben auch die Herren Schenckee zugesagt/ sich der Jagd auf der Dornstedtischen Fluhr/ und dann auch auf den Schmiedehäuser Höltzlein/ in unser Ambt Camberg gehörig/ und anderer Oerter mehr daselbst/ so zu unsern Sultzhausischen Gehege geschlagen/ ausserhalb der Nieder-Trebraischen Fluhr/ gäntzlich zu enthalten/ ungeachtet ob sie und ihre Vorfahren an etzlichen Enden daselbst die Jagd geübet haben möchten.

Der Herren Schencken Leuthe Aecker in der Eberstädtischen Fluhr.

Es haben auch die Herren Schencken und die Einwohner zu Nieder-Trebra ferner fürbracht/ daß eine grosse Anzahl Aecker/ mehr dann dreyhundert in der Eberstädtischen Fluhr gelegen/ so vor Alters allewege den Leuthen zu ihren Güthern gegen Nieder-Trebra zuständig/ den Herren Schencken gelehnet und gezinset/ und uns dem Churfürsten gesteuret hetten/ ungeacht ob die Gericht daselbsten über die Eberstädtische Fluhr/ in der Voigtey gelegen/ stett gehören. Und nachdem von solchen Aeckern die Leuth zu Niedertrebra etzliche denen Einwohnern zu Eberstädt verkauffet; So wolten dieselbige nunmehr die Steuer davon ins Ambt Weimar wenden/ und uns dem Churfürsten/ auch den Herren Schencken die Zinß/ Lehn und Dienste entziehen. Dieweil dann unser Räthe aus genommener Verhör und Erkundigung so viel glaubwürdig und gewiß gemacht/ daß von solchen Aeckern allen/ so vorietzo gen Eberstädt/ aber vor Alters gegen Nieder-Trebra gehörig/ die Steuer ausserhalb sieben Viertel Landes allewege uns dem Churfürsten und unsern Vorfahren gereichet

ANNO 1567.

Anno 1567.

worden / und die Gericht durch alte Verträge zur berührten Voigtey geschlagen; So lassen wir es auch dabey bleiben / und wollen / daß es fortan auch also gehalten / und die Steuer von solchen Aeckern allen / dieselbigen wären zu Nieder-Trebra blieben / oder von ihnen verkaufft / vererbet / verwechselt / und also ausserhalb des Dorffs auf andere kommen / uns dem Churfürsten gegeben werden / und folgen sollen.

So viel aber die sieben Viertel Landes / welche in derselbigen Fluhr von solchen Aeckern in unser Hertzog Johann Wilhelms Ambt Weimar versteuret / betrifft / mit denselbigen und dann auch mit den Gerichten über die gantze Fluhr soll es gehalten werden / wie es biß anhero herbracht / nehmlich daß sie in unser Voigtey gehören.

Anlangend die Zinß Lehn / Gericht und Frohn / dieselbige soll den Herren Schencken / in allermassen sie dieselbige auf denen Aeckern herbracht / bleiben und folgen / ungeachtet wo auch dieselbigen Aecker herkommen; Es sollen aber die Leuthe und Einwohner zu Nieder-Trebra nicht Macht haben / ihre Aecker und andere Frohnen und Dienst auf die von ihren Güthern verkauffte Stücke mit zu schlagen / und die Eberstädtische damit zu belegen; Es were dann / daß in einem auffgerichteten Kauff und Contract mit ausgedinget / und Versehung gethan / was ein ieder derwegen auf sich nehmen und leisten soll.

Nieder-Trebraische und Eberstädtische Kuppelweide.

Als auch die Gemeine zu Nieder-Trebra und Eberstädt geständig gewesen / daß sie auf den Trebraischen und Eberstädtischen Feldern die Kuppelweide und gemengte Trifft und Hut haben / und aber unsere Räthe im Augenschein befunden / daß berührte Trifft und Kuppelweide durch Erbauung der Weinberge / Umreissung der Leden / und andern geenget / eingezogen und geschmälert worden / dessen sich dann beyde Gemeinen gegen einander beklaget; So haben wir es dahin verabschieden und vergleichen lassen / daß die Weinberge / und was sonsten mehr daselbst neulich erbauet und zugericht / bleiben / aber fortan nichts mehr neues zu Schmählerung solcher Trifft und Hut-Weide auf beyden Fluhren erbauet und fürgenommen werden soll.

Sonderlich aber soll der Graben / welchen die Leuthe zu Eberstädt hart jenseit des Wassers von Trebra aus an einem Orthe / da sie eine Weide stecken und auffrichten wollen / auffgeworffen / wiederum eingerissen und abgethan werden / damit die Einwohner zu Nieder-Trebra des Orths die Ubertrifft haben / und desto baß ihrer Kuppelweide gebrauchen mögen.

So viel folgends die neuen Steigesetzung / der Steine Besichtigung / auch ander mehrers anlanget / derowegen unsern Räthen allerley Klagen einbracht / dieweil aber solcher Klagen halber ein Vertrag fürgelegt / dadurch denenselbigen Maß gegeben wird / folgendes Inhalts:

Nachdem sich an die Durchlauchtige / Hochgebohrne Fürsten und Herren / Herrn Johann Friedrichen den Mittlern / und Herrn Johann Wilhelmen / Gebrüder / Hertzogen zu Sachsen / ꝛc. meine gnädige Fürsten und Herren / der Edle und Wohlgebohrne / Herr Hanß Schenck / Herr zu Tautenburck und Prieschenitz / über die Gemeine zu Eberstädt / etzlicher Beschwerung halber / beklaget; Als haben Ihre Fürstl. Gnaden mit Wolffen Bluhmlein / der Zeit Schössern zu Weimar / befohlen / dieselbigen Sachen zu verhören / zu besehen / und darinn gebührliche Verschaffung zu thun.

Demnach bin ich vorgemeldter Schösser heut dato an den Orten der Gebrechen erschienen / dieselbigen besichtiget / und ist mit Wissen und Bewilligung wohlgedachtes Herrn Schencken bey der Gemeine zu Eberstadt und Trebra in solchen Sachen nachfolgende Abrede und Vertrag gemacht: Nehmlich und erstlich / so viel die Gerichte anlanget / soll es bey vorigen Verträgen / als Anfangs / verbleiben; Die Kuppelweide betreffende / solle dem Herrn Schenck Hansen / und allen seinen Nachbaren / die Hut und Weide mit seinen Schaafen in Eberstädter Fluhr auf derselbigen Anger und Gemeine unabbrüchig / wie vor Alters herkommen / bleiben; So sollen auch beyde Gemeinen zu Eberstädt und Trebra die Kuppelhut mit ihrem Vieh in der Fluhr Eberstädt und Trebra haben und gebrauchen / und mag ein ieder Theil auf des andern offenen / gemeinen / und wann die Felder ledig / hüten und treiben / doch daß die Leuthe nicht die Kühe gebunden zwischen den Aeckern leithen und führen sollen / sondern sich der Huth gebrauchen / beyderseits in Fluhren / wie ietzo lange Zeit gethan worden / und herkommen ist.

Nachdem auch die von Eberstädt in ihren Fluhren etzliche Stück ruhig liegen lassen und das Graß darauff zu hegen vermeinet; Als soll denen zu Trebra sich desselbigen mit ihnen zu gebrauchen frey stehen / doch daß sie es denen von Eberstädt gleichergestalt auf ihrem Hege / und wahren Stücken auch verstatten.

Der Steige halben über des Schenck Hansen Wiesen / dieselbige neue Steige sollen vermöge vorigen Vertrags alle abgethan / und allein die alte Fußsteige gestattet / und da jemand darwieder gehandelt / gepfändet / und gebührlich gestrafft werden.

Der Anger zu Eberstädt solle nunmehr hinfort zu Schmählerung der beyder Gemein Hut und Trifft unverbauet bleiben; Desgleichen sollen sich beyde Gemeine Eberstadt und Trebra in ihren Fluhren / als umb Wiesenbauens Befriedigung halber / oder Vergrabung gemeiner Anger / Leden / und Ausrottung derselben Gemeinen Hecken und Berge gäntzlich enthalten / damit ihnen allerseits an der gemeinen täglichen Kuppelhut nicht Abbruch möge geschehen / aber die ietzo allbereit vermachten Oerter auf dem Anger sollen der Gemeine zu Eberstadt bleiben / ingleichen den Trebraischen an ihren Orte auch.

Der Gebrechen im Felde und Fluhr Eberstädt / des Abährens halber / ist bewilliget / daß man von beyden Theilen vier unpartheyische geschworne Feldmesser solle verordnen / dieselbigen sollen des Abährens halben die Leuthe / wie billich / vergleichen und vertragen.

Von wegen der Zinse / so die Leuthe zu Eberstädt vielgedachten Herrn Schencken Hansen jährlich zu geben schuldig / dieselbigen sollen ihre Zinß / wie vor Alters herkommen / zu ieder Zeit / wann sie gefordert werden / gegen Trebra ins Guth ausrichten und bezahlen / auch alle Retardaten zum förderlichsten erlegen / die Lehn sollen die Leuthe zu Prießnitz suchen.

Es soll auch dem Herrn Schenck Hansen seine Schaaff-Trifft / inmassen die hiervon auffgerichtete Verträge vermögen / gestattet werden.

Desgleichen sollen seine Diener mit dem Miste in den Weinberg / unverhindert der Gemeine zu Eberstädt / oben über den gemeinen Anger bey den neuen Häusern / da vor Alters ein gemeiner Weg gewesen / fahren / und der Mist von den Wägen der Ende uff Schenck Hansen Wiesen niedergelegt und abgeladen werden / ohne Beschwerung der Gemeine zu Eberstädt / iedoch sollen solche Diener zur Zeit der Heu-Erndten die Ausfahrt mit dem Heu nehmen hinter dem Hirten-Hause / wie bißhero üblich ist gebraucht.

Das Stück Zaun unten an des Herrn Schencken Hansen Weinberge soll / vermöge des / wie es abgeschnürt / ohne Längerung zurück gesatzt werden.

Mit den Pfändungen soll es also gehalten werden / wo die von Eberstädt an des Schenck Hansen / oder der Leuthe Schaden zu Eberstädt / oder in selbiger Fluhr befunden und gepfändet werden / sollen die Leuthe das Pfand dem Schuldheissen zu Eberstädt überantworten / der alsbald und unsäumig die Schaden soll neben beyden Leuthen besichtigen / dem Beschädigten sein Schade nach Erkänntnüß erleget / und gebührlich gestraffet werden.

Es soll auch kein Theil dem andern Gänse / Hüner / Endten / noch anders etwas erschlagen / noch prenckeln / sondern wenn da Schade geschicht / pfänden / und mit den Pfänden / wie vorgemelt / gebahren.

Mit dem Jalzincker / desgleichen mit dem Werth soll es / vermög des vorigen Vertrags und ihres Auszuges oder Vorbehalts / ruhen / und gehalten werden / und da hierinnen weiter Irrungen fürfielen / so soll man sich / des Ausspruchs halben / weiter gütlich vergleichen.

Den gemeinen Weg Wickerstädt sollen die zu Trebra und Eberstädt mit reuten / fahren / gehn und stehen zugleich unverhinderlich gebrauchen / und solten sich die Leute ohne das gegen einander mit Worten und Wercken friedlich halten und erzeigen / wie ihnen dann sonderlich und sämtlich ist ein Friedgeboth geschehen / bey Straffe zehen Gülden / welcher aber über solchen Frieden schreiten würde / der soll an dem Orte / da die Verbrechung geschehen / um genante Poen gestrafft / auch beyden Gemeinen zugleich ein Faß Bier verfallen seyn / und an welchem Orte verbrochen / getruncken werden / sonsten solte es in alle Wege bey den hiebevor auffgerichteten Verträgen bleiben.

Zu Uhrkund haben wir Schenck Hanß / Herr zu Tautenberg / und Wolff Blümlein / Schösser zu Weimar / unsere angebohrne und gebräuchliche Pittschafft hieran gedruckt / und ieder Gemeine einen Abschied / sich darnach zu richten / zugestellet / geschehen und geben / am Donnerstage Quasimodogeniti, Anno ꝛc. und viertzig.

So lassen wir es bey solchen Vertrag auch bleiben / und wollen denselben hiermit ratificiret und bekräfftiget haben / und ist unser Meinung / daß berührtem Vertrag in allen Puncten nachgelebet und gesetzet werde.

Gericht und Fischerey in der Ilmen bey Nieder- auch Ober-Trebra und Eberstädt.

Zwischen unser beyderseits Aembtern Eckartsberge und Weimar haben sich eine Zeit lang anhero der Gericht und Fischerey halben in der Ilmen bey Nieder- und Ober-Trebra / auch bey Eberstädt Irrung erhalten; Und dieweil vor wenig Jahren ein Kind hart hinter Nieder-Trebra in der Ilmen ertruncken / welches durch unsern des Churfürsten Schösser zu Eckartsberga in unsern Gerichten zu Auerstädt begraben / und ohne desselben Gerichts-Fall sich der Schösser zu Roßla mit unbefugter Gerichtssetzung hart hinter den Zäunen am Dorff Nieder-Trebra und andern mehr angemast / so seind darüber Arrest, Pfändung / gefängliche Einziehung und dergleichen ergangen; Nachdem dann beyderseits unsere verordnete Räthe in Verhör und Besichtigung dieser Sachen aus den fürgelegten Ambts-Büchern / Urkunden und vieler alten Personen Aussagen / also viel gründlich erkundet / daß unserm des Churfürsten Amt Eckertsberge die Gerichte und Fischerey von dem Orte an / da sich die Fluhrstetter Felder enden / und zweene Steine gesatzt

Anno 1567. seyn/ biß gar himunter an den Dornstettischen Weg in der Ilmen gebühren und zustehen; Als wollen wir Hertzog Johann Wilhelm diese ernstliche und gebührliche Verordnung und Beschaffung in unsere Aembter/ Weimar/ Roßla und Dornburg/ thun/ daß unserm Vetter fortan daran kein Einhalt noch Hinderung geschehe; Und damit diese Dinge desto mehr richtig gehalten/ und Gewißheit haben mögen/ haben wir Hertzog Johann Wilhelm uns dahin freundlich erklähret/ daß unsers Vettern Ambt Eckertsberge nicht alleine in dem Haupt-Strohm so weit/ wie obstehet/ sondern auch in den beyden Mühl-Gräben oder Mühl-Lehen/ deren eine durch die Ober-Trebraische Fluhr/ die andere über die Eberfleinische Fluhr gemacht und gehalten wird/ die Gericht und Fischerey in Wassern und deren Ufer zustehen und gehören sollen. Allein dieweil des Orths halben/ so weit der eine Mühl-Strohm durch das Dorff Eberstädt lauffet/ etwan durch unserer Vorfahren Räthe ein Vertrag abgeredet/ folgendes Inhales:

Von GOttes Gnaden wir Johann Friedrich/ des Heil. Römischen Reichs Ertz-Marschall und Churfürst/ Burggraff zu Magdeburg/ und von desselben Gnaden wir Moritz/ beyde Hertzogen zu Sachsen/ Gevettern/ Landgraffen in Thüringen/ und Marggraffen zu Meissen/ bekennen und thun kund vor uns und unsere Erben gegen männiglich: Nachdem unsere Aemter/ Weimar/ Eckartzberga/ Roßla und daß Hauß Liebstädt/ der Gericht uff dem Wasser-Strohm/ der durch das Dorff Eberstädt fleust/ und uff den gemeinen Feldern daselbst/ auch in dem Liebstädter Holtz/ eine lange Zeit irrig gewesen/ derowegen sie letzlich an unser Ober-Hoff-Gericht zu Rechtfertigung und schleunigen Austrag von uns geweiset; Nachdem sich aber dieselbige Rechtfertigung etwas lang verzogen/ und sich derhalben zu Abhelffung berührter Gebrechen unsere Räthe und liebe Getreue/ Ewald von Brandstein zu Weimar/ und Wolff Keller zum Eckertsberge/ Haupt- und Ampt-Leuthe/ aus unterthäniger Wohlmeinung/ immassen wie hernach folget/ in gütliche Unterredung mit einander eingelassen; Nehmlich/ daß uns dem Churfürsten zu Sachsen und unserm Amt Weimar die Ober- und Nieder-Gericht in vorberührten Wasser-Strohm zu Eberstädt/ so weit das Dorff ietzo wendet/ und in den gemengten Feldern daselbst zustehen/ aber uns Hertzog Moritzen zu Sachsen und dem Hauß Liebstädt die Ober- und Nieder-Gericht in dem Liebstädter Holtz gebühren; Und damit die obberührten Irrungen auffgehoben werden/ so haben wir uns solche Mittel genannter unser Haupt- und Ampt-Leuthe aus Vetterlichen freundlichen Willen auch gefallen lassen/ und nehmen dasselbe/ wie berührt/ hiemit für uns/ unsere Erben und Nachkommen an/ und wollen/ daß demselbigen von unsern Ampt-Leuthen und Unterthanen beyderseits also nachgegangen/ und von keinem Theil darwieder gethan werden solle/ 2c. Haben auch die Rechtfertigung am Ober-Hoff-Gerichte des Stücks halben abgeschafft und gegen einander fallen lassen. Und des zu Uhrkund unsere Insiegel an diesem Vertrags-Brieff wissendlich hängen lassen/ der geben ist nach Christi unsers lieben HErrn und Seeligmachers Geburth im Tausend/ Fünff hundert und Fünff und Viertzigsten Jahr/ am Tag Martini.

So lassen wir der Churfürst es auch dabey bleiben/ und wollen beyde solchen obgerührten Vertrag hiermit ratificiret und bestättiget haben.

Dieweil aber auch die Leut umhero zu Ober- und Nieder-Trebra/ Fluhrstädt und Eberstädt angezogen/ daß sie die Wochen zweene halbe Tage in der Ilmen/ Mittwochs und Freytages Vormittage/ zu fischen haben solten/ welches sie dann zum Theil unsern Räthen glaubwürdig bescheiniget; So haben wir der Churfürst solches den Haußgesessenen Leuten auch gnädigst nachgelassen/ iedoch daß sie der Fischerey anders nicht/ dann wie gebräuchlich mit Angeln/ und Haamen/ oder Bern gebrauchen/ und daß ihrer zweene oder mehr an einem Ort die Haamen nicht zugleich und neben einander führen/ sondern Unterschiedliche und gewöhnliche Maß mit ihrem fischen halten/ damit das Fisch-Wasser nicht verödet und verwüstet werde.

Hege-Seulen/ Jagd und Gericht zwischen Sultza und Heringen.

Ferner hat unser Hertzog Johann Wilhelms Bruder ungefehrlich vor acht Jahren/ an die Oerter/ da die Sultzauischen Gericht angefangen/ zwischen der Rehhäuser-Grinstettischen und Heringischen Fluhr/ daselbst vor Alters zu Scheidung der Gericht alte Steine gesetzet/ Hege-Seulen aufrichten lassen; Dieweil aber dadurch den Herren Schencken auf dem Mühl-Holtz/ so ihr Lehn/ und dann auf ihren eigenthümlichen daran stossenden Höltzlein und dem Fuchs-Loch die Jagd eingezogen worden/ und dann unser beyderseits verordneten Räthen durch die Herren Schencken so viel dargethan und ausgeführet/ daß sie der Hasen- und Fuchs-Jagd auf solchen Höltzlein befugt/ ungeacht/ ob ihnen die Gericht darauf nicht zuständig; So haben wir Hertzog Johann Wilhelm solche gesatzte Hege-Seulen wiederumb ausheben/ wegthun/ und gnädiglich geschehen lassen/ daß an berührten Ende die Herren Schencken solche Hasen- und Fuchs-Jagd haben sollen/ iedoch behalten wir uns für/ daß wir durch unsern Windhetzer berührter Jagd auf solchen Höltzlein auch gebrauchen mögen; Wie dann unsere Räthe aus genommener Erkundigung befunden/ daß es also für Alters gehalten und herbracht. Und damit unser Hertzog Johann Wilhelm des Sultzauischen Geheges desto bessere Gewißheit habe; Als haben wir obberührte ausgehobene und andere Hege-Seulen auf die Sultzauischen Güther aufrichten/ verordnen/ und dann hinter des Pfarrern zu Rehhausen Höltzlein anfangen/ und daselbst drey Hege-Seulen um das Holtz also setzen lassen/ daß von dem Gehege berührtes Höltzlein ausgeschlossen/ und gegen Rehhausen gehören solle; Ferner haben wir wiederum vier Hege-Seulen besser hinauf von einem Hügelein ab auf einem Weinberge zu/ hinter dem Wagener-Höltzlein auf das Porhessen Holtz hinter dem Fuchs-Loch weg/ biß wieder auf eine Höhe/ der wilde Wald genannt/ zu setzen und aufzurichten befohlen. Anno 1567.

Was nun hinter solchen gesatzten Hege-Seulen vom Wagener-Holtz an und biß zum Ende des Fuchs-Lochs/ disseits der Hege-Seulen/ nach Heringen zu gelegen/ das soll dem Herren Schencken gleich uns mit Hasen- und Fuchs-Jagd zu beweidewercken und zu bejagen frey stehen.

Jenseit aber der Hege-Seulen sollen sich die Herren Schencken und andere/ in unserm Sültzauischen Gehege Jagd und Weidewerck zu treiben/ eusern und gäntzlich enthalten.

So viel aber des Orts Gerichte anlanget/ die sollen uns Hertzog Johann Wilhelm/ wie die gesatzte Steine/ so vor Alters vermahlet/ daselbst ausweisen/ bleiben/ und solcher ausgehobenen Seulen halber mitnicht gefochten werden/ welches wir der Churfürst auch allenthalben also freundlich zu frieden seyn.

Gericht in der Ilmen zu Grossen Heringen.

Und nachdem ferner daselbst in dem Wasser Ilmen zwischen uns/ dem Churfürsten/ und unsern Lehn-Leuten/ den Herren Schencken an einem/ und unsern Hertzog Johann Wilhelms Brüdern andern Theils/ Irrungen eine Zeit lang sich also erhalten/ ob die Gericht von den Zäunen des Dorffs Grossen Hering ab/ da die gesatzte Steine die Gericht bey dem Mühl-Holtz zwischen Sultza und Eckartsberga scheiden/ das Dorff bey der Mühlen hinnunter biß zum Ende/ da die Ilmen in die Saal einfleust/ uns Hertzog Johann Wilhelmen allein zuständen/ oder unserm/ des Churfürsten/ Ambt Eckartsberga zum halben Theil/ und zum andern halben Theil den Herren Schencken gehörten; Und dann wir Hertzog Johann Wilhelm aus Fürlegung der Ambts-Bücher auch sonsten so viel bescheiniget/ daß die Fischerey im Ilmenstrohm biß in die Saal desselbigen Orts unserm Ambt Roßla gebühret; So haben wir der Churfürst/ damit unser Vetter die Fischerey desto besser erhalten möge/ freundlich bewilliget/ daß die Gerichte auch daselbst nicht allein im rechten Ilmenstrohme/ sondern auch im Mühl-Lachen oder Graben zum halben Wasser/ in unsers Vetters Amt Roßla gehören/ und das andere Theil der Gerichte im halben Wasser gegen Heringen den Herren Schencken bleiben und zustehen soll.

Damit dann auch die Herren Schencken unterthäniglich zu frieden gewesen/ iedoch daß ihnen sonsten die Gerichte im Dorffe Grossen Heringen/ und dann auch auf dem Platz/ welcher zwischen dem Mühl-Lachen und Ilmenstrohm gelegen/ auch im halben Theil des Wassers fortan ferner nicht gefochten werden/ darbey wir es auch Hertzog Johann Wilhelm bleiben lassen/ und wollen derentwegen in unser Ambt Roßla gebührlichen Befehl zu thun wissen.

Es sollen aber hiemit und dadurch/ was wir beyderseits/ der Churfürst/ und wir Hertzog Johann Wilhelm/ der Gerichte im Wasser halben freundlich bewilliget/ die Gerichte auff den andern Heringischen Gütern nicht gemeinet/ sondern dieselbigen allenthalben zwischen dem Ambt Eckertsberga und Roßla in Würden bleiben/ wie die des Orts vor Alters versteinet und vermahlet seyn.

Fischerey in der Ilmen zu Grossen Heringen.

Und dieweil auch die Leute zu Grossen-Heringen und andern Dörffern daselbst umhero angezogen/ daß sie die Wochen zweene Tage/ Mittwochs und Freytages Vormittage/ in der Ilmen zu fischen haben sollen/ welches sie unsern Räthen zum theil glaubwürdig bescheiniget; So wollen wir Hertzog Johann Wilhelm solches den Haußgesessenen Leuten auch hiermit nachgelassen haben/ iedoch daß sie der Fischerey anders nicht/ dann/ wie herbracht mit Angeln und Hamen oder Bern gebrauchen/ und daß ihrer zweene oder mehr an einem Orte die Hamen nicht zugleich und neben einander führen/ sondern unterschiedliche und gewohnliche Maaß mit ihren Fischen halten/ damit das Fisch-Wasser nicht verödet oder verwüstet werde.

Gericht auff dem Platz bey dem Rehhäuser-Höltzlein.

Als auch dieser Enden an des Pfarrers zu Rehhausen Höltzlein ein Platz mit etlichen Aeckern gegen Sultza hinnab biß an einen Stein/ so bey dem Löntzscher Loch gestanden/ und neulich ausgefallen/ der Gericht halben etwas irrig gewesen/ und aber unsere Räthe so viel befunden/ daß berührter Platz gegen Rehhausen gehörig/ und uns dem Churfürsten mit Lehn/ Zinsen und Steuer zuständig ist; Als sollen auch die Gerichte über berührten Platz in die Pforta gehören/ und die Grentz und Scheidung des Orths der streitigen Gericht halber/ von des Pfarrers

Höltzlein an/ da die Hege-Seulen gesatzt/ nicht in den Rehhäusischen Bach/ sondern oben an hohen hangenden Rhein/ biß an den Stein/ welcher an den Böhmischer Bach ausgefallen/ seyn und gehalten werden.

Des Ems-Müllers Mühl-Graben auff der Probstey-Wiesen.

Der Müller in der Ems-Mühlen/ unser des Churfürsten Schulen Pforta gehörig/ hat sich auch unter andern beklaget/ daß ihme vor Alters nachgelassen/ einen Mühl-Graben auf der Probstey-Wiesen fast mitten herdurch zu halten/ dadurch er den Ems-Bach auf die Mühle geleitet/ welcher Graben neulicher Zeit durch den Inhaber der Probstey-Güter geendert/ und daselbst in die Höhe am Holtz gemacht/ dadurch das Wasser einen starcken Fluß bekommen/ und offtmahls/ auch in geringen Fluthen/ aus dem Graben/ so weit derselbige über des Müllers eigen Wiesen gehet/ auszulauffen/ und dem Müller Schaden zuzufügen pfleget/ ungeachtet/ daß vor Zeiten nur der alte Graben/ und kein ander/ durch die Probstey-Wiesen gehalten worden; Dieweil dann berührtes Amdt Roßla des alten Grabens/ und des davon gegebenen Zinses/ nicht in Abrede seyn mögen/ und gleichwohl unsere Räthe aus dem Augenschein befunden/ daß der alte Grabe der Probstey-Wiesen etwas schädlich/ auch der neue Graben gelegener und bequemer seyn möchte; So haben wir es beyderseits dahin verglichen/ und vermitteln lassen/ daß dem Ems-Müller zugelassen und frey stehen solle/ unten am Ende hart an seiner Wiesen ein Quer-Gräblein/ oben drey und unten anderthalb Ellen breit/ zu machen/ und dadurch das Wasser aus dem Mühl-Graben in grossen Fluhten/ und wenn es ihme gefällig/ die Quer durch die Probstey-Wiesen/ biß zum Ende derselbigen/ an den Ort/ da der alte überschuß des Wassers gangen/ zu führen und zu leiten.

Darneben soll auch berührter Müller Macht haben/ oben den langen Mühl-Graben/ und solches Quer-Gräblein über die Probstey-Wiesen jährlich/ oder so offt es noth/ zu fegen/ zu räumen/ und auf seinen Kosten in guten Würden selbst zu halten.

Dagegen hat der Müller bewilliget/ den jährlichen Zinß/ wie er denselbigen biß anhero gereicht/ also auch vollends zu geben und zu erlegen.

Gericht auf des Ems-Müllers Wiesen.

Als auch an demselbigen Orte fürbracht/ daß dem Ems-Müller neulich auf seiner eigenen Wiesen durch das Amt Roßla etliche Schaaffe abgepfändet/ ungeachtet/ daß berührtem Amt die Gerichte daselbst nicht zuständen/ inmassen die Pfändung ohne Entgeld und Abtrag wiederum folgen müssen/ und dann unsere Räthe aus fürgelegten alten Vertrag/ auch sonsten so viel befunden/ daß die Gerichte über berührte des Ems-Müllers Wiesen in unserer des Churfürsten Schul-Pforta gehörig/ so soll auch Pfändung den Pfortischen Gerichten zu keiner Einführung gereichen/ und wir Johann Wilhelm wollen die Verordnung thun/ daß dergleichen fortan von unserm Amt Roßla verbleiben/ und unterlassen werden soll.

Esel-Trifft.

Als denn ferner in dem alten des Hauses zu Sachsen aufgerichteten Vertrage ein Articul/ belangende das Stifft Pforta und Amt Roßla/ des Müllers in der Ems-Mühlen und deren zu Saltza halben/ gesetzet des Inhalts:

Weil der Müller auf der Ems-Mühlen eine Zeit lang das Getreidig bey den Leuten gehohlet/ so mag er hinfort es bey seinen Mühl-Gästen auch also halten/ es solle aber den Müllern zu Saltza bey ihren Mühl-Gästen auch frey stehen/ gleicher gestalt das Getreidig hohlen zu lassen/ und aber daraus erfolget/ daß sich der Müller zu Saltza eine Zeit lang anhero unterstanden/ das Getreidig mit Eseln durch Oerter und Ende/ zum theil da keine Wege/ und zum theil gantze eigene Rasen-Wege seyn/ zu hohlen/ dadurch den Leuthen Schad und Nachtheil zugefügt/ darüber sich auch Pfändung/ Arrest/ und andere mehr den armen Leuthen beschwerliche Eingriffe zugetragen;

So haben wir diese Dinge dahin mitlen und verabscheiden laßen/ daß nun hinfort beyde in der Ems-Mühlen/ auch in den Saltzischen Mühlen die Esel gar abgethan/ und hinförder keine mehr gehalten werden sollen.

Es soll aber den Müllern allerseits nachgelassen seyn/ und frey stehen/ das Getreidig nicht mit Eseln/ sondern mit Kärnen oder Wagen bey ihren Mahl-Gästen zu hohlen/ jedoch daß sie dasselbige auf gewöhnlichen Wegen/ an Orten/ da den Leuten nicht Schaden geschicht/ in die Mühl bringen und führen mögen.

Hut/ Weit und Trifft zwischen Sultza/ Dornstädt und Nieder-Trebra.

Ferner haben sich auch/ der Hut/ Weide und Trifft halben/ zwischen der Gemeine der dreyen Flecken/ Dorff und Berg Sultza an einem/ der Dorffschafft Dornstädt am andern/ und den Herren Schencken zu Nieder-Trebra drittentheils/ Irrungen also verhalten/ daß die von Sultza in der Dornstädtischen Fluhr durch aus hüten und treiben/ und dagegen auf ihren Feldern den Dornstädtischen keine Kuppel-Weide gestatten/ auch den Herren Schencken nicht nachlassen wollen/ daß sie neben ihnen auf der Dornstädtischen Fluhr mit hüten und weiden solten; Dieweil dann unsere Räthe aus der Verhör und genommen Erkundigung so viel befunden/ ob die Dornstädtischen der Sultzauischen Gemeinen der Trifft auf ihrer Fluhr nicht in Abrede gewesen/ und die Sultzauischen ihnen die Kuppel-Weide hinwieder nicht gestehen wollen/ daß sie doch der Trifft hinauf an etzlichen Sultzauischen Feldern/ als bey der Lindelohe/ Eppichen-Holtz über den Riesen-Weg in dem Bruchhöltzlein/ neben den Sultzauischen mögen gebrauchet haben; Als haben wir solche Kuppel-Weide dahin mitteln und vergleichen lassen/ daß die Saltzauische Gemeine die Hut und Trifft auf der gantzen Dornstädtischen Fluhr in offenen Feldern/ wie sie herbracht/ haben und gebrauchen mögen/ hingegen aber soll auch die Sultzauische Gemeine gestatten/ daß die Dornstädtischen Einwohner über den Auerstädtischen Weg/ auf der Fuchs-Weide/ und hinnum biß fast an das Lindelohe bey den Auerstädtischen Feldern/ und wieder hierinn bey den Eppichen-Holtz/ und an dem Heerwege herrunter/ biß wieder an den Auerstädtischen Weg/ und denn auch daselbst auf den kleinen Stücklein/ der Schwartzenberg genannt/ biß an Christoph Francken/ und die Dornstädtische Weinberge/ allenthalben auf solchen/ als bezirckten Ort in offenen Feldern hüt- und treiben mögen.

Desgleichen sollen auch die Dornstädtische Leute ihre eigene Felder/ so jenseit der Ilmen über den Weidich/ gegen den Teufen-Weg zu/ und dann die/ so über den Kohl-Anger gelegen/ so weit sich allenthalben ihre Aecker und Wiesen erstrecken/ zu hüten und treiben Macht haben.

So viel aber die Wiesen/ Aecker und Höltzer/ so daselbst jenseit und dißseits des Rasen-Weges gelegen/ auch alle andere Sultzauischen Felder anlanget/ darauff sollen sich die Dornstädtische Leuthe aller Hut und Trifft durchaus enthalten.

Was dann ein klein Stücklein in der Dornstädtischen Fluhr gelegen/ die Löschenhöhe betrifft/ dieweil aus den alten fürgelegten Verträgen findlich/ daß berührtes Stücklein den Dornstädtischen mit Hut und Trifft alleine zustehe/ so sölle es dabey gelassen/ und die Dornstädtischen solches Stücklein zu hüten/ zu betreiben/ oder sonst als ihr Eigenthumb zu gebrauchen haben.

Letzlichen/ dieweil der Herren Schencken halber die Einwohner zu Dornstädt selbst geständig gewesen/ daß sie mit ihren Schafen auf der Dornstädtische Fluhr neben ihnen und den Sultzauischen treiben und hüten mögen/ solches auch so wohl als die Sultzauischen gebraucht und herbracht/ so sollen sie bey solcher Hut und Trifft gelassen/ und fortan durch die Sultzauischen/ wie sie sich unlängst unterfangen/ nicht gepfändet oder verhindert werden.

Dorff Ranstadt.

Es ist den Einwohnern zu Ranstadt vor Alters frey gestanden/ Bier und Wein einzulegen und zu verzapffen/ nachdem dann unser Hertzog Johann Wilhelms Amdt Roßla bey unsers Bruders Regierung den Leuten darinnen vor wenig Jahren anhero Einhalt gethan/ so wollen wir diese Verordnung und Befehl thun/ daß sie bey solcher Gerechtigkeit unverhindert gelassen werden sollen.

Gericht im Dorff Ranstadt.

Und als dann auch in demselbigen Dorff jährlich unser Hertzog Johann Wilhelms Amt ein Jahr-Gericht zu halten pflegt/ darzu vor Alters das Amt Eckartsberga mit erfordert/ damit die Gerichts-Fälle/ so etwan im Felde geschehen/ und ins Amt Eckartsberga gehörig/ zugleich gerechtfertiget werden mögen/ und aber solche Erforderung in weniger Zeit anhero unterlassen; So wollen wir in berührt unser Amdt dergleichen Beschaffung auch thun/ daß es/ wie vor Alters geschehen/ gehalten/ und das Amdt Eckertsberga zu den Gerichten mit erfordert werde.

Gericht auf den Geistliche Gütern zu Berg Sultza.

Der Grimmische Anno drey und dreyßig durch unsere Vorfahren aufgerichte Vertrag besagt unter andern ausdrücklich/ daß die Gerichte auf den Geistlichen Gütern zu Berg Sultza in unser des Churfürsten Amt Eckertsberga gehören sollen/ nachdem nun unser Hertzog Johann Wilhelms Bruder dem Amdt darinnen Einhalt thun lassen/ so wollen wir solches förderlich abschaffen/ und unserm Amdt Roßla auferlegen/ daß sie dem Amt Eckertsberga forthin daran keine Hinderung thun sollen.

Dorff Köderitz.

Das Amdt Eckertsberga hat etzlichen Leuten zu Köderitz vergönnet an Oertern/ da der Eigenthum/ Lehn/ Zinß/ Gericht und/

Steur

ANNO 1567. Seiner uns dem Churfürsten zuständig / und die Lehn und Zinß mit unsern Vorwissen zur Kirchen geschlagen worden / kleine Häußlein zu erbauen; Dieweil dann die Voigtey Gebstädt dem Ambt darinne Hinderung und Inhalt gethan hat ;. So wollen wir Hertzog Johann Wilhelm befehlen / daß solches forthin auch unterlassen und verbleiben soll.

Gerichts-Fälle bey Wiesserin.

Desgleichen / als berührte Voigtey unser Ambt Eckertsberga durch Hanß Mayen / gewesenen Schultheissen zu Gebstädt / mit des von Hesselern Unterthanen gefänglich angegriffen / der Gerichtshalter bey Wiesserin Einhalt gethan / und derentwegen einen Revers geben sollen; So wollen wir auch / daß solches berührten Ambt Eckertsberge an den Gerichten unschädlich und unnachtheilig sey / und wir Hertzog Johann Wilhelm wollen in die Voigtey zu verordnen wissen / daß man sich dessen fortan enthalten soll.

Krauwinckliche und Dittersrodische Gerichte.

Zwischen dem Dorff Krauwinckel und Dittersroda haben sich der Gericht halben Irrungen also erhalten / daß die Holtz-Gericht etzliche mahl der Krauwinckelischen Fluhr durch das Amt Weimar zu nahe gesatzt / damit nun derenthalben auch Gewißheit erhalten / so haben wir mit Rheinsteinen die obberührte beyde Fluhren unterscheiden und vermahlen lassen / und wir Hertzog Johann Wilhelm wollen / daß unser Amt Weimar über solche Rheinsteine die Gericht nicht setzen / sondern damit auf der Dittersrodischen Fluhr bleiben soll.

Reimung zwischen Buttstädt / Nieder-Reisen und Gebstädt.

Deßgleichen / weil die von Buttstädt / Nieder-Reisen und Gebstädt in die Rudersdörffer Fluhr an etzlichen Orten zu weit gepflüget; so haben wir dieselbige Fluhren auch verrheinen und versteinen lassen / dabey es bleiben / und sich die Leute solcher Rheimung enthalten sollen.

Der Leut im Amt Eckertsberga Felder / so in anderem Gericht gelegen.

Es haben sich etzliche Einwohner der Dörffer im Amt Eckertsberga beklagt / daß sie viel Aecker / Wiesen / Felder / zu ihren Gütern / gehörig / hätten / welche sie und ihre Vorfahren ohne Veränderung einiger Zinß über die Menschen Gedancken besessen / und allwege als Erb-Güter gebraucht und innen gehabt / dieselbigen wären ihnen vor wenig Jahren / aus keiner andern Ursach / als daß sie in des Amts Weimar / Roßla oder Dornburgk Gericht gelegen / vor Loß-Guth gefochten / und angezogen / es wären auch etzliche bey unsers Bruders / Herrn Johann Friedrichs Regierung dahin getrungen / daß sie solche Güther aufs neue wiederum erkauffen solten; Damit nun derentwegen das Armuth wieder Recht nicht beschweret; So wollen wir Hertzog Johann Wilhelm derer Dinge Erkundigung nehmen / und uns darinne gegen die arme Leut / gebührlich / gnädig und rechtmäßig zuerzeigen wissen.

Filial Dornstädt und Eberstädt

Es ist vor etzlichen Jahren mit dem Filial zu Dornstädt und Eberstädt eine Auswechselung also geschehen / daß das Dornstädtische gegen Sultza / und das Eberstädtische gegen Nieder-Trebra / mehrer Bequemligkeit und näher Gelegenheit halben / geschlagen worden; Nachdem aber bey unser Hertzog Johann Wilhelms Bruders Regierung dem Pfarrherrn zu Nieder-Trebra das Eberstädtische Filial auch entzogen; So haben wir Hertzog Johann Wilhelm bewilliget / daß obberührtes Dornstädtische Filial mit dem Einkommen / so es für der Auswechselung gehabt / wiederumb gegen Trebra gehören soll / immassen wir es dahin weisen / und wollen / daß es unser Amt Roßla dahin folgen lasse.

Die Pfarr Nerckewitz.

Das Ambt Dornberg hat von wegen des Hoffs Uttenbach etzliche Weinberge / Holtz und Zinß / in der Nerckewitzer Fluhr gelegen / zu sich gezogen / dieweil dann dieselbige vor Alters zu der Pfarr davon / oder aus dem Tempel-Hoff Uttenbach unterhalten worden / so haben wir Hertzog Johann Wilhelm freundlich bewilliget / daß über die so berührten Pfarrherren aus dem Dorff Nerckewitz darzu gegeben wird / jährlich aus dem Hoffe Uttenbach zwantzig Scheffel Korn / fünff Scheffel Gersten / fünff Scheffel Haber / alles Jenisch Maaß / und fünff und zwantzig Gülden am Gelde / auf zwe Termin / Martini und Pfingsten / und dann fünff und zwantzig Acker Holtz eigenthümlich folgen sollen / darüber wollen wir auch die Pfarr zu Nerckewitz innerhalb eines Jahres Frist wiederum erbauen / und folgends aus dem Hoffe Uttenbach im baulichen Wesen / wie vor Alters gewesen / erhalten lassen. ANNO 1567.

Es sollen aber die Einwohner zu Nerckewitz anfangs / und so offt die Pfarr oder etwas neues darauff gebauet wird / darzu mit ihren Pferden einen Tag also zu frohnen schuldig seyn / daß allewege vier Pferde zu Hauff gespannet / und so viel Geschirr und Fluhren / als die Pferde im Dorff mit solcher zu Hauff Spannung ausmachen mögen / darzu gebrauchet werden. Und wir Hertzog Johann Wilhelm wollen in Krafft dieser unserer Bewilligung obgesetzte Getreide / Geld-Zinß / das eigenthümliche Holtz und die Gerechtigkeit deß Bauens zu der Pfarr gegen Nerckewitz auf den Hoff Uttenbach hiermit gewidmet haben / befehlen auch unserm Amt Dornburg / daß demselbigen allen also unweigerlich nachgesetzet werde.

Hege-Seule bey Auerstädt.

Als dann bey unsers Hertzog Johann Wilhelms Brudern Regierung eine Hege-Seule bey dem Auerstädtischen und Sultzaischen Gericht gesatzt worden / und aber unsere Räthe in gehaltener Besichtigung befunden / daß berührte Hege-Seule unserm des Churfürsten Amt Eckertsberge etwas zu nahe gestanden / so haben wir Hertzog Johann Wilhelm die Verordnung gethan / daß dieselbige ausgeworffen / und auf Grund und Boden / da es unzweiffelhafftig ist / wiederum gesatzt und aufgericht werde.

Grentz-Stein auf der Naumburgischen Straß nach Weimar.

Dieweil auch vor Alters am Ende der Auerstädtischen Fluhr von der Straß nach Naumburg durch Auerstädt nach Weimar Anno drey und viertzig ein Stein gesatzt worden / an welchem die Schwerdter nach Weimar / und der Rauten-Krantz auf Auerstädt zugewiesen / und aber darsieder die Chur und Lande verändert; So haben wir auch berührten Stein ausheben und kehren / und also setzen lassen / daß die Schwerdter nach Auerstädt und der Rauten-Krantz auf Weimar weisen und zeigen.

Geleit zu Wiegendorff / Krippendorff und Rudersdorff.

Vor Alters sind die Unterthanen der Stadt und des Amts Eckersberga befreyet gewesen von den Weinen / so sie zu Neuen Grimma / Zwetzen / Leisten / Jehna und daselbst umbher disseits der Saale erkaufft / desgleichen von deme gegen Jehna geführten Getreidig / und den wieder heraus geladenen Holtz / Schindel / Breter und dergleichen / so sie zu ihren selbst Gebeuden gebrauchen / auf dem Weimarischen Bey-Geleit zu Wiegendorff und Krippendorff kein Geleit zu geben / dagegen hat man es auch in unsern des Churfürsten Bey-Geleit Rudersdorff / mit den Städlein und Dörffern / Buttstädt / Buttelstädt / Rassenberg / Gutmannshausen / Hardißleben und andern / so disseits der Saala von Eckartsberga aus gelegen / also gehalten / und dergleichen Geleit von ihnen auch nicht genommen; Ob nun wohl bey unsers Hertzogen Johann Wilhelms Bruders Regierung derwegen eine Enderung fürgenommen / darüber sich dann Pfändung und Gegenpfändung zugetragen / so haben wir doch nunmehr durch unsere Räthe den Grund derer Dinge erkundigen lassen / und dieweil wir befunden / daß uns an solchen Bey-Gleit obbenanter Unterthanen halben wenig gelegen / solches auch fürnehmlich / wann wir es gleichförmig aufrichten und halten wolten / alleine zu Beschwerung unser beyderseits Unterthanen gereichen würde; Als haben wir zu unser Unterthanen Getreu und Auffnehmen gegen einander freundlich bewilliget / daß wir Hertzog Johann Wilhelm des Churfürsten Stadt Eckartsberga Einwohner / und desselbigen Amts Dörffer und Unterthanen mit Bey-Gleit zu Wiegendorff und Krippendorff nicht belegen / sondern sie mit den Weinen / welche disseits der Saale erkauffet / und mit der Getreide-Fuhren gegen Jehna / und den hieraus geladenen Holtz / Schindel / Breter und dergleichen / so sie zu ihren selbst Gebäuen gebrauchen / Gleitsfrey durch solche unsere Bey-Gleit ungehindert kommen und fahren lassen wollen.

Dagegen wollen wir es der Churfürst auf unsern zu Rudersdorff Bey-Gleit auch also halten / und von unsers Vettern Hertzog Johann Wilhelms Unterthanen der Städtlein Buttstädt / Buttelstädt / Rassenbergk / auch andern / und den Dörffern / so disseits der Saale des Orts umbher liegen / und mit obberührten Stücken durchfahren / solche Bey-Gleit in gleichen Fällen auch nicht nehmen lassen / und sie dessen hiermit / wie unser Vetter die unsern / befreyet haben / darauf wollen wir auch beyderseits in unsere Aemter befehlen / daß dieser unser Bewilligung fortan nachgesetzet werde.

Und damit andere unter ihren Nahmen auf beyden Bey-Gleiten nichts durchfahren / und also unser beiderseits Geleit dadurch destomehr geschwächet werden möchten; So wollen wir / daß den Leuten von unsern Schössern Gleits- und Bekäntnüß-Briefe oder Zettel gegeben werden / so sie zu solchen ihren Durchfuhren gebrauchen und fürlegen mögen.

Als auch unsern Räthen ferner fürbracht / daß unser des Chur-

ANNO 1567.

fürsten Schösser zu Eckertsberge zu Einforderung des Rudersdorffs Bey-Geleits in den dreyen Buttstädtischen Märckten/ etzliche Personen auf Fortern/ die alte Marck und Nieder-Reussen genannt/ so unser Grund und Boden ist/ zu ordnen pflege/ daran ihme der Gleitsmann zu Erffurth Verhinderung und Einhalt ohne Fug zu thun fürnehme/ so wollen wir Hertzog Johann Wilhelm solches bey dem Gleitsmann abschaffen/ und ihme dessen fortan sich zu enthalten ernstlich befehlen.

Marschalche von Gosserstädt.

Die Marschalche von Gosserstädt haben unsern verordneten Räthen unter andern fürbracht/ daß sie in den Städtlein und Dörffern/ Buttelstädt/ Buttstädt/ Gutmannshausen/ Mannstädt/ Gebstädt und andern/ unter uns Hertzog Johann Wilhelmen gelegen/ etzliche Lehn-Zinß-Leute hätten/ von denen sie die Lehn-Wahr von zwantzig Gülden nicht allein in Contracten/ wann die Güther verkaufft und verwechselt werden/ sondern auch in allen Erb-Fällen zu nehmen befugt wären/ daran ihnen durch unser Hertzog Johann Wilhelms Amt Weimar allerley Einhalt geschehe. Nachdem wir uns dann zu erinnern wissen/ was unsere Landes-Ordnung mit sich bringet/ und daß derselbigen sonderlich von dem Herbringen eine Clausul angehangen/ so wollen wir die Marschalche und berührte ihre Lehn-Leute förderlich bescheiden/ und wann wir befinden/ wie und an welchem Orte es die Marschalche mit der Lehn-Wahr herbracht/ uns gebührlich und also erzeigen/ daß sie bey ihrem Herbringen gelassen/ und zur Unbilligkeit nicht beschweret werden.

Amt Weimar von wegen des Dorffs Oebringen/ und Churfürstliche Land-Renthmeister zu Leutenthal und Sachsenhausen.

Zwischen der Gemeine zu Grossen Oebringen und Leutenthal haben sich etzliche Jahr der Gericht/ Huth und Weide halben/ an einem Orth/ da zwischen dem Bach und den Sachsenhäusischen Aeckern gemengte Felder/ eines Theils gegen Leutenthal/ die andere gegen Oebringen gehörig/ gelegen seyn/ und dann auch auf Hanß Knautten zu Leutenthal Wiesen-Flecklein der Ober-Trifft halben/ so die Einwohner zu Oebringen darzu brauchen wollen/ damit sie mit ihrem Viehe darüber kommen/ und ihre Felder jenseit der Bach desto besser behüten möchten/ Irrung und Gezanck erhalten/ darüber sich dann nicht alleine Pfändung und andere thätliche Eingriffe/ sondern auch ein Todes-Fall an Georg Tallern zu Oebringen zugetragen.

Dieweil dann unsere verordnete Räthe in Besichtigung dieses streitigen Orths so viel befunden/ daß die Aecker beyder Gemeinen von oben des Weges an/ biß unten an den Bach durchaus gemengt/ und daß doch die meisten Oebringischen Aecker oben am Wege/ und der mehrer Theil der Leutenthalischen Felder unten an den Bach streichen; So haben wir diese Irrungen der Hut/ Trifft/ Gericht halben dahin verglichen und mitteln lassen/ nemlich daß fast in das Mittel solches gantz streitigen Orths zu Scheidung und Raumung der Gericht und Hut vom Ende der Sachsenhausischen Felder biß an die Bach/ da dieselbe quer herunter fleust/ vier Steine/ und dann unten an den Wiesen gleich am Orth als berührtes Wieselein wendet/ und Kellers Nachkommen Wiesen-Flecklein angehet/ zwene Steine gesetzet und vermahlet worden.

Was nun von Aeckern/ Feldern und Wiesen jenseit der Steine nach dem Wege und Oebringen zu gelegen/ darüber sollen die Gerichte/ ober und unter/ dem Amt Weimar/ und die Huth und Trifft den Einwohnern zu Oebringen alleine gehören; Was dem disseits der Steine von Feldern/ Aeckern und Wiesen biß an den Bach streichet/ darüber sollen die Gericht/ ober und unter/ dem Renthmeister Barthel Lauterbach allein zustehen/ und soll fortan ein Gemein die andere an solcher Huth/ Trifft nicht hindern/ und sich über die Steine der andern abgerheinten Feld-Eben mit Huth und Trifft nit gebrauchen noch anmassen/ desgleichen sollen sich die Einwohner zu Oebringen nicht allein der Trifft und Huth/ sondern auch der Ubertrifft über die Steine auf berührten Feldern/ und also auch über des Knauten Wieselein fortan gäntzlich enthalten.

So viel aber ausserhalb der Gericht und Huth den Eigenthum/ Lehn/ Zinß und Steuer über die Aecker und Felder in solchen gantzen benanten Orten belangen thut/ solches alles soll einem jeden bleiben/ dem es biß anhero zugestanden/ damit es dann auch allenthalben gehalten werden soll/ wie es gebraucht und hergebracht.

Die Fisch-Bach derer Oerter soll von Leutenthal hinauf biß an das Ende/ da die Steine zwischen Kellers Nachkommen/ und Knauten Wiesen-Flecklein gesetzet/ dem Renthmeister und seinen Nachkommen/ so zu dem Hoffe gegen Leutenthal gehörig/ seyn und bleiben/ und sich darinnen beyde die Oebringischen und Leutenthalischen zu fischen enthalten/ der Orth aber/ da berührte Bach zwischen den Leutenthalischen und Oebringischen Feldern herunter die Quer von dem letzten vierdten Steine ab/ biß auff Kellers Wiesen-Flecklein fliesset/ solle den Einwohnern beyder Gemeinden Leuthenthal und Oebringen zu fischen freystehen/ und von demselbigen Steine ab nauf gegen Oebringen soll die Gerechtigkeit der Fischerey gegen Oebringen alleine gehören.

Und damit des Orts allenthalben destomehr Richtigkeit gehalten werde; So sollen wir auch über den Bach die daselbst Leutenthalische und Oebringische liegende Fluhren mit Steinen biß an die Taßdorffische Marck verreinen und vermahlen lassen/ darbey es dann gelassen/ und ein jedes Theil sich mit Gerichten und Hüttung solcher Rheinung gebührlich verhalten soll.

ANNO 1567.

Sachsenhausen- und Weimarische Hege-Seulen.

Als vor Alters drey Hege-Seulen uf der Sachsenhausischen und Leuthenthalischen Fluhr zu dem Weimarischen Gehege gesetzet/ dieselbige aber hernacher etzliche mahl der Gericht halben/ laut des Naumburgischen Vertrags/ Anno 40. dauret/ gefochten/ und nicht der Gericht/ sondern des Geheges halben stehen blieben/ und dann unsere verordnete Räthe in der Besichtigung so viel befunden/ daß berührte drey Hege-Seulen auf unsers des Churfürsten Lehn und Landes-Fürstl. Obrigkeit gestanden/ wir auch beyderseits allen Zanck und Irrungen/ so aus solchen und dergleichen Seulen und Mahlzeichen/ in ein ander Fürstenthum gesatzt/ zu entstehen pflegen/ gern verhüten und vorkommen wollen/ so haben wir uns Hertzog Johann Wilhelm der Jagd und des Geheges auff bemelter Sachsenhausischen und Leutenthalischen Fluhr verziehen und begeben/ und die darauff gesatzte Hege-Seulen ausheben und abthun lassen/ bewilligen auch hiermit/ daß die Jagd auf der Sachsenhausischen und Leutenthalischen Fluhr dem Renthmeister und seinen Nachkommen gegen Leutental allein zustehen und gehören soll/ und wollen uns berührter Jagd ferner nicht anmassen/ auch derentwegen in unser Amt Weimar/ die Gericht und Jagd darauff nicht zu fechten/ gebührlichen und ernstlichen Befehl geben.

Desgleichen ist auch unsere ernste Meinung/ daß sich die Benachbarten vom Adel und andere auf solchen des Renthmeisters Gütern der Sachsenhausischen und Leutenthalischen Fluhr/ inhalts unsers Vetters/ des Churfürsten/ und unserer selbst eigenen Landes-Ordnung/ der Jagd und Weidewercks gäntzlich enthalten und eusern sollen/ damit sich also der Renthmeister berührter Jagd und Weidewercks auff solchen seinen Güthern/ so weit sich derselbigen Fluhren und Gerichte erstrecken/ immassen als wir/ da uns das Gehege zugestanden/ daselbst allein/ von unserm Amt/ und männiglichen ungehindert/ zu gebrauchen habe.

Liebstädt und Oßmanstädt/ und andere daselbst liegende Dörffer.

Die Fluhren beyder Dörffer/ Liebstädt und Oßmanstädt/ seind vor dieser Zeit umrheinet gewesen/ daher dann zwischen beyder Dörffer Einwohnern allerley Gezäncke verursachet/ damit nun an solchen Fluhren/ beyde des Eigenthums und der Gericht halben/ Gewißheit gehabt/ und fernere Zwietracht verhütet werden möchte/ so haben wir gemelte Fluhren durch aus und an allen Orten mit Rheinsteinen vermahlen/ und den Leuthen beyder Dörffer darneben aufferlegen lassen/ daß ein jeder uf beyden Seiten am Ende seiner Aecker drey Furchen breit Laide biß zum Steine liegen lasse/ damit bemelter Rhein neben den Steinen berase/ und also augenscheinlichen und ächtiger sey/ und wir wollen/ daß solchem also jährlichen und allezeit nachgesatzt/ und der Verbrecher von denen Innehabern der Güther Liebstädt und Oßmanstädt gebührlichen gestraffet werden soll.

Dergleichen Rheinung soll auch zwischen den andern daselbst liegenden Fluhren/ als zwischen der Pfiffelbacher und Goldbacher/ auch zwischen der Rohrbachischen und Liebstädter Fluhr gehalten/ und daselbst auch bey den gesatzten Rheinsteinen auf beyden Seiten drey Furchen breit Lede allwege liegen bleiben/ und demselbigen bey einer nahmhafftigen Straff/ so der Schösser und Verwalter benennen mögen/ unweigerlich nachgesetzet werden.

So viel aber die Gericht auf solchen Rhein-Graffen Plätzlein anlanget/ sollen die drey Furchen von dem Stein an zu einer jeglichen Fluhren/ daran sie gelegen/ gehören/ und also auch die Fälle/ so sich disseits der Steine auf den dreyen Furchen begeben/ von den gerechtfertiget/ gericht und gestraffet werden.

Hege-Seule bey dem Liebstädter Holtze.

Bey unsers Hertzogs Johann Wilhelms Bruders Regierungs-Zeiten/ ist eine Hege-Seule hinter dem Liebstädter Holtz gesetzet/ und dieselbige von uns dem Churfürsten gestattet worden.

Nachdem dann unsere verordnete Räthe in der Besichtigung befunden/ daß berührte Hege-Seule auf der Müllerstädtischen Fluhr/ unsers des Churfürsten Lehn/ gestanden/ so haben wir Hertzog Johann Wilhelm dieselbig abthun und ausheben/ und disseits der Strassen auf die Pfiffelbachische Fluhr/ unserm Amt Roßla zugeständig/ rücksetzen lassen.

Liebstädter Holtz.

Das Liebstädter Holtz/ so an die Pfiffelbachische Fluhr rhei-

nen/

ANNO 1567.

net/ ist vor dieser Zeit mit etzlichen Steinen vermahlet worden/ dieweil dann die Steine und andere Mahl-Zeichen zum theil ausgefallen und verendet/ so haben wir solches Holtz wiederumb an den werenden Mahl-Zeichen aufs neue verreinen lassen/ und wir wollen/ daß es bey solcher Verreinigung bleiben/ auch unser Hertzog Johann Wilhelms Leute zu Pfiffelbach sich des gantzen Holtzes daselbsten/ so viel den Eigenthum belanget/ enthalten und eusern sollen/ was aber die Hut und Trifft auf etzlichen darinnen liegenden Wiesen anlanget/ damit verbleibet es/ innassen es ein jeder berechtiget.

Es sollen sich aber die Leuthe zu Pfiffelbach enthalten/ so viel unnöthiger Wege/ wie bißhero geschehen/ dadurch zu machen/ und allein die Wege und Stege/ so vor Alters darinnen gewesen/ halten und gebrauchen.

So viel dann die Gericht über berührtes Holtz betreffend/ so sollen Ober und Nieder zu dem Hause Liebstädt/ Inhalts des Vertrags/ welcher etwann durch unser Vorfahren Räthe Anno funff und viertzig aufgericht/ davon auch oben an dem Orth/ da des Ilmen-Strohmes/ durch das Dorff Eberstädt fliessend/ Meldung geschehen/ in diesen unsern Vertrag setzen lassen/ und denselbigen dadurch ratificiret und confirmiret haben/ gehören und bleiben/ und von unser Hertzog Johann Wilhelms Ambt Roßla ferner nicht gefochten werden.

Der Jagd soll sich der Innehaber des Hauses Liebstädt/ wie vor Alters/ auf berührten Holtze neben uns Hertzog Johann Wilhelm/ nach Laut eines Vertrags/ zu gebrauchen haben.

Leib-Geleit bey dem Liebestädtischen Stein.

Vor etzlich Jahren ist des Leib-Geleits halben ein Grentz-Stein hart bey dem Dorff Liebstädt/ nach Besage des Naumschen Vertrags/ also gesetzet worden/ daß die Chur-Schwerdter auf Weimar zu/ und der Rauten-Krantz uff die Strasse gegen Eckertsberga gewiesen/ dieweil dann dersider die Chur geändert/ so haben wir auch solchen ausheben/ umkehren und also setzen lassen/ daß die Schwerdter auf Eckartsberga/ und der Rauten-Krantz auf Weimar zeigen/ und die Vergleitung also gehalten werden soll.

Orleshausen und Sprotta.

Zwischen dem Dorff Orleshausen/ denen von Werther zu Frohndorff zuständig/ und unser des Churfürsten Affter-Lehn/ und dem Dorff Sprotta/ in unser Hertzog Johann Wilhelms Voigtey Buttelstädt gehörig/ haben sich von dem Ort an/ da in einer Höhe drey Steine/ der Langenstein genant/ gesetzt/ und dabey jährlich drey gericht/ eines von wegen des Amts Weimar/ das andere von wegen der von Erffurth/ und drittens durch die von Werther zu Frohndorff besessen/ und gehalten werden/ auf der rechten Seiten ab/ gen Volsberg zu/ der Hutt und Trifft halben/ etzliche Zeit Irrungen und Zwiespalt aus dem erhalten/ daß an bemelten Ort/ und zwischen den Steinen der dreyen Hügel/ die Weinberg herdurch/ hinter einer Wiesen weg/ biß an die Volsbergische Marck/ sehr viel gemengte Aecker/ Wiesen/ Weinberg und Leden gelegen/ die zum Theil den Leuthen zu Orleshausen zustehen/ und gegen Frohndorff verzinset/ und zum andern Theil der Einwohner gegen Sprotta seind/ und in unser Amt Weimar verzinset werden/ daher auch vor Alters Anno 31. etliche gesetzte Hege-Seulen wiederum abgethan/ und doch diese Irrungen/ fernerer Erkundigung halben/ unverrichtet blieben/ damit nun solchen Gebrechen auch einesmahls abgeholffen werde/ so haben wir berührte streitige Ort-Begrentzung und Scheidung der Gericht und Hutt gleich durch aus mitteln lassen/ und von der Volsbergischen Fluhr an/ bey einer Trenck hinweg/ mitten durch ein Wießlein/ und dann hinter die Weinberg fort-an/ biß an den Rasen-Weg/ welcher von Frohndorff biß auf die drey gerichtete Steine/ der Langenstein genant/ laufft/ Sechszehen Rheinsteine setzen und vermahlen lassen.

Was nun an Aeckern/ Feldern/ Weinberg/ Wiesen/ Gehöltz von den Steinen ab nach Orleshausen und Frohndorff zu gelegen/ darüber sollen die Gericht/ ober und nieder/ den Werthern zu Frohndorff/ und die Trifft und Hut den Einwohnern zu Orleshausen allein zustehen.

Was aber an Aeckern und Feldern/ Weinberg/ Wiesen und Gehöltz von berührten Steinen ab gegen Sprotta/ und daselbst nauff gelegen/ darüber sollen die Gericht/ ober und nieder/ dem Amt Weimar/ und die Trifft und Hut denen Leuten zu Sprotta allein gehören.

Sonsten soll es mit dem Eigenthum/ Lehnen/ Zinsen und Steuren allenthalben des Orts bleiben/ wie es herbracht/ und es zu dieser Zeit in Besitz gewesen/ und gebraucht worden.

Als auch dieses Orts auf dem breiten Rasenwege von Frohndorff nach den langen Steinen zu ein Platz/ von einem kleinen gesatzten Rheinsteine ab/ welcher mitten auf dem Wege stehet/ und daselbst die Erffurtische Hütung scheidet/ biß zum langen Gerichts-Stein hinnauff/ gelegen ist/ darüber der Hütung halben zwischen den Leuten zu Sprotta und Orleshausen Irrungen eine lange Zeit gewesen/ und dann unsere Räthe in der Besichtigung befunden/ daß solcher geringer Platz von Orleshausen weit abgelegen; So haben wir es dahin abhandeln und vergleichen lassen/ daß die Einwohner zu Sprotta forthin berührten Platz mit ihrem Vieh und Pferden alleine betreiben und behüten mögen/ und sich die zu Orleshausen darauff zu treiben gäntzlichen enthalten sollen.

So viel aber die Gericht des Orts und auf dem gantzen Rasen-Weg von Frohndorff biß auf den langen Gerichts-Stein anlanget/ dieselbe Ober und Nieder sollen denen von Werthern zu Frohndorff/ wie biß anhero/ geruhiglichen und unverhindert bleiben und zustehen.

Dieweil auch darüber der Enden des Geleits wegen/ so neulich gegen Sprotta geleget/ und zu dem Geleit gegen Volsberg gehörig/ des Umbtreibens und der Waaren halber/ so die Leuthe zu ihrer selbst Nothdurfft und Gebäuen gebrauchen/ und für Alters nicht vergleiten dörffen/ allerley Klagen und Beschwerung fürgebracht/ so haben wir solchen Articul, das Geleit belangend/ dahin richten/ vergleichen und verabschieden lassen: Nehmlich/ daß die Leuthe zu Orleshausen/ Frohndorff/ und daselbst umher in der Herrschafft Frohndorff/ zu ihren selbst Gebäuen Schindel/ Breter/ Holtz und dergleichen auf der Straß daselbst/ oder andern Beywegen/ hohlen/ und andere ihnen zuführen mögen/ und daß von solchen kein Geleit gegeben/ noch auch die Fuhrleuthe damit umbgetrieben werden sollen.

Desgleichen soll auch berührten Leuthen nachgelassen seyn/ ihr eigen erwachsen Getreidig und andere Frucht ohne Geleit zu Marckt und anders wohin zu fuhren/ und sie daran/ ihres Gefallens zu gebrauchen/ niemand hindern/ beschweren oder umtreiben.

Und damit derentwegen destomehr Gewißheit gehalten/ so sollen die Fuhr-Leute/ welche solches Gleits Frey-Waaren führen/ sich in jeden nechsten Geleit ansagen/ und die Waaren durch fürgelegte Zettel oder sonsten beglaubigen.

Würden aber die Leute Schindeln/ Breter/ Holtz und anders nicht zu ihrer Nothdurfft/ sondern andern zu gut daselbst durchführen/ und damit handeln wollen/ oder es würden auch andere von ihnen Getreidig und dergleichen erkauffen und abführen/ so solle mit denselbigen die rechte Straß gehalten/ und solches alles/ wie gebräuchlich und herkommen/ in das Gleit zu Volsberg vergleitet werden.

Mit dem Umtreiben soll es hinfort von Volsberg und andern darzu gehörigen Oerthern durchaus also gehalten werden/ wann die Fuhr-Leute die daselbst liegende Strassen umbfahren/ und in unsern Hertzog Johann Wilhelms Gerichten nicht angetroffen würden/ so mag der Gleitsmann zu Volsberg und seine Mitverordnete den Fuhr-Leuten auf der Frohndorffischen Gericht folgen/ und sie daselbst ergreiffen und anhalten/ jedoch/ daß er die genommen Pfand gegen Frohndorff überantwortet/ und in denselbigen Gerichten der Abtrag gefordert und gehandelt werde/ darauff die Frohndorffische Gericht Execution, Gericht und Gerechtigkeit schleinig mittheilen/ und dem Gleitsmann gebührlichen verhelffen sollen.

Bey-Geleit zu Volsberg und Lewingen.

Wann die Fuhr-Leuthe gegen die Sachsenburgk kommen/ so giebt das alte Herkommen/ daß die Haupt-Fuhren jenseit der Brücken auff Weisen-see/ Wundersleben und Erffurth fahren müssen/ aber den andern Fuhr-Leuthen/ so Korn/ Eisen/ Obst/ Saltz und anders führen/ ist nachgelassen worden/ zu Sachsenburgk über die Brücke zu fahren/ und daselbst eines Theils das Geleit zu Volsbergk/ so uns Hertzog Johann Wilhelmen gegen Erffurth gehöret/ zu halten/ und eines Theils das Weisenseische Geleit zu Lewingen zu geben. Dieweil dann solcher Fuhr-Leut/ so über die Unstrutt zu Sachsenburgk kommen/ und des Geleits zu Lewingen halben/ allerley Irrungen fürgefallen/ so haben wir dieselbige folgender gestalt verglichen und richtig machen lassen: Nehmlich: Die Fuhr-Leute/ so mit Getreidig/ Eisen/ Holtz und andern zu Sachsenburgk über die Brück kommen/ und von dannen gegen Ilmenau/ Saalfeld/ Coburg/ und in das Land Francken über den Wald fahren/ die sollen/ das Geleit zu Volsberg zu halten/ und daselbst zuzufahren/ schuldig seyn; Die Fuhr-Leute aber/ so mit dem Eisen/ Korn/ Saltz und andern von der Sachsenburgischen Brück ab auf Lewingen fahren/ sollen daselbst das Weisenseische Geleit zu geben/ und von dannen auf grossen Sömmern und auf Erffurth zu fahren/ und daselbst uns Hertzog Johann Wilhelm Erffurtisch Geleit zu erlegen schuldig seyn/ auch da sie Erffurth umbführen/ derenthalben gebührlich angehalten und umgetrieben werden.

Geleit zu Gottern und Erffurth.

Es ist über verwährte Zeit und Menschen Gedencken mit den beyden Geleiten zu Erffurth und Gottern herkommen/ wann die Fuhr-Leute zu Gottern das Geleit gegeben/ und ein Zeichen und Palet gelöset/ und dasselbige bey Sonnenschein und für der Abladung in das Geleits-Hauß zu Erffurth überantwortet/ daß sie alsdann die Waaren ohne Geleit abladen/ verkauffen und verhandthieren/ dergleichen/ daß auch die Leute auff ihre in Erffurth erkauffte Waare und vorgehende Vergleitung daselbst ein Zeichen aus dem Geleits-Hauß nehmen/ und damit wieder Gleits-frey durch Gottern fahren mögen.

Dieweil dann bey unser Hertzog Johann Wilhelms Regierung das Geleit zu Erffurth einen Unterschied unter frembde und im Lande erwachsene/ ausländische und erzeugte Waaren machen/ und mannichmal die Gotterischen Zeichen nicht annehmen wollen/ und von den einländischen Waaren das Geleit zur Würung genommen/ sonderlich dem alten Brauch zuwieder/ auf ein jegliches Faß Einbäckisch Bier 5. Groschen in Erffurth/

ANNO 1567.

ANNO 1567.

furth/auff unsers Hertzog Johann Wilhelms Bruders Befehl/ geleget/ ungeachtet daß berührtes Bier zu Gottern vergleitet/ und davon das Frey Zeichen gelöset worden/ und aber unsers Vetters verordnete Räthe aus dem General-Artical der Geleits-Taffel/auch aus genommener Erkundigung/ so viel dargethan/ daß mit allen Waaren ohne Unterscheid vor Alters in beyden Geleiten berührte Gleichheit gehalten worden; So wollen wir auch/ daß demselbigen gleichermassen nachgegangen/ und von allen Waaren/ inländischen oder ausländischen/ ohne Unterscheid/ wann das Erffurthische Bley- und Frey-Zeichen gegen Erffurth überantwortet wird/ kein Geleit genommen werden/ sondern die Fuhr-Leute Geleits-frey durchkommen sollen.

Insonderheit wollen wir/ wann die Fuhr-Leuthe das Einbäckische Bier zu Gottern vergleiten/ ein Frey-Zeichen erlangen/und in das Geleits-Hauß zu Erffurth überantworten/ daß sie alsdann nicht beschwert und mit keinem Geleit belegt werden sollen/ jedoch wollen auch wir solches dergestalt gemeinet und erklähret haben/ daß die Fuhr-Leute/ Inhalts der Geleits-Taffel/ sich des Tages/ wann sie ankommen/ und ehe sie abladen/ in dem Geleits-Hause zu Erffurth/ angeben/ und das zu Gottern gelösete Frey- und Bley-Zeichen einlegen sollen.

Würden aber benannte Fuhr-Leute sich/ wie obstehet/ nicht ansagen/ oder keine Frey-Zeichen fürzulegen wissen/ so mag unser Geleitsmann zu Erffurth von dem Einbäckischen Bier und andern Waaren Geleit fordern und einnehmen/ dergleichen soll dem Geleitsmann zu Gottern freystehen/ der in Erffuth erkaufften Waaren halben/ davon kein Frey-Zeichen genommen/ auch zu fordern und einzubringen/ wie wir dann befinden/ daß es vor Alters also gehalten und herbracht.

Bürgere und Bauren/ so in Thüringen Geleits-frey sind.

In der Erffurtischen Geleits-Taffel seind zweene Articul verleibet folgendes Inhalts:

Alle Bürger und Bauren/ alle männiglich in Thüringen gesessen/ mögen auf alle Wochen-Märckte auf- und abziehen/ geben zu Erffurth kein Geleit.

Item: Alles/ das im Land zu Thüringen gewachsen ist/ es sey Weit/ Wein/ Gersten/ Haber/ Hopffen/ giebt kein Geleit zu Erffurth/ es sey dann/ daß es aus dem Lande hinweg geführet würde in die Stadt/ da es Geleitsbar ist.

Dieweil dann solche beyde Articul in berührter Gleits-Taffel folgends dahin erkläret worden/ daß es auf Thüringen/ so zwischen Sachsenburg und Erffurth gelegen/ gemeinet sey/ und aber unser Hertzog Johann Wilhelms Gleitsmann zu Erffurth/ bey unsers Hertzog Johanns Bruders Regierung-Zeiten/ dieselbige in Thüringen alle/ welche in den Städten Saltza/ Tennstädt/ Weisensee und dergleichen umbhero über der Brücken zu Sachsenburg wohnen/ mit Geleit auf die in Erffurth geführte und im Land erzeugte/ und die aus Erffurth wiederumb erkauffte ausländische und inländische Waare beleget/ und zur Neuerung beschweret hat/ so wollen wir auch solches forthin abschaffen/ und ist unser Meinung/ daß alle von Städten und Dörffern/ so zwischen Sachsenburg und Erffurth seyn/ und dann auch Kindelbrück/ ihre erwachsene und erzeugte Frucht und Waaren ohne Geleit in Erffurth bringen/ und darinnen verkauffen und verhandthieren/ auch hinwieder alle in Erffurth erkauffte ausländische und inländische Waare wieder aus- und anheim führen mögen/ und davon in unser Geleits-Hauß zu Erffurth kein Geleit zu geben schuldig seyn sollen/ würden sie aber die in Erffurth erkauffte ausländische Waare ferner und nicht anheim führen/ und damit an andern Orten handthieren wollen/ so sollen sie dieselbige/ wie Herkommen/ zu vergleiten schuldig seyn.

Desgleichen/ als auch unser Hertzog Johann Wilhelms Gleitsmann zu Erffurth die Leute von Saltza/ Tennstädt und Weisensee/ so zu Königsee Butter/ Käse und dergleichen erkaufft/ und anheim/ oder Korn gegen Arnstädt führen wollen/ gegen Erffurth des Geleits halben umtreiben lassen/ und von denen von Fluhrs-Gehelffen gemachten Thüren/ wann sie daselbst abgeführet/ das Erffurthische Geleit gefordert hat/ und dann unsere Räthe befunden/ daß solches der Geleits-Taffel und alten Herkommen zuwieder/ so wollen wir/ daß sich der Gleitsmann zu Erffurth forthin dessen enthalte/ und dergleichen nicht mehr fürnehme/ jedoch solle solches auf frembde Leuthe nicht gedeutet werden/ noch auch dieselbige zu Abbruch des Erfurthischen Geleits sich dessen zu gebrauchen und zu behelffen haben.

Straß und Geleit der Wein- und anderer Fuhren/ so vom Rheinstrohm auf Saltza/ Tennstädt/ Weisensee und Sachsenburg gehen.

Wir der Churfürst haben uns vor wenig Jahren mit Hertzog Johann Friedrichen eines Ausschreiben verglichen/ und dasselbige in unser Beyderseits Landen publiciren lassen/ folgendes Inhalts:

Von GOttes Gnaden/ Wir Augustus/ des Heiligen Römischen Reichs Ertz-Marschall/ Churfürst/ und Burggraff zu Magdeburg/ und von desselben Gnaden/ Wir Johann Friedrich der Mitlere/ Hertzog zu Sachsen/ Landgraff zu Meissen/ Gevetter/ fügen allen und jeglichen unsern Unterthanen/ auch auswärtigen Kauffleuten/ Fuhrleuten/ und denen/ die ihr Gewerbe und Handthierung in und durch unsere Lande/ Chur- und Fürstenthume/ treiben/ und sich der Strassen mit Reisen/ Fahren und Treiben gebrauchen/ hiermit zu wissen/ daß uns glaublich fürkommen/ wie neben der hohen und Ober-Strassen in unsern Landen von Leipzig auf Franckfurth am Mayn und Rhein/ auch von dannen her wieder gen Leipzig/ von etlichen Jahren gemeine ungewöhnliche Bey-Wege gesuchet worden.

Nun wissen wir uns zu erinnern/ daß unsere Vorfahren/ weiland Christlöblicher Gedächtnüß/ im 1541. Jahre/ auch zuvor etliche mahlen öffentlich Ausschreiben und Edict publiciren und ausgehen lassen/ wie sich ein jeder derselbigen Strassen halten/ und in was Pönen und Straff die Verbrecher gefallen seyn sollen; Dieweil wir dann über der alten Strassen und unserer derhalben hergebrachten Gerechtigkeit nicht weniger/ als unsere Vorfahren/ wie billich/ zu halten bedacht/ wir auch solch Umfahren/ damit unser Gleite und Zölle geschwächt und umzogen/ zu gedulten und ferner zuzusehen nicht gemeinet; Als haben wir unserer Vorfahren Ausschreiben verneuen/ und vor uns daselbst hiermit unser Edict und Geboth publiciren lassen wollen; Demnach begehren und gebiethen wir hiermit ernstlich/ daß alle diejenigen/ so hinfort von Leipzig auf Erfurth oder an den Rheinstrohm fahren/ ziehen und reisen wollen/ von Leipzig aus auf Weissenfelß/ Eckartsberga/ Buttelstädt/ Erfurth/ Eisenach oder Creutzburg/ welches die rechte und über verwährte Zeit hergebrachte Landstrasse gewesen/ und noch ist/ und hinwieder/ welche von Franckfurth oder vom Rheinstrohm nach Leipzig wollen/ auf die ietzbenannte Städte und Flecken fahren/ reisen und ziehen/ und daselbst/ wie vor Alters/ die Zölle und Geleite geben/ auch dabeneben keine andere Bey-Wege suchen noch gebrauchen sollen; Da aber einer oder mehr/ welche in unsern Landen Gewerbe und Handthierung treiben/ und die Straß bauen/ obberührte Landstrassen umziehen/ Bey-Wege suchen/ und diß unser Geboth übertreten würden/ der oder dieselben sollen unser Beyderseits Fürstl. Schutzes in solchen Umfahren und Reisen verlustig seyn/ auch Pferde/ Wagen/ und was sie eigenes bey sich haben/ führen oder treiben/ verwürcket haben/ und solches dem Fürstl. Theile verfallen seyn/ in dessen Fürstenthum/ Land/ Aemtern/ Städten und Dörffern solche Uberfahrer ergriffen werden. Und auff daß ob solchem unsern Gebothe festiglich gehalten werde/ so wollen wir unsern Amtleuten befehlen/ auch hiermit ernstlich befohlen haben/ fleißige Achtung hierauf zu geben/ und vorberührte Straffe gegen die Ubertreter unnachläßlich fürzunehmen. Darum sich ein jeder in diesen vor Schaden wird zu hüten wissen. Deß zu Uhrkund haben wir diß unser Mandat und Geboth mit unserm Secret besiegelt/ und öffentlich anschlagen lassen. Geschehen am Sonntage des vierdten Monat-Tages Aug. Anno 1560.

Nun hat derselbe der Gleitsmann zu Erffurth solches Ausschreiben dahin ziehen und deuten wollen/ daß die Fuhr-Leute/ so zu Saltza/ Tennstädt/ Weisensee/ am Reinstrohme/ Wein/ Nüsse und dergleichen gehohlet/ und nicht weiter dann in ihre Städte führen/ und denselbigen zu gut abladen und verkauffen wollen/ nicht Macht hätten/ von Eisenach auf Saltza abzuschlagen/ sondern sieben gantzer Meilen um/ und auff Erffurth zuzuführen schuldig seyn sollen.

Ingleichen/ daß auch die Straß/ so durch das Eißfeld und auf Mühlhausen/ auf Sachsenburg/ und förder aufs Land zu Sachsen mit dergleichen vor Alters gehalten worden/ gäntzlich abgethan seyn/ und alle solche Fuhr-Leute/ auff Erffurth zu fahren/ umgetrieben und angehalten werden sollen.

Dieweil dann bemeltes Ausschreiben auf die Straß/ so von Franckfurth und dem Rheinstrom ab auf Leipzig gehet/ gerichtet/ auch unser beyderseits Meinung nicht ist/ denen um Erffurth gelegenen Städten alle Zufuhren dadurch abzuschneiden/ und andere gewöhnliche und hergebrachte Strassen auffzuheben; So wollen wir ermeltes Ausschreiben dahin erklären/ haben uns auch mit einander dessen freundlich verglichen/ daß forthin nicht allein die Fuhr-Leute/ so von Weisensee/ Tennstädt und Saltza mit Weit und andern an Rheinstrom fahren/ und Wein/ Nüsse/ Castanien und dergleichen in die Städte wieder einbringen/ sondern auch andere Fuhr-Leute/ so dergleichen von Rheinstrom den bemelten Städten zuführen wollen/ von Eisenach abschlagen/ und stracks auff Saltza/ Tenstädt und Weisensee zufahren/ daselbst obbemelte Waaren abladen und verkauffen mögen/ und einiges Geleits halben nicht umgetrieben werden sollen.

Wann aber obbemelte Fuhr-Leute solche in die benante Städte geführte Waaren nicht verkauffen/ sondern förder mit auf Leipzig zufahren wolten/ so sollen sie auf Frauenstadt oder Weisensee und die Sachsenburg zufahren/ und daselbst nebst dem Sachsenburgischen Geleit unser Hertzog Johann Wilhelms Erffurthisch Geleit mit zu geben schuldig seyn/ inmassen wir Verordnung thun wollen/ daß es auf solchen Fall daselbst gefordert und eingenommen werden möge.

Ferner so sind wir auch Beyderseits gnädiglich zufrieden/ daß die Straß durch daß Eißfeld und Mühlhausen auf Sachsenburg in das Land zu Sachsen/ wie vor Alters und herbracht/ ausserhalb der gar grossen Centner-Wägen/ gebraucht und gehalten werden solle.

Da aber Jemands von Rheinstrom mit einiger Waar/ wie

ANNO 1567. auch dieselbige Nahmen hätten / durch Mühlhausen auf Leipzig fahren wolte/denselbigen Fuhr-Leuten allen soll nicht vergönnet oder nachgelassen seyn/die Straß auf Sachsenburg zu nehmen/sondern sie sollen schuldig seyn / die Straß auf Eisenach / Erffurth / Eckartsberga und also fort / wie unser Ausschreiben meldet / auf Leipzig zu halten / und sich keines andern Beyweges zu gebrauchen.

So viel aber die Städte / als Saltza / Tennstädt / und andere / welche auf der Strasse von Erffurth ab gelegen seyn / anlangen thut / dieweil dieselbige mit denen im Lande erwachsenen früchten und erzeugten Waaren die Straß nach Leipzig oder Naumburg uff Guttershausen vor Alters genommen / so sollen dieselbige dabey auch gelassen / und damit auff Erffurth zu fahren oder die Erffurthische Geleit zu erlegen pflichtig seyn.

Desgleichen wollen wir der Stadt Mühlhausen / dieweil es dieselbige also herbracht / auch vergönnen und nachlassen / daß ihre Bürger und Einwohner mit dem / so sie aus ihrer Stadt gegen Leipzig oder Naumburg führen / auf Guttmannshausen zu führen mögen / und von der gemelten Strassen nicht umgetrieben werden / jedoch daß es sonsten mit andern Fuhr-Leuten / so durch Mühlhausen fahren / und auch mit ihren eigenen Bürgern / wann dieselbige an andern Orten Waaren gehohlet / und dieselbige auf Leipzig oder Naumburg bringen wollen / allenthalben gehalten werde / wie unsere vorige Ausschreiben und diese unsere Vergleichung besaget und innehalten.

Geleit zu Welßbach.

Die Einwohner zu Körner unter dem Amt Volckeroda haben fürbracht / daß sie in unserm des Churfürsten Geleit zu Gottern vor einen Wagen Sechs Pfennig gegeben hätten / ietzo aber den Wagen mit Acht / und den Karn mit Vier Pfennigen zu vergleiten gedrungen würden / derowegen wollen wir den Geleits-Leuten befehlen / daß sie die Leute mit diesem neuen Auffsatz unbeschwert lassen.

Erffurthische Strassen.

Dieweil die Stadt Erffurth in der Chur- und Fürsten zu Sachsen Landen gelegen / und mit derselben umliegenden Aemtern / Graffschafften und Lehn bezircket ist / als seind bey unsern Vorfahren in der ersten Erbtheilung die Erffurthischen Strassen / so durch die umherliegende Aemter in Erffurth lauffen / also ausgetheilet / daß der einen Linien die Strassen / so in S. Johannis- und Andreas-Thor gehen / und der andern Linien die Strassen / so in die übrige Thor lauffen / zukommen / damit sich also jedes Theil Fürstenthum an die Stadt Erffurth erstrecke / und wie der Schutz / also auch der Strassen Geleit und Gericht beyden Theilen um die Stadt zustünde; Nachdem aber bey Hertzog Johann / Churfürsten / und Hertzog Georgen Zeiten / und sonderlich in der Vergleitung des Cardinals und Ertz-Bischoffs zu Meintz dieser Zweiffel und Irrung eingefallen / ob auch die zugetheilten Erffurtischen Strassen einer jeden Linien / nicht allein auf Erffurthischen Boden / sondern auch an denen Oertern / da sie etwas durch des andern Chur- oder Fürsten-Lehn und Eigenthum mit einstreichen / gebühren solte / so ist dieser Zweiffel durch unsern Vorfahren / Hertzog Johann Friederichen / weiland Churfürsten / und Hertzog Moritzen Anno 42. Laut aufgerichteten Compromiss, zu einer Rechtfertigung gestellt und verfaßt / und darinnen Beweisung verführet worden.

Wann denn hernach Anno 47. in der aufgerichteten Käyserlichen Capitulation der Dinge etlicher Erklärung geschehen / und aber unser Hertzogs Johann Wilhelms Herr Vatter / Hertzog Johann Friedrich / gebohrner Churfürst / auf dem Anno 48. gehaltenen Reichs-Tag in den eingebrachten Liquidation-Gesetzen die Wort der Capitulation dahin verstehen wollen / daß sie allein von dem Leib-Geleit besagt / und damit der Strassen-Gericht und andere Gerechtigkeiten nicht gemeinet seyn solten / ist darauf der Naumburgische Vertrag erfolget / darinnen klärlich ausgedrucket / daß uns dem Churfürsten die Strassen in S. Johannis- und Andreas-Thor mit allen Strassen-Rechten / Ober- und Nieder-Gerichten / auch dem Leib-Geleit zustehen solten / davon dann auch nichts ausgezogen / ausserhalb / daß des Amts Hartsleben Meldung gethan.

Als nun bey unsers Hertzog Johann Wilhelms Bruders Regierung / solchen zuwieder / der Gleitsmann zu Erffurth einen erschossenen Fuhrmann / so auf der Strassen vor S. Andreas-Thor nach Tennstädt gelegen / aufheben / und gegen Mittelhausen begraben lassen; Item: Sich auch Hertzog Johann Friedrich in kurtz verrückten Jahren der Gericht und Gerechtigkeit zweyer Strassen-Fälle auf der Strassen von S. Andreas-Thor nach Saltza / zwischen Grossen-Fahner und Thonna / mit Forderung aus den Tonnischen Gerichten dessen / was daselbst bey dem Seebrücklein einem von Seebach entfallen / und dann mit Anstellung einer peinlichen Rechtfertigung wider Andreas Geißlern in Hohnsteinischen Gerichten / unterfangen und angemasset; So haben wir der Churfürst solches / wie billich / gefochten / darüber Schrifften gegen Schrifften / auch wider die Grafen von Gleichen Geboth und Verboth der Lehn und Zinß und anderes mehres ergangen. Damit dann solchen langwierigen Irrungen einesmahls endlichen abgeholffen / und solcher Strassen halben gute Richtigkeit fortan gehalten werde / haben wir uns / zu Pflantzung und Erhaltung freundliches und nachbarliches Willens / freundlichen verglichen und vereiniget / daß berührte zwo Strassen / derer eine von S. Andreas-Thor nach Tennstädt durch die Herbißlebische Fluhr / die andere durch die Fahnerische / Dittelstädtische und Tonnische Fluhren auf Saltza gehen / forthin von Erffurth ab nach Tennstädt und Saltza / uns dem Churfürsten zu Sachsen / auf den Erffurthischen Gütern / und auch auf unser Hertzog Johann Wilhelms Amte und Lehn-Gütern / so weit die selbige Strassen berühren / und mit Leib-Geleit / allen Strassen-Gerichte und Gerechtigkeit / nichts darvon ausgeschlossen / alleine zustehen und gebühren sollen / daran auch unser Hertzog Johann Wilhelms Aemter und Befehlhaber des Churfürsten Beamten und Verordneten gantz kein einhalt und Verhinderung thun sollen / ungeacht daß solche Strassen an dem einem Orthe über die Herbißlebische / und am andern Orth über die Weniger und Grossen Fahner / auch über die Tulstädtische / die Tennische und Reichenhaimische Fluhr lauffen und streichen / welches wir Hertzog Johann Wilhelm also freundlichen bewilliget / und wollen uns berührter Strassen nicht annassen / sintemahl wir gnugsam erinnert / wie es vor Alters mit der Strassen im Hause zu Sachsen herkommen / und daß sonsten allerley Gemenge und Unrichtigkeit mit dem verwechselten Leib-Geleit und andern erfolgen würde / zu dem / daß wir auch sonsten dessen im Amt Altenburg / Eisenberg / Dornberg und Camberg / in gleichen Fällen von dem Churfürsten auf den Strassen / daran uns gelegen / welche auch gleichergestalt sein / des Churfürsten L. Anbtbelehnte Herrschafft und Lehnstück mit berühren / gnugsam verglichen worden. Allein wir behalten uns für / daß wir nach Inhalt des Naumburgischen Vertrags in der Stadt Erffurth das Geleit einnehmen / und die Fuhr-Leut / die solch Geleit umfahren / auf bemelten Strassen umtreiben / aufhalten oder pfänden / und gebührlichen straffen lassen mögen / welches wir der Churfurst auch zufrieden / und solches S. L. also freundlich nachgegeben.

Nachdem auch zu Herbißleben / vieler daselbst ein- und fürüberlauffenden Strassen halben / vieles eingewiesen und eingenommen / welches im Naumburgischen Vertrag uns Hertzog Johann Wilhelm und unserm Bruder zukommen / so soll auch dasselbige uns und unsern Nachkommen / wie wir es bißanhero gehabt / und es unser Bruder hievor Bernhardten von Mila wiederkaufflich verkauffet / zustehen und bleiben / und sollen unsere Befehlhaber zu Einnehmung und Erhaltung des Geleits / gleich wie aus Erffurth / Macht haben / die Fuhr-Leute / die solche Geleit umbfahren / umzutreiben / auffzuhalten / zu pfänden und gebührlichen zu straffen / welches wir der Churfürst auch also freundlich bewilligen.

Was denn auch die andern bey und durch Herbißleben auf Gotha und mehrer Oerter lauffende Strassen anlangt / derer wollen wir uns der Churfürst nicht anmassen / und sollen dieselbige unserm Vetter Hertzog Johann Wilhelmen bleiben und zustehen.

Als sich auch der Graff von Gleichen auf der Strassen / so weit dieselbige über die Tonnische Güther laufft / der Gericht biß anhero anmassen wollen / und aber der Strassen-Gerichte und Gerechtigkeit uns dem Churfürsten zu Sachsen rc. zustehen / so wollen wir Hertzog Johann Wilhelm bemelten Graffen ufferlegen und befehlen / daß er sich der Gericht und Gerichts-Fälle auf der Strassen ferner nicht unterfangen noch anmassen solle.

Dieweil aber gleichwohl die Strasse daselbst hart hinter dem Flecken Tonna herstreichet / wie auch dergleichen die andere auf der Stadt Fluhr am Dorff Herbißleben fürüber gehet / und sich dann offt zuträget / daß die / so in Städten / Flecken und Dörffern verbrochen und mißgehandelt / auf die Strassen lauffen / und daselbst Sicherung suchen / so lassen wir der Churfürst es gnädigst geschehen / daß der Graff zu Gleichen und der Junge Mila zu Herbißleben den Mißhandlern / welche in ihren Gerichten verbrochen / auf die Strasse folgen / sie gefänglich annehmen / und in unser Amt Saltza überantworten lassen mögen / darauff dann auch unser Amt ihnen gebührlich und schleunig Recht und Hülff mittheilen / die Verbrecher den Abtrag in die Tonnische und Herbißlebischen Gerichte zu thun weisen / auch nach gestalten Sachen auf ihr Ansuchen die Verbrecher selbst in dieselbige Gericht folgen lassen soll.

Was aber sonst alle Gerichts-Fälle anlange / die sich auf bemelter Strassen zutragen würden / die sollen in unser des Churfürsten zu Sachsen Amt Saltza gerüget / auch von Niemand anders / dann von uns gerichtet / gerechtfertiget und gestraffet werden / sonsten aber und ausserhalb der Strassen wollen wir uns der Churfürst des Orts über die Herrschafft Tonna / darnach über das Amt Herbißleben keiner Ober-Bothmäßigkeit oder Gerichte anmassen.

Und dieweil wir der Churfürst dem Graffen von Gleichen / der oberzehlten angemasten Strassen-Fälle halben / die Zinß / so ihme aus unser Fürstenthum gegeben worden / verbiethen lassen / und aber die Sachen nunmehr / wie obstehet / also verglichen und hingelegt / so wollen wir Verordnung thun / daß ihme solche Zinß wiederum folgen möge / inmassen wir solches Geboth hiermit auffgehoben und eröffnet haben wollen.

So viel dann über solche erzehlte Strassen auch andere umb die Stadt Erffurth lauffende Strassen anlanget / damit soll es bey einem jeden Theil gehalten werden / wie biß anhero / und soll uns dem Churfürsten die Strasse von S. Johannis Thor

Anno 1567.

aus / auf den Erffurthischen und andern Gütern / in allermassen / wie aus S. Andreas-Thor / Inhalts des Naumburgischen Vertrags / zustehen.

Desgleichen sollen uns Hertzog Johann Wilhelm die andern Strassen / deren Leib-Geleit / Gericht und Gerechtigkeit in den übrigen Erffurthischen Thoren in unser Fürstenthum lauffend / alleine gebühren / und wir / der Churfürst / wollen unserm Vettern daran auch keine Hinderung thun / obgleich dieselbige an etliche andere durch unser Lehn- oder Amts-Güter mitstreichen und gehen möchten.

Herbißlebische Weinberge / in der Tennstädter Fluhr gelegen.

Es sind sieder dem Naumburgischen aufgerichteten Vertrage etzlicher Weinberge halben / welche den Leuthen zu Herbißleben eigenthümlich gehören / und zum theil gegen Herbißleben / zum theil aber gegen Tennstädt verzinset werden / Irrungen vorgefallen / ob dieselbige uns / dem Churfürsten / gegen Tennstädt / oder uns / Hertzog Johann Wilhelm / gegen Herbißleben versteuret werden sollen.

Nachdem dann unsere Räthe in der Besichtigung und dem Augenschein so viel befunden / daß berührte Weinberge in dem Tennstädtischen Gericht und Fluhr / und also in unser / des Churfürsten / Landes-Fürstlichen Ober-Bothmäßigkeit gelegen / so sollen auch von denselbigen und allen andern daselbst verhandenen Weinbergen / welche jenseit des Tennstädtischen Grentz-Grabens nach Tennstädt zu liegen / uns dem Churfürsten zu Sachsen die Tranck- und andere Steuer gereichet und gegeben werden; Mit den Lehn-Zinsen und andern aber soll es gehalten werden / wie es jedes Theil ietzo in Besitz hat / und dasselbige herkommen ist.

Trifft / Kuppel-Weide und Gericht über das grosse Rieth bey Herbißleben.

Es haben die zu Gebessen / weiland dem Grafen zu Beuchlingen gehörig / vor etzlichen vielen Jahren der Hut-Trifft auf dem grossen Rieth / darüber die Herbißlebischen / Tennstädtischen und Wenig Balhäuser Einwohner die Kuppel-Weide haben / von dem Egelgraben an biß an den Sau-Graben / über den Tettenberg hinauf / und daselbst umher / sich anmassen wollen; Dieweil dann die drey Gemeinen den Gebessern solches nicht geständig gewesen seind / ist darüber Pfändung und Gegen-Pfändung ergangen / auch die Sache endlich zu einer Rechtfertigung gefasset / und darinnen Beweisung und Gegen-Beweisung geführet worden; Damit nun solchen langwierigen Irrungen einsmahls auch abgeholffen werde / haben wir / nach gehaltener Besichtigung / Verlesung der Acten / und genommener gnugsamer Erkundigung / die Hut-Trifft und Gericht desselbigen Orths auf dem Rieth folgender gestalt mitteln und geleiten lassen: Nemlichen / es sind zwischen dem Egelgraben und dem angegebenen Sau-Graben / fast vom Mittel des Tettenbergs ab / vier Grentz-Steine die Quer durch das Rieth zum Graben / da sich das Rieth gegen Kleinwaldhausen zu endet / zu Scheidung der Hut und Trifft und Gericht gesetzet / und darüber von dem ersten Stein / an dem Graben des Tettenbergs / ein langer Platz / zwischen des Berges-Graben / und den Rieth / sechs Ruten breit / zum Ende des Tettenbergs an / an einem Graben / welcher an die Tennstädtische Wiesen rühret / also gelassen worden / damit die Leute zu Gebessen denselbigen Platz zur Ubertrifft gebrauchen / und dadurch ihr Vieh und Schaffe am Ende Tettenbergs auf die Aecker ihrer Fluhren jenseit gelegen / zu düngen / und sonsten bringen und treiben mögen / inmassen dann solcher Orth mit Rheinsteinen und mit einem aufgeworffenen Graben auch vermahlet.

Was nun disseits solcher gesatzten Rheinsteine am Rieth / gegen Gebessen und dem Egelgraben zu / gelegen / und denn auf dem Platz / so zur Ubertrifft gebraucht wird / vermahlet / darüber soll den Einwohnern die Hut-Weide und Trifft / und dem Inhaber des Guths Gebsen die Gericht / ober und unter / biß an die Steine / und also auch ein aufgeworffener Grabe / alleine bleiben / gebühren und zustehen / aber über solche versatzte und vermahlte Steine sollen sich die Leuthe zu Gebessen auf dem Rieth gantz keiner Trifft und Hut / und der Innehaber zu Gebessen keiner Gericht / durchaus anmassen / sondern es soll die Hut / Trifft und Weide den dreyen Gemeinen / Tennstädt / Herbißleben und Wenig Balhausen / auf dem andern gantzen Rieth / wie es einer jeden Gemeine anherbracht / und die Gericht darüber gegen Herbißleben alleine gehören / darauff haben wir auch die Leuthe / der hin und wieder genommenen Pfändung halber / vergleichen lassen.

Der Grabe / so daselbst am Rieth fast umhero gemacht / soll von den Tennstädtischen und andern / welche daran anstossende Güther haben / jährlich hoch genung aufgeworffen / und in guten baulichen Würden erhalten werden / damit das Rieth desto besser verrheinet bleibe.

Als auch an dem Orth die Tennstädtische Gemeine auf dem Rieth eine steinerne Brücke gebauet / darüber Vieh getrieben / und das Heu von ihren Wiesen geführet / und aber berührte Brücke von etzlichen mißbraucht / und darüber das Herbißlebische Geleit umfahren worden / soll die Gemeine zu Tennstädt daselbst am Anfang des Grabens / gegen der Brücken über / (den sie auch verneuen sollen /) auf ihrem Feldern einen Schlag machen / und denselbigen gegen alle frembde Fuhr-Leute zuhalten / damit die Brück also zur Ubertrifft verbleibe.

Nachdem sie auch vierhundert Gülden in das Amt Volckenroda hinterlegt / und gleichwohl selbige / ausserhalb hundert und zwantzig Gülden / unserm gewesenen Amtmann Wildprechten / auf viel unser / des Churfürsten / Anhalten / nicht gefolget werden mögen; Dieweil dann unsere Räthe in der Verhör und Erkundigung solcher Sachen so viel befunden / daß denen Leuten die verkaufften Aecker zugemessen / und sie ihres Fürwendens gar kein Fug / Grund und Ursachen gehabt / als hätten wir solch hinterlegt Geld unsern freundlich-lieben Vetter / dem Churfürsten / alsbald zustellen und folgen lassen wollen / wann es nicht an dem / daß berührt Geld in nechster Kriegs-Expedition vor Gotha von dem Kriegs-Volck / neben andern des Klosters Vorrath / wie wir berichtet / geplündert und weggenommen soll worden seyn / wir wollen aber derentwegen ferner Nachforschung haben / und da das Geld wiederum zu Händen gebracht werden mag / soll es dem Wildprecht / des Churfürsten gewesenen Amtmanne / so derentwegen Rechnung zu thun / unwegerlich zugestellet / oder im Mangel des / ihme wider die Kauffere gebührliche Aussprüche gestattet werden.

Kersten und Rüdiger von Hagen zu alten Gottern.

Denen von Hagen zu alten Gottern hat etwan der Abt zu Volckenroda die Wüstung Beusel / mit Verwilligung Hertzog Georgen / milder Gedächtnüß / kurtz nach der Bauren Auffruhr / um drey hundert Gülden wiederkauffsich verkauffet; Nachdem aber die Zeit des Wiederkauffs vor etzlichen Jahren ungewesen / haben wir der Churfürst / als Inhaber des Klosters / denselbigen Contract, jedoch mit Erhöhung funffzehen Malter Korn und funffzehen Malter Haffer / Mühlhauser Maaß / sechs Jahr lang erstrecken / und darnach noch darüber auf acht Jahr mündliche Vertröstung thun lassen; Als dann / nach Endung der sechs Jahren / das Kloster / Inhalts des Naumburgischen Vertrags / an unsere Vettern kommen / haben dem von Hagen / bey Hertzog Johann Friedrichs Regierung / weder die ersten sechs Jahre / daran noch etzliche übrig / noch auch die zugesatzten acht Jahr wollen ausgehalten werden; Wiewohl nun wir Hertzog Johann Wilhelm zu Sachsen fürzuwenden hätten / daß die letzten acht Jahr nicht verschrieben / und wir also / Inhalts des Naumburgischen Vertrags / derentwegen dem von Hagen in nichts verpflichtet; Dieweil aber die erst verschriebenen sechs Jahr nicht ungewesen / haben wir unserm Vetter zu freundlichen Gefallen bewilliget / dem von Hagen solchen Hoff Beusel noch drey Jahr um den vorigen Zinß / funffzehen Malter Korn / und funffzehen Malter Hafer / Mühlhausisch Maaß / jährlich mit seiner eigenen Fuhr in unser Amt Volckenroda zu antworten / einzuthun / ihm auch darüber eine neue Verschreibung / mit Einverleibung der alten Clausul, den Vorkauff belangend / so in des Amts-Verschreibung gestanden / auffgerichtet und zustellen lassen; Nach Endung aber obberührter Jahr soll in unser Macht stehen / solchen Hoff / Inhalts der ersten Haupt-Verschreibung / mit drey hundert Gülden wiederum zu uns zu erkauffen / jedoch / daß die von Hagen die Gerechtigkeit des Vorkaufs auf den Hoff behalten / und derentwegen gebührlichen versichert werden.

Cammer-Secretarius Hanß Jenigen / und Simon Rost / Amtmann zu Weisenfelß.

Wir der Churfürst haben vor Auffrichtung des Naumburgischen Vertrags einen Anfall auf einen Hoff in dem Dorffe Burstädt / so dem alten Abt Nicolao Sibero gehörig gewesen / unserm Cammer-Secretario Jenigen / und Simon Rosten / Amtmann zu Weisenfelß / verschreiben lassen; Dieweil sich nun ein Anfall / nach der Anweisung des Amts Volckenroda / zugetragen / und aber unser Hertzogs Johann Wilhelms Bruder / Hertzog Johann Friedrich / unsere des Churfürsten Diener solches Anfalls entsaget / und denselbigen auf unser vieles Schreiben und Anhalten nicht folgen lassen wollen / so ist ergangen / daß sich Jenigen und Rost in der Gothaischen Kriegs-Expedition, als der Hoff in Hertzog Johann Friedrichen Händen noch gestanden / dessen selbst angemaßt / denselbigen eingenommen / und sich darinnen ihren habenden Begnadigungs-Verschreibung nach verhalten haben.

Nachdem dann unsere Hertzog Johann Wilhelms Räthe in solcher Handelung also viel befunden / daß wir / Inhalts des Naumburgischen Vertrags / solchen von unsern Vettern verschriebenen Anfall bey Kräfften bleiben zu lassen schuldig / und denselbigen zu hinterziehen nicht befugt seyn; So haben wir auch berührte Begnadigungs-Schreiben für Uns und unsere Erben und Nachkommen bewilliget / und auf der Räthe Unterhandelung / gegen Abtretung des Hoffs Burstädt / berührten Secretario Hanß Jenigen und Simon Rosten / und ihren Erben / jedoch auf unterschiedliche Maaß / wie solches die auffgerichten Verschreibungen besagen / eine nahmhafftige Summa erblich

ANNO 1567.

lich und eigenthümlich verschrieben und versichert; Und weil uns darauf dargegen der berührte Hoff erblich und eigenthümlichen übergeben und eingeräumet/ so wollen wir auch solche benante Summa, was wir davon einem iglichen verschrieben/ uf die benannte Termine unwegerlich und Fürstl. erlegen lassen.

Wannfriedische Zinß.

Aus dem Amt Volckenroda seind vor vielen Jahren jährlich sechszehen Gülden Zinß/ gegen Wannfrieden gelegt/ gegeben worden/ dieweil wir denn Hertzog Johann Wilhelm befinden/ daß solche Zinsen auf dem Amt Volckenroda stehen und hafften/ so wollen wir Verordnung thun/ daß solcher Zinß halben kein Mangel fürfallen/ und unser Vetter derentwegen nicht belanget werden soll.

Christoph von Hagen zu Deuna und Amt Volckenroda.

Als sich auch zwischen Christoph von Hagens Unterthanen/ den Einwohnern zu Zaunroda/ so unser des Churfürsten Lehn/ und der Gemeine zur Lannen Keula/ in unser Hertzog Johann Wilhelms Amt Volckenroda gehörig/ eines Platzes halben/ unter dem Sendicht/ im Krauthaler/ zwischen der Hopffstädter Landwehr/ und den Rheinsteinen/ so zwischen den Aemtern Volckenroda und Keula gesetzet/ gelegen/ Irrungen erhalten/ haben wir dieselbigen auch durch unsere Räthe in Besichtigung und Handelung nehmen lassen; Und wiewohl die von Lannen Keula angegeben/ daß ihnen in Vererbung ihrer Güther der halbe Theil ernantes Grundes mitangewiesen; Dieweil sie aber ihres Vorgebens keinen gründlichen Schein gehabt/ auch befunden worden/ daß die zu Zaunroda solchen Grund unbgerissen und gesäet/ und dessen in Gebrauch seyn; Als haben unsere Räthe solche Irrung dergestalt verglichen/ daß der Grund/ so weit derselbige ungerissen/ denen von Zaunroda bleiben/ und dem von Hagen die Gericht darauff zustehen/ die Henge aber auff solchen Grunde unter dem Sendicht den von Lannen Keula/ und die Gericht unserm Hertzog Johann Wilhelms Amt Volckenroda gehören sollen/ wie wir dann auch solches durch Eilff Rheinsteine/ von der Hopffstädter Landwehr/ biß an obernante Rheinsteine/ so Volckenroda und Keula scheiden/ vergrentzen lassen; darüber hat auch Christoph von Hagen uf unser Räthe Unterhandlung gewilliget/ Volck Lammer Seligs Hauer Erben die sechs alte Schock/ darinn das gepfändte Pferd verkaufft/ zuzustellen/ und die Unkosten/ so uff Futterung solches Pferdes/ ehe es verkaufft gangen/ fallen zu lassen.

Kindelbrück und Kannenworff.

Zwischen der Gemeine zu Kindelbrück/ und dem Dorff Kannenworff haben sich eine Zeitlang Irrungen also verhalten/ dieweil die Bürger zu Kindelbrück ungefehr zwantzig Huffen Landes in der Kannenworffer Fluhr haben/ daß der Fitzthum und Gemeine zu Kannenworff ihnen Ordnung und Maaß geben wollen/ wann sie auf ihren eignen Aeckern die Stuppeln felgen und umreissen solten/ damit ihnen an der zustehenden Trifft zu ungebührlicher Zeit nicht Hinderung geschehe/ dessen aber die Gemeine zu Kindelbrück sich von wegen eines angezogenen Privilegii, und sonst nicht schuldig zu seyn erachtet/ darauff haben wir solche Gebrechen folgender gestalt mitteln und vergleichen lassen/ daß beyde die Bürger zu Kindelbrücken/ und die Gemeine zu Kannenworff/ jährlich ehe nicht/ dann auf Nativitatis Mariæ, ungefehr acht Tage nach Egidii, ihre Aecker und Felder felgen und umbreissen/ und also darinnen allenthalben gebührliche Gleichheit halten sollen.

Wann aber die Gemeine zu Kannenworff führ berührter Zeit Nativitatis Mariæ, nach Gelegenheit des Jahres/ ihre Aecker zu felgen und umzureisen anfangen würden/ so soll denen von Kindelbrück solches auch nachgelassen seyn und frey stehen.

Und dieweil hiebevor solches Umreissens halben die Einwohner zu Kindelbrück durch die Gemeine zu Kannenworff umb ein Pferd gepfändet/ welches Pferd durch die Kannenworffische Gerichte umb zwantzig Thaler verkaufft worden/ so sollen solche zwantzig Thaler denen von Kindelbrück ohne einige Abziehung der Zehrung oder anders forderlich wiederum erleget und erstattet werden/ darzu wir Hertzog Johann Wilhelm schleunige Hülffe/ im Fall der Wegerung/ mittheilen wollen.

Als auch derer Oerter die Gemeine zu Kannenworff fürbracht/ daß am Ende der gemengten Kindelbrückischen und Kannenworffischen Aecker/ zwischen denselbigen und den Graben am Kindelbrückischen Rieth hinauff/ vor Alters allwege zwo Ruthen breit lede gelegen/ so sie zum Rasen-Wege und der gemeinen Trifft daselbst wohl augenscheinlich gebraucht/ aber doch beyde Gemeinen nicht einig gewesen/ wie breit es jährlichen bleiben solt; Als haben wir es dahin mitteln lassen/ daß des Orts zwischen den Graben/ und ferner hinauff/ so weit der Weg biß zum Ende gedachter Felder gehet/ zwo Ruthen breit/ der Weg mit eingeschlossen/ jährlich und allewege lede und ungerissen bleiben sollen/ damit die Gemeine zu Kannenworff sich des Rasen-Weges/ und wessen sie derer Oerter darauf berechtiget/ gebrauchen könne.

Bey-Geleit zu Dorff Griffstädt.

Die Stadt Kindelbrück hat vor vielen Jahren mit Naumburgischen Bier daselbst nicht vergleiten dörffen/ weil dann ein neuer verordneter Gleitsmann daselbsten zwey Jahr lang einen Groschen von einem jeden Faß Bier genommen/ und aber unsere Räthe aus genommener Erkundigung/ und sonderlich aus Bericht des alten Gleitsmannes/ welcher solches Geleit acht und zwantzig Jahr innen gehabt/ und itzo wiederumb darzu verordnet/ so viel befunden/ daß solches eine lautere Neuerung sey/ so wollen wir Hertzog Johann Wilhelm Verordnung thun/ daß es fortan verbleiben/ und die von Kindelbrück darmit förder nicht beschweret werden sollen.

Als auch die Fuhrleute von Weimar/ Naumburg/ und aus dem Voigtlande/ mit Käse/ Butter und dergleichen/ durch das Dorff Griffstädt auf Kindelbrück/ und förder auf der andern umhero gelegenen Städtlein Wochen- und Jahr-Märckte gefahren/ und davon das ordentliche Bey-Geleit gegeben haben/ und aber dieselbige Fuhrleute vor weniger Zeit auf das Haupt-Geleit Sachsenburg umgetrieben/ und daselbst das hohe Geleit von ihnen zur Neuerung genommen worden/ so wollen wir Hertzog Johann Wilhelm solches auch abschaffen/ und bemelte Fuhrleute über die Bey-Geleit mit dem Umtreiben ferner nicht belegen lassen.

Amt Sachsenburg und Herrschafft Heldrungen.

Der Hut/ Gerichte und Trifft halben seind um und auf dem Orlesberg alte Irrungen gewesen/ und weil dieselbigen etwa durch verordnete Commissarien gehandelt/ und derwegen Graben aufgeworffen worden/ doch aber endlich nicht vollzogen/ sondern derentwegen neuer Zanck vorgefallen; So haben wir/ nach gehaltener Verhör und Besichtigung/ solche streitige Oerter aufs neue beziehen und mahlsteinen lassen/ und Creutz-Zeichen anbey umb und über dem Orlesberg/ biß zum Ende auf eine grosse Eiche/ hart an einem Quer-Wege/ verrheinen lassen/ und sollen sich des also abgerheinten und vermahlten Orts die Leute zu Sachsenburg und Heldrungen mit ihrem Viehe und Schafen der Kuppelweide und Hut durchaus halten und gebrauchen. Es sollen aber die Leute von Sachsenburg über solche Rheinung die andern Heldrungischen Felder oder Hölzer nicht betreiben oder behüten.

So viel aber die Gericht derer Oerter anlangt/ dieselbigen sollen von dem Schreiber-Creutz an/ unter dem Orlesberg herum/ biß zum Ende der Schwaanfurth Aecker/ dem Amt Sachsenburg zustehen/ oben aber auf dem gantzen Orlesberge/ und so weit auch obberuhrte Trifft verrheinet/ sollen die Gericht gegen Heldrungen gehören/ und ferner nicht gestritten werden.

Mit der Jagd auf dem Orlesberge/ Scharffenberg/ Schmock und andern Oertern/ daselbst soll es gehalten werden/ wie es ein jedes Theil beständiglich hergebracht/ jedoch/ daß den Leuthen im Weinberg und zugerhanen Feldern kein Schaden zugefüget/ und zu ungewöhnlicher Zeit gejagt werde.

Salpeter-Zinß.

Dem Inhaber der Salpeter-Hütten ist vor Alters nachgelassen worden im Amt Sachsenburg zu kehren/ dafür er offtmals anderthalb Centner/ auch weniger/ zu Zinß ins Amt reichen müssen; Wiewohl nun solche Zinß bey unsers Hertzog Johann Wilhelms Regierung für Erb-Zinß des Amts Sachsenburg angezogen werden wollen; Dieweil wir aber nunmehr befunden/ daß derselbige nicht von der Hutten/ sondern dagegen/ daß man das Kehren im Amt gestattet/ gegeben worden/ und er sich des Kehren im Amt nicht mehr gebrauchet; So wollen wir Hertzog Johann Wilhelm Befehl thun/ daß solche Zinß ferner nicht gefordert/ und der Inhaber der Salpeter-Hütten darum unbelanget bleibe/ würde er aber oder seine Nachkommen hinförder im Amt Sachsenburg das Kehren wieder gebrauchen/ so soll er auch den Zinß davon zu reichen und zu geben schuldig seyn.

Amt Sachsenburg/ und die von Werther zu Beichlingen.

Die von Werther zu Beichlingen besitzen zehen Huffen Landes in der Greßlebischen Fluhr/ unter dem Amt Sachsenburg gelegen/ davon bey unsers Hertzog Johann Wilhelms Bruders Regierung ein Pferd Ritter-Dienst ins Amt Sachsenburg gefordert/ und doch allewege von denen von Werthern geweigert worden; Nachdem dann unsern Beyderseits verordneten Räthen in der Verhör so viel gründlich dargethan/ daß berührte zehen Huffen zu der Herrschafft Beichlingen/ als ein Ritter-Lehn allewege gehörig gewesen/ in den gemeinen Lehn-Brieff gesetzt/ und in den andern gemeinen Ritter-Diensten verdienet worden/ der Naumburgische Vertrag auch von solchen Zugehörungen der Haupthäuser Lehnen und Stücken/ wie es der Lehn-Pflicht halben damit zu halten/ Versehung thut/ und dann auch für langen Jahren solche Pferde in das Amt Sachsenburg

ANNO 1567.

senburg nicht gehörig/ sondern daraus erlassen worden/ wie solches in dem alten Amts-Buch zu Sachsenburg klärlich verzeichnet ist; So wollen wir Hertzog Johann Wilhelm solchen Pferd-Dienst auf bemelten zehen Gretzlebischen Huffen ferner nicht fechten/ bewilligen auch hiermit freundlich/ daß dieselbe zu dem Guth Beuchlingen/ als ein anhangendes Lehnstück gehören/ und unserm Vetter/ dem Churfürsten/ mit denselbigen verdienet werden sollen.

So viel aber die Steuer auf bemelten zehen Huffen Landes anlanget/ damit soll es gehalten werden/ wie herbracht.

Amt Camberg und Bünau zu Teichern.

In unser Hertzog Johann Wilhelms Amt Camberg haben die von Bünau zu Teichern ein Lehn-Guth mit einem Ansitz oder eigenen Sattelhoff liegen/ davon sie ein Pferd Ritter-Dienst leisten/ davon auch die Untersassen Steuer in unser Amt Camberg biß anhero gereichet und gegeben; Nachdem dann die von Bünau biß anhero den Lehns-Eyd davon zu leisten sich geweigert/ und derenthalben einen Articul aus dem Naumburgischen Vertrage darzu angezogen/ und aber unser beyderseits verordnete Räthe so viel befunden/ daß berührtes Guth nicht eine Zugehörung/ sondern ein abgesondert Lehn von dem Hause Teichern ist/ daß auch das Ambt Camberg nicht im Naumburgischen Vertrag/ sondern zuvor durch Käyserl. Capituliren uns Hertzogen Johann Wilhelm geeignet/ so wollen wir/ der Churfürst/ die Bünau zu Teichern dahin weisen/ und auferlegen/ daß sämtlich oder jeder Besitzer solches Guths/ wann sie sich theilen würden/ unserm Vetter Hertzog Johann Wilhelmen den gebührlichen Eyd und Ritter-Dienst ohne ferner Weigerung præstiren und leisten sollen.

Amt Allstädt und die Leitzer zu Sittichenbach.

Bey unsers Hertzog Johann Wilhelms Bruders Regierung ist Georgen von Grüsau auf bloß Supplicieren und angegebene Personal-Klage wider die Grafen von Mannsfeld auf vierhundert Acker Holtz/ zu dem Kloster Sittichenbach gehörig/ in des Amts Allstädt Gerichten gelegen/ nicht allein ein Arrest und Kummer verstattet/ sondern stracks verholffen/ die Leitzer als Innhaber solches Holtzes entsetzet/ und der Geusse darein gewiesen worden.

Dieweil dann unsere Räthe in gehaltener Verhör und genommener Erkundigung also viel ausgeführet/ daß berührtes Holtz/ als ein zugehörig Lehnstück des Klosters Sittichenbach/ von uns dem Churfürsten zu Lehn rühret/ auch die Leitzer darüber/ ihrer Schulden halben/ uns dem Lehn-Herrn Gunst und Priorität vor andern erlanget/ sie die Leitzer auch dasselbige mit rechtmäßigen Titeln in Possession und Besitz bekommen/ und dessen ohne Verführung des Geussen Kummers/ auch ohne rechtlich Erkänntniß/ und darzu gantz ungehört entsatzt worden; So wollen wir Hertzog Johann Wilhelm in das Amt Allstädt Befehl und Verordnung thun/ daß die Leitzer solcher vierhundert Acker Holtz wiederum förderlichst restituiret/ und habhafft sollen gemacht werden. Wann dann die Geuse/ vermöge habender Schreibung/ oder Krafft eines gethanen Kummers/ zu berührter Holtz-Gerechtigkeit Anspruch zu haben vermeinen; So wollen wir/ als diß Orts der Gerichts-Herr auf Ansuchen beyder Partheyen Tage-Satzung genommen/ sie mit ihrer Nothdurfft gnugsam hören/ und nach Befindung/ gebührliches Recht/ Hülff und Gerechtigkeit mittheilen lassen.

Hoff zu Saltza.

Kilian Etterwind hat etwan bey unsers Hertzog Johann Wilhelms Vaters/ seel. und löbl. Gedächtnüß/ Regierung den Hoff zu Saltza samt den geistlichen Zinß/ so dem Kloster Reinsbrunn/ aus dem Amt Saltza gelegen/ gehöret/ innengehabt; Wiewohl nun vor dieser Zeit/ und etzlich viel Jahr her dem Etterwind auferlegt/ den Hoff zu räumen/ auch derentwegen bey uns dem Churfürsten/ und unsern Bruder/ Hertzog Moritzen/ oft haben angezogen und fürgewandt; Nachdem aber nunmehr unsere verordnete Räthe in gehaltener Verhör aus allem Fürbringen so viel gründlichen erkundiget und befunden/ daß berührter Hoff samt etzlich wenig zugehörigen Zinß dem Kloster Reinsbrunn gehöret/ und Etterwind denselbigen nicht für sich/ sondern von wegen des Klosters besessen/ auch sonsten keinen Grundschein oder Titel einiger Gerechtigkeit zu solchen Hoff darzuthun gewust; So wollen wir der Churfürst/ daß Etterwind solchen Hoff samt der zugehörige Zinß auf zukünfftige Michaëlis unserm Vetter abtrete und einräume/ oder im Fall der Wegerung/ durch unser Amt Saltza darzu gebührlichen angehalten werde/ jedoch behalten wir uns auf solchem Hoff die Lehn/ Zinß/ Gericht und Steuer/ Vermöge unsers Amts-Buchs/ vor/ und wir Hertzog Johann Wilhelm wollen solches alles durch unsern geordneten Innehaber zu jeder Zeit reichen und leisten lassen.

So viel aber auch ausserhalb dieses Etterwinds Schulden und Anspruch belanget/ dieweil er uns Hertzog Johann Wilhelm/ als ein gewesener Collector, noch in Rechnung schuldig verblieben; Als wollen wir förderlich einen Tag gegen Weimar benennen/ solche Rechnung von ihm annehmen/ dagegen auch seine Schulden und Zuspruch anhören/ erwegen und uns darauff gnädig/ gebührlich und unverweißlich zu erzeigen wissen.

Schutz-Brieff über die Bauren zu Roßleben.

Die Einwohner und Bauren im Dorff Roßleben/ so unter den Knauten und den Graffen von Stolberg gesessen/ und in unsere des Churfürsten Landes-Fürstl. Oberbotmäßigkeit gehören/ haben sich vor wenig Jahren von unsern und ihrer Erb-Herren Gehorsam abgeworffen/ und bey unserm Hertzog Johann Wilhelms Bruder ungebührlichen Schutz gesuchet/ darüber auch einen Schutz-Brieff aus der Cantzeley erlanget und ausbracht; Nachdem aber berührte Bauren darzu keinen Grund/ Fug noch Ursach gehabt/ und darinnen vergessenlich und ungehorsamlich gehandelt/ solches auch wider des Hauses zu Sachsen Gebrauch und Herkommen ist/ und zu schädlicher Einführung Ursach geben möchte; Als haben wir Hertzog Johann Wilhelm uns gegen unsern Vetter freundlichen dahin erkläret/ daß wir uns solches Schutzes über die Roßlebischen Bauren nicht anmassen/ sondern dieselbige mit Pflichten und Gehorsam an sein des Churfürsten Ld. und ihre Erb-Herren gewiesen haben wollen; Innmassen wir ihnen auch aufferlegen lassen/ solchen Schutz-Brieff den Churfürstl. Räthen zu überantworten und zuzustellen; Und weil die Bauren biß anhero darinnen auch nicht Folge geleistet/ so wird unser Vetter/ der Churfürst/ berührten Schutz-Brieff von ihnen wohl selbst zu bringen/ und sie zu gebührlicher Straffe und Gehorsam anzuhalten wissen/ daran wir Hertzog Johann Wilhelm S. L. keine Hinderung thun/ oder Maaß setzen wollen.

Und als solches berührten Schutzes halben bey unsers Bruders Regierung durch die Knauten im Rassenbergischen Gerichte/ und durch den Schösser in unser des Churfürsten Obrigkeit allerley Einfälle und thätliche Zugriffe ergangen/ derowegen hin und wieder Abtrag und Erstattung gesuchet/ so haben wir solches gegen einander freundlich fallen lassen/ und wir Hertzog Johann Wilhelm wollen einigen Abtrag von den Knauten nicht fordern/ innmassen wir der Churfürst den Weimarischen Schösser desselbigen auch erlassen.

Erb-Gericht.

Als auch die von Adel auf etzlichen ihren Lehn-Güthern/ so zu den Haupthäusern gehören/ und in des andern Theils Fürstenthum Aemtern gelegen seyn/ allein die Erb-Gerichte haben/ die Aemter aber/ welchen die Ober-Gericht zuständig/ allerley Gebrauch anzuziehen pflegen/ dadurch ihnen solche Erb-Gerichte zu mehren Theil eingezogen und geschmälert worden; Damit dann die von Adel bey ihrer zustehender Gerechtigkeit gelassen/ auch darinne gebührliche Gleichheit gehalten/ so haben wir uns freundlich vereiniget/ daß es in allen unsern Aemtern/ der Erb-Gericht halben/ so die von Adel auf ihren Güthern/ in des andern Fürstenthum gelegen/ haben/ gehalten werden soll/ wie es die Verordnung und Gebrauch der gemeinen Sachsen-Rechte innhält/ und wie davon was zu den Erb-Gerichten gehören soll/ eines jeglichen Landes-Ordnung disponiret und mitbringet/ und daß solcher Erb-Gericht halber keine sonderliche der Aemter Gebräuche anzuziehen noch zu halten seyn sollen.

Ordnung/ die Nachfolge/ Anhaltung und Einziehung des Heil. Römischen Reichs erklärten Aechter/ und anderer Räuber/ Mörder/ Placker/ Benheder und Land-Friedbrecher belangend.

Nachdem in jüngster Kriegs-Expedition, und Belägerung der Festung Gotha/ etzliche des Heil. Römischen Reichs erklärte Aechter/ Ernst von Mandeslohe/ Jobst von Zebitz/ Picht Frütslein und derselben Anhänger zum Theil zeitlich für dem Furzug/ zum Theil in währender Belägerung/ aus der Festung flüchtig worden/ dann sich auch biß anher gehender Oerter erhalten/ und allerley Auffruhr/ Auffwiegelung und Empörung im Heil. Römischen Reich zu practiciren und anzustifften nicht unterlassen worden/ neben dem/ daß auch sonsten viel Plackereyen/ Reutereyen und Beraubung auf den Strassen und sonsten auch in unsern Landen zugetragen/ derowegen solcher Aechter/ und dero Plackereyen halben/ im Heiligen Reich und bey allen Ständen gutes ernstes Aufmerckens und Einsehens von nöthen/ sonderlich aber unser beyder hohe Nothdurfft erfordert/ daß wir im Hause zu Sachsen gute Sicherheit und Correspondentz halten/ und einander Hülff und Beystand darinnen leisten; So haben wir uns einer Ordnung/ wie es in unsern Landen und durch unser Aemter Befehle/ Gerichtshaltere/ Diener und Unterthanen mit dem Nachtheil und Nachfolge/ auch mit gefänglicher Annehmung und Einziehung des Heiligen Reichs Aechter/ Placker/ Räuber/ Mörder/ Benheder und Land-Friedbrecher soll gehalten werden/ auf folgende Masse freundlich vereiniget und verglichen: Nemlich/ würde sich in eines oder der andern Landen zutragen/ daß berührte des Reichs-Aechter und ihre offenbare Anhänger darinnen gespüret und vermercket werden können/

ANNO 1567.

nen/ oder würden sich auf den Strassen und Gebiethen unserer Landen Raubereyen/ Plackereyen/ Mord und andere Land-Friedbrüchische Thaten begeben/ oder es würde unserer beyder oder eines Theils abgesetzter Venheder und Feind anzutreffen seyn/ auf solche obgesetzte Fälle soll uns/ und in unsern Aemtern unsern Befehlhabern/ auch allen andern Gerichtshaltern/ unsern Dienern/ Verordneten/ auch Lehn-Leuten und Unterthanen freystehen/ und sie Macht haben/ den angetroffenen/ aufgetriebenen und flüchtigen Aechter/ Räuber/ Mörder und Land-Friedbrecher und abgesagten Venheder nicht allein auf die Grentzen/ sondern auch in des andern Theils Landen und Gebiethen zu folgen und nachzueilen/ biß so lange sie berührte flüchtige Missethäter erlangen und ergreiffen mochten.

Es sollen aber die Nachfolger/ so bald sie auf des andern Theils Grentze kommen/ in die nechsten Städte aus den Ihren welche von sich schicken/ solche ihr fürhabendes Nacheilen/ neben Erzehlung der Thaten/ und Angebung der Personen/ welchen nachgefolgt wird/ dem Gericht und Amts-Befehlhaber/ um Beystand zu leisten/ kund machen/ auch die Nachfolge selbst mit helfen fürnehmen/ vermahnen und anhalten lassen.

Wann dann dieselbige Gericht und Befehlhaber sich selbst gefaßt machen/ und die Nachfolge an die Hand nehmen/ so sollen sie samt und neben den ersten Nachfolgern diß Werck verrichten/ und mit Zeigung Weg und Steg/ und Anleitung anderer guter Nachrichtung/ allen möglichen Fleiß fürwenden helffen/ damit die flüchtigen Missethäter erlegt/ und zur Hafft gebracht werden; Und auf daß die Nacheile desto stattlicher geschehe/ und an allen Orten desto besser und eilender fürgenommen werde/ wollen wir/ wann der Glocken-Klang auf der Grentze des einen Theils Fürstenthum angehen und gehöret wird/ daß des andern Theils Dörffer/ Flecken/ Lehn-Leute und Unterthanen dergleichen die Glocken auch schlagen/ und von Dörffern zu Dörffern damit ohne Unterlaß verfahren/ und darauff die Leute von allen Orten zureiten/ lauffen/ rennen/ und auf die Strassen/ Wege/ Stege und Felder zueilen/ so lange die flüchtigen Personen zu verfolgen und zu erlegen.

Wann dann ein oder mehr Personen von solchen des H. Reichs Aechtern/ Räubern/ Plackern/ Friedbrechern und öffentl. Venhedern/ durch die erste oder andere Nachfolger/ oder zugleich von ihnen allen verfolget/ erlanget und angehalten würden/ so soll der andere dieselbige Missethäter des Theils verordneten Gerichts-Befehlhabern abfolgen lassen/ in dessen Landen und Fürstenthum der oder dieselbigen erstlichen angetroffen und aufgetrieben/ und darinnen die erste Nachfolge angestellt und fürgenommen worden/ ungeacht/ daß berührte Missethäter in dem andern Fürstenthum niedergelegt und ergriffen/ welches wir dann aus erheblichen Ursachen/ und nach Gelegenheit ietziger Zeit/ in obberührten Fällen also hiermit freundlichen beyderseits bewilligen und nachlassen.

Und damit des Heil. Römis. Reichs erklärte Aechter/ andere Räuber/ Mörder und andere Land-Friedbrecher und Venheder in diesen geschwinden Läufften/ wann dieselbigen in unsern Landen anzutreffen/ desto eher zu Gefängnüß und gebührlicher Straffe angehalten/ gebracht/ und die sämtlichen mehr und mehr wachsenden Ubel desto besser gesteuret werden mögen/ so lassen wir einander zu/ und bewilligen hiermit freundlich/ wann wir der Churfürst/ oder wir Hertzog Johann Wilhelm/ in Erfahrung oder Nachrichtung kommen würden/ daß einer oder mehr von solchen obangesetzten Missethätern an heimlichen Orten in unsern Landen auf Rittersitzen/ Dörffern oder Flecken enthalten/ oder daselbst gehauset/ geherberget/ geheget und unterschleifft würden/ daß Uns beyderseits frey stehen solle/ nicht alleine nahe auf den Grentzen/ sondern ein/ zwo oder drey Meilen breit und lang/ von den Grentzen ab/ in des andern Fürstenthum einzufallen/ solche Missethäter selbst aufzuheben/ gefänglich anzunehmen/ und in sein Gewahrsam abzuführen und zu bringen/ jedoch wollen wir auch beyderseits mit solchen Einfall gebührliche Maaß halten/ und Verordnung thun/ damit keine andere Gewalt geübet/ und die Befehlhaber den nechsten Aemtern und Gerichten davon Bericht und Erzehlung thun/ auch ausserhalb solcher Fälle den Gerichten unschädlich seyn sollen. Dann wir erwegen/ daß zu Niederlegung solcher und hochsträfflicher Missethäter/ daran dem Heil. Reich und uns beyderseits viel gelegen/ die Nothdurfft seyn will/ mit solchem zu eilen/ und daß offtmals durch hin und wieder Schreiben und Suchen die berührte Persohnen gewarnet/ oder sonsten aus dem Verzug allerley Vortheil erlangen.

Dieweil aber gleichwohl auch aus dieser unserer ietzigen Verordnung/ (darzu wir/ fürstehender Gelegenheit nach/ wichtige Bedencken gehabt/ welche wir auch gegen einander wohl wollen wissen zu gebrauchen und anzustellen/ daß dieselbige alleine zu Beförderung der Justitien/ und zu keiner unfreundlichen Nachbarschafft gereichen soll/) etwan bey etlichen Wiederwille verursachet werden könte/ sintemahl es bedencklich und einführlich/ in eines andern Gericht und Bothmäßigkeit nachzufolgen und einzufallen/ und darinnen seinen Willen zu suchen und zu gebahren/ solches gantz leichtlich mißgebraucht werden/ und daraus allerley Weitläufftigkeit erfolgen möchte/ so wollen wir uns Beyderseits fürbehalten/ wann etwan des H. Reichs ietzige übrige erklärte Aechter und derer öffentliche Anhänger zu gebührlicher Straff gebracht/ gäntzlich ausgerottet/ und die Plackereyen und Räubereyen in unsern Landen auffhören/ und solcher scharffer und ernster Verordnung nicht mehr noth seyn soll/ daß uns und unsern Erben/ was obberührte unsere also anher gesetzte Verordnung und Vereinigung belanget/ die Nachfolge und Einfall zu wiederruffen/ frey stehen und nachgelassen seyn soll; wann auch solche Wiederruffung von einem oder dem andern Theil also geschehe und fürgenommen/ soll diese Ordnung der Nachfolge und Einfälle todt und ab seyn/ und im Hause zu Sachsen ferner nicht gehalten noch angezogen werden/ jedoch wollen wir Beyde bey unserm Leben/ zum wenigsten innerhalb sechs Jahren/ solche Verordnung nicht hinterziehen/ sondern uns derselbigen berührte Zeit über/ und so lange hernach sie von einem oder dem andern Theil nicht wiederruffen wird/ freundlichen und nachbarlichen halten und gebrauchen/ sonsten aber/ und ausserhalb dieser Ordnung/ lassen wir es in alle Wege auch bey der darauff gerichten Erb-Vereinigung bleiben und beruhen/ welcher dann hiermit nichts benommen/ entzogen oder derogiret/ sondern dieselbige dadurch so vielmehr gestärcket und gemehret/ und auf allen Fall in Kräfften und Würden gelassen seyn soll.

ANNO 1567.

Haupt-Verschreibungen und andere Brieffliche Uhrkunden/ so in den Cantzeleyen mangeln.

Uns/ dem Churfürsten/ haben biß anhero/ sieder aufgerichter Käyserl. Capitulation, in unser Cantzeley etzliche Haupt-Verschreibungen über die Klöster Brena/ Plagke/ Liechtenberg und andere mehr/ sonderlich auch Visitation- und Wittums-Bücher gemangelt/ desgleichen stehen uns Hertzog Johann Wilhelmen noch etzliche Brieffe und Uhrkunden über das Kloster Volckenroda/ sieder dem aufgerichteten Naumburgischen Vertrage/ auch zwey Altenburgische Amts-Bücher aus/ derentwegen wollen wir in unser beyderseits Cantzeley und Rentereyen/ gemeinen und sonderbaren Gewölbern und Archiven/ fleißige Nachsuchung thun lassen/ und was wir befinden/ einander forderlich überschicken/ und unverhalten lassen.

Wes sich die Amts-Befehlhabere in vorfallenden Irrungen verhalten sollen.

Und dieweil wir/ solcher abgesetzten Irrungen halber/ uns/ GOtt zu Lobe/ unsern Unterthanen zu Nutz und Gedeyen/ und zu unserer selbst Wohlfarth/ auch zu Fortpflantzung und Erhaltung Nachbarlichen Willens/ guter Einigkeit und Freundschafft/ also freundlichen und Nachbarlichen verglichen; So ist auch unser gäntzlich Gemüth und Meinung/ daß solches alles festiglich gehalten/ und zu einigen unfreundlichen Willen nicht Ursach soll gegeben werden. Und nachdem uns wissendlich/ daß offtmals die Amt-Leute/ Schösser und Befehlshaber/ über oder ohne Befehlige/ unnöthige Gezäncke erregen/ auch ihrer Aemter mißbrauchen/ oder je darinnen nicht gebührliche Masse halten/ so wollen wir in unsere Aemter ernste Befehl und Verordnung thun/ daß sich die Schösser thätlicher Eingriffe/ geschwinden Auffgeboths/ Einfalls und dergleichen unnachbarlichen Fürnehmens/ mäßigen/ eussern und enthalten/ und dagegen/ zu Erhaltung eines jeden Theils Gerechtigkeit/ gebührliche Pfändung und andere zu Recht nachgelassene linde Mittel gebrauchen/ die Pfändung uff Ansuchen billiges Erbiethen und zu weiterer Handlung wiederum folgen lassen/ auch uns in unser Cantzley von den eingefallenen Irrungen ausführlichen/ gegründeten und wahrhafftigen Bericht thun sollen.

Darauf wollen wir die Irrung einander freundlich zuschreiben/ und uns derselbigen entweder durch Bericht und Gegenbericht/ oder zu Hauff-Verordnung unserer Räthe und Commissarien nachbarlichen vergleichen/ oder/ in Entstehung der Güte/ uns des Rechtlichen Austrags/ davon der Naumburgische Vertrag besaget/ ohne andere Weitläufftigkeit und Verbitterung gegen einander gebrauchen/ und dadurch entscheiden lassen. Gereden darauf vor uns/ unsere Erben und Nachkommen/ solchem Vertrag/ und allen darin gefaßten Puncten und Articuln treulich nachzusetzen/ und darwieder keines weges zu handeln/ wir wollen auch unsern Amt-Leuten/ Schössern/ Geleits-Leuten/ Befehlshabern/ und allen unsern Unterthanen/ mit Uberschickung der Abschrifft solcher verglichenen Articuln, so viel ein jeglicher verlanget/ ernstlichen Befehl thun/ daß sie solchen allen also nachleben/ darüber festiglich halten/ und darinne gebührlichen Gehorsam leisten/ alles treulich und ohne Gefehrde.

Des zu Uhrkund haben wir diesen Vertrag gezwiefacht/ und denselben mit unserm anhangenden Insiegel wissendlich besiegelt/ auch uns mit eignen Händen unterschrieben/ deren wir der Churfürst einen/ und wir Hertzog Johann Wilhelm den andern zu Uns genommen.

Und nachdem von uns Günthern/ Grafen zu Schwartzburg/ Georg/ Herrn von Schönburg/ Hanß von Ponickau zu Pomsen/ Hanß von Schleinitz daselbst/ Caspar von Schönberg zum Borschenstein/ Georg von Werther zu Wiehe und Frohndorff/ und Burgermeistern und Räthen der Stadt Leipzig und Saltza/ von wegen des Durchlauchtigsten Hochgebohrnen Fürsten und Herrn/ Herrn Augusten/ Hertzogs zu Sachsen/ des Heil. Römis. Reichs Ertz-Marschalln und Churfürsten/ Landgraffen/ in Thüringen/ Marggraffen zu Meissen und Burggraffen zu Magdeburg/ Unsers/ gnädigsten Herrn/ desgleichen von uns Lud-

ANNO 1567.

wigen/ Graffen zu Gleichen/ Heinrich Reuß/ Herr von Plauen/ dem Mitlern/ Dietzen von Brandenstein zu Werckburg/ Friedrich von Wangenheim zu Beringen/ dem Mitlern/ Hanßen Postern/ zu Trackendorff/ Albrechten von Meißbach zu Schwerstädt/ und Burgermeistern und Räthen der Städte Weimar und Jena/ von wegen des Durchlauchtigen Hochgebohrnen Fürsten und Herrn/ Herrn Johann Wilhelms/ Hertzogs zu Sachsen/ Land-Graffen in Thüringen und Marggraffen zu Meissen/ unsers gnädigen Fürsten und Herrn/ Landschafft gnädiglich begehret/ gegenwärtigen ihrer Chur- und Fürstlichen Gnaden behandelten Vertrag/ um derselben nachtbarlichen Gebrechen/ und desto mehrer Sicherheit und Gewißheit/ auch beyderseits Landschafft Nutzen und Besten willen/ mit zu besiegeln und zu handzeichnen; So haben wir/ zu gehorsamer unterthäniger Folge/ unsere Insigilla und Stadt-Secreta hieran mitgehangen/ und wir die Graffen/ Herren und von der Ritterschafft/ uns mit eignen Händen unterschrieben. Geschehen und Geben zu Zeitz den 23. Julii, nach Christi unsers lieben HErrn Geburth/ im Tausend/ Fünffhundert und sieben und sechzigsten Jahr.

Augustus/ Churfürst.
Günther/ Graff zu Schwartzburg.
George/ Herr von Schönberg.
Hanß von Ponickau/ meine Hand.
Hanß von Schleinitz daselbst/ meine Hand.
Caspar von Schonberg auf Borschenstein/ meine Hand.
Georg von Werther/ meine Hand.
Johann Wilhelm/ Hertzog zu Sachsen.
Ludwig/ Graff zu Gleichen/ unser Handschrifft.
Heinrich Reuß/ Herr von Plauen/ der Mitlere/ meine Handschrifft.
Friedrich von Wangenheim/ der Mitlere/ zu Grossen Beringen/ meine Hand.
Albrecht von Meisebach/ meine Handschrifft.
Hanß Poster zu Trattendorff/ meine Hand.

LXXIX.

1568. 21. Mai.

Quitance de JEAN CASIMIR, *Comte Palatin du Rhyn, Fils de l'Electeur* FREDERIC III, *pour les sommes qui lui avoient été payées, à lui & à ses Reistres, de la part de* CHARLES IX. *Roi de France, en vertu d'un Accord précedent; moyennant quoi il promet de sortir du Royaume avec ses Troupes. Fait le 21. Mai 1568.* [Memoires de MICHEL DE CASTELNAU, Seigneur de Mauvissiere, Tom. II. Aux Additions, pag. 591.]

NOUS Jean Casimir Comte Palatin du Rhin tant en nostre Nom que celuy de nos Colonels Reistres-Maistres, & Reistres, confessons avoir receu contant de Monsieur de Mauvissiere Chevalier de l'Ordre du Roy Tres-Chrestien & Commissaire general de S. M. Deputé pour traitter avec nous & nosdits Colonels, Reistres-Maistres, & Reistres, outre & pardessus la Somme de quatre cens soixante mille quatre cens quatre-vingt dix-sept Livres treize Sols, & l'Accord fait avec nosdits Reistres pour la Somme de 65345. Livres 18. Sols pour la taxe de la plus valluë des especes en Allemagne: la Somme de 12000. Livres en Escus Sol & Pistollets; à quoy il se seroit accordé avec le Colonel Molsbourg au nom de tous ses autres Colonels, Reistres-Maistres & Reistres, & aussi pour quelques Journées qu'ils pretendoient avoir entré dans le cinquiéme mois & passé le 20. May contre la Capitulation & Accord: & pour faire acheminer nos Troupes & sortir en diligence hors de ce Royaume. Ce que nous promettons audit S. de Mauvissiere, ensemble de luy faire vendre tous les Chevaux, Bœufs, Vaches, & Bagages qui se trouveront avec lesdits Reistres appartenir aux Sujets du Roy; en témoin de quoy luy avons baillé ce present Certificat, & Quittance, pour luy servir & valoir à son remboursement envers S. M. outre la charge que nous avons donnée au Sieur Junius nostre Conseiller de toutes nos affaires d'en témoigner: & pour ce l'avons signé de nostre main le 21. jour de May 1568. J. CASIMIR.

LXXX.

ANNO 1568. 28. Mai.

Brüderlicher Vergleich und Erbeinigung zwischen Wilhelm/ Ludwig/ Philipp den Jüngern/ und Georg Land-Graffen zu Hessen/ zu beschützung dero Land undt Leuthen/ erhaltung beständiger Einigkeit/ und/ daß nach eines Tödtl. hintritt ohne männl. Leibes-Erben/ die andern in dessen Verlassenschafft sammentl. succediren sollen. Geschehen Ziegenhein den 28. May 1568. [LUNIG, Teutsches Reichs-Archiv. Part. Special. Abtheil. IV. Continuat. II. Absatz VIII. pag. 789.]

C'est-à-dire,

Convention Fraternelle & Héréditaire, entre GUILLAUME, LOUIS, PHILIPPE *le jeune, &* GEORGE *Freres, & Landgraves de Hesse, pour la défense commune de leurs Etats, & la conservation de leur amitié; portant aussi qu'en cas que l'un d'eux vienne à mourir sans Hoirs mâles, les autres lui succederont & comment. A Ziegenhein le 28. Mai 1568.*

VOn GOttes Gnaden wir Wilhelm/ Ludwig/ Philipps der Jünger und George Gebrüdere/ Landgrafen zu Hessen/ Grafen zu Catzenelnbogen/ zu Dietz/ Ziegenhain und Nidda rc. thun kunth hieran offentlich/ vor uns/ unsere Erben und Nachkommen/ Fürsten zu Hessen/ bekennend/ als wir uns/ nach tödtlichem Abgang/ weyland des Hochgebohrnen Fürsten/ Herrn Philippsen des ältern/ Landgrafen zu Hessen/ Grafen zu Catzenelnbogen/ Dietz/ Ziegenham und Nidda rc. unsers freundlichen geliebten Herrn Vaters/ löblicher und seeliger Gedächtniß/ umb seiner Gnaden hinterlassene Fürstenthumb/ Graffschafften/ Herrschafften/ Land und Leuthe/ nach laut seiner Gnaden uffgerichteten Testaments und letzten Willens/ freundlich und brüderlichen verglichen/ und nun von uns vernünfftiglich ermessen/ wie es auch die tägliche Erfahrung gibt und bezeuget/ daß Land und Leuth durch nichts so hoch in beständig Gedeyen/ uffnehmen und Wohlfahrt gebracht und erhalten werden/ als eben durch brüderlich/ beharrlich Vertrauens und Einmüthigkeit/ dadurch auch kleine und geringe Dinge erhöhet und erweitert/ und herwiederumb durch Uneinigkeit und Mißtrauen/ was groß ist/ mit der Zeit zerführet würd/ und zu scheittern gehet; Uff daß dann wir/ und nach Uns/ unsere allerseits männliche Leibs-Erben und nachkommenen Fürsten zu Hessen/ bey solcher Vergleichung/ und sonsten in allem brüderlichen/ freundlichen und uffrichtigen Vertrauen gegen einander beständlichen zu verharren Ursach haben/ darzu unsere von GOtt verliehene und anererbte Land und Leute/ in gutem Christlichen und friedsammen Regiment behalten/ auch insonderheit wir und unsere eheliche Manns-Leibs-Lehens-Erben und Nachkommen/ Fürsten zu Hessen bey demselben unsern anererbten Fürstenthumben/ Graffschafften/ Herrschafften/ Land und Leuthen/ was wir dero jetzo haben/ oder künfftiglichen weiter bekommen und an uns bringen möchten/ immer und allewege verbleiben/ und dieselbige durch die Töchter und Allodial-Erben/ und ihre angemaßte Succession nicht zerrissen/ verwendet/ noch auch sonsten in und durch einigen andern Weg/ wie der auch Nahmen haben mag/ von unserm Fürstlichen männlichen Stamme gebracht und vereusert/ sondern vielmehr durch gewisse Satzung und Ordnung hinführo weniger als biß dahero beschehen/ ewiglichen bey einander behalten/ und alle künfftige Irrungen und Mißverstände/ so dieser Ding wegen hiernechst entstehen/ und daraus Zerrüttung brüderlicher Einigkeit/ auch unserer Lande und Leute/ unter uns und unsern Nachkommen erfolgen möchte/ gründlich hingenommen und denen vorkommen werde.

Daß wir demnach im Nahmen der Heyligen unzertheilten Dreyfaltigkeit/ GOtt dem Allmächtigen zu Lob und Ehren/ auch zu Erhaltung und Vermehrung brüderlicher Liebe/ Treu und Einigkeit unter Uns selbst/ unsern Erben und Nachkommen/ und dann unsern Landen/ Leuthen und dem gemeinen Nutzen zu gutem/ Uns mit zeitigem vorgehabten Rath unserer darzu erforderten Räthe/ auch etlicher von unserer Ritter- und Landschafft/ mit einander freundlich und brüderlich/ vor Uns selbst und unsere allerseits männliche eheliche Leibs-Lehens-Erben und Nachkommen/ ewiglich und unwiederrufflich verglichen/ vereinigt und verbunden haben/ vergleichen/ verbinden und vereinigen uns hiermit und in Krafft dieses offenen Brieffs wissentlich/ in der allerbesten Form und Gestalt/ wie das immer am kräfftigsten und beständigsten geschehen kan/ soll und mag/ inmaßen/ wie unterschiedlichen hernacher folgt.

Anfänglichen sollen und wollen wir vorgenandte Gebrüdere/ unsere Erben und Nachkommen/ Fürsten zu Hessen/ unser

einer

einer dem andern unser Lebtag brüderlich / freundlich und gütlich meynen / ehren / fordern / verantworten / und unser einer des andern / auch Lande und Leuthe Schaden warnen / und bestes mit Worten und Wercken getreulich und ungefährlich thun / vorwenden und befordern / gleich als ob es unsern ieglichen selbst anträffe.

Und nachdem Uns GOtt der Allmächtige in den Fürstlichen Stand und Regierung gesetzt / dahero Wir Uns zuforderst und vor allen dingen schuldig erkennen / unserer selbst / und unserer untergebenen Unterthanen / so wohl ewige als zeitliche Wohlfahrt zu suchen und zu befordern;

So erklären und bezeugen Wir hiermit offentlich und vor jedermänniglich / daß Wir bey der erkandten und bekandten Lehr des heyligen Evangelii / mit gnädiger Hülff und Beystand GOttes des Heyligen Geistes / biß in unser Absterben verharren / und unser jeder in seinem Ort Landes die ernste Versehung thun soll und will / daß allenthalben in Kirchen und Schulen / den Prophetischen und Apostolischen Schrifften / und der darinn gegründten und im Religion-Frieden begriffener und zugelassener Augspurgischer Confession gemeeß und gleichformig / gelehret und geprediget / und dero zugegen keine widrigen Secten verstattet noch eingeführet / sondern denen mit embsigen Fleiß und Sorgfältigkeit / wie uns solches alles unser Herr Vater / Gottseeligen Gedächtnis / in seinem hinderlassenen Testament / gantz Christlich und Vätterlich ermahnet / vorkommen und begegnet werde; Und damit dem desto fleissiger nachgesetzt; So soll unser jeder seinen Ort Landes mit getreuen / frommen / uffrichtigen / Gottsfürchtigen / und gelehrten Superintendenten bestellen / und denselbigen befehlen / die Inspection der Pfarren mit getreuem Fleiß zu versehen. Wir wollen auch alle und jede Jahr zu gelegener und hierzu bequemer Zeit / zum wenigsten einen / wo nicht mehr Synodos alternatis vicibus, zu Cassel und Marpurg / oder andern bequemen Orten / wie das iedesmahl die Gelegenheit am besten geben / und Wir Uns mit einander vergleichen werden / halten / darauff alle unsere Superintendenten und etliche der vornehmsten Prædicanten / neben einen oder zweyen Professoribus Theologiæ der Universität zu Marpurg / und unsern Räthen / die wir jedes mahl darzu ordnen werden / zusammen kommen / ein jeder Superintendens, was Er in seinem Bezierck an der Prædicanten Lehr / Leben / Wesen und Wandel / auch sonsten vor Gebrechen und Mängel an Schmählerung und Entziehung der Pfarren / Kirchen und Kasten-Güter findet / anzeigen / darvon / wie auch von andern zum Kirchen- und Schulen-Regiment gehörigen Sachen / geredt / gerathschlagt / und in alle Wege dahin gesehen werden soll / daß alle solche Mängel GOttes Wort / Prophetischer und Apostolischer Schrifften / und der darinn gegründeten Augspurgischen Confession gemeß / reformirt / und denen zuwieder / wie auch sonsten zu Nachtheil / Abbruch und unbilliger Beschwerung der Pfarren und Allmosen-Casten nichts gestattet noch vorgenommen werde.

Zum Andern / als auch unser Herr Vater aus Christlichem guten Bedencken / GOtt dem Allmächtigen zu Lob / und diesen unsern Fürstenthumben und Landen zu Ehren und gedeylicher Wohlfahrt / auch insonderheit zu Ufferziehung gelehrter frommer Leuth / beydes zu Geistlichen und Weltlichen Sachen / die Universität zu Marpurg fundirt / mit stattlichen Güthern und Freyheiten begabt / darzu Käyserliche Privilegia und Confirmationes darüber erlangt / auch mit nützlichen Ordnungen versehen / und sonderlich der Stipendiaten / ihrer Unterhaltung / Ufferziehens und Studirens halber / ein sondere Ordnung in Anno Tausend Funffhundert sechtzig / den Funffzehenden Februarii publicirt; darzu sechß hohe Hospitalia, als Kauffungen / Wetter / Hayna / Merxhausen / Gruna und Hoffheim / neben sonstet noch andern mehr gemeinen Spitählen und Sichenhäusern / zu Unterhaltung armer und gebrechlicher Leuthe / durchs gantze Land gestifftet / und wir uns zu Folge ermeltes väterlichen Testaments / auch uff unterthäniges Ansuchen und Bitten unser allerseits Landschafft / des niedern und Ober-Fürstenthumbs Hessen / und dero zugehörigen Graffschafften / in nechst verschienenen sieben und sechzigsten Jahr / uff damahls zu Cassel gehaltenem Land-Tage / dieselbige unsers Herrn Vaters seel. Fundationes, Dotationes, gegebene Privilegia, Stifftungen und Ordnungen gnädiglichen confirmirt / bestetigt / und uns verpflichtet haben / daß wir vor uns und unsere Nachkommen ermelte Universität / hohe niedere Spitähle / Sichen-Häuser und Casten / bey Ihren durch gedachten unsern Herrn Vater / Gottseeligen / verschriebenen Güthern / Privilegien / Freyheiten / Gerechtigkeiten / Stipendiaten und andern Ordnungen / gnädiglich bleiben lassen / darbey Fürstlich schützen / schirmen und handhaben wollen / allermassen / wie solches von unserm Herrn Vater löbl. Gedächtniß geschehen und hergebracht / ferners Inhalts derselben unserer Verschreibung / deren datum stehet / Dienstags den sechs und Zwantzigsten Augusti, anno Domini Tausend / Fünffhundert sechzig und sieben; So haben wir uns hiermit abermahls / vor uns selbst / unsere mannliche Leibs-Lehens-Erben und Nachkommen / Fürsten zu Hessen / gegen einander verpflichtet / daß Wir es bey solcher unserer Landschafft gegebener Confirmation alles ihres Inhalts bleiben lassen / und ermelte Universität / auch die sechs hohe und andere Spitähle / Siechenhäuser und Casten / und sonstet in gemein alle andere milte Stifftungen / wie die Nahmen haben mögen / in ihrem Wesen / und bey guten herbrachten Ordnungen / sambtlichen / und ein jeder / da es Ihme gebühret / treulich handhaben / vertheidingen und nicht geringern noch mindern / sondern vielmehr nach Möglichkeit zu Besserung bringen helffen / auch darauf sehen wollen / daß damit allenthalben rechtschaffen umbgangen / uffrichtige Rechnung gehalten / und den Armen treulich vorgestanden werde.

Zum Dritten / dieweil Wir Uns auch / vermöge Väterlichen Testaments / und ohne das von Fürstlichen tragenden Ambts wegen / schuldig erkennen / die Justitien dermaßen zu bestellen / daß jederman bey Gleich und Recht erhalten / und vor unbilligem Gewalt geschützt werden möge; So sollen und wollen wir die Versehung thun / daß männiglichen uff sein Ansuchen / schleunigen / gleichmäßigen und unpartheyischen Rechtens verholffen / die Strassen durch unsere Fürstenthumb / Graffschafften / Herrschafften und Gebieth / rein gehalten / und niemands darauf überfallen / beraubt / noch an seinem Leib / Haab und Guth vergewaltiget werden möge / sondern die Uberfahrer und Ubelthäter mit allem Ernst verfolgen / biß so lang Wir die zu hafften und gebührlicher verdienter Straffe / nach ihrer Verwürckung / bringen / darumb auch unser iedes Ambtleuth / Befehlhabere / Diener und Unterthanen nicht allein vor sich selbst / so bald sie einige Straßenrauberey oder dergleichen Mißhandlung innen werden / sondern auch uff Ersuchen / Annahnen und Begehren des andern Fürsten Beambten / Diener oder Unterthanen schuldig seyn sollen / mit allem Ernst und Fleiß den Thätern unverzüglich / so Tags / so Nachts / nachzufolgen / wo sie die finden / anzufallen / und zu hafften zu bringen / unerachtet / ob gleich die Mißhandlung in dieses oder jenes Obrigkeit und Gebieth begangen / auch die Nachfolge aus unser eines in des andern Obrigkeit und Gebieth beschehen müsse / doch soll der ergriffene Mißethäter in der Obrigkeit behalten und gerechtfertiget werden / da er ergriffen.

Da auch einiger beschuldigter Mißthäter in einem unser der vier Gebrüder oder unserer Nachkommen Ort Landes mit peinlichen Rechten verfolgt / und endlich mit Urthel und Recht in die Mordthat erklärt / oder sonstet des Landes verwiesen würde / der soll nicht in dem Ort Landes allein / da die Erkandtnus geschehen / sondern durch unser aller Fürstenthumbe / Graffschafften / Herrschafften und Gebieth vor einen erklärten Mordthäter oder Lands Verwiesenen gehalten und gegen demselben von unser jedem / da er betreten / vermöge gesprochener Urtheil / und nach Form des Rechtens / verfahren werden.

Und nachdem Uns im väterlichen Testament die Bestellung des Hof-Gerichts sambtlichen / doch pro ratâ ufferlegt und befohlen; So wollen Wir vor Uns und unsere Nachkommen / iederzeit dasselbig unser Hof-Gericht mit frommen / verständigen / geschickten und tauglichen Personen von Adel und Gelehrten / in nothdürfftiger Anzahl / wie Wir Uns dessen verglichen / bestellen / und dieselben sambtlichen / doch nach unserer verglichenen raten, aus unserm Cammer-Guth besolden / auch mit sonderem Fleiß darauf sehen / daß an solchem Unserm Hof-Gericht gute Ordnungen gehalten / und jederman schleunigen Rechtens verholffen werde.

Also auch wollen Wir unser Ober-Appellation oder Revision-Gericht / in der Ordnung / deren Wir Uns mit einander verglichen haben / noch zur Zeit und so lang bleiben lassen / biß Wir Uns deshalben eines bessern und nützlichern vereinigen mögen / und was also an demselben unserm sambtlichen Hof- oder Revision-Gericht endlichen geurtheilt und erkandt würde / dasselbige soll unser jeder / oder nach Uns / unsere Nachkommen / in seinem Ort Landes / so bald es seine Krafft erreichet / uff erlangte Executorial-Brief / eines ieden obermelter beyder Gericht / unverzüglichen exequiren lassen.

Alsdann auch / zum Vierdten / unser Herr Vater / Gottseeliger / in seinem hinterlassenen Testament / aus väterlicher Vorsichtigkeit / unter ander disponirt und verordnet / da unser der vier Gebrüder Fürsten zu Hessen / einer ohne eheliche mannliche Leibs-Lehens-Erben / nach dem Willen GOttes abgienge / daß alsdann die übrigen Drey dem Abgestorbenen in seinen zugetheilten Landen und Leuthen / auch sonst aller Verlassenschafft / sambtlichen succediren / und keine Tochter etwas am Fürstenthumb Hessen und darzu gehörigen Graffschafften / Pfandschafften / Baarschafften / fahrender Haab / gegenwärtigen oder zukünfftigen Güthern / oder andern / alldieweil Manns-Personen von uns oder unsern Nachkommen vorhanden wären / erben / sondern mit ihrem gewöhnlichen Heurath-Geld / als ihrer verordneten Legitima abgesondert und zufrieden seyn / auch bräuchlichen Verzicht thun sollen / ausserhalb was ihnen die Erb-Verbrüderung dero Häuser Sachsen und Hessen gebe / uff den Fall der Mannliche Stamm der Fürsten zu Hessen aller abgienge rc. ferners Inhalts des väterlichen Testaments / dann Wir befinden und erkennen / daß diese väterliche Disposition und Verordnung nicht allein dieses Fürstenthumbs löblichen Herkommen / und obbemelter Häuser Sachsen und Hessen von undencklichen Jahren wohlherbrachter / und von Römischen Käysern und Königen stattlich confirmirter Erbverbrüderung gemeeß ist / sondern auch ohne das zu Erhaltung unsers Fürstlichen Standes / Stamms und Nahmens gereicht; So haben wir darauff einander bey geschwornem Ayd versprochen und zugesagt / und thun das hiermit und in Krafft dieses Brieffs / wissentlich / vor Uns und alle unsere Erben und Nachkommen / daß nicht allein wir es vor unsere Personen bey dieser väterlichen Verordnung der Succession halber / bleiben lassen / und der zuwieder nichts überall vornehmen wollen / sondern / daß es auch

Anno 1568.

Anno 1568.

künfftiglichen bey unsern allerseits Erben und Nachkommen/ Fürsten zu Hessen/ zu ewigen Zeiten also steiff/ fest und unverbrüchlich gehalten werden/ und kein Tochter oder gebohrn Fräulein zu Hessen/ zu ewigen Zeiten/ die Fälle tragen sich gleich zu/ wie sie immermehr wollen/ alldieweil Manns-Personen von Uns/ unsern ehelichen mannlichen Leibs-Erben und Nachkommen/ Fürsten zu Hessen/ im Leben seyn/ etwas am Fürstenthum Hessen und darzu gehörigen Graffschafften/ Herrschafften/ Pfandtschafften/ Baarschafften/ Fahrender Haabe/ gegenwärtigen oder zukünfftigen Güthern/ oder andern erben/ sondern davon gäntzlich durch die Manns-Personen ewiglichen ausgeschlossen seyn und bleiben/ und sich mit Ihrem verordneten Heyrath-Guth und Abfertigung/ als ihrer verordneten Legitima und Gebührnuß/ endlich begnügen lassen sollen/ darzu dann unser jeder sich/ seine Erben und Nachkommen/ bey seinem und ihrem Gewissen/ durch Krafft und Macht dieses Briefs/ ewiglich und unwiederrufflich verpflichtet/ verstrickt und verbunden haben will.

Und damit dem allenthalben so viel steiffer und gewisser gelebt und nachgesetzt werde; So sollen und wollen wir/ und nach uns/ unsere eheliche mannliche Leibs-Lehens-Erben und Nachkommen/ Fürsten zu Hessen/ unsere vom Heyligen Römischen Reich/ auch alle andere von Churfürsten/ Fürsten und Prälaten herrührende Lehen/ keines ausbeschieden/ jetzo und künfftiglich/ allwege in sambt und zugleich empfangen/ und deßfalls immerzu in unzertrennter sambt-belehnung sitzen bleiben/ auch unser einer des andern nachgelassenen Söhnen treulich beholffen seyn/ daß Sie alle ihre angererbte Lande und Leute behalten/ und darbey gelassen werden mögen.

Damit aber gleichwohl die Töchter uf den fall/ da unser der vier Gebrüder einer oder mehr/ oder deroselben Söhne und Nachkommen ohne eheliche mannliche Leibs-Lehens-Erben abgiengen/ dardurch des oder derselben abgestorbenen Fürsten Theil Landes den andern nochlebenden Gebrüdern/ oder ihren ehelichen mannlichen Leibs-Lehens-Erben angefallen/ gebührlicher Weise versehen werden/ und denen an Ihrem Unterhalt und Ausstattung kein Mangel erscheine; So soll des oder dero abgestorbenen Fürsten nachgelassenen unbestatteten Töchtern einer jeden zwantzig tausend Gülden Franckfurther Wehrung/ zu funffzehen Batzen/ ein und zwantzig Meißnischen Zinßgroschen oder sieben und zwantzig Albus, so jetzo alle gleiches Werths seynd/ an statt Ihrer Legitima und endlicher Abfertigung zu Zeit Ihrer Verheyrathung zu rechtem Heurath-Guth/ beneben Kleinodien/ Kleidern/ Silber-Geschirr und Geschmuck/ nach Gelegenheit des abgestorbenen Hinderlassenschaffe/ und wie es im Fürstenthumb Hessen bräuchlich und herkommen ist/ durch die Nachfolger und Erben/ Fürsten zu Hessen/ so in des oder dero abgestorbenen Ort Landes succediren/ unweigerlich gegeben/ gereicht und gefolgt/ auch dieselben Töchter mittler Zeit/ biß zu Ihrem Verheyrathen/ mit nothdürfftiger gebührlicher Unterhaltung/ an Kleidern/ Geschmuck und andern/ wie Fürstlichen Fräulein gebührt/ versorgt und unterhalten werden.

Und hierüber sollen dieselben obgemelte nachgelassene Töchter kein Anforderung überall/ weder zu ihres abgestorbenen Herrn Vatters/ Bruders/ oder anderer Ihrer Agnaten unsers mannlichen Stamms/ verlassenen Landen/ Leuthen/ noch auch an Erbschafften/ Pfandschafften/ fahrender Haab/ noch etwas anders/ wie auch das genandt werden möcht/ haben/ sondern mit ihrer Heimsteuer und Abfertigung/ wie hieroben gemelt/ davon gänßlich und allerdings (doch Testament Vermächtnuß/ mit massen/ wie nachfolgt/ vorbehalten/) abgesondert und ausgeschlossen seyn und bleiben/ wann auch etwa ein Tochter bey Leben ihres Herrn Vatters mit einer geringern Summ, als zwantzig tausend Gülden/ ausgestattet worden wäre/ und Sie Ihres Herrn Vatters tödtlichen Abgang ohn mannliche Leibs-Lehens-Erben erlebte/ alsdann soll Ihr von den Nachfolgern der Rest, so an solcher bestimmten Summ der zwantzig tausend Gülden Heurath-Guths mangelt/ nochmahls erstattet und vergnügt werden.

Da aber uff diesen Fall unser oder unserer Erben und Nachkommen/ Fürsten zu Hessen/ einer oder mehr/ mit Todt abgienge/ und keine Leibs-Erben mannlichen Geschlechts verliesse/ sondern eheliche gebohrne Fräulein zu Hessen/ desselbigen Stamms und Linien noch vorhanden und im Leben wären/ was dann denselben/ wann ihre Frau Mutter abgestorben/ von wegen derselben Ihrer Frau Mutter zugebrachten und bezahlten Heurath-Gelds/ Wiederlag/ Morgengab/ auch hinterlassenen Geschmucks/ Kleidern/ Kleinodern/ Silber-Geschirr/ fahrender Haab und dergleichen vermacht/ oder gebührte/ solches soll Ihnen/ so fern es in dem Fürstenthumb Hessen/ oder zugehörigen Graffschafften/ und zu Nutz derselben angelegt und noch vorhanden/ und der Mutter zuvor nicht wieder vergnüget/ noch durch dieselbe in die zweyte Ehe/ oder anders wohin verwendet/ von den Nachfolgern/ Fürsten zu Hessen/ unweigerlichen auch gefolgt/ und durch keinen Verzicht benommen werden.

Deßgleichen/ wo auch unser der vier Gebrüder oder unserer Nachkommen einer/ so kein eheliche mannliche Leibs-Lehens-Erben hätte/ seinen Töchtern durch Testament/ oder dergleichen Dispositionen etwas von seiner mit guther vorsichtiger Haußhaltung/ ohne Verenfferunge/ Verpfändung und Beschwerung seiner Renth-Cammer/ Lande und Leuthe/ eroberter und vorerspahrter Baarschafft/ Kleinoder oder Silber-Geschirr/ testiren oder beweißlich vermachen würde/ solches/ was dessen nach beschehener Abstattung und Bezahlung der Schulden/ so derselbige abgestorbene Fürst selbst gemacht/ noch übrig im Vorrath seyn würde/ sollen die Erben und Nachkommen/ Fürsten zu Hessen/ Ihnen den Töchtern zu obberührter Legitima und mütterlicher Verlassenschafft auch folgen lassen/ doch daß von Landen und Leuthen/ auch an ererbter Baarschafft derwegen nichts überall verpfändet/ verreußert/ oder sonst in andere Wege beschwert sey oder werde/ daß auch zuvor von der hinderlassenen Baarschafft die Schulden/ so der abgestorbene Fürst/ uf seinem Ort Landes gemacht/ gäntzlichen/ wie vorstehet/ abgestattet und bezahlt seyen/ aber ohne solche Vertestirung und Disposition sollen die Töchter zu allen diesen Dingen kein Recht oder Anforderung überall haben/ sondern mit ihrer Aussteuer/ als der verordneten Legitima, endlichen zufrieden seyn und bleiben.

Alles und jedes/ so den gebohrnen Fräulein zu Hessen in obermelten Fällen zu ihrer Ehe-Steuer und Legitima, auch Kleidern/ Kleinodern/ Silber-Geschirr und Geschmuck/ darzu durch väterliche Testament und Dispositiones, mit maßen/ wie unterschiedlichen vorgesetzt/ vermacht/ oder von mütterlichen Anfalß wegen Ihnen zu derselben Zeit allbereit zugefallen wäre/ und gebührete; Sollen und wollen Wir/ unsere Erben und Nachkommen/ Fürsten zu Hessen/ demselben Fräulein zu Zeit Ihres Verheyrathens unweigerlich folgen lassen/ und darein keinen Uffhalt noch Gefehrte überall gebrauchen/ darauf dieselbe Töchter und Fräulein auch nothdürfftigen und genugsamen Verzigt zu thun schuldig seyn sollen/ da aber der mütterliche Anfall zu Zeit der Fräulein verheyrathens sich noch nicht zugetragen/ so solt derselbige Ihnen der Fräulein gleich sehr vorbehalten/ und sie dessen/ so bald er sich begebe/ auch gewärtig seyn.

Wo auch der abgestorbene Fürst sein Ehe-Gemahl hinderliesse/ dieselbige soll in allewege bey Ihren/ gegen Ihrem zugebrachten und bezahlten Heyrath-Guth/ Fürstlichen Brauch nach/ vermachten Wittumb/ alldieweil sie nicht wiederumb zur andern Ehe schreitet/ gelassen und gehandhabt/ oder da sie mit keinem Wittumb versehen wäre/ Ihr derselbig nachmahls gebührlicher Weise von den nachfolgenden Fürsten vermacht/ auch zu Zeit Ihres Wiederverheyrathens/ Ihr zugebracht und bezahlt Heyrath-Guth/ und was ihr der Wiederlag halber gebührt/ unweigerlich vergnügt/ entricht und gefolgt werden; Da aber unser der vier Gebrüder einer oder mehr/ oder auch unsere mannliche Leibes-Lehens-Erben nach Uns/ beyde Söhne und Töchtere/ ehelichen erzielen/ und der Töchter eine oder mehr verheyrathen würden/ weil dann dießmahls umb künfftiger ungewisser Fälle willen/ keine Gewißheit getroffen werden mag/ was und wie viel einem jeden Fräulein zur Aussteuer/ nach Gelegenheit eines jeden Fürsten/ und auch des Fräuleins/ so ausgesteuert werden soll/ Verheyrathung/ zur Ehe-Steuer gegeben werden solle oder könne; So soll alsdann/ und auf solchen Fall/ wo ein Fräulein von Hessen zu vergeben/ unsere allerseits gantze Landschafft zusammen beschrieben/ und mit deroselben der Ehe-Steuer halben/ nach Gelegenheit der Verheyrathung und Vermögens/ auch Vielheit der mannbaren Fräulein/ so zu derselben Zeit auszusteuern seynd/ von Uns/ unsern Erben und Nachkommen/ Fürsten zu Hessen/ treulich gehandelt werden/ daß gedachte Landschafft solches ihrem Vermögen nach entweder uff sich nehmen/ oder ie stattlichen darzu contribuiren wolle.

Wir haben uns auch ferner und zum Fünfften/ zu Folge des väterlichen Testaments und Verordnung gegen einander obligirt/ verpflichtet und verbunden/ obligiren/ verpflichten und verbinden Uns auch dessen hiermit/ und in Krafft dieses Briefs/ vor Uns/ unsere Erben und Nachkommen/ ewiglich und unwiederrufflich/ daß unser/ noch unser ehelichen mannlichen Leibs-Lehens-Erben keiner von seinen angererbten Schlossen/ Stätten/ Aembtern/ Dörffern/ Zollen/ Clostern und ihren Zugehörungen etwas erblich verkauffen/ verschencken/ zu Lehen ansetzen/ vertauschen/ oder auch in andere Wege alieniren oder vereussern soll oder mag/ in keinen Weg/ wie der Nahmen hat/ ohne unser aller/ oder unser Erben/ Fürsten zu Hessen/ Vorwissen/ und ausgedruckte urkundliche sambtliche Wissenschafft und andern unsern Handzeichen und anhangenden Siegeln gegebener Bewilligung/ sondern sollen alle unsere angererbte/ Schloß/ Stätt/ Dörffer/ Zöllen/ Aembter/ Clöster/ und alle ihre zugehörte/ Uns und unsern ehelichen mannlichen Stamm/ auch unser allerseits Landschafft zum besten/ bey einander unzerrissen/ und unvereußert erhalten/ und darvon nichts erheblichs verlassen; Da je aber unser einen/ oder den andern/ ein redliche dringende Noth angienge/ oder sonsten einen guten augenscheinlichen Nutzen darinit zu schaffen wüste/ derwegen er zu Abwendung solches Schadens/ oder Beförderung mehrers Nutzens/ auch weiterm Unheyl und Schaden vorzukommen/ etwas von dem Seinen angreiffen/ und auf Wiederkauff versetzen müste; So soll derjenige/ so unter Uns/ oder unsern Nachkommen/ Fürsten zu Hessen/ etwas uff Wiederkauff versetzen oder verschreiben will/ solches bevor andern frembden oder auswertigen/ Uns oder unsern Erben und nachkommenden Fürsten zu Hessen/ sambtlich brüderlich anbieten/ und in billigem Landläuffigem und gebräuchlichem Wehrt/ uff Wiederlösung zukommen lassen; In allwege aber soll unser oder unser Nachkommen

ANNO 1568. kommen keiner / keinem König / Fürsten oder Reichs-Stadt etwas ohne unser aller Vorwissen / und sämbtliche schrifftliche und urkundliche Bewilligung aufftragen / versetzen / verpfänden / verkauffen / oder in andere Wege überlassen / oder dessen zu thun Macht haben / in keinen Weg / wo er auch auff oberzehlte Maaß und vorgehende sambtliche Bewilligung einem Grafen / von Adel / oder sonst Privat-Personen etwas verpfänden oder verhypothecirten würde / soll er in allewege darinn vorbehalten / daß solches keinem Potentaten / Fürsten oder Reichs-Statt furter verpfändet oder verschrieben werden solle; Ob auch unser oder unserer Nachkommen einer / im Fall / wie vorstehet / was verpfänden und auf Wiederkauff verschreiben würde / solches sollen wir andern und unsern Nachkommen / nach unserer Gelegenheit / umb dasselbig Geld an Uns zu lösen haben / doch in allermassen / wie das verschrieben ist / und vorbehältlich dem Verpfänder und seinen Mann-Leibs-Erben / der Wiederlösung jederzeit / dessen allen wir Uns hiermit gegen einander brüderlichen obligirt / und bey unsern Fürstlichen wahren Worten / Krafft eines geschwornen Ayds angelobt und versprochen haben wollen; Innassen wir dabevor allbereit dasselbig unserer allerseits Landschafft / uf ihr unterthäniges Erinnern versprochen und verschrieben haben / nach Lauth darüber haltender Verschreibung.

Zum sechsten / dieweil auch im väterlichen Testament ferner verordnet ist / daß wir in Reichs Anlagen / auch da wir (das GOtt gnädiglichen abwende) kriegen müssen / oder mit Recht angefochten würden / vor einen Mann stehen / einander treulich helffen / auch in allen andern Sachen einander treulich / räthlich und hülfflich seyn / daß auch die Hülffen nach Vermögen / und nach dem unser jeder / an Landen / Leuthen und Unterthanen hat / beschehen sollen / damit dann wir und unsere Nachkommen / und ein jeder besonder seinen / und seines zugetheilten Ort Landes-Anschlag und ratam wisse / darnach sich unser jeder in vorfallenden Nöthen / und Erhebung gemeiner Reichs- und Land-Steuern / auch Entrichtung seines Gebührniß zu gemeinen Contributionen und Ausgaben zu richten; So haben wir Uns derselben unserer Raten in einem besondern Abschied und Neben-Vergleichung mit einander freundlichen und brüderlich vereiniget / dem wir und unsere Nachkommen auch also treulich und unweigerlich nachkommen sollen und wollen / und sonderlich / da hiernechst über kurtz oder lang gemeine bewilligte Reichs-Anlagen zu erheben / dieselben soll unser jeder bey seiner Ritter- und Landschafft zum treulichsten inzubringen / auch Vermöge und Inhalt gedachter unser Neben-Vergleichung / an gebührende Ort zu rechter Zeit zu lieffern und zu erlegen schuldig seyn / damit die fürters von Uns sambtlich dem Reich gehorsamblichen vergnügt und bezahlt werden mögen.

Da aber bey unser einem oder dem andern deßhalben Mangel erschiene / was dann daraus der Kayserl. Majestät halber / oder sonst vor Beschwerungen oder Verweiß erfolgte / solches alles soll der säumige allein / ohne der andern Zuthun / zu tragen und zu gelten / und nicht desto weniger alles dasjenige / so von seiner Ritter- und Landschafft zu erheben / den verordneten Ober-Einnehmern zu lieffern schuldig seyn.

Als auch / zum siebenden / im vätterlichen Testament der Gülden-Zoll Uns sämbtlichen vermacht ist / und wir uns desselben halben allbereit einer Ordnung / wie es damit gehalten werden soll / freundlich verglichen; So soll unser keiner dem andern hieran einigen Intrag noch Verhinderung thun / sondern es deßfals bey getroffener Vergleichung lassen / und darauff mit Fleiß sehen / daß derselbige Gülden-Zoll Uns allenthalben zum besten uffs treulichste erhaben und ingebracht werde.

Zum achten / dieweil auch unser geliebter Herr Vater Gottseeliger / aus sonderlicher väterlicher Lieb / Treu und Sorgfältigkeit / Uns nicht allein vor Kriegen / sondern auch vor innerlichen Uneinigkeiten / Zanck / Unwillen und Meuterey / so treulich verwarnet / und hergegen zu Frieden / brüderlicher Lieb und Einigkeit vermahnet; So sollen und wollen wir / unsere Erben und Nachkommen / Fürsten zu Hessen / derselben treuhertzigen väterlichen Vermahnung iederzeit ingedenck seyn / und Uns nicht allein vor frembder / sondern auch und vornehmlichen vor innerlichen Kriegen und Mißverstand hüten / unser einer dem andern seine im Testament bescheidene Land und Leuthe / sambt derselben Gerechtigkeiten / zu behalten / zu handhaben / zu schützen / zu schirmen / zu vertheidigen und zu verantworten / gleich unser selbst Lande / auch sonsten in allen Sachen und Nöthen / da unser einer des andern brüderliche Weisung dulden und leiden mag / ohne einige Wiederrede / mit Leib / Guth / Land und Leuthen getreulich beholffen / gerathen / beyständig darzu / mit Verstattung der Oeffnung in unsern Vestungen / laut väterlichen Testaments / einander gewärtig seyn / auch da unser einer oder mehr wieder des Heil. Reichs Constitutiones und Land-Frieden überzogen oder vergewaltigt / Uns unsäumlich in der Person zusammen verfügen / oder die Unsern ohnverlengt zusammen schicken / da wir selbst persöhnlich zusammen zukommen verhindert / und Uns unter einander / was zu Abwendung vorstehenden Unheyls jederzeit die Nothdurfft nach Gelegenheit vorzunehmen erfordern wil / freundlich und treulich unterreden / und vergleichen / und an allem / was zu Errettung unser und unserer Lande und Leuthe dienlich / rathsam und erträglich erfunden wurd / nach unserm eusseristen Vermögen / nichts erwinden lassen.

Es soll aber unser oder unserer männlichen Leibs-Lehens-Erben und Nachfolger / Fürsten zu Hessen / keiner zu ohnnöthigen Kriegen / dem Religion-oder Land-Frieden zuwieder / Ursach geben / viel weniger die vor sich selbst anfahen / auch sich in keine frembde Bündniß / daraus Kriege entstehen möchten / ohn unsere oder unserer Nachkommen sambtliche Verwilligung / einlassen / und dardurch sich selbst / auch sein und seiner Brüder Land und Leuthe in Noth / Gefahr und Beschwerung bringen / sondern dessen gäntzlich müßig gehen und sich enthalten / denn / da unser oder unser männlichen Leibs-Erben einer oder mehr / unnöthige oder muthwillige Kriege / dem Religion-oder Land-Frieden zuwieder / anfienge / darinn die andern dessen oder deren zu Recht nicht mächtig wären / oder sich in sondere Einung und Bündniß / ohne unser andern Vorwissen und Bewilligung / einliesse / das doch keines wegs seyn soll; So solten auch dieselbe dem / oder denen / dieser Einung halber / zu einiger Hülffleistung nicht verpflichtet seyn / und gleichsehr diese Einung sonsten in allen andern ihren Puncten und Articuln in Krafft und Macht bleiben. ANNO 1568.

Da auch unser oder unserer Nachkommen einer mit einem gewaltigen Nachbarn in solche Irrung und Zwietracht erwuchse / daraus thätliche Zugriff und Kriege zu besorgen; So sollen dieselben Gebrechen eher und zuvor sie zur Weitläufftigkeit und thätlichen Zugreiffen gelangen / an Uns ander Gebrüder / oder nach uns / an unsere Nachkommen gebracht / und mit unserm und ihrem Rath vorwissen darinn gehandelt werden.

Ferner soll auch unser keiner des andern Schloß / Stätt oder Dörffer in sonderbahren Schutz und Verspruch wieder den andern nehmen / noch desselben Unterthanen wieder ihren Herrn zu Ungehorsam anreitzen / sondern vielmehr einer dem andern seine wiederspenstige Unterthanen zu gebührlichem schuldigem Gehorsam bringen helffen / auch keiner des andern vorsetzliche Feinde oder Echtere haußen / herbergen / Unterschleiff / noch einige Beförderung erzeigen.

Deßgleichen soll unser keiner des andern Diener und Unterthanen / die Recht leiden mögen / und keine peinliche noch Malefiz-Handlungen begangen / an ihrem Leib / Haab und Güthern / wieder Recht / es sey mit Bestrickung / Gefängniß / Einziehung ihrer wohlhergebrachten inhabenden Güthern / oder sonsten beschweren lassen / sondern da sie gleich ingezogen / uff ihres Herrn schrifftlich brüderlich Ersuchen und Rechtbieten / gegen gnugsame Caution unverzüglich / biß zu verhörter Sachen / so von beyderseits Fürsten darzu geordneten Räthen beschehen soll / redlich und bey dem Ihren uf rechtliche Erkandnus / unvergewaltigt bleiben lassen; Befindet sich dann in solcher Verhör / daß der Ingezogene oder Beschuldigte unrecht hätte / so soll er gebührlichen Abtrag / nach Gelegenheit der Verwürckung / an dem Ort zu machen angehalten werden / da er die Ubertretunge begangen.

Da sich aber unter Uns den Gebrüdern oder unsern Erben und Nachkommen / Fürsten zu Hessen / über kurtz oder lang / umb was Sachen willen das wäre / Irrungen zutrugen / und dahero einer zum andern Zuspruch und Forderung zu haben vermeynte / und wir Uns unter einander selbst / oder durch unsere Räthe / gütlich nicht vergleichen könten / uff denselbigen Fall / sollen und wollen wir / unsere Erben und Nachkommen / dieselbigen Irrungen durch den im väterlichen Testament gefaßten Austrag unverzüglich / und ohn alle gefehrliche Verlängerung / erörtern lassen / als nehmlich sol der klagende Theil Vier vom Adel aus seinen Räthen und Ritterschafft / die Landsassen seyn / Vier Raths-Personen aus seinen selbst / oder andern seiner Brüder Stätten / wie das einem jeden gefällig ist / und einen Gelehrten vom Hof-Gericht / deßgleichen der beklagte Theil ebenmäßiger Weise / Vier vom Adel aus seinen Räthen und Ritterschafft / die Landsassen seyn / Vier Raths-Personen aus seinen Stätten / einen Gelehrten vom Hof-Gericht / und darüber beyde Kläger und Beklagter / sambtlichen einen Juristen aus der Universität zu Marpurg / innerhalb sechs Wochen / nach geschehener des klagenden Theils Ersuchung / benennen und erwehlen / dieselbe benannte und erwehlte Neunzehen Persohnen sollen in des beklagten Fürsten Stätt einer / die dem klagenden Fürsten am nechsten gelegen ist / oder deren sie sich nach ihrer bessern Bequemlichkeit mit einander vergleichen würden / uff einen gewissen Tag / des sich vorhero beyde Theil mit einander freundlichen zu vergleichen / zusammen kommen / die Sachen erstens in der Güte nothdürfftig verhören / darauf gütliche Handlung vornehmen / und allen möglichen Fleiß anwenden / die irrige Partheyen mit einander ohnweitleufftig / freundlich und gütlich zu vergleichen; Im fall aber die Güte über angewandten Fleiß nicht statt haben wolte / alsdann die Partheyen beyderseits in ihren zusammen habenden Gebrechen / mit Klagen / Antworten / Beweisungen / in- und nachreden / und aller Nothdurfft / bis zum Beschluß der Sachen / rechtlichen hören / und endlichen nach ihrem besten Verstand die Sachen mit einem Rechtspruch / der dem väterlichen Testament in allewege gemeeß / und nicht zuwieder sey / entscheiden / dabey es auch ohne weitere Appellation gelassen / und von demjenigen / wieder den gesprochen und erkandt würde / dargegen nichts weiters in ungutem gesucht noch vorgenommen werden soll.

Und damit solche von beyderseits Ritter- und Landschafft / auch aus dem Hof-Gericht und der Universität benennte Persohnen / ihrer Ayd und Pflicht halber / damit ein jeder seinem Herrn verwand / unverhindert / was billich und Recht / auch dem väterlichen Testament gemeeß ist / urtheilen und erkennen mögen; So sollen sie von unser jedem derselben Pflicht / so viel hierzu von nöthen (aber sonst weiter nicht) erlassen / und zu diesem

ANNO 1568.

diesen Austrag mit einem neuen ziemlichen Ayd beladen werden/ daß sie nach ihrem besten Verstand/ was recht und billich/ auch dem väterlichen Testament gemeeß/ und nicht zuwider wäre/ urtheilen und erkennen wolten.

Alle und jede vorermelte Puncten und Articul sollen und wollen wir/ unsere Erben und Nachkommen/ alles ihres Inhalts stet/ fest und unverbrüchlich halten/ und darwieder nicht thun/ noch schaffen gethan werden/ mit Worten oder Wercken/ heimlich/ noch offentlich/ in keinerley weise/ und soll wieder das alles und jedes/ uns/ unser Erben und Nachkommen/ Fürsten zu Hessen/ in gemein und sonderheit/ nicht schützen/ schirmen/ oder zu statten kommen/ einig Gnad/ Recht/ Freyheit/ Privilegien Auszuck/ Behelff/ Exception und Einrede/ Geistlich oder Weltlich/ noch einig Ordnung/ Statuten und Satzung oder etwas anders/ wie das letzunter in Geistlichen und Weltlichen/ gemeinen oder sonderbahren Rechten gesetzt und geordnet/ oder hinführo in ewige Zeit gesetzt oder geordnet werden möchte/ nichts ausgenommen/ Wir/ Unsere Erben und Nachkommen/ Fürsten zu Hessen/ sollen und wollen uns auch dero sambt oder sonder/ wie die genandt oder erdacht werden möchten/ weder in- oder außerhalb Rechtens/ wieder diese unsere brüderliche Erbeinigung nicht gebrauchen/ durch uns selbst/ oder andere von unserne wegen/ in gar keine Weise/ dann Wir Uns dero aller und jeder/ vor Uns/ unsere Erben und Nachkommen/ Fürsten zu Hessen/ ewiglich mit rechtem Wissen/ verziehen und begeben haben/ verzeihen auch/ und begeben Uns dero hiermit/ und in Krafft dieser unserer brüderlichen Erb-Einigung/ in der allerbesten Weiß/ Form und Maaß/ wie solches allerbeständigst von Rechts und guter Gewohnheit wegen/ geschehen soll/ kan/ oder mag/ in allermaßen/ als stünden die hierinnen von Worten zu Worten benenntlich ausgetruckt und specificirt/ die Wir auch hiermit also für ausgetruckt/ specificiret und benennet haben wollen; Und insonderheit so verzeihen und begeben Wir Uns mit rechten Wissen der gemeinen Rechten/ sprechende/ daß gemeiner Verzigk ohne vorgehende Specification sonderbarer Auszüge/ nicht verfahe/ noch tüglich sey/ wie Wir dann solches alles sambt und sonders unser einer dem andern/ vor Uns/ unsere Erben und Nachkommen/ bey unsern Fürstlichen Ehren und Würden/ mit handgebenden Treuen versprochen/ geredt/ gelobt/ und mit einem leiblichen Ayd/ den Wir zu GOtt und seinem heiligen Wort geschworen/ beteuert haben/ alles sonder Gefehrde und Argelist.

Und so bald nach unser eines oder des andern Absterben/ unsere eheliche Mann-Leibs-Lehens-Erben und Nachfolger/ Fürsten zu Hessen/ in die Regierung treten/ oder sonsten achtzehen Jahr erreichen/ sollen sie diese unsere brüderliche Vergleichung und Erbeinigung in allen ihren Puncten und Inhaltungen/ stett/ fest und unverbrüchlichen zu halten schuldig/ auch solches uff Erfordern einander mit leiblichen Ayden zu beteuren und zu versichern/ hiermit verpflichtet seyn.

Und nachdem Wir seithero unsers geliebten Herrn Vaters gottseeligen Absterbens/ Uns allerhand mehr Puncten halber/ so hierinnen nicht begriffen seyn/ etlicher schrifftlichen Abschiede zu unterschiedlichen Zeiten brüderlichen verglichen; So solle denselben Abschieden/ wie auch sonsten dem väterlichen/ von uns allen angenommenen und bewilligten Testament/ hierdurch nichts überall derogirt noch abgebrochen seyn/ sondern wir wollen vielmehr alle solche Abschiede in allen Puncten/ deren hierinnen nicht gedacht/ wie auch gleicher gestalt berührt väterlich Testament durchaus/ in allen Dispositionen und Verordnungen/ Uns die Vier Gebrüdere und unsere Erben/ Fürsten zu Hessen/ unter einander betreffend/ in bester Form und Gestalt solches von Rechts- oder Gewohnheit wegen beschehen kan/ soll oder mag/ ratificiret/ bestetiget und bekräfftiget haben.

Deß zu Urkund/ haben Wir obgemelte Vier Gebrüdere/ Wilhelm/ Ludwig/ Philips der Jüngere/ und Geörg/ Landgrafen zu Hessen rc. dieser Einungs-Brief vier gleichlauts/ vor unser jeden einen verfertigen/ die Wir alle mit eigenen Handen unterschrieben/ unser jeder sein Fürstlich Insiegel an diesen Brief wissentlich hangen lassen/ und zu mehrerer Sicherheit ewiger Bekantnus und stetiger Befestigung/ haben Wir obgenandte Fürsten/ die Wohlgebohrne/ Unsere liebe Neven und Getreuen/ Philipsen den ältern/ Grafen zu Waldeck/ und Ludwigen von Seyn/ Grafen zu Wittgenstein und Herrn zu Homburg/ auch die würdige/ unsere liebe Getreuen/ Johann von Rehn/ Land-Comptmren zu Marpurg/ und Rectorn, Decanum und Professores unserer Universität daselbst/ darzu aus unserer allerseits Ritterschafft/ Heidenreich von Calenberg/ Statthalter zu Cassel/ Burckhard von Cramm/ Statthalter zu Marpurg/ Friedrich von Stein/ Ober-Ambtmann der Niedern Graffschafft Catzenelnbogen/ Johann Wilhelm von Schönstatt Oberambtmann der Obern Graffschafft Catzenelnbogen/ Friedrich von Rolßhausen/ Land-Vogt an der Dymel/ Johann Meysenbuch/ Land-Vogt an der Werra/ Geörge Ried Eseln zu Erßenbach/ Caspar Schützspehr genannt Wildling/ Hauß-Hofmeister zu Marpurg/ Reinhard Schenck/ Hauptmann zu Ziegenhain/ Geörge von der Malspurg/ Ambtmann zu Wolfhagen/ und Hartmann von Eringshausen/ Ambtmann zu Gießen/ deßgleichen von unsern allerseits Stätten/ Cassel/ Marpurg/ St. Goar/ Darmstatt/ Homburg in Hessen/ Giessen/ Eschwege/ Franckenberg/ Treyßa und Alßfeld/ geheissen/ und an sie begehrt/ diese unsere brüderl. Vergleichung und Erbeinung/ mit Uns zu versiegeln/ und wir obgenannte/ Philips/ Graf zu Waldeck/ Ludwig von Seyn/ Grafe zu Wittgenstein/ Johann von Rehn/ Land-Comptur/ Rector, Decanus und Professores der Universität zu Marpurg/ Heidenrich von Calenberg/ Burckhard von Cramm/ Friedrich vom Stein/ Johann Wildling von Schönstatt/ Friedrich von Rolßhausen/ Johann von Meyßenbug/ Geörg Ried-Eßel/ Caspar Schutzspehr genannt Wildling/ Hanß von Berlipsch/ Johann von Linsing/ Reinhard Schenck/ Geörge von der Malspurg/ und Hartmann von Eringshausen/ desgleichen wir Burgemeister und Räthe der Stätte Cassel/ Marpurg/ S. Gewahr/ Darmstatt/ Homburg in Hessen/ Gießen/ Eschwegen/ Franckenberg/ Treyßa und Alßfeld/ bekennen hiermit/ nachdem hochermelte unsere gnädige Fürsten und Herren sich dieser Erbeinung mit einander/ I. Fürstlichen Gn. derselben Nachkommen/ auch Landen und Leuthen zu Wohlfart/ Ufnehmen und Gedeyen/ brüderl. verglichen u. vereiniget; Daß wir demnach/ uf J. F. Gn. gnädiges ersuchen/ heissen und begehren/ unsere angebohrne/ auch der Universität und gemeiner vorbenannten Stätte Insiegel hieran wissentlich gehangen haben/ der geben ist zu Ziegenhain/ Freytags nach Ascensionis Domini, den 28. Monatstag May im Jahr nach Christi unsers HErrn und Seligmachers Geburt/ eintausend/ fünffhundert sechzig und achte.

Wilhelm Landgraf zu Hessen.
Ludwig Landgraf zu Hessen.
Philipps Landgraf zu Hessen.
Geörge Landgraf zu Hessen.

LXXXI.

Verträgs-Recess zwischen Frantz Grafen zu Waldeck/ und Annam Wittwen/ wayland Graf Johanns zu Waldeck Gemahlin/ anstatt ihrer unmündigen Söhnen/ wegen zwey tausend Thalern/ so Ihme Graf Frantzen von seiner Frau Mutter Seel: bey seiner Ehe-beredung verschrieben worden/ und Er solche an bemelter Wittwen zu fordern gehabt/ wodurch verabredet worden/ daß die Wittwe statt ihrer Söhnen/ bemeldtem Grafen Frantzen vor seine forderung der zwey tausend Thalern/ ein tausend vier hundert Thalern innerhalb eines Jahrs frist erlegen solle. Geben zu Cassel auf tag Petri und Pauli 1508. [LUNIG, Teutsches Reichs-Archiv. Part. Spec. Continuat. II. Abtheilung VI. Absatz XXV. pag. 367.] 29. Juin.

C'est-à-dire,

Accord entre FRANÇOIS *Comte de Waldeck &* ANNE *Veuve de* JEAN *aussi Comte de Waldeck pour elle & pour ses Enfans mineurs, touchant une Somme de 2000. Ecus, qui avoient été assignez audit Comte* FRANÇOIS *par sa Mere défunte, & qu'il avoit à prétendre de ladite Comtesse Veuve. Ils y conviennent que, pour anéantissement de cette prétention, ladite Veuve payera au Comte la Somme de 1400. Ecus dans le tems d'une année. A Cassel le jour de St. Pierre & Paul, 1568.*

Zu wissen/ als der Wohlgebohrne Graff und Herr/ Frantz/ Graffe zu Waldeck/ an die auch Wohlgebohrne Gräfin und Frau/ Frau Anna/ gebohrne zu der Lippe/ Gräfin zu Waldeck/ Witwen/ an statt und von wegen ihrer/ mit weyland Grafe Johann zu Waldecken gottseeligen/ erzeugter minderjährigen Söhne/ zwey tausend Thaler/ so ihme Grafe Frantzen durch S. Gn. Frau Mutter weyland die Durchleuchtige/ Hochgebohrne Fürstin und Frau/ Frau Anna/ gebohrne Tochter zu Cleve und Marck/ Gräfin und Witwe zu Waldeck/ hochlöblicher und seeliger Gedächtnüß/ in der zwischen ihme Graffe Frantzen und S. Gn. Gemahl/ in Anno tausend fünffhundert sechzig drey/ uffgerichteter Eheberedung/ aus ihrer Fürstlichen Gnaden Nachlaß/ uff den Fall ihres tödlichen Abgangs/ verschrieben sey/ gefordert/ deren aber wohlermelte Gräffin/ beneben ihrer Kinder Vormünder/ sich aus allerhande dargegen angezeigten und eingewandten Ursachen beschwert/ daraus erfolget/ daß solche Sach an den Durchleutigen/ Hochgebohrnen Fürsten und Herrn/ Herrn Wilhelmen/ Land-Grafen zu Hessen/ Grafen zu Catzenelnbogen/ Diez/ Ziegenhain und Nidda rc. unsern gnädigen Fürsten und Herrn/ als den Landes-Fürsten gelangt/ und S. F. Gn. darauff einen gütlichen Verhörs-Tag uff heut dato anhero bestimt/ den auch beydes Grafe Frantz/ neben S.

Gnaden

ANNO 1568. Gnaden Bruder/ Grafe Philypsen den Mitlern/ desgleichen wohlermelte Witwe/ neben ihrer Gnaden Bruder Grafe zur Lippe/ Spiegelberg Pirmont/ in der Person ersucht/ zu dem der Durchleuchtige hochgebohrne Fürst und Herr/ Herr Wilhelm/ Hertzog zu Gülich/ Cleve und Berg ꝛc. unser gnädiger Fürst und Herr/ S. Fürstl. Gnaden abgesandte Räthe/ die Ehrnveste und hochgelehrte/ Caspar Ledebuhrn und Wilhelmen Gülich/ der Rechten Doctorn, beyden Gräfelichen Theylen zu sondern Gnaden zu dieser gütlichen Verhör und Handlung anhero verordnet.

Daß demnach uff sondern Befelch hochgedachtes unsers gnädigen Fürsten und Herrn zu Hessen/ beyde Gräfeliche Theil mit ihren guten Wissen und Willen/ durch seiner Fürstl. Gn. darzu verordnete Stadthalter/ Cantzlar und Räthe/ mit Hülff und Rath und Zuthun vorbemelter Gülichischen Abgesandten/ nach gnugsamer Verhör/ und allerhand gepflogener Handlung/ aller solcher ihrer zusammen gehabten Irrungen und Gebrechen/ in der Güte endlich und grundlichen verglichen und vertragen worden sey/ wie hernach folget.

Nehmlich/ obwohl Graff Frantz vermeint/ daß S. Gn. die gefoderten zwey tausend Thaler völlig und ohne Abgang erlegt seyn solten/ dargegen aber wohlermelte Witbe zu Waldeck neben ihrer Gnaden Brudern/ Grafen Herrmann Simon die zwene/ in Anno funffzig/ durch weyland Bischoff Frantzen zu Münster/ und folgends in Anno sechzig ein/ durch Gülich und Hessen uffgerichte Verträge/ zusamt andern mehr Auszügen eingewendet/ auch ein reconvention uff viertausend Goltgülden Pfandschillings/ so uffn Hauß Altenau gestanden seyn/ vorbracht/ so haben sich gleichwohl ire Gnaden beyderseits mit Hindansetzung aller weiteren disputation, auch Einstellung gemelter reconvention, zuforderst hochermelten unsern gnädigen Fürsten und Herrn zu Gülich und Hessen/ als den Herrn Unterhändlern zu Ehren und Gefallen/ und dann auch in Ansehung der nahen Blutsverwandtnis/ zu Pflantzung und Erhaltung alles vätterlichen/ freundlichen und vertraulichen guten Willens/ uff vierzehenhundert Thaler/ mit einander freundlichen verglichen/ dergestalt/ daß wohlgedachte Witwe zu Waldeck/ neben ihrer Gnad Bruder Grafe Hermann/ Simon als Vormündere/ an statt und im Nahmen ihrer minderjährigen Kinder und Pflege-Söhne/ sich vorgedachter Gegenforderung der viertausend Goltgülden gäntzlich und zumahl begeben und verziehen/ und darüber Graffe Frantzen/ vorobermelte seine Forderunge ein vor alles/ ein tausend vierhundert Thaler/ an einer gantzen unzertheilten Summa/ uff den Petri & Pauli des nechst folgendes sechzig neundten Jahres/ gewißlichen ohn allen Auszug/ Inred und Verwegerung zu erlegen versprochen und zugesagt/ als sie auch in krafft dieses Vertrags versprechen/ und zusagen/ welcher Bezahlung der eintausend vierhundert Thaler/ wohlermelter Grafe Frantz uff bestimte Ziel also gewärtig/ auch mit derselben Summ endlich benügt und zufrieden seyn/ und sich gegen wohlermelte S. Gn. junge Vettern/ weyland Graffe Johann seeligen nachgelassenen Söhnen/ deswegen keiner weitern Forderung überall anmassen/ sondern derselbigen gäntzlichen/ in krafft dieses Vertrags/ verziehen und begeben haben will/ und soll gleichwohl hierdurch denen zuvor uffgerichten und angezogenen Verträgen und Verziechten nichts überall derogiret seyn/ sondern dieselben gleich sehr vor sich in ihren Kräfften und Würden bleiben/ als auch wohlermelter Graff Frantz von seiner Gnad. Bruder/ weyland Grafe Johann gottseligen/ zu Vormünder seiner Gnaden hinterlassener minderjähriger Söhne erbeten worden/ so hat sein Gnade sich umb solcher ihres geliebten Bruders seeligen Bitt willen/ und uff das zu seiner Gnaden gefastes brüderlichs Vertrawen/ mit solcher Vormünderschafft zu beladen/ freundlichen erbotten/ welches die Witbe zu Waldeck zu sondern freundlichen Danck und gefallen angenommen/ auch ferner bewilligt hat/ da ihr Gnaden vor sich selbst oder mit Rath und Zuthun Grafe Frantzen/ die versprochene Summen derer eintausend vierhundert Thaler/ in mitler Zeit vor dem bestimpten Ziel/ auff gewöhnliche Gelt-Pension oder sunst uffbringen und die Bezahlung thun könte/ daß Ihre Gnaden desfals am möglichen Fleiß keinen Mangel erscheinen lassen wolte.

Daß nun alles/ wie vorstehet/ mit beyder Gräfelichen Theil guten Wissen und Willen/ dermassen abgeredt und vertragen sey/ des zu Urkundt seynd dieser Vertrags-Recess zwey gleichs Lauts/ vor iedern gräflichen Theyl einer unter hochgemelts unsers gnädigen Fürsten und Herrn/ Landgraffe Wilhelms zu Hessen/ Fürstlichem Secret-Insiegel und voreimelter Gülischen hierzu verordneten uffgedruckten Pitschafften verfertigt/ geschehen zu Cassel/ am Tage Petri und Pauli, den neun und zwantzigsten Junii, Anno Domini tausend fünff hundert sechzig acht.

LXXXII.

30. Juin. **Neben-Abschied zwischen Graff Frantz zu Waldeck/ und Frauen Annam/ weyland Graff Johanns zu Waldeck nachgelassenen Gemahlin/ über bevorstehenden Vertrag auffgerichtet/ daß/ im fall ein oder der andere Theil besagten Vertrag anzunehmen nicht gedächte/ innerhalb zwey Monathen/ dißfalls sich gegen Landgraff Wilhelm zu Hessen erklären solte. Geschehen Cassel den letzten Juny 1568.** [LUNIG, Teutsches Reichs-Archiv. Part. Spec. Continuat. II. Abtheilung VI. Absatz XXV. pag. 368.] ANNO 1568.

C'est-à-dire,

Recès particulier entre FRANÇOIS *Comte de Waldeck,* & ANNE *Veuve de* JEAN *aussi Comte de Waldeck; portant que, si l'un ou l'autre des deux ne veut pas s'en tenir à la précedente Transaction; il devra le déclarer dans le terme de deux Mois au Landgrave* GUILLAUME *de Hesse. Fait à Cassel le dernier jour de Juin* 1568.

NAchdem in der zwischen Grafe Frantzen zu Waldeck an einem/ und weyland Grafe Johanns zu Waldeck seligen nachgelassener Witwen uffgerichten Vertrags-Notel, deren Datum stehet Cassel am Tage Petri und Pauli den 29. Junii, Anno Domini ein tausend fünffhundert sechzig acht/ wohlermelter Graffe Frantz etlicher darin verleibter Wort halber Bedenckens gehabt/ und deren Enderung gebeten/ darin aber Grafe Herman Simon zur Lippe/ꝛc. weil S. Gnad. Schwester die Witbe zu Waldeck albereit von hinnen abgezogen gewesen/ zu willigen sich beschwert: So ist nichts desto weniger dieselbige Vertrags-Notel versiegelt und allerseits verfertiget/ gleichwohl aber beyden Gräfelichen Theilen zween Monat lang/ von dato an zu rechnen/ Bedenckzeit gegeben/ sich solches vertrags halber/ wofern den ein oder der ander Theil anzunehmen nicht gedächten/ gegen unsern gnädigen Fürsten und Herrn Landgraffe Wilhelmen zu Hessen/ richtig zu erklären/ uff welchen Fall die Partheyen hierdurch zu nichts verbunden seyn/ sondern ein ieder Gräfelicher Theyl gegen den andern/ wofern ie die Sache durch weitere Unterhandlungen nicht verglichen werden könte/ dessen man sich doch gar nicht versicht/ in seinen Rechten/ wie vor Uffrichtung deroselben Vertrags-Notel, stehen soll/ da aber Ihre Gnaden in bestimter Frist solchen Vertrag nicht wiederruffen noch wendig schreiben werden/ so soll er nach Ablauff derselben Zeit vor endlichen beschlossen geachtet und gehalten/ auch allerseits der Gebür vollnzogen werden/ in Urkunde unsers gnädigen Fürsten und Herrn zu Hessen uffgedruckten Insiegels/ auch dero Gülischen hierzu verordneten uffgedruckten Pitschafften/ Signatum Cassel den letzten Junii Anno 1568.

LXXXIII.

Diploma Regis Poloniæ SIGISMUNDI AUGUSTI, *quò Ducatus* Curlandiæ & Semigalliæ *Regno Poloniæ incorporatur & in hujus Clientelam recipitur. Dat. Lublini in Conventu Generali Regni die 3. Augusti Anno* 1569. [CHWALKOWSKI, Jus Publicum Regni Poloniæ pag. 511.] 1569. 3. Août.

SIGISMUNDUS AUGUSTUS, Rex Poloniæ, Magnus Dux Lithuaniæ. Significamus præsentibus Literis Nostris, quorum interest universis & singulis, quod cum Illustris Dominus Gothardus in Livonià Curlandiæ & Semigalliæ Dux Generosos Fridericum à Kanitz & Michaelem à Brunow Consiliarios & Senatores suos ad Nos Regnique Nostri Ordines cum certis Mandatis ablegavisset atque hi ipsi Literis fidei suæ plenipotentiæ prædicti Domini Ducis demonstratis, id sibi ab Illustritate sua injunctum esse docerent, quo nomine Illustritatis suæ à Nobis Regnique Ordinibus postularent ac enixe peterent, ut quoniam negotium unionis Regni Nostri cum Magno Ducatu Lithuaniæ ad salutem, finem, exitumque optatum jam pridem, DEO immortali adjuvante, perduxissemus, tempus adesset, quo Livoniæ quoque à barbaro & truculento hoste majorem in modum populatæ & afflictæ per Nos aliquando consuli possit, subjectionem Illustris Domini Ducis & Subditorum de communi sententia atque assensu omnium Ordinum Regni cum Ducatu Lithuaniæ uniti acceptaremus. Nos etsi memoria tenebamus superioribus annis, quo tempore ab Ordinibus Livoniæ crebris Literis atque Nunciis ad eam ipsam subjectionem acceptandam sollicitaremur, sortem illius Provinciæ atque calamitatem miseratos, hanc ipsam ex persona Nostra in fidem atque protectionem nostram suscepisse,

Anno 1569. cepisse, tamen & illud meminimus etiam, cum prædicta subjectio præsentiam Senatus Polonici ad pleniorem deliberationem requireret, rejecisse nos hujus ipsius rei tractationem in tempus aliud ad eam rem conficiendam commodius, quod cum se nobis obtulisset, faciendum esse existimavimus, flagitantibus præsertim Illustris Domini Ducis Plenipotentibus & unione Regni cum Magno Ducatu Lithuaniæ absoluta & perfectâ, & ejus Illustritatis subjectionem per supra dictos Plenipotentes Illustritatis ejus nobis delatam de consensu omnium Ordinum & voluntate Regni cum Magno Ducatu Lithuaniæ, ita ut ante dictum est, uniti, in præsentibus Regni Comitiis acceptaremus, ipsumque Illustrem Principem in fidem & clientelam nostram Regnique Nostri cum omni Ducatu & Ditionibus Illustritatis suæ publico Regni cum Magni Ducatus Lithuaniæ uniti nomine recipimus, nimirum ut ab eo tempore in posterum Illustritas sua ejusque Hæredes cum Ducatu Curlandico & Semigallico Regno Nostro cum Magno Ducatu Lithuaniæ unito tanquam uni & individuo corpori perpetuis temporibus subjiciatur & incorporetur, ac in clientela & defensione nostra & Regni cum Magno Ducatu Lithuaniæ uniti permaneat. Speramus autem Illustritatem suam & ejus Illustritatis posteros in ea fide, voluntate, subjectione, quam nobis Regnoque cum Magno Ducatu Lithuaniæ unito per supradictos Plenipotentes detulerunt, constanter permansuros & firmiter perseveraturos. Quibus Nos vicissim defensionem nostram Regnique nostri; ac conservationem omnium Privilegiorum, Libertatum, Immunitatum à Nobis iisdem concessarum, Libertatibus tamen Regni non adversantium, pollicemur atque promittimus, quæ Privilegia, Immunitates, Libertates, tum renovaturi & confirmaturi, & in pleniorem formam redacturi sumus, cum Illustritas sua Nobis Regnoque nostro debitum homagium præstiterit. In cujus rei fidem & testimonium manu nostra præsentes subscripsimus, & Sigillum nostrum appendi jussimus. Dat. Lublini in Conventu Generali Regni die 3. Mensis Augusti Anno Domini MDLXIX. Regni verò Nostri quadragesimo.

LXXXIV.

10. Août. **Vertrag zwischen Hertzog Julio zu Braunschweig und Lüneburg und der Stadt Braunschweig/ wodurch sehr viele wegen der Erbhuldigung/ der Hohen Landfürstl. Obrigkeit und andern Gerechtsamen entstandene Strittigkeiten beygeleget werden. Geben Braunschweig den 10. Augusti 1569.** [LIMNÆI Jus Publicum Roman. Germanicum. Tom. III. Libr. VII. Cap. IX. Num. VI. LUNIG, Teutsches Reichs-Archiv. Part. Special. Abtheil. IV. Absatz IV. pag. 87. d'où l'on a tiré cette Pièce.]

C'est-à-dire,

Traité d'Accommodement, entre le DUC DE BRUNSWICH, *& la* VILLE DE BRUNSWICH, *sur les diférents qu'ils avoient au sujet de l'Hommage, de la Jurisdiction du Prince, & de ses autres Droits. A Brunswich le 10. d'Août 1569.*

Zu wissen/ als nach tödlichem Abgang weiland des Durchleuchtigen/ Hochgebohrnen Fürsten und Herrn/ Herrn Heinrichs des Jüngern/ Hertzogen zu Braunschweig und Lüneburg/ etc. Hochlöblicher und seeliger Gedächtnüs/ der auch Durchleuchtige/ Hochgebohrne Fürst und Herr/ Herr Julius Hertzog zu Braunschweig und Lüneburg rc. seiner fürstlichen Gnaden Geliebter Sohn/ unser gnädiger Fürst und Herr/ als der einige Erb und Successor an das Regiment kommen/ so haben seine Fürstliche Gnaden anfangs seiner Fürstlichen Gnaden Regierung/ wie einem Christlichen und löblichen Fürsten eignet und gebühret/ und dem für allen Dingen sein und der seinen Verwandten und Unterthanen zeitliches und ewiges Heil zu bedencken und zu betrachten angelegen seyn soll/ die Sachen vor allen Dingen dahin gerichtet/ daß seine Fürstliche Gnaden derselbigen Land und Leute nach der wahren Apostolischen Catholischen Religion/ und Augspurgischen Confession, zu Mehrung und Ausbreitung des Lobs Gottes/ und seines allein seeligmachenden Worts/ auch zu Abstellung der eine Zeithero eingerissenen hochschädlichen Mißbräuche und Aberglaubens visitiren und reformiren lassen. Anno 1569.

Wann dann nun also seine Fürstliche Gnaden in Religion- und Glaubens-Sachen mit deroselben benachbarten Herrn und Freunden/ Unterthanen und Verwandten (GOtt Lob und Danck) der Sachen einig/ so wolten auch seine Fürstliche Gnaden nichts liebers/ dann daß in allen Politischen Sachen/ zu Pflantzung und Erhaltung Fried/ Ruhe und Einigkeit/ gute Richtigkeit und Vergleichung getroffen werden möchte/ und dann sich zwischen Sein. Fürstl. Gnaden und den Ersamen/ Erbahren und weisen/ Bürgermeistern und Rathmannen Sein. Fürstlichen Gnaden Stadt Braunschweig noch etliche Irrungen/ Zwispaltungen/ Mißverstände und Gebrechen erhalten; So haben demnach Seine Fürstl. Gnaden sich mit denselben Bürgermeistern und Rathmannen ermeldter Seiner Fürstlichen Gnaden Stadt Braunschweig Tagsatzungen/ zu Hinlegung und Richtigmachung solcher Gebrechen/ wie die ein Theil dem andern zuvorn Artickels weise zugefertiget/ einhelliglich verglichen/ und seynd darauf von hochgedachtem Fürsten/ Hertzogen Julussen zu zweyen unterschiedlichen mahlen/ als zum ersten Dinstags nach Lætare, und dann zum andern mahl Sonnabendts nach Trinitatis, dieses noch wehrenden neun und sechtzigsten Jahrs/ Seiner Fürstl. Gnaden nachbenandte fürnehme Rähte in die Stadt Braunschweig zur gütlichen Handlung abgefertiget/ nemlich/ die Edle/ Gestrenge/ Ehrenveste/ Hochgelahrte und Erbare Christopff von Steinberg/ Georg von Holl Obrister/ Adrian und Melchior von Steinberg/ Gebrüdere/ Joachim Minsinger von Frundeck/ Cantzler/ Frantz Mützeltin der Rechten Licentiat, und Bischöfflicher Hildesheimischer Cantzler/ Heinrich von der Lühe/ und Erasmus Ebener/ die sich mit nachbenandten/ den verordenten eines Erbarn Raths/ nemlich/ den Erbarn/ hochgelahrten und weisen/ Diedtrichen von der Leine/ regierenden Bürgermeister/ Melchior Krüger/ der Rechten Licentiaten und Syndico, Augustin Peinen/ Anthoni Ballbergck/ Jobst Kale/ Hanß Dörring/ Heinrich Schrader/ Hanß Schwalenberg und Henning Bungenstit/ auch Bürgermeistern/ Diedtrichen Preussen/ Syndico, und Cyriaco von Bchelt/ Bürgermeister/ aller solcher Zwispalt/ Irrungen und Gebrechen halben/ von Artickeln zu Artickeln nach Nothdurfft/ von einem Tag in den andern unterredt/ und die Dinge nach allerhand langwieriger Disputation und nothwendigem Erwegen/ nachfolgender Gestalt (mit Ratification hochermeldtes Fürsten und eines Erbarn Rathsgeschwornen/ Zehenmannen und Geschickten/ Gildemeister und Häuptleute/ auch Gilden und Gemeinde) vereinigt und verglichen haben/ nemlich und also:

Zum Ersten/ das Gerichte Asseburgk/ und was demselben anhängig/ belangendt/ ist beredt und verabschiedet/ daß ein Erbar Rath und gemeine Stadt Braunschweig sich desselben Gerichtes Asseburgk mit allem Recht/ Gerichte und Ungerichte/ mit Dörffern/ Leuten/ Diensten/ Höltzern/ Aeckern/ Wiesen/ Mühlen/ Wassern/ Weiden/ Zinsen/ und sonst allen andern Ein- und Zubehörungen/ wie sie es bisdahero gebraucht/ genossen und eingehabt/ nichts ausbescheiden/ dann allein ihr und ihrer Bürger geistl. Hospitaln (wie auch anderer Guets-Herren) in gemeltem Gerichte Lehen- und Erbgüter/ Kornpecht/ Reute/ Zehenden/ Zinß und anders/ so sie darin ersessen und herbracht/ desgleichen die zwey Stein-Kuhlen an der Asse und am Offel/ zu ihrer Stadt Nothdurfft zu gebrauchen/ ohne Wiederstattung des gegebenen Pfand-Schillings/ ewiglich verzeihen/ und daselb Gericht dem Durchleuchtigen/ Hochgebornen Fürsten und Herrn/ Herrn Julio Hertzogen zu Braunschweig und Lüneburg/ etc. unserm Gnädigen Fürsten und Herrn/ gegen Einantwortung der dagegen gehandelten Stücken nach geschehener Confirmation dieses Vertrags und der Stadt Braunschweig Privilegien und Huldebrieffs/ und nach gethaner Huldigung/ einräumen und überantworten sollen und wollen.

Und dieweil der Rath zu Braunschweig mit einem Vertrage der Anno 1494. zwischen Hertzog Heinrichen dem Aeltern/ hochlöblicher Gedächtnüs/ an einem/ und ihnen denen von Braunschweig anders Theils aufgerichtet/ dargethan und belegt/ daß sie damahls von Seiner Fürstlichen Gnaden den Dienst dreyer oder vier Dörffer/ die zur Asseburgk gehörig/ vor viertausend Gulden zu sich erkaufft/ und deßgleichen eine Fürstliche Schuld-Verschreibung fürgelegt/ die Anno 1519. datirt/ daß ihnen Hertzog Heinrich der Jünger/ Christmilder seeliger Gedächtnüs/ eine stattliche Summa Gold-Gülden/ die sich mit sambt den hinderstelligen Zinsen bis an diese Zeit zwantzig tausend und sechs hundert Goldgulden/ erstrecket/ schuldig blieben/ dawieder aber die Fürsten allerley Einrede fürbracht und eingewendet/ sollen sie hochermeldtem ihrem gnädigen Fürsten und Herrn/ und Seiner Fürstlichen Gnaden Erben Wolffenbüttlischer Linien die obberührte Kauff-Summa und Schulde mit samt allen derselbigen hinterstelligen Zinsen gäntzlich fallen lassen/ und thun das auch in und mit krafft dieses Vertrags/ und sollen auch Seiner Fürstlichen Gnaden die vorberührte Fürstliche Schuld-Verschreibungen/ neben Uberantwortung des Gerichts Asseburgk/ auf obbestimbte Zeit zustellen und behändigen/ doch daß ihnen davon unter Fürstlichem Insiegel glaubwürdige Vidimus zugestellt werden/ die sie im Fall/ wie hernach gemeldet/ gegen den anwartenden Fürstlichen Lehns-Erben zu gebrauchen haben möchten.

Auch

ANNO 1569.

ANNO 1569.

Auch sollen und wollen sie Seiner Fürstlichen Gnaden als jetzigem ihrem gnädigen Landes-Fürsten / derselben Gemahl / jungen Herrschafft und Erben / desgleichen auch ihrer Fürstlichen Gnaden Unterthanen / altem Gebrauch nach / die Oeffnung ihrer Stadt nicht weigern / sondern gestatten / es soll aber der Einzug nicht übermäßig seyn / und auch bey Tage und nicht bey nächtlicher Weile geschehen / und ihnen denen von Braunschweig zu keiner Gefahr gereichen.

Dagegen wollen seine Fürstliche Gnaden gemeltem Rath und gemeiner Stadt Braunschweig das Gericht Eych / desgleichen das Hauß und Gericht Wenthausen mit allen derselben Rechte / Gerichte und Ungerichte / mit Dörffern / Leuten / Diensten / Höltzern / Aeckern / Wiesen / Mühlen / Wassern / Teichen / Fischereyen / Weiden / Renthen / Zehenden / Zinsen / der Jagdt und sonsten mit allem Nutze / Gerechtigkeit und Zubehörung / wie Seine Fürstliche Gnaden / und die jetzige Pfandträgere es bis dahero gebraucht / genossen und inne gehabt / nichts ausgenommen / dann allein die hohe Landes-Fürstliche Obrigkeit in denselben Gerichten / als Landtschatz / Steuer / Bethe / Geistliche und Weltliche Lehen / auch anderer Guts-Herrn Gütere / Renten / Zinse / und andere Aufkünfften / wie sie die darinn ersessen und herbracht / ewiglich und dieser Gestalt einantworten und übergeben / daß der Rath zu Braunschweig zween ihrer Bürgermeister namhafft machen / die zu ihrem des Raths / und gemeiner Stadt Braunschweig Behueff / die obbemeldten beyde Gerichte Eych und Wenthausen / mit aller ihrer Gerechtigkeit und Zubehörung / als oben berühret / von hochermeldtem unserm gnädigen Fürsten und Herrn aus Gnaden zu Erbman-Lehen empfangen sollen.

Und wann die beyden Bürgermeister (das GOtt der Allmächtige mit Gnaden fristen wolle) mit Tode verfallen und abgangen / soll der Rath zu Braunschweig an deren statt zween andere ihre Burgermeister als Lehen-Trägere / von ihrent und gemeiner Stadt Braunschweig wegen / die vorbenandten beyde Gerichte / von hochermeltem unserm gnädigen Fursten und Herrn / oder Sr. Fürstlichen Gnaden Erben und Erbnehmen zu Erbmann-Lehen zu empfangen / und also für und für zu ewigen Zeiten wiederumb ernennen und angeben.

: Und so offt hernachmahls der älteste regierende Lands-Fürst dieses Fürstenthumbs (das GOtt der Allmächtige mit Gnaden auch fristen wolle) von dieser Welt abgehen und verfallen wird / soll der ältiste nachkommende regierende Landes-Fürst mit den vorberührten zweyen Gerichten / Eych und Wendhausen die benandten zween Burgermeister zu Behueff des Raths und gemeiner Stadt Braunschweig / auf den Tag / den Seine Fürstliche Gnaden ihnen zu einem Lehen-Tage ernennen und ansetzen / aus Gnaden wiederumb belehnen.

: Wann aber die beyden Bürgermeistere als Lehen-Trägere / nach göttlichem Willen verstorben / und alsdann an ihre statt zween andere Bürgermeistere zu Lehen-Trägern wiederumb specificirt und nahmhafft gemacht werden / sollen dieselbigen bey dem Eltisten ihrem regierenden gnädigen Landes-Fürsten / in Jahr und Tag die Lehen gebührlicher Weise empfangen und in Unterthänigkeit sinnen / und alsdann / wann ihnen der Lehen-Tag bestimbt wird / die obbenandten beyden Gerichte / immassen oben berührt / gegen Entrichtung zwantzig Gold-Gulden den Cämmerlingen / und zu Schreib-Gelde vor den Fürstlichen Lehen-Brieff in die Fürstliche Cantzley zu geben / zu Erb-Mann-Lehen wiederumb empfangen / dagegen auch sie die Lehen-Trägere / im Nahmen des Raths und gemeiner Stadt Braunschweig / dem Lehens-Fürsten / gleich andern Lehen-Leuten / gewöhnliche Lehen-Pflicht thun sollen / jedoch dem Eydt unschädlich / damit sie vorhin dem Rath und gemeiner Stadt Braunschweig verpflichtet und verwandt seyn.

Auch soll und will der Rath zu Braunschweig von den berührten zweyen Gerichten Eych und Wenthausen ihrem gnädigen Lands-Fürsten auff gnädiges Erfodern den Ritterdienst mit vier reisigen Pferden / und vier reisigen Knechten auch Sr. Fürstl. Gn. freyes Futter und Mahl / oder gnädige Besoldung und gebührliche Erstattung Pferd-Schadens / gleich andern vom Adel thun und leisten.

Und dieweiln die Underthanen der Gerichte Eich und Wenthausen ihrem jetzigen gnädigen Landes-Fürsten die Erb-Huldigung albereit gethan / hat es dißfalls damit seinen Bescheidt.

Wann aber Sr. Fürstl. Gnaden Erben auf künfftige Fälle die Erb-Huldigung nehmen werden / so sollen die Gerichte Eych und Wenthausen / gleich andern des Fürstenthumbs Unterthanen die Erb-Huldigung wiederumb thun und zu leisten schuldig seyn.

Und wann der Rath und gemeine Bürgerschafft zu Braunschweig Hochgedachtem ihrem jetzigen Landes-Fürsten die Erb-Huldigung thun werden / sollen S. Fürstl. Gnaden zu derselben Zeit die Unterthanen des Gerichts Vechelt / und in den andern des Raths Dörffern in diesem Fürstenthumb gelegen / die Erb-Huldigung auch thun und leisten.

Jedoch sollen nach beschehener Erb-Huldigung die Leute alsbald wieder an den Rath gewiesen werden / und ihnen denen von Braunschweig dieselbe geleiste Erb-Huldigung an ihren Rechten und Gerechtigkeiten unvorgreifflich / und unschädlich seyn.

So will und soll auch Hochermeldter Landes-Fürst für sich und desselben Erben und Erbnehmen denen von Braunschweig aus andern Sr. Fürstl. Gnaden Gerichten jedes Jahrs mit funfftzig vollen Meyerdiensts Wagen drey Tage zu dienen auff ihr Ehrsuchen gnädiglich verholffen seyn / damit sie also zu ihrer Stadt und derselben Vestung nothwendiger Erhaltung / (dieweil solches Sr. Fürstl. Gnaden und gemeiner Landschafft mit zum Besten gereicht) und zu anderer ihrer Notdurfft mit Diensten desto besser mögen versehen seyn.

Und wann sie die Dienst-Wagen also haben wollen / sollen sie dasselbig vierzehen Tage zuvor an den Landes-Fürsten gelangen lassen / damit die Bestellung ohne Beschwernüß der Leute desto bequemer geschehen möge.

Dieweil aber das Hauß und Gericht Wenthausen Balthasarn von Stechaws seel. Erben vor dreytausend Gold-Gülden Pfandsweise versetzet ist / daran dieselben noch zweyer Leibe Verschreibung haben / so wollen Seine Fürstl. Gnaden aus sondern gnädigem Willen und Zuneigung nicht allein den erwehnten Pfand-Schilling auslegen / sondern auch mit vorgedachten Erben angezogener beyder Leibe halben Handlung fürnehmen / dieselbigen abzufinden / damit das Hauß und Gericht Wenthausen mit aller Gerechtigkeit und Zubehörung ledig gemacht / und also dem Rath und gemeiner Stadt Braunschweig frey zu Erb-Mann-Lehen / immassen als obstehet / zugestalt und eingeantwortet werden soll.

Auch soll und wil sich Hochermeldter Hertzog Julius der Ansprach des Gerichts Vechelt mit dem Gerichte in- und ausserhalb des Dorffs auff desselben Veltmarck / desgleichen der beyder Weichbilden Altenwigck und Sack / der Müntze / Gerichten / Zoll-Buden / Mühlen-Zinß und anderer Stücke / in- und ausserhalb der Stadt Braunschweig / wie die Nahmen haben mögen / so von Sr. Fürstl. Gnad. Vorfahren / als dem Rath versetzt / angezogen worden / aber der Rath solches nicht geständig gewesen / für sich und Sr. Fürstl. Gnaden Erben Wolffenbüttlischer Linien / gegen dem Rath und gemeiner Stadt Braunschweig ewiglich verzeihen und begeben.

Jedoch Sr. Fürstl. Gn. und ihren Erben die hohe Landes-Fürstl. Obrigkeit / und was derselben anhengt / in der Burg (in der Stadt) auch Geistliche und Weltliche Lehen / desgleichen alle in beyden Stifften St. Blasii und Cyriaci Frey- und Gerechtigkeiten / so viel derselben Sr. Fürstl. Gnaden gebühret / und ihre löblichen Vorfahren in Ubung und Gebrauch gehabt / und herbracht / in alle Wege unbegeben / sondern vorbehalten / doch dem Rathe an ihrem Antheil der Voigtey Gerechtigkeit / davon in nechstfolgendem Artickel Meldung geschicht / unschädlich.

Es soll aber weder zu Vechelt noch Wenthausen in ewiger Zeit von Rathe und Gemeine zu Braunschweig / auch niemanden von ihrentwegen keine Vestung angerichter werden.

Und wo künfftiglich (das GOTT gnediglich verhüten wolle) Hochermeldter Fürst / Hertzog Julius, und Sr. Fürstl. Gnaden Erben Wolffenbütlischer Linien mit Todt verfallen / und dann diß Fürstenthumb durch einen Widerfall an andere Ihrer Fürstl. Gnaden anwartende Lehens-Erben kommen und fallen würde / so sollen dieselben den obberührten Contract mit allen Clausuln und Articuln stät / fest / und unverbrüchlich / und zu ewigen Zeiten auch zu halten verpflicht und schuldig seyn.

Wo aber dieselben das zu thun nicht bedacht seyn / sondern diesen Contract und Vertrag (des man sich doch nicht verhofft) anfechten würden / so sollen diese Sachen / so viel das Gericht Asseburgk / und die dagegen gehandelte Stück belangen thut / in dem Stand / darinn sie vor Auffrichtung dieses Vertrags gewesen / wieder gesetzt / und denen von Braunschweig / das Gericht Asseburgk gegen Uberlassung der obberührten dagegen empfangenen Stück wiederumb zugestellt und überantwortet / auch die angezogene wiederlasse ermeldtes Gerichts Asseburgk und anderer Stück / und dagegen erlassene Schuld / nemlich zwey und dreyßig tausend / sechshundert Gold-Gülden in Rechte zu fordern / und sonsten jedem Theile sein Recht und Gerechtigkeit zu prosequiren fürbehalten seyn.

Zum andern / von wegen der Voigtey in der Burgk / in dem Stifft St. Blasii / und auff dem Berge St. Cyriaci / ist die Sache dahin gemittelt / daß dem Landes-Fürsten über die Geistlichen / alle hohe und niedrige Obrigkeit und Bürgerliche Jurisdiction, in Geistlichen und Profan-Sachen bleiben / dem Geistlichen auch ihre Jurisdiction über die Stiffts-Personen / wie vor Alters / zu gebrauchen gelassen / und wo dieselben sich damit ferner an den Lands-Fürsten ziehen wolten / soll ihnen solches nicht gehindert / sondern gestattet werden / aber die Weltliche Personen / so in dem Stifft und auff der Freyheit ihre Wohnung oder Enthalt haben / oder haben werden / und Bürger seyn sollen (wie von Alters herbracht) dem Rath zu Braunschweig ihren gewöhnlichen Schoß geben / und was dem anhängig ist / leisten / auch in Bürgerlichen Sachen vor das Gerichte im Sacke gezogen werden / da sie auch Recht geben und nehmen sollen.

Wer aber sonst im berührtem Stifft und auff der Freyheit wohnen wolte / und kein Geistliche Person in den Stifften Blasii und Cyriaci wäre / der soll sich deshalben mit dem Rathe nach billigen Dingen vereinigen und vergleichen / immassen dasselbig von Alters also in Ubung gehalten und herbracht worden.

In peinlichen Sachen aber soll der Rath neben dem Landes-Fürsten über Geistliche und Weltliche die Voigtey haben und

exerciren /

ANNO 1569.

exerciren / also / daß sie mit Fürwissen und Zuthun des Landes-Fürsten / oder Seiner Fürstlichen Gnaden Voigts / wo derselbe vorhanden / desgleichen eines Dechants oder Senioris des Capittels Sanct Blasii oder Sanct Cyriaci / respectivè, auch die Geistliche und ihre Verwandten (wann sie gröblich delinquiren / also daß die Sach peinlichkeit auff sich trägt) mögen angreiffen / und zu Gefängnüß bringen lassen / wo man aber den Fürstl. Voigt nicht haben / und die Sache keinen Verzug leiden könte / soll es durch des Raths-Diener alleine (doch alle Wege mit vorgehender Ersuchung des Dechants / oder Senioris, als obstehet / und allen Theilen zu Gute) bestalt werden / was aber so hart peinlich nicht ist / darzu Gefängnüß und Tortur, oder dergleichen Media zu gebrauchen, soll für dem Lawen (da beyderseits Voigte ein Gericht halten / und mit Raths-Personen aus dem Sack besetzen mögen) gerüget / geklagt / und gestrafft werden / und was allda für Poen oder Brüche gefallen / haben beyde Voigte mit einander zu theilen / doch soll hierinn dem Landes-Fürsten an der Burgk / dem Stifft Sancti Blasii, und auff dem Berge Sancti Cyriaci, auch allen derselben hohen / Ober-Frey-und Gerechtigkeiten / Geistl. und Weltliche Lehen so Se. F. Gn. da haben mögen / nichts benommen / sondern dieselbe auch die Burg / mit deren nach Sr. F. Gn. Gefallen zu gebahren / fürbehalten seyn / jedoch daß der freye Durchgang nicht versperret / sondern offen gelassen / auch niemand allda gehauset werde / der vermöge des Hulde-brieffs dem Rathe daselbst nicht leidlich.

Da aber der Fürst / Sr. Fürstl. Gn. Gemahl oder derselben junge Herrschafft / persönlich allhie benachten würden / auf den Fall soll Ihren F. Gn. jederzeit bevor-und freystehen / solchen Durchgang / (jedoch allein bey nächtlicher Weil) beschliessen / und des Morgens / wann der Stadt Thoren geöffnet werden / auff denselben Glocken-Schlag wiederumb auffschließen zu lassen / doch daß die Thore halb von Brettern / und oben die ander Helffte von durchsichtigen Schrancken / und also zu keiner Bevestigung / sondern allein zur Custodien gemacht werden.

Zum dritten / dieweil Bürgermeistere und Rath seiner F. Gn. Stadt Braunschweig ein Statutum oder Gewohnheit vor Jahren gemacht / und eingeführet haben / wann ein Bürger von einem gesprochenen Urtheil an den Landes-Fürsten seiner Gelegenheit nach appelliren wolte / so solte derselbe zweyhundert Gülden / zwantzig Marien-Groschen vor einen Gülden gerechnet / geben / oder die Stadt räumen / welch Statutum oder Gewohnheit aber seine F. Gn. / auch dero Herr Vatter und Voreltern seeliger Gedachtnüs / als solches Ihrer Fürstlichen Gnaden an deroselben hohen Landes-Fürstlichen Ober-und Gerechtigkeit zu Abbruch und Verkleinerung gereichen thäte / etzlichmahl widerfochten.

So ist demnach solcher Artickel dahin gemildert und gerichtet worden / da ein Bürger zu Braunschweig in künfftiger Zeit von einem gesprochenen Urtheil des Orts an den Landes-Fürsten wolte appelliren / und also an der Läuterung / (die ihme nach Stadt Gebrauch auch bevor stehet) nicht ersättiget seyn würde / so soll derselbig / wo die Sache unter tausend Gulden belangte dem Rathe funfftzig Pfund / das ist einhundert Gulden Müntz geben / da aber die Sache / darumb appellirt worden / eintausend Gulden oder darüber wäre / soll er einhundert Pfund / das ist zweyhundert Gulden Müntz erlegen / oder die Stadt räumen.

Zum vierdten / belangendt die Landtwehre und Jurisdiction zwischen der Stadt Braunschweig / Melverode / Mascherode / und dem Kloster Rittershausen / ist verabschiedet / dieweil hiebevor in vorgewesenen gütlichen Handlungen von beyden Theilen dieses Puncten halben gütliche Mittel und Wege zur Vergleichung fürgeschlagen / dardurch den Dingen auch ihre gebührliche Maaß gegeben / und also diesem Puncten abgeholffen werden kan / daß darauf zum förderlichsten / und / wo möglich / noch vor der Huldigung / unser gnädiger Herr Hertzog Julius selbst persönlich mit einem Erbarn Rathe / auf einen benannten Tag an Orten der berührten Gebrechen kommen / die in den Augenschein nehmen / und solchen also auch ihre gebührliche und endliche Richtigkeit geben sollen und wollen.

Zum fünfften / auf den Puncten / die Bestellung des Closters Sanct Egidii belangend / ist verabschiedet und beschlossen / daß alsbald nach Aufrichtung dieses Vertrags die Gütere / so der Landes-Fürst oder seiner Fürstlichen Gnaden Curatores unter handen haben / so wohl als die des Raths Curatores bishero verwaltet / wiederumb zusammen geschlagen / und ein Prälat / der ein Burgers Sohn zu Braunschweig / (Im Fall derselbe der Geschicklichkeit wäre / daß er den Predigstuel verwalten köndte / auch sonst der jetzigen aufgerichten Fürstlichen / und auch der Stadt Braunschweig Kirchen-Ordnung gleichförmig befunden würde) von dem Rathe nominirt / und von seiner F. Gn. als dem Landes-Fürsten / oder seinen Erben / confirmirt / und demselben der jetzige Schreiber oder Haußhalter / so jetzunder dar ist / und nach seinem Abeziehen oder Absterben an seine statt und so für und für ein ander Schreiber / oder Haußhalter / wann der jedesmahl dem Landes-Fürsten oder seiner F. Gn. Erben vom Rathe zu Braunschweig auch nominirt / und tüglich befunden wird / zugeordnet / auch ihme dem Prälaten ein gewisses Deputat aus den Auffkunfften und Gefällen bemeldtes Closters vermacht werden soll. Derselb Prälat soll die Landtäge neben andern Prälaten und Landständen / wie vor alters besuchen / des Closters Güter verwalten / dem Landes-F. die gebührliche Tax / und andere alt hergebrachte Gerechtigkeiten (jedoch nach Grösse und Gelegenheit des jetzigen Vermögens) leisten und entrichten / die Schulen der Gebühr bestellen / die Spenden zu rechter Zeit geben / dem Closter Sanct Leonhardt seine Gebühr / wie vor alters beschaffen / auch zu Erhaltung des Herrn Superintendenten und Coadjutoris in der Stadt Braunschweig / jährlich eine benandtliche Summa (deren man sich nachmahls / wann Rechnung fürgenommen / und Bescheid gegeben wird / was bisdahero des Landes-Fürsten und des Raths Curatores in Administration gehabt / und noch haben / zu vergleichen hat) sampt den obliegenden Zinsen und Leib-Gedingen / jährlich herausgeben / doch soll das Closter mit Ablager Fürstlicher Diener / Jäger / Hunde / Wochen-Wagen / und dergleichen Beschwerden gäntzlich verschonet und unbeladen seyn und bleiben / aber wann der Landes-Fürst die Heer-Wagen im Lande auffordern / und vom Closter Sanct Egidii denselben auch begehren würde / soll seiner Fürstlichen Gnaden der Heer-Wage nicht geweigert / sondern wie gewöhnlich / geschickt und gehalten werden.

Es soll auch der Schreiber oder Haußhalter jährlich des Landes-Fürsten und des Raths Verordneten / in beyseyn des Prälats im Kloster / gebürlichen Bescheid und Rechnung thun und geben / so soll so wohl von dem Lande-Fürsten / als dem Rathe / beyderseits aller müglichster Fleiß angewendet werden / daß die Luneburgische und andere Güter wieder zu dem Closter gebracht / und also das gantze Corpus consolidirt werden möge.

Zum sechsten / der Pfarren halber in der Stadt Braunschweig / so unserm gnädigsten Fürsten und Herrn zu verleihen gebühren / ist vor ein Christlich Mittel bedacht / daß seine F. Gnad. alsbald nach Confirmation dieses Vertrags von jeder Gemeine der Pfarrkinder in jeder Pfarre eine Person von den jetzigen ihren Prædicanten (dieweil sie ungezweiffelt der wahren Apostolischen Catholischen Religion und der Augspurgischen Confeßion mit ihrer Lehre und Predigt gemeß seyn) zu einem Pfarherrn ernennen und angeben / auch seiner F. Gn. Geistlichem Consistorio, wie hernach folget / zu examiniren zugeschickt werden soll / denselbigen wollen seine F. Gn. alsdann mit solcher ihrer Pfarre / in dem er darzu tüchtig geachtet und befunden / gnädiglich belehnen.

Und soll auch jeder Gemeine der Pfarr-Kinder vorbehalten und befohlen seyn / so offt als ihnen darnach ein Pfarr-Herr mangeln wird / nach einer tüglichen Person wiederumb zu trachten / und dieselbe erstlich dem Ehrwürdigen Colloquio in der Stadt fürstellen / und allda verhören zu lassen / wo dann dieselbe Person / so also vor einen Pfarrherrn von der Gemeine fürgestellet / von jetzgedachtem Colloquio vor duchtig geachtet / und mit der Lehr und Predigt der wahren Apostolischen Catholischen Religion und der Augspurgischen Confeßion gemeß befunden würde / soll sie dem Landes-F. von einem Erbarn Rathe neben und mit ihres Colloquii Gezeugnuß und Kundschafft seiner F. Gn. Geistlichem Consistorio zu examiniren zugeschicket / und alsdann / da sie daselbsten auch duchtig befunden wird / mit derselben Pfarre von seiner F. Gn. oder derselben Erben belehnet werden.

Und dieweil allein das halbe Theil der Pfarren Aufkunfft sieder Anno 53. bey den Pfarren / aber das ander halbe Theil bey den Belehnten / die doch das Pfarr-Ampt selbsten nicht verrichtet noch verwaltet haben / in Aufnahme gewesen / so will nun unser gnädiger Fürst und Herr solch halbe Theil von solchen Belehnten liberiren und ledig machen / und zu den Pfarren auch wiederumb legen und kommen lassen.

Es sollen aber zu Verhütung aller Spaltungen und Uneinigkeit alle Pfarrherren so wohl als die andern Prædicanten / desgleichen auch der Prälat zu Sanct Egydien / verbunden und verpflichtet seyn / sich der Kirchen-Ordnung und dem gantzen Corpori Doctrinæ des Fürstenthumbs und der Stadt Braunschweig / so lange sie in der Religion einig / zu unterschreiben und zu unterwerffen / mit der ausdrucklichen Verwarnung / wo sich einer in der Lehre / oder im Leben anders halten würde / dann in der Ordnung und in dem Corpore Doctrinæ begriffen ist / daß er dann ipso facto, und ohne weitläufftige Disputation seines Ampts verlustig seyn / und ferner nicht geduldet noch gelitten werden soll.

Damit auch aus Ungleichheit der Besoldung kein Zwispalt oder Unwille zwischen den Kirchen-Dienern erwachsen möge / sollen die Kirch-Vätter an jedem Orte die Renten der Pfarren / so jährlich in-und ausserhalb der Stadt Braunschweig betragen und fallen / mit bestem Fleiß gäntzlich einsamlen / und wo die zur Besoldung der Kirchen-Diener nicht gnungsamb von andern der Kirchen-Renten und Aufkünfften so viel zu nehmen / und denselbigen zuzulegen Macht haben / daß ein jeder seine Besoldung vollkömmlich erlangen und bekommen möge: Jedoch / daß das Corpus einer jeden Pfarre nicht zerrissen / sondern gantz bleiben / und hierdurch dem Landes-Fürsten an seinem Jure Patronatus kein Abbruch geschehen möge.

Es soll und will auch ein Erbahrer Rath fleißige Nachkündigung haben / ob etwas von Vicariaten / Kirchen-Lehen / Commenden / oder Calands-Gütern bey ihren Bürgern und Privat-Personen / oder sonst vorhanden / daß dieselben nicht verschwiegen / sondern zu mehrer Ausbreitung des Göttlichen Worts / und Erhaltung der Kirchen-Diener und Schulen bey die Kirchen und Pfarren mögen gebracht und gelegt werden.

ANNO 1569.

Als zum siebenden ein Ehrbahrer Rath der Stadt Braunschweig sich beklaget/ obwohl ihnen von gemeiner Stadt wegen ein gewisse Tax zum Scheffel-Schatz zu geben aufgesetzt/ die sie auch bisdaher jährlich erlegt/ so unterstunden sich doch die Ampt-Leute etliche Kirchen-Gütere aus des Raths Einnahme an sich zu ziehen/ auch von den Gütern/ die von etlichen Bürgern/ Kirchen/ Clöstern und Hospitalen newlich zu wegen gebracht/ den Scheffel-Schatz daraussen zu behalten/ so doch ein Ehrbarer Rath von den Gütern/ die ihren Bürgern/ Kirchen/ Klöstern/ und Hospitalien abgelöset werden/ oder sonst loß fallen/ den Scheffel-Schatz emperen/ und den Abgang dulden müssen/in dem ist dis gemittelt und verabschiedet worden/ daß solcher Abgang und Zuwachs mit nichten geschehe/ eines gegen das ander pailiren/ und also ein Ehrbarer Rath und die Bürgere der Stadt Braunschweig/ sampt ihren Pfarren/ Hospitalen/ und Geistlichen bey der gemeinen Tax des Scheffel-Schatz gelassen werden soll/ auch dasjenige/ so neulich in die Stadt kommen/ oder zukünfftiglich kommen wird/ vor sich einzunehmen/ und zu ihrer Tax zu gebrauchen haben/ so lange das Scheffel-Gelde jetzund von gemeiner Landschafft und der Stadt Braunschweig bewilliget worden ist.

Zum achten/ dieweil sich auch ein Ehrbarer Rath der Stadt Braunschweig beklagt/daß sich in verruckten Jahren die Ampt-Leute unterstanden/ von allen Gütern/ die in ihren befohlenen Aemptern verkaufft worden/ den dritten Pfenning des Kauff-Gelds in die Aempter der Gerichte zu fordern/ dardurch einem jeden der dritte Theil seines Guts entzogen und abgebrochen werden wolte/ davon die von Braunschweig an das Fürstliche Hoff-Gericht appelliret/ demnach ist dieser Streit also gemittelt und vertragen worden/ nemlich/ wann jemand/ so in fremder Herrschafft gesessen/ eine Erbschafft/ Heergewette oder Gerade aus dem Fürstenthumb hinweg fordern oder ziehen wolte/ soll derselbe davon den dritten Pfenning in dem Gerichte lassen/ daraus ers fordert/ sonsten ausserhalb des/ in andern Fällen/ soll es nach altem landsittlichem Gebrauch eines jeden Gerichts gehalten/ und der neue Auffsatz des dritten Pfennings von dem Kauff-Gelde gäntzlich abgestellet/ und unterlassen werden.

So ist auch zum Neundten eines Erbarn Raths der Stadt Braunschweig Klag-Punct von wegen der Ubermaß und Unordnung der Dienste/ damit ihre/ ihrer Burger/ Pfarren/ Hospitaln und geistlichen Meyhere wider die Billigkeit und den aufgerichten Vertrag von den Ampten sollen übersetzt und beschweret worden seyn/ dahin gerichtet und abgehandelt/ Nemlich: daß hinführo den Braunschweigischen Meyhern zugelassen seyn soll/ die übrige Aecker und Güter/ sie seyn Erbe- oder Halt-Gütere/ davon sie bis dahero insonderheit zu dienen gefordert worden seynd/ zu verlassen/ zu verkauffen/ oder andern zu vermieten/ und sich also dardurch desselben übrigen Diensts zu entladen/ und allein bey den Braunschweigischen Burgermeyhers-Diensten/ Krafft des Vertrags/ zu bleiben/ da sie aber dieselben übrige Aecker und Güter behalten wolten/ soll es ihnen auch gestattet werden/ jedoch daß sie davon den Dienst/ wie bey seiner Fürstlichen Gnaden Herrn Vatters seeligen Zeiten geschehen/ thun und leisten.

Dieweil aber bey diesem Artickel von dem Rath geklaget/ daß ihrer Kirchen und Burger Meyher von solchen übrigen Aeckern übermäßiglich mit Dienst belegt worden seyn sollen/ wollen seine Fürstliche Gnaden sich in den Erb-Registern/ auch bey den Ampten aller Gelegenheit förderlich erkundigen/ und nach beschehener Erkundigung und Messung der übrigen Aecker solch Einsehen thun/ daß über die Billigkeit niemand soll beschweret werden.

Und damit solche Erkündigung desto bequehmer beschehen möge/ soll der Rath ein Verzeichnüs ihrer Kirchen und Burger-Meyher Erb- und frembder übriger Aecker/ auch welcher gestalt ein jeder davon gedienet/ und über die Gebühr beschwehret worden seyn soll/ machen/ und seiner Fürstlichen Gnaden zuschicken.

Es ist auch bey diesem Artickel ferner beredt/ wo des Raths/ der Burger/ Hospital und geistlichen Meyhere wider den Anno drey und funffzig aufgerichten Vertrag in der Wochen/ je zu Zeiten mehr dann einen vollen Tag zu Dienst gefordert und gebraucht worden/ sollen sie in der folgenden Wochen so viel dagegen verschonet/ und also in alle Wege bey vorberührtem Haupt-Vertrage gelassen werden/ aber der Burger Meyhere/ die da mit sonderlichen Freyheiten begnadet/ und sie das uhrkundlich zu bescheinen und rechtmäßig hergebracht haben/ soll hiemit an ihrer Freyheit nichts benommen seyn.

Zum zehenden/ der Privilegien und Schätzung halber ist der Handel dahin gerichtet/ dieweil die gemeine Landschafft bey Unsers gnädigen Fürsten und Herrn/ Hertzogen Julii, Herrn Vatters (Christlicher Gedächtnüs) Lebzeiten/ die Schuld zu bezahlen auf sich genommen/ darauf der Scheffel-Land- und andere Schatzungen/ zu Abtrag solcher Schulden auf eine gewisse Maß bewilliget/ daß die von Braunschweig sich mit solchen Schatzungen dem Vertrage Anno drey und funffzig zwischen dem Landes-Fürsten und ihnen aufgerichtet/ gemeß verhalten/ hinwiederumb sollen auch nach Bezahlung der gewilligten Schulden seine Fürstliche Gnaden keine weitere Stewer oder Schatzungen/ ohne der gantzen gemeinen Landschafft ausdrückliche Bewilligung/ anzulegen Macht haben/ und soll auch das Geld/ so jedes Jahrs aus den Schatzungen aufkömpt/ zu nichts anders/ dann zu bezahlung der verzeichneten Schulden angelegt und gebrauchet werden.

Zum eilfften/ die übermeßige Schäffereyen im Fürstenthumb/ dadurch die Saat den armen Leuten verhut und übertrieben/ auch die jungen Roden abgefretzt werden sollen/ anlangendt/ weil solches nicht allein den Landes-Fürsten/ sondern auch die Klöster/ die vom Adel/ und andere/ so Schäffereyen haben/ mit betreffen thut/ Ist solcher Punct auf einen gemeinen Land-Tag oder zusammenkunfft/ der zum förderlichsten gehalten werden soll/ ausgestalt/ darinnen gebührliche Maß und Verordnung zu geschehen/ und fürzunehmen.

Zum zwölfften/ die angezogene Beschwehrung von wegen des Heser und Secker/ auch anderer Hospitaln/ geistlichen und Burger Zehenden/ die ausserhalb gebührlicher und billicher Vergleichung auf die Fürstl. Häuser eine Zeithero gefuhret worden seyn sollen/betreffend/ ist vor billig angesehen/ und verabschiedet/ da diejenigen/ denen die obgedachte Zehenden zuständig und gehörig/ dieselbe ihre Zehenden selbst in ihre Gewahrsambt wolten führen lassen/daß ihnen solches (indeme ein jeder seines Guts billich mächtig) ungewehret/ sondern zugelassen seyn soll/ wolten sie aber je zu Zeiten die obberührte ihre Zehenden/ ihrer Gelegenheit nach/ umb ein Gebührliches austhun und verkauffen/ sollen sie dieselben dem Landes-Fürsten oder einem andern auszuthun und zu verkauffen frey Willkuhr und Macht haben/ doch daß alsdann auf solchen Fall/ da die Zehenden Frembden ausgethan/ dieselben in den Veltmarcken/ da sie gewachsen/ bleiben/ und an andere Oerter im Stroh nicht verführet werden mögen.

Und gleichergestalt soll es auch mit andern Zehenden/ die zu dem Fürstl. Häusern bishero nicht seyn geführet worden/ gehalten werden: Also/ daß sie die Guts-Herren solche ihre Zehenden selbst in den Dörffern/ in dero Veltmarcken sie gesamlet/ auch ausdreschen/ und das Korn also/ oder aber im Stroh/ in ihre Gewahrsamb führen/ oder andern auf Maß/ wie jetzt gemeldet/ vermieten oder verkauffen mögen/ da sich auch die Bauren unterstehen und sperren würden/ den Guts-Herrn zu Nachtheil und Schaden die Zehenden ihres Gefallens anzunehmen/ und den gebührlichen Werth davon nicht geben/ und da er ihnen darumb nicht solte gelassen werden/ den Zehenden liegen und verderben lassen wolten/ alsdann soll dem Guts-Herrn frey stehen/ in diesem Fall den Zehenden von der Veltmarckt seines Gefallens auch selbst zu führen/ oder andern ausserhalb derselben Veltmarckt zu verdingen.

Und dieweil dieser Zeit die obgedachte beyde Heser und Secker Zehenden nicht in des Landes-Fürsten Händen und Gewalt/ sondern in der Leibzucht unserer gnädigsten Frauen/ der Fürstlichen Witben zu Scheiningen gelegen seyn/ und von Ihrer Fürstl. Gnaden an das Hauß Jerxem geführet und gebraucht werden/ so wollen der Lands-Fürst und Rath samptlich und zum förderlichsten eine Beschickung an Ihre F. Gn. thun/ und dieselbe freundlich und unterthäniglich ersuchen und bitten lassen/ diesen Vertrag/ so viel jetzermeldten Puncten betrifft/ auch zu ratificiren.

Was aber die geforderte Zinß/ so in wehrender Rechtfertigung von Heser und Secker Zehenden hinderstellig blieben seyn sollen/ belangen thut/ wollen seine F. Gn. sich förderlichst erkundigen/ was deren in Lebzeiten seiner F. Gn. geliebten Herrn und Vaters seeligen in die Fürstliche Cammer berechnet und der Kirchen nicht bezahlet worden/ und sich darauf unverweißlich verhalten/ damit man zu verspüren/ daß seiner F. Gn. Gemüth nicht sey/ der Kirchen etwas zur Ungebühr abzuziehen und zu entwenden.

Zum dreyzehenden ist der Artickel des Mitgebrauchs im Wettleinstädtischen Bruch dermassen verglichen: Nemlich/ da der Landes-Fürst oder seiner F. Gn. Erben bisweilen zu nothwendigem Gebäw Elern-Holtz hawen zu lassen bedürfftig/ daß Ihre F. Gn. solches zuvorn bey den Vorstehern des Closters zum heiligen Creutz suchen sollen/ damit also die Leute durch beyder Theil Verordneten an einem gelegenen Ort nach ziemlichen Dingen auf funfftzig/ sechtzig/ oder zum höchsten auf hundert Fuder/ und darüber nicht/ auch zu rechter ordentlicher Winter-Zeit/ wann man sonst solch Elern Holtz zu hauen pfleget/ angewiesen werden sollen/ zu hauen/ und soll sonst ausserhalb des alles hauen von Hochermeldtem Landes-F. eingestellt und unterlassen werden.

Was zum vierzehenden das Gleid in und durch die Stadt Braunschweig belangen thut/ ist der Punct nach viel gehabter müheseliger Unterhandlung endlich dahin gemittelt/ daß der gnädige Landes-Fürst allein Königliche/ Churfürstl. und Fürstliche Personen auf derselben Ersuchen/ aber doch dieselbige zu keinem mahle uber zweyhundert oder dreyhundert Pferde starck ungefehrlich/ neben und mit dem Rathe zu Braunschweig/ in und durch die Stadt Braunschweig vergleiten möge/ nachfolgender gestalt/ nemlich:

Es soll von des Landes-F. wegen seiner F. Gnaden Stadthalter/ Marschalck/ oder furnehmbsten Räthe einer/ und dann von der Stadt Braunschweig wegen/ einer der sitzenden Burgermeistere/ oder ihrer Stadt Häuptmann/ der ein Adels-Person sey/ zuvor anreiten/ und dann darauf sechs Glieder/ als in jedem Glied drey Personen/ erstlich drey von des Landes-Fürsten/ und dann drey von der Stadt wegen/ eines um das ander folgen/ mit den zwantzig Personen/ als von des Landes-F. und der Stadt wegen/ soll das Gleid versehen und

ANNO 1569.

bestellet werden/ hätten oder hierüber des Landes-Fürsten oder aber des Raths Vorgleiter mehr Knechte/ oder Diener/ die auf sie warten/ die sollen nach dem frembden Reisigen Zeug in gleicher Ordnung neben andern Fürstlichen und der Stadt Dienern folgen.

Und soll auch dis Gleiten bey Tage/ und also zu rechter Gleits-Zeit/ und nicht bey nächtlicher Weil geschehen/ darumb will der Landes-F. jedesmahl dem Rathe zum wenigsten einen halben Tag zuvorn dessen Wissenschafft zu haben/ und sich darnach zu richten wissen/ zuschreiben/ wie starck ein Königliche/ Churfürstliche oder Fürstliche Person im Antritt weren/ die also von seiner F. Gn. in und durch die Stadt vergleitet zu werden angesucht hätten.

Wann aber Königliche/ Churfürstliche oder Fürstliche Personen in die Stadt Braunschweig reitten wolten/ und bey dem Landes-Fürsten umb kein Gleidt angesucht/ und seine F. Gn. in diesem Fall und zu der Zeit ihre Gleits-Reuttere hierzu nicht geschickt hetten/ so sollen die von Braunschweig Königliche/ Churfürstliche und Fürstliche Personen von der Stadt von den Schlagbäumen bis in die Stadt und wieder daraus/ ohne des Landes-F. zuthun/ zu vergleitten haben.

Es will auch der Landes-F. keine Königliche/ Churfürstliche oder Fürstliche Personen/ oder die/ so sie mit sich brächten/ wo sie der Stadt Braunschweig (das GOtt gnädiglich verhüten wolle) Feinde oder Wiederwertige/ oder des Reichs Echter wehren/ in und durch die Stadt Braunschweig vergleiten lassen.

Auch soll und will sich der Landes-Fürst oder seiner F. Gn. Erben und Nachkommen durch das Gleidt einiger andern Gerechtigkeit/ so dem Gleidt weiter anhängig zu seyn vermeynt werden möchten/ in der Stadt Braunschweig ferner oder sonsten von neues nicht annassen oder unterfangen/ wo die Ihre F. Gn. oder derselben Vorfahren von alters hero nicht ersessen und hergebracht/ und Ihren F. Gnaden auch vermöge aufgerichter Verträge nicht zustehen noch gebühren/ sondern es soll obberührter sämptlicher Gebrauch des Gleittens dem Rathe und gemeiner Stadt Braunschweig an ihrer Jurisdiction und Gerichte/ allen und jeden andern ihren alt hergebrachten Privilegien/ Freyheiten/ Gewohnheiten/ Reibten und Gerechtigkeiten/ gantz und gar nicht abbrüchlich noch schädlich seyn/ oder sonsten ihnen zu Verfang/ Gefährlichkeit oder Nachtheil gereichen/ in keinerley Weiß noch Wege.

Und wann nicht Könige/ Churfürsten oder Fürstmeßige Personen in und durch die Stadt Braunschweig vergleittet werden/ soll in andern Fällen auch das Gleidt in und durch die Stadt bey einem Ehrbarn Rathe der Stadt Braunschweig gäntzlich und allein seyn und bleiben/ und der Landes-Fürst also nicht weiter dann bis vor die Schlagbäume vor der Stadt/ Inhalts des Anno 53. nechst aufgerichten Vertrags/ zu vergleiten haben.

Und wo einer oder mehr von des Landes-F. oder des Raths Gleits-Reuttern diesen Vertrag mit dem gleiten nicht halten/ sondern denselben in diesem Artickel in des Raths Jurisdiction vor dem Thore/ oder in der Stadt freventlich überschreitten/ oder dem zu wider handeln/ oder darüber ein Gezänck oder Unlust anrichten würden/ so soll der Verbrecher/ so fern er überzeuget/ derwegen/ so offt das geschehen/ einhundert Gulden Müntz/ vor jeden Gulden zwantzig Marien-Groschen gerechnet (welche in GOttes Ehre/ oder zu Christlichen milden Sachen/ in der Stadt Braunschweig auf des Landes-F. und Raths Erkanntnis alsbald gewendet werden sollen) zu Straff zu geben verfallen seyn/ und so dieses Straff-Geld von jedem Verbrecher nicht entrichtet und ausgegeben würde/ so soll er so lange/ bis daß er dieselbe also/ wie obgemeldt/ erlegt hat/ dieses gantzen Fürstenthumbs und der Stadt Braunschweig verweiset und darinn nicht geduldet noch gelitten werden.

Würde sich auch jemandts inn- oder ausserhalb der Stadt Braunschweig in des Raths Jurisdiction in wehrender Vergleitung/ Gewalts unternehmen und nicht gleidlich halten/ der soll des Gleidts nicht geniessen/ sondern vom Rath zu Braunschweig darum angehalten/ und nach Gelegenheit seiner Übertrettung und Verwirckung vermöge beschriebener Recht darüber gestrafft werden. Darumb soll auch diese Ordnung des Gleidts des Landes-F. und Raths Gleidts-Reuttern jedesmahls sich darnach zu richten kundt gethan/ und unverbrüchlich zu halten ernstlich auferlegt und eingebunden werden.

Zum funffzehenden/ die aufgerichte Branhäuser betreffendt/ wissen seine Fl. Gn. von wegen ihrer Haußhaltung dieselbe nicht abzuschaffen/ sie seyn aber mit nichten gemeint/ seiner Fl. Gn. Städten und Unterthanen zu Verfang oder Nachtheil hinführo brauen zu lassen/ und wollen auch allen und jeden Unterthanen ohn einig Gebot oder Verbott frey lassen/ gegen Entrichtung der gebührlichen Bierzinse/ (so lang die gewilligt seyn würde) nach eines jeden Gefallen/ an welchem Orte ihme gelegen/ Bier zu kauffen/ auch derwegen ein offentlich Edict ausgehen lassen.

So soll auch zum sechzehenden denen von Braunschweig Bürgern über bekandliche liquidirte Schuld auf dem Lande/ in Städten/ Aemptern und Gerichten/ und auch hin und wieder des Landes-Fürsten Angehörige und Unterthanen/ von dem Rathe gegen den ihren ohne einige langwierige Verzögerung verholffen werden/ immassen dann der Landes-Fürst und seiner Fürstliche Gnaden Beampte/ auch der Rath zu Braunschweig derwegen jederzeit auf Ersuchen ein gebührliches/ billiges und nothwendiges einsehen thun und haben sollen und wollen.

ANNO 1569.

Alsdann zum siebenzehenden von dem Rathe zu Braunschweig/ umb Abschaffung der Krüge zu Warenbüttel/ Melverode und Rittershausen Ansuchung beschehen/ ist seiner Fürstlichen Gnaden Erklärung/ daß sie solche Abschaffung/ sonderlich von wegen wanderenden Mannes/ nicht wissen zu willigen/ sie seynd aber mit Gnaden zu frieden/ wollen es auch/ zu Verhütung allerhand Unrathe und Unzucht/ dem Rath zu Braunschweig gnädiglich zugelassen haben/ daß sie ihren Burgern und Burgerinnen verbieten megen/ sich solcher Krüge zu enthalten.

Zum achtzehenden/ S. Ulrichs Pfaltz betreffend/ dieweil dieselbe Pfarr-Kirche delohrt/ und in die Kirche zu den Brüdern gelegt worden/ so ist dieser Punct dahin gerichtet und abgehandelt/ daß unserm gnädigen Herrn und seiner Fl. Gn. Erben die gemeldte Kirche zu den Brüdern/ samt dem Jure Patronatus, immassen solches zuvor zu St. Ulrich gewesen/ (doch die Gebäu des Klosters/ und was zum Kloster-Hofe gehörig/ ausbescheiden) hinführo zukommen/ und dagegen dem Rath S. Ulrichs Platz/ ihres Gefallens mit demselben zu gebahren/ überlaßen seyn.

Zum neunzehenden/ den Weg über die neuen Brücken bey Adelem betreffend/ wollen seine Fl. Gnad. fürderlich und noch für der Huldigung/ wofern nicht sonderliche Verhinderung einfallen/ in nothwendige Besichtigung nehmen/ und darauff die Gebühr verschaffen lassen.

Zum zwantzigsten und letzten ist auch beredt und verabscheidet/ so bald dieser Vertrag und endliche Vergleichung von hochermeldtem Landes-Fürsten und einem Ehrbarn Rath der Stadt Braunschweig ratificirt/ bestättigt und vollzogen worden/ darauff seiner Fürstl. Gn. vor sich und derselben Mitbeschriebenen/ desgleichen ein Ehrbar Rath der Stadt Braunschweig für sich/ ihre gantze Gemein und Nachkommen/ alle und jede gerichtliche Sachen und Proceß/ so ein Theil gegen dem andern am Käyserl. Cammer-Gericht und Fürstl. Hof-Gericht bißdaher angestellt/ fürgenommen/ und noch unerörtert schweben/ fallen lassen/ und durch ihre Procuratores in derselben Sachen causæ & liti solenniter renunciren/ und die darinn ergangene Acten auch abfordern/ und aus dem Wege schaffen.

Und sollen auch in diesem Vertrag mit eingeschlossen und begriffen seyn alle und jede/ die in dem Rath und gemeiner Stadt Braunschweig in vorberührten Sachen mit Setzen oder Schreiben gerathen oder gedienet haben/ gegen dieselbige will der Landes-Fürst deßhalben kein Ungnad erregen/ noch haben/ sondern dieselbige/ wofern sie S. F. G. gefasset hette/ gnädiglich und gäntzlich fallen lassen und vergessen/ und thut das auch in krafft dieses gegenwärtigen Vertrags/ und deßgleichen sollen auch die von Braunschweig in gleichem Fall auch hinwiederumb zu thun verpflichtet und schuldig seyn/ und thun das auch in Krafft desselben Vertrags.

Und wir von GOttes Gnaden Julius, Hertzog zu Braunschweig und Lüneburg/ rc. Und wir Burgermeister/ Rath und Gemeinde der Stadt Braunschweig/ für uns/ unsere Erben und Nachkommen/ bekennen und thun kund gegen männiglich/ daß wir diese obbeschriebene Vergleichung und Vertrag nach gehabtem reiffen Rath/ und Erwegung aller Umbstände und Gelegenheit/ mit gnädiger und dienstlicher Beliebung und gutem Willen angenommen/ ratificirt und confirmirt haben/ annehmen/ ratificiren und confirmiren auch denselben wissentlich hiermit und in Krafft dieses Brieffs/ und wir/ Unsere Erben und Nachkommen/ sollen und wollen auch denselben Vertrag in allen und jeden seinen Artickuln/ Puncten und Inhaltungen bey unsern Fürstlichen Würden/ auch wahren Worten und Treuen respectivè stet/ fest und unverbrüchlich halten und vollstrecken/ dagegen uns nicht freyen/ schützen/ releviren noch fürtragen sollen/ einige Geistliche oder Weltliche beschriebene Recht/ Behelff/ Exception und Ausflüchten/ kein Gnad/ Privilegium, Constitution, Reformation, Satzung/ Gleit/ Indult, Verbündnüß/ Gebott/ Verbott/ Burg- oder Landfried/ Absolution oder Rescript der Päpstlichen/ Röm. Käyser- oder Königlichen Majestät/ wie die genannt/ jetzo aufgericht/ gegeben oder erlangt seyn/ oder künfftiglich erlangt werden möchten/ dann wir uns derselben aller und jeder respectivè jetzt alsdann/ und dann als jetzo hiemit ausdrücklich verzeihen und begeben/ derselben weder in- noch ausserhalb Rechtens hierwider nit zu gebrauchen/ Gefehrde und Argelist hierin gäntzlich ausgeschlossen/ und des zu wahrer Urkundt/ stäter und fester Haltung haben wir obbemeldter Hertzog Julius unser Fürstl. Insiegel/ und wir Burgermeister/ Rath und Gemeinde zu Braunschweig unser Stadt-Secret und dann wir/ die oben im Eingang dieses Vertrags benante/ und von beyden Theilen verordnete Unterhändler/ unser angebohrne und gewöhnliche Pitschafften an diesen Vertrag/ deren zween gleichlautend auffgericht/ und jedem Theil einer zugestellt worden ist/ wissentlich thun hangen.

Gesche-

ANNO 1569. Geschehen und geben zu Braunschweig am Tage Laurentzi des H. Martyrers / welcher ist gewesen der zehende Monats-Tag Augusti, nach Christi unsers lieben HErrn und Seeligmachers Geburt / im funffzehenhundersten und neun und sechtzigsten Jahre.

Julius, Hertzog zu Braunschweig und Luneburg.

Man. prop. subsc.

LXXXV.

1570. 14. Janv. *Contractus Matrimonialis inter* PHILIPPUM II. *Hispaniæ Regem, & Serenissimam Principem* ANNAM *Imperatoris* MAXIMILIANI II. *Filiam primogenitam. Quò sua Majestas Cæsarea in Dotem suæ Filiæ centum mille aureos Scutatos ad rationem Stuferorum quadraginta monetæ Flandriæ pro quolibet Scutato, constituit; Rex verò præfatus in Contra-Dotem & Donationem propter Nuptias futuræ suæ Sponsæ Scutatorum auri tantundem, nec non pro Securitate & Hypotheca dictæ Dotis & Contra-Dotis quædam Oppida & Loca in Regno suo assignare, variaque Jocalia & Monilia ad valorem quinquaginta millium Scutatorum auri ascendentia donare promittit. Actum Madriti 14. Januarii 1570.* Cum *insertis utriusque Partis* PLENIPOTENTIIS. Nec non *Ratificatione* PHILIPPI *Regis. Data in Monasterio ac Oppido S. Mariæ de Guadalupe 3. Februarii 1570.* [Pièces tirées de la Registrature d'Etat de la Chancelerie de la Cour de Sa Majesté Imperiale. *Fasc.* 47.]

PHILIPPUS Secundus Dei Gratia Hispaniarum, utriusque Siciliæ, Hierusalem, Indiarum Maris Oceani &c. Rex, Archidux Austriæ, Dux Burgundiæ, Brabantiæ, Mediolani & Comes Habspurgi, Flandriæ, Tyrolis &c. Recognoscimus & ad perpetuam rei memoriam notum facimus tenore præsentium universis, Quod cum ad laudem & gloriam Dei Omnipotentis, inter Serenissimum ac Potentissimum Principem Dominum Maximilianum secundum Electum Romanorum Imperatorem semper Augustum, Germaniæque, Hungariæ, Bohemiæ, Dalmatiæ, Croatiæ, Sclavoniæque Regem, Archi-Ducem Austriæ &c. Fratrem & Patruelem nostrum Charissimum, & nos conventum fuerit de Matrimonio contrahendo inter nos ac Serenissimam Principem Dominam Annam natam Reginam Hungariæ & Bohemiæ, Archi-Ducissam Austriæ &c. Filiam primogenitam jam dicti Serenissimi Imperatoris ac Serenissimæ Augustæ Mariæ, ejus legitimæ Uxoris, Sororisque nostræ Charissimæ, obtenta prius ac jam nobis concessa a Sanctissimo Domino Nostro, Domino Pio Quinto Pontifice Maximo, ac Sacrosancta Sede Apostolica dispensatione. Quumque ea quæ ad hujusmodi Matrimonii effectum pertinebant per utriusque nostrum Procuratores, nostris legitimis mandatis instructos, tractata sint, pacta & conventa, deque ea re Capitula Matrimonialia sint conscripta & ab eisdem Procuratoribus subscripta, in hunc, qui de verbo ad verbum sequitur, tenorem ut:

In Dei Nomine Amen!

MAnifestum sit omnibus & singulis præsens Tractatus & Capitulationis Instrumentum visuris, quod in Oppido Madriti Toletanæ Diœcesis in quo ad præsens residet Curia Serenissimi ac Potentissimi Domini Philippi secundi Hispaniarum, utriusque Siciliæ, Hierusalem &c. Regis Catholici: die Sabbathi quatuordecima Mensis Januarii a Nativitate Domini ac Redemtoris Nostri Jesu Christi Millesimo quingentesimo septuagesimo in mei Gabrielis a Cayas Catholicæ Majestatis Rerum Status Secretarii, Notariique ac Tabellionis publici præsentia; Coram Reverendissimo Domino Fratre Bernardo a Fresneda Episcopo Conchen. ipsius Catholicæ Majestatis a Confessionibus & Rerum Status Consiliario, ac Illustrissimis Dominis Principe Roderico Gomez a Sylva ejusdem Majestatis Rerum Status Consiliario, & primo Cubiculario, Regii Patrimonii summo Præfecto ac Procuratore, & Domino Gomesio a Figueroa Duce Feria similiter Consiliario Rerum Status præfatæ Majestatis & ejus Satellitii Præfecto: nec non Illustrissimo Domino Doctore Martino a Velasco ipsius Majestatis Consiliario, & ab eadem ad interveniendum infra scribendis Tractatibus Deputato; Comparuerunt personaliter videlicet ex una parte admodum Illustris Dominus Baronius Adam a Dietrichstein Serenissimi ac Potentissimi Domini Maximiliani secundi Electi Romanorum Imperatoris ac Germaniæ, Hungariæ, Bohemiæ, Dalmatiæ, Croatiæ, Sclavoniæ &c. Regis primus Cubicularius, & apud Catholicam Majestatem Orator & vigore ejus Mandati Procuratorii, quod mihi præfato Secretario originaliter exhibuit, in Membrana & Lingua Latina scriptum, ejusdem Majestatis Cæsareæ propria manu subscriptum ac ejus Sigillo ceræ rubeæ in filis aureis impendente, Datum in Castello suo Posonii, die secunda Mensis Septembris Anni proxime præteriti millesimi quingentesimi sexagesimi noni, ex altera autem parte Illustrissimus ac Reverendissimus Dominus Didacus a Spinosa Sanctæ Romanæ Ecclesiæ tituli sancti Stephani in Cœlio Monte Presbyter Cardinalis, Episcopus Seguntinus, Regii Consilii Præses, & Hæreticæ Pravitatis in Regnis Hispaniarum Generalis Inquisitor, ac Ejusdem Majestatis Catholicæ Rerum Status Consiliarius, nomine Ipsius Majestatis, ac vigore ejus Mandati & Commissionis, quam mihi præfato Secretario originaliter exhibuit in papyro, & Hispana Lingua scriptam, ejus Regia manu subscriptam, quæ quidem ambo Mandata manent originaliter apud me dictum Secretarium, eorum autem successive tenor de verbo ad verbum est qui sequitur, ut: ANNO 1570.

MAXIMILIANUS Secundus Divina favente Clementia electus Romanorum Imperator semper Augustus ac Germaniæ, Hungariæ, Bohemiæ, Dalmatiæ, Croatiæ, Sclavoniæ &c. Rex, Archi-Dux Austriæ, Dux Burgundiæ, Stiriæ, Carinthiæ, Carniolæ & Wirtembergæ &c. Comes Tyrolis &c. Recognoscimus, & ad perpetuam rei memoriam notum facimus tenore præsentium universis, Quod cum nos ad laudem imprimis & gloriam Dei Omnipotentis, & deinde pro incremento & defensione Reipublicæ Christianæ, ac mutua & fraterna multiplicique, quæ inter Nos & Serenissimum Principem Dominum Philippum Hispaniarum, utriusque Siciliæ, Hierusalem &c. Regem Catholicum, Archi-Ducem Austriæ, Ducem Burgundiæ &c. Fratrem & Patruelem nostrum Charissimum, est conjunctione, majore accessione augenda, & denique perpetua pace & tranquillitate inter utriusque nostrum Regna, Dominia Posterosque & universos Subditos retinenda & conservanda, Matrimonii inter eundem Serenissimum Regem Hispaniarum Catholicum & Serenissimam Principem Dominam Annam natam Reginam Hungariæ & Bohemiæ, Archi-Ducissam Austriæ &c. Filiam nostram Charissimam contrahendi in nomine ejusdem Dei Altissimi tractationem inire assenserimus, jamque eo ventum, ut de conditionibus & pactis Dotalibus certa constituenda sit ratio, idcirco plenam, indubiamque fiduciam gerentes de fide, studio, integritate, diligentia & in Rebus gerendis dexteritate nobilis fidelis nobis Dilecti Adami a Dietrichstain, Liberi Baronis in Hollemburg, Finckenstain & Talberg Hæreditarii per Carinthiam Pincernæ & Oratoris nostri apud præfatum Fratrem & Patruelem nostrum Charissimum Hispaniarum Regem Catholicum, nec non Charissimorum Filiorum Nostrorum Rudolphi & Ernesti Archi-Ducum Austriæ &c. supremi Curiæ Magistri eundem absentem tanquam præsentem ex certa nostra scientia animoque bene deliberato & omni meliori modo, forma & ordine, quibus potuimus & debuimus, fecimus, constituimus, creavimus & ordinavimus, ac vigore præsentium facimus, constituimus, creamus & ordinamus, Actorem, Factorem, Procuratorem & Mandatarium nostrum, Dantes & concedentes ei amplam omnimodamque ac specialem & generalem, (ita tamen ut sibi invicem non derogent) facultatem, auctoritatem & potestatem loco & nomine nostro de prædictis pactis Dotalibus cum supranominato Fratre & Patruele nostro Charissimo Hispaniarum Rege, vel a Serenitate ejus pleno & sufficienti Mandato instructis Nunciis, Procuratoribus sive Commissariis, tractandi, conveniendi, constituendi & concludendi, omniaque alia & singula faciendi, quæ nos ipsi, si præsentes interessemus, facere, tractare, constituere & concludere possemus; etiam si talia forent, quæ mandatum exigerent magis speciale, quam hisce nostris Literis expres-

fum

ANNO 1570.

sum est. Promittentes in Verbo Nostro Cæsareo nos omnia & singula, quæ a præfato Oratore & constituto Actore, Factore, Procuratore & Mandatario, sic tractata, pacta, conventa, constituta & conclusa fuerint, rata & grata habituros, firmiterque observaturos, ac eisdem ex nulla omnino causa, nulloque prætextu vel ingenio contraventuros esse Harum Testimonio Literarum manu nostra subscriptarum & Sigilli nostri appensione munitarum. Datum in Arce nostra Regia Posonii die secunda Mensis Septembris Anno Domini millesimo quingentesimo sexagesimo nono Regnorum Nostrorum Romani septimo, Hungarici sexto, Bohemici vero vigesimo primo.

MAXIMILIANUS.

V. ZAS.

Ad Mandatum Sacræ Cæsareæ Majestatis proprium.

P. OBERNBURGER.

DON PHELIPPE *por la Gracia de Dios Rey de Espana, de las dos Sicilias, de Hierusalem &c. Por quanto por la gracia de Dios nuestro Senor y para su gloria y honor y ensalzamiento de su sancta Fee, establecimiento de la Paz publica, y beneficio de la Christiandad, y para confirmacion, corroboracion y augmento del deudo amor, hermandad, y union que entre el Serenissimo Emperador Maximiliano, mi muy caro y muy amado hermano y mi ay: y para que con nuevos y mas estrechos vinculos de deudo, nuestra hermandad y conformidad se acresciente, y permanezca, se ha entre nos tractado, que yo aya de casar con la Serenissima Princessa Anna su hija mayor. Para lo qual nuestro muy sancto Padre Pio Papa Quinto ha concedido su beneplacito y dispensacion, de manera que no embargante el deudo, que entre nos ay, se pueda el dicho Matrimonio effectuar, y por que para el tractado y conclusion de los capitulos Matrimoniales, y de lo demas que al effecto deste Matrimonio toccano pudiendo ni aviendo de tractarse por nuestras mismas Personas, El Emperador mi hermano ha dato y embiado su Poder y Commission en forma plenissima y auctentica al Baron Adam de Dietrichstain su Embaxador que cerca de nos reside, Mayordomo de los Serenissimos Principes de Hungaria sus hijos, nuestros sobrinos, Nos assi mismo de nuestra cierta sciencia y deliberada voluntad, avemos cometido y cometemos y damos nuestro Poder y Comission qu'acumplida y bastante se requiere, al muy Reverendo in Christo Padre Don Diego de Spinosa Cardenal de la sancta Yglesia de Roma, Obispo de Siguenza, Presidente de nostro Consejo, e Inquisidor general en los nostros Reynos de Espana y del nuestro Consejo de Stado, para que (con intervencion y assistencia del Doctor Martin de Velasco de nostro Consejo y Camara) por nos y en nostro Nombre, y como nos mismo lo podriamos hazer, pueda tractar, capitular, convenir, assentar y concluyr con el dicho Baron de Dietrichstain en Nombre del dicho Serenissimo Emperador nuestro Hermano, y en virtud de su Poder lo tocante á los dichos Capitulos Matrimoniales y effecto del dicho Matrimonio con las Condiciones, Clausulas, Pactos, Posturas, Obligationes y firmezas que le paresciere y bien visto le fuere; y le hacemos, creamos, y constituimos para el dicho effecto nuestro Actor y Commissario, con libre, general y plenissimo poder y facultad, para que haga y pueda hazer en la dicha razon todo lo que nos podriamos, aunque sean tales cosas que requieran espetial o especialissima Comission, y de que se aya o huviesse de hazer especial y expressa mencion, y prometemos en nuestra palabra Real que hauremos por grato y firme, y approbaremos y tenemos por buono, lo que el dicho muy Reverendo Cardenal en nostro nombre, y por nos y en virtud deste Poder, tractare, assentare, conviniere, prometiere y concluyere; y que no yremos ni vernemos, ni consentiremos yr invenir contra ello ni contra alguna cosa y parte dello: y que confirmaremos, y approbaremos solemnemente por nuestra carta sellada con nuestro Sello todo lo che assi en el dicho nombre por el fuere concluydo, prometido, convenido y assentado, y en testimonio dello havemos mandato despachar la presente, firmada de nuestra mano, y sellada con nuestro Sello secreto, y refrendada de nuestro Secretario de Stado infrascripto. Fecha en la Villa de Madrid a doze dias del mes de Enero del Anno de Mill y quincentos y setanta,* YO EL REY.

Por Mandado de Su Magestad

GABRIEL DE CAYAS.

ANNO 1570.

QUI quidem Domini Baro Dietrichstain Cæsareæ & Illustrissimus Cardinalis Catholicæ Majestatis eorum Principum & constituentium respective nominibus dictisque eorum facultatibus utentes dixerunt, quod cum ad Omnipotentis Dei Gloriam & honorem Ejusque Orthodoxæ Fidei & Religionis Catholicæ conservationem & augmentum, publicæ Pacis stabilitatem & totius Christianæ Reipublicæ emolumentum, ac ad confirmationem, corroborationem & incrementum affinitatis, necessitudinis, benevolentiæ, arctorumque Fraternitatis & Conjunctionis vinculorum quæ inter Cæsaream & Catholicam Majestates intercedunt, & quibus nulla alia neque vetus neque recens necessitudo præferri aut præponi potest, nec debet, tractatum fuerit Matrimonium inter præfatum Serenissimum Regem Catholicum, & Serenissimam Dominam Annam, natam Reginam Hungariæ ac Bohemiæ, Archi-Ducissam Austriæ, Filiam primogenitam Majestatis Cæsareæ, & Serenissimæ ac Potentissimæ Augustæ Mariæ ejus legitimæ uxoris. Pro ejus Matrimonii conclusione & effectu (negotio prius cum Catholica Majestate communicato ac de ejus scientia & voluntate) de communi consensu & inter dictas Partes, tractatum, pactum, conventum, conclusum & capitulatum modo & forma sequentibus ut:

Quod annuente Deo Opt. Max. ac media dispensatione, gratia & beneplacito a Sanctissimo Domino Nostro Papa concessa, ut consanguinitatis & affinitatis propinquitate, quæ inter Catholicam Majestatem & præfatam Serenissimam Principem intercedit, nonobstante, possit inter eos contrahi Matrimonium, dictus Serenissimus Rex Catholicus ac Serenissima Princeps Anna debeant contrahere Matrimonium, per verba (ut ajunt) de præsenti, quæ juxta sanctæ Ecclesiæ Catholicæ Romanæ legem & ordinem verum constituant & efficiant Matrimonium, quod quidem primum fieri per legitimum & sufficiens Mandatum Catholicæ Majestatis in Aula Cæsarea, ubi ipsa Serenissima Princeps Anna residet; Ac postmodum confirmari, contrahi & ratificari in præsentia, cum dicta Serenissima Princeps in hæc Hispaniarum Regna traducta fuerit, ubi nuptiæ solemnizari debent in facie sanctæ Matris Ecclesiæ, receptis sanctis Benedictionibus. Quod quidem Matrimonium tam in absentia per mandatum, quam in præsentia contrahendum sortiri debeat effectum tempore a præfatis Cæsarea & Catholica Majestatibus præscribendo. Cum enim inter eas tam bene conveniat, & ab omnibus adeo fuerit expetitum, existimandum est ac in Deo speratur illud quam brevi tempore futurum.

Item quod Cæsarea Majestas & ejus nomine, ac ejusdem Mandati Procuratorii vigore dictus Baro Dietrichstain constituit & promittit in Dotem ac nomine Dotis cum dicta Serenissima Principe ejusdem Cæsareæ Majestatis Filia, dicto Regi Catholico aureos Scutatos centum mille ad rationem stuferorum quadraginta monetæ Flandriæ pro quolibet Scutato, numerandi & exsolvendi in Oppidis Antwerpiæ aut Methymnæ Campi ad ejusdem Catholicæ Majestatis arbitrium, in duobus terminis, videlicet quinquaginta mille Scutati intra unum annum a Die Consumationis Matrimonii computandum, reliqui vero quinquaginta mille Scutati intra alterum annum ex tunc proxime sequentem, ita ut tota dicta summa centum mille Scutatorum intra dictos duos annos integre soluta sit.

Item quod Catholica Majestas ac Illustrissimus Cardinalis suo nomine & ejus Commissionis vigore promittit & constituit Contra-Dotem & Donationem propter Nuptias dictæ Serenissimæ Principi futuræ Reginæ Hispaniarum Scutatorum auri centum mille, æquali cum Dote summa; Qua quidem Contra-Dote & Donatione propter Nuptias ac summa ad hoc constituta uti, frui & gaudere integre debet dicta Serenissima Princeps in eventum, quo Matrimonium (secundum voluntatem Dei) dissolvi contigerit, ipsa superstite, & ad secunda vota non transeunte, vel casu quo præmoriatur liberis ex eodem Matrimonio extantibus. Verum si dicta Serenissima Princeps liberis præmoriatur, cedet ipsi tertia tantummodo pars dictæ Contra-Dotis, quæ ascendit ad summam videlicet Scutatorum triginta trium millium, trecentorum triginta trium ac tertiæ partis unius Scutati. Quam quidem tertiam partem & portionem respectu Dotis Reges Hispaniarum in eorum Matrimoniis soliti sunt Reginis constituere & assignare in Contra-Dotem seu Donationem propter Nuptias. De qua quidem parte dicta Serenissima Princeps futura Regina poterit ad suum arbitrium disponere, ita ut dicta tertia pars, quæ constitui moris est, cedet

ANNO 1570. det ipsi Serenissimæ Principi in omnibus casibus, quod vero ultra dictam tertiam partem pro Contra-Dote & Donatione propter Nuptias constituitur, non nisi in casibus supra declaratis ei cedat.

Item pro securitate, inscriptione & hypotheca dictæ Dotis, Contra-Dotis & Donationis propter Nuptias, a Catholica Majestate assignabuntur Oppida & Loca hujus Regni ad satisfactionem Cæsareæ Majestatis & ejus Deputatorum; Redditus vero eorum casu vel tempore restitutionis interveniente supputabuntur ad rationem quatuordecim millium pro milliari. Quo quidem reditu dicta Serenissima Princeps gaudebit dicto casu, sibique numerabitur & exolvetur sine impedimento aut dilatione aliqua; Manente semper eorundem Oppidorum, Locorum & bonorum hypotheca & obligatione pro securitate dictæ Dotis atque Contra-Dotis.

Item dabit & donabit Catholica Majestas dictæ Serenissimæ Principi, ejus futuræ Conjugi, Jocalia & monilia ascendentia ad valorem quinquaginta millium Scutatorum auri, quæ quidem erunt sua propria, ac Jus & naturam proprii Matrimonii sortientur, ut tanquam de talibus ipsamet Serenissima Princeps ad ejus voluntatem disponere possit.

Item quod attinet ad sumtus & alimenta, quæ dictæ Serenissimæ Principi futuræ Reginæ præbenda sunt, constante Matrimonio, pro Domus, Status & Dignitatis suæ sustentatione, Hoc sane constituet & assignabit Catholica Majestas ad eam quantitatem & iis solutionibus & consignationibus, quæ Dignitati & splendori tantæ Reginæ, & Catholicæ Majestatis amplitudini conveniant.

Item quod casu Dissolutionis hujus Matrimonii prædefuncto Rege Catholico, superstite dicta Serenissima Principe futura Regina, liberis extantibus vel non, præter dictam Dotem, Contra-Dotem & Jocalia ad ipsam pertinentia (prout & quemadmodum in præcedentibus capitibus declaratum est) Catholica Majestas assignabit, & ex nunc dicto casu interveniente assignat ei pro ejus sustentatione (si tamen ad secunda vota non transierit & in his Regnis vivere & residere voluerit,) quod supra redditum dictæ Dotis & Contra-Dotis, ut præfertur, computandum, ad summam quadraginta millium Ducatorum annuorum deest, ita ut dicti redditus Dotis & Contra-Dotis cum præsenti augmento ad dictam summam quadraginta millium Ducatorum ascendant; Quod quidem consignabitur & inscribetur ei in Locis, Oppidis & partibus certis & securis ad ejus integram satisfactionem. Qua quidem accessione & augmento pro ejus sustentatione constituto omnibus diebus vitæ suæ frui & gaudere poterit.

Item quod dicto casu, quo præfata Serenissima Princeps superstes existat, neque ad secunda vota transeat, & in his Regnis residere velit, similiter ei Catholica Majestas assignabit in ipsis Regnis Oppida & Loca, quæ habere & possidere debeat durante vita sua, cum Jurisdictione & provisione Officiorum, cæterisque ad hujusmodi Locorum Dominium spectantibus & pertinentibus, quorum redditus & proventus habebit & recuperabit, eisque suo nomine & auctoritate utetur & fruetur in partem solutionis ejus quantitatis & redditus, quem juxta contenta in præcedenti Capitulo habitura est. Ad quæ Oppida & Loca (succedente dicto casu) poterit dicta Serenissima Princeps se recipere & in eis degere & vivere si voluerit, dummodo Officia & Munera, quæ providere debet, in Regnicolas conferantur.

Item quoad Statum, Familiam, Ministros, Officiales & Domesticos, dictæ Serenissimæ Principis futuræ Reginæ servitio deputandos, tam viros quam fœminas, Hoc Catholica Majestas providebit atque constituet numero & qualitate, quæ talis Reginæ Dignitati & Auctoritati, ac Catholici Regis Amplitudini conveniat, ut moris est in his Regnis fieri ad bonam ejusdem Serenissimæ Principis futuræ Reginæ satisfactionem.

Item tractatum, conventum & capitulatum est, quod dicta Serenissima Princeps futura Regina Hispaniarum, casu dissolutionis hujus Matrimonii ipsa superstite, habeat & habitura sit liberam facultatem remanendi & degendi in his Regnis, vel alio se conferendi sine ullo impedimento cum omnibus suis Ministris, Familiaribus & Domesticis, & secum deferendi omnia & singula Bona sua, Jocalia & Monilia, Vasa aurea & argentea, & alia bona mobilia cujuscunque qualitatis & valoris existentia, neque ulla causa seu occasione quæ sit aut intervenire possit, ipsi fiat aut ponatur directe vel indirecte impedimentum aliquod in suo ab his Regnis discessu, neque in usu & fructu dictæ Dotis & Contra-Dotis in quantitate & casibus, quibus juxta contenta in præcedentibus capitibus frui & gaudere debet. ANNO 1570.

Item conventum est, quod dicta Serenissima Princeps futura Regina renuntiet in forma ad satisfactionem & voluntatem Cæsareæ Majestatis & ejus Deputatorum, Hæreditati Jurique succedendi in Bonis & Juribus Paternis & Maternis, quæ quomodocunque & qualitercunque ei competere aut ad eam pertinere possint, ita ut Dote, ejusque quantitate, aliisque ab ejus Serenissimis Parentibus sibi donatis contenta, omnibus aliis Juribus Successionis & Hæreditatis cedat & renuntiet. Cujus quidem Renunciationis Instrumentum pleuissimum fiet ea forma, modo & tempore a Cæsarea Majestate & ejus Deputatis præscribendo & ad eorum integram satisfactionem.

Item quod dicta Serenissima Princeps traduci & deduci debeat eo ornamento, Jocalibus, Monilibus, Comitatu, Auctoritate, & Dignitate, quæ talem Principem deceant, sumtibus Imperatoris ejus Patris usque ad Urbem Januæ, quæ secundum præsentem Rerum statum, magis ad id conveniens videtur, ubi expectabunt ii, qui a sua Majestate mittentur ad eam excipiendum, & in hæc usque Regna comitandum, quibus provisum est de omnibus ad id necessariis; Verum si suis Cæsareæ & Catholicæ Majestatibus de loco ad quem dicta Serenissima Princeps deduci debet, aliud statuere visum fuerit, integrum illis sit hoc facere, aliumque Locum deputare, de communi suarum Majestatum consensu.

Quæ quidem omnia, prout in dictis Capitibus & singulis eorum continentur, & superius relata sunt, dicti Domini Baro de Dietrichstain & Cardinalis Seguntinus, Cæsareæ & Catholicæ Majestatum eorum principalium constituentium respective nominibus, & eorum Commissionum vigore, stipulati sunt, concluserunt, convenerunt & promiserunt ac se respective obligarunt, dictas Cæsaream & Catholicam Majestates tenere, adimplere, integreque & efficaciter observare, sine defectu, aut diminutione aliqua & contra non facere nec venire, nec pati fieri aut veniri contra supradicta in toto nec in parte, directe vel indirecte, quemadmodum decet Tractatum & Capitulationem initam & conclusam inter ejusmodi Principes & vigore eorum mandatorum verborum Imperialis & Regii observari & ad effectum perduci. Item promiserunt & se obligarunt præsentem Capitulationem omniaque in ea contenta, declarata, specificata & promissa ad eorum effectum solemniter ratificanda, confirmanda, & approbanda esse per dictas Cæsaream & Catholicam Majestates eorum Principales constituentes suis Litteris propriis manibus subscriptis & Sigillis munitis per ambas Partes ultro citroque dandis & exhibendis.

Præsens Instrumentum Tractatus & Capitulationis, factum & stipulatum fuit a prædictis Dominis Oratore & Cardinali, loco, die, mense & anno supradictis in ædibus habitationis ejusdem Illustrissimi Cardinalis Seguntini, Hispana Lingua scriptum transcribendum tamen in Latinam in eodem Exemplari ita desumpto subscribent dicti Domini Cardinalis & Orator prout in Hispano Instrumento subscripsere. D. CARDINALIS SEGUNTIN. ADAM A DIETRICHSTAIN. Et quia Ego Gabriel a Cayas præfatæ Catholicæ Majestatis rerum Status Secretarius & Publicus ejus Auctoritate Notarius præmissorum Capitulorum stipulationi, aliisque præmissis una cum prænominatis Dominis Testibus ad id specialiter vocatis & rogatis, interfui, eaque sic fieri vidi & audivi. Ideo præsens publicum Instrumentum octo papyri foliis præsenti incluso, contentum, confeci, subscripsi & signavi meo consueto signo tali. In fidem & testimonium præmissorum jussus & requisitus GABRIEL A CAYAS.

Volentes igitur, quæ nostro nomine ac vice, nostrique Mandati vigore, acta, gesta, pacta, conventa & conclusa sunt (prout decet) omnino exequi & adimplere, nihilque quod ad ejusmodi Matrimonium pertineat, cujus felicem effectum tantopere desideramus, a nobis omitti, tenore præsentium de nostra certa scientia, animoque bene deliberato præfatum Tractatum & Capitula Matrimonialia, omniaque & singula in eis contenta, prout desuper inserta, declarata & scripta sunt, laudamus, approbamus, ratificamus & confirmamus, rataque, grata, firma atque valida perpetuo decernimus & esse volumus. Promittentes in verbo nostro Regio, nos ea omnia & singula adimpleturos, observaturos & (quatenus ad nos pertinet) omnino ad

ANNO 1570. effectum perducturos, nullaque ex parte, nulla ratione aut causa, nullove tempore, eis directe vel indirecte contraventuros aut ullum impedimentum allaturos. Quinimo omni cura, studio ac diligentia ut ea omnia sincere & omnino adimpleantur curaturos. Harum testimonio Litterarum manu nostra subscriptarum ac Sigillo nostro impendenti munitarum. Datum in Monasterio ac Oppido Beatæ Mariæ de Guadalupe die tertia mensis Februarii Anno a Nativitate Domini Millesimo quingentesimo septuagesimo. Regnorum autem, Statuum ac Dominiorum nostrorum ut citerioris Siciliæ & Mediolani decimo septimo, Hispaniarum autem & aliorum omnium decimo quinto.

LXXXVI.

14. Janv. AUTRICHE ET FRANCE. *Contrat de Mariage de* CHARLES IX. *Roi de France avec la Princesse* ELISABET *d'Autriche, seconde Fille de l'Empereur* MAXIMILIEN II. *A Madrid le 14. Janvier 1570.* [FREDER. LEONARD, Tom. II. pag. 578.]

AU nom de Dieu soit. Sachent tous, qui cet Instrument & Traité de Capitulation verront, Que en la Ville de Madrid, Diocese & Archevêché de Tolede, où à present est & reside la Cour du Serenissime, Tres-Haut, & Tres-Puissant Seigneur, Don Philippe II. de ce nom, Roi Catholique d'Espagne, de Naples, de Sicile, de Jérusalem, &c. Samedi quatorzieme jour du mois de Janvier, de l'an de la Nativité de Nôtre-Seigneur Jesus-Christ mille cinq-cens septante: Pardevant moi Gabriel de Zayas, Secretaire d'Etat de Sa Majesté Catholique, & son Greffier & Notaire Public, en presence de Illustre & Reverendissime Seigneur, Don Diego de Espinosa, Cardinal-Prêtre de la Sainte Eglise de Rome, du titre de Saint-Etienne *in Celio Monte*, Evêque de Siguença, President du Conseil Roial, & contre l'heretique pravité & Apostasie Inquisiteur General en ses Roiaumes d'Espagne, & du Conseil d'Etat de Sa Majesté, Député par Sa Majesté Catholique, pour intervenir en son nom au Traité sous écrit; & du Reverendissime Seigneur, Don Frere Bernard de Frexneda, Evêque de Cuença, Confesseur, & du Conseil d'Etat de Sa Majesté; & des Illustrissimes Seigneurs Don Gomez de Figueroa, Duc de Feria, du Conseil d'Etat de Sa Majesté, & Capitaine de sa Garde; & du Prince Ruy Gomez de Silva, semblablement du Conseil d'Etat de Sa Majesté, & son Sommelier de corps, & Contador Mayor de Castille; & du Docteur Martin de Velasco, du Conseil, & de la Chambre de Sa Majesté, Commissaire aussi nommé par Sa Majesté Catholique, pour assister & intervenir audit Traité. Furent presens, c'est à savoir d'une part, le tres-Illustre Seigneur Baron Adam de Dietrichstein, Ambassadeur du Serenissime, Tres-Haut, & Tres-Puissant Seigneur, Maximilien II. élu Empereur des Romains, Roi d'Allemagne, de Hongrie, de Boheme, Dalmacie, Croacie, Esclavonie, &c. Lequel pardevant moi Secretaire susdit, exhiba originalement son Pouvoir écrit en parchemin en Langue Latine, signé de sa propre main, & scellé en cire rouge, avec son Scel pendant à cordons d'or, donné en son Château de Presbourg, le deuxieme jour de Septembre de l'an prochainement passé de mille cinq cens soixante neuf: Et de l'autre part, le tres-Illustre Seigneur Raimond de Fourquevaux, Chevalier de l'Ordre de Saint-Michel, Conseiller & Ambassadeur du Tres-Chretien, Tres-Haut, & Tres-Puissant Seigneur Charles IX. Roi de France, Gentilhomme de sa Chambre, & Gouverneur de Narbonne, & en vertu de son Pouvoir, qu'il a semblablement exhibé originalement pardevant moi, écrit en Langue Françoise & en parchemin, avec son Scel pendant en cire jaune, fait à Paris le dernier jour de Juillet audit an dernier passé. Lesquels dits Pouvoirs veûs & examinez reciproquement de toutes lesdites deux Parties, & par lesdits Deputez de Sa Majesté Catholique, furent tenus pour suffisans, & demeurent originalement au pouvoir de moi susdit Secretaire.

Lesquels dits Seigneurs Baron de Dietrichstein, & de Fourquevaux, au nom des susdites Cesarée & Tres-Chretienne Majestez, leurs Princes respectivement constituans, & usant de leursdits Pouvoirs dirent, Qu'à l'honneur & gloire de Dieu Nôtre-Seigneur, & pour la conservation & augmentation de sa sainte Foi & Religion Catholique, & pour l'établissement de la Paix publique, & benefice de la Chretienté, à quoi s'adresse & doit adresser l'union, parentelle, & lien, moiennant Mariage entre tels Princes. A été traité Mariage entre ledit Roi Tres-Chretien, & la Serenissime Princesse Isabeau, née Reine de Hongrie, & de Boheme, Archiduchesse d'Autriche, &c. seconde Fille de Sa Majesté Cesarée, & de la Serenissime & Tres-Haute Dame l'Imperatrice, Madame Marie, sa Femme legitime; pour raison duquel Mariage, & pour ce qui touche & concerne l'effet d'icelui, de commun accord & consentement, l'aiant fait savoir & communiqué suivant la charge, que leurs Princes leur avoient donnée, audit Sieur Roi Catholique, & avec intervention desdits Deputez, ont stipulé, pactisé, & arrêté, en la forme qui s'ensuit.

C'est à savoir, qu'avec la grace & benediction de Dieu, lesdits Seigneurs Charles, Tres-Chretien Roi de France, & Serenissime Princesse Isabeau, seront tenus de se fiancer & épouser par paroles de present, qui, suivant l'ordre & constitution de Sainte Mere Eglise Catholique Romaine, fassent & constituent vrai Mariage: lesquelles fiançailles & épousailles soient faites, & se fassent en vertu de suffisant & legitime Pouvoir dudit Seigneur Roi Tres-Chretien, & moiennant la solennelle Ambassade, qui à cet effet, ainsi qu'il a été traité, doit être envoiée à la Cour & Palais de Sa Majesté Cesarée, où ladite Serenissime Princesse est. Puis aprés ledit Mariage soit confirmé & ratifié en leur presence, quand ladite Serenissime Princesse sera arrivée & traduite au Roiaume de France, où le Mariage se celebrera & solennisera en la face de Sainte Mere Eglise, pour en recevoir ses saintes benedictions; l'effet desquelles fiançailles & Mariage, promis & passé, tant par pouvoir comme par presence, doive & s'entende être, & soit lors & à tel terme, que par lesdites Majestez Cesarée & Tres-Chretienne sera assigné & avisé, étant elles si conformes de volonté, & ledit jour tant desiré de tous, qu'il faut presuposer & esperer en Dieu, qu'il s'acomplira avec toute brieveté possible.

Que Sa Majesté Cesarée, & ledit Baron de Dietrichstein en son nom, & en vertu de son Pouvoir, constitue & promet en Dot & Mariage avec ladite Serenissime Princesse sa Fille, audit Roi Tres-Chretien, cent mille Ecus, à raison de quarante plaques pour Ecu d'or, Monnoie de Flandre, paiables és Villes d'Anvers, ou de Lyon de France, à l'élection dudit Seigneur Roi Tres-Chretien, en deux termes, c'est à savoir cinquante mille Ecus dedans un an, à compter du jour de la consommation dudit Mariage; & les autres cinquante mille Ecus, dedans un autre an prochain ensuivant; de maniere que toute ladite Somme de cent mille Ecus, sera paiée dedans lesdits deux ans entierement.

Item. Que pour seûreté, dévôtion & restitution de ladite Somme de cent mille Ecus, qui, ainsi qu'il a été dit ci-dessus, est constituée en Dot, & se doit donner audit Seigneur Roi Tres-Chretien, avec ladite Serenissime Princesse Isabeau, s'y assigneront de sa part, Villes & Lieux, avec leurs Rentes & Droits, tels & en telle quantité, que ledit Dot soit certain & asseûré, à la bonne & entiere satisfaction de Sa Majesté Cesarée, & de ses Deputez; assignant & constituant, comme il s'assigne & constitue pour censive & revenus dudit Dot, à raison de cinq pour cent, selon l'usage & coûtume qui audit Roiaume de France se tient & observe, & que lesdits Lieux & Biens, qui doivent être assignez pour seûreté dudit Dot, seront certains & asseûrez, & en quelque maniere que ce soit, qu'ils faillissent, ou ne fussent tels, on en donnera d'autres en telle quantité, afin qu'en tout évenement & succés, ledit Dot, & restitution d'icelui, soit certaine & asseûrée.

Item. Que ledit Seigneur Roi Tres-Chretien, suivant l'ordre & coûtume qui s'est tenu en la Maison de France, assignera & constituera, assigne & constitue à ladite Serenissime Princesse, sa future épouse, pour Doüaire, soixante mille Livres Tournois de Rente par chacun an, assignées sur Terres & Lieux, avec Jurisdiction, & le principal Lieu avec titre de Duché, & les autres les plus proches qu'il sera possible. Desquels Lieux, Rentes, & Droits d'iceux, ladite Dame future Reine joüira par ses mains & autorité, avec ladite Jurisdiction, & provision d'Offices vacans; entendant toutefois qu'elle les baillera à naturels François; & de tout

ANNO 1570. tout le surplus à eux apartenant, selon qu'il est de coûtume en la Couronne de France. Duquel dit Doüaire, & de ce qui pour cette raison lui doit être assigné & consigné, ladite Serenissime Princesse, future Epouse, en joüira, & l'aura pour tous les jours de sa vie, en cas de dissolution de cedit Mariage, elle survivant, soit qu'elle veuille demeurer audit Roiaume, ou ailleurs.

Semblablement, ledit Seigneur Roi Tres-Chretien soit tenu de donner, & donnera à ladite Dame Isabeau, sa future Epouse, en joiaux, jusques à la valeur de cinquante mille Ecus d'or; lesquels dits joiaux seront propres de ladite Serenissime Princesse, future Reine, & sortiront nature d'Heritages, desquels elle pourra disposer en cas de dissolution de Mariage, survivant ladite Dame; mais en cas qu'elle ne survécût, qu'elle mourût plûtôt que ledit Seigneur Roi Tres-Chrétien, sera gardé le contenu ci-aprés mis en autre Article.

Item. En ce qui touche l'entretenement & soûtenement de la Personne, Maison, & état de ladite Serenissime Princesse, future Reine de France, durant Mariage, ledit Seigneur Roi Tres-Chretien lui assignera, & ordonnera ledit entretenement, en la quantité que la grandeur de sa Couronne, & qualité de telle Princesse & Reine, & à ce qui est de coûtume en la Maison de France, se doit & convient assigner; de maniere qu'en cette partie elle sera traitée & soûtenuë avec la largesse & magnificence, que telle Reine & Femme de tel Roi doit être. Laquelle assignation sera sur l'Epargne, ou Tresorerie generale dudit Seigneur Roi Tres-Chretien, qui lui sera paiée de trois mois en trois mois, suivant l'ordre & façon qu'on garde en ladite Maison de France.

Il est pareillement arrêté & convenu, qu'au cas de dissolution de cedit Mariage, par mort de ladite Serenissime Princesse, future Reine, sans Enfans, survivant à elle ledit Seigneur Roi Tres-Chretien, que ledit Dot, les joiaux, & autres choses, que ladite Dame aura aportées, desquels joiaux & choses se fera Inventaire, si elle ne les aura données en sa vie, seront renduës & restituées entierement & librement aux Heritiers de ladite Serenissime Princesse, future Reine, & à ceux à qui elle ordonnera & disposera. Auquel cas, retourneront semblablement audit Seigneur Roi Tres-Chretien les joiaux, qu'il aura donnez à ladite Dame. Toutefois, au cas de dissolution de ce Mariage par mort dudit Seigneur Roi Tres-Chretien, & survivant à lui ladite Serenissime Princesse future Reine, elle aura lesdits Dots, & joiaux, tant ceux qu'elle aura aportez, comme ceux que ledit Seigneur Roi Tres-Chretien son Mari lui aura donnez, pour en faire comme de ses Biens propres.

Aussi est arrêté, qu'en cas de dissolution de ce Mariage, avec Enfans d'icelui, survive ladite Serenissime Princesse future Reine, ou non, étant lesdits Enfans de ce Mariage en vie lors de son trépas, les tels Enfans succederont aux Biens & Heritages de ladite Serenissime Reine leur Mere, selon que par Droit d'Hoirie, & par les Loix d'icelui Roiaume, leur compete & apartient: & audit cas, nonobstant qu'il y ait Enfans de cedit Mariage, ladite Serenissime Princesse pourra disposer de ce qui lui est permis par les Loix & coûtumes dudit Roiaume, & en ladite Maison de France: & s'il n'y a point de Loix ni coûtume particuliere sur ce fait, ladite Dame puisse disposer librement de la cinquieme partie pour son ame, ou gracieusement, comme il lui plaira.

Il a été acordé aussi, que ladite Serenissime Princesse fera renonciation en forme, à la satisfaction & contentement de Sa Majesté Cesarée, & de ses Deputez, de l'Heritage, & Droits Paternels & Maternels, qui en quelque maniere lui puissent apartenir; desorte qu'avec ledit Dot, & ce qui de plus lui aura été donné, elle se tienne pour contente, & se départe de quelque autre Droit & Succession, laquelle renonciation elle fera tenuë de faire ainsi & selon, & en la forme & au tems que par Sa Majesté Cesarée, & ses Deputez, sera avisé, & à sa bonne satisfaction.

Aussi est arrêté & convenu, que ladite Serenissime Princesse, future Reine, sera envoiée par Sa Majesté Cesarée, vétuë, enjoaillée, & parée le plus honorablement qu'il sera possible, selon la grandeur de tel Pere, & accompagnée à ses dépens jusque sur les limites de France, en tel lieu qu'il sera accordé de la délivrer, ainsi & comme il apartient à telle Princesse, & future Femme de tel Roi, lequel donnera ordre de la faire recevoir sur lesdites limites par les personnes d'autorité & dignité, qu'elle merite.

Quant à la Maison, Etat, Officiers, & Serviteurs de ladite Serenissime Princesse, future Reine, ledit Seigneur Roi Tres-Chretien y pourvoira, & ordonnera en tel nombre & qualité de Seigneurs, Dames, & autres Personnes de son service, comme à l'Etat & Dignité de telle Princesse, Fille de si Hauts Princes, & Reine de France, compete & apartient; donnant en ceci, comme l'on s'y confie, que Sa Majesté Tres-Chretienne donnera, à ladite Serenissime Princesse, toute la satisfaction & contentement possible, ainsi qu'en ladite Maison est de coûtume: & les personnes, qui iront en la compagnie & service de ladite Dame audit Roiaume, seront reconnus & gratifiez par ledit Seigneur Roi Tres-Chretien. ANNO 1570.

Item. Il a été traité, arrêté, & capitulé, que ladite Serenissime Princesse, future Reine de France, en cas que ce Mariage se dissolve, elle survivant, elle soit en libre faculté de pouvoir demeurer & vivre dans ledit Roiaume de France, ou bien de s'en aller en autre part, sans détourbier ni empêchement aucun, avec tous ses Officiers, Familiers, & Serviteurs, & d'enlever & emporter avec elle tous & quelconques ses Biens, Joiaux, Vaisselle, & autres Meubles, de quelque qualité & valeur qu'ils soient, sans que pour aucune occasion qu'il y ait, ou puisse survenir, lui soit fait, ou mis, directement ou indirectement, aucun détourbier ou empêchement en son partement & allée hors de France, ni en la joüissance de la Rente & Assignement, que conforme & selon ce Traité, & le contenu en cette Capitulation, ladite Dame doit avoir & joüir.

Toutes lesquelles choses, comme aussi ausdits Articles, & en chacun d'iceux est contenu, & il est dit cidessus, lesdits Seigneurs Ambassadeurs, au nom des Cesarée & Tres-Chretienne Majestez, les accompliront, garderont, & observeront entierement de point en point, sans y faillir, ni en diminuer aucune chose, & qu'ils n'iront ni viendront, ni consentiront aller ni venir en tout ou en partie, directement ni indirectement, contre ce Traité & Capitulation faite & concluë entre tels Princes, & en vertu de leurs Pouvoirs, & Parole Imperiale & Roiale, & promirent & s'obligérent aussi, que cette Capitulation, & ce qui est en elle accordé, declaré, specifié, & pour raison de l'effet par eux promis, sera ratifié, aprouvé, & corroboré par lesdites Majestez Cesarée & Tres-Chretienne, leurs principaux constituans, solennellement, par leurs Lettres Patentes, signées de leurs mains propres, & scellées de leurs grands Seels pendans à icelles, qui seront données à chacune des Parties.

La presente Ecriture, Accord, & Capitulation, fut faite, & reçûë au lieu, jour, Mois, & An susdit, en la Maison & demeure dudit Illustrissime Cardinal de Siguença, & fut écrite en Langue Françoise, de laquelle seront faites deux Traductions en Langue Latine & Espagnole, en chacune desquelles lesdits Seigneurs Ambassadeurs se signeront de leurs noms, comme ils ont fait en la presente. *Signé*, ADAM DE DIETRICHSTEIN, & FOURQUEVAUX.

ET quia ego Gabriel à Zayas, præfatæ Catholicæ Majestatis rerum Status Secretarius, ac Publicus ejus autoritate Notarius, præmissorum Capitulorum stipulationi, unà cum prænominatis Dominis Testibus, ad id specialiter vocatis & rogatis, interfui, eaque sic fieri vidi & audivi, ideo præsens publicum Instrumentum confeci, subscripsi, & signavi meo solito signo tali, in fidem & testimonium præmissorum jussus & requisitus. GAB. DE ZAYAS.

Il est ainsi en l'Original, dont je retins autant, par commandement de Monseigneur de Villeroi, *Signé*, GASSOT.

LXXXVII.

Ihro Kays. Majest. MAXIMILIANI II. Lehen-Brieff auf die Anwartung der Chur-Pfaltz Pfaltzgraff Philipp Ludwigen ertheilet. Prag den 7. April 1570. 7. Avril.

C'est,

ANNO 1570.

C'est-à-dire,

Investitures données par l'Empereur MAXIMILIEN II. *au Comte Palatin* PHILIPPE LOUÏS, *sur la Succession dans l'Electorat Palatin. A Prague le 7. Avril* 1570. [Voyez-les ci-après sous le 30. Mars 1623.]

LXXXVIII.

20. Juill. **Römischen Kaysers** MAXIMILIANI II. **Renovation - und Bestättigungs-Brieff über die Anno 1517. den 26. Augusti zwischen denen Graffen zu Ysenburg und Budingen aufgerichtete Erb-Einigung. Geben Speyer / den 20. July 1570.**

C'est-à-dire,

Renouvellement & Confirmation de l'Empereur MAXIMILIEN II. *sur l'Union Hereditaire faite en* 1517. *le* 26. *d'Août entre les Comtes d'*YSENBOURG & BUDINGEN. *A Spire le* 20. *Juillet* 1570. [Voyez-la ci-devant sous le 26. d'Août 1517. Tom. IV. Part. I. pag. 262. col. 2.]

LXXXIX.

Août. FRANCE ET REFORMEZ. *Edit de* CHARLES IX. *Roi de France, pour la Pacification des Troubles de son Royaume arrivez à l'occasion de la Religion. Donné à S. Germain en Laye, au mois d'Août.* 1570 [BENOIST, Histoire de l'Edit de Nantes, dans les Preuves du Tom. I. pag. 9.]

CHARLES par la grace de Dieu Roy de France, à tous presens & avenir, Salut. Considerans les grands maux & calamitez avenus par les troubles & Guerres desquelles nôtre Royaume a été longuement, & est encores de present affligé; & prevoyans la desolation qui pourroit avenir, si par la grace & misericorde de notre Seigneur lesdits troubles n'étoient promtement pacifiez. Nous pour à iceux mettre fin, remedier aux afflictions qui en procedent, remettre & faire vivre nos Sujets en paix, union, repos & concorde, comme toûjours a été nôtre intention. Savoir faisons, qu'après avoir sur ce pris l'avis bon & prudent conseil de la Roine nôtre tres-chere & très-honorée Dame & Mere, de nos très-chers & très-amez les Duc d'Anjou, nôtre Lieutenant general, & Duc d'Alençon, Princes de nôtre sang, & autres grands & notables Personnages de nôtre Conseil privé. Avons par iceluy avis & bon conseil, & pour les causes & raisons dessus-dites, & autres bonnes & grandes considerations à ce nous mouvans, par cettui nôtre present Edit perpetuel & irrevocable, dit, declaré, statué, & ordonnons, voulons & nous plaît, ce qui s'ensuit.

I. Premierement, que la memoire de toutes choses passées d'une part & d'autre, & dès & depuis les troubles avenus en nôtre dit Royaume, & à l'occasion d'iceux, demeure éteinte & assoupie comme de choses non avenuës, & ne sera loisible ne permis à nos Procureurs generaux, ni autre personne publique ou privée quelconque, en quelque tems ni pour quelque occasion que ce soit, en faire mention, procès ou poursuite en aucune Cour ou Jurisdiction.

II. Defendans à tous nos Sujets de quelque état & qualité qu'ils soient, qu'ils n'ayent à en *renouveller la memoire*, s'attacher, injurier ne provoquer l'un l'autre par reproche de ce qui s'est passé; en disputer, contester, quereller ne s'outrager ou offenser, de fait ou de parole, mais se contenir & vivre paisiblement ensemble comme Freres, amis & concitoyens; sur peine aux contrevenans d'être punis comme infracteurs de Paix, & perturbateurs du repos public.

III. Ordonnons que la Religion Catholique & Romaine, sera remise & retablie en tous les lieux & endroits de cettui nôtre Royaume & Pays de nôtre obeïssance où l'exercice d'icelle a été intermis, pour y être librement & paisiblement exercée sans aucun trouble ou empêchement, sur les peines susdites. Et que tous ceux qui durant la presente Guerre se sont emparez des Maisons, Biens & revenus appartenans aux Ecclesiastiques ou autres Catholiques, qui les detiennent & occupent, leur en delaisseront l'entiere possession & paisible jouïssance, en telle liberté & sûreté qu'ils faisoient auparavant qu'ils en eussent été dessaisis.

IV. Et pour ne laisser aucune occasion de troubles & differens entre nos Sujets, leur avons permis & permettons, *vivre & demeurer par toutes les Villes & Lieux de cettui nôtre Royaume*, & Païs de nôtre obeïssance, saus être enquis, vexez ni molestez, n'astraints à faire chose pour le fait de la Religion contre leur conscience: ne pour raison d'icelle être recherchez és Maisons & Lieux où ils voudront habiter, pourveu qu'ils s'y comportent selon qu'il est contenu en ce present Edit.

V. Nous avons aussi permis à tous *Gentilshommes* & autres personnes tant regnicoles qu'autres, ayans en nôtre Royaume, & Païs de nôtre obeïssance, haute Justice ou plain Fief de Haubert, comme en Normandie, soit en proprieté ou usufruit en tout ou partie, avoir en telle de leurs Maisons desdites haute Justice, ou Fief qu'ils nommeront pour leur principal Domicile à nos Baillifs, & Senechaux chacun en son detroit, *l'exercice de la Religion* qu'ils disent Reformée, tant qu'ils y feront residens, & en leur absence leurs femmes, ou famille, dont ils repondront, & seront tenus nommer lesdites Maisons à nosdits Baillifs, & Senechaux, avant que de pouvoir jouïr du benefice d'iceluy: auront aussi pareillement en leurs autres Maisons de haute Justice ou dudit Fief de Haubert, tant qu'ils y seront presens, & non autrement, le tout tant pour eux que leur famille, sujets & autres qui y voudront aller.

VI. Es Maisons *de Fief*, où lesdits de la Religion n'auront ladite haute Justice & Fief de Haubert ne pourront faire ledit exercice, que pour leur famille tant seulement: ne voulant toutefois que s'il y survient de leurs amis jusques au nombre de dix, ou quelque Batême pressé en compagnie, qui n'excede ledit nombre de dix, ils en puissent être recherchez.

VII. Et pour gratifier nôtre très-chere & très-amée Tante la Roine de Navarre, luy avons permis qu'outre ce que cy-dessus a été ottroyé ausdits Seigneurs hauts Justiciers, elle puisse d'abondant en chacune de ses *Duchez d'Albret*, *Comtez d'Armagnac*, *Foix & Bigorre*, en une Maison à elle appartenant où elle aura haute Justice, qui sera par nous choisie & nommée, avoir ledit exercice pour tous ceux qui y voudront assister encores qu'elle en soit absente.

VIII. Pourront aussi ceux de ladite Religion faire *l'exercice* d'icelle *és Lieux* qui ensuivent: à savoir, pour le Gouvernement de *l'Isle de France*, aux Fauxbourgs de Clermont en Beauvoisis, & en ceux de Crespi en Laonnois. Pour le Gouvernement de *Champagne & Brie*, outre Vezelai qu'ils tiennent aujourdhuy, aux Fauxbourgs de Villenoce. Pour le Gouvernement de *Bourgogne*, aux Fauxbourgs d'Arnai-le-Duc, & en ceux de Mailli la Ville. Pour le Gouvernement de *Picardie*, aux Fauxbourgs de Mondidier, & en ceux de Riblemont. Pour le Gouvernement de *Normandie*, aux Fauxbourgs du Ponteau-de-Mer, & à ceux de Carentan. Pour le Gouvernement de *Lyonnois*, aux Fauxbourgs de Charlieu, & en ceux de Saint Geni de Laval. Pour le Gouvernement de *Bretagne*, aux Fauxbourgs de Becherel & en ceux de Kerhez. Pour le Gouvernement de *Dauphiné*, aux Fauxbourgs de Crest & en ceux de Chorges. Pour le Gouvernement de *Provence*, aux Fauxbourgs de Merindol & en ceux de Forcalquier. Pour le Gouvernement de *Languedoc*, outre Aubenas qu'ils tiennent aujourdhuy, aux Fauxbourgs de Montaignac. Pour le Gouvernement de *Guyenne*, à Bergerac, outre S. Sever qu'ils tiennent aussi aujourdhuy. Et pour celuy d'*Orleans*, *le Maine*, & Païs *Chartrain*, outre Sencerre qu'ils tiennent, au Bourg de Maillé.

IX. Et d'abondant leur avons accordé faire & continuer l'exercice de ladite Religion, *en toutes les Villes*

où

ANNO 1570.

où il se trouvera publiquement fait le premier jour du present mois d'Août.

X. Leur defendant très expressément de faire aucun exercice de Religion, tant pour le ministere, que reglement, discipline, ou institution publique des enfans & autres, fors qu'és *Lieux* cy-dessus permis & ottroyez.

XI. Comme aussi ne se fera aucun exercice de ladite Religion pretenduë Reformée, en nôtre *Cour* ni à *deux lieuës* à l'entour d'icelle.

XII. En semblable n'entendons qu'il soit fait aucun exercice de ladite Religion en la Ville, Prevôté & Vicomté de *Paris*, ni à *dix lieuës* à l'entour d'icelle Ville, lesquelles dix lieuës nous avons limitées & limitons aux Lieux qui ensuivent. Savoir est, Senlis & les Fauxbourgs, Meaux & les Fauxbourgs, Melun & les Fauxbourgs, une lieuë par delà Chastres, sous Montle-Heri, Dourdan & les Fauxbourgs, Rembouillet, Houdan & les Fauxbourgs une lieuë grande par delà Melun, Vigni, Meru, S. Leu de Serens, ausquels Lieux susdits, nous n'entendons qu'il soit fait aucun exercice de ladite Religion: sans toutefois que ceux d'icelle Religion puissent être recherchez en leurs Maisons: pourveu qu'ils se comportent ainsi que dessus est dit.

XIII. Enjoignons à nos Baillifs, Senechaux ou Juges ordinaires chacun en leur detroit, les pourvoir *de lieux* à eux appartenans soit de ceux qu'ils ont jà cy-devant acquis, ou autres qu'ils pourront acquerir, pour y faire *l'enterrement* des *morts*, & que lors de leur decés, l'un de ceux de sa Maison ou Famille, l'ira denoncer au Chevalier du Guet, lequel mandera le fossoyeur de la Paroisse, & luy commandera qu'avec tel nombre de Sergens du Guet qu'il trouvera bon de luy bailler pour l'accompagner, & garder qu'il ne se face aucun scandale, il aille enlever le corps de nuit, & le porter audit lieu à ce destiné, sans convoi plus grand que dix personnes: & és autres Villes où n'y aura Chevalier du Guet, y sera commis quelque Ministre de Justice par les Juges des Lieux.

XIV. Ne pourront ceux de ladite Religion faire aucuns *Mariages* en degré de consanguinité ou affinité prohibé par les Loix reçuës en ce Royaume.

XV. Ne sera faite difference ni distinction pour raison de Religion, à recevoir tant és *Universitez*, *Ecoles*, *Hôpitaux*, *Maladeries*, qu'aumônes publiques, les écoliers, malades & pauvres.

XVI. Et afin qu'il ne soit douté de la droite intention de nôtre dite Tante la *Roine de Navarre*, de nos très-chers & très-amez *Frere & Cousins Princes de Navarre & de Condé*, Pere & Fils, avons dit & declaré, disons & declarons, que nous les tenons & reputons nos bons parens, fideles sujets & serviteurs.

XVII. Comme aussi tous les Seigneurs & Chevaliers, Gentilshommes, Officiers & autres Habitans des Villes, Communautez, Bourgades, & autres Lieux de nôtredit Royaume & Païs de nôtre obeïssance, qui les ont *suivis* & secourus en quelque part que ce soit, pour nos bons loyaux sujets & serviteurs.

XVIII. Et pareillement le Duc des Deux-Ponts, & ses Enfans, *Prince* d'Orange, Comte Ludovic & ses Freres, le Comte Wolrat de Mansfeld, & autres Seigneurs *étrangers* qui les ont *aidez* & secourus, pour nos bons voisins, parens, & amis.

XIX. Et demeureront tant nôtredite Tante, que nosdits Frere & Cousin, Seigneurs, Gentilshommes, Officiers, Corps des Villes & Communautez, & autres qui les ont aidez & secourus, leurs Hoirs & Successeurs, *quittes & deschargez*, comme par ces presentes nous les quittons & deschargeons de tous deniers qui ont été par eux, ou de leur ordonnance pris & levez, tant de nos Receptes & Finances à quelque Somme qu'ils se puissent monter, que des Villes, Communautez ou Particuliers, des Rentes, Revenus & Argenterie, Vente de Biens meubles, tant Ecclesiastiques qu'autres, Bois de haute futaye, soit de nous, ou autres, amendes, butins, rançons, ou autre nature de deniers par eux pris, tant pour l'occasion de la presente que precedentes Guerres, sans qu'eux ni ceux qui ont été par eux commis à la levée desdits deniers, ou qui les ont baillez & fournis, en puissent être aucunement recherchez pour le present, ni à l'avenir, & en demeureront quittes, tant eux que lesdits Commis, de tout ledit maniement & administration, en rapportant pour toute décharge, acquit de nôtredite Tante, ou de nosdits Frere & Cousin, de ceux qui par eux auront été commis à l'audience & clôture d'iceux. Demeureront aussi quittes & dechargez de tous actes d'hostilité, levée & conduite de Gens de Guerre, fabrication de Monnoye, fonte & prise d'Artillerie & Munitions, tant en nos Magazins que des particuliers, confection de Poudres & Salpetres, prises, Fortifications, demantellemens, & demolitions de Villes, entreprises sur icelles, brûlemens, & demolitions de Temples & Maisons, établissement de Justice, Jugement & execution d'iceux, Voyages, Intelligences, Traittez, Negociations & Contracts faits avec tous Princes & Communautez étrangeres, introduction desdits étrangers és Villes & autres endroits de nôtre Royaume. Et generalement tout ce qu'a été fait, geré & negotié durant & depuis les presens, premiers & seconds troubles, encores qu'il dût être particulierement exprimé & specifié.

ANNO 1570.

XX. Aussi lesdits de la Religion pretenduë Reformée se departiront & desisteront de toutes *Associations* qu'ils ont dedans & dehors ce Royaume, & ne feront d'oresnavant aucunes levées de deniers sans nôtre permission, enrôllemens d'hommes, Congregations ni Assemblées, autres que dessus, & sans armes, ce que nous leur prohibons & defendons, sur peine d'être punis rigoureusement, comme contempteurs & infracteurs de nos commandemens & Ordonnances.

XXI. Toutes *Places*, Villes & Provinces, demeureront & joüiront de mêmes Privileges, Immunitez, Libertez, Franchises, Jurisdictions, & Sieges de Justice, qu'elles faisoient auparavant les troubles.

XXII. Et pour ôter toutes plaintes à l'avenir, avons declaré & declarons ceux de ladite Religion *capables* de tenir & exercer tous *Etats*, *Dignitez*, & *Charges publiques*, Seigneuriales, & des Villes de ce Royaume, & être indifferemment admis & reçus en tous Conseils, Deliberations, Assemblées, Etats & fonctions qui dependent des choses susdites, sans en être en sorte quelconque rejettez, n'empêchez d'en joüir, incontinent après la publication de ce present Edit.

XXIII. Et ne pourront lesdits de la Religion pretenduë Reformée, être cy-après *surchargez*, ni foulez d'aucunes charges ordinaires ni extraordinaires plus que les Catholiques, & selon la proportion de leurs biens & facultez. Et neantmoins attendu les grandes charges que prennent à porter ceux de ladite Religion, ils seront dechargez de toutes autres que les Villes imposeront pour les depences passées, mais contribueront à toutes celles que nous imposerons: pareillement à celles des Villes à l'avenir comme les Catholiques.

XXIV. Seront tous *prisonniers*, qui sont detenus soit par autorité de Justice ou autrement, mêmes és galeres, à l'occasion des presens troubles, élargis & mis en liberté d'un côté & d'autre, sans payer aucune rançon: n'entendant toutefois que les rançons qui ont été jà payées puissent être repetées sur ceux qui les auront reçûës.

XXV. Et quant aux *differens* qui pourroient intervenir à cause desdites *venditions* des Terres ou autres Immeubles, Obligations, ou Hypotheques faites à *l'occasion desdites rançons*: comme aussi pour toutes autres disputes dependantes du fait des armes, qui pourroient survenir, se retireront les Parties par devers nôtredit très-cher & très-amé Frere le Duc d'Anjou, pour, appelez les Marêchaux de France, en être par luy decidé & determiné.

XXVI. Nous ordonnons, voulons & nous plaît, que tous ceux de ladite Religion, tant en general qu'en particulier, retournent & soient *conservez*, maintenus & gardez sous nôtre protection & autorité en tous & chacuns leurs Biens, Droits & Actions, Honneurs, Etats, Charges, Pensions & Dignitez de quelque qualité qu'ils soient, sauf les Baillifs, & Senechaux de robbe longue, & leurs Lieutenans generaux: au lieu desquels a été par nous pourvu en titre d'office durant la presente Guerre: ausquels sera baillée assignation pour les rembourser de la juste valeur de leursdits Offices sur les plus clairs deniers de nos Finances, si mieux ils n'aiment être Conseillers en nos Cours de Parlement, de leurs Ressorts, ou Grand Conseil, à nôtre choix, auquel cas ne seront remboursez que de la plus valeur desdits Offices, si elle y échet: comme aussi payeront les parensus: si leurs Offices sont de moindre valeur.

XXVII. Les *Meubles* qui se trouveront en nature, & qui n'auront été pris par voye d'hostilité, seront rendus à ceux à qui ils appartiennent, en rendant toutefois aux acheteurs le prix de ceux qui auront été vendus

ANNO 1570. dus par autorité de Justice, ou par autre Commission ou Mandement public, tant des Catholiques que de ceux de ladite Religion. Et pour l'execution de ce que dessus, seront contraints les detenteurs desdits Biens Meubles sujets à restitution incontinent & sans delai, nonobstant toutes oppositions ou exceptions, les rendre & restituer aux proprietaires pour le prix qu'ils en auront payé.

XXVIII. Et pour le regard des *fruits des Immeubles*, un chacun rentrera en sa Maison, & joüira reciproquement des fruits de la cueillette de la presente année. Nonobstant toutes saisies & empêchemens faits au contraire durant les troubles. Comme aussi chacun joüira des Arrerages des Rentes qui n'auront par nous été prises, ou par nôtre commandement, permission ou Ordonnance de nous ou de nôtre Justice.

XXIX. Aussi les *forces & Garnisons* qui sont ou seront ès Maisons, Places, Villes & Châteaux appartenans à nosdits Sujets de quelque Religion qu'ils soient, vuideront incontinent après la publication du present Edit, pour leur en laisser la libre & entiere joüissance, comme ils l'avoient auparavant être dessaisis.

XXX. Voulons pareillement que nos chers & bienamez le *Prince d'Orange* & Comte *Ludovic Cousins de Nassau* son Frere, soient actuellement remis & reïntegrez en toutes les Terres, Seigneuries & Jurisdictions qu'ils ont dans nosdits Royaume & Païs de nôtre obeïssance, ensemble de la Principauté d'Orange, des Droits, Titres, Papiers & Documens & dependances d'icelles, prises par nos Lieutenans generaux, & autres nos Ministres par nous à ce commis ou autrement; lesquelles seront audit Prince d'Orange, & Comte son Frere remis & rétablis au même état qu'ils y étoient auparavant lesdits troubles: joüiront d'icelles d'oresnavant, & suivant les provisions, Arrêts & Declarations accordées par feu de très-loüable memoire nôtre très-honoré Seigneur & Pere le Roy Henri, que Dieu absolve, & autres nos Predecesseurs Rois, comme ils faisoient auparavant les troubles.

XXXI. Comme en semblable, nous entendons que tous *Titres*, *Papiers*, Enseignemens & Documens qui ont été pris, soyent rendus & restituez d'une part & d'autre, à ceux à qui ils appartiennent.

XXXII. Et pour éteindre & assoupir autant que faire se pourra la memoire de tous troubles & divisions passées: avons declaré & declarons toutes *Sentences*, *Jugemens*, *Arrêts*, & *Procedures*, *Saisies*, *Ventes* & *Decrets* faits & donnez contre lesdits de la Religion pretenduë Reformée, tant vivans que morts, depuis le trépas de nôtred. très-honoré Seigneur & Pere le Roy Henri, à l'occasion de ladite Religion, tumultes & troubles depuis avenus, ensemble l'execution d'iceux Jugemens & Decrets, dès à present cassez, revoquez & annullez: lesquels à ceste cause nous voulons être rayez & ôtez des Regîtres de nos Cours tant Souverainés qu'inferieures, comme aussi toutes marques, vestiges & monumens desdites Executions, Livres & Actes diffamatoires contre leurs personnes, memoires & posterité, ordonnons le tout être ôté & effacé. Et les Places esquelles ont été faites pour cette occasion, demolitions ou rasemens, renduës aux proprietaires d'icelles pour en user & disposer à leurs volontez.

XXXIII. Et pour le regard des *Procedures faites*, *Jugemens* & *Arrêts* donnez contre lesdits de la Religion en quelconques autres matieres que desdites Religion & troubles; ensemble des prescriptions & saisies feodales échuës pendant les presens, derniers & precedens troubles, commençans l'an mil cinq cens soixante-sept, seront estimées comme non faites, données ni avenuës, & ne pourront les Parties s'en aider aucunement, ains seront remis en l'état qu'ils étoient auparavant iceux.

XXXIV. Ordonnons aussi que ceux de ladite Religion demeureront aux *Loix Politiques* de nôtre Royaume: à savoir que les Fêtes seront gardées, & ne pourront ceux de ladite Religion besogner, vendre & étaller esdits jours boutiques ouvertes. Et aux maigres, esquels l'usage de la chair est defendu par ladite Eglise Catholique & Romaine; les Boucheries ne s'ouvriront.

XXXV. Et afin que la Justice soit renduë & administrée à nos Sujets sans suspicion d'aucune haine ou faveur, nous avons ordonné & ordonnons, voulons & nous plaît, que les *Procès* & differens mus & à mouvoir entre Parties étans de contraire Religion, tant en demandant qu'en defendant, en quelconque matiere civile ou criminelle que ce soit, soyent traittées en premiere instance devant les Baillifs, Senechaux & autres nos Juges ordinaires, suivant nos Ordonnances, & où il écherroit appel en aucune de nos Cours de Parlemens, pour le regard de celuy de *Paris*, qui est composé de sept Chambres, la Grande, la Tournelle, & cinq des Enquêtes, ceux de la Religion pretenduë Reformée pourront, si bon leur semble, ès causes qu'ils auront en chacune desdites Chambres, requerir que quatre, soit Presidens ou Conseillers, s'abstiennent du Jugement de leurs Procès, lesquels sans aucune expression de cause seront tenus de s'en abstenir, nonobstant l'Ordonnance, par laquelle les Presidens & Conseillers ne se peuvent tenir pour excusez sans cause. Et outre ce contre tous autres Presidens & Conseillers leur seront reservées toutes recusations de Droit suivant les Ordonnances. ANNO 1570.

XXXVI. Quant aux *Procès* qu'ils auront au Parlement de *Thoulouze*, si les Parties ne se peuvent accorder d'autre Parlement, seront renvoyez par devant les Maîtres des Requêtes de nôtre Hôtel en leur Auditoire au Palais à Paris: lesquels jugeront leurs Procès indifferemment en dernier ressort & souveraineté, comme s'ils eussent été jugez en nosdits Parlemens.

XXXVII. Et pour le regard de ceux de *Rouën*, *Dijon*, *Provence*, *Bretagne & Grenoble*, pourront requerir que six Presidens ou Conseillers s'abstiennent du Jugement de leurs Procès: à raison de trois pour chacune Chambre. Et en celuy de Bourdeaux, à raison de quatre en chacune Chambre.

XXXVIII. Les *Catholiques* pourront aussi requerir si bon leur semble, que tous ceux desdites Cours qui ont été dechargez de leurs Etats pour raison de la Religion par lesdits Parlemens, s'abstiennent du *Jugement* de leurs Procès: aussi sans aucune expression de cause, & seront tenus iceux de s'en abstenir. Pareillement leur seront reservées contre tous autres Presidens & Conseillers, toutes les recusations ordinaires, & de Droit accordées par les Ordonnances.

XXXIX. Et parce que plusieurs particuliers ont reçu & souffrent tant d'injures & dommages en leurs biens & personnes, que difficilement ils pourront en perdre si-tôt la memoire, comme il seroit bien requis pour l'execution de nôtre intention, voulans éviter tous inconveniens, & donner moyen à ceux qui pourroient être en leurs Maisons, d'être privez de repos, attendant que les rancunes & inimitiez soient adoucies, nous avons baillé en garde à ceux de ladite Religion, les *Villes de la Rochelle*, *Montauban*, *Cognac*, & *la Charité*, esquelles ceux d'entr'eux qui ne voudront si-tôt s'en aller en leursdites Maisons, se pourront retirer & habituer. Et pour la sûreté d'icelles nosdits Frere & Cousin, les Princes de Navarre & de Condé, & vingt Gentilshommes de ladite Religion qui seront par nous nommez, jureront & promettront un seul & pour le tout, pour eux & ceux de leurdite Religion, de nous garder lesdites Villes, & au bout & terme de deux ans les remettre ès mains de celuy qu'il nous plaira deputer en tel état qu'elles sont, sans y rien innover ni alterer, & sans aucun retardement ou difficulté pour cause ou occasion quelle qu'elle soit: au bout duquel terme l'exercice de ladite Religion y sera continué, comme lors qu'ils les auront tenuës. Neantmoins voulons & nous plaît, qu'en icelles tous Ecclesiastiques puissent librement rentrer & faire le service divin en toute liberté, & joüir de leurs biens, ensemble tous les Habitans Catholiques d'icelles Villes: lesquels Ecclesiastiques & autres Habitans, nosdits Frere & Cousin & autres Seigneurs prendront en leur protection & sauvegarde, à ce qu'ils ne soient empêchez à faire leurdit service divin, molestez ne travaillez en leurs personnes & en la joüissance de leurs biens: mais au contraire remis & reïntegrez en la pleine possession d'iceux. Voulans en outre qu'esdites quatre Villes nos Juges y soient retablis, & l'exercice de la Justice remis, comme il souloit être auparavant les troubles.

XL. Voulons semblablement qu'incontinent après la publication de cedit Edit, faite ès deux Camps, les *Armes* soient par tout generalement *posées*, lesquelles demeureront seulement entre nos mains, & de nôtredit très-cher & très-amé Frere le Duc d'Anjou.

XLI. Le libre *Commerce* & passage sera remis par toutes Villes, Bourgs, & Bourgades, Ponts, & Passages de nôtredit Royaume, en l'état qu'ils étoient auparavant les presens & derniers troubles.

XLII. Et pour éviter les violences & contraventions

ANNO 1570. tions qui se pourroient commettre en plusieurs de nos Villes, ceux qui seront par nous ordonnez pour *l'execution du present Edit*, les uns en l'absence des autres, feront jurer aux principaux Habitans desdites Villes des deux Religions qu'ils choisiront, l'entretenement & observation de nôtredit Edit, mettront les uns en la garde des autres, les chargeront respectivement & par Acte public, de repondre civilement des contraventions qui seront faites audit Edit dans ladite Ville, par les Habitans d'icelle respectivement, ou bien representer & mettre és mains de Justice lesdits contrevenans.

XLIII. Et afin que tant nos Justiciers & Officiers que tous autres nos Sujets, soient clairement & avec toute certitude avertis de nos vouloir & intention, & pour ôter toutes doutes, ambiguïtez & cavillations qui pourroient être faites au moyen des precedens Edits: nous avons declaré & declarons tous *autres Edits, Lettres, Declarations, Modifications, Restrictions & Interpretations, Arrêts & Regîtres*, tant secrets qu'autres deliberations cy-devant faites en nos Cours de Parlement, & autres qui par cy-après pourroient être faites au prejudice de nôtredit present Edit, concernant le fait de la Religion, & des troubles avenus en cettuy nôtre Royaume, être de nul effet & valeur. Ausquels & aux derogatoires y contenuës, avons par iceluy nôtredit Edit derogé & derogeons, & dès à present comme pour lors les cassons, revoquons & annullons: declarons par exprès que nous voulons que cettuy nôtredit Edit soit sûr, ferme & inviolable, gardé & observé tant par nosdits Justiciers & Officiers que Sujets, sans s'arrêter ni avoir aucun égard à tout ce qui pourroit être contraire, & dérogeant à iceluy.

XLIV. Et pour plus grande assurance de l'entretenement & observation que nous desirons d'iceluy: voulons, ordonnons & nous plaît, Que tous *Gouverneurs* de nos Provinces, nos Lieutenans Generaux, Baillifs, Senechaux, & autres Juges ordinaires des Villes de cettuy nôtre Royaume, incontinent après la reception d'iceluy nôtredit Edit, *jureront* de le garder & observer, faire garder, observer & entretenir chacun en leur Détroit, comme aussi feront les Maires, Echevins, Capitouls, & autres Officiers annuels ou temporels, tant les presens après la reception dudit Edit, que leurs Successeurs au Serment qu'ils ont accoutumé de faire à l'entrée de leurs-dites Charges & Offices, desquels Sermens seront expediez Actes publics à tous ceux qui le requerront.

Mandons aussi à nos amez & feaux les Gens de nos Cours de Parlement, qu'incontinent après le present Edit reçu, ils ayent, toutes choses cessantes, & sur peine de nullité des Actes qu'ils feroient autrement, faire pareil Serment, & nôtredit Edit faire *publier & enregitrer* en nosdites Cours, selon sa forme & teneur, purement & simplement, sans user d'aucunes Modifications, Restrictions, Declarations ou Regître secret, ni attendre aucune Jussion ne Mandement de nous; & à nos Procureurs generaux en requerir & poursuivre incontinent & sans delay la publication: laquelle nous voulons être fait aux deux Camps & Armées, dedans six jours après ladite publication faite en nôtre Cour de Parlement à Paris, pour renvoyer aussi-tôt les étrangers. Enjoignant pareillement à nos Lieutenans Generaux, & Gouverneurs, d'iceluy nôtredit Edit faire aussi incontinent publier, tant par eux que par les Baillifs, Senechaux, Maires, Echevins, Capitouls, & autres Juges ordinaires des Villes de leurdit Gouvernement, par tout où il appartiendra: ensemble iceluy garder, observer & entretenir chacun en son endroit, pour au plûtôt faire cesser toutes voyes d'hostilité, & empêcher que toutes impositions faites ou à faire à l'occasion desdits troubles, soient levées après la publication de nôtre present Edit. Ce que dès lors de ladite publication, nous declarons être sujet à punition & reparation: Savoir est contre ceux qui useront d'armes, forces, & violences en la contravention & infraction de cettuy nôtre present Edit, empêchans l'effet, execution ou jouïssance d'iceluy, de peine de mort, sans espoir de grace ni remission. Et quant aux autres contraventions, qui ne seront faites par voyes d'armes, forces & violences, seront punies par autres peines corporelles, bannissemens, amendes honorables & autres pecuniaires, selon la gravité & exigence des cas, à l'arbitre & moderation des Juges à qui nous en avons attribué la connoissance: chargeant en cet endroit leurs honneurs & consciences d'y proceder avec la justice & égalité qu'il appartient, sans acception ou difference de personnes ni de Religion. ANNO 1570.

Si donnons en Mandement ausdits Gens tenans nosdites Cours de Parlement, Chambres de nos Comptes, Cours de nos Aides, Baillifs, Senechaux, Prevôts, & autres nos Justiciers & Officiers qu'il appartiendra, ou à leurs Lieutenans, que cettuy nôtre present Edit, & Ordonnance ils fassent lire, publier & enregîtrer en leurs Cours & Jurisdictions, & iceluy entretenir, garder & observer de point en point, & du contenu jouïr & user pleinement & paisiblement tous ceux qu'il appartiendra, cessans & faisans cesser tous troubles & empêchemens au contraire: Car tel est nôtre plaisir. En témoin de quoy nous avons signé ces presentes de nôtre propre main, & à icelles, afin que ce soit chose ferme & stable à toûjours, fait mettre & apposer nôtre Seel. Donné à Saint Germain en Laye au mois d'Août, l'an de Grace mil cinq cens soixante & dix: & de nôtre Regne le dixiéme. *Signé*, CHARLES. *Et au dessous*, Par le Roy étant en son Conseil. *Signé*, DE NEUFVILLE.

Et à côté, Visa & seellées du grand Seel en cire verte, en laqs de soye rouge & verte.

Luës, publiées, & enregitrées, ouï sur ce, & ce requerant le Procureur General du Roy, à Paris en Parlement, l'onziéme jour d'Août, l'an mil cinq cens soixante & dix. Signé, DU TILLET.

XC.

Kayßers Maximiliani II. Expectantz-Brieff/ so Er König Friedrichen dem II. in Dännemarck/wie auch Hertzog Adolph und Johansen zu Schleßwig-Holstein auf die Graffschafften Oldenburg und Delmenhorst ertheilet. Geben zu Speyr den 4. November 1570. [CHRIST. GASTELIUS, de Statu Publ. Europæ Noviss. Cap. XIX. pag. 687. d'où l'on a tiré cette Pièce, qui se trouve aussi dans LUNIG, Teutsches Reichs-Archiv. Part. Spec. Contin. II. Abtheil. IV. Absatz X. pag. 39.] 4 Nov.

C'est-à-dire,

Lettres d'Investiture accordées par l'Empereur MAXIMILIEN II. *à* FREDERIC II. *Roi de Dannemarc, & aux deux Freres* ADOLPHE *&* JEAN *Ducs de Sleswich Holstein, pour l'expectative Féodale des Comtés* d'Oldenbourg & Delmenhorst. *A Spire le 4. de Novembre* 1570.

WIr Maximilian der Ander/ bekennen für Uns/ und Unsere Nachkommen im Reich/ öffentlich mit diesem Brieffe/ und thun kund allermänniglich/ daß Uns der Durchl. Fürst und Herr/ Herr Friederich der Ander/ zu Dennemarck/ Norwegen/ der Wenden und Gothen König/ Hertzog zu Schleßwig/ Holstein/ Stormarn und Ditmarschen/ Graff zu Oldenburg und Delmenhorst/ und dann zugleich seiner Liebden Vettere/ die Hochgebohrne Adolph und Johannsen/ auch Hertzog zu Holstein/ Unser besonder und lieber Freund/ Oheimen und Fürsten/ freundlichen und gehorsamlichen fürbringen und zu erkennen geben lassen/ welcher massen Ihrer Ld. auf den Fall/ daß er Edler Unser und des Reichs Lieber Getreuer/ Anthoni Graff zu Oldenburg und Delmenhorst/ und seine Söhne/ ohne Leibes-Lehens-Erben todes verfielen/ die nechsten Agnaten und Anwartende Lehens-Erben wären/ sintemal aus der Uns fürgebrachten/ und durch Graff Anthonien/ auf beschehenes Fürhalten/ nicht widersprochenen Genealogi offenbar/ daß König Christian der Erste/ von welchem vorgemeldter König und seiner Ld. Vettere/ Hertzog Adolph und Hertzog Johanns zu Holstein/ und denn Graff Gerhard/ von dem vorgenannter Graff Anthoni und seine Söhne herkommen/ beyde Graff Dieterich zu Oldenburg Söhne/ und also Eheleibliche Brüder gewesen/ auch daher ihre des Königs zu Dennemarck/ und der beyden Hertzog zu Holstein Ld. sein Graff Anthoni zu Oldenburg/ wie oben gereget/ nechste Vettern und Lehens-Erben/ und über dasselbe mit einem Vertrag/ so Uns Ihr. Ld. deßwegen in Originali fürbringen lassen/ neben vielen andern mehr Uhrkunden darzuthun wäre/ daß dieselbe zween Gebrüdere/ König Christian der Erste/ und Graff Gerhard/ sich um die bemeldten Graffschafften

ANNO 1570. schafften Oldenburg und Delmenhorst dergestalt verglichen/ daß König Christian/ und desselben Erben/ ihr Erblicher Antheil an solchen beyden Graffschafften vorbehalten seyn sollte/ wie dann auch Ihrer Ld. allerseits Eltern und Groß-Vatter/ König Christian der Erste/ solchen seinen und seiner Erben Antheil/ Graff Gerharden/ und seinen Lehens-Erben/ allein zu getreuen Händen gelassen/ auch/ zu Erhaltung ihrer Gerechtigkeit/ bis in heutigen Tag/ des Wapens und Tituls/ von denselben beyden Graffschafften/ sich geruhlich gebrauchet hätten/ daher dann auch Ihr Ld. sich gar nicht versehen oder besorgen wollten/ daß auf dem angeregten Fall/ da er Graff Anthoni zu Oldenburg und Delmenhorst/ und seine Söhne ohne Verlassung einiger Leibes-Lehens-Erben Todes abgehen sollten/ daß Ihr Ld. oder dero Leibes-Lehens-Erben und Nachkommen/ an solcher Ihnen gebührenden Lehens-Succession einiger Eintracht beschehen würde/ und Uns gleichwol gehorsam- und demutiglich anlangen und bitten lassen/ daß Wir/ damit um so viel desto mehr alle künfftige Disputation, so vielleicht darunter gesuchet oder fürfallen möchte/ abgeschnitten würde/ Ihr Ld. und deren Leibes-Lehens-Erben/ diese besondere Freundschafft und Gnade zu thun/ und auf berührte Ihr Ld. ohne das rechtmässiger Succession halben/ anfallende beyde Graffschafften Unsere Expectantz zu geben/ freundlich und gnädiglich geruheten/ also/ wo gemeldter Graff Anthoni zu Oldenburg und Delmenhorst ohne Männliche Leibes-Lehens-Erben über kurtz oder lang Todes abgehen würde/ daß anberührte beyde Graffschafften/ ausser J. Ld. habenden Jure agnationis, durch solchen tödtlichen Abgang/ Uns und dem H. Reich erlediget werden/ und heimfallen möchten. J. Ld. und deren Leibes-Lehens-Erben vor allen andern folgen/ und sie von Uns oder Unsern Nachkommen/ Röm. Kaysern und Königen darmit belehnet werden sollten/ daß Wir/ angesehen solch obbenannter Unserer besondern lieben Freunds/ Oheimen und Fürsten/ des Königs zu Dennemarck und der Hertzogen zu Holstein/ freundlich/ demütig und zimliche Bitte/ und dann die freundliche Zuneigung und Willen/ auch getreue nützliche Dienste/ so J. Ld. Vorfahren und sie selbst Unsern Vorfahren/ Röm. Kaysern und Königen/ Uns und dem H. Reiche bisher vielfältig erwiesen und gethan haben/ und J. Ld. auch hinfüro wol thun mögen und sollen/ auch darneben betrachtet/ daß Ihr. Ld. als dem nechsten Agnaten ohne das in solchen der beyden Graffschafften Oldenburg und Delmenhorst zu succediren von Rechts und Billichkeit wegen gebühret.

Und demnach aus ob-erzehlten und andern mehr beweglichen Ursachen/ mit wolbedachtem Muht/ gutem Raht und rechten Wissen/ obbenannten Unsern besondern und lieben Freund/ Oheimen und Fürsten/ dem König zu Dennemarck/ und Hertzog Adolphen/ und Hertzog Johannsen zu Holstein/ Gevettern und Brüdern/ und J. Ld. Leibes-Lehens-Erben und Nachkommen zugesagt und versprochen/ da gem. Graff Anthoni zu Oldenburg und Delmenhorst/ und seine Söhne über kurtz oder lang ohne Leibes-Lehens-Erben mit Tod abgehen/ auch also/ ausser J. Ld. habenden Jure agnationis und dem Reiche/ durch solchen ihren tödtlichen Abgang/ berührte Graffschafften ledig und heimfallen werden/ daß Wir alsdann dieselbe Graffschafften Oldenburg und Delmenhorst/ mit allen ihren Herrschafften/ Herrlichkeiten/ Obrigkeiten/ Lehenschafften/ Schlössern/ Märckten/ Flecken/ Dörffern/ und mit Namen dem Stadt-Lande/ Budjadinger Lande/ und andern/ wo und an welchen Ort die gelegen seynd/ und wie sie benennet werden mögen/ mit deren Hohen und Niedern Gerichten und Pöen über das Blut zu richten/ Wildbahnen/ Weyden/ Wasserströmen/ Winden/ Renten/ Zinsen/ Gülden/ Zöllen/ Nutzungen/ und allen andern Einkommen/ Gefällen und Zugehörungen/ wo und an welchem Orte die gelegen seynd/ auch wie sie benennet werden mögen/ und gemeldter Graff Anthoni jetzo innen hat/ so viel dessen von Uns dem H. Reich zu Lehen rühret/ offtgedachten Unsern besondern und lieben Freund/ Oheimen und Fürsten/ dem König zu Dennemarck/ und beeden Hertzogen zu Holstein/ und J. Ld. Leibes-Lehens-Erben/ nemlich der jenige/ aus J. Ld. oder deroselben Leibes-Lehens-Erben/ so der Sipschafft halber im nechsten Grad/ oder im gleichen Grad der Aelteste seyn wird/ auch sonsten niemand anders/ freundlich und gnädiglich reichen/ leihen und zustellen/ und Ihr Ld. damit belehnen/ auch alsdann nohtdürfftigen Lehen-Brieff darüber fertigen sollen und wollen. Doch die Eigenthumbs-Erben an der fahrenden Haab und andern eigenthümlichen Gütern unvergreiffentlich/ und dann auch Uns/ und dem H. Reich/ an Unserer Obrigkeit und Lehenschafft/ und sonst männiglich an seinen Rechten und Gerechtigkeiten unvergriffen und unschädlich/ Wir und Unsere Nachkommen sollen auch wider diese Unsere Zusage und Verschreibung nichts Widerwärtiges/ oder derselben zu nachtheiliges thun/ noch außgehen lassen/ auch weder auf jemand Ansuchen/ noch für Uns selbst/ nicht gönnen noch zulassen/ daß zu Vorfang dieser Unserer Erklärung und Bewilligung von obgemeldten Graffschafften und andern der Zugehörigen Reichs-Lehen (wie sonst an ihm selbst recht und billich) nicht alieniret werde/ wo aber solches aus Vergessenheit/ oder sonst/ in was Gestalt das wäre/ über kurtz oder lang/ das geschehe/ das alles solle Krafftloß/ nichtig und unbündig seyn/ wie Wir es dann aus Röm. Käyserl. Macht Vollkommenheit/ jetzt als dann/ und dann als jetzt/ Krafftloß/ nichtig und unbündig erklären und erkennen. Es sollen auch alle andere Zusagungs-Brieffe/ Expectantz-Verschreibungen/ die vor Uns/ Unsern Vorfahren oder Nachkommen am Reiche/ ingemein oder sonderlich außgangen/ und dieser Unser Begnadigung zuwider wären/ oder würden/ hiermit aufgehebet/ cassiret/ abgethan/ und denselben/ so viel sie dieser Unserer Verschreibung zu Nachtheil verstanden werden möchten/ derogiret seyn. Doch sollen mehrgemeldte Unsere besonder und lieber Freund/ Oheim und Fürsten/ der König zu Dennemarck/ und beyde Hertzogen zu Holstein/ Ihr Ld. Leibes-Lehens-Erben und Nachkommen/ gemeldte Graffschafften/ so offt das zu Fällen kommt/ von Uns und Unsern Nachkommen und dem H. Reich zu Lehen zu erkennen und zu empfahen/ und derhalben gewöhnliche Lehenpflicht zu thun/ auch die Bürden und Anlagen des H. Reichs/ wie von Alters Herkommen/ davon zu tragen und zu leisten schuldig seyn/ getreulich und ohne Gefehrde/ mit Urkund dieses Brieffes besiegelt mit Unserm Kays. anhangendem Insiegel. Geben in Unserer und des Reichs-Stadt Speyer/ den vierdten des Monats Novembris, Anno 1570. Unserer Reiche/ rc. ANNO 1570.

MAXIMILIAN,

ad Mandatum

vice ac nomine Obernbürger.

V. Weber.

Rector Braun.

XCI.

Negociatione & Conclusione della Lega contra il Turco trà Papa PIO *Quinto*, FILIPPO *Rè di Spagna & Signoria di* VINETIA. *Dell' Anno* 1570. [Sur une Copie manuscrite & ancienne.] 2. Juill. 21. Nov.

DOppò che a persuatione di sua Santità il Serenissimo Rè Cattolico mandò le Commissioni a gli Illustrissimi Cardinali Granvela, Pacecco, & al suo Ambasciadore Don Giovanni di Zuniga, & la Serenissima Signoria di Vinetia mandò la sua all' Ambasciadore Soriano per trattare, & concludere la Lega trà il Papa, Rè, & Venetiani, & furono conosciuti i Mandati, & reputati sufficienti.

Il Pontefice a dui di Luglio havendo fatto chiamare alla sua presenza i Deputati del Rè, & l'Ambasciadore di Vinetia, fece con parole gravi, & piene di prudenza un longo discorso dello stato delle cose presenti, della difficolta che ha la Christianita, & de' gli uffici che hà fatto sua Santità, come fù utile prima di ricorrere à Dio per placar l'Ira sua mossa contra di noi per i nostri peccati, & poi di unir' le forze de i Principi Christiani contra il Turco commune Nemico, & principalmente quella del Rè, & della Signoria, & trovandole ben disposte hora che han' giusta causa, & manifesta di non fidarsi de' Turchi, ha poi mandato Monsignor di Torres al Rè, il quale ha similmente trovato benissimo disposto, & havendo visto i Mandati dell' uno & dell' altro Principe nelle loro persone, lequali laudò molto di prudenza, d' esperienza, & di bontà gli haveva fatti chiamare alla sua presenza per essortarli tutti (se ben credeva che non fosse necessario in tanta occasione che parla da se stessa) a trattare, & concludere con buon' animo una Lega & Unione de' loro Principi per reprimer l'insolenza & furore di questo cane, & per non lasciarlo andare acquistando maggior forza. Perche si come hora haveva mosso Guerra contra la Signoria senza alcuna ragione, cosi non pensava ad altro che ad opprimere la Christianità à parte, si come hà fatto fin l'hora per quello che hà tolto à Christiani. Considerò poi che questo sarebbe un essempio glorioso appresso i nostri Posteri i quali haverebbono questo cagione d'imputarci di negligenza per haver lasciato passare un' occasione tale dove havemo cosi manifesta la Giustitia contra un Infidele, & come si hà quando s'hà da fare con un Principe otioso, & pieno di diffetti, che hà l'Armata disunita, debole & esposta ad essere oppressa facilmente. Disse del Regno di Cipro che bisognava mettere ogni industria per sostentarlo in poter di Christiani ch' era la sola via d'acquistare il Regno di Jerusalemme & il Sepolcro di Christo, che quando fù acquistato l'altra volta, (il che fù à persuatione d'un semplice Fraticello che mosse tutti i Principi, & Popoli Christiani a quell' Impresa) bisognò condurre gli Esserciti per via di Costantinopoli; il che

adesso

Anno 1570. adesso sarebbe impossibile. Ma Iddio Nostro Signore che non vuole abbandonare la Christianità, & che *continet in Ira sua Misericordias suas*, hà mandato questa occasione di conservar' quel Regno, & acquistarne de gli altri.

Disse poi che conclusa questa Lega frà il Rè & la Signoria s'invitarebbe l'Imperatore per il primo d'autorittà trà i Principi temporali, & disse che ancorche i Capitoli della Lega non si possono esseguire per quest' Anno in quel modo che si fossero accordati, che le preparationi erano tanto grandi che congionte l'Armate del Rè Cattolico, & della Signoria, si potria non solamente resistere alle forze del Turco, ma anco vincerle & debellarle, & fece un offitio quanto si possa fare piu efficace per questa unione, & al fine disse che se conoscesse che la persona sua potesse essere in alcuna parte utile a questa Impresa si contentaria ad andare à morir fra i primi à gloria di Dio & benefitio della Republica Christiana.

Rispose Granvela, poi Pacecco, & poi l'Ambasciadore in conformità lodando sua Santità con parole honoratissime, mostrando la loro volontà della loro pertrattatione & conclusione del Negotio, considerando il benefitio della Christianità, & disse l'Ambasciadore che havendo sua Maestà inteso gli uffici fatti da sua Santità, & l'istanza della Signoria haveva voluto condescendere à quello ch' ella desiderava, se ben non sapeva alcuna particolarità in che potesse dar' ordine à suoi Agenti; & doppò fù detto da Granvela che sarebbe stato conveniente che fossero stati mandati al Rè i partiti che si havevano da proporre, perche haverebbe potuto dare ordine piu risoluto, ma che loro stariano à sentir' quello che gli fosse domandato & risponderiano, con dire però che havevano commissione sufficiente per trattare, & concludere quanto occoresse. Disse l'istesso Cardinale che per quest' Anno le forze erano assai sofficienti per una Lega difensiva, & che quello si havesse à trattare saria per l'offensiva.

L'Ambasciadore di Vinetia sospettò che il Cardinale volesse inferire che questo Anno si volesse stare solamente su la difesa. Il che causava molti inconvenienti per molti rispetti, & parlando sua Signoria Clarissima al luogo suo, oltre all' offitio generale conforme à quello che havevan' fatto gli altri, rispose, & considerò destramente & diffusamente come sua Santità s'era mossa con paterna carità ad invitare il Rè & la Signoria ad una Lega, & come haveva trovato l'uno, & l'altro disposto secondo il desiderio suo, & che quando intenderà quello che si era proposto risponderà in modo che sua Santità, & le Signorie loro, conosceriano l'intentione della Signoria tutta esser volta à quello che sia benefitio commune. Poi che se mai fù occasione d'offendere il Turco era quest' Anno, perche l'Armata sua era divisa come s'haveva inteso i giorni passati: Onde essendo quella del Rè, & della Signoria unite erano tanto superiori che potevano sicuramente combatterla & con speranza di Vittoria, laquale non saria forse cosi facile in altro tempo. Et se anco fosse vero che l'Armata sua andasse tutta verso Cipro secondo gli ultimi auvisi, che maggior' occasione non si potria haver' mai di metter' in disordine tutti gli Stati suoi. Laqual cosa fù poi replicato dal Papa con dar' animo à quei Signori di fare una deliberatione risoluta prima che si lasciasse passare questa occasione & ricordò che nel far danno al Paese del Turco non si facesse offesa à Sudditi de' Turchi che si sollevavano à favor' di Christo. Sopra di che discorse anco il Cardinale Granvela, & fù parlato di questo, & anco d'altri particolari intorno alla trattatione di questa Guerra con molta amorevolezza, & concordia d'animo. Et essendo usciti della Camera di sua Santità tutti insieme; l'Ambasciadore di Vinetia disse che si come del 1537. nella prima Congregatione fù publicata la Lega per conclusa, & dati gli ordini in ogni parte per l'essecutione che si haveva à fare, & che doppò si trattarono i Capitoli, cosi si potria fare in questa, perche ad ogni modo ciascuno la vuole in quei modi che si conviene & non vi può esser' difficoltà di momento perche l'opinione di tutti è la medesma. Onde saria gran bene dar fuori questa voce, & non lasciar' stare il Mondo sospeso in aspettar' queste risolutioni, & pareva che Pacecco, & l'Ambasciadore si fossero contentati. Ma Granvela disse che altre volte gli Ambasciadori erano stati molte volte insieme, & havevano trattato tutti i particolari, & quasi conchiusi & sapevano bene dove erano le difficoltà & come accommodarle, & che prima però bisogna intender' quello che era proposto. Anno 1570.

Alli 2. di Luglio furono chiamati alla presenza del Papa gli Agenti Regii, & l'Ambasciadore di Vinetia, à quali Sua Santità diede una Scrittura che era la forma delle Capitolationi che era stata formata per li Deputati di Sua Beatitudine, sopra la quale si prese tempo di considerare per dir' ciascuno parer' suo nella Congregatione ch' era ordinata nella Camera del Cardinale Alessandrino, con la presenza di esso, & del Cardinale Morone, Cesi, Grassi, & Aldobrandino Deputati à questo per la parte del Papa.

Alli 3. essendo ridotti tutti gli altri & l'Ambasciadore, eccetto Alessandrino ch' era indisposto, alle X. hore col nome di Dio & dello Spirito Santo fù dato principio al Negotio, & l'Illustrissimo Morone con parole gravi, & piene di prudenza, & d'affetto considerò il bisogno presente della Christianità, & l'unico rimedio di sostenerla, che è la Lega proposta, laquale tutto che dovria trattarsi con tutti i Principi come interessati tutti al commun pericolo, tuttavia si trattaria per hora fra l' Papa, il Rè Cattolico, & la Signoria di Vinetia come quelli che hanno gli Stati esposti al danno & le forze piu pronte al bisogno; & essortò tutti per nome di Sua Santità ad attendere à questo che sarebbe à gloria di Dio, & à commun benefitio, & fu confirmato il medesimo da tutti con universal contento.

Disse doppò che Sua Santità haveva fatto proporre quella Scrittura, laquale era come un' disegno, & un' abbozzatura di quelle cose che le pareva che potessero esser trattate nella Congregatione presente: & ogn' uno dicesse il parer' suo sinceramente acciò si concedesse questa consolatione alla Christianità, & all' Mondo ch' era aspettata dal valore, prudenza, & bontà di tanti Signori, & cosi fù esclusa quella difficoltà che pareva che dovesse nascere da che dovesse essere al primo luogo à parlare, & fù fatta causa publica della Christianità & non particolare della Signoria di Vinetia se bene fù concluso da tutti che bisognava risolver' presto questa Trattatione, & dare ogni aiuto alla Signoria per publico interesse.

Doppò questi uffici Granvela cominciò ad essaminar' gli Articoli della Lega, & per la prima cosa considerò li XII. che erano espressi nella Scrittura proposta. Et ben che non facesse molta difficoltà in questo mostrando che si saria accommodato alla volontà di Sua Santità & della Signoria, tuttavia fù discorso che il tempo longo arrecaria difficoltà all' Impresa, & mala sodisfattione à i Sudditi de' Principi Confederati, & faria andar ritenuti i Sudditi del Turco che havessero volontà di sollevarsi, & in breve assicuraria i Turchi, & intepederia i Principi ch' hanno da entrar nella Lega; & dovendo haver questa intentione la Lega di debilitar' le forze del Turco, & si è possibile estinguerle non si poteva dichiarare il tempo in una cosa che non si sapeva quando havesse à terminarsi, & fù concluso da tutti che si facesse secondo le Capitolationi del 1537. la Lega senza tempo & perpetua. Il che fù approvato dall' Ambasciadore di Vinetia per non fomentar' la sospitione che hanno molti che la Signoria si contentava far' la Lega non per altro se non ad haver tempo, & non ad altro fine che per haver il soccorso dell' Armata del Rè.

Poi segui la seconda consideratione del Cardinale di fare la Lega offensiva, ò difensiva, & l'Ambasciadore di Vinetia voleva che si pensasse più all' offensione perche lo stare sù la difesa assai costa, & poco giova, & la vera difesa è offender' l'Inimico, & levargli il modo di poter' offender' altri. Ma fù conchiuso che si esprimesse l'uno, & l'altro come fù fatto nella Lega del 1537. Venne poi la terza consideratione del Cardinale contro à chi si faceva la Lega, & voleva che fosse non solamente contro il Turco, ma contra tutti gli Infideli, come conteneva il Mandato del Rè, & molti altri de' Cardinali Deputati da Nostro Signore sentivano il medesimo, mossi dal rispetto della Religione, & quello che sanno che piace al Papa; & frà questi dissero espressamente Cesis, & Grassi che pareva che non si potesse dire il contrario. Ma l'Ambasciadore di Vinetia disse che non erano chiamati à trattare se non contra il Turco; & che di questo era scritto a' Principi & di questo egli haveva il Mandato, & chi nominava altri Infideli disturbava il principale obietto Perche non era bene mettere in sospetto quelli da quali si potesse havere aiuto, ma più presto era di cercar' di guadagnarli & farli Nemici de' Turchi.

Il Cardinale Morone sentendo il medesimo disse che

anco

anco il Sofi era nel numero de' gli Infideli, & pur' si sperava di haverlo in aiuto.

Granvela soggionse che bisognava chiarir' la Lega contra 'l Turco, & altri suoi dependenti, & Confederati, & nominare i Mori di Barberia, & il Sciriffo essendo questi Istromenti de' Turchi in far danno à Christiani, allegando i tumulti de' Mori in Spagna, & la occupatione di Ternisi con i danni che sono fatti continuamente in questi Mari & spetialmente pensare di far' Guerra in Levante per servitio di Venetiani, & che il Papa, el Rè di Spagna di quà fossero abbandonati dicendo che loro non potevano altrimenti concludere la Lega senza nominar' questi, & se l'Ambasciadore di Vinetia non haveva Mandato sufficiente poteva farlo venire in pochi giorni. Et perche il Cardinale Aldobrandino interompendo il parlar suo disse che domandando i Venetiani la Lega per essere aiutati era conveniente che aiutassero gli altri. Rispose l'Ambasciadore della Signoria che sua Signoria Illustrissima non era bene informata, perche la Signoria non domandava Lega, ma era stata domandata da Sua Santità, come anco il Rè Cattolico, & così confirmarono Morone, Cesis, & Grassi, & soggiunse l'Ambasciadore che la Signoria ha ben caro ogni aiuto, & era per haverne obligo à Sua Santità & à Sua Maestà per questo; ma che nella causa della Lega si trattava del beneficio publico, & non del' interesse della Signoria solamente. Onde bisognava vedere che non si entrasse in qualche prattica che offendesse tutto il Negotio principale, & impedisse il frutto che si desiderava.

Rispose poi à quello che haveva detto il Cardinale Granvela del Sciriffo de' Mori, & altri dependenti dal Gran Turco, & Confederati che il primo obietto che saria in questa Lega era di contrastare alle forze del Turco, & col trattar Lega contra i Mori di Barberia gli metterebbe in troppo gran riputatione; ma che sbattendo le forze del Turco tutti questi erano niente. Che non si puo temere offesa del Sciriffo & de' Mori & che non havendo Armata se non per le solitudini di Spagna non sia dignità del Rè domandare aiuto ad altri. Che si concludesse pure di abbassar' la potenza del Turco che questi caderiano poi da se. Che se pur bisognasse vincerli per forza all' hora saria tempo di trattar' questo Negotio, & la Signoria saria pronta ad aiutare il Rè con tutte le sue forze. Che se uscisse voce che in una Congregatione tanto honorata, dove si tratta di abbassar' la potenza del Turco che è cosa tanto importante si concludesse una Lega contra i Mori di Barberia, & contra il Sciriffo saria in derisione appresso à tutti. Rispose Granvela che loro non concluderiano la Lega senza includervi i Mori d'Affrica, & il Sciriffo per quello che può dar disturbo al Rè dentro allo Stretto di Gibilterra con conditione però che nella offensiva la Signoria contribuisse con forze limitate, & che non fosse obligata se non in caso che non si facesse Impresa in Levante, con che parue che honestasse la sua dimanda.

Tuttavia Morone, & gli altri Deputati di Sua Santità mossi dalle ragioni dette pareva che non sentissero che si nominasse il Sciriffo ne i Mori, ma bene quei luoghi che possedeva il Turco, cioè Algieri, Tunisi, & Tripoli, per non parer' che la Signoria foggisse d'aiutare il Papa, & il Rè in questi Mari come Sua Santità, & Sua Maestà aiutaranno lei nelli suoi.

Replicò l'Ambasciadore che facendosi la Lega contra il Turco & contra li Stati suoi che possiede senz' altra dichiaratione s'intendeva contenere Algieri, Tripoli, & Tunisi.

Per queste difficoltà & per queste dispute fù deliberato di por tempo in mezzo à risolversi di questo Articolo, & fù commandata strettissima secretezza per reputation' del Negotio, & se ben l'hora era tarda si continuò la trattatione per non parer che il Negotio restasse interrotto.

Quarto si venne alla dichiaratione delle forze, & fù conchiuso da tutti che l'Impresa si facesse almeno con ducento Galee, delle quali cento ne desse la Signoria, & cento il Rè con cinquanta milia Fanti, & cinque milia Cavalli come nella Capitolatione vecchia, & forse fù messa quella parola *almeno*, perche l'Ambasciadore di Venetia voleva più forze di Mare, & non si contentando che fussero deputate alla Signoria cento Galee per causa della spesa fù dichiarato che nel far' la compartita, se la Signoria fosse troppo gravata nelle Galere fusse rifatta nell' altre spese, & così fù licentiata la Congregatione, & l'Ambasciadore di Vinetia instò che si publicasse la Lega per fatta; & molti sentivano il medesimo, ma per' all' hora non fù deliberato altro.

Alli 4. si ridusse di nuovo la Congregatione secondo l'ordine, & la prima consideratione fù sopra la compartità della spesa, dove nacque una difficoltà. Perche disse il Cardinale Granvela che il Rè suo era molto essausto per la spesa fatta nella Guerra, & per i travagli havuti in casa, & fuori, & nominò certi accidenti occorsi veramente grandi, & importanti, ma con tutto ciò disse che si obligava à contribuir come gia si obligò l'Imperatore suo Padre per la meta della spesa

L'Ambasciadore di Vinetia allegò le gravi spese fatte dalla Signoria quest' Anno & quella che hauria fatto oltre la sua portione della Lega in presidiare l'Isole & Stati suoi, i quali tutti sono sottoposti à danni de' Turchi; & che sol da questi Stati travagliati conveniva cavare ogn' Anno per sostentar' la Guerra; Onde ella non potria contribuire piu della quarta parte.

Restorono tutti quei Signori sopra di se, & l'Aldobrandino disse che haveria creduto che la Signoria dovesse contribuir quanto il Rè Cattolico.

Morone disse che non era alcuna cosa che l'havesse fatto dubitare di questa trattatione più che la povertà de' Principi; Perche sapeva che tutti sono essausti per le molte spese; Ma che però la Signoria stava meglio de gli altri. Perche non havendo gia molto tempo fà havuta Guerra hà pagato i suoi debiti, & hà potuto accumular qualche cosa che non hanno potuto far' gli altri. Et cercò di persuadere all' Ambasciadore di Vinetia che bisognava superare ogni difficoltà, & fare anco l'impossibile per non mancare al commodo particolare, & al publico. L'Ambasciadore rispose che se bene la Signoria era stata senza Guerra haveva pur havuti sempre grandi spese, & oltre alle spese ordinarie perche non supplisse quello che ha d'entrata le bisognava ogn' anno in tempo di Pace mettere una Decima à Vinetia, & un sussidio alla Terra ferma, & gli bisognava anco di fare una grossa Armata ogni Anno per assicurare i suoi Popoli, & per tenere in sospetto i Turchi: Che la Signoria vorria anco contribuire per tutta la spesa, & lo faria voluntieri, ma che non bisognava promettere più di quello che si possa ottenere essendo l'Impresa grande, & che potria durar' molti Anni, & non bisognava abbandonarla, & che se altre volte haveva contribuito per un terzo non haveva all' hora tanta spesa & haveva più stato, & non haveva la Guerra come al presente.

Furono fatte molte risposte & per lungo spatio, & non volendo i Reggii crescer niente della sua metà, ne l'Ambasciadore della sua quarta parte vedendo tutti volti verso lui, & che la Congregatione era in pericolo di disciorglisi senza conclusione, al fine disse che si pigliaria auttorità di conferire il terzo alla portione, se ben sapeva certo che metteria la Signoria in gran difficoltà per la strettezza grande in che ella si trovava, & per le grandissime spese fatte quest'anno in tante Galee, Navi, & Galeazze, & tanti Presidii per i suoi Luoghi che passavano quaranta milia paghe.

Così si contentò del terzo senza difficoltà per la portione del Papa. Perche per l'altra Lega contribui alla sesta parte, hora facendo conto che la Chiesa havesse quattro cento milia Scudi manco d'entrata che haveva all' hora non si poteva trovar' modo che contribuisse quella che le toccava.

Il Cardinal Morone fece grandi officii co' i Regii, & con l'Ambasciadore di Vinetia perche si contentassero d'obligare i suoi Principi alla rata per quello che toccasse al Papa, oltre dodici Galere che si contentava di contribuire, & il Cardinale Aldobrandino fece conto così alla grossa che la spesa secondo le forze importava intorno à sei cento milia Scudi il mese, de quali toccava al Papa cento milia Scudi, & che ne potria pagar' fino à trenta over à trenta cinque milia, & il resto si potria compartire fra il Rè, & la Signoria secondo la rata concertata. Et il Cardinale Granvela mostrò d'acconsentire, ma con speranza d'haver da Sua Santità la gratia della Cruciata, & altri aiuti del Clero senza lequali disse che non potria contribuire in niente alla Lega. Ma l'Ambasciadore di Vinetia stette sempre fermo in questo che la Signoria non poteva, & che haveva preso auttorità di promettere il terzo per la spesa se bene per le Istruttioni sue non poteva passare il quarto; & che esso bene credeva che la Signoria si contentarebbe di quello che loro haveva promesso, però era certo che non potria far niente di più, ma faria bene che accommodaria Sua Santità di quei Corpi di Galee che bisognassero, & quello era quello che più poteva fare.

Per

ANNO 1570.

Per queste difficoltà ricorsero i Cardinali dal Papa, & così anco gli Agenti Regii, & consigliaronsi separatamente, & poi unitamente per spatio d'un' hora & alla fine si restò in questo che si facesse una compartita giusta di questo che importasse tutta la spesa, & di quello potesse toccare à Sua Santità, & che fussero insieme i Regii, & l'Ambasciadore di Vinetia, & così fariano i Cardinali Deputati con Sua Santità per trovar' modo di risolvere quel punto, il quale era tanto importante che non si risolvendo in bene non si poteva più unirsi la Lega.

Rispose l'Ambasciadore di Vinetia che quanto al far la compartita della spesa, & esser con li Regii faria voluntieri quello che gli era commandato, ma che per parlar' liberamente come è suo solito, & come doveva farsi in queste trattationi non gli bastava l'animo di promettere altro aiuto che quello delle Galere, & non è poco perche costan molti danari & si consumano gli Arnesi, & la Signoria perde il frutto, & crescendo con quelle cresce la portione sua nell' Armata, della quale speraria esserne reintegrata in altre cose.

Disse doppò il Cardinale Morone da parte quello che non haveva voluto dire in Congregatione per non offendere i Regii che la Signoria faceva questa spesa con molto interesse poi che non haveva aiuto da altri che dal suo proprio Clero. Ma all' incontro faria il Rè tutta quella spesa de' beni Ecclesiastici, del sussidio della Cruciata, & altre gratie che hauvria del Papa. Onde potria prendere sopra di se anco le parti di Sua Santità, che il Rè haveva anco questo vantaggio più della Signoria & con questa Lega Sua Maestà mette in sicuro tutti i suoi Regni senza spender' ne'i soliti Presidii, perche l'Armata che si farà in Levante servirà per sua difesa.

Ma alla Signoria oltre alla spesa grossa della Lega le conviene anco presidiare tutto il suo Stato.

Rispose l'Ambasciadore che tutte quelle cose erano state dette alli Regii, & che confessavano esser' vero, ma che scusando il Rè con la povertà havendo i Regni suoi impegnati, & non potendo disporre in cosa alcuna de' Popoli, anzi stando in pericolo di qualche parte per le tante gravezze, & che se quel Capitolo non si accommodava si metteria in gran difficoltà in tutto il negotio.

Alli 7. si fece la Congregatione senza l'Ambasciadore di Vinetia perche tutta la trattatione passò trà i Deputati di Sua Santità, & gli Agenti Regii per rispetto della Cruciata, & altre loro dimande, & intanto l'Ambasciadore di Vinetia fù col Pontefice per gratificarsi seco havendo inteso ch'era mal sodisfatto di lui, perche haveva fatto difficoltà di dichiarar' la Lega contra Turchi, & altri Infideli, & che non havesse voluto consentire di obligar' la Signoria in qualche parte della portione di Sua Santità Ma intese le ragioni dell' Ambasciadore restò tutta ben sodisfatta.

Alli 8. si congregorno tutti secondo l'ordine, & Granvela propose che si trattasse della compartita che si havesse à fare per la parte difensiva, & poi che l'Ambasciadore di Vinetia sentiva che non si havesse à specificar' senon quello che era descritto nella Lega dell' 1537. continuò il Cardinale à dire che sempre nella Lega difensiva si dichiarava con che numero, & qualità di forze un Confederato aiuterà l'altro, & che potrebbono occorrere infiniti casi che non si potrebbe fare altrimenti la Guerra offensiva che bisognava venire à questo, & che il volerlo terminar' poi all' hora sarla troppo dissordine, & danno di chi havesse bisogno. Et domandò che si come adesso la Signoria è aiutata dal Rè con cinquanta Galee, che s'obligasse lei d'aiutar' lui nelle sue occasioni con altrettante, & con più & con manco secondo che paresse meglio proposito.

Rispose l'Ambasciadore che si sodisfaria solamente per la difesa di quello che s'imponesse per l'offesa, & con quella istessa compartita si potrebbe soccorrere à ciascuno che ne' havesse bisogno secondo le occasioni.

Replicò il Cardinale che non era honesto nè per il Rè nè per la Signoria quest' Anno con minor' benefitio suo. A che soggiunse che si come per il Capitolo della Lega la Signoria si obligava à concorrer' con 30. Galere, & con quell' altra portione concorreria per trenta; perche come il Rè aiuta la Signoria con cinquanta Galere quest' Anno ch'ella ne' hà cento cinquanta, così veneria ad aiutare il Rè quando ne' havesse cento cinquanta, quando centovinti con quaranta, quando sessanta con vinti, & quando più & quando meno, ma che però non ascenderia à quaranta. Onde quando si havesse à far' la compartita à questo modo, Sua Maestà haverebbe manco commodo che non hauria servando le Capitulationi della Lega.

Replicò Granvela che non voleva quella portione, ma che voleva che con quel istesso numero di Galee che il Rè soccorreva la Signoria ne' suoi bisogni col medesimo la Signoria soccorresse lui nelle occasioni sue; & notò un Capitolo di sua mano che conteneva questo istesso senso.

Rispose l'Ambasciadore che questo non sarebbe conveniente. Prima per esser le forze della Signoria impari à quelle del Rè; l'altra perche le difese che haveva à fare Sua Maestà non sono di tanto momento quanto quelle che hà da fare la Signoria, perche ella ha da difendersi da tutta la potenza del Turco, & il Rè una piccola parte. Il Rè per caso fosse offeso da tutta l'Armata di Algieri che è di trenta ò poco più Galere faria lei sola la spesa, & manderia più forze in aiuto del Rè che non faria bisogno.

Onde mosso da questo il Cardinale aggiunse di sua mano alla scrittura che quello delli Confederati che domandasse soccorso dovesse haver due volte tante forze in essere quanto era il soccorso.

A questi furono allegati molti inconvenienti à talche il Cardinale diede di penna à tutto quello che haveva notato nella scrittura, & aggiunse solamente che dovessero haver maggiori forze che non era l'aiuto. Et l'Ambasciadore di Vinetia disse che veramente non si poteva far' meglio che stare su' la Capitulatione vecchia, perche chi volesse avertir' tutti i casi metteria confusione, & daria in qualche dissordine: & quelle cose particolari impedivano l'essecutione della causa principale per laqual si faceva la Lega, & questo disse ancora Morone aggiongendo che gli pareva che fosse bene di dichiarar' la compartita della difensione.

Disse Granvela che questa cosa l'haveva espressa nella sua Istruttione, & che senza compartita non poteva concluder' la Lega. Soggionse Pacecco che bisognava dichiarar' questo Articolo, & che oltre à questi aiuti che fussero dati all' uno, & all' altro à spese del Confederato doveva esser messo quest' altro Capitolo, il quale obligasse che i Collegati fussero tenuti ad accommodarsi l'un l'altro di quel che havessero bisogno per i suoi danari, cioè se il Rè volesse Galee oltre l'obligo dell' aiuto la Signoria fusse tenuta di darglile, & volendo la Signoria Navi ò altra cosa fusse tenuto il Rè parimente di accommodarla.

Disse l'Ambasciadore che di gratia si vedesse di non interrompere il principal disegno per il qual si fa la Lega, & che quel domandare aiuto per l' Impresa particolare, & altre cose fuori del primo oggietto non mettesse in dissordine tutto quel Trattato, & ne' fece avertito Morone, Cesis, & Rusticuccio, i quali perche havevano havuto ancor loro questo sospetto pensavano di stabilire l' Impresa principale & dichiarare espressamente che per la Impresa offensiva contra il Turco sia da lasciare à parte ogn' altra Impresa. Ma la cosa restò inresoluta per all' hora.

Nella Congregatione fatta alla X. l'Ambasciadore propose che si facesse unire l'Armata del Rè con quella della Signoria considerando ch' ella era mandata dal Rè à quel effetto: che chi tardava perderia qualche occasione utile & honorevole, che l' Armata della Signoria era in ordine, che quella del Turco era in questi Mari vicini, & che non eran tante per numero che come sia congionte alle Galee della Signoria quelle del Rè non si potesse combatterla sicuramente & con vantaggio.

Rispose Granvela che l'Armata s'aggiongerebbe in tempo. Replicò l'Ambasciadore ch' era questo il tempo che l'Armata della Signoria se n'era stata à Corfù per tutto il Mese passato, & furno dette à tutte le risposte molte cose: & alla fine il Cardinale con molte parole dette con grande Amore si sforzò di persuadere all' Ambasciadore di Vinetia, & à tutti che certo l'Armata di Spagna si congiongeva al più longo col primo Auviso che venisse di Spagna, il qual non poteva tardar' più che per San Giacomo, & si scusò che non poteva far' altro come sapeva ancora benissimo Sua Santità & come sapevano tutti quei Signori. Il medesimo confirmò il Cardinale Pacecco, & l'Ambasciadore Regio, & si venne poi alla trattatione della Lega, e perche si tornò à discorrere sopra tutti gli Articoli si parlò de' Luoghi di Barberia cioè d' Algieri, Tunisi, & Tripuli; perche gli Agenti Regii instavano che fossero compresi nella Lega & se bene pretendevano anco nominare il Sciriffo, & i Mori, tuttavia pareva che fossero per rimuoverli, perche ogn' uno sentiva contra di loro;

ANNO 1570.

loro; ma quanto à quei trè Luoghi instavano che fossero compresi nella Lega. Et quanto all' offensiva essendone longamente disputato, rispose l'Ambasciadore di Vinetia che non occorreva specificarli perche erano compresi sotto il generale che dichiara la Lega contra il Turco, & gli Stati che possiede. Doppò stando i Regii costanti in questo, affermando che cosi havevano ordine espresse nelle loro Instruttioni, l'Ambasciadore vi aggiunse à quel generale del Turco, & de' gli Stati suoi che possiede cosi nel Mare Mediterraneo & Arcipelago come gli altri in Europa considerando che à voler specificar' quei Luoghi converria anco à nominar' gli altri Luoghi che possiede il Turco, che saria Catalogo vano, & troppo longo, altrimenti pareva che la Lega fosse stata fatta solamente contra quei trè Luoghi.

In queste difficoltà il Cardinale Granvela stette costante con dire che bisognava ad ogni modo nominarli, & che bisognava nominar' l'aiuto specificato cosi nella offesa come nella difesa, secondo quello che vien' dato al presente che serve per offesa & per difesa, & che il Capitolo fosse dichiarato che il Rè fosse obligato ad aiutar' la Signoria ancora ne' suoi acquisti, ma altrimenti cioè che un Anno si servi ad uno, & un Anno all' altro. Et perche l'Ambasciadore di Vinetia stava costante in non voler specificar' altra Impresa che la generale per laquale si faceva la Lega, & alla quale disse che saria gran smacco se si mette per obligo ad alcuna altra Impresa particolare per molti inconvenienti che ne' seguiriano in disfavor' della Lega che sarebbe messa in disprezzo & derisione à gli Amici, & à gli Nemici.

Però il Cardinal' disse che si dichiareria che quest' Impresa particolare si potesse fare all' hora che non si facesse la generale, & propose che quel Capitolo si mettesse in una scrittura à parte per fuggir' l'inconveniente, che l'Ambasciadore di Vinetia allegava. Et perche egli non si lasciava vincere adducendo sempre varie ragioni in contrario, & che parevano di qualche forza si ritirorono i due Cardinali Granvela, & Paccecco & l'Ambasciadore Regio tutti tre' in una Camera à parte, & consultorono insieme un pezzo, & poi tornati alla Congregatione dissero che quanto à loro s'accommoderiano voluntieri ad ogni cosa, ma che havevano quella commissione espressa nelle sue Istruttioni di dichiarar' nella Lega che il Rè fosse aiutato nella Impresa d'Algieri, & altri Luoghi di Barberia, & voltandosi all' Ambasciadore di Vinetia che per la prattica ch' egli hà per le cose di Spagna puo ben conoscere come stà il Rè con quei Popoli, & che non puo cavar' aiuto dà loro per altre Imprese che per quella di Barberia, crede se in questa Lega non fossero nominati espressamente Algieri con quelli altri due Luoghi, il Rè non haveria quel aiuto che bisognaria in ogni cosa; Et senza questo non è possibile di poter concorrere alla Lega, ma se saranno nominati passarà bene il tutto, & lo pregarono con molta istanza che non facesse manco difficoltà in questo per non disturbar tutto il Negotio, & dissero che si contentavano che fusse dichiarato che quelle cose particolari di Barberia non habbino mai da impedire in cosa alcuna l'Impresa principale, ma siano fatte à quell' Anno, & à quel tempo che i Principi conosceranno non potersi fare l'Impresa principale, & che non metta conto di farla.

Et quanto all' aiuto vorriano che fosse dichiarato che fosse di cinquanta, ò di sessanta Galee ò di quelle che la Signoria possa dare con sua commodità. Et all' incontro s'obligavano d' aiutar ancor lei con altrettante Galere, & con quelle più che potranno fare per qualche Impresa ch'ella voglia fare nel suo Golfo di Vinetia fino à Durazzo esclusive.

Replicò l'Ambasciadore molte cose già dette che il pensare ad Impresette particolari guasteria la principale che quest' altre cosette battuta la principale cascariano da se medesime, che il Rè non hà bisogno di Lega per le cose di Barberia, come non hà la Signoria per quelle del Golfo, ma si bene per vincere il Turco, & operare che se gli minuiscano le forze.

Ma gli Regii si lasciorno intender' chiaramente che hanno le sue Commissioni limitate in questa parte, & che non ponno condescendere in cosa alcuna senza questa espressa conditione d'havere aiuto per l'Impresa di Barberia quando sia tempo oportuno di poterla fare senza impedire l'Impresa principale. Onde restò la cosa cosi indicisa.

Si parlò poi della compartita & della portione del Pontefice, il quale non par che sia in termine al presente di contribuir di più che della spesa di dodici Galee, & i Regii contentandosi di contribuire per Sua Santità alla rata di quello che mancarà se però la Signoria si contentava di contribuir' per la sua parte, & di questo parlorono lungamente i Cardinali Deputati con l'Ambasciadore di Vinetia, & il Cardinal Morone fece ufficio dicendo che se la Signoria si mostrasse pronta, come hanno fatto gli Regii, otteneria da Sua Santità tutto quello che può desiderare, & che il Papa medesimo gli hà detto che si maravigliava che la Signoria faccia difficoltà in questo, & che non è mai ingrato à che si mostra gratioso seco, & perche l'Ambasciadore disse che non mancheria modo à Sua Santità di far' la spesa, & che poteva fare d'altre cose che hanno fatto gli altri Pontefici.

ANNO 1570.

Disse il Cardinale che Sua Santità è di natura che quando vede d' havere impedimento in qualche operatione, & che per levarlo gli sia proposto qualche cosa che ella creda che sia contra coscienza si persuade che Diò non voglia ch' ella faccia quella operatione & l'abbandona del tutto.

L'Ambasciadore scusò la Signoria con la gran spesa ch' ella hà mostrando ch' ella sia prontissima à giustificare non solo in parte ma anco in tutte la portione sua quando potesse, & considerò di nuovo che al Papa non poteva mancar' modo di supplire per la portione sua intiera, & che non era di sua dignità concorrere in questa Lega con manco forze per la riputatione dell' Impresa, & per l'essempio di quello che fece Paolo Terzo.

Si parlò poi della contributione per la difensiva come bisognava non si potendo dubitare d' essere invasi da veruna parte. Et se bene qualche Corsaro, ò altra simil gente facesse qualche danno non è cosa di momento che bisogni per questo fare una Lega; & che per l'Armata d'Algieri solo il Rè non hà bisogno d'aiuto, & se le forze Turchesche voltassero da quella parte serviria l'obligo della Lega.

Si parlò poi del generale nella Congregatione delli XI., & havendo proposto il Cardinale Granvela che per honore del Rè, & per la portione delle forze che contribuisse Sua Maestà più de gli altri, & per i Capitani che hà di valore, & di esperienza, & d'auttorità, & per essempio della Capitulatione del 1537. si conviene à Sua Maestà haver questa preminenza, che il Capo della sua Armata sià Generale di tutta l'Impresa, il qual però si contenta di deputare il consiglio del Papa, & della Signoria.

Rispose l'Ambasciadore di Vinetia lodando prima la buona intentione che era certo havesse il Rè Cattolico, & che conosceva in loro Signorie d'attendere all' Impresa per commodo publico, & non per interesse particolare solamente, & cosi faria la Signoria, laquale potria allegare molte cause, per lequali si conveniva giustamente domandar questa prerogativa senza offesa della dignità del Papa, ò del Rè, & quella frà l'altre che la Guerra è publicata contra di lei, onde può giudicar' l'Impresa meglio de gli altri, & che si hà à fare principalmente ne' Mari di Levante dove ella hà i suoi Regni, & dove i suoi huomini sono prattichi d'ogn' altro, & che le Galere della Signoria sono in più numero di quelle del Rè Cattolico, & à che hà più numero di Galere sempre si dà il primo luogo d'honore; che i Sudditi del Turco che vogliono sollevarsi si muoveranno più per lo Stendardo della Signoria che per quello del Rè ò del Papa. Et ben che pareva che queste ragioni non havessero replica, nondimeno perche i Regii premevano in questo Articolo grandemente,

Disse l'Ambasciadore che per rimuovere ogni difficoltà, & ogni differenza voleva per dui considerationi, una delle deliberationi, l'altra delle essecutioni che si facessero da tutti trè i Generali per la più parte de' voti in modo che di tutti trè i Capi si farebbe una volontà, & una risolutione sola. Et quanto all' essecutioni poi elle havessero ad esser' fatte secondo il volere de i trè dove ogn' uno serve per la sua parte; ma si remetteria in questo à quello che fosse dichiarato dal Papa.

Furono dette, & replicate molte cose, ma i Regii andavano sempre riservati per non mostrar' di volere contradire al Papa, dalquale aspettavano molte gratie, & molti favori & non fù risoluto l'Articolo per all' hora, & fù rimesso di parlarne con Sua Santità. Ma il Cardinal Morone disse all' Ambasciadore di Vinetia da parte che i Regii vorrebbono nominare Don Giovanni d'Austria per Generale; ma perche egli non si trovaria sempre sù l'Armata vorriano ch' il suo Luogote-

ANNO 1570. gotenente che faria il Commandatore magiore di Castiglia Fratello dell' Ambasciadore Regio havesse tutte le preminenze che haveria Don Giovanni se fosse presente; laquai cosa perche non era inconveniente pareva al Cardinale che fosse bene di mettere un Cardinale Legato su l'Armata per tener' tutti uniti per servitio dell' Impresa. Et toccò ancora una parola nella Congregatione del Capitolo quanto alla gente da Terra, ma non fù fatto longo discorso perche fù rimesso ad un' altra volta.

Fù poi parlato sopra gli Articoli brevemente, & ognuno si contentò che quello de' gli contrahenti che contribuirà qualche cosa più della portione sua sia risatto da gli altri in altre cose, & che le Tratte de' Grani siano aperte per commodo di tutto à benefitio dell' Impresa, & che se i Luoghi della Chiesa fussero offesi siano difesi dalle forze de' Confederati, & che sia riservato honoratissimo luogo all' Imperatore, & altri Principi d'entrare nella Lega, & che il Papa faccia ufficio d'invitarli, & nominatamente quelli che ponno essere di momento all' Impresa; che niuno de' Confederati possa trattar' Pace ò Accordo col Turco senza participatione ò consenso de' gli altri Confederati; che il Pontefice sia Arbitro delle differenze che occorreranno per conto della Lega, & passò tutto questo discorso senza contrasto nel Capitolo delle Tratte.

Disse l'Ambasciadore di Vinetia che bisognava maggior' dichiaratione che non fù fatta nella Lega vecchia in quello di non trattar' Pace nè Accordo col Turco.

Disse il Cardinal Granvela alcune poche parole di assicuratione, cioè di assicurar' Fortezze in mano del Papa. Et l'Ambasciadore di Vinetia disse che non bisognava parlar' di questa indegnità, & che bastava à Principi la promessa della Fede, & che ogni novità in queste Trattationi è pericolosa, & fù parlato da Deputati di Sua Santità di formare un' Capitolo, che chi manca alla Lega s'intenda cadere in Censure Ecclesiastiche, & che gli altri Confederati siano obligati à dichiararsi Nemici. Et furno dette, & risposte molte cose sopra di questo, ma non fù concluso niente.

Alli VIII. si tornò à parlare nella Congregatione sopra dui Articoli, & per la molta contentione fù gran principio di romper la prattica della Lega. La prima difficoltà fù sopra la contributione della parte del Papa, perche trattandosi che il Rè supplisse per sedici Galere, & la Signoria per otto, havendo risposto i Regii che si contentariano se anco la Signoria si contentasse, & adducendo l'Ambasciadore le spese che hà la Signoria per questa Guerra, la diminutione dell' entrate publiche per affittarsi i Datii manco del consueto, il danno de' particolari per esser interrotto il traffico di Levante. Onde era impossibile à contribuire più del terzo che era gia stato concluso.

Dissero i Cardinali Deputati del Papa che esso non havendo modo di provedere per altra via bisognava che si valesse delle Decime del suo Clero, che haveva disegno di concedere alla Signoria, & che togliesse à sè quello che è proprio di Sua Santità per servirne in benefitio commune.

A questo rispose subito il Cardinale Granvela che Sua Santità non pensasse di valersi dell' entrate del Clero de gli altri Stati, perche li Principi non lo consentiranno mai.

Lequai parole offesero tanto quei Signori Cardinali che Morone, che suole sempre star destrissimo, & moderatissimo, rispose arrabbiatamente al Cardinale Granvela, & mostrò grande estraordinario risentimento. Si ristrinsero poi i Cardinali Deputati da Sua Santità insieme & parlarono un pezzo frà loro. Et il giorno seguente il Cardinal Rusticucci à parte cercò di persuadere l'Ambasciadore di Vinetia per nome del Papa che consentisse alle otto Galee acciò che i Regii consentissero ancor loro alle sedici, offerendo che Sua Santità faria sempre tutte quelle gratie, & favori che potesse maggiori, & il medesimo ufficio fece anco Morone.

L'Ambasciadore rispose che la Signoria faria tutto quello che potesse; ma che non poteva metterla in obligo perche conosceva di haverla gravata troppo.

L'altra difficoltà trà gli Agenti Regii, & l'Ambasciadore di Vinetia fù per la parte difensiva, & per l'offensiva particolare d'Algieri, Tripoli, & Tunisi Et perche i Regii presentorono una forma di Capitolatione da esser' fatta à parte sopra quelli dui Articoli, che l'Ambasciadore sentendo in quella molte cose che l'offendevano s'oppose à tutte le parti replicando le ragioni già dette, & adducendo de' le altre; & frà molte risposte, & molte repliche si partirono dalla Congregatione mezzo in rotta. Et fù sentito il Cardinal Granvela che nell' uscir' della Camera disse à gli suoi Colleghi, che se l'Ambasciadore non voleva consentire à quello che bisognava che manco loro consentissero alla Lega. Onde non parendo all' Ambasciadore che potesse piacere à suoi Signori che per questo si rompesse il Negotio, & havendo considerato che per le sue Istruttioni poteva accommodarsi in alcune cose formò una Scrittura di poche parole che comprende tutto di quelli Articoli, & modera la domanda di quei Signori riducendola conforme à gli aiuti che vuol dare la Signoria, & il Rè quest' Anno. Il che fece studiosamente per sollevisr' gli aiuti, & parte per rimuovere le difficoltà ch'erano ne' Capitoli del Cardinale; laquai Scrittura propose nella Congregatione delli nove, & fù approvata dalli Deputati del Papa, & i Regii presero tempo à rispondere & non fecero altra difficoltà; senon che haveriano voluto che si fosse dichiarato che al Rè fusse dato in prestido dalla Signoria quel numero di Galere ch'ella potesse darli quando Sua Maestà n'havesse bisogno oltra l'obligo dell' aiuto, & l'Ambasciadore domandò loro in arbitrio di chi vorranno che sia il dichiarare se si può ò non si può accommodarla, & rispose in arbitrio della Signoria, & l'Ambasciadore disse, adunque non era bisogno di metter questo in Capitolo d'obligo se deve esser in libertà della Signoria, ma era da stringer la Lega con amore, & con affetto, perche hauria l'uno dall' altro sempre quello che volesse più facilmente senza obligo veruno, & per cortesia che con obligo. Et così fù esclusa questa loro domanda & restorono più quieti, & disse l'Ambasciadore che haveva proposto quei Capitoli, & quel modo non con ordine della Signoria, ma con speranza ch'ella sia per acconsentire. Onde non potria stabilire senza nuova Commissione; & dopò la Congregatione dolendosi col Cardinale Morone à parte di tante difficoltà ch' erano messe in questo Negotio, considerò il Cardinal Morone che se bene i Regii cercavano d' haver qualche vantaggio, pur metteva conto alla Signoria di afferrare il Rè in ogni modo, perche l'Anno presente, & l'Anno futuro era tanto à benefitio della Signoria che se sbattesse il Turco quest' Anno, ò l'altro non si potrebbe mancare di seguitar' questa Impresa senza pensare ad Algieri, nè à Tripoli, nè ad altre cose di poco conto; & il Papa sarebbe sempre favorevole all' Impresa principale. Onde se ben considera la Signoria promette per il tempo che haveranno fatto il fatto suo. Ma se auviene, che Dio guardi, che quelle prime Imprese fossero dannose alla Christianità in modo ch'ella restasse stracca, & sbattuta, non si potria pensare à muovere Impresa, & se pure il Rè volesse pensarvi, la Signoria non potria essere astretta, nè valeria obligatione, nè Lega, nè promesse, perche chi non fà quello che non può fare è sempre iscusato.

Alli 9. fù portato in Congregatione dalli Deputati del Papa una distesa delli Capitoli della Lega, della quale ne' fù data una Copia alli Regii, & un' altra all' Ambasciadore di Vinetia, & fù detto dal Cardinal Morone che questa era la volontà del Papa, alla quale Sua Santità non era per mutarsi havendo provisto convenientemente à tutto quello che è stato trattato per ciascuna delle Parti.

Risposero i Regii che considerariano la Scrittura & diranno l'opinion loro, & poi la mandariano in Spagna per dare al Rè notitia d'ogni cosa. Et l'Ambasciadore di Vinetia disse che non era bene di mandare più in longo la publicatione della Lega, che il tempo era hormai troppo avanti, che i Turchi non dormono, che il Mondo stà in aspettatione di quella risolutione, che il far' tante Congregationi, & non concluder' niente levava la riputatione al Negotio, & à chi lo tratta; & che se pure conviene tardare à risolver' la Lega, si faria bene à far' venire l'Armata Cattolica quanto prima, acciò che l'Impresa non patischi, & la Christianità non habbia danno.

Fù risposto da gli altri che non dovevano parer' troppo in una Trattatione di questa sorte quei pochi dì che anderiano in mandare & tornare, sendo hoggi alli XIIII. & che la Lega del 1537. fù principata di Ottobre, & conclusa di Febraio; & quanto alla unione dell' Armata, i Regii si scuseranno dell' altre volte di non poter' dare ordine alcuno fino alla venuta della risposta di Spagna, laquale aspettavano al principio della futura settimana.

Licentiata la Congregatione l'Ambasciadore di Vinetia

tia fù all' Audienza del Papa per commissione havuta da Vinetia con Lettere di trè & fece uffitio con Sua Santità per la unione dell' Armata, & per conclusione della Lega, & perche fussero rimosse tutte le cautele, & particolari interessi attendendo al principale obietto l'offendere l'Inimico con suo maggior' danno.

Et la risposta di Sua Santità fù che quanto all' unione s'era sempre fatto quanto s'era potuto & che così continuava ancora. Et quanto alla Lega, che li pareva che i Capitoli fossero accommodati in modo che l'una Parte, & l'altra potesse accommodarsi. Et se ben che potesse parere che i Regii havessero qualche vantaggio per l'espressione fatta di quei tre Luoghi di Barberia, però quelle Imprese non s'hanno da fare se non in tempo che non si faccia l'Impresa generale, & che la Signoria non habbia da temere invasione de' Turchi da altra parte.

Nella Congregatione susseguente i Regii proposero alcune considerationi fatte sopra la Scrittura proposta; l'Ambasciadore di Vinetia alcune altre volte fatte non solamente sopra la Scrittura ma anco sopra gli aiuti delli Regii in questo modo.

Che la prima cosa il Granvela voleva che fusse dichiarato un Capitolo distinto, & separato da' gli altri che la Lega s'intendesse esser' offensiva, & difensiva, & perpetua, & l'Ambasciadore voleva che in quel Capitolo, fusse separato, ò unito con gli altri, fusse appresso questo senso, *ad Turcarum vires destruendas aut adeo frangendas ut in posterum Christianis Principibus, & Populis nocere non possint.* Et questo voleva per fare esprimere questa essere la principal causa, & il vero fondamento della Lega & stabilire principalmente la parte offensiva con l'Impresa di Levante, & per moderare quel nome di *perpetua*, & restringerlo con questa limitatione, & questo per rispetto di quelle parole susseguenti poste nel primo Capitolo dove si dice, *le forze de' Collegati siano in ordine l'Anno* 1571. *ne' i Mari di Levante, & che il medesimo si debba fare ne gli Anni subseguenti come sarà costituito da i Principi & conchiuso da suoi Ambasciadori à Roma.*

I Regii volevano dichiarare più particolarmente che sia in potere di Capitani valersi di quelle forze secondo l'occasioni che il tempo porgerà à fare maggior' danno agli Inimici & maggior' utile, & commodo à Confederati, & alla Republica Christiana: Et l'Ambasciadore di Vinetia fù contento, ma volle che soggiongessero da poi quelle parole che dicevano, *che il medesimo si doveva fare nelli Anni subseguenti* dopo l'Anno 1571. *per stabilir' poi la parte offensiva, & l'Impresa principale.*

Volevano ancora i Regii aggiongere à quel Capitolo per quello che si hà da trattar' l'Anno 1571. queste parole: *Voluerunt autem Principes Confederati per suos Oratores Romæ semper cum Sanctissimo Domino Nostro in Autumno consulere de Copiis jure omnibus deinceps annis comparandis equalitas vel majoribus aut minoribus quemadmodum illis videbitur habita ratione status rerum.*

Allegando che per invitar' quello che fù fatto l'Anno 1537 & per non incorrere in confusione, & inconvenienti massime dovendo la Lega esser perpetua; era necessario metter' questo ordine, & all' Ambasciadore non piaceva nè quello ch' era scritto nell' istessa, nè quello che volevano aggiongere i Regii; & disse che quelle contradicevano al Capitolo che debilitava la parte offensiva, & che restringevano tutte le provisioni all' Anno 1571. solamente.

Replicò il Cardinale Granvela non poter concludere la Lega senza quelle parole, perche non pare in Spagna che si possa mai haver tempo di far l'Impresa d'Algieri, & di quei altri Luoghi di Barberia.

Et l'Ambasciadore di Vinetia disse ch'era necessario di fermar' la parte offensiva ch'era il Fondamento della Lega, & non impedir' l'Impresa principale per l'Impresette particolari. Il medesimo sentivano i Deputati del Papa, & per all' hora non fù concluso niente.

Nel Capitolo della compartita della spesa per la portione del Papa; i Regii volevano che per quel resto oltre la promessa che fà Sua Santità il dovesse pagar' tre parti, & la Signoria di Vinetia due: Ma l'Ambasciadore di Vinetia, scusando i suoi Signori per le gravissime spese loro; & non volendo obligarsi à quello che non pensava di potere ottenere, offerì solamente di accommodare il Papa delle Galee considerando che non era poco, perche per ogni viaggio peggiorava almanco due milia scudi l'una, & dovendole dare ogn' anno sarebbe grandissimo interesse, onde restorono tutti mal contenti. Et i Regii dissero che se la Signoria non contribuiva per la sua parte manco loro volevano obligare il Rè à contribuir' per la sua.

Rispose l'Ambasciadore di Vinetia che gli pareva molto strano che volessero rompere già quello che hanno accordato, & l'importanza d'altri non è pretesto conveniente per il suo non contribuire, & che la Signoria non cercava alcuna scusa. Et perche fù detto da' i Deputati del Papa che quando la Signoria non contribuisse bisognava che pigliasse per se la Decima del Clero che haveva disegnato di concedere à lei, l'Ambasciadore non volle in questo disputare se si dovesse, ò non dovesse questo, ricordandosi di quello che seguì i giorni passati per questo contrasto. Ma considerò che prestando à Sua Santità trentacinque Galee la spesa saria più di vintimilia scudi, & che si può dire che sia quanto due Decime. Et dopò molte risposte & molte repliche non potendosi fare risolutione alcuna si passò à quell' altro delle vittouaglie; & i Regii volevano che si dicesse come nella Lega vecchia che le tratte stessero aperte per commodo de' Confederati. Et l'Ambasciadore di Vinetia se ne contentava, ma con dichiaratione che fossero libere, & senza spesa. Il che addurre non era tanto gran cosa.

Fù risposto da' Regii che questo era il Patrimonio del Rè, & che non potevano metter le mani in quello, & che il Rè non hà altrettanto libero dalli Regni di Napoli, & di Sicilia se non le Tratte, perche le altre cose sono tutte obligate & alienate; & bastaria bene che si accommodasse il Capitolo che non si mettessero l'oppositioni immoderate. Et disse il Cardinale Pacecco che sapeva bene che bisognava accommodar' la Signoria, & ch' ella non hà modo di prevalersi in altra parte havendo Guerra in Levante, ma che loro non potevano metter' manco in questo.

Replicò l'Ambasciadore che si contentava d'un pezzo limitato, & che non si potesse eccedere, & che bisognava dichiararlo, & non lasciarlo in libertà de' Ministri acciò non segua dissordine, & acciò la Lega non sia stata per questa causa solamente rotta come fù l'altra, & questo era il più importante Capitolo di tutti, nelquale se si mettesse difficoltà rouinaria ogni cosa.

Risposero i Regii che non havevano autorittà di terminar somma certa senz' ordine, ma che scriveriano à Sua Maestà, & ogn'uno sentiva che l'Ambasciadore di Vinetia dimandasse cosa ragionevole, & che senza questo non durava la Lega.

Ma perche all' hora restò questo Capitolo così indeciso seguì poi il Cardinale quello della difensiva, & quello dell' Impresa d'Algieri, & di quei dui altri Luoghi di Barberia, & i Regii volevano pure istendere il Capitolo della difensiva, & aggiungere che non si possa negar' l'aiuto à quella che lo domandarà, & che non sia mossa alcuna difficoltà se habbia ò non habbia bisogno che sia creduto à lui con conditione però che habbia più forze in essere che non è l'aiuto che domanda. Et l'Ambasciadore di Vinetia disse che se haverà autorittà dalla Signoria di mettere questo Articolo non farà difficoltà di metter' questa giunta, & massime dovendo l'Articolo esser dichiarato reciproco à gli altri Capi de' gli aiuti d'Algieri, & di quei dui altri Luoghi.

I Regii ponderorono molto quella escusatione che i Turchi non habbino Armata in Levante, & che la Signoria non habbia à temere, parendoli che con questa giunta se gli promettesse molto incerto aiuto. Ma però non mossero altro di quello ch' era scritto; se non dove si dice, *non timeant*, volevano che si dicesse, *ut verisimile sit eos invasionem à Turca timere non debere.*

Et perche il senso è il medesimo, l'Ambasciadore non fece difficoltà, solamente disse che non poteva consentire al Capitolo senza nuova Commissione.

Nell' Articolo del Generale i Regii vollero risolvere senza ordine del Rè. Replicò l'Ambasciadore di Vinetia quello che haveva considerato altre volte delle ragioni per lequali la Signoria haveria potuto pretendere che il suo Generale havesse il primo luogo; ma non per quello nè per altro ella contenderebbe sopra quel Articolo per non mostrare di non havere in consideratione altro che il benefitio proprio, & non quello della Christianità. Et però si contentava che nelli deliberationi tutti trè i Generali havessero pare auttorità, & nelle essecutioni fosse fatto quello che piacesse al Papa. Et poi che era nominato Don Giovanni d'Austria, si contentava per rispetto del Rè & per honor' della persona, & fece istanza che il Capitolo fusse rifer-

ANNO 1570. mato in queſto modo. Et quanto al Generale di Terra ferma diſſe che non haveva ordine alcuno dalla Signoria & che potria rimetter queſta riſolutione a' Principi da eſſer' fatta à tempi più opportuni, & non reſtar' per queſto di concluder' la Lega, & ne' fù fatto officio col Papa: & i Regii non fecero difficoltà perche forſe il nominato che era il Duca di Savoia non piaceva manco loro, ma non havevano ordine di recuſarlo.

Nella nominatione dell' Imperadore & altri Rè, & Principi, i Regii ſi contentorono di quello che era ſcritto; ma l'Ambaſciadore voleva che ſi nominaſſe eſpreſſamente il Rè di Polonia, perche ſaria di gran momento in queſta Impreſa & non ne' facendo mentione ſe' gli farebbe ingiuria. Fù fatta difficoltà dalli Regii per la competenza del luogo con Portogallo, ma ſi contentorono poi che ſi nominaſſe nel Capitolo di quei Principi che il Papa hà da invitare come ricerco dall' Ambaſciador' di Vinetia.

Il Capitolo che ſi ſottometteſſe alle cenſure quello che ſenza conſenſo de gli altri Collegati trattaſſe Pace, ò Accordo, non hebbe difficoltà dalli Regii, ma l'hebbe dall' Ambaſciadore di Vinetia, il qual diſſe che queſto obligo di cenſure era inſolito, & inconveniente, & che mettendolo à qualche Capitolo ſeparato da' gli altri penſava che fuſſe per dar nota alla Signoria per quello che ſegui nell' altra Lega.

Fu detto che era meſſo per quello che ſi haveva voluto altra ſorte di ſervitii; & che era ſtato eccetto ogn' altro obligo, & ordinato che queſto Capitolo fuſſe in luogo di quello. Onde l'Ambaſciadore di Vinetia non ſenza qualche alteratione diſſe; Dunque biſognava metter' queſt' obligo al Capitolo delle Tratte, & fù ſubito inteſo da tutti che voleſſe riverſar' le colpe delle coſe paſſate à chi elle toccavano. Ma ſoggiunſe poi che dovendoſi venire queſti gran Principi in Amicitia indiſſolubile biſognava rimuovere ogni difficoltà, & trattarla generoſamente & che la Signoria hà fatto, & farà ſempre conoſcere che è coſtantiſſima à benefitio della Chriſtianità, & conſervation della ſua parola quando non vien mancato à lei. Si paſſò poi à gli altri Capitoli i quali non hebbero difficoltà, & l'Ambaſciadore ricordò il Capitolo della diviſione de gli Acquiſti ſecondo la Capitolation vecchia, aggiungendo che acquiſtando Algieri, Tuniſi, & Tripoli ſiano del Rè Cattolico, ma che ſia data ricompenſa conveniente à Confederati con altra parte ſecondo la portione di ciaſcuno.

I Regii ſi ſcuſorono che non havevano giuſta la Capitulatione & fù rimeſſa la cauſa ad un' altro giorno, & l'Ambaſciadore di Vinetia ricordò à chi ordinava la Scrittura che nominaſſe la Signoria co' i ſuoi Titoli, & con qualche honore di parole, & coſi fù detto che ſi faria.

Dopò il Cardinale Aldobrandino parlando à parte con l'Ambaſciadore che haveva gran dubbio che non potriano indurre i Regii à contentarſi di ſtabilir' la parte offenſiva tanto riſtretta che non ſia mai manco in arbitrio de' gli ſteſſi Principi di poter reſpirare à qualche tempo, & per queſto haveva giudicato meglio eſprimere un' determinato numero di Anni come ſaria cinque ò ſei continui per la Guerra offenſiva, perche ſi ſarebbe ottenuto facilmente. Ma l'Ambaſciadore riſpoſe che pareva che ſi voleſſe fare una Lega ſolamente difenſiva, & ſi conſumariano le forze di Chriſtianità ſenza frutto.

Alli XXVI. di Luglio fù riſpoſto alla Scrittura in alcune parti con la difficoltà che reſtavano fermo in queſto vuoler che ne' gli Anni ſeguenti doppò l'Anno 1571. ſi dichiaraſſe l'Autunno da i Principi per mezzo de' loro Ambaſciadori à Roma di mettere le forze per la Primavera ſeguente & di metterle maggiori ò minori, & conſideravano che chi non metteva queſta giunta al Capitolo ogni coſa metterebbe in diſſordine che non ſi può ſapere adeſſo quello che ſi ſia per eſſere di qui à due ò tre Anni & che una buona Vittoria ò perdità può far matare tutti i diſegni, che il deliberar de' Principi non pregiudica alla continuation dell' Impreſa, & coſi fù fatto nel 1538. che ſi trattò con l'Imperatore quello che era da farſi l'Anno futuro, che ſe bene non foſſe riſerbato per la Capitulatione queſta auttorità a' Principi havendola da' ſe ſteſſi, eſſendo la Lega perpetua era impoſſibil continuare le forze in Levante.

All' incontro l'Ambaſciadore di Venetia diceva che queſta giunta contradiceva à parte del Capitolo che dove ſi tratta di far' la Lega perpetua ſi farebbe per l'Anno 1571. ſolamente & che dovendo trattare ogn' anno di nuove Forze, & di nuove Impreſe tanta ſaria quanto tornare in queſta difficoltà ogn' anno; nè il Rè di Polonia ſi riſolveria di romper co' Turchi eſſendo in dubio che la Lega non doveſſe durare più che un Anno. Et replicando i Regii che ſenza quel Capitolo à quel modo dichiarato non ſi perſuaderia alla Spagna di poter fare à qualche tempo le ſue Impreſe di Barberia, nè ſi potrebbe condurre quel Regno à dare al Rè alcuno aiuto. L'Ambaſciadore di Vinetia riſpoſe che biſognava attendere à debilitar' le forze del Turco perche ogn' anno il Rè potria penſare alla ſua Impreſa particolare. Replicorono i Regii che ſi tornava nella prima difficoltà, & che loro non potevano concluder la Lega ſe non concludevano anco di poter fare l'Impreſa di Barberia à qualche tempo con aiuto certo. Riſpoſe l'Ambaſciadore che non faceva difficoltà che non poteſſero far le ſue Impreſe à tempo opportuno, ma che quello che volevano aggiongere baſtava la principale che è il fondamento della Lega rivocava in dubbio la prima parte del Capitolo, & parlava di diſſunire le forze, & di metter' difficoltà in quello già era concluſo; & ſoggiunſe che ancora quando i Principi inſieme havendo auttorità di deliberar' non ſolamente di non mettere inſieme le forze concluſe, ma anco di diſſolver la Lega, & ritrattare ogni coſa, tuttavia non biſognava dichiararlo per non debilitar' la Lega, & per non dar' ſperanza ai Nemici, & per non levar l'animo a' Principi, & che ſi potrebbe accommodare il Capitolo ſenza quella parola di diminuir le forze. Ma non ſi fermò in queſto, & fù detto da i Deputati di Sua Santità che ſi poteva penſar' meglio & trattare in parte del modo d'accordarſi, & ſi paſſò all' altra difficoltà della contributione per la parte del Papa, nella quale fù detto & replicato quello che era ſtato detto altre volte, & l'Ambaſciadore di Vinetia fece due conſiderationi, l'una che per benignità del Papa non ſi conveniva che per queſta Impreſa tanto importante, dove egli era Capo principale, haveſſe coſi poche forze, & che queſto gli levaria aſſai della riputatione appreſſo il Mondo.

Et perche fù detto da' Cardinali Deputati di Sua Santità che non haveva modo da far' più, & che non hà denari in eſſere, & che non hà le Decime d'Italia che importariano più di cento cinquante milia ſcudi in due Anni. Diſſe l'Ambaſciadore che non era alcun Principe al Mondo che haveſſe modo più facile, & più pronto di trovar' danari ch' il Papa, & diſſe quello che ſuoleva dir' Papa Siſto che ad un Pontefice non mancavano mai danari ſe non gli mancava la mano, & la penna. Fù detto del riſpetto che haveva Sua Santità di non gravar' la coſcienza, & l'Ambaſciadore riſpoſe che l'operationi ſono buone & cattive ſecondo il fine, & che l'intentione di ſoccorrer' la Chriſtianità in tanto biſogno non può gravar' la coſcienza.

Fù confirmato tutto queſto da Regii, & dal Cardinale di Ceſis, il qual ricordò che ſi faceſſe uffitio con Sua Santità perche ammetteſſe la rinuntia de' Benefici co' i regreſſi che ſe ne' cavaria in poco tempo più di un mezzo million d'oro.

Ma il Cardinal Morone, & altri diſſero che Sua Santità era ſtata tentata di far' queſto, & altre coſe; ma che non voleva acconſentire. L'altra conſideratione che fece l'Ambaſciadore fù che ſe pur la Signoria doveſſe contribuir' per la parte del Papa non dovria contribuir' ſecondo la compartita della Lega, perche è troppo gravezza per le ſpeſe che la Signoria hà che non hà il Rè, & per la diſparita de gli Stati, & della potenza; ma ſecondo la proportione delle gratie, & de' Beneficii che coſi il Rè come la Signoria haveva da Sua Santità perche ſe il Rè hà cento & la Signoria X. non è honeſto che il Rè contribuiſchi tre', & la Signoria dui.

A queſto i Regii non diſſero alcuna ragione in contrario, ma pur non vollero conſentire d'obligare il Rè più che per i dui quinti, & coſi reſtò anco queſto Capitolo indeciſo.

Nel Capitolo della Tratta, che è la terza difficoltà, i Regii non ſi vollero riſolvere ſenza licenza del Rè. Il Capitolo della difenſiva ſodisfaceva à Regii come è ſcritto, cioè reciproco, & con aiuti certi di cinquanta Galee, & con quelle riſerve che ſono dichiarate.

Ma l'Ambaſciadore di Vinetia propoſe che la proviſione fatta per l'offenſiva aſſicurava anco per la difenſiva, perche non ſi potria dubitare di offeſa di momento quando fuſſero preparate tante forze à fronte dell' Armata Nemica; Ma i Regii diſſero che queſto era ſtato diſputato altre volte, & non accettato.

ANNO 1570.

Soggiunse poi l'Ambasciadore che per maggior sodisfattione si saria potuto dichiarare che quando fussero messe insieme le forze della Lega quello che fosse offeso potria valersi della sua parte delle Galee, & Navi, & della metà dell' altre se tante ne' bisognasse per la sua Impresa. Ma questo parue che havesse ancora più difficoltà parte che haveria potuto nascere confusione, & far disordine, & parte perche i Regii volevano al tutto limitare aiuto certo adducendo che il Rè ancora dà aiuto certo alla Signoria.

Nell' altro Capitolo del General dell' Armata non fù conchiuso niente, perche i Regii volevano il parer' del Rè loro.

Per quello di Terra l'Ambasciadore propose il Signor Sforza Palavicino, allegando diverse ragioni per quello che ricercava la condition dell' Impresa che sia un Capo prudente & animoso, prattico nella Guerra, & conosciuto, & temuto da Turchi, & stimato da Christiani, & per quello che fù fatto nella Capitulatione del 1537. che fù fatto Generale di Mare il Principe Doria che serviva l'Imperatore, & di Terra il Duca d'Urbino che serviva la Signoria, ma non fù concluso niente, perche i Regii volevano ancora il parere del Rè in questo.

Al Capitolo delle censure l'Ambasciadore di Vinetia disse che è Capitolo nuovo, & insolito; che quanto alla Signoria non è necessario perche stà nella sua costanza, & nella risolutione generosa che hà fatto in questa occasione havendo risposto così presto, & così risoluto al Chiaus che sà che non può fidarsi di chi gli hà rotto la fede senza causa; che i Principi s'obligavano con la fede, & non con paura della pena come le persone private; che chi non havesse rispetto all' honore non l'haveria manco alle censure.

Disse il Cardinal Grassi che una Lega fatta à tempo di Papa Innocentio è un simile Capitolo, & però non era cosa nuova. Rispose l'Ambasciadore non haver veduto questo Trattato, ma se pur vi sia questo Capitolo non havera fatto alcun frutto, & si può veder' dal successo che non si sà che fusse fatta cosa alcuna notabile in quel tempo.

Replicò il Cardinale Grassi che in tutti gli Istromenti si mette qualche obligo alle Parti per stabilimento del Contratto. Rispose l'Ambasciadore che dunque bisognava mettere in obligo tutti & non la Signoria sola, & metter' la censura a tutti i Capitoli della Lega & non ad un solo. Fù detto che l'haveria ordinato il Papa, & l'Ambasciadore disse di volerli parlare.

Al Capitolo della division de gli Acquisti, i Regii hanno detto di non volervi pensare. Al Capitolo de Ragusei i quali fù detto ch' erano aiutati dal Papa, i Regii non fecero difficoltà, ma l'Ambasciadore di Vinetia disse che quanto alla Signoria non hanno da dubitare perche se havesse lor voluto far danno l'haveria fatto prima d'adesso. Ma bisognava bene avertire, come si suol dire, che non si sia nodrito il serpe in seno; & considerò che sono accarezzati dal Turco che sono spie, che non si penserà nè dirà nè farà niente trà Christiani che non sia fatto sapere a' Turchi, & che vogliono star ben con loro & gratificarli in ogni cosa; & con questo Capitolo, & con questa sicurtà si fariano più insolenti; & parlando col Papa dopò molti giorni sopra questo disse che si potria farli contribuire all' Impresa con Navi che ne' hanno molte & con altre commodità che possono aiutare, & obligarli à non dare aiuto a' Turchi.

Disse il Papa che volergli astringere à scuoprirsi contra Turchi à favor della Lega sarebbe un rouinarli perche potrebbono essere astretti in questi principii facilmente se si obligassero à non dare aiuto a' Turchi, per il che appunto adesso potrebbano essere astretti da Turchi à quello che non possono stando come stanno; Et soggiunse che haveria tolto sopra di se che non fariano danno à Christiani, & che se lo facessero Sua Santità saria la prima à castigarli & havendoli tolti in protettione pregava la Signoria à non disfavorirli.

Rispose l'Ambasciadore che se non si obligavano a non favorire Turchi non si potevano comprendere nella Lega che saria cosa di malo essempio, & non mai più occorsa in altri tempi di prendere in protettion della Lega chi non aiutasse l'Impresa in qualche cosa. Et essendo restato nella Congregatione ancora questo Capitolo inrisoluto si parlò della union dell' Armata, & i Regii dissero che non poteva tardare à giungere il Corriero di Spagna con la risposta. L'Ambasciador di Vinetia si duoleva che si perdessero di grandi occasioni di far qualche Impresa hora che l'Armata del Turco era debole, & piena di paura, & il Cardinal di Cesis credendo di dir bene ricordò che si poteva far' l'Impresa di Tunisi quest' Anno perche non si haveva à dubitare d'alcuno impedimento mentre i Turchi stando in Levante; & che il tempo hormai era inanti per unirsi con l'Armate, & che saria una gran divisione delle forze loro di Cipro.

ANNO 1570.

L'Ambasciadore di Vinetia con parole gravi fece risentire il Cardinale il quale anco doppò separatamente da suoi Colleghi fù avvertito.

Ma i Regii dissero che l'Armata si uniria certo & che l'ordine del Rè non poteva tardare, & l'Ambasciadore di Vinetia fu consigliato che andasse trattenuto nel sollicitar' la conclusione della Lega fin che si veda che l'Armata si muova, perche questo era il solo benefitio che si poteva aspettare per quest' Anno, & il mettere un poco di gelosia ne' gli Regii potrebbe forse più sollicitarli.

Alli XXVII. gionse il Corriero di Spagna con la risolutione che l'Armata del Rè si congiungesse con quella della Signoria sotto l'obedienza del Generale del Papa.

Alli XXVIII. nella Congregatione l'Ambasciadore di Vinetia fece ufficio co' i Regii, mostrando di riconoscere questa risolutione del Rè, dall' opera loro; & il Cardinal Granvela fece un poco di parole per quello che ha inteso che si ragiona in Venetia che egli tratta la Lega con vantaggio come se trattasse con suoi Nemici, & che non faria peggio se fosse provisionato dal Turco, & seguitava con mostrar' sempre più risentimento fù cercato da tutto di quietarlo, & l'Ambasciador di Venetia si sforzò di persuaderlo che nelle sue Lettere havesse fatto sempre buono uffitio, & che quei Signori che sono al Governo si sono mostrati sempre sodisfatti, & che non bisognava tener conto di voce di piazza che sono di tutti gli huomini otiosi che non hanno parte del Consiglio, & nè i Governi, & che trapazzano le attioni de' i Principi quelli che l'intendono manco.

Si passò poi alla trattatione, & à quello che restava in difficoltà, & fù trattato che i Principi delibcrassero l'Autunno di preparar' le forze maggiori ò minori.

L'Ambasciadore replicò molte cose già dette mostrando gl' inconveniente che seguivano per quelle parole che contradicono à quello che è già concluso, & che dove la Lega è dichiarata perpetua si ridurria ad incongruità di tempo incerto. Onde non si potria indurre l'Imperatore, ne il Rè di Polonia à rompere col Turco, & tutto anco fù trattato à parte col Papa, & con alcuni Cardinali Deputati; & furno levate via quelle parole di non preparar le forze, lequali manifestamente contradicevano al Capitolo già concluso. Et se bene Sua Santità, & tutti gli altri sentivano che il Capitolo staria meglio senza quella aggiunta, tuttavia vedendo l'istanza de' Regii pareva che non si dovesse far molta difficoltà, & disse il Papa che come l'Impresa principale sia cominciata che incominciaria l'Anno presente ò l'Anno futuro, non sarà mai alcuno disthonesto che pensi di trattare Impresa particolare fin che le forze de' Nemici saranno in essere. Et soggiunse che è anco di consideratione che essendo Lega perpetua saria forse à proposito che paresse che si dovesse conservar' sempre con le medesime forze per non spaventar' quelli che hanno da entrar' nella Lega. Ma l'Ambasciadore secondo l'ordine che haveva da Signori suoi stette sempre fermo in questo che non bisognava di metter' dubbio alcuno nell' Impresa principale, & questo è il fondamento della Lega non dell' Impresa particolare.

Nell' Articolo di supplire alla portione del Papa fù parlato nella Congregatione longamente, ma niente fù concluso, & l'Ambasciadore di Vinetia fece uffitio con Sua Santità, & vedendo di non poterla indurre che supplisse del suo proprio, ò che mettesse tutto il peso sopra il Rè per conto delle gratie che gli faceva, essendo messo in dubbio che li Reggii volessero obligare il Rè alla sua rata se anco la Signoria non s'obligava per la sua, & trattandosi d'accordar le cose delle gratie, & delli aiuti, l'Ambasciadore di Venetia, per non minuir le forze della Lega & per levare ogni difficoltà, & impedire quelle risolutioni che potessero fare maggior difficoltà nella conclusion della Lega, offerse à Sua Santità che la Signoria armaria vinti quattro Galee, otto à spese proprie, & sedici à spese del Rè, da essergli rifatte in altre provisioni della Guerra, & che questo

ANNO 1570. questo era quel più che potesse fare la Signoria, & che la superava anco la sua possibilità per sodisfattione di Sua Santità.

A che il Papa mostrò di restar' ben sodisfatto; & disse che ne' parleria con li Regii; & perche alcuni Cardinali Deputati da Sua Santità dissero che li Regii non obligavano il Rè piu che per la parte d'ogni trè quinti d'ogni spesa, come nella contributione seguente della Lega. Disse l'Ambasciadore che questa contributione per la parte di Sua Santità non hà da esser' fatta per quella della Lega, ma secondo la portione de' gli aiuti che così il Rè come la Signoria hanno dal Papa, & che per un cento mila Scudi che ha havuti la Signoria, il Rè ha forse havuto un million d'oro.

Nelli dui Capitoli della difensiva, & della Impresa d'Algieri, & di quei dui altri Luoghi furno dette molte cose come nella Congregatione precedente; ma non fù concluso cosa alcuna; & l'Ambasciadore di Vinetia fece uffitio col Papa perche fossero risoluti come havevano trattato nella Congregatione; & Sua Santità rispose che stando fermi i Regii di volerli, & essendo i Capitoli tanto limitati, & con tante circonstanze che si poteva dubitare che si facesse pregiuditio alcuno di ciò all' Impresa principale.

Nel Capitolo delle censure l'Ambasciadore disse da parte alli Regii che guardassero bene ciò che facevano, che questa era una mala ìstitutione che il Papa obligasse à censure i Principi, & di malo essempio, & che potria partorire molti inconvenienti, & parlando col Papa disse questa ragione che haveva detta nella Congregatione, & che questo Capitolo poteva far molti mali, & niun' bene & che bisognava rimuoverlo, perche dove la Lega hà da generar' confidenza trà Sua Santità, & gli altri Principi generaria diffidenza & sospetto.

Rispose Sua Santità ch'il Capitolo non offendeva chi havesse animo di continuar' nella Lega, & che la Signoria si renderia sospetta facendoli far tanto contrasto.

Rispose l'Ambasciadore che era forzato à contendere perche si diceva che era messo per la Signoria solo.

Disse il Papa che i Regii voglion mettere qualche obligo alla Lega, perche duri, & perche si assicurino gli altri Principi che vorranno collegarsi, & che si ricusassero questo saria necessario à qualche altro che haveria maggiore difficoltà.

Replicò l'Ambasciadore che i Principi si obligavano con la promessa della fede, & non con paura delle pene, & che la Signoria non demanda questa sicurtà al Rè; onde non dovria ne anco esser' domandata à lei.

Nel Capitolo de Ragusei l'Ambasciadore parlò lungamente col Papa allegando le ragioni dette nella Congregatione precedente. Dopò molte risposte & molte repliche disse Nostro Signore che non poteva mancare d'havere in protettione quel Popolo per esser' molto Cattolico & obediente, & massime nelle cose dell' Inquisitione, allegando diverse cose fin quando Sua Santità era in minor fortuna.

Nell' altre Congregationi che furono fatte alli XIIII. d'Agosto che fù l'ultima fù trattato generalmente sopra tutti gli Articoli, & sopra la Scrittura riformata particolarmente della Capitulatione Ma alla fine molte cose restorno come prima indecise.

Onde ancor che si trattasse accordarsi insieme à dire che la Lega si teneva per conclusa però non fù conchiuso niente, & forse non tanto perche ogn' uno stava fermo nell' opinion sua, & non volevano cedere niente quanto perche li Regii havevano risoluto di mandar la Capitulatione in Spagna, & rimettersi al Rè in alcuni Capitoli; & l'Ambasciadore di Vinetia si volle rimettere alla Signoria in alcuni altri.

Onde non si potendo risolvere il Negotio senza la risposta de' Principi, & non servendo più la Congregatione à niente fù deliberato di non congregarsi. Et le difficoltà che restorno nell' ultime Congregationi furno prima nel Capitolo principale di quelle aggiunte che vogliono i Regii che i Principi col mezzo de' loro Ambasciadori à Roma deliberino l'Autunno le forze de prepararsi per il primo tempo,ò maggiori ò minori & l'Impresa da farsi. Et perche l'Ambasciadore di Vinetia disse molte ragioni perche s'accommodasse, tuttavia per li contradittioni delli Regii che volevano più presto ampliar' quella conditione che levarla, & per quello che mostravano di creder molti Cardinali Deputati dal Papa che questa giunta non pregiudicava all'Impresa principale restò la cosa in quel modo indecisa.

ANNO 1570. L'altra difficoltà fù della contributione per la portione della parte del Papa, perche non ostante l'offerta fatta à Sua Santità delle quattordici Galee notate nella Scrittura volevano che il Rè contribuisse per trè quarti, & la Signoria per due quinti, restò ancor questo indeciso.

La terza difficoltà fù nel Capitolo delle Tratte perche mostrando l'Ambasciadore di Vinetia che si limitasse quel prezzo de l'impositione overo si rimettesse a l'arbitrio del Papa, i Regii si scusarono non poter far niente senza ordine del Rè loro.

La quarta difficoltà fù sopra il Capitolo della difensiva, & quell' altro di dare aiuto al Rè per l'Impresa d'Algieri, & quei altri dui Luoghi di Barberia, perche se bene i Regii si contentavano de' Capitoli come erano notati, però l'Ambasciadore di Vinetia si scusò di non poter' senza nuovo ordine approvarli.

La quinta difficoltà fù nel Capitolo del Generale, nel quale i Regii vollero aspettare il parer' del Rè come anco nel Capitolo della divisione de gli acquisti.

L'ultima fù nel Capitolo de' Ragusei, & in quello delle Censure, perche l'Ambasciadore di Vinetia non piaceva nè l'uno nè l'altro.

Fù poi mandata la Scrittura alli XIII. d'Agosto, & in Spagna alli XX., & con quella il Papa mandò una risolutione al Nuntio con tutto il Trattato, & li Regii scrissero particolarmente al Rè la difficoltà che l'Ambasciadore di Vinetia haveva fatta alli Capitoli propostili, & essendo venuta da Vinetia la risolutione della Signoria prima con Lettere di 17. l'Ambasciadore trattò col Papa di far' rimuovere il Capitolo delle Censure, & regolar' quello principale, & accommodar' gli altri. Sua Santità fece qualche difficoltà come fece ancora il Cardinale Morone, ma finalmente restò persuasa di dover sodisfare alla volontà della Signoria, & scrisse in Spagna, & fece uffitio con li Regii di levar' via il Capitolo delle Censure & della offensione.

In tanto successe un accidente d'importanza che essendo la Signoria mal sodisfatta del suo Ambasciadore s'era persuasa per varie congetture ch' egli havesse consentito à diversi Capitoli contra la Commissione sua, & massime à quello delle Censure delle quali la Signoria non voleva che si parlasse in modo alcuno; & che non havesse impedito di mandar' la Scrittura in Spagna come se però egli si potesse arguire che la fosse stata mandata d'accordo & conchiusa.

Onde pensò prima di rivocarlo & poi se risolse di mandare il Magnifico Giovanni Soranzo per Collega con ordine che non trattasse niente l'un senza l'altro in questo Negotio.

Questo accidente disturbò grandemente l'animo del Papa, & in sospetti i Regii, i quali sapevano quanto haveva fatto l'Ambasciadore Suriano per tirar via quel Capitolo delle Censure,& sapevano ancora che la Scrittura non era mandata in Spagna come conclusa, anzi era stata mandata con le contradittioni fatte da lui à tutti gli Articoli che erano in controversia, & spetialmente quello delle Censure. Et però entrorono in opinione che la Signoria non fusse d'animo d'attendere alla Lega, & che havesse preso quello pretesto per rompere la prattica sendo mal sodisfatta dell' Ambasciadore, non perche egli havesse acconsentito à quel che non doveva, perche sapevano tutti che non vi haveva acconsentito, ma perche havesse sollicitato la conclusione della Lega con più studio, & più affetto di quello gli fusse stato commesso. Et si confermavano in questa opinione ancora per la parola del Cardinal Cornaro; il qual, oltra che molte volte si era lasciato intendere che la Guerra non faceva per la Signoria, & che si trattava di accommodar' le cose con Turchi per accordo, anco all' hora diceva publicamente che l'Ambasciadore non haveva inteso l'ordine della Signoria perche ella non haveva animo di concluder' la Lega, ma solamente trattare d'havere aiuto dal Rè per poter con questo nome più facilmente avantaggiarsi nella Pace. Et perche il Cardinale accusava che ne haveva auviso da Vinetia dove haveva molti parenti nel Magistrato principale,le sue parole havevano gran fede; benche l'Ambasciadore vedendo il disordine si lasciò intendere molto vivamente col medesimo Cardinale, & con altri che la Signoria voleva la Lega, & che le Commissioni sue erano chiare, & che l'imputatione che gli era stata data ch'egli havesse acconsentito à quelli

Anno 1570. quelli Articoli che non doveva; se ben era falsa era però confirmata da testimonii, & da accidenti tali che la Signoria non poteva mancar di non crederlo, & di mostrarsi mal sodisfatta; perche era scritto publicamente da Roma, & detto in Venetia dall' Agente di Fiorenza, & dall' Ambasciadore di Ferrara che la Lega era conclusa con quei Capitoli, ancora che il Nuntio del Papa, sentendo tanti rumori, & pensando forse giovare all' Ambasciadore, disse ch' egli haveva dissimulato, & mostrato d'acconsentire à quelli Articoli per ottener' l'unione dell' Armata; Ancor che non bisogna alla Signoria mostrar' tal giustificatione del fatto, poi che era affermato da Ministri tanto principali, quali ben che erano ingannati per non saper la trattatione che era passata sempre secretissima. Però la Signoria non doveva restare, per rispetto d'un suo Servitore, & Ministro, ancor che innocente, di non far risentimento di questo che quando fosse stato vero meritamente l'haverebbe offesa. Questa cosa l'Ambasciadore la diceva publicamente con tutti, non attendendo tanto à giustificarsi quanto à rimuovere quei sospetti che erano nati che la Signoria non volesse la Lega, & perche il testimonio del Cardinal Cornaro era riputato di gran momento, & haveva causato un inconveniente d'importanza tenne diversi modi per debilitarlo & per levarli la fede.

Alli XX. di Settembre venne à Roma l'Ambasciadore Soranzo, & alli XXVIII. di Ottobre venne il Corriero di Spagna con la risolutione del Rè che per quanto s'intese si contentava di levare il Capitolo delle Censure & d'accommodar' gli altri che erano in difficoltà, & alle vinti hore si ridusse la Congregatione nel luogo consueto, dove n'intravenne l'Ambasciadore Suriano per essere in letto con la Gotta; Ma il Soranzo solo parlò al Cardinale Morone essortando tutti alla risolutione & conclusione della Lega.

Segui poi il Cardinal Granvela che era ridotto co' suoi Colleghi à questo effetto, & che il Rè suo se ne' contentaria, & che haveva la risposta con l'auttorità espressa di concludere senza altrimenti più scrivere in Spagna.

Et soggiunse poi l'Ambasciadore Soranzo che se era ben solo per essere il suo Collega indisposto, però assicurava che l'animo della Signoria era l'istesso che quello del Rè che si termini la Lega poi che si tratta del interesse di tutta la Christianità ad honor' di Dio, & essaltation della Santa Fede. Et soggiunse esso Ambasciadore che per venire alla conclusione poi che havevano la risposta di Spagna dicessero quello che conteneva perche saria col suo Collega, & daria la risposta.

Il Cardinale Granvela rispose che questo non conveniva, & che toccava à lui dire la difficoltà che hà nelli Capitoli perche si trattaria d'accommodarla.

Disse l'Ambasciadore che questo non poteva nè doveva fare, ma che toccava à loro di proponer prima, & che doppò trè Mesi che havevano havuto di tempo ad aspettar' questa risposta dovevano manifestarla.

Questo cosi duro parlare commosse tutta la Congregatione grandemente, & il Cardinale Morone voltandosi all' Ambasciadore disse che toccava à lui à proporre le difficoltà & poi haverne la risposta.

Et l'Ambasciadore disse che era stato chiamato per sentir' ciò che conteneva la risposta, & sopra quella prender' poi quella risolutione che fusse conveniente.

Disse il Cardinal Granvela che la Signoria haveva pur mandato in Spagna i gravami che ella hà sopra gli Articoli. Il che confirmò l'Ambasciadore & il Cardinale soggiunse che adunque dicesse i gravami che hà sopra gli Articoli che li risponderiano; perche hanno la Commissione in ampla autorità di terminar' ogni cosa; ma non volevano altrimenti dir' quello che havevano, perche il Rè hà fatto come si suol fare in simili casi che hà rimesso molte cose al lor arbitrio.

Disse l'Ambasciadore poi che lor sapevano che la Signoria haveva mandato al Rè, quello che l'offende nelli Capitoli che questo l'hà fatto per avanzare il tempo, acciò che intendendo il Rè l'opinione della Signoria prima che venisse ad alcuna risolutione potesse dar' ordine ch'il tutto si risolvesse bene, & con sodisfattione commune & fù fatto di ciò l'ufficio col Rè di Spagna, il quale udì l'Ambasciadore benignamente come suo solito, & poi fattosi dare un Memoriale gli disse che lo faria consigliare, & gli daria risposta. Onde la Signoria è stata aspettando questa risolutione di Sua Maestà laquale non pare che habbia hauta fino à quest' hora.

Anno 1570. Rispose il Cardinale che non accadeva che la Signoria aspettasse altra risposta dal Rè, perche l'hà mandata qui alli suoi; & se vuol cosa alcuna parli con loro che risponderanno.

Seguirono à questo tutti gli altri in conformità dicendo che se l'Ambasciadore stava in questo ò perche la Signoria non volesse la Lega ò perche volesse stare à veder' quello che seguisse di Cipri, & quello che faceva l'Armata non era honesto nè ragionevole.

Rispose l'Ambasciadore che il procedere della Signoria era stato sempre sincero, & reale & che era intrata in quella Guerra col Turco volontariamente con la spesa, & con le forze che sono note, & che era stata proposta dal Papa la Lega per publico beneficio & honor' di Dio, che la Signoria s'è offerta prontamente & stà costantissima in questo, nè mai hà pensato à quello che se gli oppone, che promise sempre largamente, & che non è mancato da lei di concluder la Lega in quindici giorni se ben sono stati molti Mesi di tempo, & che hora che è venuta la risposta dal Rè dovriano lasciarsi intendere chiaramente acciò che si potesse venire alla conclusione, & che questo non poteva fare egli havendo fatto far uffitio col Rè in questo proposito, & il Rè havendo accettato un Memoriale, & detto di farlo consigliare per rispondere alla Signoria; che ella è stata aspettando la risposta, & non essendo venuta non hà potuto fare alcuna risolutione; & voltatosi al Cardinale Granvela disse cosi: Monsignore, dite che il Rè ha mandata la risposta per dare alla Signoria; nè altrimenti credo; perche se non fusse cosi penso che almanco quando se nè parlò hauria detto all' Ambasciadore, non occorre ch' io dia altra risposta; se dunque è venuta, perche non la lasciate intendere?

Allequali parole rispondendo il Cardinale Granvela un poco gagliardamente, & i Deputati del Papa ancor loro, frà quali Morone disse quello che era venuto à far lá se non voleva proporre, & Cesis si lasciò intendere che più non si fariano congregati se non vi fusse stato il Collega. Cosi si dissolse la Congregatione senz' alcun frutto.

Alli XIII. d'Ottobre scrisse il Soranzo à Vinetia la difficoltà che haveva havuta nella sopradetta Congregatione, nella quale i Regii mostrorono al Soranzo il Memoriale dato dall' Ambasciadore della Signoria in Spagna al Rè che si contentasse di persuadere al Papa che quanto alle forze volesse dar' quelle che diede gli Anni passati 1537. Papa Paolo Terzo, & in esso Memoriale ci era la difficoltà del primo Capitolo di trattar l'Autunno à Roma d'esser cresciute ò diminuite le forze, la difficoltà del offensiva particolare, de l'Impresa di Barberia, & della contributione per il Papa, & quelle delle Tratte, & prezzi, delle Censure, & de Ragusei. Si scusò poi il predetto Ambasciadore Soranzo col suo Collega ammalato, la onde risolse Sua Santità che più non si facessero Congregationi senza il Suriano guarito overo si facessero à San Marco.

Frà tanto venne Auviso della perdita di Nicosia seguita alli 9. d'Ottobre alli 2. di Novembre.

Et della retirata dell' Armata Christiana, & delli dispareri nati trà il Signor Marcantonio Colonna Generale del Pontefice e'l Signor Gio: Andrea Doria Capo delle Galee del Rè. Onde fù data imputatione al Doria che havesse mancato abbandonato gli altri, & messo in disordine l'Impresa; laqual cosa turbò grandemente l'animo di tutti, & il Pontefice entrò in sospetto che la Signoria venuta in diffidenza delli Regii non fusse più per attendere alla Lega, & fù confirmata in questo dalle parole dell' Ambasciador Soranzo, il quale aggrava il fatto comparandolo con quello che seguì l'Anno 1538. nell' altra Guerra, & fece diverse volte uffici di questo con Sua Santità, & nè parlò col Secretario dell' Ambasciadore di Spagna, & con altri con tutto ch' il Suriano consigliasse ch' era bene d'andare riservati fin che si sapesse come la cosa era andata à Vinetia.

Alli XI. di Novembre vennero Lettere dalla Signoria di 28. di Ottobre con ordine che si dovesse continuare la trattatione della Lega. Il che l'Ambasciadore Soranzo communicò subito al Pontefice, il quale si diceva che era all' hora per risolversi di mandare un Prelato (par si dicesse Salviati) principale à Vinetia per dare animo à quei Signori & confortarli, di concludere la Lega, & per offerire le forze & l'autorità sua à benefitio della Republica. Il che era riputato dal Suriano molto à proposito per riputatione della Signoria, & per favore del Negotio, & per questo haveva voluto che si fosse differito un giorno ò dui la essecutione di questo

ANNO 1570.

di questo ordine havuto da Vinetia. Ma come Sua Santità l'intese tutta allegra, lasciando ogn' altro pensiero da parte commandò che si riducesse la Congregatione per seguitare il Trattato; & alli XV. di Novembre ridotti i Cardinali Deputati da Sua Santità, & i trè Agenti Regii, & i dui Ambasciadori di Vinetia parlò prima il Cardinale Morone, & con un officio grave, & pieno di prudenza considerò il pericolo in che era la Christianità, il desiderio del Pontefice, il debito de' Principi, il bisogno della Lega, il pregiuditio che hà fatto, & farà sempre il metter' tempo in mezzo, esfortò tutti à lasciar' da parte ogni affetto particolare & venir prontamente alla conclusione senza differire più per non incorrere nelli inconvenienti già seguiti.

Parlò poi il Cardinal Granvela nel medesimo senso mostrandosi co' suoi Colleghi prontissimo alla conclusione, havendo dal suo Rè auttorità amplissima & ogni ordine che bisogna, & soggiunse che il termine di trè Mesi ch' è notato per haver' la Ratificatione da Principi è troppo breve per il Rè, perche il viaggio è longo, & potria succedere qualche sinistro à i Corrieri ò di Morte, ò d'altro; onde bisognaria ridurlo à quattro Mesi. Alche consentirono tutti,& fù dato il medesimo termine alla Signoria essendo stato dimandato dall' Ambasciadore Soranzo, & fù anco dichiarato come altre volte che questo non impedisse l'essecutione della Lega, ma che s'intendesse principiar' l'obligo alla conclusione di quella.

Seguì poi l'Ambasciadore Suriano lodando il risolvere prontamente & generosamente il Negotio, & considerando che gli accidenti delle cose passate se ben erano gravi & fastidiosi si dovevano far tutti più ardenti, & più solliciti; ch'il tardare à deliberare metteva la Christianità in pericolo di danni & d'ignominia, accresceva auttorità, & insolenza a' Turchi, & spavento, & decettione d'animo a' Christiani. Che la Signoria è d'animo pronto, & risoluto di concluder la Lega, così per il publico interesse come per il proprio, che conosce che se mai fù tempo è adesso d'attendere con tutto lo spirito per proveder' gagliardamente ch'il Turco non faccia maggior' progresso. Che hà mandata amplissima auttorità, & ordini sufficienti,promettendosi del Pontefice tutto quello che si posse sperare dall' affetto che hà Sua Santità al commodo publico, secondo la necessità de' tempi presenti, & dalli Regii tutto quello che possa far' conoscere l'ottima mente del Serenissimo suo Rè, & la loro in accommodarsi à partiti ragionevoli lasciando da parte gli affetti particolari per soccorrer' prontamente alla Christianità in tanto bisogno.

Et l'Ambasciador Soranzo replicò con alquante parole quasi il medesimo, & per dar' principio alla trattatione il Cardinale di Cesis, tolta in mano la Scrittura della distesa delli Capitoli che fù mandata alli Principi da Sua Santità, la comminciò à legger' da principio, & fermatosi sopra il primo Capitolo per risolversi ad uno ad uno; l'Ambasciadore Soranzo disse che continuasse à leggerli tutti, perche si consideraria poi à parte; & il Cardinale si arrossì, & mostrò un poco di sdegno; ma però la lesse tutta, & non essendo detto altro tornò al primo Capitolo, & dove si dice che la Lega è perpetua & offensiva & difensiva contra il Turco, & gli Stati che possiede compreso Algieri, Tripoli, & Tunisi, il Cardinale Morone domandò se questo piaceva.

Rispose il Cardinale Granvela per se, & per gli Colleghi se l'accettavano, & che si rimuovevano dalla richiesta che havevano fatta del Scritto; & gli Ambasciadori di Vinetia havendo ordine dalla Signoria di consentire con quel modo che sarà dichiarato nell' altro Capitolo che tratta di quei trè Luoghi, parlorono un poco frà loro & poi dissero ch'erano contenti.

Ma perche per il parlare à parte havevano dato sospetto, parendo che fosse bene rimuoverlo, disse il Suriano che trattandosi di questo in un' altro Capitolo si diria all' hora quello che bisognarà, che non saria altro che aggiongere qualche parola che servisse di maggior' dichiaratione senza mutare il senso in niente, & così fù continuato quello che segue per le forze della Lega siano ducento Galee, cento Navi, cinquanta milia Fanti, & quattro milia & cinquecento Cavalli armati alla leggiera con Artiglierie & Monitioni, & altre cose necessarie, lequali forze l'Anno seguente 1571. siano pronte il Mese di Marzo, & al più tardi al Mese d'Aprile nelli Mari di Levante, & così d'Anno in Anno dovendo i Capitani valersene dove parera loro di potere far più danno al Nemico commune, & beneficio de' Confederati, dovendo i Principi per i suoi Ambasciadori ogn' Anno nell' Autunno deliberare in Roma alla presentia del Pontefice le forze che dovrianno esser pronte per la Primavera seguente maggiori ò minori à quello che per lo stato della cosa sarà da farsi. Finito di legger fin' qui, il Cardinale Granvela disse che stava bene, & che era necessario fermare tutto.

ANNO 1570.

Disse il Suriano ch' il Capitolo gli piaceva fin' dove comincia à dire di deliberar' l'Autunno perche essendo questo Capitolo il fondamento della Lega non bisognava aggiunger niente che lo mettesse in difficoltà nè che lo indebolisse, & che il deliberar' l'Autunno pareva che volesse in certo modo inferire che ogn' Anno si dovesse tornare à nuove trattationi, & il pensare di diminuire le forze dava gran smacco à quello già è concluso, & che non fermava bene la parte offensiva, onde se ne poteva aspettare poco frutto dalla Lega.

Gli Regii all' incontro dissero che quella giunta era necessaria per gli accidenti che possono occorrere alle Parti, & che chi non provedesse con questo modo si romperia in breve tempo la Lega; & soggiunse il Cardinale Morone che convenendosi qualche volta accrescere ò minuire le forze secondo i successi era bene di trattar' le cose in tempo per non tardare à deliberare quando si doveria attendere ad esseguire, & che il tempo dell' Autunno era il più commodo d'ogni altro, & più oportuno.

Appresso disse che si doveva far' questo Trattato in Roma più presto che altrove per maggior' commodità de' Confederati, & perche il Pontefice si mostra così ardente in questo Negotio & così benigno Padre di tutti.

Rispose il Suriano che quando s'habbia da trattare non è dubbio che non sia da trattare in Roma,& che la Signoria non sarà mai aliena da questo. Ma quello che l'offende è che quel Capitolo che è il principale & che solo ordina la parte offensiva pareria messo molto incerto quando si havesse à deliberare sopra quello ogn' Anno,& quando non fosse stabilita certa quantità di forze per opponersi alla potenza del Turco, laquale è in tale stato che più presto bisognaria pensare di accrescere che diminuire le forze della Lega che sono dichiarate.

Et soggiunse il Soranzo che la Signoria haveva havuto risposta di Spagna che il Rè hà mandato l'ordine di accommodare quei Capitoli che sono in difficoltà, & che non s'intende accommodare il persistere in quello ch' era notato.

Risposero à questo i Regii che la Commissione che hanno dal Rè in questo Articolo era che non si alterasse in niente; & alle ragioni dette dal Suriano risposero quello che è stato detto altre volte di provedere per gli accidenti,che possono occorrere;che non potendo ò non bisognando far' quello che è dichiarato nel Capitolo non stia per questo otiosa la Lega.

Continuò questa controversia per lungo spatio, & gli Ambasciadori di Vinetia trattisi da parte consigliorono frà loro di proporre qualche altro partito con che si offendesse meno la forza del Capitolo. Ma vedendo l'hora tarda, & gli animi non molto disposti ad entrare in nuove prattiche ritornorono nella Congregatione, dissero che questo era un Articolo tanto importante che meritava gran consideratione, & pregavano Sua Signoria à pensarvi un poco sopra, & che vi penseriano ancor' loro, & che forse Dio mostrarebbe qualche modo di accommodarlo & con sodisfattione commune.

Et così fù rimesso al giorno seguente delli VI. nelquale trattorono gli Ambasciadori di Vinetia col Cardinale Rusticucci prima, & poi col Cardinale Morone, che dove è detto che le forze notate siano in pronto nelli Mari di Levante l'Anno 1571. si dica fin l'Anno 1574. ò quel più longo tempo che si possa, che fù partito proposto fin da principio del Trattato, & consigliato poi dal Cardinale Aldobrandino; ma non accettato all' hora dall' Ambasciadore Suriano per ordine espresso di Vinetia, & domandorono che fosse proposto questo accommodamento dalli Deputati di Sua Santità & fù promesso di farlo; ben che l'uno, & l'altro de' Cardinali cercasse di persuadere ch' il Capitolo stava bene come era notato, & che il mutarlo haveria difficoltà, & che il Pontefice non era restato ben sodisfatto della durezza che mostravano in approbarlo, parendoli che non contenesse cosa così absurda che meritasse tanta contentione. Anzi che era pur necessario considerare che potesse auvenir' qualche cosa che bisognas-

Anno 1570.

sognasse regolare le forze della Lega con accrescerle ò minuirle, & che non si doveva ricusare di farlo in Roma più presto che in Spagna, & farlo à tempo oportuno, perche altrimenti non duraria la Lega. Et per quello che suonano le parole di quel Capitolo non vede sua Santità che pregiudichi al precedente, & che non pare che si possa pretermettere questo Capitolo che è l'anima della Lega,& che il proponere di estenderlo al 1574. daria ombra perche fù proposto altre volte & non accettato. Ma con tutto questo fu promesso di proponerlo, & ridotti tutti nella Congregatione parlò primo il Suriano considerando i bisogni della Christianità, & la potenza & fortuna di Turchi,gli incommodi patiti in Cipro,& come era necessario per interesse commune impedire i progressi de gli Inimici, & che non si poteva fare con altro modo che con la Lega;& che bisognava ch' ella fosse offensiva, perche s'ella fosse solamente difensiva consumaria le forze della Christianità senza frutto, & che per farla offensiva bisognava sostentar' quel Capitolo delle forze communi, & non pensare che potesse bastare per un Anno,ma che bisognava continuare in quello per quanto tempo fosse il servitio della Christianità, & che però l'altro Articolo doveva esser regolato in modo che non interrompesse il primo già concordato come interromperia quando paresse che si dovesse far' nuova deliberatione ogn' anno, & che si russe per diminuire le forze concluse; & che se in luogo di quello che si dice che sia dato ordine di deliberare l'Autunno in Roma, si dicesse che sia dato ordine per l'essecutione di quello ch'era deliberato nell' Articolo precedente,restariano contenti, & non pareria che si dovesse venire ogn' Anno à nuova Trattatione quasi d'un' altra Lega. Che non fariano difficoltà che questo si facesse in Roma, & si facesse l'Autunno ò a che tempo bisognasse, & che trattandosi dell' essecutione non si levava l'auttorità alli Principi di accrescere ò minuir le forze quando lor paresse, se ben non si esprimeva in scrittura, & che l'esprimerlo dava gran smacco alla Lega.potendo parere à molti che fosse fermata la quantità delle forze per un' Anno solo.

Rispose il Cardinale Granvela che il Capitolo era necessario à quel modo, & che senza quel Capitolo la Lega si romperia, perche occorrendo bisogno d'accrescere ò minuir le forze limitate saria arbitrio d'ogn' uno delli Confederati di non voler concorrere se non col modo dichiarato, & si dissordinava la Lega. Ma per l'Articolo aggiunto niuno non potria ritirarsi, ma ciascuno sarà obligato à quello che saria risoluto in Roma. Et non bisogna dubicare che questa alteratione delle forze non possa occorrere,perche s'il Turco accresce la sua Armata à trecento Galee ò più non bastariano le ducento della Lega.

Fù detto dal Soranzo ch'il Turco non può fare trecento Galee.

Rispose il Cardinale che se non le può far' quest' Anno le potria forse fare un' altro; Medesimamente se si patisse qualche sinistro nell' Armata (che Idio guardi) non si potriano mettere insieme le forze concluse ma bisognaria prendere altro partito. Il che non si potria fare non facendo il Capitolo come è scritto.

Per questa disputa i Cardinali Deputati da Sua Santità consultorono un' pezzo insieme a parte,& poi tornati tutti al suo luogo il Cardinale Morone considerò che la Capitulatione conteneva quattro cose, l'offensiva principale,l'offensiva particolare, la difensiva, & la provisione à gli accidenti che potessero occorrere,& perche il primo Capitolo dell' offensiva principale,& quello della provisione à gli accidenti hanno tanta difficoltà si potria regolarli ampliando il Capitolo che nomina l'Anno 1571. à trè ò quattro Anni, perche si rimuoveria facilmente ogni controversia per questa via.

Fatta questa proposta & non risponendo niente i Regii nè gli Ambasciadori,perche uno attendeva à quello che voleva dir' l'altro; li Regii si tirorono da parte & consultorono insieme per un pezzo, & cosi fecero.anco gli Ambasciadori di Vinetia.

Et dopò ritornati alli suoi luoghi il Cardinale Granvela,havendo primo ringratiato quei Signori della fatica, & dello studio che mettono in questa Trattatione,disse che gli pareva che con questo nuovo partito si riducesse la Lega, che già era dichiarata perpetua, à quattro Anni solamente, & che questo non era al proposito, perche si metteria tutto il concerto già fatto, & che loro non sono condescesi in una Lega che fusse fatta per breve tempo, & che ne anche per questo non si prohibiva che non potessero occorrere in quelli accidenti per li quali si dovesse crescere ò diminuire le forze,perche può occorrere che si perda ò vinca,& in ogni caso è necessario provedere che continui la Lega, & sia procurato il danno dell' Inimico, & il benefitio delli Confederati in quel modo che sia più espediente, & che non è niun tempo più atto à questo che l'Autunno; perche per gli successi seguiti l'Estate, & per lo stato in che si trovaranno le cose cosi quelle de' Christiani, come quelle de' Turchi, si può immediatè deliberare di dar' quelli ordini, & esseguirli à tempo, & che adesso se bene nè anche era conclusa la Lega,tuttavia il Rè fà provisione di Fanteria, & Cavalleria,& Navi per haverle pronte à tempi opportuni; onde il Capitolo stava bene à quel modo, & non doveva havere difficoltà.

Disse anco che haveva dato conto al Rè minutamente di tutto quello che era stato trattato già sopra questo Capitolo che haveva havuto sempre la contradittione, & che hà anco al presente, & che il Rè gli haveva dato ordine ch'il Capitolo stesse à quel modo & che non si stabiliva come è scritto non potevano procedere più oltra nella Trattatione.

Rispose il Suriano per nome suo & del Collega che gli piaceria che il Capitolo fosse riformato in modo che non paresse che mettesse difficoltà nell' Articolo precedente, ma che poi che era stato proposto per altro modo si contentariano quel che piacesse à Sua Santità, & per quello che haveva detto il Cardinale Granvela che pareria che la Lega non havesse à durare più che quattro Anni,disse che era da dubitar molto poi che formandosi la Scrittura al suo modo non duraria più d'un' Anno; & perche il Cardinale disse che il Capitolo del 1571. parla anco delli Anni susseguenti,rispose che quel medesimo saria da dire anco quando si acconciasse col modo ricordato nell' Anno 1574. & che per stabilire bene la parte offensiva, ch' era il fondamento principale della Lega, bisognava levare tutti gli impedimenti, al primo Articolo, & che quello che potesse occorrere per accrescere ò minuire le forze saria sempre in potere de i Principi, & cosi fù fatto nell' Anno 1538. se bene non era messo quel Capitolo nella Lega cosi furno dette, & replicate molte cose. & fù concluso dalli Deputati del Pontifice, & per gli accidenti che possono venire anzi vengono necessariamente non si può far senza quel Capitolo che regola la Lega in ogni caso, che altrimenti saria tutta in dissordine, perche quando non fusse quest' obligo uno tiraria in quà l'altro in là, & per le difficoltà che facevano gli Ambasciadori di Vinetia fù proposto di ampliare il Capitolo & quasi interpretarlo. Il che non fu accettato, & alla fine fù detto di aggiungere che quello che si havesse à deliberar' l'Autunno à Roma s'intendesse esser concluso per quel che fosse risoluto per la maggior parte de' Principi Confederati, per escludere quel dubbio che un solo potesse dissordinar' tutti gli altri, & i Regii restorono contenti; ma non gli Ambasciadori di Vinetia, i quali consigliati da loro ben che fossero di opinioni diverse tuttavia s'accordorono finalmente di cedere, & consentirono che si procedesse avanti ne' gli altri Capitoli; riservando à risolversi in tempo di diece giorni, ò di accettare il Capitolo come stava scritto, overo con quella giunta, *come parerà alla maggior parte de' trè Principi Collegati*, per havere sopra ciò auviso dalla Signoria di quello che più à lei piacesse; & si continuò poi il Capitolo della compartita delle spese che segue.

Il quale havendo i Regii approvato come stava scritto; l'Ambasciadore, prima fatto un' poco di discorsi dell' affettione & riverenza che la Signoria porta à Sua Santità, & del desiderio che ella hà di compiacerla come vorria, allegò la spesa che la Signoria hà fatta quest' Anno con cosi poco frutto, & quello che le conviene spendere, oltra la contributione della Lega, nelli Presidii di tutto il suo Stato, & la molta difficoltà che conviene à far le provisioni necessarie, essendo minuiti i Datii, & i Frutti dell' entrate publiche per diminutione del traffico, & mancando i danari nel publico & nel privato. Onde per tutti questi rispetti, non poteva concedere più che per la parte sua, ma che accommodaria Sua Santità di quelle Galee che bisognassero con li suoi fornimenti & cose necessarie che non è poca cosa, perche tutto costa danari, & non si adopra una Galea per un viaggio che al ritorno non sia peggiorata due mila Scudi, ma questo che poteva fare la Signoria lo faceva, & se più potesse più faria.

Rispose à questo il Cardinal Morone, & con una amorevole essortatione cercò di persuadere à gli Ambasciadori di non mettere difficoltà in questa cosa che

ANNO 1570.

oltre che è tutta à favore della Signoria si compiaceva un Pontefice grato, & bene affetto, & che è di natura che fà prontamente tutto quello che può, & se più potesse più faria, & che quella prontezza che quella Signoria mostrasse verso Sua Santità ella mostraria verso la Signoria concedendoli ogni gratia che potesse, & fece un' offitio quanto più si potesse fare vivo, & efficace; & fù seguitato da gli altri Deputati. Onde gli Ambasciadori commossi offerirono quello che fù offerto altre volte, & non fù accettato che la Signoria armaria vinti quattro Galee per conto di Sua Santità de otto dellequali pagaria la spesa, lei, & delle sedici faria rifatta dal Rè Cattolico in altre spese della Guerra, & che questo è quel più ch'ella possa fare, & è tanto che Sua Santità non deve havere alcun dubbio dell' affetto, & riverenza della Signoria.

Fù accettata gratamente questa offerta, & il Cardinal Morone soggiunse che era tanto poco quello che mancava à supplire tutto il contenuto del Capitolo che non si doveva fare difficoltà, & escusandosi gli Ambasciadori de non poter far' più, fù trattato che per quello che mancava si facesse tanto manco provisione nella Lega; Ma li Regii dissero che per quanto si diminuisse della portione del Pontefice doveva esser diminuito anco alla portione del Rè, & che alterarla non consentiriano.

Onde tutti si voltorono à gli Ambasciadori i quali dissero di voler parlare al Pontefice, & fù interpretato che volessero domandar' qualche gratia à Sua Santità & con la concessione di quella acconsentire; & così passò all' altro Capitolo che dice che ciascuno di Collegati di quello che metterà nell' Impresa (ò sia Galee ò altro) più della portione sua sia rifatto dall' altro in altre cose; il quale fù approvato da tutti.

Seguì poi quello della Tratta, & il Cardinale Granvela disse che parleria alla libera, & non come Mercante per calare à poco à poco, ma diria l'ordine del Rè & quello che si potesse fare alla prima.

Considerò che per Auvisi che haveva da Napoli le Tratte erano l'Anno passato à vinti trè Scudi per Carro, & di Sicilia trè Scudi per Salma.

Ma il Rè si contenta di darle nel Regno per vinti Scudi per Carro, & in Sicilia per dui Scudi per Salma; & che se bene quel prezzo crescesse ad altri però non potesse crescere alla Signoria, ma se calasse, come occorreva qualche volta, calasse anco à benefitio della Signoria.

Risposero gli Ambasciadori che il prezzo era troppo, & che non potevano obligar la Signoria à tanta somma & appresso à gran giunta.

Dissero i Regii che questo era il Patrimonio del Rè & che non potevano far più di quello che havevano in Commissione, & non era poco se Sua Maestà lasciava quello che potesse haver' più di vinti Scudi per servitio della Signoria & furno fatte molte risposte, & molte repliche, & per l'hora tarda & il Capitolo si difficile fù ridotta la Congregatione al giorno seguente.

Non offerirono gli Ambasciadori alcuna cosa, parendo superfluo al Suriano fare offerta perche i Regii stavano fermi in questo di non haver auttorità di minuir' niente.

Tornati nella Congregatione alli VIII. fù trattato di nuovo sopra quel Articolo, & il Cardinal Granvela portò la forma del Capitolo come vorria che fosse riformato che oltra il particolar del prezzo conteneva anco la concessione delle Tratte s'intendesse in caso che i Regii non havessero bisogno.

Parlò l'Ambasciadore Soranzo della strettezza in che si trovava la Signoria di vittouaglie, & come non solamente non haveva modo di provedere alli bisogni dell' Armata, ma manco di soccorrere la Dalmatia che non hà da vivere, & supplire alla Città di Vinetia tanto piena di Popolo.

Ma i Regii dissero che tanto più loro andar' cauti in questo Negotio quanto che non era conveniente per sostentare i Sudditi d'altri far patire i suoi Soggetti.

Soggiunse il Suriano che quello ch' era stato detto di Vinetia non era perche la Signoria intendesse di valersi delle Tratte del Rè in altro che nelli bisogni della Guerra per li quali era fatta la Lega; Ma perche considerando ch' il Popolo di Vinetia è in tanto numero che consuma tutti i Grani che sono nello Stato della Signoria, si conoscesse che da quello Stato non si può provedere à i bisogni dell' Armata.

Fù poi disputato sopra il prezzo lungamente, & fù fatto uffitio dal Cardinale Morone, & da gli altri Deputati di Sua Santità perche i Regii condescendessero à il prezzo giusto & honesto, essendo la proposta fatta troppo eccessiva, & fù allegato ch' il Papa concede le sue Tratte per uno Scudo di moneta il Rubbio, & poco più di sette Rubbia fanno un Carro di Napoli, & la Salma di Sicilia è come un Rubbio.

Onde domandando loro due Scudi per Salma & vinti Scudi per Carro saria in Sicilia il doppio, & in Puglia il triplo di quello che fà pagare il Papa.

Disse il Cardinale Granvela che la Signoria haveva fatto offerire al Rè in Spagna sei Scudi del Carro, il che disse con modo di derisione, & soggiunse ch'il Rè s'era risolto à quel modo, & che loro non potevano far' altro, & che non si contentando la Signoria potria scrivere in Spagna al Rè che potria far quello che non possono loro.

Rispose il Cardinale Morone che questo saria mettere trè mesi di tempo che saria la rouina della Lega, ma che loro potriano scrivere à Napoli al Vicerè, & veder frà loro di accommodare questo Negotio con modo conveniente perche in vero domandavano troppo.

Disse il Cardinale Pacecco che quello era quanto potevano fare, & che se non piaceva à gli Ambasciadori di Vinetia non si poteva far altro, & non accadeva passare più inanti nella Trattatione.

Fù ricordato da i Cardinali Grassis & Aldobrandino che si togliesse il prezzo delle Tratte di diece ò quindici anni in quà & partirle per rata & in quello accordarsi.

Dissero i Regii che non potevano far' altro & che hanno gli ordini limitati i quali non possono eccedere, & soggiunse il Cardinale Pacecco che si lasciasse il Capitolo come stava nel 1537.

Fu risposto dal Suriano che non era à proposito, & che Dio guardi che la Lega habbi quel fine ch' hebbe all' hora per questa causa delle Tratte.

Fù detto dalli Deputati del Pontefice che si potria ridurre il prezzo à quattordeci, over quindici Scudi il Carro.

Risposero i Regii che non si potevano partire dalle Commissioni loro; & gli Ambasciadori di Vinetia dissero che anco quello prezzo saria troppo, & soggiunsero che bisognava anco regolare quell' altra conditione che il Rè concederà le Tratte quando i suoi Regni non haveranno bisogno, perche quello mette in dubbio tutto il Trattato, & che i Regni di Napoli, & di Sicilia sono sempre abondantissimi, & possono supplire al bisogno suo, & quel di altri.

Fù risposto dalli Regii che di questo non occorreva parlare, perche il Rè non voleva affamare i suoi Popoli per aiutar' quelli d'altri.

Et i Cardinali Deputati da Sua Santità dissero che si dovea sperare che tutto si facesse con buona fede, & con buona volontà, & che come non era conveniente ch' il Rè non havesse rispetto alli bisogni di suoi Popoli, così non si doveva dubitare che fossero mai negate le Tratte potendo concederle.

Fù poi fatto nuovo uffitio co' i Regii che scrivessero à Napoli per havere miglior informatione di là, & ridur' le cose à piu ragionevole prezzo, & finalmente si contentorno di scrivere.

Et fù poi fatta instanza à gli Ambasciadori di Vinetia che offerissero quello che potevano promettere, i quali escusandosi dicevano che per la domanda alta delli Regii non sapevano come offerire se primo quella non si moderava; tuttavia essortati da i Cardinali acciò che i Regii potessero farci sopra la debita consideratione, & scrivere anco à Napoli bisognando dissero che si contentariano di otto fin diece Scudi il Carro nel Regno di Napoli, & in Sicilia alla rata; & i Regii dissero che non si faria niente, & che bisognava che la Signoria sostentasse la sua Armata con suoi danari, & non con quelli del Rè.

Ma per rimuovere le contentioni fù concluso che questo Articolo restasse così indeciso fin che vi venga la risposta del Vicerè di Napoli, & che in tanto si continui ne' gli altri come fu fatto nella Congregatione di 9. nella quale si trattò prima del Capitolo delle cinquanta Galee da esser date dall' uno all' altro per mutua difesa in caso di bisogno.

Et i Regii approbarono ogni cosa come stava. Ma gli Ambasciadori di Vinetia dissero che il Capitolo era superfluo essendo gia dichiarato nel principio della Capitulatione della Lega offensiva, & difensiva. Onde venendo il caso che alcuno de gli Confederati fosse assoltato, & dovendo le forze della Lega esser' preparate ogn' Anno ne' gli Mari di Levante, i Capitani Generali

ANNO 1570. nerali havevano à provedere ad ogn' uno nelli bisogni di aiuti convenienti.

Disse il Cardinale Granvela che il Capitolo doveva stare come è notato ne doveva haver' difficoltà perche era necessario & reciproco, & si dolse che si tornasse in quello che era stato detto tante volte, & con parole alte, & piene di risentimento disse che non vedeva come potere più ridursi la Congregatione poi che si tornava sempre al medesimo, & che questa non era la via di concludere.

Risposero gli Ambasciadori che questo Capitolo non era mai stato accordato, & che parendo superfluo non potevano restar' di dirlo, mostrando anco di dubitare che con questo modo la Lega che doveva esser' fondata nella offensiva si riducesse nella difensiva, & sarebbe un andarsi consumando & à perdere al fermo.

Ma perche i Cardinali Deputati da Sua Santità sentivano il Capitolo come stava gli Ambasciadori si ritirorono da parte, & consigliatisi frà loro presero tempo à veder' meglio le sue Istruttioni, & risolversi nella prima Congregatione, & così si continuò il Capitolo che segue.

Che quando il Rè voglia fare l'Impresa d'Algieri, Tripoli, & Tunisi, in qualch' Anno che non si faccia Impresa commune nè fuori Armata Turchesca, la Signoria sia tenuta mandare in aiuto del Rè cinquanta Galee come Sua Maestà hà mandato in aiuto di lei quest' Anno, & quel resto che segue. Il qual fù approvato da tutti & gli Ambasciadori di Vinetia volevano il Capitolo reciproco.

Ma il Cardinale Granvela fece difficoltà con dire ch'il Rè vuole questo aiuto una volta sola, laquale andarà per l'aiuto che hà dato alla Signoria.

Disse l'Ambasciadore Suriano con sdegno ch'era stato un bello aiuto, & che non voleva più dir' altro, & soggiunse che bisognava il Capitolo reciproco acciò che la Signoria potesse ella ancora far qualche Impresa; & i Cardinali Deputati sentivano il medesimo.

Onde il Cardinale Granvela disse che si nominasse trè Luoghi nel Golfo che si contentaria

Rispose il Soranzo che non erano in tutto 'l Golfo trè Luoghi di paragonare con quelli nominati per il Rè.

Al fine dopò molti contrasti fù concluso il Capitolo reciproco, & nominato per la Signoria tutto il Golfo dalla Vallona inclusione fino à Vinetia con conditione che il primo aiuto dovesse esser dato al Rè & il secondo allo Signoria s'il volesse. Soggiunse poi il Soranzo che bisognava dichiarare nel primo Capitolo dove si parla delle trè Luoghi di Barberia che si intendesse con le conditioni del presente Capitolo.

Rispose il Cardinale Granvela che questo nò, & che non voleva mutare nè aggionger' niente, & che il Capitolo era stato accordato in quel modo & mandato in Spagna come conchiuso, & approbato dal Rè, & che non haveva à far niente col Capitolo presente.

Disse il Soriano che quel Capitolo era stato sempre inteso con quelle conditioni, & ricordò quello ch'il Cardinale medesimo haveva scritto di sua mano il primo giorno che si trattò di quelli trè Luoghi, & che dichiarava che quelle Imprese fussero particolari, & fatte con aiuti limitati & che se fosse stato assentito à quello all' hora non hauria fatto altra replica, & che saria cosa troppo assorda che per non haverli assentito all' hora volesse hora dire due vantaggi, & dichiarar' quell' Imprese per particolari & per generali.

Replicò il Cardinale che così intendeva, & se saria giudicato da Capitani che sia bene andare à quelle Imprese con tutte le forze della Lega, potrebbono andarsi, & non possa il Rè farle à suo piacere con aiuti limitati, & disse in ultimo che se si trattava di muovere in niente il primo Capitolo non verria più in Congregatione, & parendo à gli Ambasciadori questa cosa nuova, & importante non vollero risolvere niente senza havere ordine da suoi Signori, & l'Ambasciadore Soranzo disse che se bene il Rè hà fatto sapere all' Ambasciadore della Signoria che è in Spagna che daria ordine che si accommodariano le difficoltà con partiti ragionevoli; Però loro Signorie stavano durissime nelle opinioni sue, & disse che havendo la Signoria dati i suoi ordini con questo fondamento & vedendo che la cosa era intesa altrimenti era necessario scrivere à Vinetia per haver' nuova risolutione.

Disse il Cardinale Granvela che non occorre parlare nè di tempo nè d'altro, perche se si pensa di muover' niente nel primo Capitolo la Lega è rotta, & si levò per partirsi; Ma fù fermato dal Cardinale Morone, il quale fatto ritirar' da parte gli Ambasciadori di Vinetia fece tanto che persuase Granvela che consentisse di dar questo tempo à gli Ambasciadori di scrivere. ANNO 1570.

Et richiamatili il Cardinale disse che si contentava, ma protestava chiaramente che se non si lasciava il Capitolo primo come era scritto che la Lega non andarebbe più inanti, & domandò loro che accettassero questo protesto stando ogn' uno in libertà di far' quello che voleva fin che la Capitulatione non era formata; Ma che bisognava far la Lega, & non pensare di romperla per cosa di niente, & anco i loro Signori non devriano star' così duri in ogni cosa.

Si continuò poi ad essaminare altro Capitolo che segue della difesa dello Stato Ecclesiastico, & fù approvato da tutti, & così l'altro delli Generali, quanto alle deliberationi che siano fatte da tutti trè per la maggior' parte de' voti, & che quanto all' essecutioni l'auttorità del Generale sia di Don Gio. d'Austria, ma dove si dice che in sua absentia sia del Generale del Pontefice; i Regii s'opposero con dire che essendo il Signor Giovanni persona tanto principale era anco conveniente che potesse mettere un sostituto al suo carico, & con la sua auttorità in sua absenza.

Rispose il Cardinale Morone che non bisognava mutar quello che è scritto, & che si faria gran torto à Sua Santità mettendo difficoltà in quell' Articolo, & il medesimo dissero i Cardinali suoi Colleghi. Et dimandati gli Ambasciadori di Vinetia dissero che la Signoria si contentava del Signore Don Giovanni per rispetto del Rè, & per la dignità della persona, & che in sua absenza se bene in molte ragioni parte già dette, & parte se si possono dire potriano pretendere che il luogo fusse del Generale della Signoria, tuttavia per la riverenza che porta al Pontefice, & per non turbare il benefitio publico per affetti privati si contentava che fusse di quello di Sua Santità.

Replicorono i Regii che si faceva torto al Rè, alquale doveva toccare questa auttorità come altre volte hebbe suo Prefetto & che Sua Maestà nominaria che fosse di sodisfattione del Papa, & della Signoria; & i Cardinali Deputati dissero che non potevano assentire, & che non ardiriano di parlar' di questo con Sua Santità; & i Regii dissero che gli parlariano loro, & così si passò al Capitolo del Generale di Terra, & che sia deliberato frà i Principi Confederati; & gl'Ambasciadori di Vinetia proposero il Signor Sforza Palavicino; Ma il Cardinale Granvela disse che si scorresse anco questo perche parlariano col Papa. Et l'Ambasciador Soranzo si mise in gran pensiero credendo che li Regii fossero per consentire al Pontefice quello di Mare, & che al Rè fusse concesso libero quello di Terra, onde alla Signoria non restava niuna preminenza. Ma il Suriano gli disse che la difficoltà che sempre haveva messa il Papa in questo era stato per servitio della Signoria, & non per altro suo obietto particolare conoscendo egli benissimo la sincerità con che procedeva il Papa in questa cosa.

Ma persuadendosi il Soranzo tuttavia che Sua Santità havesse qualche ambitione ò affetto particolare, & non quel zelo che haveva della buona risolutione del negotio, non valse cosa che gli fosse detta dal Suriano per farlo certo ch'il Papa non havesse altro obietto ch'il buon fine della Lega, & il contento & sicurezza della Signoria.

I Capitoli che quello che sarà Generale della Lega usi lo Stendardo con l'insegne della Lega, che sia riservato luogo all' Imperatore & altri da dichiararsi, che sia fatto uffitio da Sua Santità per invitarli non hebbero contrasto.

Al Capitolo della divisione de gli Acquisti, il Cardinale Granvela disse che come questo è dichiarato che acquistandosi Algieri, Tunisi, & Tripoli siano del Rè così si aggiungesse bugia, il che non ottenne per non metter nuova difficoltà à campo, ma s'intende senza nominarlo perche è dichiarato nel Capitolo che siano dati al Rè tutti quei Luoghi che s'acquistano dalla Lega che altre volte siano stati suoi come è anco dichiarato di quelli che sono stati della Signoria, & di più Castelnovo, & la Valona, & Durazzo, se ben pareva ch'il Cardinale Granvela pensasse ch'il potesse havere qualche pretentione sopra Durazzo per conto del Regno di Napoli.

Fù anco aggionto al Capitolo che in tutti gli Acquisti che saranno fatti dalla Lega nelle Imprese Generali l'Artiglierie & Monitioni siano divise frà i Principi Collegati per la rata delle spese.

Al Capitolo del Ragusei consentirono gli altri, ma

ANNO 1570.

ma li Ambasciadori di Vinetia considerorono che saria ragionevole prohibire che non servano a' Turchi d'Artiglerie & Monitioni, & altre cose che facciano danno a Christiani. Il che piaceva à gli Regii, ma li Cardinali Deputati del Pontefice non volevano muover niente in questo Capitolo per esser stato proposto dal Pontefice come stava, pur fù concluso che dovesse dire che non fussero molestati di' Confederati se però non paresse à Sua Santità altrimenti per qualche causa. In quello dove si rimettono nel Papa le differenze che potessero nascere frà i Confederati fù dichiarata ad istanza delli Ambasciadori di Vinetia, di quelle differenze che occorreranno per causa della Lega.

All' ultimo dove si dichiara che niuno de' Principi Confederati non potesse tentare accordo co' Turchi senza participatione, & consenso degli altri sotto le pene, &c.

Disse il Cardinal Morone che di questo Sua Santità si rimetteva in lor Signorie che risolvessero quello che lor paresse bene, & che ella l'haveva desiderato con buon fine, credendo che saria stato bene, & che non hauria partorito niun' malo effetto.

Li Regii non fecero difficoltà, ma gli Ambasciadori di Vinetia fecero istantia che quel Capitolo fusse levato del tutto.

Disse il Cardinale Granvela che bisognava pur mettere qualche conditione, perche i Principi attendessero à quello che promettevano, & ricordava che si lasciasse almeno quella parte che gli altri Confederati si dichiarassero Nemici di quello che mancasse alla Lega.

Replicorono gli Ambasciadori che la fermezza della Lega era la fede della quale la Signoria non haveva mancato mai, nè pensava che nè Sua Santità nè il Rè fussero per mancar' mai, & che per niuno accidente la Signoria non muoverà mai l'Arme contra il Pontefice nè contra il Rè.

Disse il Cardinale Granvela, entraranno in questa Lega anco altri Principi i quali che se non vedranno che sia messa fermezza per farla durare potriano ritirarsi.

Rispose il Suriano che per questo potria auvenire il contrario che molti non volessero entrar nella Lega quando vedessero nella Capitolatione questo legame, & soggiunse il Soranzo che mai niuno vorria muovere Guerra all' Imperatore, & al Rè di Francia con pericolo di sollevar' gli Ugonotti, & Heretici contra la Christianità.

Dissero a questo i Cardinali Deputati dal Pontefice che Sua Santità come Giudice della Lega non hauria rispetto à muovere, & far' muovere Armi contra ciascuno che mancasse.

Rispose il Soriano che adunque trattandosi di far' Lega contra Turchi si faria contra Christiani, i quali divisi frà loro fariano compitamente grande il Turco.

Disse Granvela che bisognava al tutto che stesse questa conditione perche altrimenti non poteva concludere la Lega, & che se pure questa non piaceva se nè trovasse qualch' altra che non lasciasse uscir' d'obligo i Confederati per ogni loro appetito.

Rispose il Soranzo che anco di questo scriveriano à Vinetia, & si hauria la risposta. Et essendo levati tutti in piede disse il Suriano che di gratia si risolvessero di non star' duri in questo Articolo delle pene, che haveva dato à lui tante pene à Vinetia per l'opinione s'era havuta à Vinetia ch'egli l'havesse approvato insieme con le Censure, & mettendosi la cosa in ridere gli fù data intentione d'accommodarsi.

Alli XX. di Novembre fù chiamata la Congregatione poi che s'intese ch'era venuta la risposta alli Regii da Napoli per conto delle Tratte, & alli Ambasciadori di Vinetia per conto delli Capitoli indecisi.

Et congregati secondo il solito il Cardinale Morone fece una grave essortatione à tutti & piena d'affetto per determinar le difficoltà da ogni parte. Et voltato alli Regii domandò quello che havevano da dire sopra le Tratte.

Disse il Cardinale Granvela chè per Lettere del Vicerè era stato fatto un calcolo dal 1539. fino all' Anno presente, & computando un' Anno per l'altro i prezzi ascendevano à Scudi vinti dui il Carro. Onde poteva la Signoria contentarsi della domanda che havevano fatta di vinti solamente, & se pur paresse troppo si contentariano di diffalcare quanto volessero gli Ambasciadori purche fusse ricompensato il Rè fino à quel segno in altre spese che converrebbono farsi per conto della Lega.

Gli Ambasciadori (havendo prima il Soriano fatto un offitio grave, & efficace per la conclusione del negotio che per contrasto di poco momento portava grandissimo pericolo che le provisioni non fossero fatte à tempo, onde s'havesse à temere maggior' danno & vergogna l'Anno futuro che non era seguito il passato) risposero che il prezzo era troppo alto, & che bisognava venire à partito più honesto perche dalla parte loro condescenderiano prontamente à quello che si potesse. Et i Regii stavano in questo che il partito era honesto, & domandavano manco del prezzo conveniente.

Onde il Cardinale Morone disse che questa non era difficoltà che meritasse tante parole, & voltatosi agli Ambasciadori domandò quanto pagariano.

Risposero secondo l'offerta già fatta fin' diece Scudi il Carro. Rispose il Cardinale ch'erano pochi, & voltato alli Regii gli pregò per nome del Papa ad abbassarsi quanto potevano, i quali vennero alli 17. stando però fermi di due Scudi per Salma di Sicilia.

Et gli Ambasciadori di Vinetia vennero alli XII. & dopò un lungo contrasto finalmente il Cardinale Morone lo terminò in quindici, intendendo di moneta di Regno che sono manco di dodici d'oro.

Si venne poi alla conditione che era messa (nè havendo quelli Regni bisogno) laquale gli Ambasciadori fecero istanza che fusse levata, & disse il Soranzo che era conditione captiosa se non quanto al Rè, quanto a' Ministri donde era nato il disordine dell' altra Lega.

Rispose con grande alteratione il Cardinale Granvela che voleva quella conditione in ogni modo appunto per questo che se non si potesse dar' Tratte non si facesse l'oppositione dell' altra volta, & che se questa dichiaratione dispiace alla Signoria nella Capitolatione publica si metta in una Scrittura à parte; & soggiunse il Cardinale Pacecco, & l'Ambasciadore Regio che se non piaceva il Capitolo in quel modo non si parlasse più di Lega.

Li Cardinali del Pontefice fecero ritirare gli Ambasciadori di Vinetia à parte, & parlorono un pezzo con li Regii, & dopò fatti ritornar' quelli, & uscir' questi altri, disse il Cardinale Morone che non si poteva stringere il Rè à conceder Tratte quando i suoi Regni fussero in bisogno, & però che la Signoria potria fornirsi in tempo dell' abbondanza, & salvare il formento overo farne biscotti che durano; à che si accommodaria il Capitolo à questo modo che non si potessero dar Tratte à niuno altro, ma la Signoria sia antiana à tutti, & che si operaria anco col Pontefice che si contentasse far fare la antiana nelle diece milia Salme che hà da levare da Sicilia ogn' Anno, & che li Regii si contentaranno di tutto quello pur che sia lor concesso di poter soccorrere prima la Goletta, & Malta se si haveranno bisogno.

Disse il Soranzo che questo era tanto quanto lasciarli la libertà assoluta di far' cio che volessero, & che più importava soccorrere l'Armata che aiutare i Popoli, perche l'Armata era la loro conservatione & difesa.

Et che quanto al fornirsi d'avantaggio non si potria fare con li prezzi tanto alti; & perche queste ragioni non erano accettate propose un nuovo partito che era stato scritto dalla Signoria di poterne havere ogn' anno una quantità limitata come saria d'otto mila Carri.

Rispose à questo il Cardinale Grassi che per la fede che hà vista dell' Anno 1559. in quà non si era mai cavato del Regno di Napoli sei milia Carri in un' Anno. Nondimeno nè fù parlato à parte con li Regii, i quali risposero risolutamente che non si volevano obligare manco ad un Carro solo quando i Regni fossero in bisogno.

Ma si contentariano bene di non dar Tratte ad altri salva che alla Goletta, & Malta, & soggiunse il Cardinale Granvela, & anco nell' Armata.

Et soggiunsero i Cardinali Deputati del Pontefice ch'era honesto.

Et perche il Soranzo faceva gran difficoltà, dissero che haveva il torto, & che tutto il Mondo gli daria contra quando volesse che il Rè si obligasse à dar Tratte non havendo il modo di darle; & disse il Cardinale Morone che si stimava più le ballotte di Vinetia che la ragione.

All' hora il Suriano, il quale non haveva più parlato in questi contrasti nè li piaceva il contendere non potendo patire di vedere essagitare il suo Collega disse che questo era un' Capitolo tanto importante che meritaria d'esser considerato in ogni minutia perche è facil

ANNO 1570. cosa di trovar sotterfugii chi vuole, & che tutte l'altre cose si possono accommodar facilmente ma senza grani non si può mantenir' l'Armata nè la Gente di Guerra, & che non si consideràno le ballotte di Vinetia, ma lo stabilimento della Lega, & che al Rè, & à suoi Popoli non può mancar' vittovaglie havendo la Puglia, & Sicilia che possono sostentar' mezzo Mondo; & se così nè havesse la Signoria ne' suoi Stati non faria difficoltà. Ma bisognava assi curarsi di questo che senza questo non si può far Guerra.

Dissero i Cardinali che quello che si poteva fare è fatto, & che astringere più oltre i Regii non era possibile, & che erano venuti à partito ragionevole obligandosi à souvenir' solamente i suoi, & non dar Tratte ad altri se prima la Signoria non fusse fornita.

Gli Ambasciadori domandorano tempo à consigliar' fra loro havendo animo di parlare al Pontefice per vedere se con l'auttorità di Sua Santità potessero havere qualche vantaggio.

Ma subito dissero i Cardinali che questo era un non voler finir' mai, & seguì Morone ch'il Papa è malissimo contento d'essersi ingerito in questo negotio, & che gli haveva detto quella mattina che se la Lega non si concludeva in sei giorni non voleva che più se nè parlasse.

Il Cardinale Granvela disse che quanto al Rè non importa, perche non facendo Lega à provedere alle cose sue per altra via. Parlorono poi i Cardinali Deputati del Pontifice con gli Ambasciadori di Vinetia à parte essortandoli à metter qualche conditione, perche altrimenti pareria che con una inventione dishonesta non havessero voluto concludere la Lega, & dissero che li Regii non dariano tempo di scrivere à Vinetia, che se si pensasse à questo si retirariano nè più fariano Congregatione.

Ma finalmente dopò molte risposte, & molte repliche fù messo tempo à risolvere questo Articolo fino al giorno seguente, & continuando la Trattatione sopra il Capitolo de' Luoghi di Barberia che era restata in difficoltà, stavano i Regii in volere che l'Imprese di quei Luoghi s'intendessero nelle principali. Et dette, & risposte molte cose domandò loro il Soriano se intendevano che le forze della Lega fossero condotte à quella Impresa quando l'Armata del Turco fusse fuora overo quando si pensasse che fusse per uscire.

Rispose il Cardinale Granvela che nò, & i Capitani non fariano tanto balordi che facessero errori di questa sorte. Ma non volendo i Regii muover niente del Capitolo, & continuando la controversia, disse il Cardinale Morone che gli pareva che i Regii, & gli Ambasciadori di Venetia havessero un medesimo senso, & discordassero solamente in parole, & volendo far prova di accommodarlo, il Cardinale Granvela disse risolutamente che voleva il Capitolo come stava, altrimenti non si farebbe la Lega.

Onde essendo già un hora di notte si partirono della Congregatione tutti stracchi, & malcontenti non havendo in tutto un giorno potuto accordare niuno de' gli Articoli proposti.

La Mattina di XXI. seguente gli Ambasciadori furono col Cardinale Rusticucci, & poi col Pontefice, & trovarono Sua Santità risoluta in materia delle Tratte in quel modo ch'era stato riformato il Capitolo, & in quella dell' Impresa di Barberia, se ben pareva che sentisse à favor loro, però disse ch' essendo i Regii risoluti non vedeva che cosa poter' far che giovasse, & in fine del parlar' suo disse che non mancaria mai alla Signoria di tutto quello che potesse se bene Sua Santità restasse sola con lei.

Nella Congregatione dell' istesso giorno fù finalmente terminato il Capitolo delle Tratte dopò molte dispute, & molti contrasti, & fermato il prezzo di quindici Scudi il Carro nel Regno di Napoli, & dui Scudi la Salma in Sicilia.

XCII.

1571. 25 Janv. *Traitté & Concordat entre* CHARLES IX. *Roi de France, &* CHARLES III. *Duc de Lorraine & de Bar, au sujet des Droits de Regale & de Souveraineté és Terres du Bailliage de* Bar, *Prévôté de* la Marche, Châtillon, Conflans & Gondrecourt, *lesquels le Roi accorde & octroye au Duc, pour lui & ses Successeurs, sauf la mouvance de la Couronne de France. Au Chateau de Boulogne lez-Paris le 25. Janvier 1571.* ANNO 1571.

[Piéce tirée des Archives de Lorraine.]

A tous ceux qui ces presentes Lettres verront. Antoine du Prat, Chevalier de l'Ordre du Roy, Seigneur de Nantoüillet, Precy, Rozoy, & de Fournieres, Baron de Thiert, Thourry, & de Viteaux, Conseiller de Sa Majesté, son Chambellan ordinaire, & Garde de sa Prevôté de Paris; Salut. Sçavoir faisons. Sur ce que très-haut & très-puissant Prince Charles Duc de Calabre, Lorraine, Bar, Gueldres, Marchis, Marquis du Pont à Mousson & Comte de Vaudemont, disoit & maintenoit, qu'à luy & ses Predecesseurs Ducs de Bar, appartenoient les Droits de Regale, & de Souveraineté, à cause du Duché de Bar & Terres cy-après declarées, dont tant luy que ses Predecesseurs auroient joüy de tout temps & ancienneté, paisiblement & sans contredit, suivant leurs anciens Titres, Chartres, & Panchartes; Toutefois le Procureur General du Roi & ses Substituts és Sieges ordinaires de Sens & de Chaumont en Bassigny, luy auroient voulu revoquer en doute lesdits Droits, ce qui auroit fait mouvoir entre ses Sujets, plusieurs Procez & differends tant civils que criminels, en la plus part desquels il auroit été contraint se rendre partie, tant pour le soûtenement de ses droits, que support de ses pauvres Sujets; ausquels differends, ledit Sieur Duc desirant trouver quelque Reglement & Accord, il auroit plusieurs fois interpellé defunt de bonne memoire, le Roy Henri que Dieu absolve, de luy faire raison; Ce qu'il luy auroit volontairement accordé, donnant charge à ses Advocats & Procureurs Generaux, d'y entendre & s'en instruire, tant par conferance verbale, que communication de Lettres, Titres, & Enseignemens; Ce qu'ayant été commencé deslors, n'auroit pû recevoir sa perfection, au moyen des mutations & affaires respectivement survenuës, tellement que les choses seroient demeurées en estat jusqu'à ce temps; auquel voyant les choses retablies, & une pacification generale, il se seroit presenté au Roy, suppliant très-humblement Sa Majesté, que son bon plaisir fût d'acheminer tous ces differends, à quelques fins & asseurances, tant pour luy que pour sa posterité; Chose que ledit Seigneur Roy auroit eu pour agreable; & pour cette cause, auroit ordonné que toutes les Pieces concernant ledit differend, fussent derechef respectivement communiquées, tant à son Procureur General, qu'aux Gens & Conseil dudit Sieur Duc, ce qui auroit été amplement fait d'une part & d'autre; Et sur la communication desdites Pieces, auroit ledit Seigneur Roy par une ou deux fois, oüy tant ledit Procureur & ses Avocats Generaux, que le Conseil dudit Sieur Duc, en la presence de la Reine sa Mere, Messieurs les Ducs d'Anjou & d'Alençon ses Freres, Messieurs le Cardinal de Bourbon, Duc de Montpensier, Prince Dauphin & de Nevers, les Sieurs de Morvilliers & de Limoges, & autres plusieurs Seigneurs de son Conseil privé, avec lesquels ayant amplement conferé des perplexitez & molesties resultantes desdits differends: Et oüy mêmement audit Conseil ledit Procureur General, assisté de deux Avocats dudit Seigneur Roy, lequel luy en auroit fait fidel rapport sur toutes lesdites Pieces; finalement le tout veu & meurement pesé; se seroit ledit Seigneur Roy condescendu à faire le present Contrat, en la forme & maniere qui s'ensuit: POUR CE EST-IL, que ce jourd'huy datte de ces presentes, sont comparus personnellement, pardevant Martin Roussel & Claude Barreau Notaires établis dudit Seigneur Roy en son Chastelet de Paris, très-Chretien, très-haut, très-puissant & très-excellent Prince Charles IX. par la grace de Dieu, Roy de France, en la presence & assisté de la Reine sa Mere, Monseigneur le Duc d'Anjou Frere du Roy, Monseigneur le Cardinal de Lorraine, Messeigneurs les Ducs de Nemours, de Nevers & de Montmorency, Messieurs de Morvilliers, de Lansac, de Foix, & plusieurs autres Seigneurs de son Conseil privé, d'une part: Et très-haut, & très-puissant Prince Charles Duc de Calabre, Lorraine, Bar &c. d'autre part. Lesquelles Parties ont reconnu & confessé avoir fait le Traité & Accord qui ensuit: C'est à sçavoir, que pour pacifier & mettre fin à tous procez & differends tant meus qu'à mouvoir, à raison desdits Droits de Regale & Souveraineté; ledit Seigneur Roy a accordé & octroyé, accorde & octroye, pour luy & ses Successeurs Rois

ANNO 1571. Rois de France, audit Sieur Duc de Lorraine & de Bar son Beaufrere, que tant luy, que tous ses descendens, qui tiendront les Pièces cy-après declarées, soient mâles ou femelles, puissent jouir & user librement & paisiblement de tous Droits de Regale & Souveraineté, és Terres du Bailliage de Bar, Prevôté de la Marche, Châtillon, Conflans, & Gondrecourt; tenus & mouvans dudit Seigneur Roy, & dont ledit Sieur Duc luy en a fait la Foy & hommage-lige, fors toutes fois & excepté, que pour le regard des Sentences & Jugemens donnés par le Bailly de Bar, ou par le Bailly du Bassigny, ésdites Terres mouvantes dudit Seigneur Roy, les Appellations ressortiront immediatement en la Cour de Parlement de Paris, si non que pour les petites Causes n'excedantes la somme dont les Juges Presidiaux ont accoutumé de connoitre, lesquelles Appellations, soit dudit Bailly de Bar, ou dudit Bailly de Bassigny, en ce qui est mouvant dudit Seigneur Roy, ressortiront au Bailliage & Siege Presidial de Sens, non obstant que celles qui provenoient cy-devant de la Prevôté de Gondrecourt, ressortissent auparavant audit Bailliage de Chaumont, dont la connoissance & ressort luy est otée, & attribuée au cas susdit ausdits Juges de Sens; si non qu'ausdites Appelations, ledit Sieur Duc ou son Procureur d'Office, fust en qualité & instance: Auquel cas ledit Seigneur Roy accorde que lesdites Appellations ressortissent immediatement en ladite Cour de Parlement, non obstant que lesdites Appellations fussent disposées, d'être terminées & jugées audit Sens. Promettant ledit Seigneur Roy faire decerner audit Sieur Duc, ses Patentes en forme de Chartres, & icelles faire homologuer en sa Cour de Parlement: Et moyennant les choses susdites, sont tous lesdits procez & differends meus & à mouvoir, demeurez & demeureront terminez & assoupis; Et à l'entretenement de ce present Contrat, se sont lesdits Seigneur Roy & Duc, volontairement condescendus, & promis iceluy executer selon sa forme & teneur, pour eux & leurs Successeurs, lesquels present Traité & Accord & choses susdites, lesdits Seigneur Roy & Duc promirent, sçavoir ledit Seigneur Roy, en parole de Roy, & ledit Sieur Duc en parole de Prince, avoir pour bien agreable, ferme & stable à toujours, sans jamais aller ni venir au contraire, ains rendre & payer tous cousts, frais, mises, dépens, dommages, & interests, qui faits, soufferts, soutenus & encourus seroient par l'un d'eux par le fait & coulpe de l'autre, par deffaut des choses susdites, ou d'aucunes d'icelles, non faites & accomplies, par la forme & maniere que dit est sous l'obligation; sçavoir est, de la part dudit Seigneur Roy, de tous & un chacun les biens de sa Cour: Et ledit Sieur Duc, de tous & uns chacuns ses biens & ceux de ses Hoirs, meubles & immeubles, presens & à venir, qu'ils, & chacun d'eux d'une part & d'autre, & chacun d'eux en droit soi, ont submis & submettent pour ce du tout à la Justice, Jurisdiction & Contrainte de la Prevôté de Paris, & de toutes autres Justices & Jurisdictions ou sçeus & trouvez seront: renonçant par eux à toutes choses generalement quelconques à cesdites presentes Lettres contraires, leur effet, contenu, & execution, & au droit disant generale renonciation non valoir; En temoin de ce, Nous à la relation desdits Notaires, avons fait mettre le scel de la Prevôté de Paris à cesdites presentes Lettres, qui furent faites & passées au Château de Boulogne lés Paris, l'an 1571. le Jeudy vint-cinquiéme jour de Janvier, & ont lesdits Seigneurs Roy & Duc, signé la Minute sur laquelle les presentes ont esté grossoyées. *Signé*, ROUSSEL & BARREAU, *& scellé de cire verte en lacs de soye blenë.*

XCIII.

7. Fevr. *Lettres Patentes de* CHARLES IX. *Roi de France pour la Publication & Enregistrement du Traité fait le 25. Janvier entre Sa Majesté & le Duc de Lorraine. Données au Château de Boulogne le 7. Fevrier 1571.* [Pièce tirée des Archives de Lorraine.]

CHARLES, par la grace de Dieu, Roy de France: A nos Amez & Feaux les Gens tenans nostre Cour de Parlement de Paris, les Gens de nos Comptes, Conseillers & Generaux de nostre Cour des Aides audit Paris, Baillifs de Sens & de Chaumont, ou leurs Lieutenans Generaux & Particuliers, & à chacun d'eux en droit soy, & si comme à luy appartiendra; Salut, & Dilection. Comme dès le 25. du mois de Janvier dernier, pour certaines bonnes causes & considerations à ce Nous mouvant, & même pour mettre fin au different cy-devant par plusieurs fois intervenu, sur les Droits de Regale & Souveraineté, pretendus par nostre très-cher, & très-amé Frere le Duc de Calabre, Lorraine, de Bar, & de Gueldres, Marchis, Marquis du Pont-à-Mousson, & Comte de Vaudemont, à luy appartenir és Terres du Bailliage de Bar, Prevôté de la Marche, Châtillons, Conflans, & Gondrecourt; Nous ayant fait avec iceluy nostre Frere les Concordat & Accord cy attachez sous le contre-scel de nostre Chancellerie. Sçavoir vous faisons, Que nous desirant iceux estre entretenus & observez, Nous voulons, vous mandons, & très-expressement enjoignons, que lesdits Concordat & Accord, ensemble ces presentes, vous ayez à faire lire, publier, & enregistrer en chacun de vos Sieges & Greffes, & du contenu en iceux, faire joüir & user nostre Frere & les siens paisiblement; sans luy mettre ou donner, ni souffrir luy estre fait, mis ou donné aucun empeschement, lequel, si fait, mis ou donné luy estoit, faites incontinent reparer au premier estat & deub: Car tel est nostre plaisir, non obstant toutes oppositions ou appellations, qu'aucuns de nos Officiers ésdits Sieges de Sens & de Chaumont, ou autres particuliers pourroient former & interjetter, desquelles Nous nous sommes reservé & à nostre Personne, toutes Cours, Jurisdictions & connoissance, privativement à toutes autres; & pour lesquelles oppositions ou appellations, ni voulons ni entendons être differé de passer outre à ladite publication, ni nostre Frere & ses Officiers, estre cependant troublez ni empeschez à la jouissance du contenu en iceux Contrat & Accord. Donné au Château de Boulogne le septiéme Fevrier l'an de grace 1571. & de nostre Regne l'onziéme. *Signé* CHARLES. *Et plus bas*, par le Roy, la Reine sa Mere, Monseigneur le Duc, & plusieurs autres Princes & Seigneurs de son Conseil privé, presens. *Signé*, BRULARD.

Et à costé est écrit, Leû, publié, & enregistré, ouÿ sur ce le Procureur General du Roy. A Paris en Parlement, le Roy y seant, le 13. Mars 1571. *Signé*, DU TILLET.

Lûës, publiées, & enregistrées, en la Chambre des Comptes; oüy le Procureur General du Roy; selon & ensuivant la Publication d'icelles faite en la Cour de Parlement de Paris, le 27. Mars 1571. *Signé*, DAVES.

Leûës, publiées & enregistrées en la Cour des Aides à Paris, oüy sur ce le Procureur General du Roy, le 6. Avril 1571. *Signé*, LE SUEUR.

XCIV.

18. Mai. Capitulaciones del Castillo de *Govone* concedidas por D. *Beltran de la Cueva* a la Gente del Marques del Final a nombre del Duque de ALBURQUERQUE, Capitan General per su Magestad el Rey Catholico, y su Governador en el Estado de Milan. Dat. a 18. de Mayo 1571. *Con* la Carta del Duque de ALBURQUERQUE a los Commissarios Imperiales sobre esta materia en Milan a 22. de Mayo 1571. [*Pièces tirées d'une Information de Droit publiée par ordre du Roi d'Espagne en 1633. sous le Titre de* Discussio Quæstionis Salariæ Finariensis.]

PARTIDO, *que ofrece Beltran de la Cueva a la gente del Marques Alphonso, que guardava el Castillo de Govone y la Aprovacion de el Duque de Alburquerque.*

Don Beltran de la Cueva, por parte, y en nombre del Illustrisimo, y Excelentisimo Senor Don Gabriel de la Cueva Duque de Alburquerque &c. Capitan General por su Magestad en Italia, y su Governador en el Estado de Milan, &c.

Aviendo embiado a Pedro de Paz Sargento Mayor, que en mi nombre, por parte de su Excelencia al Castellano

ANNO 1571.

lano del Castillo del Final, a que por respectos convenientes a la conservacion del Estado de Milan, tuviesse por bien de aceptar dentro el presidio, que fuesse necessario, a tal, que no pudiessen Franceses occupar el dicho Castillo por el gran daño, que dello resultaria al dicho Estado, y que esso no era por invadir, ni quitar a nadie cosa ninguna, sino solo para el efecto arriba dicho. Y assi mesmo, que las personas assi del dicho Castellano, como de los de mas, que goviernan, y residen en el dicho Castello, puedan estar en el libremente, ò salir, como mas fuere su voluntad, con todos sus bienes sin recibir daño, ni perjuyzio, en lo uno, ni en lo otro, y aviendolos el dicho Sargento Mayor, dicho todo lo arriba contenido quatro vezes, en mi nombre, por parte de su Excelencia, y requirido les con la paz, protestando les, que todo el danno, que sobre ello succediesse era por culpa, y causa dellos, y contra la voluntad, y mente de su Excelencia, y mia; y no siendo aceptado por ellos, antes de continuo ofendiendo a los Soldados deste Exercito, y aviendo el dicho Castellano, y los que goviernan el dicho Castillo, llamado oy al Sargento Mayor, y pedidole de nuevo, les dixesse lo que las otras vezes les avia dicho; y despues de referido, pidieron se lo diesse en escrito, y firmado de mi nombre, y a tal, que el dicho Castellano, y los de mas, que goviernan, y residen en el dicho Castillo, esten ciertos, y seguros, que todo lo sobre dicho, que el Sargento Mayor les ha dicho, fue por orden mia de parte de su Excelencia, les prometo en nombre del Duque mi Señor de guardar lo arriba dicho, y por el Sargento Mayor a ellos ofrecido; porque la intencion de su Excelencia no es echarlos fuera, ni quitarles el Castillo, ni llegar a nada de lo que en el tienen, sino que esten en el con todo quanto en el ay, acetando el presidio, que yo quisiere por parte, y en nombre de su Excelencia meter en el dicho Castillo, y esto para solo asegurar, que Franceses no entren en el, como arriba esta dicho, y para mayor seguridad del dicho Castellano, y los que goviernan y residen en el dicho Castillo, de esta firmada de mi nombre. Dat. en el Burgo del Final a 14 de Mayo 1571.

Sottoscr. Don BELTRAN DE LA CUEVA.

PARA *mayor declaracion de la mente mia en nombre del Duque mi Señor, y como por mandado mio el dicho Sargento Mayor muchas vezes, les ha dicho, dezimos, y declaramos, que la Guarnicion, y Presidio, que metemos en el dicho Castillo, ni por otra qualquiera cosa hecha, ò que hizieramos, no entendemos prejudicar direta, nè indireta a las razones de la Cesarea Magestad de l'Emperador, ni del Sacro Imperio Romano, ni del Señor Marques del Final, masque siempre queden sin ningun perjuizio, offension, ni derogazion, en el mesmo grado, forma, y manera, que an estado por el pasado, y assi en nombre de su Excelencia lo prometo guardar, y osservar.*

Que todos los bienes, que huviere en el dicho Castillo, que fueren del Señor Marques, ò sea oro, plata, Escrituras, Armas, Artileria, Municiones, y de otra qualquiera calidad que sea, pueda el Señor Marques, ò sus legitimos Agentes, ò Procuradores seguramente transferirlas, y llevarlas todas, ò parte de las a donde fuere la voluntad del Señor Marques, ò de sus Procuradores, y desde agora declaramos a los mesmos, que goviernan le dicha Fortaleza, ò otros quales quiera, que tuvieren e special, y legitima Procura para ello puedan, y tengan Comission para llevar, y hazer de todo ello liberamente loque quisieren.

Assi mesmo, que todos los otros bienes assi del Castellano, como de los de mas, que goviernan el dicho Castillo con sus personas, y vidas, sean salvos, y los puedan llevar, y ellos yr adonde les pareziere, y tornar seguramente sin ningun impedimiento, ni offension.

Que los Soldados del dicho Castillo sean todos salvos, y seguros, y los que se quisieran yr lo puedan hazer libre, y seguramente con todas sus armas, y ropa sin ser ofendidos, ni molestados de ninguna persona, y que los de mas, que al Castellano, y a los que goviernan quisieren quedar, lo puedan hazer, ò otros tantos en su lugar.

Que el Capitan Delfin sea buelto en gracia, como de primero assi de la vida, y honra, como de los bienes suyos, y le sea quitado la talla, y bando, como desde aora se le quita, y quede en el mesmo estado, y gracia que estava antes de aver entrado esta postrera vez en el dicho Castillo.

Que todos los Vassallos, y Subditos del Senor Marques, que estan en el dicho Castillo queriendo puedan bolver a sus casas, y gozar de sus haziendas, y bienes libremente, sin ser molestados, ni inquietados en hechos, ni en palabras, como personas, que estan debaxo de la protecion de su Excelencia, y de la persona, que aqui en su nombre quedara.

Que su Excelencia, como Capitan General en Italia, y Governador del Estado de Milan por su Magestad, firmara las presentes Capitulaciones de su propria mano, en termino de doze dias.

Que todo lo arriba, y concedido, se entiende despues de aver recebido, y acetado el Presidio en el Castillo, que a mi me pareciere.

Que de las præsentes Capitulaciones les seran dadas dos Copias autenticas, de las quales puedan hazer lo que quisieren. Dat. en el Burgo del Final a 18. de Mayo 1571.

Subscript. *Don* BELTRAN DE LA CUEVA, & sigillat.

Por mandato de su Sennoria Illustrissima. JUAN GUEN.

ILLUSTRE SENOR.

HE *visto lo que aveis concedido a los del Castillo del Final, y hareis, que todo se cumpla, y efectue, como, y de la manera, que vos lo haveis firmado de vuestra mano; lo qual confirmo por esta carta, firmada de la mia, y guarde Nuestro Señor vuestra Illustre persona, con el acrecentamiento, que yo deseo. De Milan à 20. de Mayo 1571.*

A Servicio di V. M.

El Duque DE ALBURQUERQUE.

A tergo, *al' Illustre Señor, el Señor Don Beltran de la Cueva mi sobrino.*

(L. S.)

Extractum fuit præsens exemplum à Scripturis pertinentibus ad Marchionatum Finarii, & existentibus in Regio Ducali Archivio Mediolani in Filcia signat. J. inscripta Copia de Decreti Cæsarei &c. in Capsa, seu Cophano signato D.

PLATONUS.

Carta a los Comissarios Imperiales, del Señor Duque de ALBURQUERQUE, en la qual declarano aver tenido animo de occupar la Juridicion del Final, ni los reditos, sino dolo el Castillo, y la causa, que lo ha movido a esto.

ILLUSTRES SENORES.

E*Ntiendan vuessas Señorias, que yo no me movi a embiar la gente al Final, por loque vuessas Señorias dizen en el Memorial, que me dieron a 20. de el presente, sino por escusar el mucho desassosiego, disturbo, y daño, que podia venir a este Estado, si los Franceses se apoderassen del dicho Final, como tuve por muchas partes avisos duplicados con gran certificacion, de que lo querin hazer, y andando movida in Francia tanta gente como anda, y aviendo yo sabido de parte cierta, que Franceses embiaron a tratar con el Marques del Final, que les vendiesse, ò permutasse su Estado: y viendo, que el Marques estava tan mal con sus Vassallos, y sus Vassallos con el, con mucha razon se podia creer, que holgara de trocarlos, por otros, que el Rey de Francia le diesse en su Reyno, con que viviesse mas quieto, y sosegado, y sin tener que responder, ni dar descargo a la Magestad del Emperador, de las quexas, y agravios, que sus Vassallos han dado contra el a su Magestad Cesarea, y pareciendome, que no podia complir con la obligacion de mi cargo, sino me asseguarava de que los Franceses no se apoderassen del dicho Estado, y para esse efecto, y no para otra cosa embie la gente, pues los Ministros de su Magestad Catholica, nunca tuvimos, ni tenemos voluntad de dexar de servir a su Magestad Cesarea, con todo el respeto,*

ANNO 1571.

respeto, que se dove a tan gran persona, y que tan estrecho deudo tiene con su Magestad Catolica. Y assi mi animo nunca fue, ni es de ocupar la Jurisdicion, y tentas del Estado del Final, sino que en lo uno, y en lo otro puedan hazer vuessas Señorias como Comissarios de su Magestad Cesarea, todo lo que quisieren; por que lo que yo solo quiero, y pretendo es tener la gente que tengo en el Castillo, y en aquel Estado, por assegurarme, que los Franceses no le ocupen, de que pueden resultar, en lo que està a mi cargo, los grandes inconvenientes, que estan dichos: y ansi tengo por cierto, que aviendo la Magestad del Emperador sido servido de mandar considerar de la importancia que esto es, vera, que yo no podia dexar de hazer lo que he hecho, por las causas, y respectos dichos: pues como su Magestad Cesarea sabe mejor que nadie, los Ministros de los Reyes no podemos dar disculpa, quando por la negligencia, y deservido, aventuramos a perder lo que està a nuestro cargo, por no hazer para evitarlo las prevenciones, y diligencias, que somos obligados, y guarde nuestro Señor las Illustres personas de vuessas Señorias.

En Milan a 22. Mayo 1571.

A Servicio de vuessas Señorias.

El Duque DE ALBURQUERQUE.

A tergo *a los Illustres Señores, los Señores Comissarios de Su Magestad Cesarea.*

Extractum fuit præsens exemplum à Scripturis pertinentibus ad Marchionatum Finarii & existentibus in Regio Ducali Archivio Mediol. in Capsa, seù Copha no sigillato A. & à Volumine signato F. &c.

PLATONUS.

XCV.

26. Mai. Trattado, celebrado en Roma entre el sumo Pontifice PIO V., el Rey de España, y la Serenissima Republica de VENETIA, contra el TURCO y MOROS de la Berberia en virtud de los Poderes que los respectivos Embaxadores tenian de su Principales, siendo los de su Magestad Catholica en fecha de 12. de Mayo 1571, y los de la Serenissima Republica a 8 del mes de Decembre de 1570. años. [*Copie manuscrite.*]

PRIMERAMENTE *despues de haver invocado el Nombre de Dios Padre, Hijo, y Espirito Santo, y de la Natividad de Nuestro Señor Jesu Christo, Mil y quiencentos y settenta y uno, en el Pontificado de Nuestros muy Santo Padre Papa Pio deste Nombre quinto, & Año sesto, a* XXVI. *del Mes de Mayo, en Roma, en el Palacio Apostolico, en la Sala del Sacro Consistoro, en presencia de sobredicho Nostro Santo Padre, y de los infrascrittos Reverendissimos Cardenales de la S. R. E. de los quales los nombres son los siguientes;*

CRISTOVAL, *Ovispo Portuense*, *llamado* de Trento,

OTTON, *Obispo de Perneste llamado* de Augusta,

ALESSANDRO, *Obispo Jusculano, llamado* Farnes, *de la S. Romana Eclesia, Vice Canceller.*

SCIPION, *Titulo de Sta. M^a. en Trastibor. Clerico llamado* de Pisis,

JACOBO, *Titulo de Santa Maria Cosmedin Clerigo llamado* de Sabello,

ALUIS, *Titulo de San Marco, Clerigo, llamado* Cornaro *de la Santa Romana Eclesia Camerlengo,*

FRANCISCO *Titulo de Santa Crus, en Hierusalem, llamado* Pacheco,

MARCO ANTONIO, *Titulo de San Marcelo, Clerigo llamado* Amuleo,

JUAN FRANCISCO, *Titulo de Santa Prisce, Clerigo llamado* de Sambara,

ALFONSO, *Titulo de Sta. Cicilia, Clerigo, llamado* Gesualdo,

NICOLAO, *Titulo de Sto. Eustaschio, Clerigo llamado* Sermoneta,

INIGO, *Titulo de Sto. Lorenço in Lucina, Clerigo llamado* de Arragon,

PROSPERO, *Titulo de Sta. Maria de los Angeles, Clerigo llamado* de Santa Crus,

FLAVIO, *Titulo de San Pedro y Marcelino, Clerigo llamado* de Ursino,

ALESSANDRO, *Titulo de Sta. Maria de Araceli, Clerigo llamado* Crivelo,

BENDITTO, *Titulo de Sta. Sabina, Clerigo llamado* Lomelin,

Frayle MIQUEL, *Titulo de Sta. Maria sobre la Minerva, Clerigo, llamado* Alessandrino,

GUILLERMO, *Titulo de San Lorenço en Palisperna, Clerigo, llamado* Cirleto,

FRANCISCO, *Titulo de Santa Maria en Portico, Clerigo llamado* Alciato,

ICI° PAULO, *Titulo de San Pancracio, Clerigo llamado* Gusia,

MARCO ANTONIO, *Titulo de San Calisto, Clerigo llamado* Mafeo,

GASPAR, *Titulo de San Martin in Monte, Clerigo llamado* Urvante,

JULIO ANTONIO, *Titulo de San Bartolomeo en la Isla, Clerigo llamado* de Santa Severina,

PEDRO DONATO, *Titulo de San Vital, Clerigo llamado* de Cesis,

CARLOS, *Titulo de Sta. Eufania, Clerigo llamado* Bamboleto,

Frayle ARCANGEL, *Titulo de Santa Cesarea, Clerigo llamado* de Irane,

Frayle FELIX, *Titulo de San Hironimo de los Esclavones, Clerigo llamado* de Montalto,

PAULO, *Titulo de Santa Potenciana, Clerigo llamado* de Placencia,

JUAN, *Titulo de San Simeon, Clerigo llamado* Aldobrandin,

Frayle VINCENCIO, *Titulo de San Germano en las Imagines Clerigo llamado* Justiniano,

GERONIMO, *Titulo de Santa Susanna, Clerigo llamado* Rusticuso,

JOAN GERONIMO, *Titulo de San Julio ante Puerta Latina, Clerigo llamado* de Albano,

FERDINANDO, *Titulo de Santa Maria in Dominica, Diacono llamado* de Medicis,

JULIO, *Titulo de San Teodoro, Diacono llamado de* Aqua Viba.

Fue publicado esta Santa Liga, allandose presentes los Procuradores del Serenissimo Rey Catolico, y de la Señoria de Venecia, Prometiendo cada uno, en Nombre los unos de su Rey, y los otros de su Republica, por ellos y su Sucesores que seria esta Confedracion inviolable, los Capitulos que en ella se han de observar son los siguientes:

Primeramente de baxo, de la gracia y favor de Dios para destrucion y ruina del Turco quieren y quedan de concierto, que esta Liga sea perpetua y no solamente, por defensa de los Reynos, y Señorias de los Confedrados, y de sus Susditos y Aliados, contra las fuerças del Turco, mas tambien para yr a sus daños del, tanto por Mar, como por Tierra, en las quales Impresas se comprenden Argel, Tunes, y Tripoli de Berberia.

Y para essecucion, y osservacion desta Confedracion fue entrellos acordado que las fuerças, tanto de Mar, como de Tierra de los quales pensavan valerse en esta Empresa, llegasen al numero de dozientas Galeras, y cien Naves de Cargo, y en quanto al numero de la Gente de Guerra, assi Italianos, como Españoles, Alemanes, y Borgonones, que llegase al numero de cinquanta Mil Infantes, quatro Mil y quinientos Cavallos, y l'Artilleria que fuesse necessaria con todas suertes de Moniciones abastantemente.

Y que cada Año por el Mes de Março, o a lo mas tarde por Abril, l'Armada de la Liga se ha de allar en el Mar de Oriente, y que los Principales desta Armada li faran toda la diligencia possible, y conforme a como el tiempo se lo consentira, para ensalçamiento de los Confedrados y para dañar al Enemigo, con gloria, y provecho de los Principes, y Republica Cristiana.

Y porque podria suceder que mientres que l'Armada y Potencias Confedradas estuviessen occupadas en alguna parte contra el Turco, que el por otra parte o por Mar, o por Tierra diesse sobre alguna Plaça de los Confedrados, en tal caso el General ha de embiar al soccoro de dha Plaça parte de las fuerças comunes, y si esto no bastara, yr con todo el Poder de la Liga a defender, y dar succorro a la Tierra de los Enemigos acometida, dexando qualquiera otra Empresa

Que los Principes Confedrados tengan en Roma sus Embaxadores acerca de la Persona de su Santidad, para que

ANNO 1571.

que en el Antuno se trate de la Impresa que el Año siguente se bauria de hazer, y tratar si seran necessario mayores, o menores fuerças segun las Impresas que se havran de bazer.

En quanto a la Contribucion del Gasto comun fue acordado entre ellos, y el Papa en su nombre y de todo el Sacro Colegio de Cardinales, daria para esta Guerra, tanta para offender, quanto para defender, doze Galeras armadas, y demas daria para el Exercito de Tierra, tres mil Iafantes, y. dozientos y settenta Cavallos.

Los sobredichos Procuradores del Rey Catolico prometieron en nombre del Rey Don Filippo, que al presente Rey nuestro, y de los que a su Magestad succederan en los Reynos de España, y otros Reynos a su Magestad sugetos, que el pagaria las tres partes de los Gastos que se harian en esta Guerra, como asi mismo los Procuradores Venecianos de parte de su Principe, y Sucesores, y de toda la Señoria prometieron de contribuyr para esta Guerra, con las dos sestas partes del Gasto, y en quanto a la otra sesta parte que quedava del Gasto para esta Empresa, los Deputados Confedrados, en nombre de sus Principes que por causa de estar la Santa Sede Apostolica muy pobre a causa de las Heresias y travajos que bavia tenido, por lo qual el Papa ne podria complir el concierto becho en la Liga del Año 1537, para lo qual querian partir a quella parte, en cinco partes de las quales el Rey pagaria las tres partes, y Venecianos las dos, desta manera que armassen veynte y quatro Galeras por estas dos partes de cinco, y si armando estas veynte y quatro Galeras no se gastava la suma destas dos partes, eran obligados a suplir en otra cosa, y si gastavan mas, se obligava el de rehazerselo en otra cosa.

Tambien los Procuradores Venecianos en nombre de su Duque y Señoria dixeron que si el Papa y sus Successores fuessen dello servidos que le darian las dichas doze Galeras armadas de todo lo necessario; las quales doze Galeras su Santidad se obligaria de volverlas de la misma manera que se las daran.

Y mas que tanto en el numero de las Galeras, como de los Naves, y otras cosas necessarias para la Empresa que se bavian de proveer por la parte del Rey y de la Republica de Venecia, con condicion qu'el que gastaxe mas de lo que le toccava, fuesse obligado l'otro a rehazerselo.

Y mas que si las Vittuallas que cada dia se gastan venian a faltar, a qualquiera de las Partes confedradas, que las pudiessen comprar en qualquiera plaça que se allaren a honesto precio, y que haya el trato abiecto para beneficio comun, y que ningun de los Confedrados vede al otro hazer esta provision tan necessaria sin muy justa causa y que no se pueda retirar de las partes adonde haviere Vittuallas, hasta que los Confedrados sean proveeydos, con esta condicion toda via que el Rey de España pueda prover del Reyno de Napoles y Sisilia, la Goleta y Malta y su Armada,

Y mas que en quanto a las partes adonde se bavia de pagar Peajes y Direchos que por trapasar de una parte a otra las cosas necessarias a las Armadas que no se ereyesen ny enovasen imposiciones que redondasen en perjuizio de los Confedrados,

Y que esta Obligacion no se pueda escusar sino con pura necescidad que ninguna de las Potencias Confedradas dexe sacar de sus Dominios quantidad de Vittuallas hasta tanto que los Confedrados sean proveydos de los mismos Lugares para su Gente de Guerra tan de Mar como de Tierra reservando pero que al Rey Cattolico sea en su mano poder proveer de Napoles y Sisilia la Goleta, Malta y su Armada primero.

Y mas que si en tiempo que los Confedrados no biziesen Empresa alguna, y el Rey Cattolico fuesse acometido d'el Turco, por las partes de Argel, Tunes, o Tripoli de Berberia, que en tal caso la Señoria de Venecia sea obligada de embiar en socorro del Rey cinquienta Galeras bien armadas, artilladas, y con todos los Adreços convenientes, Asi como su Magestad el Año passado embio en socorro desta Señoria, y que si a la Señoria sucediere el mismo caso que sea su Magestad Cattolica obligado a bazer otro tanto, como se contiene en el Capitulo primero.

Y si acaecera que no teniendo los Confedrados Empresa entre manos, y que el Rey Cattolico quiera hazerla, o de Tunes, o de Argel, o de Tripoli de Berberia, que sea obligada la Señoria de Venecia de socorrer al Rey con cinquenta Galeras muy bien armadas, y de todo lo necessario bien proveydas, asi como embio su Magestad el Año passado en socorro de la dicha Señoria, y lo mismo sea tenido de bazer el Rey si a la Señoria de Venecia le sucedera Empresa en el Mar Adriatico, comencando de la Velona, basta Venecia.

Y que si en las Tierras de su Santidad sucediere qualquiera necesidad o peligro que los Confedrados sean obligados de defenderlas con todas sus fuerças dexada a parte l'obligacion que a su Santidad tienen, y a la Santa Sede Apostolica.

Y que en la administracion de la Guerra Consejos y deliberaciones que se bazan, bayan de entretenir en ellos tres Capitanes Generales de los Confedrados, y de todos tres lo que la mayor parte aprobara, que aquello se esequte y se ponga por obra por el Capitan General de toda l'Armada de la Sta. Liga, y si el General fuere uno de los tres lo ponga por effeto.

Que el General de toda l'Armada, y Exercitos de la Santa Liga sera el Illustrissimo Señor Don Juan de Austria, el qual juntamente con el de su Santidad, y el de la Señoria de Venecia vendra a jusgar y decidir lo que la mayor parte acordara, como se contiene en el precedente Capitulo, y que si estando l'Armada aparejada, y apunto de todo para bazer Empresa, estuviesse ausente por alqun accidente, que en tal caso el Illustrissimo Señor Marco Antonio Colona Duque de Paliano sea Capitan General ya nombrado por el Rey Cattolico, y aprobado de los otros Confedrados, y que el que sera General trayga el Estendarte que sea conosido ser de los tres Confedrados comunemente.

A si mismo se reserva lugar onradissimo para poder en esta Confedracion, al Serenissimo Maximiliano elegido Emperador, al Christianissimo Rey de los Franceses, y al Rey de Portugal, los quales si entraren contribuiran a la Rata, y concorreran en los gastos para crecer las fuerças,

Que nostro Santo Padre sea obligado como Padre y Pastor Universal de essortar a los sobredichos Reyes, y a los otros Principes que tienen nombre de Cristianos para que entren en esta santa Union y la hayuden para que pase adelante en beneficio de la Republica Cristiana en la qual el Rey Cattolico y Señoria de Venecia tendra la mano en quanto a ellos sera possible.

Y mas que las Tierras que los Confedrados ganaran se bayan departir segun la Convencion becha l'Año de 1537, eccetuado Argel, Tunes y Tripoli de Berberia, las quales Plaças seran libres del Rey Cattolico, la Artilleria, y Moniciones se partiran a la Rata entre los Confedrados.

Y mas que la Cindad de Raguza, y su Territorio no sera molestado ni de l'Armada de Mar, ni Exercito de Tierra de los Confedrados, porque asi lo promete el Papa por el y sus Sucesores por justa causa, y legitima raçon y occasion.

Y que no pueda nacer entre los Confedrados querella o Controversia que sea bastante a deshazer esta Confedracion y a que l'Empresa no passe adelante, y que no baya acavadamente effeto, y de las quales querellas o debates qualesquiera que sean y de qualquiera condicion y importancia, tocara a ser Juez y Arbitre dellas el Papa, que entonces sera o a su Sucesor por el avenir.

Y mas que no sea prometido que uno de los Confedrados pueda hazer Treguas, Conciertos, o qualquiera otra Convencion con el Turco, ni por fee, ni por otra via sin dar dello primero aviso a sus Confedrados, y sin que elles consientan en ello, y que todo lo osservaran como Cristianos y como Principes Cattolicos, sin faltar en nada de lo que esta dicho y declarado azian, y sin yr en contrario de todo ny de parte alguna de los dichos Capitulos.

Todos estes Capitulos, y Convenciones, y cada una dellas en particular nostro Santo Padre el Papa en su nombre y de los suios, los Procuradores y Embaxadores en nombre de sus Principes, los quales para este effeto los bavian embiado, y representaron sus Personas, prometieron y juraron solenemente de guardar inviolablemente la buena fee dada, sin usar frande o circonvencion alguna, y sin jamas yr contra ella.

Y para Confirmacion dello el Papa quiso que en su nombre y de todo el Sacro Collegio de Cardenales, que todos los Bienes de la Santa Sede, asi Temporales como Espirituales, Muebles, y Rayzes bavidos y por baver fuessen obligados a la sostencion de la dicha Liga.

Ny mas ni menos el Cardenal Pacheco, y Don Julio de Cunigro, Miguel Soriano, y Julio Superancia, con la mano al pecho juraron en mano de su Santidad, en nombre de sus Principes, y obligaron a ello sus Reynos y Señorias, y por sus Sucesores, y para mayor certitud cada uno de los Procuradores firmaron los dichos Capitulos con todo el Sacro Collegio de Cardenales, y los sellaron de sus sellos de modo que sirven de fee publica, y da fuerça al Contrato solene, y de osservarse inviolablemente. Sobre lo qual cada uno de los dichos Procurado-

res

ANNO 1571. res por si y todos juntos pidieron a mi Antonio Marchesano Datario de su Santidad que les diesse Copia de los infrascrittos Capitulos a los quales fueron presentes y Testigos dellos los siguientes en la sala del Sacro Colegio de Cardenales primero el Reverendissimo Monte Valente Governador de la Ciudad de Roma, Alessandro Riario Electo Patriarca de Alessandria y Auditor de la Camera Apostolica, Luiz de Torres Clerigo de la Camera Apostolica, Alessandro Casal Maestro de la Camera del Papa, Teodosio Florentino Cubiculario secreto de su Santidad, Antonio Barbarosio, Secretario de l'Embaxada del Rey Cattolico cerca la persona de su Santidad, Marco Antonio Dovilo, y Francisco Bravelo, Secretarios Venecianos, y Cornelio, y Ludovico Fernani, Maestros de Cerimonias de la Corte Romana, fueron presentes y Testigos, a todo lo que ambo contiene y rogado.

Demas de todo lo escrito presentaron los Procuradores las Cartas de Procura de sus Principes en aquella mas ample forma que fuesse possible.

La del Rey era la data de Sevilla a los XII. de Mayo 1571. firmado yo Rey, refrendada Antonino Perez, con el sello Real.

La de Venecianos era de Alonzo Mocenigo Duque de Venecia del Año de 1570. a 8. del Mes de Deziembre, con sello de plomo colgado con una cuerdelilla de cana nero.

XCVI.

18. Juin. Erneuerte Erb-Vereinigung zwischen Maximilian dem andern/ Römischen Kayser und König in Böhmen/ wie auch der Cron Böhmen eines/ dann Churfürst Augusten und dessen Herrn Vetter Hertzog Johann Wilhelm zu Sachßen andern Theils/ Krafft welcher sich Jhro Majest. verbinden/ dieser ihre lande ewigl. zu schützen/ mit all möglicher hülff wider ihre feinde beyzustehen/ weder einigen eintrag an deren Landen zu thun/ welches himwiederumb er sich von denenselben stipuliret/ darbey auch wollen/ daß die Erb- oder Todes-fälle/ ohne unterschiedt/ aus einer parthey Landen/ in der andern ihre gereicht werden. Geben Prag den 18. Juny anno 1571. [LUNIG, Teutsches Reichs-Archiv. Part. Spec. Abtheilung IV. Continuat. II. Abs. II. pag. 772.]

C'est-à-dire,

Renouvellement de l'Union Héréditaire entre MAXIMILIEN II. *Empereur des Romains comme Roi de Boheme d'une part;* AUGUSTE *Electeur de Saxe & son Cousin* JEAN GUILLAUME *Duc de Saxe d'autre part; contenant que Sa Majesté les défendra, eux, leurs Principautés, & Seigneuries contre tous Ennemis sans jamais leur faire ou causer le moindre préjudice, & qu'ils seront pareillement obligés à la servir & aider de toutes leurs forces dans les cas de nécessité. On y convient aussi de ce qui regarde le Droit de Succession appellé* Erbfalle. *A Prague le 18. Juin 1571.*

WIr MAXIMILIAN der Andere von GOttes Gnaden/ erwehlter Römischer Käyser/ zu allen Zeiten Mehrer des Reichs/ in Germanien/ auch zu Hungarn und Böheim König rc. Bekennen öffentlich mit diesem Brief allen denen/ die ihn sehen und hören lesen:

Nachdem sich weiland hochlöblichster Christlichster Gedächtniß Käyser Ferdinand/ unser geliebter Herr und Vater/ vergangenes 1548. Jahres den 15. Tag des Monats Octobris, mit wohlbedachten Muth und Rath unserer Cron Böheim getreuen Unterthanen/ Herren/ Rittern und Knechten/ und anderer unser Land Leut in guten Trewen ungefehrde/ für sich/ Jhrer Majestät Erben/ Erbnehmen und nachkommende Könige und der Cron Böheim/ mit weiland dem Hochgebornen Moritzen Hertzogen zu Sachsen/ Landgrafen in Düringen und Marggrafen zu Meissen/ des Heil. Römischen Reichs Ertz-Marschall/ unserm lieben Oheim und Chur-Fürsten/ auch Jhrer beyder Liebden Erben und Nachkommen einer ewigen Erb-Vereinigung freundlich und gnädig verglichen haben/ wie denn dessen die Verschreibungen zu beyderseits an obbemeldten Datum aufgericht/ lauter ausweisen.

Dieweil aber nach dem Willen GOttes jüngst vergangenen Jahres höchstgedachte Jhre Käyserliche Majestät und obberührter Chur-Fürst Hertzog Moritz/ seeliger Gedächtniß mit Tod vergangen: Als hat uns hierauf seiner Liebden nachgelassener Bruder/ ietziger Chur-Fürst Hertzog Augustus/ sowohl als zuvor bey Zeiten itzo und höchstgedachtes Käyser Ferdinandi beschehen/ durch derselben vollmächtigen abgesandten Räthe/ die Gestrengen/ Ehrenvesten/ Gelehrten/ unsere und des Reichs lieben Getrewen/ Hannsen von Pomckaw zu Poinsen/ Hauptmann zu Grimma/ Hannsen Löser zu Pretzsch/ und Georgen Krackaer/ der Rechten Doctor, auf Schönfelt/ freundlich und bittlich ersucht und angelanget/ daß wir angezeigte Erb-Einigung mit seiner Lieb/ derselben Erben und Nachkommen wiederum freundlich und genädiglich vernewern/ desgleichen auch zu solcher Erb-Vereinigung Jhrer Liebden Vetter/ den Hochgebohrnen Johann Wilhelmen/ Hertzogen zu Sachsen/ Land-Grafen in Duringen und Marggrafen zu Meissen/ unsern lieben Oheim und Fürsten/ weiland des Hochgebohrnen Johann Friedrichen/ Hertzogen zu Sachsen/ seeliger Gedencken/ nachgelassenen Sohn/ und desselben Erben/ Erbnehmen und Nachkommen/ zu vollkömmlicher endlicher Verbindung des Hauses Sachsen/ Wir weiland bey Käyser Ferdinandi Regierung vollzogen/ zu uns gnädiglich kommen lassen und annehmen wolten: So Wir denn ietzo um Verneuerung solcher Erb-Einigung von beyden Jhren Liebden den Chur-Fürsten und Hertzog Johann Wilhelm zu Sachsen unterthänig und freundlich ersuchet/ angelanget und gebethen worden seyn.

Demnach so haben Wir uns mit zeitigen wohlbedachten Rath/ guten Wissen und Willen Unserer Cron Boheim gehorsamen Stände/ und anderer Unser getrewen Räthe/ Officirer/ Land-Leute und Underthanen/ in stadtlicher Erwegunge der Sachen/ und aus sonderlichen freundlichen und gnädigen Willen/ so Wir zu berührten Chur-Fürsten und Hertzog Johann Wilhelm zu Sachsen/ und derselben Erben/ Erbnehmen und nachkommenden Hertzogen zu Sachsen tragen/ ewiglich und in guten Treuen ohne Gefehrde/ verbunden/ verbinden Uns auch hiermit wie obstehet/ von newen/ für Uns/ Unsere Erben/ Erbnehmen und nachkommende Könige und die Cron Boheim wissentlich und in Krafft dieses Briefs/ in aller der Maß/ als hernach geschrieben stehet: Als daß Wir/ Unsere Erben/ Erbnehmen und nachkommende Könige/ und auch die Cron Boheim zu ewigen Zeiten nimmer zu Fehden/ Feindschafft oder eingriffen kommen/ auch den Unsern in Unsern Landen und Gebieten gesessen/ ungefährlich nicht erstatten/ sondern alle Wege einander mit gantzen Treuen meynen/ ehren und fordern sollen und wollen/ auch daß Wir demselben Chur-Fürsten Hertzog Augusto/ desselben Vettern und Jhren Erben/ Erbnehmen und nachkommenden Hertzogen zu Sachsen gerathen und beholffen seyn sollen und wollen/ ewiglich zu behalten/ schützen und schirmen/ Jhrer Liebden Fürstenthum/ Land- und Herrschafften/ Erb-Guth/ Ehre/ Recht und Gewonheit/ und die Hülffe sollen und wollen Wir ihnen thun mit alle unserer Macht ungefehrde wider allermänniglich/ niemand ausgenommen/ von denen sie angegriffen/ verhindert oder beschädiget werden/ und die an Jhren Liebden Fürstenthumen/ Herrschafften/ Erb-Güthern/ Recht/ Ehr/ Gewonheit/ Land oder Leute/ Geistlich oder Weltlich greiffen/ und in einigerley Weise Hinderung oder Schaden thun wollen/ bey Namen an dem Land und Fürstenthum zu Sachsen/ an der Wahl eines Römischen Königes/ eines künfftigen Käysers/ und an dem Land Duringen/ Meissen/ Osterland und Voigtland/ soviel Jhren Liebden daran zugehorig und zuständig ist und seyn wird.

Und sollen auch Wir/ Unsere Erben/ Erbnehmen und nachkommende Könige/ und die Cron Boheim Jhre Liebden und alle derselben Erben/ Hertzogen zu Sachsen/ Landgrafen in Düringen und Marggrafen zu Meissen/ daran gemeiniglich und sonderlich nimmer in keiner Zeiten irren/ hindern oder ansprechen/ in keine Weis/ sondern sie dazu getreulich helffen/ schirmen und handhaben wider allermänniglich/ als vorgeschrieben stehet.

Und wenn Wir/ Unsere Erben/ Erbnehmen und nachkommende Könige zu Boheim von wegen der genandten unserer lieben Oheim der Hertzogen zu Sachsen/ Landgrafen in Düringen und Marggrafen zu Meissen/ Jhren Erben und Nachkommen ermahnet werden/ so sollen und wollen Wir inwendig eines Monaths ihnen zu Hülffe kommen. Würde aber der Hülff eilender noth werden/ so sollen Wir mit der Hülff auch eher kommen/ nach dem Tage solcher Mahnung/ inmassen als vorbeschrieben stehet. Wann Wir auch den obgenandten Chur- und Fürsten zu Sachsen zu Hülffe kommen/ oder unser Volck zu Hülffe schicken/ so sollen sie uns oder denselben/ die wir Jhnen zu Hülff senden werden/ mit Bier/ mit Brod/ mit Kuchen-Speis/ und wo man nicht im Felde liegt/ mit Futter versorgen/ ohn Gefehrde. Nehmen aber Wir oder die unsern einen Schaden/ das seynd sie uns auszutragen nicht pflichtig. Gewinnen wir aber mit einander Schloß und Städte/ die in unsern Landen nicht gelegen wären/ oder von uns nicht zu Lehen giengen/ die sollen wir brechen/ und gleich mit einander theilen/ wie uns das allerbeste mit einander gefället. Nehmen wir aber Frommen an Schlossern und Städten/ die in unsern Landen gelegen wären/ oder die von uns zu Lehen giengen/ der Frommen soll uns allein bleiben.

Wäre es aber/ daß wir und die unsern Frommen nehmen an Gesan-

ANNO 1571. Gefangenen/ die sollen Wir nach iegliches Anzahl gewapneter Leute gleich mit einander theilen.

Und um das/ daß Wir dester baß und mit Lob Unserer Königreich und Lande friedlicher gehalten mögen/ so haben Wir Uns mit ihnen vertragen/ ihnen ihre Land und Strassen getreulich helffen/ schützen und beschirmen/ damit der Kauffmann/ Pilgram und ein ieglicher sicher gewandeln möge. Wir sollen und wollen auch für Uns selbst/ auch den Unsern ungefehrlich nicht gestatten/ ihre Feind und Widersacher in Unsern Schlössern/ Städten/ Märckten/ Landen und Gebiethen nicht hausen/ hosen/ etzen/ trencken/ oder keinerley Hülff/ Vorschub oder Beystand thun. Und nachdem zwischen weiland König Uladißlao und Hertzog Georgen zu Sachsen derwegen ein Vertrag und Vereinigung aufgericht/ des Datum stehet zu Budißin am Sonnbend des Tages S. Nicolai Episcopi Anno 1505. darinnen ausgedruckt/ welcher gestalt es mit den Befehdern und Beschädigern/ auch mit der Folg und Erobern derer Häuser und Beherberger soll gehalten werden/ demselben Vertrag soll in allen seinen Artickeln nachgegangen werden/ mit dieser Erklärung/ wenn dem Beschädiger oder Befehder nachgefolget wird/ so sollen eins Theils Diener und Unterthanen in des andern Land nachzufolgen/ und darinnen den Feind oder Beschädiger gefänglich anzunehmen haben/ doch daß sie sich damit in des Landes-Herrn nechste Amt oder seiner Unterthanen/ Prælaten/ Grafen/ Herren/ von Adel oder Städte/ in deren Gerichte er gefangen/ zu Gericht wenden/ und also solche Feinde oder Beschädiger gefänglich bewahren lassen. Doch soll keiner mit gewaltigem Heer dem andern in sein Land einziehen/ auch die Nacheile oder Nachfolge derer Beschädiger in alle Wege ohne Schaden der Unterthanen und Lande geschehen. Wir sollen und wollen auch den obgenandten Chur- und Fürsten/ Ihrer L. Erben/ Erbnehmen und Nachkommen an ihren Landen/ Leuten/ Regimenten/ Aussatzungen/ mit allen ihren Herkommen/ keinerley Eingriff/ Irrung oder Eintrag thun/ noch Uns der Ihren wider sie annehmen/ vertheidigen oder versprechen/ auch niemand der Unsern solches verstatten in keinerley Weis/ ohn Gefehrde. Und auf daß solche unsere Einigung desto beständiger und aufrichtiger mag gehalten und verbracht werden/ so haben wir uns auch dabey vertragen/ ob wir mit dem obbemeldten Chur- und Fürsten zu Sachsen zu schicken gewinnen/ von Sachen wegen/ die sich hinfüro begeben würden. Wann wir denn demselben darum schreiben/ und ihn einen Tag/ der denn in einem Monat nach solcher Schrifft zu erscheinen specificirt werden soll/ benennen/ so sollen wir beyde Theil unsere schiedliche Räthe auf solchen Tag gegen Eger in die Stadt schicken/ daselbst hinkommen/ und versuchen und Fleis haben die Sache gutlich zu verrichten. Ob sie aber die Gütigkeit nicht erlangen möchten/ so sollen wir dem Chur-Fürsten zu Sachsen/ Sr. Ldd. drey Personen des Chur- oder Fürsten-Standes/ daraus ein Obman zu erwehlen/ benennen/ derselbe Obman soll sich der Sachen beladen und in einem Monat/ von der Zeit an zu rechnen/ als er zu einem Obmann benennet wird/ einen Rechts-Tag gegen Eger setzen/ zu dem sollen unser ieder zweene seiner Räthe nieder setzen/ die sollen beyde Partheyen im Recht gegen einander nothdürfftiglich verhoren/ und wie sie alle/ oder der mehrere/ Theil die Sache im Rechte entschieden/ dabey soll es bleiben/ und von Uns beyden Theilen nachkommen und gehalten werden/ ohne Weigerung und Aufzug/ getreulich und ohne Gefährde. Und solcher Entscheid soll geschehen in einem halben Jahr/ von der Zeit anzurechnen/ als der erste Rechts-Tag von dem Obmann gesetzt ist. Es wäre denn/ daß sich die Sache durch Erkändniß des Rechtens länger verziehen würde/ dem soll auch nachkommen werden/ und der obgenandte Obmann soll solcher Pflicht und Eyd/ damit er dem Herrn/ des Rath er ist/ gewand wäre/ in diesen Sachen der Rechten von dem Herrn/ dem er verwand ist/ unverzogentlich/ alsbald er zu einem Obmann benennet wird/ ledig gezehlet werden. Ihn soll auch der Herr/ des Rath er ist/ darzu halten und vermögen/ daß er sich solches Rechtens annehme/ belade/ und den Sachen/ wie vorstehet/ nachkomme. Ob aber unsere Prälaten/ Grafen/ Herren/ Ritter/ Knechte oder Unterthanen mit den gedachten Hertzog Augusto/ Chur-Fürsten/ oder Sr. Lieb Vettern vorgenannt/ zu thun gewinnen/ so soll er sich darum Rechts begnügen lassen/ vor den Räthen des/ mit dem er vermeyne zu thun zu haben. Doch daß die Sache in einem halben Jahre/ von dem ersten Rechts-Tage anzurechnen/ entschieden werde/ wie obstehet. Würden aber unsere Unterthanen beyderseits gegen einander zu schicken gewinnen/ in was Stand/ Würden oder Wesen der oder die wären/ berühreten das geistliche Gericht/ die soll am geistlichen Gerichte gehandelt werden: Berührte es aber Lehen/ darum soll man vor des Lehns-Herren Gerichten rechten/ von dem die Güther/ darum man dem rechtet/ zur Lehen herrühren.

Thäte es aber persönliche Ansprüche betreffen/ die sollen verrichtet werden an denen Gerichten/ darinnen denn der Antworter gesessen/ und wohnhafftig ist. Doch wären es Ritter oder Knechte/ und die in keinen Gerichten gesessen wären/ alsdenn soll der Antworter gerecht werden vor dem/ des Rath/ Diener/ oder angehöriger er ist. Und so iemand in allen Fällen/ wie oben gemeldet/ also binnen einem Monat Recht nicht erlangen könnten/ alsdenn soll uns dem Landes-Herrn der Kläger solches/ und wie/ aus was Ursachen er verzogen worden/ vermelden/ alsdenn sollen und wollen wir mit dem Richter ohne einzigen Verzug schaffen/ nach Gelegenheit der Sachen mit der Hülff oder dem Rechten binnen einer nahmhafftigen Zeit/ ist es in unserer Cron Böheim/ mit Rath unsers Stadthalters/ wer zur Zeit in der Cron unsre Stelle hält/ ist er in benannter Chur- und Fürsten zu Sachsen Land/ mit Rath ihrer Ldd. Ober-Hof-Gerichtes Hof-Richtern schleunig zu verfahren/ und was denn durch ihn zu Recht erkennet/ da soll es ohne weigerung bey bleiben/ und kein Theil zu appelliren frey haben. ANNO 1571.

Wo aber der Richter die Sache binnen der Zeit/ die wir ihm ernennen/ zur Endschafft nicht fördern würde/ alsdenn sollen wir dem Kläger vergönnen einen Schied-Richter aus unsern der Herrschafften/ darunter der beklagte gesessen/ Räthen zu erwehlen/ welcher ihm geliebt. Und wenn solches geschicht/ und uns seiner Herrschafft durch den Kläger angezeiget wird/ soll er alsbald durch uns oder unsere verordnete ansehnliche Räthe seiner Pflicht/ damit er uns verwand/ zur selbigen Sache los gezehlet/ und mit Gelübden durch uns an Eydes-statt in beyseyn des Klägers eingenommen werden/ daß er sich in derselben Sachen gegen denen Parteyen ohnverdächtig und ohne betrug/ wie einem Richter geziemet/ nach allen seinem Vermögen und besten Verständniß halten wolle.

Und zur Stund/ wenn solche Zusage von ihm geleistet worden/ soll er in zweyen Monaten nechst darnach sich/ wo er von uns/ unsern Nachkommen/ oder Erben/ und wie obgemeldt/ durch unsere ansehnliche Räthe verordnet/ gegen Brix/ wo er aber von gedachten Chur- und Fürsten/ ihren Erben oder Nachkommen verordnet/ gegen Pirnaw oder Saalfeld begeben/ und uns beyden/ nemlich des Klägers und Beklagten Herrschafft den Tag/ wenn er einkommen will/ desgleichen denen Parteyen/ anzeigen. Denn wollen wir ein ieder/ des Unterthanen die Sache betrifft/ ihm zweene unserer Räthe derselben Zeit und Stelle zuschicken/ welche die Sache neben ihm sollen verhören/ vertragen/ oder alsbald darüber/ was recht ist/ endlich zu erkennen. Und was alsdenn durch die also erkennt/ dabey soll es bleiben/ und ein Theil soll dem andern laut des Spruchs in Monatsfrist ohne Weigerung bezahlen/ und beyde Theile ohne Behelff oder Ausflucht dem geschehenen Erkäntniß folgen/ und in Weigerung dessen/ soll des Beklagten Herr die Hülffe thun. Wäre es auch Sach/ daß einig Theil Zeugen wolte verhören lassen/ die soll er auf die Zeit/ wenn der Schiedsrichter/ wie obgemeldet/ seine Zusag zu der Sachen thut/ angeben/ darauf sollen durch uns die Herrschafft/ darunter die Gezeugen gesessen/ Commissarien solche Gezeugen auf die Form/ wie iedes Orts bräuchlich ist/ bey ihren geschwornen Eyden auf des Zeugführers Artickel und des andern Theils Fragstück durch einen gläubigen Notarien in beyseyn zweyer Männer zu verhören verordnet/ und sollen ihre Aussagen fleißig aufgeschrieben werden/ und beyden Parteyen auf vorgemeldte Zeit zu Brix/ Pirnaw oder Saalfeld geöffnet/ gelesen/ und sie darauf ihrer Nothdurfft mündlich gehöret/ und alsdenn in der Sachen erkannt/ und alle Wege in der Cron nach denen Boheimis. Rechten und Ordnung/ und zu Meissen und Düringen/ nach Sächs. Rechten/ und in der Graffschafft Henneberg und Ortland in Francken/ nach ausgesetzten üblichen Kays. und gemeinen Rechten geurtheilet und gesprochen werden. Desgleichen ob unser einer/ oder unsere Erben mit des andern Unterth. zu schicken/ Schuld oder andere Zusprüche zukünfftig bekommen würden/ so soll unser ieder und unsere Erben und Nachkommen dem andern/ wie nächst obgemeldet/ bey des Beklagten ordentlichen Richter zu helffen/ oder/ da die Sache nicht klar oder liquida wäre/ schleunig rechtlichen Austrages mit Erwehlung eines Obmanns und Zusetzung der Räthe/ wie oben gemeldet/ verschaffen und gestatten/ auch Execution thun lassen. Wir/ unsere Erben und Erbnehmen und nachkommende Könige zu Böheim wollen auch verfügen und verschaffen/ wo um bekäntliche Schulden oder um Sachen/ die mit Brief und siegeln beweist/ von unsern Oheimen/ Chur- und Fürsten/ ihren Erben/ Erbnehmen und nachkommenden Herzogen zu Sachsen selbst oder ihren Unterthanen bey uns selbs/ unsern Erben/ Erbnehmen/ nachkommenden Königen zu Böhein/ oder unserer Unterthanen Hülff gebethen wird/ daß diesfalls wir und unsere Unterthanen die/ so die Hülffe suchen/ und solchen beweis mit Brief und siegel fürlegen/ in keine unnothdürfftige Rechtfertigung führen sollen und wollen/ sondern ihnen Inhalt des Beklagten eigenen Bekäntniß/ oder der fürgesetzten Brief und siegel schleunig/ und aufs längste in Monats-Frist verhelffen/ und in Verbleibung dessen wollen wir auf des Klägers Ansuchen in vierzehen Tagen selbst verhelffen lassen/ damit der Kläger die bezahlung bekommet und erlange. Im Fall aber da der Beklagte an Guth nicht zu zahlen hätte/ alsden sollen wir und die unsern/ in der Gericht der Schuldiger antroffen/ verpflicht seyn/ auf des Gläubigers Ansuchen zu seinem Leibe zu greiffen/ und ihn gefänglich setzen/ und auf des Gläubigers Unkosten halten zu lassen. Oder aber/ da der Gerichts-Herr des Haltens/ oder auch der Gläubiger des Unkostens beschweret/ so soll der Gerichts-Herr schuldig seyn/ den Schuldmann den Gläubiger an seine Hand zu geben und folgen zu lassen. Den mag der Gläubiger mit Fesseln/ daß er ihm nicht davon lauffe/ verwahren/ und an seine Arbeit stellen/ bis so lang/ daß er ihm über das Brod/ daß er ihm zu essen giebt/ die Schuld abarbeitet/ oder sich sonst mit ihm verträget/ doch ihm am Leben nicht schädlichs zufüge. Es sollen aber hiervon ausgenommen seyn die newen freyen Bergwercke/ es wäre denn Sach/ daß der Beklagte erhebliche Ursachen fürwendete/ nemlich daß die Schuld bezahlt/ oder durch Verlauffung Rechts-verwehrter Zeit getödtet/ præscribiret und verloschen/ und dergleichen; Des sollen die Parteyen zu schleunigern rechtlichen Austrag gelassen werden/ wie obstehet/ und sonst ihnen keine Fristung/ gefährlicher Aufzug und Behelff gestattet/ und obs geschehe/ durch uns abgeschafft werden/

ohn

ohn Gefehrde. Dieweil wir denn auch schleuniges Rechten/ Execution der Urthel/bekänntlicher und überweißlicher Schuld/ wie gemeldet/ verhelffen lassen wollen/ so soll auch unser keiner in seinem Königreich/ Fürstenthum/ Landen und Gebiethen gestatten/ des andern Unterthanen oder Verwandten zu kümmern und aufzuhalten um der Schuld willen/ es wäre denn Sach/ daß die Schuld an dem Ort/ da der Kummer begehrt/ gemacht/ oder daselbst zu bezahlen verschrieben oder zugesaget wäre.

Als sich auch offtmahls bey unseren Vorfahren zugetragen/ wenn sie die Räthe beyderseits zusammen geschickt/ daß die Räthe ein Theil Bohmisch/ der andere Theil Deutsch/ desgleichen auch die Unterthanen also haben reden wollen/ daraus erfolget/ daß die Sachen ungehört blieben/ und die Räthe/ desgleichen die beschiedenen Unterthanen ohne Endschafft von einander ziehen mussen/ daraus weitere Jrrung und Fehden und anders erfolget. Derhalben haben wir uns vereiniget und verglichen/ weil in der Cron Boheim unter allen Ständen viel Personen sind/ die der Deutschen Sprache berichtet/ daß hinförder/ so offt die Zusammenschickung durch uns alle oder zum Theil beschicht/ die Räthe und die Unterthanen die Deutsche Sprache gebrauchen sollen/ und wir/ unsere Nachkommen und Erben wollen/ so offt die Räthe zusammen geschickt/ und derer Unterthanen Sachen handeln/ eine Person/ so der Leuthe Nothdurfft furtragen kan/ die beydes der Deutschen und Boheimischen Sprache berichtet seye/ verordnen. Wann es sich auch also zutragen wird/ daß beyderseits Unterthanen gegen einander zu klagen haben/ so soll anfänglich der Cron Boheim Unterthanen einer mit seiner Klage/ und wenn darauf ein bescheid von denen Räthen gegeben/ alsdenn unser Oheimen des Chur-Fürsten und seiner Lieb Vettern des Fürsten zu Sachsen/ Jhr. Liebden Erben/ Erbnehmen und Nachkommen Unterthanen einer mit seiner Klag/ und also förder verwechselter Weis die Klagen und Antwort der Unterthanen gehöret werden. Es sollen auch die Räthe keine andere Sachen der Unterthanen fürnehmen/ ehe sie denn der Sachen/ die sie angefangen/ einen Bescheid oder Abschied gemacht.

Und wiewohl von wegen der Todes-Fälle in der alten Erbvereinigunge ein Maaß gesetzt gewesen/ welcher gestallt und mit was Conditionen solche Erb und Gefelle aus der Cron Böheim in des Churfürsten seiner L. Land/ nicht weniger auch aus derselben Landen in die Cron Boheim aus beyderseits Gerichten und Obrigkeiten folgen solten/ so zu Zeiten mehr zu Widerwillen als zu Richtigkeit Ursach gegeben. Derowegen sich weiland Keyser Ferdinand/ hochlöblichster Gedächtnüß/ mit unserm lieben Oheim/ Hertzog Augusto/ dem ietzigen Chur-Fürsten zu Sachsen/ durch beyderseits Rescript verglichen/ daß in künfftig obgemeldte Erbfälle ohn Unterschied aus der Cron Boheim in Jhrer Liebden Lande/ auch daraus hinwieder in die Cron Boheim gereicht und gegeben werden sollen/ so dann sein Lbd. der Chur-Fürst unterthänig gebethen/ von wegen künfftiger Richtigkeit und bessers Bestands/ diesen Artickel in itzige vernewerte Erb-Einigung einleiben zu lassen/ haben Wir dannach mit zeitigem wohlbedachtem Rath/ gutem Wissen und Willen unserer Cron Boheim gehorsamen Stände und anderer unser getreuen Räthe/ Officirer/ Land-Leute und Unterthanen stattlichen Erwegung/ aus vorbedachten Ursachen/ und sonderlichen freundlichen gnädigen Willen/ so Wir zu berührten Chur-Fürsten und desselben Erben/ Erbnehmen und Nachkommen tragen/ obbemeldter gestalt ewiglich und in gutem Trewen/ ohn Gefährde/ verbunden/ daß hinfüro zu künfftigen ewigen Zeiten es allerseits mit mehrgedachten Todes- und Erb-Fällen in unser Cron Boheim und des Chur-Fürsten/ seiner Lbd. Landen/ wie itzo und oben vermeldet/ unverbrüchlich und ohn allen Nachtheil soll gehalten werden.

Doch mit dieser ausgedruckten Condition, woferne die Verlassenschafften an Fahrnüß verhanden/ daß dieselbigen ohne Entgeld iedem Theil folgen sollen. Betreffe es aber Grund und Boden/ nachdem unser Cron Boheim wieder die Ausländer/ so ordentlicher Weise ins Königreich Boheim nicht angenommen/ privilegirt/ soll es von wegen der Stadt und Bauer-Güther beyderseits bey eines iglichen Unterthanen Gefallen/ dieselben zu verkauffen oder zu besitzen frey stehen. Treffe es aber Herrn-Stands oder Rittermäßige Leute an/ die in der Cron Boheim nicht angenommen/ auch sich darein nicht zu begeben gedächten/ sollen dergleichen Güther/ wofern sich die Partheyen durch Freundschafft oder sonst mit einander selbst/ des Kauffs und Werths nicht vergleichen könnten/ oder würden/ durch die Creyß-Haupt-Leuthe/ in welchem sie gelegen und befunden werden/ neben zweyen ältisten von Adel/ sowohl in unserer Cron Boheim als in des Chur-Fürsten seiner Lbd. Lande/ nach gutem Gewissen/ der Lands-Art und Gebrauch nach/ damit sich niemand mit Billigkeit zu beschweren habe/ erbar und aufrecht tractiret/ dem/ so die Gelder gehören/ unweigerlich zugestellet/ und die Güther wiederum mit vorigen Stands-Personen von Herren und Adel besetzet werden.

Ob sichs auch begebe/ daß einer um seiner Verhandlung willen in unser des einen Theils Landen zu Recht mit Urthel vertheilet/ flüchtig und in des andern Landen antroffen und gefänglich eingezogen würde/ so soll unser einer/ unser Nachkommen und Erben dem andern von Gelegenheit seiner Verhandlung Bericht thun/ und des Urthels Abschrifft unter seinem Jnsiegel zuschicken/ solch Urthel soll der ander/ seine Nachkommen und Erben auff des andern Theils Ansuchen/ Begehren und Bitten/ würcklich zu exequiren schuldig seyn/ ohne Gefährde.

Da auch einer oder mehr unsere/ auch unserer Nachkommen und Erben Unterthanen aus unsern Landen flüchtig/ aus was Ursachen das beschehe/ so soll der andere ihn in seinem Lande nicht gedulten noch geleiden/ auch seinen Unterthanen solches zu thun oder ihn aufzuhalten/ wissentlich nicht gestatten. Und ob einer daß Gleid zu Mißbericht bey uns anbracht hätte/ so wollen und sollen Wir/ auch unsere Erben und Nachkommen/ so bald Wir das verständiget/ dasselbige auffkündigen und abschaffen.

Begebe sichs auch/ daß einer oder mehr in unser eines Theils Landen mit Mord/ Raub/ Dieberey oder andern/ Mißhandlunger und Ursacher seyn/ oder ihr Lehen verwürcket/ und in des andern Landen gefänglich eingezogen würden; Wo denn die That bekäntlich/ so sollen der oder die in Monats-Frist/ auf Ansuchen der beleidigten Personen oder ihrer Herrschafft/ seinem Verwircken nach peinlich in denen Gerichten/ darinnen er ankommen/ gestrafft werden. Wo aber binnen Monats-Frist derhalben bey den Gerichten von denen beschädigten Personen kein Ansuchung geschicht/ so soll der oder die Gefangenen auf einen Urfehd ihres Gefängnüsses wieder erlediget werden. Wäre es aber Sach/ daß die That nicht bekäntlich/ oder sonst also gelegen/ daß sie Ausübung des Rechten/ oder sonst Verzug haben müste/ auf den Fall soll unser einer dem andern/ nach Erstattung derer Unkosten/ so auf den oder die Gefangenen ergangen/ der oder die Gefangenen in sein Land folgen lassen/ und soll sie der andre in denen Gerichten/ darinnen sie sitzen/ annehmen/ und förder auf seine Unkosten in sein Land führen lassen/ und nicht mit Gewalt/ sondern redlich wider sie verfahren/ darzu unser ieder dem andern durch sein Gebieth mit Gleid-beschicken und andern/ da es die Nothdurfft erfordert/ förderlich seyn/ und keine Verhinderung thun/ noch zu thun gestatten sollen/ ohn Gefährde.

Wir haben uns auch weiter vereiniget und verglichen; dieweil sich viel muthwilliger und leichtfertiger Leute unterstehen/ uns und unsere Unterthanen mit Briefen/ Brand- und andern Zeichen zu befehden/ zu bedrawen/ und die Unkosten zu der Fürsorge und sonst zu verursachen/ desgleichen auch etliche die unsern zu Wege lagern/ und auf der Land-Strassen zu verhalten/ daß Wir nun hinforder solche Fehden/ Wege-Lagern und Verhalten im Feld und Strassen bey Straffe Verliehrung des Leibes und Lebens/ in einem offentlichen Ausschreiben wollen verbiethen. Und wo sich iemand dawider unterstehen würde/ uns oder die unsern iedes Theils gegen dem andern zu befehden oder zu Wege lagern/ oder auf der Strasse zu verhalten/ daß derselbig zu Stund mit solcher That der Befehdung oder Wege-Lagerung/ ob gleich durch ihn darauf nichts weiters erfolget/ sein Leib und Leben soll verwirckt/ und wenn er ankömmt/ mit dem Schwerdt vom Leben zum Tode soll gestraffet werden. Und wiewohl auch hierbey verordnet und gesetzet worden/ welcher massen Wir/ Unsere Erben/ Erbnehmen und nachkommende Könige zu Boheim bemeldten unsern lieben Oheim dem Chur-Fürsten/ seiner Lbd. Vettern/ Hertzog Johanns Wilhelmen/ und derselben beyden Erben/ Erbnehmen und nachkommenden Hertzogen zu Sachsen/ Landgrafen in Düringen/ Marggrafen zu Meissen/ auf ihre Ermahnung zu Hülffe kommen sollen: So haben doch Wir zu mehrerm Nutz/ Erhaltung und Handhabung unserer Cron Boheim und derselben incorporirten Fürstenthumen und Landen/ auch Jhrer Lbd. Fürstenthumen/ Landen und Leuten/ uns ferner mit ihrer Lbd. (doch die Glaubens- und Religions-Sachen ausgenommen/ derhalben Wir einander zu helffen unverbunden seyn wollen/) nachfolgender Artickel unterredt und verglichen/ als:

Wo gedachte unsere liebe Oheime der Chur-Fürst und Hertzog Johann Wilhelm zu Sachsen/ oder derselben Land und Leute uber kurtze oder lange Zeit durch iemand/ wer der oder die wären/ von den Gehorsam eines Röm. Käysers oder Königes gedrungen/ und derhalben vergewaltiget oder verzogen werden wolte/ so sollen und wollen Wir/ unsere Erben/ Erbnehmen und nachkommende Könige zu Boheim und unser Cron Boheim/ samt derselben incorporirten Landen/ auf ihrer Lbd. und derselben Erben/ Erbnehmen und nachkommenden Hertzogen zu Sachsen Vermahnung in Krafft aufgerichter Erbeinigung/ nach dem Tage solcher Vermahnung/ ihnen zu Hülffe schicken 500. gerüstete Pferde zum längsten innerhalb einer Monats-Frist/ und 2500. Mann zu Fuß besoltes Kriegs-Volcks innerhalb vierzehen Tagen/ und auf die andere Mahnung wiederum innerhalb einer Monats-Frist den nechsten darnach folgen/ abermahls 500. gerüstete Pferde/ und 2500. Mann zu Fuß besoltes Kriegs-Volcks innerhalb vierzehen Tagen. Und wo die Noth also groß wäre/ und Wir zum dritten mahle ermahnet würden/ alsdann mit unser und unser Cron Boheim und derselben incorporirten Landen gantzer Macht zuziehen/ schützen und retten helffen/ als ob die Sache uns/ unsere Land und Leuthe selbst belanget und antreffe/ und das alles auf unsern und bemeldter Cron Boheim und derselben eingeleibten Landen eigenen Kosten und Darlegen. Wie sich denn der Chur-Fürst/ Hertzog August zu Sachsen/ seiner Lbd. in voriger mit seiner Lbd. und weiland Hertzog Moritzen/ gewesenen Chur-Fürsten zwischen weyland Käyser Ferdinando hochlöblichster Gedächtniß aufgerichten Erb-Einigung/ die dißfalls in seinen Puncten bey Kräfften bleiben soll/ ausdrücklich gegen Jhrer Majestät und derselben nachkommenden Königen zu Boheim und der Cron Boheim verschrieben hat/ und sich itzo wiederumb gegen uns/ als regierenden König zu Boheim/ un-

ANNO 1571. sern Erben und nachkommenden Königen und der Cron Boheim aufs neue seine Lbd. verschrieben und verbündlich gemacht; Wie denn Hertzog Johann Wilhelm zu Sachsen seine Lbd. vor sich/ derselben Erben und Nachkommen in dieser Erbeinigung und Neben-Verschreibung gleicher massen zugesaget hat/ so viel obbemelte specificirte Anzahl Hülff des Zuzugs betrifft/ als nemlich einen dritten Theil/ welches bringet zu ieder Aufmahnung 166⅔. eines Pferds/ und 833⅓. eines Fuß-Knechts zu leisten/ und dann im Fall der grossen Noth gleicher Weiß mit ihrer und ihrer Lbd. Lande gantzen Macht/ uns und unsere Cron Boheim und derselben eingeleibten Ländern auf Ihrer Lbd. eigenen Kosten und Darlegen zuzuziehen.

Wir wollen auch unsere Hülffe von ihnen nicht abwenden/ denen Feinden sey denn ihr Vornehmen gewehret/ und ob sie etwas eingenommen/ ihren Lbd. wieder darzu helffen. Gefüget es sich aber/ daß die Noth also groß und eilend wäre/ daß ihre Lbd. deroselben Erben/ Erbnehmen und nachkommende Hertzogen zu Sachsen/ uns/ unsere Erben und nachkommende Könige zu Boheim zu der ersten Mahnung und Macht zu zuziehen ermahnen würde/ so sollen und wollen Wir auch darauf im nechsten Monat derselben Vermahnen also auffeyn/ zuziehen und retten helffen lassen.

Ob auch Wir/ Unsere Erben/ nachkommende Könige und die Cron zu Boheim andere Einigung oder Bündniß mit iemands fürnehmen/ machen oder eingehen/ auch etliche alte Einigung vernewren oder erstrecken würden/ darinnen sollen Wir/ unsere Erben/ Erbnehmen und nachkommende König und die Cron zu Boheim diese Einigung auch den obgenandten Chur-Fürsten/ seiner Lbd. Vettern und derselben Erben/ Erbnehmen und nachkommende Hertzogen zu Sachsen zuvor ausnehmen. Auf solches so nehmen Wir auch in dieser Vereinigung aus unsern heiligen Vater den Pabst/ und unsere Nachkommen am Römischen Reich/ künfftige Römische Kayser und König/ beneben auch den Durchläuchtigsten Fürsten/ Herrn Sigmunden Augusten/ Königen zu Pohlen/ Groß-Fürsten in Littaw/ zu Reußen/ Preußen rc. Hertzogen/ unsern freundlichen lieben Bruder und Schwager/ deßgleichen die Häuser Pfaltz/ Brandenburg/ und die Durchläuchtigen Hochgebohrnen Ferdinanden und Carol/ Ertz-Hertzogen zu Oesterreich/ Hertzogen zu Burgund/ zu Steyr/ Kärnten/ Crain und Wirtemberg/ Landgrafen in Elsaß/ Marggrafen zu Burgaw/ Grafen zu Tyrol und Habspurg/ unsere freundliche geliebte Brüder und Fürsten/ desgleichen auch den Hochgebohrnen Albrechten/ Pfaltz-Grafen bey Rhein/ Hertzogen in Ober- und Nieder-Bäyern/ unsern lieben Vetter/ Schwager und Fürsten/ mit welchen Häusern Wir in Erb-Einigung und freundlicher guter Verwandnüß stehen/ so viel derselben itztgemelten Häuser/ Pfaltz/ Brandenburg und unsere freundliche geliebte Brüder auch Bäyern/ sich gegen uns/ als Römischen Käyser und regierenden König zu Boheim des Gehorsams unterthänig verhalten.

Sonst alle und jede vorgeschriebene Artickel und Puncte/ wie die von Wort zu Wort obgelautet/ haben Wir vor uns/ unsere Erben und nachkommende Könige/ und unsere Cron Boheim obgemeldten Chur- und Fürsten/ Ihrer Lbd. Erben/ Erbnehmen und nachkommende Hertzogen zu Sachsen/ Landgrafen in Düringen und Marggrafen zu Meissen/ bey unsern Königlichen Würden und wahren Worten gelobt/ diese Erb-Einigung wahr/ stet und fest zu halten/ zu vollführen und dero nachzukommen.

Des zu Uhrkund haben Wir diesen Brief mit eigener Hand unterschrieben und mit unserm Käyserlichen anhangenden Insiegel besiegelt. Geben Prag/ den 28. Junii anno 1571.

Diß ist gegen der Röm. Käys. Boheimischen Hof-Cantzley-Registratur-Büchern fleißig collationiret/ und stimmet damit allerdings recht überein. Prag den 4. Maji anno 1616.

(L. S.)

OTTO HIERONYMUS POPP,
Röm. Käys. Majest. Böheimischer
Hof-Cantzley Registrator.

XCVII.

30. Juill. Erb-Einigung zwischen Churfürst Johann Georg zu Brandenburg und denen Hertzogen in Pommern aufgericht/ deß lauts/ daß wann diese Hertzogen solten ohne männliche Erben abgehen/ das Hauß Brandenburg alsdenn in alle Pommerische Landen succediren/ stürbe aber dieses Hauß ohne männliche Erben/ ab/ so succedirten die Hertzogen in der Neuen Marck und Land zu Sternberg über der Oder. Geschehen Montags nach Jacobi Apostoli 1571. Mit Kaysers MAXIMILIANI II. Confirmation, geben zu Wien den 18. Martij 1574. [LIMNÆI Jus Public. Rom. Germ. Tom. IV. ad Libr. IV. Cap. VIII. pag. 621. LUNIG, Teutsches Reichs-Archiv. Part. Spec. Abtheil. IV. Absatz III. pag. 65. d'où l'on a tiré ces deux Pièces.] ANNO 1571.

C'est-à-dire,

Traité d'Union Héréditaire entre JEAN GEORGE *Electeur de Brandebourg, & les Ducs de* POMERANIE, *portant que si la Maison Ducale vient à manquer faute d'Hoirs mâles, celle de Brandebourg lui succedera en tous ses Domaines; & que si pareille extinction arrive dans la Maison Electorale; en ce cas, les Ducs de Pomeranie lui succederont dans les Terres de la* Nouvelle Marche *& du Territoire de* Sternberg; *non ailleurs. Fait le Lundi après la St. Jaques l'Apôtre* 1571. *Avec la Confirmation de l'Empereur* MAXIMILIEN. *A Vienne le* 18. *Mars* 1574.

WIr MAXIMILIAN der Ander/ von GOttes Gnaden erwehlter Römischer Kayser/ zu allen Zeiten Mehrer des Reichs/ in Germanien/ zu Hungarn/ Böheimb/ Dalmatien/ Croatien/ und Sclavonien rc. König/ Ertz-Hertzog zu Oesterreich/ Hertzog zu Burgund/ zu Braband/ zu Steyr/ zu Kärndten/ zu Crain/ zu Lützenburg/ zu Würtenberg/ Ober- und Nieder-Schlesien/ Fürst zu Schwaben/ Marggraff des heiligen Römischen Reichs zu Burggau/ zu Mähren/ Ober- und Nieder-Laußnitz/ gefürsteter Graff zu Habspurg/ zu Tyrol/ zu Pfird/ zu Kyburg/ und zu Görtz/ rc. Land-Graff in Elsaß/ Herr auf der Windischen Marck/ zu Portenau/ und zu Salins rc. für Uns und Unsere Nachkommen am heiligen Reich/ Römische Kayser und Könige/ Bekennen hiemit öffentlich und thun kund allermänniglich/ alß Uns die hochgebohrne/ Johannes Georg/ Marggraf zu Brandenburg/ des heil. Römischen Reichs Ertz-Cämmerer/ Johannes Friederich/ Bogsloff/ Ernst Ludwig/ Barnim und Casimir/ Gebrüdere/ alle Hertzogen zu Stettin/ Pommern der Cassuben und Wenden/ Unsere lieben Oheimen/ Churfürst und Fursten/ einen Vertrag und Erb-Einigung/ so ihre Lbd. von wegen einer Erb-Succession und Anwartung auf der neuen Marck/ und dem Land zu Sternberg/ über der Oder gelegen/ desgleichen die Lehenschafft über die Häuser Lockenitz und Wierraden/ sambt denselbigen Zugehörigen Gütern/ so viel deren über die Brandenburgischen Land-Grändtzen/ in Pommern gelegen/ umb Friedlebens und Erhaltung guter freundlicher beständiger Nachbarschafft willen/ und zu Verhütung künfftiger Mis-Verstand/ und Irrthumen/ auf Unsere beliebung und Genehmhalten/ neulicher weil mit einander abgeredt und verglichen/ in Originali fürbringen lassen/ von Wort zu Wort also lautend.

WIr Georg/ von GOttes Gnaden Marggraf zu Brandenburg/ des heiligen Römischen Reichs Ertz-Cämmerer und Churfürst/ in Preussen/ zu Stettin/ Pommern/ der Cassuben und Wenden/ und in Schlesien zu Crossen Hertzog/ Burggraf zu Nürnberg und Fürst zu Rügen/ Bekennen hiemit und thun kund für Uns/ unsere Erben und Nachkommen/ Marggraffen und Churfürsten zu Brandenburg/ Nachdem wir/ Unsere Erben und Nachkommen/ die für und für Churfürsten zu Brandenburg seyn werden/ laut aufgerichtet- und von Römischen Kaysern und Königen jederzeit confirmirter Verträge/ an den Hochgebohrnen Fürsten/ unserer freundlichen lieben Oheimen/ Schwäger und Sohns/ aller Hertzogen zu Stettin/ Pommern rc. Landen und Leuten/ die gesammte Hand und Anwartung haben/ und derhalben von Ihren der Hertzogen Liebden/ vor dieser Zeit freundlichen sind ersucht worden/ daß Wir zu Pflantzung mehrer Lieb/ freundschafft und wahres freundlichen vertrauens Ihr Liebden zu gleichmäßiger Gegenanwartung an unserm Churfürstenthum und Lande freundlichen wollen befördern: Wir aber von deswegen/ daß sich weyland unsere löbliche Vorfahren länger als vor hundert Jahren/ mit denen Chur- und Fürsten zu Sachsen/ und Land-Grafen zu Hessen/ mit Ihren allerseits Churfürstenthumen/ Fürstenthumen Landen und Leuten/ durch eine erbliche/ und mit einem leiblichen Eyd bewährte Verbrüderung/ freundlichen zusammen gesetzt/ Ihren Liebden darinn/ wie Wir sonsten dern sondern freundlichen Neigung und Verwandtnüß nach/ damit Wir Ihren Liebden zugethan/ freundlichen zu thun geneigt/ durchaus mit allen unsern Landen nicht wilfahren können: Und uns doch Ihren Liebden zu Freundschafft in ietzo vorgelauffener Handlung der Verneuerung der obbemeldten Erb-Verbruderung zwischen denen Chur- und Fürstlichen Häusern/ Sachsen/ Brandenburg und Hessen/ freundlichen bemühet/ daß wir Ihren Liebden unsern freundlichen zugethanen Willen mit etwas beweisen möchten/ auch darauf die Hochgebohrne

ANNO 1571.

ANNO 1571.

bohrne Fürsten/ Herrn Augusten/ des heyligen Römischen Reichs Ertz-Marschalln und Chur-Fürsten/ und Herrn Johanns Wilhelmen/ beede Hertzogen zu Sachsen/ Land-Grafen in Thüringen/ und Marggrafen zu Meißen/ Herrn Georg Friederichen/ Marggrafen zu Brandenburg/ in Preussen/ zu Stettin/ Pommern/ der Cassuben und Wenden Hertzogen/ Burggrafen zu Nürnberg/ und Fürsten zu Rügen/ auch Herrn Wilhelmen/ Ludwigen Philippsen/ und Georgen/ Landgrafen zu Hessen/ Grafen zu Catzenelenbogen/ Dietz/ Ziegenhain/ und Nidda/ unsere freundliche liebe Oheimen/ Vetter/ Schwager/ Brüder und Gevattern/ freundlichen vermöcht/ daß sie uns zu sondern Ehren und Gefallen/ freundlichen bewilliget/ daß wir unser Land/ so über der Oder gelegen/ als die neue Marck/ und Land zu Sternberg/ deßgleichen auch die Lehenschafften über die Häuser Lokenitz und Vierraden sampt derselben Zubehörigen Gütern/ so viel der über die Märckische Land-Grääntz/ in Pommern gelegen/ von gedachter Erb-Verbrüderung dermassen ausziehen möchten/ daß solches alles auf den Fall/ wenn das Hauß Brandenburg/ welches der Allmächtige GOtt gnädig zu verhüten geruhe/ gantz und gar abginge/ ausgezogen seyn/ und neben andern unsern Landen an die Chur- und Fürsten der Häuser Sachsen und Hessen nicht mit kommen noch fallen soll/ darauf zu bezeugung unserer freundlichen guthertzigen und gnädigen Neigung und willens/ den wir zu gemeldten Unsern freundlichen lieben Sohn/ Oheimen und Schwägern/ denen Hertzogen zu Stettin/ Pommern/ 2c. und derselben Landen und Leuthen zum Trost/ Freundschafft/ und Gutem/ auch Vermehrung Lieb/ Freundschafft/ und Verwandten/ guter Nachbarschafft zwischen Ihren Liebden und uns/ und unser beederseits Unterthanen/ mit des allerdurchläuchtigsten/ Großmächtigsten Fürsten und Herrn/ Herrn Maximilian des andern/ alß Römischen Kaysers/ 2c. Unsers gnädigsten und lieben Herrn/ allergnädigster bewilligung/ die wir neben Ihren der Hertzogen zu Pommern Liebden/ bey ihrer Kayserl. Majest. 2c. hierzu zu erlangen/ allen müglichen Fleiß anwenden wollen/ auch mit Vorwissen und freundlicher Zulassung der hochgebohrnen Fürsten/ unsers freundlichen lieben Sohns und Vettern/ Herren Joachimi Friderici, Administrators des Primats und Ertzstiffts Magdeburg/ Herrn George Friedrichen/ und Herrn Albrecht Friedrichen/ aller Marggraffen zu Brandenburg/ in Preußen/ zu Stettin/ Pommern/ der Caßuben und Wenden/ Hertzogen/ Burggraffen zu Nürnberg/ und Fürsten zu Rügen/ das obgemeldte Unser Land der neuen Marck/ und Lands zu Sternberg/ über der Oder gelegen/ desgleichen auch die Lehnschafften über die Häuser Lockenitz und Vierraden/ sampt derselben zugehörigen Gütern/ so viel der über die Märckische Land-Gräntze/ in Pommern gelegen/ vor gemeldten unsern freundlichen lieben Sohn/ Oheim und Schwagern/ denen Hertzogen zu Stettin Pommern/ und ihren Mannlichen Leibes-Lehens-Erben für und für/ vor uns und unsere Erben und Nachkommen/ Marggrafen und Churfürsten zu Brandenburg/ zu einer rechten Anwartung/ Angefäll und gesampten Lehenschafft/ bewilligt/ zugesagt/ versprochen und übergeben haben/ also bescheidentlich; Wann wir und Unsere Mannliche Leibes-Lehen-Erben/ für und für/ mit Todte abgingen/ und kein Marggraff zu Brandenburg mehr im Leben wäre/ und durch solchen tötlichen Abgang des gantzen Marggräffischen Brandenburgischen Stammes/ unser Churfürstenthum und Lande/ an Unsere Erbverbrüderte Chur- und Fürsten der Häuser Sachsen und Heßen oder deren eine Parthey/ welche alsdann noch im Leben wäre/ fallen und kommen würde/ daß alsdann die obgemeldte Unsere Neue-Marck und Land zu Sternberg/ über der Oder gelegen/ desgleichen auch die Lehnschafft über die Häuser Lockenitz und Vierraden/ sampt derselben zubehörigen Gütern/ so viel der über die Marckische Land-Gräntz/ in Pommern gelegen/ erstlichen an unsern freundlichen lieben Sohn/ Hertzogen Johanns Friederichen zu Pommern/ und seiner Liebden Mannliche Leibes-Lehns-Erben für und für/ so lange derselben einer im Leben/ und wann seiner L. keine Mannliche Leibes-Lehens-Erben verliessen/ oder die seiner L. verliessen/ auch für und für ohne Mannliche Leibes-Lehens-Erben abstürben/ alsdann an die andern unsern freundliche liebe Oheim und Schwägere/ Herrn Ernst Ludwigen/ Herrn Burgislaven/ Herrn Barnim/ und Herrn Casimirn/ Gebrüdere zu Stettin/ Pommern/ Hertzogen/ welche unter Ihren Liebden zu derselben Zeit/ zu Stettin und Wollgast/ regierende Herren und Lands-Fürsten seyn werden/ und derselben Mannliche Leibes-Lehens-Erben/ und wenn dieselbigen auch mit Todte abgingen/ auf die nachfolgende regierende Hertzogen zu Stettin/ Pommern und derselben Mannliche Leibes-Lehens-Erben/ vermöge des zwischen allerseits ihrer Liebden in jüngst verschienen 69. Jahrs aufgerichten Vertrags/ für und für gäntzlich und gar zu erbeigen/ in allermassen als die von natürlicher angebohrner Sippschafft nach Kayserlichen Rechten an Ihren Liebden vererbet und angestorben wären/ gefallen/ kommen/ und erblich bey Ihrer Liebden und derselben Erben alß Ihren rechten Erbherren bleiben sollen. Dieweil aber einer von den Marggrafen zu Brandenburg bey Leben ist/ sollen die Hertzogen zu Stettin/ Pommern/ sich solcher Anwartung und Erbschafft/ nicht gebrauchen/ sondern denselben geruhiglich/ ohne alle Irrung und Eintrag/ bey seinen Landen/ Leuten und Regiment bleiben lassen/ behülfflich seyn/ schützen und schirmen/ wie solches die zwischen denen Chur- und Fürstl. Häusern Brandenburg und Pommern aufgerichte erbliche Verträge/ und Einigung allenthalben weiter inhalten und mitbringen/ und zu mehrer Bekräfftigung dieser unserer freundlichen Ubergabe und Versamlung/ wollen und sollen wir und unsere Erben und Nachkommen Marggraffen und Churfürsten zu Brandenburg/ für und für/ so bald solche Ubergabe von der höchstgedachten Kayserl. Maj. bewilligt und bestättigt wird/ wann oder so offt einer oder mehr unsere Lehen-Leute in unserer Neuen Marcke/ und Land zu Sternberg/ auch ein Graff von Hohnstein zu Vierraden und ein Schulenburg zu Lockenitz/ Lehens-Pflicht thun/ Hertzog Johanns Friedrichen zu Pommern/ und S. L. Mannliche Leibes-Lehens-Erben/ und wann die nicht mehr wären/ den andern S. Liebden Brüdern/ welche jederzeit regierende Landes-Fürsten zu Stettin und Wollgast werden seyn/ und derselben Mannliche Leibes-Lehens-Erben/ wie oben gemeldt/ jedesmahl auf obbemeldten Fall zugleich mit schwören und Huldigung thun lassen: Gleicher gestalt wollen wir auch/ so offt in unsern Städten einer oder mehr Raths-Herren oder Burger aufgenommen werden/ von denselben den Raths- oder Burger-eyd mit gleichförmigen Anhang nehmen lassen/ und ob es zu fällen käme/ daß in unser Neuen Marck und Lande zu Sternberg/ über der Oder gelegen/ von unsern Mannen und Städten eine gemeine Erbhuldigung genommen würde/ soll dieselbe auch also beschehen/ und den Herzogen zu Stettin/ Pommern/ auf den Fall/ wann kein Marggraff mehr im Leben/ in obbemeldter Ordnung jedesmahl mit gehuldiget und geschworen/ und des zu Bekäntnüß von gemeldten unsern Mannen und Städten Ihrer Liebden ziemliche briefliche Uhrkunden geben werden; dargegen Ihre Liebden dieselbe unsere Unterthanen von Mannen und Städten mit Ihrer Fürstl. Briefen hinwiederum nothdürfftig sollen versichern und versorgen/ ob der Marggräffische Stamm also verfiele/ und dan unsere Neue Marck und Land zu Sternberg/ desgleichen auch die Lehenschafft über die Häußer Lockenitz und Vierraden/ samt derselbigen zubehörigen Gütern/ so viel der über die Märckische Gräntz/ in Pommern gelegen/ an ihre L. kämen/ daß ihre Ldd. und derselben Erben alsdann alle derselben Mannschafft/ sie seynd Graffen/ Herren/ Ritter oder Knechte/ Burgmanne/ Burger und gemeiniglich Burge/ Städte/ Land/ und Leute/ Geistlich und Weltlich/ bey allen Ihren Rechten/ Ehren/ Würden/ Freyheiten/ alten guten Gewohnheiten/ lassen/ darbey schützen/ schirmen/ handhaben/ und behalten sollen und wollen/ und daß dieses alles so obstehet/ wann es zu fällen komt/ vor uns/ unsere Erben und Nachkommen/ Marggraffen und Churfürsten zu Brandenburg/ gegen gedachten unsern freundlichen lieben Sohn/ Oheimen und Schwägern/ den Hertzogen zu Stettin Pommern/ 2c. alles stät/ vest und unverbrüchentlich soll gehalten werden/ haben wir des zu Uhrkund diesen Brieff mit eigenen Händen unterschrieben/ und unser Insiegel wißendlich daran laßen hengen. Und wir Joachim Friedrich von Gottes Gnaden Administrator des Primats und Ertzstiffts Magdeburg/ und George Friedrich/ beede Marggraffen zu Brandenburg/ und Hertzogen zu Preußen/ 2c. bekennen in demselben Brieffe/ daß von dem Hochgebohrnen Fürsten/ Johannes Georgen Marggraffen und Churfürsten zu Brandenburg/ unserm gnädigen und freundl. lieben Herren Vattern und Vettern/ die vorgemeldte Bewilligung der Anwartung und Ubergaben der Neuen Marck und Land zu Sternberg über der Oder gelegen/ auch der Lehnschafft über die Häuser Lockenitz und Vierraden/ samt derselben zubehörigen Gütern/ in Pommern gelegen/ auff unser aller und Unserer Mannlichen Leibs-Lehens-Erben/ für und für/ tödtlichen Abgang/ welchen der Allmächtige nach seinem gnädigen Willen zu fristen geruhen wolle/ mit unsern guten Wißen und Willen geschehen und ergangen/ und haben des zu Urkund denselben auch mit eigner Hand unterschrieben/ und unser Insiegel wissentlich daran lassen hangen/ Geschehen und geben Montags nach Jacobi Apostoli, nach Christi unsers einigen Erlösers und Seeligmachers Geburt/ in ein tausend/ fünff hundert/ siebentzig und ein Jahr.

Hannß George Churfürst/ Manu propria,

Joachim Friederich/ Marggraff zu Brandenburg/ Manu propria,

George Friederich/ Marggraff zu Brandenburg/ Manu propria.

Und darauff gehorsamlich bitten lassen/ zu solcher Abreden Vergleichung und Erbeinigung unsern Käyserlichen Consens zugeben/ und dieselbige alles ihres Inhalts zu ratificiren/ confirmiren und bestättigen/ daß wir demnach angesehen solch Ihrer Liebden ziemlich bitten/ auch die getreue/ gehorsame und nutzliche Dienste/ so ihre Liebden und dero Vor-Eltern an beyden Häusern Brandenburg und Pommern/ weiland unsern Vorfahren am heiligen Reich und löblichen Hauß Oesterreich/ und uns in viel wege williglich und unverdrossen gethan/ und bezeuget/ sonderlich aber erwegen/ was mercklicher Mühe und Kostens weiland gedachter von Pommern Vater und Vetter/ Philips und Barnim beede Herzogen zu Pommern/ von des heiligen Reichs wegen/ in Abwendung deren Anno 57. der wenigern Zahl/ in den Liefflanden und Littauen entstandenen Kriegs-Empörungen/ desgleichen auch gedachter Herzog Johannes Friedrich eine gute Zeit an unserm Käyserlichen Hoff auf Reichs- und Landtagen/ darzu in offenen Feldzuge wider den Erb-Feind den Türcken in Führung unsers Käyserlichen Hoff-Fahnens/ mit wagen seiner Liebden Leibs und Lebens/ letzlich aber neulichst verschienes 70. Jahrs/ als unser Käyserlicher fürnehmster Commissarius in der hochwichtigen und mühesamen Pacifications-

ANNO 1571.

Handlung zwischen beeden Königen zu Dännemarck und Schweden/ und Ihrer Liebden allerseits mit-Consorten auf seiner Lbd. selbst darlag gutherzig angewendet/ und noch weiters uns und dem heiligen Reich zu guten anzuwenden und zu bezeugen sich erbieten/ auch wohl thun können und sollen/ darzu neben dem allen auch zu Gemüth geführt/ daß angeregte Vereinigung allein zu pflanzung und Erhaltung guter Freundschafft und Nachtbarlichen Willens/ so wohl zwischen den Obrigkeiten selbst/ als allerseits Unterhanen/ furgenommen/ und uns und dem heiligen Reich nicht allein in nichts nachtheilig/ oder abträglich/ sondern vielmehr/ nach Gelegenheit deren äusserster Reichs Gränzen/ und allerhand Gefärligkeiten halben fast nützlich und fürständig ist. Und darumben aus denselben ietzo gemeldten und andern mehr stattlichen Ursachen uns darzu bewegend/ mit vergleichenden Rath/ Gutachten und belieben Unserer und des heiligen Reichs Churfürsten dieselben obinserirte Erbvergleichung/ und Einigung der beeder Chur- und Fürstlichen Häuser Brandenburg und Pommern in allen und jeden ihren Punckten/ Articuln, Inhaltungen/ Meinung und Begreiffungen gnädiglich consentirt/ gewilligt/ auch confirmirt und bestättigt: Thun das von Römischer Käyserlicher Macht/ Vollkommenheit/ consentiren/ verwilligen/ confirmiren und bestättigen dieselbig hiemit und in Krafft dis Briefes wissendlich in bester beständigster Form und maß/ wie wir solches von Rechts-Gewohnheit- oder Gnaden wegen am allerkräftigsten und beständigsten thun sollen oder mögen/ und meinen/ setzen und wollen/ daß obinserirter Vertrag und Erbeinigung in allen und jeden seinen Worten/ Punckten/ Clausuln/ Articuln, Inhaltungen/ Meinung und Begreiffungen kräfftig und mächtig seyn/ und von beeden obgemeldten theilen stet/ vest/ und unverbrüchentlich gehalten und vollzogen werde/ sie sich auch desselben gebrauchen und geniessen sollen/ und mögen von allermänniglich unverhindert/ doch uns und dem heiligen Reich/ und sonst männiglich/ an seinen Rechten und Gerechtigkeiten unvergriffen und unschädlich. Und gebieten darauff allen und jeden Churfürsten/ Fürsten/ Geistlichen und Weltlichen/ Prälaten/ Graffen/ Freyen Herren/ Rittern/ Knechten/ Lands Haupt-Leuten/ Land-Marschalln/ Land-Vögten/ Haupt-Leuten/ Vitzdomben/ Vogten/ Pflegern/ Verwesern/ Amptleuten/ Land-Richtern/ Schultheisen/ Burgermeistern/ Richtern/ Räthern/ Burgern/ Gemeinden/ und sonst allen andern Unsern und des Reichs/ auch Unserer Königreiche Erblichen Fürstenthum und Lande/ besonders aber denen in bemeldten Fürstenthum Neue-Marck und Land zu Sternberg/ über der Oder/ auch andern an benannten Orten gesessenen Landständen und Unterthanen/ in was Würden/ Stands oder Wesens die seind/ ernstlich und festiglich mit diesem Briefe/ und wollen/ daß sie gedachte Unsere Liebe Oheimb/ Churfürst und Fürsten zu Brandenburg/ und Pommern/ bey obbegriffenen zwischen ihnen aufgerichten Vertrag und Erbeinigung/ auch diesem unsern darüber gegeben Consens, Confirmation und Bekräfftigung/ geruhiglich und unverhindert bleiben/ deßen gebrauchen und geniessen lassen/ beede theil selbst vest darob halten/ darwieder nichts thun/ handeln/ fürnemen/ noch das jemands andern zu thun gestatten/ in keine Weis noch Weg/ als lieb einem jeden sey unser und des Reichs schwere Ungenade und Straff/ und darzu eine Poen/ nehmlich zweyhundert Marck lötigs Golds zu vermeiden/ die ein jeder/ so offt er freventlich hiewider thete/ Uns halb in unsere und des Reichs Cammer/ und den andern halben Theil/ meheernamiten Churfürsten zu Brandenburg/ und denen Hertzogen zu Stettin/ Pommern/ ihren Erben/ und derselben Erbens-Erben/ so hiewieder beleidigt würden/ unnachläßlich zu bezahlen verfallen seyn solle: Mit Urkund dieses Brieffs/ mit unserer anhangenden Käyserlichen Bull besiegelt/ der geben ist in Unserer Stadt Wien/ den achtzehenden Tag des Monats Martii, nach Christi unsers lieben Herren und Seeligmachers Geburth fünfzehen hundert/ und in vier- und siebentzigsten Jahr/ unserer Reiche/ des Römischen in zwolften/ des Hungarischen im Eilfften/ und des Boheimischen in sechs- und zwanzigsten Jahren.

MAXIMILIAN,

Vice ac nomine Reverendissimi Domini Danielis, Archicancellarii Moguntini,

Vt. JOH. BAPT. WEBER, D.

Ad mandatum Sacræ Cæsareæ Majestatis proprium.

A. ERSTENBERGER,

Manu propria.

XCVIII.

1572. Verzicht-Brief Mariæ Eleonoræ gebohrner Hertzogin zu Jülich/ und vermählter Marggräfin zu Brandenburg auf die Hertzogthümber und Lande zu Jülich/ Cleve/ und Berg/ wie auch auf all-mütterliche Erbgerechtigkeit/ beschehen im Jahr 1572. [LUNIG, Teutsches Reichs-Archiv. Part. Spec. Abtheil. IV. Continuat. II. Absatz IX. pag. 983.]

ANNO 1572.

C'est-à-dire,

Renonciation de MARIE ELEONORE *née Duchesse de Juliers & Femme d'*ALBERT FREDERIC *Marcgrave de Brandebourg à toute la Succession de ses Pere & Mere. Anno* 1572.

VOn GOttes Gnaden/ Wir Maria Eleonora/ gebohrne Hertzogin zu Gülich/ Cleve und Berg/ Marggräfin zu Brandenburg/ in Preussen/ ꝛc. Hertzogin: Bekennen und thun kunt für uns/ unsere Erben und Nachkommen/ als der Hochgebohrne Fürst/ unser gn. lieber Herr und Vater/ Herr Wilhelm/ Hertzog zu Gülich/ Cleve und Berg/ Graffe zu der Marck und Ravensperg/ Herr zu Ravenstein/ uns an den Hochgebohrnen Fürsten/ Herrn Albrecht Friedrich Marggraffen zu Brandenburg in Preussen/ ꝛc. Hertzogen/ unsern Fürstlichen lieben Herrn und Gemahl/ mit unsern guten Willen nach Gottl. Ordnung vermählet und zu einen Ehelichen Gemahl gegeben/ auch uns vor unser angebührend Erbtheil/ zur Ehe-Steuer und Heyrath-Guth N. Gold-Gulden/ neben andern Innhalt/ der darüber sonderbahren aufgerichten Heyraths-Verschreibung/ nach Jahrs-Frist/ wann das Eheliche Beylager zwischen uns beyden gehalten und vollzogen/ in die Stadt N. gegen gebührliche Quittantz zu erlegen/ richtig zu machen und zu bezahlen gnädigl. bewilliget und zugesagt/ dargegen wir/ vermög angeregtes Heyrath-Brieffs/ auf alle unsere Gerechtigkeit/ Forderung und Zuspruch zu unsers gnädigen Herrn Vaters Fürstenthumen und Lande/ der Gebühr zu verzeihen versprechen: dieweil denn obbestimmt N. Tausend Gold-Gülden Heyrath-Guths uns baar erlegt/ daß wir demnach in Krafft vorberührter Heyraths-Verschreibung/ bevor auch mit Gunst und Willen unsers Herrn Gemahls verziehen haben/ und verzeihen uns auch hiemit aus wohlbedachten Muth/ auf gnugsamen derhalb empfangenen Rath und Bericht/ in Krafft des Brieffs/ für uns/ alle unsere Erben und Nachkommen/ auff alle und jede Väterliche und Mütterliche Erb-Gerechtigkeit/ Forderung und Anspruch/ die wir als eine gebohrne Hertzogin zu Gülich/ Cleve/ Berg/ zu den Fürstenthumben/ Graffschafften und Herrligkeiten/ die unser gnädiger Herr Vater jetzo innehat/ oder künfftig bekommen mag (doch dißfalls/ da die Hochgebohrne Fürsten/ Herr Carl Friedrich und Johanns Wilhelms/ unsere freundl. liebe Brüder ohne Eheliche Leibs-Erben abgehen würden/ unserm Herrn Ehegemahl/ uns und unseren Erben/ und Nachkommen in bemelten Heyraths-Brieff vorbehalten/ in alle Wege unbegeben/) Also daß wir oder unsere Erben und Nachkommen/ ausserhalb jetzt angedeuten Falls zu den ewigen Tagen nimmermehr einige Anforderung/ Anspruch/ noch Erb-Gerechtigkeit/ an obbestimbten Fürstenthumb/ und Landen suchen/ noch gewinnen sollen oder wollen/ in keine Weiß/ wie des Menschen Sinn erdencken möcht.

Gereden und versprechen demnach/ in Krafft diß Brieffs bey unsern Fürstl. Ehren und Treuen/ diesen Verzieg wahr/ stet und fest zu halten/ darwider nicht zu thun/ oder gestatten gethan zu werden/ wie wir uns auch aller Geistl. und Weltl. Rechten/ Privilegien/ Indulten und Beneficien/ wie die jetzo gemacht oder künfftig verliehen und gegeben werden möchten/ die dißfalls uns/ unsern Erben/ und Nachkommen/ gegen diesen Verzieg einiges Wegs zu statten kommen möchten/ gäntzl. begeben/ Gefährte und Arglist hierinn ausgeschlossen. Und wir obgemeldter Albrecht Friedrich in Preussen Hertzog/ bekennen sonderlich hiemit/ daß dieser Verzieg/ und alles was von der Hochgebohrnen Fürstin/ Frauen Maria Eleonora unser freundl. liebe Gemahl/ und unser beyder Erben und Nachkommen in diesem Brieff/ ausserhalb desfalls/ wie obgemelt/ geschrieben stehet/ mit ihr L. wohlbedachten Muth/ rechter Wissenheit/ auch mit unsern Vorwissen und Bewilligung fürgenommen/ und beschehen ist. Des zu Urkund haben wir Maria Eleonora Hertzogin obgemelt/ diesen Brieff mit unserm Handzeichen befestigt/ und zu Bestetigung aller vorgeschriebenen Sachen/ mit obgedachts unser freundl. lieben Herrn und Ehegemahls Insiegel bekräfftiget. Geschehen am N. Tage des Monats N. im Jahr unsers HERRN Tausend Fünffhundert siebentzig und zwey.

Nota. Eben auf diese Form und Weiß/ und allein mutatis mutandis hat Pfaltz-Gräfin ANNA die zweyte Tochter/ in Anno 1574. desgleichen Pfaltz-Gräfin Magdalena die dritte Tochter in Anno 1579. renunciret und Verzicht gethan.

XCIX.

Anweisungs-Brieff derer Graffen zu Manßfeld Hanns Georgs/ Hanß Albrechts/ Hanß Hoyren/ und Bruno/ an die in ihren Herrschafften zum Bergwerck gehörige 15. Janv.

ANNO 1572.

gehörige Persohnen/ Vermög dessen Sie/ diese an Churfürst Augustum zu Sachsen als ihren Lehens-Herrn/ besage dem zu Leipzig de anno 1570. wegen Contentirung ihrer glaubigern aufgerichten Abschiedt/ verwiesen demselben die Huldigung und alle Eyd-pflicht biß zu endlicher bezahlung ihrer schulden/ zu erzeigen. Geben den 15. January 1572. [LUNIG, Teutsches Reichs-Archiv. Part. Special. Continuat. II. Abtheilung VI. Absatz XII. pag. 147.]

C'est-à-dire,

Lettres des Comtes de Mansfeldt JEAN GEORGE, JEAN ALBERT, JEAN HOYERN, *&* BRUNON, *par lesquelles ils remettent à* AUGUSTE *Electeur de Saxe toutes les Personnes qui appartiennent à leurs Mines, pour lui obéir comme à leur Seigneur Feodal jusques à l'entier payement des Créanciers; avec ordre même de lui faire hommage. Données le 15. Janvier 1572.*

WIr Hans Georg/ Hans Albrecht/ Hans Hoyer und Bruno Gebrüdere und Vettern/ Graffen und Herren zu Manßfeldt/ Edle Herren zu Heldrungen. Entbieten allen unsern und andern zum Bergwerck in unserer Herrschafft gehörige Personen/ und lieben Getreuen/ unsern Gruß und geneigten Willen/ hiemit zu wissen fügende/ nachdem den 13. Monats-Tag Sept. des verflossenen 70sten Jahres/ durch die Churfürstl. Sächs. Magdeb. und Halberstättische verordnete Commissarien/ die Sache zwischen uns/ und unsern Gläubigern in gemein/ wie dieselben bezahlt werden sollen/ verabschiedet/ und verordnet worden/ laut eines darüber zu Leipzig sonderlich aufgerichten und hernachmals zu Erffurt wiederholeten und erklärten Abschiedes/ welcher nunmehr mit gebührlicher Uberweisung und Huldigung derer Leute ins Werck gerichtet soll werden.

Als wollen wir euch Krafft undt vermöge solcher Abschiede/ der Eydt und Pflichte/ damit ihr unß zu unsern Theil verwandt/ loß und ledig gezehlet haben/ und damit sambt aller Bottmäßigkeit/ und Gerichtbarkeit an den Durchleuchtigst-Hochgebohrnen Fürsten und Herrn/ Herrn Augustum Hertzogen zu Sachsen des Heyl. Röm. Reichs Ertz-Marschall/ und Churfürsten rc. Unsern gnädigsten Herrn/ als unserer Bergwercke/ Ober-Lehns-Herrn und Landes-Fürsten würcklich überweiset haben.

Befehlen und gebieten euch auch hiemit ernstlichen/ daß ihr solche Eydpflicht/ und gebührliche Huldigung seiner Churfürstl. Gnaden unweigerlich leistet/ und euch gegen hochgedachten Churfürsten/ wie ihr uns zu thun pflichtig gewesen/ biß zu entlicher Bezahlung obberührter unserer Schulden/ gehorsamblich und folgig erzeigt; Wir behalten aber unß/ unsern Erben darneben vor/ wan unsere Gläubiger gebührlich bezahlet worden/ daß uns alsdann unser antheil an den Bergwercken und andern/ mit allen erblichen und eigenthümblichen Rechten und Gerechtigkeiten/ nichts ausgeschlossen/ wie wir die Zeit ietzo bey dieser Uberweisung in Besitz und Gebrauch gehabt/ wiederum eingeräumet werden sollen/ ummassen wir unß auf solchen Fall an unseren zustehenden Erblichkeit/ solcher der Herrschafft und Bergwercks-halber/ nichts begeben haben wollen; Reserviren uns auch mittlerzeit alle Stücke/ Regalien/ Freyheiten und Gerechtigkeiten/ deren wir uns in den Leipzigischen Abschiede nicht verziehen/ und die darinnen uns ausdrücklich zuvor behalten sein; Dergleichen bedingen wir sonderlich und vornehmlich/ daß die wahre Christliche Religion, Inhalt der Augspurgischen Confession, mit Bestellunge der Kirchen/ Schulen/ Consistorien/ sambt allen darzu geordneten/ und geschlagenen Gütern/ Zinsen/ Renten/ und Gefällen in dieser Anweisungs-Herrschafft treulich und fleißig erhalten/ auch die Unterthanen wieder alt Herkommen nicht beschweret/ noch mit einiger Neuerung beleget/ sondern bey alter Gerechtigkeit/ und Privilegien gelassen werden sollen/ so soll auch diese unsere Beweisung allen unsern Lehn-Herrn/ an Grentzen und andern zustehenden und habenden Gerechtigkeiten/ allenthalben unschädlich und unverfänglichen seyn. Welches wir/ darnach ihr euch zu richten/ nicht verhalten wollen. Datum den 15. Januarii Anno 72.

C.

29. Avril. FRANCE ET ANGLETERRE.

Traité de Confédération & d'Alliance entre CHARLES IX. *Roi de France &* ELISABETH, *Reine d'Angleterre. A Blois, le 29. Avril 1572.* [FREDER. LEONARD, Tom. II. pag. 583.]

ANNO 1572.

AU nom de Dieu, tout bon & tout-puissant. Soit notoire à tous, & à un chacun qui verront ces presentes: Comme ainsi soit que Charles IX. par la grace de Dieu Roi de France Tres-Chretien; & Elisabeth, par la même grace de Dieu Reine d'Angleterre, pour leur sincere amitié & affection commencée de la mutuelle parenté d'entre Leurs Majestez, & accruë par la consideration de ce qu'il a plû à Dieu les apeller tous deux à pareille grandeur & Dignité Roiale, & à même soin & souci de la conservation & profit de leurs Sujets, & enfin reduite à sa perfection par grands & mutuels offices, qu'ils se sont rendus l'un à l'autre, depuis qu'il a plû à Dieu les apeller au Gouvernement de leurs Roiaumes & Etats; Leurs Majestez aiant été induites de faire entre elles une tres étroite Ligue, Alliance, & Confederation, pour la conservation, & entretenement d'icelle leur amitié, seûreté de leurs Roiaumes & Etats, & commodité & repos de leurs Sujets: Elles pour executer ce tant saint & loüable desir, & pour toûjours fortifier, & davantage confirmer & entretenir la bonne Paix, amitié, & commune intelligence, qui est de present entre elles, ont commis & deputé chacun de sa part, c'est à savoir, le Roi Tres-Chretien, nous François, Duc de Montmorency, Pair, & Maréchal de France, Gouverneur & Lieutenant General pour le Roi en la Ville & Cité de Paris, & Gouverneur de l'Isle de France, (a) René de Birague, aiant la Charge des Sceaux de France; Sebastien de l'Aubespine, Evêque de Limoges; & (b) Paul de Foix, Conseillers au Conseil Privé de Sa Majesté, ses Commissaires & Procureurs, avec Commission & Pouvoir suffisant: Et ladite Serenissime Reine d'Angleterre, nous Thomas Smith, Chevalier, Conseiller au Conseil Privé de ladite Reine, & Chancelier du tres-noble Ordre de la Jartiere; & François Walsingham, Ambassadeur resident pour ladite Dame prés ledit Roi Tres-Chretien, envoiez Ambassadeurs, Orateurs, Commissaires, & Procureurs de ladite Reine, suffisamment autorisez & garnis de charge, pouvoir, & mandement, ainsi qu'il aparoîtra par la teneur de nos Pouvoirs & Commissions, à nous respectivement donnez par lesdits Roi Tres-Chretien, & Reine d'Angleterre, nous avons convenu, acordé, & contracté, au nom des susdits Roi & Reine, nos Souverains, les Capitulations, Conventions, Pactions, & Articles qui ensuivent.

(a) depuis Chancelier & Cardinal. (b) depuis Archevêque de Toulouse, & Ambassadeur à Rome.

Premierement, est convenu, accordé, & conclu, que par nulle de ces Pactions, Conventions, Articles, ou Chapitres contenus au present Traité de Confederation & Union, il ne sera aucunement reputé, que l'on se soit départi des precedens Traitez, ou Alliances, faits ci-devant entre lesdits Confederez, & leurs Predecesseurs; mais que nonobstant ils demeureront en leur premiere vertu, force, & vigueur, en ce qu'ils ne seront contraires ou repugnans au present Traité, ou à aucuns des Articles convenus en icelui.

Item. Est convenu, accordé, & conclu, que à celui qui assaillira, ou tâchera d'assaillir, de quelque condition qu'il soit, degré, état, dignité, ou ordre, les Roiaumes, Païs, Terres, Seigneuries, ou autres Lieux quelconques apartenans à l'un ou à l'autre des Contractans, l'autre Confederé ne donnera, ni souffrira être donné par ses Sujets, ouvertement ou couvertement, directement ou indirectement, aide, faveur, ou suport; mais sera entre lesdits Princes une Confederation, Ligue, & Union pour leur mutuelle défense contre tous, de quelque condition, état, degré, ou ordre qu'ils soient, lesquels sous quelconque pretexte ou couleur, & pour quelque cause, sans en excepter aucune quelconque, assailliront, ou s'efforceront d'assaillir hostilement par force & armes leurs Personnes, Roiaumes, Païs, Terres, Seigneuries, ou Territoires, tenus & possedez au tems de la conclusion de ce Traité, par lesdits Princes, ou l'un d'eux.

Item. Est convenu, accordé, & conclu, que ce present Traité d'Alliance, & Confederation, sera perpetuel, desorte que pendant que lesdits Roi Tres-Chretien & Serenissime Reine vivront, il demeurera ferme, stable, & inviolable, sans aucune exception: & advenant le decés de l'un d'eux, demeurera encore entre leurs Successeurs, si, & pourvû que dans l'an aprés que l'un desdits deux Princes sera decedé, son Successeur declare par Ambassadeur, & ses Lettres au survivant, qu'il accepte les mêmes conditions, & veut contracter

ANNO 1572.

traêter la même Confederation & Amitié : mais si dedans l'an, le Successeur ne l'aura point denoncé au survivant; icelui Prince survivant sera tenu pour déchargé, & quité de toute obligation de ce Traité. Et le même, & par la même que dessus, s'entretiendra & observera entre les Hoirs & Successeurs aux Couronnes & Etats des Roiaumes de France & d'Angleterre.

Item. Est convenu, accordé, & conclu, que pour la tuition, défense, & conservation des Personnes desdits Serenissimes Princes, de leurs Etats, Roiaumes, Païs, Terres, Seigneuries, Citez, Villes, Bourgs, Villages, & leurs Territoires, tenus & possedez par l'un ou l'autre d'eux au tems de la conclusion du present Acord, ou Traité, contre tous assaillans & hostiles agresseurs, voire Princes, Potentats, & Communautez quelconques, & de quelque degré qu'ils excellent, ou autrement de quelque état, degré, ou condition qu'ils soient, & de quelque lien de consanguinité, ou affinité qu'ils soient joints ensemble, qui auront ou auroient envahi, ou assailli par voie de fait hostilement les Roiaumes, Païs, Terres, Seigneuries, Citez, Villes, Bourgs, Villages, Territoires, & quelconques Lieux possedez ou détenus, comme dit est, par l'un desdits Princes, & qui auront ou auroient entrepris, ou atenté de faire ou mouvoir Guerre, ou qui auront ou auroient fait injure ou dommage à l'un desdits Princes, à ceux qui sont domiciliez en leurs Terres, leurs Sujets, ou à ceux qui demeurent dedans leursdits Roiaumes, Païs, Terres, Seigneuries, Citez, Villes, Bourgs, Villages, Territoires, & autres Lieux quelconques desdits Princes tres puissants, nonobstant tous Traitez, Alliances, Amitiez, & Confederations, confirmez par quelque sorte que ce soit, ou qui se feront ci-aprés, se contraêteront, & confirmeront avec quelconques Princes, Potentats, & Communautez, voire quand ils seroient parens de tous deux, ou l'un d'eux, ou bien Alliez & Confederez. Ausquels Traitez, Ligues, Alliances, Amitiez & Confederations, est expressément pour ce regard renoncé & dérogé; s'entr'aideront pour la conservation, tuition, & défense mutuelle, de bonne foi, réellement & de fait, par mutuel secours militaire de Guerre, tant de Cheval que de Pied, & de Navires & Mariniers, avec Machines, Artilleries, Poudres, Boulets, & autres Instrumens de Guerre, aux dépens du Prince, qui requiert & demande secours, & ce toutes fois & quantes qu'il en sera besoin, & le plûtôt que faire se pourra, aprés que duëment ils en seront respeêtivement requis. Et pour la contribution desquels secours, entant que touche le nombre des Hommes de Guerre, & des Navires armez, & des Instrumens & Machines de Guerre, & autres choses ci-devant mentionnées, lesdits Princes s'entr'aideront en la forme & maniere qui s'ensuit.

Est convenu, acordé, & conclu, que la Reine d'Angleterre, aprés la requisition à elle faite par Lettres signées de la main du Roi T. C. & celles de son privé Scel, qui auroit été envahi, ou assailli par Guerre, & demanderoit secours dedans deux mois, à compter depuis ladite requisition, sera tenuë envoier audit Roi T. C. pour sa défense par Terre, & rendre passez en France six mille Hommes de Pied, pour le moins suffisamment armez partie d'arcs, partie d'harquebuzes, partie de piques, à la volonté & option du Roi, ou autre quelconque moindre nombre, si & entant qu'elle en sera requise, ausquels le Roi T. C. devra paier leur dûë & raisonnable solde seulement, depuis le tems qu'ils seront arrivez en France.

Item. Est convenu, & acordé, que où ladite Serenissime Reine seroit requise en la forme que dessus, de plus grand nombre d'Hommes de Guerre, sera tenuë de ce faire, pourvû qu'elle le puisse faire commodément, en aiant égard au tems, lieu, & état de ses affaires, en quoi demeurera chargée sa conscience.

Item. Pour la Guerre & défense par Mer, est convenu, acordé, & conclu, que ladite Serenissime Reine d'Angleterre sera tenuë de fournir audit Roi T. C. huit Navires de raisonnable grandeur, ou tel nombre que dedans icelles puissent commodément être mis mille deux-cens Hommes de Guerre pour combatre, bien équipez & armez de toutes choses necessaires pour combatre, comme d'Artillerie, Poudres, Boulets, & autres choses semblables; à la charge toutefois que ledit Roi T. C. paiera la valeur & estimation desdites Poudres & Boulets tant seulement, esquels Navires ne pourront être mis autres Soldats que Anglois, sans le commandement de ladite Sereniffime Reine d'Angleterre; & à iceux sera tenu ledit Roi T. C. de païer la solde, & vivres raisonnables, seulement depuis le tems, que lesdits Hommes de Guerre & Mariniers seront embarquez pour aller au service du Roi; depuis lequel tems, & aussi durant le cours, lesdits Navires obeiront à l'Admiral, ou au Viçadmiral de France, ou aux autres Chefs & Capitaines de l'Armée de Mer dudit Roi T. C.

ANNO 1572.

Item. Est convenu, acordé, & conclu, que toutefois ladite Reine sera tenuë de pourvoir lesdits Navires de vivres necessaires pour deux mois, à compter du tems que les Hommes de Guerre & Mariniers se seront embarquez pour faire service au Roi, desquels vivres sera faite estimation, laquelle dedans deux mois aprés le Roi T. C. paiera & rembourfera, pourveû que lesdits vivres aient été tous consommez pendant & durant le tems que les Navires lui faisoient service, ou autrement, au prorata du tems qu'elles lui auront servi.

Item. Est convenu, acordé, & conclu, que semblablement, & en cas pareil le Roi T. C. aprés requisition à lui faite par Lettres signées de la main de ladite Serenissime Reine, & celles de son privé Scel, laquelle auroit été envahie, ou assaillie par Guerre, & demanderoit secours, sera tenu envoier, & rendre passez en Angleterre, Irlande, ou autres Lieux de l'obeissance de ladite Reine, dedans deux mois, à compter depuis ladite requisition, à ladite Serenissime Reine, pour sa défense par Terre, six mille Hommes de Pied pour le moins, suffisamment armez, partie d'harquebuses, partie de piques, à la volonté & option de ladite Reine, ou bien si elle aime mieux, six cens Hommes d'armes, qui feront le nombre de six cens Lances, & de Chevaux environ trois mille bien & suffisamment équipez d'armes, de bons & forts Chevaux, & autres choses à la façon de France, ou autre quelque moindre nombre, si & entant qu'il en sera requis; ausquels Hommes de pied, ou Hommes d'armes, ladite Serenissime devra paier leur dû & raisonnable solde, seulement depuis le tems qu'ils seront descendus en Angleterre, Irlande, ou autre lieu de l'obeïssance de ladite Reine.

Item. Est davantage acordé & conclu, que toutes fois & quantes que ladite Serenissime Reine demandera audit Roi T. C. en la forme & maniere que dessus plus grand nombre de Gens de pied, ou d'Hommes d'armes, il sera tenu de le faire, si sa commodité le porte, en aiant égard au tems, lieu, & état de ses affaires, en quoi demeurera chargée sa conscience.

Item. Pour la Guerre & défense par Mer, est convenu, acordé, & conclu, que ledit Roi T. C. sera tenu de fournir à ladite Serenissime Reine, huit Navires de raisonnable grandeur, ou tel nombre, & telles que dedans icelles puissent commodément être mis mille deux-cens Hommes de Guerre pour combatre, bien équipez & armez de toutes choses necessaires pour combatre, comme d'Artillerie, Poudre, Boulets, & autres choses semblables; à la charge toutefois que ladite Serenissime Reine paiera la valeur & estimation desdites Poudres & Boulets tant seulement, esquelles Navires ne pourront être mis autres Soldats que François, sans le consentement dudit Roi T. C. & à iceux sera tenuë la Reine d'Angleterre de paier la solde, & aux Mariniers la solde & vivres raisonnables seulement, depuis le tems que lesdits Hommes de Guerre, & Mariniers, se seront embarquez pour aller au service de ladite Reine: & depuis lequel tems aussi, & durant le cours, lesdits Navires obéiront à l'Admiral, ou au Vice-Admiral d'Angleterre, ou autres Chefs & Capitaines de l'Armée de Mer de ladite Serenissime Reine.

Est convenu, acordé, & conclu, que toutefois ledit Roi T. C. sera tenu pourvoir lesdits Navires de vivres necessaires pour deux mois, à compter du tems que lesdits Hommes de Guerre & Mariniers se seront embarquez pour le service de ladite Reine, desquels vivres sera faite estimation, laquelle dedans deux mois aprés ladite Serenissime Reine paiera & rembourfera, pourveu que lesdits vivres aient été tous consommez pendant & durant le tems que les Navires lui faisoient service, ou autrement au prorata du tems qu'elles lui auront servi.

Item. Est convenu, acordé, & conclu, que les susdites forces & secours, tant de Terre que de Mer, seront tenuës d'obéir fidellement à celui des deux Princes à qui elles seront baillées, aussi long-tems qu'il esti-

ANNO 1572.

estimera les devoir retenir, & leur paiera la solde & vivres comme dessus.

Item. Est convenu, acordé, & conclu, que pour éviter toutes doutes & scrupules, qui pourroient survenir pour raison du nombre des Compagnies d'Hommes d'Armes, & de Gens de pied, & des paies & soldes des Colonels, Capitaines, Enseignes, & autres Chefs de Guerre, & d'Hommes de cheval & de pied, la forme qui est contenuë en un Etat aposé à la fin de ce Traité, sera perpetuellement gardée, à l'égard des secours qui se prêteront, & des soldes qui se paieront, entre ces deux Roiaumes.

Item. Est acordé, convenu, & conclu, que à celui des deux Confederez, que quelque Prince, Potentat, Communauté, ou autre quelconque auroit assailli par voie de fait hostilement, l'autre Confederé vendra à prix raisonnable, si sa commodité le porte, ou permettra être venduës & transportées hors son Roiaume, des Hirquebuses, Morions, Corselets, Poudre à Canon, Boulets, Soulfre, Salpétre, & autres semblables choses, qui servent pour repousser les Ennemis.

Item. Il est convenu, acordé, & conclu, que si d'avanture aucun Prince jamais à l'avenir commande ou permet, que les Marchands, ou autres, Anglois ou Irlandois, ou leurs Marchandises, & autres leurs Biens quelconques, soient molestez, pris, saisis, & arrêtez en Flandre, Artois, Brabant, Hainaut, Hollande, Zelande, Frise, Pomeranie, Prusse, & autres Païs voisins; que alors en tel cas, ledit Roi T. C ses Hoirs & Successeurs, admonestera & requerra, admonesteront & requerront le Prince, qui sera là, ou en son absence son Lieutenant & Gouverneur, en toute hâte & diligence, par Lettres & Messager exprés pour cet effet, qu'il ait à remettre en liberté lesdits Anglois & Irlandois, & à leur faire delivrance de leurs Marchandises, & de tous & chacuns leurs Biens ainsi pris, retenus, & arrêtez és Païs dudit Prince, comme il est dit ci-dessus; & leur permettre, & donner faculté libre de sortir avec tous & chacuns leurs Biens & Marchandises: & au cas que ledit Prince, ou autre son Lieutenant esdits Païs, aprés en avoir été requis & admonesté, comme dessus, refuseront ou dilaieront de ce faire.

Est convenu, acordé, & conclu, que en ces cas le Roi T. C. ses Hoirs & Successeurs, sans aucune autre demeure ou dilation, & toutes & chacunes allegations & excuses postposées, arrêtera, saisira & prendra, arrêteront, saisiront, & prendront, & retiendra, ou retiendront en leur garde, tous & chacuns les Marchands Sujets dudit Prince Habitans esdits Païs, ou qui y font quelque sorte de trafic, leurs Procureurs, Facteurs, & Entremeteurs, ensemble leurs Marchandises, Heritages, Revenus, Patrimoines, Meubles & Immeubles, qui lors se trouveront être és Roiaumes, Païs, Seigneuries, & Terres de l'obéïssance dudit Roi T. C. & ne les relâchera, ni rendra, relâcheront ni rendront aucunement, que premier tous & chacuns les Anglois, & Irlandois arrêtez, & retenus comme dessus, ne soient du tout delivrez, & tous & chacuns leurs biens entierement restituez.

Et semblablement s'il advient, que les Marchands Anglois & Irlandois, ou autres Sujets de la Reine d'Angleterre, soient arrêtez ou retenus comme dit est, en d'autres Païs & Territoires, que ceux mentionnez ci-dessus, Seigneuries & Roiaumes de l'obéïssance dudit Prince:

Est convenu, acordé, & conclu, qu'à cette heure le Roi T. C. ses Hoirs & Successeurs, admonestera & requerra, admonesteront & requerront ledit Prince, comme dessus est convenu, & en cas de délai, ou refus par ledit Prince, alors ledit Roi T. C. ses Hoirs & Successeurs, comme dit est, arrêtera, saisira, & prendra, arrêteront, saisiront, & prendront, tiendra, ou tiendront en leur garde tous & chacuns les Marchands Sujets dudit Prince, leurs Procureurs, Facteurs & Entremeteurs, ensemble leurs Marchandises, Heritages & Revenus, Patrimoine, Meubles & Immeubles quelconques, qui se trouveront lors és Païs, Seigneuries, & Terres de l'obéïssance dudit Roi T. C. & ne les relâchera ou rendra, relâcheront ou rendront aucunement, que tous & chacuns les Marchands, & autres Sujets de ladite Reine d'Angleterre, ainsi arrêtez & retenus, comme dit est, ne soient du tout délivrez, & tous leurs biens plainement & entierement restituez.

Laquelle pleine & entiere restitution, si elle ne se peut faire des susdits Marchands Sujets dudit Prince, de leurs Procureurs, Facteurs, & Entremeteurs, de leurs Heritages, Revenus, Biens, meubles & immeubles, lors trouvez & arrêtez, est convenu, acordé, & conclu, que en ce cas de fois à autre, & de tems en tems se fera arrêt & detention par ledit Roi T. C. ses Hoirs & Successeurs, tant de fois, & si longuement, desdits Marchands & Biens, jusques à ce que pleine & entiere restitution s'ensuive, & soit entierement & par tout satisfait ausdits Marchands, & autres Sujets de ladite Reine d'Angleterre.

Item. Est convenu, acordé, & conclu, que pour l'entiere execution de cette affaire en toutes ses circonstances, pour envoier un Messager audit Prince, ou à son Lieutenant en Flandre, Hainaut, & autres Païs susdits, pour son allée, retour, pour admonester de ladite restitution, & pour le sejour que le Messager doit faire pour attendre réponse d'eux, est prefix & limité le tems de dix huit jours; en Espagne ou Portugal, de trente trois jours; en Italie de vint-trois jours, pour la plus longue demeure: & partant ledit espace de jours passé, alors incontinent & sans délai, toute demeure ôtée, & toute excuse cessant, se fera l'arrest & détention, comme il est dit ci-dessus.

Item. Est convenu, conclu, & accordé, que la Reine d'Angleterre, ses Hoirs & Successeurs, sera & seront tenus faire & accomplir mutuellement, & en cas pareil le même pour les Sujets dudit Roi T. C. leurs Biens & Marchandises, qui seront arrêtez, saisis, & pris és Roiaumes, Païs, Terres, & Seigneuries de l'obéïssance dudit Prince, que ci-dessus est capitulé, ledit Roi T. C. est tenu de faire pour les Sujets de ladite Serenissime Reine.

Item. Est convenu, acordé, & conclu, que advenant le cas que ledit Prince pour quelque cause, affaire, ou matiere juste & probable, & laquelle est comprise és precedens Traitez de Paix & amitié, intervenus, & conclus ja ci-devant entre lesdits Princes faisans injure, & lesdits Princes Confederez, ait requis autentiquement à l'un desdits Princes, leurs Hoirs & Successeurs, Justice lui être faite, ou à ses Sujets: & puis aprés en cas de negation de Justice requise de cette façon, ledit Prince ait arrêté, ou permis être arrêtez quelques Marchands Sujets de l'un desdits Princes, leurs Biens, Navires, & Marchandises; lors & en ce cas lesdits Princes, leurs Hoirs & Successeurs, ne seront obligez en vertu des presentes, ni reputez l'être, à faire restitution & dédommagement aux Parties interessées, comme est contenu ci-dessus, pourveû que dedans trois mois prochainement ensuivans lesdites admonitions & détentions, ledit Prince ait fait aparoître évidemment & clairement par preuves legitimes ausdits Roi T. C. & Serenissime Reine d'Angleterre, leurs Hoirs & Successeurs, que seulement pour lesdites causes & matieres, & non pour autre, il arrête, ou a permis arrêter lesdits Marchands & Sujets de l'un desdits Roi & Reine, comme il est dit ci-dessus.

Car autrement il est convenu, acordé, & conclu, que lesdits Roi T. C. & Serenissime Reine d'Angleterre, leurs Hoirs & Successeurs, seront tous deux mutuellement tenus de restituer & delivrer incontinent tous & chacuns les biens ainsi par eux arrêtez & retenus, voire les convertir totalement à l'utilité & profit de ceux de leurs Sujets respectivement, sur lesquels ledit Prince aura, comme est dit ci-dessus, auparavant arrêté, ou permis être arrêtez leurs Biens, pourveû toûjours que lesdits Roi T. C. & Serenissime Reine d'Angleterre, leurs Heritiers & Successeurs, pendant & durant le tems que la Justice d'un tel arrêt fait par ledit Prince pour la cause ci-dessus, soit legitimement par eux aprouvée, soient tenus arrêter & retenir tous & chacuns les Sujets dudit Prince, leurs Biens, Navires & Marchandises, non seulement continuement & de tems en tems, comme il est declaré ci-dessus, mais aussi s'il advient que les Biens des Sujets de l'un des deux Princes ainsi arrêtez comme dit est par ledit Prince, excedent & surmontent le juste nombre, prix & valeur des Biens, pour raison & pretexte desquels ledit arrêt étoit fait par ledit Prince; alors lesdits Roi & Reine, leurs Heritiers & Successeurs, seront tenus de bailler & restituer aux Sujets des deux Princes ainsi respectivement interessez, autant de Biens des Sujets dudit Prince par eux arrêtez & retenus, qu'ils puissent monter & suffire pour leur juste satisfaction & recompense de la valeur, qui ainsi excede & surmonte.

ANNO 1572.

Davantage, est convenu, acordé, & conclu, que si ledit Prince n'aura arrêté, ou permis être arrêtez justement, comme dit est, que cinq, ou pour le plus six Marchands, Sujets de l'un desdits deux Princes, leurs Biens, Navires, ou Marchandises, & que cet arrêt soit fait pour un fait particulier seulement, & quelque privé interest, qui se débate entre eux, & ledit Prince ou ses Sujets; que lors & en ce cas lesdits Princes, leurs Hoirs & Successeurs, ne seront point reputez être obligez en vertu des presentes, de proceder à aucunes admonitions, & detentions comprises en ce present Traité.

Item. Afin qu'entre les Princes, & Roiaumes de France & d'Angleterre, intervienne une plus étroite amitié, est convenu, acordé, & conclu, que les Sujets de la Reine d'Angleterre auront en France, au lieu & place que par ci-aprés sera acordé entre le Roi T. C. & ladite Sereniffime Reine, un Magasin, Etape, Hanse, ou Fondic de Draps & Laines d'Angleterre, ou autres Marchandises, qui ont accoûtumé d'être aportées de là en Etapes, comme il avoit acoûtumé d'être fait à Anvers, Bergues, & Bruges.

Item. Est convenu, acordé, & conclu, que le Roi T. C. permettra que les Marchands Anglois aient quelque lieu ou Maison, où ils puissent élire leurs Gouverneurs, Conseillers, & autres Officiers à faire Status, tout ainsi qu'ils souloient faire esdits Lieux, & ce afin que mieux & plus honnêtement ils puissent vivre & converser ensemble.

Item. Est convenu, acordé, & conclu, que le Roi ni ses Successeurs, ne permettra, ou permettront, que aucun Sujet de la Reine d'Angleterre soit travaillé en son corps & biens, par les Inquisiteurs, ou par autre voie, pour occasion de la Religion à present reçûë en Angleterre; mais si quelqu'un s'éforçoit jamais sous quelque autorité de ce faire, Sa Majesté le défendra & empêchera d'autorité Roiale; & s'il est fait, pourvoira qu'il soit reparé: à la charge toutefois & condition, que lesdits Anglois se comporteront modestement.

Item. Est convenu, acordé, & conclu, qu'il sera loisible ausdits Marchands Anglois, étaller, vendre, & troquer leurs Marchandises, & acheter d'un chacun, de quelque Nation & Lieu qu'il soit, & changer pour quelconques sortes de Marchandises à tous les jours, fors que aux Dimanches, & autres Fêtes, esquelles il est défendu aux Originaires & Domiciliez du Roiaume de faire Trafic de Marchandise.

Item. Est convenu, acordé, & conclu, que les Gabelles, Daces, Peages, & autres Droits, quelque nom qu'ils aient, soient certains & connus pour chacune sorte de Marchandises, & qu'ils soient écrits autentiquement en un parchemin scellé du Sceau du Roi, & baillez à ladite Reine, ou à son Ambassadeur residant prés ledit Roi, afin que ledit Ecrit soit mis és mains du Gouverneur des Marchands, en témoignage d'amitié perpetuelle; & qu'il ne sera loisible audit Roi, ou ses Successeurs, augmenter lesdites charges, ni en imposer de nouvelles, sous quelque pretexte que ce soit, directement ou indirectement, sur les Marchands ou Marchandises d'Angleterre.

Et afin que les Marchands puissent demeurer plus seûrement, & faire leurs affaires au profit de l'un & l'autre Roiaume, est convenu, acordé, & conclu, que s'il survient dissension ou Guerre entre les Rois de France ou d'Angleterre, ce que Dieu ne veuille, sera donné aux Marchands Sujets de l'un ou l'autre Prince, deux mois, c'est à dire soixante jours aprés la Guerre publiée dedans la Ville, où ils habitent; pendant lequel tems ils pourront transporter, vendre, ou enlever seûrement leurs Marchandises, & autres biens: & si pendant ledit tems il est pris ou ôté quelque chose par l'un ou l'autre Prince, ou par quelqu'un de ses Sujets, ledit Prince & ses Successeurs, sera tenu de leur restituer, ou faire restituer entierement.

Item. Est convenu, acordé, & conclu, que aprés que ledit Magasin ou Etape sera établi, és Lieux desquels sera convenu ci-aprés, qu'en faveur du Commerce & Trafic les Marchands Anglois, leurs Facteurs, & tous autres Sujets de la Reine d'Angleterre, disposeront à leur volonté, ou entre vifs, ou pour cause de mort, de toutes leurs Marchandises, Argent monnoié, Dettes, & tous Biens meubles, qu'ils auront és Païs de l'obéïssance du Roi de France: & aprés leur mort, soit qu'ils aient testé, ou non, leurs Heritiers succederont selon les Loix d'Angleterre, tellement que par Droit d'Aubaine leurs biens ne seront pas confisquez. Et semblablement les François disposeront de leurs Biens, qu'ils auront en Angleterre, ou en autres Païs de l'obéïssance de ladite Reine d'Angleterre; & aprés leur mort, soit qu'ils aient testé, ou non, leurs Heritiers instituez ou legitimes leur succederont; pourveû toutefois que les Testamens & prochaines successions, tant des Sujets de la Reine d'Angleterre, que du Roi de France, soient legitimement prouvées, ou en Angleterre, ou en France, savoir est au Païs d'icelui des deux Princes, où ils mourront.

Item. Est convenu, acordé, & conclu, que dedans quatre mois, à compter de la date du present Traité, ou plûtôt si faire se peut, sera avisé & arrêté entre ledit Roi T. C. & ladite Sereniffime Reine, du Lieu où ledit Magasin, Etape, Hanse ou Fondic, sera mis & établi en France, & des Immunitez, Libertez, Privileges, & Franchises, qui seront pour ce regard concedées aux Anglois en France: Et semblablement, de la quantité & qualité des Gabelles, Daces, Peages & autres Droits, qui devront être pris sur lesdites Marchandises: & aussi d'ôter ou moderer les charges, qui depuis quelques années ont été imposées & mises sur les Marchandises & Sujets de l'un ou l'autre Prince respectivement: & de tout ce en sera fait Instrument autentique, & en bonne forme, qui sera baillé à l'un & à l'autre Prince, dedans le susdit tems.

Est davantage convenu, arrêté, & conclu, que dedans deux mois, à compter du tems que par Instrument autentique aura été convenu & acordé, pleinement & particulierement par l'un & l'autre Prince, ainsi qu'il est contenu au precedent Article des Trafics & Commerces, que le Roi T. C. fera, que les Cours de Parlement de Paris, Rouën, & Bordeaux, aprouveront par jugement, omologueront & ratifieront par la meilleure forme & maniere qu'il se pourra faire, toutes & chacunes les choses, desquelles il sera convenu & acordé, sur l'entrecours des Marchandises & Commerces. Semblablement aussi ladite Sereniffime Reine d'Angleterre fera qu'en la même sorte, & dedans le même tems, les mêmes choses seront ratifiées, confirmées, aprouvées & enregistrées pour signe de perpetuelle memoire és Cours du Banc commun, Banc de la Reine, ou en Chancellerie ou Archive, afin que toute doute & difficulté que l'on pourroit avoir maintenant soit ôtée, & que à l'avenir cette étroite amitié puisse passer seûrement, & parvenir aux Successeurs.

Il est convenu, acordé, & conclu, entre lesdits Roi T. C. & Sereniffime Reine d'Angleterre, étant mûs pour plus grandes causes, de rendre en tranquillité l'Etat du Roiaume d'Ecosse, dissipé des diférends, qui sont dans le Païs, que ou par les moiens & remedes, qui ont été pensez jusques ici par lesdits Princes, pour la pacification dudit Roiaume, il se verra ne pouvoir rien avancer: en ce cas lesdits Roi T. C. & Reine d'Angleterre, ensemblement & conjointement, envoieront le plûtost que la commodité le permettra, Ambassadeurs de plus grande autorité, lesquels interposant la faveur & puissance desdits Princes, ausquels la conservation & repos du Roiaume d'Ecosse est en plus grande recommandation, que à tous autres Princes Chretiens, mettront peine diligemment, & s'efforceront de tout leur pouvoir, de reconcilier l'un avec l'autre les Ecossois qui sont en débat; de façon qu'en toute la Nation d'Ecosse, la Paix ferme & generale soit restituée, & que ce Roiaume là puisse perseverer en la tres-ancienne Amitié & Confederation de ces deux Princes, & de leurs Roiaumes, & par ce moien, être remis en plus grande seûreté, & hors du danger des atentats & entreprises des autres Princes étrangers.

Item. Est convenu, acordé, & conclu, que lesdits Princes n'entreprendront aucune chose, directement ou indirectement, ouvertement ou secrettement, contre, au prejudice, ni dommage de la Couronne d'Ecosse, Provinces & Seigneuries dépendans d'icelle, mais plûtôt feront & pourvoiront à tout ce qu'il apartiendra, pour la tuition & conservation dudit Roiaume, sans s'éforcer de changer l'Etat contre les Loix publiques, coûtumes & ordonnances des Etats d'Ecosse. Et à ce que ce Roiaume se puisse mieux défendre en son état contre les étrangers, lesdits Princes s'emploieront de leur pouvoir conjointement, ou separément l'un d'eux, du consentement toutefois de l'autre, ainsi que les affaires & occasions se presenteront, que nul autre Prince, ou aucune autre personne, sous quelque pretexte ou couleur, n'envoie en Ecosse aucuns Gens de Guerre étrangers, secretement ou apertement,

ANNO 1572. tement, pour faire la Guerre contre ce Roiaume-là, ou dans icelui, ou passer par icelui, ni qu'ils y fortifient aucun Lieu ou Port, ou qu'ils y favorisent & soûtiennent aucun parti ou faction, contre la volonté desdits Serenissimes Princes. Toutefois disant ladite Serenissime Reine, que aucuns de la Nation Ecossoise, pleins de très-mauvaise affection, avoient, contre l'Alliance & Traité de Paix, sollicité quelques Anglois rebelles, pour remuër de nouveau les choses en Angleterre, les aiant secourus de leurs moiens, & aidé pour les maintenir en leur rebellion; & non seulement cela, mais aussi aiant reçû en Ecosse un grand nombre de tels rebelles, & s'étant conjoints avec eux, gâté & pillé les Frontieres d'Angleterre, tellement que ladite Serenissime Reine d'Angleterre a été contrainte de les en chasser avec les armes; lesquels toutefois reçûs derechef par lesd. Ecossois, étoient par eux aidez & fomentez: là dessus les aiant ladite Serenissime Reine fait souvent avertir & requerir, selon la forme des Traitez faits d'une part & d'autre, à cause dequoi est aussi ci-devant advenu, comme il étoit juste & licite, qu'elle avec les armes a contraint les Ecossois de chasser & renvoier hors ces rebelles Anglois: soit partant permis à ladite Serenissime Reine, nonobstant cet Article, que aprés les avoir fait admonester, suivant la forme de l'Alliance & Traitez faits & intervenus entre ces deux Roiaumes, de poursuivre avec les armes & la force les Ecossois qui favoriseront & recevront les rebelles du Roiaume d'Angleterre, étans à present en Ecosse, ou qui pourront aller ci-aprés en Ecosse; afin que comme leurs Traitez le portent, ou qu'ils lui livrent ses rebelles, ou à tout le moins les chassent & excluent dudit Roiaume. Et si aucuns de lad. Nation avoient aussi semblablement fait cette faute contre le Roi T. C. que d'avoir favorisé ou retiré de ses rebelles, soit semblablement permis audit Roi T. C. d'user de même Droit que la Reine, pour châtier l'outrage: & toutes ces choses se fassent selon la forme des Traitez d'entre ledit Prince & le Roiaume d'Ecosse.

Item. Est convenu, arrêté, & conclu, que s'il y a aucuns Gens de Guerre, ou Garnisons envoiez en Ecosse par l'un ou l'autre desd. Princes, ou si aucuns Lieux & Forteresses sont par eux tenus en Ecosse, lesd. Princes revoqueront lesd. Gens de Guerre & Garnisons, & laisseront lesdits Lieux & Châteaux en la puissance des Ecossois naturels, dans quarante jours, à compter de la date des presentes.

Il est convenu, acordé, & conclu, que ce present Traité d'Alliance aura son sens & intelligence, que montre & signifie la proprieté & vertu des mots, & ne recevra aucune interpretation, qui puisse empêcher sa force, forme, & effet, exprimez par ouvertes & simples paroles; mais toute subtile dispute ôtée, laquelle a accoûtumé de renverser la vraie & saine intention des Contractans, ce qui est contenu, & exprimé de bonne foi par ces presentes Conventions & Capitulations, sera entierement & sainement acompli & observé.

Lesquels Pactes & Articles ci-dessus contenus, & chacun d'iceux, ont été traitez, acordez, passez, & stipulez reciproquement entre nous susdits Deputez & Ambassadeurs, és noms que dessus, & en vertu de nos Pouvoirs & Commissions: Et nous Deputez du Roi T. C. avons promis, que ledit Roi, nôtre Souverain, s'obligera de les garder & observer, en touchant les saints Evangiles, lors & quand il en sera dûëment requis par l'Ambassadeur, ou Ambassadeurs, pourvû ou pourvûs de mandement suffisant pour ce; & en outre, qu'il ratifiera, autorisera, & confirmera tous & chacuns les Articles contenus au present Traité, par Lettres Patentes signées de sa main, & scellées de son grand Sceau; lesquelles Lettres de Ratification en forme suffisante & valable, ledit Roi T. C. baillera & délivrera de bonne foi, réellement & effectuellement, dedans trois mois à l'Ambassadeur ou Ambassadeurs de ladite Serenissime Reine, qui sera, ou seront pour ce regard garnis de suffisans Pouvoirs. Et semblablement nous susdits Ambassadeurs de ladite Serenissime Reine, avons promis, que tout ce que par cet Article ledit Roi T. C. est tenu de faire & acomplir, ladite Serenissime Reine, nôtre Souveraine, fera, acomplira le même dedans le même tems, & en même forme & maniere.

CI.

ANNO 1572. 17 Août. FRANCE ET NAVARRE.

Contrat de Mariage de Madame (1) MARGUERITE, *Fille de* HENRI II. *Roi de France, avec* HENRI, *Roi de Navarre, depuis Roi de France IV. du nom. A Paris le 17. Août 1572.* [FREDER. LEONARD, Tom. II. pag. 594.]

FURENT presens & comparurent en leurs Personnes, tres-haut, tres-excellent, & tres-puissant Prince, Charles, par la grace de Dieu Roi de France; & tres-haute, tres-excellente & tres-puissante Princesse Catherine, par la même grace Reine de France, Mere dudit Seigneur Roi, en leurs noms, & comme stipulans en cette partie pour tres-haute & puissante Princesse, Madame Marguerite de France, Sœur dudit Seigneur Roi, & Fille de ladite Dame Reine, aussi presente, d'une part; & tres-haut & tres-puissant Prince, Henri, par la grace de Dieu Roi de Navarre, Seigneur Souverain de Bearn, Pair de France, Duc de Vendôme, d'Albret, de Beaumont, de Gandie, de Montblanc, & de Pegnafiel; Comte de Foix, d'Armaignac, de Marle, Bigorre, & de Rodez; Vicomte de Limoges; de Marsan, Lautrec; Gouverneur pour le Roi, & son Lieutenant General, & Admiral en Guienne; assisté de Monseigneur Illustrissime & Reverendissime Prince Charles, Cardinal de Bourbon, son Oncle Paternel, d'autre part: Lesquelles Parties, de leur bon gré, ont confessé & confessent en la presence de tres-haute, tres-excellente & tres-puissante Princesse, la Reine Elisabet, épouse & compagne dudit Seigneur Roi; de tres-hauts & tres-puissans Princes, Messeigneurs les Princes de Condé, Duc de Montpensier, & Prince Daufin, Princes du sang; de tres-hauts & puissants Princes, Messeigneurs les Ducs de Guise, de Nevers, & d'Aumale; de Messieurs les Ducs de Montrency (a), Damville, de Cossé, de Tavanne, Marquis de Villars, Maréchaux; de Chastillon, Admiral de France; du Sieur de Biron, Grand-Maître de l'Artillerie; de tres-hautes & tres-puissantes Princesses, Madame la Duchesse de Lorraine, Sœur du Roi; Madame la Duchesse de Ferrare, Tante dudit Seigneur; & Madame Caterine, Sœur, dudit Seigneur Roi de Navarre; Mesdames les Princesse de Condé, Duchesse de Montpensier, Princesses Daufine, & de la Roche-Sur-Yon, Duchesses de Guise & de Nevers, & autres Princes & Princesses, Seigneurs & Dames; à quoi aussi assisterent les Gens du Conseil dudit Seigneur Roi de Navarre: auroient fait & font entre elles les Traité, Accord & Convenances ci-aprés declarées pour raison du Mariage, qui au plaisir de Dieu sera de brief fait & solennisé en Sainte Eglise, entre ledit Seigneur Roi de Navarre & madite Dame Marguerite de France. Duquel Mariage les Articles & Convenances ont été ci-devant faits & passez en la presence de feu tres-haute & tres-excellente Princesse la Reine de Navarre, Mere d'icelui Seigneur Roi de Navarre, & par elle signez; & suivant iceux a été accordé & arresté ce qui s'ensuit.

(a) Montmorency.

C'est à savoir, que lesdits Seigneur Roi, & Reine de France, sa Mere, ont promis & promettent donner & bailler, & de present donnent & baillent en nom & Loi de Mariage ladite Dame Marguerite, leur Sœur & Fille, à ce presente, de son bon vouloir, accord, & consentement, audit Seigneur Roi de Navarre, qui a promis & promet de la prendre à femme & épouse. Comme semblablement ladite Dame Marguerite, du consentement & autorité que dessus, a promis & promet de prendre, & dés à present a pris & prend ledit Seigneur Roi de Navarre, pour son Mari & époux. En faveur & contemplation duquel Mariage, & pour à icelui parvenir, ledit Seigneur Roi a promis & promet bailler & delivrer en Dot à madite Dame sa Sœur la Somme de trois-cens mille Ecus d'or sol valant au prix, que de present ils ont cours en France, suivant l'Ordonnance du Roi, qui est à raison de cinquante-quatre sols l'Ecu, la Somme de huit-cens dix mille Livres

(1) Elle fut répudiée depuis, à cause de sa mauvaise conduite, ce dont elle ne se mit pas beaucoup en peine; etant bien aise de vivre plus en liberté. Elle se plaignoit qu'*Henri IV.* venoit toûjours près d'elle mal propre, crasseux & avec du linge sale.

ANNO 1572.

Livres Tournois, & ce pour tous Droits successifs, paternels & maternels, échûs & à échoir; moiennant laquelle Somme madite Dame ne pourra avoir, pretendre, ou demander autre chose quelconque és Biens, Hoirie, ou Succession du feu Roi Henri, son Pere, ni à l'avenir à ceux de la Reine, sa Mere; à quoi dés maintenant elle a renoncé & renonce au profit dudit Seigneur Roi, & de ses Successeurs aians cause: promettant de faire semblable renonciation & quittance en bonne & valable forme, dés le lendemain de la solennisation & consommation du Mariage; à quoi faire ledit Seigneur Roi de Navarre sera tenu l'autoriser. Pareilles renonciations & autorisations seront faites par lesdits conjoints, si-tôt que madite Dame & ledit Seigneur Roi de Navarre seront parvenus en âge de vint-cinq ans, & auront icelui accompli. Et pour ce que les grans & urgens affaires dudit Seigneur Roi, l'incommodité du tems & dépenses qu'il lui convient suporter, ne lui peuvent permettre, de lui faire delivrer en Argent comptant ladite Somme de trois-cens mille Ecus, comme il desireroit bien le pouvoir commodement faire, ledit Seigneur fera emploier, mettre & assigner ladite Somme de trois-cens mille Ecus en constitution de Rente au denier douze, sur l'Hôtel de Ville de Paris, & en sera créé & constitué Rente, valant à la raison que dessus, la Somme de soixante-sept mille sept cens Livres Tournois par chacun an; des revenus & arrerages de laquelle Rente ladite Dame jouïra par ses mains, pour la dépense & entretenement ordinaire de sa Maison: desquels trois-cens mille Ecus les deux-cens lui sortiront nature de propre à ladite Dame, ses Successeurs & aians cause; & les autres cent mille Ecus demeureront en nature de Meubles, & tourneront au profit de la communauté d'entre lesdits Epoux. Et sera ladite Rente ainsi constituée sur ledit Hôtel de Ville dedans le jour des Epousailles, en la même forme & maniere que les autres constitutions, qui ont été faites par ci-devant, & avec les assignations de certain fonds de revenu annuel, & obligation subsidiaire des recettes generales dudit Seigneur, même de celles de Guienne, Poitou, & Auvergne, dont il obligera specialement le revenu, & generalement tous & chacuns ses autres biens presens & à venir, pour la seureté & paiement de ladite Rente & principal d'icelle. Lesdits Roi de Navarre & madite Dame Marguerite dés le jour qu'ils seront épousez, seront uns & communs en tous Biens meubles & conquests immeubles faits durant & constant ledit Mariage. Et pour la singuliere amour, que ladite Dame Reine porte à madite Dame sa Fille a promis de lui donner la Somme de deux-cens mille Livres Tournois, laquelle sera pareillement emploiée en Rente sur l'Hôtel de la Ville de Paris, pour être propre à ladite Dame, ses Successeurs, & aians cause, de laquelle elle jouïra par ses mains pour l'entretenement de son état; & pour le paiement & seureté, tant du principal de ladite Somme de deux-cens mille Livres, que de la Rente d'icelle, ladite Dame Reine obligera & oblige dés à present tous & chacuns ses Biens; & mesdits Seigneurs Ducs d'Anjou & d'Alençon promettent aussi bailler à madite Dame leur Sœur, chacun, la Somme de vint-cinq mille Livres, & faisant ensemble la Somme de cinquante mille Livres, qui sera emploiée en Rente & revenu annuel, qui demeurera propre à ladite Dame & aux siens. Semblablement mesdits Seigneurs Ducs d'Anjou & d'Alençon, pour le paiement & seureté, tant du principal de ladite Somme de cinquante mille Livres, que de la Rente d'icelle, chacun particulierement, pour la Somme de vint-cinq mille Livres, obligeront & obligent dés à present tous & chacuns les biens.

Et pareillement est convenu & accordé, que en cas de dissolution dudit Mariage par le trepas dudit Seigneur Roi de Navarre, ladite Dame survivant, soit qu'il y ait Enfans, ou non, il sera en son choix & option de se tenir à sa communauté, ou de renoncer à icelle. Et en cas de renonciation, elle demeurera franche & quitte de toutes dettes & hipoteques de ladite communauté, encore qu'elle se fût obligée durant ledit Mariage. Et pourra neanmoins ladite Dame reprendre deux cens-cinquante mille Ecus, desdits trois-cens mille Ecus à elle donnez pour son dit Dot, par ledit Seigneur Roi, avec lesdits deux-cens mille Livres Tournois à elle donnez par la Reine sa Mere; & les cinquante mille Livres Tournois, aussi à elle donnez par Messeigneurs ses Freres, & tous les autres Biens, qui lui pourront être échûs & avenus durant le Mariage par Succession, Donation, ou autrement: & reprendra particulierement son Doüaire, & tous ses habillemens, bagues, & joiaux, & vaisselle d'Argent servans & destinez à sa personne & à son usage ordinaire, à quelque somme qu'ils se puissent monter; ensemble les bagues & joiaux, qui lui auront été donnez par ledit Seigneur Roi de Navarre son Mari. Lesquels pour obvier à toute doute à l'avenir, seront mis par inventaire: & avenant le cas, que ladite Dame decede avant ledit Seigneur Roi de Navarre son Mari; & que dudit Mariage n'y eût Enfans, les Successeurs & aians cause de ladite Dame, auront & recouvriront toutes les bagues & joiaux par elle apportez, & contenus en l'inventaire, qui en aura été fait avec ledit Seigneur Roi de Navarre; pourvû toutefois qu'elle n'en eût autrement disposé; aussi les deux-cens mille Ecus à elle constituez en Dot, & qui doivent demeurer propres à elle & aux siens; ensemble les deux-cens mille Livres à elle données par la Reine sa Mere; & les cinquante mille Livres aussi à elle données par Messeigneurs ses Freres; & outre ce, tous les autres Biens immeubles, qui seront avenus & échûs à ladite Dame par Succession.

ANNO 1572.

Est aussi convenu & accordé, que audit cas que ladite Dame decede avant ledit Seigneur Roi de Navarre, son Mari, & de leur Mariage y eût Enfans, le gouvernement & administration des Biens delaissez par ladite Dame demeurera audit Seigneur Roi de Navarre jusqu'à ce qu'ils soient en âge; savoir les mâles de dix-huit ans, & les femelles de quinze ans; sans qu'il soit tenu de rendre compte; pourvû toutefois qu'il entretienne lesdits Enfans selon leur qualité, & qu'il suporte les charges de la Maison, & satisfasse à icelles. Semblablement, au cas que ledit Seigneur Roi de Navarre predecedât ladite Dame, & qu'il y eût Enfans de leur Mariage, elle aura l'administration & gouvernement de leurs Personnes, & Biens, meubles & immeubles, tant qu'elle demeurera en viduité, jusqu'à ce que lesdits Enfans soient parvenus en âge, les Fils à dix-huit ans, & les Filles à quinze ans; sans que ladite Dame soit tenuë d'en rendre compte, ni paier aucun reliqua; pourvû aussi qu'elle entretienne & nourrisse lesdits Enfans, qu'elle soutienne & garde les Droits, & satisfasse aux autres charges de la Maison. Et a ledit Seigneur Roi de Navarre doüé & doüe ladite Dame son Epouse de la Somme de quarante mille Livres Tournois de Rente & revenu annuel, pour en jouïr par elle sa vie durant, lors que Doüaire aura lieu; & ce sur le Duché de Vendomois, ses apartenances & dependances. Et où se trouveroit ledit Duché ne valoir de revenu annuel ladite Somme, sera fait suplément jusqu'à concurrence de ladite Somme de quarante mille Livres, sur le Duché de Beaumont, & autres Terres & Seigneuries, plus commodes à ladite Dame, à son choix & option; laquelle audit cas pourvoira & nommera à tous Offices & Benefices d'icelles Seigneuries, qui lui seront baillées en assignation de sondit Doüaire, & aura en icelles tout pouvoir & Jurisdiction, avec les Ville & Château de Vendôme pour son habitation, qu'on lui meublera de tous Meubles, Ornemens, & Ustanciles jusqu'à la Somme de trente mille Livres; sans que ladite Ville & Château ainsi meublez que dit est, soit comptée ni vienne en diminution du revenu dudit Douaire; ni pareillement la faculté de pourvoir ausdits Offices, lui soit en rien comptée.

Item. Pour ce que par lesdits Articles ainsi accordez avec ladite deffunte Reine de Navarre, étoit remis à son bon vouloir, & dudit Seigneur Epoux, de donner à madite Dame en faveur de Mariage des bagues & joiaux de telle qualité, & pour le prix qu'il lui plairoit, & que ladite Dame est decedée sans en faire declaration: A été accordé, que ledit Seigneur Roi de Navarre donnera à madite Dame en faveur de Mariage, pour trente mille Ecus de bagues & joiaux, & outre ce l'anneau des Epousailles, où est enchassé un diamant de la valeur & estimation de dix mille Ecus; lesquelles bagues ainsi données par ledit Seigneur Roi de Navarre en faveur dudit Mariage, seront, comme dit est, mises par inventaire; & pour ce qu'à present étant ladite Reine de Navarre decedée, tout le bien Paternel & Maternel est demeuré és mains dudit Seigneur Roi de France.

A été accordé, que pour donner à ladite Dame meilleur moien de maintenir son état, selon qu'il est convenable à sa grandeur & dignité, ledit Seigneur Roi de Navarre lui delaissera & delaisse dés à present la jouïssance libre des fruits, profits, & revenu du Comté de Marle & Châtellenie de la Fere, Châtellenie de Han, Som-

ANNO 1572.

Somme, Bohaim, Beaurevoir, & generalement de toutes les autres Terres & Seigneuries, qu'il a en Picardie, avec la disposition des Offices & Benefices, & de toutes choses dependantes desdites Terres & Seigneuries, sans en rien reserver, pour d'icelles jouïr par ladite Dame durant & constant ledit Mariage par ses mains, & par ses Officiers: & où aucunes desdites Terres & Seigneuries, seroient baillées en partage par ledit Seigneur Roi de Navarre à madite Dame Catherine sa Sœur, icelui Seigneur Roi sera tenu d'en laisser d'autres à madite Dame son Epouse, de pareil revenu, valeur, & estimation, pour en joüir, ainsi que dessus est dit; dont ledit Seigneur Roi Frere de ladite Dame, & ladite Reine sa Mere, seront premierement avertis.

Item. Est accordé en faveur & contemplation dudit Mariage, que le premier Fils descendant dudit Seigneur Roi de Navarre & de madite Dame, sera Heritier universel dudit Seigneur Roi de Navarre; & s'il y a plusieurs Enfans, les autres auront leur legitime aux Biens étans és Païs de Droit écrit; & pour le regard de ceux, qui sont és Païs coûtumiers, partageront comme puisnez, selon les coûtumes des Lieux. Et au cas que le premier Fils ainsi declaré Heritier universel mourût sans Enfans, ledit Droit d'Heritier universel sera devolu à l'autre Fils aîné d'âge procréé dudit Mariage; & ainsi consecutivement de Fils en Fils habile à succeder; & en deffaut de mâle, à la Fille aînée dudit Mariage, & ainsi consecutivement de Fille en Fille, comme est dit des mâles. Et avenant, que ledit Seigneur Roi de Navarre survêquit ladite Dame, & convolât en secondes noces, n'aiant Enfans mâles du premier Mariage, mais seulement des Filles, & qu'il y eût des Enfans mâles dudit second Mariage; & en ce cas la Seigneurie de Bearn sera & apartiendra aprés le decés dudit Seigneur Roi de Navarre à la Fille aînée du Mariage de lui & ladite Dame, suivant le contenu des fors & coûtumes de Bearn, & sans prejudice de la legitime de ladite Fille aînée, és Biens dudit Seigneur Roi de Navarre, situez & assis és Païs de Droit écrit, & de telle part & portion qui lui pourra apartenir és Biens assis és Païs, selon les coûtumes des Lieux. Aussi au cas que ledit Seigneur Roi de Navarre decede le premier, & qu'il y ait Enfans de leur Mariage, & que ladite Dame convole en secondes noces, dont elle ait pareillement Enfans; neanmoins les Enfans issus du Mariage dudit Seigneur Roi & d'elle, soit mâles ou femelles, ou les descendans d'eux, succederont & seront Heritiers de la moitié de tous les Biens, tant meubles qu'immeubles, presens & à venir, de ladite Dame, de quelque part qu'ils soient avenus & échûs; ledit Seigneur Cardinal de Bourbon en faveur & contemplation dudit Mariage, & pour l'affection qu'il porte audit Seigneur Roi de Navarre son Neveu, a confirmé & confirme à son profit les donations & renonciations aux Successions, tant Paternelles, que Maternelles, ci-devant par lui faites en faveur dudit deffunt Roi de Navarre son Frere. Et outre a donné & quitté audit Seigneur Roi ce qui lui est dû de reste de la Somme de cent mille Livres, pour la Transaction faite & passée à Paris & par laquelle il a été accordé entre la feuë Reine de Navarre, Mere dudit Seigneur Roi, & ledit Seigneur Cardinal de Bourbon, pour la Succession de la Maison d'Alençon, & specialement pour les Terres de Châteauneuf en Thimerais.

Car ainsi a été le tout dit, convenu, & expressément accordé en faveur dudit Mariage, qui autrement n'eût été fait, nonobstant uz, stile, & autres choses à ce contraires, à quoi lesdites Parties ont dérogé & dérogent pour ce regard. Lesquels presens Traité, Dons, Douaire, Promesses, Convenances, & toutes & chacunes les autres choses susdites, & chacune d'elles endroit soi, promettent & jurent par la foi & Serment de leurs corps, pour ce par elles & chacune d'elles mis & baillez corporellement en nôtre main, avoir & tenir pour agreables, fermes, & stables à toûjours, sans jamais par elles, aucune d'elles, ou par autres, aucunement, y contrevenir, ains rendre, paier, & bailler chacunes d'elles à l'autre à pur, & sans plaids & Procés, tous coûts, frais, dommages, & interests, qui faits, eûs, soufferts, & soûtenus, seront par l'une d'elles, au défaut, & par le fait & coulpe de l'autre, par défaut des choses susdites ou d'aucunes d'icelles non faites, tenuës, entretenuës, & non dûëment acomplies par la maniere que dessus, & en ce pourchassant & requerant, sous les obligations & hipoteques de tous & chacuns leurs Biens, & ceux de leurs Hoirs, & aïans cause, Meubles & Immeubles, presens & à venir; que lesdites Parties, & chacune d'elles endroit soi, en ont soumis & soumettent pour ce du tout à la Justice, correction & contraintes de toutes Jurisdictions, où trouvez seront, sans que la speciale & generale déroge à l'autre: & renoncent en ce faisant à tous reliefs, repits, & toutes autres choses generalement quelconques à ce contraires, & au Droit disant, generale renonciation non valoir. En témoin dequoi, nous Notaires, & Secretaires dudit Seigneur, de la Maison & Couronne de France, ses Conseillers & Secretaires d'Etat & des Finances, avons le present Contrat, qui fut fait & passé, & lû en la presence de Leurs Majestez, & des Princes & Seigneurs dessus nommez, au Château du Louvre en la Ville de Paris, reçû & signé par commandement de Sadite Majesté, le 17. jour d'Août 1572. *Ainsi signé*, DE NEUFVILLE; & BRULART. ANNO 1572.

Registré en la Chambre des Comptes du Roi nôtre Sire, en vertu des Lettres Patentes de Sa Majesté, du 23. Juillet dernier, le setieme jour d'Août 1576. *Signé*, DE LA FONTAINE.

CII.

Revers Hertzogs Julii zu Braunschweig und Lüneburg/ denen Prälaten/ Ritterschafft/ und Städten des Hertzogthumbs Braunschweig ertheilet. Worinnen derselbe verspricht/daß er/nach bezahlung der/von besagten Ständen auff sich genommenen dero Schulden/ alle Steüer und Schatzungen abschaffen/ und dieselbe mit mehrern nicht beschwehren wolle/ Es wäre dann/ daß es die nothdurfft erforderte. Geben zu Saltzdahlen 1572. Donnerstag nach Michaelis. [LUNIG, Teutsches Reichs-Archiv. Part. Spec. Abtheil. IV. Absatz IV. pag. 97.] 2. Oct.

C'est-à-dire,

Revers de JULES *Duc de Brunswich-Lunebourg; pour les Prélats, la Noblesse & les Villes du Duché de* Brunswich, *portant que dès qu'ils auront payé la quantité des Dettes à laquelle ils ont consenti, il fera cesser les Impôts extraordinaires; & ne les chargera de rien au delà de ce qu'exigera la nécessité. A Saltzdahlem le Jeudi apres le jour de St. Michel.* 1572.

VOn GOttes Gnaden/ Wir Julius, Hertzog zu Braunschweig und Lüneburg/ rc. Bekennen offenbar in und mit diesem Brieffe/ für uns/ unsere Erben/ und als wehme/ daß die Würdige/Ehrenveste und Ehrsame/ unsere liebe Andächtige und Getreue/ Prälaten/ Ritterschafft und Stette/ auff unser gnediges begehren/ und instendiges anhalten und zu errettung und bezahlung dero Schulde/so uns und unserm geliebten Herrn und Vatern/ auch freundlichen lieben Brüdern/ hochlöblicher und Christmilter Gedechtnuß hinterlassen/ auch wegen unser geliebten Schwestern zu bezahlen auffgenommen/ und dann darin/ wie er aus Ursachen/ so wir gemeiner Landschafft fürtragen und vermelden lassen/ gerathen/ gewilligt/ und auff sich genommen haben/ dreymal hundert tausend Gülden für Haupt-Summen/ und ein und neuntzig tausend Gold-Gülden für die Zinse/ so darauff mitler Zeit die Haupt-Summa nicht gar abbezahlt/ gehen werden/ auch für alle weiter darin gehörige nöthige Ausgaben/ nach bezahlung der vorigen bewilligten Schulde/ und derselben Zinse/ und nicht ehe/ zu contribuiren/ und in unser Fürstl. Rentherey zu Wolffenbüttel in die gemeine Schatz-Kasten daselbst/ jährlichs und auff jeder Termin wie folget/ zu überantworten/ und sollen zu solcher Contribution keine andere Schatzung angelegt/ auffgebracht oder gemeynet seyn/ dann der Prälaten und Stette Tax/ wie sie die/ die nechsten Jahr hero zu der vorigen Schulden-Last entrichtet und bezahlet. Darbeneben die Land-Schatzungen auf Michaelis und Martini/ der Scheffel-Schatz/ Schaff-Schatz und Bier-Ziese dergestalt/ wie dieselben unterschiedlich/ zu bezahlung der bewilligten Schulden-Lasts/ biß auff diese Zeit in Auffnahme gewesen/ und noch seyn/ die keines weges verändert/ gesteigert/ geringert/ oder erhöhet/auch zu nichts anders/ dann zu bezahlung fürberührter Schulde und derselben Zinse/ und der zugehörigen nötigen Ausgaben gebraucht/ auch durchaus von dem einen so wol/ als dem andern entrichtet/ und keiner übersehen noch eximirt seyn/ darzu

ANNO 1572.

auch von uns und gemeiner Landschafft ein Auszug von unsern Räthen und der gemeldten Landschafft/ neben dem Rent-Meister und Gegen-Schreiber/ so aus solcher Schatzunge verordnet und besoldet werden sollen/ und wenn solche dreymal hundert tausend Gold-Gülden Haupt-Summen/ und die darauff gerechende ein und neuntzig tausend Gülden Zinse/ neben den darzu gehörigen nothwendigen Ausgaben/ als nemlich/ was auff den Rentmeister und Gegen-Schreiber/ wie bißhero geschehen/ jährlichen gehen wirdet/ mit Göttl. Hülff bezahlet (wie dann zugelegter Rechnunge/ und gemachtem Anschlage nach verhoffentl. jedoch ungefähel. in eilff oder zwölff Jahren wol geschehen möchte) wollen wir alle und jede obberührte Steuer und Schatzungen gäntzlich abschaffen und die Land-Stände mit mehrerm nicht beschweren/ do aber uns und unserm Fürstenthumb ein Offensiv-Krieg (das GOtt gnädiglich verhüte) auffstossen solte/ und also uns noth sein würde/ uns und unser Land und Leute für unrechter Gewalt zu defendiren und zu schützen/ oder aber auch unsere Frewlein mit Göttlicher Hülffe aussteuren würden/ oder wenn Reichs-Hülffe auff gemeinen Reichs-Tagen angelegt und bewilligt werden/ darzu wir wegen unsers Fürstenthumbs zu contribuiren schuldig/ so sollen und wollen sich die Prälaten/ die von der Ritterschafft und Stette/ und alle andere unsere Unterthanen/ nach ihrer auff gemeinen Land-Tagen fürgehender Berathschlagunge und Bewilligung/ wie von Alters üblich und gebräuchlich/ der Gebühr erzeigen/ und verhalten/ aber ausserhalb dieser fürgemelten Fellen wollen wir sie mit keinen weitern Steuren noch Schatzungen belegen/ oder beschweren/ wir wollen auch alle drey Stende dieses unsers Fürstenthumbs/ nemlich die Prälaten/ den Ritter-Standt/ und die Stette jetzt und in künfftiger Zeit bey einander unverruckt bleiben lassen/ es soll auch diese unser lieben Andechtigen und Getreuen Bewilligung einem jeden an seinen inhabenden Privilegien/ Brieffen/ Freyheiten und Rechten/ aufgerichteten Verträgen/ andern darauff erfolgten Erklärungen/ Recessen und Abschieden/ gantz unschedlich und unabbrüchig seyn/ und dieselben in allen ihren Articuln/ Inhalten und Meynungen/ die hierinne nicht berürt/ nach vollendigter Contribution der obgemelten dreymal hundert tausend/ und ein und neuntzig tausent Goltfl. Hauptsumma und Zinse/ und anderer nothwendigen Ausgaben/ wie vorstehet/ bey voller Macht bleiben/ und mit nichten/ auch in keinem Wege gekrenckt werden/ in keinerley weise noch wege/ alles getrewlich und ungefehrlich/ des zu Urkundt/ und zu mehrer Bezeugnis seyn dieser Revers-Brieffe drey gleichlauts mit unserm Fürstlichen anhangenden Insiegel gefertigt/ die wir auch mit unsern eigen Handen unterschrieben/ deren einer dem Capittel S. Blasii zu Braunschweig/ der ander Anthonio Edlen Herrn zu Warberge/ und der Dritte dem Rath unser Erbstadt Braunschweig/ ihnen und den andern Stenden alle mit zu gute zu handen gestelt/ die gegeben seyn nach JEsu CHristi unsers lieben Herrn und Seeligmachers Geburt/ tausend/ fünffhundert/ im zwey und siebenzigsten Jahre/ auff dem damahls gehaltenem Landtage zu Saltzdahlem/ am Donnerstage nach Michaelis Archangeli.

Julius, Hertzog zu Braunschweig und Luneburg.

Joachim Mynsinger von Frondeck.

CIII.

1573. 7. Mars.

La Scrittura del Clarissimo MARCANTONIO BARBARO circa i Capitoli della Pace. Al Nome di Dio in Pera a di 7. di Marzo 1573. [*Sur une Copie manuscrite & ancienne.*]

MARCANTONIO BARBARO *Procurator' di San Marco & Bailo per il Serenissimo Doge, il Signore Aloise Mocenigo & Serenissima Signoria di Vinetia appresso l'eccelsa Porta del Gran Signore Sultan Selim Han Figliolo di Sultan Suleiman Haan Imperatore di Mussolmani per la commissione & commandamento datomi dal detto Serenissimo Doge & Signoria di Vinetia hò fatta & conclusa la Pace con il detto Altissimo & potentissimo Gran Signore Sultan Selim Han con li sottoscritti Capitoli & prima.*

Che detta Serenissima Signoria di Vinetia debba pagare trecento mila Ducati all' eccelsa Porta del detto Gran Signore si come fece al tempo della Pace con la buona memoria di Sultan Suleiman suo Padre con l'istesso modo & tempo che è dichiarato ne i Capitoli vecchi.

Che detta Serenissima Signoria di Vinetia debba restituire il Castello di Soppoto con l'Artiglieria che vi era dentro quando fù preso, con questo che sia nell' arbitrio de' gli habitanti del detto Castello à chi vuole che possa restare, & chi non vuole possa con le sue Robbe andar' dove li pare & piace senza che niuno l'impedisca.

Che la detta Serenissima Signoria di Vinetia debba pagare all' eccelsa Porta del detto Gran Signore mille Ducati più all' Anno che delli cinquecento che per avanti pagava di pensione sopra l'Isola del Zante, i quali Ducati mille cinquecento debbano esser pagati al tempo ordinario. ANNO 1573.

Che il detto Gran Signore Sultan Selim Han ci debba mantenere tutti i Capitoli & commandamenti havuti con la buona memoria di Sultan Suleiman Han, & la detta Serenissima Signoria di Vinetia rinnovatisi dal detto Sultan Selin Han quando per la gratia di Dio fù creato nuovo Imperatore dopò la Morte di Sultan Suleiman suo Padre.

Che li ottanta mila Ducati che pagava la Serenissima Signoria di Vinetia d'Anno in anno che più non li debba pagare, i quali ottanta mila Ducati essa pagava per l'Isola di Cipro.

Che le Terre che si possiedono al presente dal detto Gran Signore, & dalla Serenissima Signoria cosi in Albania, come nella Dalmatia debbano essere reintegrate de tutti i loro Consini & Ville si come stavano avanti il romper della Pace cosi debbano essere al presente & per questo conto da ambe le Parti si debba mandar' commandamento alli Governatori di dette Terre che cosi facciano.

Che alli Mercanti d'ambe le Parti con à quelli che avanti che si rompesse la Pace si ritrovavano nell' Imperio del Gran Signore come à quello che si sono ritrovati nel Dominio della detta Serenissima Signoria di Vinetia debbano esser restitute le Robbe, Mercantie & Navilii loro, & se per sorte si trovassero venaute ò smarrite alcune delle loro cose gli debba giustificando essere restituito il tratto delle cose vendute; & delle smarrite la conveniente valuta loro.

Per l'osservanza dellequai tutte cose sua Imperial Maestà ne dara suo nobile commandamento con il suo giuramento & promissione & per confirmatione delli sopradetti Capitoli io Marcantonio Barbaro sopradetto per l'auttorità datami dal Serenissimo Doge & Signoria di Vinetia giuro & prometto all' omnipotente Dio & in Giesù Christo & à li santi Evangeli ch' essa Serenissima Signoria osservarà inviolabilmente & perfettamente la sopradetta Capitulatione & in fede delle verità sottoscriverò di mia man propria & la sigillarò col sigilio di San Marco.

Capitolo della difficoltà.

Et di più nell' Albania, & nel Paese della Schiavonia i Luoghi che al presente alcuni sono posseduti dalla nostra parte, & alcuni in mano della Serenissima Signoria di Vinetia li Confini & Ville delle Terre che sono in mano d'ambe le Parti siano possedute dall' uno & dall' altro cosi come erano avanti che si rompesse la Pace, & perche cosi sia dall' una, & l'altra parte alli Governatori di detti Paesi siano mandati commandamenti. BADOARO.

Che le Terre che si possiedono al presente dal detto Gran Signore & dalla Serenissima Signoria cosi en Albania come nella Dalmatia debbano essere reintegrate di tutti i loro Confini & Ville si come stavano avanti il rompere della Pace cosi debbano essere al presente, & per questo conto d'ambe le Parti si debba mandar' commandamento alli Governatori di dette Terre che cosi facciano. BARBARO.

Et alcuni Luoghi che sono nell' Albania & nella Dalmatia per essere entrati in potere di questa parte & alcuni per essere in mano della Signoria di Vinetia che gli antichi Confini & Ville delle Terre che sono in potere d'ambe le Parti come erano dominati avanti che fosse rotta la Pace siano dominati sempre à quell' istesso modo; & per questo negotio sia mandato da ambe le Parti commandamento. SORANZO.

Tradotti del SCASSI.

Che delli Luoghi che sono nelli Paesi della Schiavonia & Albania alcuni sono pervenuti in poter nostro & alcuni della Signoria di Vinetia. Gli antichi Confini & Ville delle Terre che sono in Dominio d'ambe le Parti siano possedute sempre in quel modo che suolevano esser possedute avanti che fosse rotta la Pace sian' sempre come eran prima dominati.

Tradotti per MARCHIO SPINELLI.

Et alcuni Luoghi d'Albania, & Dalmatia che hora sono pervenuti in potere da questa banda & alcuni sono in mano

ANNO 1573. *mano delli Signori di Vinetia gli antichi Confini & Ville delle Terre che sono in mani d'ambe le Parti si come erano avanti la rotta della Pace siano sempre come erano prima dominati.*

7. Mars. In Nomine Individuæ Trinitatis Patris & Filii & Spiritus Sancti Amen.

(1) Capitula Pacis confectæ inter Serenissimum Othomanorum Imperatorem & Eccellentissimum Dominium Venetiarum. [*Sur une Copie manuscrite & ancienne.*]

Capituli con Sultan SELIM portati dal Clarissimo Ambasciadore BADOER.

DOPPÒ *l'aiuto di Dio il mio commandamento è questo che con la gratia del paro & sommo Idio & con la miracolosa augumentatione del Principe delli Santi Mehemet Mustafa che il saluto di Dio sia sempre sopra di lui; Io che sono Imperatore delli Imperatori donator' di Corone alli Principi di questi tempi che sono sopra la Terra Sultan Selin Han Figliolo di Sultan Suleiman Han Figliolo di Sultan Selin Han. Gli Amati frà i Grandi Signori Christiani à cui vengono li potenti della generatione credenti al Messia compositori delle cause di tutti i Nazareni il Doge & Signoria di Venetia che tutti i fini delli loro affari siano ottimi. Il bisognosissimo infra li Signori delle generationi credenti al Messia che alla mia felice Porta nel servitio di Bailo risiede Marcantonio Barbaro honorato, & pregiato huomo loro da parte di detti Signori di nuovo hà negotiato per conto della Pace & Accordo, & facendone segno & notificatione per questo conto, & mandata alla mia eccelsa Porta una Lettera scritta & bollata di sua propria mano, & essendo la nostra felice Porta con l'aiuto di Dio scopertamente aperta così à quelli che desiderano la Pace come la Guerra seguendo la nostra Imperatoria, & felice usanza l'habbiamo accettata di tutti i Capitoli che il detto Bailo hà scritto.*

Il primo è questo.

Che i detti Signori Venetiani secondo che nel tempo della buona memoria di Sultan Suleiman diedero trecento mila Ducati nel medesimo modo & ordine & tempo come nelli Capitoli vecchi è chiaro, gli daranno & de più gli daranno il Castello detto Soppotò con l'Artiglieria che vi era dentro quando fù preso, & de' gli habitanti che sono dentro quelli che vorranno restino, & quelli che non vorranno con le loro Robbe, Beni & Figlioli & parenti vadano dove à loro piace senza che alcuno gli dia fastidio.

Et di più per l'Isole del Zante davano Ducati cinquecento, ma al presente crescendo mille Ducati di più secondo che gli hanno pagati nel tempo passato alla mia Eccelsa Porta mille & cinquecento Ducati pagaranno.

Et di più la Capitulatione fatta dalla buona memoria di mio Padre che quando sentai sopra la felice, & Alta Sedia fù rinnuovata & da noi accettata così quelli che in detta Capitulatione è scritto come le cose che sono nelli concessi commandamenti di nuovo confermo.

Et di più la Signoria di Vinetia per conto dell' Isola di Cipro li otto milia Ducati che d'Anno in Anno pagavano alla mia Felice Porta non li debbano più pagare.

Et di più nell' Albania, & nelli Paesi della Schiavonia gli Luoghi che al presente alcuni sono posseduti della nostra parte, & alcuni in mano della Signoria di Vinetia li Confini & Ville delle Terre che sono in mano d'ambe le Parti siano possedute dall' una & l'altra così come erano avanti che si rompesse la Pace.

Et perche così sia dall' una & l'altra banda alli Governatori di detti Paesi siano mandati commandamenti.

Et di più alli Mercanti d'ambe le Parti che avanti che si rompesse la Pace così alli attinenti di questa parte come alli attinenti alla Signoria di Vinetia siano liberati & datuli le Robbe, Mercantie & Navilii loro.

Et se delli detti Mercanti fosse stata venduta la Mercantia overo smarrita giustificando delle vendute quanto sono state vendute gli siano dati li denari & delle smarrite quello che è il loro pregio gli sia dato. ANNO 1573.

Per tanto nella Lettera dataci dal Bailo da parte del Doge & Signoria di Venetia secondo tutti quei Capitoli ch'ella contiene accettando l'Accordo, questa Capitulatione Imperatoria hò data & commando che fino a tanto che dalla sudetta Signoria li Patti, Promesse & Pace saranno rispettate & osservate, & contrario alla promessa non faranno nuovo muovimento per l'unità del purissimo sommo & Magno Idio & per l'honoranza del più stimato nel Cielo & nella Terra, & amato da Dio il felice nostro Profeta Mehemeth che il saluto di Dio sia sempre sopra di lui prometto & giuro che io ancora dall' Amicitia che è infra noi, & dalli Patti & dalle Promesse rivoltatione ne muovimento alcuno mostrarò che fino à tanto che à quelli che sono Nemici alla nostra Felice Porta il Doge & la Signoria di Vinetia così per Mare come per Terra non daranno aiuto nè spalla nè in fatti nè in parole di questa fatta Amicitia & Accordo, & pare che non si preterirà si come si contiene nella Imperatoria Capitulatione vecchia così sia noto al Segno eccelso crederanno.

Data alli trè della Santa Luna di Tilca de l'Anno 980. *che sono alli sette di Marzo* 1573. *in Costantinopoli.*

Tradotta per me HUREM Dragomano & Cavaliere della prima Legione di S. Altezza. L'Autentico è appresso il Magnifico Gran Cancelliero.

CIV.

Vertrag zwischen Reinhardt Abbt zu Corvey/ dann der Stadt Höxar getroffen; des Lauts/ daß erstens das Kloster in besagter Stadt/ so dieselbe de facto eingenommen/ und dem Stifft gehörig/ solchem restituiret werde/ die Kirche aber/ welcher sich dieselbe zu ihrer Pfarre gebrauchet/ihnen verbleiben solle/ ferners wird dem Abbten bewilliget/ daß selbter nach gefallen wo er wolle/ appelliren möge/ und nicht an des Raths urtheil sich begnugen lassen dörffte/ sonsten wird das Bierbrauen/ zu Nutz besagter Stadt auf des Stiffts Dörffern abgeschafft. Geben am Donnerstag nach Exaudi 1573. [LUNIG, Teutsches Reichs-Archiv. Part. Spec. Continuat. I. Fortsetzung III. Abtheil. III. Absatz VII. pag. 142.] 7. Mai.

C'est-à-dire,

Accord entre REINARD *Abbé de Corvei & la Ville de* HOXAR, *portant que le Monastere détenu jusqu'à présent par le Magistrat sera rendu à l'Abbé; qu'à l'égard de l'Eglise, qui depuis plusieurs années sert de Paroisse à la Ville, elle lui sera laissée. On y convient aussi que l'Abbé ne sera pas obligé d'acquiescer définitivement aux Sentences du Magistrat, & qu'il lui sera libre d'en appeller; Il promet au reste de suprimer les Brasseries de son Territoire en faveur de celles de la Ville. Fait le Jendi après le Dimanche* Exaudi 1573.

NAchdem nun die zeithero zwischen dem Hochwürdigen in GOTT Herrn/ Herrn Reinharden/ Abbt des Kayserlichen Freyen Stiffts Corvey/ und Ihr. Gn. Capitul daselbst an einem: Und dann den Ersamen und Wohlweisen Bürgermeistern/ Rath und gantzen Gemeine zu Höxar am andern Theile/ allerhand Irrunge/ Gebrechen/ Mißverstände und zweyspältige Puncten/ wie unterschiedlich hernach folgen wird/ verhalten/ die zum Theile albereit zu etwas beschwerlicher Weitläufftigkeit und Kayserlicher Commissions-Handlung gelanget/ und sich also ansehen lassen/ daß sie noch weiter/ da denselben durch Mittel güttlicher schiedlicher Hinnlegung und Vereinigung/ zeitlich nicht furgebauet/ zu anderer nicht geringer Beschwerd und Weiterung hätten leichtlich gelangen mögen: Derohalben solchem vorzukommen/ und zu Wieder-pflantzung eines beständigen friedlichen Wesens/ guter Ruhe und bleiblicher Einigkeit nothdürfftiglich beyderseits bedacht/ und verglichen/ zu Folge und nach Anleitunge aller ausgerichteter Einigung und Verträge durch etliche wenige Schieds-Freunde/ gütliche Handlung ange-

(1) Ce Traité de Paix est le même que le précedent, avec cette diference que le premier a été dressé par les Ambassadeurs de la Republique de *Venise*, au lieu que celui-ci l'a été de la part du Grand Seigneur.

angeregter Gebrechen halber zu pflegen und fürzunehmen; Und denn darauff hochermelter M. Gn. Herr und Ihr. Gn. Capitel/ die Würdigen/ Edlen und Ehrnhafften/ Herrn Adolpff Weißpfennig/ Priorn/ und Gabriel Kämmerling/ Kelnern/ Ihres Theils; Und gesagter Rath/ die Ehrsamen und Weisen Heinrich Groven/ Burgermeistern/ und Johann Nienstedt/ Rathsverwandten/ uff ihre Seiten einhelliglich in angemelten Gebrechen/ zur Güte zu handeln/ verordnet und niedergesezet.

So haben demnach gesagte Unterhändlere/ auff solche beschehene Vereinigunge/ vorbestimmete Gebrechen und irrige Puncten/ auff heute dato in dem Nahmen GOTTES fürgenommen/ bedacht/ und mit allem emsigen Fleiße/ Ernste und Treue gehandelt/ und endlich nach vieler angewandten Muhe/ mit beyderseits strittigen Hnn. und Partheyen gutem Vorwissen/ verwilligen und nachgeben/ auff Verleihung deß Allmächtigen erb- und ewiglich verglichen und vertragen; Immassen wie folget:

Als nehmlich/ so viel zum Ersten das Brüder-Closter in Höxar gelegen/ so Bürgermeister und Rath/ vor dieser Zeit de facto eingenommen/ betrifft/ nachdem Hocherm. M. Gnad. Herr/ desselbigen Restitution begehret/ mit der Vorwendung/ daß gemeltes Ihr. Gn. und dero Stiffte/ als Fundatori und der Cession halber/ so Ihr. Gn. und Stiffte durch die entwichene Closter-Personen geschehen/ eigenthümlich angehörig/ und dessen Gegen-Rechte/ mit der That entsetzet worden sey:

So ist darauff vertragen worden/ daß bestimmtes Closter mit aller Freyheit/ Gebäuen und Höfen/ wie es im Zircke und Mauern belegen/ Ihr. Gn. und Capitul iezo alßbald einzuverantworten/ und wieder überzulassen/ und darinn ferner kein Einsperrung/ Verhinderunge/ durch die von Höxar/ oder die Ihre/ zu ewigen Tagen/ weiter zugefüget werden soll.

Weil aber hierbey vorgelauffen/ daß die von Höxar/ der Brüder-Kirchen/ zu ihrer Pfarre/ mit dem freyen Kirchhofe nun viele Jahr her gebraucht/ und dero schwerlichen/ und keineswegs zu entrathen; So ist darauff durch Hochgedachten M. gnädigen Herrn und Ihr. F. Gn. Capitul/ gesagten von Höxar die Kirche und Kirchhoff nachgegeben worden/ neben dem Gange im Creutz-Gange unten und oben/ da man zu den Predigt-Stuhl/ zu der Orgel/ und zum Thurme auff die Kirche kommen muß/ daß sie dero nun hinfuhro an zu ewigen Tagen/ ohne einige Ihr. Gn. Capitul und Nachfolgere ferner Einsperrung/ zu ihrem Gottes-Dienst und Begräbnüß/ wie vorhin beschehen/ mit aller angehörenden Freyheit/ gebrauchen sollen und mögen.

Und haben Ihr. Gnad. und dero Capitul vor sich und Ihre Nachkommen vorbestimten von Höxar zugesagt und versprochen/ ihnen oder ihren Mittbürgern gemeltes Closter/ daß da künfftiglichen einigen Weg veräussert/ alienirt/ oder sonsten verschrieben werden soll/ vor iemand anders gegen gebührliche Erstattung überzulassen/ und zu verschreiben/ auch die Forderung die Ihr. Gn. und Stifft der eingezogenen Nützungen/ und zugefügten Schadens halber/ daß die Closter-Gebäue/ in Zeit des währenden Spolii mercklich verfallen gethan/ aus Gnaden fallen und abe seyn lassen/ und die hinfüro nimmermehr zu erwecken.

Und so dann auch nun eine Zeithero zwischen Hochgedachter M. Gn. Herren und denen von Höxar/ der Appellation halber/ solcher Streit gewesen/ daß Ihr. Gnad. in rechtlicher Forderung/ und besprechung der Bürger in Höxar an des Raths Erkäntnüs/ dieselb Ihr. Gnad. ab- oder zufallen würde/ allerdings begnüget/ und davon nach erheischender Nothdurfft/ zu appelliren/ nicht befugt seyn solte/ in ansehung/ daß sich dessen ezliche Ihr. Gnaden Vorfahren verwilliget/ und verschrieben/ dessen sich dann Ihr. Gnaden so viel desto mehr beschwert befunden/ als sonsten männiglichen/ und Ihr. Gnaden eigenen Untersassen die Appellation zugelassen/ und sonsten Gleichheit in Gerichts-Sachen zu halten/ und Ihr. Gnaden durch derselben Vorfahren gegebene Brieffe/ so ohne Consens und Versieglung deß Capituls erlanget/ und allem auff die Antecessores gerichtet/ die beruffung nicht abgeschnitten seyn mag/ und derentwegen sothanes heylsamen und nüzlichen Remedii Appellationis sich keinesweges begeben können/ und darauff die Einfuhr bis dahero verzogen: So ist demnach hierüber solche verträgliche Mittelung geschehen und angenommen/ daß hinführo Ihr. Gnaden und deroselben Nachkommen in Fällen/ da sie an des Raths gefälltem Urtheil keine Ersättigung haben könnten/ sondern sich dero beschwert befunden/ entweder an eine unpartheiliche Universität/ oder eine Stadt/ nach Gefallen/ umb Urtheilung zu appelliren/ und sich zu beruffen/ frey stehen und unbenommen seyn solle/ und da denn Ihr. Gnaden oder deroselben Nachkommen/ die Wahl der Appellation auff eine Stadt thun würde/ soll Ihr. Gnad. alsdann ferner dem Appellaten drey Städte innerhalb 10. Tagen nahmhafftig/ und ingleichen wo an eine Universität von Ihr. Gnad. appellirt werden wolte/ drey Universitäten vorschlagen und benennen lassen. Darauff der Appellat, und gegen den die Appellatio vorgenommen/ auff eine Stadt oder Universität/ nachdem die Wahl der Appellation, entweder eine Stadt oder Universität geschehen/ seines Gefallens/ zu kiesen/ zu erwählen und anzunehmen freye Macht haben: Und soll also hinwieder/ wenn ein Bürger zu appelliren gedächte/ mit der Wahl der Appellation entweder an eine Stadt oder Universität/ so unpartheyisch/ zu interponiren und fürzunehmen/ und darauff den Vorschlag der dreyen Universitäten oder Städte/ nachdem die Appellatio geschehen/ thun/ und darans M. Gn. Herr und Ihr. Gnad. Nachkommen/ nach Gestalt gethaner Appellation kiesen und wählen lassen/ ebenmäßiger Gestalt und gleich gehalten werden: Und was denn von angeregter fürgeschlagener und angenommener Universität und Stadt erkant würde/ dabey soll es/ ohne alle fernere Ausflucht und Beruffung endlich bleiben und beruhen/ und darüber keiner Parthey/ weiter zu appelliren und zu provociren/ zugelassen oder gestattet werden.

Alsdann lezlich/ von wegen der von Höxar bey dieser Vertrags-Handlung gesucht worden/ zu Fortsezung gemeiner Stadt nuz und Bürgerlicher Nahrung/ des unterstandenen Bierbrauens/ neben den Handwerckern auff den Dörffern im Stiffte/ durch Hochermelten M. Gn. Herrn und Ihr. Gn. Capitul gänzlich abgeschafft und niedergelegt werden möchten/ und deßhalber die Unterhandler Hochermelten M. Gn. Herrn ersuchet/ und zum besten berichtet/ was für Abgang und Nachtheil/ sonderlich deß Bierbrauens halber/ da es nicht abgestellet/ der gemeinen Bürgerschafft erfolgen konte;

So haben Ihr. Gn. darauf zu den gnädigen Wegen sich begeben/ und wollen kein so than unterstanden Brauen weiter auf den Dörffern dulten oder gestatten/ sondern das gänzlich/ doch ausserhalb deme/ was die Haußleuthe zu ihrer eigenen Nothdurfft und Haußhaltung/ und zu Zeiten auff ihre Kirchmesse brauen mögen/ gemeiner Stadt zum besten abschaffen lassen/ wie dessen sich Ihr. Gnad. allbereit gegen die von Höxar verschrieben.

Die Handwercker aber auf den Dörffern niederzulegen/ weil solches der Armuth zur hohen beschwerde gehalten würde/ und dahero auch die Burgere nicht sonderliche Vernachtheilunge besorgen mögen/ haben J. Gn. keine gnugsame Ursach finden können.

Und haben nun Hochermelt M. Gn. Herr und Ihr. Gn. Capitul eins- und Bürgermeister/ Rath und gantze Gemeine zu Höxar andern Theils/ diesen Vertrag/ wie der verfaßt/ allenthalben gutwillig bewilliget/ beliebet und angenommen/ und sich erzehlter massen/ durch angeregte Unterhändler/ aller gehabten Spän und Forderung mit einander gäntzlich richten/ schlichten und vertragen lassen/ auch darbey zu bleiben/ und alle Ungnade/ Widerwillen/ und Verbitterung darauf fallen und gäntzlich alle vergeben und vergessen/ auch die Commissions-Sache/ und darüber gepflogene Handlung verloschen und todt seyn zu lassen/ gegen einander/ gnädig/ günstig und unterthänig zugesagt und versprochen/ alles treulich und ohne Gefärde. Deß zu Urkund seyn dieser Vertrags-Brieffe zween/ eines und gleichen Inhalts unter F. G. Abbtey und Capituls: auch dero von Höxar grossen Insiegeln wissentlich verfertiget und iedem Theile dero einer übergeben worden. Geschehen und gegeben am Donnerstage nach Exaudi, war der siebende Tag Monats May im 1573sten Jahre.

(L.S.)
Abbatiæ Corbej.

(L.S.)
Sigilli Capituli Corb.

(L.S.)
Civitatis Hoxariensis.

CV.

Confirmation Rheinhard Abbts zu Corvey über den vorgehenden Vertrag; Worinn er zugleich verspricht/ dieselben bey allen ihren Freyheiten und Rechten ruhiglich zu lassen. Geben am Montag nach Viti Martyris Anno 1575. [LUNIG, Teutsches Reichs-Archiv. Part. Spec. Continuat. I. Fortsetzung III. Absatz VII. pag. 144.]

C'est-à-dire,

Confirmation du précedent Accord par REINARD *Abbé de Corvei qui promet de garder & maintenir la Ville de* HOXAR *dans tous ses Droits & Privileges. Le Lundi après la Fête de St. Vitus Martyr* (20. Juin) 1575.

WIr Reinhard von Buchholtz von GOttes Gnaden Abbt des Kayserlichen Freyen Stiffts Corvey/ bekennen und bezeugen in diesem unserm offenem Brieffe/ vor allen denjenigen/ so ihn sehen oder hören lesen/ daß wir den Söhne-Brieff von Abbt Robbrecht Unserm Vorfahr und Stiffte/ unsern lieben getreuen Bürgemeistern/ dem Rath und gantzer Gemeinheit Unser Stadt

ANNO 1573. Stadt Hòxar gegeben/ ihnen ſtát und veſt halten wollen und ſollen/ in allermaſſen wie Unſere Vorfahren und ſie deſſen mit einander gehalten und herbracht haben.

Vortmehr/ wo wir jenige Schulden und Anſage kriegen/ gegen ihre Bürgere und Mitwohner/ die ſie von Rechte verhádigen mögen/ die ſollen und wollen wir beſprechen vor dem Rath zu Hòxar/ darauff dann der Rath auff angehörte Klage und Antwort/ nach ihrem Wiſſen und Eyden/ damit ſie Uns und unſerm Stiffte zugethan/ das Recht weiſen und erkenuen ſollen; Wo dann aber einig Theil ſich ſolcher Erkántnüs beſchwerdt befündet/ derſelbe ſoll Fuge und Macht haben/ zu Abwendung ſolcher Beſchwerung ſich derowegen eines in den zwiſchen Uns und gemelten von Hòxar im Jahr 73. den ſiebenden Monats May auffgerichteten Vertrags in Puncto Appellationis verabſcheidet und eingewilliget/ nach Ausweiſung deſſelben Vertrags zu gebrauchen/ ohne alle euſſerliche Verhinderung.

Wir wollen auch gemelte von Hòxar bey aller ihrer Freyheit/ Recht und Gerechtigkeit/ auch bey allen ihren Wörtlichen guten Gewohnheiten und Verſchreibungen als ein Bürger den andern in Unſers Stiffts Pacht-Länder und Güter in Breggefelde/ nach Inhalt Unſers Vorfahren Abbt Mauritzen von Spiegelberg gegebenen Briefes gethan und gegeben/ wie ſie das von Alters bißher erſeſſen/ ruhiglich und friedlich bleiben laſſen.

Was auch Wir und unſer Stifft ehegemelten von Hòxar in obgemelten Anno 73. auffgerichteten Vertrage gegebenen erblichen und Kauffbriefe von neuem eingewilliget/ verſchrieben und verſiegelt/ ſolches alles ſampt und beſonders wollen Wir/ unſer Stifft und Nachkommen ſie inſonderheit nach Außweiſung angeregter darüber empfangener Verſchreibung ſchützen/ vertretten und handhaben/ nach allem unſern beſten vermögen.

Alles ohne Argeliſt/ neue Fünde/ jenige behelffe und Gefehrde. Zu Urkund haben Wir Unſer Abbtey groſſe Inſiegel an dieſen Brieff thun hangen/ der gegeben am Montage nach Viti Martyris im Fünffzehenhundert fünff und ſiebentzigſten Jahre.

(L. S.)

Abbatiæ Corbejenſis.

CVI.

FRANCE ET POLOGNE.

(1) *Harangue de* (2) JEAN DE MONTLUC, *Evesque de Valence, faite en* 1573. *au Kolo, pour inviter la Nobleſſe Polonoiſe à élire* HENRI *Duc d'Anjou Roi de Pologne.* [FREDER. LEONARD, Tom. II. pag. 599.]

SI quanta Terrarum intereſt, inter nos Gallos, veſtramque Gentem, Poloni, tanta foret amicitiæ ſeparatio, numquam Rex Chriſtianiſſimus, & vobis dolentibus poſt obitum Sigismundi Auguſti Regis veſtri condoleret, & in tam arduo negotio veſtro, cùm unum quæritatis, qui omnibus rectè imperet, paria veſtra vota huic Reipublicæ obtuliſſet. Verùm cum de veſtra Gente ſemper Rex noſter cogitaret, quod ea ſola è tantis Provinciis ſingulari Dei beneficio relicta ſit, quæ ad ſuſtinendos pariter & retundendos ferociſſimarum Gentium impetus, ad reliquias Chriſtiani Orbis conſervandas, velut Arx quædam & munitiſſimum Propugnaculum haberetur, atque ideo omnes Chriſtianos Principes vobis amicos eſſe debere prudentiſſime judicaret; & quia ſic judicavit, nulli unquam primas in eo concedere voluit. Nec alia de cauſa ad vos miſſi ſumus Oratores, quàm ut veterem amicitiam, quæ Gallis interceſſit vobiſcum, colligaret Chriſtianiſſimus Rex; aut ſi ita vobis videretur, novo quodam vinculo eam ſibi jungere ac ſtabilire poſſet. Hoc quoque ſcire vos cupit, ut ſi quid interregni hujus tempore, aut periculi, aut incommodi vobis impenderit, aut ad illud effugiendum amicorum operâ vobis opus judicaveritis, quidquid opum viriumve per ſe, aut per amicos habet, quidquid Gallici nominis valere poteſt autoritas, ea veſtra eſſe omnia intelligatis. Poſtremò, ſi in ea deliberatione, quam de Rege habituri eſtis, exterorum Principum, (nobis ita ſtatuentibus) mentionem fieri contingat, Fratrem Chriſtianiſſimum HENRICUM ANDIUM, Borboniorum, & Alvernorum Ducem, inter purpuræ competitores, ut admittatis, vehementer rogat. Hæc ſunt Legationis noſtræ capita, in quibus ego exorandis, non dolo, non inſidiis, aut ſecretis internuntiis, non fictis verbis, ad tempus tantum accommodatis, non ambitioſis precibus, non ſparſis famoſis libellis contra competitores alios, non inanibus promiſſis, quæ præſtitu admodum ſunt difficilia, aut omnino impoſſibilia. Sed Gallus homo cùm ſim, & ideo ſimplex & candidus, verè, ſincerè, & candidè vobiſcum agere inſtitui. Et quemadmodum prudentes Patres familias, de facultatibus illius, cui Filia nuptui eſt danda, agitur, primùm de animi & corporis dotibus, poſtremò de bonis fortunæ, accuratè inquirere ſolent; ita ego primùm de Illuſtriſſimi Ducis origine, nobilitate, ætate, moribus, de ingenii dexteritate, atque in rebus gerendis exercitatione, & in re militari peritiâ; deinde quæ vos ab eo, res veſtras conſtituendas, commoda ſperare poſſitis, quàm paucis potero complectar. Multa ego in rebus veſtris præcipua, ſumma cum admiratione obſervare ſoleo, quibus quidem effectum eſſe exiſtimo, quòd vos ferè ſoli, Regis eligendi facultatem, & cætera libertatis ornamenta ad hanc usque diem conſtanter retinuiſtis; cæteræ autem Gentes, aut ſaltem aliquæ, quæ & ipſæ liberæ, & ſui quoque Juris fuerant, Libertatibus ſuis nunc exutæ, humi proſtratæ jacent, & tanquam cadavera extinctæ libertatis, à prætereuntibus, non ſine ſtupore ſpectari ſolent. Illud primum eſt, quod Comitia veſtra numeroſiſſima, ad quæ tanta Nobilium multitudo confluere ſolet, à peſte illa, id eſt, à largitionibus, & corruptela, quæ Romana Comitia infecerant, fuere ſemper ac ſunt alieniſſima, atque inde magnam veſtro nomini, integritatis, ac erga Patriam fidei gloriam comparaſtis. Altero loco concordia, & animorum veſtrorum ſocietas conſtitui debet, quæ res veſtras ad id quod optabatur feliciſſimè perduxit. At illud ſummum, quod ego mirari ſoleo. Cum majorum veſtrorum ſuffragiis Reges illi electi fuère, qui cum potentiſſimis Regni hoſtibus Bella diutiſſimè geſſerunt, qui irrumpentem in Poloniam Barbarorum colluviem armis ſuis repreſſerunt, & Provincias ademptas Regno veſtro adjunxerunt. Germanos præterea, Ungaros, Boëmos, Tartaros, Moſcovitas, (Populos certè ferociſſimos,) toties fugatos, atque Caſtris exutos, ad proprias ſedes redire coëgerunt, hoc verò aliud quid eſt, aut dici debet, quam veſtra in Regibus eligendis felicitas? Et eamdem veſtro officio nunc adfuturam precamur ex animo. Id autem eſt, quod in tanta competitorum ubertate, quem Principem ſumere debeatis, vix ſine labore & animi moleſtia ſtatuere poteritis. Dum enim ad purpuram contenditur, quique probos ſe vendidant aut rectos, pari ambitu ſua, quæ cum virtute conjuncta in conſpectu populi ſiſti, ac minima vitia tegi deſiderant, ut in ea falſa multorum probitate, plerumque optimo Regnum dari videatur, cùm datum fuerit ſecus accidat; Gentis tamen claritas, generis ſplendor, non immatura annis ætas, morum non ficta probitas, in Republica adminiſtranda exercitatio, & rei militaris uſus atque felicitas, in eo ſemper quæritabantur, ad quem principatus deferri deberet. Hæc qualiter ſe habeant in Duce Andium, videte. Is è Valeſiorum magna ſusceptus domo, quæ à ſexcentis annis, continua Regum ſucceſſione, Galliam ſub ſceptris habuit, & nunc feliciter tenet, quæ non apud vicinas Gentes tantùm laureas ſibi parare voluit, ſed extra Europam velut domo egreſſa, Africam, Ægiptum, Paleſtinam, Syriam Victoriis oberrando, Orbis triumphos egit. Cùm verò de Valeſiis me loquentem auditis, eos Natione Gallos eſſe, aut jam ſcitis, aut facile conjecturamini. Cui Genti nullæ unquam vobiſcum interceſſere inimicitiæ, nullæ ſimultates, aut controverſiæ, tum quia propter magnam morum ſimilitudinem, magna inter Nos Gallos, & Vos Polonos fuit animorum conjunctio; tum quia à vobis longiùs diſſiti, remotiùs à cauſis injuriarum abfuimus. Accidit verò, ut quorum collimitanea Imperia certi termini, eorum & amicitias ſeparent. Magnum credite mihi momentum eſt, ad bene habendam Rempublicam, ex amica Gente (datur enim ſæpe Populi in alium Populum natale odium) Reges ſumere, qui ut amici vos regant, non ut hoſtes: proclive autem eſt eos ſemper fore amicos credere, qui nusquam antea fuêre inimici, qui verò diſſimulata ſuæ Gentis odia & vindictam ad principatum ferunt, ii Tarquiniorum Filii ſunt futuri. Nec ſatis quidem fatear in amica Gente Principes quærere, ni qui quæritur pru-

(1) Quoi que ce ne ſoit pas ici un Traité, on a néanmoins jugé à propos de l'inſérer, afin que l'on comprenne mieux les ſuivans, qui concernent l'election de *Henri* Duc d'Anjou, & depuis Roi de France III. du nom, pour Roi de Pologne. Tout ce qui concerne cette affaire eſt important, & peut ſervir, lors que de ſemblables circonſtances peuvent arriver. Il y en a une pareille ſur le tapis au moment que j'écris ceci en 1696. puisque la France propoſe le Prince de Conti, pour le faire élire Roi de Pologne.

(2) Cet Evêque s'eſt rendu célèbre dans ſon ſiécle, par ſon habileté dans les Negociations. On en peut voir des particularitez au commencement des Mémoires de *Melvil*, qu'on ne trouvera peut-être pas ailleurs.

dens sit aut rectus, æquè enim ut hostis Rempublicam evertit, qui ejus Leges & Libertatem destructum it, ac ille qui prudenter tueri ignorat quæ ad universorum salutem. Nec mihi quoque sufficit dicere, Henricum Andium Ducem, Natione, vobis amica, Gallum esse, ni edoceam qualis ipse sit, & faciam sanè. Non improbo consilium vestrum Poloni, qui in eligendis Principibus vestris ætatis potiorem rationem habetis; scitis quàm periculosum accidat Reipublicæ, cum Regem habere, qui & rectore ipse eget, & cùm consulitur, ob fluxam ætatem, nec humanis casibus diutius probatam, proba seligere ignorat. Henricus autem annos tres & viginti natus, sceptrorum capax est. Ni tam bona ætas regno sufficit, illud sufficiet, cum judicio prætergressus est ætatem. Non ego figmenta ducam ob oculos, non de hoc Principe bona loquar, ut cum illis calumniatoribus contendam, qui lingua & calamo venali bonum Principem nuper insectati sunt; sinam mordaces linguas & calamos libere loqui, & in laude Henrici reputabo, desideratur ad majorem perfectionem virtutis, adversarium habere, ut æque virtus sit calumniatores modestè tulisse, ac alia rectè fecisse. Loquar ergo ideo, ne quæ in alto conspici digna, ea in obscuro ignorantiæ lateant. Dux Andium in Reipublicæ administratione à pueritia educatus, Consilio Fratris angustiori semper interfuit, in quo de Pace, de Bello, de Fœderibus, de Peditatu, Equitatu, Stipendiis Militum, de Arcibus muniendis, & aliis publicis Negotiis agitur. In his prima juventa Henrici versata est; Regni totius postea, sic judicante Rege Fratre, abhinc quinquennium, curam suscepit, adhibitis tamen prudentioribus Consiliariis, quos sibi dari voluit, ne aut superbus videretur, aut pervicax, qui consilium sibi dari nollet; aut insolens, si per se omnia ageret; tum ille didicit momenta temporum Reipublicæ notare, animos vulgi noscere, delictis pœnas statuere, Virtuti justa dare præmia. Verùm à vobis, velut à martia Gente, expectari video, ut de prudentia rei militaris loquar; nam vestrates semper armis stetit, & potissimum Regum virtutem ducitis scientiam bellandi. Scitote quæso, eum vos habituros Principem, si forte habere vultis, qui adolescentiam totam in Castris egit, qui ad famem, sitim, vigilias, algores, imbres, calores, ad injurias cœli tolerandas callum obduxit; cum dico esse, qui præstantissimorum Ducum, quos secum habuit, consiliis & consuetudine, ex usu præterea & exercitatione didicit Castra metari, vallum ducere, Urbes obsidere, capere & retinere, signa cum hoste conferre, repentinos impetus intrepidè retundere, vincere, & victoriâ uti. Quod optabam jam assecutus sum, Principem vobis indicavi, qui regias dotes complexus est. Linguæ tamen vestræ ignorantiam, velut certum impedimentum, nonnulli objiciunt: credite mihi Gallicam Gentem, ut moribus vestris coæqualem, sic Linguæ perquàm capacem. Utique scitis Gallum fuisse, qui triennium apud vos versatus, sermonem Polonum grammaticis legibus primus subdidit; sufficient huic bono Principi, non anni sed menses, quantum ad Subditorum querelas intelligendas, & Negotia publica tractanda opus habebit. Expedita alicujus Linguæ notitia Episcopis, Concionatoribus, Oratoribus, Causidicis, maximùm necessaria est, verùm Principibus non adeo; capite hi, non lingua, Populos regunt. Sed est hoc tamen in Principe aliquid impedimenti. Utique Reges vestri non soli, sed vestro consilio adjuti, in Senatu de rebus statuunt; vos autem Latine, Italicè, imo etiam Gallicè loqui consuestis; quibus Linguis Dux Henricus tantisper vobiscum utetur, dum Linguæ Polonæ usum assequatur.

Ut jam de commodis loquar, illud primum & maximum occurrit, nihil vestram Rempub. accepturam incommodi, Henrico Rege. Hoc certè aliquid est. Imo verò permagni momenti esse vos ipsi judicabitis. Fieri enim posset, ut aliquis Princeps, prudens aliàs & bonus, periclitari tamen vestrum Regnum sinat, præsertim is, cui cum Principibus potentissimis inimicitiæ, & de finibus antiquæ controversiæ intercedunt. Talis certè si Rex vester crearetur, vires vestras ad sua, & quæ sunt suorum, tuenda converteret; ille certè, qui amici vestri antea fuerant, hostes ut essent infensissimi, efficeret; ille vos, qui in pace & otio sub alio Rege vivere potuissetis, in molestias & pericula conjiceret. Verùm huic Principi de quo loquor, nullæ extant cum alio Principe inimicitiæ, nullæ de Provinciarum finibus, veluti Imperator Romanorum respectu Hungariæ, cum Turca in quæstione est, controversiæ; ut quidquid, aut hoc Regnum habet potentiæ, aut ipsius Duci inest virium, totum stare debeat pro commodis & incolumitate vestra. Minimum præterea sperare vos utilia velim, Poloni, ab eo Principe, cui, quia vicinus vobis & potens, quia suarum Terrarum vires ad vos tuendos facilius è vicinia educere posset, purpuram ideo offeratis vestram. Speciosa hæc sunt magis quàm utilia, & sperari possunt, non obtineri. Scilicet eæ vires pro vobis, non contra vos futuræ, ut defendant libertatem, non ut opprimant? Cuique dominanti natale est velle absolutum fieri, vos autem liberi sub Principibus esse cupitis; & quia vestrismet viribus confici non potestis, commodissima foret Principi ad vos opprimendos, hæreditaria in proximo potentia; sic qui liberos vos acciperet sub regimen, servis imperaret victor. Magis certè persuasum esto, prudentes, fortes, justos Principes, quàm potentes quærere; utique tot seculis, nullis Fœderibus freti aut vicinorum Subsidiis adjuti, domesticis viribus hostium potentiam infregistis, ex parva Republica maximam effecistis. Dux quidem Andium, & sua potentia magnus est, & Regis Fratris amicitia potens; verùm quia hæc à vobis dissita, tot Terræ, Montes, tot Fluvii interjacent, ideoque, si illud suspicamini, minimùm sunt nocitura. Neque taliter tamen mea verba notate, ut minimùm præsidii ab illis Terris sperare possitis, quas dico longius à vobis dissitas, imò verò maximum. Quantum creditis vobis commodi affuturum, cùm omnes annui proventus in hoc Regnum importabuntur, nec aliter vobis eventurum est, quàm si novas Aurifodinas benignior tellus vobis aperiret? Hinc ille, privato sat dives ære, Regni hujus proventus, quos regiæ mensæ vocatis, militi scribendo asservabit. De Dignitatibus autem & Præfecturis, tum aliis præmiis, quæ prudens Respublica benemeritis Civibus paravit, quieto & securo animo vos esse oportet. Habet Henricus octo Provincias Hæreditario jure acquisitas, ubi Episcopatus sunt IX. Abbatiæ circiter CC. Prioratus circa mille. Item Præfecturæ, Magistratus quamplurimi, hæc ille præmia suæ Gentis hominibus abundè distribuet, vestra vobis asservabit, cùm & mos Patriæ, & Leges non aliter velint. Dictat enim Lex vestra: *Ne ulli honores Reipublicæ & præmia ad extraneos deferantur, præterquam ad eos, qui è Polonis orti nobilibus.*

Classem præterea validam suis sumptibus instruet, quæ viribus ad hæc vestrorum Cosacorum freta, Dominium Sinus Baltici facilè tuebitur. Item Cracoviensem Academiam provent u& Doctoribus reficiet, ut pars juventutis vestræ, Artium studiis; pars altera omnium armorum genere instruatur: quo in loco, aut in Gallia, si ita vobis videbitur, centum è vestra juventute nobiles suis sumptibus erudiendos curabit. Insuper, si ad Bellum propulsandum peditatu opus habebitis, sclopetariorum quatuor millia è Vasconum gente, ad vos per Naves transmittet, & suis sumptibus toto Bello sustentabit. Quanti verò æstimabitur Regni Galliæ perpetuum & inviolabile vobiscum Fœdus, Gallici præterea Populi Societatem, unde Mercatores Gallicas Merces, quibus carere non potestis, ad vos deferent; vestri item, reciproco Commercio, ea quibus maximè abundatis, summo utriusque Gentis commodo in Galliam exportabunt.

De Privilegiis & Immunitatibus vestris ut loquar, non est meum, vestra hæc sunt, non nostra; quale Regnum & Rempub. electo tradideritis, talem recturus & habiturus est. Hæc quæ à me dicta sunt, longiori sermone opus haberent, verùm ut breviùs agam, si Ducis Andium vobis grata fuerit persona, aut per Litteras, aut per Delegatos vestros, cum eo accuratius agemus, interim, si de fide nostra, de quo agimus, dubitatur, nos Legatorum personâ depositâ, in Arce custodiri non abnuimus. Itaque tu, magne Senatus, vosque liberi Equites, quod faustum felixque sit Reipublicæ vestræ, Henricus, Andium, Borboniorum, & Alvernorum Dux, à Rege Christianissimo vobis offertur per nos Legatos. Hunc ad Rempublicam administrandam institutum & paratum, tanquam vobis natum, in Filium assumite. Non ille certè est uti alii, qui solo Oratorum aspectu Regnum obtinere sperant, sed uti omnia sua vobis offert, sic si in Regem eligatur, consilia sua omnia ad regendam hanc Rempublicam adhibebit, ne vos facti unquam pœniteat.

Anno 1573.

CVII.

16. Mai. *Pacta Conventa inter Senatum & Ordines Regni* POLONIÆ, *ac Magni Ducatûs* LITHUANIÆ, *ab una, & Dominum* JOANNEM MONLUCIUM *Episcopum & Comitem Valentiæ*, ÆGIDIUM DE NOAILLES, *Abbatem Insulæ*, & GUIDONEM SANGELASIUM *Dominum à Lansac, Equitem Ordinis S. Michaelis, tanquam* CAROLI *Galliæ Regis, Fratrisque sui* HENRICI *Andium, Borboniorum, & Alvernorum Ducis, nunc verò Electi Poloniæ Regis Oratores, parte ab altera. Actum sub Warschavia in Campo Villæ de Kamien in Comitiis magnis Electionis novi Regis die* 16. *Maji* 1573. Cum *Forma Juramenti dicti Ducis* HENRICI, *Electi Poloniæ Regis, sub dato ut supra.* [Constitucie Statuta y Przywileje Regni Poloniæ od Roku Panskie° 1550. az do Roku 1637. pag. 224.]

QUANDOQUIDEM ita placuit Deo, qui solus hominum corda movet, & disponit, ut de unanimi sententia, atque libero assensu omnium Stituum, atque Ordinum inclyti hujus Poloniæ Regni, Magnique Ducatus Lithuaniæ, ac cæterarum Provinciarum ad ipsum Regnum pertinentium, memoratus Illustrissimus Princeps Dominus Henricus, Andium, Borboniorum & Alvernorum Dux, esset in Poloniæ Regem, atque eundem Magnum Ducem Lithuaniæ, ac cæterarum Regni Provinciarum Principem & Dominum liberè Electus, & publicè declaratus, adessent autem ipsius Illustrissimi Principis & Fratris sui Christianissimi Galliarum Regis Nuntii supranominati, cum plena ac sufficienti potestate ab eisdem Principibus suis huc ad Status & Ordines in optionem Regni missi, cum quibus pro salute & incolumitate hujus Regni, ac totius R. P. Christianæ, certa pacta seu conditiones, ipsis Serenissimis Principibus per dictos Oratores eas sponte offerentibus, cæteris autem à Statibus Regni expeditis, sunt utrinque inita & sancita, in hunc qui sequitur modum.

Primo Fœdus perpetuum inter Galliæ & Poloniæ Regna, atque eorum Provincias omnes, hominesque in eis degentes, constare debet, procurantibus & promoventibus illud supranominatis Serenissimis Principibus Galliarum, & Poloniæ Regibus. Verùm quoniam de tanto negotio quatenus ex re utriusque Provinciæ fieret, nihil nunc absque Principibus ipsis transigi potest, cùm multa hic proponenda essent, quæ magna deliberatione indigerent. Ideò Tractatum ipsum de Fœdere sanciendo, in aliud tempus rejecto, Oratores supra descripti ex concessa sibi ab ipsis Principibus suis facultate, hæc omnia in præsentia Regno huic Polonico, & ejus Statibus, clarè & apertè, nomine Serenissimi Regis Galliarum detulerunt: ut si aliquando quispiam hostium, & quævis alia Gens inimica, hoc Regnum, sive ejus Provincias non levibus excursionibus, sed justo exercitu adoriri vellet, Regem Christianissimum curaturum esse amicè agere cum illis hostibus, ut à Bello abstineant inferendo. Quòd si obtinere nequiverit, peditatu Regnum hoc juvabit, si ita Status Regni optaverint, qui ad fines Regni transmittatur, ac si pro Peditatu Vasconico Equitatum Germanum Status Regni optaverint: id ipsum etiam Rex Christianissimus præstabit; aut si ita Statibus & re magis videbitur, pecuniis eos juvabit, quemadmodum etiam vicissim Galli, si Polonico Equitatu egeant, illo à Polonis adjuvabuntur, Stipendiis ab illis acceptis.

Item. Offerunt ac spondent iidem Oratores Statibus & Ordinibus Regni, nomine Christianissimi Regis, in usum Belli contra Moschorum Principem, quatuor millia Vasconum peditum electissimorum, quibus etiam Stipendia in sex menses Christianissimus Rex persolvere debebit. Quod si post sex menses eorum opera sit necessaria, ad sex alios menses in illud tempus Regem Christianissimum, Fratri Charissimo Stipendia, quæ requiruntur, non denegaturum existimat. Et tamen quicquid sit ad ea persolvenda, reditibus Polonicis Serenissimum Regem Poloniæ Electum, non esse usurum Interim tamen de ratione istius Belli contra Moschum suscipiendi, in cujus usum Vascones isti adhibendi sunt, deque ratione victus & alimoniæ in illis Regionibus, quo adduci debent, Status Regni Serenissimum suum Regem Electum, tempestivè præmonere debent, ut cum illis etiam quid certi, pro ratione annonæ, de Stipendiis constitui possit.

Item. Promittunt Oratores prædicti, nomine ipsius Regis Serenissimi Electi, quam primùm, Deo volente, ad Regnum suum venerit, Classem necessariam & sufficientem, ad tuendos Portus & Dominium Maris, ditionis Regni & Provinciarum adjacentium, quatenus se porrigit omnis ille tractus Polonicæ ditionis, suo sumptu alere, quam etiam ita instituet, ut res & necessitas suadebit. & Status Regni censebunt, cujus Classis magnum usum fore animadvertunt, ad impediendam Narvicam Navigationem, sive etiam illum Portum Regno acquirendum.

Item. Pollicentur, nomine ipsius Serenissimi Regis Electi, curaturum eum primo quoque tempore Emporium aliquod nobile in Portu aliquo Gallico, Mercatoribus & Mercimoniis Polonicis instituere, similiter & Commerciorum mutuum usum ordinare, adhibitis ad eam rem peritis rei Mercatoriæ atque Nauticæ, absque quorum consilio hujusmodi Navigationes rectè institui non possunt. Jam autem nunc offerunt ipsi Oratores, nomine Serenissimi Regis Galliarum, liberam potestatem commeandi. & quævis Commercia faciendi nostris hominibus, in Galliam & Alexandriam, & Terras novas, eo jure atque libertate, qua Galli utuntur.

Item. Promittunt & spondent iidem Oratores, nomine Serenissimi Regis Electi, singulis annis, quo ad vivet, & Rex Poloniæ erit, ex reditibus suarum Provinciarum, quas in Regno Galliæ habet, quadringenta quinquaginta millia Florenos pecuniæ, se huc in Regnum illaturum, & in usus R. P. impensurum, pro arbitrio suo.

Item. Consulendo honori atque existimationi hujus Regni, cùm intellexerint illud esse gravi ære alieno oppressum, pollicentur dicti Oratores ejusdem Serenissimi Regis Electi nomine, nomina seu debita Reipub: cum assensu Senatus, per defunctum olim piæ memoriæ Regem facta, aut etiam à morte illius usque ad adventum ipsius Serenissimi Regis Electi, Reip. causa contracta, quorum ipsimet Senatores, & Status Regni rationes Suæ Majestati indicabunt, ac in scriptis proferent; quòd Sua Majestas pecuniis suis persolvet dimidiam partem, cùm primùm huc ad Regnum appulerit. Reliquum autem intra decursum annorum duorum proximè sequentium. Hoc autem nomine, sine quibusvis aliis, quæcumque in commodum ac beneficium istius R. P. faciet & præstabit, nihil sibi esse cautum, atque repositum volet a Repub: Regni hujus, seu gratis & libenter illi resignabit omnia, quæcumque illi, aut cuivis alteri donaverit.

Item. Spondent iidem Oratores memorati Serenissimum Regem Electum, Academiam Cracoviensem ad meliorem frugem rei literariæ reducturam, evocatis & deductis eo undecumque doctissimis viris, in qualibet professione & Facultate literaria; Excellentiss: Professoribus, quos ibidem in Academia Cracoviensi Stipendiis suis alet, ac retinebit perpetuò.

Item. Promittunt & spondent supradicti Oratores, eundem Serenissimum Regem Electum, ad minus centum ex Nobilium familia suos in eadem Cracoviensi, sive etiam Parisiensi Academia, ad tempus profectus illorum in re literaria, suo sumpto alere. Quod si autem Status Regni maluerint, dimidiam eorum partem in literis, & aliam in armis, sive etiam in aulis Principum externorum exercere, id in eorum arbitrio esse futurum.

Item. Recipiunt & spondent iidem Oratores, nomine supradicti Serenissimi Regis Electi, cum huc secum ad inhabitandum nullos peregrinos homines adducturum, præter paucos quorum opera in ministerio Domestico uteretur, quos tamen postea brevi remittet, persolutis illis Stipendiis de suo: nullas etiam possessiones, aut Dignitates vel Officia, illis concedet, sed tantum indigenis Polonis, juxta Statutum Regni.

Deinde vero, quæ supra memorati Oratores in Oratione sua, ad Status Regni initio istius Conventûs habita, & typis per eosdem evulgata, comprehenderunt, ac Statibus Regni obtulerunt, spondent, ac recipiunt pro Dominis suis Serenissimis Principibus, facturos esse ipsos Principes omnia illa, & fideliter impleturos, quæ memorati eorum Oratores promiserunt.

Item. Recipiunt & spondent, iidem Oratores, nomine dicti Serenissimi Regis Electi, cùm omnia Jura,

ANNO 1573. Privilegia, Libertates, Immunitates, Prærogativas, unicuique Statui, & homini, ex Incolis Regni, Magnique Ducatus Lithuaniæ, & omnium Provinciarum illi adjunctarum, sive generaliter omnibus, sive specialiter singulis, per Serenissimos Reges, & alios Principes & Antecessores, juste & legitimè concessas, vel quovis alio nomine quæsitas, ac diuturno usu approbatas, sive etiam nunc circa Electionem Regis sui, ex unanimi & concordi omnium Ordinum consensu, sancitas, integrè & inviolabiliter servaturum, atque etiam juramento corporali, juxta sibi traditam formam, ante Inaugurationem, sive Coronationem sui confirmaturum, & Literis ad id necessariis muniturum. Quæ etiam suprascripta omnia, & inde cætera consequentia, in robur certissimæ atque perpetuæ firmitatis, supradicti Oratores, nomine & loco suarum Majestatum, jurarunt in debita forma. Et in evidentius testimonium, ac robur firmissimum, omnium suprascriptorum, Sigilla utriusque Partis, tam Statuum Regni, quam ipsorum Oratorum, hisce Literis sunt adhibita, cum subscriptione eorumdem manuum. Actum & datum sub Warschovia, in Campo Villæ Kamien, in Comitiis Magnis Electionis novi Regis, die 16 Maii Anno Domini, 1573.

Forma Juramenti Serenissimi Principis HENRICI, *Novi Electi Regis Poloniæ.*

HENRICUS Dei gratia Electus Rex Poloniæ, Magnus Dux Lithuaniæ, Russiæ, Prussiæ, Masoviæ, Samogitiæ, Kijoviæ, Volyniæ, Podlachiæ, Livoniæque, &c. Dux Andium, Borboniorum, Alvernorum, Comes Marchiæ, Foresti, Quercii, Rovergii, Montisforti: Significamus hisce Literis nostris, quorum interest universis. Quæ missis Oratoribus ab Ordinibus Regni Poloniæ, & Magni Ducatus Lithuaniæ, qui nos ad Regnum ipsorum regendum & administrandum, ex decreto Electionis liberæ Statuum ac Ordinum, qui nos in Regem suum assumpserunt, invitarent, in magna frequentia hominum, Parisiis, in Templo Divæ Mariæ Virginis, die decima Septembris proximè præteriti, verbis conceptis ad Sacra Dei Evangelia, tale juramentum Ordinibus ejusdem Regni, & Magni Ducatus Lithuaniæ, præstitimus: ea tamen interpretatione posterioris Articuli de obedientia intervenien: quæ Literis Oratorum ipsius Regni, Nobis exhibitis, continetur.

Ego Henricus Dei gratia Electus Rex Poloniæ, Magnus Dux Lithuaniæ, Russiæ, Prussiæ, Masoviæ, Samogitiæ, Kijoviæ, Volhyniæ, Podlachiæ, Livoniæque, &c nec non Dux Andium, Borboniorum, & Alvernorum, Comes Marchiæ, Foresti, Quercii, Rovergii, Montisforti, per omnes Regni Ordines utriusque Gentis, tàm Poloniæ, quam Lithuaniæ, cæterarumque Provinciarum communi consensu, liberè electus: Spondeo, ac sanctè juro Deo omnipotenti, ad hæc Sancta Jesu Christi Evangelia, quòd omnia Jura, Libertates, Immunitates, Privilegia publica & privata, Juri communi utriusque Gentis & Libertatibus non contraria, Ecclesiasticas & Seculares, Ecclesiis, Principibus, Baronibus, Nobilibus, Civibus, Incolis, & quibuslibet personis, cujuscumque status & conditionis existentibus, per Divos Prædecessores meos Reges, & quoscunque Principes, Dominos Regni Poloniæ, & Magni Ducatus Lithuaniæ; præsertim verò Casimirum antiquum, Ludovicum Lois nuncupatum: Wladislaum Primum Jagiellonem dictum, Fratremque ejus Vitholdum Magnum Lithuaniæ Ducem, Vladislaum Secundum Jagiellonis Filium, Casimirum Tertium Jagiellonidem, Joannem Albertum, Alexandrum, Sigismundum Primum, Sigismundum Secundum Augustum, Reges Poloniæ, & Magnos Duces Lithuaniæ, juste & legitime datas, concessas, emanatas & donatas, ab omnibusque Ordinibus, tempore interregni statutas atque sancitas, mihi oblatas, manu tenebo, observabo, custodiam & tenebo: in omnibus Conditionibus, Articulis & Punctis in iisdem expressis, pacemque & tranquilitatem inter diffidentes de Religione tuebor, manu tenebo, nec ullo modo vel Jurisditione Nostra, vel Officiorum Nostrorum & Statuum quorumvis autoritate quempiam affici, opprimique caussâ Religionis permittam, nec ipse afficiam, nec opprimam. Omnia illicite à Regno Magnoque Ducatu Lithuaniæ, & Dominiis eorumdem quocumque modo alienata, vel Bello, vel quovis alio modo distracta, ad proprietatem ejusdem Regni Poloniæ, Magnique Ducatus Lithuaniæ aggregabo, terminosque Regni & Magni Ducatûs non minuam, sed defendam & dilatabo, justitiam omnibus Incolis Regni, juxta Jura publica in omnibus Dominiis constituta, absque omnibus dilationibus & protogationibus administrabo, nullo quorumvis respectu habito, & si (quod absit) in aliquibus Juramentum meum violavero, nullam mihi Incolæ Regni omniumque Dominiorum uniuscujusque Gentis obedientiam præstare debebunt. Immò ipso facto eos ab omni fide, obedientiâ Regi debitâ liberos facio, absolutionemque nullam ab hoc meo Juramento à quoquam petam, neque ultro oblatam suscipiam: Sic me Deus adjuvet. De quo Nostro Juramento à Nobis præstito, ut omnibus & singulis quorum interest constaret, Literas hasce manu Nostra subscripsimus, Sigillumque nostrum, quo ad præsens utimur, his appendi jussimus. Datum ut supra, millesimo, quingentesimo, septuagesimo tertio.

HENRICUS Electus REX, *ssit.*

CVIII.

Confirmation & Ratification faite par HENRI, *élû Roi de Pologne, des Articles accordez entre les Ambassadeurs de* CHARLES IX. *Roi de France & les Etats de Pologne avant son élection. A Paris dans l'Eglise de Nôtre-Dame le* 10. *Septembre* 1573. [FREDER. LEONARD, Tom. II.] 10 Sept.

HENRICUS, Dei gratiâ Electus Rex Poloniæ, Magnus Dux Lithuaniæ, &c. Necnon Borboniorum, Andium, Alvernorum Dux, Comes Marchiæ, Foresti, Quercii, Monforti. Significamus hisce Litteris nostris, quorum interest universis, quòd post mortem olim Serenissimi Principis Domini Sigismundi Augusti, Regis Poloniæ, & Magni Ducis Lithuaniæ, Serenissimus Princeps Dominus Carolus, Dei gratia Francorum Rex Christianissimus, atque Frater noster, nosque unà cum Majestate ipsius, miseramus ad Ordines & Status Regni Poloniæ, Reverendissimos & Magnificos Viros, Joannem Montlucium, Episcopum Valentiæ, Consiliarium Consilii secretioris Franciæ; Ægidium Noallium, Abbatem Insulæ, Libellorum supplicum in Regno Franciæ Magistrum; & Guidonem Sangelasium Lansacum, Camerarium Christianissimi Regis Fratris nostri, & Ordinis ejusdem Equitem, & Senescallum Aginensem, Oratores & Commissarios utriusque nostrûm, ut de nobis in locum præfati Domini Sigismundi Augusti, Regis & Magni Ducis, sufficiendis, atque in Regem assumendis agerent, divinique Numinis instinctu in Comitiis Electionis Regiis sub Warsavia habitis, Ordines Regni Poloniæ ac Magni Ducatus Lithuaniæ, nos Regem creasse, conditionibus & articulis inter eos Ordines ac Oratores nostros ibidem conclusis intervenientibus, quorum quidem tenor de verbo ad verbum sequitur, & est talis.

Articuli Pactorum conventorum inter Illustrissimum & amplissimum Senatum ac Ordines Regni ab una; & Oratores Christianissimi Galliarum Regis, & Serenissimi Electi Regis, ab altera partium, &c.

Quos Articulos præinsertos servare ac adimplere volentes, postquam recitatos coram nobis sigillatim expendimus & consideravimus, eos ratos & gratos habentes, approbavimus, confirmavimusque, approbamus & confirmamus hisce Litteris nostris, & ita denuò quoque illorum ut Hæredes Successoresque nostros non minus quàm nos obligent; promittentes bona fide, existimationisque nostræ periculo, & pignore omnium nostrorum bonorum mobilium & immobilium, præsentium & futurorum, quæcumque ad nostros Hæredes & Successores perveniant, ac sub Juramento à nobis in manibus Oratorum dicti Regni Poloniæ præstito, nos Fratremque nostrum ac Hæredes nostros omnes conditiones & articulos prædictos inviolabiliter observaturos & adimpleturos, sine exceptione, nec unquam iis directè vel indirectè contraventuros, & ratos Regni Galliæ Parlamentis, Officiariis, & cæteris quorum interest, effecturos & præstituros. Præterea verò, quod ad priorem Articulum attinet, ita cum Christianissimo Rege Fratre nostro declaramus, quod
Ordinibus universis Regni Poloniæ Fœdus cum Regno Galliæ cæteris de rebus, quæ in Articulis supra scriptis non sunt expressæ, quibus quidem utriusque Regno

opus

ANNO 1573.

ANNO 1573. opus esse possit, concludi nequeant, Christianissimus Rex Frater noster Oratoribus suis, quos mittet in Poloniam, Coronationi nostræ adfuturis, plenam facultatem conjunctim, ac cuilibet illorum in solidum dabit, Fœderis hujus cum Ordinibus Regni Poloniæ ac Magni Ducatus Lithuaniæ sanciendi, adjectis conditionibus & articulis pro utilitate Galliæ & Poloniæ, de quibus prout inter eosdem Ordines Regni Poloniæ & Ducatus Lithuaniæ, ac Oratores Christianissimi Regis Fratris nostri conveniet, amplificandis, ratis tamen manentibus conditionibus in Articulis supra scriptis expressis, etiam si contigerit nihil amplius à Christianissimi Regis Oratoribus cum Ordinibus Regni Poloniæ & Magni Ducatus Lithuaniæ in Comitiis Coronationis nostræ sanciri & concludi.

Ac item ejusdem Articuli partem, qua Christianissimus Rex obligatus, ut si aliquando quipiam hostium Regnum Poloniæ & Magnum Ducatum Lithuaniæ, Dominiaque his adjuncta, justo exercitu adoriri vellet, nisi admonitus amicè à Christianissimo Rege ab incepto desistat, Regnum Poloniæ & Magnum Ducatum Lithuaniæ Peditatu Vasconico, vel Equitatu Germanico, vel pecuniis, prout Ordinibus dictis videretur, juvet: ita cum dicto Rege interpretamur, ut omnes quicumque Regnum invaderent, nullis exceptis, prætextu cujusvis prioris vel posterioris necessitudinis & pactionis, hostes Polonorum nominare, nos profiteamur, adversùsque eos, nisi admoniti priùs à Christianissimo Rege ab incepto desistant, auxilium illud Christianissimum Regem Fratrem nostrum laturum, ut supra scriptum est, pollicemur.

Item. Quoad Articulum de quatuor millibus Vasconum Statibus ac Ordinibus Regni Poloniæ & Magni Ducatus Lithuaniæ, in usum Belli adversùs Moschorum Principes à Rege Christianissimo Fratre nostro promissis, ita ut iisdem in sex menses stipendia persolvat, pertinet, pollicemur Fratrem nostrum, cùm Status Regni nobis significabunt, ut hæc quatuor millia Vasconum transmittantur: illa quamprimùm transmissurum cum effectu, ita ut his non Status Regni Poloniæ, sed Christianissimus Rex Frater noster transitum præstet ad id quo fines Regni Poloniæ, vel Magni Ducatus Lithuaniæ attigerint, in sex menses stipendia persolvet. Et cum Oratores Christianissimi Fratris nostri, ac nostri, in Comitiis Electionis spem Statibus Poloniæ fecerint, si Vasconum opera sex menses fuerit necessaria, Fratrem nostrum stipendia iisdem Vasconibus in sex alios menses in gratiam nostram soluturum, prædictus Christianissimus Frater noster pro suo erga nos amore ita ut spem fecerunt Oratores dicti, in alios sex menses quatuor millibus Vasconum peditum, si illorum opera Regno Poloniæ fuerit necessaria, stipendia se daturum & numeraturum promisit.

Articulum item de Classe ita declaramus, quod nos extrahemus, armabimus, & alemus Classem sumptibus nostris Gallicis, quæ sufficiat ad Dominium Maris littorum Regni Poloniæ & Magni Ducatus Lithuaniæ, Provinciarumque his adjunctarum, pro utilitate ejusdem Regni, secundùm Jura, Privilegia, ac Leges Regni tuendum, & ad tollendas Navigationes, quæ Regno Poloniæ & Magno Ducatui Lithuaniæ, & partibus eorumdem damnum & incommodum afferent.

Quòd verò iidem Oratores in Comitiis Electionis nostræ receperint, Curatores esse, ut primo quoque in Portu aliquo Galliæ Mercatoribus & Mercimoniis Polonicis recipiendis, emporium aliquod nobile instituatur, dabit Frater noster Christianissimus Rex, datque plenam Facultatem Oratoribus, quos ad Comitia Coronationis nostræ mittet, conjunctim ac cuilibet illorum in solidum, de hoc emporio cum Ordinibus ac Statibus Regni constituendi, libertate commeandi, & quævis Commercia faciendi, Regni Poloniæ & Magni Ducatus Lithuaniæ, Dominiorumque eis annexorum, hominibus in Galliam, ac etiam in Terras Novas, eo jure eaque libertate, qua Galli utuntur, Oratoribus Christianissimi Fratris nostri, & nostris, in Comitiis Electionis nostræ, nomine Fratris nostri jam promissa & ab eo confirmata salva manent. Item, cùm singulis annis, quoad vivemus, & in Polonia regnabimus, ex pactione cum Ordinibus, ab Oratoribus Christianissimi Fratris nostri, ac nostris, in Comitiis Electionis facta, inferri debeant ex Gallia in Regnum Poloniæ quadringenta quinquaginta millia Florenorum; pollicemur cum Christianissimo Fratre nostro, quòd ea pecuniæ summa singulis annis inferetur in Regnum Poloniæ, sine ulla excusatione, aut cujusvis impedimenti prætextu; ita ut ultimo anni mense, incipiendo annum à Coronatione nostra, eam summam illatam in Regnum Poloniæ Ordinibus demonstremus. Cæterum hac de re & reliquis rebus, quæcumque ad executionem istius Articuli pertinere possint, ad colloquium nostrum cum Ordinibus Regni, in Comitiis Coronationis nostræ agetur, quemadmodum à nobis cum Oratoribus ad nos ab Ordinibus missis, à quibus ad definienda omnia, quæ ad executionem hujus Articuli spectarent diligenter rogati fuimus, conclusum est. Eam vero pecuniam ex Gallia illatam, ut supra scriptum est, in usus Reipublicæ arbitrio nostro impendemus; pecuniam verò, qua opus fuerit, ubi primùm in Poloniam venerimus, nos apportabimus nobiscum, & temporibus in Comitiis Electionis pactis & assignatis, omnia debita Regni, in Oratione Oratorum Christianissimi Fratris nostri & nostrorum, initio Conventus Electionis habita, nominantur, & nobis à Senatu Regni, cujus hac de re relationi, utrum justa sint necne, stabimus indicabuntur, nos exsoluturos pollicemur.

Quæ verò de Schola Cracoviensi, & centum Filiis à nobis educandis, nostro nomine Ordinibus & Statibus Regni Poloniæ promissa sunt, ea nos ratione ac modo, qui à nobis cum Ordinibus in Comitiis Coronationis nostræ constituetur, adimpleturos, & ad extrema vitæ nostræ tempora præstituros pollicemur. Quos quidem posteriores Articulos, seu eorum declarationes ac conditiones, ac omnia & singula in iis expressa, haud secùs quàm superiores, eademque fide ac obligatione qua supra Christianissimum Fratrem nostrum, ac nos Hæredesque utriusque nostrum, conjunctim & separatim inviolabiliter adimpleturos, & Galliæ Parlamentis, Officiariis, & cæteris, quorum interest, ratos reddituros ac effecturos, cæteris excusationibus & exceptionibus juris vel facti semotis, pollicemur ac spondemus, superioribus tamen Articulis nihil derogando. Promittimus insuper, quod postquam (Deo favente) in Regnum Poloniæ venerimus & coronati fuerimus, eosdem Articulos, eorumque declarationes, sub Sigillo Regni Poloniæ, si id à nobis Ordines Regni requirant, illis trademus. In cujus rei testimonium, has Litteras manu propria subscripsimus, & Sigillo, quo utimur in Gallia, obsignari jussimus. Datum Lutetiæ Parisiorum, in Ecclesia Cathedrali Divæ Mariæ, die decima mensis Septembris, anno Domini 1573. HENRICUS, Electus Rex Poloniæ, per Regem Electum, BRULART.

CIX.

13. Sept. *Acte des Ambassadeurs envoiez par le Senat de Pologne en France, pour recevoir le Serment d'*HENRI, *Duc d'Anjou, élû Roi de Pologne, & celui du Roi* CHARLES IX. *son Frere* 1573. [FREDER. LEONARD, Tom. II.]

NOS Adamus Konarski de Kobilno, Dei gratia Episcopus Posnaniensis; Albertus à Lasko, Palatinus Siradiensis; Joannes à Tomicze, Gnesnensis; Andreas, Comes à Gorka, Miedziricensis. Capitaneus Gnesnensis & Wislicensis; Joannes Herbothde Folstin, Sanocensis, & Capitaneus Præmisliensis, Castellani; Nicolaus Christophorus Radziwil, Dux in Olika & Nioswiess, Curiæ Magni Ducatus Lituaniæ Marescalcus; Joannes de Zamoiski, Belzensis & Zamecensis; Nicolaus Firley à Dambowicza, Casimiriensis; Joannes à Zborow, Odolanoviensis, Capitanei; Nicolaus de Tomicze, Alexander Pronski, Palatinides Kiovienses, ex Comitiis Electionis novi Regis, post mortem Serenissimi olim Principis Domini Sigismundi Augusti, ab Ordinibus & Statibus Regni Poloniæ, & Magni Ducatus Lituaniæ, ad Christianissimum Galliarum Regem Dominum Carolum IX. & Serenissimum Principem Dominum Henricum Fratrem ejus, Andium, Borboniorum, Alvernorum &c. Ducem Legati, significavimus hisce Litteris, quorum interest universis & singulis, quod de voluntate omnium Ordinum Statuum Regni Poloniæ & Magni Ducatus Lituaniæ, à quibus ad id sufficienti cum mandato missi fumus, Serenissimum Principem & Dominum Henricum, Divi Henrici II. Christianissimi Galliarum Regis Filium, & Domini Caroli IX. itidem Christianissimi Regis nunc regnantis Fratrem, Andium, Borboniorum, Alvernorum &c. Ducem, postquam Articulos ad stabili-

ANNO 1573.

bilimentum & incrementum Reipublicæ nostræ in Comitiis Electionis sancitos, ac item Pacta & Conventa in iisdem Comitiis Electionis Oratorum prædicti Christianissimi Regis, suorumque cum Ordinibus & Statibus Regni Poloniæ & Magni Ducatus Lituaniæ facta, tam ipse, quàm Christianissimus Frater ejus, quoad Majestatem ejus concernerent, approbavit & confirmavit, juramentumque solemne de iis omnibus servandis triduo ante præstitit Parisiis, die 13. mensis Septembris, in Curia Parlamenti, in præsentia Serenissimi Principis & Domini, Domini Caroli IX. Dei gratia Francorum Regis Christianissimi, & Principum, Prælatorum, Procerum, Nobilium infra scriptorum, & aliorum summa frequentia Poloniæ Regni, ac Magni Ducatus Lituaniæ, Russiæ, Masoviæ, Samogitiæ, Kioviæ, Woliniæ, Podlachiæ, Livoniæque &c. Electum declaravimus, decretum Electionis sub Titulis ac Sigillis Prælatorum, Baronum, Dignitariorum, Officialium, ac Nobilium, universum corpus Regni ac Magni Ducatus repræsentantium, ipsius Serenitati tradidimus, Titulum Regis Poloniæ, & Magni Ducis, ipsi detulimus, & Regimen ejusdem Regni & Magni Ducatus, & Dominiorum illis annexorum subjecimus, eumdemque, ut ad Regnum regendum & administrandum veniret invitavimus, ac solemnem Coronationem in loco solito omnium Ordinum nomine promisimus. Prædictus vero Serenissimus Rex Electus ea omnia, quæ hic suscepit & approbavit ac item omnia Jura ac Libertates & Consuetudines Regni, Litteris suis sub Sigillo Regni Poloniæ ac Juramento circa Coronationem firmabit, ac firmiter & inviolabiliter tenebit, observabit, adimplebit & exequetur, tenerique, observari, adimpleri & exequi faciet. In cujus rei fidem Sigilla nostra præsentibus Litteris appensa sunt, cum subscriptionibus manuum nostrarum. Actum & datum Parisiis, in Curia Parlementi, die 13. mensis Septembris, anno Domini 1573. præsentibus Serenissimo Principe Domino Henrico, Dei gratia Rege Navarræ, & Duce Vindocinensi, Illustrissimis & Reverendissimis, Carolo à Borbonio; Carolo à Lotharingia; Ludovico à Guisia, Hippolito Estensi, S. R. E. Cardinalibus, Reverendissimo & Magnificis, Antonio Maria Salviato, Nuncio Apostolico; D. Diego de Zuniga, Serenissimi Hispaniarum Regis Catolici; Sigismundo de Caballis, Reipublicæ Venetæ, Oratoribus Illustrissimis; Ill. & Magnificis, Henrico à Borbonio, Principe Condensi; Ludovico à Borbonio, Principe Montpenserii; Henrico à Lotharingia, Duce Guisiæ; Renato de Birague, Cancellario Regni Franciæ, Joanne de Morvilliers, Episcopo Aurelianensi; Joanne Monlucio, Episcopo & Comite Valentiæ; Sebastiano de l'Aubespine, Episcopo Lemovicensi; Paulo de Foix; Renato Villeclaro, Primo Camerario & Gubernatore Andegavensi; Philippo Huralto, (1) Cancellario Andegavensi; Ægidio de Noailles, Abbate Insulæ; in Regno Galliæ Principibus, Prælatis, Proceribus, Officialibus, &c. necnon Illustrissimis, Reverendissimis, & Generosissimis Georgio Radziwil, Duce in Olika de Nieswiess; Stanislao Ciolek de Zelochow, Jacobo Ponentoruski, Pincerna Lenciciensi; Internuntiis Ordinum Regni Poloniæ; Hieronymo Choinski, Decano Posnaniensi; Petro (2) Wolki, Gnesnensi Canonico, Secretariis Regiis; Luca de Dzialin, Kovaliensi Capitaneo, (3) Nicolao Volski de Podhaicze, Capitaneo Kizepicensi; Nicolao Jazlorowiecki de Buincza, Palatinide Russiæ; Petro de Tomicze; Andrea & Petro de Czarnkow: Jacobo & Paulo Orzechoroski, Sbigneo, & Hieronymo de Ossolinski; Felice Dzialinski; Francisco Masloruski, Secretario Regiæ Majestatis; Martino Lesniowolski de Bobori; Christophoro & Joanne Kostka; Joanne & Andrea de Kleczkow, Joanne Grodziecki, Joanne Droiowski, Andrea Sulboda de Szamotuli, Joanne de Buincza, Stanislao Zaremba de Kalinowski.

Signé, ADAM KONARSKI DE KOBILNO, Episcopus Posnaniensis, de Clenodia Habdanck.

ALBERTUS A' LASKO, Siradiensis, de Clenodio Corab. manu propria.

JOANNES DE TOMICZE, de Clenodio Lodzia, Castellanus Gnesn.

ANDREAS, Comes A' GORKA, de Clenodio Lodzia, Castell. Miedziricensis Capit. Valc. & Gnesn. manu.

(1) Depuis Chancelier de France, sous le nom de *Chiverny*.
(2) *Henri* le fit Vicechancelier de Pologne.
(3) Il fut depuis Favori de *Sigismond III.* & Grand-Marechal du Roiaume. Il mourut en 1630. âgé de 80. ans.

ANNO 1573.

JOANNES HERBORTH Castell. Sanocens. Capit. Præmisliensis.

NICOLAUS CHRISTOPHORUS RADZIWIL.

JOANNES ZAMOISKI, de Clenodio Jelita, Belcensis, Zamecen. Capit.

NICOLAUS FIRLEY DE DAMBROWICZA, de Clenodio Liewarth. Palatinus Cracoviens. Capit. Casimiriens. manu sua.

JOANNES ZBOROWSKI, de Clenodio Jastrzembiec, Capit. Livoniæ, Capit. Oddalanoviens.

NICOLAUS DE TOMICZE, de Clenodio Lodzia, manu propria.

ALEXANDER PRONSKI, manu propria.

Scellé d'onze Sceaux en lacs d'or, d'argent, & de soie rouge, verte, bleuë, jaune, blanche, & violette.

CX.

Serment fait par CHARLES IX. *Roi de France d'observer les Articles accordez entre ses Ambassadeurs & les Etats de Pologne. A Paris dans l'Eglise Cathedrale de Notre-Dame, au mois de Decembre* 1573. [FREDER. LEONARD, Tom. II.]

CAROLUS, Dei gratia Francorum Rex, significamus hisce Litteris nostris, quorum interest, universis & singulis, quia missis Oratoribus Regni Poloniæ & Magni Ducatus Lithuaniæ, &c. Fratrem nostrum carissimum Andium Ducem, ad Regnum ipsorum gerendum & administrandum, ex decreto Electionis liberæ Statuum ac Ordinum, quo eum in Regem suum assumpserunt invitarent, in magna hominum frequentia, Parisiis in Templo Divæ Mariæ, die decima Septembris, anni præsentis, verbis conceptis ad sancta Dei Evangelia tale Juramentum Ordinibus ejusdem Regni, & Magni Ducatus Lithuaniæ, præstitimus, Ego Carolus, Dei gratia Francorum Rex juro, spondeo, & promitto Deo omnipotenti, ad hæc sancta Jesu-Christi Evangelia, quòd omnia Pacta Conventa & Conditiones seu Capitula cum Ordinibus Regni Poloniæ, & Magni Ducatus Lithuaniæ, &c. per Joannem Monlucium, Episcopum & Comitem Valentiæ; Ægidium de Noailles, Abbatem Insulæ; & Guidonem de Lansac, nostros & Serenissimi Fratris mei Henrici, Andium Ducis, &c. jam Electi Regis Poloniæ, & Magni Ducis Lithuaniæ, Oratores & Electuarios, circa Electionem & declarationem dicti Henrici Fratris mei in Regem Poloniæ, & Magnum Ducem Lithuaniæ, recensita, ac etiam in Oratione, quæ initio Conventus dictæ Electionis à dictis Oratoribus & Commissariis habita est, oblata sunt, quæcumque in Litteris confirmationis nostræ dictorum Pactorum conventorum & promissorum continentur, prout ea à nobis in iisdem Litteris dictarentur, pro mea parte adimplebo, observabo realiter, & cum effectu, exceptionibus & excusationibus quibusvis semotis, ita me Deus adjuvet. De quo Juramento à nobis præstito, ut omnibus & singulis quorum interest, constaret, Litteris hisce manu nostra subscripsimus, Sigillumque nostrum his appendi jussimus. Datum Lutetiæ Parisiorum, in Ecclesia Cathedrali divæ Mariæ, die Dominica * mensis Decembris, anno Domini 1573. & Regni nostri decimo tertio. CAROLUS. *Per Regem* BRULART.

CXI.

27. Oct.

Capitulaçion hecha entre el Marques de AYAMONTE Governador y Capitan General del Estado de Milan, como Plenipotenziario del Rey Catholico por una parte, y los Commissarios del Emperador por la otra, en virtud de laqual, y en execucion del Decreto Cesareo del dia 19. Septiembre de 1573, el Marques susodicho se ofreçe prompto a entregar en manos de los mismos todo el Marquesado del *Final*, con el Castillo *Govon*, en el mismo estado en que se hallo antes de la occupacion suçe-

Anno 1573.

suçedida en nombre de Su Magestad Catholica, y los dichos Commissarios, acceptando esta Declaracion, promiten por parte de Su Magestad Cesarea, el Perdon general, a los Sujetos rebeldes del Final, y que no se pondra Guarnicion en el Castillo mencionado. En Milan a 27. de Octubre de 1573. [*Pièce tirée d'une Information de Droit, publiée à Milan, par Ordre du Roi d'Espagne en 1633, sous le Titre de* Discussio Quæstionis Salariæ Finariensis.]

EN Milan à veinte siete de Octubre de mil y quincentos y setanta y tres, el Illustriss. Señor Don Antonio de Guzman, Marques d'Ayamonte, Governador del Estado de Milan, y Capitan General en Italia por el Rey Catholico D. Pheilppe de Austria por una parte, y los muy Illustres Señores Luca Romer de Maretsez, Comendador, y Capitan Provincial en el Contado de Tyrol, y Christoval Segismondo Romer de Maretsez, Comendador, en Mayelperg, y Capitan de Trieste, y Jacobo de Romenguen Comissario Deputado de la Magestad Cesarea sobre la restitucion, y entrega del Castillo, y Estado del Final por la otra, y en cumplimiento de los Capitulos acordados, y asentados entre las dichas Magestades per medios de los Señores Conde de Monteagudo, y Don Pedro Faxardo, y despues de averse tractado, y platicado entre ellos en esta materia lo que convenia, y aber el dicho Señor Marques entendido la buena volontad de los dichos Señores Comissarios Imperiales en este negocio, y lo que en gracia, y complacencia de Su Excelencia, y de su parecer, y consentimiento querian, y se ofrecian azer à beneficio de los vezinos del dicho Final, como abaxo se dirà en toda concordia, y conformedad, y en execucion de los dichos Capitolos contenidos en un Decreto de la dicha Cesarea Magestad fecho à 19. de Setiembre d'este anno, que quedaron en poder del Secretario infrascripto convinieron, y capitularon, que la dicha restitucion, y entrega se hiziese, y recibiese con las condiciones, y aditamentos siguientes.

Lo primero el dicho Señor Marques de Ayamonte dixo que en quanto à la entrega de Castillo de Goven, y Estado del Final estava pronto, y prometia de entregar el dicho Castillo con l'Artilleria, Municiones, y las de mas cosas, que se hallasse, y constasse averse tomado al tiempo de la ocupacion del, sin que faltasse cosa, conforme à los dichos Capitulos del Decreto Cesareo, y que in lo de mas del dicho Estado, y Burgo de Final era tambien pronto de restituir todo lo que del se huviere occupado por la Magestad Catolica, sin que en ninguna parte del quedasse Soldado, ni cosa que pudiese estorvar la verdadera, y real entrega à los dichos Señores Comissarios en nombre de la Magestad Cesarea à los qual se entregaria libre, y realmente, y se introduzirian en lo que si huvisse assi occupado con los Soldados, que estava tratado à toda su satisfacion, ecetuado la Vale de Estelanello, y Novello, que han de quedar, como estavan, y estan segun Su Magestad Cesarea en el dicho su Decreto ordena, y apunta, y con la protestacion, que los dichos Señores Comissarios en su nombre hizieron, y que las fuerzas de la Magestad Catholica estarian prontas, y aparexadas para el castigo de los dichos Subditos en caso, que desobedeciesen à los mandamientos Cesareos, y de los dichos Comissarios en nombre de la Magestad Cesarea, y para la pacifica possession del dicho Estado en adelante siempre, que fuesse necessario, y dixo assi mismo, que todo lo que se avia tratado, y resuelto por los dichos Señores Comissarios en este negocio avia sido a su instancia, y intercession, y con su parecer.

Y luego los dichos Señores Comissarios aviendo visto la respuesta, echa por el dicho Señor Marques al Memorial de los Capitulos, que por su parte se le dio, que es conforme à lo suso dicho, dixeron que la aceptavan, y aceptaron en nombre de la Magestad Cesarea por la orden, y comission, que para ello tenian, y promitieron en nombre de la dicha Magestad Cesarea de que por causa de las inobediencias, y rebeliones passadas, hechas por los del Final à la Magestad Cesarea no les daria ningun castigo, antes se lo remetian, y perdonan en virtud de la dicha Comission, y orden, que de la dicha Magestad Cesarea para ello tienen, y de no llevar, ni consentir hombre del Marques en su Compagnia, y de no ponerles Guarnicion, ni Presidio en el Borgo del Final si no fuere con la intercession de su Excelencia ni mas de los seiscientos Alemanes, que tienen para ello autoridad, y reputacion de la Magestad Cesarea, y dellos en su nombre, y para guardias de las puertas dando ellos fianzas de la Suma de quince mill Escudos, y seis personajes por Rehenes à su satisfacion, y entregandoles las armas, y entretanto, que non dan Mercaderes por fiadores, y respondientes de la dicha cantidad, ha de dar en su poder otros sey hombres à su satisfacion por seguridad, y este perdon, y gracia se entiende quedando permaneciendo ser buenos Subditos de la M. C., y obedientes à sus mandamientos, de los dichos Señores Comissarios en su nombre, y por contemplacion de la Magestad Catholica, y à instancia, y intercession del Señor Marques de Ayamonte teniendo por mas seguridad su palabra, y oferta, que en nombre de la Magestad Catholica se les ha hecho, que ha de asister con las fuerzas de la dicha Magestad Catholica en caso, que los dichos del Final desobedeciesen, y desacatasen de aqui adelante, y sus Rehenes, en que haziendola los dichos del Final de otra manera no sean los dichos Señores Comissarios obligados à ninguna observancia de lo que aqui prometen, y por fee, y testimonio de lo qual, y de todo lo arriba dicho, y contenido los dichos Señores Marques, y Comissarios en virtud de la Comission, que cadauno dellos tiene acerca desto lo firmaron de propria mano, y sellaron con los sellos de sus armas en dicho dia, mes, y anno. Signat. El Marques DE AYAMONTE, L. ROMER Land. CHRISTOFAR SIGISMONDO ROMER, JACOB VON ROMINGUE. *El Secretario* ANTONIO DE SOTELLO, *y sellado con los Sellos de lo suso dichos Señores.*

Loco del ✠ Sigillo.

JUAN DE NEYRA.

CXII.

Kaysers MAXIMILIANI II. Confirmation der zwischen Churfürst Johann Georg zu Brandenburg / und denen Hertzogen in Pommern anno 1571. aufgerichten Erb-Einigung. Geben zu Wien den 18. Martii 1574. 1574. 18. Mars.

C'est-à-dire,

Confirmation par l'Empereur MAXIMILIEN II., *de l'Union Hereditaire concluë l'an* 1571. *entre* JEAN GEORGE *Electeur de Brandebourg, & les* DUCS DE POMERANIE. *Donnée à Vienne le* 18. *Mars* 1574. [Voyez-la ci-devant sous le 30. Juillet 1571. pag. 209. col. 2.]

CXIII.

Artickel so zwischen Heinrich und Carl Gebrüdern / und Hertzogen zu Munsterberg und Oelß eines / dann der Landschafft des Oelßnischen Fürstenthums andern Theils / durch Kays. Commissarien beschlossen und zu besserer gemeiner Landes-Ordnung zwischen ihnen verglichen worden. Geschehen zu Oelssen den 29. Juny 1574. Mit Bestättigung MAXIMILIAN Römischen Kaysers. Geben zu Praag den 14. Juny 1575. [LUNIG, Teutsches Reichs-Archiv. Part. Spec. Continuat. I. Fortsetzung I. Absatz III. pag. 391.] 29. Juin.

C'est-à-dire,

Articles convenus & arrêtez par les Commissaires Imperiaux entre HENRI & CHARLES *Ducs de Munsterberg & d'Ols Freres d'une part; & les Etats de la Principauté d'*OLS *d'autre part; pour mieux établir les Constitutions du Païs. A Ols le 29. Juin* 1574. Avec *la Confirmation de* MAXIMILIEN *Empereur. A Prague le* 14. *Juin* 1575.

Wir

ANNO 1574.

WJr Maximilian von GOttes Gnaden / erwöhlter Römischer Käyser / zu allen Zeiten Mehrer des Reichs / in Germanien / zu Hungarn / Böheim / Dalmatien / Croatien und Sclavonien König / Ertz-Hertzog zu Oesterreich / Hertzog zu Burgund / Marggraff zu Mähren / Hertzog zu Lützenburg / in Schlesien / zu Brabande / zu Steuer / Cärnten / Crayn / Würtenberg / und Teck / Fürst zu Schwaben / Marggraff zu Laußnitz / gefürsteter Graf zu Heylsburg / zu Tirol / zu Pfird / zu Küeburg und Gertz / Landgraf in Elsaß / Marggraff des H. Röm. Reichs / ob der Enß / und zu Burgau / Herr auff der Windischen Marck / zu Portenau und zu Solnisch / rc.

Bekennen mit diesem Brieff vor iedermänniglich / nachdeme sich die hochgebohrnen unsere Oheime / Fürsten und liebe Getreuen / Heinrich und Carl Gebrüdere / Hertzogen zu Münsterberg und Oelßen in Schlesien / mit der Landschafft des Oelßnischen Fürstenthumbs und zugehörigen Weichbildern / auff Abhandlung unserer Commissarien / die wir zur Vergleichung ihres der Hertzoge Schuldwesens kurtz verschiener Zeit geordnet gehabt / etliche Artickel / zu desto besser gemeiner Landes-Ordnung mit einander verglichen / und uns nun sie die Hertzogen gebetten / daß wir darinnen gnädigst bewilligen / und dieselbigen aus Käyserlichen Gnaden confirmiren und bestättigen wolten; welche Artickel alß von Wort zu Wort lauten / wie folget:

Ein beständige / rechtmäßige und billiche Landes-Ordnunge und allerley Vorfälle / darein ein ieder Landsaß willkührlichen bewilligen solle / welche auff gemeinen Lande / nach Gelegenheit zu ändern / oder auffzuheben bevorstehen soll; wollen Ihr Fürstl. Gnaden Christlich / erbar und billich / und mit Ihr Fürstl. Gnaden Vorwissen und Consens auffgerichtet oder geendert wird / confirmiren und bestättigen.

Zum Andern / des Landes und anderer von der Ritterschafft alte / die sie in Originali vorbringen werden / Privilegia / so von Vorfahren Königen zu Böheim und Fürsten zu Oelßen / ausgegangen / wollen Ihr Fürstl. Gnaden confirmiren / desgleichen gute Gewohnheiten und der sonderbahren Personen alte Recht und Begnadigung.

Zum Dritten / soll zu einem Hauptmann / ein Belehnter im Lande / so tauglich / und sich umb ein gebührliches bestellen will laßen / vor einem Frembden von Ihr. Fürstl. Gnaden angenommen werden / oder auch von derselben ein Frembder mit Rath und Vorwissen der Eltisten / da kein Einheimischer vorhanden / und diß so lange Ihr. Fürstl. Gnaden ihr Wesen wiederum allhier haben würden / soll die Bestallung / auch eines Ausländischen bey Ihr. Fürstl. Gnaden frey stehen / doch daß der bestelte Hauptmann / in allweg einer von Adel und Ihr. Fürstl. Gn. vereydet sey.

Zum Vierdten / so sollen Ihr. Fürstl. Gnaden der von der Ritterschafft / mit Diensten zum Auffwarten verschonen / es sey denn daß Ihr. Fürstl. Gnaden erleuchte Personen / oder ansehnliche Landschafften zukommen / daß Ihr. Fürstl. Gn. eine Persohn fünffe / sechs erfordern / doch daß es der Ordnung nach / und nicht alle Bott auff einen beschicht / so sollen sich die Unterthanen nicht beschweren. Deßgleichen da Ihr. Fürstl. Gnaden nothwendige Reisen vorstiessen / und der Unterthanen Söhne / so tauglich mit erfordern / doch auff Ihr. Fürstl. Gnaden Unkosten / so sollen sie sich Unterthanen auch unbeschweret erzeigen. Da aber aus Geschäfften / oder ander gnugsamen Ursachen / sich einer entschuldiget / so soll es demselben bey Ihr. Fürstl. Gnaden zu keinen Ungnaden gelangen / doch daß dieses alles den schuldigen Ritter-Diensten ohne Schaden.

Zum Fünfften / in Bürgschafft vor Ihr. Fürstl. Gn. außerhalb der Erb-Hülffe und Abstattung der Fräulein sich einzulassen / oder Steuer zu thun / sollen die Unterthanen des Oelßnitzischen Fürstenthumbs und Zugehörigen Weichbilder / nun hinfürder nicht verpflichtet / noch schuldig seyn.

Zum Sechsten / so viel die Cantzley-Taxa, soll ausserhalb der Kauffe / in welchen drey Jahr / die halbe Taxa von Ihr Fürstl. Gnaden gewilliget / der dritte Theil in zukünfftigen Zeiten erlegt und gegeben werden.

Zum Siebenden / soll eines Vatern Auffatz / welchen er bey seiner Tochter einer am Leben / oder durch seinen letzten Willen machet / bey andern seinen Töchtern gleicherweise gehalten werden. Da aber der Vater ohne einigen Auffatz / oder letzten Willen verstürbe / haben die Freunde neben den Zwolfften Macht / doch mit Vorwissen Rath und Bewilligung Ihr. Fürstl. Gnaden / und da die nicht zur Stelle / soll es bey dem Aussatz des Hauptmanns und der andern Recht-Sitzer bleiben.

Was der Mutter in die Schoß stirbet / das soll sie nach auffgerichten Inventario, unverwendet desselben zu geniessen Macht haben / nach ihrem Tod zwey Theil an ihre Söhne / und das dritte Theil an ihre Töchter / als der ersten Ehe / doch daß den Tochtern / an liegenden Gründen / mit der Werth desselben gegeben werden soll / daneben auch die Gerade / und Fräulich-gebende / den Tochtern und Spiegelmagen gehören.

Zum Achten / da erkauffte / ererbte / getauschte / oder sonsten redlicher Weise genommene Güter / in ihrem Ordentlichen Orte / bey Gerichten auffgebotten / im Jahr und Tag / sich folgends niemand wieder die Auffbietung legte / soll auch niemand folgends darzu zu sprechen Macht haben. Ausgezogen die Unmündigen Ausländischen / welche zwey Jahr / nach ihren vollkommenen mündigen Jahren / oder ihrer Wiederkunfft / an die Ort da die Güter gelegen / ihr Recht befuget seyn sollen / zu regen und vorzubringen / oder / da sie solches in genannter Zeit nicht thäten / nachmahls ewig stille schweigen.

Zum Neundten / so viel die Vollziehung / Aufrichtung der letzten Willen / Testament und Gaben / auff den Todes-Fall betrifft / soll es damit gehalten werden / daß ein ieder bey seinem gesunden Leibe / ein Testament oder Gabe / die auff den Todes-Fall gerichtet / machen / und seinen letzten Willen vollziehen will / dasselbe auffs Pappier bringen / nachmaln vor unsern Hauptmann und Rechtsitzer versigelt niederlegen / mit Vermeldung / daß dieses / so er in demselbigen versiegelten Pappier geschrieben übergebe / sein Testament / Gabe und letzter Wille wäre / und daß man es verwahren wolte / bitten mag / welches auch angenommen / auf welche Zeit es übergeben / von dem Landschreiber registriret / und in eine darzu insonderheit verordnete und gleicherweise verwahrte Laden gelegt werden soll; Jedoch soll männiglichen / so dermassen Testament übergiebet / das er zu ändern gedächte / so offt es ihme gefällig / wiederum zu sich abzufordern / und seiner Gelegenheit nach / hinwieder vor dem Hauptmann und Gerichte zu legen / befugt seyn / und vollkommene Macht und Gewalt haben / daß sie biß nach Absterben deß / der sie vollzogen und übergiebet / zu der Publicirung versiegelt und wohlverwahret liegen bleiben sollen. Würde aber einer mit Leibes-Schwachheit übereilet / daß er seinen letzten Willen vor unserm Hauptmann und den Rechtsitzern / letztgemelter massen / nicht selber vorbringen konte; So soll der Hauptmann zweene aus den Rechtsitzern aus dem Oelßnischen Fürstenthumb / oder darzu gehörigen Weichbildern / mit dem Land-Schreiber zu dem Krancken / auff sein begehren / schicken / die mögen solch Testament / daß es der Krancke allbereit auffs Pappier bracht / von ihme / es sey besiegelt / oder offen / annehmen / welches nachmahls in dieselbige Lade / zu den andern Testamenten geleget werden soll.

Im Fall aber / er seinen letzten Willen auffs Papier nicht bracht hette / so sollen dieselben Abgesandten / was seine Meinung und letzter Wille sey / anhören / und der Land-Schreiber / denselben von Stund an in des Krancken Hauß / und in beyseyn der zweyen Recht-Sitzer / auffs Papier bringen / ihme dem Testatori von Wort zu Wort vorlesen / dem Hauptmann und Rechtsitzern vorbringen / die ihme alsdann in gemelte Lade / iedoch registrirt / und daß der Abgesandten Nahmen / mit der Stunde / Jahr und Tag / auff welche sie bey den Krancken gewesen / so darauff geschrieben sey / legen sollen.

Da aber gefährliche Sterbens-Läufften / an Pestilentz und anderen dergleichen anfälligen Seuchen / (vor welchen uns GOtt der Allmächtige behüten wolle) einfielen / daß ohne Gefahr in Krancken-Häußer / die Recht-Sitzer und Land-Schreiber nicht geschicket werden könten; So soll einem ieden Mitwohner Oelßnischen Fürstenthums / und deren darzu gehörigen Weichbilder / von Stadt und Land frey seyn / daß er zweyen Persohnen von seinen Nachbarn / oder andern zweyen unberichten Persohnen / denselben seinen letzten Willen / entweder schrifftlichen übergebe / oder sie dessen mündlichen berichte / und wie alsdann dieselben des Krancken letzten Willen / hernacher bey ihrem Cörperlichen Eyd erhalten können / das soll vor seinem letzten Willen gehalten werden / und nichts minder / als wäre es vor unsern Hauptmann und Landrecht-Sitzern / oben gemelter Weise vollzogen / seine vollkommene Krafft und Macht haben; Wann es auch zu Eröffnung der Testament / die allwege vor unsern Hauptmann und Rechtsitzern geschehen soll / kommen; So sollen die Original-Testament / wann sie in beyseyn der verstorbenen Erben und Freundschafft / die um die Publication und Eröffnung angehalten / offen verlesen und publiciret worden seyn; in die dazu verordnete Laden wieder gelegt / nicht weniger auch in ein sonderlich Buch registriret werden / und denjenigen die umb die Publicirung und Eröffnung angehalten / oder weme sonsten Abschrifft von nöthen / eine glaubwürdige Abschrifft unter dem Land- und Ambts-Siegel gegeben werden.

Wann nun die letzten Willen / Testament und Gaben / erzehlter Form und Maaß vollzogen und verfertiget werden; so sollen sie vollkommene Krafft / Macht und Bestand haben / und von männiglich unbesprochen und unumgestossen bleiben; Jedoch mit diesem ausdrücklichen bescheid / daß die letztgemelte Artickel der Testament und letzten Willen / auff der Ritterschafft und der Städt Unterthanen / und dann auch auff Einwohner und die Bürger zu Oelsen / die Land-Güter nicht haben / nicht gezogen werden / sondern es soll ihme ein ieder aus denselben / wie vor Alters / und sonst Landbräuchlichen / dieselben Handlunge allesambt / vor seiner ordentlichen Obrigkeit / Gerichte und unterworffenem Rechte vollziehen und vorkommen lassen.

Wie dann auch gleicherweise die Testament und letzten Will / keinen den Prälaten und Ritterschafft Unterthanen / anderswo / als vor seiner ordentlichen Obrigkeit / Gerichte und Recht auffzurichten und zu vollziehen / befuget seyn sollen.

Aber den Bürgern und Einwohner der Stadt Oelßen soll frey offen und bevor stehen / bey Land-Rechten / oder ihren alten Gebrauch / gemeinen Sachßen-Recht nach / vor einem Raht / Gericht / oder wie es sonsten in Städten herkommlich und gebräuchlich / ihre Testamenta und letzte Willen zu verordnen und auffzurichten.

Doch soll auch niemand von Adel an diese Ordnung / die Testament anrührende / dermassen gebunden seyn / daß da es ihme gefällig / er auff anderwege sein Testament und letzten Willen

nicht

ANNO 1574. nicht machen könte/ sondern es soll bey eines ieden freyen Willen stehen/ dieser Gestalt/ und auff eine andere/ ihm am besten gefällige Form und Weise sein Testament und letzten Willen auffzurichten und zu vollziehen.

Von den Testamenten und letzten Willen aber/ soll der Testator, bey seinem Leben das Testament vor dem Hauptmann und Rechtsitzer selbst bringen/ und einlegen/ wegen der Publicirung/ einen Hungarischen Gulden.

Da aber zu dem Krancken wegen Vollziehung seines Testaments/ in sein Hauß geschicket würde/ vor die Publicirung zwene Gülden Hungarisch/ ist es auff dem Lande/ wo aber in der Stadt/ einen halben Gulden Hungarisch gegeben werden/ und vor ein End-Urtheil einen Thaler/ und von einem Bey-Urtheil/ 12. Groschen/ und den Groschen pro 2. Kreutzer gerechnet/ erlegt werden/ wer eine Abschrifft dieser Dinge begehret/ soll 12. Groschen geben.

Zum Zehenden/ die eilff Persohnen zum Rechten/ sollen Ihr. Fürstl. Gnaden in Anfang selbst wöhlen/ da aber nachmahls Todes halben/ einer abgienge/ oder seine Zeit ausgestoßen wäre/ sollen von Ihr. Fürstl. Gnaden zwo taugliche Personen/ von den Zwölffen benennet werden/ und Ihr. Fürstl. Gnaden einen darvon in des Verstorbenen/ oder Abgetrettenen Statt/ wöhlen und setzen/ oder in Abwesen Ihr. Fürstl. Gnaden der Hauptmann/ solche Persohnen/ samt dem Hauptmann/ sollen zum Rechten/ sonderlichen vermöge der Notel in der Landes-Ordnung begriffen/ vereydet werden/ und der Ordnung nach/ alß/ daß erstlichen der Hauptmann/ nachgehends drey aus dem Oelßnischen/ drey aus dem Trebnitzischen/ und zwene aus dem Cunstädtischen/ und zweene von der Stadt Oelßen/ nach einander auff die vier Quartal sitzen/ und soll doch nichts wenigers das Land-Recht zu Ausführung der Zeugen/ item Auffbietung der Güter und andere Nothdurfft gehalten werden/ desgleichen das Mann-Recht Ihr. Fürstliche Gnaden vorbehalten seyn.

Zum Eylfften/ wann Ihr. Fürstl. Gnaden Ihre wesentliche Hofhaltung allhier haben werden/ wollen sie die Partheyen gütlich hören und vorbescheiden/ welches der Hauptmann zur Oelßen/ in Ihr. Fürstl. Gnaden Abwesen/ gleichergestalt zu thun wissen wird.

Wann aber die Sühne zwischen den Partheyen abgienge: Als sollen dieselben zu angezeigten Ober-Land-Rechten gewiesen werden. Als mag der Hauptmann/ sambt den Zwölffen/ da die Partheyen/ vor Beschluß der Sachen/ um Verschickung und Belehrung derselben nicht bitten würden/ es sey über viel oder wenig/ selbsten sprechen/ urtheilen und erkennen/ oder aber/ da ihnen bedencklichen/ die Partheyen zum Rechten veranlaßen.

Würde aber auf Ihr. Fürstl. Gnaden/ oder des Hauptmanns gegebenen billichen Abschied/ ein Vermögender sich gegen einen Armen/ vor das Ober-Land-Recht ziehen; So soll derselbe/ dem Unvermögenden/ so er darumb bitten wird/ damit die Sachen in schrifftlichen Bericht eingebracht/ und die Belehrung darauff erfolge/ ob die Sache gleich gering ist/ wann derjenige/ so den Verlag begehrt/ sein Armuth und Unvermögen/ inhalts der Notel/ in gleichen Sachen in dieses Landes-Ordnung verleibet/ durch seinen Cörperlichen Eyd betheuret hette/ zu erlegen schuldig seyn/ und sollen die Acten allweg gegen Prag in die Appellation überschicket/ und auff dieselbige Belehrung/ in Ihr. Fürstl. Gnaden Nahmen wegen gesprochen werden/ bey welchem Erkantnüs und Urtheil es alsdann verbleiben/ auch die Execution, durch Ihr. Fürstl. Gn. Hauptmann erfolgen/ darzu die zwölffe/ oder auff den Fall der Noth die gantze Landschafft würcklichen verhelffen sollen; Den Partheyen aber soll nicht mehr dann die Supplication an einen regierenden König zu Böhmen/ darwider zu gebrauchen zugelassen seyn.

Also/ daß er dieselbigen zu sechs Wochen und drey Tagen beym König zu Boheim/ so Ihr Majestät in Böhmen und incorporirten Landen seyn; Da aber dieselben ausserhalb dero/ in langer Sächsischer Frist/ welche auff zwölff Wochen sechs Tage soll verstanden werden/ anhängig machen/ und/ daß dieselbige angenommen/ eine glaubwürdige Kundschafft bringen/ darauff ihme dann zu Prosequirung derselben/ drey gantzer Jahr/ die nechstfolgende Zeit gegeben und zugelassen seyn soll. Doch soll nichts weniger die Execution, auff publicirtes Urtel also ergehen/ daß das gewinnhaffte Theil nothdürfftige Caution bestelte/ daferne auff die eingewannte und erfolgte Publication, was anders erkant/ es demselben nach/ mit gebührlicher Widerkühr/ sich verhalten solle.

Im Fall aber in sechs Wochen und drey Tagen/ oder nach erzehlter Gelegenheit/ in obbestimmter Zeit die Kundschafft/ daß die Publication angenommen/ nicht einbrachte/ oder aber in gezielter Frist/ der angezeigten drey Jahr prosequiret/ nur zu Ort verfahren; soll dieselbe verloschen seyn/ und es bey dem gesprochenem Urtheil und erlangter Execution endlichen verbleiben. Doch behalten Ihnen auch Ihr Fürstl. Gnaden zuvor/ in öffentlichen bekenntlichen Schulden und dergleichen Sachen/ die Billichkeit zu verfügen/ zu verabscheiden/ und gebührlichen mit Execution, zu Erhaltung und Beforderung der Justitien/ zu verfahren.

Zum Zwölfften/ soll auff eine Ordnung gemacht und geschlossen werden/ wie es hinführo/ wann Ihr. Fürstl. Gnaden nicht zur Stelle were/ mit den Ehren-Händeln soll gehalten werden.

ANNO 1574. Zum Dreyzehenden/ soll Ihr Fürstl. Gnaden in öffentlichen Sachen und Fällen die Straf vorbehalten seyn; wenn sich aber einer auff die Zwölffe berufft/ ausser der Schuld-Sachen/ darinnen es gehalten soll werden/ wie oben gemeldet/ soll er damit gehöret und zugelassen werden/ doch die peinlichen Sachen sollen Ihr. Fürstl. Gnaden in alle Wege bevor stehen/ zu straffen.

Zum Vierzehenden/ sollen die Ausfälle aus der Stadt mit Vorwissen Ihr. Fürstl. Gnaden/ oder in abwesen derselben/ des Hauptmanns geschehen.

Dessen zu Uhrkund/ mit der Herren Kayserl. Commissarien Siegeln besiegelt/ geschehen und gegeben zu Oelßen den 29. Junii des 1574. Jahres.

Als haben wir nun angesehen/ gedachten Hertzogen Heinrichs und Carl auffrichtig und treue langwierige Dienste/ die sie uns in Unterthänigkeit geleistet/ auch hinführo wohl leisten können und sollen/ und in Betrachtung/ daß die ietzt angezogene Landes-Ordnung/ zu Beförderung guter beständiger Policey dienet/ ihnen demnach dieselbige in Gnaden bestättiget/ und confirmiret; Ratificiren/ bestätigen und confirmiren auch die/ wie ietzt gedacht/ aus löblicher Königlicher Macht/ und als Obrister Hertzog in Schlesien/ hiemit in Krafft dieses Brieffs; Meinen/ setzen und wollen/ daß die oberzehlte beschehene Vergleichung/ allermassen also ins Werck gerichtet und vollzögen werde solle und möge. Gebieten demnach allen unsern Unterthanen/ wes hohen oder nieder Würden/ Standes oder Wesens die seynd/ sonderlichen aber unsern obern- und andern Hauptleuten in Schlesien/ daß sie darüber gebührlicher Weise halten/ darwider von sich selbst nichts thun/ noch solches andern zu thun verstatten/ das meinen wir ernstlichen. Zu Uhrkund dieses Briefs besiegelt mit Unserm Königlichen anhangenden Innsiegel; Gegeben auf unserm Königlichen Schloß Prag den 14. Junii im 1575sten/ unserer Reiche des Römischen im 13den/ des Hungarischen im 12ten/ und des Böhmischen im 27sten Jahren.

CXIV.

(1) Vertrag zwischen Churf. Augusto zu Sachßen/ und der Abtißin Elisabeth und Stifft Quedlinburg/ worinn dahin gehandelt wird/ daß zwar gedachte Abtissin mit des Churf. als daselbtigen Erb-Vogts guten willen gelassen werden und bleiben solle/ Jedoch daß künfftig keine Abtissin oder Coadjutorin ohne des besagten Churfürstens und dessen Nachkommen vorwissen/ oder die ihnen zuwider/ erwehlet/ ehender keine Kayserl. und ausser dieser keine andere Confirmation gesuchet/ im Stifft keine andere Religion als der Augspurgischen Confession geduldet/ die Erbhuldigung von der Abtissin und dem Churfürsten zugleich von den Unterthanen genohmen/ die Steuern von beyden zugleich den Unterthanen proponirt/ und darvon dem Churfürsten zwey theil/ der Abtissin das drittel gegeben/ keine hohe Lehen-anfälle ohne Vorwissen des Churfürsts von der Abtissin verschrieben/ die alten Verträge in ihren Kräfften erhalten/ auch keine Stiefft-Fräulein dem Churfürsten zu wider auffgenommen werden sollen; Wobey zugleich mehr besagte Abtissin den Churfürsten zu verbesserung der Erb-Vogtey etliche angefälle zu verleyhen/ deßgleichen den andern Hertzogen zu Sachsen und den Landgraffen zu Hessen die anwartung/ den Erbschutz/ Erb-Vogtey/ zu Mann-Lehen zu leihen verspricht. Quedlinburg den 17. Augustus 1574. 17. Août.

[Deduction, daß eine Abbatissin in Quedlinburg von zeit der fundation bis hieher ein immediater Reichs-Stand gewesen/ de Anno 1694. apud LUNIG in Grund-Veste Europaeischer Gerechtsamen Part. I. Cap. IV. Absatz II. pag. 804. Teutsches Reichs-Archiv. Part. Special. Continuat. II. Abtheil. V. vom Stifft Quedlinburg pag. 881.]

C'est-

(1) Cette Transaction se trouve deux fois dans la Collection de Mr. *Lunig*; la premiere fois à l'endroit cité sous le Titre de *Grund-Recess*, & la seconde fois, *in Part. Spec. Cont. II. Abtheil. IV. Absatz. II. vom Haus Sachsen pag.* 372. avec cette difference que l'une des Copies est munie de ses signatures, que l'autre ne les a point, & que dans celle-ci les deux tiers des Tributs, appellés *Steyern*, sont reservés à l'Electeur, la troisieme partie seulement étant laissée à l'Abbesse; & que dans l'autre il est dit, que l'Electeur en aura la seconde partie, & l'Abbesse la troisieme, sans y faire mention de la premiere. Ce qui vraisemblablement n'est qu'une faute du Copiste ou d'Imprimerie, ayant mis au lieu de *zweytheil*, *zweyttheil*. [DUM.]

ANNO 1574.

C'est-à-dire,

Transaction entre AUGUSTE *Electeur de Saxe, d'une part, & ELISABETH Abbesse de Quedlinbourg avec son Abbaïe d'autre part; portant que l'Electeur consent, comme Avocat de Quedlinbourg, que ladite Dame Abbesse garde l'Abbaïe & qu'elle en jouïsse; mais qu'à l'avenir nulle Abbesse, ou Coadjutrice, ne pourra être éluë contre le gré de l'Electeur, ni à son insu; qu'on ne recherchera dans les Elections d'autre Confirmation que celle de l'Empereur, & que même on ne pourra la demander, qu'après avoir obtenu le consentement de l'Electeur; Que la seule Religion de la Confession d'Augsbourg sera tolerée dans l'Abbaïe; Que l'Hommage hereditaire des Sujets sera reçu également par l'Abbesse & par l'Electeur; Qu'ils indiqueront ensemble les Tributs appellés* Steyrn; *Que les deux parts en appartiendront à l'Electeur, & la troisieme part seulement à l'Abbesse; Que nul grand Fief, comme de Prince, de Comte & autre semblable, venant à tomber en caducité, ne pourra être conferé par l'Abbesse sans le sû de l'Electeur & de ses Successeurs; Qu'elle ne pourra semblablement recevoir dans l'Abbaïe aucune Fille Chanoinesse contre leur gré &c. L'Abbesse y promet de plus d'étendre l'Expectative de la Protection & de l'Advocatie hereditaire aux autres Ducs de Saxe, & aux Landgraves de Hesse en Fief masculin. A Quedlinbourg le 17. d'Août 1574.*

NAchdem sich durch Schickung GOttes begeben/ daß weyl. Hochwürdige Fürstin und Frau/ Frau ANNA, gebohrne von Stolberg und gewesene Abbatißin allhier zu Quedlinburg ꝛc. milder Gedächtniß/ mit Tode abgangen/ und sich die Wohlgebohrne Gräfin Fräulein Elisabeth/ gebohrne von Reinstein/ als eine Successorin der verstorbenen Abtißin in diesem Stifft der Abtey anmassen wollen/ darob dann und sonsten zwischen dem Durchläuchtigsten und Hochgebohrnen Fürsten und Herrn/ AUGUSTO/ Hertzogen zu Sachsen/ des H. Röm. Reichs Ertz-Marschalcken und Chur-Fürsten/ Land-Grafen in Düringen/ Marggrafen zu Meißen/ und Burggrafen zu Magdeburg/ ꝛc. an einem/ und wohlermelter Gräfin von Reinstein/ und dem Capittel zu Quedlinburg am andern/ Irrungen und Mißverstand vorgefallen/ zu Hinlegung welcher von beyden Theilen Zusammenkunfft angestellet/ und höchstgedachter Chur-Fürst zu Sachsen uns hierunten benamte S. Chur-Fürstl. Gn. Räthe anhero zur Stelle verordnet und abgefertiget/ so mit wohlgemelter Gräfin und dem Capittel darüber Handlung gepflogen. Als seynd gemeldte Mißverstände durch Verleihung des Allmächtigen dahin endlichen verglichen und vertragen worden/ wie folget:

1. Und Erstlich/ nachdem ietzo wohlermeldtes Fräulein von Reinstein ohne hochgedachtes Churfürsten Vorwissen und Bewilligung zur Coadjutorin hiezuvor erwehlet/ und sich von Kayserl. Majestät und dem Cardinal Commendano als Päbstlichen Legato confirmiren lassen/ und darauff sich der Abtey allhier wie obstehet/ angemaßet/ welches S. Churfürstl. Gn. von wegen derselben und S. Churfürstl. Gn. Vorfahren der Chur- und Fürsten zu Sachsen am Stiffe habenden Recht und Gerechtigkeit gefochten/ und derhalben auf eine andere neue und freye Wahl/ welche mit seiner Churfürstl. Gn. Willen und Vorwissen geschehe/ gedrungen: So ist auf demüthige Ihre Gn. und dero Freundschafft Bitte dieser Articul dahin verhandelt/ daß die erwehlte Aebtißin mit sein Churfürstl. Gn. als des Erb-Voigts Nachlaßung und guten Willen bleiben solle.

2. Zum andern/ haben hiergegen die Ebtißin und Capittel gewilligt und zugesagt/ daß hinfürder keine Abtißin oder Coadjutorin gewehlet werden solle/ denn mit S. Churfürstl. Gn. und derselben Nachkommen Vorwissen/ auch darzu keine andere/ denn der Kayserl. Majestät Confirmation gebraucht und gezogen werden/ und soll der Probstin und Capittel gemeldt sonsten Ihr Jus der freyen Wahl vermöge der Fundation bleiben; Jedoch daß sie seiner Churfürstl. Gn. und derselben Nachkommen niemand zu wieder wehlen/ und daß bey der Kayserl. Majestät von seiner Churfürstl. Gn. und derselben Nachkommen/ und der zukünfftigen Abtißin und Capittel sämtlich/ wenn die Wahl/ wie obstehet/ mit seiner Churfürstl. Gn. Vorwissen also geschehen/ und nicht ehe oder sonsten die Confirmation gesuchet/ die erwehlte Abtißin auch mitler weile in possessione der Kayserl. freyen Abtey gelassen/ und von seiner Churfürstl. Gnaden und derselben Nachkommen dabey geschützet/ auch von den Unterthanen dieselbe so viel besser in officio zu erhalten/ die Erbhuldigung/ altem Gebrauch nach durch Ihr. Churfürstl. und Fürstl. Gn. beyderseits genommen werden/ und da dem etwas zu entgegen angestellet/ daß solches nichtig und unkräfftig seyn solle.

3. Zum dritten/ ist auch verhandelt/ daß keine andere Religion beydes im Stifft und Unterthanen geführet und gebrauchet werden solle/ dann die Augspurgische Confession, und so sichs hierüber zutragen würde/ daß etwas der Augspurgischen Confession zuwider solte vorgenommen/ oder eingeführet werden wollen/ daß alsdenn seiner Churfürstl. Gn. und die Abtißin samt miteinander solches abezuschaffen/ sämtlich Visitation anzustellen/ General Kirchen-Ordnung sämtlichen zu machen/ und anders dergleichen zu bestellen haben sollen.

Sonsten aber soll die Abtißin an ihrem Geistlichen Regiment auch bestellen der Kirchendiener Ministerium und was dem anhängig ungehindert bleiben/ jedoch daß sie auch selbst bey der Augspurgischen Confession bleibe/ und kein Pabsthum im Stiffte anrichte/ sondern in deme allenthalben sich seiner Churfürstl. Gn. Kirchen-Ordnung gemäß verhalte.

4. Zum vierdten/ die Steur betreffend/ ist es auch also begehrt/ und verhandelt worden/ daß alle Steur und Anlagen/ so aus bewegenden genugsamen Ursachen den Unterthanen aufzulegen/ durch seiner Churfürstl. Gn. und die Abtißin zugleich den Unterthanen proponiret/ gehandelt und angeleget werden. Alleine die Reichs- und Creyß-Contribution und Anlagen mag die Abtißin vor sich/ wie vor alters/ so hoch sich die erstreckt/ von den Unterthanen einbringen und selbest erlegen/ was aber sonsten von Steuern (wie oben gesetzet) gefallen oder verhanden/ daß seiner Churfürstl. Gn. der Zweytheil/ und der Abtißin der drittetheil folge/ und daneben alle des Stiffts Tisch-güter/ inmassen sie hiebevorn gehabt/ und ietzo besitzen/ frey seyn/ und bleiben soll/ und soll diese der Steuer halben getroffene Vergleichung der Abtißin und ihren Nachkommen an ihrem Reichs-Stande ohnabbruchig und ohnnachtheilig seyn.

5. Zum fünfften/ so sollen von der Abtißin aller Fürsten/ Grafen/ und dergleichen hohen Lehn angefälle/ ander Gestalt nicht/ dann mit seiner Churf. Gn. und derselben Nachkommen Vorwissen verliehen/ begnadet/ oder verschrieben werden. Was aber andere Lehen seyn/ sollen der Abtißin die zu verschreiben frey stehen und bleiben.

Dieweil aber weil. Abtißin ANNA, gebohrne Gräfin zu Stolberg/ etliche Angefälle soll zugewendet und verschrieben haben/ so soll es derselben Stolbergischen und dergleichen Begnadungen halber also gehalten werden/ daß darüber die Abtißin keine Bewilligung/ Vertröstung/ Verschreibung/ viel weniger eine Renovation von sich dem Grafen zu Stolberg/ oder andern geben/ sondern mit solchen Sachen erstlich mit seiner Churfürstl. Gnad. Zuthun/ und der Kayserlichen Majestät Vorwissen und Bewilligung handelen/ und zu solchem Ende die Homagial balde nach der Erbhuldigung in gute Ordnung gebracht und rein geschrieben/ und durch einen von seiner Churfürstl. Gn. und einen der Ebtißin darzu deputirten Notarien gegen die alte Exemplar/ so viel und gut dieselben vorhanden/ collationiret/ unterschrieben/ und seiner Churfürstl. Gn. bona fide & candide ohne einigen Hinterhalt heraus gegeben werden sollen.

Weil sich auch die Abtißin hierneben sonderlich erbothen/ daß dieselbige zu Verbesserung und Stärckung der Erbvoigtey seiner Churfürstl. Gn. etliche ansehnliche Angefälle verleihen/ deßgleichen den andern Hertzogen zu Sachsen/ auch den Landgrafen zu Hessen/ die Anwartung an dem Erbschutz/ Erbvoigtey und daran habenden Gerechtigkeit und Lehnschafft zu Mannlehn/ Inhalts der Chur- und Fürsten zu Sachsen und Hessen Erbverträge kräfftiglich verschreiben und beleihen wollen/ welches seiner Churfürstl. Gn. also zu Dancke uf- und angenommen. Als hat auch die Ebtißin neben dem Capittel vor sich und ihre Nachkommen nochmals zugesaget/ und bewilligt/ solchen wircklich also nachzusetzen.

6. Zum sechsten/ ist abgeredet/ daß höchstgedachter Churfürst zu Sachsen den jährlichen Rechnungen/ die der Abtißin von der Person/ die dazu bestellet/ in beyseyn des Capittels geleistet werden soll/ zuordnen möge. Es soll aber solche Verordnung der Abtißin an ihrem Regiement ohne Schaden/ Eintrag oder Verhinderung und allein dahin gemeinet seyn und bleiben/ daß es dem Stifte zu Gutem/ und Abnehmen zu vermeiden vorgenommen worden sey und werden solle.

7. Zum siebenden/ so sollen auch alle alte Verträge bey Würden und Kräfften bleiben/ darinnen keine Enderung vorgenommen/ seiner Churfürstl. Gnaden die Gerichte in der Stadt Quedelburg und uf allen Feldern zustehen/ wie weyland Hertzog Heinriches seiner Churfürstl. Gn. Herrn Vaters löbl. Gedächtniß Vertrag mitbringt und inhält/ auch bißher im Gebrauch gehalten worden. Sonsten sollen die Erbgerichte wie hergebracht/ die Belehnung ausweiset/ und derselbe Hertzog Heinrichs Vertrag mitbringt/ in beyden Städten/ im Westendorffe/ Neuenwege und zu Ditfurt der Ebtißin ungehindert bleiben.

8. Zum achten/ weil von Rechtswegen auch uf dergleichen Stifften üblich/ und zu Quedlinburg hergebracht/ daß die Abtißin die Stiffts Fräulein uf und annimbt/ so soll Ihr dasselbige altem Herkommen nach auch frey stehen/ jedoch seiner Churfürstl. Gn. und derselben Nachkommen zuwider niemandes ufgenommen/ auch dahin gesehen werden/ daß die Anzahl der Fräulein des

Stiffts

ANNO 1574.

Stiffts einkommen gemäß angestellet / damit am gebührlichen Unterhalt kein Mangel erfolge.

9. Zum neundten / daß es mit der Verordnung des Churfürstl. Hauptmanns zu Quedlinburg und allein andern bleibe / wie es zuvor gehalten und alt Herkommen ist.

Und soll letzlich über dieses vorgeschriebene alles die Käyserl. Confirmation von beyden theilen gesuchet und ausgebracht werden.

Also sollen und wollen beyde Chur- und Fürstl. Partheyen dieser obgesetzten Puncten halber gäntzlich entscheiden seyn und bleiben / auch zu vester Haltung dieser Capitulation zwey unterschiedliche Original uffs Pargemen ingrossiren / und mit beyden Ihr Chur- und Fürstl. Gn. und des Capittels angehangenden Insiegel bekräfftigen und jedem Theil eine zustellen lassen.

Dessen allen zu Uhrkund / seynd dieser Verträge zwene gleiches Lauts aufgerichtet / und durch Hochgedachtes Churfürsten zu Sachsen hierzu verordnete Räthe / Erich Volckmar von Berlebsch zu Uhrleben und Roßla / Ober Hauptmann in Düringen / Heinreich von Bila uf Hoigeroda und Stapelburg / Doctor / Hausen von Wulffen uf Radegast / Hauptmann zu Quedlinburg und Veit Weinsheimb Doctor / neben hochgedachter Fürstin und Capittel allhier zu Quedlinburg / auch der Wohlgebohrnen Herren / Herrn Ernsten / Herrn Bothen / Herrn Caspar Ulrichen / Grafen zu Reinstein und Herrn zu Blanckenburgk / als Ihr Gn. Gebrüdere und in dieser Sachen gewesenen Beystandes gewöhnl. Gräflichen Insiegeln / Secreten und angebohrnen Petschafften versiegelt / und mit eigen Händen unterschrieben. Geschehen zu Quedlinburg den 17. Augusti nach Christi unsers Erlösers und Seeligmachers Geburth im tausend fünffhundert und vier und siebentzigsten Jahre.

CXV.

14. Dec.

FRANCE ET SAVOIE.

Traité entre HENRI III. *Roi de France & de Pologne, &* EMANUEL-PHILBERT, *Duc de Savoie, pour la restitution des Villes & Places fortes de* Pignerol, Savillan, *& autres audit Duc de Savoie. A Turin, le* 14. *Decembre* 1574. [FRED. LEONARD, Tom. II. pag. 611.]

CEJOURDUI quatorzieme jour de Decembre mille cinq-cens soixante-quatorze, Monsieur le Grand Prieur de France, Frere Henri d'Angoulême, Conseiller du Roi en son Conseil Privé, & Capitaine de cinquante Lances de son Ordonnance; & le Sieur Charles de Birague, Chevalier de l'Ordre dudit Seigneur, aussi Conseiller en son Conseil Privé, Capitaine de cinquante Lances de ses Ordonnances, Gouverneur, & son Lieutenant General delà les Monts; & de Sauve, Conseiller, & Secretaire d'Etat & des Finances de Sa Majesté; en vertu du Pouvoir à eux donné, & aux deux d'entre eux en l'absence & empêchement de l'autre, pour la restitution que Sa Majesté a commandé être faite à Monsieur le Duc de Savoie, des Villes & Places de Pignerol, l'Abbaie de la Perouse, Savillan, Genoilles, avec leurs finages, apartenances & dépendances, & suivant le contenu de leur Instruction, ont convenu, & acordé avec Mondit Sieur de Savoie, les Articles qui s'ensuivent.

Premierement, que l'on rendra lesdites Villes & Places de Pignerol, l'Abbaie de la Perouse, Savillan, Genoilles, avec leurs finages, apartenances & dépendances audit Sieur Duc, sans prejudice des Droits pretendus par Sadite Majesté, contre lui, selon ce qui en pourra être ci-aprés adjugé & ordonné, soit par les Deputez qui seront choisis d'une part & d'autre, par Arbitres, ou autrement, suivant le Traité de Câteau-Cambresis; l'Artillerie, Munitions, ou autres choses apartenantes à Sa Majesté, prealablement retirées desdits Lieux; & sera la Forteresse du Château dudit Pignerol délaissée audit Sieur Duc en l'état qu'elle est de present, tout ainsi que lui sont délaissez les Forteresses des Villes de Pignerol, Château de la Perouse, & celle de Savillan, suivant ce qui lui a été acordé par Sadite Majesté, & particulierement pour le regard de celle du Château de Pignerol, en vertu des Lettres Patentes qu'elle en a à ces fins fait expedier ausdits Sieurs Commissaires, datées en Avignon le vint cinquieme Novembre dernier passé, desquelles sera baillé Copie audit Sieur Duc.

Moiennant laquelle entiere restitution, ledit Sieur Duc a promis & acordé, que les Habitans des Villes & Païs du Marquisat de Saluces, tant Montagnes, Vallées, que Plat-païs, sans rien excepter, pourront librement conduire, & faire porter de lieu à autre de la même Jurisdiction de Sadite Majesté, tant en allant qu'en retournant, Vivres & Marchandises de quelque espece & qualité que ce soit, repassant sur les Terres de l'obeïssance dudit Sieur Duc, le tout ainsi qu'il a été dit, arrêté, & acordé par les Traitez du Valentin, & Fossan, même pour le regard des marches de Pignerol, Savillan, & Carmagnolle, & sans paier aucune chose des nouveaux Peages, Gabelles, & autres Impositions, que ledit Sieur Duc, ses Gentilshommes, Vassaux, & Communautez, pourroient avoir mis sus, ou augmenté audit Païs depuis sa restitution en icelui; & que pourroit encore ledit Sieur Duc, ses Gentilshommes, Vassaux, & Communautez, de nouveau mettre sus, ou augmenter ci-aprés, ains seulement, & pour toutes choses paieront les Peages, Gabelles, & autres Subsides anciens & acoûtumez, tels qu'ils se paioient au tems du Traité de la Paix, & de la restitution faite en vertu dudit Traité; entendant toutefois qu'il se raporte par les allans & venans, Attestation des Sindics, ou Officiers des Lieux, d'où lesdits Vivres & Marchandises auront été levées, conduites & reconduites, pour éviter les abus, qui pourroient être commis.

Pour la verification desquels Droits de Peages, Gabelles, & autres Subsides anciens & acoûtumez, qui se paioient au tems du Traité de la Paix, & du tems de la premiere restitution faite en vertu d'icelui, dautant que pour le present ne s'en peut recouvrer la Note ou Tarif; seront commis deux ou trois Personnages par ledit Sieur Duc, & le Sieur de Birague, pour visiter lesdites Notes, ou Tarif, & icelles reduire & reformer ainsi qu'elles étoient d'ancienneté au tems dudit Traité.

Que lesdits Sujets dudit Marquisat de Saluces, ne paieront pour quelque sorte & qualité de Marchandise que ce soit, ni semblablement pour Vivres & Bestial, tant à pied fourché que autres, passans à Suze, la Perouse, Nice, Barcelonnette, & autres passages & Lieux dudit Sieur Duc, & venans des Terres de l'obeïssance de Sadite Majesté de delà les Monts, audit Marquisat de Saluces, aucun Droit de Dace, & Peage de Suze, Traite foraine, ou autre Imposition faite ou à faire; ains en demeureront du tout libres & exempts, tout ainsi qu'ils étoient, & sont de present ceux desdites Villes de Pignerol, Savillan, & Carmagnolle, nonobstant que aucuns dudit Saluces aient puis naguere passé quelque Acord avec le Peager nommé Castagne, ou autre; lequel sera tenu leur rendre ledit Acord annullé & cancellé, le tout en consideration de ladite entiere restitution, qui se fait presentement desdites Villes de Pignerol, Savillan, la Perouse, & autres, lesquelles Villes ne paioient aucune chose, bien que au tems de la restitution, lesdits du Marquisat paiassent un Teston pour chacune charge de Marchandise; & que depuis ledit Sieur Duc, nonobstant les Conventions, eût augmenté ledit Droit de Peage de trois Ecus pour charge. Et ne seront semblablement lesdits Sujets dudit Marquisat tenus paier aucune chose desdites Daces & Peages de Suze, pour les Marchandises, Vivres, & Denrées, tant Ultramontaines que autres, qu'ils enleveront des Villes de Turin, Pignerol, Ast, Nice, & autres Lieux, tant du Païs dudit Sieur Duc, que d'autres Princes, soit en tems de Foire, ou autrement, & hors d'icelle, ni pareillement pour celles qu'ils y porteront, & en aporteront, le tout sans fraude & abus.

Que lesdits du Marquisat, & autres Habitans en icelui, ne paieront allant en France, & s'en retournant, portant argent pour emploier en Marchandise, ou pour leurs affaires & necessitez, aucun Droit de denier pour cent, ou autre imposition, que pourroit faire ledit Sieur Duc, ses Sujets, ou autres, pourvû toutefois qu'ils raportent Certifications des Sindics, ou Officiers des Lieux, d'où ils seront partis, & où ils iront, avec les Deniers qu'ils porteront & auront enlevez d'iceux: & ceux dessus nommez qui se trouveront en avoir abusé, & prêté leurs noms à autres étrangers, seront privez de la joüissance du contenu en ce present Article, duquel joüiront pareillement les Gentilshommes François, Ministres, ou autres Sujets ou Serviteurs du Roi, non faisans Trafic de Marchandise, allans & venans de France en Italie, sans qu'ils soient fouillez, recherchez, ni aucunement arrêtez, comme aussi les Deniers qui seront pour le service de Sadite Majesté, pourvû que ce soit sans fraude & abus.

Qu'il sera permis aux Soldats, Sujets, & Habitans de tout le Marquisat dudit Saluces, qui auront des Biens

ANNO 1574.

Biens sur les Terres de l'obeïssance de Son Altesse, de transporter sans abus leurs fruits és Lieux de leur habitation audit Marquisat, sans en paier aucune chose, sinon les Peages & Gabelles, qui se souloient paier au tems du Traité de Paix, & ainsi qu'il est porté par les Articles du Valentin & Fossan & comme en ont usé & usent encore aujourdui, Pignerol, Savillan, & Carmagnolle.

Que ledit Sieur Duc faisant défenses à ses Sujets, & autres, de ne transporter hors des Païs de son obeïssance, Froment, Seigles, Avoines, Ris, Legumes, Châtaignes, Vins, Chairs, & autres sortes de Vivres, lesdits du Marquisat ne seront compris esdites défenses, mais sera permis à fesdits Sujets & autres, de les vendre, & porter vendre audit Marquisat; & à ceux dudit Marquisat de les acheter, aller acheter, prendre & enlever dans l'obeïssance dudit Sieur Duc, és Lieux à eux plus commodes, sans abus, ne paiant autre chose que les susdits anciens Peages & Gabelles.

Que tous les Lieux & Marchez du Marquisat, & specialement ceux dudit Saluces & Carmagnolle, demeureront en telle liberté & franchise qu'ils ont été ci-devant; desorte que les Sujets dudit Sieur Duc, ni autres étrangers, ne pourront être empêchez d'y venir, & s'en retourner avec leurs Marchandises & Vivres, sans paier autre chose que les anciens Peages & Gabelles, qui se souloient paier lors du Traité de la Paix, nonobstant toutes prohibitions & défenses, que peut avoir fait ou pourroit faire encore ci-aprés ledit Sieur Duc, de ne transporter hors du Païs de son obeïssance, Vivres & Marchandises; nonobstant aussi quelconques Privileges & Permissions acordez à ses Vassaux & Communautez, de pouvoir croître, augmenter, ou imposer de nouveaux Peages, Daces, ou Gabelles; & que generalement en toutes deffenses & prohibitions qu'il fera à fesdits Sujets, de ne transporter hors de son obeïssance, commercer & trafiquer avec étrangers, & non à lui Sujets, ou bien aller à autre service que le sien, ne seront compris ceux de Sa Majesté; pour aller auquel service toutes les fois qu'il sera necessaire, ou que aucuns des Vassaux ou Sujets dudit Sieur Duc le voudront faire, seront tenus en avoir licence de lui, laquelle il leur acordera sans refus, selon le besoin des Habitans dudit Marquisat, & autres Terres & Païs de l'obeïssance de Sadite Majesté delà les Monts: Entendant toutefois que nonobstant telles ou autres défenses, un chacun pourra porter ce que bon lui semblera audit Païs du Roi; & aussi transporter hors d'icelui par les Terres de Son Altesse, en quelque part que ce soit, toutes sortes de Vivres, & Marchandises, en détail & par le menu, mises en œuvre, mais non pas en gros, comme par Charrettes, Charges, ou Balles entieres, desquelles Son Altesse seulement au sortir de son Païs pour aller ailleurs que és Terres du Roi, pourra lever sa Traite Foraine, & autre Peage, ainsi que lesdites Terres ont ci-devant, & depuis le Traité de Fossan & Valentin, acoûtumé de paier jusques au jourdui.

Que ledit Sieur Duc sera tenu de bailler le Sel ausdits du Marquisat, pour le prix ci-devant convenu & acordé avec lui, qui est de quatorze Ecus & demi sol, pour Charrette de vint-quatre Barils & de Sel rouge, bon, & suffisant, & autant qu'il leur en sera de besoin: & se paieront les Bonniers pour la conduite dudit Sel, à la paie ancienne & acoûtumée de Casalgras, qui est de six Carterons de Sel pour Charrette de quinze Minots: & sera tenu ledit Sieur Duc de le faire bailler & délivrer comme avoit été acordé par le passé à ceux dudit Marquisat és Lieux de Coni, & du Bourg S. Dalmaz.

Et pource que aprés la premiere restitution faite audit Sieur Duc, se sont mûs plusieurs diférends pour raison de la liberté & franchise du Marché de Carmagnolle, du tems du feu Sieur Maréchal de Bourdillon; pour lesquels apaiser & assoupir, ledit Sieur Duc auroit acordé & expedié plusieurs Lettres de franchise & liberté ausdits de Carmagnolle, ledit Sieur Duc confirmera tout de nouveau toutes & chacunes lesdites libertez & franchises ci-devant acordées, sans qu'il lui soit loisible de les revoquer & alterer.

Que le cours des eaux qui descendent du Cental, Savillan, & autres Lieux, passans par Raconis, & ailleurs, venant de là à Carmagnolle, pour servir aux Moulins dudit Lieu apartenans à S. M. ne sera aucunement empêché par ledit Sieur Duc, & ne permettra qu'il soit empêché par le Sieur & Communauté dudit Raconis, ni autres ses Vassaux & Sujets; ains seront conduites selon qu'il fut ordonné par le Jugement de Monsieur le Prince de Melphe: & ordonnera ledit Sieur Duc, que tous les Bouquets & roptures portez par ledit Jugement, & autres qui depuis pourroient avoir été faits seront serrez, & les fera serrer actuellement; aussi toutes autres nouvelletez, faites depuis ledit Jugement, seront remises en leur premier état, de sorte que sans aucun empêchement, lesdites eaux puissent courir librement audit Carmagnolle. Et dautant qu'en ce fait il s'agit de l'interest du tiers, est acordé, que prealablement les Parties interessées éliront Arbitres dans trois mois prochains, & conviendront d'un Superarbitre, lesquels dans autres trois mois aprés, vuideront ce diférend, ainsi qu'ils connoitront être de raison: & où ne se pourroit convenir d'un Superarbitre, en sera choisi de chacune des Parties un; & au cas que ces deux ne se pussent acorder entre eux, ni d'élire un Superarbitre, ledit Sieur Duc & ledit Sieur Charles de Birague en conviendront.

Et advenant qu'il plût à Sadite Majesté, pour acommoder ledit Lieu de Carmagnolle, de faire tirer des eaux des Terres de son obeïssance, pour les faire conduire audit Carmagnolle, ou ailleurs, pour la commodité de ses Sujets, sera tenu ledit Sieur Duc de lui bailler passage par les Terres de son obeïssance, & Lieux les plus commodes & à ce convenables, en paiant aux proprietaires ce qui sera de raison, par estimation de Gens à ce experts, & deputez d'une part & d'autre de commun consentement: & ne permettra ledit Sieur Duc, que aucuns de ses Sujets, tant & si avant que lesdites eaux auront leurs cours sur les Terres de son obeïssance, puissent faire bouquets, détourner, ni prendre aucune chose desdites eaux, pour empêcher qu'elles ne courent librement, entierement, & droitement audit Lieu de Carmagnolle, & ailleurs où elles seront destinées: & si aucun se trouve tant temeraire & presomptueux, que d'atenter de les vouloir divertir en quelque sorte que ce soit de leur canal, ledit Sieur Duc le fera punir exemplairement, & incontinent fera le tout reparer; entendant toutefois, que les byalleres, tant de Son Altesse, que autres, étans de present en être, & aians bons & valables Titres & Concessions, n'en puissent recevoir dommage.

Lesquelles choses dessus dites pour la liberté de ceux dudit Marquisat de Saluces, sont aussi acordées pour les Terres du Sieur de Cental de deçà les Monts, les Habitans desquelles en jouïront, tout ainsi, & en la même forme que lesdits du Marquisat, sans difference ni exception quelconque, comme il est ci-dessus specifié & declaré.

Et afin d'établir & bien éclaircir les fins & limites des Terres de Sadite Majesté deçà lesdits Monts, & de celles dudit Sieur Duc de Savoie, pour obvier aux diférends qui en pourroient ci-aprés advenir, & de conserver & garder leurs Droits respectivement, seront députez tant par ledit Sieur Duc, que par ledit Sieur Charles, Personnages pour cet effet.

Davantage, il est convenu, que les Communes & Agens des susdites Villes, de Pignerol, Savillan, & autres, en quelque tems, & sous quelque pretexte que ce soit, ne seront travaillez, molestez, ni enquis pour raison des Deniers desdites Communes, imposez, levez, empruntez, & distribuez à quelque usage que ce soit, comme chose advenuë du tems qu'ils ont obéi audit Seigneur Roi, & à ses Officiers, l'intention duquel est, que eux, ni ceux qui ont prêté lesdits Deniers, à quelque prix & interest que ce soit, en commun & en particulier, directement ou indirectement, ne puissent être recherchez; pareillement les Notaires qui ont reçû & passé les Contrats; ains en demeureront & seront quites & déchargez à jamais, & ne pourront lesdits Contrats être aucunement impugnez.

Que les Habitans desdites Villes de Pignerol Savillan, & autres, que Sa Majesté lui remet, à la priere dudit Sieur Duc, seront traitez en toutes choses gracieusement, & à l'égal des plus chers & plus aimez Sujets, que ledit Sieur Duc ait.

Et pource que ces années dernieres passées, y a eû diférend entre les Seigneurs & Habitans de Ozac, & ceux de la Communauté dudit Pignerol, pour raison des eaux du Fleuve Chison, lesquelles ceux dudit Ozac se feroient forcez durant qu'elles sont basses, tirer à leurs Moulins, & en priver ceux dudit Pignerol; & pour ce faire se feroient ingerez de planter au milieu dudit Chison la Sauvegarde & Armoiries dudit Sieur Duc, lesquelles ils ont voulu pretendre avoir été en mépris abatuës par aucuns dudit Pignerol, &

ANNO 1574.

ANNO 1574.

& jettées en l'eau; pour raison de quoi les Sindics, & plusieurs Particuliers dudit Lieu, auroient été adjournez pardevant le Capitaine general de Justice dudit Sieur Duc, nommé Barbery, pour ester à Droit, & répondre aux charges & informations, qui en auroient été faites; ledit Sieur Duc a imposé & impose silence perpetuel audit Barbery, & à tous autres, pour le regard de l'infraction de ladite Sauvegarde, & a annullé toutes procedures, qui à cette occasion pourroient avoir été faites par ledit Barbery, ses Commis, ou autres, sans que pour raison de ce que dessus, ni pour autres semblables effets, qui pourroient être survenus pendant que le Roi a tenu ledit Lieu de Pignerol, les Habitans dudit Lieu, soit en general ou en particulier, soient aucunement molestez ni travaillez; & leur en baillera ledit Sieur Duc Lettres de declaration; remettant au demeurant les Parties en terme de Justice.

Et dautant que lors des precedentes restitutions, il fut convenu & acordé plusieurs Articles, tant au Valentin que à Fossan, pour la commodité des communs Sujets, tant d'une part que d'autre; est convenu & accordé, que lesdits Articles & Conventions demeureront en leur force & vertu, & seront gardez & observez en tout ce dont à present n'est fait ici mention.

Sera permis aux Officiers & Serviteurs de Sadite Majesté de se tenir és Païs & Places dudit Sieur Duc, où bon leur semblera, & d'y aller, venir, & demeurer, sans qu'il leur soit donné aucun empêchement; & seront honorez & respectez en tout & par tout, comme les mêmes Officiers & Serviteurs dudit Sieur Duc.

Que tous les Officiers de Justice de Sadite Majesté, tant dudit Marquisat, que autres dépendans du Souverain Conseil, seront privilegiez, exempts, & immuns de toutes Charges, Contributions, & Tailles, leur vie durant, & pour les Biens qu'à present ils possedent, tout ainsi qu'étoient ceux du Conseil Souverain du tems du Parlement de Sadite Majesté, séant à Turin, par le consentement des trois Etats dudit Païs, & comme il avoit ja été accordé à la restitution dudit Turin. Et pour cet effet, ledit Duc decernera ses Lettres Patentes en bonne forme, pour commander & défendre à tous ses Officiers, Sindics, & Sujets de toutes les Villes, Lieux, & Terres de son obéïssance, de ne donner aucun empêchement ausdits Officiers, pour raison des Maisons, Métairies, & Terres, qu'ils ont és Villes & Païs de l'obeïssance dudit Sieur Duc.

Que tous Arrests & Sentences données, soit par les Lieutenans Generaux de Sadite Majesté, ou dudit Souverain Conseil, tant entre les Sujets dudit Seigneur Roi, que entre ceux dudit Sieur Duc, & de Sa Majesté, sortiront leur plein & entier effet, & seront mis à entiere execution, sans pouvoir être revoquez, retranchez, ni mis en doute, sinon par la forme portée par les Articles & Conventions de Fossan, & que ce soit dans l'an, & non plus avant: entendant neanmoins, que durant ledit terme dudit an, pour les causes & matieres non prescrites jusqu'à present, il y ait encore lieu de demander revision, proposition d'erreur, ou Requête Civile, suivant les Ordonnances du Roi; dans lequel tems seulement se pourront pourvoir les Parties par lesdites voies, & non plus avant; & pour ledit cas, & causes prescrites, le délai dudit tems n'aura lieu.

Que toutes Amendes, Confiscations, & Droits d'Aubaine, adjugez à Sadite Majesté jusqu'au jour de la remission desdites Places de Pignerol, Savillan, & autres, tant par ledit Conseil Souverain, que Juges du Ressort d'icelui, apartiendront & demeureront à Sadite Majesté; & qu'il sera permis par le Tresorier, ou Deputé par le Lieutenant General de Sadite Majesté de les recouvrer, nonobstant quelconque opposition ou appellation; à quoi les Juges, & autres Magistrats dudit Sieur Duc tiendront la main.

Que tous Dons faits par Sadite Majesté sortiront leur plein & entier effet, & ne pourront être revoquez, retractez, ni mis en doute par ledit Sieur Duc, ses Officiers, & autres ses Sujets, pour quelque cause que ce soit; & sera neanmoins loisible audit Sieur Duc, de racheter les choses du Patrimoine, en remboursant le prix pour lequel elles auront été alienées.

Que ledit Sieur Duc, ni ses Officiers, ne pourront poursuivre criminellement pour les choses passées & commises du tems que S. M. a tenu le Païs, aucun qui soit, ou ait été Serviteur, Officier, ou Pensionnaire de Sad. Majesté mais seront toutes choses mises en oubli; enquoi seront compris les Notaires Roiaux & Ducaux, Greffiers & Secretaires du Roi à Pignerol, Savillan, & ailleurs, pour la recherche qui se pourroit faire contre eux, des Actes par eux reçûs, tant és Terres dudit Sieur Duc, que ailleurs, jusqu'à cejourdui.

Et parce qu'à l'occasion de ladite restitution, il est besoin de changer les Postes qui étoient assises audit Païs pour le service de Sad. Maj. a été acordé qu'elles demeureront audit Pignerol, & à la Perouse: & au cas qu'il ne se trouve à present commodité pour le service de Sad. M. qu'elles demeurent audit Lieu de la Perouse, ledit Sieur Duc a promis & acordé, qu'elles soient mises audit Pignerol, & à S. Ambroise, & une autre entre icelui S. Ambroise & Exilles, au lieu où il se trouvera le plus commode; & jouiront les Maîtres desdites Postes des Privileges & Franchises des Loges, & autres, qu'ils souloient & ont acoûtumé d'avoir en l'obeïssance de Sadite Majesté.

Toutes les choses dessusdites, ainsi particulierement declarées & specifiées, ont été amiablement resoluës, arrêtées, & accordées par ledit Sieur Duc, tant en consideration de ladite restitution desdites Villes & Places, que de la gratification, dont outre ce Sad. M. a voulu user en son endroit, lui delaissant les Forteresses du Château de Pignerol, la Perouse, & Savillan, nonobstant qu'il eût été acordé que celle dudit Château de Pignerol seroit démolie.

Aiant promis ledit Sieur Duc de Savoie tout le contenu ci-dessus, garder, & observer, & entretenir de point en point selon la forme & teneur, comme aussi ont fait ensemblement lesdits Sieurs Deputez pour la part de Sadite Majesté; en foi de ce, ils se sont ici soussignez de leurs propres mains, & fait aposer le Scel de leurs Armes. A Turin, les jour & an que dessus. *Ainsi signé*, EMANUEL PHILBERT. H. D'ANGOULESME. CARLO BIRAGO. FIZES. *Et scellé du Scel de leurs Armes en Placard sur cire rouge.*

CXVI.

1575. 8. Janv.

Abschied zwischen denen Grafen Daniel / Günthern / und Heinrichen von Waldeck / über Graf Philipps Seel. nachgelassenen Antheil an der Graffschafft Waldeck beschlossen; Worinn sie eins werden / daß Graff Danieli das halbe Hauß und Ambt Waldeck / Graff Günthern aber das Ambt und Hauß Wildungen / und Graff Heinrichen das halbe Hauß und Ambt Rhoden / sambt dem Hoff Billinghausen / erblich verbleiben / dabey auch dem letzten nach Tödtl. hintritt eines derer ersten ohne Erben / das Ambt Waldeck oder Wildungen vorbehalten seyn / die nutzungen aber der Ambtern zwischen besagtem Graff Heinrich und dem überbleibenden vertheilet werden sollen. Geben zu Waldeck Sonnabends nach Heyl. drey Königen den achtsten Januarii 1575. [LUNIG, Teutsches Reichs-Archiv. Part. Spec. Continuat. II. Abtheil. VI. Absatz XXV. pag. 370.]

C'est-à-dire,

Recès entre DANIEL GUNTHER, *&* HENRI *Comtes de Waldeck au sujet de la Portion hereditaire du feu Comte* PHILIPPE. *Ils y conviennent que la moitié du Bailliage & Maison de* Waldeck *appartiendra au Comte* DANIEL, *le Bailliage de* Wildungen *à* GUNTHER, *& la moitié du Bailliage de* Rhoden, *avec la Maison de* Billinghausen, *à* HENRI, *à condition qu'après la mort de l'un ou de l'autre des deux premiers sans Enfans, son partage reviendra au Comte* HENRI, *sauf les Revenus qui seront à partager entre lui, & l'autre survivant. A Waldeck le Samedi après les trois Roix 1575.*

Zu wissen / als nach Absterben des Wolgebornen Grafen und Herrn / Herrn Philipsen / deß Eltern Grafen und Herrn zu Waldecken rc. wolseliger Gedächtnüs / seiner Gnaden nachgelassene

Anno 1575.

gelassene Söhne und Erben / die auch wolgeborne Grafen und Herren / Herr Daniel / Herr Heinrich / und Herr Günther / Gebrüdere und Gevettern / Grafen und Herren zu Waldecken / zu brüderlicher und vätterlicher Vergleichung wohlermeltes Grafen Philipsen nachgelassenen Antheil der Graffschafft Waldecken / den 4. Januarii dieses jeztlauffenden 75. Jahres / anhero gen Waldecken benennet / und dann darauf der auch wolgeborne Grafe und Herr / Herr Wolrad / Grafe und Herr zu Waldecken in der Person / und an statt des Durchlauchtigen und Hochgebornen Fürsten und Herrn / Herrn Wilhelmen Land-Graffen zu Hessen / Graffen zu Catzenelnbogen / Dietz / Ziegenhain und Nidda rc. S. F. Gn. Trost zu Pleß / und Vice-Cantzler zu Cassel / Eckbrecht von der Malspurg / und Heinrich Hund / der Rechten Doctor, und von wegen der auch wolgebornen Frawen / Annen / geborner Tochter zur Lippe / Gräfin und Witwen zu Waldecken ihrer Gnaden Secretarien / Melchior Linden / und M. Anthonius Helmann / zuvor angeregtem Tage allhier zur stätt kommen / und sich solcher brüderlichen und vetterlichen Vergleichung mit allem trewen Fleiß / biß an den sechsten Tag unternommen / daß demnach uff vielfältige gepflogene Handlung wol und mehrberührte Underhändler bey allen Gräfelichen Theilen Folge gefunden / und derwegen auch ihre Gnaden mit deren / wie auch wolermelts Grafen Günthers verordneten Vormundern Schonberg Spiegel / Arnoldt von Rehen / und M. Joist Scheffern / guten Wissen und Willen / Erblich und unwiderruflich verabscheidet und vertragen haben / inmassen unterschiedlich hernach folgt:

Und anfänglich / nachdem sich Graff Daniel umb das Hauß und Ampt Waldecken / sampt dero Regierung / von deswegen / daß seine Gnaden der Elteste gewesen / Graf Günther aber umb das Hauß und Ampt Obern Wildungen / von deßwegen / daß S. Gn. Herrn Vatter / weyland Grafen Samueln / dasselbig vom Vatter und Alt-Vatter / weyland Grafen Philipsen / aller wolseligen Gedächtnüß / ingeantwortet / auch seine Grafen Günthers Fraw Mutter darauf bewittumbt worden / angenommen / und aber wolermelter Graff Henrich sich darzu eben so wohl / wie auch Graf Daniel und Graf Günther berechtiget zu seyn / erachten wollen / derowegen dann dieser Punct / dem Ansitz bemelter Häuser und Aempter Waldecken und Wildungen / zwischen ihren allerseits Gnaden im fünfften Tag gestritten / und allerhand Bericht und Gegenbericht geschehen / auch einen und dem andern Gräfelichen Theil darunter allerley zu Gemüht geführet; so ist es endlich mit allerseits gutem Wissen und Willen dahin gehandelt / verglichen und vertragen / daß Grafen Danieln das halbe Hauß und Ampt Waldecken / mit sampt aller Hochheit / Nutzung und Gerechtigkeit / zum Ansitz Erblich bleiben / und dargegen Grafen Henrichen das halbe Hauß und Ampt Rhoden / mit sampt dem Hoff Billinghausen / ein jeders gleicher gestalt / mit seiner Ober-Herrlich- und Gerechtigkeit / in allermassen wolgedachter ihr Herr Hatter / Grafe Philips der Elter seliger / dieselben innegehabt / genußt / und ersessen / erblich gefolgt werden soll / jedoch / was ein Ampt besser dann das ander / daß solches alles eingeschossen / oder dem geringern Ampt dargegen andere gebührliche Anweisung und Erstattung beschehe / und hiernechst auch / woferne wolermelter Grafe Daniel / und Grafe Günther / einer / oder sie beyde ohne eheliche Manns-Erben mit Todt / nach dem gnädigen Willen GOttes / verfahren würden / daß alsdann Grafen Henrichen des verstorbenen Ansitz an Waldeck oder Wildungen / welcher Fall sich am ersten zutragen würde / vorbehalten seye / und die Zugehörungen und Nutzungen / an Stadt / Dörffern / Renthen / Zinsen / Zehenden und allen andern / zwischen seinen Gnaden und den andern überbleibenden zugleich getheilet werden.

Und nachdem auch bemelt Hauß Rhoden dieser Zeit verfallen / also daß Graff Henrich seinen Ansitz daselbst nicht werde haben können / es werde dann dasselbige von newen zugerichtet und erbawet / Waldecken und Wildungen aber im ziemlichen Wesen und Baw seyn / damit dann wolermelter Graff Henrich dargegen auch ein gebührliche Erstattung bekomme / so sollen und wollen wolermelter Grafe Daniel und Grafe Günther / gemelten ihrem freundlichen lieben Brudern und Vettern / Grafe Henrichen / zu Erbawung gemeltes Hauß Rhoden / eins vor alles / fünfftehalb tausend Thaler / in der brüderlichen Vergleichung an denen uf dem Hauß und Ampt Rhoden und Billinghausen stehenden Beschwerten benehmen / oder aber S. Gnaden dieselbigen an Gelt / woferne ihre Gnaden köndten oder wolten / erstatten / also daß S. Gnaden die fürter / zu Erhaltung gedachtes Hauses Rhoden / oder sonsten nach ihrer Gnaden Gelegenheit anzuwenden haben.

Also auch / dieweil das Hauß und Ampt Rhoden von dem Chur-Fürsten zu Maintz / in Anspruch und Rechtfertigung gezogen / würde dann seine Chur-Fürstl. Gnaden derohalben obsiegen / oder sonsten durch gütliche Unterhandlung etwas erhalten / und dahero wolermelter Graff Henrich bey bemeltem Hause und Ampt nicht gelassen werden köndte / sollen und wollen Graff Daniel und Graf Günther zu ihrer Gnaden Antheil / wolermeltem Grafe Henrichen die Last daran mittragen / und seine Gnaden derowegen schadloß halten helffen.

Was aber die endliche Theilung und fernere brüderliche und vetterliche Vergleichung / Collation und Einschiessung des vetterlichen und altvetterlichen Nachlaß / sowol an vorberührten Aempteren / wie auch andern Häusern / Städten / Dörffern / Clöstern / Zinsen / Renthen / Zehenden / Meyerhöfen / und allen andern anlangt / dieweil dieselbige nicht wol zu treffen / es seyen dann zuförderst eines jedern Ampts / Stadt und Closters Einkünfften / und darinn fallender Nutzung / wie auch hinwieder dero darauf stehender Beschwerunge gewisse Anschlage gemacht: so ist vor gut angesehen / und auch von allen Theilen einmütiglich und wolbedächtlich gewilliget / versprochen und zugesagt / daß ein jeder Gräflich Theil / ein / zwo / oder mehr Persohnen / welches in ihren Gn. jeders Gefallen stehen soll / denen die Gelegenheit der Aempter und Graffschafft Waldecken bewust / und der Rechnung erfahren / deputiren und verordnen / welche gewisse Anschläge eines jedern Ampts und Gerichts / von etlichen gewissen / nemblich dreyen / sechs oder neun / woferne mans haben kan / Jahren hero machen / auch die darauf stehende Beschwerten eigentlich uffzeichnen / und wann dieselben Anschläge und Verzeichnuß gemacht / daß alsdann / nach Ausweisung derselben / die Theilung uffs bequemste vorgenommen / und einem jedern nach Gelegenheit und Befindung der Nutzung / ab- und zugesetzet / und also allenthalben Gleichheit troffen werde / und soll zu solcher fernern Vergleichung künfftiger Mittwochen nach Invocavit benendt seyn / derogestalt / daß uff berürtem Tage dieselbige Vergleichung durch die obbemelte Unterhändler / oder aber / wer sonsten an derselbigen statt von ihrer Fürstl. Gnaden und Gn. darzu geordnet werden möchte / vorgenommen / ins Werck gerichtet / und endlich (doch im Fall die Vergleichung entstünde / einem jeden an seinen Rechten unverfänglich) vollnzogen werden / doch / wofern ihre Gn. allerseits diese Vergleichung zuvor und eher benambten Tage unter sich selbsten treffen / und sich mit einander derhalben freundlich / bruderlich und vetterlich vergleichen köndten / daß ihren Gnaden solches in allwege bevor und freystehen soll / und soll alsdann auch ein Erbliche und ewige Erbeinigung und Vertrag / wie obgemelte Gebrüdere und Gevettern in der Sampt-Belehnung der Grafeschafft Waldeck bleiben mögen / jederzeit in vorfallenden Sachen / vor einen Mann stehen / einander brüderlich und vetterlich mit rechten Trewen meynen und befordern / ihrer Häuser Oeffnung in Kriegs- Sterbens- und andern vorstehenden Läufften einander verstatten / auch sich / so viel möglich / nicht trennen lassen / sondern zusammen halten sollen / ihnen allerseits / wie auch der Grafeschafft Waldecken zum besten uffgerichtet werden.

Deß zu Urkundt seynd dieser Abschiede drey eines Inhalts gemacht / und jederm Gräfelichen Theil einer zugestellet / und mit dero Unterhändler / wie auch ihren allerseits Genaden / auch obgemelter Vormünder Secreten und Pittschafften / jedoch uff gnädiges ihres gnädigen Fürsten und Herrn zu Hessen ratification unterdrucket / und mit eigenen Handen unterschrieben / gegeben und geschehen Waldecken / Sonnabends post trium Regum den 8. Januarii, Anno 75.

CXVII.

*Contrat de Mariage d'*HENRI III. *Roi de France & de Pologne avec la Princesse* LOUISE *de Lorraine. A Reims le* 14. *Fevrier* 1575. [FREDER. LEONARD, Tom. II. pag. 618.]

14. Fevr. FRANCE ET LORRAINE.

TRES-HAUT, tres-excellent, & tres-puissant Prince, Henri, par la grace de Dieu Roi de France & de Pologne, assisté de tres-haute, tres-excellente, & tres-puissante Princesse, Caterine, par la même grace de Dieu Reine de France, sa Mere; de tres-haut & puissant Prince Monseigneur le Duc d'Alençon, Frere dudit Seigneur Roi; des Roi & Reine de Navarre; & de Messeigneurs les Cardinal de Bourbon, & Duc de Montpentier; ont été presens en personnes, d'une part: Et haut & puissant Prince, Nicolas de Lorraine, Prince du Saint Empire, Duc de Mercœur, Marquis de Nomeny, de Chaussins, Comte de Vaudemont, & de Chaligny. d'autre; stipulant pour haute & puissante Princesse, Madame Louise de Lorraine, sa Fille, aussi presente: & assisté de tres-haut & puissant Prince, Charles, Duc de Lorraine & de Bar, son Neveu; de Monseigneur le Marquis de Nomeny son Fils; de Madame Antoinette de Bourbon, Douairiere de Guise; de Messeigneurs les Cardinal de Guise, & Ducs de Guise, & de Maienne; des Archevêque de Reims, Duc d'Aumale, & Marquis d'Elbeuf: Lesquels dirent & promirent, qu'à l'honneur & gloire de Dieu, qui est le vrai Directeur des bonnes actions des hommes, & sans la grace duquel elles ne peuvent subsister, ni être conduites à aucune heureuse fin; ledit tres-haut, tres-excellent, & tres-puissant Prince, Henri, par la grace de Dieu Roi de France & de Pologne, prendra pour Epouse, & par Loi de Mariage, ladite haute & puissante Princesse, Madame Louise de Lorraine; & icelle prendra aussi ledit Seigneur Roi pour Mari & Epoux, solennellement & en face de nôtre Mere sainte Eglise, au plûtôt que faire se pourra.

En

En effectuant lequel Mariage, ledit Sieur Comte de Vaudemont entend, que ladite Dame Louïse de Lorraine, sa Fille, demeure douée de tous & chacuns les Biens, meubles & immeubles, noms, raisons, & actions, qui lui competent & apartiennent, peuvent competer & apartenir pour les Successions à elle ja échuës, & celles qui lui pouvoient échoir ci-aprés. Et a aussi ledit Seigneur Roi constitué pour Douaire à ladite Dame Louïse de Lorraine, sa future Epouse, la Somme de soixante mille Livres Tournois de Rente par chacun an, assignée sur Terres & Domaines, avec Jurisdiction, dont le principal Lieu sera avec titre de Duché; les autres de proche en proche. Desquels Lieux ladite future Epouse jouïra par ses mains, ou de ses Gens & Officiers, si-tôt que Douaire aura lieu, avec provision des Offices vaquans, presentation & collation de Benefices, ainsi qu'ont accoutumé de faire les autres Reines de France. Plus ledit Seigneur Roi en faveur dudit Mariage donnera à sadite future Epouse la valeur de cinquante mille Ecus en bagues & joiaux, lesquels demeureront propres & sortiront nature d'Heritage, & en pourra disposer en cas de dissolution de Mariage, à elle survivante; mais en cas qu'elle mourût avant ledit Seigneur Roi, ils lui reviendront, sans que les Heritiers de ladite future Epouse y puissent rien pretendre, en quelque sorte que ce soit.

Est aussi semblablement accordé, que, en cas de dissolution dudit Mariage sans Enfans, & que ledit Seigneur Roi survive, il fera rendre & restituer aux Heritiers de ladite Dame tous & chacuns les Biens, tant meubles, qu'immeubles, à elle propres & apartenans, qu'elle aura aportez, n'étoit que de son vivant elle en eût donné ou disposé d'aucuns; de la restitution desquels en ce cas Sa Majesté ne demeurera obligée.

Plus a été accordé, que ledit Seigneur Roi fera dresser état des Officiers & Serviteurs à ladite Dame, de tel nombre qu'il lui plaira & avisera bon être. Et en cas que ce Mariage se dissolve, survivant ladite Dame Louïse de Lorraine; il lui sera libre de pouvoir demeurer & vivre dans le Roiaume de France, ou bien de s'en aller autre-part; en quoi faisant, elle jouïra de ses assignaux de Douaire & autres Biens, librement, & sans aucun empêchement. Toutes lesquelles choses & chacune d'icelles, les comparens & chacun d'iceux, ont promis & juré en leur foi respectivement, & chacun endroit soi, tenir, observer, & accomplir, selon leur forme & teneur, sans y contrevenir aucunement, sous l'obligation & hipoteque de tous & chacuns leurs Biens, presens & à venir. Et pour plus grande aprobation, ont signé ces presentes doubles de leurs mains, & ont voulu & accordé respectivement icelles être reçûës, passées, expediées, & delivrées à chacune des Parties, par nous soussignez Notaires & Secretaires de la Couronne de France, signans en état de commandement. Fait à Reims le 14. jour de Fevrier, l'an 1575.

CXVIII.

28. Mars. **Fernerer Erb-Vertrag und Einigung zwischen Daniel/ Heinrich/ und Günthern Grafen zu Waldeck/ wegen noch übrig Graff Philipps Seel. unvertheilt hinterlassenen Antheils an der Graffschafft Waldeck/ wodurch dem ersten das Ambt und Stadt Nunberg/ die Dörfer Netze und Brunghausen/ sambt dem Closter Netze/ Graff Heinrichen aber die halbe Herrschafft Itter/ nebst denen Clöstern Werba und Obern Ensa/ und Graff Günthern das Closter und Haus Hohenschied/ nebst gewissen Victualien aus der Stadt Freyenhagen/ wir auch die helffte der Erb-zinsen auß der Stadt Wildungen zukommen/ und dann ferners deren ersterer Regierender Herr verbleibet/ an sonsten auch wegen der Reichs-Steuern und Väterl. schulden verabredet worden. So geschehen Waldeck den Montag nach Palmatum 1575.** [Lunig, Teutsches Reichs-Archiv. Part. Special. Continuat. II. Abtheilung VI. Absätz XXV. pag. 371.]

C'est-à-dire,

Transaction ulterieure & Union hereditaire entre Daniel, Henri, & Gunther *Comtes de Waldeck, touchant le reste de la portion hereditaire, & non encore partagée du feu Comte* Philippe; *portant que la Ville & Bailliage de* Numberg *avec les Villages de* Netze & Brunghausen, *appartiendront à* Daniel; *la moitié de la Seigneurie d'*Itter, *avec les Monasteres de* Werba & *de* Obern-Ensa *à* Henri, & *le Monastere & Maison de* Hohenscheid *à* Gunther; *avec certaines Victuailles à tirer de la Ville de* Freyenhagen, & *la moitié des Allodiaux hereditaires situés dans la Ville de* Wildungen. *Ils y conviennent aussi de ce qui regarde le payement des dettes Paternelles, & le fournissement des Contributions Imperiales. Au reste l'aîné des trois demeure Seigneur Dominant & Territorial. A Waldeck le Lundi après le Dimanche des Rameaux* 1575.

WIr Daniel/ Henrich und Günther/ Gebrüdere und Vettern/ Grafen zu Waldecken/ und wir Schönberg Spiegel/ Arndt von Rehen/ und M. Joist Scheffer/ als verordnete und bestättigte Vormündere wolermelts unsers gnädigen Herrn/ Graffen Günthern/ als weyland des auch Hochgebohrnen Grafen Samuels zu Waldecken/ nachgelassenen Sohns und Erben/ thun kundt hieran öffentlich/ vor uns/ unsere Erben/ und Erbnehmen/ gegen manniglichen bekennende/ als wir uns hiebevor nach tödelichem Abgang weyland des wolgebornen Herrn/ Herrn Philipsen/ deß Eltern/ Graffen und Herrn zu Waldeck/ unsers freundlichen lieben Herrn Vatters und gnädigen Herrn/ uff gnädige und freundliche Unterhandlung deß Durchleuchtigen und Hochgebohrnen Fürsten und Herrn/ Herrn Wilhelmen/ Land-Grafen zu Hessen/ Graffen zu Catzenelnbogen/ Dietz/ Ziegenhain und Nidda/ rc. als des Lands- und Lehns-Fürsten der Graffschafften Waldecken/ und an stat seine Fürstl. Gnaden dero Ehrnvesten und hochgelahrten/ Eckbrechten von der Malßburg/ Trosten zu Plessa/ und Heinrichen Hunden/ der Rechten Doctor, und Vice-Cantzlern/ und dann auch der wolgebornen Grafen/ Herren und Frawen/ Herrn Wolraden/ Grafen und Herrn zu Waldecken/ in der Person/ und Frawen Annen/ geborner von der Lippe/ Gräfin und Witwen zu Waldeck/ unserer freundlichen lieben Vettern/ Schwägerin/ und gnädigen Herrn und Frawen/ und an statt wolermelten Witwen/ ihrer Liebden Cantzlern und Räthe/ Melchior Linden und Anthonius Helman/ und den Ansitz dero Häuser und Aempter Waldeck/ Wildungen und Roden/ freundlich und brüderlich verglichen und vertragen haben/ alles Laut und Inhalt eines Abschieds/ so derwegen durch wol und obbemelte Underhändler/ zwischen uns mit unserm allerseits gutem Wissen und Willen/ unterm dato Sonnabends post trium Regum den 8. Januarii dieses lauffenden Jahrs/ unter unser und ihrer der Unterhändler eigenen Handschrifften und auffgedruckten Secreten uffgerichtet/ und fürters auch von hochermelten unsern gnädigen Lands- und Lehens-Fürsten/ ratificiret und bestätiget worden/ und es aber nunmehr an dem gewesen/ daß wir auch zu Folge vorberürten zwischen uns allerseits uffgerichten Abschied/ der übrigen/ von wolermeltem unsern freundlichen lieben Herrn Vatter und gnädigen Herrn nachgelassener Land und Leute/ ingleichem freundlich/ brüderlich und underthänig ferners vergleichen und vertragen werden möchten/ daß wir uns dem allen nach/ uff abermahlige/ gnädige und günstige Unterhandlung hochermelts unsers gnädigen Fürsten und Herrn zu Hessen rc. wie auch wohlgedachts unsers freundlichen lieben Vettern und Schwägerin/ Grafen Wolraden und Frawen Annen/ und nemlich wolgedachtes Grafen Wolraden in der Person/ und an statt hochgedachtes unsers gnädigen Fürsten und Herrn zu Hessen/ wie auch ihrer der Witwen Verordneten/ der Ehrnvesten/ Hochgelahrten/ und Erbarn Adam von Baumbach/ Fürstlichen Heßischen Hof-Marschalck/ Henrich Hunden/ der Rechten Doctor, Vice-Cantzlern/ und Melchior Linden/ im Namen der heyligen/ unzertheilten Dreyfaltigkeit/ GOtt dem Allmächtigen zu Lob und Ehren/ auch zu Erhaltung und Vermehrung brüderlicher und vetterlicher Liebe/ Trew und Einigkeit/ unter uns selbster/ wie auch unsern Nachkommen und Erben/ und dann auch unserm von GOtt dem Allmächtigen uns bescherten Landen und Leuten zum Besten/ und gedeylicher Fortsetzung unsers uhralten/ wohlherbrachten Gräfelichen Standts und Namens/ mit unserm allerseits gutem Wissen und Willen/ und vorgehenden gehabtem Raht/ auch unsers Grafen Günthern nechst angewandten Herren und Freunden/ des auch Durchleuchtigen und hochgebornen Fürsten und Herrn/ Georgen Ernsten/ Grafen und Herrn zu Hennenberg/ unsers gnädigen Fürsten und Herrn hierzu insonderheit abgefertigten Raths/ des auch hochgelahrten Herrn Steffan Weißbachen/ der Rechten Doctorn, Beywohnung/ mit einander freundlich/ brüderlich/ vetterlich/ und underthänig vor uns selbster/ und unsere/ der Gebrüdere und Vettern allerseits mannliche/ eheliche Leibs-Lehens-Erben und Nachkommen/ erblich/ ewiglich ohnwiederrufflich verglichen/ vereiniget und vertragen haben; Vergleichen/ vertragen und vereinigen

uns

ANNO 1575.

uns auch hiermit und in Krafft dieses unsers Brieffes wissentlich in der besten Form und Gestalt / wie das von Rechts und Gewohnheit wegen / am kräfftigsten und beständigsten geschehen soll oder mag / immassen alles unterschiedlich hiernach folget.

Und anfänglichs / nachdem wir uns in voriger Unterhandlung uff nechst gehaltenem Tage / vermöge obbemelts zur selbigen Zeit uffgerichteten Abschieds / der Häuser und Aempter Waldeck / Wildungen und Roden halben / dahin brüderlich / vetterlich / freundlich und underthänig verglichen / daß das Hauß und Ampt Waldeck uns Grafen Henrichen / und das Hauß und Ampt Wildungen uns Grafen Günthern / und also ein jeders dem Gräfelichen Theil / dem es durch denselben Abschied zugeeignet / mit seiner Hochheit und Gerechtigkeit / auch In- und Zugehörungen an Dörffern / Renthen / Zinsen / Zehenden / Gefällen / Mühlen / Pfochten / Fischereyen / wie auch sonstet allen andern Nutzungen / in Holtz / Felde / Wasser und Weide / nichts ausgescheiden / in allermassen wolermelter unser freundlicher geliebter Herr Vatter / Elter-Vatter und gnädiger Herr Graff Philips der Elter / dieselbe bey seiner Regierung ersessen / genutzt und gebrauchet / und Hauß und Ambt Wildungen / auch wolermeltem unserm freundlichen lieben Brudern / Vatter und gnädigen Herrn / Grafen Samueln seliger Gedächtnus / eingeräumbt gehabt / erblich und ewiglich / vor uns / und unsere / der Gebrüder und Vettern / Mannliche Leibs-Lehens-Erben und Nachkommen bleiben soll / so wollen wir es auch bey derselbigen Vergleichung nochmahls erwinden lassen / und soll nunmehr zu unsers jedern gutem Willen und Gefallen stehen / daß unser jeder sein zugetheilet Ampt und Hauß / mit seinen In- und Zugehörungen / Hoch- und Gerechtigkeiten / wie obgemelt / des nechsten Tags / wann es ihme geliebet / occupiren / einnehmen / und zu seinem Besten nutze und gebrauche / daran ihme auch von dem andern kein Eintrag oder Verhinderung geschehen / sondern unser einer dem andern darzu / bestes Vermögens / behulfflich und beförderlich seyn soll / wie wir uns dann dessen auch hiermit gegen einander obligiret und verpflichtet haben / und wir Grafe Henrich auch darauf vom Hauß Waldeck abziehen wollen.

Nachdem aber auch bey Leben wolermeltes unsers Herrn Vatters und gnädigen Herrn / wolseliger Gedächtnuß / uns Grafen Danieln / Hauß / Stadt und Ampt Naumburg / und uns Grafen Henrichen / das Hauß und die halbe Herrschafft Ittern / ein jeders mit seinen In- und Zugehörungen / zu seinem Unterhalt / aus gutem vätterlichen Willen überlassen / die wir auch ein jeder / biß in sein Absterben ersessen / genutzet und gebrauchet; So soll auch uns Grafen Danieln / bemelt Hauß / Stadt und Ampt Naumburg / und darzu Dorff und Closter Netze / mit dem Dorff Bringhausen / ein jedes mit seiner Hoch- und Gerechtigkeit / In- und Zugehörungen / an Renthen / Zinsen / Zehenden und Gefällen / nichts darvon ausgescheiden / und uns Grafen Henrichen / gedacht Hauß und halbe Herrschafft Itter mit sampt dem Closter Werba und obern Ensa / auch ein jeders mit seiner Ober- und Gerechtigkeit / In- und Zugehörungen / und darunter auch das Wasser / Grunde und Zehenden / der Süßenbach / sampt funfftzig Thalern zu Hoya / von der Luterbeck herrührend / vor uns und unsere mannliche Leibs-Lehns-Erben bleiben / die wir auch also / und ein jeder insonderheit dasjenige / was ihme durch diese Vereinigung zugeeignet würde / erblich und ewiglich inhaben und behalten / und zu unserm besten Nutzen gebrauchen mögen / und sollen darentgegen in Vergleichung dero Nutzungen und Gefällen / so eines jedern zugetheilter Ort Landes / bevor dem andern ertragen möchte / uns Grafen Günthern Hauß und Closter Hohenscheid gantz / mit allen und jedern seinen In- und Zugehörungen / und darzu ferners außm Freyenhagen einhundert und funfftzig Mütt Frucht partim, und aus den Erb-Zinsen der Nidern Stadt Wildungen die Helffte derselben und nemblichen einhundert sieben Thaler / und 22. alb. ingleichem erblich vor uns und unsere mannliche Leibs-Lehns-Erben gefolgt werden / deren ebener massen zu unserm Besten zu gebrauchen haben.

Und ob sichs wohl nach Ausweisung deren / mit unser allerseits gutem Vorwissen und Bewilligung / zu dieser brüderlichen und vetterlichen Vergleichung gemachten Anschlägen befunden / daß das Haus und Ampt Waldeck mit Stadt und Ampt Naumburg und andern Zusätzen / wie zuvor specificiret / die andern uns / Grafen Henrichen und Grafen Günthern / zugetheilte Häuser / Herrschafften und Aempter / mit den Nutzungen in den Frucht-Gefellen / biß an fünffhundert Mütt partim übertretten / zu dem auch bey den Stätten Corbach / nidern Wildungen / Sachsenhausen / Freyenhagen und Saßenberg / über das / so uns Grafen Günthern / aus deren eins Theils allbereits zum Hauß und Ampt Wildungen zugeordnet / an Gelte biß in zweyhundert achtzig Thaler / 13. alb. fünfftehalb Heller / und an Frucht biß in zweyhundert sechtzig und neun Mütte / und anderthalb Metzen / unvertheilet vorhanden.

Als wir aber auch von unser gemeinen Ritter und Landschafft in Schrifften ersucht und erinnert / welchergestalt bey unsern Vorfahren / den Grafen zu Waldeck / nicht allein löblich Herkommen / sondern auch durch offene uffgerichte Erbeinigung und Verträge / mit Vorwissen und Guthrathen gemeiner unser Ritter- und Landschafft verbriefet und versiegelt worden / daß in dieser Orte Landes / unser Graffschafft Waldeck / ein regierender Herr seyn solle / und dann wir Graffe Daniel auch es dahero darvor erachten wollen / daß dieselbe Regierung / und was derselben anhängt / uns / als dem ältesten / und zu dero Behuff / dieser obberürter unvertheilter Uberschuß zum vorauß / und nothwendiger Bestellung der Regierung / gebühren / wir Graffe Henrich und Günther aber / solches nach Gestalt und Gelegenheit dieser Graffschafft / und daß gleichwohl ein jeder in seinem zugetheilten Ort Landes / seine sondere Regierung darbeneben auch haben und unterhalten muste / vor ein übermäßiges angesehen; So haben wir uns dieses Puncten halben endlich / nach vielfältiger gepflogener Unterhandlung / dahin mit unser allerseits gutem Wissen und Willen verglichen / daß uns Graffen Danieln die allgemeine Regierung / und was derselben anhängt / in den Städten und sonstet allein bleiben / und zu dero Behuff / der übrige Rest / darumb das Hauß und Ampt Waldeck mit seinen Zusetzen / wie obberührt / die andern unsere Graffen / Heinrichen and Grafen Günthern / zugeordnete Häuser / Aempter und Zusetze übertrittet / zum Vorauß und nothwendigen Unterhalt der Regierung erblich gefolgt / und ohnverhindert der andern / gelassen / und sonstet die übrigen Nutzungen an jährlichen ständigen Erb-Gülden und Zinsen / in obbemelten unsern Städten / wie die oben specificiret / zu gleichen Theilen unter uns / die Gebrüder und Vettern / sämptlich vertheilet / auch von uns Grafen Danieln die Regierung dermassen bestellet und versehen werden solte / daß die gewöhnliche Audienz, immassen bey unsers Herrn Vatter Zeiten beschehen / jederzeit besücht / und sonstet die Verordnung mit der Cantzley und andern gemeinen Sachen beschehe / daß männiglichen in seinem Ansuchen gehöret / und einem jedern schleunig / gleichmeßig und unpartheylich Recht mitgetheilet werde.

Nachdem es auch zu Eintrettung unser Regierung / ein Notturfft seyn wirdet / die Erbhuldigung von unsern Underthanen zu nehmen / so sollen und wollen wir Grafe Daniel / als der ältiste und regierende Herr / dieselbe von unserm Orte Landes / desgleichen / auch in den Städten / zu Folge der hiebevor zwischen unsern Vor-Eltern / den Grafen zu Waldeck / uffgerichteter Erbeinigung vor uns und unsere eheliche Mann-Leib-Lehens-Erben / und im Fall wir deren keine hinderlassen / sondern ohn mannlich Leib-Lehens-Erben mit Todt abgehen und versterben wurden / alsdann vor unsern Brüdern und Vettern / Grafen Henrichen und Grafen Günthern / und deren mannliche Leib-Lehens-Erben / und hinwieder auch wir Graf Henrich und Günther in unserm zugetheilten Orte Landes / dieselbe vor uns und unsere Eheliche Mann-Leib-Lehens-Erben / und im Fall wir deren keine hinderlassen würden / alsdann vor uns Grafen Danieln und unsere eheliche Mannliche Leib-Lehens-Erben nehmen / damit also die Underthanen in gemeiner Sampt-Huldigung bleiben / und wir derhalben in nichts getrennet werden.

Auch sollen und wollen auch wir Graffe Daniel / die besondere Lehen / so unser Herr Vatter seeliger Gedächtnuß / allein zu verleyhen gehabt / vor uns und unsere allerseits eheliche Mannliche Leibs-Lehens-Erben verleihen / und dargegen auch darauff sehen / daß die Graffschafft Waldeck / wie auch andere unsere Sampt-Lehen / ob wir deren haben möchten / jederzeit / wann das zum Fall kommet / vor uns und unsern allerseits Erben entpfangen werden / und dieweil wir auch / nach dem gnädigen Willen GOttes des Allmächtigen / zur Regierung treten / und uns dahero vor allen dingen gebühren will / daß wir alle sämptlich / nicht allein unsere selbstet / sondern auch unser untergebenen Unterthanen / so wol ewige als auch zeitliche Wolfahrt suchen und befordern / so erklären und bezeugen wir hiermit öffentlich / daß wir bey der erkandten und bekandten Lehr deß heyligen Evangelii / mit göttlicher Hülff und Beystand GOttes des Heyligen Geistes / biß in unser Absterben / verharren / und unser jeder in seinem Ort Landes / wie auch wir Graff Daniel / in den Städten die ernste Versehung thun sollen und wollen / daß die Underthanen bey der reinen Lehr / wie dieselbe bey Lebzeiten unsers Herrn Vatters / seeliger Gedächtnüs / Inhalt der Prophetischen und Apostolischen Schrifften / und deren darinnen gegründet / und im Religion-Frieden begriffener / und im gantzen Reich approbirter Augspurgischen Confession und Bekändtnuß erhalten / und sie dero zu entgegen / mit keinen widrigen Secten beladen noch verführen / sondern denen bestes Fleißes / wie uns das unsers tragenden Amptshalber oblieget / vorkommen und begegnet werde.

Wir die Gebrüdere und Vettere / sollen und wollen auch uns mit unsern Landen und Leuten brüderlich und vetterlich zusammen halten / einander freundlich / brüderlich und trewlich meynen / und uns in keine Wege / wie sich die immer zutragen können / trennen lassen / und da wir auch mit Durchzügen / oder sonstet in andere Wege / dem Religion- oder Prophan-Frieden zu wider / beschweret werden wolten / so sollen und wollen wir sämptlich einander mit unsern Underthanen die Hand bieten / einer dem andern seine zugetheilte Lande und Leut / zu sampt derselben Gerechtigkeiten / Freyheiten / und Gewohnheiten / erhalten / handhaben / schützen / und gleich unseren selbst eigenen Leuten / verantwortten helffen / auch sonstet in allen Fällen und Nöthen / da einer des andern brüderliche und vetterliche Weisung dulden und leiden mag / mit Leib und Gut / Land und Leuten trewlich beholffen seyn / wie wir dann auch zu dero behuff mit unsern jedern / dero Gebrüder und Vettern Häuser / einander zur Oeffnung / so wohl in denen / wie auch in sterbenden und andern vorfallenden Läufften gewertig seyn / und allem / was zu Rettung unser Land und Leute dienstlich und verträglich seyn möchte / nichts erwinden lassen wollen.

Würde

ANNO 1575.

Würde sich auch in unserm Ort Landes der Graffeschafft Waldeck / einig Nahme / Plünderung oder anders zutragen / darüber man zum Klocken-Schlag kommen müste / so sollen unsers jedern Unterthanen demselbigen unsäumblich zu folgen schuldig seyn / damit solchem Unrath vorkommen / und derselbe zum besten abgewendet werde.

Nachdem es sich auch je zum Zeiten zuträget / daß gemeine Reichs-Steuren angelegt / und dieselben dem Reich erstattet werden müssen / so wollen wir dieselben / was deren bereits angelegt / oder auch künfftiglich angelegt werden möchten / wie auch die Cammer-Gerichts-Unterhaltung und andere Bürden / zusammen tragen / und daran seyn / daß dieselben jederzeit gebührlichen verrichtet werden / und im Fall dasselb von einem oder dem andern nicht geschehe / alsdann der säumig Theil den Schaden / so daraus erwachsen möchte / vor sich alleine zu tragen / und denselben zu erstatten schuldig seyn.

Und dieweil wir auch allerhand beschwerliche Rechtfertigung haben / darinn dann dieselben auch der Gebühr ingesampt zum besten / vertretten werden; so wollen wir uns eines gemeinen Sampt-Advocaten vergleichen / demselben die zu verwalten befehlen / und was auch derhalben an uns Grafen Danieln jederzeit seyn / daß die Notturfft darauff zum treulichsten verfertiget / und darinnen uns allen zu Nachtheil nichts versäumet werde / und was auch derhalben in Rechte künfftiglich erkennet werden möchte / das soll uns / den Gebrudern und Vettern / zu gleichem Gewinst und Schaden gehen.

Als auch biß daher unser freundlicher lieber Vatter und gnädiger Herr / Grafe Philips / wolseliger Gedächtnüß / seine sondere Archive und Registratur gehabt / und es derwegen von nöthen / daß auch dieselbe / so wohl uns / wie auch der gantzen Graffeschafft zum besten / trewlich beyeinander erhalten / und mit nichte getheilet werden / so soll dieselbe bey uns Graffen Danieln uffm Hauß Waldeck verwahrlich bleiben / doch daß dieselben zu forderst inventiret / auch gewiße Copial-Bücher daraus gemachet / und woferne uns Grafen Henrichen und Grafen Günthern der Originalien von denselben Brieffen / Registern oder andern Urkundten / aus bemelter Archive, zu Behuff unser zugetheilter Oerter Landes / von nöthen seyn würde / daß uns dieselben Originalia, gegen gebührliche Recognition, ohnweigerlich gefolget und zugestellet / und die Originalia wiederumb in die gemeine Verwahrung gelieffert werden.

Damit auch dieser Ort Landes / dem gantzen Stamm Waldeck zum besten / umb so viel besser bey einander erhalten / und nicht in frembde Hände vereussert oder verwendet werde; So obligiren / verpflichten und verbinden wir die Gebrüder und Vettern uns auch hiermit / und in Krafft dieses Brieffes / vor uns / unsere Erben und Erbnehmen / daß keiner unter uns / den Gebrüdern und Vettern / von seinen zugetheilten Häusern / Aemptern / Höfen / Clöstern oder Gütern / und deren Zugehörungen etwas / ohne des andern austrückliche Bewilligung / verkauffen / oder sonster in andere Wege / wie die auch Namen haben / Erblich verwenden möge / sondern wir die Gebrüdere und Vettern / sollen und wollen alle unsere zugetheilte und anererbte Häuser / Aempter / Clöster und Güter / mit ihren Zugehörungen / uns und unsern ehelichen mannlichen Leibs-Lehens-Erben / wie auch dem gantzen Stamm Waldecken zum besten / bey einander unverwendet erhalten / und davon nichts erblichs verlassen / da aber unser einen oder den andern eine rettliche Noht angienge / daß er zu Abwendung grössern Schadens / oder auch seinen bessern Nutzen zu schaffen / etwas von dem seinen angreiffen und uffwenden / verkauffen oder versetzen müste / so soll derjenige / so unter uns / den Gebrüdern und Vettern / von dem seinen etwas versetzen oder verschreiben wolte / dasselbig zuvor uns andern / und unsern Erben anbieten / und uns dasselbig in einem billigen Werth / uff Wiederkauff zukommen lassen.

Ferner als auch etzliche Häuser vor Pfandt angezogen / und wir derwegen auch allbereits von dem Chur-Fürsten zu Mayntz / Hauses und Ampt Rhoden halber / mit Rechte angelanget worden / wofern wir dann deren eines oder mehr / mit Rechte / oder auch sonster / ohn unser Verschulden / verlustig werden möchten / so sollen und wollen wir einander die Last daranmit tragen / und denjenigen / dem solche Lösung geschicht / schadloß halten helffen / dafür dann eines unsers jeders Ort Landes dem andern helffen soll.

Nachdem auch gemelter unser Vater seliger eine Tochter von seiner letzten Gemahlin / Frawen Güden von Isenberg / hinderlassen / welcher ihre Abfertigung gebühret / da dann nach Schickung GOttes dem Allmächtigen / dieselbe zu Ehrn solte ausgestewret / und ehelich bestattet werden / so wollen wir solches sämptlich mit einander / nach altem Gebrauch und Herkommen dieser Graffeschafft / thun / und sie demnach auch mit einer gebührlichen Ehestewer und andern / ihrem Herkommen gemeß / gegen genugsame Verzicht / abfertigen lassen.

Letzlich / dieweil wir auch nach Absterben obgemeltes unsers Herrn Vatters / und gnädigen Herrn / seine nachgelassene / und nunmehr unter uns / die Gebrüder und Vettern / getheilte Land und Leuthe mit einem mercklichen hohen Schuldenlaste beschweret befunden; so haben wir uns derhalben mit einandern / was ein jeder derselben Schulden uff seinem Orte Landes genommen / in einem sondern Neben-Abscheide freundlich / brüderlich und vetterlich verglichen / demselben wollen wir auch ein jeder zu seinem Theil trewlich nachsetzen / und mit allem Fleiß und guter Haußhaltung daran seyn / daß dieselben abgestattet / und unsers Vatters und gnädigen Herrn Trew und Glauben in dem allen erhalten werde; Und nachdem auch sonster zwischen unsern löblichen Vorfahren / zu Erhaltung des Stamms Waldecken / allerhand Erb-einigungen / Burgkfrieden und Verträgen uffgerichtet / so wollen wir dieselben auch einander trewlich halten / und denen zu Abbruch nichts vornehmen / noch auch durch andere vorzunehmen verstatten / wie wir des alles einander mit handgebenden Trewen / bey unsern Gräfelichen Ehren und wahren Worten / an eines leiblichen Eyds statt / gelobt und zugesagt haben.

Dessen alles zu Urkund ist diese Einigung und Vertrag dreyfach / gleiches Inhalts verfertiget / und von uns Gebrüdern und Vettern vorgemelt / deßgleichen auch von uns die Herren und verordneten Unterhändlern und Vormündern / mit eigenen Handen unterschrieben / und auch mit unsern uffgetruckten Secreten bekräfftiget / und jedern dero Partheyen einer zugestellet worden. Actum Waldecken / Montags nach Palmarum, Anno Domini funffzehenhundert / siebentzig und fünff.

CXIX.

Déclaration envoiée par HENRI III. *Roi de France, en Angleterre, en 1575. par le Sieur* de la Châtre, *pour l'explication & le renouvellement du Traité, fait entre le Roi* CHARLES IX. & ELISABETH, *Reine d'Angleterre. A Blois le 29. Avril 1575.* [FREDER. LEONARD, Tom. II. pag. 619.]

29. Avril. FRANCE ET ANGLETERRE.

HENRI, &c. A tous ceux, &c. salut. Comme l'une des choses, que nous nous sommes proposé, & mis principalement devant les yeux, étant faits Successeurs de nôtre Roiaume de France; ce ait été d'embrasser, avec la Succession d'une telle Couronne, les amitiez des Princes & Potentats de la Chretienté, qui nous ont été aussi par même moien comme successivement delaissées par feu nôtre tres-cher Seigneur & Frere, le Roi Charles dernier decedé, de bonne & heureuse memoire, que Dieu absolve; même celle de nôtre tres-chere & tres-amée bonne Sœur & Cousine la Reine d'Angleterre; avec laquelle il est notoire, qu'outre les anciens Traitez de Paix, que nôtredit Roiaume de France a avec celui d'Angleterre, le dix-neuvieme jour du mois d'Avril mille cinq-cens-soixante-douze, il fut arresté & conclu un Traité de Ligue & Confederation, pour plus grande asseurance & confirmation de leur commune amitié; & soit ainsi que de tous & chacuns les Points & Articles dudit Traité nous soions bien & dûement informez, comme nous les aiant fait representer de nouveau, outre la connoissance que nous en avions auparavant.

Savoir faisons, que nous remettant en memoire, qu'il n'en peut avenir que tout bien, profit, utilité, & commodité à nos communs Sujets, & la deliberation, que nous avons prise de vivre en toute bonne amitié & voisinance avec nôtredite bonne Sœur & Cousine, comme Princesse, de qui nous reverons & estimons les rares, excellentes, & singulieres vertus: Avons en satisfaisant au troisieme Article dudit Traité, declaré & declarons par ces presentes, que icelui nous avons accepté & agréé, acceptons & agréons en tous & chacuns ses Points & Articles; entendons l'entretenir, garder, & observer inviolablement, & le reputer de même force & valeur, que s'il avoit été en nôtre propre Nom conclu & arresté. Et ce nous promettons en foi & parole de Roi, & sous l'hipoteque de tous & chacuns nos Biens, presens & à venir, & ceux de nos Successeurs, sans jamais aller ni venir au contraire. En têmoin, nous avons signé ces presentes de nôtre propre main, & à icelles fait aposer nôtre Scel, Donné à . . . . .

Memoire baillé au Sieur DE LA CHATRE *allant en Angleterre, en execution des Lettres ci-dessus.*

LE Sieur de la Châtre, Chevalier de l'Ordre du Roi, Capitaine de cinquante hommes d'Armes de ses Ordonnances, & son Lieutenant-General au Païs de Berri, que Sa Majesté dépêche presentement vers la Reine d'Angleterre, aprés lui avoir presenté les Lettres de creance, qu'elle lui écrit avec ses cordiales & plus affectionnées recommandations, lui dira:

ANNO 1575.

En premier lieu, que si Sadite Majesté eût satisfait à soi-même en la bonne inclination, qu'elle a envers ladite Dame, & en la sincere amitié qu'elle lui porte, elle eût plûtôt dépêché vers elle, dès le lendemain de son arrivée en son Roiaume pour faire l'office, dont a chargé presentement ledit Sieur de la Châtre; que d'attendre jusqu'à cette heure; de quoi aiant été detournée par les ordinaires occupations, qu'elle a euës ci-devant pour donner ordre à ses affaires, & par ce voiage lointain qu'à son arrivée elle a fait du côté de Languedoc, il la prie d'excuser, si plûtôt elle n'a envoié vers elle; & de n'interpreter cela à aucune froideur d'affection, qui soit du côté de Sa Majesté, mais au susdit empêchement.

Asseurera ladite Dame, que entre les amitiez de beaucoup de Princes & Potentats, qui ont été delaissées à Sadite Majesté avec la Succession de ce Roiaume, par la mort du feu Roi son Frere, il n'en aura jamais une plus chere, ni en plus grande estime, que la sienne. Et comme jusques ici elle pense lui avoir donné toute occasion de le croire ainsi, aussi espere-t'elle bien par les bons & fraternels offices, qu'elle continuera envers ladite Dame, lui en donner à toutes occasions un tres-parfait & asseuré témoignage.

En prenant là-dessus icelle Dame une certaine asseurance, & faisant un tres-ferme fondement, comme sur la parole d'un Prince, qui entre autres choses fait grande profession de se montrer en ses dits fort veritable, & de ne violer jamais ses promesses; il la requerera aussi de sa part, d'user de pareille correspondance envers Sadite Majesté, ainsi qu'il est convenable pour un plus solide établissement de leur commune amitié, & leur en rendre un reciproque contentement.

Ce propos de la grande confiance, que doit avoir ladite Dame en l'affection & bonne volonté que lui porte Sadite Majesté, sera étendu par ledit Sieur de la Châtre de tout le plus honneste langage, dont il se pourra aviser, pour la lui representer bien à la verité telle qu'elle la lui a declarée à son partement; de sorte qu'il ne lui en puisse demeurer aucun doute ni scrupule, mais faire état qu'elle ne peut avoir un plus asseuré & parfait ami en toute la Chretienté, que Sadite Majesté, quelques mauvais esprits qui se puissent mettre à la traverse, pour lui persuader le contraire; ainsi qu'il aviendra toûjours assez aisement par la sollicitation de ceux, qui ne pourront voir qu'avec grand regret une amitié bien seurement établie entre tels Princes, tant duisible & profitable à leur commune grandeur, & au bien de leurs Sujets.

Aprés que sur ce sujet il aura entretenu ladite Dame, viendra à lui dire, que Sadite Majesté voulant satisfaire au premier point de l'asseurance, qu'elle pense lui devoir donner de son amitié & bienveillance, lui a baillé charge, en satisfaisant au contenu d'un Article du dernier Traité de Ligue fait entre le feu Roi Charles & Elle, (duquel Article la Copie lui est baillée) de lui declarer, qu'elle accepte & a pour agreable ledit Traité de Ligue & amitié en tous & chacuns ses Points & Articles, & le veut entretenir & observer inviolablement, comme s'il avoit été conclu par Elle-même. Pour témoignage de quoi, elle a fait expedier ses Lettres en forme duë, avant le terme d'un an designé par ledit Article, tant elle desire donner d'heure asseurance de ce qu'elle porte en son cœur de sincere & parfaite amitié envers ladite Dame; lesquelles Lettres ledit Sieur de la Châtre mettra entre ses mains, étendant le principal point & but de son voiage à lui donner confiance de l'amitié de Sadite Majesté, & lui en fera toute la plus honorable expression qu'il pourra.

Ladite Dame se pourra enquerir sur l'état des affaires de ce Roiaume, & à quel point les choses y sont reduites. Surquoi il dira, que si les Sujets, qui se sont émûs se fussent mieux reconnus qu'ils n'ont fait jusques ici, & rendus capables de la bonne inclination, que Sadite Majesté a de les mettre en repos, & de leur donner une bonne Paix, les choses seroient en meilleur état qu'elles ne sont; ce neanmoins l'on espere, qu'avec la grace de Dieu, il s'y aportera dedans peu de tems quelque bon remede, dont le Roiaume demeurera grandement foulagé; & les Princes voisins, qui en aiment le bien & conservation, recevront beaucoup de contentement.

Ledit Sieur de la Châtre arrivant en Angleterre se rendra au Logis du Sieur de la Mothe-Fenelon, Ambassadeur de Sa Majesté, pour lui communiquer le contenu au present Memoire, & prendre avis de lui, comme de celui qui est sur les Lieux, & qui a bonne connoissance des affaires de par delà, s'il seroit à propos d'y ajoûter ou diminuer quelque chose, pour donner toûjours plus de confidence à ladite Dame de l'amitié & bienveillance, que lui porte Sadite Majesté; & qu'elle ne doit attendre de son côté, que toutes choses dignes d'un Prince qui lui est tres-seur & parfait ami.

ANNO 1575.

Article baillé à part.

SI sur ce propos ladite Dame s'enquiert des Deputez de Monsieur le Prince de Condé; & demande s'ils seront ja venus trouver Sadite Majesté, lui repondra que non, mais que l'on les attend pour le commencement de Mars prochain. Et pour ce que Sadite Majesté ne peut faire de moins, que de montrer qu'elle a soin de la Reine d'Ecosse, qui, outre qu'elle est Reine d'un Roiaume, qui a perpetuelle Alliance & amitié avec le sien, lui est fort proche Alliée, pour avoir épousé le feu Roi François son Frere: Ledit Sieur de la Châtre priera ladite Dame de lui faire faire tout bon traitement, digne d'être usé par Princesse si genereuse & magnanime, qu'elle est estimée, & de l'avoir pour recommandée, & aussi la conservation de son Roiaume d'Ecosse. Mais dautant que la Reine a montré quelque fois s'alterer beaucoup, quand l'on lui a parlé de ladite Dame Reine d'Ecosse, il semble, qu'il ne faudra en mouvoir propos pour la premiere audience, mais le remettre à la seconde, aprés que ladite Dame aura été mieux confirmée de la bonne volonté & affection de Sadite Majesté, par l'honneste langage, que lui aura tenu ledit Sieur de la Châtre, afin qu'elle le prenne en meilleure part.

Ampliation du Memoire du Sieur DE LA CHATRE.

OUTRE le contenu en l'autre Memoire & Instruction, qui a été baillé au Sieur de la Châtre, le Roi lui a voulu donner charge des choses qui s'ensuivent.

Premierement, dautant que la Reine d'Angleterre a fait ci-devant entendre, avoir quelque volonté à s'interposer pour le fait de la pacification des troubles de ce Roiaume, il ne sera que bien à propos, qu'en lui parlant de ce fait selon le contenu en sadite Instruction, il ajoûte à ce qu'il a charge de lui dire, que Sa Majesté se promet bien que ladite Dame, pour l'affection qu'elle porte au bien de ce Roiaume, sera bien aise de le voir reduit en quelque bon repos, & y aidera toûjours de ses bons offices, aux occasions qui s'en pourront presenter, afin de la mettre au chemin de s'ouvrir de ce qu'elle pourroit avoir sur le cœur en cet endroit, pour en faire raport à son retour de par deça.

Et afin que ladite Dame connoisse mieux, combien Sa Majesté veut proceder sincerement avec elle, & faire cesser tous sujets, qui pourroient diminuer quelque chose de la bonne & sincere amitié, qu'elle desire demeurer entre elles, & leurs Roiaumes & Sujets; si ladite Dame tombe sur le propos, des depredations & pirateries qui se commettent ordinairement sur la Mer, au plus grand detriment tant des Sujets de Sadite Majesté, que de ladite Dame, ledit Sieur de la Châtre lui fera entendre, qu'elle ne desire plus rien en ce monde, que de s'accorder avec elle de quelques bons moiens & expediens, par lesquels telles choses soient empêchées au commun bien de leurs Sujets; & ceux qui les commettent, grievement punis & châtiez.

Et pour ce que ainsi que ledit Sieur de la Châtre étoit prêt à partir, il s'est vû une Lettre de la Reine d'Ecosse, par laquelle elle desire bien fort, que celui qui ira par delà de Sadite Majesté, ait aussi charge de la visiter, auquel elle pourra faire entendre plusieurs choses de grande importance: & semblablement que Sadite Majesté la fasse comprendre au Traité de Ligue, qui pourroit être de nouveau fait avec ladite Reine d'Angleterre: Sadite Majesté desire; que au propos que ledit Sieur de la Châtre a charge de tenir à ladite Dame en recommandation de la Reine d'Ecosse, il ajoûte, que pour servir au respect de l'amitié, qu'elle porte à ladite Reine d'Ecosse à cause de la perpetuelle Alliance, qu'a cette Couronne avec son Roiaume, & aussi de la particuliere dont elle lui atouche, étant sa Belle-Sœur, & aiant épousé son Frere aîné; elle a estimé,

ANNO 1575.

estimé, qu'elle ne peut faire moins, que de donner charge audit Sieur de la visiter pour la consoler, tant de la mort intervenuë en la personne de feu Monsieur le Cardinal de Lorraine, que de Madame de Lorraine, qui étoient ses principaux & plus amis parens, dont il est bien certain qu'elle se trouvera grandement affligée; la requerir à cette fin de lui vouloir permettre de faire cette amiable visitation, qu'il asseurera n'être pour aucun autre effet. Et si ladite Dame se rend difficile de l'accorder, comme l'on le croit assez aisément, ne sera besoin, que ledit Sieur de la Chatre en fasse une plus vive instance, de peur qu'elle ne prît suspicion, que ce fût pour quelque autre effet: mais en ce cas, il la priera de lui permettre pour le moins d'y envoier un de ses Gens, que Sa Majesté desire être le Sieur de (1) Lancosme, qu'elle a voulu qu'elle mene avec lui pour cet effet; lequel y allant en premier lieu, asseurera ladite Reine d'Ecosse de toute l'amitié & bonne volonté de Sadite Majesté; & qu'elle est prête & bien deliberée de l'assister & aider en son affliction, & favoriser ses affaires autant qu'il lui sera possible, & que l'état des choses le lui pourra permettre. La rendra capable de ce que ledit Sieur de la Châtre a negocié presentement avec la Reine d'Angleterre, pour le fait du Traité de Ligue, & lui fera bien entendre, comme ce n'est qu'une simple declaration, que Sa Majesté fait d'avoir agreable celui qui fut conclu & arresté par le feu Roi à Blois, en l'an 1572. en satisfaisant au . . . . . Article de celui qui porte nommément, que le Successeur de celui des deux Princes contractans qui sera decedé, sera tenu un an aprés le trepas du decedé, de lui declarer s'il aura agreable ledit Traité, ou non; sans que ledit Sieur de la Châtre ait charge d'entrer en aucunes nouvelles conventions, ni rien innover, changer, ou immuer au susdit Traité, qui est cause que Sadite Majesté ne peut ensorte du monde satisfaire à ce que desire d'elle la Reine d'Ecosse, dont a estimé qu'il n'étoit aucunement à propos de parler pour son bien particulier, & de ses affaires.

Lui dira, comme Sa Majesté lui a donné charge d'entendre bien particulierement tout ce qui lui sera declaré par ladite Dame Reine d'Ecosse, pour lui raporter aprés fidellement, afin qu'en étant bien informée Sadite Majesté, de tant plus s'emploie à lui faire tous offices convenables & dignes de l'amitié qu'elle lui porte.

(1) Il fut envoié Ambassadeur à la Porte en 1585.

CXX.

14. Juin.

Kaysers MAXIMILIANI Bestättigung der anno 1574. zwischen denen Hertzogen zu Münsterberg-Oelß/ und der Landschafft deß Oelßnischen Fürstenthumbs/ zu aufrichtung besserer Landes-Ordnung verglichenen Articuln. Geben Praag den 14. Junij 1575.

C'est-à-dire,

Confirmation de MAXIMILIEN *Empereur, sur les Articles convenus l'an* 1574. *entre les Ducs de* MUNSTERBERG *& d'*OLS *d'une part, & les* ETATS *de la Principauté d'*OLS *d'autre part, pour un meilleur Etablissement des Constitutions du Païs. Donnée à Prague le* 14. *Juin* 1575. [Voyez-la sous le 29. Juin 1574. pag. 229. col. 2.]

CXXI.

11. Juill.

LA NOBLESSE ET LES VILLES DE HOLLANDE.

Tractaet van Unie tusschen de Ridderschap en Steden van HOLLAND *daar by* WILLEM VAN NASSAU *Prince van Orangien gedefereert werd de hoge Overigheid van deselve Landen gesloten tot Dordrecht den* 11. *July* 1575. [PIETER BOR, Oorspronck, Begin, en Vervolg des Nederlandsche Oorlog. Tom. I. pag. 641.]

NAdemael d'almogende God door sijne sonderlinge gratie en genade, den Lande van Holland en Zeeland jegens den Hertog van Alva, en de heerschappye der Spangiaerden, met haren aenhank vande quaedwillige en bloeddorstige Vyanden der selver Landen wonderbaerlijk tot noch toe heeft behoed, daer toe met sijne Goddelijke woord verlicht, en alsulx den Ingesetenen van dien van de slavernye, so in den lichame als inder conscientie heeft verlost uitte handen van hare voorsz. Vyanden, jegens wiens aenloop groot geweld en heirkracht aen allen oorden aengewend, de mogentheid en goedertierentheid Gods tot meermalen sonderlinge voorspoed en victorie heeft verleent, door middel, vlijt en sorgvuldigheid van den doorluchtigen en hooggeboren Vorst en Heere Wilhelm Prince van Orangien, Grave van Nassau. &c. met een verweckinge des gemoeds van den Volke, en Ingesetenen voorsz. in der voegen, dat den Vyand in sijnen kracht en macht seer geswakt of gekrenkt sijnde, tot zijn quaed voornemen niet heeft konnen geraken, welke Gods werk, want niet alleenlijk te verwonderen; maer als een grote weldaed en genade by een yegelijk staet aen te nemen, en in 't generael met alle politijke ordeninge te bevestigen, om voortaen alle saken gesteld, en gehouden te werden in goede geregeltheid, en discipline en onder een beter beleid, dan tot noch toe uits de menigvuldigheid der lasten, en affairen van de Oor-

CXXI.

11. Juill.

LA NOBLESSE ET LES VILLES DE HOLLANDE.

Traité d'Union entre la Noblesse & les Villes de HOLLANDE, par lequel ils deferent à GUILLAUME DE NASSAU, Prince d'Orange, le suprême Gouvernement de la Province, conclu à Dort le 11. Juillet 1575. [P. BOR, *de l'origine, du commencement & des suites de la Guerre dans les Païs-bas*, Tom. I. pag. 641.]

COmme le Dieu tout puissant a conservé jusques à present d'une maniere admirable & par sa grace & faveur particuliere les Païs de Hollande & de Zélande, contre le Duc d'Albe & la domination des Espagnols & de leurs adherants, Ennemis malveillans & sanguinaires de ces Païs, qu'il a éclairé de sa Divine Parole, & a par même moyen délivré les Habitans d'iceux de l'esclavage, tant à l'égard du Corps qu'à l'égard de leurs consciences en les delivrant des mains desdits Ennemis, & que par les moyen, diligence, & soins du Serenissime & grand Prince & Seigneur Guillaume Prince d'Orange, la misericorde & puissance de Dieu leur a accordé plusieurs succez & victoires singulieres, malgré les grandes violences & efforts que lesdits Ennemis ont fait de toute part, joint le courage efficace des Peuples & Habitans, en sorte que lesdits Ennemis se sont trouvez fort affoiblis & n'ont pû parvenir à leurs mauvais desseins; lequel ouvrage de Dieu ne doit pas seulement être admiré, mais doit être reçu d'un chacun comme un grand bienfait & une grande grace, & qu'en general pour fortifier toutes choses par un bon ordre de police, afin que dorenavant elles soient tenuës sous une bonne discipline, conduite & ordre, ce qui n'a pas été jusques à present fait à cause de la multi-

ANNO 1575.

Oorloge, en aenperssingen der Vyanden wel heeft mogen geschieden, of in 't werk gebracht werden sulx dat hier door de saken der Landen, en van allen den Ingesetenen in meerder versekertheid en gerustigheid gestelt zijnde, den Vyanden veel hoops en middels afgesneden sal werden van eenig voordeel op den selven Lande te krijgen: daer toe hy ook onder dexsel van Vredehandel eenige voorleden maenden, sonderlinge en met alle listigheid schijnt gearbeid te hebben, immers want egene Republijken en noch eenige gemeine staet van de Landen, of Steden sonder ordentlijke Policie mogen blijven staen, maer door confusie by hem selven moeten vergaen en vervallen, mits 't welk met goede redenen, al sulke ordre, Wetten en Policien behoren geabordeert te worden, behouden en geadministreert met behoorlijke reputatie, eere en autoriteit des Overheids, de selfde administratie hebbende, en met gerustigheid, eendracht en welvaren der particuliere lidmaten en ondersaten, elx in sijn regard, daer toe God almachtig als een beminder van alle goede Policien, sijnen zegen een vorderlijke hand altijds is reikende, tot vermeerderinge zijnes naems en glorie.

Desen aengemerkt en bevindende de Ridderschap, Edelen en Steden van Holland, representerende den Staten van de selven Landen, en onderlinge communicatie en rijpen berade, of forme van regeringe en administratie van de gemene sake der selver Landen, dat alle Republijken en Gemeinschap best worden behouden, gesterkt en bevestigt by eenigheid, de welke niet wel en kan zijn by vele, in wille en gemoed veel tijds differerende, en mits dien ook nodig te zijn, dat de voorsz. regeringe gesteld werde, en bevolen zy aen een Hooft en Overigheid, hebben daerom de voorsz. Staten door de ingeboren goede affectie, liefde en yver die sijne Princelijke Excell. eenen voornaemste Personagie deser Landen, en een principale en d'eerste van de Staten der selver Landen, versocht en gebeden, en voor so veel in hen-luiden is, als Hooft en hoogste Overheid verkoren, en gesteld tot de regeringe der voorsz. Landen en Steden van Holland, mitsgaders allen den onderwind en beleidinge van de gemene sake der selver Landen. Al de selfde onderwerpende de goede wille en gebied van zijnder Excell. den welken sy luiden geconfereert hebben, en mits desen confereren alle volkomen macht en autoriteit daer toe eenigsins nodig zijnde in der forme en maniere hier na volgende.

Te weten dat zijn Excell. so lange de Landen in der Oorloge of Wapenen zijn, sal hebben volkomen autoriteit en macht, als Souverain en Overhooft te gebieden en te verbieden, alles wes tot conservatie en beschermingе der Landen dienlijk en doenlijk sal mogen zijn.

Alsulx sal zijne Excell. op alle Krijgs-saken te Water en te Lande disponeren na zijn goed dunken, of met advijs van de genen die sijn Excell. gelieven sal t'allen tijden daer toe te gebruiken.

In de selve Krijgs-saken stellende en gebruikende alsulke Overste, Capiteinen, Luitenanten, Officiers en Soldaten, als sijne Excell. goed dunken sal, onthoudende den selven en allen anderen Commissarisen tot beleidinge der Krijgs-saken, en 't gunt daer aen kleeft eenigsins nodig zijnde behoorlijk tractement en besoldinge na zijne Excell. goed dunken, met alsulke goede en generale Krijgs-ordeninge en discipline, als tot soulagement der Ingesetenen, en ten minsten quetse van den Lande in alder gelijkheid en eenparigheid sal konnen geschieden.

't Voorsz. Krijgsvolk verdelende, en logerende al om binnen den Steden en Vlecken, en ten platten Lande daer des nood zy, en by zijne Excell. goed gevonden sal werden: sonder eenig advijs of bewilliginge van de Staten, Magistraten van de Steden, of van yemand anders daer toe te verwachten, in der voegen dat alle Steden en Vlecken altijds het Krijgsvolk of Garnisoen henluiden toegesonden, elx in zijn regard ter Ordonnantie van zijn Excell. by provisie sullen ontfangen, voor en al eer sy luiden sullen doen eenige remonstrantie of versoek ter contrarie, en tot haer ontlastinge.

Sijn

multiplicité des charges, des affaires militaires & de l'oppression des Ennemis, en sorte que par là les affaires des Païs & de tous les Habitans, soient mises en une plus grande seureté & un plus grand repos, & qu'on ôte auxdits Ennemis l'esperance & les moyens de plus obtenir aucun avantage sur iceux Païs à quoi ils semblent même avoir travaillé cauteleusement, depuis quelques mois, sous pretexte de negociations de Paix; & qu'aussi nulle Republique, non plus que les Provinces & les Villes ne peuvent subsister sans une bonne Police, mais que sans cela elles tomberoient d'elles mêmes, & se ruineroient, il faut établir telles Loix & tels ordres qu'elles puissent être gouvernées avec une reputation convenable à l'honneur & sous l'authorité des Souverains qui en ont l'administration, & au repos, concorde & prosperité des Membres & Sujets particuliers, chacun à son égard; à quoi Dieu tout puissant amateur de tout bon ordre donne déja son assistance & benediction pour l'avancement de son nom & de sa gloire.

Ces choses considerées, & le College des Nobles, les Nobles & Villes de Hollande representant l'Etat de ces Païs, trouvant, aprés une communication particuliere & une meure deliberation, pour la forme de Gouvernement & administration des affaires communes des susdits Païs, que toutes les Republiques & Communautez se soutiennent, se fortifient & se confirment le mieux par l'union, laquelle ne peut pas se rencontrer parmi plusieurs qui different souvent en volonté & sentiments; & comme aussi il est necessaire, que le susdit Gouvernement soit remis & confié à un seul Chef & Souverain, lesdits Etats, par une bonne affection, amitié & zele naturel qu'ils ont pour son Excellence, qui est la principale personne de ces Païs, & la premiere de l'Etat, ont prié sadite Excellence, & icelle choisie pour Chef & Souverain, & l'ont établi au Gouvernement des susdits Païs & Villes de Hollande, ensemble à la conduite des affaires communes d'iceux Païs; les soumettant à la bonne volonté & commandement de son Excellence, lui ayant conferé, & lui conferans par ces presentes tout le pouvoir & authorité à ce necessaire, en la forme & maniere suivante.

Sçavoir que son Excellence, tant que ces Païs seront engagez dans la Guerre ou armez, aura pleine & entiere authorité & puissance, comme Souverain & Chef, d'ordonner & de deffendre, tout ce qui pour la conservation & deffence des Païs pourroit être utile & faisable.

Ensorte que son Excellence disposera de toutes les affaires de Mer & de Terre, selon qu'elle le trouvera à propos, ou par l'avis de ceux dont sadite Excellence voudra se servir à cet effet.

Etablissant & employant dans les affaires de la Guerre tous Colonels, Capitaines, Lieutenants, Officiers & Soldats, que son Excellence trouvera bon, les entretenant & tous autres Commissaires pour la conduite des affaires militaires & ce qui en dépend à tels gages qu'il sera necessaire & que son Excellence jugera à propos, sous telle bonne & generale ordonnance & discipline que faire se pourra pour le soulagement des Habitans, & à la moindre charge des Païs en toute égalité.

Partageant les susdites Troupes & les logeant par tout dans les Villes & sur le Plat-Païs où besoin sera, ou selon que son Excellence le trouvera à propos; sans attendre l'avis & consentement des Etats, des Magistrats des Villes ou de quelque autre, ensorte que toutes les Villes & Villages recevront chacun à leur égard par provision les Troupes ou Garnisons qui leur seront envoyées par ordre de son Excellence, avant qu'ils fassent aucune remontrance ou requisition au contraire & pour s'en decharger.

Son

ANNO 1575.

Sijn Excell. sal doen nakomen alle sijne Bevelen, Ordonnantien, Wetten, Discipline en Articulen des Krijgs-handels, met straffinge van de overtreders van dien: daer toe de Staten en Steden met hare Schutteryen en gemeenten, des geboden zijnde, hand sullen houden.

Tot uitrechtinge des voorsz. Krijgs en Krijgs-saken, so te Water en te Lande, sal sijn Excell. hebben de gehele en vrye administratie van de contributien, en Penningen by de Staten daer toe gedestineert en bewilligt, of als noch te destineren en te bewilligen. Alle 't welk sijn Excell. sal doen ontfangen, handelen, dispenseren en uitgeven op alsulke Ordonnantie, by alsulke Tresoriers, of Gecommitteerden als zijn Excell. daer toe stellen en verkiesen sal, uit eenige bequame personen, Hollanders en Zeelanders wesende, mits dat by den selven Tresoriers of Gecommitteerden, ook voor de generale Staten of hare Gedeputeerden van drie maenden, tot drie maenden gerekent, of verantwoord sal werden, behoudelijk nochtans indien zijne Excell. gelieft als Tresorier of Gecommitteerden ten fine voorsz. eenige alrede in dienste en gelijke saken geimployeert, egene Hollanders of Zeelanders wesende, dat selve voor dese tijd geschiede sonder prejudicie van den Lande in toekomende tijden.

En sal sijne Excell. in alle voorvallende saken volkomen macht en vermogen hebben, sonder te hebben of te verwachten der Staten consent tot laste van den gemenen Lande, en met verband en op geloof der selver Landen, te lichten of te vinden de Somme van 20000 Guldens eens, by den selven Lande goed te doen, elx voor zijn quote.

Sijne Excell. sal van wegen den Conink als Grave van Holland en Zeeland recht en Justitie doen administreren, by den Raed van den Hove van Holland, over allen den plaetsen en Ingesetenen van Holland, Zeeland en Vriesland, onder den selven Hove resorterende, in allen saken tot kennisse van den selven Hove staende, sonder nochtans te verlenen eenige provisie, of t'admitteren eenige Proceduren jegens d'Ordonnantie of Resolutie van den Staten.

En mits dat de selfde Raed vorder hem sal hebben te voegen na beschreven Rechten, Equiteit, mitsgaders alle deugdelijke Privilegien, en Costumen, en in materie van Appellatie en Executie van hare Sententien, na de Provisionele laetste Ordonnantie en Resolutie van de Staten.

Des sal sijne Excell. den selven Raed, allen Hooft-Officiers, en andere Officiers van de Justitie (tot collatie van de Kamere van de Rekeninge na gewoonte niet staende) stellen en ordonneren van wegen den Conink als Grave van Holland en Zeeland, te weten, so wanneer eenige van de jegenwoordige sal mogen overlijden, of den tijd van eenige Officiers geexpireert zijn, ten ware om redenen, sijne Excell. mitsdien sal mogen doen in beiden gevalle, met advijs van de Staten, de welke sijne Excell. t'allen tijden sullen denomineren drie personen uitten welken totte vacerende Staten en Officien respective, zijn Excell. een sal verordonneren, mits dat in den voorsz. Raed van Holland, altijds twe sullen zijn uit Zeeland, als na ouder herkomen of Privilegie van den selven Lande.

En sullen die van den Rade voornoemt, by provisie mogen verlenen alle provisien in materien van gratien, als relief en restitutie, sulx als by den groten Rade van Mechelen plag gedaen te werden. Item alle Beneficien van Rechten, als Beneficien van Inventaris, Cessien, en diergelijken.

Sullen ook by provisie ter eerster instantie kennisse hebben van alle questien feudale, mits dat in sulke saken by hem sullen zijn, den Stadhouder en Raden van de Lenen van ouds geweest hebbende, en noch jegenwoordig zijnde.

By sijne Excell. als by de Overheid sullen mogen werden verleent alle gratien, als Remissien, Pardons, Respijten, Quinquernellen, Legitimatien, en diergelijke van wegen den Coning als boven, na behoorlijk advijs

Son Excellence fera observer tous ses Mandements, Ordonnances, Loix, Disciplines, & Articles des Negociations de Guerre, avec punition contre les contrevenans, à quoy les Etats & les Villes tiendront la main par le moyen de leurs Milices s'ils en sont requis.

Pour l'accomplissement & execution des susdites choses qui concerneront la Guerre tant par Eau que par Terre, son Excell. aura l'entiere & libre administration des contributions, & des Deniers à ce destinez & consentis par les Etats, ou qui seront encore destinez ou consentis; toutes lesquelles choses son Excell. fera recevoir, traitter, & fera distribuer sur les Ordonnances, & par tels Tresoriers & Deputez que son Excell. choisira à cet effect d'entre des personnes capables qui seront Hollandois & Zelandois; à condition neantmoins que lesdits Tresoriers & Deputez rendront leur compte de trois mois en trois mois par devant les Etats Generaux ou leurs Deputez; excepté toutefois que s'il plait à son Excell. il continuera dans leurs emplois, aux fins susdites, les Tresoriers & Deputez qui sont déja en service, quoy que non Hollandois ou Zelandois; mais que ce sera pour ce tems icy, sans prejudice des Païs & de l'avenir.

Et son Excellence aura, dans toutes les affaires qui arriveront, entier pouvoir, sans avoir ni attendre le consentement des Etats de lever à la charge de la Communauté des Païs, & sous l'obligation & credit d'iceux, ou de trouver la Somme de 20000 Livres en une fois, que lesdits Païs feront bon, chacun pour sa quote part.

Son Excellence fera de la part du Roy comme Comte de Hollande & de Zelande administrer le Droit & la Justice par le Conseil de la Cour de Hollande, sur tous les Lieux & Habitans de Hollande, Zelande & Frise, ressortissant à la même Cour, en toutes les affaires dont la connoissance lui apartient, sans neantmoins accorder aucune provision ou admettre aucune Procedure contre les Ordonnances & Resolutions des Etats.

Et afin que le susdit Conseil se regle sur le Droit present, l'Equité, & tous les Privileges legitimes & Coutumes, & en matiere d'Apellation & d'Execution de leur Sentence, suivant la derniere Ordonnance provisionelle & Resolution des Etats.

Son Excellence établira & ordonnera de la part du Roy, comme Comte de Hollande & Zelande, tous les Officiers en Chef & autres Officiers de Justice (qui ne sont point à la collation de la Chambre des Comtes selon la coutume) sçavoir quand quelques-uns d'iceux seront morts, ou dans le tems que leur fonction sera expirée, ou pour d'autres raisons, esquels cas son Excellence le fera par l'avis des Etats, qui nommeront toujours trois personnes à sadite Excellence dont elle en ordonnera une aux Etats vacants & Offices respectifs, à condition que dans le susdit Conseil de Hollande, il y en ait toujours deux de Zelande, selon l'ancienne Coutume ou Privilege des susdits Païs.

Et pourront ceux du Conseil susdit accorder toute provision en matieres de graces, comme relief & restitution ainsi qu'il avoit coutume d'être pratiqué par le grand Conseil de Malines. Item tous Benefices de Droit, comme d'Inventaire, Cession & semblables.

Auront aussi par provision connoissance en premiere instance de toutes les questions feodales, à condition que y assisteront les Stadhouder & Conseil feodal, qui y ont été de tous tems & qui y sont encore.

Par son Excellence comme par le Souverain pourront être accordées toutes graces, comme Remissions, Pardons, Respit, Cessions, Legitimations, & semblables au Nom du Roy comme dessus, suivant l'avis con-

ANNO 1575.

vijs van d'Officieren en Wethouderen van der Plaetsen, of andere als na ouder gewoonte, van gelijken alle Octroyen, Beneficien en Prerogativen, of Privilegien, wel verstaende, dat in 't verlenen van eenige Octroyen of Privilegien aen eenige Communiteiten, Steden en Vlecken, 't selfde gedaen sal werden, met advijs van de Staten, om alle questien te voorkomen.

Sijne Excell. sal onder sijne hand en Zegel verlenen, de Sauvegarde en Paspoorten, als 't selfde tot noch toe geuseert en gedaen is, sonder dat yemand in Holland, noch Zeeland wie hy zy, hem sulx sal onderstaen, dan by expresse autorisatie van sijne Excell.

Item sijne Excell. sal elegeren, cureren en vernieuwen ten gewoonlijke tijde, de Magistraten in de Steden, als na ouden herkomen, Handvesten, of Privilegien van den Steden, wel verstaende indien den nood, of versekertheid mochte vereisschen eenige afstellinge of vernieuwinge van Officieren, Wethouderen of Magistraten van de Steden, buiten den gewoonlijken tijd, sal sijne Excell. 't selve ook mogen doen, met kennisse van saken, en van 't meerendeel der geenre die de Vroetschap, en 't corps der selver Steden zijn representerende, al sonder prejudicie der Steden voorsz. Handvesten en Privilegien, die niet te min gehouden sullen werden, en blijven in haren geheel.

Gelijk zijne Excell. ook hand houden en beschermen sal, allen Rechten, Privilegien, Gerechtigheden, Vrydommen en loflijke Costumen der Landen en Steden van Holland en Zeeland onder zijne gehoorsaemheid zijnde, in 't gemein en van elk een bysonder met verstand, handhoudinge en Protectien van de Preëminentien, en autoriteit van alle wettelijke Officieren, Magistraten en Overheid, sonder in eenige Steden of Plecken onderhouden te werden eenige andere Collegien, of Consistorie, dan met advijs, nominatie en instellinge van de Magistraten der selver Steden, of van de gemene Staten.

En aengaende de Religie, sal sijne Excell. admitteren en handhouden d'oeffening van de Gereformeerde Evangelische Religie, doende surcheeren en ophouden d'exercitie van de Roomse Religie, constituerende tot vorderinge der voorsz. Gereformeerde Religie drie of vier gequalificeerde Persoonen, als generale Commissarisen in 't stuk van der Religie, de welke sullen letten op te qualité van de Predicanten en Ministers, mitsgaders op haer behoorlijke onderhoud voorsien, in de Steden met advijs van de Magistraten, en ten platten Lande van de Hooft-Officiers van der Flecke.

Sonder dat zijne Excell. sal toelaten, dat men op yemands geloof of conscientie sal inquireeren, of dat yemand ter cause van dien eenige moeyenisse, injurie, of letsel aengedaen sal werden, doende vorder by advijs van de voornoemde Gecommitteerden, de oeffeninge der voorsz. Religie aengaende, stellen alsulke goede ordre, als na gelegentheid van der saken, en conditien van der Steden ten meesten gerustigheid en commoditeit van de gemeente, sonder verminderinge van Godes eere bevonden sal werden te dienen en te behoren, ook met advijs van de Staten ist nood.

En sal sijne Excell. in 't gunt voorsz. is tot zijne Raden en assistentie verkiesen alsulke gequalificeerde Personen Nederlanders, en 't meerendeel Hollanders en Zeelanders wesende, als zijn Excell. believen sal, sonder advijs of de nominatie van yemand.

En sullen de Staten in 't gemeen, ook de Officieren, Magistraten, Schutteryen en Gemeenten in alle Steden en Vlecken Eed doen, sijne Excell. in de voorsz. sijne Regeringe, Bevelen en Ordonnantien boven verhaelt, en tot onderhoudinge van dien, getrou, onderdanig en gehoorsaem te wesen.

Als ook by of van wegen sijne Excell. reciproquelijk gesworen sal worden, in de voorsz. Regeringe der Landen van Holland en Zeeland, haren Rechten, Privilegien, Vrydommen en loffelijke Costumen in der forme

convenable des Officiers & Magistrats des Lieux ou autres, comme d'ancienneté; comme semblablement tous Octrois, Benefices, & Prerogatives ou Privileges, bien entendu, que dans la concession d'Octroy ou Privilege à quelques Communautez, Villes & Bourgades, elle sera faite par l'avis des Etats, pour éviter tous debats.

ANNO 1575.

Son Excellence accordera sous son Sceau les Sauvegardes & Passeports, comme cela s'est pratiqué jusques à present, sans que personne de Hollande ni de Zelande qui que ce soit s'en ingere, que par expresse autorisation de son Excellence.

Item son Excellence élira, & créera & renouvellera aux tems accoutumez les Magistrats dans les Villes, suivant les anciennes Coutumes, Privileges ou Chartres des Villes; bien entendu que si le besoin ou la sureté requeroit quelque demission ou renouvellement d'Officiers, ou Magistrats des Villes, hors le tems ordinaire, son Excellence le pourra aussi faire avec connoissance de cause, & de la plus saine partie de ceux du Conseil de Ville qui en represente le corps; le tout sans prejudice des Chartres & Priviléges des susdites Villes, qui neantmoins seront tenus, & conservez en leur entier.

Comme aussi son Excellence maintiendra & deffendra tous Droits, Privileges, Justices, Libertez, & louables Coutumes des Païs & Villes de Hollande & Zelande étant sous son obéissance, en general & chacun en particulier; bien entenduë la manutention & Protection des Préeminences & autoritez de tous Officiers, Magistrats & Souverain legitime, sans entretenir dans aucune Ville ou Bourgade aucun autre College ou Consistoire que par l'avis, nomination & installation des Magistrats des susdites Villes, ou des Etats Generaux.

Et à l'égard de la Religion, son Excellence admettra & maintiendra l'exercice de la Religion reformée Evangelique, faisant sursoir & casser l'exercice de la Religion Romaine; constituant pour l'avancement de la susdite Religion reformée trois ou quatre Personnes qualifiées, comme Commissaires Generaux en matiere de Religion, qui prendront garde à la qualité des Predicateurs & Ministres, & pourvoiront aussi à leur entretien convenable dans les Villes par avis des Magistrats, & au plat Païs des Officiers en Chef des Bourgades.

Sans que son Excellence permette, qu'on recherche personne pour sa foy ou conscience, ou que personne pour cause d'icelle reçoive aucune injure ou obstacle, faisant en outre par l'avis des susdits Commissaires, à l'égard de l'exercice de la susdite Religion, établir tel bon ordre, qu'il sera utile & conviendra, suivant la disposition ou occurrence des cas, & l'état des Villes, au plus grand repos & commodité des Eglises & sans diminution de la gloire de Dieu, même par l'avis des Etats, si la necessité le requiert.

Et son Excellence en ce qui est dit cy-dessus choisira pour ses Conseillers & assistans telles Personnes qualifiées des Païs-bas, & la plus grande partie de Hollandois & Zelandois, qu'il plaira à son Excellence sans l'avis & denomination de personne.

Et les Etats en general, comme aussi les Officiers, Magistrats, Bourgeois, & Communauté dans toutes les Villes & Bourgades feront Serment, d'être fideles à son Excellence dans son susdit Gouvernement, & ses Mandements, & Ordonnances cydevant mentionnez, & pour l'entretenement d'iceux de lui être fidelles, soumis & obeissants.

Comme aussi jurera sadite Excellence reciproquement de sa part, que dans le Gouvernement susdit des Provinces de Hollande & de Zelande, il deffendra & avancera leurs Droits, Priviléges, Liberté & loua-

ANNO 1575.

forme en maniere als boven, by alle mogelijke wegen te beschermen en te bevorderen, jegens alle hare Vyanden en wederpartye, van alle 't welk gemaekt sullen werden Acten, solemnelijk gezegeld en getekent als behoort.

Des sullen de Staten van Holland voor so vele hen aengaet, of met die van Zeeland in 't generael vorder constitueren van de voornaemste en principaelste van den Lande, eenen gemeenen Land-raed, tot beleidinge en conservatie van allen anderen des gemene Landssaken, en Unie der selver Landen, de welke na de Ordonnantie, Autorisatie en Instructie hen-luiden daer af te geven, van wegen den Staten, met alle officie en dienstwilligheid, sijne Excellentie ook sullen assisteren na haer vermogen met raed en daed, daer toe in 't geheel of deel by syne Excell. vermaent zijnde, en sal niet te min sijne Excell. de Staten doen vergaderen en beschrijven, als hem goed dunken sal in 't particulier of generael.

In alle 't welk hebben de voornoemde Staten, voor so veel hen aengaet, belooft en hen verbonden, beloven en verbinden hen by desen sijne Excell. onderdaniglijk te gehoorsamen, en na haer vermogen te doen gehoorsamen t'allen tijden, des Bevel en Ordonnantie van sijne Excell. hebbende.

Gedaen tot Dordrecht by de Ridderschap, Edelen grote en kleine Steden van Holland, Staets-gewijs vergadert zijnde den 11. July 1575. en t'oorkonden desen met gemenen Zegele van den Lande: en 't haren ernstelijke versoeke, metten Zegele der Stede Dordrecht bevestigt. En was bezegelt mette Zegelen der Staten, en van de Stad Dordrecht. *Onderstond noch geschreven*, Ten bevele en uitten name van de Ridderschap, Edelen en Steden van Holland boven vermeld, *ondertekent* P. BUYS, *Onderstond geschreven*, in kennisse van ons ondertekent

C. DE RECHTERE.

louables Coutumes en la forme & maniere que dessus, par tous les moyens possibles, contre tous leurs Ennemis & adverses Parties; & de tout ce que dessus sera fait un Acte scellé & signé solemnellement comme il apartient.

Les Etats de Hollande, pour autant que cela les concerne, ou conjointement avec ceux de Zelande en general, constitueront des Principaux du Païs pour un Conseil ordinaire pour la conduite & conservation de toutes les autres affaires du Païs, & de l'union d'iceux, lequel lors qu'il en sera requis en tout ou en partie par son Excellence l'assistera de tout son pouvoir de conseil & de fait, selon les Ordonnances, Autorisations, & Instructions qui leur en seront données de la part de l'Etat, & ce avec tout office & bienveillance; & neantmoins son Excellence fera assembler les Etats en particulier ou en general, comme il le trouvera bon.

A toutes lesquelles choses les susdits Etats, en tant que cela les regarde ont promis & se sont obligez, promettent & s'obligent par ces presentes d'obéir de tout leur pouvoir en tout tems, en ayant Mandement & Ordonnance de son Excellence.

Fait à Dort par le Collége des Nobles, par les Nobles, grandes & petites Villes de Hollande, assemblez le 11. *Juillet* 1575, *en témoin dequoy ont ces presentes été scellées du Sceau general du Païs, & à leur priére & instance du Sceau des Etats & de la Ville de Dort*; Etoit encore écrit au dessous, *Par Ordonnance & Mandement du Collége des Nobles, Nobles & Villes de Hollande cy-dessus mentionnez*, Signé P. BUYS, & plus bas étoit écrit, *en témoin de nous signé*

C. DE RECHTERE.

ANNO 1575.

CXXII.

8. Août.

Déclaration de HENRI III. *Roi de France pour l'Explication & specifique Designation des Droits de Regale & de Souveraineté qui sont entendus avoir été cedés au* DUC DE LORRAINE *dans le Bailliage de* Bar, *Prévôté de* la Marche, Conflans & Gondrecourt, *par le Traité du* 25. *Janvier* 1571. *Donnée à Paris le* 8. *d'Août* 1575. [Pièce tirée des Archives de Lorraine.]

HENRY, par la grace de Dieu, Roy de France, & de Pologne; A tous ceux qui ces presentes Lettres verront, Salut. Notre trés-cher & trés-amé Frere le Duc de Lorraine & de Bar Nous a fait dire & remontrer, que combien que par Traité & Accord fait entre nôtre trés-honoré Sieur & Frere le feu Roy Charles, que Dieu absolve, & luy, lû, publié & enregistré en nôtre Cour de Parlement à Paris le douze Mars 1571. & ailleurs où besoin a esté, touchant le fait de Souveraineté, Droits de Regalle & Jurisdiction au Bailliage de Bar, Prevôté de la Marche, Châtillons, Conflans & Gondrecourt, mouvans de Nous en Fiefs; Neantmoins depuis iceluy Traité, se sont de nouveau suscitez plusieurs difficultez & differends par nos Officiers, empêchans nôtre dit Frere & ses Sujets en ladite jouïssance, pour ce peut-estre que ledit Traité est conçû en termes generaux, & qu'il n'y a ample Déclaration desdits Cas de Regalle & Droits de Jurisdiction; A quoy nôtre dit Frere nous auroit fait trés-humblement suplier pourvoir; SÇAVOIR FAISONS, que nous desirant iceluy Traité & Accord sortir son plein & entier effet, & oter toutes causes & occasions de difficultés, debats, & contentions, afin qu'il n'y ait plus à l'avenir causes ou raisons d'en douter; Aprés avoir derechef & d'abondant entendu en nôtre Conseil privé, les droits, raisons, & moyens respectivement alleguez, tant par nôtre Procureur General que les Gens de nôtre dit Frere; & vû tant les susdits Traitez que Lettres de Declaration octroyées sur iceluy par nôtre dit feu Sieur & Frere, le tout attaché sous le contre-Scel de nôtre Chancellerie, Avons par bonnes & meures deliberations des Gens de notredit Conseil, dit & declaré, disons & declarons,

Que n'avons entendu & n'entendons, sous la reservation de Fief & Ressort portée, & à Nous reservée par le susdit Traité, nous pretendre autres Droits que de feodalité & connoissance des causes d'Apel tant seulement, & non autre chose, sans aucunement entreprendre sur les Droits, Us, Statuts & Coûtumes desdits Bailliages de Bar, & de la Mouvance dont les Jugemens seront emanez.

Estant au pardessus de nôtre volonté & intention, que nôtre dit Frere & ses Successeurs descendans de luy, sesdits Officiers, Vassaux, & Sujets qui sont de la Mouvance & Ressort de nôtre dite Cour de Parlement, soient conservez en leurs Libertez, Franchises & Immunitez.

Et que suivant le susdit Traité & Accord, il jouïsse sur les Sujets de tous Droits de Regalle & Souveraineté, & luy soit loisible de faire en son dit Bailliage & Terres susdites toutes Loix, Ordonnances & Constitutions, pour lier & obliger ses Sujets à les garder & entretenir.

D'établir Coûtumes generales, locales & particulieres, Us & Stiles judiciaires, suivant lesquels les Procez & Causes de luy & de ses Sujets, seront jugez & terminez à peine de nullité; Qu'il puisse faire donner Reglemens de ses Officiers, Justice, & Jurisdictions; Convoquer Etats; Imposer toutes Tailles & Subsides; Conceder aussi & octroyer à sesdits Sujets, toutes sortes des Lettres de Relief d'Illico, des Appellations interjettées des Prevôts au Bailly de Bar, Benefices d'âge, Rescisions de Contrats, Restitutions en entier, toutes

ANNO 1575.

toutes Graces, Pardons, Remiſſions, Annobliſſemens, Amortiſſemens, & tous autres Reliefs & Proviſions de Juſtice; & qu'a icelles par luy decernées l'on aura égard en jugeant les Procez & cauſes d'Apel.

Et ne feront les Procez & Inſtances de luy & de ſes Sujets, ſous pretexte des Appellations interjettées par l'une ou l'autre des Parties ſur quelques Incidens, evoquées au principal en nôtre Cour de Parlement, & Bailliage de Sens, ſinon en cas de Droit. Et que nôtre dite Cour connoiſſe qu'il y ait cauſe neceſſaire.

Pourra auſſi nôtre dit Frere, faire forger Monnoye, & y donner cours en ſondit Bailliage de Bar & Terres de la Mouvance, de telles ſortes & eſpeces, prix & valeur que bon luy ſemblera.

Et contraindre tous ſesdits Sujets dudit Bailliage de Bar & ſusdites Terres de la Mouvance, à ſe fournir de Sel en ſes Salines, en les faiſant punir & corriger, s'ils faiſoient au contraire: ſans que Nous ou nosdits Succeſſeurs les en puiſſions empêcher.

Que lesdits Juges puiſſent connoitre en premiere Inſtance de tous cas privilegiez en toutes complaintes poſſeſſoires de Benefices, & autres matieres quelconques.

Et que ſuivant ce qui a eſté de tous tems obſervé, ſondit Bailly de Bar ſoit Reformateur de toutes les Sentences données par les Prevoſts, Juges & Officiers de ſes Vaſſaux, tant en matieres civiles que criminelles.

Et que ſes Sujets ne puiſſent eſtre diſtraits hors de leurs Juriſdictions ordinaires, par *Committimus*, Mandemens de Scholarité, Gardes Gardiennes, ny autres Privileges quelconques, pour eſtre attirez en premiere Inſtance, tant aux Requeſtes du Palais, Siége de la Pierre de Marbre, aux Eaux & Foreſts, qu'ailleurs.

Et que nos Sergens ne pourront exploiter ou executer aucunes Commiſſions ſans *Pareatis* ſi ce n'eſt en cas de Reſſort.

Et generalement qu'il luy laiſſe jouir & uſer toutes autres Regales & Droits de Souveraineté en confirmant par Nous en tous poincts, autres Lettres de Declaration ja ſur ce accordées & octroyées par notre dit feu Sieur Frere, dés le dix-huitiéme jour de Novembre 1572. & treizieme Fevrier 1573.

Si donnons en Mandement à nos Amez & Feaux, les Gens tenans nôtre Cour de Parlement à Paris, Chambre des Comptes, Cour des Aydes & Requêtes du Palais, Bailly de Sens, de Vitry & de Chaumont, & à tous nos autres Juſticiers & Officiers qu'il appartiendra, que nos preſentes Lettres de Declaration, vouloir & intention, ils faſſent lire, publier & enregiſtrer, & du contenu en icelles laiſſer jouïr & uſer nôtre dit Frere & ſes Succeſſeurs pleinement & paiſiblement, & à nôtre Procureur General d'en conſentir la publication & verification à notre dite Cour de Parlement; Car tel eſt nôtre plaiſir. En temoin de quoy nous avons ſigné les preſentes de nôtre propre main & à icelles fait mettre & appoſer notre Seel. Donné à Paris le huitieme jour d'Aouſt, l'an de grace 1575. & de nôtre Regne le deuxieme. *Signé* HENRY: *Et ſur le reply*, Par le Roy eſtant en ſon Conſeil, BRULART. Et ſeellé ſur double queuë du grand Seel de cire jaune. *Sur le reply eſt écrit ce qui s'enſuit.*

Luës, publiées, enregiſtrées, ouï ſur ce le Procureur General du Roy. A Paris en Parlement, le Roy y ſeant, le vingt ſeptieme jour d'Août 1575. *Signé* DU TILLET.

Et encore eſt écrit ce qui s'enſuit. Luës, publiées, & enregiſtrées, ouï le Procureur General du Roy en la Chambre des Comptes, en conſequence de la publication d'icelles faite en ladite Cour de Parlement de Paris, le vingt-unieme jour de Novembre 1575. *Signé* DE LA FONTAINE.

Et depuis eſt encore écrit ce qui s'enſuit. Luës, publiées & enregiſtrées en la Cour des Aydes de Paris, ouï le Procureur General du Roy, en conſequence de la verification d'icelles faite en la Cour de Parlement, le Roy y ſeant, le cinquieme jour de Fevrier, l'an 1576. *Signé*, LE SUEUR.

CXXIII.

10. Août. *Capitulatione rinuovata in* SULTAN AMURAT *dall' Illuſtriſſimo Ambaſciadore* JACOMO SORANZO. [Sur une Copie manuſcrite & ancienne.]

AMURAT *Imperatore Figliolo di* SELIM *Imperatore ſempre vittorioſo.*

ANNO 1575.

SEgno Nobile & ſublime del Signore Dominator', & Sigillo dell' Imperio noſtro giuſtiſſimo con aiuto del Creator Dio cuſtoditore. Queſto è con eſſere appreſſo à noi l'aiuto altiſſimo del giuſto Dio ſempre pronto & laudato & il miracolo abbondantiſſimo del noſtro Profeta Mehemet Muſtafa Signor di tutti gli altri Profeti la ſalutation' & beneditrion' di Dio ſia ſopra di lui & con favor' de' quattro Succeſſori ſuoi il Magno Dio habbia miſericordia de loro Anime.

Io che ſono Signor de Signori & Guida delli Dominatori & donator' delle Corone a gli Rè della Terra habitabile, Signor Morat Imperatore Fiol di Signor Selim Imperatore di Sultan Imperatore che fù di Sultan Selin Imperatore.

Di queſto tempo preſente il Felice frà li Chriſtiani honorato & maggior' Signore in fede di Chriſto il Doge di Vinetia Aloyſe Mocenigo & la Signoria e'l fin di loro ſia finito con bene.

Hanno mandato per Ambaſciadore alla mia eccelſa Porta ſtantia di il valoroſo & fideliſſimo ſuo huomo nominato Jacomo Soranzo Cavaliere & Procuratore, facendo ſapere l'Amicitia vera con cuor' netto come era ſtato fatto nel tempo del quondam mio Padre Sultan Selim Imperatore & mio Avo Sultan Solimano Imperatore (Dio habbia miſericordia dell' Anime loro) accio che ſia confirmato l'Accordo, & l'Amicitia & le promeſſe che ſono da ambe le Parti & che ſiano confirmati & ratificati come prima i Patti & la promiſſione che ſono notati nelli Capitoli dati dalla Sua Maeſtà ſublime & domandò gratia & favore che ſia rinuovato la propria copia delle ſue Capitolationi.

Per il paſſato in tempo del Doge di Vinetia Pietro Lando haveva dato il quondam mio Avo la Capitolatione nella quale narrava li Caſtelli che ſono di loro Governo nella Morea & il Caſtello di Napoli con le ſue Rocche inſieme col Caſtello di Malvaſia doppo tolte le Armi, & le Artiglierie & le Campane & altri Iſtromenti, i Rettori & ſtipendiati che vi ſono vadano con le ſue Robbe dove vogliono, & de' gli Sudditi chi vorrà reſtare di ſua volontà reſti, & quelli che vorranno andar' via vadano con le loro Robbe & coſi ſiano conſignati alla mia eccelſa Porta. Et al mio ben cuſtodito Teſoro hanno promeſſo di dar' Venetiani Cecchini nº. trecentomila & in queſto nº. ci hà dato in quell' iſtante cento milia, & in quel medeſimo Anno ci hà dati altri cinquanta milia & il reſtante altri cento cinquanta milia doppo paſſato un' Anno ſian' pagati in dui altri Anni che ſarà ogn' anno Cecchini ſettanta cinque milia, & il quondam mio Avo haveva dato la Sua Imperial Maeſtà li Capitoli honorati con li Patti che ſi hà da narrare diſtintamente.

La mia promeſſa honorata ſegue ſopra quelle & acciò che ſia ferma la mia felice promeſſa giuro per un ſolo giuſto Idio ſolo & eccelſo ſempre preſente che hà creato il Cielo & la Terra che dum mentre che dalla parte di loro non ſarà fatta opera contra la promeſſa anch' io non farò fare coſa alcuna contra la mia honorata promeſſa.

Et col Doge di Vinetia, con la Signoria, con li ſuoi huomini & con tutti i Popoli delli Paeſi & Terre ſottopoſte à loro avanti che foſſe fatta la mia promeſſa honorata in tempo della Guerra e ſtato da loro con la mia invincibile ſpada in l'eſtremità del Sangiaccato di Dalmatia Caſtel nominato Urana, & Caſtello Hadin con li Confini & Termini delle Ville ſottopoſte à detti Caſtelli con li Sudditi ſuoi che ſi ſono trovati preſenti al tempo della preſa di detti Caſtelli.

Et l'Iſole che ſi trovano nell' Arcipelago Iſola di Schiatto con il ſuo Caſtello, Iſola di Schiro con il ſuo Caſtello, Iſola di Andro con dui ſuoi Caſtelli, Iſola di Soſonò, & Iſola di Sirſò con li lor' Caſtelli, & l'Iſole di Chierpe con dui ſuoi Caſtelli, & l'Iſole che ſono congionte à Nixia, Sereſar' con li ſuoi Caſtelli, l'Iſole di Neſſia con tre ſuoi Caſtelli, & l'Iſola di Ebdonda con ſuo Caſtello, & quelle che ſono diſchabitate & rouinate de Egiene & l'Iſola Merit & l'Iſola di Termit, l'Iſola di Para, l'Iſola di Miconi, & l'Iſola di Papaſlich, & la Stampalia, & Aggigiurga, & l'Iſola di Coinligie, & l'Iſola di Morſer', l'Iſola de' Malidiſa. Tutte queſte ſopra nominate ſono in Governo della mia Maeſtà; oltra di queſte che ſono ſottopoſte in Governo loro nominate Iſola di Thine con ſuo Caſtello &

Anno 1575.

& tutti gli altri Castelli che sono in Dominio di loro insine con tutti gli huomini che portano la bandiera di San Marco per Terra & per Mare, li Paesi & Ville che sono al presente in commando loro & con le Terre che hanno acquistato, & acquistaranno de' Popoli di lor Fede medesima dopo questo giorno frà noi sia Amicitia & Pace.

Alli confini del Sanzaccato de Gianina un luogo nominato Parga con le sue Torri & col suo Borgo & li suoi confini & Territorio che era rouinato & brugiato per avanti per il mio commandamento hora facendo gratia hò commandato che di nuovo sia in poter di loro, & che sia di loro, ma gli huomini della detta Parga & le Ville sottoposte à detta Parga se faranno qualche danno nel Dominio mio cosi per Mare, come per Terra, la Signoria di Vinetia debba far pagare quel detto danno, & quelli che saranno colpevoli siano castigati per giustitia.

Et li Sangiacchi & Subassi & tutti gli altri che sono al servitio mio come le Stelle in Cielo per tutto il Dominio mio nessuno possi dar' fastidio nè danno nè à lor Paese nè à Castelli nè à sue Terre, nè à suoi huomini.

Se alcuni de' miei Sangiacchi sottoposti alla mia eccelsa Porta che al mio innumerabile Essercito se facessero qualche danno à lor Paese, Castelli, & Torri, & alli suoi huomini, il danno successo sia rifatto in suo luogo con mio nobil commandamento & sia castigato il colpevole. Et i Mercanti & huomini de' i sopradetti Signori per Mare ò per Terra con Galee & Navi, & altri Vascelli piccoli navigando per venire in Costantinopoli, & Galata, & in Arabia, & Alessandria, & Cattaro, & allo Stretto che è di là da Gallipoli & agli Stretti di Lepanto, & Prevesa ò Modon non possino entrare all' improviso se prima non fanno avertire à i Castellani & entrino con licentia. Ma se fosse vento contrario over fortuna overo che fossero cacciati da Fuste de' Leventi & non havendo altro luogo da salvarsi se non quelle Scale, & siano forzati, all' hora possano entrare, & se sarà possibile anco con quel tempo facciano avertire & quando voran' partire non si partano senza licenza, & colui che contra farà sia castigato, & per questa causa non sia incolpata la Signoria di Vinetia, ma questo detto negotio sia dopò sei Mesi, accio che siano avertite le Navi Venetiane, & per questa causa non sia fatta cosa contra la mia honorata promessa.

Le Galee & Navilii del Dominio mio che van per Mare & l'Armata mia se scontrasse in Mare Vascelli Venetiani mostrino Amicitia & non debbano dar' molestia ne danno; loro ancora scontrando la mia Armata insita con mio commandamento & altri Vascelli & Galee che navigano per Mare debbano mainar le Vele, & debbano mostrare l'amicitia & l'humiltà, & mostrando l'amicitia, & l'humiltà, abbassando le Vele, se gli sarà fatto danno ò molestia, se il danno sarà di huomini over di Mercantie sia rifatto in suo luogo, cosi ancora se li Vascelli loro & Galee & anco le sue Armate scontrassero in Mare i miei Navilii overo huomini privati debbano passar' come Amici & non far' danno nè molestia, ma se sarà fatto danno di huomini over di Robba sia rifatto in suo luogo. Et se per caso si scontrassero Vascelli di Leventi & Assassini, i Vascelli di quelli Assassini venendo apposta adosso di loro per combattere, & essendo loro vittoriosi tutti quelli huomini che saranno presi oltra di quelli che sono morti all' hora della scaramuccia, & del combattimento non li debbano ammazzare, ma siano mandati cosi sani, & salvi alla mia eccelsa Porta, acciò che siano castigati, & gli farò giustitiare di tal sorte che sarà essempio agli altri.

Se l'Armata del mio Dominio andarà al Viaggio in qualche banda che non sia sottoposta à Vinetia l'Armata Venetiana stie quieta, facendo li fatti suoi & stia ferma sopra l'Amicitia & non si muova andando per aiutar' à nessuno, acciò che non siano causa di fare far danno alla mia Armata & quelli che sono miei Nemici non li debbano lasciar' mescolare con la sua Armata, & non debbano aiutar' nè darli Vittovaglia, & se nessuno dell' Armata sua farà contra al presente mio commandamento in quel luogo medesimo la Signoria di Vinetia il debbia castigare acciò che sia essempio ad altri.

Et ogni volta che scontrassero le Navi overo Galee & altri Vascelli di Corsari d'altri Paesi non debbano dar ricapito nè lasciarli fermare nelli suoi Porti nè sotto le Fortezze, & Isole che sono sottoposte à Vinetia & se fosse possibile di prenderli li debbano prendere & non gli lascino haver' fiato & siano castigati. Ancora dalla mia parte sia fatto il medesimo & i Navilii d'Assassini d'altri Paesi non siano lasciati ricapitare sotto le mie Fortezze & Porti, & se fosse possibile di prenderli siano presi & castigati.

Et se venisse qualcuno di Vinetia & contrattasse con un' altro del mio Dominio non pagando tutto il suo danaro & fuggendo con inganno, sempre che egli sia domandato da loro con mio honorato commandamente se sarà trovato quell' huomo sia fatto pagare il suo dovere. Et se alcuno andasse à Vinetia del mio Dominio & contrattasse con un Venetiano non havendo pagato giusto il suo danaro, & fuggisse qui se sarà trovato sia fatto pagare il giusto.

Se un di Vinetia fosse debitore del Dominio mio over fosse incolpato per qualche altra causa & si absentasse, non sia pigliato un' altro per lui & per quello non sia imputata la Signoria di Vinetia se non andasse per habitare à Vinetia overo à lor Paesi cosi anco si sarà fare il medesimo da parte nostra.

Mandino Bailo cui piace à loro se vorà venir' con la sua Moglie venga & stia in Costantinopoli appresso trè Anni & avanti che fornisca trè Anni, & venga in cambio suo un' altro simile.

Se scampasse da Vinetia uno Schiavo che venga nel mio Dominio se diventarà Turco & venendo il suo Padrone gli siano dati mille Aspri & non venendo il Padrone se venisse un Messo siano dati al Messo, & se stesse fermo nella Fede Christiana sia restituito il medesimo Schiavo al Padrone, & se scampasse dal mio Dominio & andasse in quelle parti se sarà Turco over fatto Christiano sia restituito ad ogni modo senza scusarsi & se quello che è fuggito sarà Christiano sarà dato al suo Padrone overo al suo commesso Aspri mille.

Et se le Fuste per Mare huomini & altri per Terra andassero à far' danno alle Isole sottoposte à Venetiani & menassero gli Schiavi in Grecia overo in Natolia & lo vendessero subito se sarà trovato di questi Schiavi sia fatto Inquisitione con diligenza, & facciano trovar' da cui han' comprato se sarà vero che sian' venduti per mano di Leventi se saranno presi i detti Leventi & che sia manifesto come lo Schiavo sia Venetiano sia castigato in ogni modo il detto Levente, & quelli Schiavi che saranno fatti Turchi siano liberati & vadano à fare i fatti suoi & se si trovano nella Fede Christiana siano consignati à Venetiani & se non saran' trovati quelli che gli haveran' venduti quelli Schiavi siano menati qui & sia inquisito nella mia Eccelsa Porta & se sarà provato che siano Venetiani se sono diventati Turchi siano liberi, & si trovassero nella lor' Fede medesima siano consignati al Bailo suo.

Venendo le Navi Venetiane al mio Dominio imbattendosi à fortuna, & caso che si rompessero le Navi tutti quelli huomini che saranno scapolati siano liberi & le Mercantie che scapolaranno siane date à gli loro Padroni, & per parte del Capitano non si dia molestia & del mio Dominio andando Navilli in quelle parti & si rompessero per fortuna quanti huomini che scapolarà non li sia data molestia & la Mercantia sia restituita senza impedimento nè difficoltà.

Et se del mio Dominio di qualche parte usciran Galere ò Fuste & altri Vascelli per Mare non essendo il mio Capitano, insieme con loro i Padroni delli detti Navilii, siano dati in ogni modo in piezzaria, acciò non possino far' danno nè dar' molestia per tutto il Paese di Venetiani & se andaranno senza piezzaria siano colpevoli & peccatori, & in ogni modo siano castigati, & havendo data la piezzaria se haveran' fatto qualche danno siano obligati i piezzi à pagar quel danno che è successo. Anco il medesimo se uscirà di Vinetia qualche Vascello che non vi sia il Capitano di Vinetia insieme dopò date le piezzarie se faranno qualche danno siano obligati i piezzi à pagare il danno successo, & se andaranno senza piezzi siano colpevoli, & peccatori & siano castigati in ogni modo.

Et se del mio Dominio scampasse un Carazar' overo un Datiaro, & andasse ad habitar' nelle Terre sottoposte à Venetiani & Isole non sia accettato, & se alcuno andara à richiederlo gli sia dato il proprio senza scusa alcuna, & se haverà ammazzato huomini, overo havendo portata la Robba robbata sia data la Robba propria. Anco dalla mia parte si fara il medesimo, & se un huomo ammazzasse un' altro huomo overo assassinasse & portasse qui Robbe rubbate sia restituita la medesima Robba.

ANNO 1575.

Se frà i Venetiani havessero differenza insieme il suo Bailo debba dare Audienza secondo le sue usanze, & nessun debba impedirlo. Et se uno havesse lite con il Bailo che si trova alla mia eccelsa Porta in Costantinopoli le sue differenze siano ascoltate al mio sublime Divano, se io con felicità sarò in Campo le differenze che saran successe con il Bailo siano ascoltate in presenza di colui che sarà lasciato per Governo di Costantinopoli & con ordine del Cadi.

Se uno haverà da far lite con li Mercanti Venetiani come andaranno dal Cadi, & che non siano i suoi Dragomani presenti il Cali non debba ascoltar' la lite, & anco loro non mettano tempo di mezzo scusandosi che il Dragomano non è qui, ma menino subito i suoi Dragomani, & se i suoi Dragomani saranno in qualche negotio d'importanza debba aspettarsi fino che venga.

Et per debito d'altri nessuno non debba pigliar' il Bailo & farli pagar' cosa alcuna qui, ma il Bailo subito darà ad intendere alla Signoria di Vinetia acciò che anco loro mandino la risposta subito.

Anco de' Mercanti Venetiani venendo à Lepanto & nella Morea, & altri luoghi non possano partire senza haver' Carta di licentia dal Bailo, & colui che sarà temerario & vorrà partire senza licenza il Subassi debba aiutare il Bailo acciò non possa partire.

I Marinari delle Navi Venetiane non siano angariati nel mio Dominio & possano andar' via à lor' piacere con le loro Navi.

Et quelli Venetiani che vorranno fermarsi nel mio Dominio siano maritati ò non maritati, & facciano le sue faccende non fermandosi non sia domandato Caraggio da loro.

Et se i Venetiani havessero differenza con Carazzari facendo lite insieme; Venetiani, menando Testimonii di sua Natione gli Aversarii che sono Christiani di questo Paese danno fastidio a loro dicendo non volete accettare la testimonianza de' Venetiani. Adunque essendo tutti i Christiani d'una Fede medesima necessario è che sempre havendo lite i Venetiani & altri Christiani bisognando ad essi di Testimonii di Nation' Christiana di qual essere si voglia menandoli à giustificare siano accettati come commanda la Giustitia honorata del Profeta.

Se un Mercante Venetiano nel mio Dominio andando per viaggio, overo alloggiando in Villaggi & che fosse assaltato & toltoli le sue facoltà ò che sia ammazzato il Mercante in detto luogo overo che fosse assaltato ogni volta che venirà suo herede overo suo commesso sia visto per giustitia & pagato il suo dovere.

Se un Mercante Venetiano venisse nel mio Dominio per far Mercantia & che morisse di sua Morte non debba impacciarsi nelle sue facoltà i Cattaveri, ma siano consignate al Bailo.

I Mercanti Musulmani di Barberia & altri Mercanti che non sien' de loro per Mare & per Terra & volendo venir' qui & andassero in luoghi che commandano i Venetiani dopò tolto i Datii delle loro Robbe secondo il consueto & costume non debbano impedire nè lasciarli far danno à nessuno acciò che possino venir' sicuri nel mio Dominio.

Et gli Vascelli che navigano sotto di Corfù che siano Venetiani over altri che andaranno à Vinetia per far Mercantia & voran tornare, nessuno li debba impedire nè dar molestia se non havessero fatto qualche male.

Le Navi Venetiane doppò fatta la cerca secondo il consueto in Costantinopoli, se partirà & andarà alli dui Castelli, poi sia fatta la cerca secondo l'usanza antica & poi sia data licenza per andare al suo Viaggio, & hora si fa la cerca ancora in Gallipoli se non che alli dui Castelli, come è l'usanza antica si facci la cerca & vadino via.

Et per l'Isola del Zante suolevano pagar' cadauno anno al mio custodito Tesoro Cecchini cinquecento; di nuovo debbano consignare al mio Tesoro cadauno anno li detti Cecchini cinquecento & per caraggio di Cipro che è cadauno Anno Cecchini ottomila debbano portarli à Costantinopoli ogn'anno & siano consignati.

Dà quel tempo in quà che è stato conquistato il Paese di Arabia venivano due Galere grosse in Alessandria d'Egitto & due Galee grosse ancora à Tripoli di Soria che è sottoposto à Damasco & alla Scala di Barutti con le sue Mercantie secondo l'usanza venivano al suo tempo ordinario ch'era confirmato & à suo tempo vadano via se ben fossero dui over' più ò grandi, ò piccoli Vascelli, non possino tardare più del suo tempo ordinario sin' hora si come suolevano venire à far' Mercantia, & tornando di nuovo faccino il medesimo & non contra faccino all' usanza passata.

ANNO 1575.

Et un nominato Abraim Castro Ebreo fatto Turco in Soria l'innovatione ch'egli haveva fatto contra l'usanza vecchia ò di danari over di Mercantie in le Scale di Barutti & di Tripoli di Soria siano dipennate & tolte via & sia fatto secondo l'usanze vecchie acciò che non debbano dar travaglio nè molestia, ma secondo l'usanza vecchia.

A quelle Galee grosse & altri Vascelli nè alli Mercanti non debbano dar fastidio nè impaccio non facciano lor torto nè miei Beglierbei nè miei Sangiacchi nè nessun d'altri miei Schiavi, & per queste sopradette promesse accettando l'Amicitia giuro per il Nutritor giustissimo & Creator del Cielo & della Terra sempre che loro staranno fermi nell' Amicitia & la promessa se non succederà da loro cosa contra alla honorata promessa; da me anco non succederà cosa contra all' honorata promessa.

Et quando sono scritti questi miei eccelsi Capitoli mi haveva fatto intendere il Sangiacco di Bossina per gli Castelli rouinati che sono nelle estremità di Dalmatia nominati Castel di Boag, & Rastia & Molini che sono in nostro potere per questo è stato narrato & dichiarato qui. Ma l'Ambasciadore che è venuto alla mia eccelsa Porta mandato dalla Signoria di Vinetia mi hà narrato dicendo che quelli Castelli non sono tolti ma sono ancora in potere & Dominio nostro & per esser necessario che sia fatto di nuovo Inquisitione & havendo differenza in ambe le Parti li detti Castelli & Molini.

Però della mia abbondante gratia commando che siano restituiti & siano suoi, ma il negotio di quelli quattro Castelli stà sospeso fin' che sia visto per Inquisitione se sarà vero come hà narrato il detto Ambasciadore siano consignati alla parte loro; ma se sarà vero come hà fatto intendere il Sangiacco di Bossina in quel caso secondo che sarà il mio nobil commandamento così sarà determinato.

Et avanti questi miei nobili Capitoli per haver da fare il sopradetto Ambasciadore alcuni consigli & negotii con il Doge di Vinetia sarà mandato un commandamento honorato & distinto in forma di Capitoli era restato in man di loro hora sia levato via quello, perche il fermo & proprio Capitolo honorato questo è che sia operato secondo il suo sublime tenore.

Per essere notati tutti i sopradetti Negotii nè i Capitoli che il quondam mio Avo Sultan Solimano Imperatore ancor' lui haveva confirmati furno poi dati li Capitoli al tempo di Hieronimo Priuli Doge di Vinetia acciò che non sia fatto opera contra alli nobili Capitoli. Dopo seguita Inimicitia frà loro è stato mandato da parte del sopradetto Doge & della Signoria in tempo del quondam mio Padre Imperatore (la Misericordia di Dio misericordioso sia sopra di lui) Marcantonio Barbaro che era in la mia eccelsa Porta Bailo suo huomo fidelissimo hà fatto intender di nuovo il negotio della Pace, & hà portato una Lettera alla mia eccelsa Porta scritta di lor mano & bollata & havendo domandata la gratia della sua Maestà & havendo accettata la domanda il quondam mio Padre hà concesso che sia data una nuova Capitulatione con certi patti che si dichiarirà.

Li patti che erano notati in la Lettera del detto Bailo questo è il primo che al tempo del quondam mio Avo Sultan Solimano Imperatore havevano dati Cecchini trecento milia che sono notati nelli suoi Capitoli & questi medesimi debbano restituir' il Castello di Soppotò con le sue Artiglierie che havevano tolte & gli huomini che si trovan dentro se vorranno restar restino & se vorranno andare vadano con le loro facoltà & le loro famiglie dove vorranno & nessuno non debba impedirli ne darli molestia.

Et per l'Isola del Zante pagavano per avanti Cecchini cinquecento & hora hò fatto mille Cecchini di più & che debbano mandare alla mia eccelsa Porta mille & cinquecento Cecchini secondo che suolevano dare.

Et li Capitoli eccelsi ch'erano stati dati nel tempo del quondam mio Padre & altri commandamenti che sono stati rinnovati quando mi sono assentati nella mia Sedia Imperiale, hora gli ho confirmati; & anco tutti gli altri commandamenti siano accettati da parte di mia Maestà.

La Signoria di Vinetia per l'Isola di Cipro pagava per

ANNO 1575.

per avanti ogn' anno otto mila Cecchini i quali mai più non debbano pagare. Alcuni Luoghi che sono in Albania & Dalmatia per essere entrati in poter di questa parte & alcuni per essere in mano della Signoria di Vinetia volemo che siano dominati per l'avenire come erano dominati avanti il rompere della Pace con li antichi Confini & Ville delle & per questo negocio siano mandati da ambe le Parti commandamenti nuovi alli Governatori di detti Luoghi acciò siano auvertiti.

A tempo della Guerra le Robbe & Mercantie de' Mercanti, & le lor Navi che erano ritenute da ambe le Parti siano liberate, & se le Robbe di detti Mercanti saranno vendute over che siano perse, essendo manifesto quello che sono state vendute & la valuta delle Robbe perse siano pagate.

Et per esser dichiarito nella detta Lettera che il sopradetto Bailo haveva presentato da parte del Doge & della Signoria quello che era scritto nella sua Lettera, & l'Accordo, & il patto io l'hò accettato; & sempre che i sopradetti Signori honoraranno i patti delli Capitoli, & non sarà successo cosa alcuna dalla loro banda contra la promessa giuro per l'unità & grandezza del sommo Idio eccelso, & per l'honorato eccelso & glorioso Magno nostro gran Profeta Mehemet Mustafà (Benedittioni & salutationi sempre siano sopra di lui) che io ancora non uscirò & non farò uscire da gli patti & delle promesse, & dell' Amicitia che è frà noi sempre che il Doge di Vinetia con la Signoria non saran' favorevoli nè daranno aiuto nè con opera ne con favore à gli Nemici del mio Imperio così per Mare come per Terra, ancor io non lasciarò trapassar' fuora della buona Pace che è successa.

Per esser' notati su questo tenore hanno supplicato hora li sopradetti che sia data una nuova Capitolatione dalla mia eccelsa Porta secondo li sopradetti dui Capitoli & per esser aperta & ampla la mia sublime Porta à cui vuol l'Amicitia ò l'Inimicitia con l'aiuto di Dio eccelso & laudato & non essendo impedimento à coloro che voran venire & andare anch' io della mia sublime gratia hò accettato la buona Pace secondo che si narra in la Capitolatione del quondam mio Padre & di mio Avo & secondo la promessa & il patto che haveva accettato il quondam mio Padre che in quel tempo havevano promesso di consignare al custodito mio Tesoro in trè Anni Cecchini 300. M. & non sono compiti di consignare fino ad hora. Onde il patto è à questo modo che fino à trè Anni sia consignato tutto il restante.

Et io hò dato questi miei nobili, & eccelsi Capitoli & hò fatto promission sempre che il Doge & la Signoria conservarà come prima la promessa & il patto che stà narrato nelli Capitoli & non sarà successo cosa alcuna contra li Capitoli & contra la promessa & buona Pace anch' io giuro per il Dio giusto che è un solo & magno, & glorioso & eccelso & per l'honorato, & felice nostro Profeta Mehemet Mustafà che è il Sole di questo Mondo & dell' altro, & misericordioso della sua Setta che nè io uscirò nè lasciarò uscir' altri della promessa & del patto che si narra nè lasciarò far cosa contra l'Amicitia & Accordo ch'è stabilito infra noi nè contra il giuramento della promessa.

Sempre che il Doge di Vinetia & la Signoria nè con opera nè con favore in nessun' modo non aiutaranno, & non favoriranno gli Inimici del mio felice Imperio si per Mare come per Terra io ancora non lasciarò trapassar' nessuno della buona Pace che è successa.

Et per negotii de Schiavi che sono stati presi avanti la Guerra contra le promesse si debbano coregger' come narra il patto de' Capitoli. Ma quelli Schiavi che sono stati presi da ambe le Parti in tempo della Guerra non debbano caminar sopra quel patto & sia in libertà de suoi Padroni se vorranno darli riscatto con dinari overo servirsi di loro nessuno non possa impedirli ne muolestarli.

E stato scritto al primo de' Giamad elavel dell' Anno Maomettano 983. cioè alli X. d'Agosto 1575.

Scritta in l'inclita & custodita Città di Costantinopoli.

CXXIV.

1. Nov. Wahl-Capitulation Jhro Röm. Königl. Majestät RUDOLPHI II; Enthaltend die Articuln, wornach derselbe das Römische Reich zu herrschen versprochen. Auffgerichtet zu Regenspurg den ersten Novembris 1575. [CHRISTOPH. ZIEGLERN Wahl-Capitulationes pag. 55. d'où l'on a tiré cette Pièce, qui se trouve aussi dans LYMNÆI Capitulationes Imper. & Regum Romanor. pag. 505.]

ANNO 1575.

C'est-à-dire,

Capitulation Imperiale de RODOLPHE II. *Roi des Romains, contenant les Articles selon lesquels il promet de gouverner l'Empire. Faite à Ratisbonne le* 1. *Novembre* 1575.

WJr Rudolff der ander/ von GOttes Gnaden/ Erwöhlter Römischer König/ zu allen Zeiten Mehrer des Reichs/ in Germanien/ zu Hungarn/ Böheim/ Dalmatien/ Croatien und Sclavonien/ 2c. König/ Ertz-Hertzog zu Oesterreich/ Hertzog zu Burgund/ zu Braband/ zu Steyer/ zu Kärnten/ zu Crain/ zu Lützenburg/ zu Würtenberg/ Ober- und Nieder-Schlesien/ Fürst zu Schwaben/ Marggraffe deß Heil. Röm. Reichs/ zu Burgau/ zu Mähren/ Ober- und Nider-Laußnitz/ Gefürster Graff zu Habsburg/ zu Tyrol/ zu Pfierd/ zu Kyburg und zu Görtz/ 2c. Landgrafe zu Elsaß/ Herr auf der Windischen Marck/ zu Portenau und zu Salins/ 2c. bekennen öffentlich mit diesem Brieff/ und thun kund allermänniglich/ als Wir aus Schickung deß Allmächtigen/ in kurtz vergangenen Tagen/ durch die ordentliche Wahl der Ehrwürdigen und Hochgebohrnen/ Daniels/ zu Mayntz: Jacoben/ zu Trier: Valentin/ erwählten und bestättigten zu Cölln/ Ertz-Bischoffen: Ludwigen/ Pfaltzgrafen beym Rhein/ Hertzogen in Bäyern/ Grafen zu Sponheim/ als vollmächtigen Gewalttragers seiner Liebd. Vetters/ Pfaltzgraf Fridrichs: Augusten/ Hertzogen zu Sachsen/ Landgrafen in Thüringen/ und Marggraffen zu Meissen: und Hanß Georgen/ Marggraffen zu Brandenburg/ zu Stettin/ Pommern/ der Cassuben und Wenden/ Hertzogen/ Burggraffen zu Nürnberg/ und Fürsten zu Rügen; deß Heil. Römischen Reichs durch Germanien/ Gallien/ und das Königreich Arelat/ auch Italien/ Ertz-Cantzlern/ Ertz-Truchsessen/ Ertz-Marschalcken/ und Ertz-Cämmerern/ Unsern lieben Oheimen/ und Churfürsten/ zu der Ehre und Würde deß Römischen Königlichen Namens und Gewalts erhoben/ erhöhet und gesetzt seyn/ der Wir Uns auch GOtt zu Lob/ dem Heil. Reich zu Ehren/ und der Christenheit/ und Teutscher Nation, auch gemeines Nutzens willen beladen/ daß Wir Uns demnach aus freyem gnädigen Willen/ mit denselben Unsern lieben Neven/ Oheimen und Churfürsten/ dieser nachfolgender Articul/ Geding- und Pacts-weise vereiniget/ vertragen/ die angenommen/ bewilliget und zugesagt haben/ alles wissentlich und in Krafft dieses Brieffs.

Diese Wahl-Capitulation ist in XXXV. Articuln verabfasset.

Der I. Artickel.

Der König verspricht (1) die Römische Kirch und den Papst/ als derselben Advocat, zu schützen/ (2) die Gerechtigkeit im Heil. Reich ohne Ansehung der Person zu handhaben: und wollen (3) die weltliche Churfürsten/ was diesen und folgenden XV. circa medium, Das sollen und wollen 2c. betrifft/ den König nicht darmit verbunden/ noch selbsten darein bewilliget haben.

I. Zum Ersten/ daß Wir in Zeit solcher Unserer Königlichen Würden/ Ambts und Regierung/ die Christenheit und den Stul zu Rom/ auch Päbstliche Heiligkeit/ und die Christliche Kirchen/ als derselbigen Advocat, in gutem Befelch/ Schutz und Schirm haben/ darzu insonderheit im Heiligen Reiche Frieden/ Recht und Einigkeit pflantzen/ auffrichten und verfügen sollen und wollen/ daß die ihren gebührlichen Gang/ den Armen als dem Reichen/ gewinnen und haben/ auch gehalten/ und denselbigen Ordnungen/ auch Freyheiten/ und alten löblichen Herkommen nach gerichtet werden sollen: Gleichwol so viel diesen/ auch den nachfolgenden Artickel gegenwärtiger Obligation, anfahende: Das sollen und wollen Wir mit Ihr der Churfürsten 2c. belanget/ haben vorgemeldte Unsere liebe Oheimen/ die weltliche Churfürsten/ sich ausdrücklich gegen Uns erkläret/ was daselbsten von dem Stul zu Rom/ auch der Päbstlichen Heiligkeit/ für Meldung geschicht/ daß Ihre Liebden darein nicht bewilligen/ noch Uns damit verbunden haben wollen.

ANNO 1575.

Der II. Artickel.

Der König verspricht (1) alle des Reichs Verordnungen zu schützen / (2) solche zu erneuern / und (3) mit des Reichs Stände Rath im Fall der Noth zu verbessern.

II. Wir sollen und wollen auch / sonderlich die vorgemachte Gülden Bull / den Frieden in Religion- und Prophan-Sachen / auch den Land-Frieden / samt der Handhabung desselben / so auff jüngst zu Augspurg im fünff und fünffzigsten Jahr gehaltenen Reichstag auffgerichtet / angenommen / verabschiedet und verbessert worden / stät und vest halten / handhaben / und darwider niemands beschweren / oder durch andere beschweren lassen / und die andern des Heil. Reichs-Ordnungen und Gesetz / so viel die dem obgemeldten angenommenen Reichs-Abschied im fünff und fünffzigsten Jahr zu Augspurg auffgerichtet / nicht zuwider / confirmiren / verneuren / und wo Noth / dieselbigen mit Rath Unser und des Reichs Churfürsten / Fürsten / und andern Ständen besseren / wie das zu jederzeit des Reichs Gelegenheit erfordern wird.

Der III. Artickel.

Will (1) der König jederman im H. Römischen Reich in seinen Hoheiten / Recht und Gerechtigkeiten rc. lassen / (2) denen Reichs-Ständen ihre Regalia, Pfandschafften rc. confirmiren / und (3) sie auch dabey / doch männiglich an seinen Rechten ohnschädlich / manteniren.

III. Und in alle Wege sollen und wollen Wir die Teutsche Nation, das H. Röm. Reich / und die Churfürsten / als die fördersten Glieder desselbigen / auch andere Fürsten / Grafen / Herren und Stände / bey ihren Hoheiten / Würden / Rechten / Gerechtigkeiten / Macht und Gewalt / jeden nach seinem Stand und Wesen / bleiben lassen / ohne Unser und männigliches Eintrag und Verhinderung; Ihnen darzu ihre Regalia und Obrigkeiten / Freyheiten / Privilegien / Pfandschafften und Gerechtigkeiten / auch Gebrauch und gute Gewohnheiten / so sie bißhero gehabt haben / oder in Ubung gewesen seyn / zu Wasser und Land / in guter beständiger Form / ohne alle Weigerung / confirmiren und bestätten; Sie auch darbey / als erwählter Römischer König / handhaben / schützen und schirmen: doch männiglich an seinen Rechten unschädlich.

Der IV. Artickel.

Verspricht der König (1) daß er die Churfürsten in ihren und des Reichs beschwerlichen Obliegen zusammen kommen lassen / und (2) dergleichen Zusammenkunfft nicht verhindern / sondern gnädiglich auffnehmen wolle.

IV. Wir lassen auch zu / daß die gedachte sechs Churfürsten zu jeden Zeiten / nach Vermöge der Gülden Bull / und ihrer Gelegenheit / zu des Heil. Reichs und ihrer Nothdurfft / auch so sie beschwerlich Obliegen haben / zusammen kommen mögen / dasselb zu bedencken und zu berathschlagen / das Wir auch nicht verhindern noch irren / und derhalben keine Ungnade oder Willen gegen ihnen / sammtlich und sonderlich / schöpffen und empfahen / sondern Uns in dem und anderm / der Gülden Bull gemäß / gnädiglich und unverweißlich halten sollen und wollen.

Der V. Artickel.

Solle (1) der König die gehässige Bündnüssen rc. der Unterthanen gegen die Grössern / abschaffen / und (2) solchem Unwesen mit der Reichs-Stände Hülffe vorkommen.

V. Wir sollen und wollen auch alle unziemliche hässige Bündnüssen / Verstrickung und Zusammenthuung der Unterthanen / des Adels und gemeinen Volcks / auch die Empörung und Auffruhr und ungeruhelichy Gewalt / gegen den Churfürsten / Fürsten und andern fürgenommen / und die hinfüro geschehen möchten / auffheben / abschaffen: und mit ihrer der Churfürsten / Fürsten und anderer Stände Rath und Hülffe daran seyn / daß solches / wie sich's gebühret und billich ist / in künfftige Zeit verbotten / und fürkommen werde.

Der VI. Artickel.

Der König soll wenigstens ohne der mehrern Churfürsten Bewilligung / mit fremden Nationen keine Vereinigung in des Reichs Händeln machen.

VI. Wir sollen und wollen darzu für Uns selbst / als erwählter Römischer König / in des Reichs Händeln auch keine Bündnuß oder Einigung mit frembden Nationen / noch sonsten im Reich machen / Wir haben dann zuvor die sechs Churfürsten derohalben an gelegene Mahlstatt / zu ziemlicher Zeit erfordert / und ihren Willen sammtlich / oder des mehrentheils aus ihnen in solchem erlanget.

Der VII. Artickel.

Der König will (1) jedwedern Reichs-Stand zu deme / was ihme ohne Recht / gewaltiglich abgedrungen worden / verhelffen / und (2) sie dabey ohne Verhinderung handhaben.

VII. Was auch die Zeit hero einem jeden Churfürsten / Fürsten / Herren und andern / oder dero Voreltern oder Vorfahren / Geistliches und Weltliches Standes / dergestalt ohne Recht gewaltiglich genommen oder abgedrungen / sollen und wollen Wir der Billichkeit / wie sich im Recht gebühret / wieder zu dem seinen verhelffen / bey solchen auch / so viel er Recht hat / handhaben / schützen und schirmen / ohne alle Verhinderung / Auffhalt oder Säumnüß.

Der VIII. Artickel.

Der König (1) soll ohne Zugebung der Churfürsten / vom Reich nichts veräussern rc. sondern (2) vielmehr mit der Stände Rath dahin sehen / daß das davon gekommene wieder herzu gebracht werde.

VIII. Zu dem und insonderheit sollen und wollen Wir dem H. Röm. Reich und desselben Zugehörenden / nicht allein ohne Wissen / Willen und Zulassen gemeldter Churfürsten sammtlich / nichts hingeben / verschreiben / verpfänden / versetzen / noch in andere Weg veräussern oder beschweren; sondern auch Uns auffs höchste bearbeiten / und allen möglichen Fleiß und Ernst fürwenden / das jenige / so davon kommen / als verfallene Fürstenthümer / Herrschafften und andere / auch confiscirt und unconfiscirte merckliche Güter / die zum theil in anderer frembder Nation Hände ohngebührlicher Weise gewachsen / zum förderlichsten wieder darzu bringen / zueignen / auch darbey bleiben lassen / und in diesem mit Rath / Hülff und Beystand der sechs Churfürsten / oder andern Fürsten und Stände jederzeit an die Hand nehmen / was durch Uns und sie für rathsam / nützlich und gut angesehen und verglichen seyn würde: doch männiglichen an seinen gegebenen Privilegien / Recht und Gerechtigkeiten unschädlich.

Der IX. Artickel.

Der König soll auff der Churfürsten Verlangen / wann Er oder die seinigen etwas dem Reich gehöriges ohne rechtmässigen Titul innen hätte / dasselbe dem Reich unverzüglich wieder zustellen.

IX. Und ob Wir selbst oder die Unsern ichts / das dem Heiligen Reich zuständig / und nicht verliehen / noch mit einem rechtmässigen Titul bekommen wäre / oder würde / innen hätten / das sollen und wollen Wir bey Unsern schuldigen und gethanen Pflichten demselben Reich ohne Verzug / auff ihr der Churfürsten gesinnen / wieder zu Handen wenden / zustellen und folgen lassen.

Der X. Artickel.

Will (1) der König Zeit seiner Regierung mit den benachbarten und Christlichen Gewälten friedlich leben: (2) Keinen Krieg in oder ausser dem Reich anfahen: (3) Kein frembd Kriegsvolck / ohne Bewilligung der Stände ins Reich führen: doch daß (4) wann er von des Reichs wegen / oder das Reich / angegriffen würde / er sich aller Hülffe dargegen gebrauchen möge.

X. Wir sollen und wollen Uns darzu in Zeit bemeldter unserer Regierung / friedlich und nachbarlich gegen den Anstossenden und Christlichen Gewalten halten; kein Gezanck / Fehde noch Krieg / in- oder ausserhalb des Reichs / von desselben wegen anfahen oder unternehmen; noch einig frembd Kriegsvolck ins Reich führen / ohne Vorwissen / Rath und Bewilligung des Reichs-Stände / zum wenigsten der sechs Churfürsten. Wo wir aber von des Reichs wegen / oder das H. Reich angegriffen und bekriegt würde / alsdann mögen wir dargegen Uns aller Hülff gebrauchen.

Der XI. Artickel.

Der König soll (1) die Stände mit Reichstägen / Cantzley-Geld rc. ohne Noth nicht beschweren / noch

ANNO 1575.

noch (2) dergleichen/ ob schon in zugelassenen Fällen/ ohne der Churfürsten Willen ansetzen/ weniger (3) einen Reichstag ausser dem Teutschen Reich ausschreiben.

XI. Dergleichen sie/ die Churfürsten/ und andere desselben Reichs-Stände/ mit den Reichstägen/ Cantzley-Geld/ Nachreisen/ Aufflagen/ oder Steuer/ ohne nothdürfftigliche und ohne redliche tapffere Ursachen/ nicht beladen noch beschweren: in zugelassenen nothdürfftigen Fällen/ die Steuer/ Aufflage und Reichstäge/ ohne Wissen und Willen der sechs Churfürsten/ wie obgemeldt/ darzu erfordert/ nicht ansetzen noch ausschreiben/ und sonderlich keinen Reichstag ausserhalb des Reichs Teutscher Nation fürnehmen oder ausschreiben.

Der XII. Artickel.

Der König (1) will seine Königlich- und alle Reichs-Aempter mit gebohrnen Teutschen von gutem Herkommen versehen/ und die Aempter (2) in ihren Ehren und Würden ꝛc. bleiben/ noch ihnen etwas entwenden lassen.

XII. Wir sollen und wollen auch Unser Königlich- und des Reichs Aempter am Hof/ und sonsten im Reich/ mit keiner andern Nation/ dann gebohrnen Teutschen/ die nicht niedern Standes noch Wesens/ sondern namhafftig/ redliche Leute/ von Fürsten/ Grafen/ Herren/ von Adel/ und sonst tapffern guten Herkommens hohen Persohnen/ besetzen und versehen/ die sonst niemands als Uns/ und dem Heiligen Reich/ mit Pflichten und Diensten verwandt seyn: auch die obbenannten Aempter/ bey ihren Ehren/ Würden/ Fällen/ Rechten und Gerechtigkeiten bleiben/ und denselben nichts entziehen/ oder entziehen lassen/ in einige Wege/ sonder Gefährde.

Der XIII. Artickel.

Will (1) der König in des Reichs-Handlungen keine andere Sprache/ als Teutsche und Lateinische gebrauchen lassen/ ausser (2) an Orthen/ da gemeiniglich eine andere in Ubung ist.

XIII. Darzu in Schrifften und Handlungen des Reichs keine andere Zungen noch Sprache gebrauchen lassen/ denn die Teutsche oder Lateinische Zungen: es wäre dann an Orten/ da gemeiniglich eine andere Sprache in Ubung wäre/ und Gebrauch stünde/ alsdann mögen Wir und die Unsern Uns derselben daselbst auch behelffen.

Der XIV. Artickel.

Soll (1) der König die Reichs-Stände und desselben Unterthanen/ mit rechtlicher Tagleistung ausserhalb Teutscher Nation/ nicht fürbescheiden/ noch von ihren ordentlichen Richtern dringen/ sondern sie alle (2) bey des Reichs Gesetzen bleiben lassen.

XIV. Auch die Churfürsten/ Fürsten/ Prälaten/ Grafen/ Herren/ vom Adel/ auch andere Stände und Unterthanen des Reichs/ mit rechtlichen oder gütlichen Tagleistungen ausserhalb Teutscher Nation/ und von ihren ordentlichen Richtern nicht dringen/ erfordern/ noch fürbescheiden; sondern sie und jeden insonderheit/ im Reich/ laut der Gülden Bulla/ auch wie des Heiligen Reichs-Ordnung und andere Gesetz vermögen/ bleiben lassen.

Der XV. Artickel.

Soll (1) der König sein bestes Vermögen bey Päbstl. Heiligkeit anwenden/ damit in Ecclesiasticis nicht ferner/ wider die Concordata Principum gehandelt/ (2) keine unleidlich-verbottene Gesellschafft derhalben nicht auffgerichtet/ sondern (3) solche Concordata gehalten/ jedoch daß (4) die darinnen befindliche Beschwerungen abgeschafft werden mögen.

XV. Und als über und wider Concordata Principum, auch auffgerichtete Verträge/ zwischen der Kirchen/ Päbstlicher Heiligkeit/ oder dem Stul zu Rom/ und Teutscher Nation/ mit unförmlichen Gratien/ Rescripten/ Annaten der Stiffte/ so täglich mit Mannigfältigung und Erhöhung der Officien am Römischen Hof/ auch Reservation, Dispensation, und in andere Wege/ zu Abbruch der Stiffte Geistlichkeit und anders wider gegebene Freyheit/ darzu zu Nachtheil Juris Patronatus, und den Lehen-Herren stetigs und ohn unterlässig offentlich gehandelt/ derohalben auch unleydlich verbottene Gesellschafft/ und Contract oder Bündnüß/ als wir berichtet/ fürgenommen und auffgerichtet werden; das sollen und wollen Wir mit ihr der Churfürsten/ Fürsten und anderer Stände Rath/ bey Unserm Heiligen Vatter dem Papst und Stuhl zu Rom/ Unsers besten Vermögens abwenden und fürkommen/ auch darob und daran seyn/ daß die ermeldte Concordata Principum und auffgerichtete Verträge/ auch Privilegia und Freyheiten gehalten/ gehandhabet/ und denselben festiglich gelebet/ und nachkommen; jedoch was Beschwerung darinn befunden/ und Mißbrauch entstanden/ daß dieselbigen/ vermöge deßhalben gehabter Handlung zu Augspurg der mindern Zahl im dreyßigsten Jahr gehaltenen Reichstages abgeschafft/ und hinfürter dergleichen/ ohne Verwilligung der Churfürsten nicht zugelassen werden.

Der XVI. Artickel.

Der König soll der Kauff-Gewerbleut grosse Gesellschafften/ die mit Theurung viel Schaden des Reichs Inwohnern zugefüget/ mit der Churfürsten und andern Reichs-Ständen Rath gar abthun.

XVI. Wir sollen und wollen auch die grossen Geselschafften der Kauff-Gewerbsleute/ so bißhero mit ihrem Geld regieret/ ihres Willens gehandelt/ und mit Theurung viel Ungeschicklichkeiten dem Reich/ dessen Inwohnern und Unterthanen/ mercklich Schaden/ Nachtheil und Beschwerung zugefügt/ einführen/ und noch täglich thun gebähren/ mit Ihrer/ der Churfürsten und anderer Stände Rath/ wie dem zu begegnen/ hievor auch bedacht und fürgenommen/ aber nicht vollstreckt worden/ gar abthun.

Der XVII. Artickel.

Der König solle (1) keinen Zoll von neuem künfftighin geben/ (2) ohne Rath der Churfürsten die alten nicht erhöhen: (3) Keine Vorbitt-Schreiben/ wann ihn jemand umb neue Zoll-Begnädigung ꝛc. anlangen würde/ an die Churfürsten ausgehen lassen/ (4) auch nicht gestatten/ daß jemand im Reich ohne Bewilligung/ einen neuen Zoll für sich selbst anstelle/ sondern (5) durch Mandata sine clausula und alle andere mügliche Weg solches verhindern.

XVII. Wir sollen und wollen auch insonderheit/ dieweil Teutsche Nation und das H. Röm. Reich zu Wasser und Land/ zum höchsten vor damit beschweret/ nun hinfüro keinen Zoll von neuem geben/ noch einige alte erhöhen/ ohne besondern Rath/ Wissen/ Willen und Zulassen der bemeldten sechs Churfürsten/ wie vor und offt gemeldet. Und da jemands bey Uns umb neue Zoll-Begnadigung oder Erhöhung der alten und vor erlangten Zollen/ suppliciren und anlangen würde/ so sollen und wollen Wir ihm einige Vertröstung/ promotoriales, oder vorbittliche Schreiben/ an die Churfürsten nicht geben oder ausgehen lassen. Auff den Fall auch einer oder mehr/ weß Standes und Wesens der oder die wären/ die einigen neuen Zoll in ihren Fürstenthümern/ Landschafften/ Herrschafften/ Gebieten/ für sich selbst/ ausserhalb Unser Begnadigung und der sechs Churfürsten Bewilligung/ angestellt oder angesetzt hätten/ oder künfftiglich also anstellen oder auffsetzen würden/ den oder dieselben/ so bald Wir dessen für Uns in Erfahrung kommen/ oder von andern Anzeig darvon empfangen/ sollen und wollen Wir durch Mandata sine clausula, und in alle andere mügliche Wege/ darvon abhalten/ und gantz und zumal nicht gestatten/ daß jemands de facto und eignes Fürnehmens neue Zolle anstellen/ oder sich deren gebrauchen und einnehmen mögen.

Der XVIII Artickel.

Der König will nicht mehr geschehen lassen/ daß die Churfürsten am Rhein/ mit grossen Zollfreyungen/ durch Förderungs-Brieff und in andere Weg/ über das Herkommen/ ferners sollen beschweret werden.

XVIII. Und nachdem etliche Zeit hero die Churfürsten am Rhein/ mit vielen und grossen Zollfreyungen/ über ihre Freyheiten und Herkommen/ offtermals durch Förderungs-Brieffe/ und in andere Wege ersucht und beschweret worden/ das sollen und wollen Wir als unträglich abstellen/ fürkommen/ und zumal nicht verhengen noch zulassen/ furter mehr zu üben noch zu geschehen.

Der XIX. Artickel.

Will der König die von des Reichs Ständen/ wegen ihnen geschmälert oder entzogenen Freyheiten/ Regalien ꝛc. anstellende Rechtfertigungen/ nicht verbieten.

XIX. Und insonderheit so sollen und wollen Wir auch/ ob einiger Churfürst/ Fürst/ oder andere seiner Regalien/ Freyheit/ Privilegien/ Recht und Gerechtigkeit halber/ das ihme geschwächt/ geschmälert/ genommen/ entzogen/ bekümmert oder betrübt worden/ mit seinem Gegentheil und Widerwärtigen zu gebührlichen Rechten kämen/ oder fürzufordern unterstehen wolte/ dasselbe und auch alle andere ordentliche schwebende Rechtfertigung nicht verhindern noch verbieten/ sondern den freyen starcken Lauff lassen.

Der XX. Artickel.

Der König will (1) die Reichs-Stände selbsten nicht vergewaltigen/ noch andern dasselbe zu thun verhengen/ sondern (2) im Fall einer fürzunehmenden Forderung/ die Sache zu gebuhrlichem Rechte kommen lassen/ und (3) in diesen und andern Sachen/ wann sie das erbietig seyn/ nach Recht verfahren/ ohne sie mit Raub/ Brand rc. zu beschädigen.

XX. Wir sollen und wollen auch die Churfürsten/Fürsten/ Prälaten/ Grafen/ Herren/ und andere Stände des Reichs/ selbst nicht vergewaltigen/ solches auch nicht schaffen/ noch andern zu thun verhengen/ sondern wo Wir/ oder iemand anders zu ihnen allen/ oder einem insonderheit zu sprechen hätten/ oder einige Forderung fürnehmen/ dieselben samt und sonders/ Auffruhr/ Zwietracht und andern Unrath im Heiligen Reich zu verhüten/ auch Fried und Einigkeit zu erhalten/ zu Verhörung gebuhrlicher Rechten stellen und kommen lassen; und mit nichten gestatten/ in den oder andern Sachen/ in was Schein oder unter was Namen es geschehen möchte/ darinnen sie ordentlich Recht leyden mögen/ und das erbietig seyn/ mit Raub/ Nahm/ Brand/ Fehden/ Krieg/ oder anderer Gestalt zu beschädigen/ anzugreiffen oder zu überfallen.

Der XXI. Artickel.

Der König will (1) keinen Reichs-Stand oder anderen/ unverhört und ohne Ursach/ in die Acht oder Ober-Acht erklären lassen/ sondern (2) nach des Reichs-Satzungen dißfalls verfahren.

XXI. Wir sollen und wollen auch vorkommen/ und keines Wegs gestatten/ daß nun hinfüro jemands/ hoch oder niedern Standes/ Churfürst/ Fürst/ oder andere/ ohne Ursach/ auch unverhört/ in die Acht und Ober-Acht gethan/ bracht oder erkläret werde; sondern in solchen ordentlicher Proceß/ und des H. Römischen Reichs vor auffgesetzte Satzung/ nach Ausweisung des Heil. Reichs/ in bemeldtem fünff und fünffzigsten Jahr reformirter Cammer-Gerichts-Ordnung/ in deme gehalten und vollzogen werden/ doch dem Beschädigten seine Gegenwehr/ vermöge des Landfriedens/ unabbrüchig.

Der XXII. Artickel.

Will der König (1) die Reichs-Steuer der Städte und andere Gefälle/ so in besonderer Personen Hände gewachsen/ wieder zum Reich ziehen/ und (2) nicht zugeben/ daß ohne Bewilligung der Churfürsten/ dergleichen wiederrechtlich entzogen werde.

XXII. Und nachdem dasselbe Römische Reich fast und höchlich in Abnemen und Ringerung kommen/ so sollen und wollen Wir neben andern die Reichs-Steuer der Städte und andere Gefälle/ so in sonderer Personen Hände gewachsen/ und verschrieben/ wieder zum Reich ziehen/ und nicht gestatten/ daß solches dem Reich und gemeinen Nutz/ wider alle Rechte und Billichkeit entzogen werde/ es wäre dann/ daß solches mit rechtmässiger Bewilligung der sechs Churfürsten beschehen wäre.

Der XXIII. Artickel.

Der König (1) soll alle dem Reich heimfallende merckliche Lehen/ nicht wieder begeben/ sondern (2) solche/ biß das Reich wieder zu Auffnehmen kommt/ zu des Reichs und der Käyser Unterl,altung einziehen/ doch männiglichen an seinen Rechten unschädlich.

XXIII. Was auch Lehen dem Reich und Uns/ bey Zeit Unserer Regierung eröffnet/ und lediglich heimfallen werden/ so etwas merckliches ertragen/ als Fürstenthum/ Herrschafften/ Städte/ und dergleichen/ die sollen und wollen Wir ferner niemands leyhen: sondern zu Unterhaltung des Reichs/ Unser und Unserer Nachkommen/ der Könige und Käyser behalten/ einziehen und incorporiren/ biß so lange dasselbige Reich wieder zu Wesen und Auffnehmen kommt: doch Uns von wegen Unserer Erbländer/ und sonst männiglich an seinen Rechten und Freyheiten unschädlich.

Der XXIV. Artickel.

Der König will/ im Fall dergleichen merckliche Lehen/ nach Absterben/ ihme durch Erbschafft heimfallen solten/ dem H. Reich seine Recht/ Anlagen rc. davon nicht entziehen.

XXIV. Auff den Fall aber zukünfftiger Zeit/ Fürstenthümer/ Graffschafften/ Herrschafften und andere Güter/ dem Heil. Reich mit Dienstbarkeiten/ Reichs-Anlagen/ Steuern/ und sonst verpflicht/ dessen Jurisdiction unterwürffig und zugethan/ nach Absterben dero Innhaber Uns durch Erbschafft heimfallen oder auffwachsen/ und Wir die zu mehren Händen behalten/ oder andern zukommen lassen würden/ davon sollen dem Heil. Reich seine Recht/ Gerechtigkeit/ Anlagen/ Steuern/ und andere schuldige Pflicht/ wie darauff herbracht/ geleistet/ abgerichtet und erstattet werden.

Der XXV. Artickel.

Was der König (1) mit Hülff der Reichs-Stände gewinnet/ solle dem Reich zukommen: und wann er (2) ohne der Stände Wissen/ etwas fürnimmt/ ob sie ihme schon/ als darzu unverbunden/ nicht geholffen/ das Eroberte/ wann es dem Reich vorhero zuständig gewesen/ demselbigen wieder einhändigen.

XXV. Wo wir auch mit Rath und Hülff der Churfürsten und anderer Stände deß Reichs ichts gewonnen/ überkommen/ oder zu handen bringen/ das alles sollen und wollen wir dem Reich zuwenden und zueignen: wo wir aber in solchem/ ohne der Churfürsten/ Fürsten/ und anderer Stände/ Wissen und Willen ichts fürnehmen/ darinnen sollen sie Uns zu helffen unverbunden seyn/ und wir nichts desto minder das jenige/ so wir in solchem erobert oder gewonnen hätten/ oder würden/ und dem Reich zustünde/ dem Reich wieder zustellen und eignen.

Der XXVI. Artickel.

Der König soll denen im Müntzwesen noch obschwebenden Beschwerungen mit Rath der Reichs-Stände/ forderlichst fürkommen/ und nach Möglichkeit das Werck in ein beständig Wesen stellen.

XXVI. Und nachdem im Reich bißher viel Beschwärung und Mängel der Müntze halben gewesen und noch seyn/ wollen wir denselben zum forderlichsten mit Rath der Churfürsten/ Fürsten/ und Stände deß Reichs/ zuvor kommen/ und in beständliche Ordnung und Wesen zu stellen/ müglichen Fleis fürwenden.

Der XXVII. Artickel.

Ohne Vorbewust der Churfürsten/ soll hinfüro niemand/ mit Müntz-Freyheit begnadiget werden.

XXVII. Wir sollen und wollen auch hinfüro/ ohne Vorwissen der sechs Churfürsten niemands/ was Standes oder Wesens der sey/ mit Müntz-Freyheiten begaben und begnadigen.

Der XXVIII. Artickel.

Der König soll sich keiner Succession oder Erbschafft des Reichs anmassen/ auff seine Erben noch auff andere zu wenden/ unterstehen.

XXVIII. Und insonderheit sollen und wollen wir uns auch keiner Succession oder Erbschafft des offt ernennten Römischen Reichs anmassen/ unterwinden/ noch in solcher gestalt unterziehen/ oder darnach trachten/ auff uns selbst/ unsere Erben/ und Nachkommen/ oder auff jemand anders/ unterstehen zu wenden.

Der XXIX. Artickel.

Der König (1) soll die Churfürsten bey ihrer freyen Wahl und Vicariat lassen/ und (2) das darwider gehandelte vor nichtig halten.

XXIX. Sondern wir/ dergleichen unser Kinder/ Erben und Nachkommen/ die gemeldten Churfürsten/ ihre Nachkommen und Erben/ zu jeglicher Zeit bey ihrer freyen Wahl/ auch Vicariat, wie von Alters hero auff sie kommen/ die Gülden Bull/ Päbstlich Recht/ und andere Gesetze der Freyheiten vermögen/ so es zu Fällen kommen/ die Nothdurfft und Gelegenheit erfordern würde/ auch bey ihrem gesonderten Rath/ in Sachen das H. Reich belangende/ geruhiglichen bleiben und gantz unbedränget lassen: Wo aber von jemands darwider gesucht/ gethan/ oder die Churfürsten in dem gedrungen würden (das doch keines Weges seyn soll) das alles soll nichtig seyn/ und dafür gehalten werden.

Der XXX. Artickel.

Der König will (1) die Römisch-Königliche Cron empfahen: (2) Seine Königliche Residentz des mehrentheils im Reich nehmen/ (3) im Fall des erledigten Käyserthums/ auch die Käyserl. Cron zum schiersten zu erlangen trachten/ und (4) zu solcher Crönung die Churfürsten/ umb ihr Ambt dabey zu versehen/ erfordern.

XXX. Wir sollen und wollen auch die Römische Königliche Cron/ wie uns als erwähltem Römischen König wohl geziemt/ empfahen/ und anders/ so sich deßhalben gebühret/ thun: Auch unsere Königliche Residentz/ Anwesung und Hoffhaltung in dem Heiligen Reich Teutscher Nation/ allen Gliedern/ Ständen und Unterthanen desselben/ zu Ehren/ Nutzen und Gutem/ des

Anno 1575. des mehrentheils so viel müglich/ haben und halten/ und nachfolgends/ so sich der Fall der Erledigung des Käyserthums begebe/ (das der Allmächtige lang mildiglich verhüten wolle) uns alsdann/ und nicht eher/ zum besten befleissigen/ die Käyserliche Cron zu ziemlicher gelegener Zeit zum schiersten zu erlangen/ und alle und jede Churfürsten/ ihr Ambt zu versehen/ zu solcher Crönung thun erfordern/ und auch in dem allen dermassen erzeigen und beweisen/ daß Unserthalben an aller Müglichkeit kein Mangel gespüret oder vermercket werden soll.

Der XXXI. Artickel.

Der König will (1) sich keiner Regierung im Reich weiters unterziehen/ als was ihme Kayserl. Majest. vergonnen: und (2) Zeit Kayserl. Maj. Lebens an des Käyserthums Würden keinen Eintrag thun.

XXXI. Wir sollen und wollen uns auch keiner Regierung noch Administration im Heil. Röm. Reich weiter oder anders unterziehen/ dann so viel uns das von Käyserl. Majestät vergönnet; daß Wir auch Ihrer Käyserl. Majest. die Zeit Ihres Lebens/ an Ihrer Hoheit und Würde des Käyserthums keine Irrung oder Eintrag thun sollen und wollen.

Der XXXII. Artickel.

Der König sol (1) denen mit Rath deß Reichs Ständen/ bereits auffgerichteten oder noch auffzurichtenden Reichs-Ordnungen/ nichts zuwider ausgehen lassen/ noch daß es geschehe/ vergünstigen: (2) auch für sich selbsten/ wider solche Gesetze/ von einiger höhern Obrigkeit/ nichts erlangen/ weniger (3) sich auß eigner Bewegnuß gegebnen nicht gebrauchen.

XXXII. Wir wollen auch in dieser unserer Zusage/ der Güldenen Bulla/ des Reichs-Ordnung/ dem obangeregten Frieden/ in Religion- und Prophan-Sachen/ auch dem Landfrieden/ sambt Handhabung dessen/ und andern Gesetzen/ jetzo gemacht/ oder künfftiglich durch uns/ mit Ihrer der Churfürsten und Fürsten/ auch anderer Stände deß Reichs/ Rath möchten auffgerichtet werden/ zuwider kein Mandat oder ichtes anders beschwerliches ausgehen lassen/ oder zu geschehen verstatten/ in einige Weise oder Wege: Dergleichen auch für uns selbst/ wider solche Gülden Bulla/ und des Reichs Freyheit/ den Frieden in Religion- und Prophan-Sachen/ und Landfrieden/ sambt Handhabung desselbigen/ von einiger hohen Obrigkeit nichts erlangen; noch auch/ ob Uns etwas dergleichen aus einiger Bewegnuß gegeben wäre/ oder würde/ nicht gebrauchen/ in kein Weise/ sonder alle Gefährde.

Der XXXIII. Artickel.

Alles was (1) vorermeldten Artickeln zuwider erlangt werden dörffte/ soll hiemit todt seyn/ und (2) im Fall der Noth der begehrenden Parthey derhalben ein briefflicher Schein ertheilet werden.

XXXIII. Ob aber diesem oder andern vorgemeldten Articuln und Puncten einiges zuwider erlanget oder ausgehen würde/ das alles soll krafftloß/ todt/ und ab seyn/ inmassen wir es auch jetzo alsdann/ und dann als jetzo hiermit cassiren/ tödten und abthun: und wo noth/ der begehrenden Parthey derhalben nothdürfftig Urkund oder brieflichen Schein zu geben und wiederfahren zu lassen/ schuldig seyn sollen/ argen List und Gefährde hierinnen ausgeschlossen.

Der XXXIV. Artickel.

Der König verspricht (1) denen Churfürsten mit einem leiblichen Eyd/ alles obstehende getreulich zu halten/ und will (2) nicht geschehen lassen/ daß darwider solle gehandelt werden.

XXXIV. Solches alles und jedes/ wie obstehet/ haben wir obgemeldter Römischer König den gedachten Churfürsten geredt/ versprochen/ und bey Unsern Königlichen Ehren/ Würden und Worten/ im Namen der Warheit zugesagt/ thun dasselbe auch hiemit und in Krafft dieses Brieffs/ inmassen wir deß einen leiblichen Eyd zu GOtt und dem heiligen Evangelio geschworen/ dasselbe stät/ vest und unverbrüchlich zu halten/ dem treulich nachzukommen/ darwider nicht zu seyn/ zu thun/ noch zu schaffen gethan werden/ in einige Weiß oder Wege/ die möchten erdacht werden.

Der XXXV. Artickel.

Ist der Beschluß Königs RUDOLPHI II. Wahl-Capitulation.

XXXV. Deß zu Urkund haben wir dieser Brieff sechs in gleichem Laut gefertiget/ und mit Unserm anhangenden Insiegel bekräfftiget/ und jedem obgenanntem Churfürsten einen zustellen lassen; Der geben ist in Unser und des Reichs Stadt Regenspurg/ den ersten Tag des Monats Novembris, nach Christi unsers lieben HErrn und Seligmachers Geburt/ Fünffzehenhundert und im fünff und siebenzigsten/ Unserer Reiche/ des Römischen im ersten/ des Hungarischen im vierdten/ und des Böhmischen im ersten Jahre. Anno 1575.

RUDOLFF.

Vt. Hegemüller D.

Ad Mandatum Sacræ Regiæ Majestatis proprium.

A. ALTENSTAIG.

CXXV.

Witthumbs und Leibzuchts-Verschreibung Graff Daniels von Waldeck/ an seine Gemahlin Frau Barbaram gebohrne Landgräfin zu Hessen/ über die Stadt und Ambt Waldeck/ Numberg/ Closter und Dorff Netze/ und den Hoff Brunghausen/ gegen das von derselben Ihme Grafen zugebrachte Heurath-Guth à zwantzig tausend Gülden/ auffgestellet. Am Sonnabend den 10. December 1575. [LUNIG, Teutsches Reichs-Archiv. Part. Special. Continuat. II. Abtheil. VI. Absatz XXV. pag. 378.] 10. Dec.

C'est-à-dire,

Acte Obligatoire de DANIEL, *Comte de Waldeck, au profit de sa Femme* BARBE *née Landgrave de Hesse; par lequel, pour sûreté de la Somme de vingt mille Florins, qu'il avoit reçus d'Elle en Dot, & pour place de Residence pendant sa viduité, il lui assigne & engage la Ville de* Waldeck, *avec les Bailliages de* Waldeck *& de* Numberg, *le Monastere & le Bourg de* Netze, *& la Maison de* Brunghausen. *Le Samedi* 10. *Decembre* 1575.

WIr Daniel/ Graf und Herr zu Waldeck/ thun kundt hieran offentlich/ vor uns und unsere Erben/ Erbnehmen und Nachkommen/ bekennende/ als durch Versehunge GOTTES des Allmächtigen/ die Hochgebohrne Fürstin/ Fraw Barbara/ geborne Land-Gräfin zu Hessen/ verschiener Jahren/ nach Gottseeligem Absterben ihres ersten Herrn und Ehgemahls/ weyland Graffen Georgen zu Würtemberg/ an uns/ mit Vorwissen/ Raht und Bewilligung unser allerseits Herren und nechst angewandten Freunde/ ehelich vermählet und beygelegt worden.

Ob dann wol in dero zwischen uns und gemelter Gemahlin damahls uff den Fall unsers tödlichen Abgangs/ den wir in den gnädigen Willen des Allmächtigen gestellt haben wollen/ selbige mit dem Hause/ Stadt und Ampt Numberg/ und dem halben Closter Hohnscheid/ gegen die zwantzig tausend Gülden Heyrath-Guts/ so ihre Liebden uns neben den zweytausend Gülden jährlicher Abnutzungen/ dero von ihrem ersten Herrn und Gemahl vermachter Widerlage/ und bewilligtem Zusatz zugebracht hat/ bewittumbt und beleibzüchtigt worden/ alles fernern Inhalts ehebemelter ehelicher Verschreibung/ der Anfang stehet: Von GOTTES Gnaden/ wir Wolffgang ꝛc. und endet sich: Der gegeben ist/ Donnerstags den 11. Novembr. im tausend fünffhundert/ acht und sechtzigsten Jahr/ ꝛc.

Jedoch aber/ dieweil solcher Wittumb die Summa des Heyrath-Guths und Widerlage/ wie doch Rechts und Gewonheit wegen billich geschehen sollen/ nicht erreicht/ und derowegen auch ihrer Liebd. dero Zeit die Vertröstung und Zusage beschehen/ wofern wir unsers Herrn Vatters Tod erleben/ und uns dahero auch unser gebührender Antheil Land und Leute anfallen sollen/ daß wir alsdann ihre Liebd. anderweits mit einer solchen Leibzucht und Wittumb versehen wolten/ welche sowol ihrem Stande und Herkommen/ als auch ihrer Liebd. zubrachtem Heyrath-Gut/ Widerlags-Nutzungen und bewilligten Zusatze/ allenthalben gemäß seyn solte/ damit dann solcher unserer Zusage im Wercke nachgesetzt/ auch ermelte unser freundliche liebe Gemahlin der Liebe/ Trew/ und Freundschafft/ so sie uns in wehrendem Ehestand vielfältig erzeiget/ uff einen solchen Fall unsers tödelichen Abgangs/ eine billige Ergetzlichkeit empfinden/ und darbeneben ihres Heyrath-Guts/ Widerlags-Nutzungen und bewilligten Zusatzes halben/ so ihrer Liebd. in wehrendem Ehestand nicht allein zu unserm Unterhalt/ sondern auch zu Tilgunge unser Schulden/ darinnen wir/ ehe und zuvor wir an ihre Liebd. ehelichen vermählet worden/ unsers nothwendigen Unterhalts halben/ bey unsers Herren Vatters Leben gerathen/ gantz gutwillig und trewhertzig uffgewendet/ eine gleichmäßige Erstattunge in ihrem Witwen-stand erlangen möge; So haben wir

dem

ANNO 1575.

dem allen nach/ aus oberzehlten/ wie auch andern uns darzu bewegenden Ursachen/ sonderlich aber/ daß gleichwol in dero zwischen uns und unsern freundlichen lieben Brudern und Vettern/ Grafen Henrichen/ und Grafen Günthern zu Waldeck/ nach Absterben unsers Herrn Vatters seeliger getroffener Erbtheilunge/ das Closter Hohuscheid halb/ so ihrer Liebd. zum Wittumb/ beneben der Numberg/ mit verschrieben gewesen/ gedachtem unsern Vettern/ Grafen Günthern/ erblich zugetheilet worden/ in der allerbesten und beständigsten Formb/ wie das von Recht und Gewohnheit wegen am kräfftigsten beschehen soll/ kan oder mag/ vorbemelte unsere freundliche liebe Gemahlin/ so ferne der Allmächtige/ barmhertzige/ gnädige GOtt/ nach seinem Vätterlichen gnädigen Willen/ über uns/ vor ihrer Liebden/ gebieten würde/ bewittumbt und beleibzüchtigt/ bewittumben und beleibzüchtigen auch ermelte unsere freundliche liebe Gemahlin/ nach Wittumbs= und Leibzuchts=Rechte/ in und mit Krafft dieses Brieffs/ mit allen und jeden unsern anererbten Ampten und Häusern/ und neumblich aber mit unsern Antheil an Hauß/ Stadt und Ampt Waldecken/ desgleichen auch mit dem gantzen Hause/ Stadt und Ampt Numberg/ dem Closter und Dorff Netze/ und dem Hoff Brunghausen/ alle und ein iedes insonderheit/ mit Gebotten/ Verbotten/ und allen Rechten/ auch Renthen/ Gülden/ Zehenden/ Zinsen/ Diensten/ Gefällen/ Jachten/ Fischereyen/ Fahrnüß/ Hauß= und Vorrath/ und allen andern In= und Zugehorungen/ Dorffern/ Hofen/ Mohlen und Mohlenstössen/ im Holtz/ Feld/ Wasser und Weyde/ in allermassen und solches uns von unserm freundlichen lieben Herrn Vatter anererbt/ und seine Liebd. und wir auch solche Häuser/ Städte/ Dorffer und Aempter/ mit allen und jedern ihren Zugehörungen biß dahero innengehabt/ genutzt und genossen/ nichts davon/ ohn alleine die Ober=Regierunge in den fünff Sampt=Städten/ welche unsern Erben und Nachkommen/ so bald nach unserm Absterben/ anfallen und bleiben sollen/ ausgenommen/ und wollen/ woferne unsere freundliche liebe Ehe=Gemahlin unsern tödtlichen Abgang/ der in dem gnädigen Willen GOttes stehet/ erleben wirdet/ daß ihre Liebd. alsdann alle und jedere solche unsere Häuser/ Aempter/ Dorffer und anders/ mit Gebott/ Verbott/ und allen andern Rechten/ auch Renthen/ Zinsen/ und andern Nutzungen und Zugehörungen/ wie zuvor gemelt/ und wir dieselben die Zeit unser Regierunge innengehabt/ und biß in unser Ende ersessen/ nach Wittumbs= und Leib=Zuchts=Recht/ die Tage ihrer Liebd. Lebens innenhaben/ und nach all ihrem Besten nutzen/ niessen/ und gebrauchen solle und möge/ wie wir dann auch ihre Liebd. jetzo so bald/ in und mit Krafft dieses Brieffs/ in einen habenden/ brauchenden Besitz und Wehrunge/ obbeschriebener Häuser/ Aempter und Güter/ liegend und fahrend/ Hauß= und Vorrath/ sampt und sonderlich/ nichts davon ausbescheiden/ setzen/ und befehlen allen und jedern unsern Erben/ Erbnehmen und Nachkommen/ wer die auch künfftig seyn mögen/ bey Verlust alles desjenigen/ so sie von unserm Nachlaß hiernechst zu geniessen vermeynen/ daß sie auch nach unserm Todt ehebemeldte unsere freundliche liebe Gemahlin bey solchem ihrer Liebd. verordnetem Wittumb und Leib=Zucht die Tage ihres Lebens unbetrangt bleiben lassen/ auch sie darbey schirmen/ schützen und vertheidigen/ und dem zu wider nichts vornehmen sollen.

Derentwegen soll auch unsere freundliche liebe Gemahlin schuldig seyn/ alle und jedere Gelt= und Frucht=Zinsen/ was deren uff bemelten Aemptern und Häusern von uns/ oder unseren Vorfahren verschrieben/ und uns in der Erbtheilunge zugewiesen worden/ aus den Gefällen und Abnutzungen derselben/ ohn unser Erben und Nachkommen Zuthun/ so lange dieselben Aempter und Häuser in ihrer Liebd. Handen bleiben/ jährlichs zu entrichten/ oder aber das Haupt=Gelt zu erlegen/ und die Verschreibungen darmit an sich zu lösen/ doch was also ihre Liebd. in wehrendem Wittumb und Leibzucht an sich erlösen werden/ das soll hiernechst nach ihrer L. tödlichem Abgang/ ihren nechsten Erben/ oder weme ihre Liebden sonstet solches/ ihrer Gelegenheit nach/ in ihrem letzten Willen/ oder in andere Wege/ beständiglich mit gutem Wissen und Willen/ vermachen und bescheiden würde/ ohne unser Erben und Nachkommen Einhalt oder Verhinderunge/ hinwieder erlegt und zugestellet werden/ wie wir dann auch mit der Zustellung unsere Erben und Nachkommen mit diesem unsern Brieffe verpflichtet haben wollen/ und soll sonstet/ uff den Fall ihrer Liebd. Absterben/ welches auch in dem gnädigen Willen GOttes stehet/ mit bemelten Häusern/ Städten und Aemptern/ wie auch mit ihrer Liebden zubrachtem Heyrath=Gut und Morgen=Gabe ferner gehalten werden/ wie die zwischen ihrer Liebden und uns uffgerichte Eheberedung darvon im Buchstab ferner meldet/ also und derogestalt/ daß obberürte unser Häuser/ Städte/ und Aempter/ Waldeck und Numberg/ nach ihrer Liebden tödtlichem Abgang/ welche Zeit sich derselbe nach uns zutragen möchte/ mit allen und jeden deroselben Zugehörungen/ wiederumb an unsere Erben/ die Graffen zu Waldeck/ wer die seyn werden/ und hinwieder auch ihrer Liebden zubracht Heyrath=Gut/ Morgen=Gabe und anders/ was derowegen weiter von ihrer Liebd. vorhanden/ so fern ihre Liebden darvon durch Testament oder andere uffrichtige Vermächtnüß nichts verschaffen würde/ uff ihrer Liebden nechste Erben unverhinderlich fallen sollen/ in welchem allem wir dann auch durch diß unser Vermächtnüß den vorigen ehelichs=Verschreibungen in nichts derogiret/ sondern dieselben vielmehr hiermit confirmiret und bestetiget haben wollen. Daß nun solches alles unser endlich Gemüht/ Will und Meynung sey/ auch dasselbige also von unsern Erben und Nachkommen stät/ vest und unverbrüchlich/ bey Verlust aller und jeder Gerechtigkeit/ so ihnen an unsern Nachlaß hiernechst anfallen möchte/ gehalten/ und nichts darwider gehandelt haben wollen;

Dessen zu wahrer Urkund und mehrer Sicherheit haben wir Daniel/ Graffe und Herr zu Waldeck/ unser angeboren Insiegel an diesen Brieff wissentlich hängen lassen/ auch denselben mit eigen Handen unterschrieben/ und darbeneben zu fernerer Stärckung desselben/ den Durchleuchtigen und Hochgebornen Fürsten und Herrn/ Herrn Wilhelmen/ Landgraffen zu Hessen/ Grafen zu Catzenelnbogen/ unsern gnädigen Fürsten und Herrn/ erbeten/ daß sein Fürstl. Gnaden als der Lehens= und Landes=Fürst/ in diesen unsern verordneten Wittumb und Leibzucht/ von Lehens= und Landes=Fürstlicher Obrigkeit wegen/ gnädiglichen bewilligen/ und diese Vermächtnüß/ neben unsern angebornen Insiegel/ mit sein Fürstl. Gnaden Secret und Handschrifft confirmiren und bestetigen wolte/ und wir Wilhelm/ Land=Grafe zu Hessen/ bekennen/ daß wir als der Landes= und Lehens=Fürst/ solche Leibzucht und Wittumb/ wie dieselbige in ihrem Buchstab begriffen/ uff ermelts unsers lieben Neven/ Grafen Daniels/ Ansuchen/ nicht allein von Lands= und Lehn=Fürstlicher Obrigkeit wegen bewilliget/ sondern daß wir auch dieselbe hiermit ratificirt und confirmirt/ und derowegen auch zum Zeugnüß unsers Willens/ unser Insiegel neben ihme Grafen Daniel an diesen Brief hängen lassen/ der geben ist/ am Sonnabend/ den zehenden Decembris, im Jahr/ nach Christi unsers Seligmachers Geburt/ tausent fünff hundert siebentzig funff.

CXXVI.

1576. 8. Fevr.

STEPHANI *Regis Poloniæ Litteræ, continentes Pacta & Conventa inter ipsum Regem &* ORDINES *Regni* POLONIÆ *Magnique Ducatus* LITHUANIÆ *in Comitiis Generalibus Electionis Regis conclusa, quibus hic Libertates Legesque dicti Regni & Ducatus conservare, Terras & Loca à Moscis erepta recuperare, Fœdus cum Turcis confirmare, limitesque Regni munire &c. promittit. Dat. in summo Templo Civitatis Meggyes sub ipsis Comitiis Generalibus die 8. Februar.* 1576. [Constitucie Statuta y Przywileie Regni Poloniæ od Roku Panskie 1550. áz do Roku 1637. pag. 251.]

STEPHANUS Dei gratia, Electus Rex Poloniæ, Magnus Dux Lithuaniæ, Russiæ, Prussiæ, Masoviæ, Samogitiæ, Kijoviæ, Volhiniæ, Podlachiæ, Livoniæque, &c. necnon Transylvaniæ Princeps.

Significamus hisce Literis nostris, quorum interest, universis & singulis. Quod post discessum & susceptionem Regni Galliarum, per Serenissimum Principem Dominum Henricum, Dei gratia, Regem Poloniæ, & Magnum Ducem Lithuaniæ, &c. vigore Juris ac Libertatum Regni Poloniæ, conditionumque à prædicto Serenissimo Henrico Rege susceptarum & promissarum, vacante Poloniæ Regno, & Magno Ducatu Lithuaniæ, miseramus ad Status & Ordines Regni Poloniæ, & Magni Ducatus Lithuaniæ, fideles nostros Magnificos, Georgium Blandratam Doctorem Physicum, & Martinum Berzevicejum, Equitem auratum Procancellarium, Consiliarios, Oratores & Commissarios nostros, qui de Nobis in Regem assumendis cum Ordinibus agerent. Divinique numinis instinctu, in Comitiis generalibus Electionis Regis, sub Warszovia habitis, Ordines Regni Poloniæ, & Magni Ducatus Lithuaniæ, nos Regem creâsse, conditionibus & Articulis inter eosdem Ordines, ac Oratores nostros, ibidem conclusis, intervenientibus. Quorum quidem tenor de verbo ad verbum sequitur, & est talis.

Conditiones propositæ à Legatis Illustrissimi Transylvaniæ Principis, &c. in Comitiis Warzoviensibus novi eligendi Regis gratia indictis, Ordinibus & Statibus Regni Poloniæ.

Principio promittit Illustrissimus Princeps, se Libertates, Leges, Consuetudines integrè in Regno Poloniæ, & Magno Ducatu Lithuaniæ, conservaturum, atque jurejurando, prout Senatus & Ordines statuent, quicquid erit è re Regni observaturum & comprobaturum.

Secundò, se debita omnia Regni, quæ ad ipsum pertinere meritò poterunt, soluturum.

Tertiò, si ita Ordinibus Regni visum fuerit, pollicetur se confestim recuperaturum esse, quicquid Moschus occupavit, quod si veteranis suis Copiis erit opus, illas minimè recusaturum.

Quartò, perpetuum Fœdus illud, quod jam olim initum cum Imperatore Turcarum fuerat, confirmaturum.

rum.

ANNO 1576.

tum. Cum Tartaris verò sempiternam quietem & pacificationem habiturum.

Quintò, Limites Regni omnes ita muniturum, ne hostis quispiam accedere facilè possit.

Sextò, dum adventum, si Deo ita visum fuerit, parat, ne interim aliqua ex parte hostis quispiam negotium facessere possit, ducenta millia Florenorum præmissurum se pollicetur, quibus judicio Senatûs & Ordinum, finibus & aliis necessitatibus prospiciatur. Ubi verò ipse advenerit, non per Legatos, sed per semetipsum, cum hostibus Regni Bellum geret: paratus etiam pro salute Reipublicæ vitam profundere.

Septimò, tum favore, tum propriis sumptibus, vinctos & Captivos Russiæ Nobiles, non ita pridem a Tartaris abductos, redempturum esse.

Conditiones ex communi Ordinum Regni consensu, Illustrissimi Palatini Transylvaniæ, &c. Legatis propositæ, & ab iis susceptæ, Warschoviæ decima quarta Decembris. Anno Domini, millesimo, quingentesimo, septuagesimo quinto.

Inprimis: Cum Inclytæ Jagiellonicæ familiæ, (quæ hic diu & felicissime regnavit) tot extent erga Rempub: Polonam incomparabilia merita, Ordines Regni id maximè curant, ut suorum Regum posteritati, cum summa dignitate & honestate prospiciatur. Itaque ex communi Ordinum Decreto, ante omnia sanciunt, ut Illustrissimus Transylvaniæ Palatinus, &c. Serenissimam Poloniæ Infantem in Matrimonium ducat. Si verò (quod Deus avertat) Serenissimam Infantem vel fatis concedere, vel ab hoc Matrimonio omninò alienam se prebere, nihilominus Dignitas Regia suæ Celsitudini salva sit. Omnia Jura, Libertates, Privilegia, Immunitates, à Serenissimis Poloniæ Regibus Reipub: legitimè concessas, nec non Articulos in Electione Henrici Regis conscriptos, & ab Ordinibus oblatos, primùm hic Warsaviæ ab ipsis Legatis, deinde Parisiis, ab utroque Rege publico juramento approbatos confirmabit. Si quid præterea circa Coronationem Ordines Regni, ad augendas Libertates postulaverint, publico Privilegio approbabit. Ad repentina Regni præsidia mille Equitum, & quingentorum Peditum stipendia, Legati quamprimùm expedient. Auxilia externa nequaquam in Regnum adducet, nisi cum consensu Senatus & Ordinum. Stipendiarios milites extra Regnum insciis Ordinibus non emittet. Cum sibi invicem Ordines Regni pro decima octava die Januarii, Andrejoviæ generalem Conventum indixerint, curabit, ut in eo Conventu has omnes conditiones, tàm sibi ab Ordinibus propositas, quàm nobis suo nomine à Legatis oblatas, publico juramento, vel in persona, vel per suos solennes Legatos confirmet. His supradictis conditionibus utrinque oblatis, ipsi Legati nomine sui Principis subscripserunt, & eas Sigillis muniverunt. Georgius Blandrata propria. Martinus Berzevicejus, Procancellarius & Orator, propria, Sigillis eorumdem subimpressis. Quarum præinsertarum Conditionum illa qua cavetur, ut has conditiones utrinque propositas, in Conventu Andrejovien: juramento, vel in persona, vel per solennes Legatos confirmamus, juramento hic à nobis de mandato Ordinum, per Oratores suscepto mutata, reliquis omnibus stare, ac easdem adimplere volentes: postquam recitatas coram nobis sigillatim expendimus & consideravimus, eas ratas & gratas haben: approbavimus, & confirmavimus, approbamusque & confirmamus hisce Literis nostris. Promittentes bona fide, ac sub juramento, nos omnes conditiones prædictas, ac omnia & singula in iis expressa, inviolabiliter observaturos, & adimpleturos cum effectu, sine ulla exceptione, nec iis unquam directè vel indirectè contraventuros. Dantes potestatem insuper Cancellario & Viceacancellario Regni Poloniæ, pro tempore existentibus, ut postquam in Regnum Poloniæ, Deo favente, venerimus, eosdem Articulos, eorumque confirmationem, sub Sigillo Regni Poloniæ, si id Ordines Regni requirent, non expectato alio mandato nostro, uterque vel alter eorum extradat, non obstante ulla exceptione, seu quovis in contrarium mandato. Datum in summo Templo Civitatis nostræ Megyes, sub ipsis Comitiis generalibus, die octava Mensis Februarii. Anno Domini, millesimo, quingentesimo, septuagesimo sexto.

STEPHANUS Electus Rex sst.

MARTINUS BERZEVICEJUS Procancell. sst.

ANNO 1576.

CXXVII.

8. Fevr.

STEPHANI *Regis Poloniæ Litteræ, continentes Juramentum in sua Regia Electione* ORDINIBUS *Regni* POLONIÆ *& Magni Ducatus* LITHUANIÆ *præstitum, de observatione & manutentione omnium Jurium, Legum, Privilegiorum & Pactorum Conventorum. Actum in summo Templo Civitatis Meggyes in Comitiis Generalibus 8. Februar.* 1576. [Constitucie Statuta y Przywileie Regni Poloniæ od Roku Panskie 1550. áż do Roku 1637. pag. 249.]

STEPHANUS Dei gratia, Electus Rex Poloniæ, Magnus Dux Lithuaniæ, Russiæ, Masoviæ, Samogitiæ, Kyoviæ, Volhyniæ, Podlachiæ, Livoniæque &c. nec non Transylvaniæ Princeps.

Significamus hisce Literis nostris, quorum interest, universis & singulis. Quia missis Oratoribus ab Ordinibus Regni Poloniæ, & Magni Ducatus Lithuaniæ, qui nos ad Regnum ipsorum regendum & administrandum, ex Decreto Electionis liberæ Statuum ac Ordinum, qui Nos in Regem suum assumpserunt, invitarent, in magna frequentia hominum, in summo Templo Civitatis nostræ Meggyes, octava die Mensis Februarii, Anni præsentis, verbis conceptis ad Sancta Dei Evangelia, tale Juramentum Ordinibus ejusdem Regni, & Magni Ducatus Lithuaniæ, præstitimus.

Ego STEPHANUS Dei gratia, Electus Rex Poloniæ, Magnus Dux Lithuaniæ, Russiæ, Prussiæ, Masoviæ, Samogitiæ, Kyoviæ, Volhyniæ, Podlachiæ, Livoniæque &c. Nec non Transylvaniæ Princeps, &c. Spondeo & sanctè juro Deo omnipotenti, ad hæc sancta Jesu Christi Evangelia, quòd omnia Jura, Libertates, Immunitates, Privilegia publica & privata, Juri Communi utriusque Gentis & Libertatibus non contraria, Ecclesiasticas & Seculares, Ecclesiis, Principibus, Baronibus, Nobilibus, Civibus, Incolis, & quibuslibet personis cujuscunque status & conditionis existen: per Divos Prædecessores meos Reges, & quoscunque Principes, Dominos Regni Poloniæ, & Magni Ducatus Lithuaniæ: præsertim verò Casimirum antiquum, Ludovicum Lois nuncupatum, Vladislaum primum Jagiellonum dictum, Fratremque ejus Vitholdum, Magnum Lithuaniæ Ducem, Tertium Vladislaum Jagiellonis Filium, Casimirum Tertium Jagiellonidem, Joannem Albertum, Alexandrum, Sigismundum Primum, Sigismundum Secundum Augustum, ac Henricum, Reges Poloniæ, & Magnos Duces Lithuaniæ, justè & legitimè datas, concessas, emanatas & donatas, ab omnibusque Ordinibus, tempore Interregni, statutas atque sancitas, mihi oblatas, necnon Pacta & Conventa Oratorum meorum, nomine meo cum Ordinibus, manu tenebo, observabo, custodiam, & tuebor, & adimplebo in omnibus Conditionibus, Articulis, & Punctis in eisdem expressis, pacemque & tranquillitatem inter dissidentes de Religione tuebor, manu tenebo, nec ullo modo, vel Jurisdictione nostra, vel Officiorum nostrorum & Statuum quorumvis, autoritate quempiam affici, opprimique, causâ Religionis, permittam, nec ipse afficiam, nec opprimam. Omnia illicitè à Regno, Magnoque Ducatu Lithuaniæ, & Dominiis eorumdem quocumque modo alienata, vel Bello, vel quovis alio modo distracta, ad proprietatem ejusdem Regni Poloniæ, Magnique Ducatus Lithuaniæ, aggregabo, terminosque Regni, & Magni Ducatus, non minuam, sed defendam & dilatabo, Justitiam omnibus Incolis Regni, juxta Jura publica in omnibus Dominiis constituta, absque omnibus dilationibus & prorogationibus administrabo, nullo quorumvis respectu habito, & si (quod absit) in aliquibus Juramentum meum violavero, nullam mihi Incolæ Regni, omniumque Dominiorum, uniuscujusque vis Gentis, obedientiam præstitire debebunt. Immò ipso facto eos ab omni fide, obedientia Regi debita liberos facio, absolutionemque nullam ab hoc meo Juramento, à quoquam petam, neque ultro oblatam suscipiam: Sic me Deus adjuvet. De quo nostro Juramento à Nobis præstito, ut omnibus & singulis quorum interest constaret, Literas hasce nostras manu nostra subscripsimus, Sigillumque nostrum, quo ad præsens utimur hic in Transylvania, iis appendi jussimus. Præsentibus, Spectabilibus, Magnificis

ANNO 1576.

ficis & Generosis, Joanne Tarlo de Szczekarzowice Palatino Lublinensi, & Capitaneo Pilsnen. Georgio Mniszek de magna Kunczyce, Incisore Regni ac Sanocen: & Socalien: Capitaneo, Alberto Starzechowski de Starzechowice, Succamerario Leopoliensi, Palatinide Podoliæ, Nicolao Jazlowiecki de Buczacz, Palatinide Russiæ, & Capitaneo Lubaczowiensi, Joanne de Ostrorog Martino Lwowski ab Ostrorog, Joanne Plaza de Mstyczow, Georgio Niemsta de Krzczencice, Adamo Gorayski de Goray, Stanislao Lasicz de Strzemielec, Stanislao Pstrokonski, Joanne Beldowski, Joanne Radziciowski, Oratoribus Regni Poloniæ, in quorum manibus in summo Templo Civitatis nostræ Meggyes, hoc Juramentum præstitimus. Item, Spectabilibus, Magnificis & Generosis, Domino Christophero Bathori de Sumlio, Comite perpetuo Comitatus Biorien: Fratre nostro observan. Christophero Hagemas de Beregzo, Comite perpetuo Comitatus Zolnok mediocris, Stephano Bathori Juniori de Sumlio, &c. Nepote nostro, Samuele à Zborow, Aulæ nostræ familiari, Valentino Teoreog de Eminig, Comite perpetuo Comitatus Huniad: ac Aulæ nostræ familiari, Georgio Bamfy Lozoncy Capitaneo, Aulæ nostræ familiarium, & Consiliario nostro, Ladislao Gessaffy de Rathot, Consiliario nostro, Alexandro Kendy de Lona, Consiliario nostro, Ladislao Chaki de Karetzeg, Stephano Tompa Bano nostro Districtuum Karansebes & Lugas, Volphango Bamfi, Comite Comitatus Dobocen: Balthazaro Jakchi de Kusaly, Aulæ nostræ familiari, Francisco Kendy de Ratnot, Comite Comitatus de Kikeleo, Stephano Apaffy, Præfecto Arcis nostræ Fogaras, Volphango Bethlen, Blasio Kamoti, & Thoma Thorni, Aulæ nostræ familiaribus, Nicolao de Visselen: Et Emerico Suliog de Zopor, Magistris, Protonotariis nostris, Gabriele Vites, Comite Comitatus Forden. Gabriele Peokri de Petrovinia, Nicolao Valkai, Gabriele Chaki de Palota, Georgio Vas de Czegie, & Joanne Cheffei, de Nozalli, Comitibus Comitatus Kolosien. Michaele Kornis de Erdeo, Zentgeori Comite Fodinæ nostræ Salium Siculicalium, Francisco & Emerico Lazar, Judicibus Regiis Sedis nostræ Siculicalis Maros, Volphango Kornis de Zentpal, & Michaele Petki, Sedis Siculicalis, Udnarseli Judicibus Regiis, Augustino Heiduig, Regio Judice Cibinien: Proceribus, Dignitariis, Officialibus, ac Nobilibus Poloniæ & Transylvaniæ, & aliis quàm plurimis omnium Statuum & Ordinum Regni Nostri Transylvaniæ, & partium Ungariæ sibi annexarum, Legatis. Actum in summo Templo Civitatis nostræ Meggyes, sub ipsis Comitiis generalibus, octava die Mensis Februarii. Anno Domini, millesimo, quingentesimo, septuagesimo sexto.

STEPHANUS Electus Rex sst.

MARTINUS BERCEVICEJUS Procancell. sst.

CXXVIII.

8. Fevr. STEPHANI *Regis Poloniæ Litteræ, quibus confirmat Articulos seu Leges ab* ORDINIBUS *Regni* POLONIÆ *& Magni Ducatus* LITHUANIÆ *in Electione* HEINRICI *Poloniæ Regis de Republica sancitos. Dat. in summo Templo Civitatis Meggyes 8. Februar. 1576.* [Constitucie Statuta y Przywileie Regni Poloniæ od Roku Pánskie 1550. áz do Roku 1637. pag. 253.]

STEPHANUS Dei gratia, Electus Rex Poloniæ, Magnus Dux Lithuaniæ, Russiæ, Prussiæ, Masoviæ, Samogitiæ, Kyoviæ, Volhyniæ, Podlachiæ, Livoniæque, &c. nec non Transylvaniæ Princeps.

Significamus universis & singulis, præsentibus & futuris, per Spectabilem & Magnificum, Joannem Tarlo de Szczekarzowice, Palatinum Lublinensem, & Capitaneum Pilznensem: ac Magnificos & Generosos, Georgium Mniszek de Magna Kunczyce, Incisorem Regni, ac Sanocensem & Socaliensem Capitaneum, Albertum Starzechowski de Starzechowice, Succamerarium Leopoliensem, Palatinidem Podoliæ, Nicolaum Jazlowiecki de Buczacz, Palatinidem Russiæ, & Capitaneum Lubaczoviensem, Joannem de Ostrorog, Martinum Lwowski ab Ostrorog, Joannem Plaza de Mstyczow, Georgium Niemsta de Krzczencyce, Adamum Gorayski de Goray, Stanislaum Lasicz de Strzemienec, Stanislaum Pstrokonski: Joannem Beldowski, Joannem Radzieiowski, Oratores ab Ordinibus Regni Poloniæ, & Magni Ducatus Lithuaniæ, in Transylvaniam ad invitandum Nos ad Regem missos, oblatos Nobis esse publico nomine Articulos, seu Leges ab Ordinibus in Electione Henrici Regis de Repub: sancitos, quarum exemplum Lingua Polonica, qua sunt perlatæ, sequitur.

Fiat insertio.

Quos quidem Articulos, seu Leges in omnibus earum punctis & conditionibus approbandas, roborandas, & confirmandas duximus, approbamusque, roboramus, & confirmamus per præsentes Literas nostras: Decernentes eas perpetuæ, indubiæ, ac inviolabilis firmitatis robur obtinere debere, promittentesque, sub Juramento, illas in prædictis omnibus earum punctis & conditionibus, sine ulla excusatione & exceptione, firmiter, inconcussè, & inviolabiliter tenere, observare, adimplere, & exequi, & teneri, observari, adimpleri & exequi facere. Præterea promittimus, si ultra has Leges, seu Articulos suprascriptos, Ordines aliquas alias de Republ. in Conventu Regni Andreioviæ, vel Cracoviæ, circa Coronationem Nostram sancient, & Nobis offerent, approbare, roborare & confirmare, ac adimplere sine ulla exceptione. Dantes potestatem insuper Cancellario & Vicecancellario Regni, pro tempore existentibus, ut postquam, Deo favente, fœliciter in Regnum Poloniæ venerimus, hanc eorumdem Articulorum, seu Legum confirmationem, seu confirmationem de facto Articulorum & Legum, quæ ante Coronationem Nostram, Andreioviæ vel Cracoviæ sancientur, sub Sigillo Regni Poloniæ, Ordinibus, Terris, ac Subditis nostris, qui eam requirent, non expectato alio mandato nostro, uterque vel alter eorum extradat, non obstante ulla exceptione, seu quovis in contrarium mandato. Quod verò ad Articulum inter cæteros, in Conventu Electionis Henrici Regis latum, de Matrimoniis Regum attinet: Cùm jam sit constitutum, postulantibus nostris Oratoribus, de Matrimonio nostro cum Serenissima Principe Anna, Serenissimi olim Principis Domini Sigismundi Augusti Sorore, id quod hac de re jam constitutum est, & inter cæteras conditiones oblati Regni Nobis propositum, voluntariè & libenter, bona fide adimplere pollicemur. In cujus rei fidem, Literas hasce manu nostra subscripsimus, Sigillumque Nostrum, quo ad præsens in Transylvania utimur, iis appendi jussimus. Actum & datum in summo Templo Civitatis nostræ Meggyes, sub ipsis Comitiis Generalibus, octava Mensis Febr: Anno Domini, millesimo, quingentesimo, septuagesimo sexto. Præsentibus Spectabilibus, Magnificis, Generosis ac Eggregiis, Joanne Tarlo de Szczekarzowice Palatino Lublinensi, & Capitaneo Pilznensi, Georgio Mniszek de Magna Kunczyce, Incisore Regni, ac Sanocensi & Sokaliensi Capitaneo. Alberto Starzechowski de Starzechowice, Succamerario Leopoliensi, Palatinide Podoliæ, Nicolao Jazlowiecki de Buczacz, Palatinide Russiæ, & Capitaneo Lubaczoviensi, Joanne de Ostrorog, Martino Lwowski ab Ostrorog, Joanne Plaza de Mstyczow, Georgio Niemsta de Krzczencice, Adamo Gorayski de Goray, Stanislao Lasicz de Strzemielec, Stanislao Pstrokonski, Joanne Bedowski, Joanne Radziejowski, Oratoribus Regni Poloniæ. Item Spectabilibus, Magnificis, Generosis, Domino Christophero Bathori de Sumlio, Comite perpetuo Comitatus Biorien: Fratre nostro observan. Christophero Hagemas de Beregzo, Comite perpetuo Comitatus Zolnok mediocris, &c. Stephano Bathori Juniori de Sumlio, & Nepote nostro, Samuele à Zborow, Aulæ nostræ familiari, Valentino Teoreog de Eminig, Comite perpetuo Comitatûs Huniad, ac Aulæ nostræ familiari; Georgio Bamfy, Lozoney Capitaneo, Aulæ nostræ familiarium, & Consiliario nostro; Ladislao Gessaffy de Rathot, Consiliario nostro, Alexandro Kendy de Lona, Consiliario nostro, Ladislao Chaki de Karetzeg, Stephano Tompa Bano nostro, Districtuum Karansebes & Lugas; Volphango Bamfy, Comite Comitatûs Dobocen. Balthazaro Jakchi de Kusaly, Aulæ nostræ familiari; Francisco Kendy de Ratnor, Comite Comitatûs de Kikeleo; Stephano Apaffi, Præfecto Arcis nostræ Fogaras; Volphango Bethlen,

ANNO 1576.

ANNO 1576. Bethlen, Blasio Lamothy, & Thoma Thorni, Aulæ nostræ familiaribus; Nicolao de Visselen, Emerico Suliog de Zopor, Magistris, Protonotariis nostris; Gabriele Vites, Comite Comitatûs Torden: Gabriele Reokri de Petrovinia, Nicolao Valkai, Gabriele Chaki de Palota, Georgio Vas de Czegie, & Joanne Chessei de Nozali, Comitibus Comitatûs Kolosien. Michaële Kornis de Erdeo, Zentigeorgii Comite Fodinæ nostræ Galium Siculicalium; Francisco & Emerico Lazar, Judicibus Regiis, Sedis nostræ Siculicalis Maros; Volphango Kornis de Zentpal, & Michaële Petki, Sedis Siculicalis, Udvarseli, Judicibus Regiis: Augustino Heiduig, Regio Judice Cibiuien: Proceribus, Dignitariis, Officialibus, ac Nobilibus Poloniæ & Transylvaniæ, & aliis quàm plurimis omnium Statuum & Ordinum Regni nostri Transylvaniæ, & partium Ungariæ sibi annexarum Legatis.

STEPHANUS Electus Rex sst.

MARTINUS BERZEVICEJUS, Procancell. sst.

CXXIX.

8. Fevr. STEPHANI *Regis Poloniæ Litteræ, quibus omnia Privilegia, Donationes, Inscriptiones, Advitalitates, Libertates, Prærogativas, Immunitatesque Regni* POLONIÆ *& Magni Ducatûs* LITHUANIÆ *in genere confirmat, porròque omnia per hostes finitimos injustè à Regno & Magno Ducatu occupata vel quovis modo alio distracti, ad proprietatem & unionem ejusdem Regni & Magni Ducatus aggregare spondet & promittit. Dat. in summo Templo Civitatis Meggyes, die* 8. *Mensis Februarii* 1576. [Constitucie Statuta y Przywileje Regni Poloniæ od Roku Pánskie° 1550. áz do Roku 1637. pag. 258.]

STEPHANUS Dei gratia Electus Rex Poloniæ, Magnus Dux Lithuaniæ, Russiæ, Prussiæ, Masoviæ, Samogitiæ, Kyoviæ, Volhiniæ, Podlachiæ, Livoniæque, &c. nec non Transilvaniæ Princeps.

Significamus hisce Literis nostris, quorum interest universis & singulis, præsentibus & futuris. Quia nos considerantes erga nos singularem propensionem, ac singularia studia Consiliariorum, Dignitariorum, Officialium, Nobilium, omniumque Statuum ac Ordinum Regni Poloniæ, & Magni Ducatus Lithuaniæ, Terrarumque ac Dominiorum iis annexorum, quòd nos potissimum inter cæteros Principes Christianos, ad fastigium Regium voluntatibus ac suffragiis suis extulerint, Regemque suum, & eundem Magnum Ducem, jure Electionis ipsorum, liberè creaverint, cum bona & matura deliberatione; ac ex debito & officio nostro, secutique vestigia Antecessorum nostrorum, Divorum Poloniæ Regum, & Magnorum Ducum Lithuaniæ, omnia Privilegia, Donationes, Inscriptiones, Advitalitates, Libertates, Prærogativas, Immunitates, tàm Regni & Magni Ducatus, quàm Terrarum earumdem Communes, ipsis conjunctim aut separatim concessas, quàm privatarum personarum, cujuscumque status, conditionis, Sexus, existentium, Civitatum, Oppidorum, & Locorum quorumcunque privatas, Ecclesiasticas & Sæculares, cujuscunque generis, per Antecessores nostros Regni Poloniæ, ac Magni Ducatus Lithuaniæ, Terrarumque iis conjunctarum, Reges, Principes, Duces ac Dominos, tàm in toto, quàm in parte: Præsertim verò Casimirum Magnum, Ludovicum Lois nuncupatum, Wladislaum Secundum Jagiellonem dictum, Fratresque ejus, Vitholdum & Sigismundum, Magnos Duces Lithuaniæ, Wladislaum Tertium, Cazimirum Tertium, Jagiellonis Filios, Joannem Albertum, Alexandrum, Sigismundum Primum, Sigismundum Secundum Augustum, ac Henricum, Reges Poloniæ, & Magnos Duces Lithuaniæ, ac etiam per Magistros Prussiæ, Archiepiscopos, Episcopos, Magistros, Præceptores Livoniæ, Duces, Principes, ac Dominos Terrarum Russiæ, justè & legitimè emanatas & concessas, ac Juri Communi utriusque Gentis non contrarias; ac item Jura, Leges, Statuta, Constitutiones, Ordinationes, Libertates ac Immunitates, in Conventibus Regni quibuslibet legitimè sancitas, nominatim autem Libertates & Leges in Conventu Electionis Henrici Regis latas, ac quæ in Conventu Andreiovienfi, vel Coronationis nostræ ferrentur, & nobis exhibebuntur. Ita tamen, ut hæc specialitas generalitati, nec generalitas specialitati deroget. Tum etiam conditiones per Oratores nostros cum Ordinibus pactas & conventas, & à nobis approbatas. Quorum omnium præmissorum tenores tanti esse volumus, ac si hisce Literis de verbo ad verbum insertæ sint, in omnibus earum Articulis, Punctis, Clausulis, Conditionibus, approbandas, roborandas, & confirmandas duximus, approbamusque, roboramus, confirmamus per præsentes Literas nostras. Decernentes illas perpetuæ, indubiæ, ac inviolabilis firmitatis robur obtinere debere. Recipimusque, spondemus, & Regio verbo nostro pollicemur, illas in prædictis earum Punctis, Articulis, Clausulis, Conditionibus, firmiter, inconcussè, inviolabiliter tenere, observare, & implere, & exequi: ac omnibus ac singulis ex iis satisfacere cum effectu, & teneri, observari, & exequi facere. Item pollicemur, recipimus ac spondemus, quod omnia per hostes finitimos injustè à Regno Magnoque Ducatu Lithuaniæ, & Dominiis earundem, quocunque modo occupata, vel Bello, vel quovis alio modo distracta, ad proprietatem & unionem ejusdem Regni Poloniæ, Magnique Ducatus Lithuaniæ, aggregabimus, neque fines Regni & Magni Ducatus Lithuaniæ, minuemus, sed pro viribus nostris proferemus, & dilatabimus. Quod si aliquid contra Libertates & Immunitates, Jura, Privilegia prædicta Regni, & Magni Ducatus Lithuaniæ, ac cæterarum Provinciarum iis annexarum, fecerimus, non servantes, (quod absit) aliquid illorum in toto, vel in parte: id totum irritum & inane, nulliusque momenti fore decernimus & pronunciamus. Quod verò supra hisce Literis, Privilegia, Libertates Ecclesiasticas, cum cæteris confirmavimus, id nihil Articulo Juramenti derogare volumus, videlicet, pacem & tranquillitatem inter dissidentes de Religione, tuebimur, & manu tenebimus, &c. quem inconcussè, firmiter & inviolabiliter, ac cum effectu, nos observaturos promittimus ac spondemus. Dantes insuper potestatem Cancellario & Vicecancellario Regni Poloniæ, pro tempore existentibus, ut postquam, Deo favente, fæliciter in Regnum Poloniæ venerimus, has Literas Confirmationis generalis Jurium, Privilegiorum, & Libertatum Regni, ac Magni Ducatus, ac Terrarum iis annexarum, cum Confirmatione de facto Articulorum & Legum, quæ ante Coronationem nostram Andreioviæ, vel Cracoviæ sancientur, sub Sigillo Regni Poloniæ, Ordinibus, Terris, ac Subditis nostris, qui eam requirent, non expectato alio Mandato nostro, uterque vel alter eorum extradat, non obstante ulla exceptione, seu quovis in contrarium mandato. In cujus rei fidem Literas hasce manu nostra subscripsimus, Sigillumque nostrum, quo ad præsens in Transylvania utimur, iis appendi jussimus. Datum in summo Templo Civitatis nostræ Meggyes, sub ipsis Comitiis generalibus, die octava Mensis Februarii. Anno Domini, millesimo, quingentesimo, septuagesimo sexto.

STEPHANUS Electus Rex sst.

MARTINUS BERZEVICEJUS Procancell. sst.

CXXX.

25. Avril. *Decretum Senatus & Ordinum Regni Poloniæ de coronando Serenissimo Rege* STEPHANO *à Reverendissimo Domino Episcopo Cujaviensi: Et Declaratio Privilegii à* CASIMIRO *Rege Reverendissimo Domino Archiepiscopo Gnesnensi jus coronandi Regem Poloniæ conferentis. Cracoviæ die* 25. *Aprilis Anno Domini* 1576. [CHWALKOWSKI Jus Publicum Regni Poloniæ pag. 45.]

NOS Consiliarii Regni Spirituales, & Seculares, ac Nuncii omnium Regni Terrarum, ab Equestri Ordine ad Coronationis Conventum cum plena facultate missi; Universis quorum interest significamus. Quod cum Cracoviam, ad diem Coronationi in Conventu

ANNO 1576. ventu Andrejoviensi constitutam, & semel atque iterum prorogatam convenissemus: communi omnium nostrum consilio & consensu id egimus, & procuravimus, quo Reverendiss: in Christo Patrem & Dominum Jacobum Uchanski, Archiepiscopum Gnesnensem, eo adduceremus: ut pro officio suo, ex Privilegio à Calimiro Rege sibi concesso ad perficiendam Coronationem Cracoviam veniret, solemnique muneri suo satisfaceret. Et quamvis jam antea ex Conventu Andrejoviensi de eo admonitus fuisset, tamen concordiæ & amoris fraterni desiderio iterum etiam ex præsenti Conventu Legatos nostros, & per Literas suas se brevi affuturum promisisset, cùm suâ causâ, tum etiam Sereniss: Regis expectatione, qui etiam tum in itinere erat, tempus Coronationi præscriptum prorogavimus. Posteaquam verò satis diu eundem expectavissemus, Regiaque Majestas Cracoviam adventaret: tertiò etiam Varsaviam ad eundem misimus: orantes & hortantes, ut ad nos quam primum acceleraret, simulque denunciantes, propter impendentia Reipublicæ pericula, nos ipsius adventum diutius expectare non posse. Cum verò & ex Legatis nostris, & ex ipsius Litteris nobis satis jam constet, eum, contra quam promiserat, ad nos venire, munerique suo satisfacere nolle, aut non posse: cumque satis perspiciamus, quot & quanta pericula, si diutius etiam Coronatio prorogaretur, Reipub: immineant: una mente in eo omnes consensimus: ut sine ulla procrastinatione Sereniss: Stephanus Rex electus, unà cum Serenissima Anna Regina, ex præscripto Literarum ad universos Regni Incolas jam antea transmissarum à Reverendiss: in Christo Patre & Domino Stanislao Carncovio, Dei gratia Episcopo Cujaviensi, qui in Majore Polonia secundum Dominum Archiepiscopum proximum locum obtinet, coronentur. Ne vero quispiam reperiatur, qui verbis Privilegii Regis Casimiri inhærendo, quacunque ratione hoc ipsum negotium atque actionem in dubium revocare velit. Idcirco nos habito respectu Legum & Statutorum de Coronatione factorum, diligenterque consideratis ipsius Privilegii verbis, animadvertentes, quæ absurda inde sequerentur, si quis illud ita intelligendum esse existimaverit, ut ad solum Dominum Archiepiscopum omnem coronandi facultatem ita astrictam esse vellet, ut nullo casu alium quenquam id facere posse affirmaret: hoc ipsum Privilegium Auctoritate Constitutionis Conventus præsentis ita interpretamur, declaramus, ac decernimus, eamque ipsius esse mentem omnino judicamus: quod scilicet Reverendiss: Domino Archiepiscopo volente & valente, nemo alius præter eum Regem coronare aut debet aut potest. Quod si verò ad id vocatus, hoc ipsum facere aut noluerit, aut non potuerit, vel etiam è vivis sublatus fuerit: is cui hoc ipsum proximè competit ex Majori Polonia eâdem potestate atque Authoritate id perficere potest ac debet. Quod si quis præter hanc interpretationem & Declarationem nostram, istud Privilegium aliter intelligere aut interpretari voluerit, præsentique Constitutioni atque Decreto nostro adversari ausus fuerit: is pro hoste & turbatore Reipublicæ habeatur, juxta Constitutionem Conventus Andrejoviensis. Datum Cracoviæ, die 25. Aprilis Anno Domini 1576. ANNO 1576.

CXXXI.

25. Avril. HOLLANDE ET ZELANDE.

Unie ende Verbondt tusschen die Staten en Steden van HOLLAND *ende* ZEELAND *in date den 25. April 1576.* [Groot Placaet Boeck van de Hoog. M. Heeren Staten Generael der Vereenigde Nederlanden. Tom. II. col. 2123.]

DIe Ridderschappen ende Edelen vanden Lande van Hollandt, mitsgaders die Gedeputeerden vanden Steden, van den Landen ende Graeffschappen van Hollant ende Zeelant, als Dordrecht, Delft, Leyden, Goude, Rotterdam, Gornichem, Schiedam, Briele, Woerden, Geertruydenberge, Alckmaer, Hoorn, Enckhuysen, Medenblick, Edam, Monnickendam, Purmerent, mitsgaders Middelburgh, Zierickzee, Vlissingen, ende der Veere, Representerende die Staten vanden selven Landen, so op den loffelijcken Verbonde ende Unie der voorsz. Steden ende Landen, als op 't Gouvernement van dien, ende 't beleyt der gemeene saecke geconvoceert, ende Staets-gewijs binnen der Stadt Delft wederomme vergadert zijnde, ter beschryvinge vanden Doorluchtigen hooghgebooren Vorst ende Heere den Prince van Orangien, Grave van Nassau, &c. Ende uytte Propositie van Syne Excell. verstaen hebbende, ende oock bevindende, dat tot wederstant der ghemeene Vyanden, ende defensie der voorsz. Landen, soo loffelijcken ende ghelijckerhant aengegrepen, ende sonder eenige hulpe van vreemde Heeren of Potentaten, dan alleenlijck door de hant vanden Almogenden Godt, ende eenige middel, vlijt ende sorgvuldigheyt van Syne Excell, met groote verwonderinge ende een eeuwige lof ende renommée van alle de Wereldt, tot noch toe uytgevoert ende volhart, als noch vorder te mogen hanthouden ende wederstaen die onbehoorlijcke ende moetwillige regieringe der Spaenscher ende Uytheemscher Natie, met d'Aenhangers ende Naevolgers van dien, Vyanden der gemeene ruste, ende der gantscher Landen van herwaerts-overe, die in heurluyder macht seer zijn geswackt, op de maentlijcke betalinge der Knechten, ende andere onkosten ter Oorloge noodigh zijnde, tot seeckere Somme toe, gemeenderhant, ende

CXXXI.

25. Avril. HOLLANDE ET ZELANDE.

Union & Alliance entre les Etats & les Villes de HOLLANDE, & de ZELANDE, contre l'Espagne & autres Ennemis. Faite à Delft le 25. Avril 1576. [Dans le *Grand Recueil des Placards*, Tom. II. colonne 2123.]

LEs Chevaliers & Nobles de Hollande, & les Deputez des Villes, des Païs & Comtez de Hollande, & Zélande, savoir Dordrecht, Delft, Leyde, Gouda, Rotterdam, Gornichem, Schiedam, la Brille, Woerden, Geertruydenberg, Alckmaer, Hoorn, Enckhuysen, Medenblick, Edam, Monickendam, Purmerent; ensemble, Midelbourgh, Zierickzée, Flessingue, & Veere, representans les Etats des susdits Païs, convoquez pour ce qui concerne tant l'Alliance & Union desdites Villes & Païs, que le Gouvernement d'iceux & pour la conduite des affaires communes, étant derechef assemblez en la Ville de Delft, sur la Convocation du Serenissime Prince & Seigneur le Prince d'Orange, Comte de Nassau &c. Et ayant compris par la proposition de son Excellence, & même experimenté, que pour s'opposer à l'Ennemi commun, & deffendre les susdits Païs, (laquelle deffence a été entreprise si louablement & unanimément, & sans assistance aucune des Puissances Etrangeres, mais seulement par la main de Dieu Tout-puissant, & par le seul moyen, soin & diligence de sadite Excellence, & exécutée & continuée au grand étonnement de tout le monde, qui ne cessera de la louër, & pour la maintenir encore plus, & résister à l'inique & violent Gouvernement des Espagnols, des Nations Etrangeres & de leurs Adherants, Ennemis du repos public & de tous les Païs de deçà, & qui ont été extremement affoiblis dans leur pouvoir) il étoit nécessaire de pourvoir au payement des Troupes & aux autres dépenses nécessaires à la Guerre, à la faveur d'une Alliance ferme. Et considérant qu'une telle grace

ANNO 1576.

de op eenen ghelijcken voet mochte werden voorsien, onder een vast Verbont ende Republijcke. Ende aenmerckende dat alsulcke genade ende weldaet van Godt den Heer by een yegelijck behoort aengenomen, ende in 't generael met eenen goeden Politijcque ordeninge bevestight te werden, met conservatie van Godts eere, verbreydinge sijns heylichs woorts, ende verweckingh des gemoets van allen Ingesetenen der voorsz. Landen, waer door de ghemeene saecken in meerder versceckertheyt ghestelt, die Vyanden in haerluyder ghewelt ende voornemen voorts vermindert ende belet, ende eyntelick een gemeene ruste ende vrede met d'omleggende Provintien der Nederlanden sal worden verwacht. SOO IST, dat die voorsz. Staten ende Steden van Hollandt ende Zeelandt, naer voorgaende communicatie, advys ende beraet in 't lange daer op gehadt ende genomen, ende volgende die volkomen last ende macht by der voorsz. Steden, haerluyder Gedeputeerden hier onder ghescreven daer toe gegeven, boven die voorgaende tractatie, verplichtinge ende Verbonden tusschen den voornoemden Staten ende Steden opten vierden Juny 1575. lestleden met malkanderen aengegaen ende ghemaeckt, henluyden wederom ghewillighlijcken ende ghemeenderhandt in alles vereenight, verplicht ende verbonden hebben, vereenigen, verplichten ende verbinden by desen sonder eenige wederroepinge, ende in alle manieren, Poincten ende Articulen hier nae volgende.

I. Inden eersten, Dat sylieden malkanderen naer heuren uytersten vermogen, kracht ende macht, alle bystant ende behulp sullen doen, met raet ende daet, omme te wederstaen ende te krencken alle Vyanden deser Landen: midtsgaders vanden gemeenen welvaren, vryheden ende gherechtigheden van dien, ende der Steden van Hollandt ende Zeelandt voornoemt, sonder daer inne Goet ende Bloedt te sparen, noch malkanderen eenighsints te verlaten, in wat saecken, noot ofte pericule dattet zy.

II. Dat niemant van henluyden eenige communicatie ofte ghemeenschap houden sal, hanteeren noch converseren: Ende veel min eenige Capitulatie, Verdrach ofte overkomste maecken metten ghemeenen Vyandt in geenderhande manieren: Ende dat niemant gedoogen sal sulcx ghedaen te werden by eenige heure Poorteren, Inwoonderen ende Ingesetenen der voorsz. Steden ende Landen, dan by advijs vanden voornoemden Heere Prince van Orangien, met gemeene consent vanden anderen verplichten ende Bontgenooten.

III. Die Bontgenooten by ofte van wegen syne Princelijcke Excell. ofte anders by den genen die sulcx bevolen sal wesen, beschreven ofte geroepen zijnde om eene gemeene sake, sullen ter gesetter tijdt op de selve beschryvinge in competenten getale, ende met behoorlijck bevel verschynen, op pene dat de gene die daer sullen blyven absent, ofte heure by komste zijn vertreckende, by den presenten gemulcteert sullen werden pecunielijck naer ghelegentheyt der saecken, ende dat evenwel by den presenten geprocedeert sal mogen werden tot besluytingh van alsulcke saecken, daer op syluyden sullen vergadert wesen ofte beschreven, als of de Absenten beschreven zijnde aldaer present ende voor oogen waren, ende in wiens reguard 't selfde mede effect sal sorteren: Behouden altijts wettelijcke onschult, daer toe een yegelijck gheadmitteert ende gehoor gegeven sal worden, de voorsz. peynen t'executeren metter daet sonder eenige vorder Proceduyren noch Provocatien.

IV. Alle Questien ende Processen tusschen die voorsz. Landen ende Steden voor date van desen beroerte gheresen ende aengeheven, sullen voortaen noch geschorst ende gehouden werden in alsulcken state, als die waren ten date als boven, alles sonder prejuditie in toekomenden tijt van yemants gerechtigheyt, ten ware Parthyen anders in vrundtschap met malkanderen transigeerden ende vereenighden, of dat by den Bondtgenooten in 't generael geadviseert ende bewillight wort, dat Parthyen tegens malkanderen vorder souden procederen: Ende indien eenige questien of geschillen tusschen de voorsz. Landen, of den Lichamen van den Steden in desen Verbonde begrepen, binnen ende staende dese beroerte, opgeresen mogen zijn, ofte naer datum van desen noch souden mogen rysen, sullen de selve staen ende ghestelt wesen tot kennisse ende beslichtinge van Syne Princel. Excell., naer wiens verklaringe een yegelick van Parthyen hem sal hebben te voegen,

grace & bienfait de Dieu nôtre Seigneur, doit être entreprise par un chacun, & en général être dirigée & affermie par une bonne Police, pour l'honneur de Dieu, l'avancement de sa sainte parole, & l'encouragement de tous les Habitans des susdits Païs, par le moyen dequoi les affaires communes seront mises en état de plus grande sureté, & les violences, & entreprises des Ennemis repoussées, & affoiblies; & enfin le repos & la Paix affermi, avec les Provinces circonvoisines. Si est-ce que les susdits Etats & Villes de Hollande & de Zélande aprés une Communication préalable & avoir avisé & deliberé amplement là-dessus, & suivant l'ordre & plein pouvoir donné à ce sujet par lesdites Villes à leurs Deputez soubsignez, outre le précédent Traité, obligation, & Alliance, fait entre les susdits Etats & Villes en date du 4. Juin 1575. dernier, les susdits Etats & Païs sont convenus, ont consenti unanimément, & se sont obligez, conviennent, consentent & s'obligent par ces presentes, & sans retractation, en nulle maniere, des Points & Articles suivants.

ANNO 1576.

I. Premierement, Qu'iceux se secourront & assisteront les uns les autres de toutes leurs forces & puissances de conseil & de fait, pour résister & affoiblir tous les Ennemis de ces Païs, & pour procurer le bien commun, & les Libertez & Priviléges d'iceux & des Villes de Hollande & de Zélande susdites, sans épargner en cela ni Bien, ni Sang, ni s'abandonner l'un l'autre en aucune maniére, en quelque occasion ni peril que ce soit.

II. Que personne d'iceux n'aura aucune communication, ou commerce, frequentation, ou conversation, & encore moins ne feront aucune Capitulation, Traité ou Conférence en quelque maniére que ce soit avec les Ennemis communs, & que personne ne souffrira en être fait par aucun de leurs Bourgeois, Habitans & Sujets des susdites Villes & Païs que par l'avis du susdit Seigneur Prince d'Orange, avec le commun consentement des autres obligez & Alliez.

III. Les Alliez étant convoquez par son Excellence, ou de sa part, ou autrement par ceux qui en ont charge, pour les affaires communes, comparoîtront sur son mandement en nombre competant dans le tems assigné, sur peine contre ceux qui seront absens ou sortiront de l'Assemblée, d'une amende pecuniaire, selon l'occurrence des affaires, & qu'il sera cependant, par ceux qui seront presens, procedé pour la conclusion des affaires, pour lesquelles ils auront été apellez & pour lesquelles ils se seront assemblez, comme si ceux qui seront absens y étoient presens, & que les choses fussent traitées devant leurs yeux; & sortiront le même effect. Sauf toutefois leur excuse légitime, à l'allegation de laquelle un chacun pourra être admis, & les peines s'éxécuteront sans aucune plus ample formalité ni Appel.

IV. Tous les Differens & Procez mûs entre lesdits Etats & Villes avant la date des présentes demeureront ci-aprés en tel état qu'ils étoient lors de la date susdite, le tout sans préjudice pour l'avenir au droit d'un chacun, si ce n'est que les Parties eussent transigé pour sortir d'affaire & s'accommoder à l'amiable, ou qu'il ne fût deliberé & consenti par les Alliez en general que les Parties passassent outre à leurs Procedures. Et que s'il arrivoit quelque différend ou debat entre les susdits Païs ou les Corps des Villes comprises en ces présentes, si aprés la date d'icelles, il en survenoit quelques uns, ils seront remis à la connoissance, & à l'arbitrage de son Excellence, à la declaration de laquelle chaque Partie sera obligée de se soumettre, le tout par provision,

ANNO 1576.

voegen, alles by provisie, ende sonder prejuditie als boven, van yemandts gerechtigheyt, Privilegie ofte Costume.

V. d'Ingesetenen vande voorsz. Landen ende Steden sullen binnen den selve Landen ende Steden vry ende onbelet mogen converseren, handelen ende verkeeren als naer ouder gewoonte, koopende ende verkoopende, halende ende brengende uyt ende inne alderhande Waren, soo wel van Victualie ende Ammonitie van Oorloge, als alle andere specien van Koopmanschappen, die alomme binnen den voorsz. Landen ende Steden respective behoeftigh sullen zijn ende gesleten mogen werden, sonder eenige restrictie ofte beswaernis, anders dan by gemeen advijs der Staten ende der Bondtgenooten daer op geordonneert is ofte geordonneert sal mogen werden.

VI. Sullen in geene der voorsz. Steden ontfangen worden eenige Poorters, Burgers ofte Inwoonders uyt eenige andere der selver Steden komende, dan by wete ende consente vanden Burgemeesters ende Regeerders der Stede daer uyt de selfde vertrocken zijn, ende daer sy heure leste woonplaetse hebben gehadt. Welverstaende dat die voorsz. Inwoonders, die voor geen Poorters ofte Burgers en zijn gehouden, ende die binnen vier Jaren voor date van desen in eenige der voorsz. Steden gekomen zijn ter woone, niet ontfangen en sullen werden als vooren, sonder souffisante Attestatie van der tijdt ende plaetse haerder residentien binnen den voorsz. Landen van Hollandt ende Zeelandt, daer toe elck vanden Steden inden sijnen metten eersten sal doen behoorlijcke publicatie ende verkondinge.

VII. De voorseyde Bondtgenooten sullen malkanderen met alle ghetrouwigheyt assisteren, omme te voorkomen ende af te weeren, oock te doen repareren ende straffen alle injurien ende onrecht, schande, schade, fortse ofte geweldt, jegens ende tot achterdeele der voorsz. Landen ofte Steden in 't gemeen ofte particulier, heure Gecommitteerde ofte Ingesetenen binnen ofte buyten den Steden, ten platten Lande, by yemant van wat qualité ofte state hy soude mogen zijn, hoe wel oock Vyandt der ghemeene Vyanden, wesende Capiteynen ofte Soldaten, souden mogen worden voort gestelt ende gepleecht, mitsgaders malkanderen gesamenderhandt te helpen mainteneren ende vorderen die authoriteyt van alle Overigheyt, d'administratie vander Justitie, ende d'executie van alle goede Ordonnantien ende Statuyten by alle behoorlijcke wegen ende middelen, die syluyden Bondtgenooten onderlinge sullen adviseren, ende nae rechte, redenen ende billickheyt bevinden sullen daer toe te dienen ofte te behooren tot allen tyden, soo wanneer by een ofte meer der Bondtgenooten met goede oorsaecke des vermaninge ofte versoeck gedaen sal worden.

VIII. Ende sullen voorts de voorsz. Bondtgenooten onder malkanderen in alles houden alle goede correspondentie, vruntschap en Nae-ghebuyrschap, d'een den anderen ghetrouwelijck adverterende ende verbootschappende van 't gunt syluyden vernemen souden mogen tot yemants schade, hinder of perijckel te wesen, sonder daer inne hen te ontsien eenige kosten, arbeyt ofte moeyten.

IX. Hebben voorts de voorsz. Steden ende Staten goetwilligh ende gelijckerhandt, achtervolgende heurluyder voorsz. last ende bevel, beslooten ende gearresteert, dat voortaen geduyrende de jegenwoordige Oorloge, ende tot anders geordonneert sal zijn alle die kosten ende lasten dienende tot onderhoudt der selver Oorloge, ende ghemeene defensie der voorseyde Landen, ofte eenige Steden ofte Stroomen van dien, 't zy te Water of te Lande, hoedanigh 't selfde sal mogen geschieden, vallende na den eersten Mey toekomende, op eenen ghelijcken ende eenparigen voet, als uyt een Beurse gedragen, gevonden ende op gebracht sullen worden, ende daer toe opgestelt ende geheven alsulcke generale ende gemeene Middelen, als aldergereetste ende oorbaerlijcxt bedacht, ende besloten zijn, ofte sullen mogen worden, die metter daet sullen mogen werden geexecuteert, ende die onwilligen by den goetwilligen met gemeenderhant realijck daer toe mogen worden bedwongen, 't zy by arreste ende aenhoudinge van Persoonen ende goederen der onwilligen, ende onder den selven behoorende, ofte anders sulcks als dan naer ghelegentheyt der saecken goet ende noodigh sal werden bevonden.

X. Sullen voorts alle die saken ende lasten vander Oorloge by den voorsz. Bondtgenooten onder 't gebiet van

sion, & sans préjudice, comme dessus, au Droit, Privilége & Coutume d'un chacun.

ANNO 1576.

V. Les Habitans des susdits Païs & Villes y pourront aller, venir & y negocier librement & sans empêchement selon leur ancienne coutûme, comme aussi y acheter, vendre, apporter & en transporter toutes sortes de Marchandises, tant de Vivres que de Munitions de Guerre, comme aussi toute autre espéce de Marchandises dont il sera besoin dedans & dehors lesdits Païs & Villes & qui y pourront être consumées sans aucune restriction ou charge, sinon par l'avis commun des Etats & Alliez ordonné ou à ordonner, là-dessus, à cet égard.

VI. Il ne sera reçu dans lesdites Villes aucuns Bourgeois ou Habitans venans d'autres Villes que par le sçû & consentement des Bourguemaîtres & Regens des Villes dont ils seront sortis & où ils auront eu leur dernier domicile. Bien entendu que les susdits Habitans qui ne sont pas reputez Bourgeois & qui ne sont pas venus demeurer dans lesdites Villes dans les quatre ans avant la date des presentes ne seront point reçus, comme dit est, sans une suffisante atestation des tems & Lieux de leur residence dans les susdits Païs & Villes de Hollande & Zélande, & dont chaque Ville donnera une notification convenable.

VII. Les susdits Alliez s'assisteront fidélement les uns les autres, pour prevenir & éviter, & aussi pour faire reparer & punir, toute injure, torts, dommage, force ou violence, faites contre & au préjudice des susdits Païs & Villes en général ou en particulier, ou contre leurs Députez ou Habitans, dedans ou dehors les Villes ou à la Campagne, par quelqu'un de quelque qualité ou condition que ce pourroit être, encore même que ce fussent Ennemis des Ennemis communs, soit Capitaines ou Soldats. Ensemble, ils s'aideront mutuellement à maintenir & avancer l'autorité de toute Souveraineté, l'administration de la Justice & l'éxécution de toutes les bonnes Ordonnances & Statuts, par toutes les voyes que lesdits Alliez jugeront convenables, & selon tout le Droit, la raison & l'équité qui à ce pourront servir en quelque tems que ce soit, quand un ou plusieurs des Alliez par bonne raison en fera ou feront la demande & la remontrance.

VIII. Et entretiendront lesdits Alliez entre eux en toutes choses une bonne correspondance, amitié & voisinage, s'avertissant l'un l'autre fidélement, de tout ce qui pourroit leur être nuisible ou domageable, sans avoir égard aux dépences, travail ou peine.

IX. Lesdites Villes & Etats ont de plus conclu & arrêté, suivant leur ordre & mandement, que d'orenavant durant la presente Guerre, & autres, on réglera toutes les dépences & charges servant au soutien de ladite Guerre & à la défence commune des susdits Païs, ou de quelques Villes ou Riviéres d'iceux, soit par Mer ou par Terre, ou de quelle maniére cela se devra faire, à commencer au premier jour de Mai prochain, & ce sur un même pié, & seront prises & raportées dans une même bourse, & l'on établira pour cet effet des Impots communs, selon qu'on le trouvera le plus expédient & avantageux, & l'on usera pour l'exécution, de contrainte contre ceux qui n'y acquiesceront pas, soit par arrêt de leurs personnes & Biens, ou autrement, comme il sera trouvé bon & expedient selon la situation des affaires.

X. Et seront lesdites choses & charges de la Guerre levées par lesdits Alliez sous le mandement

ANNO 1576.

van fijnder Excell., met alsulcke gemeenschap, eendrachtigheyt ende vrundtschap ghevordert, beleyt, ende onder alsulcke vaster eenigheyt ende verbont gemaniert ende onderhouden worden, als of de voorsz. Landen ende Steden onder de Republijcque van eender Stede mochten werden gereeckent ende begrepen.

XI. Ende ten eynde alle die gemeene Middelen ende Contributien, die by de Bondtgenooten tot onderhoudt vander Oorloge geconsenteert sullen werden, effectuelijcken gheheven, ende eenpaerlijck ghedragen mogen worden, ende omme alle jalousie, ende quade vermoeden wech te nemen ende verhoeden, van dat eenige Bevelen van syne Excell. soude mogen emaneren, ende eenige saecken binnen d'een Quartier ofte d'andere worden voor gestelt ende gedreven sonder gemeen advijs, nochte daer op ghehoort ofte verstaen te hebben die ghelegentheyt ende conditien van de andere Landen, ende dat die Penningen proederende vande generale Middelen als vooren elders, dan tot betalinge vande kosten ende der Oorloge die nae den eersten Mey toekomende sullen vallen, daer toe die selve zijn ghedestineert, souden mogen worden bekeert ende verstreckt, hebben de voorsz. Bondtgenooten insgelijcx goet gevonden ende beslooten, dat voortaen binnen desen Quartiere van Hollandt, neffens die geene die Sijn Excellentie ende die Staten alhier gebruyckende zijn, tot beleydinge vande gemeene saecke, drie uytten Noorder-quartiere, ende drie uyt Zeelant geschickt, ende gehouden sullen worden: Ende van gelijcken uyt desen Quartiere van Hollandt in 't Noorder-Quartier, ende binnen Zeelandt voornoemt, neffens den geenen die de gemeene saecken aldaer beleydende zijn, al ter nominatie van de Gedeputeerden vanden Staten ende Steden binnen elcken Quartiere, ende by verkiesinge van syne Princel. Excell., die op alle vergaderingen, communicatien ende besoignen binnen elcken Quartiere, op 't beleyt der ghemeene saecken vallende, hen altoos sullen vinden, ende toegelaten worden, ende voorts gehouden sullen zijn goede correspondentie ende verstant te houden met elcken Quartiere daer uyt de selve respectivelijck sullen wesen geschickt, ende binnen elcken Quartiere met goede kennisse ende respecte helpen voorsien, aenhouden, ende procureren, dat alle die gemeene Middelen, Ordonnantien ende Bevelen gelijckelick ende volkomelick aengeheven, gevordert ende geeffectueert, ende die Penningen ende Inkomsten van dien voor al verstrekt ende bekeert mogen werden tot betalinge vande Knechten, Bootsgesellen, Schepen van Oorloge, ende andere behoeften der Oorloge, (die nae den eersten Mey als vooren voorvallen sullen,) inden Quartiere daer de selfde Penningen sullen werden geheven, ende dat ten onderwint ende dispensatie vanden genen die in den selven Quartiere tot beleydinge vander saecken aldaer sullen wesen gestelt ende geordonneert, volgende d'Instructie ende last van sijn Excellentie ende den Staten daer af te geven, ende dat die resterende Penningen ter ordonnantie van Syne Excellentie mogen werden bekeert ende geemployeert tot vorderinge vande behoeften, die elders ter Oorlogen noodigh sullen worden bevonden.

XII. Ende ten eynde al 't selfde wel ende behoorlijck mach geschieden, sullen die Bondtgenooten in elcken Quartiere gehouden wesen voortaen van veerthien dagen tot veerthien dagen, ofte ten langhsten van maent tot maent, aen Syne Excell. over te seynden volkomen staet van haerluyder ontfang ende inkomsten der gemeene Middelen vander Unie, ende 't gunt tot behoef vander Oorloge daer jegens aldaer uyt gekeert mach zijn, op dat een generale staet neffens sijn Excell. daer uyt mach werden gemaeckt ende gehouden, ende by syne Excell. vorder daer op mach werden geordonneert naer behooren, sonder dat eenige schulden voor datum van desen binnen eenige quartieren gemaeckt, uyt die gemeene ende generale Inkomsten ende Middelen van dien Quartiere sullen mogen werden betaelt, maer dat daer toe, ende tot betalinge van alle andere lasten van Renten ende alimentatien gedestineert sullen blyven alle d'Inkomsten vande Domeynen ende geannoteerde Goederen, Geestelijck ende Wereltlijck, die binnen elcken Quartiere sullen mogen vallen: Welverstaende dat binnen elcken Quartier daer van goede reeckeninge gedaen sal werden naer ouder gewoonte, uytgesondert die kosten op die ontsettinge der Stadt Zierickzee ghevallen, die uytte Penningen der

ment de son Excellence, & conduites d'une maniere unanime & amiable, & seront dirigées & entretenuës sous une telle Union & Alliance, comme si les susdits Païs & Villes étoient comprises sous une même République & un même Etat.

XI. Et afin que tous les Impôts communs & les contributions qui seront consentis par lesdits Alliez pour le soutien de la Guerre soient donnez efficacement & portez également, & afin de prevenir & éviter toute jalousie & envie des Mandemens qui seront émanez de son Excellence, & que rien ne soit arrêté à l'égard de l'un ou de l'autre Quartier sans un avis commun, & sans avoir pris connoissance de l'état & disposition des autres Païs, & qu'aussi les Deniers communs ne puissent pas être distraits ni employez à autre chose qu'au payement des frais, & charges de la Guerre, à laquelle ils sont destinés après le premier de Mai prochain; lesdits Alliez ont trouvé bon & résolu que ci-après dans ces Quartiers de Hollande; outre & avec ceux dont son Altesse & les Etats se servent pour la direction des affaires communes, il en sera envoyé trois du Quartier du Nord & trois de Zélande: Et de même de ces Quartiers de Hollande dans le Quartier du Nord, & dans la Zélande susdite avec ceux qui y ont la direction des affaires communes, le tout à la nomination des Deputez des Etats & Villes dans chaque Quartier, & au choix de son Excellence, lesquels se trouveront & seront admis à toutes les Assemblées, & aux Conférences & besoignes qui écherront à faire sur la conduite des affaires communes. Et en outre ils seront obligez d'entretenir une bonne correspondance & un esprit d'union les uns avec les autres Quartiers, d'où ils auront été envoyez, & pourvoiront & procureront dans chaque Quartier avec connoissance de cause que tous les Deniers communs, Ordonnances & Mandemens soient unanimement & parfaitement donnez, levez & effectuez, & que les Deniers & revenus d'iceux soient sur tout employez au payement des Soldats, Cavaliers, Matelots, Navires de Guerre & autres nécessitez de la Guerre, qui écherront après le premier de Mai, comme dit est ci-dessus, dans le Quartier où lesdits Deniers auront été levez. Et ce à la dispensation de ceux qui dans lesdits Quartiers auront été établis & ordonnez pour la conduite des affaires, suivant l'instruction & la charge qui en sera donnée par son Excellence & les Etats. Et que les Deniers restans soient employez suivant l'ordonnance de sadite Excellence pour les besoins de la Guerre, qui pourront être trouvez nécessaires en d'autres lieux.

XII. Et afin que tout ce qui dit est se fasse bien & convenablement, les Alliez dans châque Quartier seront tenus à l'avenir de quinze en quinze jours, ou tout au plus de mois en mois, d'envoyer à son Excellence un état exact de leur état & produit des Deniers communs de l'Union, & de ce qui en aura été employé pour les besoins de la Guerre, afin que son Excellence en puisse avoir un état général, & qu'elle puisse là-dessus ordonner ce que de raison, sans qu'aucune dette faite en quelque Quartier avant la date de ces présentes, puisse être payée des revenus & Deniers généraux de ces Quartiers: Mais que tous les revenus des Domaines & Biens annotez, spirituels & temporels, qui pourront échoir dans châque Quartier, demeureront destinez au payement des autres charges de rente & alimentation. Bien entendu, que dans châque Quartier il en sera tenu un bon compte selon que d'ancienneté, excepté les dépences faites à l'occasion de la Ville de Zierickzée, qui seront prises des Deniers des Biens communs

ANNO 1576.

ANNO 1576.

der gemeene Middelen nae den eersten Mey als vooren iune koomen, ghevonden ende gedragen sullen werden.

XIII. Ende soo verre binnen eenigen Quartiere onvoorsienlijck eenigh accident soude mogen voorvallen ende overkomen, inder voegen dat tot conservatie der selver Landen eenige merckelijcke somme van Penningen promptelijck van noode soude wesen, die uytter gemeene Middelen ende Penningen als dan jegenwoordelijck aldaer zijnde, niet gevonden nochte vervallen soude mogen werden, sullen als dan die Bondtgenooten, die tot beleydinge vander saecke aldaer gheordonneert sullen zijn, die Penningen daer toe noodich zijnde, mogen lichten op haerlieder credijt, ofte op interest, sulcks 't selfde ghevoeghlijckst, ende ten minsten quetse sal konnen ghesschieden, welcke Penningen wederomme sullen werden betaeldt, ende gerefundeert uyt de Penningen die in andere Quartieren sullen over schieten, ende dat al ter ordonnantie van syne Excell. Ende soo verre geen resterende Penningen in eenige Quartieren en souden mogen werden gevonden, sullen terstont by syne Excell. ende den Bondtgenooten generalijck eenige middelen werden gheraemt ende ghevonden, by de welcke de voorsz. opgelichte Penningen eenpaerlijck ende in 't gemeen ghedragen sullen mogen werden.

XIV. Ende ten eynde 't voorsz. Verbondt ende Unie metten eersten in treyn ghebracht ende aengeheven soude mogen worden, hebben de voorschreve Bondtgenooten goetwillighlijck ende gemeenderhant, als generale ende gemeene Middelen aengegrepen ende besloten, om binnen allen Steden, Plaetsen ende Quartieren van Hollandt ende Zeelandt voornoemt, den eersten Mey toekomende verpacht ofte gecolleceert, ende uytte Inkomsten van dien d'onkosten vander Oorloge als vooren betaelt te werden, die Accysen, Imposten ende Contributien hier nae volgende: Eerst d'Accysen op alle Wynen ende Bieren, d'Impost op 't Gemael van alle Greynen, d'Impost van 't Waegh-gelt, d'Impost opten Turf, d'Impost opten Soute, d'Impost opte Hoorn-Beesten ende Besaeyde Landen, d'Impost opte Zeepe, d'Impost opte Syde ende Wolle Lakenen, ende den Impost vanden twintighsten Penningh van alle Bestiael. Alle welcke Accysen ende Imposten alomme binnen de Steden ende platten Lande van Hollandt ende Zeelandt voornoemt in 't openbaer opgehangen ende verpacht sullen worden ten meesten profyte vanden Lande, achtervolgende den last ende Instructie den Commissarissen alomme daer toe gegeven en verleent, van drie maenden tot drie maenden, ingaende den 1. Mey als vooren.

XV. Dat mede alomme binnen den Steden ende ten platten Lande voornoemt, ter maent opgebracht, geheven ende gecollecteert sal worden een seste part vanden hondertsten Penningh vande waerde van alle Huysen, Erven, Landen, Thienden, Visscheryen ende andere goederen die verhuyrt, ofte by den Eygenaer selver sullen worden gebruyckt.

XVI. Dat die Licenten alomme mede op eenen ghelijcken ende eenparigen voet sullen worden betaelt ende geheven, achtervolgende die Lyste by den Bondtgenooten daer op van nieus gedresseert ende vermaeckt. Dat mede voor Impost een stuyver ter maent sal gecollecteert werden van elcke margen, over alle Landen in Hollandt ende Zeelandt, die gebruyckt worden, ende voorts 't Convoygelt by de Bondtgenooten op alle Waren ende Koopmanschappen gestelt ende verhooght, achtervolgende die Lyste daer af gemaeckt.

XVII. Alle welcke Accysen, Imposten ende Contributien, mitsgaders die prinsen ende buyten, die binnen eenige Quartieren voornoemt sullen mogen worden verkregen voor 't eerste den tijt van ses Maenden geduyrende, ende tot anders gheordonneert sal zijn, ingaende als vooren, alomme getrouwelijck geheven ende gecollecteert tot behoef vander Oorlogen als boven verstreckt sullen worden, al achtervolgende den Placate, Instructie ende Ordonnantie by den Bondtgenooten, met advyse van syne Excell. daer op ghemaeckt, ende die noch vorder op gedresseert ende ghemaeckt sullen mogen werden.

XVIII. Ende op dat nae d'expiratie vande voorsz. ses maenden, op de continuatie vander Unie vorder

mach

ANNO 1576.

muns qui écherront après le premier de Mai, comme dit est ci-dessus.

XIII. Et s'il arrivoit, contre toute attente, quelque accident dans quelque Quartier, en sorte que pour la conservation des susdits Païs il fut promptement besoin d'une somme considérable de Deniers qui ne se trouveroient pas pour lors dans les Deniers communs; les Alliez qui y seront alors établis pour l'administration des affaires, pourront sur leur credit lever lesdits Deniers necessaires, ou a interêt comme il sera trouvé le plus convenable & le moins domageable. Lesquels Deniers seront rembourcez & refondez de ceux qui se trouveront de surplus dans les autres Quartiers; & cela par l'ordonnance de son Excellence. Et en cas qu'il ne se trouvât point de Deniers de reste dans aucun Quartier, sadite Excellence & les Alliez ordonneront & trouveront quelque moyen, par lequel lesdits Deniers levez seront repartis & portez également sur le commun.

XIV. Et afin que les susdites Alliances & Unions prennent au plûtôt un bon train, lesdits Alliez ont volontairement & unanimément resolu comme un moyen général, d'imposer au premier de Mai prochain, & de donner à ferme les Accises, Impôts & Contributions suivantes dans toutes les Villes, Places, & Quartiers de Hollande & de Zélande, pour en être les revenus employez au payement des frais de la Guerre, comme dit est ci-dessus. Premiérement une Accise sur tous les Vins & Bieres; un Impôt sur la Mouture de tous les Grains; un Impôt sur les Poids; un Impôt sur les Tourbes; un Impôt sur le Sel; un Impôt sur les Bêtes à Corne, & sur les Terres ensemencées; un Impôt sur le Savon; un Impôt sur les Draps de Soye & de Laine; & un Impôt du vingtiéme Denier sur tous les Bestiaux. Toutes lesquelles Accises & Impôts seront donnez publiquement à ferme dans toutes les Villes & Païs de Hollande & Zélande susdites pour le meilleur profit du Païs, en consequence des ordres & instructions qui seront par tout donnez aux Comissaires établis pour cet effet, & ce de trois en trois mois, à commencer au premier jour de Mai comme dit est.

XV. Que semblablement dans toutes les Villes & sur le plat Pays susdites il sera levé par mois le sixieme du centiéme Denier de la valeur de toutes les Maisons, Heritages, Terres, Dixmes, Pêche, & autres biens qui seront entre les mains ou des Locataires ou des Proprietaires.

XVI. Que ces Impôts seront levez & payez par tout également suivant la Liste faite & dressée par les Alliez. Que pareillement par toute la Hollande & Zélande il sera levé par mois un sou d'Impôt sur châque journal de Terre qui ne sont pas en friche, & ensemble le Peage de toutes les Marchandises & Denrées suivant la Liste faite à ce sujet par les Alliez.

XVII. Toutes lesquelles Accises, Impôts & Contributions, ensemble les prises & Butins qui dans quelques uns des Quartiers susdits pourront être perçûs premierement pour l'espace de six mois durant, & qui seront en outre ordonnez pour d'autres, à commencer comme dessus; seront levez par tout fidélement, & employez comme dit est aux nécessitez de la Guerre, suivant les Placards, Instructions & Ordonnances faits par les Alliez sur l'avis de son Excellence, & qui pourroient être faits dans la suite.

XVIII. Et afin qu'après l'expiration des susdits six mois, il soit pourvu a la continuation de

ladite

ANNO 1576.

mach werden voorsien, sullen die Bondtgenooten uyt elcken Quartiere hun Gedeputeerde schicken needens sijne Excell., ses weecken voor d'expiratie van dien, om daer op in tijdts vruchtbaerlijck te mogen resolveren ende besluyten naer behooren.

Hebben voorts de voorsz. Bondtgenooten gesamentlijck overdragen ende belooft, alle die middelen ende resolutien boven verhaelt, mitsgaders die voortaen Staets-gewijs in haerluyder Vergaderinge goet ghevonden ende besllooten sullen werden, te doen volkomen ende achtervolgen, ende dat niet alleen die voorsz. Contributie, ende den voet of de middelen van dien aengaende, maer oock in alle andere saecken de Policie ende ghemeene staet der Landen beroerende Ende alsoo alle goede Republijcquen ende Gemeenschappen, meest worden behouden ende gesterckt, ende bevestight by eenigheyt, de welcke niet wel en kan zijn, by vele in wille ende gemoet veeltijts differerende, ende midts dien oock noodigh is, dat die voorsz. Regieringe aen een Hooft ende Overigheyt gestelt ende bevolen worde, hebben de voorschreve Bondtgenooten naer lange communicatie ende rypen berade, wederom op de forme vande Regieringe ende administratie vande gemeene sake der selver Landen gehouden, door d'ingebooren goede affectie, liefde ende yver, die syne Excell. altijdts dese Landen toe gedragen ende bewesen heeft, de selve syne Excell. een voornaemste Personagie deser Landen, ende een Principale ende d'eerste vande Staten der selver Landen versocht ende gebeden, ende voor soo veel in henluyden is, als Hooft ende hooghste Overigheyt verkooren, ende ghestelt tot die regieringh der voorsz. Landen ende Steden van Hollandt ende Zeelandt, mitsgaders alle den ondetwint ende beleydinge vande ghemeene saecken der selver Landen, al de selfde onderwerpende die goede wil ende believte van syne Excell. achtervolgende den Eedt ende plicht by henluyden syne Excell. ghedaen, den welcken sy luyden gheconfereert hebben, ende midts desen confereren alle volkomen macht ende authoriteyt daer toe eenighsints noodigh zijnde, inder formen ende manieren hier nae volgende: Te weten,

I. Dat syne Excell. soo lange de Landen in Oorloge ofte Wapenen zijn, sal hebben volkomen authoriteyt ende macht als Souverain ende Overhooft, te gebieden ende te verbieden, alles wes tot conservatie ende bescherminge der selver Landen dienlijck ofte schadelijck sal mogen wesen.

II. Al sulcks sal syne Excell. op alle Krijghs-saken te Water ende te Lande disponeren nae sijn goetduncken, ofte met advys vanden geenen die syne Excell. sal ghelieven t'allen tyden daer toe te ghebruycken, inde voorsz. Krijghs-saecken stellende ende gebruyckende alsulcke Oversten, Capiteynen, Lieutenanten, Officieren ende Soldaten, als syne Excell. goet duncken sal: Onthoudende de selve ende alle andere Commissarissen tot beleydingh der Krijghs-saecken, ende 't gunt daer aen kleeft eenighsints noodich zijnde, op behoorlijcke tractement ende besoldinge naer syne Excell. goetduncken, met alsulcke goede ende generale Krijgh-ordeninge ende discipline, als tot soulagemente der Ingesetenen. ende ten minsten quetse vande Landen in alder gelijckheyt ende eenparigheyt sal mogen geschieden.

III. Dat sulcx de geheele beschermingh der voorsz. Landen staen sal ter dispositie ende ordonnantie van syne Excell., die daer toe sal mogen gebruycken alle die Knechten, Oorlogh-schepen ende Bootsgesellen jegenwoordigh in dienste der voorschreve Landen wesende, ende die noch vorder aldaer aengenomen ende toegerust sullen mogen worden, tot alsulcke diensten, aenslagen ende exploicten, ende daer van in elcken Quartiere, Stede ofte Vlecke so veel mogen verdeelen, logeren, schicken ende ordonneren: als syne Excell. tot wederstant der Vyanden, ende beschermenisse der selver Landen bevinden sal noodigh te zijn, sonder eenigh advys ofte bewilliginge vande Staten, Magistraten vande Steden, of yemant anders daer toe te verwachten, inder voegen dat alle Steden ende Vlecken altijdts het Krijghs-volck ofte 't Guarnisoen henluyden toe ghesonden, elcks in sijn reguarde, ende binnen elcken Quartiere ter ordonnantie van syne Excell. by provisie sullen ontfangen, voor ende al eer sy luyden

ladite Union, lesdits Alliez de châque Quartier envoyeront leurs Deputez à son Excellence six semaines avant l'expiration desdits six mois, pour deliberer & resoudre efficacément ce que de raison.

Et sont lesdits Alliez convenus & ont promis de faire exécuter parfaitement tous les moyens & resolutions ci-dessus mentionnez. Ensemble toutes les resolutions que les Etats prendront dans leurs Assemblées, & non pas seulement les susdites Contributions & les moyens qui les concernent, mais aussi toutes les autres affaires de Police & état commun qui concerneront le Païs. Et comme toutes les bonnes Republiques & Communautez ne subsistent & n'ont de force qu'autant qu'elles sont unies, ce qui ne peut être lorsque les volontez & les sentimens sont differens en plusieurs personnes; Et parce aussi qu'il est necessaire que le susdit Gouvernement soit recommandé à un Chef & Souverain, les susdits Alliez aprés une longue communication & une meure deliberation tenuë derechef suivant la forme de Gouvernement & administration des affaires communes de ces Pays, pour la bonne affection, amitié & zéle que son Excellence a toûjours portée & témoignée à ces Pays, ont prié & requis sadite Excellence, & icelle établie en qualité de premier Chef & Souverain au Gouvernement des susdits Pays & Villes de Hollande & de Zélande, ensemble à la conduite & administration des affaires communes desdits Pays, les soumettant à la bonne volonté & plaisir de son Excellence, en consequence du Serment & devoir à elle fait par iceux, à laquelle ils ont conferé & conferent par ces présentes tout plein pouvoir & autorité à ce necessaires, en la forme & maniére suivante.

I. Que son Excellence aura, tant que ces Pays seront en Guerre & en armes, pleine authorité & puissance comme Souverain & Généralissime, (ou premier Capitaine) de commander & de deffendre, tout ce qui pour le maintien & deffence desdits Pays pourra être utile.

II. En telle sorte que son Excellence, dans toutes les affaires de la Guerre, tant par Mer que par Terre, en disposera selon qu'il le trouvera à propos, ou selon l'avis de ceux dont son Excellence voudra, toutefois & quand, se servir, établissant & se servant dans les affaires de la Guerre de tels Généraux, Capitaines, Lieutenants, Officiers & Soldats que bon lui semblera, retenant iceux & tous autres Commissaires pour la conduite des affaires de la Guerre & tout ce qui en dépend & pourroient être nécessaires aux gages & solde convenables selon que sadite Excellence le trouvera à propos, & avec telle bonne & générale ordonnance & discipline de Guerre, qu'il se pourra faire pour le soulagement des Habitans & au moindre dommage des Païs, dans toute la justice & égalité possible.

III. Qu'ainsi la protection entiere des susdits Païs sera à la disposition & sous les ordres de son Excellence, qui pour cet effet se pourra servir de toutes les Troupes, Vaisseaux de Guerre & Matelots qui sont presentement au service des susdits Pays & les autres qui y seront encore pris & équipez, pour les entreprises & exploits nécessaires, & seront divisez, logez & ordonnez dans châque Quartier, Villes ou Villages comme son Excellence le trouvera convenable & nécessaire pour resister aux Ennemis & deffendre les susdits Pays, sans demander l'avis & consentement des Etats, Magistrats des Villes, ou de quelque autre que ce soit, en telle sorte que toutes les Villes & Villages recevront provisionellement par l'ordre de son Excellence les Troupes & Garnisons qui seront envoyées dans châque Quartier; & ce nonobstant les remontrances qui pour-

ANNO 1576.

luyden doen eenige remonstrantie ofte versoeck ter contrarien tot heure ontlastinge, sonder dat eenige Knechten in Steden, Vlecken, Schantsen, of op eenige Stercxten ofte Huysen leggende, inde voorsz. Accysen ofte Impoften meerder vrydom sullen mogen genieten dan d'Ingesetenen van dien.

IV. Dat voorts geen onderscheyt sal mogen worden ghemaeckt in eenige Quartieren ofte Steden vande Knechten, Bootsgesellen ofte Schepen aldaer wesende, ofte by wien de selfde betaelt sullen worden, soo wanneer die in andere Quartieren ghetrocken worden: maer sullen alle Knechten, Oorlogh-schepen ende Bootsgesellen, mitsgaders alle die Penningen die uyt de gemeene Middelen vande Unie voornoemt sullen procederen, van eender nature ende conditie gehouden, ende alle Steden ende Quartieren van dien voor een Lighaem gereeckent werden naer behooren.

V. Dat mede geen Knechten ofte Bootsgesellen in eenige vande voornoemde Quartieren ofte Steden aengenomen noch ghecasseert, noch eenige equipagie van Schepen ofte Schuyten gedaen, noch de selve op gheleyt sullen mogen werden by den Bondtgenooten voornoemt, dan ter ordonnantie ende by believen van syne voornoemde Princel Excell.

VI. Syne Excell. sal doen naerkomen alle syne Bevelen, Ordonnantien, Wetten, Disciplinen ende Articulen des Krijgs-handels, met straffinge van de overtreders van dien, daer toe die Staten ende Steden met heure Schutteryen ende Gemeenten, des geboden zijnde, de handt houden sullen.

VII. Sal voorts syne Excell. met de Staten voornoemt tot den ontfangh vande gemeene Penningen van de Unie, mogen stellen ende continueren binnen elcken Quartiere alsulcke Ontfangers, als 't hem goet duncken sal.

VIII. Syne Excell. sal van wegen den Coningh, als Graven van Holland ende Zeeland, Recht ende Justitie doen administreren by den Raed Provincial vanden Hove van Holland, over alle Plaetsen ende Ingesetenen van Holland, Zeeland ende Vriesland, onder den selven Hove resorterende, in alle saecken tot kennisse van den selven Hove staende.

IX. Dat voorts in alle voorvallende geschillen ende judiciale saecken, 't Hoff ende den Raedt Provincial voornoemt met heuren Lidtmaten gerespecteert, ghekent, ende haerluyder Mandamenten ende Bevelen geobedieert sullen worden, soo binnen desen Quartiere van Holland, als den Noorder-Quartiere ende Zeeland, sulcx als van ouden herkomen is ghedaen, sonder dat eenige Steden ofte Plaetsen hen daer tegens sullen mogen stellen, noch oock die Provisien ende Bevelen vanden selven Hove mogen contravenieren, noch hen van de Jurisdictie des selfs Hofs mogen ontrecken, ofte eenige nieuwigheyt inne brengen, daer inne die Bondtgenooten by alle Middelen elcks inde heuren sullen voorsien, behoudelijck nochtans dat geen Provisie vanden selven Rade sullen werden verleent, noch oock eenige kennisse ghenomen aengaende d'Inkomsten der gemeene Middelen vander Unie, gedestineert tot onderhoudt vander Oorloge, maer de selve saecken laten ten dispositie vande Gedeputeerde vande Staten binnen elcken Quartiere gestelt, ende mits dat den selven Raedt vorder hem sal hebben te voegen naer beschreven rechten, equiteyt, mitsgaders alle deuchdelicke Privilegien ende Costumen, ende in materie van appellatien, ende executeren van heure Sententien, na de provisionele leste Ordonnantie ende Resolutie vande Staten.

X. Des sal syne Excell. den selven Raedt, alle Hooft-Officieren, ende andere Officieren van Justitie tot collatie vander Camer van Reeckeninge, naer ouder ghewoonte niet staende, stellen, ende ordonneren van wegen des Coninghs, als Grave van Holland ende Zeeland, te weten, so wanneer eenige vande jegenwoordige sal mogen overlyden, of den tijdt van eenige Officien gheexpireert zijn, ten ware om redenen syne Excell. boven desen goet bevonde eenige te veranderen ofte te vernieuwen, 't welck syne Excell. midts dien sal mogen doen in beyden gevalle, met advys vande Staten, de welcke syne Excell. sullen altijts denomineren drie Persoonen, uytten welcken tot de vace-

pourroient être faites au contraire pour leur decharge, sans que les Soldats qui seront logez dans les Villes, Forts, Forteresses ou Maisons puissent jouir de plus grande exemption des Accises que les Habitans même.

ANNO 1576.

IV. Que de plus on ne fera aucune difference dans les Quartiers ou Villes, des Soldats, Matelots ou Vaisseaux qui y seront, ou par qui ils seront payez quand ils seront tirez d'un Quartier dans un autre; mais seront les Soldats, Vaisseaux de Guerre, & Matelots, ensemble tous les Deniers qui composeront des fonds communs de l'Union, reputés d'une même nature & condition & toutes les Villes & Quartiers d'iceux pour un même Corps, comme de raison.

V. Que semblablement dans les susdits Quartiers ou Villes, ne prendront ni casseront aucuns Soldats ni Matelots & n'équiperont aucuns Vaisseaux ou Bateaux, que par l'ordonnance & le bon plaisir de sadite Excellence.

VI. Son Excellence fera exécuter tous les Mandemens, Ordonnances, Loix, Discipline & Articles Militaires, par punition des contrevenants, à quoi les Etats & Villes tiendront la main avec leur Milice & Peuples, qui seront mandez pour cet effet.

VII. Outre ce, son Excellence pourra avec les Etats susdits établir & continuer dans chaque Quartier tels Receveurs que bon lui semblera, pour la recepte des Deniers communs de l'Union.

VIII. Son Excellence fera au nom du Roi, comme Comte de Hollande & de Zélande, administrer la Justice par le Conseil Provincial de la Cour de Hollande, à l'égard de toutes les Places & Habitans de Hollande, Zélande & Frise ressortissantes à ladite Cour, dans toutes les affaires qui sont de leur competence.

IX. Que de plus dans tous les differens qui surviendront, & dans les affaires judiciaires, la Cour & Conseil Provincial susdite avec ceux de leur Corps, seront reconnus & respectez, & qu'on obéira à leurs ordres & Mandemens, tant dans ces Quartiers de Hollande, que dans le Quartier du Nord, & de Zélande, le tout comme d'ancienneté, sans qu'aucunes Villes ou Places s'y puissent opposer, ni même contrevenir aux Mandemens provisionels de ladite Cour, ni se distraire de sa Justice, ni y apporter aucune nouveauté, à quoi lesdits Alliez pourvoiront par tout moyen, excepté toutefois que par ledit Conseil ne sera octroyé aucune Provision, ni ne sera admis aucune Procedure contre les Ordonnances & les Resolutions de l'Etat, ni pris connoissance à l'égard des Revenus des Deniers communs de l'Union, destinez pour l'entretien de la Guerre, mais que lesdites choses seront laissées à la disposition des Deputez de l'Etat, établis dans chaque Quartier; Et aura ledit Conseil à se regler en outre suivant le Droit prescrit, & selon l'équité. Ensemble suivant tous les Privileges & Coutumes raisonnables, & en matière d'appel, & exécution de leurs Sentences, conformément aux dernières Ordonnances provisionelles, & Résolutions de l'Etat.

X. Et créera le Conseil de son Excellence tous les Hauts Officiers, & autres Officiers de la Justice, qui ne sont point selon l'ancienne coutume, à la collation de la Chambre des Comptes, & les ordonnera au nom du Roi, comme Comte de Hollande & de Zélande; c'est à sçavoir, toutefois & quantes que quelques-uns d'eux sera expiré, à moins que pour raison son Excellence ne trouvât bon d'en changer ou renouveller quelques-uns; ce que en l'un ou en l'autre cas, son Excellence fera par l'avis de l'Etat, qui nommera toûjours trois personnes, dont sadite Excel-

ANNO 1576. vacerende ftaten ende Officien refpective fyne Excell. eenen fal verordonneren, midts dat inden voorfz. Raedt van Holland altijdt fullen zijn twee uyt Zeeland, als naer ouder herkomen ofte Privilegien vanden felven Landen. Ende fullen die van den Raede voornoemt by provifie mogen verleenen alle provifie in materie van gratien, als relief ende reftitutie, fulcks als by den Grooten Raedt van Mechelen mach werden gedaen. Item, alle beneficien van Rechten, als beneficien van Inventarifen, van Ceffien ende diergelijcke, fullen oock by provifie ter eerfter inftantien ende kenniffe hebben van alle queftien feudale vallende binnen Hollandt, mits dat in fulcke faecken by hen fullen zijn den Stadthouder ende Raeden vande Leenen van outs gheweeft hebbende, ende noch jegenwoordigh zijnde.

XI. By fyne Excell. als by de overhant, fullen mogen worden verleent alle gratien, als Remiffien, Pardons, Refpijten, Quinquernellen, Ligitimatien ende diergelijcke, van wegen den Coningh als boven, nae behoorlijcke advys vanden Officieren ende Wethouderen vander Plaetfe ofte andere, als naer ouder gewoonte: Van gelijcken alle Octroyen, beneficien, Prerogativen ofte Privilegien, welverftaende, dat in 't verleenen van eenige Octroyen ofte Privilegien aen eenige Communiteyten, Steden ofte Vlecken, 't felfde gedaen fal werden met advys vande Staten, omme alle queftien te voorkomen.

XII. Syne Excell. fal onder fijn handt ende Zegel verleenen de Sauvegarden ende Paspoorten, als 't felfde tot noch toe geufeert ende gedaen is, fonder dat yemant in Hollandt noch Zeelandt, wie hy zy, hem fulcx onderftaen fal, dan by expreffe authorifatie van fijn Excell.

XIII. Item, fijn Excell. fal eligeren, creeren ende vernieuwen ten gewoonlijcken tyden de Magiftraten inde Steden, als naer ouder herkomen, Handtveften ende Privilegien vande Steden; welverftaende indien de noodt of verfeeckertheyt mochte vereyfchen eenige afftellinge ofte vernieuwinge van Officieren, Wethouders ofte Magiftraten ende Steden buyten den ghewoonlijcken tijdt, fal fyne Excell. 't felfde oock mogen doen met kenniffe van faecken, ende van 't meerendeel der gene die de Vroetfchap ende 't Corpus der felver Steden zijn reprefenterende, al fonder prejuditie der Steden voorfz. Handtveften ende Privilegien, die niet te min gehouden fullen worden ende blyven in heur geheel.

XIV. Gelijck fyne Excell. oock handthouden ende befchermen fal allen Rechten, Privilegien, gherechtigheden, vrydommen ende loffelijcke Coftumen der Landen ende Steden van Hollandt ende Zeelandt, onder fyne gehoorfaemheyt zijnde in 't gemeen, ende van elck een in 't byfonder, met voorftant, handthoudingh ende protectie vande preëminentie ende authoriteyt van alle Wettelijcke Officieren, Magiftraten ende Overigheyt, fonder dat de Gouverneurs, Capiteynen ofte andere, tot vorderinge van Krijghsfaecken in eenige Quartieren geftelt, hen fullen vervorderen noch onderwinden eenige kenniffe te nemen van Politijcque of judicieele faecken, binnen of buyten der Steden vallende; maer daer mede fullen laten bewerden den Officiers, Magiftraten ende Wethouderen aldaer, mitsgaders den Rade Provincial, fulcks van ouden tyden altijts gebruyckt ende geobferveert is geweeft.

XV. Ende aengaende de Religie, fal fyne Excell. admitteren ende handthouden d'oeffeninge vande Gereformeerde Evangelifche Religie, doende furcheren ende ophouden d'exercitie van alle andere Religien den Evangelio contrariende, fonder dat fyne Excell. fal toe laten, dat men op yemants geloof ofte confcientie fal inquiteren, ofte dat yemant ter caufe van dien eenige moeyenis, injurie of letfel aengedaen fal worden, doende vorder de oeffeninge der voorfeyde Religie aengaende, ftellen alfulcke goede ordre, als naer ghelegentheyt der faecken, ende conditien vanden Steden, ten meeften gheruftigheyt ende commoditeyt vande Gemeente, ende fonder verminderingh van Godts eer bevonden fal werden te dienen ende te behooren, oock met advys vanden Staten, is 't noodt.

XVI. Ende fullen die Staten ende Bondtgenooten in 't gemeen, oock d'Officieren, Magiftraten Schutteryen

Excellence en ordonnera une pour remplir la charge vacante, pourvû qu'il y en ait toujours deux de Zélande dans le Confeil de Hollande, felon l'ancienne coutume & Privilége du Pays. Et pourront ceux dudit Confeil en matiere de grace, comme relief & reftitution, accorder toute provifion, & de la maniere que le peut faire le grand Confeil de Malines. Item tous Benefices de Droit, comme Benefices d'Inventaire & de Ceffion, & autres femblables; & auront auffi par provifion en prémiere inftance connoiffance de tous les differens feodaux qui arriveront dans la Hollande, pourvû qu'en telles affaires foient prefens les Stadhouder & Confeillers feodaux qui y ont été d'ancienneté & y font encore de prefent. ANNO 1576.

XI. Son Excellence comme le Souverain accordera toutes les graces, comme Remiffions, Pardons, Lettres de Répit, Banqueroute, Legitimations & femblables, au nom du Roi comme deffus, par l'avis des Officiers & Magiftrats des Lieux, comme d'ancienneté. Semblablement tous les Octrois, Benefices, Prerogatives & Privileges; bien entendu que dans la conceffion de quelques Octrois ou Privileges à quelques Communautez, Villes ou Villages, cela fe fera par l'avis des Etats, pour prevenir tout different.

XII. Son Excellence accordera fous fes feins & fçeau les Sauvegardes & les Paffeports felon l'ufage qui a été obfervé jusques à prefent, fans que perfonne en Hollande ni Zélande, quel qu'il foit, entreprenne de le faire, à moins qu'il ne foit à ce faire expreffément authorifé de fon Excellence.

XIII. Item fon Excellence élira, créera & renouvellera au tems accoutûmé les Magiftrats des Villes, felon l'ancienne coutûme, comme auffi les Chartres & Privileges; bien entendu, que fi la neceffité & la fureté le requeroit fon Excellence pourra auffi hors le tems accoutûmé faire la depofition ou renouvellement des Officiers, & Magiftrats des Villes avec connoiffance de caufe, & de la meilleure partie des Eschevins & reprefentans le Corps desdites Villes, le tout fans préjudice des Chartres ou Privileges d'icelles, qui neantmoins demeureront en leur entier.

XIV. Comme auffi fon Excellence confervera & deffendra tous les Droits, Privileges, Libertez, & les louables Coutûmes des Païs & Villes de Hollande & de Zélande étant fous fon obeïffance en general & de chacune en particulier, en confervant pareillement & protegeant les prééminences & authorité de tous légitimes Officiers, Magiftrats & Souveraineté, fans que les Gouverneurs, Capitaines ou autres mis en quelques Quartiers pour l'avancement des affaires de la Guerre, ayent à fe mêler ni prendre connoiffance des Affaires de Police ou de Juftice dedans ou dehors des Villes, mais y laifferont agir les Officiers & Magiftrats enfemble le Confeil Provincial, comme il en a été ufé & obfervé d'ancienneté.

XV. Et pour ce qui concerne la Religion, fon Excellence admettra & maintiendra l'exercice de la Religion Reformée & Evangelique, faifant furfeoir l'exercice de toute autre Religion contraire à l'Evangile, fans que fon Excellence permette que perfonne foit inquieté en fait de foi & de confcience, ou que pour caufe de ce perfonne foit bleffé ni lezé, ni mis en peine, faifant en outre, pour ce qui regarde l'exercice de ladite Religion, donner tel bon ordre qu'il fera trouvé convenable & utile felon l'occurrence des cas, & la condition des Villes, au plus grand repos & commodité des Peuples, & fans diminution de l'honneur de Dieu, & auffi par l'avis des Etats, s'il eft befoin.

XVI. Et feront les Etats & Alliez en general, & les Officiers, Magiftrats, Milice, & Peu- ples

ANNO 1576.

teryen ende Gemeenten in allen Steden ende Vlecken Eedt doen, syne Excell. inde voorsz. syne Regieringe, Bevelen ende Ordonnantien boven verhaelt, ende tot onderhoudinge van dien, ghetrouw, onderdanigh gehoorsaem te wesen. Als oock by ofte van wegen syne Excell. reciproquelijck ghesworen sal worden, inde voorsz. Regieringe der Landen van Hollandt ende Zeelandt, heuren Rechten, Privilegien, Vrydommen ende loffelijcke Costumen, inder forme ende maniere als boven, by alle mogelijcke wegen te beschermen ende te vorderen jegens alle heure Vyanden ende wederpartyen.

XVII. Sal voorts syne Excell. in elcken Quartiere daer de selve hem sal onthouden, tot synen behulp ende Rade mogen nemen ende ghebruycken den Gedeputeerden vanden Staten ende Steden, die binnen elcken Quartiere op 't beleyt der gemeene saecke sullen wesen gheordonneert, in al 't welck hebben de voornoemde Staten ende Bondtgenooten, voor soo vele hen aengaet, belooft, ende hen verbonden, belooven ende verbinden by desen, syne Excell. onderdanighlijk te ghehoorsamen, ende naer heur vermogen te doen ghehoorsamen, t'allen tyden des Bevel ende Ordonnantie van syne Excell. hebbende.

XVIII. Ende of in desen Verbonde ende Unie, mitsgaders den opdrachte vanden staet ende Gouvernement der voorsz. Landen eenige duysterheyt ofte twijffelachtigheyt soude mogen bevonden werden, sal d'interpretatie ende 't beduyt van dien staen aen syne Excell., den selven Bondtgenooten, ende de meeste stemmen van dien.

Gedaen tot Delft by den Ridderschappen, Edelen, groote ende kleyne Steden van Hollandt ende Zeelandt, Staets gewyse vergadert zijnde den vijf en twintighsten Aprilis 1576. Ende t'oorkonden desen by de Ridderschappen, Edelen ende Gedeputeerden vande Staten ende Steden van Hollandt ende Zeelandt voornoemt ondergeteyckent, ende metten Zegel vande Staten van Hollandt besegelt. Ende tot meerder vastigheyt van dien, is desen by sijn Excellentie mede ondergeteyckent ende besegelt, ende by de voornoemde Staten ende Steden van Zeelandt versocht ende ghebeden, die van Delft voornoemt 't selfde over henluyden mede te willen besegelen, daer mede 't selfde insgelijcks is bevestight. Ende stont Ondergeteeckent, *Guillaume de Nassau.* Ende wat neder, *Floris Grave van Culenburg*, *Otto van Egmont*, *R. van Bootseler*, *J. de Duvenvoorde ende Woude*, *C. d'Assendelft.* Dordrecht, *Adriaen vander Myle*; Delft, *Cor. Jansz*; Leyden, *D. Sonaling*; Goude, *Dirck Jansz. Lonck*; Rotterdam, *Adriaen van Helmduynen*; Gornichem, *Adriaen vanden Hoevel Dirckſz*; Schiedam, *Cornelis Jacobsz. Fabri*; Briele, *Henrick vander Veecke*: Geertruydenberge, *Frans Dirckſz.* Van wegen de seven Steden van Noort-Hollandt, *Philips Corneliſſen*, *Jan Claesz*, *Dirck Pietersz*; Middelburgh, *Andries Jacobs de Jonge*; Zierickzee, *Joos Ewoutsz. Teelingh*: Vlissingen, *Eustaes Adriaensz*; Veere, *R. Barradot.* Onder stont ghesschreven, ter Ordonnantie vande Staten van Hollandt ende Zeelandt. By my ondergeteyckent,

C. DE RECHTERE.

ples dans toutes les Villes & Villages, Serment d'être fidelles à son Excellence à l'égard du Gouvernement, des Mandements & Ordonnances ci-dessus mentionnez, & de les observer fidellement. Comme aussi sadite Excellence jurera reciproquement ou autre de sa part qu'en gouvernant lesdits Païs de Hollande & de Zélande elle maintiendra leurs Droits, Privileges, Libertez, & louables Coutumes en la maniere susdite, & les deffendra contre tous leurs Ennemis & adverses Parties.

XVII. Pourra de plus son Excellence dans châque Quartier où il demeurera, prendre & se servir pour son aide & Conseil des Deputez des Etats & Villes, qui seront ordonnez dans châque Quartier pour la conduite des affaires communes, en tout quoi ont lesdits Etats & Alliez en ce qui les regarde, promis & se sont obligez, promettent & s'obligent par ces presentes d'obeïr avec soumission à sadite Excellence, & de faire, selon leur pouvoir, defferer en tout tems à ses Ordres & Ordonnances.

XVIII. Et s'il arrivoit que dans cette Alliance, Union & Concession de l'Etat & Gouvernement desdits Païs, il se trouvât quelque chose d'obscur & de douteux, l'interpretation & explication en appartiendra à son Excellence & aux mêmes Alliez, & à la pluralité des voix.

Fait à Delft par les Chevaliers, Nobles, grandes & petites Villes de Hollande & de Zélande assemblés en la maniere observée dans l'Etat, le vingt-cinquiéme d'Avril 1576. Et en témoin de ce ont été ces presentes signées par les Chevaliers, Nobles & les Députez des Etats & Villes de Hollande & de Zélande & scellées du Seau des Etats de Hollande. Et pour plus grande fermeté d'icelles elles ont été pareillement signées & scellées, & ont les susdits Etats & Villes de Zélande requis & prié ceux de Delft susdit de les vouloir aussi sceller, ce qu'ils ont fait. Et étoit signé Guillaume de Nassau. *Et un peu plus bas*, Floris Comte de Culenbourg, Otton d'Egmont, R. de Bootseler, J. de Duvenwoorde & Woude, C. d'Assendelft. *Dordrecht*, Adrian vander Myle; *Delft*, Cor. Jansz; *Leyden*, D. Sonaling; *Gouda*, Dirck Jansz. Lonk; *Rotterdam*, Adrian van Helmduynen; *Gornichem*, Adrian vanden Hoevel Dirckſz; *Schiedam*, Cornelis Jacobsz. Fabri; *Briele*, Henrick vander Weeck; *Geertruydenberg*, Frans Dirckſz. *De la part des sept Villes de Noort-Hollande*, Philips Corneliſſen, Jean Claesz, Dirck Pietersz; *Middelbourgh*, Andries Jacobs de Jonge; *Zierickzée*, Joos Ewoutsz Teeling; *Flessingue*, Eustaes Adriaensz; *Veere*, R. Barradot. *Et plus bas étoit encore écrit, par Ordonnance des Etats de Hollande & de Zélande. Signé par moi*,

C. DE RECHTERE.

ANNO 1576.

CXXXII.

4. Mai. *Confirmatio Generalis omnium Jurium, Privilegiorum, Libertatum Regni* POLONIÆ, *& Magni Ducatûs* LITHUANIÆ *facta per* STEPHANUM I. *Regem Poloniæ ac Magnum Ducem Lithuaniæ. Datum Cracoviæ in Conventu Coronationis die* 4. *Maji* 1576. [Constitucie Statuta y Przywileie Regni Poloniæ. od Roku Panskie 1550. áz do Roku 1637. pag. 269.]

In Nomine Domini, Amen. Ad perpetuam rei memoriam.

QUANDOQUIDEM in humanis actionibus, nihil est tam firmum & stabile, quod non vetustate consenescat,& oblivione deleatur;rectè indagatrix omnium Sapientia providit, ut æternitatem rerum monumenta Literarum custodiant,& ad sempiternam hominum memoriam usque transmittant. Proinde nos Stephanus, Dei gratia Rex Poloniæ, & Dux Magnus Lithuaniæ, Russiæ, Prussiæ, Masoviæ, Samogitiæ, Kyoviæ, Wolyniæ, Podlachiæ, Livoniæque, nec non Princeps

ANNO 1576.

ceps Transilvaniæ : Manifestum ac testatum facimus omnibus quorum interest, tàm præsentibus, quam futuris, harum notitiam habituris; ut perpetua grati nostri animi erga Regnum hoc Poloniæ, & Magnum Ducatum Lithuaniæ, testificatio extaret; & si nihil habeamus ita charum, quod non libenter, ipsius ornandi & amplificandi causâ, faciendum nobis esse putemus: tamen singulari Reipub: studio provocati, quod Nos in Regem sibi Incolæ Regni hujus elegerint, nostramque personam inter alios Excellentissimos Principes Orbis Christiani prætulerint, Sacrum Diadema capiti nostro imponi curârint, omniaque Jura, Privilegia, Libertates, Prærogativas, & quæcunque in Patria potuerunt habere charissima, & nobilissima, nobis concrediderint, ut ea in manibus nostris, tanquam in aliquo sacrario reposita, conservaremus, & tueamur. Horum tantæ benevolentiæ & fidei, ut parem & animum & gratiam referamus, testemurque in perpetuum, omnia nobis præ incolumitate, & splendore Regni hujus esse, & fore semper inferiora, siquidem ex Patria nostra, omnia quæ nobis aliquando chara extiterunt, huc intulimus, commodaque Regni hujus nobilissimi, commodis nostris antetulimus, quod à Nobis & grati animi memoriâ, & officium nostrum Regium, & utilitas Regni, consuetudoque Antecessorum nostrorum divorum Poloniæ Regum, & Magnorum Ducum Lithuaniæ exposcere videbatur, sponté ac liberè, maturâque deliberatione super his habitâ, omnia Privilegia, Donationes, Inscriptiones, Advitalitates, Libertates, Prærogativas, Immunitates, tam Regni & Magni Ducatus, quam Terrarum earundem Communes, ipsis conjunctim aut separatim concessas, quàm privatarum personarum, cujuscunque status, conditionis, Sexus, existentium, Civitatum, Oppidorum, & Locorum quorumcunque, privatas, Ecclesiasticas & Seculares, cujuscunque generis, per Antecessores nostros Regni Poloniæ, ac Magni Ducatus Lithuaniæ, Terrarumque iis conjunctarum, Reges, Principes, Duces, ac Dominos, tàm in toto, quàm in parte; præsertim verò Casimirum Magnum, Ludovicum Lois nuncupatum, Wladislaum secundum Jagiellonem dictum, Fratresque ejus, Vitholdum & Sigismundum, Magnos Duces Lithuaniæ, Wladislaum Tertium, Casimirum Tertium, Jagiellonis Filios; Joannem Albertum, Alexandrum, Sigismundum Primum, Sigismundum Secundum Augustum, ac Henricum, Reges Poloniæ, & Magnos Duces Lithuaniæ: ac etiam per Magistros Prussiæ, Archiepiscopos, Episcopos, Magistros, Præceptores, Livoniæ Duces, Principes, ac Dominos Terrarum Russiæ, justè & legitimè emanatas, & concessas, ac Juri Communi utriusque Gentis non contrarias, ac item Jura, Leges, Statuta, Constitutiones, Ordinationes, Libertates, ac Immunitates, in Conventibus Regni quibuslibet legitime sancitas, nominatim autem Libertates & Leges, in Conventu Electionis Henrici Regis latas, ac quæ in Conventu Andrejoviensi, vel Coronationis nostræ sancita, & Nobis exhibita sunt: ita tamen, ut nec specialitas generalitati, nec generalitas specialitati deroget. Tum etiam conditiones per Oratores nostros cum Ordinibus pactas & conventas, & à Nobis approbatas. Quorum omnium præmissorum tenores tanti esse volumus, ac si hisce Literis de verbo ad verbum insertæ sint, in omnibus earum Articulis, Punctis, Clausulis, Conditionibus, approbandas, roborandas, & confirmandas duximus, approbamusque, roboramus, confirmamus per præsentes Literas nostras, decernentes illas, perpetuæ, indubiæ, ac inviolabilis firmitatis robur obtinere debere. Recipimusque, spondemus, & Regio verbo nostro pollicemur, illas in prædictis earum Punctis, Articulis, Clausulis, Conditionibus, firmiter, inconcussè, inviolabiliter, tenere, observare, & implere, & exequi, ac omnibus & singulis ex iis satisfacere cum effectu, & teneri, observari, & exequi facere. Item pollicemur, recipimus, ac spondemus, quòd omnia per hostes finitimos injustè à Regno, Magnoque Ducatu Lithuaniæ, & Dominiis earundem, quocunque modo occupata, vel Bello, vel quovis alio modo distracta, ad proprietatem & unionem ejusdem Regni Poloniæ, Magnique Ducatus Lith: aggregabimus, neque fines Regni, & Magni Ducatus Lith: minuemus; Sed pro viribus nostris proferemus, & dilatabimus. Quod si aliquid contra Libertates, & Immunitates, Jura, Privilegia prædicti Regni, & M. Duc. Lith. ac cæterarum Provinciarum iis annexarum, fecerimus, non servantes (quod absit) aliquid illorum in toto, vel in parte: id totum irritum & inane, nulliusque momenti fore, decernimus, & pronuntiamus. Quod verò supra hisce Literis, Privilegia, Libertates Ecclesiasticas, cum cæteris confirmavimus, id nihil Articulo Juramenti derogare volumus; videlicet pacem, & tranquillitatem, inter dissidentes de Religione, tuebimur, & manu tenebimus, &c. quem inconcussè, firmiter & inviolabilitér, ac cum effectu, nos observaturos promittimus, ac spondemus. Dantes insuper potestatem Cancellario; & Vice-cancellario Regni Poloniæ, pro tempore existentibus, ut has Literas Confirmationis generalis, Jurium, Privilegiorum, & Libertatum Regni, ac Magni Ducatus, ac Terrarum iis annexarum, cum confirmatione de facto, Articulorum & Legum, quæ ante Coronationem nostram Andrejoviæ, vel Cracoviæ, sancita sub Sigillo nostro Regio, Ordinibus, Terris, ac Subditis nostris, qui eam requirent, non expectato alio mandato nostro, uterque, vel alter eorum extradat, non obstante ulla exceptione, seu alio quovis in contrarium mandato. In cujus rei fidem Literas hasce manu nostra subscripsimus, Sigillumque nostrum Regium iis appendi jussimus. Datum Cracoviæ in Conventu Coronationis nostræ, die quarta Mensis Maji, Anno Domini, M. D. LXXVI. Regni nostri Anno Primo. Præsentibus Reverendis, Magnificis, Generosis, & Nobilibus, Francisco Cratinski Cracovien: Stanislao Karnkowski Uladislaviensi, Luca Koscielecki Præmislien: Alberto Sobiejuski de Starozreby, Chelmen: Dei gratia Episcopis. Petro a Zborow Palatino & Generali Cracovien: Komionacensique Capitaneo: Joanne Kostka de Stangenberk, Sandomirien: & Margeburgen: Pacen: Derlaviensique Capitaneo: Casparo Zebrzydowski de Wienczbork Calissien: Joanne Sirakowski de Boguslavrice Lancicien: & Capitaneo Przedecen: Joanne Tarlo de Sczekarzowice Lublinen: & Capitaneo Pilznen: Andrea Comite à Teczyn Belzen: & Capitaneo Hrubieszovien: Nicolao Kiszka de Ciechanowiec, Podlachiæ, Palatinis; Bielscensique & Drohicensi Capitaneo. Joanne Comite à Teczyn Woynicen: & Capitaneo Lublinensi: Andrea Dembowski Siradien: & Capitaneo Lancicien: Jacobo Lassocki Lancicien: Stanislao Herborth de Fulsztyn Leopolien: Samborien: & Drohobicen: Capitaneo, ac Salinarum in Russia Præfecto; Matthia Zalinski Gedanen: & Tucholien: Jasienecn: Zismurcensique Capitaneo; Stanislao Szafraniec de Pieskowa Skala, Biecen: & Capitaneo Leloviensi; Nicolao Ligeza de Bobrek, Zawichosten, & Capitaneo Biecen: Joanne Sienienski de Sienno, Zarnovien: Christophero Lanckoronski de Brzezie, Malogosten: Joanne Krystopotski Vielunen: Joanne Sieninski de Gologory, Halicion: Joanne Herbort de Fulsztyn, Sanecen: & Capitaneo Præmislien: Nicolao Lisakowski Chelmen: Paulo à Dzialyn Dobrzynen: & Capitaneo Niessovien: Sigismundo de Czyzow Polanecen: Petro Potulicki Przemecen: Joanne Koscielecki Biechovien: & Capitaneo Bidgostien: Paulo Sczavinski Brzezinen: & Capitaneo Sochacovien: Simone Subski Inowloden: Stanislao Sirakowski de Boguslawice, Kovalien: Joanne Samowski Gostnien: Stanislao Kryski de Debrzyn, Raciaznen: Raphaele Skladowski Conariensi, Castellanis: Valentino Dembinski de Dembiany, Cancellario Regni, Vartensique Capitaneo, Petro Dunin Wolski, Vice-Cancellario Regni, Gnesnen: Wladislavien: & Posnanien: Conon Hieronimo de Buzenin, Thesaurario Regni generali, Brzeznicen: & Krzeczovien: Salinarumque Cracoviensium Præfecto. Andrea a Zborow, Marschalco Curiæ Regni, Radomiensique Capitaneo. Stanislao Comite à Corka, Buscen: Kolensique Capitaneo. Stanislao Cikowski de Woyslawice, Succamerario Crac: generalibus Belli per Ordines Regni institutis Capitaneis. Stanislao Ossowki Curiæ nostræ Refferendario, Cantore Gnesnensi, Cracoviensique Canonico. Erasmo Dembinski Decano Crac. Cantore Sandomirien. Adamo Pilchowski Præposito Warschovien: Joanne Borukowski Præposito Lanciciensi, Cracoviensi, & Warschoviensi Canonico, Laurentio Goslicki Decano Kielcen: Cracovien: Uladislavien: Sandomiriensique Canonico. Joanne Demetrio Solikowski, Scholastico Lancicien. Alberto Cadonski Archidiacono Pomeraniæ, Cantore Posnaniensi, & Custode Volboriensi. Matthia Klodzinski, Archidiacono Medniccensi, Secretariis nostris. Andrea Firley de Dambrowica, Sandomiriensi: Nicolao Macieiowski Succamerario Sandomiriensi, & Capitaneo Scepusiensi: Balthazaro Lutomirski Siradiensi: Joanne Zamoyski Belzensi, & Knissinensi: Petro Dunin Spoth, Piotrcoviensi: Alexandro Laszcz Chelmensi, Capitaneis. Terrarum verò Nunciis universis, ad præsentem Conventum ex omnibus Regni Palatinatibus

ANNO 1576.

ANNO 1576. missis: ac plerisque aliis Nobilibus ad præmissa testibus.

STEPHANUS Rex sst.

CXXXIII.

Mai. FRANCE ET REFORMEZ.

(1) *Edit de Paix au sujet de la* RELIGION *donné par* HENRI III. *Roi de France, à Paris, au Mois de Mai* 1576. [Mémoires du Duc de *Nevers*. Partie I. pag. 117.]

HENRI par la grace de Dieu Roi de France, & de Pologne, à tous presens & à venir, salut. Nous n'avons rien taut desiré, depuis qu'il a pleu à Dieu nous appeller à cette Couronne, pour la singuliere bien-veillance & amour que nous portons à nos Sujets, que de les reconcilier à une parfaite union, & concorde: & les remettre en bonne paix, tranquilité & repos. Pour à quoy parvenir, apres avoir cherché tous moyens convenables à cét effet, & eu sur ce l'advis, avec meure & grande déliberation, de la Reine nostre tres-honorée Dame & Mere, des Princes de nostre sang, Officiers de nostre Couronne, & autres Seigneurs, & notables Personnages de nostre Conseil privé: Avons par cettuy nostre Edit perpetuel & irrevocable, dit, declaré, statué, & ordonné: disons, declarons, statuons, & ordonnons ce qui s'ensuit.

I. Premierement, que la memoire de toutes choses passées d'une part & d'autre, dés & depuis les troubles advenus en nostredit Royaume & à l'occasion d'iceux, demeurera éteinte & assoupie, comme de chose non advenuë: & ne sera loisible ny permis à nos Procureurs generaux, ny autres personnes, publiques ou privées, quelconques, en quelque temps, ny pour quelque occasion que ce soit, en faire mention, procés ou poursuite en aucune Cour ou Jurisdiction.

II. Deffendons à tous nos Sujets, de quelque estat & qualité qu'ils soient, qu'ils n'ayent à en renouveler la memoire, s'attaquer, injurier, ne provoquer l'un l'autre par reproche de ce qui est passé; en disputer, contester, quereller, ne s'outrager, ou offenser de fait ou de parole: mais se contenir & vivre paisiblement ensemble, comme Freres, amis, & concitoyens: sur peine aux contrevenans d'estre punis comme infracteurs de Paix, & perturbateurs du repos public.

III. Ordonnons que la Religion Catholique & Romaine sera remise & restablie en tous les Lieux & endroits de cettuy nostre Royaume & Pays de nostre obeissance, où l'exercice d'icelle a esté intermis; pour y estre librement & paisiblement exercée, sans aucun trouble ny empeschement: deffendant tres-expressement à toutes personnes de quelque estat, qualité, ou condition qu'elles soyent, sur les peines que dessus, de ne troubler, molester, ne inquieter les Ecclesiastiques en la célebration du divin Service, joüissance & perception des dixmes, fruits & revenus de leurs Benefices, & autres Droits & devoirs qui lui appartiennent; voulans que tous ceux qui durant les presens & precedens troubles se sont emparez des Eglises, Maisons, Biens & revenus appartenans ausdits Ecclesiastiques, & qui les detiennent & occupent, leur en délaissent l'entiere possession, & paisible joüissance, en tels Droits, Libertez, & seuretez qu'ils avoient auparavant qu'ils en eussent esté dessaisis.

IV. Et pour ne laisser aucune occasion de troubles & differens entre nos Sujets, Avons permis & permettons l'exercice libre, public & general de la Religion pretenduë reformée par toutes les Villes & Lieux de nostre Royaume, & Pays de nostre obeissance & protection, sans restriction de temps & personnes, ne pareillement de Lieux & Places; pourveu qu'iceux Lieux & Places leur appartiennent, ou que ce soit au gré & consentement des autres proprietaires, ausquels ils pourroient appartenir. Esquelles Villes & Lieux ceux de la Religion pourront faire Presches, Prieres, Chants de Psalmes, administration du Baptesme & de la Cene, publication & celebration de Mariages, Escoles, & Leçons publiques, correction selon ladite Religion, & toutes autres choses appartenans au libre & entier exercice d'icelle. Pourront aussi tenir Consistoires & Synodes, tant Provinciaux que Generaux; appellez nos Officiers és Lieux où lesdits Synodes seront convoquez & assemblez: ausquels Synodes Generaux & Provinciaux enjoignons à nosdits Officiers d'assister, ou aucuns d'eux. Et neantmoins voulons & ordonnons que ceux de ladite Religion s'abstiennent dudit exercice public en nostre Ville de Paris, Fauxbourgs, & à deux lieuës és environs d'icelle: lesquelles deux lieuës nous avons limitées & limitons aux Lieux qui ensuivent: à sçavoir S. Denis, S. Mor des fossez, Pont de Charenton, le Bourg la Reine, & port de Neuilly. Esquels Lieux nous n'entendons qu'il soit fait aucun exercice de ladite Religion: sans toutefois que ceux d'icelle Religion puissent estre recherchez de ce qu'ils feront en leurs Maisons, pour le fait de ladite Religion: ni les Enfans, ou Precepteurs d'iceux, contraints de faire aucune chose, contre & au prejudice d'icelle. S'abstiendront aussi de faire ledit exercice en nostre Cour, & à deux lieuës és environs; & pareillement en nos Terres & Pays qui sont de là les Monts. Esquels Pays ne seront recherchez de ce qu'ils feront en leurs Maisons pour ladite Religion; esperant que Dieu nous fera la grace par la determination d'un libre & S. Concile general, de voir tous nosdits Sujets réunis en une mesme Foy, Religion, & creance, comme est nostre desir & principale intention.

ANNO 1576.

V. Ne pourront en nostre Royaume, Pays, Terres & Seigneuries de nostre obeissance, estre vendus aucuns Livres, sans estre premierement veus par nos Officiers des Lieux, ou (pour le regard des Livres concernans ladite Religion) par les Chambres cy-apres par nous ordonnées en chacun Parlement, pour juger des causes & differens de ceux de ladite Religion: deffendant tres-expressément l'impression, publication, & vendition de tous Livres, Libelles, & Ecrits diffamatoires, tant d'une part que d'autre, sur les peines contenuës en nos Ordonnances: enjoignant à tous nos Juges & Officiers d'y tenir la main.

VI. Ordonnons que pour l'enterrement des morts de ceux de ladite Religion, estans en nostredite Ville & Fauxbourgs de Paris, leur sera baillé le cimetiere de la Trinité. Et pour toutes les autres Villes & Lieux leur sera pourveu promptement par nos Officiers & Magistrats, en chacun Lieu, d'une Place la plus commode que faire se pourra. Ce que nous enjoignons à nos Officiers de faire, & tenir la main que ausdits enterremens, soit en nostredite Ville de Paris ou ailleurs, ne se commette aucun scandale.

VII. N'entendons que ceux de ladite Religion soient aucunement astraints, ny demeurent obligez pour raison des abjurations qu'ils auroient cy-devant faites, promesses, Sermens, ou cautions par eux baillées, concernant le fait de ladite Religion; ne qu'ils en puissent estre molestez ny travaillez en quelque sorte que ce soit.

VIII. Pourront lesdits de la Religion faire edifier & construire des Lieux pour faire ledit exercice, excepté à Paris, Fauxbourgs, & à deux lieuës és environs d'icelle Ville: & ceux qui sont ja par eux edifiez, leur seront rendus en tel estat qu'ils sont. Et où ils auroient pris pour iceux construire, quelques Eglises, ou Maisons appartenant aux Ecclesiastiques ou autres Catholiques, seront tenus de les rendre; sans toutefois estre recherchez, ne molestez, pour les matieres qui y auront esté employées, encore qu'elles ayent esté prinses des ruines & demolitions faites durant les presens ou precedens troubles.

IX. Pour le regard des Mariages des Prestres & personnes religieuses qui ont esté cy-devant contractez, nous ne voulons ny entendons, pour plusieurs bonnes considerations, qu'ils en soient recherchez ni molestez: imposant sur ce silence à nos Procureurs Generaux, & autres nos Officiers. Declarons neantmoins que les Enfans issus desdits Mariages, pourront succeder seulement aux Meubles, acquest & conquest immeubles de leurs Pere & Mere: ne voulans que lesdits Religieux & Religieuses profez, puissent venir à aucune Succession directe ni collateralle.

X. Seront ceux de ladite Religion tenus garder les Loix receuës en l'Eglise Catholique, pour le fait des Mariages contractez & à contracter és degrez de consanguinité & affinité, pour éviter aux desbats & Procez qui s'en pourroient ensuivre, à la ruine de la pluspart des bonnes Maisons de nostredit Royaume, & dissolution des liens d'amitié, qui s'acquierent par Mariages & Alliances entre nos Sujets. Et neantmoins pour les

(1) Cét Edit ne dura pas longtems, puis qu'en même tems qu'on le concluoit, on resolvoit d'autre part la perte des Réformez avec le Legat du Pape, & Don *Juan d'Autriche*. Aussi dit-on tout haut dès la même année qu'il faloit revoquer cét Edit.

ANNO 1576. les Mariages faits en tiers ou quart degré, ne pourront ceux de ladite Religion estre molestez, ni la validité desdits Mariages revoquée en doute: ne pareillement la Succession ostée ny querellée aux Enfans descendans desdits Mariages faits ou à faire. Et pour juger de la validité des Mariages faits & contractez par ceux de ladite Religion, & decider s'ils sont licites ou illicites; si celuy d'icelle Religion est deffendeur, en ces cas le Juge Royal connoistra le fait dudit Mariage. Et où il seroit demandeur, & le deffendeur Catholique, la connoissance en appartiendra à l'Official & Juge Ecclesiastique.

XI. Ordonnons qu'il ne sera fait difference ny distinction, pour le regard de la Religion, à recevoir tant és Universitez, Colleges, Escoles, Hospitaux & Maladeries, que aumosnes publiques, les Escoliers, Malades, & Pauvres.

XII. Ceux de ladite Religion payeront les Droits d'entrée, comme il est accoustumé pour les Charges & Offices dont ils seront pourveus, sans estre contraints d'assister à aucune ceremonie contraire à leurdite Religion. Et estans appellez par Serment, ne seront tenus d'en faire d'autre que de lever la main, jurer & promettre à Dieu qu'ils diront la verité. Et ne seront aussi tenus de prendre dispense du Serment par eux presté en passant les contracts & obligations.

XIII. Voulons & ordonnons, que tous nos Sujets, tant Catholiques que de ladite Religion pretenduë reformée, de quelque qualité & condition qu'ils soient, soient tenus & contraints par toutes voyes deuës & raisonnables, & sous les peines contenuës en nos precedens Edits sur ce faits, payer & acquitter les dismes aux Curez & autres Ecclesiastiques, & à tous autres à qui ils appartiennent, selon l'usance & coustume des Lieux.

XIV. Nostre cher & bien amé Cousin le Prince d'Orenge sera remis & reintegré en toutes ses Terres, Jurisdictions & Seigneuries qu'il a dans nostredit Royaume, & Pays de nostredite obeissance: ensemble en la Principauté d'Orenge, Droits, Tiltres, Doucumens, & Papiers, si aucuns en ont esté prins & transportez par nos Lieutenans Generaux, & autres nos Officiers. Lesquels Biens, Droits & Tiltres, seront rendus à nostredit Cousin, remis & restablis au mesme estat qu'ils estoient auparavant les troubles, pour en jouyr par luy & les siens doresnavant, suivant les Provisions, Arrests, & Declarations qui avoient esté sur ce faites, & accordées par le feu Roy Henry, nostre tres-honoré Seigneur & Pere, que Dieu absolve, & autres Roys nos Predecesseurs, tout ainsi qu'il faisoit avant lesdits troubles.

XV. Ceux de ladite Religion seront tenus garder, observer les Festes indites en l'Eglise Catholique Romaine, & ne pourront és jours d'icelles besogner, vendre ny estaler à boutiques ouvertes: & aux jours esquels l'usage de la chair est deffendu par icelle, les boucheries ne s'ouvriront.

XVI. En tous Actes & Actions publiques où sera parlé de ladite Religion, sera usé de ces mots, Religion pretenduë reformée.

XVII. Afin de réunir d'autant mieux les volontez de nos Sujets, comme est nostre intention; declarons tant les Catholiques unis, que ceux de la Religion pretenduë reformée, capables de tenir & exercer tous Estats, Dignitez, Offices, & Charges quelconques, Royales, Seigneuriales, ou des Villes de nosdits Royaumes, Pays, Terres & Seigneuries de nostre obeissance, & d'estre en iceux indifferemment admis & receus, sans qu'ils soient tenus prester autre Serment, ni astrains d'autres obligations, que de bien & fidellement exercer leurs Estats, Dignitez, Charges & Offices, & garder les Ordonnances. Esquels Estats, Dignitez, Charges & Offices, pour le regard de ceux qui seront en nostre disposition, sera par nous pourveu, avenant vacation, indifferemment & sans distinction de Religion, de personnes capables, comme verrons estre à faire pour le bien de nostre service, & de nos Sujets.

XVIII. Et d'autant que l'administration de la Justice est un des principaux moyens pour contenir nos Sujets en paix & concorde: Nous, inclinans à la Requeste qui nous a esté faite, tant de la part des Catholiques associez, que de ceux de ladite Religion pretenduë reformée, Avons ordonné & ordonnons, qu'en nostre Cour de Parlement de Paris, sera établie une Chambre, composée de deux Presidens, & seize Conseillers, moitié Catholiques, & moitié de ladite Religion. Et lesquels Offices de la Religion seront par nous creez & érigez à cette fin, aux mesmes gages, honneurs, authoritez, & prerogatives que nos autres Conseillers de nostredite Cour: pour par icelle Chambre connoistre & juger en Souveraineté, dernier Ressort, & par Arrest, privativement à tous autres, des Procés & differens meus & à mouvoir: esquels Procés lesdits Catholiques associez, ou de la Religion pretenduë reformée, du Ressort de nostre dite Cour, seront Parties principales, ou garants, en demandant ou deffendant, en toutes matieres tant Civiles que Criminelles; soient lesdits Procés par écrit, ou appellations verbales: & ce si bon semble ausdites Parties, & l'une d'icelles le requiert. Laquelle Chambre, ainsi que dit est, composée & establie, sera par nous envoyée en nostre Ville de Poitiers, pour y seoir & rendre la Justice à nosdits Sujets, Catholiques unis, & de ladite Religion, de nos Pays de Poitou, Angoumois, Aulnix, & la Rochelle, en mesme forme & qualité, que lors de la seance de ladite Chambre, en nostre dite Cour de Parlement de Paris: & ce trois mois durant chacune année, commençans le premier jour d'Aoust, jusques au dernier jour d'Octobre.

XIX. Et pour le Ressort de nostre Cour de Parlement de Tholoze, sera establie une Chambre en la Ville de Montpellier, composée de deux Presidens & dixhuit Conseillers, moitié Catholiques, & moitié de ladite Religion. Lesquels Catholiques seront par nous choisis de nos Cours de Parlemens, & grand Conseil: & lesdits de la Religion, creez, & erigez de nouvel, aux mesmes gages, honneurs, authoritez, prerogatives & préeminences, que les Presidens & Conseillers de nostredite Cour de Parlement de Tholoze. En laquelle Chambre seront aussi creez un Advocat, & un Procureur General: deux Greffiers, l'un Civil, & l'autre Criminel, Huissiers, & tous autres Officiers necessaires, tant pour ladite Chambre, que pour la Chancellerie qui y sera par nous establie. Tous lesquels Officiers seront moitié Catholiques, & l'autre moitié de ladite Religion, & connoistra & jugera ladite Chambre en souveraineté, dernier ressort & par Arrest, privativement à tous autres, des Procez & differens meus & à mouvoir. Esquels lesdits Catholiques associez, ou de ladite Religion pretenduë reformée, du ressort de nostredite Cour de Parlement de Tholoze, seront Parties principales, ou garants, en demandant ou deffendant, en toutes matieres, tant Civiles que Criminelles, soient lesdits Procés par écrit, ou appellations verbales: & ce si bon semble ausdites Parties, & l'une d'icelles le requiert.

XX. Semblables Chambres voulons estre établies en nos Cours de Parlemens de Grenoble, Bordeaux, Aix, Dijon, Roüen, & Bretagne, composée du nombre de deux Presidens, & dix Conseillers en chacune Chambre: qui seront, comme dit est, moitié Catholiques, & moitié de la susdite Religion. Et iceux de ladite Religion par nous de nouveau creez à cet effet, pour par lesdites Chambres, chacune au ressort où elle sera établie, avoir telle Jurisdiction, authorité & pouvoir, connoistre & juger en la forme & qualité, & tout ainsi qu'il est dit cy-dessus, pour les ressorts de nos Parlemens de Paris, & Tholoze: & sera pour le regard de nostre Pays de Dauphiné, la seance de ladite Chambre mipartie: à sçavoir six mois audit Grenoble, & autres six mois à S. Marcellin, commençant la premiere seance audit Saint Marcellin.

XXI. Voulons aussi, par maniere de provision, & jusques à ce qu'en l'Assemblée generale, qu'entendons tenir des Estats de nostre Royaume, il en soit par nous ordonné, que de tous Jugemens qui seront donnez és Procés meus & à mouvoir, là où lesdits Catholiques unis & de ladite Religion, seront en qualité demandans ou deffendans Parties principales ou garants, en toutes matieres, tant Civiles que Criminelles, par les Officiers de nos Sieges Presidiaux, ou autres, ausquels aurions donné pouvoir de juger en certaines causes souverainement & en dernier ressort, il y aura appel esdites Chambres nouvellement établies en nosdits Parlemens, chacune en son ressort: nonobstant tous Edits concernans l'authorité & Jurisdiction desdits Presidiaux: ausquels, pour l'effet susdit, nous avons derogé & derogeons, sans y prejudicier en autres choses: lequel appel és matieres Civiles, Presidiales, aura effet devolutif seulement, & non suspensif; sinon que du consentement des deux Parties fust accordé, que leurs Procés seroient jugez par lesdits Presidiaux en souveraineté. Auquel cas le contenu au present Article

ANNO 1576. cle n'aura lieu: ne pareillement aux sieges, où il y auroit nombre suffisant de ceux de ladite Religion, pour juger lesdits Procés: ce qu'ils pourront faire avec nombre pareil de Catholiques en souveraineté, & sans appel és cas des Edicts: & neantmoins, pour certaines causes & considerations à ce nous mouvans, ordonnons que l'Instruction & Jugement des Procés Criminels, intentez ou à intenter, au Siege du Seneschal de Tholoze, establi en icelle; esquels Procés les Catholiques unis, & ceux de ladite Religion, seront Deffendeurs, ne se fera en ladite Ville, ains au plus prochain Siege dudit Senéchal: auquel nous avons iceux Procés dés à present renvoyez & renvoyons; à la charge de l'appel en la Chambre establie à Montpellier.

XXII. Les Prevosts de nos tres-chers & amez Cousins les Mareschaux de France, Vibaillis, Vice-Seneschaux, Lieutenans de Robe courte, & autres Officiers de semblable qualité, jugeront selon les ordonnances & reglemens cy-devant donnez, pour le regard des vagabons. Et quant aux domiciliez, chargez, & prevenus des cas Prevostables, s'ils sont des Catholiques unis, ou de ladite Religion; lesdits Officiers seront tenus appeller en l'Instruction & Jugement desdits Procés, nombre égal de nos Officiers de qualité requise, tant de Catholiques que de ladite Religion, és plus prochains Sieges Presidiaux, ou Royaux, és Provinces où il n'y a point de Sieges Presidiaux, si tant y en a de ladite Religion: sinon en leur lieu appelleront des Advocats, s'il s'y en trouve de ladite qualité.

XXIII. Ordonnons, voulons & nous plaist, que nostre tres-cher & tres-amé Beaufrere le Roy de Navarre, nostre tres-cher & bien-amé Cousin le Prince de Condé, nostre tres-cher & amé Cousin le Sieur Damville, Mareschal de France, & semblablement tous autres Seigneurs, Chevaliers, Gentilshommes, & autres de quelque qualité & condition qu'ils soient, tant Catholiques unis, que de ladite Religion, rentreront, & seront conservez en la jouïssance de leurs Gouvernemens, Charges, Estats, & Offices Royaux, dont ils jouïssoient auparavant le vingt-quatriéme Aoust, cinq cens soixante & douze: sans estre astraints de prendre nouvelles Provisions: & nonobstant tous Arrests & Jugemens contre eux donnez, & les Provisions qui auroient esté obtenuës desdits Estats par autres. Pareillement rentreront en la jouïssance de tous & chacuns leurs Biens, Droits, noms, raisons, & actions: nonobstant les Jugemens ensuivis, pour raison desdits troubles. Lesquels Arrests, Jugemens, Provisions, & tout ce qui s'en seroit ensuivy, nous avons pour cét effet declarez, & declarons nuls, & de nul effet & valeur.

XXIV. N'entendons par ce qui est cy-devant dit, que ceux qui ont resigné leurs Estats & Offices en vertu de nos Lettres Patentes, ou du feu Roy dernier, nostre tres-cher Seigneur & Frere, puissent les recouvrer & entrer en la possession d'iceux: leur reservant neantmoins leurs actions contre les Possesseurs & Titulaires desdits Offices, pour le payement du prix convenu entre eux, au moyen desdites resignations. Et pour le regard de ceux qui ont esté contraints de fait & force par les particuliers à resigner leursdits Estats & Offices, leur permettons & à leurs Heritiers d'en faire instance & poursuitte par Justice civilement, tant contre ceux qui auront usé desdites forces, que contre leurs Hoirs & Successeurs.

XXV. Ordonnons aussi, si aucunes Commanderies de l'Ordre S. Jean de Jerusalem, appartenans aux Catholiques associez, ou de ladite Religion, se trouvoient saisies par authorité de nos Juges; ou si par autres, à l'occasion ou pretexte des troubles, ils en estoient en quelque sorte que ce soit depossedez; que pleine & entiere main-levée en soit faite ausdits Commandeurs, & eux remis en tel estat & possession desdites Commanderies, qu'ils estoient avant le 24. Aoust 1572.

XXVI. Et quant à ceux, tant Catholiques de l'union que de la Religion, qui auroient esté pourveus d'Offices, & non encore receus en iceux: Voulons & nous plaist qu'ils soient receus esdits Estats, & toutes Provisions necessaires leur en estre expediées.

XXVII. Et semblablement que lesdits Catholiques unis rentrent en la mesme possession & jouïssance de leurs Benefices qu'ils avoient auparavant ledit vingt-quatriesme Aoust: Et que ceux qui d'authorité privée, sans mandement ou don de Nous, auront jouy & receu les fruits desdits Benefices appartenans ausdits Catholiques unis, soient tenus & contraints leur rendre & restituer. ANNO 1576.

XXVIII. Tous differents concernans les rançons de ceux qui ont esté faits prisonniers d'une part & d'autre durant ces troubles, sont reservez, comme nous les reservons à Nous & à nostre personne: deffendant aux Parties d'en faire ailleurs que pardevant nous, poursuitte: & à tous nos Officiers & Magistrats, d'en prendre aucune Cour, Jurisdiction, ne connoissance.

XXIX. Les Criées, Affiches, & Subhastations des Heritages dont on poursuit le Decret, seront faites és lieux & heures accoustumez, si faire se peut, suivant nos Ordonnances: ou bien és Marchez publics, si au Lieu où sont assis lesdits Heritages, y a Marché. Et où il n'y en auroit point, seront faites au plus prochain Marché, estant du ressort du Siege où l'adjudication se doit faire. Et seront les Affiches mises au posteau dudit Marché, & à l'entrée de l'Auditoire du lieu: & ainsi seront valables icelles criées, & passé outre à l'interposition du Decret, sans s'arrester aux nullitez qu'on pourroit alleguer pour ce regard.

XXX. Les acquisitions que les Catholiques associez, ou ceux de la Religion pretenduë reformée auroient faites, par authorité d'autres que de Nous, pour les immeubles appartenans à l'Eglise, n'auront aucun lieu ny effet: Ains ordonnons, voulons & nous plaist, que lesdits Ecclesiastiques rentrent incontinent & sans delay, & soient conservez en la possession & jouïssance reelle & actuelle desdits biens ainsi alienez, sans estre tenus de rendre le prix desdites ventes. Et ce nonobstant lesdits Contracts de Vendition; lesquels à cet effet nous avons cassez & revoquez comme nuls, sauf leur recours ausdits achepteurs contre qui il appartiendra. Et neantmoins seront expediées nos Lettres Patentes de permission à ceux de ladite Religion, d'imposer & esgaler sur eux les sommes à quoy se monteront lesdites ventes, pour rembourser les achepteurs des Deniers par eux veritablement & sans fraude desboursez; sans que lesdits acquereurs puissent pretendre aucune action pour leurs dommages & interests à faute de jouïssance: ains se contenteront du remboursement des Deniers par eux fournis pour le prix desdites acquisitions; precomptant sur iceluy prix les fruits par eux perceus, au cas que ladite vente se trouvast estre faite à trop vil & injuste prix.

XXXI. Les exheredations ou privations, soit par disposition d'entre vifs ou testamentaires, faites en haine de la Religion ou des troubles, n'auront lieu, tant pour le passé que pour l'advenir, au prejudice des Catholiques de l'union, ny de ceux de ladite Religion pretenduë reformée: pourveu qu'il n'y ait autre cause que du fait d'icelle Religion, & prinses des armes. Entendans aussi que le semblable soit gardé pour le regard des exheredations, ou privations faites en haine de la Religion Catholique: & neantmoins les Testamens militaires qui ont esté faits durant lesdits presens & precedens troubles, tant d'une part que d'autre, vaudront & tiendront selon la disposition de Droit.

XXXII. Les desordres & excés faits le vingt-quatriéme Aoust, & jours suivans en consequence dudit jour, à Paris, & en autres Villes & endroits de nostre Royaume, sont advenus à nostre tres-grand regret & déplaisir. Et pour demonstration singuliere de nostre bonté & bienveillance envers nos Sujets, declarons les Vefves & Enfans de ceux qui ont esté tuez lesdits jours, en quelque part que ce soit de nostredit Royaume, exempts de contribuer aux Impositions qui se feront pour raison de nos ban & arriereban, si leursdits Maris ou Peres estoient nobles. Et où leursdits Maris ou Peres auroient esté de qualité roturiere, & Taillables: nous, pour les mesmes considerations, deschargeons lesdites Vefves & Enfans de toutes Tailles & Impositions: le tout pour & durant l'espace de six années prochaines & consecutives. Deffendant à nos Officiers chacun en son endroit, de les y comprendre, au prejudice de nos presens vouloir & intention.

XXXIII. Declarons aussi toutes Sentences, Jugemens, Arrests, Procedures, Saisies, Ventes, & Decrets faits & donnez contre ceux de ladite Religion pretenduë reformée, tant vivans que morts, depuis le trespas du feu Roy Henry, nostre tres-honoré Seigneur & Pere, à l'occasion de ladite Religion, tumultes & troubles depuis advenus, ensemble l'execution d'iceux Jugemens & Decrets, dés à present cassez, revoquez & annullez: & iceux cassons, revoquons & annullons; ordon-

ANNO 1576.

ordonnant qu'ils feront rayez & oftez des Regiftres & Greffes des Cours, tant fouveraines qu'inferieures. Comme nous voulons auffi eftre oftées & effacées toutes marques, veftiges, & monumens desdites Executions, Livres, & Actes diffamatoires contre leurs perfonnes, memoire & pofterité. Et que les Places esquelles ont efté faites pour cette occafion, demolitions ou rafemens, feront renduës en l'eftat qu'elles font aux proprietaires d'icelles, pour en jouïr & difpofer à leur volonté. Le femblable voulons & ordonnons eftre fait pour les Catholiques affociez, & nommement pour raifon des Arrefts & Jugemens donnez contre les Sieurs de la Mole, Coconas, & la Haye, Lieutenant General de Poitou. Et generalement avons caffé, revoqué & annullé, toutes Procedures & Informations faites pour entreprifes quelconques, charges, pretendus Crimes de Leze Majefté, ou autres: nonobftant lesquelles Procedures, Arrefts, & Jugemens, contenans réunions, incorporations & confiscations, tant lesdits Catholiques affociez, & ceux de ladite Religion, que leurs Heritiers, rentreront en la poffeffion réelle & actuelle de tous & chacuns leurs Biens.

XXXIV. Et d'autant qu'au moyen de noftre fusdite Declaration, tous Arrefts & Jugemens donnez contre le feu Sieur de Chaftillon, Admiral de France, & execution d'iceux, demeurent nuls & de nul effet, comme chofe non faite ny advenuë: Nous, en confequence d'icelle Declaration, voulons & ordonnons que tous lesdits Arrefts, Jugemens, Procedures, & Actes faits contre ledit Sieur de Chaftillon, foient rayez, biffez, & mis hors des Regiftres de Greffes, tant de nos Cours de Parlemens, que de toutes autres Jurisdictions: & que tant la memoire dudit Admiral, que les Enfans d'iceluy, demeurent entiers en leurs honneurs & Biens pour ce regard; nonobftant que lesdits Arrefts portent réunion & incorporation d'iceux Biens au Domaine de noftre Couronne; dont nous ferons expedier ausdits Enfans plus ample & fpeciale Declaration, fi bon leur femble.

XXXV. Le femblable voulons eftre fait pour le regard des Sieurs de Montgommery, Monbrun, Briquemaut, & Cavaignes.

XXXVI. Deffendons de ne faire aucunes Procesfions, tant à caufe de la mort de feu noftre Coufin le Prince de Condé, que journée Saint Barthelemy, & autres Actes qui puiffent ramener la memoire des troubles.

XXXVII. Toutes Procedures faites, Jugemens & Arrefts donnez contre ceux de la Religion portans les armes, ou abfens de ce Royaume, ou bien retirez és Villes & Pays d'iceluy par eux tenuës, en quelqu'autre matiere que de la Religion & troubles, enfemble toutes peremptions d'inftance, prescriptions, tant legales, conventionnelles, que couftumieres & faifies feudales, écheuës pendant les prefens & precedens troubles, feront eftimées comme non faites, données ny advenuës, & telles les avons declarées, & icelles mifes au neant; fans que les Parties s'en puiffent aucunement aider: encore que ceux de la Religion ayent efté ouïs & deffendus par Procureurs; ains feront remis en l'eftat qu'ils eftoient auparavant, nonobftant lesdits Arrefts, & l'execution d'iceux: & leur fera renduë la poffeffion en laquelle ils eftoient, pour le regard desdites chofes le 24. Aouft 1572. Et aura ce que deffus pareillement lieu pour les Catholiques de l'union, depuis qu'ils ont prins les armes, ou efté abfens de ce Royaume, pour le fait des troubles, & pour les Enfans mineurs de ceux de la qualité fusdite, qui font morts durant lesdits troubles. Declarons auffi nulles toutes Procedures faites, & Jugemens donnez durant le mesme temps contre les fusdits, par defauts & contumaces: enfemble l'execution d'iceux Jugemens, remettant les Parties au mesme eftat qu'elles eftoient auparavant, fans refondre les despens, ny eftre tenus de configner les amendes.

XXXVIII. Tous prifonniers qui font detenus, foit par authorité de Juftice ou autrement, mesmes és Galeres à l'occafion des prefens & precedens troubles, feront élargis & mis en liberté, d'un cofté & d'autre, fans payer aucune rançon, caffant & annullant toutes obligations paffées pour ce regard, & déchargeant les cautions d'icelles. N'entendons toutesfois que les rançons qui ont efté ja débourfées & payées par ceux qui eftoient prifonniers de Guerre feulement, puiffent eftre repetées fur ceux qui les auront receuës. Et quant à ce qui a efté fait & pris, hors la voye d'hoftilité, ou par hoftilité contre les reglemens publics, ou particuliers des Chefs, ou des Communautez & Provinces qui avoient commandement, & qui n'a efté, ou ne fera avoüé dans deux mois apres la publication de ce prefent Edict, d'une part ou d'autre, en pourra eftre faite pourfuite par la voye de Juftice civilement.

XXXIX. Ordonnons auffi que punition foit faite des crimes & delits, commis entre perfonnes de mesme parti en temps de troubles, Trefves, ou Suspenfion d'Armes, fi ce n'eft que lesdits Actes fuffent advoüez par les Chefs d'une part ou d'autre, dans le temps de deux mois. Et quant aux levées, exaction de Deniers, ports d'Armes & autres exploits de Guerre faits d'autorité privée & fans adveu, en fera faite pourfuitte par la voye de Juftice.

XL. Les meubles qui fe trouveront en nature, & qui n'auront efté prins par voye d'hoftilité, feront rendus à ceux à qui ils appartiennent, s'ils font, & fe trouvent eftre encore lors de la publication de ce prefent Edict, és mains de ceux qui les ont prins, ou de leurs Heritiers; fans rendre aucuns Deniers pour la reftitution d'iceux. Et où lesdits meubles auroient efté vendus & alienez par autorité de Juftice, ou par autre Commiffion ou Mandement public, tant des Catholiques que de ceux de ladite Religion; pourront neantmoins eftre vendiquez, en rendant le prix d'iceux aux acheteurs: declarant n'eftre Acte d'hoftilité ce qui fut fait à Paris & ailleurs, le vingt-quatriéme Aouft, mil cinq cens foixante & douze, & és jours consecutifs, en confequence de ce qui fut fait ledit vingt-quatriéme Aouft.

XLI. Pour le regard des fruicts des immeubles, chacun rentrera dans fes Maifons & Biens, & jouïra reciproquement des fruits de la cueillette de la prefente année, mesmement les Ecclefiaftiques: nonobftant toutes faifies & empeschemens faits au contraire, durant lesdits prefens & precedens troubles: comme auffi chacun jouïra des arrerages des Rentes qui n'auront efté prifes par nous ou nos Mandemens & permiffions, ou Ordonnance de Juftice, ou par Mandemens des Chefs de l'autre part.

XLII. Les Forces & Garnifons qui font ou feront és Maifons, Places, Villes, Chafteaux appartenans à nos Sujets, de quelque Religion & qualité qu'ils foient, vuideront incontinent apres la publication du prefent Edict, pour en laiffer la libre & entiere jouïsfance aux proprietaires, comme ils avoient auparavant en eftre deffaifis: nonobftant toutes pretentions de Droit que ceux qui les detiennent pourroient alleguer: fur lesquelles pretentions fe pourvoiront par les voyes ordinaires de Juftice, apres qu'ils auront delaiffé ladite poffeffion: ce que fpecialement voulons eftre effectué pour le regard des Benefices, dont les Titulaires auroient efté de poffedez.

XLIII. Tous Titres, Papiers, Enfeignemens & Documens qui ont efté prins, feront rendus & reftituez, d'une part & d'autre, à ceux à qui ils appartiennent; encore que lesdits Papiers, ou les Chafteaux & Maifons esquels ils eftoient gardez, ayent efté prinfes & faifies, foit par nos fpeciales Commiffions, ou Mandemens de nos Lieutenans & Gouverneurs, ou de l'authorité des Chefs de l'autre part; ou fous quelque autre pretexte que ce foit.

XLIV. Le libre commerce & paffage fera remis par toutes les Villes, Bourgs & Bourgades, Ponts & paffages de nôtredit Royaume, Pays, Terres & Seigneuries de nôtre obeïffance & protection, tant par Mer que par Terre, Rivieres & Eaux douces: comme ils eftoient auparavant les prefens & precedens troubles: & tous nouveaux Peages & Subfides impofez par autre authorité que la noftre, durant iceux troubles, oftez.

XLV. Toutes Places, Villes & Provinces de nosdits Royaume, Pays, Terres & Seigneuries de noftre obeïffance, uferont & jouïront des mesmes Privileges, Immunitez, Libertez, Franchifes, Foires, Marchez, Jurisdictions, & Siege de Juftice, qu'elles faifoient auparavant les prefens troubles; nonobftant les translations d'aucuns desdits Sieges, & toutes Lettres à ce contraires. Lesquels Sieges feront remis & reftablis és Villes & Lieux où ils eftoient auparavant.

XLVI. Et d'autant que cy-deffus nous avons declaré lesdits Catholiques unis, & ceux de ladite Religion capables de tenir tous Eftats, Offices, Dignitez, & Charges quelconques, Seigneuriales, ou des Villes de nosdits Royaume, Pays, Terres & Seigneuries de noftre obeïffance, & d'eftre en iceux indifferemment admis & receus: Nous voulons qu'ils puiffent pareillement

ANNO 1576. ment tenir les Charges de Procureur & Sindics des Pays, Villes & Lieux; & estre admis en tous Conseils, Deliberations, Assemblées, tant effectives des Estats des Provinces, qu'autres fonctions qui dependent des choses susdites; sans que pour raison de ladite Religion, ou desdits troubles, ils en puissent estre rejettez, ou empeschez d'en jouïr.

XLVII. Ne pourront lesdits de la Religion estre cy-aprés surchargez ny foulez d'aucunes charges, ordinaires ou extraordinaires, plus que les Catholiques, & selon la proportion de leurs Biens & facultez. Et pourront les Parties qui pretendront estre surchargées, se pourvoir pardevant les Juges ausquels la connoissance en appartient. Et seront tous nos Sujets, de quelque Religion & qualité qu'ils soient, deschargez indifferemment de toutes charges qui ont esté imposées d'une part & d'autre sur ceux qui estoient absens, & ne jouïssoient de leurs Biens à cause des troubles: sans toutefois pouvoir repeter les fruits qui auroient esté employez au payement desdites charges.

XLVIII. N'entendons aussi que lesdits Catholiques unis, & ceux de ladite Religion, ny autres Catholiques qui estoient demeurans és Villes & Lieux par eux occupez & detenus, & qui leur ont contribué, soient poursuivis pour le payement des Tailles, Aides, Octroy, Creuës, Taillon, Reparations, Utensiles, & autres Impositions & Subsides, escheuës & imposées depuis le 24. Aoust mil cinq cens soixante & douze, jusques à present; soit par nos Mandemens, ou par l'advis & deliberation des Estats, Gouverneurs des Provinces, Cours de Parlemens, & autres, dont nous les avons deschargé & deschargeons: deffendant aux Tresoriers de France, Generaux de nos Finances, Receveurs Generaux & particuliers, leurs Commis & Entremetteurs, & autres Intendants & Commissaires de nosdites Finances les en rechercher, molester ni inquieter, directement ou indirectement, en quelque sorte que ce soit.

XLIX. Declarons que nous reputons & tenons nostre tres-cher & tres-amé Frere le Duc d'Alençon, pour nostre bon Frere: nostre tres-cher & tres-amé Beaufrere le Roy de Navarre, pour nostre Beaufrere & bon Parent: & nostre tres-cher & bien amé Cousin le Prince de Condé, pour nostre Parent, fidele Sujet & Serviteur: comme aussi nous tenons & reputons nostre tres-cher & amé Cousin le Sieur de Damville, Mareschal de France, & tous autres Seigneurs, Chevaliers, Gentilshommes, Officiers, Habitans des Villes, Communautez, Bourgs, Bourgades, & autres Lieux de nosdits Royaume & Pays de nostre obeïssance, qui les ont suivis & secourus, presté aide & faveur, en quelque sorte & façon que ce soit, pour nos bons & loyaux Sujets & Serviteurs. Et apres avoir entendu la declaration faite par nostredit Frere le Duc d'Alençon, nous nous tenons bien & suffisamment satisfaits & informez de sa bonne intention; & n'avoir esté par luy, ny par ceux qui y sont intervenus, ou qui s'en sont en quelque sorte que ce soit meslez, tant vivans que morts, rien fait que pour nostre service. Declarons tous Arrests, Informations, & Procedures sur ce faits & donnez, nuls & de nul effet, comme chose non faite ny advenuë: voulans qu'ils soient rayez, biffez, & mis hors des Registres des Greffes, tant de nos Cours de Parlement, que des autres Jurisdictions où ils ont esté enregistrez.

L. Nous tenons aussi & reputons pour nos bons Parens, voisins & amis, nos tres-chers & amez Cousins le Comte Palatin, Electeur du S. Empire, & le Duc Jean Casimir son Fils: & que ce qui a esté fait par eux, n'a esté fait que pour nostre service.

LI. Declarons pareillement la levée & sortie des Suisses, mesmes des Comtes de Neufchastel, Vallangin, & autres des Cantons, quels qu'ils soient, n'avoir esté faits que pour nostre service.

LII Voulons que les Enfans de ceux qui se sont retirez hors de nostre Royaume, depuis la mort du feu Roy Henry, nostre tres-honoré Seigneur & Pere, pour cause de la Religion & troubles, encore que lesdits Enfans soient nez hors nostredit Royaume, seront tenus pour vrais François, & Regnicoles: & tels les avons declarez & declarons; sans qu'il leur soit besoin prendre aucunes Lettres de naturalité, ou autres provisions de nous, que le present Edict: nonobstant nos Ordonnances à ce contraires, ausquelles nous avons derogé & derogeons.

LIII. Demeureront tant nostredit Frere le Duc d'Alençon, le Roy de Navarre, & Prince de Condé; que lesdits Sieurs de Damville, & autres Seigneurs, Chevaliers, Gentilshommes, Officiers, Corps de Villes, Communautez, & tous autres qui les ont aidez & secourus, leurs Hoirs & Successeurs, quites & déchargez de tous Deniers, qui ont esté par eux ou par leurs Ordonnances pris & levez, tant de nos Receptes & Finances, à quelque somme qu'ils se puissent monter, que des Villes, Communautez & particuliers, des Rentes, Revenus, Argenteries, Ventes de Biens meubles Ecclesiastiques, & autres; Bois de haute futaye à nous appartenans, ou à autres: amendes, butins, rançons, ou autre nature de Deniers: à l'occasion des presens & precedens troubles, sans qu'eux, ny ceux qui ont esté commis par eux à la levée desdits Deniers, ou qui les ont baillez & fournis par leursdites Ordonnances, en puissent estre aucunement recherchez à present, ny pour l'avenir: & demeureront, tant eux que leurs Commis, quittes de tout le maniement & administration desdits Deniers, en rapportant pour toute décharge, Acquits expediez dans quatre mois apres la publication de nostre present Edit fait en nostre Cour de Parlement de Paris, & ce de nostre dit Frere, du Roy de Navarre, Prince de Condé, & Mareschal Damville, ou de ceux qui auront esté par eux commis à l'audition & closture de leurs Comptes, ou des autres Chefs, & Communautez des Villes qui ont eu commandement & charge durant les troubles. Demeureront pareillement les Habitans de la Ville de la Rochelle, & autres Communautez déchargées de toutes Assemblées generales & particulieres, establissement de Justice, Police & Reglemens faits entr'eux, Jugemens & executions d'iceux, soit en matiere civile ou criminelle: ensemble de tous Actes d'hostilité, levée & conduite de Gens de Guerre, Fabrication de Monnoye, faite selon l'ordonnance desdits Chefs, fonte, & prinse d'Artillerie & Munitions, tant en nos Magazins que des particuliers, confection de Poudres & Salpestres, Prinses, Fortifications, desmantellemens, & demolitions de Villes, Chasteaux, Bourgs, & Bourgades, entreprinses sur icelles, bruslemens & demolitions de Temples & Maisons, Voyages, Intelligences, Negotiations, Traittez & Contracts faits avec tous Princes & Communautez estrangers, és Villes, & autres endroits de nostredit Royaume: & generalement de tout ce qui a esté fait, geré, & negocié, tant par les Catholiques associez, que ceux de ladite Religion, durant les troubles presens ou passez, depuis la mort de feu nostredit Seigneur & Pere: encore qu'il deust estre particulierement exprimé & specifié. Entendans que suivant nostre presente Declaration, les Sieurs Vidame de Chartres & de Beauvoir, soient & demeurent deschargez, & les déchargeons specialement des Traittez & Negociations par eux faites avec la Reine d'Angleterre, en l'an mil cinq cent soixante deux: ne tenans ny reputans avoir esté en cet endroit rien fait par eux que pour nostre service: encore qu'és precedens Edicts de pacification n'en ait esté faite expresse mention. Et moyennant ce que dessus lesdits Catholiques unis, & ceux de ladite Religion se departiront & desisteront de toutes associations qu'ils ont dedans & dehors ce Royaume; & ne feront doresnavant aucunes levées de Deniers, sans nostre permission, enroolement d'hommes, congregations ny assemblées, autres que celles qu'il leur est permis cy-dessus, & sans armes: ce que nous leur prohibons & deffendons, sur peine d'estre punis rigoureusement, comme contempteurs & infracteurs de nos Ordonnances. ANNO 1576.

LIV. Nos Officiers de la Ville de la Rochelle, ni les Maire, Eschevins, Pairs, & autres Habitans d'icelle ne seront recherchez, molestez, ny inquietez pour les Mandemens, Decrets de prinse de Corps, faits tant en ladite Ville que dehors, executions de leurs Jugemens depuis ensuivis, tant pour raison de quelques pretenduës entreprises faites contre ladite Ville au mois de Decembre, mil cinq cens septante trois, que pour un Navire nommé l'Arondelle, & execution des Jugemens donnez contre ceux de l'équipage d'iceluy: ne pour autres Actes quelconques, dont nous les avons entierement deschargez, ainsi qu'il est dit dessus.

LV. Toutes Prinses qui ont esté faites en vertu des congez & adveus donnez, & lesquelles ont esté jugées par les Juges de l'Amirauté, & autres Commissaires à ce deputez par lesdits Catholiques unis & de ladite Religion, demeureront assoupies sous le benefice de nostre present Edict: sans qu'il en puisse estre faite aucune poursuitte, ny les Capitaines, leurs Cautions, & lesdits Juges, Officiers, & autres recherchez, ny molestez en quelque sorte que ce soit: nonobstant toutes

Lettres

ANNO 1576.

Lettres de marque & saisies pendantes & non jugées, dont nous voulons leur estre faite pleine & entiere mainlevée.

LVI. Es Villes démantellées pendant les troubles passez & presens, pourront les ruines & desmantellemens d'icelles estre reedifiez par les Habitans, si bon leur semble, à leurs frais & dépens.

LVII. Ceux des Catholiques unis, & de ladite Religion, qui auroient prins à ferme avant les presens troubles aucuns Greffes, ou autre Domaine, Gabelles, Imposition Foraine, & autres Droits à nous appartenans, dont ils n'ont peu joüir à cause d'iceux troubles, demeureront deschargez, comme nous les déchargeons, de ce qu'ils n'auroient receu de leurs Fermes, depuis le 24 Aoust, 1572. ou qui auroient, sans fraude, payé ailleurs qu'és Receptes de nos Finances, nonobstant toutes obligations sur ce par eux passées.

LVIII. Et d'autant que l'aigreur & continuation des troubles qui ont dés si long-temps eu cours en cettuy nostre Royaume, a tellement alteré l'ordre de toutes choses, que sans le restablissement d'iceluy, il seroit impossible de contenir nos Sujets en la bonne union & intelligence qui doit estre entr'eux, pour les faire vivre en tranquillité & repos, qui auroit esté tousjours nostre principal soin & estude; considerant que pour y prendre une bonne resolution, nous ne sçaurions mieux faire que d'ouïr sur ce les remonstrances de nosdits Sujets, de toutes les Provinces de nostre Royaume: nous aurions à cét effet, dés nostre advenement à cette Couronne, deliberé de faire une convocation & assemblée generale des Estats. Ce que n'aurions peu effectuer encore à nostre grand regret, au moyen desdits troubles. Ausquels, ayant pleu à Dieu donner fin, continuans nostre bonne & sainte intention au bien de nos Sujets; Nous disons & declarons, voulons & nous plaist, que lesdits Estats Generaux seront par nous mandez & convoquez en nostre Ville de Blois, pour y estre tenus selon les bonnes, anciennes, & loüables coustumes de ce Royaume; dans six mois prochains, à conter du jour de ladite publication de nostre present Edict en nostre Cour de Parlement de Paris. Et à ces fins seront par nous expediées les Commissions pour ce necessaires: Pour les remonstrances, plaintes & doleances qui nous seront faites & presentées de leur part, ouyes, estre par nous ordonné ce que verrons estre requis & convenable pour le bien de nostredit Royaume.

LIX. Lesdits Catholiques unis, & de ladite Religion, seront tenus incontinent apres la publication faite de nostre present Edict, faire vuider toutes Garnisons des Villes, Places, Chasteaux, & Maisons qu'ils tiennent, appartenans tant à nous qu'aux particuliers, nommément aux Ecclesiastiques; & les delaisser, rendre, & remettre en toute liberté, au mesme estat qu'elles estoient en pleine Paix auparavant les presens & precedens troubles. Et neantmoins pour certaines bonnes considerations, avons baillé en garde aux Catholiques unis, & ceux de la Religion, les huict Villes qui ensuivent: à sçavoir Aiguesmortes, & Beaucaire en Languedoc: Perigueux, & le Mas de Verdun, en Guienne: Nyons, & Serres Ville & Chasteau en Dauphiné: Yssoire en Auvergne: & Seine la grande tour, & le circuit d'icelle, en Provence. Et promettront nostredit Frere, le Roy de Navarre, Prince de Condé, Mareschal Damville, & ceux qui seront commis à la garde d'icelles, sur leur foy & honneur, de les nous bien & fidelement garder. Ne seront aussi mis par nous aucuns Gouverneurs, ny Garnisons és autres Villes qu'ils tiennent à present, & qui par eux seront renduës, comme dit est, sinon qu'il y en eust eu de tout temps, & mesme du Regne du feu Roy Henry nostredit Seigneur & Pere. Et pareillement desirans soulager en tout ce qu'il nous est possible nos Sujets de toutes nos autres Villes, Declarons qu'il n'y aura Garnison ny Gouverneur, sinon ainsi qu'ils estoient du mesme temps de nostredit feu Seigneur & Pere. Comme aussi ne voulons qu'il y ait és Chasteaux, Villes, Maisons & Biens appartenans aux particuliers nos Sujets, de quelque qualité qu'ils soient, autres Garnisons que celles qui ont accoustumé d'y estre en temps de Paix.

LX. Deffendons à tous Prescheurs, Lecteurs, & autres qui parlent en public, de n'user d'aucunes paroles, discours & propos tendans à exciter le Peuple à sedition: Ains leur avons enjoint & enjoignons de se contenir & conduire modestement; ne dire rien qui ne soit à l'instruction & edification des auditeurs, & à maintenir le repos & tranquillité par nous établi en ce Royaume; sur les peines portées par nos precedens Edits: enjoignant tres-expressement à nos Procureurs Generaux, & autres nos Officiers y tenir la main.

ANNO 1576.

LXI. Voulons, ordonnons, & nous plaist, que tous Gouverneurs de Provinces, Baillifs, Seneschaux, & autres Juges ordinaires des Villes de cettuy nostredit Royaume, incontinent apres la reception d'iceluy nostre Edict, jureront de le faire garder & observer chacun en leur détroit: comme aussi feront les Maires, Eschevins, Capitouls, & autres Officiers des Villes, annuels ou perpetuels. Enjoignons aussi à nosdits Baillifs, Seneschaux, ou leurs Lieutenans, & autres Juges, faire jurer aux principaux Habitans des Villes, tant d'une que d'autre Religion, l'entretenement du present Edict dedans huitaine apres la publication d'iceluy: mettant tous nosdits Sujets en nostre protection & Sauvegarde: & les uns en la garde des autres. Semblable Serment sera fait pardevant les Baillifs & Seneschaux, chacun en son ressort, par les Seigneurs & Gentilshommes, ou à ces fins ils seront tenus les faire assembler dedans ledit temps, en personne, ou par Procureur. Et sera le Serment pour le regard des Officiers temporels, renouvellé à l'installation de leurs Charges.

LXII. Et afin que tant nos Justiciers, Officiers, qu'autres nos Sujets, soient clairement, & avec toute certitude advertis de nos vouloir & intention: pour oster toutes ambiguitez & doutes qui pourroient estre faits, au moyen des precedens Edicts; Nous avons declaré & declarons tous autres Edicts, Lettres, Declarations, Modifications, Restrictions & Interpretations, Arrests & Registres, tant secrets qu'autres deliberations cy-devant par nous faites en nos Cours de Parlement, & autres qui par cy-apres pourroient estre faites au prejudice de cettuy nostre present Edict, concernans le fait de la Religion, & des troubles advenus en cettuy nostre Royaume, estre de nul effet & valeur: ausquels, & aux derogatoires y contenuës, avons par cettuy nostre Edit derogé & derogeons; & dés à present comme pour lors, les cassons, revoquons & annullons: declarant par expres, que nous voulons que cettuy nostre Edict soit seur, ferme & inviolable, gardé & observé, tant par nosdits Officiers & Justiciers que Sujets; sans s'arrester, ny avoir aucun égard à tout ce qui pourroit estre contraire, & derogeant à iceluy. Et pour tenir la main à l'execution d'iceluy nostredit Edict, & ouïr les plaintes de nosdits Sujets sur les contraventions d'iceluy: Ordonnons à nos tres-chers & amez Cousins les Mareschaux de France, se transporter chacun és Provinces de son département, & pourvoir promptement à ce qui sera requis pour l'entretenement & execution d'iceluy Edict.

LXIII. Mandons aussi à nos amez & feaux les Gens de nos Cours de Parlement, qu'incontinent apres le present Edict receu, ils ayent (toutes choses cessantes, & sur peine de nullité des Actes qu'ils feroient autrement) à faire pareil Serment que dessus: & iceluy nostre Edict faire publier & enregistrer en nosdites Cours, selon sa forme & teneur, purement & simplement, sans user d'autres Modifications, Restrictions, Declarations, ou Registres secrets, ny attendre autre jussion ny mandement de Nous: Et à nos Procureurs Generaux, en requerir & poursuivre incontinent & sans delay, ladite publication. Enjoignant pareillement à nos Lieutenans Generaux & Gouverneurs de nos Provinces, de le faire incontinent chacun endroit soy publier, par tous les Lieux & endroits de leurs Provinces, garder & observer, sans attendre la publication de nosdites Cours; à ce que nul n'en pretende cause d'ignorance, & que plus promptement toutes voyes d'hostilité, levées de Deniers, prises & démolitions d'une part & d'autre cessent: Declarant dés à present icelles levées de Deniers, demolitions, prises, & ravissemens de Biens meubles, & autres Actes d'hostilité qui se feroient apres ladite publication, & signification que nosdits Lieutenans Generaux en auront fait faire, sujettes à restitution, punition & reparation. A quoy nous voulons estre procedé contre les contrevenans selon l'exigence des cas: sçavoir est contre ceux qui useront d'armes, force & violence en la contravention & infraction de cettuy nostre present Edict, empeschant l'effet & execution d'iceluy, de peine de mort, sans espoir de grace ne remission. Et quant aux autres contraventions qui ne seront faites par voye d'armes, force & violence, seront punies par autres peines corporelles, bannissemens, amandes hono-

ANNO 1576. norables, & autres, selon la gravité des cas, à l'arbitre & moderation des Juges, ausquels en avons donné la connoissance; chargeant en cét endroit leurs honneurs & consciences d'y proceder avec la Justice & égalité qu'il appartient, sans acception ou difference de personne, ou de Religion. Voulons aussi que toutes Troupes de Gens de Guerre, tant de Cheval que de Pied, François ou estrangers, d'une part & d'autre, excepté les Compagnies de nos Gardes, & les Garnisons des Frontieres, ayent à s'acheminer pour se retirer en leurs Pays & Maisons, incontinent apres la publication de nostredit Edit en nostredite Cour de Parlement : vivans le plus doucement & modestement, & à la moindre foule de nos Sujets que faire se pourra, sans user de force, violence, ou rançonnemens; à peine de la vie.

SI DONNONS en mandement ausdits Gens tenans nosdites Cours de Parlement, Chambres de nos Comptes, Cours de nos Aides, Baillifs, Seneschaux, Prevosts, & autres nos Justiciers & Officiers qu'il appartiendra, ou à leurs Lieutenans, que cettuy nostre present Edict & Ordonnance ils fassent lire, publier & enregistrer en leurs Cours & Jurisdictions, & iceluy entretenir, garder, & observer inviolablement de point en point : & du contenu jouïr & user pleinement & paisiblement tous ceux qu'il appartiendra; cessans, & faisant cesser tous troubles & empeschemens au contraire. Car tel est nostre plaisir. En tesmoin dequoy nous avons signé ces presentes de nostre propre main, & à icelles,afin que ce soit chose ferme & stable à tousjours, fait mettre & apposer nostre Scel. Donné à Paris au mois de May, l'an de grace mil cinq cens soixante & seize & de nostre Regne le deuxiéme. *Signé* HENRY. *Et plus bas*, Par le Roy estant en son Conseil, FIZES. *Et à costé.* Visa. *Et scellées sur lacqs de soye rouge & verde, en cire verde, du grand Scel.*

CXXXIV.

23. Juill. SAVOYE ET LORRAINE. *Contract de Mariage de* CHARLES *de Lorraine Duc de Mayenne, & de* HENRIETTE *de Savoye, fait le 23. Juillet, 1576.* [S. GUICHENON, Histoire Généalogique de la Maison de Savoye. pag. 644.]

PARDEVANT Claude Franquelin & François Croisset Notaires du Roy nostre Sire en son Chastelet de Paris, furent presentes en leurs personnes haut & puissant Prince Charles de Lorraine Duc de Mayenne, Pair & Grand Chambellan de France, Gouverneur & Lieutenant General pour le Roy en ses Pays & Duché de Bourgogne d'une part, & Illustre Dame Dame Henriette de Savoye, Vicomtesse de Castillon & Dame de Certes & de Busen d'autre part, lesquelles Seigneur Duc de Mayenne & Dame Vicomtesse de Castillon ont, par l'advis & conseil des Princes & Seigneurs soubs nommés, & mesme ladite Dame Vicomtesse par l'advis & congé du Marquis de Villars son Seigneur & Pere, haut & puissant Messire Honorat de Savoye & de Tende Comte dudit Tende & de Sommerme Sieur de Marro Admiral de France, Capitaine de cent hommes d'Armes des Ordonnances du Roy, Conseiller en son privé Conseil & Lieutenant General pour S. M. au Pays & Gouvernement de Guienne, aussi present, fait & font ensemblement les accords & promesses qui s'ensuivent. C'est assavoir que iceux Sr. Duc de Mayenne & Dame Vicomtesse se sont entredonnés l'un à l'autre foy & promesse de Mariage & des à present se sont pris & promis à Mary & Femme, & ont promis de celebrer les Nopces & solemnités dudit Mariage en la saincte Eglise Catholique le plustost que faire se pourra, en conclusion duquel Mariage qui autrement ne se fust fait, a esté conclud & accordé qu'outre les Terres, Rentes & Droits dont ladite Dame joüyt dés à present, tant par delaissement qui luy a esté cy-devant en Doüaire ou acquisition ou autrement, à quelque Tiltre que ce soit que ledit Sieur Admiral a promis faire valoir la somme de vingt mil Livres de Rentes, ou revenu annuel, & ou deffaut y aura le parfournir; ledit Sieur Admiral sera davantage tenu bailler & fournir par chacun an sa vie durant la somme de douze mil Livres de Pension par ses mains, si mieux il n'ayme les assigner sur Terres de pareil revenu. Plus en faveur dudit Mariage & au cas qu'il y ayt Enfant ou Enfans masles ou femelles procréés dudit Mariage survivants, ledit Sieur Admiral a promis & promet en la presence, & du vouloir, & du consentement de ladite future Espouse, laquelle aussi pour son regard a promis & promet par ces presentes chacun d'eux seul & pour le tout, faire joüyr & dés à present asseure lesdits Enfant ou Enfans de quarante-trois mil Livres de Rente ou revenu annuel en Terres, & Seigneuries deschargées de toutes Legitimes, Doüaires, Hypotéques & tous autres empeschemens quelconques, en ce non compris les Terres qui seront acquises de deux autres mil Livres Tournois mentionnées cy-aprés, à fournir & prendre lesdites quarante-trois mil Livres de Rente en premier lieu sur les Biens qui appartiendront à defuncte Jeanne de Foix Mere d'icelle future Espouse, tant ceux dont ladite Dame future Espouse joüyt à present, que autres, & le surplus au cas que iceux Biens & Revenu annuel ne puisse parfournir à ladite somme de quarante-trois mil Livres de Rente & Revenu annuel; & parce que advenant le despart tant dudit Admiral que de ladite Dame future Espouse, les Enfans du premier Mariage de ladite Dame se pourroient pretendre saisis des Terres & Succession dudit Sieur Admiral & de ladite Dame sa Fille & voudroient remettre les Enfans qui proviendront de ce Mariage à une simple action & demande en vertu du present Contract, ledit Sieur Admiral & ladite future Espouse ont consenty & accordé, consentent & accordent par ces presentes qu'en attendant la liquidation & deslivrance des Terres & Seigneuries jusqu'à la concurrence desdites quarante-trois mil Livres de Revenu à prendre ainsi que dessus, les Enfans dudit futur Mariage soient & demeurent saisis & vestus des Terres & Seigneuries qui ensuivent. C'est assavoir des Comtés de Montpesats & Baronnies d'Eguillon, Madaillan & S. Liarade en Agenois, Vicomté de Castillon, Captal & Seigneurie de Vertu & de Mayent en riches Pays de Bourdelois, & desquelles Terres les ont ausdits cas de survivance desdits Enfans & apres le trespas & decez dudit Sieur Admiral & de ladite future Espouse, & du survivant d'eux deux saisis, & vestus par ces presentes, voulant que pour raison de ce en cas qu'ils y fussent troublés, ils puissent former complainte, & à ces effects demeurent dés à present lesdites Terres specialement affectées & obligées, sans que d'icelles ledit Sieur Admiral & ladite future Epouse sa Fille puissent aucunement disposer à autre & au prejudice de ce que dessus, & neantmoins ledit Sieur Admiral a declaré que par ses susdites promesses & obligations qu'il n'entend se priver pendant sa vie & entierement se dispenser de la couppe des bois de haute futaie, au contraire s'en est ledit Sieur Admiral retenu & reservé plaine liberté d'en disposer comme bon luy semblera. Plus en faveur dudit Mariage, sera par ledit Sieur Admiral fourny la somme de deux cens mil Livres Tournois, à sçavoir la moitié dans un an prochain, & le reste, dans un autre an ensuivant, le tout prochainement venant, laquelle somme de deux cens mil Livres Tournois seront employés en Terres & Seigneuries, lesquels au cas qu'il y eust Enfant ou Enfans du present Mariage sortiront nature de propre au Fils aisné masle issu dudit Mariage & à faute de l'aisné Fils au second, & du second au troisiéme, & ainsi consecutivement de masle en masle suivant l'ordre de primogeniture, & à faute d'Hoirs masles viendront lesdites Terres en propres aux Filles issuës dudit Mariage, & au cas qu'il n'y en eust point dudit Mariage ou que les Enfans decedassent sans Hoirs procreés de leurs corps, les susdites Terres acquises desdites deux cens mil Livres appartiendront en pleine proprieté audit futur Espoux, ses Hoirs & ayans cause, & neantmoins au cas que ledit Sieur futur Espoux ou ledit Sieur Admiral, ou le survivant d'eux, joüyront entierement par usu-fruict & leur vie durant seulement desdites Terres acquises desdits deux cens mil Livres, au cas qu'ils soient receus & non pas autrement : & ou lesdites deux cens mil Livres n'auroient esté employées en Terres par le decez dudit futur Espoux, & en ce cas dés à present comme deslors, & deslors comme dés à present, ledit Sieur futur Espoux a constitué & assigné par hypothéque sur tous & chacun ses Biens Rente de ladite somme de deux cents mil Livres, à raison du Denier vingt-cinq, pour en joüyr par ledit Sieur Admiral & ladite Dame future Espouse, & le survivant des deux pour usufruict, & leur vie durant seulement, & aura ladite Rente cours & commerce incontinent du jour du decez dudit futur Espoux, & moyenant ce ledit futur Espoux a doüé & doüe ladite future Espouse de huict mil Livres de Rente, ou de Revenu annuel en Seigneuries & fonds ANNO 1576.

ANNO 1576.

& fonds de Terre, ensemble de tel Chasteau ou Maison qu'elle voudra choisir sur les Biens dudit futur Espoux à prendre lesdites huict mil Livres de Rente, ou de Revenu de proche en proche dudit Chasteau qui sera par elle choisi, sauf toutefois & excepté qu'elle ne pourra opter & choisir sondit Douaire, sur ce dont Tres-haute & Tres-Excellente Princesse Madame la Duchesse de Nemours Mere dudit futur Espoux jouyt en Douaire, pour tant & si long-temps que ledit Douaire aura lieu, desquels Chasteaux & Maisons de huict mil Livres de Rente, le tout franc & quite de toutes Charges, ladite Dame sera saisie par ses mains incontinent que le Douaire aura lieu, sans qu'elle soit tenuë à demander delivrance aux Heritiers dudit futur Espoux, nonobstant toutes coustumes à ce contraires, ausquelles lesdites Parties ont renoncé & derogé, renoncent & derogent par ces presentes en faveur du susdit Mariage, lequel autrement n'eust esté fait ny consenty. Plus a esté convenu que ledit Sieur & Dame futurs Conjoints seront communs en tous leurs Biens, meubles & acquests & conquests immeubles, qui se feront pendant & constant ledit Mariage, & neantmoins chacun d'eux payera & acquitera sur le propre les debtes qu'il pourroit debvoir jusques au jour des Espousailles & celebration dudit Mariage; advenant la dissolution duquel, le survivant des deux Conjoints aura à prendre par preciput franchement; c'est assavoir ledit Sieur futur Espoux ses Armes & Chevaux, ornements & autres meubles servants & destinés à l'usage de sa personne, & ladite Dame future Espouse prendra pareillement par preciput ses Habits, Joyaux, Pierreries, Chaisnes, Bagues, & autres meubles aussi servants & destinés à l'usage de sa personne, & outre ce le survivant des deux Conjoints au cas qu'il n'y ait point d'Enfans, jouïra de tous les Biens de ladite Communauté moitié en usage & l'autre moitié en propre, pourra neantmoins ladite Dame Espouse renoncer si bon luy semble à la Communauté, en quoy faisant elle demeure quite des charges deuës par ladite Communauté, encor qu'elle y eust parlé & qu'elle s'y fut obligée, & neantmoins elle prendra franchement & quitement lesdites bagues & joyaux & autres meubles destinés à l'usage de sa personne ainsi qu'il a esté dit cy-dessus avec ledit Douaire & usu-fruict telles que dessus, aussi a esté convenu, que s'il y a Enfant dudit Mariage ledit Sieur futur Espoux leur Pere succedera és Biens qui leur seront escheus en Pays de Droit escript pour une teste tant seulement avec les Enfans issus du premier Mariage de ladite Dame. A tout ce que dessus fut present Haut & puissant Prince Henry de Lorraine Duc de Guise, Pair de France, Gouverneur & Lieutenant General pour le Roy en ses Pays de Champagne & de Brie, & Grand Maistre de France, lequel pour seureté de ladite Communauté Matrimoniale a declaré le susdit Duché de Mayne appartenances & dependances, appartenir plainement audit Sieur Duc de Mayenne son Frere, & a promis acquiter, & descharger ledit Sieur Duc de Mayenne de toutes hypotecques, debtes & obligations, dont il pourroit estre tenu & deschargé, à cause des successions des defuncts Sieurs Ayeuls, & Peres desdits Sieurs Duc de Guise & de Mayenne; & aussi ce que ledit Sieur Duc de Mayenne peut debvoir à feu Illustrissime & Reverendissime Cardinal Charles de Lorraine son Oncle, mesme du Douaire de Dame Antoinette de Bourbon son Ayeule Paternelle, ensemble de celuy de Dame Catherine de Cleves Femme & Espouse dudit Sieur Duc de Guise, auquel Douaire de ladite Dame presente a esté pareillement en tant que besoin seroit, renoncé, sans prejudice toutefois dudit Douaire de ladite Dame de Nemours; & est accordé entre lesdites Parties, que si pour fournir par ledit Sieur Admiral la somme, qu'il promet cy-dessus, il emprunte en constitution de Rente ou autrement jusqu'à la Somme de cent mil Livres Tournois; ceux qui fourniront ladite Somme seront preferés sur les Biens, Terres, & Seigneuries à toutes les obligations, & conventions, qu'il fait par lesdites presentes, nonobstant ledit present Contract: A ce faire fut aussi present Tres-haut, Tres-puissant & Tres-chrestien Prince Henry par la grace de Dieu Roy de France & de Pologne, lequel en consideration des bons, & aggreables services à luy faits par le Sieur Duc de Mayenne, & qu'il espere qu'il luy fera encor cy-apres, luy a donné & donne par ces presentes la Somme de cent mil Livres pour une fois, lesquelles cent mil Livres Tournois au cas qu'ils doibvent par ledit futur Espoux estre remployées en rachapt d'Heritages ou Rentes, luy sortiront nature de propre & aux Enfans aisnés qui proviendront dudit Mariage successivement comme cy-dessus, sauf que si ledit futur Espoux predecedoit ladite future Espouse, en ce cas elle en jouyra par usu-fruict, tout ainsi que de l'emploi desdites deux cents mil Livres mentionées cy-dessus, & pour faire insinuer le present Contract par tout où il appartiendra, ont lesdites Parties constitué leur Procureur le porteur de ces presentes; a esté tout ce que dessus respectivement stipulé & accordé & promis par les susdites Parties chacun endroit soy soubs l'obligation, & hypotecques de tous & chacun leurs biens meubles & immeubles, presens & advenir, qu'ils y ont soubmis par ces presentes, mesmes ledit Sieur Admiral & Dame future Espouse sa Fille, s'obligeants seuls & pour le tout, renonçants au benefice de division & ordre de discution, mesmement ladite Dame au Senatus-consulte Velleyen, qui est que les Femmes ne se peuvent obliger pour autruy, sans y renoncer & à toutes autres constitutions introduites pour les Femmes, & en leur faveur. Fait & passé multiplié l'an M. CCCCC. LX. & XVI. le Lundy vingt-troisiéme jour de Juillet, à quoy furent aussi presens la Reyne Mere de S. M. la Reyne Espouse de sadite M. Messeigneurs les Illustrissimes Cardinaux de Bourbon, de Guyse, & de mesdits Seigneurs & Dame de Nemours, Monsieur le Duc d'Aumale, & autres Seigneurs & Dames. *Ainsi signé* HENRY, CHARLES DE LORRAINE, HENRY DE SAVOYE, HENRY DE LORRAINE, HONORAT DE SAVOYE: FRANQUELIN & CROISET.

ANNO 1576.

CXXXV.

24. Juill.

Vertrag / durch Vermittlung OTTONIS Hertzogs zu Braunschweig und Lüneburg / zwischen Hertzog Wilhelm dem Jüngern zu Braunschweig und Lüneburg eines / dann dem Rath und Unterthanen der Stadt Lüneburg andern Theils / von wegen der Stadt-Vogtey und Gerichten in bemelter Stadt / so dem Rath versetzt waren / und seine Liebden wieder eingelöset / dann auch der Land-wehren halber aufgerichtet. Geschehen den 24. July anno 1576. [LUNIG, Teutsches Reichs-Archiv. Part. Special. Continuat. II. Absatz IV. pag. 282.]

C'est-à-dire,

Accord moyenné par OTTON *Duc de Brunswich-Lunebourg, entre* GUILLAUME *le jeune Duc de Brunswich-Lunebourg d'une part, & le Magistrat avec les Habitans de la Ville de* LUNEBOURG *d'autre part, au sujet de la* Vogdie *ou Grand Bailliage de ladite Ville qui avoit été engagée au Magistrat, & depuis rachetée, par le Duc, comme aussi à l'égard de certaines Limites. Fait le 24. Juillet 1576.*

Von GOttes Gnaden / Wir Otto Hertzog zu Braunschweig und Lüneburg / thun kund hiemit / nachdem zwischen dem Hochgebohrnen / Herrn Wilhelm dem jüngern / Hertzogen zu Braunschweig und Lüneburg / Unserm freundlichen lieben Vettern und Gefattern / an einem / und seiner Liebde Unterthanen / den Ehrsamen / Weisen Bürgermeistern und Rath der Stadt Lüneburg / anders theils / wegen der Stadt-Vogtey und Gericht zu Lüneburg / welch gemeltem Rath versetzt gewesen / und seiner Liebden wieder eingelöset hat / und seiner Liebden mehr Zugehörungen und Gerechtigkeiten zu denselben haben willen / als der Rath seiner Liebden seynd geständig gewesen / dergleichen auch von wegen der Landwehren / so der Rath über die Elmenow hinüber haben wollen / deren S. Liebden Ihnen auch nicht geständig gewesen / Irrung erhalten. Derhalben sie und sonderlich der Zugehörung der Stadt-Vogtey und Gerichts halber / in Rechtfertigung vor den niedergesatzten Schiedrichtern erwachsen seyn / daß wir demnach in Betrachtung / was Weitleufftigkeit aus diesen Sachen / ob sie gleich mit Recht erörtert worden / erfolgen könten / aus freundlicher / gnädiger und friedliebender Meynung / güttliche Handlung in solchen Sachen unternommen / und vermittelst Göttlicher Gnade / dieselbige auff nachfolgende Wege und Mittel / mit beyder theil Wissen und gutem Willen / auff heut dato vertragen und entschieden / wie folget:

Erstlich /

ANNO 1576.

Erstlich/ daß hochgedachter unser freundlicher lieber Vetter und Gefatter/ Hertzog Wilhelm/ soll und will dem Rath zu Lüneburg obangeregte seiner Liebden Stadt-Vogtey und Gerichte/und was darzu binnen der Stadt gehöret/ mit aller Gerechtigkeit und Zugehörungen/ erblich verkauffen/ auch eigenthümlich unablåßlich/ und unwiederkäufflich/ übergeben und verlassen/ wie sie auch seiner Liebden in und mit Krafft dieses Vertrages/ hiemit erblich mit allen verkaufft/ auch eigenthümlich und unwiederrufflich übergiebt/ und verlest/ auch diesen Tag seiner Liebden Stadthalter und Räthe hernach gemeldt/ vor unß also würcklich übergeben und überlassen/ daß sie dieselbige fürder erblich/ mit allen Rechten/ wie sie dieselbige in Zeit der Verpfandung berührten Stadt-Vogthey und Gerichts gehabt und gebraucht haben/ fristen/ als sie von seiner Liebden Voreltern auff S. L. vererbet/ auch wie Eigenthumbs Recht ist/ als wie gemeiner Stadt eigenes Guth/ mögen und sollen haben und gebrauchen. S. L. und dero Erben nachkommende Landes-Fürsten und menniglich ungehindert/ daß sie auch Sr. Liebden gewehren/ und so offt es Noth thut/ dabey vertreten/ schützen und handhaben will. Und weil S. L. nach Wiedereinlösung berührter Stadtvogtey und Gerichten mit gemeltem Rath in Rechtfertigung gewachsen/ von wegen des das mehr zu derselben gehören sollen/ denn S. L. einem Rath ist geständig gewesen/auf daß der Rath solche Rechtfertigung fallen lassen/ und denselbigen in allen Articuln/ wie die in S. L. Klag-Libell, und den angehengten additional- und declaratorial-Articuln/ unterschiedlich zu befinden/ nicht ausgenommen/ gäntzlich renunciirt/und sich begeben; jedoch soll solche renunciatio litis über den 23. Articul, ferner nicht/ denn auff die gegenwärtige/ und biß auff diese Zeit in der Stadt hergebrachten Anlagen/gedeutet werden; aber hinführo soll sich der Rath enthalten/ auff die Waren und Güter/ so von frembden Leuten in die Stadt gebracht werden/ newe Anlagen zu setzen. Es hat auch seiner Lden Jhr zuvor behalten/ alle Regalien und Fürstl. Jhre Hoch- und Gerechtigkeit/ und alles anders/ was S. Liebden bißhero/ auch in Zeit als die Stadt-Vogtey und Gericht seyn versatzet gewesen/ in der Stadt gehabt/ so viel S. L. derselbige über diese Renunciation und erbliche verkauffung in der Stadt hergebracht/ und noch haben/ und dann in vorigen Verträgen/ in üblichen Gebrauch haben/ den Privilegien und gegenwärtigen Transaction seine Maaß und Richtigkeit gegeben ist. Dagegen und hinführo wollen und sollen Bürgermeister und Rath zu Lüneburg und Jhre Nachkommen hochgemeldten unsern lieben freundlichen Vettern und Gevattern/ Hertzog Wilhelm und seiner L. Erben und Nachkommen/ regierenden Fürsten des Fürstenthums Lüneburg/ jährlich und erblich/ tausent vollgeltende Reichsthaler geben/ und jedes Jahres halb auff Michaelis und halb auff Ostern entrichten lassen/ und damit auff nächstkünfftigen Michaelis anfangen; und/ wann ein regierender Fürst erstlich ankümbt/ demselbigen einen guten weißen Hengst/ und ein Credentz von hundert Gold-Gülden/ zum Gedächtniß solcher erblichen Uberlassung/ geben.

Zum andern/ als sich der Landwehren halber über den Elmenow/ Jrrunge erhalten/ als daß die Stadt die Landwehren/ wie auf die andern seyten/ und viel weiter von der Stadt denn die andern seyn/ zu haben vermeinet/ welcher Jhnen unser freundlicher lieber Vetter und Gefatter nicht gestendig gewesen/ so hat seine Lden auf unsere Behandelung/ einen Bezirck an der Elmenow/ gegen der Papenburg in die Elmenow gehend/ anzuhaben/vor Adendorff vorüber/ und dann neben Erbsdorff/ hinwieder der Lüner Schafferey/ heinegst vor Wendischen und Deutschen Ewein fürüber/ und denn von Deutsch Ewein recht über die Elmenock/ da die Hassenburger Landtwehr in die Elmenow gehet/ angewiesen/ in maßen solcher Bezirck also fort in Unserm/ auch unsers freundlichen lieben Vettern und Gevattern/ Stadthaltern und Räthen und des Raths darzu verordneten Beyseyn/ rings umbher von der Elmonew dißeits der Papenburg an/ biß wieder an die Elmenow dißeits gegen der Hasenburg/ heute dato ausgemerckt/ und solche Ausmerckung hernacher von dem Rath zu Lüneburg/ in beyseyn des Hauptmanns zu Winsen/ und Amptmanns zu Lüne/zu förderlichsten und ehester Gelegenheit/ mit Steinen und Erdhauffen/ umb Richtigkeit willen und Mißverstand zu verhüten/ bezeichnet werden sollen. So sollen auch die von Lüneburg Macht haben/und ihnen frey stehen/solche bezeichnete Landwehren mit Graben und Schlagbäumen/ oder sonsten zu ihrer Gelegenheit zu befestigen/ wie die andern Landwehren/ jedoch durch solche Landwehre/ unserm freundlich lieben Vettern und Gevattern/ deßgleichen die Stadt Luneburg/ auch sonsten Niemand am Holtz/Acker/Wiesen/ Hut/ Weide und Heiden/ auch allerhand nothdürfftigen Hinfuhren und Wegen und anderer Gerechtigkeit/ nichts entzogen seyn/ sondern einem jeden das seine ungehindert bleiben/ und da sie Graben oder anders/ durch jemands Acker/Wiesen oder Güter stechen/ darüber billiger Weise vergleichen. Und weil das Dorff Hagen in solchem Bezirck begriffen/so soll was in dem Dorff gefrevelt worden/ vom Rath nicht gestrafft werden/ sondern vor das Gericht gehören: Und des zu einer unterthänigen Verehrung/ haben sie also fort heut dato Sr. L. sechs hundert Reichsthaler gegeben. Und soll der Rath in solchem Bezirck der Landwehr die Gerechtigkeit haben und geniessen/ deren sie in und auserhalb den andern Landwehren/ auff der an Seyten der Ellmenow/ vermöge des Vertrags der zwischen S. L. und Jhnen anno 1562. auffgerichtet/ haben und geniessen:

Und weil sich dann auch ein Unwill von wegen des Vogts zu Lühne/ welchen der Rath gefänglich eingezogen/ hat zugetragen/ so soll derselbige und was sich derwegen zugetragen hat/ hiermit auffgehoben/ tod und abseyn/ auch die bestrickte Bürger Jhrer Bestrickung und der Pflichtigung erlassen und ledig seyn.

Und hiermit sollen und wollen hoch- und obgemeldte Partheyen/ berührter Jrrunge güttlich und gäntzlich vertragen seyn und bleiben/ und soll durch diesen Vertrag/ kein Theil an den hievor auffgerichteten Verträgen/ Privilegien/ Verschreibung und Verpflichtungen/ Rechten und Gerechtigkeiten/ so viel die ausdrückliche die in diesem Kauff und Vertrage verändert seyn/ was entzogen/ noch dieselben geschwächt/ sondern vielmehr bestättiget seyn.

So soll auch dem Rath Jhr Revers, den sie weyland unsern Herrn Großvatern/ Hertzog Heinrich zu Braunschweig und Lüneburg milder Gedächtniß/ in Zeit geschehener Verpfandung deren Stadt-Vogtey/ zugestellet/ wiederum ausgeantwortet werden/ oder da der nicht vorhanden/ noch künfftig auffzufinden/ hiemit beständigster Weise und maßen cassiret/ getödtet und abseyn; auch beyden Theilen freystehen/ diesen Vertrag sämbtlich oder sonderlich/ von der Röm. Käyserl. Majestät unserm gnädigsten Herren confirmiren und bestätigen zu lassen.

Und von GOttes Gnaden/ wir Wilhelm der Jüngere/ Hertzog zu Braunschweig und Lüneburg und wir Burgermeister und Rath der Stadt Lüneburg/ bekennen für uns und unsere Erben und Nachkommen/ daß diese Abrede und Vertrag ist mit unserm Gewissen und guten Willen also ergangen und geschehen in beyseyn der erbarn und weisen unsern lieben getrewen/ Ernst Joachim Minsingers von Frondeck/ des Fürstenthums Braunschweig Erb-Kämmerer/ und der Rechten Doctoren, Andres Saurer von Mammelstorff/ Jochim von Güttel/ Jürgen von Wrangel/ M. Johann Laud und Theobald Brummers/ von wegen unsers freundlichen lieben Vetters und Gevatters/ Hertzogen Wilhelms; wie auch Ehrbahrer/ Ehrenveste und hochgelahrte/ Ernst von Scheden/ Stadthalter zu Zell; Balthaser Klammer Rath/ Christoph von Hudenberg Hauptmann zu Winsen an der Luhe/ Friedrich von Weihe/ der Rechten Licentiaten und Probsten zu Ramelslon/ und Andreas von Dam/ der Rechten D. Und wegen der Stadt Lüneburg/ Er. Heinrich Töbing/ Bernhard Töbing/ beyde Burgemeistere/ Friedrich Heyne/ Heinrich Husanus, beyder Rechten Doctores und Syndici, Gürgen Töbing/ und Georg Barthold Rathmeister in Lüneburg.

Das alles zu Uhrkund und fester Haltung/ haben wir obgemeldte Hertzog Otto/ und Hertzog Wilhelm/ diesen Kauff und Vertrag/ davon zweene gleichlautende auffgerichtet seyn/ mit eigenen Händen unterschrieben und Unsere Fürstliche Innsiegel daran wissentlich heissen hengen.

Und wir Burgemeistere und Rath der Stadt Lüneburg/ haben unser Stadt-Insiegel/ neben hochgedachter unsern gnädigsten Herrn Fürstlichen Insiegeln gehangen. Geschehen und geben/ nach Christi unsers einigen Erlösers und Seeligmachers Geburth/ im 1576. Jahr/ den 24. Monaths-Tag Julii.

Otto Hertzog zu Braunschweig und Lüneburg.

Wilhelm der Jüngere Hertzog zu Braunschweig und Lüneburg.

CXXXVI.

Abschied zwischen denen Ständen der Augspurgischen Confession zugewandt; Worinn sie beschliessen/ bey ihro Käyserl. Majest. umb freystellung obbenanter Religions-Verwandten/ so von ihren Herrschafften verjaget worden/ wie auch umb abschaffung solcher beschwerung/ dann bestättigung der von weyland Käyser FERDINANDO über den Religions-Frieden gegebener Declaration, zu sollicitiren und davor zu seyn. Sigl. Regenspurg den 12. Octobris 1576. [LUNIG, Teutsches Reichs-Archiv. Part. Spec. Continuat. I. Fortsetzung II. Abtheil. II. pag. 272.] 12. Oct.

C'est-à-dire,

Recès, conclu entre les ETATS *de la* CONFESSION D'AUGSBOURG, *portant que l'on fera instance auprès de Sa Majesté Imperiale à ce que les Personnes qui ont embrassé cette Religion soient remises en leur premier état, que de la part des Catholiques il ne soit plus donné lieu à de semblables plaintes,* & *que la Déclaration de l'Empereur* FERDINAND *sur la* Paix religieuse *soit confirmée. A Ratisbonne le 12. Octobre 1576.*

Dem-

Anno 1576. DEmnach der Augspurgischen Confession verwandten Stånd Råthe/ Bothschafften und Gesandten/ aus Befehlch ihrer Herrschafften und Obern/ aus Christlichem eyffer und mitleiden/ so sie mit denjenigen/ welche um jetztberührter Confessions-Religion willen von ihren Obrigkeiten verjagt/ und in ander mehr Weg beschwert/ billig tragen/ die Römische Kayserliche Majeståt/ Unsern allergnädigsten Herrn/ auf dieser Reichs-Versammlung/ um Abschaffung solcher Beschwerung/ desgleichen umb Bestätigung weyland Kayser Ferdinanden über den Religion-Frieden gegebener Declaration, &c. auch der Geistlichen Freystellung halb/ und damit deswegen in dem alhie gemachten Abschied provision beschehe/ allerunterthänigst ersucht und gebeten: Welches aber dismals aus etlichen fürbrachten Ursachen nit zu erlangen gewesen. Derhalben dann gedachte Råth und Gesandten verursacht worden/ die Sach ihres Theils bey übergebnen Schrifften und Bedingungen bewenden zu lassen/ und ihren Herrschafften heim zu stellen/ wessen sie sich der conditionirter Bewilligung halb/ und sonsten ferner gegen Ihr. Kayserl. Majeståt zu verhalten; Als werden gemeldte Råth/ Bothschafften und Gesandten diese Gelegenheit ihren Herren und Obern gebürlich anzubringen/ die Herrschafften aber sich gegen höchstgedachter Kayserlichen Majeståt also zu erklären/ und sonst in andere Weg zu verhalten wissen/ damit Ihre Kayserliche Majeståt nicht allein zu vermercken/ daß die Råth ihren befehlich ausgerichtet/ sondern auch desto mehr Ursach haben mögen/ nochmals aus Kayserlichen Ampt/ und zu Erhaltung guten Vertrauens im Heil. Reich daran zu seyn/ damit die geklagte Beschwernüß abgeschafft/ und vorgedachte Kayserliche Declaration beståndig bleibe/ und man sich deren würcklichen zu erfreuen hab; Darzu dann für fast nuß und nothwendig erachtet würde/ daß vorgemeldte Stånd und Herrschafften auf eingenommene Relation sich einer Zusammenschickung vergleichen/ darvon zu handeln und zu tractiren/ wie die Römische Kayserliche Majeståt auf die allhie vorgelauffene Handlungen ferner såmptlich/ oder je auff gleichstimmende Maaß zu beantworten. Dessen sich dann die Stånd zum fürderlichsten gegen einander in Schrifften zu erklåren. Und ist zu mehrerm und gleichem Behalt dieser Memorial-Zettel durch mehrermeldte Råth und Gesandten verglichen worden. Signatum Regenspurg/ den 12. Octobr. Anno 1576.

CXXXVII.

14. Oct. AVIGNON ET ORANGE. *Articles accordez entre les Officiers du Pape* GREGOIRE XIII. *en la Légation d'Avignon & ceux de* GUILLAUME DE NASSAU IX. *du nom Prince d'Orange, à Avignon, le* 14. *Octobre*, 1576. [Manuscrit.]

SUr les plaintes & doleances qui journelement, & ordinairement feroient faites & portées tant par les Sujets de nostre St. Pere le Pape en la Ville d'Avignon & Comté Venaissin, que aussi de Excellent Prince Monseigneur Guillaume de Nassau Prince de la Principauté d'Orange, se complaignans respectivement d'avoir esté excedés tant en leurs personnes que en leurs Biens les uns par les autres, contre & au prejudice de l'Accord fait & passé en la Ville d'Avignon, le 11. jour du mois d'Octobre 1564. en presence du Roy, & Reyne sa Mere tres Chrestiens Princes, entre le Nonce de nostre St. Pere Fabrice de Serbelan, & l'Evesque de Ferme Vicelegat en la Legation dudit Avignon d'une part, & Pierre de Varich Escuyer Seigneur de Grippestein, Gouverneur de ladite Principauté d'Orange, pour ledit Sieur Prince d'autre, & au prejudice dudit Accord disoient aussi lesdits Subjets de ladite Principauté avoir esté & estre empeschés jouir paisiblement, & sans controverse des Biens qu'ils ont dans les Terres dudit Avignon, & du Comté, & les fruicts que desdits Biens leur avoient esté pris ne leur avoir esté rendus, & restitués détraite la quatriesme partie, comme seroit porté par ledit Accord, de ce aussi que les Sujets de l'une & l'autre desdites Provinces & Jurisdictions, commettans delict & excés estoient retirés & à eux donné comme franchise & immunité, qui troubloit leur repos publique, & empeschoit le cours & lieu de la Justice, ce qui auroit esté plus amplement couché par Articles baillés de la part dudit Sieur de Varich, Gouverneur de ladite Principauté à Monseigneur le Reverendissime Cardinal d'Armagnac, Collegue de Monseigneur le Reverendissime Cardinal de Bourbon, Legat en Legation dudit Avignon & communiqués iceux Articles en presance dudit Seigneur Reverendissime Cardinal d'Armagnac, de Messieurs R. P. Messieurs François de Castelane Abbé de St. André Vicerecteur en la Comté de Venaisin, & de Monsieur Maître .... Chancelier en ladite Legation.

Et sous le bon plaisir de nostre St. Pere le Pape, & dudit Sieur Reverendissime Cardinal de Bourbon, & aussi dudit Excellent Prince d'Orange a esté accordé entre Mr. Maître Berard Advocat & Procureur General de nostredit St. Pere, par l'advis desdits Sieurs R. Cardinal d'Armagnac & autres Sieurs dessus denommés d'une part, & ledit Sieur de Croppostein Gouverneur au nom dudit Excellent Prince, & Mr. Denis de Belluion Advocat & Procureur General dudit Sieur Prince, en ladite Principauté par l'advis de Mr. Maître Guillaume Calviere President en la Cour de Parlement, de ladite Principauté d'Orange comme s'ensuit. Anno 1576.

I. En premier lieu a esté accordé que ledit Accord fait, & passé en presance des Majestés des Roy & Reine sa Mere tres Chrestiens Princes audit Avignon, ledit jour 11. Octobre 1564. sortira son plein & entier effet, sera gardé & observé, & entretenu & y satisfait de poinct en poinct, en tous ses Chefs selon ses formes & teneur.

II. Et sur les contreventions qui pourroient avoir esté faites contre, & au prejudice dudit Accord y sera tellement pourveu qu'elles seront entierement reparées, & remises à leur deu estat & les Sujets d'une part, & d'autre remis effectuellement en la realle, pleine & entiere jouissance de leurs Biens, pour en jouir & paisiblement les fruicts à eux prins, & retenus d'iceux leurs Biens rendus, comme il est porté par ledit Accord, & ce dans deux mois pour le plus tard, & ausdittes fins ausdits particuliers plaintifs & interessés sera pourveu de Commissaire, pour ouir sur ce les Parties & leur faire droict, qui procederont sommairement & sans figure de Procés, & sans dislayement aucun.

III. Et pour donner moyen que la pacification accordée entre lesdits Sujets d'une part, & d'autre puisse mieux estre establie, les bons puissent jouir en repos de leurs Maisons & Biens, & les mauvais & delinquans soient punis n'aiant retraicte ou asseurance ausdittes Provinces, a esté accordé que les Officiers de l'une & l'autre part, seront tenus donner permission sans dilayement aucun à l'éxecution des Lettres d'ordonnance de prinse, & saisie par corps que par eux seront ordonnées respectivement, contre les Sujets delinquans en leurs dittes Terres & Jurisdictions, & en vertu de ladite Ordonnance sans connivence à les faire mettre & serrer incontinant dans leurs Prisons bien sures & bien gardées, lesquels aprés seront tenus renvoyer & remetre ausdits leurs Officiers competans, en faisant aparoir que ceux qui seroient ainsi detenus sont leurs Subjets originaires & domiciliés, & ont delinqué en leurs Terres & Jurisdictions par Coppie des Charges, & Informations sur ce faites, en quoi procederont lesdits Officiers tant d'une part que d'autre sans dislayement, & connivence, monstrans par effet & de bon cœur avoir volonté, que la Justice aye son lieu & authorité, & les delits ne demeurent impunis, comme aussi sera fait au semblable de toutes Lettres d'annexe & pareatis, qui seront requises en matieres civiles, sans toutes fois extractions des personnes des Sujets de l'un & de l'autre.

IV. A esté aussi convenu & accordé que touttes les Escriptures publiques tant de la Justice, que autres concernans les Contracts des Parties, Protocoles, & Schedes originelles des Notaires, qui seroient esté transportées de l'une Province à l'autre, au temps des Guerres Civiles dernier passées, & aussi les Protocolles & Escriptures des Notaires que d'une Jurisdiction à l'autre, se seroient transportées pour y domicilier & avec eux aussi transporté lesdits Protocolles, Cedules & Escritures publiques seront rendues aux Officiers de celles desdites Terres & Jurisdictions, où se trouveront lesdits Actes reconnus & stipulés par les Notaires, qui pour lors y faisoient leurs domiciles & residence coutumiere, pour estre conservées en ladite Jurisdiction pour l'interest publique, & de ceux à qui touchent, sous deu Inventaire, & en faisant suffisante descharge à ceux qui en seront saisis, & à qui appartient. Fait à Avignon le 14. Octobre 1576.

CXXXVIII.

Vertrag zwischen Ludwig Landgraffen zu Hessen eines/ dann denen Bierern und Gan-Erben in Busecker Thal andern Theils/ von wegen der Landes-Fürstl./ und 16. Oct.

und andern dem Landgraffen zustehenden gerechtigkeiten in besagten Busecker-Thal/getroffen; Krafft welcher diese den Landgraffen vor Ihren Landes-Fürsten erkennen/ und demselben allen gehorsamb zu leisten versprechen. Geschehen zu Marpurg den 16. Octobris 1576. [LUNIG, Teutsches Reichs-Archiv. Part. Special. Continuat. II. Abtheil. IV. Absatz VIII. pag. 929.]

C'est-à-dire,

Accord entre LOUÏS *Landgrave de Hesse d'une part, & les Seigneurs* VIERER *& Heritiers de* GAN *dans la Vallée de* Busecker *d'autre part, au sujet des Droits & Jurisdictions Territoriales appartenants au Landgrave dans ladite Vallée. Ils y reconnoissent ledit Landgrave pour leur Seigneur Territorial, & lui promettent fidelité & obéïssance. A Marbourg le* 16. *Octob.* 1576.

Zu wissen/ nachdem sich zwischen dem Durchleuchtigen und Hochgebohrnen Fürsten und Herrn/ Herrn Ludwigen/ Landgrafen zu Hessen/ Grafen zu Catzenelnbogen/ Dietz/ Ziegenhain und Nidda ꝛc. Unserm gnädigen Fürsten und Herrn an einem/ so dann Vierer und Gan-Erben des Buseckerthals am andern Theil/ von wegen der Lands-Fürstl. Oberherrlich- und Gerechtigkeit/ und was derselben anhängt/ auch andere seiner Fürstl. Gnaden Gerechtigkeiten im Buseckerthal eine Zeit lang Irrung und Gebrechen erhalten/ welche zwischen seiner Fürstl. Gnaden und gedachten Vierer und Gan-Erben im verschienen Vier und siebentzigsten Jahr zu gütlicher tractation und Handlung gezogen/ der Zeit gleichwohl etliche Mittel zu Hinlegung solcher gebührlichen vorgeschlagen/ aber von gemelten Vierer und Gan-Erben zu bedencken seynd genommen worden/ sich derer Sachen Wichtig- und Gelegenheit nach/ bey ihren Herren und Freunden darunter ferner Raths zu erhohlen/ ob sie nun wohl darauf die Sachen an die Röm. Kayserl. Maj. unsern gnädigsten Herrn allerunterthänigst gelangen lassen/ und bey ihrer Kayserl. Maj. an unsern hochermelten gnädigen Fürsten und Herrn schreiben ausbracht haben; dieweil aber seiner Fürstl. Gnaden Ihre Kayserl. Maj. welcher gestalt seiner Fürstl. Gnaden und deroselben Vorfahren die Landsfürstliche Obrigkeit und was deroselben anhängt/ im Buseckerthal von hundert und viel mehr Jahren ungezweiffelt herbracht/ derowegen auch zwischen dero Vierer und Gan-Erben Vorfahren und den Landgrafen zu Hessen in Vorzeiten sonderbahre Verträge aufgerichtet seyen/ unterthänigst und ausführlich hinwiederumb berichtet/ darbey es Ihro Kayserl. Maj. auch also bewenden lassen/ so haben seiner Fürstl. Gnaden auf Ihr derer Vierer und Gan-Erben abermaliges unterthäniges Ansuchen durch seiner Fürstl. Gnaden Stadthalter und andere darzu verordnete Räthe derohalben mit Ihnen fernere Unterredung und Handlung pflegen lassen/ und nachdem sie in dieser und vorigen Handlungen/ dero von Ihren Vor-Eltern und Vorfahren mit dem Fürsten zu Hessen von langen Zeiten getroffenen Vergleichungen/ darzu sie Ihre Fürstl. Gnaden vor Ihre Lands-Fürsten zu halten sich verschrieben/ auch dessen von unerdencklichen Jahren darauf erfolgten Herbringens/ mit aufgelegten brieffluchen Urkunden und sonsten der Gebühr erinnert/ so haben sie die Vierer und Gan-Erben vor sich/ Ihre Nachkommen und Erben solcher Gebrechen halber mit hochgedachten Unserm gnädigen Fürsten und Herrn sich anheut dato gäntzlich/ gründlich und ewiglich verglichen und vertragen/ inmaßen unterschiedlich hernach folget:

Erstlich sollen und wollen Vierer und Gan-Erben und Ihre Nachkommen/ hochgedachten unsern gnädigen Fürsten und Herrn/ und seiner Fürstl. Gnaden Erben und Nachkommen/ Fürsten zu Hessen/ vor Ihre Lands-Fürsten erkennen/ ehren und halten/ auch ihren Fürstl. Gnaden allen gebührlichen Gehorsam in allem dem so ein Landsaß einem Lands-Fürsten von Recht oder Gewohnheit wegen zu thun schuldig ist/ leisten und erzeigen/ dargegen will seiner Fürstlichen Gnaden deroselben Erben und Nachkommen/ sie die Vierer und Gan-Erben sampt ihren Nachkommen und Erben/ gleich andern Ihrer Fürstl. Gnaden Landsassen vom Adel/ bey gleich und recht in allen ihren befugten Sachen/ sie treffen den Buseckerthal an oder nicht/ nach möglichen und billigen dingen schützen/ schirmen und handhaben/ auch bey Ihren Kayserl. Lehen/ Begnadigungen/ Freyheiten und Burg-Frieden/ so viel dieselben Ihrer Fürstl. Gnaden auch deroselben Lands-Fürstl. Ober- und Gerechtigkeit/ und diesem Vertrag nicht zuwieder seyn/ gnädiglich bleiben lassen/ und sollen derhalben gedachte Vierer und Gan-Erben sampt ihren Erben und Nachkommen vor sich gleich andern Heßischen Landsassen vom Adel/ deßgleichen auch die Unterthanen im Buseckerthal/ inmaßen solches auf denselben herkommen ist/ hochermelten unserm gnädigen Fürsten und Herrn mit Erb-Huldigung verbunden seyn und bleiben/ dieselbe auch seiner Fürstl. Gnaden Erben und Nachkommen Fürsten zu Hessen/ so offt sich die Fäll zutragen werden/ leisten/ daß sie ihrer allerseits Fürstl. Gnaden in dem/ was Ihnen/ als den Landes-Fürsten von Rechts und Gewohnheit wegen/ auch laut dieses Vertrags eignet und gebühret/ treu/ hold und gewärtig seyn sollen und wollen. So offt auch seiner Fürstl. Gnaden oder deroselben Erben und Nachkommen Fürsten zu Hessen zu Feld ziehen und in deroselben Leibs- oder Landes-Nöthen/ oder auch zu besetzung der Vestungen/ Ihre Land- und Untersaßen aufmahnen würden/ alsdann sollen Ihrer Fürstl. Gnaden die Vierer und Gan-Erben/ gleich andern Ihrer Fürstl. Gnaden Landsassen vom Adel/ deßgleichen auch die Unterthanen die Heerwagen in Zügen leisten/ und wann im Fürstenthumb Hessen/ desselben Städten oder Aembtern/ die Unterthanen durch den Glockenschlag aufgemahnet werden/ gleich andern Heßischen Unterthanen folgen/ inmaßen dessen jedes/ wie gehört/ beyds von Vierer und Gan-Erben/ deßgleichen von den Unterthanen in fürgefallenen Nöthen bißhero jedesmahls geschehen ist. Damit aber die Unterthanen des Busecker-Thals in solchen Fällen jederzeit gerüst erscheinen mögen/ so sollen Vierer und Gan-Erben auch ihre Nachkommen und Erben/ wann hochgedachter Unser gnädiger Fürst und Herr/ oder seiner Fürstlichen Gnaden Nachkommen Fürsten zu Hessen/ gemelte Unterthanen wolten mustern lassen/ und Vierer und Gan-Erben/ so jederzeit seynd/ solches zu erkennen geben würden/ alsdenn auf einen Tag/ welchen Ihren Fürstl. Gnaden ihnen dazu bestimmen wollen/ die Unterthanen zusammen fordern und dabey seyn/ damit ein jeder nach Gelegenheit auf Wehr gesetzt/ und soll solche Musterung im Busecker-Thal fürgenommen und vollbracht werden. Wann Reichs-Türcken- und Land-Steur durch die Heßische Ritter- und Landschafft bewilliget/ so sollen Vierer und Gan-Erben/ gleich andern Landsassen von Adel/ Ihre Güther/ so im Fürstenthum Hessen und zugehörigen Graff- und Herrschafften liegen/ jedesmals ins Fürstenthumb Hessen versteuren/ deßgleichen auch von ihren Unterthanen die Steuer treulich erheben und den Ober-Einnehmern/ wie solches auf den Land-Tägen gemeiniglich durch Ritter- und Landschafft verabschiedet wird/ überlieffern; Nachdem es aber mit den Soldaten und andern Steuren/ welche nicht auf den Land-Tägen insonderheit bewilliget/ sondern auff die Städt und Aembter im Fürstenthumb Hessen in fürfallenden Nöthen geschlagen werden/ also biß dahero gehalten ist worden/ daß hochgedachten Unsers gnädigen Fürsten und Herrn Beambten zu Gießen von seiner Fürstl. Leib-eigen Leuthen im Busecker-Thal/ unersucht Vierer und Gan-Erben/ dieselbige Steur jederzeit selbst gefordert und eingebracht haben/ so soll es bey solchem Herbringen bleiben/ und damit hinführo gleicher gestalt gehalten werden; Andere von Adel/ so keine Gan-Erben/ aber doch in gemelten Thal begüthert seind/ deßgleichen die Geistliche sampt denjenigen/ welche Rittermäßige oder von den Fürsten zu Hessen Lehnrührige Güther oder Gefäll im Busecker-Thal haben/ sollen dieselbe den Obereinnehmern/ inmassen solches auch biß daher gehalten ist worden/ selbsten versteuren; Und dieweil Vierer und Gan-Erben angezeigt/ daß die Burg Friedberg nicht allein von Ihnen insgemein/ sondern auch von einem jeden insonderheit Steur fordern/ und daß sie zu der freyen Ritterschafft contribuiren solten/ von Ihnen begehren/ so will hochermelter unser gnädiger Fürst und Herr sie derhalben gegen ermelte Burg und Ritterschafft/ auch sonsten wie recht vertretten. Zudem/ so sollen gedachte Vierer und Gan-Erben/ wann sie ihre Schwestern und Töchter bestatten würden/ die Steur aus den Stifftern/ Kauffungen und Wetter/ so in solchen Fällen andern vom Adel im Fürstenthum daraus gereicht wird/ hinfürter auch gefolgt/ und sie damit gleich andere Landsaßen gehalten werden/ darüber hochermelter unser gnädiger Fürst und Herr noch ferner bewilliget hat/ weil Ihrer etzliche/ so ihre Schwestern und Töchter in den nächsten Jahren bestattet/ solche Steuer noch nicht empfangen/ daß seiner Fürstl. Gnaden Ihnen bey dero Stiffts-Vorstehern darzu alle gnädigste Förderung erzeigen wollen/ daß solches Aus-Steuer-Geld Ihnen gereicht werden möge. Der Zoll und Gelait im Busecker-Thal soll vielhochgedachtem unserm gnädigen Fürsten und Herren/ seiner Fürstl. Gnaden Erben und Nachkommen/ dem Herkommen nach/ bleiben/ und wann Vierer und Gan-Erben oder derselben Nachkommen und Erben zu ihren eigenen Haußhaltungen Wein einlegen wolten/ soll Ihnen dazu/ gleich andern Landsaßen vom Adel/ auf Ihr Ansuchen an gebührenden Orthen/ gewöhnliche Zoll-Befreyung mitgetheilt werden. Es sollen auch Vierer und Gan-Erben männiglichen/ so zu ihren Persohnen Haab und Güther etwas zu sprechen/ derhalben vor offtgedachtem unserm gnädigen Fürsten und Herrn/ oder in seiner Fürstl. Gnaden Cantzley oder Hoff-Gericht zurecht stehen/ außerhalb da sie selbst durch einander irrig/ so möchten sie derhalben/ sich vermög Ihrer Burgfrieden/ vergleichen/ doch wann dasselbe nicht beschehe/ und einer derhalben bey hochgedachten unserm gnädigen Fürsten und Herrn oder in seiner Fürstl. Gnaden Cantzley oder Hoff-Gericht umb gebührlich Einsehens oder Hülff Rechtens ansuchen wird/ soll der ander auff Erfordern dahin folgen/ und daselbst gütlichs und rechtlichs Austrags erwarten. Die Appellationes von dem Untergericht im Busecker-Thal sollen von Vierer und Gan-Erben als Richter zweyter Instantz/ und von denselben an Fürstliche Cantzeley oder an das Hoff-Gericht beschehen/ dahin sich auch ein jeder/ so durch Ihr der Vierer und Gan-Erben Ampts-Bescheid oder sonsten außerhalb Gerichts von Ihnen beschwert zu seyn vermeynt/ sich zu beruffen

ANNO 1576.

beruffen haben soll / doch sollen die Rittermäßige und Geistliche Güther / so lang sie in dero vom Adel oder Geistlichen Händen bleiben / deßgleichen auch die Güther / so von unserm gnädigen Fürsten und Herrn zu Lehen gehen / und im Busecker-Thal gelegen seind / an berührtes Unter-Gericht nicht gezogen / sondern vor seiner Fürstl. Gnad. oder in deroselben Cantzley oder Hoff-Gericht in erster Instanz gerechtfertiget / wie dann auch die von Adel und Hessische Lehen-Leut / so im Busecker-Thal gesessen / und keine Gan-Erben / aber gleichwohl hochermeltem unserm gnädigen Fürsten und Herrn ohne Mittel unterworffen sind / deßgleichen die Geistlichen Persohnen und Sachen allein in berührter Cantzley oder am Hof-Gericht in erster Instanz mit Recht vorgenommen und erörtert werden / wofern aber ausserhalb der Gan-Erben eine Adeliche oder Geistliche Person ein Bauers-Gut in dem Thal hiebevor an sich gebracht hätte / oder nachmahls an sich bringen / und derhalben am Unter-Gericht daselbst mit Recht angelanget würde / soll sie dißfalls an berührtes Gericht folgen / und allda zu Recht zu stehen schuldig seyen; Ingleichen so sollen die Unterthanen / so Rittermäßige oder Geistliche Güther im Thal gelegen zu Leihe inhaben / so Ihrer Besserung halb oder sonst Streit vorfiele / so das Eigenthum nicht angieng / alsdann an berührtem Unter-Gericht auch mit Recht vorgenommen werden. Die Examination der Pfarrer auch Inspection und Visitation der Kirchen im Busecker-Thal / soll durch vielhochgedachte unsers gnädigen Fürsten und Herren Superintendenten und Theologen beschehen / doch sollen die Pfarrer Ihre Testimonia, daß sie tauglich befunden / den Vierer und Gan-Erben vorbringen; Die Kasten-Rechnungen sollen von gemeltem Superintendenten in beyseyn der Collatorn und eines aus den Vieren oder Gan-Erben auch angehört / darzu Ehe-Sachen / wann der Ehe-Gelöbnis / Ehescheidung und dergleichen Streit in offtgemeltem Thal vorfallen / allein in Fürstl. Cantzley entscheiden werden / doch daß Vierer und Gan-Erben in solchen Fällen von wegen Ehebruchs / Hurerey und dergleichen / so wol als sonst gebührlich Straff und Buß verbleibet.

Die Execution der Urtheil und Bescheid / so gehörter massen in Sachen erster- ander- oder dritter Instanz in Fürstl. Cantzley oder am Hof-Gericht eröffnet / will hochgedachter unser gnädiger Fürst und Herr den Vierern und Gan-Erben jedesmahls befehlen lassen / berührte Urtheil und Bescheid von seiner Fürstl. Gnaden wegen zu vollziehen: Im Fall aber dasselbig von Ihnen nicht würde der Gebühr beschehen / so soll seiner Fürstl. Gnaden andere Verordnung und gebührlichen einsehens zu thun haben. Hierüber sollen vielhochgedachten unserm gnädigen Fürsten und Herrn seiner Fürstl. Gnaden leibeigen Leut im Busecker-Thal und Bastarten und Wild-Fänge / deßgleichen das Dienst- und Weinführ-Geld / samt denen Hünern / und was dieselbe seiner Fürstl. Gnaden weiter zu leisten schuldig / unweigerlich bleiben / derohalben seiner Fürstlichen Gnaden Ihnen durch Ihre Beambten zu gebieten und zu verbieten / auch von wegen Ihres Ungehorsams / da sie seiner Fürstl. Gnaden was sie schuldig nicht leisten würden / unersucht Vierer und Gan-Erben / pfänden / und in denselben seiner Fürstl. Gnaden Sachen straffen zu lassen Macht haben soll. Wann auch je bißweilen von den Unterthanen im Busecker-Thal zur Vestung Giessen ein Dienst gesonnen / und Vierer und Gan-Erben derowegen in Schrifften angelanget würden / so sollen sie dieselbe davon nicht allein nicht abhalten / sondern auch gerne gute Beforderung thun / damit bemelte Unterthanen nach möglichen Dingen sich darinn willfährig erzeigen mögen.

Darentgegen soll offt gemelten Vierern und Gan-Erben die peinliche und bürgerliche Ober- und Gerichtbarkeit / Straff / Frevel / Bruch / Bussen / Gebot / Verbot / Pfandung / Angriff und andere Ambt-Hülff (ausserhalb hochgemeldten unsers gnädigen Fürsten und Herrn Selbsteigenen / auch denen Sachen / welche / wie obgehört / zu seiner Fürstl. Gnaden Lands-Fürstliche Hoch- und Obrigkeit gehörig seyd) desgleichen Dienst / Beed / Zinß / Renthen / Zapffen / Mühlenzwang / hohe und niedere Jagden / Fischerey und Vogelfang / wie sie solches alles herbracht haben / bleiben / doch männiglich / sonderlich aber seiner Fürstl. Gnaden Lehen-Leut an daran habenden Rechten ohne Schaden / und sollen gemelte Vierer und Gan-Erben an Ihren peinlichen und burgerlichen Gerichten / auch mit Gebot und Verboten / Straffen / Bussen / und andern / sich des gemeinen Rechten / auch der Fürstl. Hessischen Kirchen- und Lands-Ordnungen und sonsten der Billigkeit gemäß erzeigen / wann sie aber dasselbig in einem oder dem andern Fall nicht thun / oder sonst jemand zur Ungebühr beschweren würden / so soll alsdann hochgedachten unserm gnädigen Fürsten und Herrn / als dem Landes-Fürsten und Herrn / auf deren Unterthanen Ansuchen / oder tragenden Landes-Fürstlichen Obrigkeit und Ambts wegen / gebührliches einsehens hiermit unbenommen / sondern zuvor behalten seyn / doch daß seiner Fürstl. Gnaden sie die Vierer und Gan-Erben darüber zuforderst auch nothdürfftiglich hören.

Ob dann wohl offt hochgemelter unser gnädiger Fürst und Herr / sampt seiner Fürstl. Gnaden Herrn Vatter und Vorfahren / Landgrafen zu Hessen / die Landes-Fürstl. Hoch- und Obrigkeit / und was derselben anhängt / wie obstehet / von vielen unerdencklichen Zeiten hero / im Busecker-Thal ungezweiffelt herbracht / und des Gerichts Buseck halben / so die Vierer und Gan-Erben von der Kayserl. Maj. und dem Heil. Reiche zu Lehen tragen / weder mit Ihrer Majest. noch sonsten jemand einigen Streit haben / sondern gedachte Vierer und Gan-Erben damit / wie obstehet / unverhindert rechtlicher Gebühr nach gewähren lassen / jedoch da darüber sie die Vierer und Gan-Erben dieser dingen halben / so hochgedachten unserm gnädigen Fürsten und Herrn / als den Lands-Fürsten und sonsten Eigenthums halben gebühren / von Ihrer Maj. oder sonsten angefochten werden solten / so wollen Ihre Fürstliche Gnaden sie deßwegen der Gebühr vertreten / und soll dieser Vertrag Vierer und Gan-Erben an den Ayden und Pflichten / damit sie der Kayserl. Majest. und dem Reich zugethan seynd / unnachtheilig und unverweißlich auch Ihrer Majest. und dem Reich an deroselben Eigenthum unabbrüchig und hierumt die zwischen offt hochgedachten unserm gnädigen Fürsten und Herrn und den Vierern und Gan-Erben am Kayserlichen Cammer-Gericht schwebende Rechtfertigung auffgehoben / todt und ab seyn. Solchem allen nach / so bekennen wir Ludwig von GOttes Gnaden / Landgraff zu Hessen / Graf zu Catzenelnbogen / Dietz / Ziegenhain und Nidda / deßgleichen wir Vierer und gemeine Gan-Erben des Busecker-Thals / daß dieser Vertrag also mit Unsern beyderseits guten Wissen und Willen getroffen / und aufgericht ist worden; Gereden und versprechen auch hiermit vor Uns und Unsere Nachkommen und Erben / denselben zu ewigen Zeiten stet und fest zu halten / alles getreulich und ohne Gefährde. In Urkund haben wir dieses Vertrags-Brieff zween gleichs-Lauts verfertigen / wir Landgraf Ludwig obgenant Unser Insiegel daran wissentlich hangen lassen / auch Uns mit eignen Handen unterschrieben; So haben wir Philipps von Trohe / Philips Ullrich von Buseck / Melchior von Trohe und Hanß Herman von Buseck genant Münch / die jetzige Vierer / und ich George von Trohe dieser Zeit Schultheiß im Busecker-Thal / auch ich Heinrich von Trohe / vor Uns und die andere unsere Mit-Gan-Erben unsere Insiegel / und die jenige / so kein Insiegel bey sich gehabt / unsere Pitschafften auch an diesen Brieff thun hangen / und zu noch mehrer Besagung der Wahrheit und aller dieser ergangener dinge / so haben wir Burckhard von Cram / Stadthalter zu Marburg / Doct. Johann Heintzenberger Cantzlar / Caspar Schutzbar genandt Milchling / Hauptmann zu Giessen / Johann Rid-Esel zu Eysenbach / Reinhardt Abel / Cammer-Meister / Heidericus Theophilus Lonicerus, Johann Klotz / und Johann Burckhard / der Rechten Doctoren, als so dieselbig untergehen / abreden und abhandeln helffen / auch unsere Insiegel und Pittschafften / beneben hochgedachtes Unsers gnädigen Fürsten und Herrn / auch Vierer und Gan-Erben des Busecker-Thals Insiegel und Ring-Pittschafften / hieran gehänget / und Uns allerseits mit eigenen Handen unterschrieben / geschehen zu Marburg Dienstags den 16. Octobris im Jahr nach Christi Geburt funffzehen hundert und siebentzig sechs.

Burckhard von Cramm / Stadthalter zu Marburg.
Caspar Schutzbar genant Milchling / Hauptmann zu Giessen.
Johann Ried-Esel zu Eysenbach.
Johann Heintzenberg D. Cantzlar.
Reinhardt Abel Cammer-Meister.
Heid. Theophilus Lonicerus,
Johann Cloß Doct.
Philips von Trohe.
Philips Ulrich von Buseck.
Melchior von Trohe.
Hanß Herman von Buseck genant Münch.
Georg von Trohe.
Heinrich von Trohe.
Joh. Burckhard Doct.

CXXXIX.

1. Nov.

Declaratio GREGORII XIII. *Papæ super* Concordatis Germanicis, *circa Collationes Beneficiorum Ecclesiasticorum in mensibus reservatis; nimirum quod Ordinarii Collatores conferre non possunt dicta Beneficia post tres menses ex quo vacarunt, si de illis, intra hoc tempus, à Sede Apostolica provisum fuerit. Dat. Romæ Calend. Novembris* 1576. [GEORGII BRANDEN, Collectanea super Concordatis inter Sanctam Sedem, & Nationem Germanicam. pag. 14. BULLARIUM MAGNUM Tom. II. p. 408. HEISS, Histoire de l'Empire, Tom. III. pag. 318. en François. FRANC. FRID. *Baronis* AB ANDLERN, Corpus Const. Imperial. ad verbum Polit. Concordata pag. 999. LIMNÆUS, Capitulat. Imperatorum & Regum Mantissa, ad Capitul. Caroli V. LUNIG, Teut-

ANNO 1576.

Teutsches Reichs-Archiv. Part. general. pag. 1110.]

GREGORIUS *Episcopus Servus Servorum Dei ad futuram rei memoriam.*

QUÆ in Ecclesiam Dei incommoda inferunt, nostra nos expedit animadversione monere. Cum itaque per Literas fœl. rec. Nicolai Papæ V. Nationi Germaniæ pro illius unitate & concordia cum Sede Apostolica, inter alia concedatur, ut quoties aliquo vacante Beneficio Ecclesiastico in mensibus Januarii, Martii, Maii, Julii, Septembris, & Novembris, in quibus vacantium Germaniæ Beneficiorum Ecclesiasticorum dispositio dictæ Sedi specialiter reservata est, non apparuerit intra tres menses à die notæ vacationis in loco Beneficii, quod alicui de illo Apostolica authoritate provisum fuerit, ex tunc & non antea Ordinarius, vel alius ad quem illius dispositio pertinet de illo disponere possit, & sæpenumerò contingat, ut antequam inquisitio, quam plerumque etiam in concursu plurium, sive in partibus sive apud dictam Sedem fieri oportet, in vitam, mores & doctrinam eorum quibus de dictis Beneficiis per Sedem eandem providendum est, compleri possit aut antequam de ipsis provisionibus, seu de mandatis, quæ ad inquisitiones, & provisiones hujusmodi faciendas ab eadem Sede impetrantur, vel motu proprio procedunt, Literæ Apostolicæ conficiantur, vel etiam antequam mandata ipsa à Judicibus ad quos directa sunt, recipiantur, vel recepta expediantur, interdum quoque Literis Apostolicis expeditis, & gratia purificata, seu mandatis prædictis receptis, & inquisitione completa, antequam omnimoda executio perficiatur propter diversa impedimenta quæ frequenter succedunt, tempus trium mensium ex quo vacatio Beneficii in loco ipsius nota est, expiret, ac proinde Ordinarii locorum, aut alii ad quos talium Beneficiorum dispositio cessantibus Apostolicis reservationibus pertinet lapso tempore prædicto, licet priusquam illud laberetur, provisionis, sive alterius dispositionis de illis à dicta Sede jam gratia facta fuerit, quod ipsum ad tribuendum, & quærendum jus satis superque esse certa Juris interpretatione frequenter declaratum est illa tamen conferre contendant. Qua de causa multis religione, & pietate insignibus quando ii post ostensum virtutis & doctrinæ suæ specimen, atque inde emensos labores, & sumptus Beneficiis potiri deberent, alii præocupatores obtentu ordinariæ Collationis hujusmodi contra adversantur. Nos indignum rati, quod temporis mora, quam ad perscrutandam accuratiùs talium probitatem, industriam, & alia requisita intercedere pro utilitate Ecclesiæ necesse est, locum injuriis aperiat, attendentesque verba prædicta (in loco Beneficii) cum verbis (notæ vacationis) quæ protinùs antecedunt conjungi, & ad illa duntaxat referri, ac voluntatem concedentis, sensumque Concessionis, & Literarum prædictarum sic esse, ut dispositio Beneficii intra tres menses à die notæ vacationis à Sede prædicta fieri, deque gratia facta, alicubi apparere debeat, quemadmodum re inter utriusque Juris Interpretes jam pridem controversa summa ratione judicatum apparet: Vix enim est, ut itineribus non modo infestis, aut prohibitis quòd ferè semper aliquo contingit, sed etiam expeditis, quis tam ex longinquis Regionibus ad dictam Sedem profectus, & in ea ad expediendum negotium vel paulisper moratus, in eadem se recipere tanta temporis angustia possit. Quocirca æquitate & Justitia suadentibus, præsentium authoritate declaramus Concessionem Nicolai Papæ, & Literas prædictas locum omnino non habere, quod Ordinarii aut alii Collatores prædicti post lapsum trium mensium ex die notæ vacationis in loco Beneficii disponere possint de ullis Beneficiis prædictis, alias sub concessione & Literis prædictis comprehensis extra Rom. Cur. in mensibus prædictis quoquomodo vacantibus vel vacaturis, de quibus intra dictum tempus trium mensium per Romanum Pontificem, ad dictam Sedem qualiscunque gratia vel dispositio aut concessio facta fuerit: Ne tamen cuiquam licitum sit factam à Sede prædicta dispositionem hujusmodi in longum obtegere, illi quibus deinceps gratiæ hujusmodi concedentur, earum Concessionum fidem & testimonium intra tres menses à die notæ vacationis in loco Beneficii hujusmodi vel dictis Collatoribus significare vel in ipso Beneficii loco publicare quoquomodo teneantur. Decernentes omnes & quascunque dispositiones de dictis Beneficiis ab eisdem Collatoribus post significationem seu publicationem hujusmodi tempore factas, nullas & invalidas, nulliusque roboris vel momenti fore: Sicque in quibusvis causis pendentibus, & futuris judicari debere. Nec non irritum & inane quicquid secus super his ab eisdem Collatoribus, aut quibuscunque aliis scienter vel ignoranter contigerit attentari. Quod si fortè quisquam Collatorum prædictorum fuerit præsentium violator, cum à Beneficiorum, & Officiorum collatione tandiu suspendimus, donec ipse veniam petens restitutionis gratiam à Sede prædicta meruerit obtinere. Cæterùm volumus ut præsentium transsumptis etiam impressis Notarii publici manu & Sigillo personæ in Dignitate Ecclesiastica constitutæ obsignatis, eadem prorsus fides in judicio, & extra illud ubique locorum adhibeatur, quæ adhiberetur ipsis præsentibus, si essent exhibitæ, vel ostensæ. Nulli ergò omninò hominum liceat hanc paginam nostræ Declarationis, Decreti, Suspensionis, & voluntatis infringere, vel ei ausu temerario contraire. Si quis autem hoc attentare præsumpserit, indignationem omnipotentis Dei, ac beatorum Petri & Pauli Apostolorum ejus se noverit incursurum. Datum Romæ apud S. Petrum Anno Incarnationis Domini M. D. LXXVI. Calend. Novemb. Pontificatus nostri Anno V. CÆSAR GLORIERIUS M. Datarius.

CXL.

8. Nov. PAYS-BAS ET HOLLANDE.

Articulen begrepen in den Accorde, Verbontenissen ende Eenigheydt, ghemaeckt ende opgerecht tusschen den Staten der Provincien van de NEDERLANDEN, *ende den Doorluchtigen Hooggebooren Vorst ende Heere, den* PRINCE VAN ORANGIEN, *Grave van Nassau &c. Staten van* HOLLANDT, ZEELANDT, *en hare Geassocieerden. Besloten tot* Gent *op den* 8. *November* 1576. [Recueil des Traitez entre les Etats des Provinces-Unies, & divers autres Princes & Etats.]

ALLEN den ghenen die dese teghenwoordige Letteren sullen sien ofte hooren lesen, Saluyt. Alsoo dese Landen van herwaerts-overe, de laetstleden negen ofte thien jaren door d'Inlandtsche Oorloge, hoovaerdige ende rigoureuse Regeeringe, moetwilligheyt:

CXL.

8. Nov. PAYS-BAS ET HOLLANDE.

Traité & Confédération dite *la Pacification de Gand* entre les Etats des PAYS-BAS d'une part, & le Prince d'ORANGE avec les Etats de HOLLANDE, ZELANDE, &c. d'autre, faite à Gand le 8. Novembre 1576. [*Recueil des Traitez entre les Etats des Provinces-Unies & divers Rois, Princes, &c. in Quarto* (1).]

A *Tous ceux qui ces presentes Lettres verront ou orront, Salut. Comme les Pays de deça ont été exposez les neuf ou dix dernières années à une cruelle Guerre, par l'ambition & rigoureux Gouvernement*

(1) On trouve ce même Traité dans divers autres Auteurs, qu'il auroit été trop long de citer.

ANNO 1576.

heyt, rockinge ende andere ongeregeltheden van de Spangiaerden, ende hare Adherenten, ghevallen zijn in groote miserie ende ellendigheyt: Ende dat omme daer tegens te versien ende te doen cesseren alle vordere troublen, oppressien ende armoeden vande voorsz. Landen, by middelen van eene vaste Vrede ende Pacificatie, hebben in de maent van Februario in 't jaer 1574. ghecommitteert ende vergadert gheweest tot Breda Commissarisen van syne Majest., ende vande Heere Prince van Orangien, Staten van Hollandt, Zeelandt, ende hare Geassocieerde, by den welcken gheproponeert zijn gheweest diversche middelen ende presentatien, dienende grootelijcks tot vorderinge vande voorsz. Pacificatie, soo en is nochtans daer op niet gevolght de verhoopte vruchtbaerheyt: Maer ter contrarie, gheduyrende de hoope van vertroostinge, ende middelen van goedertierenheyt van sijne Majesteyt, hebben de voorsz. Spangiaerden hen dagelijcks meer vervordert de arme Ondersaten te overvallen, verderven, ende in eeuwige slavernye te brengen, sonder hen te vermyden diversche meuterye te maecken, Heeren ende Steden te dreygen, ende vele Plaetsen vyandtlijck inne te nemen, te rooven, ende te branden, daer door, naer dien sy by den Gecommitteerden totten Gouvernemente vanden Landen verklaert zijn geweest Vyanden van syne Majest., ende vande ghemeyne welvaert; de Staten van herwaerts-overe, met consente van den voorsz. Gecommitteerden gedrongen is geweest de wapenen te nemen, ende daer beneffens om vorder de eeuwige bederffenisse te verhoeden, ende dat de Ingesetenen van alle dese Nederlanden in een vaste Vrede ende Accorde vereenight wesende, gesamelick souden doen vertrecken de voorsz. Spangiaerden ende hen Aenhangeren, Landtschenders, ende die wederomme te stellen in 't ghebruyck van hare oude Rechten, Privilegien, Costuymen ende Vryheden, mits welcke Neeringe ende welvaert in deselve wederom souden mogen keeren. Soo is dat by voorgaende aggreatie vanden voorsz. Heeren gecommitteert totten Gouvernemente vande Landen, die Vredehandel van Breda begost ter eeren Godts, ende ten dienste van syne Majesteyt, tusschen die Prelaten, Edelen, Steden ende Leden van Brabant, Vlaenderen, Arthoys, Henegouwe, Valenchijn, Lijlle, Douwaye, Orchyes, Namen, Doornick, Utrecht ende Mechelen, representerende de Staten van deselve Landen: ende den Heere Prince van Orangien, Staten van Hollandt, Zeelandt, ende hare Geassocieerden, door Commissarissen over beyden zyden respectivelick ghedeputeert. Te weten, d'Eerweerdige Heere, Heer Jan vander Linde, Abt van S. Geertruyden tot Looven, Heere Gesslayn, Abt van S. Pieters tot Gent, Heere Matheus, Abt van S. Gesslayn, ghekooren Bisschop van Atrecht, Heer Jan de Ymol, Heere van Getingen, Heere Franchoys van Halewijn, Heere van Swevegen, Gouverneur ende Capiteyn van Audenaerde, ende Commissaris totte vernieuwinge vande Wetten van Vlaenderen, Heere Caerle van Gaure, Heere van Fresyn, Ridders, Heere Elberty Leonius, Doctor ende Professeur inde Rechten inde Universiteyt van Loven, Meester Pieter van Beveren, Raedt van syne Majest. in Vlaenderen, ende Heer Quinten du Pretz, Hooft der Schepenen der Stadt van Bergen in Henegouwen, met Jan Depenants, Raedt van syne Majesteyt, ende Meester van syne Rekenkamer in Brabant, gecommitteert voor henlieden in Eer. Secretaris van wegen der voornoemder Staten van Brabandt, Vlaenderen, Henegouwe, &c. Heere Philips van Marnicx, Heere van S. Aldegonde, Arnoldt van Dorp, Heere van Teemsche, Willem van Zuylen, van Nievelt, Heere van Heeraetsberge, Schiltknapen, Heere Adriaen vander Meyle, Doctor inde Rechten, ende Raedt neffens syne Excell. ende inden Raedt Provinciael van Hollandt, Meester Cornelis de Coninck, Licenciaet, ende mede Raedt neffens syne Excell., Meester Pouwels Buys Advocaet vanden Landen van Hollandt, Meester Pieter de Rijcke, Baillu van Vlissinge, Anthonis vande Sickelen, Raedt van Zeelandt, ende Andries de Jonge, Borgemeester van Middelborgh, van wegen des voorsz. Heeren Prince, Staten

ANNO 1576.

nement des Espagnols; & par leurs injustices & violences, aussi bien que de leurs Adhérants, par où lesdits Pays sont tombez dans une grande misère, & que pour y pourvoir & faire cesser de plus grands troubles, & l'oppression & misere des susdits Pays, par le moyen d'une ferme Paix & bonne Pacification, ont été assemblez au mois de Février de l'année 1574. & convoquez à Breda des Deputez & Commissaires de Sa Majesté & de M. le Prince d'Orange, ensemble des Etats de Hollande, Zélande & de leurs Associez, par lesquels furent proposez divers moyens & propositions, tendantes amplement à l'avancement de la susdite Pacification, sans pourtant qu'on en ait vû le fruit qu'on avoit attendu, mais qu'au contraire, pendant qu'on esperoit quelque soulagement & compassion de la part de Sa Majesté, lesdits Espagnols ont de jour en jour continué d'opprimer & ruiner les pauvres Sujets & ont tâché de les reduire dans un éternel esclavage par diverses séditions, jusqu'à menacer les Seigneurs & les Villes & à prendre hostilement plusieurs Places, & même à les piller & brûler: c'est pourquoi ayant été, par les Deputez au Gouvernement desdits Païs, declarez Ennemis de Sa Majesté & du bien public; les Etats de deça, du consentement des susdits Deputez, ont été obligez de prendre les armes, & de plus pour prévenir la ruine totale, & afin que les Habitans de ces Païs-Bas étant réunis par une ferme Paix & Accord puissent conjointement faire retirer les susdits Espagnols & leurs Adhérants comme destructeurs desdits Païs, & pour iceux Sujets remettre dans la jouïssance de leurs Droits, Priviléges, Coutûmes & Libertez par le moyen dequoi leur Commerce & leur prosperité puissent refleurir; Avec l'agrément préalable des susdits Seigneurs Deputez au Gouvernement desdits Païs, la Négociation de Breda commencée à l'honneur de Dieu & pour le service de Sa Majesté, entre les Prelats, Nobles, Villes & Membres de Brabant, Flandres, Artois, Hainaut, Valenciennes, l'Ille, Douay, Orchies, Namur, Tournay, Utrecht & Malines representans les Etats de Hollande, Zélande & leurs Associez par leurs Commissaires Deputez respectivement de part & d'autre; Assavoir, le trés honorable Seigneur, le Sieur Jean de Landen, Abbé de St. Gertruyde à Louvain, le Sieur (a) Gislain, Abbé de S. Pierre à Gand; le Sieur Mathieu Abbé de S. Gesslayn, élû Evêque d'Arras; le Sieur Jean (b) de Ymol, Seigneur de Getingen; le Sieur François de Halewin, Seigneur de Swevegen, Gouverneur & Capitaine d'Oudenarde, & Commissaire pour le renouvellement des Loix de Flandres; le Sieur Charles de (c) Gaure, le Sieur Jean de Fresyn, Chevaliers; le Sieur Elbertus Leonius Docteur & Professeur en Droit dans l'Université de Louvain; Maître Pierre de Bevre, Conseiller de Sa Majesté en Flandres; & le Sieur Quentin de Pratz, Chef des Echevins de la Ville de Mons en Hainaut, ensemble Jean de Depenants Conseiller de Sa Majesté, & Maître de sa Chambre des Comptes en Brabant Deputé de leur part, Secretaire des susdits Etats de Brabant, Flandres, Hainaut &c. le Sieur Philippe de Marnix Sieur de Sainte Aldegonde; Arent de Dorp, Sieur de Teemsche; Guillaume de Zuylen de Nievelt, Sieur de Heeraetsberge, Escuyers; le Sieur Adrien vander Myle, Docteur en Droit, & Conseiller de son Excellence & du Conseil Provincial de Hollande, Maître Corneille le (d) Roi, Licencié, & aussi Conseiller de son Excellence; Maître Paul Buys Avocat du Païs de Hollande; Maître Pierre de Rycke, Bailly de Flessingue; Antoine de Sickelen Conseiller de Zélande; & André (e) le Jeune Bourguemaître de Middelbourg, de la part des

(a) Meteren ajoute le nom de *Timmerman*; qui veut dire *Charpentier*.

(b) On lit dans le même *de Mol Sieur de Estinguen*.

(c) Ou *Grave*.

(d) de *Kerning*.

(e) de *Jonghen*

ANNO 1576.

Staten van Hollandt, Zeelandt, ende Geassocieerde, naer uytwysen van hare Commissien, in 't eynde van desen gheinsereert, dit tegenwoordich Tractaet opgerecht ende gemaeckt is, besluyten tusschen de voorsz. Parthyen ende Landen een eeuwige vaste Vrede, Verbondt ende Eenigheyt, onder de Voorwaerden ende Conditien hier naer volgende.

I. Eerst, dat alle offensien, injurien, misdaden ende beschadigheden, geschiet ter saecke vanden troublen tusschen de Ingesetenen vande Provintien, die in dit tegenwoordigh Placaet gecomprehendeert zijn, soo, waer, ofte in wat manieren dattet zy, sullen vergeven, vergeten, ende gehouden zijn als niet geschiet, sulcx dat ter oorsaecke van dien, te geenen tyden mentie gemaeckt, oft yemandt aengesproocken en sal mogen worden.

II. Dienvolgende belooven die voorsz. Staten van Brabandt, Vlaenderen, Henegouwe, &c. mitsgaders mijn Heere Prince, Staten van Hollandt ende Zeelandt, met hare Geassocieerden, ongeveynsdelick ende in goeder trouwe, van nu voortaen t'onderhouden een vaste ende onverbreeckelicke vriendtschap ende Vrede, ende in sulcker voegen elckanderen t'allen tyden ende in alle occurrentien by te staen met raedt ende daet, goet ende bloedt: ende insonderheyt omme uyt de Landen te verdryven ende daer en buyten te houden de Spaensche Soldaten, ende andere uytheemsche ende vreemde, gepoocht hebbende buyten wege van rechte, den Heeren ende Edelen 't leven te benemen, den rijckdom vanden Lande te hunwaerts t'appliceeren, ende die Gemeynte voorsz. in eeuwige slavernye te brengen ende houden, omme ten welcken, ende allen anders te furnieren wes noodigh werdt, ter resistentie vande geene die hemlieden hier inne metter daet souden willen contrarieren, die voorsz. Bondtgenooten ende Geallieerden, oock beloven hen bereyt ende volvaerdigh te laten vinden t'allen nootelicken ende redelicken Contributien.

III. Daer en boven is geaccordeert, dat terstont na 't vertreck vande Spangiaerts ende hare Adherenten, als alle saecken in ruste ende verseeckertheyt sullen zijn, sullen beyde die Partyen gehouden zijn te procureren ende beneerstigen die convocatien ende vergaderingen vande Generale Staten, inder forme ende maniere als geschiet is ten tyde als wyle hooch-loflijcker memorie Keyser Kaerle d'opdracht ende transport dede van dese Erf-Nederlanden, in hande vande Coninckl. Majest. onsen genadighste Heere, om te stellen ordine inde saecken vande Landen in 't generael ende particulier, so wel aengaende 't faict ende executie vande Religie in Hollant, Zeelant, Bommel, ende Geassocieerde Plaetsen, restitutie vande Sterckten, Artelleryen, Schepen ende andere saecken den Coninck toebehoorende, geduyrende voorsz. troubelen by die van Hollandt ende Zeelandt genomen, als andersints, soo ten dienste van syne Majest. welvaert, ende Unie vande Landen men sal bevinden te behooren, waer inne noch van d'een noch van d'ander zyde eenigh tegenseggen ofte belet, dilay noch uytstellen sal mogen gedaen werden, niet meer ten opsiene vande Ordonnantien, uytspraken ende resolutien die aldaer sullen geschieden ende gegeven worden, dan inde exemptie van dien, hoedanigh die soude mogen wesen, waer inne beyde de Parthyen henlieden gantschelick ende ter goeder trouwe submitteren.

IV. Dat van nu voorts aen d'Inwoonderen ende Ondersaten van d'een en d'ander zyde, van wat Lande van herwaerts-overe, ofte van wat state, conditie ofte qualiteyt hy zy, over al sullen mogen hanteeren, gaen ende keeren, woonen ende trafficqueren Coopmansgewyse ende andersints, in alle vrydom ende verseeckertheyt; welverstaende dat niet geoorloft ofte toegelaten sal zyn, die van Hollandt, Zeelandt ofte andere, van wat Lande, conditie ofte qualiteyt dat het zy, yet te attenteren herwaerts-overe buyten de voorsz. Landen van Hollandt, Zeelandt, ende Geassocieerde Plaetsen, tegens de gemeyne ruste ende vrede, sonderlinge

des susdits Seigneur Prince & Etats de Hollande, Zélande & Associez, aprés l'exhibition de leurs Commissions (a) inserées à la fin des présentes a été fait & dressé le présent Traité, Alliance, & Union ferme & éternelle, aux conditions qui s'ensuivent.

ANNO 1576.

(a) On a omis ces Commissions peu importantes.

La version Françoise de ces Articles a été prise du Meteren François.

I. Premierement, que toutes offences, injures, meffaits, & domages advenus à cause des troubles, entre les Habitans des Provinces, compris en ce Traité, en quelque lieu ou maniere que ce soit, seront pardonnés, oubliés, & reputés comme non advenus, tellement qu'à cause d'iceux, il n'en sera jamais fait mention, & personne aussi n'en sera recherché.

II. Suivant quoi lesdits Etats de Brabant, Flandres, Hainault &c. comme aussi ledit Sieur Prince, & les Etats de Hollande, & Zélande, & leurs Associez promettent d'entretenir d'oresenavant en bonne foi, & sans dissimulation, & de faire entretenir par lesdits Païs, une ferme, & inviolable Paix, & amitié. Et par ce moyen d'assister l'un l'autre, en tout temps, & à toutes occurrences, d'advis, de conseil, & de faict, & d'y employer corps, & biens, & notamment pour chasser, & tenir hors de ces Païs, les Soldats Espagnols, & autres étrangers, qui se sont efforcés, hors de toute voye de droict, d'oster la vie aux Seigneurs, & Nobles, de s'approprier les richesses, & biens du Païs, & de reduire, & tenir la Commune en perpetuelle servitude. Et afin de fournir à tout ce qui sera necessaire pour resister, à tous ceux qui leur voudroyent contrarier en ce fait, lesdits Confederés, & Alliés promettent de se tenir prêts, prompts, & appareillés, à faire toutes Contributions, & Impositions necessaires, & raisonnables.

III. Outre ce a été accordé, qu'incontinent aprés le partement des Espagnols, & de leurs Adherans, & lors que toutes choses seront en repos, & seureté, que les deux Parties seront tenus d'avancer, & procurer la convocation, & l'assemblée des Etats Generaux, en la forme, & maniere qu'elle a été tenuë du temps de feu de Tres-haute memoire l'Empereur Charles, lors qu'il ceda, & transporta ces Païs-Bas és mains du Roi nôtre Sire: afin de mettre ordre aux affaires du Païs tant en general qu'en particulier, tant touchant le faict de l'exercice de la Religion és Païs de Hollande, Zélande, & Lieux Associés, que pour la restitution des Forteresses, de l'Artillerie, des Bateaux, & autres choses appartenantes à Sa Majesté & lesquelles durant lesdits troubles ont été prises par ceux de Hollande, & Zélande, ou autrement, selon qu'on trouvera être expedient pour le service de Sa Majesté & pour le bien, & Union des Païs. Ce qui se fera sans contredit, & sans que de part ou d'autre, on y puisse donner aucun empêchement, délai, ou retardement, soit au regard des Ordonnances, declarations, & resolutions lesquelles y seront faites, & prinses, qu'en l'execution d'icelles, quelles qu'elles soyent, à quoi les deux Parties se soubmettent entierement, & en bonne foi.

IV. Que doresenavant les Habitans, & Sujets de part & d'autre, de quelque Province de par deça, ou de quelque état, qualité ou condition qu'ils soyent, pourront hanter, fréquenter, passer, repasser, demeurer, trafficquer par tout, soit pour faire train de Marchandise ou autrement, & ce en toute liberté, & seurté. Bien entendu, qu'il ne sera loisible ni permis à ceux de Hollande, & Zélande, ou à autre de quelque Pays, qualité, ou condition qu'il soit, d'attenter quelque chose par deça, ou hors desdits Païs de Hollande, Zélande, & Places Alliées, contre le repos, & la Paix publicque, notamment contre

ANNO 1576.

linge tegens de Catholijcke Roomsche Religie, ende exercitie van dien, noch yemandt ter causse van dien te injurieren, irriteren met woorden ofte met wercken, noch met gelijcke actien te schandaliseren, op peyne van gestraft te worden als perturbateurs vande gemeyne ruste, anderen ten exemple.

V. Ende op dat middelertijt niemant lichtelick en stae tot eenigen begrijpe, captie ofte pericule, sullen alle Placaten hier voortijts gemaeckt ende gepubliceert op 't stuck vande heresie; mitsgaders die Criminele Ordonnantie by den Hertoge van Alve gemaeckt, ende het gevolch ende executie van dien, gesuspendeert werden, tot dat by de Generale Staten anders daer op gheordonneert zy, welverstaende datter egeene schandale en gebeure in maniere voorsz.

VI. Dat mijn Heere den Prince sal blyven Admirael Generael van der Zee, ende Stadthouder van syne Majest. van Hollandt ende Zeelandt, Bommel, ende andere geassocieerde Plaetsen, om in als te gebieden, soo de selve tegenwoordelick doet, met de selve Officieren, Justicieren ofte Magistraten, sonder eenige veranderinge ofte innovatie, ten zy by sijn consente ende wille, ende dat over de Steden ende Plaetsen die syne Excell. nu ter tijt is houdende, tot dat by de Generale Staten naer 't vertreck vanden Spangiaerden anders geordonneert zy.

VII. Maer belangende die Steden ende Plaetsen begrepen onder de Commissie van de Coninghl. Majest. by hem outfangen, die tegenwoordelijck onder het gebiedt ende gehoorsaemheyt van syne Excell. niet en staen, sal dit Poinct geschort blyven, ter tijdt ende wylen de selve Steden ende Plaetsen hen met de andere Staten gevoecht hebbende tot deser Unie ende Accort, syne Excell. henluyden sal ghegeven hebben satisfactie op de Poincten daer inne sy hem souden vinden geintéresseert onder sijn Gouvernemente, 't zy ten opsien vande exercitie vande Religie ofte anderlints, op dat de Provintien niet ghedemembreert werden, ende om alle twist ende tweedracht te schouwen.

VIII. Ende en sullen middeler-tijdt egeene Placaten, Mandementen, Provisien noch Exploicten plaetse hebben, inden voorsz. Landen ende Steden by den voorsz. Heere Prince geregiert, dan die geene by syne Excell. ende by den Rade, Magistraten ende Officiers aldaer gheapprobeert, ende ghedecerneert, sonder prejuditie voor den toekomenden tyden van den resorte vanden grooten Rade van syne Majesteyt.

IX. Is mede ondersproocken, dat alle Gevangenen ter saecken vande voorleden troublen, namentlick den Grave van Bossu, sullen vry ende los gelaten werden sonder rantsoen te betalen, maer wel de gevanckenisse-kosten, ten ware nochtans dat de rantsoenen voor date van desen betaeldt, ofte daer van overkomen ende geaccordeert waren.

X. Is voorts veraccordeert, dat de voorsz. Heere Prince, ende alle Heeren, Ridderen, Edelluyden, particuliere Persoonen ende Ondersaten, van wat state, qualiteyt ofte conditie die zijn, mitsgaders henlieder Weduwen, Duwagiers, Kinders ende Erfgenamen van d'een ende d'ander zyde, gerestitueert zijn in haerluyder goede name ende fame, ende sullen oock mogen aenvaerden, ende die possessie aennemen van alle hare Heerlickheden, Goeden, Prerogativen, Actien ende Crediten, die niet verkocht ofte gealieneert zijn, in sulcken staet als de voorsz. Goeden nu tegenwoordigh zijn, Ende ten dien effecte, sijn alle die faulten, Contuimacien, Arresten, Sententien, Saysissementen ende Executien, gegeven ende gedaen sichtent den aenvanck vande troubelen in den Jare 1566. soo wel om saecke vande Religie, als om 't aennemen vande Wapenen, met het geene daer naer gevolght is, gecasseert, gerevoceert, doodt ende te niete gedaen, ende sullen de selve, mitsgaders alle schriftelijcke Proceduyren, Acten, Actitaten te dien geschiet, vernielt, ende inde Registers geroyeert werden, sonder dat noodigh zy hier toe ander bescheyt te nemen, ofte provisie te verwerven, dan dit tegenwoordigh Tractaet, niet tegenstaende eenige Incorporatie, Rechten, Costuymen, Privi-

contre la Religion Catholique & Romaine, ou exercice d'icelle, ni d'injurier, ou irriter aucun à cause d'icelle, de faict, ou de parole, ni aussi le scandaliser par actes semblables, sur peine d'être punis comme perturbateurs du repos public afin de servir d'exemple aux autres.

V. Et afin que cependant personne ne soit legerement exposé à quelque reprinse, caption ou danger, tous les Placarts qui ont été faicts, & publiés parci devant, sur le faict d'heresie, comme aussi les Ordonnances Criminelles faictes par le Duc d'Alve, la poursuite, & l'execution en sera suspenduë, jusques à ce qu'il en sera ordonné autrement par les Etats Generaux: bien entendu qu'il ne se face aucun scandale en la maniere susdite.

VI. Que Monsieur le Prince demeurera en l'état d'Admiral General de la Mer, & de Gouverneur de Sa Majesté en Hollande, Zélande, Bommel, & autres Places associées, pour y commander en tout, ainsi qu'il fait presentement, avec les mêmes Justiciers, & Magistrats, sans aucun changement ou innovation, n'est que cela se face par son consentement, & adveu, & ce sur les Villes, & Places que son Exc. tient à present, jusques à ce que par les Etats Generaux, après le partement des Espagnols, il en soit ordonné autrement.

VII. Mais touchant les Villes, & Places, comprinses en la Commission qu'il a de Sa Majesté, & lesquelles presentement ne sont pas sous l'obeïssance de son Excellence, ce point demeurera en surceance, jusques à ce que lesdites Villes & Places seront joinctes en cette Union & Accord avec les autres Etats, & que son Excellence leur aura donné satisfaction, sur les points lesquels ils se pourroient trouver interessez d'être sous son Gouvernement, au regard de l'exercice de la Religion, ou autrement, afin que les Provinces ne soyent démembrées, & pour éviter toute dissention & discorde.

VIII. Et cependant, nuls Placarts, Mandemens, Provisions, ni Exploits, n'auront lieu esdits Pays & Villes gouvernées par ledit Prince, sinon ceux qui auront été approuvez ou decernez par son Excellence, ou par le Conseil, les Magistrats ou Officiers illec, sans préjudice pour le tems avenir, du resort du grand Conseil de Sa Majesté.

IX. On a aussi conditionné, que tous les Prisonniers detenus à cause des troubles passez, notamment le Comte de Bossu, seront relachez sans payer rançon, mais bien les dépens de prison, n'étoit toutefois que les rançons fussent payées devant la date de cette, ou qu'on en eut déja convenu & accordé.

X. D'avantage on a aussi accordé, que ledit Sieur Prince, & tous autres Seigneurs, Chevaliers, Nobles, particulieres Personnes, & Sujets de quelque état, qualité, ou condition qu'ils soyent, ensemble leurs Vefves, Douagieres, Enfans, & Heritiers, de part, & d'autre, seront remis en leurs Biens, & bonne renommée, & pourront aussi reprendre, & rentrer en la possession de toutes leurs Seigneuries, Biens, Prerogatives, Actions, & Credits, non encores vendus ou alienés, mais en tel état que lesdits Biens sont presentement. Et à cet effect, tous les Defauts, Contumaces, Arrêts, Saisissemens, & Executions, données, & faictes, depuis le commencement des troubles, en l'an 1566. tant pour le faict de la Religion, que pour avoir prins les armes, avec tout ce qui s'en est ensuyvi, seront cassées, revocquées, & annullées. Et pareillement toutes les Procedures, Actions, & Citations, lesquelles en ont été faictes, seront aneanties, & rayées és Registres, sans qu'il soit de besoing d'en prendre ou obtenir quelque autre document ou provision, que ce present Traicté, nonobstant toutes Incorporations, Droicts, Cou-

ANNO 1576.

ANNO 1576.

Privilegien, Prescriptien, soo wel legale, conventionale, costuymiere, als locale, noch eenige andere Exemptie ter contrarien, de welcke in desen, ende alle andere saecken de voorsz. troubelen concernerende, sullen cesseren, ende egeene stede hebben, als tot dien by desen, soo verre als 't noot is, specialick ghederogeert wesen, oock mede de Rechten, disponerende dat generale derogatie niet en is sonder precedente specificatie.

XI. Welverstaende dat hier onder begrepen sullen zijn, ende dit tegenwoordigh benefitie genieten, mijn genadichst Vrouwe de Getellenede des doorluchtigen Keurvorst vanden Rhijn, eertijdts achter-gelaten Weduwe des Heeren van Brederode, soo veele als aengaet Vyanen, ende andere Goederen, daer haere C. V. D., ofte actie van haer hebbende, toe gerechtight is.

XII. Insgelijcx sal hier inne begrepen wesen die Grave van Buyren, so vele aengaet de Stadt, Slot ende Landen van Buyren, om de selve by de voorsz. Heere Grave by 't vertreck van Garnisoen gebruyckt te worden als sijn eygen toebehooren.

XIII. Ende sullen te niete gedaen ende afgeworpen werden, die Pilaren, Tropheen, Inscriptien, ende andere teeckenen by den Hertoge van Alve ghedaen rechten, tot schande ende blamatie, soo vande bovengenoemde, als van allen anderen.

XIV. Aengaende die vruchten van de voorsz. Heerlickheden ende Goeden, 't verloop ende die verachterheden vande Dowagiere tochten, Pachten, Chijnsen ende Renten, so op de Coninck, Landen, Steden, ende alle andere die voor date van desen verschenen, ende nochtans niet betaelt ofte ontfangen zijn, by syne Majest. ofte sijns actie hebbende, die sal elcx 't syne mogen genieten ende ontfangen.

XV. Welverstaende, dat alle het geene datter ghevallen is, soo wel vanden voorsz. Erf-goeden, Renten, als alle andere Goeden, sichtent Sinte Jans-misse Anno 1576. lestleden, sal blyven ten profyte vanden geenen hun recht hebbende, niet tegenstaende dat daer af by den Ontfanger van de Confiscatie, ofte andere, yet ontfangen ofte geint ware, daer af in sulcken gevalle restitutie geschieden sal.

XVI. Maer by soo eenige Jaerscharen vanden voorsz. Pachten, Renten ofte andere Innekomen van 's Coninghs wegen by titele van Confiscatie aengeslagen ende geheven ware, soo werdt elck over gelijcke Jaerscharen vry, los ende quyte gehouden vande reele lasten ende opstal uyt syne goeden gaende, soo men oock t'allen tyde insgelijcx vry, los ende quyte ghehouden sal zijn van alle Renten staende op de Landen ende Goederen die men mits die voorleden troublen niet en heeft konnen ghebruycken, in alles naer rate vanden tyde, dat het selfde belet ende ongebruyck uyt oorsaecke voorsz. gebeurt is. Noopende die Huyscatheylen ende andere Meublen, die aen beyden zyden te niete gedaen, verkocht, ofte anders gealieneert zijn daer af en sal niemant eenigh verhael hebben.

XVII. Ende aengaende die Erf-goeden, Huysen ende Renten, die by titele van Confiscatie verkocht ofte veralieneert zijn, de Generale Staten sullen in elcke Provintie, ende uyt de Staten vande selve, deputeren Commissarisen, omme kennisse te nemen vande swarigheden, indien daer eenige vallen, omme redelijcke satisfactie te doen, soo wel aenden auden Proprietaris, als aende Koopers ende verkrijger vande voorsz. Goedeu ende Renten voor hun regres ende evictie respectivelijcken.

XVIII. Van ghelijcken sal ghescheiden noopende 't verloop vande personele Renten ende Obligatien, ende alle andere pretensien, klachten ende doleantien, als de gheinteresseerde ter oorsaecke vande trouble, sullen namaels aen weder-zyden willen intenteren ende voorstellen, in wat maniere dattet zy.

XIX Dat alle Prelaten, ende alle andere Geestelijcke persoonen, wiens Abdyen, Stichten, Fondatien ende Residentien buyten Hollandt ende Zeelandt gelegen, ende nochtans binnen de selve Landen gegoedt zijn, sullen wederom komen in den eygendom ende in 't ghe-

Coutûmes, Privileges, Prescriptions, tant legales, conventionnelles, coutûmieres, que locales, ni aucunes autres Exemptions au contraire: lesquelles en ce faict, & en toutes autres choses lesquelles concernent lesdits troubles, cesseront, & n'auront aucun lieu, comme y ayant derogé, specialement par ces presentes (si tant est qu'il en soit besoing) comme aussi le Droit dispose, que la derogation generale n'est de nulle valeur, si la speciale ne precede.

XI. Bien entendu qu'en ceci seront comprins, & jouiront de ce present benefice Madame la Comtesse Palatine, auparavant Veuve de feu Monsieur de Brederode, en ce qui touche Viane, & autres Biens, qu'elle peut pretendre, ou ceux qui en ont quelque action d'elle.

XII. Semblablement y sera comprins le Comte de Buren, quant à ce qui touche la Ville, le Château, & le Païs de Buren, pour en jouïr comme son bien propre, aprés que la Garnison en sera partie.

XIII. Les Colomnes, Trophées, Inscriptions, & Effigies dressées par le Duc d'Alve, au deshonneur & blâme, tant de ceux qui ont été denommés ci dessus, que tous autres, seront abbatues, & demolies.

XIV. Quant aux fruicts, & revenus des susdites Seigneuries, & Biens, les arrierages des Douaïres, Usufruicts, Fermes, Cens, & Rentes, assignées tant sur les Païs, & Villes de Sa Majesté, que tous autres, lesquelles sont escheuës devant la date de ces presentes, & neantmoins ne sont pas payées, ni receuës par Sa Majesté, ou ceux qui en ont cause, chacun en ce qui est du sien les pourra recevoir, & en jouïr.

XV. Bien entendu, que tout ce qui est escheu, tant desdits Heritages, & Rentes, qu'autres Biens, depuis la S. Jean de l'an 1576. dernier passé, demeurera au profit de ceux qui y ont droit, encores que les Receveurs des Confiscations ou autres, en eussent déja receu quelque chose, dequoi en tel cas il ne se fera point de restitution.

XVI. Mais s'il y a quelques années desdites Fermes, Rentes, ou autres Revenus, lesquelles ayent été saisies, & receuës de par Sa Majesté, chacun sera pour semblables années franc, libre, & quitte des charges réelles, & Hypoteques assignées sur les Biens, comme aussi l'on sera tenu pour libre, franc, & quitte de toutes les Rentes assignées sur les Pays & Biens, desquels on n'a pû jouir à cause des troubles passez, le tout selon les rata du tems, que la jouïssance en a été empêchée pour la cause susdite. Quant aux Cathels, & autres Meubles, lesquels ont été dissipez, vendus, ou alienez de part & d'autre, personne n'en pourra pretendre aucune restitution.

XVII. Et au regard des Heritages, Maisons, & Rentes, lesquelles ont été venduës ou alienées par tiltre de Confiscation: les Etats Generaux deputeront quelques uns d'entr'eux, en châque Province, pour prendre cognoissance des difficultés, s'il s'en presente aucunes, pour en faire satisfaction raisonnable, tant aux anciens Proprietaires, qu'aux Achepteurs, & Vendeurs desdits Biens, & Rentes, pour leur regres, & eviction respectivement.

XVIII. Le même se fera, touchant les arrierages des Rentes personnelles, & obligations, & de toutes autres pretensions, plainctes & doleances, que les interessés, à cause des troubles, pourroyent cy apres intenter, & proposer de part & d'autre, en quelque maniere que ce soit.

XIX. Que tous les Prelats, & autres personnes Ecclesiastiques, dont les Abbayes, Dioceses, Fondations, & Residences, situées hors de Hollande, & Zélande, sont neantmoins beneficiées esdits Pays, rentreront en la possession de leurs dits Biens

ANNO 1576.

ANNO 1576.

't gebruyck vande selve heure Goeden, als vooren, ten opsiene vanden Waerlijcken.

XX. Maer wat belanght de Religieusen ende andere Geestelijcke, die binnen de voorsz. twee Provintien ende heuren Geassocieerde geprofessyt ofte ghepreben-deert, ende daer uyt gebleven ofte getrocken zijnde, gemerckt dat de meestendeel van heure goeden gealie-neert zijn: de selve sal men van nu voorts aen verstrecken redelijcke alimentatien, neffens de geblevene, ofte anders sal hen mede toegelaten worden 't gebruyck van heure goeden, ter verkiesinge nochtans van den Staten, alles by provisie, ende tot dat anderstont op hun vordere pretentie by de Generale Staten verordent sal wesen.

XXI. Voorts is geaccordeert, dat alle giften, exheredatien ende andere dispositien, *inter vivos vel causa mortis*, by particuliere ende private personen ghedaen; daer by de gerechte Erfgenamen ter saecke vande voorsz. troublen, ofte vande Religien, van heuren gerechtige successie versteecken, vermindert ende onterft zijn, uyt krachte van desen gehouden sullen werden als gecasseert ende van geener weerden.

XXII. Ende alsoo die van Hollandt, ende Zeelandt, om die kosten vanden Oorloge beter te vervullen, alle specien van goude en silver te hooge pryse gestelt hebben, die sy in andere Provintien niet en souden konnen sonder groot verlies uytgeven, is besproocken, dat de Gedeputeerden vande gemeyne Staten, ten eersten mogelijck zijnde, advyseren sullen, omme daer af te nemen eenen generalen voet, ten fine dat de cours vande voorsz. Munte eenvoudelick gestelt zy, alsoo na als doenlick is, tot onderhoudenisse van deser Unie, ende vanden ghemeynen Coophandel aen weder-zyden.

XXIII. Voorts op het vertooch gedaen by den Gedeputeerden van Hollandt ende Zeelandt, ten fine dat de Generaliteyt van alle die Nederlanden souden t'heuren laste nemen, alle die schulden die mijn Heere den Prince gecontracteert heeft, omme te doen syne twee Expeditien ende gheweldige Heyrtochten, ten welcken soo wel die van Hollandt ende Zeelandt, als de Provintien ende Steden die hen in den laesten tocht over gaven, verbonden hebben gehadt, (soo sy seyden,) is het selfde Poinct gestelt ende gelaten ter discretie ende determinatie vanden Generale Staten, den welcken alle saecken gheappeyseert zijnde, daer van rapport ofte remonstrantie gedaen sal worden, omme dien-aengaende sulcken reguard genomen te werden als 't behoort.

XXIV. In die gemeyne Accoort ende Pacificatie en sullen niet begrepen zijn, omme te genieten 't beneficie van dien, de Landen, Heerlickheden ende Steden houdende Partye contrarie, tot dat sy hen effectuelicken sullen gevoecht hebben met dese Confederatien, d'welck sy sullen mogen doen als 't hen believt.

Welck Tractaet ende Vredehandel, naer rapport, aggreatie ende advoyement soo wel vanden Heeren Gecommitteerden totten Gouvernemente vanden Landen, als oock vanden Staten der selven, eensamelicken van mijn Heere de Prince, Staten van Hollandt, Zeelandt, ende Geassocieerde, in alle de voorsz. Poincten ende Articulen, oock mede al 't gene dat by den voorsz. Generale Staten, in 't gene voorsz. is, ende anders gedefinieert ende geordineert sal worden, de voorsz. Gedeputeerden hebben uyt krachte van hunlieden Pouvoiren ende Commissie, belooft onverbreeckelick te observeren, onderhouden ende volkomen ende alle 't selve over d'een ende d'ander zyde te doen respectivelijcken ratificeren, sweeren, tekenen ende zegelen by de Prelaten, Edelen, Steden ende andere Leden vande voorsz. Landen, sonderlinge oock by den voorsz. Heere Prince, soo wel in 't generael als particulier binnen een maent naestkomende t'elck genoegen. Ende in kennisse van alle 't gene voorsz. is, hebben de voorsz. Gedeputeerden desen tegenwoordigen onder in 't Schepen-huys vander Stadt van Gent, den achtsten van November 1576 onder gheteyckent, by de Gedeputeerde ten weder-zyden inde prefatie van desen geroert.

Biens comme auparavant, au regard des Seculiers.

XX. Mais quant à ce qui touche les Personnes Religieuses, & autres Ecclesiastiques, qui ont été profez, & prebendez esdites deux Provinces, & s'en sont retirés, veu que la plûpart de leurs biens ont été alienés, on leur donnera d'oresnavant une raisonnable alimentation, avec ceux qui y sont demeurez, ou autrement, on leur permettra la jouïssance de leurs biens, au choix & option toutesfois des Etats, le tout par provision, & jusques à ce que sur leurs ulterieures pretensions, il en soit ordonné par les Etats Generaux.

XXI. En apres on a accordé, que toutes donations, exheredations, & autres dispositions, inter vivos vel causa mortis, *faictes par personnes particulieres, & privées, & par lesquelles les vrays Heritiers ont été deboutés, privés, & desherités, à cause desdits troubles, ou de la Religion, seront en vertu de cètes, tenuës pour cassées, & de nulle valeur.*

XXII. Et comme ceux de Hollande, & Zélande, pour d'autant mieux fournir aux frais de la Guerre, ont mis à haut pris toutes especes de Monnoye d'or, & d'argent, lesquelles ils ne sçauroyent débiter en d'autres Provinces sans grande perte, il a été conditionné que les Deputés des Etats Generaux, adviseront au plûtôt qu'il sera possible, à prendre là dessus un pied general, à ce que le cours desdites Monnoyes se puisse égaler, au plus prés que faire se pourra, pour l'entretenement de cette Union, & du commun Trafficq de part & d'autre.

XXIII. Et quant à la remonstrance, faicte par les Deputés de Hollande, & Zélande, afin que la Generalité de tous les Pays-bas prenne à sa charge de payer toutes les debtes, que Monsieur le Prince a faictes, pour faire ses deux Expeditions, & la levée de ses deux grandes Armées, à quoi tant ceux de Hollande, & Zélande, que les autres Provinces & Villes, lesquelles se rendirent du temps de sa derniere Expedition, s'étoient obligées (comme ils dirent) ce point a été remis, & laissé à la discretion, & determination desdits Etats Generaux, ausquels, (aprés que toutes les affaires seront appaysées) on en fera rapport ou remonstrance, afin d'y avoir tel égard qu'il appartiendra.

XXIV. En ce commun Accord, & Pacification ne seront point comprins, pour joüir du benefice d'icelle, les Pays, Seigneuries, & Villes, tenans parti contraire, jusques à ce qu'ils se seront effectuellement joints, & unis en cette Confederation, ce qu'ils pourront faire quand il leur plaira.

Lequel Traité & Négociation de Paix, ensuite du rapport, agrément & aveu des Seigneurs Députez au Gouvernement desdits Pays, comme aussi des Etats d'iceux, ensemble de M. le Prince, des Etats de Hollande, Zélande & Associez, les susdits Députez, en vertu de leur Pouvoir & Commission, ont promis d'observer, entretenir & accomplir inviolablement, dans tous lesdits Points & Articles, comme aussi tout ce qui par les Etats Generaux sera défini & ordonné à cet égard. Et de les faire respectivement ratifier, jurer, signer & sceller de part & d'autre par les Prelats, Nobles, Villes & autres Membres des susdits Pays, & particuliérement par ledit Seigneur le Prince d'Orange, tant en general qu'en particulier, & ce dans un mois prochain au contentement d'un chacun. En témoin de ce que dessus les susdits Députez à ce presens ont signé ces presentes dans la Maison de Ville de Gand le huitiéme de Novembre 1576.

ANNO 1576.

CXLI.

ANNO 1576.

11. Dec.

CHAMPAGNE ET BRIE.

CXLI.

Aſſociation faite entre les Princes, Seigneurs, Gentilshommes, & autres, tant de l'Etat Eccleſiaſtique, de la Nobleſſe, que du tiers Etat, Sujets & Habitans du Pays & Comté de CHAMPAGNE & BRIE, *approuvée par Henri III. Roi de France, à Blois, le* 11. *Décembre*, 1576. [Memoires du Duc de Nevers. Part. I. pag. 114.]

AU nom de la tres-ſainɥte Trinité, & de la Communion du precieux Corps de JESUS-CHRIST, avons promis & juré ſur les ſaintes Evangiles, & ſur nos vies, honneurs & biens, de garder inviolablement les choſes accordées & par nous ſousſignées, ſur peine d'eſtre à jamais declarez parjures, infames & tenus pour Gens indignes de toute nobleſſe & honneur.

Premierement, eſtant connu de chacun les grandes pratiques & conjurations faites contre l'honneur de Dieu, la ſainɥte Egliſe Catholique, & contre l'Eſtat & Monarchie de ce Royaume de France & Maiſon de Valois, tant par aucuns des Sujets dudit Royaume que par étrangers; & que les longues & continuelles Guerres & Diviſions civiles ont tellement affoibly, & reduit nos Rois en telle neceſſité, qu'il n'eſt plus poſſible que d'eux-meſmes ils ſoûtiennent la dépence neceſſaire pour la conſervation de noſtre Religion, Eſtat & Dignité Royale; ny qu'ils puiſſent par-cy-apres nous maintenir ſous leur protection en ſeureté de nos perſonnes, familles & biens, auſquels par cy-devant nous avons receu tant de perte & dommage.

Avons eſtimé eſtre tres-neceſſaire de rendre premierement l'honneur que nous devons à Dieu, à la manutention de noſtre Religion Catholique, & nous y montrer plus affectionnez à la conſervation d'icelle, que ceux qui ſont desvoyez de la bonne Religion, ne ſont à l'avancement d'une nouvelle opinion.

Par ainſi jurons & promettons de nous employer de toutes nos puiſſances à remettre & maintenir l'exercice de noſtre Religion Catholique, Apoſtolique & Romaine, en laquelle nous & nos Predeceſſeurs avons eſté nourris, & voulons vivre & mourir.

Auſſi promettons & jurons toute obeiſſance, honneur, & tres-humble ſervice au Roy Henry à preſent regnant, que Dieu nous a donné pour noſtre ſouverain Roy & Seigneur, & qui eſt legitimement appellé à la ſucceſſion de ſes Predeceſſeurs par la Loy du Royaume; & apres luy à toute la poſterité de la Maiſon de Valois.

Et outre l'obeiſſance & ſervice que nous ſommes tenus par tout Droit de rendre à noſtredit Roy Henry à preſent regnant, nous promettons employer nos biens & vies pour la manutention de ſon Eſtat, conſervation de ſon authorité, & l'execution des commandemens qui par luy, ſes Lieutenans Generaux, ou autres ayant de par luy pouvoir, nous ſeront faits; ſans reconnoiſtre autre quiconque ſoit, que luy, ou ceux qui de par luy nous commanderont.

Et d'autant que par la bonté & prudence de noſtredit Roy & Souverain Seigneur, il luy a plû tant faire de bien à tous les Sujets de ſon Royaume, que de les convoquer à une Aſſemblée generale de tous Ordres & Eſtats dudit Royaume, pour entendre les plaintes & doleances de ſes Sujets; & pour faire une bonne reformation des abus & deſordres qui ont continué de longtemps en cedit Royaume, eſperant que Dieu nous donnera quelque bonne reſolution par une ſi bonne & grande Aſſemblée; promettons & jurons d'employer nosdits biens & vies pour l'entiere execution de ce qui ſera commandé & ordonné par S. M. apres avoir oüi les remonſtrances des Eſtats aſſemblez.

Et pour cét effet nous tous ſousſignez, promettons de nous tenir preſts, bien armez & montez, & accompagnez ſelon nos qualitez, pour incontinent que nous ſerons advertis, executer ce qui nous ſera commandé par le Roy noſtre dit Souverain Seigneur, ou par ſes Lieutenans ou autres ayans de luy pouvoir & authorité, tant pour la conſervation de noſtredite Province, que pour aller ailleurs, s'il eſt beſoin, pour la conſervation de noſtredite Religion & ſervice de ſadite Majeſté.

Et offrons pour le Pays & Comté de Champagne & Brie pour cét effet, jusqu'au nombre de Gens de Cheval bien montez & armez; & Gens de Pied, tant pour la conſervation de ladite Province, que pour employer ailleurs où il ſera requis; ſans y comprendre ceux qui ſont des ordonnances; attendu qu'ils ſont obligez de ſervir ailleurs. Et pour chacune Compagnie, ſoit de Gens de Cheval, ſoit de Gens de Pied, ſeront trois Gentilshommes du Païs nommez au Lieutenant de Roy, ou celuy qui aura pouvoir de S. M. qui fera choix & élection de l'un d'iceux.

Et parce que telles levées ne ſe peuvent mettre ſus ſans grands frais & dépences; & qu'il eſt tres-juſte en telle neceſſité des affaires du Royaume, d'employer tout le moyen que chacun peut avoir; ſera levé & pris ſur le Pays les ſommes de Deniers qui ſeront jugées neceſſaires par l'advis du Lieutenant du Roy ou autre ayant pouvoir de S. M. dont apres S. M. ſera ſuppliée les vouloir authoriſer & valider, attendu que c'eſt pour employer en choſes ſi ſainɥtes & neceſſaires pour le ſervice de Dieu & de ſadite Majeſté.

Et pour plus facile execution des choſes ſusdites, les Gouverneurs appelleront ſix des principaux de la Province, pour avec leurs advis pourvoir à ce qui ſera neceſſaire pour l'execution des choſes ſusdites.

Et en chacun Baillage ou Seneschauſſée de ladite Province, ſera deputé un ou deux Gentilshommes, ou autre de ſuffiſance & fidelité requiſe, pour entendre particulierement ſur les Lieux ce qu'il ſera beſoin, pour apres le rapporter à ceux qui en ſeront chargez par les Gouverneurs ou Lieutenans pour le Roy.

Et s'il eſt advisé pour le ſervice du Roy, bien & repos de ladite Province, d'avoir advis & communication aux Provinces voiſines, aurons ſi bonne intelligence que chacun ſe pourra aider & ſecourir l'un l'autre.

Tous lesdits Gentilshommes & autres Catholiques eſtans de ladite Aſſociation, ſeront maintenus & conſervez les uns par les autres ſous l'obeiſſance du Roy en toute ſeureté & repos, & empeschez de toute oppreſſion d'autruy: & s'il y a different & querelle entre eux, ſera composé par le Lieutenant General du Roy, ou ceux qui par luy ſeront appellez, qui fera executer ſous le bon plaiſir & commandement du Roy, ce qui ſera advisé eſtre juſte & raiſonnable.

Et ſi aucuns desdits Catholiques de ladite Province, apres avoir eſté requis d'entrer en ladite Aſſociation, faiſoit difficulté ou uſaſt de longueur, attendu que ce n'eſt que pour l'honneur de Dieu, le ſervice du Roy, le bien & repos de la Patrie, ſera eſtimé en tout le Pays ennemy de Dieu, & deſerteur de ſa Religion, rebelle à ſon Roy, traiſtre & proditeur de ſa Patrie; & du commun conſentement de tous les Gens de bien, abandonné de tous, delaiſſé & expoſé à toutes injures & oppreſſions qui luy pourront ſurvenir; ſans qu'il ſoit jamais receu en compagnie, amitié & alliance des ſusdits Aſſociez & Confederez, qui tous ont promis & juré amitié & intelligence entre eux pour la manutention de leur Religion, ſervice du Roy, & conſervation de leurs perſonnes, biens & familles.

Et parce que ce n'eſt nôtre intention de travailler aucunement ceux de la nouvelle opinion, qui voudront ſe contenir ſans entreprendre aucune choſe contre l'honneur de Dieu, ſervice du Roy, bien & repos de ſes Sujets; promettons & jurons les conſerver, ſans qu'ils ſoient aucunement recherchez en leurs conſciences, ny moleſtez en leurs perſonnes, Biens, honneurs & familles: pourveu qu'ils ne contreviennent aucunement à ce qui ſera par Sa Majeſté ordonné apres la concluſion des Eſtats Generaux.

Nous avons promis & juré de tenir les Articles ſusdits, & les obſerver de point en point, ſans jamais y contrevenir, & ſans avoir égard à aucune amitié, parentage, & alliance que nous pourrons avoir à quelque perſonne de quelque qualité & Religion qu'elle ſoit, qui voudroit contrevenir aux commandemens & Ordonnances du Roy, bien & repos de ce Royaume: & ſemblablement de tenir ſecrette la preſente Aſſociation, ſans aucunement la communiquer ny faire entendre à quelque perſonne que ce ſoit, ſinon à ceux qui ſeront de la preſente Aſſociation. Ce que nous jurerons & affirmerons ſur nos conſciences & honneurs, & ſous les peines cy-deſſus mentionnées: le tout ſous l'authorité du Roy, renonçant à toutes autres Aſſociations, ſi aucunes en avoient eſté cy-devant faites.

Apres avoir entendu le contenu aux Articles cy-deſſus, avons permis à nos Sujets du Pays de Champagne & Brie,

ANNO 1576. & Brie, d'executer ce qui est porté par iceux ; & octroyé de lever sur eux les deniers necessaires. Fait à Blois le onziéme jour de Decembre 1576.

CXLII.

1577. 9. Janv. PAYS-BAS. *Acte de l'Union des Etats des* PAYS-BAS, *pour obliger Dom* JEAN D'AUTRICHE *de retirer les Troupes Espagnoles, de l'oppression desquelles lesdits Etats se plaignoient, fait à Bruxelles, le 9. Janvier 1577.* [EMANUEL DE METEREN, Histoire des Pays-Bas traduite en François. Feuill. 131.]

NOus soubsignés, Prelats, Gens d'Eglise, Seigneurs, Gentilhommes, Magistrats, & Gens de Justice, Villes, Chastelanies, & autres, taysans & representans les Estats des Païs-Bas, assemblés presentement en la Ville de Brusselles, & autres estans sous l'obeïssance du tres-haut, tres-puissant, & tres-illustre Prince, le Roy Philippe, nostre Souverain Seigneur, & Prince naturel. Sçavoir faysons, à tous presens & à venir, que nous, voyans nostre commune Patrie oppressée, par l'oppression, plus que barbare & tyrannique, des Espaignols, avons esté esmeus, poussés & forcés, de nous unir & joindre par ensemble pour assister les uns les autres, d'Armes, de Conseil, de Gens, & d'Argent, contre lesdits Espaignols, & leurs Adherans, declarés rebelles de Sa Majesté, & d'estre nos Ennemis.

Et que ceste union & conjoinction a esté depuis consentie par la Pacification dernierement faicte, le tout par authorité & aggreation du Conseil d'Estat, commis par Sa Majesté au Gouvernement general des susdits Païs. Et d'autant que la bonne intention des Deputez de ceste Union requiert toute fidelité, constance, & Treve de part & d'autre pour toujours, & que nous ne voulons aucunement, que par quelque malentendu, il y ait quelque matiere de soupçon, beau coup moins de quelque mauvaise volonté en nous, mais au contraire, que les affaires de ladite Union, puissent estre avancés, procurés & executés, en toute sincerité, fidelité, & diligence, en telle sorte qu'aucun des Habitans & Sujects desdits Païs, n'ait occasion legitime, de s'en mescontenter, ou de nous en sçavoir mauvais gré. Partant, & specialement afin d'éviter, que rien ne se face infidelement, & au prejudice de nostre commune Patrie, en la juste & legitime defence d'icelle, ni aussi que rien puisse estre obmis par negligence ou connivence, de ce qui est, ou pourroit estre necessaire pour ladite defence: Nous avons, en vertu de nostre Pouvoir, & Commission, respectivement & autrement, pour nous & nos Successeurs, promis, & promettons en bonne foy, comme bons Chrestiens, Gens d'honneur, & vrays amateurs de nostre Patrie, de tenir & entretenir inviolablement, & pour toujours, ceste Union, Association & Alliance commune, sans qu'aucun de nous s'en puisse desunir, ou separer par simulation, feintise, secrete intelligence, ni par aucune autre maniere, que ce soit, à la conservation de nostre saincte foy, & de la Religion Catholique, Apostolique, & Romaine, accomplissement de la susdite Pacification, & quant & quant à l'expulsion des Espaignols, & de leurs Adherans, sous la deuë obeïssance de Sa Majesté, au bien & repos de nostre Patrie, ensemble pour maintenir & conserver tous & chacun nos Privileges, Droicts, Franchises, Statuts, Coustumes, & Usances anciennes. A quoy nous employerons tous les moyens qui nous seront possibles, soit Argent, Gens, Conseil, Biens, voire la vie mesme, s'il en est de besoing. Et que nul de nous ne pourra en particulier, donner aucun conseil, advis ou consentement, ni tenir communication secrette ou particuliere, avec ceux qui ne sont pas de ceste Union, ni au contraire leur reveler en aucune maniere, ce qui est ou sera traicté, advisé ou arresté en nostre commune Assemblée, ains il faudra qu'il s'accommode & se conforme à tout ce que portera nostre commune & generale resolution. Et que si quelque Province, Estats, Païs, Ville, Chasteau, ou Mayson venoit à estre assiegée, assaillie, envahie, endommagée, ou oppressée, en quelque façon que ce soit, ou que quelqu'un de nous, ou autre, s'estant comporté valeureusement pour la Patrie, & defence d'icelle, contre lesdits Espaignols, ou en d'autres affaires, lesquels en dependent, tant en general qu'en particulier, vienne à estre recherché, emprisonné, rançonné, endommagé, travaillé, oppressé ou inquieté, en sa personne, en son bien, honneur, estats, ou autrement: nous promettons de l'assister par tous les moyens susdits, & notamment, de procurer & poursuyvre la délivrance de tels prisonniers, soit par force & violence, ou autrement: sur peine d'estre demis & degradé de noblesse, de nom, d'armes & d'honneur, & d'estre tenus comme perjures, desloyaux & Ennemis de nostre Patrie, devant Dieu, & devant tous les hommes, & d'encourir pour jamais, note d'infamie & de lacheté. Et pour confirmer & valider ceste nostre saincte Alliance, nous avons signé la presente de nostre seing ordinaire, le neufiesme de Janvier l'an 1577. Dessouz estoyent les signatures des Deputés de chasque Province, & au bas estoit la confirmation & aggreation de Messieurs du Conseil d'Estat, en la maniere qui s'ensuit.

ANNO 1577.

Les Deputés des Estats Generaulx cy dessus soubsignés, ayant requis ceux du Conseil d'Estat, commis par Sa Majesté au Gouvernement general des Païs de par deçà, de vouloir aggreer le contenu de ceste Union, cy dessus escritte. Ceux du susdit Conseil, considerans la susdite requisition, & les raisons cy dessus recitées, ont, autant qu'en eux est, aggreé, & confirmé, aggreent & confirment par cestes la susdite Union, selon sa forme & teneur. Fait à Brusselles sur la Mayson de Ville, en l'Assemblée des Estats susdits, le 9. de Janvier, l'an 1577. *Et plus bas*, par Ordonnance de Messieurs du Conseil d'Estat, BERTIJ.

CXLIII.

Edit Perpétuel, ou Traité & Accord entre le Prince Don JEAN D'AUTRICHE, *au nom de* PHILIPPE II. *Roi d'Espagne, & les* ETATS GENERAUX DES PAYS-BAS. *Fait à Bruxelles le 17. Février, 1577.* [EMANUEL DE METEREN, Histoire des Pays-Bas traduite en François. Feuill. 132.] 17. Fevr. ESPAGNE ET PAYS-BAS.

PHILIPPE, par la grace de Dieu, Roy de Castille, de Leon, d'Arragon, de Navarre, de Naples, de Sicile, de Majorque, Sardaigne, des Isles des Indes, & de la Terre ferme de la Mer Occeane: Archeduc d'Austriche, Duc de Bourgogne, de Lorrayne, de Brabant, de Limbourg, de Luxembourg, de Gueldre, & de Milan: Comte de Habsbourg, de Flandres, d'Artois, & de Bourgogne: Palatin de Haynault, de Hollande, de Zelande, de Namur, & de Zutphen: Prince de Suave, Marquis du S. Empire: Seigneur de Frise, de Salins, de Malines, de l'Estat, des Villes, & Païs d'Utrecht, d'Overissel, & Groninghe, & Dominateur en Asie, & en Afrique. A tous ceux qui ces presentes Lettres Patentes verront, & orront, Salut: Que comme depuis le dernier de Juillet, estoient arrivés, à nostre grand regret & marrissement en nos Païs-Bas, à cause des alterations survenuës parmy nos Soldats Espaignols, & autre Gendarmerie estrangere, les changemens & troubles, avec les desreglemens, inconveniens, malversations & miseres, lesquelles pareillement, à nostre grand regret, en sont ensuyvies, ainsi qu'un chacun sçait, nous avons envoyé en nosdits Païs, à la reconciliation, reunion, repos & Paix desdits Païs, & au Gouvernement general d'iceux, nostre tres-aymé bon Frere Don Jean d'Austriche, Chevalier de nostre Ordre de la Toyson d'or.

Lequel à son arrivée és nosdits Païs, a traicté & arresté premierement en nostre Ville de Luxembourg, avec nostre tres-cher, fidele, & bien aymé, le Reverend Pere en Dieu le Sieur Matthieu, Abbé de S. Gilain, esleu Evesque d'Arras, Charles, Philippe de Croy, Marquis de Havre &c. nostre Cousin, & Gentilhomme de nostre Chambre, Charles de Hauwaert, Baron de Liedekercke, Vicomte de nostre Ville de Brusselles, & Adolf de Meetkercke, Conseillier, & Recepveur de nostre Païs de Vryen, en nostre Comté de Flandres, Commis & Deputés des Estats Generaulx de nosdits Païs-Bas, & depuis en nostre Ville de la Marche, & depuis encores en la Ville de Hoy, au Païs de Liege, par l'intervention & entremise des Seigneurs cy dessous nommés, Ambassadeurs & Deputés, de nostre tres-digne, & tres-cher Frere Rodolph, second de ce nom, Empereur des Romains, toujours Auguste gufte &c. deputés & envoyés fpecialement de Sadite Majefté Imperiale, afin de moyenner & avancer ladite reconciliation, union & accord, à fçavoir, le tres-reverend Pere en Dieu, noftre cher & bon amy, le Sieur Geraert de Groesbeke, Evesque de Liege, Duc de Bouillon, Marquis de Franchimont, Comte de Loon &c. Prince du S. Empire: Le Sieur Philippe d'Alde, Baron de Wynebourg, Prefident, & André Gaille, Docteur és Loix, premier Confeillier de Sadite Majefté Imperiale: Warner, Sieur de Gimmich, Grand Bailli du Pais de Juliers, & Jean Louwerman, Licentié és Droićts, tous deux Confeilliers du haut & puiffant Prince, noftre tres-cher, & tres-aymé Oncle, Guillaume Duc de Cleves, & de Juliers &c. pareillement Prince du S. Empire, comme Deputés dudit Duc. Et Ambaffadeur de Sa Majefté Imperiale, denommé par le fusdit Duc, & fubdelegué en fon abfence, à ce que deffus, avec nos tres-chers & feaulx, ceux de noftre Confeil d'Eftat, commis de par nous, au Gouvernement General de nosdits Païs, & Secrets: Et le fusdit Sieur Matthieu, Abbé de S. Gilain, & efleu Evesque d'Arras: le Sieur Bucho Ayta, Archediacre d'Ypre: le Sieur Frederic Perenot, Baron de Roufe: le Sieur de Champigny, Gouverneur de noftre Ville d'Anvers, Jean de S. Omer, Sieur de Moerbeque, Gouverneur de noftre Ville, & Chafteau de Arien, François de Halewin, Sieur de Swevegem, Grand Bailli, & Capitaine de noftre Ville & Chafteau de Oudenaerde, Chevaliers. Et le fusdit Adolf de Meetkercke, commis & deputés des Eftats fusdits, & la derniere fois en noftre Ville de Bruffelles, où, afin de pourfuyvre, & parachever, le fusdit Traićté & Accord, avec ceux de noftredit Confeil d'Eftat, & les Eftats fusdits, fe font trouvés, les fusdits Seigneurs, & Ambaffadeurs de l'Empire, & les Subdelegués du fusdit Duc de Juliers, avec noftre tres-cher & feal, le Sieur Očtavio Gonzago, Chevalier, & noftre Confeillier, commis à cela par nôftre fusnommé bon Frere, propofant divers poinćts, & moyens, tendans & fervans à ladite conciliation, accord & reunion, & à l'adreffe, & execution d'icelle, nous avons, avec la deliberation, confeil, & advis de noftre fusnommé bon Frere, & de ceux de noftre Confeil d'Eftat, & Secret fusnommés, en conformité des fusdits poinćts & moyens, entre nous d'une part, & les fusdits Eftats de l'autre traićté, & accordé, pour nous, & nos Succeffeurs, ftatué & ordonné, comme nous ftatuons & ordonnons, en forme d'un Edićt perpetuel, & pour jamais irrevocable, les Poinćts & Articles fuivans.

I. Premierement que toutes offenfes, injures, mesfaićts, accufations, & en general, tous faićts & ačtes reels, faićts, advenus, & accomplis, à caufe des fusdites alterations, changemens, & troubles, par tous, & un chacun des Habitans, & manans de nosdits Païs, en quelque lieu, & maniere que ce foit, tant en general, qu'en particulier, feront, & demeureront, oubliés, & eftimés comme non advenus, tellement que nul des fusdits Habitans n'en fera jamais tourmenté, faché, ou recherché.

II. Que puis que les Evesques, Abbés, & autres Prelats, & perfonnes Ecclefiaftiques de nosdits Païs, comme auffi ceux de la Faculté en Theologie, & és Droićts, de l'Univerfité de Louvain, ont par diverfes Lettres Patentes dreffées là deffus, advifé, & attefté, que felon l'eftat des affaires, auquel eftoyent pour lors nosdits Païs-Bas, le Traićté de Paix faićt & arrefté en noftre Ville de Gand, le 8. de Novembre dernier paffé, entre les Eftats fusdits d'une part, & noftre Coufin Guillaume de Naffau, Chevalier de noftre Ordre, Prince d'Orange, & les Eftats de nos Païs de Hollande & Zelande, avec leurs Affociés, & Alliés, de l'autre, ne contenoit rien, qui prejudiciaft à noftre fainćte foy, & à la Religion Catholique, Apoftolique, & Romaine, mais au contraire fervoit à l'advancement d'icelle: Et que pareillement ceux de noftre Confeil d'Eftat, ont advifé, arrefté & certifié, que fuyvant l'eftat des affaires, auquel nosdits Païs eftoyent pour lors, ledit Traićté de Paix, ne contenoit femblablement rien qui fut prejudiciable à la grandeur, à l'authorité, & fubječtion, que nosdits Païs nous doibvent, & notamment, que le mesme a efté attefté, & certifié par les fusdits Seigneurs de l'Empire, & Subdelegués du fusdit Prince, & Duc de Juliers, en conformité, de ce que les fusdits Evesques, Abbés, & autres Prelats, & perfonnes Ecclefiaftiques, avec ceux de noftre Confeil d'Eftat, en ont attefté. Voyla pour quoi nous avons aggreé, approuvé, & ratifié, aggreons, approuvons, & ratifions par cefte le prefent Traićté de Paix, Poinćts, & Articles, promettant en foy, & parole de Roy, & Prince, autant que ledit Traićté de Paix nous touche, & concerne, de le garder, & obferver, pour jamais inviolablement, & de le faire pareillement entretenir, & garder par tous, & un chacun de ceux auquel il touche. Suyvant quoy, nous accordons, & ordonnons, que la convocation de l'Affemblée des Eftats Generaulx de nosdits Païs-Bas, mentionnée en l'Article troifiesme du fusdit Traićté de Paix, fera faićte en telle façon & maniere, & avec tels effećts que contient le fusdit Article.

III. Item nous accordons, ftatuons & ordonnons, que tous & un chacun de nos Gens de Guerre, Efpaignols, Allemands, Italiens, Bourguignons, & autres eftrangers, tant à cheval qu'à pied, eftans prefentement en nosdits Païs-Bas, partiront libres, francs, & fans empeschement, hors de nosdits Païs, fans y pouvoir retourner, ou fans qu'autres y pourront derechef eftre envoyés, n'ayant point de Guerre hors du Païs, & generalement n'en ayant point de befoin, comme les Eftats Generaulx desdits Païs, le fçavent, & le trouvent bon.

IV. Et quant au temps & terme du partement de nosdits Gens de Guerre, nous accordons, ftatuons & ordonnons, que d'entre eux feulement, les Espaignols, Italiens, & Bourguignons, partiront vingt jours apres l'infinuation, que noftredit bon Frere leur fera faire incontinent, hors de noftre Chafteau, & Ville d'Anvers, & de tous nos autres Chafteaux, Villes, & Forteresses de nosdits Païs-Bas, lesquelles ils tiennent, & occupent prefentement où ils fe trouvent, & hors de tous nos Païs-Bas; & notamment hors de noftre Duché de Luxembourg en vingt autres jours, ou plustoft, fi faire fe peut, à quoy noftredit Frere s'employera de tout fon pouvoir, & durant ledit temps de quarante jours, il faudra que tous, & un chacun de nos Gens de Guerre, fe comportent honneftement & payfiblement, fans brusler, piller, oppreffer, ou endommager en aucune façon nosdits Pays-Bas, ni les Pays voyfins, & Habitans.

V. Et quant au terme & temps du partement des Soldats Allemands, il faudra qu'ils partent hors de nos Pays Bas, incontinent, apres que les Eftats auront accordé avec eux, fur ce qu'on trouvera felon rayfon & equité, leur eftre redevable, apres qu'on aura faićt conte & desconte avec eux, & qu'on aura rabattu ce qu'il faut, comme cela fe verra plus amplement cy apres, au quinziesme Article de noftre prefente Lettre, où nous en difpoferons.

VI. Nosdits Gens de Guerre, Espaignols, Allemans, Italiens, Bourguignons, & autres, en partant hors de nos Chafteaux, & Villes, y laifferont tous les Vivres, Provifions, Artillerie, & Munition de Guerre, qui y font, lesquels Chafteaux & Villes, avec lesdits Vivres, Provifions, Artillerie, & Munition, nous mettons, avec l'advis de noftredit Confeil d'Eftat, és mains de perfonnages nés en nosdits Pays-Bas, & qualifiés, felon que portent les Privileges desdits Pays, & qui pour cefte fois feront agreables aux fusdits Eftats.

VII. Et quant aux oppreffions, contributions, & compofitions, faićtes, par quelques uns de nos Gens de Guerres, quels qu'ils pourroyent eftre, en nos Pays-Bas, durant le temps qu'ils s'y font tenus, nous ferons faire en cela, felon que le Droićt, la rayfon, & l'equité le requerra, & felon qu'il fera poffible de le pouvoir acccomplir & executer, auffi ferons-nous faire recherche, & information, tant des Chefs & Capitaines de nosdits Gens de Guerre, que de tous, & un chacun de nos Soldats, qui en quelque façon, & maniere que ce pourroit eftre, pourroyent avoir forligné & forfaićt en nosdits Pays-Bas, ou és Pays voifins. Et nous en ferons Droićt & Juftice, foit en nos Pays-Bas, ou en nos Royaume d'Espaigne, ou ailleurs, felon que nous trouverons eftre le plus expedient.

VIII. Nous accordons, ftatuons & ordonnons auffi, que tous, & un chacun des prifonniers, detenus à caufe des fusdits changemens, alterations & troubles, de part & d'autre, feront delivrés & relachés francs & libres, fans payer rançon. Bien-entendu que touchant le renvoy de noftre Coufin Philippe, Guillaume de Naffau, Comte de Bueren, és nosdits Pays-Bas, nous pourvoyrons, & ferons, qu'il fera remis franc & libre en nosdits Pays-Bas, auffi toft que l'Affemblée des Eftats Generaulx fe tiendra, & que le Prince d'Orange aura de fon cofté fatisfaićt, reellement,

lement, & de faict, à ce qui sera arresté en ladite Assemblée.

IX. Item nous accordons, statuons & ordonnons, que le debat, different, & la difficulté, touchant le restablissement de quelques Seigneurs & Officiers, en leurs Gouvernemens, Estats, & Offices, desquels ils ont esté demis, à cause des susdits changemens, troubles, & alterations, sera suspendu, jusques à l'Assemblée susdite des Estats Generaulx. Et lors ladite question, ou different, sera mis en Justice, & rapporté au Conseil, & à la Justice ordinaire de nosdits Païs-Bas respectivement, afin que la cognoissance en ayant esté prinse, on en face une fin, selon rayson.

X. En apres, nous promettons en foy, & parole de Prince, d'entretenir & maintenir par nostre-dit bon Frere, & par tous autres Gouverneurs, & par un chacun d'iceux, tant generaulx que particuliers, lesquels sont, ou pourront estre envoyés en nosdits Païs-Bas, par nous ou nos Successeurs, & de faire entretenir & maintenir, tous & un chacun, les anciens Privileges, Usances, & Coustumes de nosdits Païs-Bas, & que nous ne nous laisserons pas servir, soubz nostre Gouverneur, ou soubz celuy de nostre susdit Frere, ou autres Gouverneurs de nosdits Païs, en Conseil, ou autrement, d'aucuns autres au Gouvernement & administration de nosdits Païs Bas, sinon de ceux qui sont naturels, & nés en nosdits Païs.

XI. Les Estats susdits ont reciproquement promis, sur leur conscience, foy & honneur, devant Dieu & devant tous hommes, d'entretenir & maintenir, doivent entretenir & maintenir, & qu'ils entretiendront, & maintiendront en toutes choses, & par tout nostre saincte Catholique Foi, Apostolique & Romaine, & l'authorité, & obeïssance laquelle nous est deuë, & de n'y contrevenir jamais.

XII. Item, les mesmes Estats ont aussi pareillement, & en la mesme maniere, promis de renonçer, doivent renonçer, & renonçeront à toutes, & chacune, les Alliances & Confederations, faictes pour leur asseurance, & defence avec des estrangers, depuis les changements, alterations, & troubles susdits.

XIII. Les mesmes Estats ont aussi promis de congedier & renvoyer, doivent congedier & renvoyer, & congedieront, & renvoyeront hors de nosdits Païs Bas, toute & un chacune, la Gendarmerie estrangere, laquelle ils ont levée, ou auront peu faire lever, & d'empescher, doivent empescher, & empescheront, que nulle autre n'entre en nosdits Païs-Bas.

XIV. Item, les susdits Estats, en tesmoignage, & pour certifier la sincere & naturelle affection, qu'ils portent à nostre service, nous ont liberalement presenté, & accordé la somme de six cens mille Livres, de quarante gros la Livre, Monnoye de Flandres. De laquelle somme, ils mettront en Argent prest, la moitié és mains des susdits Sieurs Ambassadeurs de l'Empire, & Subdelegués du susdit Prince, & Duc de Juliers, afin d'estre delivrée par les susdits Sieurs Ambassadeurs, & Subdelegués proportionnellement és mains de nostre susdit bon Frere, ou à celuy qui sera commis par luy, à la discretion, & selon que les susdits Sieurs Ambassadeurs, & Delegués le trouveront bon, afin de faire partir nos susdits Gens de Guerre, Espaignols, Italiens, Bourguignons, & autres estrangers, hors de nostre Chasteau & Ville d'Anvers, & hors de tous, & un chacun de nos Chasteaux, Villes, & Forteresses, hormis les susdits Allemands, jusques à ce qu'on ayt entierement descompté avec eux, comme sera dit cy aprés. Et lesdits Estats transporteront l'autre moitié, pour la faire tenir par suffisantes Lettres d'eschange à Gennes, pour en deux mois, aprés que les susdits Espaignols, Italiens, & Bourguignons, seront partis hors de nostre susdite Ville, & Chasteau d'Anvers, estre delivrée és mains de ceux, qui en auront procuration de nostredit bon Frere.

XV. D'avantage lesdits Estats, en la maniere que dessus, ont promis de prendre, & ont prins à leur charge, de contenter les Allemands susdits, de la solde, laquelle, aprés qu'on aura faict les comptes & descomptes, & qu'on aura rabbatu, ce qu'il fault rabattre, on trouvera, selon rayson & equité, leur estre encores redevables. En quoy nous, & nostredit Frere, promettons d'assister lesdits Etats, & les ayderons de tout nostre pouvoir, authorité, & credit, tant envers ceux qui ont lesdits contes, & registres en main, qu'envers les susdits Allemands, pour les induire & esmouvoir, à se laisser contenter, ce qui sera trouvé estre raysonnable. Selon la presentation qu'en ont aussi faicte les susdits Ambassadeurs de l'Empire, & Subdelegués du susdit Prince, & Duc de Juliers, qui ont promis de faire de mesme envers les susdits Allemands: aussi qu'ils prieront la susdite Majesté Imperiale, qu'il luy plaise employer son authorité, envers les susdits Allemands: qui pourront demeurer paysiblement en nos susdits Païs-Bas, en telle Place, que nous leur enseignerons, selon l'advis de nostredit Conseil d'Estat, pour la defence & asseurance de nous, & des susdits Estats, jusques à ce qu'on leur aura faict entiere satisfaction.

XVI. Item, les susdits Estats; ont en la maniere susdite promis, & seront tenus, aprés le partement des susdits Espaignols, Italiens, & Bourguignons, hors de nosdits Païs-Bas, de reçevoir, & reçevront nostre susdit bon Frere, en exhibant & delivrant nos Lettres Parentes de commission, servantes à ceste fin; & lesquelles ont esté là-dessus expediées, & en faisant le Serment, comme il appartient, & selon qu'on a accoustumé de faire, en y adjoustant & observant aussi les autres solemnités, desquelles on a accoustumé de se servir, & lesquelles on fait & observe en tel cas, comme Gouverneur, Lieutenant, & Capitaine General, estably de nostre part en nosdits Païs-Bas. Et les Estats seront tenus de luy porter, & faire, luy porteront, & feront, comme tel, le respect, l'honneur, & l'obeïssance qu'il appartient. Tellement toutesfois, que le susdit Traicté de Paix, fait en nostre susdite Ville de Gand, demeurera en sa vertu & vigueur, en tout ce que dessus, & de ce qui en depend.

XVII. Item, nous statuons, & ordonnons, que nos Successeurs, à leur joyeuse entrée, nostre susnommé bon Frere, & tous autres Gouverneurs, qui par nous, ou nos Successeurs, seront commis en nosdits Païs-Bas, tant generaulx que particuliers, & semblablement tous, & un chacun nos Presidens, Conseillers, Officiers, & Justiciers, à leur arrivée, entrée & commencement de leur administration en leur Gouvernement, Estats & Offices, seront tenus de jurer, & jureront d'entretenir & observer, & de faire entretenir, & observer, autant qu'en eux est, nostre presente Ordonnance, Accord & Compact.

XVIII. Finalement, nous aggreons, & approuvons & tenons pour bon, tous & un chacun, les eschanges, transports de rentes, & pensions, & autres obligations, & asseurances, que les susdits Estats ont fait & passé, & lesquelles ils pourront encores faire & passer, avec tous & un chacun de ceux qui les ont assistés: qui leur ont fourni & conté, & qui encores les pourront assister, & leur pourront fournir, & conter quelques Deniers, pour s'en servir, & ayder, à cause des susdits troubles, & singulierement à tres haute, & tres-puissante Princesse, nostre tres-chere Sœur la Reyne d'Angleterre.

XIX. Et afin que tous, & un chacun des susdits Poincts, & Articles puissent bien, fidelement, reellement, & de fait estre entretenus, accomplis, & effectués, & que tout le contenu de nos presentes Lettres puisse estre, & demeurer pour jamais perpetuel, ferme, & inviolable. Nous avons fait appendre à ces nos presentes, nostre Seau, & les avons fait soubsigner, par nostre susdit bon Frere d'une part, & les susdits Estats de l'autre, y ont fait apposer le Seau des Estats de nostre Duché & Païs de Brabant, pour & au nom, & à la requeste de tous les autres Estats susdits; & les avons fait soubsigner, par speciale & expresse charge, & ordonnance de tous lesdits Estats, par nostre cher, & bien aimé Corneille Wellemans, Greffier des susdits Estats de Brabant. Semblablement, à la requeste, tant de nous, & de nostre susdit Frere, que des Estats susdits, les susdits Sieurs Ambassadeurs de l'Empire, & les Subdelegués du susdit Prince, & Duc de Juliers, en qualité, & comme entreveneurs & entremetteurs, afin de moyenner & avancer la susdite conciliation, accord & union, comprinse en la presente, ont aussi presenté de leur franche & bonne volonté, de faire confirmer, approuver, & ratifier la presente, par Sa Majesté Imperiale, qui les a deputés, avec tout ce qu'ils auront fait, & traicté pour l'advancement de la susdite conciliation, & reunion, si avant, & autant qu'il en sera de besoin. Donné en nostre Ville de Marche en Famine, le 12. de Fevrier, en l'an de nostre Seigneur 1577 & de nostre Regne, à sçavoir, d'Espaigne, Cicile &c. le vingtroisiesme an, & de Naples le vingte-cinquiesme. *Soubsigné* JEAN. *Et plus bas*, par ordonnance de son Alteze. *Et signé* F. LE VASSEUR. *Et de l'autre costé estoit encores escrit:* Donné en nostre Ville de Brusselles, le 17. jour de Fevrier, en l'an de

ANNO 1577. de nostre Seigneur 1577. de nostre Regne, à sçavoir, d'Espaigne, Cicile &c. le 23. an, & de Naples le 25. *Sous estoit escrit:* Par ordonnance de Messieurs du Conseil d'Estat de nostre Sire le Roy, ordonnés par Sa Majesté au Gouvernement General de nos Païs de par deçà: *& signé*, D'OVERLOPER. *Il y avoit encores escrit:* Par speciale & expresse charge & ordonnance de Messieurs les Estats Generaux des Païs-Bas: *& estoit signé*, CORNEILLE WELLEMANS, *& encore plus bas*, GERAERT Evesque de Liege, PHILIPPE SEMOR, Baron en Winenbergh &c. ANDRE' GAIL, D. WERNHERITZO GUMICH, & JEAN LOUVERMAN. *Et encore plus bas, il y avoit:* Publié à Brusselles, le 17. de Fevrier, l'an 1577. en presence de Messieurs du Conseil d'Etat commis par le Roy, au Gouvernement General des Païs-Bas, Monseigneur le Reverend Evesque & Prince de Liege, & autres Seigneurs, Ambassadeurs de Sa Majesté Imperiale, & de Messieurs les Estats Generaulx des Païs susdits: Par moy Secretaire de la Ville de Brusselles: *& soubsigné*, AERSSENS.

CXLIV.

19. Fevr. HOLLANDE, ZELANDE, &c.

Protestation des Etats de HOLLANDE *& de* ZELANDE, *& de* GUILLAUME DE NASSAU *Prince d'Orange leur Gouverneur, contre l'Edit perpétuel. Faite à Middelbourg, le* 19. *Février* 1577. [PIERRE BOR, Histoire des Guerres des Pays-Bas, Tom. II. pag. 790.]

MYN Heere de Prince van Orangien, en de Staten van Holland en Zeeland, gesien hebbende de Brieven van credentie van wegen mijn Heeren de Generale Staten van de Nederlanden, by mijn Heere van Willerval en Meester Pauwels Buys Advocaet van Holland, in 't geselschap van mijn Heere de Ambassadeur van den Keiser, daer toe ernstelijken versocht wesende, overgebrocht aen den voorsz. Heere Prince, en daer uit verstaende, dat de voorsz. Heeren Staten begeerden te hebben haer advijs op eenige Articulen besloten by maniere van eeuwig Edict in den naem den Koninx, tot bevestinge des Vredes streckende, tusschen de Landen van herwaerts-over, en Don Johan van Oostenrijk, welks Articulen henluiden van gelijken zijn vertoogt geweest, hebben geantwoord, en antwoorden het gunt hier na volgt: te weten ten aensien van de voorsz. Articulen, dat sy luiden niet konnen nalaten grotelijx te loven en prijsen den heiligen yver en loffelijke begeerte, die mijnen voorsz. Heeren de Staten tonen te hebben, om ons arm bedroefde Vaderland weder te stellen in de gerustigheid en stilligheid, over so lange tijd begeert: en vermenen vastelijk, dat de voorsz. Heeren Staten in het selve geen ander opsichte of voornemen en hebben gehad, dan om eenmael dit arme benaeude volk te verlossen van so veel ellenden en cativigheden, daer mede sy alrede by na ganschelijken ondergekomen en verniett zijn geweest, door de wrede en onverdragelijke tyrannie der hoveerdige Spaensche Natie, en onwettige Regeringe by henluiden ingevoert: mitsgaders om in toekomende tijde goede geregeltheid en sekere remedie te stellen, om hier namaels in gelijke ongemacken niet te vallen, met een vestinge en onverbrekelijke onderhoudinge der ouder Privilegien, Rechten en Vryheden des Lands: en dat sonderlinge hare voornemen is geweest, met de voorsz. Articulen te handhouden, in als en over al, de leste Pacificatie gemaekt en besloten in de stede van Gent, den 8. Novembris lestleden, sulx als sy in alle hare Brieven, Acten en Protestatien altijd beloofst en versekert hebben, wesende het selve sekerlijke loffweerdig en prijselijk, ook by alle onsen nakomelingen. Maer nochtans na dat de voorschreven Heeren Prince en Staten van Holland en Zeeland, de voorschreven Articulen wel particulierlijken van punct te punct hadden overleid, na de tegenwoordige gelegentheid der saken, en noodlijkheid van dien, die henluiden dwingt alle omstandigheid heden wel te overwegen, gelijk ook ten tijden van onse Voor-vaders, die in gelijke verlopen nimmermeer nagelaten hebben te versoeken en te verkrijgen van hare Prince nieuwe en loffelijcke Privilegien: so heeft hen gedocht, dat by de voorschreven Articulen noch niet volkomelijken van als en was voldaen, den goeden yver en begeerte der voorsz. Heeren Staten hier voren vermeld. Want ten eersten, scheen dat de voorsz. oude Privilegien des Lands, die sy luiden by alle wegen begeren bevestigt te hebben, daer in omwegen bevonden worden, grotelijx verkort te zijn, so door dien dat daer in de vryheid en macht van de Generale Staten te vergaderen, den genen dien het selve van allen ouden rechts wegen toekomt, bedektelijk was benomen: als mede door dien dat de Staten van den Lande gebonden zijn aen nieuwe en nooit gebruikte Verbintenisse en Eeden: daer beneffens dat men ook de openbare inbrekinge der selver Privilegien klaerlijk bemerkte, uit de onbehoorlijke verholdinge van de Grave van Buren, die (so alle de werelt weet) gelicht en vervoert is, tegens alle recht, reden en Privilegien der voorsz. Landen: het welk te meer in te sien stond, dat de selve Privilegien alsso worden ingebroken in 't beginsel, en in een handel die uitdruckelijke en sonderlinge behoorde te dienen tot weder-oprechtinge en bevestinge der selver: sonderlinge ten insien van een particulier persoon, en die in geenige sake kan misdaen hebben: het welk seer weinig hope was gevende, dat het selve tegens den Volke en den Steden in 't generael soude hier namaels onderhouden worden: tegens den welken geen materie en sal gebreken, om hen-luiden met rebellie en crimen Lesæ Majesteit te beschuldigen: daer by gevoegt dat in desen handel opentlijk gedaen word tegens de voorsz. Pacificatie van Gent, hoewel ten nadeel het selve gedaen, is de gehele vernielinge der selver, waer toe de voorsz. Articulen schijnen te strecken, het welk noch opentlijker blijkt, dat d'approbatie en aggreatie van dien, geensins eenvoudig noch categorijke en is, sulx als de reden en gewichtigheid van sulken sake wel vereischte, maer gehelijk dependerende van sekere astrictien en wederhalinge, gelimiteert en onderworpen, tot een ontallijkheid van bedriegelijke uitvluchten, en in alles gelijkende de selfde de welke ten tijde van mijn Vrouwe van Parme, een so grouwelijke bloedvergietinge veroorsaekt hebben, tegens de welke ook by den Gedeputeerden van den voorsz. Heeren Prince en Staten van Holland en Zeeland geprotesteert en publijke Acte verkregen was, belangende de aggreatie, by na in gelijke termen by den Raden van Staten geschied: daer en boven bevinden de voorsz. Heeren Prince en Staten van Holland en Zeeland, sommige Poincten (na haren verstande) der reputatie en eere des Vaderlands so nadeelig, dat sy vermeinen dat ten eeuwigen dage de gedachtenisse van dien, en ook de nakomelingen, een grote schandvlecke soude in gedrukt blijven: door dien dat wy den genen die ons so overlastigt en onweerdelijken hebben getracteert, niet alleen souden hebben geloont, en hare besoldinge gegeven, maer ook getreden souden zijn in compositie en overkomste met den genen die wy by openbare Edicte, en by autoriteyt van den Conink, en van de Staten verklaert, en particulierlijken by een instructie voor den Staten van het heylig Rijk, hebben doen beschuldigen als eerlose schelmen en rebellen, de welke verbonden en conspiratien met den Spangiaerden gemaekt hadden: en dat noch meer is, dat wy gededen en met onsen voorweten toegelaten hadden, buyten onsen Vaderland gevoert te worden, onse Bagguen, Juwelen, Geld, Goed, Koopmanschappen, en Brandschatten sonder eenige tegensprake: daer en boven docht den voorsz. Heeren Prince en Staten van Holland en Zeeland, dat daer in niet behoorlijk overwegen noch ingesien en sijn, de respect, eere en dankbaerheid die wy so de doorluchtige en groot machtige Coninginne van Engeland, als mede mijn Heere den Hertoge, Broeder des Coninx van Vrankrijk schuldig sijn, die ons in onsen nood so ganschen goeden wille en genegentheid bewesen hebben om ons by te staen, en met haren Goederen uyt de verdruckinge en slavernye (daer wy ons doen ter tijd in vonden) te trecken: de wyle de reden wel soude hebben vereyscht, datmense daer mede hadde begrepen, in uytgedruckter en eerlijker sprake.

En ten lesten en bevonden niet dat in de voorsz. Articulen den Inwoonderen van Holland en Zeeland, met eenige versekertheid versien waren: den welken men in den lesten Vrede-handel tot Breda, veel voordeliker en redelijker versekertheden gepresenteert heeft, gelijk men ook noch lestmael in den Vrede-handel tot Gent soude gedaen hebben, ten ware hare Gedeputeerde so mondelinge als schriftelijk verklarende, dat sy in geender manieren verstonden met anderen te

ANNO 1577.

te handelen, dan met den Staten selfs, hadden willen vertonen, hoe sy aen haer sijde ter goeder trouwe wandelden, protesterende, dat so men van meninge ware geweest, van Don Johan te ontfangen, en so men met hem soude moeten hebben tracteren, in sulker voege alsmen nu doet, dat sy andre versekertheden souden versocht hebben, sulx de reden en gelegentheid der sake vereischten. En in desen Articulen en word niet alleen van gene versekertheid, maer ook niet vermant van de particulieren wederom in haer geheel te stellen, roerende hare Goeden, Staten en Gouvernementen die sy hebben in verscheiden Plaetsen van herwaers-over, en insgelijx, in het Graefschap van Bourgoingien, het welk nochtans volgende den voet van der Pacificatie (d'welk doen ter tijd niet gehandelt en worde dan met de Generale Staten van de Landen van herwaers-over, en oversulx niet uitdruckelijken gespecificeert en mochte worden) na alle redenen wel behoorden bedwongen te sijn geweest. En dat meer is, en konnen sy luiden in de voorsz. Articulen gene versekertheid bemerken, ook voor den anderen Provincien, en al het gemeen arme volk van herwaers-over, gemerkt dat aldaer, noch van Burchten en Castelen af te worpen (uit de welke nochtans als een yegelijken wel kennelijk is, so veel quaeds is geschied) vermaent noch geroert en word, nochte ook uitgedrukt eenige particulariteiten, noch verklaringe van der vergetene daer in vermeld, 't welk den gemenen volke niet anders dan suspect en mag sijn, d'welke opentlijken, en nu ook in den lesten afscheid tot Hoey gedreigt wesende, voorwaer wel goede versekertheid behoefde voor den toekomende tijde, als de Landen ontwapent en Don Johan in de autoriteit van Gouverneur bevestigt sal sijn, al en waert maer ten insien van de exemplen des voorleden tijds: maer ter contrarie schijnt dat men den Staten wil accommoderen met Gouverneurs tot haer believen, voor desen mael gelijk al waermen van meninge hier namaels hen-lieden te benemen alle middelen van hen versekert te houden tegens den quaden opset der gener die men henluiden meent tot Gouverneurs te geven.

Om kort te maken, daer waren veel andere diergelijke Articulen, die men na het bedunken des voorsz. Heeren Prince en Staten van Holland en Zeeland, wel behoorde te overwegen en merken, was daerom haerluider voornemen, om al het selve by geschrifte te stellen, om de voorsz. Heeren Staten over te senden, en hen-luiden met eenen te verklaren, dat het nu den tijd was (om volgende de voetstappen van onse voorouders) te versoeken, vervolgen, en verkrijgen verbredinge en vermeerderinge van de Privilegien, Rechten en Vryheden, ons by hen-luiden achtergelaten, bysonder nu hebbende daer toe so goede occasie en gelegentheid, om niet wederom in gelijken ongemak te vallen: maer so sy luiden besich waren met de voorsz. Puncten en Articulen te beleiden, en by geschrifte te stellen, ten einde als voren, is hen-luiden behandreikt geweest Copie van de Missive die de voorsz. Heeren Staten aen den voorsz. Don Johan geschreven hadden, uit de welke sy verstaen hebben, dat de voorsz. Heeren Staten belooft hebben, sonder antwoord op de voorsz. Articulen te verwachten, met den voorsz. Don Johan te besluiten, en hem te versoeken de selve Articulen te ondertekenen, met belofte om die te doen publiceren, en hem in den Lande te ontfangen: daer van de voorsz. Heeren Prince en Staten van Holland en Zeeland wel verwondert zijn geweest, siende sulke veranderinge, gemerkt dat de date van de voorsz Missive by na was van den selven tijd (so sy hen-luiden ook seer korts daer na behandreikt waren) dat de voorsz. Heere van Willerval by hen-luiden gekomen was, want boven de contrariteit die sy-luiden in desen handel vonden, docht hen-luiden oock dat dese verhaestinge, van een sake van so grote consequentie, daer de gansche welvaert of het verderf van alle dese Nederlanden aanhangende was, geprecipiteert was, dies niet te min, dewijle syluiden achten en vastelijk geloven het selve geschied te sijn, om de Landen so veel te eer van de Spangiaerden en andere vremde onderdruckers des Vaderlands te verlossen. Soo en konnen sy niet anders dan wenschen (so sy ook doen van ganscher herten, en God den Heere bidden) dat den uitgank mag wesen, so hem die alle goede liefhebbers des Vaderlands begeren: so veel hen-luiden aengaet, dewijle nu te vergeefs soude sijn veel redenen ter contrarie by te brengen, te debatteren of wederleggen een sake af gedaen sijnde, beloven sy en versekeren den voorsz. Heeren Staten, dat sy den Vrede tot Gent by alle wegen sullen onderhouden. verhopende dat de meninge der voorsz. Heeren Staten sulx mede is, den selfden biddende dat sy in allen voorvallen metter daed willen bewijsen, sulx syluiden op haer sijde tot allen tijden bereid sijn te doen. Niet te min, op datmen metter daed mag sien, dat sy niet anders en begeren dan te vorderen het vertrek der Spangiaerden en andere uitheemse, en bevestinge der Vrede, en Ruste, mitsgaders der ouder Privilegien, Rechten en Vryheden der Landen: sy sijn te vreden de voorschreve Articulen te loven en te ondertekenen behoudelijk en onder conditie, dat de voorschreve Heeren Staten eerst en al voren, believen vastelijk en onweder-roepelijk te besluiten, en hen-luiden daer van behoorlijke Acte obligatoir in forme te geven, by de Heeren Staten, Gouverneuren van de Provincien Hoofden en Colonellen behoorlijk getekent, dat in so verre de Spangiaerden binnen den tijd t'harer vertrek met Don Johan gestelt en geaccordeert, niet metter daed en sullen vertrocken sijn uit de Landen van herwaers-over, dat in sulken gevalle (om eenmael te verhoeden dese uitvluchten en lankwyligheden die ons tot noch toe so schadelijk sijn geweest) de voorsz. Heeren Staten breken en affnyden sullen alle vordere communicatie met hem, en 't voorsz. vertrek by wegen van Wapenen sullen vervolgen, sonder daer na meer te verstaen tot eenigen handel of t'samensprekinge hoedanig die soude mogen wesen: en dat henluiden gelieve ook andermael Acte en gelijke Verbintenisse te geven, dat na het voorsz. vertrek, noch sy noch de voorsz. Gouverneurs, Hoofden en Colonellen den voorsz. Don Johan nochte andere voor Gouverneur van den Lande en sullen ontfangen, toelaten nochte erkennen, voor en al eer hy weder opgericht en gehelijk voldaen sal hebben, alle Poincten die eenigsins sijn strydende en contrarierende de voorsz. Privilegien, Rechten en Vryheden des Lands, of eenigsins nadelig de Pacificatie van Gent, volgende welken allen en eenen yegelijken wederom gestelt sullen worden in allen haren Goeden, so wel in Bourgoingien als herwaers-over: en dat alle de voorsz. Privilegien en Vryheden geconfirmeert, geratificeert en bevestigt worden, volgende het gene de voorsz. Heeren Staten ten tijde des Vredehandels tot Gent, solemnelijk belooft hebben by hare geschrifte, aen haren Gedeputeerden van date den 28. Octobris, 1576 Gedaen tot Middelburg den 19. February, 1577. *Onderstont getekent*, GUILLAUME DE NASSAU. *En noch een weinig leger*, By ordonnantie der Staten van Holland en Zeeland. *Ondertekent*, C. TAYMON.

*Précis de la Protestation précédente en François, tiré de l'*Histoire des Païs-Bas d'EMANUEL METEREN, Feuill. 133.

CEste Paix ayant esté faite & arrestée, le Prince d'Orange, avec les Estats de Hollande, & Zelande, firent mettre en lumiere un Advis, Responce, & Protestation, le 19. de Febvrier, disans là dessus. Que eux ayans veu les Lettres de credence, de la part des Estats Generaulx, que le Sieur de Willerval, & Maistre Paul Buys Advocat de Hollande, accompaigné de Monsieur l'Ambassadeur de l'Empereur leur avoient apporté, & qu'on avoit demandé leur advis, sur quelques Articles de l'Edict perpetuel, arresté au nom du Roy, pour confirmation de la Paix, qu'ils ne pouvoient point laisser de louër ce sainct zele, de voir ces Païs delivrés, de tant de miseres; causées par l'insolence, & mauvais Gouvernement des Espaignols, & en outre de vouloir maintenir, en tout & par tout, la derniere Pacification faite à Gand. Mais que cependant ayans bien consideré, & regardé de prés aux Articles, il leur sembloit, qu'on n'avoit point satisfait en tout au susdit bon zele, & desir des Estats, d'autant qu'on avoit osté couvertement, la liberté & puissance d'assembler les Estats Generaulx, à ceux, ausquels de tout temps cela appartient de droict, & pareillement que par ce moyen les Estats estoient obligés à des Alliances & Serments nouveaux, & qui n'ont jamais esté en usage.

Joinct aussi, qu'on remarquoit des infractions manifestes desdits Privileges, en la retention induë du Comte de Bueren en Espaigne, & mesme lors qu'il semble qu'on veuille le plus restablir & confirmer les Privileges, principalement au regard d'une personne particuliere, qui ne pouvoit avoir meffaict. & ce mesme contre la Pacification de Gand, laquelle n'estoit pas ap-

 prouvée

ANNO 1577. prouvée simplement, mais couvertement & finement, par des paroles, sur lesquelles on pouvoit faire des interpretations incertaines, & trouver des subterfuges frauduleux, semblables à celle de Madame de Parme, qui avoient esté cause de tant d'effusion de sang.

Ils y trouvoient aussi quelques Poincts, prejudiciables à l'honneur de la Patrie, selon leur opinion, en ce qu'on viendroit à entrer en composition avec ceux, qui avoient tant oppressé les Païs, & qui avoient esté declarés par l'authorité du Roy, & des Estats, & accusez particulierement devant tous les Estats de l'Empire Romain, comme Gens infames & rebelles, & qui plus est, de leur permettre encores d'emporter hors du Païs leur Baggues, Joyeaux, Argent, Biens, & Contributions, & ce sans aucune contradiction. Ils estimoient pareillement, qu'ils n'avoient pas bien prins garde au respect, honneur, & recognoissance qu'ils devoient à la Royne d'Angleterre, & au Duc d'Anjou, Frere du Roy de France, qui leur avoient monstré en leur grande necessité, une si bonne volonté & inclination, à les assister, & à les tirer hors de servitude par leurs moyens, tellement que la raison requeroit, qu'ils y fussent aussi compris, en parlant d'eux expressément, & honnorablement.

Finalement ils trouvoient semblablement, qu'il n'y avoit nulle asseurance pour ceux de Hollande, & Zelande, selon qu'autrefois on leur avoit presenté à Breda, comme on eut aussi bien fait à Gand, n'est que leurs Deputés eussent declaré tant de bouche que par escrit, & ce en bonne foy, qu'ils n'auroient à faire avec nul autre, qu'avec les Estats mesmes: Qu'il n'y avoit pareillement en ces Articles nulle asseurance, & qu'on n'y avoit fait aucune mention, de restablir & remettre quelques particuliers en leur entier au regard de leurs Biens, Estats & Gouvernemens, qu'ils avoient eu divers Païs & Places de par deçà, & semblablement en la Comté de Bourgogne, à quoy on debvoit bien aussi avoir esgard, voyant que du temps de la Pacification de Gand, rien n'en pouvoit estre specifié expressément, comme n'estant pas en leur puissance. Pour les autres Poincts, ils ne pouvoient remarquer aucune asseurance, veu qu'on n'y faisoit nulle mention de rompre les Chasteaux & Forteresses, ni de donner quelques asseurances ou pardons particuliers: & que ce qu'on avoit dernierement menacé ouvertement la commune à Hoy, ne pouvoit estre que suspect. Cependant que cela estoit bien necessaire, devant que les Païs fussent desarmés, & que Don Jean peut estre confirmé en l'autorité de son Office de Gouverneur. Mais au contraire, il semble qu'on a seulement voulu pour ceste fois accommoder les Estats, d'un Gouverneur qui fut selon leur volonté, comme si on estoit d'intention de leur oster cy aprés tous moyens de s'asseurer, contre les mauvais desseings de ceux, qu'on leur pense donner pour Gouverneurs. Il y avoit bien encores d'autres semblables Articles, qui meritoient bien d'estre pesez, & considerés, lesquels aussi ils s'estoient proposés de mettre par escrit & de les envoyer, lors qu'ils receurent les Articles, que les Estats avoient desja envoyés à Don Jean, pour là dessus le recevoir, dequoy ils estoient fort esmerveillés, estimans que la precipitation estoit dangereuse en une chose de telle consequence, neantmoins qu'ils vouloient penser, que cela avoit esté fait pour le mieux, & afin de delivrer d'autant plustost les Païs des oppresseurs estrangers. Et qu'ils ne vouloient souhaiter autre chose, & prier Dieu, que l'issue en peut estre telle, comme tous amateurs de la Patrie le desiroient. Et quant à ce qui leur touchoit, puis que c'estoit en vain de debattre d'une chose desja faite, qu'ils promettoient & asseuroient Messieurs les Estats, d'entretenir par toutes voyes la Paix faite à Gand, esperant aussi le mesme de leur costé. Neantmoins, afin d'avancer le partement des estrangers, la Paix du Païs, & la conservation de leurs anciens Privileges, qu'ils estoient contents d'approuver & soubsigner les Articles susdits, excepté, & à condition, qu'il plust a Messieurs les Estats, d'arrester fermement & inviolablement, & de leur en donner Acte obligatoir en forme deuë, que si les Espagnols ne partoient reellement & de fait hors des Païs, en dedans le temps que Don Jean leur donne pour leur partement, qu'en tel cas lesdits Sieurs Estats n'entreront plus en aucune communication avec luy, & poursuivront ledit partement par armes, sans entendre puis aprés à aucun autre Traicté. Et que leur plaisir soit de leur donner encore une fois acte & obligation verbale, qu'aprés ledit partement ils ne recevront, ni ne recognoistront ledit Don Jean, ni autres Gouverneurs des Païs, n'est que premierement il n'ait redressé, & entierement satisfait à tous les leges & Droicts du Païs, ou aucunement prejudiciables à la Pacification de Gand: & par consequent, qu'un chacun soit derechef remis en tous ses Biens, tant icy qu'en Bourgongne, & en tous ses Privileges & Droicts, suivant ce qui du temps de la Pacification avoit solemnellement esté promis à Gand, par escrit, à leurs Deputés, en Datte du 28. d'Octobre, l'an 1576. Fait à Middelbourg, le 19. de Febvrier, l'an 1577. ANNO 1577.

---

1. Mars. *Acte des Etats Généraux au sujet de la Protestation précedente.* [BOR, Histoire des Guerres des Pays-Bas. Tom. II. pag. 792.]

OP huiden den eersten Marty, anno 1577. Mijn Heeren de Generale Staten van de Nederlanden, gesien hebbende 't geschrift van mijn Heere de Prince van Orangien en de Staten van Holland en Zeeland, overgegeven op 't verdrag gemaekt tusschen Don Jan van Oostenrijk, Ridder vanden Gulden Vliese, en de Generale Staten van de Nederlanden den 19. des maends February 1577. verklaren de voorgeschreven Generale Staten, dat hun intentie altijd geweest en als noch is, de Pacificatie binnen Gent in de maend van November lestleden tusschen de Exc. van den Heere Prince voorsz., den Staten van Holland en Zeeland en haren Bondgenoten en den voorsz. Generale Staten opgerichtet metter daed te verhandhaven en onderhouden, en onder andere dingen te doen weder oprichten of redresseren, alle 't gene dat bevonden sal worden, dat gedaen en voorgenomen is tegens en boven de Privilegien, Gerechtigheden, Vryheden en Usantien der Nederlanden, so wel in 't generael als particulier, en dat sy verstaen de Spaense, Italiaense, en Bourgoense Soldaten door geweld van Wapenen te doen vertrecken uit de Nederlanden in conformiteit van 't voorsz. Accoort of Verdrag, in geval dat de voorsz. Soldaten niet vertrocken zijn, metter daed uit de voorsz. Nederlanden binnen den bestemden tijd, volgens 't expresse bevel dat hunluiden is gedaen van wegen zijn voorsz. Hoogheid, sonder wyder te verstaen tot eenige handelin-

*Traduction de cet Acte, tirée de l'*Histoire d'EMANUEL METEREN en François. Feuill. 134. 1. Mars.

MEssieurs les Estats Generaulx des Pays-Bas, ayans veu, ce jourd'huy, premier de Mars, l'an 1577. l'Escrit de Monseigneur le Prince d'Orange, & des Estats de Hollande & Zelande touchant l'Accord fait entre Don Jean d'Austriche, Chevalier de la Toyson d'or, & les Estats Generaulx des Pays-Bas, le 19. de Fevrier, l'an 1577. Les susdits Estats declarent, que leur intention a tousjours esté, & est encores, de maintenir & entretenir par effect la Pacification de Gand, faicte au mois de Novembre passé, entre son Excell. le Sieur Prince susdit, les Estats de Hollande, Zelande, & leurs Alliez, & les susdits Estats Generaulx: & entre autres, de faire redresser tout ce qui sera trouvé avoir esté fait & entrepris contre les Privileges, Droicts, Franchises, & Coustumes des Pays-Bas, tant en general, qu'en particulier. Qu'ils entendent aussi, qu'on fera sortir par force d'armes les Soldats Espaignols, Italiens, & Bourguignons, au cas que lesdits Soldats ne partent en dedans le temps ordonné, suivant le commandement exprés, lequel leur a esté faict par son Altesse, sans entendre en outre à quelque traicté ou communication,*

ANNO 1577. delinge of communicatie om het vertrek der voorsz. Spangiaerden eeniglins te differeren : en aengemerkt de Stadhouderen van den Provincien , Hoofden en Oversten Colonellen van den Krijgsvolk gehouden sijn sich daer na te reguleren : so sal men aen haer versoeken dat sy-luiden van gelijken willen onderteekenen gelijke Resolutie, waer van dese jegenwoordige Acte is afgeveerdiget, en ter ordonnantie van den voorsz. Generale Staten ondertekent van den Greffier van Braband op dag en jaer als boven.

cation, ou dilayer aucunement le partement desdits Espaignols. Et veu que les Gouverneurs des Provinces, les Chefs, & Colonels de la Gendarmerie, sont tenus de se regler selon ce que dessus, on les requerra, de vouloir aussi soubsigner ladite Resolution, & à cet effect ce present Acte a esté depesché, par ordonnance des Estats Generaulx susdits, & soubsigné des Greffiers de Brabant, l'an & jour que dessus. ANNO 1577.

CXLV.

31. Août. RUDOLPHI II. *Romanorum Imperatoris Investitura de* Castro Burgo *& Villis* Finarii, Castro Franco, *cum Districtu & Territorio tam in Mari quàm in Terra, aliisque Locis, Castris, Villis, & præclarissimis Juribus, in primis verò de Vicariatu Sacri Romani Imperii, in gratiam* ALFONSI DE CARRETO, *Marchionis Clavexanæ & Finarii, ejusque Descendentium utriusque sexus concessa. Datum Viennæ die ultima Augusti* 1577. Cum *Prioribus* INVESTITURIS *insertis, & de verbo ad verbum transcriptis, videlicet*, FERDINANDI I. *Imperatoris Electi, pro* ALFONSO DE CARRETTO, *Marchione Clavexanæ & Finarii. Dat. Viennæ die* 27. *Martii* 1564. CAROLI V. *Imperatoris, pro* ALFONSO DE CARRETTO *Marchione Finarii. Dat. Genuæ die* 5. *Novembris* 1536. *Ejusdem* CAROLI V. *Imp. pro* JOANNE DE CARRETTO *Marchione Finarii. Dat. Genuæ* 16. *Augusti* 1529. MAXIMILIANI I. *Romanorum Regis pro* ALFONSO DE CARRETTO *Marchione Saonæ, Clavexanæ, & Finarii. Dat. Grupelo Papiæ die* 8. *Decemb.* 1496. CAROLI IV. *Imp. pro* ALERAMO, GEORGIO, & EMANUELE DE CARRETTO *Marchionibus Saonæ, & Clavexanæ. Dat. Pisis Idus Maii anno* 1355. FREDERICI II. *Imp. pro* HENRICO *Marchione Saonæ. Dat. apud Burgum Sancti Donini. Anno* 1226. *Mensis Julii. Et* FREDERICI I. *Imp. pro* HENRICO GUERCIO *Marchione Saonæ Anno Incarnationis* 1162. *Indict. decima.* [Pièces Authentiques tirées des Archives Royales du Château de Milan.]

RUDOLPHUS secundus Divina favente Clementia Electus Romanorum Imperator semper Augustus, ac Germaniæ, Hungariæ, Bohemiæ, Dalmatiæ, Croatiæ, Sclavoniæ &c. Rex, Archidux Austriæ, Dux Burgundiæ, Brabantiæ, Stiriæ, Carinthiæ, Carniolæ &c. Marchio Moraviæ & Dux Lucemburgiæ, ac superioris, & inferioris Silesiæ, Wirtembergæ, & Techæ, Princeps Sueviæ, Comes Habspurgi, Tyrolis, Ferretis, Kiburgi, & Goritiæ, Lantgravius Alsatiæ, Marchio Sacri Romani Imperii, Burgoviæ, ac superioris, & inferioris Lusatiæ, Dominus Marchiæ Sclavonicæ, Portus Naonis, & Salinarum &c. Ad perpetuam rei memoriam recognoscimus, & notum facimus tenore præsentium Universis. Quod cum Illustr. Noster, & Imperii Sacri Princeps, & fidelis dilectus Alphonsus de Carreto, Marchio Saonæ, Clavexanæ, & Finarii nobis humiliter exposuit, Progenitores suos, quondam Saonæ, Clavexanæ & Finarii Marchiones à Divis olim Prædecessoribus nostris Romanorum Imperatoribus, ac Regibus pertinebat, vel quod habere debeant in ipsa Marchia, & Locis prædictis : attamen salvis servitiis Imperio debitis, cum mero & mixto Imperio, omnimoda Jurisdictione, & gladii potestate, ac omnium Causarum, tàm civilium, quàm criminalium decisione, aliisque multis insignibus Privilegiis, gratiis, & Indultis, videlicet facultate, & potestate ædificandi in ipsa Marchia Castra, Oppida, & Fortalicia cujuscunque generis, etiam facta conservandi, vel destruendi, seu pro libito voluntatis mutandi, ac deserta, vel quæ non inhabitata, excolendi, & habitabilia faciendi, occupata ab aliis propria etiam authoritate recuperandi, invadendi, & offendendi, Pedagia imponendi, Monetam cudendi, Milites auratos, ac Doctores, & Notarios creandi; Tutores, & Curatores constituendi, & ordinandi, naturales, bastardos, spurios, manseres, nothos, incestuosos, & quoscunque alios ex illicito, & damnato coitu procreatos legitimandi. Et denique ordinatos, & creatos fuisse perpetuos Sacri Imperii Vicarios in dictis Marchionatibus Saonæ, Finarii, & Clavexanæ, cæterisque eorum Locis, Villis, Castris, & Jurisdictionibus, prout hæc omnia latius apparent in Privilegiis Divorum quondam Imperatorum Friderici secundi, Caroli quarti, Maximiliani primi, & Caroli Quinti, Magni Patrui, & Avi materni nostri Charissimi, præclarissimæ recordationis, novissimè confirmatis per augustæ Memoriæ Divum Imperatorem Ferdinandum Avum paternum nostrum observandissimum. Et proinde idem Illustr. Marchio magnis præcibus reverenter petierit, ut Nos quoque dignaremur memoratas concessiones Divorum Friderici primi, & secundi, & sequutam postmodum approbationem, innovationem, & ampliationem Divorum Caroli Quarti, Maximiliani Primi, Caroli Quinti, & Ferdinandi benigne approbare, confirmare, ac de novo, si opus sit, concedere, eo modo, quo in Investituris infrascriptis continetur, & aliis quoque honoribus, gratiis, beneficiis, libertatibus, facultatibus, concessionibus, & indultis illustrare, amplificare, & exornare. Et denique ipsum Illustr. Alphonsum de prædictis Marchionatibus, Oppidis, Locis, Castris, & Villis, Juribus, & pertinentiis in Feudum liberum, justum, rectum, antiquum, & antiquissimum investire, cum mero & mixto Imperio, omnimoda Jurisdictione, & gladii potestate, omnique, & plenaria tàm civilium, quàm criminalium causarum cognitione, & determinatione, ac Jurisdictione, & quibuslibet emolumentis tàm in Terra, quàm in Mari, omnibusque & singulis gratiis, Privilegiis, & Concessionibus, sicuti in dictis Investituris & Rescriptis supranominatorum divorum Imperatorum Prædecessorum nostrorum, descripta habentur, quorum tenor sequuntur in hæc verba:

FERDINANDUS Divina favente Clementia Electus Romanorum Imperator semper Augustus, ac Germaniæ, Hungariæ, Bohemiæ, Dalmatiæ, Croatiæ, Sclavoniæ &c. Rex, Infans Hispaniarum, Archidux Austriæ, Dux Burgundiæ, Brabantiæ, Stiriæ, Carinthiæ, Carniolæ &c. Marchio Moraviæ &c. Dux Lucemburgiæ, ac superioris, & inferioris Silesiæ, Wirtembergæ, & Teckæ, Princeps Sueviæ, Comes Habspurgi, Tyrolis, Ferretis, Kyburgi, & Goritiæ, Lantgravius Alsatiæ, Marchio Sacri Romani Imperii, Burgoviæ, ac superioris, & inferioris Lusatiæ, Dominus Marchiæ Sclavonicæ, Portus Naonis, & Salinarum &c. Ad perpetuam rei memoriam recognoscimus, & notum facimus tenore præsentium Universis. Quanquam Imperatoriam Celsitudinem ac Majestatem magnopere decet liberalitatem, & munificentiam suam nullis tenere finibus circumscriptam : sed eam quam latissime diffundere exemplo summi ipsius Parentis, ac rerum & universi Mundi Opificis Dei optimi maximi, à quo omnis in terra potestas, dignitasque proficiscitur, cujus immensa, & inexhausta benignitas bona sua omnibus voluit esse communia: existimamus tamen in primis diligenter advertendum, ne munera, honores, & beneficia Imperialis

Anno 1577.

perialis culminis in quemque casum oblatum promiscue aut citra delectum conjiciantur sed pro cujusque Dignitate, & meritis distribuantur: In qua sanè muneris parte divi Prædecessores nostri Romanorum Imperatores, & Reges non passi sunt officium suum a benemeritis desiderari: quod intelligerent non tàm ad sustinendam, amplificandamque gloriam, & existimationem suam maxime pertinere, quàm hujuscemodi stimulis Virtutem ipsam ali, & cum præsentes, tum posteros ad rectè vivendum, ad laudem, ad decus, & eadem studia allici, inflamari, atque incendi. Hunc laudatissimum divorum Prædecessorum nostrorum morem, & exemplum nos etiam quoquo loco, & tempore hucusque secuti, in eandem curam, & cognitionem semper incubuimus, ut optimi quique de nobis, ac Sacro Romano Imperio, Inclitaque Domo nostra Austriæ præclare meriti Viri, & præsertim, qui domi, militiæque fortes ac præstantes se se exhibuerunt, & illustri loco nati avitam excellentibus animi dotibus, ac præclaris studiis comprobaverunt intelligerent se non malè posuisse operam, quam nobis, & Reipublicæ impendissent, quin potius maximorum honorum præmia beneficio virtutis ab Imperiali splendore se adeptos esse lætarentur, eorumque vestigiis posteri quoque insisterent: & ad eadem pulcherrima, & honestissima studia capessenda plenis (quod aiunt) velis contenderent. Ejus verò benignè mentis, ac voluntatis nostræ declarandæ occasionem nunc egregiam nacti sumus in ornando Illustri nostro, ac Sacri Imperii Principe fidele dilecto Alphonso de Carreto, Marchione Saonæ, Clavexanæ, & Finarii, quem præter antiquissimam nobilitatem cùm propriæ, tùm parentum, ac majorum suorum virtutes, & præclara merita majorem in modum commendant: omnique gratia, & clemencia nostra dignum reddant: Ipse enim Progenitorum suorum longa annorum serie ad se transmissam, & veluti per manus traditam rerum fortiter, ac sapienter gestarum gloriam, nihil ab eorum virtutibus degenerans, ita omnibus locis, & temporibus tueri, conservare, & augere studuit, ut planè dignum se declaraverit, qui talibus majoribus procreatus esset. Atque illi quidem qua fide, integritate, constantia, ac fortitudine divos quondam Prædecessores nostros, & Sacrum Imperium Belli, Pacisque tempore coluerint, qua animorum promptitudine, & alacritate gravissima quæque salutis, & fortunarum pericula subierint, nimis longum foret hic sigillatim commemorare, cùm id abunde testentur multa, eaque amplissima Privilegia, Indulta, & gratiæ, quæ illis subinde ab Imperatoribus concessæ fuere, nec opus sit jam inde ab origine rem altius repetere, & clarissimorum virorum, qui ex ista insigni Familia veluti ex Equo Trojano diversis temporibus prodierunt, longiorem aliquam historiam texere, eorum tamen Virtus, qui Patrum nostrorum memoria floruerunt, jure quodam suo postulare videtur, quod nominatim elogio nostro prædicetur, & veluti quibusdam Solis radiis illuminetur, atque è tenebris quodammodo eruta, quasi ad vitam iterum revocetur, fuerunt enim (quemadmodum accepimus) inter majores prædicti Marchionis præclari quidam viri: qui in utroque Ordine, Sacro nimirum & Ecclesiastico, atque etiam prophano sive seculari, in amplissimo dignitatis gradu collocati, maxima virtutum suarum documenta hominibus dederunt; Ac fuit inter alios, ne totam seriem à capite arcessamus, Carolus de Carreto Sanctæ Romanæ Ecclesiæ Cardinalis Vir, ut nobis relatum est, clarissimus, idemque præstantissimus, qui sibi ad eum honoris, & dignitatis gradum doctrinæ excellentia, prudentia, vitæ, morumque probitate, ac summa religione viam munivit, deinde verò post adeptam Dignitatem ita vixit, ut aliis sui ordinis proceribus innocentiæ ac sanctimoniæ certa quasi proposita esse norma videretur. Fertur hic habuisse Fratrem Fabritium de Carretto in dissimili vitæ genere, ita sui similem, ut si utriusque bonitas, ac sapientia spectetur ferè alter dici meritò potuerit, quem præter eas, quæ in Fratre eminebant virtutes, præstanti quoque rei militaris scientia pari juncta prudentia, & magnarum rerum usu, atque experientia claruisse cognovimus, & cum usus postularet tàm Mari, quàm Terra sive Ducis, sive privati Militis implendum esset munus, talem se præbuisse, ut melior ne Dux, an Miles fuerit, dubium omnibus reliquerit; quibus ejus virtutibus perfectum est, ut ultro libentissimis omnium animis ad Hierosolymitanorum Equitum summum Magistratum expeteretur atque adeò pertraheretur. Eum ille Magistratum ita gessisse perhibetur, ut maximum sui desiderium strenuis ac nobilibus illis Equitibus reliquerit, iisque sese honestatis, fortitudinis, & constantiæ atque prudentiæ Magistrum ac Ducem & sui amantissimum veluti Parentem exhibuerit. Qui dum Turcam perpetuum, & potentissimum Christiani nominis hostem, Terra Marique modo oppugnando, modo oppugnantem repellendo ad Insulam Rhoden ab ejus impetu salvam servando rabidas illius vires frangit, & irritas facit, nonnè acerrimum se, non jam Sanctæ tantum illius Societatis, sed universi propè dixerimus Orbis conservatorem, & vindicem præbuit? At quid tàm magnum atque admiratione dignum afferri potest, quod non optimo Jure Alphonsum Marchionem horum duorum Fratrem Joannis Marchionis Patrem, hujus verò de quo sermo est alterius Alphonsi Avum cadere possit? Joannes autem Alphonsi illius Filius postremi hujus nihil suis majoribus indignum agressus, sed ad summa semper nitens, gravissimis caput suum periculis objiciens, sub auspiciis divi quondam Caroli Quinti Imperatoris augustæ Memoriæ Fratris, & Domini nostri Charissimi, in expeditione Tunetana vitam ipsam profundere, & honestissimam, atque omnibus laudibus ac prædicatione dignissimam mortem pro Christi Religione tutanda, ac propugnanda oppetiit. His tàm claris, & Illustribus natus Progenitoribus Alphonsus tum & ipse dies, noctesque in eam curam sollicitus incumbit, qua maxima ratione insitam animo, & quasi ingeneratam virtutem exerceret, in Cæsaream nostram Aulam se contulit, ubi per quinquennium ita se omnibus probavit, ut & summam omnium laudem, & benevolentiam consecutus sit. Eum autem se se præbuit, tùm alias semper, tùm verò præterito anno, quo Serenissimus Princeps, Rex Maximilianus Filius noster Charissimus, Romanorum, Hungariæ, & Bohemiæ diademate insignitus est, ut plane omnibus testatum reliquerit, se dignum omninò esse, quem nos specialibus gratiis, & Privilegiis prosequeremur. Cum igitur jam dictus Illustris Alphonsus Marchio Nobis humiliter exposuerit, Progenitores suos quondam Saonæ, Clavexanæ, & Finarii Marchiones à divis quondam Prædecessoribus nostris Romanorum Imperatoribus, ac Regibus, de dictis Marchionatibus, ac aliis Castris, Villis, & Locis in rectum, justum, nobile, & antiquissimum Feudum secundum ordinem primogenituræ, investitos fuisse, quæ ad ipsum Jure primogenituræ devoluta sint, ut puta Castro Burgo, & Villis Finarii, Castro Francho cum Districtu, & Territorio, tam in Mari, quam in Terra, Castro, & Castellania, Vallis Retii cum Jurisdictione, & potestate etiam ponendi, & removendi Consules, Castro, Burgo, & Villis Carcherarum, & Bugilli, medietate Castri Villarum, & loci Cameiranæ, Castro loco, & Villis Parodii, Castro, & Villis Merualdi, Castro, & Burgo Maximini, parte Rochetæ Lingii, Castro, & Villis Rivernalis Cenexii, & Arnaschi, aliorumque Castrorum, Villarum, & Locorum, de quibus in divorum Prædecessorum nostrorum Investituris inferius insertis, cum Juribus ipsorum Feudorum, cum Boschis, Pascuis, Fodris, Bannis, Offensis, Placitis, Districtibus, Albergariis, Conditionibus, Usibus, Operibus, Fructibus, Censibus, Redditibus, Angariis, Aquis, Aquarum decursibus, Molendinis, Piscationibus, Montibus, Planitiebus, capturis volucrum, & beluarum, cultis & incultis, divisis vel indivisis, ripis, paludibus, rupis, & rupinis, omnibusque aliis, & quibuscunque latius expressis in jam dictis Prædecessorum nostrorum Investituris. Et præterea etiam iisdem suis Progenitoribus concessum fuisse totum illud jus, honoris, & Regalium, quod ipsis divis Prædecessoribus nostris Romanorum Imperatoribus, ac Regibus pertinebat, vel quod habere debebant in ipsa Marchia, & Locis prædictis, attamen salvis servitiis Imperio debitis, cum mero & mixto Imperio, omnimoda Jurisdictione, gladii potestate, ac omnium Causarum tàm civilium, quam criminalium decisione, aliisque multis insignibus Privilegiis, gratiis, & Indultis, videlicet, facultate, & potestate ædificandi in ipsa Marchia Castra, Oppida, & Fortalitia, cujuscunque generis, & jam facta conservandi, vel destruendi, seu pro libito voluntatis mutandi, ac deserta, vel quæ inhabitata excolendi, & habitabilia faciendi, occupata ab aliis propria etiam authoritate recuperandi, invadendi, & offendendi, Pedagia imponendi, Monetam cudendi, Milites aureatos, ac Doctores, & Notarios creandi, Tutores, & Curatores constituendi, & ordinandi, naturales, bastardos, spurios, manseres, nothos, incestuosos, & quoscunque alios ex illicito, & damnato coitu procreatos legitimandi. Et denique ordinatos, & creatos fuisse perpetuos Sacri Imperii Vicarios in dictis Mar-

ANNO 1577. Marchionatibus Saonæ, & Clavexanæ, cæterisque corum Locis, Villis, Castris, Burgis, & Jurisdictionibus, prout hæc omnia latius apparent in Privilegiis Divorum quondam Imperatorum Friderici primi, Friderici secundi, Caroli quarti, & Maximiliani primi, præclarissimæ recordationis, novissimè confirmatis per augustæ memoriæ Divum Carolum quintum Fratrem, ac Dominum nostrum Charissimum. Et proinde idem Illustris Marchio magnis precibus reverenter petierit, ex quo hæc omnia, vigore primogenituræ post mortem quondam Patris sui supranominati ad se devoluta sunt, ut nos quoque dignaremur memoratas Concessiones Friderici primi, & secundi, & sequutam post modum approbationem, innovationem, & ampliationem Divorum Caroli quarti, Maximiliani primi, & Caroli quinti benigne approbare, confirmare, ac de novo, si opus sit, concedere, eo modo quo in Investituris infrascriptis continentur, & aliis quoque honoribus, concessionibus, & indultis illustrare, amplificare, & exornare, & denique ipsum Illustrem Alphonsum de prædictis Marchionatibus, Oppidis, Castris, Locis, & Villis, Juribus, ac pertinentiis in Feudum liberum, justum, rectum, antiquum, & antiquissimum investire cum mero & mixto Imperio, omnimoda Jurisdictione, & gladii potestate, omnique, & plenaria Causarum tàm Civilium, quàm Criminalium cognitione, & determinatione, ac Jurisdictione, & quibuslibet emolumentis, tàm in Terra, quam in Mari, omnibusque & singulis, Gratiis, Privilegiis, & Concessionibus, sicuti in dictis Investituris, & Rescriptis supranominatorum Divorum Imperatorum Prædecessorum nostrorum descripta habentur, quorum tenor sequitur, in hæc verba:

CAROLUS quintus Divina favente Clementia Romanorum Imperator semper Augustus, ac Rex Germaniæ, Castellæ, Arragoniæ, Legionis, utriusque Siciliæ, Hierusalem, Hungariæ, Dalmatiæ, Croatiæ, Navarræ, Granatæ, Toleti, Valentiæ, Galitiæ, Majoricarum, Hispalis, Sardiniæ, Cordubæ, Corsicæ, Murtiæ, Giennis, Algarbii, Algericæ, Gibraltaris, & Insularum Balearium, Insularum Canariæ, & Indiarum, ac Terræ firmæ Maris Oceani &c. Archidux Austriæ, Dux Burgundiæ, Lotharingiæ, Brabantiæ, Stiriæ, Carinthiæ, Carniolæ, Limburgiæ, Lucemburgiæ, Geldriæ, Wirtembergæ, Calabriæ, Athenarum, Neopatriæ &c. Comes Flandriæ, Habspurgi, Tyrolis, Barchinoniæ, Arthois, & Burgundiæ, Comes Palatinus Hannoniæ, Holandiæ, Seelandiæ, Ferretis, Kiburgi, Namurci, Rossilionis, Ceritaniæ, & Zutphaniæ; Landtgravius Alsatiæ, Marchio Burgoviæ, Oristani, & Gotiani, & Sacri Romani Imperii; Princeps Sueviæ, Cathaloniæ, Austriæ &c. Dominus Frisiæ, Marchiæ, Sclavoniæ, Portus Naonis, Biscaiæ, Molinæ, Salinarum, Tripolis, & Mecliniæ &c. Ad futuram rei memoriam, Quòd cum Illustris sincerus nobis dilectus, Andreas de Auria Commissarius, & Capitaneus noster generalis in Mari Mediterraneo, & Pereta de Doria Conjuges, Princeps Melphiæ, Tutores, & pro tempore Curatores Nobilis nostri, & Imperii sacri fidelis dilecti Alphonsi de Carretto Marchionis novissimè defuncti, à nobis humiliter petierint, nomine quo supra, ut ipsum Alphonsum jure primogenituræ de Feudo nobili, antiquo, avito, & paterno, videlicet, Castri Burgi, & Villarum Finarii, Castri & Castellaniæ Vallis Retii cum Jurisdictione, & potestate etiam ponendi, & removendi Consules, Castri, Burgi, & Villarum Carcherarum, & Bugilli, medietatem Castri Villarum, & Loci Cameiranæ, Castri, Loci, & Villarum Parodii, & Villarum Merualdi, Castri, & Burgi Maximini, partis Rochetæ Cingii, Castri, & Villarum Rivernalis, Cenexii, & Arnaschi cum Juribus ipsorum Feudorum, cum Jurisdictione, mero & mixto Imperio, & omnimoda gladii potestate, omnium jurium, & Jurisdictionum Civitatum, Oppidorum, Castrorum, Possessionum, Vassallorum, & Feudorum cum Boschis, Pascuis, Fodris, Bannis, Offensis, Placitis, Districtibus, Albergariis, Conditionibus, Usibus, Fructibus, Censibus, Redditibus, Angariis, Aquis, Aquarum decursibus, Molendinis, Piscationibus, Montibus, Planitiebus, captiis Volucrum, & Beluarum, cultis & incultis, divisis vel indivisis, ripis, paludibus, rupis, & rupinis, quæ & quas tàm præfatus quondam ejus Genitor Joannes de Carretto Marchio Finarii, quàm etiam Antecessores sui tenebant, & possidebant, tenuerunt, & possiderunt, prædictum Alphonsum pro se, & Filiis suis Masculis, & Successoribus in perpetuum legitimè descendentibus servata semper prærogativa primogenituræ, investire, nec non quascunque Concessiones, Prærogativas, Gratias, Privilegia, & Indulta concessas, & concessa, & à nobis confirmatas, & confirmata, & specialiter omnia, & singula contenta, & expressa in Privilegio nostro præfato quondam Joanni Marchioni Finarii per nos concesso sub hoc tenore. ANNO 1577.

CAROLUS quintus Divina favente Clementia Electus Romanorum Imperator semper Augustus, ac Rex Germaniæ, Castellæ, Arragoniæ, Legionis, utriusque Siciliæ, Hierusalem, Hungariæ, Dalmatiæ, Croatiæ, Navarræ, Granatæ, Toleti, Valentiæ, Galitiæ, Majoricarum, Hispalis, Sardiniæ, Cordubæ, Corsicæ, Murtiæ, Giennis, Algarbii, Algericæ, Gibraltaris, ac Insularum Balearium, Insularum Canariæ, & Indiarum, ac Terræ firmæ Maris Oceani &c. Archidux Austriæ, Dux Burgundiæ, Lotharingiæ, Brabantiæ, Stiriæ, Carinthiæ, Carniolæ, Lymburgiæ, Geldriæ, Wirtembergæ, Calabriæ, Athenarum, Neopatriæ &c. Comes Flandriæ, Habspurgi, Tyrolis, Barchinonæ, Arthois, & Burgundiæ; Comes Palatinus Hannoniæ, Holandiæ, Seelandiæ, Ferretis, Kiburgi, Namurci, Rossilionis, Ceritaniæ, Zutphaniæ; Landtgravius Alsatiæ, Marchio Burgoviæ, Oristani, & Gotiani, & Sacri Romani Imperii Princeps Sueviæ, Cathaloniæ, Dominus Frisiæ, Marchiæ Sclavonicæ, Portus Naonis, Biscaiæ, Molinæ, Salinarum, Tripolis, & Mecliniæ &c. Recognoscimus, & notum facimus tenore præsentium Universis. Quod cum Nobilis noster, & Imperii Sacri Fidelis dilectus Joannes de Carretto Marchio Finarii à nobis humilimè petierit, ut eum jure primogenituræ de Feudo nobili, antiquo, avito, & paterno, videlicet Castri, Burgi, & Villarum Finarii, Castri Franchi cum Districtu, & Territorio tàm in Mari, quam in Terra, Castri, & Castellaniæ Vallis Retii cum Jurisdictione, & potestate etiam ponendi, & removendi Consules, Castri, Burgii, & Villarum Saliceti, Castri, & Villarum Carcherarum, & Bugilli, medietatem Castri Villarum, & Loci Cameiranæ, Castri, Loci, & Villarum Rivernalis, Cenexii, & Arnaschi, cum Juribus ipsorum Feudorum, & Jurisdictione, mero & mixto Imperio, & omnimoda gladii potestate, omnium Jurium, Jurisdictionum, Civitatum, Oppidorum, Castrorum, Possessionum, Vassallorum, & Feudorum, cum Boschis, Pascuis, Fodris, Bannis, Offensis, Placitis, Districtibus, Albergariis, Conditionibus, Usibus, Fructibus, Censibus, Redditibus, Angariis, Aquis, Aquarum decursibus, Molendinis, Piscationibus, Montibus, Planitiebus, captiis Volucrum, & Beluarum, cultis & incultis, divisis vel indivisis, ripis, paludibus, rupis, & rupinis, quæ, & quas tàm quondam Alphonsus de Carretto Marchio Finarii Genitor, quam etiam sui Antecessores, possidebant, tenuerunt, & possiderunt, prænominatum Joannem pro se, & Filiis suis Masculis, & Successoribus in perpetuum legitimè descendentibus, servata semper prærogativa primogenituræ, investire, nec non quascunque Concessiones, Prærogativas, Gratias, Privilegia, & Indulta concessas, & concessa, & specialiter omnia, & singula contenta, & expressa in Privilegio Divi Imperatoris Maximiliani Avi nostri, præclarissimæ memoriæ, cujus Privilegii tenor sequitur in hæc verba:

In Nomine Sanctæ, & individuæ Trinitatis Feliciter Amen.

MAXIMILIANUS Romanorum Rex &c. Decet Imperialis Excellentiæ Dignitatem vota suorum fidelium clementer admittere, & pro sua innata clementia exaudire, & eorum maximè, quorum Majores, & ipsi quoque circa Sacri Imperii honores, & commoda cura pervigili, & obsequiorum continuatione Majorum suorum more solitæ fidei, & legalitatis industria constantibus animis semper claruerunt, & ea sic affectu persequente complere, & Principis exhibita gratia, & Subditorum fervens devotio, præsentibus sit ad gaudium, & posteris ad exemplum, sanè coram Majestatis nostræ præsentia porrexit Nobilis, & fidelis noster Alphonsus de Carretto Marchio Saonæ, & Clavexanæ praeces & vota præsentis tenoris:

Serenissime Cæsar, fuerunt semper sacrosancto Romano Imperio ac omnibus sacratissimis Romanorum Regibus, & Imperatoribus Prædecessoribus Serenitatis vestræ Marchiones Saonæ, & Clavexanæ Majores Proavi mei fidelissimi Vassalli, & Subditi, & ab Imperiali

ANNO 1577. periali culmine semper liberalissimè tractati, & honorati, quod demonstrant antiqua Privilegia, Gratiæ, Infeudationes, Investituræ, ac Donationes concessæ, & factæ per Serenissimos quondam felicis recordationis Federicum primum, & Federicum secundum, ac Carolum quartum Romanorum Imperatores Prædecessores Serenitatis Vestræ Henrico Guercio, & Bonifacio tunc Marchionibus Saonæ,& Clavexanæ, Majoribus Proavis Alphonsi de Carretto nunc præsentis Marchionis Saonæ, & Clavexanæ, Finarii &c. ut ex lectura dictorum Privilegiorum, Gratiarum, Confirmationum, Literarum, & Investiturarum quarum omnium exemplum hic in autentica forma, & fidem indubitatam facientia Serenitati Vestræ Cæsareæ exhibetur, videri, & legi potest; & ideo prælibatus Alphonsus Marchio, qui Majorum suorum Progenitorum Marchionum mores imitando, fide, devotione, ac servitute erga Sacrosanctum Romanum Imperium, & Vestram Regiam, & Cæsaream Majestatem nemini cedit, cum ea qua decet reverentia humiliter addit solum Serenitati suæ supplicando, ut prænominata Celsitudo Vestra, pro sua Cæsarea benignitate, liberalitate ac magnificentia velit Privilegia omnia, Infeudationes, Donationes, Investituras, Gratias, Concessiones, & omnia, & singula de verbo ad verbum contenta, & descripta, ac concessa per præfatos Serenissimos Imperatores Federicum primum, & secundum, ac Carolum quartum Prædecessores Sublimitatis Vestræ, Henrico, Bonifacio, Aleramo, Georgio, ac Emanueli de Carretto tunc Marchionibus Saonæ, & Clavexanæ Proavis, & Majoribus Alphonsi nunc præsentis Marchionis Saonæ, & Clavexanæ, sibi ipsi, & pro se, & Filiis suis masculis legitimis, ac Successoribus approbare, ratificare, & de novo concedere, ac etiam confirmare auctoritate Regia, ac Imperiali. Quorum Privilegiorum, ac Literarum tenor hic brevitatis causa pro expresso habetur, & quia ipse Alphonsus Marchio Saonæ, & Clavexanæ nonnulla Castra, Bona, Feuda, & Jura in dictis Marchionatibus Saonæ, & Clavexanæ ac alibi tenet, & possidet, quæ Castra, Bona, Feuda, Loca, & Jura sunt Juris Romani Imperii, & tenta, & possessa à Patre, à Fratre,& Avo suis recognitione à Romano Imperio habita, & aliquando per aliquos ex eis de facto, & sine licentia præfatorum Serenissimorum Imperatorum, qui tunc aderant, fuerunt de facto meticulose, quia à finitimis Bello vexabantur, alienata, vel in partem, vel in totum, quod fieri non potuit in præjudicium sacrosancti Romani Imperii, videlicet Castrum, Burgum, & Villas Finarii, & Castri Franchi cum Districtu in Terra, & in Mari, Castrum, & Villas, ac Castellaniam Vallis Stellanelli, cum Jurisdictione ponendi, & removendi Consules. Castrum. Villas, & Castellaniam Retii cum Jurisdictione ponendi,& removendi Consules, prout sibi videbitur; Castrum, Burgum, & Villas Saliceti, Castrum, & Villas Carcherarum, & Buxilli, medietatem Castri, Villarum, & Loci Cameiranæ, Castrum, Locum, & Villas Parodii, Castrum & Villas Merualdi, Castrum, Burgum, & Villas Maximini: partem Rochetæ Cingii; Item medietatem Feudi pro indiviso Rivernalis, Cenexii, & Arnaschi, cum Juribus dictorum Feudorum Loca omnia suprapofita ratione alti Dominii Imperio Romano, & quæ Loca prædictus Dominus Alphonsus tenet, & possidet, tàm Jure Successionis, quam titulo acquisitionis, quæ Castra, Bona, & Feuda nunquam adhuc recognovit a Cæsarea Regia Majestate Vestra, nec de his Investituram habuerit, licet semper sacrosancti Romani Imperii nomine tenuerit, & possederit, teneat, & possideat, velitque tenere, & possidere, petit, ac requirit humiliter dicta Castra, Bona, & Villas, Feuda, & Jura sibi donari, & in Feudum concedi. Et se se de illis instantibus præcibus ab Imperiali Majestate, & Celsitudine sua investiri pro se se, Filiis, Hæredibus, & Successoribus suis, videlicet de primogenito in primogenitum masculum legitimum, & naturalem, ita quod primogenitus solus Filius masculus, & naturalis succedat in Marchionatu, & dictis Locis usque in infinitum. Et casu quo non esset primogenitus, vel Filius masculus Filii primogeniti legitimus, & naturalis, quòd tunc succedat Filia fæmina, modo nubat in unum de familia de Carretto; aut qui vocetur de domo de Carretto, & si essent plures Filiæ fæminæ, quod sit in facultate dicti Domini Alphonsi Carretti Marchionis Filiarum Hæredum, & Successorum in Marchionatu unam ex ipsis eligere, quæ succedat in dictis Marchionatibus, Villis, Castris, & Jurisdictionibus de quibus supra, dummodo nubat in unum de familia de Carretto aut qui vocetur de domo de Carretto. Et casu quo non essent Filii masculi, nec fæminæ ut supra, quod liceat ipsi Alphonso Marchioni, & Filiis, Hæredibus, & Successoribus suis testari, & legare dicta Castra, Loca, & Villas, ac Jura supradicta, & de illis disponere prout sibi videbitur, & cui voluerit modo vocetur & nominetur de parentela de Carretto: Et hoc in his formis, & modis, & cum his Gratiis, & Privilegiis quibus investiti fuerunt præfati Majores sui Henricus, Bonifacius, Aleramus, Georgius, & Emanuel à dictis Serenissimis Imperatoribus Federico Primo, & secundo ac Carolo quarto, & cum his determinetur Præeminentiis, Dignitatibus, Prærogativis, Jurisdictionibus, mero & mixto Imperio, & omnimoda gladii potestate, & prout in dictis Privilegiis, & Literis de verbo ad verbum continetur, quæ Privilegia antiqua, & Litere inseri, & inscribi petit de verbo ad verbum in Privilegio, & Investitura præsenti concedenda ipsi Alphonso Marchioni, ut supra, per prænominatam Serenissimam Majestatem Vestram cujus benignitati ipse Alphonsus Marchio se humiliter commendat, & hoc nonobstantibus quibuscumque Legibus, & Imperialibus Constitutionibus in contrarium facientibus, nec non dictis alienationibus factis de dictis Castris, & Feudis de facto etiam non obstantibus. Quas alienationes tanquàm factas in præjudicium sacrosancti Romani Imperii placeat revocare, & annullare in totum & dicta Castra, & Feuda ad se, & fiscum suum trahere, & confiscare ad effectum futuræ Investituræ fieudæ ipsi Alphonso ut supra. Quibus omnibus, & singulis, quo ad hunc effectum motu proprio, & ex certa scientia, & de plenitudine Vestræ potestatis, etiam absolutæ, placeat derogare, de gratia spetiali. Insuper, ut adventus Serenitatis Vestræ in Italiam sit ipsi Alphonso felix, faustusque, & Filiis suis Hæredibus, & Successoribus in Marchionatu aliquo novo, & præcipuo honore, & Privilegio. Supplicat humiliter præfatam Vestram Regiam Majestatem, ut velit sibi, Filiis, Hæredibus, & Successoribus suis in Marchionatu concedere licentiam, bailiam, facultatem, & Jurisdictionem cudendi pecuniam auream, & argenteam, quæ expendi possit in toto Romano Imperio. Item, & creare ipsum Comitem Palatinum cum potestate legitimandi quoscumque illegitimè natos, in ampla forma, & creandi Tabelliones, & Judices Cartularios, & ordinarios in toto Romano Imperio in ampla forma. Item faciendi, & creandi Milites, & Doctores, & de gratia speciali ex nunc erigere, creare, facere, & constituere ipsum Alphonsum, Filios, & Successores in Marchionatu suum Vicarium perpetuum in dictis Marchionatibus Saonæ, Finarii, & Clavexanæ, cum omnibus suis Honoribus, Dignitatibus, & Prærogativis in ampla forma, quorum quidem Privilegiorum, Literarum, & Imperialium Investiturarum tenor, & continentia de verbo ad verbum hic inferius describitur. ANNO 1577.

In Nomine Sanctæ, & Individuæ Trinitatis Feliciter Amen.

CAROLUS quartus Divina favente Clementia Romanorum Imperator semper Augustus, ac Bohemiæ Rex &c. Ad perpetuam rei memoriam. Etsi Imperialis Dignitatis circumspecta benignitas universos, & singulos Subditos, & fideles, quos Sacrum Romanum ambit Imperium, ex innata clementia pio favore prosequitur, ad illos tamen uberioris gratiæ incrementa speciali quadam prærogativa protendit, qui circa Sacri Imperii honores, & commoda cura pervigili, obsequiorum continuatione solicitæ fidei quoque, & legalitate industria constantibus animis claruerunt: sanè ad nostræ Majestatis accedens præsentiam, Nobilis Aleramus de Carretto Marchio Saonæ, & Clavexanæ, pro se, & Georgio Patruo, & Emanuele Fratre suis, obtulit nobis quædam Privilegia, seu Literas Serenissimorum Romanorum Imperatorum Federici primi, videlicet Federici secundi, Hierusalem, & Siciliæ Regis Prædecessorum nostrorum divæ memoriæ petens cum instantia, ut eadem Privilegia, & Literas, nec non Patruo, & Fratri suis prædictis, ipsorumque Hæredibus de verbo ad verbum approbare, ratificare, & de novo concedere, ac etiam confirmare auctoritate Imperiali, & benignitate solita dignaremur. Quorum quidem Privilegiorum seu Literarum tenor sequitur in hæc verba:

In Nomine Sanctæ, & Individuæ Trinitatis.

FEDERICUS secundus Divina favente Clementia Romanorum Imperator semper Augustus, Hierusalem,

ANNO 1577.

ſalem, & Siciliæ Rex &c. Decet Imperialis Excellentiæ dignitatem Vota ſuorum fidelium clementer admittere, & ea ſic effectu proſequente complere, quod & Principis exhibita gratia, & Subditorum fervens devotio præſentibus ſit ad gaudium, & poſteris ad exemplum. Inde eſt, quod univerſis fidelibus Imperii præſentibus, & futuris fieri volumus manifeſtum, quod cum Henricus Marchio Saonæ fidelis noſter, Filius quondam Henrici Guercii Marchionis Privilegium quoddam, quondam inclitæ recordationis Dominus Imperator Federicus conceſſit prædicto Marchioni Guercio Patri ſuo, intuendum noſtræ Celſitudini præſentaſſet, ſupplicans humiliter, & devotè, ut illud ſibi, ac ſuis Hæredibus renovare, & confirmare de gratia noſtra dignaremur. Nos attendentes fidem, & devotionem, nec non grata ſervitia, quæ præfatus Henricus Pater ſuus præfato Domino Imperatori Federico Avo, & Domino Imperatori Patri ſuo divæ memoriæ, ac ipſe Henricus Filius ipſius ſpecialiter noſtræ Celſitudini in ſua puritate conſtans exhibuit, & nunc exhibet inceſſanter. Supplicationes ſuas benigno proſequentes aſſenſu, Privilegium ipſum durali pagina tranſcribi de verbo ad verbum duximus, illud ſibi, & ſuis Hæredibus confirmantes cujus tenor talis eſt:

In Nomine Sanctæ, & Individuæ Trinitatis.

FEDERICUS Divina favente Clemencia Romanorum Imperator Auguſtus &c. Apud noſtram Majeſtatem fides, & devotio ſemper locum habuerunt, & noſtri fideles ſuo non poſſunt deſiderio fraudari illi præcipuè, qui perſonarum periculo usque ad ſanguinis effuſionem, & in rerum dispendio pro Imperii honore fideliter decertaverunt. Ea propter cognoſcant univerſi fideles Imperii tàm futuri, quam præſentes, quòd nobilem, dilectum, & fidelem noſtrum Henricum Guercium Saonæ Marchionem, pro ſua fidelitate, quam circa Imperium ſemper habuit, & ſervavit, & pro ejus præclaris ſervitiis, quæ nobis frequenter impendit per rectum Feudum inveſtimus de hoc toto, quod Marchio Bonifacius Pater ejus habuit in Civitate Saonæ, & in Marchia, & in Episcopatu, & in toto Diſtrictu prædictæ Civitatis, & Marchiæ, ſive in Caſtro, & in Civitate, in Mari, & in Terra, & in Communi, & in Argentariis, in Boschis, & Paſcuis, in Fodris, in Bannis. & Offenſis, Placitis, Diſtrictibus, Albergariis, Conditionibus, Uſibus, Operibus, Fructibus, Cenſibus, & Redditibus, Angariis, Aquis, Aquarumque Decurſibus, Molendinis, Piſcationibus, Montibus, Planitiebus, Captiis Volucrum, & Beluarum, cultis, & incultis, diviſis, vel indiviſis, ripis, paludibus, rupinis, & in omnibus Caſtris, quæ nunc ſunt, & adhuc erunt. Prædictoque Marchioni Henrico plenariè concedimus poteſtatem ædificandi ſuæ utilitati, & ſuis Hæredibus, & deſtruendi Caſtrum, & Turrim, quæ contra ſuam voluntatem facta fuerint in omni Marchia ipſius Civitatis Saonæ, & in Caſtro Quiliani Segni, Nolii, & Perticæ, & Piæ, & Orchæ, & in omnibus horum Caſtrorum curiis, quas poſſet ipſe Marchio, vel aliquis pro eo, vel ab hodie in antea, acquiſierit, & in omnibus aliis ejus Poſſeſſionibus quas idem Henricus Marchio Saonæ tenet vel ei pervenerint, quæ de poſſeſſione prædicti Marchionis Bonifacii dignoscuntur fuiſſe. Concedimus, & per juſtum Feudum eidem Marchioni Henrico totum illud honoris, & regalium, quod nobis pertinet, vel quod habere debemus in ipſa prædicta Civitate, & Marchia, & in unoquoque prædictorum Caſtrorum, & inſuper illud, quod prædicto Henrico Marchioni pertinet, vel per ſuum Genitorem ei pervenit ſtatuentes. Itaque firmiter præcipimus, quod nulla perſona, magna vel parva, habeat poteſtatem petendi vel faciendi in prædicta Marchia, Civitate, & Episcopatu, & in omnibus Marchionis Poſſeſſionibus, quæ ei pertinuerunt ex parte Patris ſui, vel aliunde quocunque modo dici, vel poſſunt nominari, niſi ſolus Marchio Henricus, & ſui Hæredes omnes, & illos pedagios, & bonos uſus, quos ipſi Cives miſerint, vel quos Marchio ad honorem ipſius impoſuerit concedimus, & confirmamus prædicto Marchioni, ſalvis omnibus ſervitiis, quæ prædictus Marchio Henricus Imperio debet. Hujus autem Conceſſionis, & Confirmationis teſtes ſunt, Rainaldus Colonienſis Electus, Henricus Crodienſis Episcopus, Ordiens Baſilienſis Episcopus, Hermanus Conſtantienſis Episcopus, Udo Nuemburgenſis Episcopus, Hermanus Sardenſis Episcopus, Hermanus Jadeneſchenenſis Episcopus, Garſendovius Mantuanus Episcopus, Udalricus Augienſis, Hermanus Hersfeldenſis Abbas, Henricus Prothonotarius, Anſelmus Aſtenſis Episcopus, Arcardus Parmenſis Episcopus, Sirus Papienſis Episcopus, Aquinas Episcopus, Tortonenſis Episcopus, Conradus Palatinus Comes Rheni, Frater Domini Imperatoris, Henricus Dux Auſtriæ, Patruus Domini Imperatoris, Ottho Palatinus Comes Devoitesmesbath, Theodoricus Marchio Comes Theato, Comes Albertus de Saxonia, Comes Rudolphus de Fulendorf, Comes Ulricus de Colinebiriæ, Comes Henricus Jucardus Caſtellanus de Nigdeburg, Wilielmus Marchio Opizo Malaspina, Comes Guido de Blandrato, Gerardus de Luggembeg, & Marquardus Frater ejus, Henricus Mareſcaldus, Voydo de Sancto Nazario, Vibius de Donaria, & alii quàmplures. Acta ſunt hæc Anno Dominicæ Incarnationis milleſimo, centeſimo, ſexageſimo ſecundo, Indictione decima, Regnante Domino Federico Romanorum Imperatore glorioſiſſimo Anno Regni ejus decimo, Imperii verò ſeptimo. Signum Domini Federici Romanorum Imperatoris Invictiſſimi, Ego Uldaricus Cancellarius vice Colonienſis Electi, & Archicancellarii recognovi. Datum Papiæ apud Sanctum Salvatorem poſt deſtructionem Mediolani, quarto Idus Junii, feliciter. Amen.

ANNO 1577.

De abundantiori quoque noſtræ benignitatis gratia, qua conſuevimus noſtros fideles, & benemeritos prævenire, de certa noſtra ſcientia, adjiciendo concedimus, & in perpetuum confirmamus, ut de prænominata conceſſione noſtræ inveſtituræ Feudi tàm Marchio memoratus, quàm Hæredes & Succeſſores ſui masculi legitimi, & fœminæ ab eo descendentes uno alteri ſuccedente gaudeant univerſi, & ſi Hæredes masculos contingerit non eſſe ſuperſtites Filia ſua, quæ eſt uxor Gratapaleæ fidelis noſtri, in Feudo ipſo ſuccedat, nec non ejus Hæredes masculi, & fæminæ legitimæ ex ea, & ejus viro Gratapaleæ Descendentes uno alteri ſuccedente Lege aliqua, vel Feudorum conſuetudine, nec non & Privilegio contra hanc noſtram Conceſſionem, vel additionem impetrando aliquatenus nonobſtante. Ad hujus autem innovationis, confirmationis, & dictæ clauſulæ additionis memoriam, & robur perpetuò valiturum præſens Privilegium inde fieri, & Bulla aurea tipario noſtræ Majeſtatis, & Imperiali Edicto firmiter ſancientes, ut nulla perſona. parva vel magna, non Comes. non Marchio, Poteſtas, vel Communitas, aut quælibet alia perſona contra noſtræ Confirmationis, & innovationis, ac præſentis additionis tenorem auſu temerario venire præſumant, quia præter indignationem noſtram pænam centum librarum auri puri procul dubio ſuſtinebit, quicunque in prædictis, vel aliquo prædictorum temerarius attentaverit contraire, quarum librarum medietas fiſco noſtro, reliqua vero prædicto Marchioni, & ſuis liberis perſolvetur. Hujus autem rei Teſtes ſunt his Gerardus Patriarcha Hieruſalem, Albertus Magdeburgenſis Archiepiscopus, Henricus Mediolanenſis, Landus Regius Archiepiscopus, N. Wormatienſis, Eugenius Nuemburgenſis, Conradus Ildesheimenſis. E. Merſeburgenſis, Baſilienſis, J. Thaurienſis, Aug. Verſilienſis, J. Aſtenſis, A. Briſienſis, Gratia Pariſienſis Episcopi, Torinus Comes Sabaudiæ totius Italiæ Legatus, & Marchio ejusdem, Rainaldus Dux Spoletus, Ricardus Mareſcalcus, Marchiones de Cena Domini de Sonzano, & alii quàm plures. Signum Domini Federici ſecundi Dei gratia Romanorum Imperatoris Invictiſſimi, Hieruſalem, & Siciliæ Regis &c. Acta ſunt hæc apud Burgum Sancti Domini, Imperante Domino noſtro Federico Dei gratia Romanorum Imperatore ſemper Auguſto, Hieruſalem, & Siciliæ Rege glorioſiſſimo. Anno Imperii ejus ſexto, Regni Hieruſalem primo, Regni verò Siciliæ viceſimo nono feliciter Amen. Datum apud Burgum memoratum Anno Dominicæ Incarnationis milleſimo, ducenteſimo, viceſimo ſexto menſis Julii, quartadecima Indictione.

Nos itaque attendentes puræ fidei conſtantiam ac præclaræ devotionis inſignia, quæ Progenitores prædictorum Georgii Emanuelis, & Alerami ad Sacrum Romanum Imperium ſemper à retroactis temporibus geſſiſſe, ac etiam ipſi ad nos, & Imperium gerere noscuntur, fructuoſa quoque obſequia, quibus Georgius, Emanuel, & Aleramus prænominati, Majeſtati noſtræ prompta ſedulitate, ſe gratos, & placitos reddiderunt, & ſe poterunt continuato fidelitatis ſtudio reddere gratiores, mentis noſtræ oculis limpidius intuentes, ipſiusque Alerami petitionibus benignus annuentes, prædictorum Federici primi, & Federici ſecundi Imperatorum Prædeceſſorum noſtrorum Privilegia, & Literas, prout

ANNO 1577. prout de verbo ad verbum præsentibus sunt inserta, seu insertæ, & universa, & singula in eisdem contenta, rata habentes, & grata sicut dignè possumus, & salvis nostris, & Imperii servitiis, & fidelitatibus eidem Aleramo, nomine & vice Georgii, & Emanuelis prædictorum petenti, & recipienti, Hæredibus, & Successoribus eorum approbamus, ratificamus, & de novo concedimus, ac etiam de nostra certa scientia, auctoritate Imperiali præsentis Rescripti patrocinio confirmamus. Et quia Georgius de Carretto Marchio Saonæ, Emanuel, & Aleramus de Carretto Marchiones Saonæ, & Clavexanæ prædicti, nonnulla Castra, Bona, Feuda, & Jura in Marchionatibus Saonæ, & Clavexanæ, & alibi obtinere noscuntur, quæ ipsis donari, & concedi in Feudum, & se de illis instantibus præcibus petierint per nostræ Imperialis Majestatis Celsitudinem investiri. Nos ipsorum dignis, & devotis supplicationibus favorabiliter inclinati, prædicto Georgio, & suis Successoribus, & Hæredibus tertiam partem Castri, Burgi, & Villarum, & hominum Finarii, & Districtus ejusdem, nec non Castrum, & Villam Stellanelli, cum tertia parte Podii, Rotarii, Castrum, & Castellaniam Aquilæ, & Ezezi, cum tribus partibus Gavenolæ, Castrum & Villam Zucharelli, & Castrum Vetus, Castrum & Villam Bardineti & medietatem Castri, & Villæ Præviolæ cum eorum Juribus, Jurisdictionibus, mero & mixto Imperio. Item medietatem Feudorum Rivernalis, Cenexii, & Arnaschi, & Feudum totum Prunæ de Zucconello cum Juribus dictorum Feudorum. Emanueli vero, & Aleramo de Carretto Marchionibus Saonæ, & Clavexanæ, & eorum Hæredibus, & Successoribus, primo tertiam partem Castri, Burgi, & Villarum, & hominum, ac Districtus Finarii, nec non Castrum, & Villam Calizani, Castrum & Villam Maximini, & medietatem Castri, & Villæ Præviolæ, duas partes tertiæ partis Castri & Villæ Crucisferreæ Burgi Millesimi, & partem quam habent in Carcaris. Item quartam partem Castri Cingii, & Burgi Plebis Rhecii, cum pertinentiis, & Villis eorundem, & cum Jurisdictione ponendi Consules in tota dicta Castellania, quartam partem Castri, & Villæ Cartoni, Burgi Visalici Villarum pertinentiarum eorundem, medietatem Castri Rochæ Pancii, cum quarta parte Pancii, Bace, & aliarum Villarum pertinentiarum ad dictam Castellaniam, & quartam partem Feudorum Vassallorum infrascriptorum scilicet Castrorum, & Villarum, Euxii, Pornaxii, Monte Calvi, Vilegi, Maremi, Casanovæ, Gavenæ, Menexi, Alti, Cravannæ Castri Blanchi, cum pertinentiis eorundem, medietatem Feudorum Castri, & Villæ Rivernalis, Cenexii, & Arnaschi cum eorum Juribus, & pertinentiis, & omnia, & singula Castra, Civitates, Oppida, Possessiones, bona, & jura Vassallorum, Feudorum Jurisdictiones, merum & mixtum Imperium, cum Juribus, & pertinentiis universis quæ ad ipsos, & eorum quemlibet, vel ex eis alterum, pervenerunt ex titulo Emptionis, Donationis, Hæreditatis, vel alio quovis titulo, & quæ nunc ipsi, & quilibet eorum vel ipsorum alter possidet, vel possederunt, & etiam Castra, Civitates, Villas & Jura quælibet cum pertinentiis, Juribus, & Jurisdictionibus eorum quibus spoliati fuerunt, & sunt ipsi, vel eorum Prædecessores ubicunque sint committimus ex certa nostra scientia in perpetuum concedimus, & de novo donamus, omniaque dicta Castra, Oppida, Villas, Communitates quascumque superius vocatas eisdem concedimus, cum omnibus Vassallis, Valvasoribus, seu fidelibus quibuscunque in dictis Territoriis habitantibus, & habitaturis, quod sint eorum subjecti, & esse intelligantur cum Vallibus, Montibus, Planitiebus, Collibus, Sylvis, Pascuis, Molendinis, Aquis, Aquarumque Decursibus, Fluminibus, Stagnis, Latiis, Piscationibus, Venationibus, cujuscunque generis, cum excandatiis Vassallorum, & fidelium quorumcunque habitantibus in dictis Locis, impositionibus pœnarum, & bannorum, angariarum, perangariarum, onerum realium, personalium, & mixtorum de gratia speciali. Recepto quoque à prædicto Aleramo suo, & prædictorum Georgii, & Emanuelis, ac Hæredum suorum nomine in manibus nostris homagii, fidelitatis, obedientiæ, ac subjectionis debitæ solito Juramento, ipsum Aleramum petentem, & recipientem, vice & nomine quo supra, dantes, & concedentes eisdem de plenitudine potestatis nostræ columinis auctoritatem, & licentiam fabricandi Castra, Oppida, & Fortalitias cujuscunque generis in locis prædictis, & jam facta conservandi, destruendi, mutandi ad eorum libitum voluntatis. Et quod possint prædicti, & valeant loca in prædictis Territoriis consistentia, quæ fuerunt alias habitata, & nunc sunt inhabitata, facere habitari, & quæ nunquam habitata fuere facere habitari de novo, in quibus eisdem Privilegiis gaudeant, de quibus gaudent in aliis superius expresse attentis. Concedimus etiam eisdem, quod Civitates, Castra, Oppida, & Loca in Territoriis superius nominatis per quascumque personas detenta, cujuscumque status, qualitatis seu conditionis existant, seu per quascumque Communitates, vel Civitates occupata, possint auctoritate propria recuperare, & invadere, & offendere caussa recuperationis ipsorum res, personas, & bona ipsorum detinentium, nisi dictas Civitates, & dicta Castra, Oppida, & Loca restituant cum omnibus, & Jurisdictionibus eorundem. Inhibentes igitur universis, & singulis Principibus tàm Ecclesiasticis, quam mundanis, nec non Marchionibus, Communitatibus, Baronibus, Nobilibus, Civitatibus, cæterisque hominibus, & personis, parvis vel magnis, cujuscunque status, dignitatis, vel conditionis existant, firmiter, & districtè, ne jus aliquod in prædictis, tàm concessis antiquis per Prædecessores nostros, & per nos confirmatis, quàm per nos de novo concessis, & indultis sibi audeant vendicare vel ipsos in eis quomodolibet impedire, non obstantibus aliquibus Privilegiis, seu gratiis concessis alicui personæ singulari, cujuscumque status, qualitatis, seu conditionis existant, seu cuicunque Collegio, Civitati, seu Communitati, quocunque vocabulo censeretur, vel in posterum concedendis, quæ, vel quas ex nunc tollimus, & etiam annullamus, eaque, & eas de certa nostra scientia in quantum præsentibus obviare, & derogare videntur, decernimus nullius esse in antea roboris vel momenti, & si de eis expressam oporteret fieri mentionem, quam pro expressa ex nunc haberi volumus, & censemus: si quis verò secus attentare præsumpserit, indignationem nostram Imperialem, & pœnam centum Marcharum auri puri componendarum, quarum medietatem Fisco seu Ærario Cameræ nostræ Imperialis, aliam verò medietatis partem passorum injuriam usibus applicari volumus, se noverit irremissibiliter incursurum. Signum Serenissimi Principis, & Domini, Domini Caroli Quarti Romanorum Imperatoris Invictissimi, & gloriosissimi Bohemiæ Regis. Testes hujus sunt Dominus Petrus Hostiensis, & Veletrensis Episcopus Sanctæ Romanæ Ecclesiæ Cardinalis, nec non Venerabilis Johannes Archiepiscopus Pisanus, Johannes Olomucensis, Girardus Spirensis, & Marquardus Augustensis Ecclesiarum Episcopi, & Illustris Johannes Marchio Montisferrati, Nicolaus Opaviæ, & Bolco Falckenburgensis Duces, nec non spectabilis Johannes Nurembergensis, & Burcardus Magdeburgensis Burgravii, Johannes de Rech, & Albertus de Analch, Comites, & etiam nobiles Spingo dictus Lepus de Hasembugh, Asco de Strorzezien. & Busco de Vodharticz, Magistri Cameræ, Lesco de Volartien. Marescalcus Imperialis Curiæ, & plures fide digni, præsentium sub Bulla aurea Typario nostræ Majestatis impressa testimonio Literarum. Datum Pisis, Anno Domini millesimo, trecentesimo, quinquagesimo quinto, Indictione octava, Idus Maii. Regnorum nostrorum nono, Imperii verò primo.

Nos itaque attendentes puræ fidei constantiam, ac præclaræ devotionis insignia, quæ Progenitores præfati Alphonsi Marchionis ad Sacrum Romanum Imperium semper retroactis temporibus gessisse, ac etiam ipse ad nos, & Imperium gerere noscatur, fructuosaque obsequia, & fidelem animum, quibus ipse Alphonsus Majestati nostræ prompta sedulitate se gratum, & placitum reddidit, & se poterit continuato fidelitatis studio reddere gratiorem, mentis nostræ oculis limpidius intuentes, ipsiusque Alphonsi petitionibus, & votis benignus annuentes prædictorum Federici primi, & Friderici secundi, ac Caroli quarti Imperatorum Prædecessorum nostrorum Privilegia, & Litteras prout de verbo ad verbum præsentibus sunt inserta, & universa, ac singula in eisdem contenta rata habentes, & grata, sicut dignè possumus, & salvis nostris, & Imperii servitiis, & fidelitatibus eidem Alphonso petenti, & recipienti pro se, Filiis, Hæredibus, & Successoribus suis, motu proprio approbamus, ratificamus, & de novo concedimus, ac etiam de certa nostra scientia, & plenitudine potestatis, ac auctoritate Imperiali præsentis Scripti nostri patrocinio in perpetuum confirmamus. Et quia ipse Alphonsus Marchio ut supra petiit, à Serenitatis nostræ Majestate se investiri de Castro, Burgo, & Villis Finarii, & Castri Franchi cum Districtu, & Territorio, tàm in Terra, quàm in Mari, cum aliis Castris, Feudis, & Jurisdictionibus, de quibus in ejus præcibus ANNO 1577.

ANNO 1577.

cibus ut supra continetur, intellectis plenissimè prius dictis alienationibus factis de dictis Locis, Castris, Feudis, & Jurisdictionibus pro ut in præcibus dicti Alphonsi, sine nostri, & Serenissimorum Regum, & Imperatorum Prædecessorum nostrorum licentia, ex quo ipsa Castra, & Feuda, & Jurisdictiones devoluta sunt ad sacratissimum Romanorum Imperium, & sic habita de præmissis omnibus plena scientia, & notitia, virtute præsentis Edicti, & Rescripti, & omni meliori via, causa, & forma, quibus melius possumus, & de nostra Regia, & Imperiali suprema potestate, & motu proprio, ac ex certa nostra scientia declaramus, avocamus, & confiscamus omnia, & singula Castra, Loca, & Feuda, & Jurisdictione quibus supra alienata, & temporibus debitis non recognita à nobis, & à Serenissimis Prædecessoribus nostris, sine eorumque licentia, ad nos, & Sacrum Romanum Imperium esse devoluta. Et sic ipsa omnia confiscamus per hanc nostram sententiam, & declarationem, quàm sedentes e nostro solio in his scriptis proferrimus, & declaramus, & sententiamus. Et ideò nos ipsius Alphonsi dignis, & devotis supplicationibus favorabiliter inclinati, eis Alphonso licet absenti, & Nobili, Doctori D. Blasio Canefro Procuratori ipsius Alphonsi ac Procuratorio nomine ipsius præsenti, & acceptanti dictum Castrum, Burgum, & Villas Finarii, & Castrum Franchum, cum Districtu, & Territorio tàm in Mari, quam in Terra, Castrum, & Villas, & Castellaniam Vallis Stelanelli cum Jurisdictione, & potestate ponendi, & removendi Consules, Castrum, & Villas, & Castellaniam Retii, cum Jurisdictione, & potestate ponendi, & removendi Consules prout sibi videbitur, Castrum, Burgum, & Villas Saliceti, Castrum, & Villas Carcherarum, & Buxilli, medietatem Castri, Villarum, & Loci Cameiranæ, Castrum, Locum, & Villas Parodii, Castrum, & Villas Muraldi, Castrum, Burgum, & Villas Maximini, partem Rochetæ Cingii, Castrum, & Villas Rivernalis, Cenexii, & Arnaschi cum Juribus ipsorum Feudorum, & omnia, & singula Castra, Oppida, & Civitates, Possessiones, & bona, ac Jura Vasallorum, & Feudorum Jurisdictiones, merum, & mixtum Imperium, & gladii potestatem cum Juribus, & suis pertinentiis universis, quæ ad ipsum Alphonsum pervenerunt, quovis titulo sive emptionis sive Hæreditatis, & Successionis, & quæ possidet in præsentiarum, & possederunt auctores sui, & etiam Castra, Civitates, Villas, & Jura qualibet cum pertinentiis, Juribus, Jurisdictionibus eorundem, quibus spoliati fuerunt, vel sunt ipse Alphonsus, vel eorum Prædecessores ubicunque sunt committimus; motu proprio, & ex certa nostra scientia in perpetuum damus, & de novo damus, & concedimus in Feudum Nobile, Antiquum, Paternum, & Avitum, prout infra dicetur, ità quod in omnibus, & per omnia sapiat naturam Nobilis, Antiqui, Paterni, & Aviti Feudi, cum omnibus Vassallis, Valvasoribus, seu fidelibus quibuscunque in dictis Territoriis, & Locis habitantibus, & habitaturis, quod sint ipsius Alphonsi Subjecti, & esse intelligantur, cum Vallibus, Montibus, Planitiebus, Collibus, Sylvis, Pascuis, Molendinis, Mari, Aquis, & Aquarum decursibus, Fluminibus, Stagnis, Lacubus, Piscationibus, Venationibus, cujuscunque sint, cum excandantiis Vasallorum, Noveni, Dricti, Accordamenti, Argentarii, Fodris, Albergariis, Usibus, Operibus, Fructibus, Censibus, Redditibus, & fidelium quorumcunque Habitantium indultis, impositionibus pænarum, bannorum, mulctarum, angariarum perangariarum, onerum realium, nec non & omnes pedagios, & bonos usus, qui de præsenti sunt in dictis Locis omnibus, vel quos ipse Marchio Alphonsus, Filii, Hæredes, & Successores ut supra in dicto Marchionatu ad honorem Sacri Imperii posuerint de gratia speciali. Recepto prius à dicto D. Blasio Procuratore, & Procuratorio nomine dicti Alphonsi Marchionis, & Hæredum suorum, & Successorum ut supra in manibus nostris Homagii, fidelitatis, obedientiæ, ac subjectionis debita in forma solita Juramento, concedimus, & confirmamus prædicto Marchioni Alphonso, ac de novo de præmissis omnibus, & singulis investimus, ac donamus de nostra Imperialis plenitudine potestatis, nostris, & Imperii Sacri servitiis, & fidelitatibus debitis semper salvis, videlicet ipsi Alphonso Marchioni præsenti pro se, Filiis, Hæredibus, & Successoribus suis, videlicet de primogenito in primogenitum masculum legitimum, & naturalem, ità quòd solus primogenitus Filius masculus legitimus succedat in dicto Marchionatu, Feudis, & dictis Locis, & Jurisdictionibus usque in infinitum. Et casu quo non esset primogenitus, vel Filius masculus legitimus, & naturalis Filii primogeniti, quòd tunc succedat Filia fœmina, modo nubat in unum de familia de Carretto, aut qui vocetur de domo de Carretto, & hoc non obstantibus dictis alienationibus factis de dictis Castris, & Feudis per Prædecessores ipsius Alphonsi ut supra, quas omnes de facto factas, & in præjuditium Sacrosancti Romani Imperii, motu proprio, & ex certa scientia, & de plenitudine potestatis nostræ, etiam absolutæ revocamus, annullamus, & cassamus, & vigore præsentis nostri Rescripti, & Decreti pro annullatis, & cassatis nunc, & in futurum haberi volumus, & decernimus. Et casu quo non essent Filii masculi, nec fœminæ ut supra, quod liceat ipsi Alphonso Marchioni, suisque Filiis, Hæredibus, & Successoribus testari, legare dicta Castra, Loca, & Villas, ac Jura, & de illis disponere prout sibi videbitur, & qui modo vocetur, & nominetur de parentela de Carretto, salvis semper Juribus, & servitiis Sacrosancti Romani Imperii, & hoc non obstantibus quibuscunque Legibus, & Imperialibus Constitutionibus, & Feudorum usibus in contrarium facientibus, quibus omnibus, & singulis quo ad hunc motu proprio, & ex certa scientia, & de nostræ plenitudine potestatis etiam absolutæ decernendo, ac statuendo hoc Imperiali nostro Edicto derogamus, & derogatum esse volumus de gratia speciali. Dantes, & concedentes eidem Alphonso Marchioni, suis Filiis, & Successoribus in Marchionatu de plenitudine potestatis nostri columinis auctoritatem, & licentiam fabricandi Castra, Oppida, & Fortalitias, cujuscunque generis in Locis prædictis, & jam facta conservandi, destruendi, mutandi, & ad ejus libitum voluntatis, & quòd possit, & valeat loca in prædictis Territoriis consistentia, quæ fuerunt alias habitata, & nunc sunt inhabitata facere habitari de novo cum eisdem Privilegiis de quibus supra. Concedimus etiam ipsi Alphonso Marchioni, suisque Filiis, Hæredibus, & Successoribus in Marchionatu, quod Civitates, Castra, Oppida, & Loca in Territoriis superius recitatis, per quascunque personas detenta, & occupata, cujuscunque Communitates, vel Civitates, occupata, & tenta detinentur, possit auctoritate propria, recuperare, & invadere, & offendere causa recuperationis ipsorum res, personas, & bona ipsorum detinentium, nisi dictas Civitates, ut dicta Castra, & Oppida, & Loca restituant, cum omnibus Juribus, & Jurisdictionibus eorundem. Concedimus quoque adjiciendo nostro proprio motu, & de nostræ plenitudine potestatis ipsi Alphonso Marchioni, & Filiis, & Hæredibus, suisque Successoribus in Marchionatu in perpetuum auctoritatem, & licentiam cudendi pecuniam auream, & argenteam, quæ expendi possit in toto nostro Romano Imperio. Item quod ipse Alphonsus Marchio, Filii, Hæredes, & Successores in Marchionatu ut supra, possit, & valeat, possint, & valeant creare, facere, & constituere Milites Auratos, cum omni dignitate militiæ, & cum Privilegiis, Jurisdictionibus, Honorantiis, Gratiis, Indultis, Præeminentiis, Franchisiis, Immunitatibus, Libertatibus, & aliis quibuscunque prærogativis, & emolumentis, tàm scriptis in Corpore Juris, quàm non, & tam ex consuetudine, quam aliter, & quomodolibet spectare, & pertinere potentibus, dùm in armorum actu, & expeditione degunt, ubique locorum posse gaudere, uti, & frui, & ipsa habere, tenere, & possidere vel quasi, tanquam veri Milites legitimi, & solemniter ab Imperiali nostro culmine constituti. Item, & quod ipse Alphonsus Marchio, Hæredes, & Successores sui, ut supra, possint, & valeant creare, facere, & constituere Doctores, tàm in Jure Civili, quam in Jure Canonico, & conjunctim, & divisim, dummodo docti, idonei, & apti fuerint, & sint superque conscientiam suam, & suorum Hæredum, & Successorum, ut supra, oneramus. Recepto prius à quolibet tàm Milite, quàm Doctore, per ipsum, & quemlibet suorum Hæredum creandis, & promovendis corporali Juramento; quòd erunt nobis, Successoribus nostris legitime intrantibus fidelissimi, & artem ipsorum fideliter, legaliterque exercebunt, & pauperibus, orphanis, & viduis erunt Procuratores, liberales, justi, & misericordes; volentes, & decernentes ex nostra Cæsarea liberalitate, quòd quilibet Filius legitimus, & naturalis Hæres, & Successor in infinitum in Marchionatu hoc beneficio, & Privilegio doctorandi, & Milites procreandi, & promovendi fruatur, potiatur, & gaudeat. Volentes insuper, & vigore præsentium statuentes, quòd Doctores omnes per ipsum Alphonsum, & Successores suos creati, & facti, ut supra, possint, & valeant per totum Sacrum Romanum Imperium, & ubique locorum in omnibus, & singulis exercitiis, pa-

ANNO 1577.

Anno 1577.

lestris, & disputationibus tanquàm veri Doctores interesse, & quibuscumque Honoribus, Officiis, Juribus, Insignibus, Privilegiis, Prærogativis, & gratiis tàm realibus, quam personalibus, sive mixtis, uti, & frui possint, & valeant in quibuscunque Collegiis, & Universitatibus, quibus cæteri Doctores in Privilegiatis Studiis gaudent, utuntur, & fruuntur, consuetudine, vel de jure contradictione, & impedimento cessantibus quibuscunque, ac proinde, ac si essent doctorati in Studio, & Collegio Papiensi, ac Bononiensi, vel aliquo alio Studio generali, & hoc non obstantibus quibuscunque Statutis, Decretis, Legibus, & Consuetudinibus factis, & in futurum forte fiendis à quocunque Collegio, & Universitate, ac Principe in contrarium facientibus: quibus omnibus motu proprio, & ex certa nostra scientia, & de nostræ plenitudine potestatis derogamus, & derogatum esse volumus, imò quo ad hunc effectum duntaxat motu proprio ipso omnia Statuta, & Decreta cassamus, & annullamus, & nullius valoris, & momenti esse declaramus. Insuper gratiossus advertentes augustalis clementiæ benignitate volentes ipsum Alphonsum Marchionem, Filios, Hæredes, & Successores suos in Marchionatu, ut supra, variis Honoribus insignire, ipsum Alphonsum Marchionem, Filios, Hæredes, & Successores suos in Marchionatu, ut supra, ex certa scientia nostra, atque animo, & proposito deliberato, sano Principum, Comitum, Baronum, ac Procerum accedente consilio, & consensu, nostrum, & Imperii Sacri Vicarium perpetuum in Marchionatibus Saonæ, & Clavexanæ, & in omnibus Locis, Villis, Castris, Burgis, & Jurisdictionibus, quæ, & quas tenet, & possidet, vel quæ tenebit, & possidebit in futurum, ipse vel Successores sui, constituimus, creamus, & eligimus cum omnibus Privilegiis, Jurisdictionibus, Honorantiis, Dignitatibus, Gratiis, Indultis, Præeminentiis, Franchisiis, Immunitatibus, Libertatibus, & aliis quibuscunque Prærogativis, & Emolumentis tàm scriptis in Corpore Juris, quàm non, & tàm ex consuetudine quàm aliter cæteris nostris Vicariis perpetuis spectantibus pariter, & concessis, & quomodolibet spectare, & pertinere potentibus. Adjiciendo ulterius, & sibi, & Filiis, & Hæredibus, & Successoribus in Marchionatu concedendo hoc nostro Imperiali Edicto, & Decreto quòd ipse Alphonsus Hæredesque, & Successores in Marchionatu in perpetuum inde possit, & possint per totum Romanum Imperium, & ubique locorum creare, facere, & ordinare Tabelliones, seu Notarios Publicos cum omnimoda potestate, Jurisdictione, ad hujusmodi Tabellionatus Officium spectantibus, & spectare potentibus, & eosdem cum penna, & calamario, & Tabellionatus Offitio investire, prout moris est, dum tamen ad practicam, & exercitationem hujusmodi Officii sufficientes, habiles, idoneos esse noverint, super quo suam, & suorum Hæredum, & Successorum, ut supra, semper oneramus conscientiam, nec non creandi, & ordinandi, & instituendi Judices ordinarios juxta sacra Legum Statuta, cùm omnimoda Jurisdictione, & potestate ad hujusmodi Judices ordinarios spectantibus, & concessis, dummodo ab his Notariis, & Tabellionibus, & Judicibus ordinariis per ipsum Alphonsum Marchionem, vel per quemlibet suorum Hæredum, & Successorum, ut supra, creandis ut permittitur, vice & nomine Sacri Romani Imperii, debitum fidelitatis recipiendum corporale, & proprium Juramentum, in hunc modum videlicet, quòd erunt nobis, & Sacro Romano Imperio, & omnibus Successoribus nostris Romanorum Imperatoribus, & Regibus legitimè intrantibus fideles, nec unquam erunt in Consilio, ubi periculum nostrum, & nostrorum Successorum tractetur, sed bonum, & salutem nostram defendent, & promovebunt, damna nostra pro sua possibilitate evitabunt, & avertent, prætereà tam publica, quàm privata Instrumenta, ultimas Voluntates, Codicillos, Testamenta quæcunque, Judiciorum Acta, atque omnia, & singula quæ illis, & cuilibet ipsorum ex debito dictorum Offitiorum facienda occurrerint vel scribenda, justè, purè, fideliter, omni simulatione, machinatione, falsitate, & dolo remotis, scribent, legent, & facient, non attendendo odium, pecuniam, munera, vel alias passiones, aut amicicias, vel favores, Scripturas verò, quas debebunt in publicam formam redigere in membranis mundis, non in cartis abrasis, atque papiris fideliter conscribent, legent, facient, & dictabunt, Causasque Hospitalium, Orphanorum, Viduarum, & miserabilium personarum, nec non pontes, & stratas publicas pro viribus promovebunt, sententias, & dicta Testium donec publicata fuerunt sub secreto fideliter ad dicta Offitia, quomodolibet pertinebunt, de consuetudine, vel de Jure, quodque hujusmodi Notarii Publici, seu Tabelliones, & Judices per ipsum, & quemlibet suorum Hæredum, & Successorum in Marchionatu, ut supra, creati, & facti, possint per totum Romanum Imperium, facere, conscribere, & publicare Contractus, Judicia, Instrumenta, & ultimas Voluntates, Decreta, & Auctoritates interponere in quibuscunque Contractibus illa, vel illas requirentibus, ac omnia alia, & singula facere, publicare, & exercere, quæ ad Officium Publici Notarii seu Tabellionis, & Judicis Ordinarii pertinere, & spectare noscuntur. Item eadem auctoritate Cæsarea, ut supra, & ex certa nostra scientia, ut supra, eidem Alphonso, & cuilibet suorum Hæredum, & Successorum in Marchionatu, ut supra, plenissime, & omnimodam Jurisdictionem concedimus, & impartimur creandi, constituendi, & ordinandi Tutores, Curatores Pupillis, & Minoribus, & quibuscunque Curatorum indigentibus, administrationem decernere bonorum, & auctoritatem interponere in casibus opportunis. Insuper eadem auctoritate Cæsarea, & potestate eidem Alphonso Marchioni, Filiis, Hæredibus, & Successoribus in Marchionatu, ut supra, concedimus, & largimur auctoritatem, potestatem, bailiam, & Jurisdictionem, quòd possit, & valeat naturales bastardos, spurios, manseres, nothos, incestuosos copulativè, & disjunctivè, aut quoscunque alios, ex illicito, & damnato coitu procreatos, viventibus eorum parentibus seu etiam mortuis, legitimare, Filiis tamen Principum, Comitum, & Baronum duntaxat exceptis, & eos ad omnia Jura legitima restituere, & reducere, omnemque genituræ maculam penitus abolere, ipsos restituendo ad omnia, & singula Successionum Jura etiam ab intestato cognatorum, & agnatorum bonorum, Honores, Dignitates, & ad singulos actus legitimos, ac si essent de legitimo Matrimonio procreati, dummodo tamen legitimationes hujusmodi per ipsum Alphonsum, & suos, ut permittitur, Hæredes, & Successores fieri, non præjudicent Filiis legitimis, Hæredibus, quia ipsi legitimando cum legitimis æquis portionibus succedant parentibus, & agnatis non obstantibus in prædictis aliquibus Legibus, vel particularibus Statutis, quibus cavetur, quod bastardi, vel alii quicunque de illegitimo Matrimonio procreati non possint, vel debeant legitimari sine consensu, & voluntate filiorum legitimorum, & naturalium, ac aliis quibuscunque Legibus, Juribus, Constitutionibus, particularibus Statutis, seu Consuetudinibus in contrarium facientibus, non obstantibus. Quibus omnibus, & cuilibet ipsorum volumus expresse motu proprio, & ex nostra certa scientia derogari, ac etiam nonobstantibus in prædictis aliquibus Legibus, aliis etiam, si talia essent, quæ deberent exprimi, & de eis fieri mentio specialis, & de verbo ad verbum, quibus obstantibus, seu obstare valentibus in hoc casu duntaxat, ex certa scientia, & de nostræ plenitudine potestatis, & Regiæ, ac Imperialis voluntatis rationabiliter derogatum esse volumus per præsentes, ac etiam in bonis Paternis, & Maternis, & quorumcunque ascendentium, & descendentium, & collateralium agnatorum, & cognatorum propriis Allodialibus, Feudalibus, Prædialibus, Civilibus, e Laicis, Juribus, Honoribus, & Dignitatibus, aquisitis, & acquirendis ex Testamento, vel ab intestato, vel aliter succedant, & succedere possint, & valeant, & tanquam de legitimo Matrimonio editi, & concepti agnati, & cognatis, affinibus, & propinquis parentum suorum, in quovis gradu seu linea constituti, agnati, & cognati, affines, & propinqui reperiantur, & recipere ipsi sibi, & ad omnes, & singulos actus legitimos privatos, publicos, & civiles, ac nobiles, Officia, Beneficia, Dignitates, & Honores, si se casus præbuerit, admittantur, præmissa tamquam proximioribus, & legitimis Hæredibus in suis Juribus, & portionibus nolumus aliquod præjudicium generari. Piscationum, Venationum, & Aquæductuum, omnia Jura, & interesse, quæ, & Proceribus nostris condonavimus, ac etiam ipsi Alphonso, suisque Filiis, Hæredibus, & Successoribus, in Marchionatu, ut supra, per ditionem Romani Imperii impartimur. Inhibentes igitur, & mandantes, & Imperiali Edicto firmiter sancientes universis, & singulis Principibus, Marchionibus, Communitatibus, Ducibus, Civitatibus, cæterisque hominibus, ut personis, parvis vel magnis, cujuscunque status, dignitatis vel conditionis existant, firmiter, & directè mandando, ne quovismodo in prædictis ipsi Alphonso Marchioni, suisque Filiis, & Successoribus in Marchionatu, ut supra, concessis antiquis per Prædecessores nostros, tàm per nos confirmatis, quàm

ANNO 1577. quàm per nos etiam de novo concessis, & indultis, ut supra, sibi jus audeant vendicare, vel de ipsis quovis-modo impedire, quia præter indignationem nostram pænam centum Librarum Auri puri procul dubio sustinebunt, quicunque in prædictis, vel aliquo prædictorum temerarie attentaverit contraire, quarum Librarum medietatem Fisco nostro, reliqua verò medietas prædicto Alphonso Marchioni, & Filiis suis Hæredibus, & Successoribus, ut supra, persolvetur, non obstantibus aliquibus Investituris, Privilegiis, seu Gratiis concessis alicui personæ singulariter cujuscunque status, qualitatis, seu conditionis existant, seu quocunque Collegio, Civitate, seu Communitate, quocunque vocabulo censeantur, vel in posterum concedendis, quæ, & quas ex nunc tollimus, & etiam annullamus, eaque, & eos, de certa nostra scientia, & de plenitudine nostræ Regiæ Majestatis, & potestatis, etiam absolutæ, & quantum præsentibus nostris Confirmationibus, & Concessionibus, ac Donationibus, Infeudationibus, Privilegiis, & Gratiis obviare, derogare, & contrafacere videantur decernimus, edicimus, & statuimus, nullius esse in antea roboris, & momenti, etiamsi de eis expressam oporteret facere mentionem de verbo ad verbum, quæ pro expressa ex nunc haberi volumus, & censemus. Testes hujus autem rei & Concessionis sunt Rodulphus Princeps de Ahalt, Comes Ascaniæ Henricus de Surseen. Marescalcus Curiæ Nostræ, Johannes de Cuterdungs, Galeotus de Mirandula, Comites Henricus Pruesehus, Baroni Stetembig, Angelus de Florentia Orator Ducis Mediolani, Jachzerd Capitaneus Noster, Joannes Gaspar de Lanbamterg, Jacobus de Landriani Capitaneus Noster Burgoviæ, & alii quamplures fide digni Consiliarii, & fideles Nostri Dilecti. Et in quorum omnium Fidem, & Testimonium præmissorum has Literas Regalis Sigilli nostri munimine jussimus, & fecimus communiri. Datum Grupelo Papiæ Comitatus, die octava mensis Decembris, Anno Domini millesimo, quadringentesimo, nonagesimo sexto, Regnorum nostrorum Romani undecimo, Hungariæ verò septimo, feliciter Amen. MAXIMILIANUS. Ad mandatum Domini Regis proprium, deinde per me &c. Sturtzel Cancellarius, in Consilio Regio subscriptum est istud Privilegium per M. confirmare, approbare, & quatenus opus sit de novo concedere dignaremur.

Moti itaque illius precibus, accedentibus etiam meritis ipsius in nos, & sacrum Romanum Imperium de Cæsarea innata nobis munificentia animo deliberato, & ex certa scientia, & de Auctoritate nostra Cæsarea, recepto prius ab ipso Johanne Marchione fidelitatis, subjectionis, & obedientiæ consueto & debito Juramento, præfatum Johannem de Carretto Marchionem Finarii pro se, & Filiis suis Masculis juxta seriem Privilegii prædicti Cæsaris Maximiliani de prædicto Feudo nobili, antiquo, avito, & paterno, videlicet Castri Burgi & Villarum Finarii, Castri franchi cum districtu, & Territorio tam in Mari, quàm in Terra, Castri, & Castellaniæ Vallis Retii, cum Jurisdictione, & potestate etiam ponendi, & removendi Consules, Castri, Burgi, & Villarum Saliceti, Castri, & Villarum Carcherarum, & Bugilli, medietatem Castri, & Villarum Cameiranæ, Castri, & Loci Villarum Parodii, Castri, & Villarum Merualdi, Castri & Burgi Maximini, partis Rochetæ, Cingii, Castri, & Villarum Rivernalis, Cenexii, & Arnaschi, cum Juribus ipsorum Feudorum cum Jurisdictione, mero & mixto Imperio, & omnimoda Gladii potestate omnium Jurium, Jurisdictionum Civitatum, Oppidorum, Castrorum, & Feudorum, cum Boschis, Pascuis, Fodris, Bannis, Offensis, Placitis, Districtibus, Albergariis, Conditionibus, Usibus, Operibus, Fructibus, Censibus, Redditibus, Angariis, Aquis, aquarumque Decursibus, Molendinis, Piscationibus, Montibus, Planitiebus, captis Volucrum, & Beluarum, cultis & incultis, divisis vel indivisis, Ripis, Paludibus, Rupis, & Rupinis, quæ, & quas tanquam præfatus Alphonsus, quam sui Antecessores, à nobis, & Sacro Imperio, nostrisque Antecessoribus obtinuerunt, habuerunt, & possederunt, investivimus, confirmavimus, approbavimus, corroboravimus, ratificavimus, auctorizavimus & innovavimus, & tenore præsentium investimus, corroboramus, ratificamus, authorizamus, & innovamus, & quatenus opus est de novo concedimus. Nulli ergò omnino hominum liceat hanc nostræ Investituræ, Infeudationis, Ratificationis, Approbationis, & Confirmationis paginam infringere, aut ei quovis ausu temerario contraire. Si quis autem id attentare præsumpserit, se nostram, & Sacri Imperii indignationem gravissimam, ac pænam centum Marcharum auri puri, toties quoties contrafactum fuerit, noverit irremissibiliter incursurum, quarum medietatem nostro Cæsareo Fisco, reliquam verò medietatem injuriam passi, seu passorum usibus decernimus applicari. Harum testimonio Litterarum manu nostra subscriptarum, & Sigilli nostri Cæsarei appensione munitarum. Datum in Civitate nostra Imperiali Genuæ die decima sexta mensis Augusti Anno Domini millesimo quingentesimo, vigesimo nono. Regnorum nostrorum Romani undecimo, aliorum verò omnium decimo quarto. CAROLUS. Ad mandatum Cæsareæ, & Catholicæ Majestatis proprium ALPHONSUS VALDESIUS, confirmare, approbare, & quatenus opus sit de novo concedere dignaremur.

Moti itaque illorum precibus, accedentibus etiam meritis præfati pupilli Progenitorum erga Divos Prædecessores nostros Romanorum Imperatores, & Reges, & præsertim prædicti ejus Parentis erga nos, & sacrum Romanum Imperium, qui dum anno proxime præterito in Affricam expeditionem suscepimus, se nobis fidum Comitem adhibens, dum & nobis & Reipublicæ Christianæ bonam, & strenuam operam navat, non absque laude virtutis fortiter occubuit, de Cæsarea nostra munificentia, animo deliberato, ex certa scientia, & authoritate nostra Imperiali, sano accedente Consilio, recepto prius à prædictis Principibus Melsiæ Tutoris nomine quo supra, fidelitatis, subjectionis, & obedientiæ consueto, & debito Juramento, præfatum Alphonsum de Carretto Marchionem Finarii pro se, & Filiis suis Masculis juxta seriem præinserti Privilegii Divi quondam Cæsaris Maximiliani de prædicto Feudo nobili, antiquo, avito, & paterno, videlicet Castri, Burgi, & Villarum Finarii, Castri Franchi cum districtu, & Territorio tàm in Mari, quam in Terra, Castri, & Castellaniæ Vallis Retii cum Jurisdictione, & potestate etiam ponendi, & removendi Consules, Castri, Burgi, & Villarum Saliceti, & Villarum loci Cameiranæ, Castri, Loci, & Villarum Parodii, Castri, & Villarum Merualdi, Castri, & Burgi Maximini, partis Rochetæ, Cingii, Castri, & Villarum Rivernalis, Cenexii, & Arnaschi cum Juribus ipsorum Feudorum, cum Jurisdictione, mero & mixto Imperio, & omnimoda Gladii potestate, omnium Jurium, Jurisdictionum Civitatum, Oppidorum, Castrorum, Possessionum, Vasallorum, & Feudorum, cum Boschis, Pascuis, Fodris, Bannis, Offensis, Placitis, Districtibus, Albergariis, Conditionibus, Usibus, Operibus, Fructibus, Censibus, Redditibus, Angariis, Aquis, aquarumque Decursibus, Molendinis, Piscationibus, Montibus, Planitiebus, captiis Volucrum, & Beluarum, cultis & incultis, divisis vel indivisis, ripis, paludibus, rupis & rupinis, quæ & quas tam præfatus quondam Joannes ejus Pater, quam sui Antecessores à nobis, & sacro Imperio, nostrisque Antecessoribus obtinuerunt, & possederunt, investivimus, corroboravimus, ratificavimus, authorizavimus, & tenore præsentium, investimus, corroboramus, ratificamus, autorizamus, & innovamus, & quatenus opus est, de novo concedimus, nostris tamen, & Imperii Juribus salvis. Nulli ergò omninò hominum liceat, hanc nostræ Investituræ, Infeudationis, Ratificationis, Approbationis, & Confirmationis, & Innovationis paginam infringere, aut ei quovis ausu temerario contraire. Si quis autem id attentare præsumpserit, nostram, & Imperii Sacri indignationem gravissimam, ac pænam in præinserto Privilegio nostro contentam, & expressam toties, quoties contrafactum fuerit, se noverit irremissibiliter incurrisse pro dimidia Imperiali Fisco, seu Ærario nostro, reliqua verò parte injuriam passi, seu passorum usibus applicanda. Harum testimonio Litterarum manu nostra subscriptarum, & Sigilli nostri Cæsarei appensione munitarum. Datum in Civitate nostra Imperiali Genua die quinta mensis Novembris. Anno Domini millesimo, quingentesimo, trigesimo sexto Imperii nostri decimo septimo, & Regnorum nostrorum vigesimo primo.

Nos igitur, cupientes nunc præfato Illustri Alphonso Marchioni Finarii benignæ voluntatis nostræ propensionem re ipsa declarare, eidem ex certa nostra scientia animoque benè deliberato, ac sano, accedente consilio, authoritate nostra Cæsarea, præinsertas Divorum Imperatorum Prædecessorum nostrorum Federici primi, & Federici secundi Concessiones, & secutam deinde Approbationem, Confirmationem, Innovationem, & Ampliationem Divorum Caroli quarti, Maximiliani primi, & Caroli quinti, ac omnes in iis descriptas Gratias, Libertates, Prærogativas, Privilegia, & Indulta, pro ut ipse Marchio est in eorum possessione, vel quasi, seu

ANNO 1577.

feu in futurum erit, in omnibus, & fingulis eorum Punctis, Sententiis, Claufulis, Articulis, & verborum expreffionibus, approbavimus, ratificavimus, confirmavimus,& innovavimus,ac per præfentes approbamus, ratificamus, confirmamus, innovamus & de novo quatenus opus eft concedimus, quicquid in iis de Jure, vel ex gratia fpeciali confirmare, dare, & concedere poffumus atque debemus, dictumque Marchionem pro fe & Filiis fuis Mafculis, & legitimis juxta feriem præinferti Privilegii Divi quondam Cæfaris Maximiliani de prædicto Feudo nobili, antiquo, avito, & paterno, videlicet Caftri, Burgi, & Villarum Finarii, Caftri Franchi cum Territorio, Diftrictu, feu Jurisdictione tam in Mari, quam in Terra, Caftri, & Caftellaniæ, Vallis Retii cum Jurisdictione, & poteftate etiam ponendi, & removendi Confules, Caftri Burgi, & Villarum Carcherarum, & Bugilli, medietatis Caftri Villarum, & Loci Cameiranæ, Caftri, & Loci, & Villarum Merualdi, Caftri, & Burgi Maximini, partis Rochetæ Cingii, Caftri, & Villarum Rivernalis,Cenexii,& Arnafchi, Caftri, & Villarum Stellanelli, cum Jurisdictione ponendi, & removendi Confules, prout fibi videbitur, Caftri, & Burgi Saliceti, Calizani, Oxiliæ, & Burmidæ, ac omnium aliorum Locorum, Caftrorum, & Villarum in præfcriptis Anteceflorum noftrorum Inveftituris enunciatorum, & cum omnibus Valvaforibus, & fidelibus, ac hominum fidelitate homagii, omnibusque in dictis Territoriis, & Locis habitantibus, & habitaturis, quòd fint, & effe intelligantur ipfius Alphonfi fubjecti cùm Juribus ipforum Feudorum, cum mero & mixto Imperio, & omnimoda Jurisdictione Gladiique poteftate, omnique, & plenaria Caufarum tam Civilium, quam criminalium cognitione, & determinatione omnium Jurium, & Jurisdictionum Civitatum, Oppidorum, Caftrorum, Poffeffionum, Vasfallorum, & Feudorum, cum Bofchis, Sylvis, Pafcuis, Fodris, Bannis, Offenfis, Placitis, Diftrictibus, Albergariis, Conditionibus, Ufibus, Operibus, Angariis, Argentariis, Noveniis, Drictis, Accordamentis, fictibus Vafallorum, excandentiis, pœnarum impofitionibus, mulctis, confifcationibus & bonorum devolutionibus, oneribus realibus, perfonalibus atque mixtis, nec non & omnibus pedagiis, & bonis ufibus, qui de præfenti funt in dictis Locis omnibus, vel quos ipfe Marchio Alphonfus, Filii, Hæredes, & Succeffores, ut fupra, in dicto Marchionatu, & Locis, ad honorem Sacri Imperii pofuerint, fructibus, cenfibus, redditibus, & quibuscunque fervitiis folitis, ac omnibus aliis intratibus, emolumentis, & commoditatibus, de quibus ipfe Marchio, ac fui Majores fuerunt in poffeffione five quafi, & cum aquis tam falfis, quam dulcibus, Fontibus, & Rivis, aquarum decurfibus, ac Molendinis quibuscunque. Item pifcationibus tam pifcium, quam coralliorum, ac aliarum rerum, omnibusque aliis, & quibuscunque præeminentiis, pertinentiis, & Regaliis, de quibus in præfcriptis Inveftituris, Montibus, Planitiebus, capturis Volucrum, & Beluarum, cultis & incultis, divifis vel indivifis, ripis, paludibus, rupis, & rupinis, quæ, & quas tam præfatus quondam Johannes Marchio Pater ipfius Alphonfi quam alii ejus Anteceffores, à Prædecefforibus noftris, & facro Imperio obtinuerunt, & poffederunt, inveftimus, eaque ipfi rectum, juftum, nobile, liberum, antiquum, & avitum Feudum conferrimus, recepto tamen vice verfa ab ipfo Illuftr. Alphonfo Marchione Juramento confueto. Volentes, & auctoritate noftra Cæfarea decernentes, quòd fæpedictus Illuftris Alphonfus Marchio, ac ejus legitimi Filii Hæredes, & defcendentes mafculi, præmiffa omnia, à nobis, & facro Imperio libere in Feudum habere, & poffidere poffint, & debeant, ordine primogenituræ fervato, quem omninò fervandum effe ftatuimus, ita fcilicet, ut folus primogenitus Filius Mafculus, & legitimus in dicto Marchionatu, ac Feudis, & Locis fuprafcriptis in infinitum fuccedat. Cafu verò quo non extaret primogenitus, neque etiam primogeniti Filius Mafculus, & legitimus, tunc poffit etiam fuccedere Filia Fœmina, modo nubat uni ex familia de Carretto, vel qui vocetur de domo de Carretto, fin autem extarent plures Filiæ Fœminæ, tunc fit in facultate, & arbitrio dicti Illuftris Alphonfi Marchionis, & fuorum in dictis Feudis, Hæredum, ac Succefforum unam ex ipfis eligere, quæ fuccedat in iifdem Feudis, Locis, & Juribus, dummodo nubat uni ex familia de Carretto, aut qui vocetur de domo de Carretto, relicta tamen reliquis filiabus debita ipfis legitima, qua eis de dote pro gradu ipfarum condecente profpectum. Cafu verò, quo non effent Filii Mafculi, nec Fœminæ, ut fupra, quod liceat ipfi Alphonfo Marchioni, fuisque Filiis, Hæredibus, & Succefforibus teftari, & legare dicta Caftra, Loca, Villas, & Jura, & de illis difponere, prout fibi videbitur, & cui modo vocetur, & nominetur de parentela de Carretto, falvis femper Juribus, & fervitiis facrofancti Romani Imperii. Et hoc nonobftantibus quibuscunque Legibus, & Imperialibus Conftitutionibus, & Feudorum Ufibus in contrarium facientibus, quibus omnibus, & fingulis quo ad hunc effectum duntaxat motu proprio, & ex certa fcientia, ac de Cæfareæ noftræ poteftatis plenitudine derogamus, & derogatum effe volumus. Dantes, & elargientes infuper eidem Illuftri Alphonfo de Carretto Marchioni Saonæ, Clavexanæ, & Finarii, ac ejus Liberis, Hæredibus, & Succefforibus antedictis, eadem noftra fcientia, & auctoritate, plenam facultatem, poteftatem atque licentiam emendi, & jufto Emptionis titulo acquirendi ab aliis noftris, & Sacri Imperii Vafallis Bona Feudalia, eaque Marchionatui Finarii adjungendi, incorporandi, & uniendi, talem emtionem ratificantes, & Cæfareæ noftræ auctoritatis robore firmantes ex nunc, pro ut ex tunc & contra, eamque firmam, ratam, & gratam effe volentes, & decernentes, dummodo tamen Bona illa emenda tranfeant cum onere fuo Feudali, nobis, & facro Imperio debito. Præterea ex eadem certa fcientia atque auctoritate, animoque bene deliberato, & fano accedente Confilio, virtute harum Literarum noftrarum confirmamus, & quatenus opus eft de novo creamus, inftituimus, & ordinamus fæpè dictum Illuftrem Alphonfum Marchionem, ac ejus legitimos Filios, Hæredes, & in dictis Marchionatibus Saonæ, Clavexanæ, ac Finarii Succeffores in fuprafcriptis omnibus Locis, Villis, Caftris, Burgis, & Jurisdictionibus, quæ vel nunc tenet, & poffidet, vel in pofterum legitimè acquiret, tenebit, & poffidebit ipfe, vel Succeffores ejus, noftros, & facri Imperii perpetuos Vicarios, cum omnibus Privilegiis, Jurisdictionibus, honorantiis, dignitatibus, gratiis, indultis, præeminentiis, Franchifiis, Immunitatibus, Libertatibus, & aliis quibuscunque prærogativis & emolumentis five fcripta fint in Corpore Juris five non fcripta, quæ aliis perpetuis noftris, & Imperii Vicariis, vel ex confuetudine, vel quomodolibet fpectent. Et ut noftram de ejusdem Illuftris Alphonfi Marchionis fide, & integritate fiduciam majori quoque argumento conteftatam reddamus, nos fanè informati, quod agnatio, feu familia illorum de Carretto in partibus Liguriæ olim fuerit valdè numerofa, & poffederit ibidem multa Loca, & Feuda pro quibus Divos quondam Prædeceffores noftros Romanorum Imperatores, & Reges, & Sacrum Imperium duntaxat, & immediate recognoverint, prout etiam nunc nonnulli recognofcant, licet pauci, quandoquidem propter multas difcordias inter ipfos Feudatarios, ac temporum iniquitatem, tandem res eo redacta fit, ut plures illorum aliis Principibus, & Dominiis fefe conjunxerint, ac tandem etiam fubmiferint cum magna facri Romani Imperii injuria, & directi Dominii eidem competentes jactura, & detrimento. Volentes in hac parte pro Cæfarei noftri muneris ratione providere ne facri Romani Imperii Jura in partibus illis magnis etiam diminuantur, ex eadem certa noftra fcientia, & matura animi deliberatione, ac Cæfarea auctoritate eundem Illuftrem Marchionem Alphonfum ac ejus in fuprafcriptis Feudis, & Locis Hæredes, & Succeffores qui idonei & habiles extiterint elegimus, conftituimus, creavimus, & deputavimus, prout per præfentes eligimus, conftituimus, creamus, & deputamus usque ad noftrum, & noftrorum in facro Imperio Succefforum beneplacitum, noftros, & ejusdem Imperii Commiffarios Generales, dantes eisdem Cæfarea noftra auctoritate amplam facultatem, & poteftatem, atque expreffum mandatum, ut in futurum poffint, & debeant quascunque Caufas Capitales, Criminales, vel Civiles, maximas, magnas, vel parvas, quas poft hac inter dictos Feudatarios noftros, ex familia, & agnatione de Carretto, aut ipfos, aut eorum Subditos conjunctim, vel feparatim oriri, vel emergere contigerit, etiamfi bonorum omnium feu partis, aut ftatus cujuslibet feu libertatis, vel fervitutis perfonarum fententiam, & cognitionem, aut Patriæ ad tempus, vel in perpetuum, forique interdictionem, feu quamcunque membrorum aut vitæ condemnationem requirant, tam ex Offitio, quàm ad partium inftantiam vocatis, vocandis, & adhibito duorum aut plurium Jurisperitorum, qui partibus non fint fufpecti, confilio, & affiftentia, Jure mediante, audire, cognofcere, decidere, & determinare, citationes, proceffus, fententias, & omnia inde fecuta,

ANNO 1577.

ANNO 1577.

à non suis Judicibus facta etiam de consensu, aut ex compromissione, vel sub nissione Partium, quatenus in nostrum, & sacri Imperii præjudicium vergunt nostro nomine, & auctoritate irritare, cassare, annullare, revocare, & in pristinum restituere, aliaque omnia, & singula facere, quæ in præmissis, & circa ea cum dependentibus, & emergentibus, incidentibus, annexis, & connexis necessaria fuerint seu quomodolibet opportuna, & prout justum fuerit, & in judicialibus Juris ordo, & æquitatis ratio dictabunt, facultate tamen appellandi, & provocandi, ac quibuslibet exceptionibus unicuique salvis, & illesis. Cæterum quo commodius, atque liberius idem Illustris Marchio suprascriptis gratiis, libertatibus, beneficiis, indultis, & concessionibus utatur, & fruatur, nos eundem Marchionem Finarii cum ejus Marchionatu omnibusque Castris, Terris, Locis, Villis, possessionibus, rebus, ac bonis in nostram, & sacri Imperii clientelam, protectionem, & salvaguardiam suscepimus, assumpsimusque, & suscipimus, atque assumimus vigore præsentium, volentes, & decernentes, quod idem Marchio sit, teneatur, & esse debeat unà cum dictis suis Marchionatu, Castris, Terris, Locis, Villis, Possessionibus, Hominibus, Subditis, ac rebus, & omnibus bonis sub hac nostra speciali tuitione, & salvaguardia nostra, & Imperialis Aquilæ perpetuo salvus, protectus, & securus ab omni gravamine, oppressione, & onere hospitandorum Militum, & stipendiarium, & quod deinceps omnibus ac singulis Immunitatibus, Gratiis, & Prærogativis potiatur, & gaudeat, quibus alii, qui sub hujusmodi nostra, & Imperii salvaguardia, ac protectione constituti sunt de Jure, sive consuetudine utuntur, fruuntur, potiuntur & gaudent, sine alicujus impedimento, aut contradictione. Præterea volentes sæpedicto Illustri Marchioni Saonæ, Clavexanæ, & Finarii, gratiam nostram Cæsaream alio etiam longe luculentiori argumento declarare, quem scilicet, cum propter Majorum merita, tum proprias ob virtutes, dignum judicamus, quem amplior, magisque insigni titulo condecoremus, tali nimirum, qui vetustissimæ Nobilitati ejus respondeat, ex eadem nostra certa scientia, animoque benè deliberato, ac sano accedente consilio, deque Cæsareæ nostræ potestatis plenitudine sæpedictum Illustrem Alphonsum Marchionem in Dei omnipotentis nomine, à quo manat omnis Principatus & honor, in verum nostrum, & sacri Romani Imperii Principem ereximus, assumpsimus, atque extulimus, ac vigore præsentium, omni meliori via, forma, & modo, quo melius, atque efficatius, de Jure vel ex consuetudine, fieri potest, ac debet, erigimus, assumimus, atque extollimus. Decernentes, & hoc nostro Cæsareo Edicto firmissimè statuentes, quod sæpedictus Illustris Alphonsus de Carretto Marchio Finarii, ac legitimi ipsius Filii Masculi, Hæredes, & descendentes, qui ipsi in prædicto Marchionatu successuri sunt, possint ac debeant ex hac die in posterum, perpetuis futuris temporibus, ab omnibus, cujuscunque status, gradus, ordinis, dignitatis, & conditionis extiterint, & ubicunque locorum fuerint, Principes, & Marchiones Imperii nominari, appellari, teneri, reputari, ac honorari, omnibusque Honoribus, Dignitatibus, Prærogativis, Immunitatibus, Libertatibus, Gratiis, & Indultis absque ullo impedimento uti, frui, & potiri, quibus alii nostri, & sacri Imperii Principes, & Marchiones hactenus in dandis, & recipiendis Juribus, in conferendis seu suscipiendis Feudis, & in aliis omnibus, ac singulis illustrem statum, & conditionem Principum, & Marchionum concernentibus, consuetudine vel de Jure, sunt usi, fruiti, potiti, & gavisi, neque vel ipse Illustris Alphonsus, vel ejus Hæredes, & Successores à quocunque hominum coram alio Judice, quam coram nobis, ac nostris in Imperio Successoribus vel iis, quibus nos, aut jam dicti nostri Successores vices nostras specialiter delegaverimus, & commiserimus, in judicio conveniri debeant, queant. Postremò cum hanc nostram gratiam, & beneficentiam velimus esse cumulatam, dicto Illustri Marchioni, ac ipsius in Marchionatibus Saonæ, Clavexanæ, & Finarii legitimis Successoribus plenam etiam potestatem fecimus, dedimus, atque concessimus sicut per præsentes scienter, & deliberatè facimus, damus, & concedimus, qua possint, & valeant honestis, ac bonæ famæ Viris, Subditis, & Servitoribus suis, quos scilicet hoc honore dignos judicaverint, authoritate nostra Cæsarea, Arma, & Insignia conferre, largirique, ejusmodi personarum qualitati idonea, & convenientia, & antiqua quibus utuntur confirmare, ac ampliare, eosque cum Insignium tum Feudorum capaces, dummodo tamen in hujusmodi Armorum concessione, confirmatione, & ampliatione, caveant, ne cuiquam Aquilam Imperialem, aut avita quorumvis Principum, Comitum, Baronum, & Procerum Arma, vel Insignia concedant, nec cuiquam hominum cujuscunque status fuerit, unà vel plures Coronas Regales aureas Galeæ imponendas largiantur, si quidem hanc facultatem nobis ipsis reservamus, qui quidem sic per præfatum Marchionem Insignibus, & Armorum ornamentis decorati, unà cum ipsorum Liberis, Nepotibus, posteris, & descendentibus, ac descensuris in perpetuum legitimo thoro prognati, possint, & valeant ejuscemodi Armorum Insignia perpetuis temporibus in omnibus honestis, & decentibus Actibus, & Expeditionibus aliorum Armigerorum more, tam serio quam joco, in hastilibus Ludis, Bellis, Duellis, singularibus certaminibus, & quibuscunque pugnis, eminus, cominus, habere, deferre, ac gestare, eaque Scutis, Vexillis, Tentoriis, Sepulturis, Parietibus, Ostiis, Fenestris, Lacunaribus, Tapetibus, Pulvinaribus, Annulis, Signatoriis, Sigillis, & quibuscunque demum rebus, & signis, insculpere, affigere, adpingere, & intexere, nec non pro veris Armigeris ab universis ac singulis, cujuscunque conditionis, seu præeminentiæ, status, dignitatis existant, haberi, scribi, dici, & nominari ubique Locorum, & Terrarum, in Judicio vel extra, in rebus ecclesiasticis, & prophanis quibuscunque, etiamsi talia forent, de quibus in præsentibus Literis nostris specialis mentio fieri deberet, ac denique in omnibus, & per omnia illis Honoribus, Dignitatibus, & Officiis, Muneribus, Præheminentiis, Libertatibus, & Privilegiis, Gratiis, & Indultis gaudere, uti, & frui, quibus alii Armigeri à nobis, seu sacro Romano Imperio Insignibus decorati utuntur, & fruuntur, & ad quæ admittuntur consuetudine vel de Jure. Nulli ergo omninò hominum, cujuscunque status, gradus, ordinis, & conditionis existat, & quacunque fulgeat præeminentia ac Dignitate, liceat hanc nostræ Approbationis, Ratificationis, Confirmationis, Innovationis, Concessionis, Investituræ, Institutionis, Creationis, Ordinationis, Vicariatus, Commissariatus, Protectionis, Salvaguardiæ, item Illustrationis, Erectionis, Assumptionis, Gratiæ, Voluntatis, & Decreti paginam infringere, aut quovis ausu temerario violare; quisquis verò secus fecerit, is noverit se, præter nostram & sacri Imperii gravissimam indignationem, pænam quingentarum Marcharum auri puri pro dimidia Fisco nostro Imperiali, pro ressidua verò injuriam passorum usibus persolvendam, ipso facto incursurum. Harum Testimonio Literarum manu nostra subscriptarum, ac Sigilli nostri Cæsarei appensione munitarum. Datum in Civitate nostra Vienna die vigesima septima mensis Martii, Anno Domini millesimo, quingentesimo, sexagesimo quarto, Regnorum nostrorum Romani trigesimo quarto, aliorum vero trigesimo octavo.

Nos igitur cupientes nunc præfato Illustri Alphonso Marchioni Finarii benigne Voluntatis nostræ propensionem re ipsa declarare, eidem, ex certa nostra scientia, animoque benè deliberato, ac sano accedente consilio, auctoritate nostra Cæsarea, præinsertas Divorum Imperatorum Prædecessorum nostrorum Federici primi, & Federici secundi Concessiones, & sequutam deinde Approbationem, Confirmationem, Innovationem, & Ampliationem divorum Caroli quarti, Maximiliani primi, Caroli quinti, & Ferdinandi Imperatorum, ac omnes in iis descriptas Gratias, Libertates, Prærogativas, Privilegia, & Indulta, prout ipse Marchio est in eorum possessione, vel quasi, seu in futurum erit, in omnibus, & singulis eorum punctis, sententiis, clausulis, articulis, & verborum expressionibus approbavimus, ratificavimus, confirmavimus, innovavimus, & de novo, quatenus opus est, concedimus quicquid in iis, de Jure vel ex gratia speciali, confirmare, dare, & concedere possumus atque debemus. Dictumque Marchionem pro se, & Filiis suis Masculis & legitimis, juxtà seriem præinserti Privilegii Divi quondam Cæsaris Maximiliani de prædicto Feudo nobili, antiquo, avito, & paterno videlicet Castri, Burgi, & Villarum Finarii, Castri Franchi cum Territorio, Districtu, seu Jurisdictione, tam in Mari quam in Terra, Castri, & Castellaniæ Vallis Retii, cum Jurisdictione, & potestate etiam ponendi, & removendi Consules, Castri, Burgi, & Villarum Carcherarum, & Bugilli, medietatis Castri, Villarum, & Loci Cameiranæ, Castri, Loci, & Villarum Paroldi, Castri, & Villarum Merualdi, Castri, & Burgi Maximini, partis Rochæ Cingli, Castri, & Villarum Rivernalis, Cenexii, & Arnaschi, Castri, & Villarum Stellanelli,

ANNO 1577.

cum Jurisdictione ponendi, & removendi Consules prout sibi videbitur, Castri, & Burgi Saliceti, Calizani, & Oxiliæ, & Bormidæ, ac omnium aliorum Locorum, Castrorum, & Villarum in præscriptis Antecessorum nostrorum Investituris enunciatorum, & cum omnibus Valvasoribus, & fidelibus, ac hominum fidelitate Homagii, omnibusque in dictis Territoriis, & Locis habitantibus, & habitaturis, quod sint, & esse intelligantur ipsius Alphonsi Subjecti cum Juribus ipsorum Feudorum, cum mero & mixto Imperio, & omnimoda Jurisdictione, gladiique potestate, omnique, & plenaria Caussarum tam civilium quam criminalium cognitione, & determinatione omnium Jurium, & Jurisdictionum, Civitatum, Oppidorum, Castrorum, Possessionum, Vassallorum, & Feudorum, cum Boschis, Sylvis, Pascuis, Fodris, Bannis, Offensis, Operibus, Angariis, Perangariis, Argentariis, Noveninis, Drictis, Accordamentis, fictibus Vassallorum, excandentiis, pœnarum impositionibus, multis, confiscationibus, & bonorum devolutionibus, oneribus realibus, personalibus, atque mixtis, nec non & omnibus pedagiis, & bonis usibus, qui de præsenti sunt in dictis Locis omnibus, vel quos ipse Marchio Alphonsus, Filii, Hæredes, & Successores, ut supra, in dicto Marchionatu, & Locis ad honorem sacri Imperii posuerint Fructibus, Censibus, Redditibus, & quibuscunque Servitiis solitis, ac omnibus aliis intratibus, emolumentis, & commoditatibus, de quibus ipse Marchio, ac sui Majores fuerunt in possessione sive quasi, & cum Aquis, tam salsis quam dulcibus, Fontibus, & Rivis, aquarum decursibus, ac Molendinis quibuscunque. Item Piscationibus tam Piscium, quam Corallorum, ac aliarum rerum, omnibusque aliis, & quibuscunque Præeminentiis, Pertinentiis, & Regaliis, de quibus in præscriptis Investituris, Montibus, Planitiebus, capturis Volucrum, & Beluarum, cultis & incultis, divisis & indivisis, ripis, paludibus, rupis, & rupinis, quæ, & quas tam præfatus quondam Joannes Marchio, Pater ipsius Alphonsi, quàm alii ejus à Prædecessoribus nostris, & sacro Imperio obtinuerunt, & possederunt, investimus, eaque ipsi in Feudum rectum, justum, nobile, liberum, antiquum, & avitum conferimus. Recepto tamen viceversa ab ipso Illustre Alphonso Marchione consueto, & debito fidelitatis, subjectionis, & obedientiæ Juramento. Volentes, & authoritate nostra Cæsarea decernentes, quod sæpedictus Illustris Alphonsus Marchio, ac ejus legitimi Filii, Hæredes, & descendentes Masculi præmissa omnia à nobis, & sacro Imperio libere in Feudum habere, tenere, & possidere possint, & debeant, ordine primogenituræ servato, quem omnino servandum esse statuimus, ita scilicet, ut solus primogenitus Filius Masculus, & legitimus, in dicto Marchionatu, ac Feudis, & Locis suprascriptis in infinitum succedat. Casu verò, quo non extaret primogenitus, neque etiam primogeniti Filius Masculus, & legitimus, tunc possit etiam succedere Filia Fæmina, modò nubat uni ex familia de Carretto, vel qui vocetur de domo de Carretto. Sin autem extarent plures Filiæ Fæminæ, tunc sit in facultate, & arbitrio dicti Illustris Alphonsi Marchionis, & suorum in dictis Feudis Hæredum, ac Successorum, unam ex ipsis eligere, quæ succedat in iisdem Feudis, Locis, & Juribus, dummodo nubat uni ex Familia de Carretto, aut qui vocetur de domo de Carretto. Relicta tamen reliquis Filiabus debita ipsis Legitima, qua eis de Dote pro gradu ipsarum concedente prospectum sit. Casu verò non essent Filii Masculi, nec Fæminæ, ut supra, quod liceat ipsi Alphonso Marchioni, suisque Filiis, Hæredibus, & Successoribus testari, & legare dicta Castra, Loca, Villas, & Jura, & de illis disponere, prout sibi videbitur, & qui modo vocetur, & nominetur de parentela de Carretto. Salvis semper Juribus, & servitiis sacrosancti Romani Imperii, & hoc non obstantibus quibuscunque Legibus, & Imperialibus Constitutionibus, & Feudorum usibus, in contrarium facientibus: quibus omnibus, & singulis, quo ad hunc effectum duntaxat, motu proprio, & ex certa scientia, ac de Cæsareæ nostræ potestatis plenitudine derogamus, & derogatum esse volumus. Nulli ergò omninò hominum, cujuscunque status, gradus, ordinis, & conditionis existat, & quacunque fulgeat præeminentia, ac dignitate, liceat hanc nostræ Approbationis, Ratificationis, Confirmationis, Innovationis, Concessionis, Investituræ, Gratiæ, Voluntatis, & Decreti paginam infringere, aut quovis ausu temerario violare. Quisquis verò secus fecerit, is noverit se, præter nostram, & sacri Imperii gravissimam indignationem, pœnam quingentarum Marcharum Auri puri, pro dimidio Fisco nostro Imperiali, pro residua verò parte injuriam passorum usibus persolvendam, ipso facto incursurum. Harum testimonio Literarum, manu nostra subscriptarum, & Sigilli nostri Cæsarei appensione munitarum. Datum in Civitate nostra Vienna die ultima mensis Augusti, Anno Domini millesimo, quingentesimo, septuagesimo septimo. Regnorum nostrorum Romani secundo, Hungarici quinto, & Bohemici itidem secundo. Firmatur, RUDOLPHUS. Vice ac nomine Reverendissimi D DANIELIS Archiepiscopi Archicancellarii & Electoris Moguntini Vt. SUICHEUS Vr. d. Ad Mandatum sacræ Cæsareæ Majestatis proprium PHERUBURGER ANDR. GAILL. d. Bta BIITTNER.

Extracta fuit præsens Copia à Privilegio Originali existente in Regio Archivio Castri Portæ Jovis Mediolani inter Scripturas Finarii in Carta pergaminea scripta cum Sigillo pendenti in Cera rubea, cum Cordulis aureis, & sericeis. Datum Mediolani die trigesima mensis Octobris Anni 1719.

Examinavit JOANNES FRANCISCUS STRIGELLIUS *Regii Archivii Officialis.*

CXLVI.

Sept. CATHOLIQUES ET REFORMEZ EN FRANCE.

Edit de Pacification fait par HENRI III. *Roi de France, pour mettre fin aux Troubles de son Royaume, & faire désormais vivre tous ses Sujets en paix sous son obéïssance. Fait à Poitiers, au mois de Septembre* 1577. [BENOIT, Histoire de l'Edit de Nantes. Dans les Preuves du Tome I. pag. 18.]

HENRI par la grace de Dieu Roi de France & de Pologne, à tous presens & à venir, Salut. DIEU qui est scrutateur des cœurs des hommes, & voit le fond de toutes leurs pensées, nous sera toûjours vray Juge, que nôtre intention n'a jamais été autre que de regner selon ses saints Commandemens, & gouverner nos Sujets en toute droiture & Justice: nous rendant à tous Pere commun, qui n'a autre fin que leur salut & repos. Pour à quoy parvenir nous nous sommes incessamment efforcez de faire tout ce qu'avons estimé plus convenable selon les occasions & le tems; mêmement avec cette intention d'établir un assuré repos en cettuy nôtre Royaume, & pourvoir aux desordres & abus qui y sont entrez par la licence de si longs troubles: & le remettre en sa premiere dignité & splendeur. A cette fin nous aurions convoqué en nôtre ville de Blois nos Etats Generaux, où furent traittées plusieurs choses, & specialement sur le fait de la Religion; ayant été proposé par aucuns, que l'un des meilleurs remedes étoit, d'interdire tout exercice d'autre Religion que de la Catholique. Toutefois Dieu n'a permis qu'en ayions recueilli le fruit que desirions: ains comme il luy plaît quelquefois visiter les Royaumes & Potentats avec sa verge de rigueur pour les offenses & pechez des hommes, les troubles se seroient rallumez en nôtre Royaume plus que jamais, à nôtre très-grand regret & deplaisir. Et ce qui fur tout plus nous étoit grief, c'étoit que l'innocent, c'est à savoir nôtre pauvre Peuple, portoit le plus de mal, d'oppression, & d'injures. Lesquelles choses ayans jour & nuit considerées, & nous ayant l'experience en nôtre Majorité de vingt-cinq ans, fait connoître que de la continuation des armes & de la Guerre ne peut provenir le bien que nous avons tant desiré & procuré: & croyans fermement qu'il plaira à Dieu par sa benignité convertir enfin sa rigueur en misericorde: & que ses visitations soient salutaires admonêtemens pour le reconnoître, & retourner au droit chemin de nôtre devoir: Après avoir imploré son aide; & supplié de nous inspirer à trouver les remedes plus propres & convenables pour le bien de nôtre Etat: & pris sur ce l'avis de la Roine nôtre très-honorée Dame & Mere, de nôtre très-cher & très-amé Frere le Duc d'Anjou, des Princes de nôtre sang, & autres, des Officiers de nôtre Couronne, & autres Seigneurs & notables personnages de nôtre Conseil Privé: Avons, en attendant qu'il ait plu à Dieu nous faire la grace, par le moyen d'un bon, libre, & legitime Concile general, de reünir tous nos Sujets à nôtre Eglise Catholique, par cettuy nôtre present Edit perpetuel & irrevocable, dit, declaré, statué & ordonné: disons, declarons,

ANNO 1577.

rons, statuons & ordonnons ce qui s'ensuit.

I. Premierement, Que la *memoire* de toutes choses passées d'une part & d'autre, dès & depuis les troubles avenus en nôtre dit Royaume, & à l'occasion d'iceux, demeurera éteinte & assoupie, comme de chose non avenuë: Et ne sera loisible ni permis à nos Procureurs Generaux, ni autres personnes quelconques, publiques ni privées, en quelque tems ni pour quelque occasion que ce soit, en faire mention, procés ou poursuite, en aucune Cour ou Jurisdiction que ce soit.

II. Defendons à tous nos Sujets, de quelque état & qualité qu'ils soient, d'en *renouveller la memoire*, s'attaquer, ressentir, injurier ni provoquer l'un l'autre par reproche de ce qui s'est passé, pour quelque cause & pretexte que ce soit: en disputer, contester, quereller, ni s'outrager ou offenser de fait ou de paroles: mais se contenir & vivre paisiblement ensemble, comme Freres, Amis & Concitoyens, sur peine aux contrevenans d'être punis comme Infracteurs de Paix, & Perturbateurs du repos public.

III. Ordonnons que la *Religion Catholique*, Apostolique & Romaine soit remise & retablie en tous les lieux & endroits de cettuy nôtre Royaume, & Païs de nôtre obeïssance, où l'exercice d'icelle a été intermis, pour y être paisiblement & librement exercée, sans aucun trouble ou empêchement: Defendant très-expressément à toutes personnes de quelque état, qualité ou condition qu'elles soient, sur les peines que dessus, de ne troubler, molester ni inquieter les Ecclesiastiques en la celebration du Divin Service, jouïssance & perception des dîmes, fruits & revenus de leurs Benefices & tous autres droits & devoirs qui leur appartiennent. Et que tous ceux qui durant les presens & precedens troubles se sont emparez des Eglises, Maisons, biens & revenus appartenans ausdits Ecclesiastiques, & qui les detiennent & occupent, leur en delaissent l'entiere possession & paisible jouïssance, en tels droits, libertez & suretez qu'ils avoient auparavant qu'ils en fussent dessaisis.

IV. Et pour ne laisser aucune occasion de troubles & differens entre nos Sujets, leur avons permis & permettons vivre & demeurer par toutes les villes & lieux de cettuy nôtre Royaume, & Païs de nôtre obeïssance, sans être enquis, vexez, molestez, n'astraints à faire chose pour le fait de la Religion contre leur *conscience*, ne pour raison d'icelle être recherchez és maisons & lieux où ils voudront habiter, en se comportant au reste selon qu'il est contenu en nôtre present Edit.

V. Nous avons aussi permis à tous Seigneurs, *Gentilshommes*, & autres personnes, tant regnicoles, qu'autres faisans profession de la Religion pretenduë Reformée, ayans en nôtredit Royaume & Païs de nôtre obeïssance haute Justice, ou plein Fief de Haubert, comme en Normandie, soit en proprieté ou usufruit, en tout, ou par moitié, ou pour la troisiéme partie, avoir en telle de leurs Maisons desdits hautes Justices ou Fiefs susdits, qu'ils seront tenus nommer devant à nos Baillifs & Senechaux, chacun en son détroit, pour leur principal domicile, *l'exercice de ladite Religion*, tant qu'ils y seront residens: & en leur absence, leurs Femmes ou Familles dont ils repondront. Nous leur permettons aussi avoir ledit exercice en leurs autres Maisons de haute Justice ou Fief susdit de Haubert, tant qu'ils y seront presens, & non autrement: le tout tant pour eux, leurs Familles, Sujets, qu'autres qui y voudront aller.

VI. Es Maisons *de Fief*, où ceux de ladite Religion n'auront ladite haute Justice ou Fief de Haubert, ne pourront faire ledit exercice que pour leur Famille tant seulement. N'entendons toutefois, s'il y survient de leurs Amis jusques au nombre de dix, ou quelque Batême pressé, en compagnie n'excedant ledit nombre de dix, qu'ils en puissent être recherchez. Moyennant aussi que lesdites Maisons ne soient au dedans des Villes, Bourgs & Villages appartenans aux Seigneurs hauts Justiciers Catholiques autres que nous, esquels lesdits Seigneurs Catholiques ont leurs Maisons: auquel cas ceux de ladite Religion ne pourront dans lesdites Villes, Bourgs & Villages, faire ledit exercice, si ce n'est par permission & congé desdits Seigneurs hauts Justiciers, & non autrement.

VII. Nous permettons aussi *à ceux* de ladite Religion, faire & continuer *l'exercice* d'icelle en *toutes les Villes & Bourgs*, où il se trouvera publiquement fait le dix-septiéme jour du present mois de Septembre. Excepté toutesfois és Bourgs appartenans aux Catholiques, tenus à present par ceux de ladite Religion, esquels l'exercice n'étoit fait avant la derniere reprise des armes, même durant les precedentes Paix.

ANNO 1577.

VIII. Davantage en chacun des anciens Bailliages, Senechaussées & Gouvernemens tenans lieu de Bailliage, ressortissans nuement & sans moyen és Cours de Parlement, nous ordonnons qu'és *Fauxbourgs d'une Ville*, où il y aura plusieurs Villes, & au defaut de Villes, en un Bourg ou Village, l'exercice de ladite Religion se pourra faire pour tous ceux qui y voudront aller.

IX. Deffendans très-expressément à tous ceux de ladite Religion faire aucun exercice d'icelle, tant pour le Ministere, que reglement, Discipline, ou institution publique d'enfans & autres en cettuy nôtredit Royaume, & Païs de nôtre obeïssance, en ce qui concerne la Religion, fors qu'és *lieux* cy-dessus permis & ottroyez.

X. Comme aussi de faire aucun exercice de ladite Religion en nôtre *Cour* & suitte, ni à deux lieuës és environs d'icelle: ni pareillement en nos Terres & Païs qui sont delà les monts: ni aussi en nôtre Ville, Prevôté, & Vicomté de Paris, ni à dix lieues autour de ladite Ville: lesquelles lieuës nous avons limitées & limitons aux lieux qui ensuivent: sçavoir est Senlis & les Fauxbourgs, Meaux & les Faux-b. Meulun & les Faux-b. une lieuë par delà Châtre sous-Mont-lehery, Dourdan & les Fauxbourgs, une lieue grande par delà Meulan, Vigni, Meru & S. Leu de Serans. Ausquels lieux susdits nous n'entendons qu'il soit fait aucun exercice de ladite Religion. Toutesfois ceux de ladite Religion, demeurans esdites Terres & Païs delà les Monts, & en nôtredite Ville, Prevôté & Vicomté de Paris, étendue ainsi que dit est, ne pourront être recherchez en leurs Maisons, n'astraints à faire chose pour le regard de leur Religion contre leur Conscience, en se comportant au reste selon qu'il est contenu en nôtre present Edit.

XI. Nous deffendons à tous Prêcheurs, Lecteurs & autres qui parlent en public, d'user d'aucunes *paroles*, discours & propos tendans à *exciter le Peuple à sedition*: ains leur avons enjoint & enjoignons de se contenir & comporter modestement, ni dire rien qui ne soit à l'instruction & édification des Auditeurs, & à maintenir le repos & tranquillité par nous établie en nôtredit Royaume, sur les peines portées par nos precedens Edits. Enjoignans très-expressément à nos Procureurs Generaux, & autres nos Officiers d'y tenir la main.

XII. Ceux de ladite Religion ne seront aucunement astraints, ni demeureront obligez pour raison des *abjurations*, promesses, & sermens qu'ils auroient cy-devant faits, ou cautions par eux baillées concernant le fait de ladite Religion: & n'en pourront être molestez ni travaillez en quelque sorte que ce soit.

XIII. Seront tenus aussi garder & observer les *Fêtes* indites en l'Eglise Catholique, Apostolique & Romaine: & ne pourront és jours d'icelle besogner, vendre ni étaller à boutiques ouvertes: & aux jours esquels l'usage de la chair est defendu les Boucheries ne s'ouvriront.

XIV. Ne pourront en nôtredit Royaume, Païs, Terres & Seigneuries de nôtre obeïssance, être vendus aucuns *Livres* sans être premierement vus par nos Officiers des lieux; ou pour le regard des Livres concernans ladite Religion pretenduë Reformée, par les Chambres cy-après par nous ordonnées en chacun Parlement, pour juger des causes & differens de ceux de ladite Religion. Deffendant très-expressément l'impression, publication & vendition de tous Livres, Libelles & Ecrits diffamatoires sur les peines contenuës en nos Ordonnances: enjoignant à tous nos Juges & Officiers d'y tenir la main.

XV. Ordonnons qu'il ne sera fait difference ni distinction, pour le regard de ladite Religion, à recevoir les *Ecoliers* pour être instruits és Universitez, Colleges, & Echoles: & les Malades & Pauvres és Hôpitaux, Maladeries, & Aumônes publiques.

XVI. Ceux de ladite Religion pretenduë Reformée seront tenus garder les *Loix* de l'Eglise Catholique, Apostolique & Romaine, reçuës en cettui nôtredit Royaume, pour le fait des Mariages contractez & à contracter és degrez de consanguinité & affinité, pour éviter aux debats & procés qui s'en pourroient ensuivre, à la ruine de la plûpart des bonnes Maisons d'iceluy, & dissolution des liens d'amitié, qui s'acquierent par mariage, & alliance entre nos Sujets.

ANNO 1577.

XVII. Pareillement ceux de ladite Religion payeront les *droits d'entrée*, comme il est accoutumé, pour les Charges & Offices dont ils seront pourvus, sans être contraints assister à aucunes ceremonies contraires à leur-dite Religion. Et étans appellez par serment ne seront tenus d'en faire d'autre, que de lever la main, jurer & promettre à Dieu qu'ils diront la verité: & ne seront aussi tenus de prendre dispense du serment par eux prêté en passant les Contracts & Obligations.

XVIII. Voulons & ordonnons que tous ceux de ladite Religion pretenduë Reformée, & autres qui ont suivi leur party, de quelque état, qualité ou condition qu'ils soient, soient tenus & contraints par toutes voyes duës & raisonnables, & sous les peines contenuës en nos precedents Edits sur ce faits, payer & acquiter les *dîmes* aux Curez, & autres Ecclesiastiques, & à tous autres à qui ils appartiennent, selon l'usance & coutume des lieux.

XIX. Afin de reünir d'autant mieux les volontez de nos Sujets, comme est nôtre intention, & ôter toutes plaintes à l'avenir, declarons tous ceux de ladite Religion pretenduë Reformée, & autres nosdits Sujets qui ont suivi leur party, *capables de tenir & exercer tous Etats, Dignitez, Offices & Charges publiques quelconques*, Royales, Seigneuriales, ou des Villes de nosdits Royaume, Païs, Terres & Seigneuries de nôtre obeïssance, & d'être indifferemment admis & reçus en iceux, sans qu'ils soient tenus prêter autre serment, ni astraints à autres obligations, que de bien & fidelement exercer leurs Etats, Dignitez, Charges & Offices, & garder les Ordonnances. Esquels Etats, Charges & Offices, pour le regard de ceux qui seront en nôtre disposition, il y sera, avenant vacation, par nous pourvu indifferemment, & sans distinction de Religion, de personnes capables, comme verrons être à faire, pour le bien de nôtre service. Entendons aussi, que ceux de ladite Religion puissent être admis & reçus en tous Conseils, deliberations, Assemblées, & fonctions qui dependent des choses susdites, sans que pour raison de ladite Religion ils en puissent être rejettez, ou empêchez d'en joüir.

XX. Ordonnons pour *l'enterrement* des morts de ceux de ladite Religion, pour toutes les Villes & Lieux de ce Royaume, qu'il leur sera pourvu promtement par nos Officiers & Magistrats, en chacun lieu, d'une place la plus commode que faire se pourra. Ce que nous enjoignons à nosdits Officiers de faire: & tenir la main qu'ausdits enterremens il ne se commette aucun scandale.

XXI. Et afin que la Justice soit renduë, & administrée à nos Sujets sans aucune suspicion, haine ou faveur, comme étant un des principaux moyens pour les maintenir en paix & concorde, Avons ordonné & ordonnons, qu'en chacune de nos Cours de Parlemens de Paris, Roüen, Dijon, & Rennes, sera établie une *Chambre* composée pour le regard du Parlement de Paris, d'un President & 16. Conseillers. Pour celuy de Roüen, d'un President & douze Conseillers. Et pour ceux de Dijon, & Rennes, chacun d'un President & dix Conseillers: lesquels Presidens & Conseillers seront par nous pris & choisis du nombre de ceux desdites Cours.

XXII. Et pour le regard de nos Cours de Parlemens de *Bourdeaux*, *Grenoble* & *Aix*, sera pareillement établie une *Chambre en chacun* d'iceux, composée de deux Presidens, l'un Catholique, & l'autre de ladite Religion pretenduë Reformée, & douze Conseillers, dont les huit seront Catholiques, & les quatre autres de ladite Religion. Lesquels Presidens & Conseillers Catholiques seront par nous choisis & nommez, du nombre des Presidens & Conseillers desdites Cours. Et quant à ceux de ladite Religion, y seront employez ceux qui se trouveront encore à present pourvus desdits Offices esdites Cours. Et où ils ne seroient nombre suffisant, sera par nous faite erection d'autres Offices, autant qu'il sera necessaire pour parfaire le nombre susdit, aux mêmes gages, honneurs, autoritez & prerogatives, que les autres de nosdites Cours, dont seront pourvus personnages de ladite Religion.

XXIII. Et pour le ressort de nôtre Cour de Parlement de *Thoulouse*, sera semblablement établie une *Chambre* composée comme les autres de deux Presidens, l'un Catholique, & l'autre de la Religion: & douze Conseillers, huit Catholiques, & les quatre autres de ladite Religion. Lesquels Catholiques seront par nous choisis de nos autres Cours de Parlement, & du grand Conseil, & pour le regard de ceux de ladite Religion, y seront colloquez ceux qui se trouveront encore à present pourvus d'Offices en icelui Parlement de Thoulouse, faisant creation du nombre qui sera besoin pour remplir ladite Chambre, ainsi qu'il est dit pour les autres. Laquelle Chambre ainsi composée sera par nous envoyée en nôtre Ville de.... Et pour le regard de celle de *Dauphiné*, la seance en sera six mois en nôtre Ville de Grenoble, & les autres six mois, en telle autre Ville que nous ordonnerons par cy-après.

ANNO 1577.

XXIV. Lesquelles *Chambres* composées, ainsi que dit est, & établies par tout nosdits Parlemens, connoîtront & jugeront en souveraineté & dernier ressort, par Arrêt privativement à tous autres, des procés & differens mus & à mouvoir: esquels procés ceux de ladite Religion pretenduë Reformée, & autres qui ont suivi leur party, seront parties principales ou garants, en demandant ou defendant, en toutes matieres, tant civiles que criminelles, soient lesdits procés par ecrit, ou appellations verbales: & ce si bon semble ausdites Parties, & l'une d'icelles le requiert, avant contestation en cause pour le regard des procés à mouvoir.

XXV. Voulons aussi par maniere de provision, & jusque à ce qu'en ayions autrement ordonné, qu'en tous procés mus ou à mouvoir, là où ceux de ladite Religion seront, en qualité de demandans ou defendans, Parties principales, ou garants és matieres civiles, esquelles nos Officiers és Sieges Presidiaux ont pouvoir de juger souverainement & en dernier ressort, leur soit permis de requerir, que deux de la *Chambre*, où lesdits procés se devront juger, s'abstiennent du jugement d'iceux: lesquels, sans aucune expression de cause, seront tenus de s'en abstenir; nonobstant l'Ordonnance par laquelle les Juges ne se peuvent tenir pour recusez sans cause, leur demeurans outre ce les recusations de droit contre les autres. Et és matieres criminelles, esquelles aussi ils jugent souverainement, pourront les prevenus étans de la susdite Religion requerir, que trois desdits Juges s'abstiennent du jugement de leurs procés sans expression de cause. Et les Prevôts des Marechaux de France, Vibaillifs, Visenechaux, Lieutenans de robbe courte, & autres Officiers de semblable qualité, jugeront selon les Ordonnances & reglemens cy-devant donnez pour le regard des vagabonds. Et quant aux domiciliés chargez & prevenus des cas Prevôtaux, s'ils sont de la susdite Religion, pourront requerir que trois des Juges Presidiaux, où lesdits cas se doivent juger par les Ordonnances, s'abstiennent du jugement de leur procés: & seront tenus s'en abstenir sans aucune expression de cause; sauf si en la Chambre desdits Sieges Presidiaux où lesdits procés se jugeront, se trouvoient jusques au nombre de deux en matiere civile, & trois en matiere criminelle de ladite Religion: auquel cas ne sera permis de recuser sans expression de cause. N'entendons toutefois que lesdits Sieges Presidiaux, Prevôts des Marechaux, Vibaillifs & Visenechaux, en vertu de ce que dit est, prennent connoissance du fait des troubles passez.

XXVI. Ordonnons, voulons & nous plaît, que nôtre très-cher & très-amé Frere le *Roy de Navarre*, nôtre très-cher & bien-amé cousin le Prince *de Condé*, & semblablement tous autres Seigneurs, Chevaliers, Gentilshommes, & autres, de quelque qualité ou condition qu'ils soient, de ladite Religion, & autres qui ont suivi leur party, rentrent & soient effectuellement conservez en la joüissance de leurs Gouvernemens, Charges, Etats & Offices Royaux, dont ils joüissoient auparavant le 24. d'Août, mil cinq cens soixante & douze, pour les tenir & en user tout ainsi, & en la même forme & maniere que les autres Gouverneurs & Officiers de cettuy nôtredit Royaume; sans être astraints prendre nouvelles provisions, nonobstant tous Arrêts & Jugemens contr'eux donnez, & les provisions qui auroient par autres été obtenuës desdits Etats. Pareillement qu'ils rentrent en la joüissance de tous & chacuns leurs biens, droit, noms, raisons & actions, nonobstant les Jugemens ensuivis pour raison desdits troubles. Lesquels Arrêts, Jugemens, Provisions, & tout ce qui s'en feroit ensuivi, nous avons à cette fin declarez & declarons nuls, & de nul effet & valeur.

XXVII. N'entendons toutefois que ceux de ladite Religion, & autres qui ont suivi leur Parti, lesquels ont *resigné* leurs Etats & Offices en vertu de nos Lettres Patentes, ou du feu Roy nôtre très-honoré Seigneur & Frere, que Dieu absolve, puissent les recouvrer & entrer en la possession d'iceux; leur reservant nean-

ANNO 1577. neanmoins toutes Actions contre les Possesseurs & Titulaires desdits Offices, pour le payement du prix convenu entr'eux, au moyen desdites resignations. Et pour le regard de ceux qui ont été par les particuliers contraints de fait & par force à resigner leursdits Etats & Offices, leur permettons, & à leurs Heritiers, d'en faire instance & poursuite par Justice civilement, tant contre ceux qui auront usé desdites forces, que contre leurs Hoirs & Successeurs.

XXVIII. Et quant à ceux de ladite Religion, & autres qui ont suivi leur party, qui auroient été pourvus desdits Offices avant le 24. Août mil cinq cens soixante & douze, & non encores reçus en iceux, Nous voulons qu'ils soient *reçus esdits Etats*, & toutes provisions necessaires leur en soient expediées.

XXIX. Ordonnons aussi si aucunes *Commanderies de l'Ordre de S. Jean* de Jerusalem appartenant à ceux de ladite Religion pretenduë Reformée, & autres qui ont suivi leur party, se trouvoient saisies par autorité de Justice ou autrement, à l'occasion & pretexte seulement des troubles, ils en étoient en quelque sorte que ce soit depossedez, que pleine & entiere main-levée en soit faite ausdits Commandeurs, & eux remis en tel état & possession desdites Commanderies, qu'ils étoient avant le 24. Août, 1572.

XXX. Les *criées*, affiches & subhastations des Heritages dont l'on poursuit le decret, seront faites és lieux & heures accoutumées, si faire se peut, suivant nos Ordonnances, ou bien és Marchez publics, si au lieu où sont assis lesdits Heritages y a Marché: & où il n'y en auroit point, seront faites au plus prochain Marché étant du ressort du Siege où l'adjudication se doit faire. Et seront les affiches mises au pôteau dudit Marché, & à l'entrée de l'Auditoire dudit lieu. Et par ce moyen seront bonnes & valables lesdites criées, & passé outre à l'interposition de decret, sans s'arrêter aux nullitez qui pourroient être alleguées pour ce regard.

XXXI. Les *acquisitions* que ceux de ladite Religion pretenduë Reformée, & autres qui ont suivi leur party, auroient faites par autorité d'autre que de nous, pour les *immeubles appartenant à l'Eglise*, n'auront lieu ni effet: Ains ordonnons, voulons & nous plaît, que lesdits Ecclesiastiques rentrent incontinent & sans delai, & soient conservez en la possession & jouïssance reelle & actuelle desdits biens ainsi alienez, sans être tenus de rendre le prix desdites ventes, & ce nonobstant lesdits contracts de vendition, lesquels à cet effet nous avons cassez & revoquez comme nuls, sauf le recours aux acheteurs contre qui il appartiendra. Et pour rembourser les acheteurs desdites Terres des deniers par eux veritablement & sans fraude déboursez, seront expediées nos Lettres Patentes de permission à ceux de ladite Religion, d'imposer & égaller sur eux les sommes à quoy se monteront lesdites ventes, sans qu'iceux acquereurs puissent pretendre aucune action pour leur dommage & interêts à faute de jouïssance, ains se contenteront du remboursement des deniers par eux fournis pour le prix desdites acquisitions, precomptant sur iceluy prix les fruits par eux perçus, en cas que ladite vente se trouvât faite à trop vil & injuste prix.

XXXII. Les *exheredations* ou *privations*, soit par disposition d'entre vifs ou testamentaires, faites seulement en haine ou pour cause de Religion, n'auront lieu, tant pour le passé que pour l'avenir, entre nos Sujets: & neanmoins les Testamens militaires qui ont été faits durant lesdits presens & precedens troubles, tant d'une part que d'autre, vaudront, & tiendront selon la disposition de droit.

XXXIII. Les *desordres* & *excés* faits le 24. Août, & jours ensuivans en consequence dudit jour en nôtre bonne Ville de Paris, & autres Villes & endroits de nôtredit Royaume, sont avenus à nôtre très-grand regret & deplaisir. Et pour demonstration singuliere de nôtre bonté & bienveillance envers nos Sujets, declarons les veuves & enfans de ceux qui ont été tuez lesdits jours, en quelque part que ce soit de nôtredit Royaume, exemts de contribuer aux impositions qui se feront pour raison du Ban & Arriere-ban, si leurs maris ou Peres étoient nobles: & ou leursdits Maris ou Peres auroient été de qualité roturiere, & taillables: Nous pour les mêmes considerations, dechargeons lesdites veuves & enfans de toutes tailles & impositions, le tout pour & durant l'espace de six années prochaines: defendans à nos Officiers, chacun en son endroit, de les y comprendre au prejudice de nos presens vouloir & intention.

XXXIV. Declarons aussi toutes *Sentences*, Jugemens, Arrêts, Procedures, Saisies, Ventes & Decrets faits & donnez contre ceux de ladite Religion pretenduë Reformée, tant vivans que morts, depuis le trepas du feu Roy Henri nôtre très-honoré Seigneur & Pere, à l'occasion de ladite Religion, tumultes & troubles depuis avenus, ensemble l'execution d'iceux Jugemens & Decrets, dès à present cassez, revoquez & annullez, & iceux cassons, revoquons & annullons. Ordonnant qu'ils soyent rayez & ôtez des Regîtres des Greffes des Cours, tant souveraines qu'inferieures: comme nous voulons aussi être ôtées & effacées toutes marques, vestiges, & monumens desdites executions, livres & actes diffamatoires contre leurs personnes, memoires & posteritez. Et que les places esquelles ont été faites pour cette occasion demolitions ou rasemens, soient renduës en tel état qu'elles sont aux proprietaires d'icelles, pour en joüir & disposer à leur volonté. Et generalement avons cassé, revoqué & annullé toutes Procedures & Informations faites pour entreprises quelconques, pretendus crime de Leze Majesté ou autres: Nonobstant lesquelles Procedures, Arrêts & Jugemens contenans reünion, incorporation & confiscation, voulons que ceux de ladite Religion, & autres qui ont suivi leur party, & leurs Heritiers, rentrent en la possession reelle & actuelle de tous & chacuns leurs biens.

XXXV. Et d'autant qu'au moyen de notre susdite Declaration, tous Arrêts & Jugemens donnez contre le feu Sieur de *Châtillon Amiral de France*, & execution d'iceux demeurent nuls, & de nul effet, comme chose non faite, ni avenuë: Nous, en consequence d'icelle Declaration, ordonnons que tous lesdits Arrêts, Jugemens, Procedures & Actes faits contre ledit Sieur de Châtillon soient rayez, biffez, & mis hors des Regîtres des Greffes, tant de nos Cours de Parlement, que de toutes autres Jurisdictions: & que tant la memoire dudit Amiral, que les enfans d'iceluy demeurent entiers en leurs honneurs & biens, pour ce regard: nonobstant que lesdits Arrêts portent reünion & incorporation d'iceux biens au Domaine de nôtre Couronne, dont nous ferons expedier ausdits enfans plus ample & speciale Declaration, si metier est.

XXXVI. Le semblable voulons être fait pour le regard des Sieurs de *Montgommery*, *Montbrun*, *Briquemaut* & *Cavaignes*.

XXXVII. Deffendons de faire aucunes *Processions*, tant à cause de la mort de feu nôtre cousin le Prince de Condé, que de ce qui avint le jour S. Barthelemi, cinq cens soixante & douze, & autres Actes qui puissent ramener la memoire des troubles.

XXXVIII. Toutes *Procedures faites*, *Jugemens*, & *Arrêts* donnez contre ceux de ladite Religion portans les armes, ou absens de nôtredit Royaume, ou bien retirez és Villes & Païs d'iceluy par eux tenus, en quelqu'autre matiere que de la Religion & Troubles, ensemble toutes peremptions d'instance, prescriptions tant legales, conventionnelles, que coutumieres, & saisies feodales, échuës pendant les presens & precedens troubles, seront estimées comme non faites, données ni avenuës, & telles les avons declarées & declarons, & icelles mises & mettons au neant, sans que les Parties s'en puissent aucunement aider, ains seront remises en l'état qu'ils étoient auparavant, nonobstant lesdits Arrêts & l'execution d'iceux; & leur sera renduë la possession en laquelle ils étoient pour le regard desdites choses ledit 24 d'Août, cinq cens soixante & douze. Ce que dessus aura pareillement lieu pour l'egard des autres qui ont suivi le party de ceux de ladite Religion, depuis la derniere reprise des armes, ou qui ont été absens de nôtredit Royaume pour le fait des troubles, & pour les enfans mineurs de ceux de la qualité susdite, qui sont morts pendant lesdits troubles. Remettant les Parties au même état qu'elles étoient, sans refonder les dépens, ny être tenus de consigner les amendes.

XXXIX. Tous *Prisonniers* qui sont detenus, soit par autorité de Justice ou autrement, même és Galeres, à l'occasion des presens & precedens troubles, seront élargis & mis en liberté d'un côté & d'autre, sans payer aucune rançon. Cassant & annullant toutes obligations passées pour ce regard, dechargeant les cautions d'icelles, inhibant & defendant très-expressément à ceux, és mains desquels sont lesdits prisonniers, de n'user de force & violence envers eux, ni les mal-traiter, ou leur mesfaire aucunement en leurs personnes, sur peine d'être punis, & châtiez très-rigoureusement. N'entendant toutesfois que les rançons qui auront été jà déboursées, & payées par ceux qui étoient prisonniers ANNO 1577.

ANNO 1577. niers de Guerre seulement, puissent être repetées sur ceux qui les auront reçues. Et pour le regard des differens concernans lesdites rançons de ceux qui ont été faits prisonniers, d'une part & d'autre, durant lesdits troubles, la connoissance & Jugement en est reservé, comme nous la reservons à nous & à nôtre personne. Defendant aux Parties d'en faire poursuite ailleurs que par devant nous : & à tous nos Officiers & Magistrats d'en prendre aucune Cour, Jurisdiction ou connoissance.

XL. Et quant à ce qui a été *fait* ou *pris hors la voye d'hostilité*, ou par hostilité, contre les reglemens publics ou particuliers des Chefs & des Communautez & Province qui avoient commandement, en pourra être fait poursuitte par la voye de Justice

XLI. Ordonnons aussi que punition soit faite des *crimes & delits* commis entre personnes de même party en tems de troubles, treves & suspensions d'armes, si ce n'est en actes commandez par les Chefs d'une part & d'autre, selon la necessité, loy & ordre de la Guerre : & quant aux levées & exactions de deniers, ports d'armes, & autres exploits de Guerre, faits d'autorité privée, & sans aveu, en sera fait poursuite par la voye de Justice.

XLII. Les *meubles* qui se trouveront en nature, & qui auront été pris par voye d'hostilité, seront rendus à ceux à qui ils appartiennent, s'ils sont & se trouvent être encore lors de la publication du present Edit, és mains de ceux qui les ont pris, ou de leurs heritiers, sans rendre aucuns deniers pour la restitution d'iceux. Et où lesdits meubles auroient été vendus ou alienez par autorité de Justice, ou par autre Commission ou Mandement public, tant des Catholiques que de ceux de ladite Religion, pourront neanmoins être vendiquez, en rendant le prix d'iceux aux achereurs : declarant n'être Acte d'hostilité ce qui fut fait à Paris & ailleurs le 24. jour d'Août, mil cinq cens soixante & douze, & és jours consecutifs en consequence d'iceluy.

XLIII. Pour le regard des *fruits des immeubles*, chacun rentrera dans ses Maisons & Biens, & joüira reciproquement des fruits de la presente année, qui ne se trouveront pris & recueillis le 17. jour de ce present mois de Septembre. Mêmement les Ecclesiastiques : nonobstant toutes saisies & empêchemens faits au contraire, durant lesdits presens & precedens troubles : comme aussi chacun joüira des arrerages des rentes qui n'auront été prises par nous ou par nos Mandemens & Permissions, ou par Ordonnance de Justice, ou par Mandemens de nosdits Frere & Cousin le Roy de Navarre, & Prince de Condé, ou autres commandemens sous eux.

XLIV. Tous *Titres*, *Papiers*, *Enseignemens & Documens qui ont été pris*, seront rendus & restituez d'une part & d'autre, à ceux à qui ils appartiennent, encore que lesdits Papiers, ou les Châteaux & Maisons esquelles ils étoient gardez ayent été pris & saisis, soit par nos speciales Commissions, ou Mandemens des Gouverneurs & Lieutenans Generaux de nos Provinces, ou de l'autorité des Chefs de l'autre part, ou sous quelque autre pretexte que ce soit.

XLV. Ceux de ladite Religion ne pourront cyaprès être *surchargez ni foulez d'aucunes charges ordinaires ou extraordinaires plus que les Catholiques*, & selon la proportion de leurs biens & facultez : & pourront les Parties qui pretendront être surchargées, se pourvoir par devant les Juges ausquels la connoissance en appartient. Et seront tous nos Sujets, de quelque Religion & qualité qu'ils soient, indifferemment dechargez de toutes charges qui ont été imposées d'une part & d'autre, sur ceux qui étoient absens & ne joüissoient de leurs biens, à l'occasion des troubles, sans toutefois pouvoir repeter les fruits qui auroient été employez au payement desdites charges.

XLVI. N'entendons aussi que ceux de ladite Religion, & autres qui ont suivi leur party, ni les Catholiques, qui étoient demeurans és Villes & Lieux par eux occupez & detenus, & qui leur ont contribué, soient *poursuivis pour le payement des Tailles*, *Aides*, *Octrois*. *Crües*, *Taillon*, *Utensiles*, *Reparations*, *& autres Impositions* & Subsides échus & imposez depuis le 24. jour d'Août, mil cinq cens septante-deux, jusques à present, soit pas nos Mandemens, ou par l'Avis & deliberation des Gouverneurs & Etats des Provinces, Cours de Parlemens, & autres dont nous les avons dechargez & dechargeons, en defendant aux Thresoriers de France, Generaux de nos Finances, Receveurs Generaux & particuliers, leurs Commis & Entremetteurs, & autres Intendans & Commissaires de nosdites Finances, les en rechercher, molester, ni inquieter directement ou indirectement, en quelque sorte que ce soit. ANNO 1577.

XLVII. Les *Forces & Garnisons* qui sont ou seront és Maisons, Places, Villes & Châteaux appartenans à nos Sujets, vuideront incontinent aprés la publication du present Edit, pour en laisser la libre & entiere joüissance aux proprietaires, comme ils avoient auparavant en être dessaisis : nonobstant toutes pretentions de Droit que ceux qui les detiennent pourroient alleguer : sur lesquelles pretentions se pourvoiront par les voyes ordinaires de Justice, aprés qu'ils auront delaissé ladite possession, ce que specialement voulons être effectué pour le regard des Benefices, dont les titulaires auroient été depossedez.

XLVIII. Le *libre Commerce & Passage* sera remis par toutes les Villes, Bourgs & Bourgades, Ponts & Passages de nôtre Royaume, Païs, Terres & Seigneuries de nôtre obeïssance & protection, tant par Mer que par Terre, Rivieres & Eaux douces, comme ils étoient auparavant les presens & precedens troubles : & tous nouveaux Peages & Subsides imposez par autre autorité que la nôtre, durant iceux troubles, seront ôtez

XLIX. Toutes *Places*, *Villes & Provinces* de nôtredit Royaume, Païs, Terres & Seigneuries de nôtre obeïssance, useront & joüiront de mêmes Privileges, Immunitez, Libertez, Franchises, Foires, Marchez, Jurisdictions & Sieges de Justice, qu'elles faisoient auparavant les presens & precedens troubles. nonobstant toutes Lettres à ce contraires, & les translations d'aucuns desdits Sieges. pourveu qu'elles ayent été faites seulement à l'occasion des troubles, lesquels Sieges seront remis & retablis és Villes & Lieux où ils étoient auparavant.

L. Es *Villes demantelées* pendant les troubles passez & presens, pourront les ruïnes & démantelemens d'icelles être par nôtre permission réédifiées & reparées par les habitans, à leurs frais & depens.

LI. Ceux de ladite Religion pretenduë Reformée, & autres qui auroient suivi leur party, lesquels auroient pris à *ferme* avant les presens troubles aucuns Greffes, ou autre Domaine, & autres droits à nous appartenans, dont ils n'ont pu joüir à cause d'iceux troubles, demeureront dechargez, comme nous les dechargeons de ce qu'ils n'auroient reçu desdites fermes depuis le 24. d'Août, mil cinq cens septante-deux, ou qu'ils auroient sans fraude payé ailleurs qu'és receptes de nos Finances, nonobstant toutes obligations sur ce par eux passées.

LII. Et afin qu'il ne soit douté de la droite intention de nôtre dit Frere le *Roy de Navarre*, *& de nôtredit Cousin le Prince de Condé*, Avons dit & declaré, disons & declarons, que nous les tenons & reputons nos bons parens, fideles Sujets & Serviteurs.

LIII. Comme aussi tous les *Seigneurs*, Chevaliers, Gentilshommes, Officiers, & autres *habitans des Villes*, Communautez, Bourgades, & autres Lieux de nôtredit Royaume, & Païs de nôtre obeïssance, qui les ont suivis, secourus & favorisez en quelque part que ce soit, pour nos bons & loyaux Sujets & Serviteurs : declarons tous Arrêts, informations & procedures faites & données contr'eux à l'occasion desdits troubles, nuls & de nul effet, comme chose non faite, ni avenuë : voulans qu'ils soient rayez hors des Regîtres des Greffes, tant de nos Cours de Parlemens, qu'autres Jurisdictions où ils ont été enregîtrez.

LIV. Pareillement declarons, que nous tenons & reputons nôtre Cousin le *Duc Jean Cazimir* pour nôtre bon voisin, parent & ami.

LV. Et demeureront tant nosdits Frere & Cousin le *Roy de Navarre* & Prince *de Condé*, que les Seigneurs, Chevaliers, Gentilshommes, Officiers, Corps de Villes & Communautez, & tous les autres qui les ont aidez & secourus, leurs Hoirs & Successeurs, quittes & dechargez de tous deniers qui ont été par eux ou leurs Ordonnances pris & levez, tant de nos receptes & Finances à quelques sommes qu'ils se puissent monter, que des Villes, Communautez, & Particuliers : des Rentes. Revenus, Argenteries, ventes de biens Meubles, Ecclesiastiques & autres : Bois de haute Fûtaye à nous appartenans, ou à autres : Amendes, Butins, Rançons, ou autre nature de deniers par eux pris, à l'occasion des presens & precedens troubles, sans qu'eux, ne ceux qui ont été par eux commis à la levée des-

ANNO 1577. desdits deniers, ou qui les ont baillez & fournis par leurs Ordonnances, en puissent être aucunement recherchez à present ni pour l'avenir. Et demeureront quittes, tant eux que leurs Commis, de tout le maniement & administration desdits deniers, en rapportant pour toutes décharges, dans quatre mois après la publication de nôtre present Edit, faite en nôtre Cour de Parlement de Paris, Acquits dûëment expediez par nosdits Frere & Cousin le Roy de Navarre ou Prince de Condé, ou de ceux qui auront été par eux commis à l'audition & clôture de leurs Comptes, ou des Communautez des Villes, qui ont eu commandement & charge durant lesdits troubles. Demeureront pareillement quittes & déchargez de tous Actes d'hostilité, levée & conduite de Gens de Guerre, fabrication & évaluation de Monnoyes faites selon l'Ordonnance desdits Chefs, Fonte, & prise d'Artillerie & Munitions, tant en nos Magasins que des particuliers, confection de Poudres & Salpêtres, prises, Fortifications, démantelemens & démolitions des Villes, Châteaux, Bourgades, entreprises sur icelles, brûlemens & demolitions d'Eglises & Maisons, établissemens de Justice, Jugement & executions d'iceux, soit en matiere civile ou criminelle, Police & Reglemens faits entr'eux, Voyages, Intelligences, Negociations, Traittez & Contrats faits avec tous Princes & Communautez étrangeres, introduction desdits Etrangers és Villes, & autres endroits de cettuy nôtre Royaume, & generalement de tout ce qui a été fait, geré ou negotié durant les troubles presens ou passez, depuis la mort de feu nôtredit Seigneur & Pere, par ceux de ladite Religion pretenduë Reformée, & autres qui ont suivi leur party, encores qu'il dût être particulierement exprimé & specifié.

LVI. Aussi ceux de ladite Religion & autres, qui ont suivi leur party, se *departiront & desisteront dès à present de toutes Pratiques, Ligues & Intelligences qu'ils ont hors nôtredit Royaume*, comme feront aussi tous nos autres Sujets qui en pourroient avoir. Et seront toutes Ligues, Associations & Confrairies faites ou à faire, sous quelque pretexte que ce soit, au prejudice de nôtre present Edit, cassées & annullées, comme nous les cassons & annulons, defendant très-expressément à tous nos Sujets, de faire d'orénavant aucunes cottisations & levées de deniers sans nôtre permission, Fortifications, enrôllemens d'hommes, congregations, & assemblées, autres que celles qui leur sont permises par nôtre dit present Edit, & sans armes: ce que nous leur prohibons & defendons sur peine d'être punis rigoureusement, & comme Contempteurs & Infracteurs de nos Mandemens & Ordonnances.

LVII. Toutes *prises* qui ont été faites tant par Mer que par Terre, en vertu des Congez & Aveux donnez, & lesquelles ont été jugées par les Juges de l'Amirauté, & autres Commissaires à ce deputez par ceux de ladite Religion, demeureront assoupies sous le benefice de nôtre present Edit, sans qu'il en puisse être fait aucune poursuite, ni les Capitaines, leurs Cautions, & lesdits Juges, Officiers & autres recherchez, ni molestez en quelque sorte que ce soit. Nonobstant toutes Lettres de marque & saisie pendantes, & non jugées, dont nous voulons leur être faite pleine & entiere mainlevée.

LVIII. Voulons que les *enfans de ceux qui se sont retirez hors nôtredit Royaume*, depuis la mort du feu Roy Henri nôtre très-honoré Seigneur & Pere, pour cause de la Religion & troubles, encores que lesdits enfans soient nez hors nôtredit Royaume, soient tenus pour vrais François & regnicoles, & tels les avons declarez & declarons, sans qu'il leur soit besoin prendre aucunes Lettres de naturalité, ou autres provisions de nous que le present Edit: nonobstant nos Ordonnances à ce contraires, ausquelles nous avons derogé & derogeons.

LIX. Ordonnons qu'incontinent après la publication de cettuy nôtre Edit, toutes *Troupes & Armées*, tant par Mer que par Terre, se separent & retirent. Seront tenus ceux de ladite Religion, & autres qui ont suivi leur party, vuider toutes Garnisons des Villes, Places, Châteaux & Maisons qu'ils tiennent, appartenans tant à nous, qu'aux Ecclesiastiques & autres particuliers, & les delaisser, rendre & remettre en pleine liberté, ainsi qu'elles étoient en pleine paix auparavant les presens & precedens troubles. Et neantmoins parce que plusieurs particuliers ont reçu & souffert durant les troubles, tant d'injures & dommages en leurs biens & personnes, que difficilement ils pourront en perdre si-tôt la memoire, comme il seroit bien requis pour l'execution de nôtre intention: voulans éviter tous inconveniens qui en pourroient avenir, en attendant que les rancunes & inimitiez soient addoucies, nous avons baillé *en garde* à ceux de ladite Religion pretenduë Reformée pour le tems & terme de six ans, les *Villes* qui s'ensuivent: A savoir en Languedoc, celles de Montpellier & Aiguesmortes: en Dauphiné, Nyons & Serre, Ville & Château: en Provence, Seine, la Grand' Tour, & circuït d'icelle: en Guyenne, Perigueux, la Reolle, & le Mas de Verdun. Lesquelles Villes nosdits Freres & Cousin le Roy de Navarre & Prince de Condé, & vingt Gentilshommes de ladite Religion, ou autres qui ont suivi leur party, qui seront par nous nommez; & en outre ceux qui seront commis à la garde desdites Villes & Châteaux d'icelles, jureront & promettront, un seul & pour le tout, pour eux & ceux de ladite Religion, & autres de leur party, de les nous bien & fidelement garder, & au bout du terme susdit de six ans, à compter du jour & date du present Edit, les remettre és mains de ceux qu'il nous plaira deputer, en tel état qu'elles sont, sans y rien innover ny alterer, & sans aucun retardement ou difficulté, pour cause & occasion quelle qu'elle soit: au bout duquel terme l'exercice de ladite Religion y sera continué comme lors qu'ils les auront tenuës: neantmoins voulons & nous plaît, qu'en icelles tous Ecclesiastiques puissent librement rentrer, faire le Service Divin en toute liberté, & joüir de leurs biens: pareillement tous les habitans Catholiques d'icelles Villes. Lesquels Ecclesiastiques & autres habitans nosdits Frere & Cousin, & autres Seigneurs, ensemble les Gouverneurs & Capitaines desdites Villes & Gens de Guerre, qui y seront mis en Garnison, prendront en leur protection & Sauvegarde, à ce qu'ils ne soient empêchez à faire ledit Service Divin, molestez & travaillez en leurs personnes, & en la joüissance de leurs biens: mais au contraire remis & reïntegrez en la pleine possession d'iceux: voulans en outre, qu'esdites Villes nos Juges y soient retablis, & l'exercice de la Justice remis comme il souloit être auparavant les troubles.

LX. Defendant très-expressément à tous nos Sujets, de quelque qualité & condition qu'ils soient, de faire aucunes *entreprises ne Monopoles*, pour surprendre lesdites Villes baillées en garde à ceux de ladite Religion, ni aussi pour prendre & saisir aucunes des autres Villes, Châteaux & Places de nôtredit Royaume & Païs de nôtre obeïssance, sur peine d'être punis & châtiez comme Infracteurs de Paix, & Perturbateurs du repos public.

LXI. Ne seront mis par nous aucuns *Gouverneurs* ni *Garnisons és Villes que tiennent à present ceux de ladite Religion*, & qui par eux seront delaissées, sinon qu'il y en eût de tout tems, & même du regne du feu Roy Henri nôtredit Seigneur & Pere. Pareillement desirans soulager en tout ce qui nous est possible nos Sujets de toutes nos Villes, Nous entendons que les Gouverneurs, Capitaines & Gens de Guerre qui y ont été mis en Garnison, à l'occasion des troubles, en vuident: sauf de celles qui sont Frontieres de nôtredit Royaume, lesquelles il est besoin garder pour la defense & sûreté d'iceluy. Ne voulons aussi qu'il y ait és Villes, Châteaux, Maisons & biens appartenans particulierement à nos Sujets, de quelque qualité qu'ils soient, autres Garnisons que celles qui ont accoutumé d'y être en tems de Paix.

LXII. Et afin que tant nos Justiciers, Officiers, qu'autres nos Sujets soient clairement, & avec toute certitude, avertis de nos vouloir & intention: & pour ôter toutes ambiguïtez, & doutes qui pourroient être faits au moyen des precedens Edits, pour la diversité d'iceux: Nous avons declaré & declarons tous autres *precedens Edits*, Articles secrets, Lettres, Declarations, Modifications, Requisitions, Restrictions, Interpretations, Arrêts, Regîtres, tant secrets, qu'autres Deliberations cy-devant par nous faites en nos Cours de Parlemens & ailleurs, concernans le fait de la Religion, & des troubles avenus en nôtredit Royaume, être de nul effet & valeur: ausquels, & aux derogatoires y contenuës, Avons par cettuy nôtre Edit derogé & derogeons, & dés à present comme pour lors les cassons, revoquons & annullons, declarans par exprès que nous voulons que cettuy nôtre Edit soit ferme & inviolable, gardé & observé tant par nosdits Justiciers, & Officiers, qu'autres Sujets, sans s'arrêter ni avoir aucun égard à tout ce qui pourroit être contraire, ou derogeant à iceluy. ANNO 1577.

LXIII.

ANNO 1577.

LXIII. Et pour plus grand assûrance de l'entretenement & observation que nous desirons d'iceluy, voulons, ordonnons & nous plaît, que tous Gouverneurs & Lieutenans Generaux de nos Provinces, Baillifs, Senechaux & autres Juges ordinaires des Villes de cettuy nôtredit Royaume, incontinent après la reception d'iceluy Edit, *jurent de le faire garder & observer* chacun en leur detroit : comme aussi les Maires, Echevins, Capitouls, Consuls & Jurats des Villes, annuels ou perpetuels. Enjoignons aussi à nosdits Baillifs, Senechaux, ou leurs Lieutenans, ou autres Juges, faire jurer aux principaux habitans desdites Villes, tant d'une que d'autre Religion, l'entretenement du present Edit, incontinent après la publication d'iceluy, mettant tous ceux desdites Villes en nôtre protection & Sauvegarde, & les uns en la garde des autres : les chargeans respectivement & par Actes publics, de repondre civilement des contraventions qui seroient faites à nôtre Edit dans lesdites Villes par les habitans d'icelles, ou bien representer, & mettre és mains de Justice lesdits contrevenans.

LXIV. Mandons à nos amez & feaux les gens tenans nos *Cours de Parlemens*, qu'incontinent après le present Edit reçu, ils ayent, toutes choses cessantes, & sur peine de nullité des Actes qu'ils feroient autrement, à faire pareil *serment* que dessus, & iceluy nôtre Edit faire publier, & enregîtrer en nosdites Cours selon sa forme & teneur, purement & simplement, sans user d'aucunes Modifications, Restrictions, Declarations, ou Regîtres secrets, ni attendre autre Jussion ni Mandement de nous; & à nos Procureurs Generaux en requerir & poursuivre incontinent & sans delai ladite publication. Enjoignant pareillement ausdits Gouverneurs & Lieutenans Generaux de nosdites Provinces, de le faire incontinent publier chacun en l'étenduë de sa charge, par tous les lieux & endroits à ce faire accoutumez, le faire garder & observer, sans attendre la publication de nosdites Cours de Parlemens, à ce que nul ne pretende cause d'ignorance. Et que plus promtement toutes voyes d'hostilité, levées de deniers, payemens & contributions échus & à échoir, prises, demolitions, Fortifications de Villes, Places & Châteaux, cessent d'une part & d'autre. Declarant dés à present icelles levées de deniers, Fortifications, Demolitions, Contributions, prises & ravissemens de biens meubles, & autres Actes d'hostilité qui se feroient après ladite publication & verification, que lesdits Gouverneurs & Lieutenans Generaux de nosdites Provinces en auront fait faire, sujettes à restitution, punition & reparation. Savoir est, contre ceux qui y useroient d'armes, forces & violences en la contravention de nôtredit Edit empêchans l'effet & execution d'iceluy, de peine de mort, sans espoir de grace ne remission. Et quant aux autres contraventions, qui ne seroient faites par voyes d'armes, forces & violences, seront punis par autres peines corporelles, bannissemens, amendes honorables, & autres, selon la gravité & exigence des cas, à l'arbitre & moderation des Juges, ausquels nous en avons attribué & attribuons la connoissance, chargeant en cet endroit leur honneur & conscience, d'y proceder avec la Justice & égalité qu'il appartient, sans acception ou difference de personnes, ni de Religion.

Si donnons en Mandement ausdits Gens tenans nosdites Cours de Parlemens, Chambres de nos Comptes, Cours de nos Aides, Baillifs, Senechaux, Prevôts, & autres nos Justiciers & Officiers qu'il appartiendra, ou à leurs Lieutenans, qu'ils fassent lire, publier & enregîtrer cettuy nôtre present Edit & Ordonnance en leurs Cours & Jurisdictions : & iceluy entretenir, garder & observer de point en point, & du contenu en faire joüir & user pleinement & paisiblement tous ceux qu'il appartiendra : cessans & faisans cesser tous troubles & empêchemens au contraire. Car tel est nôtre plaisir. En témoin dequoy nous avons signé ces presentes de nôtre propre main : & à icelles, afin que ce soit chose ferme & stable à toûjours, fait mettre & apposer nôtre Seel.

Donné à Poitiers au mois de Septembre, l'an de grace 1577. Et de nôtre Regne le quatriéme. *Signé*, HENRI. *Et plus bas*, *Par le Roi étant en son Conseil*, DE NEUFVILLE. Et à côté. *Visa*.

Et seellées sur lacs de soye rouge & verte, en cire verte, du grand Seel. *Luës, publiées, & regîtrées, ouï, ce requerant & consentant, le Procureur general du Roy, à Paris en Parlement, le huitiéme jour d'Octobre l'an mil cinq cens soixante & dix-sept.* Signé, DE HIVEL. *Luës semblablement, publiées & regîtrées en la Chambre des Comptes, ouï, & ce requerant & consentant le Procureur general du Roy en icelle, l'onziéme jour d'Octobre, l'an mil cinq cens soixante & dix-sept.* Signé, DANES. *Lû & publié à son de trompe & cri public par les carrefours de la Ville de Paris, places & lieux accoutumez à faire cris & publications, par moy Pâquier Rossignol, Crieur du Roy és Ville, Prevôté & Vicomté de Paris, accompagné de Michel Noiret Trompette Juré dudit Seigneur esdits lieux, & de quatre autres Trompettes, le 8. d'Octobre, l'an mil cinq cens soixante & dix-sept.* Signé, ROSSIGNOL.

ANNO 1577.

Articles secrets du 17. Septembre, 1577.

PREMIEREMENT.

I. SA Majesté pour gratifier le Roy de Navarre luy permettra, outre ce qui est accordé par les Articles generaux aux Sieurs Hauts Justiciers de la Religion, de faire faire le Service pour tous ceux qui y voudront aller, encore qu'il en soit absent, és Maisons à luy appartenantes és Lieux qui s'ensuivent; Savoir au Duché de Vendômois en la Ville de Montoire.

II. Pareillement sadite Majesté permettra à Monseigneur le Prince de Condé avoir ledit exercice en ses Maisons de la Ferté sur Loire, & Anguien encore qu'il en soit absent.

III. Sur l'Article faisant mention des Bailliages, a été declaré & accordé ce qui s'ensuit. Premierement, que Sa Majesté entend sous le nom d'anciens Bailliages, parler de ceux qui étoient du tems du feu Roi Henri tenus pour Bailliages, Senechaussées, Gouvernemens ressortissans nuement & sans moyen és Cours de Parlement.

Secondement qu'és Bailliages, Senechaussées, & Gouvernemens : esquels ceux de ladite Religion tiennent à present deux Villes ou Bourgs appartenans à sadite Majesté, ou à Seigneurs Catholiques, Hauts Justiciers, esquels il leur est permis continüer l'exercice de ladite Religion, ne leur sera pourvu d'un autre lieu pour y faire ledit exercice, comme és autres Bailliages de ce Royaume. Tiercement qu'au Gouvernement de Picardie, ne sera pourvu par sadite Majesté que de deux Villes, aux Fauxbourgs desquelles ceux de ladite Religion pourront avoir ledit exercice pour tous les Bailliages, Senechaussées & Gouvernemens qui en dependent, & au defaut des Villes leur seront baillez deux Bourgs ou Villages commodes.

Quartement, pour la grande étenduë des Senechaussées de Provence & Poitou, a été accordé à ceux de ladite Religion en chacune d'icelles une autre Ville, és Fauxbourgs de laquelle, ou en defaut de Ville un Bourg ou Village commode, où ils pourront avoir l'exercice de ladite Religion : outre ceux qui leur seront ottroyez par ledit Article.

IV. Pareillement a été accordé, qu'il ne sera en vertu dudit Article établi és Terres appartenantes en propre à la Reine Mere de Sa Majesté, aucun lieu pour faire l'exercice public de ladite Religion : Neanmoins les Gentilshommes qui ont haute Justice ou Fiefs de Haubert dedans lesdites Terres pourront joüir & user de la permission qui leur sera accordée par l'Edit, comme ailleurs.

V. Ne sera aussi pourvu d'aucun lieu pour le Bailliage de Beaujolois, appartenant à Monseigneur le Duc de Montpensier; mais lesdits Sieurs Hauts Justiciers y joüiront du privilege de l'Edit, comme ailleurs.

VI. Sera ordonné un lieu pour toutes les Isles de Marennes, & un autre pour l'Isle d'Oleron, esquels deux lieux sera permis à ceux de ladite Religion avoir l'exercice d'icelle, pour tous ceux desdites Isles qui y voudront aller.

VII. Pareillement sera pourvu pour le Païs de Messin, & autres qui sont sous la protection du Roy, comme il fut fait par les Articles secrets faits avec l'Edit de l'an 1570.

VIII. Pour les mariages des Prêtres & personnes Religieuses qui ont été cy-devant contractez, sa Majesté ne veut ni n'entend pour plusieurs bonnes considerations qu'ils en soient recherchez ni molestez, & sera sur ce imposé silence ausdits Procureurs Generaux, & autres ses Officiers. Sadite Majesté declare neanmoins qu'elle entend, que les enfans issus desdits mariages pourront succeder seulement aux meubles, acquêts, & conquêts immeubles de leurs Peres & Meres,

ANNO 1577. res, ne voulant que lesdits Religieux & Religieuses profez puissent venir à aucune succession directe ni collaterale. Sadite Majesté ne veut aussi, que ceux de ladite Religion qui auront cy-devant contracté mariage au tiers ou quart degré en puissent être molestez, ni la validité desdits Mariages revoquée en doute, ni pareillement la Succession ôtée, ni querellée aux enfans nais ou à naître descendans desdits Mariages: & pour juger de la validité desdits Mariages faits & contractez par ceux de ladite Religion, & decider s'ils sont licites ou illicites, si celuy d'icelle Religion est Defendeur, en ce cas le Juge Royal connoîtra du fait dudit Mariage; & où il seroit Demandeur, & le Defendeur Catholique, la connoissance en appartiendra à l'Official & Juge Ecclesiastique; de quoy seront expediées par sadite Majesté Lettres Patentes, pour être verifiées en ses Cours de Parlement.

IX. Et quant aux Mariages qui pourroient jà être traitez, ou de second ou autres entre ceux de ladite Religion, se retirans vers sadite Majesté, ceux qui seront de cette qualité, & auront contracté Mariage en tel degré, leur seront baillées telles provisions qui leur seront necessaires, afin qu'ils ne soient recherchez ni molestez eux ni leurs enfans.

X. Sur ce qui a été accordé par les Articles generaux, qu'en chacun des Parlemens de Paris, Roüen, Dijon, & Rennes, sera composée une Chambre d'un President, & certain nombre de Conseillers, pris & choisis esdites Cours. A été avisé & convenu, afin d'ôter toutes occasions de soupçon à ceux de ladite Religion, & satisfaire en cela à la requête & supplication tres-humble qu'ils en ont faite à Sa Majesté; que les Presidens & Conseillers seront par Sadite Majesté choisis sur le Tableau des Officiers d'iceux Parlemens, des plus équitables, paisibles & moderez, desquels la liste sera communiquée aux Deputez dudit Sieur Roy de Navarre, & de ceux de ladite Religion, qui se trouveront auprès de Sadite Majesté, avant qu'être ordonnez pour servir lesdites Chambres: & où aucuns d'iceux leur seroient suspects, leur sera loisible le faire entendre à Sadite Majesté, laquelle en élira d'autres en leur place.

XI. Le semblable sera observé en l'élection des Officiers Catholiques qui doivent servir és Chambres, qui seront établies és Païs de Guyenne, Languedoc, Dauphiné & Provence

XII. Pour le regard de la provision de ceux de ladite Religion, & Offices de Presidens & Conseillers qui seront érigez par ledit Edit, pour servir esdites Chambres, a été accordé qu'elle sera faite par Sadite Majesté, sur l'attestation dudit Sieur Roy de Navarre pour la premiere fois, & sans en prendre aucune Finance: & avenant vacation d'iceux, qu'il y sera par Sadite Majesté pourvu de personnes capables, étans de ladite Religion

XIII. Et d'autant que ceux de ladite Religion ont allegué plusieurs causes de soupçon contre ceux de la Cour de Parlement de Roüen, à raison de quoy ils faisoient instance d'y établir une Chambre, comme pour les Parlemens de Bordeaux, Thoulouse & Dauphiné, afin de ne rendre ledit Parlement difforme à ceux de Paris, Dijon & Rennes, a été accordé que ceux de ladite Religion qui auront procés audit Parlement, s'ils ne veulent recevoir pour Juges ceux de la Chambre qui y sera dressée, en se retirant devers Sadite Majesté, leur sera par elle pourvu de Lettres d'évocation en la Chambre du Parlement de Paris, ordonnée pour l'administration de la Justice à ceux de ladite Religion, ou au Grand Conseil, des procés mus, ou de ceux à mouvoir avant contestation en cause, en apportant attestation bien & dûment faite, comme ils sont de ladite Religion Pretenduë Reformée.

XIV. Sadite Majesté veut & entend qu'icelles Chambres composées & établies esdits Parlemens, pour la distribution de la Justice à ceux de ladite Religion, soient reünies & incorporées en iceux Parlemens, quand besoin sera; & que les causes qui ont mu Sadite Majesté d'en faire l'établissement cesseront, & n'auront plus de lieu entre ses Sujets.

XV. A ces fins les Presidens & Conseillers qui seront pourvus des Offices nouvellement créez esdites Chambres, seront nommez Presidens & Conseillers des Cours de Parlement, chacun en celle où ils seront établis, & tenus du nombre des Presidens & Conseillers d'icelle Cour, & joüiront des mêmes gages, autoritez, prerogatives que font les Presidens & Conseillers des autres Cours.

XVI. L'examen desquels Presidens & Conseillers nouvellement érigez, sera fait au Conseil Privé de Sa Majesté, ou par lesdites Chambres, chacun en son détroit, quand elles seront en nombre suffisant; & neanmoins le serment accoutumé sera par eux prêté és Cours, où lesdites Chambres seront établies; excepté ceux de ladite Chambre de Languedoc, lesquels prêteront le serment és mains de Monsieur le Chancellier, ou en icelle Chambre quand elle sera établie. ANNO 1577.

XVII. En ladite Chambre de Languedoc y aura deux Substituts du Procureur & Avocat de Sadite Majesté, dont celuy du Procureur sera Catholique, & l'autre de ladite Religion, lesquels seront pourvus par Sadite Majesté, avec gages competens.

XVIII. Y aura aussi deux Commis du Parlement de Thoulouse, l'un au Civil & l'autre au Criminel, dont les Greffiers repondront.

XIX. Plus il sera ordonné des Huissiers, qui seront pris en ladite Cour ou d'ailleurs, selon le bon plaisir du Roy, autant que besoin sera pour le service d'icelle Chambre.

XX. La seance de laquelle sera par Sa Majesté établie & transferée aux Villes & lieux dudit Païs de Languedoc, selon qu'il sera par elle avisé, pour la commodité de ses Sujets.

XXI. Sur ce qui a été remontré par ceux de ladite Religion, que depuis la publication de l'Edit fait l'an 1572. jusques au jour de la publication de celuy qui sera presentement, il y a plusieurs prescriptions, peremptions d'instances, ou Jugemens donnez contre ceux de ladite Religion, où ils n'ont été oüis ne defendus; ou bien ayant demandé renvoy aux Chambres Miparties, leur a été denié: leur accorde qu'en faisant de ce dûment apparoir, ils seront reçus en leur premier état.

XXII. Pareillement sur ce qui a été remontré de la part desdits Sieurs Roy de Navarre & Prince de Condé, qu'ils sont poursuivis en plusieurs instances, par ceux qui ont acheté durant les troubles des biens du temporel de l'Eglise, requerant qu'il soit denié toute Action aux acquereurs contr'eux & autres, qui par leur commandement ont fait les Contracts desdites ventes: leur est accordé au nom de Sadite Majesté, que toutes provisions qui leur seront necessaires pour les decharger & indemniser desdites ventes, leur seront particulierement expediées; à la charge neanmoins du remboursement des deniers, comme il est porté par les Articles generaux de l'Edit.

XXIII. Sa Majesté promettra & jurera l'observation & entretenement de l'Edit qui sera fait sur lesdits Articles generaux, & d'en faire jouir ceux de ladite Religion, & autres qui ont suivi leur party: & pareillement sera promettre & jurer à la Reine sa Mere, & à Monsieur le Duc d'Anjou son Frere garder & observer ledit Edit.

XXIV. Le semblable sera fait aussi par lesdits Sieurs Roy de Navarre & Prince de Condé.

XXV. Desquelles promesses & sermens seront faits & passez Actes signez des mains, & scellez du Seel des armes de ceux qui les auront faits, qui seront reciproquement mis & delivrez és mains de Sa Majesté, & dudit Sieur Roy de Navarre, ou de ceux qui seront par eux deputez pour les recevoir.

XXVI. Sera permis audit Seigneur Roy de Navarre, après la conclusion de la Paix, envoyer vers la Reine d'Angleterre & le Duc Jean Casimir, pour les en avertir; & sera baillé Passeport & Saufconduit de Sadite Majesté à ceux que le Roy de Navarre y depêchera.

XXVII. Tous ceux de ladite Religion qui seront demeurez titulaires desdits Benefices, seront tenus les resigner dans six mois à personnes Catholiques, & ceux qui auront promesses de pensions sur lesdits Benefices avant le vingt-quatriéme Août 1572. en seront dorenavant payez, & le payement desdites pensions continué; & seront ceux qui doivent lesdites pensions, contraints leur payer les arrerages si aucuns y en a, pourveu qu'ils ayent actuellement joüi des fruits d'iceux Benefices, excepté toutefois les arrerages échus durant les troubles.

XXVIII. Et pour le regard de ceux qui ne seront de ladite Religion, & neanmoins les ont suivis durant les troubles, ils rentreront en la même possession & joüissance de leurs Benefices qu'ils avoient auparavant le 24. Août 1572. & ceux qui d'autorité privée, sans mandement, ou don de Sadite Majesté, auront joüi & perçu les fruits desdits Benefices appartenans aux dessusdits, seront tenus & contraints le leur rendre & restablir.

ANNO 1577.

XXIX. Sur l'instance faite d'annuller les obligations, cedules & promesses faites par ceux de ladite Religion, & autres qui ont suivi leur party; ensemble les Jugemens donnez sur icelles contr'eux, pour raison des Etats, Charges & Offices à eux resignez avant les derniers troubles, ou depuis, dont au moyen d'iceux troubles n'auront pû obtenir les provisions, & cependant lesdits Etats & Offices auroient été impetrez par autres requerans pareillement remboursement de ce qu'ils en auront fourni, soit aux Finances de Sa Majesté ou aux resignans; a été declaré, que faisant entendre à Sadite Majesté les faits particuliers dont est question, elle y pourvoira, & fera faire ouverture de Justice.

XXX. Sera aussi pourvu par les Officiers de la Justice, sur le debat particulier & instance des Parties, touchant la cassation requise par ceux de ladite Religion, & autres qui ont suivi leur party, des baux à ferme par eux faits de leurs biens & heritages depuis ledit 24. d'Août, pour pouvoir rentrer en iceux en remboursant par eux ce qu'ils en auront reçu.

XXXI. Les Officiers de Sa Majesté en la Ville de la Rochelle, Maire, Echevins, Consuls, Pairs & autres habitans d'icelle Ville, seront conservez & maintenus en leurs anciens Droits & Privileges; & ne seront recherchez, molestez ni inquietez pour leurs Mandemens, Decrets & prises de corps, faites tant en la Ville que dehors, executions de leurs Jugemens depuis ensuivis, tant pour raison de quelques pretenduës entreprises faites contre ladite Ville au mois de Decembre 1573. que par un Navire nommé l'Irondelle, & execution des Jugemens donnez contre ceux de l'equipage d'icelle, ne pour autres Actes quelconques, dont ils seront entierement déchargez. N'auront aussi autre Gouverneur que le Senechal, & ne sera mis aucune Garnison en ladite Ville & Gouvernement.

Ne pareillement és Villes & Places qui sont du Gouvernement de Languedoc, sauf à celles où il y en avoit du tems du feu Roy Henri.

XXXII. Sera confirmée par Sa Majesté la Declaration ottroyée par le feu Roy dernier aux habitans de Pamiers de ladite Religion, pour la cassation des Arrêts donnez pour quelques excés avenus en ladite Ville au mois de Juin 1566. & sera icelle Declaration à cette fin presentée à Sadite Majesté.

XXXIII. A été accordé audit Roy de Navarre & autres de ladite Religion l'entretenement de huit cens hommes payez par Sadite Majesté, pour mettre dans les Villes qui leur seront laissées en garde pour leur sûreté; ausquelles ne pourra Sadite Majesté mettre aucun Gouverneur, ni autres Garnisons, & pourvoira de telle façon: si bien fera connoître aux Gouverneurs & Lieutenans Generaux de ses Provinces, que lors qu'ils voudront passer par icelles & les visiter, ils ne donneront à ceux de ladite Religion aucune occasion d'entrer en affaire.

XXXIV. Ledit Sieur Roy de Navarre representera à Sadite Majesté ceux qu'il pretendra colloquer à la garde desdites Villes, lesquels y seront par elle commis: & là où aucun d'iceux commis à la garde se gouverneroit insolemment, & malverseroit en sa charge, n'observant ledit Edit de Pacification, ledit Sieur Roy de Navarre sera tenu de le deposseder, & d'en presenter un autre à Sadite Majesté, pour être mis en sa place.

XXXV. La Ville de Saint Jean d'Angeli sera delaissée à Monsieur le Prince de Condé pour sa retraite & demeure, pour le tems & terme de six ans, en attendant qu'il puisse effectuellement joüir de son Gouvernement de Picardie, auquel Sa Majesté veut qu'il soit conservé.

XXXVI. Ledit Sieur Prince promettra à Sadite Majesté de bien & fidellement garder ladite Ville de S. Jean, & au bout & termes susdits de six ans la remettre avec le Château és mains de celuy qu'il plaira à Sa Majesté deputer, en tel état qu'elle est, sans y rien innover ni alterer, & sans aucun retardement ou difficulté, pour cause ou occasion quelle qu'elle soit; voulant Sa Majesté que tous les Ecclesiastiques puissent librement rentrer en icelle Ville, faire le Service divin en toute liberté, & joüir de leurs biens, ensemble tous les habitans Catholiques; lesquels Ecclesiastiques & autres habitans ledit Sieur Prince prendra en sa protection & Sauvegarde, à ce qu'ils ne soient empêchez à faire ledit Service divin, molestez, ne travaillez en leurs personnes, ni en la joüissance de leurs biens, mais au contraire remis & reintegrez en la pleine possession d'iceux.

XXXVII. Ledit Sieur Prince de Condé presentera & nommera à Sadite Majesté celuy qu'il voudra commettre à la garde de ladite Ville, afin qu'il luy en soit expedié provision par Sadite Majesté, comme il a été cy-devant fait.

XXXVIII. Pour la garde & sûreté de ladite Ville, sera accordé audit Sieur Prince cinquante hommes entretenus aux depens de Sadite Majesté, outre ce que ledit Sieur Roy de Navarre luy departira des huit cens, qui luy sont delaissez pour la garde des autres Villes. Voulant Sadite Majesté que lesdits huit cens cinquante hommes d'armes delaissez, ainsi que dit est, ausdits Sieurs Roy de Navarre & Prince de Condé, soient departis & colloquez en Garnison dedans lesdites Villes, ainsi qu'il a été arrêté, sans en pouvoir être tirez ni employez ailleurs que par le Commandement exprés de Sadite Majesté, pour éviter la foule de son Peuple, & lever toutes occasions de deffiances entre ses Sujets. Entendant aussi Sadite Majesté, que les huit cens cinquante hommes de Guerre soient licentiez aprés le terme échu de la remise & restitution desdites Villes.

XXXIX. Par les Articles generaux la Ville de Montpellier est delaissée en garde à ceux de ladite Religion, pour la retraite & sûreté de ceux du Païs de Languedoc, mais Sadite Majesté entend que ce soit à la charge que ladite Ville se trouve encore entre les mains, & au pouvoir de ceux de ladite Religion, le jour que ces presens Articles seront accordez & signez en cette Ville de Bergerac, & non autrement; auquel cas au lieu d'icelle Ville leur en sera par Sadite Majesté baillée une autre, de celles qu'ils tiennent & occupent de present audit Païs de Languedoc à leur choix.

XL. Sadite Majesté écrira à ses Ambassadeurs faire instance & poursuite pour tous ses Sujets de quelque Religion qu'ils soient, à ce qu'ils ne soient recherchez en leur Conscience, ni sujets à l'Inquisition, allans, venans, survenans, negotians & trafiquans par toute l'Espagne, l'Italie, & tous autres Païs étrangers, Alliez & Confederez de cette Couronne, pourveu qu'ils n'offensent la Police du Païs où ils seront.

XLI. Toutes Pieces d'Artillerie appartenantes à Sadite Majesté, qui ont été prises durant les presens & precedens troubles, seront incontinent renduës & mises aux Magasins de Sadite Majesté; neanmoins celles qui sont és Villes baillées pour sûreté y demeureront; mais sera fait Inventaire d'icelles, afin qu'elles soient renduës passé le terme de six ans.

XLII. D'autant que si tout ce qui a été fait contre les Reglemens d'une part & d'autre est indifferemment excepté, & reservé de la generale abolition portée par l'Edit, & sujet à être recherché, il n'y a homme de Guerre qui ne puisse être mis en peine; dont pourroit avenir renouvellement de troubles, à cette cause a été accordé que seulement les cas execrables demeureront exceptez de ladite abolition, comme ravissemens & forcemens de Femmes & Filles, brûlemens, meurtres & voleries faites par prodition, & pour exercer vengeance particuliere contre le devoir de la Guerre, infraction de Passeports & Sauvegardes, avec Meurtre & Pillages sans Commandement; pour le regard de ceux de ladite Religion, & autres qui ont suivi le party du Roy de Navarre, ou de Monsieur le Prince de Condé, fondé sur particulieres occasions qui les ont mus à le commander & ordonner.

XLIII. Sera ordonné que tout ce qui sera pris d'une part & d'autre par voye d'Hostilité ou autrement, pour quelque cause ou occasion que ce soit ou autrement, procedant des presens troubles, dés & depuis le dix-septiéme du present mois, que les Articles ont été accordez, arrêtez en cette Ville de Bergerac, sera sujet à restitution & reparation civile.

XLIV. Pour le regard de la Ville d'Avignon, & Comtat Venaissin, desirant Sadite Majesté que les habitans d'icelle Ville & Comtat se ressentent & joüissent du fruit de la Paix qu'elle espere avec l'aide de Dieu établir dans son Royaume, tant pour la consideration de nôtre S. Pere le Pape, que pour avoir toûjours ladite Ville & Comtat été sous la protection des Rois ses Predecesseurs, & que c'est chose qui importe grandement à l'établissement de ladite Paix és Provinces qui en sont circonvoisines: Sadite Majesté suppliera sadite Sainteté vouloir accorder aux Sujets de ce Royaume qui ont biens en ladite Ville d'Avignon & Comtat, & pareillement aux Sujets de ladite Ville & Comtat, lesquels sont de ladite Religion, ou qui ont suivi leur party, qu'ils soient remis & reïntegrez en l'entiere & paisible joüissance de leurs biens, desquels

Anno 1577.

quels ils auroient été privez à l'occasion des troubles passez & de ladite Religion, sans qu'ils puissent être cy-après empêchez ou molestez en ladite joüissance pour ladite occasion. Et ce fait seront ceux qui occupent & detiennent à present audit Païs les Villes, Places & Lieux de Sa Sainteté ou de ses Sujets, tenus les remettre incontinent & sans aucune difficulté, delai ou longueur, entre les mains de ceux qui seront ordonnez par Sadite Sainteté : à l'effet de quoy le Roy de Navarre & Monsieur le Prince de Condé envoyeront un Gentilhomme exprès devers les Detenteurs d'icelles Places, pour leur signifier ce que dessus, & les requerir & semondre d'y obeïr ; & où ils ne voudroient satisfaire, promettent lesdits Sieurs Roy de Navarre & Prince de Condé, tant en leurs noms que de ceux de ladite Religion & autres qui ont suivi leur party, & autres, de ne leur donner aucun confort, aide ni assistance. Comme aussi Sa Majesté promet que là où après la restitution & remise desdites Places entre les mains de ceux qui y seront ordonnez par Sadite Sainteté, aucuns des Sujets de Sadite Majesté ayant biens esdites Villes & Comtat, ou de ceux de Sadite Sainteté faisans profession de ladite Religion, seroient empêchez en la joüissance de leursdits biens à l'occasion susdite de la Religion, leur pourvoir sur les biens que les autres Sujets de ladite Ville d'Avignon & Comtat ont és Terres & Païs de son obeïssance, par Lettres de marque & represaille, lesquelles seront à cette fin adressées aux Juges ausquels de droit la connoissance en appartient.

XLV. Les sommes qu'il leur conviendra lever pour le payement de ce qui est dû aux Reîtres, tant des presens que precedens troubles, seront imposées égales sur tous les Sujets de Sa Majesté. Et d'autant que lesdits de la Religion pretendent que la plûpart des deniers destinez pour le payement desdits Reîtres des troubles precedens étoient levez auparavant le vingt-quatriéme Août mil cinq cens septante-deux, & leur furent ôtez & remis, & que Sa Majesté pourroit par surprise avoir fait don de quelques parties desdits deniers à certains particuliers, Sa Majesté entend que ceux qui auront eu lesdits deniers pour quelque occasion que ce soit, & sous quelque pretexte que ce soit, seront contraints par toutes voyes duës & raisonnables à les rendre ; & les Receveurs & autres qui ont encore des deniers de ladite nature, seront tenus de les mettre promtement és mains des Receveurs Generaux de Sadite Majesté. & ce par emprisonnement de leurs personnes, si besoin est : & moyennant ce, Sadite Majesté a déchargé & décharge lesdits de la Religion de toutes obligations & promesses qu'ils en auroient faites & passées, tant envers Sadite Majesté que lesdits Reîtres & tous autres.

XLVI. Sur l'instance que ledit Sieur Roy de Navarre & ceux de ladite Religion ont fait à Sadite Majesté, pour le payement des Reîtres dû audit Jean Casimir, ses Colonels & Rent-mestres : Sadite Majesté a declaré qu'elle mettra peine d'y satisfaire le plus promtement, & aux plus briefs termes que la necessité de ses affaires luy permettra.

XLVII. Et pour le regard des six cens mille livres que ceux de ladite Religion ont fait entendre leur avoir été permis par la derniere Paix d'imposer & lever sur eux, pour s'acquitter de certaines sommes par eux duës : leur a été accordé qu'en faisant apparoir de ladite permission, & qu'il n'a cy-devant été par eux rien levé en vertu d'icelle, ains que les sommes pour lesquelles elle leur avoit été ottroyée sont encore duës, ladite permission leur sera par Sadite Majesté confirmée.

XLVIII. Monsieur le Prince d'Orange sera remis & reïntegré en toutes ses Terres, Jurisdictions & Seigneuries qu'il a dans ce dit Royaume, & Païs de l'obeïssance de Sadite Majesté. Pareillement luy seront rendus les Titres, Documens & Papiers concernans sa Principauté d'Orange, si aucuns ont été pris & transportez par les Gouverneurs & Lieutenants Generaux, & autres Officiers de Sadite Majesté, si jà ce que dessus n'a été executé.

Les presens Articles ont été faits & accordez par exprés Commandement du Roy, au nom de Sa Majesté, sous son bon plaisir, par Monsieur le Duc de Montpensier, & les Sieurs de Biron, Descars, S. Sulpice, de la Mothe-Fenelon, en vertu du Pouvoir à eux donné par Sadite Majesté, pour conclure & accorder de la Pacification des troubles de ce Royaume, d'une part. Et par le Roy de Navarre & Monsieur le Prince de Condé, & les Deputez de ceux de ladite Religion Pretenduë Reformée, se faisant forts tant par ledit Sieur Roy de Navarre & Prince de Condé, & Deputez pour tous ceux des Provinces de ce Royaume, Païs, Terres & Seigneuries qui sont sous l'obeïssance de Sadite Majesté, lesquels font profession de ladite Religion, & autres qui les ont suivis, d'autre part. Pour témoignage de quoy lesdits Articles ont été signez de leurs propres mains en la Ville de Bergerac, le 17. jour de Septembre 1577.

Anno 1577.

Ainsi signez à l'Original Henri de Bourbon, Loüis de Bourbon, Biron, Descars, S. Sulpice, de la Mothe-Fenelon, la Noüe, L. Dufaur Chancelier du Roy de Navarre, S. Genis, Chauvin, Dufaur, Clausonne Deputé du Languedoc ; Morin Deputé de Guienne, Scorbion Deputé de Montauban, Payan Deputé de Languedoc, & suivant son pouvoir Thore pour l'Isle de France, de Signo Deputé de Dauphiné, Durand Deputé de Guyenne, Guyet pour la Rochelle, S. Boignon pour la Rochelle, Courtois Deputé de Vendomois, Roux Deputé de Provence, T. Davaux pour la Rovergue. *Ainsi Signé*, Collationné DE NEUFVILLE, *& est écrit*, Extrait des Regîtres de Parlement. *Signé*. DE PONTAC.

Collationné au Manuscrit qui est dans la Bibliotheque du Roy, par moy Conseiller Secretaire du Roy, Maison, Couronne de France & de ses Finances, du College ancien. Signé, GON.

CXLVII.

Friedens-Decret Stephani Königs in Pohlen/ wodurch die Stadt Dantzig zu vorigen Königlichen Gnaden und Schutz angenommen/ wie auch derselben alle verübte Beleydigungen verziehen und nachgelassen worden. Geben zu Marienburg den 12. Decembris 1577. [SCHUTZENS Chronica Rerum Prussicarum, pag. 543.] 12. Dec.

C'est-à-dire,

Decret de Paix accordé par ETIENNE, *Roi de Pologne, à la Ville de* DANTZICK, *par lequel il la reçoit en sa grace & protection, lui remettant toutes les offenses passées. A Marienbourg le 12. Decembre 1577.*

WIr Stephan von Gottes Gnaden/ König zu Polen/ Groß-Fürst in Littawen/ der Lande Crakaw/ Sandomir/ Sirads/ Laczitz/ Koyen/ Reussen/ Preussen/ Marsaw/ Samaites/ auch Culmen/ Elbingen/ Pomereln/ Kiow/ Poddlachi/ Liefland Herren/ Fürst in Siebenbürgen.

Thun kund und zu wissen/ in Krafft diesses/ allen denen die daran gelegen/ daß wir/ auff fürbitt der Durchlauchtigsten/ und Durchlauchtigen deß Heyligen Römischen Reichs Chur- und Fürsten an uns für die Stadt Dantzig gelanget/ daß wir nemlich/ hindan gesetzt verschiener Zeit verletzungen/ sie in Unser Gnade auf zu nemen/ wie andere getreue Unterthanen/ geruhen wolten; Obgemelte Stad/ sampt derer Obrigkeit/ Bürgern/ Einzügelingen/ und Einwohnern allemiteinander/ in Unsere Königliche Gnade und Schutz/ auch unterthänigkeit/ vermöge altes Rechten/ welches wir zu den Landen Preussen und also folgends zu der Stadt Dantzig/ als ein erwehlter und gekrönter König von Polen haben/ welches wir auch fest und unverbruchlich stets wollen erhalten/ auff- und angenommen haben/ und noch in Kraft dieses auf- und annehmen; doch mit gewissen/ und auff voriger Zeit verletzungen gerichteten bescheyd und fürworten; Zu welches sich die Stadt selbst durch die Unterhändler und vollmächtiger Constantinum Ferbern Burgemeistern/ George Rosenbergen Rahtsverwandten/ Heinrichen beyder Rechten Doctorn und Syndicum/ Reichold Kleynefeld Scheppen Elterman und Hanssen Nötken Quartiermeistern/ verbunden und verpflichtet hat/ wie denn dieselben hernach folgen/ daß sie umb verzeihung nach gefassete Formul bitten sollen/ daß sie zu bezeugung Ihres schuldigen gehorsams und Unterthänigkeit gegen Uns 200000. floren Polnisch/ iedern vor 30 groschen gerechnet/ innerhalb funff Jahren/ mit gleichen terminen Uns erlegen sollen/ daß sie nemlich auff kunfftigen Michaelis des kommenden 1578. Jahres viertzigtausend floren Polnisch/ die folgenden Jahre aber auff Johannis des Tauffers fest gleiche summa/ ohne allen auffzug und Entschuldigung/ baar erlegen/ und in Unsere Königliche Kammer einbringen sollen/ daß sie daneben den Eyd Ihrer schuldigen Treüe ohne verzug Unserm Commissar in Unserm Namen leisten/ nach gewöhnlicher Art der Eydsleistung der Städte in Preussen/ welche auch durch weiland König Alexandrum den Statuten des Reichs ein-

ANNO 1577.

eingeleibt ist / daß sie bald hernach die Kriegs-leute urlauben und die Stadt befriedigen. Zu wieder auffbauung des Klosters Oliva sollen sie 20000. floren in fünff Jahren frist in gleichen Terminen / nemlich alle Jahr auff Ostern / von nechstkommenden Ostern des 78. Jahres an zufahen 4000. floren Pohlnisch / und also alle folgende vier Ostern gleiche summa Königl. Maj. Befehlichhabern baar zahlen und zuzehlen: Die freye Station und Jahrgeld / welches zum Zeichen Königlicher Hoheit pfleget erleget zu werden / sollen sie zu gebührlicher zeit hernachmals erlegen. Wegen der schulde aber / die sie bey der Krone aussteh'nde zu haben vermeinen / wollen wir auff nechstem Reichs-tage uns berathschlagen.

Hierentgegen aber haben wir nachfolgende puncta ihnen gutwillig und auß gütiger zuneigung zugesagt und nachgegeben. Und erstlich haben wir ihnen alle und jede Beleidigungen / so wol in des Reichs Pohlen als in unserm Namen / verziehen und vergeben / und die Acht-Erklärung so wider sie gefället / aufgehaben / wie denn die abschaffung derselben / unter deß Reichs insiegel publiciret / solches weiter in sich hält.

Weiter haben wir ihnen alle ihre Privilegia und Rechte / vermöge Unseres zu Crakaw auf Unserer Krönung geleisteten Eydes / welcher Eyd sich auch auff Unsere Lande Preussen / und also auff die Stadt Dantzig erstrecket / mit genugsamen Siegel und Brieffen / die sie hierüber von Uns empfangen / bekräfftiget und bestätiget: Wegen des freyen gebrauchs der Augspurgischen Confession haben wir ihnen auch / vermöge und nach Laut gemeiner verbündnüß und Landsfrieden / genugsame versicherung gethan durch ein besonderes Schreiben / welche obgemeldte Siegel und Brieffe wir alle mit einander zuhalten und zu erfüllen / auch denen nach zu kommen und in allen puncten / Clausulen und bedingungen gnug zuthun wir ihnen hiermit zusagen und bey Unserm Königlichen wort angeloben; Uber dieses alles sollen sie auch dieses geneßen / daß ihnen aller schade / den sie Unsern und Unserer Unterthanen Gütern / auch Personen selbst zugefüget haben / (doch außgenommen die Waaren / schulde und Güter / so vor dem Kriege bey ihnen in verwahrung gewesen seyn) soll verziehen und vergeben auch geschenket seyn: Und wollen auch nicht leyden / daß derenthalben ihrer jemands / es sey von Unserm Instigatore oder irgends einem andern Unserer Unterthanen / mit Rechte oder anderer weise besprochen werden / sondern wollen vielmehr und verbinden Uns hiemit / all solcher dinge ihnen ein Gewehrsmann zu seyn und sie zu freyen / doch außgenommen die Oliva / wegen welcher sie / inhalt obgedachts Puncts / mehrgemeldte Summa erlegen sollen. Weil wir aber zur Zeit obgedachtes unwillens etliche ihrer Güter confiscirt haben / erkennen wir hiemit erstlich / daß alle unbewegliche Güter / so wol gemeiner Stadt als einzelen Personen zu kommende / wo die mögen gelegen seyn / von all solcher Confiscirung frey und loß seyn sollen / wie wir sie denn auch davor schon erkandt haben / und wollen auch nicht / daß iemands unterm schein einigerley Brieffe oder zulaßungen ihme von uns geschehen / sie vom Besitze derselben treiben möge: Der beweglichen Güter halben aber erklären wir Uns / daß die Confiscirung derselben nicht höher als dreissig tausend floren vorseyn soll / und wollen auf angehenden Reichs-tag all solcher confiscirter summen ihnen durch ein richtig Inventarium genugsame Nachrichtung thun / also daß sie mit demjenigen so drinnen verfaßet / wol zu frieden seyn sollen.

Es sollen aber dieselben summen zu sammen gefaßet 30000. fl. nicht betreffen / wird aber etwas mehr hinterstellig seyn / so soll es der Stadt oder Burgern und Einwohnern derselben keines weges schaden / sondern wir wollen sie auff den fall schadenloß halten; Ist aber sonst ihr keiner Güter ausserhalb Unsern befehl / von irgends einer Obrigkeit oder Privat-personen anhaltung geschehen / dieselbe gleich wie an sich selbst Krafftlos is / sollen auch all solche Güter der Stadt / oder denen Einwohneren / die ihr interesse daran haben / zu voller genuge zugestellet werden / wir heben auch hiemit auff / cassiren und machen Krafftlos alle die Sprüche / Decreta / Gebote / Vergebungen / Sequestrationem / Arresten und Privilegien / so gemeiner Stadt und derer zugehöriger Ortern zu irgends einem Vorurtheil / oder so wol Ampts tragenden als eintzelen personen zum schaden / ergangen und in wärenden Lermen gefället seyn (doch die summa der 30000. confiscirter und verschenckter floren / welche in obgedachten Sachen begriffen / ausgenommen) also daß aller und jedern so wol gemeiner Stadt als eintzelen Personen / an- und zusprüche / welche an Unsern Hoff Appellations-weise oder sonsten gelanget seyn / oder in andern Landern Unserm Königreich eingeleibt nog hengen / den parten frey und offen stehen und in den Terminen seyn sollen / in welchen sie vor Unserer Krönung waren / und was mitlerweil furgenommen / und gehandelt worden ist / sol auffgehaben / nichtig / und Krafftlos seyn. Wo auch etliche Burger seyn / die Landgüter haben / und die Zeit dieses Lermens über dererselben lehen von uns nicht begehret / noch ihre schuldige dienste geleistet hätten / die sollen derhalben ihre guter nicht verlieren / sondern in dieselbe durch Unsere gutwilligkeit in Krafft dieses restituiret werden. Ihren bestelleten Kriegsleuten aber und allen denjenigen / so mitlerweil der Stadt mit Rath und that / oder einigerley Vorschub behulflich gewesen seyn / sie seyn was wesens oder würden sie wollen / sol solches niemahlen zugerechnet / oder zu ihr keinem vortheil zugewendet werden / es soll auch dem abziehenden Kriegsman kein hinderung oder schaden zugefügt werden / und wo vielleicht etliche von Unseren Unterthanen wären / die der Stadt Persönlich gedienet hätten / oder ihr mit ihrem Fleiß / mühe und gutwilligkeit gewilfahret hätten / denen sol derenthalben weder an Leib noch an Gut / einigerley beschwer / gefahr oder schaden widerfahren. Weil Uns aber obgedachte Stadt ein Libell etlicher dingen übergeben hat / damit sie sich wieder ihre Rechte und Freyheiten beschweret zu seyn vermeinet / welche dinge denn fürnemlich die Commission-handel der Commissarien / so vom Könige Sigismundo Augusto Hochlöblicher gedachtnis Unserm Vorfahren an die Stadt geschicket waren / auch die gewonheiten Unsers Reichs Versamlung angehen / thun wir hiemit dieselben Beschwere auf allgemeinem Reichs-tag / zu welchen schon die Räthe der Lande Preußen beruffen seyn und zu diesem Rathschlag von den Beschweren mit sollen genommen werden / auffschieben / und was sich befinden wird / das ihnen wieder Recht und billigkeit auffgedrungen sey / das sol mit Rath der Reichs-Räthe abgeschafft werden: gleicher gestalt wird auch der handel die Pfahl-Kammer betreffend / auff den selbigen Reichs-Tag verschoben. Weil auch die Stadt Uns etwas Unsern Einzug betreffende fürgegeben hatte / haben wir Uns darinne nichts furschreiben lassen wollen / weil derselbige alle Zeit nach Unserer Vorfahren gutdüncken und freyen willen ist gerichtet gewesen. Wenn wir aber in die Stadt einziehen werden / wollen wir ihre sicherheit / wie Unsere Vorfahren / durch Unser Königlich ansehen / in genugsamer acht haben.

Diese obgeschriebene Puncta haben wir obgemelder Stadt Dantzig gutwillig und aus Gnädigster zumutung vergünnt und nachgegeben / und thun solches allen denjenen daran gelegen ist / hiemit kund und zu wißen / befehlende daß ein iglicher / waser gestalt es an ihm gelangen wird / denselben nachkommen / und genug thun / die Stadt aber obgemeld soll auch auff ihrer seiten alles obgeschriebene in der that zu halten und zu erfullen schuldig und verbunden seyn. Zu mehrem der Warheit urkund / haben wir gegenwertigen Brieff mit unserer eigenen Hand unterschrieben und mit unsers Reichs Insigel bevestiget / geschehen und gegeben auf Marienburg / den 12. Tag des Monaths Decembris, im Jahre des Herrn 1577. unsers Reichs im andern / in gegenwertigkeit Chur- und Fürstlicher Gesandten und unserer Reichs- und Hoff-Räthe. Gegeben durch die hand des Hochgeachten Großmächtigen Hanssen Zamoisky von Zamoisie / unsers Reichs Unter-Cantzlern.

STEPHANUS REX *subs.*

CXLVIII.

Abschaffung der wieder die Stadt Dantzig de Anno 1576. ergangenen Achts-Erklärung / durch Stephan König in Polen geschehen zu Marienburg den 16. Decembris 1577. [SCHUTZENS Chronica rerum Prussicarum, pag. 545.] 16. Dec.

C'est-à-dire,

*Lettres d'*ETIENNE *Roi de Pologne, par lesquelles il casse & annulle le Ban prononcé en* 1576. *contre la Ville de* DANTZICK. *A Marienbourg le* 16. *Decembre* 1577.

WIr Stephan von Gottes Gnaden König zu Polen / Gros-fürst zu Littawen / Reussen / Preussen / Mansau und Samaiten / Fürst in Siebenburgen. Thun kund und bekennen / mit gegenwertigen unsern Brieffen / allen denen daran gelegen ist / daß nachdem vor Uns zu erscheinen / durch unsere Schrifftliche Citation, beruffen und geladen waren gen Marienburgk auff Samstag nach Creutz-Erhebung / deß verlauffenen 76. Jahres die Ehrbare / mannhaffte Burggraffe / Bürgermeister / Rathmanne / Syndicus, Scheppen / und hundert Männer unserer Stadt Danzig von Instigatorn unserer Sachen / von wegen gewisser und unser Majestät berührender / und in obgedachter ladung weitläufftig begriffener Händel / welche Ladung zwar dergestalt außgegeben war / daß sie vor Uns und Uns beywohnenden Räthen auff damahls künfftigen Donnerstag auf unserem Schloß Marienburg / oder war wir denn sampt unserm Hoffe unt liebe seyn würden / Rechtlich bey verlust der Sachen und persönlich erscheinen solten / sie aber nichts deßowenigerr / unangesehen welcher gestalt sie geladen wären / außblieben / und auf die Klage nicht antworteten / ob Uns damahls schon von Rechtswegen wol gebühren hätte wollen / die geladenen beklagten und doch nicht erscheinende / wegen desjenigen das sie beschuldigt würden / zu verdammen / haben wir doch auß gnädigen geneigten willen ihnen dieses nachgegeben / und den tag das Urtheil wider sie zufällen noch länger / nemlich bis auff den 25. Tag Septembris auffgeschoben / wie aber gemeldter tag ankommen / und doch keiner der geladenen Dantzker erschienen / haben wir mit unsern Räthen und Rechtserfahrnen / angemerkt aller und jederer obgemeldter geladenen wiederhohlten / und nun zweymahl bewiesenen Ungehorsams / vermög unsers Reichs gesetzen und der Ordnungen der Reichs-Versamlungen / daßelbige so wir schon zu vor hätten thun mügen / nemlich daß wir sie als Ungehorsame erklärt / und alß derer dinge /

deren

ANNO 1577.

deren sie beschuldigt / überwundene verurtheilet hätten / für die hand nemen müssen / und sie als die in Ungehorsam verharret / als Rebellen den Montag nach S. Matthei des Apostels tag des 76. Jahres durch unser Decret in die Acht gethan / wie dieses alles auß denselbigen weiter zu ersehen. Dieweil aber jetzund der Durchläuchtigsten und Durchläuchtigen Chur- und Fürsten / deren von Sachsen / Brandenburgk / Magdeburgk / Wirtenbergk / Gebrüdere von Hessen und Pommern Räthe und Oratorn, an uns abgefertigt / im namen und von wegen ihrer Gnädigsten und Gnädigen Churfürsten / Fürsten und Herren / vor sie gebeten haben / nemlich / weil obgedachte geladene / so wohl auch die gantze Gemeine der Stadt Dantzigk / ihren irrthumb schon erkannt und Uns abgebeten / auch zu schuldiger Treu und Unterthänigkeit sich bekant / und dieselbige mit ihrem Eyde zu befestigen durch ihre Abgesandte angelobet / auch die Kriegs-leute zu urlauben und Uns genug zuthun / daneben auch nimmer von der Treu / Unterthänigkeit und gehorsam / welchen sie den Königen von Polen (laut der Einleibung und Verbündnis derer Lande Preussen / unter welchen die Stadt Dantzigk begriffen / mit der Cron Polen / deren glied sie seyn / und neben andern der Crone Unterthanen der Königen zu gehorsamen pflichtig) schuldig seyn / abzuweichen zugesagt hätte / solten wir all solch wider sie ergangenes Decret auffzuheben und abzuschaffen allergnädigst geruhen. Alß haben wir angemerkt de Dantzger Treue und Unterthänigkeit / auch wol bewogen gewisse merck- und warzeichen / darauß ihr nunmehr wiederkehrender Hertz und wolmeinung gegen uns und unser Reich abzunemen war / sonderlich aber Hochgedachter Durchläuchtigster und Durchläuchtiger Chur- und Fürsten an uns durch ihrer Durchläuchtigkeiten abgesandte Räthe und Oratorn gelangte intercession und fürbitt in billiger und gebührender acht habende / solches an uns nicht erwinden lassen / sondern obgemeldte unsere Stadt Dantzigk / auch alle ihre obgemeldte Regiments-verwandte / Bürger und Einwohner zu Gnaden auffnemen / ihnen ihren Irrthumb und unserer Person verletzung / dadurch wir zu ungnaden bewogen / schencken und vergeben / auch unser Decret wider sie gefällt und ergangen / aufheben / abschaffen / cassiren und krafftloß machen / und obgemeldten der Stadt Magistrat und die gantze Stadt in vorigen stand und würde setzen wollen / wie wir denn auch hiemit dieselbe Stadt Dantzigk / deren Rath und Bürger / Einkömlinge und Einwohner / alle und jedere / sampt und besonder zu gnaden auff- und annehmen / ihnen ihren Irrthumb und unsere Verletzung gnädigst verzeihen / und die achts-Erklärung wider die Stadt und sie alle ergangen / in allen ihren Schlüssen / Puncten und Artikeln abschaffen / auffheben / Krafftloß machen / und abthun / und die Stadt selbst auch alle derer Bürger und Einwohner in vorige Ehren / würden und ansehen / auch Freyheiten / Privilegien, Rechte / Gerichts-zwange / (welches alles sie von anfang her / so wol in als ausserhalb der Stadt und allenthalben / wie auch alle andere Prærogativen und vorzug in stäten merklichen gebrauch gehabt) standt / wesen und gelegenheit / in derer sie vor ergangenen unsern Decret gewesen ist / wieder einsetzen und bestättigen / in Krafft gegenwärtiger unsers Decrets abschaffung / Cassation und auffhebung. Daß also vermöge unsers ergangenen Decrets Gnädigster abschaffung obgemeldte Stadt Dantzigk von allen vor ehrlich und uns und der Cron Polen getreu geachtet und gehalten werden / auch aller ihrer habenden Privilegien, Gerichtszwangen / Frey- und Gerechtigkeiten auch Prærogativen und Befreyungen vollkömmlich geniessen / und sich derer unverletzt soll gebrauchen mögen. Zu mehren urkundt dießes Handels / haben wir gegenwärtige Schrifft mit eigener Hand unterschrieben / und mit unserm Insiegel zubefestigen befohlen. Abgehandelt und gegeben auff Marienburgk den 16. Decembris im Jahr Christi 1577. unsers Reichs im andern.

STEPHANUS REX *subs.*

CXLIX.

16. Dec. STEPHANI Königs in Pohlen Bestättigung aller der Stadt Dantzig durch dero Vorfahrer / ertheilten Privilegien, Frey- und Gerechtigkeiten. Geben Marienburg den 16. Decembris 1577. [SCHUTZENS, Chronica Prussica, pag. 546.]

C'est-à-dire,

*Lettres d'*ETIENNE *Roi de Pologne, par lesquelles il confirme à la Ville de* DANTZICK *tous les Privileges qui lui ont été accordez par ses Prédecesseurs. A Marienbourg le* 16. *Decembre* 1577.

In Nomine Domini. Amen.

Zu Ewigen dießer dinge Gedechtnis.

DIe weil die dinge / welche in Schriffte verfasset werden / fest und ewig zu seyn pflegen / und derenthalben / für die fürtrefflichsten pflegen geacht zu werden / weil sie der unsterblichkeit und ewigkeit am ähnlichsten seyn. Als thun wir Stephanus von GOttes Gnaden / König zu Polen / Grosfürst in Littawen auch der Lande Coyen / Sandomir / Siradz / Lunzig / Reussen / Preussen / Culmen und Elbing / Pommern / Liefflandt Herr / und Fürst in Siebenbürgen, laut dieses kund und zu wissen allen denen es zu wissen von nöthen / künfftigen und gegenwertigen / nach dem wir dan wol wissen / daß Königliche Würde und Hoheit fürnemlich darinnen bestehe / daß wir derer denen wir für gesetzt seyn / bestes / nutzen / Ehr und Freyheiten / schützen und handhaben / und sie reich und selig machen sollen / und aber all solcher Seligkeit gezeugnis / den geschrifften / alß Getreuen Zeugen der Ewigkeit pflegt vertrauet zu werden / wir denn auch auff unserer glücklichen Krönung / aller unserer Unterthanen und Reichs-Verwandten Frey- und Gerechtigkeiten auch Privilegia bestetigt und bekräfftigt haben / und von uns unsere Stadt Dantzig begehret hette / daß wir gleicher weise / auch ihre Frey- und Gerechtigkeiten bestettigen / und vermöge unsers Königlichen Ampts die fürsorge thun wolten / daß alle ihre Freyheyten und befreyungen bestand haben möchten / uns auch erklereten / daß der Eyd den wir auff unser Königlichen Krönung zu Crakaw geschworen hetten / sich auff die Ordnungen der Lande Preussen und also auff obgedachte unsere Stadt Dantzig erstrekete: Als haben wir hiemit / aus billigem und rechtmässigen unserer Unterthanen obgenanter Stadt Unterthänigsten Anlangen bewogen / auß lauterem geneigten Gnädigsten Königlichen willen und gemüthe / alle und jedere obgemelter Unserer Stadt Dantzig Rechte / Privilegia, Freyheyten / befreyungen und begnadigungen / Vorzüge / löbliche gewonheiten / so ihnen / es sey unter waßerley worten und laut es geschehen oder gegeben sey / von unsern Vorfahren den allerdurchleuchtigsten Königen von Polen / Fürsten Hertzogen / Deutschen Meistern gegeben / geschencket / vergunnt auch her geflossen und stet gehalten und in acht g habt worden seyn / welcher laut und meinung eben so viel gelten soll als obs mit hierein were gezogen worden / in allem ihren wesen und gestalt / puncten und Articuln / Clausulen, gelegenheiten / und gewonheiten / stärcken / befestigen bestetigen und bekräfftigen wollen / und solches zu thun Uns entschlossen; bekräfftigen auch und stärken / bevestigen und bestetigen auch dasselbe hiemit / daß sie nun zu ewigen zeiten warhafftig ongezweiffelt / und ohne Anfhören / unverbruchlich gelten / und stet und fest sollen gehalten werden / auff die Art / gleich wie wir auff der zusammen kunfft unserer glücklichen Krönung zu Crakaw geschworen haben / unter welchem Eyde wir auch die Lande Preussen / und also unsere Stadt Dantzig wollen begriffen haben / wie wir ihn den auch hierauff ziehen und deuten / und dieses alles unter jener Obligation und verpflichtung / auch allfest / als andern Ständen und Ordnungen der Crone Polen / zu halten und zu leisten angeloben / verheissende bey dem Eyde / welchen wir in unserer Krönung / leibhafftig geschworen haben / unter welche wir die Lande Preussen auch der massen wollen begriffen haben / daß ihnen alle ihre Frey- und Gerechtigkeiten fest und unverletzt sollen erhalten bleiben / daß wir alles das obgesetzte in allem seinem wesen / Sätzen abschrifften / Articklen / Puncten und beschevde Erklärungen / Erstreckungen / fest und unverbrüchlich halten und in acht haben auch daß es gehalten und in acht gehabt werde / zu ewigen zeiten verschaffen wollen / also daß aller unraht / misbrauch und beschwer / die wieder ihre Privilegia, es sey unter welchem schein und tittel Königlicher nachgebungen und begenadigungen solches geschehen sey / eingerissen und eingeschlichen sey / ihnen weiter zu keinem vorurtheil gereichen oder schädlich seyn sollen. Zu mehrer Urkund und gezeugnis dieses allen / haben wir unser Insiegel diesem unten anhengen lassen. Gegeben zu Marienburg den 16. des Monaths Decembris im Jahre der weniger Zahl / etc. 1577. Unsers Reichs im andern / in gegenwertigkeit Chur- und Fürstlicher Gesanten und unserer Reichs- und Hoffrähte.

STEPHANUS REX *subs.*

CL.

Versicherung STEPHANI Königs in Pohlen der Stadt Dantzig gegeben / sie bey den freyen gebrauch und bekenntnus der Augsburgischen Confession zu lassen. Gegeben zu Marienburg den 16. Decembris 1577. [SCHUTZENS Chronica Prussica, pag. 547.] 16. Dec.

C'est-à-dire,

Assurance donnée par ETIENNE *Roi de Pologne à la Ville de* DANTZICK, *pour le libre Exercice de la Confession d'Augsbourg. A Marienbourg le* 16. *Decembre* 1577.

WIr Stephanus von GOttes Gnaden / König zu Polen / thun kund jedermänniglich / nach dem Uns die Abgesandten unserer Stadt Dantzig begehret haben / daß wir ihnen den freyen gebrauch und bekentnuß der Augßburgischen Confession ver-

Anno 1577.

vergunnen und dasselbe durch unsere Brieffe stet und fest zu halten sie versicheren wolten / seyn wir ihrer bitte / weil wir schon vorhin / so wohl in Siebenbürgen / alß auff unserer Krönung den freyen gebrauch der Religion einen jedem zu zulaßen geschworen hetten / leichtlich bewogen worden / daß wir auffs neue mit wiederholeter zusage obgemelte unserer Stadt bitte den Abgesanten nachgeben und verheissen / daß sie der Augsburgischen Confession so wohl in der Stadt Danzigk als ausserhalb der Ringmauren in ihrem gebiete und Gerichts-zwange / Kirchen / Klöstern / Spitalen / wie solches vor unserer ankunfft ins Königreich gewesen ist / friedlichen und unbeschwerten freyen gebrauch haben mögen / und daß niemand wegen der Religion beunfriedigt werde / und wollen sie alle bey freyen gebrauch der Augsburgischen Confession erhalten / schützen / und handhaben / wie wir solches alles / nicht allein in Siebenburgen / sondern auch zu Crakaw bey unserm Königlichen Eyde / auch gelobet haben. Wir wollen auch nicht / daß die Ceremonien und Kirchen-gebräuche in keiner gestalt sollen verändert werden / deß zu mehrem Urkund / haben wir diesses eigener Hand unterschrieben / und mit unsern Siegel unterdrucken laßen / gegeben auff Marienburg / Anno 1577. den 16. Tag Decembris, unsers Reichs im andern.

STEPHANUS REX *subs.*

CLI.

Dec. L'Archiduc Matthias et les Païs-Bas.

Conditions sous lesquelles l'Archiduc MATTHIAS *est reçu Gouverneur des* PAYS-BAS, *acceptées par l'Archiduc. Faites au mois de Decembre,* 1577. [EMANUEL METEREN, Histoire des Pays-Bas, Feuill. 145.]

LEs Articles qu'on proposa à l'Archeduc, & lesquels depuis il jura de tenir à Brusselles, sont les suyvans.

I. Qu'il gouverneroit les Païs avec un Conseil d'Estat composé de personnages nés au Païs, & les plus propres à une telle charge, qui seroyent denommés, & efleus par les Estats Generaulx.

II. Que tous les affaires, qui y seroyent traictés s'arresteroyent par la pluralité des voix des Conseilliers, sans que le Gouverneur se pourroit servir de quelque arriere conseil.

III. Que si quelques Conseilliers, ou autres estans en Office venoyent à se comporter autrement qu'il ne fault, ou qu'ils vinsent à estre chargés de plus grandes charges, que le Gouverneur à la requeste des Estats Generaulx sera tenu d'y pourvoir.

IV. Qu'es affaires d'importance, & lesquelles touchent tous les Païs en general, il ne pourra rien faire sans le consentement des Estats Generaulx.

V. Que les Estats Generaulx és affaires de grande consequence, & qui touchent la generalité, comme sont les contributions, levée d'argent, acceptation de Paix ou de Guerre, Aliances avec des Princes estrangers ou choses semblables, feront tenus, devant que d'en rien conclure, d'en faire rapport aux Notables, & à la Commune, veu qu'il est plus que raysonnable que ce qui touche un chacun, soit aussi consenti par un chacun, selon que portent les anciens Privileges, & Coustumes du Païs.

VI. Qu'il ne pourra pas faire, ni introduire aucuns Mandemens, Placars, ou Ordonnances de consequence ni aucune nouveaulté ou generale insufance sans l'advis, & consentement des Estats Generaux, & sans qu'ils ayent esté legitimement assemblés là dessus.

VII. Enfin, tout ainsi qu'en tous affaires, esquels le Prince naturel (comme Duc de Brabant) est tenu de prendre l'advis des Estats de Brabant, ainsi le Gouverneur fera tenu, de prendre advis des Estats Generaulx, apres que les Deputés en auront duëment faict rapport à leurs Principaulx, desquels ils auront esté envoyés.

VIII. Il sera tenu de proposer au Conseil toutes les Lettres qu'il recevra, & esquelles touchent aucunement les Estats du Païs, afin qu'on puisse adviser, & resoudre là dessus.

IX. Qu'on ne traictera aucunes affaires d'importance ou qui touchent l'Estat, ou Conseil d'Estat, n'est que la plus part des Conseilliers y soyent presents.

X. Que tous Actes, Resolutions, Depeches faictes par ledit Conseil, seront enregistrées, & soubsignées.

XI. Ledit Gouverneur sera tenu de restituer, & restablir les vieux Privileges, Coustumes, & Usances, lesquelles on monstrera avoir esté rompuës, ou bien abolies, & prinses par force, & violence.

XII. Que les Deputés, & Commis és Estats Generaulx, demeureront assemblés, aussi long temps qu'ils le trouveront bon, pour parfaire leurs affaires, & que lesdits Estats Generaulx se pourront assembler toutes les fois qu'ils voudront, & qu'ils le trouveront bon.

XIII. Qu'à la requeste d'une Province, à laquelle quelque affaire d'importance pourra estre survenu, pour lequel il soit de besoing de s'assembler, les autres Provinces se pourront assembler sans attendre autre commandement, pouvoir, ou congé du Gouverneur.

XIV. Semblablement les Estats particuliers de chasque Province se pourront assembler, aussi souvent, & autant de fois qu'ils le trouveront bon.

XV. Que la Pacification de Gand sera entretenuë, sans aucunement l'enfreindre ou amoindrir, sous quelque pretexte que ce pourroit estre.

XVI. Et afin que ladite Pacification ne se puisse elever aucuns debats, & ainsi tomber en quelque difficulté par quelque subtile cavillation, tant touchant le point de scandale, que touchant quelques autres poincts contenus en ladite Pacification, on se raportera touchant telles questions à l'interpretation qu'en pourront donner les Estats Generaulx legitimement assemblés.

XVII. Le Gouverneur n'aura, ni ne recherchera d'avoir autre Garde que celle que les Estats trouveront estre necessaires selon le temps.

XVIII. Que le Gouverneur avec ceux de son Conseil, & l'advis des Estats, pourra establir, & ordonner le Chef ou General d'Armée, tant par Eau, que par Terre, l'Admiral, le General de la Cavallerie, le Mareschal de Camp, les Colonels, & autres tels Chefs d'importance.

XIX. Il ne levera nulle Gendarmerie extraordinaire soit à pied ou à cheval, & ne pourra aussi mettre aucunes Garnisons és Villes, sans le sceu, & consentement des Estats, & sans avoir ouy la dessus les Villes mesmes, esquelles on les voudra mettre.

XX. Ne pourra establir aucun Gouverneur en aucune Province sans l'advis, & consentement des Estats de ladite Province, & s'il est possible, il mettra peine que ce soit quelqu'un lequel soit mesme demeurant en ladite Province, ou qui y ait ses biens, & revenus, ou pour le moins qui soit agreable aux Païs, comme a esté dict.

XXI. En temps de Guerre il conduira, & executera tous les affaires d'importance par l'advis du Conseil de Guerre, qui luy sera adjoinct par les Estats.

XXII. Que ceux du Conseil de Guerre ne pourront rien arrester ou ordonner, des affaires qui touchent d'Estat, sans en avoir premierement fait rapport aux Estats Generaulx.

XXIII. Que le Gouverneur, & aprés luy tous autres Gouverneurs, qui sont maintenant, ou pourront estre cy après: Item les Colonels, Capitaines, & Officiers, feront (suivant les Privileges) serment au Roy leur Seigneur naturel, & aux Estats du Païs, de defendre la Patrie.

XXIV. Ils s'obligeront à tous les Articles susdits, & principalement à entretenir tous, & un chacun les Privileges, Droicts, & Coustumes des Païs, pour les restablir, redresser, & entretenir inviolablement.

XXV. Pareillement que la Gendarmerie fera serment aux Estats, & à la Generalité de la Patrie aussibien qu'au Roy leur Seigneur naturel.

XXVI. Que la distribution des Finances, & deniers pour la Guerre, se fera par les Estats, à leur meilleure commodité, & par ceux qu'ils ordonneront à cela, & ce à cause des grandes, & indicibles charges desquelles les Domaines de Sa Majesté, & les Païs en general se trouvent chargés.

XXVII. Que les Estats pourront accepter les presentations, lesquelles leur ont esté faites par le Roy, & les Princes voisins, si la necessité les presse, assavoir si on leur fait la Guerre, ou aux susdits Et toutes celles lesquelles ils ont déja accepté ou pourroient encore accepter, le Gouverneur les confirmera.

XXVIII. Qu'on poursuyvra de proceder à la rigueur contre tous ceux qui ont porté les armes contre les Estats, & la Patrie, en suyvant le party de Don Jean, en ces derniers troubles, & le cours, & exercice du droict n'en pourra pas estre retardé, ni empesché, afin que cy apres personne ne se trouve, qui trouble l'Estat ou le bien public.

XXIX. Que le Gouverneur fera aussi serment, que s'il

ANNO 1577. s'il arrivoit qu'il vint à enfreindre ou en tout, ou en partie sa promesse faicte touchant lesdits Points, que les Estats ne seront point tenus de luy rendre aucune obeissance. Que s'il les vouloit contraindre sans avoir reparé, qu'ils pourront prendre les armes pour leur propre, & juste defence, suyvant les Privileges.

XXX. Que les Chasteaux non encores demolis, mais lesquels on a commencé à demolir, seront entierement rasés, sans contredict. Et quant aux autres Chasteaux, desquels on pourroit aucunement avoir peur, qu'ils pourroyent servir à l'oppression des País, il en sera ordonné par l'advis des Estats Generaux.

CLII.

Dec. ANGLETERRE, ETATS GENERAUX. *Extrait du Traité d'Alliance entre* ELISABETH *Reine d'Angleterre & les Etats Généraux des* PAYS-BAS, *conclu sur la fin de* 1577. *& ratifié le* 7. *Janvier*, 1578. [EMANUEL METEREN, Histoire des Pays-Bas. Feuill. 144.]

QUe la Royne d'Angleterre délivreroit aux Estats Generaulx des Instrumens d'obligation, ou Lettres de credence, tant d'elle que de la Ville, & Communauté de Londres, afin de lever, là ou ils pourroyent, la somme de cent mille livres sterlincs, ou la valeur de deux cens mille Angelots en argent, en s'obligeant elle mesme, & sa Ville de Londres par lesdites Lettres. Et pour l'indemnité de ce que dessus, les Estats luy livreroyent les Obligations de quelques Villes particulieres du País-Bas, lesquelles la Royne accepteroit, à condition de rembourser ledit argent en un an, & de payer tous interests. La Royne envoyeroit aux Estats cincq mille Pietons, & dix mille Chevaulx: & pour leur payement, les Estats en trois mois feroyent delivrer, & payer autant d'argent à Londres, qu'ils pourroyent avoir cousté, & qu'ils auroyent deservi, depuis le jour de leur embarquement, & qu'ils leur donneroyent d'aussi bons gages, qu'à aucune autre Nation. La Guerre finie, on les renvoyeroit, aux despens des Estats. On promettroit aux Chefs de ladite Gendarmerie, de se trouver au Conseil d'Estats, & là traicter des affaires lesquelles s'y pourroyent presenter. Qu'ils ne viendroyent point aussi à arrester quelques affaires d'importance, comme de Paix, ou de Guerre (durant la Guerre) sans le conseil, & consentement de la Royne, ou de ses Deputés, lesquels elle pourroit envoyer és País-Bas à ceste fin. Que les Estats ne feroyent nulles Alliances, ni Contracts secrets avec aucuns Princes ou Potentats, qu'avec son consentement, & en la comprenant esdites Alliances, si elle le trouvoit bon.

Si quelque Prince, Peuple ou Ville, venoit à entreprendre quelque chose au dommage & prejudice du repos de l'Estat d'Angleterre, sous pretexte de la Religion, ou autrement en quelque façon que ce pourroit estre, que les Estats Generaulx feroyent alors tenus d'assister la Royne, de pareil nombre de gens, & aux mesmes conditions. Qu'ils ne feroyent pareillement aucune assistance, ayde ou faveur à tels Perturbateurs de Paix en façon quelconque, & ne permettroyent qu'on leur en fist, selon leur pouvoir. Si quelque debat ou dissension s'elevoit parmy les Estats, ils s'en rapporteroyent à ce que la Royne, ou ses Deputés, authorisés à ceste fin, en pourroyent dire.

Que si la Royne estoit contrainčte de s'armer par Mer, ils promettoyent d'envoyer à sa requeste, quarante Navires de Guerre bien equippées, & pourveuës de gens, de vivres, & d'armes, pour les joindre à ses Navires Royales: & ainsi resister à ses ennemis: lesdites Navires feroyent aussi sous le commandement de l'Admiral de la Royne, le tout aux despens, & à la charge de la Royne. Le moindre de ces Navires ne seroit point au dessous de quarante Tonneaux, & le nombre des Matelots & Gens de Guerre, seroit selon la grandeur des Navires.

Les Estats ne souffriroyent aucuns Anglois Rebelles és País bas, notamment quand la Royne les auroit declarés pour tels. Quant les Estats Generaulx voudroyent faire la Paix, ou quelque Composition & Accord avec le Roy, ils mettroyent peine de luy faire confirmer ces Articles, & autant, & tels qu'il plairoit à la Royne &c. Ce Contract fut confirmé le 7. de Janvier, l'an 1578.

ANNO 1577.

CLIII.

7. Dec. Vertrag zwischen Graf Gunthern zu Waldeck, und Annam Weyl: Graf Heinrichs von Waldeck Gemahlin, durch unterhandlung Landgraf Wilhelms zu Hessen, wegen der bemelter Gräffin von ihrem Gemahl Seliger zum Witthumb vermachten halben Herrschafft Itter, getroffen; Crafft dessen Er sie besagter Herrschafft während ihrem Wittibstand ungehindert geniessen zu lassen, wie auch statt der Morgengab deroselben Gemahls Seel. Theil am halben Hauß Ober Enß einzuraumen verspricht. Geschehen zu Cassel am 7. Decembris 1577. [LUNIG Teutsches Reichs-Archiv. Part. Special. Continuat. II. Abtheil. VI. Absatz XXV. pag. 380.]

C'est-à-dire,

Accord moyenné par GUILLAUME *Landgrave de Hesse, entre* GONTHIER *Comte de Waldeck; &* ANNE *Veuve de* HENRI *aussi Comte de Waldeck, touchant la moitié de la Seigneurie d'*Itter; *qui avoit été leguée à ladite Comtesse par feu son Mari. On y convient qu'elle jouïra de l'usufruit tout le tems de sa vie, & que la moitié de la Maison* Obern Ens, *qui lui est assignée pour sa Morganatique, lui restera en propre. A Cassel le 7. Decembre* 1577.

WIr Wilhelm von Gottes Gnaden Land-Graff zu Hessen, Graff zu Catzenelnbogen, Dietz, Ziegenhain und Nidda, etc. thun kund hieran offentlich bekennende, als zwischen Frawen Annen, gebohrner von Diermund, Gräfin zu Waldeck, weiland Grafe Henrichs zu Waldeck seligen hinderlassener Wittiben, Klägerin an einem, und Graff Günthern zu Waldeck, Beklagten am andern Theil, umb ihro der Wittiben vermachten Wittumb, Morgengab, und anders, sich Irrungen und Mißverständt zugetragen, derowegen sie vor uns zu Verhör und Handlung vorkommen seyn, daß wir demnach nach vorgehende Verhör, und nach gnugsamer Unterhandlung, sie die Partheyen mit ihrem allerseits guten Wissen und Willen, nachfolgender gestalt verglichen und vertragen haben.

Zum Ersten, nachdem der Wittiben gegen ihrem versprochenen Zubringen die halbe Herrschafft Itter zum Wittumb vermacht, ob dann wol Graf Günther solchem vermachten Wittumb daher, und aus diesem Grund gestritten, daß das versprochene Zubringen zu Handen Graf Henrichs nicht kommen, noch in der Graffschafft Waldeck Nutzen gewendet wär, sondern solches alles der Wittiben noch frey und bevor stünde, so hat doch gedachter Graf Günther, mit Zuthun seiner Vormünder, uff beschehene Behandlung sich endlichen dahin begeben und bewilligt, ihr der Wittiben die halbe Herrschafft Itter, (jedoch mit Vorbehalt der Landstewr) in allermaßen ihr die im Heyraths-Briff vermacht ist, und ihr Herr, Graff Henrich, von seinem Vattern, Graff Philipsen seligen, einbekommen hat, einzuantworten, und in ihrem nießlichen Brauch ihr Lebenlang, und alldieweil sie ihren Wittiben-Standt nicht verendern wird, zu lassen, und soll demnach Graff Günther nechsten Tags die Erbhuldung, in Beyseyn der Wittiben, oder ihrer verordneten zu Itter nehmen, und die Underthanen, so bald an sie die Wittibe, derselben Inhalts der Heyraths-Verschreibung, und dieses Vertrags, gehorsamb und gewertig zu seyn, anweisen. Es soll auch die Wittib unmittelst die Baw in Fach und Dach erhalten, die Wälde zu ihrer und der Underthanen Notturfft, ohne verwüstung, zu gebrauchen, und sonsten ihren Wittumb, nach Wittumbs-Recht, zu geniessen haben. Und obwol die Wittibe vermeynet, daß zum selbigen Wittumb auch funffzig Gülden jährlicher Pension, so bey dem von der Hoya, von Christoff Wolffs seligen wegen, gegen Gebrauchung der Lauterbeck gefallen, gehören sollen, jedoch, dieweil befunden, daß Graf Philips zu Waldeck, als er seinem Sohn, Graf Henrichen die halbe Herrschafft Itter zu seinem Unterhalt zugestellt, bemelte funffzig Gülden ausgezogen, und vor sich behalten, so sollen auch dieselben in diesen Wittumb nicht begriffen seyn, sondern Graf Günthern allein bleiben.

Vors ander soll ihr der Wittiben, an statt der Morgengab, ihres Herrn, Graff Henrichs seligen Antheil am halben Hauß, Obern Enß, und dessen Zugehörungen, eingeantwortet, und mit der Erbhuldigung, auch der Underthanen Anweisung gehalten werden, wie oben von Wittumb vermeldet ist, und sie desselben Hauses in allermassen, wie der halben Herrschafft Itter, die Zeit ihres Lebens, und wärenden Wittiben-Stands zu geniessen haben, doch daß sie auch gleichfalls solch Hauß in Dach

und

Anno 1577. und Fach / und was darzu gehöret / in gutem Wesen erhalte.

Da aber die Wittibe über kurtz oder lang / ihren Wittibenstand verendern / und sich in die andere Ehe begeben würde / uff denselben Fall soll sie vom Wittumb / wie auch dem Hauß Obern Enß / und seiner Zugehör abzutretten und beydes / die halbe Herrschafft Itter / und das Hauß von Obern Enß / Graff Günthern ungehindert folgen zu lassen schuldig seyn / also und dergestalt / daß ihr Graff Günther / gegen Abtretung und Überlassung solcher beyder Stück die Zeit ihres Lebens und nicht länger / alle Jahr gütlichen reichen und bezahlen lasse / hundert Gülden Müntz / und dieselbe Summ gnugsam versichern / damit sie deren / ohn allen Fehl und Mangel / sicher und gewiß sey.

Dieweil auch die Wittibe am Hof Billinghausen / desgleichen an Bawkosten und Besserung / so ihr Herr Graf Henrich / in seinen Ort Landes angewendet / berechtiget zu seyn vermeynet / so soll und will sie doch / uff beschehene Behandlung dasselbig / Graf Günthern zu gutem / schwinden und fallen lassen / immassen sie auch darauf / in Krafft dieses Vertrags / erblichen Verzicht gethan hat.

Was von Renthen / Zinsen und Gefällen / desgleichen eingeärndter Frucht bey der halben Herrschafft Itter und dem Hauß Obern Enß befunden wird / solches alles soll der Wittiben zugutem / und zu ihrem Brauch darbey bleiben / wie auch ingleichem / was von Renthen / Zinsen / Gefällen und eingeärndter Frucht / bey den übrigen Häusern befunden / daselbst Graf Günthern zu gutem / gelassen / und dargegen Graff Günther die uff Graff Henrichs seeligen Ort Landes gestandene Schulden uff sich nehmen / und mit den Pensionen verhalten / sonderlich aber den Wittumb und Morgengab aller darauf versicherter Beschwerden befreyen soll.

Den Hauß- und Vorrath von allerley Viehe betreffend / ist abgeredt / daß alles / so bey den Häusern Rhoden / Obern Werbe / und Billinghausen / vor Haußrath und Viehe zu der Zeit als Graf Henrich dieselbe einbekommen / gewesen / und in der letzten Waldeckischen Theilung nach Besag darüber haltender Inventarien / darzu geschlagen worden / Graff Günthern zu gut / darbey bleiben / das übrige aber / so von der Wittiben herrühret / oder sonstet bey ihr erzogen / und weiter gezeugt ist / soll sie Graff Günthers halber unverhindert vor sich behalten / und damit ihres Gefallens zu thun und zu lassen haben.

Dieweil auch Graff Henrich in jüngst gehaltener Theilung etlich Silber-Geschirr / Ketten und Kleinot bekommen / welches Graf Günther aus Krafft eines angezogenen Vertrags / als wiederfällig / gefordert / die Wittibe aber dessen / und sonderlich einer güldenen Demant-Ketten / und vergüldenen Kopfs / so ihr von ihrem Herrn geschencket seyn soll / befugt zu seyn vermeynet / so ist abgeredt / daß alles solches Silber-Geschirr / was dessen noch fürhanden / und zur Hanawischen Verehrung nicht kommen ist / Graf Günthern / ausserhalb der Ketten und vergülden Kopffs / den nechsten wieder gefolget und hinausgegeben werden soll / die güldene Demant-Kette aber / und den vergülden Kopff soll die Wittibe ihr Lebenlang zu gebrauchen haben / und nach ihrem Absterben diese zwey Stück wieder zurück an Graf Günthern / und seine Erben fallen / auch derselbe Rückfall von ihr / der Gräfin / gebührlich versichert werden.

Es ist auch beschließlich / so viel Graf Henrichs hinderlassene Reysige-Pferdt anlanget / abgeredt / daß darunter Graff Günthern zwey derselben Pferdte / eins der besten / nach seiner Graf Günthers selbst Wahl / und noch eines / nach ihr der Wittiben Gefallen gefolget werden / und damit beyde Theil aller Ihrer Irrsaln und Gebrechen gütlich und endlichen verglichen seyn und bleiben sollen / immassen auch beyde Theil solches alles / als oben vermeldet / stet / vest / und unverbrüchlich zu halten versprochen und zugesagt haben / in Urkundt unsers hierauf getruckten Fürstlichen Secret-Insiegels / geschehen zu Cassel / am 7. Decembr. Anno Domini 1577.

CLIV.

1578. 21. Mai. **Erbeinigung zwischen Philipp / Ernst / Cunrad / Hermann Adolf / Hannß Georg und Otto allerseits Grafen zu Solms / Crafft welcher zu erhaltung und aufnehmen dero Graffl. Stammen / keiner aus ihnen ichtwas von dero anererben Landen und Gütern veräusern / und da doch solches aus noth beschehen müste / es ihnen bevor Pfandsweise angeboten werde / dann auch ihro Kays. Mayest. umb gesambte Belehnung von denenselben anersucht werden solle. Geschehen im Closter Arensburg den 21. May 1578. Nebst der CONFIRMATION ihro Kays. Mayest. Rudolphi II. geben Prag den 4. Novembris 1578.** [LUNIG, Teutsches Reichs-Archiv. Part. Special. Continuat. II. Abtheilung VI. Absatz XXII. pag. 312.]

C'est-à-dire, Anno 1578.

Union Hereditaire entre PHILIPPE, CONRAD, HERMAN ADOLPHE, JEAN GEORGE, & OTTON, *Comtes de Solms, par laquelle, pour la conservation de leur Maison, ils conviennent de demander à Sa Majesté Imperiale l'Investiture simultanée de leurs Etats, & de ne rien aliener de leurs Biens allodiaux, si ce n'est en cas d'une grande nécessité; auquel cas, celui d'entr'eux qui voudra faire une telle Alienation sera obligé de l'offrir premierement à ses autres Freres. Fait au Monastere d'Arensburg le 21. Mai 1578.* Avec *la* CONFIRMATION *de l'Empereur* RODOLPHE II. *donnée à Prague le 4. Novembre* 1578.

WIr Rudolph der Ander / von GOttes Gnaden / erwehlter Römischer Kayser / zu allen Zeiten Mehrer des Reichs in Germanien / zu Hungarn / Böheimb / Dalmatien / Croatien u. Sclavonien ꝛc. König / Ertz-Hertzog zu Oesterreich / Hertzog zu Burgund / Braband / zu Steyer / zu Carndten / zu Crain / zu Lützenburg / zu Würtenberg / Ober- und Nieder-Schlesien / Fürst zu Schwaben / Marggraf des H. Röm. Reichs zu Burgau / zu Mähren / Ober- und Nieder-Laußnitz / Gefürsteter Graf zu Habsburg / zu Tyrol / zu Pfirt / zu Kyburg / und zu Görtz / Landgraf zu Elsaß / Herr auf der Windischen Marck / zu Portenau und zu Salins ꝛc. ꝛc. bekennen öffentlichen / daß Uns die Edlen / Unsere und des Reichs lieben Getreuen / Philipps und Conrad / Vater und Sohn / Ernst / Eberhard / Hermann Adolph / Hanß George und Otto / alle Grafen zu Solms / Herren zu Müntzenberg / Gebrüdere und Vettern / eine Erb- und Brüder-Einigung zwischen ihnen allerseits aufgerichtet / in glaubwürdigen Schein unterthäniglich fürbringen lassen / welche von Wort zu Worten hernach geschrieben stehet / und also lautet:

Wir Philipps / Ernst / Eberhard / Conrad / Hermann Adolph / Hanß Georg und Otto / Gebrüder und Vettern / Grafen zu Solms / und Herren zu Müntzenberg und Sonnewald / thun kund und bekennen hiemit vor Uns / unsere Erben und Nachkommen / daß wir Uns erinnert der Verwandnüß / mit deren Wir einander zugethan / und alle von einem Stamm erbohren und herkommen seyn / derowegen GOtt dem Allmächtigen zu Lob / und mit seiner göttl. Hülffe / zu Auffnehmung und Vermehrung unsers Geschlechts Ehr / Wolfahret und guten Nahmens / und zu Folge weyland der Wohlgebohrnen Unser lieben Vor-Eltern / lobseeliger Gedächtnüß / löbl. und nützlichen / auch bey deren gleichen und höhern Geschlechten / gewöhnlichen Exempeln uns folgender Einigung / Verbrüderung und Erbung mit einander freundl. verglichen haben / thun auch solches mit guten Vorbedacht und Wissen / zu unserer sämbtl. und unserer Erben kündlichen Nutzen / damit unsere Kinder / Graffen und Gräffinnen / ihrem Stand gemäß / nach Verleihung des Allmächtigen / desto baß erhalten / auferzogen / und sonderlich die Töchter mit einem Mehrern in Heyrathen ausgesetzet werden / und hiedurch den Nachkömmlingen / so viel GOtt Gnad darzu verleihen würde / unsere Graff- und Herrschafften gegenwärtige und zukünfftige ohnvereussert im Solmischen Geschlecht bleiben mögen.

Derowegen und Erstlich / so sollen und wollen wir Uns / unsere Kinder und eheliche Leibes-Erben / allerseits wie wir jetzund seyn / oder hinkünfftig von Uns und dem Stamm und Nahmen Solms erbohren werden / einander brüderlich / vetterlich / freundlich und treulich meynen / Uns einander mit Ohngebühr weder zu unfreundlichen Worten oder Wercken nicht anregen noch verhetzen lassen. Im Fall aber sich zwischen Uns oder unsern Kindern einige Mißverstände und Irrung erregen und zutragen würden / sollen und wollen Wir und unsere Erben mit unfreundlichen Schrifften / Worten oder Wercken einander nicht angreiffen / sondern einer dem andern seines habenden Rechtens / oder gefaster Meynung / schrifftlich in der Güte berichten / da aber ein oder der ander Theil damit nicht gesättiget noch zu frieden wäre / auff daß dann durch weitläufftige Rechtfertigung fernere Uneinigkeit und Ohnfreundschafft nicht zunehme / da sichs dann zutrüge / daß zwischen Uns oder unseren Erben Mißverstände / die seyn gering oder hochwichtig / entstünden / und wir oder unsere Erben / deren in der Güte sich nicht selbst vergleichen könten / so soll unser jeder ein Monaths-Frist einem Freund oder zween geben / und durch ein sampt-Schreiben vermögen / welche solche Irrungen zu verhören / und in der Güte zu vergleichen unterstehen / auch im Fall die Güte umsonst wäre / einen Spruch zu thun / oder wofern dieselbe zwiespältig / einen Obmann ihres Gefallens zu erwehlen / Ordnung des Processus, nachdem die Sachen wichtig / und die Noth erfordern möchte / zu geben / Macht haben / und was dergestalt versprochen / es dabey ohne alle Appellation und Reduction bleiben solle / wir und unsere Erben sollen und wollen auch ein ander zum besten be-

ANNO 1578. befördern/ Schaden und Nachtheil/so viel möglich/helffen vorkommen/ derowegen im Fall unsere oder unsere Manns-Erben einer von jemands/ hohes oder niedriges Standes/ über Recht erbieten/ mit unrechten Gewalt oder Vehden angegriffen würde/ und derselbe solches andern Graffen zu Solms schrifftlich oder mündlich zu wissen thäte/ so sollen die andern Agnaten/ Graffen zu Solms/ nachdem die dessen verständiget/ alsbald ihrem Verwandten mit Rath und That unsäumblich Beyfall thun/ so viel ihnen möglich/ doch was für Kosten deswegen auffgiengen/ soll derjenige/ welchem solche Hülffe geleistet/ tragen/ so lang er deren bedarff/ und soll keiner sich mit seines Agnaten Widertheil vergleichen/ oder demselben Beyfall oder Vorschub thun/ weder heimlich noch öffentlich/ gar in keinen Weg/ in Krafft dieser unserer freundlichen Vereinigung: so unser oder unserer Erben einer versterben/ und unmündige Kinder verlassen würde/ denen keine Vormünder im Testament verordnet/ soll der älteste unter uns/ oder unsern Erben/ in Zeit zutragenden Falls/ die andern Grafen zu Solms/ auch sonst die nechsten Freunde/ aufs förderlichste zusammen beschreiben/ und alsdann solchen Unmündigen nothwendige Vormünder erwehlen/ auch die Regierung unmittelst dermassen bestellen/ damit keine Gefahr oder Schaden den Unmündigen entstehe.

Zum andern/ damit unsere Graff- und Herrschafften gegenwärtige und zukünfftige/ sambt deren und anderen ererbten Landen/ Leuten/ liegenden Gütern/ Renten/ Gefällen/ Nützung/ Gerechtigkeit/ wie die Nahmen haben mögen/ deren nichts ausgenommen/ destomehr unveräussert/ und zu unser und unser Erben der Graffen zu Solms Unterhaltung bey einander bleiben mögen/ so sollen und wollen wir und unsere Erben von allen/ so nechst gemeldt/ und ein jeder von seinem Vater und Mutter/ oder sonsten hero ererbet hat/ oder hinkünfftig ererben würde/ ausserhalb der Baarschafft/ nichts erblich veräussern/ weder durch Kauff/ Verkauff/ Versatze/ Gifften/ Testamenter/ Ubergaben/ noch in was Wege diß geschehen könte oder Nahmen haben mochte/ es wäre denn sein oder der seinen Nothdurfft/ oder besondere Gelegenheit zu Erhaltung Treu/ Ehren/ Glauben oder Verbesserung Land und Leuten/ auf diesen Fall/ da etwas andern würcklich Pfandsweise einzuraumen/ soll es den Agnaten zuvor angeboten/ und der Vorzug und Einräumung denen vor andern gegönnet werden/ da aber in seiner Agnaten/ Brüder oder Vetter/ Graffen zu Solms/ Gelegenheit oder Vermögen nicht wäre/ den Pfand-Schilling darzuleihen/ soll dem/ der obgesetzter massen Gelds bedürfftig/ bevorstehen/ anderen seine Güter zu versetzen/ doch daß solches keinen höhern Stands/ auch nicht erblich/ noch mit andern gefährlichen Handlungen/ dadurch den Agnaten der gebührende Zutritt verhindert/ geschehe oder zugehe/ sondern den Agnaten die Wiederlösung in allen Verschreibungen/ darinnen das Kauff- oder Pfand-Geld mit seinen rechten wahren Nahmen und Quantität ausgedruckt seye/ zu jederzeit vorbehalten werde/ zu solcher Ein- oder Wiederlösung der verkauffende oder versetzende Theil seinen Sohn/ Bruder oder Vettern/ Graffen zu Solms/ da ers an sich selbst zu lösen in seinem Vermögen nicht hätte/ mit seinen Revers-Brieffen/ die er von den Käuffern nehmen/ auch andern gebührenden Mitteln/ nach bestem Vermögen zu verhelffen schuldig und pflichtig seyn; und gleichwohl in solchen Einlösungen die nähern Verwandten den Vortritt haben/ auch dem Versetzenden und Principal-Debitori, oder seinen Erben die Wiederkauff iederzeit/ wenn sie wieder zu Vermögen kommen/ zu thun vorbehalten und erlaubet seyn solle. Ferner so sollen und wollen wir oder unsere Erben unsere gegenwärtige oder künfftige Graff-Herrschafften/ Land/ Leute/ Güter/ Zinse/ Renthen/ wie solche Nahmen haben mögen/ gäntzlich oder zum Theil nimmermehr nicht zu Lehen machen/ noch aufftragen/ das geschehe denn mit aller dero Zeit lebendigen Graffen zu Solms guten Wissen und Willen; Wir und unsere Erben sollen und wollen auch in Verehlichung der Töchter dahin sehen und handeln/ daß dadurch an unsern Landen/ Leuten/ Zinß und Renthen nichts abgehe/ noch erblich veräussert werde/ daß auch die Töchter/ nach uhraltem Herkommen/ wenn sie mit einer nahmhafften Ehe-Steuer und sonsten mit Kleidungen und Geschmuck versichert und versorget seyn/ vor dem Ehlichen Beylager einen Verzigt/ dieser Erb-Einigung gemäß/ schweren/ und in Schrifften von sich geben sollen. Es soll auch keiner unserer Erben seinem Gemahl etwas an Landen/ Leuten/ Erb-Gütern/ Renthen oder Zinsen/ in Wittumbs Wiederlegung/ oder Morgengabs Nahmen und Verschreibung erblich mitgeben oder verschreiben. Im Fall auch einer in unserm Geschlecht ein Graff zu Solms/ der hätte eheliche Leibs-Erben oder nicht/ seine Graff-Herrschafften/ Güter/ Zinsen/ Renthen und Gefälle/ zum Nachtheil seiner Kinder oder Agnaten/ mit vorsetzlichen/ unnöthigen Schulden oder andern wegen/ zum Theil oder gäntzlich beschweren/ veräussern oder in Abgang gefährlicher weise kommen lassen wolte/ darum sollen ihn seine Vettern und Verwandten in der Güte zubesprechen und zu verwarnen haben/ und im Fall solches nicht statt finden würde/ obgesetzter massen mit demselben für Freunden vorkommen/ und sich bescheiden lassen/ auch der Freunde Spruch in alle Wege geleben/ sich solchen Bescheid und Erkänntnüß weder für sich selbsten/ noch mit Rath und Hülffe gleiches oder höhers Standes-Personen/ nach männiglichen/ weder mit Worten noch mit Wercken/ nicht widersetzen/ bey Verlust des beschuldigten Theils guten Nahmen/ auch aller seiner liegenden und beweglichen Gütern/ Landen/ Leuten/ Zinß und Renthen/ welche die Agnaten zum Besten des ungehorsamen Graffens Kindern/ oder da deren nicht weren/ den Brüdern oder Vettern einzuziehen/ und zu sich zu nehmen/ auch zu behalten/ Macht haben sollen/ biß so lang der Ungehorsame oder verthunlichen Wesens-Beschuldigte sich gnungsam zur Besserung erkläret/ und gegen seine Brüdern und Vettern versöhnet hat/ doch den nechsten Agnaten und Erben in solcher Occupation ihr Recht vorbehalten/ da auch unser der Grafen zu Solms einer oder mehr für andere Bürge zu werden/ angelanget würden/ auff daß er oder sie dann hinkünfftig sich anderer Leute halben desto baß für Schaden verwarnen und hüten mögen/ soll der oder dieselben/ so zu Bürgen angesprochen/ daß ihnen Krafft unserer habenden Einigung Bürge zu werden nicht gebühre/ zur Entschuldigung vorzuwenden/ aber gleichwohl mit aller Graffen zu Solms ihrer unmündigen Jahren/ sonderlich deren/ welche in der Regierung seyn/ Rath zu handeln/ Macht haben/ es wäre dann die Summa so gering oder sonst die Umstände dermassen beschaffen/ daß der Graffschafft keine Beschwerung oder Nachtheil daraus zu besorgen. ANNO 1578.

Zum dritten wollen wir bey allen unsern gnädigsten und gnädigen Herren unterthänigst/ unterthänig und mit Fleiß sambtlichen ansuchen und bitten/ daß die Lehen/ so einer oder der ander Theil allein empfangen hat/ mögen uns allen zu guten und sämbtlich geliehen werden/ dieweiln ohne das uns als Agnaten/ nach eines oder des andern Absterben/ die Succession darinnen von Rechts wegen eignet und gebühret/ auch billich gedeihen und vorbehalten seyn solle. Sonsten soll ein ältester Graff zu Solms die von unseren Graff- und Herrschafften berührende gemeine Solmische oder Müntzenbergische Lehen/ nach altem Herkommen/ andern seinen Agnaten mit zum Besten zu leihen/ und Copias den andern Grafen zu Solms mittheilen/ sich auff künfftigen Fall der Belehnung/ und in andern Sachen/ in denen Abschrifften haben Berichts zu erholen.

Letzlich demnach in unsern der Graffen zu Solms häußlichen Wohnungen/ von weyland dem Wohlgebohrnen/ Unsern freundl. lieben Vor-Eltern seel. Gedächtnüß vor mehr denn 100. Jahren Burg-Frieden und Freyheiten gestifftet/ solche auch bis auff gegenwärtige Zeit also im Brauch und Ubung gehalten worden/ wie auch bey den Wohlgebohrnen unsern Vettern und Schwägern Graffen zu Nassau/ und andern benachbarten Herren und Freunden/ in gegenwärtiger Zeit gebräuchlich seyn/ als wollen wir solche mit ihren Inhaltungen/ Begriffen/ Conditionen und Pœnen gegen die Verbrecher zu üben/ hiemit erneuret/ wiederholet und einander in Krafft dieses zu halten zugesagt und verschrieben haben. Wir behalten uns auch hiermit bevor/ alle zwischen uns und unsern Vor-Eltern auffgerichtete Brieffe/ Verträge und Einigung in ihren Kräfften zu bleiben/ als fern sie dieser unser brüderl. Vergleichung nicht zuwider seyn/ solches alles haben wir einander mit Hand-gebender Treuen an eines geschwornen Eyds-statt treulich für uns und unsere Erben zu halten versprochen und zugesagt/ wollen und befehlen auch allen unsern Erben und Nachkommen in unsern Graff- und Herrschafften/ daß sie im sechzehenden Jahr ihres Alters diese Erb-Einigung gleichfalls zu halten/ geloben und schweren/ darzu von ihren Eltern/ Vettern/ Freunden/ Vormünden/ und denen/ so ihr deßwegen mächtig seyn/ mit Ernst angehalten/ und denen vor solcher würcklichen Lobung und Schwerung keine Huldigung und Regierung der Unterthanen/ biß so lang sie nechstgesetzter massen diese Einigung bestättigen/ geloben und schweren/ gestattet werden soll. Hierinnen sollen ausgeschlossen seyn alle Gefährde/ Argelist/ Fünde und Einreden/ wie solche Nahmen haben mögen/ deren nichts ausgenommen/ dann wir Uns/ für Uns/ unsere Erben und Nachkommen/ verzeihen und begeben aller und jeglicher Gnade/ Privilegien/ Freyheiten/ Ordnung/ Satzung und Verdingung/ von wem das geschehen wäre oder würde/ und hiewider seyn mochte/ Uns deren nimmermehr zu gebrauchen/ weder heimlich noch öffentlich/ auch nicht zu gestatten/ daß durch andere hierwider vorgenommen werde/ alles getreulich und ohne Gefehrde. Dessen zu wahren Gezeugnüß und Uhrkund haben Wir dieser Erb-Einigung drey gleichlautende Original auf Pergament bringen lassen/ mit eigenen Händen unterschrieben/ und mit unserm angebohrnen anhangenden Insiegel besiegelt/ Uns und unsere nachkommende Erben/ dessen alles zu bezeugen/ und sie damit zu verbinden/ alles getreulich und ohne Gefährde. Geben und geschehen in unserm Closter Arensburg/ auff Mittwoch den 21. Tag Maji, Anno Eintausend fünff hundert und acht und siebentzig.

Philipps/ Graff zu Solms/ und Herr zu Müntzenberg.
Ernst/ Graff zu Solms.
Cunradt/ Graff zu Solms.
Ebert/ Graff zu Solms/ Landtrost in Westphalen.
Hermann Adolff/ Graff zu Solms.
Hanns Georg/ Graff zu Solms.
Otto/ Graff zu Solms.

Und Uns darauff angeruffen und gebethen/ weil es ihrem Nahmen/ Stamme und Geschlecht zu mehrer Wohlfahren/ Auffnehmen/ Ehren und Nutzen gedeyen thäte/ daß Wir/ damit solche Erb- und Brüder-Erb-Einigung in künfftiger Zeit bey Kräfften und Würden unangefochten bleiben möchte/ dieselbe in ihren Inhalt/ als jetzt regierender Römischer Kayser/ zu ratificiren/ confirmiren und zu bestättigen/ gnädiglichen geruheten/

ANNO 1578. heten / deßwegen wir gütlich angeſehen ſolch der Graffen zu Solms / Gebrüder und Vetter / demüthige ziemliche Bitte / auch die getreuen angenehmen / willige Dienſte / ſo vorgenandte Graffen zu Solms und ihre Vor-Eltern / weiland unſeren löblichen Vorfahren am Reich / Römiſchen Käyſern und Königen / gottſeeliger Gedächtnüß / gantz unverdroſſentlich erzeiget und bewieſen haben / und die künfftige Zeit uns und dem H. Reiche nicht weniger zu thun / ſich unterthänig erbieten / auch wohl thun mögen und ſollen; Und darumb mit wohlbedachten Muth / guten Rath und rechten Wiſſen / denſelben Philipſen / Conraden / Ernſten / Eberharten / Hermann Adolphen / Hans Georgen und Otten / allen Graffen zu Solms / Herren zu Müntzenberg / Gebrüdern und Vettern / obinſerirte Erb- und Brüder-Einigung / in allen ihren Worten / Puncten / Clauſuln / Articuln / Inhaltungen / Meynungen und Begreiffungen / als Römiſcher Käyſer / gnädiglich ratificiret / confirmiret und beſtättiget / ratificiren / confirmiren und beſtättigen ihnen die auch alſo von Römiſcher Käyſerl. Macht Vollkommenheit / hiermit wiſſentlich / in Krafft dieſes Brieffs / was wir ihnen von Rechts und Billigkeit wegen / daran zu ratificiren / zu confirmiren und zu beſtättigen haben / ſollen / und mögen: Und meynen / ſetzen und wollen / daß obeingeleibte Erb- und Brüder-Einigung in allen ihren Worten / Puncten / Clauſuln / Inhalt / Meynungen und Begreiffungen / kräfftig und mächtig ſeyn / und von männiglichen an allen Orten und Enden inner- und auſſerhalb Gerichts / ſtet / feſt und unverbrüchlich gehalten und vollzogen werden ſolle / und ſie obgemeldte Graffen zu Solms / ihre Erben und Nachkommen / derſelben alles ihres Inhalts freuen / gebrauchen und genieſſen ſollen und mögen / von allermänniglichen unverhindert / doch Uns und dem H. Reiche an unſerer Obrigkeit / Land-Friedens-Conſtitution und Executions-Ordnung / auch ſonſt männiglich an ſeinen Rechten und Gerechtigkeit unvergriffen und unſchädlich / und gebieten darauff allen und jeden Churfürſten / Fürſten / Geiſtlichen und Weltlichen / Prälaten / Graffen / Freyen / Herren / Rittern / Knechten / Hauptleuten / Land-Vögten / Vitzthummen / Vögten / Pflegern / Verweſern / Ambtleuten / Schultheiſſen / Burgermeiſtern / Richtern / Räthen / Bürgern / Gemeinden / und ſonſt allen andern unſern und des Reichs Unterthanen und Getreuen / was Würden / Standes oder Weſens ſie ſeyn / ernſtlich und feſtiglich mit dieſem Brieff / und wollen / daß ſie obgenannte Graffen zu Solms / Gebrüdern und Vettern / alle ihre Erben und Nachkommen / bey obbegriffener und auffgerichteten Erb-Einigung / und dieſer unſer darüber gegebenen Ratification, Confirmation und Beſtätigung / unbeſchwerdt und unangefochten bleiben / deren geruhlich freuen / gebrauchen und genieſſen laſſen / ihnen daran kein Eintrag / Irrung oder Verhinderung thun / noch des jemands andern zu thun geſtatten / in keine Weiſe / als lieb einem jeden ſey Unſer und des Reichs ſchwere Ungnad und Straffe / und darzu eine Pœn, nemlich 40. Marck löthiges Golds zu vermeiden / die ein jeder / ſo offt er freventlich hierwider thäte / Uns halb in Unſer und des Reichs-Cammer / und den andern halben Theil vielgedachten Graffen zu Solms / Gebrüdern und Vettern / ihren Erben und Nachkommen / unabläßlich zu bezahlen verfallen ſeyn ſolle. Mit Urkund dieſes Brieffs beſiegelt mit Unſern Käyſerlichen anhangenden Inſiegel / der geben iſt auff Unſern Königl. Schloß zu Prag den 4. Tag des Monats Novembris nach Chriſti unſers lieben HErrn und Seligmachers Geburt / Funffzehen hundert und in acht und ſiebentzigſten / unſerer Reiche des Römiſchen im vierdten / des Hungariſchen im ſiebenden / des Böheimiſchen im vierdten Jahren.

RUDOLPH.

(L. S.)

Ad Mandatum Sacræ Cæſareæ Majeſtatis proprium.

Vice ac nomine Reverendiſſimi Domini Danielis, Archi-Epiſcopi, Archi-Cancellarii & Electoris Moguntini.

Ut. S. VIEHEUSER, D.

A. ERSTENBERGER.

CLV.

9. Juill. Käyſers RUDOLPHI II. Confirmation, deß in Anno 1559. von denen Innwohnern deß Landts Ditmarſchen König FRIDERICO II. in Dennemarck auffgeſtellten Revers. Geben in der Stadt Lintz den 9. Julii 1578.

C'eſt-à-dire,

Confirmation du Revers donné l'an 1559. au Roi de Dannemarc FREDERIC II. *par les Habitans du Païs de* Dithmarſch, *accordée par l'Empereur* RODOLPHE II. *& datée à Lintz le 9. Juillet 1578.* [Voyez-la ci-devant ſous le 17. Juin 1559. pag. 47. col. 1.] ANNO 1578.

CLVI.

Paix de Religion dans les PAYS-BAS, *arrêtée & concluë, du conſentement & de l'avis de l'Archiduc* MATTHIAS, *du Prince d'Orange, du Conſeil d'Etat & des Etats Généraux, faite à Anvers, le 22. Juillet 1578.* [EMANUEL DE METEREN, Hiſtoire des Pays-Bas, Feuill. 158.] 22. Juill. PAYS-BAS.

UN chacun ſçait aſſez, que les Placarts tyranniques, qui ont eſté faiƈts autrefois, touchant le faiƈt de la Religion, par le conſeil, & la perſuaſion des eſtrangers, & notamment de la Nation Eſpaignole, ſans avoir entendu là deſſus l'advis des Eſtats Generaulx, & leſquels depuis ont eſté entretenus avec beaucoup de rigueur, & des punitions inſupportables, ce qui a eſté l'origine de toutes nos difficultés preſentes, pource qu'à cauſe d'iceux les Privileges, Droiƈts, & Couſtumes loüables du Païs ont eſté enfreintes, & miſes ſous pied, & ont cauſé en fin une miſerable Guerre, entrepriſe par les Ennemis de la Patrie, & ce à noſtre extreme ruïne, & ſervitude. Et comme il n'y avoit point d'autre remede, que d'entrer en Alliance avec toutes les Provinces de par deça, de là eſt venu qu'on a faiƈt la Pacification de Gand, laquelle, apres diverſes deliberations, & conſultations priſes là deſſus, tant par les Eveſques & Theologiens; que par le Conſeil d'Eſtat, & autres par deçà, a eſté approuvée, confirmée, & jurée par ſerment public & ſolemnel, non ſeulement par les Eſtats de tous ces Païs-Bas, Eccleſiaſtiques & Seculiers, en general & en particulier, mais auſſi par Don Jean d'Auſtriche, au Nom de Sa Majeſté, faiſant un Accord avec leſdits Eſtats, pour faire ceſſer la ſuſdite Guerre, & tous autres inconveniens.

Et combien que nous avions eſperé, que ledit Don Jean ne feroit aucune faute de le conſerver & entretenir, duquel le devoir eſtoit, (comme ayant eſté mis au Gouvernement, & à la bonne direction deſdits Païs-Bas) de les entretenir en paix, repos & tranquilité. Neantmoins ayant, en faiſant le contraire, rompu ladite Pacification en pluſieurs poinƈts, & monſtré en diverſes choſes le contraire de ſon ſerment, & qu'il ne s'y vouloit point arreſter, il a derechef renouvellé la ſuſdite Guerre, ce qui nous a contraint, pour la conſervation & defence de noſtre naturelle liberté, de prendre par enſemble les armes. Tellement qu'eſtans reduits à ceſte extremité, à laquelle ladite Guerre (laquelle eſt la Mere de tous deſordres, & inconveniens) nous a amenés, nous avons eſté contrainƈts de faire, & de ſouffrir pluſieurs choſes contre noſtre gré & intention, leſquelles ſont prejudiciables à la Religion, & à l'obeïſſance deuë à Sa Majeſté, auſquelles autrement nous n'euſſions point penſé, & leſquelles preſentement nous ne pouvons empeſcher, ainſi que nous avons remonſtré, & proteſté par diverſes fois, devant que d'entreprendre cette Guerre, tant par Lettres, que par Ambaſſadeurs, envoyés à Sa Majeſté, & au ſuſdit Don Jean. Et combien qu'ainſi ſoit, que nous n'ayons faute, ni de puiſſance, ni de bonne volonté, pour noſtre defence, ſi eſt que (veu la diverſité des Provinces, & des opinions des hommes, leſquelles reculent fort ce fait) nous craignons, que noſtre bonne volonté, ni noſtre puiſſance, ne nous y aideront gueres, n'eſt que par enſemble nous venions en une plus eſtroitte Alliance, Accord, & Union irrefragable, notamment au point de la Religion. Car puis que non ſeulement, à cauſe de la Guerre, mais auſſi à cauſe de la frequentation inevitable des Marchands, & autres Habitans des Royaumes, & Païs circonvoiſins, comme de France, d'Angleterre, d'Allemagne & autres, qui ont la Religion pretenduë reformée; ladite Religion eſt fort recherchée, & affeƈtionnée par deçà: Il eſt à craindre, ſi on ne permet la liberté & l'exercice d'icelle, par un amiable Accord, & paix en matiere de Religion, à l'exemple d'Allemagne, & de France, qui en cela ſe ſont accordés, & vivent en paix, & en repos, au lieu qu'auparavant ils ne ſe pouvoient nullement ſupporter les uns les autres, ains ſe traiƈtoient fort hoſtilement, que

ANNO 1578.

que par faute d'icelle, pourroient survenir des grands dangers, effusions de sang, & autres inconveniens. Au moyen dequoy nostre commun Ennemy (estant au Païs) auroit d'autant plus d'occasion de nous nuire, au lieu que nous estans bien unis ensemble, par une paisible union, nous pourrions nous defendre, contre tous inconveniens & dangers. Toutes ces choses ayant bien esté considerées, & notamment puis que l'Ennemy ne craignoit rien tant, que de nous voir bien unis ensemble, touchant le fait de la Religion, comme celuy qui ne cherchoit autre chose que de nous tenir sous ce pretexte, par tout en division & discord. Et mesme on est venu si avant, que si par finesse, ou par force il entre au Païs, il n'espargnera ni Ecclesiastiques, ni Catholiques, ni autres. Ayant aussi consideré, que ceux de ladite Religion pretenduë reformée, ont par diverses Requestes fort instamment supplié, qu'on leur voulut permettre libre exercice d'icelle, sous telles regles & ordonnances qu'on trouveroit convenables.

Nous avons, pour la paix & le repos du commun, aprés meure deliberation, prinse non seulement avec les Deputés des Estats Generaulx, mais aussi en particulier, ayans ouy là dessus les Estats de chasque Province, ordonné, & ordonnons par ces presentes les poincts suivants, & ce sans prejudice de l'union des Provinces de par deça, lesquelles ne se doivent point alterer, ni se separer les unes des autres, à cause de ceste Ordonnance, notamment puis que personne n'est forcé de changer de Religion, ni d'accepter ladite liberté, n'est qu'il l'approuve.

I. Premierement, que toutes offences ou injures, faites depuis la Pacification de Gand, à cause de la Religion, seront pardonnées & oubliées, & tenuës comme non faites, tellement qu'à cause d'icelles nul n'en sera recherché par Justice ou autrement, sur peine que les Transgresseurs en seront punis, comme infracteurs de paix, & perturbateurs du repos public.

II. Et afin que par consequent, pour le regard de la diversité de la Religion (laquelle ne peut estre entretenuë, ni plantée, ni oppressée par force ou par armes) nul discord, ni different ne puisse plus arriver, on a ordonné, que chacun, touchant les deux Religions susdites, peut demeurer libre & franc, & selon qu'il en veut respondre devant Dieu, en telle sorte qu'on ne se pourra irriter l'un l'autre, mais un chacun, soit Ecclesiastique ou Seculier, pourra posseder & retenir ses biens en paix & en repos, & servir Dieu selon la cognoissance qui luy en a esté donnée, & selon qu'il en voudra respondre au jour du jugement. Au moins aussi long temps, & jusques à ce, que les deux Parties ayans esté ouyës en un Concile General, ou National, ou n'en pourra arrester, ou determiner autrement.

III. Et afin que la liberté de la Religion soit reglée de part & d'autre, par des conditions propres & raisonnables, au repos, & pour la seurté d'un chacun, a esté ordonné, que la Religion Catholique & Romaine sera restablie, tant és Villes de Hollande, & Zelande, qu'és autres Villes & Places de par deçà, où l'on a quitté ladite Religion, afin d'y estre exercée paisiblement & librement, sans aucun trouble ou empeschement, pour ceux qui le demanderont, excepté qu'ils ne soyent point moins de cent menages en chasque grande Ville ou Village, qu'ils y ayent esté continuellement, & pour le moins l'espace d'un an, & és petites, que la plus part des Habitans y ayent pareillement esté un an.

IV. Semblablement, que ladite Religion Reformée pourra estre exercée publicquement en toutes les Villes & Places des Païs de par deçà, & que le mesme soit requis par les Habitans, en mesme nombre que dessus.

V. Bien-entendu, que les deux Parties, tant de l'une que de l'autre Religion, se presenteront devant le Magistrat du Lieu, ou respectivement un chacun en la sienne demandera l'exercice de Religion, laquelle y a esté suspenduë, & ceux là seront tenus de leur designer incontinent quelque lieu propre, à sçavoir, en Hollande & Zelande, pour ceux de l'ancienne Religion, ausquels on donnera telles Eglises ou Chapelles qu'on trouvera estre propres, ou par faute d'icelles, les places où elles ont esté, afin que les Catholiques y puissent derechef rebastir leurs Eglises ou Chapelles: & és autres Provinces, tels lieux propres, que le Magistrat leur pourra monstrer, pourveu qu'ils soyent bien loings des Eglises des Reformés, si faire se peut, afin que la proximité ne cause quelques differents & querelles, comme l'on void arriver communement.

VI. Esquelles places, ils pourront respectivement chacun en sa Religion, observer, ouïr, & celebrer les Services Divins, les Predications, Prieres, Chants, Baptesme, Cene, Sepulture, Mariage, Ecoles, & tout ce qui appartient à leur respective Religion.

VII. Es Lieux ou l'exercice de la Religion n'a pas esté publicquement, nul n'y pourra estre recherché pour le fait de la Religion, en aucune maniere, touchant ce qu'il pourroit faire en sa Maison.

VIII. Defendant bien expressément sur les peines susdites, tant ceux de l'une que de l'autre Religion, de quelque estat ou condition qu'ils puissent estre, de ne se troubler, fascher, ou empescher les uns les autres, de parole ou de fait, en l'exercice de leur respective Religion, & ce qui en despend, ni de scandaliser les uns les autres.

IX. Que chacun aussi s'abstienne de venir és Lieux où l'on exerce autre Religion que la sienne, n'est qu'il se garde de scandale, & qu'il se regle selon les Statuts, & Ordonnances des Eglises ou Temples, esquels il se trouvera, sur peine comme dessus.

X. Que tous Moines, Religieux, & autres Personnes Ecclesiastiques, pourront librement, & sans aucune fascherie, jouïr de tous leurs Biens, Dismes & autres Droits.

XI. Ce qui se fera sans prejudice des Provinces de Hollande & Zelande, qui se regleront, touchant les Biens Ecclesiastiques qui y sont, suivant le 22. Article de la Pacification de Gand, jusques à ce qu'il en sera ordonné autrement par les Estats Generaulx.

XII. Et afin d'éviter toutes irritations & questions, on defend de ne faire, chanter, ou mettre en lumiere, aucunes Chansons injurieuses, Balades, Refreins, ou autres Livrets ou Escrits diffamatoires, ni de les imprimer ou vendre de part ou d'autre.

XIII. Defendans aussi à tous Ministres, Lecteurs ou autres, qui preschent en public, de quelque Religion qu'ils puissent estre, de ne dire, ni d'user d'aucuns propos tendans à troubles ou seditions, mais de se comporter honnestement & modestement, & de ne dire à leurs auditeurs que ce qui sert à edification ou instruction, sur peine comme a esté dit.

XIV. Deffendans en outre sur mesme peine, à tous Soldats, de quelque Religion qu'ils soient, de ne porter aucunes marques, par lesquelles ils se pourroient irriter les uns les autres, ou s'inciter à querelle ou debat.

XV. Que ceux de ladite Religion seront tenus, tant ceux qui sont en Hollande & Zelande, qu'ailleurs, d'observer les Loix & Coustumes de l'Eglise Catholique, au fait des Mariages contractés, ou à traicter, au regard des degrés de consanguinité, & affinité: Bien-entendu, que touchant les Mariages desja faits au troisiesme ou quatriesme degré, ceux de ladite Religion ne seront point recherchés, ni la validité desdits Mariages, ne sera pas tiré en doubte, ni les Enfans qui en sont procréés, ou qui en pourront estre procréés, ne seront point repoussés de la succession.

XVI. Bien-entendu, que l'affinité Ecclesiastique ne pourra point empescher lesdits Mariages: on ne fera point aussi aucune distinction ou difficulté au regard de la Religion, à recevoir aucuns Escoliers, malades ou pauvres, tant és Universités, Colleges, Escoles, Hospitaulx, Maladries, qu'és aumosnes publiques, ou autrement.

XVII. Que ceux de la Religion, hors de Hollande & Zelande, seront tenus de garder, & observer les jours de Festes, lesquelles on observe en l'Eglise Catholique Romaine, à sçavoir, les Dimanches, les Noëls, les Festes des Apostres, l'Annonciation de nostre Dame, l'Ascension, la Chandeleur, & la Feste du Sacrement. Et ne pourront point travailler, vendre, ni tenir boutique ouverte esdits jours.

XVIII. Qu'és jours que ladite Eglise a defendu de ne manger de la chair, les Boucheries demeureront fermées, & chacun se comportera en tout, selon l'ordonnance de chasque lieu.

XIX. Et afin de mieux reünir tous les Subjects de par deça, nous declarons, que ceux tant de l'une que de l'autre Religion, seront capables, y estans propres, d'avoir & d'exercer toutes sortes d'Offices & d'Estats, tant en la Justice qu'autrement, sans toutesfois que ceux de la Religion dite Reformée seront tenus de faire autre serment, ni d'estre obligés à autres devoirs, qu'à exercer fidelement leur Estat & Offices &

ANNO 1578.

& à observer les Ordonnances lesquelles ont esté faites là dessus.

XX. Et pour ce que l'administration de la Justice, est l'un des principaulx moyens, pour entretenir les Sujets en Paix & Union, & que neantmoins, à cause de la diversité de la Religion, & autrement, elle est en divers Lieux foulée aux pieds, au grand prejudice & oppression des innocens, & autres qui demandent Justice, a esté interdit sur les peines susdites, & afin de pourvoir à toutes calomnies, lesquelles ne regnent que trop aujourd'huy, que les Juges, Magistrats, ou autres personnes publicques, ne saisiront, ou ne prendront d'oresnavant personne prisonnier, sans observer les trois voyes ordinaires, à sçavoir, en presence du meffaict, ou par l'ordonnance du Juge, ou information legitime faite auparavant, ou où la partie est formelle, & aprés les avoir adjournés.

XXI. Et les personnes, prinses par l'une de ces trois voyes, seront incontinent mises és mains de leur Juge competent, afin qu'on prenne cognoissance de leur fait, & que Justice en soit faite comme il appartient.

XXII. Et neantmoins, afin que les mauvaises humeurs des Republiques, puissent estre d'autant mieux purgées, & chassées, est permis à un chacun, mesme sans qu'il y ait quelque interest particulier, d'accuser un autre, quel qu'il puisse estre, pourveu que cela se face avec legitime information, & devant un Juge competent, qui est tenu de faire amener en Justice, huit jours aprés ou plustost, l'accusé, suivant les coustumes du lieu, & de proceder en toute diligence, à la condamnation, ou absolution, selon qu'il trouvera que la Justice le requerra.

XXIII. Sans toutesfois qu'il soit permis à aucun de calomnier un autre, ou de l'accuser legerement, & sans fondement, ou de l'interesser en son honneur, ou bonne renommée, sur peine comme dessus.

XXIV. Et pour donner contentement raisonnable à un chacun, touchant l'execution, tant de la Justice civile que criminele, a esté ordonné, que d'oresnavant tous Juges & Magistrats des Villes particulieres, Chastelanies, Villages, & Seigneuries des Païs de par deçà, seront faits des plus notables personnes, amateurs de la Patrie, sans distinction de la Religion.

XXV. Ces Juges & Magistrats s'employeront seulement en ce qui touche la Justice, la Police, ou le Gouvernement des Villes ou Lieux, où ils sont establis.

XXVI. Sans qu'aucun leur pourra faire en cela quelque empeschement ou trouble, ni s'en mesler en façon quelconque, ou sous quelque pretexte que ce pourroit estre.

XXVII. Et d'autant que les Juges & Magistrats ont esté n'agueres par tout renouvellés, ceux qu'on nomme les dixhuit, ou autres, mis en leur lieu, estants plus ou moins en nombre, seront par tout demis de leur charge, & on leur defendra, de ne se mesler point des affaires communs, ni mesme des Fortifications, & gardes des Villes, n'est qu'ils y soient particulierement choisis & deputés par lesdits Magistrats.

XXVIII. Ils ne pourront pas aussi faire aucune Ordonnance d'importance, sans en avoir premierement communiqué avec le Magistrat des Villes où ils sont establis, & sans leur ordonnance expresse, sous peine comme dessus.

XXIX. Et afin que ceste Ordonnance puisse d'autant plus aisément estre entretenuë, on commettra, par les Commissaires, ou autres Deputés, qui auront pouvoir de renouveller le Magistrat, quatre personnes notables, honnestes, & bien qualifiées, pour à toutes occasions, en vertu de leur Charge, & sans en estre requis par quelque Partie, s'informer touchant l'instruction & contravention de ladite Ordonnance. L'information en ayant esté faite, & mise par escrit, & signée pour le moins par trois d'iceux, sera incontinent presentée aux Magistrats, & mise entre leurs mains, afin qu'en ayant sommairement prins cognoissance, on puisse proceder contre les transgresseurs, & en faire prompte execution, selon les peines susdites.

XXX. Bien-entendu, que l'Office desdites personnes notables, ne durera point plus qu'un an, & seront renouvellés & changés avec le Magistrat.

Ainsi fait & advisé le 22. de Juillet, l'an 1578. à Anvers.

ANNO 1578.

CLVII.

13. Août. LE DUC D'ANJOU ET LES PAÏS-BAS.

*Traité entre Monsieur le Duc d'*ANJOU *& d'Alençon, & les Etats Generaux des* PAYS-BAS. *A Anvers le* 13. *Août* 1578. [FREDER. LEONARD, Tom. II. pag. 624.]

ACCORD & Alliance faits entre le Sieur Marquis de Reignel, Baron de Bussy & de Saxefontaines, Capitaine de cinquante Hommes d'armes des ordonnances du Roi Tres-Chretien, Gouverneur & Lieutenant General és Païs & Duché d'Anjou, & Colonel General de l'Infanterie Françoise de Monseigneur le Duc, representant la personne dudit Seigneur, accompagné de Messieurs de la Neuville & de Mondoucet, Conseillers & Chambellans ordinaires des affaires, & Conseil dudit Seigneur Duc, selon la Commission emanée de son Altesse, du vint-deuxieme de Juillet dernier, d'une part; & les Prelats, Nobles, & Deputez des Villes representans les Etats Generaux des Païs-Bas, d'autre.

Premierement, Monseigneur le Duc d'Anjou assistera Mesdits Sieurs les Etats de ses forces & moiens, pour leur delivrance de la tirannie insuportable des Espagnols, & de l'inique invasion de Don Juan, & de ses Adherans.

A savoir, en entretenant à l'assistance de cette Guerre dix-mille Hommes de Pied, & deux mille Chevaux paiez & soudoiez à leurs frais l'espace de trois mois entiers & continuels. Bien entendu, que pour les grands frais & dépenses, que déja il a eû à l'occasion de cettedite Guerre, par diverses levées, & pour le regard du précompté desdits frais, le premier mois lui sera déja alloué pour tout ce mois d'Août courant, tout ainsi comme s'il eût assisté lesdits Etats du nombre susdit des Gens de Guerre; & commencera-t'on à compter les deux autres mois ensuivans, pour fournir audit tems de trois mois susdit, dés le premier jour du mois de Septembre prochainement venant; pourvû toutefois & en cas que toutes les forces dudit Seigneur Duc, jusqu'au nombre susdit, soient lors pour ledit premier du mois de Septembre, arrivées dedans le Païs, & prêts pour faire le service: autrement commenceront lesdits deux mois dés le jour de leur arrivée, pour compter ensuivamment jusqu'à l'expiration desdits deux mois. Desquels pour la raison susdite, lesdits Estats se contiendront au regard du parfournissement des trois mois desusdits mentionnez.

Et au cas, que ledit tems passé, la susdite Guerre ne soit encore achevée, ledit Seigneur Duc continuera son assistance & secours au nombre de trois mille Hommes de Pied, & cinq-cens Chevaux à sa seconde solde emploier, tant pour la Garnison des Places, qu'on lui baillera, qu'ailleurs, pour le bien desdits Etats.

Et là dessus ont lesdits Etats accordé & accordent audit Seigneur Duc le titre de Defenseur de la liberté des Païs-Bas contre la tirannie des Espagnols, & leurs Adherans; & comme tel feront declarer & publier par tout le Païs, afin que par là il aparoisse de la legitime occasion qu'il a de les secourir.

Et comme par l'asseurance de l'une & de l'autre Partie contre les Ennemis communs, qui par ci-aprés se pourroient former, ou contre lui, ou contre lesdits Etats, pour le regard de cette entreprise & resolution, & aussi pour entretenir & augmenter la bonne correspondance & amitié, qu'il a plû à la Serenissime Reine d'Angleterre maintenir avec eux; a été trouvé tres expedient & necessaire, que ledit Seigneur Duc avec lesdits Etats moienneront devers icelle, qu'il plaise à Sadite Majesté d'entrer avec eux en une bonne, ferme, & indissoluble Alliance, pour le bien & utilité commune de ses Païs. dudit Seigneur Duc, & desd. Etats, y conioignant aussi le Roi de Navarre & ses Confederez, & Monsieur le Duc Casimir, Comte Palatin; ensemble tous autres Princes, Potentats, Villes, Republiques, qui le desireront, & que, par commun avis, l'on trouvera convenir, sous les conditions & Articles, que pour la meilleure seureté des Alliez & Confederez, l'on pourra ci-aprés conclurre & accorder. Mais comme Mondit Sieur de Bussy, & autres Deputez dudit Seigneur Duc, declarent n'avoir aucun pouvoir de ce faire, sera ledit Sieur de Bussy requis, qu'il veuille faire tout devoir vers ledit Seigneur Duc, à ce que le concept d'Alliance puisse être effectué. Bien-enten-

ANNO 1578.

entendu, qu'elle ne servira aucunement pour envahir quelques autres qui ne seront Ennemis de ladite Alliance, & Mondit Seigneur Duc n'entreprendra Guerre contre ladite Reine d'Angleterre, & ne souffrira, autant qu'il lui sera possible, qu'il lui en soit fait.

Et s'obligeront lesdits Etats pareillement vers icelui Seigneur Duc, d'entretenir avec lui une perpetuelle Association & Alliance; & cette Guerre étant finie, l'assister contre tous & envers tous, qui le voudront assaillir, avec le nombre de dix mille Hommes de Pied, & deux mille Chevaux, paiez & soudoiez à leurs dépens l'espace de trois mois; & iceux expirez, & que la Guerre ne fût finie, seront tenus de lui continuer le secours en nombre de trois mille Pietons, & cinq-cens Chevaux, excepté tant seulement l'Empire, les Roiaumes d'Angleterre & d'Ecosse, & autres Alliez & Confederez desdits Etats; si comme les Rois de Danemarc & de Suede, les Villes Hanseatiques, les Princes Electeurs, & le Duc de Cleves. Et si ledit Seigneur Duc d'Anjou veut entreprendre quelque Guerre, lesdits Etats l'assisteront des forces susdites, en cas qu'icelle Guerre se fasse par leur avis, selon les Privileges du Païs.

Bien entendu, que ledit Seigneur Duc n'entreprendra nulle Guerre pour le fait & cause de la Religion, & autrement; auquel cas lesdits Etats ne seront tenus de lui prêter aucun aide ou secours: & cependant durant le secours dudit Seigneur Duc ci-dessus mentionné, accordent lesdits Etats, qu'en toutes expeditions de Guerre, étant son armée jointe par commun avis avec la leur; & ledit Seigneur Duc y étant en personne, sera nommé le premier, & y commandera comme defenseur de la liberté du Païs-Bas conjointement avec lesdits Etats, reputé pour leur General; & n'y étant ledit Seigneur Duc en personne, commandera ledit General des Etats seul.

Mais en ce qui concerne le fait de la Police & du Gouvernement du Païs, sera ledit Seigneur Duc content de ne s'y entremettre; ains demeurera l'entiere maniance & conduite ausdits Sieurs Etats, & ceux qui par lesdits Etats à ce sont ou seront commis & ordonnez, si comme Monseigneur l'Archiduc, & ceux qui sont du Conseil d'Etat. Bien entendu toutefois, que les dépêches qui partiront de la part dudit Seigneur Duc se feront de la part desdits Sieurs Etats, & du Conseil d'Etat, & ce par forme d'avis & requisition: & au reste le present Gouvernement demeurera en l'état & disposition entierement, comme il est à present.

Et comme ainsi soit que tous Traitez particuliers ne peuvent sinon engendrer matiere de défiance, & division de mutuelle sincerité & rondeur, ledit Seigneur Duc promet, qu'il ne fera nuls Traitez, Capitulations, Accords, ni dressera intelligence en particulier avec aucunes Villes, Provinces, ou personnes particulierement de par deçà, sans le sçû, consentement, & agreation desdits Etats en general. Comme pareillement lesdits Sieurs Etats promettront de ne faire nul Traité, Capitulation, Accord, ni dresser intelligence en particulier avec une Ville, Province, ou personne particuliere de par deçà, qui pourroit être au prejudice dudit Seigneur Duc, & de ce present Traité.

Et en outre promettent & s'obligent qu'en cas que par ci-aprés ils voulussent prendre un autre Prince, ils le prefereront à tous autres, pour les questions, qui lors lui seront proposées.

Et à l'effet que dessus, s'assembleront les Etats Generaux dedans trois mois aprés la Guerre finie, & plûtôt, si faire se peut, pour en resoudre.

Et pour l'assurance dudit Seigneur Duc, lesdits Etats sont contens de lui mettre és mains les Villes par ci-devant promises pour sa seureté, sa retraite, & accommodement des blessez & malades, à savoir, Le Quesnoy, Landrecy, & Bavay. Bien entendu, que si ledit Seigneur Duc peut prendre sur l'Ennemi une de ses Villes, Mariembourg, Philippeville, ou Wigts, elle lui sera baillée en échange de Bavay à son choix & option.

Pour faire delivrer lesdites Villes audit Seigneur Duc, seront dépêchées Lettres, tant à icelles Villes, qu'au Sieur Comte de Lalain, Gouverneur de Hainaut, & aux Gouverneurs particuliers d'icelles Villes par lesdits Etats & par le Conseil d'Etat à la fin susdite, leur remontrant, que c'est pour le bien & la seureté generale, & la leur en particulier. Et en cas de refus, lesdits Etats & Conseil d'Etat donneront commandement plus étroit, avec protestation contre eux de tout le mal qui en pourroit avenir, & feront tout autre devoir possible, tant envers ledit Sieur Comte de Lalain, que autres, afin que soit accomplie l'asseurance desdites Villes.

ANNO 1578.

Et outre toutes Villes, Places, & Forteresses situées par delà la Meuse, lesquelles ne sont à present, ou n'ont été unies & conjointes en l'Association des Etats, depuis la Pacification de Gand, si comme & Luxembourg, qui se prendront par armes dudit Seigneur Duc, soit seules ou accompagnées de forces & armes desdits Etats, demeureront sous la puissance, commandement, & obeissance dudit Seigneur Duc, sa vie durant. Et aprés son trepas, succederont & heriteront lesdites Villes conquestées, & celles qu'il recevra pour son assûrance, à ses Enfans mâles procréez en loial Mariage, n'heriteront & ne succederont à autres quelconques Hoirs ou aians cause; de quoi seront données toutes seuretez, Lettres, & Obligations necessaires en bonne & dûe forme.

Mais quant aux Villes, Places & Forteresses, qui ont été unies avec lesdits Etats, depuis ladite Pacification de Gand, icelles demeureront ausdits Etats, en cas qu'icelles puissent être recouvrées en quelque façon que ce soit.

Et quant aux Villes & Places aussi non associées en la façon susdite, qui se rendront de leur gré, & sans être forcées par armes, ou sieges, si comme par intelligence ou composition; sont contens lesdits Etats, que ledit Seigneur Duc participera de la moitié de la conqueste d'icelles.

Acceptant neanmoins l'offre qu'en remboursant par lesdits Sieurs Etats les frais & entretenemens des Gens de Guerre, faits par ledit Seigneur Duc pour la generale défense de la Patrie, lesdites Villes, promises en assûrance, leur seront rendoës.

Acceptant aussi lesdits Sieurs Etats les offres & presentations, que ledit Seigneur Duc leur a faites de se declarer, comme déja il s'est declaré; comme aussi ils acceptent l'ampliation d'icelui Article d'être Ennemi de tous ceux, que les Etats tiendront & reputeront pour Ennemis, & principalement des Espagnols, & leurs Adherans & Partisans, dont s'imprimera Acte public & solennel, en la forme que lesdits Etats aviseront.

Davantage, que ledit Seigneur Duc n'emmenera par deça nuls étrangers Gens de Guerre autres que François naturels, & iceux en nombre predit, sauf sa Garde ordinaire de Suisses, qui est du corps de sa Maison, & si aucunement il en fût requis par lesdits Etats.

Que ledit Seigneur Duc empêchera par toutes voies à lui possibles, que nulles Troupes Françoises ni autres viennent au secours des Espagnols; comme aussi empêchera tout autre renfort & assistance qui se puisse faire aux Ennemis, tant que possible lui sera.

Item, Que les troupes, qui par ledit Seigneur Duc seront envoiées au secours desdits Etats, seront envoiées & emploiées par commun avis au plus grand bien & seureté du Païs, remerciant tres-affectueusement ledit Seigneur Duc des Actes d'hostilité, que déja il a montré contre les Ennemis; bien entendu, que ni ledit Seigneur Duc, ni lesdits Sieurs Etats, ne pourront respectivement traiter aucune Paix ou Amitié avec le Roi d'Espagne, & autres dessus mentionnez, sans le sçû, consentement, & gré l'un de l'autre, moiennant que durant l'espace de tout ce mois d'Aoust qui court, en cas que lesdits Sieurs Etats puissent arrester avec Don Juan conditions d'une Paix asseurée & bonne, avec l'effet d'icelle à leur contentement, lesquels ne seront en prejudice dudit Seigneur Duc, ni de ses Serviteurs, Alliez & Confederez, ils aient la liberté & puissance d'y entendre, & de les conclure & arrester; moiennant que durant cedit mois d'Aoust, ledit Don Juan remette les Villes de Limbourg, Ruremunde, & Deventer, ensemble toutes les Villes sises de deça la Meuse és mains desdits Sieurs Etats; pourvû qu'en icelui Traité soit compris ledit Seigneur Duc, & tous ceux qui en cette presente expedition & entremise lui auront servi & assisté; comme aussi tous autres Princes & Potentats y seront compris, qui auront donné secours & assistance ausdits Sieurs Etats en cette presente Guerre, si comme la Serenissime Reine d'Angleterre, le Duc Jean-Casimir, Comte Palatin, & autres.

Et à condition que par ci-aprés si on faisoit la Guerre audit Seigneur Duc, en respect & pour cause du secours qu'il a voulu prêter ou a prêté ausdits Etats, ils seront tenus de l'assister & secourir de leurs forces & moiens, suivant l'Article ci-dessus specifié sur

ANNO 1578. sur cette matiere: Et davantage, que se faisant la Paix au terme susdit, ils reconnoîtront le benefice d'icelle Paix, aprés Dieu, de la main dudit Seigneur Duc, & lui feront rembourser tous les frais & dépens, que pour ledit secours il aura faits & paiez; & en outre, lui feront une reconnoissance condigne à sa grandeur: & que pendant que l'on traitera la Paix, & durant le terme susdit, tous les autres Points & Articles ci-dessus mentionnez, demeureront en leur pleine vigueur & force, & s'executeront promtement, & ne laissera-t'on de faire tous Actes d'hostilité.

En outre, acceptant lesdits Etats la presentation en offre, que ledit Seigneur Duc leur fait, concernant la conservation des Villes, qui lui seront mises en main, en telle forme que les Habitans auront occasion de s'en contenter, & avec si bonne discipline, que les voisins en puissent prendre exemple, entretenant leurs Privileges, Droits, & Libertez anciennes, & les rendant en tout tel état de Forteresses & Munitions, qu'il les aura reçuës, sauf si elles étoient assaillies, & violentées par l'Ennemi, dont ledit Seigneur Duc leur donnera asseûrance. ANNO 1578.

Ainsi fait, acordé, & arrêté en la Ville d'Anvers, par lesdits Sieurs Ambassadeurs & Etats Generaux, lesquels en signe de verité ont fait signer cette par leur Secretaire Maître Jean Gouffin, le 13. jour du mois d'Aoust 1578. *Par ordonnance desdits Etats,* GOUFFIN.

CLVIII.

1579. 23. Janv. PROVINCES-UNIES.

Verhandelinghe van de Unie, Eeuwigh Verbondt ende Eendracht tusschen die Landen, Provintien Steden en Leden van HOLLANT, ZEELANT, UTRECHT, &c. *binnen de Stadt Utrecht gesloten, den 23. January Anno 1579.* [RECUEIL van de Tractaten gemaeckt ende geslooten tusschen de *H. M. H. Staten Generael der Vereenighde Nederlanden* ter eenre; ende verscheyde *Koningen*, *Princen* ende *Potentaten*, ter andere zyde; d'où l'on a tiré cette Piéce, & les autres qui en dependent. Elles se trouvent aussi, en Hollandois & en François, dans WICQUEFORT, *Hist. des Provinces-Unies*, aux Preuves du Liv. I. pag. 24.]

ALsoo men bevint dat zedert de Pacificatie tot Gent gemaeckt, by den welcke ghenoegh alle die Provintien van dese Nederlanden hen verbonden hebben malkanderen met Lijf ende Goedt by te staen, om die Spangiaerden ende andere Uytheemsche Natien met haren aenhanck uyt dese Landen te verdryven, de selve Spangiaerden met Don Johan d'Austrice en andere haerluyder Hoofden ende Capiteynen alle middelen gesocht hebben ende noch dagelicx soecken om die voorsz. Provintien, soo in 't geheel als in 't deel te brengen onder haer subjectie, tyrannysche regieringe ende slavernye: Ende die selve Provintien soo met Wapenen als practijcke vanden anderen te scheyden, dismembreren, ende die Unie by de voorsz. Pacificatie gemaeckt, te niet te doen ende te subverteren tot uyterlike ruine ende verderffenisse van de voorsz. Landen ende Provintien, gelijck men metter daet bevint dat sylieden in 't voorsz. voornemen volherdende, noch onlangs eenige Steden ende Quartieren met Brieven ghesollicteert, eenige namelijcke, van de Landen van Gelre met Wapenen aengegrepen ende overvallen hebben. SOO IST, dat die vanden Furstendomme van Gelre en Graeffschappe Zutphen, die vanden Graeffschappen ende Landen van Hollant, Zeelant, Utrecht ende Vriessche Ommelanden, tusschen die Eems ende Lauwers, geraetsaem gevonden hebben sich nader ende particulierlijcker metten anderen te verbinden ende vereenigen, niet om hen van de voorsz. generale Unie by de Pacificatie tot Gent gemaeckt te scheyden, maer om die selve nog meer te stercken, ende hen selven te versien tegens alle inconvenienten daer inne sy souden mogen vallen deur eenige practijcke, aenslagen ofte geweldt van hare Vyanden, om te weten, hoe ende in wat manieren die voorsz. Provintien hen in sulcken ghevalle sullen hebben te dragen, ende jegens 't geweldt van hun Vyanden konnen beschermen: En om vorder separatie van de voorsz. Provintien, ende particulier Leden van dien te schouwen, blyvende anders die voorsz. generale Unie ende Pacificatie van Gent in weerden: zijn dien-volgende by de Gedeputeerden van de voorsz. Provincien volkomelijcken by den haren respective hier toe gheauthoriseert, gearresteert ende gesloten die Poincten ende Articulen hier na volgende, sonder in allen gevalle hen by desen te willen ontrecken van ofte uyt den Heyligen Roomschen Rijcke.

I. En-

CLVIII.

Traité d'Union & d'Alliance perpétuelle entre les Pays, Provinces, Villes & Membres, de HOLLANDE, ZELANDE, UTRECHT, &c. qui depuis, à cause de ce Traité, furent appellées les *Provinces-Unies.* Fait à Utrecht le 23. Janvier 1579. [*Recueil des Traitez entre les Etats des Provinces-Unies & divers Rois, Princes, &c.* In Quarto; & JEAN FRANÇOIS LE PETIT dans la *Grande Chronique ancienne & moderne de Hollande & Zélande, Tom. II. pag.* 372. d'où l'on a pris en partie cette Traduction Françoise.] 1579. 23. Janv. PROVINCES-UNIES.

COmme on a cognu, depuis la Pacification faite à Gand, par laquelle les Provinces de ces Pays-Bas s'estoient obligées de s'entre-secourir de Corps & de Biens, pour chasser hors desdits Pays les Espagnols & leurs Adherens. Ayans lesdits Espagnols avec Don Jean & autres leurs Chefs & Capitaines cherché tous moyens, comme ils font encore journellement, de reduire lesdites Provinces tant en general, qu'en particulier, sous leur servitude & tyrannie: & tant par armes que par leurs pratiques les diviser, & desmembrer, rompant leur Union faite par ladite Pacification, à la totale ruine desdits Pays. Comme de fait on a veu que continuans en leurdit dessein, depuis peu de temps, ils auroient par leurs Lettres sollicité quelques Villes, & Quartiers desdites Provinces: s'estans nommément advancez de faire irruption au Pays de Gueldre. Pource est il que ceux de la Duché de Gueldre & Comté de Zutphen, ceux des Comtés de Hollande, Zelande, Utrecht, Frise, & les Ommelandes entre les rivieres d'Ems & Lauwers, ont trouvé expédient & necessaire, de s'allier & conjoindre plus étroictement & particulierement par ensemble: non pas pour se departir de l'Union faite à la Pacification de Gand, mais pour tant plus la confirmer, & se pourvoir contre tous inconveniens, esquels ils pourroient eschoir par les pratiques, surprises, & efforts de leurs Ennemis; & pour sçavoir comment en telles occurrences, ils se pourront conserver & garantir: aussi pour éviter & retrencher ulterieure division desdites Provinces, Membres, & Villes de ceste Union peuvent avoir entre elles; ou par après se pourroient susciter touchant leurs Previleges, & Exemptions, Droits, Statuts & anciennes Coustumes, & des Membres d'icelles. Demeurant au surplus ladite Union & Pacification de Gand en sa force & vigueur. Suivant quoy les Deputez desdites Provinces chacun en leur regard, suffisament authorisez, ont conclu & arresté, les Points & Articles qui s'ensuivent, sans au reste, se vouloir par cestes aucunement distraire ni allienee du St. Empire.

I. En

ANNO 1579.

I. Ende eerst, dat de voorsz. Provincien sich metten anderen verbinden, confedereren ende vereenigen sullen, gelijck sy hen verbinden, confedereren ende vereenigen midts desen, ten eeuwigen dage by den anderen te blyven, in alle forme ende manieren als oft sy luyden maer een Provintie waren, sonder dat de selve hen t'eeniger tyde van den anderen sullen scheyden, laten scheyden, of separeren, by Testamente, Codicille, Donatie, Cessie, Wisselinge, Verkoopinge, Tractaten van Peys, van Huwelick, noch om geen anderen oorsaecken, hoe dattet gebeuren soude mogen, onvermindert nochtans eenen yegelijcke Provintie, ende die particulier Steden, Leden ende Ingezetenen van dien, haerluyder speciale ende particuliere Privilegien, Vryheden, Exemptien, Rechten, Statuten, loffelijcke ende wel hergebrachte Costuymen, Usantien ende allen haerluyder Gerechtigheden, waer inne sy luyden den anderen niet alleen geen prejudicie, hinder of letsel doen sullen, maer sullen den anderen daer inne met alle behoorlijcke ende mogelijcke middelen, jae met Lijf ende Goet (is 't noot) helpen hanthouden, styven ende stercken, beschudden, ende oock beschermen tegens allen ende een yegelijcke, wie, ende hoedanigh die soude mogen wesen, die hen daer in eenige datelijcke inbreecke soude willen doen: Wel-verstaende dat die questie die eenige van de voorsz. Provintien, Leden ofte Steden van dese Unie wesende, metten anderen hebben, ofte namaels soude mogen krygen, noopende haerluyder particulier ende speciale Privilegien, Vryheden, Exemptien, Rechten, Statuten, loffelijcke ende welhergebrachte Costumen, Usancien ende haerlieder Gerechtigheden, dat de sel by ordinaris Justitie, Arbiters, of minnelick Accoort beslicht sullen worden, sonder dat de andere Landen ofte Provintien, Steden ofte Leden van dien (soo langhe sich beyde Parthyen 't recht submitteeren) hen des sullen hebben te bemoeyen, ten ware hen geliefde te intercederen tot Accordt.

I. En premier lieu que lesdites Provinces font alliance, union, & confederation par ensemble: comme par ces presentes elles se sont alliées, unies, & confederées à jamais, de demeurer ainsi en toutes sortes & manieres, comme si toutes ne fussent qu'une Province seule, sans qu'elles se puissent en nul temps à l'advenir, desunir ni separer, ni par Testament, Codicille, Donation, Cession, Eschange, Vendition, Traittez de Paix ou de Mariage, ni pour nulle autre occasion que ce soit, ou puisse estre. Demeurans neantmoins sains & entiers, sans aucune diminution ni alteration, les Privileges especiaux & particuliers, Droits, Franchises, Exemptions, Statuts, Coustumes, Usances, & toutes autres Droictures & preminences que chacune desdites Provinces, Villes, Membres & Habitans d'icelles peuvent avoir. En quoy ils ne veulent non seulement point prejudicier ni donner empeschement aucun: mais assisteront les uns les autres par tous moyens, voire de Corps & de Biens, si besoin est, à les deffendre, les confermer & maintenir contre & envers tous, qui en iceux les voudroient troubler ou inquieter. Bien entendu que des differens qu'aucunes desdites Provinces, Membres, & Villes de cette union peuvent avoir entre-elles, ou par après se pourroient susciter, touchant leurs Privileges & Franchises, Exemptions, Droits, Statuts & anciennes Coustumes, Usances, ou autres Droitures, il en sera vuidé par voye de Justice ordinaire, ou par Arbitres & appointements amiables: sans que les autres Pays ou Provinces, Membres, ou Villes, à qui tels differens ne touchent (si avant que Parties se submettent en droit) s'en puissent aucunement mesler, sinon d'intercession tendante à Accord.

II. Item, dat die voorsz. Provincien in conformiteyt ende tot voltreckinge van de voorsz. Eenigheyt ende Verbandt, gehouden sullen wesen malkanderen met Lijf, Goet ende Bloet by te staen, jegens alle fortsen ende geweldeu die hen yemandt soude mogen aendoen, uyt, ende onder 't decxel vanden naem van de Koninckl. Maj. ofte van synent wegen, het ware ter cause van 't Tractact vande Peys tot Gent ghemaeckt, van dat sy die Wapenen tegen Don Johan d'Austrice aengenomen, den Ertz-Hertoge Mathias tot Gouverneur ontfangen hebben, met alle 't gene datter aenkleeft, van dependeert ofte uytgevolcht is, ofte uytvolgen sal mogen, alwaer 't ook onder coleur alleene van de Catholijcke Roomsche Religie, met Wapenen willen restablisseren, restaureren oft invoeren, ofte oock van eenige nieuwigheden ofte alteratien die binnen eenighe van de voorsz. Provincien, Steden ofte Leden van dien zedert den Jare 1558. gebeurt zijn, of oock ter cause van deser tegenwoordigher Unie ende Confederatie, ofte andere diergelijcke oorsaecken, ende dit soo wel in ghevalle men die voorsz. fortsen ende ghewelden souden willen ghebruycken op een van de voorsz. Provintien, Staten, Steden ofte Leden van dien alleen, als op allen in 't generael.

II. Que lesdites Provinces, en conformité & pour confirmation de ladite Alliance & Union, seront tenuës & obligées de s'entre-aider & entresecourir les unes les autres de tous leurs moyens, Corps, & Biens, effusion de leur Sang, & danger de leurs vies, contre tous efforts, envahies, & attentats qu'on leur voudroit faire, sous quelque nom, couleur, ou pretexte que ce soit du Roy d'Espagne, ou de quelque autre: ou à cause qu'en vertu du Traicté de la Pacification de Gand ils auroient prins les Armes contre Don Jean, ou d'avoir reçû pour Gouverneur l'Archiduc Matthias, ou de quelques autres dependences de ce, & de tout ce qui s'en est ensuivi, ou s'en pourroit encore ensuivre: Et fut-ce sous couleur de vouloir restablir par Armes la Religion Catholique Romaine, des nouveautez & alterations qui depuis l'an 1558. sont advenuës en aucunes desdites Provinces, Membres, & Villes: ou bien pour cause de ceste presente Union & Confederation, ou autre cause semblable: & ce en cas qu'on voulut user desdits efforts, envahies, & attentats, aussi bien en particulier sur l'une desdites Provinces, que sur toutes en general.

III. Dat die voorsz. Provintien oock gehouden sullen wesen in gelijcke maniere malkanderen te assisteren, ende helpen defenderen jeghens alle uytheemsche ende inheemsche Heeren, Fursten ofte Princen, Landen, Provintien, Steden ofte Leden van dien, die hen 't generael ofte particulier eenighe fortsen, gewelden of ongelijck souden willen aendoen ofte Oorloge maecken: Beheltelijck dat die assistentie by de Generaliteyt van dese Unie gedecerneert sal worden met kennisse ende na gelegentheyt vander saecke.

III. Que lesdites Provinces seront aussi tenuës & obligées de en pareille maniere s'entre-secourir, & deffendre, contre tous Seigneurs, Princes, & Potentats, Pays, Villes, & Republiques estrangeres, qui, soit en general ou en particulier, leur voudroient grever & nuire, ou faire la Guerre. Bien entendu que l'assistence qui en sera decernée par la Generalité de ceste Union, se fera avec cognoissance de cause.

IV. Item, ende omme die voorsz. Provintien, Steden ende Leden van dien, beter jegens alle macht te moghen versteeckeren, dat die Frontier-steden, ende oock andere daer men des van noode vinden sal, 't zy van wat Provintien die zijn, by advijs ende ter ordonnantie van dese geunieerde Provintien, sullen vast ghemaeckt ende ghesterckt worden tot kosten vande Steden ende Provintien daer inne die gelegen zijn, midts hebbende daer toe assistentie van de Generaliteyt voor de

IV. Et pour tant mieux asseurer lesdites Provinces, Membres, & Villes, contre toute force ennemie: que les Villes Frontieres, & celles qu'on trouvera en avoir besoin, en quelque Province que ce soit, seront, par l'advis, & ordonnance de la Generalité de ceste Union, fortifiées aux despens des Villes, & de la Province, où elles sont situées & assises, à ces fins aidées de la Generalité pour la moi-

ANNO 1579.

de eene helft: Beheltelijck dat soo verre by de voorsz. Provintien raedtsaem bevonden wort eenige nieuwe Forten ofte Sterckten in eenige van de voorsz. Provintien te leggen, ofte die nu leggen te veranderen, ofte af te werpen, dat die kosten daer toe van noode, by alle die voorsz. Provincien in 't generael gedragen sullen worden.

V. Ende omme te voorsien tot die kosten die men van noode hebben sal (in ghevalle als boven) tot defensie van de voorsz. Provintien, is overkomen, dat in alle die voorsz. geunieerde Provintien eenpaerlijck ende op eenen voet, tot gemeen defensie der selver Provintien, opgheftelt, gheheven, ende openbaerlick den meest daer voor biedende, van drie maenden tot drie maenden, ofte eenige andere bequame tyden, verpacht ofte ghecollecteert sullen worden alomme binnen die voorsz. geunieerde Provintien, Steden ende Leden van dien, seeckere Imposten op alderhande Wijnen, binnen ende buyten gebrouwen Bieren, op 't ghemael van Koorn ende Greyn, op 't Zout, Gouden, Silveren, Syden ende Wolle Laeckenen, op de Hoorn-beesten ende Bezaeyde Landen, op de Beesten die geslacht werden, Peerden, Ossen die verkocht ofte verpangelt worden, op de goeden ter Wage komende, ende al sulcke andere als men naermaels by ghemeen advijs ende consent goet vinden sal, ende dat achtervolgende de Ordonnantie die men daer op concipieren ende maecken sal, dat men oock hier toe employeren sal d'inkomen van de Domeynen van de Koninckl: Majesteyt, die lasten dier op staende afgetogen.

VI. Welcke middelen by gemeen advise verhoocht ende verleecht sullen worden, na dat die noot ende gelegentheyt vander saecke vereysschen sal, ende alleenlick verstreckt tot die gemeene defensie, ende tot 't gene die Generaliteyt gehouden sal wesen te dragen, sonder dat de selve middelen tot eenige andere saken sullen mogen worden bekeert.

VII. Dat die voorsz. Frontier-Steden, ende oock andere, als die noodt vereysschen sal, t'allen tyden ghehouden sullen wesen te ontfangen alsulcke Guarnisoenen als die selve Geunieerde Provintien goedt vinden ende henluyden by advys van den Gouverneur van de Provintie daer 't Guarnisoen geleyt sal worden, ordonneren sullen, sonder dat sy des sullen mogen weygeren: Welverstaende dat die voorsz. Guarnisoenen by de voorsz. geunieerde Provintien betaelt sullen worden van haerluyder soldye, ende dat die Capiteynen ende Soldaten, boven den generalen eedt, particulierlijck die Stadt ofte Stede ende Provintie, daer inne die geleyt sullen worden, eedt doen sullen, ende dat 't selve te dien eynde in haerlieder Articul-brief ghesteldt sal worden, dat men oock alsulcke ordre stellen ende discipline onder de Soldaten houden sal, dat die Borgers ende Inwoonders van de Steden ende platte Landen, soo wel Geestelick als Wereltlick, daer by boven die redenen niet beswaert worden, noch eenige overlast lyden sullen, ende en sullen die voorsz. Guarnisoenen van geenen Excijs ofte Impost meerder exempt wesen, als die Borgers ende Inwoonders van de plaetse daer die geleyt sullen worden, midts dat oock den selven Borgers ende Inwoonders by de Generaliteyt Logijs-geldt verstreckt sal worden, gelijck tot noch toe in Hollandt gebruyckt is.

VIII. Ende ten eynde men t'allen tyden sal mogen gheassisteert wesen van de Inwoonders vanden Landen, sullen d'Ingezetenen van elcke van dese geunieerde Provintien, Steden ende platte Landen binnen den tijdt van een maendt na date van desen, ten langhsten gemonsteert ende opgeschreven worden, te weten die gene die zijn tusschen achtien ende tsestigh jaren, om die hoofden ende 't getal van die geweten zijnde, daer naer der eerster t'samen komste van dese Bondtgenoten vorder gheordonneert te worden, als tot die meeste bescherminge ende verseeckertheydt van dese geunieerde Landen bevonden sal worden te dienen.

IX. Item, sal men geen Accoord van Bestant ofte Peys maecken, noch Oorloge aenveerden, noch eenige Imposten of Contributie instellen, die generaliteyt van desen verbande aengaende, dan met ghemeen advijs ende consent van de voorsz. Provintien, maer in andere saecken 't beleyt van deser Confederatie ende 't gene daer van dependeert ende uytvolgen sal aengaende, sal men hem reguleren na 't gene geadviseert ende gesloten sal worden by meeste stemmen van de Provintien in desen Verbonde begrepen, die gecolligeert sullen

moitié. Mais s'il se trouve expedient de bastir quelques nouvelles Forteresses, ou d'en desmolir aucunes en icelles Provinces, que les frais seront à la charge de la Generalité.

V. Et pour subvenir à la despense qu'il conviendra faire au cas que dessus, pour la tuition, & deffence desdites Provinces: a esté accordé que par toutes lesdites Provinces-Unies concordablement & sur un mesme pied, seront mis sus, & de trois mois en trois mois affermées au plus offrant, ou collectées, certaines gabelles sur toutes sortes de Vins & Bieres, sur la moulture des Grains, sur le Sel, sur les Draps d'Or, d'Argent, & de Laine, sur les Bestes qui se tueront, sur tous Chevaux & Beufs qui se vendront ou eschangeront, sur tous biens sujects au grand pois, ou balances, & sur tous autres biens que par commun advis & consentement se trouveront estre convenables, suivant les Ordonnances qui en seront pourjectées & dressées: & qu'à ces fins on employera pareillement les Domaines du Roy d'Espagne, defalquées les charges qui y sont.

VI. Lesquels moyens se pourront augmenter, ou diminuer, haulser, ou abaisser selon l'exigence des affaires, confirmez seulement pour subvenir à la deffense commune, & pour ce que la Generalité sera submise de supporter sans en nulle maniere les pouvoir applicquer à nul autre usage.

VII. Que les Villes Frontieres, & toutes les autres que requis sera, & qui en auront besoin, seront en tout temps tenuës de recevoir toute telle Garnison que lesdites Provinces-Unies trouveront convenir, & que par l'advis du Gouverneur de la Province, où les Villes requierent Garnison sera ordonné, sans la pouvoir refuser. Lesquelles Garnisons seront payées de leur solde par lesdites Provinces-Unies: & les Capitaines & Soldats pardessus le serment general, en feront un particulier à la Ville ou Province, où ils seront posez, ce que se couchera ez Articles de leur retenuë. Aussi qu'il se tiendra tel ordre & discipline, entre tous Gens de Guerre, que les Bourgeois & Habitans des Lieux, Villes & Pays, tant Ecclesiastiques que Seculiers, ne soient trop chargez, ni foullez outre raison. Lesquelles Garnisons ne seront non plus exemptes d'Assis & Imposts que les Bourgeois & Manans des Lieux où ils seront mis: moyennant que la Generalité de ladite Bourgeoisie leur paye leur Argent de service & Logis, comme il s'est fait jusques à present en Hollande.

VIII. Et afin qu'à toutes occurrences & en tout temps on puisse estre assisté des Gens du Pays, les Habitans de chacune desdites Provinces-Unies és Villes & Champs seront, tout au plus long, en dedans un mois de la date de cestes, passez à monstre, & couchez par escrit, depuis les 18 jusques à 60 ans, afin que le nombre d'iceux estant cognu à la premiere assemblée des Confederez, il en soit ordonné pour plus grande asseurance & deffense du Pays, comme se trouvera convenir.

IX. Nuls Accords ne Traittez de Trefves ni de Paix, ne se pourront faire, ni Guerres se susciter, nuls Imposts se lever, nulles Contributions se mettre sus, concernans la generalité de ceste Union, que par l'advis & commun consentement de toutes lesdites Provinces. Et en toutes choses touchant l'entretenement de ceste Confederation, & de ce qui en depend, on se reglera selon ce qui sera advisé & resolu par la pluralité des voix des Provinces comprinses en ceste Union, lesquelles seront recueillies, comme on a fait

Anno 1579.

sullen worden sulcx als men tot noch toe in de Generaliteyt van de Staten heeft ghebruyckt, ende dit by provisie tot dat anders sal worden gheordonneert by ghemeen advijs van de Bondtgenoten: behelteljck, dat of 't gebeurden dat die Provintien in saken van Bestandt, Peys, Oorloge, ofte contributie met den anderen niet accorderen en konden, dat 't geschil gerefereert ende ghesubmitteert sal worden by provisie aen de Heeren Stadthouders van de voorsz. geunieerde Provintien nu ter tijdt wesende, die 't voorsz. geschil tusschen Parthyen sullen vergelijcken ofte daer van uytspreecken, sulcx als syluyden bevinden sullen in der billickheyt te behooren. Welverstaende, indien de selve Heeren Stadthouders daer inne niet en souden konnen verdragen, sullen tot henluyden nemen ende verkiesen alsulcke onpartydige Assesseurs of Adjoncten, als henluyden goet duncken sal, ende sullen Parthyen gehouden wesen nae te komen, 't gene by de voorsz. Heeren Stadthouders in manieren als boven uytgesproocken sal wesen.

X. Dat geen van dese voorsz. Provintien, Steden ofte Leden van dien eenige Confederatien ofte Verbonden met eenige Nabuyr-Heeren ofte Landen sullen mogen maecken, sonder consent van dese gheunieerde Provintien ende Bondtgenoten.

XI. Des es overkomen, dat soo verre eenige Nabuyr-Fursten, Heeren, Landen ofte Steden, sich met dese voorsz. Provintien begeerden te unieren, ende hun in dese Confederatie te begeven, dat sy daer toe by gemeen advijs ende consent van dese Provintien ontfanghen sullen mogen worden.

XII. Dat die voorsz. Provintien gehouden sullen zijn sich metten anderen te conformeren in 't stuck vander Munte, te weten in den cours van den Gelde, naer uytwysen sulcke Ordonnantien als men daer op metten alder eersten maecken sal, de welcke d'een sonder de ander niet en sal mogen veranderen.

XIII. Ende soo veel 't poinct van de Religie aengaet, sullen hen die van Hollandt ende Zeelandt dragen na haerlieder goetduncken, ende d'andere Provintien van deser Unie, sullen hen mogen reguleren na innoudt van de Religions Vrede by de Eertz-Hertoge Matthias, Gouverneur ende Capiteyn Generael van dese Landen, met die van syuen Rade, by advijs van de Generale Staten alrede geconcipieert, ofte daer inne generalijck ofte particulierlijck al sulcke ordre stellen, als sy tot rust ende welvaert vande Provincien, Steden, ende particulier Leden van dien, ende conservatie van een yegelijck Geestelick en Weerlick, sijn goet ende gerechtigheyt dienlijck vinden sullen, sonder dat hen hier inne by eenige andere Provintien eenige hinder ofte belet gedaen sal mogen worden, midts dat een yeder particulier in sijn Religie vry sal mogen blyven, ende dat men niemant ter cause van de Religie sal mogen achterhalen ofte ondersoecken, volgende die voorsz. Pacificatie tot Gent gemaeckt.

XIV. Item, sal men alle Conventualen ende die van de Geestelickheyt, volgende de Pacificatie, laten volgen hun goeden die sy in eenige van dese geunieerde Provintien reciproquelick hebben leggende, midts dat indien eenige Geestelijcke Persoonen uyten Provintien die gheduyrende d'Oorloge tusschen die Landen van Hollandt ende Zeelandt, tegens de Spangiaerden, stonden onder 't ghebiedt van de selve Spangiaerden, hen begeven hadden uyt hare Kloosteren ofte Collegien, onder 't gebiedt van die van Hollandt ofte Zeelandt, dat men die by hun Conventen ofte Collegien sal doen versien van behoorlijcke alimentatie ende onderhoudt hun leven geduyrende, als oock ghedaen sal worden die gene die uyt Hollandt ende Zeelandt in eenighe van den anderen Provintien van dese Unie vertoogen, ende hen onthoudende zijn.

XV. Dat mede den genen die in eenige Kloosteren ofte Geestelijcke Collegien van dese geunieerde Landen zijn, ofte geweest hebben, ende die selve uyt saecken van die Religie, ofte andere redelijcke oorsaken begeeren te verlaten, ofte verlaten hebben, uyt den inkomst van haren Conventen ende Collegien haer leven langh geduyrende, behoorlijcke alimentatie sal worden verstreckt naer ghelegentheyt van de goeden: Wel-verstaende dat die naer date van desen, hen in eenige

a fait jusques à present en la Generalité des Estats: & ce par provision, tant qu'autrement en soit ordonné, par la disposition commune des Confederez. Mais si esdits Traictez de Trefves, Paix, Guerre, ou Contributions, lesdites Provinces ne sçavent accorder par ensemble, lesdits differents se remettront, & refereront par provision sur les Gouverneurs & Lieutenans qui sont à present esdites Provinces, lesquels accorderont les Parties, ou decideront de leurs differents comme ils trouveront estre par raison. Et si lesdits Sieurs Gouverneurs & Lieutenans ne conviennent point par ensemble, ils pourront prendre tels Adjoincts, & Assesseurs non partiaux que bon leur semblera: & seront les Parties submises d'accomplir & entretenir ce que par lesdits Gouverneurs & Lieutenans aura esté en maniere que dessus determiné.

X. Que nulles desdites Provinces, Villes, ou Membres, ne pourront faire aucune Confederation ou Alliances avec nuls Seigneurs ou Pays de leur voisinage, sans consentement de ces Provinces-Unies, & de leurs Confederez.

XI. Trop bien est accordé que si quelques Princes, Seigneurs, Villes ou Pays voisins, desiroient de s'adjoindre par Alliance & Confederation avec ces Provinces-Unies, que par l'advis & agreation de toutes, ils y seront receus, & admis.

XII. Qu'au fait de la Monnoye, assavoir du cours & evaluation des Especes, toutes lesdites Provinces auront à se conformer & reigler, selon les Ordonnances qui à la premiere opportunité en seront dressées, que l'une ne pourra changer ni alterer sans l'autre.

XIII. Quant au point de la Religion, ceux de Hollande & de Zélande s'y comporteront comme bon leur semblera: & au regard des autres Provinces de ceste Union, elles se pourront gouverner en celà selon le Placcart de l'Archiduc Matthias Gouverneur General des Pays-Bas, emané par l'advis du Conseil d'Estat, & des Estats Generaux, touchant la liberté de Religion. Ou bien elles pourront, soit en general ou en particulier y mettre tel ordre & reiglement, que pour le repos de leurs Provinces, Villes, & Membres particuliers, tant Ecclesiastiques que Seculiers, en la conservation chacun de ses biens, droits, & prerogatives, ils trouveront mieux convenir. Sans que par nulle autre Province leur puisse en cela estre fait, ni donné aucun destourbier ou empeschement, demeurant un chacun libre en sa Religion, sans qu'à cause d'icelle personne en puisse estre recherché, suivant la Pacification de Gand.

XIV. Que toutes personnes Conventuelles & Ecclesiastiques, suivant ladite Pacification, jouïront de leurs biens, qui sont scituez & assis en aucune de ces Provinces respectivement. Et s'il y avoit aucuns Ecclesiastiques lesquels, durant les Guerres de Hollande & Zelande alencontre des Espagnols, estoient sous le commandement desdits Espagnols, & se sont depuis retirez de leurs Convents ou Colleges, & venus se rejetter en Hollande ou Zelande, qu'on leur fera par ceux de leursdits Cloistres ou Convents donner alimentation & entretenement suffisant leur vie durant, comme pareillement on fera à ceux de Hollande & Zelande, qui en sont sortis & retirez en aucune de ces Provinces-Unies.

XV. Que pareillement sera donnée alimentation & entretenement leur vie durant, selon la commodité du revenu de leurs Cloistres ou Convents, à toutes personnes de ces Pays unis, qui s'en voudront departir, ou ja en sont departis, soit pour Religion ou autre occasion raisonnable: bien entendu qu'à ceux qui depuis la date de cestes, se voudront habi-

ANNO 1579.

eenige Kloosteren ſullen begeven, ende de ſelve wederom verlaten, egeen alimentatie verſtreckt ſal worden, maer ſullen tot haren behoeve naer hem mogen nemen 't gene ſy daer inne gebracht hebben. Dat oock die gene die jegenwoordelijcke in die Conventen ofte Collegien zijn, ofte naemaels komen ſullen, vryheyt ende liberteyt van Religie ende oock van kleederen ende habijt hebben ſullen: Behelteliјcken dat ſyluyden den Overſten van den Conventen in allen anderen ſaken onderdanig ſullen zijn.

XVI. Ende of 't gebeurde (dat Godt verhoeden moet) dat tuſſchen die voorſz. Provintien eenigh onverſtant, twiſt ofte tweedracht geviele, daer inne ſyluyden den anderen niet en konde verſtaen, dat het ſelve (ſoo verre het eenige van de Provintien in 't particulier aengaet) ter neder gheleyt ende beſlicht ſal worden by den anderen Provintien, of den ghenen die ſy daer toe deputeren ſullen: Ende ſoo verre die ſaecke alle die Provintien in 't general aengaet, by de Heeren Stadhouders van de Provintien in manieren als boven in 't negende Articul verhaelt, de welcke gehouden ſullen zijn Partyen recht te doen, oft te vergelijcken binnen een maendt (ofte korter, ſoo verre den noot van der ſaecke ſulcx uyteyſcht) naer interpellatie ofte verſoeck by d'een of d'andere Partye daer toe gedaen, ende wes by de voorſz. anderen Provintien, ofte haerluyder Gedeputeerden, ofte die voorſz. Heeren Stadthouders, alſoo uyt geſproocken wort, ſal nae gegaen ende achtervolght worden, ſonder dat daer van wyder beroep ofte andere proviſie van rechten, 't zy van appel, relief, reviſie, nulliteyt ofte eenighe andere querellen, hoedanigh die ſoude mogen weſen, verſocht ofte ghebruykt ſullen mogen worden.

XVII. Dat die voorſz. Provintien, Steden ende Leden van dien, hen wachten ſullen van uytheemſche Furſten, Heeren, Landen ofte Steden eenige occaſie te geven van Oorlogen, ende ſulcx om alle al ſulcke occaſien te vermyden, ſullen die voorſz. Provintien, Steden ende Leden van dien gehouden weſen, ſoo wel den Uytheemſchen als Ingeſetenen van de voorſz. Provintien, te adminiſtreren goedt Recht ende Juſtitie: Ende ſoo verre yemandt van hen daer van in ghebreecken blijft, ſullen die andere Bondtgenoten die handt holden by alle behoorlijcke wegen ende middelen dat ſulcx gedaen ſal worden, ende dat alle abuſen, daer door ſulcx belet, ende de Juſtitie deur verachtert ſoude mogen worden, gecorrigeert ende gereformeert ſullen worden, als na rechten ende vermogens een yeder ſijn Privilegien, loffelijcke ende wel hergebracht Coſtuymen.

XVIII. Item, en ſal d'eene van de Geunieerde Provintien, Steden ofte Leden van dien, tot laſte ende prejudicie van d'andere, ende ſonder gemeen conſent geen Impoſten, Convoy-gelden, noch andere diergelijcke laſten mogen opſtellen, noch eenige van deſe Bondtgenooten hooger mogen beſwaren, dan hun eygen Ingezetenen.

XIX. Item, omme jegens alle opkomende ſaecken ende ſwarigheden te verſien, ſullen die Bondtgenoten gehouden weſen op de beſchryvinge van den genen die daer toe geauthoriſeert ſullen zyn binnen Utrecht te compareren tot ſulcken dage als hen aengeſchreven ſal weſen, omme op de voorſz. ſaecken ende ſwarigheden die men in de Brieven van beſchryvinge ſal exprimeren, ſoo verre des mogelick es, ende die ſaecke niet ſecreet en dient gehouden te weſen, by gemeen advijs ende conſent, ofte by de meeſte ſtemmen in manieren voorſz. ghedelibereert, ende geresolveert te worden, alwaer 't oock eenige niet en compareerden, in welcken ghevalle ſullen d'andere, die verſchynen ſullen even wel mogen procederen tot ſluytinge van 't gene ſy bevinden ſullen tot het ghemeen beſte van deſe geunieerde Landen ende Provintien te dienen, ende ſal 't gene alſoo beſlooten is, onderhouden worden oock by de genen die niet gecompareert ſullen weſen, ten ware die ſaecken ſeer wichtich waren: ende eenigh vertreck mochten lyden, in welcken gevalle men den geenen die niet ghecompareert en ſullen zijn, andermael beſchryven ſal omme te compareren op ſeeckere andere dagen, op 't verbeuren van haerlieder ſtemme voor die reyſe, ende wes als dan by de genen die preſent zijn geſlooten wort, ſal bundigh zijn ende van weerden gehouden worden, niet tegenſtaende d'abſentie van eenige van d'andere Provintien, behelteliјck dat die niet gelegen

en

habituer esdits Cloiſtres & Convents, & par après en voudroient ſortir, ne leur ſera donnée aucune alimentation, mais s'en pourront retirer ſi bon leur ſemble, en retenant à eux ce qu'ils y auront apporté. Et que tous ceux qui preſentement ſont esdits Convents, ou qui par cy après y voudront entrer, demeureront libres en leur Religion, profeſſion, & habits, à la charge qu'en tous autres cas, ils ſoient obeïſſans à leurs Generaux.

XVI. Et s'il advenoit (ce que Dieu ne veuille) qu'entre lesdites Provinces il y ſurvint quelque malentendu, queſtion, ou diviſion, en quoy elles ne ſauroient s'accorder, qu'icelles, ſi avant que le faict touche une Province en particulier, ſeront appoinctées & vuidées par les autres Provinces, ou par celles que d'entre icelles, elles voudront denommer. Mais s'il touche toutes les Provinces en general: cela ſe vuidera par les Gouverneurs & Lieutenans des Provinces, comme il eſt dict Article 9. cy-devant. Lesquels ſeront tenus de faire droit aux Parties, ou de les accorder en dedans un mois, ou en plus bref temps ſi le cas le requiert, aprés en avoir eſté ſommez & requis par l'une ou l'autre des Parties. Et ce que par les autres Provinces, ou leurs Deputez, ou par lesdits Gouverneurs ou Lieutenans aura eſté dict & prononcé, ſera ſuivi & accompli, ſans en ce ſe pouvoir prevaloir d'aucune proviſion de droict, ſoit d'appel, relief, reviſion, nullité ou autres pretenſions, quelles qu'elles ſoyent.

XVII. Que lesdites Provinces, Villes, & Membres d'icelles ſe garderont de donner aucune occaſion de Guerre, ou noiſe, à nuls de leurs Voiſins, Princes, Seigneurs, Pays, Villes, ou Republiques. Pour à quoy obvier, ſeront lesdites Provinces-Unies tenuës de faire bon bref Droict, & expedition de Juſtice, auſſi bien aux Forains & Eſtrangers, qu'à leurs Sujects & Citoyens. Et ſi aucune d'entre elles y eſtoit defaillante, les autres leurs confedérées tiendront la main, par tous moyens raiſonables & convenables, que cela ſoit faict, & que tous abus qui le pourroient empeſcher, ou retarder le cours de Juſtice, ſoient corrigez & reformez, ſelon droict, & ſuivant les Privileges & anciennes Couſtumes d'icelles.

XVIII. Ne pourra nulle desdites Provinces, Villes, ou Membres mettre ſus aucune impoſition, Argent de Convoy, ni autre pareille charge au prejudice des autres, ſans commun conſentement de tous, ni ſurcharger aucun de ſes Confederez plus avant que ſoi-meſme, ou ſes Habitans.

XIX. Que pour mettre ordre à toutes choſes occurrentes & aux difficultez qui ſe pourroient preſenſenter, lesdits Confederez ſeront tenus, ſur le mandement & reſcript qui leur ſera faict, par ceux qui ſeront authoriſez quant à ce, de comparoiſtre en ladite Ville d'Utrecht, au jour qui ſera limité, pour entendre à ce que par les Lettres de reſcription ſera exprimé, ſi la choſe ne requiert d'eſtre ſecrette, pour ſur ce deliberer, & par commun advis & conſentement, ou par la pluralité des voix y reſoudre & ordonner, jaçoit qu'aucuns ne comparuſſent pas: auquel cas ceux qui comparoiſtront, pourront ce temps pendant proceder à la reſolution & determination de ce qu'ils trouveront convenable & profitable au bien public de ces Provinces-Unies. Et ce qui aura ainſi eſté reſolu, s'accomplira, meſmes par ceux qui n'ont point comparu, ne fut que la choſe fut de trop grande importance, & qu'elle put ſouffrir le delay. Auquel cas on reſcrira à ceux qui ont eſté defaillans, de s'y trouver à certain jour limité à peine de perdre l'effect de leurs voix, pour ceſte fois. Et lors ce qui aura eſté fait, demeurera ferme & vallable, ores qu'aucunes desdites Provinces ayent eſté abſen-

tes,

ANNO 1579.

ANNO 1579.

en sal zijn te compareren, haerlieder opinie schriftelijck over sullen mogen seynden, omme daer op in 't collecteren vander stemmen sulcken reguard genomen te worden als 't behoort.

XX. Item, ten eynde voorsz. sullen allen ende een yeder van de voorsz. Bondtgenooten gehouden zijn alle saecken die hem opkommen ende voorvallen sullen, ende daer sy hem sullen laten duncken 't ghemeen wel of qualyck varen dese geunieerde Landen ende Bondtgenooten gelegen te zijn den genen die tot beschryvinge geauthoriseert sullen zijn over te schrijven, omme by den selven daer op d'andere Provintien beschreven te worden, in manieren voorsz.

XXI. Ende soo verre eenige donckerheyt ofte twijffelachtigheyt in desen bevonden worde, daer uyt eenige questie ofte dispute mochte verrysen, sal d'interpretatie van dien staen in 't seggen van dese Bondtghenooten, die daer op by gemeen advijs ende consent ordonneren sullen, sulcx sy bevinden sullen te behooren. Ende soo verre sy luyden daer inne niet en konden accorderen, sullen haer recours nemen tot die Heeren Stadthouders van de Provintien, in forme boven verhaelt.

XXII. Insgelijcx, soo verre bevonden worde van noode te zijn de Articulen van dese Unie, Confederatie of Verbondt in eenige Poincten ofte Articulen te vermeerderen ofte veranderen, sal 't selve oock gedaen worden by gemeen advijs ende consent van de voorsz. Bondtgenoten ende anders niet.

XXIII. Alle welcke Poincten ende Articulen, ende een yeder van dien bysonder, die voorsz. geunieerde Provintie belooft hebben ende beloven midts desen na te gaen ende te achtervolgen, doen na gaen ende achtervolgen, sonder daer jegens te doen, doen doen, noch gedogen ghedaen te worden, directelijck of indirectelijck, in eeniger wyse ofte manieren: Ende soo verre yetwes by yemant ter contrarie gedaen ofte geattenteert worden, 't selve verklaren sy luyden van nu als dan nul, egeen ende van onweerden, daer onder sy verbinden haerlieder ende alle d'ingesetenen van haerluyder respective Provintien, Steden ende Leden van dien, persoonen ende goederen, omme de selve ingevalle van contraventie voor 't onderhoudt van dese, met 't gene daer van dependeert, gearresteert, gehouden, ende bekommert te mogen worden t'allen plaetsen ende by allen Heeren, Rechten ende Gerechten daer men die sal konnen ofte moghen bekomen: Ende vertyen te dien eynde van allen Exceptien, Gratien, Privilegien, Relevamenten, ende generalijck van allen anderen beneficien van Rechten, die henluyden eenigsints ter contrarie van desen souden mogen dienen, ende bysonder den Rechten, seggende, generale Renunciatie geen plaets te hebben, daer en zy eerst speciael voor gegaen.

XXIV. Ende tot meerder vastigheydt, sullen die Heeren Stadthouders van de voorsz. Provintien, die nu zijn, ofte naemaels komen sullen, midtsgaders alle die Magistraten ende Hooft-Officiers van yegelick Provintien, Stadt ofte Leden van dien, dese Unie ende Confederatie, ende een yeder Articul van dien in 't bysonder, by eede moeten beloven naer te sullen gaen ende onderhouden, doen na gaen ende onderhouden.

XXV. Insgelijcks sullen de selve by eede moeten beloven te onderhouden alle Schutteryen, Broederschappen ende Collegien die in eenighe Steden ofte Vlecken van dese Unie zijn.

XXVI. Ende sullen hier van gemaeckt worden Brieven in behoorlijcke forme, die by Heeren Stadthouders, ende die voornoemde Leden ende Steden van de Provintien daer toe specialijck by andere gerequireert ende versocht zijnde, bezegelt, ende by haerluyder respective Secretarissen onderteeckent sullen worden.

Dese voorsz. Poincten ende Articulen zijn by de Gedeputeerden van den Landtschappe van Gelre ende Graefschappe Zutphen, midtsgaders by de Gedeputeerden van Hollandt, Zeelandt, Utrecht ende Ommelanden voorsz., binnen Utrecht vergadert ende geauthoriseert als boven, uyterlijck ghearresteert ende ghe-

ANNO 1579.

tes, saulf qu'à ceux qui n'auront eû le moyen de comparoistre, il leur sera loisible d'y envoyer leurs advis par escrit, pour, au recueil de toutes les voix, y avoir tel égard qu'il appartiendra.

XX. Et à ces fins seront tous & chacun desdits Confederez, tenus de rescrire à ceux qui auront l'authorité de faire assembler lesdites Provinces-Unies, de toutes choses qui pourront occurrer & venir au devant, ou qui leur semblera tendre au bien ou au mal desdites Provinces & Confederez, pour sur ce les faire convoquer comme dessus.

XXI. Et si avant qu'il s'y presentera quelque obscurité, ou ambiguité, par où pourroit naistre dispute ou question, l'interpretation d'icelles appartiendra ausdits Confederez qui par commun advis les pourront esclaircir, & en ordonner ce que de raison. Et si sur icelles ils ne tombent d'accord, ils auront recours aux Gouverneurs & Lieutenans des Provinces comme dit est.

XXII. Comme pareillement s'il se trouvoit necessaire d'augmenter ou diminuer quelque chose ez Articles de ceste Union, Confederation, & Alliance en aucuns de leurs points, que cela se fera par commun advis & consentement de tous lesdits Confederez, & non autrement.

XXIII. Tous lesquels Poincts & Articles, & chacun d'eux en particulier, lesdites Provinces-Unies ont promis & promettent par cestes, d'accomplir & entretenir, de faire accomplir & entretenir, sans y contrevenir ni souffrir y estre contrevenu directement ou indirectement en aucune maniere. Et si avant qu'aucune chose se fasse ou attente au contraire par aucun d'entre-eux, que desmaintenant & pour lors ils le declarent nul, & de nulle valeur. Obligeant à ce leurs personnes, & de tous les manans & Habitans respectivement desdites Provinces, Villes, & Membres, ensemble tous leurs biens; Pour iceux, en cas de contravention, estre par toutes Places, pardevant tous Seigneurs, Juges & Jurisdictions, où on les pourra recouvrer, saisis, arrestez, & empeschez, pour l'effect & accomplissement de ces presentes, & de ce qui en depend. Renonçans à ces fins à toutes Exceptions, Graces, Privileges, relevemens & generalement à tous benefices de Droit, qui au contraire de cestes leur pourroient aider, & servir. Et specialement au Droit qui dit, generale Renonciation non valoir si la speciale ne precede.

XXIV. Et pour plus grande corroboration seront tous Gouverneurs & Lieutenans desdites Provinces, qui y sont à present, ou qui y pourront estre en temps advenir, ensemble tous Magistrats & hauts Officiers desdites Provinces, Villes, ou Membres, tenus de jurer & prester le serment d'entretenir & faire entretenir tous les Poincts & Articles, & chacun d'eux en particulier, de ceste Union & Confederation.

XXV. Comme pareillement seront tenus de faire le mesme serment tous Corps de Confreries ordinaires, & Compagnies bourgeoises, en chacune desdites Villes & Places de ladite Union.

XXVI. De quoi l'on fera des Lettres en bonne & duë forme, qui seront scellées par les Gouverneurs, & les susdits, Membres & Villes des Provinces, en étant specialement requis, & priez par les autres, & soubsignées par leurs Secretaires respectifs.

Les Points & Articles cy-dessus ont été arrêtez & conclus & signez par les Deputez de la Province de Gueldres, & de la Comté de Zutphen, & principalement par Monseigneur le Comte Jean de Nassau Gouverneur desdits Pais, pour lui-même, avec les

ANNO 1579.

gheflooten. Des hebben die voorfz. Gedeputeerden van den Lande van Gelre ende Graeffchappe Zutphen, omme vorder verklaringe van de Baenreheeren, groot ende kleyne Steden van den voorfz. Furftendomme ende Graeffchappe te doen, dach genomen tot den negenden Februarij toekomende, ende dat binnen de Stadt Utrecht aen die Gecommitteerden van de Staten aldaer. Aldus ghedaen t'Utrecht opten drie en twintighften Januarij 1579. onder die handen van mijn Genadige Heere die Stadthouder voorfz., ende den voorfz. Gedeputeerden ter meerder verfeeckertheyt hier onder gefteldt, ende was onderteeckent, Johan Graef zu Naffau, Catzenelleboge, &c. Van wegen die Ridderfchappe des Furftendoms Gelre ende Graeffchappe Zutphen, Alexander van Tellich, Gelis Pieck, Joachim van Liere, Alexander Bentinck: van wegen die van Hollandt, G. Poelgeeft, P. Buys, Reynier Cant: van wegen die Staten van Zeelant, Willem Roelfius, Nicolaes Blancx, Pieter de Rijcke, Casper van Vosbergen: van wegen die Staten van Utrecht, Anfonius van Galama: *de mandato Capituli fui* Schore, Jacobus Verhaer, *Vicedecanus Sancti Petri: de mandato Capituli*, Adriaen van Zuylen, Lambertus vander Burgh: *Capitulo jubente*, F. de wten Eng, Reynhart van Azwyne, Bartholomeus vander Wael, Nicolaes van Zuylen, A. D. Leyden, Lubbert van Cleeff: Van wegen die Staten der Ommelanden, Egbert Clandt, E. Jarges. Gecollationeert tegens die originele beteeckende Unie, is defe Copie bevonden daer mede t'accorderen, by my LAMZWEERDE.

les autres Deputez au nom des Nobles des fusdites Principautez de Gueldres & Comté de Zutphen, enfemble par les Deputez de Hollande, Zeelande, Utrecht & Ommelande fusdits, affemblés à Utrecht & authorifez comme deffus. Et ont les fusdits Deputez du Païs de Gueldres, & Comté de Zutphen, pour, par les Barons, grandes & petites Villes des fusdites Principautez & Comtez, faire une declaration de leur part aux Deputez des Etats à Utrecht, pris jour au neuviéme Fevrier prochain. Ainfi fait & paffé à Utrecht le vingt-troifiéme Janvier 1579, fous le fein manuel de Monfeigneur le Gouverneur fusdit, & pour plus grande feureté des Deputez fusdits, & étoit figné Jean Comte de Naffau, Catzenelleboge, &c. Et de la part des Nobles de la Principauté de Gueldres, & Comté de Zutphen Alexandre de Tellich, Gelis Pieck, Joachim van Liere, Alexandre Bentinck: De la part de ceux de Hollande, G. Poelgeeft, P. Buys, Reynier Kant: De la part des Etats de Zélande, Guillaume Roelfius, Nicolas Blanck, Pierre le Riche, Gaspar de Vosbergen: De la part de ceux d'Utrecht, Anfonius de Galama; du mandement de fon Chapitre étoit figné, Schore, Jacob Verhaer, Vice-Doyen de Saint Pierre; par le mandement du Chapitre, Adrian van Zuilen, Lambert van der Burch; par ordre du Chapitre, F. de wten Eng, Reynhart van Azwyne, Barthelemi van der Wael, Nicolas de Zuylen, A. D. Leyden, Lubbert van Cleeff; De la part des Etats des Ommelanden, Egbert Clandt, E. Jarges. Collationné aux Originaux de la prefente Union, auxquels la prefente Copie s'eft trouvée s'accorder, par moy, LAMZWEERDE.

Verklaringe van 't derthiende Articul.

Alfoo eenighe fchynen fwarigheydt te maecken op 't 13. Articul van de Unie, den 23. defer maent gefloten tuffchen die Gedeputeerden van den Lande van Geldre ende Zutphen, Hollandt, Zeelandt, Utrecht ende Ommelanden, tuffchen die Eems ende Lauwers, als of die meyninge ende intentie ware geweeft niemant in de felve Unie te ontfangen, dan die geenen die der Religions-Vrede by de Eertz-Hertoge van Oofienrijck ende Rade vander Staten neffens hem by advijs van de Generale Staten gheconcipieert is, ofte ten minfte die beyde die Religien, te weten, die Catholijcke Roomfche ende Gereformeerde foude toelaten. Soo is 't, dat die voorfz. Gedeputeerden die over die voorfz. Unie geftaen ende de felve gefloten hebben, omme alle misverftant ende wantrouwe wech te nemen, by defen wel hebben willen verklaren haerlieder meyninge ende intentie niet gheweeft te zijn, noch als noch te wefen, eenige Steden ofte Provintien, die fich aen de voorfz Catholijcke Roomfche Religie alleene fullen willen houden, ende daer 't getal van de Inwoonderen der felver van de Gereformeerde Religie foo groot niet en is, dat fy vermoghens die voorfz. Religions-Vrede het exercitie van de Gereformeerde Religie foude moghen ghenieten, van de voorfz. Unie ende Verbinteniffe uyt te willen fluyten: Nemaer dat fy des niet tegenftaende bereydt fullen wefen al fulcke Steden ende Provintien die fich alleen aen de voorfz. Roomfche Religie fullen willen houden, in defe Unie te ontfanghen, by foo verre fy fich anders in de andere Poincten ende Articulen van de voorfz. Unie foude willen verbinden, ende als goede Patriotten dragen, foo die meyninge niet en is dat de een Provintie of Stadt hem 't feyt van d'andere in 't Poinct van de Religie fal onderwinden, ende dit om te meerder vrede ende eendracht tuffchen die Provintien te houden, ende die principaelfte occafie van twift ende tweedracht te vermyden ende wech te nemen. Aldus gedaen t'Utrecht den eerften Februarij 1579.

Explication de l'Article treiziéme.

Comme quelques-uns femblent faire quelques difficultez fur le 13. Article de l'Union, concluë le 23. du prefent mois, entre les Deputez des Païs de Gueldres, Zutphen, Hollande, Zeelande, Utrecht & Ommelande, entre les Rivieres d'Eems & de Lauwers, comme fi leur penfée & leur intention avoit été, de ne recevoir perfonne dans cette Union que ceux qui font compris dans la Paix de Religion, faite par l'Archiduc d'Autriche avec le Confeil d'Etat par l'avis des Etats Generaux, ou du moins qu'on n'y fouffriroit que ceux des deux Religions, fçavoir de la Catholique Romaine, & de la Reformée. Si eft-il, que les fusdits Deputez qui ont affifté à ladite Union & l'ont concluë, pour éviter toute mesintelligence & méfiance, ont bien voulu declarer par ces prefentes que leur penfée & intention n'a point été, & n'eft pas encore, que quelques Villes ou Provinces qui s'en veulent tenir à la feule Religion Catholique Romaine, & où les Habitans de la Religion Reformée font en moindre nombre, & qui en vertu de ladite Paix de Religion, jouïffent de l'exercice de ladite Religion Reformée, elles foient excluës de ladite Union & Alliance, mais que nonobftant, & au contraire, ils feront prets de recevoir en ladite Union telles Villes & Provinces qui s'en veulent tenir à ladite Religion Romaine, pourvû que d'ailleurs ils s'obligent à l'obfervation des autres Points & Articles de la fusdite Union, & fe comportent comme bons Compatriotes; leur penfée n'étant pas qu'une Ville ou Province entreprenne rien contre une autre au fujet de la Religion, & ce pour entretenir une plus grande paix & concorde entre lesdites Provinces, leur but principal étant d'ôter toute occafion de diffention & de discorde. Ainfi fait à Utrecht le premier Fevrier 1579.

ANNO 1579.

Ampliatie van 't vijftiende Articul.

Alsoo hier vooren in 't 15. Articul vertien es tot alimentatie ende onderhoudt van de Geestelijcke Persoonen die geweest zijn in eenighe Conventen ofte Collegien, ende hem daer uyt ter causse van de Religie ofte andere redelijcke oorsaecke begeven hebben, ofte naemaels begeven sullen, ende dat seer te beduchten es, dat ter oorsaecken van dien eenige Processen soude mogen verrysen, gelijck sy verstaen dat alreede verresen zijn, uyt saecke dat al sulcke Persoonen sullen willen pretenderen gherechticht te zijn in de successie van de goeden van hun Ouders, Broederen, Susteren, ende anderen Vrienden ofte Magen metter doodt achtergelaten, ofte noch achter te laten, ende oock die gene die syluyden in hun leven by tytel van gifte, transporte ofte eenige andere soude mogen overdragen, ghealieneert ofte oock naer hun doodt verseeckert hebben: Soo is 't dat die voorsz. Bondtgenoten, om die selve Processen ende die swarigheden die daer uyt soude moghen opstaen, te verhoeden, goetgevonden hebben alle die Processen die ter causse voorsz. alreede geinstitueert zijn, ende noch namaels geinstitueert sullen mogen worden te suspenderen, in state ende surceantie te houden, ter tijdt toe anders by de voorsz. Bondtgenoten ende andere die hen in dese eenigheyt ende verbande sullen mogen begeven, generalijck daer op (oock by d'authoriteyt van d'Overigheyt in 't noot) geordonneert, ende verklaringe gedaen sal zijn. Aldus gedaen by de voorsz. Gedeputeerden op den eersten Februarij 1579. ende was gheteeckent, LAMZWEERDE.

Op huyden den vierden Februarij 1579. zijn in de Vergaderinghe van de voorsz. Gedeputeerden binnen Utrecht versaemt, ghecompareert die Gedeputeerden van Gent onderschreven, ende hebben verklaert dat syluyden ghevisiteert hebbende die Poincten ende Articulen van de voorsz. Unie, ende 't gene in krachte van dien vorder gebesoigneert is geweest, 't selve goet vonden, ende hebben de selve al sulcx in krachte van haerluyder Brieven credentie, speciale Procuratie ende Instructie, gedateert den 27. Januarij 1579. geadvoueert, gheapprobeert ende geratificeert, belovende als de andere Bondtghenooten de selve, ende yeder Poinct van dien bysonder t'onderhouden, naer te gaen ende achtervolgen. Des t'oorkonden hebben die voorsz. Gedeputeerden haerlieder handen hier onder ghestelt, ten dage, maendt ende jare als boven Ende was onderteeckent van weghen die van Gent, *Adolf de Grutere, Lievin Tayart, Christoffel de le Becque, Lucas Mayart.*

Op huyden den vijfden Martij 1579. zijn in de Vergaderinge van de voorsz. Gedeputeerden binnen Utrecht vergadert, ghecompareert die Gedeputeerden van de gemeyne Ridderschappe des Nymegeschen Quartiers, midtsgaders van de Stadt Nymegen, ende hebben verklaert, dat syluyden ghevisiteert hebben die Poincten ende Articulen van de voorsz. Unie, ende 't gene in kracht van dien vorder is ghebesoigneert geweest, 't selve goetgevonden: ende hebben die selve al sulcx in kracht van haerlieder Instructien, met des voorsz. Stadts Nymegens secreet Zegel besegelt in date den 12. Februarij 1579. gheadvoueert, geapprobeert ende geratificeert, advoueren, &c. midts desen, beloovende als d'andere Bondtgenoten de selve, ende yeder Poinct van dien bysonder t'onderhouden, nae te gaen ende achtervolgen. Des t'oorkonde hebben die voorsz. Gedeputeerden des gemeyne Ridderschaps des Stadts ende Nymegeschen Quartiers haerlieder handen hier onder ghesteldt, ten dage, maent ende jare als boven. Ende was onderteyckent, *Gelis Pieck, Jan Kelfken, Arent van Zeller, Dirck Flemming, Lambert Jansz, Johan vande Have.*

Op huyden den negenden Martij 1579. is gecompareert in de Vergaderinge van de voorsz. Gedeputeerden binnen Utrecht vergadert, die Gedeputeerde vande gemeynen Ridderschap, hooft ende kleyne Steden des Arnhemschen Quartiers, ende heeft verklaert, dat hy gevisiteert heeft die Poincten ende Articulen van de voorsz. Unie, ende 't gene in krachte van dien vorder is ghebesoigneert gheweest, 't selve goetgevonden, ende heeft de selve al sulcx in kracht van syne Brieven van credentie in date den achthienden, ende van seeckere Instructien in date den 16. Februarij 79. beyde met des Stadts van Arnheims secreet Zegel besegelt, naer lange ende rype deliberatie, geadvoueert, geapprobeert ende geratificeert, &c. midts desen, belooven-de

Amplification du 15. Article.

Comme par l'Article 15. cy-dessus il est pourvû à l'alimentation & entretien des personnes Ecclesiastiques qui ont été dans quelques Convents & Colleges, & qui pour cause de Religion ou autre sujet raisonnable en seront sortis ou en sortiront cy-apres, & qu'il seroit à apprehender que pour cette occasion, il en survint quelque Procez, comme on a apris qu'il en est déja survenu, à cause que telles personnes pretendent être bien fondées d'heriter des biens delaissez ou à delaisser par la mort de leurs Pére & Mere, Freres, Sœurs, ou autres Parens, comme aussi touchant ceux qu'ils auroient, soit par don pendant leur vie, transport ou autre moyen, transportez ou alienez & même assignez aprés leur mort. Les susdits Alliez pour empêcher les susdits Procez & differents qui en pourroient naitre, ont trouvé bon de suspendre lesdits Procez qui sont déja intentez, ou qui pourroient être intentez à l'avenir, & de les tenir en état de surseance, jusques à ce que les susdits Alliez & autres qui se pourront joindre à eux dans ladite Union & Alliance, en ayent ordonné (même par l'authorité du Souverain, si besoin est.) Fait par les susdits Deputez le premier Fevrier 1579. & étoit signé, LAMZWEERDE.

Ce jourdhuy 4. Fevrier 1579, en l'Assemblée des Deputez assemblez à Utrecht, sont comparus les Deputez de Gand soussignez, qui ont declaré qu'iceux ayant vu les Points & Articles de la susdite Union, & ce qui en consequence a été fait depuis, l'ont approuvé, & l'ont, en vertu de leurs Lettres de creance & Procuration, & Instruction speciale en date du 27. Janvier 1579. avoué & ratifié, promettant de l'entretenir, observer, & accomplir en chacun de ses Points ainsi que les autres Alliez. En témoin dequoy ont lesdits Deputez cy-dessous apposé leurs seins manuels les jour, mois & an que dessus. Et étoit signé de la part de ceux de Gand, Adolphe de Grutere, Lieven Tayart, Christophe de le Becque, & Lucas Mayart.

Ce jourdhuy cinquiéme Mars 1579. sont comparus en l'Assemblée des susdits Deputez assemblez à Utrecht, les Deputez de la commune Noblesse du Quartier de Nimegue, ensemble ceux de ladite Ville de Nimegue; qui ont declaré qu'ils ont vû les Points & Articles de la susdite Union, & ce qui a été fait en consequence, & l'ont trouvé bon, & l'ont, en vertu de leur Instruction scellée du Sceau privé de ladite Ville en date du 11. Fevrier 1579, aprouvé, avoüé & ratifié, l'avoüent, &c. par ces presentes, promettant de l'observer & entretenir en tous ses Points, ainsi que les autres Alliez. En témoin dequoy ont lesdits Deputez des Nobles de ladite Ville de Nimegue & Quartier d'icelle apposé leur sein manuel à ces presentes les jour, mois, & an que dessus. Et étoit signé, Gelis Pieck, Jean Kelfken, Arent van Zeller, Dirck Flemmingh, Lambert Jansz., & Jean van de Have.

Ce jourdhuy 9. de Mars 1579, a comparu en l'Assemblée des susdits Deputez assemblez à Utrecht, le Deputé de la commune Noblesse des Villes capitale & petites d'Arnhem & de ses Quartiers, & a declaré avoir vû les Points & Articles de la susdite Union, & ce qui a été fait en consequence, & l'a agréé, & en vertu de ses Lettres de Creance en date du dix-huitiéme & d'une Instruction certaine en date du 16 Fevrier 1579. les deux scellées du Sceau privé de la Ville d'Arnhem, aprés une longue & meure deliberation, l'a advoüé, aprouvé & ratifié, advoüe, &c. par ces presentes, promettant en la qualité que dessus de l'entretenir

ANNO 1579.

de in qualité als vooren, als d'andere Bondtgenoten, de selve, ende yeder Poinct van dien bysonder t'onderhouden, na te gaen, ende t'achtervolgen. Des t'oirkonde heeft de voorsz. Gedeputeerde des ghemeynen Ridderschaps, hooft ende kleyne Steden des Arnhemschen Quartiers sijn hant hier onder gestelt, ten dage, maendt ende jare als boven. Ende was onderteyckent *Alexander Bentinck.*

Op huyden den 23. Martij 1579 zijn ghecompareert in de Vergaderinge van de voorsz. Gedeputeerden van de geunieerde Provintien binnen Utrecht vergadert, die Gedeputeerden van de Steden Leeuwerden, Sneeck, Franicker, ende van sekere Grietmans ende Grietenyen, met eenighe particuliere Edelen van den Laude van Vrieslandt in haerlieder Procuratie benoemt: Ende hebben verklaerdt, dat sy geviliteert hebbende die Poincten ende Articulen van de voorsz. Unie, ende 't gene in kracht van dien is vorder ghebesoigneert gheweest, 't selve goet vonden: Ende hebben die selve al sulcx in krachte van de voorsz. haerlieder Procuratie, in date den 12. Martij 1579 gheadvoucert, geapprobeert ende geratificeert, advoueren, approberen, ende ratificeren midts desen, beloovende als d'andere Bondtgenooten die selve ende yeder Poinct van dien bysonder te onderhouden, nae te gaen ende te achtervolgen. Des t'oirkonde hebben die voorsz. Gedeputeerden van de voorsz. Steden Leeuwaerden, Sneeck, Franiker, ende van seeckere Grietmans ende Grietenyen, met eenige particuliere Edelen van den Landen van Vrieslandt, haerlieder handen hier onder gestelt, ten dage, jaer ende maent als boven. Ende was onderteeckent, *B. Idzaerda. Jelle Sibesz.*

Op huyden den 11. Aprilis 1579. zijn gecompareert in de Vergaderinge van de voorsz. Gedeputeerden van de Geunieerde Provintien binnen Utrecht vergadert die Gedeputeerden vande Stadt van Venlo, namelick, Geraert van Lohn, Herman de Laet Cornelisz, Schepenen, Jacob Goris, Raedt, und Johan de Groot, als Gedeputeerden vande Gemeente aldaer, ende hebben verklaert, dat sy gevisiteert hebbende die Poincten ende Articulen vande voorsz. Unie, ende 't gene in krachte van dien is vorder ghebesoigneert geweest, 't selve goetgevonden, ende hebben die selve al sulcx in krachte van haerlieder Instructie, in date den 3. Aprilis 1579. geadvoueert, gheapprobeert ende geratificeert, advoueren, approberen ende ratificeren midts desen, beloovende als d'andere Bondtgenooten de selve, ende yeder Poinct van dien bysonder t'onderhouden, na te gaen ende t'achtervolgen. Des t'oirkonde hebben de voorsz. Gedeputeerden van de voorsz. Stede van Venlo haerlieder handen hier onder gestelt, ten dage, jare ende maent als boven. Ende was onderteyckent, *Geraerdt van Lohn, Herman de Laet Cornelissen, Jacob Goris, Johan de Groot.*

Alsoo sijn Excellentie tot conservatie ende handhoudinge der ghemeenen welvaert, Rechten ende Vryheden der Nederlanden, altijdts oorbaerlijck ende noodigh bevonden heeft alle goede vrientschap, eenigheyt ende eendracht onder die Provintien der selver Landen, oock die Steden ende besondere Leden van dien onderhouden te worden, waer deur niet alleenlijck de gemeene Vyanden met meerder gewelt, gemeene macht, onderlinge bystandt, wedergestaen ende afgheweert, maer hen oock die middelen benomen soude worden van tusschen die selve Provintien, Steden ofte Leden van dien, eenigh onverstant ofte twedracht te sayen of te maecken, door oorsake soo van de onderscheyt van de Religie, als anders: Soo is 't, dat sijn Excell. gesien hebbende seeckere Unie ende Verbondt t'Utrecht in Januario lestleden gemaeckt ende gesloten, tusschen den Welghebooren Heere Graef Johan van Nassau, Stadtholder van den Furstendomme Gelre ende Graefschap Zutphen, oock die van Hollandt, Zeelandt, Utrecht, ende der Vriesscher Omlanden, tusschen die Eems ende Lauwers, die selve Unie ende Verbont voor goet heeft bevonden, ende toeghestaen, doch op dat die selve dies te beter ende met bequamer oorsake ende ghelegentheyt mochten der generaliteyt der Provintien van herwaerts over voorgestelt worden, om tot een algemeene Vrede, Unie ende Eendrachtigheydt over die gantsche Landen, met gemeene verwillinge aengenomen ende besloten te worden, heeft tot noch toe uytgestelt ende opghehouden van de selve Unie t'onderschrijven, ende alsoo nu sijne Hoogheydt met een groot deel der voorsz. Provintien van herwaerts overe verklaert hebben, dat sy voor goet insien ende bevinden raedtsaem te wesen, dat een alsoodanige Unie

tretenir & observer en tous ses Points tout ainsi que les autres Alliez. En témoin dequoy le susdit Deputé de la Noblesse, Ville Capitale d'Arnhem & autres de ces Quartiers, a signé ces presentes de son sein manuel les jours, mois & an que dessus, & étoit signé, Alexandre Bentinck. ANNO 1579.

Ce jourdhuy 23. Mars 1579. sont comparus dans l'Assemblée des susdits Deputez des Provinces-Unies convoquez à Utrecht les Deputez des Villes de Lewarde, Sneek, Franeker & de certains Gritman & Gritenies, avec quelques Nobles particuliers du Païs de Frise denommez dans leurs Procurations. Lesquels ont declaré avoir vû les Points & Articles de la susdite Union, & ce qui a été fait en consequence, & ont icelle, en vertu de leur Procuration en date du 12. Mars 1579. advoüée, approuvée & ratifiée, advouent, approuvent & ratifient par ces presentes, promettans comme les autres Alliez de l'observer & entretenir en tous ses Points. En témoin dequoy ont les susdits Deputez des Villes de Lewarden, Sneek, Franeker, & de certains Gritmans & Gritenies avec quelques Nobles particuliers des Païs de Frise, signé ces presentes les jour, mois & an que dessus. Et étoit signé B. Idzaerda, Jelle Sibesz.

Ce jourdhuy onziéme Avril 1579. sont comparus en l'Assemblée des Deputez des Provinces-Unies convoquez à Utrecht, les Deputez de la Ville de Venlo, sçavoir Gerard van Lohn, Herman de Laet Cornelisz, Eschevins, Jacob Goris Conseiller, & Jean de Groot, comme Deputez des Villes susdites, lesquels ont declaré avoir vû les Points & Articles de la susdite Union, & ce qui a été fait en consequence, & l'ont, en vertu de leur Instruction en date du 3. Avril 1579., avoüée, approuvée, & ratifiée, l'approuvent, avoüent, & ratifient par ces presentes; promettans comme les susdits Deputez de l'observer & maintenir en tous ses Points. En temoin dequoy ont les susdits Deputez de ladite Ville de Venlo signé ces presentes les jour, mois & an que dessus. Et étoit signé Gerard van Lohn, Herman de Laet Cornelissen, Jacob Goris, Jean de Groot.

Comme son Excellence a toûjours trouvé qu'il étoit necessaire pour la conservation & le maintien du bien public, & des Droits & Libertez des Païs-Bas, d'entretenir une bonne union & concorde entre les Membres des Provinces, comme aussi entre les Villes & differens Membres d'icelles, par où l'on pût non-seulement resister à l'Ennemi commun avec plus de force & puissance, mais aussi lui ôter les moyens de semer la desunion & la discorde entre ces Provinces & les Membres d'icelles, tant à cause de la difference de Religion qu'autrement: C'est pourquoi son Excellence ayant vû certaine Union & Alliance faite & concluë à Utrecht en Janvier dernier, entre Monseigneur Jean Comte de Nassau Gouverneur de la Principauté de Gueldres & de la Comté de Zutphen, ensemble ceux de Hollande, Zelande, Utrecht & les Ommelandes de Frise, entre l'Eems & le Lauwer, il a trouvé ladite Union à propos & l'a permise. Mais afin qu'elle puisse être d'autant mieux & avec plus de raison & convenance proposée à la generalité des Provinces de deçà, pour être acceptée & concluë unanimement pour une Paix, Union & Concorde générale de tous lesdits Païs, il a differé & sursis jusques à present à signer ladite Union; Et comme sadite Altesse a declaré avec une grande partie des Provinces de deçà, que pour bonne raison ils trouvent à propos qu'une telle Union

ANNO 1579.

Unie soude geraemt, besloten ende aengenomen worden, tot beter beleydinge der saecken onses gemeenen Vaderlants, Soo heeft sijn Excell. nu oock wel willen verklaren, als hy midts desen verklaert die voorsz. Unie alsse t'Utrecht tusschen die voorsz. Provintien ghemaekt ende besloten is geweest, voor goet aen te nemen ende te houden, alsoo hyse aenneemt ende voor goet houdt, als voor seker achtende dat in de selve de Overheyt ende d'authoriteyt der Hoogheyt van de Eertzhertoge niet verkort noch vermindert en wort, ende alsoo binnen korten dagen der voorsz. Geunieerde haer sullen vergaderen, om vorder over alle particuliere Poincten ende Articulen der selver Unie te ramen ende te besluyten 't gene tot meerder ende vaster Eendracht der selver sal mogen dienen. Soo is 't, dat sijn Ecell. ook hier mede verklaert te willen de selve Articulen ende Poincten aennemen ende achtervolgen, alsoo sy van de voorsz. Provintien van Gelderlant, Hollant, Zeelant, Utrecht en andere die haer daer mede sullen begeven, sullen geraemt, gesloten en voor goet aengenomen worden. Des t'oirkonde heeft sijn Excell dese met synen naem onderteekent, en sijn secreet Zegel daer beneffens laten drucken in Placaet binnen der Stede van Antwerpen, op den 3. Mayo 1579. *onderteeckent* GUILLAUME DE NASSAU, *noch lager stont geschreven*, by beleve van sijn Excell. *onderteeckent*, V. BRUNINCX.

Op huyden den 1. Junij 1579. vergadert zijnde die volmachtighe van den Steden in 't Klooster van de Jacobijnen, op den Lantsdag binnen Leeuwaerden, nae dat syluyden die propositie van de Gesanten der naerder Unie van Utrecht aengehoort hadden, ende eenighe uyt haerlieder Volmachtige van de voorsz. Steden, tot versoecke van de voorsz. Gesanten gedeputeert hebben gehadt, omme uyt aller name naerder met den voorsz. Gesanten te communiceren, ende die Poincten ende Articulen van de naerder Unie voorsz. te visiteren, 't welcke gedaen zijnde, ende gehoordt hebbende het rapport van hun mede Volmachtigen, verklaren alle die Volmachtige van de Steden, die dese onderteeckent hebben uyt krachte van haerlieder Procuratien, die syluyden geadvoueert, geapprobeert ende geratificeert hebben alle die voorsz. Poincten ende Articulen vander Unie voorsz. advoueren, &c. mits desen, beloovende als d'andere Bondtgenoten, de selve ende een yeder Poinct van dien, soo wel van 't gene dat hier inne te vooren gedaen is, ende noch uyt krachte van de selvige gedaen sal worden, bysonder t'onderhouden, nae te gaen ende t'achtervolghen. Des t'oirkonde hebben de voorsz. volmachtighe van de Steden haerlieder handen hier onder gestelt, ten dage, maent ende Jare als boven; Ende was onderteyckent met de namen hier nae volgende by diversche handen geschreven, *Julius van Botnya*, Volmacht van Franicker: *J. Verryen Henriksz*, Volmacht van Franicker, *Henrick Jarichsz*, als mede Volmacht van Leeuwerden: *Jan Jansz*, als gesubstitueert van Adye Lambere, die Procuratie hadde, ende van Huys gereyst was: *Claes Hotthissz*, van wegen den Raedt der Stede Sneke: *Pieter Lievensz*, van wegen der Gemeente der Stede Sneke: *Jacob Syvertsz*, als Volmacht van Bolsweert: *Frans Jacob Frerekesz*, van wegen die van Bolsweert: *Banne Pietersz*, als Volmacht van de Borgemeesters der Stede Ylst: *Jeltze van Galama*, als mede Volmachtigh van Ylst: *Reynier Olfertsz van Staveren*, *Willem Sippasz*, Volmacht van Sloten: *Johannes Bottegh*, Borgemeester van Worcum, ons Volmacht: *Donne Abbesz*, Volmacht van Worcum.

Alsoo wy Geoirg van Lalaing, Grave tot Rinnenbergh, vry ende Baenreheere tot Ville, Heere tot Vilieroe, Imbrechies, Stadtholder ende Capiteyn Generael over Vrieslant, Over-Yssel, Groeningen, den Omlanden, Drente ende Lingen, Hooft van Syne Majest. Finantien, tot conservatie ende hanthoudinge der gemeene welvaert, Rechten ende Vryheden der Nederlanden, oorbaerlick ende hooghnoodigh bevonden hebben, alle goede vrientschap, eenigheyt ende eendracht onder den Provintien der selver Landen, ende onder onsen Gouvernemente staende, oock onder de Steden ende besondere Leden van dien, onderhouden te worden, waer deur niet alleene die gemeene Vyandt, met meerder gewelt, ghemeyne macht ende onderlinge bystant, weder gestaen ende afgekeert, maer hem oock die middelen benomen soude worden van tusschen

Union soit faite, concluë & acceptée, pour la meilleure direction des affaires de la Patrie, ladite Excellence a bien aussi voulu declarer à present, comme Elle declare par ces presentes, qu'Elle reçoit & tient pour bonne ladite Union, telle qu'elle a été conclue & arrêtée entre les susdites Provinces, comme de fait Elle l'accepte & tient pour bonne, estimant pour le certain que la souveraineté & l'authorité de son Altesse l'Archiduc n'y est point lezée ni amoindrie. Et comme dans peu de jours les susdits Alliez se doivent assembler pour resoudre & conclure sur les Points & Articles particuliers de ladite Union, ce qui sera trouvé expedient pour plus grande fermeté & concorde; son Excellence declare par ces presentes qu'Elle veut accepter & observer lesdits Points & Articles, ainsi que ceux des Provinces de Gueldres, Hollande, Zelande, Utrecht & autres qui s'y rendront auront arrêté, conclu & trouvé à propos. En témoin dequoy sadite Excell. a signé ces presentes de sa main, & y a fait apposer son Seau privé dans la Ville d'Anvers le 3. May 1579. Signé GUILLAUME DE NASSAU, & plus bas étoit écrit, *par l'ordonnance de son Excellence*; Signé V. BRUNINCX.

Ce jourdhuy 1. Juin 1579. les Deputez des Villes étant assemblés à Lewarde le jour de Diéte des Etats, dans le Cloitre des Jacobins, aprés avoir entendu les propositions des Deputez de l'Union d'Utrecht, & que quelques-uns desdits Deputez ont été requis par ceux de l'Union, d'en venir à une conference plus particuliere avec eux, comme aussi d'examiner les Points & Articles de la derniere Union; ce qui étant fait, & oüi le rapport de leurs Deputez, declarent iceux Deputez des Villes qui ont signé ces presentes en vertu de leur Procuration, qu'ils ont avoüé, aprouvé, & ratifié tous les Points & Articles de la susdite Union, l'avoüent, &c. par ces presentes; promettans, comme les autres Alliez, de l'observer & entretenir, & tous les Points d'icelle, tant à l'égard de ce qui a été fait jusques à present que de ce qui en vertu d'icelle pourroit être fait à l'avenir. En témoin dequoi ont lesdits Deputez signé ces présentes de leurs mains, les jour, mois & an que dessus; Et étoient signés les differens noms cy-aprés, Julius de Botnia, *Deputé de Franeker*; J. Verryen Henriksz, *Deputé de Franeker:* Henri Jarichsz, *Deputé de Leeuwaerde:* Jan Jansz, *comme Procureur substitué d'Adie Lambere pour son absence*; Nicolas Hotthissz, *de la part du Conseil de Sneck*; Pierre Lievens, *de la part des Bourgeois de ladite Ville de Sneck*; Jacob Syvertsz, *comme Deputé de Bolsweert*; Frans Jacob Frerekesz, *de la part de ceux de Bolsweert*; Banne Pietersz, *comme Deputé de la Magistrature de la Ville d'Ylst*; Jeltse de Galama, *aussi Deputé d'Ylst*; Reynier Olfertsz de Staveren, Guillaume Sippasz, *Deputé de Sloten*; Jean Bottegh, *Bourguemaître de Worcum nôtre Deputé*; Donne Abbesz, *Deputé de Worcum.*

Comme ainsi soit que nous George de Lalain, Comte de Rinneberg, Baron de Ville, Seigneur de Vilieroe, Imbrechies, Gouverneur & Capitaine General de Frise, Over-Yssel, Groningue, des Ommelandes, Drente & Lingen, premier Officier des Finances de Sa Majesté, avons trouvé que pour la conservation & maintien du bien public, des Droits & Libertez des Païs-Bas, il est necessaire & utile d'entretenir une bonne amitié & concorde entre les Provinces desdits Païs, & qui sont sous nôtre Gouvernement, comme aussi entre les Villes & Membres d'icelles, par où, non-seulement on pourra resister à l'Ennemi commun, mais aussi lui pourra être ôté tout moyen de semer la dissention & la discorde entre lesdites

ANNO 1579.

ANNO 1579.

ſchen die ſelve Provintien, Steden ofte Leden van dien eenigh onverſtant ofte tweedracht te ſayen ofte maken, door oorſaecke van onderſcheyt van Religie, als anders, in wat manieren 't ſelve ſoude mogen geſchien. So iſt, dat wy gheſien hebbende ſekere Unie ende Verbondt in verleden Somer tot Arnhem in onſe preſentie, ende met onſe advijs geconcipieert, ende in Januario leſtleden tot Utrecht gemaeckt ende geſloten tuſſchen den Welghebooren Heere Grave Johan van Naſſau, Stadtholder van den Furſtendomme Gelre ende Graefſchappe Zutphen, oock die van Hollandt, Zeelandt, Utrecht, Vrieſche, Omlanden ende anderen, midtsgaders ſeeckere Acte van approbatie ende aenneminghe der voorſz. Unie, by mijn Heere den Prince van Orangien, Lieutenant Generael van den Eertz-Hertoge Mathias, Gouverneur Generael van de voorſz. Nederlanden, in date den 3. May 1579. de ſelve Unie geratificeert, gheapprobeert ende aengenomen hebben, ratificeren, approberen, advoueren ende nemen aen mits deſe, voor ſeecker achtende ende houdende, dat in de ſelve de overheyt ende authoriteyt der hoogheyt van de Eertz-Hertoghe niet verkort nochte verhindert en wordt: Beloovende als d'andere Bondtgenooten, de ſelve ende yeder Poinct van dien t'onderhouden, nae te gaen ende t'achtervolgen. Des t'oirkonde ſoo hebben wy deſe met onſe handt onderteeckent, ende onſe ſecreet Zegel in forme van Placcaet hier beneffens doen drucken. Actum t'Winſe in den Omlanden den 11. Junij 1579. Onder ſtont geſchreven, *Georg van Lalaing.*

Op huyden den tienden Julij 1579. zijn in de Vergaderinge van de voorſz. Gedeputeerden binnen Utrecht vergadert, gecompareert die Gedeputeerden van de Stede van Ypren, namentlick d'Heer Johan van Languedel, Wethouder, ende M. Peter Baelde, Penſionnaris der voorſz. Stede van Ypren, die verklaerden dat ſy ghevisiteert hebbende die Poincten ende Articulen van de voorſz. Unie, ende 't gene in krachte van dien vorder is gebeſoigneert, 't ſelve goetgevonden, ende hebben die ſelve al ſulex in krachte van haerlieder Brieven van Credentie ende Procuratie, in date den 23 Junij 1579. geadvoueert, geapprobeert ende geratificeert, advoueren, &c. by deſen, belovende als d'andere Bondtgenoten de ſelve ende yeder Poinct van dien byſonder t'onderhouden, nae te gaen ende achtervolgen. Des t'oirkonde hebben die voorſz. Gedeputeerden der Stede van Ypren haerlieder handen hier onder gheſtelt, ten dage, maent ende Jare als boven. Onderteeckent, *Johan van Languedel, M. Peter Baelde.*

Op huyden den 29. Julij 1579. zijn in de Vergaderinge van de voorſz. Gedeputeerden der nader Geunieerde Provintien binnen Utrecht vergadert die Gecommitteerden vander Stadt van Antwerpen, namentlick Heer Janne van Stalen, buyten Borgemeeſter, Joncker Philipſe van Schoonhoven, Heer tot Wanrop, Schepene, Johan van Brecht, oude Schepene, Adam Verhult, Colonel, Valerius van Dale, ende Jan Gijsſels, Dekens, die verklaerden dat ſy geviſiteert hebbende die Poincten ende Articulen vande voorſz. Unie, ende 't gene in krachte van dien vorder is ghebeſoigneert, 't ſelve goetgevonden hebben, de ſelve al ſulex in krachte van hare Procuratie in date den 22. Julij, ende Brieven van Credentie in date den 23. Julij 1579 gheadvoueert, geapprobeert ende geratificeert, advoueren, approberen ende ratificeren midts deſen, beloovende als d'andere Bondtghenoten, de ſelve, ende yeder Poinct van dien byſonder t'onderhouden, nae te gaen, ende t'achtervolgen. Des t'oirkonde hebben de voorſz. Gedeputeerden van de voorſz. Stadt van Antwerpen haerlieder handen hier onder gheſteldt, ten dage, maent ende Jare als boven. Ende was onderteyckent, *Janne van Stalen, Philips van Schoonhoven, Johan van Brecht, Adam Verhult, Valerius van Dale, Jan Gyſſels.*

Op huyden den 13. Septembris 1579. zijn in de Vergaderinghe van de voorſz. Gedeputeerden binnen Utrecht vergadert, gecompareert die Gedeputeerden vande Stede van Breda, namentlick Godert van Luchtenbergh, Borgemeeſter der ſelver Stede, Godefroy Montens, Schepen ende Lieutenant van den Collonel ende oock Capiteyn, ende Chriſtiaen Back, Wees-meeſter ende Thienman, die verklaerden dat ſy gheviſiteert hebbende die Poincten ende Articulen van de voorſz. Unie, ende 't gene in krachte van dien vorder is gebeſoigneert, 't ſelve goetgevonden, ende hebben die ſelve al ſulex in krachte van hare Procuratie in date den 10. September 1579. gheadvoueert, gheapprobeert ende gera-

dites Provinces, Villes, & Membres d'icelles, à l'occaſion de la diverſité de Religion, ou autrement en quelque autre maniere que ce pourroit être: c'eſt pourquoi ayant vu certaine Union & Alliance, conçue l'Eté dernier à Arnhem en nôtre preſence & de nôtre avis, & conclue en Janvier dernier à Utrecht entre Monſeigneur le Comte Jean de Naſſau Gouverneur de la Principauté de Gueldre & de la Comté de Zutphen, & auſſi ceux de Hollande, Zelande, Utrecht, Friſe, Ommelandes, & autres, enſemble Monſeigneur le Prince d'Orange, Lieutenant General de l'Archiduc Mathias, Gouverneur General des ſuſdits Païs-Bas en date du 3. May 1579. avons icelle Union avoüée, approuvée, & ratifiée, avoüons, aprouvons, agreons & ratifions par ces preſentes, tenant pour certain qu'en icelle la ſouveraineté & l'authorité de ſon Alteſſe l'Archiduc n'eſt point lezée; promettans comme les autres Alliez de l'obſerver & imiter & en tous les Points d'icelle: En témoin de ce nous avons ces preſentes ſigné de nôtre main, & y avons fait appliquer nôtre Seau privé en forme de Placcard. Fait à Winſe dans les Ommelandes le 11. Juin 1579, étoit ſigné George de Lalaing.

Ce jourd'huy 10. *Juin 1579, ſont comparus en l'Aſſemblée des ſuſdits Deputez convoquez à Utrecht les Deputez de la Ville d'Ypres, nommément le Sieur Jean de Languedel, Juriſconſulte, & M. Pierre Baelde, Penſionaire de la ſuſdite Ville d'Ypres, qui ont declaré, qu'ils ont vû les Points & Articles de la ſuſdite Union, & ce qui a été fait en vertu d'icelle; l'ont trouvé bon, & l'ont, en vertu de leurs Lettres de Creance & Procuration en date du 23 Juin 1579, avoüée, approuvée & ratifiée, avoüent, &c. par ces preſentes; promettans comme les autres Alliez de l'entretenir & obſerver en tous ſes Points & Articles: En témoin dequoy ont les ſuſditz Deputez de la Ville d'Ypre ſigné ces preſentes les jour, mois & an que deſſus. Signé* Jean van Languedel, M. Pierre Baelde.

Ce jourdhuy 29. Juillet 1579, ſont comparus en l'Aſſemblée des Deputez des Provinces-Unies, convoquez à Utrecht, les Deputez de la Ville d'Anvers, nommement le Sieur Jean de Stalen, ancien Bourguemaître; Joncker Philippe de Schoonhoven, Seigneur de Wanrop, Eschevins; Jean de Brecht, ancien Eschevin; Adam Verhult, Colonel; Valerius van Dale, & Jean Gyſſels Doyens, qui ont declaré avoir vû les Points & Articles de la ſuſdite Union, & ce qui en vertu d'icelle a été fait depuis, l'ont trouvé bon, & en vertu de leur Procuration en date du 22. Juillet & des Lettres de Creance du 23. Juillet 1579, l'ont avoüée, aprouvée & ratifiée, l'avoüent, l'aprouvent & ratifient par ces preſentes, promettans ainſi que les autres Alliez de l'obſerver & enſuivre en tous les Points d'icelle: En témoin de ce ont les ſuſdits Deputez de ladite Ville d'Anvers ſigné ces preſentes les jour, mois & an que deſſus; Et étoit ſigné, Jean van Stale, Philippe van Schoonhoven, Jean van Brecht, Adam Verhult, Valerius van Dale, & Jean Gyſſels.

Ce jourdhuy 13. Septembre 1579, ſont comparus en l'Aſſemblée des Deputez convoquez à Utrecht, les Deputez de la Ville de Breda; ſçavoir Godert van Luchtenbergh, Bourguemaître de ladite Ville; Godefroy Montens, Eschevin & Lieutenant-Colonel, & auſſi Capitaine, & Chriſtian Back, Maître des Orphelins & Dixenaire qui ont declaré qu'ils ont vû les Points & Articles de la ſuſdite Union; & ce qui a été fait en conſequence d'icelle; & l'ont trouvé bon & en vertu de leur Procuration en date du dixième Septembre 1579, l'ont avoüé,

ANNO 1579.

geratificeert, ratificeeren, advoueren, &c. by desen, beloovende als d'andere Bondtgenoten de selve ende yeder Poinct van dien bysonder t'onderhouden, nae te gaen ende achtervolgen. Des t'oirkonde hebben die voorsz. Gedeputeerden van de voorsz. Stadt van Breda haerlieder handen hier onder gestelt, ten dage, maendt ende jare als boven, onderteeckent, *Godert van Luchtenbergh*, *Godert Wontens* ende *Christiaen Back Frans Sone.*

Op huyden den eersten Februarij 1580. is in de Vergaderinge van de voorsz. Gedeputeerden der naer Gheunieerde Provintien binnen Utrecht vergadert, gecompareert d'Heer Guido du Bruecq, Schepen der Stadt van Brugge, de welcke verklaerde dat hy ghevisiteert hebbende die Poincten ende Articulen van de voorsz. Unie, ende 't gene in krachte van dien vorder is gebesoigneert, 't selve goet vont, ende heeft over sulcx boven al sulcke approbatie der selver by d'Heer Lievin Steppe, Schepene, ende M. Jacob Yman, Pensionnaris der selver Stadt van Brugge, uyt krachte van hare Besegelde Procuratie in date den sevenden Novembris 1579. den 26. der selver maendt tot Antwerpen gedaen, uyt krachte van Credentie ende besegelde Procuratie beyde in date den 25. Januarij 1580. de selve Unie geadvoueert, geapprobeert ende geratificeert, advoueert, &c. by desen, beloovende als d'andere Bondtgenoten, de selve ende yeder Poinct van dien bysonder t'onderhouden, nae te gaen ende t'achtervolgen. Des t'oirkonde heeft de voorsz. Gedeputeerde van de voorsz. Stadt van Brugge sijn handt hier onder gestelt, ten dage, maent ende jare als boven. Onderteeckent, *Guido du Bruecq.*

Op huyden den eersten Februarij 1580. is in de Vergaderinge van de voorsz. Gedeputeerden der naeder Gheunieerde Provintien binnen Utrecht vergadert, gecompareert Jonckheer Wouter vander Hecke Schepen 's Landts van de Vryen, de welcke verklaerdt dat hy gevisiteert hebbende die Poincten ende Articulen vande voorsz. Unie, ende 't gene in krachte van dien vorder is gebesoigneert, 't selve goet vont, ende heeft over sulcks boven al sulcke approbatie der selver by Meester Ysenbrant Prouyn, Pensionnaris 't voorsz. Lants vande Vryen, uyt kracht van syne besegelde Procuratie in date den 17. Octobris 1579. den 26. Novembris tot Antwerpen ghedaen, uyt krachte van syne besegelde Procuratie in date den 23. van Lauwe deses loopenden Jaere, ende Brieven van Credentie in date den 25. der selver maent, de selve Unie geadvoueert, geapprobeert ende geratificeert, advoueert, approbeert ende ratificeert by desen: Beloovende als andere Bontgenoten de selve, ende yeder Poinct van dien bysonder naer te gaen ende t'achtervolgen. Des ten oirkonde heeft die voorsz. Gedeputeerde des voorsz. Lants vande Vryen sijn handt hier onder ghestelt, ten dage, maendt ende jare boven. Onderteeckent. WOUTER VANDER HECKEN.

avoüé, aprouvé & ratifié, l'avoüent, &c. par ces presentes, promettant de l'observer & entretenir même en tous les Points & Articles d'icelle. En témoin de quoy les susdits Deputez de ladite Ville de Breda ont signé ces presentes les jour, mois & an que dessus. Signé Godert van Luchtenberg, Godert Wontens, & Christian Back Fils de François.

ANNO 1579.

Ce jourdhuy premier Fevrier 1580, est comparû en l'Assemblée des Deputez des Provinces-Unies convoquez à Utrecht, le Sieur Guido du Bruecq, Eschevin de la Ville de Bruge, qui a declaré avoir examiné les Points & Articles de la susdite Union, & ce qui a été fait en consequence, laquelle il a trouvé bonne, & l'a, outre l'aprobation faite d'icelle par le Sieur Lieven Steppe, Eschevin, & M. Jacob Yman, Pensionaire de ladite Ville de Bruge, en vertu de leur Procuration scellée en date du septiéme Novembre 1579, faite à Anvers le 26. du même mois, & en vertu des Lettres de Creance & Procuration scellée en date du 25. Janvier 1580, avoüé, approuvé & ratifié ladite Union, l'avoüe, &c. par ces presentes, promettant comme les autres Alliez de l'observer & entretenir, ensemble tous les Points d'icelle. En témoin dequoy ledit Deputé de ladite Ville de Bruge a signé ces presentes les jour, mois & an susdits. Signé Guido de Bruecq.

Ce jourdhuy premier Fevrier 1580, en l'Assemblée des Deputez des Provinces-Unies convoquez à Utrecht, a comparu le Sieur Wouter vander Hecke, Eschevin du Païs de Vryen, qui declare qu'ayant vû les Points & Articles de la susdite Union, & ce qui en vertu d'icelle a été fait depuis, il l'a trouvée bonne, & l'a outre l'aprobation d'icelle par Maître Ysenbrant Prouyn, Pensionaire du susdit Païs de Vryen, en vertu de sa Procuration scellée en date du 17. Octobre 1579. faite à Anvers le 26. Novembre, en vertu de sa Procuration du 23. de Fevrier de la presente année, & de ses Lettres de Creance en date du 25. dudit mois, avoüé, aprouvé & ratifié ladite Union, l'avoüe, l'approuve & la ratifie par ces presentes; Promettant comme les autres Alliez de l'ensuivre, ensemble tous les Points & Articles d'icelle. En témoin dequoy le susdit Deputé du Païs de Vryen a signé ces presentes les jour, mois, & an que dessus. Signé WOUTER VANDER HECKEN.

CLIX.

28.Fevr. *Investitura Ducatus* Mediolani *Comitatusque* Papiæ & Angleriæ, *per* RUDOLPHUM II. *Romanorum Imperatorem* PHILIPPO II. *Hispaniarum Regi collata pro se & Descendentibus suis masculis legitimis. Datum Pragæ die ultima mensis Februarii, 1579.* Cum *prioribus Investituris, nimirum* FERDINANDI I. & CAROLI V. *Imperatorum.* [Piéce authentique, tirée des Archives Royales du Château de Milan.]

RUDOLPHUS secundus Divina favente Clementia Electus Romanorum Imperator semper Augustus, ac Germaniæ, Unghariæ, Bohemiæ, Dalmatiæ, Croatiæ, Sclavoniæ &c. Rex, Archidux Austriæ, Dux Burgundiæ, Brabantiæ, Stiriæ, Carinthiæ, Carniolæ, &c. Marchio Moraviæ &c. Dux Lucemburgiæ, ac superioris, & inferioris Silesiæ, Viertembergæ, & Tecka, Princeps Sueviæ, Comes Habspurgi, Tirolis, Ferretis, Kiburgi, & Goritiæ, Landtgravius Alsatiæ, Marchio Sacri Romani Imperii, Burgoviæ, ac superioris, & inferioris Lusatiæ, Dominus Marchiæ, Sclavoniæ, Portus Naonis, & Salinarum &c. Ad futuram memoriam Recognoscimus tenore præsentium pro nobis, & nostris in Imperio Successoribus notum facientes Universis. Cum Divus quondam Imperator Carolus Quintus augustæ memoriæ Magnus Patruus, Avus maternus, & Prædecessor noster observandissimus superioribus annis devoluto ad Majestatem suam, & Sacrum Romanum Imperium pleno Jure, per obitum Illustris quondam Francisci Sfortiæ Mediolani Ducis absque Hæredibus legitimis, & Feudi capacibus defuncti, ejusdem Mediolanensis Status, & Ducatus, ac pertinentiarum utili Dominio volens, & cupiens securitati, & incolumitati ejus Status quam posset rectissimè consulere, & talem Principem ei præficere, qui Sacri Romani Imperii Jus, & proprietatem auctoritate, potentia, & viribus tueri, & conservare, Subditos verò in pace, & justitia regere, & gubernare posset, eundem Ducatum, Statum, & Dominium Mediolanense ex supradictis, & aliis rationabilibus causis cum Comitatibus Papiæ, & Angleriæ, ac omnibus eorum pertinentiis, & Juribus

Filio

ANNO 1579.

Filio suo Charissimo Serenissimo Principi Domino Philippo Hispaniarum, utriusque Siciliæ, & Hierusalem &c. Regi Catholico, Archiduci Austriæ, Duci Burgundiæ, & Mediolani &c. Avunculo, Sororio, & Fratri nostro Charissimo motu proprio, & quod nullum magis utilem convenientem, ac idoneum ad ejusdem Status, ac Jurium Sacri Imperii in eo defensionem comperiret paternè contulerit, atque donaverit, & post modum Serenitatem ejus de dictis Ducatu Mediolani, ac Comitatibus Papiæ, & Angleriæ, eorumque omnium pertinentiis universis, quæ ad dictos Ducatum & Comitatus tunc spectabant, seu olim spectaverant, seu pertinuerant, Ducibusque & Comitibus prædictis competiverant, seu etiam competere deberent de Jure, vel Consuetudine, vel aliter quomodocunque juxtà formam Investiturarum antiquarum, & cum omnibus Juribus, Honoribus, Prerogativis, Libertatibus, & Exemptionibus in antiquis Investituris latius expressis, non tàm pro Serenitate sua, quam etiam ejusdem Filiis masculis ex legitimo Matrimonio procreatis, ac procreandis, & aliis Descendentibus, qui è Serenitate sua, & Filiis ejus legitimis masculis legitimi nascerentur secundum ordinem geniture, & ejusdem Feudi naturam infeudaverit, & investiverit: Posteà verò cum existimaret omnibus modis prospiciendum ut futuris contentionibus, & differentiis, quæ inter Successores oriri possent omnis occasio præcluderetur in ipso Statu Mediolani, & Comitatibus supradictis talem succedendi rationem, & formam constituerit per quam Status ille cum omnibus suis pertinentiis in perpetuum integer, & indivisus conservaretur, ita ut neque Successorum pluralitate neque Competitorum ambitione, vel contentione distrahi, sive discerpi, quandoque posset, nimirum ut ipsi Serenissimo Regi Philippo in dictis Ducatu, & Comitatibus succederent Filius ejus primogenitus masculus, & legitimus, ejusdemque Primogeniti, Primogenitus masculus legitimus, & sic ordine successivo de Primogenito in Primogenitum masculum descendentem usque in infinitum; deficientibus autem Primogenitis masculis, succederet secundo genitus masculus legitimus, ejus secundo geniti primogenitus masculus, & ab eo descendentes masculi primogeniti usque in infinitum, si masculus aliquis fuerit superstes, idem etiam de tertio, & quarto genitis intelligendo ordine primogenituræ semper servato. Deficiente vero linea masculina succedere deberet Filia Primogenita, ejusdemque primogenitæ primogenitus masculus, ejusque descendentes masculi ordine supradicto usque in infinitum, eodem Successionis ordine in secundo, tertio, & quarto genitis filiabus earum denique descendentibus primogenitis servato, prout in Diplomate ipsius quondam Divi Caroli desuper edito, ac inferius inserto latius continetur. Defuncto autem prælibato Divo quondam Imperatore Carolo Quinto, Divus quoque Imperator Ferdinandus inclytæ recordationis Dominus & Avus Paternus noster observandissimus ad benevolam, & studiosissimam petitionem dicti Serenissimi Hispaniarum Regis Fratris nostri Charissimi, insistendo vestigiis prænominati Divi Patris sui Caroli Quinti, non solum denuò investiverit, & infeudaverit eundem Serenissimum Regem Philippum pro se & Filiis suis masculis ex legitimo Matrimonio procreatis, & procreandis, aliisque descendentibus ex Serenitate ejus, & Filiis ejus legitimis legitimè secundum ordinem genituræ nasciturís de dictis Ducatu Mediolani, & Comitatibus Papiæ, & Angleriæ, eorumque omnium pertinentiis; prout constat ex Rescripto Majestatis suæ, quod datum fuit in nostra Imperiali Civitate Augusta Vindelicorum die vigesima sexta mensis Februarii anno Domini millesimo quingentesimo quinquagesimo nouo, verùm etiam præmemoratam extensionem a Divo Patruo nostro, quo ad modum, & formam Successionis factam laudaverit, approbaverit, rattificaverit, confirmaverit & corroboraverit, sicuti apparet in Diplomate desuper emanato, cujus tenor sequitur in hæc verba:

FERDINANDUS Divina favente Clementia Electus Romanorum Imperator semper Augustus, ac Germaniæ, Hungariæ, Bohemiæ, Dalmatiæ, Croatiæ, Sclavoniæ &c. Rex, Infans Hispaniarum, Archidux Austriæ, Dux Burgundiæ, Brabantiæ, Stiriæ, Carinthiæ, Carniolæ &c. Marchio Moraviæ & Dux Lucemburgi, ac superioris & inferioris Silesiæ, Viertembergæ, & Tecka, Princeps Sueviæ, Comes Hasburgi, Tyrolis, Ferretis, Kiburgi, & Goritiæ, Landtgravius Alsatiæ, Marchio Sacri Romani Imperii, Burgoviæ, ac superioris & inferioris Lusatiæ, Dominus Marchiæ Sclavonicæ, Portus Naonis, & Salinarum &c. Ad futuram rei memoriam recognoscimus, & notum facimus tenore præsentium Universis. Quod Serenissimus Princeps Dominus Philippus Hispaniarum, utriusque Siciliæ, & Hierusalem &c. Rex Catholicus, Nepos noster Charissimus nobis benevole exponendum curaverit, se superioribus annis a præclarissimæ memoriæ quondam Imperatore Carolo Quinto Augusto Fratre, ac Domino nostro Charissimo investitum fuisse de Ducatu Mediolani, & Comitatus Papiæ, & Angleriæ pro se, ac legitimis Hæredibus suis masculis, prout etiam nos Investituram illam proximis annis confirmavimus, & innovavimus, dictosque Ducatum & Comitatus Serenitati ejus pro se, ac Filiis masculis, legitimis, secundum ordinem genituræ, & naturam Feudi in Feudum contulimus. Posteà autem cum præfatus Divus quondam Frater noster censuisset omnibus modis prospiciendum ut futuris contentionibus, & differentiis, quæ inter Successores oriri possent, omnis occasio præcluderetur, eundem Divum Fratrem nostrum talem in ipso Statu Mediolani, & Comitatibus prædictis succedendi rationem, & formam constituisse, per quam Status ille cum omnibus suis pertinentiis in perpetuum integer, & indivisus conservaretur, ità ut neque Successorum pluralitate, neque Competitorum ambitione, vel contentione distrahi, sive discerpi quandoque posset, nimirum ut ipsi Serenissimo Regi Philippo in dictis Ducatu, & Comitatibus succederent Filius ejus primogenitus masculus & legitimus, ejusdemque primogeniti primogenitus masculus legitimus, & sic ordine successivo de primogenito in primogenitum masculum descendentem usque in infinitum. Deficientibus autem primogenitis masculis, succederet secundo genitus masculus legitimus, ejusdemque secundo geniti primogenitus masculus, & ab eo descendentes masculi primogeniti usque in infinitum, si masculus aliquis fuerit superstes, idem etiam de tertio, & quarto genitis intelligendo, ordine primogenituræ semper servato. Defficiente vero linea masculina succedere deberet Filia primogenita, ejusdemque primogenitæ primogenitus masculus, ejusque descendentes masculi ordine supradicto usque in infinitum, eodem successionis ordine in secundo, tertio, & quarto genitis filiabus, earumque descendentibus primogenitis servato, prout in Diplomate ipsius quondam Divi Caroli desuper edito latius continetur, cujus tenor est talis;

CAROLUS Quintus Divina favente Clementia Romanorum Imperator Augustus, ac Rex Germaniæ, Castellæ, Arragoniæ, Legionis, utriusque Siciliæ, Hierusalem, Hungariæ, Dalmatiæ, Croatiæ, Navarræ, Granatæ, Toleti, Valentiæ, Gallitiæ, Majoricarum, Hispalis, Sardiniæ, Cordubæ, Corsicæ, Murtiæ, Giennis, Algarbii, Algeziræ, Gibraltaris, ac Insularum Balearium, Insularum Canariæ, & Indiarum, ac Terræ firmæ, Maris Oceani &c. Archidux Austriæ, Dux Burgundiæ, Lotharingiæ, Brabantiæ, Stiriæ, Carinthiæ, Carniolæ, Limburgiæ, Lucemburgiæ, Geldriæ, Viertembergæ, Calabriæ, Athenarum, Neopatriæ &c. Comes Habspurgi, Flandriæ, Tirolis, Barchinoniæ, Arthois, & Burgundiæ, Comes Palatinus Hannoniæ, Holandiæ, Zelandiæ, Ferreti, Kiburgi, Namurci, Rossilionis, Ceritaniæ, & Zutphaniæ, Landgravius Alsatiæ, Marchio Burgoviæ, Oristani, & Gotiani, & Sacri Romani Imperii, Princeps Sueviæ, Cathaloniæ, Dominus Frisiæ, Marchiæ Sclavonicæ, Portus Naonis, Biscaiæ, Molinæ, Salinarum, Tripolis, & Mechliniæ &c. Ad futuram rei memoriam recognoscimus pro Nobis, & Nostris in Imperio Successoribus, & notum facimus harum serie Universis. Quod cum superioribus annis Illustris quondam Franciscus secundus Sfortia Mediolani Dux, quem paulò ante in universum Dominium, & Statum Mediolani Dei auspiciis in nostrum Sacri Romani Imperii Jus, & potestatem armis nostris justè, ac legitimè restitueramus, & in Feudum illi contuleramus, nullo Herede Feudi capace post se relicto, sic Deo disponente in fata concesserit, eaque de causa ipso Statu, ac Dominio Mediolanensi ad Nos, & Sacrum Romanum Imperium pleno Jure devoluto, ut ejus securitati, & simul Sacri Imperii Juribus, atque adeò totius Italiæ paci opportunè consuleretur, quod fieri nullo modo posse jàm tum experientiâ edocti cernebamus, nisi Status ille tali committeretur, qui Jus Imperii, & suum viribus, & potentia ubi opus esset, tueri atque deffendere posset cum omnibus circumspectis, nullum alium magis commodum ad eam rem, & Statum inveniremus jam

dictum

ANNO 1579.

dictum Statum, & Dominium Mediolani, ac Comitatus Papiæ, & Angleriæ Serenissimo Principi Domino Philippo Principi Hispaniarum, Archiduci Austriæ, Duci Burgundiæ, Mediolani &c. Principi, & Filio nostro Charissimo in Feudum contulimus, & dilectionem suam de illo investivimus tanquam eum, qui nobis meritò præ cæteris gratus esset, & quem ad defensionem præfati Status, & Jurium Sacri Imperii in eo ex causis prænarratis merito magis idoneum judicassemus quemadmodum ex Litteris nostris super ea re expeditis apparet. Quoniam autem non minus solicitè curandum est, quibus rationibus, quæ immenso sumptu, & labore parta sunt, conserventur, id verò potissimum in eo consistere judicemus si futuris contentionibus, & differentiis, quæ inter Successores oriri possent omnis occasio præcludatur. Proinde opere pretium visum est in ipso Statu Mediolani certam succedendi rationem, & formam ex nunc constituere quo nimirum ille cum suis omnibus appertinentiis in omne ævum integer, & indivisus permaneat, ac neque Successorum pluralitate, neque competitorum ambitione ac contentione distrahi, atque discerpi quandoque possit. Quapropter motu proprio, non per errorem, aut improvidentiam, sed animo benè deliberato, sano, & maturo Procerum nostrorum, & Imperii Sacri Fidelium accedente Consilio, præfatique Serenissimi Principis Filii nostri Charissimi consensu, & voluntate interveniente, ex certa scientia, & Imperiali auctoritate nostra, ac de plenitudine potestatis, harum Litterarum serie, ac vigore decernimus, ordinamus, atque statuimus hoc Imperiali Edicto perpetuò valituro, quod in prædicto Statu, & Dominio Mediolani, Comitatibusque Papiæ, & Angleriæ cum universis eorum Juribus, & pertinentiis ex hoc tempore in anteà perpetuis futuris temporibus succedat & succedere debeat præfati Serenissimi Filii nostri Hispaniarum Principis Primogenitus masculus legitimus ex eo descendens, ejusdemque Primogeniti Primogenitus masculus legitimus, & sic ordine successivo de Primogenito in Primogenitum masculum descendentem usque in infinitum. Deficientibus autem Primogenitis Masculis succedat, & succedere debeat in prædicto Ducatu, & Statu Mediolani Comitatibusque Papiæ, & Angleriæ cum eorum pertinentiis secundo genitus masculus legitimus ejusdemque secundo geniti Primogenitus masculus, & ab eo Descendentes masculi primogeniti usque in infinitum. Quando aliquis masculus superstes fuerit, illud idem intelligendo de tertio, & quarto genitis masculis ordine primogenituræ semper salvo, & servato. Deficiente verò linea masculina succedat, & succedere debeat in dicto Mediolanensi, & Dominio Comitatibus Papiæ, & Angleriæ cum eorum pertinentiis Filia primogenita, ejusdemque primogenitæ primogenitus masculus, ejusque Descendentes masculi ordine supradicto usque in infinitum, atque eadem lex, idemque ordo successionis intelligatur, & servetur in secundo, tertio, & quarto genitis Filiabus, earumque Descendentibus primogenitis ita ut alii Filii, aut Filiæ nullum Jus prætendere possint ad dictos Ducatum, & Comitatus, sed solum alii Fratres, & Descendentes masculi legitimi habeant, & habere possint, ac percipiant ab ipsis primogenitis alimenta condecentia, juxta gradus dignitatem, Filiabus verò, si quas habere contigerit, easque nuptui tradi, de condecenti dote, prout gradus earum conditio requirit, prospiciatur, & honesta sustentatione alantur, quibus ità præstitis decernimus ipsos, & ipsas debere tacitos, & tacitas, atque contentos, & contentas esse ipsis super cæteris, quæ Successionem hujusmodi Ducatus, Dominii, & Status Mediolani, & Comitatuum, ac pertinentiarum prædictarum concernunt perpetuum silentium imponentes Quæ quidem omnia præmissa facimus, constituimus, ordinamus, & sancimus motu, animo, consilio, scientia, auctoritate, & potestate, supradictis, eaque non obstante Lege, & forma prædictæ nostræ Investituræ præfato Serenissimo Filio nostro Philippo Hispaniarum Principi concessæ, ac non obstantibus quibusvis aliis Investituris per Nos, aut Divos Prædecessores nostros Romanorum Imperatores & Reges augustæ memoriæ Illustribus quondam Mediolani Ducibus sub quacunque verborum forma concessis, sive etiam donatione, & Investitura nostra primæva ipsi Serenissimo Principi Filio nostro collata, naturave ipsius Feudi, Ducatus, & Comitatum prædictorum, nec non Legibus, Constitutionibus, Consuetudinibus, Feudorum Decretis tam Mediolanensis Dominii, quàm aliis Statutis, Privilegiis, Concessionibus, tam generalibus, quam particularibus, & aliis in contrarium facientibus quibuscumque etiam si talia forent, quæ hic de verbo ad verbum inserere oporteret, aut de eis facere mentionem specialem. quibus omnibus, & singulis eorum tenorem hic pro insertis, & sufficienter expressis habentes, & haberi volentes quatenus obstarent, seu quovismodo obstare possent huic nostræ Constitutioni, Ordinationi, Dispositioni, atque Decreto pro hac vice, & ad hunc effectum dumtaxat expressè derrogamus, & derrogatum esse volumus, scientia, auctoritate, & potestate prædictis supplentes omni tam Juris, quam facti, & cujusvis solemnitatis tam intrinsecæ, quam extrinsecæ, aut forma is, quæ servari debuisset, & non esset servata, & alii cuicumque defectui, qui in præmissis quovismodo intervenisset, aut intervenisse dici, seu allegari posset, nostra tamen, & Imperii sacri superioritate, & feudali obsequio semper salvis, & hac lege adjecta ut quicunque in præfato Ducatu, & Statu Mediolani, Comitatibusque Papiæ, & Angleriæ successerit, sive masculus, sive fæmina fuerit, quod is, vel illa eosdem Ducatum, & Comitatus a nobis, & Successoribus nostris Romanorum Imperatoribus, & Regibus, masculi quidem per se, fœmina verò mediante persona legitimi Procuratoris, aut Feudo geruli, ad gerendum aut deserviendum Feudum apti, & idonei in Feudum recognoscere, Investituram, quoties casus postulaverit; petere, & debitum fidelitatis, & homagii Juramentum præstare teneatur. Nulli ergò omninò hominum liceat hanc nostræ constitutionis, ordinationis, decreti, derrogationis, suppletionis, voluntatis, & præcepti paginam infringere, aut ei quovis ausu temerario contraire, aut contra præmissa, vel aliquod eorum facere, vel venire quovis quæsito colore, ingenio, seu pretextu. Si quis autem secus attentare præsumpserit nostram, & Imperii sacri indignationem gravissimam, ac pœnam decem millium Marcharum auri puri, toties quoties contrafactum fuerit, se noverit eo ipso incurisse, quarum dimidiam Imperiali Fisco, seu Ærario nostro, reliquam verò dimidiam Parti læsæ decernimus absque ulla remissione applicandam, ratis nihilominus, ac in suo robore, & vigore manentibus omnibus dispositionibus nostris præmissis. Harum testimonio Litterarum manu nostra subscriptarum. & Bullæ nostræ aureæ appensione munitarum. Datum in Oppido nostro Bruxellensi Ducatus nostri Brabantiæ die duodecima mensis Decembris, Anno Domini millesimo quingentesimo quadragesimo nono. Imperii nostri trigesimo, & Regnorum nostrorum trigesimo quarto. Dictusque Serenissimus, & Charissimus Nepos noster Rex Catholicus nos amanter rogaverit, ut hujusmodi Successionis formulam ipsi quoque auctoritate nostra Cæsarea approbare, ratificare, confirmare, & corroborare vellemus. Nos sanè hujusmodi filiali petitioni ejusdem Serenissimi & Charissimi Nepotis nostri Regis Catholici haud gravatim annuimus, qui alioquin etiam Serenitati ejus pro mutua nostra arctissima sanguinis conjunctione omni loco, & tempore lubenter gratificamur, tum Divi Patris sui causa, cujus fraternæ in nos dilectionis memoria nunquam ex animo nostro evelletur, tum etiam quod Serenitatis suæ plurima, & præclarissima extent erga sacrum Romanum Imperium merita, habitaque ratione, quod Serenitas ejus hactenus in dicto Statu Mediolanensi Jus, & proprietatem ejusdem sacri Imperii summis viribus tueri, & conservare studuerit, & deinceps quoque idem longè facilius, & comodius præstare poterit, non solum ipsamet Serenitas sua, verum etiam Hæredes & Successores sui, si suprascripta ratio, & forma Successionis observetur. Itaque ex certa nostra scientia, animoque benè deliberato, & de Cæsareæ nostræ potestatis plenitudine memoratam Divi Fratris nostri Constitutionem, & formam Successionis in præinserto Diplomate descriptam, omniaque, & singula in eo Rescripto contenta in omnibus eorum Punctis, Clausulis, Articulis, Sententiis, & verborum expressionibus, prout superiùs inserta habentur, laudavimus, approbavimus, ratificavimus, confirmavimus, & corroboravimus prout per præsentes laudamus, approbamus, ratificamus, confirmamus, & corroboramus. Volentes, ac decernentes ea omnia, & singula in perpetuum rata, grata, valida, & firma esse, nec non censeri, atque observari debere non obstante Lege, & forma Investituræ per Nos dicto Serenissimo, & Charissimo Nepoti nostro Catholico Hispaniarum Regi ante hac concessæ, quæ data fuit in nostra Imperiali Civitate Augusta Vindelicorum die vigesima septima mensis Februarii Anno Domini millesimo quingentesimo quinquagesimo nono neque etiam obstantibus quibusvis aliis Investituris per prælibatum quondam Impera-

ANNO 1579.

ratorem Carolum Quintum, aut alios Divos Prædecessores nostros Romanorum Imperatores, ac Reges augustæ memoriæ, sive eidem Serenissimo Regi Philippo, sive Illustribus quondam Mediolani Ducibus sub quacunque verborum forma concessis, & præsertim primæva Investitura, quàm Serenitati ejus a sæpè nominato Divo Parente suo collatum esse liquet seu natura ipsius Feudi, Ducatus, & Comitatuum prædictorum, nec non Legibus, Constitutionibus, Consuetudinibus, Feudorum Decretis tam Mediolanensis Dominii, quam aliis Statutis, Privilegiis, Concessionibus tam generalibus, quam particularibus aut aliis in contrarium facientibus quibuscunque etiam si talia forent, de quibus hoc loco specialis mentio fieri deberet, iis namque omnibus, & singulis, quatenus huic nostræ confirmationi, dispositioni, & decreto obstarent, seu quovismodo obstare possent pro hac vice, & ad hunc effectum dumtaxat expressè derrogamus, & derrogatum esse volumus, scientia, & auctoritate prædicta supplentes omni tam Juris, quam facti, & cujusvis solemnitatis, tam intrinsecæ, quam extrinsecæ, aut formalis, quæ servari debuisset, & non esset servata, & alii cuicunque defectui, qui in præmissis quovis modo intervenisset, aut intervenisse dici, seu allegari posset, nostra tamen & Imperii Sacri superioritate, & feudali obsequio semper salvis. Hac quoque Lege, quam adjecit Divus Imperator Carolus Quintus reservata, & illæsa, ut quicunque in prædicto Ducatu, & Statu Mediolani, Comitatibusque Papiæ, & Angleriæ successerit, sive masculus sive fœmina fuerit, quod is, vel illa eosdem Ducatum, & Comitatus a Nobis, & Successoribus Nostris Romanorum Imperatoribus, & Regibus masculi quidem per se, feminæ verò mediante persona legitimi Procuratoris aut Feudo geruli ad gerendum, aut deserviendum Feudum apti, & idonei in Feudum recognoscere Investituram, quoties casus postulaverit, petere, & debitum fidelitatis, & Homagii Juramentum præstare teneatur. Nulli ergò omninò hominum liceat hanc nostræ approbationis, ratificationis, confirmationis, corroborationis, decreti, derrogationis, suppletionis, voluntatis, & præcepti paginam infringere, aut ei quovis ausu temerario contraire, aut contra præmissa, vel aliquod eorum facere, vel venire quovis quæsito colore, ingenio, seu pretextu. Si quis autem secus attentare præsumpserit nostram, & Imperii Sacri indignationem gravissimam, ac pœnam decem millium Marcharum auri puri toties quoties contrafactum fuerit se noverit eo ipso incurisse, quarum dimidiam Imperiali Fisco, seu Ærario nostro, reliquam verò dimidiam Parti læsæ decernimus absque ulla remissione applicandam, ratis nihilominus, ac in suo robore & vigore manentibus omnibus dispositionibus superius descriptis. Harum testimonio Litterarum manu nostra subscriptarum, & Cesarei Sigilli nostri appensione munitarum. Datum in Civitate nostra Vienna die quinta mensis Januarii Anno Domini millesimo quingentesimo sexagesimo quarto, Regnorum nostrorum Romani trigesimo quarto, aliorum verò trigesimo octavo. Porrò sublato etiam ex hac vita in cælestem Patriam Divo Domino Avo Paterno nostro Imperatore Ferdinando fœlicis memoriæ Majestatis suæ Successor Divus Imperator Maximilianus secundus Dominus, & Genitor noster observandissimus augustæ memoriæ dictam Investituram una cum confirmatione extensionis præinserta laudaverit, confirmaverit, & renovaverit, prout patet ex Majestatis suæ Diplomate dato in Civitate nostra Vienna die sexta mensis Julii Anno Domini millesimo quingentesimo sexagesimo quinto; Nunc verò posteà quam ejusdem Divi Genitoris nostri obitu, Sacri Romani Imperii gubernacula Divina voluntate ad Nos devoluta sunt, prædictus Serenissimus, & Charissimus Frater noster Rex Catholicus ne ullo unquam tempore videretur iis, quæ Serenitati suæ incumbunt erga Nos, & Sacrum Romanum Imperium defuisse, nos medio, & opera nobilis sincerè dilecti Don Joannis de Borgia sui Consiliarii, & ad Nos destinati Oratoris, atque Mandatarii & Procuratoris fraternè, ac singulari studio rogaverit ut Serenitatem suam pro se, & Liberis, Heredibus, & Descendentibus suis de supranominatis Statu, & Ducatu Mediolani, & Comitatibus Papiæ, & Angleriæ, eorumque omnium pertinentiis universis benevolè investire, & infeudare, omniaque, & singula in memoratis Divorum Caroli Quinti, Ferdinandi, & Maximiliani, ac aliorum Prædecessorum nostrorum Litteris, & Investituris concessa, facta, disposita, declarata, atque decreta, & præsertim superius descriptam extensionem, ac succedendi formam auctoritate nostra Cæsarea rattificare, approbare, confirmare, & corroborare vellemus. Nos sanè hac fraterna, & studiosissima petitione præfati Serenissimi, & Charissimi Fratris nostri Regis Catholici intelecta, eidem haud gravatim annuendum duximus considerata non modò arctissima sanguinis, & affinitatis conjunctione, quæ inter Nos, & Serenitatem ejus intercedit, & meritò apud nos quoquo loco, & tempore plurimum utique momenti habere debet, sed potissimum etiam eximia auctoritate, & potentia Serenitati ejus à Deo Omnipotente concessa, quæ præ cæteris Legibus, atque Principibus jus, & proprietatem Sacri Romani Imperii in dicto Statu, & Ducatu Mediolani tueri, & conservare valet, prout certè Serenitas ejus in Sacrum Romanum Imperium, utpote cujus Serenitas sua Amplissimum, & Fidelissimum est Membrum, plurima, ac præclarissima extant merita, neque dubitandum est Serenitatem suam eundem animum ac idem studium, eandemque alacritatem in procurandis promovendisque iis, quæ ad comodum ac benefitium Sacri Imperii, & totius Christianitatis pertinent deinceps quoque omni loco, & tempore declaraturam, ac omnes suas cogitationes, omnesque curas eò relaturam ut Imperio Romano, ac Universos Reipublicæ Christianæ non minori præsidio, quam ornamento semper fuisse videatur. Quo circa cupientes tam præclaræ dicti Serenissimi Regis erga nos, & sacrum Imperium voluntati, & egregiis meritis mutua nostra Cæsarea, & fraterna benevolentia respondere, ex certa nostra scientia, animoque benè deliberato ac de Cæsareæ nostræ potestatis plenitudine, sano quoque accedente consilio, sæpe dictum Serenissimum Regem Philippum Catholicum Avunculum fororium, & Fratrem nostrum Charissimum tanquam Mediolani Ducem pro se, & Filiis, Hæredibus, ac Successoribus suis ex legitimo Matrimonio procreatis, ac procreandis, ac aliis Descendentibus, qui ex Serenitate, & Filiis ejus legitimis legitimè nascentur, juxtà ordinem Primogenituræ à Divo Carolo Quinto institutum, & per Divum Parentem nostrum confirmatum infeudavimus, & investivimus, nec non infeudamus, & investimus tenore præsentium de dictis Ducatu Mediolani, nec non Comitatibus Papiæ, & Angleriæ, eorumque omnium pertinentiis universis, quæ in præsenti ad dictos Ducatum, & Comitatus spectant, seu olim spectaverunt, & pertinuerunt Ducibusque, & Comitibus prædictis competiverunt, vel etiam competere deberent de Jure vel de consuetudine, vel aliter quomodocumque juxta formam Investiturarum antiquarum, & cum omnibus Juribus, honoribus, prerogativis, libertatibus, exemptionibus in eisdem antiquis Investituris latius expressis, quas hic, in quantum opus est, pro repetitis haberi volumus perinde, ac si de verbo ad verbum præsentibus insertæ essent. Recepto tamen prius à supra nominato Serenitatis suæ Oratore, Procuratore, ac Mandatario ad id sufficienti mandati instructo, debito, ac solito fidelitatis, & homagii nomine, & in animam Serenitatis suæ corporali Juramento. Ad hæc scienter, deliberatè ac consultò, & de Cæsareæ potestatis nostræ plenitudine omnia, ac singula in memoratis Divorum quondam nostrorum Magni Patrui, Avorum & Genitoris, aliorumque Prædecessorum nostrorum Litteris, & Investituris contenta, & nominatim, ac præcipuè supra insertam extensionem, & succedendi ordinem, & modum a Divo quondam magno Patruo, & Avo Materno nostro Carolo Quinto institutum, atque per Divos Avum Paternum, & Genitorem colendæ memoriæ Ferdinandum, & Maximilianum secundum Imperatores confirmatum, & corroboratum, nos quoque in omnibus eorum Punctis, Clausulis, Articulis, Sententiis & verborum expressionibus laudavimus, approbavimus, rattificavimus, confirmavimus, & corroboravimus, prout per præsentes approbamus, rattificamus, confirmamus, & corroboramus, & quatenus opus est & expedit in favorem sæpedicti Serenissimi Regis Hispaniarum ejusque Hæredum, & Descendentium prædictorum de novo concedimus, facimus, disponimus, instituimus, declaramus, & decernimus. Volentes, & hoc nostro Cæsareo Edicto firmiter statuentes, & sancientes, quod ea omnia, ac singula in perpetuum rata, grata, valida, & firma esse, atque censeri & observari debeant non obstante Lege & forma Investituræ eidem Serenissimo, & Charissimo Fratri, & Avunculo nostro a Divo Ferdinando Avo nostro ante hac concessæ, neque obstantibus quibusvis aliis Investituris per prælibatum quondam Imperatorem Carolum Quintum, aut alios Divos Prædecessores nostros Romanorum Imperatores, ac Reges felicis recordatio-

Anno 1579.

dationis, sive eidem Serenissimo Regi Philippo, sive Illustribus quondam Mediolani Ducibus sub quacumque verborum forma concessis, & præsertim Investitura, quæ Serenitati ejus a sæpe nominato Divo Parente suo collata fuit, seu natura ipsius Feudi Ducatus, & Comitatuum prædictorum, vel quibuslibet Legibus, Juribus, Constitutionibus, Consuetudinibus, Statutis, ac Feudalibus Decretis tàm Dominii Mediolanensis quam aliis, sive generalibus, sive particularibus, Statutis, Privilegiis, & Concessionibus, & aliis quibuscunque concessis, vel concedendis in contrarium facientibus aliter disponentibus, vel aliam formam dantibus, vel etiam aliquid pro solemnitate requirentibus etiam si talia forent, de quibus hoc loco specialis mentio fieri deberet, iis namque omnibus, & singulis, quatenus huic nostræ Infeudationi, Investituræ, Declarationi, Confirmationi, Dispositioni, & Decreto obstarent, seu quovis modo obstare, ejusque vim, & effectum impedire, sive elidere possent, pro hac vice, & ad hunc dumtaxat effectum expressè derrogamus, & derrogatum esse volumus, scientia, & auctoritate prædicta. Supplentes omnibus, tam facti, & cujusvis solemnitatis tam intrinsecæ, quam extrinsecæ, aut formalis, quæ servari debuisset & non esset servata, & aliis quibuscumque defectibus, si qui in præmissis quovis modo intervenissent, aut intervenisse dici, vel allegari possent, nostra tamen, & Imperii Sacri superioritate, & feudali obsequio semper salvis; hac quoque Lege, quam adjecit Divus Imperator Carolus Quintus, resservata, & illæsa, ut quicunque in prædicto Ducatu, & Statu Mediolani, Comitatibusque Papiæ, & Angleriæ successerit, sive masculus, sive fæmina fuerit, quod is vel illa eosdem Ducatum, & Comitatus à nobis, & Successoribus nostris Romanorum Imperatoribus, & Regibus, masculi quidem per se, feminæ verò mediante persona legitimi Procuratoris, aut Feudo geruli, ad gerendum, aut deserviendum Feudum apti, & idonei in Feudum recognoscere Investituram, quoties casus postulaverit petere, & debitum fidelitatis, & homagii Juramentum præstare teneatur. Committentes quoque, & expressè injungentes Gubernatori, Præsidi, & Senatui, & universis, & singulis Mediolani, Papiæ, & Angleriæ Comitibus, Baronibus, Nobilibus, Clientibus, Vassallis, Officialibus, & Ministris, cæterisque Civitatum, & Locorum Terrarumque totius Ducatus, & Status Mediolani, & Comitatuum Papiæ, Angleriæque Subditis, & aliis nostris, & Imperii sacri fidelibus dilectis cujuscumque præheminentiæ, dignitatis, status, gradus, ordinis, aut conditionis existant tam præsentibus, quam futuris ut præfatum Serenissimum Regem Hispaniarum Avunculum, Sororium, & Fratrem nostrum charissimum ejusque Hæredes & Descendentes antedictos tanquam suos veros, ordinarios, & legitimos Principes, & Dominos recipiant, & agnoscant, eisque consuetum homagium, & fidelitatem præstent, eorum præceptis, & jussionibus reverenter, & firmiter, ut par est, pareant atque obediant, aliaque omnia, & singula præstent, & faciant, quæ fideles Vassalli, Offitiales, & Subditi suis naturalibus, veris & legitimis Principibus, & Dominis facere, & præstare tenentur de jure, consuetudine, aut Privilegio speciali. Præterea mandamus quoque omnibus, & singulis Electoribus, & aliis Principibus Ecclesiasticis, & Secularibus sacri Romani Imperii nec non quibuscunque aliis Prælatis, Ducibus, Marchionibus, Comitibus, Baronibus, Nobilibus, Militibus, Clientibus, Capitaneis, Præfectis, Gubernatoribus, Potestatibus, Magistratibus, Consulibus, Judicibus, Civibus, Communitatibus quarumcumque Civitatum, Oppidorum, Terrarum, & Locorum, & denique omnibus aliis nostris, & sacri Romani Imperii Subditis, & fidelibus dilectis cujuscunque status, gradus, præheminentiæ, dignitatis, ordinis, & conditionis fuerint, præsentibus, & futuris, tam Italiæ, quam Germaniæ, aut alterius cujuscunque de sacro Romano Imperio dependentis Provinciæ, sub pœna Banni Imperialis, nec non privationis, & ammissionis omnium, & singulorum Privilegiorum, Regalium, Feudorum, & Bonorum, quæ a Divis Prædecessoribus nostris Romanorum Imperatoribus, & Regibus, ac nobis, & sacro Romano Imperio quovis modo obtinent, ut ipsum Serenissimum Regem Hispaniarum &c. Avunculum, & Fratrem nostrum charissimum ejusque Heredes, & Descendentes juxtà suprascriptum ordinem successuros in memorata donatione, concessione, extensione, dispositione, & declaratione Divi Caroli Quinti Magni Patrui, & Avi nostri, per Divos Dominos Avum paternum, & Genitorem, & Prædecessores nostros, ut superius demonstratum est, confirmata, & hac nostra dictorum Ducatus, Comitatuum, pertinentiarum, & Jurium prædictorum infeudatione, investitura, confirmatione, approbatione, declaratione, dispositione, & Decreto, aut in aliqua eorum parte impediant, perturbent, molestent, aut gravent, sed illis omnibus, & singulis liberè, & pacificè secundum eorum formam, & tenorem uti, frui, & gaudere sinant, & contrarium ne faciant, nec fieri procurent, aut permittant directè, vel per indirectum, quovis quæsito colore, ingenio, seu pretextu, quatenus pænas supradictas, & præterea mulctam mille marcharum auri puri maluerint evitare, quam quilibet contrafaciens totiens quotiens contrafactum fuerit ultra pænas supra commemoratas ipso facto se noverit irremissibiliter incurisse. Quarum dimidium Imperiali Fisco, seu Ærario nostro, reliquum verò Parti læsæ decernimus applicandum. Harum testimonio Litterarum manu nostra subscriptarum & Sigilli nostri Cæsarei appensione munitarum. Datum in Aula nostra Regia Pragæ die ultima mensis Februarii Anno Domini millesimo quingentesimo septuagesimo nono, Regnorum nostrorum Romani quarto, Hungariæ septimo, & Bohemiæ itidem quarto Signatum Rudolfus, vice ac nomine Reverendissimi Domini Don Danielis Archiepiscopi Archicancellarii, & Electoris Moguntini. Vt. Srielxuser D. Ad mandatum Sacræ Cæsareæ Majestatis proprium Obernburger. Collationata, Registrata Buttiner, cum Sigillo Cæsareo pendenti in Capsula lignea &c. Anno 1579.

Extracta fuit præsens Copia à Registro inscripto sub Litteris KK. *Ducis* Ludovici Mariæ Sfortiæ *Vicecomitis existente in Regio Archivio Castri Portæ Jovis Mediolani in papiro scripto; Datum Mediolani die trigesima mensis Octobris Anni* 1719.

Examinavit Joannes Franciscus Strigelius *Regii Archivii Officialis.*

CLX.

Articles de la Conference tenuë à Nerac, pour éclaircir & résoudre les difficultez survenues au sujet de l'Edit de Pacification donné par Henri III. *Roi de France, au mois de Septembre* 1577. *touchant les troubles de la* Religion. *Lesdits Articles conclus au mois de Février* 1579. [Benoît, Histoire de l'Edit de Nantes, dans les Preuves du Tom. I. pag. 43.] 28. Fevr.

Catholiques et Reformez en France.

POur faciliter l'execution de l'Edit dernier de Pacification fait au mois de Septembre, mil cinq cens soixante & dix-sept, & éclaircir & resoudre les difficultez qui sont intervenuës, & qui pourroient encores retarder le bien & effet d'iceluy Edit: A été sur la Requête, Suplication & Articles presentez par ceux de la Religion pretenduë Reformée, resolu & arrêté ce qui s'ensuit, en la Conference tenuë à Nerac en ce present mois de Fevrier, *mil cinq cens soixante & dix-neuf*, entre la Reine Mere du Roy, assistée d'aucuns Princes & Seigneurs du Conseil privé du Roy: & le Roy de Navarre, aussi assisté du Deputé de Monseigneur le Prince de Condé, Seigneurs & Gentilshommes, & des Deputez de ceux de la Religion pretenduë Reformée.

I. Que les *Hauts Justiciers* ou ceux qui tiennent plein *Fief de Haubert*, soit en proprieté ou usufruit, en tout, par moitié ou tiers, pourront faire continuer l'exercice de la Religion pretenduë Reformée, es Lieux par eux nommez pour leurs principaux domiciles, encores qu'ils en soient absens & leurs Femmes, pourveu qu'une partie de leur Famille demeure audit Lieu: & encore que le Droit de Justice ou plein Fief de Haubert soit controversé, neanmoins l'exercice de ladite Religion y sera continué, pourveu que les susdits soient en possession actuelle de ladite Justice. Et pour le regard de l'exercice public de ladite Religion pretenduë Reformée, és Lieux ordonnez par le Roy, si quelqu'un desdits Lieux se trouve incommode, presentant requête au Roy à ces fins pour le transferer ailleurs, leur sera pourvu suffisamment, & à leur commodité par Sa Majesté.

ANNO 1579.

II. Que suivant certaines Lettres Patentes du Roy, données à Paris le 13. Novembre, 1577 conformément à l'Article XI. de ce qui fut arrêté & signé à Bergerac le 16. Septembre audit an 1577. qui par inadvertence auroit été obmis en l'Edit dernier de Pacification: est permis à ceux de ladite Religion pretenduë Reformée pouvoir acheter, faire *édifier* & construire des *Lieux* pour faire ledit *exercice de Religion* aux Fauxbourgs des Villes, ou des Bourgs & Villages qui leur sont ou seront ordonnez en chacun Bailliage, Senechaussée ou Gouvernement, & aux Lieux où l'exercice de ladite Religion leur est permis par l'Edit. Et ceux qui se trouveront ausdits Lieux avoir été par eux édifiez, leur seront rendus en tel état qu'ils sont.

III. Est permis à ceux de ladite Religion pretenduë Reformée eux assembler par devant le Juge Royal, & par son autorité égaler, & *lever* sur eux telle Somme de *deniers* qu'il sera arbitré être necessaire, pour être employée pour l'*entretenement* de ceux qui ont *charges* pour l'exercice de leurdite Religion, dont on baillera l'état audit Juge Royal, pour iceluy garder.

IV. Que suivant le XX. Article dudit Edit de Pacification, il sera promtement par les Juges & Magistrats des Villes pourvu de lieu commode, pour *enterrer* les corps des morts de ceux de ladite Religion pretenduë Reformée. Et dont sont faites defenses autant ausdits Officiers qu'autres, de rien exiger pour la conduite desdits corps morts: sur peine de concussion.

V. Et pour obvier à tous differens qui pourroient survenir entre les Cours de Parlemens, & les *Chambres* d'icelles Cours ordonnées par iceluy Edit, le Roy fera au plûtôt un bon & ample reglement, entre lesdites Cours de Parlement & lesdites Chambres: & tel que ceux de ladite Religion pretenduë Reformée jouïront entierement dudit Edit: sera promtement passé outre à l'établissement de la Chambre de Languedoc, suivant iceluy Edit. Mais s'il se voit cy-aprés que le nombre des Juges n'y soit suffisant pour l'affluence des causes, presentans lesdits de la Religion requête à Sa Majesté, leur sera pourvu suffisamment. Pour le regard des Gens du Roy, seront suivis les Articles secrets de l'an 1577, tant pour le regard de la Chambre de Languedoc, que de celle de Guyenne. Neanmoins lesdits Gens du Roy en cette charge seront continuez, sans pouvoir être revoquez, sinon és cas de l'Ordonnance, combien qu'ils portent titre de Substituts d'Avocats & Procureurs Generaux esdites Cours de Parlement. Les Commis des Greffiers Civil & Criminel esdites Chambres, exerceront leurs charges par commission du Roy: & seront appellez Commis aux Greffes Civil & Criminel. Et partant ne pourront être destituez, ni revoquez par lesdits Greffiers des Parlemens, toutefois seront tenus rendre l'émolument desdits Greffes ausdits Greffiers, lesquels Commis seront salariez par lesdits Greffiers, selon qu'il sera avisé & arbitré par lesdites Chambres. Et quant aux Huissiers, outre ceux qui seront pris esdits Parlemens, lesquels seront Catholiques, en sera erigé de nouveau deux en chacune Chambre, qui seront de ladite Religion. Et seront tous lesdits Huissiers reglez par lesdites Chambres, tant en l'exercice & departement de leurs Charges, qu'és émolumens qu'ils devront prendre. Seront aussi és Villes, où lesdites Chambres seront érigées, deux Offices de Sergens, pour être tenus par personnes de ladite Religion. Et quant aux Procureurs, est permis aux Procureurs desdits Parlements d'aller postuler esdites Chambres. Et en cas que le nombre ne fût suffisant, en sera érigé par le Roy, & pourvu gratuitement à la nomination desdites Chambres, tel nombre qu'elles aviseront, pourveu qu'il n'excede dix: & dont elles envoyeront le rôlle, sur lequel seront faites & scellées les provisions. Les expeditions de Chancellerie desdites Chambres se feront en presence de deux Conseillers d'icelles Chambres, dont l'un sera Catholique, & l'autre de ladite Religion pretenduë Reformée: en l'absence d'un des Maîtres des Requêtes de l'Hôtel du Roy, l'un des Notaires & Secretaires desdites Cours de Parlement, fera residence és Lieux desdites Chambres, ou bien un des Secretaires ordinaires de la Chancellerie, pour signer les expeditions de ladite Chancellerie. Et a été arrêté, que la Chambre de Languedoc sera établie en la Ville de l'Isle en Albigeois.

VI. Quant aux *Arrêts* donnez és Cours de Parlement, depuis ledit Edit, esquels les Parties n'ont procedé volontairement, c'est-à-dire, ont allegué & proposé fins declinatoires, ou qui ont été donnez par defaut, tant en matiere civile que criminelle, nonobstant lesquelles ont été contraints de passer outre, ils seront censez & reputez comme ceux qui ont été donnez auparavant l'Edit, & revoquez par iceluy. Le semblable est ordonné pour les Jugemens Presidiaux donnez depuis l'Edit, & pour les cas abolis par iceluy Edit, & par la presente Conference. Et pour le regard des Arrêts donnez contre ceux de ladite Religion pretenduë Reformée, qui ont procedé volontairement, & sans avoir proposé fins declinatoires, iceux Arrêts demeureront: & neanmoins sans prejudice de l'execution d'iceux se pourront, si bon leur semble, pourvoir par Requête Civile devant lesdites Chambres. Et jusques à ce que lesdites Chambres & Chancelleries d'icelles soient établies, les Appellations verbales, ou par écrit, interjettées par ceux de ladite Religion devant les Juges, Greffiers, ou Commis Executeurs des Arrêts & Jugemens, auront pareil effet que si elles étoient relevées par Lettres Royaux. Et pour les Procés non encores jugez, pendant esdites Cours de Parlement, de la qualité susdite, seront renvoyez, en quelque état qu'ils soient, esdites Chambres du ressort, si l'une des Parties le requiert, suivant l'Edit, dedans quatre mois és Provinces où les Chambres sont établies, aprés l'enregîtrement de ces presens Articles: & pour les autres Provinces où elles ne sont encores établies, quatre mois aprés l'établissement d'icelles, devers les Greffiers desdites Cours de Parlement, & ce pour le regard des Procés qui sont instruits & prêts à juger. Et quant à ceux qui sont discontinuez, & ne sont en état de juger, lesdits de la Religion seront tenus faire ladite declaration à la premiere intimation & signification qui leur sera faite de la poursuite, & ledit tems passé ne seront plus reçus à requerir lesdits renvois. Et quant aux Procés évoquez tant és Cours de Parlement, Grand Conseil, qu'ailleurs, en cottant particulierement par lesdits de la Religion lesdits Procés, leur sera pourvu.

VII. Est inhibé, attendant l'installation desdites *Chambres*, & defendu à toutes Cours Souveraines, & autres de ce Royaume, de connoître & juger les Procés civils & criminels desdits de la Religion, & autres qui ont suivi leur party, dont par ledit dernier Edit de Paix est attribué la connoissance ausdites Chambres. Seront aussi reïterées les defenses contenuës en l'Article XXVI. dudit Edit de Pacification, pour le regard de la connoissance du fait des troubles jusques à huy: & generalement tous Jugemens & Arrêts donnez contre & au prejudice dudit Edit, seront cassez & revoquez, ensemble tout ce qui s'en est ensuivi.

VIII. Que d'orenavant en toutes *instructions*, autre qu'informations de Procés criminels, és Senechaussées de Thoulouse, Carcassonne, Rovergue, Lauragais, Beziers, Montpellier & Nîmes, le Magistrat ou Commissaire deputé pour ladite instruction, s'il est Catholique, sera tenu prendre *un Ajoint* qui soit de *ladite Religion* pretenduë Reformée, dont les Parties conviendront: & où ils n'en pourront convenir, en sera pris d'office un de la susdite Religion par ledit Magistrat ou Commissaire: comme en semblable si ledit Magistrat ou Commissaire est de ladite Religion, il sera tenu, en la même forme dessusdite, prendre un Ajoint Catholique. Et quand il sera question de faire Procés criminel par les Prevôts des Maréchaux, ou leurs Lieutenans, à quelqu'un de ladite Religion domicilié, qui soit chargé & accusé d'un crime Prevôtal, lesdits Prevôts ou leurs Lieutenans, s'ils sont Catholiques, seront tenus appeller à l'instruction desdits Procés un Ajoint de ladite Religion. Lequel Ajoint assistera aussi au jugement de la competence; & au jugement diffinitif dudit Procés. Laquelle competence ne pourra être jugée qu'au plus prochain Siege Presidial, en assemblée, avec les principaux Officiers dudit Siege, qui seront trouvez sur les Lieux à peine de nullité.

IX. En executant ledit Edit de Pacification, seront rétablies les *Justices à Montauban*, *Montpellier*, *Nimes*, & par tout ailleurs, où elles souloient être avant les troubles. Le tout suivans iceluy Edit.

X. La fabrication de la *Monnoye* sera remise en la Ville de *Montpellier*, ainsi qu'elle y étoit auparavant lesdits troubles.

XI. Le Roy pour ne laisser aucune occasion de dissensions qui puissent alterer le repos entre ses Sujets, ordonne que tout ce qui est avenu depuis la publication dudit dernier Edit jusques à huy, contre & au prejudice d'iceluy Edit, d'une part & d'autre, sera & demeurera *éteint & assoupi* comme non avenu. Et ne sera aucun recherché pour raison des assemblées de Gens de Guer-

ANNO 1579. Guerre, faites dans les Villes ou aux Champs, établissement & entretenement des Garnisons, entreprises & saisies des Villes, Places, Châteaux & Maisons, meurtres, emprisonnemens, rançons, n'autres excés en ce survenus, ne pareillement des ruines des Temples, Maisons & Edifices des Ecclesiastiques & autres, dont lesdits Sujets d'une part & d'autre seront & demeureront quittes & déchargez: & ne sera permis aux Procureurs Generaux de Sa Majesté, n'autres personnes quelconques, publiques ni privées, en quelque tems, ni pour quelque occasion que ce soit, d'en faire poursuite en quelque Cour ou Jurisdiction, n'en aucune maniere que ce puisse être. Le tout en la même forme & maniere qu'il est porté par l'Article LV. dudit dernier Edit de Pacification: excepté les ravissemens des Femmes & Filles, brûlemens, voleries, meurtres faits par prodition, & de guet à pens, hors les voyes d'hostilité, ou pour exercer vengeance particuliere, & autres crimes & delits reservez par ledit dernier Edit de Pacification, lesquels pourront être poursuivis par les voyes de Justice: & d'iceux être fait la punition telle que les cas le requerront. Et pour le regard des deniers pris, tant des Finances du Roy, que des Villes, Communautez, & autres particuliers: & ceux aussi qui ont été imposez & cueillis de quelque sorte & nature de deniers que ce soit, & en quelque maniere qu'ils ayent été levez par lesdits de la Religion, & autres qui ont tenu leur Party depuis l'Edit de Pacification, en sont & demeurent entierement dechargez, sans qu'ils en puissent, ne ceux qui l'auront commandé, Corps de Villes & Communautez, ni aussi leurs Commis, être aucunement recherchez. Seront neanmoins lesdits de la Religion tenus s'assembler avec les Communautez des Villes, & faire un état au vray en commun dedans le dernier jour d'Avril prochain pour tous delais, tant en recepte que depense, jusques à huy: lequel état ils seront tenus de signer & affermer tous conjointement; & iceluy mettre és mains, dedans ledit tems de deux mois, de ceux qui sont ordonnez pour executer ledit Edit de Pacification en Languedoc, afin que sur ledit état les Chambres des Comptes passent en recepte, & allouënt en depense ce qui sera contenu audit état, & non davantage. Et afin de reprimer l'insolence de plusieurs, & empêcher ces maux à l'avenir, le Roy declare que cy-après il ne donnera aucune abolition ni grace des susdites & semblables contraventions à l'Edit. Et fait defenses à son Chancellier ou Garde des Seaux de les seeller, & à tous Juges d'y avoir égard, en quelque façon que ce soit. Et si aucuns de ceux à qui la presente grace est faite retomboient en même faute, seront non seulement punis pour ladite nouvelle faute: mais aussi seront privez & déchus du fruit & benefice qui leur est accordé par cét Article.

XII. Que tous les Procés & instances concernans le fait des troubles, qui ont été renvoyez par les Commissaires Executeurs des precedens Edits de Pacification par devant les Juges Presidiaux ou autres Juges, seront renvoyez en l'état qu'ils sont ausdites *Chambres de l'Edit*. N'entendant le Roy que ses Sujets soient recherchez de ce qui est avenu depuis les premiers troubles, suivant l'Article LV. dudit dernier Edit: & s'il y avoit des Procés jugez, sera loisible aux Parties se pourvoir par les voyes de Droit ausdites Chambres de l'Edit.

XIII. Pour ce qu'au commencement de l'Article XLII. dudit dernier Edit de Pacification, en plusieurs impressions communes qui ont été faites, se trouvent ces mots: *& qui auront été pris par voye d'hostilité*, par affirmation: combien qu'il doit être conçu negativement, & en cette sorte: *& qui n'auront été pris par voye d'hostilité:* ainsi qu'il s'est trouvé être écrit en l'original, qui fut convenu & signé à Bergerac le 17. Septembre 1577. Est ordonné, que la *correction* en sera faite suivant iceluy original: & enjoint à tous Juges de juger conformément à la presente correction.

XIV. Que toutes *cottisations*, impositions, cueillettes, levées de deniers & nouveaux subsides, par qui & pour quelque occasion que ce soit, faits autrement que par commission expresse du Roy, cesseront, & ne s'en pourra cy-après autrement faire aucuns, sur les peines portées és Ordonnances.

XV. Les *assemblées* generales des Villes & Communautez se feront selon les anciennes coutumes, & y seront appellez les Habitans d'icelles qui ont accoutumé de s'y trouver, sans distinction de Religion, suivant ledit dernier Edit de Pacification, Article dix-neuviéme. ANNO 1579.

XVI. Que l'Edit de Pacification, & ce qui a été resolu en cette Conference, sera *executé* en tous ses Articles, & selon sa forme & teneur, & que ladite execution se commencera au premier jour de Mars prochain, pour le plus tard, & sera continuée en la Guyenne, sans interruption d'une part & d'autre. Et pour le regard de Languedoc, ladite execution se commencera le premier jour du mois d'Avril prochain, pour le plus tard: mais que cependant tous prisonniers de Guerre seront mis en liberté, sans payer aucune rançon: & tous Actes d'hostilité, & autres contraventions à l'Edit generalement quelconques cesseront, suivant les commissions qui ont été pour ce expediées, & seront envoyées par tout és Gouvernemens de Guyenne, Languedoc, & autres Provinces où besoin sera.

XVII. A été aussi accordé par ladite Dame Reine Mere du Roy, ledit Sieur Roy de Navarre, & tous les dessusdits, que toutes les *Villes & Places gardées* par lesdits de la Religion seront remises aux Gouvernemens de Guyenne & de Languedoc, au tems declaré par le precedent Article: & y sera l'Edit de Pacification entierement executé, comme aussi, & par même moyen, és autres Villes où les Catholiques sont en plus grand nombre, sans qu'il soit permis d'y mettre aucune Garnison de part ne d'autre: ains demeureront les Habitans d'icelles, de l'une & de l'autre Religion, en la speciale Sauvegarde du Roy nôtre Souverain Seigneur, & sans qu'il soit loisible, sur peine de mort, de leur méfaire, ni entreprendre aucune chose contre la liberté & sûreté desdites Villes. Neanmoins pour sûreté de ce que dessus, & assûrance de l'execution dudit Edit, l'on laisse & baille en garde audit Sieur Roy de Navarre les Villes qui s'ensuivent: à sçavoir au Gouvernement de Guyenne, Bazas, Puymerol & Figeac, jusques au dernier jour d'Août prochain venant, non plus long-tems: & au Gouvernement de Languedoc, Ravel, Briateste, Aleth, sainte Agréve, Baiz sur Baiz, Baignols, Alletz, Lunel, Sommieres, Aymargues & Gignac, jusques au premier jour d'Octobre aussi prochain venant, & non plus long-tems: à la charge, & non autrement, qu'ils ne pourront en icelles faire aucune fortification, demolition des Eglises & autres Lieux, ni autre chose quelconque contre l'Edit.

XVIII. Qu'esdites *Villes* tous les *Ecclesiastiques*, & autres Habitans Catholiques y *rentreront* sans aucune difficulté, & jouïront entierement de tous leurs biens & fruits d'iceux: feront en icelles le Service Divin selon l'Eglise Catholique: la Justice y sera aussi librement administrée: les deniers du Roy, tant ordinaires qu'extraordinaires, seront levez & cueillis: & y sera au demeurant l'Edit entierement gardé & observé. Comme en semblable, suivant ledit Edit, sera fait pour le regard de ceux de ladite Religion pretenduë Reformée, és autres Villes où les Catholiques sont en plus grand nombre. Et est aussi resolu, que les Magistrats & Officiers des Villes tiendront la main, sur peine de suspension de leurs Offices pour la premiere fois, & de privation pour la seconde à ce que dessus.

XIX. Que lesdites *Villes*, durant le tems cy-devant declaré, seront commandées par Gens de bien, amateurs de la Paix & du repos public: lesquels seront nommez par le Roy de Navarre, & agréez par ladite Dame Reine Mere du Roy: lesquels s'obligeront avec six aux principales, & quatre aux moindres d'icelles, de les bien conserver sous l'obeïssance du Roy, & faire bien entretenir l'Edit, & ce qui a été presentement resolu entre icelle Dame Reine Mere du Roy, & ledit Sieur Roy de Navarre, maintenir tous les Habitans d'icelles en sûreté, suivant ledit Edit, & nommément de remettre lesdites Villes, à sçavoir celles du Gouvernement de Guyenne, le premier jour de Septembre prochain venant: & celles du Gouvernement de Languedoc, le premier jour d'Octobre aussi prochain venant, entre les mains de celuy qu'il plaira au Roy commettre pour se transporter esdites Villes, afin de les voir remettre incontinent en l'état qu'il est porté par iceluy Edit de Pacification, sans y mettre aucun Gouverneur ou Garnison, & sans rien deplacer d'icelles Villes de ce qui y est de Munition, d'Artillerie, & autres choses servant à la defense desdites Villes, appartenant au Roy ou aux Communautez desdites Villes.

XX. A

ANNO 1579.

XX. A été aussi remis par ledit Sieur Roy de Navarre le *Mur de Barais* à icelle Dame Reine, laquelle à sa nomination a trouvé bon que la garde en soit commise au Sieur d'Arpajon, pour en avoir la charge jusques audit dernier jour d'Août prochain. Auquel tems ledit Sieur d'Arpajon sera tenu le remettre és mains du Commissaire, qui ira aux autres Villes, pour les laisser en l'état qui est porté par l'Edit, comme les autres quatorze Villes cy-devant nommées.

XXI. Et pour éviter à toutes *foules* & oppressions des Habitans *desdites Villes*, & Lieux circonvoisins d'icelles, ladite Dame a promis & promet audit Seigneur Roy de Navarre, & ausdits de la Religion pretenduë Reformée, de faire fournir trente-six mil livres Tournois, lesquels seront delivrez és mains de ceux que ledit Sieur Roy de Navarre nommera au commencement de chacun desdits mois, au prorata & par égale portion, selon le departement qu'il en fera.

XXII. Et par ce moyen a été expressément resolu, que lesdits de la Religion pretenduë Reformée, ceux qui *commanderont* en icelles *Villes*, ni pareillement ceux qui seront *commis à la garde desdites Villes*, ne pourront loger és Maisons des Catholiques, que le moins que faire se pourra, lever ne exiger des Habitans d'icelles ne autres, ni aussi des Lieux circonvoisins aucune chose, sous quelque couleur & pretexte que ce soit, sans permission du Roy. Mais les Consuls desdites Villes seront tenus durant ledit tems de six mois fournir les chandelles des Gardes, & le bois des Corps de Gardes: ce qui ne se pourra gueres monter, attendu la saison de l'été: sauf toutefois à la premiere Assiette d'imposer & lever sur les Dioceses & Senechaussées, la Somme à laquelle se trouveront monter lesdites chandelles & bois: ce qu'il leur est permis de faire, sans tirer à consequence. Et pour le regard des Garnisons étans à present és Villes dudit Païs de Languedoc tenuës par lesdits de la Religion, leur est permis de lever, si jà il n'a été levé, ce qu'il faut seulement pour leur entretenement jusques au dernier jour du mois de Mars prochain, & non plus. Et bailleront, suivant cela, aux Commissaires qui vont presentement faire cesser tous Actes d'hostilité, l'Etat au vray à quoy se monte le payement desdites Garnisons Et sera ledit Etat dressé sans fraude, sur les vieux rôlles. En ce non compris, pour le regard du haut Païs de Languedoc, les Lieux de Dornhe, S. Germa, Pechaudie, Pierrefiĉte, Carlus, Frigerolles, Myeules & Postrims, qui seront promtement demantelez, & delaissez. Et pour çet effet ceux qui les detiennent en feront incontinent ledit delaissement és mains de ceux qui sont envoyez pour faire cesser les Actes d'hostilité, sur tant qu'ils desirent joüir de l'abolition generale, accordée à ceux qui ont contrevenu à l'Edit de Pacification depuis la publication d'iceluy. Et à faute d'obeïr à ce que dessus, seront privez du benefice de ladite abolition, & punis comme perturbateurs du repos public, & sans espoir d'aucune grace. Et seront aussi nommées aux executeurs de l'Edit, tant en Guyenne que bas Languedoc, les Villes, Bourgs & Châteaux qu'il faudra demanteler, selon l'avis de ceux du Païs, de l'une & de l'autre Religion: & ce qu'il plaira après au Roy en ordonner sur ledit avis, sans y comprendre les Places des Seigneurs particuliers. Et pour le regard du haut Languedoc, sera, comme dit est, avisé par lesdits executeurs, s'il y a aucuns Lieux de la part des Catholiques qu'il soit requis & à propos demanteler, suivant, comme dit est, l'avis de ceux dudit Païs de l'une & de l'autre Religion, & aussi selon ce qu'il plaira après au Roy en ordonner.

XXIII. Et pour bonne, ferme, droite & sincere assûrance de tout ce que dessus, ledit Seigneur Roy de Navarre, ensemble mondit Seigneur le Prince de Condé, & vingt des principaux Seigneurs & Gentilshommes de ladite Religion pretenduë Reformée, tels qu'il plaira à la Reine sa Mere nommer, ensemble les Deputez qui sont icy, au nom des Provinces qui les ont envoyez: outre ceux qui commanderont lesdites Villes qui leur sont delaissées pour lesdits six mois, promettront & jureront sur leur foy & honneur, & obligation de tous leurs biens, de faire vuider toutes *Garnisons*, tant desdites *quatorze Villes*, que Citadelles d'icelles, ensemble d'icelles Villes & Citadelles remettre, sans aucun delay, excuse, tergiversation, ni autre pretexte quelconque, dedans les susdits premiers jours de Septembre & Octobre prochains, entre les mains du Commissaire susdit, pour les laisser en l'état qu'il est porté par ledit Edit de Pacification, ainsi qu'il est dit cy-devant.

XXIV. A été aussi resolu, que s'il avenoit qu'il se fît de part ou d'autre quelque *attentat* au prejudice dudit Edit dernier de Pacification, & de tout ce que-dessus, *la plainte & poursuitte* s'en fera aux Gouverneurs & Lieutenans Generaux du Roy, & par voye de Justice aux Cours de Parlemens ou Chambres établies, chacun pour son regard, suivant l'Edit. Et ce qui sera ordonné par eux sera executé promtement, & pour le plus tard dedans un mois aprés, à la diligence des Gens du Roy, pour le regard des Jugemens qui interviendront, sans user d'aucune connivence ou dissimulation. Et est expressément ordonné ausdits Gouverneurs & Lieutenans Generaux des Provinces, ensemble aux Baillifs & Senechaux, de tenir la main, donner tout aide & confort, & employer les forces du Roy à l'execution de ce qui aura été avisé & ordonné pour la reparation dudit attentat. Par ainsi les attentats de part ni d'autre ne seront pris ni reputez pour infraction de l'Edit; pour le regard du Roy, & du Roy de Navarre, du General des Catholiques, & desdits de la Religion. Etant la droite & ferme intention de Sa Majesté, & suivant la supplication dudit Sieur Roy de Navarre, qu'ils soient incontinent reparez, & la correction des coupables severement & exemplairement faite.

XXV. Et pour ce faire seront tenus les *Gentilshommes* & les *Habitans* de Villes, tant d'une Religion que d'autre, *d'accompagner les Gouverneurs & Lieutenans Generaux du Roy, & les aider de leurs personnes & moyens*, si besoin est, & en sont requis pour faire reparer incontinent lesdits attentats. Seront tenus lesdits Gouverneurs & Lieutenans Generaux, ensemble les Baillifs & Senechaux, s'y employer vivement sans aucune remise, delay ni excuse, & y apporter toute diligence & moyens à eux possibles, pour la reparation desdits attentats, & punition des coupables par les peines portées en l'Edit. Et outre a été aussi resolu, que ceux qui feront entreprises sur Villes, Places & Châteaux, ou qui leur donneront aide, assistance, faveur ou conseil, ou qui commettront aucun attentat contre & au prejudice de l'Edit, & de tout ce que dessus: pareillement ceux qui n'obeïront & resisteront par eux, ou par autrui, directement ou indirectement, à l'effet & execution dudit Edit de Pacification, & de tout ce que dessus, sont dés à present declarez criminels de Leze Majesté, eux & leur posterité, infames & inhabiles à jamais de tous Honneurs, Charges, Dignitez & Successions: & encourus en toutes les peines portées par les Loix, contre les criminels de Leze Majesté au premier chef: declarant en outre Sa Majesté, qu'elle n'en donnera aucune grace: defendant à ses Secretaires de les signer, à son Chancelier ou Garde des Seaux d'en seeller, aux Cours de Parlemens d'y avoir égard à l'avenir, quelques exprés & reïterez mandemens qui leur en puissent être faits.

XXVI. A pareillement été resolu, que les Seigneurs deputez pour l'execution dudit Edit de Pacification, ensemble des Articles secrets faits lors dudit Edit dernier de Pacification, & de tout ce que dessus, procedans à ladite execution, remettront les *Maisons & Châteaux dudit Sieur Roy de Navarre*, à mesure qu'ils passeront par les Senechaussées, où lesdits Châteaux & Maisons dudit Seigneur Roy de Navarre sont situez: & seront delaissez sans Garnison de part & d'autre, & remis en tel état qu'il est porté par l'Edit de Pacification, & suivant les anciens Privileges.

XXVII. Que tout ce que dessus, & ce qui est porté par l'Edit dernier de Pacification, sera *inviolablement gardé & observé de part & d'autre*, sur les peines portées par ledit Edit: qu'il sera mandé aux Cours de Parlemens & Chambres ordonnées pour la Justice, suivant iceluy Edit, Chambres des Comptes, Cours des Aides, Baillifs, Senechaux, Prevôts & tous autres Officiers qu'il appartiendra, ou leurs Lieutenans, faire enregîtrer les Lettres Patentes qui seront dressées de tout ce que dessus, & le contenu d'icelles suivre, garder & observer de point en point, selon leur forme & teneur. Et sera enjoint aux Gouverneurs & Lieutenans Generaux de toutes les Provinces de ce Royaume, faire incontinent cependant publier, chacun en l'étenduë de sa charge, lesdites Lettres Patentes, afin que personne n'en puisse pretendre cause d'ignorance, & le contenu d'icelles aussi inviolablement garder & observer, sur les peines portées par ledit dernier Edit de Pacification, & autres cy-dessus declarées. *Fait à Nerac le dernier jour de Fevrier*,

vrier, l'an mil cinq cens soixante & dix-neuf. Ainsi signé, Caterine, Henri.

Bouchart, Deputé de Monseigneur le Prince de Condé, Biron, Joyeuse, Janssac, Pybrac, de la Mothe Fenelon, Clairmont, Duranti, Turenne, Guitry, Du-Faur Chancellier du Roy de Navarre, Scorbiac, Deputé de la Generalité de Bourdeaux, Tolet & de Vaux Deputez pour Roüergue.

Après que le Roy a vû, & mûrement consideré de mot à autre tout le contenu en ces presens Articles, accordez en la Conference que la Reine sa Mere a faite à Nerac, avec le Roy de Navarre, & les Deputez de la Religion pretenduë Reformée, qui y étoient assemblez, pour faciliter l'execution du dernier Edit de Pacification: lesdits Articles arrêtez, & signez de part & d'autre audit lieu de Nerac, le dernier jour du mois de Fevrier dernier passé: Sa Majesté les a approuvez, confirmez & ratifiez, veut & entend qu'ils soient observez & executez selon leur forme & teneur, à ces fins que les provisions & depêches requises en soient au plûtôt faites & envoyées. Fait à Paris le 14. jour de Mars, mil cinq cens soixante & dix-neuf. *Signé*, HENRI. *Et plus bas*, DE NEUFVILLE.

CLXI.

25. Mars. **Vergleich zwischen Ihro Königl. Mayest. in Dennemarck FRIDRICH II. eines Johannsen und Adolph Gebrüdere Hertzogen zu Schleßwig-Holstein andern theils / durch Vermittelung Augusti Churfürstens zu Sachssen / Ulrichs / Hertzogen zu Mecklenburg / und Wilhelms / Landgraffen van Hessen über die wegen der Lehens-Entfahung / Steurs und Lehen-Dienst an dem Fürstenthum Schleßwig und der Insul Fehmern zwischen Ihnen entstandenen Irrungen. Odensee in Fühnen / den 25. Martii 1579.** [LONDORPII Acta publica, Part. XII. Lib. XIII. pag. 344.]

C'est-à-dire,

Traité d'Accommodement, entre FREDERIC II. *Roi de Dannemarc d'une part, &* JEAN & ADOLPHE *Freres Ducs de Sleswich-Holstein d'autre part, fait & conclu par la médiation d'*AUGUSTE *Electeur de Saxe, d'*ULRIC *Duc de Mecklenbourg, & de* GUILLAUME *Landgrave de Hesse sur les Diférents qu'ils avoient, au sujet de l'Inféodation, des services de Vasellage, & Redevances du Duché de* Sleswich. *A Odensée le 25. Mars 1579.*

DEr Durchleuchtigsten / Durchleuchtigen Hochgebohrnen Fürsten und Herrn / Herrn Augusten, Hertzogen zu Sachsen / des Heil. Röm. Reichs Ertz-Marschallen und Churfürsten / Land-Grafen in Düringen / Marggrafen zu Meissen / und Burg-Grafen zu Magdeburg. Herr Ulrichen, Hertzogen zu Mecklenburg / Fürsten zu Wenden / Grafen zu Schwerin der Lande Rostock und Stargard Herrn / und Herrn Wilhelmen / Land-Grafen zu Hessen / Grafen zu Catzenelenbogen / Dietz / Ziegenheim und Nidda / unserer gnädigster und gnädigen Herrn / wir hierunten benante Commissarien und Räthe / bekennen und thun kund: Nachdem eine gute geraume Zeit hero / zwischen dem Durchl. Großmächtigen / auch Hochgebohrnen Fürsten und Herrn / Herrn Christian dem Dritten / hochlöbl. milder Christlicher Gedächtnis / und nach Ihr Majest. tödtlichen Abgang / Herrn Friederichen den Andern zu Dennemarck Norwegen / der Wenden und Gothen Königen / und dem Reich Dennemarck / an einem- und dann / den auch Durchl. Hochgebohrnen Fürsten / und Herrn / Herrn Johansen den Aeltern / und Herrn Adolffen Gebrüdern / Erben zu Norwegen / Hertzogen zu Schleßwig-Hollstein / Stormarn und der Dittmarschen / Grafen zu Oldenburg und Delmenhorst am andern / unsern allerseits gnädigsten und gnädigen Herrn / sich langwierige Irrungen und Gebrechen wegen der Lehens-Entfahung / Steurs und Lehendienst an dem Fürstenthum Schleßwig / und der Insul Fehmern / enthalten / derentwegen anfänglich bey Regierung höchstermeltes Königs Christian zu Coldingen / Anno 1547. hernacher bey der jetzigen Königl. Maj. zu Odensehe Anno 67. Handelung vorgenommen / welche aber aus denen in den Acten befindlichen Ursachen unfruchtbarlich abgangen / darauf endlichen hochged. unsere gnädigste und gnädige Herrn die Chur-Fürsten und Fürsten / Sachsen / Mecklenburg und Hessen / der Verwandnüß und sonderbahren wohlhergebrachten Correspondentz und Zuneigung nach / mit aller obgemeldteter interessirenden Partheyen Wissen und Willen / diese Sache durch leidliche und beyden Theilen annehmliche Wege zu vermitteln / und allerhand Mißverstand und Unheil / so aus unvertragenen Sachen sich ereugen / abzuwenden / aus treuhertziger Wohlmeynung sich unternommen. Und als Ihren Chur- und Fürstlichen Gnaden von oberwehnten Partheyen allerseits fernere gütliche Unterhandlung eingeraumet / durch derselben verordnete Commissarien und Räthe / den 22. Jun. Anno 69. in Odensehe / in Beysein Ihr. Kön. Maj. und des Reichs / auch J. F. G. gevollmächtigten Räthe beschehener Herumstellung nach / diese Sachen nothdürfftiglich verhören lassen / dieselben dann vielerley dienstliche Mittel / zu Abhelffung der angeregten Gebrechen vorgeschlagen / und endlichen Inhalts dessen darüber aufgerichten Abschieden zu fernern Nachdencken / und continuation der gütlichen Handelung / hochged. J. Chur- und Fürstl. Gnaden / oder in Entstehung der Güte / zu rechtlichen Außträgen und Veranlassung verschoben / zu Folge welches Abschiedes / mit Einwilligung vielermelter K. Maj. und Hertzogen zu Holstein / auf Befehlich hochged. unser gnädigsten und gnädigen Herrn / wir diese Sachen nach genugsamer Ersehung diesesfals eingebrachten acten, an dem Ort / da sie in jüngster Handlung gelassen / jetzo wieder reassumiret / und ad partem mit den Kön. und des Reichs / so wohl auch J. F. G. mit gnugsamer Vollmacht abgeordneten Räthen / gütliche Unterhandlung vorgenommen und gepflogen. Als haben wir endlich durch Gottes gnädige Verleihung / mit der abgesandten Räthe guten Wissen und Willen / Krafft ihrer habenden Vollmachten / zu Erhaltung alles freundlichen Willens / Friede / Ruhe und Einigkeit / auch Stifftung und Fortpflantzung J. K. M. und F. G. Landern und Unterthanen zeitlichen Wohlfart / Aufnehmen und Gedeyens / diese vorgefallene Irrungen dahin verglichen / vermittelt und vertragen wie folget:

Anfänglichen will die K. M. vor sich und derselben Successorn am Reich Dennemarck / die Hertzogen zu Holstein des Oldenburgischen Stammes / so viel deren jetziger Zeit leben / oder künfftig seyn werden / und nicht allbereit abgefunden und Verzicht gethan / auch deren Nachkommen / mit dem Fürstenthum Schleßwig / samt dem / was vor Alters dazu gehöret / und der Insull Fehmern / als mit einem altväterlichen / und vom Reich Dennemarck herrührenden anererbten Fahnen-Lehen / innerhalb Jahres und Tages wircklichen belehnen. Dargegen sollen obgedachte Hertzogen und derselben Nachkommen / obgemeldt Fürstenthum Schleßwig und die Insul Fehmarn / itzo und so offt die Lehen zu Falle kommen / in Jahr und Tag zu Lehen entpfahen / wie man dann sich einer Notul der Lehens-Pflicht / Revers und Lehen-Briefs alsobald verglichen / die zu Ende dieses Vertrages zu befinden.

Und wenn Jh. Maj. zu Beschützung deren Land und Leute / auch zu Erhaltung derselben Hoheit und Reputation, sich wider ihre Feinde nothwendig in Kriegs-Rüstung / deren sie sich in Güte oder zu recht nicht zuentbrechen / begeben müsten / so wollen J. F. G. / wann solche mit derselben Rath und guten Bedencken (dardurch doch keine Neuerung noch Veränderung der im Reich Dennemarck und Hertzogthum Holstein unterschiedlichen Regierung gemeynet seyn soll) angefangen und geendet wird / nach vorgehender Berathschlagung und Beschluß / auch geschehen auffnahmen Ihrer Majest. und dem Reich von mehrerwehntem Hertzogthum Schleßwig und dem Lande zu Fehmarn / auff derselben Ihrer Fürstl. Gnaden Unkosten und darlage sechs Monat lang / viertzig Mann zu Roß und achtzig Mann zu Fuß zuschicken / oder aber an statt derselben auf einen Reisigen 12. Rthlr. und einen Fußknecht 4. Rthlr. Meißnischer Wehrung Monatlich entrichten / oder auch / da es des Reichs und der Cron Dennemarck bessere Gelegenheit wäre / eitel Reuter oder Knechte / so hoch sich itz benennter Anschlag erstreckte / besolden und unterhalten / Wie dann auch / da in bestimter Zeit der sechs Monat solche Kriegs-Rüstung nicht könte geendet / und die Gegenwehr wider den Feind verfolget werden müste / Ihr. Fürstl. Gnaden als getreue Lehenleute sich aller gebühr erzeigen und verhalten sollen und wollen / immassen dan J. Kön. Maj. wegen deren Antritt am Hertzogthum Schleßwig und Insul Fehmarn / jeder Zeit das ihrige pro rata dabey zu thun oder zu conferiren gewilliget.

Deßgleichen will Ihr. Königl. Majest. und das Reich / wie einem Lehen-Herrn eignet und gebühret / Jh. Fürstliche Gnaden bey wolgemeldtem Fürstenthum Schleßwig / samt dem / so vor alters dazu gehöret / und der Insul Fehmern / so offt es Noth thut / schützen und vertheidigen / jedoch daß Ihr Königl. Maj. und deren Successorn am Reich Dennemarck guten Rath und derselben Nachkommen / bey vorfallenden Läufften mit Raedt gegeben / und derselben verliehenen Lehenstücken / ohne dringende und genugsame Verursachung keine Gefahr auffgeladen werde.

Nachdem aber wegen Ungewißheit der Fälle / und anderer mehr erheblichen Ursachen / jetziger Zeit Ihr Königl. Majest. und F. Gn. der künfftigen Succession halben / entlich nicht verglichen werden können; Als soll einem jedern Theil dieses fals sein Recht und Gerechtigkeit vorbehalten seyn / dergestalt / so nach GOttes gnädiger Schickung / einer oder mehr von den belehnten Fürsten / über kurtz oder lang an Leibes-Erben abgehen würde / daß alsdann keiner von den überbleibenden sich der verledigten Güter unterfangen oder anmassen / sondern dieselben durch etliche Ihr. Fürstliche Gnaden allerseits getreue / und mit Eidt und Pflicht verwandte Unterthanen verwalten / und das / so durch fleissige

ANNO 1579.

Bestellung und Haußhaltung erübriget / an einen gewissen Orth so lange hinterleget bleiben solle / biß Ihr Fürstliche Gnaden / entweder vor sich selbst oder durch fleissige Unterhandlung / etlicher derselben erbettenen Herrn und Freunde / wegen der Succession, und was deren anhängig / auff billige und leidliche Mittel in der Güte verglichen / oder durch rechtliche Veranlassung entscheiden werden mögen.

Gleicher Gestalt soll auch diese Vereinigung und Vergleichung / den hiebevor auffgerichteten Verträgen / so wol als dem Land- und Ritterschafft in Schleßwig und Fehmarn / an ihren hergebrachten Privilegien, Freyheiten / Rechten und Gerechtigkeiten / und sonsten Männiglichen unnachtheilig seyn / und zu einigen Abbruch nicht gereichen / wie dann auch die Herren Königl. und Fürstl. Abgesandten Räthe / von wegen der Kön. Majest. und des Reichs zu Dennemarck angezogenen Hoheit / deßgleichen von dero am Stifft und Capittel Schleßwig Recht und Gerechtigkeit / und daß durch diesen Vertrag / weder dem Reich zu Dennemarck / noch den Hertzogen zu Schleßwig / an gemeldtem Stifft und Capittel nichts præjudiciret seyn solle / ausdrücklich protestiret und bedinget haben.

Und wiewohl wir von allen Theilen von höchst- und hochgedachten unsern gnädigsten und gnädigen Herrn zu diesem Vertrage mit gnugsamen Gewalt und nothdürfftigen Befehligen abgefertiget und versehen gewesen; So ist doch Krafft derselben vor gut angesehen / daß diese einhellige und wolbedächtliche Vergleichung / zu so viel desto mehrer ansehnlichen und stattlichen Urkund / nicht allein von der Königlichen Majestät und denen bey Ihr Majest. zu der Zeit anwesenden Reichs-Räthen vor sich / und auf Befehlich der Abwesenden / und also im Namen des sämptlichen Reichs-Rahts / auch F. F. G. als den allerseits in dieser Sachen Interessirenden Partheyen / sondern auch von den Unterhandlung Chur- und Fürsten versecritiret / unterschrieben und in beständigster Form vollenzogen / und von dannen Ihr Königl. Majestät und Fürstlichen Gnaden ferner mit dem allerförderlichsten / als zu geschehen müglich / zu vollenziehen überschickt werden sollen / wie wir uns dann allhier des Eingangs und Beschlusses / darin dieser Vertrag inseriret werden sollen / sonderlich verglichen haben.

Welches alles und jedes beyderseits Wir / die Königl. und Fürstliche Commissarien und Räthe / auf empfangene sonderbahre special Befehl / an statt Ihr Kön. Maj. und Fürstl. Gnaden / unserer gnädigsten und gnädigen Herren versprechen und zusagen / stät / vest und unverbrüchlich zu halten.

Zu Uhrkund stäter und fester Haltung ist dieser Vertrag und Vergleichung dreyfach auf Papier gebracht / und haben wir der Chur- und Fürsten &c. unterschrieben &c. Geschehen zu Odensee in Fühnen / den 25. Monats-Tag Martii, welcher war der Tag Annunciationis Mariæ, nach Christi unsers Erlösers Geburt im Jahr 1579.

CLXII.

20. Avr. **Erneuerte Erb-Einigung Churfürsts Augusti zu Sachsen vor sich / und in Vormundschafft seiner Vettern / Fridrich Wilhelms / Johanns / Johann Casimirs / und Johann Ernest Hertzogen zu Sachßen / mit Ihro Käyserl. Mayest. Rudolpho II. als König in Böheim / und der Cron Böheimb / zu erhaltung beständiger Freundtschafft / und beschützung ihrer Mayest. und der Cron Fürstenthum und Landen. Auffgericht zu Dreßden den 20. Aprilis 1579.** [LUNIG, Teutsches Reichs-Archiv. Part. Special. II. Abtheilung IV. Absatz II. pag. 102.]

C'est-à-dire,

Renouvellement de l'Union Hereditaire de la Maison de SAXE *avec la Couronne de* BOHEME, *fait & conclu entre* AUGUSTE *Electeur de Saxe pour lui & ses Cousins* FRIDERIC GUILLAUME, JEAN, JEAN CASIMIR, & JEAN ERNEST *d'une part*, & RODOLPHE II. *Empereur, comme Roi de Boheme, d'autre part, pour le maintien de l'ancienne Amitié, & la Défense des Etats de la Couronne de Boheme contre toute Agression. A Dresde le 20. Avril 1579.*

VOn Gottes Gnaden / wir Augustus, Hertzog zu Sachsen / des heyligen Römischen Reichs Ertz-Marschalch und Churfürst / Land-Graff in Döringen / Marggraff zu Meissen / und Burggraff zu Magdeburg / vor uns und in Vormundschafft unserer Jungen Vettern / Herrn Friedrich Wilhelm und Herrn Johannsen / auch Herrn Johann Casimiren / und Johann Ernsten / alle Gebrüdere und Gevettern / Hertzogen zu Sachsen / Land-Graffen in Döringen und Marggraffen zu Meissen / bekennen öffentlich mit diesem Brieffe alle denen / die ihn sehen oder hören lesen / Nachdeme sich weiland hochlöblichster Christlicher Gedächtnüs / Käyser Maximilian, Unser allergnädigster Herr / als König zu Böhmen / vergangenes funffzehenhundert und im ein und siebentzigsten Jahre den 28. Tag des Monats Junii, mit wohlbedachtem Muth und Rath Ihrer Käyserl. Majestät Cron Boheimb getreuen Unterthanen / Rittern und Knechten / und andern Ihrer Majestät Land-Leuthen in guten Treuen / ohne Gefehrde, für sich / Ihrer Majest. Erbnehmen und nachkommende Könige und der Cron Boheim / mit Uns / auch weiland den Hochgebohrnen Fürsten / Herrn Johann Wilhelm / Hertzogen zu Sachsen / Christlicher Gedächtnüs / und Unsern / auch seiner seeligen Lbd. Erben / Erbnehmen und Nachkommen / einer ewigen Erb-Vereinigung verglichen haben / wie dann dessen die Verschreibungen zu beyderseits an obbemeltem dato aufgerichtet / lauter auswersen. Dieweil aber nach dem Willen Gottes jüngst vergangenes Jahr hochgedachte Ihre Majestät seeliger Gedächtnüs mit Tode abgangen / so haben wir hierauf so wohl / als zuvor / bey Zeiten ietzo und höchstgedachtes Käysers Maximiliani beschehen / den Allerdurchlauchtigsten / Großmächtigsten / unüberwindlichsten Fürsten und Herrn / Herrn Rudolffen den Andern / erwählten Römischen Käysern / zu Hungarn und Boheimb Königk / &c. Durch Unsere vollmächtige abgesandte Räthe / den Wohlgebohrnen / Unsere liebe getreuen / Herrn Burchardten / Graffen und Herrn zu Barby / und Mühlingen / Stadhaltern / Tham von Sebottendorff zu Rottierendorff / des heiligen Römischen Reichs Pfennig-Meistern / und Herrn Wolffgang Eilenbeck zu Gostgk / der Rechten Doctorn / bittlich ersucht / und angelanget / daß Ihre Majestat obangezeigte Erb-Einigung mit Uns / vorgemelten Unsern Vettern / Unsern und Ihr. L. Erben und Nachkommen / wiederum gnädiglich verneuern / und zu vollkommener endlicher Verbindung des Hauses Sachsen / wie weyland bey Käyser Maximiliani Regierung vollnzogen / zu Ihrer Majestat gnädiglich kommen lassen / und annehmen wolten / so denn höchsterwehnte Kayserliche Majest. ietzo um Verneuerung solcher Erb-Einigung von uns / und wegen obgedachter Unserer jungen Vettern / unterthänig ersuchet / angelanget und erbethen worden.

Demnach so haben sich Ihr. Kays. Majest. mit zeitigen wohlbedachtem Rath / gutem Wissen und Willen Ihrer Käys. Majest. Cron Boheimb gehorsamen Stände / und andern Ihrer Majest. getreuen Räthe / Officirer / Land-Leuthe und Unterthanen stattlichen Erwegunge der Sachen / und aus sonderlichen gnädigen Willen / so Ihr. Käyserl. Majest. zu Uns und Unsern jungen Vettern tragen / sich gegen uns und Ihr. L. und unsern und Ihrer L. Erben / Erbnehmen und Nachkommen / und wir hinwiederum vor Uns und wegen unserer Jungen Vettern / auch unsern und Ihr. L. Erben / Erbnehmen und nachkommende Chur- und Fürsten des Hauses zu Sachsen / mit höchstgedachter Käyserl. Majestät / als Königen zu Böhmen / und der Cron Boheimb / Uns ewiglich und in guter Treue ohne Gefehrde verbunden;

Verbinden uns auch hiemit / wie obstehet / von neuen / vor Uns / unsere junge Vettern / unsere und ihrer L. Erben und nachkommende Chur- und Fürsten zu Sachsen / wissentlich und in Krafft diß Brieffes in aller maaß / als hernach geschrieben stehet / also / daß wir / unsere junge Vettern und unsere und ihrer Lbd. Erben / Erbnehmen und nachkommende Chur- und Fürsten des Hauses Sachsen / gegen und wider Ihr. Kayserl. Majestät / als Königen und der Cron Boheimb / zu ewigen Zeiten nimmermehr zu Fehden / Feindschafft oder Eingriffe kommen / auch den Unsern in unsern Landen und Gebieten gesessen / ungefährlich nicht verstatten / sondern allewege einander mit gantzen Treuen meinen / ehren und fördern sollen und wollen / auch daß Wir Ihr. Käyserl. Majest. und derselben Cron Boheimb / dero Erben und nachkommende Könige zu Boheimb gerathen und beholffen seyn sollen und wollen / ewiglich zu behalten / schützen und zu schirmen / Ihrer Käyserl. Majest. Königreich Böhmen / desselben incorporirte Fürstenthumb / Land und Herrschafften / Erb-Gut / Ehre / Recht und Gerechtigkeit / und die Hülffe sollen und wollen wir ihnen thun / mit all unserer Macht / ohne Gefehrde / wider allermänniglichen / niemands ausgenommen / von denen sie angegriffen / verhindert und beschädiget werden / und die an Ihrer Käyserl. Majestät Königreich Böhmen und desselben incorporirte Fürstenthumb / Herrschafft / Erb-Gütter / Rechts / Ehre / Gewohnheit / Land und Leuthe / Geistlich oder Weltlich greiffen / und einigerley Weise Hinderung oder Schaden thun wollen / bey Nahmen an dem Königreich zu Böhmen / der Chur- und Stimme / die ein König zu Boheimb wegen seiner Lande hat und haben soll / an der Wahl eines Römischen Königes / eines künfftigen Käysers / an der Mannschafft und Lehen-schafft zu der Cron Böheimb gehörig / der Marggraffschafft Ober- und Nieder-Laußitz.

Und sollen auch Wir / Unsere Erben / Erbnehmen / nachkommende Chur- und Fürsten zu Sachsen Ihrer Röm. Käyserl. Majest. die Cron Boheim und derselben incorporirte Fürstenthumb und Lande daran gemeiniglich oder sonderlich nimmer in keinen Zeiten irren / hindern oder ansprechen / in keiner Weiß / sondern sie darzu getreulichen helffen / schirmen und handhaben / wider allermänniglich / als vorgeschrieben stehet / Und wann Wir / unsere Erben / Erbnehmen und nachkommende Chur- und Fürsten zu Sachsen / von wegen höchstgenannter Käyserl. Maje-

ANNO 1579.

Majestät/ als Könige/ und der Cron Boheimb und nachkommenden Königen ermahnet werden. So sollen und wollen wir inwendig eines Monats ihnen zu Hülffe kommen/ wird aber die Hülffe eilender noth werden/ so sollen wir mit der Hülffe auch ehe kommen/ nach dem Tage solcher Mahnung/ inmassen als vorgeschrieben stehet. Wann wir auch höchstgenandter Kays. Majestät/ als Könige zu Bohem/ und der Cron Boheimb/ zu Hülffe kommen/ und unser Volck zu Hülffe schicken/ soll Ihre Kayserl. Majest. Uns oder dieselben/ die wir ihnen zu Hülffe senden werden/ mit Bier/ mit Brodt/ mit Kuch-Speise/ und/ wo man nicht im Felde liegt/ mit Futter versorgen/ ohne Gefehrde. Nehmen aber wir oder die Unsern einigen Schaden/ das ist Ihre Käyserl. Majest. oder die Cron Boheimb Uns auszurichten oder abzutragen nicht pflichtig/ gewinnen wir aber miteinander Schloß/ Städte/ und anders/ die in unsern Landen nicht gelegen weren/ oder von Uns nicht zu Lehen giengen/ die sollen wir brechen/ und gleich miteinander geseller/ Nehmen wir aber Frommen an Schlössern und Städten/ die in Unsern Landen gelegen wären/ oder die von uns zu Lehen gingen/ der Frommen soll uns alleine bleiben/ Wäre es aber/ daß wir und die unsern Frommen nehmen an Gefangenen/ die sollen wir nach ießliches Anzahl gewapneter Leute gleich miteinander theilen/ und um das/ daß wir desto baß und mit Lob unserer Fürstenthumb und Lande freundlicher gehalten mügen/ So haben wir Uns mit Ihrer Kayserl. Majestät/ als Könige zu Boheimb/ und der Cron Boheimb/ vertragen/ derselben ihre Lande und Straffen getreulichen helffen schützen und schirmen/ damit der Kauffmann/ Pilgram und ein ießlicher sicher wandern möge.

Wir sollen und wollen auch von uns selbst/ auch den unsern ungefehrlich nicht gestatten/ Ihrer Kayserl. Majest. und der Cron Boheimb Feind und Widersacher in unsern Schlössern/ Städten/ Märckten/ Landen und Gebieten nicht hausen/ hofen/ etzen/ träncken/ oder keinerley Hülff/ Vorschub oder Beystand thun/ und nachdem zwischen weyland König Uladislao und Hertzog Georgen zu Sachsen derowegen ein Vertragk und Vereinigunge aufgerichtet/ des datum stehet Budißin/ am Sonnabend des Tages sancti Nicolai Episcopi Anno 1505. darinnen ausgedruckt/ welchergestalt es mit den Bevehdern und Beschädigern/ auch mit der Volge und erobern derer Häuser und Beherberger solle gehalten werden/ demselben Vertrag soll in allen Artickeln nachgegangen werden/ mit dieser Erklärung/ wann dem Beschädiger oder Befehder nachgefolget wird/ so sollen eines Theils Diener und Unterthanen in des andern Land nachzufolgen/ und darinnen den Feind oder Beschädiger gefänglich anzunehmen haben/ doch daß sie sich damit in des Land-Herrn nechste Ambt oder seiner Unterthanen/ Prælaten/ Graffen/ Herren/ von Adel oder Städte/ in deren Gericht er gefangen/ zu Gerichte wenden/ und also solche Feinde und Beschädiger gefänglich verwahren lassen/ doch soll keiner mit gewaltigem Heer dem andern in das Land einziehen/ auch die Nacheil oder Nachfolge der Beschädiger in allewege ohne Schaden der Unterthanen und Land beschehen.

Wir sollen und wollen auch der höchstgenanten Kayserl. Majestät/ derselben Erben/ Erbnehmen und nachkommen Königen/ und der Cron Boheimb/ an ihren Landen/ Leuten/ Regimentern/ Ausfatzungen/ mit allen ihren Herkommen/ keinerley Eingriff/ Irrunge oder Eintrag thun/ noch uns der ihren wider sie annehmen/ vertheidigen oder versprechen/ auch niemand der Unsern solches verstatten/ mit keinerley Weise ohne Gefehrde.

Und auff daß solch unsere Einigung desto beständiger und aufrichtiger mag gehalten und volnbracht werden; So haben wir uns dabey vertragen/ ob wir mit höchstgedachter Kayserl. Majestät/ unsern allergnädigsten Herrn/ als Königen zu Boheimb/ zu schicken gewunnen/ Ursach wegen/ die sich hinführo begeben würden/ Wann wir dann Ihrer Kayserl. Majest. darumb unterthänigst schreiben/ und einen Tag/ der da in einem Monat/ nach solcher Schrifft zu erscheinen/ specificirt werden soll/ benennen/ so sollen wir beyde Theil unsere schiedliche Räthe auf solchen Tag gegen Eger in die Stadt schicken/ daselbst hinkommen und versuchen/ und Fleiß haben/ die Sache gütlich zu verrichten/ Ob sie aber die Gütigkeit nicht erlangen mochten/ so sollen wir Ihrer Käyserl. Majest. und der Cron Boheimb drey Personen des Chur- und Fürsten-Standes/ daraus einen Obmann zu erwählen/ benennen/ derselbe Obmann soll sich der Sachen beladen/ und in einem Monat von der Zeit an zu rechnen/ als er zu einem Obmann benennet wird/ einen Rechts-Tag gegen Eger setzen/ zu demselben unser jeder zweene seiner Räthe niedersetzen/ die sollen beyde Partheyen in Recht gegen einander nothdürfftiglich verhören/ und wie sie alle/ oder der mehrer Theil/ die Sache in Recht entscheiden/ dabey soll es bleiben/ und von uns beyden Theilen nachkommen und gehalten werden/ ohne Weigerung und Auszuge/ treulich und ohne Gefahrde. Und solcher Entscheid soll gehalten werden/ und geschehen in einem halben Jahre/ von der Zeit an zu rechnen/ als der erste Rechts-Tag von dem Obmanne gesetzt ist/ es wäre dann/ daß sich die Sache durch Erkänntnüs der Rechte länger verziehen würde/ deme soll auch nachkommen werden/ und der obgenannte Obmann soll solcher Pflicht und Eid/ damit er dem Herrn/ des Rath er ist/ verwand wäre/ in dieser Sachen des Rechten von dem Herrn/ deme er verwand/ unverzüglichen/ alsbalde er zu einem Obmann benennet wird/ ledig gezehlet werden/ ihn soll auch der Herr/ des Rath er ist/ darzu halten und vermögen/ daß er sich solches Rechtens annehme/ belade/ und den Sachen/ wie vorstehet/ nachkomme.

ANNO 1579.

Ob aber Unsere Prælaten/ Grafen/ Herren/ Ritter/ Knechte und Unterthanen/ mit höchstgedachter Kayserl. Majestät/ als Königen zu Boheimb/ und der Cron Boheim zu thuen gewinnen/ so soll er sich darum Rechts begnügen lassen/ für den Räthen des/ mit dem er zü thun zu haben vermeinet/ doch/ daß die Sachen in einem halben Jahre/ von dem ersten Rechts-Tag an zu rechnen/ entschieden werden/ wie obstehet.

Desgleichen ob unser einer oder unsere Erben mit des andern Unterthanen zu schicken/ Schuld oder andere Zusprüche zukünfftig bekommen würde/ so soll unser jeder und unsere Nachkommen und Erben den andern/ wie nechst vermeldet/ bey des Beklagten ordentlichem Richter zu helffen/ oder/ da die Sache nicht klar oder liquida wäre/ schleunig rechtliches Austrags mit Erwählung eines Obmannes und Zusetzung der Räthe/ wie oben gemeldet/ verschaffen und gestatten/ auch execution thun lassen.

Würden aber unsere Unterthanen beyderseits gegen einander zu schicken gewinnen/ in was Stand/ Würden oder Wesen der oder die wären/ berührte es an das Geistliche Gerichte/ das soll an die Geistlichen Gerichten gehandelt werden/ Berührte es aber Lehen/ darum soll man für des Lehen-Herrn Lehen-Gerichten rechten/ von deme die Güter/ darum mann denn rechtet/ zu Lehen herrühren. Thäte es aber Persönliche Sprüche antreffen/ die sollen verrecht werden an den Gerichten/ darinnen der Antworter gesessen und wohnhafftig ist/ doch wären es Ritter oder Knechte/ und die in keinen Gerichten gesessen wären/ Alsdann soll der Antworter gerecht werden für dem/ des Rath/ Diener oder Angehöriger er ist.

Wir/ unsere Erben/ Erbnehmen und nachkommende Chur- und Fürsten zu Sachsen/ Land-Graffen in Doringen und Marggraffen zu Meissen/ wollen auch verfügen und verschaffen/ wo um bekänntliche Schulden oder um Sachen/ die mit Brieff und Siegeln beweißt/ von der hochstgenannten Kayserl. Majestät/ dero Erben/ Erbnehmen und nachkommenden Königen zu Boheimb selbst/ oder Ihrer Majest. und der Cron Boheimb Unterthanen/ bey uns/ unsern Erben und nachkommenden Chur- und Fürsten zu Sachsen selbst/ oder unsern Unterthanen Hülffe gebeten wird/ daß dißfalls Wir/ und unsere Unterthanen/ die/ so die Hülffe suchen/ und solcher Beweiß mit Brieffen und Siegeln vorlegen/ in keine unnothdürfftige Rechtsfertigung führen sollen und wollen/ sondern ihnen/ Inhalts des Beklagten eigenen Bekänntnüs/ oder der fürgelegten Brieff und Siegel/ schleunig und auf das längste in Monats-Frist/ und in Verbleibung dessen/ wollen wir uf des Klägers Ansuchen in 14. Tagen selbst verhelffen lassen/ damit der Kläger die Bezahlung bekomme und erlange.

Da aber die Sache disputirlich wäre/ mehrer Ausführung des Rechten bedorffte/ und zu einen Proceß kommen müste/ so sollen wir die Chur- und Fürsten zu Sachsen/ oder der Richter an den ordentlichen Gerichten/ dahin es gehörig/ eine mündliche Verhör anstellen/ ob die Partheyen in der Güte vereiniget und verglichen werden konten.

Und da der Beklagte in Böhmen gesessen/ soll in Boheimbischer Sprache/ sonsten aber in Meissen/ und ausserhalb der Cron/ in Teutscher Sprache gehandelt und procediret werden/ auf den Fall aber die Gütte und Sühne entstünde/ so sollen wir die Chur- und Fürsten zu Sachsen/ oder der Richter bey den ordentlichen Gerichten/ dem Kläger auferlegen/ sein Libell und Klag-Schrifft gedoppelt in Monats-Frist einzubringen/ welches alsdann den Beklagten in gleicher Monats-Frist/ zu Einbringung seiner Exception oder Gegen-Nothdurfft/ ferner dieselbe in solcher Zeit eines Monats dem Kläger zu seiner Replica, dem Beklagten zu seiner Duplica auch in Monats-Frist/ und solches alles gleichfalls in Böhmen in Boheimbischer Sprache/ ausserhalb der Cron aber in Teutscher Sprache/ und innerhalb benannter unterschiedlicher Terminen allemahl bey Verlust des Satzes einzubringen/ und zum Urthel zu beschliessen/ umgewechselter Weise übersendet werden. Und nachdem also mit den zweyen Satz-Schrifften bemelter massen zum Urthel beschlossen seyn wird/ sollen die Acta von denen Gerichten/ da es anfänglich anhängig gemacht/ ist es in Böhmen/ in die Appellation, in unser der Chur- und Fürsten zu Sachsen Landen aber/ in das Ober-Hof-Gerichte zu Leipzig/ zu erkennen geschicket/ daselbst innerhalb zweyer Monaten das Urthel verfaßt/ und dasselbe an gehörenden Ort und Gericht wiederum geschickt/ und allda auch die Monats-Frist den Partheyen eröffnet und publicirt werden. Es wäre dann/ daß es der Sachen Gelegenheit und hohe Nothdurfft erfordert/ so soll den Partheyen jedern noch ein Satz/ als die Triplica und Quadruplica in dergleichen Fristen eines Monats zugelassen/ sonsten aber/ und bey einbringung aller solcher Schrifften/ keine vergebliche Ausflüchte/ Auszüge oder Dilation nachgeben oder verstattet/ jedoch sol obgesetzte Monats-Frist in allen Fällen nicht ehe zu rechnen angefangen werden/ dann von dem Tage/ an welchem dem Kläger und Beklagten die eingelegte Satz-Schrifften seind behändiget und insinuiret worden.

Ob auch in der Sachen Beweiß und Gegen-Beweiß geführet werden solle/ oder müste/ soll der Kläger/ in Monats-Frist seinen Beweiß und Positional-Articul einzubringen/ zugelassen und ermahnet/ dieselben/ wenn sie einkommen seyn/ alsbald dem Beklagten zu seinen Interrogatorien/ die auch im nechsten Monat

einzu-

ANNO 1579.

einzubringen/ überschickt/ und beyden Theilen alsdann zu Vollführung solches Beweiß und Gegen-Beweiß/ nach Gelegenheit ferner schleunigster Termin vergönnet/ und alsdann auf dieselbe geführten Beweiß und Gegen-Beweiß/ abermals mit zweyen abgewechselten Schrifften/ nach Ausweisung des obbemelten Processi, von den Partheyen verfahren/ zum Urthel geschlossen/ und allwege in der Cron Böhmen/ nach den Böheimischen Rechten und Ordnung/ und zu Meissen und Döringen/ nach Sächsischen Rechten/ und in der Graffschafft Henneberg und Ordtland in Francken nach ausgesetzten üblichen Käyserlichen und gemeinen Rechten geurtheilet und gesprochen werden. Was auch also erkannt und gesprochen wird/ dabey soll es ohne alle Appellation, Protestation und Supplication verbleiben/ und da der gewinnende Theil in einem Monat/ nach publicirten Urtheil/ nicht befriediget würde/ ihme stracks ohne alle fernern Aufenthalt/ die Hülffe und Execution entweder in des Schuldigers Gütter/ und da die zur Bezahlung nicht reichen/ zu seiner des Schuldners Persohnen/ wie hernach folgen wird/ mitgetheilet und vollnzogen werden.

Und so jemand in allen Fällen/ wie obstehet/ des Rechtes nicht erlangen könte/ soll uns/ dem Land-Herrn/ der Kläger solches/ wie und aus was Ursachen er verzogen worden/ vermelden/ alsdann sollen und wollen wir ohne einigen Verzug mit dem Richter ernstlichen schaffen/ mit der Hülffe/ allermassen wie obgedacht/ schleunig zu verfahren/ Im Fall aber der Beklagte am Guth nicht zu bezahlen hätte/ alsdann sollen wir und die unsern/ in deren Gerichte die Schuldener angetroffen/ verpflichtet seyn/ auf des Glaubigers Ansuchen/ zu seinem Leibe zu greiffen/ und ihne gefänglichen setzen/ und auf des Gläubigers Unkosten halten zu lassen/ oder aber/ da der Gerichts-Herr des Haltens/ oder der Gläubiger umb des Unkostens sich beschweret/ so soll der Gerichts-Herr schuldig seyn/ den Schuldmann dem Gläubiger an seine Hand zu geben/ und folgen zu lassen/ den mag der Gläubiger mit Fesseln/ daß er ihme nicht entlauffe/ verwahren/ und an seine Arbeit stellen/ biß so lange er ihme über das Brod/ das er ihme zu essen giebt/ die Schuld abarbeite/ oder sich sonsten mit ihme verträget/ doch daß ihme am Leben nichts schädliches zugefüget werde.

Als sich auch offtmahls bey unsern Vorfahren zugetragen/ wann sie die Räthe beyderseits zusammen geschickt/ daß die ein Theil Böhmisch/ der ander Theil Teutsch/ desgleichen auch die Unterthan also haben reden wollen/ darauf erfolget/ daß die Sachen ungehört blieben/ und die Räthe/ desgleichen die bescheidenen Unterthanen/ ohne Endschafft von einander ziehen müssen/ darauf Weiterung/ Irrung und Fehder und anders erfolget/ derohalben haben wir uns vereiniget und verglichen/ weil in der Cron Böhmen unter allen Ständen viel Persohnen sind/ die der Teutschen Sprache berichtet/ daß hinförder/ so offt die Zusammenschickung durch uns alle/ oder zum Theil beschicht/ die Räthe und Unterthanen die Teutsche Sprache gebrauchen sollen/ und Kayserl. Majestät/ als König zu Böhmen/ dero Erben und Nachkommenden/ und die Cron Böhmen/ wollen/ so offt die Räthe zusammen geschicket/ und der Unterthan Sachen handeln/ eine Person/ so der Leute Nothdurfft fürtragen kan/ die beydes der Teutschen und Böhmischen Sprache berichtet sey/ verordnen/ Wann es sich auch also zutragen würde/ daß beyderseits Unterthanen gegen einander zu clagen haben/ soll anfänglich der Cron Böhmen Unterthanen einer/ mit seiner Klage/ und wann darauf ein Bescheid von den Räthen gegeben/ alsdann unser/ des Chur-Fürsten zu Sachsen/ und unsere jungen Vettern/ auch unsere und Ihrer Ldn. Erben und Nachkommen Unterthanen einer/ mit seiner Klage/ und also fürter/ verwechselter Weise/ die Klage und Antwort der Unterthanen gehöret werden/ Es sollen auch die Räthe keine andere Sache der Unterthanen fürnehmen/ ehe sie in der Sachen/ die sie angefangen/ einen Bescheid oder Abschied gemacht/ bey welchen allen wir es also verbleiben lassen/ mit dieser fernern Erclärung/ daß dem Kläger unser allerseits/ entweder die Niedersetzung der Räthe zu bitten/ und vermöge obberührtes Procels, vor denselben oder vor dem offentlichen Gerichte/ wie gedacht/ zu verfahren.

Es sollen aber hiervon ausgenommen seyn/ die neuen freyen Bergwercke/ Es wäre dann Sache/ daß der Beklagte erhebliche Ursachen fürwendete/ Nehmlich daß die Schuld bezahlet/ oder durch Verlauffung Rechts-verwährter Zeit getödt/ præscribirt und verloschen/ und dergleichen/ des sollen die Partheyen zu schleunigen rechtlichen Austrag gelassen werden/ wie obstehet/ und ihnen sonsten keine Fristung/ gefährlicher Aufzug oder Behelff gestattet/ und/ ob es geschehe/ durch uns abgeschaffet werden/ ohne Gefehrde. Dieweil wir dann auch schleuniges Rechtens Execution der Urtheln/ bekändtlicher und überweister Schuld/ wie gemeldet/ verhelffen lassen wollen; So soll auch unser keiner in seinen Königreich/ Fürstenthum/ Landen und Gebieten gestatten/ des andern Unterthan oder Verwandten zu kummern oder aufzuhalten/ umb Schulden willen/ es wäre dann Sache/ daß die Schuld an dem Orte/ da der Kummer begehret/ gemacht/ oder daselbst zu bezahlen/ verschrieben oder zugesaget wäre.

Erbfälle betreffende.

UNd wiewol von wegen der Todesfälle/ in den alten Erbeinigungen eine Maaß gesetzt gewesen/ welchergestalt/ und mit was Conditionen solch Erb und Gefalle aus der Cron Böhmen in unser des Churfürsten Land/ nicht weniger auch/ aus unsern Landen in die Cron Böhmen/ aus beyderseits Gerichten und Obrigkeiten folgen solten/ so zu Zeiten mehr zu Widerwillen als zu Richtigkeit Ursache gegeben/ Derowegen sich weiland Kayser Ferdinand/ hochlöbl. Gedächtnüs/ mit uns/ dem Churfürsten zu Sachsen/ durch beyderseits Rescript verglichen/ daß in künfftig obgemeldte Erbfälle ohne unterschied/ aus der Cron Böhmen in unsere Lande/ auch daraus hinwieder in die Cron Böhmen gereichet und gegeben werden sollen/ so dann wir unterthänig gebethen/ von wegen künfftiger Richtigkeit/ und besseres Bestandes/ diesen Articul in ietzige verneuerte Erbeinigung einleiben zu lassen/ haben demnach Ihre Kays. Majest. mit zeitigen wohlbedächtigen Rath/ gutem Wissen und Willen/ Ihrer Cron Boheim gehorsamen Stände/ und anderer Ihrer Majest. getreuen Räthen/ Officirer/ Land-Leuthe/ und Unterthanen stattlichen Erwegung/ aus vorbedachten Ursachen/ und sonderlichen gnädigen Willen/ so Ihre Maj. zu uns/ unsern jungen Vettern/ und unsern/ und Ihrer Ldn. Erben/ Erbnehmen und Nachkommen/ tragen/ obbemeldter Gestalt ewiglich und in guten Treuen ungefehrde sich verbunden/ daß hinfuhro zu künfftigen ewigen Zeiten es allerseits mit mehrgedachten Todes- und Erbfällen/ in der Cron Böhmen und unsern und unserer jungen Vettern Landen/ wie ietzo und oben vermeldt/ unverbrüchlich und ohn allen Nachtheil solle gehalten werden/ doch mit dieser ausdrücklichen Condition, woferne die Verlassenschafft an Fahrnüs verhanden/ daß dieselbigen ohne Entgeld jeden Theil folgen solle;

Betreffende aber Grund und Boden/ nachdem die Cron Boheim wider die Ausländer/ so ordentlicher Weise in das Königreich Böhmen nicht angenommen/ privilegirt/ Soll von wegen der Stadt- und Bauer-Gütter beyderseits bey eines jetzlichen Unterthanen Gefallen/ dieselben zu verkauffen oder zu besitzen/ frey stehen.

Treffe es aber Herren/ Standes- oder Rittermäßige Leute an/ die in der Cron Boheimb nicht angenommen/ auch darein sich nicht zu begeben gedachten/ sollen dergleichen Gütter/ woferne sich die Parthey durch Freundschafft oder sonsten miteinander selbst des Kauffs oder Werths nicht vergleichen könten/ oder würden/ durch die Creyß-Haupt-Leute/ in welchen sie gelegen und befunden werden/ neben zweyen ältisten vom Adel/ so wohl in der Cron Böhmen/ als in unser/ des Chur-Fürsten/ und unserer jungen Vettern Landen/ nach gutem Gewissen/ der Landes-Art und Gebrauch nach/ damit sich niemand mit Billigkeit zu beschwehren habe/ erbar und ufrichtig taxiret/ deme/ so die Gelde gehören/ unweigerlich zugestellet/ und die Güter wiederumb mit tauglichen vorigen Standes-Persohnen von Herren oder von Adel besetzet werden.

Ob sichs auch begebe/ daß einer um seiner Verhandlung willen/ in unsere des einen Theils Landen/ zu Recht mit Urthel verurtheilet/ flüchtig und in des andern Landen antroffen und gefänglich eingezogen würde; So soll unser einer/ unsere Nachkommen und Erben den andern/ von Gelegentheit seiner Verhandlung Bericht thun/ und des Uthels Abschrifft unter seinem Insiegel zuschicken/ solch Urthel soll der andere/ seine Nachkommen oder Erben/ uf des andern Theils Ansuchen/ Begehren und Bitten/ würcklich zu exequiren schuldig seyn/ ohne Gefehrde. Da auch einer oder mehr unser/ auch unser Nachkommen und Erben/ Unterthan/ aus unsern Landen flüchtig/ aus was ursachen das beschehe/ so soll der ander ihme in seinen Landen nicht gedulden noch geleiten/ auch seinen Unterthanen solches zu thun oder ihnen aufzuhalten/ wissentlich nicht verstatten/ und ob einer das Geleite durch Mißbericht bey uns ausbracht hätte/ so wollen und sollen wir/ auch unsere Erben und Nachkommen/ so bald wir des verständiget/ dasselbige aufkündigen/ und abschaffen/ begebe es sich auch/ daß einer oder mehr in unser eins theils Landen/ mit Mord/ Raub/ Dieberey/ oder andern mißhandlungen und ursachen/ sein oder ihr Leben verwircket/ und in des andern Landen gefänglich eingezogen worden/ wo dann die That bekenntlich/ so sollen der oder die in Monats-Frist/ auf Ansuchen der beleidigten Persohnen oder ihrer Herrschafft/ seinem Verwircken nach peinlichen in deren Gerichten/ darinnen er einkommen/ gestrafft werden/ wo aber binnen Monats-Frist derhalben bey den Gerichten von den beschädigten Persohnen keine Ansuchung geschicht/ so soll der oder die Gefangenen/ uf einen Urfriede ihres Gefängnüs wieder erlediget werden/ were es aber Sache/ daß die That nicht bekändtlich/ oder sonst also gelegen/ daß sie aus Lebung der Rechten oder sonsten Vorzug haben müste/ uf den Fall soll unser einer dem andern/ nach Erstattung der Unkost/ so uf den oder die Gefangenen ergangen/ den oder die Gefangenen in sein Land folgen zu lassen/ und soll sie der ander in denen Gerichten/ darinnen sie sitzen/ annehmen/ und förder uf sein Unkosten in sein Land führen lassen/ und nicht mit Gewalt/ sondern rechtlich wider sie verfahren/ darzu unser jeder dem andern durch sein Gebiet mit Gleidt beschicken/ und ander/ so es die Nothdurfft erfordert/ fürderlich seyn/ und keine Verhinderung thun/ noch zu thun gestatten sollen/ ohne Gefehrde.

Wir haben uns weiter vereiniget und verglichen/ dieweil sich viel muthwilliger leichtfertiger Leute unterstehen/ uns und unsere Unterthanen mit Brand-Briefen und andern Zeichen zu befehden/ zu betrauen/ und die unkosten zu der vorsorge und sonst zu verursachen/ desgleichen umb etzliche/ die unsern zu Wegelagerung/ und uf den Landstrassen zuvor enthalten/ daß wir nun hinfürder solches Fehden/ Wegelagern und Verhalten

ANNO 1579.

ten im Felde und Strassen / bey Straff und Verlierung Leibes und Lebens / zu einem offentlichen Ausschreiben wollen verbieten / und wo sich darwider jemand unterstehen würde / uns oder die unser / jedes Theils gegen den andern zu befehden / oder zu Begelagern / oder auf der Strassen zu verhalten / daß derselbe zu Stund / mit solcher That der Befehdung oder Wegelagerung / obgleich durch ihnen darauf nichts weiters erfolget / sein Leib und Leben soll verwircket / und wann er ankommt / mit dem Schwerdt vom Leben zum Tode gestraft werden / thät er aber einigen Brand-Schaden oder Mordt / so soll er / seiner Verwirckung nach / auch vom Leben zum Tode gestraft / und wiewohl hierneben auch verordnet und gesetzet worden / welchermassen Ihrer Kays. Majest. derselben Erben / Erbnehmen und nachkommende König zu Böhmen / wir und unsere junge Vettern / auch unsere und Ihre Ldn. Erben / Erbnehmen und Nachkommen / uf Ihrer Kays. Majest. Mahnung zu Hülff kommen sollen / so haben wir doch zu mehrern Nutz / Erhaltung und Handhabung unserer / der Chur- und Fürsten zu Sachsen / Chur-Fürstenthumb und Landen / auch der Cron Bohmen / und derselben incorporirten Fürstenthumben / Landen und Leuten / uns ferner mit Ihrer Majest. (doch die Glaubens- und Religions-Sachen ausgenommen / derenthalben wir einander zu helffen unverbunden seyn wollen) nachfolgender Articul unterredet und verglichen / Also / wann höchstgedachte Kays. Majest. / dero Erben und Erbnehmen / und nachkommende Könige / und die Cron zu Böhmen / und eingeleibter Lande und Leute / über kurtze oder lange Zeit / durch jemand / wer der oder die weren / von dem Gehorsam eines Röm. Kaysers oder Königes gedrungen / und derohalben übergewältiget oder überzogen werden wolte; So sollen und wollen wir unsere Erben und Erbnehmen / und Nachkommende die Chur- und Fürsten zu Sachsen / auf höchstgedachter Kayserl. Majest. / derselben Erben / Erbnehmen und nachkommende Könige zu Böhmen / Vermahnung / in Krafft aufgerichter Erbeinigung / nach dem Tage solcher Vermahnung / Ihnen zu Hülffe schicken / fünffhundert gerüste Pferde / zum längsten innerhalb eines Monats-Frist / und drittehalb tausend Mann besoldt Krieges-Volckes / innerhalb vierzehen Tage / und uf die andere Mahnung wiederumb eines Monaths-Frists / den nechsten darnach folgende abermahls fünffhundert gerüster Pferde / und drittehalb tausend Mann zu Fuß besoldts Krieges-Volcks / innerhalb viertzehen Tagen / und wo die Noth also groß wäre / und wir zum drittenmahl ermahnet würden / alsdann mit unser und des Hauses zu Sachsen gantzem Macht zuziehen / schützen und retten helffen / als ob die Sache uns / unsere eigene Land und Leute selbst belangende und antreffe / und das alles uf unser eigen Kosten und darlegen / wie wir uns denn in voriger mit weiland unsern freundlichen lieben Bruder / Hertzog Moritzen / gewesenen Churfürsten / zwischen weiland Kayser Ferdinand / hochlöblichster Gedächtnüs / aufgerichte Erbeinigung / die dißfalls in seinen Puncten bey Kräfften bleiben solle / ausdrücklich gegen Ihre Majest. und derselben nachkommenden Königen und der Cron Böhmen verschrieben / und uns ietzo wiederum der Kayserlichen Majest. / als regierendem König zu Böhmen / aufs neue verschrieben und verbindlich gemacht / wie wir dann auch in Vormundschafft obbenandter unserer jungen Vettern / so lange die Vormundschafft bey uns stehen und bleiben wird / an Ihrer Ldn. statt zu dieser Erbeinigung und Neben-Verschreibung gleichermassen zugefüget haben / es sollen sich auch unsere junge Vettern / alsbald sie ein und das andere Theil zu ihren Voigtbahren oder mündigen Jahren kommen / dessen vor Ihr. Ldn. selbsten und dero Erben und Nachkommen gleichfalls nicht weniger insonderheit verschreiben / verreversiren und verbunden / so viel obbemelte specificirte Anzahl Hülff des Zuzuges betrifft / als nehmlich einen dritten Theil / welche bringet zu jeder Ufmahnung / einhundert sechs und sechtzig und zwey Drittheil eines Pferdes / und achthundert drey und dreyßig und ein Drittheil eines Fuß-Knechts zu leisten / und dann / in Fall der grossen Noth / gleicher weise mit Ihr. Ldn. Lande gantzen Macht der Kayserl. Majestät / dero Cron Böhmen und deroselben eingeleibten Landen / uf ihrer Ldn. eigene Kosten und darlegen zuziehen / wir wollen auch unsere Hülffe von Ihrer Kayserl. Majest. und Ihnen nicht abwenden / den Feinden sey dann ihr Fürnehmen gewehret / und ob etwas eingenommen / Ihrer Kayserl. Majest. und Ihnen wieder darzu helffen.

Gefüget es sich aber / daß die Noth also groß / und also eilend wäre / daß Ihr. Kayserl. Majest. / derselben Erben / Erbnehmen und nachkommende Könige zu Böhmen / uns / unsere Erben und Nachkommende / die Chur- und Fürsten zu Sachsen / zu der ersten Mahnung mit Macht zu zuziehen ermahnen würden; So sollen und wollen wir darauf im nechsten Monat nach derselben Vermahnung also auffseyn / zuziehen und helffen lassen. Ob wir / unsere Erben / Erbnehmen / nachkommende Chur- und Fürsten / Hertzoge zu Sachsen / Landgraffen zu Döringen / und Marggraffen zu Meissen / andere Einigung oder Verbündnüsse mit jemandes vornehmen / machen / oder eingehen / auch etzliche alte Einigung verneuern / oder erstrecken würden / darinnen sollen wir / unsere Erben / Erbnehmen und nachkommende Chur- und Fürsten zu Sachsen / die Einigung / auch die Kayserl. Majest. dero Erben / Erbnehmen und nachkommende Könige / und die Cron zu Böhmen / und derselben zugethane Lande / zuvor ausnehmen.

Auf solches alles nehmen wir vor uns / unsere Erben und nachkommende Chur- und Fürsten / Hertzogen zu Sachsen / in dieser Vereinigung auß die Kayserl. Majest. / als Römischen Kayser und König / darzu auch sonderlich unsere Erb-Verbindung und Erbeinigung / die wir der Häuser / Hessen / Brandenburgk und Hennebergk haben / so viel derselben alle sich der Röm. Kayserl. Majest. und des Reichs gehorsamb und unterthänigst verhalten.

Sonst alle und jetzliche vorgeschriebene Articul und Puncte / wie die von Wort zu Wort obgelautet / haben wir vor uns und in Vormundschafft obgenandter unserer jungen Vettere / auch unsere nachkommende Hertzoge zu Sachsen / dem offternannten Allergroßmächtigsten / Unüberwindlichsten Fürsten und Herrn / Herrn Rudolphen dem andern / erwählten Römischen Kaysern / zu Hungarn und Böhmen Königen / seiner Majest. Erben / Erbnehmen und nachkommenden Königen und der Cron Böhmen / bey unser Chur- und Fürstl. Würden und wahren Worten gelobet / diese Erbeinigung stet und fest zu halten / zu vollführen / und dero nachzukommen.

Dessen zu Uhrkund haben wir diesen Brieff mit eigener Hand unterschrieben / und unsern grossen anhangenden Insiegel besiegeln lassen / Geben zu Dreßden den 20. April. nach Christi unsers lieben Herrn Geburth / tausend fünffhundert und im neun und siebentzigsten Jahre.

CLXIII.

Hertzog Albrecht Friderichs in Preussen Protestation, daß die von Frauen Annen Pfaltz-Gräfin am Rhein gebohrner Hertzogin zu Gülich / Pfaltzgraf Ludwigs Gemahlin unterlassene Verzicht auf Ihren Vätterl. und Mütterl. Antheil / Ihme an seinen Gerechtigkeiten und Heyraths-Handlung kein præjudiz machen könne. Neuburg den 27. April 1579. [JACOBI FRANCI Relationis Histor. Continuat. Vernal. anni 1609. pag. 51.] 27. AVR.

C'est-à-dire,

*Protestation d'*ALBERT FRIDERIC *Duc de Prusse, par laquelle il déclare que la Renonciation faite par* ANNE *Comtesse Palatine du Rhyn, née Duchesse de Juliers & Femme de* PHILIPPE LOUÏS *Comte Palatin, à la portion de la Succession Paternelle & Maternelle, ne pourra ni ne devra préjudicier aux Droits, qui lui sont acquis par son Contract de Mariage. Fait à Neubourg le 27. d'Avril 1579.*

Im Nahmen der Untheilbahrlichen Dreyfaltigkeit / Amen.

Kund und offenbar sey allermenniglich / durch diß gegenwertig offen Instrument und Urkund / daß im Jahr als man schreibt und zehlt / von der heylsamen Geburt Jesu Christi 1579. im 7. Römer Zinnßzahl / zu Latein Indictio genant / bey zeiten / Herrschung und Regierung / deß Allerdurchleuchtigsten und Unüberwindlichsten Fürsten und Herrn / Herrn Rudolphi deß Andern / erwählten Röm. Kaysers / zu allen zeiten Mehrer des Reichs / in Germanien / zu Ungarn / Böheym / Dalmatien / Croatien / und Sclavonien / etc. König / Ertz-Hertzog zu Oesterreich / Hertzog zu Burgundi / Steyer / Kerndten / Crain und Würtemberg / etc. Graffen zu Tyrol / etc. Unsers allergnädigsten Herrn / ihrer Kayserl. Mayest. Römischen Reichs im 4. deß Hungarischen im 9. des Boheymischen im 4. etc. auff Montag den 27. Monats Aprilis, vormittag / zwischen 7. und 8. uhrn / in der Fürstlichen Statt Neuburg / in deß Ehrnhafften und furnemen Georg Friedrichs deß Gastgebers und Bürgers daselbst gewöhnliche Behausung / am Marck gelegen / in der obern Stuben / deren fenster gegen dem Marck gericht seynd / erschienen vor mir Notario, und gezeugen hernach bemelt / die Edeln / Ehrnfesten und hochgelehrten / Herr Ludwig Reuter / Hauptman zu Neuenhauß und Walden / und Paulus Kruger / der Rechten Doctor, als Fürstl. Preussische Abgesandten / und hetten in iren händen ein Papyren Protestation-zettel / mit Bitt / daß ich Notarius den vor den gezeugen öffentlich verlesen / ihm alsdann eins oder mehr offen Instrument darüber machen wolte / der alßbald öffentlich verlesen / von wort zu worten also lautend: Nachdem die Eheberedung zwischen den Durchl. Hochgebornen Fürsten und Herrn / Herrn Albrecht Friderichen / Marggraffen zu Brandenburg / in Preussen / zu Stettin / Pomern / der Cassuben und Wenden / etc. Hertzogen / Burggraffen in Nürnberg / und Fürsten zu Rügen / unsern Gnädigen Fürsten und Herrn / etc. und derselben seiner Fürstlichen Gnaden geliebten Gemahlin / der auch Durchleuchtigen Hochgebornen Fürstin und Frauen / Frau Maria Eleonora / gebornen Hertzogin zu Gülch / Cleve und Berg / Marggräfin zu Brandenburg in Preussen / etc. Hertzogin / dahin gerichtet und vergliechen / daß wann sich der fall zutrüge (welchen Gott gnä-

ANNO 1579. diglich verhüten wolle) daß J. F. G. der Hertzog zu Gülch/ und derselben Herrn Söhn/ ohn eheliche Leibs-Erben/ mit Todt abgienge/ daß alsdann alle desselben Herrn Söhne Fürstenthumben/ Gülch/ Cleve und Berg/ die Graffschafften Marck/ Ravensperg und andere Herzlichkeiten/ sampt allen Gütern/ ein- und zugehörung/ an- und zufälligen Gerechtigkeiten/ so J. F. G. jetzo haben und besitzen/ und was J. F. G. oder derselben Männliche Erben hinder sich verlassen wurden/ nichts ausgeschlossen/ mit Landen und Leuten/ wie J. F. G. und derselben Männliche Erben das gebrauchet oder gebrauchen mögen/ an hochgedachte J. F. G. älteste Tochter/ Frau Maria Leonora/ rc. hochermeltes Herrn Albrecht Friderichs/ Hertzogen in Preussen/ rc. Gemahlin/ und irer beyder Leibs-Erben/ ob sie die mit einander zeugen würden/ Krafft und nach innhalt darüber hiebevor erlangten und bestettigten Kayserlichen Privilegiums, kommen und geerbt seyn solten/ daran sich dann die Landschafften auch zu halten/ und darauff jederzeit/ wann eine von den andern jungen Freulin/ J. F. G. Töchtern/ verheurat wirdt/ geburliche gnugsame Verzichts-brieff/ bald in der Heurats-handlung (darbey Hochernannte seine F. G. der Hertzog zu Preussen/ rc. ire gesandten auch haben sollen) und ehe dieselben vollzogen/ auffgerichtet/ und beyden J. F. G. Hertzog und Hertzoginnen in Preussen/ rc. zugestellt werden sollen/ und aber in voriger/ deß auch durchleuchtigen und Hochgebornen Fürsten und Herrn/ Herrn Philips Ludwigen Pfaltzgraffen bey Rhein/ Hertzog in Bayrn/ und Graff zu Veldentz und Spanheym/ und derselben Gemahlin/ der auch Durchleuchtig und Hochgebornen Fürstin und Frauen/ Frauen Anna Hertzogin zu Gülch/ Cleve und Berg/ rc. Pfaltzgräffin bey Rhein und in Bayrn/ rc. Hertzogin/ damals getroffenen und verhandelten Eheberedung/ nit allein hochgedachte J. F. G. der Hertzog und Hertzogin in Preussen/ rc. ire gesandten nicht dabey gehabt/ sondern auch die Verzicht hochermelter J. F. G. Pfaltzgräffin Anna/ in specie auff alle fälle deß Vätterlichen und Mütterlichen antheils/ herrührenden und belangenden Erbs und Anfalls/ vermög und nach innhalt der zwischen hochgemeldten J. F. G. dem Hertzogen zu Gülch/ rc. Und dem Hertzog und Hertzoginnen in Preussen/ rc. Heurats-handlung/ nicht gestellt/ auch dero/ zwischen auch hochgedachten J. F. G. Pfaltzgraffen/ Philips Ludwigen/ rc. und derselben Gemahlin gepflogenen Eheberedung nicht allermassen ebenförmig und gemeß zu seyn sich ansehen läßt. Und ob wol hiebevor und jetzt/ umb enderung oder erklärung derselben verzicht mehrmals freundlich und fleissig gebetten und ansuchung gethan/ jedoch solches biß dahero nicht geschehen/ sondern viel mehr jetzt gentzlich und endlich abgeschlagen/ darauß dann künfftig allerhand Irrthumb/ zweiffel und Mißverstandt herkommen und entspringen möchten/ auch nichts destoweniger obangedeuten Preussischen Heuraths-handlung nicht geringen Eintrag geschehen köndte/ darzu dann Hochermelten J. F. G. dem Hertzog und Hertzogin in Preussen/ keines wegs stillschweigend solches zu bleiben oder zu verwilligen gebüren wolle/ Alß thun an statt und von wegen J. F. G. deß Hertzogen zu Preussen/ rc. Herrn Curatorn und nechsten Verwandten Vettern/ deß auch Durchleuchtigen und Hochgebornen Fürsten und Herrn/ Herrn Georg Friderichen/ Marggraffen zu Brandenburg/ in Preussen/ zu Stettin/ Pommern/ der Cassuben und Wenden/ auch in Schlesien/ zu Jägendorff/ rc. Hertzogen/ Burggraffen zu Nürnberg/ und Fürsten zu Rügen/ unsers auch Gnädigen Herrn/ befelch/ und darauff habender gnugsamer Vollmacht/ wir hiemit in bester Form/ weiß oder gestalt/ wie solches zu Recht am kräfftigsten geschehen kan/ soll oder mag/ gantz zierlichen bedingen und protestiren/ da kunfftig auß vorberührten und dergleichen Verzicht/ einiger Irrthumb/ zweiffel oder Mißverstandt einfallen möchte oder wurde/ dardurch J. F. G. deß Hertzogen und Hertzoginnen zu Preussen/ rc. habenden gerechtigkeit und Heurats-handlung einige beschwer/ Einbruch oder Nachtheil geschehen köndte/ daß J. F. G. darumm keines wegs tacite oder expresse verwilligt/ oder consentirt noch verwilligen oder consentiren wollen/ sondern inen ire erlangte habende gerechtigkeit/ als ob ein verzicht gebürlicher weiß geschehen were/ in allweg vorbehalten/ und sich derselben keines wegs/ wie das immer beschehen können oder mögen/ begeben haben/ davon wir abermal hiemit zierlich protestiren und bedingen thun/ rc. und bitten euch Notarium und die Gezeugen/ dieser Protestation eingedenck zu seyn/ und uns hierüber eins oder mehr Instrument und urkunden mit zu theilen/ alles in zierlicher Form. Deß ich dann Notarius tragenden Ampts halben/ nicht weygeren sollen oder mögen. Nach verlesung solcher Schrifft/ antworteten die Herrn Gesandten/ wie die Protestation verlesen were/ in sich hielte und vermöcht/ also wolten sie die Herrn Abgesandten hiemit in bester form mich gebetten/ und mich meines Ampts requirirt haben/ in gegenwertigkeit der Gezeugen/ als der Ehrbarn und fürnemen Hans Fladerer/ deß Raths/ und Georg Jägers beyder Burger allhie zu Neuburg/ insonderheit darzu beruffen und erbetten/ darumb ich Notarius den Herrn Abgesandten/ Ampts und Eyds-Pflichts halben/ Urkund zu geben mich erbotten/ und hiemit gethan habe/ Geschehen seyn diese Ding/ in und unter der zahl Christi/ Indictio, Kays. Regirung/ Monatstag/ stund und statt/ hieoben beschrieben/ in gegenwertigkeit obgenannter Gezeugen.

Und dieweil ich Gedeon Kentner/ Burger zu Schwäbischen Wördt Augspurger Bisthumbs/ und auß Röm. Kays. Mayest. Authorität und Gewalt/ ein offenbarer geschworner Notarius, bey obgehörter und inserirter Protestation, sampt gemelten gezeugen/ eygner Person gewesen/ diß alles also geschehen seyn/ gehört/ hab ich darumb diß offen Instrument darauß gemacht/ in diese offene form gebracht/ und redigirt/ mit meiner eygenen Hand geschrieben und underschrieben/ mit meinem Tauff- und zunamen/ auch gewohnlichen Notariat zeichen bezeichnet/ als ich dann zu urkund und glaubwürdiger Gezeugnuß aller obgeschriebener Ding/ darzu beruffen/ ernstlich requirirt/ gebetten und erbetten. ANNO 1579.

CLXIV.

28. Avr. **Pfaltzgraff Philipp Ludwigs bey Rhein gegen-Protestation, wider die vorgehende Protestation Hertzog Albrechts Friederichs in Preussen/ daß Er solcher als unnothwendig widerspreche und sich das beneficium des Kayserl. Privilegii Successionis vorbehalten haben wolle. Geben zu Neuburg den 28. April 1579.** [JACOBI FRANCI Relationis Histor. Contin. Vernal. anni 1609. pag. 55.]

C'est-à-dire,

Protestation de PHILIPPE LOUÏS *Comte Palatin sur celle d'*ALBERT FRIDERIC *Duc de Prusse, contenant en substance qu'elle n'étoit pas nécessaire; & qu'il se reserve toujours les Droits de Succession qui lui pourront appartenir en vertu des Privileges de l'Empereur. A Neubourg le 28. Avril 1579.*

KUndt und zu wissen Sey jedermenniglichen denen diß offen Instrument fürkompt/ daß nach unsers lieben Herrn Jesu Christi Geburt 1579. Jahr/ in der 7. Römer Zinns-zahl/ bey Regierung des Allerdurchleuchtigsten/ Großmächtigsten/ Unuberwindlichsten Fürsten und Herrn/ Herrn Rudolphen/ deß Andern/ erwöhlten Römischen Keysers/ zu allen Zeiten Mehrer deß Reichs/ in Germanien/ zu Hungarn/ Böheym/ Dalmatien/ Croatien und Sclavonien/ rc. König/ Ertzhertzogen zu Oesterreich/ Hertzogen zu Burgundi/ Steyer/ Kärndten/ Crain und Würtemberg/ Graffen zu Tyrol/ Unsers allergnädigsten Herrn/ irer Röm. Kays. Mayest. Reich/ deß Römischen im 4. deß Hungarischen im 7. und deß Böheymischen im 4. Jahr/ im Monat Aprili, am Dinstag den 28. desselben Monats/ vormittag nach 8. uhren/ zu Neuburg an der Thonau/ in des Edeln und und Vesten/ Herrn Andreß Fuchsen von Linbach zu Mören/ rc. Fürstlichen Pfaltzgräffischen Stadthalters daselbs behausung/ in der undern Stuben/ in mein deß underschriebenen Notarii, und der hernach benannten hiezu beruffenen Gezeugen gegenwertigkeit/ vor Ehrngedachten Herrn Stadthalter/ auch den Ehrenvesten und Hochgelehrten Herrn Tobia Zorern/ der Rechten Doctorn/ und Pfaltzgräffischen Raht/ als darzu von dem Durchleuchtigen/ Hochgebornen Fürsten und Herrn/ Herrn Philips Ludwigen/ Pfaltzgraffen bey Rhein/ Hertzogen in Bayrn/ Graffen zu Veldentz und Spanheym/ meinem gnädigen Fürsten und Herrn/ insonderheit Deputirten und verordneten/ erschienen seyndt der Edel/ auch Hochgelehrt und Ehrnveste/ Ludwig Rautter/ Hauptmann zum Neuenhauß und Waldau/ und Paulus Kruger der Rechten Doctor, als Fürstliche Marggräffische/ Brandenburgische Abgesandte Räthe/ sampt einem Notario und zween Gezeugen/ und hat ermelter Herr Doctor Kruger mündlich fürbracht:

Nachdem sie ein abfertigung auff ir angebrachte Werbung vorgestriges Tags bekommen/ die inen auch hernach schrifftlich zugestellt worden/ so theten sie sich gegen hochbemeltem unserm gnädigen Fürsten und Herrn/ solches gnädigen Erzeigens für ire Person underthänig bedancken/ dieweil sie aber/ inen den Herrn verordneten/ hievor zu erkennen gegeben/ daß sie vor dem Durchleuchtigen/ Hochgebornen Fürsten und Herrn/ Herrn Georg Friderichen/ Marggraffen zu Brandenburg/ in Preussen/ zu Stettin/ Pommern/ der Cassuben und Wenden/ auch in Schlesien/ zu Jägerndorff/ Hertzogen/ Burggraffen zu Nürnberg/ und Fürsten zu Rugen/ irem gnädigen Fürsten und Herrn/ befelch hetten/ im fall man ihnen mit abschlägiger Antwort/ also wie geschehen/ begegnen wurde/ daß sie darwider vor Notarien und gezeugen Protestiren/ und deßwegen gebürliche Instrumenta verfertigen lassen solten/ so wolte inen nicht anderst gebüren/ dann solchem ihrem befelch nachzukommen/ hetten derwegen nach Inhalt ihrer Instruction, durch gegenwertigen Notarien/ ein Instrument auffrichten lassen/ mit freundlichen bitten/ sie die Herrn verordnete wolten dasselb von inen annemmen/ und Ihrer Fürstl. Gnaden überantworten.

Auff solches die Fürstliche Pfaltzgräffische/ durch obgenannten Herrn Doctor Zörer widerumb anzeigen lassen/ wiewol sie für ire Personen/ diß der Fürstlichen Marggräffischen beger und fürbringen für unnothwendig hielten/ so wolten sie doch das

Instru-

ANNO 1579.

Instrument verlesen hören/ und sich darauff/ was ires gnädigen Fürsten und Herrn Notthdurfft erfordern wurde/ ferner der gebür erklären. Nach solchem hat der vorgedachte Notarius den begriff des verfertigten Instruments öffentlich verlesen/ und ist auff solches/ nach beyseitstrettung und kleiner underredung der Fürstlichen Pfaltzgräffischen/ durch bemelten Herrn Doctor Zorer weiters fürgebracht/ daß sie die Herrn Verordnete sich nichts wenigers/ als solches unnothwendigen Protestirens versehen/ wisten auch wol daß es irem gnädigen Fürsten und Herrn/ Pfaltzgraffen Philips Ludwigen zu sondern befrembden gereichen wurde/ in betrachtung daß J. F. G. in diesem fall/ alles dasjenig so sich gebürt/ und sie zu thun schuldig/ geleyst hetten/ daß sie auch gegen beyden Fürsten Marggraff Georg Friderich/ rc. J. F. G. sich deßhalb also erklärt/ daß verhoffentlich/ und der billigkeit nach J. F. G. damit zu frieden und begnügt gewest seyn solten/ zu dem und über solches/ so hette sich der fall noch nicht begeben/ und verhofft J. F. G. der Allmächtige werde denselben gnädiglich verhütten/ derhalben es auch dieses unnothwendigen Protestirens jetziger zeit gar nicht bedörffte/ dieweil aber dieselbe also de facto und ohn alle fug oder recht beschehen/ müste und wolt man sie in irem unwert verbleiben lassen/ doch wolten sie als Abgeordnete/ im Namen und von wegen ires gnädigen Fürsten und Herrn/ solcher unnothwendigen Protestation, hiemit in meliori forma, als solches geschehen soll oder mag/ widersprechen/ auch ihrem Gnädigen Fürsten und Herrn/ Pfaltzgraff Philips Ludwigen/ deßgleichen J. F. G. geliebten Gemahl/ und dero Erben/ auff zukunfftige fälle/ die der Allmächtige gnädiglich verhüten wolle/ alle dero Recht und Gerechtigkeiten/ und sonderlich das beneficium deß Keyserlichen Privilegii Successionis, austrücklich vorbehalten haben/ dessen sie sich zum zierlichsten bedingt haben wollen. Begerten darauff an mich den Notarium und die Gezeugen/ daß wir solcher beschehener widersprechung und gegen-Protestation eingedenck seyn/ und ich darüber eins oder mehr Instrumenta, deren im fall der Noth sie sich zu gebrauchen hetten/ verfertigen und auffrichten wolte/ deß ich mich dann in Krafft meines tragenden Ampts zu thun schuldig erkendt/ auch mich darzu/ gegen annemung der überreichten gewöhnlichen Arræ gutwillig erbotten.

Geschehen seynd diese Ding im Jahr/ Indiction, Monat/ Tag/ Stund/ bey Regierung und Herrschafft/ auch an Orth und Enden/ wir oben gemelt ist/ in beyseyn und gegenwart der Edlen und Vesten/ Adolff Henrich Sturmfeders/ und Adam von Wildenstein/ beyder Pfaltzgraff Philips Ludwigs Cammer-Junckern/ als Gezeugen darzu insonderheit berussen/ so hab über solches ich der Notarius, der Herrn Marggräffischen Notarii Gedeon Kenders von Thonawerd gehabte Gezeugen/ Hans Fladerer des Raths/ und Georgen Jäger/ beyde Burger allhie zu Neuburg/ erbetten/ aller dieser obgeschrieben verlauffenen Ding eingedenck zu seyn/ das sie zu thun sich gutwillig erbotten.

Und dieweil ich David von Hagen/ aus Röm. Kays. Majest. Macht offenbarer geschworner Notarius, mit und neben denen darzu beruffenen Gezeugen/ bey dem erstbeschehenen der Herrn Marggräffischen mundlichen fürtrag/ verlesung des Instruments, auch der Herrn Pfaltzgräffischen widersprechung/ fürgangener Protestation, und allen andern obgeschribenen Dingen Persönlich gewesen bin/ das also gesehen/ gehört/ und ad notam verfaßt/ so hab ich diß offen Instrument, welches ich mit meiner Hand geschrieben/ darüber begriffen/ und in diese form gebracht/ auch umb mehrers glaubens und sicherheit willen/ mit meinem Tauff- und zunamen/ dann auch mit meinem gewöhnlichen Notariat Signet bekräfftiget/ von Ampts wegen/ zu solchem insonderheit requirirt und erfordert.

CLXV.

8. Mai.

FRANCE, GENEVE, BERNE, ET SOLEURRE.

Traité perpetuel fait par HENRI III. *Roi de France avec les Villes de* GENEVE, BERNE *&* SOLEURE, *le* 8. *Mai* 1579. *Ratifié par le Roi au mois d'Août* 1579. *& par les trois Villes à Soleure, en présence de l'Ambassadeur de France, le* 29. *Août* 1579. [FREDER. LEONARD, Tom. IV.]

HENRI par la grace de Dieu, Roy de France & de Pologne. A tous presens & avenir, Salut. Comme ci-devant & de long-temps, nos tres-chers & grands Amis, Alliez & Confederez, les Sieurs des Villes & Cantons de Berne & de Soleure, sur les bruits qui ont par diverses fois couru de plusieurs entreprises & desseins sur la Ville de Geneve, fussent entrez en opinion qu'icelle Ville venant à changer de main, la Paix & tranquilité generale de tous les Païs des Ligues en pourroit estre beaucoup alterée, pour estre icelle Ville l'une des Clefs & Boulevarts desdits Païs des Ligues, & d'ailleurs alliée par ancienne Combourgeoisie avec lesdits Sieurs de Berne, ils nous auroient fait entendre que pour obvier à telles entreprises, dont le seul bruit troubloit grandement leur repos, ils estoient deliberez de faire entre eux quelque Traité pour maintenir & conserver ladite Ville de Geneve en l'estat qu'elle se retrouvoit, comme chose qu'ils estimoient des plus importantes & necessaires, non-seulement au bien & seureté commune de toutes les Ligues, mais aussi à la conservation & entretenement de l'ancienne Amitié & Alliance qui est entre Nous & elles. Nous requerans qu'à cette occasion, à l'exemple de nos Predecesseurs Rois, qui ont toûjours esté tres-prompts d'embrasser tout ce qui s'est presenté pour le bien & repos d'icelles Ligues, nous voulussions entrer avec eux audit Traité: A quoi ne voulans defaillir pour l'ancienne Amitié & bienveillance que nous leur portons, aprés avoir diverses fois mis l'affaire en deliberation, Nous aurions envoié Lettres Patentes en datte du dixiéme jour de Juillet 1578 à nostre amé & feal Conseiller en nostre Privé Conseil, Premier President en Dauphiné, & lors nostre Ambassadeur esdites Ligues, le Sieur de Hautefort, portant pouvoir exprés de traiter avec lesdits Seigneurs des Ligues en general, ou avec aucuns Cantons ou Alliez d'icelles en particulier qui y voudroient entrer, de ce qu'ils jugeroient & aviseroient estre propre & necessaire pour la conservation & deffense de ladite Ville de Geneve & Territoire d'icelle, en l'estat qu'elle se trouve de present, & empescher les entreprises qui se pourroient faire sur icelle, au prejudice du repos desdites Ligues, par quelques personnes ou Potentats que ce soient: & pour cet effet accorder par ledit Sieur de Hautefort en nostre nom, tel secours & aide, faveur & assistance, qu'il seroit trouvé expedient & necessaire pour la continuation & fortification du repos en general desdites Ligues, & de nostre amitié & commune intelligence avec icelles. Suivant lesquelles nos Lettres de Pouvoir, & autres Lettres, Memoires & Instructions que Nous en aurions depuis envoiées audit Sieur de Hautefort, aprés en avoir diverses fois traité & negocié avec lesdits Sieurs des Villes & Cantons de Berne & de Soleure, nos tréschers & grands Amis, Alliez & Confederez. Icelui Sieur de Hautefort par l'avis & en presence de nostre amé & feal Conseiller en nostredit Conseil, & nostre Ambassadeur aprés lui ausdites Ligues, le Sieur de Sancy, seroient enfin demeurez d'accord avec lesdits Sieurs de Berne & de Soleure, sous nostre bon plaisir, des Articles ci-aprés declarez & inserez de mot à mot, C'est à sçavoir:

EN PREMIER LIEU, Que pour satisfaire à la Requeste que lesdits Sieurs de Berne & de Soleure en ont fait à Sa Majesté Tres-Chrétienne, & à l'opinion qu'ils ont qu'il importe grandement à leur bien & repos, & de tout le general des Ligues, que les Païs appartenans ausdits Sieurs de Berne & à eux delaissez par les Accords ci-devant faits entre M. le Duc de Savoye & eux, soient compris au Traité de la Paix perpetuelle qui est entre la Couronne de France & le general des Ligues: Il a esté accordé qu'iceux Païs delaissez par ledit Sieur Duc de Savoye ausdits Sieurs de Berne, seront & demeureront compris en ladite Paix perpetuelle, aux mêmes qualitez & conditions des autres Païs appartenans d'ancienneté ausdits Sieurs de Berne, tout ainsi que si elles estoient ici designées & specifiées par le menu.

II. Pour les mêmes considerations que dessus, & en faveur & contemplation desdits Sieurs de Berne & de Soleure, il a esté aussi accordé que lad. Ville & Cité de Geneve avec son Territoire, sera comprise audit Traité de Paix perpetuelle; à la charge que les Habitans d'icelle se comporteront envers Sa Majesté & la Couronne de France, avec le respect qu'il appartient, & qu'il est porté par ledit Traité de Paix perpetuelle.

III. Sans neanmoins que par le moien de ladite comprehension les Habitans d'icelle Ville de Geneve jouïssent d'aucune exemption des Droits de Gabelle, Peages, & autres Subsides & Imposts pour raison du Trafic & Marchandise qu'ils feront en France, ains se contenteront lesdits Habitans d'estre traitez comme les propres Sujets du Roi, pour raison dudit Commerce, Peages, Gabelles, Subsides & Imposts, tant pour l'achapt & debitement des Denrées & Marchandises, que pour les Droits d'entrée & sortie d'icelles, ensemble pour la liberté d'aller, de venir & negocier par le Roiaume de France, Terres & Seigneuries de son obeïssance.

IV. Et s'il intervient quelque differend entre les Sujets de S. M. & les particuliers de ladite Ville de Geneve, le demandeur sera tenu de poursuivre son Droit par-

ANNO 1579.

pardevant le Juge ordinaire, & au domicile du deffendeur, tant d'une part que d'autre; Mais s'il y échet quelque difficulté & different sur le fait de la Garnison; ou du secours dont sera parlé ci-aprés, le Roi en sera au Droit de Marche, suivant & à la forme du Traité de la Paix perpetuelle.

V. S'il avient que pour la conservation de lad. Ville de Geneve, lesd. Sieurs de Berne & de Soleure aient occasion d'accorder Garnison à icelle, Sadite Majesté en ce cas sera tenuë de soldoier ladite Garnison à ses frais & dépens, jusques au nombre de cinq Compagnies de Gens de Guerre de la Nation de Suisse, si tant en est besoin pour la seureté de ladite Ville, chacune desdites cinq Compagnies composée de trois cens Hommes, qui seront paiez à raison de treize cens Ecus de quatre Testons piece par mois pour chacune Compagnie; & ce seulement pour le temps & au prorata des jours qu'elles auront servi pour la necessité qui se presentera, outre cinq jours pour l'aller, & autres cinq jours pour le retour.

VI. Mais afin que l'on ne fasse entrer le Roi en dépense inutile & superfluë pour ladite Garnison, il a esté accordé que lors qu'il conviendra la mettre, la Deliberation s'en fera avec l'Ambassadeur de S. M. ausdites Ligues, lequel y aura sa voix comme un des Cantons qui seront entrez en ce Traité, & sera faite la resolution de bonne foi selon la pluralité des voix.

VII. Et pour ne demeurer court de ce qu'il faudra pour soldoier ladite Garnison, & qu'à faute de deniers il n'avienne quelque inconvenient à ladite Ville, & par consequent ausdits Sieurs des Ligues, a esté accordé que S. M. sera tenuë de faire consigner és mains des Seigneurs de la Ville & Canton de Soleure, la Somme de treize mille Ecus de quatre Testons piece, à quoi monte la solde de cinq Compagnies ci-dessus accordées pour laditte Garnison pour deux mois entiers.

VIII. Et s'il avenoit que ladite Ville de Geneve fut assiegée par qui que ce soit, & que pour la secourir lesdits Sieurs de Berne & de Soleure, & autres Cantons qui entreront en ce Traité, fussent contraints de dresser une Armée; en ce cas Sad. M. sera tenuë de les secourir & aider de la Somme de quinze mille Ecus de quatre Testons piece pour chacun mois pour tout secours, tant & si longuement qu'il y aura Armée en Campagne pour la deffense de ladite Ville, moiennant lesquels quinze mille Ecus par mois Sad. M. demeurera déchargée du paiement des cinq Compagnies ci-dessus accordées pour la Garnison de ladite Ville, à compter du jour que ladite Armée sera en Campagne pour la deffense d'icelle.

IX. Et afin que lesdits Seigneurs de Berne & Soleure, & autres Cantons qui entreront en ce present Traité, aient plus de moien de se fortifier & dresser une plus belle Armée pour le secours de ladite Ville, quand le besoin y sera, si aucuns des Sujets de Sad. M. les veüillent venir aider & secourir, il ne leur sera aucunement deffendu ni empêché par Sad. M. ni par ses Ministres & Officiers.

X. Que si à l'occasion ou en haine de la deffense & conservation de lad. Ville de Geneve, aucun Prince ou Potentat venoit à mouvoir Guerre contre lesdits Seigneurs de Berne & de Soleure, & autres Cantons qui pourroient ci-aprés entrer en ce Traité, ou aucuns d'iceux, en ce cas S. M. sera tenuë les aider & secourir de la Somme de dix mille Ecus de quatre Testons piece par mois, tant & si longuement qu'ils auront Armée en Campagne pour raison de lad. querelle.

XI. Comme aussi en cas pareil si quelqu'un venoit à mouvoir Guerre contre S. M. T. C. à l'occasion de ladite deffense & conservation de Geneve, lesdits Seigneurs de Berne & Soleure, & autres Cantons qui y entreront, seront tenus de secourir S. M. jusques au nombre de six mille Hommes de Guerre de ladite Nation, si tant Elle en a besoin, en faisant les levées & soldoiant les Compagnies suivant & à la forme des Traitez d'Alliance que S. M. a deja avec aucuns desdits Cantons desdites Ligues.

XII. Et pour reconnoissance du bien que ladite Ville recevra du Roi, par le moien de ladite deffense & conservation, les Sujets de Sad. M. auront seur & libre accez en icelle, tant pour le regard du Trafic & autres affaires qu'ils y pourroient avoir, qu'aussi pour le passage des Gens de Guerre que Sad. M. & ses Successeurs auront à tirer desd. Ligues, ou envoier de France de là les Monts. Lesquelles Gens de Guerre passans à la file sans desordre & avec toute modestie, y seront receus & logez, & à iceux administrez Vivres & autres choses necessaires, en paiant raisonnablement, & seront pour cet effet les Seigneurs de ladite Ville premierement avertis du passage desd. Gens de Guerre, attendu la qualité de lad. Ville, à ce qu'ils ne soient surpris ou surchargez.

ANNO 1579.

XIII. Comme aussi ne sera donné aucun passage ni retraite en lad. Ville de Geneve aux Ennemis de S. M. & Couronne de France.

XIV. Et en outre a esté dit & accordé que le present Traité durera & tiendra à perpetuité de même que la Paix perpetuelle, sans que par ci-aprés il puisse estre fait d'une part ni d'autre aucune chose au prejudice d'icelui, ains sera inviolablement & de bonne foi observé, entretenu & gardé, tant par Sad. M. que par lesdits Seigneurs de Berne & de Soleure, & autres Cantons & Alliez desdites Ligues qui par ci-aprés y pourront entrer, de point en point selon sa forme & teneur, sans aller jamais au contraire en quelque sorte & maniere que ce soit; se reservant neanmoins ledit Seigneur de Hautefort de faire entendre à S. M. tout le contenu ci-dessus pour en avoir son bon plaisir, & l'aiant pour agreable d'en envoier ausdits Seigneurs de Berne & Soleure, dans trois mois prochains, Lettres & Sceaux de S. M. & lors feront prester de part & d'autre les Sermens en tel cas requis & accoûtumez. En témoin de quoi lesdits Seigneurs de Hautefort & de Sancy, ont signé les presentes de leurs mains, & à icelles fait mettre le Scel de leurs Armes. Comme aussi lesdits Seigneurs de Berne & de Soleure les ont pareillement signées, & à icelles fait mettre & apposer leurs Sceaux, le huitiéme jour de Mai l'an de grace 1579.

Ratification du susdit Traité faite par le Roi HENRI III.

HENRI par la grace de Dieu Roi de France & de Pologne. A tous presens & à venir, Salut. Comme ci-devant & de long-temps nos tres-chers & grands Amis, Alliez & Confederez, les Seigneurs des Villes & Cantons de Berne & de Soleure, sur les bruits qui ont par diverses fois couru de plusieurs entreprises & desseins sur la Ville de Geneve, fussent entrez en opinion qu'icelle venant à changer de mains, la Paix & tranquillité generale de tous les Païs des Ligues en pourroit estre beaucoup alterée, pour estre icelle Ville l'une des Clefs & Boulevarts desdits Païs des Ligues, & d'ailleurs alliée par ancienne Combourgeoisie avec lesdits Seigneurs de Berne, ils nous auroient fait entendre que pour obvier à telles entreprises, dont le seul bruit troubloit grandement leur repos, ils estoient deliberez de faire entre eux quelque Traité pour maintenir & conserver ladite Ville de Geneve en l'estat qu'elle se trouvoit, comme chose qu'ils estimoient des plus importantes & necessaires, non seulement au bien & seureté commune de toutes lesdites Ligues, mais aussi à la conservation & entretenement de l'ancienne amitié & alliance qui est entre Nous & elle, Nous requerant que à cette occasion à l'exemple de nos Predecesseurs Rois, qui ont toujours esté trés-prompts d'embrasser tout ce qui s'est presenté pour le bien & repos d'icelles Ligues, Nous voulussions entrer avec eux audit Traité. A quoi ne voulant defaillir pour l'ancienne amitié & bienveillance que nous leur portons, aprés avoir par diverses fois mis l'affaire en deliberation, Nous aurions envoié nos Lettres Patentes en date du dixiéme jour de Juillet 1578 à nostre amé & feal Conseiller en nostre Conseil, Premier President en Dauphiné, & lors nostre Ambassadeur ausdites Ligues, le Seigneur de Hautefort, portant pouvoir de traiter avec lesdits Seigneurs des Ligues en general, ou avec aucuns Cantons ou Alliez d'icelles en particulier qui y voudroient entrer, de ce qu'ils jugeroient & aviseroient estre propre & necessaire pour la conservation & deffense de ladite Ville de Geneve & Territoire d'icelle, en l'estat qu'elle se trouve de present, & empescher les entreprises qui se pourroient faire sur icelle au prejudice du repos desd. Ligues, par quelques personnes ou Potentats que ce soit; & pour cet effet accorder par ledit Seigneur de Hautefort en nôtre nom, tel secours, faveur, aide & assistance qu'il seroit trouvé expedient & necessaire pour la continuation & fortification du repos general desdites Ligues, & de nostre amitié & commune intelligence avec icelles, suivant lesquelles nos Lettres de Pouvoir, & autres Lettres, Memoires & Instructions que nous en aurions depuis envoié audit Seigneur de Hau-

ANNO 1579. Hautefort, aprés en avoir par diverses fois traité & negocié avec lesdits Seigneurs des Villes & Cantons de Berne & de Soleure, nos tres-chers & grands Amis, Alliez & Confederez; icelui Seigneur de Hautefort, par l'avis & en presence de nostre amé & feal Conseiller en nostredit Conseil, & nostre Ambassadeur aprés lui auxdites Ligues, le Sieur de Saucy, feroit enfin demeuré d'accord avec lesdits Seigneurs de Berne & Soleure, sous nostre bon plaisir, des Articles ci-aprés déclarez & inserez de mot à mot.

Sçavoir faisons, Que Nous aprés avoir veu & meurement consideré tous lesdits Articles, ainsi faits & accordez à nostre nom par lesdits Seigneurs de Hautefort & de Saucy, nos Ambassadeurs susdits, avec lesdits Seigneurs des Villes & Cantons de Berne & de Soleure, & les aians bien agreables avons iceux loüez, approuvez & ratifiez, loüons, approuvons & ratifions par ces presentes, selon qu'ils sont couchez & écrits ci-dessus, tout ainsi que si par Nous en personne ils avoient esté faits & accordez: & partant avons promis en bonne foi & Parole de Roi, tant pour Nous que pour nos Successeurs Rois, à perpetuité tenir, garder & inviolablement observer tout le contenu en iceux de point en point selon sa forme & teneur, sans jamais aller ni permettre qu'il soit allé de nostre part au contraire, directement ni indirectement, en quelque sorte & maniere que ce soit. Mandant & ordonnant pour cet effet audit Seigneur de Sancy, à present nostre Ambassadeur ausdites Ligues, (auquel Nous en donnons tout pouvoir par ces Presentes) de faire & prester pour Nous en nostre nom & sur nostre foi & conscience, à l'endroit desdits Seigneurs de Berne & de Soleure, & autres Cantons ou Alliez desdits Seigneurs des Ligues, qui voudront entrer audit Traité, le Serment en tel cas requis & accoûtumé, & de mesme le recevoir pour & en nostre nom desdits Seigneurs de Berne & de Soleure, & autres que besoin sera, pour l'entretenement desdits Articles & Traité, selon qu'il a esté promis & convenu en iceux faisant & accordant. Et d'autant que Nous avons esté avertis par lesdits Sieurs de Hautefort & de Sancy, nos Ambassadeurs susdits, qu'en faisant la conclusion desdits Traitez & Articles, les Seigneurs de ladite Ville & Canton de Berne auroient en leur Conseil fait expresse reserve, que le Droit & action que nostre trés-cher & tres-amé Oncle le Duc de Savoye pretend sur icelle Ville de Geneve, feroit decidé amiablement & par Justice, là où les Parties se sont assignées; ne voulant ceder à autre en amitié, affection & bonne volonté envers nostredit Oncle, Nous avons dit & declaré que nous avons ladite reserve pour bien agreable, Voulons & entendons que de nostre part elle ait lieu en la mesme forme & maniere que lesdits Seigneurs de Berne l'ont faite & resolué en leurdit Conseil, en faisant ledit Traité. En témoin de quoi nous avons signé ces Presentes de nostre propre main, & à icelles fait mettre nostre Scel. Donné à Paris au mois d'Aoust l'an de grace 1579. & de nostre Regne le sixiéme. *Ainsi signé*, HENRI. *Et plus bas:* Par le Roi, BRULART. *Et scellées du grand Sceau de cire verte, sur lassets de soye rouge & verte.*

Serment prêté par les Députez des trois Villes, à l'Ambassadeur du Roi HENRI III.

NOUS Beal Ludovic de Mullinen, ancien Advoyer; Nicolas de Diesbach; Hans Anthoni Tillier, Bourfier du petit Conseil; Vincent Tachselhoffer, Secretaire; Hans Rudolph de Bonstetin; Hans Rudolph Weltenberger, au nom du grand Conseil, Deputez de la Ville & Canton de Berne. Et Nous Urs Sury; Urs Ruchly, nouveau & ancien Advoyers; Stephan Schuabler, Banderet; Urs Rudolph, Bourfier; Peter Manslip, Ædile du petit Conseil; Jean Jacques de Stald, Secretaire; Balthazard Grisiach; Usrich Vogelsang; Pieter Briovel; Jeronimus Lallimberg, du grand Conseil, aussi Deputez de la Ville & Canton de Soleure. Sçavoir faisons, qu'aprés avoir esté luë en nos Cantons devant nostre grand & petit Conseil, la Ratification du Traité dernierement fait entre le Roi de France, nostre trés-redouté Seigneur, Allié & Confederé, pour la conservation & deffense de la Ville de Geneve: Nous avons eu charge de nos Seigneurs & Superieurs, de remercier trés-humblement Sa Majesté de ce qu'il lui a plû se declarer tellement affectionné au bien & repos de ces Ligues, que d'avoir voulu ratifier ledit Traité, avec la Reserve que la Ville & Canton de Berne, en faisant la conclusion dudit Traité, auroit expressement faite à sçavoir que le Droit & Action que Monsieur le Duc de Savoye, comme Heritier des feus Ducs de Savoye ses Predecesseurs, pretend sur ladite Ville de Geneve, seroit decidé amiablement ou par Justice, là où les Parties se sont assignées, & avons eu aussi commandement de nosdits Seigneurs & Superieurs, de jurer en leur nom ledit Traité. Et pourtant Nous les Deputez susdits, au nom & comme aians pouvoir de nos Seigneurs & Superieurs, avons juré & promis par nos Sermens accoûtumez, jurons & promettons par ces presentes, tant pour Nous que pour nos Successeurs, à perpetuité, tenir, garder, & inviolablement observer, tout ce qui est contenu audit Traité & Accord de point en point, sans jamais aller ni venir au contraire. Et d'autant qu'en faisant ledit Traité nous nous serions fait forts que la Ville de Geneve accepteroit tout ce qu'en icelui Contract nous aurions promis à Sa Majesté, qui les peut conserver, Nous avons icelui Traité & Accord communiqué aux Seigneurs, Syndics, & Conseil de ladite Ville de Geneve, lesquels l'ont accepté dés le vingt-quatriéme de Juin dernier passé; & avons, Nous Deputez de la Ville & Canton de Berne, estimé qu'entant que ledit Traité peut toucher & concerner ladite Ville de Geneve, ils deussent faire Serment de le garder aussi inviolablement de leur part, & de point en point observer selon sa forme & teneur.

Pour à quoi satisfaire lesdits Seigneurs de Geneve ont deputé Nous Michel Rozet, & Ami Varro, Conseillers & anciens Syndics de ladite Ville de Geneve, pour & en leur nom venir jurer ledit Traité à qui il appartiendra. Et en vertu du Pouvoir à Nous donné par nos Seigneurs & Superieurs, Nous Deputez susdits de lad. Ville de Geneve, jurans au Nom de Dieu, avons promis à Monsieur de Sancy, Ambassadeur de Sa Majesté Trés-Chrestienne en ce Païs des Ligues, & à Mesdits Seigneurs les Deputez de Berne, nos trés-chers Combourgeois, de garder & inviolablement observer ledit Traité, en tant qu'à nous touche & peut toucher, sans jamais aller au contraire, en quelque forme & maniere que ce soit. Et d'autre part, Nous Nicolas de Harlay, Seigneur de Sancy, Ambassadeur pour Sa Majesté aux Ligues de Suisse, promettons & jurons, pour & au nom de Sadite Majesté aux susdits Deputez des trois Villes, suivant le Pouvoir special à Nous donné, transcript en la Ratification que nous avons mise és mains de Messieurs de Berne & de Soleure, tant pour Sa Majesté de present que pour ses Successeurs Rois à perpetuité, tenir, garder, & inviolablement observer le contenu audit Traité de point en point, selon sa forme & teneur, sans jamais aller de la part de Sa Majesté au contraire, directement ou indirectement, en quelque forme & maniere que ce soit. Comme aussi Nous Deputez de Berne, promettons & jurons comme dessus aux susdits Deputez de la Ville de Geneve, d'observer ledit Contract envers eux inviolablement, selon que ci-dessus nous avons promis & juré. En témoin de quoi Nous Ambassadeur susdit de Sa Majesté Tres-Chrétienne, avons fait sceller le present Acte du Scel de nos Armes. Et Nous susdits Deputez des Villes de Berne & Soleure, du Scel & Armes de nosdites Villes & Cantons, & Nous susdits Deputez de ladite Ville de Geneve, avons pareillement fait sceller le present Acte du Scel de nos Seigneurs & Superieurs, lequel nous avons seulement mis de Mondit Seigneur l'Ambassadeur de Sa Majesté Tres-Chrétienne, & de Messieurs de Berne: & avons tous, selon qu'il est porté ci-devant, fait transcrire à la fin de ces Presentes les Pouvoirs à Nous donnez, dont & de toutes lesquelles choses, Nous susdit Ambassadeur de Sa Majesté, & Deputez susdits, avons chacun retiré un Acte à part pour nous servir en tant que de raison. Fait à Soleure le 29. jour d'Aoust l'an de grace 1579.

ANNO 1579.

17. Mai.

ESPAGNE ET LES PROVINCES VALONNES.

CLXVI.

Artikelen van Verfoeninge tusschen den Hertog van PARMA, *als Gouverneur Generael der Nederlanden en* WALSE PROVINTIEN *als* Henegouwen, Artois, Douay, Ryssel, Orchies *enz. gesloten tot Atrecht den* 17. *Mey* 1579. [PIETER BOR, (1) Oorspronck, Begin, en vervolg des Nederlandsche Oorlogh, Tom. II. pag. 98.]

I. EErstelijck, dat de onderhandelinge van de Pacificatie van Gent, de Unie, 't Edict perpetuel, en Ratificatie van sijner Majesteit sullen blijven in haer volle kracht en vigeur, en sullen met der daed in hare Poincten geeffectueert worden.

II. En om dies te gevoegelijker tusschen de Onderdanen van sijner Majesteit weder op te richten een goed betrouwen in een goede Unie en Verdrag, ten dienste Godes, tot onderhoudinge der Catholijke Apostolise Roomse Religie, tot gehoorsaemheid zijner Majesteit, mitsgaders tot ruste en welvaren des Lands, sal over beiden zijden bewilliget werden een eeuwig vergeten van alle 't gene daer soude sijn geseid of gedaen worden in wat manieren dat het sy, na de eerste alteratien en van wegen der selven, sonder dat derhalven eenig verwijt of ondersoek by de Jugen, Fiscael of andere sal mogen geschieden, als van dingen die niet gebeurt sijn, en sullen tot desen einde alle Sententien, Decreten en Vonnissen gegeven so wel in desen Landen als in andere, waer de selve sijn mogen, onder de gerechtigheid van sijner Majesteit gelegen, van wegen der voorleden troublen, uitgedaen en doorgestreept worden uit de Registers tot volkomen ontlastinge van alle die van de Unie begrepen in dit Accoort: behouden de oproerige, gevangene ballingen en andere in rechte betrocken door de Gouverneurs en Magistraten der contracterenden Landen, de welke henlieden niet wetende te ontschuldigen van den faicten henlieden op geleid, sullen in dese vergetinge en abolitie niet begrepen werden, selfs daer sullen behoorlijke Edicten en Placcaten gesteld werden, inhoudende expres verbod eenen yegelijken sonder onderscheid gedaen, van niemands niet te verwijten uit oorsake der voorgaende saken.

III. Sijne Majesteit sal bevestigen en voor aengenaem houden alle 't gene dat voorsien, gegeven en toegelaten is, by mijnen Heere den Eertshertog, de Staten, Raed van State, niet wesende tegen de Pacificatie van Gent, de Unie daer na gevolgt, Edict perpetuel, Rechten, Privilegien en Vryheden des Lands, so wel in 't generale als in 't particulier.

IV. En sal niemand ondersoeken noch doen ondersoeken, van wegen de afbrekinge der Castelen en Sterkten, de welke Castelen en Sterkten niet sullen mogen herbouwet werden, noch ander nieuwe opgericht, sonder de expresse verklaringe der Staten van elk Land in 't particulier.

V. Sijne Majesteit sal doen vertrecken uit allen desen Landen, selfs uit den Hertogdomme van Luxembourg alle Krijgslieden, Spangiaerden, Italianen, Albanoisen, Bourgoignons en alle andere vremdelingen, den Staten niet aengename wesende, accepterende dit tegenwoordig Verdrag binnen de ses nakomende weken, na de Publicatie der selven, of noch eer, in so verre als den Leger, hier na breder geroert, kan geformeert en opgericht werden, so 't mogelijk is alle dingen gereet te hebben, die tot haerlieder vertrek nodig sijn. En in allen gevallen sullen uit trecken binnen de voorseide ses weken (gemerkt dat de contracterende Staten beloven hen in alle neerstigheid te employeren met de Gecommitteerde van zijner Majesteit sonder bedrog of argelist om den voorseiden Leger veerdig te hebben binnen den dag dat de voorseide vremdelingen sul-

(1) Cet Historien nous aprend, que ce Traité fut imprimé, & publié à Mons le 23. Septembre de la même année; mais qu'il a suivi la Copie, que le Prince d'Orange en envoya aux Provinces. Entr'autres differences la fin de l'Article IX. qui concerne le Comte de Bure n'étoit point dans l'Edition de Mons.

ANNO 1579.

17. Mai.

ESPAGNE ET LES PROVINCES VALONNES.

CLXVI.

Articles de la Paix concluë entre les Députez du Prince de PARME & les PROVINCES VALONNES, savoir le *Hainault*, l'*Artois*, les Villes de *Douai*, l'*Isle*, *Orchies*, &c. à Arras le 17. Mai, 1579. [BOR, *Histoire des Guerres des Pays-Bas*, Tom. II. pag. 98.]

I. PRemierement que les negotiations de la Pacification de Gand, l'Union, Edit perpetuel, & Ratification de Sa Majesté, demeureront en leur entiere force & vigueur, & sortiront leur effet en tous leurs Points.*

II. Et pour entretenir plus sensiblement une bonne confiance entre les Sujets de sa Majesté, par une bonne Union & Concorde, au service de Dieu, à l'entretenement de la Religion Catholique, Apostolique & Romaine, l'obeïssance duë à Sa Majesté, ensemble le repos & la prosperité du Païs, il sera consenti de part & d'autre à une amnistie éternelle, de tout ce qui peut avoir été dit ou fait en quelque maniere que ce soit, depuis les premieres inimitiés & à cause d'icelles, sans qu'à cette occasion il puisse être fait aucun reproche ou information par les Juges, Fiscaux ou autres, comme de choses non arrivées, & seront à cette fin toutes Sentences, Decrets, & Arrêts rendus, tant dans ces Païs qu'en d'autres où ils puissent être scituez sous la Jurisdiction de Sa Majesté, à cause des troubles precedens, mis à neant & rayés des Regîtres, à l'entiere decharge de tous ceux compris dans cet Accord. Exceptez les seditieux, les bannis emprisonnez & autres mis en Justice par les Gouverneurs & Magistrats des Païs contractans, lesquels ne peuvent pas se disculper des faits à eux imputez, & qui ne seront pas compris dans cette amnistie & abolition, même qu'il sera fait des Placards convenables contenants deffences expresses à tous & un chacun sans exception de rien reprocher à personne, à cause des affaires passées.

III. Sa Majesté confirmera & tiendra pour agreable tout ce qui est pourvû, donné & accordé par Monsieur l'Archiduc, les Etats, Conseil d'Etat, & qui n'est pas contraire à la Pacification de Gand, l'Union qui s'en est ensuivie, l'Edit perpetuel, Droits, Privileges, & Liberté des Païs, tant en general qu'en particulier.

IV. Que personne n'informera ou fera informer au sujet de la démolition des Chateaux & Forts, lesquels Chateaux & Forts ne pourront être rebatis, ni autres nouveaux construits, sans l'expresse declaration des Etats de chaque Païs en particulier.

V. Sa Majesté fera sortir de tous lesdits Païs, même du Duché de Luxembourg, toutes Troupes, Espagnols, Italiens, Albanois, Bourguignons & tous autres étrangers qui ne sont pas agreables au Païs, acceptant le present Traité dans six semaines après la publication d'icelui, & encore plûtôt si l'Armée plus amplement mentionnée cy-aprés peut être reformée & redressée, & si toutes les choses pour leur depart peuvent être prêtes. Et en tout cas elles sortiront dans lesdites six semaines; (vû que les Etats contractans promettent de s'employer en toute diligence avec les Commissaires de Sa Majesté, sans tromperie ni dissimulation, afin d'avoir ladite Armée prête dans le jour que lesdits étrangers devront

ANNO 1579.

sullen vertrecken) en binnen andere ses weken uit de Graeffschap van Bourgoignen, sonder datse sullen mogen wederom keren in dese voorseide Landen, of wederom daer in gesonden werden, aengesien dat sijne Majesteit geen uitlandse Oorloge heeft, en generalijk dier geen gebrek of van doen hebbende, so den voorseiden Staten wel bekent is. Gelijkerwijs ook de voorseide Staten sullen doen vertrecken alle Françoisen, Engelsen, Schotten, en andere vremdelingen over de welke sy eenige macht of bevel hebben.

VI. En sullen de voorseide Krijgslieden, Spangiaerden, Duitsen, Italianen, Bourgoignons en andere alle gelijck wanneer sy sullen uit den Castelen en Steden vertrecken, gehouden sijn daer in te laten alle Victualie, Geschut en Proviande, daer in wesende. En aengaende 't Geschut uit den Sterckten getrocken, dat selve sal weder gegeven en gestelt werden ter plaetsen daer 't uitgetrocken is geworden, met de eerste gelegentheid, sonder datment sal mogen uit den Lande voeren. De welke Castelen en Steden, mitsgaders de voorseide Victuaillen, Geschut en Proviandeu, sullen by sijne Majesteit in handen gestelt werden van lieden in desen Nederlanden geboren of gequalificeert, achtervolgende de Privilegien der selven, aengenaem den voorseiden Staten, en namelijk, de gene die onder 't Gouvernement van Henegouwe sijn, binnen 20 dagen na de Publicatie van dit Accoort, en de reste waer dat de selve mogen gelegen sijn, binnen andere 20 dagen naestvolgende.

VII. Gedurende welken tijd van 't vertrecken der voorseide vreemdelingen sijne Majesteit en de Geunieerde Landen sullen een Leger oprichten van lieden in desen Landen geboren en anderen die sijner Majesteit en den Staten der Landen die in dit Verdrag tegenwoordelijk ingaen, en noch werden ingaen, aengename sullen wesen, niet-te-min tot kosten van sijner Majesteit, welverstaende, dat de voorseide Landen sullen sijne voorseide Majesteit bystant met contributien, in conformiteit van den 20 Artijkel hier na volgende, ten einde om te onderhouden de Catholijke Roomse Religie en de behoorlijke gehoorsaemheid van sijner Majesteit, op den voet van de Pacificatie van Gent, Unie, Edict perpetuel, en van dit tegenwoordig Verdrag, in alle hare Poincten.

VIII. Sijne Majesteit sal bevelen den Staten en Gouverneurs, so wel generale als particuliere Raden en Magistraten van Luxemborg en van Bourgoignen, te onderhouden en niet te laten verminderen of iet te doen ten achterdele van 't Edict perpetuel in allen sijnen Poincten en Articulen: ook niet verdragen eenig Krijgsvolk door te leiden, aen te nemen of binnen 's Lands te laten komen ten achterdele van dese Landen, en sal van alle 't gene dat hier boven verhaelt is, Eed doen, en daer van behoorlijke en genoegsame Acte geven: gelijkerwijs ook de Staten wederom van haerlieder sijde sullen alle noodlijk devoir doen, alsoo men gedaen heeft, ten einde dat de Handelinge van Koopmanschap en Communicatie vry en vrank sy tusschen de voorseide Landen, alsoo sy in den voorgaenden tijd is geweest, en in alle versekertheid.

IX. Dat alle gevangenen van de contracterende Partyen sullen so wel over d'een als over d'ander sijde los gelaten werden, terstond na de Publicatie van dit tegenwoordig Verdrag, so verre alsse in haerlieder macht sullen wesen sonder eenig rantsoen te betalen.

Gelijkerwijs ook de Heere van Oygnyes en andere sullen zijne Majesteit in alle ootmoedigheid bidden, dat haer believe in dese Landen wederom vry en los te senden den Heere Grave van Bueren, mits Eed doende van de Catholijke Roomsche Religie, de Pacificatie van Gent, Unie, Edict perpetuel, en dit tegenwoordig Verdrach te onderhouden.

X. Aengaende de Goeden die over d'een en d'ander sijde sijn geaenveert, gearresteert en gehandelt worden, na de Pacificatie van Gent, so wel hier te Lande, als in Bourgoignen en elders, een yegelijk sal wederom in komen in alle sijne onberoerelijke Goeden, en belangende de roerelijke, een yegelijk sal daer wederom in komen, in so verre alsse niet verkocht of gealieneert sullen sijn, by bevele van sijner Majesteit of sijner Hoogheid, Raed van State, Generale Staten of particulier, Steden of Gouverneurs Generael of particulier, waer in sullen begrepen sijn de Goeden van de Gevangenen aengehouden by die van Gent en hare aenhangers,

vront sortir) & dans six autres sémaines hors la Comté de Bourgogne, sans qu'elles puissent retourner dans lesdits Païs ou y être derechef envoyées, vû que Sa Majesté n'a point de Guerre étrangere, & qui en general en ait besoin, comme la chose est notoire auxdits Etats. Comme aussi les susdits Etats feront sortir tous les François, Anglois, Ecossois, & autres étrangers sur lesquels ils ont quelque commandement.

VI. Et feront lesdites Troupes, Espagnoles, Allemandes, Italiennes, Bourguignonnes, & autres quand elles sortiront en même tems des Châteaux & Villes, obligées d'y laisser les Munitions de bouche & de Guerre que s'y trouveront. Et à l'égard de l'Artillerie tirée des Forts, elle sera remise és Lieux d'où elle aura été tirée, & ce à la premiere occasion, sans qu'on la puisse mener hors du Pays. Lesquels Châteaux & Villes, ensemble lesdites Munitions de bouche & de Guerre seront par Sa Majesté mis és mains de Gens nez au Pays ou qualifiés, suivant les Privileges d'icelles, & agreables aux susdits Etats, & nommément de ceux qui sont sous le Gouvernement de Hainaut; dans vingt jours aprés la Publication du present Accord, & le reste où ce puisse être, dans vingt jours ensuivants.

VII. Durant lequel tems du depart desdits Etrangers, Sa Majesté & les Pays Unis leveront une Armée de Gens nez au Pays, & autres qui seront agréables à Sa Majesté & aux Etats des Pays qui entrent dans ce present Traitté, & qui y pourroient entrer, neantmoins aux depens de Sa Majesté. Bien entendu, que les susdits Pays assisteront Sa Majesté de contributions, en conformité du 20 Article cy-dessous, afin de maintenir la Religion Catholique Romaine & l'obeïssance convenable dûë à Sa Majesté, sur le pied de la Pacification de Gand, Union, Edit perpetuel, & du present Traité en tous leurs Points.

VIII. Sa Majesté ordonnera aux Etats & Gouverneurs, & aux Conseils generaux & particuliers, & aux Magistrats de Luxembourg & de Bourgogne d'entretenir, sans diminution ni desavantage, l'Edit perpetuel dans ses Points & Articles: & ne souffrira d'introduire aucunes Troupes, ni d'en recevoir ni faire venir dans le Pays au desavantage d'icelui, & prêtera Serment sur tout ce qui est specifié cy-dessus, & en donnera Acte convenable & suffisant. Comme aussi on a fait, afin que le Negoce de Marchandise & Communication soit libre & franc entre lesdits Pays, & comme il a été du tems passé, & en toute seureté.

IX. Que tous prisonniers des Parties contractantes seront relâchez tant de part que d'autre, aussitôt aprés la Publication du present Traitté, autant qu'en eux sera, sans payer rançon.

Comme aussi les Sieurs d'Ognyes & autres supplieront trés-humblement Sa Majesté, qu'il lui plaise de renvoyer librement dans ces Païs le Seigneur Comte de Bure, en prêtant Serment de maintenir la Religion Catholique Romaine, la Pacification de Gand, Union, Edit perpetuel, & le present Traité.

X. A l'égard des Biens qui d'une & d'autre part ont été enlevez, & arrêtez & negociez depuis la Pacification de Gand, tant icy au Païs, qu'en Bourgogne & autre part, chacun rentrera dans ses Biens immeubles, & à l'égard des Biens meubles, chacun y rentrera au cas qu'ils ne soient pas vendus ou alienez par ordre de Sa Majesté ou de son Altesse, Conseil d'Etat, Etats Generaux ou particuliers, auxquels seront compris les Biens des Prisonniers, detenus par ceux de Gand & leurs adherans; Bien enten-

ANNO 1579.

ANNO 1579.

gers, wel verstaende dat so veel als belangt de Goede die alrede geaenveert en gearresteert sijn, van de voorseide gevangenen, door de voorseide van Gent en hare aenhangers aengehouden, sullen werden gesequestreert en in handen gestelt van getrouwe Administrateurs van den dag van de Publicatie deses Verdrags, op dat in gevalle datse uit haer gevankenisse komende, werden aennemen en sweren dit tegenwoordig Verdrag, de selve hen getrouwelijk wederom gegeven en toegestelt werden, hen gevende binnen dien eerlijke en redelijke alimentatie en onderhoud.

XI. Alle de Gouverneurs tot deser tijd sijnde van Landen, Steden, Plaetsen en Sterkten die versoent sijn, gecommitteert voor 't vertrek van wijlen Don Johan na Namen, sullen onderhouden en gehanthaeft werden gelijkerwijs ook sullen gemainteneert werden die tot den Gouvernementen door aflijvigheid vacerende, sullen sijn voorsien worden. En aengaende de Gouverneurs die by provisien sijn gecommitteert worden door de gevankenisse en verstrickinge van sommige, de selve Gecommitteerde tot den voorseide Gouvernemente sullen daer in gecontinueert werden tot der tijd van de herstellinge en wederkomste der voorseiden gevangenen, wel verstaende waer 't by aldien dat de voorseide gevangene gerochten te sterven, dat daer in voorsien sal werden in conformiteit van den 18 Artijkel. Belovende sijne Majesteit gene af te setten, by aldien datse sullen gehouden hebben aen der Staten zijde gedurende dese alteratien, en gemainteneert de Catholijke Roomse Religie op den voet van de Pacificatie van Gent en Unie daer na gevolgt, en datse hier na geen dingen sullen doen ten achterdele of prejudicie van dit tegenwoordig Verdrag en dese Versoeninge.

XII. En tot meerder versekertheid, men sal in conformiteit van den 11 Artijkel des voorseiden Edicts perpetuels, de contracterende Staten doen den Eed doen, mitsgaders alle Personen in eenige digniteit gestelt, Gouverneurs, Magistraten, Borgers en Ingesenen der Steden en rapassen, daer Garnisoen sal wesen, en oock den Krijgslieden, mits ook den genen van den Steden en rapassen daer geen Garnisoen is, selfs allen anderen die eenige staten, Bevel ofte Officie hebben in Krijgssaken, of anders, en te onderhouden de Catholijke Roomse Religie en de behoorlijke gehoorsaemheid des Coninx, volgende de voorseide Pacificatie, Unie daer na gevolgt, Edict perpetuel en dit tegenwoordig Verdrag van niet in te nemen, veranderen, of toe te laten eenig Garnisoen sonder het weten van den Gouverneur Generael en Provinciael, en het advijs van de Staten van elk Land of hare Gedeputeerde, wel verstaende, dat in gevalle van subytelijken node, de voorseide Gouverneur Provinciael sal de sterkten daer Garnisoen in placht te wesen met Krijgslieden versien, wesende nochtans in Eede en dienste van sijner Majesteit in elke Provincie.

XIII. Sijne Majesteit en sal niet beswaren noch doen beswaren de Steden noch 't platte Land met eenige vreemt Krijgsvolk, noch ook met die van den Lande, ten ware dat sy 't begeerden om eenige aenstaende Oorloge of perijkel, en 't selve inden Plaetsen daer 't altijd is gewoon te wesen, in welken gevalle sal 't voorseide Garnisoen sijn van Krijgslieden in den voorseiden Lande geboren, aengenaem den Staten.

XIV. Dat in alle Steden en Plaetsen daer de Magistraten sijn vermaekt geweest van den beginne deser Oorlogen extraordinaerlijk, de selve sullen geredresseert en gestelt werden na de Usancien en Privilegien van elke Plaetse, geobserveert ten tijde van wylen Keiser Carel den vijfden, stellende sulke orden, dat de voorschreven Magistraten gerespecteert en geobedieert werden so 't behoort, om niet in nieuwe inconvenienten te vallen.

XV. Sijne Majesteit sal tegenwoordelijk en voortaen committeren, tot eenen Gouverneur en Lieutenant Generael van dese Landen, eenen Prince of Princesse van sijnen Bloede, aengenaem den Staten, die sal gehouden sijn, solemnelijk te sweren, te onderhouden de Pacificatie van Gent, Unie daer na gevolgt, het Edict

entendu que pour ce qui regarde les Biens des prisonniers qui déja ont été enlevez, arrêtez & detenus par lesdits de Gand & leurs adherans, ils seront sequestrez & mis entre les mains d'Administrateurs fidelles du jour de la Publication du present Traité, afin qu'au cas qu'ils revinssent de leur prison, en prêtant le Serment & acceptant le susdit Traité, iceux leur puissent être loyalement rendus & restituez, en leur donnant l'alimentation & entretien raisonnable.

ANNO 1579.

XI. Tous les Gouverneurs de ce tems qui le sont des Païs, Villes, Places, & Forts qui sont reconciliez, établis avant le depart de feu Dom Jean à Namur, seront conservez & maintenus; Comme aussi seront maintenus ceux qui seront pourvûs aux Gouvernements vacans par decès. Et à l'égard des Gouvernements qui sont commis par provision, à cause de l'emprisonnement ou detention de quelques-uns, lesdits Commis auxdits Gouvernements y seront continuez jusques au retablissement desdits prisonniers; bien entendu que s'il arrivoit que lesdits prisonniers vinssent à mourir, il y sera pourvû en conformité de l'Article 18. Promettant Sa Majesté de n'en demettre aucun, au cas qu'ils ayent toûjours tenu le parti des Etats pendant ces inimitiés, & ayent maintenu la Religion Catholique Romaine sur le pied de la Pacification de Gand & de l'Union qui s'en est ensuivie, & qu'ils ne fassent aucune chose cy-aprés au desavantage & préjudice du present Traité & Reconciliation.

XII. Et pour plus grande sûreté, en conformité de l'Article 11. du susdit Edit perpetuel, on fera prêter Serment aux Etats contractans, ensemble à toutes personnes élevées en dignité, Gouverneurs, Magistrats, Bourgeois & Habitans des Villes, & passages où il y aura Garnison, & aussi aux Gens de Guerre, & aussi à ceux des Villes & passages où il n'y a point Garnison, même à tous autres qui ont quelque état, Commandement ou Charge Militaire, ou autrement; & de maintenir la Religion Catholique Romaine & l'obeïssance convenable dûë au Roi, suivant la susdite Pacification & l'Union qui s'en est ensuivie, & l'Edit perpetuel, de ne point recevoir, changer, ou permettre d'entrer aucune Garnison sans le sçû du Gouverneur General & Provincial, & l'avis des Etats de chaque Païs ou leurs Deputez; bien entendu qu'en cas de necessité pressante, le susdit Gouverneur Provincial pourvoira de Gens de Guerre les Forts où on étoit accoûtumé de mettre Garnison, étant neantmoins sous le Serment & service de Sa Majesté dans chaque Province.

XIII. Sa Majesté ne surchargera ni fera surcharger les Villes ni le Plat-païs d'aucunes Troupes étrangeres, ni même de celles du Païs, à moins qu'elles ne le desirassent, à cause du danger d'une Guerre prochaine, & cela dans les Places où on est accoûtumé d'y en avoir, auquel cas la susdite Garnison sera de Gens de Guerre nez au Pays, & agreables aux Etats.

XIV. Que dans les Villes & Places où les Magistrats ont été renouvellez au commencement de cette Guerre extraordinaire, ils seront redressez & remis suivant l'Usage & les Privileges de chaque Lieu, & qui étoient observez du tems du défunct Empereur Charles-Quint; mettant tel ordre que lesdits Magistrats soient respectez & obéïs, comme il est convenable, pour ne point tomber dans de nouveaux inconvenients.

XV. Sa Majesté, dès à present comme pour lors, commettra pour Gouverneur & Lieutenant General de ces Pays un Prince ou Princesse de son Sang, agreable aux Etats, qui sera tenu de jurer solemnellement, d'observer la Pacification de Gand, l'Union qui

ANNO 1579.

Edict perpetuel, en dit tegenwoordig Verdrag in alle haer Poincten en Artijkelen, en namelijk te onderhouden de Catholijke Roomse Religie en behoorlijke gehoorsaemheid van sijne Majesteit, biddende de selve seer ootmoedelijk en aenhoudende, te willen aggreeren en continueren in 't voorseide Gouvernement, mijn Heere den Eertshertog Mathias, mits dat hy terstond vertrecke, en hem begeve in de Landen van dese versoeninge, so niet met volkomen Commissie, ten minsten voor den tijd van drie maenden. En so sijne Majesteit daer niet toe woude genegen sijn, de Staten sullen den Keiser bidden dat hem gelieve van sijne Majesteit te verkrijgen eenige satisfactie voor den voorschreven Eertshertog. En terstond na 't vertrecken en uitgaen der voorschreven Spangiaerden en andere vreemdelinge uit alle dese Nederlanden, en na 't overleveren der Steden, Castelen, Sterkten, so geseid is, mijn Heere de Prince van Parma sal 't Gouvernement Generael hebben, om 't welke te bedienen, sal hy hem begeven met alleenlijk 20 dienaers van sijnen huise en vreemdelingen, ook met soodanige Guarde als na ouden gebruik, ander Gouverneurs hebben gehad, van ingeboorne des Lands en vreemdelingen, d'eene en d'ander den Staten aengenaem, in eenige Stad der voorsz. Landen, om te regeren by advijse van den Raed van Staten gementioneert in den volgenden Artijkel, gedurende den tijd van ses maenden na den dage van 't vertrek der voorsz. vreemdelingen en leveringe der voorschreven Plaetsen: voor welk vertrek der voorsz. vreemdelingen en leveringe der voorsz. Plaetsen en voorbereidinge tot publicatie van dit Verdrag in den Landen, sullen de Staten correspondentie houden met sijne Excellentie, en hem verwittigen van alle 't gene dat daer sal gehandelt werden, aengaende de executie des selven: en alle Placcaten, Mandementen en Provisien sullen geschieden uit en onder den Name van Sijne Majesteit alleenlijk, na welke ses maenden, so Sijne Majesteit noch niet en sal versien hebben totten Gouvernemente deser Landen, om alle desordre of confusie te schouwen, sal dat selve geadministreert werden by de Raed van Staten, verwachtende de komste van den nieuwen Gouverneur.

XVI. Sijne Majesteit sal kiesen voor sijnen Raed van Staten tien of twaelf Personen, so wel van de Heeren en Edellieden, als van geleerde lieden, of meer, so 't gebruikelijk is geweest, al ingeboorne 's Lands, van welken de twe derde delen sullen moeten aengenaem sijn den Staten der voorschreven Landen, en haer Partye gevolgt hebben van den beginne der Oorlogen tot nu toe.

XVII. Volgende 't advijs ende resolutie van welke Raeds-Heeren (die gehouden sullen sijn den selven voorschreven Eed te doen) sullen alle expeditien en depeschen gedaen werden die geparapheert sullen wesen van eenen van de voorseide Raedsheeren, om allen inconvenienten die men gewaer is geworden, voor te komen.

XVIII. Dat tot alle Gouvernementen, die van nu voort aen, ten minsten tot de ses toekomende jaren sullen komen te vaceren, selfs om 't Hooft te wesen van den Krijgslieden, Sijne Majesteit versien sal so wel van ingeboorne in dese Landen als van vreemdelingen, d'eene en d'andere, aengenaem den Staten der versoenden Landen respectivelijk capabel, bequame en gequalificeert na de Privilegien der selven, en aengaende de Raden so wel den priveen als van de Financien of andere Officien van importancie, sijne voorseide Majesteit sal deselve ook versien met ingeboorne des voorsz. Lands, of ook met andere niet sijnde ingeboorne, aengenaem den voorschreven Staten, dewelke al eer danse ontfangen werden, sullen gehouden sijn solemnelijk te sweren dit Appoinctement, en by Eede te beloven, in gevalle datse geware worden, dat daer iet gehandelt worde tot prejudicie des selven, de particuliere Staten daer af te verwittigen, op poene van gehouden te werden voor meinedige en eerloos.

XIX. Sijne Majesteit sal bevestigen alle Constitutien van Renten, Pensioenen en ander Obligatien, versekeringen en impositien die de voorschreven Staten by advijse van elk Land, hebben gedaen en gepasseert,

qui s'en est ensuivie, l'Edit perpetuel & le present Traité en tous leurs Points & Articles, & nommément de maintenir la Religion Catholique Romaine, & l'obeyssance raisonnable dûë à Sa Majesté, la priant trés-humblement de vouloir agréer & continuer au susdit Gouvernement, Monseigneur l'Archiduc Matthias, à condition qu'il partira & se rendra aussi-tôt dans ces Pays reconciliez, sinon avec une Commission entiere, du moins avant le tems de trois mois. Et si Sa Majesté n'y avoit point de penchant, les Etats suppliront l'Empereur qu'il lui plaise d'obtenir de Sa Majesté quelque satisfaction pour le susdit Archiduc. Et aussi-tôt aprés le depart & sortie des susdits Espagnols & Etrangers de tous ces Pays-bas, & la délivrance des Villes, Châteaux, Forts, comme dit est, Monseigneur le Prince de Parme aura le Gouvernement General; pour faire laquelle Charge, il se rendra seulement avec vingt serviteurs de sa Maison & étrangers, & aussi avec pareille Garde que les autres Gouverneurs étoient accoûtumez d'avoir anciennement, de Gens nez au Pays & d'étrangers, les uns & les autres agreables aux Etats, en quelque Ville des susdits Païs, pour gouverner par l'avis du Conseil d'Etat, mentionné dans l'Article suivant, pendant le tems de six mois aprés le jour du depart des susdits Etrangers & la delivrance desdits Places; pour lequel depart des susdits Etrangers, delivrance des susdites Places & preparation pour la publication de ce Traité dans le Pays, les Etats entretiendront correspondance avec Son Excellence, & lui donneront avis de ce qui s'y fera à l'égard de l'execution de ce que dessus: & les Placcards, Mandements, & Provisions se feront au Nom de Sa Majesté seule. Aprés lesquels six mois, si Sa Majesté n'a pas encore pourvû au Gouvernement de ces Pays, pour éviter tout desordre & confusion, il sera administré par le Conseil d'Etat, en attendant l'arrivée du nouveau Gouverneur.

XVI. Sa Majesté choisira pour son Conseil d'Etat dix ou douze Personnes tant parmi les Seigneurs & Nobles, que parmi les sçavans, ou plus s'il est d'usage, tous naturels du Pays, dont les deux tiers seront agreables aux Etats des susdits Pays, & qui auront tenu leur Parti dés le commencement de cette Guerre jusques à present.

XVII. Suivant l'avis & resolution desquels Conseillers d'Etat (qui seront tenus de faire le Serment prescrit) seront faites toutes expeditions & dépêches qui seront paraffées par l'un d'iceux, pour prevenir tous les inconveniens qui ont été aperçûs.

XVIII. Que pour les Gouvernements qui d'icy en avant du moins dans les six années prochaines, viendront à vaquer, & même la Charge de General des Troupes, Sa Majesté les remplira tant de personnes nées au Païs que d'Etrangers, les unes & les autres agreables aux Etats des respectifs Pays reconciliez, capables, propres, & qualifiez selon leurs Privileges: Et à l'égard des Conseils tant privez que des Finances & autres Charges d'importance, sa susdite Majesté y pourvoira aussi de Gens nez & non nez au Pays, agreables aux susdits Etats; pourvû qu'avant leur reception ils jurent solemnellement cet Accord, & promettent par Serment, qu'au cas qu'ils s'aperçoivent qu'il se fasse quelque chose au prejudice d'icelui, ils en avertiront les Etats particuliers, à peine d'être reputez parjures & infames.

XIX. Sa Majesté confirmera toutes Constitutions de Rentes, Pensions & autres Obligations, assûrances & impositions que les susdits Etats ont faites & passées, feront & passeront par l'avis de chaque

ANNO 1579.

passeert, sullen doen en passeren, allen den genen die hen geassisteert en gerieft hebben, sullen assisteren en gerieven met Penningen, om hen te hulpe te komen in haren nood en tot betalinge der gemaekte schulden, ter cause van de voorleden Oorloge, in conformiteit des 18 Artijkels van 't voorsz. Edict perpetuel.

XX. Ense sullen voort aen in gener manieren beswaert werden met Schattingen, Tribuit of Insettingen anders danse geweest hebben ten tijde van wijlen den Keiser Kaerle, en by consentement der Staten van elk Land respectivelijk, dat alle en yegelijke Privilegien, Usancien en Costuimen, so wel in generale als in 't particuliere sullen onderhouden werden, en in so verre als daer eenige sijn gebroken of overtreden worden, die sullen gerepareert en weder opgericht worden.

XXI. Boven dien sullen de contracterende Partyen, voor so veel alst hen sal raken, gehouden sijn te renuncieren alle Confederatie en Verbintenissen, die sullen sijn geschied van den beginne der veranderingen en alteratien.

XXII. En om dies willen dat henlieden de Staten verobligeert vinden te wesen aen de Coninginne van Engeland, en mijn Heere den Hertog van Anjou, Broeder van den Konink van Vrankrijk, om den goeden bystand en assistentie van henlieden gedaen, sijne Majesteit sal binnen twe naestkomende maenden, na dat de Prince van Parma sal aen 't Gouvernement Generael sijn gekomen, sekere Personen van qualiteit tot den selven senden, om alle goede diensten te doen, en sal de Verbintenisse en oude Vriendschap met de voorschreven Koninginne wederssijts gecontinueert werden, desgelijken ook met den Hertog van Anjou, houdende de selve van nu voortaen voor goede Vrienden, Gebueren en Bondgenoten.

XXIII. En tot vermeerderinge van den goede wille en affectie, die de Princen behoren haren Onderdanen te dragen, en respectivelijk, op dat de selve Onderdanen mogen beter genegen sijn tot het respect en behoorlijke gehoorsaemheid diese haren natuerlijken Prince schuldig sijn, het schijnt oorbaerlijk en noodsakelijk te wesen (so men ook 't selve ootmoedelijk van sijner Majesteit is versoekende) dat haer believe met de eerste gelegentheid en so haest alst mogelijk is een van sijnen Kinderen herwaerts-over te senden, de welke apparent sijn sal hem in desen Landen te succederen, om alhier opgevoed en onderricht te werden na de maniere der selver Landen, in alle Godsaligheid en behoorlijke deugden.

XXIV. Alle Provincien, Casselryen, Steden of particuliere Personen van dese Nederlanden, die met sijner Majesteit hen sullen begeren te versoenen, op den selven voet en conditie van dit tegenwoordig Verdrag, sullen de selve beneficie genieten, mits datse willigljjk daer toe komen binnen drie maenden, na 't dadelijke vertrek der Spangiaerden uit allen desen Nederlanden.

XXV. De Staten sullen ootmoedelijk bidden de Pauselijke Heiligheid en de Keiserlijke Majesteit, den Konink van Vrankrijk, den Hertoge van Anjou, de Eertsbisschoppen van Colen en Trier, en den Hertog van Cleve, als yverige Liefhebbers van de ruste en welvaren der algemeine Christenheid, dat hen believe de hand aen te houden, op dat dit Verdrag en Appointement werde in alle sijne Pointen volbrocht, volkomen en onverbrekelijk onderhouden.

XXVI. En so in d'executie en volbrenginge van de Pointen der voorseide Pacificatie en wat daer aen kleeft, eenige swarigheid oprese na de publicatie van dit Verdrag, sijne voorseide Majesteit en Staten der Landen sullen respectivelijk Commissarissen deputeren, om 't selve te verstaen, te appointeren en in 't werk te bringen.

XXVII. En sal dit tegenwoordige Verdrag en Appointement bevestigt werden met eenen solemnelen Eede over beide sijden, op de heilige Evangelien, en by sijner Majesteit geaggreert en voor goed gehouden, binnen drie maenden, volgende na de Publicatie des selven, of noch eer, ist mogelijk.

XXVIII. Aldus gedaen besloten, gearresteert en geaen-

chaque Pays à ceux qui les ont assisté, & fourni, assisteront & fourniront de leurs Deniers pour s'en aider dans leur besoin, & pour le payement des dettes créés à cause de la Guerre passée, en conformité du dix-huitiéme Article du susdit Edit perpetuel.

XX. Ils ne seront dorenavant en aucune maniere chargez de Taxes, Tributs ou Impositions, autrement qu'ils l'ont été du tems de feu l'Empereur Charles, & que par le consentement des Etats de chaque Pays respectif; Que tous & chacuns leurs Privileges, Usances & Coûtumes, tant en general qu'en particulier seront maintenus: Et s'il arrivoit qu'il y en eût quelqu'un d'enfreint, ils seront reparez & redressez.

XXI. Outre ce les Parties contractantes, autant que cela les concernera, seront tenues de renoncer à toutes Confederations & Alliances, qui auront été faites depuis le commencement des changements & inimitiés.

XXII. Et parce qu'iceux Etats se trouvent obligez de demeurer attachez à la Reine d'Angleterre, & à Monsieur le Duc d'Anjou Frere du Roi de France, pour le bon secours & la bonne assistance par eux faite, Sa Majesté, dans les deux mois prochains, aprés que le Prince de Parme sera arrivé en son Gouvernement General, leur envoyera certaines Personnes de qualité, pour leur témoigner tous bons services: Et seront continuées l'Alliance & vieille Amitié reciproques avec la susdite Reine, & semblablement avec le Duc d'Anjou; les tenant, dés à present comme pour lors, pour bons Amis, Voisins, & Alliez.

XXIII. Et pour l'augmentation de la bonne volonté & affection que les Princes doivent porter à leurs Sujets, afin que lesdits Sujets soient d'autant plus enclins au respect & obeïssance convenable qu'ils doivent à leur Prince naturel, il paroit avantageux & necessaire, (ce dont aussi Sa Majesté est trés-humblement suppliée,) qu'il lui plaise à la premiere occasion, & aussi-tôt que faire se pourra, d'envoyer ici un de ses Enfans qui lui devra en apparence succeder en ces Païs, pour y être élevé & instruit selon les manieres du Païs, en toute pieté & vertus convenables.

XXIV. Toutes Provinces, Châtellenies, Villes, ou Personnes particulieres de ces Païs-Bas, qui desireront de se reconcilier avec Sa Majesté, sur le même pied & aux mêmes conditions de ce present Traité, jouiront de ce benefice, pourvû qu'elles y viennent volontairement dans trois mois aprés le depart effectif des Espagnols hors de ces Païs-Bas.

XXV. Les Etats prieront humblement sa Sainteté le Pape & Sa Majesté Imperiale, le Roi de France, le Duc d'Anjou, les Archevêques de Cologne & de Treve, & le Duc de Cleves, comme zelez amateurs du repos & prosperité de toute la Chrétienté, qu'il leur plaise de tenir la main, à ce que ce Traité & Appointement soit accompli en tous ses Points, & observé entierement & inviolablement.

XXVI. Et si dans l'execution & accomplissement des Points de la susdite Pacification, & de ce qui en depend, il survenoit quelque difficulté aprés la publication du present Traité, sadite Majesté & les Etats des Pays deputeront respectivement des Commissaires, pour y entendre, & travailler à l'accommodement, & execution d'iceux.

XXVII. Et sera le present Traité & Appointement confirmé par Serment solemnel de part & d'autre sur les Saints Evangiles; & agréé & tenu pour bon par Sa Majesté dans trois mois suivans aprés la publication d'icelui, & encore plûtôt, s'il est possible.

XXVIII. Ainsi fait, conclu & arrêté dans l'Ab-

ANNO 1579.

Anno 1579.

geaenveert, in de Abdye van Sinte Vaast van Atrecht, den 17 dag van Meye 1579. By den Eerweerdigsten Heer *Matheus Moulart* Bisschop van Atrecht, Mer *Jan van Noircarmes* Riddere, Baroen van Selle, en *Guillaume le Vasseur* Heer van Walhuon, gecommitteerde en Gedeputeerde van mijn Heere den Prince van Parma, uit den Name van sijner Majesteit, over d'een sijde, en by mijne Heere de Staten des Lands en Graefschaps van Artois, in volle versamelinge, den Eerweerdigsten Vader in God Heer *Jaques Froz*, *Antoine Germain* Abt van Vicognon, Mer *Niclaes van Landas* Ridder, Heere van Heule, Erfpanetier van Henegouwe, *Lancelot de Persant*, Heere de la Haye, d'Heeren *Jan d'Offignies*, Heere van Markque Voorschepen, en *Louis Corbaut* twede Schepen der Stede van Bergen, *Jaques de la Croix* Heere van Callevelle Raed der voorst Stede van Bergen, en *Lois Carlier* Griffier van de Staten des Lands en Graefschaps van Henegouwe Gedeputeerde van de voorschreven Staten. En de Heeren *Roelant de Vicque* Bailiu van Warin, *Jaques de Hennin*, Heere van Gislengien Bailiu van Comene, van wegen der Heeren hoge Justiciers: *Jan Pitavet* Heere van Grantlijs Meyer, en Meester *Denijs Gilibert* Licentiaet in de Rechten, Griffier der Stede van Rijssel, van wegen der Schepenen en Raed der voorschreven Stede van Rijssel: den Eerweerdigen Vader in Gode Heere *Pieter Carpentier* Abt van Loz en Meester *Floris van den Keere*, Canonik der Collegiale Kerke van S. Peter te Rijssel, Gedeputeerde van de Heeren Prelaten en de Geestelijke. Ook Heer *Eustace d'Oignyes* Heer van Austin, Grison &c. en Meester *Adriaen Reblemette* van wegen der Edelen; en van wegen der Magistraten en Raed der Stad van Douay, *Eustace d'Aoust*, Heere Jecumelle François, Hooft van de Schepenen der voorschreven Stede, en Meester *Philips Broids* Licentiaet in de Rechten Raed en Pensionaris der selven, alle Gedeputeerde van de Steden en Casselryen van Rijssel, Douay en Orchies over d'ander: tegenwoordig mijn Heere *Robert de Melun* Markgrave van Richebourg, Burggrave van Gent, Baroen van Chaumont, Gouverneur en Capitein Generael des Lands en Graefschap van Artois en Mer *Adriaen van Oignyes*, Ridder, Heere van Willerval Gouverneur en Capitein Generael van de Steden en Casselryen van Rijssel, Douay en Orchies. Ondertekent *Mathieu Moulart* Bisschop van Atrecht, *Johan de Noircarmes*, *Guillaume le Vasseur*, *de Melun*, *A. d'Oignyes.*

Beneden stond geschreven: Wy Griffiers der Staten en Graefschepen van Artois, van Henegouwe, van de Stad van Rijssel, en Raedsheere der Stede van Douay, in absentie van den Griffier der selver Steden, tegenwoordig by alle 't gene dat in dit geschrifte begrepen is, hebben by bevele van onse Heeren en Meesters respectivelijk hier onder gesteld onse namen en handtekenen, in attestatie van der waerheid, dag en jaer als boven, den 17 Meye 1579. Onder getekent, *P. Marchant*, *L. Carlier D. le Gillebert*, *P. Broede.* Daer na stond alsso:

En wy Grave van Lalaing Lieutenant, Capitein Generael en Hoog Bailiu van 't Land en Graefschap van Henegouwe, hebbende geassisteert tot de vorderinge van de voorschreven Pacificatie en oversien de Artijkelen begrepen in dit geschrifte, houden voor goed, accepteren en conformeren ons na de selve. Oorkonde mijns naems hier onder gestelt, den 23 dag in Meye. Getekent

PHILIPPE DE LALAING.

Anno 1579.

l'Abbaye de Saint Vaast d'Arras le 17 jour de Mai 1579. par le Reverend Seigneur Mathieu Moulart *Evêque d'Arras, le notable* Jean de Noircarmes *Chevalier, Baron de Selle,* & Guillaume le Vasseur *Seigneur de Walhuon, Commissaires & Deputez de Monseigneur le Prince de Parme au Nom de Sa Majesté, d'une part; Et par Messieurs les Etats des Pays & Comté d'Artois, en pleine Assemblée; le Reverend Pere en Dieu le Sieur* Jaques Froz, Antoine Germain, *Abbé de Vicognon, le notable* Nicolas van Landas *Chevalier, Seigneur de Heule, Panetier hereditaire de Hainaut,* Lanceľot de Persant, *Seigneur de la Haye, les Sieurs* Jean d'Offignies, *Seigneur de Markque premier Eschevin,* & Louis Corbaut *second Eschevin de la Ville de Mons,* Jaques de la Croix *Seigneur de Callevelle Conseiller de ladite Ville, avec Maître* David de Hanchin *Docteur en Droit, Pensionnaire de ladite Ville de Bergue,* & Louis Carlier *Greffier des Etats des Païs & Comtez de Hainaut, Deputez des susdits Etats. Et les Sieurs* Roland de Vicque *Bailli de Warin,* Jaques de Hennin, *Seigneur de Gislengien Bailli de Comene de la part des Seigneurs hauts Justiciers;* Jean Pitavet *Seigneur de Grandlis Maire;* & *Maître* Denis Gilbert *Licentié en Droit, Greffier de la Ville de l'Ile, de la part des Eschevins & Conseil de la susdite Ville de l'Isle; le Reverend Pere en Dieu* Pierre Charpentier *Abbé de Los,* & *Maître* Florend van der Keere *Chanoine de l'Eglise Collegiale de St. Pierre de l'Isle, Deputez des Seigneurs Prelats & du Clergé;* & *le Sieur* Eustache d'Oignies *Seigneur d'Austin, Grison, &c.* & *Maître* Adrian Reblemette *de la part des Nobles;* & *de la part des Magistrats & Conseil de la Ville de Doüay,* Eustache d'Aoust, *Seigneur de Jecumelle François, Chef des Eschevins des susdites Villes,* & *Maître* Philippe Broids *Licentié en Droit Conseiller Pensionaire des mêmes Villes, tous Deputez des Villes & Châtellenies de l'Isle, Doüay & Orchies, d'autre part; present Monseigneur* Robert de Melun *Marquis de Richebourg, Burggrave de Gand, Baron de Chaumont, Gouverneur & Capitaine General des Pays & Comté d'Artois,* & *le Notable* Adrian d'Oignies, *Chevalier, Seigneur de Willerval, Gouverneur & Capitaine General des Villes & Châtellenie de l'Isle, Doüay & Orchies. Signé* Mathieu Moulart *Evêque d'Arras,* Jean de Noircarmes, Guillaume le Vasseur, R. de Melun, A. d'Oignies.

En bas étoit écrit, Nous Greffiers des Villes & Comtez d'Artois, de Hainaut, de la Ville de l'Isle, & Conseillers de la Ville de Doüay, en l'absence du Greffier desdites Villes, en presence de tous ceux qui sont compris dans cet écrit; avons par Mandement de nos Seigneurs & Maîtres respectivement mis ici nos noms & signatures, en témoin de la verité, les jour & an que dessus 17. *Mai* 1579. *Soussigné,* P. Marchand, L. Carlier, D. de Gilbert, P. Broede. & *en aprés étoit écrit.*

Et nous Comte de Lalaing, Lieutenant Capitaine General & Grand Bailli du Pays & Comté de Hainaut, ayant assisté à l'avancement de la susdite Pacification, & vû les Articles contenus en cet écrit, les tenons pour bons, les agreans & nous conformons à iceux. En témoin dequoi j'ai mis mon nom cy-dessous le 23 jour de Mai. Signé

PHILIPPE DE LALAING.

Anno 1579.

CLXVII.

22. Mai. Gütliche Vergleichung zwischen dem Hochlöbl. Cammer-Gerichts-Collegio an einem / und Friedrich Churfürsten Pfaltzgraffen beym Rhein am andern Theil / durch beiderseithige Herren Commissarien geschehen; Worinn die unter Ihnen wegen Zöllen erwachsener Mißverstand und Irrungen / wodurch dero Regalien, Freyheiten / und Zolls-begnadigung grosse schmälerung erlitten / mit beederseits guten wissen und willen beygelegt worden; Geben zu Speyer den 22ten May 1579. [LUNIG, Teutsches Reichs-Archiv. Part. Special. Abtheilung IV. Absatz I. pag. 681.]

C'est-à-dire,

Accord amiable fait par les Commissaires de part & d'autre, entre le College Imperial de la très-louable CHAMBRE DE JUSTICE, *&* FRIDERIC *Electeur Palatin, par lequel les Diférents survenus entr'eux, au sujet de certains Péages, dont la perception préjudicioit à leurs Regales, Immunités, Droits & Privileges, sont accommodés. A Spire le 22 Mai 1579.*

Als sich zwischen des Hochlöbl. Cammer-Gerichts-Collegio und weyland dem Durchleuchtigsten Hochgebornen Fürsten und Herrn / Herrn Friedrich Pfaltz-Graffen bey Rhein / des Heil. Röm. Reichs Ertz-Truchsässen und Churfürsten / Hertzogen in Bäyern / Hochlöblicher Gedächtnüß / hiebevorn wegen beschehener Aufhaltung und Versperrung etliches Holtzes an der Churfürstl. Gnad. Zoll zu Germersheimb / und andere Zolls-Irrungen und Mißverstände sich zugetragen / dannenhero erfolgt / daß nicht allein die Sach durch den Käyserl. Fiscal an diesem Käyserl. Cammer-Gericht rechthengig gemacht / sondern auch Præsidenten und Beysitzere darüber auff jüngst gehaltenen Reichs-Tag zu Regenspurg An. 76. gegen der damahls gewesenen Röm. Käyserl. Majest. Hochstlöblichster Christseeligster Gedächtnüß / auch der Churfürsten und Stände des Heil. Reichs anwesenden Räthen / Bottschafften und Gesandten / ihre Beschwerden und Klagen überschicket / darinn dann nach inbrachtem und gehörtem Bericht / und Hochstgedachtens Churfürstens Gegen-Bericht / auch Erwegung aller Umbständen dieser Sachen damahln ein Decret erfolgt / darinn unter andern zu endlicher gütlicher Hinlegung solches Mißverstands die Sach zu nechst folgender Visitation des 77. Jahrs angewiesen / aber weder auff berührter Visitation, noch auf folgenden zu Franckfurt und Wormbs gehaltenen Deputations-Tägen / auch verrichter erneuerter Visitation, aus eingefallenen Ursachen und Verhinderungen diese Sach und Handlung gebührenden Fortgang erreichen mögen.

So haben demnach die jetzige anwesende Herren Commissarien und Visitatores in krafft berührtes Regenspurg. auch zu Franckfurth An. 77. erinnerten und jüngst zu Worms An. 78. wiederhohlten Decreten / zu Anfang dieser Visitation, dem auch Durchlauchtigsten Fürsten und Herrn / Herrn Ludwig Pfaltz-Graffen bey Rhein / Churfürsten / als die in beschehener Eintretung ihr Churfürstl. Gnaden Regierung / diese Sach nunmehr berührt angezogener Decreten erinnert / und auff benamte Zeit zu erscheinen beede Theil gegen einander gefordert; alsdann von wegen Ihr. Churfürstl. Gnaden mit Uberreichung gebührenden Gewalts erschienen seyn die Edle / Ehrenveste / Hochgelehrte / Dietrich Freytag / Amptmann zu Oppenheim / und Ludwig Ulmann der Rechten Doct. auff welcher Erscheinen ein Collegium ihren Ausschuß auch erfordert und zur Handlung verordnet.

Ob man nun wohl in Eröffnung des Tags und zu Anfang dieser Sachen sich des Käyserl. Cammer-Gerichts-Ordnung und darinn verleibten Privilegien / wie und welcher Gestalt die Cammer-Gerichts und desselben zugethane und verwandte Personen hin und wieder im H. Reich / Zoll- und anderer Beschwerden frey gelassen werden sollen / dabey es auch die Herren Commissarii und Visitatores billig lassen und nicht zu endern wissen / alsdann auch die Churfürstl. Pfältzische Abgesandte sich mehrmahls dahin erklärt / daß ihr gnädigster Herr keines wegs gemeint sey / in ichtwas diesem Käyserl. Cammer-Gericht an ihren habenden Privilegien und Freyheiten zu derogiren oder dieselbe zu schmälern / sondern vielmehr der Römischen Käyserl. Majest. unserm allergnädigsten Herrn / auch dem Heil. Reich / und diesem hochlöblichen Collegio, wie auch gemeiner Justitien zu gebührenden Ehren und Gutem / erhalten und befordern helffen wolten; Allein weil diese Mißverständ und Irrungen von wegen vorbrachten Beschwerden sich erhoben und von deswegen / daß Ihre Churfürstl. Gnad. an dero Land- und Wasser-Zöllen / deren sich die Cammer-Gerichts-Personen / als den nechst gesessene am meisten gebrauchen / nicht ein geringes abgieng / sondern ihro habender Zolls-Begnadigungen / Regalien und Freyheiten zu sonderer Schmälerung hochlich vernachtheilet würden / gebührend Einsehens und Verordnung zu verschaffen seyn wolte / damit also einem Theil so wohl als dem andern an seinen habenden Privilegien und Freyheiten nichts abgieng / aber alle Verordnung und Mißbräuche vermieden bleiben. Anno 1579.

Wann dann sie die Commissarii und Visitatores dieses alles erwogen / und in krafft obberührter vollkommentlichen Heimbstellung / die Handlung erstlich in Güte vorgenommen / als haben sie nach eingenommenen beederseits hin und wieder bißhero einbrachtem Bericht / dieselbe durch ihre bemühl. Unterhandlung so weit gebracht / daß mit beederseits gutem Wissen und Willen / und vollkommentlicher Heimstellung des Collegii, auch der Churfürstl. Pfältzischen ihrem gnädigsten Herrn gethaner Relation, die Sachen nachfolgender Massen in Güte hin- und beygelegt und verglichen seyn worden.

Und erstlich so viel die General-Provision anlangt / so ein Collegium, es sey an Holtz / Korn / Wein oder andern Victualien bestellen thut / soll dieselbe / wie herkommen / und die Chur-Pfaltz erbietig ist / an allen Zöllen frey vorüber passiret werden / doch daß zu vorderist ein Collegium der Churfürstlichen Pfaltz in Schrifften mit unterschriebenen Handzeichen des Herrn Cammer-Richters zu erkennen gebe / was und wieviel dasjenige sey / und an welchen Zöllen solche Waaren solten fürgeführet werden / damit Ihr. Churfürstl. Gnaden bey ihren Zöllern darauf gebührenden Befelch geben / und ihnen ihre Nothdurfft desto eher gefolget werden könne.

Wann man auch zum 2.) bißhero einen geschwornen Holtz-Anschneider / wie auch zween Deputaten darüber gehabt / als solle nochmals ein solch Holtz-Anschneider von einem Collegio verordnet und angenommen werden / der ehrbar / aufrichtig / getreu und des Handels erfahren sey / auch einem Collegio gelobt und geschworen / wie auch ihme die Articul / darauff er gelobt und schweret / sollen geschärfft / und vornehmlich auch dahin regulirt werden / daß er niemands ungefreyten Personen einig Holtz oder anders obberührter massen besteller / weder heimlich noch offentlich folgen lassen soll / über welches alles er sein richtig und unfehlbahr Protocoll und Verzeichnüß zu halten / welches dann jährlich durch Cammer-Richter und Beysitzern der Churfürstlichen Pfaltz zu mehrer Gewißheit und Nachrichtung soll überschickt werden.

Damit auch in diesem allem kein Fehl / Mangel oder andere Unordnung entstehe / oder erwachse / soll obberührter Holtz-Anschneider / wie bishero / sein Deputaten haben / damit kein Unordnung und Mißbrauch einschleiche / sondern durchaus hierinnen ufrichtig und ohne Mangel gehandelt und gegangen werde / da ichtwas ungebührliches einreissen wolte / oder sonsten der Holtz-Anschneider unrichtig befunden werden / solches abschaffen / und / da es die Nothdurfft erfordert / an Cammer-Richter und Beysitzer gelangen lassen / die auch schuldig seyn sollen / hierunter gebührend ernstlich Einsehens zu verschaffen / oder sonsten mit nothwendiger Straff gegen ihme zu verfahren.

Was dann die particular-provision anlangt / die ein jede Cammer-Gerichts verwandte Person vor sich selbst zu seiner häußlichen Nothdurfft bestellt / die soll auch an einem jeden / an allen Zöllen / wie herkommen / und mehr höchstged. Churfürst sich auch erbiethig gemacht / zollfrey vorüber gehen und passirt werden / doch nachfolgender Gestalt / daß ein jeder unter seinem Pittschafft und eigenen unterschriebenen Handschrifft bekenne / was und wie viel desselben / daß er auch solches nirgend anderst / dann zu seiner häußlichen Nothdurfft allein bedurfftig sey / und solche seine Bekandtnuß auf die Cantzley schicken / das gewöhnliche Zollzeichen / im Jahr 1643. verglichen / so der Verwalter berührter Cantzley in Verwahrung haben soll / darauf drucken zu lassen / und soll solches Zollzeichen keines wegs aus der Cantzley getragen / sondern in derselben allein zur Nothdurfft gebraucht werden.

Was aber vor Personen solcher Freyheit sich zu gebrauchen / wiewohl die Ordnung disfalls auch sein Maß hat / so werden doch nachfolgende Personen unter des Keys. Cammer-Gerichts-Freyheit geachtet: Cammer-Richter / Præsidenten / Beysitzer / Verwalter / Protonotarien / und Cantzley-Fiscal, sein Advocat, andere Advocaten / Procuratores, Pfennig-Meister / Pedellen / geschworne Cammer-Botten (ausserhalb der Beyboten) Holtz-Anschneider / obberührtes Cammer-Gerichts Personen Wittfrauen und alle immatriculirte Practicanten.

Belangend aber die Partheyen / Sollicitanten / andere fremdde Notarien und Kostgänger / so dem Gericht obberührter gestalt nicht zugethan und verwandt / die sollen unter dieser Freyheit nicht begriffen seyn / darüber dann der Verwalter ein gutes fleißig Aufsehen haben solle / daß also leichtlich das Zoll-Zeichen ohne nothwendige Wissenschafft und Erkundigung nicht auffgedruckt werde.

Damit aber auch ein Unterscheid unter den Practicanten gemacht werde / welche man in dieser Freyheit begriffen zu seyn vermeynt / sollen diejenige Doctores und Licentiaten / auch vom Adel darunter verstanden werden / so der Practic halber sich anhero begeben / und sich der Gebühr bey Cammer-Richter und Beysitzer immatriculiren und einzeichnen lassen / die andere aber ausgeschlossen seyn.

Es sollen aber Cammer-Richter und Beysitzer hierunter in

Anneh-

ANNO 1579. Ansehung berührter Practicanten gute Discretion halten/ damit derselben nicht zu viel/ noch auch dergleichen Personen aufgenommen/ die nicht vor Practicanten mögen geachtet werden/ oder darzu qualificirt seyn/ wie auch zur Discretion des Cammer-Richters gestelt wird/ einer oder den andern auf zwey drey oder mehr Jahr solche Freyheit geniessen zu lassen.

Alsdann auch bey diesem erregt worden/ wie es mit denjenigen gefreyten Personen zu halten/ die Kostgänger halten/ dieweil die Practicanten mehrentheils zu Kost gehen/ und also der Freyheit sich wenig gebrauchen/ ist darfür geachtet worden/ daß diejenige Cammer-Gerichts-Personen/ so Kostgänger halten/ deren doch wenig seyn/ billig der Freyung sich zu gebrauchen und dero gemessen mögen/ dann sonsten/ da die Practicanten mehrtheil sich selbsten bekosten solten/ dardurch der Churfürstl. Pfaltz ein vielmehrers abgehen würde.

Und damit destomehr alle Gefahr und Unordnung verhüttet und vermieden bleibe/ sollen jetzo nach dieser Verabscheidung und sonsten jeweils Cammer-Richter und Beysitzer insgemein gute nothwendige Erinnerung und Vermahnung unter den Cammer-Gerichts Personen thun/ damit sie dessen alles gute Wissenschafft haben/ und keine sich der Unwissenschafft entschuldigen/ sondern sich darnach zu richten hätten. Da auch der Cammer-Richter andere und nützlichere Ordnung der Practicanten und Kostgänger halben anordnen und machen würde/ soll dasselbe/ so viel nöthig/ der Chur-Pfaltz jederzeit in Schrifften zur Nachrichtung communiciret werden/ und sollen hiemit alle bishero vorgewesene Irrigkeiten und Mißverstände dieser Holtz- und Zoll-Handlungen halben gantz und gar verglichen und vertragen/ auch der hierüber angestellte fiscalische Proceß aufgehoben seyn/ und beyderseits demjenigen/ so hierinn begriffen richtiglich und getreulich nachkommen/ wie dann dis gütliche Vergleichung von jedem Theil williglich angenommen worden/ alles ohne Gefehrde; doch haben die Pfältzische Abgeordnete an statt und aus Befelch ihres gnädigsten Herrns ihnen vorbehalten/ da uber diese andere mehr Unordnung künfftiglich einreissen solte/ daß Ihr. Churfürstl. Gn. neben Vorbehalt derselben Regalien/ Freyheiten/ Ober- und Gerechtigkeiten der gebührenden Mitteln sich auch dagegen unbegeben zu haben/ aber in alle weg diese Vergleichung und des Heil. Reichs-Cammer-Gerichts-Freyheit auch unvorgriffen/ sondern vorbehalten/ und des zu Uhrkund ist jeder Partheyen unterm Maintzischen Cantzley-Hand-Zeichen diese gleichlautende Vertrags-Handlung mitgetheilt worden. Der geben ist zu Speyer/ Freytag den 22. May 1579.

Chur Maintzische Cantzley

PETRUS CRAI Secretarius subscripsit.

CLXVIII.

10. Juin. Eißlebischer/ oder wie ihn andere nennen/ Permutations-Vertrag zwischen Churfürst Augusto zu Sachßen und dem Administratore des Ertz-Bisthumbs Magdeburg Joachim Fridrich/ Marggrafen zu Brandenburg/ durch Mediation Churfürst Johann Georgens zu Brandenburg geschlossen/ vermög dessen von ermeldten Administratore mit Bewilligung des Dom-Capituls/ die 3. Vorstädte und die Neustadt vor Eißleben/ das Amt Rammelburg mit dem Flecken Wippra/ das Schloß/ Stadt und Amt Artern/ sambt Voigtstadt/ Karstädt; item das Ambt Bornstedt rc. nebst allen Gerechtigkeiten/ der Lehnschafft/ Landsfürstl: Obrigkeit an Churfürsten zu Sachßen frey und gutwillig abgetretten worden/ darentgegen dieser an jenen und an sein Dom-Capitul und Ertz-Stifft Magdeburg alles das Er und das gantze Hauß Sachßen als ein Burggraf zu Magdeburg in den Städten Magdeburg und Halle/ und gantzen Ertz-Stifft Magdeburg aus Röm. Kayserl. und Königl. Mayest. Begnadigung haben/ vom Reich zu Lehen tragen/ und sich mit Ubung der Banns-Befehlung/ Belehnung der Schultzen/ und Saltzgrafen zu Halle rc. angemaßet/ übergeben/ und zugestellt. Eißleben den 10. Juny 1579. [LUNIG, Teutsches Reichs-Archiv. Part. Spec Abtheil. IV. Absatz II. pag. 109. d'où l'on a tiré cette Pièce, qui se trouve aussi par Extrait dans Hochfürstl. Magdeburgl. Responsion auf der Grafen von Mansfeld bey Kayserl. Mayest. übergebene Deduction *apud* THUCELIUM *in Actis Publicis Imperii Rom. Germanici* Part. II. pag. 477.]

C'est-à-dire, ANNO 1579.

Transaction d'Eisleben, appellée par d'autres la Transaction d'Echange, conclue entre AUGUSTE *Electeur de Saxe d'une part, &* JOACHIM FREDERIC *Marcgrave de Brandebourg & Administrateur de l'Archevêché de Magdebourg d'autre part, par l'entremise de* JEAN GEORGE *Electeur de Brandebourg, & de* GUILLAUME *Landgrave de Hesse; portant que la nouvelle Ville bâtie devant* Eisleben, *les trois Fauxbourgs, le Bailliage de* Rammelburg, *avec le Lieu nommé* Wippra, *le Château, la Ville, le Bailliage d'*Artern, *avec* Voigstadt *&* Karstadt, *comme aussi le Bailliage de* Bernstedt, *seront cédés par le Prince Administrateur de Magdebourg, du consentement de son Chapitre, à l'Electeur de Saxe avec tous leurs Droits, Feudalités ou Fiefs, & Superiorité Territoriale; en échange dequoi l'Electeur cède aussi audit Administrateur & au Chapitre de l'Archevêché tout ce que lui & la Maison de Saxe ont eu & possedé, en vertu des Concessions des Empereurs & Rois des Romains, comme Bourggraves de Magdebourg, dans les Villes de* Magdebourg *& de* Halle, *tout ce qu'il tenoit en Fief de l'Empire dans l'Archevêché, tout le Droit qu'il prétendoit à* Hall *dans l'Exercice du Ban, Investiture d'Echevin, & Intendant des Salines. Fait à Eisleben le* 10. *Juin* 1579.

Wir Johannes von Gottes Gnaden/ Marggraff zu Brandenburg/ des Heil. Römischen Reichs Ertz-Cämmerer und Churfürst/ in Preussen/ zu Stettin/ Pommern/ der Cassuben/ Wenden und in Schlesien zu Crossen Hertzog/ Burggraf zu Nürnberg und Fürst zu Rügen; Und von desselben Gnaden/ Wir Wilhelm/ Landgraf zu Hessen/ Graf zu Catzenellenbogen/ Dietz/ Ziegenhain und Nidda; Bekennen hiermit und thun kund gegen allermänniglich/ Nachdem zwischen den Hochgebohrnen Fürsten/ Herrn Augusten/ Hertzogen zu Sachsen/ des Heil. Röm. Reichs Ertz-Marschalln und Churfürsten/ Land-Grafen in Thüringen/ Marggrafen zu Meissen/ und Burggrafen zu Magdeburg/ und Herrn Joachim Friedrichen/ postulirten Administratorn des Primat- und Ertz-Stiffts Magdeburg/ Marggrafen zu Brandenburg/ rc. Unsern freundlichen lieben Sohn/ Oheim/ Vettern/ Schwagern/ Brudern und Gevattern/ und Ihrer Ldd. Vorfahren/ den Churfürsten zu Sachsen/ und Ertz-Bischoffen zu Magdeburg/ zu vielmaln Irrungen fürgefallen/ welche sich fürnemlich daher geursachet/ daß die Churfürsten zu Sachsen/ als Burggrafen zu Magdeburg/ uf solches Burggraffthums Gerechtigkeit/ und freundliches Ersuchen eines Ertz-Bischoffs zu Magdeburg/ den Schultheissen in des Ertz-Stiffts vornehmen Stadt Halle den Bann zu befehlen/ auch denselben mit den neuen Schöppen in das Gerichte zu weisen/ und ihnen und den Saltz-Grafen mit den peinlichen Gerichten in der Stadt und Thal daselbst zu beleihen gehabt: daß auch zu der Zeit/ da die alte Stadt Magdeburg belagert/ und hernach erobert worden/ zwischen Churfürst Moritz zu Sachsen seliger Gedencken/ und folgends auch dem itzo regierenden Churfürsten selbst/ erstlich Sede vacante mit dem Dom-Capitul der Ertz-Bischofflichen Kirchen zu Magdeburg/ und hernach auch mit den regierenden Ertz-Bischoffen des ufgewandten Kriegs-Kostens halber/ Verträge aufgerichtet/ durch welche dem Churfürsten zu Sachsen der halbe Theil an der alten Stadt Magdeburg/ mit gewisser Maaß/ zukommen/ wie in denselben Verträgen/ welche die Tripartit genannt worden/ weiter ausgedruckt; Und dann sonderlich aus dem/ zwischen dem Churfürsten zu Sachsen/ und Ertz-Bischoffen zu Magdeburg viel Zwiespalt und Zanck entstanden/ daß dieselben in der Graffschafft Mannßfeld unterschiedene Lehen haben/ welche sich itzo zwischen vorgedachten Unsern freundlichen lieben Vettern/ Oheimen/ Schwagern/ Brudern/ Sohn und Gevattern/ dem Churfürsten zu Sachsen und Administratorn des Ertz-Stiffts/ daraus noch weiter vermehret/ daß die Lehen-Herren der Graffschafft Manßfeld/ Grafen Hans Georgen und seiner Brüder Antheil an derselben Graffschafft/ auf eine vertrauete Hinstellung selbst zu verwalten an sich genommen/ und darauf der Churfürst zu Sachsen die Lehenschafft und Obrigkeit über die Stadt Eißleben von dem Stiffte Halberstadt/ durch einen Wechsel an sich gebracht/ dieweil daraus erfolgt/ daß bey den Executionen und Hülffen/ auch anderer Ubung und Gebrauch der Landes-Fürstlichen Botmäßigkeit und Gerichte in den dreyen Vorstädten/

ANNO 1579.

städten / als dem Brücken=Neudörffer= und Friesen=Strassen Vierteln vor Eißleben/viel Streits und Unrichtigkeit vorgefallen.

Durch welches alles/ wann denselben nicht zeitlich verkommen/ zwischen beyden Ihren Lbd. wohl allerhand Miß=Verstand und unfreundlicher Wille verursachet werden mögen/ welchem aber ihre Lbd. aus angebohrner freundlicher Verwandnüs keine Statt geben/ sondern derselben und andere mehr ihrer Lbd. vorgefallenen Irrungen/ durch bequeme Unterhändler viel lieber haben freundlichen wollen vertragen und entschieden werden/ und ihre Lbd. Uns darum freundlichen ersuchet/ daß wir aus väterlichem und freundlichen Willen/ Uns zwischen beyden Ihren Lbd. zu gütlichen Unterhändlern freundlichen wolten vermügen lassen/ deme wir dann/ derselben Unserer väterlichen Neigung und freundlicher Verwandnüß nach/ damit wir beyden Ihren Lbd. zugethan/ freundlich und gern statt gethan/ und darauf zu nothdürfftiger Verhör und gütlicher Vergleichung obbemelter/ und anderer Ihrer Lbd. Gebrechen/ erstlich im verschienenem sechs und siebentzigsten Jahr gegen Leipzig/ und hernach wiederum den Sontag Cantate des itzo lauffenden neun und siebentzigsten Jahres/ gegen Eißleben/ etzliche Unsere vornehme Räthe verordnet/ und daselbst von beyder Ihrer Lbd. darzu abgesanten Räthen/ die Sache nach aller Nothdurfft hören/ und alles das/ was beyde Ihre Lbd. zu Begründung ihrer Gerechtigkeit mündlich und schrifftlich vorbracht/ mit allem Fleiß haben erwegen lassen; In welchen verhören dann befunden/ daß allen vorgemeldten und andern mehr/ zwischen beyden Ihren Lbd. vorgefallenen und noch weiter besorglichen Mißverständen Zwiespalten bequemer und beständiger nicht abzuhelffen/ dann durch eine freundliche Auswechselung und Vergleichung; Als haben wir darauf mit göttlicher Verleihung/ und durch Unserer Räthe fleißige Unterhandelung/ vorgemelten Unsern freundlichen lieben Sohn/ Ohem/ Schwagern und Gevattern/ den Administratorn des Primats und Ertzs=Stiffts Magdeburg freundlich vermocht/ daß seiner Lbd. mit zeitigen gutem Rath und Bewilligung seiner Lbd. Dom=Capituls und Land=Stände/ dem Churfürsten zu Sachsen/ zu freundlichen Ehren und Gefallen aller seiner Lbd. und derselben Ertz=Stiffts Gerechtigkeit der Lehenschafft/ Landes=Fürstlicher Obrigkeit/ Jurisdiction und alle Botmässigkeit/ was und so viel seiner Lbd. und das Ertz=Stifft an und über die drey Vorstädte/ als das Brücken=Neudörffer= und Friesen=Strassen=Viertel/ und die Neu=Stadt vor Eißleben/ so ferne die Versteinung der Gerichte/ so der Rath zu Eißleben von den Grafen zu Manßfeld in Pfandschafft hat/ ausweiset/ samt den dreyen daran stossenden und umhergelegenen Circkendörffer=Roßdörffer= und Bernecker=Marcken/ und dem Dorffe Neuenhelffa/ sonsten Siebenhitz genannt/ wie solches alles vermercket wird/ desgleichen an und über das gantze Amt Rammelburg/ mit dem Flecken Wippra/ und dem zugehörigen Wipperischen Forst/ darneben auch den gantzen Bodenschwendi/ samt allen Dörffern/ Ein= und Zugehörung/ nichts davon ausgeschlossen: Es soll aber die Land=Gräntze zwischen Sachsen und Magdeburg des Orts also gezogen werden/ daß das Dorff Biesenroda in des Ertz=Stiffts Gräntz/ und doch dem Ambt Rammelburg daran die Lehn/ Nutzung/ Gericht/ und was dem Gerichte anhängig bleibe/ also auch über das Schloß/ Stadt und Amt Artern/ samt Voigt=Stadt/ Karstet und allen andern Dörffern und Zubehörungen/ Item über das Amt Bornstedt/ mit aller seiner Zubehörung; Mehr die Lehenschafft am Dorffe Podelwitz/ mit allen Rechten/ so das Ertz=Stifft Magdeburg bißanhero daran gehabt und gebraucht/ oder in einigem Wege darinne haben und gebrauchen mögen/ frey und gutwillig abgetreten/ auch freundlich bewilliget haben/ daß seiner Lbd. und derselben nachkommende Ertz=Bischoffe oder Administratoren des Ertz=Stiffts Magdeburg/ sich derselben hinführo nicht mehr anmassen noch unterfahen/ auch die Grafen zu Manßfeld mit vorbemeldten dreyen Vorstädten/ und der Neustadt/ auch allen und jeden obgemelten Gütern und Stücken weiter nicht beleihen/ sondern dieselben/ so offt die Lehn zu Falle kommen/ damit zu jederzeit an die Chur= und Fürsten zu Sachsen und Ihrer Lbd. Erben und nachkommende Chur= und Fürsten zu Sachsen wollen und sollen verweisen/ inmassen seiner Lbd. die Grafen und den Besitzer des Guts Podelwitz auch hiermit/ und in Krafft dieses Vertrages/ vor sich und derselben Dom=Capitul und Ertz=Stift/ mit ihren Lehen/ an den gemelten dreyen Vorstädten/ und der Neuen Stadt/ auch allen und jeden obgemeldten Stücken an seiner des Churfürsten zu Sachsen Lbd. und derselben Erben und Nachkommen/ wie es am beständigsten geschehen kan/ remittiren und weisen/ und in die Lehen=Briefe/ welche die Grafen und Besitzer hinführo in seiner des Administratoris Lbd. Cantzley nehmen werden/ was der dreyer Vorstädte und der Neustadt vor Eißleben/ auch aller und jeder obgemelter Stücke halber/ in den vorigen Lehn=Brieffen vermeldet/ zu Verhütung künfftiges Miß=Verstandes/ weiter nicht wollen setzen lassen. Es wollen auch seiner des Administratoris Lbd. die Einwohner der dreyen Vorstädte und in der Neustadt vor Eißleben/ desgleichen die Gemeinden obgesetzter Aemter/ Städte/ Flecken und Dörffer/ alsbald wenn die Loßzehlung/ Uberweisung und Huldigung der alten Stadt Magdeburg geschehen/ der Pflichte/ welche seiner Lbden sie auf Graf Hans Georgen zu Manßfeld/ und seiner Brüder vertrauliche Hinstellung gethan/ durch ihre Räthe loßzehlen/ und sie darnit gantz und gar an Churfürsten zu Sachsen Lbd. weisen lassen/ damit sie sich so wohl als die Einwohner der alten Stadt Eißleben hinführo seiner Lbd. und deroselben Ober=Auffsehers Befehliges desto gehorsamer zu verhalten haben; Darentgegen und zu gebührlicher Wiedererstattung solcher seiner des Administratoris Lbd. und derselben Ertz=Stiffts/ in und an den mehrberührten dreyen Vorstädten und der Neustadt vor Eißleben/ auch allen obgemelten Aemtern/ Gütern und Stücken/ itzo dem Churfürsten abgetretenen Lehenschafft/ Landes=Fürstlicher Obrigkeit/ Jurisdiction und Botmäßigkeit/ auch seiner des Administratoris Lbd. hinwieder zu freundlichen Ehren und Gefallen/ hat der Churfürst zu Sachsen/ vor sich und seiner Lbd. Erben und Nachkommen/ Hertzogen und Churfürsten zu Sachsen/ auch in angebohrner und von der Röm. Käyserl. Majestät/ Unserm allergnädigsten Herrn/ ufgetragener und besiegelter Vormundschafft seiner Lbd. unmündigen Vettern/ der jungen Hertzogen zu Sachsen/ und das gantze Hauß Sachsen/ dem Administratorn und seiner Lbd. Dom=Capitul und Ertz=Stifft Magdeburg alles das/ was seiner Lbd. und das gantze Hauß Sachsen als ein Burggrafe zu Magdeburg in den Städten/ Magdeburg und Halle/ und in dem gantzen Ertz=Stifft Magdeburg/ aus der Röm. Käyser und Könige Begnadigung haben/ von dem heiligen Reiche zu Lehen tragen/ und sich mit Ubung und Gebrauch der Banns=Befehlung/ Belehnung des Schultzen und Saltz=Grafen zu Halle und allem andern/ deß seiner Lbd. sich darunter gegen dem Ertz=Stifft bißhero angemasset/ oder vermöge ihrer habenden Begnadungs= und Lehen=Brieffe etwan von den Chur= und Fürsten der Erb=Einigung beschehenen Weisung/ auch der darsieder aufgerichteten Verträge/ oder sonsten/ in einige Wege zu gebrauchen haben mögen/ gar nichts/ wie dasselbige Namen haben möchte/ darvon ausgenommen/ hinwiederum freundlich und gutwillig übergeben/ ufgetragen/ und zugestalt/ und sich des Burggraffthums zu Magdeburg Gerechtigkeiten/ der Bannes=Befehlung/ Grafen=Gedings/ Einweisung der Schultzen und Schöppen/ Belehnungen mit den peinlichen Gerichten/ und deren darbey zu ertragenden Fällen/ und alles andern/ wie es in Recht am beständigsten geschehen kan/ gantz und gar/ und also verziehen und begeben/ daß seiner Lbd. und derselben Erben und Nachkommen/ und alle Hertzogen und Churfürsten zu Sachsen/ sich der obbemelten und aller andern Gerechtigkeit des Burggraffthums hinführo in beyden Städten/ Magdeburg und Halle/ und im gantzen Ertz=Stifft/ gar nicht mehr gebrauchen/ auch den Administratorn und die zukünfftige Ertz=Bischoffe und das Dom=Capitul zu Magdeburg an des Burggraffthums Gerechtigkeit/ der Bannes=Befehlung/ Gräfen=Geding und Bestellung/ Ubung und Gebrauch der peinlichen Gerichte und Jurisdiction, und derselben Execution in den Städten/ Magdeburg und Halle/ und im gantzem Ertz=Stifft Magdeburg/ nimmermehr turbiren/ verhindern/ oder verunruhigen/ oder sich derselben in einigem Wege anmassen wollen/ sondern seiner Lbd. und derselben Erben und Nachkommen/ Hertzogen und Churfürsten zu Sachsen/ wollen und sollen den Administratorn und nachfolgende Ertz=Bischoffe oder Administratorn und das Capitul zu ewigen Zeiten damit vor sich selbst oder durch einen andern/ wer Ihnen darzu gefällig/ ihres Willens und Gefallens gebahren lassen.

Nachdem aber des Tituls Burggraf zu Magdeburg halben Bericht geschehen/ daß im Heil. Röm. Reiche vier Burggrafen/ und also ein Burggraf zu Magdeburg ein sonderer Stand des Reichs/ daß auch dasselbe Burggrafthum zu Magdeburg auf sondere Aemter/ welche ausser des Stiffts Magdeburg gelegen/ ausgesetzt und fundiret sey/ als Gummern/ Ranis/ Elbenau/ Plötzkau/ rc. und der Churfürst zu Sachsen derhalben sich des Tituls Burggraf zu Magdeburg/ mit dem darzu gehörigen Wapen/ und daß seine Lbd. und derselben Erben und Nachkommen/ das Burggrafthum Magdeburg/ mit seinen zugehörigen Aemtern/ hinführo vom heil. Röm. Reiche nicht solten zu Lehen empfangen/ nicht begeben kan/ damit nun daraus/ daß seine des Churfürsten zu Sachsen Lbd. und seiner Lbd. nachkommende Churfürsten und Hertzogen zu Sachsen den Titul und Wapen des Burggraffthums mit desselbigen zugehörigen Aemtern/ auch hinführo von dem Heil. Reich zu Lehen empfahen werden/ in künfftigen Zeiten kein Irrthum oder Zweifel fürfallen/ oder solches dahin verstanden oder angezogen werden möge/ als wären die Churfürsten und das Hauß Sachsen solches Tituls oder Lehens=Empfahung halber in den Städten/ Magdeburg und Halle/ oder auch im gantzen Ertz=Stifft Magdeburg/ noch etwas berechtiget; So haben seine des Churfürsten zu Sachsen Lbd. freundlich bewilliget/ daß seine Lbd. zu der zeit wann seine Lbd. dem Administratorn andere über des Burggraffthums Gerechtigkeit/ der Bannes=Befehlung und desselben Zugehörungen habende Uhrkunden werden überantworten lassen/ seiner Lbd. und derselben Dom=Capitul zugleich auch zween unterschiedliche Reverse geben wollen/ darinnen nach aller Pflicht thun/ und sich darüber an mehrgemelter alten Stadt Magdeburg weiter mit dem wenigsten nichts anmassen; Insonderheit aber soll/ was dem Churfürsten zu Sachsen/ uf seiner Lbd. vermöge der Tripartit=Verträge an der alten Stadt Magdeburg habende Gerechtigkeit/ der Vergleitung halben/ durch die alte Stadt Magdeburg/ etwan durch Unsern des Churfürsten zu Brandenburg Herrn Vatern/ und Hertzog Heinrichen zu Braunschweig und Lüneburg/ beyde sel. und milder Gedächtnuß/ in einem Vertrag/ des Datum stehet Montags nach Quasimodogeniti, im tausend funffhundert und vier und sech-

zigsten

ANNO 1579.

zigsten Jahre / zugehandelt / oder uf beschehene Hinstellung noch hat erkannt oder gemittelt werden sollen / hiermit auch aufgehoben seyn / und der Churfürst und seiner Lbd. Erben und Nachkommen sich hinfürder der alten Stadt Magdeburg / und über seiner Lbd. Land-Gräntz an denen Orten / da die Vergleitung dem Administratorn und desselben Ertz-Stifft ohne alle Mittel allein zustehet / keiner Vergleitung untersahen oder gebrauchen. Und zu noch mehrer stattlicher und unverrücklicher Vollziehung solcher / des Churfürsten zu Sachsen / freundlicher Bewilligung / Begebung und Abtretung des Burggraffthums Magdeburg zustehenden Gerechtigkeit der Bannes-Befehlung / Gräfen-Gedings / und anderer oben ermelten derselben Zubehörung im Ertz-Stifft / auch alles in- und an der alten Stadt Magdeburg habenden Rechtens / wollen seine Lbd. bey Loßzehlung und Uberweisung des Raths und Gemeinen der alten Stadt Magdeburg / dem Administratorn oder seiner Lbd. darzu verordneten Räthen daselbst / in der alten Stadt Magdeburg / alle und jede zu des Burggraffthums zu Magdeburg Gerechtigkeit der Bannes-Befehlung / Gräfen-Gedings und derselben Zugehörung / desgleichen zu der Tripartit-Handlung gehörende Verträge und Uhrkunden überantworten und zustellen lassen / und ob aus Versehen ein oder mehr briefliche Uhrkunden zu vielbemelter des Burggraffthums Gerechtigkeit der Bannes-Befehlung und Gräfen-Gedings zu Magdeburg / und der Tripartit gehörig / bey des Churfürsten zu Sachsen Lbd. verblieben / dieselben sollen nicht weniger / als wären sie mit überantwortet / von dem Churfürsten / den Hertzogen und Hause zu Sachsen / wider den Administratorn und seiner Lbd. Dom-Capitul und Ertz-Stifft zu keiner Zeit angezogen oder gebrauchet werden / sondern hiermit allenthalben / so viel des Burggraffthums Gerechtigkeit der Bannes-Befehlung und Gräfen-Gedings in den Städten / Magdeburg und Halle / und im Ertz-Stifft Magdeburg und die Tripartit belanget / gantz und gar getödtet und von Unkräfften seyn; Seine des Churfürsten zu Sachsen Lbd. sollen auch hinführo den Räthen der Städte Magdeburg und Halle / zu Verhütung künfftiges Miß-Verstandes / nicht mehr Lieben Getreuen schreiben / immassen der Administrator den Räthen der Städte in den hierin abgetretenen Aemtern auch also nicht soll schreiben lassen. Dieweil aber weiland der Hochgebohrne Fürst / Herr Joachim Marggraf und Churfürst zu Brandenburg / rc. Unsers des Churfürsten zu Brandenburg Herr Vater / Christseel. Gedächtniß / in die Tripartit-Handlung auch auf eine gewisse Maße mit eingezogen / also daß seiner Lbd. oder derselben Erben und Nachkommen / wenn sie dem Churfürsten zu Sachsen / nach Inhalt der seiner Lbd. darüber zugestellten Versicherung / fünff und neuntzig tausend Gülden erlegen würden / von seiner des Churfürsten zu Sachsen Lbd. die alte Stadt Magdeburg zum dritten Theil mit solte überwiesen werden / nach weitern Inhalt der Verträge: So hat der Churfürst zu Sachsen / was seine Lbd. nach Uberweisung des dritten Theils der alten Stadt Magdeburg / derowegen bey Uns / dem Churfürsten zu Brandenburg / zu fordern haben möchte / dem Administratorn und Dom-Capitul freundlichen mit übergeben / und wollen wir / der Churfürst zu Brandenburg / Uns derowegen mit Unserm freundlichen lieben Sohne dem Administratorn, und seiner Lbd. Dom-Capitul / weil die alte Stadt Magdeburg dem Ertz-Stiffte nun allein zukommt / ferner väterlich und gnädiglich wissen zu vergleichen / und soll zu dem Behuff der Churfürst zu Sachsen Unsers / des Churfürsten zu Brandenburg / Herrn Vaters Versicherung über die 95000. fl. bey Uberantwortung derer zu der Tripartit-Handlung gehörigen Uhrkunden / dem Administratorn und dem Dom-Capitul mit überantworten lassen.

Hierüber hat der Churfürst zu Sachsen / vor sich und seiner Lbd. Erben und Nachkommen / alle Churfürsten und Hertzogen des Hauses Sachsen / dem Administratorn, und desselben Ertz-Stifft Magdeburg / auch nachgeben und abgetreten / die Lehnschafft und alle Obrigkeit über die Dörffer Volleben / Volckstedt und Ziegelroda / und soll die Lehnschafft und Obrigkeit über das Vorwerg Rödgin hinführo bey dem Hause Manßfeld bleiben / der Administrator ist auch freundlich zufrieden / daß Graf Hanß George zu Manßfeldt / uf sein Leben / oder biß er mit Recht daraus entsetzet / den bewilligten Unterhalt daraus habe / doch daß derselbige dem Grafen an dem Magdeburgischen Unterhalt abgerechnet werde.

Ferner ist in der zwischen obbemelter Unserer freundlichen lieben Oheims / Vetters / Schwagers / Bruders / Gevatters und Sohns des Churfürsten zu Sachsen und Administratoris des Primat- und Ertz-Stiffts Magdeburg Räthen gepflogener Verhör und Handlung befunden / daß der Gerichte wegen über die Bergwercke in der Graffschafft Manßfeld / weil die Grafen dieselben von dem Hause zu Sachsen mit dem Berg-Gerichte zu Lehn haben / desgleichen über etlichen von den Grafen zu Manßfeld unter sich / der Holtzung halber / in der Graffschafft Mannßfeld / wie die zu Förderung des Bergwercks zu gebrauchen / ufgerichteten Verträge / jetzo und hiebevorn auch zu vielmaln Zwiespalt und Irrungen vorgefallen; Damit nun derowegen unter beyden Ihren Lbdn. auch ein gewisser Verstand gemachet / und dieselben daraus zu keiner Unrichtigkeit kommen mögen / haben wir mit beyder Ihrer Lbdn. auch des Capituls der Ertz-Bischofflichen zu Magdeburg Vorwissen und Bewilligung / diese Articul dahin verglichen / daß der Chur-Fürst zu Sachsen / und der Administrator des Ertz-Stiffts / und Ihrer Lbd. beyderseits Nachkommen / jeder in den Aemtern / welche von seiner Lbd. von Alters zu Lehn gangen / und dero Lehnschafft durch diesen Vertrag Ihr jedes Lbd. zugehandelt / die Fürstliche Jurisdiction, Obrigkeit / Regalien und Botmäßigkeit allein haben / behalten und exerciren soll / von dem andern allenthalben ungehindert; Nachdem aber die Bergwercke in der Graffschafft Manßfeld / so weit dieselben Bergwercke in den alten Kāyserlichen Investituren bezircket / von dem Chur-Fürsten zu Sachsen zu Lehn rühren / und zum Theil in des Administratoris Aemtern gelegen / so soll der Chur-Fürst zu Sachsen und seiner Lbdn. Erben und Nachkommen / die Berg-Gerichte / so weit obbemelte in den alten Investituren specificirte Gräntz ausweiset / durch die Grafen zu Manßfeld / oder verordnete Berg-Richter zu Eißleben und Manßfeld / allein exerciren und üben lassen / gleichwohl aber also / daß in und zu solchen Berg-Gerichten keine andre denn nur Bergwercks-Sachen / und die zum Bergwercke gehören / gezogen werden sollen; Als wann von Bergwercken / dero Bestellungen / Hütten / Vorrath / Kupffer in und vor den Hütten / Seigern und andern dergleichen zu dem Bergwercke gehörigen Händeln / contrahiret / und sich daher / von nicht haltens wegen / oder sonsten Irrungen zutragen / oder auch hierzu Consens von nöthen / desgleichen / wenn im Berge / ganghafftigen Schächten / Hütten / Kahn / und uf den Halden delinquiret; Dann mit dem allen soll allein der Chur-Fürst zu Sachsen / als der Lehn-Herr des Bergwercks / des Administratoris und seiner Lbd. Nachkommen am Ertz-Stifft unverhindert / zu thun / darüber zu richten und zu exequiren haben; Was aber in denselben / des Administratoris Aemtern / darinnen die itzo oder künfftig ganghafftige Bergwercke gelegen / einer zu dem andern in Sachen / welche nicht zu den obbemelten Bergwercks-Handlungen gehörig / durch persönliche oder dingliche Klage zu sprechen / oder wo sich in sothanen Aemtern thätliche Verbrechung und Mißhandlungen zutrügen / dasselbige alles soll der Administrator und seiner Lbd. nachkommende Ertz-Bischoffe und Administratorn des Ertz-Stiffts Magdeburg zu richten und zu strafen haben / von dem Chur-Fürsten zu Sachsen und seiner Lbdn. Erben und Nachkommen allenthalben ungehindert. Wann auch in obbemelten Bergwercks-Sachen und dahero rührenden Handlungen der Chur-Fürst zu Sachsen / oder desselben Ober-Auffseher / und Berg-Voigte / bey wehrender vertraulichen Hinstellung und Sequestration jemanden / so in denen Aemtern / welche von dem Administratorn zu Lehn rühren / wesentlich gesessen / citiren oder vorbescheiden wollen / soll dasselbe auf Ihr Ansuchen / durch die Befehlhaber / oder Inhaber der Aemter / darunter der beklagte gesessen / unweigerlich geschehen; Dieselben sollen auch / wo in ihren inhabenden oder befohlenen Aemtern über Personen oder Güter Execution und Hülffe zu thun / dieselbe allein vollstrecken / und verrichten lassen / und hierüber der Chur-Fürst zu Sachsen und desselben Erben und Nachkommen dem Administratorn, und hinwieder der Administrator und seiner Lbd. Nachkommen im Ertz-Stifft / dem Chur-Fürsten zu Sachsen / in ihrer jedes Aemtern und Gerichten / keinen Eintrag thun; Damit auch die vor dem Ertz-Bischoff und Chur-Fürsten zu Trier / durch weiland Ertz-Bischoff Sigismunden zu Magdeburg sel. wider den Chur-Fürsten zu Sachsen angefangene Rechtfertigung gefallen / ufgehoben / und deren von beyden Theilen renunciret seyn soll.

Und nachdem / so viel der Grafen zu Manßfeld eigenthümliche Höltzer / und die darüber aufgerichtete Verträge belanget / fürgebracht worden / daß die Grafen dieselben den Händlern / neben ihr jedes Antheil am Bergwercke / mit bewilligung der Ertz-Bischoffe zu Magdeburg / zu beförderung des Bergwercks mit verpfändet / und die Grafen und Händler sich itzo hoch beschweren sollen / daß dieselben Gehöltze von denen / welche darinn verhulffen / zu Stamm-Holtz / und sonsten verkaufft / nicht ordentlich Gehaue gehalten / und die Höltzere mit Hüten / und in andere Wege zu Nachtheil des Bergwercks sehr verwüstet werden; Ist hierauf verglichen und abgeredet / daß der Churfürst zu Sachsen / und Administrator des Primat und Ertz-Stiffts Magdeburg / ein jeder in den Aemtern / die von seiner Lbdn. zu Lehen gehen / gute Ordnung machen sollen / wie es mit den Holtzungen und Gehauen zu halten / doch den Grafen zu Mannßfeld an ihren / und sonsten einem jeden an seinen Rechten unschädlich. Und als bey bewilligung der abtretung der Lehnschafft und Jurisdiction über die drey Vorstädte und die Neustadt vor Eißleben / durch des Administratoris Räthe erinnert worden / daß durch solche Abtretung / wann die Lehn-Zeiten hinführo allein zu Eißleben solten gehalten werden / die Einwohner des Thals Mannsfeld grossen Abgang an ihrer Nahrung leiden würden / daß auch die Einwohner der Vorstädte und der Neuen Stadt vor Eißleben / viel Aecker / Wiesen / Weinberge und andere Feld-Güter hätten / die unter des Ertz-Stiffts Aemtern gelegen / dethalben von nöthen / daß zu Verhütung künfftiges Zancks / wie es damit zu halten / auch Versehung beschehe; so hat der Churfürst zu Sachsen freundlich bewilliget / daß seine Lbdn. mit Legung der Lehn-Zeiten / und sonsten die Versehung thun wollen / daß den Bergleuthen und andern Einwohnern im Thal Maußfeld / an ihrer Nahrung nichts soll entzogen / sondern es darmit / wie herkommen / gehalten werden; So viel aber die Aecker / Wiesen / Weinberge und andere Feld-Güter / so die Einwohner der alten Stadt Eisleben / auch der Vorstädte / und der Neuen Stadt vor Eißleben / in des Ertz-Stiffts Aemtern

inne-

ANNO 1579.

ANNO 1579.

inhaben/ belanget/ ist befunden/ daß von denselbigen Gütern itziger Zeit nicht allein die alte Pflicht und Gebühr gegeben wird/ sondern daß die Städte und andere Unterthanen der Graffschafft Manßfeld/ zu Abzahlung der Grafen Schulden/ auch eine gemeine Steuer gewilliget haben/ demselben nach soll der Churfürst zu Sachsen und Administrator des Ertz-Stiffts solche Steuren/ und was mit beyder Ihrer Ldd. gnädigsten Nachlassung und Consens hinführo zu Ablegung der Gräflichen Schulden mehr möchte gewilliget werden/ so lange dieselben Steuren stehen in den Aemtern und Städten/ die von ihr jedes Ldd. zu Lehn rühren/ von allen und jeden darinn gelegenen Gütern selbst einsammlen/ darüber ordentliche Register halten/ und das eingenommene Steuer-Geld mit den Registern/ zu Bezahlung der Grafen Schulden/ dem verordneten gemeinen Rentmeister/ welcher auch beyden Ihrer Ldd. zugleich verwandt seyn soll/ in den gemeinen Steuer-Kasten/ der zwey unterschiedene Fach haben/ und mit zweyen Schlössern/ darzu jedes Herrn Ober-Auffseher einen Schlüssel habe/ verwahrt seyn soll/ dahr überantworten lassen/ davon derselbe Rentmeister auch beyden Ihr. Ldd. oder derselben Ober-Auffsehern/ richtige Rechnung thun soll; was aber ausserhalb solcher gemeinen Land-Steuer hiebevorn an Grund- oder Erben-Zinsen in die Aemter/ darunter die Feld Güter gelegen/ gegeben/ oder gedienet worden/ das soll dem Administratorn und Ertz-Stifft nochmahln in die Aemter/ dahin die Güter gehörig/ ohne einige des Churfürsten zu Sachsen Verhinderung/ gereichet und gethan werden; Welchen der Grafen zu Manßfeld Gläubigern oder Bürgen auch vor dieser Auswechselung in die Häuser/ Flecken/ Holtzungen und Güter/ die der Administrator des Ertz-Stiffts Magdeburg dem Churfürsten zu Sachsen in diesem Vertrage abgetreten/ würcklich geholffen worden/ oder die Bischoffliche Abschiede/ Consens oder Bewilligung darüber haben/ dieselben sollen bey den verholffenen oder consentirten Häusern/ Höltzern und Gütern/ biß sie mit rechtlichem Erkäntniß davon abgehandelt/ von dem Churfürsten zu Sachsen/ und seiner Ldd. Befehlichhabern/ unverunruhiget gelassen werden; Es soll auch hinfürder weder die Stadt Eißleben/ noch sonsten keine Stadt/ wegen ihrer vermeinten Gerechtigkeit des Bierkauffs oder Bierschenckens in Dörffern oder Flecken einfallen/ sondern do dieselben vermeinten/ daß ein oder mehr Dörffer schuldig oder pflichtig/ das Bier bey ihnen/ und sonst an keinem andern Orte zu hohlen/ sollen dieselben Städte solches bey der Obrigkeit/ darunter ein jedes Dorff gelegen/ ordentlich suchen. Was auch sonsten diejenigen/ so in des Chur-Fürsten zu Sachsen/ oder des Ertz-Stiffts Aemtern wohnhafftig/ zu einander zu sprechen/ das soll ein jeder vor des Beklagten ordentlicher Obrigkeit suchen/ und persönlicher Forderung halben/ niemands seine Güter/ so unter einer andern Herrschafft gelegen/ mit Kummer und Arrest/ ausserhalb der in Rechten zugelassenen Fällen/ beleget oder angehalten werden.

Der Churfürst zu Sachsen und Administrator des Primat und Ertz-Stiffts Magdeburg/ oder das Capitul desselben Ertz-Stiffts/ sollen auch zu mehrer Bekräfftigung dieser Vertrags-Handelung die Röm. Käyserliche Majestät/ Unsern allergnädigsten Herrn/ derselben durch ihre beyderseits Räthe unterthänigst berichten lassen/ und bey Ihrer Käyserlichen Majestät zu der darinn begriffenen Verwechselung des Hauses Sachsen und Ertz-Stiffts Magdeburg Lehn-Güter und Gerechtigkeit/ derselben allergnädigsten Consens und eine Confirmation suchen/ darinn der gantze Vertrag mit inseriret und von Ihrer Käyserlichen Majestät in bester Form confirmiret und bestätiget/ auch klare Versehung gethan werde/ daß so offte ein Churfürst zu Sachsen/ und ein Administrator und Ertz-Bischoff des Ertz-Stiffts Magdeburg/ Ihre Regalien und Lehen von Römischen Käysern und Königen empfahen/ des Burggraffthums Magdeburg zugehörige Gerechtigkeit der Bannes-Befehlung/ Gräfen-Gedings und andere in den Städten Magdeburg/ Halle und Ertz-Stifft Magdeburg/ desgleichen die Lehen über die alte Stadt Magdeburg/ dem Administratorn oder Ertz-Bischoffe zu Magdeburg/ dem Churfürsten zu Sachsen aber die Lehn über die Stadt Eißleben/ mit allen derselben Vorstädten und der Neuen Stadt/ samt dem Dorffe Neuen Helffta und obbemelten dreyen Marcken/ wie solches alles versteinet wird/ auch die Lehen über das gantze Amt Rommelburg/ mit dem Flecken Wippen/ und dem zugehörigen Wipperischen Forst/ dem gantzen Boden Schwendi und allen Dörffern und Zugehörungen/ Item über das Schloß/ Stadt und Ambt Artern/ samt Vogkstedt/ Karstedt/ und durchaus allen Dorffern und Zugehörungen. Item über das Hauß Bornstedt/ dessen Dörffer/ und alle Zugehörungen/ und das Dorff Podelwitz/ mit allen Rechten sollen geliehen/ und in ihre Lehen-Brieffe gesetzet werden; Und ob hierinnen ein Versehen beschehe/ und in des einen Theils Lehn-Brieff/ ein oder mehr Stücke mit gesetzt würden/ die in diesem Vertrage dem andern zugehandelt/ welches doch von jedem Theil mit bestem Fleiß verhütet werden soll; so soll doch dasselbe keinem Theil wider diese Vertrags-Handlung zustatten kommen/ sondern der Churfürst zu Sachsen soll sich in dem Ertz-Stifft Magdeburg und Graffschafft Mansfeld/ und der Administrator an den Vorstädten/ und der Neuen Stadt vor Eißleben/ auch allen obbemelten Aemtern/ Gütern und Stücken/ mehrers nicht/ dann Ihr jedes Ldd. in diesem Vertrage zugehandelt/ anmassen. Und sollen also hiermit alle und jede hieroben gemelte zwischen dem Churfürsten zu Sachsen und Administratorn des Primat und Ertz-Stiffts Magdeburg vorgefallene Mängel und Gebrechen/ freundlichen und zu Grunde in Ewigkeit verglichen und vertragen seyn/ darauf auch beyde Ihre Ldd. der Churfürst zu Sachsen/ vor sich/ seiner Ldd. Erben und nachkommende Hertzogen und Churfürsten zu Sachsen/ und insonderheit Krafft tragender Vormundschafft/ auch seiner Ldd. unmündigen Vettern/ der Jungen Hertzogen zu Sachsen/ und der Administrator des Primat und Ertz-Stiffts Magdeburg/ vor sich und seiner Ldd. Nachkommen/ Ertz-Bischoffe oder Administratorn, und das Capitul des Ertz-Stiffts Magdeburg/ freundlich bewilliget und zugesaget/ daß Ihre Ldd. allerseits diesen Vertrag Fürstlich/ stet/ fest und unverbrochen wollen erfolgen/ und halten.

ANNO 1579.

Welches alles zu Uhrkund und vester unverbrüchlicher Haltung derselbe dreymal ingrossiret/ und von Uns den Unterhandlungs Chur- und Fürsten/ so wohl auch von beyden unsern freundlichen lieben Oheimen/ Vettern/ Schwagern/ Brudern/ Sohn und Gevattern/ dem Churfürsten zu Sachsen und Administratorn des Primat und Ertz-Stiffts Magdeburg mit eigenen Händen unterschrieben/ und mit unsern allerseits anhangenden Insiegeln befestiget.

Und wir Dechand/ Senior und gantze Capitul-Gemein der der Primat Ertz-Bischofflichen Kirchen zu Magdeburg/ haben zu glaubwürdiger bezeugung/ daß alle und jede Puncte und Articul desselben/ mit unserm guten Wissen und einhelliger bewilligung/ also/ wie hieroben allenthalben vermeldet/ abgehandelt und verglichen worden/ Unser Insiegel auch mit daran hengen lassen. Actum Mittewochs in den heiligen Pfingsten/ den zehenden Monats-Tag Junii nach Christi Unsers lieben Herrn und Seligmachers Geburt im tausend fünffhundert und neun und siebenzigsten Jahre.

Johann George Churfürst/ mpp.
Augustus Churfürst.
Wilhelm Landgraf zu Hessen.
Joachim Friedrich Marggraff zu Brandenburg.

(L. S.) (L. S.) (L. S.) (L. S.) (L. S.)

CLXIX.

10. Juin.

Neben-Vertrag/ welcher nach verglichenen vorstehenden Permutations-Vertrag durch obengenanndter Churfürstens von Brandenburg und Landgrafens zu Hessen zu solcher Handlung gebrauchte Räthe beliebet worden/ wie es mit der Permutation, Ratification und Kayserl. Confirmation Eißlebischen Vertrages solle gehalten werden. Actum Eißleben den 10. Juny 1579. [LUNIG, Teutsches Reichs-Archiv. Part. Spec. Continuat. II. Abtheil. IV. Absatz II. pag. 376.]

C'est-à-dire,

Accord particulier, par lequel, ensuite de la précedente Transaction d'Echange entre l'Electeur de BRANDEBOURG *& le Landgrave de* HESSE, *on convient aussi de ce qui regarde la maniere dont l'Echange se devra faire, la Ratification, & la Confirmation Imperiale. Fait au même lieu, & le même jour 10. Juin 1579.*

DEr Durchleuchtigsten/ Durchleuchtigen/ Hochgebohrnen Fürsten und Herren/ Herrn Johanns Georgen/ Marggraffen zu Brandenburg/ des Heiligen Römischen Reichs Ertz-Cämmerern und Churfürsten/ zu Preussen/ zu Stettin/ Pommern/ der Cassuben/ Wenden/ und in Schlesien/ zu Crossen/ Hertzogk/ Burggraffen zu Nürnbergk/ und Fürsten zu Rügen/ und Herrn Wilhelmen/ Landgraffen zu Hessen/ Graffen zu Catzenelnbogen/ Dietz/ Ziegenhain und Nidda/ rc. Unserer gnädig- und gnädigsten Herrn/ zu nachfolgender Handlung verordnete Räthe/ wir George von Blanckenburg/ uf Goltberg und Wulffshagen/ des Stiffts Hagelbergk zue Niedtstock Häuptmann/ Lampertus Dieselmeyer/ der Rechten Doctor und Cantzler/ und Ditloff von Weiterfelt/ zu Daluem und Neuendorff/ und von wegen Hochgedachtes Landgraff Wilhelms zu Hessen/ wir Hanß von Berlepsch uf Bodungen/ und Reinhart Scheffer/ Cantzler/ bekennen hiermit und thun kundt gegen allermänniglichen:

Nach-

ANNO 1579. Nachdem zwischen dem Durchleuchtigsten / Hochgebohrnen Fursten und Herrn / Herrn Augusten / Hertzogen zu Sachsen / des Heil. Röm. Reichs Ertz-Marschalln und Churfürsten / Landgraffen in Thüringen / Marggraffen zu Meissen / und Burggraffen zue Magdeburg / und Herrn Joachim Friedrichen / postulirten Administratorn des Primats- und Ertz-Stiffts Magdeburgk / Marggraffen zu Brandenburg / in Preussen / zu Stettin / Pommern / der Cassuben / Wenden / und in Schlesien / zu Crossen / Hertzogen / Burggraffen zu Nürenberg / und Fürsten zu Rügen / Unsern gnädigsten Herren / Nachbarliche Irrung vorgefallen / und beyde Ihre Chur- und Fürstl. Gnaden Hochgedachte Unsere gnädigste und gnädige Herren / den Churfürsten zu Brandenburgk und Landgraff Wilhelmen zu Hessen / söhnlich und freundlich vermocht / daß beyde Ihre Chur- und Fürstl. Gnaden / in denselben gütliche Handlungen vornehmen und pflegen zu lassen / väterlichen und freundlichen gewilligt / und sich darauf mit Ihren Chur- und Fürstl. Gnaden den nechst verschienen Sonntag Cantate, Ihrer allerseits Chur- und Fürstl. Gnaden Räthe anhero gegen Eißleben zusammen zu schicken / freundlichen verglichen / uns auch zu solcher Handlung anhero abgefertiget haben.

Daß wir demnach / nach vorgehender Verhör / aus den vorgelegten brieflichen Urkunden / gehabter Erkundigung / auch gethaner besichtigung / und darauf gepflogener fleißiger Unterhandlung / uns eins Vertrages verglichen / und denselben im Nahmen Hochgedacht unserer gnädigsten und gnädigen Herren / der Unterhandelungs-Chur- und Fürsten / wie die hernach ingrossiret / und von Hochgedachten Chur- und Fürsten allen soll vollenzogen werden / haben begreiffen / verfassen / und fünffmahl abschreiben lassen / welche fünff Exemplar nicht alleine wir / sondern neben uns auch der Chur- und Fürsten zu Sachsen und Magdeburg zu dieser Handlung Verordneten / so wohl auch eines Hochwürdigen Dom-Capittels der Ertz-Bischofflichen Kirchen zu Magdeburg Abgesandten / zu mehrer beglaubigung und zu verhütung alles Miß-Verstandes / mit eigenen Händen unterschrieben / und ist hierbey weiter abgeredt und von allen Theilen bewilligt worden / daß der Churfürst zu Brandenburg / etc. unser gnädigster Herr / solchen Vertrag innerhalb Vierzehen Tagen / in seiner Churfürstl. Gnaden Hand-Zeichen und anhengenden Insiegel verfertigt / Landgraff Wilhelm zu Hessen / unserm gnädigsten Fürsten und Herrn / neben dreyen Gesambt-Schreiben an den Churfürsten zu Sachsen und Administratorn des Primats- und Ertz-Stiffts Magdeburg / auch das Dom-Capittel zu Magdeburg / damit Ihr. Churfürstl. Gnaden und dem Dom-Capittel derselbe Vertrag / den Ihre Chur- und Fürstl. Gnaden und Ihres Theils zu vollziehen / auch müge zugefertiget werden / zuschicken / darauf seine Fürstliche Gnaden denselben / so wohl die ietztgemeldten dreyen Neben-Schreiben auch unterzeichnen und siegeln / und die alsdann dem Churfürsten zu Brandenburg wieder zufertigen soll / und seine Churfürstl. Gnaden solche Verträge mit denen darzu gehörigen Schreiben ferner dem Churfürsten zu Sachsen und Administratorn des Primats- und Ertz-Stiffts Magdeburg / auch dem Capittel zu vollziehen / und endlich iedem Theil ein besiegelt Exemplar zu behalten / zuschicken mügen / wie dann Ihr. Chur- und Fürstl. Gnaden / weil alles das / so darinnen begriffen / mit derselben gnädigst- und gnädigen Vorbewust / Willen und Befehl gehandelt und verglichen worden / sonder Zweiffel gnädigst und gnädiglich zu thun werden geneigt seyn.

Damit dann auch allen deme / so hierinnen verhandelt / forderlichst nachgesetzt werde / so haben des Churfürsten zu Sachsen und Administratoris zu Magdeburg etc. anhero verordnete Räthe sich verglichen / daß beyde Ihr. Chur- und Fürstl. Gnaden auf Petri und Pauli schierst zu Prage zu Käyserl. Majest. schicken / und deren allergnädigsten Consens und Confirmation zu dem alhier aufgerichten Vertrage unterthänigst wollen suchen lassen / und daß alsdann darauf erstlich die würckliche Uberweisung der alten Stadt Magdeburg / und dem Herrn Administratorn die Huldigungs-Leistung / und gleich hernach die Uberweisung der Städte / Flecken und Güther / welcher Lehenschafft ein Theil dem andern in der Graffschafft Mansfelt in diesem Vertrage abgetreten / beschehen soll.

Also seynd sie auch zu Verhütung alles Gezäncks einig worden / daß die Aempter / Dörffer und Güther / welche ein Theil dem andern in dem aufgerichten Vertrage überlassen / zum allerforderlichsten und noch für der würcklichen Anweisung durch beyder unser gnädigsten Herren / des Churfürsten zu Sachsen und Administratorn des Ertz-Stiffts Magdeburg darzu Verordnete richtig sollen verreint und vermahlet werden / und haben sich die Sächsischen Räthe insonderheit erkläret / daß sie / bey Vergrentzung zwischen dem dreyen Feld-Marcken und dem Dorff Volgkstedt / die Grentzen von der Feld-Marck Volgkstedt Reinung / welche nach Eißleben warts gehet / und uf die drey hohen Bäume / in der wüsten Feld-Marcke Eickendorff / und von dannen weiter uf den Ziegelrodischen Fluhr / also wollen ziehen lassen / daß zwischen den Sächsischen und Magdeburgischen Lehen eine feine richtige Grentz gemacht werde.

Ob aber / (welches GOtt der Allmächtige gnädiglich abwenden wolle /) hieran aus Mangel des Käyserlichen Consenses / oder sonst einiger Mangel oder Verhinderung fürfallen würde / daß solcher Vertrag seine endliche Vollziehung nicht erreichen könte; So haben beyde des Churfürsten zu Sachsen etc. und Administratoris alhier anwesende Räthe versprochen und zugesaget / daß alles das / was in demselben narrativè oder dispositivè gesetzt / in künfftigen gütlichen oder rechtlichen Handlungen / oder auch sonsten / keinem Theil zu einigem Nachtheil / Schaden oder Einführung gereichen / desselben Inhalt auch von einem Theil wider das ander zu begründung oder bescheinung seines verhofftens Rechtens zu keiner Zeit in Güte oder Recht soll angezogen / gedeutet oder gebraucht werden. ANNO 1579.

So soll auch dem Churfürsten zu Sachsen / und Brandenburg etc. so wohl / als dem Administratorn frey stehen / was Ihr. Chur- und Fürstl. Gnaden zu Wiederstattung des Krieges-Kostens / welchen Ihr. Chur- und Fürstl. Gnaden in Belagerung der alten Stadt Magdeburg angewandt / bey dem Heiligen Reich / (doch also / daß damit diesem Vertrage nichts zu wider gehandelt werde /) suchen und erlangen mügen / in dem Ihr. Chur- und Fürstl. Gnaden einander auch freundlichen beystand leisten wollen / alles gantz treulich und ungefährlich.

Und wir haben uns / umb gleichmäßiges behaltens und Gedächtnüs willen / darneben dieses bescheides verglichen / welchem zu mehrer Urkunde wir / und neben uns die Sächsische und Magdeburgsche anhero verordnete Räthe / auch die Abgesandte des Dom-Capittels / nehmlich / Erich Volckmar von Perlepsch / Ober-Hauptmann in Thüringen / Laurentius Lindemann / der Rechte Doctor, uf Sedelitz / Wolff Bosse / Hauptmann zu Zeitz / Hanß von Lindaw / zu Krischaw / und Vitt Wunschenn / der Rechten Doctor, Levin von der Schulenburgk / Domdechant der Ertz-Bischofflichen Kirchen zu Magdeburg / und Thum-Probst zu Havelberg / Melchior von Rinttorf / der Ertz-Bischofflichen Kirchen zu Magdeburg / Ludolff von Alvenschleben der Elter uf Hundesburg / und neuen Gatersleben / Moritz von Arnim uf Wustaw / Hauptmann zu Straßfurt / Johann Trautenbuel / Cantzler / Antonius Freudemann / alle drey der Rechte Doctorn, und Fabians Klehe / des vorgedachten Dom-Capittels Syndicus, mit eigenen Händen unterschrieben und besiegelt. Actum Eißleben / Mittwochens in den Heiligen Pfingsten / den zehenden Monats-Tag Juny, Anno 1579.

CLXX.

Articles de Paix proposez aux ETATS GENERAUX, *par les Déptuez de l'Empereur* SIGISMOND, *pour la Paix avec le Roi d'Espagne* PHILIPPE II. *à Cologne*, *les* 10. & 18. *Juillet*, 1570. [EMANUEL METEREN, Histoire des Pays-Bas. Feuill. 174.] 10. & 18. Juill. ESPAGNE ET LES PAYS-BAS.

I. PRemierement, que la Pacification de Gand, faite l'an 1576. le 8. de Novembre, l'Union faite à Brusselles le 9. de Janvier, l'an 1577. & l'Edit perpetuel, du 17. de Fevrier, publié en la même année, avec l'approbation du Roi, seront entretenus, & mis en execution, en tous leurs Points & Articles.

II. Que tout ce qui est arrivé du temps des premiers troubles, & aprés les Traités susdits de la Pacification, Union & Edit perpetuel, auquel temps on a fait & dit beaucoup de choses de part & d'autre, tant en commun qu'en particulier, sera, par cette presente Pacification, mis en perpetuelle oubliance, non moins de ce qui a été fait & dit depuis, que de ce qui s'est fait auparavant, tellement qu'on n'en fera plus nulle mention, nul reproche, ni nulle recherche, ains on le tiendra comme s'il n'étoit jamais advenu, & ce sur peine, que les Sujets qui y contrediront seront punis comme perturbateurs du repos public, pour servir d'exemple aux autres.

III. Le Roi Catholique maintiendra ses Vassaux & Sujets, & s'il est de besoin, il confirmera de nouveau tous & un chacun les Droits, Usances, Coustumes, Franchises, Exemptions & Privileges, de chaque Province, Ville ou Communauté, & à toutes autres personnes particulieres, tant en commun qu'en particulier, comme il a promis & juré au 10. Article de l'Edit perpetuel, & du temps qu'il fut inauguré en ces Païs-bas.

IV. Toute Gendarmerie estrangere, comme Espagnols, Italiens, Allemans, François, Bourguignons, Anglois, Ecossois & autres estrangers, qui ont esté acceptez & mandez, de part & d'autre, à cause de ces troubles, partiront tous en dedans le terme & au même temps, lequel on ordonnera par commun consentement.

V. Et quant à ce qui touche l'autre Gendarmerie, laquelle n'est pas estrangere, le Roi, à la descharge & entier soulagement de ses Sujets oppressés, commandera de la congedier, & renvoyer tant par Terre, que par Mer, afin qu'un chacun puisse vivre chez soi en paix & repos : Excepté, qu'on retiendra seulement les Gar-

ANNO 1579. nisons ordinaires, afin que les Bourgeois, & tous les Habitans puissent derechef s'adonner à leurs Marchandises, Trafficq & Mestier, tout ainsi que durant la Paix, au moyen dequoi ils puissent entretenir honnestement leurs Femmes & Enfans, sans faire tort à leurs prochains, & quitter le maniment des armes à quoi ils n'étoient point accoustumés auparavant, & ce qui aussi en temps de Paix ne sert de rien.

VI. Que toutes Contributions, Imposts, & autres Charges extraordinaires, lesquelles ont été imposées durant ces presens troubles, seront entierement abolies. En telle sorte toutesfois que si on trouvoit qu'on devroit encores reserver & continuer quelques charges au bien du commun, si-tôt que cela aura été remonstré par les Estats, le Roi, sans faire difficulté, s'accommodera à leur desir selon leur advis.

VII. Le libre traficq & passage sera derechef restabli en tous Lieux, és Villes, Villages, Ponts, Havres, desdits Païs & Provinces, non moins par Terre que par Mer, & sur les Rivieres, tout ainsi qu'on souloit faire devant les troubles. Mais les nouveaux Imposts qui ont esté establis durant ces troubles, sans l'authorité du Roi, seront incontinent abolis.

VIII. Et afin qu'il ne reste aucune matiere de debat, ou plainte, tous les Ecclesiastiques, & les Personnes Seculieres, tant Naturels du Païs qu'Estrangers, retourneront chacun en la possession de leurs biens mobiles, Ecclesiastiques ou Seculiers, qui sont encores en estre, & de tous leurs biens immobiles, tiltres, debtes, & actions, qu'ils pourront lever & s'en servir incontinent, assavoir, en tel estat, qu'on les trouvera presentement, sans aucune fraude ou tromperie, nonobstant quelque engagement, ou eschange & alienation au contraire, depuis le temps de la Pacification de Gand, mais ce qui est advenu devant ladite Pacification sera laissé en leur libre disposition.

IX. Semblablement, un chacun des Sujets de part & d'autre, sera remis en son honneur, Dignité, Benefice, Gouvernement, Office & Service, tout ainsi comme il estoit du temps de l'Edit perpetuel, & ce qui est advenu devant ledit Edit, sera laissé en leur disposition: hormis seulement ceux qu'on trouvera avoir eu quelques Charges ou Offices, contre les Franchises, Droits & Privileges des Païs, à condition toutesfois, que ceux là ayants esté demis, seront de nouveau remis en leur entier, & seront tenus de faire le Serment, contenu en l'Article suivant, comme aussi seront tenus de faire tous autres, qui ont esté en Office jusques à maintenant; & qui y pourront estre choisis à l'advenir, en revoquant, cassant & annullant tout ce qui de part & d'autre, aura esté fait, decreté, & prononcé au contraire.

X. Que nuls ne pourront estre receus à aucun Gouvernement des Païs, Villes, Chasteaux & Forteresses, ni pour estre Capitaine ou Chef de Guerre, ni au Conseil d'Estat, Secret & des Finances, ou autres Offices de plus d'importance, sinon ceux qui sont naturels & nés és Païs compris sous le general Gouvernement. Et lesquels aussi devant que d'estre receus, outre le Serment ancien & ordinaire lequel on souloit faire au Roi comme au Prince naturel, jureront & promettront solemnellement au Roi & aux Estats de garder & observer ces Articles bien & fidelement, sur peine d'estre perjures, & d'estre punis comme tels.

XI. Tous prisonniers de part & d'autre, qui sont encores prisonniers à cause de ces troubles, seront incontinent relachés francs & libres sans payer aucune rançon, n'est qu'ils en eussent déja auparavant accordé autrement.

XII. Le Comte de Bueren sera mis en liberté & restabli en sa Patrie en trois mois, & aprés que le Prince d'Orange aura accompli ce qu'on aura traité avecques lui.

XIII. Les Decrets, Mandemens, Dispositions, & Ordonnances, faites au nom du Roi, par l'Archiduc Matthias, celui qui lui est adjoint & les Estats depuis les derniers troubles, seront tenus pour legitimes & de valeur, & auront leur plein effet, quant à ce qui touche les Benefices, Dignités, Offices & autres choses, lesquelles souloient dependre de la puissance, & estre en la disposition de ceux qui tiennent la place du Gouverneur des susdites Provinces, mais non és choses lesquelles sont reservées à la Personne du Roi mesme, ou lesquelles ont esté faites contre les Droits, Privileges, & Franchises de la Patrie, tant en commun qu'en particulier, ou lesquelles autrement pourroient tendre au prejudice & dommage de quelqu'un.

XIV. Pareillement les Magistrats, & Officiers de toutes les Villes & Places, qui ont esté demis de leur Charge, par autre voye que par voye de Justice, legitimement administrée, ou autrement, contre les Privileges desdites Villes, ou sans suivre la maniere de faire ordinaire & accoustumée, seront incontinent renouvellés & remis en leurs Dignités & Offices. Et quant à l'élection d'iceux on y procedera à l'advenir, comme l'on a fait par ci-devant & ainsi qu'on le doit faire, selon les Loix, Coustumes & Privileges de chaque Païs, Ville ou Place, afin de ne conniver au tort qu'on pourroit avoir fait à quelqu'un. ANNO 1579.

XV. Sur tout l'authorité du Roi, & l'obeïssance que ses Sujets lui doivent sera remise en son entier comme auparavant selon que les Loix Divines & humaines le requierent, comme aussi selon les Privileges, Usances & Coustumes de la Patrie, & pareillement selon la Pacification de Gand, l'Union qui en est ensuivie, l'Edit perpetuel, & le present Traité, afin que la Justice puisse estre bien administrée, & les Sujets bien gouvernés, en toute equité, repos & obeïssance, & ce en telle façon & maniere comme cela s'est fait de tout temps, tant du temps de feu l'Empereur Charles cinquiéme, & ses Predecesseurs, que du temps du Roi, & jusques au commencement de ces troubles, car sans ce restablissement susdit, il n'est nullement possible, de maintenir le Peuple en bonne Union, Concorde, vraye Justice, Paix & repos.

XVI. Reste le point du Gouvernement de ces Provinces susdites; pour lequel, le Roi choisira un Prince ou une Princesse du Sang, bien versé és affaires d'Estat, & doüé de Dons & qualités necessaires à une si grande Charge, & duquel les Sujets auront bonne occasion de se contenter. Il les gouvernera aussi en toute Justice, Droicture & Equité, & notamment selon les Usances, Droits, Coutumes & Privileges des susdittes Provinces, en y comprenant aussi la Pacification susdite, & ce present Edit de reconciliation, qu'il sera tenu de croire, & de jurer.

XVII. Es mains duquel Gouverneur General seront, sans ulterieur advis, entierement delivré toutes & chacune les Villes, Forteresses, & toutes autres Places, lesquelles l'un ou l'autre Party detiennent maintenant, sous quelque tiltre ou pretexte que ce pourroit être. Semblablement aussi les Biens Patrimoniaux appartenans au Roy, pareillement l'Artillerie, la Munition, les Vivres, Armes & Navires, afin de donner les Places (esquelles il y a eu de tout temps des Garnisons) en garde par l'advis du Conseil d'Etat, aux Naturels du Païs, qui feront Serment, par lequel, outre les anciens & accoustumez Sermens qu'on souloit faire au Roy, comme au Prince naturel, ils s'obligeront au Roy & aux Estats à entretenir ces Articles, & qu'en outre il en disposera selon qu'il trouvera être expedient pour le service du Roy, & au profit & asseurance des Païs, ainsi que cela se doibt faire & a été fait devant les presens troubles.

XVIII. Et neantmoins le Roy permet (& ce nuement au regard de cette reconciliation) que ce qui a eté prins & reçeu jusques à maintenant de ses Biens Patrimoniaulx, pour l'assistance de la Commune, que cela demeure ainsi collecté & reçeu, sans qu'il en soit fait à aucun quelque ulterieure poursuitte ou recherche. Hormis toutesfois, que pour l'advenir on s'abstiendra de semblable retention, prinse, & recepte.

XIX. La Pacification de Gand, l'Union Generale des Estats, laquelle en est ensuyvie, & l'Edit perpetuel de Brusselles proposé cy dessus au commencement, demeurant en son entier, les Etats renonceront, à toutes autres Alliances, Accords & Promesses mutuelles, faites ou contractées à cause des susdits troubles, tant dedans, que dehors les Provinces.

XX. En ce Contrat seront comprins la Royne d'Angleterre, & le Duc d'Anjou.

Quant aux autres Points, touchant l'accomplissement, l'expedition, la confirmation, publication & ferme observation & entretenement de cette Pacification, il en sera traité cy apres, quand on sera d'accord & qu'on aura tout arrêté.

1. Quant à la Religion, laquelle doit sur tout être recommandée à tous vrays Princes Chretiens, le Roy, (en suyvant les pas des Roys Catholiques ses Predecesseurs) ne peut qu'il ne desire & commande, que la Religion Catholique Apostolique & Romaine demeure, & soit entretenue en ses Païs, selon que de tout temps elle y a non seulement été receüe, mais mesme a été cause que les Sujets desdittes Provinces ont parcy devant

ANNO 1579. vant fleuri, & eté heureux: Et en laquelle il eſt notoire, que tant le Roy, que ſes Predeceſſeurs ont eté inaugurés, & par le moyen d'un Serment ſolemnel ont eté reccus, pour leur Prince naturel. Ladite Religion (toute autre en étant forcloſe) ſera d'oreſenavant enſeignée & exercée és Provinces du Païs-bas librement, paiſiblement, & ſans aucun empeſchement, ſelon que les Etats s'y ſont par cy devant mutuellement & ſolemnellement obligez en l'Union generale, comme pareillement en l'Edit perpetuel, & ſelon que par pluſieurs Lettres ils ont promis au Roy, tant devant, qu'aprés ſes troubles, & comme depuis peu ils ont encores eſcrit à Sa Majeſté Imperiale, en telle ſorte, qu'ils ne peuvent en façon quelconque, ſinon avec honte, & confuſion totale de tout l'Etat politique, faire quelque choſe, en un fait de telle importance, contre leurs propres Eſcrits.

Quant à ce qui touche ceux de Hollande, Zelande, & la Ville de Bommel, on le laiſſe à la diſpoſition de la Pacification de Gand: à condition toutesfois, qu'entretandis la Religion Catholique Romaine ſera reſtablie és Villes & Lieux desdittes Provinces, esquels elle a été exercée du temps du ſusdit Traité.

2. Les Subjets, qui ont quitté la Religion Catholique Romayne és autres Provinces, comprinſes en ce Traité, Sa Majeſté conſiderant l'état preſent des Païs-bas, leur octroye par ſes Commiſſaires, qu'ils pourront demeurer en ces Provinces, ſans être forcés, ou recherchés en vertu des Placarts faits touchant la Religion, lesquels demeureront en ſurceance, & ce jusques à ce que le Conſeil d'Etat, legitimement & comme il faut aſſemblé de par le Roi ou ſon Gouverneur General, en un lieu où les opinions pourront eſtre libres, il en ſera ordonné autrement, & qu'on aura regardé à la moderation des Placarts: En mettant ordre, que cependant tels Sujets ayent à s'abſtenir du tout, de ſcandale, ſedition, & de tout exercice d'autre Religion. Cependant ils pourront auſſi librement joüir de tous leurs Biens, tant mobiles, qu'immobiles, & de tous Droits & Actions, & les pourront auſſi (quels qu'ils puiſſent eſtre) transporter ailleurs, vendre, ou aliener, ſelon qu'ils le trouveront bon. Et quant à ceux qui y voudront retenir leurs biens, ils choiſiront en leur abſence pour l'adminiſtration & recepte de leurdits biens és mêmes Provinces, des Recepveurs Catholiques, & tels qu'ils trouveront bon, & en outre ils pourront auſſi retourner & toutes les fois qu'ils voudront retourner és mêmes Provinces, mais, à condition d'y vivre Catholiquement, & en telle maniere qu'il eſt ſeant à des perſonnes Catholiques. Ce retour & pouvoir d'adminiſtrer ſes propres biens, ſera permis à un chacun en bonne foy, auſſi-tôt que les Curés, Officiers & Magiſtrats des Places, où ils deſirent ſe retirer, en auront eſté advertis, & qu'ils leur auront donné à entendre leur intention & volonté. Cette debonnaireté Royale monſtre aſſez à un chacun, que le Roi ne cherche rien moins que la Confiscation des Biens, & la ruïne de ſes Subjects, ni auſſi de les contraindre par la rigueur des precedens Placarts, vû qu'il eſt preſt de les moderer avec l'advis du Conſeil d'Eſtat, & de faire tout ce qui tend à la gloire de Dieu, & au repos & paix des Païs, & ce qu'un doux, bening & fort amiable Prince Chreſtien doit faire.

CLXXI.

10. & 18. Juill. ESPAGNE ET LES PAYS-BAS. (1) *Articles de Paix avec l'*ESPAGNE, *propoſez par les* ETATS GENERAUX *aux Conférences tenuës à Cologne pour la Paix en 1579.* [EMANUEL METEREN, Hiſtoire des Pays-Bas. Feuill. 176.]

I. PRemierement, que la Pacification faite à Gand, l'an 1576 le 8. de Novembre, pareillement l'Union faite à Bruſſelles le 9. de Janvier l'an 1577. & l'Edit perpetuel publié la même année, le 17. de Fevrier, avec l'approbation du Roi, outre ce qu'on trouvera avoir eſté changé és Articles ſuivants, ſeront entretenus & mis en execution en tous leurs Points & Articles.

II. Et pour ce que (outre ce qui s'eſt paſſé du temps des premiers troubles) pluſieurs choſes ſont advenues, & ont eſté dites & faites de part & d'autre, tant en commun qu'en particulier aprés lesdits Traités, de la Pacification de Gand, de l'Union, & de l'Edit perpetuel, voilà pourquoi elles ſeront auſſi miſes en un perpetuel oubli, par cette preſente Pacification, non moins les choſes qui ont eſté dites & faites depuis, en quelque lieu, où maniere que ce puiſſe eſtre, ſoit touchant la demolition des Chaſteaux & Forteresſes, ou de quelque autre choſe, que de ce qui eſt advenu auparavant, tellement qu'on n'en fera plus de mention, reproche, ni recherche, ſoit par les Fiscaux, ou Officiers publics, ſoit par quelques autres de quelque qualité ou condition qu'ils ſoient, que ſi la choſe ne fut jamais advenue, tellement que ceux qui feront au contraire ſeront punis, pour ſervir d'exemple aux autres, comme Perturbateurs du repos public. Et à cette fin, & pour plus grande aſſeurance, toutes les Sentences, Decrets, Preſcriptions & Arreſts, faits à cauſe des troubles ſusdits, tant en ces Païs, qu'en autres qui ſont ſous l'obeïſſance de Sa Majeſté, ſeront caſſés, abolis, & royés des Regiſtres publics: Pareillement on ne dreſſera plus nuls Chaſteaux, ni de par Sa Majeſté, ou ſes Succeſſeurs, des maintenant & pour toûjours. ANNO 1579.

III. Le Roi Catholique, & ſes Succeſſeurs, maintiendront tous leurs Vaſſaux & Subjets, & s'il eſt de beſoin, conſermeront de nouveau, & feront inviolablement entretenir par tous leurs Gouverneurs, tant Generaux que particuliers, en vertu de ce preſent Traité, tous & un chacun les Droits, Uſances, Couſtumes, Franchiſes, Exemptions & Privileges de chaque Province, Ville ou Communauté, & de toutes autres perſonnes particulieres, tant en commun qu'en particulier.

IV. Toute la Gendarmerie eſtrangere du Roi, tant à Pied qu'à Cheval, les Eſpaignols, Italiens, Albanois, Bourguignons, François, Allemans, & autres eſtrangers, ſoit qu'ils ayent eſté mandés à cauſe de ces preſens troubles, ou auparavant, partiront, en quinze jours, aprés la publication de la Paix & hors des Villes & Forteresſes, & en vingt jours enſuivant hors de Luxembourg, & de tous les Païs-Bas, & encores vingt jours aprés, hors de la Bourgogne. Auſſi ni eux ni autres ne retourneront point, n'eſt que ce fut à cauſe de quelque Guerre qu'on pourroit faire hors du Païs, ou en general à cauſe de quelque autre neceſſité, approuvée & connuë des Eſtats. Ladite Gendarmerie ſera tenuë, en partant hors des Villes, Chaſteaux & Forteresſes, d'y laiſſer tous les Vivres, la Proviſion, l'Artillerie & Munition de Guerre, qu'ils y ont trouvée, & reſtituer celle qui pourroit avoir eſté transportée ailleurs, & la remettre, à la prochaine commodité, és mêmes Villes ou Places, d'où on les a prinſes ou transportées, ſans en rien emporter: ains demeurera pour s'en ſervir à la defence desdites Places ſelon ce qui en ſera dit cy-deſſous. Et pour plus grande aſſeurance desdits Articles, les Gouverneurs & Eſtats, tant Generaux que particuliers, en Luxembourg & en Bourgogne, feront Serment d'entretenir tous les Articles de ce preſent Traité: & ne permettront jamais que quelque Gendarmerie eſtrangere y retourne, & ne leur octroyeront aucun paſſage, au dommage & prejudice de ces Païs. Et pour confirmation de ce que deſſus, ils en donneront une aſſeurance authenticque. Les Eſtats auſſi mettront ordre que le Commerce & Traficq mutuel ſoit derechef renouvellé esdites Provinces, & entretenu en toute ſeurté.

V. Au même temps que les eſtrangers partiront, ceux d'Artois & tous ceux qui ſont leurs Alliez en Guerre, rendront, avec les Vivres & la Munition, toutes les Villes, Places & Forteresſes lesquelles ils ont prins és autres Provinces, ou bien qui ſont en leur puiſſance. Semblablement au même temps & en la même maniere, leur ſeront auſſi renduës les Places, que les Eſtats des autres Provinces poſſedent ou tiennent en leurs Païs. Et pour plus grande descharge des Subjects, & plus grande fiance & amitié, les deux Parties remanderont & retiendront derechef leur Gendarmerie és limites de leur propre Païs, en eſtabliſſant des Commiſſaires de part & d'autre, pour la defence des Places, où la Gendarmerie tant de l'un que de l'autre Parti demeurera l'eſpace d'un mois, ou ſix ſemaines: Afin que durant ce temps on puiſſe lever l'Argent pour leur payement: & que lors aprés avoir payé toutes les Troupes, on les puiſſe congedier & renvoyer en un même temps.

VI. Et afin que la mutuelle Union & aſſeurance des Païs

(1) Ces Articles, non plus que les précédens, n'eurent aucun effet, & les Conferences de Cologne furent tenuës inutilement.

ANNO 1579.

Païs puisse demeurer d'autant plus ferme, les Estats d'Arthois & leurs Alliez donneront caution & respondant, qu'ils n'octroyeront point de passage aux estrangers, pour les laisser entrer és Païs interieurs, comme a esté dit en l'Article cy-dessus, au regard de ceux de Luxembourg & de Bourgongne. Semblablement les Estats des autres Provinces seront aussi tenus, de donner pareille caution à ceux de Luxembourg, de Bourgongne, & à ceux d'Artois & leurs Alliés, hormis toutesfois, que si outre les susdits estrangers, se trouve encores quelque Gendarmerie du Roi, laquelle ne se soit pas bandée avec ceux d'Artois, & leurs Adherans, elle sera aussi congediée & renvoyée, au même temps que les autres partiront: Et les Villes, Chasteaux, & Forteresses, desquelles ils sortiront, seront restituées aux Estats de chaque Province, à telle condition qu'on ne mettra point de Garnison esdites Places afin que les inhabitans y puissent librement retourner, pour y mener leur train de Marchandise en toute assûrance, n'est que ce fussent des Villes Frontieres, ou durant ces troubles, & de tout temps il y a eu des Garnisons, lesquelles on pourvoyera comme devant.

VII. Quant aux Impositions, Contributions, Peages & autres Charges, imposées à cause de ces presens troubles, d'autant qu'il est notoire que les Païs, pour l'amour desdits troubles, & charges precedentes sont fort endebtés: tellement qu'il est grandement à craindre, que les Sujets, qui voyagent hors du Païs, pourroient estre arrestés, & que le traficq pourroit estre empesché, n'est qu'on y pourveut, & partant le Roi permettra aux Estats d'y pourvoir en telle sorte, que cela puisse tendre à la descharge de la liberté des Sujets, & de l'accroissement du Commerce, selon qu'ils le trouveront bon, en approuvant & confirmant toutes les constitutions des Rentes, Pensions & autres obligations & assûrances, que les Estats ont faits jusques à maintenant.

VIII. Et afin que nulle semence de division, ou de plainte ne demeure de reste, tous les Ecclesiastiques, le Prince d'Orange, & tous autres Seculiers, tant ceux qui sont au Païs, que ceux qui sont dehors, recouvreront paisiblement tous leurs biens tant mobiles qu'immobiles, Ecclesiastiques que Seculiers, en quelque part qu'ils soient situés, soit en Bourgongne, Luxembourg, Hollande, Zelande ou autres Places, & en jouiront tout incontinent, en tel estat & qualité qu'on les trouvera presentement, nonobstant quelques engagemens, ou allienations faites au contraire, depuis le temps de la Pacification de Gand, hormis ce qu'on exceptera és Chapitres, où l'on dispose de l'exercice de la Religion. Ils seront pareillement restitués en la possession libre de tous leurs Biens mobiles, Tiltres, Actions de debtes, non alienées. Mais tout ce qui est advenu devant la Pacification de Gand, est laissé à la disposition d'icelle, comme aussi, on laisse à la disposition du 15. & 16. Article de ladite Pacification, ce dont les biens immobiles sont chargés, jusques à Noël prochainement venant.

IX. Tous & un chacun les Sujets de part & d'autre seront aussi remis en leur entier, touchant leur honneur, Dignités & Benefices Ecclesiastiques, mais tous les nouveaux Evêchés, Dignités & Benefices cesseront, & seront anullés pour jamais: Semblablement ils recouvreront les Gouvernemens, Offices & Charges de la Commune, lesquelles n'ont pas encores esté conferées aux autres, n'est qu'ils voulussent estre contents d'une raisonnable recompense: Mais ceux desquels les Offices & Charges ont esté conferées à d'autres, on leur donnera une raisonnable recompense, & quatre mois aprés la publication de la Paix. Ce qui se fera par des Commissaires qu'on establira de part & d'autre, afin qu'au commencement de la Pacification & sur la fin des precedens troubles, on ne donne occasion de nouveaux troubles. Hormis toutesfois, que ceux qui seront ainsi restablis de nouveau, seront tenus de faire le Serment, duquel est fait mention en l'Article suivant: ainsi que feront aussi tous ceux qui ci-aprés seront choisis à des nouveaux Offices ou Charges, en revoquant, cassant, & annullant, tout ce qui aura esté fait, decreté & prononcé de part & d'autre.

X. Nuls ne pourront estre admis ou reçûs au Conseil d'Estat, Secret, ou aux Finances & autres Offices de plus grande importance, & qui touchent tout le Corps en commun, que ceux qui seront agreables aux Estats: ni aussi au Gouvernement des Provinces, Villes, Châteaux & Forteresses, pour estre Capitaines ou Chefs de Guerre sur les Soldats estans en Garnison: ou pour estre des Estats & principaux Officiers, establis particulierement en chaque Province, que ceux qui seront agreables auxdites Provinces, où ces Offices seront administrés. Tous les susdits, qui seront reçûs à des Offices publics, ou autres, seront des Naturels des Provinces, bien qualifiés selon les Privileges: & ceux la devant que d'être admis feront Serment solemnel d'estre fideles au Roi & aux Estats, & d'entretenir ces Articles, & promettront de declarer fidelement & sincerement aux Estats de chaque Province, ce qui se pourroit traicter contre leur honneur, bien & repos, sur peine d'estre perjures, & d'estre demis de leur administration ou Office.

XI. Les prisonniers, qui de part & d'autre sont encores prisonniers pour les susdits troubles, seront incontinent relachés, sans payer aucune rançon, n'est qu'il en soit déja auparavant accordé autrement entr'eux.

XII. Le Comte de Bueren sera remis en sa liberté, & en sa Patrie, trois mois aprés la publication de cette Pacification.

XIII. Les Decrets, Dispositions & Ordonnances, faites par l'Archeduc Matthias, ceux qui lui ont esté adjoints, & les Estats, depuis les derniers troubles, tant devant la separation de quelques Provinces, qu'aprés, seront tenus pour legitimes, & de valeur, & auront leur effet, quant à ce qui touche les Benefices, Dignités, Offices & quelques autres choses, lesquelles souloient estre en la puissance, & en la disposition & pourvoyance ordinaire de ceux qui tiennent le lieu du Gouverneur des susdites Provinces. Et en outre le Roi Catholique, à la requeste des susdits Estats, tiendra la disposition qui en aura esté faite pour bonne & de valeur: comme aussi les choses lesquelles sont reservées à sa propre personne. Et ce pour cette fois seulement, hormis aussi ce qui a esté autrement disposé par ce Traité.

XIV. Pour créer les Magistrats & autres Officiers particuliers, és Villes & autres Places, on y procedera à l'advenir, comme on a fait par cy-devant, & selon que portent les Loix & Privileges de chaque Païs, Ville ou Place.

XV. L'Authorité, & l'obeïssance sera derechef renduë au Roi, ainsi qu'il appartient suivant les Loix divines & humaines, selon les Privileges, Usances & Coustumes du Païs, selon la Pacification de Gand, de l'Union qui en est ensuivie, & de ce present Traité.

XVI. Le Roi choisira au Gouvernement des susdites Provinces un Prince, ou une Princesse de son sang, qui soit agreable aux Estats, bien experimenté, & qui ait les dons & qualités requises à une si grande Charge, & duquel les Sujets ayent occasion de se contenter: Estans aussi gouvernez par lui en toute droicture & equité, & notamment selon les Loix, Coustumes, & Privileges des susdits Païs, en y comprenant la susdite Pacification, & ce present Edit de reconciliation, qu'il sera tenu d'entretenir, & en fera promesse & Serment. Et d'autant que l'Illustre Archeduc Matthias s'est comporté fort modestement & moderement en ces grands troubles, les Estats requerent & prient qu'il plaise à Sa Majesté de le vouloir continuer, ou de le commettre de nouveau, sous l'obligation & Serment cy-devant fait.

XVII. Les Villes, Chasteaux, Forteresses, l'Artillerie, la Munition, les Vivres, les Armes, & Navires, & autres choses, touchant ceux de Hollande, Zelande, & leurs Confederés demeureront à la disposition de la Pacification de Gand. Mais és autres Provinces, lesquelles sont sous la puissance des susdits Estats, où ces choses seront tenues & administrées, par ceux ausquels les Offices de Gouverneurs, Capitaines, & autres Charges, ont esté commis par le susdit Archeduc, & les Estats, en faisant Serment au Roi & aux Estats, comme a esté dit cy-dessus en l'Article neufviéme: Et les Villes, Chasteaux, & Forteresses d'où les Espaignols & autres sortiront, avec les Offices qui pourront estre vacants cy-aprés, Sa Majesté les commettra aux Naturels de ces Païs, qui seront qualifiez selon que portent les Privileges, & qui seront agreables aux Estats de chaque Province. Mais devant que de recevoir le Gouvernement des susdites Villes, Chasteaux & Forteresses, & de prendre en leur garde la munition, ils feront le Serment cy-dessus proposé en l'Article neufviéme: jusques à ce qu'il en soit ordonné autrement, par le consentement des Estats Generaux, solemnellement assemblés: Et cependant on deli-

ANNO 1579.

delivrera incontinent és mains du susdit Gouverneur le Patrimoine, & tous les autres Biens appartenans à Sa Majesté.

XVIII. Le Roi neantmoins permettra, & ce fincerement, au regard de cette reconciliation, que ce qui a esté prins & reçu jusques à maintenant de ses Biens Patrimoniaux pour l'assistance du commun, demeurera ainsi collecté & reçû, à condition toutesfois que d'oresen-avant, on ne fera plus semblable saisie & recepte.

XIX. Les Estats renonceront à toutes Alliances & Confederations faites avec des estrangers, à cause de ces troubles, hormis ce qui a esté traité avec la Royne d'Angleterre, & le Duc d'Alençon.

XX. En ce Traité seront comprins la susdite Royne d'Angleterre, le Duc d'Alençon, & tous Princes, & autres, de quelque estat ou condition qu'ils soient, qui ont monstré quelque faveur ou fait assistance aux Estats.

XXI. Et d'autant, qu'à cause du Commerce & Trafic des Sujets avec leurs voisins, qui sont de differente Religion, à cause aussi de la longue absence de Sa Majesté & les troubles qui en sont ensuivis, il est survenu un si grand changement en la Religion, que la chose ne peut pas estre remise en son premier estat, sans crainte de plus grand danger: Voilà pourquoi le Roi, à l'humble requeste de ses Sujets (& afin que les debats intestins ne viennent à s'augmenter, avec plus de danger de la Religion Romaine) permettra l'exercice de la Religion Reformée, & de la Confession d'Augsbourg, és Villes & Places où on l'exerce maintenant publiquement. Les Estats semblablement restabliront en toutes les susdites Villes & Places, si-tost que la Paix sera publiée, l'exercice de la Religion Catholique Romaine, en proposant des conditions raisonnables, lesquelles on tiendra inviolablement. Et puis, aprés que la Paix aura esté publiée, & que tous les Soldats de part & d'autre seront partis, que toutes choses seront appaisées, les Estats s'assembleront, en la presence des Commissaires du Roi, mettront peine que la susdite Religion Reformée ne soit exercée qu'en certaines Villes & Places, selon que chaque Province le pourra requerir, à condition neantmoins que ceux de Hollande, Zelande & leurs Confederés, demeureront és termes de la Pacification de Gand: Les Estats aussi tâcheront de faire en sorte, que l'exercice de la Religion Catholique Romaine, puisse aussi estre en quelques Places en Hollande & Zelande, jusques à ce qu'avec le temps, & par plus ample assemblée des Estats, on y pourra pourvoir plus à plein, si en la premiere assemblée toutes choses ne peuvent estre du tout amenées à une bonne fin.

XXII. Quant aux autres choses, touchant l'expedition, la confirmation, publication, ferme & perpetuel entretenement de cette Pacification, il en sera traité cy-aprés, quand on sera d'accord & qu'on aura arresté de toutes les autres choses.

CLXXII.

18. Août. *Declaratio Suæ* MAJESTATIS CÆSAREÆ, *quòd nonobstantibus oppositionibus factis per Rempublicam* GENUENSEM *exequantur ordinata circa Præsidium Germanum in Arce Finariensi*, Govoni *dicta immittendum. Dat. Pragæ die* 18. *Augusti* 1579 [Piéce tirée d'une Information de Droit publiée à Milan par ordre du Roi d'Espagne en 1633. sous le Titre de *Discussio Quæstionis Salariæ Finariensis.*]

SACRA Cæsarea, ac Hungariæ, & Bohemiæ &c. Reg. Majestas Dominus noster Clementissimus benignè intellexit ea, quæ nomine Excelsæ Reipublicæ Genuensis ejusdem Orator Dominus Georgius ab Auria tàm viva voce, quam scripto proposuit ratione Conventionis inter Majestatem suam, & Serenissimum Hispaniarum Regem Catholicum &c initæ, quoad Præsidium Arci Finariensi Govoni dictæ à Serenitate sua imponendum. Quæ quidem eo præcipuè tendunt, ut Majestas sua Cæsarea jam dictum Sereniss. Regem inducere velit, quo Serenitas sua ejusdem Ministros ab hoc instituto dimoveat; Illustriss. vero Principem, Dominum Alphonsum de Carreto Marchionem Finarii in Statum illum, ejusque Fortalitia restituat.

Cumque hujus suæ petitionis duæ potissimum causæ adductæ sint, nimirum præjudicium quod per dictam Conventionem Reipublicæ istius juribus, quæ Finarii non modo in littore Maris ac Castro Franco, verum etiam Jurisdictionis Feudalis ratione super nonnullis istius Status locis prætendat, inferri videatur, ac deinde Portus istic Finarii in ejusdem Reipublicæ æmulationem erigendi Consilium Majestas sua Cæsarea licet meminerit, se antehac, tàm per Decretum quoddam ipsius Reipublicæ Syndico Doctori Georgio de Georgiis exhibitum, quam per Literas ad ipsam Rempublicam die quarta præteriti mensis Februarii datas Conventionis istius originem, ac rationes ita explicuisse ut eamdem Rempublicam acquieturam esse sibi pollicita sit. Tamen, cum secus eveniat, Majestas sua haud prætermittendum duxit, quin illa, quæ tunc dicto Syndico, ac postmodum ipsi etiam Reipublicæ in mentem vocavit, uberius aliquantò repetat.

Quo in loco istud in primis haud prætereundum censet, ea quæ sic inter Majestatem suam, ac præfatum Serenissimum Hispaniarum Regem, acta conventaque sunt, nequaquam à Cæsarea Majestate sua, sed à Divo quondam Imperatore Maximiliano secundo Majestatis suæ Domino Genitore colendissimo augustissimæ memoriæ profecta esse; eundem verò Divum Maximilianum gravissimas habuisse causas, ut ad hujusmodi Tractationem cum præfato Rege Catholico ineundam condescenderet. In qua quidem Tractatione cum prælibato Divo Maximiliano superstite eo usque deventum fuerit, ut ad ejusdem conclusionem nihil fere reliquum esset, utique Cæsarea Majestas nunc imperans ea, quæ sic facta fuerunt bono modo retractare minimè potuit. Quo factum ut Tractatio ista in eum tandem, qui sequitur modum conclusa, firmataque fuerit. Nimirum, quòd Serenitas sua, vel ejusdem loco Gubernator Mediolanens. dictæ Arci Finariensi Cæsareæ Majestatis, ac Sacri Imperii nomine Præsidium necessarium, nullius tamen alterius, quàm tum in Capite, tum in Membris Germanicæ Nationis imponere possit. Quod quidem Præsidium ac tàm Capitaneus, quàm cæteri Milites primo loco Cæsareæ Majestati, ac Sacro Imperio; deinde verò in his, quæ ad Sereniss. Regis, tanquam Ducis Mediolanen. ac ejusdem Sacri Imperii Feudatarii, ipsiusque Status Mediolanen. securitatem atque quietem pertinebunt, Serenitati quoque suæ Juramento obstricti esse debeant, iis insuper conditionibus adjectis, quod nec Sereniss. Rex neque Gubernator Mediolanen. vel etiam dicti Capitaneus, & Milites, Marchionatus istius Jurisdictioni, proventibus, & redditibus, nec quibuscunque aliis rebus ad Statum Finarien. ac ejusdem gubernium, & administrationem pertinentibus, se ulla ratione, vel quovis quæsito colore, seu prætextu, immiscere, sed sola Arcis custodia contenti à reliquis omnibus abstinere; Præsidium verò illud, quandocumque Majestati suæ, ac ejusdem in Sacro Imperio Successoribus visum fuerit, sine omni exceptione, excusatione vel mora, revocare, neque ullam ex eadem Arce, vel Illustriss. Marchioni Finarien., quandocumque ipsum in Marchionatum illum restitui contingat, ejusdemve Ministris, & Subditis, vel aliis Sacri Imperii Principibus, Membris, Vassallis, & Fidelibus, injuriam, vel damnum inferre debeant. Quemadmodum etiam de his, & omnibus inviolabiliter observandis tam Sereniss. Rex, quàm Gubernator Mediolanen. Literis suis reversalibus Cæsareæ Majestati jam pridem consignatis se firmissimè obligarunt. Idque tam sua, quam Hæredum, & Successorum suorum Regum Hispaniarum, & Gubernatorum Mediolanensium nomine qui eandem obligationem, quotiescumque casus aliquis, sive mutatio inciderit, renovare tenentur.

Accedit, & hoc, quod & ipsi Capitaneus, & Milites in Juramento, antequam in Arcem istam recipiantur, præstando, inter alia præscriptas etiam conditiones tam de non immiscendo se iis, quas diximus, rebus, nullamque injuriam, vel damnum Marchioni Finariensi, aliisve inferendo, quàm ex dicta Arce, quandocumque Cæsareæ Majestati vel ejusdem in Imperio Successoribus visum fuerit, recedendo, eamque ad Majestatis suæ, vel eorumdem Successorum manus consignando jurare teneantur.

Ex quibus istud primo satis utique apparet nullam sæpe dicti Castri Finariensis traditionem fieri, adeoque Excelsam Rempublicam Genuensem, ut quæ ad hujusmodi traditionem omnia referre videtur, rem minùs rectè accipere, cum nihil tale, sed de solo Præsidio, eo, quod dictum est, modo à Serenissimo Rege imponendo actum sit. Ipsum verò Castrum non secus, ac reliqua Status istius Finariens. loca Cæsareæ Majestatis mani-

ANNO 1579. manibus unà cum pleniſſima ejusdem Præſidii pro ſuo arbitrio revocandi facultate remaneat.

Quibus ſic ſtantibus Majeſtas ſua non videt quidnam Excelſæ Reipublicæ Juribus, quæ vel in littore Maris, vel aliis quibuscumque Marchionatus iſtius locis prætendit, Conventione hac adferatur præjudicii; præſertim, cum præter ſolam Arcis cuſtodiam reliqua omnia in eodem quo nunc exiſtunt ſtatu; nempe in Cæſarei Commiſſarii eidem Marchionatui Majeſtatis ſuæ nomine præfuturi, ac tàm gubernii, & adminiſtrationis, quam aliarum rerum quarumcumque curam habituri, manibus relinquenda ſint: atque inſuper, quod ad ipſam Arcem ſpectat, haud ulla nedum proprietatis, & Dominii, ſed nec poſſeſſionis translatio fiat, Excelſæ autem Reipublicæ, cum alias Jura ſua integra, illæſaque maneant; tum etiam liberum ſit, vel emanatam ſuperiori anno ſexageſimo tertio, à Divo quondam Imperatore Ferdinando Auguſtiſſimæ memoriæ ad Sereniſſ. Regem de dictis ipſius Reipublicæ, ac iis etiam prætenſionibus, quæ viciſſim Illuſtriſſ. Marchioni competere poſſent, Commiſſionem proſequi, vel Majeſtati ſuæ ea, quæ ſibi hac in parte opportuna, atque neceſſaria fore exiſtimaverint proponere.

Tum nec iſtud verendum eſt, ut Portus aliquis Finarii conſtruatur, erigaturve, cum expreſſè cautum ſit, quod Sereniſſ. Rex, & Gubernator Mediolanenſis præter dicti Præſidii impoſitionem à cæteris omnibus Status Finarienſis rebus abſtinere, neque ſe iisdem quovis modo immiſcere debeant. Qua quidem generalitate Portus quoque extruendi poteſtas præciſa eſt.

Hæc cum ita ſe habeant, Majeſtas ſua non dubitat Excelſam Rempublicam, ac Dominum Oratorem facile indè collecturos Majeſtatis ſuæ nequaquam eam fuiſſe mentem, ut ipſius Reipublicæ Juribus ulla ratione præjudicaret. Et quia idem etiamnum eſt Cæſareæ Majeſtatis animus, ac erga ſuam iſtam Cameram, & Civitatem Imperialem Genuenſem ea omnino voluntas, ut (quod antea quoque declaravit) ejusdem Jura non modo ſarta, tectaque conſervari, verùm etiam quàm maximè aucta, ne dum ulla ex parte imminuta cupiat, adeoque Commiſſario ſuo Cæſareo, rebus Finarienſibus præficiendo, id negotii datura ſit, ut omnem majorem curam adhibeat, ne vel Gubernator Mediolanen., vel Capitaneus, & Milites antedicti memoratæ Conventionis limites uſpiam transgrediantur, non omiſſura etiam, qui in eo caſu, quo tale quid eveniret, quod in Reipublicæ iſtius Genuen. præjudicium, injuriam, atque damnum redundare poſſet, ità provideat, ut ejusdem Reipublicæ indemnitati conſultum eſſe queat. Majeſtas ſua planè ſibi pollicetur, eandem Rempublicam, ut quæ haud ullam de Conventione illa conquerendi cauſam reliquam habere poteſt, huic Majeſtatis ſuæ declarationi eſſe acquieturam.

Quod demum ad Illuſtriſſ. Marchionis Finarii reſtitutionem ſpectat, Majeſtas ſua jam pridem obtulit hancque ſuam mentem ipſi Sereniſſ. Regi Catholico aperuit, ſe Juſtitiæ, ac Cæſareo muneri ſuo tempore non eſſe defuturam; quinimo, auditis iis, quæ Illuſtriſſ. Marchioni opportuna, atque neceſſaria videbuntur, id velle ſtatuere, quod convenire judicaverit, id, quod Majeſtas ſua etiamnum offert.

Et hæc ſunt, quæ Majeſtas ejus præf. D. Oratori reſponderi clementer juſſit. Cui, quod ſupereſt, Cæſaream ſuam gratiam benignè defert. Decretum Pragæ die decima octava Auguſti Anno Domini milleſimo quingenteſimo ſeptuageſimo nono.

Sign. V. S. VISCHENSER, &c. OBERNBURGER, &c.

Extractum fuit præſens Exemplum à Scripturis pertinentibus ad Marchionatum Finarii, & exiſtentibus in Regio Ducali Archivio Mediolani in Capſa, ſeu Cophano ſignat. D. in quodam Saculo, à Volumine intitulato Instructiones Imperiales in cauſa rebellionis Finarienſium, *& à quadam ſcriptura incipiente*, Quia vociferari videtur, *&c.*

PLATONUS.

CLXXIII.

28. Août. *Decretum* RUDOLPHI II. *Cæſaris de Præſidio in Arce Finarienſi* Govoni *dicta, per Regem Hiſpaniarum imponendo, & quibus conditionibus.* Cum PHILIPPI II. *Regis Acceptatione & Promiſſione; Dat. Madriti die 28. Auguſti 1579.* ANNO 1579. [Pièces tirées d'une Information de Droit publiée à Milan, par ordre du Roi d'Espagne en 1633. ſous le Titre de *Diſcuſſio Quæſtionis Salariæ Finarienſis.*]

QUONIAM verò Majeſtas ſua cognovit, quæ ab ipſo Marchione ulteriùs propoſita ſunt eo ſpectantia, ut Sereniſſimo Regi Arcis Finarienſis Govoni dictæ cuſtodia committatur, certis tamen conditionibus à Majeſtate ſua Cæſarea præſcribendis, præſertim verò his, quod Præſidium eidem Arci à Sereniſſimo Rege imponendum ex Milite Germano conſtet, ipſumque Præſidium, vel etiam Gubernator Mediolanenſis, aliique Sereniſſimi Regis Officiales, & Miniſtri, nec Jurisdictioni, neque proventibus Marchionalibus, aliisve quibuscumque ad Status Finarienſis Gubernium, & adminiſtrationem pertinentibus rebus ſe ulla ratione immiſceant, atque inſuper, tàm Sereniſſimus Rex, quam dictus Gubernator ſe obligent, ac Juramento caveant, ſe Præſidium illud quandocumque Majeſtati ſuæ viſum fuerit revocaturos. Cæſarea ejus Majeſtas, quæ Sereniſſimo Regi, hoc loci, quo ad uſpiam fieri poteſt, gratificari cupit, ſuum quoque animum ipſi Domino Marchioni ulteriùs declarandum duxit.

Et primo quidem Majeſtas ſua eo condescendit, quod Sereniſſimus Hiſpaniarum Rex, vel ejusdem loco Gubernator Mediolanenſis dictæ Arci Finarienſi Cæſareæ Majeſtatis ſuæ, ac Sacri Imperii nomine Præſidium neceſſarium, nullius tamen alterius, quàm, tùm in Capite, tùm in Membris Germaniæ Nationis imponat; ita tamen ut, quemadmodum antea cum prælibato Divo Imperatore Maximiliano conventum fuit, hujuscemodi Præſidium, ac tàm Capitaneus, quàm cæteri Milites primo loco Cæſareæ Majeſtati, ac Sacro Imperio, deinde verò in his, quæ ad Sereniſſimi Regis tamquam Ducis Mediolani, ac ejusdem Sacri Imperii Feudatarii, ipſiusque Status Mediolanenſis ſecuritatem, & quietem pertinebunt, Serenitati quoque ſuæ Juramento obſtricti eſſe debeant. Sereniſſimus autem Rex, ac dictus Gubernator Mediolanenſis de conditionibus, quas Illuſtriſſimus Dominus Marchio obtulit, quæque mox aliquanto uberius repetentur, obſervandis, ſe firmiſſime obligent, idque tàm ſuo, quam Succeſſorum, & Hæredum ſuorum Regum Hiſpaniarum, & Gubernatorum Mediolanenſium nomine, qui etiam, quotiescumque caſus aliquis, ſive mutatio acciderit, eandem obligationem reſervare teneatur. Nimirum, quod, nec ipſi, neque Capitaneus, & Milites, qui in Præſidio quoquo tempore futuri ſunt, Marchionatus iſtius Jurisdictioni, Proventibus, & Redditibus, nec quibuscumque aliis rebus ad Statum Finarienſem, ac ejusdem Gubernium, & adminiſtrationem pertinentibus ſe ulla ratione, vel quovis quæſito colore, ſeu prætextu immiſcebunt; ſed ſola Arcis cuſtodia contenti à reliquis omnibus abſtinebunt. Præſidium verò illud, quandocumque Majeſtati Suæ Cæſareæ, ac ejusdem in ſacro Imperio Succeſſoribus viſum fuerit, ſine ulla, tàm ſumptuum in hujusmodi cuſtodiam impenſorum, quàm alia quacumque exceptione, excuſatione, vel mora, revocabunt.

Et addita cautione nullam, ex Arce illa Finarienſi, vel Illuſtriſſimo Marchioni Finarii, quandocumque ipſum in Marchionatum illum reſtitui continget, ejusdemque Miniſtris & Subditis, aliisque ſacri Imperii Principibus, Membris, Vaſſallis, & fidelibus, injuriam, vel damnum illatum iri.

PHILIPPI *Regis Catholici Acceptatio & Promiſſio de Conditionum obſervatione, quibus ipſe & Succeſſores ejus Duces Mediolanenſes poſſint Præſidium in Arce Finarienſi imponere. Dat. Madriti die 28. Auguſti 1579.* 28. Août.

PHILIPPUS ſecundus Dei gratia Hiſpaniarum, utriusque Siciliæ, Hieruſalem &c. Rex, Archidux Auſtriæ, Dux Burgundiæ, Brabantiæ, & Mediolani, Comes Abſpurgii, Flandriæ, & Tirolis. Recognovimus pro nobis, & Succeſſoribus noſtris Ducibus Mediolani, ac notum facimus tenore præſentium univerſis.

Quod cum Sereniſſimus Princeps Dominus Rudolphus ſecundus Electus Romanorum Imperator, ac Hungariæ, & Bohæmiæ &c. Rex, Archidux Auſtriæ,

Dux

ANNO 1579. Dux Burgundiæ, Comes Tirolis, Consanguineus, Affinis, & Frater noster carissimus post longam tractationem, cum Serenissimo ejus Genitore Maximiliano secundo, quondam Romanorum Imperatore Patruele, Socero, & Fratre nostro carissimo, augustissimæ memoriæ, primum cœptam, ac demum cum ipsius Serenissimo Filio Imperatore Rodulpho continuatam tandem, ex certis causis eis animum moventibus præsertim verò quietis, & tranquillitatis publicæ juvandæ, retinendæque studio eo condescenderit, quod nos, ac Successores nostri, vel loco, & nomine nostro, & eorumdem Successorum nostrorum, is qui dicti Ducatus nostri Mediolanensis Gubernio, pro tempore præerit Arci Finariensi vulgo Govoni dictæ, ipsius Serenissimi Imperatoris, ac Successorum suorum Romanorum Imperatorum, & Regum, sacrique Imperii nomine Præsidium necessarium nullius tamen alterius, quàm, tùm in Capite, tùm in Membris Germanicæ Nationis imponere possit, ità tamen, ut hujusmodi Præsidium, ac tàm Capitaneus, quàm cæteri Milites primo loco eidem Serenissimo Imperatori Rodulpho, ac ejusdem Successoribus Romanorum Imperatoribus, & Regibus, sacroque Imperio, deindè verò in his, quæ ad nostram Successorum nostrorum Ducum Mediolanensium, ac ejusdem sacri Imperii Feudatariorum, ipsiusque Status Mediolanensis securitatem, & quietem pertinebunt, nobis quoque, & Successoribus nostris Ducibus Mediolanensibus Juramento obstricti esse. Nos verò, ac noster in dicto Statu Mediolanensi Gubernator, & Capitaneus Generalis Illustris D. Antonius de Guzman Marchio de Ayamonte, de infrascriptis conditionibus observandis se firmissimè obligare, idque tam nostro, & Hæredum, sive Successorum nostrorum, Ducum Mediolanensium, quam Gubernatorum, qui pro tempore erunt, nomine. Quin etiam, ac tam nos, & Successores nostri jam dicti, quàm futuri Gubernatores, quotiescumque casus aliquis, sivè mutatio acciderit, eandem obligationem renovare teneamur. Nimirum, quòd nec nos, Hæredes, & Successores nostri; neque dicti Gubernatores, neque etiam Capitaneus, & Milites, qui in Præsidio dictæ Arcis Govoni, quocunque tempore futuri sunt, Marchionatus Finariensis Jurisdictioni, proventibus, & redditibus, nec quibuscumque aliis rebus ad Statum Finariensem, & administrationem pertinentibus nos ulla ratione, vel quovis quæsito colore, seu prætextu, immiscebimus; sed Arcis custodia contenti à reliquis abstinebimus. Præsidium verò illud quandocumque præfato Consanguineo, Affini, & Fratri nostro carissimo Imperatori Rodulpho, ac ejusdem in Sacro Imperio Successoribus visum fuerit sine ulla, tàm sumptuum in hujusmodi custodiam impensorum, quàm alia quacumque exceptione, vel mora revocabimus, ea addita cautione nullam, ex Arce illa Finariensi, vel Illustri Principi sincere nobis dilecto Alphonso de Carreto Marchioni Finarii quandocumque ipsum in Marchionatum illum restitui continget, ejusdemve Ministris, & Subditis, aliisque sacri Imperii Principibus, Membris, Vassallis, & Fidelibus injuriam, vel damnum per nos, ac Successores nostros, vel dictos Gubernatores, Capitaneos, & Milites illatum iri. Idcircò animo benè deliberato, ac ex certa nostra scientia in verbo Regis, & Principis promittimus, nosque & Successores nostros Duces Mediolanenses firmissimè obligamus, quod præscripta omnia, & singula inviolabiliter, bonaque fide, & omni sinceritate integrè observabimus, ac à Gubernatoribus, Capitaneis, & Militibus nostris observari curabimus, neque iisdem ullo quæsito colore, seu prætextu contraveniemus, vel ab aliis id fieri permittemus, omni, & quacumque exceptione, dolo & fraude semotis. Quin insuper promittimus in eodem verbo Regis, & Principis, quod non solum Præsidii dictæ Arci Finariensi impositi, vel imponendi stipendia, ac alios sumptus in ejusdem Arcis custodiam necessarios soluturi; verum etiam residui illius, quod tam Militibus, qui illic supersunt, quàm dimissis, vel vita functis, ultra id, quod ipsi hactenus numeratum est, debetur, solutionem jam dictam Serenissimum Imperatorem Consanguineum, Affinem, & Fratrem nostrum carissimum sublevaturi, ac eandem in nos suscepturi simus. Harum testimonio Literarum manu nostra subscriptarum, & Sigilli nostri Regii appensione munitarum. Datum in Oppido nostro Madriti die 28. mensis Augusti, anno Domini 1579. Regnorum autem nostrorum, videlicet Hispani, & ulterioris Siciliæ 23. Citerioris verò, Hyerusalem, & aliorum 25. ANNO 1579.

PHILIPPUS.

Ad Mandatum Regiæ, & Catholicæ Majestatis proprium.

GABRIEL à CAYAS.

Extractum fuit præsens Exemplum à Scripturis pertinentibus ad Marchionatum Finarii, & existentibus in Regio Ducali Archivio Mediolani in capsa, seù copbano signat. D. & à Volumine signat. I. existente in quodam saculo.

PLATONUS.

CLXXIV.

Lettre de HENRI III. *Roi de France au Prince d'*ORANGE *pour le rétablissement des Catholiques Romains dans cette Principauté, à Paris le 25. Novembre 1579.* [Extrait sur l'Original Manuscrit.] 25. Nov. FRANCE ET ORANGE.

MOn Cousin, l'Evesque d'Orange avec le Clergé & autres Catholiques de ladite Ville tous ensemble privez de l'exercice de la Religion Catholique en icelle, & lesdits Ecclesiastiques outre ce chassés de leurs Maisons & spoliez de leurs Biens, n'ont voulu chercher autre remede en leur oppression que celui qui convient à de bons Sujets de recourir à leur Seigneur avec remonstrance de leurs griefs & doleances, & supplication de leur faire Justice, ayant les susdits à cette fin delegué exprés devers vous ledit Sieur de Renest present porteur & chargé de vous requerir au nom d'iceux que veilliez reintegrer lesdits Ecclesiastiques en leurs Biens & Maisons dans ladite Ville, avec faculté à eux & auxdits Catholiques d'y exercer ladite Religion sans empeschement, y faisant vivre & maintenir tous les Habitans tant d'une Religion que d'autre en égale liberté, & se prendre les uns les autres en mutuelle protection sous vostre authorité, à l'exemple de ce qui est ordonné par mon Edit de Pacification pour le regard de mes Sujets, & suivant l'ordre qu'ils disent leur avoir à cette fin esté cy-devant establi par vous ou par feu mon Cousin le Comte Ludovic vostre Frere en vostre nom, & d'autant que la voye & submission dont ils usent en cet endroit rend leur requeste autant favorable, comme elle est de soi accompagnée de raison & d'équité, & que outre que en vostre contemplation je desire le repos de vosdits Sujets; J'en ai aussi occasion pour la contiguité de vostre Principauté avec les Terres de mon obeïssance, & l'Estat de nostre Saint Pere le Pape, duquel je suis Protecteur, à cette cause je vous ai bien voulu écrire en recommandation de leurdite Requeste, vous priant mon Cousin la leur vouloir ottroyer comme trés juste & raisonnable, & au surplus pourvoir au Gouvernement de vostre dit Principauté de si bonne façon que non-seulement la tranquilité y soit conservée entre les Habitans, mais aussi que les commoditéz qui en dependent ne soient appliquées, comme a esté fait cy-devant par la facilité de ceux qui en ont eu la charge, à endommager & offenser les Voisins, au lieu de garder le devoir de bonne voisinance & amitié, m'assûrant que aurez en tout la consideration que l'importance du fait merite. Je ne vous en diray autre chose, sinon que j'aurai à singulier plaisir d'y voir les affaires & vosdits Sujets en la même Pacification que je desire entre mesdits Sujets. Priant le Createur vous avoir, mon Cousin, en sa sainte & digne garde. Ecrit à Paris le 25. jour de Novembre 1579. *Signé* HENRI: *& plus bas,*

DE NEUFVILLE.

CLXXV.

ANNO 1580.

15. Mars.

ESPAGNE ET ORANGE.

CLXXV.

Brieven van Ban en Proscriptie gegeven door PHILIPPUS *de* II. *Koninck van Spagnien tegens* WILHELM *van* NASSAU *Prince van Orangien enz. gepubliceert tot Maestricht den* 15. *Maart* 1580. [PIETER BOR, Oorspronck, Begin, en vervolg des Nederlandsche Oorlogh, Tom. II. pag. 198.]

PHILIPPES by der gratie Gods Conink van Castilien, van Leon, van Arragon, van Navarre, van Napels, van Sicilien, van Majorke, van Sardinje, van den Eylanden Indien en vasten Landen der Zee Oceane, Eerts-hertog van Oostenrijk: Hertog van Bourgongnien, van Lothrijk, van Braband, van Lemborg, van Luxemborg, van Gelre, en van Melanen: Grave van Habsborg, van Vlaenderen, van Arthoys, van Bourgoignien: Palsgrave van Henegouwe, van Holland, van Zeland, van Namen en van Zutphen: Prince van Zwave: Markgrave des heyligs Rijx, Heere van Vriesland, van Salins, van Mechelen, van der Stad, Steden en Landen van Utrecht, Overyssel, en Groeningen, en Dominateur in Asie en Africe: allen den genen die dese tegenwoordige sullen sien, Saluit. Het is eenen yegelijken kennelijk en openbaer, hoe gunstijk dat wijlen hooglofselijker gedachten de Keyser Kaerle de vijfste des naems onse lieve Heere en Vader (wiens ziele God genadig sy) gehandelt en getracteert heeft Wilhelm van Nassau, om den selven te doen komen totte Successie van wyle Rhene van Chalon Prince van Orangien sijnen Neve: en in welker vouge sijne Keyserlijke Majesteit den selven daer na van sijner jonkheid af (hoewel hy vreemdeling en uitheemser was) gevordert en gepromoveert heeft. Twelk by ons naderhand altijd nagevolgt en gecontinueert is geweest, hem eerstmael gecreëert hebbende, Ridder en mede-broeder van onser Orden van den gulden Vlies, en daer na gecommitteert onsen Stadhouder Generael, over Holland, Zeland, Utrecht en Bourgoignien, en ook van onsen Rade van Staten, hem doende voorts vele en verscheiden eeren en weldaden, mits welken en uit saken van Eeden van manschap en trouwigheid, die hy ons ook gedaen heeft in 't verheffen vande Lenen, Steden, Landschappen en Heerlijkheden, die hy van ons houdende is, in diverse onse Landen en Provincien, hy grotelijx verbonden, verplicht en verobligeert was sich te begeven onder onse gehoorsaemheid, en tot onsen dienst en getrouwigheid, en de welvaert en utiliteit van onse saken en affairen te vorderen en promoveren, en voorts alle ruste en tranquilliteit in onse Staten en Landen te handhouden en mainteneren: is nochtans een ider kennelijk, dat so geringe wy uit onse Nederlanden vertrocken sijn geweest, de voorgemelde Wilhelm van Nassau (by de middelen als voren Prince van Orangien gemaekt sijnde) met allen listige en bose aenslagen en practijken sich vervordert en gepoogt heeft, eerstelijken om te winnen en verkrijgen den wille en gemoed van den genen die hy wiste qualijk gesint te sijn belast met schulden, vyanden van der Justitie, liefhebbers van nieuwigheden, en boven al de gene die ter saken van de Religie bedragen of gesuspecteert waren, de selve caresserende, aenhalende en tot hemwaerts treckende met schone woorden, beloften en valse persuasien, in sulker voegen en so verre, dat hy principael Autheur en oproerder is geweest van de eerste Requeste of Supplicatie, overgegeven en gepresenteert by ettelijken hoop jonger Edelmans, sijn Huys en tafel dagelijx hanterende: hebbende ook de conjuratie en verbontenisse daer van t'sijnen Huyse gemaekt geweest, met hulpe en bystand van Graef Lodewijk van Nassau sijnen Broeder, die een groot Ketter en Heretijk was. En hoewel dat hy directeur en aenrichter was van alle aenslagen en voorstellen, des niettemin heeft ter selver tijd dagelijx gekomen en gefrequenteert in den Raed van Staten, present en tegenwoordig over alle deliberatien en resolutien die aldaer genomen waren, waer uit een ieder bemerken kan sijn getrouwigheid en quytinge van sijn Eed. En also vande selve Requeste voorts-

ANNO 1580.

15. Mars.

ESPAGNE ET ORANGE.

CLXXV.

Edit de Proscription donné par PHILIPPE II. Roi d'Espagne contre GUILLAUME IX. Prince d'Orange, &c. publié à Mastricht, le 15. Mars 1580. [BOR, *Histoire des Guerres des Païs-Bas*, Tom. II. pag. 198.]

PHILIPPE *par la grace de Dieu Roi de Castille, de Leon, d'Arragon, de Navarre, de Naples, de Sicile, de Majorque, de Sardaigne, des Isles, Indes & Terre ferme de la Mer Oceane, Archiduc d'Autriche; Duc de Bourgogne, de Lorraine, de Brabant, de Limbourg, de Luxembourg, de Gueldres & de Milan; Comte de Habsbourg, de Flandres, d'Artois, de Bourgogne; Comte Palatin de Hainaut, de Hollande, de Zelande, de Namur, & de Zutphen; Prince de Swabe; Marquis du Saint Empire; Seigneur de Frise, de Salins, de Malines, des Villes, Bourgs & Païs d'Utrecht, Overyssel, & Groningue, & Dominateur en Asie & en Afrique: A tous ceux qui ces presentes Lettres verront, Salut. Tous & un chacun sçavent manifestement, combien l'Empereur Charles quint de glorieuse memoire, nôtre Seigneur & Pere, (à qui Dieu fasse misericorde) a traitté favorablement Guillaume de Nassau, pour le faire venir à la Succession de feu René de Chalon, Prince d'Orange son Cousin, & comment Sa Majesté Imperiale l'a élevé & avancé dés sa jeunesse, quoi qu'il fût étranger, ce que nous avons ensuitte toûjours continué, l'ayant en premier lieu créé Chevalier & Confrére de nôtre Ordre de la Toison d'Or, & établi depuis Gouverneur General de Hollande, Zelande, Utrecht & Bourgogne, & aussi de nôtre Conseil d'Etat, lui conferant en outre tant & differens honneurs & bienfaits, à cause dequoi & vû les foi & hommage qu'il nous a fait en relevant les Fiefs, Villes, Provinces & Seigneuries qu'il tient de nous en nos divers Païs & Provinces, il étoit grandement tenu & obligé de se ranger à nôtre obeïssance, service & fidelité, & d'avancer & procurer la prosperité & utilité de nos affaires, & en outre de maintenir le repos & la tranquilité dans nos Etats & Païs; il est pourtant notoire à tous qu'aussi-tôt que nous avons été partis de nos Païs-Bas, le susdit Guillaume de Nassau (fait Prince d'Orange par les moyens ci-dessus) a entrepris & tâché par toute sorte d'artificieux moyens & de pratiques: premierement de gagner & s'emparer des esprits de ceux qu'il connoissoit mal-intentionnez & chargez de dettes, ennemis de Justice, amateurs de nouveauté, & sur tout de ceux qui pour cause de Religion avoient été accusez ou souþçonnez, les caressant & les attirant à lui par belles paroles, promesses & fausses persuasions, d'une telle maniere, & si avant, qu'il a été le principal auteur & moteur de la premiere Requête & Supplication donnée & presentée par un certain ramas de jeunes Gentilshommes frequentans journellement sa Maison & sa table; la Conjuration & l'Alliance ayant été faite avec eux dans sa Maison, par l'aide & l'assistance du Comte Louïs de Nassau son Frere qui étoit un grand Heretique; Et quoi qu'il fût le directeur, & l'entrepreneur de tous les desseins & de toutes les propositions, il s'est néanmoins en même tems toûjours trouvé dans le Conseil d'Etat, & a toûjours été present à toutes les Deliberations & Resolutions qui y ont été prises, par où chacun peut juger de sa fidelité, & comment il s'est acquitté de son Serment; Et aussi procedant en outre*

ANNO 1580.

voortsvarende, heeft hy met sijne aenhangeren, tot verscheiden Plaetsen en Vlecken van onsen voorschreven Landen, ingebracht de valse Predicatien en openbare Vergaderinge, gedurende den tijd, dat onse seer lieve en seer beminde Suster de Hertoginne van Parma, alsdoen Regente en Gouvernante Generael in dese onse Erf-Nederlanden, aen ons geschikt en gesonden hadde, om op 't inhouden der selver Supplicatien orden te stellen: hebben insgelijx by advyse, wete, participatie en mede-plichtigheid des selven van Orangien, de Ketters en Heretijken, onder 't dexel en by toe-doen van de gene die de voorschreven Requeste gepresenteert hadden, en by hem gefavoriseert sijnde, begost met oproer te breken de Beelden, Autaren en Kerken, en alle gewyde en geconsacreerde saken te prophaneren, ja ook de Heilige Sacramenten van God ingestelt en geordineert. Des niet tegenstaende sijn de saken door de Godlijke gratie, en de voorsichtigheid van de voorschreven Hertoginne van Parma sulx gehandelt en geremedieert geweest, dat hy benodigt is geweest hem te vertrecken uit onse Landen, en sijn Gouvernementen te verlaten, niet sonder groten toorn en gramschap, met dreigementen hem daer van te willen wreken, d'welk hy in 't navolgende jaer vermeinde te doen en volbringen met feit van Wapenen, maer te vergeefs: want hy so dapper en strengelijk vervolgt werd van onsen Leger, hem continuelijken na treckende, dat hy uit alle onsen Landen verdreven en verjaegt is geweest, sonder hem aldaer ergens te kunnen bergen of onderhouden. Maer also etlijken tyd daer na tot verscheiden Plaetsen opgeresen is sekere astrek en mishagen van onsen Onderfaten, tegens de Regeringe en Gouvernemente van den Hertog van Alve, hebbende in 't voorschreven Gouvernement gesuccedeert na de voorschreven Hertoginne, en onder andere in Holland en Zeland, heeft de voorschreven van Orangien gepractiseert, om in de selve Landen te mogen wederkeeren: Waer toe hy nochtans niet geadmitteert of ontfangen is geweest, sonder eerst en alvoren den Staten van den voorschreven Landen en dien van den Steden aldaer, ten Heyligen gesworen te hebben, dat hy de selve Landen en Steden, voor ons, en onder onse gehoorsaemheid hand-houden en mainteneren soude, sonder iet te veranderen van het gene des behoren soude totte oude Catholijkse en Roomse Religie, dan soude hem alleenelijk (als Stadhouder en Gouverneur) bystaen, assisteren en beschermen tegens den voorschreven Hertog van Alve, so verre hy de selve soude willen forceeren en bedwingen tot 't gene des hy was pretenderende, te weten totten 10. en 20. penningen van den Impositien, die hy opstellen woude, 't welk wy hem niet bevolen hadden, noch ook verstonden sulx gedaen te worden, dan met goeden dank en wille van onse voorschreven Onderfaten, en dat noch in plaetse van andere beden en Impositien, daer van men de selve vermeinden te ontlasten. Maer so geringe de voorschreven van Nassau in 't voorschreven Gouvernement getreden en ontfangen was, heeft hy met sijne Ministers, Dienaers en Suppoosten begonst in te bringen de valsche Predicatien alom daer hy konde of vermochte: prosecuterende en vervolgende alle goede Pastoors, Predicanten, Religieusen en eerlijke luiden en personen, van den welken hy een seer groot getal verjaegt heeft, en diverse van hen jammerlijk doen vermoorden, of immers heeft daer in gedissimuleert met eenige van sijn aenhangeren de selve moorden geperpetreert en gedaen hebbende, ter tijd toe dat de voorschreven Staten grotelijx geoffendeert en vertoornt van sulken wreedheid, begeerden en wilden recht daer over gedaen te worden, dat alsdoen hy hem geliet een mishagen daer van te hebben. Des niettemin is hy naderhand wedergekeert tot sijnen eersten voornemen, qualijk handelende en tracterende de gene die hy hielt voor Catholijke, en sijn aenslagen contrarierende: hem behelpende metten Raed van de Heretijken Ministers, so uitheemse als inlanders, veranderende ook de Magistraten en Wethouders, die hy wiste sijne aenslagen en voornemen niet te favoriseren: en voorts heeft begonst in te bringen de liberteit van de conscientie, of (om beter te seggen) confusie van Religie. Waer uit korts daer na gevolgt is, dat de Catholijken openbaerlijck geperfecuteert en verjaegt sijn geweest: de Kerken van Mans en Vrouwen Cloosters afgeworpen, en t'eenemael geruineert: de Religieusen, so Mans als Vrouwen personen, qualijk getracteert, gebannen, en gantselijk verdreven, so verre sy hare Reli-

outre sur ladite Requête, il a avec ses adherents introduit en plusieurs Lieux & Villages de nos susdits Païs les fausses Predications & Assemblées publiques, durant le tems que nôtre chere Sœur la Duchesse de Parme, alors Regente & Gouvernante Generale de nos Païs-Bas Hereditaires, nous avoit envoyé pour donner nos ordres sur le contenu de ladite Requête. Les Heretiques ont semblablement, par l'avis, au sçeu & par la participation du susdit d'Orange, & à l'instigation de ceux qui avoient presenté ladite Requête, & par eux autorisez, commencé seditieusement de briser les Images, les Autels, & Eglises, & de profaner les choses sacrées, voire même le Saint Sacrement institué & ordonné de Dieu; Ce nonobstant les affaires ont été tellement conduites & redressées par la grace Divine & par la prudence de nôtre susdite Duchesse de Parme, qu'il a été contraint de sortir de nos Païs & d'abandonner son Gouvernement, non sans grand couroux, & menaces de s'en vouloir vanger; ce qu'il pensa pouvoir effectuer l'année suivante par la voye des armes, mais en vain; car ayant été poursuivi vigoureusement & sans relâche par nôtre Armée qui le talonnoit continuellement, il a été chassé de tous nos Païs, sans s'y pouvoir mettre à l'abri ni maintenir en aucun endroit; mais comme quelque tems après il s'est élevé en divers Lieux quelques mecontentemens de nos Sujets contre le Gouvernement du Duc d'Albe qui y a succedé à ladite Duchesse, & entre autres en Hollande & Zelande, le susdit d'Orange a tâché par ses pratiques de retourner auxdits Pays; à quoi pourtant il n'a point été reçû; qu'après avoir juré aux Etats des susdits Pays & à ceux des Villes, qu'il maintiendroit lesdits Pays & Villes pour nous & à nôtre obeïssance, sans rien changer de ce qui apartient à l'ancienne Religion Catholique Romaine; mais que comme Stadhouder & Gouverneur seulement, il les assisteroit & defendroit contre le susdit Duc d'Albe, en cas qu'il voulût les forcer & contraindre, comme il le pretendoit, à une Imposition du 10. & 20. denier, & laquelle imposition il vouloit établir sans nôtre Mandement, ce que même nous n'entendions pas qui se fît, que de bon gré & par la volonté de nos susdits Sujets, & cela encore au lieu d'autres Impositions & à leur décharge; mais le susdit de Nassau n'a pas plûtôt été reçû à son Gouvernement, qu'avec ses Ministres, Serviteurs & Suppôts il y a introduit la fausse Predication par tout où il a pû, persecutant tous les bons Pasteurs, Predicateurs, Religieuses & honnêtes gens, dont il a chassé un grand nombre, & en a fait impitoyablement assassiner plusieurs, ou du moins a-t-il dissimulé lesdits assassinats avec ses Adherents, les ayant faits & perpetrez, jusques à ce que les susdits Etats grandement offencez & courroucez d'une telle cruauté, ils desirerent que droit y fut fait, & pour lors il fit semblant de témoigner le chagrin qu'il en avoit; Neantmoins il est en aprés retourné à son premier dessein, maltraittant ceux qu'il tenoit pour être Catholiques, & qui contrarioient à ses entreprises; se servant du Conseil des Ministres Heretiques tant naturels du Pays, qu'étrangers, changeant aussi les Juges & Magistrats qu'il sçavoit n'être pas favorables à ses projets & à ses desseins; & ensuite a commencé d'introduire la liberté de conscience, ou pour mieux dire, la confusion de Religion. D'où il s'en est bien-tôt ensuivi que les Catholiques ont été publiquement persecutez & chassez, les Eglises & Cloitres d'Hommes & de Femmes abatus & entierement ruinez: les Personnes Religieuses de l'un & de l'autre sexe maltraittées, bannies, & tout à fait dechassées, lors qu'elles ne vouloient pas abandonner leur Reli-

ANNO 1580.

ANNO 1580.

Religie en professie niet wilden versaken, of apostaseren, en ook sich ten Huwelijck begeven, alsso hy hem op de andere niet betroude: gelijk hy ook selfs noch gehylijkt wesende, en sijn twede Huysvrouwe als noch levende, genomen of getrout heeft een Nonne en Abdisse by Bisschops handen solemnelijken geconsacreert en gewijd, die hy als noch by hem houdend is: 't welk de alderschandelijkste, oneerlijke en infaemste sake is diemen soude mogen doen, niet alleenlijk na uitwysen der Christelyker Religie, maer ook na de Roomse Rechten en Wetten, en tegens alle eerbaerheid: en heeft sich eindelyken so verre vergeten, dat hy de Catholijkse Religie ganschelijk versaekt en verlaten heeft, toelatende alle Ketteryen, dwalingen en boosheden van alderhande Secten, Heresyen en Ketteryen, om (indient hem mogelijk ware) t'eenemael te vernielen en uitroeyen onse Heilige en Catholijkse Religie, van allen tyden onderhouden en geobserveert by den gantschen en universelen Staet van Kerstenrijk. Hebbende middelretijd onse arme Ondersaten van Holland en van Zeland gebrocht tot sulke hardneckigheid en obstinaetheid, en de selve in sulken staet gereduceert, dat by na alle de Steden d'een na d'andere belegert en ingenomen sijn geweest, so met stormenderhand en gewelt, als by compositie en redditie, sulx dat hy te meer stonden geschapen is geweest daer uit gedreven te worden door onse macht en wapenen, tot dat na d'aflyvigheid des groot Commandeurs van Castilien, den welken wy ook gecommitteert hadden Successeur in 't selfde Gouvernement na den voorschreven Hertog van Alva (by ons wedergeroepen om onse Ondersaten des te meer te contenteren,) de saken gevallen sijn in een ongeregeltheid en ongehoorsaemheid van Krijgsvolk, ingenomen hebbende de Stad van Zierixzee: welke ongeregeltheid of desordre den voorschreven van Nassau begonste eenige gunste en faveur aen te bringen. En korts daer na de Generale Staten van dese onse Erf-Nederlanden, willende, eens uitte ellende, miserie en calamiteit van der Oorlogen komen, daer toe gepersuadeert sijnde van den voorschreven van Nassau, seggende en simulerende, anders niet te begeren dan de welvaert, ruste en vrede van den Landen, en de selve quyt te maken en ontlasten van den uitheemse Krijgsluiden, en de Landen onder onse gehoorsaemheid te houden, en in de selve te bewaren en conserveren de oude Catholijke Religie, sulx als die van ouds aldaer geoeffent en geexerceert is geweest, mitsgaders ook de Privilegien en Vryheden desselfs Land t'onderhouden: hebben met hem gemaekt het Tractaet van Gent, expresselijken gemaekt op twe sonderlinge fondamenten, te weten, van de voorschreven oude Religie, en onse gehoorsaemheid te handhouden en mainteneren. Binnen welken tyde hebben wy herwaers over-gesonden wylen onsen goeden en freundlijken Broeder Don Joan van Oostenrijk, loflijker memorien, met intentie en bevel, dat hy alle de beroerten en troubelen van onse voorseide Landen soude accommoderen, nederleggen, vereenigen en reconcilieren, met de allerbeste en gevoeglijke wegen en middelen, als't mogelijk soude wesen: 't welk hy ook gedaen heeft: gevende en accorderende onse Ondersaten alle 't gene datmen hen eenigsins mochte toelaten, ratificerende insgelijx 't voorschreven Tractaet van Gent, 't welk hy alom dede uitroepen en publiceren in gewoonlijcker manieren, waer tegens de voorschreven van Orangien met alle sijne macht hem opposeerde. Maer alsso hy 't selve niet konde beletten, heeft 't voorschreven Tractaet geensins willen laten publiceren in de Vlecken en Plaetsen van sijn Gouvernement, uit spyte dat hy deselve Publicatie niet hadde kunnen beletten, so voorschreven is: niet tegenstaende dat wy selfs naderhand d'een en d'ander Accoord en Tractaet geapprobeert, geemulgeert en geratificeert hadden, en dat onsen voorschreven goeden Broeder, mitsgaders de Gedeputeerde van den anderen Staten diverse treffelijke Personagien aen den voorschreven van Orangien gesonden hadden, om den selven daer toe te persuaderen en verwilligen, op dat hy van sijnder zijde soude willen effectueren en volbringen, 't gene daer toe hy gehouden en verbonden was by de Capitulatien van 't voorschreven Tractaet van Gent. En want hy altijds voorhielt en by brocht, dat hy in sijn geheel Gouvernement behoorde gestelt en gerestitueert te worden, voorts dat de Steden die hem niet hadden willen erkennen voor Gouverneur, en oock de gene die wy naderhand met macht van wapenen wederom ingenomen of andersins onder gehoorsaemheid gebracht hadden,

Religion ou apostasier, & aussi se marier, ne se voulant pas fier aux autres; comme aussi lui-même étant marié, & sa seconde Femme vivant encore, a pris & épousé une Nonne & Abesse solemnellement consacrée par les mains d'un Evêque, laquelle il tient encore prés de lui; ce qui est la chose la plus honteuse, la plus malhonête & la plus infame qu'on puisse faire, non-seulement selon les Loix de la Religion Chrétienne, mais aussi selon les Droits & les Loix Romaines; & s'est enfin tellement oublié, qu'il a entierement renoncé & abjuré la Religion Catholique, permettant toutes Heresies, erreurs & mechancetez de toutes sortes de Sectes, pour, s'il lui étoit possible, aneantir totalement & extirper nôtre Sainte Religion Catholique qui de tout tems a été gardée & observée par tous les Etats Chrétiens. Ayant par même moyen reduit nos pauvres Sujets de Hollande & de Zelande à une telle opiniatreté & obstination dans un tel état, que presques toutes les Villes, les unes aprés les autres, ont été assiegées & prises, tant d'assaut & de vive force, que par composition & reddition, tellement qu'il a donné tant plus de lieu de le chasser par le pouvoir de nos armes, jusques au tems qu'aprés le decez du grand Commandeur de Castille, lequel nous avions aussi établi Successeur au susdit Gouvernement aprés ledit Duc d'Alve, (par nous rapellé pour contenter tant plus nos Sujets,) les choses sont tombées dans un desordre & une desobeïssance des Troupes, ayant pris la Ville de Zierikzée; lequel desordre & dereglement a commencé à mettre le susdit de Nassau en quelque faveur & credit; Et peu de tems aprés les Etats Generaux, voulans s'accommoder à cause de la misere & calamité de la Guerre, étant persuadez à cela par le susdit de Nassau, disant & faisant semblant de ne desirer que prosperité, repos & paix des Pays, de les décharger des Troupes Etrangeres, & de les maintenir dans nôtre obeïssance & d'y conserver l'ancienne Religion Catholique, comme aussi les Privileges & Libertez desdits Pays; Ils ont fait avec lui le Traité de Gand, & ce expressément sur deux fondements, sçavoir de maintenir & conserver la susdite ancienne Religion & l'obeïssance qui nous est duë. Dans lequel tems nous avons envoyé de delà feu nôtre bon & amé Frere, Don Jean d'Autriche de loüable memoire, avec intention & mandement d'accommoder les troubles & dissentions de nos susdits Pays, & de les réunir & reconcilier par les meilleurs & plus convenables moyens qu'il seroit possible; ce qu'aussi il a fait, donnant & accordant à nos Sujets tout ce qui en quelque maniere pouvoit être permis, ratifiant semblablement le susdit Traité de Gand, ce qu'il fit par tout crier & publier en la maniere accoutumée, à quoi le susdit d'Orange s'opposoit de toute sa puissance; mais comme il ne pouvoit l'empêcher, il n'a du moins voulu permettre que le susdit Traité fut publié dans les Lieux & Places de son Gouvernement, en dépit de ce qu'il n'avoit pû empêcher ladite Publication, comme il est dit ci-dessus, nonobstant que nous eussions ensuite aprouvé & ratifié l'un & l'autre Traité, & que nôtre susdit bon Frere, avec les Deputez des autres Etats eussent envoyé divers excellens Personnages au susdit d'Orange, pour le persuader d'y consentir, & afin qu'il voulut effectuer & executer de son côté ce à quoi il étoit obligé & tenu par la Capitulation du susdit Traité de Gand. Et comme il representoit & proposoit toûjours qu'il devoit être restitué & retabli dans son entier Gouvernement, & de plus que les Villes qui n'avoient pas voulu le reconnoître pour Gouverneur, & aussi celles que nous avions reprises par la force des armes, ou qui d'une autre maniere étoient rentrées à nôtre obeïssance fussent remises

ANNO 1580.

den, onder sijn voorschreven Gouvernement gestelt souden worden, is hem deshalven door de goedertierenheid en sachtmoedigheid van onse voorschreven Staten satisfactie gegeven geweest, also de selve sijn frauden, bedrog, listigheid en meineedigheid als nog niet kenden, mits by hem swerende nochtans, dat hy niet veranderen soude, in de forme en maniere van de voorschreven oude Catholijkse en Roomse Religie, en dat hy te dien einde geven soude sulke verseckertheid en satisfactie van de Wethouders, Borgers en Inwoonders van elke Stad rechtshalven hadden mogen eisschen En na dien men langen tijd gedisputeert hadde op de verseckertheden die elke Stad was begerende, op dat hen gehouden soude worden 't gene des de voorschreven van Orangien hen belooft hadde, hebben sich ergeven onder sijn Gouvernement, na dien hy de selve Puncten, en andere begrepen in d'Acte van de voorschreven satisfactie, gesworen hadde. Maer in plaetse van sijnen Eed en beloften te onderhouden heeft hy ter contrarien in de selve Steden sijn Ministers en Predicanten der Calvenisten van stonden aen in gebracht, en aldaer doen wederkeren de voorvluchtige Ketters en Heretyken, en ook aldaer gepractiseert vryheid en liberteit van conscientie, en in ettelyke Kerken eenige schandalen en ontlichtigheden gedaen: beginnende aldereerst aen de biddende Ordenen, daer na aen de Magistraten en Wethouders, die hy alleinskens heeft doen vervolgen en persecuteren, en ook de goede Pastoren verjaegt, en eindelyken de Catholijkse Religie te niette gebracht en verdreven, en d'exercitie der selver verboden en geinterdiceert: 't welk doende, heeft hy gebruikt en geobserveert van sijne gewoonlijke hypocrisien, dissimulatien en geveinstheden, seggende sulx hem te mishagen, en dat hy 't selfde niet konde remedieren, de niettemin verwekte en oproerde secretelijken onder de hand, met sijnen Ministers en aenhangeren, alle oproerige Heretijken en seditieuse personen, om diergelijke boosheden te gebruiken en useren: en om 't selve te volbrengen, heeft allenskens, met hulpe en assistentie van de sijnen, binnen de Steden Garnisoen doen leggen, tegens alle bespreken en sijne gesworene beloften. Daer-en-tusschen hielt hy niet op onse voorschreven Broeder Don Joan te accuseren en beschuldigen, dat hy tegens den Staten machineerde, 't welck nochtans onse voorschreven Broeder ons altijd verseker heeft, niet waer te sijn: maer wel, dat hy aenmerkende de obstinaetheid en boosheid van de voorschreven van Orangien met eenigen heeft mogen gecommuniceert hebben, hoe datmen den selven tot reden soude mogen brengen, en beletten dat hy niet wederom de gemeine ruste en welvaert van den voorschreven Landen soude storen, en turberen, gelijk hy naderhand gedaen heeft: des niet tegenstaende, heeft de voorschreven van Orangien niet opgehouden, tot dat hy met sijne gewoonlijke listen en practyken (daer mede hy hem seer wel behelpen kan) sulke diffidentie en wantrouwigheid tusschen onsen voorschreven Broeder en de Staten van onsen voorschreven Landen opgerocit hadde, datmen daer van anders niet konde verwachten dan eenen grooten apparenten moord, in der vougen, dat om alsulk stuk en desordre, of ten minsten de gevankenis van sijnen persoon te verhoeden, de voorgemelde Don Joan heeft t'sijnder verseckertheid, hem vertrocken binnen onse Stad, Slot en Casteel van Namen: daer toe de selve des te meer gemoveert en beweegt was, so hy egene wapenen of Krijgs-volk ter hand hadde, en dat ter contrarien al klaer en blijkelijk was, dat de voorschreven van Orangien by alle sijne toegemaekte en geapposteerde dienaers niet cesseerde de factieuse en seditieuse personen op te roeyen, om tegens sijnen persoon sulx te doen en attenteren, als hy in 't selve jaer hadde laten doen op die gene van onsen Rade van State gecommitteert totten Gouvernement Generael van onse voorschreven Landen. Dat alsdoen meinende de voorschreven van Orangien al gewonnen te hebben, heeft begonst te openbaren alle sijne macht, wapenen en listigheden, om onse Ondersaten te verwecken en brengen tot een open Oorloge tegens onsen voorschreven Broeder, Lieutenant en Stadhouder Generael: nochtans by tusschen-spreken en interventie van sekere treffelijke Personagien nessens sijne persoon wesende, en van andere goede luiden over de zyde van de Staten, sijn de saken so verre gebrocht geweest, dat alle dingen geaccommodeert en geslicht waren, en over d'een en d'andere zyden veraccordeert en vereenigt, ja so verre, dat onse voorschreven Broeder, om alle oorsaken van diffidentie

remises sous son dit Gouvernement, il lui a été fait satisfaction a cet égard par la debonaireté & douceur des susdits Etats, comme ne connoissant pas encore ses fraudes, tromperies, finesses & faux serments, en jurant neantmoins qu'il ne changeroit rien en la forme & maniere de la susdite ancienne, Catholique & Romaine Religion, & qu'il donneroit en cela telle sûreté & satisfaction que les Juges, Bourgeois & Habitans de chaque Ville l'avoient pû demander de droit. Et aprés avoir disputé longtems sur la sûreté que chaque Ville desiroit, afin que ledit d'Orange leur tint ce qu'il leur avoit promis, ils se sont mis sous son Gouvernement, parce qu'il avoit juré lesdits Points & autres contenus dans l'Acte de la susdite satisfaction. Mais au lieu de tenir son Serment & ses promesses, il a au contraire introduit aussi-tôt ses Ministres & Predicateurs Calvinistes dans lesdites Villes, & y a fait retourner les Hérétiques qui s'en étoient enfuis, ensemble y a pratiqué la liberté de conscience, & a commis quelques scandales dans quelques Eglises; commençant premierement par les Ordres mandiants, ensuite de quoi il s'est adressé aux Magistrats & aux Juges, lesquels il a fait petit à petit persecuter, & a aussi fait abolir & aneantir la Religion Cath. en faisant interdire l'exercice; ce que faisant, il a mis en usage ses hypocrisies accoutumées, & ses dissimulations, disant que telles choses lui deplaisoient, & qu'il n'y pouvoit pas remedier, & cependant il excitoit secretement & sous main avec ses Ministres & Adherants, tous les seditieux Heretiques pour faire de semblables méchancetez; & pour quoi executer, il a petit à petit, par l'aide & l'assistance des siens, fait mettre des Garnisons dans les Villes contre toutes les promesses qu'il avoit jurées. Dans ces entrefaites il ne cessoit d'accuser nôtre susdit Frere Dom Jean, de machiner contre l'Etat, ce que pourtant nôtre dit Frere nous a toûjours assûré n'être pas vrai; mais bien que remarquant l'obstination & la méchanceté du susdit d'Orange, il a pû en communiquer avec quelques-uns, comment il pourroit être amené à la raison, & empêché de troubler derechef le repos & la prosperité des susdits Pays, comme il a fait ensuite. Ce nonobstant le susdit d'Orange n'a point eu de cesse, jusques à ce que, par ses finesses & pratiques accoutumées, (& dont il sçait trés bien se servir) il n'ait semé telle méfiance entre nos susdits Frere & Etats de nos susdits Païs qu'il ne les ait divisez, dont on ne pouvoit attendre autre chose, selon toute apparence, qu'un grand meurtre, en sorte que pour éviter un tel desordre, ou du moins empêcher l'emprisonnement de sa personne, le susdit Don Jean se retira pour sa sûreté dans nôtre Ville & Château de Namur; à quoi il fut d'autant plus porté qu'il n'avoit en main aucunes armes ni Troupes, & qu'au contraire, il étoit clair & notoire que le susdit d'Orange ne cessoit, par ses Serviteurs apostez, d'inciter des factieux & seditieux pour faire & attenter contre sa personne, comme il avoit fait faire dans la même année contre ceux du Conseil d'Etat Deputez au Gouvernement General de nos susdits Pays. Que le susdit d'Orange pensant avoir tout gagné, a commencé de manifester tout son pouvoir, ses armes & ses finesses, pour induire nos Sujets à en venir à une Guerre ouverte contre nôtre susdit Frere, Lieutenant & Gouverneur General. Cependant par l'entremise & l'intervention de certains excellens Personnages qui étoient prés de lui, & d'autres bonnes gens de la part de l'Etat, les affaires ont été accommodées & accordées de part & d'autre jusques-là que nôtre susdit Frere, pour éloigner

ANNO 1580. tie te weren, te vreden was sijn Gouvernement te verlaten, en na Italien te vertrecken, gelijk ook onsen wille was: en waren alsdoen de Gedeputeerde van de Staten by hem, om reproche, en van beide syden te ondertekenen de presentatien en weder presentatien: maer ter quader uren. Dese gemeine vyand, perturbateur en verstoorder van de gemeine vrede en ruste, aensiende dat by uit Holland (aldaer hy was) desen peys en reconciliatie met alle sijne listen en practijken niet konde beletten, heeft hem gehaest op den selven tijd te komen binnen Brussel; en hem gelatende, als of hy den peis hadde willen hebben, heeft de Oorloge gevordert en in-gebrocht, voortstellende nieuwe conditien als doen noch niet besproken noch voorgehouden, sulx dat hy t'sijnder intentie gekomen is, brekende al 't gene datter geaccordeert was, so een yegelijk kennelijk is. En naderhand de sake gekomen sijnde tot een open en seer wrede Oorlog, heeft hem met gewelt en oproer van de Gemeinte, tegens den wille van de Staten gedaen verklaren voor Ruwaert of Schermheer van onsen Landen van Braband, en daer na twede Stadhouder van alle onse Erf-Nederlanden: gelijk hy ook ten lesten door oproer en emotie van dien van Gent, en van sekere andere Steden en Plaetsen hem heeft laten kiesen voor Gouverneur van Vlaenderen: hebbende ook doen komen sijn Broeder en Schoonbroeder, uitlanders, om andere Gouvernementen van onse Landen en Provincien te hebben: en worden middelertijd by hem en de sijne, onse Ondersaten belast en verdrukt, met alle soorten en manieren van Impositien, Schattingen, Exactien, Eysschen. Contributien en Quotisatien, de ontamelijkste, barbarigste, en tyrannigste als oit gehoort of gesien sijn geweest, de welke hy met geweldiger hand, en feit van wapenen opgebeurt en geexecuteert heeft, sonder consent of accoort van onse Ondersaten, noch daer van bewijs of rekeninge te doen: en so wanneer yemand daer op wilde spreken, heeft dien doen aentasten, qualijk tracteren en in gevankenis werpen, of ook doen pilleren, beroven en ter dood brengen. Ten anderen is klaer en kenlijk 't gene dat wy continuelijken gedaen hebben, om het misverstand tusschen onsen voorschreven Lieutenant of Stadhouder Generael en de Staten opgeresen (als voren) te accommoderen en ratificeren, na al 't gene dat hy ons of onsen voorschreven Broeder wel gedaen was, is gesupprimeert en verborgen geweest: en ter contrarie van dien, so heeft de voorschreven van Orangien en de sijne ontallijke lasteringen en calumnien geinventeert en voorts gebracht, om onse Ondersaten lanx so meer te abuseren en bedriegen: en insonderheid also wy ten tijde en in de conjuncture van de Victorie van Gemblours gesonden hadden den Vry-Heere van Selles, met seer redelijke conditien, om onse voorschreven Ondersaten in gratie en genade t'ontfangen, en alle saken te vereenigen en reconcilieren, en is daer van nochtans niet na gevolgt, door 't belet dat hy daer in gedaen heeft: hoewel dat den selven tijd gedurende onse voorschreven Ondersaten overschrijvende, so aen ons als aen den Keiser onsen goeden Broeder en Neve, en andere Vorsten en Potentaten, om te justificeren de geschillen en differentien die sy hadden tegens onsen voorschreven Lieutenant en Stadhouder Generael, opentlijk protesteren, dat sy geenderhande saken wilden veranderen in de oude Catholijke Roomse Religie, sulx als de selve van allen tijden binnen onse voorschreven Landen geobserveert hadde geweest, en t'samentlijken onder de selve t'onswaers dragen en betonen de gehoorsaemheid, die ons by Geestelijke en Wereldlijke Rechten toebehoorde: 't welke de twee puncten alleenlijk waren, die wy van hen altijds begeert hadden, en ter selver tijd al noch begeerden, en daer in wy met hen eens waren. Des niet tegenstaende beduchtende de voorschreven van Orangien de reconciliatie van onsen voorschreven Ondersaten met ons, heeft wederom gevonden nieuwe listen en inventien, om niet alleenlijk 't gene des voorschreven is te beletten, maer ook om de sake te brengen tot een ganse desperatie en wanhopen sonder remedie, indient mogelijk hadde geweest, door middel van al te corromperen met Ketterye en Heresie: 't welk hy in diverse Vlecken en Plaetsen gedaen heeft: eensdeels door de bose, listige en meinedige treken (die hem en allen Ketters seer gemein sijn) als ook door oprecht en puer geweld, gebruikende 't selve dat hy

gner tout sujet de défiance, fut content de quitter son Gouvernement, & de se retirer en Italie, ce qui aussi étoit nôtre volonté; Et les Deputez des Etats furent prés de lui pour signer de part & d'autres les propositions; mais à la malheure: car cet Ennemi commun & perturbateur du repos public, voyant que de Hollande, où il étoit, il ne pouvoit pas par ses subtilitez & pratiques empêcher cette Paix & Reconciliation, s'est pressé aussi-tôt de venir à Bruxelles, & faisant semblant de vouloir la Paix, il a suscité & causé la Guerre, en proposant de nouvelles conditions dont il n'avoit point encore été parlé, ensuite qu'il est venu à bout de son intention, rompant tout ce qui avoit été accordé, comme il est notoire à tous. Et les choses aiant ensuite été amenées au point d'une Guerre ouverte, il s'est par force & dans le tumulte des Peuples fait declarer Ruart *& Protecteur de nôtre Pays de Brabant, & ensuite second Gouverneur de tous nos Pays-Bas Hereditaires; comme aussi il s'est fait en dernier lieu élire Gouverneur de Flandres dans l'émute de ceux de Gand & de quelques autres Villes & Places, aiant aussi fait venir son Frere & son Beaufrere qui sont étrangers, pour avoir d'autres Gouvernemens de nos Pays & Provinces, par le moyen dequoi lui & les siens ont oppressé & surchargé nos Sujets par toutes sortes d'Impositions, Tributs, Exactions, Demandes, Contributions & Quotisations les plus injustes, barbares, & tiranniques dont on ait jamais oüi parler, lesquelles il a levées & executées par la voye des armes, sans le consentement & accord de nos Sujets, ni sans en rendre compte ni raison; Et quand quelqu'un en a voulu parler, il l'a fait prendre, maltraitter, emprisonner, prendre ses biens & mettre à mort. D'ailleurs on sçait ce que nous avons continuellement fait pour apaiser la mesintelligence qui a été entre nôtre susdit Lieutenant ou Gouverneur General & les Etats, & que ce que nous & nôtre cher Frere avions fait a été supprimé, ce qu'au contraire le susdit d'Orange & les siens ont de plus en plus inventé & avancé des calomnies & faussetez pour abuser & tromper de plus en plus nos Sujets; & particulierement, lors que dans le tems & conjoncture de la Victoire de Gemblours nous envoyâmes le Sieur de Selles avec des conditions trés raisonnables, pour recevoir nos susdits Sujets en grace, & pour réunir & reconcilier toutes choses, cela n'eut pourtant point de suite, par l'obstacle qu'il y aporta, & quoi que durant tout le susdit tems nos susdits Sujets eussent écrit tant à nous qu'à l'Empereur nôtre bon Frere & Cousin, & autres Princes & Potentats, pour se justifier des differents & dissentions qui étoient entre eux & nôtre susdit Lieutenant & Gouverneur General, protestans publiquement qu'ils ne vouloient rien changer en aucune maniere dans l'ancienne Religion Catholique Romaine, telle qu'elle avoit toûjours été observée dans nos susdits Païs, & qu'ils nous témoignassent tous ensemble l'obeïssance qui nous est dûe suivant le Droit Divin & humain; ce qui étoit les deux seuls Points que nous avions toûjours desiré d'eux, que nous desirions encore alors, & dont nous étions d'accord. Neanmoins le susdit d'Orange aprehendant une reconciliation de nos Sujets susdits avec nous, a derechef inventé de nouvelles subtilitez pour non seulement arrêter ce que dit est, mais pour amener les choses hors d'état d'y plus esperer de remede, s'il avoit été possible, & ce en corrompant tout par l'heresie; ce qui lui a reussi en divers Villages & Places, en partie par des traits méchants, artificieux & faux, (qui lui sont ordinaires aussi-bien qu'à tous les Heretiques) comme aussi par pure violence,* ANNO 1580.

ANNO 1580.

hy daer te voren gedaen hadde, om de Landen en Provincien van Holland en Zeland te bederven, stellende alle dingen in roer en moetwilligheid der Gemeinten, so met plunderinge van de Kerken, prophanatie van de Heilige Sacramenten, moordaden, of vangenissen van Bisschoppen, Pastoren, Jesuiten, Religieusen, so Vrouwen, als Mans Personen, en van verscheiden andere wereltlijke, deugdelijke en eerlijke personen, vernieuwende al e de Wetten en Magistraten, afstellende tegens alle regel en orden van Rechten, Privilegien, Usantien en oude herkomen en observantien, de Presidenten, Raets luyden, Gouverneurs van Plaetsen, Baillius, Provoosten, Drossaten, Scholteten, Schepenen, en andere Catholijke Officieren en Amptlieden t'onswaers en totten welvaren, ruste en vrede van den Lande geaffectioneert sijnde, stellende in plaetse van dien extraordinaerlijk, en door sijn eigen autoriteit, en dikmael door oproer van 't gemein Volk by hem op geroeit (onder de welke hy regeert en triumpheert) alle Ketters, Sectarisen, seditieuse en oproerige menschen, levende op roven en stelen en andere sijns gelijke: in der vougen, dat hy alle saken gebracht heeft tot een confusie de aller tyrannigste, barbarigste en moordadigste, als oit gehoort of gesien is geweest; 't Welk mishagende sekere Catholijke Landen en Provincien, en sonderlinge siende de conscientien der goeder luiden so grotelijx geopprimeert, geweldigt en verdrukt, de Kerken, Cloosters, Abdyen, Sloten, Castelen, en Huisen van Edel luiden en andere goede personagien afgeworpen, en hun goederen allen bosen menschen te proye gegeven, ter discretie en geliefte van desen vreemdeling en uitlander, en den ganschen staet van den Lande by hem gesubverteert en bedorven, ja so verre, dat hy daer toe heeft willen bedwingen gehele Landen en Provincien tegens haren Eed en wille: hebben sich die selve Provincien met ons willen reconcilieren, 't welk hy aen allen oorden en sijden, en met alle sijn macht gepoogt heeft te beletten, maer de selve hebben vromer en stantastiger geweest dan hy. En dat noch erger is, hoe wel dat de voorschreven Heere de Keiser ten ernstiger versoeke van de voorschreven Staten (die hem gebeden hadden om tusschen ons en hen voorspraker en middelaer te willen sijn van eenre Pacificatie) te vreden was alle saken in handen te nemen, om die te uitten en neder te leggen, waer toe wy ook begerende onse Ondersaten verlost te sien van dese ellende en calamiteiten, ons willig hebben laten bevinden. Volgende welken heeft sijne Keiserlijke Majesteit ten selven einde sijne Gesanten en Commissarisen tot Ceulen geschikt en gesonden, so van Cheur-Forsten als andere van de principaelste des Heiligen Rijx, om te aenhoren en verstaen de puncten daer van geschil en different was: nochtans heeft 't selfde den voorschreven van Orangien geensins konnen diverteren noch aftrecken van sijne bose meininge en voornemen Welke Gesanten of Commissarisen hebben alle 't selfde aengehoort, en sekeren langen tijd, so op den eisch en petitien van de voorsz. Staten, als op onse presentatien gecommuniceert en gehandelt: hebben eindelyken geresolveert en gedecreteert de Puncten en Articulen die sy hebben laten drucken en publiceren, om ter eenre en ter andere zyden aengenomen en geaccepteert te worden: is nochtans al 't selfde sonder effect gebleven, niet tegenstaende dat de voorsz. Articulen so billig, gracelijk en redlijk waren, dat alle luiden van goeden oordeel en verstande kennen en belijden, de selve meer dan sufficient ende genoegsaem geweest te sijn, en dat wy meer gepresenteert hebben, dan 't gene des onse Ondersaten selfs na redenen aen ons hadden behoren te versoeken. En de selve communicatie gedurende, heeft de voorschreven van Orangien, om tegens den Keiser en ons te contremuniere, en op dat hy alle saken tot desperatie soude mogen brengen, binnen der Stad van Utrecht een versamelinge en vergaderinge doen houden van de Gedeputeerde van ettelijke Steden en Landen, die hy onder sijn macht en gebod houdende is, om aldaer een nieuwe Confederatie en Verbontenisse of openbare Conspiratie te ramen en sluiten tegens ons en onse Religie, met grouwelijken en afgrijselijke woorden en eeden, en hebben hen ook niet kunnen vermijden de Commissarisen des hooggedachter Keiserlijke Majesteit te injurieren. Waer

lence, mettant en usage ce qu'il avoit déja fait auparavant pour perdre les Provinces de Hollande & de Zelande, mettant toutes choses en trouble & dissention parmi les Peuples, par le pillage des Eglises, profanation des Sacrements, meurtres, emprisonnements des Evêques, Pasteurs, Jesuites, Religieux & Religieuses & de plusieurs autres vertueuses & honnêtes personnes, renouvellant les Loix & les Magistrats, deposant, contre les regles & ordre de Droit, & contre les Privileges, Usances, Coutumes & observances, les Presidens, Conseillers, Gouverneurs des Places, Baillifs, Prevots, Drossarts, Maires, Eschevins, & autres Officiers Catholiques à nous affectionnez & aimant la prosperité, repos & tranquilité du Pais, mettant en leur place d'une maniere extraordinaire & de sa propre authorité, & souvent par le tumulte du bas Peuple, (parmi lesquels il domine & triomphe) tous Heretiques, Sectaires, gens seditieux & tumultueux qui ne vivent que de vol & de brigandage, & autres ses semblables, en telle sorte qu'il a amené les choses dans une confusion la plus tyrannique, la plus barbare & la plus sanguinaire dont on ait jamais entendu parler, & qui se soient jamais vûes, & qui deplaisant à plusieurs Païs & Provinces Cathol., & voyant sur tout la conscience de tant de bonnes gens opprimée, & forcée, les Eglises, Cloitres, Abayes, Châteaux, Forteresses, & Maisons de Gentilshommes & autres bons personages abattues, & leurs biens donnez en proye aux méchants, & à la discretion & bon plaisir de cet Etranger, & l'Etat entier bouleversé & ruiné par lui, jusques-là qu'il a voulu forcer à cela les Païs & Provinces entieres, contre leur Serment & volonté, lesdites Provinces se sont voulu reconcilier avec nous, ce qu'il a tâché de tout côté & de tout son pouvoir d'empêcher; mais elles ont été meilleures & plus constantes que lui. Et qui plus est, encore que le susdit Seign. Empereur à l'instante demande des Etats susdits, qui l'avoient supplié de vouloir être Mediateur entre nous & eux pour pacifier les choses, étoit content de les prendre en main pour les accommoder, par où nous desirans aussi que nos Sujets fussent delivrez de ces miseres & calamitez, nous y avions donné les mains; En consequence de quoi Sa Majesté Imperiale envoya ses Commissaires à Cologne, & ce tant des Electeurs que d'autres entre les principaux de l'Empire, pour entendre les Points dont on étoit en different; Cependant tout cela n'a pas pû faire desister ledit d'Orange de ses méchants desseins. Lesquels Envoyez & Commissaires ayant entendu les choses, un certain long-tems, tant sur la demande des susdits Etats, que sur nôtre representation, à eux communiquée, & mis en main; ils ont enfin resolu & decreté les Points & Articles qu'ils ont fait imprimer & publier, pour être acceptez de part & d'autre: mais tout cela sans effet, quoi que les susdits Articles fussent si raisonables & si favorables, que toutes personnes de bon jugement & d'esprit reconnoissent & confessent, qu'ils étoient plus que suffisants; & que nous avons plus offert que tout ce que nosdits Sujets eux-mêmes pouvoient raisonnablement demander de nous. Et le susdit d'Orange a, durant ces communications, pour renverser ce que l'Empereur & nous voulions faire, & reduire toutes choses en un état de desespoir, fait tenir une Assemblée à Utrecht des Deputez de chaque Ville & Païs qu'il tient sous son pouvoir & commandement, pour y tramer une nouvelle Alliance & Confederation, ou plutôt une Conspiration manifeste contre nous & contre nôtre Religion, avec des paroles & des sermens horribles & execrables, & n'ont pas même feint d'injurier les Commissaires de sadite Majesté Imperiale. *A quoi*

ANNO 1580.

ANNO 1580.

Waer toe en om fulx te doen, by hem behelpende is met fijn Broeder en Schoon-broeder, en andere toegemaekte en geapofteerde perfonen: 't welk hy met grote folicitatien, praćtijken, calumnien en grote beloften by na met forfe, gewelt en importuniteit afgedrongen en geextorqueert heeft in diverfe Quartieren. En niet tegenftaende alle goede officien en devoiren by de voorfchreven Commiffarifen gedaen, om aen de Landen en Provintien te doen verftaen hun goede en deugdelijke refolutie onfen Onderfaten fo noodlijk en zalig fijnde heeft hy fo veel gedaen door fijn aenhangeren en toegemaekte perfonen, (daer mede hy hem behelpt voor fijn inftrumenten) dat de voorfchreven Artijkelen langen tijd achter-houden en gefupprimeert fijn geweeft. En alfo de felve niet langer konde verholen blijven, heeft hy niet alleenlijk belet dat die niet aengenomen fijn, maer ook geprocureert, dat ter contrarien diverfe fchandelijke Schriften, en Boeken vol leugenen en calumnien uitgegeven fijn geweeft: en voorts hebben noch de Gedeputeerde, die hy neffens hem heeft binnen Antwerpen van fijner foorte en maniere, geeifcht en begeert diverfe andere Artijkelen veel laftiger, onbehoorlijker en onbilliger, vol lafteringe, Injurien en blasphemien tegens God en ons haren Overften en Souveraine Heere, en natuerlijken Prince, fulx datmen diesgelijken niet meer foude kunnen doen. En bevindende dat hy met allen fijnen arbeid, liften, indućtien en perfuafien, de felve noch niet alle konde gewinnen, heeft fich eindelijk vertrocken uit Antwerpen, aldaer hy bat dan twee jaren hem onthouden hadde, fonder daer uit te gaen, en is getogen binnen onfer Stad van Utrecht om te volbringen d'executie en effećt van de voorfchreven ongoddelijke confpiratie, en alle faken in 't verwerren te ftellen, fonder 't felve te konnen remedieren, en generalijken heeft hem fulx gedragen in alle foorten en maniere van tyrannije, dat hy verjaegt en uitgedreven heeft alle Geeftelijke Perfonen, handelende ook fulx metten Heeren en principalen Adel van onfe Landen, dat fy bedwongen fijn geweeft, fich te vertrecken, en hun Vaderland te verlaten en abandonneren: ten einde dat hy te bat en abfolutelijker foude mogen regieren en domineren, onder de oproerige Geeften van der Gemeinte, die goede luiden verdreven fijnde. En want men opentlijk fiet, dat alle defe confufien en plagen, die onfe voorfchreven Landen lijdende fijn, toekomen en procederen door den raed, daed, opftel en ingeven van defen bofen Hypocrijt, en door fijnen ongeruften Geeft, die al fijn geluk is ftellende in d'ongeluk en beroerte van onfe Onderfaten: en dat voorts meer al kennelijk en openbaer is, dat fo lange hy fich binnen onfe voorfchreven Landen onthouden fal, genen pais noch eenige rufte aldaer te verhopen of verwachten ftaet, alfo hy alle faken fonderende is op een eeuwige diffidentie en wantrouwigheid, die hy altijds in den mond heeft ('t welk allen bofen menfchen gemein is, wiens confcientien doorknaegt worden met Cain en Judas, en haers gelijke:) gemerkt ook dat niet tegenftaende 't verfoek en prefentatien die hem gedaen fijn geweeft, en befonder by Keiferlijke Majefteits Gefanten en Commiffarifen tot fijnen groten voordele, op dat hy hem foude willen vertrecken ter plaetfe van fijner geboorten (aldaer een yegelijk uitter naturen behoort aldermeeft te begeren fijn leven over te bringen) hy daer toe niet heeft willen verftaen, hebbende liever (een vreemdeling en uitlander als hy is) onfe voorfchreven Landen te bederven, dat hem te vougen en accommoderen tot 't gene des tot welvaren van onfe ingeborene Onderfaten van node is.

SOO EEST, dat wy al 't felfde aengefien, en om de redenen voorfchreven fo billig, redelijk en rechtveerdig fijnde: en daer in gebruikende de autoriteit en Overigheid die wy over hem hebben, uit krachte van de eeden van trouwe, hulde en onderdanigheid die hy ons dikmael gedaen heeft, en ook als wefende Prince abfoluit en Souverein der voorfchreven Erf Nederlanden, fonderling aenfchou nemende op alle fijne bofe en erger ftucken en feiten, en dat hy alleen 't Hooft, Auteur en Promoteur is van alle defe beroerten, en principaelfte perturbateur van allen onfen Landen en Staten, en op 't kortfte de gemeine Pefte van der Chriftenheid: verklarende den felven als fchelm en verrader, en vyand van ons en van de Landen. En overfulx hebben wy hem in den ban gefteld, en bannen mits defen, ten eeuwigen dagen uit onfen voorfchreven Landen, en alle andere onfe Staten, Conink-

A quoi il a employé & joint à lui son Frere & son Beau-Frere & autres personnes apostées; lesquelles il a gagnées par de grandes solicitations, pratiques, calomnies, promesses, & presque par force & violence dans plusieurs Quartiers. Et nonobstant tous les bons offices & devoirs employez par lesdits Commissaires pour faire entendre aux Pays & Provinces leurs bonnes & vertueuses resolutions, si utiles à nos Sujets, il a si bien fait par ses adherants, qui lui servent d'instrument à ses desseins, que lesdits Articles ont été long-tems en suspens & supprimés; Et comme ils ne pouvoient pas demeurer long-tems cachez, il n'a pas non-seulement empêché qu'ils fussent acceptez, mais a fait mettre au jour & publier au contraire divers Ecrits scandaleux & des Livres remplis de mensonges & de calomnies, & outre ce les Deputez qu'il a à Anvers prés de lui, gens de sa sorte, ont demandé & desiré divers autres Articles beaucoup plus impies & deraisonnables, & remplis d'injures & de blaspheme contre Dieu & nous leur Souverain Seigneur, & Prince naturel, & tels qu'on n'en pourroit jamais faire de semblables. Et voyant qu'avec toute sa peine, ses finesses, inductions & persuasions, il ne les pouvoit gagner, il est enfin sorti d'Anvers où il étoit resté plus de deux ans sans en sortir, & est entré dans nôtre Ville d'Utrecht, pour effectuer la susdite impie conspiration, & mettre toutes choses en telle confusion, qu'on n'y puisse remedier, & s'est comporté generalement si tiranniquement en toute sorte & maniere, qu'il a chassé toutes les personnes Ecclesiastiques, traittant de même les Seigneurs & principaux Nobles de nos Pays en sorte, qu'ils ont été obligez de se retirer & d'abandonner leur Patrie; Et cela afin de pouvoir utilement & absolument regir & dominer parmi les esprits seditieux du peuple, les bonnes gens étant chassez. Et comme on voit manifestement que toute cette confusion, & cette misere que souffrent nos Pays, procedent des conseils, actions, & persuasions de ce méchant Hypocrite & de son esprit inquiet, qui fait consister tout son bonheur dans le malheur & le trouble de nos Sujets, & qu'il est plus que notoire que tant qu'il demeurera dans nosdits Pays, il n'y aura aucun repos à esperer & à attendre, parce qu'il n'a qu'une deffiance continuelle sur toutes choses, comme il le dit incessament, (ce qui est commun à tous les méchants dont la conscience les ronge comme Caïn & Judas & leurs semblables;) vû aussi que nonobstant les demandes & propositions qui lui ont été faites à son grand avantage & particulierement par les Envoyez & Commissaires de Sa Majesté Imperiale, afin qu'il se retire sur les lieux de sa naissance, (où chacun naturellement desire le plus de passer ses jours) il n'a pas voulu y entendre, aimant mieux, (Etranger tel qu'il est) ruiner nos susdits Pays que de s'accommoder à ce qui est necessaire pour la prosperité de nos Sujets naturels.

Nous ayant tout consideré, & pour les raisons susdites qui sont si justes & équitables; & nous servant en cela de l'autorité & Souveraineté que nous avons sur lui, en vertu du serment de fidelité & d'obeissance qu'il nous a souvent preté, & aussi comme étant Prince absolu & Souverain des susdits Pays-Bas Hereditaires, pretant particulierement attention sur toutes ses méchantes actions & pieces, & qu'il est la seule cause & promoteur de tous ces troubles & le principal perturbateur de tous nos Pays & Etats, & en un mot la peste publique de la Chretienté, le declarant pour coquin, traitre, & ennemi de nous & de nos Pays, nous l'avons pour cette raison banni & bannissons par ces presentes pour toûjours de nos susdits Pays & de tous nos autres Etats, Royau-

ANNO 1580.

ANNO 1580.

Coninkrijken en Heerlijkheden. Verbiedende en interdicerende allen onsen Onderfaten, van wat ftate, conditie of qualiteit die zyn, met hem te handelen, verkeren, fprake houden of communiceren, openbaerlijk, of bedektelijk, noch den felven te ontfangen of logeren in haren huifen, noch hem gerieven of accommoderen van eenige eetlijke waren, drank, vyer of andere noodlijkheid in geenderhande manieren, op pene te vallen in onfen indignatie, fo hier na gefeid fal worden. Maer confenteren allen en eenen yegelijken, 't zy onfe Onderfaten of andere, tot executie van defe onfe Declaratie en verklaringe, den felven te arrefteren, bekommeren, beletten, en hem van zynen perfoon te verfekeren, ja ook te hinderen, aentaften en offenderen fo wel in fijne goederen als aen fijn lijf en perfoon: exponerende en overleverende den felve Willem van Naffau, ter beliefte, fpot, en proye van eenen yegelijken, als vyand van den menfchelijken geflachte, gevende eenen yegelijken alle zijne goederen, roerlijke en onroerlijke, waer die geftaen of gelegen mogen zijn, wie de felve fal kunnen nemen, aenveerden en bekomen, uitgefondert de goederen tegenwoordelijk onder onfe hand, gebruik en poffeffie wefende. En ten einde 't felfde te eer en met meerder vlyt en fpoed gedaen en volbracht mag worden, en om onfe Onderfaten te geringer van defe tyrannye, oppreffie en verdruckinge te verloffen, en op dat de deugt en vroomheid gepresen, en de boosheid en misdaed geftraft worden, beloven wy in Coninklijke en Princelijke woorden, en als Gods dienaers, dat indien yemand 't zy onfe onderfaet of uitheemfe, fich fo vroom en grootmoedig, en tot onfen dienft, en der gemeine welvaert fo vyerig liet bevinden, dat hy by eenige middel defe onfe ordinantie koude executeren, en fich quijt maken van defe voorfchreven Pefte, ons den felven overleverende dood of levende, of dien felfs van den leven berovende: wy den felven fullen doen geven en furnieren voor hem en fijne Erfgenamen in gronden van erve, of gerede Penningen fijnder keure en optie, terftond na dat die fake volbracht fal wefen, de Somme van 25000 goude Kronen: en fo verre hy eenig delict of misdaed gecommitteert hadde (hoe groot 't felve foude mogen fijn) wy beloven hem 't felve te vergeven, gelijk wy ook van nu voort als dan doen en vergeven, en indien hy van genen Adel ware, hebben den felven geannobiliteert en annobiliteren by defen, in aenfieninge van fijn vromigheid: en in gevalle de principael facteur tot hulpe en affiftentie van fijnen aenflag of executie van den feite eenige andere perfonen aenneemt, fullen wy ook den felven alle gunft en weldaed bewijfen, en tegens elken van hen fulx bekennen als hun qualiteit, en den dienft die fy ons hier in gedaen fullen hebben, 't felfde vereifchen fal, hen vergevende insgelijx 't gene des fy fouden mogen misbruikt en misdaen hebben, de felve ook annobiliterende als voren: en alfo de receptateurs, fauteurs en aenhangeren van fulken bofen Tyran, oorfake fijn, dat hy hem mach continueren en onderhouden in fijne boosheid, fonder de welke de booswichten niet lang konnen domineren: verklaren wy insgelijx alle de gene die binnen een maend na de publicatie van defen, hem niet vertrecken fullen van fijner fijden, maer continueren hem byftand en faveur te bewijfen, of den felven volgen, hanteren, byftaen, favoriferen of beraden, directelijk of indirectelijk, of van nu voortaen met goed of geld helpen fullen, voor rebelle en wederfpannige, en vyanden van de gemeine rufte: En overfulx hebben wy de felve gepriveert en priveren by defen, van alle goederen, Adel, eere, gratie en genade, nu en in de toekomende tijden, gevende hare goederen en perfonen, waer dat de felfde gevonden fullen worden, 't fy in onfe Landen en Coninkrijken of buiten de felver, aen den genen die de felve aenflaen en occuperen fullen, 't fy Koopmanfchap, Geld, fchulden en actien of crediten, Landen, Heerlijkheden en andere, fo verre de goeden alsnoch niet aengeflagen en in onfe handen geftelt fijn, fo voorfchreven is: en om totten arrefte en aentaftinge van hare perfonen en goeden te mogen komen, fal voor genoegfame probatie wefen dat men fal konnen betoonen, de felve (na den tijd hier voren geftelt) gefien te hebben communiceren, fprake houden, handelen, tracteren, frequenteren en verkeeren, in 't openbaer of in 't heimelijk metten

Royaumes & Seigneuries. Defendant & interdisant à tous nos Sujets, de quelque état, qualité, & condition qu'ils soient, de traiter, converser, parler ou communiquer avec lui publiquement ou secretement, ni de le recevoir ou loger en leurs Maisons, ni de lui fournir & accommoder d'aucune chose à manger, boisson, feu & autres necessitez en quelque maniere que ce soit, sur peine d'encourir nôtre indignation, comme il sera dit ci-aprés; mais donnons nôtre consentement à tous & un chacun, soit nos Sujets ou autres, pour l'execution de nôtre presente Declaration, de l'arrêter, inquietter, empêcher, & de s'assûrer de sa personne, voire même de l'attaquer, tant en ses biens qu'en son corps & en sa personne; Exposant & livrant le susdit Guillaume de Nassau au bon plaisir & en proye d'un chacun, comme ennemi du genre humain; donnant ses biens meubles & immeubles, en quelque lieu qu'ils puissent être situez, à quiconque les pourra prendre & s'en saisir, exceptez les biens que nous avons déja & dont nous sommes en possession. Et afin que cela se puisse faire & executer tant plûtôt, & avec plus de diligence, delivrer nos Sujets de cette tyrannie & oppression; & que la vertu soit loüée, & le vice puni, nous promettons en parole de Roi & de Prince, comme serviteur de Dieu, que si quelqu'un, soit de nos Sujets ou étranger, a assez de probité & de courage pour nous rendre ce service & travailler avec zele au bien des peuples, que d'executer nôtre Ordonnance ci-dessus & se défaire de cette susdite Peste, nous le livrant mort ou vif, ou le privant de la vie, nous lui ferons donner & fournir pour lui & ses Heritiers en fonds & Heritages, ou Argent comptant, à son choix & option, aussitôt que l'acte aura été commis, la Somme de vingt cinq mille Ecus d'or. Et s'il a commis quelques delicts ou crimes, (quelques grands qu'ils puissent être) nous promettons de lui pardonner, comme nous les lui pardonnons dés à present comme pour lors; & s'il n'est pas Noble nous l'avons annobli & annoblissons par ces presentes, en consideration de sa probité; & en cas que le principal acteur se fasse assister par d'autres pour l'execution de ce dessein nous leur témoignerons toute faveur & bienveillance & les reconnoîtrons selon leur qualité & le service qu'ils nous auront rendu en cela; leur pardonnant aussi, s'il est besoin, les crimes qu'ils pourroient avoir fait, & les annoblissant de même comme dessus. Et comme ceux qui reçoivent chez eux, favorisent & tiennent le parti de tel méchant Tyran, sont cause qu'il continuë & s'entretient en sa méchanceté, & qu'il ne pourroit pas dominer long-tems sans eux, nous declarons semblablement, ceux qui dans un mois aprés la publication des presentes, n'abandonneront point son parti, mais continueront à lui donner secours & faveur, & le suivront, frequenteront, assisteront, favoriseront ou conseilleront directement ou indirectement, ou d'ici en avant l'aideront de bien ou d'argent, pour rebelles & desobeissants, & ennemis du repos public. Et en outre les avons privez & privons par ces presentes, de tous biens, noblesse, honneur, grace & faveur presens & avenir; donnant leurs biens & personnes, par tout où ils se trouveront, soit dans nos Païs & Royaumes ou hors d'iceux, à ceux qui pourront s'en saisir & les occuper, soit Marchandises, Argent, dettes, actions ou credits, Terres, Seigneuries & autres, à moins que lesdits biens ne soient déja en nôtre possession, comme il est dit ci-dessus. Et pour parvenir à l'arrêt & saisie de leurs personnes & biens, servira de preuve suffisante qu'on puisse témoigner, (aprés le tems ci-dessus prescrit) les avoir vû communiquer, parler, negocier, traitter, frequenter & converser en public

ANNO 1580.

ANNO 1580.

metten voorſz. van Orangien, of den ſelven eenige particuliere gunſte, faveur, hulpe, byſtant of aſſiſtentie, directelijk of indirectelijk, gedaen te hebben. Vergevende nochtans allen en eenen yegelijken al 't gene dat ſy totten voorſchreven tijd toe gedaen mogen hebben ter contrarien, ſo verre ſy hen wederom komen ſtellen en reduceren onder de behoorlijke en oprechte gehoorſaemheid, die ſy ons ſchuldig ſijn, accepterende 't voorſchreven Tractaet van Atrecht binnen Bergen geſloten, of de Articulen der Keyſerlijke Majeſteits Commiſſariſen en Geſanten tot Ceulen. Ontbieden daerom en bevelen onſen ſeer lieven en getrouwen de Hooft-Preſidenten, en luiden van onſen ſecreten en groten Raden, Cancelier en Luiden van onſen Rade in Braband: Stadhouder, Preſident en Luiden van onſen Rade tot Luxemborg: Stadhouder, Cantzler en Luiden van onſen Rade in Gelderland: Stadhouder van Lymborg, Valkenborg, Daelhem en andere onſen Landen van Overmaſe: Gouverneur, Preſidenten en Luiden van onſen Raden in Vlaenderen en Arthois: Groot Baillin van Henegouwe, en Luiden van onſen Rade te Bergen: Stadhouder, Preſident en Luiden van onſen Rade in Holland: Stadhouder, Preſident en Luiden van onſen Rade tot Namen: Stadhouder, Preſident en Luiden van onſen Rade in Vriesland: Stadhouder, Cantzler en Luiden van onſen Rade in Overyſel: Lieutenant van Groeningen, Stadhouder, Preſident en Luiden van onſen Rade t'Utrecht: Gouverneur van Rijſſel, Douay en Orchies: Provoſt van Valencyene: Baillin van Doornicke: Rentmeeſters van Beweſt en Beoiſterſchelt in Zeland: Schoutet van Mechelen en allen anderen onſen Rechteren, Juſticieren, Officieren, en Amptluiden, tegenwoordige en toekomende, en dien van onſen Vaſſalen dien dit aengaen ſal, hare Stedehouderen en elken van hen alſoo 't hem toebehoren ſal, dat ſy deſe onſe tegenwoordige Declaratie, Gebod en Ordonnantie doen kundigen, uitroepen en publiceren, elk binnen de limiten van ſijne Jurisdictie, daer men gewoonlijk is uitroepingen en publicatien te doen, op dat niemand daer van ignorantie ſoude mogen pretenderen: en voorts onderhouden en obſerveren, doen onderhouden en obſerveren onverbrekelijken, alle de Puncten en Articulen daer in begrepen, na hare forme en inhouden: procederende en doende procederen respectivelijken totte recompenſe, loon, pene, ſtraf en punitie boven vermelt, ſonder eenige gunſte, faveur of diſſimulatie. Des te doen, met dieſſer aenkleeft geven wy hen en elken van hen beſonder volkomen macht, autoriteit en ſonderling bevel: ontbieden en bevelen allen en eenen yegelijken, dat ſy hen 't ſelfde doende ernſtlijken verſtaen en obedieren. En niettemin, alſo de voorſchreven publicatie tegenwoordelijk niet gedaen kunnen worden binnen de Steden, Landen en Caſſelrijen, geoccupeert ſijnde door de rebellie van de voorſchreven van Orangien: willen wy dat de publicatien die gedaen ſullen worden binnen de naeſte Steden, weſende onder onſe gehoorſaemheid, van ſulker weerde en effecte ſullen ſijn, als of de ſelve gedaen waren alom binnen de Plaetſen en Vlecken gecoſtumeert, en voor ſulx hebben wy die geautoriſeert en autoriſeren by deſen. Willende en bevelende insgelijx dat die van ſtonden aen gedrukt en geprint ſullen worden by geſworen Druckers of Printers van onſe Univerſiteiten van Loven en Douay in twederley ſprake en tale, op dat de ſelve te geringer tot kenniſſe van eenen yegelyken ſoude mogen komen, en ſulx is onſe gratie, decreet, wille en goede geliefte. T'oorkonde van 't gene des voorſz. is, hebben wy onſen groten Zegel doen hangen aen deſe tegenwoordige, die gegeven ſijn geweeſt in onſer Stad van Maſtricht, den 15. dag van Martio in 't jaer onſes Heeren 1580. van onſen Ryken, te weten van Spangien en Cicilien 't 35. en van Napels 't 27. *By expreſſe Ordonnantie van ſijner Majeſteit*, VERREIKEN. *En waren de voorſz. Brieven geſegelt metten groten Zegel van ſijne Majeſteit in roden waſſe, en dobbelen ſteerte uithangende.*

ANNO 1580.

public ou en particulier avec le ſusd. d'Orange, ou de lui avoir fait quelque faveur, aide, ſecours ou aſſiſtance directement ou indirectement. Pardonnant neantmoins à un chacun tout ce que jusques aud. tems, il pourroit avoir fait au contraire, pourvû qu'ils ſe viennent reduire à la juſte & ſincere obeïſſance qui nous eſt dûe, acceptant le ſusdit Traitté d'Arras conclu à Bergue, ou les Articles des Commiſſaires & Envoyez de Sa Majeſté Imperiale à Cologne. Ordonnons & donnons en mandement à nos amez & fidéles Premier Preſident, & Gens de nôtre ſecret & grand Conſeil, Chancelier & Gens de nôtre Conſeil de Brabant; Gouverneur, Preſident, & Gens de nôtre Conſeil de Luxembourg; Gouverneur, Chancelier & Gens de nôtre Conſeil de Gueldres, Gouverneur de Limbourg, Fauquemont, Dalhem & autres nos Pays d'Outremeuſe; Gouverneur, Preſident, & Gens de nôtre Conſeil de Flandres & Artois; Grand Bailli de Hainaut, & Gens de nôtre Conſeil de Bergue; Gouverneur, Preſident & Gens de nôtre Conſeil de Namur; Gouverneur, Preſident & Gens de nôtre Conſeil de Friſe; Gouverneur, Chancelier & Gens de nôtre Conſeil d'Overyſſel; Lieutenant de Groningue; Gouverneur, Preſident & Gens de nôtre Conſeil d'Utrecht; Gouverneur de l'Ile, Doüay & Orchies; Prevôt de Valencienne; Bailli de Tournay; Receveurs du Weſt & Ooſterſchelt en Zelande; Escoutet de Malines, & tous autres nos Juges, Juſticiers, & Officiers, preſens & futurs, & à ceux de nos Vaſſaux qu'il appartiendra, leurs Lieutenants & chacun de ceux à qui cela concernera, qu'ils ayent à faire ſçavoir & publier, chacun dans ſon reſſort & Jurisdiction, où on eſt accoutumé de faire des publications, cette preſente Declaration, afin que perſonne n'en pretende cauſe d'ignorance; & en outre qu'ils ayent à obſerver inviolablement tous les Points & Articles qui y ſont contenus, ſelon leur forme & teneur; procedant & faiſant proceder chacun endroit ſoi, à la recompence, ſalaire, peine, chatiment & punition ci-deſſus mentionnées, ſans aucune grace, faveur ou diſſimulation. A quoi faire, & tout ce qui en depend, leur donnons plein pouvoir, autorité, & mandement ſpecial; Ordonnant & commandant à un chacun qu'à ce faire ils ſoient conſentants & obeïſſants. Et neantmoins comme les ſusdites preſentes publications ne ſe peuvent pas faire dans les Villes, Terres, & Châtellenies, qui ſont occupées par la rebellion du ſusdit d'Orange, nous voulons que les publications qui ſeront faites dans les Villes les plus proches, étant ſous nôtre obeïſſance, ſoient de telle valeur & effet, que ſi elles avoient été faites dans tous les Lieux & Places accoutumées, à quoi nous les avons autoriſées & autoriſons par ces preſentes. Voulans & ordonnans ſemblablement qu'elles ſoient auſſi-tôt imprimées par nos Imprimeurs jurez de nos Univerſitez de Louvain & Doüay en deux differentes Langues, afin qu'elles parviennent tant plûtôt à la connoiſſance d'un chacun, & ce de nôtre grace, decret, volonté & bon plaiſir. En témoin dequoi nous avons fait appoſer nôtre grand Seau à ces preſentes qui furent données en nôtre Ville de Maſtricht le 15. jour de Mars l'an de nôtre Seigneur 1580, de nos Régnes, ſavoir d'Eſpagne & de Sicile le 35, & de Naples le 27. Par Ordonnance expreſſe de Sa Majeſté, ſigné VERREIKEN. Et étoient les preſentes Lettres ſcellées du grand Seau de Sa Majeſté en cire rouge, & pendant à double queuë.

CLXXVI.

Anno 1580.

5. Juill.

Hol-lande et Orange.

CLXXVI.

Brief van Acceptatie van de Hoog Overheid en Souvereiniteit van Holland *en* Zeeland *by den Prince* Wilhelm *van* Nassau *Prince van Orangien &c. Gedaen in den Hage den 5. July 1580.* [Pieter. Bor, Oorspronck, Begin, en vervolg des Nederlandsche Oorlogh, Tom. II. pag. 183.]

Wilhelm by der gratie Gods Prince van Orangien, Grave van Nassau &c. Doen kond eenen jegelijk: also de Ridderschappen, Edelen en Steden van Holland representerende de Staten van den selven Landen, uit sekere oorsaken en om redenen hun daer toe bewegende, ons seer ernstelijken hebben versocht en begeert te willen aennemen de Hooge Overigheid en Regeringe der voorschreven Landen, ten minsten voor eenigen tijd. Verklarende ons met gemenen advyse en rijpen berade daer toe, mitsgaders tot alle den onderwind en beleidinge van de gemene saken der selver Landen, verkoren en gestelt te hebben, so sy-lieden de selve saken ganschelijk onsen wille en geliefte waren onderworpende, en alsnoch ons confererende en gevende volkomen macht en autoriteit daer toe eenigsins nodig sijnde in der formen en manieren hier na volgende. Te weten: dat wy so lange de voorschreven Landen sullen sijn in Oorloge of Wapenen, volkomen autoriteit en macht gebruiken sullen als Souverain en Overhooft, te gebieden en verbieden alles wes tot conservatie en beschermingе der selver Landen dienlijk of schadeloos sal mogen wesen, en alsulx op alle Krijgs-saken en Oorlogsvolk, te Water en te Lande, te disponeren na onsen goeddunken, of met advys, die ons gelieven sal t'allen tyden daer toe te gebruiken, in de voorschreven Krijgs-saken stellende en gebruikende alsulke overste Lieutenanten, Capiteinen, Officieren en Soldaten, als' ons gelieven en goeddunken sal, onthoudende de selve en allen Commissarissen tot beleidinge der Krijgs-saken, met het gunt daer aen kleeft eenigsins nodig sijnde, op behoorlijke tractement en besoldinge met alsulke goede en generale Krijgs-ordeninge en discipline als tot soulagemente der Ingesetenen en ten minsten quetse van den Lande in alder gelijkheid en eenparigheid sal konnen geschieden: dat ook sulx de gehele beschermingе der voorschreven Landen sal staen t'onser dispositie en ordonnantie, daer toe wy sullen mogen gebruiken alle de Knechten, Oorlog-schepen, en Bootsgesellen jegenwoordig in dienste der voorschreven Landen wesende, en die noch vorder aldaer aengenomen en toegerust sullen mogen worden, tot alsulke diensten, aenslagen en exploicten, en daer van in elken Quartiere, Steden en Vlecken so vele mogen verdelen, logeren, schicken en ordonneren, als wy tot weerstand der Vyanden en beschermenisse der selven Landen bevinden sullen nodig te sijn, en dat sonder advys of bewilliginge van de Staten, van Steden of van yemands anders daer toe te verwachten. In der voegen dat alle Steden en Vlecken altijds het Krijgs-volk of Garnisoen henluiden toegesonden, elx in sijn regard, en binnen elken Quartier t'onser ordonnantie en by provisie sullen ontfangen, voor en aleer sylieden sullen doen eenige remonstrantie of versoek ter contrarie tot hare ontlastinge, sonder dat eenige Knechten in Steden of Vlecken, Schansen, Sterkten, of Huisen leggende, in den Accysen of Imposten meerder vrydom sullen mogen genieten dan d'Ingesetenen van dien: dat voorts geen onderscheid sal worden gemaekt in den Quartieren of Steden van de Knechten, Bootsgesellen of Schepen aldaer wesende of by wie de selve betaelt sullen worden: maer sullen alle Knechten, Bootsgesellen en Oorlog-schepen, mitsgaders alle de Penningen die uit de gemeine middelen van der Unie van Holland sullen procederen van eenderhande nature en conditie gehouden, en alle Steden en Quartieren van dien voor een lichaem gerekent worden na behoren: dat mede geen Knech-

Anno 1580.

5. Juill.

Hol-lande et Orange.

CLXXVI.

Acceptation de la Souveraineté de la Province de Hollande & de Zelande par Guillaume IX. Prince d'Orange, du moins pour quelque tems, fait à la Haye le 5. Juillet, 1580. [Bor, *Histoire des Guerres des Païs-Bas*, Tom. II. pag. 183.]

Guillaume *par la grace de Dieu Prince d'Orange, Comte de Nassau &c. A tous sçavoir faisons, comme les Nobles & les Villes de Hollande representans les Etats du susdit Païs, nous ont requis, pour certaines causes & raisons à ce les mouvans, de vouloir accepter la Souveraineté & Gouvernement du susdit Païs, du moins pour quelque tems, nous ayant nommez à ce par l'avis commun, & meure deliberation, ensemble choisis & établis pour l'administration & conduite des affaires communes du susdit Païs, les soumettant entierement à nôtre volonté & bon plaisir, comme de fait ils nous conferent & donnent l'entier pouvoir & autorité à ce necessaires, en la forme & maniere qui s'ensuit. Sçavoir, que durant tout le tems que les susd. Païs seront en Guerre, nous userons d'un entier pouvoir & autorité comme Souverain & Capitaine General, afin d'ordonner & défendre tout ce qui pourra être necessaire, faisable & non domageable, pour la conservation & défense dudit Pays; & ainsi disposer de toutes les Affaires Militaires, tant par Mer que par Terre, selon nôtre bon plaisir, ou par l'avis de ceux dont en tout tems nous voudrons nous servir à cet effet; établissant & employant dans les susdites Affaires Militaires, tels Lieutenants Generaux, Capitaines, Officiers & Soldats que bon nous semblera, leur fournissant & à tous les Commissaires necessaires pour la conduite des affaires de la Guerre & de tout ce qui en depend, les gages & la solde convenables, sous telles bonnes & generales ordonnances & disciplines militaires que faire se pourra justement & équitablement pour le soulagement des Habitans, & au moindre détriment du Païs: Que pareillement l'entiere défense du susdit Pays demeurera à nôtre disposition & ordonnance; à quoi nous pourrons employer toutes les Troupes, Vaisseaux de Guerre, & Matelots qui sont presentement au service du susdit Pays, & ceux qui pourroient dans la suite être encore levez & équipez, pour tels services, desseins, & exploits; dont nous departirons tel nombre qu'il nous semblera necessaire dans chaque Quartier, Villes, & Bourgs pour la défense dudit Pays, & pour s'opposer aux Ennemis; & ce sans attendre l'avis & consentement des Etats, des Villes ou d'autres. En telle maniere que les Troupes & Garnisons qui seront envoyées dans chaque Quartier, & dans toutes les Villes & Villages par nos ordres y seront reçûes par provision, sans que pour leur décharge ils puissent, chacun à son égard, faire aucune remontrance ni demande au contraire, sans que les Troupes qui seront en Garnison dans les Villes, Villages, Forts, Fortins, ou Maisons puissent jouïr de plus grande exemption que les Habitans desdits Lieux. En outre qu'il ne sera point fait de difference dans les Quartiers & Villes, des Troupes, Matelots & Vaisseaux qui y seront, ou par qui ils seront payez toutes les fois qu'on les y mettra: mais toutes les Troupes, Matelots, & Vaisseaux de Guerre, ensemble les Deniers qui procederont des revenus communs de l'Union de Hollande & de Zelande seront reputez d'une même nature & condition, & toutes les Villes & Quartiers d'icelles Provinces seront tenus pour un seul Corps, comme il appartient. Que semblablement on ne*

Knechten noch Bootsgesellen in eenige van de voornoemde Quartieren of Steden aengenomen nochte gecasseert, nochte eenige equipagie van Schepen of Schuiten gedaen, nochte de selve opgeleid sullen mogen werden, dan t'onser ordonnantie en believen: dat wy sullen doen na komen alle onse Bevelen en Ordonnantien, Wetten, Disciplinen en Articulen des Krijgshandels mette straffinge van den overtreders van dien, daer toe de Staten en Steden met hare Schutteryen en gemeente, des geboden sijnde, de hand sullen houden: dat wy mette Staten voornoemt voorts totten ontfang van de gemene Penningen van de voorschreven Unie sullen mogen stellen of continueren binnen elken Quartiere alsulke Ontfangers als ons goed-dunken sal, en van wegen en opten naem van de Graeflijkheid van Holland en Zeland Recht en Justitie doen administreren by den Rade Provinciael van den Hove van Holland, over alle de Plaetsen en d'Ingesetenen van Holland, Zeland en West-Vriesland onder den selven Hove resorterende en behorende, in alle saken tot kennisse van den selven Hove staende: dat voorts in alle voorvallende geschillen en judiciele saken het Hof en den Raed Provinciael voornoemt met haren Lieutenanten gerespecteert, gekent en haer-lieder mandaten en bevelen geobedieert sullen worden, so binnen desen Quartiere van Holland, als den Noorder-Quartiere en Zeland, sulx als van ouden herkomen is gedaen, sonder dat eenige Steden of Plaetsen hen daer jegen sullen mogen stellen, noch ook de provisie en bevelen van den selven Hove mogen contravenieren, nochte hen van de Jurisdictie van den selven Hove mogen outrecken of eenige nieuwigheid in brengen, daer tegens de Staten der voorschreven Landen by alle wegen en middelen elx in den haren sullen ook voorsien. Behoudelijk nochtans dat gene provisien van den selven Rade sullen werden verleent, noch ook eenige Proceduren geadmitteert, jegen d'Ordonnantien en Resolutien van den Staten, noch ook eenige kennisse genomen aengaende d'Impoften der gemene middelen van der Unie, gedestineert tot onderhoud vander Oorloge: maer die selve saken laten ter dispositie van de Gedeputeerde van den Staten binnen elken Quartier gestelt, mits dat den selven Raed hem sal hebben te voegen na beschreven Recht en equiteit, mitsgaders alle deugdlijke Privilegien en Costumen, en in materie van Appellatien en executien van haer-lieder Sententien na de Ordonnantie en Resolutien van de Staten. Des sullen wy totten selven Raed alle Hooft-Officieren en andere Officieren van Justitie tot collatie van de Camer van de Rekeninge na ouder gewoonte niet staende, bequame personen stellen en ordonneren van wegen de Graeffelijkheid van Holland en Zeland voornoemt, te weten: so wanneer eenige van de jegenwoordige sal mogen overleden, of den tijd voor eenige Officieren geexpireert sijn, 't en ware wy om eenige redenen boven desen goed bevonden te veranderen of te vernieuwen, 't welk wy mitsdien sullen mogen doen in beiden gevallen, met advys van de Staten voornoemt, de welke ons altyd sullen denomineren drie bequame personen, uitten welken wy totte vacerende Staten en Officien respective een sullen verordonneren, mits dat in den voorschreven Raed van Holland altyd twee sullen sijn van Zeland, als na ouden herkomen of de Privilegien van den selven Lande. En sullen die van den Rade voornoemt by provisie mogen verlenen allen provisien in materie van gratien, als relief en restitutie, sulx als by den groten Raed van Mechelen plag worden gedaen: Item, alle Beneficien van Rechten, als Beneficie van Inventaris, Cessien en diergelijke, sullen ook by provisie ter eerster instantie kennisse hebben van alle questien feudale vallende binnen Holland, mits dat in sulken saken by hen sullen sijn de Stadhouder en Raden van de Leenen, als van ouds geweest hebbende en noch jegenwoordig sijnde: dat by ons als by der overhand sullen mogen werden verleent alle gratien als Remissien, Pardons, Respijten, Quinquernellen, Legitimatien, en diergelijke van wegen de Graeflijkheid als boven, na behoorlijk advys van de Officieren en Wethouderen van der Plaetsen of andere na ouder gewoonte: van gelijken alle Octroyen, Beneficien en Prero-

ne recevra, cassera, ni n'équipera aucunes Troupes ni Vaisseaux dans les susdits Quartiers ou Villes sans nos Ordonnances & Mandements. Que nous ferons observer tous nos Mandements, Ordonnances, Loix, Disciplines & Articles Militaires par punition contre les transgresseurs; à quoi les Etats & Villes preteront la main par leurs Milices & Communes: Qu'avec les Etats susdits nous établirons ou continuerons dans chaque Quartier tels Receveurs que bon nous semblera pour la recepte des Deniers communs de la susdite Union, & ferons administrer la Justice par le Conseil Provincial de la Cour de Hollande, de la part & au nom de la Comté de Hollande & Zelande, à l'égard de toutes les Places & Sujets de Hollande, Zelande, & West-Frise ressortissants à la susdite Cour dans toutes les causes dont la connoissance lui appartient. Qu'en outre dans toutes les affaires judiciaires & les differens qui surviendront la Cour & le Conseil Provincial susdits, ensemble leurs Lieutenants seront respectez & leurs Mandements obeïs, tant dans ces Quartiers de Hollande que dans le Quartier Septentrional de Zelande, comme il a été pratiqué d'ancienneté, sans qu'aucunes Villes ou Places puissent s'y opposer, ni contrevenir aux Mandements & provisions de ladite Cour, ni non plus decliner icelle, ni introduire aucune nouveauté, contre quoi les Etats des susdits Pays, chacun endroit soi, y pourvoiront. Excepté neantmoins qu'il ne sera accordé par le susdit Conseil aucune provision, ni qu'il ne sera admis aucune Procedure, contre les Ordonnances & Resolutions des Etats, ni pris connoissance à l'égard des Impôts des Deniers communs de l'Union destinez pour l'entretien de la Guerre: mais que lesdites choses seront laissées à la disposition des Deputez des Etats, établis dans chaque Quartier, pourvû que ledit Conseil se régle sur le Droit écrit & l'équité, & suivant les Privileges & Coutumes; & en matiere d'Apel & execution de leurs Sentences suivant les Ordonnances & Resolutions des Etats. C'est pourquoi nous établirons & ordonnerons de la part du Comté de Hollande & de Zelande susdites des personnes capables pour être Hauts Officiers & autres Officiers de Justice dud. Conseil & qui ne sont point suivant l'ancienne coutume, à la collation de la Chambre des Comptes: sçavoir, quand quelqu'un de ceux qui sont presentement en charge viendront à deceder, ou que le tems de quelques-uns sera expiré, a moins que pour quelques autres raisons nous ne trouvassions à propos de les changer ou renouveller; & qu'en l'un & en l'autre cas nous le ferons par l'avis des Etats susdits, lesquels nous nommeront toûjours trois personnes capables, dont nous en ordonnerons une pour remplir la place vacante, à condition que dans le susdit Conseil de Hollande, il y en ait toûjours deux de Zelande, suivant les anciennes Coutumes & les Priviléges du susdit Pays; Et pourront ceux du Conseil susdit accorder provisionellement en matiere de grace, tous reliefs & restitutions, comme il étoit accoutumé d'être pratiqué par le Conseil de Malines; Item tous Benefices de Droit, tous Benefices d'Inventaires, Cessions & semblables; & auront aussi connoissance par provision en premiere instance de toutes questions feodales qui écherront en Hollande, à condition qu'avec eux seront les Stadtholder *& Conseillers des Fiefs, comme ils y ont été de tous tems & y sont encore; Que par nous en qualité de Souverain, pourront être accordées toutes graces, Remissions, Pardons, Lettres de Respit, Legitimations & semblables au nom de la Comté comme dessus selon l'avis convenable des Officiers & Magistrats des Lieux ou autres suivant l'ancienne coûtume; semblablement tous Octroys, Benefices, Préro-*

ANNO 1580.

ANNO 1580.

Prerogativen of Privilegien: wel-verstaende dat in 't verleenen van eenige Octroyen of Privilegien aen eenige Communiteiten, Steden of Vlecken 't selve gedaen sal worden met advys van den Staten om alle questien te voorkomen, houdende voor bevestigt en geconfirmeert alle Privilegien, Octroyen, Beneficien, en Prerogativen tot noch toe op den naem van den Conink buiten en binnen Holland verleent, uitbesondert by den Hertog van Alva gedurende sijn Gouvernement, en sijne Successeurs in den selven Gouvernemente respective, sedert 't begin van de wapeninge van Holland en Zeland, gegunt en geaccordeert mog sijn: dat wy mede onder onse hand en zegel verleenen sullen de Sauvegaurden en Paspoorten als 't selve tot noch toe is geuseert en gedaen, sonder dat yemand in Holland of Zeland, wie hy sy, hem sulx sal onderstaen dan t'onser expresser auctorisatie: dat wy creeren en vernieuwen sullen ten gewoonlijken tijde de Magistraten in den Steden als na ouder Herkomen, Hantfesten en Privilegien van de Steden. Wel-verstaende indien den nood of versekertheid mochte vereischen eenige afstellinge of vernieuwinge van de Officieren, Wethouderen of Magistraten van den Steden buiten den gewoonlijken tijd, sullen wy 't selve ook mogen doen, met kennisse van saken, en van 't meerendeel der geenre die de Vroedschap der selver Steden sijn representerende, al sonder der Steden voorschreven Hantfesten en Privilegien, die niet-te-min gehouden sullen worden en blijven in haer geheel: mitsgaders ook dat wy hanthouden en beschermen sullen alle Rechten, Privilegien, Gerechtigheden, Vrydommen en loflijke Costumen der Landen van Holland en Zeland in 't gemein, en van elken bysonder, met voorstand, houdinge en protectie van de preëminentien en autoriteit van alle wettelijke Officieren, Magistraten en Overigheid, sonder dat de Gouverneurs, Capiteinen of anderen tot vorderinge van de Krijgssaken in eenige van de Quartieren gestelt, hen sullen vervorderen noche onderwinden eenige kennisse te nemen van politijke of judicicle saken binnen of buiten den Steden vallende: maer daer mede sullen laten bewerden den Officier, Magistraten en Wethouderen aldaer, mitsgaders den Rade Provinciael, sulx van ouden tijde altijds gebruikt en geobserveert is geweest. En aengaende de Religie, sullen wy vorderen en handhouden d'oeffeninge alleen van de Gereformeerde Evangelise Religie, sonder dat wy sullen toe-laten dat men op yemands gelove of conscientie sal inquireren, of dat yemand ter cause van dien eenige moeyenisse, injurie of letsel aengedaen sal worden: doende vorder d'oeffeninge der voorschreven Religie aengaende, stellen alsulke goede ordre als na gelegentheid der saken en conditien van den Steden, ter meeste gerustigheid en commoditeit van der Gemeinte, sonder verminderinge van Godes eere, bevonden sal worden te dienen en te behoren: ook met advys van den Staten eest nood. En sullen den Staten in 't gemeen, ook d'Officieren, Magistraten, Schutteryen, en Gemeenten in allen Steden en Vlecken ons Eed doen in onse voorschreven Regeringe, Bevelen, en Ordonnantien boven verhaelt, en tot onderhoudinge van dien gehouw en getrouw, onderdanig en gehoorsaem te wesen. Als ook by ons of van onsent wegen reciproquelijk gesworen sal worden in de voorschreven Regeringe der Landen van Holland en Zeland, haren Rechten, Privilegien, Vrydommen en loflyke Costumen, in der formen en manieren als boven, by alle mogelyke wegen te beschermen en te vorderen tegens alle hare Vyanden en Weder-partyen: mits dat wy in den Quartieren daer wy ons sonden mogen onthouden, t'onsen hulpe en rade mogen gebruiken de Gedeputeerden van de Staten en Steden die binnen elken Quartiere op het beleid der gemene sake sullen wesen geordonneert. So eest dat wy, om te voldoen 't versoek en begeren der selver Staten van Holland, en willende den selven daer in believen, mitsgaders in hare neringe, en 't gunt sy-luiden verstaen tot vervorderinge en versekertheid van de gemene sake,

Prerogatives ou Priviléges; bien entendu que dans la concession de quelques Octroys ou Priviléges à quelque Communauté, Villes ou Villages la chose se fera par l'avis des Etats pour prevenir tout different, tenant pour ratifiez & confirmez tous Priviléges, Octroys, Benefices, & Prerogatives accordez jusques à present par le Roi dehors & dedans la Hollande, exceptez ceux accordez par le Duc d'Albe durant son Gouvernement, & par ses Successeurs dans les susdits Gouvernements respectifs, depuis le commencement de la prise des armes par la Hollande & la Zelande; Que semblablement nous accorderons sous nôtre signature & scel les Sauvegardes & Passeports, comme il en a été usé jusques à present, sans que personne de Hollande ou Zelande, quelle qu'elle soit, ait à l'entreprendre sans y être par nous expressément autorisez; Que selon les anciens Privileges, Coûtumes, & Chartes nous créérons & renouvellerons, dans les tems accoûtumez, les Magistrats dans les Villes. Bien entendu que si la nécessité & la sûreté requeroit quelque déposition ou renouvellement des Officiers, Juges ou Magistrats des Villes hors le tems accoutumé, nous le pourrons pareillement faire avec connoissance de cause & de la plus grande partie de ceux qui representent le Conseil desdites Villes, sauf les Privileges & Chartes desdites Villes, qui néanmoins demeureront en leur entier. Ensemble que nous maintiendrons & deffendrons tous Droits, Privileges, Jurisdictions, Libertez & loüables Coûtumes des Pays de Hollande & Zelande en general, & de chacun d'iceux en particulier, avec défense, protection & conservation des preéminences & autoritez de tous les legitimes Officiers, Magistrats, & Superieurs, sans que les Gouverneurs, Capitaines ou autres mis dans quelque Quartier pour l'avancement des Affaires Militaires, ayent à se mêler ou à prendre connoissance des Affaires de la Police ou de la Justice qui seront agitez dedans ou dehors les Villes: mais laisseront agir les Officiers, Magistrats & Juges, ensemble le Conseil Provincial, comme il a toûjours été usé & observé de tout tems. Et à l'égard de la Religion, nous avancerons & maintiendrons le seul exercice de la Religion Evangelique Reformée, sans permettre qu'aucun soit inquieté pour raison de sa foi & conscience; ni que pour cause de ce il soit fait à personne aucune fâcherie, injure ou empêchement, faisans en outre, pour ce qui concerne l'exercice de la susdite Religion, établir tel ordre que l'occurrence des cas & l'état des Villes le requerra, à la plus grande tranquilité & commodité des peuples, sans diminution de l'honneur de Dieu, & aussi par l'avis des Etats, si besoin est. Et les Etats en general, aussi-bien que les Officiers, Magistrats, Milices, & Peuples des Villes & Villages préteront Serment de nous être fidéles dans nôtre Gouvernement, & d'observer & maintenir fidellement nos Mandements & Ordonnances ci-dessus mentionnez, comme aussi de nous être soûmis & obeïssants. Comme nous jurerons aussi reciproquement, ou autres de nôtre part, de maintenir & procurer le bien desdits Païs de Hollande & de Zelande en la maniere ci-dessus, par toutes voyes possibles contre tous Ennemis & adverses Parties, & leurs Droits, Privileges, Libertez, & loüables Coûtumes, à condition que dans les Quartiers où nous residerons, nous pourrons nous servir pour nous assister, des Deputez des Etats & Villes qui seront ordonnez dans chaque Quartier pour la conduite des affaires communes. C'est pourquoi pour satisfaire à la demande & aux desirs desdits Etats de Hollande, & voulant leur complaire en cela, aussi-bien qu'en leur negoce, & en ce qu'ils jugent à propos pour l'avancement & la sûreté des

ANNO 1580.

ANNO 1580.

fake, en welvaert der Landen dienlijk te zijn, de voorschreven Overigheid en Regeringe der Landen in forme en manieren boven verhaelt, aengenomen hebben en aennemen by desen: belovende en ons mitsdien aen den selven Staten en Landen verplichtende, de Poincten en Articulen voorschreven ter goeder trouwen te volkomen en achtervolgen, so veel aengaen mag, en alles op de belofte van verbande en gehoorsamheid reciproce van de zijde van den selven Staten, by haer versegelde Brieven ten selven einde en fake ons daer tegens gedaen, en voorder, indien't nood sy, te doen bevestigen na behoren en inhoud der selver Brieven. t'Oorkonde desen met onse hand en Zegele bevestigt. Gedaen in den Hage den 5. July 1580.

des affaires communes & la prosperité des Pays, avons accepté, & acceptons par ces presentes, la Souveraineté & Gouvernement des Pays, en la forme & maniere ci-dessus mentionnée, promettant en ce faisant, & nous obligeant auxdits Etats & Pays, d'ensuivre parfaitement & en bonne foi, autant qu'en nous sera, les Points & Articles ci-dessus, le tout sous la promesse, obligation & obeissance reciproque du côté des Etats dont ils nous ont à cet effet scellé leurs Lettres, & lesquelles, si besoin est, ils feront confirmer comme il appartient. En témoin dequoi nous avons confirmé ces presentes de nos main & Scel. Fait à la Haye le 5. Juillet 1580.

ANNO 1580.

CLXXVII.

19 Sept.

PAYS-BAS ET ALENÇON.

Articles & Conditions accordées entre Monsieur le Duc D'ALENÇON, *& les* ETATS GENERAUX *des Pais-Bas. Au Plessis-les-Tours, le 19. de Septembre* 1580. [FREDER. LEONARD, Tom. II. pag. 628.]

PREMIEREMENT, que les Etats éliront & appelleront, élisent & apellent Son Altesse pour Prince & Seigneur desdits Païs, à tels Titres, à savoir de Duc, Comte, Marquis, & autrement, avec telles superioritez & préeminences, comme les Seigneurs precedens les ont possedez: Bien entendu que toutes les Alliances de la Maison de Bourgogne, & Païs-Bas, tant avec l'Empire, & les Roiaumes de France, d'Angleterre, Danemarc, qu'autres, non prejudiciables au present Traité, demeureront en leur entier, sans qu'il y ait aucun changement.

Aprés le trépas de S A. ses Hoirs mâles legitimes, procréez de lui, succederont esdits Païs; & advenant que S. A. ou sesdits Hoirs auroient plusieurs Enfans mâles legitimes, sera au choix desdits Etats de prendre celui qu'ils trouveront mieux convenir.

Et en cas de minorité du Successeur ou choisi par lesdits Etats, iceux lui commettront Gouverneur, retenant à eux la Tutelle, Gouvernement, & Administration des Païs, tant & jusques à ce qu'il aura accompli les vint ans de son âge, sinon qu'il y eût été pourvû autrement par Son Altesse, & ses Hoirs, selon l'avis des Etats: & venant Sadite Altesse, & Hoirs susdits à défaillir, sera en la puissance des Etats des Païs, d'élire un autre Prince & Seigneur.

Son Altesse sera mise en possession des Domaines des Païs, en l'état qu'ils se trouvent à present, lesquels Domaines demeureront chargez de toutes dettes réelles, & quant aux personnelles, & quant à celles qui ont été faites & créées par les Seigneurs precedens, avec les Provinces & Villes ici contractantes, & autres unies, ou avec les particuliers & Habitans d'icelles tenans leur parti, lesquels en seront déchargez & satisfaits: & S. A. jouïra desdits Domaines, & les fera desservir par tels qu'il lui plaira, moiennant qu'ils soient Naturels du Païs, & se contentera desdits Domaines, sans qu'il puisse lever ou asseoir aucuns deniers extraordinaires, sans le consentement des Etats, suivant leurs anciens Privileges: & là où lesdits Domaines se trouveroient tant chargez, qu'ils ne fussent suffisans à entretenir l'état de S. A. lesdits Etats resoudront d'y fournir, & lui donner tout contentement & satisfaction raisonnable.

Son Altesse entretiendra aux Pays, Provinces, Villes, & Communautez, les anciens Traitez, Contrats, Droits, Privileges, Franchises, Libertez, & Usages, & même (a) *l'Union d'Utrecht*, en ce qu'elle ne peut prejudicier au present Traité.

(a) Faite le 29. Janvier 1579.

Son Altesse ratifiera tout ce qui a été ordonné & conferé par ci-devant par l'Archiduc Mathias, & par les Etats, tant en general qu'en particulier.

Que S. A. sera tenuë d'assembler les Etats Generaux, pour le moins une fois par an, afin d'y être ordonné & disposé sur les occurrences concernant le bien du Pays, & l'entretenement des Privileges d'icelui; outre que lesdits Etats auront puissance de s'assembler toutes & quantesfois qu'ils trouveront convenir pour les affaires du Pays, suivant les anciens Privileges.

S. A. tiendra sa residence esdits Pays-Bas, & en ce cas que pour urgente necessité il s'absentât pour un tems, commettra quelqu'un des Pays en sa place, qui soit agreable, & du consentement desdits Etats.

S A. aura pour Conseil d'Etat, Naturels du Pays, tels que les Provinces commettront, ou ont commis pour cette fois; auquel n'assisteront aucuns étrangers, ni François, ni autres, sinon un ou deux, du consentement desdites Provinces, & agreables à icelles: & pour l'avenir, quand d'autres seront substituez, S. A. les commettra à la denomination desdites Provinces.

S. A. étant esdits Pays-Bas, aura les principaux Officiers de sa Maison de ceux desdits Pays; & quant aux autres, pourra prendre tels qu'il lui plaira, à condition toutefois que la plus part des Gentilshommes seront desdits Pays.

Quand le tems écherra, qu'il faudra pourvoir aux Gouvernemens des Provinces & Places fortes, & aux principaux Officiers de la Province, seront nommez trois par ceux de ladite Province, desquels Son Altesse choisira l'un & ceux, qui se dénommeront pour les Chefs des Villes, seront agreables à icelles.

S. A. prometra d'entretenir la Religion & Religions esdits Pays, en tel état comme elles sont presentement, ou comme és Etats de chacune Province par ci-aprés sur ce sera disposé, & nommément és Pays de Brabant, Gueldre, Flandre, Utrecht, Malines, Frise, Over-Issel, Ommelandes, Drent, & Tewent, sans que de la part de S. A. rien y soit changé ou innové.

Hollande & Zelande demeureront comme ils sont à present, nommément au fait de la Religion, & autrement: Bien entendu qu'en affaires concernant la Monnoie, la Guerre, les Contributions, & les Privileges d'entre les Provinces & Villes respectivement, ils se soumettront à S. A. & à la Generalité, suivant les Accords & Traitez faits par commun avis des Etats Generaux, ou à faire selon les anciennes Coûtumes, Usances, & Privileges.

Et en general S. A. ne permettra point, que personne soit recherché ou enquis en sa Maison, ou autrement inquieté pour le sujet, & sous le pretexte de ladite Religion, ores qu'il fît exercice d'icelle hors desdites Provinces, prenant les uns & les autres en sa protection

Que S. A. fera & procurera envers le Roi de France, qu'il aidera lui & ses Hoirs de ses forces & moiens, pour toûjours se maintenir, ensemble les Provinces contractantes étans de son obeïssance, contre tous Ennemis, fût le Roi d'Espagne, ou autres Alliez & Ennemis; & que Sa Majesté ne permettra qu'aucune aide, faveur, secours, & passages, soient donnez en son Roiaume ausdits Ennemis, & commandera aux Gouverneurs des Provinces, Villes, & Places Frontieres, & autres, de favoriser, & donner passage libre aux Habitans desdits Païs.

Aprés que S. A. sera en possession & jouïssance actuelle desdites Provinces, fera que le Roiaume de France & lesdits Pays s'allieront, & demeureront Alliez, faisant la Guerre, par commun avis, contre tous ceux desquels l'un ou l'autre viendroit à être assailli: Bien enten-

ANNO 1580.

entendu toutefois que lesdits Pays ne feront incorporez à la Couronne de France, ains demeureront fous leurs Loix, Coûtumes, Droits, Ufances, Contrats, & Privileges anciens.

En outre, pour plus grande affûrance contre les Ennemis communs, qui par ci-aprés fe pourroient formalifer contre le prefent Traité; & auffi pour augmenter & entretenir la bonne correspondance & amitié qu'il a plû à la Reine d'Angleterre, aux Rois de Danemarc, Portugal, Suede, Ecoffe, & de Navarre; aux Princes de l'Empire, Villes de la Hanfe Teutonique, & autres Princes, Potentats, Republiques, Villes, & leurs Confederez, maintenir avec les Etats des Pays-Bas, ils feront requis de la part de S. A. & Etats fusdits, d'entrer avec eux en étroite, ferme, & indiffoluble Alliance, pour le bien & utilité commune, fous les Conditions & Articles, que par communs avis, pour la meilleure fûreté & affûrance des Alliez & Confederez, l'on pourra par enfemble conclure & arrêter.

S. A. fera obligée de faire la Guerre, & maintenir lesdits Pays comme deffus, tant avec les moiens, qu'il aura eûs du Roi fon Frere, que les fiens; à quoi lesdits Etats fourniront par an la Somme de deux millions quatre-cens mille Florins, le Florin de quarante gros Monnoie de Flandre; de laquelle Somme feront devant tout paiez les Garnifons & Gens de Guerre du Pays, en tel nombre qu'on trouvera convenir.

Quant au General de l'Armée, S. A. l'ordonnera par avis & confentement des Etats, & commettra fur les Troupes Françoifes un Chef agreable aux Etats fusdits.

Il ne pourra mettre aucuns François, ou étrangers, en Garnifon és Villes & Places fortes, fans le confentement de la Province où la Place eft; & quant aux autres du Pays, les mettra par avis du Confeil fusdit.

Mais pour pourvoir aux neceffitez des Gens de Guerre, feront ordonnées par les Provinces Places commodes & fûres, pour rafraîchir & hiverner les Compagnies en cas de befoin.

Que tous Gens de Guerre étrangers, tant François que autres, feront tenus de fortir du Pays, quand les E. G. le requerront à S. A.

Il ne pourra faire aucune Alliance avec le Roi d'Efpagne, foit par Mariage, ou autrement, ni Accord avec ledit Roi, ou les Provinces defunies, finon avec l'avis, confentement, & aveu des Provinces, qui l'auront reçû; comme il ne fera auffi d'autres Alliances étrangeres, au prejudice dudit Pays & de ce Traité.

Bien entendu que les Provinces, Villes, & Places defunies, & autres qui fe voudront foumettre à S. A. & joindre avec les Etats contractans, feront reçûës & admifes en ce Traité.

Et quant à celles qui feront prifes par force, S. A. en ordonnera par avis des Etats, ainfi que par leur commun confentement fera trouvé convenir, foit par les Provinces defunies, ou autres au Pays-Bas.

S. A. & fes Succeffeurs feront le Serment folennel & accoûtumé en chacune Province, pardeffus le general Serment à faire aux Etats, de l'obfervation de ce Traité. Et en cas que S. A. ou fes Succeffeurs contreviniffent à cedit Traité, en aucuns Points d'icelui, les Etats feront de fait abfous & déchargez de toute obéïffance, ferment, & fidelité, & pourront prendre un autre Prince, ou autrement pourvoir aux affaires, comme ils trouveront convenir.

Au refte, puisque Monfeigneur l'Archiduc d'Autriche, aiant été appellé en ces Pays, s'y eft fidellement emploié & aquité felon fes promeffes, fera avifé par lesdits Pays, enfemble S. A. par quels meilleurs moiens on pourroit donner audit Archiduc toute raifonnable fatisfaction & contentement.

Tous lesquels Articles ont été accordez, conclus, & arrêtez par Sad. A. en fon Confeil, & par les Deputez, fuivant le Pouvoir, Memoire, & Inftructions à eux données par les Deleguez des Provinces de Brabant, Flandre, Hollande, Zelande, Malines, Frife, Ommelandes, en l'Affemblée generale des Etats, tenus en la Ville d'Anvers le douziéme jour d'Août dernier paffé, ledit Pouvoir figné J. Gouffin, & A. Blinnez, Secretaires desdits Etats, & fcellé du grand Scel desdits Etats de cire rouge; à la charge que Sad. A. fera tenuë pour l'execution des xv. & xvi. Articles fusdits, faire que le Roi Trés-Chrétien, fon Frere, lui declarera, & lui donnera affûrance fous fon Seing, d'aider Sad. A. & fes Hoirs, de forces & moiens pour toûjours fe maintenir, enfemble les Provinces contractantes étans de fon obéïffance, contre tous Ennemis, fût le Roi d'Efpagne, ou autres Alliez & Ennemis desdits Pays; qu'il ne permettra qu'aucune aide & faveur, fecours & paffage, foient donnez en fon Roiaume ausdits Ennemis; commandera aux Gouverneurs des Provinces, Villes, & Places des Frontieres, & autres, de favorifer, & donner paffage libre aux Habitans desdits Pays; & dés que Sad. A. fera en poffeffion & jouïffance actuelle desdites Provinces, que Sa Majefté & le Roiaume de France s'allieront, & demeureront Alliez avec lesdits Pays, faifant la Guerre par commun avis contre tous ceux, desquels l'un ou l'autre viendront à être affaillis. Ont promis & promettent Sad. A. & lesdits Deputez audit nom, de garder, obferver, & entretenir inviolablement tous & chacuns lesdits Articles felon leur forme & teneur, fans aucune chofe y changer ou innover, & ce incontinent aprés que de la declaration de Sad. M. telle que deffus, fera aparu ausd. Deputez. Bien entendu que Sad. A. fuivant la declaration, qui en a été faite ausdits Deputez, pourra à l'Affemblée des Etats, qui fera faite en fa prefence, remettre en deliberation les 2. 3. 9. & 18. Articles, pour avifer fur les duretez & difficultez d'iceux, fauf ausdits Etats d'en ordonner ce qu'ils verront être à faire: & a été paffé le fixiéme Article deffus écrit, fur la declaration & affûrance que lesdits Deputez ont donné à Sad. A. aucune chofe n'avoir été ordonnée & conferée, que des Offices & Benefices, & quelques menus dons de peu d'importance, même du confentement des Etats: comme auffi en accordant le dixiéme Article a été dit, qu'en dreffant l'état de la Maifon de Sad. A. fur les lieux, fera faite declaration, quels font les principaux Officiers mentionnez audit Article: & en paffant le vint-fixiéme d'iceux Articles, a été femblablement dit, que les Etats n'avoient entendu comprendre fous icelui ce qui étoit du fait & droit de la Guerre, lesquels demeureroient à la volonté de Sad. A. avec fon Confeil de Guerre; ce que lesdits Deputez ont declaré ne trouver finon que raifonnable, n'entendant empêcher, que Sad. A ne propofe ausdits Etats ce qu'elle trouvera être convenable pour plus ample & claire interpretation ou ampliation desdits Articles, ou autrement ce qu'elle verra être à faire, & ainfi que deffus a été dit. Fait au Pleffis-lés-Tours, le dix-neuviéme jour de Septembre l'an mille cinq-cens quatre-vint. *Signé*, FRANÇOIS. *Et plus bas*, PHILIPPE DE MARNIX. J. GUICHART. AND. HESSELS. F. DE PROVINS. JAQ. TAYADIT. NOEL DE SARON. GASPAR DE VOSBERGHE.

CLXXVIII.

Articles propofez à l'Affemblée faite au Lieu de Flex près de la Ville de Sainte-Foy, entre le Duc D'ANJOU *Frére unique de* HENRI III. *Roi de France, en vertu du Pouvoir que ledit Roi lui a donné, & le Roi de* NAVARRE *affifté des Deputez de ceux de la* RELIGION REFORMÉE, *pour mettre fin aux Troubles arrivez en France depuis le dernier Edit de Pacification. Fait le 26. de Novembre 1580. Lesquels Articles furent aprouvez & ratifiez par le Roi, à Blois, le 26. de Decembre de la même année.* [BENOÎT, Hiftoire de l'Edit de Nantes, dans les Preuves du Tom. I. pag. 54.]

26. Nov. CATHOLIQUES ET REFORMÉS EN FRANCE.

ARticles propofez & mis en avant en l'Affemblée & Conference faite au Lieu de *Flex*, près la Ville de Sainte-Foy, entre Monfeigneur le Duc d'Anjou Frere unique du Roi, en vertu du Pouvoir que Sa Majefté lui a donné, & le Roi de Navarre affifté des Deputez de la Religion pretenduë Reformée, fe faifant fort pour tous les Sujets du Roi faifant profeffion de ladite Religion, pour être prefentez à Sa Majefté, & par elle, fi tel eft fon plaifir, accordez & agréez. Et ce faifant mettre fin aux troubles & desordres avenus en ce Royaume depuis le dernier Edit de Pacification, fait au mois de Septembre, mil cinq cens foixante & dix-fept: & Conference tenuë à Nerac le dernier jour de Fevrier mil cinq cens foixante & dix-neuf, remettre les Sujets de Sa Majefté en bonne union & concorde, & fous fon obéïffance, & pourvoir par une bonne

ANNO 1580.

bonne & promte execution, que d'orénevant il ne puisse avenir entr'eux, chose qui altere ladite Pacification.

ARTICLE I. Que ledit *dernier Edit* de Pacification, & *Articles secrets* & particuliers accordez avec icelui, ensemble les Articles de la susdite Conference tenuë à Nerac, seront réellement & par effet observez, & executez en tous & chacuns leurs Points: qui tiendront & auront lieu, non seulement pour les choses avenuës durant les precedens troubles, mais aussi pour celles qui sont survenues depuis ladite Conference jusques à présent, & que tous les Sujets du Roi d'une & d'autre Religion jouïront du benefice des declarations, aveux, decharges, & abolitions, contenuës ausdits Articles, Edit & Conference, pour ce qui a été fait & commis, pris & levé de part & d'autre durant les presens troubles, & à l'occasion d'iceux, comme ils eussent fait pour ce qui étoit avenu durant les precedens troubles, sauf ce qui est expressément derogé par les presens Articles.

II. Les Articles dudit Edit, concernans le *retablissement de la Religion Catholique*, Apostolique & Romaine, à la celebration du divin Service, *és Lieux où il a été intermis*, ensemble la jouïssance & perception des dîmes, fruits & revenus des Ecclesiastiques, seront entierement executez, suivis, & observez, & ceux qui y contreviendront très-rigoureusement châtiez.

III. En executant le premier, second & onziéme Articles dudit Edit, sera enjoint aux Procureurs Generaux du Roi, & leurs Substituts aux Bailliages, Senechaussées & autres Jurisdictions Royales, informer d'office, & faire poursuite au nom du Roi, contre tous ceux qui émouvans *sedition* ou autrement, & en public tiendront propos scandaleux, & en quelque façon que ce soit contreviendront ausdits Edits, Articles & Conference, pour les faire punir des peines portées par iceux: & à faute de ce faire seront lesdits Procureurs & Substituts responsables desdites contraventions, en leurs propres & privez noms, & privez de leurs états, sans jamais y pouvoir être remis & rehabilitez. Et seront les Evêques exhortez, & autres personnes Ecclesiastiques, de garder & faire garder aux Prêcheurs qui seront par eux commis, le contenu ausdits Articles, comme en semblable Sa Majesté l'ordonne très-expressément à tous autres qui parlent en public, sur les peines contenuës en l'Edit.

IV. En consequence des IV. IX. & XIII. Articles dudit Edit, tous ceux de ladite Religion, de quelque qualité & condition qu'ils soient, pourront *être & demeurer sûrement par toutes les Villes & Lieux de ce Royaume*, sans pouvoir être recherchez ne inquietez pour le fait de ladite Religion, sous quelque couleur que ce soit, en se comportant au reste selon qu'il est ordonné par les Articles susdits dudit Edit. Et ne seront contraints tendre & parer le devant de leurs Maisons aux jours & Fêtes ordonnez pour ce faire: mais seulement souffrir qu'ils soient tendus & parez par l'autorité des Officiers des Lieux. Ne seront tenus aussi contribuer aux frais des reparations des Eglises, ni recevoir exhortation lors qu'ils seront malades ou prochains de la mort, soit par condamnation de Justice au autrement, d'autres que de ceux de ladite Religion.

V. Le premier Article de la Conference tiendra & aura lieu, encores que le Procureur General du Roi soit Partie contre les *Hauts Justiciers*, qui étoient en possession actuelle de ladite Justice, lors de la publication dudit Edit.

VI. En executant le VIII. Article dudit Edit, ceux de ladite Religion nommeront au Roi quatre ou cinq *Lieux* en chacun Bailliage ou Senechaussée de la qualité portée par l'Edit, afin qu'après être informé de la commodité ou incommodité, Sa Majesté en puisse choisir l'un d'iceux pour y établir *l'exercice de leurdite Religion*, ou bien s'ils ne se trouvent commodes, leur être par elle pourvû d'un autre dans un mois après ladite nomination, le plus à leur commodité que faire se pourra, & selon la teneur dudit Edit.

VII. Et pour le regard *des sepultures* de ceux de ladite Religion, les Officiers des Lieux seront tenus dedans quinzaine, après la requisition qui en sera faite, leur pourvoir de lieu commode pour lesdites sepultures, sans user de longueur & remise, à peine de cinq cens Ecus en leurs propres & privez noms.

VIII. Lettres Patentes seront expediées adressantes aux Cours de Parlement, pour *enregîtrer* & faire observer les Articles particuliers & secrets, faits avec ledit Edit. Et pour le regard des Mariages & differens qui surviendront pour iceux, les Juges Ecclesiastiques, & Royaux, ensemble lesdites Chambres, en connoîtront respectivement, suivant lesdits Articles.

IX. Les *taxes & impositions* de deniers qui seront faites sur ceux de ladite Religion, suivant le contenu en l'Article troisiéme de ladite Conference, seront executoires, nonobstant oppositions ou appellations quelconques.

X. Sera permis à ceux de ladite Religion avoir *l'exercice* d'icelle és Villes & Lieux où il étoit le dixseptiéme du mois de Septembre mil cinq cens soixante & dix-sept, suivant l'Article septiéme dudit Edit.

XI. Le Roi envoyera au Païs & Duché de Guyenne une *Chambre de Justice*, composée de deux Presidens, quatorze Conseillers, un Procureur & Avocat du Roi, & Gens de bien, amateurs de Paix, d'integrité & suffisance requise, lesquels seront par Sa Majesté choisis & tirez des Parlemens de ce Royaume, & du Grand Conseil, & en sera la liste communiquée au Roi de Navarre, afin que si aucuns d'iceux étoient suspects, il soit loisible le faire entendre à Sadite Majesté, laquelle en élira d'autres en leurs places. Lesquels Presidens & Conseillers ainsi ordonnez connoîtront & jugeront toutes causes, Procès, differens & contraventions à l'Edit de Pacification, dont la connoissance & Jurisdiction a été par ledit Edit attribuée à la Chambre composée par icelui: serviront deux ans entiers audit Païs, & changeront de lieu & séance par les Senechaussées d'icelui de six mois en six mois, afin de purger les Provinces, & rendre Justice à un chacun sur les Lieux. Et neanmoins a été accordé, que par l'établissement de ladite Chambre, ceux de ladite Religion pretenduë Reformée dudit Païs, ne seront privez du Privilege & Benefice qui leur est concedé par ledit Edit, par l'établissement de la Chambre Tripartie, ordonnée par icelui. De laquelle les Presidens, & Conseillers de ladite Religion demeureront unis & incorporez en la Cour de Parlement de Bourdeaux suivant leur érection, pour y servir & avoir rang & seance du jour qu'ils y ont été reçûs, & jouïront des Honneurs, Autoritez, Prééminences, Droits, Emolumens & Prerogatives quelconques, ainsi que les autres Presidens & Conseillers de ladite Cour. Et pour le regard des Provinces de Languedoc & Dauphiné, les Chambres qui leur ont été ordonnées par ledit Edit, y seront établies & continuées selon & ainsi qu'il est porté par icelui, & les Articles de ladite Conference de Nerac. Et sera la seance prochaine de celle de Languedoc en la Ville de   Et pour celle de Dauphiné sera établie, suivant ce qui a été ci-devant ordonné.

XII. Lesquels Presidens, Conseillers & Officiers desdites *Chambres* seront tenus se rendre promtement és Lieux ordonnez pour ladite seance, afin d'y exercer leurs charges, sur peine de privation de leurs Offices, & de servir actuellement, & resider ausdites Chambres, sans qu'ils s'en puissent departir ni absenter, que préalablement ils n'ayent congé desdites Chambres enregîtré, lequel sera jugé en la compagnie sur les causes de l'Ordonnance. Et y seront lesdits Presidens, Conseillers & Officiers Catholiques continuez le plus longuement que faire se pourra, & comme le Roi verra être necessaire pour son service & le bien public: & en licentiant les uns sera pourvû d'autres en leurs places avant leur partement.

XIII. Inhibitions & defenses seront faites à toutes *Cours* Souveraines, & autres de ce Royaume, de connoître & juger des Procès civils & criminels desdits de la Religion, jusques au jour que lesdites *Chambres* seront seantes, ni aprés: sur peine de nullité, depens, dommages & interêts des Parties, sinon que de leur consentement elles procedassent esdites Cours, suivant les Articles XXVI. dudit Edit, VI. & VII. de ladite Conference.

XIV. Sera pourvû par le Roi d'assignation vallable pour fournir aux *frais de Justice esdites Chambres*, sauf d'en repeter les deniers sur les biens des condamnez.

XV. Sera fait par le Roi, le plus promtement que faire se pourra, un *Reglement* entre lesdites *Cours de Parlement* & lesdites *Chambres*, suivant l'Edit & Article V. de ladite Conference, ouïs sur ce aucuns Presidens & Conseillers desdits Parlemens & Chambre. Lequel Reglement sera gardé & observé, sans avoir égard aux precedens.

XVI. Ne pourront lesdites Cours de *Parlemens*, ni autres

ANNO 1580.

autres Souverains & Subalternes, prendre connoissance de ce qui sera pendant & introduit esdites *Chambres*, & dont elles doivent connoitre par ledit Edit, sur peine de nullité des procedures.

XVII. Es *Chambres* où il y aura Juges d'une & d'autre Religion, sera gardée la *proportion des Juges* & Jugemens selon leur etablissement, sinon que les Parties consentissent au contraire.

XVIII. Les *recusations* qui seront proposées contre les Presidens & Conseillers desdites Chambres de Guyenne, Languedoc & Dauphiné, pourront être jugées au nombre de six, auquel nombre les Parties seront tenuës de se restraindre, autrement sera passé outre, sans avoir égard ausdites recusations.

XIX. Les Presidens & Conseilers desdites *Chambres* ne tiendront aucuns Conseils particuliers hors leurs Compagnies. Esquelles aussi seront faites les propositions, deliberations & resolutions qui appartiendront au repos public, & pour l'état particulier & Police desdites Villes, où icelles Chambres seront.

XX. Tous Juges ausquels l'adresse sera faite des executions des Arrêts & autres Commissions desdites *Chambres*, ensemble tous Huissiers & Sergens, seront tenus les mettre à *execution*. Et lesdits Huissiers & Sergens faire tous exploits par tout le Royaume, sans demander Placet, Visa, ne Pareatis, à peine de suspension de leurs états, & des depens, dommages & interêts des Parties, dont la connoissance appartiendra ausdites Chambres.

XXI. Ne seront accordées aucunes *évocations* de causes dont la connoissance est attribuée ausdites *Chambres*, sinon en cas des Ordonnances, dont le renvoy sera fait à la plus prochaine Chambre établie suivant l'Edit: & sur la revocation des évocations, & cassation des procedures faites sur icelle, y sera pourvu par le Roy sur les requêtes des particuliers: & les partages des Procés desdites Chambres seront jugez en la plus prochaine, observant la proportion & forme desdites Chambres d'où lesdits Procés seront procedez.

XXII. Les *Officiers* subalternes des Provinces de Guyenne, Languedoc & Dauphiné, dont la *reception* appartient aux Cours de Parlemens, s'ils sont de ladite Religion, pourront être *examinez* & reçus en la *Chambre de l'Edit*, sans qu'autres se puissent oppoler & rendre Parties à leurs receptions, que les Procureurs du Roy & les pourvus desdits Offices. Et neanmoins le Serment accoutumé sera par eux prêté esdites Cours de Parlemens, lesquels ne pourront prendre aucune connoissance de ladite reception: & au refus desdits Parlemens, les Officiers prêteront ledit Serment ausdites Chambres.

XXIII. Ceux de ladite Religion qui ont *resigné leurs états & Offices*, pour la crainte des troubles, depuis le 24. Août mil cinq cens soixante & douze, ausquels pour raison de ce auroit été fait quelques promesses: en verifiant lesdites promesses leur sera pourvu par la Justice, ainsi que de raison.

XXIV. Le XLVI. Article dudit Edit sera entierement executé, & aura lieu pour la decharge du payement *des arrerages* des *contributions*, & tous autres deniers imposez durant les troubles.

XXV. Toutes *deliberations* faites aux Cours de Parlemens, Lettres, Remontrances & autres choses *contraires* audit Edit de Pacification & Conference, seront *rayées des Regitres*.

XXVI. Les Procés *des vagabons* seront jugez par les Juges Presidiaux, Prevôts des Marechaux, & Vice-senechaux, suivant le XXV. Article dudit Edit, & VIII. de ladite Conference. Et pour le regard des *domiciliez* és Provinces de Guyenne, Languedoc & Dauphiné, les Substituts des Procureurs Generaux du Roy esdites Chambres feront à la requête desdits domiciliez apporter en icelles les charges & informations faites contre iceux, pour connoître & juger si les cas sont prevôtables ou non, pour après, selon la qualité des crimes, être par icelles Chambres renvoyez, pour être jugez à l'ordinaire ou prevôtablement, ainsi qu'ils verront être à faire par raison, observant le contenu esdits Articles dudit Edit & Conference. Et seront tenus lesdits Juges Presidiaux, Prevôts des Marechaux, & Vicesenechaux, de respecter, obeïr & satisfaire aux commandemens qui leur seront faits par lesdites Chambres, tout ainsi qu'ils ont accoutumé de faire ausdits Parlemens, à peine de privation de leurs états.

XXVII. En toutes *Villes demantelées* pendant les troubles, pourront les ruïnes & demantelemens d'icelles être par permission du Roy réedifiez & reparez par les Habitans, à leur frais & depens, suivant le cinquantiéme Article dudit Edit.

ANNO 1580.

XXVIII. Seront accordées pareilles decharges & *abolitions* pour le regard des choses faites & avenuës d'une part & d'autre depuis ladite Conference jusques à present, que celles qui sont contenuës audit Edit, Article LV. nonobstant toutes Procedures, Sentences & Arrêts, & tout ce qui s'en est ensuivi, qui seront declarez nuls, & de nul effet, comme non avenus; derogeant pour ce regard au contenu du XXV. Article de ladite Conference, lequel neanmoins pour l'avenir demeurera en sa force & vertu. Esquelles abolitions seront comprises les prises de Bazas & de Langon: la premiere faite durant la Guerre, en l'an mil cinq cens soixante & seize, & l'autre apres ladite Conference de Nerac, & ce qui s'en est ensuivi, nonobstant tous Arrêts & Jugemens qui pourroient être intervenus au contraire.

XXIX. Après la publication dudit Edit, faite là part où sera mondit Seigneur, toutes *Troupes & Armées* d'une part & d'autre se separeront & retireront, & après qu'elles seront retirées; c'est à sçavoir les Françoises licentiées, & *congediées*, & les étrangeres seront hors du Gouvernement de Guyenne, pour sortir hors du Royaume. ¶ Aprés que les Villes cy-après nommées seront remises entre les mains de Monseigneur, ledit Sieur Roy de Navarre & ceux de ladite Religion, & autres qui ont suivi leur party, seront tenus de mettre entre les mains de mondit Seigneur les Villes de Mande, Cahors, Monsegur, S. Milion, & Montaign: lequel Montaign sera demantelé aussi-tôt qu'il aura été remis entre les mains de mondit Seigneur.

XXX. Incontinent après la remise des susdites Villes, Monseigneur fera remettre entre les mains dudit Sieur Roy de Navarre les *Maisons*, *Villes & Châteaux qui luy appartiennent*, lesquelles il delaissera en l'état qu'il est ordonné par ledit Edit, & Articles de ladite Conference.

XXXI. Et le Roi fera en même temps remettre entre les mains de mondit Seigneur, lequel en répondra à Sa Majesté, la Ville & Château *de la Reolle*, laquelle mondit Seigneur baillera en garde à Monsieur le Vicomte de Turenne, qui passera telle obligation & promesse qu'il plaira à mondit Seigneur, de la rendre & remettre entre ses mains, afin de la restituer à Sa Majesté, au cas que dedans deux mois après ladite publication les Villes delaissées par ladite Conference étant en Guyenne, ne fussent remises par ceux de ladite Religion en l'état qu'elles doivent être, par les Articles de ladite Conference: pour le regard desquelles Villes tenuës encores à present par ceux de ladite Religion, & à eux delaissées par ladite Conference, promettront ledit Sieur Roi de Navarre & ceux de ladite Religion à mondit Seigneur, lequel en baillera sa parole au Roi, en vuider les Garnisons, & les remettre en l'état qu'elles doivent être par l'Edit & Conference: Savoir est celles dudit Païs de Guyenne dedans lesdits deux mois après ladite publication desdits presens Articles faite la part que fera mondit Sieur, & celles de Languedoc, dedans trois mois aprés ladite publication faite par le Gouverneur ou Lieutenant General de la Province, sans y user d'aucune longueur, remise, tergiversation ou difficulté, sous quelque cause & pretexte que ce soit. Et quant à la liberté & garde desdites Villes, observeront ce qui leur est enjoint par lesdits Articles de ladite Conference. Et feront le semblable pour celles qui leur ont été baillées en garde pour leur sureté par ledit Edit, & nommeront à Sa Majesté personnages de mœurs, qualitez & conditions requises par ledit Edit pour y commander. Et seront tenus & obligez de les laisser & remettre en l'état porté par ledit Edit, incontinent après que le tems qui reste à echoir du terme qui leur a été accordé par icelui sera expiré, suivant la forme & sous les peines y contenuës.

XXXII. Toutes autres *Villes*, *Places*, *Châteaux & Maisons* appartenans au Roi & aux Ecclesiastiques, Seigneurs, Gentilshommes, & autres Sujets de Sa Majesté d'une & d'autre Religion: ensemble leurs Titres, Papiers, Enseignemens & autres choses quelconques, seront remises en l'état qu'il est ordonné par ledit Edit & Articles de ladite Conference, & restituez aux proprietaires incontinent après ladite publication desdits presens Articles, pour leur en laisser la libre jonïs-

ANNO 1580. jouïssance & possession, comme ils avoient auparavant qu'en être dessaisis, sur les peines contenuës ausdits Edits & Articles, nonobstant que le droit de la proprieté ou possession fût en controverse. Et vuideront toutes Garnisons desdites Villes, Places & Châteaux, & seront à cette fin les Articles de l'Edit & Conference concernant les Gouvernemens, & Garnisons des Forts & Citadelles des Provinces, Villes & Châteaux, executez selon leur forme & teneur.

XXXIII. Pour l'effet de quoi mondit Seigneur a offert & promis demeurer ledit tems de deux mois audit Païs de Guyenne, *executer* & faire executer ledit Edit & Articles, suivant le pouvoir à lui donné par Sadite Majesté, laquelle à cette fin sera suppliée établir prés de sa personne un Conseil composé de personnes capables & suffisantes.

XXXIV. L'Article XLVIII. dudit Edit concernant la *liberté du Commerce*, & *l'extinction de tous nouveaux Peages & Subsides* imposez par autre autorité que celle de Sa Majesté, sera suivi & effectué: & attendu les abus & contraventions faites audit Edit depuis la publication d'icelui, sur le fait du Sel de Pecquaiz, seront faites inhibitions & defenses à toutes personnes, de quelque qualité & condition qu'elles soient, d'empêcher directement le tirage du Sel de Pecquaiz, imposer, exiger, ne lever aucuns Subsides, tant sur les Marais, que sur la Riviere du Rône, ni ailleurs, en quelque part & sorte que ce soit, sans l'expresse permission de Sa Majesté, sur peine de la vie.

XXXV. Toutes Piéces *d'Artillerie* appartenant à Sa Majesté, qui ont été prises durant les presens & precedens troubles, seront incontinent renduës suivant l'Article XLIII. des secrets.

XXXVI. L'Article XXX. dudit Edit concernant les *Prisonniers & les Rançons*, sera suivi & observé pour le regard de ceux qui ont été faits prisonniers depuis le renouvellement de la Guerre, & n'ont encore été delivrez.

XXXVII. Le *Roi de Navarre*, & *Monsieur le Prince de Condé* jouïront effectuellement de leurs Gouvernemens, suivant ce qui est porté par ledit Edit & Articles secrets.

XXXVIII. La *levée de six cens mil Livres*, qui fut permise & accordée par lesdits Articles, sera continuée suivant les Commissions qui en ont été depuis expediées en vertu d'iceux, à laquelle sera Sa Majesté suppliée faire ajoûter la Somme de quarante cinq mil Livres, fournie & avancée par le Sieur de la Noüe.

XXXIX. Les Articles, XXII. XXIII. & XXIV. des secrets accordez à Bergerac, touchant les *Sermens & Promesses* que doivent faire le Roi, la Reine sa Mere, Monseigneur son Frere, le Roi de Navarre, & Monseigneur le Prince de Condé seront reïterez & accomplis.

XL. Les *Princes* du Sang, Officiers de la Couronne, Gouverneurs & Lieutenans Generaux, Baillifs, Senechaux des Provinces, & principaux Magistrats de ce Royaume, *jureront* & prometteront de faire garder & observer lesdits Edits & presens Articles, s'employer & tenir la main, chacun pour son regard, à la punition des contrevenans.

XLI. Les *Cours* de Parlemens en corps feront pareil *Serment*, lequel sera reïteré en chacune nouvelle entrée, qui se fera tous les ans à la Fête de Saint Martin, à laquelle ils feront lire & publier ledit Edit.

XLII. Les *Senechaux* & Officiers des Senechaussées és Sieges Presidiaux, feront aussi le même *Serment* en corps, & le reïtereront, faisant lire & republier ledit Edit en chacun premier jour de Jurisdiction aprés les Rois.

XLIII. Les *Prevôts*, Maires, Jurats, Consuls, Capitouls, & Echevins de Villes feront semblable *Serment* aux Maisons communes, appellez les principaux Habitans d'une & d'autre Religion, & les reïtereront à toutes nouvelles élections desdites Charges.

XLIV. Tous les dessusdits & autres Sujets quelconques de ce Royaume, de quelque qualité qu'ils soient, se departiront & renonceront à toutes *Ligues*, Associations, Confrairies, & Intelligences, tant dedans que dehors le Royaume. Et jureront de n'en faire desormais, ne y adherer, ne autrement contrevenir directement ne indirectement audit Edit, Articles, & Conference, sur les peines portées par iceux.

XLV. Tous Officiers Royaux, & autres, Maires, Jurats, Capitouls, Consuls & Echevins, repondront en leurs propres & privez noms des *contraventions* qui seront faites audit Edit, à faute de punir & châtier les contrevenans tant civilement, que corporellement si le cas y écher. ANNO 1580.

XLVI. Et pour le surplus de tout ce qui est contenu, & ordonné par lesdits Edits, Conferences & Articles, sera *executé & observé* de point en point selon sa forme & teneur.

Fait à *Flex*, prés Sainte Foy, le 26. jour de Novembre, 1580. *Ainsi signé de la propre main de Monseigneur Frere du Roi*, FRANÇOIS. *Et de la propre main du Roi de Navarre*, HENRI.

XLVII. Depuis les Articles signez à Flex le 26. du mois passé, a été accordé entre Monseigneur, & le Roi de Navarre, & ceux de la Religion pretenduë Reformée, qu'au lieu de la Ville & Château de la Reole mentionnée au XXXI. desdits Articles, les Villes de *Figeac* en Quercy, & *Monsegur* en Bazadois, seront delaissées audit Sieur Roi de Navarre & ceux de ladite Religion pour la *sûreté* de leurs personnes, & les garderont durant le tems qui reste à échoir, de six années accordées par l'Edit de Paix, à mêmes charges & conditions que les autres Villes leur ont été delaissées. Et pour la sûreté desdites Villes, le Roi entretiendra audit Sieur Roi de Navarre deux Compagnies de Gens de pied, chacune de cinquante hommes, outre & par dessus le nombre des autres Garnisons, accordées par les Articles secrets. Et sera donnée assignation bonne & valable pour l'entretenement desdites Garnisons, & ladite Ville de la Reole & Château remis en tel état que les autres Villes non baillées en garde. Le tout sous le bon plaisir du Roi.

Fait à *Contras* le 16. jour de Decembre, mil cinq cens quatre-vingts.

Ainsi signé de ladite propre main de Monseigneur Frere du Roi, FRANÇOIS. *Et de ladite propre main du Roi de Navarre*, HENRI.

Aprés que le Roi a vû & mûrement consideré de mot à autre tout le contenu en ces presens Articles, proposez en la Conference que Monseigneur le Duc d'Anjou son Frere unique a faite à *Flex & Contras*, avec le Roi de Navarre, & les Deputez de la Religion pretenduë Reformée, qui y étoient assemblez pour faciliter l'execution du dernier Edit de Pacification, lesdits Articles arrêtez & signez de part & d'autre ausdits Lieux de Flex & Coutras, Sa Majesté les a approuvez, confirmez & ratifiez, veut & entend qu'ils soient observez & executez selon leur forme & teneur. & que les Provisions & Depêches requises soient au plûtôt faites & envoyées.

Fait à Blois le vingt-sixiéme jour de Decembre, mil cinq cens quatre-vingts. *Ainsi signé*, HENRI. *Et au dessous*, PINART.

Luës, publiées & regitrées, oüi & ce consentant le Procureur General du Roi, en consequence des autres Lettres concernans le fait de la Pacification des troubles de ce Royaume ci-devant publiées & regitrées, à Paris en Parlement le vingt-sixiéme jour de Janvier, l'an mil cinq cens quatre-vingts-un. Ainsi signé, DU TILLET.

CLXXIX.

Apologie de GUILLAUME IX. *Prince d'Orange contre la Proscription de* PHILIPPE II. *Roi d'Espagne, présentée aux Etats Généraux des Pays-Bas, le* 13. *Décembre* 1580. [JOSEPH DE LA PISE, Tableau de l'Histoire des Princes & Principauté d'Orange, pag. 468.] 13. Dec. ESPAGNE ET ORANGE.

CE que j'ai toûjours demandé à Dieu, Messieurs, & desiré de tout mon cœur me vouloir accorder, dés le temps que j'ai voüé ma personne & ce que j'avois de moyens en ce monde, pour le recouvrement de vôtre liberté, l'assûrance de vos personnes, biens & consciences, si dis-je j'auroy oncques preposé ce qui me touche en particulier à vôtre salut en general, en ce cas que je portasse une peine & ignominie eternelle, laquelle j'auroy attirée sur moy par ma propre volonté: Mais au contraire si ce que j'ay fait cydevant eût été seulement entreprins par moy pour la conservation de vostre Estat, & que j'eusse soustenu une grande partie du faix de cette presente Guerre, seule-

ANNO 1580. feulement pour le falut commun de la Patrie; que la haine conceuë par les meschants contre le Païs & contre tous Gens de bien & d'honneur, ayant efté pour quelque temps diffimulée & couverte en leurs cœurs, vint à fe desgorger tout à la fois plustoft fur moy feul, que fur tant de Gens de bien, & mesmes fur le general de la Republique: que fi ma volonté avoit efté telle envers vous, Meffieurs, vos Enfans, vos Villes, & Communautés, j'en peuffe rapporter quelque jour un tesmoignage folemnel, tant pour le repos de ma confcience que pour mon honneur envers tous Peuples de la Terre, & envers toute la posterité.

Maintenant je me resjouy grandement & rends graces immortelles à nostre bon Dieu, & ay grande occafion de contentement & fatisfaction, puis qu'il permet m'en eftre renduë une fi rare, fi noble & fi excellente marque par cette Profcription cruelle, barbare, & dont jamais n'a efté ouye la femblable en ces Païs, recommandés envers tous Peuples & Nations pour leur finguliere & incroyable humanité: Car combien que rien ne foit plus defirable à l'homme qu'un cours de fa vie, heureux, prospere, & égal, fans aucun heurt ou mauvaife rancontre: toutefois fi toutes chofes me fuffent venuës à fouhait & fans avoir rancontré la haine de la Nation Espaignolle & de fes Adherens, j'auroy perdu l'advantage de ce témoignage qui m'eft rendu par mes Ennemis. lequel j'eftime eftre le plus excellent fleuron de gloire, dont j'euffe peu defirer devant ma mort eftre couronné. Qu'eft-ce qu'il y a de plus agreable en ce monde & principalement à celuy qui a entrepris un fi grand & excellent ouvrage, comme eft la liberté d'un fi bon Peuple, opprimé par de fi meschantes gens, que d'eftre hay mortellement par fes ennemis, & ennemis enfemble de la Patrie; & par leur propre bouche & confeffion recevoir un doux témoignage de fa fidelité envers les fiens, de fa constance contre les Tyrans & perturbateurs du repos public. Tellement que de tant de plaifirs que les Espagnols & leurs Adherens m'ont faits penfants me faire desplaifir, comme par cette infame Profcription ils ont plus penfé me nuire, auffi ils m'ont d'advantage resjouy & m'ont donné plus de contentement. Car non feulement j'en ay receu ce fruict, mais auffi ils m'ont ouvert un champ pour me defendre plus ample que je n'euffe ofé defirer. & pour faire cognoiftre à tout le monde l'equité & juftice de mes entreprinfes, en laiffer à ma pofterité un exemple de vertu imitable à tous ceux qui ne voudront deshonnorer la nobleffe des Anceftres dont nous fommes descendus. & desquels un feul n'a jamais favorifé la tyrannie, ains tous ont aimé la liberté des Peuples, entre lesquels ils ont eu charge & authorité.

Je n'ay point occafion de me plaindre, que je n'aye eu par cy-devant affés ample fubject pour parler de moi-mesmes & taxer les fautes lourdes & enormes de mes ennemis; mais ni la pudeur ne me permettoit de chanter moy-mesmes mes loüanges, ce qui eft trop difficile de ne faire quelque modeftie qu'on fe propofe en tel fubject, ni l'honnefteté publique vouloir que je m'eslargiffe à reciter les crimes de mes ennemis, aimant trop mieux enfevelir une partie de leurs enormes entreprinfes fous filence, qu'en les divulgant, bien que tres-vrays, me mettre en danger d'encourir le foupçon d'eftre mesdifant. Puis doncques, Meffieurs, qu'en cette Profcription il n'eft point feulement queftion de taxer ma perfonne & de l'expofer barbarement en proye, mais qu'auffi il eft cognu à un chacun que par mes playes on veut navrer la Republique & l'Eftat de tous ces Pays: comme ce n'eft plus par petits libelles diffamatoires compofés par gens de neant, & desquels les injures ne m'esmouvoyent non plus que la langue de quelque petit ferpent, qu'il faut plustoft escacher du pied que s'amufer à le combattre par les armes; mais que Gens de fi grande qualité rabaiffent tellement & fi vilement leur grandeur, que de s'amufer à mesdire fauffement & à calomnier; Il m'a femblé eftre du tout neceffaire de parler, afin que la Patrie commune, pour laquelle je fuis preft d'expofer la vie, comme j'ay fait les biens, ne fe fentift intereffée par mon filence, & que d'autre part ces Tiltres Illustres de tant de Pays & de Royaumes s'eftendans jusques fur l'Afrique & l'Afie, n'esbloüiffent les yeux de plufieurs, qui jugent plustoft les affaires de ce monde par les ombres & apparence, que non pas par la fermeté & folidité de la raifon.

Je cognoy toutesfois que ceux qui me profcrivent, en plufieurs chofes ont advantage fur moy, & principalement en deux poinrs, l'un eft qu'ils font monftre & parade de leurs grandes qualités qui furpaffent infiniment ma condition, l'autre qu'ils fe loüent eux-mesmes. De ces deux ce qui apporte du plaifir eft donné à mon ennemi, & j'ay en partage ce qui eft dur & deplaifant à tout le monde. Mais j'espere moyennant voftre faveur & bonne volonté ordinaire, que l'un & l'autre ne m'apporteront aucun dommage, comme ainfi foit que depuis long-temps vous avés esprouvé, que ces grandes & illuftres qualités, fi elles font tachées de tyrannie, ne peuvent beaucoup gaigner fur des cœurs franes & genereux.

Et d'autre part cognoiffant le train ordinaire de ma vie qui n'aime non plus de taxer autruy que de me loüer moy-mesmes, s'il faut que je face l'un ou l'autre comme il eft difficile de m'en paffer (combien que ce fera en la plus grande modeftie que je pourray) & s'il y a quelque chofe qui femble moins feant, fera à vous, Meffieurs, de l'attribuer plustoft à la neceffité de ce faire, qui m'a efté donnée par mes ennemis, que non pas à ma nature, & par ainfi rejetter entierement la coulpe fur leur impudence & importunité. Et vous prieray, Meffieurs, de vous fouvenir que je fuis fauffement accufé d'eftre *ingrat, infidele, heretique, hypocrite, femblable à Judas & à Cain, perturbateur du pays, rebelle, eftranger, ennemi du Genre humain, pefte publique de la Republique Chreftienne, traiftre, & meschant, que je fuis expofé pour eftre occis comme une befte, avec falaire à tous affaffineurs & à tous empoifonneurs, qui le voudront entreprendre*, vous laiffant à juger, s'il eft poffible que je me purge de telles calomnies, fans paffer en quelque chofe l'ordinaire train de ma couftume de parler de moy & d'autruy. Cependant je fuis tellement affeuré de la juftice de ma caufe, de mon integrité & fidelité envers vous, de voftre equité & rondeur, & de la cognoiffance que vous avés comment toutes mes affaires fe font paffées, que je ne vous demande autre chofe finon que vous jugiés & cognoiffiés de ce fait, & en ordonniés, pour voftre bien, falut, & confervation, ce que les Loix, Franchifes, Libertés, & Privileges du Pays vous commandent, fuivant l'esperance que tout le Peuple a de voftre fageffe & integrité; ce que je vous prie de faire, voire obtefte par toutes chofes faintes & facrées, & mesme par voftre Serment & obligation que vous avés au Pays: m'affeurant certainement comme en plufieurs autres chofes je fuis moindre que mes ennemis, auffi que je feray en ce point d'autant leur fuperieur, que par tous moyens & artifices ils ont voulu violer, rompre, & opprimer vos Loix, vos Privileges, & Libertés: mais au contraire que je me fuis de bon cœur & avec toute fidelité employé pour les maintenir & conferver.

Et combien, Meffieurs, que je ne fuis pas tellement ennemi de ma bonne renommée, que je ne prinfe à gré (comme j'espere mes actions le meriter) d'eftre en bonne eftime envers tous les Princes, Potentats, & Republiques de ce monde, fors envers les Espaignols, & leurs Adherens, desquels tant qu'ils perfevereront en leur tyrannie, je ne defire ni grace, ni faveur, ni amitié quelconque: toutesfois puis que vous eftes feuls en ce monde à qui j'ay Serment, auxquels feuls je me tiens obligé, qui feuls avés puiffance d'approuver mes actions, ou de les improuver, je me tiendray pour bien fatisfait quand j'auray receu tesmoignage de voftre part conforme à mes intentions, qui ont efté toûjours conjointes à voftre bien, utilité & fervice; & endureray patiemment les autres Peuples & Nations en juger felon leurs paffions & affections, ou bien ce que plus je defire felon l'equité, droiture & juftice, ayans premierement despoüillé tout prejugé & delivré leurs entendemens des nuages de ces grandeurs qui les pourroient avoir éblouïs par cy-devant.

Or fi mes ennemis, Meffieurs, fuffent venus droit au point de la Profcription, mettans en avant les raifons fur lesquelles cette Sentence barbare, & qui monftre par trop leur cœur bas & forlignant de la vertu de leurs Anceftres eft fondée, je n'euffe auffi ufé d'aucuns circuits, & d'entrée j'euffe declaré quelle eft mon innocence, & combien leurs fondemens font debiles & ruineux. Mais puis que pour me rendre odieux, ils ont mieux aimé jetter dés l'entrée au devant des yeux de tout le monde un amas d'injures, & les entrelaffer fans propos au cours de leur oraifon, parlans de moy fi impudemment: je penfe qu'il eft neceffaire & mesmes tres-jufte que je responde à telles calom-

ANNO 1580. calomnies, afin qu'aucun estant esmeu ou persuadé par tels propos, ne reçoive cette mienne defence d'un cœur plus aliené de moy, que le droit receu entre tous Peuples, & la Justice ne le requierent.

Quant à cet amas donc d'injures, par lesquelles je suis impudemment deschiré, & lesquelles estant retirées de cette Proscription rien n'y restera qu'une fumée, voyés, Messieurs, combien la defence de laquelle j'use est simple & sans fard. Si vous me cognoissés estre tel que mes ennemis me publient, si je porte ou en corps ou en ame telles couleurs, dont le forgeron de cet Escrit dit qu'il m'a depeint (car, Messieurs, vous m'avés cognu dés ma jeunesse, & je n'ay passé mon aage ailleurs qu'avec vous) fermés incontinent vos oreilles, & refusés d'entendre une seule parole sortant de ma bouche. Mais si au contraire en toute ma vie j'ay esté plus homme de bien, plus entier, plus continent, moins avare, que les autheurs de cet infame Escrit, & que celuy qui l'a publié, à sçavoir le Prince de Parme & ses Predecesseurs, desquels les faits sont trop cognus par les Histoires, si dis-je vous me cognoissés & mes Ancestres plus Gens de bien que ceux-cy & leurs Ancestres, croyés que comme ils me calomnient faussement dés l'entrée, qu'ils ne seront aussi non plus croyables en tout le reste de leurs impudentes accusations. Car je vous prie à quoy sert tout ce recit de tant d'injures, sinon pour monstrer à tout le monde, que mes ennemis sçavent bien mesdire & detracter, de celuy qu'ils n'ont peu par la grace de Dieu meurtrir par poison, ni par glaive, ni tromper par promesses & amuser par vaines esperances, en essayant de le navrer du venin de leur langue accoustumée dés leur jeunesse à un si infame mestier.

On fait un recit dés l'entrée, *de plusieurs bien-faits que j'ay receus de l'Empereur, pour le regard de la Succession de feu Monsieur le Prince d'Orange mon Cousin; que le Roy m'auroit fait de son Ordre, Lieutenant General au Gouvernement de Hollande, Zélande, Utrecht, & Bourgoigne, & du Conseil d'Estat.* A quelle fin ces choses? pour monstrer que je suis grandement obligé à la Maison d'Espaigne, & que je ne puis eviter d'estre condamné d'ingratitude, & d'infidelité à raison des Serments par moy faits, & des Terres & Seigneuries que je tenois à hommage dudit Seigneur. Voirement je confesse & suis d'accord avec le Roy & avec toute la Maison d'Espaigne, que rien n'est tant à condamner en ce monde, que l'homme soüillé de ces deux taches, à sçavoir d'ingratitude & d'infidelité, & qui a dit ces deux injures à un homme, il luy en a dit autant qu'il peut; & principalement en ce que d'autant plus qu'un Seigneur est de Maison plus noble & illustre, d'autant plus est-il des-honoré s'il peut estre convaincu de telles fautes. Je ne refuse point aussi d'estre haï de tout le monde, exterminé de la Terre, que ma memoire soit flestrie à jamais si je suis trouvé tel; Mais ce sera à cette condition que si je monstre qu'il n'y a Prince en ce monde plus ingrat envers un pauvre Seigneur, que celuy qui m'accuse & me veut condamner, l'est envers moy, il soit aussi assubjecti à pareille condition, & qu'il soit tenu pour tel qu'il est, envers tous les vivants & toute la posterité.

Je proteste, Messieurs, que la memoire de l'Empereur Charles me sera toûjours honorable, tant pour raison de ses gestes, que pour ce qu'il luy a pleu me faire tant d'honneur que de m'avoir nourri en sa Chambre l'espace de neuf ans, auquel aussi j'ay fait service trés-fidele & trés-volontiers. Mais si celuy qui par raison entre tous les humains, est le plus obligé à maintenir sa renommée vient m'accuser d'ingratitude pour n'avoir recognu les biens qu'il dit que j'ay receus de l'Empereur, je vous supplie m'excuser si estant contraint je declare pour mon innocence quant aux biens, que je n'en ay receus aucuns de luy, ains qu'en luy faisant service, j'ay receu de trés-grandes pertes, comme vous entendrés clairement s'il vous plaist m'escouter patiemment.

Or doncques il dit; *Que pour la Succession de feu Monsieur le Prince René mon Cousin, l'Empereur m'a traicté favorablement.* Mais en quoy? premierement il ne s'est jamais trouvé Seigneur si mal advisé qu'il ait voulu quereller contre moy la succession, tellement que si elle ne m'a esté empeschée par l'Empereur, qu'a-il fait pour moy? ne se trouvant Partie aucune si temeraire qui ait osé se presenter pour la debattre? Et quand j'eusse eu des Parties, si mon droit estoit si clair & si bien fondé que rien n'eust jamais peu estre allegué au contraire, & que là-dessus l'Empereur eust donné arrest à mon profit, qu'eust-il fait pour moy sinon qu'il m'eust administré Justice, & ne m'eust voulu oster ce que les Loix, la Raison, & la Nature mesmes me donnoient? Mais s'il vous plaist, Messieurs, de considerer la nature de la succession, vous trouverés mon droit avoir esté tel, que l'Empereur n'eust peu m'en priver sans un tort extreme & injure trop evidente. ANNO 1580.

Il y avoit en la Succession deux Membres principaux, ce qui venoit de nostre Maison de Nassau, dont Messieurs mes Predecesseurs Ayeuls & Bisayeuls, Oncles paternels & Cousin germain paternel ont jouy: à sçavoir les biens qui m'appartiennent aujourd'huy en Brabant, Flandres, Hollande & Luxembourg: l'autre estoit la Succession de la Maison de Chalon. Quant à la Succession de Nassau qu'on appelle communement de Breda, pour estre le lieu principal de mes Seigneuries, & où moy & mes Predecesseurs avons tenu nos Chambres de Comptes, Conseil, & principaux Enseignemens, qui est-ce qui me pouvoit troubler en icelle, sinon Monsieur mon Pere qui estoit Oncle, & moy Cousin germain de Monsieur le Prince René, Fils unique de Monsieur le Comte Henri de Nassau mon Oncle & Frere de Monsieur mon Pere? Mais tant s'en faut que je fusse empesché en la Succession par mondit Seigneur & Pere, que luy mesme prit la peine de venir sollicitér que j'en fusse mis en possession, & ne se trouva jamais homme si impudent qui s'y voulut opposer, sinon le President Schoorte, lequel en Conseil dit que *Filius hæretici non debet succedere.* D'autant que Monsieur mon Pere, ensuivant les exemples des bons Roys David, Josias, & autres, avoit reformé les Eglises de ses Terres qu'il tenoit en Allemaigne & les avoit repurgées des abus, selon la parole de Dieu, & mesmes par la permission de l'Empereur. Et toutesfois pour cela ne laissa le Conseil de donner advis selon raison & equité, comme aussi il ne pouvoit autrement, veu mesmes que Monsieur le Comte de Konickfteyn mon Oncle avoit esté maintenu en la Succession du Comté de Rochefort, combien que luy mesme fust Protestant. Puis doncques que c'estoit un different (si different se doit appeller ce qui estoit en nostre Maison, soit que sa Succession susdite fust adjugée au Pere ou au Fils) toutesfois suivant les Loix, autres que nous n'y pouvoient pretendre aucun droit.

Quant à la Maison de Chalon; Premierement il ne se peut dire, pour les Baronnies que je tiens & possede paisiblement au Duché de Bourgoigne & au Dauphiné de Viennois, que j'en sois obligé à l'Empereur; car il n'y avoit non plus de puissance que moy, le tout estant en la puissance du Roy de France qui saisissoit également le Comté de Charollois appartenant à l'Empereur & mes Baronnies, quand la Guerre se mouvoit entre eux deux; tellement que je ne luy en puis estre aucunement obligé, sinon de ce que je fus compris au Traicté de Paix de Soissons, qui est le moindre devoir qu'il eust peu rendre à la memoire de Monsieur mon Cousin, qui estoit peu de temps auparavant mort en la mesme expedition & à ses pieds, au siege de S. Dizier, aprés tant de faits d'armes pour son service.

Et moins m'a-il peu favoriser en mon Principauté d'Orange, où il n'avoit rien à voir ni lui ni Prince quelconque, le tenant en souveraineté nuë & absoluë, ce que peu d'autres Seigneurs pourront dire. Et n'y a Prince pour le regard de mondit Principauté duquel j'aye besoin de l'amitié & bonne grace, sinon du Roy de France, lequel j'espere ne voudra toucher à ce qui appartient à un pauvre Prince qui luy est trés-humble serviteur, pour ce que la raison ne le permet, laquelle il ne voudra outrepasser, & aussi en consideration des loyaux services que mes Predecesseurs ont faits à la Couronne de France & Duché de Bretaigne (dont il est descendu & Heritier) avec grands dangers de leurs vies, grandes despenses, & infinis travaux.

Il reste donc ce qui m'appartient au Comté de Bourgogne, & dequoi si injustement & tyranniquement j'ai esté si long-temps spolié & depossédé, qui me revient jusques à present à prés de deux millions de perte. Mais je voudroi en premier lieu, qu'on se souvint pourquoi le Comté de Bourgoigne est appellé Franc, à sçavoir entre autres raisons par ce que la franchise & liberté des Seigneurs & tenans biens audit Pays est, qu'ils ont puissance de tester & disposer de leurs biens comment & à qui bon leur semble, sans pouvoir estre, ni pour femmes, ni pour Enfans ou Heritiers quelconques, forcés à disposition autre de leurs biens que comme il plaist à leur volonté. Puis donc que Monsieur le Prince René meu de sa propre volonté sans autre

ANNO 1580.

autre égard qu'il eust à moy, qui étois encores lors jeusne Enfant, vivant en Allemaigne sous la puissance & discipline de mes Maîtres & Gouverneurs, & n'ayant autre respect sinon que j'estois son Cousin germain, m'a institué son Heritier universel, ce qu'il a fait suivant la puissance qu'il en avoit selon les Loix & Coustumes du Pays, si dis-je j'en dois rendre graces à quelqu'un, c'est à la memoire dudit Seigneur Prince, lequel estant l'aisné de nostre Maison a voulu comme je lui devois succeder à ce rang d'aînesse, que je vinsse aussi à lui succeder en ses biens. Je ne vois point doncques jusques à present, que je sois obligé de rien pour cette Succession à la Maison d'Espaigne, & n'y a homme du monde qui le puisse dire avec verité.

Mais l'Empereur donna Octroy audit Seigneur Prince, de tester à qui bon luy sembleroit, & en vertu de l'Octroy le Prince m'a choisi pour Heritier. Cela, Messieurs, est à mon tresgrand advantage, & ne peut servir à mon Ennemi: Car quand l'Empereur a accordé l'Octroy, il ne sçavoit pas qui devoit estre nommé Heritier par le Prince, & n'a esté sceu de personne jusques au jour de l'ouverture du Testament, qui fut faite en la presence de la Royne Marie, depuis la mort dudit Seigneur Prince; tellement que l'Empereur accordant l'Octroy, puis que son intention n'estoit de m'advancer, je ne sens aussi luy estre obligé de cette faveur qui fut faite au Prince (laquelle neantmoins la moindre personne qui soit, peut facilement obtenir par Lettres ordinaires de la Chancellerie) n'estant faite en ma contemplation. Car de juger de l'Octroy par ce qui en est par aprés ensuivy, seroit juger contre les regles que j'ay si souvent ouy repeter à l'Empereur, qui disoit les Conseils devoir estre examinés, approuvés, ou reprouvés par les causes & non par les effects. Or posons qu'il n'y eust point eu d'Octroy: Toutesfois rien n'a esté ordonné par le Testament de Monsieur le Prince René que selon les Loix, ainsi qu'il a esté dit.

Mais que respondront-ils quand outre toutes ces raisons je leur diray, que le Testament de Monsieur mon Cousin est un Testament Militaire, ce qu'ils ne peuvent debatre ni obscurcir, voire fait avec telle solemnité & maturité; fait dis-je & fondé par paroles expresses, sur ce que ledit Seigneur Prince, qui avoit ja auparavant senti que c'estoit des dangers de la Guerre en tant d'expeditions pour le service de l'Empereur, estoit ja en chemin pour aller à une Guerre si dangereuse & avec un si grand Prince que le Roy François: & combien que je ne sois pas un grand Docteur en Loix, si est-ce qu'il me souvient trés-bien avoir ouï plusieurs sçavants personnages disputans de cette matiere en presence de Monsieur mon Pere, qui disoient non-seulement les Testaments Militaires, mais aussi les Codicilles estre de telle valeur suivant les Loix Imperiales, que si l'Homme de Guerre avant sa mort avoit fait la moindre marque de sa volonté, comme ayant tracé de son sang sur la targe le nom de celuy qu'il veut instituer, ou de la pointe de sa Hallebarde ou espée escript en Terre: que cette Ordonnance de derniere volonté estoit inviolable & preferée à toute autre institution, suivant les anciens Privileges de ceux qui sont honorés du baudrier militaire. Combien plus ce Privilege estoit-il deub à un si vaillant Prince & si gentil Chevalier? Car icy il n'est point question d'une simple marque: il y a un Testament bien fait & meurement, non point à la haste, ou par un simple Soldat blessé, tendant à la mort; mais par un Prince de vertu & digne d'honneur immortel, assisté de son conseil & acheminé à l'expedition: non point à un estranger, mais à son Cousin germain: non point à un importun flatteur, mais à un Enfant estant bien loing de l'Armée Imperiale, qui alloit assieger S. Dizier & deliberoit de donner jusques à Paris. Ordonnance, dis-je, faite non point au desceu de l'Empereur, mais avec son Octroy; Ordonnance suivant les Loix & Coustumes des Lieux. Estant donc si ferme, il n'a esté en la puissance d'aucun de la debattre & moins de m'en frustrer, sinon par une voye qui eust esté par trop tyrannique, & qui peut-estre eust plus apporté de dommage à la renommée de l'Empereur que d'advantage, s'il eust voulu me faire autre chose que la raison. Et comme il y a eu entre mes Predecesseurs aucuns, qui ont bien trouvé moyen de se faire faire raison à des Princes injustes & ingrats qui detenoient leur bien, aussi j'espere que Dieu me fera encores la grace d'avoir heureuse issuë contre celuy qui m'a injustement despouillé de mes biens & me veut barbarement oster la vie.

ANNO 1580.

Mais puis que je suis contraint de parler encores de cette Succession, je voudroy qu'on me dit si l'Empereur me laissant jouyr de la Succession, m'a donné de son bien ou non; car si je n'ay rien receu sinon ce qui avoit appartenu à Monsieur le Prince René: je ne vois point que le Roy puisse en façon quelconque me reprocher, que luy, ou que l'Empereur son Pere m'ayent donné quelque chose, si ce n'est liberalité que de faire largesse du bien d'autruy.

Mais au contraire bien que pour le present je laisse les torts qui me sont faits audit Comté, auquel j'ay tels Droits & Preéminences, & dont on m'a despouillé, & desquels je ne parle pour le present, les remettans à debattre, quand les armes m'auront fait plus de raison, que l'injustice de celuy qui me detient le tout: je n'eus pas si-tost apprehendé la Succession, qu'aussi-tost je fus despouillé de la Seigneurie de Chastel-belin, laquelle est de si peu de valeur, qu'à present me sont deubs trois cents cinquante mille Livres d'arrerages à cause d'icelle. Et voicy le comble d'injustice. L'Empereur fut requis par Monsieur mon Pere, que pour le moins selon les Droits, je fusse premierement reintegré en la possession en laquelle avoit esté mon Predecesseur, il ne le voulut permettre, seulement me permit (estant toutesfois despouillé) de poursuivre mon Droit par Justice, en quoy il me laissoit au moins quelque ouverture, d'autant qu'il ne m'empeschoit pas de debattre mon droit contre luy, estant la cause evoquée au Parlement de Malines: Mais le Fils, qui neantmoins ose me reprocher ses bienfaits, voyant la cause preste à juger, le jour mesmes que le Procés se devoit vuider, les advis des Presidents & Conseillers estoient ja enregistrés, & avois eu advertissement de chercher argent pour les espices, (voyés, Messieurs, que la Justice estoit bien renduë par celuy qui me l'avoit jurée & aux Barons de ces Pays:) Il interdit à sa Cour de passer outre, & laisse le Procés pendu au croc, où il est encores à present. Voila les grands advantages que j'ay receus de la Maison d'Espaigne, voila le fondement & la base des reproches, & surquoy est appuyée cette infame structure de Proscription.

Mais au contraire si je viens à deduire combien la Maison d'Espaigne est obligée à mes Predecesseurs, j'ay peur d'entrer en une Mer que je ne puisse passer en plusieurs mois. Je toucheray doncques seulement les principaux points, laissant à vous, Messieurs, & aux Lecteurs la recherche particuliere desdites obligations, aux Histoires & anciens Registres de ce Pays.

Celuy qui est premierement venu de la Maison d'Austriche au Pays-Bas & long-temps aprés que mes Predecesseurs y tenoient Comtés & Baronnies, est l'Empereur Maximilian, lors Archiduc d'Austriche; qui est celuy qui ne connoit que le Comte Engelbert, mon grand Oncle, est celuy qui a maintenu ledit Empereur, employant ses biens, sa vie, & son entendement pour le conserver? N'est-ce point le Comte Engelbert avec Monsieur de Romont, lequel gaigna la journée de Guignegaste, ayant par son asseurance retenu les Gens de Pied ensemble, estans les Gens de Cheval mis en route, au moyen dequoy furent arrestées les grandes Conquestes du Roy Louis onziéme, ce qui asseura depuis l'estat de Maximilian? N'est-ce pas luy qui au retour de sa prison de France trouva Maximilian embrouillé en Flandres contre Monsieur de Ravestain & ceux de Bruges, & qui fit tant par armes & par conseil que l'appointement se fit: qui fut cause de maintenir derechef ledit Archiduc, & qui fit pareillement entretenir l'Accord aux Habitans de Bruges, dont encores en demeurent aujourd'huy les marques illustres & de sa fidelité & de la gratitude des Bourgeois? C'est ce mesme Engelbert qui a dompté ceux qui se rebelloient vers les confins du Rhin, & a rendu ledit Empereur paisible des Pays d'Outre-Meuse. Sans parler des voyages dangereux entrepris pour ledit Empereur, comme de Bretaigne pour le Traité du Mariage entre ledit Seigneur Archiduc & Madame Anne Heritiere du Duché, & depuis Royne de France deux fois: & avoit si bien negocié que tout estoit accordé & fut passé outre, sans que Monsieur Johan Prince d'Orange Pere de Monsieur Philibert rompit ce coup, & procura le Mariage de ladite Dame sa Cousine germaine avec Charles Roy de France. Et furent les merites & valeurs dudit Seigneur Comte si grands

ANNO 1580. en ce Pays qu'il fut Lieutenant General par tout le Pays-Bas.

Le Successeur & Heritier dudit Seigneur Comte Engelbert és Biens de ces Pays, fut Monsieur le Comte Jehan de Nassau son Frere & mon Ayeul: & aprés sa mort succeda Monsieur le Comte Henry mon Oncle Fils aisné dudit Seigneur Comte Jehan aux biens de pardeça, en Brabant, Luxembourg, Hollande, & Flandres: Monsieur le Comte Guillaume mon Pere aux Biens d'Allemaigne. Personne ne peut nier que de son temps il n'y a eu Seigneur en ces Pays qui plus ait travaillé pour le service de l'Empereur Charles que luy: & à fin que je ne m'estende à reciter ce qui est tant cognu, seulement je vous diray en un mot que c'est luy qui a mis la Couronne Imperiale sur la teste de l'Empereur, ayant poursuivy tellement cest affaire lors que l'Empereur pour son jeune âge, & pour son absence (car il estoit en Espaigne) n'estoit capable de le poursuivre, qu'il persuada aux Electeurs de preferer l'Empereur au Roy de France, qui contendoit aussi pour le fait de ladite election. Et comme il est notoire à un chacun que cette Couronne Imperiale a esté le pont, qui par aprés a fait passage à l'Empereur pour tant de conquestes, on ne peut desnier que la recognoissance n'en doive estre faite audit Seigneur Comte. Mais me pourra-on à present monstrer une seule marque de recompense, un seul bienfait que nostre Maison aye receu de celle d'Espaigne? On voit en plusieurs Places de ce Pays les Pieces d'Artillerie aux armes de Hongrie, que le Roy de Hongrie a donné à mes Predecesseurs, pour tesmoignage & memoire de leur vertu, qu'ils avoient employée à leur service contre les Turcs, desquelles Pieces aucunes m'ont esté violentment emportées par le Duc d'Alve hors de ma Maison de Breda, lors qu'il tyrannisoit en ce Pays, & aucunes y sont encores demeurées, ce que je mets en avant pour dire que tant que ces Pieces dureront, tant aussi dureront les marques de la vertu de mes ancestres, & un illustre tesmoignage qui leur a esté rendu par le Roy de Hongrie. Mais comme mes Predecesseurs ont esté si nobles, & par la grace de Dieu & leur bon mesnage non point pauvres, ils n'ont rien demandé des Princes de ces Pays, ni aussi n'ont rien receu de gratuit. Et toutefois pour le moins la Couronne Imperiale meritoit bien quelque recompense. Je confesse que la Succession de Chalon & du Principauté d'Orange, a esté un grand accroissement à nostre Maison; Mais si nous en sommes obligés à quelqu'un, vrayement c'est au grand Roy François, qui donna en Mariage à Monsieur mon Oncle, la Sœur de Monsieur le Prince Philibert, Fille de Monsieur le Prince Jehan, laquelle avoit esté nourrie avec la Royne Anne, Belle-Mere dudit Seigneur Roy, & de laquelle estoit Cousine ladite Princesse. Et voyés icy, Messieurs, l'honnesteté de ce Monarque. L'Empereur a receu sa Couronne par les peines & travaux de mon Oncle: le Roy François qui sçavoit ce que ledit Seigneur avoit fait pour son competiteur ne laissa de luy donner cette Princesse en Mariage, Heritiere presomptive de son Frere Monsieur le Prince Philibert, recognoissant ledit Roy ne devoir sçavoir mauvais gré à celuy qui avoit constamment suivy le parti qu'il avoit prins. Tellement que je puis dire comme disent les Historiographes de son temps, qu'il a esté un gentil cœur de Prince & liberal. Et quand l'Empereur auroit concedé quelque chose à la memoire de Monsieur le Prince René, & que suivant la disposition derniere, il auroit accordé à sa volonté quelque Privilege & Benefice extraordinaire: je vous prie estant un si valeureux Prince qui luy avoit tant fait de services, ayant par la force des armes non-seulement reparé le dommage d'une bataille perduë pour l'Empereur, mais aussi luy ayant reconquis le Duché de Gueldre, & par aprés venu iceluy mesmes mourir aux pieds de l'Empereur & pour son service; seroit-ce toutesfois recompense condigne rendue à si loyaux & si signalés services?

Que diray-je du Prince Philibert, lequel seul luy a acquis la Lombardie, le Royaume de Naples, asseuré l'Estat de Rome, & luy a prins le Pape, en somme l'a rendu comblé de toute grandeur & felicité: & maintenant le Fils viendra reprocher à la memoire de tels Princes, que l'Empereur a fait justice à leur Successeur & Cousin? Que si ceux de Nassau n'avoient vescu par cy-devant, si ceux d'Orange n'avoient tant faits d'armes devant que le Roy fut nay: il n'auroit pas mis tant de Tiltres sur le front de cette Proscription, par laquelle faussement & calomnieusement il me prononce traistre & meschant, ce qui ne tomba jamais & espere ne tombera en aucun de ma race. Mais qu'on me responde par le commandement de qui le Cardinal de Granvelle a empoisonné l'Empereur Maximilian dernier estant encores Roy des Romains, je sçay ce qu'il m'en a dit, & que depuis il a eu telle crainte du Roy & des Espaignols, qu'il en a esté plus craintif à faire profession de la Religion, laquelle il cognoissoit toutesfois estre la meilleure. ANNO 1580.

Il poursuit & dit, *Qu'il m'a successivement continué & augmenté de plus en plus, m'ayant fait de son Ordre, en aprés Lieutenant General au Gouvernement de Hollande, Zelande, Utrecht, & Bourgoigne, de son Conseil d'Estat, & m'a fait plusieurs biens & honneurs.* Quant aux biens je ne puis aucunement le recognoistre, si on ne veut appeller bienfaits les grandes despenses que j'ay faites tant pour le service de l'Empereur que du Roy. Car ceux qui ont vescu de ce temps, & principalement du Roy, peuvent avoir souvenance comme la Cour a esté grandement accompaignée de Noblesse de plusieurs & diverses Nations, & pour la pluspart de Noblesse Allemande. Or chacun sçait que ma Maison a tousjours esté ouverte, & que j'avois ordinairement la descharge & le defray, soustenant les despenses de la Cour pour le peu d'ordre qu'il y avoit de la part du Roy. Un chacun sçait aussi la grande & excessive despense qu'il me convint soustenir au voyage, auquel contre ma volonté & plusieurs protestations faites à l'Empereur & à la Royne de Hongrie, je fus contraint de porter la Couronne de l'Empire à l'Empereur Ferdinand, d'autant qu'il ne me sembloit raisonnable que j'emportasse la Couronne de dessus la teste de mon Maître, qui y avoit esté mise par mes Predecesseurs. Depuis je fis le voyage de France, auquel je fus envoyé pour l'un des hostages, pour l'execution de la Paix de Chasteau en Cambresis, qui m'apporta aussi une extreme despense, tellement que je puis bien asseurer qu'en ces trois Articles, joinct aussi aux frais que j'ay faits aux dernieres armées & principalement en celles de Philippeville & Charlemont où j'estois General, j'ay fait despense de plus de quinze cents mille Florins, & toutesfois la Chambre des Comptes peut encores faire foi que je n'ay jamais eu recompense d'une maille pour ces services, mesmement estant Lieutenant General de l'Armée, que je n'ay receu pour tous gages que trois cents Florins par mois, qui n'estoit pas pour payer les serviteurs qui tendoient mes tentes.

Tout au contraire, si la Royne de Hongrie vivoit encores, elle auroit bien souvenance de ce qu'elle me dit, quand l'Empereur se trouvant en la plus grande extremité qu'il fut jamais, par les Armes du Duc Maurice, & du Landtgrave Guillaume d'une part, & de l'autre par celles du Roy de France, fit la Paix de Passau, à si grand interest de nostre Maison, laquelle luy servit (avec nostre grand perte & despens) de luy conserver l'Empire qu'elle lui avoit acquis auparavant. Car comme en plaine assemblée de l'Empire par advis des Electeurs, l'Empereur eslevé en son throsne & Siege Imperial nous eust adjugé & par arrest, le Comté de Catzenellebogen avec plus de deux millions de Florins d'arrerages, il fit toutesfois sa Paix à nos despens, remettant par l'Accord de Passau nos Parties en possession, sans aucune recompense: ce que je ne propose pour faire resusciter le Procés, duquel nostre Maison depuis a appointé avec la tres-illustre Maison des Landtgraves de Hessen, desquels nous sommes bons Parents & serviteurs: mais c'est pour faire entendre à tout le monde les grands Biens que nous avons receus de la Maison d'Espaigne, & que chacun entende qui c'est, qui peut à bon droit estre taxé d'ingratitude. Ce n'est pas, Messieurs, le premier semblable trait qu'on nous a fait: car Monsieur le Prince René aisné pour lors de nostre Maison poursuivant si valeureusement la Guerre de Cleves, l'Empereur luy promist de n'appointer jamais avec le Duc de Cleves, sinon à condition de nous laisser paisibles du tiers du Duché de Juilliers, qui nous appartient par la Succession de Monsieur le Comte Jean de Nassau mon bisayeul, & de Marguerite Comtesse de Juilliers & de la Marck: toutefois se voyant victorieux, appointa comme il luy pleust, oubliant que cette victoire luy estoit acquise par la sueur & vaillantise de mondit Sieur & Cousin.

Quant aux honneurs, je ne denieray jamais comme j'ay dit cy-dessus, que l'Empereur ne m'ait grandement honoré, m'ayant nourri & fait de sa Chambre l'espace de

ANNO 1580.

de neuf ans, & depuis en mes deux premieres Guerres m'ayant donné charge sur toutes les Ordonnances de ces Païs. Et combien que je n'eusse attaint encores l'âage de vingt & un an, estant mesmes absent de la Cour à sçavoir à Bueren, neantmoins le Duc de Savoye faisant un voyage, l'Empereur me choisit pour General de l'Armée, combien que les Seigneurs du Conseil, & la Royne mesme en presentassent plusieurs autres, desquels la capacité estoit tres-grande, à sçavoir Messieurs les Comtes de Bossu, de Lalaing, Martin van Rossem vieux Chevaliers, & les Comtes d'Arenbergh, de Meghen, & d'Egmond qui estoit âagé de douze ans plus que moy: ce neanmoins ores que je ne fusse nommé d'aucun (comme depuis ils respondirent à l'Empereur) à raison de ma jeunesse, si est-ce qu'il pleut à l'Empereur me choisir pour les raisons que lors il declara, & lesquelles la Royne de Hongrie me contraignant de prendre la charge, me fit entendre par aprés, lesquelles aussi pour le present, j'ayme mieux taire que les exposer, pour ne sembler me vouloir moy-mesmes par trop haut louër & priser. Je dis encores plus, qu'il pleust à l'Empereur me faire venir du Camp, lors, Messieurs, qu'il vous declara la volonté qu'il avoit de remettre ses Royaumes entre les mains du Roy, & luy pleut encores tant m'honorer, qu'il ne voulut faire cet Acte solennel en mon absence, & mesmes voulut se presenter en vostre Assemblée estant appuyé sur moy à cause de son infirmité, ce que plusieurs estimerent pour lors m'avoir esté à tresgrand honneur. Mais quand ainsi seroit que depuis le Roy m'eut fait quelques honneurs, toutefois je ne vois point qu'il s'en puisse en sorte quelconque prevaloir, puis que contre tout droit & raison, & contre son propre serment, il me les a voulu oster.

Car quant à l'Ordre, si l'Empereur & le College des Chevaliers m'ont donné leur voix, je n'ay non plus d'obligation à luy qu'à un des autres Chevaliers, veu qu'il luy estoit necessaire de trouver bon ce que le College approuvoit, comme il sçait que contre son advis & sa volonté nous esleumes au dernier Chapitre de l'Ordre tenu en ces Païs à pluralité de suffrages, plusieurs Chevaliers, & les fismes recevoir. Mais quand ainsi seroit que je luy en serois redevable, toutefois tant s'en faut qu'il me le puisse reprocher, qu'au contraire il en est luy mesme descheu. Il a juré & est contenu aux Chapitres d'iceluy que les Chevaliers de l'Ordre doivent estre jugés par leurs Freres. De fait il ne fut jamais en la puissance du Duc Philippe surnommé le Bon, de contraindre Messire Jehan de Luxembourg à quitter le Serment qu'il avoit au Roy d'Angleterre, remettant ledit Seigneur de Luxembourg la decision de leur different au College des Chevaliers. Mais les Freres que le Roy a donnés à Messieurs les Comtes d'Egmont & de Hornes, Marquis de Bergues, & de Montigny, ont esté des faquins, des chiquaneurs & gens de neant, par lesquels aussi il m'a fait condamner contre toute voye de droit, ainsi que j'ay par cy-devant protesté & allegué les nullités devant toute l'Europe. Tellement qu'ayant luy-mesme contrevenu à son Serment contre les Chapitres du College, il n'est aucunement à ouïr en tels reproches, esquels se trouvent gravées les marques de son Serment rompu & violé. Et au reste si je dois rendre graces à aucun, de l'Ordre, des Gouvernemens & autres Dignités: c'est à l'Empereur lequel l'a ainsi voulu & l'a donné devant que partir du Pays, ayant auparavant cognu mes devoirs & ma fidelité, nommement pour raison de mes services en la conduite de son Armée, en laquelle j'avois en teste Monsieur de Nevers, & feu Monsieur de Chastillon Admiral de France, qui a bien fait depuis cognoistre qu'il estoit une rude partie, ce neantmoins Dieu mercy n'emporterent rien sur moy, ains j'edifiai à leur barbe Philippe-ville & Charles-mont, ores que la peste affligeat estrangement nostre Armée.

Quant au Gouvernement de Bourgoigne, je puis bien asseurer n'en avoir jamais receu aucune chose, joint que mes Predecesseurs ont de tout temps maintenu qu'il leur appartenoit hereditairement: & de fait Madame Philiberte de Luxembourg, estant Monsieur le Prince Philibert son Fils en Italie, fist assembler les Estats de Bourgoigne en ma Ville de Nozeroy: & sur ce qu'aucuns le trouverent mauvais, pour estre ma dite Ville sur l'une des Frontieres du Comté de Bourgoigne, elle respondit qu'elle vouloit entretenir la possession des Seigneurs de la Maison de Chalon qui estoient Gouverneurs Hereditaires du Comté de Bourgongne. Mais quoy qu'il en soit, les deportemens du Roy en mon endroit, monstrent assés qu'il ne peut m'objecter ces honneurs, lesquels contre toutes regles d'honneur il m'a voulu oster avec la vie & les biens, m'ayant, contre tout Droit divin & humain, ravi mon propre Enfant mesmes contre les Privileges du Pays qu'il a jurés à la joyeuse entrée.

ANNO 1580.

Car quant à la charge de Conseiller d'Estat, j'ay assés suffisamment monstré en ma defence faite par cy-devant en l'an soixante sept, que le Cardinal & autres avoient practiqué que j'y fusse appellé, pensants se couvrir seulement de mon authorité envers le Peuple, & pourtant je ne me dois sentir leur obligé; puis que ce faisant ils ne cherchoient pas tant mon advantage que leur profit. Que s'ils sont decheus de leur esperance, il faut qu'ils l'attribuent ou à leur incapacité de n'avoir peu assés sagement conduire leur entreprinse, ou ce qui est le plus veritable (car ils n'avoient pas faute de sens) leur meschanceté a esté si grande, si visible & si palpable, que personne ne les a peu souffrir, ains ils ont esté jettés hors du Pays comme un venin, poison, & une peste publique.

Or d'autant qu'on ne s'est pas seulement adressé à ma personne, pour m'accuser d'ingratitude & d'infidelité, mais aussi, comme la rage & la fureur mord esgallement tout le monde, aussi-bien l'innocent comme celui qu'on juge estre coulpable, leur petulence a esté si grande que de vouloir toucher à l'honneur de ma Compaigne, par le blasme qu'ils cuident mettre sus à mon dernier Mariage: je ne sçay si je les trouve plus à condamner en impudence ou en bestise, n'ayant sceu ces sçavants hommes, qui se vantent d'estre si bons Peintres, practiquer la leçon chantée & rechantée par les plus petits Escolliers, *Celuy qui s'appareille pour mesdire d'autruy, doit estre exempt de tout crime.* Car c'est une impudence & temerité s'ils cognoissent leur fautes si notables, & neantmoins pallent par-dessus leurs espines & chardons comme si c'estoient roses: ou s'ils ne les cognoissent, quelle bestise est-ce, quelle stupidité, de ne point voir ce qui se presente à toutes heures à leurs yeux? Ils voyent tous les jours un Roy incestueux qui est à un seul demy dégré prés un Jupiter mary de Junon sa propre sœur: & ils m'osent reprocher un Mariage saint, honeste, legitime, fait selon Dieu, celebré selon les Ordonnances de l'Eglise de Dieu! Et derechef je suis icy contraint de vous prier, Messieurs, de penser, ce que vous n'avés jamais veu en moy, que je sois esmeu par mesdisance à descouvrir ces abominables ulceres, & mettre devant les yeux de tout le monde le cautere de telles consciences: mais qu'il vous plaise l'imputer à cette rage & fureur desesperée des ennemis de Dieu, de toute la Chrestienté, & les vostres en particulier, qui ne sont enflambés contre moy pour ce qu'ils cognoissent quel a esté mon soing, ma diligence, & fidelité à vostre conservation.

Celuy donc qui a espousé sa Niepce, ose me reprocher mon Mariage! un Mariage dis-je legitime & selon Dieu! Celuy lequel pour parvenir à un tel Mariage a cruellement meurtri sa Femme, Fille & Sœur des Rois de France! comme je sçay qu'on en a en France les informations! Sa Femme legitime! Mere de deux Filles vrayes Heritieres d'Espaigne! comme je ne doute que la Couronne de France, laquelle par cy-devant a donné la Couronne de Castille à un bastard duquel Philippe est descendu, depossedant un tyran toutefois legitime, n'aura moins de puissance de la maintenir aux vrayes Heritieres, si Dieu qui est juste Juge & qui ne laisse jamais telles meschancetés impunies, n'en fait la vengeance durant sa vie le privant de son estat, comme il l'a tres-bien merité, quand il n'auroit fait autre faute qu'en cet inceste, accompagné d'un meurtre si abominable. Mais il a eu dispense. De qui? du Pape de Rome qui est un Dieu en Terre. Certes c'est-ce que je croy; car le Dieu du Ciel ne l'auroit jamais accordé. Or quel a esté le fondement de cette terrestre-divine dispense? c'est qu'il ne falloit pas laisser un si beau Royaume sans Heritier: & voyla pourquoy a esté adjousté à ces horribles fautes precedentes un cruel parricide, le Pere meurtrissant inhumainement son Enfant & son Heritier, afin que par ce moyen le Pape eut ouverte de dispense d'un si execrable inceste, abominable à Dieu & aux hommes. Si donc nous disons que nous rejettons le Gouvernement d'un tel Roy incestueux, parricide, meurtrier de sa femme, qui nous pourroit accuser justement? combien y a-il eu de Roys bannis de leurs Royaumes & chassés, qui n'avoient pas commis des crimes si horribles? Car quant

ANNO 1580. quant à Dom Charles, n'estoit-il pas nostre Seigneur futur & Maistre presomptif? Et si le Pere pouvoit alleguer contre son Fils cause idoine de mort, estoit-ce point à nous qui y avions tant d'interest, plustost à le juger, qu'à trois ou quatre Moynes ou Inquisiteurs d'Espaigne? Mais peut-estre qu'il faisoit conscience, de laisser pour Heritier celuy qu'il sçavoit estre nay en Mariage illegitime, d'autant que du temps qu'il faignist d'espouser l'Infante de Portugal Mere de Dom Charles, il estoit marié à Dona Isabella Osorio, de laquelle aussi il a eu deux ou trois Enfans, dont le premier se nomme Dom Pedro, & le second Dom Bernardino, duquel Mariage pourroit donner bon tesmoignage Rigomes Prince d'Yvoli, s'il estoit vivant; car il en fut le negociateur, dont luy est venu ce grand credit, & tant de Biens en Espaigne, lesquels à present ingratement on ressuce de sa Vefue comme d'une esponge. Que s'il s'est si bien porté en ce presumé Mariage, celuy qu'il a contracté avec la Fille de France n'a pas gueres esté plus heureux: car outre le meurtre de la Royne sa femme, il a aussi esté ennobli d'un adultere qualifié entre tous autres. C'est qu'il a tenu mesnage ordinaire avec Donna Eufrasia, laquelle estant enceinte de son fait, il contraignit le Prince d'Ascoli de l'espouser, & au bout de quelque temps (comme les serviteurs de la tyrannie disent) le pauvre Prince mourut de desplaisir, pour ne pouvoir remedier (ayant trop forte partie) à ce qu'un bastard du fait d'autruy ne fut son Heritier. Mais ceux qui en parlent plus certainement, afferment qu'il receut un morceau plus aisé à avaller que non pas à digerer Et maintenant celuy qui est orné d'une Couronne de trois tels Mariages, estant dis-je un tel Mary trois-fois, ose me reprocher mon Mariage!

Mais ores qu'il ne fut tellement souillé & qu'on peut le tenir pour innocent, si est-ce que je ne crains point qu'il me puisse reprocher aucune faute: & Dieu mercy je n'ay rien fait que bien meurement & avec le conseil de plusieurs personnages d'honneur, sages, & discrets. Et n'est besoin qu'il se donne beaucoup de peine de chose en laquelle il n'a que voir, & de laquelle aussi je ne suis tenu de luy rendre aucun compte. Car quant à ma defuncte femme elle appartenoit à Princes de tres-grand lieu, Princes sages & d'honneur, lesquels je ne doute qu'ils n'ayent toute satisfaction. Et quand je voudrois entrer plus avant en ce discours, je luy pourrois bien faire cognoistre, que les plus sçavants de ses Docteurs le condamnent. Quant à ce qui touche le Mariage auquel je suis allié à present, quoy qu'ils facent bouclier du zéle qu'ils y veullent faire paroistre avoir aux traditions de l'Eglise Romaine: si est-ce qu'ils ne feront jamais croire à personne de ce monde, qu'ils soient plus grands zélateurs d'icelle Eglise que Monsieur de Montpensier Monsieur mon Beaupere, lequel ne fait pas profession de sa Religion comme fait le Cardinal de Granvelle & ses semblables, mais comme il pense sa conscience luy commander, & toutefois ayant bien pensé ce qui est passé, & ayant ouy l'advis de plusieurs des principaux de la Cour de Parlement de Paris assemblée à Poictiers pour les grands jours, ayant aussi ouy l'advis des Evesques & Docteurs, a trouvé comme telle est la verité, que non-seulement ores qu'il y eut eu promesse de la part de ma Compaigne, elle estoit nulle de droit, pour avoir esté faite en bas aage, contre les Canons, Ordonnances de France, & Arrests des Cours souveraines, mesmes contre les Canons du Concile de Trente auquel mon ennemi defere tant: mais que jamais n'y eust aucune promesse faite, ains plusieurs protestations au contraire, dont est apparu par bonnes informations faites, mesmes en absence de ma Compaigne. Et quand tout cela ne seroit point, si est-ce que je ne suis pas si peu versé en la bonne doctrine, que je ne sçache tous ces liens de conscience retors par les hommes ne pouvoir estre à aucune obligation devant Dieu. Et ne me peut empescher ce qu'on dit, que si telle chose estoit permise à Seigneur de ma qualité, pour le moins que le Pape en devoit donner dispense. Car il y a long-temps Dieu merci que je sçai bien que peut valloir cette traficque de dispenses de Rome: & tant s'en faut que je veuille avoir recours à celuy qui m'a jusques à present procuré tout le mal qu'il a peu, que j'espere bien comme ce bon Pasteur me fait & à toutes gens de bien du pis qu'il peut, aussi que Dieu me fera la grace d'advancer la ruyne de ce regne mystique qu'il a dressé en sa spelunque de Rome, au moyen duquel il a dominé par cy-devant sur toute la Terre, faisant baiser la pantoufle aux Princes & Roys, voire foullant aux pieds un Empereur

ANNO 1580.

On m'objecte aussi que je suis estranger. Comme si le Prince de Parme estoit un grand Patriot, qui n'est point nay en ce Pays, n'y a un sol de bien ni Tiltre aucun, & lequel neantmoins commande à baguette à quelques mal avisés & qui se rendent ses obeïssants comme des pauvres esclaves. Mais qu'est-ce qu'ils appellent estranger? A sçavoir celuy qui est nay hors du Pays. Il sera donc aussi estranger comme moy: car il est nay en Espaigne Pays naturellement Ennemi des Pays-Bas, & je suis nay en Allemagne Pays naturellement amy & conjoint à ce Pays. On respondra qu'il est Roy: & je dy au contraire que ce nom de Roy m'est incognu. Qu'il le soit en Castille, en Arragon, à Naples, aux Indes, & par tout où il commande à plaisir: qu'il le soit s'il veut en Jerusalem, paysible Dominateur en Asie & Afrique, tant y a que je ne cognois en ce Pays qu'un Duc & un Comte, duquel la puissance est limitée selon nos Privileges lesquels il a jurés à la joyeuse entrée. Quant à ce qui me touche, il est notoire que moy & mes Predecesseurs desquels je suis descendu en droite ligne masculine, avons commencé de plus de deux cents ans de posseder Comtés & Baronnies és Pays de Luxembourg, Brabant, Flandres, Hollande. Car environ l'an mil trois cents quarante, Monsieur le Comte Otthon, duquel je suis descendant en septiesme degré, & duquel je suis Heritier aisné, espousa la Comtesse de Vianden, & depuis le Comté dudit Vianden n'est party de nostre Maison, ains en avons toûjours jouy paysiblement, jusques à ce que le Roy m'en a injustement depossedé. Depuis Monsieur le Comte Engelbert I, petit Fils dudit Comte Otthon, espousa la Dame de Leck & de Breda, duquel aussi je suis descendu en ligne directe masculine, & en cinquiesme degré. Puis-je donc estre à bon droit appelé estranger? Sans que je touche pour le present à mes biens de Bourgoigne, où j'ay Dieu mercy assés bonne part. Et je vous laisse à juger, Messieurs, qui cognoissés mieux nos Loix que gens du monde, comment nos Ancestres en ont usé de temps immemorial, & si les Sieurs de Ravestain, de Luxembourg, de S. Paul, de Nevers, d'Estampes, & autres Seigneurs tenans Comtés & Baronnies en ce Pays, ont esté tenus pour estrangers, & si encores aujourd'huy vous ne tenés pas pour naturels tous ceux qui possedent telles Seigneuries, moyennant qu'ils veulent suivre le party de ce Pays, & mesmes n'en avons-nous pas Loy expresse entre nous en Brabant qu'ailleurs?

Car quant aux Tiltres de Duc de Brabant, Comte de Flandres & autres qu'il porte, encores que je confesse ces Dignités estre grandes: toutefois si luy & les Espaignols ne le sçavent, il faut qu'ils apprennent, que les Barons de Brabant, avec les bonnes Villes du Pays, quand les Ducs de Brabant se sont tant oubliés que de sortir des termes de raison, leur ont bien enseigné quelle estoit la puissance des Barons & generalement des Estats du Pays de Brabant. Or il est notoire que je suis descendant de Seigneurs lesquels par aucuns siecles ont possedé des principales Baronnies & Seigneuries de Brabant, Flandre, Hollande & Luxembourg. Mais j'espere que Messieurs les Etats ont si bien commencé à luy monstrer combien il a failli en son devoir, & que lesdits Sieurs luy en fairont encore une si bonne leçon, que les pauvres Siciliens, Calabrois, Lombards, les Arragonnois & Castillans, apprendront par nostre exemple ce Tyran ne devoir estre souffert en la Terre: & les pauvres Grenadins mesmes sçauront comment il faut traicter ce Tyran, lequel du temps de la Guerre des Morisques fit emprisonner environ cent Marchands Habitans de Grenade & tous Chrestiens, dont le moindre avoit vaillant cinquante mille Ducats, & puis par un tumulte populaire les fist massacrer, mettant en ses Coffres tout le bien de ces pauvres gens. Et en somme Messieurs les Estats, Dieu aidant, luy enseigneront comment il faut traicter ceux qui faussent leurs Serments, faits & donnés à un si bon peuple à leur joyeuse entrée

Mais, Messieurs, si je viens à passer plus outre, & que je vienne à vous deduire le long-temps, auquel mes Predecesseurs ne sont pas seulement originaires, mais Seigneurs & tenans grands Biens, Tiltres & Dignités en ces Pays: je vous diray ou temps que ses Predecesseurs estoient Comtes de Habsbourg & demeurans en Suisse: que les miens estoient long-temps auparavant Seigneurs du Pays de Gueldre, dont encores à present sont demeurées les Armes de nostre Maison de

Nassau,

ANNO 1580.

Nassau, pour les Armes des Ducs de Gueldre: & n'avons pas tenu comme en passant ledit Pays, mais depuis que Monsieur le Comte Ottho eust espousé la Fille & Heritiere du Voght ou Regent de Gueldre (car ainsi nommoit-on les Seigneurs de Gueldre en ce temps-là) ce qui advint l'an mil trente-neuf jusques en l'an 1350. mes Predecesseurs ont esté Seigneurs, Comtes & Ducs du Pays de Gueldre, comme encores on peut en voir les monuments: & je m'asseure, tant s'en faut que celuy qui m'appelle estranger puisse monstrer telles marques qu'il est originaire de ces Pays, qu'au contraire audit temps sa race estoit incogneuë du tout.

Et d'autant qu'il s'employe à faire un narré faux, sot & ridicule, contenant, ainsi qu'il dit, le progrés de mes entreprises; parce que plusieurs d'entre vous, ou lors que ces affaires ont esté commencées n'estoient en aage competant pour les entendre, ou bien pour ne s'estre lors encores entremis és affaires publiques, ne pouvoient voir comment toutes choses se conduisoient par l'astuce des Cardinalistes, & par le Conseil venant d'Espaigne, lequel a toûjours voulu commander à ce Pays comme il fait aux autres, estant selon leur opinion le Chef des Seigneuries & nous leurs Sujets & Esclaves; je vous reciteray comment toutes choses ont esté conduites par ces bons cerveaux qui pensent le reste du monde estre des bestes auprés d'eux, jusques à nous avoir amenés à deux doigts prés de nostre ruïne & d'une servitude miserable, si Dieu par sa providence n'avoit veillé sur nous, & ne nous avoit delivrés de leurs cruels conseils & mains sanglantes. Et vous supplie, Messieurs, comme j'ay icy besoin encores de vostre patience, de continuer à me donner aussi bonne audience comme vous avés fait: & je ne doute, comme plusieurs d'entre vous ont veu le tout ou partie de mes gestes & deportemens ou l'ont entendu de leurs Peres & autres gens de bien qui en ont esté témoins, que m'ayant ouy vous ne jugiés facilement mes paroles estre autant veritables, que celles de mon ennemi sont fausses & impudentes.

Je ne vous toucheray rien, Messieurs, de ce que j'ay veu du temps de l'Empereur, non pas que je ne me fois apperceu de plusieurs choses mises en avant & practiquées par les Espaignols que je ne trouvoy point bonnes, & que je n'entendisse assés que la maladie avec le temps pourroit tellement accroistre, qu'il seroit enfin necessaire d'user d'une forte & puissante medecine, & purger le Pays de ces pernicieuses humeurs Espaignoles. Mais pour ne point cognoistre lors, à raison de mon aage & peu d'experience, la profonde malice des Espaignols & leurs Adherens, je ne m'eusse peu persuader que nous eussions esté contraints d'apporter le cautere, à ce chancre d'Espaigne ou bien en venir jusques au rasoir. Mais depuis qu'avec l'aage j'ay aussi esté d'un jugement plus confirmé, j'ay aussi eu contraire opinion à plusieurs qui n'eussent sçeu penser la rage & cruauté des Espaignols pouvoir venir si avant, car rien n'est advenu à quoi, pour avoir eu cognoissance bien particuliere de leur naturel cruel, avare, orgueilleux, je ne m'y sois bien & certainement attendu long-temps auparavant. Je passeray donc ce temps-là, lequel aussi ne vient aucunement à estre comparé en sorte de debordement & tyrannie à celuy qui a passé depuis au temps du Roy son Fils, non que les Espaignols fussent lors meilleurs qu'ils ne sont à present, car ils faisoient trop evidente preuve aux Indes & autres Lieux où ils commandoient absolument, de leur naturel pervers & tyrannique volonté: mais leur ambition & orgueil estoient aucunement retenus par la bonne affection que l'Empereur portoit aux pauvres Sujets de ce Pays, & d'autant que ces Provinces estoient plaines de braves Seigneurs, hommes sages & vaillants, ressentans leur ancienne Noblesse (& pleut à Dieu qu'ils eussent des Enfans semblables à eux!) qui servoient de bride à leur insolence & de contrebatterie à leur orgueil & temerité. Je viendray donc au temps qui a suivi, pource aussi que celuy qui a esté Heritier des biens & non des vertus de l'Empereur, est celuy qui me vient assaillir d'une façon plus que barbare & tyrannique.

L'Empereur de tres-haute memoire & la Royne Marie, voyants leurs affaires tellement empirées par l'issuë tout autre que le Pape & les Espaignols ne s'estoient promis de la Guerre d'Allemaigne, s'estant joint le Roy de France avec aucuns des principaux Princes d'Allemaigne, Sa Majesté fut contrainte d'accorder avec son Ennemy estants ses affaires en tel estat, que desesperant de pouvoir garder ses Pays, il delibera de se retirer en Espaigne pour y demener une vie privée, aprés s'estre demis de tous ses Royaumes, Terres & Seigneuries sur la Personne de son Fils. Et combien que le Roy pour raison de la condition de son estat & de ses Seigneuries, nommément des Pays-Bas eut besoin (comme aussi il en avoit trés-exprés commandement) d'entretenir ses Sujets en bonne volonté & affection envers luy, veu que de leurs moyens & valeur dependoit entierement le salut du Pays & le maintiennement de son honneur: toutefois soit, ou pour la nourriture qu'il avoit prise en Espaigne, ou par le conseil de ceux qui l'avoient & l'ont depuis possedé, il a toûjours retenu en son cœur la volonté de vous assujettir à une servitude simple & absoluë, qu'ils ont appellée *Entiere obeïssance*, vous privans entierement de vos anciens Privileges & Libertés, pour disposer de vous, de vos Femmes & de vos Enfans, comme font ses Ministres des pauvres Indiens, ou pour le moins comme des Calabrois, Siciliens, Neapolitains, & Milanois, ne se souvenans pas que ces Païs n'étoient Païs de Conquestes, ains Patrimoniaux pour la plus part, ou qui volontairement s'étoient donnés à ses Predecesseurs sous bonnes conditions; Et d'avantage qui avoient servi à l'Empereur son Pere & au Roy son Ayeul de fondement, pour eslever l'edifice des Royaumes & Seigneuries ausquels on voit la Maison d'Austriche estre parvenuë. Cette affection ne s'est que trop manifestée incontinent aprés le departement de l'Empereur, comme si les Seigneurs qui vivoient lors nous restoient encores, vous en pourroient rendre suffisant témoignage; Car aussi tost qu'il fut contraint de r'entrer en Guerre avec le Roy de France, veu la puissance de son Ennemi, joint aussi les sages advertissements de l'Empereur, s'il eut eu une seule estincelle de bonne & sincere affection envers ces Païs, il devoit au moins entretenir ses Sujets en bonne devotion. Mais au milieu de ses grandes affaires (tant estoit le desir de tyranniser desbordé) il fit trop claire & trop certaine demonstration de sa mauvaise volonté.

L'Empereur, Messieurs, qui cognoissoit mieux que Prince ni homme du monde, la superbe & orgueilleuse nature des Espaignols, & peut estre l'inclination du Roy son Fils, d'autre part l'estat de ce Païs, ce qui le pouvoit perdre ou conserver, advertit serieusement le Roy, que s'il ne retenoit cest orgueil d'Espaigne, qu'il prevoyoit bien qu'il seroit cause de la ruïne entiere de cet Estat, lequel à la longue ne pourroit souffrir cette insolente domination, que les Espaignols exercent par tout où ils peuvent; Et luy fit cette remonstrance en la presence de feu Monsieur le Comte de Bossu Pere du dernier decedé, moy & plusieurs autres Seigneurs de la Chambre, dont il y en a encores de vivans. Mais ni l'authorité & commandement Paternel, ni le bien de ses affaires, ni la Justice, ni (ce qui retient les plus barbares Nations) son Serment, n'ont pû en rien moderer ce naturel & volonté de nous tyranniser: ains au contraire comme s'il eut esté par dessus toutes Loix, Privileges & Libertés du Païs, sur l'Equité mesme & Justice, a rompu tous liens pour se desborder en toute sorte de haine irreconciliable & de cruauté.

En ce temps-là, Messieurs, vous luy accordastes l'aide qui fut appellée Novenale, par laquelle aide & par la vaillance & sage conduite des Seigneurs & Nobles de pardeça, & de plusieurs braves Seigneurs & Soldats Allemands, ses affaires furent si bien & si heureusement conduites, qu'aprés le gaing de deux Batailles, Prises de Villes & Prisonniers de grande part & en grand nombre, son Ennemy fut contraint de recevoir une Paix aussi desadvantageuse au Roy de France, qu'elle estoit honorable & profitable au Roy d'Espaigne, & s'il m'est licite de dire quelque chose de moy, s'il luy restoit une goutte de gratitude, il ne pourroit denier que je n'aye esté l'un des principaux instruments & moyens, pour le faire parvenir à une telle Paix & si advantageuse, l'ayant traicté en privé avec Messieurs le Connestable de Montmorancy & Maréchal de S. André, à l'instance du Roy, qui m'asseura que le plus grand service que je luy pourrois faire en ce monde c'estoit de faire la Paix, & qu'il la vouloit avoir à quelque prix que ce fut, pour ce qu'il vouloit passer en Espaigne.

Or tant s'en faut que ni luy ni son Conseil composé d'Espaignols & d'aucuns de ce Païs, qui ont toûjours continué en inimitié contre vous, vostre liberté, & tout le Pays, vous sceussent aucun gré, ni d'un si beau secours, ni de l'heureuse execution qui en ensuivit, qu'au contraire ils jugerent cette subvention avoir esté un un Crime de leze Majesté, & pour lequel vous aviés encouru (& par dessus tous, feu Monsieur de Lalaing) à bon droit sentence de punition. Et pourquoy? d'autant, Messieurs, que vous ne voulustes rien accorder sans la convocation des Estats Generaux, & que vous voulustes coupper les ongles à ses harpyes de Barlemonts & leurs semblables, quand vous ordonnastes les deniers estre distribués par vos Commis aux conditions proposées. Voila à la verité deux grands crimes, le premier, en requerant l'Assemblée des Estats: car d'autant qu'elle sert de bride & de barre à la tyrannie, c'est un crime autant haï des tyrans, mangeurs de peuple, Ennemis de leurs Sujets & de leur propre Couronne, que cette Noble Assemblée est aimée, honnorée, & reverée par les vrais Rois, vrais Princes & bons Peres du Peuple, vray fondement d'un Estat, l'asseurance de la Republique, & le seul repos des Princes. L'autre crime ne se pardonne jamais, car les rongeurs du Peuple, vivants du sang des pauvres gens, ont de si long-temps fait estat de leurs larrecins & concussions, qu'ils reputent leur peculat estre un revenu aussi bon & aussi asseuré, mais beaucoup plus fructueux que de leurs Champs & Jardins, & dissimulants la vraye cause du mal qu'ils cachent à leurs Princes, cherchent des pretexres en les flattant & en mentans, pour embraser leurs cœurs contre leurs Sujets.

J'ay veu, Messieurs, leurs gestes, j'ay ouy leurs propos, j'ay esté témoing de leurs advis, par lesquels ils vous adjugeoient tous à la mort, ne faisants non plus d'estat de vous que de bestes, s'ils eussent eu la puissance de vous massacrer comme ils font és Indes, où ils ont fait mourir miserablement plus de vingt millions de personnes, & ont exterminé trentefois plus de Païs que n'est grand le Païs-Bas, avec des excés si horribles que toutes les barbaries, cruautés & tyrannies qui furent jamais faites, ne sont que jeu au prix de ce qui est advenu aux pauvres Indois: comme par leurs propres Evesques & Docteurs a esté laissé par escrit, & pour rendre le Roy inexcusable devant les hommes, luy en a esté dediée l'Histoire par un de ses Sujets, auquel il restoit quelque peu de justice.

De ce temps-là donc, Messieurs, moy & les autres Seigneurs, & plusieurs des plus gens de bien & entendus de la Noblesse & du Peuple, trouvions bon de faire sortir du Païs les Espagnols, estimants bien, ores qu'il y eut encores quelque sang corrompu entre nous, comme on en voit rester plus qu'il ne seroit de besoin (qui est issu de cette race infectée de la contagion des Peres) qui servoient lors à l'ambition des Espagnols & trafiques du Cardinal: ce neantmoins que le meilleur nombre & tous les Seigneurs de la plus grande qualité, seroient Ennemis de cette tyrannie Espagnolle: mais partie pour autres occupations, partie pour mon voyage & de quelques Seigneurs en France où nous fusmes envoyés en Hostage, aussi pour assister au Mariage de la Fille de France, l'affaire fut interrompu & l'execution empeschée. Mainteuant tant s'en faut, Messieurs, que je veuille denier une grande partie de ce qui est proposé contre moy, que je le tiens au contraire à grand loüange, & vous en diray peut-estre d'advantage que ne sçavent mes ennemis; & d'autant plus qu'ils s'écrieront contre moy, & donneront témoignage de leur fureur & cœur ennemi contre ce Païs, d'autant plus je me resjoüiray de ce qu'il a pleu à Dieu me faire la grace d'ayder à coupper le cours de cette desmesurée tyrannie, & par ce moyen aussi avoir aidé à l'ouverture de la vraye Religion.

Ils disent, *Dés que le Roy eust tourné le pied de ces Païs-Bas, que j'ay par sinistres practiques, trames, & astuces, tenté de gaigner les volontés des Malcontents, chargés de debtes, hayneux de la Justice, studieux de nouveautés, & sur tout ceux qui estoient suspects de la Religion.* Quant à ceux qui avoient la cognoissance de la Religion, je confesse que je ne les ay jamais haïs. Car puis que dés le berceau j'y avois esté nourry, Monsieur mon Pere y avoit vescu, y estoit mort, ayant chassé de ses Seigneuries les abus de l'Eglise, qui est-ce qui trouvera estrange si cette doctrine estoit tellement engravée en mon cœur, & y avoit jetté telles racines, qu'en son temps elle est venuë à apporter ses fruits? Car pour avoir esté si longues années nourri en la Chambre de l'Empereur, & estant en aage de porter les armes, aussi-tost enveloppé de grandes charges, j'avois lors plus à la teste les armes, la chasse & autres exercices de jeunes Seigneurs, que non pas ce qui estoit de mon salut: toutefois j'ay grande occasion de remercier Dieu, qui n'a point permis cette sainte semence s'estouffer, qu'il avoit semée luy-mesme en moy, & dis d'advantage que jamais ne m'ont pleu ces cruelles executions de feux, de glaive, de submersions, qui estoient pour lors trop ordinaires à l'endroit de ceux de la Religion, ainsi que l'Ecrivain ou le Peintre de cette infame Proscription les appelle: en quoy ores qu'il flatte, qu'il mente, qu'il calomnie par tout ailleurs, neantmoins a trés-bien parlé en cet endroit, disant ceux lesquels il condamne estre de la Religion, comme veritablement icelle seule merite ce nom par excellence, ce que la verité mesme luy a arraché de la bouche, tant est grande la force & vertu d'icelle verité.

Mais quand estant en France j'eus entendu de la propre bouche du Roy Henry, que le Duc d'Alve traictoit des moyens pour exterminer tous les suspects de la Religion en France, en ce Pays & par toute la Chrestienté, & que ledit Sieur Roy (qui pensoit, que comme j'avois esté l'un des commis pour le Traicté de la Paix, avois eu communication de si grandes affaires, que je fusse aussi de cette partie) m'eust declaré le fond du Conseil du Roi d'Espaigne & du Duc d'Alve: pour n'estre envers Sa Majesté en desestime, comme si on m'eust voulu cacher quelque chose, je respondis en sorte que ledit Sieur Roy ne perdit point cette opinion, ce qui luy donna occasion de m'en discourir assés suffisamment pour entendre le fonds du project des Inquisiteurs. Je confesse que je fus lors tellement esmeu de pitié & de compassion envers tant de gens de bien qui estoient voüés à l'occision, & generalement envers tout ce Pays auquel j'avois tant d'obligation, & auquel on vouloit introduire une Inquisition pire & plus cruelle que celle d'Espaigne, voire que c'estoient des filets tendus pour surprendre les Seigneurs mesmes du Pays aussi-bien que le Peuple, de façon que ceux que les Espagnols & leurs Adherens n'avoient pû supplanter par autre voye, fussent tombés par ce moyen en leurs mains, dont il eut esté impossible d'eschapper, puis qu'il n'eut fallu que regarder une Image de travers pour estre condamné au feu. Voyant dis-je ces choses, je confesse que dés lors j'entrepris à bon escient d'ayder à faire chasser cette vermine d'Espaignols hors de ce Pays, & ne me repens point de l'avoir fait, ains j'estime que moy & Messieurs mes compagnons, avec tous ceux qui ont favorisé une si loüable entreprise, avons fait un acte digne de loüange immortelle & qui eut esté accompli de tout point & eussions acquis le comble d'honneur, si nous eussions aussi-bien fermé la porte aprés leurs talons, tellement qu'ils n'y eussent jamais rentré, que nous avions lors trouvé les moyens d'en nettoyer le Pays.

Et vous dis encores, Messieurs, d'advantage, & veux bien que tout le Conseil d'Espaigne, voire que tout le monde l'entende: si mes Freres & Compaignons de l'Ordre & du Conseil d'Estat eussent mieux aimé conjoindre leurs conseils avec les miens, que de faire si bon marché de leurs vies, que nous eussions tous employés corps & biens, pour empescher le Duc d'Alve & les Espagnols de rentrer dedans le Pays, & encores à present je suis content qu'ils entendent, comme desja une partie est tellement nettoyée de cette ordure, qu'il n'y a plus de memoire en icelle sinon de leurs ossements, aussi que je ne cesseray avec l'ayde de Dieu & moyennant vostre faveur (laquelle j'espere ne me defaudra point) de m'employer de toute ma puissance avec vous, Messieurs, pour purger tout le Pays en general de cette vermine, & pour la faire repasser & tous ses Adherens de là les monts pour y troubler leurs propres Païs, & nous laisser vivre en paix & repos, du corps, des biens & de la conscience.

Ils se trompent donc bien fort, quand ils pensent que j'ay entrepris un tel ouvrage aprés leur partement de ce Païs: car je l'ay fait lors que j'estois en France à la chasse avec le Roy, eux estans encore icy, & ne cessay que par le moyen de feuë de trés-bonne memoire, Madame de Savoye, je n'eusse obtenu congé de revenir en ce Païs sur ma foy, & avec promesse de retourner à Rheims pour le sacre du Roy François second; & estant icy venu je sollicitay non pas des banqueroutiers, mais des gens de bien & d'honneur, & des premiers & plus notables Personnages du Païs, pour demander au nom des Estats, que les Espaignols fussent contraints de se retirer, ce qu fust finallement executé, & se peuvent souvenir les Ennemis,

ANNO 1580.

mis, qui estoient ces bons & honorables personnages qui leur portoient ce trés-desaggreable message, & se les representants, ils cognoistront leurs impudences & calomnies.

Mais quant à ce qu'ils disent que j'ay esté le principal Autheur de la Requeste presentée, je veux bien dire, Messieurs, ce qui en est: c'est qu'ayant bien senti le mal estre tellement accreu, qu'il n'estoit plus question de bruller seulement des pauvres gens qui se laissoient jetter dedans un feu, mais que plusieurs de la meilleure Noblesse & des principaux d'entre le Peuple en murmuroient, craignant quelque dangereuse issue, comme je voyois devant mes yeux la France avoir enduré un dangereux accés de Guerre civile pour semblable occasion, & ayant douté que nous ne fussions assaillis en ce Pays d'une mesme maladie, qui a ordinairement des accidents trés-dangereux, & plus difficiles à guerir que la maladie mesmes, (comme helas nous ne le voyons que trop) Voyant dis-je ces choses, pour l'obligation que j'avois à raison de mon Serment, & pour mon devoir envers le Pays: je priay Messieurs mes Freres & Compaignons Chevaliers & principaux Conseillers d'Estat de s'assembler à Hoochstraten, en intention de leur remonstrer le danger apparent auquel estoit le Pays, à sçavoir de tomber en Guerre civile, & que le vray & unique moyen pour l'empescher estoit, que nous qui pour raison de nos Grades & Offices avions authorité au Païs prinsions le fait en main, pour apporter le remede que nous trouvérions convenable au bien du Païs, & faire seulement que les creatures de Cardinal, qui ne demandoient qu'effusion de sang, bannissemens, confiscations de Biens, en somme playes & meurtres, n'y missent la main, qui eust apporté une ruïne certaine au Païs: autrement que ceux qui ne trouvoient bon qu'on bruslat à l'accoustumée, n'auroient faute de Chef qui le voudroient empescher. Et combien que je leur remonstrasse beaucoup de raisons pour les faire condescendre à mon advis, & que j'y adjoustasse outre la bonne amitié, qu'il y avoit entre nous, aussi l'advis de Monsieur le Comte de Schwartzembourg mon beau Frere, & le Seigneur Georges van Hol, qui avoient pour lors trés-grand credit envers les Seigneurs pour les signalés services faits à ces Païs: toutefois il ne fust en ma puissance de rien impetrer, & ne me profita cette entrevûë d'autre chose sinon d'un témoignage à tout le monde, que prevoiant de loing le mal que nous voyons à present, j'avois cherché tous bons moyens pour le prevenir & divertir.

Mais ceux desquels j'ay parlé qui trouvoient ces persecutions dures, & qui ne voyoient, icelles durantes, aucun repos asseuré en ce Païs (comme il advient toûjours en semblables affaires) se mirent à proposer nouvelles entreprises, lesquelles pour raison de mes Charges je trouvay moyen de descouvrir; tant y a que craignant qu'il n'en suivit une trés-dangereuse issuë, & estimant que cette voye estoit la plus douce & vrayement juridique, je confesse n'avoir trouvé mauvais que la Requeste fust presentée, ce que tant s'en faut que je vueille desguiser que je tiens à trés-grand advantage, pour mon honneur & reputation & pour le service du Roy & du Païs: car si les sages Conseillers du Roy eussent esté si advisés de l'accorder, tant de miseres ne fussent ensuivies, par lesquelles peu s'en est fallu que tout le Païs n'ait esté consumé. Mais s'ils desirent sçavoir la vraye & prochaine cause de ladite Requeste & de ce qui en est ensuivi, qu'ils s'en prennent à leur cruauté insatiable, qui ne se contentoit pas de la rigueur intolerable des Placarts, mais suivant l'exemple de ce fol Roboam, & en croyans le conseil d'une Femme mal-advisée, d'un Cardinal creature du Pape, & d'autres semblables, ils disoient; *Le Pere vous a chastiés d'escourgées, & le Fils vous chastiera de scorpions.*

Là dessus est mise en avant la poursuite à toute instance de la reception des nouveaux Evesques, qui avoient esté erigés quelque temps auparavant, c'est-à-dire, autant de Bourreaux pour brusler les pauvres Chrestiens, les Privileges foulés aux pieds, & par qui? par une femme passionnée & cependant armée du masque de la puissance d'un Roy, des trahisons, perjures, finesses Cardinales. Voila dis-je l'enclume, Messieurs, sur laquelle a esté forgé tout le mal qui est ensuivi, pour n'avoir pas fait telle raison à la Requeste presentée par la Noblesse qu'il estoit necessaire: en quoy je sçay & le puis protester devant Dieu & devant vous, Messieurs, que je ne fis aucune faute à mon honneur & à mon Serment, ains j'advertis la Duchesse & tous les Seigneurs du Conseil, de ces grands inconveniens qui depuis ont ensuivi, tellement que tout le mal leur en doit estre imputé. Car tant s'en faut qu'ils voulurent me donner audience, qu'ils pensoient au contraire avoir trouvé un Sujet propre pour executer ce qu'ils avoient de long-temps proposé, à sçavoir aprés avoir ruiné ceux qui estoient soupçonnés de la Religion, pouvoir par aprés facilement reduire le reste sous une miserable & intolerable servitude. Et non-seulement de ma part, Messieurs, mais aussi par plusieurs autres leur furent faites diverses Remonstrances publiques & particulieres, & par gens de bien & amateurs du Pays, voire du Roy plus qu'il ne meritoit, & l'advertirent en temps & lieu du danger futur, & quel estoit le devoir du Roy, à raison de son Serment, de ses obligations, des conditions ausquelles il avoit esté receu pour Seigneur de ces Pays, & auparavant luy, ses Predecesseurs. Monsieur le Comte d'Egmont mesme fut envoyé en Espaigne pour faire lesdites remonstrances à la propre Personne du Roy: ce neantmoins tant s'en faut qu'on y ait peu profiter quelque chose, que ledit Sieur Comte au contraire; estant abusé sous couleur de la Parole du Roy qui luy a depuis cousté bien cher, apporta Lettres toutes contraires à ce que le Roy luy avoit de bouche donné charge de dire: tellement que lors il fut contraint de confesser que j'avois bien preveu devant son voyage ce qui en adviendroit. Et encores ces Disciples de Machiavel nous voudront icy ébloüir les yeux de ces beaux masques de loyauté, fidelité, naturelle clemence, & semblables mots dorés & specieux, & cependant ils ne feront difficulté de se joüer des Sermens qu'ils font, ni des paroles données à Personnages de telle qualité! Voilà donc les autheurs, promoteurs & instructeurs des troubles survenus à raison de la premiere Requeste: & vous avés entendu, Messieurs, quel a esté le conseil que j'y ai donné.

Quant à ce qu'ils parlent de defunct Monsieur le Comte Louys mon Frere; Ils feroient mieux de laisser un si bon Chevalier en paix, veu qu'il a esté plus homme de bien & sans comparaison qu'ils ne sont, & meilleur Chrestien: & ne fais non plus d'estat de ce qu'ils l'appellent Heretique, que nostre Seigneur Jesus-Christ faisoit, quand d'aussi gens de bien que sont nos Ennemis, l'appelloient Samaritain. Quant aux presches publiques qu'ils appellent à leur mode heretiques, il vous est assés notoire, Messieurs, par qui & comment ils furent introduits: tant y a que je n'avois pas lors tant de credit qu'on m'en demandat advis & ne le conseillay jamais: toutefois les choses estans venuës en tels termes, je confesse avoir esté d'advis que la Duchesse de Parme les accordast, en quoy si j'ay mal conseillé, pour le moins ce qui a suivi par aprés monstre assés, que ceux qui ont trouvé mauvais mon conseil ont trés-bien ménagé les affaires de leur Maistre, & quant & quant Dieu a monstré, combien que pour un temps il ait affligé les siens, que neantmoins il ne laisse jamais un perjure, si bien qualifié que celuy du Roy & de la Duchesse de Parme, sans le punir griefvement; afin que tout le monde sçache qu'il ne dit pas sans cause, qu'il ne tiendra point pour innocent celuy qui prendra son nom en vain.

Quant aux abbateurs d'Images & autres desordres, je crois, Messieurs, qu'il n'y a aucun de vous qui ne sçache assés, que telles voyes & manieres de faire ne me plaisent aucunement, & que plusieurs de ceux qui me devroient aider & soustenir, m'ont d'autre part à grand tort déchiré, pour n'avoir jamais voulu consentir que telles choses se fissent sans ordonnance des Superieurs.

Ils ne sont aussi mieux fondés en ce qu'ils disent, *que la providence de la Duchesse de Parme fust si grande, que je fus contraint de sortir du Pays.* Ils diroient peut-estre quelque chose, s'ils disoient les tromperies de la Duchesse & ses perjures: & s'ils parloient du peu de resolution & trop grande facilité à croire d'aucuns qui attendirent les Bourreaux, & de la trop grande affection vers le Roy de moy & d'autres Seigneurs, qui persuadasmes à Messieurs de Berghes & de Montigny d'aller en Espaigne, estimans que pour leurs bons services & la Noblesse de leur Race, le Roy seroit content d'entendre par leur bouche ce qui estoit necessaire pour la conservation du Païs, plustost que par les Espagnols: mais voyant qu'ils avoient esté traictés comme chacun sçait, je pensay avoir juste occasion de prendre garde à moy de plus prés. Si, dis-je, ils disoient ces

ANNO 1580.

ces choses, ils diroient une partie de la verité. Mais un an auparavant j'avois resolu de me retirer & de remettre mes Charges, comme appert par les Lettres escrites de la main propre du Roy & lesquelles sont joinctes à ce present Escrit, ce qui monstre assés la fausseté de leur propos. Et si quelqu'un veut sçavoir pourquoy un an aprés je me retiray en Allemaigne, ma defence mise en lumiere l'an soixante sept en monstre assés les causes, à sçavoir principalement, pour ce que je ne voulois consentir que l'Inquisition d'Espaigne fust reçeüe en mes Gouvernements, à raison dequoy je les avois remis auparavant entre les mains de ladite Duchesse, en intention de vivre en paix & en repos avec mes parens & amis, en attendant ou qu'il pleust à Dieu de mieux conseiller le Roy, ou s'il empiroit encores, que Dieu luy-mesmes ouvrit la porte pour delivrer ce pauvre Pays, que je voyois plongé en abisme de maux & de calamités.

Car qui recitera, sans estre transpercé de deüil, les bannissemens, les ravissemens des biens, les emprisonnemens, les tormens soufferts, les especes de morts horribles & miserables, dont ces gens sanguinaires surmontans en cruauté Phalaris, Busyris, Neron, Domitian, & tous tels Tyrans, ont persecuté les pauvres Sujets de ce Pays? Et nonobstant ces choses, ne voyant pas le moyen de le soulager de cette misere, je me contenois paisiblement: & pour le moins, par ce qu'ils disent en cette Proscription m'avoir esté offert durant le Traicté dernier de Cologne, ils doivent cognoistre, qu'ils se pouvoient contenter de mon bannissement volontaire, & ne me poursuivre plus avant: veu mesmes que je leur avois fait sçavoir par personnage de qualité & qui est encores vivant, que s'ils entreprenoient de toucher à mon honneur & à mes biens, qu'ils me contraindroient de donner tel ordre à mes affaires que je pourrois. Mais comme gens forcenés, aprés ne m'avoir peu attirer par leurs paroles emmiellées & blandissantes, le Roy me pensant amuser par ses Lettres par trop honnestes, & que je cognoissois clairement estre pleines de deception, ils s'addressent premierement à mon Fils jeune Enfant Escollier, & contre les Privileges de l'Université, le tirent violentement de Louvain: mesmes sur la remonstrance faite par l'Université, ce barbare de Vergas respond barbarement, *Non curamus vestros Privilegios*. Ils le tirent hors de Brabant contre les Privileges du Pays, contre le Serment du Roy, & l'envoyent en Espaigne, pour l'esloigner de moy qui suis son Pere, & jusques à present detiennent cest innocent en prison dure & cruelle: tellement que quand ils ne m'auroient fait autre tort, je serois indigne non seulement de ma race & du nom que je porte, mais aussi du nom de Pere si je n'employois tous les sens & tous les moyens que Dieu m'a donnés, pour essayer de le retirer de ceste miserable servitude, & me faire reparer un tel tort. Car je ne suis point, Messieurs, tant desnaturé que je ne sente les affections paternelles, ni si sage que souvent le regret d'une si longue absence de mon Fils ne se presente à mon entendement. Ils ne se contentent pas encores, mais contre toute forme de Justice, ils apprehendent mes Freres les Chevaliers de l'Ordre, ils me poursuivent par adjournements, saisissements de biens, & me poussent comme par force à entreprendre plusieurs choses à quoy je n'avoy jamais pensé, ils mettent le Procés de mes Compaignons & le mien, contre les Articles de l'Ordre, contre le Serment du Roy, qui en estoit le Chef, entre les mains de je ne sçay quels faquins, qui n'estoient pas dignes d'estre les vallets de mes Compaignons & de moy: ils me degradent, ils me privent de mes biens, ils me condamnent à la mort: & qu'est-ce cela autre chose sinon me quitter de mes Serments? de me mettre en liberté de venir assaillir mon Ennemy, par tous les moyens que Dieu m'auroit donnés? Voilà comment lors que je ne cherche que repos, ils suscitent le trouble, je cherche la Paix, ils me jettent en Guerre: & quelle Guerre? une Guerre entreprise pour delivrer mon Enfant, pour garantir ma vie, recouvrer mes biens, & qui est le plus cher pour mon honneur; & je ne vous touche icy, Messieurs, encores rien de ce qui appartient au general. C'est donc, Messieurs, ce qu'ils passent legerement & soubs silence, & ce que de propos deliberé ils obmettent comme veritablement ne servant pas de beaucoup à leur cause.

Si donc n'estant Subject naturel du Roy, (comme luy mesme dit,) si estant absous de mes Serments par cet inique Ban & Sentence, si ayant si juste fondement de demander par la force mon Fils & mes Biens, si, dis-je, je l'avois chassé non seulement du Pays-Bas, mais de toutes ses Terres & Seigneuries, & quand mesmes j'affecterois les faire mon propre, puis que contre tout droit & equité, contre son Serment, il m'a par force contraint d'entreprendre une Guerre necessaire, lors que de toute ma puissance je la fuyois, & m'a fait ces outrages du temps mesmes ou peu aprés, que par ses propres Lettres escrites de sa propre main, il me rendoit si grand & si solemnel tesmoignage de fidelité, que personne du monde n'en eut peu desirer d'advantage, comme appert par la Copie de la Lettre inserée cy aprés: qui est ce qui me pourroit accuser d'autre faute, sinon d'avoir trop temporisé devant que prendre les armes, & de ne vouloir jouyr de ce que le Droit de la Guerre & des Gens me donne; à moy dis-je qui suis nay Seigneur libre, & qui ay cest honneur de porter le nom de Prince Souverain & tres-absolu, encores que mon Principauté ne soit de longue estendue?

Mais puis que leur principal fondement est, que j'ay pris les armes contre mon Superieur, je suis aussi content d'entrer en ceste matiere, où ils se trouveront avoir aussi bon fondement qu'ailleurs. Et en premier lieu je voudrois qu'ils me dissent à quel tiltre le Roy Philippes Heritier du Bastard Henry de Castille, possede le Royaume de Castille & de Leon: car il est trop notoire que Henry son Predecesseur estoit Bastard, qui se rebella contre le legitime Heritier qui estoit son propre Frere & Seigneur, lequel il occist de sa main propre. Quel droit donc avoit ce Bastard grand Ayeul du Roy? Ils respondent que Dom Pedro estoit un Tyran: & de fait ils luy donnent communement le nom de cruel. Mais si à ce tiltre Philippes tient la Castille, pourquoy ne voit-il qu'on le peut chausser à la mesme mesure qu'il chausse les autres? Et si jamais il n'y a eu plus cruel Tyran, qui plus ayt violé, plus superbement & avec moins de respect les Privileges du Païs, qui ayt avec moins de pudeur rompu sa foy jurée, que Philippes, ne sera il pas plus indigne de porter la Couronne de Castille, que Dom Pedro? car pour le moins Dom Pedro n'estoit incestueux, ni parricide, ni homicide de sa femme. Et si on dit que cela ne me touche en rien, je suis content d'approcher de plus prés, combien que je n'ay pas deliberé de m'arrester sur ce que je vous diray presentement.

Mais quand je prendrois les armes contre luy, & qu'il feroit simplement mon Superieur, & que je serois nay son Subject (ce qui n'est pas, comme luy mesme le confesse) que ferois-je, que ce que son Predecesseur a fait contre l'Empereur Adolph de Nassau son Superieur. Un chacun qui cognoit quelque peu és affaires d'Allemaigne sçait, comme Albert premier Duc d'Austriche de ce nom & race (car auparavant il portoit le tiltre de Comte de Habsbourg) s'arma contre ledit Seigneur Empereur mon Predecesseur: & combien que Dieu voulut que ledit Empereur mourut en Bataille, toutes fois je sçay ce que les plus sages Escrivains en ont jugé, quoy que Gerard lors Archevesque de Mayence principal autheur de la conjuration, l'ayt voulu desguiser & obscurcir. Et de fait si on veut prendre garde de prés à l'histoire, on trouvera que ceste partie fut dressée par le Pape Boniface (duquel il est dit, *Intravit ut Vulpes, regnavit ut Leo, moritur ut Canis*) pource que l'Empereur ne l'avoit voulu recognoistre pour tel qu'il se disoit, & pourtant luy suscita Albert qui déja estoit assés malcontent, pour avoir esté Adolph preferé à luy en l'election, quelques Evesques aussi par trop adonnés au Pape, s'adjoignirent à luy. Mais qui est ce qui eut voulu adorer un si meschant homme, qui faisoit en son Jubilé, porter en triomphe devant luy deux espées, faisant crier par celuy qui en portoit l'une: *O Christ voila ton Vicaire en Terre*, & par l'autre: *O Pierre voila ton Successeur*? Et de fait ayant faict un si meschant tour à l'Empereur, & ayant à sa devotion Albert, il voulut pour une raison en faire autant au Roy de France Philippe le Bel, donnant son Royaume audit Albert, lequel il fit nommer Roy des Romains & des François: mais il trouva les Prebstres de France moins à sa devotion & moins puissants, & tout le Royaume reveillé par les doctes Playdoyers de Maistre Pierre de Coignieres, & un Roy resolu qui fit prendre sa fatuité (comme le Roy l'appelloit en ses Lettres) à Anania, par un des Seigneurs & par l'aisné de la noble Maison des Colonnes & par un Gentil-

ANNO 1580.

homme

ANNO 1580.

homme de Languedoc nommé Nogaret, qui le menerent à Rome, où ils le firent mourir, comme il avoit tres-bien merité.

Mais, comme j'ay dit, je ne veux point m'appuyer sur ces fondemens, ains je veux venir aux obligations mutuelles qui sont entre luy & nous. Prenons donc que tout cela ne soit point, ne sçait-il pas bien, s'il est Duc de Brabant, que je suis à raison de mes Baronnies un des principaux Membres de Brabant? Ne sçait-il pas à quoy il est obligé à moy, à mes Freres, & Compagnons, & aux bonnes Villes du Païs? à quelles conditions il tient cet Estat? ne se souvient-il non plus de son Serment? ou s'il s'en souvient, fait-il si peu de compte de ce qu'il a promis à Dieu & au Pays & aux conditions attachées à son Chappeau Ducal? Il ne seroit pas besoing, Messieurs, que je vous presentasse ce qu'il nous a promis, devant que nous luy ayons donné le Serment; car plusieurs d'entre vous le sçavent. Mais d'autant qu'autres verront aussi ceste defense, je vous ay bien voulu remettre en memoire le Sommaire de son Serment.

Vous sçavés, Messieurs, à quoy il est obligé, & comme il n'est en sa disposition de faire ce que bon luy semble, ainsi qu'il fait és Indes: Car par les Privileges de Brabant il ne peut par violence contraindre un seul de ses Subjects à chose quelconque, sinon que les Coustumes du Banc Justicial de leur domicile le permettent. Ne peut par aucune Ordonnance ou Decret en façon quelconque alterer l'estat du Païs. Se doit contenter de ses revenus ordinaires. Ne peut faire lever ni exiger aucunes impositions, sans le gré & du consentement exprés du Païs, & selon les Privileges d'iceluy. Ne peut faire entrer Gens de Guerre au Pays sans le consentement d'iceluy. Ne peut toucher à l'evaluation des Monnoyes sans le consentement des Estats du Pays. Il ne peut faire apprehender aucun Subject, sans information faite par le Magistrat du Lieu. L'ayant prisonnier, il ne peut l'envoyer hors du Pays.

Je vous prie, Messieurs, oyants seulement reciter ce sommaire, ne voyés vous pas, si les Barons & Nobles du Pays, qui ont pour raison de leurs préeminences la charge des armes, ne s'opposent, je ne dis pas quand ces Articles sont violés, mais quand ils sont tyranniquement & superbement foullés aux pieds, quand non un Article, mais touts: non une fois, mais un million de fois: non-seulement par le Duc, mais par des Barbares sont enfraints & corrompus: Si dis-je les Nobles, suivant leur Serment & obligation, ne contraignent le Duc à faire raison au Pays, ne doivent-ils pas eux mesmes estre condamnés de perjure, infidelité, & rebellion envers les Estats du Pays? Et quant à moy j'ay bien une raison particuliere & qui me touche encores de plus prés, c'est que contre tous lesdits Privileges, j'ay esté privé de tous mes Biens, sans garder aucune forme de Justice. Mais ce qui est advenu en la personne de mon Fils le Comte de Bueren, est un tesmoignage si clair de la desloyauté de l'Ennemi & de la transgression des Privileges, que personne ne peut à bon droit doubter pourquoy j'ay pris les armes.

Que si je n'ay peu la premiere-fois prendre pied ferme au Pays, comme il me le reproche: qu'y a-il de nouveau & qui ne soit advenu aux plus grands Capitaines du monde? & à luy-mesme qui est entré si souvent avec des Armées grandes & puissantes en Hollande & Zéelande, & neantmoins avec une poignée de Gens & avec l'ayde de Messieurs les Estats desdites Provinces je l'ay chassé honteusement hors dudit Pays, & ce grand Capitaine le Duc d'Alve & son Successeur, sans qu'aujourd'huy il ayt ausdits Pays un pied de Terre en sa disposition? comme j'espere moyennant vostre bonne ayde, qu'il n'aura de bref en tout le reste du Pays. En somme par son Serment il veut qu'en cas de contravention nous ne luy soyons plus obligés: nous ne luy rendions aucun service ou obeïssance, comme appert par l'Article dernier. Si donc je ne luy suis obligé, si je ne luy dois plus aucun service ou obeïssance, pourquoy est-il si temeraire, de dire que j'ay pris les armes contre mon Seigneur?

Certainement entre tous Seigneurs & Vassaux y a obligation mutuelle, & le dire du Senateur à un Consul sera toûjours loué: *Si tu ne me tiens pour Senateur, aussi je ne te tiendray pas pour Consul.* Mais entre les Vassaux y a beaucoup de difference, demeurants les uns sans comparaison en plus grande liberté que les autres, comme nous sommes en Brabant, ayants tels Droits jusques à donner graces en nos Terres, qu'excepté l'hommage que nous devons, nous ne pouvons rien avoir d'advantage: & entre autres Droits, nous avons ce Privilege de servir à nos Ducs, ce que les Ephores servoient à Sparte à leurs Roys, c'est de tenir la Royauté ferme en la main du bon Prince, & faire venir à la raison celuy qui contrevient à son Serment. On dira qu'il y a une condition apposée, c'est que nous serons absous de nostre Serment jusques à ce qu'il ait reparé la faute. Mais si jamais il ne la vouloit reparer. Si quand l'Empereur Maximilian & les Princes de l'Empire le prient & intercedent pour nous, afin qu'il luy plaise descharger le Pays, pour toute responce, on leur dit, qu'ils se meslent de leurs affaires, & que le Roy sçaura bien gouverner ses Subjects; si quand par infinies remonstrances, par envoy des plus illustres Seigneurs de ce Pays, nous le requerons de nous faire droit, il rejette orgueilleusement nos requestes, il fait mourir lesdits Seigneurs, & ceux qu'il peut apprehender les fait passer par les mains d'un Bourreau, il poursuit les autres par toutes voyes indignes & cruelles: s'il nous amene nouvelles Armées pour nous ruiner de fonds en comble: demeurerons nous là, toûjours attendans la misericorde, jusques à ce que la cruauté Espaignolle nous aura couppé toute esperance de respit? Mais il veut reparer la faute;& en a envoyé les moyens par le Seigneur de Selles: il a desadvoué le Duc d'Alve. Nous verrons toutes ces choses en leur ordre, pour le present je me contente de monstrer qu'à bon droit j'ay pris les armes contre luy, premierement avec les Estats de Hollande & Zéelande, & par aprés avec vous, Messieurs, qu'il s'est perjuré contre tout le Pays, & en mon endroit contre les Articles du Chapitre de l'Ordre, contre les Privileges de Brabant, enlevant mon Fils & le menant en Espaigne, me privant de mes Biens & Dignités, m'ayant assés rendu absous de mon Serment envers luy, & à present monstrant son cœur trop bas, & neantmoins tyrannique, publiant cette cruelle & barbare Proscription, comme le comble de toute injustice & indignité.

ANNO 1580.

Maintenant, Messieurs, puis qu'il luy plaist de s'étendre aux temps qui ont suivy, je veux bien aussi y entrer, & ce plus volontiers, d'autant que je n'ay rien fait de ce dont il m'accuse par cy-aprés, que par l'advis, gré, & consentement des Estats de Hollande & Zéelande premierement, & par aprés par le vostre en general: tellement que s'il y avoit de la faute, elle ne me devroit estre imputée: mais au contraire je serois grandement à louër pour vous avoir si bien & si fidelement servy. Je viendray donc aux autres accusations, mais ce sera, Messieurs, avec cette condition, que je rememore & mette en evidence ce qu'il obmet malicieusement pour couvrir son cœur mauvais & cruel, & neantmoins ne laisse de le faire sonner par petits libelles diffamatoires.

Or j'ay observé, Messieurs, que toute cette accusation ou plutost mesdisance qui vient aprés, est divisée en deux Parties. L'une touche ce qui est conjoint à la venue du Duc d'Alve & ce qui en est ensuivy, & principalement de ce qu'aprés ma venue en Hollande & Zéelande a esté executé par ma conduite & par Messieurs les Estats desdits Pays: l'autre ce qui est advenu depuis que Dieu vous eut ouvert les yeux par le moyen des insolences des Espaignols, & pour delivrer finalement ce pauvre Pays de cette maudite race, vous les declarastes & leurs adherens pour rebelles & ennemis du Pays. Je suivray donc cet ordre: & premierement je rends graces à Dieu, que par le silence mesmes de mon ennemy vous cognoissés, Messieurs, & j'espere que tout le monde cognoistra, que je ne suis pas mesmes soupçonné d'avoir applicqué à mon proffit un seul denier du public. Car si en autres choses, comme desja vous avés commencé à voir, ils n'ont fait difficulté de mettre en avant des fausses accusations & me charger de calomnies par trop evidentes, puis que mesmes ils m'objectent le moindre soupçon d'avarice, ils monstrent assés, que non seulement je suis pur de ce crime, mais combien qu'ils soient impudents & mes ennemis mortels, ils n'ont toutesfois oncques osé m'objecter cette faute, de laquelle ordinairement sont blasmés les Gouverneurs des Provinces, soit à tort soit à droit. Mais j'ay Dieu mercy appris dés long temps, que celuy qui commande doit sur toutes choses avoir les mains nettes & vuides de tout soupçon, si faire se peut, qui fut cause que dés ma jeunesse je me deschargeay de la Superintendance des Finances, qui fut fort volontiers recueillie par autres. Et combien, Messieurs,

ANNO 1580.

sieurs, qu'il n'estoit aucunement besoing que je fisse mention de ces choses, parlant à vous qui sçavés que jamais je n'ay eu maniement d'un seul denier du public, & quant à ce qu'il vous a pleu m'ordonner tant pour mes Estats que pour les frais extraordinaires de la Guerre, vous sçavés le peu que j'en ay receu, & de ce qui me reste de moyens, comment je m'en suis entretenu & soustenu plusieurs grands frais depuis que je suis entré en vostre service, ce que je n'impute toutesfois à faute de vostre bonne volonté en mon endroit, ains à la condition du temps auquel nous sommes. Mais puis que par la tacite confession de mes ennemis je puis avoir un tel advantage, je ne l'ay voulu laisser passer sous silence, pour faire cognoistre à aucuns petits serpens qui ont esté parmi nous qu'ils doivent demeurer honteux d'avoir semé, ou contre leur conscience, ou par une extreme sottise & malice, ce que les ennemis mesmes, conjurés contre moy & la Patrie, n'ont pas esté si impudents que de m'objecter, sentans bien qu'en le proposant, le lustre de la verité descouvriroit la turpitude de leur mensonge

Puis donc qu'ils me jettent en un si beau champ de narrer non ce que j'ay fait, mais ce que les Estats de Hollande & Zéelande ont fait avec mon aide & service, je ne refuse point & devant vous, Messieurs, & devant tous les hommes de la Terre d'entrer en compte avec eux: mais aussi, puis que vous estes les Souverains Juges de ce qui est geré en ce Pays, il est plus que raisonnable que vous considerés ce qui a esté fait pendant que Messieurs de Hollande, Zéelande, & moy servions d'arrest & de barriere au cours de leurs entreprinses.

Premierement on dit que *J'ay practiqué de retourner en Hollande & Zéelande.* Quant ainsi seroit qu'aurois-je fait autre chose que mon devoir? Et si j'avois auparavant avec si juste fondement, comme je l'ay deduit cy-dessus, entré avec Armée dedans le Pays, pourquoy eusse-je fait difficulté d'entrer en ce qui estoit de mon Gouvernement, auquel j'avois plus de Serment & d'obligation? & auquel je tiens des premiers rangs entre la Noblesse? Mais tant s'en faut que j'aye fait telles recherches, veu qu'au contraire je suis prest de monstrer les Lettres des principaux des Villes & des principales, par lesquelles j'estois appellé pour la delivrance du Païs contre la tyrannie des Espaignols, & nommement du Duc d'Alve. Et quant aux promesses que je passis ausdits Estats de les conserver, si le Duc d'Alve les vouloit presser au dixiesme & vingtiesme; il ne se trouvera veritable. Mais bien que je vins exprés au Pays, & en armes pour la seconde fois, pour delivrer le Pays de la tyrannie qui ja les pressoit, nonseulement pour le regard du dixiesme, mais pour mille autres especes de cruautés plus que barbares, & mesmes pour le carnage que faisoit le Duc d'Alve des pauvres Habitans desdits Pays.

Et quant à ce qu'ils disent, les Ecclesiastiques Romains avoir esté persecutés par moy, chassés de leur biens, la Religion introduite: me faut-il, Messieurs, autre defence sinon ce que vous en cognoissés, à sçavoir que toute la mutation qui est survenuë, a esté plustost un œuvre de Dieu que des hommes. Vous sçavés combien de fois j'ay esté accusé, pour ce que je m'opposois trop froidement aux adversaires, que je les endurois trop, que je serois cause de la ruine du Pays pour estre trop lent à les chasser & extirper; Et quand il a esté question de se defaire d'aucuns, les devoirs que j'ay faits, afin qu'un chacun peut vivre en paix les uns avec les autres. Mais si les Estats, qui avoient trouvé du commencement propre & utile pour la conservation du Pays, que l'une & l'autre Religion fussent entretenuës, ont depuis appris par les insolences, entreprises & trahisons des ennemis meslés parmi nous, que leur Estat estoit en danger de ruïne inevitable, s'ils n'empeschoient l'exercice de la Religion Romaine, & que ceux qui en faisoient profession, au moins les Prestres, avoient un serment au Pape (comme ils ont par tout) lequel ils preferoient à celuy qu'ils avoient au Pays: tellement qu'à l'Assemblée des Estats faite à Leyde, comme aussi en la conjonction des Pays de Hollande avec Zéelande, cet Article ait esté unanimement accordé: les ennemis ne peuvent ignorer ces choses, veu qu'au Traicté de Breda, sur le point de la Religion, estant proposé de la part d'iceux ennemis, que ce changement estoit advenu par la conduite d'aucuns particuliers, leur fust monstré l'Accord de toutes les Villes avec le seau d'icelles. Quelle obligation me restera-il maintenant, quand ceux ausquels j'ay fait une promesse non-seulement me la remettent, mais aussi eux-mesmes la rescindent, cassent & annullent? Et toutefois si j'ay bien ou mal fait, j'en laisseray le jugement aux sages: tant y a, que quand telles choses furent mises en avant je desirois qu'on s'en fut passé, & encores plus, quand on les a executées: dequoy Messieurs de Hollande & Zéelande me donnerent si bon tesmoignage, & mesmes aucuns fascheux & chagrins d'entre nous, & qui ont espandu contre toute raison és Pays estrangers leurs mesdisances contre moy, que j'espere n'avoir besoing de grande defense contre telles accusations, lesquelles estants par moy deniées comme faulses, ainsi qu'elles sont, je ne crains pas qu'ils en puissent donner aucune preuve: vous laissant à juger, Messieurs, combien est ridicule une accusation, qui se peut repoulser par une simple negation, & neantmoins la plus part des belles couleurs, dont ce peintre se vante qu'il me depeind, se peuvent effacer par une seule telle esponge. Si on allegue, que neantmoins ceux qui ont esté dechassés ont juste occasion de se plaindre, d'autant que la promesse ne leur a point esté tenue: ores que cela ne s'adresse point à moy, ce neantmoins je diray pour la defense des Estats de Hollande & Zéelande, que ceste plainte seroit tres-mal fondée, d'autant qu'il n'est pas raisonnable que telles gens jouïssent d'un Privilege, par le moyen duquel ils ont voulu livrer le Pays és mains de l'ennemy: voulu trahir les vies, les Biens des Subjects; non un Privilege, ou deux, ou trois, mais toutes les Franchises & Libertés conservées de temps immemorial & d'aage en aage par nos Predecesseurs & Ancestres.

Ils entrelassent, *Que j'ay procuré liberté de conscience.* S'ils entendent que j'ay fait ouverture à telles impietés, qui se commettent ordinairement en la Maison du Prince de Parme, où l'Atheisme & autres vertus de Rome sont jeux, je respons que c'est chés les Heritiers du Seigneur Pierre Louys, qu'il faut cercher telle liberté ou plutost licence effrenée. Mais je confesseray bien, que la lueur des feux esquels on a tourmentés tant de pauvres Chrestiens, n'a jamais esté agreable à mes yeux, comme elle a resjouï la veuë du Duc d'Alve & des Espaignols, & que j'ay esté d'advis que les persecutions cessassent au Pays-Bas. Je vous confesseray d'advantage, affin que les ennemis cognoissent qu'ils ont affaire à une Partie qui parle rondement & sans fard, à sçavoir que le Roy, quand il partit de Zéelande lieu dernier qu'il laissa en ce Pays, me commanda de faire mourir plusieurs gens de bien, suspects de la Religion, ce que je ne voulus faire & les en advertis eux mesmes, sçachant bien que je ne le pouvois faire en saine conscience, & qu'il falloit plutost obeïr à Dieu que non pas aux hommes. Que les Espaignols donc disent ce que bon leur semblera, je sçay que plusieurs Peuples & Nations qui les valent bien, & qui ont appris que par les feux & les glaives on n'advance rien, me loueront & approuveront mon fait. Mais puis que vous, Messieurs, avec le consentement universel du Peuple, l'avés depuis approuvé, en condamnant la rigueur des Placarts & faisant cesser ces cruelles executions, je n'ay aucun soucy de ce que les Espaignols & leurs adherens en murmurent.

Et ne me puis assés estonner de leur sottise, quand ils n'ont eu honte de m'objecter les massacres des gens de leur Eglise, veu que non seulement ils sçavent mon naturel estre du tout esloigné de telles violences: mais aussi qu'il vous est notoire & à tout le monde, que par mon commandement & ordonnance pour raison de tels excés qu'ils me veulent imputer, aucuns furent executés à mort, & autres de marque & de Maison illustre, arrestés par mes principaux serviteurs domestiques, & aprés avoir esté detenus long temps prisonniers, ils n'ont esté delivrés, sinon pour raison de la Maison dont ils avoient eu cest honneur d'estre sortis, la longue detention de leurs personnes leur estant allouée pour la peine qu'ils avoient meritée. Mais ce qu'il a esté fait par ma charge, est tellement cognu à tout le monde, qu'ils ne le peuvent desguiser, ni obscurcir: seulement, comme ils sont bien appris à dire verité, ce que j'ay fait vertueusement, ils disent que j'ay fainct la chose me desplaire: mais qui leur a dit que j'ay fainct, qui est-ce qui leur a tant revelé de mes secrets? Ils voyent ce que j'ay fait, ils ne peuvent juger mon cœur, & n'y a homme si malicieux, si ce n'est le forgeron de cest Escrit ou un Espaignol, qui ne doibve plustost asseoir jugement

sur

ANNO 1580. sur ce qu'il voit, que sur ce qu'il soupçonne malicieusement.

Ils jettent des blasmes infinis sur nostre Religion, ils nous appellent Heretiques : mais il y a si long temps qu'ils ont entreprins de le prouver & n'en ont encores peu venir à bout, que ces injures ressemblantes aux paroles des femmes, eschauffées de cholere, ne meritent aucune responce, & encores moins ceste bestise de dire, que je ne me suis fié en aucun Prestre ou Moyne, s'il ne s'est marié, & que je les ay contraints de se marier. Car qui est-ce qui ne cognoit qu'ils jettent contre ma teste sans choix, sans discretion, tout ce qu'ils trouvent au chemin, tant est grande leur fureur & leur passion desmesurée? Et neantmoins quand ces choses seroyent vrayes, comme elles ne sont pas, ni raisonnables, (car nous apprenons par nostre Religion que le Mariage doibt estre libre, & ne doibt estre ni forcé, ni defendu:) si est-ce que ceste faute ne seroit à comparer à la tyrannie des consciences, qui a defendu le Mariage à une partie de la Chrestienté, à laquelle non seulement les Eglises d'Orient se sont opposées, ains aussi les Eglises Germaniques & Gallicanes.

Mais ce qui est, Messieurs, grandement à priser en ceste tant veritable & si bien fondée Proscription, c'est *que le Roy n'avoit point commandé au Duc d'Alve d'imposer le dixiesme & vingtiesme, sinon du gré du Peuple.* Si donc le Duc d'Alve en un affaire de si grande importance & qui a esté cause de la mort & ruine de tant de milliers de personnes a passé sa commission, quelle punition en est ensuivie? Le Duc d'Alve pour avoir fait à son Fils un tel office d'espouser sa Cousine, & delaisser une qu'il avoit abusée soubs couleur de Mariage accomply, ce que Rigomes avoit fait auparavant au Roy, est fait prisonnier, est mis hors de grace, & n'auroit encores esté delivré si on eust peu trouver en toute l'Espaigne un tyran plus propre à tyranniser les Portugais que luy: il est donc chastié pour une faute legere, & pour une si grande il est honoré, caressé, & remply de biens. Et qui presseroit le Roy sur la mort de Messieurs d'Egmont & de Hornes, il en diroit autant & desadvoüeroit derechef le Duc d'Alve. N'est-ce pas un bon moyen de se descharger de toutes fautes? & du moins s'ils eussent attendu aprés la mort de cest ennemy du monde: Mais qu'ils choisissent tel party qu'ils voudront. Ou le Roy l'a commandé, & alors il ne peut eviter le nom de Tyran: ou il ne l'a point commandé, & le mesme nom luy demeurera, puis qu'il n'a point chastié celuy lequel de son authorité privée avoit usurpé une telle tyrannie sur un Peuple libre & franc: dont il appert qu'il en est coulpable. Et combien que j'ay tousiours tenu le Duc d'Alve pour l'Ennemy du Pays, & qui s'est baigné volontiers en nostre sang & de tous les Chrestiens, portant à couvert un cœur Mahometan: si est-ce que je l'ay trop cognu & trop practiqué, pour croire qu'il ayt esté si sot & si outrecuidé, que d'oser entreprendre mettre sus une imposition de telle consequence, de l'avoir poursuivie si long temps & par moyens si extraordinaires, & du tout insupportables au Païs, sans en avoir bons commandemens, non une fois, mais plusieurs fois.

Je vous prie, Messieurs, de bien penser, si celuy, qui a osé condamner, ou favoriser ceux qui ont condamné le Bourguemaistre d'Amstelredam à vingtcinq mille Florins d'amende en son propre & privé nom, pour s'estre opposé au dixiesme, n'estoit-il pas bien asseuré & n'avoit-il pas suffisante descharge de son Superieur? Et ne vous faut, Messieurs, autre passage que cestuy-cy, pour recognoistre les fraudes, dissimulations & artifices, dont le Roy nous a menés & trompés si long temps, & delibere encores de faire, si nous nous laissons navrer par l'aiguillon de sa langue, ou estonner par les menaces de ses armes. Et d'autant qu'il en veut encores faire resonner le bruit pour les Villes prises & forcées en Hollande, à sçavoir en quatre ans deux ou trois, & avec plus de force qu'il n'a combatu le Turc: Je luy respons qu'il devroit considerer ayant les advantages dont il se vante, si ce ne luy est tres-grand honte d'en avoir esté entierement chassé. Et ne luy sert d'alleguer la mutinerie des Espaignols: car un Chef & principalement avec si grands moyens qu'il avoit, fait assés cognoistre son insuffisance & indignité de commander, quand il ne peut avec tels moyens tenir en obeyssance ses Soldats: au contraire s'excusant si ineptement; ne voit-il pas qu'il est contraint de confesser qu'avec bien peu de moyens & quatre ou cinq mille hommes, moy & Messieurs de Hollande & Zéelande, luy en avons rompu & fait consumer plus de soixante mille. ANNO 1580.

Et cependant, Messieurs, qu'il perdoit ainsi son temps, ses hommes, & son Argent en ce Pays, il perdit aussi en deux mois le Royaume de Tunis & la Goulette, avec la plus grande honte & confusion que jamais fit Prince puissant qui ayt esté chassé de sa Terre, quoy qu'on veuille rejetter la coulpe sur les jeunesses de Dom Jean & sur les paillardises du Cardinal. Car cependant qu'il employoit ainsi mal ses forces, Sinam Bascha luy enleva ce Royaume & ceste Forteresse qu'on estimoit imprenable, à la veuë d'Espaigne & de Sicile, sans que jamais aucun de la part du Roy osat monstrer sa teste pour le combattre ou seulement divertir. Et neantmoins, s'il n'avoit plus de respect au bien de la Chrestienté (ce qu'il n'a jamais eu, tesmoing son Alliance fardée qui a tant cousté aux Venitiens) ni esgard à son honneur: pour le moins la memoire de l'Empereur son Pere, qui n'estimoit rien touts ses hauts faicts & exploicts d'Armes, au prix de ceste Conqueste, le debvoit esmouvoir & pousser d'un desir genereux & vehement, pour maintenir sagement ce que l'Empereur son Pere luy avoit conquis & à toute la Chrestienté si valeureusement. Mais ceste rage & fureur de nous ruyner qui le transportoit, luy ostoit les yeux pour ne voir ce mal, & l'entendement pour ne le discerner, aymant mieux faire preuve de son impuissance contre les siens propres, que de ses forces contre l'ennemy commun & universel de la Chrestienté.

C'est, Messieurs, ce qu'il m'objecte & qui est advenu devant vostre conjonction generale, à quoy il n'estoit peut-estre pas du tout necessaire de respondre, sinon qu'il n'est point seulement requis de vous satisfaire, mais aussi de leur fermer la bouche & faire cognoistre à tout le monde leurs impudences & calomnies. Car s'il n'estoit question que de ce qui vous touche & ceux qui estoient par cy devant des nostres & qui se sont neantmoins tant mal à propos retirés d'avec nous: vous & eux avec vous, avés par cy devant assés monstré que vous aviés beaucoup meilleure opinion de moy. Car premierement l'Accord traicté par vous avec Moy & Messieurs de Hollande & Zéelande à Gand m'a suffisamment justifié, veu que si vous m'eussiés estimé tel que ceste infame Proscription me descrit, vous n'eussiés pas voulu ni deub entrer en Traicté avec moy: tant d'honorables Ambassades que vous m'avés depuis aussi envoyées à Sainct Geertrudenbenberghe, en Anvers, tant pour me faire venir en Brabant, que pour me faire approcher de vous à Bruxelles, pour assister au Conseil, & ce que vous avés voulu m'honorer du Tiltre de Lieutenant General: toutes ces choses disje monstrent assés, quelle est l'opinion & jugement que vous avés eu de toutes ces faulses & frivoles accusations: ce que j'estime seul trop suffisant pour les refuter.

Mais voyons maintenant, comment ils se sont gouvernés de leur part auparavant ce temps, avec quel orgueil, quelle insolence & mespris de toute nostre Nation. Je ne repeteray point ni les perjures & tromperies de la Duchesse, ni du Roi à l'endroit de Messieurs les Comtes d'Egmont & de Hornes, ni les appasts qu'ils m'ont apprestés, & generalement ce qui est advenu auparavant la venuë du Duc d'Alve, mais seulement ce qui a esté fait depuis, jusques à vôtre conjonction generale: afin que comme la memoire des maux & douleurs passées vous apportera plaisir & contentement, & (comme j'espere) à moi qui vous ai aidés, quelque gré: aussi par icelle vous vous confermiés de plus en plus en cette resolution saincte & digne de loüange immortelle, que vous avés prise pour vous opposer aux Espaignols & à leurs adherens.

Or tant ledit Duc d'Alve que ceux qui ont commandé sous lui & depuis lui, nous ont assés fait cognoistre quel a esté de tout temps le Conseil d'Espaigne, à sçavoir de nous exterminer & asservir: Car comme Hannibal dés l'aage de neuf ans jura sur l'autel de ses Dieux, qu'il seroit toute sa vie ennemi des Romains: ainsi a esté ce Duc d'Alve dés son enfance nourri & élevé en une haine irreconciliable contre ce Pays, laquelle par tant de sang qu'il a humé, n'a pû jamais estre rassasiée: ains tant plus il en a fait ruisseller en toutes les Villes de ce Pays, jusques à avoir fait mourir, comme lui mesmes s'en est vanté, dix-huit mil pauvres hommes innocents & plus, par les mains du Bourreau, n'a jamais peu toutefois assouvir cette cruelle cupidité. Tellement que si quelqu'un veut cog-

ANNO 1580.

cognoistre quels sont les secrets Conseils d'Espaigne, quelle est la volonté du Roi, & combien il nous aime, il verra le tout dechiffré és gestes sanguinaires du Duc d'Alve, comme s'il l'avoit representé devant ses yeux & depaint en un tableau: car il n'y a eu espece de dissimulation, trahison & perfidie, dont il n'ait usé, pour avoir à sa devotion les principaux Seigneurs de ce Pays, avec offres, promesses, & nouveaux Tiltres d'honneur conferés. Mais les gens de bien qu'il a peu attirer, il les a fait cruellement mourir, sans aucun égard à leur innocence ni aux Privileges du Pays. Et toutefois rien n'a esté fait sinon par le commandement du Roi. Il a fait le semblable à l'endroit des Bourgeois & bons Marchants, foullant aux pieds si arrogamment nos Libertés & Franchises anciennes, tout ce qu'il y avoit entre nous restant de la splendeur de nos Ancestres, qu'il sembloit que vous ne fussiés pas dignes d'estre mis au nombre des hommes. Et où est-ce que nous en pourrons avoir preuve plus certaine, plus illustre, plus en vûë, & comme en spectacle de toute la Chrestienté, avec un mespris insupportable de tout ce Pays, qu'en cette superbe, ambitieuse, profane, payenne & sotte erection de sa Statuë au milieu de la Citadelle d'Anvers, marchant impudemment sur le ventre des Seigneurs, des Estats, de tout le Peuple de ce Païs, monument de sa tyrannie, témoignage de son orgueil.

Que dirai-je de ses serviteurs & de toute cette vermine venuë d'Espaigne parlants de nous, non point comme de *vellacos*, mais comme de bestes? Vous en avés, Messieurs, encores les oreilles toutes battuës, & vous pouvés representer leurs gestes, leurs desmarches, leurs paroles pleines d'audace, d'orgueil, mespris, leurs faits insupportables, & quand ils ont esté dedans vos Villes, avec quelle insolence ils vous ont commandé. Si donc il est vrai ce que disent les Sages, que pour cognoistre le naturel d'un Seigneur, il faut examiner un de ses familiers: par les vertus du Duc d'Alve principal Ministre de son Maître & executeur de ses Conseils, vous pouvés juger, Messieurs, quelle bonne affection vous porte le Roi qui vous l'a envoyé pour vous tourmenter, & ce que vous devés attendre, si vous n'y donnés ordre comme vous le devés, & tout ce bon Peuple s'attend à vous.

Je ne dirai rien des violements, rançonnements, exactions commises par les Espaignols, seulement je m'arrêterai sur le principal: jamais vous n'avés sçû obtenir l'Assemblée libre des Etats Generaux, sçachant bien vôtre ennemi qu'empescher la convocation d'iceux, est coupper par le pied l'arbre de vos Privileges, faire tarir la source de vôtre liberté. Car dequoi sert à un Peuple d'avoir des Privileges en beaux parchemins dedans un coffre, si par le moyen des Estats ils ne sont entretenus, & qu'on n'en sente les effects? Et de fait long-temps auparavant, le Roi avoit pris dispense du Pape, pour le Serment qu'il vous avoit fait de garder vos Privileges, en quoi non-seulement il violoit la foy, mais il croyoit aussi trop legerement & pernicieusement des fols Conseillers, & monstroit par trop combien estoit grande sa prudence. Car ne pouvoit-il pas bien cognoistre, se tenant absous du Serment qu'il vous avoit fait, que vous estiés aussi quittes du vostre envers luy? tellement que luy, voulant estre délié de son Serment envers vous, vous ne luy deviés aussi aucune obeïssance & subjection? afin que je laisse pour le present à autres & plus exercés en telles matieres que moy, à démêler cette question: si le Pape se peut à juste tiltre vanter d'avoir une telle puissance & authorité; restera-il aucune chose ferme & assûrée au monde, si les Serments faits si solennellement peuvent être violés sous une telle couverture?

En mesme temps les Mariages hors du Pays sont entierement defendus. Ce qui n'avoit jamais esté practiqué, est prohibé: à sçavoir que les Enfans ne puissent aller hors du Pays, pour estudier en aucune Escolle du monde, sinon à celle de Rome, condemnans par ce moyen toutes les autres Escolles, qui est une arrogance par trop grande, voire mesmes (tant ils estoient imprudens) ils condamnoient sans y penser celles des Jesuites: mais qui est bien le pis, traçoient le chemin à une vraye barbarie. Car comme une frequentation des Lettres, nous a produits en ce Pays plusieurs bons esprits, qui ont grandement ennobli ces Provinces: aussi ceste interdiction ne pouvoit sinon avec le temps causer une ignorance plus que Turquesque, sans que je dise que par ce moyen ils assubjettissoient ce Pays à des conditions non jamais ouïes. En ce mesme temps la publication du Concile de Trente fut faite, lequel Concile a semblé mesmes aux François si inique, que jusques à present n'a peu estre publié au Royaume de France.

ANNO 1580.

Quelque temps auparavant, avoit esté poursuivie & obtenuë l'installation des nouveaux Evêques, laquelle avoit esté si long temps auparavant debattue, pour les inconveniens que tous gens sages, amateurs du Pays, & ennemis de la gehenne des consciences prevoyoient devoir ensuivre, comme j'en escrivis mesmes au Roy; sans que je parle des remonstrances que j'en ay faites à la Duchesse en plein Conseil, & souvent ailleurs: tout ce desseing ne servant à autre fin que pour establir la cruelle Inquisition d'Espaigne & lesdits Evesques, pour servir d'Inquisiteurs, brusleurs de corps & tyrans de conscience. Il est vray qu'aujourd'huy ils denient avoir voulu introduire ceste maudite Inquisition: mais si je leur produis homme digne de foy, qui estoit pour lors Pensionnaire du Franc, & auquel fut deux-fois presenté le banc pour estre torturé, affin de confesser qui estoient ceux des Seigneurs dudit Franc qui avoient esté d'advis de refuser l'Inquisition, diront-ils que c'est un tesmoing forgé, & toutesfois il est tel, qu'ils ne peuvent luy objecter aucune chose, & s'il estoit de besoing je trouverois assés d'autres preuves claires & trop manifestes. Les Placarts plus rigoureux suivirent, avec commandement de ne rien remettre de l'ancienne rigueur, & de fait la Bulle expediée par le Pape pour l'erection desdits Evesques, porte notamment que chascun Evesque pourroit conferer en son Eglise Cathedrale deux Prebendes, que chascun des Chanoines seroit tenu lui assister au fait de l'Inquisition, & que particulierement deux d'entre iceux seroient actuellement Inquisiteurs.

Et comme les Princes ou Tyrans qui occupent nouveaux Royaumes & Seigneuries, leur imposent un tribut en signe de leur victoire, aussi le Duc d'Alve en témoignage de sa conqueste (car c'estoit son commun langage, à sçavoir que ces Pays appartenoient au Roy non en tiltre de Patrimoine, mais comme estans conquis par les Armes) lors dis-je pour faire cognoistre à tout le monde la condition à laquelle il avoit assujecti ce Pays, il luy impose par le commandement de son Maître le dixiéme perpetuel, sans consentement des Villes & Provinces, il se resout avec les siens de l'executer par force: quand il entend que quelques cœurs genereux commençoient à s'émouvoir: tellement que justement à l'heure (voyés, Messieurs, quelle est la providence de Dieu) qu'il reçoit nouvelles de la prise de la Briele, il avoit resolu de faire la nuit mourir les principaux Bourgeois ds Bruxelles, d'autant qu'ils s'estoient opposés à cette imposition violentement publiée contre leurs Privileges. Le Bourreau, nommé Maître Charles, avoit commandement de tenir prest dixsept cordes, & des eschelles de dix à douze pieds de haut: les Soldats estoient en Armes: Dom Frederigo venu en la Maison du President Viglius pour arrester le *Dictum* de la condemnation, quand ces heureuses nouvelles pour les bons Bourgeois de Bruxelles arriverent. Le Lieutenant de l'Amman en estoit l'un, pour avoir refusé d'executer les opposants. Et de fait le Duc d'Alve lui vouloit tenir la promesse qu'il lui avoit faite peu auparavant: *Por estas, si vos no lo hazeis, yo os haré ahorcar.* Et sur la replique: *Los juezes son vellacos: basta que ye os lo mando.* Et je confesse qu'au mesme temps, estant derechef solicité, tant par plusieurs gens de bien, que de mon propre Serment & devoir au Pays, je revins pour la seconde fois avec armée: de laquelle expedition je ne toucherai d'advantage; car il n'y a personne d'entre vous qui ne sçache quels en ont esté, & sont encores à present les evenements. Maintenant donc, Messieurs, s'il vous plait considerer d'une part ce que le Duc d'Alve a fait devant que cette Guerre ait commencé, quelles occasions justes il m'a données, & aux Estats de Hollande & Zéelande d'avoir eu recours aux armes, ce que lui & le grand Commendador ont fait jusques au jour de la revolte & rebellion des Espaignols, & comment je me suis conduit depuis & gouverné: je ne refuse point que vous n'en jugiés & determiniés comme vous trouverés convenir. Mais vous avés desja assés monstré, ce que vous en sentés, par la Pacification de Gand, par l'expulsion de Dom Joan, & par tant d'actes & de témoignages qu'il n'est besoin d'en avoir d'avantage, & mesmes ne m'ayant voulu decharger ores que si souvent je vous en requis.

Je viendray donc à ce qu'ils touchent en leur cruelle Pros-

ANNO 1580. Proscription en second lieu, à sçavoir à ce qui a suivy le temps auquel les Espaignols furent declarés rebelles & ennemis du Pays.

En ce temps, Messieurs, fut traictée & concluë la Pacification de Gand, avec un si grand joye & contentement du Peuple, de toutes les Provinces en general & en particulier, qu'il n'est memoire d'homme qui puisse se souvenir d'une pareille. Un chacun se peut souvenir des promesses mutuelles d'amitié, d'intelligences, communication de conseil qui y sont compris. Mais quoy? ceux mesmes qui ont bien fait depuis cognoistre, quelle estoit la malice inveterée de leur cœur & toutefois qui estoient du nombre de ceux qui la traictoient avec mes Deputés & ceux de Hollande & Zéelande, en la traictant jettoient à la traverse tous les empeschements à eux possibles pour la faire mourir en herbe: à quoy sans contredit ils fussent parvenus, s'ils n'eussent craint de tomber en danger, & si le Peuple & toutes les Provinces qui sentoient & prevoyoient de loing cette Pacification devoir estre le fondement de leur Liberté & la restitution de leurs anciens Privileges, ne les eussent comme d'une voix contraints à la conclurre.

Et d'autant, Messieurs, que souvent en ceste execrable Proscription & en leurs petits ineptes Livres diffamatoires & Lettres clandestines, ils m'objectent que je l'ay rompuë & violée: voyons comment ils l'ont maintenuë de leur part. Elle ne fut pas si tost jurée, que le Sieur de Haulsi, suivant vostre commandement, fit plusieurs voyages en Zéelande vers moy, pour obtenir secours d'hommes & de Munitions de Guerre, pour le siege du Chasteau de Gand, l'un des nids de la tyrannie Espaignole, ce qu'il impetra. Mais un quidam indigne de sa race & de son Pays ne se pût contenir, ains au mesme temps commença à vomir son venin, chargeant de blasme ledit Sieur en recompense d'un si bon service, & qui a esté la vraye porte à la liberté du Pays, Comté de Flandres, & nommement de la Ville de Gand, si long temps auparavant tyrannisée: & ne tint pas audit Sueveghem, au Comte de Reux, Mouqueron, & autres, que les Espagnols tous sanglants encores du massacre d'Anvers & chargés des despoüilles des bons Bourgeois, ne fissent une pareille execution en la Ville de Gand, qu'ils avoient faicte en la tres-renommée Ville d'Anvers, ce qu'ils eussent executé (ainsi que les Lettres de Rhoda & autres en font foy) sans ledit secours. Voila comment lors que la trompette sonnoit pour la Pacification de Gand, ces gens de bien commençoient à la rompre.

Là-dessus arriva Dom Jean, & quoy que mon Ennemi veuille ici falcifier & deguiser, n'ay-je pas encores les Lettres signées de la main du Roi, & d'un des Secretaires de son Estat, & cachetées de ses armes, qui font foy de la charge donnée a Dom Jean? N'ont-elles pas esté publiées à tout le monde? s'est-il encores trouvé Espaignol si impudent qui ait osé les debattre? Par icelles nous avons cognu, que toute la difference entre Dom Jean, le Duc d'Alve & Louïs de Requesens estoit, qu'il estoit plus jeune & plus sot que les autres, & qu'il ne pouvoit pas si long-temps cacher son venin, dissimuler ses charges, & retenir ses mains brullantes du desir de les tremper en nostre sang. Je ne vous en ferai icy, Messieurs, aucun recit; car elles sont cognuës aux petits Enfans, & toute la Terre en est abbreuvée. Combien donc que ces choses fussent mises en lumiere devant tout le monde, combien que les Pacifieurs le cogneussent, le sçeussent, toutefois la haine inveterée contre ce pauvre Peuple estoit si grande, ils estoient si accoustumés d'aider à ceux qui opprimoient vos Privileges, servir à la tyrannie leur estoit tellement passé en nature: que comme Sangliers escumants de rage, ils viennent eux-mesmes se lancer dedans l'espieu du cœur sanguinaire de Dom Jean, accordent avec lui contre mon advis, de ceux de Hollande & Zéelande, contre leur Serment donné à la Pacification de Gand. Et puis ceux-cy m'osent objecter la Pacification & mon Serment, comme si ces liens ne fussent apprestés que pour me tenir & Messieurs de Hollande & Zéelande entravés, cependant que ces bons & loyaux Pacificateurs, ayants rompu toute obligation de Loix, de loyauté & fidelité, eussent une licence de faire, commettre & perpetrer tout ce que leur cœur déloyal leur suggeroit? Ils ont fait promettre (ce diront-ils) à Dom Jean de faire retirer les Espagnols: comme si tout nôtre Accord & Alliance gisoit en ce seul point. Mais devant que conclure avec Dom Jean, ne devoient-ils pas me remettre en mes Gouvernements, en mes Biens, me restituer mon Fils qui estoit du nombre des prisonniers? Y ont-ils seulement pensé, combien que plusieurs d'entre-eux lui estoient Parents? Rien de tout cela: car le but estoit bien autre, comme ils le monstrerent assés par tant de consultations qu'ils firent, pour trouver le moyen de m'opprimer, assujettir la Hollande & Zéelande, cognoissants que j'estois encore seul audit temps avec les Estats desdits Pays, qui empeschions ouvertement leurs pernicieux desseins, qui estoient d'entrer en la place des Espaignols, exercer pareille tyrannie que les Espaignols, mais comme il leur sembloit avec plus de puissance & authorité, & aussi pour estre en leurs Pays, avec plus d'impunité: je me rapporte de ceci aux Instructions données à ceux qui vindrent traicter avec moi à Saincte Geertrudenberge, desquelles je ferai apparoir s'il en est besoin. Au mesme temps ils envoyerent vers la Royne d'Angleterre, pour l'abbreuver de toutes choses faulses, & pour l'induire à s'armer contre moi & Messieurs les Estats de Hollande & Zéelande: mais la cognoissance qu'elle avoit de la verité, & la prudence singuliere de laquelle elle est doüée, lui firent prendre toute autre resolution qu'ils n'avoient esperé. Bref, ils machinerent tout ce qu'ils peurent pour remettre sus les mesmes practiques des Espaignols, & voila, Messieurs, quelle a esté leur observation de la Pacification de Gand dés le commencement. Et quant aux Espaignols que Dom Jean leur disoit avoir renvoyés, ils voyoient (au moins s'il leur restoit quelque peu de lumiere, car ils n'avoient faute d'advertissemens) que les uns s'amusoient en Luxembourg, les autres en Bourgoigne, les autres en France soubs l'ombre de la Guerre civile qui y estoit resuscitée, en attendant le mot du guet, pour revenir en un instant, comme aussi ils firent. Ce neantmoins ils sçavoient que Dom Jean retenoit quatorze mille Allemands des vielles bandes, qu'il tenoit en Garnison és Villes principales du Pays, qu'il traictoit à Malines avec lesdits Allemans, qu'il leur disoit d'un, & à vous, Messieurs, d'autre, retiroit le Chasteau d'Anvers d'entre les mains du Duc d'Arschot & du Prince de Chimay son Fils, le laissoit entre les mains de Treslon. Ils voyoient, dis-je, ces choses, & neantmoins y aydoient & favorisoient, & encores ils diront qu'ils gardoient la Pacification de Gand. ANNO 1580.

Car quant à ce que mon Ennemy dit, que Dom Jean l'avoit jurée, je confesse d'advantage, que le Roy mesmes l'a promise, qui le rend d'autant plus convaincu: car au mesme temps il commandoit à Dom Jean de la rompre, ainsi qu'il appert par ses Lettres. Et quant à Dom Jean, il est vray qu'il l'a promise & jurée, mais ce fust avec une condition, qu'il avoit predit en presence mesmes d'aucuns de vos Deputés y debvoir adjouster, à sçavoir jusques à ce qu'il s'en repentiroit: laquelle condition escheut bien tost aprés: Car ce jeune homme estimant estre au dessus de ses affaires, & avoir entre ses mains (à raison des Garnisons Allemandes & plusieurs traistres à leur Patrie) les meilleures Villes, se saisit (non sans faire un tort indigne à la Royne de Navarre) du Chasteau de Namur, lieu qui luy sembloit propre & necessaire pour faire repasser les Espaignols; Mais aussi tost par la rendition du Chasteau d'Anvers qui vous fust faite, il se trouva un peu loing de son compte, ce qui luy fist perdre pour un temps beaucoup d'amis, qui commencerent aussi tost à changer de robbe: & fust rendu Dom Jean si perplex, qu'il n'eust autre recours, sinon ayant corrompu aucuns de vos propres Deputés, de gaigner le temps, & vous amuser par une esperance fardée de Paix.

Et pleust à Dieu, que dés lors vous n'eussiés esté empeschés, Messieurs, par ces bons observateurs de la Pacification de Gand, de croire mon conseil: car par une bien petite armée nous pouvions estre quites de Dom Jean, de ses Espaignols & Adherens, & de tant de calamités qui ont ensuivy.

Je voudrois donc encores icy sçavoir, Messieurs, si lors Dom Jean gardoit ceste Pacification & son union si solemnelement jurée (comme ils parlent) qu'il avoit faite avec ces Espaignolisés. Et pourquoy me viendra-il reprocher la Pacification de Gand, celuy qui nous a fait declarer par le Sieur de Selles, qu'il ne la vouloit garder. Jouyra-il à mon prejudice d'un Privilege auquel luy mesmes renonce? Et quant tout est dit, ce n'est point avec luy, que moy & les Estats de Hollande & Zéelande avions contracté: c'est avec vous, Messieurs. Que si aprés tant de ruptures de la Pacification

ANNO 1580.

cation & en tant de sortes, aprés que contre ladite Pacification ils ont exterminé des Villes, des meilleurs Bourgeois, alleguants contre eux choses faulses & meschantes: si donc aprés ces choses, Messieurs, vous avés jugé que pour vostre seureté vous deviés amplifier aucuns des Articles, les changer, voire quand ainsi seroit que vous les auriés voulu du tout rompre, rescinder, & revoquer: qui est-ce qui vous en pourroit accuser, si vous avés usé de ce qui estoit vostre, comme vous l'auriés trouvé convenir à vostre bien, sinon celuy qui se vouloit servir de son serment comme d'un rets pour vous surprendre? Car quant à ce qu'ils disent, que de ma part y a eu changement, ores qu'il fust vray, si est-ce que je n'y avois plus d'obligation pour le regard des contractans avec moy, puis qu'ils l'avoient en tant de sortes violée: & puis que de vostre part estoit trouvé convenir, que le changement se fit, vous aviés autant d'authorité & puissance d'en disposer, qu'un Seigneur a de droict sur son Heritage: car la Pacification estoit vostre, de laquelle vous pouviés user à vostre plaisir.

Mais il a tant de fois esté remonstré & de bouche & par escrit, que rien n'y a esté violé, qu'il n'est besoing que j'employe d'advantage le temps à le vous declarer. Seulement je diray, qu'il estoit bien defendu à ceux de Hollande & Zéelande, de rien innover en ce Pays: mais que les autres Estats en leurs Provinces ne peussent pourvoir par quelque condition à leur seureté, il ne se trouvera point qu'il y ayt une telle obligation, ce que par la lecture de l'Article onziesme & douziesme se peut voir & cognoistre manifestement. Et de fait, sur la confection de ladite Pacification, comme un de ceux qui estoyent deputés de nostre part, remonstra à quelqu'un des principaux de l'autre, que telle chose pourroit advenir, & pourtant qu'il eust esté meilleur d'accorder quelque liberté pour les Subjects des Provinces pour lesquelles ils contractoient: on luy respondit, qu'il ne se falloit donner peine de telles choses, & que ceux de Brabant, Flandres, & autres Pays ne demanderoient jamais changement de l'estat de la Religion. Que si maintenant ils ont esté trompés, pourquoy est-ce que furieusement ils s'addressent à moy? Je leur apporte aussi la mesme responce pour le fait du changement survenu en quelques Villes de mes Gouvernements: Car je puis bien asseurer devant Dieu, que je n'y ay donné aucun advis ni consentement, & que plusieurs choses y sont survenuës qui ne me plaisoient pas, comme aussi en Flandres. Mais je leur maintiens, s'il y a eu quelque insolence militaire, que ce n'estoient que roses au prix des intolerables excés faits par eux: & pour le moins il n'y a point eu d'infidelité, ni de trahison & intelligence avec l'Espagnol de nostre part, comme il y a eu de celle des Ennemis.

Car n'ont-ils pas à main armée commencé une Guerre contre leur foy & leur promesse, assailli leurs Confederés, quand nous estions à deux jours prés de donner bataille à nos Ennemis, n'ont-ils pas poursuivi l'execution de leur complot & conjuration contre leurs Confederés, & leur defection au temps que la bonne Ville de Maestricht estoit assiegée? Que s'il y a en ce monde acte detestable, est-ce point cettui-ci? Lors que vous vous attendiés aux forces de vos Confederés, pour secourir une bonne Ville assiegée, avec laquelle ils avoient Alliance jurée, de laquelle ils ne pouvoient se plaindre en façon aucune, ou à tort ou à droict; lors, dis-je, non seulement ils vous abandonnent, mais ils vous font la Guerre, le plus chaudement qu'ils peuvent. On raconte que Suffetius fut tiré à quatre chevaux pour n'avoir bougé & s'estre rendu spectateur lors que Tullus Hostilius son Confederé combattoit. Quels gibets donc, quels supplices, pourroit-on inventer qui fussent suffisants pour chastier ceste perfidie & perduellion? Et de qui? De ceux-là, Messieurs, qui avoient auparavant mis la main sur le Comte de Mansfelt, Viglius, Fonc, Assonville, Berti & autres du Conseil d'Estat, lors que je n'estois encores lié si estroitement avec eux que depuis j'ay esté, & n'estois passé encores en Brabant; de ceux-là, dis-je, qui par telle apprehension avoient donné à cognoistre à tout le monde, le jugement qu'ils faisoient des gestes du Roy & de son Conseil: vous laissant juger, Messieurs, quel grand discours il y a en telles gens, qui ne peuvent prevoir nous faisants la Guerre, qu'ils aiguisent les espées de ceux qu'ils ont fait prisonniers, pour leur lever la teste.

Ils diront que je ne me suis pas rendu ennemy de ceux de nostre party qui ont passé les bornes. Vrayement je n'ay point approuvé les excés d'aucuns. Mais pensent-ils que je sois si imprudent pour leur faire plaisir, de donner ouverture à la ruine du Pays, & faire Escovedo Prophete? Ont-ils jamais ouy qu'un sage Pere ayt pour le contentement de son ennemy cherché la ruine de ses Enfans? ains c'est son debvoir de corriger les fautes, & en les amendant conserver sa famille: Mais Bours, Montigni, & autres, ne sçavent-ils pas les debvoirs que j'ay faicts pour remettre tout en bon ordre? ont-ils oublié les Articles accordés tels qu'ils les ont demandés & qu'ils ont depuis violés contre leur Serment? C'a donc esté rage, folie, ambition, haine contre la Religion, envie de dominer qui a transporté leurs cœurs, iceux agités comme de fureur, & qui les a premierement esmeus de se couvrir du manteau de la Pacification de Gand: Car je sçay, Messieurs, la peine en laquelle ils furent pour donner couleur à leur entreprinse, & qu'un simple Capitaine en ce Conseil leur fit ceste ouverture, qui fut incontinent suivie.

Je sçay que plusieurs trouveront nouveau, qu'Enfans de bonne Maison, issus de tels Peres, se soyent tant oubliés que d'assembler tant de reproches sur leur race, & aucuns presque n'estre croyables que jamais il eut peu se trouver une telle inconstance en eux: & ne puis encores de ma part que je n'en sois marri, pour la bonne amitié & l'honneur que j'ay porté à leurs Peres, & le desir que j'ay eu de les voir advancés en toute vertu, honneur & reputation (ce qu'ils pouvoient faire, s'ils eussent seulement sçeu patir un peu de temps, & porter une partie de la calamité de leur patrie) & desirois bien encores qu'ils peussent estre si sages, que par une bonne repentance ils amendassent le passé.

Mais afin que je ne parle beaucoup de leurs actions particulieres, qui ne sont pas exposées en la vûë de tout le monde, qui sont toutefois pleines de legereté: si on vient à considerer ce qui est cognu d'un chacun, & mis devant les yeux de tout le monde, qui est-ce qui se pourra assés esmerveiller de l'inconstance & vanité de leurs resolutions? Ils servent le Duc d'Alve & le grand Commandadeur comme valets, ils me font la Guerre à toute outrance peu aprés, ils traictent avec moi, ils se reconcilient aux vostres Ennemis des Espagnols. Dom Jean revient: ils le suivent, ils machinent ma ruïne. Dom Jean faut à son entreprinse du Chasteau d'Anvers: ils le quitent incontinent, ils m'appellent. Je ne suis pas si-tôt venu, que contre leur serment, sans en communiquer ni à vous, Messieurs, ni à moi, ils appellent Monseigneur l'Archiduc Matthias. Est-il venu, ils voyent qu'ils ne peuvent venir à leur but, ils le laissent, & sans l'advertir vont querir Monseigneur le Duc d'Anjou, ils l'ammenent, ils lui promettent merveilles; ils voyent qu'ils ne le peuvent amener à ce point de se rendre Chef contre vous, Messieurs, & contre ceux de la Religion; ils le delaissent, & se joignent au Prince de Parme.

Y a-il Flots de la Mer plus inconstants, Euripe plus incertain, que les conseils de telles gens, qui pensent estre si haut assis, tant élevés & si affermis, qu'il leur soit loisible de se jouër ainsi de Princes de telle part? Si donc ils ont fait telles choses, comme il est cognu à tout le monde, croyés qu'il n'y a rien si leger & si vain, qu'ils n'entreprennent. Et que peuvent-ils faire plus enorme, que d'avoir consenti à cette lasche Proscription qui est bastie contre la teste de celuy qui leur a garanti la leur, a faict restituer les biens aux principaux d'entre eux? Et croyés, Messieurs, que ce n'est pas la fin: car si bien tost ils ne se recognoissent (ce que je desire) vous les verrés encores changer de cheval & de selle plus de dix-fois, devant que cest affaire se desmelle.

Quant à ce qu'on m'objecte *Que je me suis fait élire par force & tumulte Gouverneur de Brabant*, il vous souvient, Messieurs, que jamais je ne vous en ai parlé, & que je ne vous en ai aucunement sollicités: au contraire, vous avés mémoire de la grande resistance que je fis & de mes remonstrances au contraire: & mesme quant à l'Etat de Lieutenant General, que j'en voulus avoir l'advis & le consentement des Chefs qui estoient en l'Armée, & laquelle bien tôt aprés fut mise en route (je ne dis point maintenant par la faute de qui) lequel ils m'envoyerent, comme encores je l'ay signé de leur main. Que si aucuns du Peuple advancerent cette élection, encores que ce ne fut à ma priere ni sollicitation, toutefois je suis contraint

ANNO 1580. traint de confesser qu'ils estoient plus sages & mieux prevoyants les affaires de ce Pays que je n'estois lors; car ils entendoient bien, laissant le maniement des affaires & l'administration de la chose publique entre les mains de ces Espaignolisés, que c'estoit bastir sur un sable mouvant & peu ferme pour y asseoir un tel édifice. Il est aussi peu vrai ce qu'ils disent, que par les tumultes de Gand j'ay esté élû Gouverneur de Flandres: car c'est une vraye ignorance de nos affaires, parce que les quatre Membres ont fait élection de moi, non une-fois, mais plusieurs, non point durant les tumultes, mais depuis les choses bien pacifiées, l'ont plusieurs-fois pourchassée, tant envers vous qu'envers moi, & jusques à present je ne l'ay voulu accepter.

Je ne pense pas aussi, Messieurs, qu'il soit raisonnable que je responde des moyens levés par vous, & qui ont esté administrés suivant vos advis, sous vôtre authorité, par vos Tresoriers, Commis, & Recepveurs, sans que j'en voye jamais un denier, ni moi ni les miens. Mais s'il convient en donner blasme à quelqu'un, est-ce pas à l'ennemi, lequel vous contraint chercher moyens pour vous defendre? & si lui, pour faire du mal, exercer tyrannie, opprimer vôtre liberté, fait de si grandes & excessives despenses: pourquoi pour bien faire, pour reprimer le tyran, conserver vos Privileges, vôtre liberté qui ne peut être évaluée, ne ferés vous quelque despense? Que s'il estoit question d'exposer tout ce que nous avons jusques à la derniere maille, jusques à la derniere goutte de nôtre sang, que ferions nous à quoi nous ne soions tenus & obligés? & dequoi nous n'ayons tant de beaux exemples és Histoires anciennes tant des estrangers, que de nos braves & vaillants Predecesseurs & Ancestres? Mais tant s'en faut qu'il faille desister, qu'au contraire puis que nous voyons ce qui les picque, c'est ce sur quoi nous nous devons d'advantage evertuer.

Car de respondre à ce qu'il dit, que j'en ai fait emprisonner & tuer aucuns de ceux qui ont contredit aux contributions, je ne pense pas qu'il soit besoin de leur respondre devant vous, Messieurs, qui cognoissés que ce sont evidentes calomnies, & qui sçavés que j'ay plus esté blasmé de ma trop grande douceur & patience à tolerer plusieurs esprits malins, qui par leur artifices & secretes menées retardoient nos affaires, que je ne suis accusé de mon ennemi de ma rudesse. Que si ce qu'ils m'objectent estoit vrai, il y en a plusieurs qui parlent aujourd'hui bien haut, à qui on auroit bien couppé le filet: & toutefois je ne me repens point encores d'en avoir ainsi usé, & me réjoüirai toûjours d'avoir plûtôt voulu recevoir un tort, que de l'avoir voulu faire, ne doutant point que Dieu, qui est juste Juge, ne face tomber sur la teste de ces traistres & déloyaux, qui mangeoient le pain avec nous & estoient participants de nos conseils, & neantmoins à present sont en leur conseil, le salaire de leur meschanceté, comme desja la vengeance les poursuit d'une inquietude perpetuelle & agitation de l'esprit.

Quant à la negociation du Sieur de Selle, laquelle a esté recognue plaine de tromperies & de dissimulation, c'est à vous, Messieurs, qui avés si prudemment descouvert ses fraudes, & qui luy avés fait cognoistre, que ceux qui n'ont point veu l'Espaigne ne sont point pour cela des bestes comme luy & ses semblables l'estiment, c'est à vous dis-je contre qui s'addresse ceste accusation. Je confesse que j'ay esté de mesme advis que vous, qu'il ne le falloit croire non plus qu'un affronteur & trompeur, & qu'un instrument choisi pour mettre tout en division: Car ce qu'il me disoit que j'estois tant en la bonne grace du Roy, qu'il n'y a Seigneur de pardeça duquel il eut meilleure opinion que de moy, qu'il me vouloit tant employer; me faisoit de plus en plus penser, qu'on eut bien eu affaire de ma teste, si j'en eusse voulu faire tel marché que cest Espaignolizé me vouloit persuader. Je confesse dis-je que j'ay esté de l'opinion mesme que vous avés esté & avés tresprudemment resollu, à sçavoir suivant l'exemple de ce sage Capitaine, de boucher vos oreilles à ces Sirenes d'Espaigne. Mais que dis-je que j'ay esté de cét advis? ces miserables qui ont consenti à cette maudite Proscription n'y ont-ils pas aussi resisté comme moi? les mesmes Magistrats qui ont fait publier cette Proscription, n'ont-ils pas aussi rejetté le Sieur de Selles & toutes ses bourdes?

Ce qui est assés suffisant pour respondre à ce qu'ils touchent du *changement des Officiers Catholiques*: & pleust à Dieu que j'eusse eu le pouvoir, ou que par la precipitation d'aucuns, je n'eusse pas esté empesché de procurer le changement par tout: car il ne seroit pas ensuivi un tel deluge de maux qu'on a veu, à raison de la disjonction des Provinces, & lequel est à craindre qu'il n'accroisse de jour en jour à la ruine generale du Pais: pour le moins j'espere que si ces Provinces qui nous ont si laschement abandonnés ne se repentent d'une telle faute, qu'elles sentiront personne n'estre jamais mieux chastié pour un meschant conseil, que ceux qui l'ont premierement donné. Et sur ce point, je ne me mettrai pas en peine de respondre à cette calomnie, que j'ai mis en charge lesdits Officiers *par mon authorité privée*, vû que par tout où j'ai assisté au changement de la Loy, j'y ai seulement executé la charge qu'il vous a pleu m'en donner, & comme vôtre Commis & Deputé, n'y faisant rien contre les Loix & Privileges. Bien confesserai-je, que j'ai cherché le plus que j'ai peu, à y introduire gens de bien, gens d'honneur, de bonne conscience, & sur tout Amateurs de la Patrie. Mais je sçai bien ce qui les poing, c'est que je n'y ai pas volontiers favorisé ceux qu'ils avoient à leur cordelle, gens sans foi, sans pieté envers leurs Pays, gens sanguinaires, & esclaves de leur tyrannie. ANNO 1580.

C'est-ce, Messieurs, qu'ils appellent confusion, à sçavoir le reglement de nôtre Republique selon nos Loix, lesquelles sont aussi contraires à leurs intentions barbares que le jour est à la nuit. Mesmement, Messieurs, il n'est grand besoin de respondre à telles objections, quand nôtre propre ennemi y respond assés: Car quels estoient les Officiers, desquels ils disent que nous sommes defaits? *Ils estoient* (disent-ils) *bien affectionnés au Roi*, qui est autant à dire que bons ennemis du Pays: & par cela, Messieurs, vous entendés que ç'a esté trés-bien fait de les changer en plusieurs endroits.

Ils me reprochent *le grand credit que j'ay entre le Peuple*. Tant s'en faut que j'en aye honte, que je suis bien marri que je n'en aye encores d'avantage, c'est-à-dire que je ne sçache bien leur persuader ce que je leur ay si souvent mis en avant, tant de bouche que par escrit: car il y a long-temps que j'aurois avec l'ayde de Dieu nettoyé le Pays de ces ordures d'Espaigne. Mais s'ils sont tels qu'ils se disent, & si je suis tel qu'ils me descrivent (car pour leur faire plaisir je leur veuil accorder ce point) il faut necessairement qu'ils confessent leurs tyrannies & cruautés avoir esté excessives en toutes sortes, pour avoir encouru une haine universelle de tout le Peuple, qui leur estoit auparavant si affectionné, & a esté si loyal à leurs Predecesseurs & à eux mesmes avant tels excés commis. Et au contraire, si le Peuple m'a choisi volontairement pour estre asserteur de sa liberté, que peut-on dire autre chose? que diront les Nations estranges? que dira la posterité, sinon que le Peuple a jugé qu'il y avoit quelque chose en moy digne d'une extreme haine? Je leur confesse donc que je suis & serai toute ma vie populaire, c'est-à-dire que je poursuivrai, je maintiendrai, je defendrai vostre Liberté & vos Privileges. Voyés comment ces sages cerveaux sont despourveus de sens commun, & comment lors qu'ils me pensent blasmer, ils me loüent. Il est vrai qu'estans cinq ou six testes mal advisées ensemble, ennemies de vostre liberté, desquels les conseils, pensées & secretes cogitations sont toutes tenduës à chercher les moyens de vous assujettir à leur tyrannie, qui seroit plus cruelle & pour le moins plus indigne & plus servile que n'estoit l'Espaignolle. Ils mesurent la cervelle de tout le monde à l'aulne de leur entendement, & pensent que chacun trouvera mauvais ce qu'eux jugent estre tel: mais quand le tout sera pesé en la balance commune, alors ils trouveront qu'ils se sont grandement mescomptés: Car celui qu'ils jugent indigne de vivre pour servir au bien de la chose publique (car qu'est-ce autre chose le bien public que le bien du Peuple?) ils le rendront par leur folie d'autant plus honnoré, que le Peuple estimera d'advantage celui qui le maintient, que celui qui le veut oppresser.

Je ne puis aussi assés m'esbahir, de ce qu'ils ont oublié ce que tant de petits mauvais Escrivains ont menti en leurs ineptes Libelles diffamatoires, que je hay la Noblesse. Car commencerai-je cette haine par moimesme, mes Parents & Amis, qui sommes (Dieu merci) tous de race Noble & Illustre, si ancienne & de telles richesses & Dignités, que je ne crains pas, que plusieurs de mes ennemis puissent à bon droit se preferer à nous, & s'en trouvera peu qui nous puissent égaller: Mais

ANNO 1580. Mais l'experience a monstré si je ne fais pas ce qui est en ma puissance pour l'avancement des Nobles. Que si j'ay de long-tems prevû qu'aucunes testes ambitieuses qui nous ont depuis delaissés, se vouloient emparer des Gouvernements & Charges, pour abandonner par aprés le Pays, & faillir à leur serment: si j'ay, dis-je, cognu leur legereté, vanité, & inconstance, leur affection tendante à la tyrannie, pourtant je ne les ai voulu favoriser, & par ce moyen j'ay aidé à conserver la meilleure, plus grande & plus saine partie de nostre Estat; je n'ay pas pour cela haï ou méprisé la Noblesse, mais j'ay voulu par son conseil venir au devant de la ruïne du Pays, qui eut peu ensuivre. Si leurs Peres qui estoient plus sages, plus vaillants & plus vertueux qu'ils ne sont, & avec lesquels j'ay vescu en si bonne amitié, si, dis-je, ils vivoient encores, ils mourroient de desplaisir, voyants une race forlignante de la constance & vertu de leurs Ancestres, qui ont vescu si honorablement & sans reproche: s'ils voyent, dis-je, qu'il n'y a aujourd'hui Pays ausquels ils ne soient tenus pour gens inconstans & grands Marchands: s'ils voyent mesmes les Espaignols ausquels ils servent, le Cardinal qui est leur pivot, sur lequel tourne leur moulin, se jouër d'eux comme à la pelotte, en faire comme des Enfans, les mener par le nez comme bestes, & les entretenir jusques à ce qu'il soit temps de redemander ses Statuës, Instruments, Tappis, & autres Meubles qu'ils ont desrobés, & jusques à ce qu'ils soient assés en bon point pour estre menés à la boucherie; ainsi que mesmes il appert par ses propres Lettres escrites de sa propre main, que vous avés vûës, Messieurs, & recogneuës.

Et d'autant que mon Ennemi, comme s'il se défioit de son authorité, & qu'il fut en doute si la pesanteur de ses titres seroit suffisante pour m'accabler, vient encores à y vouloir conjoindre celle de l'Empereur, & d'aucuns de Messieurs les Electeurs Ecclesiastiques, *Disant qu'ils auroient proposés Articles si raisonnables que tout homme de bon jugement les juge estre tels.* Il ne sçauroit en un mot, Messieurs, mieux dire que vous, que dis-je vous? mais tous les Habitans de ces Pays, qui ont d'une voix rejetté lesdits Articles comme impertinents, captieux & desraisonnables; estes sans jugement & despourvûs de raison. Mais à qui feront-ils croire, qu'un Peuple battu de si longue Guerre, qui ne peut estre sans un million d'inconveniens, rejette une Paix si elle est raisonnable? que des bons, voire trop bons Sujets, trop patients, refusent de s'accorder à leur Superieur, sinon quand ils voyent que tels Accords sont amorces pour les surprendre? que telle Paix est pire que Guerre? & que le doux miel d'une langue est plus à douter que le fer aceré des glaives? Il peut estre que l'Empereur, qui estime une telle condition & estat estre propre en ses Terres patrimoniales, a opinion qu'elle seroit aussi propre par-deça; l'Empereur est adverty de nostre estat par nos ennemis, par les traistres qui estoient parmy nous, & qui sous couverture de Legation à Cologne, essayoient de ruïner vos affaires: l'Empereur informe les autres Princes qui s'y reposent, estimans ce qui vient de cette part, estre oracle. Mais vous, Messieurs, qui cognoissés le fonds de l'estat de ces Pays, les commodités, les vrayes causes du maintien ou de la ruine d'icelui, qui y avés à perdre, qui estes obligés par tous droits à la conservation d'iceux, en avés jugé autrement; tout le Peuple en a esté consulté, le Peuple unanimement a rejetté telles conditions comme par trop desraisonnables, & non en une Ville seule, mais en toutes. Il est vray que nous avions supplié la Majesté Imperiale, le Roi de France, la Roine d'Angleterre & Roi de Portugal, d'interceder pour nous afin qu'on nous accordast une bonne Paix. Mais prendre cela comme si nous nous estions submis à eux, nous ne pensons pas qu'aucun homme sage le pense.

Et quant *à la defense qu'ils disent avoir esté faite de la publication desdits Articles*, vostre patience & debonnaireté devroient plûtôt estre grandement loüées, quand vous n'avés point fait punir exemplairement ceux qui ont esté si temeraires de les publier sans vôtre congé. Et tant s'en faut que nous ayons craint, qu'ils fussent communiqués & divulgués, qu'au contraire on les a fait imprimer avec les declarations de leur nullité, & ont esté envoyés par toutes les Provinces & Villes pour estre deliberés, & pour avoir l'advis & resolution de tous, comme vous l'avés raportée uniforme: mais il y a beaucoup à dire, si quelque chose se communique par ordre, par voye de droit, & par l'authorité de ceux qui en ont puissance, ou bien quand de petits espions sement à la desrobbée parmy le Peuple les Livrets, quand aucuns de ceux qui estoient envoyés à Cologne pour vôtre service, font courir sous main ce qu'ils avoient negocié avec l'Ennemy, auquel ils vous trahissoient & la Patrie, comme il appert plus amplement par leurs propres Lettres, dequoi je ne parlerai plus avant, d'autant que le tout est mis en lumiere, & est à la vûë d'un chacun. ANNO 1580

Ils trouvent merveilleusement mauvaise l'union des Provinces faites à Utrecht. Pourquoi? parce que tout ce qui nous est bon, leur est mauvais, que ce qui nous est salutaire leur est mortifere. Ils avoient mise toute leur esperance sur une desunion: ils avoient practiqué quelques Provinces, qui ont autant eu de conseils qu'il y a de mois en l'an: ils avoient à leur devotion quelques pestes qui estoient entre nous. Quel remede pouvoit-on inventer meilleur à l'encontre de des-union, qu'union? & quel antidote plus certain contre leur venin de discorde, que concorde? au moyen dequoi leurs desseins, leurs trames, leurs conseils nocturnes, leurs secretes intelligences ont esté en un moment dissipées, monstrant Dieu, qui est Dieu de paix & de concorde, combien il a en abomination ces langues frauduleuses, & comment il peut facilement renverser telles fausses & abominables entreprinses.

Voyés, Messieurs, que je leur donne un beau champ de crier, de se tempester. Je leur confesse que j'ay procuré l'union, je l'ay advancée, j'ay estudié à l'entretenir: & vous dis, Messieurs, encores & le dis si haut, que je suis content que non-seulement eux, mais aussi que toute l'Europe l'entende. Maintenés vôtre union, gardés vôtre union: mais faites, faites, Messieurs, que ce ne soit pas de paroles, mais qu'en effet vous executiés ce que porte vôtre trousseau de flesches liées d'un seul lien que vous portés en vôtre Seau. Aillent maintenant & m'accusent d'avoir tout mis en confusion quand j'ay procuré l'union, pour lequel fait je ne rougiray jamais. Car si sous l'ombre d'une paix ils nous tramoient une division, s'ils s'assembloient tantôt à Arras, tantôt à Mons, en nous donnant toûjours de belles paroles, & ce pour desjoindre & attirer à leurs cordelles des Esprits legers semblables à eux, pourquoi ne nous estoit-il licite de nous joindre & lier de nôtre part? Sinon que peut-estre, ils pensent leur estre permis de mal faire & abandonner le Pays, & quand? quand Maestricht est assiegé, (ne sentirés-vous point pauvres gens quand vous lirés ces choses, le cautere qui vous bruslera la conscience?) & qu'à nous il n'estoit loisible à lors de bien faire & de guarantir le Pays. Apprenons donc, Messieurs, ici ce qui nous est utile & necessaire, & l'apprenons du plus grand Ennemi que jamais ait eu le Pays, & du plus grand Tyran de la Terre.

Ils m'objectent aprés un horrible crime & digne de cette plusque Sillane & Corboniane Proscription, c'est que je n'estois sorti d'Anvers de deux ans, & que je suis allé à Utrecht. Il est bon à voir qu'ils sçavent bien ce que je fais, comme si à leur trés-grand regret, en ces deux ans je n'ay voyagé par deux fois en Flandres, où, avec l'aide des quatre Membres, j'ay mis meilleur ordre audit Pays qu'ils ne voudroient. Or bien, posons que je ne sois sorti de deux ans d'Anvers, ne seroit-ce pas un grand crime, de m'estre toûjours tenu prés de vous, pour vous servir en tout ce qu'il vous a pleu me commander? Mais je suis allé à Utrecht. Voicy, Messieurs, le mal, voicy l'aposteme: car c'est ce voyage qui les navre jusques au cœur. Ils avoient mis un si assûré fondement à leurs affaires, ils s'y plaisoient tellement, ils en écrivoient à leurs amis, ils tenoient entre leurs mains tant de Pays & tant de Gouvernements, ils avoient tant escrit de Lettres, tant de subornations, tant de practiques mises en avant; & venant seulement me presenter à Utrecht, avec la bonne assistence & conseil de Messieurs les Deputés des Provinces, voilà ce grand broüillard escarté, tant de Citadelles qu'ils avoient reservées pour leurs tyrannies, abbattues, tant de nos Villes assûrées, ne leur restant pour tout, qu'une seule Ville d'importance, en laquelle estoit le Chef de l'entreprise, laquelle encores il ne sçeust mettre à sa devotion, sinon par un meurtre abominable de celui qu'il appelloit son Pere, qui avoit esté le soir assis à sa table, l'ayant traité comme un Judas sous un faux baiser. Voilà, Messieurs, ce qui les fait crier si haut, voilà l'Helene pour laquelle ils combattent.

Et

ANNO 1580.

Et quant à ce qu'ils m'objectent que *j'ay dechassé aucuns Ecclesiastiques*. Vous sçavés, Messieurs, qu'il n'est veritable; Mais quand leur Chef, qui est dedans Groeningen, eut prins prisonniers ceux de la Religion, massacré aucuns, voire le propre Bourgmaistre, le tout contre son serment, ayant introduit & juré la *Religions-freid*, ayant solennellement & avec serment & signature confirmé l'Union d'Utrecht: qui trouvera estrange, si les nostres se sont voulus asseurer de leur part, puis qu'ils voyoient les Ennemis sans aucune reverence à leur serment, foullants aux pieds toutes choses saintes & sacrées, avoir avec telle reproche perpetuelle pour eux & leur race violé tout ce qu'il y a de reste en ce monde de justice & d'equité? Et pour le moins ne nous peut on reprocher, que parmy tels troubles suscités par nos Ennemis mesmes, jamais les nostres soyent venus à ce comble d'injustice, d'avoir trempé leurs mains au sang de leurs Confœderés, & de ceux qui s'asseuroient sur leur fidelité, ce que leurs Chefs ont faict, voire de leur main propre.

Quant aux Nobles, qu'il dit *estre retirés hors du Pays*, qui est-ce qui jamais en a chassé un seul? Mais si les terreurs de leurs propres consciences les ont poursuivis, & qu'ils ayent esté vexés par leur propre sentiment, lequel comme des Furies infernales les a chassés de place en place: qui en doit estre accusé sinon eux-mesmes, qui ont machiné desloyallement la ruïne de leur propre Patrie? Et pleut à Dieu, que plûtôt ils eussent trouvé cette porte, & que ceux qui restent espris de semblable forcenerie leurs marchassent sur les talons! Ils nous delivreroient de grande peine, & la Republique de crainte, que quelque jour ils ne mettent à execution leurs pernicieux desseins.

C'est une chose ridicule de ce qu'ils m'appellent *Hypocrite*, qui n'ay jamais en leur endroit usé de dissimulation: Car leur estant amy je leur ay predit franchement qu'ils filoient la corde de leur ruïne, prenants ces chemins barbares de persecutions. Et si leur rage & passion desmesurée conjointe avec un mespris de nous, ne les eust empeschés de suivre mon conseil, ils n'auroient point esté conduits au point auquel ils se trouvent. Quand je leur ay esté adversaire & ennemy pour vostre liberté, je ne sçay quelle hypocrisie ils ont trouvé en moy, s'ils ne veulent appeller hypocrisie, leur faire guerre ouverte, leur prendre Villes, les chasser hors du Pays, & leur faire sans dissimulation ce que le droit de la guerre permet. Mais s'il vous plaist, Messieurs, relire ma Defence que j'ay publiée y a treize ans, vous y verrés des Lettres d'un Roy trompeur & hypocrite qui me pensoit surprendre par les lacs de ses Lettres douces & deçevantes, comme il pense à present m'estonner par ses menaces & tonnerres de parolles. Mais Dieu mercy j'ay de la contrepoison contre l'un & l'autre venin.

Il vient par aprés à amplifier par un grand amas de paroles ineptes, que je me fonde sur une deffiance. Quand je le ferois, serois-je pour cela semblable à Caïn & à Judas comme il m'accuse? car c'est autre chose se deffier des promesses & de la grace de Dieu, qui ne peut mentir, & autre de ne croire aux paroles d'un homme trompeur, decevable, qui ne tient foy ni loyauté, comme les pauvres Morisques de Grenade en pourroient trop parler, comme la mort des Sieurs Comtes d'Egmond & de Hornes de bonne memoire, en donnent preuve suffisante. Mais si ces bons Theologiens, tel qu'est le Cardinal l'un des fondemens de son Eglise, avoient bien fondé la vraye cause & prochaine de la cheute & ruine de Judas & Caïn: Ils trouveroient que c'est desespoir, où par la grace de Dieu je ne suis reduit & espere ne l'estre jamais: au contraire si on regarde aux termes prodigieux & fulminatoires de cette Proscription barbare & plus que Turquesque, n'y trouvera on pas le stile des desesperés, tels que nous oyons les Poëtes introduisans des enragés & forcenés. Eux donc ont la conscience cautherisée d'un Judas, estonnée d'un Caïn, & reprouvée d'un Saül. Toutefois voyés, Messieurs, la grande prudence de ces sages testes, *la diffidence*, disent-ils, *est chose ordinaire à tous meschants*. Mais je parle à toy Cardinal qui as tant perdu de temps aux Escoles, si tu n'appelles apprendre, estre dés sa jeunesse instruit à mentir & tromper. Je te demande donc, que respondras tu au plus nerveux de tous les Orateurs, plus sententieux & plus amateur de son Pays, qui dit (comme j'ay entendu dés ma jeunesse de tous les doctes) que la plus grande forteresse que peut avoir un Peuple libre contre un Tyran, est la diffidence? & estoit ce propos addressé contre un autre Philippe qui n'estoit qu'un petit Escollier de Tyrannie, au prix de ton Dom Philippes qui surpasse tous les autres, & duquel nulle Philippique est assés digne, non pas mesmes celle qui est appellée Divine. Tu y adviseras, & cependant je diray, j'escriray, je feray graver par tout cette belle Sentence digne d'eternelle memoire, & plaise à Dieu que je sois mieux creu que ne fust ce bon Orateur par son Peuple, lequel se laissant amuser à des gens semblables à toy & à autres petits broüillons, qui sont à ta poste, & qui ont leurs langues & plumes venales, furent finallement accablés & ruinés de fonds en comble. Mais j'espere chose meilleure, Messieurs, de vostre constance & magnanimité.

ANNO 1580.

Et comme les bons Orateurs gardent toûjours sur la fin quelque raison forte ou poignante, & que les bons Chefs laissent des meilleurs Soldats aux derniers rangs, ainsi ces hommes sçavans & tant exercés viennent à la fin, pour m'accabler de la pesanteur d'un grand & enorme reproche. *On m'a* (disent-ils) *presenté de tres-grands advantages, afin que je me retirasse au lieu de ma naissance (où chacun doit desirer vivre le plus) ausquels je n'ay voulu entendre.* Qu'est-ce, Messieurs, qu'ils pouvoient dire qui fust plus à mon advantage? considerés leur sottise ou imprudence; car il faut ou qu'ils parlent impudemment, ou tant sont-ils pourveus de bon sens, qu'ils me loüent en me pensans blasmer. *Il est doux à un chacun de vivre en son Pays.* Pourquoy donc cette maudite race d'Espaignols va elle de Pays en Pays tourmenter tout le monde? Mais si pour tant d'obligations que je vous ay, je prefere vostre service comme je dois au Pays de ma naissance, suis-je pour cela traistre, meschant, & peste publique du monde? Et neantmoins vous sçavés, que depuis l'aage de onze à douze ans, j'ay esté nourri entre vous, & non ailleurs, tellement que ce Pays *m'est passé en nature.* Si donc ils m'ont fait des promesses, s'ils m'ont presenté, comme ils disent de tres-grands advantages, & neantmoins je les ay refusés, que peuvent-ils condamner sinon ma constance & fidelité envers Dieu & envers le Pays, que j'ay preferés à tous les biens du monde? Ne pensés pas, Messieurs, que j'ayme tant d'estre perpetuellement en travail & labeur, ouïr tant de mesdisances & detractions de la part de mes ennemis, & plus que je ne voudrois de ceux qui me doivent estre amis & me sont obligés: estre si long-temps privé de mes biens, voir mon Fils si longuement detenu en prison cruelle, me voir chargé de debtes infinies, & pouvoir mettre fin à tant de difficultés; que je ne ressemble aux autres hommes de la Terre, qui tous preferent le repos au travail, & la prosperité aux afflictions. Mais quoy? si je ne puis obtenir tels biens & tant heureuse condition sans vous trahir, sans vous abandonner, sans vous exposer (en tant qu'en moy seroit) en proye entre les dents de ces loups sanglants: que le reste du monde me pardonne (car je sçay que vous m'approuvés & que je n'ay besoin d'excuse envers vous) si je ne veüil, ni pour les biens ni pour la vie, ni pour Femme, ni pour Enfans, mesler en mon breuvage une seule goutte du venin de trahison: Mais tant qu'il plaira à Dieu me donner une goutte de sang, un seul denier de mes biens, un peu de sens, industrie, credit, & authorité, je l'employeray, je le dedieray, je le sacrifieray à vostre service.

Cependant puis qu'ils me reprochent telles choses, encores vous diray-je, Messieurs, qu'ils ne l'ont point fait sans emprunter, selon leur bonne coustume, sur la verité: Car jamais telles offres, qu'ils disent, ne m'ont esté faites; non que je n'aye bien esté adverti & seurement, que je n'eusse rien sçeu demander pour mon particulier, qu'on ne m'eust accordé: qu'on vouloit promettre de mettre mon Fils en liberté, luy laisser tous mes Estats, m'assigner en Allemaigne autant de bien que j'en ay, tant celuy duquel je jouïs que celuy qu'on me detient, m'acquiter de mes debtes qui sont tres-grands, me donner comptant un million, & de tout, bonnes asseurances. Ce sont, Messieurs, de belles offres, & n'a pas tant cousté à faire tourner ceux qui se sont retirés d'avec nous: Mais tant s'en faut que telles conditions m'ayent esté presentées, qu'au contraire jamais, ni par Lettres de l'Ambassadeur de l'Empereur, ni par ses menées envers aucuns de mes Serviteurs & d'aucuns de mes proches Parents, ni par les Lettres des Commissaires, on n'a seulement sçeu gaigner sur moy ce point, à sçaà sçavoir que j'envoyasse Articles particuliers & en mon nom, ains j'ay toûjours respondu qu'accordant la paix comme vous, Messieurs, la demandiés, j'estois satisfait, ne voulant avoir autre condition bonne ou mauvaise que la vostre, & que je n'entendois ni directement ni indirectement me separer de la cause commune, de laquelle je jugeois dependre mon mal ou ma felicité. N'est-ce pas un grand blasme, de reprocher à un homme qu'il est homme de bien, loyal, constant & asseuré contre les vents des promesses, aussi-bien qu'il est par la grace de Dieu contre les flots des menaces?

Jusques icy, Messieurs, vous avés ouy les accusations, ou plustost injures, mesdisances, & calomnies qu'ils ont assemblées contre mon honneur & ma reputation; ce sera à vous ausquels seuls je me sens obligé à raison de mes biens, de leur qualité, & principalement de mes serments, d'en juger comme il vous plaira, ne refusant point si je suis trouvé coulpable de reçevoir punition: Mais si, ce que j'espere, vous jugés que je suis accusé par tyrans & calomniateurs; lors j'estimeray avoir tres-bien employé mon mediocre service, toutefois tres-loyal & tres-fidele.

Or donc, Messieurs, sur ces fresles & infirmes fondements, ils viennent bastir la sentence de leur Proscription, & icy ils desployent toute leur tragique eloquence, ils tonnent, ils fondroyent, ils tempestent, ils font comme ces Chorebes ou Furies és theatres, dardants toutes parolles execrables & destrempées dedans le Cocyte, Styx, & Acheron, contre ce pauvre Chef. Mais cela, Dieu mercy, m'estonne tout autant que faisoient les fulminations du Pape Clement lancées du mont Tarpée contre mon Predecesseur Monsieur le Prince Philibert, qui ne laissa pour cela de le faire son prisonnier. Car aprés que j'ay regardé és environs de moy, je trouve que ce sont vents de parolles, bruits pour espouvanter des Enfans, & non pas un homme qui n'a point, par la grace de Dieu, perdu courage pour les bruits de tous leurs Canons, quatre vingts mille Soldats commandés par le Duc d'Alve, pour tant d'Armées de Mer, pour tant de trahisons dudit Duc, de son Successeur, ni auparavant eux de la Duchesse de Parme: & toutesfois c'est bien chose plus effroyable qu'un bruit vain d'un tel tonnerre, qui s'esvanoüist aussi tost & ne blesse personne. Il me suffist, en un mot, de dire devant vous, Messieurs, & devant toute l'Europe, que tout Espaignol ou Espaignolisé de quelque qualité & condition qu'il soit, sans respecter aucun, qui a dit ou dira, comme ceste infame Proscription le publie, que je suis traistre & meschant, *en a menti, a parlé faussement & contre verité*. Cependant qu'ils me defendent tant qu'ils voudront l'eau & le feu, je ne lairray avec mes amis en despit de leur rage, de vivre tant qu'il plaira à Dieu m'en faire la grace, lequel seul a en sa puissance ma vie & ma mort, & a compté tous les cheveux de ma teste, duquel j'ay senti jusques à present grande faveur & assistence, & espere qu'il me conservera jusques à la fin. Quant à mes biens que je possede, lesquels il donne (car encores icy il est si bon mesnager qu'il ne veut rien donner de ce qu'il m'a ravi) j'espere, Dieu aidant, qu'il leur coustera si cher à les avoir, qu'ils en achepteront ailleurs à beaucoup meilleur marché. Quant aux autres qu'ils me detiennent, j'espere que Dieu me fera la grace, que je les en depossederay aussi bien que j'ay fait d'une bonne partie, & que jamais ils n'ont ravi biens à pauvre Prince, ores qu'ils en ayent despoüillé plusieurs, qui leur pesent d'advantage.

Il promet XXV. *mil escus, ou en fonds de Terre ou en deniers comptans, à celuy qui me rendra entre ses* cruelles *mains mort ou vif, ou à celuy qui m'ostera la vie.* Mais ores qu'il n'en ait point fait de publication jusqu'à present, pense-il que je sois ignorant, combien de fois luy & les siens ont fait marché avec les assasineurs & empoisonneurs pour m'oster la vie? Et si Dieu m'a fait la grace de me pouvoir conserver, lors que je n'estois adverti: j'espere aussi qu'il ne me voudra faire moins de faveur à present, que je le suis: ains comme j'ay plus grande occasion de prendre garde à moi, aussi qu'il suscitera plusieurs gens de bien, qui veilleront pour ma seureté. Mais ores que je ne cognois au monde impudence effrontée qui soit à comparer à celle des Espaignols, toutefois je ne me puis assés esmerveiller qu'ils ont esté si inverecondes, d'oser publier devant toute l'Europe, non-seulement qu'ils mettent à prix un Chef libre & franc, qui ne les a jamais, Dieu mercy, redoutés; mais qu'ils y adjoustent encores telles recompenses, si barbares, & si esloignées de toute reigle d'honnesteté & d'humanité, à sçavoir en premier lieu *qu'ils annobliront celuy qui aura fait un acte si genereux, s'il n'étoit Noble.* Mais je vous prie quand celuy qui auroit executé un si meschant acte (ce que j'espere que Dieu ne voudra permettre) seroit de race noble, pensés vous qu'il y ait Gentilhomme au monde, je dis entre les Nations qui sçavent que c'est de Noblesse, qui voulut seulement manger avec un si lasche, si meschant & si scelerat, qui auroit tué pour argent un homme, voire le moindre & le plus abject qui se puisse trouver? Que si les Espaignols tiennent telles gens pour nobles, si tel est le chemin de l'honneur en Castille: je ne m'esbahis plus de ce que tout le monde croit la plus grande part des Espaignols, & principalement de ceux qui se disent Nobles, estre du sang des Marrans & des Juifs, & qu'ils tiennent cette vertu de leurs Ancestres, qui ont fait marché à beaux deniers comptants de la vie de nostre Sauveur; ce qui me fait prendre plus patiemment cette injure.

En second lieu, *Ils luy pardonnent tout delict & forfait, quelque grief qu'il puisse estre.* Mais s'il avoit arraché la Religion Chrestienne de l'un de ses Royaumes? s'il avoit ravi sa Fille? s'il avoit mesdit de l'Inquisition, qui est le plus grand crime qui soit en Espaigne. Or puis que mon Ennemi vouloit tant s'oublier, que d'attenter sur mes biens, sur ma vie & sur mon honneur, & pour avoir plus de tesmoings de son injustice & folie, de le publier ainsi par tout le monde & en tant de langues: je n'eusse peu desirer pour mon tres-grand advantage, qu'il eust enrichi sa Proscription d'autres ornemens que de ceux-cy: à sçavoir d'annoblir pour me tuer, non seulement des villains & infames, mais aussi des plus meschantes gens & des plus execrables de la Terre, & donner telle recompense & si honorable à une tant insigne vertu? Car qu'est-ce qu'il pouvoit trouver plus propre pour verifier ma justice, que vouloir m'exterminer par tels moyens? que vouloir par tyrannie, empoisonnemens, remission de crimes enormes, annoblissement de meschans, opprimer le defenseur de la liberté d'un Peuple vexé cruellement & tyranniquement? Je ne doute, Messieurs, que Dieu, qui est juste, ne luy ait, & aux siens osté l'entendement, & qu'il n'ait permis qu'il apprestast à tout le monde matiere pour cognoistre son cœur envenimé contre ce Pays & contre nostre liberté, d'autant qu'il n'estime rien tout acte, quelque meschant & detestable qu'il puisse estre, au prix de la mort de celuy qui vous a servis jusques à present & si fidelement. Et encores il n'a point de honte de mesler en tels sacrileges le nom de Dieu se disant son *Ministre!* Le Ministre donc a-il cette puissance, nonseulement de permettre ce que Dieu a defendu: mais de le guerdonner de prix d'argent, de Noblesse & remission de crimes? & de quels crimes? de tous crimes, quelques griefs qu'ils puissent estre. Je ne doubte que Dieu par son tres-juste jugement ne face tomber la juste vengeance de son ire, sur le Chef de tels Ministres, & qu'il ne maintienne par sa grande bonté mon innocence & mon honneur dés mon vivant & envers la posterité. Quant à mes biens & à ma vie, il y a long-temps, que je les ay dediés à son service, il en fera ce qu'il luy plaira pour sa gloire & pour mon salut.

Et d'autant, Messieurs, qu'il vient aussi deriver les esgouts de cette infame Proscription sur vos testes, tant s'en faut que vous deviés vous en esmouvoir, que plûtost vous devriés penser, qu'en cela l'Espaignol & ses Adherens suivent le naturel des Femmes, lesquelles aprés avoir pleuré & mordu, pour dernier remede viennent aux injures; ainsi vostre ennemi rend maintenant ses derniers abbois: & si nous luy faisons preuve de nostre constance, resolution & magnanimité, le voilà au bout de ses miserables entreprises. Car un Sylla, un Carbo, un Marius, un Antoine, & tels autres tyrans, premiers Peres de ces Proscriptions abominables, n'ont pas donné aux Espaignols exemple de faire telle sottise & impertinence, ores qu'ils ayent tracé l'exemple de cruauté & barbarie, que ces miserables ont accompli: mais ils proscrivoyent ceux qui estoient fugitifs, chassés, cachés, & dedans les Pays esquels ils avoient puissance. En cela ceux-cy les ressemblent, c'est-à-dire en cruauté, qu'ils proscrivent les gens de bien, de vertu & d'honneur, mais en ce point sont-ils sots & ineptes, qu'ils proscrivent celuy qu'ils doivent combattre à main armée: Car d'envoyer un empoisonneur, comme

ANNO 1580. comme la Duchesse de Parme a envoyé, ou depescher un massacreur comme son Fils Heritier universel des vertus de ses Ancestres, ce n'est pas l'effect d'une Proscription, mais d'un brigandage.

Voila, Messieurs, non pas ce que je pouvois dire contre cette tyrannique Proscription, mais ce que j'ay estimé convenir en ce temps, parlant à vous qui avés la cognoissance de plusieurs choses que j'obmets, parce qu'elles vous sont cognuës: & d'autant que si je voulois entreprendre de dire les particulieres entreprises du Roy & de ses principaux Ministres, j'entreprendrois ce que nul Orateur ne peut assés dignement descrire, & que nul homme de bien ne pourroit jamais conçevoir, tant est grande leur cruauté, tyrannie, & toutes sortes d'injustice. Toutesfois j'espere tant par ce que contient cette Proscription, suffisant tesmoignage de leur cœur par trop bas & abject, que par ma Responce vous cognoistrés assés, quels sont leurs pernicieux & miserables desseings: & de cette cognoissance vous apprendrés aussi à quoi il est necessaire que vous ayés l'œuil & entendiés diligemment. C'est qu'ils desesperent de vous pouvoir vaincre par la force, & pourtant ils essayent de semer division entre nous, magnifians premierement ceux qui non-seulement nous ont abandonnés contre leur serment, mais en temps perilleux, l'une de nos Villes estant assiegée, de laquelle ils ne peuvent faire aucune plainte ni alleguer leur pretexte accoustumé. & mesmes (qui est le comble de toute desloyauté) au mesme temps nous viennent assaillir par autres endroits. Les menaces adjoustées en cette Proscription ne tendans à autre fin, sinon de vous separer d'avec moy, faisans par tout monstre, que c'est à moy à qui ils font la guerre & non à vous, ainsi que le loup vouloit persuader aux brebis qu'il n'avoit la guerre qu'aux chiens, lesquels estans defaits, il accorderoit aisement avec le trouppeau; car ces chiens estoient tousjours autheurs de la meslée. Mais, Messieurs, quand j'ay esté absent, quand je me suis retiré en Allemaigne, ne brusloit-on plus? n'espandoit-on plus de sang? ne noyoit-on plus? la liberté estoit-elle maintenuë par ce doux personnage le Duc d'Alve? N'a-ce pas esté lors que malheureusement on faisoit mourir en Espagne vos Ambassadeurs Messieurs de Bergues & de Montigni? N'étoit-ce pas le temps auquel on presentoit à vos yeux sur des lances les testes de vos principaux Chefs & Gouverneurs?

L'autre point qu'ils se proposent le plus, est l'extirpation de la Religion. Icy, Messieurs, je n'entreray point en ce debat quelle est la vraye Religion, en laquelle Dieu est vrayement servi & invoqué & selon sa parole: laissant cela à remonstrer à d'autres plus exercés que moy en cette matiere, aussi que chacun peut connoistre ce que j'en crois par ma profession. Mais bien vous diray-je que l'estat de vostre Pays est tel, que sans ledit exercice il ne peut consister trois jours. Vous voyés le nombre miraculeusement accreu, la haine contre le Pape s'est enracinée au cœur de tous les Habitans du Pays, pour ce que manifestement on a descouvert ses damnables practiques contre tout cet Estat. Qui est-ce donc qui pourra se vanter d'aymer le Pays, & conseillera qu'on chasse un tel nombre de Peuple, lequel se retirant laissera le Pays desert, pauvre & chetif? peuplera & enrichira les estrangers? Mais quand ils ne voudront sortir, qui est-ce qui les pourra contraindre de le faire? Jettons l'œuil sur nos voisins, considerons nos propres exemples, & si nous ne sommes du tout insensés, jamais nous ne choisirons si pernicieux conseils qui ruïneroient cet Estat de fonds en comble. Je vous diray, Messieurs, encores d'avantage, ores qu'entre ceux qui suivent l'Eglise Romaine, y ait plusieurs gens de bien & amateurs du Pays, & entre eux aucuns qui se sont tres-honorablement acquités: toutes-fois ceux de la Religion ont cecy d'asseuré, qu'on ne trouvera aucun d'entre-eux qui ait intelligence ni practique avec l'Ennemi, ains tous universellement lui sont contraires. Et combien qu'aucuns se soient trouvés entre eux lesquels ressemblants aux Enfans mineurs & insolents, ayent donné par leur imprudence des affaires en la Maison: toutesfois ils n'ont eu pour cela aucune intelligence avec l'ennemi commun. Puis donc, Messieurs, que vous cognoissés leur dessein, il ne reste autre chose sinon d'y remedier: & comment? C'est que vous accomplissiés par effect ce que vous avés tousjours en la bouche, & ce que signifie la marque de vos flesches que vous avés voulu estre gravées en vostre Seau, sçavoir que nul Membre de ce beau Corps regarde à ce qui luy est propre, mais au Corps tout entier, qu'une partie du Corps n'attire à soy la viande qui est preparée pour le general, mais qu'elle permette que l'estomach, qui est le Conseil que vous ordonnerés, la digere & envoye par les veines à tous les Membres de cet Estat, & principalement où se presentera quelque maladie que promptement les Medecins y soient envoyés, que les Patients endurent pour un temps, pour ainsi sentir par aprés une joyeuse delivrance de leur mal. ANNO 1580.

Sera-ce point un reproche à jamais sur nous, si ayans un si bel Estat en main, les moyens si beaux, par une miserable avarice & cupidité d'attirer à nous quelques commodités au prejudice de nos compatriotes, les uns tirants d'un costé les autres d'un autre, nous nous trouvons en un instant accablés par nos ennemis mortels? Ayés souvenance, Messieurs, de la tres-grande diminution de cet Estat qui advint aprés la mort du Duc Charles, laquelle n'advint pour autre chose sinon d'autant que les Provinces s'amusants à debattre les unes contre les autres pour quelques Privileges pretendus, pour quelques commodités, le reste fust abandonné. Ne pensés pas qu'il soit en ma puissance, estans les affaires en tel estat, de resister long-temps avec si peu de moyens, que vous sçavés, Messieurs, que j'ay eus en main. Mais au contraire si j'ay quelque experience au fait du Gouvernement & de la Guerre, si je cognois ce Pays, & les moyens de l'ennemi, quand toutes ces Armées qui ja nous menacent d'Espaigne & d'Italie pour l'année suivante, nous viendroient sur les bras, ils feroient autant & beaucoup moins que le Duc d'Alve a fait en Hollande & Zélande: & s'il est en vostre puissance d'y donner ordre, comme il est, & neantmoins vous ne le faites, comment appellera on cette faute, si elle est commise par vous, Messieurs, qui estes icy assemblés, sur lesquels se repose tout ce bon Peuple qui vous estime comme leurs Peres, leurs Protecteurs, & lesquels embrasseront comme une nouvelle envoyée du Ciel un bon ordre si vous l'arrestés? Ayés donc pitié de vous-mesmes; & si ce qui vous touche ne vous esmeut, ayés pitié de tant de pauvre Peuple destruit, de tant de pauvres veuves & orphelins, de tant de meurtres & carnages faits dedans les entrailles de vôtre Pays, de tant d'Eglises destruites, de tant de Pasteurs errants avec leurs pauvres troupeaux. Representés vous cette cruelle & barbare execution faite à Nivelle par le Comte de Mansfeld. Lesquelles choses vous pouvés éviter, & rejetter tout le mal de cette guerre sur l'ennemi, si seulement vous ostés les partialités, & d'un mesme courage, vous employés vos moyens ensemble, sans espargner, je ne dis pas le fond de vos bourses, mais ce qui en redonde.

Et quant à ce qui me touche en particulier, vous voyés, Messieurs, que c'est cette teste qu'ils cerchent, laquelle avec tel prix & si grande somme d'argent, ils ont voüée & determinée à la mort, & disent pendant que je seray entre vous que la guerre ne prendra fin. Pleust à Dieu, Messieurs, ou que mon exil perpetuel, ou mesmes ma mort vous peut apporter une vraye delivrance de tant de maux & de calamités! O que ce bannissement me seroit doux, que cette mort me seroit aggréable! Car pourquoy est-ce que j'ay exposé tous mes biens? est-ce pour m'enrichir? pourquoy ay-je perdu mes propres Freres, que j'aymois plus que ma vie? est-ce pour en trouver d'autres? pourquoy ay-je laissé mon Fils si long-temps prisonnier, mon Fils, dis-je, que je dois tant desirer si je suis Pere? m'en pouvés-vous donner un autre? ou me le pouvés-vous restituer? pourquoy ay-je mis ma vie si souvent en danger? quel prix, quel loyer puis-je attendre autre de mes longs travaux qui sont parvenus pour vostre service jusques à la vieillesse, & à la ruine de tous mes biens, sinon de vous acquerir & acheter, s'il en est besoing, au prix de mon sang une liberté.

Si donc vous jugés, Messieurs, ou que mon absence, ou que ma mort mesmes vous puisse servir, me voila prest à obeïr: commandés, envoyés moy jusques aux fins de la Terre, j'obeïray. Voila ma teste, sur laquelle nul Prince ni Monarque n'a puissance: disposés en pour vostre bien, salut & conservation de vostre Republique. Mais si vous jugés que cette mediocrité d'experience & d'industrie qui est en moy, & que j'ay acquise par un si long & si assiduel travail: si vous jugés que le reste de mes biens, & que ma vie vous puisse encores servir (comme je vous dedie le tout & le consacre au Pays) Resolvés vous sur les points que je vous propose. Et si vous estimés que je porte

ANNO 1580. porte quelque amour à la Patrie, que j'aye quelque suffisance pour conseiller; croyés que c'est le seul moyen pour nous garantir & delivrer. Cela fait, allons ensemble de mesme cœur & volonté, embrassons ensemble la defence de ce bon Peuple, qui ne demande que bonnes ouvertures de conseil, ne desirant rien plus que de le suivre; & ce faisant, si encores vous me continués cette faveur que vous m'avés portée par cy-devant, j'espere, moyennant vostre ayde & la grace de Dieu, laquelle j'ay sentie si souvent par cy-devant & en choses si perplexes, que ce qui sera par vous resolu, sera pour le bien & conservation de vous, de vos Femmes, de vos Enfans, de toutes choses saintes & sacrées. JE LE MAINTIENDRAI.

CLXXX.

1581. 19. Avril. Resolutie van de Heeren STATEN van HOLLANDT ende WEST-VRIESLANDT daer by vastgestelt wort dat de Naem van den *Coninck van Spagnien* niet meer sal worden gebruyckt, maer den selven afgesworen; Genomen op den 19. April 1581. [*Deductie ofte Declaratie van de Staten van Hollandt ende West-Vrieslandt, omtrent de Acte van Seclusie van de Heere Prince van Oraigne.* Aux Preuves *Num. 6*]

C'est-à-dire,

Resolution des Seigneurs ETATS *de* HOLLANDE *&* *de* WEST-FRISE, *par laquelle il est conclu & arrêté, que le Nom du* Roi d'Espagne *ne sera plus employé dans les Lettres & Provisions d'Etat, & de Justice, & que les Vassaux & Magistrats seront dispensés du Serment qu'ils lui ont prêté. Prise le* 19. *d'Avril* 1581.

IS eyndelyk verklaert ende geresolveert dat den Naem van den Coningh voortaen in eenige Titulen, Commissie, Provisie van Justitie, Zegelen nochte Wapenen, binnen den Landen van Hollandt, gebruyckt sal mogen werden, maer die selfde in alles achter wege gelaten: Dat mede alle de Officieren, Leenmannen, Vassallen, Raden, Magistraeten ende Ingesetenen van Hollandt verdragen sullen worden van den Eedt ende Plicht, die hy hen den Coningh is gedaen; ende eenen yegelyck eenen nieuwen Eedt sal worden afgenomen als hier na volght.

Accordeert mette voorsz. Resolutien

HERB. VAN BEAUMONT.

CLXXXI.

11. Juin. *Contract de Mariage entre* FRANÇOIS *Fils de France, Duc d'Anjou & d'Alençon, &* ELISABETH *Reine d'Angleterre & d'Irlande, par lequel la Dignité Royale est promise au Duc, en sorte néantmoins que les Droits de la Souveraineté restent toujours entre les mains de la Reine. On y pourvoit aussi à ce qui regarde la Succession à la Couronne. A Londres le* 11. *Juin* 1581. Avec les PIECES *qui dépendent de ce Contract.* [Memoires de MICHEL DE CASTELNAU, Seigneur de Mauvissiere. Tom. I. pag. 706. aux Additions.]

A la loüange, gloire & honneur de Dieu tout-puissant, & pour corroborer l'ancienne Amitié & Confœderation, & aussi pour la bonne conservation, & asseurer & confirmer les accroissemens des Honneurs, Estats, Royaumes & Seigneuries & Pays des Tres-Chrestien Roy de France & tres-Illustre Duc d'Anjou & Alençon Frere unique du Roy Tres-Chrestien, d'une part, & la Serenissime Reine d'Angleterre d'autre part. Apres plusieurs & diverses Conferences & Traittez sur le fait du futur Mariage d'entre ladite Serenissime Reine & ledit tres-Illustre Duc, és choses qui en dépendent, faits entre nous François de Bourbon, Prince Dauphin, Gouverneur & Lieutenant General pour le Roy tres-Chrestien en son Pays de Dauphiné, Prince de son Sang, Artus de Cossé Comte de Secondini, Mareschal de France, Gouverneur & Lieutenant General dudit S. Roy Tres-Chrestien és Provinces d'Orleans, Chartres, Bloys & Pays adjacens, Louïs de Lusignan de S. Gelais, S. de Lansac & de Precy, Chevalier des Ordres du Roy, Conseiller en son Conseil d'Estat & Privé, Capitaine des cent Gentilshommes de sa Maison, & Chevalier d'honneur de la Reine sa Mere, Taneguy le Veneur, S. de Carrouges, Comte de Tillieres, Chevalier de l'Ordre de S. Michel, Conseiller audit Conseil d'Estat & Privé, Capitaine de cent Hommes d'Armes de ses Ordonnances, Gouverneur & son Lieutenant General ès Bailliages de Roüen & d'Evreux, Bertran de Salignac, S. de la Mothe-Fenelon, Chevalier des deux Ordres, aussi Conseiller ausdits Conseils d'Estat & Privé, Michel de Castelnau S. de Mauvissiere, Chevalier dudit Ordre S. Michel, Gentilhomme ordinaire de la Chambre dudit Roy Tres-Chrestien, Capitaine de cinquante Hommes d'Armes de ses Ordonnances, Conseiller en son Conseil Privé, & son Ambassadeur en Angleterre, Barnabé Brisson S. de Gravelle, Conseiller audit Conseil Privé, & President en la Cour de Parlement à Paris, Claude Pinart S. de Cramailles premier Baron de Valois, Conseiller audit Conseil d'Estat & des Finances dudit Roy Tres-Chrestien, Pierre Clausse S. de Marchaumont & de Coutances en Gastinois, aussi Conseiller dudit Conseil Privé, & Conseiller & Chambellan dudit tres-Illustre Duc, Jacques de Vray S. de Fontorte, Conseiller & Secretaire des Finances d'iceluy tres-Illustre Duc, Ambassadeurs, Commissaires & Procureurs desdits Seigneurs Tres-Chrestien Roy, & tres-Illustre Duc; & Guillaume Cecile S. & Baron de Burley, Chevalier de l'Ordre de la Jarretiere, Grand Thresorier d'Angleterre, Maistre & Curateur de tous les Pupilles & delivrances de la Couronne d'Angleterre, Edoüart Comte de Lincolne S. & Baron de Clinton & de Say, Grand Admiral d'Angleterre & General de l'Armée de Mer de ladite Serenissime Reine, Thomas Comte de Sutsex, Vicomte Finlater S. d'Aigremont & Brunel, Capitaine des Nobles Pensionaires & Gendarmes de ce Royaume, Grand Maistre des Forests, Parcs & Chasses du Royaume d'Angleterre deçà la Trente, Chambellan de ladite Serenissime Reine, François Comte de Bedfort, & Baron de Roussel, Chevalier de l'Ordre de la Jarretiere, Robert Comte de Leycester S. d'Embich, Chevalier des Ordres S. Michel & de la Jarretiere, Grand Escuyer d'Angleterre, Christofle Haton, Chevalier, Vischambellan & premier Capitaine des Gardes de ladite Dame Reine, & François de Walsingham aussi Chevalier, premier des deux principaux Secretaires de ladite Serenissime Reine, Commissaires & Procureurs d'icelle. Enfin par la grace divine a esté accordé, convenu & conclu ce qui s'ensuit.

ANNO 1581.

En premier lieu a esté convenu, conclu & arresté qu'entre le tres-Illustre Duc d'Anjou, d'Alençon &c. & la Serenissime Reine, Dame Elisabeth, Reine d'Angleterre, &c. en leurs propres personnes, dedans six semaines, apres que les Conventions contenuës au present Contract auront esté ratifiées, Mariage legitime par paroles de present sera contracté en Angleterre, celebré & consommé, en telle forme & maniere, & solemnitez qu'il a esté convenu entre lesdits Commissaires.

Ne seront ledit tres-Illustre Duc, ny tous ses Domestiques non Sujets de ladite Dame Reine contraints en quelque sorte que ce soit faire contre leur conscience aucun Exercice ou Ceremonies Ecclesiastiques receuës de present en Angleterre; ains sera loisible audit tres-Illustre Duc, en quelque lieu qu'il aille ou fasse sa demorance audit Royaume, choisir tel lieu qu'il sera plus propre & convenable dans le quartier du Logis qui sera destiné ou baillé pour luy & pour ceux de sa suite; auquel ny luy ny ses Serviteurs Domestiques & autres qui seront à sa suite, de quelque Langue & Nation qu'ils soient; excepté toutefois tous Anglois, Hirlandois, & Habitans és Isles estans de l'obeyssance de la Couronne d'Angleterre, & autres de quelque Langue & Nation

ANNO 1581.

Nation qu'ils soient qui auront obtenu Lettres de naturalité, ne seront prohibez & ne pourront estre par aucun empeschez, pour quelque cause & pretexte que ce soit, d'exercer librement & sans aucun public ou privé empeschement leur Religion Catholique; de laquelle Sadite Altesse fait & à tousjours cy-devant fait profession. Et s'il se trouvoit aucuns qui directement ou indirectement veulent apporter quelque trouble ou faire empeschement audit tres-Illustre Duc, & à ceux qui sont de sa suitte, excepté toutesfois les Anglois & autres que dessus, en l'exercice de leurdite Religion & Ceremonies d'icelle: ladite Serenissime Reine les en fera punir & chastier comme perturbateurs du repos public, & violateurs en tout ce que dessus de sa volonté Royale. Aussi S. A. ny par soy, ny en autre maniere que ce soit, fera qu'il n'y ait aucun changement ou mutation des Loix Ecclesiastiques publiées au Royaume d'Angleterre pour le fait de la Religion, & ne donnera aucune faveur à aucun des Sujets de ladite Dame Reine par soy ny par les siens, au moyen dequoy lesdites Loix Ecclesiastiques soient en aucunes parties violées ou méprisées: mais plustost tiendra la main que tels violateurs de Loix soient punis, & ne permettra à aucun des siens, sur lesquels il aura puissance, de reprendre ou mépriser en quelque façon que ce soit, publiquement ou en privé, la forme de Loix ou Ceremonies de l'Eglise Anglicane, ne souffrir qu'ils soient par autres blasmez ou méprisez, s'ils le peuvent empescher. Ledit tres-Illustre Duc apres le Mariage contracté, celebré & consommé, & en vertu d'iceluy jouïra avec ladite Serenissime Reine son Espouse, du stil, honneur & nom de Roy, pendant & durant ledit Mariage: à laquelle S. R. son Espouse il aidera & assistera en l'heureuse administration de ses Royaumes & Seigneuries; demourant toutefois les Droits, Loix, Privileges, Coustumes desdits Royaumes & Seigneuries en leur entier. A la charge aussi que ledit tres-Illustre Duc laissera à ladite S. R. Espouse l'entiere & libre disposition de tous Benefices, Offices, Terres, Revenus, & Fruits desdits Royaumes & Seigneuries, lesquels seront donnés aux Originaires & Naturels d'iceux. Seront en outre les affaires desdits Royaumes & Seigneuries traittez en mesmes Langues esquelles ils ont accoustumé d'estre traitez de toute ancienneté par les Naturels & Originaires d'iceux.

Et d'autant que de la part dudit tres-Illustre Duc a esté demandé, & que telle a tousjours esté sa pensée, intention & volonté que incontinent apres ledit Mariage consommé il soit couronné comme Roy d'Angleterre & jouïsse de ladite participation d'honneur, tant & durant & constant ledit Mariage qu'iceluy dissolu, mesmement, pendant le temps du Gouvernement du Royaume en la minorité des Enfans qui issiront dudit Mariage: ladite Serenissime Reine promet proposer ladite demande aux trois Estats de son Royaume qui seront assemblez au prochain Parlement, à la premiere semaine de la seance d'iceux; l'Assemblée desquels Estats sera pour cet effet assemblée & tenuë dedans quinzaine apres la Ratification du present Contract: envers lesquels Estats ladite S. R. promouvera de tout son pouvoir, qu'avec le consentement dudit Parlement, ledit tres-Illustre Duc, apres le Mariage consommé, jouïsse de la susdite demande: & de ce qui sera en cet endroit conclu par lesdits Estats en la seance & session susdite, elle en avertira par Lettres signées de sa propre main ledit Roy Tres-Chrestien, & Serenissime Duc dedans quinze jours apres que le Decret dudit Parlement aura esté fait.

Toutes les Patentes, Lettres de Provisions, Collations, Donations, Concessions, Commutations, Confirmations, Indemnitez, Demissions, Fabrications de Monnoye, Brevets, & tous autres Escrits, & Inscriptions quelconques, seront commandées, faites & expediées conjointement sous les noms, tant dudit tres-Illustre Duc que de ladite S. R. en la mesme forme, & maniere qu'il estoit ordonné & accoustumé au temps du Roy Philippe & de la Reine Marie; changeant seulement ce qui sera à changer aux titres & appellations dudit tres-Illustre Duc, & d'icelle Serenissime Reine.

Et pour ce que ladite Dame reconnoist que pour l'entretenement de la Dignité du nom Royal durant ledit Mariage, il conviendra audit tres-Illustre Duc, accroistre & augmenter sa despense: à cette cause elle fera qu'il luy sera fourny annuellement du Thresor public telle notable, & honorable Somme par chacun an qu'elle avisera avec le conseil de son Parlement estre convenable, eu égard à la dignité & splendeur de si grand Prince tenant un si grand lieu. Et à cette fin elle employera en tant qu'elle pourra en ladite prochaine seance dudit Parlement, qu'il soit satisfait, pour ce regard, à la demande, desir & intention du tres-Illustre Duc; si mieux ledit tres-Illustre Duc n'aime laisser la limitation de ladite Somme à l'arbitrage, bonne volonté & sain jugement d'icelle S. R. dont ledit tres-Illustre Duc declarera sa volonté à ladite Dame Reine par ses Lettres de Ratification du present Contract. Et davantage ayant esté fait instance de la part dudit tres-Illustre Duc, que si il survit ladite S. R. en ce cas luy soit assigné & payé par chacun an certaine notable Somme de deniers Monnoye d'Angleterre: ladite Dame Reine ne pouvant sans l'autorité, conseil & consentement de son Parlement, accorder ny consentir à icelle demande; elle accorde de proposer ladite demande aux trois Estats de son Royaume qui s'assembleront en la prochaine seance du Parlement, & fera envers lesdits Estats ce qui luy sera possible à ce que par le consentement dudit Parlement ledit tres-Illustre Duc ait octroy & assignation de telle annuelle Somme que les Estats dudit Royaume assemblez audit Parlement pourront juger & estimer convenable à l'honneur & Dignité d'un si grand Prince: si ce n'est que ledit tres-Illustre Duc trouve qu'il luy soit plus utile, & à son avantage que ladite proposition soit remise, & differée apres la consommation dudit Mariage.

Et moyennant les Conventions susdites, ledit tres-Illustre Duc constituë Doüaire à ladite S. R. de 40000. Escus d'or sol, de soixante sols tournois piece, de revenu annuel, lequel Doüaire luy sera assigné sur telle part du Duché de Berry & Domaines, Rentes & Revenus, & toutes sortes d'obventions dudit Duché pour ladite valeur annuelle de 40000. Escus d'or sol, en la meilleure forme & maniere que plus valablement faire se pourra selon l'usance du Droit receu en France. Et audit titre de Doüaire, ladite S. R. au cas qu'elle survive ledit Duc, sera incontinent mise en possession réelle & actuelle de ladite partie dudit Duché; de sorte qu'il sera loisible à ladite S. R. prendre & recevoir tous les revenus de ladite portion dudit Duché, & disposer librement des Offices ordinaires & domaniaux & Benefices y estans en Patronage des Ducs de Berry, qui viendront à vaquer pendant sadite jouïssance.

Et pour obvier qu'entre les Enfans descendans dudit Mariage, ne s'engendre pour le fait de la Succession aucunes contentions, qui vinssent à troubler le fruit qu'on espere de perpetuelle concorde entre les Royaumes & Seigneuries desdits futurs Epoux: a esté convenu & accordé, que par authorité & Decret des Estats du Royaume d'Angleterre qui seront assemblez avant la celebration dudit Mariage, sera pourveu touchant la disposition de la Couronne d'Angleterre en la maniere qui ensuit, ou autre telle que les Estats assemblez audit Parlement aviseront pour le mieux. Premierement en tant que touche les Droits de la Succession maternelle au Royaume d'Angleterre, & autres Royaumes & Seigneuries qui en dépendent, les masles & femelles qui naistront de ce Mariage y succederont selon les Droits, Statuts, & Coustumes d'iceux, si ce n'est en un cas special qui s'ensuit, à sçavoir s'il avenoit par la volonté de Dieu que le Droit du Royaume & Couronne de France vint & écheut par Succession audit tres-Illustre Duc François ou ses Enfans. En ce cas, si dudit Mariage venoient à naistre deux Enfans masles, le Fils aisné recueillera seulement l'Heredité paternelle, & non la maternelle, tant qu'il y aura un second Fils ou Enfans legitimes descendus & procréés d'iceluy; Aius ledit second Fils, ou luy mourant, ses Enfans legitimes, de quelque sexe qu'ils soient, succedans par ordre, ou bien les Freres & Sœurs dudit second Fils succedans aussi par ordre: l'aisné en demeurant exclus & sa posterité tant que ladite ligne ou descente des puisnez durera, auront successivement l'Heredité paternelle. Et si de fortune avenoit que dudit Mariage naisse seulement un Fils masle, auquel la Couronne de France écheut par Droit de Succession paternelle: en ce cas pour ce que par les Droits de la Couronne d'Angleterre il devra estre aussi Roy d'Angleterre & Heritier maternel, il y sera pourveu semblablement, par la semblable authorité que dessus, que toutes fois & quantes que ledit Fils, apres la mort de ses Pere & Mere, vint à recueillir la Succession desdits deux Royaumes & Couronnes de France & d'Angleterre, il ne refusera point venir en personne au Royaume d'Angleterre selon les Droits d'iceluy Royaume de deux ans en deux ans par l'espace de huit mois,

ANNO 1581.

mois, ou plus souvent & par plus long-temps, pour le soulagement & utilité des Sujets naturels dudit Royaume d'Angleterre. Et si le susdit cas avenant Dieu permettoit que dudit Mariage nasquissent plusieurs Enfans, il sera aussi pourveu que en ce cas, le second Enfant, ou luy mourant, son Frere puisné, soit couronné & constitué Roy d'Angleterre selon les Loix d'iceluy. Et generalement au cas que de ce Mariage naissent plusieurs Enfans, il sera ordonné & decerné par l'authorité des Estats du Royaume d'Angleterre que du nombre desdits Enfans, ceux-là seulement succederont à la Couronne d'Angleterre, lesquels ne tiendront point la Couronne de France, & en autre cas les deux Royaumes de France & d'Angleterre ne seront conjointement ensemble tenus par aucuns desdits Enfans masles; si ce n'est au cas que n'y ayant qu'un seul Enfant, que les deux Royaumes luy avinssent & fussent deferez. Mais si le Royaume de France ne parvient point audit tres-Illustre Duc ou à ses Enfans, au defaut d'Enfans masles du Roy Tres-Chrestien son Frere; en ce cas les Enfans qui naistront de ce dit Mariage succederont à l'Appanage paternel selon les Loix & Droits du Domaine de la Couronne de France, & au residu des autres biens paternels immeubles acquis par leur Pere, ils y succederont selon les Coutumes des Pays, Terres & Seigneuries où lesdits Biens sont situez, & en tous chacuns les cas de Succession cy-dessus declarée, ceux ou celles qui succederont, seront tenus de laisser à chacun desdits Royaumes, Terres & Seigneuries, les Privileges, Droits & Coutumes entiers, & les regir & faire administrer par les Originaires seulement desdits Royaumes, Terres & Seigneuries & procurer en tout fidelement leur profit & repos: & tous chacuns d'iceux gouverner, & entretenir selon leurs Statuts & Coutumes, en bonne justice & paix. Et ce qui sera ordonné & determiné par lesdits Estats du Royaume d'Angleterre touchant la disposition susdite de la Couronne de Angleterre sera emologué & enregistré es Cours de Parlement du Royaume de France, dedans le temps cy-apres prefix & limité pour la verification & enregistrement au present Contract.

Si par disposition & ordonnance de Dieu, ledit tres-Illustre Duc survit ladite Serenissime Reine y ayans Enfans de leur Mariage; si lesdits Enfans n'ont atteint l'aage plein & entier, à sçavoir si les Masles n'ont dix-huit ans, & les Filles quinze ans, & que lesdites Filles n'ayent esté durant la vie d'icelle S. R. colloquées en Mariage avec homme qui n'ait passé l'aage susdit de 18. ans: en ce cas ledit tres-Illustre Duc, soudain apres la mort de ladite S. R. aura le gouvernement, tutele & administration desdits Enfans, ensemble l'administration & Gouvernement desdits Royaumes & Seigneuries de ladite S. R. sous le nom, droit & personne desdits Enfans, jusques à ce que ledit Heritier ou Enfans soient parvenus, à sçavoir les Masles à 18. ans, & les Filles à 15. & qu'elles n'ayent point encore esté colloquées en Mariage apres l'aage susdit à aucun homme majeur de 18. ans, si lesdits Enfans, ensemble ledit tres-Illustre Duc pouvoient autant vivre. Et ne disposera ledit tres-Illustre Duc des Mariages des Enfans qui n'auront esté mariez durant la vie de ladite Dame Reine, si ce n'est avec le consentement des grands Seigneurs du Royaume d'Angleterre. Durant lequel temps de ladite administration, toutes & chacunes Conventions & Pactions comprises en tous Statuts & Traittez du Royaume sur le fait dudit futur Mariage, & lesquelles ledit tres-Illustre Duc sera tenu observer & accomplir apres la mort de ladite S. R. pendant l'administration, demeureront en leur force & vigueur sans aucune diminution ou violation quelconque: à la charge aussi que si durant le temps de ladite administration, ledit tres-Illustre Duc vient à deceder; alors la tutele, gouvernement, education & administration desdits Enfans & desdits Royaumes, au nom desdits Heritiers, jusques aux aages cy-dessus declarez, sera delaissé entierement & librement à telles personnes, ou telle personne que les Estats dudit Royaume d'Angleterre assemblez en Parlement, pour le profit & utilité desdits Enfans & Heritiers, ensemble des Royaumes & Seigneuries, deputeront & constitueront; si ce n'est que ladite Dame Serenissime Reine ait durant sa vie ordonné à quelle personne ladite tutelle & gouvernement appartiendra.

Ledit tres-Illustre Duc n'avancera, recevra, ou admettra aucun estranger, ou non né sous l'obeyssance de ladite Serenissime Reine, à aucun Office, Gouvernement ne Benefice dans le Royaume d'Angleterre ou autres Seigneuries d'icelle Serenissime Reine, pareillement ne fera ny innovera aucune chose en l'Estat ou Droit public ou privé, Loix & Coutumes dudit Royaume d'Angleterre & Seigneuries qui en dependent: mais au contraire, confirmera & conservera à chacun desdits Estats & Ordres, leurs Droits & Privileges.

Iceluy tres-Illustre Duc ne fera aucune chose qui cause innovation en l'Estat ou Droit public ou privé, ou aux Loix & Coutumes du Royaume d'Angleterre & Seigneuries qui en dependent; mais au contraire confirmera & gardera à chacun Estat ou Ordre du Royaume ses Droits & Privileges.

Pareillement n'emmenera ladite Serenissime Reine hors les fins & limites de son Royaume, si elle mesme ne le requiert, ny faire aussi sortir les Enfans qui naistront de cedit Mariage hors dudit Royaume d'Angleterre; mais les y laira nourrir & élever, à l'esperance de sa future Succession: si ce n'est que par le consentement de Sa Majesté & principaux Seigneurs d'Angleterre, il soit jugé bon d'en faire autrement, & s'il n'est necessaire aussi que le Fils aisné & unique & qui naistra de ce Mariage, aille en France pour recueillir, & jouïr par Droit & Loy de la Couronne de France, la Succession & Heredité paternelle.

Et au cas que ladite Serenissime Reine vienne à predeceder ne laissant aucuns Enfans dudit Mariage, ledit tres-Illustre Duc ne pretendra aucun Droit luy appartenir en la proprieté du Royaume d'Angleterre; ains en laira la Succession à ceux ausquels par les Loix & Droits dudit Royaume elle doit appartenir, sans aucun empeschement.

Ledit tres-Illustre Duc ne transportera hors du Royaume les joyaux, & Bagues qui sont d'ancienneté Royales, ou autres choses pretieuses & de plus grand prix, que l'on connoist appartenir a la Couronne d'Angleterre, & ne pourra aliener aucunes choses des appartenances dudit Royaume d'Angleterre, ny souffrir qu'il soit usurpé sur iceluy par les Sujets ou autres aucunes choses; ains donnera ordre que toutes les Places du Royaume, & mesmement les Forteresses & Frontieres, soient fidelement conservées & gardées pour le profit & utilité du Royaume d'Angleterre par Personnes Originaires & Naturels d'iceluy. Ne souffrira estre emmené ou tiré hors du Royaume les Navires ou Vaisseaux de Guerre, Canons & autres Equipages necessaires à la deffense dudit Royaume; mais au contraire, les fera soigneusement garder, & quand le besoin sera renouveller aux frais & dépens dudit Royaume, en sorte qu'ils puissent estre tousjours en bon & suffisant estat pour la deffense du Royaume.

Iceluy tres-Illustre Duc à l'occasion de ce Mariage ne meslera le Royaume d'Angleterre en aucune Guerre estrangere, mais aura soin que la Paix entre le Royaume d'Angleterre & les Estats, & Seigneuries des Princes estrangers soit entretenuë, sans qu'il apporte aucune occasion pour violer ladite Paix.

Ladite Serenissime Reine seulement, comme Reine jouïra seule & possedera la Couronne & Souveraineté de ses Royaumes, Seigneuries & Sujets, avec toutes Préeminences, Prerogatives, Dignitez, Authoritez, Jurisdictions, Honneurs, Chasteaux, Terres, Tenemens & Heritages quelconques à ladite Couronne appartenans, en telle, tant seule & singuliere façon, & en si ample façon & maniere, du jour de la solemnisation d'iceluy tout le temps que ledit Mariage durera, tout ainsi que ladite Serenissime Reine le jouït & possede maintenant: & ce non obstant aucun droit, tiltre, & estat ou clameur, que audit tres-Illustre Duc, comme tenant en ses mains par la Coutume de ce Royaume ou par quelque autre moyen ou raison que ce soit, luy pourroit parvenir ou accroistre par vertu dudit Mariage, Statut, Coutume ou prescription, & toute autre chose quelconque faisans au contraire; sans toute fois que par les mots susdits de la Couronne, & autres cy-dessus apposez en ce present Article, il soit fait aucun prejudice aux choses cy-dessus accordées audit tres-Illustre Duc, & signamment à celles touchant son Couronnement apres le Mariage consommé; lequel comme n'estant aucunement prejudiciable ou dommageable à ladite Serenissime Reine ou à ses Heritiers, & demandé seulement pour communion, & participation de l'honneur Royal, ledit tres-Illustre Duc pretend & espere obtenir & promouvoir, comme dessus est dit. Et encores toutes Donations seront expediées & decernées sous les noms desdits tres-Illustre Duc & Serenissime

ANNO 1581.

nissime Reine, tant pendant le temps qu'iceluy tres-Illustre Duc demourera audit Royaume d'Angleterre, & Seigneuries qui en dépendent que en son absence, en la mesme maniere qu'il estoit ordonné ou temps du Roy Philippes & de la Reine Marie.

Par le moyen dudit futur Mariage & ce qui en ensuivra, ledit tres-Illustre Duc n'entend prejudicier en aucune sorte aux Droits successifs qui luy pourroient cy apres écheoir, & avenir au Royaume & Couronne de France.

A esté convenu & accordé, que pour perpetuelle force & fermeté des Pactions & Conventions susdites, le présent Contract sera verifié, publié & enregistré en toutes les Cours de Parlement, tant du Royaume de France que d'Angleterre, esquels il appartient & est de coutume de faire. A sçavoir audit Parlement, & Assemblée d'Estats d'Angleterre devant la celebration dudit Mariage, & dedans 24. jours apres la Ratification du present Contract fait par ladite Serenissime Reine, & és Cours de Parlement du Royaume de France dedans trois mois apres la consommation dudit Mariage. Et ce par l'authorité du Roy Tres-Chrestien, qui s'obligera à la Ratification de tous les Articles susdits; en tant que son consentement, soit en son nom ou de tout le Royaume de France, y sera necessaire.

Finalement a esté accordé qu'entre ledit Roy Tres-Chrestien, ladite S. R. de Angleterre & les Enfans qui seront procedez dudit Mariage, & leur postérité & les Royaumes de France, Angleterre & Hirlande, y aura perpetuelle Amitié, Ligue & Confederation; des conditions & Articles de laquelle Amitié, & Confederation qui se contractera & renouvellera en faveur du present Mariage & en consequence d'iceluy, sera fait Traité à part, selon & ainsi que pour le mieux, & pour le profit de chacun d'eux sera avisé par leursdites M. ou leurs Procureurs & Commissaires.

Toutes lesquelles choses & chacune d'icelles ainsi que dessus contenuës & accordées, seront solemnellement ratifiées par lesdits Roy Tres-Chrestien & tres-Illustre Duc d'Anjou, & S. R. d'Angleterre dans un mois prochain venant, en foy & parole de Roy, & avec Serment, pour eux, leurs Heritiers & Successeurs: & incontinent apres, sans aucune dilation ou retardement, s'en bailleront respectivement ou feront bailler Lettres de Ratification & Acte de Serment, sera expressément porté qu'ils observeront & accompliront, feront observer & accomplir de bonne foy, toutes les choses cy-dessus convenuës, concluës & arrestées, & se bailleront toutes & chacunes des seuretez, que de droit & coutume se doivent & ont accoustumé se bailler en semblables Traittez, pour leur plus ferme subsistance & validité, ou qui se peuvent par juste raison requerir, & demander d'une part & d'autre selon la nature & condition des choses promises. Renonçans à toutes dispositions de Droit, Loix, Statuts, & Benefices quelconques faisans au contraire; ausquels pour ce regard, & en tant qu'ils feroient contraires à ce que dessus, ils y derogent de leur pleine science, propre mouvement, & de la plenitude de puissance que Dieu leur a baillée sur leurs Royaumes & Seigneuries: constituans & ordonnans toutes lesdites choses, & chacune d'icelles demourer en tous leurs Poincts, Articles, & forme, & avoir force & vertu de Loix perpetuelles & inviolables.

Forme de la Celebration du Mariage d'entre la Serenissime REINE D'ANGLETERRE, *& le tres-Illustre* DUC D'ANJOU, *convenuë & arrestée du commun consentement des Commissaires qui de part & d'autre ont esté constituez Deputez pour traitter, & conclure l'affaire dudit Mariage.*

QUE au Temple de Westmonster, ou autre Eglise Cathedrale de ce Royaume, en lieu assez commode & opportun à la veuë du Peuple qui assistera, sera dressé & construit un Theatre; auquel monteront ladite S. R. & ledit tres-Illustre Duc assistez chacun d'un Evesque de sa Religion, en la presence desquels & de tous les assistans, ledit tres-Illustre Duc, apres avoir pris la main droite de la Serenissime Reine, luy dira ces mots:

Madame Elizabeth, je vous prens à Femme & Espouse, vous promets foy & devoir conjugal, & que je vous aimeray, soigneray, & honoreray & garderay saine, & malade tant que Dieu nous donnera de vivre ensemble; selon qu'il m'est commandé de Dieu & qu'il est observé par l'Eglise. Lesquels mots finis, ledit tres-Illustre Duc retirera sa main: & ladite Serenissime Reine reciproquement prenant la main droite dudit tres-Illustre Duc, luy dira ces mots: Tres-Illustre Duc, je vous prens à Mary & Epoux, & vous promets foy & devoir conjugal, & que je vous aimeray & honoreray, & porteray obeyssance conjugale, & vous garderay sain & malade tant que Dieu nous donnera de vivre ensemble, selon qu'il m'est ordonné de Dieu & observé en l'Eglise. Cela fait, & les mains separées & retirées ledit tres-Illustre Duc mettra au quatriéme doigt de la main senextre de ladite Serenissime Reine un anneau qu'il luy donnera, disant ces mots:

De cet anneau je vous espouse, & vous honore de mon corps, & vous fais compagne & participante de mes biens, au nom du Pere & du Fils, & du S. Esprit; à quoy la Serenissime Reine répondra ces mots: Je reçoy l'anneau & l'accepte, & le garderay en foy de cet accord ma vie durant.

Puis joignans derechef leurs mains ensemble, se diront l'un à l'autre ces mots; parlant ledit tres-Illustre Duc, le premier & la Reine apres luy. Je promets, & en appelle Dieu à témoin, que chastement & en toute integrité je garderay & observeray ce que ce jourdhuy nous avons entre nous reciproquement en la présence de tout ce Peuple, saintement & religieusement promis à Dieu & à son Eglise.

Apres, ladite S. R. se retirera au lieu destiné pour ses prieres publiques; jusques à la porte & entrée duquel lieu, ledit tres-Illustre Duc l'accompagnera; & ce fait se retirera en un autre lieu à part & separé, auquel il aura exercice libre de sa Religion.

Et les prieres de ladite Serenissime Reine achevées, & quand elle se preparera pour sortir de son Oratoire, ledit tres-Illustre Duc retournera vers elle à la porte, & dudit Temple ils retourneront ensemble en son Palais: & ce qui aura esté ainsi fait, sera pour perpetuelle foy & témoignage redigé par un Notaire Public, garny pour ce faire de suffisant Pouvoir & Acte.

Fait & conclu entre lesdits Commissaires le 11. jour de Juin l'an 1581.

Pouvoirs & Commissions des HENRI III. *Roi de France, & de* FRANÇOIS *Duc d'Anjou & d'Alençon, à leurs Ministres & Commissaires pour le Contract de Mariage; le Pouvoir donné à St. Germain le dernier Fevrier* 1581. *& celui du Duc à Bourdeaux le* 24. *Janvier de la même année.* [Memoires de MICHEL DE CASTELNAU, Seigneur de Mauvissiere, Tom. I. page 702. Aux Additions.]

HENRY par la grace de Dieu, Roy de France & de Pologne, à tous ceux qui ces presentes Lettres verront, Salut. Comme le principal, plus ferme & estroit lien de la Societé humaine, & qui a esté le premier institué & estably par l'Ordonnance de Dieu, soit le Mariage; & soit aussi que sa Divine Majesté, qui regit, conduit & gouverne toutes choses par sa sagesse & prudence infinie & incomprehensible intervient tousjours en ce saint mystere, comme il est dit communément que les Mariages sont faits & liez au Ciel: Nous estimons que son Divin vouloir a esté de faire naistre & conserver tres-haute, tres-excellente & tres-puissante Princesse, nostre tres-chere & tres-amée bonne Sœur & Cousine, Elizabeth par la grace de Dieu Reine d'Angleterre & d'Hirlande, pour en faire une Alliance indissoluble entre ces deux Royaumes de France & Angleterre, non seulement pour le bien, splendeur & dignité d'icelles en particulier, mais pour l'utilité de toute la Chrestienté en general. Et pour ce considerant qu'ayant plu à nostre Seigneur donner, & orner nostredite bonne Sœur & Cousine la Reine d'Angleterre de tres-grandes, tres-excellentes & rares & parfaites vertus; & en départir, & elargir à nostre tres-cher & tres-amé Frere unique le Duc d'Anjou & d'Alençon, autant que l'on en peut desirer à un Prince Illustre, genereux, bien né & accomply, le Mariage d'eux seroit fort convenable, & à nostredit Frere grandement honorable: nous aurions cy-devant, de l'avis & consentement de la Reine nostre tres-honorée Dame & Mere, avec laquelle nous en avons conferé & deliberé, & à la priere & requeste de nostredit Frere, fait

ANNO 1581.

fait offrir & propoſer ce Mariage à noſtredite bonne Sœur, & Couſine la Reine d'Angleterre, laquelle nous auroit demonſtré & fait connoiſtre, qu'elle correſpondoit & avoit en cela la bonne & vraye affection que nous, noſtredite Dame & Mere, & noſtredit Frere, y avons. Et ce qui auroit eſté tellement acheminé que Articles dudit Mariage en auroient eſté arreſtez entre les Deputez & Commiſſaires de noſtredite bonne Sœur & Couſine avec le S. de Symié pour noſtredit bon Frere, & ſignez le 24. jour de Novembre 1579. pour leſquels Articles rediger en forme de Contract, enſemble reſoudre & conclure certain Poinct du contenu eſdits Articles, auroit eſté accordé qu'aucuns Ambaſſadeurs & Commiſſaires ſeroient commis & deputez par nous & noſtredite bonne Sœur & Couſine. Sçavoir faiſons que nous deſirans de tout noſtre cœur l'effet & accompliſſement d'iceluy, & pour ſatisfaire à ce qui peut eſtre deſiré de noſtre part pour l'entiere & finale concluſion deſdits Articles, propoſer de noſtre coſté perſonnages dignes, propres & convenables: ſachans que nous ne pourrions à cette fin faire meilleure élection que des perſonnes de nos tres-chers & bien amez Couſins, Louïs de Bourbon Comte de Soiſſons, Louïs de Bourbon Duc de Montpenſier, Pair de France, Gouverneur & Lieutenant General en noſtre Pays & Duché de Bretagne, François de Bourbon, Prince Dauphin, Gouverneur & Lieutenant General en noſtre Pays de Dauphiné, Princes de noſtre ſang: noſtre tres-amé & feal Couſin Artus de Coſſé, Comte de Secondiny, Mareſchal de France, Gouverneur & noſtre Lieutenant General és Provinces d'Orleans, Chartres, Blois, & Pays adjacens: nos amez & feaux Louïs de Luſignan, de Saint Gelais, S. de Lanſſac & de Precy, Chevalier de nos deux Ordres, Conſeiller en noſtre Conſeil d'Eſtat & Privé, Capitaine des cent Gentils hommes de noſtre Maiſon, & Chevalier d'honneur de la Reine noſtre tres honorée Dame & Mere; Taneguy le Veneur S. de Carrouges, Comte de Tillieres, Chevalier de l'Ordre de S. Michel, Conſeiller en noſtre Conſeil d'Eſtat & Privé, Capitaine de cent hommes d'Armes de nos Ordonnances, Gouverneur & noſtre Lieutenant General és Bailliages de Roüen & Evreux: Bertrand de Salignac S. de la Motte-Fenelon, Chevalier des deux Ordres, auſſi Conſeiller en noſtre Conſeil d'Eſtat & Privé: Michel de Caſtelnau S. de Mauviſſiere, Chevalier de noſtre Ordre de Sainct Michel, Conſeiller en noſtre Conſeil Privé, Gentilhomme ordinaire de noſtre Chambre, Capitaine de cinquante hommes d'Armes de nos Ordonnances, & noſtre Ambaſſadeur en Angleterre: Brinabé Briſſon S. de Gravelle, Conſeiller en noſtre Conſeil Privé, & Preſident en noſtre Cour de Parlement à Paris: Claude Pinart S. de Cramailles, premier Baron de Valois, auſſi Conſeiller en noſtre Conſeil, Secretaire d'Etat & de nos Finances: Pierre Clauſſe S. de Marchaumont & de Courances en Gaſtinois, auſſi Conſeiller en noſtre Conſeil Privé, & Conſeiller & Chambellan de noſtredit tres-cher, & tres-amé Frere le Duc d'Anjou & d'Alençon: Jacques de Vray S. de Fontorte, Secretaire des Finances d'iceluy noſtredit Frere. Et confians entierement de leurs ſens, vertus & integritez & de l'affection grande qu'ils portent ou bien de noſtre Royaume & de nos affaires: nous, apres que par noſtredit Frere aurions eſté tres-inſtamment requis, les avons de noſtre part & d'iceluy noſtredit Frere, commis, ordonnez & deputez, commettons, ordonnons & deputons, fait & faiſons nos Procureurs ſpeciaux, & leurs avons, & aux ſix, ſept, huit, neuf ou dix d'entr'eux, en l'abſence & empeſchement des autres, donné & donnons plein pouvoir, puiſſance, authorité, commiſſion & mandement ſpecial par ces preſentes, d'eux transporter aux Royaumes & pardevers noſtredite bonne Sœur, & Couſine la Reine d'Angleterre, & là, tant avec elle que ceux qui ſeront auſſi commis & deputez de ſa part, confirmer, approuver & authoriſer les Articles qui ont ja eſté arreſtez pour le fait du Mariage: aviſer, conferer, negotier & traitter, en noſtre nom & de noſtredit Frere, de ce qui reſte à reſoudre, arreſter ou éclaircir du contenu auſdits Articles accordez, pour raiſon d'iceluy Mariage entre ladite Dame Reine, & iceluy noſtredit Frere le Duc d'Anjou, ou leurs Commiſſaires deputez: accorder, conclurre & ſigner les Poincts demourez indecis eſdits Articles, & de ce paſſer Contract ſolemnel, & autentique avec toutes les ſeuretez en tel cas requiſes & neceſſaires. Et generalement faire, negotier, promettre & accorder pour raiſon deſdits Articles, circonſtances, & dependances d'iceux, ce que nous meſmes & noſtredit Frere ferions, & faire pourrions, ſi preſens en perſonne y eſtions; jaçoit qu'il y eut choſe qui requiſt mandement plus ſpecial qu'il n'eſt contenu en ces preſentes. Par leſquelles nous promettons en bonne foy & parole de Roy, d'avoir agreable, tenir ferme & ſtable à tousjours, tout ce qui ſera par leſdits Ambaſſadeurs cy-deſſus nommez fait & negotié en ladite charge & commiſſion, tant en noſtre nom que de noſtredit Frere: & le tout approuver & ratifier, dedans le temps qu'il ſera aviſé, promis & accordé par eux. En témoin de ce nous avons ſigné ces preſentes de noſtre main, & à icelles fait mettre noſtre grand Séel. Donné à Sainct Germain en Laye le dernier jour de Février, l'an de grace 1581. & de noſtre Regne le 7. HENRY, *& ſur le reply*, Par le Roy, BRULART. *Scellé ſur double queuë du grand Seel en cire jaune.*

*Commiſſions du Duc d'*ANJOU *& d'*ALENÇON.

FRANÇOIS Fils de France, Frere unique du Roy, Duc d'Anjou, Alençon, Touraine & Berry, à tous ceux qui ces preſentes Lettres verront, Salut. Comme nous ayans mis en pois & conſideration, qu'entre tous les grands biens & ſinguliers benefices dont la Nature humaine eſtoit obligée envers la ſouveraine bonté de Dieu, eſtoit le ſoin paternel qu'il avoit apres l'avoir faite & créée, de la conſerver par ſa providence, inſtituant dés le commencement le ſaint Mariage, tant à la procreation des legitimes Heritiers & Succeſſeurs que pour rendre tous humains mieux & plus eſtroitement liez & unis: Reconnoiſſans la dignité, vertu & excellences avec leſquelles le Ciel a fait naiſtre tres-haute, tres-excellente & tres-puiſſante Princeſſe Elizabeth par la grace de Dieu Reine d'Angleterre & Hirlande, aurions cy-devant avec l'avis, conſeil & expreſſe volonté du Roy noſtre tres-honoré Seigneur & Frere, & de la Reine noſtre tres-honorée Dame & Mere, pour témoigner à ladite Dame la bonne volonté, & ſincere affection que nous luy portions, fait en plusieurs & diverſes fois par nos Ambaſſadeurs, & autres nos ſerviteurs propoſer le Mariage entre ladite Sereniſſime Reine & nous. Pour lequel arreſter auroit eſté tant procedé, que dés le mois de Novembre 1579. Articles en auroient eſté paſſez & ſignez entre les Commiſſaires ordonnez & deputez par ladite Sereniſſime Reyne & noſtre amé & feal Conſeiller Jean de Symier noſtre Ambaſſadeur, en vertu du Pouvoir qu'il en avoit de nous: la deciſion & concluſion deſquels Articles auroit neantmoins eſté remiſe aux Ambaſſadeurs ou Commiſſaires, qui par la teneur dudit Traitté devoient eſtre envoyez pour tel effet, tant pour la part du Roy noſtredit Seigneur & Frere que de la noſtre, & auſſi pour faire mettre & rediger en forme de Contract tout ledit Traité. Surquoy, deſirans de tout noſtre cœur l'accompliſſement d'un ſi bon œuvre aurions requis & ſuplié le Roy noſtredit Seigneur & Frere, vouloir faire expedier ſes Lettres contenans la nomination deſdits Commiſſaires & Ambaſſadeurs; laquelle nous luy aurions deferé & remiſe, ſçachant le ſoin & parfaite affection qu'il a tousjours montrée à noſtre bien & avancement. Et apres avoir ſçeu & entendu ſon intention, & que pour l'effet que deſſus nos tres-chers & tres-amez Couſins Loüis de Bourbon, &c. (*comme cy-deſſus en la Commiſſion du Roy*) luy eſtoient agreables comme tres-dignes & ſuffiſans: nous confians entierement de leurs ſens, vertus & integritez, pour ces cauſes & autres bonnes & juſtes conſiderations, les avons ſous le bon plaiſir du Roy noſtre tres-honoré Seigneur & Frere, & ſuivant la nomination qu'il en a faite à noſtre requeſte & priere de noſtre part, commis, ordonnez & deputez; & par ces preſentes commettons, ordonnons, & deputons; leur donnant plein pouvoir, authorité, commiſſion & mandement ſpecial, de, pour & en noſtre nom, avec ladite Sereniſſime Reine, ſon Conſeil ou autres qui ſeront par elle commis & deputez, traitter, conclure & accorder le Mariage d'entre icelle Sereniſſime Reine d'Angleterre & nous, arreſter & reſoudre tous les Poincts, Articles, Conventions & Conditions d'iceluy, & de ce accorder & paſſer Contract autentique, & ſolemnel tel qu'il appartiendra & ſera neceſſaire. Et generalement faire, negotier, promettre & accorder en cet endroit ce que nous-meſme ferions ou faire pourrions ſi preſens en nos perſonnes y eſtions; combien qu'il y eut choſe qui requit mandement

ANNO 1581. ment plus special qu'il n'est contenu en cesdites presentes. Par lesquelles nous promettons en bonne foy & parole de Prince, d'avoir agreable, tenir ferme, & stable à tousjours, tout ce qui sera par lesdits Ambassadeurs cy-dessus nommez, en nostre nom, fait & negotié en ladite Charge & Commission, & le tout approuver & ratifier dedans le temps qu'ils auront promis & accordé. En témoin de ce nous avons signé ces presentes, & à icelles fait mettre & apposer nostre grand Seel, faites & données à Bordeaux le 24. jour de Janvier l'an 1581. *Signé* FRANÇOIS, *& sur le reply* par Monseigneur. VRAY *seellé sur double queuë de cire rouge.*

11. Juin. *Déclaration donnée par les Ministres Commissaires de France, avant la signature du Contract; portant que nonobstant ladite signature la Reine s'est reservée certains Articles secrets dont elle veut s'éclaircir avec le Roi T. C. avant de passer à la célébration du Mariage. A Londres le* 11. *Juin* 1581. [Memoires de MICHEL DE CASTELNAU, Seigneur de Mauvissiere, Tom. I. aux Addit. pag. 715.]

NOUS François de Bourbon, Prince Dauphin d'Auvergne, Duc de S. Fargeau & du Pays de Puisaye, Pair de France, Marquis de Mezieres, Comte de Bar-sur-Seine, & Airay-le-Duc, Baron de Mirebeau, Gouverneur & Lieutenant General du Roy en Dauphiné: Arthus de Cossé &c. *(cy-devant nommez en la Commission & au Contract)* attestons estre vray que auparavant que conclure & rediger en forme de Contract les Articles cy-devant traitez entre les Sieurs Commissaires & Deputez de la Serenissime Reine d'Angleterre, & le Sieur de Symier aussi Commissaire dudit tres-Illustre Duc d'Anjou le 24. jour de Novembre 1579. pour le fait du Mariage, d'entre ladite Serenissime Reine & ledit tres-Illustre Duc: icelle Dame Reine a expressément declaré & reservé qu'en vertu dudit Contract, elle n'entend estre obligée & astrainte à l'accomplissement & consommation dudit Mariage, jusques à ce que ladite Dame Reine & ledit tres-Illustre Duc se soient mutuellement esclaircis & satisfaits d'aucunes choses particulieres entr'eux; dont sadite S. Majesté & sadite Altesse certifieront par escrit ledit Seigneur Roy Tres-Chrestien dedans six semaines prochaines venant. Et sous cette reservation susdite & non autrement, a esté ledit Contract de Mariage signé & passé par les Seigneurs Guillaume Cecile S. de Burgley &c. *(nommez au Contract cy-devant)* Commissaires commis & deputez par icelle Dame Reine. En témoin de ce que dessus nous avons ensemblement signé ces presentes à Londre le 11. jour de Juin 1581.

11. Juin. *Déclaration des Commissaires d'Angleterre touchant l'anteposition de leurs Noms à ceux des Commissaires de France, dans les Exemplaires du Contract de Mariage, qui furent delivrés à ceux-ci, de la part de la Reine; portant que cela s'est fait conformément à ce qui s'étoit pratiqué auparavant; & que si l'usage se trouve contraire, les prétentions des François pour la précédence demeureront entieres. A Londres le* 11. *Juin* 1581. [Memoires de MICHEL DE CASTELNAU, Seigneur de Mauvissiere, Tom. I. aux Addit. pag. 716.]

NOUS soussignez Procureurs & Deputez de la Serenissime Reine d'Angleterre pour traitter le Mariage de sadite Serenissime Majesté avec le tres-Illustre Duc d'Anjou, reconnoissons & confessons, qu'en procedant à la redaction du Contract dudit Mariage, Monsieur le Prince Dauphin & les autres Seigneurs, Commissaires & Deputez du Roy Tres-Chrestien & dudit tres-Illustre Duc, ont fait difficulté & refus de passer les Prefaces de deux expeditions dudit Contract en la forme qu'elles avoient esté dressées par nous; en tant que en icelles nous avions mis nos noms les premiers comme Commissaires & Deputez de la Majesté d'Angleterre, qui pour icelle les devions signer & delivrer, soustenans que leurs noms devoient estre preposez aux nostres, tant esdites deux expeditions qui leur devoient par nous estre delivrées pour emporter en France, qu'en l'autre expedition par eux signée pour demeurer par devers nous; se fondans sur la dignité, prerogative & préeminence dudit Roy Tres-Chrestien, qu'ils representent, alleguans qu'au dernier Traitté fait en l'an 1572. à Blois sur Loire, fut ainsi fait & observé entre les Deputez des tres-Chrestienne & Serenissime Majestez: à quoy nous Commissaires d'Angleterre répondions & soutenions au contraire, que quant aux Escrits qui ont esté baillez par les Commissaires & Deputez de nos Roys & Reines à quelque Prince que ce soit mesme des Empereurs, les Deputez & Commissaires de nosdits Roys ou Reines ont tousjours accoustumé de préposer leurs noms & signatures és Escrits par eux baillez pour leur part aux Commissaires des Princes. Et qu'ainsi apparoist par les propres Originaux des Traitez par eux signez & delivrez ausdits Commissaires & Deputez des Princes estrangers; mesme par ceux qui ont esté faits en l'an 1546. entre le Roy Edoüart VI. & François I. Roy de France, & en l'an 1551. entre ledit Roy Edoüart, & le Roy Henry II. en l'an 1559. dit le Traitté de Castel en Cambresis: en tous lesquels en les signant & les seelant, les Commissaires d'Angleterre ont esté preposez aux Commissaires de France en ce qui a esté par lesdits Commissaires d'Angleterre baillé & delivré; ausquels nous nous remettons entierement, & raportons pour nostre direction en cet endroit, & accordons prendre droict par iceux. Surquoy a esté avisé que suivant ladite forme & usance ancienne par nous, les noms, signets, & seaux desdits Commissaires du Roy tres-Chrestien precederont les nostres audit Contract de Mariage & autres Actes qui en dépendent, lesquels seront par lesdits Commissaires de France, signez, baillez & delivrez; & à ceux par nous Commissaires d'Angleterre, signez, baillez & delivrez ausdits Seigneurs Commissaires du Roy Tres-Chrestien & tres-Illustre Duc, nos noms, signets, & seelez precederont, comme nous disons qu'en cas semblable par cy-devant a esté accoustumé; sans prejudice des pretentions susdites desdits Seigneurs Commissaires dudit Roy Tres-Chrestien & outre à la charge que où par lesdits Traitez & Contracts qui ont esté cy-devant passez entre les Deputez de nos Roys & Reines avec les Deputez desdits Roys Tres-Chrestiens, excepté toutefois ledit Traité fait à Blois en l'an 1572. que disons, si ainsi est, avoir passé par erreur & inavertance, il se trouvera & apparoistra que les noms, & seins des Deputez de nos Roys & Reines auront esté mis & apposez aprés ceux des Deputez desdits Roys Tres-Chrestiens: en ce cas, dés à present comme deslors, nous accordons lesdits deux Contracts & autres Actes par nous signez & delivrez ausdits Seigneurs Commissaires de France, estre reformez pour ce regard, & nos noms & seins estre postposez à ceux desdits Commissaires; sous lesquelles conditions, charges & reservations, ont esté lesdits Contracts & Actes signez respectivement en la forme que dessus; en foy & témoignage dequoy nous avons signé ces presentes le 11. jour de Juin 1581. &c.

CLXXXII.

23. Juin. Vertrag zwischen Augusto Churfürsten zu Sachsen / und Heinrich Julio Bischoffen zu Halberstadt / wegen des Schutzes über das Kloster Walckenried / so vormahls der Graff zu Hohenstein gehabt; Krafft dessen besagte Schutz-Gerechtigkeit dem Bischoff verbleibet. Geschehen zu Northausen den 23. Juny [LUNIG, Teutsches Reichs-Archiv. Part. Special. II. Abtheil. IV. Absatz II. pag. 115.]

C'est-à-dire,

Accord entre AUGUSTE *Electeur de Saxe &* HENRI JULES *Evêque d'Halberstadt au sujet de la Protection du Monastere de* Walkenriet, *tenuë auparavant par les Comtes de Hohenstein, & présentement cedée audit Evêque. A Nordhausen le* 23. *Juin* 1581.

ANNO 1581.

NAchdem der Durchlauchtige/ Hochgebohrne Fürst und Herr/ Herr Augustus/ Hertzog zu Sachsen/ des heiligen Römischen Reichs Ertz-Marschalck und Churfürst/ Land-Graff in Düringen/ Marggraff zu Meissen/ und Burggraff zu Magdeburg/ unser gnädigster Herr/ sich mit dem Wohlgebohrnen und Edlen Graff Volckmar Wolffen/ Graffen und Herrn von Hohnstein seligen/ des Erb-Schutzes und Vogtey halber/ auf und über das Closter Walckenriedt/ laut eines aufgerichteten Vertrages Anno 1568. den 1. Augusti zu Dreßden datiret/ verglichen/ hernach auch Anno 1572. den 20. Septembr. allda zu Dreßden S. Churfürstl. Gn. wohlermeldten Graffen einen Revers gegeben und mitgetheilet/ wie und wassermassen er/ der Graff/ sich solches Schutzes und Vogtey des Closters zu gebrauchen haben solte. Und darauf weiter ergangen/ daß hochgedachter Chur-Fürst zu Sachsen sich mit dem Hochwürdigen/ Durchlauchtigen/ Hochgebohrnen Fürsten und Herrn/ Herrn Heinrich Julius/ Bischoff zu Halberstadt/ Hertzogen zu Braunschweig und Lüneburg/ einer Auswechselung und permutation der Hohnsteinischen Lehn/ gegen dem Mannßfeldischen vereiniget/ nach laut und Inhalt einer aufgerichten durch die Käyserl. Majestät confirmirten Haupt-Verschreibung/ den 2. Januarii Anno 1574. datiret/ in welcher permutation und Auswechselung der Ober-Schutz und andere mehr Fürstliche Oberkeiten/ so Seiner Churfürstliche Gnaden als der Ober-Schutz-Herr/ und Landes-Fürst/ des Orths gehabt/ seiner des Bischoffs Fürstliche Gnaden zukommen/ und von Seiner Churfürstliche Gnaden überwiesen und übergeben worden. Und denn ferner erfolget/ daß zwischen hochgedachtem Bischoffe und des Graffen von Hohnstein Erben und derselben Vormunden allerley Irrungen/ Streit und Disputation vorgefallen/ wie und wassergestalt hochgedachter Bischoff solches Obern-Schutzes und anderer mehr abgetretener Fürstlicher Hoheiten und Gerechtigkeiten/ von wegen des Closters/ zu geniessen und zu exerciren haben solte: Ob S. Fürstl. Gn. die Visitation und Inspection über das Closter mit gebühren: wie es mit der Schulen und Haußhaltung/ Ordnunge/ und andern mehr/ zu halten; dahero denn auch S. Churfürstl. Gn. Krafft ergangener Contracten/ gegebenen Reversen, Permutationen und Obligationen/ um die eviction und Gewehr/ solcher von beyden Herren Partheyen angezogenen Puncten halben/ belanget und angesprochen werden wollen; So hat/ zu Abhelffung dieser Sachen/ hochgedachter Churfürst sich mit dem auch hochgedachten Bischoffe einer zu Aufforderunge etlicher Räthe anhero gegen Northausen verglichen/ und demnach haben auch S. Churfürstl. Gn. uns Erich Volckmarn von Berlepschen uf Rosla und Uhrleben/ die Zeit Ober-Hauptmann in Düringen/ und Ober-Hoff-Richtern des Obern-Hoff-Geriches zu Leipzig/ und Laurentium Lindemann zu Sedelitz/ der Rechten Doctorn, und hochgedachter Bischoff uns Johann Spitznasen/ Johann von Herlingen/ beyde Dom-Herren zu Halberstadt/ Heinrichen von der Lühe/ Halberstädtischen Stiffts-Hauptmann/ Curdten von Schwichel Hofmeistern/ und Peter Böchern/ Cantzlern/ anhero deputiret und verordnet/ mit Befehlig/ solcher Sachen halber uns freundlich zu unterreden und zu vergleichen/ dazu denn auch hochgedachter Chur-Fürst Graffen Volckmar Wolffen seeligen nachgelassenen Erben/ Graff Ernsten von Hohnstein/ und desselben Vormunden/ anhero beschieden und erfordert. Dem allen nach haben wir beyderseits Chur- und Fürstliche abgeordnete Räthe uns/ von wegen unserer gnädigsten und gnädigen Herren/ aller solcher angezogenen Irrungen und Sachen halber freundlich miteinander unterredet/ und uns folgender Puncten und Artickel mit wohlgedachtem Graffen Ernsten von Hohnstein/ und desselbigen Vormünden/ Vorwissen und Bewilligung vereiniget.

Erstlich soll das Closter Walckenrich Gott dem Herrn zu Ehren/ und dem Armuth zu gute in esse erhalten werden/ und des Reichs-Prælatur bleiben/ dem Reiche auch davon gebührliche Contributionen jederzeit erlegt und gegeben/ und von dem Bischoffe/ noch auch von dem Graffen nicht prophaniret oder desoliret werden/ damit andere Churfürsten und Herren nicht Ursach nemen/ mit des Closters Güthern/ so unter ihnen gelegen/ dergleichen zu thun.

Zum andern/ soll der Hochwürdige/ Hochgebohrne Fürst und Herr/ Heinrich Julius, Bischoff zu Halberstadt/ Hertzog zu Braunschweig und Lüneburg/ und S. Fürstl. Gn. Nachkommen/ Ober-Schutz-Herr solches Closters seyn und bleiben/ und S. Fürstl. Gn. jedesmahls jährlichen von Graffen von Hohnstein/ aus gemeldtem Closter das Schutz-Geld/ vermöge des Bleichrodischen Abschiedes/ untern dato den 14. Martii, und des Halberstädtischen Reverses, untern dato den 25. May, beyde des 1574. Jahres/ unweigerlich erlegt und gereicht werden.

Desgleichen soll auch zum dritten dem Grafen von Hohnstein die Advocatia, Vogtey/ Jurisdiction, Jagten/ Einlager/ Metall und anders/ so S. Gn. bißanhero gehabt/ und es S. Gn. Vorfahren/ die Grafen von Hohnstein/ herbracht/ und S. Gn. berechtiget/ zustehen und bleiben.

Zum vierdten/ soll auch in die Schule des Closters Hochgedachter Herr Bischoff den vierdten Knaben zu benennen haben/ in allermassen es der Churfürst zu Sachsen in den obberührten mit dem Grafen aufgerichteten Vertrage vorbehalten/ auch also an S. Fürstl. Gn. verwiesen.

Zum fünfften soll jedes mahl/ wenn zu Ersetzung des Convents, neue Conventuales und Ordens-Persohnen zu adoptiren von nöthen/ die im Closter erzogene und unterwiesene Knaben/ die sie gnugsam qualificirt, darzu gezogen/ und gebrauchet werden/ hierbey auch der Halberstädtischen Knaben gute Acht gehabt/ und dieselbe nicht ausgeschlossen werden/ jedoch daß damit und dadurch die libera adoptio nicht aufgehoben/ sondern nach Gelegenheit/ auch andere und frembde Personen zu Conventualen zu gebrauchen/ in allwege ungewehret und unverbothen sey.

Zum sechsten soll die Augspurgische Confession im Closter gehalten/ und die Schule jährlichen zu dem Ende/ auch zu Erhaltung reiner Lehre und guter Disciplin, durch vier gelehrte Personen/ darunter drey vom Graffen/ und einer vom Herrn Bischoff zu ordnen/ visitiret werden/ wie es denn auch dergleichen zu halten/ wenn solcher Schul-Ordnung halben Veränderung oder Verbesserung geschehen solte/ und soll der Visitation halber bleiben und gelassen werden/ wie es der Churfürst zu Sachsen fürgeschlagen und angeordnet.

Und soll also zum siebenden im Closter die Schule/ beneben guter Haußhaltung/ solchergestalt jederzeit richtig erhalten/ auch die itzige Schul-Ordnung seiner des Bischoffs Fürstl. Gn. zum Bericht sich darinnen zu ersehen/ förderlich überschicket werden.

Zum achten/ soll der itzige Graf Ernst von Hohnstein Administrator des Stiffts Walckenried bleiben/ und dessen liberam administrationem haben und behalten/ auch seiner Gn. frey stehen/ einen Procuratorem (ob sie es wollen) zu ordnen und zu halten/ wenn aber S. Gn. ungelegen/ die Abbatiam vor sich selbst/ oder durch einen Procuratorem länger zu verwalten/ und also ein ander Abt elegiret/ postuliret oder verordnet werden müste/ so soll eine tüchtige Person (doch daß sie dem Bischoff wissentlich nicht zuwider sey) legitimo modo, und wie herbracht/ erwehlet und verordnet/ auch nachmahls propter Reverentiam Hochermeltem Bischoff angekündiget werden.

Zum neundten soll ein jeglicher erwehlter/ postulirter/ künfftiger Abt dem Convent, wie Herkommen/ einen gebührlichen Eyd schweren/ oder andere Pflicht thun/ so soll es auch mit der Rechnung/ Administration, Erwehlung und Setzung eines künfftigen Abts allenthalben bleiben/ wie es herkommen/ und dem Graffen von Hohnstein allenthalben kein Eingriff noch Einhalt geschehen/ auch darbey gelassen werden/ wie es S. Gn. Vorfahren herbracht/ nemlich daß solches alles S. Gn. und deren Nachkommen allein selbsten zu bestellen Fug und Macht haben.

Zum zehenden/ die versatzten Güther sollen dem Closter zum besten/ so viel möglichen ab und wieder eingelöset werden/ und dieselben weder der Bischoff noch der Graff in ihren eigenen Nutz wenden/ sondern dem Closter alleine zum besten gereichen lassen; Wenn auch forthin etwas/ in oder ausserhalb dem Bischöfflichen Territorio gelegen/ vom Closter nothwendig verpfändet/ vereussert oder veralieniret solte/ solches soll cum consensu Conventus, Abbatis, Comitis & Episcopi geschehen. Es soll und will auch solchen Consens der Herr Bischoff/ oder S. Fürstl. Gn. Nachkommen nicht difficultiren/ sondern denselbigen/ wenn es dem Closter zum besten gereichet/ (jedoch salvo jure congrui) unweigerlich geben und mittheilen.

Zum eilfften/ soll über des Closters Brieff und Siegel ein beständig richtig inventarium aufgerichtet/ und/ wie bräuchlichen/ vom Graffen und Closter verwahrlich hinterleget und behalten werden.

Zum zwölfften/ die vier Clettenbergischen Dörffer/ davon jetzo die Dienste zum Closter geschlagen/ sollen zu erster Gelegenheit/ wenn es die Haußhaltung geben und leiden kan/ wiederum nach Clettenburg verwiesen/ und die Haußhaltung im Closter/ ohne dieselbigen/ sonst zum besten bestalt werden.

Zum dreyzehenden/ soll der Herr Bischoff und S. Fürstl. Gn. Nachkommen/ den Graffen/ Abt und Closter bey diesem allen/ und sonst gebührlich schützen und handhaben/ dagegen sollen und wollen auch wiederum der Graff von Hohnstein/ Abt und Convent, hochgedachten Herrn Bischoff und S. Fürstl. Gn. Nachkommen/ für ihren Lehns-Landes-Schutz- und Erbhuldigungs-Herrn/ respective erkennen/ ehren/ lieben und halten/ auch S. Fürstl. Gn. und deren Nachkommen am Stifft Halberstadt allen schuldigen Gehorsam leisten.

Solche obgesetzte Artickel alle und jede haben die Herren Bischöfflichen Halberstädtische Räthe/ jedoch biß auf Ratification ihres Gn. Fürsten und Herrn/ bewilliget und angenommen/ sie sollen und wollen auch bey hochgedachtem ihren Gn. Fürsten und Herrn unterhäniglich anhalten/ damit dieselben förderlich von Ihr. Fürstl. Gn. ratificiret/ und derhalben dem Chur-Fürsten zu Sachsen S. Fürstl. Gn. Erklährung zugeschrieben werden. Und nachdem Graff Ernsten von Hohnstein Vormunden itzo auf diesem Tage nicht alle zur Stätte gewesen/ sollen und wollen sich dieselben förderlich zu Hauffe betagen/ und dergleichen Erklährung hochgedachten Chur-Fürsten zu Sachsen/ unsrm gnädigsten Herrn/ unverlängt auch zuschreiben/ und soll alsdenn dieser Vertrag/ durch hinwieder endlichen Zuschreiben/ gäntzlich geschlossen und vollnzogen seyn. Es sollen auch hiermit und dadurch alle und jede obgesatzte/ durch die ergangene Wechsel-

Schriff-

ANNO 1581.

Schrifften erregte / und allhier dißmahls vorgelauffene Irrungen gäntzlich ufgehoben und hingeleget seyn. Sonst aber soll es allenthalben bey denen hiebevorn in diesen Sachen ufgerichteten Verträgen / Contracten / Reversen und Obligationen bleiben; und der Chur-Fürst zu Sachsen / unser gnädigster Herr / soll wegen der Eviction und Gewehr / dißfals / und in solchen allhier verglichenen und hingelegten Artickeln / von einem noch dem andern Theil / forder nicht belanget noch besprochen werden / alles getreulich und ungefehrlich. Zu Uhrkund haben Wir / die Chur- und Fürstl. Sachs. Halberstädtische Räthe / diesen Vertrag und Vergleichung mit unsern angebohrenen Pitschafften bekräfftiget / und uns mit eigenen Händen unterschrieben Geschehen und geben zu Northausen den 23. Monats-Tag Junii, nach Christi unsers Erlösers und Seligmachers Geburth 1581.

ANNO 1581.

CLXXXIII.

26. Juill.

L'Espagne et les Etats Generaux.

Verklaring van de STATEN GENERAEL *der Vereenigde Nederlandsche Provintien dat* PHILIPPUS *de* II. *Koninck van Spangien vervallen is van zyn Regt van Souvereiniteit deser Landen; en uit dien hoofden noyt meer sal toegestaan werden dat ergens in zyn naam gevoerdt werde. Gegeeven in 's Gravenhaghe den 26. July* 1581. [EMANUEL METEREN, Histoire des Païs-Bas, en Flamand, Fol. 208; d'où l'on a tiré cette Pièce, qui se trouve aussi dans WICQUEFORT, Hist. des Provinces-Unies, aux Preuves sur le I. Liv. pag. 57. en Hollandois & en François.]

DE Staten Generael van de Gheunieerde Nederlanden, Allen den ghenen die dese teghenwoordighe sullen sien ofte hooren lesen, Saluyt. Alsoo een yeghelijck kennelijck is, dat een Prince vanden Lande van Godt ghestelt is, Hooft over sijne Ondersaten, om de selve te bewaren ende beschermen van alle onghelijck, overlast, ende ghewelt, ghelijck een Herder tot bewarenisse van sijne Schapen: Ende dat d'Ondersaten niet en zijn van Godt gheschapen tot behoef vanden Prince, om hem in alles wat hy beveelt, weder het Goddelijck oft ongoddelick, recht oft onrecht is, onderdanigh te wesen, ende als Slaven te dienen: maer den Prince om d'Ondersaten wille, sonder de welke hy egeen Prince en is, om de selve met recht ende redene te regeeren, ende voor te staen, ende lief te hebben als een Vader sijne Kinderen, ende een Herder sijne Schapen, die sijn lijf ende leven set om de selve te bewaren. Ende soo wanneer hy sulcx niet en doet, maer in stede van sijne Ondersaten te beschermen, de selve soeckt te verdrucken, t'overlasten, heure oude Vrijheyt, Privilegien, ende oude herkomen te benemen, ende heur te ghebieden ende gebruycken als Slaven, moet gehouden worden, niet als Prince, maer als een Tyran, ende voor sulcx nae recht ende redene mach ten minsten van sijne Ondersaten, besondere by deliberatie van de Staten vanden Lande, voor egheen Prince meer bekent, maer verlaten, ende een ander in sijn stede, tot beschermenisse van henlieden, voor Overhooft, sonder misbruycken, ghecosen werden: Te meer, soo wanneer d'Ondersaten met ootmoedige verthoninge niet en hebben heuren voorsz. Prince konnen vermorwen, noch van sijn tyrannigh opset ghekeeren, ende alsoo egheen ander middel en hebben om heure eyghene; heurer Huysvrouwen, Kinderen ende naekomelinghen, aengeboren Vrijheyt (daer sy nae de Wet der natueren goet ende bloet schuldigh zijn voor op te setten) te bewaren, ende beschermen, gelijck tot diversche reysen uyt ghelijcke oorsaecken, in diversche Landen, ende tot diversche tijden gheschiet, ende d'exempelen genoech bekent zijn: 'T welck principalick in dese voorsz. Landen behoort plaetse te hebben, ende stadt te grijpen, die van allen tijden zijn geregeert gheweest, ende hebben oock moeten gheregeert worden naevolgende den Eedt by heure Princen t'heuren aenkome ghedaen, nae uytwijsen heurer Privilegien, Kostuymen ende ouden hercomen: hebbende oock meest alle de voorsz. Landen haren Prince ontfanghen op Conditien, Contracten ende Accoorden, ende welcke brekende, oock nae recht den Prince vande Heerschappye vande Landen is vervallen. Nu ist alsoo, dat den Coningh van Spangien, naer het overlijden van hoogher memorie Keyser Kaerle de Vijfde, van wien hy alle dese Nederlanden ontfangen hadde, verghetende de diensten die soo sijn Heer Vader,

CLXXXIII.

Declaration des ETATS GENERAUX des Provinces-Unies, que PHILIPPE II. est déchu du Droit de Souveraineté qu'il avoit sur lesdites Provinces. Fait à la Haye, le 26. Juillet 1581. [EMANUEL METEREN, *Histoire des Pays-Bas; traduite du Flamand*, Feuill. 208.]

26. Juill.

L'Espagne et les Etats Generaux.

LEs *Estats Generaux des Provinces-Unies du Païs-Bas: A tous ceux qui ces presentes verront, ou orront lire, Salut: Comme il est notoire à un chacun, qu'un Prince du Païs est étably de Dieu pour Souverain & Chef des Sujects, pour les defendre & conserver de toutes injures, oppressions, & violences: comme un Pasteur est ordonné pour la deffence & garde de ses Brebis: & que les Sujects ne sont pas créez de Dieu pour l'usage du Prince; pour luy estre obeissans en tout ce qu'il commande, soit que la chose soit pie ou impie, juste ou injuste, & le servir comme esclaves: Mais le Prince est pour les Sujects, sans lesquels il ne peut estre Prince, afin de gouverner selon droict & raison, les maintenir & aymer comme un Pere ses Enfans, ou un Pasteur ses Brebis, qui met son corps & sa vie en danger pour les deffendre & garentir. Et quand il ne le fait pas, mais qu'au lieu de defendre ses Sujects, il cherche de les oppresser, & de leur oster leurs Privileges, & anciennes Coustumes, leur commander, & s'en servir comme d'esclaves: Il ne doibt pas estre tenu pour Prince, ains pour Tyran. Et comme tel ses Sujects, selon droict & raison, ne le peuvent plus recognoistre pour leur Prince: Notamment quand cela se faict avec deliberation & authorité des Estats du Pays, mais on le peut abandonner, & en son lieu choisir un autre, sans se mesprendre, pour Chef & Seigneur, qui les deffende. Chose qui principalement a lieu, quand les Sujects par humbles prieres, requestes, & remonstrances, n'ont jamais sçeu adoucir leur Prince, ni le destourner de ses entreprinses & desseings tyranniques. En sorte qu'il ne leur reste autre moyen que celuy-là, pour conserver & deffendre leur Liberté ancienne, de leurs Femmes, Enfans, & posterité, pour lesquels, selon la Loy de nature, ils sont obligés d'exposer vies & biens: Ainsi que pour semblables occasions, on a veu par diverses fois advenir en divers temps, dont les exemples sont assez cognus. Ce qui principalement doibt avoir lieu & place en ces Pays: lesquels de tout temps ont esté gouvernez, suyvant le Serment faict par leurs Princes, quand ils ont esté reçeus, selon la teneur de leurs Privileges, & anciennes Coustumes. Joinct aussi que la plus part desdites Provinces ont tousjours reçeu leur Prince à certaines conditions, & par Contracts & Accords jurés. Lesquels si le Prince vient à violer, il est selon droict decheu de la Souveraineté du Païs. Or est-il ainsi que le Roi d'Espaigne, apres le trespas de feu de haulte memoire l'Empereur Charles Cinquiesme son Pere (de qui il avoit reçeu tous ces Pays) oubliant les services que tant sondit Pere,* que

Anno 1581.

der, als hy van dese Landen ende Ondersaten der selver hadden ontfangen, deur de welcke besondere de Coningh van Spaengien soo loffelicke Victorien tegens sijne Vyanden verkreghen hadde, dat sijnen Naem ende Macht alle de Wereldt deur vernaemt ende ontsien werdt. Vergetende oock de vermaninge die de voorsz. Keyserlicke Majesteyt hem t'anderen tijden ter contrarien hadde ghedaen, heeft dien vanden Rade van Spaengien (neffens hem wesende) deur dien sy in dese Landen en vermochten egheen bevel te hebben te gouverneren, oft de principale Staten te bedienen, ghelijck sy in de Coninghrijcken van Napels, Sicilien, tot Milanen, in Indien ende andere plaetsen, onder des Coninghs gheweldt wesende, deden, kennende den meestendeel van hen den Rijckdom ende macht der selver, hadden eenen nijt teghens dese voorsz. Landen, ende de vrijheit der selver, in hen herte ghenomen, ghehoor ende gh

eloof gegeven, den welcken Raedt van Spaengien, ofte eenighe van de principale van dien den voorsz. Coningh tot diversche reysen voor oogen ghehonden hebben, dat voor sijn reputatie ende Majesteyt beter was dese voorsz. Landen van nieuws te conquesteren, om daer over vryelijck ende absolutelijck te mogen bevelen, ('t welck is tyranniseren nae sijn believe) dan onder alsulcken conditien ende restrictien (als hy hadde in 't overnemen vande Heerschappye vande selve Landen moeten sweeren) die te regeeren. Welcke volgende den Coningh, zedert alle middelen ghesocht heeft dese voorsz. Landen te brenghen uyt heure oude Vrijheydt in een slavernye onder 't Gouvernement van de Spangiaerden: hebbende eerst, onder 't decksel vande Religie, willen inde principaelste ende machtichste Steden nieuwe Bisschoppen, de selve begiftende ende doterende met toevoeginge ende incorporatie van de rijckste Abdyen, ende hen by settende negen Canonicken, die souden wesen van sijnen Raedt, waer af de drie souden besonderen last hebben over d'Inquisitie, door de welcke incorporatie de selve Bisschoppen (die souden mogen gheweest hebben, soo wel vreemdelingen als ingheboorene) souden hebben ghehadt d'eerste plaetsen ende voysen in de vergaderinghe vande Staten vande voorsz. Landen, ende geweest sijne creatueren, staende tot sijnen bevele ende devotie: Ende deur de voorsz. toegevoechde Canonicken, de Spaensche Inquisitie ingebrocht, de welcke in dese Landen altijdt soo schrickelijck ende odieus, als de uyterste slavernye selve geweest is, soo een yegelijck is kennelijck: Soo dat de voorsz. Keyserlicke Majesteyt de selve t'anderen tijden den Landen voor geslagen hebbende, deur die Remonstrantie die men aen sijne Majesteyt daer teghens gedaen heeft (thoonende d'affectie die hy sijne Ondersaten was toedragende) die heeft laten varen: Maer niet teghenstaende diversche Remonstrantien, soo by particuliere Steden ende Provintien, als oock van eenighe principale Heeren vanden Lande, namentlijck den Heer van Montigny, ende den Grave van Egmondt, tot dien eynde by consente van de Hertoghinne van Parma, doen ter tijdt Regente over de selve Landen, by advijse vanden Rade van State ende Generaliteyt nae Spaengien tot distinctie reysen gesonden, mondelinge gedaen: ende dat oock de voorsz. Coningh van Spaengien de selve mondelinge goede hope hadde gegeven, van, naevolghende haer versoeck, daer inne te versien, heeft ter contrarien korts daer naer by Brieven scherpelick bevolen de voorsz Bisschoppen, op sijn indignatie, terstont t'ontfanghen, ende te stellen inde possessie van heure Bisdommen, ende gheincorporeerde Abdyen: de Inquisitie te werck te stellen daerse te voren was, ende d'Ordonnantie van het Concilie van Trenten (die in vele Poincten contrarieerden de Privilegien vande voorsz. Landen) t'achtervolgen. 'T welck gekomen zijnde ter ooren vande Ghemeynte, heeft met redenen oor-

Anno 1581.

que luy mesmes avoit receu de ces Pays, & des Sujects d'iceux: par lesquels principalement le Roy d'Espaigne avoit obtenu de si glorieuses & memorables Victoires contre ses Ennemis; que son nom & sa puissance en estoyent renommés & redoutés par tout le monde. Oubliant aussi les admonitions que Sadite Majesté Imperiale luy avoit par cy devant faictes au contraire: a donné audience, & a creu ceux du Conseil d'Espaigne, qui estoyent pres de luy, & qui avoyent conçeu une haine secrete contre ces Pays, & leur liberté, pource qu'ils n'y pouvoyent avoir aucune Charge pour y gouverner, ou y deservir les principaux Estats & Offices, ainsi qu'ils font au Royaume de Naples, Sicile, Milan, aux Indes, & autres Païs, qui sont souz la puissance du Roy. Estans aussi amorcés des richesses desdits Pays, desquelles la plus part d'entr'eux avoyent bonne cognoissance. Ledit Conseil, ou aucuns des principaulx d'iceluy, ont par diverses fois remonstré au Roy, que pour sa reputation, & plus grande authorité de Sa Majesté, il valoit mieux conquester de nouveau ces Pays-Bas, afin d'y pouvoir alors commander librement, & absolument (qui n'est autre chose que tyranniser à son plaisir) que de les gouverner souz telles conditions & restrictions, lesquelles, à la reception de la Souveraineté desdits Pays, il avoit juré d'observer. Deslors le Roy d'Espaigne suyvant ce Conseil a cherché tous moyens pour reduire ces Pays (en les despouillant de leur ancienne liberté) en servitude, souz le gouvernement des Espaignols: ayant premierement, souz pretexte de la Religion, voulu mettre és principales & les plus puissantes Villes de nouveaux Evesques, les beneficiant, & dottant de l'incorporation des plus riches Abbayes, adjoustant à chasque Evesque neuf Chanoines pour estre ses Conseilliers: dont les trois auroyent particulierement charge de l'Inquisition. Par ceste incorporation, lesdits Evesques (qui eussent peu estre choisis, aussi bien d'estrangers, que de naturels du Pays) eussent eu le premier lieu, & la premiere voix és Assemblées des Estats desdits Pays, & eussent esté ses Creatures, toujours prests à son commandement, & à sa devotion. Et par l'adjonction desdits Chanoines, il eut introduit l'Inquisition d'Espaigne, laquelle de tout temps a esté en ces Pays en aussi grand horreur, & autant odieuse, que l'extreme servitude, comme cela est notoire à un chacun. Tellement que Sa Majesté Imperiale l'ayant autrefois mise en avant aux Provinces-Unics avoit desisté, voyant les Remonstrances qu'on luy avoit faictes, de ne la plus proposer, monstrant en cela la grande affection qu'il portoit à ses Sujects. Mais nonobstant les diverses Remonstrances faictes au Roy, tant par les Provinces & Villes particulieres par escrit, que par quelques-uns des principaulx Seigneurs du Païs, de bouche: nommement par le Baron de Montigny, & par le Comte d'Egmont, qui par le consentement de la Duchesse de Parme, alors Regente de ces Pays, par l'advis du Conseil d'Estat, & de la Generalité, ont à ces fins esté envoyés à diverses fois en Espaigne. Et nonobstant aussi que le Roy leur avoit de bouche donné bon espoir, que suyvant leur requeste il y pourvoyeroit, si est-ce toute-fois que par Lettres il a faict puis apres tout le contraire: commandant bien expressement, & sur peine d'encourir son indignation, de recevoir incontinent les nouveaux Evesques, & de les mettre en possession de leurs Eveschez & Abbayes incorporées, de practicquer l'Inquisition és Lieux où elle avoit esté auparavant; d'obeir & d'ensuyvre les Decrets & Ordonnances du Concile de Trente, lesquels en divers points contrarioyent aux Privileges du Pays. Ce qui estant venu à la cognoissance de la Commune, a donné juste occa-

ANNO 1581.

oorsake ghegeven van een groote beroerte onder haer, ende eenen aftreck van de goede affectie, die sy, als goede Ondersaten, den voorsz. Coningh van Spaengien ende sijne Voorsaten altijt toegedragen hadde, bysonder aenmerckende dat hy niet alleenlijck en sochte te tyranniseren over hunne persoonen ende goet, maer oock over heure conscientien, waer van sy verstonden niemandt, dan aen Godt alleene, ghehouden te wesen rekeninge te geven oft te verantwoorden: Waer deur, ende uyt medelijden van de voorsz. Ghemeynte, de principaelste vanden Adel vanden Lande, hebben inden Jare 1566. seker Remonstrantie overgegheven, versoeckende dat, om de gemeynte te stillen, ende alle oproer te verhoeden, sijne Majesteyt soude de voorsz. Poincten, ende besonder nopende de rigoureuse ondersoeckinge ende straffe over de Religie willen versoeten, daer inne thoonende de liefde ende affectie die hy tot sijne Ondersaten, als een goedertieren Prince was dragende. Ende om 't selfde al naerder ende met meerder authoriteyt den voorsz. Coningh van Spaengien te kennen te gheven, ende te verthoonen hoe nootelick het was voor het Lants wel-varen, ende om 't selfde te houden in ruste, sulcke nieuwicheden af te doen, ende het rigeur vande contraventie vanden Placcate op de saken vander Religien ghemaeckt, te versoeten, ter begeerte vande voorsz. Gouvernante, Rade van State, ende vande Staten Generael van alle de Landen, als Gesanten zijn nae Spaengien geschict geweest den Marck-grave van Berghen, ende den voorsz. Heere van Montigny: in stede van de welcke gehoor te geven, ende te versiene op de inconvenienten die men voorgehouden hadde (die mits het uytstel van daer inne in tijts te remedieren soo den noot sulx uytheyschte, alreede onder de ghemeynte meest in alle Landen begonst waren hen t'openbaren) heeft deur opruyen vande voorsz Spaenschen Raedt, de persoonen, de voorsz. Remonstrantie gedaen hebbende, doen verclaren rebel, ende schuldigh van het crijm van Lesæ Majestatis, ende alsoo strafbaer in lijf ende goet: Hebbende daer-en-boven de voorsz. Heeren Ghesanten naemaels (meynende dese voorsz. Landen deur 't gheweldt vanden Hertogh van Alva gheheelick ghebrocht te hebben onder sijn subjectie ende tyrannye) teghens alle ghemeyne Rechten, oock onder de wreetste ende Tyrannighste Princen altijdt onverbrekelick onderhouden, doen vanghen, dooden, ende heure goeden confisqueren. Ende al wast alsoo, dat meest de beroerte in dese voorsz. Landen deur toe-doen vande voorsz. Regente ende heure adherenten, in't voorsz. Jaer 1566. opgestaen, was gestilt, ende vele die de vrijheyt des Lants voorstonden, verjaeght, ende d'andere verdruct ende t'onder ghebrocht, soo dat den Coningh egheen oorsake ter wereldt meer en hadde, om de voorsz. Landen met gheweldt ende wapenen t'overvallen: nochtans om sulken oorsake die den voorseyden Spaenschen Raedt langen tijdt gesocht ende verwacht hadde (soo opentlick de opgehouden ende gheintercipieerde Brieven van den Ambassadeur van Spaengien Alana, in Vranckrijck wesende, aen de Hertoginne van Parma doen ter tijdt geschreven dat wtwijsden) om te niet te mogen doen alles des Landts Privilegien, dat nae heuren wille by den Spaengiaerden tyrannichlick te moghen gouverneren, als in de Indien, ende nieuwe gheconquesteerde Landen, heeft deur ingheven ende raedt vande selve Spaengiaerden, (thoonende de cleyne affectie die hy sijnen goeden Ondersaten was toedragende, contrarie van 't ghene hy heur, als heur Prince, Beschermer, ende goedt Herder schuldich was te doen) nae dese Landen, om de selve t'overvallen, gheschickt met groote Heyrcracht den Hertogh van Alva, vermaert van strafheyt ende crudeliteyt, een vande principale Vyanden vande selve Landen, verselschapt, om als Raden neffens hem te wesen, met persoonen van gelijcke natuere ende humeuren. Ende al wast soo, dat hy hier inde Landen sonder slagh ofte

occasion d'un grand trouble entr'eux, & a grandement diminué la bonne affection, laquelle (comme bons Sujects) ils avoyent de tout temps portée au Roy, & à ses Predecesseurs. Notamment voyant qu'il ne cherchoit pas seulement de tyranniser sur leurs personnes & biens: mais aussi sur leurs consciences, desquelles ils n'entendoyent estre responsables, ou tenus de rendre compte qu'à Dieu seul. A ceste occasion, & pour la pitié qu'ils avoyent du povre Peuple, les principaulx de la Noblesse du Pays, exhiberent l'an 1566. certaine Remonstrance par forme de Requeste: supplians par icelle, pour appaiser la Commune & éviter tous troubles & seditions, qu'il pleut à Sa Majesté (monstrant l'amour & l'affection, que comme Prince bening & clement il portoit à ses Sujects) de moderer lesdits Points, & notamment ceux qui concernoyent la rigoureuse Inquisition & supplice, pour le faict de la Religion. Et pour faire entendre le mesme plus particulierement au Roy, & avec plus d'authorité, & luy remonstrer combien il estoit necessaire pour le bien & la prosperité du Pays, & pour le maintenir en repos & tranquillité, d'oster les susdittes nouveautez, & moderer la rigueur de la contravention des Placarts, publiez sur le faict de la Religion: le Marquis de Berghe, & le susdit Baron de Montigni ont esté envoyez à la requeste de ladite Dame Regente, du Conseil d'Estat, & des Estats Generaulx de tous les Pays, comme Ambassadeurs, vers Espaigne. Là où le Roy, au lieu de leur donner audience, & de pourvoir aux inconvenients qu'on luy avoit proposés (lesquels, pour n'y avoir remedié en temps, comme l'urgente necessité le requeroit, s'estoyent desja en effect commencez à descouvrir par tout le Pays, parmy la Commune) il a faict declarer par la persuasion & incitation du Conseil d'Espaigne, pour rebelles & coulpables de crime de Leze Majesté, tous ceux qui avoyent faict ladite Remonstrance, & punissables en leurs corps & biens. Et outre ce, (pensant estre totalement asseuré desdits Pays, & les avoir reduits souz sa pleine puissance & tyrannie par les forces & violences du Duc d'Alve) il a puis apres faict emprisonner & mourir lesdits Seigneurs Ambassadeurs, & faict confisquer tous leurs biens & ce contre tous Droicts des Gens, de tout temps inviolablement observés, mêmes entre les plus barbares, & cruelles Nations, & entre les Princes les plus tyranniques. Et nonobstant que tout le susdit trouble, survenu l'an 1566. à l'occasion susditte, eust esté quasi assoupi par la Regente & ses adherans, & que plusieurs de ceux qui defendoyent la Liberté de ces Pays eussent esté les uns chassés, les autres oppressés & subjugués, en telle sorte que le Roy n'avoit nulle occasion du monde d'oppresser encores ces Pays par armes & d'user de violences: Si est-ce que pour les causes, que le Conseil d'Espaigne avoit long temps cherchées & attenduës (ainsi que les Lettres interceptées de l'Ambassadeur d'Espaigne Alana, estant en France, & escrittes pour lors à la Duchesse de Parme le monstrent clairement) & affin d'aneantir tous les Privileges des Pays, & de les pouvoir gouverner tyranniquement à leur plaisir, comme és Indes & nouveaux Pays conquis, il a par l'induction & Conseil des Espaignols (monstrant le peu d'affection qu'il portoit à ses Sujects, au contraire de ce que, comme leur Prince, Protecteur & bon Pasteur, il estoit tenu de faire) envoyé, pour oppresser ces Pays, le Duc d'Alve avec une puissante Armée, lequel est tenu, pour son inhumanité & cruaulté, pour l'un des principaulx Ennemis du Pays, accompaigné de Conseilliers, de pareille nature & humeur que luy. Et combien qu'il vint és Pays sans aucune opposition, & qu'il y fut receu

ANNO 1581.

ANNO 1581.

ofte ftoot is ghekomen, ende met alle reverentie ende eere is ontfangen vande arme Ingefetene, die niet en verwachten dan alle goedertierenheyt ende clementie, gelijck den Coningh hen dickwils met fijne Brieven geveynsdelick hadde toegefeyt: Jae dat hy felfs van meyninge was te comen in perfone, om in als tot ghenoege van eenen yegelijcken ordre te ftellen: hebbende oock ten tijden van het vertreck vanden Hertoge van Alva nae defe Landen een Vlote van Schepen in Spaengien, om hem te voeren, ende een in Zeelandt om hem tegens te comen, tot grooten exceffiven kofte vanden Lande doen toe-reeden, om fijne voorfz. Onderfaten t'abuferen, ende te beter in 't net te brenghen: Heeft niet te min den voorfz. Hertoge van Alva terftont naer fijn kompfte, wefende een vreemdelingh, ende niet van den bloede vanden voorfchreven Coningh, verclaert gehadt, commiffie van den Coningh te hebben van opperfte Capiteyn, ende corts daer naer van Gouverneur Generael vanden Lande, teghens de Privilegien ende oude herkomen desfelfs. Ende openbarende ghenoech fijn voornemen, heeft terftont de principale Steden ende Sloten met volcke befet, Casteelen ende Sterckten in de principaelfte ende machtichfte Steden, om die te houden in fubjectie, opgerecht: de principaelfte Heeren, onder 't deckfel van heuren raet van doen te hebben, ende te willen employeren inden dienft van den Lande, uyt laft vanden Coningh vriendelick ontboden: die hem ghehoor ghegheven hebben doen vangen, tegens de Privilegien uyt Brabant, daerfe gevangen waren ghevoert, voor hem felven (niet wefende heuren competenten Rechter) doen betichten: ten leften, fonder hen volcomelick te hooren, ter doot veroordeelt, ende openbaerlick ende fchandelick doen dooden: d'Andere, beter kenniffe vande geveynftheyt der Spaengiaerden hebbende, hun uytten Lande houdende, verklaert verbeurt te hebben lijf ende goet, voor fulcx hun goedt aenveert, ende gheconfisqueert, om dat de voorfz. arme Inghefetene hun niet en fouden, 't ware met heure fterckten, ofte Princen die heure Vrijheydt foude mogen voorftaen, konnen oft mogen tegen 's Paus gewelt behelpen: Behalvens noch ontallicke andere Edelmans ende treffelicke Borgers, die hy foo om den hals ghebrocht, als verjaeght heeft, om hunne goeden te confisqueren. De refte vande goede Inghefetene, boven den overlaft die fy heur Wijfs, Kinderen ende goeden leden, deur ghemeyne Spaenfche Soldaten t'heuren huyfen in Garnifoen ligghende, travailleerden met foo vele diverfche fchattinge, foo midts heur bedwinghende tot gheldinghe tot de bouwinge van de nieuwe Cafteelen ende Fortificatie van de Steden tot heure eyghen verdruckinghe, als met op breughen van hondertfte, twintichfte, ende thiende Penningen, tot betalinghe vanden Krijghslieden, foo by hen mede-ghebracht, als die hy hier te Lande oplichte, om t'employeren tegens heur mede-Lantfaten, ende de ghene die het Landts vrijheyt met perijkel van heuren lijve aventuerden voor te ftaene, op dat de voorfz. Onderfaten verarmt wefende, egeen middel ter Wereldt en foude overblijven om fijn voornemen te beletten, ende d'inftructie hem in Spaengien ghegheven, van het Landt te tracteren als van nieuws gheconquefteert, te beter te volbreughen. Tot welcken eynde hy oock begonft heeft inde principale plaetfen d'ordre van Juftitie, nae de maniere van Spaengien (directelick tegens die Privilegien vande Landen) te veranderen, nieuwe Raden te ftellen, ende ten leften, wefende buyten alle vreefe, fo hem dochte, eenen thienden Penningh fortfelick willen oprechten op de Koopmanfchappen ende Handtwercken tot gantfche verderffeniffe vande Landen, gheheelick op de voorfz. Koopmanfchap ende Handtwerck ftaende, niet tegheuftaende menighvuldighe Remonftrantien by elck Landt in 't particulier, ende oock by alle gader in 't generael hem ter contrarien ghedaen: Het welck hy oock met geweldt foude volbracht hebben, ten ware geweeft dat deur toedoen van mijnen Heere den

reçeu des pauvres Sujets avec tout refpect & honneur, comme ceux qui n'attendoyent que toute debonnaireté & clemence, ainfi que le Roy leur avoit fouvent escrit feintement: & qu'il eftoit mesme d'intention d'y venir en perfonne, pour mettre ordre à tout, au contentement d'un chacun, ayant auffi à cette fin faict preparer, du temps du partement du Duc d'Alve, une Flote de Navires en Espaigne pour l'amener, & une en Zelande pour aller au devant de luy, aux grands frais & despens des Pays: pour tant mieux abufer fes Sujects, & les attirer en fes filets. Ce neantmoins le fusdit Duc d'Alve declara incontinent apres fa venue, luy qui n'eftoit qu'un eftranger, & nullement du fang Royal, qu'il avoit commiffion du Roy, de grand Capitayne, & peu de temps apres, de Gouverneur General des Pays, contre les Privileges & Couftumes anciennes desdits Pays. Et en manifeftant affez fon deffeing, il mit incontinent des Garnifons és principales Villes & Chafteaux, & fit dreffer des Chafteaux & Forteresses és principales & plus puiffantes Villes, pour les tenir en fubjection: & manda fort amiablement par charge du Roy les principaulx Seigneurs, fouz pretexte d'avoir à faire de leur confeil, & de les vouloir employer au fervice du Pays, & fit prendre prifonniers ceux qui avoyent adjoufté foy à fes Lettres, & les fit mener contre les Privileges hors de Brabant, où ils eftoyent prifonniers, en faifant faire leur Procés devant luy, qui n'estoit pas leur Juge competent; & enfin, fans les ouyr pleynement en leurs defenfes, il les a adjugés à la mort, & faict publicquement & fcandaleufement mettre à mort. Les autres, qui cognoiffoyent mieux la feintife des Espagnols, fe tenans hors du Pays, il les a declarez d'avoir perdu corps & biens, & comme tels s'eft fayfi de leurs biens, & les a confisqués, afin que les pauvres Sujects ne fe peuffent ayder de leurs Fortereffes, ou des Princes qui euffent voulu defendre leur Liberté contre la violence du Pape. Outre encores une infinité d'autres Gentilshommes, & notables Bourgeois, desquels il a faict mourir les uns, & chaffé les autres, afin de pouvoir confisquer leurs biens. Travaillant le refte des bons Habitans, outre l'oppreffion qu'ils fouffroyent en leurs Femmes, Enfans & Biens par les Soldats Espaignols logés en leurs Maifons, tant par diverfes contributions, & en les contraignant de lever de l'Argent pour baftir les nouveaux Chafteaux & Fortifications des Villes à leur propre ruine, qu'avec la levée du centiesme, & vingtiesme & dixiesme Denier, pour le payement des Soldats, tant ceux qu'ils avoyent amenez, que ceux qu'il levoit en ces Pays, pour les employer contre leurs compatriotes, & contre ceux qui s'expofoyent au danger de leur vie, pour defendre la liberté du Pays. Afin que les Sujects eftant appauvris, il ne leur reftaft aucun moyen du monde pour empescher fon deffeing & de pouvoir d'autant mieux effectuer l'inftruction qui lui avoit efté donnée en Espaigne, de traicter le Pays, comme ayant efté nouvellement conquis. Et à cefte fin il a auffi commencé à changer l'ordre de la Juftice, à la maniere d'Espaigne, directement contre les Privileges des Pays, & à dreffer de nouveaux Confeils, & enfin, penfant qu'il n'y avoit plus rien à craindre pour luy, il voulut par force introduire une impofition du dixiesme Denier fur les Marchandifes & Manufactures, à la totale ruyne du Pays, duquel le bien & la prosperité confifte du tout esdittes Marchandifes & Manufactures, nonobftant une infinité de Remonftrances faictes au contraire tant par chasque Province en particulier, que par toutes les Provinces en general. Ce qu'il eut auffi effectué par force, n'euft efté que par le moyen de Monfeigneur le

ANNO 1581.

ANNO 1581.

den Princen van Orangien ende diverſche Edelmans, ende andere goede Ingheboorene by den voorſz. Hertogh van Alva uytten Landen ghebannen, ſijne Vorſt: G: volgende ende meeſt in haren dienſt weſende, ende andere Ingeſetene wel gheaffectioneerde tot de Vrijheydt van het voorſz. Vaderlandt, Hollandt ende Zeelandt korts daer naer niet meeſt en hadde hem afghevallen ende hun begeven onder de beſcherminghe vanden voorſz. Heere Prince, teghens de welcke twee Landen, den voorſz. Hertoge van Alva, duerende ſijn Gouvernement, ende daer naer den grooten Commandeur, (die naer den voorſz. Hertogh van Alva) niet om te verbeteren, maer op den ſelven voet van tyrannye by bedeckter middelen te vervolghen, den voorſz. Coningh van Spaengien hier te Lande ghesſchickt hadde, hebben d'andere Landen die ſy met heure Garniſoenen ende opgerechte Caſteelen hielen inde Spaenſche ſubjectie, bedwonghen om heure perſoonen ende alle heure macht te gebruycken, om die te helpen t'onderbrenghen, dies niet meer de ſelve Landen, die ſy tot heure aſſiſtentie, als vooren employeerde, verſchoonende, dan oftſe heur ſelfs Vyanden waren geweeſt: Latende de Spaengiaerden, onder 't deckſel van Ghemuytineert te zijne, ten aenſien vanden Grooten Commandeur, in de Stadt van Antwerpen geweldichlick komen, daer ſes weken langh, tot laſte vande Burgeren, nae hunne discretie teeren, ende daer en boven, tot betalinge van heure geheyſchte Soldye, die ſelve Borgeren bedwingde, binnen middelen tijden (omme van het geweldt vande ſelve Spaengiaerden ontſlaghen te weſen) vier hondert duyſent Guldenen op te brengen. Hebbende daer naer de voorſz. Spaenſche Soldaten, meerder ſtouticheyt ghebruyckende, hen vervordert de Wapenen openbaerlijck teghens het Landt aen te nemen, meynende eerſt de Stadt van Bruſſele inne te nemen, ende in ſtede van d'ordinariſſe Reſidentie vanden Prince vanden Lande, daer weſende, aldaer haren Roof-neſt te houden: 't welck haer niet gheluckende, hebben de Stadt van Aelſt overweldight, daer naer de Stadt van Maeſtricht, ende de voorſz. Stadt van Antwerpen gheweldichlick overvallen, gheſaccageert, ghepilleert, gemoort, gebrant, ende ſoo ghetracteert, dat de tyrannichſte ende crueelſte Vyanden van den Lande, niet meer ofte arger en ſouden konnen ghedoen, tot onuytſprekelicke ſchade, niet alleenlick vande arme Ingeſeten, maer oock van meeſt van allen de Natien vander Weerelt die aldaer hadden haer Coopmanſchap ende Gheldt. Ende niet teghenſtaende dat de voorſz. Spaengiaerden, by den Rade van State (by den welcken doen ter tijt, mits de doot vanden voorſz. Grooten Commandeur te voren geſchiet, het Gouvernement vanden Lande was, uyt laſte ende commiſſie vanden voorſz. Coningh van Spaengien aenvaert) ten by-zijne van Hieronimo de Rhoda, om heur overlaſt, fortſe ende ghewelt, 't welck ſy deden, verklaert ende ghekondight waren voor Vyanden vanden Lande, heeft den ſelven Rhoda, uyt ſijne authoriteyt (oft, ſoo 't te preſumeren is, uyt krachte van ſeker ſecrete Inſtructie die hy van Spaengien hebben mochte) aenghenomen Hooft te weſen vande voorſz. Spaengiaerden ende heure Adherenten, ende ſonder aenſien vanden voorſz. Raedt van Staten, te gebruycken den Naem ende Authoriteyt vanden Coningh, te conterfeyten ſijnen Zegel, hem openbaerlick te dragen als Gouverneur ende Lieutenant vanden Coningh: Waer deur de Staten zijn veroorſaeckt geweeſt, ten ſelven tijden met mijnen voorſz. Heere den Prince, ende de Staten van Hollandt ende Zeelandt t'accorderen: welck Accoort byden voorſz. Rade van State, als wettige Gouverneurs vanden Lande, is geapprobeert ende goedt gevonden gheweeſt, om gelijcker-hant ende eendrachtelic de Spaengiaerden, des ghemeynen Landts Vyanden, te moghen aenvechten, ende uyt den Landen verdrijven: niet latende nochtans, als goede Onderſaten, binnen middelen tijden by diverſche ootmoedighe Remonſtrantien neffens den voorſz. Coningh van Spaengien, met alder vlijt, ende alle bequame middelen mogelick weſende, te vervolghen, ende bidden dat den Coningh, ooge ende regard nemende op de troublen ende inconvenienten, dier alreede in deſe Landen gheſchiet waren ende noch apparentelick ſtonden te gheſchieden, ſoude willen de Spaengiaerden doen vertrecken wten Lande, ende ſtraffen de ghene die oorſake geweeſt hadden van het ſaccageren ende bederven van ſijne principale Steden, ende andere onuyt-

le Prince d'Orange & divers Gentilshommes, & autres bons Habitans bannis par ledit Duc d'Alve, qui ſuyvoyent le ſusdit Prince, & eſtoyent pour la plus part en ſon ſervice, avec autres Habitans affectionnés à la Liberté de leur Patrie, les Provinces de Hollande & Zelande ne ſe fuſſent bien toſt apres revoltées pour la plus part, & miſes ſouz la protection dudit Seigneur Prince, contre leſquelles deux Provinces, ledit Duc d'Alve durant ſon Gouvernement, & apres luy le grand Commandeur, (que le Roy avoit envoyé en ces Pays, non pour remedier aux maulx, mais pour ſuyvre le meſme pied de tyrannie, par des moyens plus couvers, & plus cauteleuſement) ont contraint les Provinces, qui par leurs Garniſons & Citadelles eſtoyent reduittes ſouz le joug Eſpaignol, d'employer leurs perſonnes, & tous leurs moyens, pour ayder à les ſubjuguer, n'eſpargnant cependant non plus leſdittes Provinces, qu'ils employoyent pour leur aſſiſtance, que ſi elles euſſent eſté elles meſmes Ennemies, permettant aux Eſpaignols, ſouz ombre d'eſtre mutinés, d'entrer par force en la Ville d'Anvers, à la veuë du Grand Commandeur, & d'y ſejourner l'eſpace de ſix ſemaines, vivans à leur discretion aux despens & à la charge des Bourgeois, & en outre les contraignant (pour eſtre deſchargés de la violence des Eſpaignols) de fournir la Somme de quatre cens mille Florins, pour le payement de la Solde qu'ils demandoient. Aprés cela leſdits Soldats, (prenans par la connivence de leurs Chefs d'autant plus de hardieſſe) ſe ſont avancez à prendre ouvertement les Armes contre leſdits Pays, tachans premierement de prendre la Ville de Bruſſelles pour y faire le nid de leurs rapines, au lieu que c'étoit le lieu ordinaire de la Reſidence des Princes du Pays. Cela ne leur ſuccedant pas, ils prindrent la Ville d'Aloſt par force, & aprés cela ils ſurprindrent & forcerent la Ville de Maeſtricht, & la ſusdite Ville d'Anvers, laquelle ils ſaccagerent, pillerent & bruslerent, maſſacrerent, & traicterent de telle façon les Habitans, que les plus barbares & cruels Ennemis n'en euſſent point peu faire d'avantage, au dommage indicible, non-ſeulement des pauvres Habitans, mais auſſi quaſi de toutes les Nations du monde, qui y avoient leurs Marchandiſes & Argent. Et combien que leſdits Eſpaignols euſſent eſté declarez & publiez par le Conſeil d'Eſtat (auquel le Roy aprés la mort du Grand Commandeur, avoit conferé le Gouvernement general du Pays) en preſence de Jerôme de Rhoda, pour Ennemis du Pays, à cauſe de leurs outrages & violences: Si-eſt ce que ledit Rhoda de ſon authorité privée ou (comme il eſt à preſumer) en vertu de certaine ſecrette inſtruction qu'il pouvoit avoir d'Eſpaigne, entreprint d'eſtre Chef desdits Eſpaignols & de leurs Adherans, & de ſe ſervir, (ſans reſpecter le ſusdit Conſeil d'Eſtat) du nom, & de l'authorité du Roy, de contrefaire ſon Seau, & de ſe comporter ouvertement, comme Gouverneur & Lieutenant du Roy. Ce qui donna occaſion aux Eſtats, de s'accorder au meſme temps avec le ſusdit Seigneur le Prince d'Orange, & les Eſtats de Hollande & Zelande: lequel Accord fut approuvé & trouvé bon, par ledit Conſeil d'Eſtat (comme Gouverneurs legitimes du Pays) pour par enſemble & unanimement faire la Guerre aux Eſpaignols, Ennemis communs de la Patrie, & les chaſſer hors du Pays. Sans toutefois obmettre entretandis, comme bons Sujects, de pourchaſſer & requerir en toute diligence par diverſes humbles Requeſtes, faites au Roy & tous autres moyens convenables & poſſibles, qu'il voulut, en ayant esgard aux troubles, & inconveniens desja ſurvenus en ce Pays, qui eſtoient apparents d'arriver encores, faire partir ſes Eſpaignols hors du Pays, & de punir ceux qui avoient eſté cauſe du ſaccagement & de la ruyne de ſes principales Villes,

ANNO 1581.

uytſprekelicke overlaſtent die ſijne arme Onderſaten gheleden hadden, tot een vertrooſtinghe vande ghene dien 't overkomen was, ende tot een exempel van andere: Maer den Coningh, al waſt dat hy met woorden hem geliet, of het tegens ſijnen dancke ende wille 't ſelfde geſchiet was, ende dat hy van meyninge was te ſtraffen de Hoofden daer af, ende voortaene op de ruſte vanden Lande met alle goedertierenheydt (als een Prince toebehoort) te willen ordere ſtellen, heeft nochtans niet alleenlijck egheen Juſtitie, oft doen ſtraffe over de ſelve doen, maer ter contrarien ghenoegh metter daedt blijckende, dat met ſijne conſente ende voorgaenden Rade van Spaengien al gheſchiet was, is by op-ghehouden Brieven korts daer naer bevonden, dat aen Roda ende andere Capiteynen (oorſaecke van 't voorſz. quaet) by den Coningh ſelve gheſchreven wordt, dat hy niet alleenlick heur feyt goedt vondt, maer heur daer af prees ende beloofde te recompenſeren, beſondere den voorſz. Roda, als hem ghedaen hebbende eenen ſonderlinghen dienſt, ghelijck hy hem oock tot ſijnder wederkomſte in Spaengien, ende alle andere (ſijne Dienaers vande voorſz. tyrannie in deſe Landen geweeſt hebbende) metter daedt heeft beweſen. Heeft oock ten ſelven tijde (meynende des te meer d'ooghen vande Onderſaten te verblinden) den Coningh in deſe Landen geſonden voor Gouverneur ſijnen Baſtaert Broeder Don Johan van Ooſtenrijck, als weſende van ſijnen bloede, die welcke onder 't deckſel van goet te vinden ende t'approberen 't Accoordt tot Ghendt ghemaeckt, het toeſegghen vande Staten voor te ſtaene, de Spaengiaerden te doen vertrecken, ende d'Auteurs vande ghewelden ende deſordren in den voorſz. Landen geſchiet te doen ſtraffen, ende ordre op de ghemeyne ruſte vanden Landen ende heur oude Vrijheydt te ſtellen, ſochte de voorſz. Staten te ſcheyden, ende d'een Landt voor d'ander naer t'onder te brenghen, ſoo korts daer naer door de gheheugheniſſe Godts (vyandt van alle tyrannie) ontdeckt is, door op gehouden ende gheintercipieerde Brieven, daer by bleeck dat hy vanden Coningh laſt hadde, om hem te reguleren nae de Inſtructie ende beſcheet dat hem Roda ſoude gheven, tot meerder gheveynſtheyt, verbiedende datſe malkanderen niet en ſouden ſien oft ſpreken, ende dat hy hem ſoude neffens de principale Heeren minlick dragen, ende de ſelve wennen, totter tijdt toe dat hy deur heure middel ende aſſiſtentie ſoude mogen Hollandt ende Zeelandt in ſijn gheweldt krijghen, om dan voorts metten anderen te doen nae ſijnen wille. Gelijck oock Don Johan, niet teghenſtaende hy de Pacificatie van Ghendt ende ſeecker Accoordt tuſſchen hem en de Staten van alle de Landen doen ghemaeckt, hadde ſolemnelick in preſentie van alle de voorſz. Staten belooft ende gheſwooren t'onderhouden, contrarie van dien alle middelen ſochte om de Duytſche Soldaten, die doen ter tijdt alle de principaelſte Sterckten ende Steden hadden in bewaerniſſen, deur middel van hunne Colonellen, die hy hadde tot ſijnen wille ende devotie, met groote beloften te winnen, ende ſo de ſelve Sterckten ende Steden te krijgen in ſijn geweldt, ghelijck hy den meeſtendeel alreede gewonnen hadde, ende de Plaetſen hiel voor hem toe-ghedaen, om deur dien middel de ghene die hen t'ſoeken ſouden willen maecken, om den voorſz. Heer Prince, ende die van Hollandt ende Zeelandt Oorloghe te helpen aendoen, feytelick daer toe te bedwingen, ende alſoo een ſtraffer ende crueelder Inlandtſche Oorloghe te verwecken dan oyt te vooren hadde gheweeſt: 't welck (gelijck 't ghene dat geveynsdelick ende tegens de meyninghe uytwendichlick gehandelt wordt, niet lange en kan bedeckt blijven) uytbrekende eer hy volkomelic ſijne intentie gheeffectueert hadde, heeft 't ſelve nae ſijn voornemen niet konnen volbrenghen, maer nochtans een nieuwe Oorloghe in ſtede van Vrede, (daer hy hem t'ſijner komſte af vanteerde) verweckt, noch jegenwoor-

Villes, & d'autres inombrables oppreſſions & violences, que ſes pauvres Sujets avoient ſoufferts, pour la conſolation de ceux, auſquels cela eſtoit arrivé, & pour ſervir d'exemple à d'autres. Cependant le Roi, encores qu'il fiſt ſemblant de paroles, que cela eſtoit advenu contre ſon gré & contre ſa volonté, & qu'il eſtoit d'intention d'en punir les Autheurs, & que doreſenavant il vouloit avec toute debonnaireté & clemence, (comme un Prince doit faire) pourvoir & donner ordre au repos du Pays, n'a pas ſeulement negligé d'en faire juſtice & punition, mais au contraire il apparoiſſoit aſſez par effet, que tout eſtoit arrivé avec ſon conſentement, & deliberation precedente du Conſeil d'Eſpaigne, ainſi qu'on a veu peu de temps aprés, par les Lettres interceptées, eſcrites à Roda & aux autres Capitaines (autheurs du ſusdit mal) par le Roy meſme, par leſquelles il declaroit, que non-ſeulement il approuvoit le fait, mais meſmes les loüoit, & promettoit de les recompenſer, notamment le ſusdit Roda, comme lui ayant fait un ſingulier ſervice, ce qu'auſſi il a monſtré par effet à ſon retour en Eſpaigne, à lui, & à tous les autres, qui ont eſté Miniſtres de ſa tyrannie en ces Pays. Il a auſſi envoyé au meſme temps (penſant éblouïr d'autant plus les yeux de ſes Sujets) ſon Frere Baſtard Don Jean d'Auſtriche pour Gouverneur en ces Pays, comme eſtant de ſon ſang. Lequel ſous pretexte de trouver bon, & d'approuver l'Accord fait à Gand, de maintenir la promeſſe faite aux Eſtats, de faire ſortir les Eſpaignols, de punir les Autheurs des violences & deſordres advenus en ces Pays, & de mettre ordre au repos public, & à la redintegration de leur ancienne liberté, tâchoit de ſeparer leſdits Eſtats, & de ſubjuguer un Pays devant, & l'autre aprés, ainſi que cela fut deſcouvert peu de temps aprés, par la providence de Dieu, (ennemi de toute tyrannie) par certaines Lettres interceptées, par leſquelles il apparoiſſoit qu'il avoit charge du Roi, de ſe regler ſelon l'inſtruction que Rhoda luy en donneroit: & pour mieux couvrir cette fraude, il defendoit qu'ils n'euſſent point à s'entrevoir, & à parler l'un à l'autre, mais qu'il eut à ſe comporter amiablement avec les principaux Seigneurs, afin de les gaigner, juſques à ce que par leur moyen & aſſiſtance, il put avoir la Hollande & la Zelande ſous ſa puiſſance, afin de faire puis aprés à ſa volonté des autres Provinces. Surquoy auſſi Don Jean, nonobſtant qu'il eut ſolemnellement juré & promis, en preſence de tous les Eſtats ſusdits, d'entretenir la Pacification de Gand, & certain Accord fait entre luy & les Eſtats de toutes les Provinces, chercher tout au contraire tous moyens de gaigner par des grandes promeſſes & par le moyen de leurs Colonels, leſquels il avoit deſja à ſa devotion, les Soldats Allemands, qui pour lors eſtoient en garniſon és principales Forterreſſes & Villes, & par telles praticques s'en rendre Maiſtre: comme il en avoit deſja gaigné la plûpart, & les tenoit comme affectionnées à ſon party: Afin de pouvoir par ce moyen contraindre & forcer par effect, ceux qui ne ſe voudroient joindre à luy, pour l'ayder à faire la Guerre au ſusdit Prince, & à ceux de Hollande & Zelande, & ainſi ſusciter une Guerre plus cruelle & ſanglante, qu'auparavant. Mais comme les choſes, leſquelles ſe traictent par feintiſe, & contre l'intention qu'on monſtre exterieurement, ne peuvent pas long-temps demeurer cachées, ce deſſein ayant eſté deſcouvert, devant que de pouvoir pleinement effectuer ſon intention, il ne put pas effectuer ce qu'il avoit promis, mais au contraire il ſuscita au lieu de la Paix de laquelle il ſe vantoit à ſa venuë, une nouvelle Guerre laquelle dure encores juſques à preſent.

ANNO 1581.

ANNO 1581.

woordelick duyrende. Alle 't welck ons meer dan ghenoegh wettige oorsake ghegeven heeft, om den Coningh van Spaengien te verlaten, ende een ander machtigh ende goedertieren Prince, om de voorsz. Landen te helpen beschermen ende voor te staen, te versoecken: Te meer dat in alsulcken disordre ende overlast de Landen bat dan twintigh Jaren van heuren Coningh zijn verlaten geweest, ende ghetracteert niet als Ondersaten, maer als Vyanden, heur soeckende heur eyghen Heer met kracht van Wapenen t'onder te brenghen.

Hebbende oock, naer de aflijvicheyt van Don Johan, deur den Baron van Selle, onder 't decksel van eenighe bequame middelen van Accoorde voor te houdene, ghenoegh verclaert de Pacificatie van Ghendt (die Don Johan uyt sijnen Naem beswooren hadde) niet te willen advoyeren, ende alsoo daghelicx swaerder Conditien voorgheslaghen. Dien niet teghenstaende, hebben niet willen schriftelijcke ende ootmoedighe Remonstrantien, met intercessie van de principaelste Princen van Kerstenrijck, sonder ophouden te versoecken met den voorsz. Coningh te reconcilieren ende accorderen: Hebbende oock lestmael lange tijdt onse Ghesanten ghehadt tot Ceulen, hopende aldaer, deur tusschen-spreken van de Keyserlijcke Majesteyt, ende de Keur-Vorsten, die daer mede ghemoeyt waren, te vercrijgen eenen versekerden Peys, met eenighe gratelicke vrijheydt, besondere vander Religie (de conscientie ende God principalick raeckende,) maer hebben by Experience bevonden, dat wy met de selve Remonstrantien ende handelingen niet en konsten yet vanden Coningh verwerven, maer dat de selve handelingen ende communicatien alleenlick voorgheslaghen werden, ende dienden om de Landen onderlinghe twistich te maecken, ende te doen scheyden d'een vanden anderen, om des te ghevoechlicker d'een voor ende d'ander naer t'onder te brenghen, ende heur eerste voornemen nu met alder rigeur tegens haer te wercke te stellen: 't welck naerderhandt wel openbaerlijck gebleken is by seker Placcaet van Proscriptien by den Coningh laten uytgaen, by den welcken wy ende alle de Officieren ende Ingesetene vande voorsz. geunieerde Landen ende heure Partye volghende (om ons tot meerder desperatie te brengen, alomme odieus te maeckene, de Trafficque ende Handelinghe te belettene) verklaert worden voor Rebellen, ende als sulcx verbeurt te hebben Lijf ende Goedt: Settende daer-en-boven op het Lijf vanden voorsz. Heer Prince groote Sommen van Penninghen: Soo dat wy gantschelick van alle middele van reconciliatie wanhopende, ende ook van alle andere remedie ende secours verlaten wesende, hebben, volgende de Wet der Natueren, tot beschermenisse ende bewaernisse van onsen ende den anderen Landtsaten Rechten, Privilegien, ende Herkomen, ende Vryheden van ons Vaderlandt, van het leven ende eere van onse Huysvrouwen, Kinderen ende Nakomelinghen, op datse niet en souden vallen inde slavernye der Spaengiaerden, verlatende met recht den Coningh van Spaengien, andere middelen bedwonghen gheweest voor te houden, die wy tot onse meeste verseeckeringhe, bewaernisse van onse Rechten, Privilegien, ende Vryheden voorsz. hebben te rade ghevonden. DOEN TE WETENE, dat wy 't ghene voorsz. overghemerckt, ende door den uytersten noot, als voore, gedrongen zijnde, by ghemeynen Accoorde, deliberatie ende overdrage, den Coningh van Spaengien verklaert hebben, ende verklaren mits desen, *ipso Jure*, vervallen van sijne Heerschappye, Gherechticheydt, ende Erffenisse vande voorsz. Landen, ende voortaene van egeene meyninghe te zijne den selven te kennen in eenighe saken, den Prince, sijne Hoogheyt, Jurisdictie ende Domeynen van dese voorsz. Landen raeckende, sijnen Naem als Over-Heer meer te ghebruycken, oft by yemanden toelaten ghebruyckt te worden. Verklarende oock dien volgende alle Officiers, Justiciers, Smale-Heeren, Vassa-

sent. Toutes lesquelles choses nous ont donné plus que suffisante occasion, pour abandonner le Roy d'Espaigne, & rechercher un autre puissant & débonnaire Prince, pour aider à defendre ces Pays, & les prendre en sa protection. Et ce d'autant plus que ces dits Pays ont desja esté abandonnés de leur Roy en tels desordres & oppressions, plus de vingt ans, durant lequel temps il a traitté les Habitans non comme Sujets, mais comme Ennemis, leur propre Seigneur s'efforçant de les subjuguer par force d'Armes.

Ayant aussi, aprés le trespas de Don Jean, assez declaré par le Baron de Selles, sous pretexte de proposer & mettre en avant quelque bon moyen d'Accord, qu'il ne vouloit point advoüer la Pacification de Gand: laquelle toutefois Don Jean avoit jurée en son nom de maintenir, mettant ainsi journellement de plus difficiles conditions en avant. Et ce nonobstant nous n'avons pas voulu laisser de requerir incessamment, par humbles Remonstrances par écrit, & par l'intercession des principaux Princes de la Chrestienté, de nous pouvoir reconcilier & accorder avec le Roy. Ayant aussi eu dernierement bien longtemps nos Deputés à Coulongne, esperans d'y obtenir, par l'intercession de Sa Majesté Imperiale, & des Electeurs, qui s'y sont employés, une bonne & asseurée Paix, avec quelque gratieuse & moderée liberté, notamment touchant la Religion (laquelle concerne principalement Dieu & les consciences.) Mais nous avons enfin trouvé par experience, que nous ne pouvions rien obtenir du Roy, par lesdites Remonstrances & traictés: mais que lesdits traictés & communications n'étoient mises en avant, & ne servoient que pour mettre les Provinces en discorde, & les faire separer les unes des autres, pour d'autant plus commodement subjuguer l'une aprés l'autre, & executer leur premier dessein en toute rigueur contre elles. Ce qui depuis est clairement apparu par certain Placart de Proscription que le Roy a fait publier, par lequel, nous & tous les Officiers & Habitans des Provinces-Unies, & tous ceux qui suivent leur Parti sont declarez pour Rebelles, & d'avoir comme tels perdu Corps & Biens, afin de nous reduire par ce moyen au desespoir, nous rendre par tout odieux, & empescher le Traficq & le Commerce, promettant en outre de donner une grande Somme de Deniers à celuy qui tueroit le susdit Prince. Tellement que desesperans totalement de tous moyens de reconciliation, & nous trouvans destituez de tout autre remede & secours: Nous, suivant la Loy de Nature, pour la tuition & defence de nous & des autres Habitans, de nos Droits, Privileges, anciennes Coustumes & Libertés de nostre Patrie, de la vie & de l'honneur de nos Femmes, Enfans & Successeurs, afin qu'ils ne vinsent à tomber en la servitude des Espaignols, avons esté contraints, en quittant à bon droit le Roy d'Espaigne, de chercher & pratiquer quelques autres moyens, lesquels nous avons trouvé estre les plus expedients, pour nostre plus grande seureté, & conservation de nos Droits, Privileges & Franchises susdittes. SCAVOIR FAISONS, que consideré ce que dessus, & l'extreme necessité nous pressant, comme a esté dit, nous avons, par commun Accord, deliberation & consentement, declaré & declarons par cette le Roy d'Espaigne decheu, ipso Jure, *de sa Souveraineté, Droit & Heritage de ces Pays, & que nous ne sommes plus d'intention de le recognoistre en aucunes choses lesquelles touchent le Prince, sa Souveraineté, Jurisdiction, ou les Domaines de ces Pays-Bas, & de ne nous servir plus de son nom comme Souverain, ou permettre qu'aucun s'en serve. Suivant quoy nous declarons aussi tous Officiers, Justi-*

ANNO 1581.

ANNO 1581.

Vassalen, ende alle andere Ingesetene vande voorsz. Lande, van wat conditie oft qualiteyt die zijn, voortane ontslaghen vanden Eedt die sy den Coningh van Spaengien, als Heere van dese voorsz. Landen gheweest hebbende, moghen eenigsins ghedaen hebben, oft in hem ghehouden wesen. Ende gemerckt uyt oorsaken voorsz., den meestendeel vande gheunieerde Landen, by ghemeynen Accoorde ende consente van heure Leden, hebben hun begeven gehadt, onder de Heerschappye ende Gouvernemente vanden Doorluchtighen Prince den Hertogh van Anjou, op seker conditien ende poincten met sijne Hoogheyt aengegaen ende ghesloten: Dat oock de Doorluchticheyt vanden Eertshertogh Matthias het Gouvernement Generael vanden Lande in onse handen heeft gheresigneert, ende by ons is gheaccepteert gheweest. Ordonneren ende bevelen alle Justiciers, Officiers, ende andere die 't selfde eenighsins aengaen ende raecken mach, dat sy voortane den Naem, Titele, groote ende kleyne Zegelen, Contre-zegelen, ende Cachetten vanden Coningh van Spaengien verlaten, ende niet meer en gebruycken: Ende dat in plaetse van dien soo langhe de Hoogheyt vanden voorsz. Hertoghe van Anjou, om nootelicke affairen het welvaren van dese voorsz. Landen rakende, noch van hier absent is (voor soo vele den Landen met de Hoogheyt vanden voorsz. Hertogh van Anjou ghecontracteert hebbende aengaet) ende andersins d'andere by maniere van voor-raet ende provisie sullen aennemen, ende ghebruyckende den Titele ende Naem van 't Hooft ende Landtraedt. Ende middeler tijdt dat 't selfde Hooft ende Raden volkomelick ende dadelick genoemt, beschreven, ende in oeffeninge van hennen staet getreden sullen zijn, onsen voorsz. Name. Welverstaende datmen in Hollandt ende Zeelandt sal ghebruycken den Naem vanden hoogh-gheboren Vorst, den Prince van Orangien ende de Staten vande selve Landen, totter tijdt toe den voorsz. Landtraedt datelick sal ingestelt wesen, en sullen hun alsdan reguleren achtervolgende de consenten by hun lieden op de Instructie vanden Landtraedt ende Contract met sijne Hoogheyt aenghegaen. Ende in plaetse van des voorsz. Coninghs Zegelen, men voortaene ghebruycken sal onsen grooten Zeghel, Contre-zegel, ende Cachetten, in saecken raeckende de ghemeyne reghieringhe, daer toe den Landt-raedt volghende heure Instructie, sal gheautoriseert wesen: Maer in saecken, raeckende Politie, administratie van Justitie, ende andere particuliere in elck Landt besondere, sal gebruyckt worden by de Provinciale ende andere Raden den Naem ende Titele ende Zeghel vanden Landen respectivelick daer 't selfde valt te doene sonder ander: al op de pene van nulliteyt vande Brieven, bescheeden oft depeschen, die contrarie van 't ghene voorsz. is gedaen oft gesegelt sullen wesen. Ende tot beter ende sekerder volkominge ende effectuatie van 't ghene voorsz. is, hebben gheordonneert ende bevolen, ordonneren ende bevelen mits desen, dat alle des Coninghs van Spaengiens Zegelen, in dese voorsz. gheunieerde Landen wesende, terstont nae de publicatie van desen, gebrocht sullen moeten worden in handen van de Staten van elcke vande voorsz. Landen respectivelick, ofte den ghenen die daer toe by de selve Staten specialick sullen wesen ghecommitteert ende gheauthoriseert, op pene van Arbitrale correctie. Ordonneren ende bevelen daer en boven, dat voortaen en in egeenderhande Munte van de voorsz. gheunieerde Landen sal geslaghen worden den Naem, Titele, ofte Wapenen van den voorsz. Coningh van Spaengien, maer alsulcken slagh ende forme als geordonneert sal worden tot eenen nieuwen gouden ende silveren penningh met sijne ghedeelten. Ordonneren ende bevelen insgelijcx den President ende andere Heeren vanden Secreten Rade, mitsgaders alle andere Cantselers, Presidenten, ende Heeren vande Raden Provinciael, ende alle die Presidenten oft eerste Rekenmeesters, ende andere van alle de Reken-kameren inde voorsz. Landen respective wesende, ende alle andere Officiers ende Justiciers, dat sy (als heur voortaene ontslaghen houdende vanden Eedt die sy den Coningh van Spaengien hebben

ANNO 1581

Justiciers, Seigneurs particuliers, Vassaulx, & tous autres Habitans de ces Pays, de quelque condition ou qualité qu'ils soient, estre doresenavant deschargez du Serment qu'ils ont fait, en quelque maniere que ce soit, au Roy d'Espaigne, comme ayant esté Seigneur de ces Pays, & de ce dont ils pourroient estre obligés à lui. Et d'autant que pour les causes susdites la plûpart des Provinces-Unies se sont submises, par commun Accord & consentement de leurs Membres, sous la Seigneurie & Gouvernement de l'Illustre Prince & Duc d'Anjou, sous certaines conditions & points accordés & arrestés avec son Altesse. Et que le Serenissime Archiduc Matthias a resigné en nos mains le Gouvernement General de ces Pays, lequel a esté accepté par nous: Nous ordonnons & commandons à tous Justiciers, Officiers, & à tous autres, ausquels cela peut aucunement toucher, qu'ils ayent à quitter doresenavant & ne se servir plus du Nom, du Tiltre, du grand & petit Seau, du Contre-seau, & des Cachets du Roy d'Espaigne: Et qu'au lieu d'iceux, tandis que Monseigneur le Duc d'Anjou, pour des urgens affaires, concernans le bien & la prosperité de ces Pays, est encores absent, (pour ce qui touche les Provinces ayans contracté avec son Altesse) ou autrement, ils prendront par maniere de provision, & se serviront du Tiltre, & du Nom du Chef & Conseil du Pays. Et entretandis que ledit Chef & Conseillers ne seront pleinement & de fait denommés, convocqués, & establis en l'exercice de leur Estat, ils se serviront de nostre Nom. Reservé qu'en Hollande & Zelande on se servira du Nom de Monseigneur le Prince d'Orange, & des Estats d'icelles Provinces, jusques à ce que le Conseil susdit sera réellement establi, & lors ils se regleront selon les Accords, & le Contract fait avec son Altesse. Et au lieu des susdits Seaux du Roy, on se servira doresenavant de nostre grand Seau, Contre-seau & Cachets, és affaires qui touchent le Gouvernement general, à quoy le Conseil du Pays, suivant leur Instruction, sera authorisé. Et és affaires qui touchent la Police, l'administration de la Justice, & autres faits particuliers en chaque Province: le Conseil Provincial, & les autres Conseils du Pays se serviront respectivement du Nom, du Tiltre, & du Seau, de ladite Province où le cas se presentera, & non d'autre: le tout sur peine de nullité des Lettres, Documens, ou Despeches, faites ou sellées autrement que dessus. Et pour accomplir & effectuer d'autant mieux, & plus asseurement ce qui a esté dit, nous avons ordonné & commandé, ordonnons & commandons par cettes, que tous les Seaux du Roy d'Espaigne, qui sont en ces Provinces-Unies, soient, incontinent aprés la publication de ces presentes, portés és mains des Estats de chaque Province respectivement, ou de ceux qui seront specialement commis & authorisés par lesdits Estats, sur peine de correction arbitrale. Ordonnons & commandons en outre, que doresenavant on ne battra aucune Monnoye esdites Provinces-Unies, avec le Nom, Tiltre, ou Armes du Roy d'Espaigne, mais seulement d'y mettre telle forme ou figure comme il sera ordonné, pour battre des nouvelles pieces d'or & d'argent, avec leurs quarts ou diminutions. Ordonnons & commandons semblablement au President, & autres Seigneurs du Conseil Privé, & à tous autres Chanceliers, Presidens & Seigneurs du Conseil Provincial, & à tous Presidens, & premiers Maistres des Comptes, & aux autres de toutes les Chambres des Comptes, estans respectivement en ces dits Pays, & aussi à tous autres Justiciers & Officiers (comme les tenans doresenavant deschargez du Serment qu'ils ont fait au Roy d'Espaigne, ensuivant

ANNO 1581. hebben respectivelick naer luyt heurer Commissien gedaen) schuldigh ende gehouden sullen wesen in handen vanden Staten 's Landts daer onder sy respective resorteren, oft heure speciale gecommitteerde te doen een nieuwen Eedt, daer mede sy ons sweeren getrouwicheyt tegens den Coningh van Spaengien, ende alle sijne Aenhanghers, al naer-volgende het formulair daer op by de Generale Staten geraemt. Ende salmen den voorschreven Raden, Justiciers ende Officiers geseten onder den Landen (met de Hoogheyt vanden Hertogh van Anjou ghecontracteert hebbende van onsent weghen) gheven Acte van continuatie van hunne Officien, ende dat by maniere van provisie totter aenkomste toe van sijne voorsz. Hoogheyt, in plaetse van nieuwe Commissien, inhoudende cassatie van heure voorgaende: Ende de voorsz. Raden, Justiciers ende Officiers geseten inden Landen met sijne voorseyde Hoogheyt niet ghecontracteert hebbende, nieuwe Commissien onder onsen Naem ende Zeghel: ten ware nochtans dat d'Impetranten van heure voorsz. eerste Commissien wedersproken ende achterhaelt werden van contraventie der Privilegien des Lants, onbehoorlickheyt oft ander diergelijcke saecken. Ontbieden voorts den President ende Luyden vanden Secreten Rade, Cancelier vanden Hertoghdomme van Brabant, mitsgaders den Cantseler vanden Furstendomme Gelre, ende Graefschap Zutphen, President ende Luyden vanden Rade in Hollandt, Rentmeesteren oft de Hooge Officieren van Beoist ende Bewesterschelt van Zeelandt, President ende Rade in Vrieslandt, den Schoutet van Mechelen, President ende Luyden vanden Rade van Utrecht, ende allen anderen Justicieren ende Officieren wien dat aengaen magh; heuren Stedehouderen, ende eenen yegelicken van henlieden besondere soo hem toebehooren sal, dat sy dese onse Ordonnantie kondigen ende uytroepen over alle den bedrijve van heure Jurisdictie, ende daermen is gewoonlick publicatie ende uytroepinge te doen, soo dat niemandt des cause van ignorantie pretenderen en mach: Ende de selve Ordonnantie doen onderhouden ende achtervolghen onverbrekelick, ende sonder infractie, daer toe rigoureuselick bedwingende die Overtreders inder manieren voorsz. sonder verdragh ofte dissimulatie: Want wy tot welvaren vanden Lande alsoo hebben bevonden te behooren. Ende van des te doene, ende wes daer aen kleeft, gheven wy u, ende elcken van u die 't aengaen mach, volkomen macht, authoriteyt ende sonderlingh bevel. Des t'oorkonde hebben wy onsen Zegel hier aen doen hangen. Ghegheven in onse Vergaderinghe in 's Graven-Haghe, den ses-en-twintighsten Julij, 1581. Op de plijcke stondt gheschreven, *Ter Ordonnantie van de voornoemde Staten*, Ende gheteeckent, J. VAN ASSELIERS.

vant la teneur de leurs Commissions) qu'ils ayent à faire és mains des Estats du Pays, sous lequel ils resortissent respectivement, ou de leurs Commis, un nouveau Serment, par lequel ils jurent de nous estre fideles contre le Roy d'Espaigne, & tous ses Adherans, le tout en suivant le Formulaire, que les Estats Generaux ont dressé là-dessus. Et on donnera ausdits Conseillers, Justiciers, & Officiers, se tenans és Provinces ayans contracté avec ledit Serenissime Duc d'Anjou, en nostre nom, Acte de continuation en leurs Offices, & ce au lieu d'une nouvelle Commission, contenant cassation de leur precedente, & ce par maniere de provision, jusques à la venue de son Altesse. Et aux Conseillers, Maistres des Comptes, Justiciers, & Officiers, se tenans és Provinces n'ayans point contracté avec sadite Altesse, nouvelle Commission sous nostre Nom & Seau; N'estoit toutefois que les Impetrans de leur dite premiere Commission fussent inculpez & convaincus d'avoir contrevenu aux Privileges du Pays, de s'estre mal comportez, ou d'avoir fait quelque chose semblable. Mandons en outre au President, & Gens du Conseil Privé, au Chancelier de la Duché de Brabant, pareillement au Chancelier de la Duché de Gueldre, & Comté de Zutphen, au President & Gens du Conseil de Hollande, aux Receveurs ou grands Officiers de Beoosterscheldt & Bewesterscheldt en Zelande, au President & Conseil de Frise, à l'Escoutete de Malines, au President & Gens du Conseil d'Utrecht, & à tous autres Justiciers & Officiers ausquels cecy peut toucher, à leurs Lieutenans, & à chacun d'eux en particulier, à qui il appartiendra, qu'ils ayent à faire publier cette nostre Ordonnance, par tous les ressorts de leur Jurisdiction, & és lieux où l'on a accoustumé de faire tels cris & publications, tellement que nul n'en puisse pretendre cause d'ignorance. Et qu'ils ayent à faire entretenir & observer inviolablement & sans infraction, ladite Ordonnance, contraignans à cela rigoureusement les contrevenans en la maniere comme a esté dit, sans aucun delay, ou dissimulation. Car nous l'avons ainsi trouvé expedient pour le bien du Pays. Et pour ce faire, & ce qui en depend, nous vous donnons, & à un chacun à qui cela touche, plein pouvoir, authorité, & mandement special. En témoignage dequoy, nous avons icy fait apposer nostre Seel. Donné à la Haye en nostre Assemblée, le vingt & sixiéme de Juillet 1581. Sur le reply estoit écrit. Par Ordonnance desdits Estats, & *signé*, J. DE ASSELIERS. ANNO 1581.

CLXXXIV.

19. Sept. Zwischen Jhro Königl. Mayest. in Dennemarck FRIDERICH II. eines und Hertzog ADOLPH von Schleßwig und Holstein/ andern Theils/ wodurch/nach dem Ausspruch AUGUSTI Churfürstens zu Sachssen/ ULRICHS, Hertzogen zu Mechlenburg und WILHELMS Landgraffen von Hessen als Schied-richtere/sich beyde theile über die Succession und nachgelassener Erbschafft Hertzog JOHANNIS des ältern/ zu Schleßwig und Holstein/ vergleichen. Flensburg den 19. Septembr. 1581. [LONDORPII, Acta publica, Part. XII. Lib. XIII. pag. 339.]

C'est-à-dire,

Partage Hereditaire de la Succession de JEAN *Duc de Sleswich & de Holstein, fait & conclu entre* FREDERIC II. *Roi de Dannemarc &* ADOLPHE *Duc de Sleswich-Holstein, conformément à la Sentence Arbitrale d'*AUGUSTE *Electeur de Saxe,* ULRIC *Duc de Mecklenbourg, &* GUILLAUME *Landgrave de Hesse. Fait à Flensbourg le 19. Septembre 1581.*

Im Namen der heiligen unzertheilten Dreyfaltigkeit/ Amen.

WIr von Gottes Gnaden Friederich der Ander zu Dennemarck/ Norwegen/ der Wenden und Gothen König: Und von desselben Gnaden wir Adolff Erbe zu Norwegen/ beyde Hertzogen zu Schleßwig/ Holstein/ Stormarn und der Dittmarschen/ Grafen zu Oldenburg und Delmenhorst/ Gevettern:

Bekennen und bezeugen hiemit öffentlich und für jedermänniglichen: Nachdem der streittigen Succession halber/ an des hochgebohrnen Fürsten/ Herrn Johansen des ältern/ Erben zu Norwegen/ Hertzogen zu Sleßwig/ Holstein/ Stormarn und der Dittmarschen/ Grafen zu Oldenburg und Delmenhorst/ unsers freundl. geliebten Vetters und Bruders/ Christmilder Gedächtnuß nachgelassener Erbschafft Lehn und unbeweglichen Gütern/ die hochgebohrne Fürsten/ H. Augustus Hertzog zu Sachsen/

ANNO 1581.

sen / des heil. Röm. Reichs Ertz-Marschall und Churfürst / Land-Graf zu Thüringen / Marggraff zu Meissen / und Burggraf zu Magdeburg / rc. Herr Ulrich / Hertzog zu Mecklenburg / Fürst zu Wenden / Graf zu Schwerin / der Lande Rostock und Stargardt Herr / rc. Und Herr Wilhelm / Land-Graff zu Hessen / Graf zu Catzenelenbogen / Dietz / Ziegenhain und Nidda / unsere freundliche liebe Herren Oheime und Schwäger / auf unserer beyderseits Freundlich und Bittlich ersuchen / uns beederseits zu der Endschafft freund- und gütlich mit einander vereinigt und vertragen; Daß die Lehn und unbewegliche Güter zwischen uns gleichmässig getheilet werden / die gantze Erbschafft aber an beweglichen Gütern / uns Hertzogen Adolffen alleine vorheraus folgen solte / die dann auch wir zu unsern Handen / vermöge angedeutetes Flenßburgischen aufgerichteten Vertrags / angenommen. Unter welcher Erbschafft und beweglichen Gütern / dessen in Ober-Gewölbe zu Gottorff hintergelegten grossen Saphiers unsers Gottseeligen Bruders gehabter dritter Theil / so uns alleine angefallen / mit begriffen. Demnach wir König Friederich / und Hertzog Adolff / zu der Lehn und unbeweglichen Güter Theilung / und Vollenziehung des behandelten und auffgerichteten Vertrags / unsere ansehnliche fürnehme und vertrauliche Reichs-Land- und Hoff-Räthe auf den Tag Johannis Baptistæ nechstverschienen in Flenßburg geschicket / und solche Lehn und unbewegliche Güter / vermittelst getreuen angewandten Fleisses Mühe und Arbeit / so viel als immer müglich gewesen / in zwey gleichmässige Theile von einander setzen / und das Loeß darum ergehen lassen / durch welches uns König Friedrichen die Häuser / Aempter und Stadt / Haderleben / Döring und Rendesburg / mit aller Hoheit / An- und Zubehörung zugefallen / aber uns Hertzogen Adolffen, das Haus und Stadt Tundern / die Lande Nordtstrand und Fehmern / und die beeden Klöstere / Lugumb-Closter und Bordesholm / mit allen ihren Hoheiten An- und Zubehörungen vereinigt. Daß Wir demnach jeder seines Theils / solche Häuser / Aemter / Lande und Klöster / für seinen Erblichen Antheil hochgedachtes Gottseeligen Hertzogen Johansen / nachgelassene Lehen und unbeweglichen Gütere angenommen / wie dieselben in ihren Enden und Endscheiden begriffen / mit allen Rechten und Gerechtigkeiten / Eigenthum / Nützungen und Gebräuche / Allermassen dieselben in Zeit seiner Gottseeligen Hertzogen Johansen Lbd. todtlichen Abgangs befunden worden / Worauf wir uns auch gegen einander verpflichtet; Thun auch solches hiermit und in Krafft dieses Briefes für uns und unsere beederseits Erben und Nachkommen / daß kein Theil das ander an solchem Ihme durch das Loß zugetheilten Lehn und unbeweglichen Gütern / Hoheit / Gericht / Regahen, Niessung und Gebrauch / einigerley Gestalt hindern / oder mit Eingriff beschweren soll noch will. Sondern es soll ein jeder von uns und unsern beederseits Erben und Nachkommen / bey solchem ihme angefallenen Lehn / und andern unbeweglichen Gütern in friedlichem / ruhigem Besitz / Nützungen und Gebrauch / unangefochten und ungehindert gelassen / und vermittelst freundlicher Assistentz, der Vetterlichen Verwandnuß nach / freundlich und gütlich in- und ausserhalb Rechtens gehandelt werden / Worinit und wodurch auch ein jeder / die Nützung und Aufkunfft solcher ihme angefallener Güter wird verbessern können / darum soll er unturbiret vom andern Theil gelassen / und seinen Nutz und Frommen zu suchen / mit nichten verhindert noch abgehalten werden / ohne des andern Theils und dessen untergehörigen Aemter und Lande / und derselben eingesessener Unterthanen / Nachtheil und Schaden / so viel von Rechtswegen sich nicht gebühren möchte. Und als dann auch Hochgedachter unsers Gottseeligen Vettern und Brudern dritten Theil an den Zöllen zu Gottorff und Rendesburg unter den Lehnen und unbeweglichen Gütern uns sämptlich auch angefallen; Als sollen und wollen wir König Friederich / und Hertzog Adolff / dieselben Zölle zugleich / wovon jährlich die Zöllnere / uns zu gewöhnlicher Zeit Rechnung zu thuende und von den Einkommen abgezogen / was andern darinnen verschrieben / den halben Theil einem jedern zu überlieffern und zuzustellen schuldig seyn soll.

Nachdem wir auch durch unsere Land-Vögte und Land-Schreiber das Mittelthell in Dittmarschen / so unser Gottseeliger Vetter und Bruder Hertzog Johanns verlassen / in zwey gleichmässige Theile von einander theilen und setzen lassen / nach laut und einhalt beygefügten Verzeichnussen / auch die Scheiden und Gräntzen absteinen und abstapeln lassen; So haben wir uns dereinthalben mit einander freundlich vereiniget und verglichen / daß der Süder-Theil uns König Friederichen / und der Norder-Theil uns Hertzog Adolffen Erblich und Eigenthümblich ankommen / und respectivè dem Süder-Theile und dem Norder-Theile / so wir bißhero gehabt / zugeleget werden solle.

Die Stadt Hamburg / und was für Gerechtigkeit / wir und unser Gottseeliger Vetter und Bruder darinne gehabt und von Rechts wegen haben mögen / soll hinfüro Uns / und unsern Erben gemein seyn und bleiben. Was wir auch als Hertzogen zu Hollstein / in den Stifftern Lübeck und Hamburg von Prælaturen, Canonicaten / Commenden und Vicarien zu verleihen haben / soll Uns auch gemein bleiben / also und dergestalt / daß unser einer um den andern per vices, nach Andeutung und Ausweisung der alten Erb-Theilung und hergebrachten Gebrauchs und Exercitii, dieselben sollen zu conferiren und zu verleihen haben / ungleichen es auch zu halten / mit dem Hofe in Hamburg / der Königs-Hof genannt / welchen jetzo Kilian Fux aus Belehnung weiland unsers Gottseeligen Herrn Vatters und Bruders / König Christian des Dritten / Hochmilder und löblicher Gedächtniß besitzt.

Und soll sonst die Theilung den vorigen Theil-Briefen nichts abbrechen noch benehmen / auch diese Theilung / der zwischen den Reichen und Fürstenthümern alten Bündnüssen und Verträgen / wie auch gemeiner Landschafft / in den Fürstenthümern Schleßwig und Hollstein an ihren habenden Land-Privilegien und Freyheiten aller Dinge unverfänglich und unschädlich seyn soll / und demselben aller Dinge nichts derogiren oder benehmen.

Solches alles was vorgeschrieben / geloben und versprechen Wir König Friederich / und Hertzog Adolff bey unsern Königlichen und Fürstlichen Würden und wahren Worten / gegen ein ander / vor Uns / Unsere Erben und Nachkommen / getreulich / stät / vest und unverbrüchlich wohl zu halten / und darwider nicht zu kommen in einigerley Wege.

Wir renunciren und verzeihen Uns auch / für Uns und unsern Erben und Nachkommen beederseits / aller und jedern Auszüge / Freyheiten und Begnadigungen / Geistlicher und Weltlicher Rechten / und sonst aller und jedern behelffe / wie die genennet und [illegible]dacht werden möchten / dadurch diese Theilung in einigerley Wege angefochten und gekräncket werden möchte / dieselbe zu keinen Zeiten dawider für zu wenden und zu gebrauchen: Alles getreulich sonder Gefährde. Und haben zu dessen mehrer Wissenschafft Sicherheit und vester Haltung unser Königliches und Fürstliches Secret beygedruckt / und Uns beederseits mit eigenen Händen unterschrieben: Gegeben zu Flensburg den 19. Septemb. Anno 1581.

ANNO 1581.

CLXXXV.

20. Dec.

HOLLANDE ET AMSTERDAM.

Tractaet van Accoort tusschen de Heeren Staten van HOLLAND *met de Magistraet van* AMSTELREDAM *wegens d'onderhouding der twee Vendelen Knechten, ook wegens de Geestelyke Goederen als andere differenten gesloten in den Hage den* 20. *December* 1581. [PIETER BOR, Oorspronck, Begin en vervolg des Nederlandsche Oorlogh. Tom. II. pag. 290.]

ALso tot dienst en welvaren vanden Lande, sonderling in dese tegenwoordiger Oorloge en hoogdringende nood, goede wegen en middelen gesocht, aengenomen en gebruikt moeten werden, om alle onverstand, questien, en differenten ter neder te leggen, en de Landen en Steden in eenigheid te doen stellen en onderhouden, en tot dien einde de Ridderschap, Edelen en Steden van Holland, representerende de Staten van den selven Lande met die van Amstelredam, aengaende haerluider satisfactie in verscheiden handelingen en communicatie getreden sijnde, op de voldoeninge en

CLXXXV.

20. Dec.

HOLLANDE ET AMSTERDAM.

Accord entre les Etats de HOLLANDE d'une part, & le Magistrat de la Ville d'AMSTERDAM d'autre; sur le désistement de la satisfaction demandée & autres mesintelligences, fait le 20. Decembre, 1581. [BOR, *Histoire des Guerres des Païs-Bas*, Tom. II. pag. 290.]

COmme il est expedient pour la prosperité du Païs, sur tout pendant cette presente Guerre & trés-pressante disette, d'employer de bonnes voyes & de bons moyens, pour assoupir toutes mesintelligences, debats & differens, & remettre & entretenir le Païs & les Villes dans une bonne union, & que pour cet effet les Nobles & les Villes de Hollande representans les Etats dudit Païs étant entrez en diverses Negociations & communications avec ceux d'Amsterdam touchant la satisfaction par eux pretenduë, ils ont enfin pour la satisfaire & contenter trouvé

ANNO 1581.

en contentement van die van Amsterdam voornoemt, eintelijk nodig bevonden hebben op sekere Poincten en Articulen daer toe dienende, en van wegen den Staten voornoemt, en die van Amstelredam, na voorgaende vrundelijke handelinge en communicatie geconcipieert aen weder sijden, elks in de haren te doen rapport, en daer op tot sekere dage haerluider antwoorde en resolutie in te brengen; SO IST, dat de voorsz. Staten aen d'eene sijde, en die van Amsterdam voornoemt aen d'ander sijde, in aensieninge van den tegenwoordigen staet en gelegentheid der saken binnen den voorsz. Lande, betoerende de voorsz. Poincten en Articulen gemaekt op de afstand der voorsz. satisfactie ten weder sijden, eintelijken in 't vrundelijk sijn veraccordeert op de selve Poincten en Articulen, en in der voegen en manieren hier na volgende, onder belofte van de Staten, dat de selfde by sijne Excell. sullen worden geapprobeert en geconfirmeert, te weten eerst:

1. Dat de voorsz. Staten, en die van Amstelredam ten weder sijden renuncieren van de satisfactie voorsz. als ook van den Eed daer op gedaen, den selven elkanderen remitterende in alle schijn en voegen of sulks noit ware gedaen geweest.

2. Dat voorts de voorsz. Stad beset sal blijven met twee Vendelen Knechten, yder tot 200 hoofden, onder twe Capiteinen, Burgers der voorsz. Stad wesende.

3. De welke alle maenden betaelt sullen worden uit de middelen en contributien binnen der voorsz. Stad en hare Vryheid vallende, so verre de selve strecken mogen, indien niet, uyt andere des gemeene Lands Penningen: mits dat, so verre de Soldaten in den Lande van Holland in Garnisoen leggende, met Laken betaelt worden, de Garnisoenen binnen der voorsz. Stede mede eens in 't jaer een maend betalinge aen Laken sullen ontfangen, sonder meer.

4. Des sullen de selve Vendelen vermeerdert, onder meer Vendelen verdeelt, of vermindert mogen worden, den nood, of andere gelegentheden (den nood cesserende) sulx vereischende, 't welk alleen staen sal tot believen en discretie van sijn Excellentie.

5. Wel verstaende, dat by so verre sijn Excellentie (den nood sulx vereisschende) 't voorsz. Garnisoen quame te vermeerderen, dat alsdan 't selve Garnisoen van 't Servys-geld sal worden betaelt, in conformité van andere Steden van Holland.

6. Sullen mede die van Amsterdam tot opmakinge der selver Stede, achtervolgende de bestecken van zijn Excellentie by den Staten worden geautoriseert, om over de platte Landen, so van den ouden, als den nieuwen Amstel, Diemen en Duyvendrecht, te mogen omslaen op yder margen 3 stuivers des maends, gedurende den tyd van 12 maenden, te verdelen in 2 jaren: te weten, van elk jaer 6 maenden, waer in de eigenaers betalen sullen de twee deelen, en de bruikers het derde deel, mits dat de Gods-huysen van de twe deelen van haer eigen verhuerde Landen vry sullen wesen, en dat de Huis-luiden, in recompense van dien by tyd van nood (des God behoede) binnen de selve Stad, met haer Beesten en Goederen vluchtende, den tyd die sy daer blyven, alsulke vryheid sullen genieten als andere Inwoonders der selver Stad, en so verre yemant onwillig soude mogen worden gevonden, sullen de selve realyken en metter daet daer toe mogen doen constringeren, niet tegenstaende eenige oppositie, of provocatie ter contrarien.

7. Voorts sullen de voorsz. van Amstelredam treden in de gemeenschap en communie van de oude schulden, by de Staten van Holland, gedurende de voorleden Oorloge, voor date van de satisfactie der voorsz. Stede gemaekt, sonder dat daer onder begrepen sullen syn de schulden, of onkosten, by den Steden van Holland in de verleden Oorloge geleden, gemaekt, of verschoten, die genaemt werden de grote rekeningen van de Steden, dewelke volgende de Resolutie van de Staten toegesegelt, berustende syn onder den Secretaris DE RECHTERE, die sy onder den anderen sullen liquideren, sonder dat die van Amstelredam daerom gemoeit, of iet tot nadeel van hen daer toe verstrekt bekeert

trouvé necessaire de coucher à cette fin par écrit certains Points & Articles de la part des Etats susdits & de ceux d'Amsterdam, & de faire rapport à certain jour de leurs Réponses & Resolutions, aprés une préalable & amiable Negociation & Communication, faite de part & d'autre. C'est pourquoy les susdits Etats d'une part, & ceux d'Amsterdam susdits d'autre, en consideration de l'état present des affaires sont convenus amiablement en la maniere suivante sur lesdits Points & Articles, & pour la satisfaction reciproque des Parties, sous la promesse des Etats de les faire aprouver & confirmer par son Excellence, sçavoir premierement:

1. *Que les susdits Etats & ceux d'Amsterdam de part & d'autre renoncent à la susdite satisfaction, comme aussi au Serment fait à cet égard, se le remettant l'un à l'autre, en telle sorte & maniere que s'il n'avoit jamais été fait.*

2. *Que la susdite Ville sera gardée par deux Compagnies d'Infanterie chacune de 200 hommes sous deux Capitaines Bourgeois de ladite Ville.*

3. *Lesquelles seront payées tous les mois des revenus & contributions appartenantes à ladite Ville & Franchise autant qu'ils pourront s'étendre, sinon des autres Deniers communs du Païs; pourvû qu'en cas que les Soldats qui seront en Garnison dans le Païs de Hollande, étant payez par du Drap, les Garnisons des susdites Villes recevront une fois l'année la paye d'un mois en Drap, sans plus.*

4. *Les Compagnies pourront être augmentées, divisées en plusieurs, ou diminuées, la necessité ou autres conjonctures, (cessant la disette) le demandant; ce qui dependra du bon plaisir & discretion de son Excellence.*

5. *Bien entendu qu'au cas que son Excellence, (la necessité le requerant) vint à augmenter ladite Garnison, elle sera payée de sa solde, en conformité des autres Villes de Hollande.*

6. *Ceux d'Amsterdam seront, pour les Fortifications de ladite Ville, suivant le plan de son Excellence, authorisez par les Etats pour lever, sur le plat-Païs & terres des anciens & des nouveaux Amstel, Diemen, & Duyvendrecht, 3 sous par mois durant le tems de douze mois, à diviser en 2 ans, savoir de chaque année six mois dont les Proprietaires payeront les deux tiers & les Censiers la troizième partie, à condition que les Hôpitaux seront exempts des deux tiers de leurs Terres qu'ils donnent à loüage, & que pour recompence de ce, les Païsans qui dans un temps de necessité, (dont Dieu veuille garder) se refugieront dans ladite Ville avec leurs Bestiaux & Biens, jouïront, pendant le tems qu'ils y demeureront, de la même liberté que les autres Habitans d'icelle; & s'il y en avoit quelqu'un qui n'y voulut pas consentir, il y pourra être contraint réellement & de fait nonobstant opposition ou apellation quelconque.*

7. *En outre entreront lesdits d'Amsterdam en communauté des vieilles dettes faites par les Etats de Hollande pendant la Guerre derniere, avant la date de la satisfaction de la susdite Ville, sans que parmi ce soient comprises les dettes & depenses, faites ou deboursées par les Villes de Hollande dans la derniere Guerre; lesquelles dettes sont nommées les grands Comptes des Villes, qui suivant la Resolution scellée des Etats sont entre les mains du Secretaire* DE RECHTERE, *& qu'ils liquideront parmi les autres, sans que ceux d'Amsterdam puissent pour ce être inquietez ou que rien puisse être fait ou tourné*

ANNO 1581.

keert sal mogen worden: wel verstaende dat hier onder niet sullen wesen bewaert alsulke Penningen, als eenige Burgeren en Inwoonderen van Holland by leninge hebben opgebragt in den voorleden Oorloge, sonder eenige Goederen in Pantschap, als andere daer voren ontfangen te hebben, d'welke by verkopinge uitten Geestelyke Goederen, met Pantschap belast, so verre die mogen strecken, en indien niet, by verkopinge van andere Geestelyke Goederen betaelt sullen worden, volgende 't slot vande Rekeninge, 't gene by die van de Camere van de Rekeningen daer van alrede is gemaekt, en noch gemaekt sal worden.

8. Des sullen die van Amstelredam voor hen behouden den hondertsten Penning van den jare 1578. en de helft van den hondertsten Penning van jare 79. waer boven hen by den Staten noch betaelt sullen worden de Somme van 30000. Ponden van xj. groten, te betalen op ses navolgende jaren by egale portie, daer van het 1. jaer van betalinge verschenen sal wesen Mey, Anno 84 eerst komende. En sullen die van Amsterdam by faute van betalinge, de Contributien binnen der voorsz. Stede en hare Vryheid vallende, daer voren verbonden blyven.

9. Sullen die van Amstelredam tot behoef der selver Stad aenveerden, en behouden alle het getimmer, Erven en Huisen, den Geestelyken binnen der voorsz. Stad toebehorende, egene uytgesondert: Maer so veel den anderen Goederen van de selve Geestelijken aengaet, als Renten, binnen en buiten, en Landen buiten der voorsz Stad gelegen, sullen de selve by bewillinge van de Staten Generael van Holland (daer op beschreven sijnde) beneffens d'andere Geestelijke Goederen van Holland, tot betalinge van des gemeen Lands schulden en lasten mogen worden geemployeert, mits den Conventualen binnen Amsterdam behoorlijke alimentatie, in conformité van andere Steden doende, en de Magistraten, tot profijte van de selven Conventualen daer voren goede versekertheid stellende.

10. En so vele de Geestelijke Goeden aengaet, so wel den genen, die by den Staten sijn verkoft, veralieneert, of mit Pandschappe beswaert, als ook de Goederen dewelke de Godshuisen tot Amstelredam aen haer hebben genomen, en tegenwoordelijk sijn gebruikende en besittende, so den Cathuisers, als andere Conventualen toebehoort hebbende, tot wat plaetse die ook sijn gelegen, sullen de voorsz. Staten, en die van Amstelredam, of Godshuisen in desen *hinc inde*, blyven in haer geheel, sonder dat d'een d'ander in de eigendom, possessie, gebruik, of ontfank van dien eenig empeschement, hinder, nochte letsel aen sullen mogen doen, directelijk, of indirectelijk, voor en aleer by wegen en middelen van Justitie, al 't selve eintelijken sal wesen getermineert.

11. Desgelijks sullen die van Amstelredam tot reparatie van de Kerke, metten Lasten en Renten daer op staende, behouden alle de Kerkelijke Goederen, mitsgaders tot onderhoud van de Predicanten de Memorien, Vicarien, Getijden, en andere diergelijke Geestelijke Goederen.

12. En aengaende de halve stuivers, komende van de rantsoenen van de middelen die binnen der voorsz. Stede verpacht werden, sullen de selve laten komen beneffens het inkomen van. de Kerken, yegelijk in den sijnen tot onderhoud van de Predicanten, onder de Ambachts Heerlijkheid en Baillieuschappe van Amsterland, ten ware het inkomen van de Memorien, Vicarien, Getyen en andere tot onderhoud als boven, niet mochten strecken, so sal in sulken gevallen 't gene aen 't voorsz. onderhoud vande voorsz. Predicanten binnen der voorsz. Stad resteert en te korte komt, eerst en al voren uitte halve stuivers werden gesuppleert.

13. Voor so vele de betalinge en reductie van de Renten, voor en gedurende den voorleden Oorlog gevallen en verschenen, als ook het achterwesen op den tolle van Geervliet, Ordonnantien, Beden en Domeinen van Holland, tot den dagen van de Pacificatie aengaet, so wel der Stad als den Burgeren, en Inwoonderen belangende, sullen so wel by den Staten, als die van Amsterdam *hinc inde*, terstond eenige uiten Raed Provinciael worden geeligeert, de welke binnen 3 of 4 dagen na de electie partye *hinc inde* gehoort, sullen proce-

tourné à leur prejudice: bien entendu que parmi ceci ne seront compris les Deniers que quelques Bourgeois & Habitans de Hollande ont eu par emprunt dans la derniere Guerre, sans pour ce avoir reçû comme d'autres aucuns Biens en gage, lesquelles seront payées par la Vente des Biens Ecclesiastiques hypothequez autant qu'ils pourront s'étendre, suivant la solde de Compte qui en a été déja faite par la Chambre des Comptes, ou qui en sera encore faite. ANNO 1581.

8. *C'est pourquoy ceux d'Amsterdam retiendront le centiéme Denier de l'année 1578, & la moitié du centiéme Denier de l'année 79, outre quoy leur sera encore payée par les Etats la Somme de 30000. livres de* XI. *gros, à payer en six années consecutives par égale portion, dont le premier payement écherra en l'an 84, & faute de payement, les Contributions qui écheent dans ladite Ville & sa Franchise demeureront engagées auxdits d'Amsterdam.*

9. *Ceux d'Amsterdam auront & retiendront à leur profit tous les Batimens, Heritages & Maisons apartenants aux Ecclesiastiques dans ladite Ville, sans aucune exception. Mais pour ce qui est des autres Biens desdits Ecclesiastiques, comme Rentes dedans & dehors & Terres situées hors de ladite Ville, pourront par le consentement des Etats de Hollande, (étant assemblés à ce sujet) ensemble les autres Biens Ecclesiastiques de Hollande être employez au payement des dettes & charges communes du Païs, en assignant aux Moines dans Amsterdam une alimentation convenable, en conformité des autres Villes, & les Magistrats pour le profit desdits Moines donneront bonne sureté.*

10. *Et pour ce qui regarde les Biens Ecclesiastiques, tant ceux qui ont été vendus, alienez ou engagez par Hypotheque, comme aussi les Biens que les Hôpitaux d'Amsterdam ont pris à eux, & dont ils sont presentement en possession, tant ceux qui ont apartenu tant aux Chartreux qu'aux autres Moines, en quelques Lieux qu'ils soient situez, les susdits Etats & ceux d'Amsterdam ou Hôpitaux en ce,* hinc inde, *demeureront en leur entier, sans que les uns ni les autres puissent être empêchez ni troublez en leur proprieté, possession, usage ou recette, directement ou indirectement, avant que la chose ait été terminée par la voye de la Justice.*

11. *Semblablement, ceux d'Amsterdam, pour reparation des Eglises, retiendront avec les Charges & Rentes qui y sont attachées, tous les Biens Ecclesiastiques, ensemble pour l'entretien des Ministres, les Legs, Vicariats, Dixmes & autres semblables Biens Ecclesiastiques.*

12. *Et quant aux demi-sous, provenants de la rançon des revenus qui sont donnez à ferme dans ladite Ville, on les joindra aux revenus des Eglises, chacune dans les siennes pour l'entretien des Ministres, sous le Baillage d'Amsterdam, à moins que le revenus des Legs, Vicariat, Dixmes & autres pour l'entretien, comme dessus, ne fussent suffisants, & ce qui ne suffira pas pour l'entretien desdits Ministres sera pris preferablement, comme dessus, sur les demi-sous.*

13. *Quant au payement & reduction des Rentes écheuës, devant & apres la derniere Guerre, comme aussi les arrerages sur la Doüane de Geervliet, Ordonnances, Impôts & Domaines de Hollande, jusques au jour de la Pacification, pour ce qui regarde tant la Ville, que les Bourgeois & Habitans, les Etats, aussi-bien que ceux d'Amsterdam,* hinc inde, *éliront quelques-uns du Conseil Provincial, qui trois ou quatre jours aprés l'élection, ayant entendu les Par-*

ANNO 1581.

procederen tot uitinge en verklaringe van 't gene fyluiden op 't gunt voorsz. is, na recht en equiteit sullen bevinden te behoren, en wat by den voorsz. gecligeerde dien van Amsterdam toegevonden word, sullen Partyen *hinc inde* haer daer na hebben te reguleren, sonder reductie, relief, of eenig vorder versoek, ten ware eenige vande voorsz. Burgeren of Inwoonderen hen daer by beswaert vonden, den welken den weg van Justitie open sal staen.

14. En ten einde die van Amstelredam en andere Crediteuren aen haer achterwesen van de voorsz. Tollen, Beden, en Domeinen sullen mogen geraken; sullen de Staten terstond en sonder vertrek doen procederen tot verkopinge van de Domeinen, sonder de selve verkopinge eenigsins te mogen ophouden, nochte beletten, maer den meestbiedende ten dage van de verkopinge laten volgen, en dit tot effectuele betalinge van die van Amstelredam en andere Crediteuren, so wel van haer Capitael en Hooft-somme, als 't gunt hun by de voorsz. uitsprake, en vorder achterwesen na de Pacificatie gevallen, sal mogen resteren: en ingevalle sy d'selve enige partien van dien souden begeren te kope, sullen so wel het Capitael, als alle het achterwesen daer aen mogen korten.

15. Sullen die van Amsterdam quijt en ontslagen blyven, van 300. ponden 's jaers, van het *Schout-Ambacht* binnen der selver Stede, en sal voorts 't voorsz. *Schout-Ambacht* met alle de emolumenten in haren handen blyven, tot dat by den Staten henlieden uit de Domeinen, of anders alsulke 20000 ponden van 11. groten sullen wesen betaelt, die sy daer voren hebben gefurneert, of tot dat de Staten met hen daer op anders sullen wesen geaccordeert.

16. So veel aengaet het Artijkel in de Satisfactie sprekende van de *Paelkiste*, also daer van Proces voor den Hove van Holland is hangende, sullen Partyen, *hinc inde*, daer op blyven in haer goed recht.

17. Gelijk ook der voorsz. Stede Privilegien, Hantvesten, Costumen, Keuren, Rechten, en Usantien blijven sullen in haer vigeur en onvermindert, na ouder gewoonte, uitgesondert de Privilegien, Hantvesten, en Costumen, die staende en gedurende dese troublen, sonder advys van de Staten van Holland, van den Hertog van Alva, of sijne Successeurs totter dage van de Pacificatie verkregen sijn, welke verklaert en gehouden worden voor nul en van geender waerden, en aengaende d'Octroy by die van Amstelredam voornoemt staende dese troublen verkregen, om te mogen geld op Renten nemen, sullen d'selve blyven van krachte en van weerden.

Alle 't welke de Staten en die van Amsterdam voornoemt ten weder sijden elk anderen beloofr hebben en toegesegt, beloven en toeseggen by desen in alle Poincten vast en onverbrekelijck t'onderhouden, en na te komen. Bevelende, en belastende daerom sijn Pr. Excell en de voorsz. Staten, die van den Rade Provinciael in Holland, en allen anderen Justicieren en Officiren der selver Landen, alle 't gunt voorsz. is na te komen, en egene provisie hier tegens te verlenen of te gedogen, dat den voorsz. van Amsterdam hier in eenig hinder of letsel gedaen worde, maer veel eer alle behulp, addresse en vorderinge den selven te doen, om inhouden van desen volkomelijk na sijn forme en inhouden te mogen genieten. En tot versekertheid van alle 't gunt voorsz. is, hebben sy luiden aen weder sijden gebeden, sijne Pr. Excellentie deser twe alleens luidende, daer van sy elx hebben als hoge Overigheid over henluiden, te willen tekenen en uithangende doen zegelen. En tot meerder vastigheid, so hebben de Staten voornoemt deselve mede by haren secreten van harent wegen doen ondertekenen, en daer benessens metten Staten Zegel, sulx sy tegenwoordelijk gebruiken, uithangende bezegelt, als ook die van Amsterdam voor hen die alle beide met hare Stads Zegelen uithangende, bezegelt hebben. Aldus gedaen in den Hage opten 20. Decembris Anno 1581. *Onderstond geschreven*, ter Ordonnantie van de Staten van Holland, *by my*, C. DE RECHTERE, *en daer benessens*, ter Ordonnantie van de Burgermeesteren der Stad Amsterdam, *ondertekent by my* W. PIETERSZ.

ANNO 1581.

Parties, procederont à la decision & declaration de ce que, sur ce dont il est question, ils trouveront être juste & équitable, & les Parties seront obligées de se régler suivant ce que ceux qui auront été élûs ordonneront, sans reduction, relief, ou autre demande ulterieure, à moins que quelques-uns desdits Bourgeois & Habitans ne s'y trouvassent lezés, auquel cas, la voye de la Justice leur sera ouverte.

14. *Et afin que ceux d'Amsterdam & autres Creanciers puissent être payez de leurs Arrerages des deniers dudit Peage, Impôts & Domaines, les Etats feront incessamment & sans delai proceder a la vente des Domaines, sans qu'on puisse empêcher, ni surseoir ladite vente; mais seront ajugez au plus offrant, & cela sera employé en payement actuel à ceux d'Amsterdam & autres Creanciers, tant de leur somme Capitale, que ce qui leur sera ajugé par la Sentence, & en outre ce qui restera des Arrerages escheus aprés la Pacification; & en cas qu'iceux en voulussent achetter une partie, ce sera autant à diminuer sur le Capital & les Arrerages.*

15. *Ceux d'Amsterdam demeureront déchargez de 300. Livres par an de la charge de* Schout *de ladite Ville, & ladite charge avec tous ses émolumens demeurera entre leurs mains, jusques à ce qu'ils ayent été payez par les Etats des deniers du Domaine ou autrement de la Somme de 20000 Florins de 11 gros, qu'ils ont fourni pour cela, ou jusques à ce que les Etats se voient là-dessus autrement accordez.*

16. *Pour ce qui regarde l'Article qui dans la Satisfaction parle du* Paelkiste, *comme le Procez en est pendant par devant la Cour de Hollande, chacune des Parties demeurera,* hinc inde, *dans ses droits.*

17. *Comme aussi les Privileges, Chartres, Coutumes, Droits & Usances de ladite Ville demeureront en leur vigueur sans diminution, selon l'ancienne Coutume, exceptés les Priviléges, Chartres & Coutumes qui durant ces troubles ont été accordez par le Duc d'Albe ou ses Successeurs jusques au jour de la Pacification, sans l'avis des Etats de Hollande, lesquels sont declarez & tenus pour nuls; Et quant à l'Octroy obtenu par ceux d'Amsterdam pendant ces troubles pour pouvoir prendre de l'argent à Rente, il demeurera dans sa force & vertu.*

Toutes lesquelles choses les Etats & ceux d'Amsterdam susdits ont promis, & promettent par ces Presentes, de les entretenir & ensuivre, fermement & inviolablement, dans tous leurs Points. Ordonnant à cette fin son Excellence & les susdits Etats au Conseil Provincial de Hollande & autres Justiciers & Officiers desdits Païs d'observer tout ce qui est cy-dessus mentioné, & de n'accorder ou permettre aucune Provision au contraire; en sorte que les susdits d'Amsterdam n'y reçoivent aucun empêchement ni trouble, mais qu'il leur soit prêté toute aide & assistance, afin de jouïr du contenu en ces Presentes parfaitement, & selon leur forme & teneur. Et pour sûreté de tout ce que dessus ont iceux, de part & d'autre, prié son Excellence de vouloir comme leur Souverain signer & sceller deux Minuttes des Presentes dont chacune des Parties en aura une; Et pour plus grande fermeté les Etats susdits ont fait signer ces Presentes par leur Secretaire, & y ont fait aposer leur Sceau tel qu'ils s'en servent à present, comme aussi ceux d'Amsterdam pour eux. Ainsi fait à la Haye le 20. Decembre 1581. Etoit écrit au dessous, *par Ordonnance des Etats de Hollande,* par moy C. DE RECHTERE, *& par Ordonnance des Bourguemaîtres de la Ville d'Amsterdam,* soussigné par moy W. PIETERSZ.

ANNO 1582.

CLXXXVI.

22. Fevr. Renversael by den Hertoge van ANJOU aen den Prince van ORAIGNE, ende Staten van HOLLANDT, ZEELANDT, ende UTRECHT gegeven tot securiteyt van hunne Regten en Privilegien, specialyck omtrent de Vryheden der Stemmen in de Vergaderinge van de Staten Generael der VEREENIGDE PROVINCIEN, en de Contributien voor de gemeene Oorlogh. Gedaen tot Antwerpen den 22. Febr. 1582. [*Deductie, ofte Declaratie van de Staten van Hollandt ende West-Vrieslandt omtrent de Acte van Seclusie van de Heere Prince van Oraigne.* *AUX Preuves *Num.* 15. PIETER BOR, Oorspronck der Nederlandrsche Beroerten. XVII. Boeck. Fol. 9.]

C'est-à-dire,

*Revers donné par le Duc d'*ANJOU *au Prince d'*ORANGE *& aux Etats de* HOLLANDE, *de* ZELANDE *& d'*UTRECHT, *pour la sûreté de leurs Droits & Privileges, principalement à l'égard de la liberté des Voix dans l'Assemblée des Etats Généraux des* PROVINCES-UNIES, *& des Contributions aux dépenses de la Guerre commune. Fait à Anvers le 22. Fevrier 1582.*

OP seekere swarigheden voorgestelt, by de Gedeputeerden van de Staten van Hollandt, Zeelandt ende Utrecht, wesende tot Antwerpen, inde openbare Vergaderinge der Staten Generael der Vereenighde Nederlanden, uytten name ende van wegen der voorschreve Staten van Hollandt, Zeelandt ende Utrecht, gesonden, noopende den Eedt te doen by ons aen de Staten Generael, ende van den Zegel, ende Tytel die wy souden hebben te nemen, ende andere saeken, klevende aen den Accoorde ende Handel tot Bordeaux geschiet, den drie-en-twintighsten Januarii vyftien hondert een en tachtigh, hebbende wel verstaen d'omstandigheden, reeden ende fondament der voorschreve swarigheden begeerende te weeren allen hinder ende verachteringe van onse meeninge soodanige als volght.

Welcke is hoewel dat in de voorschreve Stadt Bordeaux, 't voorschreve Verdragh ende Handel is gemaeckt, besloten ende bevestight, ten weder zyden, ende dat wy onsen Eedt hebben gedaen, Zegel ende teyckeninge ghegeven, tot Ratificatie den Articulen in de voorschreven Tractaet gestelt, beloovende die den Staten ponctuelyck te houden, soo en is noyt onse voornemen gheweest, daar door die Pacificatie van Gent iets te verachteren, selfs niet die belofte by ons gedaen, aen onsen beminden ende liefsten Neve, den Prince van Oraigne, om in den selven Tractate, ende Eede te begrypen de voorsz. Staten van Hollandt, Zeelandt, ende Utrecht, mette Generaliteyt van alle de Vereenichde Provincien. Ende daerom is 't, dat blyvende als noch in de selve meeninge ende wille, wy wel hebben willen verklaren, gelyck wy verklaren by desen, indien de voorschreve Ghedeputeerde van Hollandt, Zeelandt, ende Utrecht, by de Instructie van de andere Vereenigde Provintie der Nederlanden, ofte ten aensien van de veelheyt der stemme, of om eenige anderen redenen te vreden waren den voorschreven Eedt te bewilligen, ende te vernieuwen den voorschreven Eedt, ende gemeen Verdragh ende Handel, dat wy daerom niet en verstaen, ende willen oock niet, dat uyt kracht ende ten aensien van de voorschreve Eedt, Zegel, Tytel ofte saecken hangende aen 't voorschreve Verdrach, sy vorder verbonden ende ghehouden syn, als ghescyt is, te weten mette voorschreve Provintie te handthouden, eene goede ende oprechte over een komste, Eenigheyt ende Verdragh, om hem te voegen mette selvige in 't gunt belangt het beleydt deeser tegenwoordige, ende gemeene Oorloge, ende tot dien eynde oock geduyrende de selve Oorloge te contribueren, *pro rato* ghedeelte van hare quote, ende sich mette selve gedragen, soo op den voet ende loope van de Munte, als oock in alles wat betreffen sal de voorschreve wedersydige handthoudinge van de Privilegien, Rechten, ende Gewoonten der respective voorschreve Provincien, in voegen dat sy niet verbonden nochte ghehouden sullen zyn, tot anderen last noch Jurisdictie, selfs niet in 't gundt soude mogen aengaen de bedieninge der Politie, soo van Steden, Dorpen, Gehuchten ofte andere plaetsen, als in de voorschryve Provincie van Hollandt, Zeelandt, ende Utrecht dan sullen blyven in den selven staet, conditie ende qualiteyt, als die gheweest zyn, zoo by de Pacificatie van Gent, als by de belofte, als wy onsen lieven Cosyn den Prince van Oraigne ghedaen hebben, willende ende verstaende, dat sy op hun gheheel sullen blyven, sonder dat onder schyn van den selven Eedt, wy souden willen ofte mogen yets vorders vermeten. In kennisse van welcken hebben deesen gheteykent, ende doen segelen. Ghedaen tot Antwerpen den 22. Februarij 1582.

CLXXXVII.

12. Juill. ALENÇON ET LES OMMELANDES.

Bekentmaking van FRANÇOIS *Sone van Vranckryck, Hertog van Lotteringen, Braband, Geldre, Anjou &c. Grave van Vlaanderen, Holland, Zeland &c. Beschermer der Nederlandse Vryheit enz. waar by hy de Souvereiniteyt der* VRIESSEN OMLANDEN *aanneemt. Gedaen in Antwerpen den 12. July 1582.* [PIETER BOR, Oorspronck, Begin, en vervolg des Nederlandsche Oorlogh. Tom. II. pag. 328.]

WY François Sone van Vrankrijk, eenige Broeder van den Koning, by der gratie Godes Hertog van Lotringen, van Braband, van Geldre, van Anjou, van Alençon, van Touraine, van Berry, van Evreus, van Chasteauthieron, Grave van Vlaenderen, van Holland, van Zeland, van Zutphen, van Namen, van Meulant, en van Beaufort, Markgrave des Heiligen Rijks, Heere van Vriesland, van Mechelen, Beschermer der Nederlandse Vryheid. Allen den genen die desen tegenwoordigen Brieven sullen sien en horen lesen, Saluit. Doen te weten, dat op heden datum van desen: also onse lieve en getrouwe, de Staten van den Vriessen Omlanden, tusschen den Emhse en Lauwerse, gemeenlijk geheten de Omlanden, hebben hunne Gesanten

CLXXXVII.

12. Juill. ALENÇON ET LES OMMELANDES.

Acte par lequel FRANÇOIS DUC D'ALENÇON &c. reçoit la Province des OMMELANDES en Souveraineté, les Députez lui en font le Serment, & le Duc de son côté leur jure de les maintenir dans leurs Priviléges. Fait à Anvers le 12. Juillet, 1582. [BOR, *Histoire des Guerres des Païs-Bas*, Tom. II. pag. 328.]

NOus François Fils de France, Frere unique du Roi, par la grace de Dieu Duc de Lorraine, de Brabant, de Gueldre, d'Anjou, d'Alençon, de Touraine, de Berry, d'Eure, de Chateauthiery, Comte de Flandres, de Hollande, de Zelande, de Zutphen, de Namur, de Meulant, & de Beaufort, Marquis du St. Empire, Seigneur de Frise, de Malines, Protecteur de la Liberté des Païs-Bas: A tous ceux qui ces presentes Lettres verront ou orront, Salut: Savoir faisons que ce jourdhui datte des Presentes; Comme nos chers & fidéles les Etats de Frise Omlandes entre l'Emb & Lauwer, communement appellé les Ommelandes, nous ont envoyé

ANNO 1582.

santen aen ons gesonden, met volle macht, om van ons den behoorlijken Eed als van haren Prince en Over-heere te ontfangen, en reciproquelijk ons huldenisse en Eed na hare behoren te doen, so ist dat wy den voorsz. Eed gedaen hebben in der voegen en manieren hier na volgende: François Sone van Vrankrijk, eenige Broeder des Konings, by der gratie Godes Hertog van Lotringen, van Braband, van Limburg, van Anjou, van Alençon, van Tauranie, van Berry, &c. Grave van Vlaenderen, van Perche, en Markgrave des Heiligen Rijks, &c. also onse lieve en getrouwe de Staten van de Vriese Omlanden tusschen de Embse en Lauwersse, ons hebben doen vertonen, dat sy overmits sekere merkelijke en noodsakelijke impedimenten, hare Gedeputeerden niet hebben konnen senden op de laetste vergaderinge van de Generale Staten, om aldaer nessens de andere geunieerde Provincien van ons den behoorlijken Eed te ontfangen, en reciproquelijk om huldinge en Eed na behoren te doen, en dat sy willig en gereet waren, om als nu door hare Gedeputeerden, den welken sy luiden daer toe expressen last hebben gegeven, 't gene voorsz. is te vollen trecken na behoren, versoekende onderdaniglijk daer beneven in 't besonder, onse Brieven van confirmatie van alle hare oude Vryheden, Gerechtigheden, Statuten en Usantien, dat wy bevindende 't aengeven vande voorsz. Staten der Vriesse Omlanden op goede redenen gefondeert te sijn, en willende met henluiden, gelijk met allen anderen, ter goeder trouwen handelen. Belove en sweere op Princelijke trouwe en woorden, en verbinden ons, so voor ons, als voor onse Erven, Nakomelingen, en recht hebbende, te onderhouden en na te komen alle en een yegelijken Poincten en Articulen van den Tractaet gemaekt tusschen ons en den Staten Generael van de geunieerde Provincien deser Nederlanden, in de Stad van Bordeaux, den 23. January in 't jaer 1581. so in 't generael als in 't particulier, gelijk sy sijn gespecificeert in 't voorschreven Tractaet, en dat wy alle en een yegelijken van den voorschreven Poincten en Articulen niet sullen overtreden, inbreken, of corrumperen, noch sullen leiden dat sy van iemant in eenigerhande manieren overtreden, ingebroken, of gecorrumpeert worden. En dat wy in conformiteit van dien ook de Staten van den Vriesse Omlanden voorsz., als te weten, de Jonkeren, Hooflingen, Eygen-erfden, en de gemene Ingesetenen des selven Lands, sullen laten blyven en mainteneren in alle hare Heerlijkheden, vry en Gerechtigheden, Land-rechten, Zeent-rechten, Dijk-rechten, Sijl-rechten, en alle hare andere Privilegien, Possessien, Statuten, Costumen, en gewoonten, generalijk en elk in 't sijne, so sy die van oudes hebben gehad en gebruikt, ook de selvige Privilegien en Gerechtigheden ter gelegentheid noch amplieren en vermeerderen, so dat de gelegentheid en gestaltenisse van de sake sal vereischen, en dat wy onse Officieren aldaer, den Luitenant, dien welken wy sullen kiesen achtervolgende het voorsz. Tractaet, uit drie Personen by den Staten der Omlanden genomineert, of te nomineren, daer toe sullen houden en expresselijk bevelen, dat hy sijnen Officie met sijnen bysitteren sal exerceren en bedienen binnen den voorsz. Omlanden, na den voorsz. Lant-rechten, ouden Statuten, Usantien en gewoonten, 't sy op den gemenen Lands-werven in saken hun na ouder gewoonte competerende te rechten, sonder in 't minste daer tegens iets voor te nemen, of te attenteren, by verbeurte van sijn Officie, en wyder straffe: Dat wy ook alle het gene by den voorgaende Luitenant en bysitteren tot nadeel en afbreuk van de voorsz. Gerechtigheden, eenigsins hier bevorens mach geusurpeert, gedaen, en geattenteert wesen, sullen af en te niet doen, gelijk wy 't selve van nu af voor nul en van geender weerden willen houden, en sullen alles op den ouden voet, na vereischinge der voorsz. Gerechtigheden, doen restitueren. Behoudelijk nochtans een iegelijk sijn gerechtigheid, in gevalle van oppositie: Dat wy alle Vestingen en Fortressen nu in den Omlanden, liggende, en die noch gemaekt sullen mogen worden, weder sullen doen stellen in handen en gewelt van de Staten des Lands voorsz. so haest als 't immers mogelijk is: ook de behulpelijke hand daer aen te houden, dat de Staten der Omlanden voorsz., eenige andere Plaetsen tot harer versekeringe mogen Vesten en Sterken: dat wy ook de Ingesetenen des Lands voorsz. sullen beschutten en beschermen tegens eenen iegelijken, en met Vyanden gene Accoorden of Tractaten aengaen sonder advijs van de Staten van de voorsz. Vriesse

envoyé leurs Deputez avec plein Pouvoir de recevoir de nous le Serment, comme de leur Prince & Souverain, & de nous faire en même tems les foi & hommage convenables, nous avons fait ledit Serment en la maniere qui s'ensuit. François Fils de France, Frere unique du Roi, par la grace de Dieu Duc de Lorraine, de Brabant, de Limbourg, d'Anjou, d'Alençon, de Touraine, de Berry, &c. Comte de Flandres, du Perche, & Marquis du St. Empire; Comme nos chers & fidéles les Etats des Omlandes de Frise nous ont remontré que pour certains empêchements considerables, ils n'ont pû envoyer leurs Deputez à la derniere Assemblée des Etats Generaux, pour, avec les autres Provinces-Unies, y recevoir de nous le Serment, & nous faire les foi & hommage reciproque, & qu'ils sont de volonté & prêts de le faire par leurs Deputez suivant la charge expresse qu'ils leur en ont donnée, demandant très-humblement en même tems nos Lettres de confirmation de toutes leurs anciennes Franchises, Droits, Statuts & Usances, ce que trouvant être fondé en bonnes raisons, & voulant agir de bonne foi avec eux comme avec les autres: Promettons & jurons en foi & paroles de Prince & nous obligeons, tant pour nous que pour nos Hoirs, Successeurs, & ayant cause, d'observer & entretenir tous & un chacun les Points & Articles du Traité fait entre nous & les Etats Generaux des Provinces-Unies des Païs-Bas dans la Ville de Bourdeaux le (a) 23. Janvier 1581. tant en general qu'en particulier, comme ils sont specifiez dans le susdit Traitté, & que nous ne contreviendrons point à tous ni à aucun desdits Points, & ne soufrirons qu'aucun y contrevienne. Et qu'en conformité d'icelui laisserons joüir les Etats des Ommelandes de Frise susdits, sçavoir les Gentilshommes, Proprietaires, & les Habitans desdits Païs en general, & maintiendrons dans leurs Domaines, Libertez, Droits de Païs, de Mer & de Digue, & de tous autres Privileges, Possessions, Statuts, Coutumes, & Usances en general, & chacun dans le sien, comme ils en ont joüi & les ont eu d'ancienneté; même d'augmenter & amplifier lesdits Droits & Privileges dans l'occasion & comme la conjoncture des affaires le requerra, & que nôtre Officier Lieutenant, lequel nous élirons suivant le susdit Traité d'entre trois Personnes qui seront nommées par les Estats des Ommelandes, auquel nous ordonnons expressément d'exercer sa Charge avec ses Officiers dans les susdites Ommelandes selon le Droit du Païs & les anciennes Coutumes & Usances, & leur faire droit dans les affaires qui les regarderont selon les Loix du Païs, sans rien entreprendre ni attenter alencontre, sur peine d'être demis de sa Charge, & d'autre punition. Que nous annullerons & tiendrons pour invalide ce que par le Lieutenant precedent & ses Officiers pourroit avoir été fait, usurpé, & attenté ci-devant au prejudice desdits Droits, comme de fait nous le reputons & tenons dès à present comme pour lors pour nul & de nulle valeur, & ferons remettre toutes choses, selon l'exigence de droit, sur l'ancien pié; sauf, cependant le droit d'un chacun en cas d'opposition. Que tous les Forts & Forteresses situez dans les Ommelandes, faites & à faire, nous les ferons remettre entre les mains & au pouvoir des Etats desdits Païs aussi-tôt que faire se pourra: comme aussi de faire en sorte que les Etats des Ommelandes susdits, puissent fortifier quelque autre Place pour leur sureté. Que semblablement nous deffendrons & protegerons les Habitans desdits Païs contre tous, & n'entrerons en aucun Traitté avec leurs Ennemis sans l'avis des Etats des-

ANNO 1582.

(a) Ou plus tôt, le 24.

ANNO 1582. Vriesse Omlanden, en voorts in allen saken ons toedragen, als een goed goedertieren en rechtveerdig Prince schuldig is te doen: so help ons God. En wy Johan Rengers ten Hellem, en Doctor Hieronimus Verrutius Syndicus Gedeputeerden van de Vriesse Omlanden voorsz., hebben na vermogen onser Credentie-Brief, hier na van woorde tot woorde geinsereert: Doorluchtigste, Hoog-geborene Furst, Genadigster Heer, uwer F. Doorl. sy onser plicht willig dienst en schuldig gehoorsaems ongespaerts lijfs en goeds yder tijd te voren Genadigster Furst en Heer. Also wy aen uwer F. Doorl., hebben afgeveerdiget en gecommitteert den Edelen, Erentfesten, Hoog-geleerden Jonkeren Johan Rengers te Hellem, Schild wolde, Siddebeuren, Hooflingen, en Doctorem Hieronimum Verrutium onses Landes Syndicum, om in 't stuk van de huldinge aen uwe Hoogheid te doen, gelijk aen alle andere contracterende Provincien op dese laetste vergaderinge van de Generale Staten, aldaer wy vermits sware impedimenten niet hebben kunnen erschijnen, mogen gedaen hebben, en voorts uit onsen name aen uwe Hoogheid eenige andere saken te remonstreren, en onderdanighlijk te versoeken, volgens de Instructie hare Ed. met gegeven, so bidden wy gansch ootmoedelijk, dat uwe F. Doorl. genadigstlijk wil gelieven den voorsz. onse Gesanten, in haer voorgevent volkomen gelove, als ons selve toe te stellen, en genadige audientie met een korte favorabele expeditie gediglijk te verlenen. Desen om uwe F. Doorl. ongespaert lyves en goedes te verschuldigen, wy steeds bereid willig en overbodig sijn sullen. Hier mede, Doorluchtigster, Hoog-geborener, Furst genadigster Heer, uwer F. Doorl. in genadigen schuts des Almachtigen Gods om in geluksalige regieringe en lijfs gesontheid lange troulijk bevelende. Datum Leeuwarden den 24. May Anno 1582. onderstont geschreven: *Uwe Forstel. Doorl. steeds onderdanige de Staten van de Friesse Omlanden, tusschen den Embse en Lauwerse:* En op de rugge aldus: *Aen sijne Hoogheid, gedaen uit den name en in de qualiteit als voren.*

Den Eed so hier na volgt:

Wy Staten van de Friessen Ommelanden tusschen den Embse en Lauwerse, accepteren, nemen aen, en bekennen voor ons en onse nakomelingen, den seer Hogen, Grootmachtigen, Doorluchtigsten Prince François Sone van Vrankrijk, eenige Broeder des Konings, voor rechte wettelijke Heere en Prince van den Vriessen Omlanden, met alsulken recht als vermaent is in den Articulen van den Tractate gemaekt en gepasseert tusschen sijne Hoogheid en den Gedeputeerden der Geunieerden Provincien, in de Stad van Bordeaux den 24. January, in 't jaer 1581. hier boven geinsereert, alles volgende den inhouden van desen, en de voorsz. Articulen: beloevende en sweerende de voorsz. Tractaten te onderhouden en observeren in alle hare Poincten en voorwaerden, onverbrekelijk en sonder daer tegens te doen, noch deselve te veranderen, te violeren of corrumperen, nochte leiden dat de selve sullen verandert, gevioleert, of gecorrumpeert worden, in eeniger manieren of voegen dat 't selfde soude mogen wesen, So helpe ons God. Des tot oorkonde, en tot vastigheid van desen, hebben wy François voorsz. hier onsen naem onder gestelt, en onsen groten Zegel hier aen doen hangen. En wy Jan Rengers tho Hellem, en Doctor Hyeronimus Verrutius, Gedeputeerden der voornoemde Staten van den Vriessen Omlanden, dit getekent, en met onsen pitziers besegelt: Gedaen in de Stad van Antwerpen den 12. dag July in 't jaer ons Heeren 1582. *Onderstond ter rechter* FRANÇOIS, *en ter slinker* C. HERT. DORS. ÆN. *en op de plijki:* By mijn Heere den Hertog, VAN ASSETIERS, *en* JOHAN RENGERS TEN HELLEM, *en* HIERONIMUS VERRUTIUS.

ANNO 1582. *desdites Ommelandes, & en outre que nous nous comporterons en toutes choses comme un bon & juste Prince est obligé de le faire. Ainsi nous aide Dieu. Et nous Jean Rengers de Hellem, & le Docteur Hierôme Verrutius Sindic, Deputez des Ommelandes susdits, avons suivant le pouvoir de nos Lettres de credit ci-aprés inserées mot pour mot, & en ces termes: Serenissime & grand Prince & Seigneur, nôtre devoir, service & obeïssance vous sera devoüé à toûjours sans exception de biens & de corps. Clement Prince & Seigneur; Comme nous avons depêché à Vôtre Illustrissime les nobles, honnorables, & sçavans Gentilshommes Jean Rengers de Hellem, Schildwolde, Siddebeuren Officiers de la Cour, & le Docteur Hierôme Verrutius Syndic de nos Païs, pour en matiere d'hommage à faire à vôtre Altesse, comme toutes les autres Provinces vous l'ont fait à la derniere Assemblée des Etats Generaux, où à cause de quelque empêchement nous ne pûmes pas comparoître, remontrer en nôtre nom à vôtre Altesse & la prier tres-humblement, suivant l'instruction donnée à L. N., comme de fait nous supplions trés-humblement Vôtre Serenité d'ajoûter favorablement une foi entiere à nosdits Deputez, comme si c'étoit nous-même, & de leur accorder une audiance favorable avec une prompte expedition; pour reconnoissance dequoi nous n'épargnerons ni nos biens ni nos vies pour Vôtre Serenité & serons à ce faire toûjours prêts; Quoi faisant, trés-Serenissime, trés-grand & trés-clement Prince & Seigneur nous vous recommandons à la grace & protection de Dieu tout-puissant, afin que vous puissiez gouverner long-tems en santé fidélement. Donné à Leeuwaerde le 24. Mai l'an 1582. Etoit écrit,* de Vôtre Illustrissime les trés-humbles Etats des Ommelandes de Frise: *sur le dos.* A son Altesse, fait au nom & en la qualité comme dessus.

S'ensuit le Serment:

Nous Etats des Ommelandes de Frise acceptons & agreons, pour Nous & nos Successeurs, le haut, puissant & serenissime Prince François Fils de France, Frere unique du Roi, pour legitime Seigneur & Prince des Ommelandes de Frise, avec les Prerogatives mentionnées dans les Articles du Traitté fait & passé entre son Altesse & les Deputez des Provinces-Unies dans la Ville de Bourdeaux le 24. Janvier de l'an 1581. inserées ci-dessus, le tout suivant le contenu des presentes & desdits Articles. Promettant & jurant d'entretenir & observer le susdit Traitté en tous ses Points & conditions, inviolablement & sans aller au contraire, ni y rien changer, violer ou corrompre, ni permettre qu'ils soient changez, violez ni corrompus en quelque maniere que ce puisse être; Ainsi Dieu nous aide. En temoin dequoi & pour fermeté des Presentes, avons, Nous François susdit, mis nôtre Nom ci-dessous, & y avons fait apposer nôtre grand Sceau. Et nous Jean Rengers de Hellem, & le Docteur Hierôme Verrutius, Deputez des susdits Etats des Ommelandes de Frise l'avons signé & scellé. Fait en la Ville d'Anvers le 12. Juillet en l'année de Nôtre Seigneur 1582. Etoit signé à côté droit, FRANÇOIS, & à côté gauche, C. HERT. DORS. ÆN. & sur le repli, *par Monseigneur le Duc,* D'ASSETIERS, & JEAN RENGERS DE HELLEM, & HIERÔME VERRUTIUS.

ANNO 1582.

CLXXXVIII.

22. Juill.

FRANCE ET SUISSE.

Traité d'Alliance entre HENRI III. *Roi de France, & les Ligues* SUISSES, *fait à Soleurre le 22. Juillet, 1582.* [FREDER. LEONARD, Tom. IV.]

Au Nom de la Sainte Trinité, Amen.

COmme ainsi soit que toutes sortes de Monarchies & Republiques ayent été ordonnées de Dieu, pour la protection des hommes & l'entretenement de la Societé Civile, & que parmy tant de Royaumes excellens qui sont de present, ou desquels il y a quelque memoire, celuy de France puisse à bon droit être dit des mieux fondez & établis, ainsi qu'il se peut juger par la longue durée & continuelle grandeur & excellence d'iceluy, qui est la marque infaillible d'une Principauté bien policée; comme aussi venant de même à considerer l'Estat & Gouvernement, particulier & general, des Seigneurs des anciennes Ligues des Hautes Allemagnes, le progrez & avancement qui s'y est fait, lequel en somme est tel, qu'il n'y a point aujourd'huy de plus puissante ou redoutée Republique; on ne peut, sinon haut louër la valeur & vertu de la Nation, leur sage & prudente conduite, ce qui a par cy-devant donné occasion aux Rois de France, & aux Seigneurs desdites Ligues d'avoir ensemble une bonne & étroite Intelligence, Alliance & Confederation, pour la commune défense & seureté de leurs Estats, lesquelles bonnes Intelligences, Alliances & Confederation, se trouvent avoir esté jusques à present entretenuës, avec autant de bienveillance, de cordialité, de sincerité & de constance, qu'il s'en soit oncques veu entre aucuns autres Potentats ou Nations, rendans par ce moyen leurs Estats non-seulement tres asseurez, mais aussi tres formidables à ceux lesquels auroient eu envie de les invahir, ou molester, outre les tres notables commoditez & utilitez qui en sont revenuës & aux uns & aux autres, pour l'opportunité de la voisinance & liberté du Commerce, ainsi qu'il a toûjours été éprouvé au grand avantage, fortification, & bonheur dudit Royaume de France, & des Païs desdites Ligues.

A cette cause, Nous Henry III. par la grace de Dieu, Roy de France & de Pologne, Duc de Milan, Comte d'Ast, Seigneur de Gennes; & Nous les Bourgmestres, Advoyers, Amands, Conseillers & Communautez des Villes, Païs & Seigneuries desdites anciennes Ligues des Hautes Allemagnes; ensemble nos Alliez, Amis, Combourgeois: A sçavoir, de Berne, Lucerne, Ury, Schuits, Undervald, dessous & dessus le Bois, avec ses Offices exterieurs y appartenans, Glaris, Basle, Fribourg, Schaffouzen, Appentzel, ensemble le Sieur Abbé & Ville de Saint Gal, les trois Ligues Grises.

A tous presens & à venir; Certifions par ces Presentes, qu'en ensuivant la trace de nos tres-sages & vertueux Predecesseurs, & desirans continuer & renouveller les Traitez d'Alliance & Confederation cy-devant faits entr'eux, avons, pour la seureté, tuition & fortification de nos Personnes, Honneurs, Royaumes, Duchez & Principautez, Villes, Pays, Seigneuries, Terres & Sujets quelconques que nous tenons & possedons à present tant deçà que delà les Monts d'une part & d'autre, envoyé en la Ville de Soleurre nos Ambassadeurs & Deputez, avec amples suffisans Pouvoirs, pour conclure & arrester le renouvellement de ladite Alliance, lesquels ont été lûs & reconnus; à sçavoir, Nous ledit Sieur Roy, nos Ambassadeurs à ce expressement commis & deleguez Messire François de Maudelot, Sieur de Passelermes, Vireau, & Sambouc de Savigny, Saint Loup, Varennes, Seurey. Lux Deroux, & de Saint Remy, Vicomte de Chaalons, Chevalier de nôtre Ordre, Conseiller en nôtre Conseil Privé, Capitaine de cent Hommes d'Armes de nos Ordonnances, Gouverneur & nôtre Lieutenant General en la Ville de Lion, Païs de Lionnois, Forests & Beaujollois; Messire Jean de Bellievre Chevalier Sieur de Hautefort & Dalbeaux, aussi nostre Conseiller en nôtre Conseil d'Etat, & premier President de Dauphiné; Henry Tausse Sieur de Fleury, de Moleans, Gironville, Gray & Marboy, Baron de Milly, nostre Conseiller en nostre Conseil Privé, Gentilhomme ordinaire de nôtre Chambre, & nôtre Ambassadeur aux Ligues de Suisse. Et pour lesdites Ligues Grises, Jean Granger Sieur de Liverdis, nôtre Maître d'Hôtel ordinaire, & Ambassadeur ausdits Ligues Grises; & nous aussi les Cantons alliez & confederez des Ligues, nos Ambassadeurs instruits & amplement autorisez, & par nous commandez, lesquels aprés longue communication entre-eux pour le bien & établissement d'un si bon œuvre, ont, en vertu de leur Pouvoir & Commission avec nôtre gré, approbation & consentement, sans toutesfois, horsmis en ce que cy-aprés sera declaré, aucune innovation, adjonction, ou diminution du Traité de Paix, fait & passé avec le Roy François de haute & loüable memoire, & sans aucunement en vouloir à perpetuité departir, conclu, diffiny & arrêté, une vraye & certaine Alliance, Confederation, défense mutuelle & intelligence, que lesdites Parties veulent être de bonne foy & inviolablement observée en toute amitié, pure & entiere sincerité, ainsi & suivant ce que plus amplement est cy-aprés écrit & declaré.

Premierement, que nous nous recevons l'un l'autre de bonne foy, en vraye, certaine & entiere Alliance, sans aucun dol, fraude, ne deception, pour le repos, tuition, défense, & conservation de nos Personnes, Honneurs, Royaumes, Duchez, Principautez, Villes, Droits & Sujets que presentement avons, tenons & possedons tant deçà que delà les Monts, & en quelque lieu & place que ce soit: Voulons & entendons que la presente Alliance durant tant & si longuement qu'il plaira à Dieu pour son service donner à nous Henry Roy vie, & nous conserver en ce monde, & ans aprés le jour de nôtre decés.

Et cependant nous Henry Roi, ne nous les Cantons & Alliez en general, ou en particulier, n'aurons pouvoir ne puissance de nous desister ne quitter cette Alliance, soit pour quelques Capitulations, Contrats & Conventions faites entre nous des Ligues, ne autrement en quelque façon que ce soit; renonçant à toutes Capitulations, particulierement ou generalement, lesquelles pourroient occasionner aucuns de nous de se desister de cette Alliance, sinon qu'il y eut causes raisonnables, & declarées par droit en vertu de la Paix.

Et si durant cette Alliance nous Henry Roy étions envahis & molestez par Guerres, en nos Personnes, Duchez, Principautez, Païs, Droits & Seigneuries, que presentement avons & possedons tant deça que delà les Monts, par qui que ce fût, de quelque état & dignité qu'il soit, nul excepté, encores qu'il nous excedat en dignité, nous pourrons lever tel nombre de Gens de pied des Ligues pour la tuition & défense de nosdits Roiaumes, Duchez, Principautez, Villes, Païs, Droits & Seigneuries qu'il nous plaira, toutesfois non moins de six mille, & non plus de seize mille, sans le consentement de nous des Ligues, ausquels Soldats nous pourrons élire & bailler Capitaines suffisans & de bonne renommée, selon nôtre vouloir & intention, & à nos dépens de tous les Cantons, & de nos perpetuels Alliez, à sçavoir, dudit Sieur Abbé de Saint Gal, & Ville dudit Saint Gal, des trois Ligues Grises, Wallais, Milheusen, Rottwil & Bienne, & étant lesdits Gens de Guerre à nous des Cantons requis & demandez, & que iceux, ensemble leurs Capitaines, comme Gens de Guerre, veulent aller & marcher au secours & service de Sa Majesté, nous ne pourrons ne devrons en nulle maniere les retarder, mais sans aucun delay, dix jours aprés avoir été demandez, les y laisser ensemble, & toutesfois sans autre mandement marcher.

Et doivent lesdits Capitaines & Soldats demeurer & perseverer au service du Roy tant que la Guerre durera, & qu'il luy plaira, & ne feront de nous des Ligues rappellez tant que la Guerre soit finie entierement, & eux soldoyez aux dépens dudit Sieur Roy à la façon accoûtumée; mais cependant si nous Sieurs des Ligues étions chargez des Guerres en nos Terres, Païs & Seigneuries, tellement que tout dol & fraude exceptez, ne puissions bailler au Roy Tres-Chrestien Gens de Guerre à pied sans nostre grand dommage & moleste, tel cas avenant nous en serons pour cette fois-là francs & quittes, & aurons pouvoir & puissance de revoquer iceux Soldats sans nul delay, & non autrement. Et nous Henry tenus à iceux Soldats revoquez donner congé.

Et si-tost que nous des Ligues serons déchargez de telles Guerres, faites à l'encontre de nos Païs, comme est cy-devant dit, Nous permettons en vertu de la pre-

ANNO 1582.

presente Alliance à nosdits Soldats & Gens de Guerre, d'aller & retourner au service de Sa Majesté à sa premiere requeste, comme cy-dessus est declaré & accordé.

Et s'il avenoit que durant la Guerre, Sa Majesté Trés-Chrétienne se trouvât, ou voulût trouver en propre Personne en quelque lieu & endroit à l'encontre de ses Ennemis, il pourra lever à ses dépens tant de Capitaines & Soldats qu'il voudra & que bon luy semblera, toutesfois non moins de six mille, & éiira les Capitaines d'un chacun Canton de nous des Ligues & de nos perpetuels Alliez, comme dessus est dit. Nousdit Sieur Roy, ne pourrons ne devrons departir lesdits Capitaines & Soldats durant la Guerre actuelle, sans l'avis & consentement de leurs Colonels & Capitaines, mais les laisser ensemble, & toutesfois la furie de la Guerre passée, les pourrons mettre çà & là en Garnison pour la tuition de nos Villes, Places & Châteaux, & autres endroits de nôtre obeïssance, reservez qu'ils seront seulement employez par Terre & non par Mer.

. Estant au surplus accordé que nous baillerons à chacun Soldat pour la solde d'un mois,, comptant douze mois en l'an, quatre Florins & demi de Rhin, ou la valeur dautant selon les Païs esquels les paiemens se feront, & commencera ledit paiement dés l'heure qu'ils partiront, par commandement de celuy qui aura charge de faire la levée, de leurs Maisons pour aller à nôtre service; & la levée faite, & les Soldats ja reçûs en service, leur sera payé la Solde de trois mois, encore que ne les retinssions si long-tems à nôtre service, & leur sera payé la solde du premier mois avant le partement de leur Païs, & les deux autres en Lieux commodes & convenables, ainsi que l'occasion se presentera.

Et au cas que nous retenions lesdits Gens de Guerre, outre les trois mois, nous serons tenus de bailler à un chacun de mois en mois, & au commencement du mois quatre Florins & demi par mois, comme dit est, si ce n'est quand ils seront licentiez qu'on leur payera raisonnablement dequoi retourner en leur Païs. Et quant aux Capitaines, Lieutenans, Enseignes & autres Officiers, les soldoyerons selon la coûtume des feus Rois nos Predecesseurs de haute & loüable memoire.

Et s'il avenoit que pendant la continuation & durant la Guerre, se donnât par nôtre commandement, ou de nos Lieutenans Generaux en l'Armée une Bataille en laquelle eussions Victoire par l'aide des Gens de Guerre Suisses, ou bien que lesdits Suisses fussent pressez & forcez par nos Ennemis au combat, tellement qu'il s'ensuivît Bataille & Victoire; Nous Roi Henri usins de l'inclination naturelle qu'avons toûjours portée & portons à l'endroit de leur Nation, le cas avenant, Voulons & entendons donner aux Soldats la paye & Solde d'un mois, outre celle qui court par leur appointement ordinaire, ce que nous serons tenus leur payer & faire delivrer avant que de les licentier & renvoyer en leur Païs.

Et pour le respect de nous des Ligues & de nos Alliez, où il adviendroit que serions molestez par Guerre en nos Personnes, Païs, Sujets & Seigneuries, par quelque Prince ou Seigneur de quelque état & dignité qu'il fût, en ce que presentement nous possedons; Sa Majesté sera tenuë nous envoyer, aprés l'en avoir requis, pour la conservation & défense de nos Païs, Sujets & Seigneuries, tant que la Guerre durera, deux cens Lances & XII. pieces d'Artillerie sur roués, six grosses & six moyennes, ensemble toutes munitions à ce ordinaires & appartenans, le tout aux dépens de Sa Majesté.

Et davantage, pour l'entretenement de ladite Guerre, tant qu'elle durera, Sadite Majesté sera tenuë nous faire bailler & fournir en la Ville de Lyon, pour chacun quartier d'an, vingt-cinq mille Ecus, fut-il chargé de Guerre ou non. Et si nous des Ligues aimons mieux, au lieu desdites deux cens Lances, deux mille livres pour chacun quartier d'an, outre ladite Somme de vingt-cinq mille Ecus, sera à nôtre choix de prendre lesdites deux mille livres au lieu desdites Lances, & nous sera payée cette Somme en même sorte & maniere que lesdits vingt cinq mille Ecus, & en ce faisant, ledit Sieur Roi ne sera abstraint de nous envoyer aucuns Gens d'Armes; & la Guerre finie, nous des Ligues serons obligez à la restitution & renvoi des douze piéces d'Artillerie ci-dessus mentionnées, au cas qu'elles ne fussent perduës, & qu'à nôtre requeste elles eussent esté envoyées.

Et si Sa Majesté ou Nous tombions en Guerre avec qui que ce soit, est accordé que l'un ni l'autre ne fera Paix ni Trêve avec l'Ennemi, sans le sçeu de l'autre Partie, & sans la comprendre au Traité qui se fera pour Paix ou Trêve; Que ce neanmoins il demeurera en la liberté, opinion, & choix de celuy qui sera aussi compris d'accepter ladite comprehension, ou la delaisser, ainsi qu'il avisera pour le bien & commodité de ses affaires.

ANNO 1582.

L'une ou l'autre Patrie ne pourra ne devra recevoir en sa Protection ni Combourgeoisie, les Sujets de l'autre Partie, ne souffrir ne donner passage aux Ennemis, Adversaires & Bannis; mais iceux de tout leur pouvoir dechasser & rejetter selon le contenu du Traité de la Paix perpetuelle, avec tout soin & diligence, ainsi qu'il appartient entre bons Amis & Alliez; & en outre tenir par tout les passages ouverts, afin que sans empêchement puissions respectivement subvenir à nos Païs, Terres & Sujets en quelque part & endroit que ce soit, & secourir, assister & aider à nos Amis en vertu des Presentes.

Et afin que lesdits Sieurs des Ligues connoissent clairement la sincere amitié que nous Henri Roi leur portons, Nous voulons & nous plaît annuellement bailler doresenavant, tant que cette Alliance durera, & donner à chacun Canton des Ligues, outre les deux mille livres qu'ils ont par cy-devant de feu, haute & loüable memoire, nôtre Sieur Ayeul par le Traité de Paix, encore mille livres de creuë, & s'en fera le payement à chacun desdits Cantons au temps & terme, & en la forme & maniere que les pensions de deux mil livres seront payées; à sçavoir, qu'elles seront fournies comptant sans aucun delai à Lyon au jour de la Nôtre Dame Chandeleur, & en défaut de ce que les Ambassadeurs attendissent ou demeurassent audit Lyon plus de huit jours, nous serons tenus leur payer leurs dépens que outre lesdits huit jours ils pourront faire.

Et en semblable, Nous voulons & entendons aussi bailler & donner annuellement aux Alliez & Confederez desdits Sieurs des Ligues & de Nous tant que cette Alliance durera, outre les pensions generales qu'ils reçoivent presentement par vertu des Traitez de la Paix, pour augmentation d'icelles pensions à chacun Allié la moitié de la Somme de la pension generale, laquelle moitié sera payée ausdits Alliez en la forme & maniere que les pensions generales sont ordinairement fournies & payées.

Il est aussi accordé en outre, que si par occasion de quelque Guerre la traite du Sel étoit à nous des Ligues refusée és Lieux desquels pouvons & avons de coûtume d'en avoir, alors Sa Majesté nous permettra la traite dudit Sel de ses Païs & d'autres Vivres pour nôtre provision & necessité, tout ainsi & au même prix que ses Sujets l'achetent és Païs de son obeïssance; toutefois quant aux Peages seront traitez comme il est accoûtumé.

Et pour autant que les Traitez de Paix & Amitié doivent sans aucun changement demeurer en leurs Articles, force & vigueur, & qu'à cause de la justice des Personnes qui ont pretentions & querelles, il se trouve quelque obscurité; sur ce a été conclu, que si aucuns des Ligues avoit ci-aprés action ou demande à l'encontre dudit Sieur Roi, pour quelque cause que ce fût, qu'alors le Demandeur donnera à entendre sa pretention & querelle à ses Sieurs & Superieurs, ou si lesdits Sieurs Superieurs declarent & connoissent que la cause soit juste & raisonnable pour être poursuivie, le Demandeur sera tenu de faire entendre aux Ambassadeurs de Sa Majesté étans aux Ligues; & en défaut d'Ambassadeur, les Sieurs & Superieurs dudit Demandeur en écriront au Roi, le priant & admonestant de satisfaire leur Sujet; & au cas que ledit Sieur Roi lui satisfît, tellement qu'eussions raison de nous en contenter, lors le Demandeur comme satisfait s'en tiendra pour content, sans plus en molester Sa Majesté ni ses Ambassadeurs; mais où ledit Sieur Roi ne donneroit ses Provisions raisonnables audit Demandeur sur ses pretentions, alors la Partie poursuivante pourra faire venir ledit Sieur Roi devant les Juges & le Cinquiéme, & en cet endroit user de Justice; & au cas que Sa Majesté à nôtre demande n'envoyât ses deux Juges, ainsi qu'il est porté par le Traité de Paix, & qu'il ne voulût répondre & être à droit, est arrêté que les Juges de nous des Ligues, sur la plainte du poursuivant & Demandeur, donneront ou pourront donner leur Sentence & Prononcé, & ce qui sera ainsi jugé de bonne foi sera satisfait

ANNO 1582. fait & payé, bien entendu que le reciproque s'observera à l'endroit de Sa Majesté & de ses Sujets, où ils auroient action à l'encontre d'aucuns des Ligues en particulier & en general.

Et suivant ce que les Traitez de Paix, d'entre la Couronne de France & nous des Ligues, doivent être traitez quant aux Peages & Subsides, demeurera le tout en son entier comme du passé & sans aucune innovation; & pourront les Marchands, Pelerins, & autres de nous des deux Parties qui trafiqueront & negotieront és autres Païs, seurement & sans aucun empêchement, en corps & en biens, librement & à leur volonté, aller, venir, sejourner & demeurer par le Pays de l'une & l'autre Partie sans fraude & deception.

Et si entre les Sujets de nous Henri Roi & des Ligues avenoit quelque pretention ou demande pour quelque chose que ce fût, les Demandeurs seront tenus chercher les Défendeurs aux Lieux & Jurisdictions là où ils feront demeurans & residans, ausquels sera faite bonne & briéve justice selon le contenu de la Paix.

Estant au demeurant accordé que le present Traité, ainsi que les precedens, s'étendra à la tuition & défense de toutes les Seigneuries & Terres que nôtre feu Sieur & Ayeul François premier de ce Nom, de haute & loüable memoire, tenoit & possedoit tant deçà que delà les Monts du temps que la penultiéme Alliance fut faite & concluë entre lui & nous des Ligues en l'an 1521. pourveu que nous Henri Roi puissions recouvrer lesdits Païs, desquels presentement sommes frustrez, de nous mêmes & sans l'aide des Ligues; tellement que lors nosdits Alliez seront tenus, en vertu de ladite Alliance, nous bailler aide & secours pour la conservation desdits Païs, tout ainsi qu'il est declaré des Païs & Terres que nous possedons à present.

Et d'autant que lesdites Terres & Seigneuries possedées par nôtre dit Sieur & Ayeul en l'an 1521. ne sont encores en nôtre possession; cependant nous des Ligues ne baillerons directement ou indirectement aucune aide, assistance, faveur, ne Gens de Guerre à ceux qui presentement les possedent, ou pourront ci-aprés posseder contre le vouloir de nous Henri Roi, pour être lesdits Païs gardez & défendus; mais au contraire, nous des Ligues refuserons toute faveur, secours, assistance & aide sans respect de qui que ce soit, & de quelque plus haute dignité & qualité qu'il se pourroit pretendre, ou soient ceux qui le voudroient requerir.

En cette Alliance sont reservez le Pape, le Saint Siege Apostolique, le Saint Empire, les Rois d'Espagne, de Portugal & d'Ecosse, Danemarc, Pologne & Suede; la Seigneurie de Venise, les Ducs de Lorraine, de Savoye & Ferrare. Et de la part de nous des Ligues sont reservez le Pape, le Saint Siege Apostolique, nos Alliances jurées, toutes nos Franchises & Libertez, tous Droits de Bourgeoisie & Combourgeoisie, les Maisons d'Austriche & de Bourgogne, & toutes les anciennes Lettres & Sceaux, Contrats, Intelligences & Confederations, Paix civiles, & tous nos Alliez & Coalliez, la Seigneurie de Florence, & la Maison de Medicis. ANNO 1582.

Et si aucuns des reservez desdites deux Parties vouloient molester, envahir, ou endommager par Guerre ou autrement, directement ou indirectement, l'une ou l'autre Partie, sans regard ne consideration du contenu en cette comprehension, & reservation, donnera aide & secours à la Partie envahie & molestée, ou assaillie contre les Aggresseurs, Molestans & Assaillans quels qu'ils soient, ainsi que dessus est declaré.

Et dautant que la presente Alliance est la plus ancienne, Nous les susdits Cantons & Alliez declarons qu'elle est & sera toûjours purement & expressément reservée, & preferée à toutes Alliances des autres Princes & Potentats qui se trouveront posterieurs en l'an 1521, depuis lequel temps celle de France a toûjours été continuée, quels que soient lesdits Princes & Potentats, & quelque chose qu'il y puisse avoir au contraire.

Et sur ce Nous lesdites deux Parties, à sçavoir, nous Henry Roi de France Tres-Chrêtien, Duc de Milan, Comte d'Ast, Seigneur de Gennes &c. Et nous lesdits Bourguemestres, Advoyers, Amands, Conseillers, Bourgeois, Petits & Grands-Conseils, Communautez des Villes, Païs & Seigneuries des anciennes Ligues, ensemble nos Alliez, Amis & Confederez, avons accepté & confirmé cette presente Alliance, Confederation & Intelligence: Voulons & promettons inviolablement tenir & observer toutes les choses cydevant écrites, passées & accordées par les Ambassadeurs de nous respectivement, avec declaration que ne pretendons par cette Alliance & Confederation aucunement diminuer ou innover au Traité de la Paix & Amitié perpetuelle, par cy-devant concluë entre les Predecesseurs de nous les deux Parties, & ne voulons & n'entendons suivant la declaration susdite nous en desister; mais icelle à perpetuité garder, &, comme bons & vrais Amis, corroborer & confirmer. En témoin des choses susdites, nous avons de part & d'autre commandé apposer nos Sceaux à ces presentes deux Lettres, dont l'une est en Allemand & l'autre en François, toutes deux de semblable substance & teneur, ayant toutesfois nonobstant cette conclusion respectivement laissé lieu à ceux de nos Alliez & Confederez des Cantons, & leurs Alliez & Confederez qui n'auroient encores accepté la presente Alliance, & qui ne seroient si-tôt resolus d'y entrer, & se declarer à leur commodité. Fait & passé en ladite Ville de Soleurre le jour Sainte Marie-Magdelaine, l'an de la Nativité Nôtre-Seigneur Jesus-Christ 1582.

CLXXXIX.

14. Août. ORANGE, HOLLANDE, ET ZELANDE.

Verklaring van WILHELM VAN NASSAU *Prince van Orangie, waerin hy de Souvereiniteit der Provintien van* HOLLANDT *en* ZEELANDT, *in qualiteit als Grave en Heer van 't Land hem door de Staeten opgedragen, aenneemt. Gedaen in Brugge den 14. Augusty 1582.* [PIETER BOR, Oorspronck, Begin en vervolg des Nederlandsche Oorlogh. Tom. II. pag. 186.]

WILHELM by der gratie Gods Prince van Orangien, Grave van Nassau, van Catzenellebogen, van Vyanden, van Dietz, van Buren, van Leerdam, &c. Marquis van der Veere en van Vlissingen, Heere en Baron van Breda, van Diest, Grimbergen, Arlay, Nozeroy, &c. Erf-burg-grave van Antwerpen en van Besançon, Gouverneur Generael van Braband, Holland, Zeland, Vriesland, en Utrecht, en Admirael van der Zee van herwers-over; Allen den genen die desen jegenwoordigen getoont sullen worden Saluit. Also de Staten van Holland en Zeland onlanx door hare sekere Gedeputeerde, en voormaels binnen den selven

CLXXXIX.

Acte de GUILLAUME IX. Prince d'Orange pour l'acceptation de la Souveraineté du Comté de HOLLANDE & de ZELANDE, à la requisition des Etats. Fait à Bruges le 14. Août 1582. [BOR, *Histoire des Guerres des Païs-Bas*, Tom. II. pag. 186.] 14. Août. ORANGE, HOLLANDE, ET ZELANDE.

GUILLAUME *par la grace de Dieu Prince d'Orange, Comte de Nassau, de Catzenellebogen, de Vyande, de Dietz, de Buren, de Leerdam, &c. Marquis de ter Veer & de Flessingue, Seigneur & Baron de Breda, de Diest, Grimbergen, Arlay, Nozeroy, &c. Burgrave Hereditaire d'Anvers & de Besançon, Gouverneur General de Brabant, Hollande, Zelande, Frise, & Utrecht, & Amiral des Mers de deça: A tous ceux qui ces presentes verront, Salut: Comme les Etats de Hollande & Zelande nous ont fait representer depuis peu, par leurs Deputez assemblez ci-devant au*

ANNO 1582. selven Lande, Staetsgewijse in de maend van April des jaers 1580. ons hebben voorgedragen gehad, d'oorsaken en redenen waer door syluden bewogen, genoodsaekt en eintelijk besloten waren, hen met allen Ondersaten en Ingesetenen van den selven te houden quijte, ontlast, en ontslagen van den Eed en plicht daer mede sy voormaels aen den jegenwoordigen Conink van Hispanien, in der qualité als Grave van Holland, Zeland, en Vriesland, eenigsins verplicht of verbonden waren geweest, so syluiden de selfde redenen by openbare schriftelijke verklaringe aen alle de wereld genoeg hadden bekend gemaekt, in der voegen dat syluiden den boven gemelden Conink verstonden en verklaert hadden vervallen te sijn van alle sijn Recht en Gerechtigheid, 't welk hem totter Graeflijkheid, Hoogheid en Heerlijkheid der selver Landen metten aenkleven, eenigsins mochte hebben gecompeteert, en syluiden alsulx den selven Conink alrede waren afgegaen en hen geheel en al uit sijn gebied, dienst, en gehoorsaemheid ontogen hadden, ons mitsdien ernstelijk versoekende de Graeflijkheid, Hoogheid en Heerlijkheid der voorsz. Landen metten aenkleven, te willen aennemen, regeren en administreren, in der qualité, naem en eigentlijke Tiltre als Grave en Heere der selver Landen, en dat wy de redenen boven geroert, rypelijk overwogen en bevonden hebbende in rechten en billijkheid sulx gevestigt, en de voornoemde Conink met goede wettelijke sake, en ter oorsake van sijn ongoddelijk, onrechtveerdig, moetwillig, en geweldig heerschen, niet een onverdraeglijke tyrannie over sijne goede getrouwe Ondersaten, tegen sijnen Eed, contrarie de Privilegien, Handvesten, Gerechtigheden en Vrydommen der boven gemelde Landen, van de Overigheid en Heerschappije der selver verlaten en vervallen is geweest: daer benessens aenmerkende 't oprecht gemoed en goeden wille der boven-gemelten Staten, totter handhoudinge en bevorderinge van Godsdienst, mitsgaders van 't gemene besten, welvaert, en beschermінge, niet alleen van Holland en Zeland, maer ook van den anderen omliggenden Bondgenoten, Landen en vereenigde Provincien, jegens haren Vyanden: namentlijk tegen den Conink van Hispanien, alle uitterlijke Vyandschappen so opten selven Lande, als ook op ons aenwendende, sonder hem te vermyden onsen persoon met afgrijselijke moordadig wegen na te trachten, na dat hy ons buiten alle recht en redenen in onse eere, goed, en bloed, alle berovinge en nadeel gedaen heeft gehad so veel hem mogelijk is geweest. So ist, dat wy 't voorsz. der Staten ernstig versoek in danke nemende, en daer in believende, dien volgens de Landen en Graeffelijkheid van Holland en Zeland mette Hoogheid, Heerlijkheid en aenkleven van dien aengenomen hebben en aennemen mitsdesen, om by der gratie en hulpe des Almachtigen Gods, na de uitterste macht en middelen die door sijne mogende hand ons sullen worden verleent, de selve Landen, de Steden, Leden en Ingesetenen van dien te handhouden en beschermen jegen den voornoemden Conink van Hispanien, sijne Aenhangers en allen anderen haren Vyanden voor den jegenwoordigen en toekomenden tijd, eensamentlijk met tiltre en autoriteit als Grave en Heere van den selven Lande, onder onsen naem en Overhand aldaer, t'administreren Recht, Justitie en allen saken totter Graeffelijkheid toebehorende, en de Hoogheid of de Heerlijkheid van dien aenrakende, sonder de selfde Graeffelijkheid af te gaen, nochte in de Hoogheid en Heerlijkheid van dien te doen of laten geschieden eenige verminderinge. Belovende voorts in Princelijke woorden na te komen en den gemelten Staten te bewilligen, als wy bewilligen uitdruckelijk by desen, alle alsulke Articulen en Conditien als by den Hertog van Anjou in 't Contract van den 24. January 1581. met sijne Hoogheid tot Bourdeaux gemaekt, den Landen in 't generael of ook particulierlijk dien van Braband in de blyde Inkomste, geaccordeert, bewilligt, en besworen mach sijn, 't sy in 't gehele of in dele, en voor so vele die op de saken van Holland en Zeland mogen worden geappliceert, en de Staten van de selve Landen de selfde Articulen of Conditien, of eenige van dien, t'haren meesten voordeel en oorbaer respective sullen begeeren te genieten, en hem eenigsins dienlijk mogen vinden: en daer en boven alle andere Poincten en Articulen en Conditien die namaels t'onser inauguratie by nadere Capitulatie en Handelinge na recht en billijkheid bevonden

au mois d'Avril 1580, les sujets & raisons qui les ANNO 1582.
ont portez, necessitez & enfin resolus de se décharger, & exempter eux & leurs Sujets, du Serment & devoir qui les tenoient en quelque maniere engagez envers le present Roi d'Espagne, comme Comte de Hollande, Zelande & Frise, lesquelles raisons ils avoient, par leur declaration publique & par écrit, suffisamment fait connoitre à tout le monde; en telle sorte qu'ils avoient declaré ledit Roi déchu de tous ses Droits & Justices qui lui appartenoient en quelque maniere en la Comté, & Souveraineté desdits Pais & de leurs dependances, en sorte qu'ils s'étoient déja departis dudit Roi & s'étoient soustraits à ses Mandements, service & obeissance, nous priant, pour cette cause, instamment d'accepter les Comté & Souveraineté des susdits Païs & de leurs dependances & de les vouloir gouverner & administrer au nom, qualité & propre Titre de Comte & Souverain des susdits Pays; Et que nous ayant meurement pesé les raisons ci-dessus mentionnées, & icelles trouvé justes & équitables, & que ledit Roi avec connoissance de cause, & pour son impie, inique, insolente, & violente domination, voire insupportable tyrannie envers ses bons & fideles Sujets, contre son Serment, & les Privileges, Droits & Libertez des susdits Païs, étoit déchû de la Souveraineté & Domination d'iceux: & considerant outre cela, la sincere affection & bonne volonté des susdits Etats pour le maintien & avancement de la Religion, ensemble du bien commun, prosperité, & défence, non-seulement des Pays de Hollande & Zelande, mais aussi des Alliez circonvoisins, Pays & Provinces-Unies contre leurs Ennemis, nommément contre le Roi d'Espagne, tous Ennemis étrangers qui sont tant audit Pays qu'en ceux d'alentour, sans qu'il se soit abstenu d'attenter contre nôtre Personne par les voyes horribles de l'assassinat, aprés nous avoir attaqué en nos honneur, biens, & sang par toutes les voyes qui lui ont été possibles. C'est pourquoi prenant à gré l'instante requisition des susdits Etats, & y adherant, avons en consequence accepté, & acceptons par ces Presentes, les Pays & Comté de Hollande & de Zelande avec la Souveraineté & dependances d'icelle, pour, par la grace & assistance de Dieu tout puissant, suivant toute l'étendue du pouvoir & des moyens qui nous seront accordez de sa puissante main, maintenir & défendre les susdits Pays, Villes, Membres, & Habitans d'iceux, contre le susdit Roi d'Espagne, ses Adherens & tous autres Ennemis, pour le tems present & pour l'avenir; ensemble d'administrer par Titre & autorité le Droit, la Justice & toutes les choses concernant ladite Comté & la Souveraineté qui en dépend, comme Comte & Seigneur des susdits Pays, sans jamais faire ou permettre être rien fait contre ladite Souveraineté. Promettant en outre, en parole de Prince, d'observer & accorder auxdits Etats, comme nous leur accordons par ces Presentes, tous les Articles & Conditions conclus à Bordeaux par le Duc d'Anjou avec son Altesse dans le Contract du 24. Janvier 1581. & accordez & jurez dans la joyeuse-Entrée, aux Pays en general, ou aussi en particulier, à celui de Brabant, soit en tout, soit en partie: & pour autant qu'ils peuvent être appliquez aux affaires de Hollande & de Zelande, & que les Etats des susdits Pays desireront de jouïr des mêmes Articles & Conditions pour leur meilleur profit & utilité; Et outre ce tous les autres Points, Articles & Conditions qui selon le droit & l'equité seront ci-aprés, à nôtre inauguration, trouvez justes & équitables par une Capitulation & Negociation plus

ANNO 1582. vonden sullen mogen worden, tot vermeerderinge van Gods eere, tot welvaert, gerustigheid, en verfekertheid der voorschreven Landen, Onderfaten en Ingesetenen van dien te dienen en te behoren. Des t'oorkonden hebben wy dese met onsen naem getekent, en onsen Segel daer aen doen hangen. Gedaen in der Stad van Brugge op den 14. dag van Augusto des jaers 1582. *Ondergetekent*, GUILLEM DE NASSAU. *Op de plijke stont geschreven*, By mijnen Genadigen Heere den Prince, *en was getekent* N. BRUYNINCK, *metten uithangenden Segele van sijn Excellentien in roden wasse in dobbelen steerte.*

plus expresse, pour l'avancement de l'honneur de Dieu, & la prosperité, tranquilité, & sûreté des susdits Pays & leurs Sujets & Habitans. En témoin dequoi nous avons signé ces presentes, & y avons fait mettre nos Seaux. Fait en la Ville de Bruges le 14. jour du mois d'Août de l'an 1582. Signé, GUILLAUME DE NASSAU. Sur le repli étoit écrit, *Par Monseigneur le Prince*, & étoit signé N. BRUYNINK, avec le Seau de son Excellence en cire rouge à double queuë. ANNO 1582.

CXC.

13.Sept. Ihro Kayserl. Mayest. RUDOLPHI II. Confirmation deß Anno 1535. zwischen denen Hertzogen zu Braunschweig-Lüneburg aufgerichten Erb-Vertrags. Geben Augspurg den 13. Septembr. 1582.

C'est-à-dire,

Confirmation de l'Empereur RODOLPHE II. *sur l'Accord & Union Hereditaire passée en 1535. entre les deux Freres* HENRI & GUILLAUME *Ducs de Brunswich-Lunebourg. Donnée à Augsbourg le 13. Septembre* 1582. [Voyez-la cidevant sous le 16. Novembre 1535. Tom. IV. Part. II. pag. 135. col. 2.]

CXCI.

1583. 28.Fevr. FRANCE ET ORANGE. *Lettre de* HENRI III. *Roi de France au Prince d'*ORANGE, *pour le rétablissement des Catholiques Romains dans cette Principauté, du 28. Février, 1583.* [Extrait sur l'Original Manuscrit.]

MON Cousin, pour ce que j'estimois qu'en une Cause trés-favorable & trés-juste mon intervention & priere pouvoit avoir lieu en vôtre endroit, je l'y ai ci-devant emploié la plus affectionnée qu'il m'a été possible, à ce que vos Sujets Ecclesiastiques & autres Catholiques de vôtre Ville & Principauté d'Orange, fussent reintegrés en la paisible jouïssance de leurs Maisons & Biens, & me sembloit que vous y feriés induit tant par mon exemple & de tous bons Princes, que pour le bien de Paix & tout respect d'humanité. Aussi que je vous en ai fait requerir si instamment. Toutefois selon que j'entens il n'en est resulté le fruit que je m'en estois promis, voire que journellement l'Evêque & les Ecclesiastiques & autres Catholiques sont si maltraittés & expulsés par vos Officiers & Ministres qu'en font compassion, d'autant plus grande, que leur plainte & doleance est accompagnée de toute équité & justice envers tous. Ils ont recours à vous comme à leur Prince. Ils vous requierent de chose en faveur de laquelle vous ont été representées des raisons si fortes & si valables qu'elles ne peuvent être contredictes, de maniere, mon Cousin, que je ne m'étendrai à vous en faire redite, mais bien que si jamais vous eûtes intention de faire chose dont je peux recevoir contentement, je ne vous pourrois exprimer combien grand je l'aurai, entendant que vous ayés incliné aux justes demandes que vous font encores lesdits Evêques, Ecclesiastiques & autres vos Sujets Catholiques de vôtre Ville & Principauté d'Orange par leurs Deputés qui vous sont presentement envoyés exprés. Vous priant leur bailler benigne audiance & qu'ils retournent au plûtôt bien contans ayans obtenu ce qu'ils desirent, ce qui vous tournera à honneur, & au bien de vos affaires, & les encouragera de plus en plus à vous reconnoître & obeïr comme ils doivent, & en mon particulier en demeurerai trés-satisfait, & le manifesterai de maniere que ferés trés-aise d'avoir fait une trés-bonne œuvre en ma gratification; lesquelles considerations me meuvent aussi à vous dire que les

1583. bons deportemens du Sieur de Blaccons en tout ce que concerne sa Charge meritent que vous le teniés toûjours en la bonne estime qu'il est digne & que je vous témoigne franchement tant par le bien de vos affaires principalement que d'autant que son bon gouvernement sert beaucoup à l'établissement de la paix & repos non seulement de vôtre Principauté, mais aussi des circonvoysines, & en tant je prierai Dieu qu'il vous ait, mon Cousin, en sa trés-sainte & digne garde. Escrit à Paris le 28. jour de Fevrier 1583: *Etoit signé* HENRI, *& plus bas*, DE NEUFVILLE.

CXCII.

Autre Lettre de HENRI III. *Roi de France au Prince d'*ORANGE, *pour le rétablissement des Catholiques Romains dans cette Principauté, du* 8. *Mars*, 1583. [Extrait sur l'Original Manuscrit.] 8. Mars. FRANCE ET ORANGE.

MON Cousin, Fougace est arrivé sur le point que les Deputez qu'envoyent vers vous vos Sujets Catholiques de vôtre Principauté d'Orange vouloient partir d'ici pour vous aller trouver avec les Lettres qu'ils vous porteront de ma part, par lequel j'ai reçû la vôtre du 16. de Janvier, & sû que vous avés en ma contemplation accordé aux Ecclesiastiques dudit Principauté, main levée de leurs biens & revenus, dont je vous remercie de trés bon cœur, ayant fait en cela outre bon œuvre & digne de l'équité que doit accompagner vos volontés & actions; mais je vous prie considerer qu'il est impossible que lesdits Ecclesiastiques ni les autres Habitans Catholiques de vôtre Ville d'Orange vivent privez de l'exercice de la Religion, & partant vouloir encore pour l'amour de moi commander qu'ils soient reintegrés en la possession & jouïssance d'icelle dont ils ont esté spoliés par la rigueur des troubles. C'est la Capitalle Ville du Pays qui doit servir d'exemple aux autres, le siege de l'Evêque auquel il y a encores bon nombre d'Habitans faisants profession de la Religion Catholique, qui feroient pour tomber en erreurs & impietés trés pernicieuses, s'ils demeuroient plus longuement privez de Religion. Vous sçavez, Mon Cousin, quelle force & puissance a en nos cœurs le zele de la Religion, laquelle aussi contient en devoir & obeïssance les Sujets envers les Princes & Magistrats, & n'avons que trop éprouvé en nos jours combien les effets que produisent les consciences constraintes & forcées sont violens & dommageables, lesdits Ecclesiastiques & Catholiques veulent vous reconnoistre pour leur Prince & vous rendre l'obeïssance qu'ils vous doivent, & si le malheur du temps ne leur a permis d'en faire telle declaration & continuelle profession qu'ils devoient, ils esperent de le recompenser à l'avenir par la fidelité de leurs deportemens en vôtre endroit, n'ayant jamais eu recours en leurs afflictions qu'à moi seul, ou à ceux auxquels j'aurois donné pouvoir de pacifier mes Provinces circonvoisines. L'affection que je vous porte & l'interêt que j'ai à la tranquilité dudit Païs vous doit faire trouver bon qu'ils s'en soient adressés à moi mesmement en tant qu'ils ne pouvoient recevoir de vôtre main le remede au mal qui les pressoit si promptement qu'il leur étoit besoin, vous assûrant que le soin que j'en ai eu n'a été pour rien entreprendre à vôtre prejudice, & serois trés marri de le faire; Ains seulement par compassion & pour ne laisser vivre aucune étincelle de troubles qui put à l'avenir

ANNO 1583.

venir ralumer le feu d'iceux en mes Provinces. Mon Couſin, s'il n'étoit queſtion que de biens temporels, j'eſtime que voſdits Sujets attendroient patiemment tant qu'il vous plairoit la proviſion que vous me promettez par vôtre dite Lettre donner aux affaires dudit Païs, ce que leur conſcience ne leur permet de faire en ce qui concerne leur Religion. Partant, mon Couſin, je vous prie derechef d'entiere affection ordonner qu'ils ſoient reintegrés en l'exercice de leur Religion ſuivant les reglemens ſur ce faits par feu mon Couſin le Comte Ludovic vôtre Frere que vous avés confirmés & approuvés, & outre que vous mettrez en repos pluſieurs ames qui languiſſent aprés cette grace laquelle ils eſpérent obtenir de vous par mon intervention, vous affirmerez la paix & concorde entre vos Sujets dudit Principauté, & me ferez un ſingulier plaiſir, duquel je me revangerai toutes les fois que l'occaſion s'en preſentera d'auſſi bon cœur, que je prie Dieu vous avoir, mon Couſin, en ſa trés ſainte & digne garde: De Paris le 8. jour de Mars 1583. *Etoit ſigné* HENRI, *& plus bas*, DE NEUFVILLE.

CXCIII.

26. Mars.

[illegible] Païs-Bas.

Articles accordez entre nous FRANÇOIS, *Fils de France, Duc de Brabant, de Gueldre, d'Anjou, d'Alençon, de Touraine, de Berry, &c. Comte de Flandre, de Hollande, de Zélande, Seigneur de Friſe, & de Malines, & les* ETATS GENERAUX *des Provinces-Unies des Païs-Bas. A Tenremonde le 26. Mars 1583.* [FREDER. LEONARD, Tom. II. pag. 632.]

SON ALTESSE ſe contenteroit tres-volontiers de choiſir ſa demeure en la Ville de Malines, toutefois conſiderant qu'on lui fait entendre, qu'on veut parler de nouveaux Articles, & que la Ratification du Serment, que Son Alteſſe a demandé, n'a été preſentement acordée Sad. A. a aviſé de choiſir ſelon l'offre, qui lui a été faite par Meſſieurs des Etats, la Ville de Dunkerque, pour y reſider quelques jours, durant lequel tems elle deſire de traiter de toutes choſes concernant le bien de cet Etat, & vuider les difficultez qui ſe preſentent maintenant; promettant S. A. en foi & parole de Prince, que cela fait, elle n'a autre intention, & eſt du tout reſoluë de revenir prontement és Païs de pardeça, & pour reſider en la Ville de Malines, ſuivant les Articles contenus en l'Inſtruction de Meſſieurs des Etats, du onziéme de Mars mille cinqcens quatre-vint trois.

Et pour cette occaſion S. A deſire, qu'aucuns de Meſſieurs les Deputez s'acheminent ou envoient en la Ville de Gand, & ailleurs où il écherra du Païs en Flandre, pour faciliter & aſſurer ſon paſſage.

Sad. A. promettra, tant par lui que ceux de ſa Cour & ſuite, de ne rien attenter contre l'Etat du Païs des Etats Generaux, ni leurs Deputez, tant en general, qu'en particulier; & outre ce promettront & jureront ſemblablement & particulierement ceux de ſa Garde, & de la Garniſon de Dunkerque, de n'attenter rien, ou laiſſer attenter contre l'état du Païs, les Etats Generaux, ni leurs Deputez, tant en general, qu'en particulier, ni même contre les Manans & Habitans dudit Dunkerque, ni la Religion Reformée; & demeurera l'exercice de la Religion Catholique libre à S. A. & telle Egliſe qu'il lui plaira choiſir audit Dunkerque, tout ainſi qu'il avoit en la Ville d'Anvers.

Monſeigneur fera retirer hors de Vilborde toutes les Garniſons Françoiſes, aiant la promeſſe de Meſſieurs des Etats d'accomplir les choſes ci accordées, & demeureront avec S. A trois de Meſſieurs les Deputez; & ſera ladite Ville pourvûë de naturels du Païs agreables aux Etats de Brabant.

Sad. A. accorde que ſon Armée paſſera à Tenremonde, & ira loger jusques à Opdorp, Lippelo, Maldere, & autres Villages circonvoiſins, où elle ſera accommodée de Vivres: & le lendemain en aſſûrant Meſſieurs les Députez la Somme de trente-mille écus d'or être és mains du Commiſſaire à cette fin envoié pour les délivrer à ladite Armée, elle marchera jusques à Villebrouck; où que les Chefs, Colonels, Capitaines, & Conducteurs de Gens de Guerre, feront le Serment de bien & fidélement ſervir S. A. & les Etats Generaux, & de ne rien attenter contre Sad. A. ſon Etat, ni pareillement contre les Etats Generaux des Païs, ni en general, ni en particulier, mais qu'ils s'emploieront pour le ſervice de S. A. & des Etats, contre les Ennemis communs, Eſpagnols, Malconteus, & leurs Adherans; enſemble de paſſer incontinent la Riviere aiant reçû l'argent.

ANNO 1583.

Et étant ledit Serment fait, ſera par les Etats pour l'Armée de S. A. fournie & paiée la Somme de trente mille écus d'or, pour être départie entre les Gens de Guerre, ſelon l'état qui en ſera fait & dreſſé par S. A. dont ſera baillé le double ausdits Etats.

Et incontinent que ladite Somme de trente mille écus ſera fournie & comptée, paſſera l'Armée de S. A. la Riviere de l'Escaud à Hellegate, Nielle, & Scehell, ſuivant le Serment, où elle ſera pareillement fournie de Vivres.

Et lors que l'Armée paſſera à Tenremonde, les Anglois, Ecoſſois, & autres Gens de Guerre étant au Païs de Waës, ſe retireront à Rupelmonde, qui feront pareil & ſemblable Serment à S A. que deſſus.

Et au même inſtant que les Otages ſeront arrivez, & que ſe feront lesdits paiemens, & que S. A. aura reçû lesdits Otages avec lui, ſeront les Garniſons Françoiſes retirées de la Ville de Tenremonde, pour être delaiſſée aux naturels du Païs, agreables aux Etats de Flandre, & s'acheminera Son Alteſſe vers Dunkerque.

Aiant l'Armée de S. A. reçû les choſes ſusdites, & en paſſant lesdites Rivieres à Willebrouck, au même tems paſſeront auſſi la Riviere de l'Escaud à Rupelmonde, les Anglois, Ecoſſois, & autres Gens de Guerre qui ſeront retirez du Païs de Waës, pour être emploiez lesdits Gens de Guerre comme il ſera aviſé, & de là en avant tous enſemble ſeront paiez également des deniers deſtinez à cet effet, & les vivres diſtribuez ſans exception de perſonnes; de façon que les uns ne puiſſent être avantagez plus que les autres. Sera auſſi aux Catholiques de ladite Armée l'exercice libre de leur Religion au Camp.

Faiſant ce que deſſus, & rendant ladite Ville de Tenremonde, ſeront quant & quant baillez Otages, pour ſûreté de la delivrance & liberté de tous les Priſonniers étans en la Ville d'Anvers, & autres Lieux, détenus depuis le dix-ſeptiéme Janvier; enſemble pour la reſtitution des papiers, qui étoient en la boîte de S. A. en ſon cabinet, & qui ont été pris au logis du Sieur de Quinſay, & des meubles portez en la Maiſon de Ville, qui ſont en la puiſſance desdits Sieurs Etats, & du Magiſtrat, ſans pour ce regard faire aucune reſervation ni exception. Et quant aux meubles, qui ſont demeurez és Maiſons particulieres, où étoient logez les François, ſeront auſſi reſtituez, ſi avant qu'ils ſoient en nature depuis le dixiéme du preſent mois. S. A. promet que les arreſts faits en France, à cauſe des troubles ici advenus, ſeront levez & ôtez, & les Priſonniers, Biens, & Navires mis en liberté, & auſſi les arreſts faits à Dunkerque ſur aucunes Perſonnes, Biens, ou Navires des inhabitans ou Bourgeois des Provinces Unies des Païs-Bas.

S. A. a nommé & choiſi pour Otages, Meſſire Philippe de Schoonhove, Sieur de Wauroy, Bourguemeſtre d'Anvers; Jean de Straley, Sieur de Meuchen, Amman d'Anvers; Roger de Leefdale, Sieur de Milenwen, Wilrich, premier Echevin d'Anvers; Noël de Caron, Sieur de Schornewate, Bourguemeſtre du Franq; avec les trois Deputez à cette preſente Negociation, ſavoir Meſſire Adolfe de Meetkerke, Preſident de Flandre; Henri de Blois, Bourguemeſtre de Bruxelles; Maître Guillaume Enkzaects, Penſionnaire d'Anvers. Bien entendu que ſi aucuns des dénommez ne puſſent pour aucunes raiſons, ſoit par maladie, ou autrement, ſe transporter, que les Etats en leur lieu envoieront d'autres de ſemblable qualité, au contentement de S. A.

Sad. A. retiendra le nombre de deux ou trois-cens Chevaux, & quatre ou cinq-cens Hommes de pied, pour la ſûreté & conduite de ſa perſonne jusques audit Dunkerque; & ſi aucuns de Meſſieurs de Gand & de Bruge veulent venir voir S. A. lors qu'il approchera de leurs Villes, ils ſeront gracieuſement reçûs & reconduits, quand bon leur ſemblera, en toute ſûreté: & ſeront les Ponts neceſſaires au paſſage de S. A. dreſſez ſur la Riviere de Waës, & autres endroits, où il aura à paſſer, incontinent que le preſent Traité ſera reſolu, & ſigné de part & d'autre.

Monſeigneur menera avec lui lesdits Otages, jusques au logis, qui ſera le plus proche de Nieuport, où lui ſeront amenez & conduits ſûrement tous lesdits Priſonniers

ANNO 1583. sonniers detenus audit Anvers, & ailleurs, & pareillement ses papiers & meubles, & ceux de ses serviteurs, comme il est dit ci-dessus. Bien entendu que les Prisonniers paieront prealablement leurs dépens, dettes, & gratuitez permises & moderées par intercession du Magistrat, sans que l'un soit arresté pour l'autre, ni aucun meuble, si de son bon gré il ne s'y est obligé; en baillant par lesdits Sieurs Etats declaration, que nuls des François, ni leurs meubles, étans audit Anvers, & ailleurs, ne sont detenus pour aucune occasion, que pour leurs dettes, ausquelles aiant satisfait, ils demeurent en pleine & entiere liberté pour faire ce que bon leur semblera. Et aprés que S. A. aura fait retirer les Garnisons Françoises de Dixmude, pour être la garde de ladite Ville délaissée aux naturels du Païs, tiendra S. A. les susdits Otages jusques à ce que à icelle seront rendus tous lesdits Prisonniers, meubles, & papiers. Quoi fait seront relâchez lesdits Otages, & mis en leur pleine & entiere liberté, sans qu'ils puissent être retenus pour les meubles demeurez és Maisons particulieres, où étoient logez lesdits François non étans en la puissance du Magistrat; ni aussi pour les Prisonniers, qui seroient en faute de paier ce qu'ils doivent; & continuera S. A. son chemin audit Dunkerque, pour audit Lieu traiter & resoudre de toutes choses concernant le bien & grandeur de S. A. & de ses Païs, où se trouveront les Deputez de Messieurs les Etats pour cet effet, dedans le

Et pourront lesdits Députez des Provinces & Villes, & tous autres de ce Païs qui voudront aller vers S. A. librement y venir, sejourner, & retourner en toute sûreté; comme aussi tous Marchands, & autres passagers, pourront librement prendre havre, & sortir de la Ville de Dunkerque, comme ils faisoient auparavant. Laissera S. A. les Villes, où seront retirées les Garnisons Françoises, pourvûës de Munitions, Artillerie, & Vivres qui sont en icelles, & se trouveront lors en nature.

Incontinent les presens Articles accordez, lesdits Sieurs des Etats avertiront respectivement les Provinces, & feront tout devoir, afin qu'ils envoient, le plûtôt que faire se pourra, leurs Deputez par devers S. A. audit Dunkerque, avec plein Pouvoir & autorisation, pour entrer en plus ample communication, arrêter & conclure ainsi qu'il se trouvera mieux convenir pour le service de S. A. utilité, sûreté, & conservation du Païs. Et se comporteront toutes personnes indifferemment les uns avec les autres, tant Bourgeois, que Gens de Guerre, comme bons Freres & Amis; & aura le Trafic & Negociation, d'un côté & d'autre, tant par Mer que par Terre, son cours libre & accoûtumé.

S. A. écrira Lettres bien expresses aux Compagnies Françoises, qui sont dans Bergues S. Winox, par lesquelles leur sera commandé de sortir de ladite Ville, & venir en son Armée, en laissant la garde d'icelle aux naturels du Païs, & agreables comme dessus, & ce à peine de desobéïssance, & d'encourir son indignation.

Et lors de la conclusion du Traité de ce qui sera resolu audit Dunkerque, lesdits Sieurs des Etats bailleront declaration de bien & dûëment entretenir, garder, & observer, en tous ses Points & Articles, ce qui sera audit Dunkerque arrêté; ensemble le Traité general fait à Bordeaux le 23. jour de Janvier 1580. & seront faits les Sermens en cas semblables, aux Lieux & Villes, où ils n'ont encore été faits, dont sera raporté Acte autentique & valable és mains de S. A. suivant ledit Traité. Seront aussi de bonne foi oubliées, de part & d'autre, les choses passées depuis l'émotion & trouble advenu le dix-septiéme de Janvier, jusques à la conclusion du present Traité, avec défenses à toutes personnes, de quelque qualité qu'ils soient, de n'offenser, médire, ou entrer en reproche à l'occasion de ce que dessus; ains se comporteront modestement & gracieusement les uns avec les autres, ainsi qu'appartient entre bons Freres, Bourgeois, & Amis.

Sera pourvû de Lieux convenables pour les malades de l'Armée, où ils pourront demeurer jusques à ce qu'ils soient guéris, en toute sûreté, & commettront lesd. Sieurs des Etats quelques Gens de bien pour les assister, & empêcher qu'il ne leur soit fait aucune moleste.

Son Altesse a promis & juré d'observer de bonne foi le contenu aux presens Articles, selon leur forme & teneur.

Fait à Tenremonde le vingt-sixiéme jour de Mars 1583. *Signé*, FRANCOIS: *Plus bas*, LE PIN. ANNO 1583.

CXCIV.

Resolutie van de Heeren Staten van HOLLAND op de Delatie van 't Graefschap van de selve Provintie onder beneficie van seekere Capitulatie aen den Heere WILLEM Prins van Oraigne. Genomen den 4. Juny 1584. [*Deductie ofte Declaratie van de Staten van* Hollandt *ende* West-Vrieslandt *raekende de Acte van Sceluse van den Heere Prince van* ORAIGNE. Aux Preuves Num. 42.] 1584. 4. Juin.

C'est-à-dire,

Resolution des Seigneurs Etats de HOLLANDE; *pour offrir & remettre le Cômté de la même Province, sous benefice d'une certaine Capitulation, au Seigneur* GUILLAUME *Prince d'Orange. Prise le* 4. *Juin* 1584.

DE Staten van Hollandt aenmerckende 't groot inconvenient, ende nadeele 't welck soo lange soo meer apparent is, den Lande in verscheyden respecten te sullen over komen, deur langer vertreck van eyntlycke afhandelinge der saecken met zyne Princelycke Excellentie, nopende de Hoogheyt ende Graeffelyckheyt van den Lande van Hollandt ende Zeelandt, sulkx by de Staten eendrachtelyck, ende met gemeenen advyse aengevangen, oock met syne Princel. Excellentie genoech ten eynde gebracht ende gesloten, sonderlinge mede dat men versekert is, dat den Vyandt syn profyt aen vele Oorten grotelyckx is doende, deur dien de selve sake niet wort in alles voltrocken, behalven d'oneere ende disreputatie, die zyne Excell. daer deur aengedaen wort, met groote verminderinge van zyne authoriteyt, die in alle saecken van den Lande, sonderlinge in dese conjoncture, voor al gerequireert, ende nodig is, hebben daeromme de Staten voorn. hoochnodig bevonden, voor al met de voorsz. sacke van zyne Excell. sonder op houden voorts te varen, ende over sulkx gecommitteert den Heere Adriaen van der Myle President, ende Jonckheer Johan Heere tot Mathenes &c. nevens een derde die men aen syne Excell. versoeken sal, van zyne Excellentie wegen mede gecommitteert te werden, op Donderdage toekomende te reysen tot Amsterdam, ende aldaer voor te dragen de Capitulatie met zyne Excellentie Staetsgewyse gemaeckt ende besloten: ende by de andere Steden ende Leden van den Landen daer naer voor goet gehouden ende bevesticht den selven van Amsterdam, met alle redenen ende middelen in alles onderrechtende, ende daer toe bewegende dat sy luyden hen met d'andere Steden in alles conformeeren, ende sal hen tot dien eynde dubbelt van de Pointen van Capitulatie mede gegeven, in de selve forme als die d'andre Steden hebben gelicht ende geconfirmeert. Ende omme ten selven tyde te trecken ter Goude, hebben de Staten gecommitteert den Heere Jonckheer Rutger van Boetseler, ende den Raetsheer Meester Sebastien van Loosen, met eene van Leyden, mede onder gelycke last als vooren; Ende soo verre de voorsz. Steden ofte eenige van hen, daer toe niet en souden willen consenteren nochte verstaen hebben d'Edelen ende d'andere Steden verklaert ende geresolveert, midtsgaders de voorsz. Gecommitteerden respective belast, dat men de voorsz. van Amsterdam ende Goude opentlyck aensseggen sal, dat, by vorder gebreck ofte weygeringe van henluyden in deser saecke; de Staten niet naerlaten sullen des niet tegenstaende, ten uytersten met de voorsz. saecke voorts te procederen, sulcx als syluyden tot conservatie van haerluyder Steden, d'ordre ende aenkleven van dien, eensamentlyck van den welvaert, ende bescherminge van den Lande bevinden sullen te behooren. Ende sal voorts den voornoemden Gecommitteerden by den Advocaet gesubministreert worden, wes henluyden eenigsints tot vorder instructie ofte behoefte, in deser saecke sal mogen noodich ofte dienelyck zyn.

Accordeert mette voorsz. Resolutien.

HERB. VAN BEAUMONT.

ANNO 1584.

CXCV.

8. Juin. ALENÇON.

Testament de FRANÇOIS *Duc d'Alençon, d'Anjou & de Brabant, & Fils d'*HENRI II. *Roi de France, fait le 8. Juin*, 1584. [Mémoires du Duc de Nevers. Tom. I. pag. 601.]

CE jourd'huy huitiesme Juin mil cinq cens quatre-vingt quatre, en la Ville & en mon Chasteau de Chasteau-Thierry, me sentant affoibly & estre ma fin proche: Je François, Fils & Frere du Roy, ay fait & nommé de ma bouche mon Testament, Codicille & Ordonnance de derniere volonté, en la forme & maniere que s'ensuit.

Premierement je recommande mon ame à Dieu, en la grace & misericorde duquel consiste toute mon esperance; le suppliant me vouloir pardonner mes pechez, que je croy m'estre remis par la mort & passion de Jesus-Christ.

Quand mon ame sera separée de mon corps, je desire que les obseques & funerailles soient faites selon la volonté du Roy.

L'un des plus grands regrets que j'ay, c'est, Monseigneur, de vous avoir irrité & déplu par mes actions & entreprises, combien que le desir de mettre en repos vostre Royaume & l'asseurer contre l'estranger, plustost qu'aucune autre ambition particuliere, en soit la principale cause, que je vous veux supplier me vouloir pardonner, comme je vous en requis la derniere fois que j'eus le bien de vous voir. Ce que je m'asseure que ferez par vostre bonté.

Je suis né vostre Frere & vostre Sujet. J'ay possedé un appanage par vostre concession & liberalité, tres-beau & tres-grand. Vous avez augmenté mes moyens par vos bienfaits: & qui plus est, vous m'avez permis de m'aider du fond de mon domaine, & en asseurer une partie de mes creanciers.

J'ay esté assisté gratuitement de plusieurs Seigneurs & Gentilshommes vos Sujets, dont la pluspart se sont incommodez, appauvris & quasi du tout ruinez à mon service.

Mes serviteurs m'ont bien & fidelement servy, chacun en sa charge, & n'ay eu le moyen de les recompenser comme je desirois, & comme la raison le vouloit; mesme la pluspart n'ont esté payez. Je dois environ trois cens mille escus à plusieurs particuliers de vostre Royaume, & emporte en mon tombeau toute leur substance, leurs pleurs & gemissemens, sans que j'aye eu le moyen de m'en descharger envers Dieu & les hommes; Si par vostre pitié & compassion vous daignez faire tant d'honneur à celuy qui fut vostre Frere de naissance, & Enfant d'obligation, que d'accepter la pauvre, miserable & desolée succession de son nom.

Je vous supplie, si besoin est, d'induire en cét endroit Madame & Mere, qu'il vous plaise interceder pour moy envers elle, autant qu'elle a tousjours esté ma bonne Mere, & qu'elle veuille donner à coup, usant de sa faveur & support à ces dernieres requestes & supplications que je fais au Roy.

Je ne veux, Monseigneur, vous donner ce qui est desja vostre, mais bien vous faire, s'il vous plaist, Heritier de mon Nom Preservez, je vous supplie, ma memoire d'un si grand deshonneur & blasme, que d'avoir ruiné mes pauvres serviteurs. Je vous demande que les dons qu'il vous a pleu me faire, & dont j'estois prest & sur le poinct de retirer de la commodité, soient continuez en mon Nom, à l'effet que dessus.

Je vous supplie aussi que quatre années de mon revenu continuës, soient employées à mesme effet, c'est à dire, à l'acquit de mes debtes, & payement des gages de mes serviteurs, lesquelles il vous plaira de continuer deux années suivantes.

Je vous supplieray tres-humblement avoir tous mes serviteurs en singuliere recommandation, les appuyant de vostre authorité, faveur & bien-faits, & principalement les Sieurs de Fervaques, d'Aurilly & Quincé, de la fidelité & loyauté desquels je sçauray bien respondre devant Dieu & devant vous, pour en avoir fait preuves en tant de sortes, que je ne vous en sçaurois rendre autre tesmoignage; vous suppliant que ce que je leur ay donné leur soit conservé, avec accroissement de vos bien-faits & liberalitez.

ANNO 1584.

Je vous supplieray aussi tres-humblement de vouloir decharger mesdits serviteurs des emprunts qu'ils ont faits pour me secourir & assister à mes urgentes & pressées affaires, afin que cy-apres ils n'en puissent estre inquietez ny molestez, en quelque façon que ce soit.

Et qu'il vous plaise pareillement conserver à mes serviteurs les dons que je leur ay faits, & qu'ils monstreront avoir obtenus de moy, & qu'ils puissent jouyr des mesmes Privileges qu'ils avoient accoustumé.

Vostre grandeur ne pourra estre incommodée de si petite requeste: petite, dis-je, pour vostre consideration, mais grande pour l'acquit & descharge de ma conscience.

Plusieurs Princes moindres que vous n'estes, ont plus despensé aux obseques & sepultures de leurs amis. Je ne voudrois plus grande dépense, & ne desire plus magnifique tombeau, que de vivre dedans le cœur de mes serviteurs, que vous rendrez à ma priere & par vostre bonté moins malheureux.

Si j'avois des Royaumes à moy, ils seroient tous à vous, & les vous donnerois & leguerois par ce mien Testament, & non à autre. Mais la nature, ma naissance & mon affection vous constituent mon Heritier, sans que je le dise. Mais il ne me reste de mes penibles entreprises presque rien qui puisse estre appellé don & liberalité, qui ne soit du tout acquis à vous.

Les Pays-Bas m'ont fait achepter bien cherement le nom de Duc & Comte, lesquels ils me doivent encore; & si j'ay quelque pouvoir en leur endroit, je les prie de transferer tout à vostre personne; à qui, pareillement & à vos Successeurs, je laisse & donne tous les Droits & pretentions que je puis avoir pour ce regard, en vertu des Traitez solemnels que j'ay faits avec eux.

Et d'autant que Cambray peut servir à cet Estat comme d'un boulevert, acquis & gaigné par les moyens que vous m'avez donnez, & que je demeure obligé à la deffense des Citoyens, qui avec tant d'affection & de fidelité, se sont jettez entre mes bras: Je vous supplie au nom de Dieu mon Seigneur, accepter ce que j'ay en cette place de droit & d'authorité, & empescher l'oppression & desolation d'un si bon Peuple. *Signé*, FRANÇOIS. *Et plus bas*, LA FIN.

CXCVI.

FRANCE ET PROVINCES-UNIES.

(1) *Articles sous lesquels les Provinces-Unies offrent de se donner à* HENRI III. *Roi de France, l'an* 1584. [EVERARDI REIDANI Annales, *Vossio* Interprete. Pag. 63.]

I. UTI Belgarum Principatum pari potestate, titulisque iisdem in quos juratum à Carolo Cæsare foret, accipere Rex vellet, tum sibi, tum quicumque Gallorum deinceps regno ex jure potirentur. Defenderet Gentem; Hostes, maxime Hispanum, persequeretur, neque Pacem cum eo, invitis faceret Belgis.

II. Servatis Reformatorum sacris, diversa ne induceret: relicta cuivis conscientiæ libertate.

III. Privilegia in integro manerent.

IV. Dein & Pacta cum Principum Urbiumque finitimis, dummodo huic non adversa.

V. Præfectum sanguinis sui, virum famâ, dignitate insignem, constitueret: adjuncto indigenarum Senatu: sed qui Reformati, carique Patribus forent.

VI. Præpositis cujusque gentis imperium propagaret: aut sufficeret alios: qui Regis loco, cum Patrum Legatis securitati ac tutelæ Terrarum, Urbium, Castellorumque providerent.

VII. Vacantibus Præfecturis, & Dignitatum majoribus, alterum è duobus Candidatis, ab eadem Natione propositis, Rex deligeret.

VIII. Præsidiarios nisi ex inhabitantibus Terram, nulli imponeret loco: nec Castella aut Arces, nisi primorum Gentis consensu extrueret.

IX.

(1) Ce même Traité est un peu plus au long dans l'Histoire de *Bor*, Tom. II. pag. 528. Mais comme dans le fond, il ne contient que ce qui est specifie ici, & que ce Traite n'eut point d'effet, à cause de la Ligue, qui donna alors de l'occupation à la France, on a crû que cet abrege suffisoit.

ANNO 1584. IX. Juri dicendo, quibus id negotii datum, præsent, iisdem quæ impræsentiarum haberent mandatis, eâdem potestate. Vacuis Magistratibus, aliisve Muneribus, Præfecti cuique Populo, quorum arbitrio id transigeretur, & indigenas legerent, & Reformatos:

X. Exclusis, qui vel Bello in exilium acti, vel ad Hostes transgressi.

XI. Rem fiscalem præsenti statu acciperet, nec, nisi Patrum voluntate, novis Vectigalibus, aut Tributis oneraret Populos.

XII. Fœderatos Proceres quotannis Kal. Maii conventuros. Sed Regem, aut Præfectum cum Senatu, quando necessitas exigeret, convocare eos posse. Nationis cujusque Proceribus, quando & quoties videretur, agendi conventus jus foret.

XIII. Amissas Urbes Rex recuperaret: receptas suis restitueret Terris, & Religionem reformatam reponeret. Omnes autem, quæ nunc cum Rege paciscerentur Terras, æternùm Galliæ Regno copulatas prædictis conditionibus fore, neque ab invicem, aut Gallis discessuras: non Pacis, non Matrimonii interventu, aut translatione in liberûm juniores, permutatione, defectione, aut ulla denique alia ratione.

XIV. Belgæ tam in caducario jure, quo exterorum morientium res ad Regem reciderent, quàm mercaturâ, pari cum Gallis loco haberentur.

XV. Fœderatorum, & Gentis cujusque apud Belgas Procerum acta, Rex rata haberet:

XVI. Uti & Arausionensis.

XVII. Fœderatorum Patrum fore in solutionem debitorum, tributa prorogare, imponere, aut remittere.

XVIII. Terras, quæ defecissent, simulac recuperatæ, urgendas ad dissolvenda debita ante discessum contracta. ANNO 1584.

XIX. Dona à Flandris ac Brabantis in Arausionensem collata, ad luendum, quod Bello conflâsset, alienum æs, sanciret, & Nationum cæteris persuaderet sequi exemplum.

XX. Nassoviam Domum, Viduam, & Hæredes Arausionensis commendatos haberet.

XXI. Pro Sociis ei forent, Romanum Imperium, Britanni, Scoti, Anseaticæ, cunctæque Imperii Civitates, & vicinarum Gentium aliæ.

XXII. Populorum reliquos extra commune Fœdus sitos, qui Transisulana, qui Drenthanum agrum & Omlandiam incolerent, quando venire sub imperium vellent, iisdem legibus acciperet, nec diversis pacisceretur, quæ aut his Pactionibus, aut Nationum cæteris obesse possent.

XXIII. Gentes & Civitates Fœdus nunc ineuntes iisdem omnes conditionibus acciperet, nec cuiquam, nisi voluntate cæterarum, laxiores tribueret.

XXIV. Britannos ac Danos ad probanda hæc Pacta permoveret.

XXV. In hæc jurejurandum daret & acciperet.

XXVI. Denique Fœdus hoc promulgaret publicè, & in Acta referret cunctorum Galliæ, Belgicæque Conventuum, & Juridicorum Consessuum.

XXVII. Ante omnia tamen coactis Galliarum primoribus efficeret, ut Fœdus, & quæcumque circa illud acta, adprobarent.

CXCVII.

23. Août. AUTRICHE ET SAVOIE.

Trattato di Matrimonio frà CAROLO EMANUELE Duca di Savoia, e CATARINA Infante di Spagna, fatto in Chiamberi a 23. del Mese di Agosto 1584. [S. GUICHENON, *Hist. Genealogique de la Maison de Savoye*, Preuves, pag. 564.]

NEL nome di Dio Amen; Notorio sia è manifesto à quelli che il presente publico Instrumento vederano, come l'anno dal nascimento di Nostro Signore Giesu Christo di M.D. LXXXIV. *in Chiamberi, alli vinti tre giorni del mese di Agosto, nel Palatio del Serenissimo Duca di Savoia alla presenza di me Gio Francisco de la Creste Notario & Primo Secretario di sua Altezza & delli Testimonii infra scritti stando presenti & insieme il detto* Serenissimo Duca Carolo Emanuele *in persona & in suo proprio nome, & il Signor Barone Sfondrato Conte della Rivera in nome della Maiesta Catholica del Re Don Filippo de Espagna suo Signore, in virtu di una Procura che tienne infra scritta, Dissero che per quanto fra li detti Signore Re & Duca conoscendo per la gratia di Dio Nostro Signore, essere conveniente al suo santo servitio, & al bene & quiete de suoi Regni, Signorie & Stati respettivamente, & per maggior conservacione del parentado, & molto amore ch'è fra loro, si ha trattato & praticato, che il detto Signor Duca habbi in sponsare & congiungere in Matrimonio con la* Serenissima Infanta Donna Caterina Figlia seconda de Sua Maiesta del detto Re Don Felippo, *è per concluderlo fare & capitulare quanto sopra esse convenga, sindole suplicato per il Duca ha datto il Re suo Puotere ò sia Procura, al detto Barone Sfondrato, per cio il Signor Duca in sua persona è nome proprio, il detto Barone Sfondrato per virtu di suo Puotere & Procura, hanno stipulato li Capitoli infrascritti in questa forma & maniera. Primamente il detto Signor Duca promette & giura, che si sposara per parole di presente con la detta Signora Infanta Donna Caterina facendo il sposalitio in faccia & secondo l'ordine della sancta Madre Chiesa, subito arri-*

CXCVII.

23. Août. AUTRICHE ET SAVOYE.

Mariage de CHARLES EMANUEL I. *Duc de Savoye, & de* CATHERINE D'AUTRICHE *Infante d'Espagne, fait à Chamberi, le* 23. *d'Août* 1584. [S. GUICHENON, Histoire Généalogique de la Maison de Savoye, Preuves, pag. 564.]

AU nom de Dieu, Amen. Qu'il soit notoire & manifeste à ceux qui verront les présentes, que l'année de la naissance de Nôtre Seigneur Jesus-Christ M.D. LXXXIV, à Chambery, le 23. jour du mois d'Août, dans le Palais du Serenissime Duc de Savoie, en présence de moi Jean François de la Creste, Notaire & premier Secretaire de Son Altesse, & en présence des Témoins soussignez; ledit Serenissime Duc *Charles Emanuel*, agissant en personne & en son propre nom, & le Seigneur Baron Sfondrate, Comte de la Riviere, agissant au nom de Sa Majesté Catholique, Don Philippe d'Espagne, son Seigneur, en vertu d'une Procuration écrite ci-dessous, dirent que lesdits Seigneurs Roi & Duc connoissant, par la grace de Dieu Nôtre Seigneur, qu'il étoit utile pour son service, & pour le bien & repos de leurs Roiaumes, Seigneuries & Etats respectivement, & pour mieux entretenir le parentage & l'amitié, qui sont entre eux, que ledit Seigneur Duc prenne pour sa femme, & se conjoigne matrimonialement la Serenissime Infante *Donne Catherine*, seconde Fille de Sa Majesté Catholique, le Roi Don Philippe; & que, pour conclurre le Mariage & en faire le Contract & les conditions, le Roi en étant supplié par le Duc, a donné Pouvoir, ou Procure, audit Baron Sfondrate. Pour cela le Duc en personne & agissant en son propre nom, & ledit Baron Sfondrate, agissant en vertu de son Pouvoir & Procure, sont convenus des Articles suivans, en cette forme & maniére. Premierement ledit Seigneur Duc promet & jure, qu'il se mariera par paroles de présent avec ladite Dame Infante Donne Catherine, à la face & selon l'ordre de nôtre Mere Sainte Eglise, d'abord que la Dispense de nôtre

ANNO 1584.

arrivata la Dispensatione che Nostro Santissimo Padre haura da concedere per questo Matrimonio, laquale si haura da portare fra tre mesi doppo la data di questa Scrittura, ò il piu presto che si potrà. Piu fu accordato che il Re fara che la Signora Infanta Dona Caterina sua Figlia si mariti per parole di presente con il detto Signor Duca & si sposara, come si è detto, venuta che sia la Dispensatione, è il detto Barone Sfondrato in suo nome, in virtu d'il detto Puotere, promette e assicura, che Sua Majesta da in Dote alla Serenissima Dona Caterina Infanta di Spagna sua Figlia, per tuto il dritto hereditario che per qual si voglia dritto commune ò consuetudinario, è per qual si voglia altra raggione ò causa possi pretendere, in luogo di sua legitima & suplemento di esse, cinque centi millia Ducati da tricento settanta cinque Maravedis ciascun Ducato, & che mentre non pagara la detta Dote in denario in reddito perpetuo habbi Sua Majesta da segnallare tanta intrata, come montarano li detti cinque cento millia Ducati à raggione di otto per cento de redditi in ciascun anno, consignandosela in parte certa & sicura. Piu fu assentato per il detto Procuratore di Sua Majesta, & Sua Majesta in suo proprio nome, promette & assicura per questa presente Scrittura, che fara dare & pagare realmente & con effetto al detto Signor Duca ò à chi suo Puotere haura, la detta Dote per la maniera è forma che si è detta, & che detto Signor Duca sara obligato di dare sua ricevuta & quittanza de tutta la quantita della detta Dote dopo che l'haura ricevuta, & con li detti cinque centi millia Ducati che si segualiano à la detta Dona Caterina Infanta di Spagnia, ha da essere sua Altessa contenta & lo detto Signor Duca è suoi Heredi è Successori è ambi due per tuti li dritti, attioni & pretensioni che la detta Signora Infanta Dona Caterina & qual si voglia altra in suo nome adesso & per l'avenire posse pretendere tanto de beni, heredita, & successione del Re suo Padre, come della Regina Dona Isabella sua Madre, di che tutto la detta Signora Infanta Dona Caterina si è data & tiene per pagata, di sua legitima di Padre & Madre, & altra qual si voglia pretensione, per che li detti cinque cento millia Ducati montano, è sino molto piu di quello che per la legitima Paterna & Materna & altra qualunque pretensione che li apparteneva ò posse apertenire. Piu per magior chiarezza si dichiara & assenta che per maggior fermezza sia obligata la detta Signora Infanta Dona Caterina, doi giorni doppo consumato questo Matrimonio, à far in questa conformita solenne & sufficiente Renuncia, con autorita & consentimento del detto Signor Duca suo Marito & questo à favore di Sua Majesta d'il Re Don Filippo & de soi Figlivoli & descendenti, & confirmare la detta Renoncia con giuramento nella miglior forma, è con li requisiti necessari accio che havendo li detti Figlivoli ò descendenti di Sua Majesta, non posse pretendere cosa alcuna di piu della detta Dote; impero, il che Dio non voglia, mancando li detti descendenti, restera il suo dritto à salvo alla detta Signora Infanta Dona Caterina, & à soi Figlioli & Successori, senza che questa Renuncia gli posse pregiudicare ne posse far danno in materia alcuna. Et in caso che conforme al ditto nel capitolo precedente, la Signora Infanta Dona Caterina venesse à succedere nelli Regni, Stati & Signorie del Re Don Filippo suo Padre, si assenta & dichiara che tuto quello di che cossi la Signora Infanta che il detto Signor Duca horano da disporre come Re di questi Regni s'habbi da dare & si dia alli naturali, & esse solamente & che in suo lignagio se trattino & spedischano tutte le cause & negotii che in essi haura & che general-

nôtre tres-Saint Pere, pour permettre ce Mariage, sera arrivée, laquelle se devra apporter dans trois mois depuis la date de cet Ecrit, ou le plûtôt qu'il se pourra. De plus il a été convenu, que le Roi fera en sorte que ladite Dame Infante, Donne Catherine sa Fille, se marie par paroles de présent, avec ledit Seigneur Duc, & l'épouse, comme il a été dit, quand la Dispense sera venuë. Ledit Baron Sfondrate promet & assûre, au nom du Roi & en vertu de ses Pouvoirs, que Sa Majesté donnera en Dote à la Serenissime Donne Catherine Infante d'Espagne, sa Fille, pour tout Droit Hereditaire, par quelque sorte de Droit que ce soit, écrit ou coûtumier, & par quelque raison ou cause qu'elle puisse prétendre, en place de sa Legitime, & de ses supplémens, cinq cents mille Ducats de trois-cents-soixante-cinq Maravedis chacun; & que pendant que Sa Majesté n'aura pas payé ladite Dote en argent comptant, elle en payera les interêts perpetuels, en assignant au Duc un revenu, selon le montant de ladite Somme de cinq-cents mille Ducats, à raison de huit pour cent, chaque année, & les assignant sur un lieu certain & assûré. De plus ledit Procureur de Sa Majesté est convenu & Sa Majesté promet & assûre, par le présent Ecrit, qu'elle fera donner & payer réellement, & d'effet audit Seigneur Duc, ou à qui de loi Pouvoir aura, ladite Dote de la maniere & forme, dont il a été dit; & que ledit Seigneur Duc sera obligé de donner son reçû, & sa quittance de toute la Somme de ladite Dote depuis qu'il l'aura reçûë; & que lesdits cinq-cent mille Ducats étant payez à ladite Donne Catherine, Infante d'Espagne, elle se tiendra pour satisfaite, aussi-bien que ledit Seigneur Duc & leurs Heritiers & Successeurs, & tous les deux ensemble, pour tous les Droits, actions, & prétensions, que ladite Dame Infante, Donne Catherine, & qui que ce puisse être en son nom, pour le présent, & pour l'avenir, puisse prétendre des Biens, Héritages & Successions du Roi son Pere, & de la Reine Donne Isabelle sa Mere; desquels ladite Dame Infante, Donne Catherine, se tient pour payée de sa Légitime de Pere & de Mere; & de quelque autre prétention que ce soit, parce que lesdits cinq-cent-mille Ducats montent beaucoup plus que la Légitime Paternelle & Maternelle, ou autre prétension, qui lui appartienne ou puisse appartenir. De plus, pour plus grande clarté, on déclare, & l'on tombe d'accord, que pour s'assûrer mieux, ladite Dame Infante, Donne Catherine, deux jours depuis la consommation de ce Mariage, fera, conformement à cet Acte, une Rénonciation solemnelle & suffisante, du consentement & de l'autorité dudit Seigneur Duc son Epoux, en faveur de Sa Majesté le Roi Don Philippe, & de ses Fils & descendans, & qu'elle confirmera cette Rénonciation avec Serment, dans la meilleure forme, & avec tout ce qui est requis & nécessaire, en sorte qu'elle ne puisse rien prétendre davantage que ladite Dote, Sa Majesté aiant des Fils, ou descendans. Si néanmoins (ce qu'à Dieu ne plaise) lesdits descendans venoient à manquer, ladite Dame Infante, Donne Catherine, & ses Fils & Successeurs auroient leurs droits entiers, sans que cette Rénonciation leur puisse préjudicier, ou leur faire tort en quoi que ce soit, & en cas que ladite Dame Infante, Donne Catherine, vint à succeder aux Royaumes, Etats, & Seigneuries du Roi Don Philippe son Pere, on consent & déclare que toutes les choses, dont Elle & ledit Seigneur Duc auront à disposer, comme Rois de ces Roiaumes, devront se donner & se donneront aux naturels du Païs, & à eux seulement, & que ce sera entre eux que se traiteront & s'expedieront tous les Procès & affaires, qu'il y aura; & que générale-

ANNO 1584.

ANNO 1584.

neralmente li detti Signori Infanta & Duca habbino da seguire & osservare la naturalezza, Legi, Costume, Mode, stile di procedere che nelli detti Regni s'usa & osserva, cosi quanto alla residenza come in tutto quello è governo di essi & di giustіcia. Piu è accordato che succedendo separacione ò dissolutione di questo Matrimonio senza Figli, per qualunque maniera che sia (cosa che Dio non permetta) il detto Signor Duca & soi Heredi siano obligati à restituere è pagare, è per questa presente Lettera cosi lo promette & assicura realmente è con effetto, alla Signora Infanta Dona Caterina è soi Heredi, tutto quello haura ricevuto della detta Dote, stando in essere & che non le stando il tutto ò la parte che manchera lo restituira & pagara d'entro un anno doppo la dissolutione di questo Matrimonio, è nel detto caso che la Signora Infanta Donna Caterina mancasse senza Figlioli, di questo Matrimonio, ne Descendenti che la debbano hereditare, il che Dio non voglia, puotrà la detta Signora Infanta disporre de suoi beni dotali, & de quelli di piu che haura aquistati eccetto quelli che si gli haurano dati per heredita è legitima di parte di Padre, che questi doppo soi giorni hanno da tornare à Sua Majesta, ò a chi col tempo succedera ne' soi Regni, Stati, & Signorie, & all'istesse habbia retorna tutta la Dote intieramente, se la detta Signora mancasse senza dispositione alcuna, nel detto caso di non hauer Descendentie. Piu s'assenta & accorda che il detto Signor Duca habbi à dare & dia in luogo è nome di arre ò Doario à la Signora Infanta Donna Caterina per honore & grandeza di sua persona, cento è sessanta & sei millia Ducati che monta il terso delli cinque cento millia Ducati di Dote, che come s'è detto se gli darano con sua Alteza, laqual summa delle dette arre ò Doario sendo finito detto Matrimonio, haura la Signora Infanta hora siano nati Figlioli di sua Alteza ò no lo siano, è permanendo in vita viduale ò maritandosi seconda volta, per qual si voglia manera, salvo se la Signora Infanta mori prima che il Duca, nel qual caso lasciando Figlioli haurano d'havere le dette arre ò Doario, è negli lasciando no, hanno à essere pagate à sua Alteza, è soi Heredi come cosa di suo proprio Patrimonio, d'entro due anni doppo che sara disciolto è separato il Matrimonio, la meta in ciascun anno, & il detto Signor Duca cosi lo promette, & s'obliga d'osservarlo realmente & con effetto, come in questo Capitulo si contienne. Item s'assenta che il detto Signor Duca habbi da dare & dia alla Signora Infanta Donna Caterina, gioie è forniture di sua persona & casa convenienti à sua Alteza pigliandosi cariche, di providere di tutto questo & d'il restante necessario d'alla desimbarcatione inanti è restando Sua Majesta scaricato di questo pensiere, & che doppo li giorni della Signora Infanta forniro le gioie al Duca ò à soi Heredi. Piu s'è accordato che le gioie quale detta Signora Infanta portara seco, saranno tutte proprie di sua Alteza per disporre desse come le piacera, è vorra, è il dritto le concede, & che delli istessa maniera possi disporre liberamente in vita, ò per ultima volonta, di tutto quello che acquistara de beni mobili ò stabili, per Donacione d'il Signor Duca, ò d'altre persone & in altra qual si voglia maniera, con tale che nelle cose che haura per donacione habbi da osservare la lege & forma di essa & le legi del Regno ò Stato, che circa dicio haura. Piu s'assenta che il detto Signor Duca habbi da segnallare, per trattenimento della Signora Infanta è sua casa sessanta millia Ducati d'Intrada da CCC. LXXV. Maravidis ogni Ducato, compresi in questa soma li redditi della Dote sudetta & che la parte che sopra

néralement lesdits Seigneurs Infante & Duc suivront & observeront les usages des naturels du Païs, les Loix, Coûtumes, Modes, & manieres de proceder qui s'observent dans ces Roiaumes, tant en ce qui regarde la résidence, qu'en tout ce qui concerne le gouvernement & la justice. De plus on est tombé d'accord que, s'il arrivoit séparation, ou dissolution dans ce Mariage, en quelque maniere que ce soit (ce qu'à Dieu ne plaise) ledit Seigneur Duc & ses Héritiers seront obligez à restituer & payer, comme il le promet & l'assûre par les présentes Lettres, à ladite Dame Infante, Donne Catherine, & à ses Héritiers, tout ce qu'il aura reçû de ladite Dote, étant encore en être; & que ne l'étant pas, le tout, ou la partie qui manquera sera restituée & payée, un an après la dissolution de ce Mariage; & qu'en cas que ladite Dame Infante, Donne Catherine, n'eût aucuns Fils de ce Mariage, ni Descendans qui pussent être les Héritiers (ce que Dieu ne veuille) ladite Dame pourra disposer de ses Biens Dotaux, & de ceux qu'Elle aura aquis de plus; excepté ceux qui lui auront été donnez par Héritage, ou Légitime, de la part de son Pere, lesquels doivent retourner après sa mort, à Sa Majesté, ou à ceux qui avec le temps lui succederont en ses Roiaumes, Etats & Seigneuries; & qu'aux mêmes retourneroit toute la Dote entierement, si ladite Dame mouroit sans Testament, en cas qu'elle n'eût point de Descendans. De plus on est convenu & tombé d'accord, que ledit Seigneur Duc donnera & donne pour arre, ou Doüaire à ladite Dame Infante, Donne Catherine, par honneur & pour la grandeur de sa personne, cent & soixante six mille Ducats, ce qui est le tiers des cinq-cents mille Ducats de Dote, qu'on lui donnera avec son Altesse; laquelle Somme des arres ou Doüaire, Elle aura après la consommation du Mariage, soit qu'elle ait des Enfans, ou qu'elle n'en ait point; soit qu'elle demeurât Veuve, ou qu'elle se mariât une seconde fois, de quelque maniere que ce soit, sinon que ladite Dame vînt à mourir avant le Duc; dans lequel cas, si elle laisse des Enfans, ils auront lesdites arres ou Doüaire; & si elle ne lui en laisse point, elles devront être payées à Son Altesse, ou à ses Heritiers, comme choses de son propre Patrimoine, dans deux ans depuis que le Mariage sera dissous & separé la moitié chaque année. Ledit Seigneur Duc le promet ainsi, & s'oblige d'observer réellement & d'effet ce qui est contenu dans cet Article. Item on convient que ledit Seigneur Duc doit donner & donne à l'Infante, Donne Catherine, les pierreries & la dépense nécessaires pour sa personne & pour sa Maison, convenables à son Altesse, se chargeant de la pourvoir de tout cela, & du restant nécessaire, avant qu'elle se soit debarquée; Sa Majesté demeurant déchargée de ce soin; & qu'après la mort de la Dame Infante, on rendra les pierreries au Duc ou à ses Héritiers. De plus on est tombé d'accord que les pierreries, que ladite Dame Infante portera avec elle, lui seront propres, pour en disposer, comme il lui plaira, comme elle voudra, & comme le Droit l'accorde; & que de la même maniere elle pourra disposer, soit pendant sa vie, soit par sa derniere volonté, de tout ce qu'elle aquerra de Biens meubles, ou immeubles, par donation du Duc, ou de quelque autre personne, & de quelque autre maniere que ce soit, à condition qu'à l'égard des choses, qu'elle aura euës par Donation, elle en observe les Loix & les formes, aussi-bien que les Loix du Roiaume, ou de l'Etat, qui se trouveront établies là-dessus. De plus on est convenu que ledit Seigneur Duc assignera, pour l'entretien de l'Infante & de sa Maison, soixante mille Ducats de revenu, de trois-cents soixante-cinq Maravedis chacun, y compris les revenus de la Dote susdite, en sorte que ce

ANNO 1584.

ſopra eſſi montara quello che ha da mettere ſin al compimento di detti ſeſſanta millia Ducati, che coſi ha da ſegnallare la conſigni & ſia ſituata ſopra bone & ſicure intrate, & che al tempo che ricevera in denari la detta Dote, reſti ſin d'hora obligato à conſignarli parimente l'altra parte che montano li redditi che per hora s'aplicano per il detto trattenimento della Signora Infanta. Piu il detto Signor Duca promette & s'obliga che le dette intrate ſopra quali ha da ſituare il trattenimento della Signora Infanta conforme al detto nel Capitolo antecedente ſi nominaranno & dichiareranno prima che detto Matrimonio ſia celebrato per parole di preſente, & ſarano tali & tante di quantita, che Sua Majeſta & la Signora Infanta debbano eſſere contenti, & dicio li darano Lettere di detto Signor Duca firmate di ſua mano, & ſigillate col ſuo ſigillo alla Signora Infanta Dona Caterina. Item ſe aſſenta che ſe Iddio ſara ſervito, che il Signor Duca manchi d'alla preſente vita, prima che la Signora Infanta Dona Caterina, che ſua Alteza è ſuoi creati volendo, poſſere liberamente partire delli Stati d'il Duca, è tornaſſene alli Regni di Spagnia, ſenza che gli ſia poſto impedimento ne difficolta alcuna, ne in coſe che con eſſi portarano, ſenza eſſere obligati à tener licenza del Signore, che in quel tempo ſara delli detti Stati, ancor che puotria fargliolo ſapere, & intendaſſi che in tal caſo non ſara privata delle intrate che haura nelli detti Stati ne di parte alcuna d'eſſe, ne per cio gli ſia diminuita la obligacione di ſua Dote, & arre in tutto ne in parte, coſi la perſonale come la reale, ſpeciale & generale, anci tutta via reſti ferma. Piu s'è accordato che per ſicurezza della detta Dote & arre ò Doario ſiano obligati & hipotecati come ſon di preſenti per all'hora, il detto Signor Duca obliga & hipotheca alla Signora Infanta Donna Caterina tutti li beni mobili, & ſtabili, Patrimoniali e Fiſcali de ſuoi Stati & Signorie, è promette e s'obliga che fra ſei meſi, doppo che la detta Signora Infanta Donna Caterina intrara ne ſuoi Stati, dara intiera ſicurezza delle arre è parimente della Dote, & intiera ſodisfattione di Sua Majeſta, & della Signora Infanta, al tempo che ſe gli habbi da dare ò ſituare, & di piu della generale hipotheca, hipotecara tante Citta & Borghi delli detti ſuoi Stati con tutti ſuoi frutti & redditi come ſia biſogno, per che ſi conſequeſca la intiera ſicurezza. Et per maggiore ſicurezza della detta Dote ſi aſſenta & accorda che il tutto ò parte d'eſſa che ſara conſtituita in beni ſtabili di cenſi ò livelli perpetui, ò che ſi poſſino redimere, reſtino vinculati, accio durante il Matrimonio non poſſino vendere ne alienare in maniera alcuna, & ſe di fatto ſi alienarano, tal alienatione ſia in ſe niſſuna, & di niuno valore & effetto, come ſi mai li foſſe fatta. Evenendo caſo che alla detta Signora Infanta, s'egl'habbi à reſtituire la detta Dote, & arre ò Doario, mentre non ſe gli pagara nelli termini di ſopra dechiarati, tenga & poſſeda li redditi che nelle Citta, Ville & Luoghi di quelli Stati, gli ſaranno aſſignati per ſuo trattenimento, ſenza diminutione, difficolta ne impedimento alcuno, reſtando tutta via nella ſua forſa & vigore la obligacione & hipoteche generali è ſpeciali, che ſono per puoter recuperare la detta Dote, arre ò Doario, ſempre tutte le volte, & quando vorra, pur que ſiano paſſati li termini di ſopra dechiarati, n'e quali s'haura reſtituire, & intendeſſi che quello che la detta Signora Infanta ha d'havere de trattenimento conforme al concertate nel Capitolo precedente, non ſe gl'ha

ce qui manquera pour faire les ſoixante mille Ducats lui ſoit donné & aſſigné ſur de bons & aſſûrez revenus; & qu'au temps qu'il recevra ladite Dote en comptant, il demeure dès lors obligé à lui donner l'autre partie, à laquelle montent les revenus, qui à preſent s'appliquent à l'entretien de ladite Dame Infante. De plus ledit Duc promet & s'oblige de nommer & de déclarer, avant que le Mariage ſoit célebré par paroles de préſent, les revenus aſſignez pour l'entretien de l'Infante, conformément à ce qui a été dit dans l'Article précedent; & de faire en ſorte que ces revenus ſoient ſi grands, que Sa Majeſté & l'Infante auront ſujet de s'en contenter; de quoi le Duc donnera à ladite Dame des Lettres ſignées de ſa main, & ſélées de ſon Seau. Item on eſt convenu que ſi le Seigneur Duc venoit à mourir, avant ladite Dame Infante Donne Catherine, ſi ſon Alteſſe & ſes Conſeillers le ſouhaitent, Elle pourra partir librement des Etats du Duc de Savoie, pour s'en retourner au Roiaume d'Eſpagne, ſans que l'on y puiſſe apporter empêchement, ou difficulté aucune; non plus qu'au transport de ce qu'Elle & ſes Gens emporteront avec eux, ſans demander permiſſion à celui qui en ce temps-là ſera Seigneur desdits Etats, encore qu'elle pourra le lui faire ſavoir. En ce cas-là l'on entend qu'elle ne ſera point privée des revenus qu'elle aura dans ces Etats, pas même en partie; & qu'on ne diminuera point pour cela l'obligation de ſes Dote & arres ni en tout, ni en partie, perſonnelle & réelle, génerale & ſpeciale, en ſorte qu'elle demeurera toûjours ferme. De plus on eſt convenu que pour la ſûreté desdites Dotes & arres, ou Doüaire, ſeront obligez & hypothequez, à préſent comme alors, par ledit Seigneur Duc qui les oblige & hypotheque, à ladite Dame Infante, Donne Catherine, tous les Biens, meubles & immeubles, Patrimoniaux & Fiscaux de ſes Etats & Seigneuries; & il promet & s'oblige que dans ſix mois, depuis que l'Infante ſera entrée dans ſes Etats, il donnera une pleine ſûreté pour les arres & pour la Dote, & une entiere ſatisfaction à Sa Majeſté, & à ladite Dame Infante, concernant le temps auquel il les aſſignera, & qu'outre l'hypotheque génerale, il hypothequera autant de Villes & de Bourgs dans ſes Etats, avec tous leurs fruits & revenus, qu'il en ſera beſoin pour donner une aſſûrance entiere. Pour plus grande ſûreté de ladite Dote, on convient qu'en tout ou en partie elle ſera placée en Biens immeubles de cenſes ou revenus perpetuels, ou que s'ils ſe peuvent racheter, ils demeureront engagez, afin que le Mariage ſubſiſtant on ne les puiſſe ni vendre, ni engager en aucune maniere, & que ſi on les alienoit, cette alienation ſeroit nulle d'elle même, & d'aucune valeur & effet, comme non avenuë. En cas que l'on dût reſtituer les arres & Dote, à ladite Dame Infante, en attendant qu'on la paye, dans les termes ci-deſſus déclarez, Elle retiendra & poſſedera les revenus ſur les Villes, Villages & Lieux à Elle aſſignez, pour ſon entretien; ſans diminution, difficulté, ni empêchement quelconque; les hypotheques génerales & ſpéciales demeurant dans leur force & vigueur, pour pouvoir recouvrer ladite Dote, arres, ou Doüaire, toutefois & quantes qu'Elle voudra, pourvû que les termes ci-devant déclarez ſoient échus, dans lesquels on les devra reſtituer. L'on entend que ce que ladite Dame Infante doit avoir d'entretien, conformément à l'Article précedent, ne ſe doit défalquer ni en

ANNO 1584. gl'ha da difficultare in tutto ne in parte della detta Dote & Arre ò Doario, atteso che il detto Signor Duca sin d'adesso per all'hora fa libera donatione de esse, alla detta Signora Infanta Donna Caterina, accio che la detta Dote, Arre ò Doario s'habbino tutta via à essere pagate intieramente, nelli termini di soppr'espressati, & l'hipotheca che per compimento d'esse s'ha detto & assentata ha luogo, & s'ha d'intendere parimente in caso che la detta Dote habbi venire à restituir à Sua Majesta, qual hipotheca nella forma è maniera che si e detto s'ha da fare prima della consignatione, ò sodisfattione della detta Dote, è per in caso di sua restitutione per quello tocca alla Dote e per quello che alle Arre ò Doario fra lidetti doi mesi, l'une & l'altre à intiera sodisfattione di Sua Majesta, & della detta Signora Infanta, & à essi fiano date le Scritture di tutto il sudetto stipulate è firmate del detto Signor Duca, & sigillate col suo sigillo, di maniera che restino securi della detta hipotheca, & di tutto quello ch'è qui assentato & accordato. Fu fatta & stipulata in Chiamberi à vingtitre giorni del mese di Agosto di Mille cinque cento ottanta quatro anni, sendo Testimonii Luys Millete Barone de Faverges, Gran Cancellario di S. A. Lorenzo di Gorrevod Conte di Pontdevaux Cavagliere dell'Ordine della Annunciata & Governatore di Bressa, Beugè è Verromey, Prospero di Geneva Signor di Lullin Cavagliere dell'istesso Ordine, Francisco Martinengo Conte di Malpaga Cavagliere dell'istesso Ordine & Gran Scudiere, & Enea Pio di Savoia Cavagliere dell'Ordine istesso, quali firmarono nel Registro. Carlo-Emanuel, & Baron Sfondrato. L. Milliet, Laurenzo de Gorrevod, Prospero de Geneva, Fr. Martinengo, Enea Pio di Savoia, & Gio Francisco de la Creste Primo Secretario di S. A. & suo Notario.

en tout, ni en partie, de ladite Dote, Arres ou Doüaire; attendu que ledit Seigneur Duc, dès à present pour alors, en fait une libre donation à ladite Dame Infante Catherine, afin que ladite Dote, Arres ou Doüaire soient toûjours entierement payez, dans les termes ci-dessus marquez. L'hypotheque dont on a parlé & dont on est convenu, pour achever de les payer, a lieu & doit s'entendre de même, en cas que l'on dût rendre ladite Dote à Sa Majesté; laquelle hypotheque, dans la forme & maniere, qui a été dite, se doit faire avant la consignation, ou payement de ladite Dote; soit en cas qu'il fallût rendre ce qui regarde la Dote, soit pour ce qui concerne les Arres ou Doüaire, dans lesdits deux mois; l'une & l'autre à l'entiere satisfaction de Sa Majesté & de ladite Dame Infante; ausquels on donnera les Ecrits stipulez, concernant le tout, signez par le Duc & sélez de son Seau, en sorte qu'ils soient assûrez de ladite hypotheque, & de tout ce dont on est convenu & tombé d'accord. Fait & stipulé à Chambery, le vingt-troisiéme jour du mois d'Août de l'année mille cinq-cents quatre-vingt-quatre; étant témoins *Louis Millete*, Baron de Faverges, Grand Chancelier de son Altesse; *Laurent de Gorrevod*, Comte de Pontdevaux, Chevalier de l'Ordre de l'Annonciade, & Gouverneur de Bresse, Bugey, & Valromey; *Prosper de Geneve*, Seigneur de Lullin, Chevalier du même Ordre; *François Martinengue*, Comte de Malpague, Chevalier du même Ordre, & Grand Ecuïer; & *Enée Pie de Savoie*, Chevalier du même Ordre, qui signerent dans le Regitre. *Charles Emanuel*, le *Baron Sfondrate*. *L. Millet*. *L. de Gorrevod*, *Prosp. de Geneve*, *Fr. Martinengue*, *Enée Pie de Savoie*, *Jean François de la Creste* Premier Secretaire de S. A. & son Notaire. ANNO 1584.

CXCVIII.

31. Dec. *Traité fait entre* PHILIPPE II. *Roi d'Espagne, & la* LIGUE *de France, au préjudice de la Maison Roiale. A Joinville le 31. Decembre 1584.* [FREDER. LEONARD, Tom. II. pag. 636.]

LIGUE ESPAGNOLE ET LORRAINE CONTRE LA MAISON DE BOURBON.

AU nom de Dieu le Createur: A tous ceux qui ces presentes Lettres verront, Soit notoire, comme ainsi soit qu'il n'y ait en ce monde rien qui oblige davantage, ni à quoi les Rois, Princes, & tous Chretiens soient plus tenus qu'à ce qui est du service de Dieu, tuition, défense, & conservation de sa sainte Loi; & que les Sectes & Heresies de long-tems dispersées par la Chretienté aient pris tel accroissement, que grande partie d'icelle s'en trouve gâtée & infectée, voire si avant, qu'en plusieurs Contrées grandes & notables l'on est venu jusques-là, que de bannir la Religion Catholique, Apostolique, & Romaine, en faisant tout l'effort possible, pour l'extirper & ruïner de fond en comble; & que les Chefs & Ministres desdites Sectes & Heresies ne veillent jour & nuit par tous les subtils couverts & publics moiens qu'ils peuvent, qu'à corrompre & gâter de même ce qu'elle a encore, grace à Dieu, d'entier & de net. Et qu'au lieu qu'entre les Princes Chretiens, lesdits Sectaires & Heretiques devroient être traitez & tenus comme Ennemis; ce neanmoins du côté de la France, & d'aucuns François, ils aient été tellement suportez, favorisez, & entretenus aux Païs-Bas, qu'ils n'auroient pû être châtiez, punis, & reduits, comme il apartient par tres-haut, tres-excellent & tres-puissant le Roi Catholique leur Souverain. Ce que les souscrits Catholiques de ladite France disent avoir été fait en icelle seulement par les mauvais conseils & persuasions de certaines Personnes, plus soigneuses de leur profit particulier, que de l'honneur de Dieu, du service de leur Roi, & du bien de leur Patrie; & qu'en ceci l'on y continuë encore à present plus que jamais par negociations, promesses, & exhortations, pour les rendre toûjours plus obstinez & endurcis en leurs perverses intentions. Même qu'au dedans de la France les Catholiques se plaignent de voir l'impunité du blaspheme; qu'ils apellent liberté de conscience permise entre eux; & d'autre part, les Villes, Forteresses, leurs Maisons & leurs Familles, voire les Peuples entiers être livrez & abandonnez au bon plaisir & domination des Heretiques. En quoi, outre ce que l'état de la France se dissipe par ce moien, encore sont-ce autant d'Arsenaux & Magasins dressez pour les Heretiques, afin d'endommager plus aisément les Catholiques. Et étant faites plusieurs & diverses plaintes sur ce particulier à tres-haut, tres-excellent, & tres-puissant Prince le Roi Tres-Chretien, leur Souverain, tant aux Assemblées des Etats Generaux & particuliers, que par tres humbles Requestes, Supplications, & Remontrances faites par plusieurs Princes, & autres Gens de qualité, lesquelles n'auroient pû obtenir aucune consideration par les artifices de Personnes trop soigneuses de leur profit, comme dit est, & sur le point d'un plus grand danger. Que depuis la mort de feu tres-excellent Prince Monsieur le Duc d'Alençon, le Premier Prince du Sang, qui de tout tems, & encore à present est Chef des Heretiques, se pretendant attribuer le premier degré en la Succession de la Couronne de France, a, par nouveau Serment, juré & confirmé la protection desdits Heretiques, nonobstant ce peril si pressant, lui ont été accordées nouvelles Investitures, pour plusieurs années, des Villes qu'il possede contre toute la raison; comme si de propos deliberé l'on le vouloit conduire, ainsi Ennemi de la Foi qu'il est, à la Succession de cette Couronne de France, avenant le decés sans Hoirs mâles du Roi Tres-Chretien; qui feroit preparer de longue-main l'entiere ruine de l'Eglise de Dieu. Et combien qu'il soit

soit en sa divine main de donner Enfans audit Seigneur Roi Tres-Chretien, quand il lui plaira; si-est-ce qu'il n'est moins possible qu'il puisse deceder sans iceux, & pour lors il seroit trop tard de penser aux remedes de certains dangers, dont le present état des affaires menace, non seulement la France, mais generalement toute la Chretienté; de quoi l'on s'aperçoit dés maintenant à vûë d'œil.

POUR ces causes, Nous Philippe, par la grace de Dieu, II. de ce nom, Roi de Castille, de Leon, d'Arragon, Portugal, de Navarre, de Naples, de Sicile, de Jerusalem, de Majorque, de Sardaigne, des Isles, Indes, & Terre Ferme de la Mer Oceane; Archiduc d'Autriche, Duc de Bourgogne, Comte de Flandre, d'Artois, de Bourgogne, Palatin de Hainaut, de Hollande, & de Zelande, de Namur & de Zutphen; Prince de Suabe, Marquis du Saint Empire, Seigneur de Frise, de Salins, de Malines, des Citez, Villes & Païs d'Utrecht, d'Over-Issel, & de Groningue, & Dominateur en Asie & en Afrique: desirant autant qu'en nous est subvenir au grand & present danger de la Religion Catholique:

Et nous Charles, Cardinal de Bourbon, premier Prince du Sang de France, Legat du Saint Siege Apostolique au Comté d'Avignon, Primat de Normandie, Archevêque de Roüen, en considerant l'étroite obligation, que nous avons premiérement à Dieu, & aprés à ce Roiaume, comme Premier Prince du Sang, & legitime Heritier de la Couronne de France, de prevenir & nous opposer au danger de la Religion, & à l'évidente & prochaine ruine de ladite Couronne: Louis, Cardinal de Guise, Archevêque Duc de Reims, Premier Pair de France; Henri de Lorraine, Duc de Guise & de Chevreuse, de Château de Renaud & des Terres d'entre & deçà la Meuse, qui en dependent; Prince de Joinville, Comte d'Eu, Baron de Lambesq, Orgon & Esgalliers, Pair & Grand-Maître de France, Gouverneur & Lieutenant General pour le Roi Tres-Chretien en ses Païs de Champagne & Brie; Charles de Lorraine, Duc de Maienne, Pair & Grand-Chambelan de France, Gouverneur & Lieutenant General pour Sa Majesté Tres-Chretienne en ses Païs & Duché de Bourgogne; Charles de Lorraine, Duc d'Aumale, Pair & Grand-Veneur de France; Charles de Lorraine Duc d'Elbeuf, aussi Pair de France; ressentans le devoir, qui nous oblige à la Religion Catholique, étant Princes Chretiens, & ne pouvant defaillir au Païs de nôtre naissance, comme Membres principaux d'icelui, en un besoin si grand & remarquable, & où il est question de l'honneur de Dieu, de la conservation de son Eglise, & du salut de son Peuple. Aprés que nosdites Supplication & Remontrances, tant de fois reïterées, n'ont pû rien obtenir, tous unanimement, poussez d'entier zele de sa gloire & honneur, & invoquant pour la bonne issuë de cette sainte entreprise l'intercession de la sacrée Vierge Marie, & de tous les Saints, avons par ensemble conclu, traité, & arresté, traitons, concluons, & arrestons par ces presentes Confederation, Union, & Ligue offensive & defensive, perpetuelle & à toûjours, pour nous & nos Hoirs, pour la seule tuïtion, défense, & conservation de la Religion Catholique, Apostolique, & Romaine, restauration d'icelle, & pour l'entiere extirpation de toutes Sectes & Heresies de la France & des Païs-Bas, & ce aux charges & conditions qui ensuivent.

Premierement, que lesdits Princes François contractans feront declarer pour Successeur de la Couronne de France ledit Sieur Cardinal de Bourbon, pour, avenant le decés sans Hoirs mâles legitimes de Sa Majesté Tres-Chretienne, être institué Roi legitime de la Couronne de France, comme Prince Catholique, le plus proche du sang Roial, & auquel vient & compete cette Succession de droit, en excluant du tout pour toûjours & à jamais tous les Princes du Sang de France, étans à present Heretiques & relaps des autres Princes d'icelle Maison, ceux seulement, qui seront notoirement Heretiques & non autres, sans que nul puisse jamais regner qui soit Heretique, ou qui permette, étant Roi, impunité publique aux Heretiques; ausquels Princes Heretiques pretendans à la Couronne, ils s'oposeront en tous tems, par tous moiens possibles, même par armes, si besoin est, à toutes leurs pretentions.

Et où aviendroit le decés de Sadite Majesté Tres-Chretienne d'à present, que Dieu veüille preserver & garder, ledit Sieur Cardinal de Bourbon, étant institué Roi du Roiaume de France, fera entre Sadite Majesté Catholique & ledit Sieur Cardinal, ou entre leurs Successeurs respectivement, en cas de decés, rafraichir & confirmer le Traité de Pacification dernierement fait entre les deux Couronnes l'an 1559. au Châtel-Cambresis, afin que la Paix d'entre elles demeure tant plus perpetuelle.

Seront bannis par Edit public, & tous autres moiens possibles, de tout le Roiaume de France, sans excepter aucun lieu d'icelui, tous exercices de cette Heresie, sans qu'il en soit jamais permis autre, que celui de la vraie Religion Catholique, Apostolique, & Romaine; ni qu'aucune Ville ou Place puisse être delaissée és mains des Heretiques & Sectaires; & seront poursuivis ceux d'entre eux, qui ne se voudront reconnoître & remettre sous l'obeïssance de l'Eglise Catholique, Apostolique, & Romaine, à toute outrance, & jusques à les aneantir du tout.

Et afin que la sainte Religion soit défenduë & garantie tant plus de toute oppression, non seulement du côté des Heretiques, mais aussi des abus & mauvaises meurs, lesdits Princes François contractans, suivant le desir qui les a dés long-tems sollicitez, & les Supplications qu'ils en ont faites par plusieurs fois à Sa Majesté Tres-Chretienne, feront entierement garder & observer les saintes Constitutions, Canons, & Decrets du saint Concile écumenique & general fait à Trente.

Renoncera ledit Sieur Cardinal de Bourbon, ou son Successeur, comme aussi les Princes contractans, entierement aux Ligues & Confederations, que la Couronne de France a de present avec le Turc, & ne pourront dorénavant en dresser d'autres, ou avoir avec icelui Turc, ou ses Successeurs, aucune correspondance, qui puisse tant soit peu préjudicier à la Chrétienté, non plus que ne fera Sa Majesté Catholique.

Cesseront incontinent toutes pirateries, écumeries de Mer, & toutes autres Navigations illicites vers les Indes, & Isles comprises sous icelles, appartenantes à Sa Majesté Catholique, sans qu'elles puissent être permises de là en avant. Sa Majesté Catholique nonobstant les frais excessifs, dont elle s'est trouvée chargée, par la longue, continuelle & grande Guerre, qu'elle soutient aux Païs-Bas, pour la reduction des Heretiques, fera fournir ausdits Princes François contractans, durant le tems qu'il leur conviendra se servir des armes, pour la restauration de la Religion Catholique en France, ou bien pour empêcher & s'opposer aux desseins des François en faveur des Sectaires & Heretiques des Païs-Bas, la Somme de cinquante mille Ecus Pistolets par chacun mois, pour être emploiée & dispensée au fait de la Guerre, à compter ledit fournissement & secours ordinaire au jour que les armes seront prises ouvertement en France.

Mais dautant que pour faire réüssir à bien cette entreprise si sainte, il est du tout requis d'y entrer avec grandes forces pour le commencement, Sa Majesté Catholique fera avancer sur l'ordinaire de la premiere année, montant à six-cens mille Ecus, dedans six mois, à compter du jour de demain premier de Janvier de l'an 1585. & ce en deux termes par moitié, dont le premier écherra le dernier jour de Mars audit an 1585. & le second, le dernier jour de Juin ensuivant.

Et afin qu'aux autres six mois ensuivans, ils n'aient faute de moiens, pour poursuivre le cours de leur sainte entreprise, il leur fera à la fin d'iceux, à savoir de ladite année 1585. avancer autres quatre-cens mille Ecus Pistolets, sur le courant de la seconde année, & fera ensorte, que Monsieur le Duc de Lorraine leur assûrera & promettra, que cette Somme derniere de quatre-cens mille Ecus Pistolets sera païée & satisfaite audit an, sans y faillir. Et où la Guerre continueroit outre ladite année prochaine, lors Sadite Majesté Catholique fera semblablement avancer ausdits Princes François contractans pareille Somme de quatre-cens mille Ecus Pistolets, à compter du secours ordinaire de la troisiéme année.

Devra ledit secours ordinaire de cinquante mille Ecus Pistolets par mois cesser, & ne courir plus tout aussi-tôt que lesdits Princes François s'abstiendront de la Guerre. Et tout aussi-tôt qu'il plairoit à Dieu de reduire les affaires en si bon état, que cela pût être plûtôt que les Sommes ci-dessus fussent consommées & dépensées, Sa Majesté Catholique pourra retenir ce qu'il

ANNO 1584. qu'il y aura de reste. Bien entendu, que les dettes faites pour la Guerre, & levées des étrangers, soient préalablement paiées & satisfaites.

Et d'autant qu'il n'est raisonnable, que ceux qui s'emploient si dignement & avec tant de dépense à l'avancement de l'honneur de Dieu, & de sa sainte Religion, comme fait Sa Majesté Catholique, demeurent spoliez de leurs biens & possessions, qu'ils ont tenus & possedez, auparavant & depuis que le Traité du Châtel-Cambresis a été fait pour la Paix de ces deux Couronnes; lesdits Princes François contractans, feront rendre & restituer à icelle, au plûtôt qu'ils pourront, les Ville & Château de Cambrai, entiers & munis comme ils étoient lors de l'occupation. Et s'il y a été apporté ou amené depuis quelques provisions de Vivres, Munitions, ou Artilleries, qui excedent le nombre, qui s'y trouvoit lors de ladite occupation, pourront lesdits Princes François contractans les faire enlever & ramener où bon leur semblera; & où Sa Majesté Catholique les voudroit recouvrer par force d'armes, lesdits Princes François contractans feront aussi tenus de l'assister de toutes les commoditez qu'ils pourront, tant de Guerre, que de Vivres, s'opposant par armes à toutes forces & armes Françoises, ou conduites par François sortans de la France, qui voudroient donner à Sa Majesté Catholique quelque empêchement. Et tout le même feront à l'endroit de toutes autres Provinces, Villes, & Places, que lesdits Heretiques des Païs-Bas peuvent encore par le passé, & à present de nouveau, avoir donné & mis, ou pourront ci-aprés donner & mettre és mains des François, ou iceux surprendre & occuper à la faveur desdits Heretiques, & à l'occasion de cette Ligue; lesquelles ils feront pareillement rendre & restituer à Sa Majesté Catholique, au plûtôt qu'il leur sera possible.

Et si empêcheront de tout leur pouvoir tous Trafics, Negociations & Contrats des François avec lesdits Heretiques des Païs-Bas; ensemble toutes les commoditez & secours, qu'on leur voudroit bailler, & generalement tout ce qui pourroit être pratiqué en France en leur faveur: ce que lesdits Princes François contractans promettent sous leur foi, parole, & honneur, accomplir, entretenir, garder, & observer inviolablement, & de n'aller jamais contre cette promesse, ni s'aider d'aucune exception de Droit, ou autre à ce contraire. Et en cas qu'auparavant lesdites restitutions, ledit Sieur Cardinal de Bourbon, ou son Successeur, parvinst à la Couronne de France, lors se feront lesdites restitutions incontinent & sans delai.

Et avenant, que par le moien desdits Princes François contractans, seulement aucunes desdites Places vinssent à être renduës à Sa Majesté Catholique, icelle, pour la consideration desdits Princes, pardonnera & remettra à tous les Habitans Catholiques, qui se trouveront en icelles, tout ce en quoi ils pourroient avoir encouru le crime de rebellion. Et fera le même l'Archevêque Duc de Cambrai pour son regard.

Lesdits Princes François contractans (étant ledit Sieur Cardinal de Bourbon, ou son Successeur, parvenu à ladite Couronne de France) feront rembourser à Sadite Majesté Catholique loiaument tous les frais, qu'elle aura paiez & deboursez au profit de cette Ligue. Comme d'autre part Sadite Majesté Catholique fera paier à iceux Princes François contractans tous les frais, qu'ils auront faits, paiez, & deboursez, tant aux Gens de Guerre, Artillerie, Vivres, que Munitions de Guerre, pour le soulagement de ses affaires, hors le tems qu'ils joüiront du secours ordinaire, que Sadite Majesté Catholique leur fera bailler par mois; iceux frais averez & liquidez comme il apartiendra.

Cette sainte Ligue offensive & défensive & perpetuelle faite pour la seule tuition, défense, & conservation de la Religion Catholique, Apostolique, & Romaine, restauration d'icelle, & pour l'entiere extirpation de toutes Heresies de la France & des Païs-Bas, s'entretiendra tant d'un côté que d'autre inviolablement, demeurant Sadite Majesté Catholique & ses Hoirs à jamais vrais Amis, Confederez, & Liguez avec lesdits Princes François contractans, & leurs Hoirs.

De laquelle Majesté Catholique & ses Hoirs, ils seront toûjours, outre ledit secours de cinquante mille Ecus par mois, assistez & aidez en leurs Catholiques desseins, & conservation de leurs Biens, personnes & vies, & tous autres dangers, en quoi ils pourroient tomber en consideration de cette sainte Ligue, de laquelle ne pourra jamais un seul des Contractans se retirer ou départir pour aucun respect, occasion, ni danger qui puisse être, mais demeureront tous fermes & stables en cette dite sainte Ligue, au benefice commun de la vraie Religion Catholique, Apostolique, & Romaine, esdits Païs de France & Païs-Bas. ANNO 1584.

Comprenant lesdits François contractans sous cette sainte Ligue dés maintenant tous Princes, Officiers de la Couronne de France, Seigneurs, Gentilshommes, Villes & Communautez, & generalement toutes personnes quelconques Catholiques, avec lesquelles ils ont correspondance & intelligence; & en pourront de même par aprés faire joüir tous autres François, Vassaux & Sujets de quelque qualité qu'ils soient, s'ils ne sont Heretiques: mais si quelque Prince Catholique étranger vouloit entrer en cette Ligue suivant ce Traité, il n'y pourra être reçû, que par l'avis de tous les deux Partis.

Ne pourront jamais Sadite Majesté Catholique ni lesdits Princes contractans, ou autres entrez en cette Ligue, traiter ni accorder avec Sa Majesté Trés-Chrêtienne, ou autre Prince quel qu'il soit, directement ou indirectement, chose quelconque, qui puisse tant soit peu prejudicier à cette sainte Ligue faite à l'intention que dessus, specialement au contenu de ce present Traité. Et s'il se doit traiter aucune chose sur ce sujet, ce sera conjointement & par ensemble, & non autrement; auquel effet feront lesdites Parties respectivement obligées de s'entr'avertir incontinent des propositions, qui leur en auroient été faites.

Et d'autant que venant les Heretiques, tant de France que des Païs-Bas, à entendre cette sainte Ligue, cela ne feroit que leur donner occasion pour se satisfaire, à quoi convient obvier tant que l'on pourra, sera tenu ce Traité du tout secret, & ne pourra onques être publié que par l'avis & consentement de toutes les deux Parties.

Et parce que les Ducs de Mercœur, & de Nevers, Princes trés-Catholiques & affectionnez au bien de la Religion Catholique, & à l'effet de ce present Traité, ne seront presens: a été avisé, les y admettant dés maintenant, de leur garder place pour le signer.

Seront dressez deux Originaux de ce Traité, égaux de mot à autre, & signez également, l'un desquels demeurera és mains de Sa Majesté Catholique; & l'autre és mains desdits Sieurs Cardinal de Bourbon, & Princes François contractans: & seront tenus Sadite Majesté Catholique, & ledit Sieur Cardinal de Bourbon, ensemble lesdits Ducs de Mercœur & de Nevers absens, aprés avoir signé ce Traité, de l'aprouver & ratifier dedans la fin du mois de Mars prochain, & d'en faire tenir, l'un à l'autre respectivement, Lettres de Ratification signées de leurs propres mains, & scellées de leurs Sceaux; bien entendu, que la Ratification de Sad. M. C. suffira pour tous les Princes contractans en general.

Tous lesquels Points, & Articles ci dessus mentionnez, Sad. M. Catholique & lesdits Princes François contractans, tant en general qu'en particulier, assûrent, & promettent sur leur foi, parole, & honneur, d'entretenir, garder, observer, & accomplir inviolablement, de point en point, sans aucunement y contrevenir, ni jamais aller à l'encontre.

Ce Traité fut fait, clos, conclu, & arresté au Château de Joinville, au nom & de la part de Sa Majesté Catholique, par le Sieur Jean-Baptiste de Taxis, Chevalier, & Commandeur de Bienvenida, de l'Ordre de Monsieur S. Jâques, Conseiller du Conseil de Guerre, & Veedor general du Camp & Armées de Sa Majesté Catholique aux Païs-Bas, à ce specialement commis & deputé par icelle; assisté de Frere Juan Moreo, Chevalier & Commandeur d'Alfolles de l'Ordre de S. Jean de Jerusalem, & envoié à cet effet par Sad. M. Catholique; & de François de Roncerolles, Sieur de Maineville, pour les Sieurs Cardinal de Bourbon, & Princes François contractans, lesdits Ducs de Guise & de Maienne en propres personnes, & au nom & de la part desdits Sieurs Cardinal de Guise, Ducs d'Aumale & d'Elbeuf, le dernier jour de Decembre 1584.

CXCIX.

Articles & Conditions du Traité entre le Prince de PARME, *Lieutenant, Gouverneur, & Capitaine General des Pays-Bas au nom de* PHILIPPE II. *Roi d'Espagne, d'une part, & la Ville* 1585. 10. Mars. ESPAGNE ET BRUXELLES.

ANNO 1585.

Ville de BRUXELLES *d'autre, avec la Ratification dudit Roi, fait à Bevere, le* 10 *Mars*, 1585. [Placards, Ordonnances, Edits, &c. de Brabant. Tom. I. Liv. V. Tit. I. Chap. XVIII. pag 610.]

MON bon Nepveu, vous sçavez la cause pourquoy auroit esté retardée la Depesche de ma Ratification du Traićté de Reconciliation que piéça avez, en mon nom & de ma part, accordé à ma Ville de Bruxelles, si que ayant naguaires pardeçà esté envoyez les Articles d'icelle Reconciliation, en la forme que par ma Lettre du xx. de Septembre, de l'an XVc. octante cincq passé avoit esté dićt. j'ay ordonné la Ratification en estre dressée, en la maniere qu'ont esté pour autres Villes, & ay commandé vous estre envoyé en compaignie de la presente, à ce que lesdićts de Bruxelles cognoissent combien j'ay à cœur estre observé ce que leur a esté promis & accordé, m'asseurant de leur costé qu'ils se comporteront és mesmes termes de bons & loyaux Subjets & Vassaux. A tant mon bon Nepveu nostre Sr vous ait en sa sainte garde. De St. Laurent le Royal le xx de Juin 1586. *Signé* PHILIPPE: *& plus bas* A. de Laloo. *Au dos desdićtes Lettres estoit escrpit*, A mon bon Nepveu le Prince de Parme & de Plaisance, Chevalier de mon Ordre, Lieutenant Gouverneur & Capitaine General de mes Païs embas, & de Bourgoigne.

PHILIPPE par la grace de Dieu Roy de Castille, d'Arragon, de Leon, des deux Siciles, de Jerusalem, de Portugal, de Navarre, de Grenade, de Tolede, de Valence, de Galice, des Maillorques, de Seville, de Sardine, de Cordube, de Corsigue, de Murcia, de Iren, des Algnarves, de Alezier, de Gibraltar, des Isles de Canarie, & des Indes tant Orientales que Occidentales, des Isles & Terres ferme de la Mer Oceane, Archiduc d'Austrice, Duc de Bourgoigne, de Lothier, de Brabant, de Lembourg, de Luxembourg, de Gueldres, & de Milan, Comte de Habsbourg, de Flandres, d'Arthois, de Bourgoigne, de Tirol, Palatin & de Haynaut, de Hollande, de Zelande, de Namur, & de Zutphen, Prince de Zwave, Marquis du S. Empire de Rome, Seigneur de Frize, de Salins, de Malines, des Cité, Villes & Païs d'Utrecht, d'Over-Yssele, & de Groeninge, Et Dominateur en Asie, & en Affrique. A tous qui ces presentes verront Salut, Comme pour recevoir nostre Ville de Bruxelles, Bourgeois & inhabitans d'icelle en nostre grace & Reconciliation, ainsi que tousjours nous avons esté prests les y embrasser & mettre en oubli toutes choses passées, certains Poincts & Articles soyent audićt effećt esté exhibés, communiquez & conferez diverses fois, par les Deputés des Bourgemaistres, Eschevins, Receveurs & Conseil de nostre susdićte Ville de Bruxelles, les Seigneurs & Bourgeois du *Wijden Raedt*, & les neuf Nations respećtivement representans les trois Membres d'icelle Ville suffisamment authorisés pour traiter, conclure & arrester leur reconciliation, aux Deputez de nostre tres-cher, & tres amé bon Nepveu Chevalier de nostre Ordre le Prince de Parme, & de Plaisance, pour nous Lieutenant, Gouverneur, & Capitaine General de nos Païs d'embas, & de Bourgoigne. Et que lesdićts Poinćts, & Articles soyent esté finablement par nostredićt bon Neveu en nostre nom benignement consentis, & accordés soubs certaines restrićtions, & modifications en la forme & maniere, & de la teneur que s'ensuit, de mot à autre.

COmme les Bourgemaistres, Eschevins, Recepveurs & Conseil de la Ville de Bruxelles, les Seigneurs & Bourgeois du *Wijden Raedt*, & les neuf Nations, respećtivement representans les trois Membres d'icelle Ville, ont envoyé vers son Altesse leurs Deputez, Messire Nicolas Micault, Seigneur d'Indevelde, Henry Bloyere Bourgmaistre, Daniel van Bomberghen Eschevin, Jacques Tave, Seigneur de Goycke, Maistre Otto Hartius, Jehan de Gaverelle, Jehan Schotte, Jehan Boghe, & François van Asbroeck Secretaire de ladićte Ville, avec Messires Guillaume van Veen, & Jehan Malcote, Franchois Abselons, Jehan Baptista Houwaert, ensemble George Dierentijts, Adam van Zenneke, Guillaume Mosnier, Josse van Winghe, & Nicolas S'haghen, suffisamment authorisez pour traićter, conclure & arrester leur reconciliation, avec le Roy leur Souverain Seigneur, & Prince naturel, lesquels apres avoir verbalement declaré leur charge, & exhibé Articles par escript és mains de ladićte Altesse, & depuis par charge d'icelle communicqué, & conferé diverses fois avec les President Richardot, & Secretaire Garnier, sur ladićte reconciliation, si estans representées plusieurs difficultez d'une part & d'autre, en fin se sont lesdits Deputez au nom que dessus, contentez des Poinćts & Articles, que son Altesse leur a au Nom de Sa Majesté benignement consenty & accordé, soubs les restrićtions, & modifications qui s'ensuyvent.

ANNO 1585.

I. En premier lieu, ores qu'il soit notoire à tout le monde, que les excés & mesuz, commis tant par le Corps, que par les Bourgeois, Manans & Habitans de ladite Ville, sont tant plus considerables pour la qualité de la Place, qui est le Siege Royal, & qui a si largement esté beneficiée par Sa Majesté & ses trés-nobles Devanciers, & par consequent meriteroyent chastoy plus severe & rigoureux, que nuls autres, toutes fois pour monstrer la clemence & bonté de Sa Majesté, & qu'elle veut surpasser les pechez & offenses de ses Subjećts & Vassaux; Son Alteze bien informée de cete sainte intention, & pour la particuliere affection, qu'elle a au bien & repos de cete Ville, ensemble pour l'espoir qu'elle a conceu, que d'oresnavant ils se conduiront mieux que du passé, mêmes par la demonstration que desia ils font de se repentir, & vouloir humilier: leur accorde à tous generallement, sans exception quelconque, pardon & oubliance generalle, & perpetuelle, de toutes les fautes, crimes, forfaits, excés, desordre & mesuz, par eux commis, durant ces troubles, de quelque qualité qu'ils soyent, sans aucun excepter, & dont la memoire demeurera esteinte & assopie, comme de choses non avenuës, avec interdiction bien expresse à tous Procureurs, Generaux, Justiciers, Officiers, & tous autres, de n'en faire mention ou poursuite, ou autrement à l'occasion susdite reprocher, rechercher, troubler, offencer ou endommager lesdits de Bruxelles, ou aucuns d'eux, en quelque façon, maniere, ou pour quelque pretexte, que ce soit, à peine de punir & chastier les contrevenans, comme perturbateurs du repos publicq.

II. Que lesdits Bourgeois residens presentement, ensemble les Manans doiz auparavant l'Edit perpetuel rentreront doiz le jour de ce Traité, en la jouissance de tous leurs biens, nonobstant tous saisissemens, ventes, ou alienations faites au contraire, & sans qu'il leur soit besoing obtenir main levée ou autres provisions, que cedit Traité.

III. Que toutes exheredations, dispositions d'entre vifs, ou à cause de mort, faites par hayne, à cause de ces troubles, & durans iceux, de côté & d'autre, seront tenuës pour cassées & de nulle valeur, & toutes successions de ligne direćte, eschues pendant ledit temps, suivront les proches & legitimes Heritiers.

IV. Que pour eviter confusion, toutes procedures encommencées, & Sentences renduës, par ceux qui ont tenu le Conseil en Brabant, par la Cour feodale, par le Magistrat, la Chambre d'Uccle, & autres Cours subalternes, entre ceux qui ont esté presens, & advoué leur Jurisdićtion, seront vaillables, avec les executions y ensuyvies, & tous autres Decrets, Oćtrois, Provisions, & Aćtes, dependans de leur autorité, & Jurisdićtion, ordinaire & accoustumé. Bien entendu que les condemnez pourront, si bon leur semble, se pourvoir par voye de revision d'appel, reformation, ou autre ordinaire, ausquels, sans difficulté, seront accordées les clauses de relief, comme aussi se f ra le mesme à ceux de ladite Ville, contre les Sentences renduës pardeçà. Et quant à celles que l'on a rendu par deffault ou contumace, d'une part ou d'autre, contre les absens, les condemnés seront ouys, & reintegrez en leurs aćtions & exceptions, du moins soubs benefice de relief.

V. Que ceux qui ont eu maniance des deniers d'Aydes, Impositions, Domaines, & autres quels qu'ils soyent, ne seront molestez, ou inquietez, pour les sommes & parties qu'ils monstreront avoir fourny, par charge & Ordonnances desdits Estats, ou Magistrat.

VI. Et ores que l'on desireroit, que toutes Impositions, Gabelles, & exaćtions levées durant ces troubles, peussent être ostées & abolies, pour soulager le pauvre peuple, & luy donner moyen de respirer: toutes fois l'on consente, que pour payement des Rentes, & autres leurs charges, & debtes, ils pourront continuer les moyens generaux, particuliers, & autres, avans presen-

ANNO 1585. presentement cours, sans pour ce devoir lever nouvel octroy, pourveu toutes fois que les payemens ne se fassent à ceux qui seront Ennemis ou continueront la Guerre contre Sa Majesté, & les Villes, & Provinces de son obeïssance: le tout sans prejudice des privileges, & jusques à ce, que autrement par Sa Majesté y soit ordonné.

VII. Et comme les Bourgeois de ladite Ville pourroient être grandement interessez, si ceux d'Anvers leur confisquoyent des arrierages, & Capital des Rentes, dont ils leur sont redevables, tant sur le corps de ladite Ville, que sur les particuliers. Son Altesse promet qu'advenant qu'elle traite avec lesdits d'Anvers, sera à condition, que lesdits de Bruxelles soyent payez & satisfaits, de ce que en cet endroit leur est legitimement du, & le mesme se procurera, tant de tous autres demeurans Ennemis, que d'autres Biens, Marchandises, Denrées, Meubles, actions & credits, appartenans ausdits de Bruxelles.

VIII. Quant aux Privileges, & Coustumes, l'intention de son Altesse a tousjours esté, non de pervertir, & abolir les Loix, & loüables Coustumes du Païs, ains plûtôt les augmenter, & accroistre, pour la plus grande prosperité d'icelluy, mais comme tant icy qu'en autres Lieux, y en peut avoir aucuns prejudiciables, plûtôt qu'avantageux au bien public, Elle entend, quand il y aura moyen de vaquer à telles choses, (& comme l'on dit, il s'étoit desja commencé en l'an XVc. LXX.) faire veoir & examiner lesdits Privileges, & Coutumes, par ceux du Conseil en Brabant, avec autres qu'elle y commettra, pour par leur advis & participation retrancher ce que se trouvera corruptele, & procurer vers Sa Majesté, accroissance de tels nouveaux, qui pourront servir au repos, & tranquillité de ce Peuple.

IX. Consent aussi au Nom de Sa Majesté, que les anciennes Alliances, & Traités, avec le Saint Empire, & autres Provinces, Potentats, & Republiques, pour redresser le Commerce, & Trafficque, soyent entretenus & si besoing est renouvellez.

X. Et afin qu'un chacun cognoisse, que l'intention du Roy n'est pas de depeupler ses Villes, ny en chasser rigoureusement ses Subjets, l'on consente que tous les Bourgeois & Manans susdits pourront continuer leur residence en ladite Ville l'espace de deux ans entiers, sans y être recherchez, y vivans paisiblement, & sans scandale, pour cependant adviser, & resoudre, s'ils voudront se remettre au bon chemin, & vivre en l'exercice de nostre sainte Religion ancienne, Catholique, Apostolique & Romaine, pour si avant que non, se pourvoir lors, & en deans ledit terme, quant bon leur semblera librement retirer hors du Païs, auquel cas, leur sera permise l'entiere & libre joüissance de tous leurs biens, pour en disposer, les transporter, vendre, ou aliener, selon qu'ils trouveront convenir, ou bien les faire regir, administrer, & recevoir, par tels qu'ils voudront deputer.

XI. Que moyennant ce, lesdits Bourgeois & Manans, se remettront soubs l'authorité & obeïssance de Sa Majesté, qui les traitera, & regira, & son Altesse en son nom d'oresenavant, comme bons & leaux Subjets & Vassaux sans les fouler, ny travailler de Gens de Guerre, sinon aussi avant, que la necessité le requerra: mesmes sur ce particulier, aussi tôt que Dieu permettra, que la frontiere soit plus asseurée, ils cognoistront par effet, que l'on ne prend plaisir à tenir Garnison és Villes où il n'est besoing. Et cependant s'y tiendra telle discipline, que n'auront dequoy se lamenter, pour être l'intention de sadite Altesse, qu'ils se contentent de leurs soldées & traitemens ordinaires.

XII Et comme il est plus raisonnable, que les Eglises ruinées & demolies en ladite Ville se refassent, pour non demeurer ceste perpetuelle ignominie à la veuë de tout le monde, & que toutes fois les moyens ne sont à la main, son Altesse en fera traiter avec les Membres de la Ville, pour equitablement adviser le pied que s'y devra tenir avec la moindre foule de ladite Ville.

XIII. Que Sa Majesté r'entrera en ses Domaines, comme aussi feront en tous leurs Biens, tous Prelats, Colleges, Chapitres, Monasteres, Hospitaux, Lieux pieux & toutes autres personnes, ayans suivi le parti d'icelle, ou se retiré en Païs neutre, pour par tout où ils les trouveront vendiquer & en jouir plainement, librement & franchement, comme paravant, ores qu'ils fussent vendus ou aliénés, ensemble des arrierages des Rentes deuës, ou par la Ville, ou par les particuliers: Sauf à iceux particuliers, leur recouvrir, contre tels qu'ils trouveront en conseil, mais quant aux fruits & revenus des immeubles & loüages de Maisons, reçûs ou employez par charge & autorité des Etats ou du Magistrat, ne s'en pourra pretendre restitution, sinon des particuliers qui en auront fait leur profit. ANNO 1585.

XIV. Que les meubles precieux, & joyaux du Roy, prins en ladite Ville, & signamment les ornemens de la Chappelle du Palais, se restitueront ou la valeur d'iceux, en quoy toutefois son Altesse fera user de toute la douceur, discretion & moderation, que justement se pourra pretendre, & dont se communiquera preallablement avec lesdits Membres.

XV. Aussi seroit-il bien raisonnable, que lesdits de Bruxelles donnassent satisfaction aux Seigneurs Cardinal de Grantvelle, Comte de Mansfelt & autres, pour les dommages, qu'ils leur ont fait en leurs Maisons, & meubles, toutefois pour être la chose illiquide, & ne se pouvoir promptement specifier les interests, l'on les laisse en leur entier (si avant qu'on en puisse amiablement s'accorder) pour intenter leurs actions, telles qu'ils pretendront leur competer, soit contre la Ville, soit contre les particuliers, sauf à iceux leurs defenses, & raisons au contraire.

XVI. Et comme son Altesse pretendoit, qu'en recompense de la grace, qui se fait, lesdits de Bruxelles payeroient quelque notable somme pour une fois, qui se prendroit par juste, moderée & equitable Capitulation sur lesdits Bourgeois & Manans, toutefois estant informée de leur pauvreté & pour monstrer encores plus grande douceur en leur endroit suivant les Remonstrances, & prieres des Deputez: Leur quitte & remette, & se deporte entierement de cette pretension.

XVII. Et pardessus ce, tous Bourgeois de Bruxelles, Prisonniers de Guerre, seront relaxez, en payant seulement leurs despens, si avant toutefois qu'elle n'en ait déja disposé, ou qu'ils ayent convenu de leur rançon, auquel cas, ils sortiront librement, en payant icelle, & despens, bien entendu que le Capitaine Iorcq Anglois mené de Gand à Bruxelles sera incontinent remis en liberté.

XVIII. Promettant sadite Altesse, que de son costé elle leur complira ponctuellement ce qu'elle leur promet, & procurera que Sa Majesté l'advouë, & confirme deans trois ou quatre Mois, apres la publication de ce Traité, auquel volontiers elle recepvra ceux d'Anvers, Berges, Malines, & autres Villes, qui promptement y voudront entrer. Fait à Bevere, le x. jour de Mars. XVc. octante cinq, *& soubsigné* ALEXANDRE, *dessous bas estoit escript*, Par ordonnance de son Altesse *& signé* GARNIER, *& encores signé*, N. MICAUT, GUILLAUME DE VEEN, J. MAELCOTE, HENRY DE BLOEYER, I. TAYE, D. BOMBERGHE, OTTO HARTIUS, JEHAN BAPTISTA HOUWAERT, FRANCHOIS ABESELONS, JAN DE GAVERELLE, JAN SCHOTTE. I. BOGUE, F. VAN ALBROECK. I. DIERTENS, A. VAN SENNEKE, JOOS VAN WINGE, G. MOSNIERS, & N. S'HAGHEN.

SCavoir faisons que ne desirans rien plus que de voir nos Villes, Vassaux, & Subjets reunis à nostre obeïssance, à quoy Dieu & la Nature les oblige & que au moyen de ce ils vivent tous en paix asseurée, en toute tranquillité, repos, & prosperité à l'honneur de Dieu, parmy le restablissement, & observance de nostre Religion Catholicque, Apostolicque, Romaine. Nous avons, par advis & deliberation de nostredit bon Nepveu le Prince de Parme, les susdits Articles de Reconciliation en tous, & chacun Points aggré, ratiffié, & approuvé, aggreons, ratiffions, & approuvons par ces presentes, & voulons, & entendons, que le tout soit de tel effet comme si nous mesmes l'eussions traité, consenty, & accordé, Promettans en bonne foy, & parolle de Roy, & Prince, avoir agreable, tenir ferme & stable tout ce que par nostredit bon Nepveu le Prince de Parme à nostredite Ville de Bruxelles, Bourgeois, & inhabitans d'icelle, a esté consenty, & accordé és Points susdits, & que l'observerons, & ferons inviolablement observer de bonne foy & sans jamais aller ny venir au contraire, ny souffrir y estre contrevenu en quelque sorte ou maniere que ce soit. Car tel est nostre plaisir. En tesmoing dequoy nous avons signé cesdites presentes de nostre main, & fait mettre & apposer nostre grand Scel à icelles.

ANNO 1585. icelles. Donné en Sainct Laurent le Royal en Castille, le vintieme jour du mois de Juin, l'an de grace 1586 & de nos Regnes assavoir de Naples, & Hierusalem, le trente troisieme, de Castille, Aragon, Sicille, & des autres, le trente unieme, & de Portugal, le septiesme. *Signé* PHILIPPE: *& plus bas estoit escript*, par le Roy. A DE LALOO, *& seellé du grand Séel de sa Majesté pendant en double queue.*

Publié à la Bretesque de la Maison de ladite Ville, en presence de Messire Jehan Richardot, Conseillier des Consaux d'Estat, & privé du Roy, President d'Artois, & Sieur Flaminius Garnier, Secretaire desdits Consaux, commis par son Altesse pour faire effectuer ledit Traité, & ce qui en depend Mesmes en la presence desdits Deputez & de l'Amman, Bourgmaistre, Eschevins, Recepveurs, & Conseil de la Ville de Bruxelles le XIII. Jour du mois de Mars. XVc. LXXXV. *Par moy* F. VAN ASBROECK.

ALEXANDRE *Prince de Parme & de Plaisance &c. Lieutenant Gouverneur & Capitaine General.*

TReschiers & bien amez, Encor que par le rapport de vos Deputez & le double qu'ils emportent avec eux du Traité qu'ils ont arresté & conclu avec nous, vous verrez assez clairement, de quelle affection nous avons procedé en vostre endroit, & que cognoissant la doulceur & bonté, dont Sa Majesté use à ce coup envers vous, vous ne fauldrez, de procurer par toutes les voyes & moyens possibles, de correspondre à la bonne opinion que en avons conceue, si vous en avons nous neantmoins voulu faire encor ce mot, pour vous remettre le mesme au devant, & vous recommander, comme faisons ce qui depend de vostre charge & le bien de la Ville, autant que vostre debvoir le vous commande, & nous l'esperons de vous, avec offre de vous assister à ces fins toutes & quantes fois, que par vous requis en serons, ou bien que autrement le trouverons convenir, selon que plus amplement vous l'entendrez des porteurs de cestes, ausquels nous nous remettons. Priant Dieu qu'il vous ait, Treschiers & bien Amez, en sa saincte garde, de Bevere ce x. de Mars 1585. *Soubsigné* ALEXANDRE, *Et contresigné* F. GARNIER. *Superscription*, A nos Treschiers & bien Amez, Les Amman, Bourgmaistres, Eschevins, Recepveurs, & Conseil de la Ville de Bruxelles.

CC.

6. Juin. *Commission des Etats Generaux des* PROVINCES-UNIES *du Pays-Bas, pour requerir la protection d'*ELISABETH *Reine d'Angleterre contre l'Espagne. Donnée à la Haye le 6. Juin l'an 1585.* [RYMER, Fœdera, Conventiones, &c. Tom. XV. pag. 798.]

LES ESTATZ *Generaulx des Provinces-Unies du Pays-Bas*; assavoir, *Gueldres, Flandres, Hollande*, avecq *West-Frise*, *Selande*, *Utrecht* & *Frise*, a tous ceux qui ces presentes verront, ou orront, Salut.

Scavoir faisons comme pour diverses & urgentes raisons nous a ce mouvantes, & assez notoires a tout le monde, avons long-temps y a faict Declaration, que nous tenions deschargez & libres de l'Obeissance & Obligation, dont estions tenus au *Roy d'Espaigne*, & pour ce avions resolu de requerir ung aultre Prince de Nous vouloir deffendre contre la Tyrannie du dict *Roy d'Espaigne & Inquisition Espaignolle*, laquelle il avoit tasche d'introduire en ces Pays, & la Guerre que injustement & contre tout Droict & raiss fort leur faisoit, & nous maintenir en l'Exercice de Rla eligion Reformée & nos anchiens Privileges & Drãzoit;

Iqiẽt le suivant ce nous considerans les vertuz Royal-lcs on de Dieu tout puissant a doue la *Majesté Reginale d'Alengterre*, sa naifve Clemence, & la tres grande afttiorẽn que Sa Majesté a tousjours & specialement aul elyn ceste nostre presente necessité de Guerre motrens a ces Pays, avecq son effectuele assistence & secrsou, & que Sa *Majesté* & son Royaulme est addore ant la dicte Religion, le quel par la grace & bonté (Dieieu elle a si long-temps gouverne en paix & reposAv: vons pour cela & aultres pregnantes & important rsesaisons trouve bon & resolu de supplier sa *dicte Majé tes*de vouloir prendre ces Pays & inhabitans soubz sa ptertoction & deffence, ou de donner a icelles Provins teesoute ayde & assistence soubz bonnes & raisonnab. clesonditions:

ENt ous,

Cõfiõans entierement sur la Preud-hommie & bonne expeenrice des,

Sirsiet *Rutger de Herssolte* Escuyer Deputé de la Due ochde Gueldres & Conte de Zutphen,

M Jode Caron Escuyer Sieur de Schoonewalle anchieBm burgemaistre & Eschevin du Pays & Tenoir du Fraq nc& Commissaire ordinaire au renouvellement des oixLc du Pays & Comte de Flandres,

LSiee ur *Jehan Vander Does* Sieur de Noort Wych,

M *Jtrlosse de Menin* Conseillier de la Ville de Dordrec, ht

Janvhe de Oldenbarnevelt Conseillier de la Ville de Rotdæcam,

EDα lẽeur *Franchois Malson* Conseillier de la Ville d'Enimchsen, du Paiis & Comte de Hollande avecq WeFrst-ise,

M *Jtr. Jacques de Vaiche* Licencié es Loix, Conseillier des laEtz des Provinces-Unies des Paiis-Bas du Paiis & Cmtoie de Zelande,

M *Hr. Paul Buys* Docteur es Droictz des Villes & Payd'h Utrecht,

LSiee ur *Jelger de Feytzma* du Conseil des Estatz,

Dteoctur *Hessel* aysnier President du Conseil Provind, ial

ELæ ies *de Jonghams* du Pays de Frize;

Lavesʼons commis & authorize, commectons & authornisu par cestes pour de nostre part se trouver au Roymaue de Angleterre, & illecq en toute deue reverencsupe splier Sa *Majesté* de vouloir prendre la protection d&effence des dits Paiis, ou de donner a icelles Provceins souffisante ayde & assistence durant ceste presce:ntGuerre, sur telles Conditions & Articles que a cest eceft avons donne a noz diz Deputez, sur les quelsls: i pourront traicter & resouldre avecq Sa *Majesté* toisch nostre dite Resolution, dont leur donnons plain'oi Pvoir & Mandement especial & irrevocable:

Prneonctans tenir pour bon & stable tout ce que par noz « HizDeputez en ce que dict est fera faict, traicte & accoe. rdi

Enset esmoing de ce avons faict seeller ceste de nostre Si, eel& signer par nostre Greffier.

Fa ictn la *Hage en Hollande* le sixiesme jour de Juingmj, il cincq cens quatre vingt & cincq.

STEERMALE V.

PaOrr donnance des dictz Seigneurs Estatz Generaulx.

AERSSENS.

SuSig. illo prædictorum Ordinum Belgii de Cera rubea pdeennte a duplici cauda Pergamenæ.

CCI.

17. Août. ESPAGNE ET ANVERS. *Tractaet van Versoeninge tusschen den Prince van* PARMA, *Gouverneur Generael der Nederlanden in de naam van* PHILIPPUS DE II. *Koning van Spangien en de Stadt* ANTWERPEN

CCI.

Artics le& conditions du Traité fait & conclud ent trde Prince de PARME, Gouverneur & Catapiine Général des Pays-Bas de deçà au noidem: PHILIPPE II. Roi d'Espagne, commeDt lic de Brabant d'une part, & la Ville d'AN- 17. Août ESPAGNE ET ANVERS.

ANNO 1585.

PEN geslooten den 17. Augusti 1585. [Placarts, Edits, & Ordonnances de Brabant. Tom. I. Liv. V. Tit. I. Chap. XIX. pag. 614.]

ALsoo de Borghemeesteren, Schepenen, Tresoriers, Rentmeesters ende Raedt der voorsz. Stadt van Antwerpen, met advys ende resolutie, soo van hen als van andere Leden vanden Breeden Raedt, midtsgaders by advyse ende approbatie vande Collegien, vande Colonnellen, Dekens vande ses ghesworen Gulden, en tachtentich Capiteynen vander voorsz. Stadt, hebben aen sijne Hoocheyt, ghesonden hunne Ghedeputeerde, Heeren Philips van Marnix, Heere van S. Aldegonde, Buyten-Borghemeester, Heer Willem van Merode, Heer van Duffele; Heer Jan van Schoonhoven, Ridder, Schepene; Meester Andries Hessels; Meester Matheus de Lannoy, Schepene; Meester Loys Meganck, Cornelis Pruynen; Philips de Landt-meter oude Schepenen; Adriaen Bardoul, Hooftman vande Poorterije; Jan de Weert; Gillis Sautijn, Wijckmeester; Meester Hendrick van Uffle, oudt Wijckmeester; Arnoudt Boudewijns, Dekens vande Bereyders; Guiliam van Schooten, oudt Deken vander Meersen; Johan Godin, oudt Colonnel; Jehan Rademaecker; Loys Malepart, Colonnel; Herman van Dadenborch, Deken vanden Jonghen Voetboghe; Hendrick van Erp, Deken vanden ouden Handtboghe; Jehan Garin, ende Dierick van Os, Capiteynen der voorsz. Stadt, volcomelijck geauthoriseert zijnde. Om hunne reconciliatie metten Coninck, hunnen Oversten, Heere ende natuerlijcken Prince te tracteren, sluyten ende aresteren, de welcke nae dien sy mondelinghen hunnen last hebben verclaert ende in handen van zijnder voorsz. Hoocheyt by gheschrifte overgheghеven sekere Articulen, ende daer nae by bevel der selver tot diverscher reysen gheweest in communicatie ende conferentie metten Presidenten ende Raedts-Heeren, Pamele, Assonleville, Richardot, ende vander Burch, in presentien vanden Audiencier Verreycken, op de voorsz. reconciliatie. Sijnde ter weder zijden voorgevallen diversche swaricheden, hebben hun de voorsz. Ghedeputeerde inden naem als boven eyndelijcken ghecontenteert, mette Puncten ende Articulen, die sijne Hoocheydt in den name van sijner Majesteyt hun goedertierelijck heeft gheconsenteert ende gheaccordeert inder vueghen ende manieren hier na volghende.

Inden eersten, nademael de voorschreven Stadt, Borghers ende Inghesetene der selver hun wederomme oodtmoedelijck begheven onder de gehoorsaemheyt vanden Coninck als Hertoge van Brabant ende Marckgrave des Heylichs Rijckx, hunnen Oversten, wettelijcke Heere ende natuerlijcken Prince, gelijck sy hier voormaels waren, affgaende ende renuncerende alle Verbontenissen, Tractaten, Liguen, ende Confoederatien die sy gheduerende dese beroerte ghemaeckt mogen hebben tot achterdeel van sijne Majesteyt. Soo IST, dat sijne Hoocheyt oock inden naem der selver niet tegenstaende alle voorleden saken, de voorghenoemde van Antwerpen wederomme ontfanght, ende wilt tracteren in alle soeticheydt ende vaderlijcke goedertierenheyt, als goede Vassalen ende Ondersaten, de selve wederom vueghende met de reste van Brabant, om voortaen in alle vriendtschap ende eendrachticheyt te leven metten anderen Steden ende Provincien, wesende onder de gehoorsaemheyt van sijne Majesteyt soo sy deden voor dese voorsz. beroerten. Verclarende sijne meyninghe te wesen dat de oude Alliancien ende Tractaten metten Heylighen Rijcke, Princen, Landen ende Steden op het stuck vanden Coopmanshandel, Trafficque, Negotiatie ende andersins aenghegaen, punctuelijcken onderhouden sullen worden, ende oock dies van noode zijnde vernieuwt ten meesten voordele ende oorboir der voorsz. Stadt.

II. Ende om wech te nemen ende weeren alle oorsaken van mistrouwicheydt ende diffidentie, soo accordeert sijne voorsz. Hoocheydt een eeuwich ende Generael Pardon ende vergheringe van allen ende een yegelijcken vande voorsz. Borgheren ende Inwoonderen, aldaer teghenwoordich, oft buyten der voorsz. Stadt wesende, midtsgaders allen den ghenen die hun aldaer nu

d'ANVERS d'autre, le 17. d'Août 1585. [*Placards, Ordonnances &c. de Brabant. Tom. I. Liv. V. Tit. I. Chap. XIX. pag. 614.*] ANNO 1585.

COmme ainsi soit que les Bourguemaîtres, Eschevins, Tresoriers, Receveurs, & Conseil de ladite Ville d'Anvers, par l'avis & resolution tant d'iceux, que des autres les Gens du grand Conseil, ensemble par l'avis & approbation des Colleges, Colonels, Syndics, des six Metiers jurez & des quatre-vingt Capitaines de la susdite Ville, ont envoyé leurs Deputez à son Altesse, sçavoir les Seigneurs, Philippes de Marnix, Seigneur de St. Aldegonde, ci-devant Bourguemaître, le Sieur Guillaume de Merode; le Sieur de Duffele; le Sieur Jean de Schoonhove, Chevalier, Eschevins; Maître André Hessels; le Sieur Mathieu de Lanoy, Eschevins; Maître Louïs Meganck; Corneille Pruynen; Philippes de Lant-meeter anciens Echevins; Adrian Bardoul, Capitaine des Bourgeois; Jean de Weert; Gilles Sautijn, Maître du Voisinage; Maître Henry de Uffle ancien Maître des Digues; Maître Arnoud Baudoüin, Sindic des Drapiers; Guillaume de Schooten, ancien Sindic de Meerse; Jean Godin, ancien Colonel; Jean Rademaecker; Louïs Malepart, Colonel; Arnaud de Dadenbourg Sindic des Arbalettiers; Henri d'Erp; Sindic des anciens Arbalettiers; Jean Garin & Thieri d'Os Capitaine de ladite Ville; pleinement authorisez, pour traiter de leur reconciliation avec le Roi leur Souverain & Prince naturel, & icelle arrêter & conclure; lesquels ayant declaré de bouche leur ordre, & mis entre les mains de son Altesse certains Articles par écrit, & ayant par ordre d'icelui été plusieurs fois en conference avec les Sieurs Presidens & Conseillers Pamele, Assonleville, Richardot, & de Burch en presence de l'Audiancier Vereyken, il seroit survenu diverses difficultez sur ladite Reconciliation; & les susdits Deputez, au nom que dessus, sont convenus des Points & Articles lesquels son Altesse au nom de Sa Majesté leur a de sa pure bien-veillance accordé en la maniere que s'ensuit.

Premierement; puis que les susdite Ville, Bourgeois & Habitans d'icelle, se rangent derechef à l'obeïssance de Sa Majesté, comme Duc de Brabant & Marquis du St. Empire, leur Souverain, Seigneur legitime, & Prince naturel; comme ils y étoient ci-devant, renonceant à toute Alliance, Traitté, Ligue & Confederation qu'ils peuvent avoir fait pendant ces troubles au desavantage de Sa Majesté. Son Altesse, de même, au nom de sadite Majesté, nonobstant toutes les choses passées, reçoit derechef ceux dudit Anvers en grace, & les veut traitter en toute douceur & bonté paternelle, comme bons Vassaux & Sujets; les rëunissant avec le reste du Brabant pour vivre ci-aprés en toute amitié & concorde avec les autres Villes & Provinces, sous l'obeïssance de Sa Majesté, comme ils faisoient avant les susdits troubles. Declarant que son sentiment est que les anciennes Alliances & Traitez faits avec le saint Empire, Princes, Païs & Villes en matiere de Negoce, Trafic, & Negociation & autrement, soient observez ponctuellement, & même, la necessité le requerant, renouvellez, au meilleur profit & avantage de la susdite Ville.

II. Et pour ôter & éloigner toute sorte de deffiance, sa susdite Altesse accorde une Amnistie generale & perpetuelle pour tous & un chacun des Bourgeois & Habitans qui sont presentement dedans ou dehors de ladite Ville, ensemble pour tous ceux qui y sont

ANNO 1585.

nu zijn houdende, in 't generael ende in 't particulier ſonder eenighe exceptie. hoedanich die ſoude mogen weſen, van alle d'exceſſen, misbreuken, ongheregeltheden, misdaden, *Crimen Leſæ Majeſtatis*, ende andere by hunlieden gheduerende deſe troublen ghecommitteert, hoe groot, ſwaer ende van wat qualiteyt de ſelve zijn, ofte ghehouden ſoude moghen worden ſonder eenighe uyt te ſteken oft t'excepteren, waer van de ghedenckenniſſe uyt ende te niete ghedaen ſal blijven, als van ſaken die noyt gheſchiet en zijn, ſonder dat ſy deshalven uyt onderſocht, geinquieteert oft ghereprocheert ſullen mogen worden, in wat manieren oft om wat oorſaken dattet zy, Op pene dat de overtreders gheſtraft ſullen worden als verſtoorders ende beroerders vande ghemeyne ruſte; ende dat niet alleenlijck ten reſpecte vanden levenden, maer oock vande doode, ſulckx dat de memorie ende erffgenamen vande ſelve gheene ſchande, injurie, oft verwijdt aenghedaen en ſal worden, met verbodt ende interdictie aen allen Fiscalen, Procureurs Generaels, Juſticieren, Officiers, ende allen anderen, ſoo publicque als private perſoonen, van wat qualiteyt dat ſy ſouden moghen weſen, daer van eenich onderſoeck, vervolch, berichtinghe, oft andere moeyeniſſe aen te doene, in wat manieren dattet ſy. Waer inne begrepen ſullen worden de ghene die gheduerende deſe voorſz. troublen ende beroerten in hunne Perſoonen oft Goeden gheintereſſeert zijn gheweeſt, de welcke niet en ſullen moghen ſchade oft intereſt pretenderen, noch actie intenteren, om Ordonnantien, Acten, Reſolutien oft Vonniſſen ghegheven ende ghedecreteert tegens hunne Perſoonen oft Goeden, dan wel ten laſte vande particuliere dieſe veroverlaſt oft daer van by hunne eyghene ende private authoriteyt gheproffiteert ſouden moghen hebben.

III. Dat egheene vande voorſz. Borgheren, Inwoonderen ende andere in dit Tractact begrepen, van wat qualiteyt, ſtaet oft conditien die zijn, hebbende gheduerende deſe voorſz. beroerte ghedient oft gheaſſiſteert inden Raet van Staten, onder den Eerts Hertoghe Matthias, den Hertoghe van Alenſon, Vergaderinge vande generale Staten van Brabandt, hunne Ghedeputeerde, oft andere Overicheyt, inden Raet van Brabandt, Finantien, Cameren van Rekeninghen ende vanden Beden, inden Magiſtraet, ende ſubalterne Bancken, Cameren van Colonnellen ende ſeſthien Capiteynen, ende in alle anderen Cameren ende Collegien der voorſz. Stadt, opghrecht by de Burghemeesteren ende Schepenen aldaer, ſoo van oudts, als van nieuws, niet en ſullen ghemoleſteert, onderſocht, oft in rechte, noch daer buyten, betrocken oft aengeſproken mogen worden, oft anderſints in eenigher manieren, om de Reſolutien, Ordonnantien, Teeckeninghen, Paraphen, oft Sententien gheemaneert ende gheſproten uytte voorſz. Raden ende Collegien, noch oock moeten verantwoorden voor de ſchulden, Actien ofte Obligatien van dier, dan voor ſoo veele ſy daer van particulierlijck gheproffiteert ſullen moghen hebben.

IV. Maer alſoo de experientie bethoont dat de gratie ende ghenade die men aen ſommighe ghedaen heeft, ſeer achterdeelich is gheweeſt, door dien ſy van Stede tot Stede ghegaen ſijn, aldaer beruerende den Staet, ende belettende de reductie der ſelver, de meyninghe van ſijne Hoocheyt was dat de ghebannene ende uytgheſeyde van andere Steden ende Provintien, van herwaerts overe, oft de ghene die hebben moghen begrepen weſen in de particuliere Tractaten vande Steden daer ſy waren ten tijde vande reductie van diere, verworpende de gratien, hun begheven hebben binnen der Stadt van Antwerpen, dat die hen ſouden uyten Lande vertrecken. Nochtans willende gratificeren de voorgenoemde van Antwerpen, die deshalven groote instantie ghedaen hebben, ende verhopende dat de bovengenoemde hen voortaen, in alle ſtillicheyt draghen ſullen. Laet den ſelven toe, oft dat ſy hunne reſidentie inde voorſz. Stadt ſullen moghen continueren oft hen vertrecken mette Meublen die ſy hebben, gelijck hen voor 't beſte goetduncken ſal. Op laſt ende conditie van hen der Oorloghe niet meer te onderwinden, noch andersſints eenighe quade officien te doen, teghens den dienſt van ſijne Majeſteyt, het welvaren ende ruſte van deſe Landen, noch oock directelijck oft indirectelijck beletten, dat de andere Steden oft Provintien hun commen reconcilieren, oft wederſtellen onder de ghehoorſaemheydt van ſijne Majeſteyt. Op pe-

ne

y ſont preſentement leur reſidence, en general & en particulier, ſans nulle exception, quels qu'ils puiſſent être, à l'égard de tous les excés, & forfaiture, injuſtices, Crime de Leſe Majeſté, & autres commis par eux durant ces troubles, quelque grands, enormes & de quelque qualité qu'ils ſoient ou ſoient reputez, ſans en exclure ou excepter aucun, desquels la memoire ſera & demeurera aneantie comme de choſes non advenuës, & ſans que pour raiſon d'iceux ils puiſſent être recherchez, inquietez ni reproche leur être fait en quelque maniere & pour quelque occaſion que ce ſoit, ſur peine d'être les contrevenans punis comme perturbateurs du repos public, & cela non-ſeulement à l'égard des vivans, mais auſſi des deffunts, en ſorte que la memoire & les Heritiers d'iceux n'en recevront aucun dommage, injure ni reproche, avec deffence & interdiction à tous Fiscaux, Procureurs Generaux, Juges, Officiers, & tous autres tant publics que particuliers, de quelque qualité qu'ils puiſſent être, d'en faire aucune recherche, pourſuite, accuſation ou autre moleſte en quelque maniere que ce ſoit. En quoi ſeront compris ceux qui durant les ſusdits troubles ont été intereſſez en leurs Perſonnes ou Biens, lesquels n'en pourront pretendre aucuns dommages & interéts, ni intenter action, pour donner ou decreter Ordonnances, Actes, Reſolutions ou Sentence contre aucune Perſonne ou Biens, ſinon contre les Particuliers qui les auroient moleſtez de leur propre & privée authorité, & en auroient profité.

III. Qu'aucuns des ſusdits Bourgeois, Habitans & autres compris dans ce Traitté, de quelque qualité, état & condition qu'ils ſoient, qui ont pendant les ſusdits troubles ſervi ou aſſiſté au Conſeil d'Etat, ſous l'Archiduc Matthias, le Duc d'Alençon, Aſſemblée des Etats Generaux, Etats de Brabant, leurs Deputez ou autre Souveraineté, au Conſeil de Brabant, Finances, Chambres des Comptes, dans la Magiſtrature & Siéges ſubalternes, Chambres des Colonels & des ſeize Capitaines, & en toutes autres Chambres & Colleges de la ſusdite Ville, érigez par les Bourguemaîtres & Echevins d'icelle, tant anciennement que nouvellement, ne ſeront moleſtez, recherchez, traduits en juſtice ni interpellez en quelque maniere que ce ſoit, à cauſe des Reſolutions, Ordonnances, Signatures, Paraphe ou Sentences emanées des ſusdits Conſeils & Colleges, ni auſſi ſeront obligez de repondre pour lesdites actions ou obligations d'iceux, qu'autant qu'ils en auront profité en leur particulier.

IV. Mais comme l'experience démontre que les graces qu'on a accordé à quelques-uns, ont été trés-dommageables, parce qu'ils ſont allé de Ville en Ville y mettant l'Etat en trouble, & empéchant qu'ils ne fuſſent reduits; le ſentiment de ſon Alteſſe étoit que les bannis des autres Villes & Provinces de deça, ou ceux qui ont pû avoir été compris dans les Traittez particuliers des Villes où ils étoient dans le tems de leur reduction, & qui rejettans les graces, ſe ſont retirez dans la Ville d'Anvers euſſent à ſortir du Païs. Cependant voulant gratifier lesdits d'Anvers qui ont fait de grandes inſtances à ce ſujet, dans l'esperance que les ſusmentionnez ſe comporteront à l'avenir paiſiblement, il leur permet d'y continuer leur reſidence, ou de ſe retirer avec les Meubles qu'ils ont, ſelon qu'ils trouveront être leur mieux. A la charge & condition de ne ſe plus mêler de la Guerre, ni autrement de faire aucun mauvais office contre le ſervice de Sa Majeſté, le bien & le repos de ces Païs, ni d'empêcher directement ou indirectement que les autres Villes & Provinces ſe viennent reconcilier, ou ſe remettre ſous l'obeïſſance

de

ANNO 1585.

ANNO 1585. ne van ghepriveert ende uytgesloten te worden van alle gratien.

V. Dat alle de voorsz. Borgheren, present ende absent, ende boven dien de Inwoonderen aldaer gheweest hebbende voor de reconciliatie vanden Provintien van Arthoys, Henegouwe, &c. wederom treden selen volkomelijck ende vredelijck t'sedert den dach van dit Tractaet inde Possessie ende gebruyck van alle henne Goederen 't sy Leenen, Erffven, Eyghen, ende allodiale Goederen oft andere, in wat Plaetsen onder de ghehoorsaemheyt van sijner Majesteyt de selve ghelegen sijn, midtsgaders van het Capitael van hunne Rent-brieven, beseth, oft ombeseth. Niet teghenstaende alle aenslaghinghen, Confiscatien, Vercoopinghen, oft alienatien, ghedaen ter contrarie, ende sonder dat hen van noode sy eenighe hantlichtinghe oft andere provisien te verwerven, dan dit tegenwoordich Tractaet. Ende 't selfde sal oock wesen vande actien ende crediten die noch in wesen sijn, ende daer van sijne Majesteyt niet ghedisponeert en heeft. Welverstaende dat de absente, die sullen willen genieten van d'effect van dit voorsz. Tractaet, sullen moeten vertrecken uyt 's Vyants Landen binnen drie Maenden naer de publicatien van dien, waer-inne oock begrepen selen sijne alle buyten ende Dorpluyden van Brabandt die ter oorsaecken van dese Oorloghe ende om de versekertheydt van hunne Persoonen inde voorsz. Stadt gheweken sijn.

VI. Ende alsoo den wille van den Coninck niet en is dese soo vermaerde Stadt, wesende ghefondeert op de Trafiecque ende Coopmans-handel te ontblooten van volc ofte rigoureuselick te verjaghen de ghene die daer binnen sijn. Alle de voorsz. Burgeren ende Inghesetenen sullen aldaer moghen blijven hun residentie den termijn van vier gheheele Jaeren, sonder aldaer ondersocht oft gheinquieteert te worden in 't stuck van hunne conscientien oft ghedwongen te worden tot nieuwen Eedt om t'feyt van de Religie. Midts aldaer levende in stillicheydt ende sonder desordre ende schandael, om hen daerentusschen te beraden ende resolveren oft sy sullen willen leven, inde exercitie vande oude Catholijcke, Apostolijcke, Roomsche Religie, om inghevalle niet hen alsdan binnen den selven tijdt te moghen vrijelijck uyten Lande vertrecken, alst hun goet duncken sal, in welcken ghevalle hen toeghelaten sal worden, de vrije ghebruyckenisse van alle hunne Goederen, om daer van te disponeren, de selve transporteren, vercoopen, oft alieneren, ghelijck sy bevinden selen te behoorene oft de selve te doen regieren, ontfanghen ende administreren, by alsulcken als sy daer toe selen willen stellen, ende deputeren, ende comende van levende lijve ter doode buyten oft binnen den Lande sonder Testament te maecken, sullen de voorschreven Goederen volghen de naeste Erffghenamen, in directe oft collaterale Linien.

VII Dat reciproquelijck de Coninck wederomme sal treden in sijne Domeynen, Goederen, Rechten ende Actien, soo oock komen sullen, in heure Goederen, Actien ende Crediten, alle Prelaten, Collegien, Capittelen, Cloosters, Godts ende Gasthuysen, Gheestelijcke Plaetsen, ende generalijck alle Persoonen Gheestelijck ende Weerlijck, publicque ofte privaet, ghevolcht hebbende de Partije van zijne Majesteyt, oft vertrocken gheweest sijnde in neutrale Landen om de selve Goeden over al daer sy die sullen vinden, te aenveerden, vendiceren, ende volcomelijck ende vredelijck ghebruycken ghelijck als van te vooren, hoe wel de selve vercocht oft vervreemt souden moghen wesen uytghenomen t'ghene datter gheappliceert is tot Fortificatie vande Steden, Straten, Merckten, ende andere publicque ghebruycken: waer op Commissarissen gheordineert selen worden, om de Eygheneers vande weerde vanden gronde, te recompenseren oft andersins daer inne te ordineren soo't bevonden sal worden te behoorene.

VIII. Ende aengaende de Huysen en Edificien ghetimmert ende ghebouwet binnen der voorschreven Stadt, op ydele Gheestelijcke gronden ende Erven, waer van de voorghenoemde van Antwerpen instantie ghedaen hebben: Alsoo t'selfde is een Punct d'welckmen niet en can promptelijcken slichten, sonder kennisse van saecken, sijne Hoocheyt remitteert de decisie van dien tot dat sy t'Antwerpen wesen sal, ende alsdan sal sy Commissarissen deputeren om daer van inspectie

de Sa Majesté sur peine d'etre privez & exclus de toutes graces. ANNO 1585.

V. Que tous les susdits Bourgeois, presens & absens, & outre cela les Habitans qui y ont été avant la reconciliation des Provinces d'Artois, de Hainaut &c. rentreront entierement & paisiblement depuis le jour de ce Traité en la possession & jouïssance de leurs Biens, soit Fiefs, Heritages, Proprietez, Biens Allodiaux & autres en quelque lieu qu'ils soient scituez sous l'obeïssance de Sa M. ensemble dans les Capitaux de leurs constitutions de Rentes possedez & non possedez. Nonobstant tous Arrêts, Confiscations, Ventes, & Allienations faites en contraire; & sans qu'ils ayent besoin d'obtenir aucune main levée, ni autre Provision que le present Traité. Et il en sera de même des Actions & Credits qui sont encore en être, & dont Sa Majesté n'aura pas encore disposé. Bien entendu que les absens, qui voudront jouïr de l'effet du susdit Traité, seront obligez de sortir du Païs ennemi dans trois mois de la publication d'icelui; dans quoi seront aussi compris tous les Gens de dehors & les Villageois de Brabant qui, à cause de cette Guerre & pour la sûreté de leurs Personnes, se sont retirez dans la susdite Ville.

VI. Et comme la volonté du Roi n'est pas de dépeupler cette dite fameuse Ville, qui subsiste par le Trafique & le Negoce, & d'en chasser rigoureusement ceux qui y sont, tous les susdits Bourgeois & Habitans y pourront demeurer & faire leur residence le terme de quatre années entieres, sans y être recherchez ni inquietez à l'égard de leur conscience & être obligez à aucun nouveau Serment pour fait de Religion; pourvû qu'ils y vivent en paix & sans desordre ni scandale, pour cependant s'aviser & resoudre s'ils veulent vivre dans l'exercice de l'ancienne Religion Catholique, Apostolique & Romaine, pour, au cas que non, se pouvoir retirer librement hors du Païs comme bon leur semblera, auquel cas il leur sera permis de jouïr paisiblement de tous leurs Biens, pour en disposer, les transporter, vendre ou aliener comme ils le trouveront convenable, ou de les faire regir, recevoir & administrer par telles Personnes qu'ils voudront à ce établir & deputer; Et venans de vie à trepas dedans ou dehors du Païs sans avoir fait de Testament, les plus proches Heritiers en Ligne directe ou collaterale y succederont.

VII. Que le Roi rentrera reciproquement dans ses Domaines, Biens, Droits, & Actions, comme aussi rentreront en leurs Biens, Actions & Credits tous Prelats, Colleges, Chapitres, Cloîtres, Hôpitaux & Places Ecclesiastiques, & generalement toutes Personnes Ecclesiastiques & Seculieres, publiques & privées, qui ont suivi le Parti de Sa Majesté, ou se sont retirées en Païs neutres, pour reprendre leurs Biens par tout où ils les retrouveront & en jouïr paisiblement comme auparavant encore qu'iceux fussent vendus ou alienez, excepté ce qui a été appliqué aux Fortifications des Villes, Ruës, Marchez & autres usages publics; surquoi seront établis des Commissaires, pour dedommager les Proprietaires des fonds, ou autrement ordonner ce que de raison.

VIII Et pour ce qui regarde les Maisons & Edifices bâtis dans la susdite Ville sur fonds Ecclesiastiques, pourquoi ceux d'Anvers susdits ont fait instance, comme c'est un Point qu'on ne peut point terminer promptement sans connoissance de cause, son Altesse en remet la decision jusques à ce qu'elle soit à Anvers, & alors elle nommera des Commissaires, pour, aprés l'inspection qui sera faite des

Lieux,

Anno 1585. specTie oculaire ghenomen wesende, de gheinteresseerde te hooren, ende voorts daer inne rechtveerdelijck te ordonneren ghelijckmen in termen van rechte ende redene bevinden sal te behoorene.

IX. Sullen oock genieten vande achterstellen, diemen schuldich is, t'sy het Lichaem vander Stadt, oft byde Staten van Brabandt in 't Quartier van Antwerpen, maer aengaende de vruchten ende innecommen vande onroerende Goeden ende achterstellen vande Renten, die particulier persoonen schuldich sijn, wesende ontfanghen ende gheemployeert by last ende auctoriteyt vanden Staten, oft vande Magistraet, en sal egheen restitutie ghepretendeert moghen worden, dan vande particuliere die hun profijt daermede gedaen sullen hebben. Ende nopende de ruerende Goeden, sullen de selve van d'een ende d'andere sijde wederomme gheeyscht, ghevendiceert ende aenghegrepen moghen worden, in wat plaetsen datmen die in wesen vinden sal, ende dat by Ordinantie, Justitie ende sonder daer toe eenighe weghen van feyte te ghebruycken.

X. Dat egeene Tresoriers, Ontfanghers, Officiers ende ander ghehadt hebbende eenighe handelinghe oft administratie vande Penninghe vande beden, Impositen, Domeynen oft andere die aengheslaghen ende gheadministreert sijn gheweest van weghen de Staten oft Magistraten hoedanich die zijn, niet en sullen becommert oft gheinquireert worden voor de Sommen van Penninghen ende partijen die zy sullen bewijsen ghetelt oft betaelt te hebbene by de scharge oft Ordonnantie vande voorschreven Staten, hunne Ghedeputeerde oft Magistraten; noch sullen oock hunne rekeninghen subject ende onderworpen wesen tot eenighe revisie oft ondersoeck, ten ware by tijtel van erreur oft t'bedroch in de selve ghecommitteert, t'welck geslecht sal worden in ghewoonlijcker manieren ende byden ghenen diet behoort.

XI. Dat alle begonste Proceduren, Vonnissen, Brieven van gratie en Justicie ende andere ghegheven ende verleent byden ghenen, ghehouden hebbende den Raedt in Brabandt, by de Magistraet ende andere Collegien van Justitien, ghehadt hebbende macht van Judicatueren in ghelijcke saecken tusschen den ghenen die aldaer teghenwoordich gheweest, ende hunne Jurisdictie gheadvoyeert hebben, sullen van weerden zijn om confusie te schouwen, wel verstaende, dat de gheinteresseerde hun sullen moghen versien (soo verre hun goet dunckt) by weghe van Revisie, Appellatie oft Reformatie, volghende de Costumen ende Privilegien van Brabant, behoudelijck dat den ordinarissen tijt om te appelleren, reformeren oft revideren niet en zy overstreken, maer aengaende de Vonnissen ghegheven wesende by default oft contumacie aen d'een oft d'ander zijde teghens de absenten, sullen de ghecondemneerde ghehoort ende ghereintegreert worden in hunne Actien ende Exceptien, ten minsten onder beneficie van relievemente

XII. Dat alle Exheredatien, Ghiften, Dispositien, Donatien *inter vivos aut causa mortis* gheschiet uyt haet vande Religie, oft uyt saecken van dese troublen, ende gheduerende de selve, sullen van beyde zijden ghehouden wesen voor gheeasseert, te niete ghedaen ende van gheender weerden. Ende alle Successien *ab intestato* gevallen binnen den voorsz. tijt, sullen volghen de naeste ende wettighe Erff-ghenamen.

XIII. Ende alsoo de Cooplieden, Borghers, Ingesetenen ende andere begrepen wesende in dit Tractaet gheinteresseert souden moghen worden, soo verre die van Hollandt, Zeelant ende andere Provincien ende Steden van dese Nederlanden continuerende d'Oorloghe teghens zijne Majesteyt souden willen confisqueren de Goeden, Schepen, Coopmanschappen, Penninghen, Actien, Crediten ende achterstellen, toecomende dien van Antwerpen ende andere hier boven gheruert, zijne Hoocheyt belooft soo wanneer sy met henlieden wert te tracteren, dat hy Procureren sal dat t'selve sal wesen sonder achterdeel van dien van Antwerpen voorschreven, ende op conditie dat sy betaelt ende voldaen sullen worden van allen t'ghene men hen wettelijck schuldich wesen sal, ende dat sy sullen hebben restitutie van de voorsz. hunne Goeden ende Coopmanschappen.

XIV. Nopende t'stuck vander Munten alsoo het hoochnoodich is, tot voordeel vande Stadt ende vander Coopmans-handel, daer inne eenighe goeden reghel ende ordre te stellen, sijne Hoocheyt, soo wanneer men sal wesen veraccordeert ende daer toe ledich, sal met advijs vande Staten van Brabant ende participatie

Lieux, entendre les Parties interessées, & ensuite être ordonné ce qui sera convenable par droit & raison. Anno 1585.

IX. Jouïront aussi des Arrerages qui sont dûs, soit par le Corps de la Ville ou par les Etats de Brabant au Quartier d'Anvers, mais quant aux fruits & revenus des Biens immeubles & arrerages de Rentes dûes par les Particuliers, & qui auront été reçûes & employées par ordre & authorité des Etats, ou du Magistrat, il n'en sera prétendu aucune repetition, que des Particuliers qui pourroient en avoir profité. Et quant aux Biens meubles, ils pourront être redemandez & revendiquez de part & d'autre, en quelque lieu qu'ils puissent encore être trouvez en nature, & cela par Ordonnance & Justice, & sans user d'aucune voye de fait.

X. Qu'aucun Tresorier, Receveur, Officiers ou autres qui auront eu quelque maniement ou administration des Deniers de Subside, Impôts, Domaine, ou autres qui ont été administrez de la part des Etats ou Magistrats, quels qu'ils puissent être, ne seront inquietez, pour les Sommes de Deniers qu'ils justifieront avoir payées ou comptées par l'ordre & Ordonnance des susdits Etats, leurs Deputez ou Magistrats; ne seront non plus leurs comptes sujets à aucune revision ou examen, à moins que ce ne fût pour erreur ou dol commis en iceux, ce qui sera reglé en la maniere accoûtumée, & par qui il appartient.

XI. Que toutes Procedures commencées, Sentences, Lettres de grace, de Justice & autres données & accordées par ceux qui ont tenu le Conseil de Brabant, par les Magistrats ou autres Colleges de Justice, ayant pouvoir de Judicature, contre ceux qui ont été presens qui auront avoüé leur Jurisdiction seront valables, pour éviter confusion; bien-entendu que ceux qui y auront interêt se pourront pourvoir, si bon leur semble, par voye de Revision, d'Appel, ou Reformation, suivant les Coutumes & Privileges de Brabant, à moins que le tems ordinaire d'en appeller, reformer ou revoir ne soit passé; mais quant aux Sentences qui auront été données par défaut ou contumace d'une & d'autre part contre les Absens, les condamnez seront ouys & reintegrez en leurs Actions & Exceptions, du moins sous le benefice de relief.

XII. Que toutes Exheredations, Donations, Dispositions entre vifs ou à cause de mort, faites en haine de Religion, ou à l'occasion de ces troubles, & pendant iceux, seront de part & d'autre reputées pour cassées, annullées & de nulle valeur; Et toutes les Successions ab intestat *échûës, pendant ledit tems, suivront aux plus prochains & legitimes Heritiers.*

XIII. Et comme les Marchands, Bourgeois, Habitans & autres compris en ce Traité, pourroient être interessez, entant que ceux de Hollande, & autres Provinces & Villes de ces Pays-Bas continuant la Guerre contre Sa Majesté voulussent confisquer les Biens, Vaisseaux, Marchandises, Deniers, Actions, Credit & Arrerages appartenans à ceux d'Anvers & autres ci-dessus mentionnez, Son Altesse promet que quand elle viendra à traitter avec eux, il fera en sorte que ce ne sera pas au desavantage de ceux d'Anvers susdits, mais à condition, qu'ils seront satisfaits & payez de tout ce qui leur sera legitimement dû, & que leurs Biens & Marchandises susdites leur seront restituez.

XIV. Quant à ce qui regarde la Monnoye, comme il est trés-necessaire, pour l'avantage de la Ville & du Negoce, qu'on y établisse quelque bonne regle & ordre; quand on sera d'accord & que l'on en aura le loisir, Son Altesse, par l'avis des Etats de Brabant

ANNO 1585.

tie vanden Magistraet ende principale Cooplieden, daer op nemen een voet tot minsten quetse van het Lant ende meesten proffyt ende onderstant vanden Onderdanen. Ende daerentusschen sullen inde voorghenoemde Stadt loop hebben allen soorte van Gouden ende Silvere Munten die teghenwoordelijck aldaer ganckbaer sijn, sonder die te moghen verhooghen.

XV. Ende ten eynde den Coopmanshandel wederomme mach in sijn gheheel ghestelt worden, sullen alle Brugghen, Havenen ende passagien geopent ende bevrijt worden: mits betalende de Rechten ende Tollen sijner Majesteyt ende den Vassalen respectivelijck toebehoorende.

XVI. Ende hoe wel sijne Hoocheyt grootelijcx soude begheeren, dat alle Imposten, Settinghen, ende andere Lasten gheduerende dese Oorloghe opgestelt, mochten gheweert ende afgeset worden tot verlichtinge van de goede ghemeynte, om den selven middel te gheven om te respireren ende hunnen asem te verhalen, is niettemin te vreden dat tot betalinghe van heure Schulden, Obligatien, Assignatien, Renten ende Pensien de selve Imposten, Settinghen ende Lasten sullen worden ghecontinueert, met conditie nochtans, dat de voorschreven betalinghe niet en sal gheschieden aenden ghenen die Vyanden sullen wesen, oft de Oorloghe continueren teghens sijne Majesteyt, Provincien ende Steden van sijne onderdanicheyt.

XVII. Dat alle heure Privilegien soo generale als particuliere vande welcke sy voor dese beroerten wettelijcken ghenoten hebben, hen sullen punctuelijcken onderhouden ende gheobserveert worden om daer van rustelijck ende vredelijck te ghebruycken, ghelijck sy voor de selve troublen ghedaen hebben.

XVIII. Dat een ieghelijck vande voorsz. Borghers ende Inwoonders, t'sy dat sy in dienste ende Eede van de voorsz. Stadt zijn oft niet, die na het sluyten van dit Tractaet hen sullen wille vertrecken, om hunne woonplaetsen te veranderen, oft andere respecten, sullen 't selfde vryelijck moghen doen t'allen tijden alst hen goetduncken sal, te Water ende te Lande, ende dat met hunne Vrouwen, Kinderen, Huysghesinnen ende alle ruerende Goede, soo Coopmanschappen als andere, sonder dat den selven daer inne eenich letsel gedaen sal worden, oft dat het oock van noode sal wesen, der halven Paspoort te hebben. Ende sullen de ghene die hen vertrecken sullen in eenige Provincien ende Plaetsen, wesende neutrael, oft staende onder het gebot van zijne Majesteyt, ombecommert ende vrijelijck moghen passeren, wederomme keeren, hunnen Handel drijven ende trafficqueren inde voorsz. Landen vande onderdanicheyt van zijne Majesteyt: ende disponeren van hunnen Goeden ruerende ende onruerende, soo sy best bevinde sullen te behooren, oft de selve doen regeren, ontfanghen ende administreren door alsoodanighe als sy daer toe sullen willen stellen, ende oock daer wederkeeren, ende hunne domicilie ende wooninghen hernemen, sonder ghehouden te zijne daer toe andere provisie te verwerven, dan dit teghenwoordich Accoort.

XIX. De selve liberteyt ende vrijheyt gheeft men oock aen de Schippers vander voorschreven Stadt, indien daer eenige zijn die hun met hen eyghen Schepen willen vertrecken: Ten ware dat zijne Hoocheydt begheerde haer mette selve Schepen te dienen, in welcken ghevalle sy die sal moghen aenveerden, midts betalende den prijs volgende de juste estimatie, die daer van ghedaen sal worden.

XX. Aengaende de ghene die hun sullen willen vertrecken inde Provincien oft Steden noch ter tijdt niet gereconcilieert wesende, om aldaer order te stellen op hunne saecken, sullen moghen wederkeeren binnen den termijn van sesse maenden naer datum van dit Tractaet, om te commen woonen inde Provincien ende Steden vande onderdanicheyt van zijnre Majesteyt, oft in neutrale Plaetsen, alwaer sy sullen ghenieten de voorschreven van vrijheyt van te passeren, repasseren, handelen ende trafficqueren, ende van allen het voorder effect van dit Tractaet, ghelijck die bovengenoemde, sonder ander consent oft Paspoort.

XXI. Voorts op de remonstrantie by de voornoemde van Antwerpen ghedaen, dat sy om de schulden ende lasten vander voorschreven Stadt, subject zijn, daghelijckx becommert ende ghearresteert te worden, zijne Hoocheyt van henlieden tijt te gheven van hen te mo-

Brabant & participation des Magistrats & principaux Marchands, la mettra sur le pié qu'il faudra, au moindre desavantage, & au plus grand profit & soutien des Sujets, & en attendant la Monnoye d'or & d'argent qui est à present de cours dans le Pays, continuera d'y être d'alloy, sans qu'on la puisse rehausser.

XV. Et afin que le Negoce puisse être remis en son entier, seront ouverts & rendus libres tous les Ponts, Havres & Passages, en payant à Sa Majesté & aux Vassaux à qui il appartient, les Droits & Peages.

XVI. Et quoi que Son Altesse desireroit fort que tous les Impôts, Taxes & autres charges qui ont été imposées pendant cette Guerre fussent abolis, pour le soulagement des bons Peuples, afin de leur donner par là le temps de respirer, elle consent neantmoins que pour le payement de leurs Dettes, Obligations, Assignations, Rentes & Pensions, lesdits Impôts, Taxes & charges soient continuez, à condition cependant que lesdits payements ne se feront pas à ceux qui seront Ennemis, ou qui continueront la Guerre contre Sa Majesté, les Provinces & Villes de son obeyssance.

XVII. Que tous leurs Privileges, tant generaux que particuliers, desquels ils ont joui dés avant ces troubles leur seront ponctuellement conservez pour en jouïr paisiblement & tranquillement, comme ils en ont joui avant lesdits troubles.

XVIII. Qu'un chacun desdits Bourgeois & Habitans, soit qu'ils ayent été au service & prêté Serment à ladite Ville ou non, & qui aprés la conclusion de ce Traitté voudront sortir pour changer leur demeure ou pour autre cause, le pourront faire en quelque tems que bon leur semblera, soit par Mer ou par Terre, & ce avec leurs Femmes, Enfans, Ménage & Biens meubles, soit Marchandises ou autres, sans qu'il leur soit fait aucun empêchement, quand ils auroient même pour cela besoin de Passeports; Et pourront ceux qui voudront se retirer en quelques Provinces & Lieux neutres ou sous l'obéyssance de Sa Majesté, librement & sans être inquietez passer, revenir, negocier & trafiquer dans les Pays de l'obéyssance de Sadite Majesté, & disposer de leurs Biens meubles & immeubles, comme ils trouveront le plus à propos, ou les faire recevoir, régir ou administrer par telles Personnes qu'ils voudront pour ce établir, & y retourner & reprendre leur domicile, sans être tenus d'obtenir d'autres Provisions que le present Accord.

XIX. La même liberté est pareillement accordée aux Batteliers de la susdite Ville, s'il y en a quelques-uns qui veuillent sortir avec leurs effets; à moins que son Altesse ne desire se servir de leurs Batteaux, auquel cas il pourra les retenir, payant le prix d'iceux suivant l'estimation qui en sera faite.

XX. Quant à ceux qui voudront se retirer dans les Provinces ou Villes qui ne sont pas encore reconciliées, pour y mettre ordre à leurs affaires, ils pourront retourner dans le terme de six mois de la date de ce Traitté, pour revenir demeurer dans les Provinces & Villes de l'obeïssance de Sa Majesté, ou dans les Lieux neutres, où ils jouïront de ladite liberté de passer & repasser, negocier & trafiquer, & de tout l'effet de ce Traité, comme il est cidessus mentionné, sans autre consentement ou Passeport.

XXI. En outre sur la remontrance faite par lesdits d'Anvers qu'ils sont, à cause des dettes & charges de ladite Ville, journellement sujets à être inquietez & arrêtez, & qu'il plaise à son Altesse de

ANNO 1585.

ANNO 1585.

mogen ontlasten ende acquiteren. Consenteert dat hunne Persoonen oft Goeden niet en sullen ghearresteert oft becommert worden om de voorschreven schulden ende lasten, gheduerende den termijn van een gheheel jaer. Om daerentusschen te beramen ende adviseren by wat middelen sy sullen moghen gheholpen ende ghesoulageert wesen.

XXII. Ende soo 't gants redelijcken is, dat de gebroken ende affgheworpen Kercken vande voorsz. Stadt wederomme opghemaeckt worden, op dat dese eeuwighe schande niet en blijve voor de ooghen van alle de weereldt, de Magistraet, Raet ende Leden der selver Stadt sullen onderlinghe handelen, om te beramen eenen goeden ende bequamen voet diemen hier inne sal moghen houden ter minste quetse vande voorschreven Stadt.

XXIII. Dat de ghene die hen sullen willen vertrecken lancks de Riviere sullen tot hunnen redelijcken coste gheaccommodeert worden van Schepen, om daer mede hunne Persoonen, Huysgesinnen ende Meubelen te transporteeren, midts stellende suffisante cautie, ende borchtocht voor het wederkeeren vande Schippers ende Schepen diese alsoo sullen vueren ende conduiseren.

XXIV. Dat de Ghevangenen van d'eene ende d'ander zijde van hen rantsoen niet overcomen wesende sullen ontslaen worden, midts betalende hunne costen, uytghesondert den Heere van Tilligny, aenden welcken sijne Hoocheyt niet en mach rueren. Maer wel sal sy hare employeren, ende alle goet officie doen neffens sijne Majesteyt, om zijn verlossinghe, ghelijck ghenoech kennelijck is, dat zijne Hoocheyt ghedaen heeft, voor een Heere van *La Noue*, zijnen Vader.

XXV. Dat midts t'ghene des voorschreven is, die van Antwerpen sullen promptelijck alle heure Artillerije, Amonitie, Schepen van Oorloghe der Stadt toecomende stellen in handen van zijne Hoocheyt, die haer resolveert te comen inde selve Stadt, ende aldaer te stellen wachten van twee duysent Soldaten Voetvolck, ende twee Benden Peerden, die ghelogeert sullen worden ten minsten ongherieff vanden Borgheren. Belovende zijne Hoocheyt, soo verre die van Hollant en Zeelant hen vereenighen, ende stellen onder de ghehoorsaemheyt van zijnre Majesteyt, dat de selve Stadt niet en sal beswaert worden, noch met Casteel, noch met Garnisoen, maer inghevalle niet: Alsoo de voorschreven Stadt soude een Frontier Stadt blijven, sal alsdan met participatie ende adveu vande Magistraet, ende andere die ghewoonlijck zijn tot sulcken saecken geroepen te worden adviseren op de middelen, om de selve Stadt te versekeren tegens de aenslagen ende practijcke vanden Vyandt. Ende belanghende het Volck van Oorloghe wesende binnen den Lande van Brabant, soo haest de gheleghentheyt der saecken sulckx sal toelaten, sullen die van Antwerpen metter daet bemercken dat sijne Hoocheyt t'voorschreven Chrijchsvolck niet en is houdende om de Ondersaten te beswaren ende verdrucken, maer wel om te vechten en te recouvreren het wettich Patrimonie van zijnre Majesteyt.

XXVI. Ende ten lesten, hoe wel sijne Hoocheyt ghenoech ghefondeert soude wesen, op de voorsz. Stadt te willen verhalen een goet deel vande oncosten die men gheduerende den aenslach ghedoeght heeft, des niettemin om te bethoonen dat hy niet en begheert de bederffenisse der selver: Is te vreden dat sy alleenlijk betale de Somme van vier hondert duysent Guldens. Om daer mede eenich contentement te geven aen de Soldaten, na dien sy een soo langhen ende swaren Legher gehouden hebben, tot betalinghe, van welcke Somme, hen ghegeven sal worden eenen redelijcken termijn tot hunnen meeste commoditeyt.

XXVII. Ende soo verre aengaet den Heere van S. Aldegonde, nademael hy persisteert te willen blijven volghen de selfste zijde, men verstaet dat hy sal beloven ende sweeren van egeene Wapenen teghen den Coninck te draghen binnen den tijt van een jaer naer datum van dit Tractaet.

Alle welcke Puncten ende Articulen zijn gesloten, veraccordeert ende gheteeckent geweest, soo wel by sijne Hoocheyt, als by de voornoemde Gedeputeerde. Belovende sijne voorsz. Hoocheyt, de selve te doen advoueren, ratificeren, ende approberen by opene Brieven onder het eygen Handteecken ende grooten Seghel van

de leur donner du tems pour s'en décharger & acquitter, Elle consent que leurs Personnes & Biens ne puissent être arrêtez ni inquietez à cause des susdites dettes & charges, pendant l'espace d'un an entier; pour pendant ce tems deliberer & aviser par quel moyen ils pourront être aidez & soulagez.

ANNO 1585.

XXII. Et comme il est très-raisonnable que les Eglises démolies & ruïnées de ladite Ville soient rebatties, afin que la honte n'en reste pas toûjours exposée aux yeux de tout le monde, les Magistrats, Conseil, & Membres de ladite Ville confereront particulierement, pour deliberer quelle voye la meilleure & la plus propre pourra être prise pour cela, au moindre dommage de la susdite Ville.

XXIII. Que ceux qui voudront se retirer le long de la Riviere y seront accommodez à leurs raisonnables depens, de Batteaux, pour en transporter leurs Personnes, Ménage & Meubles; en donnant suffisante caution pour le retour des Batteliers & Batteaux qui les auront ainsi conduits.

XXIV. Que les Prisonniers d'un côté & d'autre qui n'ont pas encore traité de leur Rançon seront relâchez en payant leurs dépenses, excepté le Sieur de Tilligni auquel son Altesse ne peut pas toucher, mais elle employera tous ses bons offices auprès de Sa Majesté pour son élargissement, comme il est notoire que son Altesse a déja fait pour le Sieur de la Noüe son Pere.

XXV. Que moyennant ce que dessus, ceux d'Anvers remettront promptement leur Artillerie, Munitions, & Vaisseaux de Guerre appartenant à la Ville entre les mains de son Altesse, laquelle a resolu de venir en ladite Ville, & y établir une Garde de deux mille Soldats & deux Compagnies de Cavalerie qui seront logez, selon la moindre incommodité des Bourgeois. Promettant son Altesse qu'au cas que ceux de Hollande & de Zelande se réunissent & rentrent sous l'obeïssance de Sa Majesté, que ladite Ville ne sera point lezée ni de Château ni de Garnison; mais cela n'arrivant pas, comme ladite Ville demeureroit Frontiere, on avisera, avec la participation du Magistrat & autres qu'on a coûtume d'appeller dans semblables affaires, des moyens d'assûrer ladite Ville contre les entreprises & pratiques des Ennemis. Et quant aux Gens de Guerre qui sont dans le Pays de Brabant, aussi-tôt que l'occasion le permettra, ceux d'Anvers pourront en effet bien remarquer que son Altesse ne tient pas lesdites Troupes pour surcharger & opprimer les Sujets, mais bien pour combattre & recouvrer le legitime Patrimoine de Sa Majesté.

XXVI. Et enfin, quoi que son Altesse seroit assez bien fondée de reprendre sur ladite Ville une bonne partie des frais qu'on a fait pendant l'entreprise, cependant pour montrer qu'elle ne desire pas sa ruyne, elle se contente qu'elle paye seulement la Somme de quatre cent mille Livres; pour, en quelque maniere, donner par là contentement aux Soldats, puis qu'elle a tenu pendant tant de tems une si onereuse Armée; pour le payement de laquelle Somme, il lui sera donné un terme raisonnable pour sa meilleure commodité.

XXVII. Et pour ce qui regarde le Seigneur de St. Aldegonde, puis qu'il veut persister à suivre le même Parti, on entend qu'il promettra & jurera de ne point porter les Armes contre Sa Majesté dans le tems d'un an du jour & date de ce Traitté.

Tous lesquels Points & Articles ont été arrêtés, accordez & signez, tant par son Altesse que par les susdits Deputez. Promettant sadite Altesse de les faire avoüer, ratifier & approuver par Lettres Patentes sous la Signature & grand Sceau de Sa

ANNO 1585.

van zijnre Majesteyt binnen vier maenden van desen dach aff. Ghedaen te Beveren den 17. dach van Augusto 1585. Rt. *Onderteeckent aldus* ALEXANDRE. *Daer onder stont noch gescbreven.* Ter ordonnantie van zijnder Hoocheyt. *Onderteeckent* VERREYCKEN. *Ende daer onder stont gescbreven*, By authorisatie, ende in den name vander Stadt van Antwerpen. *Ende onderteeckent aldus:* PHILIPPUS DE MARNIX, GUILLAM DE MERODE, IAN DE SCHOONHOVEN, ANDRIES HESSELS, MATTHIAS VAN LANNOY, MEGANC, CORNELIS PRUENEN, PHILIPS DE LANDTMETER, ADRIAEN BARDOEL, HANS DE WEERDT, GILLIS SAUTIN, AERT BOUDEWIJNS, WILLEM VAN SCHOOTEN, IAN GODIN, IAN RADEMAEKER, BALTHASAR DE MOUCHERON in plaetse van LOUIS MALEPART, HERMAN VAN DADENBORCH, HEYNDRICK VAN ERP, IAN GARIN, DIERICK VAN OS.

Sa Majesté, dans quatre mois à compter de ce jourdhui. Fait à Bevere le 17. jour d'Aoust 1585. R. signé ainsi ALEXANDRE, dessous étoit encore écrit; *Par l'ordonnance de son Altesse*, signé VERREICKEN. Et au dessous étoit écrit, *par authorisation & au nom de la Ville d'Anvers*, & ainsi signé, PHILIPPE DE MARNIX, GUILLAUME DE MERODE, JEAN DE SCHOONHOVEN, ANDRE' HESSELS, MATTHIAS DE LANOY, MEGANC, CORNEILLE PRUNEN, PHILIPPES DE LANTMETER, ADRIEN BARDOEL, JEAN DE WEERDT, GILLES SAUTIN, AERT BOUDEWIJNS, GUILLAUME DE SCHOOTEN, JEAN GODIN, JEAN RADEMAECKER, BALTHASAR DE MOUCHERON, *au lieu de* LOUÏS MALEPART, HERMAN DE DADENBORGH, HENRI D'ERP, JEAN GARIN, THIERI D'OS.

CCII.

7. Juill.

LA FRANCE ET LA LIGUE.

Articles accordez à Nemours, au nom du Roi de France HENRI III. *par la Reine sa Mére, avec les Princes & Seigneurs de la* LIGUE *en presence du Duc de Lorraine. Fait à Nemours, le 7. Juillet, 1585.* [Mémoires du Duc de Nevers. Tom. I. pag. 686.]

QU'il sera fait un Edit perpetuel & irrevocable, par lequel tout l'exercice de la nouvelle Religion sera defendu, & declaré qu'il n'y aura doresnavant en ce Royaume autre exercice de Religion, que de la Catholique, Apostolique & Romaine.

Que tous les Ministres sortiront hors du Royaume un mois aprés la publication dudit Edit, dans les Parlemens.

Que tous les Sujets de Sa Majesté seront tenus vivre selon la Religion Catholique, Apostolique & Romaine, & faire profession d'icelle dans six mois aprés la publication dudit Edit; & à faute de ce faire, seront contraints de sortir hors du Royaume, sous peine de confiscation de Corps & de Biens: sauf neantmoins à ceux qui sont hors du Royaume, de pouvoir vendre & disposer de leurs Biens meubles & immeubles ainsi qu'ils voudront.

Que les Heretiques, de quelque qualité qu'ils soient, seront declarez incapables de tenir Benefices, Charges publiques, Offices, Estats & Dignitez.

Que ledit Edit sera publié & regîtré à tous les Parlemens de ce Royaume sans restriction ni modification; & aprés la publication d'icelui faite au Parlement de Paris, Sa Majesté fera declaration expresse audit Parlement, assisté des Pairs de France & Officiers de la Couronne; qu'elle entend qu'il soit perpetuellement & inviolablement gardé.

L'observation de cet Edit sera aussi jurée par les Princes & Pairs de France, Officiers de la Couronne, Chevaliers du S. Esprit, Conseillers du Conseil d'Estat, Gouverneurs & Lieutenans de ses Provinces, Presidens & Conseillers des Cours Souveraines, Baillifs, Senéchaux, & autres ses Officiers, par les Maires, Eschevins, Corps & Communautez; desquels Sermens Actes & Procès verbaux seront dressez, & mis és regîtres desdites Cours, pour y recourir quand il en sera besoin.

Et sera declaré par cet Edit, que Sa Majesté ordonne que les Villes qui ont été baillées en garde à ceux de la nouvelle Religion pour leur sûreté, seront incontinent aprés la publication de l'Edit, mises en liberté, & que les Garnisons en vuideront incessamment.

Sa Majesté fera pareillement inserer en l'Edit, ou fera expedier Lettres en forme requise, par lesquelles il sera dit, qu'ayant connu que ce qui a été fait par les Princes, Officiers de la Couronne, Prelats, Seigneurs & autres ses Officiers, Villes & Communautez, & par tous ceux qui les ont suivis, secourus & favorisez en ces nouveaux troubles & remuëmens, tant en la prise des Armes, Villes, Forteresses, Deniers de ses Receptes generales & particulieres, ou autrement en quelque sorte que ce soit, Vivres, confection & prise d'Artillerie, Poudre & Boulets, & autres Munitions de Guerre, pratiques & levées de Gens de Guerre, Rançonnemens, Actes d'hostilité, & generalement tout ce qui a été fait, geré & negocié jusqu'à present dedans & dehors le Royaume pour raison de ce que dessus, encore qu'il ne soit particulierement exprimé & specifié; a été pour le zele & affection qu'ils ont à la manutention & conservation de ladite Religion Catholique, Apostolique & Romaine; que Sadite Majesté l'a pour agreable, l'approuve, & veut qu'ils en demeurent deschargez en tout & par tout, sans en pouvoir être recherchez à l'advenir.

Comme aussi ceux qui ont fourni, reçû & distribué lesdits Deniers, Vivres, Munitions & autres choses susdites.

Que les six Chambres, surnommées de l'Edit, dés à present demeureront supprimées en tous les Parlemens de ce Royaume.

Si quelques Jugemens criminels avoient été donnez contre aucuns ayants suivi ledit Parti, pour raison des choses susdites; ils seront nuls & comme non advenus.

Les Gouverneurs & Lieutenans Generaux des Provinces, & autres particuliers Gouverneurs & Capitaines des Villes, Places & Forteresses, & autres Officiers, de quelque qualité qu'ils soient, qui ont suivi le Parti desdits Princes, seront maintenus & conservez en leurs Gouvernemens, Charges, Etats & Offices.

Toutes les Places & Villes qui ont été dans ledit Parti, seront aussi remises & delaissées en l'état auquel elles étoient avant les mouvemens & troubles derniers; sans qu'à l'égard de choses passées Sa Majesté y mette aucune Garnison, ni leur fasse aucun mauvais traitement.

Seront aussi les Gouverneurs & Capitaines d'icelles reintegrez en leurs Charges, pour en jouïr tout ainsi qu'ils souloient faire auparavant: excepté les Villes & Places qui seront baillées pour seureté, & Meziers, en laquelle demeureront 20. Hommes.

A été accordé qu'à Monsieur le Cardinal de Bourbon, pour sa seureté, sera baillée la Ville de Soissons, avec 70. Hommes de Cheval, & trente Arquebusiers pour sa Garde.

A Monsieur le Cardinal de Guise 30. Arquebuziers à Cheval pour sa Garde.

A Monsieur de Mercœur, Dynan & le Conquest, avec les Garnisons ordinaires, ou ce qui y sera necessaire: & pour le regard des Lieutenans du Chasteau de Vantes, ils y demeureront comme ils sont à present.

A Monsieur de Guise, Verdun, Thoul & S. Dizier, avec les Garnisons ordinaires, & outre ces trois Villes, celle de Chaalons: toutefois sans Garnison. On y mettra seulement 50. Hallebardiers.

A Monsieur de Mayenne le Chasteau de Dijon, & la Ville & le Chasteau de Beaune, avec 60. Hommes, pour departir ausdits Chasteaux.

A Monsieur d'Aumale, S. Esprit de Ruë, avec 40. Hom-

ANNO 1585.

Hommes, dont les 25. feront à Cheval, & dont il se pourra servir pour sa Garde.

A Monsieur d'Elbeuf, Qu'il sera pourvû du Gouvernement de Bourbonnois, vaquant par la mort du Sieur de Ruffec, & aura 20. Arquebuziers pour sa Garde.

A esté accordé pour la Garde desdits Sieurs les Ducs de Mercœur, de Guise & de Mayenne, à chacun 30. Hommes à Cheval.

Le payement de toutes & chacunes desdites Gardes, sera levé sur les Provinces & Pays des Gouvernemens desdits Sieurs Princes.

Pour le regard des Villes, Places, Chasteaux & Citadelles qui seront baillées en garde ausdits Sieurs Princes, promettront sur leur foy & honneur, & obligation de leurs Biens, tous ensemble, & chacun pour soy, de les remettre ès mains de Sa Majesté, ou de ceux qu'il lui plaira deputer dedans cinq ans, sans delay, excuse, ou retardation & difficulté quelconque, pour quelque cause & sous quelque pretexte que ce soit; & outre ce se sont departis & departent dés à present, de toutes Ligues & Associations dedans & dehors le Royaume, si aucunes y en ont.

A esté accordé au Sieur de Brissac la Somme de 40000. mille livres, pour recompense de son Etat de Colonel, pour en estre payé aux termes & ainsi qu'il sera advisé.

Et outre ladite Dame Reine a aussi promis, & s'est chargée de faire en sorte envers les Sieurs d'O & d'Antragues, qu'ils demeureront contens en effet.

Pour le regard des Estrangers, Sa Majesté entend que les Lansquenets soient dés à present envoyez à la Frontiere, pour estre licenciez & mis hors du Royaume, & que les Reitres aussi iront à la Frontiere, où le Roy advisera, pour s'en servir à l'encontre des Forces estrangeres de ceux de la Religion pretenduë reformée, si aucuns veulent entrer en ce Royaume.

Quant au payement desdits Reistres & Lansquenets, lesdits Sieurs Princes bailleront par estat ce qu'ils leur ont fait payer & advancer, dont ils feront prest au Roi, sous l'asseurance de Monsieur le Duc de Lorraine, pour en estre remboursez dans un an.

Et pour le reste de ce qui se trouvera deu ausdits Lansquenets, en sera composé avec eux à la descharge desdits Princes, par le General Beauclerc; auquel à cet effet lesdits Sieurs Princes presteront toute assistance.

Et pour le regard de la continuation du payement desdits Reistres, Sa Majesté y pourvoira, en faisant par eux nouveau Serment de bien & fidellement servir Sadite Majesté envers & contre tous, en se departant de toutes autres Capitulations, Serment & Promesses qu'ils pourront avoir faites; & ce sans que ledit nouveau Serment apporte aucun renouvellement de temps.

Tous Prisonniers à l'occasion & depuis les presens Troubles, seront de part & d'autre mis en liberté, sans payer aucune rançon.

Et pour le regard de la Composition de l'Armée, lesdits Sieurs Princes remettent à en conferer avec Sa Majesté.

Les presens Articles ont esté, comme dessus est dit, accordez par ladite Dame Reine au nom du Roy d'une part; & d'autre par lesdits Sieurs Cardinal de Bourbon & de Guise, Ducs de Guise & de Mayenne, tant pour eux que pour lesdits autres Princes, Pairs de France, Officiers de la Couronne, Seigneurs, Gentilshommes, & autres qui ont suivy leur Party. Pour tesmoignage dequoy, lesdits Articles ont esté signez de leurs propres mains en la Ville de Nemours, le Dimanche 7. Juillet 1585. *Ainsi signé*, CATHERINE. CHARLES CARDINAL DE BOURBON. LOUIS CARDINAL DE GUISE. HENRY DE LORRAINE. CHARLES DE LORRAINE.

CCIII.

10. Août. L'ANGLETERRE ET LES PROVINCES-UNIES.

(1) *Traité entre* ELISABETH *Reine d'Angleterre & les Etats des* PROVINCES-UNIES, *par lequel ladite Reine s'engage à secourir les Etats à certaines conditions, fait à Monesuch, le* 10. *d'Août*, 1585. [EMANUEL METEREN, Histoire des Pays-Bas. Liv. III. Feuill. 254.]

(1) Ce Traite est un peu plus etendu dans *Bor*, Tom. II. pag. 641. Il n'y est qu'en Flamand, & dans le fond il ne contient que ce qui est dans *Meteren*.

(2) Cette Reine avoit refusé la Souveraineté, & ensuite la Protection perpetuelle des *Provinces Unies*, qui lui avoit ete offerte.

ANNO 1585.

I. QUe la Royne d'Angleterre envoyeroit aux Provinces-Unies, une assistance de 4000. Hommes à Pied, & de 500. Hommes à Cheval: mais peu de temps apres on resolut d'en envoyer 5000. & mille Chevaux, sous la conduitte d'un Gouverneur General de sa part, qui seroit une Personne de qualité & de respect, affectionné à la vraye Religion, & sous des autres bons Chefs & Capitaines: qui tous seroyent payés par la Royne, durant la Guerre.

II. Pour restituer lesdits Deniers, les Provinces-Unies, tant en general qu'en particulier, s'obligeront, quand par la grace de Dieu, & l'assistance de Sa Majesté, ils seront restablis en Paix & repos, de payer tout ce que Sa Majesté aura desboursé, tant pour la levée des Gens, & leur transport, que pour leur Solde, à sçavoir, ce qu'elle aura desboursé la premiere année, ils le restitueront la premiere année de leur Paix, & le reste en quatre ans suyvans, chasque année un quart: & ce selon le compte des Commissaires des Monstres de part & d'autre, au même pied qu'ils s'estoyent accordés.

III. Pour plus grande asseurance de la restitution, on mettra, en dedans un mois aprés la confirmation du Contract, en mains de tels Gouverneurs qu'il plaira à Sa Majesté de deputer: la Ville de Flissingues, & le Chasteau de Rammekens, en l'Isle de Walcheren, & la Ville de la Briele, avec deux Forteresses en Hollande, pour estre gardées par des Garnisons de ses Gens, jusques à ce que Sa Majesté sera entierement payée en la Ville de Londres, de tout l'argent qu'elle a desboursé. Que, si les Estats trouvent bon, pour le repos du commun, & pour entretenir l'union, qu'on mette en quelques autres Villes ou Forteresses des Gens de Sa Majesté en Garnison, on les prendra des cinq mille Hommes, & mille Chevaux susdits.

IV. Les Villes & Places d'asseurance données à Sa Majesté, demeureront pourveuës d'Artillerie, de Poudre, & autre Munition de Guerre, en telle forme que le Gouverneur General de Sa Majesté trouvera estre expedient pour la defence & conservation desdites Places, pourveu que tout soit inventorié, pour le restituer puis aprés, comme il appartiendra.

V. Les Estats ne tiendront nulles Garnisons esdites Villes & Forteresses, ains y tiendront seulement quelques Gens de qualité, & au Gouvernement en la Police Civile, qui y demeureront, afin que les Gouverneurs de Sa Majesté y puissent commander, en ce qui touche la defence & garde des Places: Bien-entendu qu'ils ne se mesleront point de la Police, & du Gouvernement Civil, mais seulement commanderont en particulier à la Garnison.

VI. Les Chefs & Soldats des Garnisons ne tiendront point de communication, intelligence, correspondance ou familiarité avec les Espaignols Ennemis des Estats, & ne souffriront pas que d'autres en ayent, mais leur monstreront toute inimitié, en ce qui touche la seurté des Places.

VII. Ces Villes & Places d'asseurance retiendront (quant à la Police, leurs Jurisdictions, Privileges, Droicts & Franchises, & ce suyvant leurs generales & particulieres Unions & Accords) leurs propres Loix, Magistrats & Gouverneurs, sans estre tenus à quelques Contributions, ou Imposts de la part de Sa Majesté, ou de sa Gendarmerie.

VIII. Les Garnisons Angloises seront tenuës de payer les Imposts, comme les autres Gens de Guerre, tenans Garnison au Païs, sans que les Imposts pourront estre haussés, sinon avec le consentement du Lieutenant General de Sa Majesté.

IX Et afin que les Bourgeois, & Habitans des Villes ne soyent point oppressés par les Garnisons, Sa Majesté portera soing pour leur payement, & à ce qu'ils soyent tenus en bonne Discipline, & les Habitans susdits ne seront point molestés touchant l'accomplissement de ce Contract, pource que les Estats seront tenus de faire, pourveu qu'en particulier ils fassent ce à quoy ils sont tenus.

X. Quand Sa Majesté, ou ses Successeurs seront payés de tous les despens, & desboursement d'argent, alors les Villes & Places seront restituées és mains des Estats, avec toute leur Artillerie & Munition, sans aucune difficulté, ou reserve, & sans qu'on les puisse laisser

ANNO 1585. laiſſer és mains du Roy d'Eſpaigne, ou autres Ennemis du Païs, ou ſous l'obeïſſance de quelque autre Prince ou Seigneur, mais ſeulement pour l'aſſeurance de Sa Majeſté & au profit des Eſtats ſusdits.

XI. Les Chefs & Gouverneurs des Garniſons de Sa Majeſté, feront Serment de fidelité, tant à Sa Majeſté, qu'auſſi aux Eſtats Generaux, pour la conſervation desdites Villes & Places, & de ce qui en depend; & auſſi à la conſervation de la vraye Religion, ſelon qu'elle eſt preſentement exercée en Angleterre, & és Provinces-Unies, & d'entretenir, & faire entretenir ce Traiƈté, en ce qui leur touche. Les Officiers, Capitaines & Soldats desdites Garniſons, feront pareillement le Serment de fidelité à Sa Majeſté & aux Eſtats des Provinces ſusdites, & pareillement d'eſtre obeiſſans à leurs Chefs, & Gouverneurs, comme feront auſſi les Habitans desdites Villes.

XII. Les Soldats, & Gens de Guerre, eſtans en Campagne, feront logés, & pourveus de Vivres, à un prix rayſonnable, ſans les charger d'aucunes Impoſitions, au regard des Vivres, & autres choſes neceſſaires, mais feront traiƈtés en la meſme maniere que les autres Gens de Guerre des Eſtats Generaux.

XIII. Les Gouverneurs des Villes ſusdites, feront payés tous les mois de leurs gages, ou Solde de leur Garniſon, & Sa Majeſté fera tenir les Deniers és meſmes Villes, pourveu que le nombre n'en ſoit point plus grand, que des Garniſons lesquelles y ont eſté entretenuës, ſix mois devant le transport desdites Villes & Places, à condition auſſi qu'on ne prendra pas de mauvaiſe part, ſi le payement venoit quelque-fois huiƈt ou dix jours plus tard.

XIV. On permettra au Gouverneur, & à la Garniſon, le libre exercice de la Religion, comme en Angleterre: & on leur ordonnera à ceſte fin, en chasque Ville une Egliſe.

XV. On traiƈtera ces Garniſons comme les autres, lesquelles y ont eſté auparavant, tant au regard des Logis, qu'au regard des Vivres: & les Eſtats mettront ordre, qu'ils puiſſent avoir lesdits Vivres, à meſme prix que les Habitans des meſmes Villes & Places: & feront pourveus de Poudre, de Meſches, & de Balles, en telle quantité que les Garniſons desdites Villes & Places, lesquelles ſont és autres Villes & Places, ſouloyent reçevoir & reçoivent.

XVI. Il ſera permis à Sa Majeſté, outre le Gouverneur qui y ſera de ſa part, d'introduire deux de ſes Sujeƈts, au Conſeil d'Eſtat, Perſonnes qualifiées, & faiſant profeſſion de la vraye Religion Chreſtienne, & auſſi au Conſeil de Guerre, quand il ſera de beſoing, telles Perſonnes, que le Gouverneur, & le Conſeil d'Eſtat trouveront bon, ſelon que les affaires le requerront. Et les deux Gouverneurs eſtablis és Villes de ſa Garniſon, pourront ſe trouver au Conſeil d'Eſtat, quand ils le trouveront neceſſaire & expedient, pour quelques affaires qui touchent le ſervice de Sa Majeſté, & la conſervation des Provinces-Unies, ſans que toutefois ils ſoyent tenus pour Membre dudit Conſeil.

XVII. Le ſusdit Gouverneur General, avec le Conſeil d'Eſtat, pourront uſer de leur authorité à redreſſer les abus qui ſe commettront au faiƈt des Impoſts, à retrancher le nombre des Officiers, & à ce que les Deniers ſoyent employés au plus grand ſervice des Païs contre l'Ennemy, tant par Eau, que par Terre.

XVIII. Ledit Gouverneur General, & le Conſeil d'Eſtat, reformeront pareillement les abus qui ſe trouveront au fait de la Monnoye esdites Provinces, & les reduiront à certain ordre, & feront que l'argent qui eſt de cours esdites Provinces, ou quelque autre, ne puiſſe eſtre changé, pour n'en hauſſer la valeur, ſans le conſentement de Sa Majeſté ou de ſon Gouverneur.

XIX. Sa Majeſté, ou le ſusdit Gouverneur General de ſa part, avec le Conſeil d'Eſtat, auront esgard au reſtabliſſement de l'Authorité publicque, & à ce que la Discipline militaire ſoit entretenuë, lesquelles deux choſes ſont maintenant fort allé en decadence, à cauſe de la puiſſance egale des Gouverneurs, & la grande confuſion des Conſeils.

XX. Le meſme Gouverneur General, & le Conſeil d'Eſtat, auront esgard à tout ce qui touche la conſervation du Bien public. Bien-entendu, qu'ils ne changeront rien au prejudice de la vraye Religion Chreſtienne, ou des Droiƈts, Avantages, Privileges, Couſtumes, Franchiſes, Statuts, & Ordonnances des Eſtats, des Provinces, Membres, Villes, Colleges, ou Habitans, tant en general, qu'en particulier. ANNO 1585.

XXI. Les Eſtats, tant en general, qu'en particulier, ne traiƈteront point avec l'Ennemi, ſans le ſçeu, & conſentement de Sa Majeſté, ni avec aucuns Princes ou Potentats eſtrangers, ſans leur ſçeu, ou ſans le ſçeu du Gouverneur General.

XXII. Il plaira auſſi à Sa Majeſté, ne point traiƈter, ou faire traiƈter avec le Roy d'Eſpaigne, ou autres Ennemis des Eſtats, de quelque choſe qui touche les Provinces-Unies, ſoit en general, ou en particulier, ſans advis & conſentement des Eſtats Generaux, qui y feront convoqués là-deſſus legitimement.

XXIII. La levée, & le payement de la Gendarmerie eſtrangere, laquelle pourroit être neceſſaire pour la défence des Provinces, ſe fera par le Gouverneur General, & le Conſeil d'Eſtat, avec le conſentement des Etats Generaux.

XXIV. Quand quelques Gouverneurs des Provinces, ou Villes Frontieres, mourront, ou feront changés, les Eſtats, ou Provinces, où cela arrive, nommeront, ou propoſeront deux ou trois Perſonnes qualifiées, de la Religion Reformée, desquels le Gouverneur General, & le Conſeil d'Etat, en choiſiront & commettront un.

XXV. Auſſi ſouvent que Sa Majeſté, pour la defence commune, envoyera des Navires de Guerre en Mer, pour reuſſir à quelque Flotte de l'Ennemi, laquelle pourroit venir au Destroiƈt entre France, & l'Angleterre & les Provinces-Unies, les Etats auſſi equipperont alors autant de Navires de Guerre, que Sa Majeſté, pourvû qu'ils n'excedent point le nombre, que le Prince d'Orange fit preſenter, l'an 1584 par le Sieur Deyer: ou plus, ſi la neceſſité le requiert, & que le pouvoir des Etats le puiſſe porter: les Navires des Etats ſe joindront à celles de Sa Majeſté, & feront toutes enſemble ſous le Commandement de l'Admiral d'Angleterre: bien-entendu que le butin ſera desparti egalement, ſelon les despens qu'un chacun reſpeƈtivement aura fait de part & d'autre.

XXVI. Les Navires de Sa Majeſté, eſtans en Mer, auront toûjours leur libre entrée, & ſortie, és Havres & Rivieres des Provinces-Unies, & y feront aviƈtaillées à pris raiſonnable: ainſi ſemblablement les Navires de Guerre des Provinces-Unies, jouïront de la même liberté, & commodité en toutes les Rivieres, & Havres d'Angleterre, & autres des Domaines de Sa Majeſté.

XXVII. Pour appaiſer les difficultés, lesquelles pourroient ſurvenir entre les Provinces, ou quelques Villes, & lesquelles ne peuvent pas eſtre appaiſées par la voye ordinaire de Droit & Juſtice, on les envoyera à Sa Majeſté, ou au Gouverneur General de ſa part, afin d'y adviſer, & y mettre ordre, avec le Conſeil d'Etat és Provinces-Unies.

XXVIII. On permettra aux Sujets de Sa Majeſté, de transporter les Chevaux qu'ils pourront achepter és Provinces-Unies, en Angleterre, en payant le droit ordinaire, pourvû qu'ils ne les transportent point ailleurs.

XXIX. Les Soldats Anglois qui voudront retourner en Angleterre, pourront paſſer librement, ſans autre Paſſe-port, que celui qui ſera ſigné, & ſeelé du General. Pourvû que le nombre, des Gens de Guerre Anglois, demeure complet, & que les Etats ne ſoient point contraints de faire quelques despens pour la levée, & le transport de ceux qu'on pourroit lever, au lieu des congediés.

XXX. Le Gouverneur General, le Chef, les Colonels, Capitaines, Officiers, & autres Gens d'Armes de Sa Majeſté, feront le Serment ordinaire, comme aux Etats desdites Provinces, reſervé l'Hommage qu'ils doivent à Sa Majeſté. Ce Contraƈt fut accordé, & arrêté en la forme ſusdite à Noneſuch, le 10. d'Août, l'an 1585.

ANNO 1586.

6. Fevr.

PROVINCES-UNIES ET LEYCESTER.

CCIV.

Placaet van de Staten Generael, der GEUNIEERDE NEDERLANDTSCHE PROVINTIEN, *roerende de delatie van het Gouvernement aen den Grave van* LEYCESTER, *6. Februarii* 1586. [Groot Placaet Boeck van de H. M. Staten Generael der Vereenigde Nederlanden. Tom. I. Col. 47.]

DE Staten Generael der Geunieerde Nederlandtsche Provintien. Allen den genen die desen sullen sien ofte hooren lesen, Saluyt ende Dilectie: Alsoo het de Conincklijcke Majesteyt van Engelandt ghenadelijck belieft heeft herwaerts over te senden den Doorluchtigen Hoogh-geboren Vorst ende Heere, Heere Robbert, Grave van Leycester, Baron van Deinbigh, Raedt van Hare Majesteyts secreetsten Rade, Ridder van hare Ordre, ende syne Excellentie, niet alleen te committeren ende te stellen overste Hooft over alle Krijghsvolck te Peerde ende te Voet, d'welck Hare Majesteyt alreede in dese Landen over gesonden heeft, ende noch sal mogen over senden, ende om ons t'assisteren met raedt, daedt ende advijs, na sijne groote voorsichtigheydt, wijsheyt, ende ervarentheyt, tot directie van de gemeyne Landts saecken, soo wel in 't stuck van de Oorloge, als andersints, die conservatie van alle 't gene 't ghemeene beste van de voorsz. Landen is raeckende om alle de selve te brengen in goede ordre ende gheregeltheyt, ghelijck die in voortyden zijn gheweest, om daer door dies te gevoegelijcker het geweldt ende de tyrannye onser Vyanden te wederstaen, ende alle sijne practijcken te breecken: Maer oock sijne voorsz. Excellentie daer-en boven te vereeren met meerder auctoriteyt, macht ende gebiedt over Hare Majesteyts Admiralen, Vice-Admiralen ende Schepen van Oorloge, om alle de selve te mogen gebieden, ende tot 's Landts dienst imployeren, sulcks als sijne Excellentie bevinden soude den noodt van den selven Lande te vereyschen. Ende dat sijne Excellentie volgende 't Bevel van Hare Majesteyt (willende betoonen het effect van de goede ghenegentheyt ende affectie die hy tot dese Landen, ende de conservatie der selver, ende van de ware Christelijke Religie soo lange heeft gedragen) hem soo gewillighlijck hier inne heeft laten gebruycken ende imployeren, dat de selve sijne Excellentie daeromme verlatende sijn eygen Landt ende Goederen hem herwaerts over in 't midden van ons heeft komen begeven: Des ons geen meerder beneficie noch weldaedt van Hare Majesteyt ende sijne Excellentie en soude konnen geschieden noch gebeuren.

SOO HEBBEN WY met goeder ende rijper deliberatie by desen een eygelijck wel willen kondigh maken, dat wy den voorsz. Doorluchtigen Hoogh-geboren Vorst, Heere Robbert, Grave van Leycester, &c. hebben versocht, aengenomen ende gecommitteert, Gouverneur ende Capiteyn Generael over alle de Geunieerde Provintien, ende gheassocieerde Steden ende Leden van dien: Ende der selver sijne Excellentie (boven d'auctoriteyt die hy heeft van Hare Majesteyt) ghegheven hebben het hooghste ghebiedt, ende absolute auctoriteyt, over ende in alle Krijghs-saken, te Water ende te Lande, omme de selve uyt te voeren ende te beleyden tot wederstant des Vyandts, gelijck sijne Excellentie tot meesten dienste van den Lande sal bevinden te behooren, ende om voorts daer inne te doen alles wat een Capiteyn Generael toe-behoort. Dat wy voorts in sijne handen hebben ghestelt d'administratie ende bewint van de Policie ende Justitie over de voorsz. Geunieerde Provintien ende geassocieerde Steden ende Leden der selver, om de selve te doen administreren ende bedienen met sulcken macht ende auctoriteyt als alle voorgaende Gouverneurs van dese Nederlanden, ende besonder ten tyde van Keyser Caerle den vijfden, wettelijck ghehadt ende (voor behoudens de Rechten ende Privilegien der selver Landen) geexerceert hebben. Oock met speciale macht om te doen colligeren, innen, ontfangen ende administreren alle de Contributien tot uytvoeringe van de Oorloge bewilligt ende ghedestineert, ende noch te bewilligen ende te destineren, ende sijne Excellentie alreede in handen gestelt ende noch te stellen: Alles naer breeder inhouden van seeckere geschriften daer op ghemaeckt. Alle welcken voorsz.

ANNO 1586.

6. Fevr.

PROVINCES UNIES ET LEYCESTER.

CCIV.

Placard des Etats Généraux des PROVINCES-UNIES, qui déférent le Gouvernement de leur Pays au Comte de LEICESTER, du 6. Février, 1586. [*Grand Recueil des Placards.* Tom. I. Col. 47.]

LEs Etats Généraux des Provinces-Unies à tous ceux qui ces presentes Lettres verront, ou orront, Salut & Dilection. Comme Sa Maj. Royale d'Angleterre a bien voulu envoyer de deça le Serenissime Prince & Seigneur, Robert Comte de Leycester, Baron de Deinbigh, Conseiller du Conseil Privé de Sa Majesté, Chevalier de son Ordre, & d'établir & commettre son Excellence non seulement Generalissime de toutes les Troupes, tant Cavalerie qu'Infanterie, que Sa Majesté a déja envoyé en ces Païs & envoyera encore, & nous assister de son conseil, fait & advis, selon sa grande prudence, sagesse & experience, pour la direction des affaires communes de ce Païs, tant en ce qui regarde la Guerre qu'autrement, & la conservation du Bien public desdits Païs, & y aporter un bon ordre & reglement, comme il y en a eu ci-devant, par le moyen dequoi on puisse se deffendre contre la violence & tyrannie de nos Ennemis & rendre vaines toutes leurs pratiques, mais aussi d'honorer son Excell. d'une plus grande authorité, pouvoir & commandement sur ses Admiraux, Vice-Amiraux & Vaisseaux de Guerre de Sa Majesté pour les pouvoir commander, & les employer au service du Païs, comme son Excellence trouvera être de l'utilité dudit Païs. Et que son Excellence, suivant le commandement de Sa Majesté, voulant témoigner des effects de la bonne inclination & affection qu'elle a eu dès si longtems pour ces Païs & pour la conservation d'iceux & de la vraye Religion Chrêtienne, a usé de tant de bonne volonté que de quitter sa Patrie & ses Biens pour se rendre au milieu de nous, en sorte qu'on ne pourroit éprouver de plus grands bienfaits que ceux que nous demontrent Sadite Majesté & son Excellence.

NOUS AVONS, avec bonne & meure deliberation, bien voulu faire sçavoir à un chacun que nous avons prié, accepté & commis le susdit Serenissime Prince pour Gouverneur & Capitaine General de toutes les Provinces-Unies & des Villes & Membres associés à icelles, & qu'à sadite Excellence, outre l'authorité qu'elle a de Sa Majesté, avons donné le Commandement suprême & Authorité absoluë sur toutes les affaires de la Guerre, par Mer & par Terre pour s'en servir & l'employer à se deffendre contre l'Ennemi, comme sadite Excellence le trouvera expedient pour le bien du Pays, & pour y faire en outre tout ce à quoy un bon Capitaine Général est obligé. Et qu'en outre nous avons remis entre ses mains l'Administration & la direction de la Police & de la Justice sur toutes lesdites Provinces-Unies & Villes & Membres y associés, pour les faire administrer & regir avec tel pouvoir & authorité que les precedens Gouverneurs de ces Païs-Bas l'ont legitimement fait, & particulierement du tems de l'Empereur Charles-Quint, sauf les Droits & Privileges desdits Païs. Avec le pouvoir special de lever, recevoir & administrer toutes les Contributions consenties & destinées pour pousser la Guerre, & que l'on consentira encore & destinera, déja mis & à mettre és mains de son Excellence. Le tout suivant ce qui est plus amplement contenu dans certain Ecrit fait à ce sujet. Toutes lesquelles Char-

ANNO 1586.

voorsz. last ende Commissie sijne Excellentie t'onsen ernstige versoeck sulcks geaccepteert ende den behoorlijcken Eedt solemnelijcken in onse handen daer op ghedaen heeft, voornementlick tot conservatie van de ware Christelijcke Religie ende voorstant van de Privilegien ende Gerechtigheden deser Landen ende Provintien, Leden ende Steden van dien. Willen ende ordonneren daeromme allen Gouverneurs van Provintien ende Steden: Allen Admiralen ende Vice-Admiralen, allen Oversten, Colonellen, Ritmeesteren, Capiteynen, Officieren ende Soldaten, te Water ende te Lande, ende voorts allen anderen Raden, Officieren, Tresoriers, Ontfangers, Baillifz, Schoutetten, Maerschalcken, Drossaten, Grietmannen, Magistraten, Edelen, Vassallen, Borgeren ende andere Ingeseetenen ende Onderdanen deser Landen, van wat qualiteyt ofte conditie die zijn: Dat sy, ende elck van hen, sijne voorsz. Excellentie in de voorsz. qualiteyt van Gouverneur ende Capiteyn Generael over de voorsz. Geunieerde Provintien, kennen, eeren, respecteren ende gehoorsamen, so 't behoort, sonder eenige swarigheyt daer inne te maken: Op pene van te vallen in de ongenade van sijne Excellentie, ende ghestraft te worden na gelegentheyt der saecken, ende Rechts behooren. Ende ten eynde dat hier af niemant ignorantie en soude mogen pretenderen, ontbieden ende bevelen wel expresselijck dese Ordonnantie alomme te doen kondigen, uytroepen ende publiceren, daer men gewoonelijck is uytroepinge ende publicatie te doen: Procederende ende doende Procederen tegens den Overtreders van dien tot de penen hier boven verhaelt, sonder eenige gunste, faveur ofte dissimulatie ter contrarien: Want wy 't selve tot voorderinge van den Lande alsoo bevonden hebben te behooren. Gegeven in onse Vergaderinge in 's Graven-Hage den sesten dach February, anno 1586. Ter Ordonnantie van de voorsz. Heeren Staten Generael. *Geteyckent*, C. AERSSEN.

Charges & Commission son Excell. à nôtre instante priere a accepté, & en a fait le Serment solemnel & convenable entre nos mains, principalement pour la conservation de la vraye Religion Chrétienne & deffence des Privileges & Droits de ces Pays & Provinces, Villes & Membres d'icelles. Voulons & ordonnons pour cet effect à tous Gouverneurs de Provinces & Villes, à tous Admiraux & Vice-Amiraux, Généraux, Colonels, Capitaines, Officiers, & Soldats par Mer & par Terre, & en outre à tous autres Conseillers, Tresoriers, Receveurs, Baillifs, Escoutets, Maréchaux, Drossarts, Gritmans, Magistrats, Nobles, Vassaux, Bourgeois & autres Habitans & Sujets de ces Pays, de quelque qualité & condition qu'ils soient, qu'ils ayent à reconnoître, honorer, respecter, & obeyr à sadite Excellence en ladite qualité de Gouverneur & Capitaine General sur lesdites Provinces-Unies, comme il apartient, & sans y aporter la moindre difficulté. Sur peine d'encourir la disgrace de son Excellence, & être punis suivant l'exigence des cas & comme de droit apartient. Et afin que personne n'en puisse pretendre cause d'ignorance, ordonnons & commandons bien expressément de faire sçavoir, anoncer & publier cette Ordonnance par tout où l'on est accoûtumé de faire les publications. Procedant & faisant proceder contre les contrevenans par les peines cy-dessus mentionnées, sans aucune faveur ou dissimulation au contraire. Car ainsi l'avons-nous jugé être convenable pour l'avancement de ces Pays. Donné en nôtre Assemblée à la Haye le sixiéme de Février de l'an 1586. Par Ordonnance des susdits Seigneurs Etats Généraux. Signé, C. AERSSEN.

ANNO 1586.

CCV.

5. Juill. ANGLETERRE ET ECOSSE.

Traité de plus étroite (1) *Alliance entre* ELIZABETH *Reine d'Angleterre*, & JAQUES VI. *Roi d'Ecosse depuis Roi d'Angleterre* I. *du nom*, *fait au commencement de Juillet de l'année*, 1586. [GUILLAUME CAMDEN, Annales d'Angleterre & d'Irlande sous la Reine Elizabeth. pag. 427. d'où l'on a tiré cette Piéce, qui se trouve aussi dans RYMER, *Fœdera*, *Conventiones*, &c. Tom. XV. pag. 802.]

CUm horum Principum regimen & gubernatio in ea dubia & periculosa tempora inciderint, quibus Principes vicini, qui *Catholici* dici volunt, Pontificiam authoritatem agnoscentes, Fœderibus mutuis ad veram, puram,& Evangelicam Religionem non solum è suis Territoriis & Dominiis,verum etiam è Regnis alienis extirpandam ac eruendam, amicitias coeunt & fidem astringunt: Ne qui Evangelicam colunt Religionem pro ejus defensione & patrocinio minus esse soliciti videantur, quam qui Romanam pro ejusdem eversione: jam serio nituntur dicti Principes pro majori suarum Personarum securitate, à quorum salute totius Populi salus pendet; & pro conservanda vera, antiqua & Christiana (quam nunc profitentur) Religione, mutui & socialis Fœderis arctius vinculum,quam hactenus unquam inter suarum Majestatum Progenitores coaluit, integre incundum censuerunt.

Primo igitur, ut hoc tam pium & necessarium utriusque Principis propositum in hoc turbulento rerum statu ad utilitatem publicam, & Evangelicæ Veritatis propagationem suum sortiatur effectum: Conventum, concordatum & conclusum est, quod iidem Principes de vera, pura & Evangelica quam nunc profitentur Religione, adversus quoscunque alios qui ejusdem Religionis evertendæ causa, contra alterutrum eorum quicquam molientur, attentabunt, vel facient, tuenda ac conservanda, hoc sociali & sacro sancto Fœdere cavebunt, ac omni quo poterunt studio sedulo conabuntur, & operam dabunt, ut reliqui Principes qui eandem colunt veram Religionem, una cum illis, in hoc tam sancto proposito & Fœdere conveniant, junctisque viribus, verum Dei Cultum in suis Ditionibus conservent, ac sub dicta antiqua & Apostolica Religione suum Populum tueantur & regant.

Item, conventum, concordatum & conclusum est, quod hoc sociale Fœdus pro tuenda & retinenda Christiana & Catholica Religione, quæ hoc tempore ab utroque Principe servatur, ac in Regnis & Ditionibus eorundem divino favore colitur, & fovetur, sit & Defensionis & Offensionis Fœdus contra quoscunque qui liberum ejusdem exercitium in eorum Regnis & Dominiis impedient, seu quovis modo impedire conabuntur: non obstantibus quibuscunque Tractatibus, Amicitiarum Fœderibus, Confœderationibus inter alterutrum eorum & ejusdem Religionis infestatores seu adversarios quoscunque prius initis. Quod si ullo unquam tempore Principem aut Statum quemcunque, cujuscunque fuerit conditionis, horum Principum alterutrius Regna, Dominia, seu Territoria, ullamve eorundem partem invadere aut infestare, suarumve Majestatum Personas aut Subditos aliquo damno vel injuria quavis afficere, eave seu eorum aliqua attentare contigerit:

Conventum, concordatum & conclusum est, quod horum Principum neuter ab invaso aut injuriam damnumve passo certior factus, dictis invasoribus seu infestatoribus ullum auxilium, consilium, favoremve ullo tempore palam aut occulte, directe aut indirecte dabit vel præstabit, quovis consanguinitatis aut affinitatis vinculo, Amicitiarum, vel Fœderum necessitudine prius inita, vel inposterum ineunda non obstante: in quocunque invasionis genere per quemcunque inposterum inferendæ, seu attentandæ.

Conventum, concordatum, & conclusum est, quod præfati Principes sibi invicem suppetias ferent, eo quo sequitur modo, videlicet: Rex Scotiæ, si Angliæ Regnum ab externo Milite, in partibus à Regno Scotiæ remotis invadatur infesteturve, post requisitionem à Regina Angliæ factam, bis mille Equitum & quinque milla

(1) Les *Ecossois* ne voulurent pas donner à ce Traité le nom de *Ligue Offensive*, comme nous l'aprend *Camden* dans l'endroit cité.

Anno 1586. lia Peditum, aut minorem aliquem Militum numerum ad arbitrium & requisitionem dictæ Reginæ absque mora mittet, eosdemque à limitibus Scotiæ proxime adjacentibus, in aliam quamcunque Angliæ partem Reginæ sumptibus deduci curabit.

Item, quod Regina Angliæ, si Scotiæ Regnum ab externo Milite in partibus à Regno Angliæ remotis invadatur, infesteturve; post requisitionem dictæ Reginæ à Rege Scotiæ factam, ter mille Equitum, & sex mill. Peditum, vel minorem aliquem Militum numerum ad arbitrium & optionem dicti Regis absque mora mittet, eosdemque à limitibus Angliæ, Scotiæ proxime adjacentibus, in aliam quamcunque Scotiæ partem dicti Regis sumptibus deduci curabit.

Item, conventum, concordatum, & conclusum est, si Regnum Angliæ in Septentrionali plaga infra sexaginta milliaria à limitibus Scotiæ dissita à quocumque invadatur; quod Illustrissimus Scotorum Rex à Serenissima Angliæ Regina requisitus & interpellatus, universas suas quas poterit vires & copias cogendas curabit, & cum effectu absque ulla cunctatione coget, easdemque cum Anglicis Copiis conjunget, Regnique Angliæ invasores eorumque auxiliatores & fautores quoscunque per triginta continuos dies, illisque transactis, occasione vel rei necessitate ita exigente, diutius per illud temporis spatium, quo Scotiæ Subditi pro defensione Regni auxilia ferre antiquitus consueverunt, & hodie jure tenentur, hostiliter persequetur & profligabit.

Item, quod cum Scotiæ Rex per Angliæ Reginam certior fuerit factus de aliqua invasione, aut infestatione quacunque in Regno Hiberniæ, non solum Comitatus Argatheliæ, Insularum, locorumque eidem Comitatui adjacentium, aliarumque Regni Scotiæ partium quarumcunque Incolis interdicet, ne in Hiberniæ Regnum ingrediantur, eosque ab ingressu penitus arcebit: verum etiam in posterum quocunque tempore contigerit, Incolas cujuscunque partis Regni Scotiæ contra sententiam hujus Tractatus cum aliquo extraordinario, seu insolito Militum numero, more hostili in aliquam Hiberniæ Regni partem intrare, idem Rex per Reginam de hujusmodi ingressu certioratus, Edicto publico infestatores hostiliter in eo Regno grassantes tanquam rebelles, publicæ Pacis perturbatores, perduellionis reos denunciabit & persequetur.

Item, quod neuter Principum futuris temporibus ulli perduelli, rebelli, seu ei qui ab alterutro Principe publice defecerit, auxilium, favorem, subsidiumque præstabit, aut ab aliis quovis modo præstari permittet, eosdemve in suis Dominiis aperte vel clam moram facere patietur. Sed uterque à tempore notitiæ seu primæ requisitionis à Principe à quo iidem defecerint, factæ, dictos perduelles seu rebelles sine ulla mora aut procrastinatione, secundùm Conventiones in prioribus nostris Tractatibus inter nos & Prædecessores nostros expressas tradet, seu tradi curabit, vel saltem à limitibus & terminis suorum Dominiorum eosdem recedere coget. Et insuper quamdiu dicti rebelles seu perduelles moram in dictis Dominiis traxerint, de omnibus injuriis damnisque ab dictis perduellibus illatis idonee satisfaciet.

Item, quod pro omnibus & singulis injuriis & controversiis componendis, quæ à tempore quo Sereniss. Rex Scotiæ Regni gubernaculum in manus suas recepit, & per quadriennii spacium, illud tempus proxime antegressum, in limitibus limitum occasione, aut inter limitaneos contigerunt, & intervenerunt, Principes utrinque intra menses sex à conclusione hujus Fœderis numerandos, Commissarios aliquot idoneos, Pacis studiosos, Mandatis ad eam rem aptis & sufficientibus instructos atque monitos, ad aliquem locum commodum, in utriusque Regnorum confinio ablegabunt, qui omnes hujusmodi causas & controversias honorifica & amica Transactione component & terminabunt.

Item, quod neuter dictorum Principum cum alio quocumque Principe, seu Communitate in hujus præsentis Fœderis & Unionis præjudicium Amicitiam paciscetur, Confœderationemve inibit ullam, absque expresso alterius fœderati Principis consensu, per dicti Principis Literas vel propria manu subscriptas, vel privato Sigillo firmatas prius habito & obtento.

Item, quod uterque Princeps cum ad hoc per Oratores seu Commissarios alterius Principis, alteruter debite requisitus fuerit, & jurejurando & magno suo Sigillo hoc sanctum Societatis Fœdus approbabit & confirmabit; & insuper in majorem ejusdem stabilitatem, Diplomata Regia seu Literas Patentes, certo quodam tempore de quo mutuo utriusque Principis consensu constituetur, tradet, seu tradi curabit. Anno 1586.

Item, quod priores omnes Amicitiarum Tractatus & Fœderum Pacta inter prædictorum Principum Prædecessores, eorumque Regna & Dominia, quamvis in desuetudinem abiisse videantur, in suo robore, firmitate & vigore permanebunt. Et itidem quod hic præsens mutui Fœderis & arctioris Amicitiæ Tractatus prioribus Tractatibus & Confœderationibus à dictis Principibus cum aliis Fœderatis initis nullatenus derogabit, aut eorum pondus & authoritatem ulla ex parte diminuet (purioris Religionis quam in suis Regnis dicti Principes nunc tuentur & colunt defensione duntaxat excepta) quo casu præsens Fœdus defensionis & offensionis ratum & inconcussum in suo robore intelligimus permansurum.

Item, quod Rex Scotiæ, quum vicesimum quintum ætatis suæ annum impleverit, quamprimum id commode facere poterit, per publicum Regni sui Conventum dictum Fœdus approbabit & confirmabit, approbari & confirmari faciet. Et item Reginalis sua Majestas per Proceres & alios Regnorum suorum Angliæ & Hiberniæ Status, in Parlamento idem faciet & præstabit, fieri & præstari procurabit.

CCVI.

(1) *Summa Tractatus Pacis inter* RUDOLPHUM II. *Romanorum Imperatorem Hungariæque Regem &* MAXIMILIANUM *Archi-Ducem Austriæ ab una, &* SIGISMUNDUM *Poloniæ Regem ab altera parte sanciti, quo* MAXIMILIANUS *per Comitiorum Scissuram in Regem Poloniæ electus, nunc abdicat omne Jus & Titulum Regium hactenus sibi assertum. Bithoniæ* 11. *Martii* 1587. [ISTHUANFIUS, Regni Hungariæ Historia. Lib. XXVI. pag. 371.] 1587 11. Mar

UT quum in pace omnia floreant, ita non modo ullum malum tantum esse possit, quod à Bello absit, sed ne auctor quidem ut aliorum bonorum, ita etiam Pacis Deus, non nisi in pace pie recteque coli possit, cum ob publicam Reipublicæ Christianæ salutem, tum imprimis nominis divini gloriam, omnes offensiones suspicionesque & causæ offensionum perpetuo oblitterentur: condonabuntque utrinque tam Cæsar & Illustres inclytæ Familiæ Austriacæ Principes, quam Rex Poloniæ omnia, quæ superiore anno inter ipsos & Ditiones eorum, quomodocunque intercessissent, primum universæ Christianitatis tranquillitati, deinde non minus etiam mutuæ necessitudini ac sanguinis conjunctioni, maxime vero summi ipsius Pontificis auctoritati. Id autem quo facilius fieri possit, Maximilianus omne jus & titulum Regium abdicet, neque eo amplius utatur, præterque eum cæteri etiam Austriacæ stirpis Principes, ipseque Hispaniarum Rex nullam unquam pro eo controversiam Regno Poloniæ aut Sigismundo ejus Regi, Successoribusque movebunt: neque ea res in ullam Maximiliani Principis injuriam aut contumeliam accipi, aut quisquam interpretari debeat.

Si (quod Deus diutissime sustinere velit) Regnum iterum vacare contingeret, Ordines ejus, ad quos libera electio pertinet, nullo modo, nec vi aut armis neque largitione aut factionibus, in libera Regis electione turbabuntur. Lublovia cum Oppidis, Villisque, ac tormentis & bellico apparatu in ea reperto, in pristinum usum & possessionem Regni Poloniæ restituatur, consigneturque, ad quam accipiendam à Polonis & occupandam XXI mensis Julii dies præfinitus est. Et ut non solum controversiæ omnes sopiantur, sed etiam pristina Fœdera & Pacta, quæ ab aliquot sæculis utriusque partis Regnis & Provinciis intercesserunt, renoventur ac constans in posterum & sincera amicitia conservari possit: Cæsar & Rex Poloniæ Transactionem hanc novissimam Sacramento præstito confirmabunt. Ad quod recipiendum, & ad deprecandas injurias præteritas, mutuo Legati ab utraque parte mittentur, ita ut ad XX. diem mensis Aprilis, Rex Poloniæ prior suos ad

(1) Quoi que ce ne soit ici qu'un Extrait, il vaut presqu'autant qu'un Original; l'Auteur de qui on le tire ayant eté l'un des Ministres qui le firent, & qui le signerent de la part de l'Empereur, & de l'Archi-Duc. [DUM.]

ANNO 1587.

ad Cæsarem mittat; deinde vero ad diem XV. Maii simili modo Cæsar ad Polonum Regem Legatum missurus est, per quem gratam sibi Polonicam Legationem ostendet, & quæ Cæsari alia in benevolentiæ atque amicitiæ testimonium videbuntur, addet. Eodem deinde Legato præsente, Polonus Rex juramentum præstabit, cujus forma nunc conceptis verbis descripta est, cui simile præstabunt Ordines Polonici & Lithuanici publico nomine.

Quæ cum perfecta fuerint, intra diem XV. mensis Junii, mittet Rex Poloniæ alterum Legatum suum, qui Transactionem hanc, & juramenta tam Regis, quam Ordinum Cæsari tradet, atque idem Legatis tunc Cæsaris sacramentum præsens audiet in eam formulam quæ præscripta est, tam ab ipso, quam ab Ordinibus & Statibus Ungariæ & Bohemiæ, cæterarumque Provinciarum præstandum, eaque omnia scripto comprehensa, ac signis obsignata sibi tradi postulabit, & in Poloniam referet. Vicissim Maximilianus Princeps debebit è Rodlone, quo in loco nunc detinetur, ad diem XVI. Julii movere, ac quam honorificentissime Bicinium, vel si maluerit, Bithoniam cura Polonorum ad diem XXVIII. ejusdem Julii mensis sisti, qui priusquam è Regno Poloniæ exeat, à Rege convenietur mutuæque benevolentiæ declarationem accipiet, ut ea superioris temporis injuria potius interrupta fuisse, quam vel tum defuisse videatur, vel in posterum defutura sit: quamque maximam poterit dignitatis ejus rationem habebit: Quamprimum autem ultra fines Poloniæ perducetur, hanc per Bicinenses, & Bithonianos Legatos, factam Transactionem, ipse quoque acceptabit, deinde etiam juramento addito confirmabit: illudque sua manu, ac Procerum aliquot Germanicorum, quos tunc secum habebit, manibus ac signis roboratum dabit. Ad quæ omnia inviolabili fide observanda, utriusque Partis Legati sub fide, honore juramentisque suis promiserunt, & ab Cardinale, cujus prudentia, studio, atque opera maxime hæc res confecta fuit, ut Transactioni subscriberet, & Sigillo suo muniret, communibus votis impetrârunt, tum verò duo ejusdem Exempla conficienda curarunt, eaque ab omnibus communiter subscripta secum acceperunt.

CCVII.

12. Mai.

L'ESPAGNE ET LES CANTONS CATHOLIQUES.

(1) *Traité d'Alliance fait entre* PHILIPPE II. *Roi d'Espagne, & les Cantons de* LUCERNE, URY, SCHUITZ, UNDERVALD, ZUG, ET FRIBOURG, *Fait à Lucerne le 12. jour de Mai*, 1587. [MERCURE FRANÇOIS, dans l'Appendix du Tom. X. pag. 40.]

AU Nom de la Sainćte, Divine & Indiffoluble Trinité, Amen. Nous Philippes par la grace de Dieu Roy d'Espagne & de Portugal, de Sicile & Jerusalem &c. Pour Nous & nostre Duché de Milan, d'une part.

Et nous les Advoyers, Amans, Conseillers, Bourgeois & Communautez des Cantons cy-apres nommez des anciennes Ligues des hautes Allemagnes, à sçavoir, de Lucerne, Ury, Schuitz, Undervald dessus & dessous le bois, Zug avec ses Offices forains & dependances, & Fribourg: Pour Nous, nos Pays & Seigneuries, d'autre part.

Certifions par ces presentes, Que nous ayans à cœur & mettant en consideration les troubles, dont toute la Chrestienté est pour le jourd'huy affligée, & la pernicieuse division en laquelle elle est tombée par la permission de Dieu, & à cause de nos pechez: Aussi nous Roi Philippes rememorans la Succession de *l'Alliance hereditaire* & bonne intelligence *qui a esté de toute ancienneté à cause de la Maison d'Austriche* entre nos tresloüables Predecesseurs, & est encores avec les Cantons de ces loüables Ligues, laquelle a servy & servira tousjours avec l'ayde de Dieu, au bien & prosperité des deux Parties, comme aussi est nostre volonté & intention, & qu'icelle demeure de tous ses poinćts en sa force & vigueur. Avons pour les raisons & considerations susdites, & pour l'obligation & devoir que nous avons à Dieu & à nos prochains, deliberé de part & d'autre avec bonne & meure consideration de conclurre, diffinir & arrester, outre l'Intelligence que nous avions cy-devant ensemble, encore une plus ample Amitié & Confederation entre nous: à sçavoir: Nous Roi Philippes à cause de nostre Duché de Milan; & nous les Cantons des Ligues cy-devant nommez à cause de nous-mesmes, de nos Subjećts, Pays & Seigneuries que presentement nous possedons, & qui sont limitrophes les uns des autres: & pour cét effet, au cas que Nous des deux Parties fussions inopinément par nos Ennemis, maintenant, ou cy-apres, tant que la presente Alliance durera, surprins, envahis ou molestez par Guerre, la Partie qui sera plus à main d'empescher ceste aggression & surprise donnera secours à l'autre au temps qu'il sera requis & necessaire. Aussi que pour le bien de nostre prosperité, nous recevrons cependant l'un l'autre en bonne & bien unie voisinance, sans aucun artifice, fraude, ne tromperie, qui doive entierement estre ostez d'entre nous. Ayans à ceste occasion premierement esté meus de conclure & arrester ensemblement, comme nous faisons par ces presentes, ceste loüable, sincere & vraye Alliance & Confederation, sans aucun dol, fraude, ny deception: Seulement à l'honneur & loüange de la tres-sainćte Trinité, pour la conservation de l'Eglise sainćte Catholique Romaine, & pour le repos, tuition, & deffense de nos Subjećts & Pays.

Nous Roy Philippes, avons commis & ordonné de nostre part avec plain Pouvoir: à sçavoir, nostre Cousin & Chevalier de nostre Ordre de la Toyson d'or, Charles d'Arragon Duc de Terra Nova, Prince de Castel vetrano, Marquis d'Alona, Comte de Borgeto, nostre grand :::: Gouverneur au Duché de Milan & Capitaine general en Italie, pour, avec le moyen & assistance de nostre amé & feal Pompée de la Croix nostre Ambassadeur ordinaire aux Ligues, conclurre & arrester un œuvre si sainćt & loüable.

Et nous desdits Cantons des Ligues, aprés que cette affaire a esté traićté & proposé en une Journée expressement tenuë; & depuis pardevant nos Conseils; & comme l'avons, en presence dudit Sieur de la Croix Ambassadeur susdit à ce commis & deputé avec plain Pouvoir dudit Seigneur Duc de Terra-Nova, par commandement de Sa Majesté Catholique, accepté & arresté en nosdits Conseils, & comme & ainsi avons conclud & defini entre Nous les Parties susdites, cette bonne Intelligence & Confederation: Pour raison dequoi, & en vertu de ces presentes, qui sont de la forme & teneur qu'il est ci-aprés plus amplement, & de point en point écrit & declaré, Concluons, acceptons, & arrestons, & pour nous & nos Successeurs promettons de l'observer & ensuivre inviolablement, sans aucune dispute & contredit, tant & si longuement qu'elle durera.

I. Premierement, Nous les susdits Grisons, des Ligues promettons & voulons, que les Sujets de Sa Majesté Catholique du Duché de Milan puissent achepter, vendre & debiter sur nos Terres, & celles de nos Sujets, toutes sortes de Vivres, & autres Marchandises, & les faire conduire & emporter audit Duché de Milan, en payant raisonnablement les Peages, & tous les subsides par nous ordonnez, & qui encores à l'advenir pourroient être par nous imposez: Et si d'aventure cela n'étoit agreable aux autres Cantons de ces Ligues, qui ont égal Gouvernement avec Nous les susdits Cantons sur quelques-uns de ces Pays, ce nonobstant Sa Majesté Catholique nous a promis d'une singuliere bonté & benignité de permettre à nos Sujets d'achepter toutes sortes de Vivres pour la provision & entretenement necessaire de leurs Maisons, comme s'ensuit.

II. A sçavoir, d'autant que nos Sujets de là les Monts sont les plus necessitez & incommodez de Vivres, il leur sera permis, & à ceux qui habitent avec eux, de se transporter, soit à Pied, à Cheval, ou par Eau, sur le Duché de Milan, en attestant seulement par leur Serment qu'ils sont nos Sujets, sans qu'il soit donné aucun empeschement, ni destourbier aux Marchands d'y apporter du bled; Alors les nôtres pourront librement acheter & enlever toutes sortes de Vivres, & autant que chacun en pourra porter sur sa personne, ou sur un Cheval pour la provision necessaire de sa Maison, pourvû qu'ils ne soient acheptez pour les revendre. Et au cas que ce fussent Gens de moyens qui allassent ausdits Marchez avec quelques Chevaux, il leur sera aussi permis d'achepter sans aucun empeschement, & emporter chez eux, les Vivres & Denrées qui leur seront necessaires pour la provision d'une année entiere de leurs Maisons, en apportant une atteſta-

(1) On pretend que les *Espagnols* furent 13. ans à négocier cette Alliance.

ANNO 1587.

testation de leurs Magistrats, & faisans apparoître de la verité de leur dire, & payant aussi raisonnablement des choses susdites, soit qu'il y ait beaucoup, ou peu, les Peages accoustumez, sans être davantage travaillez pour la traicte. Aussi que personne n'en pourra point revendre, ni en faire aucun Trafic de Marchandise, sans le consentement & permission du Magistrat qui par Nous Roy y sera ordonné. Et où il y auroit aucun qui y faille ou peu ou prou, icelui sera infailliblement & promptement, sans exception de personne, puny & chastié en vertu des Ordonnances à ces fins dressées par ledit Magistrat, ou Nous, ou bien par le Juge du lieu où la transgression aura été faite: Pareillement le taux de la traicte de Bled qui sera acheptê outre & par dessus la Provision de la Maison sera mis à six reals & sera rabattu & deduit sur l'autre Bled au prorata. Sera aussi permis & concedé à leurs Sujets, qui possedent des Biens sur nôtre Duché de Milan, ou qui y ont Rente de Bled, d'emporter dudit Duché de Milan chez eux leursdites Rentes & fruicts sans aucun empeschement, sinon qu'ils se presenteront seulement devant le Magistrat à ce ordonné, & declareront la quantité, & en prendront l'attestation en tel cas accoustumée, pour s'en servir & faire apparoître de ladite permission sur les Frontieres; Et ne leur refusera ledit Magistrat ladite traicte quand il en sera par eux requis, ains la leur permettra pour le taux ci-devant limité: toutefois ne sera ledit Bled employé, ni debité ailleurs que pour la seule necessité des Seigneurs des Ligues qui sont compris en cette Alliance, & pour leurs Sujets; & seront les transgresseurs griefvement punis pour donner exemple aux autres.

III. Troisiémement, Nous Roy Philippes voulons aussi, Que les Seigneurs des Ligues susnommez, & les leurs, puissent aller, venir, negotier, vendre & revendre leurs Biens & Marchandises sur nos Terres & Seigneuries, reservé le Bled & le Ris, qu'ils ne pourront debiter sans une particuliere permission; mais bien pourront achepter & vendre toute autre espece de Marchandise, sans aucun empeschement, ni incommodité, en payant seulement les Peages ordinaires & raisonnables; sinon pour le regard de toutes sortes d'Armes, sans en point excepter, qui seront pour leur usage & de leurs Gens, nous leur permettons de les achepter au Duché de Milan, & faire emporter sans payer aucun Peage. Semblablement leur est permis de faire emporter & conduire par-dessus nos Terres & Duché de Milan toutes sortes de Vivres & Denrées, excepté le Sel, sans empeschement, en payant toutesfois les Peages ordinaires & raisonnables és Lieux où ils seront establis, sans rien plus. Il sera aussi permis & concedé aux Suisses naturels des Cantons qui sont compris en cette Alliance, de conduire & vendre leur Bestail en nôtre Duché de Milan, encore que ce ne soit le Dimanche auquel le Marché ordinaire se tient, en payant seulement le Peage ordinaire, & non davantage que ce que l'on a accoustumé de payer en ces Marchez; & sera le vendeur tenu & obligé d'advertir les Peagers de sa vente, afin qu'il n'y soit usé de tromperie, sur peine d'être puny, ou de perdre son Bestail: & où ils ne pourroient vendre leurdit Bestail au Marché de Milan, il leur sera permis de le mener aux autres Marchez du Duché: & pour le mener de lieu à l'autre, qu'on appelle *Transit*, ne seront tenus de payer aucun Peage: Et en temps de Peste (dont Dieu nous veuille preserver) les susdits Suisses, qui sont desdits Cantons, & leurs Sujets qui font le Trafic dudit Bestail, le voulant faire passer par la Treise, seront tenus de le faire nager à la traverse, sans que pour cela ils doivent rien payer.

IV. Quatriémement, Nous des Cantons susdits promettons & permettons à Sa Majesté Catholique le passage seur & libre par nos Pays & Terres de nos Sujets, avec ses Gens de Guerre, & autres, soient de Pied, ou de Cheval: ensemble leur argent, Armes deffensives & offensives, Lettres, Postes & Messagers, & tout ce que chacun d'eux portera: toutefois si lesdits Gens de Guerre étoient en nombre, ils se departiront en Troupes & Esquadrons distans chacun de deux journées l'un de l'autre, & payeront paisiblement & sans bruit les Peages & leur despense, ensemble le secours & office qui leur sera fait par les nôtres: Et advenant ledit passage, Sa Majesté donnera ordre à ce que l'on aye suffisante Provision de Vivres pour lesdits Gens de Guerre, ainsi qu'elle en a usé en d'autres passages. Semblablement seront tenus lesdits Gens de Guerre de vivre selon nos Loix & Ordonnances, & se gouverner suivant icelles: & où il y auroit aucuns d'eux que nous trouvassions s'être comportez si indiscretement en leur passage que leurs actions nous tenoient & aux nôtres intollerables, ils seront incontinent reprins & chastiez de leur faute par les Chefs, ou autres Officiers à qui il appartiendra, & qui en auront la Charge & conduite: Et au cas que les Chefs ne le fissent alors, Nous mêmes les pourrons faire punir selon leur demerite: & aurons pouvoir de limiter & reduire leurs Esquadrons en si petit nombre, & en sorte, que les nôtres soient assûrez contre toute oppression & dommage qui leur en pourroit advenir; & doit le même être entendu & observé, pour le regard de Nousdits Suisses lors que les nôtres passeront par le Duché de Milan pour aller ailleurs au service de quelques autres Princes; lesquels seront pareillement punis & chastiez de leur faute & transgression par les Colonels, & autres Officiers de nôtre Nation: Et passant nosdits Gens de Guerre par ledit Duché de Milan pour aller au service de quelque autre Prince ou Seigneur, ils se departiront semblablement en Esquadrons, & en pareille distance qu'il est dit des Gens du Roy; toutefois ne sera chacun Esquadron moindre de deux, ni plus grand que de trois enseignes, contant trois cents Hommes pour chacune desdites enseignes.

V. Cinquiémement, advenant que les Seigneurs desdits Cantons des Ligues fussent chargez de Guerre en leur Pays, & tombassent en quelques autres troubles & differents pour le passage, ou que les Vivres leur fussent retranchez & interdits, comme il est advenu autrefois, alors, & en ce cas, Nous Roy, voulons & entendons qu'ils puissent acheter & faire leur Provision necessaire en nôtre Duché de Milan, & par tout ailleurs sur nos Terres, de toute autre sorte de Vivres, Sel, Bled, & autres choses necessaires, pour leur argent sans payer aucuns Peages, ni Subsides, soit qu'ils ayent acheté lesdites Denrées sur nos Terres, ou hors d'icelles, en d'autres Pays & Seigneuries, jusques à ce que leur Guerre soit entierement finie: Le tout en bonne foi & vraye amitié.

VI. Sixiémement, sera par Nous des susdits Cantons reciproquement concedé & permis à Sa Majesté Catholique au cas qu'elle ait besoin de nos Gens de Guerre pour la tuition & deffense de son Duché de Milan, & des forces & Garnisons qu'elle entretient pour la conservation dudit Duché, d'en lever tel nombre qu'il lui plaira, & où il en trouvera parmi nous & nos Sujets, à ses despens; toutefois non plus de treize mil, ni moins aussi de quatre mil, & s'en pourra servir contre ceux, quels qu'ils soient, qui le voudroient assaillir, envahir & endommager en sondit Duché de Milan, & en ses Forteresses & Garnisons qu'il y entretient pour la conservation d'icelui. Aussi seront nos Gens de Guerre tenus & obligez de marcher és Lieux & endroits, & tout ainsi qu'il sera advisé par Sa Majesté, ou ses Ministres, estre le plus expedient, & de servir en la Campagne, ou en autre façon librement & volontairement, sans aucun contredit, refus, ni reserve: neantmoins, non autrement, ni pour autre fin, que pour la tuition & deffense dudit Duché de Milan, & de ses Forteresses & Garnisons, & ce de tout leur pouvoir & de bonne foy, & de la forme & maniere que dessus: Toutefois Sa Majesté, ou ses Ministres donneront ordre qu'ils ne seront point employez sur Mer. Et quand Nous Roy voudrons faire ladite levée de Gens de Guerre, Nous devons premierement la requerir & demander ausdits Seigneurs des Ligues, & à cét effet leur assigner dans dix jours une journée en leurs Cantons à nos despens, & alors Nous lesdites Ligues serons tenus de lui accorder la levée qu'il demandera: toutefois Nous Roi élirons & prendrons d'entr'eux les Colonels & Capitaines; & tous les Officiers qui seront Suisses naturels, & de leurs Cantons. Aussi parmi lesdits Officiers pourront être prins aucuns des uns & d'autres de leurs Sujets, selon que l'affaire le requerra: mais l'élection des Capitaines & premiers Officiers se fera toûjours du consentement du Colonel, & aux Cantons nos Alliez sera procedé avec bonne Confederation en l'élection d'un Colonel, afin qu'il soit fait choix d'un homme qui soit imaginaire, & bien experimenté au fait de la Guerre, lequel par son authorité & experience soit capable de conduire & gouverner son Regiment avec bonne Police & Discipline. Ledit Colonel doit aussi, en suivant l'ancienne coûtume des Suisses, entretenir les Ordonnances de Guerre & la Justice, afin qu'ils puissent faire service utile à Sa Majesté Catholique & loüable à Nous, & à la reputation de

ANNO 1587. de nôtre Nation. Et Nous Roi ne devons, ne voulons bailler à chacun Soldat, pour la solde d'un mois, moins de quatre Escus d'or, & se fera le payement du premier mois en leur Patrie lors qu'ils en partiront, ou au plus loin sur les Frontieres de nos Pays, & seront toûjours payez au commencement de chacun mois, avec bon argent, & ayant cours, ainsi qu'il a été fait ci-devant. Et d'autant que les Soldats au commencement desdites levées entrent en beaucoup de frais & despenses pour s'équipper, soit en Armes, Chevaux, habillements, & autres choses necessaires, lesdits Soldats Suisses seront payez pour trois mois entiers dés l'heure qu'ils seront partis de leurs Maisons, encores qu'ils ne soient employez: & estans lesdits Soldats licentiez, soit qu'ils ayent long-temps servi, ou non, Nous Roy, les ferons conduire jusques aux Frontieres de leur Pays, où ils seront payez de tout ce qui leur sera dû: & outre cela leur sera donné & payé dix jours pour leur retour. Semblablement, s'il advenoit qu'il y eût une Bataille, la solde de ladite Bataille leur sera payée selon leur vieille coustume: Et ne pourront se separer lesdits Gens de Guerre Suisses, ni les employer aux assauts, si ce n'est en une extreme necessité, ou que ce fût en quelque lieu, Pays, ou Ville qui seroient de facile conqueste; le tout toutefois du consentement des Colonels & Capitaines: Ils ne devront aussi être employez sur Mer, ni ailleurs, sinon és Lieux où il sera de besoin pour la tuition & deffense de nôtre Duché de Milan: mais si les Seigneuries desdits Cantons des Ligues étoient chargez manifestement de Guerre en leur Patrie, de sorte qu'ils eussent eux-mêmes besoin de leurs Gens, tels cas advenant, ils ne seront tenus de nous accorder leurs Gens de Guerre, ains s'ils sont déja partis, ils auront pouvoir & puissance de les revoquer, pour venir aider & secourir leurdite Patrie, & nous leur renvoyerons leursdits Soldats, sans aucun delai.

VII. Septiémement, toutefois & quantes qu'il adviendra que Nous des susdits Cantons des Ligues avons nos Gens de Guerre au service de quelque autre Prince, Seigneur & Potentat, quel qu'il soit, qui voudroit envahir & endommager le Duché de Milan, ou les Forteresses & Garnisons qui y sont entretenuës pour la conservation d'icelui, alors nous sommes obligez de revoquer nosdits Gens de Guerre, & de leur commander expressément sur peine de perdre la vie & leurs Biens, de s'en retourner, de quitter en toute façon le service dudit Prince ou Seigneur, & se deporter de passer plus outre à endommager ledit Duché, ses Forteresses & Garnisons qui y sont entretenuës pour sa conservation: Et pour plus ample declaration & assûrance de ceci, Nous desdits Cantons des Ligues compris en cette Alliance, devons desormais toutefois & quantes que nous permettons à nos Gens de Guerre de sortir hors de nos Pays pour aller au service de quelque Prince, quel qu'il soit, defendre trés-expressément à nosdits Soldats & à leur Colonel, qui aura charge de les conduire, qu'ils n'ayent à marcher, ni se joindre en façon quelconque, directement ni indirectement avec aucun, qui sous quelque pretexte que ce soit voudroit ou pretendroit molester & endommager ledit Duché de Milan, & ses Forteresses & Garnisons, sur la peine susdite, qui s'effectuera avec toute rigueur, où il y aura de la faute, pour raison dequoy ils seront suffisamment instruits avant leur partement de la teneur de ceste presente Alliance & Confederation, afin que personne ne pretende cause d'ignorance.

VIII. Huitiémement, advenant que les Sieurs des Ligues des susdits Cantons, nos chers Alliez, eussent Guerre en leur Païs, & que les Grisons leur voulussent courir sus, comme il est cy-devant advenu, alors nostre Gouverneur de Milan, qui est, ou sera, les exhortera de se contenir & de ne bouger: & où ils ne le feroient, leur courra sus en la Valteline, & plus avant, selon qu'il sera requis, afin qu'ils ayent occasion de ne bouger, & de demeurer chez eux: & ainsi Nous Roy voulons & devons lors que lesdits Sieurs des Ligues auront Guerre, donner de tous côtez le meilleur ordre qu'il nous sera possible, & assaillir, appeller, empescher, & endommager leurs Ennemis, afin qu'avec advantage iceux ne se puissent assembler, & tenir leurs forces jointes au prejudice desdits Cantons.

IX. Neuviémement, advenant que lesdits Sieurs des Ligues nos Alliez susdits soient travaillez par Guerre pour nôtre Foy vraye, Chrestienne & Catholique Romaine, en ce cas Nous Roy les devons & voulons secourir & aider, sans aucun delay, de toutes nos forces & de bonne foy, avec une telle Somme d'argent, & nombre de Gens de Guerre qu'il sera advisé par eux lesdits Sieurs des Ligues, qui sont compris en cette Alliance, être requis en cette necessité: toutefois sera ledit argent distribué par nos Officiers, si longuement & jusques à ce qu'avec la grace de Dieu ils soient déchargez de cette Guerre. Semblablement, ou il adviendroit que Sa Majesté Catholique fust si grievement assaillie en son Duché de Milan, & en ses Forteresses & Garnisons qui y sont entretenuës pour la deffense d'icelui, & ce à cause de nôtre Foy Catholique, Chrestienne & Romaine; de sorte que Sadite Majesté auroit besoin d'un plus grand secours que celui qui a esté cy-devant declaré: Nous desdits Cantons des Ligues promettons reciproquement, Qu'il lui sera permis & concedé de faire pour son argent & à ses despens une plus grande levée que de treize mil Hommes de Guerre de nostre Nation, & tant qu'il en trouvera & qu'il en aura besoin pour sa tuition & deffense. Mais si cas estoit qu'en mesme temps, Nous Suisses susdits fussions aussi chargez de Guerre en nos Pays, alors l'on se tiendra entierement aux reserves & conditions cy-dessus declarées: Et neantmoins si lesdits Sieurs des Ligues avoient Guerre pour quelque autre occasion qu'à cause de la Foy Catholique, ou advenant que quelque Prince ou Seigneur, ou autre quel qu'il soit la leur voulust faire, Nous Roy, d'une singuliere faveur, & pour leur conservation, leur devons à leur requeste donner prompt secours & sans aucun delay, & leur envoyer dans quinze jours sur leurs Frontieres deux mil Harquebusiers & deux cens Chevaux-legers, qu'ils pourront demander à nostre Gouverneur de Milan, & lequel sera tenu les leur envoyer dans ledit temps esdites Frontieres, Lieux & endroicts qui seront par eux ordonnez: & seront lesdites Gens de Guerre entretenus à leur service; & payez tant que ladite Guerre durera. Et si tost que nosdits Soldats seront arrivez auprés desdits Sieurs des Ligues, iceux leur presteront Serment de leur estre obeyssans, & aux Chefs & Officiers qui seront ordonnez, jusques à ce que ladite Guerre soit finie. Et si lesdits Sieurs des Ligues ayment mieux une Somme d'argent au lieu desdits deux mille Harquebusiers & deux cents Chevaux-legers, comme dit est cy-dessus, Nous Roy leur payerons tous les mois dix mille Escus au lieu desdits Gens de Guerre; à la charge que ledit argent sera distribué par quelques-uns de nos Officiers, soit par nostre Ambassadeur ordinaire, ou quelque autre: A sçavoir, lors que ladite Guerre adviendra, nostre Officier aura ledit argent entre ses mains, & en fera le payement à chacun desdits Cantons, selon sa part, de mois en mois, tant que la Guerre continuëra pour s'en servir à leur besoin & necessité: mais n'y ayant plus de Guerre, ledit argent demeurera entre les mains de Nous Roi. Et si la Guerre ne se faisoit, Nous des Ligues serons tenus, comme il est raisonnable, de remettre l'argent qui nous aura été envoyé és mains de Sa Majesté, ou de celui qui aura charge de le recevoir, avec condition expresse, qu'en toute sorte, Nous Roy, voulons & devons secourir & assister lesdits Seigneurs des Ligues des Cantons nos Alliez, quand ils tomberont en Guerre dans leur Païs, soit avec le nombre de deux mille Harquebuziers, & deux cents Chevaux-legers, ou au lieu d'icelui avec les dix mil écus par mois, ainsi qu'il leur sera plus agreable, comme dit est ci-dessus. Et d'autant que nousdits des Ligues recognoissons le Roy Catholique pour trés-affectionné Protecteur & Deffenseur de la Foy ancienne, vraye Catholique & Chrestienne, elle nous a aussi declaré, & Nous Roy le promettons pareillement aussi, que quand il sera particulierement question de la Religion, & pour la tuition, deffense & conservation de la vraye Foy ancienne Catholique & Chrestienne, ainsi qu'il est dit au commencement de ce neufiéme Article, non seulement Sadite Majesté nous donnera le secours en argent, ou Gens de Guerre, comme il est declaré; mais aussi outre cela, Nous veut secourir, aider & assister, soit en argent ou Gens de Guerre, ou de tous les deux ensemblement, ainsi que par un des Cantons Alliez il sera demandé à Sadite Majesté ou à son Gouverneur de Milan, & estimé estre necessaire, alors Sadite Majesté, comme aussi toûjours, nous veut & doit soulager, aider & assister, comme dit est. ANNO 1587.

X. Dixiémement, nonobstant & outre l'aide & secours ci-declaré, Nous lesdites deux Parties, comme vrais & bons Amis Alliez & Confederez, ne permettrons que nos Subjets d'un côté & d'autre surpren-

Anno 1587.

nent, ni endommagent une des Parties; & où cela seroit sçû & découvert, chacune desdites Parties en advertira l'autre incontinent & fidellement, afin d'empescher au mieux que l'on pourra que cela n'advienne.

XI. Unziemement, pour le regard de la Procedure des Procez qui pourroient survenir, il a esté conclu & accordé que survenant quelque action ou demande pour laquelle il faudroit estre à Droit, le Demandeur fera poursuite de sa pretention au lieu de son domicile, ou bien au lieu où le fait s'est passé, & y sera procedé par bonne Justice, & mis fin & jugé infailliblement dedans quatre mois. Et si Nous Roy, ou nous les Magistrats desdits Cantons des Ligues avions quelque action ou demande à l'encontre l'un de l'autre, ou bien quelque particulier à l'encontre de Nous Roy, ou de nous lesdits Superieurs des susdits Cantons, soit à l'encontre d'un ou plusieurs, alors nous Roy, ou nous desdits Cantons, ou quelques personnes particulieres, de part & d'autre, ferons choix de deux honnêtes Hommes de leur Pays & Magistrat qui se transporteront promptement & en diligence à Bellinsonne, pour là aprés estre entierement déchargez par leurs Superieurs de leur Serment & obligation, sur leur Serment particulier que pour ce ils feront, juger dudit different & prononcer leur Sentence selon qu'ils trouveront être equitable. Mais si lesdits Juges & Arbitres se trouvent également divisez en leurs Jugemens, chacune des Parties choisira derechef deux Hommes de bien & d'honneur, desquels l'un sera élû par sort pour Superarbitre, qui aprés avoir été déchargé de son Serment par ses Superieurs, de même que les Arbitres susdits, jugera pareillement & se joindra de l'une des Sentences qui auroit été prononcée pour faire la pluralité; & ce qui sera ainsi jugé demeurera en sa force & vigueur. Et doit le tout être entierement fini dedans ledit terme de quatre mois.

XII. Douziémement, Estant ainsi cette loüable & bonne Intelligence & Confederation concluë & arrestée, Nous Roy, voulons incontinent ordonner, commander & donner charge expresse, & pouvoir, non-seulement à nôtre Gouverneur de Milan de present, mais aussi à tous ceux qui lui succederont, lesquels porteront audit Milan ledit Pouvoir quant & eux, de satisfaire fidellement de point en point à toutes les choses susdites: pour plus grande assûrance desquelles iceux desdites Ligues se sont reservé de vouloir demander à chacun de nosdits Gouverneur à son nouvel envoi audit Milan, cette nôtre promesse Royale, & en avoir une suffisante Declaration & Confederation qui soit scellée: comme aussi nôtre intention, vouloir, & commandement est tel, afin qu'ils ne soient en peine: Joint que si au besoin il leur falloit attendre jusqu'à ce que ledit Pouvoir fust venu d'Espagne, il y auroit trop loing, & pourroit venir trop tard. Et d'abondant devant que cette Alliance & Confederation commence & soit en sa forme & vigueur, sera delivrée par Nous Roy aux Seigneurs des Cantons une Declaration ample en parchemin, scellée & signée de nôtre propre main, comme nous avons agreable les choses susdites, & icelles promettons d'observer, ou bien quel est sur ce nôtre vouloir & intention.

XIII. Treiziémement, Advenant que lesdits Seigneurs des Ligues des Cantons qui sont compris en cette Alliance condamnent aucùns aux Galleres, les Officiers de Nous Roy seront tenus de les recevoir lors qu'ils seront envoyez sur nos Frontieres, & les faire conduire à nos despens és Lieux & endroits qu'il appartient, suivant la Sentence qui en aura été donnée, avec declaration toutefois que nosdits Officiers n'en seront autrement recherchez que d'une attestation, comment & en quel lieu lesdits condamnez auront été delivrez; avec laquelle attestation les Parents desdits condamnez, ou ceux qui auront charge d'eux aprés le terme de ladite Sentence expiré, les pourront demander & ramener s'ils sont encores en vie.

XIV. Quatorziémement, Il a été conclu & arrêté, que cette presente Alliance & Confederation durera jusques au decez de Nous Roy Catholique, & du Prince nôtre tres-cher Fils, lequel nous prions Dieu de part & d'autre vouloir par sa sainčte volonté, & pour la loüange de son S. Nom, octroyer heureuse prosperité, santé & longue vie, & cinq ans aprés ledit decez de nousdits Pere & Fils.

XV. Quinziémement, D'autant qu'aprés l'aide de Dieu, la force de Nous Suisses consiste au grand nombre de nos Hommes vaillans, accoustumez & exercez à la Guerre; & que d'ailleurs nous n'avons autre entretien ni exercice, Sa Majesté Catholique d'une benigne inclination & bonne volonté, & pour plus grande conservation de cette Amitié & Alliance, s'est resoluë & condescenduë de nous donner à chacun desdits Cantons qui sont compris en cette Alliance, quinze cents écus par an, pour être mis dedans la Bourse Publique de chacun desdits Cantons, laquelle Somme sera payée, portée & delivrée en l'un desdits Cantons Alliez au jour de la Feste de Pasques, dont le premier payement écherra audit jour Feste de l'année 1588. Et en outre, tant & si longuement que cette Alliance durera, d'entretenir à ses despens à chacun desdits Cantons qui sont compris en cette Alliance, deux jeunes Escholiers en l'Université de Milan ou de Pavie, pour y apprendre la Langue, les vertus & sciences liberales, en payant soixante & dix Ecus pour chaque Escholier au lieu où il estudiera, afin qu'outre le progrez qu'ils feront aux bonnes Lettres, ils se rendent tant plus affectionnez envers Sa Majesté Catholique.

XVI. Seiziémement, Nous des Ligues des susdits Cantons reservons expressément qu'au cas qu'il soit manqué aux Articles ci-devant écrits, ou au payement des Pensions appartenantes au Magistrat, que Sa Majesté nous a promises, lesquelles elle nous devra en vertu de cette Alliance, & a promis de nous payer dans un an: Si l'an expiré nous ne sommes payez, nous en devons faire un annoncement personnel & protestation à son Gouverneur de Milan, & aprés demeurera à nôtre bon plaisir de continuer davantage ladite Alliance ou non.

XVII. Et pour conclusion, est reservé de part & d'autre toutes les anciennes Alliances & Confederations que nous pourrions avoir avec plusieurs: Mais si aucun, quel qu'il soit, vouloit molester, envahir ou endommager par Guerre ou autrement, directement ou indirectement l'une ou l'autre Partie: A sçavoir, Nous Roy Philippes en nôtre Duché de Milan; & Nous des Cantons des Ligues susdits en nos Villes, Pays, Terres & Seigneuries que nous possedons; lors l'autre Partie sans avoir égard ne consideration du contenu en cette reservation, donnera aide & secours à la Partie envahie, molestée ou assaillie, contre les aggresseurs & assaillans, quels qu'ils soient. Et si nous des Cantons susdits avions Guerre avec quelqu'un qui ne fust de nôtre Foy Catholique, pour quelque occasion que ce peut estre, soit qu'ils nous ayent assailly, ou nous eux, lors Sadite Majesté, nonobstant toutes les Alliances qu'elle pourroit avoir ci-devant avec iceux, nous doit aider & secourir de la sorte qu'il est contenu & arresté ci-dessus; de maniere qu'en cas de necessité une Partie ne se doit excuser de secourir l'autre és Lieux & endroits qu'il est dit & declaré plus amplement par ces presentes.

XVIII. Et pour plus grande assûrance & corroboration de cette Alliance & Confederation, Nous Roy Philippes susdit recognoissons que tout ce qui est écrit de nous ci-dessus, & ce qui a été traičté, dressé & accordé de nôtre part & commandement par nos Sujets avec lesdits Seigneurs des Ligues estre entierement nôtre volonté & intention: Promettons aussi par nôtre Dignité Royale & bonne foy pour nous & nos Successeurs, d'ensuivre & entretenir fidellement ceste Alliance en tant que nous y sommes obligez. Comme aussi Nous desdits Cantons cy-compris, promettons pareillement pour nous & nos Successeurs par nos bonnes fois & honneurs de l'observer & entretenir inviolablement, entant aussi que ceste presente Alliance nous oblige & astraint. En témoin dequoy, Nous Roy susnommé, avons fait apposer nôtre Seel Royal: Et Nous des Cantons compris en cette Alliance celui de nos Villes & Pays, à deux de ces Lettres de même teneur, dont il en a été fourni une à Nous Roy: & l'autre a été retenuë par devers Nous desdits Cantons des Ligues ci-compris. Fait à Lucerne le 12. jour de May l'an 1587.

CCVIII.

11. Juin.

Concordata inter CAPITULUM RATISPONENSE *& Ducem Bavariæ* GUILIELMUM, *auctore Papa* CLEMENTE VIII, *præscribentia, quomodo sub minorennitate dicti Ducis Bavariæ Filii,* PHILIPPI, *Postulati Episcopi Ratisponensis, res Episcopatus, donec adolesceret*

ANNO 1587.

ret & ipse per se gubernationem adire posset, optimè geri debeant. Dat. die 11. *Junii* 1587. [HUNDII Metropolis Salisburgensis Tom. I. pag. 185. d'où l'on a tiré cette Pièce, qui se trouve aussi dans LUNIGS Teutsches Reichs-Archiv. Spicil. Ecclesiast. num. 16. Vom Hoch-Stifft Regensburg, num. 23. pag. 832. & dans ERTEL, des Chur Bayrischen Atlantis Zweyter Theil, pag. 279.]

CONcordata Ratisponæ die undecimo Junii 1587. facta inter Commissarios Serenissimi Domini Dn. Guilhelmi Comitis Palatini Rheni, ac Utriusque Bavariæ Ducis, ad comprobationem suæ Serenitatis, ac Capitulum Ratisponense, interveniente admodum Illustri & Reverendissimo Dn. Philippo Episcopo Placentino, ex Aula Cæsarea Nuncio Apostolico recedente, studio nunc ejusdem Reverendissimi Dn. & consensu Serenissimi Ducis ac Capituli Procuratorum nonnullis mutatis, in hanc sequentem meliorem formam rediguntur, atque hac die vigesima secunda ejusdem mensis Junii, manu ac omnium Sigillis, ad laudem omnipotentis Dei, muniuntur, & comprobantur.

Breve Administrationis Bonorum mensæ Episcopalis à Summo Pont. Sixto V. sub datum Romæ die octava Maji, 1585. Serenissimo Duci concessum, non discutiatur, & in robore suo maneat, cum nudam Bonorum administrationem, ne dilapidentur Bona, respiciat: & nedum primo Capiti Concordatorum satis conveniat, verum & ipsi æquitati. nemo enim fide, solertia & amore in pertinentibus ad Filium præferri Patri prætendere potest. Patri inquam Episcopi, Protectori Ecclesiæ ab ejusdem antiquis Fundatoribus descendenti, nullum prorsus nisi Filii, Ecclesiæ, Religionis Catholicæ, conscientiæ, & proprii honoris interesse prætendenti.

Verum cum Serenissimus Dux Pater Administratorem per seipsum agere nequeat, substituat sibi benè visum, & Capitulo jure non invisum Oeconomum idoneum, qui antequam Administrationem suscipiat, in præsentia Capitularium, aut certè in Senatu juramentum solemniter præstet in manibus suæ Serenitatis, vel alterius sui Procuratoris, quod Serenitati suæ erit obediens, Ecclesiæ verò & Episcopo fidelis, solitique Consiliarii Sæculares eidem adjunguntur, in quibus sua Serenitas dignabitur eandem habere rationem, ne Capitulo sint invisi, & ut stipendio ejus præscitu constituto sint contenti: ac insuper ad tutiorem Bonorum Mensæ Episcopalis tutelam consuetæ quatuor Dignitates, seu Canonici Capitulares pro more jurati, quorum interventu & assistentia contractetur ab eodem, & singulis annis Serenissimo Duci in præsentia Capituli dati & accepti ac totius Administrationis ratio reddatur, quod reliquum est, in Ærarium Episcopale reponatur, & opportuno tempore in utilitatem Episcopalis Mensæ consilio Serenissimi Ducis & Capituli consensu exponatur, nec extraordinarii ulli graves sumptus prius fiant, quam Canonici quatuor Consiliarii pro eorum arbitratu de illis ad Capitulum retulerint. Quod si controversia quandoque oriatur inter Serenitatem suam tanquam Ducem Bavariæ & Episcopatum, eo casu Oeconomus Serenitati suæ ratione illius Administrationis nullo juramento obstrictus sit, sed soli Ecclesiæ, adeoque cum Capitulo liberrimè agat, & deliberet quid expediat. Eveniente, verò ut in Concordatis habetur, casu mortis Episcopi Philippi (quod Deus diu avertat) aut quod Episcopus quoquo modo esse desineret, sit pariter ipse Oeconomus juramento obedientiæ S. Serenitati promissæ solutus, aliumque Dominum non agnoscat, quam Capitulum.

Summus Pontifex à Serenissimo Duce rogabitur, ut in Jurisdictionibus Ecclesiasticis & Spiritualibus, ac in causarum spiritualium, seu mixtarum, ad Forum Episcopale quoquo modo pertinentium cognitione, ac ad personarum coërcitionem cum plena ordinaria & Apostolica authoritate pro suæ Sanctitatis benignitate dignetur ad libitum decernere Vicarium Generalem Germanum, virum doctum, prudentem, expertum, Deum timentem & ad nutum suæ Sanctitatis amovibilem, cui pro more assistat Consistorium, in quo si in negotiis Consistorialibus aliquo casu Juris vel facti ipse supplere non possit, aliquem ex Capitulo vel Senatu Consistoriali substituere ejusdem Senatus Consilio valeat, & ejus vices generales, si aliquo modo deficere contigerit, & Ecclesia hujusmodi superioritate Ecclesiastica repente nudaretur, donec ab ipso Pontifice opportunè prospiciatur, is gerat, qui pro tempore fuerit Decanus, si modo doctrina & experientia polleat, sin minus, suffraganeus.

ANNO 1587.

Et si aliquæ inter Serenissimum Ducem ejusque Cameram Ducalem & Mensam Episcopalem Jurisdictionis, Juris Patronatus, Collationis beneficiorum, finium, Juris pascendi, & hujusmodi controversiæ exoriantur, hæ ipsorum Judicum, quibus vel Jurisdictio ordinaria loci competit, vel qui hactenus hujusmodi lites dirimere soliti fuerunt, determinationi subjiciantur.

Visitatio Ecclesiæ & Diœcesis Ratisponens. fiat per Vicarium Apostolica ordinaria Jurisdictione, & servatis iis, quæ continent Concordata inter Serenissimum Ducem & Ordinarios Bavariæ, salvo Serenissimi D. N. & Sanctæ Sedis Apostolicæ Decreto, si aliud circa eandem visitationem authoritate Apostolica decernatur.

Fundatio & erectio Collegii Patrum Societatis JESU in Civitate Ratisponæ, pro libitu Serenissimi Ducis instituatur, & ex pecuniis relictis ab Hochwart, ac etiam sex millibus Florenis ab Ærario Episcopali, vel ex annuis Mensæ Episcopalis reditibus exigendis, si ita Summo Pontifici placuerit, juvetur, atque in posterum unanimi consensu suæ Serenitatis & Capituli, totis viribus conservetur, & augeatur: ita tamen ne Mensæ Episcopali hac occasione onus perpetuum imponatur, & nisi cum auctoritate Sedis Apostolicæ in proventibus annuis non graveur: Verum ut Mensa ipsa in proventibus etiam in utilitatem Collegii versis aliquo modo reficiatur & compensetur, S. Serenitas occasionem & commoditatem à summo Pontifice procurabit, atque implorabit.

Gaudebit vero Societas in Collegio illo omnibus Immunitatibus & Privilegiis, quibus gaudet totus illius Civitatis Clerus, habebiturque pro membro Ratisponens. Ecclesiæ. Patres autem cum primum potuerint, studeant pro eorum instituto instrui juvenes, qui eidem Ecclesiæ Ratisponensi addicti sint, & serviant.

Conservetur modernus Concionator ad tenorem Brevis Serenissimi Domini N. Sixti Papæ Quinti sub datum Romæ die nona Januarii 1587. & in posterum, ad ejusdem Brevis & Sacrosancti Concilii Tridentini dispositionem Episcopali authoritate de idoneo, cujuslibet Ordinis provideatur, & reditus ad munus prædicationis absolutè destinati, non attento quod Concionator antea absque alio quam ab Episcopo deputatus fuerit, eidem muneri serviant.

Vicarii foranei in Visitatione decernantur, si non sint, & à Vicario deputentur. Collatio Diœcesis Ratisponensis jure fiat, ne Serenissimus Dux, Episcopus vel Capitulum, in Collationibus ad unumquemque ipsorum pertinentibus, invicem graventur, & S. Serenitas in Collationibus Episcopi & Capituli nullo modo se immisceat; ac in substituendis, & è S. Serenitate Vicario præsentandis, servetur solitum, & servatis servandis prævio examine ad Concilii Tridentini ordinationem idoneis Beneficia conferantur. Et in casu controversiæ, donec fiat discussio, ne aliquis jure proprio privetur, simplex provisio sine præjudicio jurium Partium per Vicarium Apostolicum fiat de ea Persona, quam sua Serenitas ex suo jure præsentaverit.

Serenissimus Dux gratiosè revocet exactionem quantitatis hucusque decursæ trium millium Florenorum annuorum juxta Concordata pro Episcopo exigendorum; ut ad suæ Serenitatis piam intentionem commodo & beneficio Mensæ Episcopalis cedant. In posterum autem suæ Serenitati ad tenorem Concordatorum eandem summam trium millium Florenorum singulis annis, cum dies solutionis cesserit, exigere liceat: ex ejus enim pietate, & in Catholicam Religionem Zelo, ut hanc quantitatem in usus pios & ad commodum ipsius Ecclesiæ S. Serenitas sit erogatura, facilè sperari potest.

Arresta Capitularibus ob resistentiam Capituli à Serenissimo Duce facta, postquam hæc Concordata ab eisdem acceptata & comprobata fuerint, gratiosè remittantur.

In omnibus differentiis, quæ horum Concordatorum, vel alia occasione evenire possint inter suam Serenitatem seu ejus Ministros Episcopales & Capitulum, quæ via ordinaria decidi aut componi non poterunt, ab utraque Parte recursus haberi possit ad Nuncium Apostolicum pro tempore in Aula Cæsarea residentem.

Hæc Concordata manu Serenissimi Ducis, & singulorum Capitularium comprobentur & suæ Seren. & Capituli Sigillis muniantur, eisque prædictus Reverendissimus

ANNO 1587. dissimus Dominus Episcopus Placentinus manu & Sigillo proprio robur & firmitatem adjungat, & à Notario Reverendissimæ Dominæ suæ in omnium præmissorum testimonium scribantur, & unicuique Parti Exemplum authenticum concedatur.

PHILIPPUS Episcopus Placentinus & Co. N. Apostolicus.

GUILIELMUS Dux.

SBINCO BERKA Baro de Duba & Leipa Præpositus.

Ego Bartholomæus Vischerus Doctor, subscribo huic Transactioni, ut Commissarius peculiariter ad eam deputatus à Capitulo Ratisponens. & ut ejusdem Decanus.

Ego Johannes Wilhelmus ab Holdingen, subscribo huic Transactioni, ut Commissarius peculiariter ad eam deputatus à Capitulo Ratisponensi, & ut ejusdem Canonicus. ANNO 1587.

Christoff à Fronhoven Senior, manu propr.

Philippus à Parsperg. Johannes Georgius Stinglhaimer m. p.

Sebastianus Kölderer Scholasticus. m. p.

Johannes Fridericus ab Hægnenberg.

I. Ungenem D. Martin. Dumius.

CCIX.

3. Août. HOLLANDE ET ZELANDE.

Tractaet ende Verdrach, gemaeckt tusschen den Heeren Staten van HOLLANDT *ende den Gedeputeerden van den Heeren Staten van* ZEELANDT, *van wegen de selve Staten: Waer op de voorsz. Staten van Zeelandt, den Poorters, Burgers ende Inwoonders der Steden ende Jurisdictien van dien, eensamentlyk den Ingesetenen van den Platten Lande, ende anderen den voorsz. Lande frequenterende, ghestelt hebben onder het Ressort en de Judicature van den Hoogen Rade in Hollandt opgerecht, voor den tydt van drie naestkomende jaren, ende niet langer, sonder expresse vernieuwinge ofte continuatie van desen, in date den* 3. *Augusti* 1587. [Groot Placaet Boeck van de H. M. Staten Generael der Vereenigde Nederlanden. Tom. II. Col. 838.]

I. INden eersten, dat de Staten ende Provincien van Hollandt ende Zeelandt respectivelijck, door dese Handelinge, Tractaet ende Verdrach, niet en sullen wesen geprejudicieert in sulcken Preëminentien ende Prerogativen van de Jurisdictien, Privilegien, Keuren, Handtvesten, Ordonnantien, oude Costuymen, Usantien, Policien, ende andere Gherechtigheden, geen uytgesondert, als de Staten voorsz. in 't generael, ofte eenige Steden ofte Leden van dien, mitsgaders de platte Landen in 't particulier eenichsins hebben, of hen soude mogen competeren, de welcke alomme in haer geheel sullen blyven, sonder eenige alteratie ofte immutatie van dien.

II. Dat de Staten van Hollandt in respect van de Staten, Steden, Leden ende Ingesetenen van Zeelandt: Ende van ghelijcken oock de Staten van Zeelandt in 't respect van de Staten, Steden, Leden ende Ingesetenen van Hollandt in 't generael, oft eenige der selver in 't particulier, den voorsz. Hoogen Rade niet en sullen ordonneren ofte ghebieden, noch besorgen gheordonneert ofte geboden te worden, dat soude mogen strecken tot veranderinge ofte nadeel van 't beleyt van de Justitie voor den voorsz. Hoogen Raedt, ende voorts niet ordonneren oft gebieden, noch besorgen geordonneert ofte geboden te worden in eeniger manieren, dat den voorschreven Staten, Steden, Leden ofte Inwoonderen respective soude mogen naedeelich zijn. Maer in ghevalle vorderinge, expeditie, ende goet beleyt van de Justitie, midtsgaders den dienst, ruste, vrede ende welvaert van den Lande soude mogen vereyschen eenige veranderinge, sal 't selve geschieden met ghemeenen consente ende bewillinge, op pene dat 't by den Staten van d'een Provincie gheordonneert of gheboden sal worden sonder bewillinge van de Staten van d'ander Provincie, gehouden sal worden van nul ende van onwaerden, in 't regaard van de andere Provincie, Steden, Leden, ende Ingesetenen van dien, die verstaen daer by gheinteresseert te wesen.

III. Den Hoogen Raedt sal in alderhande saecken, den Graefschappe ofte Lande van Zeelandt raeckende, mitsgaders in saecken binnen Zeelant gelegen ofte vallende, daer sy advijs sullen van doen hebben, 't selve advijs van den Staten van Zeelant, of heure Gecommitteerde Raden versoecken, ende van geene andere. Gelijck sy in saecken den Lande van Hollant raeckende,

CCIX.

Traité & Accord, fait entre les Etats de HOLLANDE & les Deputez des Etats de ZELANDE de la part desdits Etats. Par lequel les susdits Etats de Zélande ont mis les Bourgeois & Habitans des Villes & Jurisdiction d'icelles, ensemble les Habitants du plat Païs, & autres fréquentans lesdits Païs, sous le Ressort & Jurisdiction du Grand Conseil de Hollande pour le tems de trois ans prochains, & non plus, sans un exprés renouvellement & continuation des présentes; Fait à la Haye le 3. Août, 1587. [*Le Grand Recueil des Placards.* Tom. II. Col. 838.] 3. Août. HOLLANDE ET ZELANDE.

I. QUe les Etats & Provinces de Hollande & Zélande respectivement par cette Negociation, Traitté & Accord, ne recevront point de prejudice à l'égard des Prééminences, & Prerogatives des Jurisdiction, Privileges, Elections, Chartres, Ordonnances & anciennes Coutumes, Usances, Polices, & autres Droits, nuls exceptez, qu'ont les susdits Etats en general, ou quelques Villes ou Membres d'iceux, ensemble le plat Païs en particulier, ou leur pourroit competer, lesquels demeureront en leur entier sans aucun changement ou alteration.

II. Que les Etats de Hollande à l'égard des Etats, Villes, Membres & Habitans de Zélande, & semblablement aussi les Etats de Zelande à l'égard des Etats, Villes, Membres, & Habitans de Hollande en general ou quelques uns d'iceux en particulier, n'ordonneront ou manderont audit grand Conseil ni feront en sorte qu'il leur soit rien ordonné ou mandé qui puisse tendre à quelque changement ou desavantage de la conduite de la Justice à l'égard du susdit Grand Conseil, & en outre ne rien ordonner ou commander, ni procurer que rien soit ordonné ou commandé, en quelque maniere que ce soit, qui puisse prejudicier aux susdits Etats, Villes, Membres ou Habitans respectifs; mais au cas que l'avancement, expedition, & bonne conduite de la Justice, ensemble le service, repos, paix & prosperité du Pays demandassent quelque changement, cela se fera d'un consentement & advis general, sur peine que ce qui sera ordonné ou commandé par les Etats d'une Province, sans le consentement des Etats de l'autre, sera reputé pour nul & de nulle valeur, à l'égard des autres Province, Villes, Membres & Habitans d'icelles qui prétendront y être interessez.

III. Le Grand Conseil en toute sorte d'affaires qui regarderont le Comté ou Pays de Zélande, ensemble les affaires qui arriveront en Zélande, & surquoi il aura besoin d'avis, consultera là dessus les Etats de Zélande ou leurs Conseillers deputez, & non aucun autre. Comme dans les affaires qui concer-

ANNO 1587.

de, advijs vanden Staten van Hollandt, of heure Gecommitteerde Raden versoecken.

IV. De Staten, Steden ende Inwoonderen van Zeelandt, sullen genieten voor den voorsz. Hoogen Rade, alsulcken voordeelen ende verschooningen als sylnyden respectivelijck genooten hebben, genieten, of vermogen te genieten voor den grooten Raedt tot Mechelen, midtsgaders den Raedt Provinciael, in 't prefigeren vande Recht-dagen, uytstellinge van termynen, ende andersins. Ende over sulcks en sullen oock vanden eersten Novembris totten eersten Februarij, tegens hen geene deffaulten mogen ghegeven, ofte verlteecken ghedecreteert worden.

V. Den Hoogen Raedt en sal geen kennisse mogen nemen van saecken raeckende de gemeene Lands Middelen, als Impoften, Convoyen, Licenten, ende ander diergelijcke, binnen den Lande van Zeelandt vallende.

VI. Item, en sal den voorschreven Hoogen Raedt niet ghedoogen ofte toe laten, dat d'Ingesetenen van Zeelandt aldaer betrocken sullen worden ter eerster instantie, alwaer 't in materie possessoir, ende condependentien van dien, ofte in saecken roerende de Zeevaert. Maer sal den voorschreven Raedt d'Ingesetenen van Zeelandt, *in prima instantia* betrocken zynde, renvoyeren voor den Wethouders der Steden respectivelijck, heurlieder competente Rechters, ofte anders en sullen sylnyden niet ghehouden zijn te obedieren: maer sullen volstaen, mits alleenlijck by Missive van den Staten van Zeelandt, ofte Magistraten vanden Steden voorschreven Raed adverterende, sonder daer toe te moeten in Rechte treden, by versoeck van renvoy.

VII. Van gelijcken en sal den voorschreven Hoogen Raedt niet aen nemen eenige Appellatien ofte Reformatien immediate vanden Gerechten vanden Steden ende den platten Lande van Zeelandt: Maer alleenlijck van Sententien ghewesen by den Raedt Provinciael: Ten ware de selve raeckten Domeynen, Dijckagie, materie possessoir, ofte by Burgh-grave ende Leenmannen ghewesen waren, daer van de Appellatien ofte Reformatien sullen mogen verheven worden voor den Hove Provinciael, ofte Hoogen Rade, tot keure ende optie van den Appellant ofte Reformant: Midts nochtans dat de selve Sententien in Zeelandt gewesen, sullen genieten volkomen executie onder cautie, ende dat daer tegens geen clausule van inhibitie ofte surcheantie, omme de voorsz. executie te schorssen, en sal mogen verleent worden in eeniger manieren. Behoudelick oock dat van alle Sententien gewesen by den Gerechte van Middelburgh, ende vanden anderen Steden daer toe recht hebbende, sal mogen worden gereformeert ende gheappelleert van alderhande saecken aenden Provincialen Hove, ende van daer aenden Hoogen Raedt, ofte directe ende immediate aenden Hoogen Raedt, achterlatende ende voorby gaende den Provincialen Raedt: sonder aldaer te moeten komen, al tot keure ende optie van den Appellant ofte Reformant.

VIII. Ende alsoo alle Sententien diffinitive, gewesen by den Wethouders der Stadt Middelburgh, hebben haer volkomen effect ende executie: Ende by den Steden van Zierickzee, ter Goes, ende ter Tholen, ter Somme van thien ponden grooten Vlaems: Vlissingen vijftigh ponden: ende Ter Veere hondert ponden, niet jegenstaende Appellatie ofte Reformatie: Den voorschreven Hoogen Raedt en sal inde Mandamenten van Reformatie ofte Appellatie, de clausule surcheantie ofte inhibitie niet mogen verleenen, nochte yet by maniere van provisie decerneren oft ordonneren, dat d'executie van de selve Sententien hinderlick, vertreckelijck ofte belettelijck soude mogen wesen, ofte anders en sal men niet ghehouden zijn te obedieren eenige verleende ofte geexploicteerde inhibitien: Maer dien niet jegenstaende sullen de Steden hare Sententien ter executie doen leggen naer hare forme ende inhouden, ende vermogens heurlieder respective Privilegien.

IX. En sal oock by den voorsz. Raedt egeene Provisie van Appel of Reformatie verleent worden tegens Sententien interlocutoir van eenigen Steden van Zeelandt, ofte den Gerechte ten platten Lande, ten ware d'exe-

cerneront le Pays de Hollande, il demandera l'avis des Etats de Hollande ou leurs Conseillers Deputez.

IV. Les Etats, Villes & Habitans de Zélande jouïront par devant le susd. grand Conseil de tels avantages & exemptions qu'ils en ont jouy respectivement, jouïssent encore, & peuvent jouir pardevant le Grand Conseil de Malines & le Conseil Provincial, dans la prefixion des jours de plaidoirie, delais, termes & autrement, & à cet égard ne pourra contre eux être donné aucun deffaut, ou forclusion decretée, depuis le premier de Novembre jusques au premier de Février.

V. Le Grand Conseil ne poutra prendre aucune connoissance des affaires touchant les Deniers communs du Pays, comme Impots, Convois, Licences, & autres semblables, écheantes dans le Pays de Zélande.

VI. Item le susdit Conseil ne consentira ni ne permettra que les Habitans de Zélande y soient traduits en premiere instance, fût-ce en matiere de possessoire, & dependances d'icelles, ou en affaires concernant la Navigation. Mais ledit Conseil renvoyera en premiere instance, les Habitans de Zélande traduits pardevant lui pardevant les Magistrats & Juges des Villes respectives qui sont leurs Juges competans, ou autrement ils ne feront pas tenus d'obeyr, mais s'en deffendront, en advertissant seulement par les Etats de Zélande ou par les Magistrats des Villes le susdit Conseil, sans être obligés pour cela de comparoître en Justice pour demander le renvoy.

VII. Semblablement n'acceptera le susdit Grand Conseil aucune Apellation ou Reformation immediate des Jugements des Villes & plat Pays de Zélande; mais seulement des Sentences renduës par le Conseil Provincial. A moins qu'iceux ne concernassent les Domaines, Digues, matiere possessoire, ou qu'ils ne fussent rendus par les Burghgraves ou Seigneurs feodeaux dont l'Apellation ou Reformation se pourront relever pardevant la Cour Provinciale, au choix & option de l'Appellant ou Reformant; à condition toutefois que lesdittes Sentences renduës en Zélande pourront être executées sous caution, & qu'aucune clause ou inhibitions de surseance pour ladite execution ne pourront être accordées en aucune maniere, à condition aussi que de toutes Sentences données par la Justice de Middelbourg & des autres Villes qui y ont Droit, il pourra être appellé pour toute sorte d'affaire à la Cour Provinciale, & de là au Grand Conseil, ou directement ou immediatement au Grand Conseil, laissant le Conseil Provincial, & sans être obligé d'y venir, le tout au choix & option de l'Appellant ou Reformant.

VIII. Et comme toutes Sentences définitives données par les Magistrats de la Ville de Middelbourg ont leur entier effet & execution; Et celles renduës par les Villes de Zierickzée, Ter Goes & Tertol jusques à la Somme de dix livres Monnoye Flamande, de Flissingue jusques à cinquante livres, & de Ter Vere jusques à cent, nonobstant Appellation ou Reformation, le susdit Grand Conseil en matiere de Mandemens de Reformation ou Appellation ne pourra accorder de clause de surseance ou inhibition, ni rien decerner ou ordonner par maniere de provision qui puisse empêcher ou differer l'execution desdites Sentences, ou autrement on ne sera pas obligé d'obeyr aux inhibitions accordées: mais ce nonobstant les Villes feront mettre leurs Sentences en execution selon leur forme & teneur, & en vertu de leurs Privileges respectifs.

IX. Ne sera aussi par ledit Conseil donné aucune Provision d'Appel ou Reformation contre les Sentences interlocutoires de quelques Villes de Zélande ou des Justices du plat Pays, à moins que l'execution n'en

d'executie van dier ter diffinitive niet reparabel en soude wesen, ofte datter soude geproponeert ende bewesen zijn geweest exceptie declinatoir, litispendentie (onder de welcke mede begrepen wort submissie, absolute ofte penale, aen Arbiters ofte goed Mannen) ofte litisfinitie (daer onder begrepen worden Transactien, ende Uytspraken van Arbiters ofte goede Mannen) ende den voorsz. Raede daer van ghebleecken soude zijn, op pene van nulliteyt als vooren.

X. Den voorsz. Hoogen Raedt en sal voortaen egeen Mandamenten van Appel verleenen, ten zy aende Requeste vanden Suppliant gheannexeert, ende by hun gesien zy het Vonnisse vanden Rechter *à quo*. Ende als gheappelleert sal zijn vande voorsz. Vonnissen interlocutoir, daer exceptie declinatoir, litispendentie ofte litisfinitie gheproponeert is geweest. Sullen boven het Vonnisse mede de sommiere bewysen vande voorsz. exceptien, aende Requeste moeten worden geannexeert, op pene dat de Provisien anders verleent, van onwaerden sullen zijn, ende dat men niet en sal ghehouden zijn die te obedieren, maer dat de Rechter *à quo* sal mogen met d'Executie ende Proceduyren ten principale voort varen: mits daer van den voorsz. Raedt adverterende, als in 't seste Articule gheseyt is: Ten ware de Suppliant de voorsz. Vonnisse ende dingtalen, mitsgaders de overgheleyde bewysen, ofte Copie autentijcque van dien vanden Secretaris vander Plaetse versocht hebbende, niet en hadde konnen verkrygen, ende den voorsz. Raedt daer van oock ware gebleecken.

XI. Dat alle Brieven van gratie, als Reliefvementen van Contracten, ofte versuymenisse judiciale ofte extrajudiciale, ofte in raeu actie, inductie, atterminatie, ofte respijt ofte andere diergelijcke, niet en sullen mogen verleent worden dan met Committimus aenden Wet vanden Steden respectivelijck daer d'actien van dien vallen, ofte justiciabel zijn, ende oock van Beneficien van Inventaris aenden Steden daer, ende wiens Jurisdictie 't Sterf-huys ghevallen is: Niet jegenstaende d'Impetranten, ende Crediteurs van dien elders woonachtich souden zijn, oock in diversche Jurisdictien. Ende van ghelijcken de Brieven van Cessie aenden Steden daer d'Impetranten van dien woonen, ofte de Judicature der selver subject zijn. Ende indien de voorsz. Impetranten ten platten Lande woonen, ofte justiciabel zijn, ofte 't voorsz. Sterf-huys aldaer mede gelegen ware, sal 't voorsz. Committimus gedirigeert worden over 't Eylandt van Walcheren, aenden Steden vanden Ressorte aldaer, ende inde andere Eylanden aen de naest-ghelegen Steden, omme voor henluyden gheintherineert, of andersints ghedisponeert te worden naer ghelegentheydt vander saecken, ten ware de Reliefvementen, nootsaeckelijck dienende op de Processen ten platten Lande alreede geinstitueert, de welcke aldaer sullen gheaddresseert worden, ende geen andere.

XII. Alle welcke Brieven sullen moeten verworven worden vanden Hoogen Raedt, uytgesondert Brieven van inductie, ende relief van judiciale versuymenissen, ende andere daer van den Provincialen Raedt voor den Jare twee ende tseventigh Reliefvement ofte Requesten Civile verleent hebben.

XIII. Alle Executorien, ende executien hoedanich die souden mogen wesen, by den voorsz. Raedt Provinciael ghedecerneert ende geordonneert, ende metter daet begonst, ofte gheeffectueert vande Sententie by hen gewesen, daer van deur d'Appellatie d'Executien voor den Oorlogen gheschorst souden zijn geweest, worden by desen gecasseert ende geannulleert, ende ghehouden of die niet en waren verleent nochte geschiet, so verre daer van in behoorlijcke tyden geappelleert, ende 't sedert by den Appellant de Sententie niet gheacquiesceert en is. Ende sullen over sulcks de attentaten gerepareert worden als na Rechten: uytgesondert in saecken geschiet conform de Resolutie vanden Staten van Hollant ende Zeelant, eensamentlijck genomen den twintighsten Aprilis vijfthien-hondert vijf ende tseventigh, ende den seven-en-twintighsten der selver gepubliceert.

XIV. Ende of 't gebeurt ware dat in 't executeren van eenige Sententien vanden Hove Provinciael, de Deurwaerders geresisteert, ende alsoo d'Executie by feytelijcke oppositie verhindert soude mogen zijn, ende dat

n'en fut reparable en diffinitive, ou qu'il n'y eut exception declinatoire ou litispendente, de proposée, entre lesquels sont comprises les soumissions, absolues ou penales, aux Arbitres; ou fin de Procez, entre lesquels sont aussi comprises les Transactions & Sentences d'Arbitres, & dont il sera apparu audit Conseil, sur peine de nullité comme dessus.

X. Le susdit Grand Conseil n'accordera ci-aprés aucun Mandement d'Appel, à moins qu'il ne soit annexé à la Requête du Suppliant, & qu'il n'ait vû la Sentence du Juge à quo; *Et quand on aura appellé des susdites Sentences interlocutoires, où auront été proposées des exceptions declinatoires, litispendance ou fin du Procez; outre la Sentence, seront les preuves sommaires des susdites exceptions annexées à la Requête, sur peine de nullité des Provisions autrement accordées, & que l'on ne sera point obligé d'y obeïr, mais que le Juge dont sera appel pourra proceder à l'execution du principal, en avertissant le susdit Conseil, comme il est dit au sixiéme Article, à moins que le Suppliant n'ait pû, l'ayant requis, obtenir du Greffier du lieu la susdite Sentence, ensemble les preuves d'exception ou Copie authentique d'icelles, & qu'il n'en fût apparu aussi audit Conseil.*

XI. Que toutes Lettres de grace, comme d'être relevés des Contrats ou negligence, judiciaire ou extrajudiciaire, ou en action prematurée, induction, attermination; répit & autres semblables, ne pourront être accordées que par Committimus à la Loi des Villes respectives où les actions en échéent, ou sont judicielles, & aussi de Benefices d'Inventaires aux Villes où & sous la Jurisdiction desquelles la Succession est ouverte, nonobstant que les Impetrants ou Creanciers d'icelles residassent en d'autres Lieux & même en differentes Jurisdictions: Et semblablement les Lettres de Cession aux Villes où les Impetrants d'icelles sont demeurans, ou à la Justice desquelles ils sont sujets. Et si lesdits Impetrants demeurent à la Campagne ou y sont justiciables, ou que la Maison mortuaire y soit située, le susdit Committimus sera dirigé, en l'Ile de Walcheren, aux Villes de son Ressort, & si c'est en d'autres Iles, dans les Villes les plus proches, pour être par icelles interinées, ou autrement en être disposé suivant l'occurrence des cas, à moins que les reliefs ne servissent aux Procez déja intentés dans le plat Païs, lesquels y seront adressés, & nuls autres.

XII. Toutes lesquelles Lettres devront être obtenuës du Grand Conseil, excepté les Lettres d'induction & relief des negligences judiciaires, & autres dont le Conseil Provincial, dés avant l'année septante deux, a accordé les Reliefs & Requête Civile.

XIII. Tous Executoires, & executions, quels qu'ils soient, decernés & ordonnés par le susdit Conseil Provincial, & effectivement commencées ou effectuées, des Sentences renduës par iceux, & dont l'Execution d'Appel auroit été remise avant la Guerre, sont par ces presentes cassées & annullées, & sont reputées comme non accordées ou avenuës, au cas qu'on n'eu eût pas interjetté Appel en tems convenable, & que depuis, l'Appellant n'eut acquiescé à la Sentence. Et seront les atteintes y données reparées comme de Droit; excepté en choses faites en conformité des Resolutions des Etats de Hollande & de Zélande, ensemblement prises le 20. Avril mil cinq cens septante deux, & publiées le vingt-septiéme dudit mois.

XIV. Et s'il arrivoit que dans l'execution de quelques Sentences de la Cour Provinciale, resistance eût été faite à l'Huissier, & qu'ainsi l'opposition en eut été empêchée par voye de fait, & que par

ANNO 1587. dat mits dese aenneminge van den Hoogen Raedt van Appel, sulcke saecken souden mogen voor Recht ghebracht, ende midts dien lange Processen, ende meer misverstanden daer uyt veroorsaeckt worden: dat soodanige Proceduyren, hoedanigh die soude mogen wesen, sullen ghehouden worden al of die niet gheschiet en waren, sonder dat de selve naemaels meer ghequeleert sullen worden.

XV. De questien die tusschen den Staten van Hollandt ende Zeelandt, ofte tusschen eenigen Steden ofte Quartieren van Hollandt, ende den Steden ofte Quartieren van Zeelandt souden mogen vallen, en sullen sonder voorgaende consent, ende bewillinge van den Staten van den selven Provincien, niet subject wesen de Judicature van den voorsz. Hoogen Raedt. Ende de questien die tusschen eenige Steden ofte Quartieren van Zeelandt onderlinge souden mogen vallen, en sullen, sonder voorgaende consent ende bewillinge van den Staten van Zeelandt, ende van Partyen, niet subject wesen de Judicatie van den voorsz. Hoogen Rade.

XVI. Ende en sal oock den Raedt Provinciael niet vermogen ter executie te leggen eenige hare Sententien tusschen eenige Steden van Zeelandt ter eenre, ende andere Provincien ofte Steden ter andere, ofte tusschen den voorsz. Steden van Zeelandt onderlinge gewesen, ofte te wysen, so verre daer van geappelleert is, of gheappelleert sal worden: nochte oock eenige Sententien by henluyden gewesen, tot voordeel van den geenen die den voorsz. Raedt van Appel niet onderworpen ofte subject en zijn, daer van d'executie, volgende de Instructie van den selven Raedt, souden mogen vallen, ten ware sy hen ter dier saecke submitteerden der Judicature van den voorsz. Hoogen Raedt, met bewillinge van haere Overigheyt, ofte midts stellende cautie voor 't ghewijsde van den Hoogen Raedt, den selven Rade subject.

XVII. Ende alsoo tot goet beleyt, kennisse ende directie van de saecken die uyt Zeelant ter Judicature van den voorsz. Hoogen Raedt sullen komen, goet ghevonden is dat eenige ter denominatie van den Staten van Zeelandt in den selven Raedt sullen worden ghecommitteert, soo sullen de Staten van Zeelant eerstdaegs procederen tot nominatie van ses gequalificeerde Persoonen, den Hoogen Raedt aengenaem wesende, waer uyt by Syne Excellentie twee ghekooren ende in den voorsz. Raedt ghecommitteert sullen worden.

XVIII. Ende als een van de voorsz. Raden komt t'overlyden, ofte sijnen staet te verlaten, soo sal by den Staten van Zeelandt nieuwe nominatie van drie ghequalificeerde Persoonen, in der manieren vooren verhaelt, worden ghedaen, daer uyt een verkooren ende ghecommitteert sal worden: Ende van gelijcke, als een van de Heeren tegenwoordelijck in den voorsz. Raedt wesende, sal komen te overlyden, ofte sijnen staet te verlaten, sullen by den Staten van Hollandt drie gequalificeerde Persoonen, den voorsz. Raedt aengenaem wesende, worden genomineert, omme daer uyt een gekooren, ende gecommitteert te worden, als vooren.

XIX. Ende tot de andere Officien van den Officiers den voorsz. Raedt dienende, daer van nominatie plaetse heeft, sullen de Staten van Hollandt totte eerste drie vacerende Officien nominatie van drie Persoonen doen, ende de Staten van Zeelandt van het vierde: Ende sal de selve forme van nominatie sulcx worden gecontinueert, soo lange die van Zeelant onder 't Ressort van den voorsz. Raedt sullen staen.

XX. Ende sullen voorts in alle andere saecken, de Staten, Steden, Leden ende Ingesetenen van Zeelandt voor den voorsz. Hoogen Raedt, alsulcke Privilegien, Preëminentien, Prerogativen, Gerechtigheden ende Verschooningen genieten, ghelijck de Staten, Steden, Leden ende Ingesetenen van Hollandt, voor den selven Raedt zijn genietende.

XXI. Item, op dat 't beleyt van de Justitie, ende d'executie van de Sententien, by den voorsz. Hoogen Raedt te strecken, ende te gheven, ghevoeghlijck ende tot minder kosten van Parthye soude mogen over gheheel Zeelandt sijn treyn ende haer effect sorteren, sullen naer ouder observantie, binnen der Stadt Middelburgh resideren twee Deurwaerders, ende een binnen de Stadt Zierickzee, die de Citatien, dachvaerden,

par l'acceptation d'Appel du Grand Conseil telles affaires pourroient être tirées en Justice & qu'il en pourroit naître de longs Procez & mesintelligences, que telles Procedures, quelles qu'elles soient, seront reputées comme non advenues, sans qu'elles puissent jamais dans la suite être remises sur le tapis. ANNO 1587.

XV. Les differens qui pourroient arriver entre les Etats de Hollande & Zélande, ou entre quelques Villes ou Quartiers de Hollande & les Etats ou Quartiers de Zélande, ne seront pas sujets à la Justice dudit Grand Conseil sans un consentement préalable des Etats desdites Provinces. Et les differents qui pourroient advenir entre les Villes ou Quartiers de Zélande en particulier ne seront pas non plus sujets à la Justice dudit Grand Conseil sans le préalable consentement des Etats de Zélande.

XVI. Le Conseil Provincial ne pourra pas non plus mettre à execution quelques-unes de ses Sentences renduës entre quelques Villes de Zélande d'une part, & les autres Provinces ou Villes d'autre; ou renduës ou à rendre entre les susdites Villes de Zélande en particulier, en cas qu'Appel en soit déja ou pourroit être interjetté: ni non plus aucune Sentence renduë par lui, au profit de ceux qui par Appel ne sont point soûmis audit Conseil dont il écherroit execution selon l'Instruction dudit Conseil, à moins qu'à cet égard elles ne se soûmettent à la Jurisdiction dudit Grand Conseil, avec le consentement de leurs Souverains, ou en donnant caution pour ce qui aura été décidé par ledit Grand Conseil, sujet à icelui.

XVII. Et comme pour la bonne conduite, connoissance, & direction des choses qui de Zélande viendront pardevant ledit Grand Conseil il est jugé à propos qu'il soit deputé quelqu'un audit Conseil à la nomination des Etats de Zélande, lesdits Etats de Zélande procederont au premier jour à la nomination de six Personnes qualifiées qui seront agréables audit Grand Conseil, dont son Excellence en choisira & deputera deux au susdit Conseil.

XVIII. Et quand quelqu'un dudit Conseil viendra à mourir ou à perdre sa dignité, les Etats de Zélande feront une nouvelle nomination de trois Personnes qualifiées en la maniere susmentionnée, dont un sera élû & deputé. Et semblablement quand quelqu'un des Seigneurs qui sont à present dans ledit Conseil viendra à mourir ou à quitter sa dignité, les Etats de Hollande nommeront trois Personnes de qualité requise & agréable audit Conseil, pour en être éluë & deputée une audit Conseil, comme dessus.

XIX. Et quant aux autres Charges des Officiers servans audit Conseil, où la nomination a lieu, les Etats de Hollande auront la nomination aux trois premieres places vacantes, & les Etats de Zélande à la quatriéme. Et la susdite forme de nomination sera continuée tant que ceux de Zélande seront du Ressort dudit Conseil.

XX. Et en outre, en toutes les autres affaires, les Etats, Villes, Membres & Habitans de Zélande joüiront pardevant le susdit Grand Conseil de tous les Privileges, Préeminences, Prerogatives, Droits & Immunitez comme les Etats, Villes, Membres & Habitans de Hollande en joüissent pardevant le Conseil susdit.

XXI. Item afin que la conduite de la Justice, & l'execution des Sentences qui seront données par le susdit Grand Conseil, puissent sortir convenablement leur effet par toute la Zélande aux moindres frais des Parties, resideront, selon l'ancienne observance, dans la Ville de Middelbourg deux Huissiers, & un dans la Ville de Zierickzée, qui pourront faire les Cita-

ANNO 1587. den, ende andere Exploicten fullen mogen doen. Ende oock de voorsz. Sententie over Zeelandt fullen executeren, onder 't salaris van elck Exploict *in loco* binnen de Stadt haerder residentie, tot twaelf stuyvers, ende buyten de Stadt twintich stuyvers. Ende en sullen niet meer dagen reeckenen dan sy besoigneren, nemende in 't reysen vijf mylen voor een dach-gelt, sonder te mogen eenige vacatien reeckenen by forme van reysen van den Hage tot Zeelandt, nochte van Zeelandt tot in den Hage, blyvende niet te min Parthye vry een ander Deurwaerder te ghebruycken t'sijnen koste, maer sullen de Commissarisen van den voorsz. Raedt, reysende in Commissie, Deurwaerders mogen ghebruycken tot haerlieder ghelieste ende discretie.

XXII. Onder alle welcke Conditien ende Restrictien ende vorder Preëminentien ende Prerogativen, als de Staten, Stenden ende Ingesetenen van den Lande van Zeelandt, ende sonderlinge de Stadt ende Ingesetenen van Middelburgh, ende Jurisdictie der selver, van oudts gehadt, genooten ende gheobserveert hebben, ofte souden vermogen te observeren voor den Grooten Raedt tot Mechelen, sullen de selve staen onder 't Ressort ende Judicature van den voorsz. Hoogen Raedt, in allen Processen, saecken, questien ende differenten, die alrede ghewesen ende by Appellatie gesuspendeert zijn, ofte by Relief d'Appel noch litigieux gemaeckt sullen worden, ende andere daer van blijcken sal, last omme te appelleren den Procureurs gegeven te zijn, ende dat niet geacquiesceert, ofte de executie van dien niet geadmitteert en is, niet jegenstaende de Executorien daer toe gedecerneert, of nieuwe Sententien by continuatie daer nae gevolght zijn, midtsgaders die binnen drie naestkomende Jaren, ende niet langer, uyt de Provincie van Zeelandt ghevallen, ende noch te vallen, by den Raedt Provinciael gewesen sullen worden, ofte die immediat aen den Hoogen Raedt gheappelleert ofte gereformeert sullen zijn: Ende of die binnen den voorsz. tijdt van drie Jaren niet en sullen konnen werden getermineert, sullen nochtans in ghevalle die binnen den voorsz. tijdt voor den voornoemden Hoogen Rade betogen zijn, by den selven oock nae de drie Jaren beleyt, getermineert ende gheuytet mogen worden, ende sorteren hun effect ende behoorlijcke executie, sonder prejudicie, nochtans in alles ghelijck in 't eerste Articule van desen begrepen is.

XXIII. Reserverende de interpretatie, ampliatie ende alteratie van desen, aen den Staten van Hollandt ende Zeelandt, omme by ghemeene advyse ende bewillinge daer inne te doen, gelijck syluyden tot vorderinge van de Justitie, ende dienst van de Landen, ende Ingesetenen van dien bevinden sullen te behooren.

XXIV. Ende sal van dit Tractaet, alomme daer 't van noode wesen sal, den Ingesetenen van Hollandt ende Zeelandt, by Publicatie advertentie gedaen worden, omme te mogen verheffen ende vervolgen hare Appellatien aen den voorschreven Raede alreede gheinterjecteert, ende namaels te interjecteren, in conformité van de Ordonnantie ende Instructie van den selven Hoogen Raede, desen Tractaet niet contrarierende, Behoudelijck dat de fatalia van de gheinterjecteerde Appellatien niet en sullen beginnen te loopen, dan nae de expiratie van twee Maenden naer dat de voorsz. Publicatie sal wesen gedaen.

Aldus gedaen, getracteert, geaccordeert ende verdragen in 's Graven-Hage, den derden Augusti in 't Jaer duysent vijf hondert seven en tachtigh, tusschen de Heere Staten van Hollandt, ende den Gedeputeerden Heere Staten van Zeelandt, naer voorgaende communicatie ende Conferentie daer op gehouden metten Heeren President ende Raden van den Hoogen Rade: Ende tot bevestinge van desen, is ter Ordonnantie van den Heeren Staten van Hollandt desen onderteeckent by heurlieder Secretaris, ende besegelt met haerlieder gewoonlijcke Zegel: Ende van wegen den Staten van Zeelandt ondergeteeckent by heurlieder Gedeputeerde, die aengenomen ende belooft hebben desen mede te doen onderteeckenen by den Pensionaris, ende bezegelen met den Zegel van den Staten van Zeelandt. Onder stondt ghefchreven, ter Ordonnantie van den Staten van Hollandt. *Onderteeckent*, C. DE RECHTERE. Ende hebbende daer beneffens een opgedruckt Zegel,

Citations, Ajournemens & autres Exploits. Et aussi executeront les susdites Sentences par la Zélande sous le salaire de chaque Exploit donné dans le lieu de leur residence de douze sous, & de vingt sous pour ceux donnez dehors. Et ils ne conteront pas plus de jours que ceux auxquels ils exploiteront, prenant en voyage cinq lieües pour un jour, sans pouvoir compter aucune vacation par forme de voyage de la Haye en Zélande, ni de Zélande à la Haye, demeurant pourtant en la liberté des Parties de se servir d'un autre Huissier à leurs dépens; mais les Commissaires du susdit Conseil, allant en Commission, pourront se servir d'Huissiers selon leur volonté & discretion. ANNO 1587.

XXII. Sous toutes lesquelles Conditions & Restrictions, & autres Prééminences & Prérogatives, comme les Etats, Villes, & Habitans des Païs de Zélande, & particulierement la Ville de Middelbourg & Jurisdiction d'icelle ont eu, joüi & observé d'ancienneté, ou pourroient encore observer par devant le Grand Conseil de Malines, ils ressortiront à la Justice dudit Grand Conseil, dans tous les Procez, affaires, questions, & differens, qui sont déja jugés, ou qui sont surcis par Appel, ou qui seront encore litigieux par l'Appel, ou autres dont il apparoîtra de la charge d'appeller, & auxquels on n'aura pas encore acquiessé par aprés, ou dont l'execution n'est pas admise, nonobstant les Executoires qui en auroient été decernez, ou que nouvelle Sentence s'en fût ensuivie par continuation de Procedure, ensemble celles qui dans les trois premieres années, & non plus, & en choses arrivées dans la Province de Zélande & à arriver, auront été renduës par le Conseil Provincial, ou dont on aura appellé immediatement au Grand Conseil; Et si elles ne pouvoient être terminées dans le susdit tems de trois ans, elles pourront neantmoins être terminées & finies par ledit Grand Conseil au cas que dans le susdit tems la chose ait été aménée par devant lui, & sortiront leur effet & execution convenable, sans prejudice pourtant en tout, comme il est contenu dans le premier Article des presentes.

XXIII. Reservant l'interpretation, amplification ou changement à ces presentes aux Etats de Hollande & Zélande, pour y proceder par commun advis & consentement, comme ils le trouveront être convenable, tant à l'égard de la Justice que du service des Païs & Habitans d'iceux.

XXIV. Et par tout où il sera necessaire, sera du present Traitté donné connoissance aux Habitans de Hollande & de Zélande par la Publication, pour pouvoir relever leur Appel & poursuivre celui qu'ils auroient déja interjetté, audit Conseil, ou interjetroient ci-aprés; en conformité de l'Ordonnance & Instruction du susdit Grand Conseil, non contraire à ce Traitté, sinon que le tems des interjections d'Appel ne commencera à courir, qu'aprés les deux mois expirez de la Publication susdite.

Ainsi fait, traitté & accordé à la Haye le 3. Août l'an 1587. entre Messieurs les Etats de Hollande & les Deputez des Seigneurs Etats de Zélande, aprés préalable Communication & Conference tenuë à ce sujet avec les President & Conseillers du susdit Grand Conseil; Et pour Confirmation des presentes sur l'Ordonnance desdits Etats de Hollande, ont icelles été signées par leur Secretaire & scellées de leur Sceel ordinaire. Et signées de la part des Etats de Zélande par leurs Députez, qui se sont chargez & ont promis de les faire aussi signer par le Pensionaire & sceller du Scel des Etats de Zélande. Et dessous étoit écrit par Ordonnance des Etats de Hollande. Signé, C. DE RECHTEREN. *Y ayant outre cela un Sceau imprimé en Cire*

ANNO 1587.

Zegel, in rooden Wassche. Daer beneffens stondt noch geschreven: Door Commissie van den Staten van Zeelandt. *Ende onderteeckent*, LAURENTIUS MOCK, NICOLAES WILLEM SYMONSSOON, I. VANDER BEKE. *Daer onder stont noch geschreven:* De Staten van Zeelandt overlesen hebbende 't voorsz. besoigneerde, ende daer op gehoort 't rapport van hunne voorsz. Gedeputeerde, hebben 't selve geapprobeert, ende approberen by desen, mette Acte van den seventhienden Julij lestleden, geresumeert den derden deser, hebbende conform de voorsz. ghelofte, dit doen teeckenen by hunnen Pensionaris, ende segelen met hunnen Zegele ter saecken, den derthienden Augusti vijfthien-hondert ende seven en tachtigh. Onder stondt geschreven, ter Ordonnantie van den Staten voornoemt. *By my, en onderteeckent* C. ROELS. Ende besegelt met een opghedruckt Zegel in rooden Wassche. Noch meer onderwaert stondt geschreven: Op huyden den sesten Octobris 1587. is in de Audientie van den Hoogen Rade in Hollandt, ter presentie van den Suppoosten van den voorsz. Rade gepubliceert 't voorsz. Tractaet ende Verdrach, ten eynde een yegelijck hem daer naer soude hebben te reguleren. *Ende was onderteeckent*, I. WAGEWIJNS.

Cire rouge. Et dessous étoit encore écrit, par Commission des Etats de Zélande; Et signé, LAURENS MOCK, NICOLAS GUILLAUME SYMONSSON, J. VANDER BEKE. Dessous étoit encore écrit; *Les Etats de Zélande ayant lû ce que dessus; & oui là-dessus le rapport de leurs susdits Deputez, l'ont approuvé & l'approuvent par ces presentes, avec l'Acte du dix-septiéme Juillet dernier, resumé le troiziéme du present mois, ayant conformément à la susdite promesse fait signer ces presentes par leur Pensionnaire, & sceller de leur Sceau le 13. d'Août mil cinq cens & quatre-vingt sept. Etoit écrit au-dessous, par Ordonnance des Etats susdits.* Par moi, & signé C. ROELS. *Et scellé d'un Sceau imprimé en Cire rouge; Et encore plus bas étoit écrit: Cejourdhui le sixiéme Octobre 1587. en l'Audiance du Grand Conseil en Hollande en presence des Officiers dudit Conseil a été publié le susdit Traitté & Accord, afin qu'un chacun ait à s'y régler.* Et étoit signé, J. WAGEWIJNS.

ANNO 1587.

CCX.

19. Août.

Pacta Conventa inter Senatum & Ordines Regni POLONIÆ, *ac Magni Ducatus* LITHUANIÆ *ab una, &* SIGISMUNDUM *Suecorum Principem in Regem Poloniæ electum ab altera parte; quibus, præter solitas Pactiones, cautum est de futura Successione* SIGISMUNDI *& Liberorum ejus masculorum primogenitorum in Regno paterno Suecico, nec non de restitutione* Livoniæ *partis per* JOHANNEM *Regem Sueciæ occupatæ ad Regnum Poloniæ fienda. Actum in Campo ad Varsaviam in Comitiis Electionis die 19. Augusti 1587.* Cum *Ejusdem* SIGISMUNDI *Regis Ratificatione & Confirmatione, Data Cracoviæ in Conventu Coronationis die 23. Decembris 1587.* [Constitucie Statuta, y Przywileie od Roku Panskie°. 1550. áz do Roku 1637. pag. 451.]

SIGISMUNDUS Tertius, Dei gratia Rex Poloniæ, Magnus Dux Lithuaniæ &c. nec non eadem gratia Suecorum, Gottorum Vandalorumque proximus Princeps Hæreditarius, & futurus Rex Magni Principatus Finlandiæ &c. Hæres. Significamus præsentibus Literis nostris, quorum interest universis & singulis; quod sublato ex hac vita Sereniss. olim piæ memoriæ Stephano, Dei gratia Rege Poloniæ & Magno D. Lit. cum Serenissimus Dominus Joannes Tertius Dei gratia Suecorum Rex Magnus Dux Finlandiæ &c. & Dominus Parens noster observandissimus, Nosque etiam una misissemus ad Status & Ordines Regni Poloniæ, & Magni D. Lit. Magnificos, Ericum Sparde Sundby Regni Sueciæ Consiliarium & Procancellarium, Gubernatorem & Legiferum Ducatuum Vesmanniæ, Dalecarliæ, & Montanorum, & Ericum Brahe, Comitem Visingsburgensem, & Baronem Lintholmen: Aulæ Magistrum, Oratores, & Commissarios nostros qui inter alia Mandata sibi commissa de Nobis in Regem assumen: cum Ordinibus agerent; prospereque successisset ut divini Numinis instinctu in Comitiis generalibus Electionis Regis ad Varsaviam habitis, Ordines Regni Poloniæ & Magni Duc. Lithuaniæ nos Regem creassent certis Conditionibus & Articulis, inter eosdem Ordines & Oratores, Sereniss. Parentis nostri, Nostrosque ibidem constitutis intervenientibus; quorum quidem tenor de verbo ad verbum sequitur, & est talis.

Articuli Pactorum Conventorum inter Illustriss. Senatum, & Amplissimos Status & Ordines inclyti Regni Poloniæ, ac Magni Duc. Lithuaniæ, ab una, & Magnificos ac Generosos, Dominum Ericum Spar, Dominum de Sundby Regni Sueciæ Consiliarium & Procancellarium, Gubernatorem, & Legiferum Ducatuum Vesmanniæ, Dalecarliæ, & Montanorum; Et Ericum Brahe Comitem Visingsburgensem, & Baronem Linthomensem, Aulæ Regiæ Magistrum, Serenissimorum Principum Dominorum Joannis Tertii, Dei gratia Sueciæ Regis &c. ejusque Majestatis Filii Charissimi Sigismundi, eadem gratia ejusdem Regni cæterorumque Principatuum Successoris nunc verò Electi Poloniæ Regis &c. ad eosdem Status & Ordines Regni missos Oratores, parte ab altera.

Cum voluntate Divina Reges & Regna constituente de unanimi sententia atque libero assensu omnium Statuum atque Ordinum inclyti hujus Poloniæ Regni Magnique Ducatus Lit. ac cæterarum Provinciarum ad ipsum Regnum pertinentium memoratus Serenissimus Princeps Dominus Sigismundus esset in Regem Poloniæ, atque eundem Magnum Ducem Lithuaniæ, ac cæterarum Regni Provinciarum Principem & Dominum liberè electus & publicè declaratus; adessent autem eum ipsius dicti Sueciæ Regis tum quoque commemorati Electi Poloniæ Regis Sigismundi Nuntii supra nominati, cum plena ac sufficienti Potestate, ab ipsarum Majestat. huc ad Status & Ordines in optionem Regni missi; eum iis pro salute & incolumitate hujus Regni, ac totius Reipublicæ Christianæ, certa Pacta seu Conditiones ipsis Sereniss. Principibus per dictos Oratores eas sponte offerentibus, cæteris autem à Statibus Regni expeditis, utrinque inita & sancita sunt, in hunc qui sequitur modum.

Primò, ante omnia, ut dum Serenissimus Dominus Joannes Tertius Sueciæ Rex vivet, & Societas fit contra finitimos utriusque Regni hostes eademque jurejurando confirmetur. Mortuo verò, quod diutissime Deus differat, eodem Serenissimo Sueciæ Rege, hæc Confœderatio atque Societas maneat: Sigismundus vero Electus Poloniæ Rex, jure Successionis Regno Sueciæ potietur. Deincepsque omnes Liberi ejus masculi primo geniti, quos Deo volente susceperit. Secundo genitis verò, fortes in Suecia, juxta Constitutiones Regni Sueciæ assignabuntur. Filiabus autem, Dotes ab utriusque Regni Ordinibus, more institutoque pristino Regni Poloniæ, conferentur. Eo casu vero Serenissimus Rex Polonicas res non negliget; ac si fortè res præsentiam ejus aliquando desiderarent, ut eo sese conferre liberum sit cum consensu omnium Ordinum Regni, & Magni Ducatus Lithuaniæ.

Item, Livoniæ partem, quam Serenissimus Sueciæ Rex nunc possidet ad reliquum Corpus Livoniæ, Regnum Poloniæ, & Magnum Ducatum Lithuaniæ adjungere & incorporare tenebitur: pro quo ut Serenissimi Regis Legati spoponderunt, ita Serenissima etiam Anna Regina Poloniæ cavit caveteque omnibus bonis suis; tam in Regno Neapolitano ac Ducatu Baren. & Rosanen. Duoanaque Foggia constitutis dum in Dote, ac contra-Dote, summisque atque in universum, bonis omnibus, tam mobilibus quam immobilibus intra & extra Regnum constitutis.

Item. Classem à rebus omnibus instructam, usibus Regni Poloniæ & Magni Ducatus Lithuaniæ, sua impensa adhibebit nec pro necessitate Regni Poloniæ & Magni

Magni Ducatus Lithuaniæ, rem Mari gerere intermittet.

Item. Tormentorum bellicorum vim non exiguam necessitatibus Regni Poloniæ & Magni Duc. Lithuaniæ exigentibus, maxime autem, si aliquando vel Novogardiam vel Plescoviam vel Smolensciam oppugnare visum fuerit, omnia ad eam rem cùm tormenta, tum pulveres, atque globos necessarios, e Regno Sueciæ suis sumptibus suppeditabit.

Pecuniam Anno millesimo quingentesimo, sexagesimo primo, Divo Sigismundo Augusto Regi mutuo datam condonabit, similiter omnia jura, debita atque actiones si quæ quocunque modo, aut nomine, adversus Regnum Poloniæ vel Magnum Ducatum Lithuaniæ, ad se pertinent, remittet, tollet, & in iis renunciabit. Extra Regnum etiam de certis bonis ac summis pensionibus Neapolitanis, e Baren. ac Rosanensi Ducatu, nec non Duoana Foggia, pro rata sua portione, cum Regno Poloniæ & Mag. Duc. Lith. cedet.

Tormenta bellica Moscho ad Vendam communibus Copiis erepta, quæ eorum ad se pertinent, Regno & Magno Ducatui condonabit.

Quinque Arces in finibus locis opportunis ex arbitrio Ordinum extruet, rebusque necessariis omnibus suo sumptu providebit.

Recipiunt etiam & spondent iidem Oratores, nomine Serenissimi Regis Electi, eum hic secum ad habitandum nullos peregrinos homines adducturum præter paucos quorum opera in Ministerio Domestico utetetur; quos tamen postea brevi remittet, persolutis illis Stipendiis de suo. Cum vero Successionem Sueciæ Regni adierit Consiliarios & Officiales ejus Regni, qui ad eum venient nullis Regni Poloniæ, & Magni Ducatus Lithuaniæ Consiliis, negotiis, intercessionibus, promotionibus adhibebit, aut iis se immisceri patietur.

Custodiam etiam Corporis sui non nisi ex indigenis hujus Regni & Magni Duca. Lit. habebit eodem modo Præfectum Satelitii ejus. Nullas etiam possessiones & Dignitates vel Officia illis concedet; sed tantum indigenis Regni Poloniæ, & Magni Duc. Lit. juxta Statuta Regni; in eos verò qui contra præmissa venerint, aut se aliquibus earum rerum immiscuerint, secundum processum qui circà Coronationem exhibebitur procedere licebit.

Curabit Serenissimus Rex ut debita Stipendia Livoniæ, Militibus præsidiariis & Cohorti Volscianæ, in Arce Cameneccen. tempore Regis Stephan. conflata solvantur: deque ea re cum Ordinibus Regni & Magni Ducatus Lithuaniæ in Conventu Coronationis deliberabit.

Confœderationem inter dissidentes de Religione non solum Juramento, uti à Serenissimis Henerico, Stephano, Regibus Poloniæ & Prædecessoribus factum est, conservabit; verum etiam processum & exequutionem utrique Parti servientem, contra violatores ejus oblatam, sub Juramento observabit; & ut ab Ordinibus Regni quam primum instituatur, sedulò curabit.

Debita quæ Illustris & Magnificus Dominus Andreas Comes in Tenczin Palat. Cracovien. & Capitaneus Hrubieszovien Zatorienque in Milites contraxit; tum quoque quæ Magnificus Dominus Georgius Mniszek Castel Radom. & Capitaneus Sanocen. Socalienque; Generosi etiam Nicolaus Zebrzdowski Stabuli Regni Præfectus in præsidiarios Cracovien. & Scepusien: Arcium contraxerunt, persolvet. Ac item ad defensionem Regni quavis ex parte interim dum Cracoviam advertat, faciendam sumptum omnem necessarium suppeditabit: & si quæ debita pro comparando & retinendo in eum usum Milite ac apparatu bellico contrahentur bona fide in Coronatione persolvet.

Jura omnia, Libertates, Immunitates, Privilegia, Statuta Regni, & speciatim Articulos in Coronatione Henrici Regis sancitos: tum quæcunque ad correcturam Libertatum, Jurium pertinentia, ejus Majestati in Coronatione exhibebuntur manu tenebit, ac firmiter observabit & adimplebit.

Quæ quidem omnia supra scripta, nos Oratores supra dicti, nomine & loco Majestatum suarum, juravimus in debita forma: ipsiusque Majestas, simul ac ad Litus Regni appulerit, jurare debebit: Serenissimus quoque Sueciæ Rex quæ ad ipsius Majestatem pertinent, confirmabit & adimplebit.

In cujus rei evidentius testimonium ac robur firmissimum omnium supra scriptorum, Sigilla utriusque Partis, tam Statuum Regni, quam ipsorum Oratorum hisce Literis sunt adhibita cum subscriptione eorundem manuum. Actum & datum in Campo ad Varsaviam, inter pagum Wola in Comitiis Magnis Electionis novi Regis. Die 19. Mensis Augusti: Anno Domini 1587.

Ericus Spare Dominus de Sundby Procancellarius manu propria, Ericus Comes Stanislaus Karnkowski, Dei gratia Archi-Episcopus Gnesnen. excepta conditione de Religione, Albertus Baronowski Episcopus Præmislien. R. P. Vice-Cancell. excepta conditione de Confœderatione; Laurentius Gosliki Episcopus Cameneccen. excepta conditione Confœderationis, Andreas Comes in Tenczyn Palat. Cracovien. Petrus de Politice, Palatinus Callissien. m. pr. Gregorius Zielenski, Palatinus Plocen. Zakroczimen. Cap. Stanislaus Kryski in Drob. Gen. Maso. Cap. Plocen. Jerzy Mnisek Kastellan. Radomski Paulus Szczawinski; Castell. Lancicien. Cap Bel. Sebastianus Tarnawski Castell Conar Siradien. Stanislaus Gostomski de Lezennice, Cap. Sochacovien. Cap. Raven. m. p. Jan Boguss, Castel. Czechowski, Rekaswa. Jan Dulski Podkor. Pawel Orzechowski, Podezassy Chelm. Marssalek Kolà Rycerskiego, Stanislaw Przyremski, Reka, Stanislaus Garwaski Nuncius Palatinatus Plocen. Christoph. Nisczyki Starostà Ciechanowski, Mikolai Podoski, Czesnik Ciechanowski, Andreas Jalbrzyk Wysfynski, Tribunus Drohicen manu sua; Jan Ilowski, Woiewoda Plocki, Czesnik Wiski, Deputat. Plocki.

Quas quidem Conditiones eosdemque Articulos, interveniente ultima resolutione de conditione, de eâ parte Livoniæ quam Serenissimus Sueciæ Rex, Parens noster Charissimus, nunc possidet, de qua inter nos & Ordines Regni, Magnique Ducatus Lit. cum diu illam ursissent, conventum est, ut hoc negotium integrum differatur ad id tempus, cum Regnum nostrum Hæreditarium Sueciæ successione ad Nos devolvetur, Nos ratos & gratos habentes approbavimus & confirmavimus, approbamusque & confirmamus, hisce Literis Nostris. Promittentes bona fide, sub Juramento per nos singula in iis expressa inviolabiliter observaturos & adimpleturos realiter, & in effectu, nec iis unquam directè vel indirectè contraventuros. In cujus rei indubiam fidem, præsentes subscriptas Sigillo Nostro signavimus. Datum Cracoviæ in Conventu Coronationis Nostræ die 28. Mensis Decembris Anno Domini, millesimo quingentesimo, octuagesimo septimo.

SIGISMUNDUS Rex Poloniæ.

CCXI.

SIGISMUNDI III. *Poloniæ Regis Literæ, continentes Juramentum Ordinibus Regni & Magni Ducatûs* LITHUANIÆ, *ab eo præstitum, super Juribus, Libertatibus & Privilegiis utriusque Gentis conservandis. Datum in Conventu Coronationis 28. Decemb.* 1587. [Constitucie Statuta y Przywileje Regni Poloniæ. Od Roku Panskieo. 1550. áz. do Roku 1637. pag. 446.] 28. Dec.

SIGISMUNDUS III. *Dei grátia Rex Poloniæ, Magnus Dux Lithuaniæ: nec non Suecorum, Gottorum, Vandalorumque proximus Princeps Hæreditarius, & futurus Rex; M. Principatûs Finland. Hæres.*

Significamus præsentibus Literis Nostris, quorum interest universis & singulis. Quia in frequentia magna hominum, in Ecclesia Cathedrali S. Stanislai in Arce Cracovien. die 27. Septembris, anni præsentis verbis conceptis, ad Sacrosancta Dei Evangelia, tale Juramentum Ordinibus Regni & Magni Ducatus Lithuaniæ præstitimus: interveniente tamen ultima resolutione de conditione in Pactis convent. de ea parte Livoniæ, quam Serenissimus Joannes Tertius Dei gratia Rex Sueciæ, Parens noster Charissimus, possidet, prout est in Confirmatione Pactorum expressa. Ego Sigismundus III. Dei gratia Electus Rex Poloniæ, Magnus Dux Lithuaniæ, Russiæ, Prussiæ, Masoviæ, Samogitiæ, Kijoviæ, Volhiniæ, Podlachiæ, Livoniæque, &c. nec non Suecorum, Gottorum, Vandalorumque, &c. per omnes Regni Ordines utriusque Gentis, tam Poloniæ quam Lithuaniæ, cæterarumque Provinciarum, com-

muni

ANNO 1587. muni consensu liberè Electus, spondeo, ac sanctè juro Deo omnipotenti, ad hæc Sancta Jesu Christi Evangelia, Quod omnia Jura, Libertates, Privilegia publica & privata, Juri Communi utriusque Gentis, & Libertatibus non contraria, Ecclesiasticas & sæculares, Ecclesiis, Principibus, Baronibus, Nobilibus, Civibus, Incolis, & quibuslibet personis, cujuscunque status & conditionis existen. per D. Prædecessores meos Reges, & quoscunque Principes Regni Poloniæ, & Magni D. Lith. præsertim verò Cazimirum antiquum; Ludovicum, Lois nuncupatum; Uladislaum Primum. Jagellonem dictum, Fratremque ejus Vitholdum, Magnum Lit. D. Uladislaum secundum Jagellonis Filium; Casimirum tertium Jagellonidem; Joannem Albertum, Alexandrum, Sigismundum primum, Sigismundum secundum Augustum, Henricum, Stephanum, Reges Poloniæ, & Magnos Duces Lit. Majores meos, justè & legitimè datas, concessas, emanatas, & donatas, ab omnibusque Ordinibus tempore Interregni, statutas atque sancitas, mihi oblatas, tum Pacta atque Conditiones, cum Oratoribus meis initas, manu tenebo, observabo, custodiam & tenebo, in omnibus Conditionibus, Articulis, & Punctis in eisdem expressis, juxta confirmationem meam, Literis specialibus circa Coronationem meam factam: Pacem quoque & tranquillitatem inter dissidentes de Religione tuebor, manu tenebo, nec ullo modo, vel Jurisdictione nostra, vel Officiorum nostrorum, & Statuum quorumvis authoritate quenquam afficiam, opprimique causa Religionis permittam, nec ipse afficiam, nec opprimam, ac ea, quæ in Electione nostra Varsavien: ac deinceps in Conventione generali ad Visliciam, tum & Cracoviæ in Conventione Coronationis nostræ constituta sunt, & constituentur, manu tenebo, iisque satisfaciam. Omnia illicitè a Regno, Magnoque Duc. Lith. & Dominiis eorundem, quocunque modo alienata, vel Bello, vel quovis alio modo distracta, ad proprietatem ejusdem Regni Poloniæ, & Magni D. Lit. aggregabo: terminosque Regni & Magni D. Lit. non minuam, sed defendam, & dilatabo, Justitiam omnibus Incolis Regni, juxta Jura publica, in omnibus Dominiis constitutam, absque omnibus dilationibus & prorogationibus administrabo, nullo quorumvis respectu habito. Et si, quod absit, in aliquibus Juramentum meum violavero; nullam mihi Incolæ Regni, omniumque Dominiorum unius cujusque Gentis, obedientiam præstare debebunt: imo ipso facto eos, ab omni fide, obedientia Regi debita, liberos facio: absolutionemque nullam ab hoc Juramento, à quoquam petam, neque ultro oblatam suscipiam. Sic me Deus adjuvet. De quo quidem Juramento nostro à Nobis præstito, ut omnibus quorum interest constaret, Literas hasce nostras, manu nostra subscripsimus, Sigillumque Regni nostri iis appendi jussimus. Actum & Datum Crac. in Conventu Coronationis nostræ, die 28. mensis Decemb. Anno Domini 1587.

SIGISMUNDUS Rex.

CCXII.

1588. 8. Janv. *Confirmatio Generalis omnium Jurium, Privilegiorum, Libertatumque Regni* POLONIÆ *& Magni Ducatus* LITHUANIÆ *per Regem Poloniæ* SIGISMUNDUM III. *facta. Data Cracoviæ in Conventu Coronationis die* 8. *Januar.* 1588. [Constitucie Statuta y Przywileie Regni Poloniæ. Od Roku Pánskie 1550. áz do Roku 1637. pag. 447.]

In Nomine Domini, Amen.

EA est rerum & actionum humanarum conditio, ut nihil firmum, nihil diuturnum, propter brevem & incertam vitam hominum, & tot plerumque intercurrentes rerum vicissitudines in se contineant, facileque & brevi temporis momento, omnia in oblivionem veniant: nisi quod unum Generi Humano divinitus planè ad conservandam rerum memoriam beneficium tributum est, Literæ nimirum & Scripturæ adhibeatur. Quibus rebus, cùm ea, quæ non præsentis tantum ætatis, sed posteritatis etiam memoriam requirunt, optimè conservari, & perpetuitati quodam modo consecrari consueverint. Nos etiam Sigismundus Tertius Dei gratia Rex Poloniæ, & designatus Sueciæ, Magnus Dux Lithuaniæ, Russiæ, Prussiæ, Masoviæ, Samogitiæ, Kijoviæ, Volhyniæ, Podlachiæ, Livoniæque, &c. Magni Duc. Finlandiæ, Hæres &c. Cupientes præsentis negotii perpetuam, & nunquam intermorituram memoriam extare, Literis hisce nostris, universis & singulis, tam ævi præsentis, quam futuri, quorum interest vel intererit, significamus. Quod quemadmodum inclytis Regni Poloniæ, & Magni D. Lit. ac cæterarum illis adjunctarum Provinciarum, Ordinibus, nihil nos non debere fatemur & agnoscimus, cùm ob acceptam ab iis materni sanguinis originem, tum quòd pro singulari suo erga nos; & Familiam Jagellonicam à qua maternum genus ducimus, studio, Nos præ cæteris omnibus magni nominis Competitoribus, Regem esse suum voluerint, crearintque sententiis ac suffragiis liberis, & denique sacro Diademate imposito, consecrârint & constituerint; ita quæ ad commodum & emolumentum Ordinum eorundem, quæ ad conservationem Libertatum ipsorum, universæque adeò Reipub: Status pertinent, maximæ Nobis curæ esse debere intelligimus. Et cùm eam illi de Nobis opinionem conceperint ut se, vitam, fortunasque & quæ omnibus opibus pretiosiores sunt Libertates suas Prærogativasque, & Immunitates atque charissima quæque, fidei ac patrocinio nostro, rectissime se commissuros esse existimârint, danda Nobis est opera, ut huic conceptæ eorum de Nobis opinioni respondeamus: quod, uti re ipsa facere, eorumque Libertates atque Jura perpetuò, sanctè & inviolabiliter conservare in animum induximus; ita perpetuum quoque ejus rei monumentum extare volentes, nostra sponte, & animo deliberato, sequutique morem & consuetudinem D. Antecessorum nostrorum Poloniæ Regum, & Magnorum Duc. Lit. omnia Privilegia, Donationes, Inscriptiones, Advitalitates, Libertates, Prærogativas ac Immunitates Regni Poloniæ & Magni D. Lithuaniæ, Russiæ, Prussiæ, Masoviæ, Samogitiæ, Kijoviæ, Volhiniæ, Podlachiæ, Livoniæque, ac aliarum Provinciarum iis annexarum, conjunctim aut separatim ipsis concessas, Ecclesiasticas & Seculares, tàm quam privatarum personarum, cujuscunque status, conditionis, atque sexus existentium, Civitatumque; & Locorum quorumcunque; per Antecessores nostros Reges Poloniæ, & Magnos D. Lit. ac Terrarum iis conjunctarum, Reges, Principes, Duces ac Dominos, tam in toto quàm in parte, præsertim vero Casimirum Magnum, Ludovicum, Lois nuncupatum, Uladislaum secundum, Jagellonem dictum, Fratresque ejus Vitholdum & Sigismundum, Magnos Duces Lithuaniæ, Uladislaum tertium, Casimirum tertium, Jagellonis Filios, Joannem Albertum, Alexandrum, Sigismundum primum, Sigismundum secundum, Augustum Henericum ac Stephanum, Reges Poloniæ, & Magnos D. Lit. ac etiam per Magistros Prussiæ atque Archi-Episcopos, Episcopos, Magistros, Præceptores, antiquos Livoniæ novissime verò post recuperatam Livoniam per Regem Stephanum, nec non Duces, Principes, ac Dominos Terrarum Russiæ & Masoviæ, justè & legitimè concessas & emanatas ac Juri communi utriusque Gentis non contrarias. Et item Jura, Leges, Statuta, Constitutiones, Judicia Tribunalis ultimæ instantiæ, ac Decreta, Libertates & Immunitates, in Conventibus Regni Generalibus quibuslibet Ordinationesque latas atque sancitas; nominatim autem Libertates & Leges, in Conventu Electionis Henrici Regis, ac in Conventu Andreovien. & Coronatione Regis Stephani, Constitutionemque, de Judiciis Tribunalis in Conventu Warsovien. ac denique Leges & Constitutiones, in præsenti Conventu Coronationis nostræ sancitas aut quæ adhuc sancientur, & nobis exhibebuntur: ita tamen ut nec specialitas generalitati, nec generalitas specialitati deroget. Tum etiam Conditiones per Oratores nostros ac Serenissimi Parentis nostri Joannis Tertii Dei gratia Sueciæ Regis, &c. cum Ordinibus constitutas, ac à nobis approbatas juxta Literarum nostrarum de iisdem Conditionibus circa Coronationem nostram concessarum tenorem (quorum omnium præmissorum tenores tanti esse volumus, ac si hisce Literis de verbo ad verbum insertæ sint) in omnibus earum Articulis, Punctis, Clausulis, Conditionibus approbandas, roborandas & confirmandas duximus, approbamusque, roboramus, confirmamus per præsentes Literas nostras; decernentes illas, & illa omnia quæ superius commemorata sunt perpetuæ, indubiæ ac inviolabilis firmitatis robur obtinere debere, recipimusque, spondemus, & Regio nostro verbo pollicemur, illas in prædictis earum Punctis, Articulis, Clausulis, Conditionibus firmiter, inconcussè, in- ANNO 1588.

ANNO 1588.

inviolabiliter tenere, obſervare, implere & exequi ac omnibus & ſingulis ex iis ſatisfacere cum effectu, & teneri, obſervari, & exequi facere. Item pollicemur, recipimus, ac ſpondemus, Quod omnia per Hoſtes finitimos injuſte à Regno, Magnoque Duc. Lit. & Dominiis earundem quocunque modo occupata, vel Bello vel quovis alio modo diſtracta ad proprietatem & unionem ejusdem Regni Poloniæ, Magnique Duc. Lit. aggregabimus, neque fines Regni & Magni Duc. Lit. minuemus, ſed pro viribus noſtris proferemus & dilatabimus. Quod ſi aliquid contra Libertates & Immunitates, Jura, Privilegia prædicti Regni, & Magni Duc. Lit ac cæterarum Provinciarum iis annexarum, fecerimus non ſervantes, quod abſit, aliquid illorum in toto vel in parte, id totum irritum & inane, nulliusque momenti fore decernimus. Quod vero ſupra hisce Literis Privilegia, Libertates Eccleſiaſticas cum cæteris confirmavimus, id nihil Articulo huic juramenti derogare volumus. Quod videlicet Pacem & tranquilitatem inter diſidentes de Religione tuebimur & manu tenebimus &c. quam inconcuſſè, firmiter & inviolabiliter, ac cum effectu nos obſervaturos promittimus ac ſpondemus: dantes inſuper poteſtatem Cancellario & Vice Cancellario Regni, ut has Literas Confirmationis generalis, Jurium, Privilegiorum & Libertatum Regni & Magni Duc. Lit. ac Terrarum iis annexarum, autentice ſub Regni Sigillo Ordinibus, Terris ac Subditis noſtris, qui eas requirent, non expectato alio Mandato noſtro, uterque vel alter eorum extradant. In cujus rei fidem, Literas hasce manu noſtra ſubſcripſimus Sigillumque Regni iis appendi juſſimus. Datum Cracoviæ in Conventu Coronationis noſtræ, die octava menſis Januarii Anno Domini milleſimo quingenteſimo, octuageſimo octavo, Regni noſtri anno primo, præſentibus Reverendiſſimis, Reverendis, Illuſtribus, Magnificis, Generoſis & Venerabilibus, ac Nobilibus: Stanislao Krankowski D. G. Archiepiscopo Gnesnen. Legato nato, & Regni noſtri Primate: Petro Myſzkowski Crac. Hi.ronimo Rozdrzarzewski Wladislau & Pomeraniæ Alberto Baronowski Przemyſſien: & Regni noſtri Vice Cancel. Melchiore Gedroitz Samogitiæ: Laurentio Goſlicki Camenecen: Eadem G. Episcopus Andreæ Comite in Tenczyn Crac. & Capitaneo Zatorien: Hrubieszovienque, Albert à Lasko Siradien: Palatinis Joanne Kiszkà de Ciechanowiec Capitaneo generali Terrarum Samogitiæ: Joanne Splawski de Targowagorkaini Wladiſlavien: Nicolao Sapieha Minscen: Palatinis Stanislao Comite de Tarnow Sendomirien: & Capitaneo Stobnicen. Nicolao Konarskilaliſien: Nicolao Talwos Samogitiæ. Martino Lesniowolski de Obory Podlaſien, & Capitaneo Loſycen, Nicolao Firley de Dambrowica Raven. Joanne Dulski Culmen: Theſaurario Regni Generali, Branscen: Rogosnen: Swiecen: Suracenque Capitaneo. Joanne Koscielecki Miedzyzecen, & Capitaneo Bydgoſtien. Nicolao Ligeza de Bobrek Wiſſicien: & Capitaneo Biecen: Zydaczovienque, Nicolao Firley de Dambrovica Biecen Refrendario Curiæ Regni Noſtri, Capitaneo Novæ Civitatis Korczyn, Caſimirienque, Georgio Mniszek de magna Runczyce, Radomien: & Capitaneo Sanocen: Socalierque Joanne Myſzkowski Zarnovien. Joanne Oſowski Polanecen. Joanne Boguſz Cechovien: & Capitaneo Zwolenen. Stephano Grodzinski Naklen: & Capitaneo Walizer, Chryſtophoro Koniorowski Oswiecimen. Stanislao Goſtomski de Lezenice, Sochacovien: & Capitaneo Ravenſi: Stanislao Kralinski Ciechanovien: Stanislao Bykowski Konarienſe in Terra Lancicien, Caſtelanis. Andrea Opalinski de Brin ſupremo Regni noſtri Marſalco & Gen. Majoris Poloniæ Capitaneo. Joanne Zamoyski, ſupremo Regni Cancellario: & Generali Exercituum Belzen: Marienburgen: Kniſzynen: Miedzyrzecen, Krzeſzovienque Capitaneo. Petro Tyliki Secretario majore Regni Præpoſito Gnesnenſi, & Canonico Crac. Joanne Tarnowski Referendario Curiæ Regni, Crac. Wladislavien: Lancicien: Kruswicienſeque Præpoſito: Joanne Pietrowski Decano Posnanien: Cuſtode Sendomirien: Scholaſtico Lancicien: & Canonico Crac Joanne Galczynski, Cantore Gnesnen. Scholaſtico Wladislavien: & Canonico Cracovien: Secretariis noſtris. Conſtantino Ducem Oſtroy, Mag. D. Lit. Inciſore, & Wlodimirien. Nicolao Zebrzydowski Gen. Crac. Boleſavienſeque Stanislao Pekolawski Sendomirien: & Marienburgen: in Livonia: Alexandro Koniecpolski Wielunen: Hieronymo Mielecki, Brzeſten in Cujavia, Paulo Uchanski de Slucebo, Drohobicen. Joanne Thoma à Drohocow, Przemyſſien: Petro Opalinski de Brin Naklen Rohatinenſeque, Petro Myſzkowski Oswiecimen: Stanislao Prziemski, Kuninen: Joachimo Ocieski Olſtinen. Stanislao Szafranice de Pieskowa Skala Lelovien: Sebaſtiano Lubomierski, Dobezycan: Salinarum Crac. Præfecto: Stanislao Lanckoronski de Przezie, Skalen Capitaneis. Stanislao Cikowski de Woyslawice, Crac. Georgio Radoſzowski Boxa, Wielunen: Kieliano Drohoiowski à Drohoiow, Przemyſſien: Baltazare Stanislawski, Sanocen: Venceslao Vrowicki, Chelmen: Succamerariis Joanne Gaiewski, Posnanien. Fælice Czerski, Crac. Swietoslao Orzelski, Caliſien. Stanislao Karsnicki Siradien: Petro Strzala, Zatorien: Judicibus terreſtribus, & aliis multis Secretariis, Officialibus & Aulicis noſtris, Terrarum verò Nunciis omnibus ad præſentem Conventum congregatis.

SIGISMUNDUS Rex.

CCXIII.

12. Avr.

LES PROVINCES-UNIES ET LE COMTE DE LEICESTER.

Placaet van de Staten Generael der VERREENIGDE NEDERLANDEN, *inhoudende dat ſyne Excellentie van* LEYCESTER *hem heeft verdragen van het Gouvernement ende Capiteynſchap Generael der voorſz. Landen: Dat het Volck van Oorloge ende alle andere zyn ontſlagen van den Eedt aan ſyne voorſz. Excellentie gedaen, blyvende niet te min in den Eedt aan de Landen: Dat de generale Regeeringe der ſelver Landen in de ſaecken [de gemeene defentie, Unie ende Tractaten aengaende] geſtelt is aen den Raedt van State: Midtsgaders verbodt, dat niemant met woorden ofte wercken yet ſal attenteren tot veranderinge van den ſtaet van den Lande ſtreckende den* 12. *April* 1588. [Groot Placaet Boeck, van de H. M. Heeren Staten Generael der Vereenigde Nederlanden. Tom. I. col. 49.]

DE Staten Generael der Vereenighde Nederlandtſche Provintien, Allen den genen die deſe ſullen ſien ofte hooren leſen, Saluyt ende Dilectie. Alſoo het de Coninginne Majeſteyt van Engelandt genadelijck belieft heeft gehadt, met de Gecommitteerden ende

CCXIII.

12. Avr.

LES PROVINCES-UNIES ET LE COMTE DE LEICESTER.

Placard des Etats Généraux des PROVINCES-UNIES, portant que le Comte de LEICESTER s'eſt déporté du Gouvernement & de la Charge de Capitaine Général des ſusdits Pays: Que le Peuple & tous autres ſont déchargez du Serment fait audit Comte, le Serment fait audit Pays demeurant néantmoins en ſa force: Que le Gouvernement Général des mêmes Pays, quant aux choſes qui regardent la défenſe commune, l'Union, & les Traitez, eſt remis au Conſeil d'Etat: Avec défenſe à qui que ce ſoit de rien attenter, qui tende au changement de l'état du Païs. Le 12. Avril 1588. [*Le Grand Recueil des Placards.* Tom. I. col. 49.]

L*Es Etats Généraux des Provinces-Unies, à tous ceux qui ces preſentes Lettres verront ou orront, Salut & Dilection. Comme Sa Majeſté la Reine d'Angleterre a bien voulu de ſa grace entrer en negociation avec les Deputez & En-*

ANNO 1588.

ende Ghesanten der voorsz. Provintien te treden in onderhandelinge, ende eyndelijck met de selve te besluyten seecker Tractaet, in date den 10. Augusti, Anno 1585. By 't welcke onderlinge is verdragen ende gheaccordeert, dat gheduerende de Oorloge tegen der voorsz. Landen Vyanden, Vreemdelingen, Malcontenten ende hare Aenhangeren, Hare Majesteyt tot secours ende assistentie der voorsz. Provintien, ende om de selve te handt-houden in beschermingе van de ware Christelijcke Religie, ende van de Vryheden, Privilegien ende Rechten der voorsz. Landen, in dese Landen sal onderhouden tot Hare Majesteyt koste, boven die Guarnisoenen van de Steden ende Plaetsen Hare Majesteyt beloont tot verseeckertheyt van het rembourfement van de Penningen by de selve te verschieten, 't getal van vijf duysent Voetknechten, ende duysent Ruyteren, geleydt door eenen Gouverneur Generael, wesende een Heere van name, qualiteyt ende respect, van de ware Christelijcke Religie, ende andere goede Hoofden: Midts dat de voorsz. Provintien in 't gemeen, ende yegelijck in 't particulier, souden gehouden ende verbonden wesen, de selve Hare Majesteyt van hare voorsz. kosten te betalen ende rembourseren op seeckere termijnen nae den Oorloge: Ende dat om Hare voorsz. Majesteyt van de selve betalinge ende rembourfement volkomelijck te verseeckeren, de selve in handen souden werden gestelt de Steden ende Forten van den Briel ende Vlissingen, met het Casteel van Rammekens: De welcke by Hare Majesteyt ofte hare Nakomelingen (de voorsz. betalinge ende rembourfement ghedaen zynde) sonder eenige swarigheyt ofte eenigh recht daer aen te behouden, wederom ghestelt souden worden in handen van de Staten van de voorsz. Provintien, sonder de selve te laten komen in handen van den Coninck van Spangien, ofte andere Vyanden van den Lande, ofte oock in handen van een ander Prince ofte Heere: maer souden alleen middelertijdt bewaert worden tot verseeckeringe van Hare Majesteyt, ende profyte van de Staten van de voorsz. Landen: Welcken Gouverneur ende twee andere gequalificeerde Persoonen by Hare Majesteyt uyt Hare Ondersaten te senden, ende te introduceren, in den Raedt van State van de Vereenighde Provintien, met den selven Raedt souden administreren de saecken de ghemeene defentie ende Unie van de voorsz. Landen aengaende. Achtervolgende welcken Tractate, de voorsz. Steden ende Sterckten gestelt zijnde in handen van haer voorsz. Majesteyt, de selve gelieft heeft gehadt herwaerts over te senden, met Commissie van Gouverneur Generael over haer secours, den Doorluchtigen Hoogh-geboren Vorst, Robbert, Grave van Leyceister, Baron van Deinbigh, &c. Ende dat wy goet gevonden hebben ghehadt, de selve daer-en-boven te versoecken, aen te nemen, ende te committeren tot Gouverneur ende Capiteyn Generael over alle de Geunieerde Provintien, ende Geassocieerde Steden ende Leden van dien. Welcke last by sijne voorsz. Excellentie aengenomen zynde, met reserve van de hommage ofte manschap, die hy Hare voorsz. Majesteyt schuldigh was, soo waren dien volgende alle de Gouverneurs van de Provintien, Steden ende Leden der selver, mitsgaders oock alle Officieren, Justicieren ende Volch van Oorloghe aen sijne Excell. in de voorsz. qualiteyt, als Gouverneur ende Capiteyn Generael van de Nederlanden, mitsgaders aen de selve Landen in 't generael ende particulier by Eede verplicht. Dan alsoo Hare Majesteyt belieft heeft te wederroepen sijne voornoemde Excell. om de selve in andere Hare Majesteyts diensten binnen haer Rijck te ghebruycken: Sulcks dat de selve syne Excell. als midts dien niet konnende vaceren tot 't Gouvernement deser Landen, ende voldoeninge van de lasten sijnder Commissien, sulcks den tegenwoordigen noot ende ghelegentheyt deser Landen is vereyschende, heeft de selve Syne Excell. hem gequeten ende verdragen van den voorsz. last van Gouverneur ende Capiteyn Generael der voorsz. Geunieerde Provintien, en van de Commissien by ons syne voornoemde Excellentie daer over gegeven, ende 't selve wederomme gestelt in onse handen, gelijck blijckt by Acte onder des selfs handt ende Zegel daer van binnen Londen ghemaeckt, in date den xvij. Decembris 1587. Dat oock Hare voorsz. Majest. ghelieft heeft ghehadt als Gouverneur Generael over haer secours in dese Landen te committeren den Welgeboren Heere Peregrin, Baenderheere van Williby, Beke ende Thersby, &c. by Commissie in date den 24. der voorsz. Maent December. Ende be-

Envoyez des susdites Provinces, & enfin conclure avec eux certain Traitté en date du 10. Août 1585. par lequel il est particulierement convenu & accordé que durant la Guerre contre les Ennemis desdits Pays, Etrangers, Mécontens, & leurs Adherens, Sa Majesté pour le secours & assistance des susdites Provinces, & pour les maintenir & y défendre la vraye Religion Chrêtienne & les Libertés, Privileges & Droits; Elle entretiendra dans ces Pays aux depens de Sa Majesté, outre les Garnisons des Villes & Places promises à Sa Majesté pour sûreté du remboursement des Deniers qu'elle a depensés; le nombre de 5. mille Hommes de pié, & de mille Hommes de Cavalerie, conduits par un Gouverneur General étant un Seigneur de nom, qualité, respect, & de la vraye Religion Chrêtienne; & autres bons Chefs; à condition que lesdites Provinces en general & chacunes en particulier fussent tenuës & obligées de payer & rembourser Sa Maj. de ses depences en certains termes aprés la Guerre; Et que pour assûrer Sadite Majesté du parfait payement & remboursement susdit il lui seroit mis en main les Villes & Forts de la Brille & Flessingue avec le Château de Rammekens, que Sa Majesté ou ses Successeurs, aprés ledit payement & remboursement fait, feroient remettre entre les mains des Etats des Provinces-Unies susdites sans nulle difficulté ni en retenir aucun droit, ni sans les laisser tomber és mains du Roi d'Espagne ou autres Ennemis des Pays, ni en celles d'aucun autre Prince ou Seigneur: mais feroient seulement pendant ce tems gardez pour sûreté à Sa Majesté, & le profit des Etats des susdits Pays. Lesquels Gouverneur & deux autres Personnes qualifiées que Sadite Majesté envoyeroit d'entre ses Sujets, pour les introduire au Conseil d'Etat des Provinces-Unies, administreroient avec ledit Conseil les affaires de la défence commune & de l'Union concernant les susdits Pays. En consequence duquel Traité lesdites Villes & Forts ayant été mis entre les mains de Sadite Majesté, il lui plût envoyer de deça avec Commission de Gouverneur General sur les Troupes Auxiliaires le Serenissime Prince Robert Comte de Leycester, Baron de Deinbigh &c. Et que de plus nous trouvâmes bon de le prier, d'accepter & de le commettre Gouverneur & Capitaine General sur toutes les Provinces-Unies, & les Villes & Membres qui leur sont associées. Laquelle Charge ayant été acceptée par son Excellence, sous la reserve de l'hommage qu'il devoit à Sadite Majesté; tous les Gouverneurs des Provinces, Villes, & Membres d'icelles, ensemble tous les Officiers, Justiciers, & Gens de Guerre étoient en consequence obligez par Serment envers Son Excellence en qualité de Gouverneur & Capitaine Général des Païs-Bas, ensemble auxdits Païs en général & en particulier. Mais comme il a plû à Sa Majesté de rapeller sa susdite Excellence pour l'employer ailleurs dans ses Royaumes au service de Sa Majesté, en sorte que Sadite Excellence ne pouvant plus vaquer au Gouvernement de ces Païs, comme le devoir de sa Charge & Commission le demandoit dans ces tems difficiles, Sadite Excellence s'est deportée & déchargée de ladite Charge de Gouverneur & Capitaine Général des susdites Provinces-Unies, & de la Commission qui en a été par nous donnée à Sadite Excellence, & l'a remise entre nos mains, comme il paroit par un Acte signé de sa main, & scellé à Londres, en date du 17. Decembre 1587. Et aussi qu'il a plû à Sa Majesté de commettre dans ces Païs au Gouvernement Général de ses Troupes Auxiliaires le Sieur Peregrin, Baron de Williby, Beke & Thersby, &c. par Commission en date du 24. dudit mois de Decembre; & considerant que dans ces tems diffi-

ANNO 1588.

bemerckende dat in desen tegenwoordigen noot ende ghelegentheyt van den Lande, de selve sonder groot perijckel, niet en mogen wesen sonder generale Regeeringe:

SOO IST, dat wy om redenen voorsz. met goede ende rype deliberatie by desen een yegelijck wel hebben willen kondigh ende kennelijck maecken, Dat syne voorsz Excell. volghende de voorsz. reserve hem verdragen heeft van de voornoemde Commissien: Ende dat wy achtervolgende de goede beliefte van Hare Majesteyt ende Syne Excellentie, syne voorsz. Excell. daer van verdragen houdende, de generale Regeeringe van de voorsz. Landen, in de saecken de gemeene beschermenisse ende Unie der selver aengaende, midtsgaders de onderhoudenisse van het Tractaet met Hare Majesteyt gemaeckt, hebben ghestelt ter bedieninge ende administratie van den Raede van de voorsz. Landen, om by den voorsz. wel-gebooren Baenderheer van Williby, Gouverneur Generael van Hare Majesteyts secours, de Gouverneurs van de respective Geunieerde Provintien, ende de twee Raden by Hare Majesteyt uyt Hare Ondersaten, volgende 't voorsz. Tractaet, tot dien eynde in den voorsz. Raedt geintroduceert, of noch te introduceren: Midtsgaders de Raden uyt de Vereenichde Provintien by ons ghecommitteert, ende noch te committeren, beleydt, bedient ende gheadministreert te werden, de saecken de gemeene defensie ende Unie der selver, tegen den gemeynen Vyandt betreffende. Al achtervolghende den voorsz. Tractate, ende de Resolutie, ende d'Instructie by ons daer op genomen ende ghegeven, ende noch te gheven. Ontbieden daer omme alle Gouverneurs ende Capiteynen van de Provintien, Steden ende Leden der selver, allen Admiralen ende Vice-Admiralen, allen Oversten, Colonellen, Ritmeesteren, Capiteynen, Soldaten te Water en te Lande, ende voorts allen Presidenten, Raden, Officieren, Threforiers, Ontfangers, Bailjuwen, Schoutetten, Maerschalcken, Drossaten, Grietmannen, Magistraten, Edelen, Vassalen, Burgeren ende andere Ingesetenen ende Onderdanen deser Landen, van wat staet ofte conditie die zijn, ende allen anderen (des noot zynde) dat sy, ende elck van hen, quijt, vry, ende ontslagen zijn van haren Eedt, voor soo vele sy daer by aen syne voornoemde Excell. den Grave van Leycester, in de qualiteyten, by hem in dese Landen gehadt, verbonden zijn geweest: Bevelende ende gebiedende hen-lieden midts desen wel expresselijck, dat sylieden hen daer van vry, quijt, ende ontslagen sullen houden, gelijck sylieden daer van vry, quijt, ende ontslagen gehouden worden by desen: Blijvende nochtans in vollen kracht, wesen ende verbintenisse den Eedt by hen-lieden respective ghedaen, voor soo vele sylieden daer mede zijn verbonden, tot getrouwigheyt aen de voorsz. Geunieerde Provintien, Staten, Steden ende andere Leden der selver, ende tot de ghehoorsaemheydt van de Overigheden by ons over haerlieden respective ghestelt, ofte noch te stellen. Welcken Eedt wy haerliede bevelen, ghetrouwelijck, eerlijck ende vromelijck te betrachten, sulcks sylieden voor Godt Almachtigh, ende de Landen sullen willen verantwoorden: Ofte dat anderlints tegens den Overtreders van dien sal worden geprocedeert, nae dat de Rechten ende Discipline Militaire zijn gedragende Ende alsoo met hare voorsz. Majest. van Engelandt van wegen dese Landen, niet anders en is gehandelt, ghetracteert ofte besloten, dan in manieren vooren verhaelt: Ende wy oock by verscheyden verklaringen van hare Majest. zijn versekert, dat de selve geen voorder Recht tot dese Landen, Steden ofte Leden der selver is pretenderende, noch eenich voorder toeseggen aen de voorsz. Landen, Steden, Leden ofte Ingesetenen van dien begeerende, dan 't onderhout van 't voorsz. Tractaet: 't Welck wy van onser zyden oock altijt hebben begeert, ende noch begeeren in alles ghetrouwelick te achtervolgen, ende volbrengen, tot goeden redelicken contentemente van Hare Majest. Dat mede hare voorsz. Majest. tot diversche reysen wel uytdruckelick verklaert heeft, tegens hare goede meeninge, wille ende intentie te wesen, dat op haren Name eenige divisien, scheuringen, ofte oneenigheden ghemaeckt, ofte onderhouden worden: Ende wy nochtans dien niet tegenstaende seeckerlijck bevinden, dat verscheyden Ingesetenen van de voorsz. Provintien, qualick geinformeert zynde van de voorsz. gelegentheden, ende onderhandelingen, imm-

difficiles & conjonctures des affaires des Païs, ils ne peuvent sans peril être privez d'un Gouvernement general.

C'est pourquoi nous, après bonne & meure déliberation & pour les raisons susdites, avons bien voulu notifier & faire sçavoir à tous, Que son Excellence suivant les susdites reserves s'est deporté de la Commission susmentionnée; & qu'en conséquence du bon plaisir de Sadite Majesté & de Son Excellence, Sadite Excellence s'en tenant dechargée, nous avons remis le Gouvernement Général des susdits Païs en ce qui concerne la défence & protection commune, & l'Union d'iceux, ensemble l'entretenement du Traité fait avec Sa Majesté, entre les mains & à l'administration du Conseil d'Etat des susdits Païs, pour être conduit & administré en ce qui concerne la défence & l'Union desdits Païs, contre l'Ennemi commun, par le susdit Baron de Williby, Gouverneur Général du secours de Sadite Majesté, par les Gouverneurs des Provinces-Unies respectives & les deux Conseillers pris d'entre ses Sujets, suivant le susdit Traité, introduits & à introduire dans le susdit Conseil, ensemble par les Conseillers deputez par nous des Provinces-Unies & à deputer; le tout en conformité du susdit Traité, & la Resolution & Instruction sur ce par nous donnée & prise & à prendre. Mandons pour cet effet à tous Gouverneurs & Capitaines des Provinces, Villes & Membres d'icelles, à tous Amiraux & Vice-Amiraux, à tous Généraux, Colonels, Capitaines, Soldats, par Mer ou par Terre, & en outre à tous Presidens, Conseillers, Officiers, Tresoriers, Receveurs, Baillifs, Escoutets, Maréchaux, Drossarts, Grietmans, Magistrats, Nobles, Vassaux, Bourgeois & Sujets de ces Païs, de quelque état & condition qu'ils soient, & tous autres (si besoin est,) qu'eux & chacun d'eux qu'ils sont quites & dechargez de leur Serment auquel ils pouvoient être engagez envers Son Excellence le Comte de Leycester, en la qualité qu'il avoit dans ces Païs. Leur ordonnant & commandant bien expressement par ces presentes qu'ils s'en tiennent pour exempts, quites & dechargez par ces dites presentes; demeurant neanmoins en sa force entiere & obligation le Serment par eux prêté d'être fideles auxdites Provinces-Unies, Etats, Villes & autres Membres d'icelles, & d'obéir aux Puissances que nous avons établies sur eux, & y établirons encore. Lequel Serment nous leur ordonnons d'executer fidélement & honnêtement d'une telle maniere qu'ils en puissent répondre devant Dieu Tout-puissant & les Provinces; ou autrement qu'il sera procedé contre les contrevenans selon que le veulent les Droits & Disciplines Militaires. Et comme il n'a rien été convenu, traité & conclu avec Sa Majesté d'Angleterre de la part de ces Païs, que comme il est mentionné cidessus; & que suivant diverses declarations de Sa Majesté, nous sommes assurez qu'elle n'a aucune autre pretention sur ces Païs, Villes, Membres & Habitans d'icelles que l'observation du susdit Traité; lequel de nôtre côté avons aussi toujours desiré & desirons encore d'executer & accomplir en tout fidélement au raisonnable contentement de Sa Majesté. Et qu'aussi Sadite Majesté a diverses fois expressément declaré qu'il n'est point de son intention, volonté & pensée qu'à cause d'elle il arrive aucune division, dissention & desunion; & que ce nonobstant avons certainement experimenté que divers Habitans des susdites Provinces étant mal informez de la susdite disposition & negociation, s'imaginant des choses

ANNO 1588. imaginerende ſaecken die niet en zijn, vergetende haer devoir, diverſche quade officien hebben ghedaen, tot nadeel van de ruſte ende eenigheyt van de voorſz. Provintien, in 't generael, ende particulier. Ende dat onder 't deckſel van 't ſelve, andere malitieuſe geeſten, meeſt Vreemdelingen, ende uyt andere Provintien in deſe Landen gekomen: Ende niet ofte weynigh in deſe Landen te verlieſen hebben, door hare natuerlicke ongeruſtigheyt ende oproerigheyt haer vervoordert hebben, met bedeckte practijcken ende valſche pretexten, d'Ingeſetenen van de voorſz. Landen te verleyden, ende andere in oneenigheyt te brengen, ende tot oproerigheyt te verwecken, jae dat eenige by den Vyandt uytgemaeckt, getracht hebben 't Volck van Oorloge in dienſte van den Lande zynde, tot muyterye, ende daer na tot verraderye te verwecken, ende daer toe valſchlijck den naem ende authoriteyt van Hare voorſz. Majeſteyt te gebruycken. Dat mede vele buyten de voorſz. Landen geboren, haer vervordert hebben op den Staet van den Lande, Steden ende Leden der ſelver te ſpreecken, ende daer van te handelen, als of die hare lichtveerdigheyt ende oproerigheyt ware onderworpen: Ende oft haer gheoorloft ware alle nieuwigheden daer inne aen te grypen, die haerlieden ſouden goet duncken, ſonder te letten dat ſylieden voor anderen haer behoorden in alle ſtilheyt ende modeſtie te genoegen, genietende de protectie ende beſcherminge van deſe Landen, als de Ingebornen der ſelver. Ende dit alle onder pretext van den Naem ende Authoriteyt van Hare Majeſteyt die ſulcks grootlijcks is mishagende, als buyten des ſelfs meeninge ende goede geliefte, niet anders dan den generalen onderganck van de voorſz. Provintien konnende mede brengen. Voor de conſervatie van de welcke de vrome, ende getrouwe Ingeſetenen der voorſz. Landen, ende andere vrome Patriotten, uyt andere Provintien ter oorſake van de Religie verdreven, ende in deſe Landen geweken, ſoo vele hebben gedaen, geleden, ende in voorgaende tijden ende ſoo goede eenigheyt ende geruſtigheyt onder haer wettelijcke Overigheyt, ſo in voorſpoet als tegenſpoet geleeft. SOO wort een yegelick van wat Natie, Staet ofte Conditie hy zy, wel ſcherpelick geinterdiceert ende verboden mits deſen, Dat hy hem voortaen niet en vervordere, met woorden, heymelijcke practijcken, geſchriften ofte wercken te onderwinden, eenige veranderinge, nieuwigheyt, ofte oproerigheyt in den Staet van den Lande, onder den Burgeren, Ingeſetenen ofte Krijghs-volcke in dienſte zijnde, te Water ofte te Lande, 't zy onder wat pretext van de Name ende Authoriteyt van Hare Majeſteyt ofte van ſijne Excell. van Leyceſter, ofte van yemant anders te voorderen, ſolliciteren ofte doen, op pene dat tegens haerluyden ſonder reſpect van Perſoonen, ende ſonder eenige conniventie ofte diſſimulatie by ons, midtsgaders by den Staten van de reſpective Provintien, ofte ordinariſe Officieren, Juſticieren ende Magiſtraten van de Landen ende Steden ſommierlijck, en ſonder figuere van Proces ſal worden gheprocedeert totte ſtraffen, nae rechte ende Coſtume van den Lande, tegens de perturbateurs van de gemeene ruſte geſtelt, ten exempel van anderen.

Ende ten eynde hier af niemandt ignorantie en pretendere, ontbieden ende bevelen wel expreſſelijck, deſe alomme te doen kondigen, uytroepen, ende publiceren, daer men ghewoonlick is uytroepingen ende Publicatien te doen. Procederende ende doende procederen tegens den Overtreders van dien, totte penen hier boven verhaelt, ſonder eenige gunſte, faveur ofte diſſimulatie ter contrarien: Want wy 't ſelve tot behoudeniſſe ende welſtant van den Landen ſulcks hebben bevonden te behooren. Gegeven In onſe Vergaderinge in 's Graven-Hage, onder ons Cachet hier op ghedruckt in Placate den twaelfden dagh van April, anno 1588. *Geparapheert*, EGMONT, Vt. *Onder ſtondt*, ter Ordonnantie van de voornoemde Heeren Staten Generael. *Ende geteeckent*, C. AERSSENS.

ſes qui ne ſont pas, & oubliant leur devoir, ont fait diverſes choſes contre le repos & l'union des ſusdites Provinces en général & en particulier; & que ſous ce pretexte d'autres eſprits malicieux, la plûpart Etrangers & venus d'autres Provinces dans ces Pays, & qui n'ayant rien ou pas beaucoup à perdre en ces Pays, ſe ſont ingerez par leur naturel inquiet & turbulent de ſéduire les Habitans des ſusdits Pays par leurs pratiques couvertes & faux pretextes, & de mettre les autres en deſunion, & les exciter à ſedition, juſques là que quelques-uns gagnez par les Ennemis ont tâché de faire mutiner les Gens de Guerre qui ſont au ſervice de ce Pays, & de les exciter à la trahiſon, en quoi ils ſe ſont fauſſement ſervis du nom & de l'authorité de Sa Majeſté; Qu'auſſi plusieurs nez hors du Pays ont été aſſez oſez que de parler contre l'Etat des Pays, Villes & Membres d'icelles, & d'en uſer comme ſi elles étoient ſujettes à leur eſprit leger & ſeditieux; & comme s'il leur étoit permis d'entreprendre toutes les nouveautez qu'ils trouvent à propos, ſans prendre garde qu'il eſt de leur devoir de demeurer en repos & modeſtie, en jouïſſant de la protection de ces Pays, comme ſont les naturels d'iceux; & tout cela ſous pretexte & au nom & en l'authorité de Sa Majeſté, à qui cela déplait grandément, comme étant contre ſon ſentiment & bon plaiſir, puis que cela ne peut produire que la ruine générale des ſusdites Provinces: pour la conſervation de laquelle les bons & fideles Habitans des ſusdites Provinces & autres honnêtes Compatriots qui ont été chaſſez des autres Provinces, & ſe ſont retirez dans ces Pays pour la Religion, ont tant fait & ſouffert, & qui dans les tems précédens ont vêcu en ſi bonne union & repos ſous leurs Souverains legitimes, tant en proſperité qu'en adverſité; Nous deffendons & interdiſons expreſſement par ces preſentes à un chacun, de quelque Nation, état & condition qu'il ſoit, qu'à l'avenir il ne ſoit point ſi ozé que d'entreprendre par paroles, pratiques ſecretes, écrits ou actions, quelque changement, nouveauté, ou trouble dans l'Etat des Pays, entre les Bourgeois, Habitans & Gens de Guerre, étant au Service du Pays, par Mer ou par Terre, ſoit ſous le pretexte, nom & authorité de Sa Majeſté ou de ſon Excellence de Leyceſter, ou de quelque autre, ſur peine de proceder par nous enſemble par les Etats des Provinces reſpectives, ou par les Officiers ordinaires, Juſticiers & Magiſtrats des Provinces & Villes ſommairement, ſelon le Droit & la Coutume du Pays, & ſans forme de Procez contre les perturbateurs du repos public, ſans reſpect des perſonnes, ni aucune connivence ni diſſimulation, & ce pour ſervir d'exemple aux autres. ANNO 1588.

Et afin que perſonne ne pretende de ceci cauſe d'ignorance, ordonnons & mandons que ces preſentes ſoient publiées par tout où l'on eſt accoutumé de faire des Publications. Procedant & faiſant proceder contre les transgreſſeurs ſur les peines ci-deſſus mentionnées, ſans aucune diſſimulation ou faveur au contraire. Car ainſi l'avons nous jugé à propos & convenable pour le bien & conſervation du Pays. Donné en nôtre Aſſemblée à la Haye, ſous nôtre Cachet ici appoſé, le 12. jour d'Avril 1581. Paraphé EGMONT, Vt. Et étoit plus bas écrit, *par Ordonnance des ſusdits Seigneurs Etats Généraux.* Et ſigné, C. AERSSEN.

ANNO 1588.

CCXIV.

11. Juill. LA FRANCE ET LA LIGUE.

(1) *Articles accordez au nom de* HENRI III. *Roi de France, entre la Reine sa Mére d'une part; le Cardinal de* BOURBON, *& le Duc de* GUISE, *tant pour eux que pour les autres Princes, Prélats, Seigneurs, Gentilshommes, Villes, Communautez, & autres qui ont suivi leur parti d'autre part, publiez à Paris le* 11. *Juillet* 1588. [Mémoires du Duc de Nevers, Part. I. pag. 725.]

LEs Articles accordez & signez à Nemours le 7. jour de Juillet 1585. l'Edit du Roi fait sur iceux, & les Declarations que Sa Majesté a faites depuis sur ledit Edit, seront inviolablement gardez, & observez selon leur forme & teneur.

Et pour du tout ôter & faire cesser à jamais les deffiances, partialitez & divisions entre les Catholiques de ce Royaume; sera fait un Edit perpetuel & irrevocable, par lequel le Roi ordonnera l'entiere & generale reünion d'iceux avec Sa Majesté, dont elle sera, & demeurera seule Chef pour la défence & conservation de la Religion Catholique, Apostolique & Romaine, & de l'authorité de Sadite Majesté.

A ces fins, sera ledit Edit promis & juré tant par Sadite Majesté, que par sesdits Sujets unis, & d'employer leurs moyens & personnes, jusques à leur propre vie, pour extirper entierement les Heresies de ce Royaume, & des Terres de l'obeïssance de Sa Majesté.

De ne recevoir à être Roi, ni prêter obeïssance aprés le trespas de Sa Majesté sans Enfans, à Prince quelconque qui soit Heretique, ou fauteur d'Heresie, quelque droit & pretention qu'il y puisse avoir.

De deffendre & conserver la Personne de Sa Majesté, Estat, Couronne, & les Enfans qu'il plaira à Dieu luy donner; envers tous & contre tous, sans nul excepter.

De proteger & deffendre tous ceux qui entreront en ladite union, & mesmes les Princes, Seigneurs, & autres Catholiques cy-devant Associez, de toute violence & oppression, dont les Heretiques, leurs Fauteurs & Adherans voudroient user contre eux.

Se departir de toutes autres Unions, Pratiques, Intelligences, Ligues & Associations, tant dedans que dehors le Royaume, contraires & prejudiciables à la Personne & autres de Sadite Majesté & de son Estat & Couronne, & des Enfans qu'il plaira à Dieu luy donner.

Sa Majesté jurera & promettra l'observation dudit Edit, & le fera jurer & observer par les Princes, Cardinaux, & autres du Clergé, Pairs de France, Officiers de la Couronne, Chevaliers du S. Esprit, Conseillers en son Conseil d'Estat, Gouverneurs & Lieutenans Generaux en ses Provinces, Presidens & Conseillers des Cours Souveraines, Baillifs, Seneschaux, & autres ses Officiers, par les Maires, Eschevins, Corps & Communautez des Villes: desquels Sermens Actes & Procez verbaux seront dressez, & mis & registrez aux Greffes desdites Cours, Baillages, & Corps des Villes, quand il sera besoin.

Et pour executer ledit Edict, & proceder à l'extirpation desdites Heresies, Sa Majesté dressera au plustost deux bonnes & fortes Armées pour envoyer contre les Heretiques: l'une en Poictou & Xaintonge, qui sera conduite & commandée par tel qu'il plaira à Sadite Majesté d'adviser; & l'autre en Dauphiné, dont elle donnera la charge à Monsieur le Duc de Mayenne.

Le Concile de Trente sera publié au plustost: sans prejudice toutefois des Droits & authoritez du Roy, & des Libertez de l'Eglise Gallicane; lesquelles seront dans trois mois plus amplement specifiées & esclaircies, par une Assemblée d'aucuns Prelats & Officiers de sa Cour de Parlement, & autres que Sa Majesté députera à cet effet.

Sera accordé pour seureté de l'observation des presens Articles, la garde des Villes delaissées par ceux de Nemours, encore pour quatre ans, outre & pardessus les deux qui restent à expirer du terme accordé par iceux, & pareillement la Ville de Dourlans.

Lesdits Princes & autres qui auront la garde desdites Villes, promettront sur leur foy & honneur, sous l'obligation de tous leurs biens, tous ensemble & chacun pour soy, de remettre és mains de Sa Majesté, ou de ceux qu'il luy plaira deputer, dedans six ans, sans aucun delay, excuses, retardement & difficulté quelconque, pour quelque cause & sous quelque pretexte que ce soit, les susdites Villes & Places qui sont baillées en garde pour la seureté susdite.

Davantage, Sadite Majesté accordera, pour la mesme seureté de l'observation des presens Articles & pour le mesme temps de six ans, que si les Capitaines & Gouverneurs des Villes d'Orleans, Bourges, & Monstreuïl venoient à deceder pendant ledit temps; Sa Majesté commettra à la garde d'icelles, seulement tout ledit temps qui restera à expirer desdits six ans, ceux que lesdits Sieurs Princes luy nommeront.

Mais ledit temps passé, lesdites Villes ne demeureront plus engagées pour les seuretez, ains seront delaissées & maintenuës en la mesme sorte & condition qu'elles estoient auparavant.

Les Ville & Citadelle de Valence seront remises entre les mains du Sieur de Gessan, pour y commander pour le service de Sa Majesté, comme il faisoit auparavant.

Le Sieur du Belloy sera aussi reïntegré en sa Charge & Capitainerie du Crotoy, pour en joüir comme il faisoit auparavant.

Sa Majesté fera sortir de la Ville de Boulogne, le Bernay, & en donnera la Charge à un Gentilhomme du Pays de Picardie, tel qu'il luy plaira choisir: Quoy faisant, lesdits Sieurs Princes feront retirer des environs de ladite Ville, & du tout separer les Gens de Guerre qui y sont. Et quant aux autres Villes, qui se sont declarées & se declareront devant la conclusion du present Accord, unies avec lesd. Sieurs Princes; elles demeureront en la protection & Sauvegarde du Roy, comme les autres Villes, & seront delaissées en l'estat qu'elles sont; sans qu'il y soit rien innové, ny mis aucune Garnison ny surcharge en consideration des choses passées.

Les Capitaines & Gouverneurs des Villes & Places qui ont esté dépossedez de leurs Charges depuis le 12. May, seront reïntegrez en icelles de part & d'autre: & seront les Villes deschargées des Gens de Guerre qui ont esté mis en Garnison depuis ledit jour.

Sera procedé à la vente des Biens des Heretiques, & de ceux qui portent les Armes avec eux contre Sa Majesté, par les meilleurs, les plus prompts, & les plus certains moyens que l'on pourra trouver; afin que l'intention de Sadite Majesté soit executée en ce point selon les Edits & Declarations susdites, & qu'elle soit mieux secouruë des Deniers qui en proviendront pour faire la Guerre aux Heretiques, qu'elle n'a esté cy-devant.

Les Regimens de Gens de Pied de Saint Paul & de feu Sacremore estans en Armes, seront payez comme les autres qui serviront: Et quand ils seront en Garnison dedans les Provinces, sera baillé assignation aux Tresoriers extraordinaires des Guerres, dés le commencement de l'année, pour les payer pour quatre mois, pour le moins; laquelle ne pourra estre divertie.

Les Garnisons de Toul, Verdun & Marsal, ainsi qu'elles sont employées sur l'estat du Roy, seront traitées, tant pour les monstres que pour les prests, tout ainsi & à la mesme raison que sera celle de Mets.

Quand le Roy se servira des Compagnies de ses Ordonnances, il y employera celles dont lesdits Sieurs Princes ont fait instance, pour estre traitées & payées comme les autres.

Ceux qui exercent à present les Charges de Prevosts des Marchands & Eschevins de ladite Ville de Paris, remettront presentement lesdites Charges entre les mains de Sadite Majesté: laquelle ayant esgard à la remonstrance qui luy a esté faite, du besoin qu'a ladite Ville qu'ils continuent à servir en icelle, ordonnera qu'ils y soient reïntegrez & maintenus, tant jusques à la Nostre-Dame d'Aoust prochain venant, que pour deux ans apres.

Quant à Brigard, qui a esté esleu en l'Estat & Office de Procureur du Roy de la Ville, il le remettra pareillement entre les mains de Sadite Majesté; laquelle ordon-

(1) Le Duc de *Nevers* remarque, que *Henri III.* se voyant forcé à faire tout ce que la Ligue se figuroit de plus avantageux pour ses Chefs, consentit aux hardies demandes du Duc de *Guise*; & que même pour lui ôter toute crainte, il fut si imprudent que de lui octroyer non seulement la Lieutenance Génerale de ses Armées; mais même la conduite de l'Etat.

ANNO 1588.

donnera qu'il exercera jusques à la my-Aoust 1590. Et cependant Perrot jouïra des gages ordinaires que la Ville a accoustumé payer, & des Pensions qu'il a pleu au Roy cy-devant accorder pour ledit Office; & sera remboursé par celuy qui sera esleu pour exercer ledit Office apres ledit jour de my-Aoust 1590. de la Somme de 4000. Livres, au cas qu'il plaise à Sa Majesté continuer audit nouveau esleu lesdites Pensions. Et où Sa Majesté ne voudroit continuer lesdites Pensions, sera ledit Perrot seulement remboursé de la Somme de 3000. Livres.

Le Chasteau de la Bastille sera remis entre les mains de Sa Majesté, pour en disposer ainsi qu'il luy plaira.

Sa Majesté fera eslection d'un personnage à elle agreable & à ladite Ville, pour estre pourveu de l'estat de Chevalier du Guet.

Les Magistrats, Conseillers & autres Officiers des Corps des Villes, ensemble les Capitaines qui ont esté changez és Villes de ce Royaume, qui ont suivy le Party desdits Seigneurs Princes, se demettront pareillement entre les mains de Sadite Majesté, desdites Charges; laquelle les y fera reïntegrer promptement, pour le bien & la tranquilité d'icelle.

Tous Prisonniers faits depuis le douziesme de May, à l'occasion des presens troubles, seront mis en liberté de part & d'autre, sans payer rançon.

L'Artillerie prise à l'Arsenac y sera remise avec les autres Munitions qui en ont esté enlevées, qui resteront en nature.

Si apres la conclusion du present Accord, quelques-uns, de quelque qualité & condition qu'ils soient, entreprennent contre les Villes & Places de Sadite Majesté; ils seront tenus comme infracteurs de Paix, & comme tels poursuivis & chastiez, sans estre favorisez & soustenus par lesdits Princes, ny par autres, sous quelque pretexte que ce soit.

Pareillement si aucunes des Villes & Places qui sont baillées pour seureté, venoient à estre prises par quelques-uns, ceux qui les auront prises, seront punis & chastiez comme-dessus: Et estant lesdites Villes reprises, seront remises entre les mains desdits Sieurs Princes, pour le temps qui leur a esté accordé.

Publié en la Cour de Parlement, & par la Ville & Carrefours de cette Ville de Paris le 11. Juillet 1588.

CCXV.

1589. 29. Avril. FRANCE, BERNE ET GENEVE.

Traité fait par Monsieur de Sancy, *Ambassadeur du Roi de France* HENRI III. *avec Messieurs de* BERNE *&* *de* GENEVE, *le* 29. *Avril* 1589. *& la Ratification d'icelui faite par le Roi* HENRI IV. *le* 20. *Octobre* 1592. [FRED. LEONARD, Tom. IV. pag. 8.]

COmme ainsi soit que l'une des principales choses que le Tres-Chrestien Roy de France & de Pologne Henry III. de ce nom à present regnant, se seroit toûjours proposé, aye esté de desirer & pourchasser tout ce qu'il estimeroit appartenir au bien & repos de son Estat, & des Sujets que Dieu lui a commis en sa garde; comme aussi de ses tres-chers Amis, Alliez & Confederez les Seigneurs des Ligues de Suisse, à la conservation de la Paix & tranquilité publique; le desir de laquelle avoit esté cause que sans aucune apparence de raison lui aiant esté pris & usurpé par Monsieur le Duc de Savoye, le Marquisat de Saluces membre dépendant de sa Couronne, combien que sa dignité l'obligeat d'en poursuivre la reparation par les armes, toutefois pour n'exciter nouveaux troubles en la Chrestienté, Sa Majesté auroit trouvé bon de pacienter, & d'essayer toute voye & douceur pour la restitution de ce qui lui auroit esté injustement occupé; mais voiant que ledit Sieur Duc de Savoye ne faisoit compte de prendre autre resolution que de se tenir saisi de sa prise, s'aidant de divers artifices & déguisemens pour tirer l'affaire en longueur, en esperance de gagner par le tems ce que la raison ne lui peut attribuer; Considerant aussi qu'en mesme tems les Ministres dudit Sieur Duc auroient fait diverses pratiques pour surprendre la Ville de Geneve, comme ils avoient fait souvent auparavant; aiant aussi ledit Sieur Duc de Savoie assailli hostilement & par Guerre ouverte ladite Ville & depuis toûjours continué toute maniere d'hostilité envers icelle, mêmes en haine de ce qu'il a plû à Sa Majesté par Traité passé avec les Seigneurs des Cantons de Berne & Soleurre en faveur de ladite Ville, la comprendre avec son Territoire au Traité perpetuel fait entre la Couronne de France & tous les Seigneurs du Païs des Ligues, suivant lequel Sadite Maj. est obligée d'assister ausdits Seigneurs de Geneve pour la conservation de leur Ville & Territoire. Pour donc satisfaire au devoir d'un bon & legitime Prince, qui est obligé d'employer sa vie & ses moyens, non seulement pour conserver ses Sujets & son Estat en leur entier, mais aussi pour s'opposer aux desseins de ceux qui manifestent assez par leurs effets le desir & intention qu'ils ont de troubler la Paix universelle, & repos public, de rompre l'union & intelligence d'entre lesdits Seigneurs de Ligues, dont ladite Ville de Geneve est une Clef, pour s'accroitre & profiter à leur dommage, & pareillement desdits Seigneurs de Geneve, Sa Majesté, par avis & meure deliberation de son Conseil, auroit resolu de prendre revanche sur les Pays dudit Duc de Savoye, pour lui donner occasion de se contenir & empescher un plus grand progrez de ce mal, & pour y parvenir auroit par ses Lettres Patentes, signées de sa main, & du Sieur Renel, l'un de ses Conseillers & Secretaire d'Etat, en datte du deuxiéme Fevrier dernier passé, donné Pouvoir & Mandement special aux Seigneurs de Sillery & de Sancy, Conseillers en ses Conseils d'Etat, & ses Ambassadeurs aux Ligues, & à chacun d'eux en particulier, de traiter, composer & accorder avec tel Canton desdits Seigneurs desdites Ligues, & leurs Alliez, & à telles conditions qu'ils estimeront pour le mieux & pour l'avancement de ladite entreprise, suivant lesquelles créances ledit Sieur de Sancy aprés avoir diverses fois traité avec lesdits Seigneurs de Geneve des conditions qui ensuivent.

ANNO 1589.

C'est à sçavoir, que Sa Majesté sous le nom & autorité, & aux dépens de laquelle la Guerre sera conduite pour gratifier lesdits Seigneurs de Geneve, eu égard aux grandissimes & indicibles frais qu'ils ont été contraints supporter dés plusieurs années en çà, par le moyen des hostilitez sus mentionnées, comme aussi en reconnoissance des frais extraordinaires que ladite Ville a fait jusques icy à l'acheminement de cette Guerre, & pour le service de la Couronne de France, Sadite Majesté par la stipulation dudit Sieur de Sancy, auroit promis ausdits Seigneurs de Geneve leur bailler & remettre en possession du Bailliage de Ternis & Mandement de Gaillard, ensemble la Souveraineté sur les Terres de Saint Victor & Chapitre, lesquelles Terres appartiennent ausdits Seigneurs de Geneve en ont cy-devant joüi, en outre les Terres Adjacentes audit Ternis, le Mandement de Vache, Curcille & Chaumont, depuis le Rhône jusques au Territoire des Suisses, pour le tout tenir & posseder doresnavant en toute proprieté par icelle Ville de Geneve, pour la conservation desquelles Terres Sa Majesté sera tenuë assister & secourir lesdits Seigneurs de Geneve, tout ainsi que pour ladite Ville & autres Terres auxdits Seigneurs appartenantes.

Item & dautant que lesdits Seigneurs de Geneve, pour aider à la presente Guerre, ont secouru Sa Majesté de Sommes notables de Deniers, Vivres, Armes, & Munitions de Gens de Guerre, suivant l'état qui en a été fait avec eux signé par ledit Sieur de Sancy & lesdits Seigneurs de Geneve de la datte d'aujourd'huy, revenant à la Somme de cinquante-cinq mille deux cens écus d'or sol, desirant les rendre contens d'icelle Somme, en vertu du présent Traité & du susdit Pouvoir, qu'il a plû à Sadite Majesté donner audit Sieur de Sancy, il auroit dés à present obligé & oblige tous les Biens & Domaines de Sa Majesté, presens & à venir, Païs, Terres & Seigneuries, Censes, Gabelles, Rentes, Tributs, Fruits, Revenus, Obventions, & émolumens quelconques de sesdits Biens, meubles & immeubles de quelque qualité & espece qu'ils soient, tant generalement que specialement. Et d'abondant pour plus grande assurance desdits Seigneurs de Geneve, ledit Sieur de Sancy au nom susdit, leur a accordé & accorde la Souveraineté de tout le Païs de Fousfigny, pour d'icelle percevoir les fruits & revenus, lesquels ledit Sieur de Sancy laisse & abandonne entierement ausd. Seigneurs de Geneve pour l'Interest de ladite Somme de cinquante-cinq mille deux cens écus d'or sol, à raison au Denier douze jusques à l'entier payement d'icelle, à condition toutesfois qu'en remboursant par Sadite Majesté ausdits Seigneurs de Geneve, icelle Somme principale avec les susdits Interests, ensemble tout ce qu'ils fourniront ci-aprés pour la

ANNO 1589. la presente Guerre & pour le service de Sa Majesté, ils seront tenus rendre & restituer à Sadite Majesté, ou à qui elle ordonnera, les Païs de Foussigny avec ses Appartenances, sauf & reservé la Terre de Ternis appartenant à ladite Ville de Geneve. Item les Mandemens de Monthoux & de Bonne, & ce qui en dépend enclavez entre ladite Ville de Geneve & ladite Terre de Ternis, lesquels trois Mandemens seront laissez & appartiendront dés à present comme deslors à ladite Ville de Geneve, en toute proprieté comme ladite Terre de Ternis, Gaillard & Appartenances, avec le surplus qui leur a été cy-dessus laissé & remis depuis les Husses jusques au Rhône. Sera en outre ladite Ville de Geneve avec son Territoire, ensemble le susdit Païs, tant celuy qui luy est laissé en proprieté, que celuy qui luy est baillé en hypoteque & engagement, compris au mesme Traité de la Paix perpetuelle de la Couronne de France avec le General des Seigneurs des Païs des Ligues, comme dessus, Sa Majesté ni lesdits Seigneurs de Geneve, ni aucun de leur part, ne feront paix ni accord avec ledit Sieur Duc de Savoye, ses Successeurs, Sujets & Adherans, sans le sçeu & consentement les uns des autres, & ne sera rien innové ne changé au fait de la Religion aux Païs qui seront conquis sur ledit Sieur Duc de Savoye, qui sont les conditions traitées & convenuës entre ledit Sieur de Sancy, pour & au nom de Sa Majesté & lesdits Seigneurs de Geneve, lesquelles conditions seront inviolablement & en bonne foy observées tant par Sadite Majesté que lesdits Seigneurs de Geneve, ausquels ledit Sieur de Sancy auroit d'abondant promis faire ratifier par Sa Majesté tout le contenu cy-dessus, & leur en fournir Lettres & Sceaux en bonne forme. En témoignage dequoy ledit Sieur de Sancy a signé ces presentes de sa main & apposé le Scel de ses Armes, comme aussi lesdits Seigneurs de Geneve, les ont pareillement fait signer par leur Secretaire d'Etat, & à icelles fait mettre & apposer leur Scel le 29. Avril 1589.

Teneur des Lettres Patentes de HENRI III. *Roi de France, portant Pouvoir ausdits Sieurs* de Sillery *&* de Sancy, *de faire & traiter le contenu ci-dessus.*

HENRY par la grace de Dieu, Roy de France & de Pologne. A nos amez & feaux Conseillers en nôtre Conseil d'Estat, le Sieur de Sillery nôtre Ambassadeur en Suisse, & de Sancy, Salut. Comme le Duc de Savoye ayant naguieres usurpé par force nôtre Marquisat de Salusses, Membre de nôtre Couronne, laquelle nous sommes obligez de conserver & maintenir en son entier autant qu'il nous est possible, Nous avons avisé d'en prendre nôtre revanche contre ledit Duc de Savoye, & à cet effet traiter avec les Cantons des Ligues des Suisses, pour le secours & assistance que nous y desirons de leur part, suivant les Traitez de l'Amitié, Confederation, & Alliance qui est entre nous, & autrement le plus à l'avantage de nos affaires & service que faire se pourra. A quoy faire est besoin commettre quelques bons & dignes personnages sur lesquels nous nous puissions reposer. A CES CAUSES, Nous à plain confians de vos sens, suffisances, loyauté, bonne diligence, & singuliere affection à nôtre service, vous avons commis & deputé, commettons & deputons, faisons, créons & constituons nos Procureurs Generaux & speciaux en cette Partie, & chacun de leur Conseil en particulier, pour traiter, composer, & accorder avec tels Cantons & leurs Alliez en general, ou avec tel d'iceux que vous connoîtrez être à propos, de l'entreprise qui sera à faire pour l'effet susdit & execution d'icelle, en nôtre nom & pour nôtre service, faisans par eux l'avance & prest de la solde des Hommes qui y seront employez, & autres frais necessaires pour ladite entreprise, selon l'état qui en sera par vous fait & arrêté avec eux, à la charge que les Païs qui seront conquêtez par le moyen susdit sur ledit Duc, demeureront entre leurs mains, & qu'ils en jouïront par forme de gages, jusques à ce qu'ils soient par nous remboursez de la dépense susdite qu'ils auront avancé selon l'état susdit, & la verification qui en sera par vous nosdits Procureurs ou l'un de vous faite. Vous donnons par ces presentes plain pouvoir, puissance & autorité de faire lesdits Traitez & Accords, aux plus grands avantages & commoditez de nosdits affaires qu'il sera possible, & sur ce passer telles Capitulations, Contrats, Obligations, & autres Actes qu'il sera besoin pour l'asseurance reciproque des choses qui seront promises reciproquement d'une part & d'autre, pour l'effet & ainsi que dit est, promettant en bonne foy & Parole de Roy, avoir agreable, tenir ferme & stable, tout ce que par vous, conjointement ou separement, sera ainsi fait, traité, geré & accordé és choses susdites, circonstances & dépendances d'icelles, les ratifier & approuver, observer, garder & entretenir, & vous relever & indemniser de tout dépens, dommages & interests, que pourriez encourir pour ce regard, obligeans tous & un chacuns nos Biens, & de nôtre Couronne, presens & à venir, à l'accomplissement & observation de ce que dessus: CAR TEL EST NOSTRE PLAISIR. Donné à Blois le second Février l'an de grace mil cinq cens quatre-vingt-neuf, & de nôtre Regne le quinziéme. *Signé*, HENRY. *Et plus bas*, Par le Roy, RENEL. *Et scellé du grand Sceau de Cire jaune à simple queue. Signé* DE HALAN. *Et plus bas*. Par mondit Seigneur, Mar & Veu, & de Fresnes. *Et Signé* GALATIN, Secretaire d'Etat dudit Geneve; & scellé du Sceau dudit Sieur de Sancy, & de la Seigneurie de Geneve. *Et au reply dudit Contrat est écrit*, Controllé & Enregistré par moy Emery Thisard, Seigneur de Coudray, pour servir & valoir ainsi qu'il appartiendra. Fait le quinziéme jour de May, stil ancien, mil cinq cens quatre-vingt-neuf. *Signé*, THISARD.

Ratification du Contrat ci-dessus écrit, donnée par HENRI IV. *le 20. Octobre 1592.*

HENRI par la grace de Dieu, Roi de France & de Navarre. A tous ceux qui ces presentes verront, Salut. Le feu Roy dernier nôtre tres-honoré Frere & Seigneur, aprés l'usurpation faite par le Duc de Savoye du Marquisat de Salusses, Membre de nôtre Couronne, voulans rechercher tous moyens licites & raisonnables, pour avoir la raison & reparation de cette injuste entreprise faite sur luy & son Royaume, & pareillement s'opposer à celle que ledit Duc faisoit par voye d'hostilité contre ladite Ville de Geneve, auroit commis & deputé les Srs. de Sillery & de Sancy, Conseillers en son Conseil d'Etat, Ambassadeurs vers lesdites Ligues, pour conjointement ou separément faire tels Traitez, Conventions & Accords en son nom, qu'ils verroient lors être avec tous Etats, Republiques, ou autres qu'ils trouveront disposez à luy prêter aide, assistance ou confort, pour l'effet susdit, ayant pour ce donné plain pouvoir & puissance à sesdits Ambassadeurs, à chacun d'iceux par ses Lettres Patentes, données à Blois le second jour de Février 1589. dûëment signées & scellées, en vertu desquelles ledit Seigneur de Sancy auroit passé un Contrat avec les Seigneurs de la Ville de Geneve sur le fait susdit, à l'avantage du service & intention dudit Seigneur & en son nom, contenant plusieurs Chefs particulierement specifiez audit Contrat cy attaché sous le contrescel de nôtre Chancellerie, portant entr'autres choses promesse faite par iceluy Sieur de Sancy, de faire iceluy Contrat ratifier & confirmer. Ce que n'ayant été fait par ledit Roy défunt à cause de son trépas avenu auparavant, & étant cette obligation demeurée sur nous comme son Successeur à cettedite Couronne. A CES CAUSES, aprés que lecture a été faite en nôtre Conseil de la teneur dudit Contrat de mot à autre, & iceluy meurement consideré, Nous de l'avis de nôtre Conseil avons ledit Contrat & tout le contenu, approuvé, ratifié & confirmé, approuvons, ratifions, & confirmons par ces presentes. Voulons & nous plaît icelles sortir leur plain & entier effet en ce qui nous touche, & être de même force & vertu que si par nous avoit été fait & passé en propre personne, sans toutesfois en rien déroger, ni préjudicier avec les Traitez, soit generaux ou particuliers, qui sont entre nous & lesdits Seigneurs des Ligues; Promettans en bonne foy & parole de Roy, & sous l'obligation de chacuns nos Biens & de nôtre Couronne, presens & à venir, ledit Contrat & tout ce qui y est contenu garder & faire garder, observer & entretenir, ainsi que dit est, de point en point, selon sa forme & teneur, sans y contrevenir ne souffrir y être contrevenu en aucune maniere; CAR TEL EST NOSTRE PLAISIR. En témoin dequoy nous avons signé ces presentes de nôtre main, & à icelles fait mettre nôtre Scel. Donné à Saint Denis le 20. Octobre l'an de grace mil cinq cens quatre-vingt douze, & de nôtre Regne le quatriéme. *Signé*, HENRY. *Et sur le reply*: ANNO 158

ANNO 1589.

reply: Par le Roy, RENEL. *Et scellé sur double queuë de Cire jaune.*

CCXVI.

31. Mai. DAUPHINE', AVIGNON, ET ORANGE.

Traité entre le DAUPHINE', *le Comté* VENAISSIN, *& la Principauté d'*ORANGE, *fait à Orange, le* 31. *Mai*, 1589. [Tiré de l'Original Manuscrit.]

Au Nom de Dieu.

ARticles accordés à Orange sur le Traitté de la Trêve faite entre le Pays de la Comté Venaissin & Archevêché d'Avignon, & le Païs du Dauphiné & Principauté d'Orange par Monsieur Desdiguiere Gouverneur & Lieutenant General sous l'authorité du Roi de Navarre audit Pays du Dauphiné, & Monsieur de Blaccons Gouverneur de la Ville & Principauté d'Orange sous l'authorité de Monseigneur le Comte Maurice de Nassau d'une part, & Messieurs d'Aubignan & Berton de Châteauneuf, de Redortier & de Fornier, Deputés par Messieurs le Vicelegat & General des Armées de nôtre Saint Pere audit Comté, Ville & Archevêché.

I. Premierement que toutes courses, Prises de Ville, Captures des Prisonniers, dommage de Bétail, & autres Actes d'hostilité cesseront de part & d'autre tant contre les Habitans que contre les étrangers, passans & residens, à peine contre les contrevenans de punition capitalle & autres selon l'exigence du fait.

II. Ne sera toutefois pris pour contreventiou & rompture generale si quelques particuliers dudit Comté vont porter les Armes & s'enrôler hors d'icellui, & n'en sera tenu le corps dudit Pays, pourveu que ne se forme aucune Compagnie au dedans & qu'il ne leur soit donné Vivres, Quartier ni Garnison.

III. Le Commerce libre & ouvert sera reciproquement observé entre lesdits Etats, Sujets, & Habitans d'iceux, de quelque parti & Religion qu'ils soient, lesquels pourront en vertu de la presente Convention aller, venir & trafiquer en toute sureté par tous lesdits Etats sous la protection & Sauvegarde des Magistrats & Officiers d'iceux, en observant toutes fois les Reglemens que l'on en prendra par lesquels notamment leur sera pourveu de sorte que ceux qui auront à plaider qu'ils puissent commodement faire les poursuites de Justice.

IV. Ne sera loisible aux Gens de Guerre tenans le parti du Roi de Navarre, tant du Pays du Dauphiné que de la Principauté, retirer en ladite Principauté aucuns butins ou Prisonniers de Guerre, & n'y seront reçus avec lesdits butins & Prisonniers, ne pourront aussi au partir de ladite Principauté aller en Course, ni faire aucun Acte de Guerre, mêmes sur la Province ne autres Provinces non comprises en ce Traité.

V. Empêcheront de leur pouvoir & de bonne foi les Officiers & Ministres de sa Sainteté, ensemble les Consuls & Magistrats des Villes & Places des Comté & Archevêché d'Avignon, que les Gens de Guerre du parti contraire au Roy de Navarre ne fassent Courses ou aucuns exploits de Guerre au partir desdites Places tant sur le Dauphiné que sur ladite Principauté contre ceux qui tiennent le parti dudit Sieur Roi, & ne seront aucuns buttins & Prisonniers pris sur ledit parti reçeus ne retirés dans lesdits Comté & Archevêché d'Avignon.

VI. Ne pourront les Gens de Guerre de quelque parti qu'ils soient conduire quelque Prisonnier ou butin par les Terres de nôtre S. Pere le Pape & Prince d'Orange, & seront tenus les Sujets d'iceux de s'opposer à leurs passages en tant qu'ils pourront

VII. Tous Prisonniers de Guerre ou pour Contribution à presant detenus, seront promptement élargis de part & d'autre sans payer Rançon ou Contribution ni autres deniers que la Somme de vingt sols par jour pour chacun Prisonnier pour leur vivre & Droits de garde depuis le jour de leur prise nonobstant toutes promesses & obligations par eux faites & passées au contraire lesquelles demeureront nulles & de nul effect & valleur sous quelque cause & pretexte qu'elles soient conçûës & leurs pleges & cautions déchargées, & sera baillé Passeport & escorte ausdits Prisonniers s'ils le requierent jusques à ce qu'ils soient retirés en lieu de sureté.

VIII. Toutes les Villes & Châteaux desdits Comté & Archevêché prises par le Sieur Desdiguieres depuis le commencement du mois de Fevrier dernier seront remises & restituées dès à present en l'état qu'elles sont entre les mains des Officiers de sa S., ou des Commissaires qui par eux y seront établis à la reception d'icelles, & en vuideront les Garnisons sans déplacer ni emporter aucuns meubles ou fruits appartenans ausdits Habitans.

IX. Seront aussi renduës par ledit Sieur Desdiguieres les Places Daubres, Eyrolles, & Vallenzes en l'état où elles étoient pour le regard de la Fortification lors de la prise d'icelles.

X. Sera baillé & delivré audit Sieur Desdiguieres ou au Receveur general, qui par lui sera commis, la Somme de vingt-cinq mille écus de 60. sous piece, dans les termes ci-aprés specifiés, à sçavoir la Somme de 6000. écus présentement, la Somme de 6000. dans huit jours aprés, & la Somme de 3000. livres dans le premier jour du mois d'Octobre prochainement venant, & ce pour le parfait & entier paiement de la Somme de 3666. liv. pretenduë par ledit Sieur Desdiguieres en vertu de promesse verballe de feu Monsieur le Cardinal d'Armagnac, pour les frais faits par ledit Sieur Desdiguieres au Traitté de Veverbe, commencé à Mons, comme aussi pour le paiement de la Somme de 2000. liv. demandées & pretenduës par lesdits Sieurs de Gouvernet & de Blaccons pour la restitution des Villes & aucunes Places du Comté faite en l'année 1581. sous la parole de M. le Duc du Maine, qui se rendit respondant de ladite Somme. Item pour l'aquit & satisfaction de la Somme d'environ 3000. écus, que le Sieur du Pont pretend lui être dûë par Obligations contre plusieurs & diverses personnes du Comté, nonobstant la prescription d'icelles alleguée par les Debteurs survenuë, comme il dit durant le tems qu'il n'a pû avoir sûr accés ni ouverture de Justice audit Comté, lesquelles Obligations il remettra entre les mains du Procureur dudit Pays, pour recouvrer contre lesdits particuliers si bon lui semble. Item pour les trois années d'arrerages pretenduës par ledit Sieur Desdiguieres a raison de 500. liv. par mois, à lui accordés, comme il dit par le Sieur de Rochemaure au nom de M. le Duc de Montmoranci pour le paiement de la Compagnie de Chevaux-legers du Sieur de Blaccons, & la suspension d'Armes entre ledit Comté & le Dauphiné, ensemble pour les frais de l'Armée dernierement conduite par ledit Sieur Desdiguieres audit Pays Venaissin. Et pour tous arrerages de Contributions d'icelles, ou de Rançons, ou autres choses pretenduës à l'occasion de la Guerre tant pour le passé que pour l'avenir, tant sur les Lieux particuliers desdits Comté & Archevêché que sur le corps general d'iceux. Sauf ce qui est convenu és Articles ci-aprés au present Traité, moiennant laquelle Somme de 25000 liv. ledit Sieur Desdiguieres tant à son nom que lesdits Sieurs de Gouverner, du Pont & de Blaccons & autres Gens de Guerre de son parti, a quitté & quitte generalement toutes actions & pretentions procedans du fait de la Guerre, qu'il pourroit avoir contre le Corps dudit Pays, & les Debteurs dudit Sieur du Pont, à la charge toutefois qu'outre la Somme de 25000. liv. sera délivré audit Sieur Desdiguieres par ordonnance de M. le Duc de Montmoranci la Somme de 500. liv. pour chacun mois, à commancer au premier de Mars dernier échû jusques à ce que la Paix generale soit faite en France, auquel tems le paiement desdits 500. liv. cessera, & ce pour l'entretenement de ladite Compagnie du Sieur de Blacons, autrement la Trêve n'aura lieu, & au contraire moiennant ledit paiement de 500. liv. par mois ladite Trêve continuera.

XI. Outre ce sera paié audit Sieur Desdiguieres par lesdits du Comté pour une fois tant seulement la Somme de 10000. au premier de Janvier prochain, moiennant laquelle Somme ledit Sieur a consenti que lesdites Places par lui prises au Comté depuis le premier de Fevrier, ne soient demantellées, ains renduës en l'état qu'elles sont.

XII. Pour l'assûrance desquels paiemens selon les termes accordés, a été convenu & arrêté que tous & un chacun les biens meubles & immeubles & fruits d'iceux apartenant ausdits Habitans desdits Comté & Archevêché scituez dans la Principauté d'Orange demeureront obligés & hypothequés audit Sieur Desdiguieres, & specialement les Biens appartenans aux Sieurs de Caderousse, de S. Sauveur, de Brissac & autres, dont le roolle sera exibé pat ledit Sieur, desquels passeront

Pro-

ANNO 1589. Procuration en Avignon ou ailleurs, pour obliger leursdits Biens pardevant un Notaire d'Orange à l'effet que dessus solidairement, & chacun d'eux seul, & pour le tout sans division d'actions.

XIII. Tous les Sujets & Habitans desdits Comté & Archevêché tant enclos que aucunes jouïront librement & paisiblement de tous & uns chacuns leurs Biens & Benefices situés en Dauphiné, & des Rentes & Revenus d'iceux à la forme de la Tréve accordée audit Pays, & durant l'observation d'icelle.

XIV. Et pour le regard des Gentilshommes & autres du tiers Etat, Sujets & Habitans desdits Comté & Archevêché originaires dudit Pays ou retirés en icelui, leur est accordé la paisible & entiere jouïssance de leurs Biens scitués en ladite Principauté, sauf le traite & transport des fruits qui ne pourra exceder la quantité portée par la Police & Reglement des Villes à l'égard des autres Habitans, & pourront neantmoins les Communautés empêcher entierement ledit Traite en retenant lesdits fruits au prix courant au septier & mesures de Carpentras & Bagnols, la même puissance est accordée aux Sujets du Roi & Prince d'Orange, pour les Biens qu'ils ont au Comté & aux conditions portées au present Article.

XV. Quant au port d'Armes & hostilités faites en la Principauté par les Sujets desdits Comté & Archevêché, n'en seront recherchés ni poursuivis, ains seront remis en la même jouïssance de leurs Biens, specialement les Sieurs Depanisse, Raisse & Bedin, lesquels rentreront en la pleine & entiere possession de tous & uns chacuns leurs Biens situés en ladite Principauté pour en jouïr, & à ces fins leur est accordée main levée nonobstant toutes Sentences, Arrêts, Saisies & Procedures au contraire, pour la revocation desquelles en tant que de besoin lesdits Sieurs Desdiguieres & de Blaccons feront poursuite & instance envers Mr. le Comte Maurice, & s'assûrer qu'ils en seront gratifiés d'autant que c'est chose qu'importe pour l'assûrance & repos de son Etat, comme aussi pour même consideration la Cour de Parlement d'Orange en fera Remonstrance audit Seigneur Comte.

XVI. Pour le regard des Sujets & Habitans de la Principauté qui pourroient avoir porté les armes contre l'Etat d'icelle, & sont à present refugiés sur les Terres de sa Sainteté, sera poursuivie même abolition en leur faveur par le Sieur Desdiguieres & de Blaccons envers ledit Seigneur Comte.

XVII. Les Sujets de nôtre St. Pere le Pape tant de la Noblesse que du tiers état ne pourront être taillés & cotisés pour les Biens qu'ils ont en Dauphiné, qu'à l'instar des Sujets du Roi de leur ordre & qualité, ce que sera aussi observé pour le regard des Ecclesiastiques pendant la durée de la Tréve faite à Grenoble.

XVIII. La même égalité sera observée au fait des Tailles, Emprunts & autres Impositions pour les Biens de la Principauté, appartenans aux Sujets de nôtre St. Pere le Pape, & quant aux Ecclesiastiques en traitteront avec le Sieur de Blaccons.

XIX. Le Traité fait à même pour la Pacification du Comté & Archevêché le 8. Novembre 1578. sera observé & executé de part & d'autre selon sa forme & teneur, sauf où il y seroit dérogé par les Articles suivans.

XX. Ne pourront être aucunes personnes, de quelque qualité & conditions qu'elles soient, tant de ladite Religion, que de Religion Catholique Apostolique & Romaine, soient Sujets originaires du Comté ou autres, & en quelque lieu qu'ils se trouvent Habitans, recherchés, poursuivis pour aucunes entreprises, port d'Armes, Courses & Actes d'hostilité faits & commis en general ou en particulier contre lesdit Comté & Archevêché d'Avignon, Villes & Places d'icelui depuis le mois de Mars 1585, & auparavant meues depuis la derniere entrée dudit Sieur Desdiguieres audit Comté, & n'en sera aucun vexé ni molesté soit par Justice ou autrement sous couleur d'avoir donné aide, faveur & consentement audit Sieur Desdiguieres en la prise & reddition des Places par lui occupées, ni sous autre pretexte quel qu'il soit, ains en demeureront déchargés eux & leurs Heritiers & Successeurs en leurs Personnes & Biens, sans qu'il soit loisible de faire aucune poursuite contre eux, & toutes Procedures qui en pourroient avoir été faites ci-devant, ensemble les Sentences & Jugemens sur ce donnés civilement ou criminellement, sont dès à present declarés nuls, & pour tous ceux qui ont porté les armes contre le parti du Roi de Navarre en Provence & Dauphiné, & singulierement pour les Sujets & Habitans desdits Comté & Archevêché. ANNO 1589.

XXI. Sur la Remonstrance faite par ceux de ladite Religion Pretenduë Reformée, & pour leurs Successeurs qui ont des Biens au Comté pretendans qu'à faute d'avoir peu jouïr paisiblement & librement de leurs Biens, auroient été contraints les vendre à vil prix, requerans à cette occasion que la plus valeur desdits Biens leur soit payé par les Possesseurs, a été convenu que se pourvoians pardevant les Arbitres ci-après mentionnés, leur sera pourvû comme ils verront à faire par raison.

XXII. Les Sentences Arbitrales données à la forme dudit Traité de même, tiendront & seront executées, si fait n'a été.

XXIII. Et quant à celles où ils auroient été ouys, où neantmoins il écheoit appellation, pourront deduire, & relever leurs Griefs pardevant les Arbitres ci-aprés nommés, demeurant en leur force & vigueur les Sentences confirmées par trois Jugemens conformes.

XXIV. Pour le regard de la Justice & Administration d'icelle l'Article 24. de même tiendra, sauf qu'en ce que concerne les matieres civiles, il a été convenu que pour faciliter les Arbitrages portés par lesdits Articles seront dans 8. jours nommés cinq Arbitres dont les 4. seront nommés de part & d'autre, & pour le regard du 5. Super-Arbitre sera choisi par M. le Vicelegat sur la nomination de deux Catholiques du Comté faite par ledit Sr. Desdiguieres par devant lesquels sont renvoyées dès à present toutes les Causes, meues & à mouvoir, non toutefois jugées où ceux de la Religion Pretenduë ont interêt en pourront intervenir Demandeurs & Deffendeurs ou autrement en quelque sorte, à la charge toutes fois que le Super-Arbitre n'entre au Jugement desdits Procès sinon en cas de partage, lesquels Arbitres en connoissant sans Appel privativement à tous autres Juges & Magistrats, ausquels est deffendu d'en prendre & retenir la connoissance, si ce n'est du gré & consentement des Parties.

XXV. Et en cas que pour éviter despens, les Parties faisans profession de ladite Religion Pretenduë Reformée se voulûssent contenter de trois Arbitres; en ce cas leur sera loisible de choisir un des deux Arbitres nommé par ledit Sieur Desdiguieres, leur Partie adverse un autre des deux que nommera ledit Sieur Vicelegat pour avec le Super-Arbitre appellé en cas de partage vuider entierement leurs differens.

XXVI. Et d'autant que par absence, maladie ou autre legitime empêchement lesdits Arbitres pourroient être empêchés en l'exercice de leur Charge, en sera nommé dans le même temps trois ou quatre de côté & d'autre pour être subrogés selon l'ordre de la nomination avenant l'occasion dudit empêchement.

XXVII. Jugeront les Arbitres le plus sommairement que faire se pourra, & neantmoins en point de Droit, sinon que les Parties conviennent qu'ils jugent à l'amiable.

XXVIII. Lesdits Arbitres s'assembleront pour l'effet que dessus dans Avignon ou Carpentras dans le premier de Juillet prochain venant & durera leur seance l'espace d'un mois ou six semaines & plus longuement si besoin est, s'assembleront aussi au premier Janvier prochain venant avec même durée de la seance, & seront tenus lesdits de la Religion d'intenter leurs Causes & Actions pardevant lesdits Arbitres dans la premiere ou seconde seance pour toute prefixion de delais, autrement forclos de se pourvoir pardevant iceux, sauf toutes fois se pourvoir pardevant Juges ordinaires.

XXIX. Les Sentences desdits Arbitres seront executées par les Sergens & Officiers de nôtre St. Pere, qui seront tenus de ce faire sans *visa* ne *pareatis*, moiennant salaire suivant les Ordonnances, & à faute de le vouloir faire y seront contraints par meubles & Amendes.

XXX. Les enquêtes qu'il conviendra faire avec aucunes formalités des Procès se fairont par deux desdits Arbitres au choix & requisition des deux Parties.

XXXI. Quant à l'Article 12. dudit Traité, de même lesdits de la Religion, sur l'avis & Remonstrance dudit Sieur Desdiguieres qui ne l'a trouvé raisonnable, declareront s'en despartir.

XXXII. Le 16. sera observé & seront traités ceux de ladite pretenduë Religion desdits Comté & Archevêché pour le regard des Charges mentionnées audit Article à l'égal des Catholiques Sujets de sa Sainteté, & en

ANNO 1589.

& en cas de furcharge fera faite exhibition aux complaignans des Papiers & Actes publiques concernans lesdittes Tailles, Impofitions & Despartemens d'icelles pour la verification de furtaux, afin de fe pourvoir pardevant qui appartiendra.

XXXIII. Tous ceux de ladite pretenduë Religion tant du Pays de France, Principauté d'Orange que du Pays Comté Venaifin & Archevêché d'Avignon & leurs Hoirs qui ont bien ausdites Provinces jouïront entierement du benefice du prefent Traité.

XXXIV. Les Biens desdits de la Religion fitués dans le Comtat feront fous la même protection & Sauvegarde que ceux des Catholiques Sujets de nôtre St. Pere, comme de mêmes ceux que lesdits Catholiques Sujets à Sa Sainteté ont aux terroirs de ladite Principauté.

XXXV. Les Ecclefiaftiques du Dioceze d'Avignon, aians Benefice dans la Principauté d'Orange, ou leurs Fermiers jouïront paifiblement des Biens, Rentes, Revenus, Droits, Papiers & Documents qu'ils ont dans ladite Principauté, comme ils faifoient auparavant la faifie que le Sieur de Blaccons en auroit faite, en paiant au *prorata* de mil Ecus que le Sieur de Blaccons veut & entend exiger chacun an par quartier fur le General des Biens Ecclefiaftiques qui font dans ladite Principauté, fuivant la perequation qu'en fera faite pour lesdits mil Ecus fur tous lesdits Biens, fans comprendre toutefois les Decimes ordinaires qui s'exigent dans ledit Diocefe d'Avignon, pour l'entretenement & la garde du Château, & moiennant la cotte que fera faite desdits mil Ecus en ladite Decime ordinaire, feront lesdits Benefices exempts de toutes nouvelles Charges, Impofitions, & Emprunts extraordinaires, que pourroient être mis fur lesdits Ecclefiaftiques dudit Dioceze d'Avignon, avec permiffion de pouvoir librement fortir leurs fruits, fans payer aucun Impôt, fuivant ce qui eft accordé ci-deffus en faveur des autres Sujets du Comtat ayans Biens en ladite Principauté refervant audit Sieur de Blaccons les Arrierages d'iceux Biens depuis la fusdite faifie.

XXXVI. Comme auffi pareillement jouïront les Ecclefiaftiques de ladite Principauté de leurs Fruits, Rentes & Revenus, ainfi qu'ils faifoient lors de ladite faifie faite par ledit Sieur de Blaccons, en lui paiant leur cottepart desdits mil Ecus, fans prejudice de 2400. livres, & autres Charges raifonnables, & fauf auffi audit Sieur de Blaccons de retirer les Arrierages deus durant le temps de ladite faifie, & moiennant ce toutes chofes exigées en vertu d'icelle ne pourront à prefent, ni à l'avenir être recherchées par lesdits Ecclefiaftiques.

XXXVII. Pour le regard des contreventions particulieres a été dit, & convenu qu'il ne fera loifible de revenir à rupture generale fous pretexte d'icelle, ains que la reparation en fera pourfuivie contre les Contrevenans par ceux qui y auront interêt pardevant les Arbitres dont il fera prefentement convenu qui fe transporteront fur les Lieux pour informer & juger en dernier reffort desdites infractions demeurant les Biens tant des Catholiques que de ceux de ladite Religion desdits Etats expreffement obligés & hypothequés pour l'affûrance que donnent les Chefs & Superieurs de part & d'autre claire main forte à l'execution des procedures & Sentences arbitraires qui feront données contre les coulpables & leurs Biens, & de les reprefenter en perfonne s'ils font en lieu dependant du pouvoir & authorité desdits Superieurs.

XXXVIII. Et à celle fin * d'executer la rupture de ce Traité, duquel lesdits Sieurs Desdiguieres & de Blaccons defirent obfervation felon fa forme & teneur, ils ont promis & promettent de faire pourfuivre envers le Roi de Navarre & le Comte Maurice, l'execution entiere d'icelles, & à ce qu'il leur plaife l'authorifer; fupplieront auffi Monfeigneur le Duc de Montmoranci de fe rendre Garand de la Foi & Promeffe qu'ils engagent par les prefentes à l'execution entiere d'icelles.

* Ou plutôt d'eviter.

Fait & arrêté en ladite Ville d'Orange le dernier jour de Mai 1589.

CCXVII.

1590. 11. Janv.

Articles accordez entre les Ambaffadeurs de PHILIPPE II. *Roi d'Espagne & la* LIGUE *de France, contre* HENRI IV. *Roi de France, à Paris le* 11. *Janvier* 1590. [RYMER, Fœdera, Conventiones, &c. Tom. XVI. pag. 33.]

ANNO 1590.

LE *Roy Catholique* fera declaire Protecteur de la Courone de France aux Conditions fuivantes;

Le dict Roy, pour tout le mois d'Aupril prochain, envoyera, en *Piccardie* 1500. Chevaulx du Paiis-Bas, & 6000. Hommes de Pied, en *Lyonnois* 5000. Hommes de Pied *Bourgoignons*, & 1000. Chevaulx, 20. Pieces de Campaigne, & 12. de Batterie, en *Languedocq* 500. Chevaulx & 2000. Hommes de Pied,

Nantes 500. Chevaulx & 3000. Hommes de Pied, un Navire charge de Munition de Guerre, & 10. chargez de Grain.

Au mesme temps prestra a la *Ligue* 500000. *Escus* comptant pour un fois, cet tous les mois 20000. *Escus* tandis que la Guerre durera.

La Ligue, de fa part, s'oblige rendre lesdits Deniers en trois Annees, & pour affeurance desdites Sommes mettront de mains dudit *Roy* les Villes de *Cambray*, *Abbeville*, & aultres Villes en *Bourgoigne*.

La Ligue ledit temps, de la fin d'Aupril, tiendra preft 40000. Hommes de Pied & 5000. Chevaulx, & 100. Pieces de Batterie & de Campaigne.

La Ligue ne pourra traicter aulcun Accord, ny Treffes, ny Paix avecq *Navarre*, fi non en la Cour du *Roy d'Espaigne*, ou du *Ducq de Savoye*.

Les Gouverneurs des Villes Maritimes, tenans pour la *Ligue*, prometrront recevoir, dedans leurs Ports & Havres, les Armades & Vaiffeaulx dudit *Roy*, & de ne recevoir les Ennemis au contraires: Et ne feront tenuz a aultre chofe durant ladite Guerre de France, ores que le dit *Roy* fift la Guerre a *Angleterre* ou *Escoffe*; mais apres ladite Guerre furniront audit *Roy*, a leurs despens, 3000. Chevaulx, 28000. Hommes de Pied, 6000. Pioniers en toutes Expeditions.

De Lettres, es quelles fera faict mention du *Roy d'Espaigne*, pour quelque occafion que ce foit, fera ledit *Roy* intitule tousjours par ces mots expres; PROTECTEUR DE LA COURONE DE FRANCE, de que la Ligue & le Roy, qui fera choifi jureront

Ceulx de la *Ligue* ne pourront traicter Ligue aulcune, ny recepvoir aulcuns Eftrangier, ou Deniers d'aulcun, fi non par le confentement dudit *Roy*, exceptez du *Pape* ou du *Ducq de Savoye*.

CCXVIII.

6. Juill.

Hæreditaria Unio Trans-Rhenanæ Patriæ Weftphalicæ Archi-Diœcefis Colonienfis, quam Anno Chrifti 1463. *ab Archiepiscopo* ROBERTO, *ejusque Succefforibus Archiepiscopis pro communi bono ftabilitam, Anno* 1590. *Archiepiscopus & Elector* ERNESTUS *Dux Bavariæ &c. cum Capitulo Metropolitano & reliquis Statibus* WESTPHALIÆ *ad perpetuam firmitatem renovavit, elucidavit & confirmavit, præfcribens modum, juxta quem Dominus Territorialis ad obfervanda Privilegia juramento fe obftringere, Provinciam regere, Judicia disponere &c. debeat.* [Gravatorial fchreiben an Ihro Kayferl. Majeft. vom Cöllnifchen Dom-Capitul, de dato Cölln d. 12. Decembr. 1701. wider die von Ihro Churfürftl. Durchl. zu Cölln befhene beeinträchtigung fub fign. ⊙ apud THUCELIUM *in Actis Publicis S. R. Imp.* Part. II. pag. 566. d'où l'on a tiré cette Pièce, qui fe trouve en Allemand dans FABRI Europ. Staats Camley pag. 502. & dans LUNIG, Teutfches Reichs-Archiv. Part. Special. Abtheil. III. Abfatz III. pag. 447.]

NOS Erneftus Dei gratia Electus & Confirmatus in Archiepiscopum Colonienfem Sacri Romani Imperii, per Italiam Archi-Cancellarius & Princeps Elector, Episcopus Monafterienfis & Leodienfis, Adminiftrator Diœcefium Hildefienfis & Frifingenfis, Princeps Stabulenfis, Comes Palatinus Rheni, utriusque Bavariæ, Weftphaliæ, Angariæ & Bullionii Dux, Marchio Franchimontenfis &c. Itemque nos Decanus

ANNO 1590.

nus & Capitulum Metropolitanæ Ecclesiæ Coloniensis, nec non universus Ordo Equestris & Civitates Ducatus & Patriæ Westphaliæ ad Archi-Diœcesin Coloniensem pertinentis hisce notum facimus pro Nobis, nostra Archi-Diœcesi, Successoribus & Hæredibus, attestantes coram universis; Posteaquam antehac nostrum Venerabile Capitulum Metropolitanum, uti & nostri Decani Metropolitani & Capituli, Itemque Ordinis Equestris & Civitatum in Westphalia Prædecessores & Majores piæ memoriæ post obitum quondam Archiepiscopi Theodorici laudabilis recordationis sese congregaverunt, & in Archi-Diœcesis Coloniensis & Patriæ Westphalicæ & ejusdem Subditorum gratiam, Bonum, Prosperitatem, Incrementum & Conservationem Pacis publicæ laudabilem Ordinationem & Unionem Patriæ pro se, suis Successoribus & Hæredibus sub appensis Sigillis suis erexerunt, eamque se constanter, firmiter & inviolabiliter observaturos esse sibi invicem reciproca fide spoponderunt & addixerunt, & eandem non solum quondam Archiepiscopus Robertus Anno 1463. die Veneris post Festum Corporis Christi, verum etiam succedentes Principes Electores una cum Capitulo Metropolitano, Ordine Equestri & Civitatibus confirmarunt; Hæc autem Westphalica Patriæ Unio tempore motuum Truchsesianorum ab aliquibus non bene considerata, insuperque juxta moderni temporis conditionem in aliquibus punctis paulum obscura & minus intelligibilis, ejusdemque elucidatio, renovatio, declaratio & confirmatio vel eo magis necessaria judicata fuit, quod ab hinc centum & viginti anni effluxerint, illique de Nobilitate, qui antiquam Patriæ Unionem simul subsignarunt, nimirum Arnoldus de Geringhausen, Henricus Wolff, Conradus de Vrede à Regteren, Conradus Vogdt ab Elspe, Thomas de Hürte, & Theodorus de Meschede, jam dudum defuncti sint; Idcirco pluribusque aliis moventibus de causis, Nos Ernestus Archiepiscopus & Princeps Elector in primis nostris, Gesecæ in Westphalia Mense Junio Anni millesimi quingentesimi octuagesimi quarti celebratis generalibus Comitiis cum scitu & voluntate nostri Venerabilis Metropolitani Capituli inter alia Articulum de renovatione, explicatione, confirmatione & observatione Unionis Patriæ nostræ Nobilitati Westphalicæ & Civitatibus proponi fecimus, ad quæ illi etiam unanimiter præter submississimam gratiarum actionem ex gremio suo Deputationem quandam ordinarunt, qui una cum Archisatrapa Westphaliæ & Consiliariis prædictam Patriæ Unionem ad manus sumere, ponderare & qualiter ea meliori modo renovanda, explicanda & confirmanda esset, consultare deberent.

Ad hæc etiam secutum fuit, quod in dictis Annis octuagesimo quarto & quinto præter Everhardum Comitem in Solms Archisatrapam Westphaliæ, Nevelingk de Reck Commendatorem Provincialem Westphaliæ & Commendatorem Mulheimii Ordinis Teutonici, Theodorum Ketteler in Houestatt, Hermannum de Haetzfelt, Casparum de Furstenberg, Philippum de Meschede, Joannem Drosse in Erwite, Henricum Rahm Licentiatum & Officialem Werlensem, Wilhelmum Schrencken Doctorem & Gerardum Kleinsorge Licentiatum, Consiliarios Westphalicos; subsequentes Deputati universi Ordinis Equestris & Civitatum, videlicet Adrianus ab Ense, Fridericus Bernardus ab Hörde, Rudolphus de Lansberg, Christophorus a Meschede, Joannes Wrede, Rabanus de Hanxlede, & Gunterus a Plettenberg: nec non pro tempore Consules & Senatores Civitatum Briloniæ, Ruthenæ, Gesecæ, Werlæ, Attendorii, Mendæ & Arensbergæ, repetitis vicibus convenerint, ac invicem mentionatam Patriæ Unionem, ea qua potuerunt industria, ad manus sumserint, perpenderint, ac sentimentum suum exposuerint: quod sentimentum, nos Ernestus Archiepiscopus, itemque Decanus & Capitulum, clementissime ac libenter approbavimus, nostrumque consensum iterato in Comitiis Meschedenæ anno 85. Mense Decembri habitis nostræ Westphalicæ Nobilitati & Civitatibus indicari fecimus, qui ob id submississimas gratias egerunt, adeoque Nos unanimiter pro Nobis universis, Nostris Successoribus & Hæredibus subsequentem Hæreditariam Patriæ Unionem perpetuis temporibus firmam, inviolatamque observaturos & adimpleturos mutua fide spopondimus, & addiximus, prout etiam vigore harum Literarum spondemus & addicimus.

I. Quod nempe & pro primo, Nos Decanus & Capitulum, itemque Ordo Equestris & Civitates ac communis Patria neque conjunctim, neque singulatim futurum quemcunque Archi-Diœcesis Coloniensis Dominum venturis temporibus admittere aut recipere, neque eidem Juramentum, Homagium vel Votum præstare debeamus, nisi ipse prius eosdem Articulos & Puncta consensu suo ratificaverit & admiserit, & in quantum iidem Articuli & Puncta ipsum concernunt, spoponderit & juraverit, desuperque unicuique statui Sigillum suum ac Litteras se dederit eadem se facturum, observaturum ac omnimode adimpleturum juxta Unionis tenorem, prout expressum sequitur.

ANNO 1590.

II. Item Judicium Ecclesiasticum Werlense in Westphalia taliter ordinandum, ut hujusmodi Judicium secundum Dei voluntatem probe & juste servetur, eidemque honesti Officialis, Sigillifer, Advocati, Notarii, Procuratores & Nuntii præficiantur, ut quibuscunque pauperibus & divitibus indilata Justitia administretur, utque Causæ per Dominum minime avocentur, neque protelentur, desuperque fiet Reformatio, quemadmodum Jus scriptum, & Statuta clare continent, & casu quo aliquis contra hæc quicquam committeret, id Dominus puniet.

III. Quoniam etiam in Westphalia particularis Officialis, & tam Ecclesiasticum quam Sæculare Jus ac Judicium existit, ac tempora & res ipsæ post conditam antiquam Westphalicæ Patriæ Unionem taliter immutatæ, ut erga tam exiguam Nuntiorum mercedem, prout in eadem specificatum, Litteræ Coloniam perferri nequeant, sed evocatio & citatio Westphalicorum Subditorum Coloniam in prima Instantia modo nimium sumtuosa, pauperibusque difficilis ac impossibilis existit; Idcirco imposterum Officialis Coloniensis in exiguis Causis ad quinquaginta florenos aureos non accedentibus Ducatus Westphaliæ & Angariæ ac Comitatus Arensbergis Subditos in prima Instantia Coloniam citare & adversus eosdem procedere intermittet.

IV. Item omnia sæcularia Judicia sic ordinabuntur, ut juxta bonam Consuetudinem, Jura & Privilegia Civitatum ac Territoriorum, in quibus sita sunt, cursum suum liberum habeant, & vigore Reformationis in iis celeriter procedatur, & omnibus tam pauperibus, quam divitibus sine impedimento, remora, sive iniqua concussione, indilata Justitia administretur, utque Judicia a Domino sive Officiantibus absque Partium voluntate minime differantur.

V. Econtra etiam Subditi Domini Ecclesiasticis & Sæcularibus Judiciis obedientiam præstabunt, neque iisdem sese indebito modo opponent, Itemque Officiantes Ecclesiasticis & Sæcularibus Judicibus absque recusatione assistent judiciaque manutenere juvabunt.

VI. Item liberum Judicium in Westphalia juxta tenorem Reformationis ab Archiepiscopo Theodorico felicis recordat. desuper Arensbergæ erectæ servabitur.

VII. Item Dominus omnes Comites, Barones, Equites, Civitates, Communitates & quoscunque Subditos Archi-Diœcesis Coloniensis Ecclesiasticos & Seculares, penes sua Jura, Dominia, Judicia, bonas Consuetudines, Exemptiones & Privilegia relinquet & tuebitur.

VIII. Atque inter alia Nobilium Consuetudo in Westphalia manutenebitur, ut Sorores, existentibus Fratribus, congrua Dote contentæ esse debeant, & ex quo de competente Dote iis provisum fuerit, & coram consanguineis in Pactis Dotalibus, sive Litteris sponsalitiis, aut eorum Judicio etiam absque corporali Juramento (quia consuetudo etiam absque Juramento Pacta de non succedendo confirmare potest) renuntiaverint, ad ulteriorem Successionem vel æqualem divisionem cum sæcularibus Fratribus non admittantur, utque eo minus renuntiatæ Moniales seu Monachi sive de Nobilitate fuerint, sive ex Civitatibus, cum Sæcularibus succedere & dividere possint, hoc tamen cum addito, ut etiam Sæcularibus Sororibus promissa congrua Dos, & renuntiatis Ecclesiasticis Personis suus per Parentes vel Consanguineos professionem pro rata bonorum assignatus competens ususfructus certo & absque dilatione solvatur, vel in contrarium eventum per prohibitionem bonorum aliáve expedita remedia ipsis solutio indilate præstabitur, dumque id ipsum in tertium annum sperneretur, eo usque solutio differretur, isto casu ipsis in bona pro quota hæreditaria immissio decernetur.

IX. Quod si etiam Fratres absque descendentibus legitimis Liberis & Hæredibus moriantur, eo casu Sæcularibus Sororibus, aut iis non existentibus, Ecclesiasticis non adimetur, id quod juxta commune Jus scriptum iisdem competit.

X. Si

ANNO 1590. X. Si vero renuntiatæ Moniales sive Monachi deserto Ordine suo contra sua vota statum conjugalem inirent, extunc Successionis & Hereditatis, nec non usufructus incapaces erunt.

XI. Virgines Collegiatarum Ecclesiarum, aliæve seculares Filiæ, sive sint Nobilium, sive Civium, sive Rusticorum proles, sese clanculum & absque Parentum præscitu & voluntate Matrimonio non elocabunt, alioquin iis Parentes quoad vixerint, de bonis suis quidquam dare haud tenebuntur, neque etiam post obitum Parentum plenariam Dotem, sed duntaxat mediam partem Dotis, quam alias integraliter postulare potuissent, a Fratribus prætendere & expectare habebunt, nisi forte, Filiabus Matrimonium ineuntibus, Parentes sese Juris dispositioni non conformassent, sicque causam præbuissent, quod Filiæ cum scitu superiorum, aliorumque honestorum hominum palam sibi paribus nupserint, quo casu pœna illa locum non obtinebit.

XII. Item Dominus Bella non suscipiet, nisi id faciat cum consilio & voluntate Capituli, Ordinis Equestris & Civitatum Archi-Diœcesis Coloniensis, quod si hujusmodi Bella juxta consilium, uti præfertur, susciperentur, ipse in iis sese geret cum suis Subditis & unoquoque pro sua conditione, ut decet.

XIII. Item Dominus Subditos Archi-Diœcesis Coloniensis eorumque corpora & bona non oppignorabit, si quidem per hujusmodi oppignorationes Subditos Ecclesiasticos & Sæculares expilationibus, incendiis magnoque detrimento affici contigit.

XIV. Item Dominus servabit Confœderationem inter Archi-Diœcesin & Civitatem Coloniensem, Diœcesin Monasteriensem, Ducatum Montensem & Civitatem Tremoniens. initam, per Capitulum sigillatam, dummodo hujusmodi Confœderatio adhuc extet, & per præfatas Ditiones & Civitates renovari, confirmari & servari velit.

XV. Cæteroquin Dominus imposterum nullam Confœderationem faciet, neque inibit, absque scitu & voluntate Capituli, Illustrium virorum, Ordinis Equestris, & Civitatum Archi-Diœcesis Coloniensis præscriptæ.

XVI. Item Dominus Fortalitia Bilstein, Fridburg & Cæsaris-Insulam penes Archi-Diœcesin conservabit, iisdemque nec non Werlæ, aliisque omnibus Castris Archi-Diœcesis Coloniens. de bono Coloniensi Præsidio providebit.

XVII. Item nullam obligationem obstagii contrahet absque scitu & voluntate Capituli.

XVIII. Item Archi-Diœcesis Arces, Civitates & Satrapias & Westphalia ipse imposterum non alienabit, aut hypothecabit & oppignorabit, extra consilium, scitum & voluntatem Decani, Capituli, nec non Ordinis Equestris Westphalicæ & Patriæ.

XIX. Item ubi Archi-Diœcesis Coloniensis novi operis extructione, tam in Fluminibus, quam in Fundo, itemque Fovearum ductibus fuerit occupata, aliasque divisa vel dismembrata, id ipsum Dominus avertet, & recuperabit omnibus suis viribus.

XX. Item si Capitulum unanimiter seu major pars Capituli Dominum elegerit, casu quo tunc quisquam esset, quiscunque etiam ille sive in, sive extra Capitulum constitutus, qui in hujusmodi Electionis diebus dissensiones & discordias in Diœcesi movere vellet, ex tunc Viri Illustres, Ordo Equestris, Civitates & communis Patria taliter electo Domino & Capitulo facient, uti fideles Subditi legitimo Domino suo facere tenentur, & obedientes erunt.

XXI. Item si Capitulum unanimiter, seu major pars Capituli Dominum elegerit, ex tunc ipse statim post confirmationem fiet Sacerdos, seseque consecrari faciet.

XXII Item casu, quo futuris temporibus Dominus de quodam Subdito Archi Diœcesis prætactæ, vel Subditus de Domino conqueretur, idcirco Dominus illum, sive illos vi non obruet, neque id ipsum fieri permittet, sed ad Capitulum deferet, ad ibidem querelas amicabiliter determinandum: Quod si vero id ita non succederet, ex tunc Capitulum, absque quo Dominus impediat, facultatem habebit, Viros Illustres, Ordinem Equestrem & Civitates in illa ejusdem Diœcesis parte, in qua querelæ moventur, ad se convocandi, qui etiam ex tunc Capitulo ita parebunt, coram quibus Dominus aut Subditi hujusmodi querelas deponent, iidemque Viri Illustres, Ordo Equestris, & Civitates, seu quiscunque ad id ab illis deputandus, una cum Capitulo Potestatem habebunt, Actionem & Exceptionem audiendi, causamque amicabiliter, vel casu quo amicabilitas locum non inveniret, juxta jura determinandi, quodque ex tunc pronuntiabitur, sive amicabiliter, sive de jure, id Dominus & Partes absque contraventione servabunt, hac tamen reservatione, quod Domino & cuicunque semper via Juris patere debeat, prout priores Articuli suprascripti id ipsum continent & commonstrant. ANNO 1590.

XXIII. Item si Capitulum expediens ac necessarium esse judicaverit, Ordinem Equestrem & Civitates Patriæ Westphalicæ ad se convocare, ratione notabilium rerum Ecclesiasticarum vel Sæcularium, totam Archi-Diœcesin, sive Patriam Westphalicam, sive Capitulum Metropolitanum prædictum concernentium, id ipsum ei facere licebit, & ex tunc duodecim Personæ ex eadem Patria Capitulum sine recusatione sequentur, videlicet duo ex Consiliariis Westphalicis, quorum nominatio semper erit penes Capitulum Metropolitanum, & quinque ex Ordine Equestri (quem in finem pro nunc nominati sunt Theodorus Ketteler, Adrianus ab Ense, Caspar a Fürstenberg, Ludolphus a Lansberg, & Philippus a Meschede, & in casum, quo unus aut plures eorum morte decederent, ex tunc in Comitiis Westphalicis immediate subsecuturis unus aut plures in locum surrogabuntur) & quinque Personæ ex Civitatibus Brilonia, Ruthena, Geseca, Werla & Arnsberg (quas quinque Personas Archisatrapa Westphaliæ semper denominare & postulare habebit) atque hæ duodecim Personæ sumtibus Archi-Diœcesis Capitulum Metropolitanum sequentur, & Dominus id comminationibus aliisque viis nullatenus impediet.

XXIV. Et quia elapso anno 83. tempore motuum Truchsessianorum sat animadversum fuit, quod ex immoderatis Westphalicis Comitiis magnæ inconvenientiæ, summaque gravamina exorta fuerint, idcirco imposterum in Westphalia nulla absque scitu & voluntate Capituli Metropolitani Comitia describentur, inque descriptione etiam de Capituli Metropolitani consensu mentio fiet, ac Comitia per Capituli Metropolitani Ablegatos mandato in scriptis instructos, frequentabuntur, aliasque his deficientibus nemo tenebitur vel in Comitiis istis informiter descriptis comparere, vel absentibus Capituli Metropolitani Ablegatis, sese in Comitiis in quemcunque Tractatum intromittere, immo etiam omnes ii, qui contrarium fecerint, punientur, suorumque Privilegiorum in Patriæ Unione memoratorum una cum Feudis suis dispendium incurrent, eaque amittent.

XXV. A Westphalicis etiam Comitiis omnes extranei excludentur, perque indigenas super propositis Punctis ordinarie deliberabitur & per seniorem nobilem Consiliarium, usque dum aliud in Comitiis statutum fuerit directio fiet, ac necessaria proponentur.

XXVI. Item Dominus stabile Consilium eriget ex Ecclesiasticis & Sæcularibus Personis, cis & trans Rhenum, pro necessitate utriusque Patriæ, taliter tamen, ut Ecclesiasticarum Personarum nulla in Ecclesia quadam Decanus sit, excepto Decano & Capitulo Metropolitano, nam ii omnes tanquam Membrum ad Domini Consilium pertinent. Insuperque Personæ sæculares Diœcesis Subditi existent, præter hos etiam Dominus in suo Consilio semper duos de gremio Capituli penes se habebit.

XXVII. Dumque Subditi adversus Consiliarios sese justam querelam habere arbitrantur, eosdem apud Dominum & Capitulum, & non apud extraneos Dominos, uti quidam tempore motuum Truchsesianorum sine fundamento fecerunt, convenire poterunt, ibidemque etiam Consiliarii, uti par est, in responsionibus suis audientur.

XXVIII. Item nemo in Archi-Diœcesi Coloniensi alteri inimicitias, expilationes, incendia, neque Ecclesiasticis aut Sæcularibus Personis hujus Archi-Diœcesis vim adferet, sed quisquis Juris ac Justitiæ eventui adquiescet. Qui vero hisce contravenerit, & in his aliisve Punctis hanc Patriæ Unionem transgressus fuerit, is Privilegiis ac bonis suis Feudalibus privatus existet, & ex bonis suis Hæreditariis damnum resarciet, ad quod læso maturis remediis assistetur.

XXIX. Item Dominus, ejusdem Officiantes & Ministri, nemini, quiscunque etiam fuerit, qui Archi-Diœcesi seu cuidam ejusdem Indigenæ inimicitiis, spoliis, incendiis seu violentiis damnum intulisset, sive id ipsum ex ædibus suis fieri permisisset, ratione cujus cum illo nondum reconciliatus esset; tali modo Salvum Conductum præstabunt, casu quo vero id inscienter factum fuisset, desuperque requirerentur, ex tunc illi, vel illis datus Salvus Conductus statim cassabitur.

ANNO 1590.

XXX. Item si quispiam Subditus Archi-Diœcesis Coloniensis, Patriæ Westphalicæ prædictæ in juste in suis bonis Hæreditariis læsus fuisset, sive id in Allodialibus, sive Feudalibus, sive Feudis Burgi caducis contigisset, ex tunc Dominus Partes ad se vel Consiliarios suos citabit, causas audiet, eosdemque idcirco pacifice & amicabiliter componet: Quod si vero amicabilis compositio locum invenire non posset, eo casu Dominus remittet Partes ad Judicium, sub cujus Jurisdictione bona sunt, procurabitque, ut iisdem Partibus pro cujuscunque Causæ qualitate Justitia administretur.

XXXI. Quod si eveniret, quod quisquam Subditorum prædict. in suis possessionibus, aut bonis, Feudis sive Feudis Castrensibus a Domino læsus fuisset, id coram Capitulo decidetur, sive amicabili compositione, sive via Juris, prout decet & præmittitur.

XXXII. Item Dominus omnes Litteras sigillatas servabit, quas ille, Antecessores ipsius & Capitulum conjunctim dederunt & sigillarunt, sive deinceps conjunctim daturi & sigillaturi sunt, Dominusque Capitulo dedit.

XXXIII. Si vero futuris temporibus ejusdemve Ministri contra hæc præscripta Puncta, aut Promissiones suas, aut Litteras obligatoriales Capitulo præstita quidquid committerent, ita ut ille sive illi eadem in parte, vel in toto non servarent, sive quidquam innovationis in Rebus Sacrosanctæ Religionis nostræ contra Christianæ ac Catholicæ Ecclesiæ Oecumenicas Ordinationes, vel alias in Ecclesiasticis & Secularibus rebus per se vel per suos moliri præsumerent (quod Deus avertat) ejusdemque Capitulum illum, ejusve Ministros ob id requisivisset, iique illud non cassarent, ex tunc Capitulum Viros Illustres, Ordinem Equestrem, Civitates & communem Patriam conjunctim & sigillatim, & in quantum Westphaliam concernit, prætactas duodecim Personas conscribere, quæ etiam Capitulo, absque quo Dominus id turbet & impediat, obsequentur, iisque illud exponere poterit.

XXXIV. Et casu quo Dominus sive ejusdem Ministri id ipsum incontinenti non cassarent, neque Dominus servaret id quod promisit, & scripsit, ex tunc Viri Illustres, Ordo Equestris, Civitates, Consiliarii, Officiantes, & communis Patria a parte Capituli perstabunt, eidemque obedientiam præstabunt, non autem Domino, nec ejus Ministris, donec & quousque Dominus servaverit & adimpleverit id quod promisit & scripsit, desuperque etiam Consiliarii, Officiantes & Patria Domino Juramentum, Homagium & Vota præstabunt & non aliter: & ad interim neque si, neque Ordo Equestris, Civitates, aut alii Subditi Juramentis suis & Votis, quibus sese Domino obstrinxerunt, contravenire aut contravenisse censebuntur, sed Juramentis & Homagiis absque expectanda ulteriori cognitione ipso Jure soluti & liberati erunt, donec talia cassata, & observata fuerint a Domino; Hisque præstitis ipsi denuo eisdem obligationibus & Juramentis, quibus ante, subjacebunt.

XXXV. Omnia & singula præmissa Puncta, in quantum ea nos concernunt, Nos Ernestus Archiepiscopus, & Princeps Elector &c Decanus & Capitulum, & communis Ordo Equestris & Civitates Westphaliæ pro nobis, nostris Successoribus & Hæredibus collectim & singulatim vera & sincera fide ac loco veri Juramenti sub nostra Principis Dignitate & Honore, Juramentis, Homagiis ac Votis, quibus Ecclesiæ & Archi-Diœcesi Coloniensi altefato Domino nostro clementissimo obstricti sumus, quæque præstitimus singuli, singulis addiximus & spopondimus, addicimus & spondemus, nos firmiter, stabiliter & inviolabiliter observaturos penitùsque adimpleturos, adversus ea nihil facturos, fierive curaturos, neque per nos, neque per alios nostro nomine, sed invicem unusquisque alteri, ad hoc ut iidem Articuli & Puncta, uti præmittitur, adimpleantur, & serventur, atque a nemine impediantur seu violentur, opem, consilium & assistentiam cum profusione corporis & bonorum, pro omnibus nostris viribus & facultatibus præstituros, nosque in eo nequaquam separandos neque dividendos esse, ex quibusvis causis cujuscunque nominis existant. Atque hæc Patriæ Unio in omnibus Westphalicis Comitiis &c. & annuatim in Civitatibus publice prælegetur, ne ignorantia prætendi queat, omnibus dolo ac fraude in præmissis Punctis & Articulis plane exclusis.

In quorum fidem Nos Ernestus Archi-Episcopus & Princeps Elector &c. Nosque Decanus & Capitulum sigilla nostra ad causas in veritatis testimonium omnium præinsertorum; pro Nobis Successoribusque nostris hisce Litteris appendi fecimus, & nomine ac ex speciali mandato & deputatione universi Ordinis Equestris Westphalici ac Civitatum Nos Goswinus Ketteler, Joannes de Hanxler, Joannes Droste, Adrianus ab Ense, Caspar a Furstenberg, & Philippus a Meschede; Itemque nos Consules, Senatores & Communitates Civitatum Briloniæ, Ruthenæ, Gesecæ, Werlæ, Attendorii & Arensbergæ pro nobis, nostris Hæredibus & Successoribus Sigilla nostra hisce Literis appendimus, quibus Sigillis nos alii de Ordine Equestri & Civitatibus communiter prædictæ Patriæ Westphalicæ in hisce simul utimur. Datum Anno Domini millesimo quingentesimo & nonagesimo die sexta Mensis Julii.

ERNESTUS Princeps Elector m. p.

(Locus Sigilli ERNESTI Archiepiscopi & Principis Electoris Colon.) (Locus Sigilli Coloniensis Ecclesiæ, ad causas.)

Sequuntur Loca Sigillorum Ordinis Equestris Westphaliæ Colonien.

(L. S. GOSWINI KETTELER.) (L. S. ADRIANI AB ENSE.) (L. S. PHILIPPI A MESCHEDE.)

(L. S. JOANNIS A DROSTE.) (L. S. JOANNIS AB HANXELER.) (L. S. CASPARI A FURSTENBERG.)

Loca Sigillorum Civitatum Westphaliæ Colonien.

Sigillum Civitatis *Brilonienſ.*	Sigillum Oppidi *Ruthensis.*	Sigillum Civitatis *Gesecen.*	Sigillum Civitatis *Werlensis.*	Sigillum Oppidi *Attendorien.*	Sigillum Oppidi *Arnspergensis.*

CCXIX.

Testament Hertzog JOHANNIS des I. von Zweybrücken / wodurch er seinen ältisten Sohn Hertzog Johann zum Erben und Successorn im Fürstenthum Zweybrücken einsetzet / Seinen andern zwey Söhnen aber / alß Hertzog Fridrich Casimir / und Johann Casimirn / Jedem einen Ansitz auf einen seiner Landthäuser mit gewissen gefällen / so sich Jedem auf 3000. Gulden erstrecken / legiret / und allezeit die Succession auf den ältisten der Männl. Descendenten verordnet / und so viel seiner Gemahlin Erb- und anwarthschafft anlangt / sich erkläret / daß er seinen Kindern daran nichts begebe / sondern die von Rechts-wegen auf die Fürstenthumer Gülich / Cleve / und Berg zustehende Gerechtigkeiten reservire; auch endlich wie es mit der Vormundtschafft und aufferziehung der Kinder und ausstattung der Töchtern solle gehalten werden / ordiniret. Zweybrücken den 18. Juny 1591. [Pièce tirée de la Registrature d'Etat de la Chancelerie de Cour de Sa Majesté Imperiale.] 1591. 18. Juin.

C'est-à-dire,

Testament de JEAN *Duc de Deux-Ponts, par lequel* JEAN *son Fils aîné est institué son Heritier & Successeur dans le Duché de* Deux-Ponts, *& la Succession établie pour l'avenir d'aîné en aîné dans les Lignes masculines. Il laisse à chacun de ses deux autres Fils* FRIDERIC CASIMIR, *&* JEAN CASIMIR *un lieu de Residence dans le Duché avec* 3000. *Florins de Revenu; & pourvoit à ce qui regarde la Tutelle & l'Education de ses Enfans, comme aussi au Mariage de ses Filles, le tout avec reservation du Droit expectatif d'Heredité qui apartient à sa Femme, & à ses Enfans après elle sur les Duchez de* Juliers, *de* Cleves,

ANNO 1591.

Cleves, & de Berg, à l'égard de quoi il ne dispose point. Fait à Deux-Ponts le 18. Juin 1591.

JN Namen der Heiligen Untheilbaren Dreyfaltigkeit Gottes deß Vatters / des Sohns / undt des heiligen Geistes Amen / rc. Von Gottes Gnaden wir Johannes Pfaltzgraff bey Rhein / Hertzog in Bayern / Graf zu Veldentz und Sponheim / Bekennen mit dießer schriefft undt thun kundt allermänniglich / Ob wir unß wohl mit Christlichem ernst zum offtermahl erinnert undt den zustandt Menschlicher Blödigkeit zu gemuth geführt / wie vielfaltigem Jammer die Menschliche Natur in diesem leben / undt letzlich dem zeitlichem todt selbst (dem niemandt entfliehen kan) underworffen / dahero wir entschlossen gewesen undt noch seindt / sonderlich in betrachtung jetziger gantz beschwerlichen sich ereugenden Kriegs-läufften / damit wir undt die unserigen fast umbringet / unsern letzten willen undt Testamentliche disposition zirlich undt außführlich uffzurichten / Jedoch dieweill wir biß anhero aus allerhandt wichtigen ursachen undt andern uns vorgefallenen undt noch obligenden verhinderungen davon abgehalten worden / nichts destoweniger aber in der fürsorg / wie alle Menschen stehen müssen / daß wir etwan durch einen unversehenen fall von Gott dem allmächtigen / in deßen gewalt aller Menschen leben undt sterben stehet / aus diesem zeitlichen Jammerthal abgefordert werden möchten / welches wir seinem Gottlichen Vätterlichen willen heimstellen / undt uns demselben jederzeit gehorsamblich unterwerffen / damit wir dan nit gar undt allerdings ohne einige disposition, bevorab wie es nach unserm absterben mit der Regirung unserer von Gott uns bescherter undt befohlener landt undt leuthen / auch unsern geliebten Kindern zuhalten / von dieser welt abscheiden: So haben wir uns fürgenommen / nachfolgende disposition, wie einem Vatter zwischen Kindern erlaubt undt zugelassen / uffzurichten undt anzustellen / welche auch / da wir künfftig nichts anders verordnen werden / unser letzter undt liebster will sein / und endlich dabey bleiben soll.

Nemblich undt Erstlich / Achten wir nicht für unnöthig / unsers Christlichen Glaubens bekandtnus mit der kürtze zuthun / damit dennoch unsern Successorn undt Nachkommen die wahre Religion so durch Gottes gnädige verleyhung / nach eröffneten grewel des Bapstumbs / in diesem Fürstenthumb gelehret worden / etlicher massen bekandt seye / undt unsere Nachkommen vor den Pabstlichen Jrthumben und Abgottereyen sich wissen zuhütten / Bekennen demnach von grundt Unsers Hertzens / daß wir vestiglich glauben / alles das jenige / so in Gottes Wort / in den Prophetischen undt Apostolischen Schriefften Altes undt Neues Testaments geoffenbahret undt gegründet / undt fürnemblich in den dreyen Symbolis Apostolico, Nyceno, & Athanasiano kürtzlich verfasset / undt in Unserer publicirten Kirchen-Ordnung undt Christlicher erklärung des Catechismi, weitläufftiger begrieffen / undt ausgeführet ist / den Allmächtigen getrewen Gott bittendt / daß er uns und unsere Nachkommen bey solcher erkannten undt bekandten wahrheit undt Christlicher lehr / wieder allen Gewalt undt list des Teüfels undt seines anhangs / gnädiglich wolle schützen / handthaben / undt erhalten / darzu wir dann unsere geliebte Kinder Vätterlich undt treülich wollen erinnert undt vermahnet haben / undt sich durch Menschliche lehr / oder anders so Menschen-Sinn erdencken möchte / davon nicht abführen oder abwendig machen zulassen.

Ferners nachdem im heyligen Reich Teutscher Nation in den Chur- undt Fürstl. Häussern löblich herkommen / auch den geschriebenen undt wohlhergebrachten lehens-gebräuchen nit ungemeß / undt sonsten zu erhaltung Fürstlichs Nahmens undt Stammens nit undienlich / daß die Fürstenthumb undt Herrschafften ohne zertrennet undt ohne zerstrewet bey einander bleiben / undt dem heyligen Reich in allen obligen desto stattlicher undt ansehnlicher gedienet / auch die Unterthanen mit vielen unterschidlichen Herrschafften oder Regirungen nicht beschwehret / noch in verderben gesetzet werden / Jnmassen dan Unsere geliebte Vor-Eltern undt Jnhaber dieses Fürstenthumbs / bevorab weylandt der Hochgebohrne Fürst unser Gnädiger geliebter Herr Vatter / Pfaltz-Graff Wolffgang Lobseel. gedächtnus / in Seiner Vätterlichen Gnaden Testament auch für nutzlich / heylsam undt nothwendig angesehen / so setzen / ordnen undt nennen wir in diesem unserm Fürstenthumb Zwey-Brücken sambt desselbigen Zugehörigen undt Incorporirten Graffschafften / Herrschafften / auch Landen undt leüthen die jetzunden darbey seyndt / oder künfftiglich durch Kauf / Lossung / Expectantzen / tausch / oder andere Contract / wie die nahmen haben / dazu kommen mögen / zu Unserm rechten unzweiffelichen Erben undt Successoren / den Hochgebohrenen Fürsten unsern freundlichen lieben Sohn Hertzog Johannsen Pfaltzgraffen / als den Aeltern unter unsern noch lebenden Söhnen / der von Natur-Rechts- undt billichkeit / auch Fürstlicher gewohnheit undt herkommens wegen / undt gleichergestalt nach ausweisung der Göttlicher Rechten / zugeschweigen der allgemeinen Völcker Recht / so in allen Königreichen / Fürstenthumben / Nationen undt Landen üblich undt gebrauchlich / vor andern seinen Gebrüdern undt mit-Erben / die von der Natur angebohrne undt also von Gott selbst verordnete prærogativam undt fürgang billich haben undt behalten soll. Gebiethen auch daruff allen undt jeden dieses unsers Fürstenthumbs zugehörigen Gliedern undt Verwandten / insonderheit unserm Hoffmeister / Cantzler undt Räthen / auch allen undt jeden / Ober- undt Nieder-Ambtleüten / Landtschreibern / Vögten / Kellern / Schaffnern / Schultheissen undt andern Befelchhabern / wie die Nahmen haben / desgleichen Burgermeistern undt Rath unserer Stätt undt Flecken / auch allen Gemeinden / undt sonst allen Unsern Unterthanen / in oder ausserhalb Landts gesessen / darzu Unsers Fürstenthumbs angehörigen Lehen- undt dienst-leüthen / Geistlichen undt Weltlichen / weß Standts oder Würden sie seindt / oder sein werden / daß sie allein obbenandtem unsern Sohn Pfaltz-Graff Johannsen / so lang Sr. Ldl. lebt / oder desselben Eheleiblicher Männlicher Stamm vorhanden / undt sonsten niemandt anderm (es were dan Sr. Ldl. noch unmündig / alsdann deroselben geordneten Vormündern in Sr. Ldl. nahmen undt biß die Ihre Zwantzig Jahr erreichen) Landts-Huldigung thun / auch gehorsamb / gevolgig / gewertig undt underworffen sein sollen / bey den Aiden undt Pflichten damit sie uns dieser zeit verwandt seindt / auch in krafft unserer lengst zuvor empfangener Erbhuldigung welche sich namhafftiglich uff uns undt Unsere Erben erstreckt: Im fall aber Gott der Allmächtig über kurtz oder lang (wie dann solches alles zu seinen Gottlichen willen stehet) andern Erb- oder Nebenfall von Vätterlicher Linien schicken würde / so solle nit allein gedachten Unsern Aeltern Sohn / den wir itzt in diesem Fürstenthumb zu Regirenden Herrn instituirt undt benent / sondern auch den andern unsern Jüngern Söhnen undt also Unsern Söhnen mit einander undt zu gleich / auch Ihrer Ldl. Männlichen ehelichen Leibs-Erben / nach Ordnung der Rechten / auch der Guldenen Bulla / Salvâ Gradus prærogativâ, ihre Recht undt gerechtigkeit vorbehalten sein. So viel aber die alt Mütterliche Erbschafft / so dan den wiederfall unserer ausgestewerten Schwestern belangt / damit soll es also observirt undt gehalten werden / wie in unsers gnädigen geliebten Herrn Vatters Testament darüber ferner verordnung geschehen; so dann betreffendt unserer freundtlichen lieben Gemahlin erbschafft undt ahnwartung / da wollen wir Unsern geliebten Kindern daran nichts begeben / sondern Ihnen Ihre Recht undt Gerechtigkeit / was Ihnen von Rechts wegen / undt in Krafft der Fürstlichen Haüser / Gülch / Cleve undt Berge / sambt darzu gehörigen Graff- undt Herrschafften / Pacten / Statuten / Gebräuchen / auch Keyserlichen undt Königlichen ertheylten Privilegien / gebühren undt zustehen / oder künfftiglich durch schickung des Allmächtigen Ihnen anfallen würde / hiemit austrucklich reservirt haben / doch vorbehaltlich was Unser freundliche liebe Gemahlin / nach ausweisung der Rechten / hierinnen ferner verordnen möchte / undt soll solche Succession dieses Unsers Fürstenthumbs / so wir hiemit uff unsern Aeltisten Sohn transferiren undt wenden / mit allen desselben Fürstenthumbs prærogativen / Ehren / Würden / Regalien / Preeminentzien / Hochheiten / ober- undt Gerechtigkeiten / Digniteten / Freyheiten / Privilegien / wie die Nahmen haben / gäntzlich undt vollkomenlich gemeint / auch derselben aller undt jeder obgemelter Unser Aeltester Sohn vehig undt habhafft sein / auch von der Keyserlich. Majest. Unsern Allergnedigsten Herrn / undt andern Lehen-Herren / nach Inhalt der alten Investituren / damit belehnet werden undt deren geniessen / allermassen wie wir dieselbige als ein Fürst undt Standt des Reichs ingehabt undt besessen / auch Unsere Voreltern undt Löbl. Vorfahrern vor uns ingehabt undt besessen haben / nichts ausgenommen oder hindangesetzt.

Wie auch mehrgemelter Unser Sohn / dieses in Crafft gegenwertiger disposition anererbt Fürstenthumb / mit allen Würden undt Nutzungen inhaben undt besitzen würdt / also soll auch Sr. Ldl. vermüg unsers mit der Landtschafft dies Fürstenthumbs darüber uffgerichten sonderbahren Abschidts / desselben Onera undt beschwerten tragen / in Reichs- oder andern Steüern undt Anlagen / ohne der andern seiner gebrüder zuthun.

Was dann unser fahrende Haab oder Bona mobilia belangt / so wir hinderlassen werden / setzen ordnen undt nennen wir gleicher gestalt zu unserm wahren / rechten undt ungezweifelten Erben / viel bemelten unsern Aeltisten Sohn Pfaltz-Graf Johansen in derselben fahrender Haab / es seye an gelt / getreidt / Proviant / Vorrath / Hausrath / Ornat von Tapisserien / Büchern / Brieff / Gemäl undt dergleichen / undt allem dem so in unsern Haüsern vorhanden / benants undt unbenants / gesuchts undt ungesuchts / nichts ausgeschlossen / dan Kleider / Kleinotten / undt Silber-geschier / davon hernach weiter folgen wirdt.

Ferner / damit wir Unsere andere zweyn Söhn / nembl. Hertzog Friderich Casimiren undt Hertzog Johann Casimiren / mit denen der liebe Gott uns gesegnet / auch diejenige Söhne / so er uns noch künfftiglich bescheren möchte / auch Vätterl. bedencken / so erhohlen wir zu vorderst die Christliche undt trewhertzige erinnerung undt vermahnung / welche in Hochgel. Unsers Gnädigen geliebten Herrn Vatters Pfaltz-Graff Wolffgangs seeligen Testament, Im §. zum Sechtzehendten / außfürlich gesetzt ist / mit ihrem gantzen inhalt / als ob derselbig von worten zu worten alhie inserirt were / erinnern undt vermahnen auch gemelte unsere Jüngste Söhn gantz trewhertzig / Vätterlich undt wohlmeinendt / dasselbige zugemuth zuführen undt wohl zubedencken / Setzen / ordnen / undt wollen daruff (da wir anderst künfftiglich nichts weiters hievon disponiren werden) daß durch den hernach benandten Tutorn / mit zuthun der andern Regenten undt Räth / ermelten unsern beeden jetzlebenden Jungsten Söhnen / undt denen so wir künfftiglich weiter bekommen möchten / von unsern hinderlasse-

ANNO 1591.

ANNO 1591.

nen Ländten undt Leüthen Jedem ein Ansitz auf einem Unserer Häusser so uff dem Landt gelegen / mit gewissen gefällen undt einkommen / so sich jedem uf die drey tausendt Gulden per fünffzehen batzen erstrecken möge / doch mit dem geding / daß dem Regirenden Herrn erlaubt sein soll / solche von jedem mit Siebentzig tausendt Gulden fünfftzehen patzen an sich wieder zu lössen / die als dann von jedern der Gebrüder wieder zu nutz angelegt werden sollen / damit sie der nutzung Jährlich davon zugemessen / wie auch einem jeden etwas aus unsern hinderlassenen Kleidern / Kleinotten / Ketten / Ringen / undt Silber-geschier / nach gelegenheit dieses Fürstenthumbs / verordnet undt zugetheylt werden soll / welches / undt sonderlich wie die vergleichung daruff ferner zwischen ihnen zumachen / wir des benandten Ober-vormünders undt der andern Regenten undt Räth discretion, bescheidenheit undt gutachten hiemit volliglich heimstellen / die die gelegenheit undt beschaffenheit dieses Fürstenthumbs undt unserer verlassenschafft / wie es sich nach unserm absterben finden würdt / darunder fleissig undt nothwendiglich habendt zubetrachten undt zuerwegen / auch in alle weg dahin zusehen / daß der Aeltist undt Regirendt Herr nicht zu hoch beschwehrt / auch Unser Fürstenthumb so viel immer müglich vor zertrennung undt zergäntzung verhüttet werde / sondern dem Regirenden Herrn erschwinglich seye undt bleibe / den Last der Regirung / undt die Reichs-beschwehrung zuertragen undt auszustehen / hingegen auch unser Jüngste Söhn ihre legitimam erlangen mögen / in welchem dan diese discretion zuhalten / daß unsere Landt undt Leuth nit nach dem werth / wie hoch sie verkaufft werden möchten / sondern allein den Jährigen nutzungen / gefällen undt einkommen nach / anzuschlagen.

Was nun der hernachbenante Ober Vormunder undt die andere Räthe / unsern jetzigen undt künfftigen Jüngsten Söhnen also deputiren undt verordenen werden / dabey soll es endlich undt ohne einichs weiter suchen bleiben undt bewendten / sie auch damit zufrieden sein / allermassen als ob solche verordnung durch uns selbsten geschehen were / welches wir ihnen auch hiemit undt in Crafft dieser disposition für ihre legitimam verlassen / undt sie darin als Erben instituirt haben wollen.

Wie es aber mit offtgenanter Unserer Jüngsten Söhne Unterhaltung undt Uffziehung / bis sie Ihre vollkommene Alter erlangen / zuhalten seye / solches stellen wir gleicher gestalt zu des Herrn Ober-Vormunders undt der andern Regenten discretion undt verordnung / in welchem dann ebener massen des Regirenden Herrn / in betrachtung demselben ohne das noch ein zimlich last obligen wirdt / so viel immer müglich zu verschonen.

Da sich auch nach dem willen des Allmächtigen begeben undt zutragen würde / daß Unser Aeltister Sohn bey unserm leben / oder nach wircklicher antrettung Unserer Erbschafft / oder desselben Mannliche Leibs-Erben mit Todt abgiengen / so soll alsdann der Aeltist under seinen Gebrüdern / oder desselben Eheliche Mannliche descendentes, ihme in der Regierung dieses Fürstenthumbs succediren / allermassen undt gestalt / wie hieoben bey der Institution gemeldet / dagegen soll derselb Successor schuldig sein / des Verstorbenen Töchter da einige vorhanden / ihren Standt undt herkommen gemäs / zu unterhalten / auch da sie zu ihren Mannbahren Jahren kommen / Ehrlich aus zusteweren / aber die ubrige Jüngere Gebrüdere von wegen solcher erledigter Erbschafft ahn ihnen den Successoren weiter nichts zusuchen / noch zufordern haben.

So viel dann ferner unsere freundliche geliebte Töchter jetzige undt künfftige anlangen thut / welcher gestalt dieselbige ufferzogen / und erhalten undt ausgesteweret werden sollen / solches wollen wir / so viel die ufferziehung erlangt / Unserer geliebten Gemahlin / undt das ubrig zu des Herrn Ober-Vormunders undt der andern Regenten undt Räth gutbedüncken / nach ermässigung aller umbstände / auch vermög obgemelts mit Unserer Landtschafft getroffenen abschiedts / hiemit gestelt haben / ungezweifelt / man hierunder die gelegenheit undt beschwerde des Regierenden Herrn bedencken undt die billigkeit erkennen werde / darbey dann auch nit zu vergessen / wann der Töchter eine oder mehr ausgestewert / daß sie auch gebührende verzigk uf die von Unserm Stamm herrührende Landt undt Leuth / undt andere forderungen / wie bey dem Hauß der Pfaltz herkommen / auch in unsers gnedigen geliebten Herrn Vatters Testament im zwantzigsten Artickel / Vers. dargegen aber / biß zu Ende desselben / ausführlichen versehen (welche disposition wir dan hiehero durchaus erhohlen) præstire undt leiste.

Ferner ordnen undt wollen wir auch / daß in Unserm Fürstenthumb / so wohl in Kirchen / Schulen / Allmossen / undt Spitalen / als auch in Politischen sachen unsere verfaßte undt publicirte mandata, Befelch undt Ordnungen mit fleiß gehalten werden sollen / Jedoch Unsern Successoren / dieselbige nach gelegenheit / Gottes wort undt dem Rechten gemeß zu verbessern bevorstehen / wofern auch die Stände Augspurgischer Confession in gemein sich einer allgemeinen Kirchen-Ordnung undt Catechismi mit ein ander vergleichen würden / als dann sollen sich gedachte Unsere Successores auch davon nit absondern.

Was wir dann mit Unserer Gnädigen geliebten Fraw Mutter / desgleichen Unserer geliebten Ehegemahlin / so dann anderen Fürstl. Graflichen / Adlichen / oder auch Privat-persohnen / insonderheit mit Unserer getrewen Landtschafft für pacta / abschiedt / Verträg / Vergleichungen oder Contract getroffen undt uffgerichtet / solches alles sambt den begnadigungen / Freyheiten / Donationen, Belehnungen / Expectantzen / Alienationen, undt was wir sonsten uffrichten / verbrieffen / versiglen oder versicheren lassen / oder noch thun möchten / soll durch Unsere Successores trewlich / redlich undt Fürstlich gehalten / gehandthabt undt vollnzogen / auch unsere Fürstl. Brieff undt Siegel keines wegs disputirt, oder geschmälert / viel weniger cassirt / verkleinert / oder zu nicht gemacht werden.

Weiter achten wir für eine hohe notturfft / Unsern Söhnen undt Töchtern / weil sie noch under Ihren Jahren undt ihr vollkommenen Alter nicht erreicht / einen getrewen undt fürsichtigen Tutoren undt Vormunder zu ordnen / ersuchen demnach undt bitten gantz freundlich den Hochgebornen Fürsten / unsern freundlichen Lieben Vettern / Brudern / undt Gevattern Herrn Johan Casimiren Pfaltzgraffen bey Rhein / Vormundten undt der Churfürstl. Pfaltz Administratorn, Hertzogen in Bayern / daß seiner Ldl. als unser undt unserer Kinder getrewer blutsfreundt / in dem wir je undt allwegen ein freundliches Bruderliches vertrawen gesetzt / diese Bürde uff sich nehmen / undt unserer hinderlassener Söhne undt Töchter / so lang biß jedes Ihr obbestimbtes Alter erreicht / Ober-Vormunder / Tutor undt Curator sein wolle / dieselbe als ein trewer Vormunder undt Curator (wie wir Sr. Ldl. gäntzlich antrawen) durch aus undt in allen sachen / so einen getrewen Vormunder oder Curatorn zustehen / in freundl. Vetterl. befelch haben / in allen billigen sachen undt so offt es die notturfft erfordert / ihnen mit Hülff / Rath / undt aller guten beforderung beyständig seyn / wie Sr. Ldl. wolten daß deroselben hinderlassenen Kindern / wo es zu einem gleichen fall (den doch Gott lang verhütten wolle) gereichte / auch geschehe / als wir auch nicht underlassen wollen / Sr. Ldl. in einer sondern schrifft zuersuchen / der tröstlichen zuversicht / sie werden uns diesen letzten undt allerliebsten dienst nicht abschlagen.

Wo auch Gott der Allmächtig S. Ldl. (welches doch seine Göttliche allmacht noch lang mit gnaden abwenden wolle) vor uns / oder zuvohr undt ehe alle unsere Kinder Ihr gebührendt Alter erlangt / von diesem Jammerthal abforderte / so soll alsdann unser freundlicher lieber Vetter / Bruder undt Gevatter / Hertzog Friderich Pfaltzgraff / der Churfürstlichen Pfaltz Erbe / zu Vormundern undt Curatoren hiemit freundlich erbetten seyn / wie wir seiner Ldl. freundlich antrawen / sie werden von wegen unserer Bluts-Verwandtnus / damit wir einander zugethan / uns undt den unsern zu Ehren undt gutem / ein solches nicht verweigern / undt damit J. Ldl. solcher Vormundtschafft sich desto weniger zubeschwehren haben / auch unnothwendiger Unkosten destomehr gespart werde / so ordnen undt wollen wir / daß Sr. Ldl. sechs aus Unser Räthen / zwen von Adel / zwen Gelerten undt zwen der Rechnung undt anderer unserer geheimen sachen verstendige undt erfahrne / welche Sr. Ldl. hierzu für düglich undt qualificirt erkennen wurdt / zu Regenten in wehrender Vormundtschafft / erwehlen undt ziehen soll / darunder die jenige so täglich bey der der Regirung undt Cantzley-geschäfften sindt / vor andern Räthen uf alle des Fürstenthumbs undt unserer Kinder wohlfahrt / sonderlich aber daß sie in Gottes-forcht / guter disciplin undt nutzlichen Künsten / nach Gottes wort undt willen Christlich undt wohl erzogen werden / vermög der durch uns mit Ihrem Præceptori (der in allweg bey ihnen zulassen) verglichenen Ordnung / undt daß darüber gehalten werde / ein sonderes ufsehen haben / undt mit den andern so mit täglich darbey seindt / in sondern fürfallenden hochwichtigen sachen / getrewe Correspondentz halten / undt mit denselben was unserer geliebten Gemahlin undt Kindern / auch dem gantzen Fürstenthumb zu nutz undt gutem gereichen mag / thun undt lassen / heben undt legen sollen / wann ihnen aber etwas beschwerlichs vorfiele / darinnen sie zuschliessen bedencken hetten / sollen sie dasselbige an vorbemelten Herrn Ober-Vormunder gelangen / undt seiner Ldl. Raths undt bescheidts erwarten / auch zuvorderst mit seiner Ldl. alsbaldt nach unserm todt berathschlagen / mit was personen neben ihnen den Regenten die Regierung zu bestellen / wie der Fürstl. Cammer einkommen getreülich verwaltet / die Schulden von Jahren zu Jahren / doch so baldt immer müglich abgelegt / undt die Jährliche Rechnungen ordentlich gehalten / alles uffs trewlichst verwaltet / undt unnöthige ausgaben / so viel immer müglich verhüttet werden / in dem dan seiner Ldl. undt sie nach aller gelegenheit undt umbstände handlen / Insonderheit aber / wie vorgemelt / uff die Zucht unser Kinder achtung geben sollen daß dieselbige Gottseeliglich / Christlich undt Erbahrlich / auch also erzogen werden / wie sich Fürstl. herkommen nach gebürth undt von nothen ist. Es ist auch unser will undt meinung / daß obbemelte unsere freundliche liebe Vettern / welcher aus Ihren Ldl. Ldl. diese Vormundtschafft undt Curatell verwalten wirdt / neben den Regenten / die sie zu sich zu ziehen / unsere wahre undt ungezweifelte Executores undt vollstrecker dieser unserer Disposition sein sollen / dazu wir Ihre Ldl. Ldl. hiemit freundlich ersuchen undt bitten / geben auch Ihren Ldl. Ldl. undt wem dieselbige solches ahn Ihre Statt befehlen werden / undt den andern unsern gantz vollkommenen gewalt undt macht / diese unsere disposition zuschirmen / zu vollziehen / undt auszurichten / auch sonsten alles undt jedes hierinnen zuthun / das wahren undt getrewen Executorn zusteth undt gebührt / wie wir dasselbige Ihrer Ldl. gantz freundlich undt Bruderlich antrawen / auch die andern zu thun schuldig sein / alles getreülich undt ohne Gefährde / dabey wir doch Ihre Ldl. undt sie die andere / die Caution, welche sonsten die Executores zu recht schuldig sein zu leisten / aus sonderm freundlichen undt Gnädigen willen undt vertrawen hiemit wissentlich gefreihet undt enthebt haben wollen.

Wo

ANNO 1591.

Wofern auch einer oder mehr aus Unsern Söhnen oder Töchtern/ wider diese Unsere Vätterl. disposition undt Ordnung/ etwas handlen fürnemen/ oder sich mit dem jenigen/ was der Herr Ober-Vormunder/ mit zuthun der andern Regenten in Crafft dieser disposition, ihnen deputiren undt verordnen wirdt/ nit setigen oder benügen lassen wolte/ so soll der oder dieselbigen aller Unserer Succession undt Erbschafft gantz undt gar beraubt undt davon ausgeschlossen sein/auch desselbigen portion den übrigen gehorsammen Unsern Kindern zuwachsen undt heim fallen.

Undt nachdem die dispositiones undt Verordnungen der Vätter zwischen ihren Kindern im Rechten sonderlich gefreyhet/ undt keiner sonderbahren solenniteten oder zirlichkeiten bedörffen/ so ist unser endlicher will undt meinung/ daß gegenwärtige unsere disposition nit allein (wie vorstehet) von Unsern geliebten Kindern/wie wir uns dann alles Kindlichen schuldigen gehorsambs/ zu ihnen billig versehen/ vestiglich gehalten/ sondern auch dieselbige aller undt jeder beneficien Juris, wie die immer nahmen haben mögen/ geniessen undt theylhafftig sein soll.

Letztlich undt zum Beschluß/ so ist auch Unser will und meinung/ daß alles das jenige so wir in künfftigen unsern Codicillen, oder in andere wege/ die theilung zwischen unsern Kindern/ auch Regierung dieses Fürstenthumbs undt anders betreffendt/ under unserer subscription verordnen/ undt dasselbig in oder zu dieser unserer disposition legen/ oder sonsten hinder uns verlassen werden/ allermassen undt gestalt gelten/ Crafft undt Macht haben/ auch vollzogen werden soll/ als ob solches von worten zu worten in gegenwartiger unserer disposition geschrieben/ gesetzt undt derselben einverleibt were/ wie wir uns dan auch hiemit austrucklich vorbehalten haben wollen (alles in der besten form Rechtens) diese unsere disposition, letzten willen undt Ordnung so lang uns Gott das leben erstreckt undt so offt es uns geliebt/ zu ändern/ zu mehren/ zu mindern/ gar oder zum theyl abzuthun.

ANNO 1591.

Und thun dem allem nach nach uns undt die unsere in Göttlichen immer wehrenden schutz undt schirm/ hie auff dieser welt/ undt dort hernach in Ewigkeit mit höchsten fleiß befehlen/ Amen.

Dessen alles zu wahrer ungezweifelter Urkundt haben wir diese unsere Vätterl. disposition undt verordnung/ deren wir drey gleichlautende Exemplaria verfertigen lassen/ zu endt eines jeden bladts mit eigen händen underschrieben/ auch dieselbige Libell mit anhenckung unsers Insigels bekräfftiget/ beschehen zu Zwey-Brücken den Achtzehenden Juny, im Jahr/als mann zahlte nach Christi Unsers Seeligmachers geburth/ tausendt fünffhundert neundtzig undt eins.

Wir Johannes von Gottes Gnaden Pfaltz-Graff bey Rhein/ Hertzog in Bayern/ Graff zu Veldentz undt Sponheimen rc. Bekennen hiemit/ waß in diesem Libell Unserer Vätterlichen disposition zwischen Unsern Kindern/ von worten zu worten geschrieben/ daß solches alles undt jedes Unser endlicher will undt meinung ist/ undt daß dem in allen Punckten Verfolg undt benügen geschehen soll/ daß bezeügen wir mit dieser Unserer eingenen handtschrifft undt angehenckten Insiegel.

(L. S.)

CCXX.

21. Oct.

ZELANDE ET BRUGES.

Accoord tusschen de Staten van ZEELANDT *ende 't Collegie van der Admiraliteyt tot* MIDDELBURGH *ter eenre, ende de Magistraet van* BRUGGE *ter andere zyden gemaeckt op de openinge van de Haven van der Sluys en de Vaert tot* Brugge. *Gedaen op 't Hoff van Zeelandt tot Middelburgh den* 21. *October* 1591. [Deductie ofte Declaratie van de Staten van Hollandt ende West-Vrieslandt, raeckende de Acte van Seclusie van den Prince van Oraigne. PIETER BOR, Nederlandtsche Historie, Tom. III. pag. 587. d'où l'on a tiré cette Pièce.]

EErst zijn de voorschreven Staten van Zeland, en 't voorschreven Collegie te vreden, de voorschreven openinge te accorderen, en de Negotie en Traffijke door 't Sluyse Gat toe te laten, midts dat de voorschreven van Brugge haer hebben sterk gemaekt, en belooft, so sy hen ook sterk maken en beloven by desen te besorgen, en daer voren in te staen, dat'er een goed en bequaem Schip ongewapent sal mogen gelegt worden by die van Zeland omtrent het Fort ter Hof-Stede, met een Seylschuyte met twee mannen, om alderhande Proviande, en nootelijkheden voor den Volke op den voorschreven Schepe wesende te halen, en aldaer aen boort te voeren; En datter voorschreven Schip sal voorsien zijn van eenen bequamen Schipper met eenen Matroos, en daer op noch mogen leggen twee of drie Cherchers of Ondersoekers, met vier of vijf arbeyders, tot het ondersoek en verbodemen van de Goederen aldaer passerende. En dat de voorschreven Personen onverhindert en onbeschadigt daer sullen mogen blijven, en hun Officie exerceren, en van behoorlijke Sauvegarde, 't sy van den Hertoge van Parma, of anderen die behoort versien werden, tegens alle Vrybuyters, en tegens alle inconvenienten van alle andere Krijgsvolk te Water en te Lande dienende, in dienst van den Koninge van Spanglen sijnde.

Dat ook in tijde van storme, onweder of anderen nood het voorschreven Schip of Schuyte, en het voorschreven Volk vryelijk en onbeschadigt, onder, boven of beneden 't voorschreven Fort sullen mogen wijken, en aldaer blijven gedurende den voorschreven nood.

Dat van gelijken de Schepen, so tot het verbodemen aldaer gekomen, als die met hunne geladen Goederen op Licent, in het voorschreven Sluyse Gat, hen sullen begeven onder, boven en beneden het voorschreven Fort sullen mogen wijken, en in versekertheyd blijven, om hun in gelijke gevalle jegens alle nood te bevrijden.

Dat

CCXX.

Accord entre les Etats de ZELANDE & le Collége de l'Amirauté de MIDDELBOURG d'une part, & le Magistrat de BRUGES d'autre; pour l'ouverture de *l'Ecluse* & la Navigation à *Bruges*. Fait à Middelbourg, le 21. Octobre, 1591. [BOR, *Histoire des Guerres des Pays-Bas*, Tom. III. pag. 587.]

21. Oct.

ZELANDE ET BRUGES.

PRemierement les susdits Etats de Zelande & le susdit Collége sont contens d'accorder ladite ouverture, & de permettre le Negoce & Trafique par le Port de l'Ecluse, puisque lesdits de Bruges se portent forts & promettent, comme ils se portent forts & promettent par ces presentes de faire en sorte & donnent leur parole qu'un bon & capable Navire non armé pourra être mis par ceux de Zélande ès environs du Fort de Hof-Stede, avec un Bateau à voile avec deux Hommes, pour aller querir toutes sortes de Provisions & choses necessaires pour les Gens qui seront sur ledit Navire, & les y aporter. Et que ledit Navire sera pourvû d'un bon Batelier avec un Matelot, & qu'on y pourra mettre outre cela deux ou trois Visiteurs avec cinq ou six Ouvriers, pour la visite des Marchandises qui y passeront & que lesdittes personnes pourront y rester sans qu'il leur soit donné aucun empêchement, ni fait aucun dommage, & y exercer leur Charge; & qu'il sera aussi pourvû d'une Sauvegarde convenable, soit du Duc de Parme, ou autres dont il doit être pourvû contre tous Capres, & tous autres inconveniens d'autres Gens de Guerre servant par Mer ou par Terre & étant au service du Roi d'Espagne.

Et qu'aussi en tems de tempête, gros tems ou autre nécessité, le susdit Navire ou Bateau & ledit Equipage pourront librement se retirer, autour, au dessus ou au dessous dudit Fort, sans qu'il leur soit fait dommage, & y demeurer pendant ladite necessité.

Que semblablement les Vaisseaux, tant ceux qui sont exempts que ceux qui viendront sous le droit de Peage avec leurs Marchandises dans le susdit Port de l'Ecluse pourront se retirer ès environs, dessous ou au dessus le susdit Fort & y demeurer en sureté, pour se garentir de danger en semblable cas.

Qu'aussi

ANNO 1591.

Dat mede alle de Schepen, Schippers en Goeden met den Koopman of Facteur der selver, voorsien van behoorlijke Paspoort, vry, vrank en onbeschadigt van alle Vrybuyters, Soldaten of andere Krijgsvolk te Water ofte Lande onder den Koning van Spangien dienende, sullen bevrijdt zijn, en onder gelijke Sauvegarde en protectie als voren mogen gaen en keeren, tusschen, en van de Peerdemerkt af tot Brugge toe in der Stadt, 't sy zy hunnen wech nemen lanks Damme of lanks de Vaerten.

So ook de Staten van Zeland en 't Collegie voorschreven belooft hebben en beloven mits desen, de Schepen en Goederen, met den Schippers en Koopmans of Facteurs voorsien van Paspoort van de Vrybuyters en Krijgsvolk van hunder zijden, so in 't gaen als in 't keeren van Zeland na Brugge, en van Brugge na Zeland te bevrijden en ongemolesteert te houden.

Des sal de voorschreven Magistraet van Brugge versorgen by den Hertoge van Parma, dat de Schepen en Goederen met de Personen in de Paspoorte op Brugge of van Brugge na Zeland begrepen, vrijelijk en onbeschadigt van alle Vrybuyters en ander Krijgsvolk van het Gat van de Sluys of Peerdemarkt tot in Zeland, en van Zeland tot in het Gat van der Sluys voorschreven mede sullen gaen en keeren, gelijk dat tusschen Antwerpen en Zeland is gecostumeert.

Is ook overdragen en onderlinge geaccordeert volgende de resolutien, en meeninge van de Generale Staten der Geunieerde Provintien, dat alle Goederen op Brugge, herwaerts gaende of keerende, sullen verbodemt werden, en genen Bodem te laten passeren, dan met kennisse, en voorgaende speciale Paspoort van weder zijden.

So men oock verstaet gene Koopluyden, Facteurs of Passagiers over of weder te laten gaen, of komen, dan voorsien als voren met Paspoort ten wedersijden.

En wat aengaet de Licentmeesters, Cerchers, Ondersoeckers, en Arbeyders van der sijden van Brugge, om de Goeden van Brugge komende te ondersoeken, en arbeyden in de ydele Schepen van Zeland, zijn t'samen verdragen, dat die sullen mogen geleyt worden t'haren kosten in een ander Schip daer hun believen sal omtrent de Cerchers van alhier.

Is ook ondersproken dat de Generaels Licentmeesters, en de Officieren van den Convoyen en Licenten ten wedersijden, mitsgaders Koopluyden en hunne Facteurs van der sijde van Brugge, of hunne Dienaren goet hebbende in de Vlote, of verwagtende, eensamentlijk de Schippers en hunne Maets, aldaer liggende vry en vrank t'allen tijden, tot en van de gedestineerde Schepen ten recherce, en op hunne affairen aldaer respectivelijk sullen mogen gaen en keeren, sonder daer toe eenige voorder Paspoort te behouden.

En sullen de rechercen, en verbodemen van de Goederen gaende en keerende, op sulken taks en prijse geschieden, so ook van de Schepen als van de Personen van dier sijde over en weder varende, in aller manieren gelijken 't selve voor Lillo en Philippinen is geuseert te doen.

Aldus gedaen op 't Hof van Zeland tot Middelburg ter gewoonlijker Vergaderinge van de voorschreven Staten, en ter presentie van de voorschreven Raden, onder hunne respective secrete Cachetten, den 21. Octobris 1591.

Burgemeesters, Schepenen en Raed der Stad van Brugge hebbende oversien de Poincten en Articulen van Accoord hier boven staende, hebben de selve geaggreert, gewillekeurt en geapprobeert, aggreeren, willekeuren, en approberen by desen so by de Staten van Zeland, en 't Collegie van den Admiraliteyt zijn geaccordeert en goed gevonden, in kennisse der waerheyd so hebben sy de Contresegel van de sake der voorschreven Stede hier op gedrukt, en dit gedaen ondertekenen by henlieden Greffier desen 24. October 1591. *Was ondertekent* P. VAN BELLO *en gesegelt met een Cachet in groenen wasse.*

Qu'aussi tous les Vaisseaux, Batteliers, & Marchandises avec le Marchand ou Facteur d'iceux, pourvûs de Passeport convenable, seront assurez contre tous Armateurs, Soldats & Gens de Guerre de Mer & de Terre étant au service du Roi d'Espagne, & pourront aller & venir sous pareille Sauvegarde & protection, comme dit est ci-dessus, depuis le Marché aux Chevaux jusques dans la Ville de Bruges; soit qu'ils prennent leur chemin le long du Damme ou du Canal.

Les Etats de Zélande & le College susdit ont aussi promis & promettent par ces presentes, d'assurer & garder contre toute insulte les Vaisseaux & Marchandises avec leurs Bateliers & Marchands ou Facteurs qui seront pourvûs de Passeports convenables, tant en allant qu'en venant de Zélande à Bruges & de Bruges en Zélande.

C'est pourquoi le susdit Magistrat de Bruges fera en sorte auprès du Duc de Parme que les Vaisseaux & Marchandises avec les personnes qui seront compris dans le Passeport pour aller à Bruges ou pour en venir, pourront aller & venir exemts de toute insulte des Capres ou autres Gens de Guerre, du Port l'Ecluse ou Marché aux Chevaux jusques en Zélande & de Zélande jusques au Port de l'Ecluse susdit, comme il est de coutûme entre ceux d'Anvers & de Zélande.

Il est aussi convenu & accordé expressément, suivant la resolution & l'avis des Etats Generaux des Provinces-Unies, que toutes les Marchandises qui iront à Bruges & qui de Bruges viendront de deçà seront sujetes au Peage & qu'il n'en sera point laissé passer, qu'avec la connoissance & Passeport special des deux parts.

Et qu'on ne laissera point venir, ou retourner aucuns Marchands, Facteurs ou Passagers, qu'étant pourvûs de Passeports des deux parts.

Et quant aux Maîtres du Peage, Visiteurs, & Ouvriers de la part de Bruges, qui viendront pour visiter les Marchandises venant de Bruges & travailler dans les Vaisseaux vuides, il est ensemblement convenu, qu'ils pourront être mis à leurs dépens dans d'autres Bateaux comme bon leur semblera, à l'égard des Visiteurs d'ici.

Il est aussi convenu que les Receveurs generaux des Peages, & les autres Officiers de la Doüane de part & d'autre, ensemble les Marchands & leurs Facteurs du côté de Bruges, ou leurs Serviteurs, ayant des Marchandises sur la Flotte, ou qui en attendront, ensemble les Batteliers & leurs Associez qui sont toûjours francs de toute recherche, quand ils sont audit Bruges, pourront aller & venir reciproquement pour leurs affaires, sans être obligez d'avoir d'autres Passeports.

Et les visites & Peages sur les Marchandises allant & retournant se feront sur certaines taxes & prix, comme aussi des Bateaux & des personnes qui iront & retourneront de ce côté, en toute maniere comme on est accoûtumé de faire pour Lillo & les Philippines.

Ainsi fait en la Cour de Zélande à Middelbourg en l'Assemblée ordinaire des susdits Etats, & en la présence dudit Conseil sous leurs respectifs Sceaux privez, le 2. Octobre 1591.

Les Bourguemaîtres, Eschevins & Conseil de la Ville de Bruges ayant examiné les Points & Articles de l'Accord ci-dessus, avons iceux agréez & approuvez, les agréons & approuvons par ces presentes; & ont été aussi accordez & trouvés bons tant par les Etats de Zélande que par le College de l'Amirauté. En témoin de la verité ils ont apposé ici le Contrescel de ladite Ville, & l'ont fait signer par leur Greffier le 24. Octobre 1591. Etoit signé P. DE BELLO, & scellé du grand Cachet en cire verte.

ANNO 1591.

CCXXI.

ANNO 1592.

CCXXI.

Conventiones inter HENRICUM IV. *Regem Franciæ & ELISABETHAM Reginam Angliæ super auxilio illi contra Ligam præstando*; sans Date & sans nom de Lieu. [RYMER, Fœdera, Conventiones, &c. Tom. XVI. pag. 151.]

NOtum sit omnibus fidelibus, ad quos hoc Scriptum indentatum pervenerit, quòd,

Cùm *Dominus de Beauvoir* Consiliarius, & Legatus ordinarius Christianissimi Regis *Henrici Francorum & Navarræ Regis* apud Serenissimam Dominam *Reginam Angliæ*, & *Dominus de Sancy* Consiliarius & primarius Magister Hospitii dicti Regis, auctoritate cujusdam Scripti dicti Regis, subsignati manu dicti *Regis*, & magno Sigillo suo Franciæ cerâ flavâ sigillati, petierunt a Serenissima *Domina Regina* Suppetias quorundam Peditum armatorum, ad numerum sex millia, ad servitium dicti Regis *in Britannia* contra Rebelles, & alios Hostes suos dictam Provinciam invadentes,

Et, præter dictum numerum, etiam petierunt quædam alia Subsidia Militum Anglorum præter eos qui adhuc in *Normandia* militant:

Serenissima dicta *Regina*, per quosdam suos Consiliarios (videlicet, per *Dominum de Burghley* magnum Angliæ Thesaurarium, *Dominum Howard* Dominum de Effingham magnum Angliæ Admirallum, *Dominum de Hunsden* Dominum Camerarium suæ Majestatis, ac *Dominum de Buckhurst* magnum Pincernam Angliæ) Responsum dedit, post quædam Colloquia habita cum dicti *Regis* Consiliariis, ac quasdam Rationes allegatas ex parte dictæ Serenissimæ *Dominæ Reginæ*, quòd,

Quanquam significatum est dictæ *Reginæ* quòd, ex parte dicti *Christianissimi Regis*, de Pace ineunda cum Primariis Ducibus suorum Rebellium Subditorum, jamdudùm Tractatus inceptus sit, ex eoque spes potiundæ Pacis, ita quòd non videretur necessarium petenda ulteriora Auxilia Militum externorum;

Tamen ad satisfaciendum Postulatui dicti *Regis*, & quia dicti sui Oratores asserunt se non esse informatos de aliquo ejusmodi inito Tractatu, de quo aliqua spes potiundæ Pacis expectari possit, sed se certò cognoscere animum talem esse *Regis*, quòd nunquam paciscetur de aliqua Concordia cum suis Rebellibus, nec de aliqua Pace cum *Rege Hispaniæ*, nisi prius consciâ & consentiente dictâ *Reginâ*, ideò dicta Domina *Regina* contenta est quòd talis numerus Peditum suorum adjugendorum iis qui jam sunt in *Britannia* & *Normandia*, in procinctu parabitur, ita quod quamprimùm dicta *Regina* certò intelliget dictum Christianissimum *Regem* non aliter inituram Pacem vel Concordiam cum dictis suis Rebellibus Subditis, nisi quòd dicti sui Subditi primùm submissuri sint se *Regi*, eique Auxilia sua præstituri sint ad expellendum è Regno suo omnes *Hispanos* Milites, & alios externos suos Hostes, vel ad minus quòd nunquam daturi sint aliquas Suppetias dictis *Hispanis* aliisque externis Hostibus dicti *Christianissimi Regis* contra dictum Regem; & ulteriùs quòd certò intelliget dictum *Christianissimum Regem* nunquam initurum Pacem cum dicto *Rege Hispaniæ*, vel comprehensurum eum tanquam Amicum in aliqua Concordia ineunda cum suis Subditis (cui dictus *Rex Hispaniæ* profitetur se esse Inimicum propter Subsidia collata dicto *Christianissimo Regi* contra dictum *Regem Hispaniæ*) dicta *Regina*, de his prædictis Conditionibus certior facta debito modo per dictum *Regem Christianissimum*, statim dabit in mandatis & curabit quòd dicti sui Milites, ad supplendum numerum quatuor mille Peditum, pro servitio *Regis* transportabuntur per Mare in *Britanniam* (si ventus permiserit) tàm citò quàm intelliget duo millia Peditum & mille Equites qui a *Rege Christianissimo* præstari debent, & cæteros Milites a Statibus *Hollandiæ* & *Zelandiæ* aliarumque Provinciarum Unitarum mittendos, ad Auxilia dicti *Regis* paratos esse ad ingrediendum *Britanniam*, ita quòd, junctis omnibus his Copiis, in *Britannia* spes sit (Deo volente & favente justæ causæ *Regis Christianissimi*) eundem *Regem* potiturùm dicta sua Provincia libera a Rebellibus & Hostibus suis.

Et ulterius *dicta Regina* petit quòd dictus *Rex Christianissimus* sese obliget dictæ *Reginæ*, antequam Milites Angli transvehantur in *Galliam* aut *Britanniam*, quòd tradet aut tradi curabit dictis Militibus Anglis & eorum Præfectis ingressuris *Britanniam* hujusmodi Oppidum Muro cinctum, ac Portum maritimum, qualem dicta Domina *Regina*, vel Præfectus suorum Militum, requiret in Britannia, si quem *Rex* jam habet in potestate sua tradendi, vel quem proximo tempore habiturus sit; in quo Oppido ac Portu Milites Angli possint se tutò servare tempore alicujus necessitatis, contra impetus Hostiles, & in quem Portum Naves Angliæ possint tutò applicare cum Auxiliis aliorum Militum ad supplendum defectus priorum qui perierint, & ad Victualia & Annonam transvehendam ex Anglia; ob defectum cujus hujusmodi Portûs & Oppidi magnus numerus Anglorum jam hoc Anno præterito periit; & quamdiu dictus Portus cum Oppido retinebitur in possessione Præfecti *Reginæ Angliæ*, liberum erit dicto Præfecto recipere omnes Redditus & Subsidia qualiacumque, debita *Regi* & Coronæ Franciæ ratione Commercii in dicto Portu, ad usus *Reginæ Angliæ*, ad persolvenda Stipendia suorum Militum, dummodò detrahatur valor Pecuniæ receptæ de Summa quam *Rex* tenetur vel tenebitur solvere *Reginæ*, eâ tamen conditione quòd dicta *Regina*, vel illius Præfectus, tenebitur restituere dictum Oppidum vel Portum *Regi Christianissimo*, cùm remittet dictus *Rex Christianissimus* in Angliam Auxilium a Regina acceptum.

Prætereà dicta Domina Regina petit, quòd, ultra numerum Anglorum Militum supradictorum, dictus *Rex* curabit quod sint in *Britannia*, ultra numerum quatuor mille Militum Anglorum, ad minus quatuor millia Peditum & mille Equites, certis Stipendiis a *Rege Christianissimo* instructi, quemadmodum dicti quatuor mille Pedites Angli certis Stipendiis a *Regina* instruentur, ita ut certò expectari possit melior fructus hujus Expeditionis & Militiæ contra Rebelles & Hostes Regis, quàm hactenus extiterat his temporibus præteritis.

Et quia dicti Oratores petierunt a dicta Domina *Regina*, nomine *Regis*, quòd Tormenta bellica cum Globulis & Pulvere pro Tormentis, aliaque militaria Instrumenta, quæ jam sunt in Villa de *Dieppe*, pertinentia ad *dictam Reginam*, possint tradi dicto *Regi* ad sua Servitia adimplenda in *Britanniam*, dicta *Regina* contenta est assentiri dictæ Petitioni; videlicet, quòd septem illa magna Tormenta, quæ sunt in Villa de *Dieppe*, cæteraque omnia illa Instrumenta bellica cum Pulvere & Globulis, tradentur *Regi* ad defferenda in *Britanniam*.

Et ulterius petit dicta Domina *Regina*, quòd Obligatio dicti *Regis* in forma debita detur *Reginæ* infra quatuor Menses proximè sequentes, ad persolvendos omnes Sumptus pro dictis quatuor millibus Peditum parandis ac transvehendis in *Britanniam*, ac pro Menstruis Stipendiis dictorum quatuor mille Peditum, ac pro valore dictorum Tormentorum & cæterorum Instrumentorum, pro quibus priores Obligationes non sunt traditæ per *Dominum de Beauvoir*, eo modo quo in superioribus Contractibus expressum est; ita quòd pro prædictis Sumptibus Solutio plena fiat intra spatium duodecim Mensium, a Die quo dicti Milites ac Equites applicabunt in *Galliam* vel *Britanniam*.

Ad quæ omnia præmissa respectivè (ut præmittitur) adimplenda, ex parte dicti *Christianissimi Regis*, dictus *Dominus de Beauvoir* & *Dominus de Sancy*, virtute Potestatis prædictarum Literarum dicti *Regis*, per præsens Scriptum promittunt & obligant, tàm dictum *Regem Christianissimum*, Hæredes & Successores suos, quàm seipsos, tanquam Procuratores dicti *Regis*, conjunctim & divisim, amplissimo modo quo se obligare possunt.

Et ad ea implenda, quæ in præmissis continentur, pro parte dictæ Dominæ *Reginæ*, dicti *Domini* supra nominati (videlicet, *Dominus de Burghley*, *Dominus Howard* de Effingham, *Dominus de Hunsden*, & *Dominus de Buckhurst*) se etiam obligant eodem modo quo dicti Consiliarii *Regis Christianissimi*.

Ac in ejus rei Testimonium hoc Scriptum indentatum manibus subscriptis & Sigillorum impressione alternatim est munitum.

CCXXII.

Abschied zwischen den Herzogen Ernst und Christian | vor sich und dero Herren Brüder August / Friedrich / Magnus / Georg und Johann allerseits Herzogen zu 27. Sept.

ANNO 1592.

zu Braunschweig und Lüneburg / nach Tödtlichen hintritt Hertzogs Wilhelms / der Regierung unde Hoff-haltung halber aufgerichtet. Worinn der erste die Regierung auf 8. Jahr annimbt / und ferners der unterhaltung halber mit denen andern übereinkommet. Geschehen zu Zell den 27. Septembris 1592. [LUNIG, Teutsches Reichs-Archiv. Part. Spec. Abtheil. IV. Continuat. II. Absatz IV. pag. 314.]

C'est-à-dire,

Recès conclu entre les Ducs de Brunswich-Lunebourg ERNEST, CHRISTIAN, AUGUSTE, FRIDERIC, MAGNUS, GEORGE & JEAN *après la mort du Duc* GUILLAUME le jeune, *sur le point de la Regence commune, & du Gouvernement de la Cour; Par lequel le Duc* ERNEST *retient ladite Regence pour huit ans, & s'accorde avec les autres de leur entretien & subsistance. A Zell le 27. Septembre* 1592.

Zu wissen / Nachdem weyland der Durchlauchtiger Hochgebohrner Fürst und Herr / Herr Wilhelm der Jünger / Hertzog zu Braunschweig und Lüneburg hochlöblicher Christmilder Gedächtniß / die Regierung des Fürstenthums Lüneburg nun über die 30. Jahr löblich und wohl geführet / und es vor 3. Jahren dahin verordnet hat / daß seiner F. Gn. Söhne Hertzog Ernst und Hertzog Christian zu Braunschweig und Lüneburg / neben den verordneten Stadthalter und Räthen / bey Sr. Fürstlichen Gn. wehrender Schwachheit die Regierung / jedoch im Nahmen und von wegen Sr. Fürstl. Gn. mit verrichten helffen solten / welches denn auch solche Zeit über geschehen / und aber den nechst verschienen 20. Tag des Monats Augusti nach Willen des Allmächtigen aus diesem Jammerthal seelig abgeschieden / und es die Nothdurfft erheischet / daß die Regierung des Fürstenthums wieder angenommen werde / derwegen dann beyde hochgedachte Fürsten Hertzog Ernst und Hertzog Christian zu Braunschweig und Lüneburg vor sich und ihre freundliche liebe Brüder Hertzog August, Hertzog Friedrich / Hertzog Magnusen / Hertzog Georgen und Hertzog Johansen zu Braunschweig und Lüneburg mit Rath und Wissen der verordneten Stadthalter und Räthe die Durchlauchtigste / Durchlauchtige Hochgeborne Fürsten und Herren / Herrn Carl Pfaltzgrafen bey Rhein / Hertzogen in Bayern / Grafen zu Veldentz und Sponheim / Herrn Georg Friedrich / Marggrafen zu Brandenburg / zu Preußen / zu Stetin / Pommern der Cassuben und Wenden / auch in Schlesien zu Jägerndorff Hertzogen / Burg-Grafen zu Nürnberg und Fürsten zu Rügen; Herrn Ulrichen / Hertzogen zu Mecklenburg / Fürsten zu Wenden / Grafen zu Schwerin / der Land Rostock und Stargard Herrn etc. und Herrn Johann / Erben zu Norwegen / Hertzogen zu Schleßwick / Holstein / Stormar und der Ditmarschen / Grafen zu Oldenburg und Delmhorst / als Ihr. Fürstl. Gn. vertraute Herren und Freunde ersuchet und gebethen / daß Ihr. Fürstl. Gn. derselben geliebten Frau Mutter der betrübten nachgelassenen Witben / und Ihr. Fürstl. Gn. und Ihr. Geliebte Schwestern zu Trost anhero erscheinen / vors erste die Begräbnüß ihres Herrn Vaters beywohnen und dann fürder Ihren Fürstl. Gn. Neben-Räthen und Landschafft / so auch verschrieben / hierinnen allenthalben einräthig seyn / oder je zu solcher Nothdurfft die Ihren einschicken möchten. Und demnach hochgedachter Pfaltz-Graf Carl in der Person erschienen / und der Herr Marggraf Georg Friedrich Fürstl. Durchl. bestalte Obersten / Ritmeister und Rhäte / Aschen von Holle und Josua Pottmer / Hertzog Ulrich zu Mecklenburg Sr. Fürstl. Gn. Räthe / Johann Cramnon zu Wustrien / Dietrich Bevernest zu Lusenitz und Viet Winscheim der Rechten Doctorn und Thum-Dechant zu Hamburg / und denn Hertzog Johans zu Schleßwick-Holstein Sr. F. Gn. Amtmann zum Reinfeld und Secretarien / Bertram Sesteden und Joannes Hildesheim anhero geschicket; Alß haben hochgedachte Fürsten Hertzog Ernst und Hertzog Christian zu Braunschweig und Lüneburg vor sich und mit hochermelten J. Fürstl. Gn. Brüder die Sache darauff / wie und welchergestalt die Regierung ihres Fürstenthums ferner anzustellen und zu führen / damit es J. F. G. selbst und ihren Landen und Leuten zu gutem Gedey anfahen und Ruhm gelangen möchte / und hochermeltem Fürsten / Pfaltz-Grafen Carln und den genanten Herrn Gesandten berathschlaget / wie ingleichen auch mit Räthen und Landschafft / und sich dahin mit denselbigen ihren Getreuen Räthen und Landschafft vereiniget und verabscheidet / wie folget:

Erstlich will Hertzog Ernst zu Braunschweig und Lüneburg auff beschehen Ersuchen S. F. G. Brüder sonderlich Hertzogen Christian zu Braunschweig und Lüneburg / auf das von gemeinen Landschafft angezogenen alt Herkommen / freywillige brüderliche Bewilligung / auch die unterthenige der Räthe und Landschafft Bezeigung und Erbiethen die Regierung des Fürstenthums im Nahmen GOttes alleine annehmen / und dieselbe acht Jahr tragen und haben in dem Befehl und Gewalt / alles in Geistlichen und weltlichen Sachen / insonderheit in Handhabung GOttes reinen Worts / wie solches in diesem löblichen Fürstenthum und desselben Kirchen / vermöge der verfasten Kirchen-Ordnung und Corporis Doctrinæ herbracht / ohne alle Aenderung und Neuerung das zu thun / zu schaffen / zu gebieten / zu verbieten / zu contrahiren / zu bestellen und zu verschreiben / und sonsten alles ander verrichten / nichts ausbeschieden / das einem regierenden Fürsten zu thun gebüren mag; Jedoch soll sich S. F. G. in keine Vehde / Kriege / noch Verbüntnüße hinder Wissen und Willen S. F. G. Brüder und Räthe der Landschafft begeben / und wenn sie etwa in solcher Zeit zu verehlichen bedacht würden / solches ingleichen (wie es sich vor allen Dingen mit der Frau Mutter Rath / Wissen und Willen gebüret) auch mit S. F. G. Brüder und der Räthe und Landschafft Rath und Wissen verrichten / wie es auch andere S. F. G. Brüder ingleichen diesfalls thun wollen / und was sonsten S. F. G. die Zeit solcher Regierung werden handeln / contrahiren und verschreiben / daß die Regierung und der Fürsten und Lands-Schuld und Sachen / nichts ausgenommen / belanget / das sollen S. F. G. Brüder auch verbinden / und J. F. G. schuldig seyn / demselben zugeleben / nichts weniger / als hetten J. F. G. solches selbst verhandelt / contrahiret und verschrieben. Und soll und will auch Hertzog Ernst zu Braunschweig und Lüneburg in wichtigen Sachen / daran S. F. G. und derselben Brüdere und Land und Leuten gelegen / mit Rath der Hoff-Räthe / auch so nöthig / der Land-Räthe / handeln / und vor sich allein darin schlechts und würckliches nichts thun noch verrichten / auch in fürfallenden Sachen täglich Rath halten und die vorstehende Sachen des Fürstenthums und desselbigen Unterthanen mit den verordenten Stadthalter und Räthen persönlich berathschlagen / auch dem Vorbescheiden fürnehmer Leutte und Partyen / sonderlich wenn man sich über die Amten beklagen würde / oder die von Adel unter ihnen Irrung hetten / selbst mit beywohnen. Und weil uff die Regierung mercklich und viel auffgehet / will S. F. G. mit Wissen und Rath Stadthalter und Räthe bedencken / ob und welche von Räthen / Hoffpredigern / Jungherren und andern Dienern zu entrathen / damit die ihres Dienstes zu erster füglicher Gelegenheit bey Hoff und aus Besoldung und Unterhalt erlassen werden mögen / sich auch mit Hof-Gesinde sonsten / so viel immer geschehen kan und mag / einziehen; Und die Hoff- und Haußhaltung dermaßen einstellen / daß es zulangen möge / und soll und will demnach S. F. G. über 15. Pferde unter eigenen Sattel nicht halten / darunter drey sollen seyn vor drey Hengst-Reuter vom Adel / vier oder sechß Kutschpferde / der Räthe Pferde / als der Stadthalter fünff / der Groß Voigt fünf / der Cantzlar vier / der Marschal vier / zwey vor den Gutschwagen / drey oder zwey Rösser vom Adel / der Jägermeister drey Pferde / fünf Einspänniger / Futter-Marschalk zwey Pferde / ein reitender Bothe / ein Trommeter / drey vorm Holtz-Wagen / ein vorm Mühlen-Wagen / ein vor dem Wild-Schützen. Und will S. F. G. außerhalb nöthiger der Regierung Ausgabe andere ihre sonderbare Ausgabe mäßigen / und den Rentmeister davon eigene Rechnung halten lassen / und sonst daran seyn / daß der Regierung und andere Ausgaben / auch die so uff S. F. G. Brüder gebührliche Unterhaltung sollen werden verwendet / mögen von dem Ordinari-Einkommen des Fürstenthums / (wofern je daran nicht solte werden erobert) gewißlichen berichtet / darinnen des Herrn Vaters väterlichen treuhertzigen Vornehmen / so viel immer möglich / nachgegangen / und die Landschatzungen / so von gemeiner Ritter- und Landschafft ferner eingewilliget werden möchte / nirgends wohin anders / als zu Ablegung der Schulden verwendet werden. Und damit solches alles so viel desto mehr besser und richtiger seine gewiße Verfolge könne und möge haben / hat nachgemelter Hertzog Christian zu Braunschweig und Lüneburg eingewilliget / daß S. F. G. wann sie hie wesentlich bey Hoffe ein halb Jahr oder länger jetzo oder künfftig bleibet / sich auch mit derselben Gesinde dermaßen wollen einziehen / daß sie in allen über 12. Pferde vor sich und die ihren unter dem Sattel und für der Gutschen nicht halten / darauf sie denne neben anderm Hof-Gesinde die Futterunge und für die Diener / die bey des Herrn Vaters Zeiten gewöhnliche Kleidunge und Kost zu Hoffe haben / und darzu 2000. Thlr. jährlich zu 4. Terminen / als jeden Termin 500. Thlr. nehmen wollen / davor sie mögen sehen / was sie auf ihren eigen Leib und sonsten zu Hand-Geld und Besoldung ihrer Diener nöthig haben. Würden sich aber S. F. G. anderswo ihrer Gelegenheit nach verhalten / sollen derselben jährliches 3000. Thlr. werden vom Rentmeister gefolget und berechnet; Ingleichen hat auch hochgedachter Hertzog Augustus zu Braunschweig und Lüneburg eingewilliget / daß S. F. G. wenn sie bey Hoffe wesentlich seyn / auch über 10. oder je 12. Pferde aufs höchste vor sich und die ihren unter dem Sattel und für die Gutschen nicht halten / und mit 2000. Thlr. zu Hand-Gelde und Ausgabe für sich und ihre Diener Besoldung und Nothdurfft friedlich seyn wollen / wenn sie aber anderswo / es sey zu Straßburg / oder wo es S. F. G. gelegen ist / vom Hofe abseyn / wollen sie mit 3000. Thlr. allerdings jährlich friedlich und genüglich seyn.

So soll auch Hertzog Friedrich zu Brauschweig und Lüneburg / wofern S. F. G. näher nicht zukommen können / jährliches 1500. Thlr. vom Rentmeister nachgeschickt und gerechnet werden.

Und

Anno 1592.

Und wann Hertzog Christian sich würde von hinnen abe dißmaln an andere Oerter bey Herren-Höffen zu wesentlicher Residenz oder Krieges-Läuffte begeben / sollen S. F. G. dießfals zur Zehrung und Rüstung nach Gelegenheit 500. oder 1000. Thlr. zugestellet und gefolget werden.

Würden sich auch in angezogenen 8. Jahren Zufälle bey dem Fürstenthum und Regierung begeben / sollen J. Fürstl. Gnaden dahero der Besserung ihres Unterhalts nach Gelegenheit auch gewärtig seyn.

Was denn aber auf Unterhaltung Hertzog Magnusen und Hertzog Georgen und Hertzog Johannsen zu Braunschweig und Lüneburg nöthig / soll zu Ermäßigung Hertzog Ernsts und der verordneten Stadthalter und Räthen die angezogene 8. Jahr über bleiben / und die Nothdurfft J. F. G. zugeschicket und vom Rentmeister berechnet werden.

Und wollen insamt / sonderlich aber Hertzog Ernst nebenst Stadthalter und Rhäten dahin allen möglichen Fleiß wenden / daß etzliche aus Anzahl J. F. G. mögen zu den Nachbaren / und sonsten etwan anderen Stifften Beforderung / und also J. F. G. Unterhalt und Auskommen desto mehr sämtlichen haben / auf den Fall der verordnete Unterhalt hinwieder abgehen und fallen solle.

Und vor angeregte Abrede und Verwilligung wollen hochermelte Fürsten die angezogene 8. Jahr Fürstlich und getreulich halten und darüber nichts borgen noch Schulden machen / noch ichtwas von J. F. G. Brüdern Hertzog Ernsten oder der Renterey abfordern / sondern sich vor Schulden treulich fürsehen und wenn sie bey Hofe wesentlich seyn / keine Zehrung uff Ampten und Vogteyen thun / noch sich dahin begeben / es ziehe denn Hertzog Ernst mit / oder es geschehe mit S. F. G. Vorwissen.

Wann J. F. G. aber ander Oerter hero gelangen zufällig / haben sie ihre Nachtlager auf Ampten und Vogteyen / dahin sie kommen / billich; Wollen sonsten von denselben Amten und Vogteyen nichts abfordern / noch bey Handwerckern sondere Schulden machen / und sonsten bey Hoffe unnöthige übrige Zehrung und Kosten treulichst verhüten und abwenden helffen und darinn J. F. G. und der Ihren eigen Nutz und Heil in acht haben.

Nach Ausgang aber der 8. Jahre sollen und wollen sich hochermelte Fürsten / wenn sie als allerseits vermittelst göttlicher Verleyhung zu ihren Jahren kommen seyn / der Regierung und sonsten ferner freundlich vereinigen und vergleichen / und immittelst allen brüderlichen Willen halten und verfolgen / und den Nutz und Wohlfarth ihres allerseits Fürstenthums treulich nachsetzen.

Weil dann auch die hochbetrübte Fürstliche Witbe die Durchleuchtige Hochgeborne Fürstinne und Frau Dorothea, gebohren aus Königlichen Stamm zu Dennemarck / Hertzogin zu Braunschweig und Lüneburg sich wohl vernehmen lassen / daß J. F. Gnad. ihren Witben-Sitz das Hauß Winsen zu beziehen nicht ungeneigt / haben die sämtliche J. F. G. Söhne sonderlich Hertzog Ernst sehnlich und fleißig angehalten / daß J. F. G. zur Hand beym Fürstlichen Hoflager neben den Fräulein allhier zu Zell noch ferner und länger nach Ihrer selbst Gelegenheit und Gefallen verbleiben wolte / und J. F. G. sonsten heimgelaßen / wie es dieselbig darbey mit dem Einkommen und Nutzung des Amptes Winsen wolte halten / in sehnlicher Zuversicht / J. F. G. darein allerseits mütterlich wohl bedencken würden / und haben Räthe und Landschafft ingleichen bey J. F. G. darauff der Gebühr unterthäniglich angesuchet; Darauff sich denne J. F. G. dahin erkläret und gewilliget / daß J. F. G. biß auf Ostern allhier bey Söhnen und Fräulein im Hoflager auf vorige Fürstliche Unterhaltung bleiben / und was sie zum Hand-Pfennig nöthig haben / aus derselben Witthum-Sitz dem Ampt Winsen auf Rechnung abfordern / und auf Ostern in Beywesen Hertzog Ernsten und etzlicher Stadthalter und Räthe Mittel / so darbey pflegen zu seyn / vor dem Ampte zu Winsen Rechnung annehmen / und die Helffte dieses Jahrs einkommen / von nechst verfloßen Ostern biß auf folgende Ostern / wenn man der geringern Zahl drey unde neuntzig schreibet / selbst annehmen / die andere Helffte aber zu Behuff und Nothdurfft der Hoffhaltung folgen lassen / doch auch dar unmittelst die Gebende des Witthumsitzes zu Winsen dermaßen werden angerichtet / daß J. F. G. daselbst als eine löbliche Fürstliche Witbe ihre Fürstl. Wohnung gehaben mögen / auch daß J. F. G. daselbst / woferne sie dann ihren Witthumsitz zu beziehen geneiget / ziemlicher Vorrath an Victualien werde eingeräumet / auch an lebendiger und anderer Vor- und Hauß-Geräth und Reitschafft auf ein Inventarium überlassen / und sonsten darbey alle dasjenige richtig gemacht / was die auffgerichte Witthums- und Leib-Gedings-Verschreibung mit sich bringet.

Würde aber J. F. G. geneigt seyn / dann von Ostern abe noch eine Weile ferner allhier zu verbleiben; Alß will J. F. G. bey die Hoffhaltung / so viel von ihren verordneten Leib-Gute dem Ampe Winsen an Gelde und sonsten wegen J. F. G. Unterhaltung verwenden / als man sich mit J. F. G. Söhne / Hertzog Ernsten vergleichen würde.

Und weil denen Fräulin / so noch ietzo ledig und unverheyrathet / als Fräulein Anna Ursula, Fräulein Margaretha, Fräulein Maria, Fräulein Sibilch bey ietziger ihrer Unterhaltung gleichwohl ein Hand-Pfenning zu nöthiger Kleidung Zierath und anderen dergleichen täglichen Ausgaben von nöthen / sollen von nun an ein jedes aus der Renterey darzu jährliches zweyhundert gute Gülden gefolget / und zu vier Terminen / und also alle Viertel-Jahr jeder 50. Gülden biß zu ferner Vergleichung vergnüget werden.

Anno 1592.

Es ist auch dahin Verwilligung geschehen / daß ein gebührlich ordentlich Inventarium hochermelten Hertzog Wilhelms zu Braunschweig und Lüneburg Christmilder Gedächtniß hinterlassenen güldenen Ketten / Kleinodien / Silber-Geschir und dergleichen ietzo auffgerichtet / und so ferne es sich schicket / zwischen J. F. G. ietzo der Ketten halber / Vergleichung getroffen / oder es allesamt zu allerseits J. F. G. besten bey Hertzog Ernsten / als regierenden Fürsten behalten und verwahret werden solle / und was am Gelde vorhanden / daß solches zur Ablegung des Herrn Vaters hinterlassenen Schulden alsbald verwendet / und es ordentlich / wohin es gewendet wird / verzeichnet werde.

Und sonsten will Hertzog Ernst mit Stadthalter und Räthen / auch daran alles möglichen Fleißes seyn / damit bey Hoffe alle Unordnunge abgeschaffet / und dargegen gute richtige Ordnung gehalten und vollführet / und darin S. F. G. Herrn Vaters löblichen Hoff-Ordnung / wie auch sonsten der Policeyen und andern aufgerichten Ordnung in allen und jeden Puncten nachgelebet / sonderlich über die Hoff-Ordnung / und damit aller Unrath abgeschaffet und ferner abgewendet und verhütet bleibe / von Stadthalter / Großvoigten und Marschall gehalten / und denselbigen denn auch gebührender schuldiger Gehorsam / darinn von allen J. F. G. Jungherrn und Gesinde / so jedesmahl bey Hofe seyn / durchaus geleistet werde / und darüber von Herren und Räthen Handhabung erfolge.

Des allem zu Uhrkund und vester Haltung seyn dieser Recess drey gleichlautend aufgerichtet / durch hochermelte Fürstliche Witben und Hertzogen Ernsten / Hertzog Christian / Hertzog Augusten und Hertzog Friedrichen zu Braunschweig und Lüneburg / für sich und andere J. F. G. Brüder / als die Principalen / wie dann auch hochgedachten Pfaltz-Grafen Carln, und die anwesenden Fürstlichen Gesandten eines theils / als zu dieser Handlung erbethenen Beystand mit eigen Handen unterschrieben / wie sich auch wegen Räthen und gemeiner Landschafft Herr Conrad von Bothmer / Abt und Herr vom Hauß zu S. Michaël in Lüneburg / Valentin von Marenholtz / Heinrich von der Wense / Rudolph von Campe, Werner von Gilten, Matthias von Dageförde, Ernst Spörcke / Otto Grote, Günther von Bardenßleben / Levin von Hudenberg und Jürch von Heinbrock, ingleichen unterschrieben / und ist einer der Fürstlichen Witben / der andere der Regierung / der dritte aber Räthen und Landschaffe zugestellet / Geschehen und gegeben Zell den 27. Septembris Anno Christi 1592.

Ernst Hertzog zu Braunschweig und Lüneburg.
Augustus Hertzog zu Braunschweig und Lüneb.
Carl Pfaltz-Grafe.
Johann Crammen.
Bertram Seestedt.
Conrad Abt vom Hauß / mpp.
Dorothya H. zu B. und Lüneburg / meine Hand
Christian Hertzog zu Braunschw. und L.
Friedrich Hertzog zu Braunschw. und Lüneb.
Dieterich Bevernesten.
Johannes Hildeßheim.
Heinrich von der Wense, mpp.

CCXXIII.

Vertrag zwischen RUDOLPH den Andern Röm. Käyser / dann URBAN Bischoffen zu Passau / von wegen der geistlichen und Lands-Fürstl. Jurisdiction in Oesterreich / aufgerichtet zu Prag den 6. Novembris 1592. [LUNIG, Teutsches Reichs-Archiv. Part. Special. Continuat. I. Fortsetzung III. Abtheil. III. Absatz XXIII. pag. 371.] 6. Nov.

C'est-à-dire,

Transaction entre RODOLPHE II. *Empereur des Romains &* URBAIN *Evêque de Passau, au sujet de la Jurisdiction Ecclesiastique & Territoriale en Autriche. Faite à Prague le 6. Novembre 1592.*

WIr Rudolph der Andere / von GOttes Gnaden / Erwöhlter Römischer Kayser / rc. rc. Und Wir Urban / auch von GOttes Gn. / Bischoff zu Passau. Bekennen für Uns und Unsere Nachkommen öffentlich mit diesem Brieff / und thun kundt allermänniglich: Nachdeme sich von etlichen langen Jahren hero zwischen Unser beyderseits Vorfahren / Ertz-Hertzogen zu Oesterreich

ANNO 1592. reich / und den Bischoffen zu Passau / seeliger Gedächtnüs / wie auch hernach Uns / von wegen der Geistlichen / und Lands-Fürstlichen Jurisdiction in Oesterreich allerhand Mißverstand / Strit und Irrung erhalten:

Als haben Wir jüngst verschinenen Jahres zu Vorkommung mehrerer Weiterung Unsere Räth und Commissarien zusammen geordnet / und Uns hernacher auff nothdürfftige Anhörung derer Commissarien / ausführliche Relation und Berathschlag derselben / dieser nachfolgenden Puncten und Articuln halber gütlich mit einander vereinigt und verglichen.

De Electione & Installatione Prælatorum.

1. Wann eine Prælatur im Land Oesterreich unter und ob der Ennß / quocunque modo verlediget / so soll dasselb von der Kayserl. Majestät / Ihrer Fürstl. Durchl. oder Dero nachgesetzten Landes-Fürstl. Obrigkeit / so bald sie den Fall vernommen / dem Herrn Ordinario, oder Sr. Fürstl. Gn. Officialen zugeschrieben werden; Inmassen dann von dem Herrn Ordinario gleichfalls / da Er von Ihro Kays. Majest. oder der Fürstl. Durchl. desfalls erinnert / solches Ihro Kayserl. Majestät der Fürstl. Durchl. oder der Nieder-Oesterreichischen Regierung auch bald schrifftlich beschehen soll: darauff sollen Ihrer Fürstl. Gnad. des Herrn Ordinarii Abgeordnete / der neuen ordentlichen Election oder Postulation ratione Canonum allein beywohnen / und in derselben fleißig Achtung geben / damit die Libertas und Substantia Electionis oder Postulationis gäntzlich erhalten / und alle sinistræ impressiones darbey verhütet werden: Und wann dieselbe Canonica Electio oder Postulatio ordenlich beschehen / alsdan solle der Elegirte oder Postulirte Ihro Kayserl. Majestät als Lands-Fürsten / oder Deroselben anwesenden Commissarien umb Consens nahmhafft gemacht / desgleichen dem Herrn Ordinario, Ihr. Fürstl. Gnaden vom Officiali oder Commissarien das Decretum Electionis oder Postulationis pro Confirmatione præsentirt werden: und im Fall kein Canonicum Impedimentum, und sonders erhebliches Bedencken Ihrer Kayserl. Majest. theils / wider Ihne fürgebracht würde / Ihme der Consensus vom Landes-Fürsten / und die Confirmation vom Herrn Ordinario erfolgen; da aber ein Canonicum Impedimentum, oder wie obstehet / sonder erhebliches Bedencken Ihro Kayserl. Majest. theils wieder Ihne fürfiele: solle dasselbe tempore a Canonibus præscripto, wo anders möglich / dem Herrn Ordinario angefügt / Ihro Kayserl. Majest. darunter von Sr. Fürstl. Gnaden der Gebühr nach / respectirt / und dann / wo es je nicht zu umbgehen / solche Election oder Postulation durch Ihro Fürstl. Gnaden wiederumb cassiret / und eine neue / wie vorgemelt / angestellt werden.

Dieweiln dann der Election oder Postulation die ordentliche Crida vorgehen solle / mögen die Kayserliche Majestät als Lands-Fürstliche Obrigkeit / derselben nachkommen / oder der Herr Ordinarius, (welcher dann unter Ihnen / wie obgemelt / die Vacirung dem andern zeitlicher zuschreiben wird) darinnen auch einen geraumen Tag zu solcher Election oder Postulation andeuten / und wofern derselbig Tag / einem oder dem andern Theil gelegen / oder man sich sonsten eines andern vergleichen würde / alsdann sollen beyderseits Commissarien in das vacirende Gottes-Hauß / auff den verglichenen Tag einkommen / und ferner zu der Election oder Postulation obgemelter massen schreiten.

Wann dann nun der Consensus und Confirmation also / wie vermeldet / beyderseits richtig / so soll alsdenn mit der Installation nachfolgende Ordnung gehalten werden: Nemblich und erstlich / daß durch die Passauerischen dem Electo oder Postulato das Convent fürgestellt / und demselben Ihme Electo oder Postulato den gebührlichen Gehorsamb zuleisten aufferladen / auch sonsten alle darneben gewöhnliche Actus, wie bißhero gebräuchig / vollzogen / und Ihme die Kirchen / der Chor / die Sacristey / sambt denen Calicibus, Ornamentis, Clenodiis & aliis sacris vasis, eingeantwortet werden: bey welchen jetzberührten Actibus die Kayserl. Commissarii auch wohl seyn / und dann darauff gemeltem Electo oder Postulato pro Majestatis suæ Archi-Ducali Patronatus & Advocatiæ jure, die Temporalia, als die Unterthanen / Officierer / Kästen / Keller / und alles anders demselben Gottes-Hauß angehörig / liegends und fahrends übergeben und zustellen / darbey dann gleichfalls des Herrn Ordinarii Abgesandten auch seyn mögen.

De Visitatione, Reformatione, & Depositione Prælatorum.

2. In diesem Articul soll der Kayserl. Majestät nicht zuwider seyn / daß der Herr Ordinarius die Prælaten und Convent in ihrer Kayserl. Majestät Landen / unter und ob der Ennß / welche Sr. Fürstl. Gnaden als Ordinarii Jurisdiction unterworffen / in spiritualibus & iis, quæ ad Monasticam Regulam vel Disciplinam, ac vitæ & morum honestatem pertinent, so offt es die unvermeidentliche Nothdurfft erfordern wird / visitire / reformire und corrigire; Doch daß ihro Fürstl. Gnaden solche Fürsehung thue / damit die Gotts-Häuser und derselben Prælaten mit übrigen Unkosten / und in anderweg nicht beschweret werden / in welchen Fall dann ihrer Kayserl. Majestät unbenommen seyn solle / auff Vernehmung der Sachen gebührlich Ein- und Fürsehung darunter zu thun; inmassen dann ihro Maj. ihres Theils / solches auch gnädigst verhüten wollen. Im Fall aber in solcher Visitation die Noth erheischet / daß man ad pœnas, sententias, & censuras Ecclesiasticas, usque ad suspensionem & depositionem Prælati kommen soll oder müste / so soll der Herr Ordinarius dasselb Ihro Kayserl. Majest. oder der Fürstl. Durchl. vor der Execution, mit Erzehlung der Ursachen / und Verbrechen / darumben solche Deposition nicht umbgangen werden könnte / zeitlich verständigen; auff daß Ihro Kayserl. Majest nicht allein Ihren gnädigsten Willen darein geben / sondern auch / wo nicht zeitlicher / jedoch ad actum depositionis Ihre Commissarios dahin absenden / und von dem Deponendo die Temporalia in Beyseyn des Herrn Ordinarii Abgeordneten übernehmen / und dieselben biß zu völliger Ersetzung der Prælatur, entweder den anwesenden Officirern / oder wer Ihrer Kayserl. Majest. darzu gefällig (doch daß er Catholisch sey) anvertrauen lassen mögen; Wie dann dem Herrn Ordinario unbenommen seyn soll / die spiritualia dem Priori, Decano, oder wer seiner Fürstl. Gnaden gefällig / auch anzubefehlen / die General-Visitation, so bisweilen nach Gelegenheit der fürfallenden Läuff fürzunehmen nothwendig / soll von mehrer Würckung und Fruchtbarkeit wegen / auff vorgehende gebührliche Vergleichung / sammentlich / wie oben verstanden / von Ihrer Kayserlichen Majestät / und des Herrn Ordinarii Verordneten beschehen; Demnach sollen auch hinfüro die erledigten Gottes-Häuser mit Prælaten oder Administratoribus versehen werden / welche eines jeden Closters Ordens / und nicht frembde seyn. Was die Citationes der Prælaten belanget / haben Ihro Fürstl. Gnaden gleichwohl im Land unter der Ennß ein eigenes Consistorium, derohalben dann gedachte Prælaten vor demselben Official in mere spiritualibus & personalibus Recht zubegehren / und zu nehmen schuldig seyn / Und wollen Ihro Fürstl. Gnaden / sie ausser Lands / und für Ihrer Fürstl. Gnaden Person zu citiren / nisi in causis gravibus & urgentibus (daß aber in solchen Fall / mit Ihrer Majestät / oder der Fürstl. Durchl. Vorwissen in allweg beschehen soll) ihrer gern verschonen: So viel aber die andern Prælaten ob der Ennß betrifft / ist Ihro Kayserl. Majest. auch nicht zuwieder / daß sie Ihro Fürstl. Gnaden Consistorio, so daselbsten in loco zu Passau ist / die schuldige Gehorsam leisten / und wollen seiner Fürstl. Gnaden der Zeit Lands-Nöthen / und dergleichen erheblichen Ursachen halben / derselben (auch so viel immer möglich) verschonen; Da aber der Prælaten einer in Criminalibus für Ihro Fürstl. Gnaden Person je zu citiren wäre / so soll dasselb in alleweg mit Ihro Kayserl. Majestät als Lands-Fürst / auff Ihro Fürstl. Gnaden Ersuchen / Ihne darzu tanquam brachium seculare verschaffen und anhalten lassen.

Die Frauen-Clöster betreffend / soll der Herr Ordinarius der Kayserl. Majestät / als Lands-Fürsten Commissarien in casu necessitatis, und auff jeden solchen actum sonderbahre schrifftliche Licentiam zugeben schuldig seyn / daß dieselbe in solche Claustra & Septa, sine periculo censurarum eingehen mögen; doch daß von Lands-Fürstl. Obrigkeit wegen / in dergleichen Fällen / ein Geistliche und ein Weltliche qualificirte Person darzu verordnet werde / denen Er / der Herr Ordinarius ermelte Licentiam salva conscientia & irregularitate geben könne / die sich alsdann eines gewissen Tages / wenn sie in solche Clöster einzugehen / mit dem Herrn Ordinario vergleichen / und demselben bevorstehen solle / der Kayserl. Majestät Commissarien / die seine / ob Er will / zu zuordnen.

De Executionibus in bonis Monasteriorum, post mortem Prælatorum.

3. Dieweil hieoben allbereit verglichen / daß bey Ubergebung der Spiritualien und Temporalien beederseits Commissarien seyn mögen: so wird hinfüro in ableiben der Prælaten / alsbald der Prior oder Decanus, sambt dem Hoff-Richter / in Beyseyn zweyer vom Convent, die Noth-Sperr fürzunehmen / und dann darauff / wann der Herr Ordinarius dessen erinnert / sich seine Fürstl. Gnaden unter der Ennß / mit Ihro Kayserl. Majestät / der Fürstl. Durchl. oder der Nieder-Oesterreichischen Regierung / ob der Ennß aber / mit dem Herrn Lands-Hauptmann zu der General-Sperr und Inventur, eines Tags sich vergleichen: und Erstlich die beschehene Sperr der Spiritualium eröffnen / inventiren / beschreiben / und auff ein neues sperren / dabey dann die Landes-Fürstl Commissarien wol seyn mögen / aber seiner Fürstl. Gnaden Verordneten kein Maß darunter geben sollen; ingleichen / soll dem Herrn Ordinario, wie obbemeldt / auch bevor stehen / bey der Sperr und Inventur, so ausser der Kirchen / in dem Temporalibus von denen Lands-Fürstlichen Abgeordneten fürgenommen wird / auch gegenwärtig zu seyn / welchen Kayserl. oder Lands-F. Commissarien solcher Temporalium Inventur und Fertigung / auch allein zustehen / und ihnen darunter von des Herrn Ordinarii Abgeordneten gleichfalls kein Eintrag oder Maßgebung beschehen solle; so soll auch die Erspahrung der Prælaten / so von einem Closter zu dem andern postulirt / oder transferirt / bey dem Closter gelassen / und desselben Inventur, wo es erspart und erobert / einverleibt werden.

De Præsentatione Parochorum.

4. Wann ein Lands-Fürstl. Lehns-Pfarr / oder Beneficium ledig wird / haben sich alten Herkommen und der Billigkeit nach / die Kayserl. Majestät / oder Ihro Fürstl. Durchl. durch Dero nach- ANNO 1592.

ANNO 1592.

nachgesetzte Landes-Fürstl. Obrigkeiten / auff der unterschiedlich anhaltenden Supplicanten / oder sonst jedes Tauglichkeit / nach dero gnädigisten Gelegenheit und Gefallen / bey des Herrn Ordinarii Officialen / Decanis oder andern / Ihr der Supplicanten Qualitäten zu erkundigen: Und wann sie auff solche Erkundigung jemands dieselbe Pfarr / oder Beneficium gnädigst zu verleyhen entschlossen / und ihme die gebräuchige Litteras præsentationis gegeben: So ist dem Herrn Ordinario dargegen unbenommen / denselben Præsentatum zu examiniren / und auff dem Fall seiner Untauglichkeit / Ihrer Kayserl. Majestät / oder der Fürstl. Durchl. mit gutem Grund seiner habenden Mängel / neben gebürlichen Respect Bericht zu thun und zu begehren / einen andern Tauglichen zu præsentiren: aber mit Gebung der Possession werden Ihro Kayserl. Majestät / oder Ihro Fürstl. Durchl. auff dem nechst gesessenen Decanum, oder wer Ihro Kayserl. Maj. oder deroselben Fürstl. Durchl. beliebig / den Possess-Brieff / alten Herkommen nach / außfertigen: denselben aber eher nicht in das Werck richten lassen / bis der Præsentatus von dem Herrn Ordinario sein Approbation fürgewiesen / alsdann sollen gemelte Käyserliche Commissarien sich mit dem Herrn Ordinario, oder seinem Officiali, vermög gedachtes Possess-Brieff / eines Tags vergleichen / und der Herr Official ihne in den Spiritualibus investiren / die Lands-Fürstl. Commissarien aber die Temporalia, so zu der Pfarr oder Beneficio gehörig / ihme eingeben / darunter aber aller Verzug beederseits bestes Vermögens verhütet werden / wie auch den Käyserl. bey der Spiritualien / und deß Herrn Ordinarii Commissarien bey der Temporalien Eingebung zu seyn / bevor stehen solle.

De Visitatione & Correctione Parochorum.

5. Mag es / wie oben de Visitatione, Reformatione & Correctione speciali Prælatorum gemeldt / gehalten werden: daß nemblich der Hr. Ordinarius aller Ihrer Kayserl. Majestät Lehens-Pfarrer / und Beneficarien seiner Fürstl. Gnaden Geistlichen Jurisdiction quoad spiritualia & mere personalia so wohl / als Ihrer Kayserl. Majestät quoad temporalia der Pfarren zugehörig / zu jederzeit erfordern / und gegen ihnen bedingter massen procediren / und da sie Contumaces wären / von der Kayserl. Majest. der Fürstl. Durchl. oder nachgesetzten Lands-Fürstl. Obrigkeit dahin gehalten werden sollen / auff daß sie in ihrem Ungehorsamb wieder den Herrn Ordinarium nicht allein nicht verharren / oder gestärckt / sondern demselben wieder sie vielmehr alle Hülff und Handreichung ertheilet werde;

Was dann hierbey die Verweisung der Passauerischen Diœces angelangt / da jemands per sententiam darzu condemniret wurde / soll sich dasselb allein auff Suspendirung des Geistlichen Beruffs / und andere Censuras Ecclesiasticas verstehen / sonsten aber der Kayserl. Majest. an dero Landes-Fürstl. Jure und Gerechtigkeit unvergriffen seyn; Es soll auch diese Vergleichung in ander Weg / und ausser der obbegriffen verglichenen Articuln, der Röm. Käyserl. Majestät / Ihren Nachkommen / und dem gantzen löblichen Hauß Oesterreich / sowohl Ihr. Majestät getreuen Land-Ständen / jetzo und künfftig / an ihren Freyheiten / Indulten / wohlhergebrachten Rechten / Gerechtigkeiten und Gewohnheiten unvergriffen / solches alles sich auch bloß auff die Prælaten / Pfarrer und Geistlichen / die des Herrn Ordinarii Jurisdiction unterworffen / und zugethan / verstehen; den andern aber / und zumahl den Prælaten / Clostern und Geistlichen in Oesterreich unter und ob der Ennß / an ihr jedes besambten oder sonderbahren Freyheiten / Indulten / Rechten und Gerechtigkeiten / so sie dem zuwider in hergebrachter Possess, gleichfalls unpræjudicirlich: dann auch Ihrer Käyserl. Majestät / deroselben Erben / und Nachkommen vorbehalten seyn / wo künfftig durch des Allmächtigen GOttes Verhängnuß / oder des Herrn Ordinarii, Vicarien und Officialen zu vielen Nachsehen / oder andern Zuständen / die Closter und Geistlichkeit / an welchem als dem fürnehmsten Land-Stand Ihrer Käyserl. Majestät viel gelegen / in Abfall und Verderben gerathen wolten / Ihre Lands-Fürstliche Hand / zu gebührlicher Besserung und Einsehen zu gebrauchen. Herentgegen erklären Ihr. Fürstl. Gnaden sich / daß durch diesen Tractat, und dasjenige / wessen sie sich mit Ihrer Käyserl. Majestät gehorsambst verglichen / dem Juri Divino, S. S. Conciliis, Canonibus, summi Pontificis & Sanctæ Sedis Apostolicæ Authoritati ebenmäßig Ihr. Fürstl. Gnaden von GOtt habenden Ambt / Bischofflichen Jurisdiction, Immunitati Ecclesiasticæ und Freyheiten gemeiner Clerisey / in genere & in specie, und dann dero unfürdencklichen wohlhergebrachten Possess, auch Ihres gantzen Stiffts Passau Rechten und Gerechtigkeiten / in ander Weg / und ausser der verglichenen Articul nichts wollen præjudiciret haben. Wir Käyser Rudolph haben auch zu mehrer Erzeigung Unsers zu diesem Stifft Passau tragenden gnädigsten Willens / gnädigst bewilliget / da sich ins künfftig / es seye / was es wolle / dieser Zeit verglichener oder anderer Articul halber in Jurisdictione Ecclesiastica Differentz und Irrungen erregen würden / daß alsdann zu Verhütung langwierigen und feindseeligen Rechtens / Unsere beyderseits Räth alsbald zusammen kommen / und dieselben auff diese Weiß / wie jetzt geschehen / gütlich hinzulegen und zuerörtern sich nach aller Möglichkeit bearbeiten / und befleissen sollen. Demnach gereden und versprechen wir Käyser Rudolph / und wir Urban / Bischoff zu Passau / für Uns und Unsere Nachkommen / Ertz-Hertzogen zu Oesterreich und Bischoffen zu Passau / bey Unsern Käyserlich. und Fürstlichen Worten und Würden / daß Wir diese Vergleichung / in allen und jeden Puncten / Clausulen und Articulen / Innhaltungen / Meinungen und Begreiffungen / wahr / stätt / vest und unverbrüchlich halten / und vollziehen / und darwieder keines weges thun / noch den Unsern oder andern zu thun gestatten sollen noch wollen / getreulich und ohngefährlich. Deß zu wahrem Uhrkundt und Gezeugnüß haben wir dieser Libell zwey / gleiches Innhalts / mit eigenen Händen unterschrieben / und Unsern Kayserl. und Fürstlichen anhangenden Insiegeln verfertiget / deren eines Wir Käyser Rudolph behalten / das andere aber Wir der Bischoff zu Passau zu Unsern Händen genommen haben. Geben auff Unsern Käyser Rudolphs Königl. Schloß zu Prag den 6. November 1592.

CCXXIV.

Ferner weiter Vergleich zwischen Rudolph den Andern Röml. Kayser / und den Administratorn des Stiffts Passau / wegen der Sperr und Inventur, wann ein Pfarrer mit Todt abgehet / geschlossen. Geben zu Prag den 2. Novembris anno 1600. [LUNIG, Teutsch. Reichs-Archiv. Part. Spec. Continuat. I. Fortsetzung III. pag. 374.]

C'est-à-dire,

Transaction ulterieure entre RODOLPHE II. *Empereur des Romains, & l'Administrateur de* PASSAU *sur le Scellé & les Inventaires qui se devront faire dans les Maisons des Curés & Doyens après leur mort. A Prague le 2. Novembre* 1600.

WIr Rudolph der Anderte von GOttes Gnaden / Erwöhlter Römisch. Käyser / rc. Und Wir Christoph Pottinger von Persing / Administrator und Dom-Probst / auch Dechant / Senior, und Capitel des Hoch-Stiffts Passau: Bekennen für Uns / Unsere Nachkommen / öffentlich mit diesem Brieff / und thun kund allermänniglich; Als in der zwischen Uns Käyser Rudolphen / als regierenden Herrn und Landes-Fürsten des Ertz-Hertzogthumbs Oesterreichs unter und ob der Enß / und Weyl. dem Ehrwürdigen Urban Bischoffen zu Passau / Unsern Fürsten und lieben Andächtigen / der Geistlichen Jurisdiction und Obrigkeitlichen Recht und Gerechtigkeit halben den 6. Tag Novembris, jüngst verschienenen zwey und neuntzigsten Jahres auffgerichten / verbriefften / und von uns beeden besiegelten Transaction, ein Punct und Articul, die Sperr / Inventur, und gantze gütliche oder Gerichtliche Cognition oder Abhandlung / über der mit oder ohne Testament verstorbenen Pfarrer / Vicarien oder andere Geistlichen und Beneficiaten Verlassenschafften belangend / damahln noch unverglichen verblieben: Daß hierum Wir Käyser Rudolph Uns hernach Anno Vier und Neuntzig mit gedachten Bischoffen Urban seel. zu Verhütung mehrerer Weiterung / Uns auch jetztbemelten strittigen Puncten halben miteinander gleichfalls gütlichen verglichen haben / welche Vergleichung aber von wegen seiner Andacht eingefallenen Leibs-Schwachheit / und darauff erfolgten tödtlichen Ableibens bißhero ungefertiget verblieben; und lautet wie folget:

Daß nehmlich auff den Fall der Pfarrer oder Beneficiaten Absterben die Gesell-Priester / da deren bey dem Pfarr verhanden / oder der nechstgesessene Decanus, oder zwen Pfarrer / die es am bäldisten erinnert werden mögen / in Beyseyn des Richters oder Geschwornen / die Noth-Sperr fürnehmen: Wann dieses geschehen / der Herr Ordinarius dessen verständiget / alsdann Er oder sein Official solches die Neue-Oesterreichische Regierung / und ob der Ennß die Lands-Hauptmannschafft berichten / welche der nächst gesessenen vacirenden Pfarr Decanum ruralem, oder Pfarrer / sambt einen benachbarten Catholischen Landmann / oder sonst nächst wohnenden Persohnen / zu Erspahrung der Unkosten / verordnen / die sich mit dem Herrn Ordinario eines gelegenen Tages vergleichen / auff demselben in Pfarr-Hoff ankommen / und der Haupt-Sperr / und Auffrichtung eines ordentlichen specificirten Inventarii, mit besambter Hand beywohnen / was zu täglicher Hauß-Wirthschafft unentbehrlich von nöthen / gegen ein Verzeichnuß unversperrt hervor lassen / die Hauß-Wirthschafft mit einander bestellen / der Ordinarius aber absonderlich die Nothdurfft bey der Kirchen allein anordnen / und zum Fall ein Testament verhanden / dasselbe zu sich nehmen / Cridas außschreiben / und publiciren / das Testament entweders canonisiren / oder reprobiren / und die völlige Abhandlung solches Testaments in Beyseyn eines Rechts-Gelehrten aus der Nieder-Oesterreichischen Regierung Mittel / so wegen des Lands-Fürstl. Lehen-Herrn Interesse, allein den Assessum, aber kein votum haben solle / Consistorialiter allein verrichten: Welcher Pfarrer oder Beneficiat aber ab intestato stirbt / mit dessen Sperr und Inventur es

ANNO 1592.

auch / wie jetzt gemeldt / gehalten werden / und nachdem der Ordinarius die Cridas zuvor außgeschrieben / solche specificirte / sowohl des Lands-Fürsten / als des Ordinarii Commissarien / die sich also in loco beysammen finden / die Sach in der Güte mit einander pacifice & sine Processu können vermitteln und vergleichen / sie solches wohl thun mögen. Da es aber ad Processum käme / es damit allerdings / wie mit Abhandlung der Testament, gehalten werden / also daß dem Ordinario die Abhandlung ex testamento & ab intestato in Terminis Processus allein zu verrichten / zustehen solle / wie hieoben vermeldet;

Wann aber von einem oder dem andern Sententz in causa testamentaria ab intestato appellirt wurde / durch zween Catholische aus der N. Oe. Regierung Mittel / und dann auch zweyen / von Herrn Ordinario hierzu geordneten Commissarien / und also von diesen vier niedergesetzten Räthen per modum revisionis jederzeit in der Käys. Burgg zu Wien erfordert / und erlediget / auch weiter dieselben nirgends anderst wohin geweigert / oder appellirt werden / sondern es alle Theil darbey unweigerlich verbleiben zu lassen / schuldig seyn. Im Fall sich aber diese vier Comissarii in votis nicht vergleichen können / sollen sie Macht haben / eine gelehrte Cathol. Person / die das Mehrer unter ihnen mache / als ein Obmann zu erkiesen / jedoch dieses alles mit dem lautern Vorbehalt: Da Wir Käyser Rudolph künfftig befinden würden / daß Wir ein mehrers / als sein des Bischoffs von Passau Andacht prætendirt / in diesem Puncten berechtiget / und hergebracht / daß Wir auff jetzermelten Fall / durch diese Einwilligung Uns nicht begeben / und derowegen noch hergegen Wir Administrator, Dom-Probst / Dechant / Senior und Capitel des Hoch-Stiffts Passau / solche gleichergestalt auff Wohlgefallen und Wiederruffen (doch allen Clausulen und Puncten in erster Transaction vorbehalten / unvergriffen) hiemit gemeint und verstanden haben wollen: Welches Wir / Käyser Rudolph bey Unserm Käyserlichen / und Wir Administrator, Dom-Probst / Dechant / Senior und Capitel des Hoch-Stiffts Passau bey Unsern wahren Worten und Würden / für Uns und Unsere beederseits Nachkommen / Ertz-Hertzogen zu Oesterreich / und Bischoffen zu Passau / hiemit geredet und versprechen. Getreulich und ungefährlich. Dessen zu Uhrkundt und Gezeugnüß / haben wir beyde Theil dieser Brieff zween / gleiches Inhalts / mit eignen Handen unterschrieben / und Unsern Käyserl. auch des Stiffts und des Domb-Capitels anhangenden Insiegeln verfertiget / deren einen Wir Käyser Rudolph behalten / den andern aber Wir der Administrator und Domb-Capitel / zu unseren Handen genommen haben. Geben in Unserm / Käyser Rudolphen Königl. Schloß zu Prag / den 2. November 1600.

CCXXV.

Déc.

LIGUE EN FRANCE.

Déclaration du Duc de MAYENNE, *par laquelle il invite les* CATHOLIQUES *du Parti Royal, ou de* HENRI IV. *de se réunir au Parti de l'Union ou de la* LIGUE, *& de se rendre ou d'envoyer à l'Assemblée, qui se devoit tenir à Paris le 17. Janvier. Fait à Paris, le 5. dudit Mois, 1593.* [Chronologie Novenaire, ou Histoire de la Guerre sous le Régne de Henri IV. Part. II. Feuil. 109.]

CHARLES de Lorraine Duc de Mayenne, Lieutenant General de l'Estat, & Couronne de France, A tous presens & advenir, Salut. L'observation perpetuelle & inviolable de la Religion & pieté en ce Royaume, a esté ce qui l'a faict fleurir si long temps par dessus tous autres de la Chrestienté, & qui a faict decorer nos Roys du nom de Trés-Chrestiens & premiers Enfans de l'Eglise. Ayans les uns, pour acquerir ce tiltre si glorieux & le laisser à leur posterité, passé les Mers & couru jusques aux extremitez de la Terre, avec grandes Armées, pour y faire la Guerre aux Infidelles: Les autres combatu plusieurs fois ceux qui vouloient introduire nouvelles Sectes & erreurs, contre la foy & creance de leurs Peres. En tous lesquels Exploicts, ils ont tousjours esté assistez de leur Noblesse, qui tres volontiers exposoient leurs Biens & vies à tous perils, pour avoir part en ceste seulle vraye & solide gloire, d'avoir aidé à conserver la Religion en leur Pays, ou à l'establir és Pays loingtains, esquels le nom & l'adoration de nostre Dieu n'estoit point encore cognuë: qui auroit rendu leur zele & valeur recommandables par tout, & leur exemple esté cause d'exciter les autres Potentats à les ensuivre en l'honneur & au peril de pareilles entreprises & conquestes. Ne s'estant point depuis cet ardeur & saincte intention de nos Roys & de leurs Sujets, refroidie ou changée, jusques à ces derniers temps que l'Heresie s'est glissée si avant dans le Royaume, & accreuë par les moyens que chacun sçait, & qu'il n'est plus besoin remettre devant nos yeux, que nous sommes en fin tombez en ce malheur, que les Catholiques mesmes, que l'union de l'Eglise devoit inseparablement conjoindre, se sont par un exemple prodigieux & nouveau, armez les uns contre les autres, & separez au lieu de se joindre ensemble pour la defence de leur Religion. Ce que nous estimons estre advenu par les mauvaises impressions & subtils artifices, dont les Heretiques ont usé, pour leur persuader que ceste Guerre n'estoit pour la Religion, mais pour usurper ou dissiper l'Estat: combien que nous ayons pris les armes, meus d'une si juste douleur, ou plustost contraincts d'une si grande necessité, que la cause n'en puisse estre attribuée qu'aux autheurs du plus meschant, desloyal, & pernicieux conseil, qui fut jamais donné à Prince: & la mort du Roy advenuë par un coup du Ciel & la main d'un seul homme, sans l'ayde ny le sceu de ceux qui n'avoient que trop d'occasion de la desirer. Nous ayons encores tesmoigné que nostre seul but & désir estoit de conserver l'Estat, & suivre les Loix du Royaume, en ce que nous aurions recogneu pour Roy Monseigneur le Cardinal de Bourbon plus prochain & premier Prince du Sang, declaré tel du vivant du feu Roy, par ses Lettres Patentes verifiées en tous les Parlements: Et en ceste qualité designé son Successeur, où il viendroit à deceder sans Enfans Masles, qui nous obligeoit à lui deferer cest honneur, & à luy rendre toute obeyssance, fidelité, & service, comme nous en avions bien l'intention, s'il eust pleu à Dieu le delivrer de la captivité en laquelle il estoit: & si le Roy de Navarre, duquel seul il pouvoit esperer ce bien, eust tant obligé les Catholiques que de le faire, le recognoistre lui mesmes pour son Roy, & attendre que nature eust faict finir ses jours, se servant de ce loisir pour se faire instruire & reconcilier à l'Eglise: il eust trouvé les Catholiques unis, disposez à luy rendre la mesme obeyssance & fidelité apres la mort du Roy son Oncle. Mais perseverant en son erreur, il nous estoit loisible de le faire, si nous voulions, comme Catholiques, demeurer sous l'obeyssance de l'Eglise Catholique, Apostolique, & Romaine, qui l'avoit excommunié & privé du Droict qu'il pouvoit pretendre à la Couronne Oultre ce que nous eussions, en le faisant, enfraint, & violé ceste ancienne coustume, si religieusement gardée par tant de siecles & la Succession de tant de Roys, depuis Clovis jusques à present, de ne recognoistre au throsne Royal aucun Prince qui ne fust Catholique, obeyssant Fils de l'Eglise: & qui n'eust promis & juré à son Sacre, & en recevant le Sceptre & la Couronne, d'y vivre & mourir, de la deffendre & maintenir, & d'extirper les Heresies de tout son pouvoir: premier Serment de nos Roys, sur lequel celui de l'obeyssance & fidelité de leurs Subjects estoit fondé, & sans lequel ils n'eussent jamais recognu, tant ils estoient Amateurs de nostre Religion, le Prince qui se pretendoit appellé par les Loix à la Couronne: Observation jugée si saincte & necessaire, pour le bien & salut du Royaume, par les Estats Generaux assemblez à Blois en l'année mil cinq cents soixante seize, lors que les Catholiques n'estoient encores divisez en la defense de leur Religion, qu'elle fut tenuë entr'eux comme Loy principale & fondamentale de l'Estat: & ordonné avec l'authorité & approbation du Roy, que deux de chacun ordre seroient deputez vers le Roy de Navarre & Prince de Condé, pour leur representer de la part desdits Estats, le peril auquel ils se mettoient pour estre sortis de l'Eglise: les exhorter de s'y reconcilier, & leur denoncer, s'ils ne le faisoient, que venant leur ordre pour succeder à la Couronne, ils en seroient perpetuellement exclus, comme incapables. Et la declaration depuis faicte à Rouen, en l'année mil cinq cens quatre vingt huict, confirmée en l'Assemblée des derniers Estats tenus au mesme Lieu de Blois, que ceste Coustume & Loy ancienne, seroit inviolablement gardée comme Loy fondamentale du Royaume: n'est qu'une simple approbation du jugement sur ce donné par les Estats precedans, contre lesquels on ne peut proposer aucun juste soupçon, pour condamner ou rejetter leur advis & authorité. Aussi le feu Roy la receut pour Loy, & en promit & jura l'observation en l'Eglise, & sur le precieux Corps de nostre Seigneur, comme firent tous les Deputez des Estats, en ladicte derniere Assemblée avec luy: non seulement avant les inhumains massacres, qui l'ont rendu si infame & funeste, mais aussi depuis, lors qu'il ne craignoit plus les morts, & mesprisoit ceux qui restoient,

ANNO 1592.

ANNO 1592.

toient, qu'il tenoit comme perdus & desesperez de tout salut. L'ayant fait pour ce qu'il recognoissoit y estre tenu & obligé par devoir, comme tous les Souverains sont à suivre & garder les Loix qui sont comme colonnes principales, ou plustost bases de leur Estat. On ne pourroit donc justement blasmer les Catholiques unis, qui ont suivy l'Ordonnance de l'Eglise, l'exemple de leurs majeurs, & la Loy fondamentale du Royaume, qui requiert au Prince qui pretend Droict à la Couronne, avec la proximité du sang, qu'il soit Catholique, comme qualité essentielle & necessaire pour estre Roy d'un Royaume acquis à Jesus Christ, par la puissance de son Evangile, qu'il a receu depuis tant de siecles, selon & en la forme qu'elle est annoncée en l'Eglise Catholique, Apostolique & Romaine. Ces raisons nous avoient fait esperer, que si quelque apparence de devoir avoit retenu plusieurs Catholiques pres du feu Roy, qu'apres sa mort, la Religion, le plus fort lien de tous autres, pour joindre les hommes ensemble, les uniroit tous en la defence de ce qui leur doit estre le plus cher. Le contraire seroit toutesfois advenu contre le jugement & prevoyance des hommes, pour ce qu'il fut aisé en ce soudain mouvement, de leur persuader que nous estions coulpables de ceste mort, à laquelle n'avions aucunement pensé: & que l'honneur les obligeoit d'assister le Roy de Navarre, qui publioit en vouloir prendre la vengeance, & qui leur promettoit de se faire Catholique dedans six mois. Et y estans une fois entrez, les offenses que la Guerre Civile produit, les prosperitez qu'il a euës, & les mesmes calomnies que les Heretiques ont continué de publier contre nous, sont les vrayes causes qui les y ont depuis retenu, & donné moyen aux Heretiques de s'accroistre si avant, que la Religion & l'Estat en sont en peril. Quoy que nous ayons veu de loing le mal que ceste division devoit apporter, & qu'elle feroit cause d'establir l'Heresie avec le sang & les armes des Catholiques, que nostre reconciliation seulle y pourroit remedier, & que pour ceste raison nous l'ayons soigneusement recherchée: si n'a-il jamais esté en nostre pouvoir d'y parvenir: tant les esprits ont esté alterez, & occupez de passion, qui nous a empesché de voir les moyens de nostre salut. Nous les avons faict prier souventesfois de vouloir entrer en conference avec nous, comme nous offrions de le faire avec eux, pour y adviser: Faict declarer tant à eux qu'au Roy de Navarre, mesmes sur quelques propositions faictes pour mettre le Royaume en repos, que s'il delaissoit son erreur & se reconcilioit à l'Eglise, à nostre Saint Pere, & au Sainct Siege, par une vraye & non feinte conversion, & par actions qui peussent donner tesmoignage de son zele à nostre Religion: que nous apporterions tres-volontiers nostre obeyssance, & tout ce qui dependroit de nous, pour ayder à faire finir nos miseres: & y procederions avec une si grande franchise & sincerité que personne ne pourroit doubter que nostre intention ne fust telle. Ces ouvertures & declarations ayans esté faites lors que nous avions plus de prosperité & de moyen pour oser entreprendre, si ce desir eust esté en nous, plustost que de servir au public, & cercher le repos du Royaume. A quoy chacun sçait qu'il auroit toûjours respondu qu'il ne vouloit estre forcé par ses Subjects, appellant contraincte la priere qu'on luy faisoit de retourner à l'Eglise, qu'il devoit plustot recevoir de bonne part, & comme une admonition salutaire, qui luy representoit le devoir auquel les plus grands Roys sont aussi bien obligez de satisfaire, que les plus petits de la Terre: car quiconque a une fois receu le Christianisme, & en la vraye Eglise, qui est la nostre, dont nous ne voulons point mettre l'authorité en doute, avec qui que ce soit: il n'en peut non plus sortir, que le Soldat enrollé se departir de la foy qu'il a promise & jurée, sans estre tenu pour deserteur & infracteur de la Loy de Dieu, & de son Eglise. Il a encores adjousté à ceste responsé. Apres qu'il seroit obey & recogneu de tous ses Sujects, qu'il se feroit instruire en un Concile libre & general: comme s'il falloit des Conciles pour un erreur tant de fois condamné & reprouvé de l'Eglise: mesmes par le dernier Concile tenu à Trente, autant authentique & solemnel qu'aucun autre qui ait esté celebré depuis plusieurs siecles. Dieu ayant permis qu'il ait eu de l'advantage depuis par le gain d'une bataille, la mesme priere luy fut encores repetée, non par nous qui n'estions en estat de le devoir faire, mais par personnes d'honneur, desireux du bien & repos du Royaume: Comme aussi durant le siege de Paris, par Prelats de grande qualité, priez d'aller vers luy de la part des assiegez, pour trouver quelque remede en leur mal. Auquel temps s'il s'y fust disposé, ou plustost si Dieu par son S. Esprit (sans lequel personne ne peut entrer en son Eglise) luy eust donné ceste volonté, il eust beaucoup mieux fait esperer de sa conversion aux Catholiques, qui sont justement soupçonneux & sensibles en la crainte d'un changement qui regarde de si pres à l'honneur de Dieu, à leurs consciences, & à leurs vies, qui ne peuvent jamais estre asseurées sous la domination des Heretiques. Mais l'espoir auquel il estoit lors d'assubjetir Paris, & par cest exemple, la terreur de ses armes, & les moyens qu'il se promettoit trouver dedans, d'occuper le reste du Royaume par la force: luy firent rejetter ces Conseils de reconciliation à l'Eglise, qui pouvoient unir les Catholiques ensemble, & conserver leur Religion. Dieu les en ayant delivrez, à l'aide des Princes, Seigneurs, & d'un bon nombre de Noblesse du Royaume, & de l'Armée que le Roy Catholique, qui a toûjours assisté ceste cause de ses forces, & moyens, dont nous luy avons tres-grande obligation, envoia soubs la conduicte de Monsieur le Duc de Parme, Prince d'heureuse memoire, assez cogneu par la reputation de son nom, & de ses grands merites: Il ne laissa pourtant de rentrer bien tost en ses premieres esperances, pource que ceste armée estrangere, incontinent apres le siege levé, sortit hors le Royaume. Et luy ayant mandé les siens, assembla par leur prompte obeyssance, une grande Armée avec laquelle il se rendit Maistre de la Campagne: & fit publier lors tout ouvertement & sans plus dissimuler, que c'estoit crime de le prier & luy parler de conversion avant que l'avoir recogneu, luy avoir presté le Serment d'obeyssance & fidelité: que nous estions tenus de poser les armes, de nous addresser ainsi nuds & desarmez à luy par supplication, & de luy donner pouvoir absolu sur nos biens, & sur nos vies, & sur la Religion: mesmes pour en user ou abuser comme il luy plairoit: la mettant en peril certain par nostre lascheté. Au lieu qu'avec l'authorité, & les moyens du S. Siege, l'ayde du Roy Catholique, & autres Potentats qui assistent & favorisent ceste cause, nous avons toûjours esperé que Dieu nous feroit la grace de la conserver. Tous lesquels n'auroient plus que voir en nos affaires, si nous l'avions une fois recogneu, & se desmeleroit ceste querelle, de la Religion avec trop d'advantage pour les Heretiques, entre lui, Chef & Protecteur de l'Heresie, armé de nostre obeyssance & des forces entieres du Royaume; & nous qui n'aurions pour luy resister que de simples & foibles supplications addressées à un Prince peu desireux de les ouyr, & d'y pourveoir. Quelque injuste que soit ceste volonté, & que la suivre soit le vray moyen de ruiner la Religion, neantmoins, entre les Catholiques qui l'assistent, plusieurs se sont laissé persuader que c'étoit rebellion de s'y opposer, & que nous devions plûtôt obeïr à ses commandemens & aux Loix de la Police temporelle, qu'il veut établir de nouveau, contre les anciennes Loix du Royaume, qu'à l'ordonnance de l'Eglise, & aux Loix des Rois Predecesseurs, de la Succession desquels il pretend la Couronne: qui ne nous ont pas appris à recognoître des Heretiques, mais au contraire à les rejetter, à leur faire la Guerre, & à n'en tenir aucune plus juste ni plus necessaire, quoi qu'elle fût perilleuse, que celle-là. Qu'il se souvienne que lui-même s'est armé si souvent contre nos Rois, pour introduire une nouvelle doctrine dans le Royaume; que plusieurs Escrits & Libelles Diffamatoires ont été faits & publiez contre ceux qui s'opposoient, & donnoient conseil d'étouffer de bonne heure le mal qui en naissant étoit foible, qu'il vouloit lors qu'on creust ses armes être justes, pour ce qu'il y alloit de sa Religion & de sa conscience. Et que nous défendons une ancienne Religion, aussi-tôt reçûë en ce Royaume qu'il a commencé; & avec laquelle il s'est accru jusques à être le premier, & le plus puissant de la Chrêtienté; que nous cognoissons assez ne pouvoir être gardée pure, inviolable & hors de peril sous un Roi Heretique: encor qu'à l'entrée pour nous faire poser les armes, & le rendre Maître absolu, on en dissimule & promette le contraire: Les exemples voisins, la raison, & ce que nous experimentons tous les jours, nous devroient faire sages & apprendre que les Sujets suivent volontiers la vie, les meurs, & la Religion même de leurs Rois, pour avoir part en leurs bonnes graces, honneurs & bien-faits, qu'eux seuls peuvent distribuër à qui il leur plaît. Et qu'aprés en avoir corrompu les uns par faveur, ils ont toûjours le moyen de contraindre les autres avec leur authorité & pouvoir. Nous sommes

ANNO 1592.

tous

ANNO 1592.

tous hommes, & ce qui a été tenu pour licite une fois, qui neantmoins ne l'étoit point, le fera encores aprés pour une autre cause, qui nous semblera aussi juste que la premiere qui nous a fait faillir. Quelques considerations ont fait que plusieurs Catholiques ont pensé pouvoir suivre un Prince Heretique, & aider à l'établir, l'aspect des Eglises, des Autels, des Monuments de leurs Peres, plusieurs desquels sont morts en combattant pour ruïner l'Heresie, qu'ils soustiennent, & le peril de la Religion present & à venir, ne les en ont point détourné. Combien devrions nous donc plus craindre ses faveurs & sa force, s'il étoit établi & devenu nôtre Maître & Roi absolu, lors qu'un chacun las & recrû, ou plûtôt du tout ruïné par cette Guerre, qui leur auroit été si peu heureuse, aimeroit mieux souffrir ce qu'il lui plairoit, pour vivre en sûreté & repos, & avec quelque espoir de loyer & recompense, obeïssant à ses commandemens, que de s'y opposer avec peril. On dit que les Catholiques seroient tous unis lors, & n'auroient plus qu'une même volonté pour conserver leur Religion: par ainsi qu'il seroit aisé d'empescher ce changement. Nous devons desirer ce bien, & toutefois nous ne l'osons esperer si à coup. Mais soit ainsi que le feu esteint, il n'y ait à l'instant plus de chaleur dans les cendres: & que les armes posées, nôtre haine soit du tout morte. Si est-il certain, que nous ne serons pourtant exempts de ces autres passions, qui nous font aussi souvent faillir, que nous aurons toûjours le peril sur nos têtes, & serons sujets malgré nous aux mouvemens, & passions des Heretiques, qui feront quand ils pourront, par conduite, ou par force, & avec l'advantage qu'ils auront pris sur nous, ayants un Roi de leur Religion, ce que nous sçavons déja qu'ils veulent. Et si les Catholiques vouloient bien considerer dés maintenant les actions qui viennent de leurs conseils, ils y verroient assez clair. Car on met les meilleures Villes & Forteresses qui sont prises, en leur pouvoir, ou de personnes qui sont recognuës de tout temps les favoriser. Les Catholiques qui y resident sont tous les jours accusez & convaincus de crimes supposez: la rebellion estant le crime duquel on accuse ceux qui n'en ont point: les principalles Charges tombent déjà entre leurs mains: on est venu jusques aux Estats de la Couronne. Les Bulles de nos Saints Peres les Papes Gregoire XIV., & Clement VIII., qui contenoient leurs saintes & paternelles admonitions aux Catholiques, pour les separer des Heretiques, ont été rejectées & foullées aux pieds avec mépris par Magistrats qui s'attribuent le nom de Catholiques, combien qu'ils ne le soient en effet. Car s'ils étoient tels, ils n'abuseroient la simplicité de ceux qui le sont par les exemples tirez des choses advenuës en ce Royaume, lors qu'il étoit question d'entreprise contre la Liberté & les Privileges de l'Eglise Gallicane, & non de fait semblable au nôtre: le Royaume n'ayant jamais été reduit à ce malheur puis le temps qu'il a reçû nôtre Religion, de souffrir un Prince Heretique, ou d'en voir quelqu'un de cette qualité qui y ait pretendu droit. Et si cette Bulle leur sembloit avoir quelque difficulté, estans Catholiques, ils y devoient proceder par Remonstrances, & avec le respect & la modestie qui est dûë au Saint Siege, & non avec si grand mépris, blaspheme, & impieté comme ils ont fait: mais c'est avec dessein, pour apprendre aux autres qu'ils sçavent être meilleurs Catholiques qu'eux à mépriser le Chef de l'Eglise, afin qu'on les en separe plus aisément aprés. Il y a des degrez au mal: on fait toûjours commencer par celui qui semble le moindre, ou ne l'être point du tout: le jour suivant y en adjoûte un autre: puis enfin, la mesure se trouve au comble. C'est en quoi nous recognoissons que Dieu est grandement courroucé contre ce pauvre & desolé Royaume, & qu'il nous veut encores chastier pour nos pechez: puis que tant d'actions qui tendent à la ruïne de nôtre Religion, & d'autre côté tant de declarations par nous faites, & si souvent repetées, mêmes depuis peu de jours, d'obeïr & nous remettre du tout à ce qu'il plairoit à sa Sainteté & au S. Siege ordonner sur la conversion du Roi de Navarre, si Dieu lui faisoit la grace de quitter son erreur: qui devroient servir de témoignage certain de nôtre innocence, & sincerité, & justifier nos armes, comme nécessaires, ne les émeuvent point: & qu'on ne laisse pourtant de publier que les Princes unis pour la défense de la Religion, ne tendent qu'à la ruïne & dissipation de l'Etat. Combien que leur conduite & les ouvertures faites du commun consentement d'eux tous, mêmes des Souverains qui nous assistent, soient le vrai & plus assûré moyen pour en ôter la cause ou le pretexte à qui en auroit la volonté. Les Heretiques s'attachent là-dessus au secours du Roi Catholique, qu'ils voyent à regret, & nous tiendroient pour meilleurs François, si nous nous en voulions passer; ou pour mieux dire, plus aisez à vaincre, si nous estions desarmez. A quoi nous nous contenterons de leur respondre, que la Religion affligée, & en trés-grand peril dans ce Royaume, a eu besoin de trouver cet appuy, que nous sommes tenus de publier cette obligation, & de nous en souvenir perpetuellement: Et qu'en implorant le secours de ce grand Roi (Allié & Confederé de cette Couronne) il n'a rien requis de nous, & n'avons aussi fait de nôtre côté aucun Traité avec qui que ce soit dedans ou dehors le Royaume à la diminution de la grandeur & Majesté de l'Etat: pour la conservation duquel nous nous precipiterons trés-volontiers à toutes sortes de perils; pourvû que ce ne soit pour en rendre Maître un Heretique. Mal que nous avons en horreur, comme le premier & le plus grand de tous les autres. Et si les Catholiques qui les favorisent & assistent, se vouloient dépoüiller de cette passion, se separer d'avec eux, & joindre non point à nous, mais à la cause de nôtre Religion, & rechercher les conseils & remedes en commun pour la conserver, & pourvoir au salut de l'Etat: Nous y trouverions sans doute la conservation de l'un & de l'autre, & ne seroit pas au pouvoir de celui qui auroit mauvaise intention d'en abuser, au prejudice de l'Etat, & de se servir d'une si sainte cause, comme d'un pretexte specieux pour acquerir injustement de la grandeur & de l'autorité. Nous les supplions donc & adjurons au nom de Dieu & de cette même Eglise, en laquelle nous protestons tous les jours les uns & les autres, de vouloir vivre & mourir: de se separer des Heretiques, & de bien considerer que demeurans contraires les uns aux autres, nous ne pouvons prendre aucun remede qui ne soit perilleux, & doive faire beaucoup souffrir à cet Estat, & à chacun en particulier, avant que d'y apporter quelque bien: Au contraire que nôtre reconciliation rendra tout facile, & fera bien-tôt finir nos miseres. Et afin que les Princes du Sang, autres Princes, & les Officiers de la Couronne, ne soient point retenus & empêchez d'entendre à un si bon œuvre, pour le doute qu'ils pourroient avoir de n'être recognus, respectez & honorez de nous & des Princes & Seigneurs de ce Parti, selon qu'ils meritent, & au rang & dignité qui leur appartient, Nous promettons sur nôtre foi & honneur de le faire, pourvû qu'ils se separent des Heretiques: & qu'ils trouveront aussi le même respect & devoir en tous les autres de ce Parti. Mais nous les supplions de le faire promptement: & qu'ils coupent le neud de tant de difficultez, qui ne se peuvent deslier, s'ils ne quittent tout, pour servir à Dieu, & à son Eglise: s'ils ne se remettent devant les yeux, que la Religion doit passer pardessus tous autres respects & considerations, & que la prudence ne l'est plus, quand elle nous fait oublier en ce premier devoir. Nous leur donnons advis que pour y proceder de nôtre part avec plus de maturité de conseil, Nous avons prié les Princes, Pairs de France, Prelats, Seigneurs & Deputez des Parlements & des Villes & Communautez de ce Parti, de se vouloir trouver en la Ville de Paris, le dix-septiéme jour du mois prochain: Pour ensemblement choisir, sans passion, & sans respect de l'interest de qui que ce soit, le remede que nous jugerons en nos consciences devoir être le plus utile pour la conservation de la Religion & de l'Etat. Auquel lieu s'il leur plaît d'envoyer quelques-uns de leur part pour y faire ouvertures qui puissent servir à un si grand bien, ils y auront toute sûreté, seront ouys avec attention & desir de leur donner contentement. Que si l'instante priere que nous leur faisons de vouloir entendre à cette reconciliation, & le peril prochain & inevitable de la ruïne de cet Etat, n'ont assez de pouvoir sur eux, pour les exciter de prendre soin du salut commun: & que nous soyons contraints, pour être abandonnez d'eux, de recourir à remedes extraordinaires, contre nôtre desir & intention: Nous protestons devant Dieu, & devant les hommes, que le blâme leur en devra être imputé, & non aux Catholiques unis, qui se sont employez de tout leur pouvoir, pour, avec leur bien-veillance & amitié, même conseils & volontez, défendre & conserver cette cause, qui leur est commune avec nous. Ce que s'ils vouloient entreprendre de pareille affection, l'espoir d'un prochain repos seroit certain: & nous

ANNO 1592. tous assûrez que les Catholiques ensemble, contre les Heretiques leurs anciens Ennemis, qu'ils ont accoustumé de vaincre, en auroient bien-tôt la fin. Si prions Messieurs les Gens tenans les Cours de Parlement de ce Royaume, de faire publier & enregîtrer ces presentes, à fin qu'elles soient notoires à tous, & que la memoire en soit perpetuelle à l'advenir, à nôtre décharge, & des Princes, Pairs de France, Prelats, Seigneurs, Gentils-Hommes, Villes & Communautez, qui se sont unis ensemble pour la conservation de leur Religion. En témoin dequoi nous avons signé cesdites presentes de nôtre main, & y fait mettre & apposer le Seel de la Chancellerie de France. Donné à Paris, au mois de Decembre, l'an mil cinq cens quatre-vingts douze. *Signé*, CHARLES DE LORRAINE. Par Monseigneur, BAUDOUYN. *Et scellées du grand Sceau en las de soye de cire verd.* Lûës, publiées & regîtrées és Regîtres de la Cour, ce requerant le Procureur General du Roi: & publiées à son de trompe & cry public par les Carrefours de la Ville de Paris le 5. de Janvier 1593. *Signé*, DU TILLET.

CCXXVI.

1593. 27. Janv. HENRI IV. ET LA LIGUE. *Proposition des Princes, Prélats, Officiers de la Couronne & principaux Seigneurs* CATHOLIQUES, *tant du Conseil de* HENRI IV. *Roi de France, qu'autres, pour procurer la Paix au Royaume, & en même tems la conservation de la Religion Catholique & de l'Etat, faite au Duc de* MAYENNE *& autres Princes de sa Maison, Prélats, & autres Personnes envoyées par quelques Villes & Communautez, se trouvant assemblez dans la Ville de Paris. A Chartres, le 27. Janvier, 1593.* [Chronologie Novenaire, ou Histoire de la Guerre sous le Régne de HENRI IV. Part. II. Feuill. 118. d'où l'on a tiré cette Piece, qui se trouve aussi dans les *Memoires d'Etat recueillis de divers MSS. en suite de ceux de feu Mr. de* Villeroy, *&c.* Tom. IV. pag. 37. Edit. de Paris en 1665.]

LEs Princes, Prelats, Officiers de la Couronne, & principaux Seigneurs Catholiques, tant du Conseil du Roy, que autres estans prez de Sa Majesté, ayant veu une Declaration imprimée à Paris, sous le nom de Monsieur le Duc de Mayenne, en datte du mois de Decembre, & publiée à son de trompe en ladite Ville, le cinquiesme du present mois de Janvier, ainsi qu'il est escrit au pied d'icelle, & venuë en leurs mains à Chartres, le quinziesme jour d'iceluy mois: Recognoissent & sont d'accord avec ledict Sieur Duc, que la continuation de ceste Guerre tirant quand & soy la dissipation & ruine de l'Estat en ce Royaume, comme c'est une consequence indubitable, emporte par mesme moyen la ruyne de la Religion Catholique, ainsi que l'experience n'en rend déjà que trop de preuves; au grand regret & desplaisir desdits Princes & Seigneurs, & de tous les autres Princes, Sieurs, & Estats Catholiques, qui recognoissent le Roy, que Dieu leur a donné, & luy font service, comme ils luy sont naturellement obligez: lesquels avec ce devoir ont toûjours eu pour but principal, la conservation de la Religion Catholique; & se sont d'autant plus roidis avec leurs armes & moyens en la defense de la Couronne, sous l'obeyssance de Sa Majesté, quand ils ont veu entrer en ce Royaume les Estrangers Ennemis de la grandeur de ceste Monarchie, & de l'honneur & gloire du nom François: parce qu'il est trop evident qu'ils ne tendent qu'à le dissiper, & de la dissipation ensuyvroit une Guerre immortelle, qui ne pourroit produire avecques le temps autres effects, que la ruine totale du Clergé, de la Noblesse, des Villes & du plat Pays, evenement qui seroit pareillement infaillible à la Religion Catholique, en cedit Royaume. C'est pourquoy tous bons François & vrayement zelateurs d'icelle, doivent tascher à empescher de tout leur pouvoir le premier inconvenient, dont le second susdit est inseparable, & tous deux inevitables, par la continuation de la Guerre. Le vray moyen pour y obvier, seroit une bonne reconciliation entre ceux que le malheur d'icelle tient ainsi divisez & armez, à la destruction les uns des autres. Car sur ce fondement la Religion Catholique seroit restaurée, les Eglises conservées, le Clergé maintenu en sa Dignité & Biens, la Justice remise, la Noblesse reprendroit sa force & vigueur pour la defense & repos de ce Royaume: les Villes se remettroient de leurs pertes & ruynes par le retablissement du Commerce, & des Arts & Mestiers nourrissiers du Peuple, & qui y sont presque du tout abolis, & mesmes les Universitez & Estudes des Sciences, qui ont par cy-devant fait florir & donné tant de lustre & ornement à ce Royaume, & qui maintenant languissent, & perissent peu à peu: Les champs se remettroient en culture, qui en tant d'endroits sont delaissez en friche, & au lieu des fruicts qu'ils souloient produire pour la nourriture des hommes, sont couverts de chardons & d'espines, qui en rendent mesme la face hideuse à voir: En somme par la Paix chasque Etat reprendroit sa fonction, Dieu seroit servy, & le Peuple jouïssant d'un assûré repos, beniroit ceux qui luy auroient procuré ce bien, ou au contraire il auroit juste occasion d'execrer & maudire ceux qui l'empescheront, comme n'y pouvant avoir autre raison que leur ambition particuliere. A ceste cause sur la demonstration que ledit Sieur de Mayenne fait par son Escrit, tant en son nom, que des autres de son Party, assemblez audit Paris, que ladite Assemblée est pour adviser au bien de la Religion Catholique, & repos du Royaume, dont, par le seul moyen des Lieux (où il n'est loisible ny raisonnable à autre que de leur party d'intervenir) ne peut sortir aucune resolution valable & utile à l'effect qu'il a publié: estant au contraire tout certain que cela ne feroit qu'enflamber davantage la Guerre, & oster tout moyen & esperance de reconciliation entre lesdits Princes, Prelats, Officiers de la Couronne, & autres Seigneurs Catholiques, estans prez Sa Majesté, bien assûrez, que tous les autres Princes, Seigneurs & Estats Catholiques, qui le recognoissent, concurrent avecques eux, en mesme zele à la Religion Catholique & bien de l'Estat, comme ils conviennent en l'obeyssance & fidelité deuë à leur Roy & Prince naturel: Ont au nom de tous, & avec le congé & permission que Sa Majesté leur en a donné, voulu par cest Escrit signifier audit Sieur de Mayenne & autres Princes de sa Maison, Prelats, Sieurs & autres personnes ainsi assemblez en ladicte Ville de Paris, Que s'ils veulent entrer en conference & communication des moyens propres pour assoupir les troubles à la conservation de la Religion Catholique & de l'Etat, & deputer quelques bons & dignes personnages pour s'assembler en tel lieu qui pourra estre choisi entre Paris & sainct Denis; Ils y en envoiront & feront trouver de leur part au jour qui sera pour ce convenu & accordé, pour recevoir & apporter toutes les bonnes ouvertures, qui se pourront excogiter pour un si bon effect: Comme chacun y apportant la bonne volonté qu'il doit, ainsi qu'ils le promettent de leur part, ils s'assûrent que les moyens se trouveront pour parvenir à ce bien. Protestans devant Dieu & les hommes que si ceste voye rejettée, prenans autres moyens illegitimes, qui ne pourroient par consequent estre que pernicieux à la Religion & à l'Estat, & achever de reduire la France au dernier periode de toute misere & calamité, la rendant proye & butin de l'avidité & convoitise des Espagnols, & le triomphe de leur insolence, acquis neantmoins par les menées & passions aveuglées d'une partie de ceux qui portent le nom de François, degenerans du devoir & de l'honneur qui a esté en si grande reverence à leurs Ancestres: la coulpe du mal qui en adviendra, ne pourra ny devra justement estre imputée, qu'à ceux qui par tel refus seront notoirement recognus en estre la seule cause, comme ayans preferé les expediens qui peuvent servir à leur grandeur & ambition particuliere, & de ceux qui les y fomentent, à ceux qui regardent l'honneur de Dieu & le salut du Royaume. Fait au Conseil du Roy, où lesdits Princes, & Sieurs se sont expressement assemblez & resolus avec la permission de Sa Majesté de faire la susdite offre & ouverture à Chartres, le 27. Janvier 1593. *Signé* REVOL.

CCXXVII.

Edit de HENRI IV. *Roi de France, servant de Réponse à la Déclaration du Duc de* MAYENNE *du 17. Janvier, 1593. Fait à Chartres le 29. dudit mois de Janvier, de ladite Année, 1593.* [Chronologie Novenaire, ou Histoire de 29. Janv. HENRI IV. ET LA LIGUE.

ANNO 1593.

de la Guerre sous le Régne de HENRI IV. Part. II. Feuill. 119.]

HENRI par la grace de Dieu, Roi de France & de Navarre, A tous ceux qui ces presentes Lettres verront, Salut. Ayant pleu à Dieu, nous faire naître de la plus ancienne race des Rois Chrêtiens, & par Droit de legitime Succession parvenir à la Couronne du plus beau & florissant Royaume de la Chrêtienté; Il ne nous avoit pas donné moins de pieté & de devotion, ni moins de valeur & de courage pour étendre & la foy Chrêtienne & les bornes & limites de ce Royaume qu'aux Rois nos Predecesseurs: Et n'a defailli à nôtre bonheur, sinon que tous nos Sujets n'ayent pareillement succedé à la vertu & fidelité de leurs Ancestres: mais nous nous sommes rencontrez en un siecle que beaucoup en ont dégeneré, ayant converti cet amour qu'ils portoient à leurs Rois, & dont ils excelloient sur tous les Peuples en conspiration, & leur fidelité en rebellion. De sorte que nôtre labeur & nôtre plus bel âage, qui étoit pour illustrer la gloire du nom François, est (à nôtre trés-grand regret) consommé à en publier la honte, n'ayant pû éviter d'être depuis nôtre advenement à cette Couronne, en continuelle Guerre contre nos Sujets rebelles, dont nous avons tant de déplaisir & de compassion des malheurs qu'en souffre tout le Royaume, que si nous eussions cognu que leur haine eût été à nôtre seule personne, nous aurions souhaitté de n'être jamais parvenus à nôtre dignité. Mais ils ont bien monstré que c'étoit contre l'autorité Roiale, qu'étoit leur conspiration, l'ayant premierement commencée, & depuis reïterée contre le feu Roi dernier, nôtre trés-honnoré Seigneur & Frere, pour lequel le pretexte de la Religion, dont ils se parent tant, ne pourroit valoir, ayant toûjours été trés-Catholique, & faisant même la Guerre contre ceux de la Religion, dite Reformée, peu auparavant que lesdits rebelles le vindrent affieger en la Ville de Tours. Et si ladite cause pretenduë de leurdite rebellion, fut recognuë fausse dés son commencement, elle ne l'a pas été moins depuis, quoi qu'ils la magnifient plus que jamais, & que ce soit l'unique justification à tous leurs crimes. Mais la lumiere que la verité porte sur le front surmonte enfin les tenebres qu'y opposoient leur obscurité, & l'admirable sagesse de Dieu dispose tellement toutes choses, que mêmes les plus mauvais servent à la perfection de son œuvre, tant qu'il contraint bien souvent ceux qui directement se bandent contre leur propre conscience, lors qu'ils s'en doutent le moins, de lascher quelque trait, qui fait la confession de leur faute si expresse qu'il leur est impossible de s'en plus desdire. La preuve en est bien claire & manifeste aux procedures de ceux qui, sous le nom de la Ligue, se sont élevez en armes à la ruïne & dissipation de cet Etat: & se voit que tant plus ils ont voulu pallier leur fait, plus ils ont mis en evidence leurs mauvaises intentions. Et comme la vraye & seule cause de leur soûlevation est principalement en trois points; En la naturelle malice de leurs Chefs, de tout temps mal affectionnez à cet Etat, à laquelle s'est jointe l'ambition de l'envahir & partager entre eux: L'intervention des anciens Ennemis de cette Couronne, qui ont voulu profiter à leur advantage cette occasion: Et pour les Peuples, l'envie des plus miserables sur les plus aisez, la cupidité des richesses, & l'impunité de leurs crimes. Cette ordonnance de Dieu qui fait au pecheur (malgré lui) descouvrir son peché, s'execute maintenant au fait du Duc de Mayenne, encores plus qu'il n'avoit été cidevant, par l'Ecrit qu'il a nouvellement mis en public, pour la convocation generale, qui se fait en la Ville de Paris, bien que sa faute soit insuportable & plus inexcusable qu'aucune autre qui ait jamais été commise de cette qualité; Elle pouvoit neantmoins être, sinon excusée, au moins trouvée moins étrange de ceux qui sçavent ce que peut la convoitise du commandement souverain en une ame ambitieuse. Mais non content d'avoir tantôt fait tous les bons François miserables, de leur vouloir encores crever les yeux & les rendre stupides en leurs miseres, leur ôtant ce qui leur reste de consolation, qui est la cognoissance certaine qu'ils ont de la source & premiere cause de leurs malheurs, & sçavoir à qui ils s'en doivent prendre. Dieu ne l'a pas voulu permettre. L'ambition dudit Duc de Mayenne s'est tellement enflée, qu'enfin elle a crevé le voile duquel il l'avoit voulu couvrir. Tout le plus grand artifice dudit Ecrit, est de faire croire en lui un bon zele, une grande simplicité, & qu'il est vuide de toute presomption. Et elle ne se pouvoit accuser plus grande que par ce même Instrument, étant fait en forme d'Edit, scellé du grand Sceau, adressé aux Cours de Parlement, & avec toutes les autres formes & marques, dont les Rois & Princes souverains ont privativement à tous autres accoûtumé d'user. Il fait par sadite Declaration une convocation generale des Princes, Officiers de la Couronne, & de tous les Ordres du Royaume, pour deliberer sur le bien de l'Etat: chose jusques ici inouïe sous autre nom que celui des Rois, comme par toutes les Loix, cette authorité leur est seulement reservée, & jugée en Crime de Leze-Majesté pour tous autres. Il veut monstrer de vouloir rendre quelque respect aux Princes du Sang, & neantmoins il les convoque, les appelle & leur promet sûreté, qui est bien les traiter comme inferieurs à lui. Ce sont toutes marques d'une imagination qu'il a en l'esprit de la puissance souveraine, de laquelle Dieu permettra qu'il s'en trouvera aussi éloigné comme injustement il y aspire. Si la forme dudit Ecrit est vicieuse & reprouvée, la substance d'icelui ne l'est pas moins, étant pleine de faulses suppositions, & neantmoins si foibles que les plus simples jugemens la peuvent sans aucun aide facilement recognoître. La vraye & certaine Loy fondamentale du Royaume, pour la Succession d'icelui, est la Loy Salique, qui est si sainte, parfaite & si excellente qu'à elle (aprés Dieu) appartient le premier & le plus grand honneur de la conservation d'icelui en l'état qui a si longuement duré, & est encor à present. Elle est aussi si nette & claire, qu'elle n'a jamais reçû aucune interpretation & exception: de sorte que Dieu, la Nature, & ladite Loy, nous ayant appellé à la Succession legitime de cette Couronne, elle ne nous peut être aussi peu disputée qu'à aucuns autres de nos Predecesseurs, au pouvoir desquels n'a point été de changer ou alterer aucune chose en ladite Loy, de tout temps reverée en France, comme une Ordonnance divine, à laquelle il n'est permis aux hommes de toucher, ne leur étant demeurée que la seule faculté & gloire d'y bien obeïr. Et si rien n'y a deu estre innouvé, moins l'a-il peu estre par la declaration faite par le feu Roy nostre tres-honoré Seigneur & Frere, aux Estats tenus à Blois en l'année cinq cents quatre-vingts huict. Car outre que c'est aux Loix, & non aux Roys, de disposer de la Succession de ceste Couronne, il est trop commun & notoire qu'au lieu que l'Assemblée desdits Estats devoit estre une deliberation libre, que ce ne fut qu'une conjuration descouverte contre l'autorité dudit feu Roy, duquel ladite declaration fut extorquée par force & violence, comme tout ce qui y fut traité ne fut que pour l'establissement de ce qui s'en est depuis ensuivy en faveur de la rebellion qui dure encor à present: & n'est pas à presumer que ledit feu Roy eust voulu sciemment rompre & enfreindre ladite Loy, par laquelle le feu Roy François I. son ayeul, & par consequent luy mesmes estoient venus à ceste Couronne. Aussi ainsi que ladite declaration fut injuste, elle n'a point esté observée par ceux mesmes qui l'avoient bastie, & en faveur desquels elle estoit faite, car si ledit Duc de Mayenne eust recognu le feu Cardinal de Bourbon nostre Oncle, pour son Roy, comme il luy en a donné quelque temps le titre imaginaire, il se fust intitulé durant sa vie plustost son Lieutenant General, que Lieutenant General de l'Estat comme il a toûjours fait, estimant que ceste qualité luy en acquerroit possession. Ils eussent aussi recognu nostredit Oncle dés qu'ils entreprirent de priver le feu Roy nostredit feu Sieur & Frere, de la Dignité Royale, ou pour le moins incontinent apres sa mort, mais ils y consulterent plus de trois mois. Apres s'y estans resolus, non en intention de le luy conserver, mais pour prendre par ledit Duc de Mayenne loisir & force de s'y establir luy-mesmes, s'introduisant cependant dans toutes les autoritez qui en dependent. Et c'est imposer, de dire que ladite declaration faite à Blois, n'est que la confirmation d'une autre pareille, faite aux Estats precedens tenus audit Blois, en l'année 1577. il peut bien estre qu'elle fust deslors par eux designée, mais leur force ne fust encores assez grande pour la faire resoudre, ne s'y estant faite sur ce autre demonstration, que par une simple Legation de la part desdits Estats, nous faire exhorter & feu nostre Cousin le Prince de Condé, à prendre la Religion Catholique. Quant aux ceremonies qui doivent suivre la promotion à la Dignité Royale, que lesdits rebelles nous imputent de n'avoir point, combien que cela ne doive pas valoir pour nostre

ANNO 1593. nostre exclusion, & nous denier l'obeïssance qui nous est deuë, par ce que la Royauté subsiste de soy-mesme, se pouvant bien interposer plusieurs choses & obstacles entre ladite Royauté & les ceremonies d'icelle, comme nous ne serions pas le premier Roy qui auroit quelque temps regné avant que d'être couronné & prins les autres solemnitez. Mais rien ne s'interpose entre la personne du Roy, & ladite Royauté, de laquelle l'autorité est inseparable. Toutesfois nous estimons avoir assez fait cognoître comme nous ferons toûjours, qu'ainsi qu'il n'a point tenu à nous jusqu'ici, qu'il ne tiendra aussi jamais que nous n'ayons toutes les marques & caracteres qui doivent accompagner cette Dignité, & que nous ne retirions à nous toute l'affection de nos Sujets, comme nous leur donnons toute la nôtre, même en ce qui est du fait de nôtre Religion. Que nous facions cognoître n'avoir aucune opiniâtreté, & que nous sommes bien preparés à recevoir toute bonne instruction, & nous reduire à ce que Dieu nous conseillera être de nôtre bien & salut. Et ne doit être trouvé etrange de tous nos Sujets Catholiques, si ayant été nourris en la Religion que nous tenons, nous ne nous en voulons departir, sans premierement être instruits, & qu'on ne nous ait fait cognoître que celle qu'ils desirent en nous, est la meilleure & plus certaine. Cette instruction en bonne forme estant d'autant plus necessaire en nous, que nôtre exemple & conversion pourroit beaucoup à émouvoir les autres. Ce feroit aussi errer aux principes de Religion, & monstrer n'en avoir point, que de vouloir, sous une simple semonce, nous faire changer la nôtre, y allant de chose si precieuse, que de ce en quoi il faut fonder l'esperance de son salut. Et n'avons pas pensé faillir de desirer la convocation d'un Concile, comme nous imputent lesdits rebelles, & que ce feroit mettre en doute ce qui a été conclu par les autres : parce que cette même raison condamneroit tous les derniers, esquels ce qui avoit été deliberé aux premiers, n'a pas laissé d'y être derechef traité : toutefois s'il se trouve quelque autre meilleur & plus prompt moyen pour parvenir à ladite instruction, tant s'en faut que nous la rejettons, que nous le desirons & l'embrassons de tout nôtre cœur, comme nous estimons l'avoir assez témoigné par la permission que nous avons donnée aux Princes, Officiers de la Couronne, & autres Seigneurs Catholiques qui nous assistent, de deputer vers le Pape pour faciliter & intervenir en ladite instruction. Et non-seulement par ce moyen, mais auparavant par plusieurs nos declarations generales & encores par legations particulieres, nous les avons voulu induire à venir à quelque conference, pour trouver les moyens de parvenir à ladite instruction, qui est incompatible avec le bruit des Canons & des Armes. Mais ils n'y ont voulu entendre, qu'au temps & autant qu'ils ont estimé leur pouvoir valoir à donner jalousie aux Ministres d'Espagne, pour en tirer des conditions meilleures : & est supposition de dire qu'ils nous en ayent jamais fait aucune semonce en forme qu'il se pût juger, que ce fût pour avoir effet : au contraire, il n'en a jamais été parlé de leur part, que comme craignans de persuader ce que pour la faveur de leur pretexte, ils étoient contraints monstrer de desirer. Et encor maintenant par ledit Ecrit, ils veulent tenir la chose pour desesperée, avant qu'elle ait jamais été proposée : dont ils ont tant d'aprehension qu'il en puisse advenir ce qui leur est aussi formidable dans le cœur, qu'il semble leur être plausible sur les levres, qu'aussi-tôt qu'ils entendirent que lesdits Catholiques qui nous assisterent, depêcherent par nôtre permission vers le Pape nôtre amé & feal Conseiller en nôtre Conseil d'Etat, Chevalier des deux Ordres, le Marquis de Pisani, ils firent partir en diligence deux de leurs Ambassadeurs, qui maintenant remuënt toute Rome avec les Ministres d'Espagne, pour empêcher & faire que l'audience lui soit desniée, encor qu'il soit deputé de la part des meilleurs Catholiques de ce Royaume, qu'il ne s'en pourroit pas choisir un qui le fût d'avantage que lui, & qu'il est bien à presumer que sa charge n'étoit que pour le bien & la conservation de la Religion Catholique. Ce sont effets certains & solides qui ne conviennent pas aux paroles qui se respandent maintenant dans leurs Ecrits, pour surprendre les plus simples, & neantmoins les uns se traittent à Rome au même temps que les autres se publient par deçà. Qui est-ce qui leur faisoit si hardiment dire qu'ils se remettoient pour ce qui est de nôtre Religion, à ce qui en feroit ordonné par le Pape, que nous voulons esperer qui sera si judicieux & équitable qu'il en sçaura bien discerner la verité ; Ces contrarietez si manifestes, ces artifices si descouverts sont mauvais moyens ausdits rebelles pour ébranler la constance des bons Catholiques qui nous assistent, & les attirer en societé de leurs fautes, comme il semble que ce soit une des principales intentions dudit Ecrit, en les invitant ou plûtôt adjournant, de se trouver à ladite Assemblée. Il feroit bien plus juste & plus convenable qu'eux qui sont les Catholiques desunis se vinssent rejoindre au corps des bons Catholiques, & vrays François, & se former à leur patron & exemple. Et si le corps est où est la meilleure & plus noble partie, il ne peut estre ailleurs que où sont tous les Princes du Sang, tous les autres Princes, excepté ceux de la Maison de Lorraine, qui ne sont que Princes de Maison étrangere. Tous les Officiers de la Couronne, les principaux Prelats, les Ministres de l'Etat, tous les Officiers des Parlements pour le moins tous les Chefs, quasi toute la Noblesse, qui sont tous demeurez fermes en leur fidelité envers nous & leur Patrie : car nôtre cause est celle de l'Etat, pour lequel nous combatons comme les autres font pour le destruire. Ce feroit bien à eux à jetter les yeux sur les monumens de leurs Ancêtres, qui ont souvent exposé leurs vies pour fermer les portes de ce Royaume à ceux ausquels ils les ouvrent & livrent maintenant, traffiquant à pris d'argent le sang de leurs Peres, & le bien & l'honneur de leur Patrie. Ce feroit bien à eux à faire dueil & penitence du detestable parricide commis en la personne du feu Roi, nôtre tres-honoré Seigneur & Frere, & ne le vanter plus pour trophée, ni pour faveur du Ciel, le plus lugubre accident qui jamais arriva en France, & dont elle est plus diffamée, n'étant pas descharge suffisante de n'en être point coulpable, & de dire ne l'avoir pas sçeu. Il n'eût pas falu aussi s'en resjouïr publiquement, en rendre graces à Dieu, & honorer la memoire de l'executeur, si on vouloit être creu en avoir été du tout innocent. Ce feroit bien à eux à considerer l'état present de la France, leur premiere Mere nourrice, qui les ayant si tendrement nourris & allaictez, les a, des moindres qu'ils étoient de leur condition, eslevez & appariez aux plus grands du Royaume, & gemir & souspirer de regret de la voir maintenant deschirée par leurs propres mains, remplie de nouveaux Habitans, regie par nouvelles Loix, & y parler nouveau langage. Si ces considerations ne servent à leur amollir le cœur, pour le moins nous sommes bien asseurez qu'elles eschauferont & animeront toûjours d'avantage celui des bons Catholiques qui nous assistent, que nous voyons plus resolus que jamais d'achever de dependre le reste de leurs vies & de leurs moyens pour une si juste & saincte cause. De quoi ils nous feront bons tesmoins que nous leur donnons le premier exemple, ne mesnageant aucunement ni nôtre santé, ni nôtre propre sang : au pris duquel nous voudrions avoir acquis le repos en ce Royaume. Ils tesmoigneront aussi pour nous, quels ont été nos deportements envers la Religion Catholique & tous les Ecclesiastiques. Si nous avons eu soin non seulement de ceux qui se sont maintenus en leur devoir, mais de ceux mêmes desdits rebelles qui ont été avec nous, qui avoüeront avoir receu meilleur traictement de nous & avoir veu pour leur regard la discipline bien mieux observée en nôtre armée qu'en celle desdits Ennemis. Lesdits bons Catholiques qui nous assistent, & qui ont eu moyen de considerer & examiner de pres nos actions, nous feront aussi bons tesmoins si nous avons été soigneux observateurs de la promesse à eux par nous faite à nôtre advenement à la Couronne, & si nous y avons en rien manqué & defailli de ce qui a peu dependre de nous. Et étant toûjours en cette intention & ferme resolution de l'accomplir & religieusement observer toute nôtre vie. Combien que nous n'ayons jamais donné occasion d'en pouvoir douter. Toutesfois parce que lesdits Ennemis taschent par tous moyens d'en donner de contraires impressions, & que nous ne voudrions qu'il en demeurât le moindre scrupule és esprits de nosdits bons Subjects, Nous reïterons ici volontiers ladite promesse, attestant le Dieu vivant, que du plus interieur de nôtre cœur nous faisons encores presentement à tous nosdits Subjets la même promesse que nous leurs fismes à nôtre advenement à cettedite Couronne, selon qu'elle est enregîtrée en nos Cours de Parlement : Promettons de la garder & inviolablement observer & entretenir jusques au dernier souspir de nôtre vie. Et au reste qu'il ne tiendra jamais à nous que les difficultez & empêchemens qui peu-

ANNO 1593. peuvent dependre de nôtre personne ne prennent fin par les bons moyens qui y doivent être tenus, lesquels nous esperons que Dieu favorisera tellement de sa benediction, que tout reüssira à sa gloire & au bien & repos de cet Etat. Et quant à la declaration dudit Duc de Mayenne, ci-dessus mentionnée à ce que nul n'y puisse être surprins & pretendre cause d'ignorance de ce qui est sur ce de nôtre intention. Aprés avoir mis le faict en deliberation en nôtre Conseil, Nous de l'advis d'icelui où étoient les Princes, tant de nôtre Sang, qu'autres, les Officiers de la Couronne, & autres grands & notables personnages de nôtre Conseil, AVONS dit, declaré, disons & declarons par ces presentes ladite pretenduë Assemblée tenuë ou à tenir en ladite Ville de Paris mentionnée en ladite declaration dudit Duc de Mayenne être entreprise contre les Loix, le bien & le repos de ce Royaume & des Sujets d'icelui: Tout ce qui y est, ou sera fait, dit, traité & resolu, abusif, de nul effet & valeur. Défendons à toutes personnes de quelque qualité & condition qu'ils soient d'y aller ou envoyer, y avoir intelligence aucune directement ou indirectement, ny donner passage, confort ou aide à ceux qui iront, retourneront, ou envoyeront à ladite Assemblée. AVONS tant celui qui fait ladite convocation, que tous les dessusdits declarez audit cas attaints & convaincus de Crime de Leze Majesté au premier Chef. Voulons qu'en cette qualité il soit procedé contre eux à la diligence de nos Procureurs Generaux, que nous chargeons particulierement d'en faire les poursuites. Et neantmoins parce que plusieurs Villes, Communautez, & Particuliers pourront avoir été surpris en ladite convocation, qui n'auront pas estimé être si illegitime & prohibée comme elle est. Ne nous voulans point departir de nôtre clemence que nous avons toûjours pratiquée & presentée à tous nos Sujets, mêmes en ce fait particulier excuser la simplicité de plusieurs, qui y peuvent avoir été seduits. NOUS de nôtre grace speciale AVONS dit & declaré, disons & declarons que tous, tant Villes, Communautez, que Particuliers de quelque qualité & condition qu'ils soient, qui se feront acheminez pour se trouver à ladite Assemblée, s'y feront jà rendus ou y auront envoyé, que s'en retirans ou revoquans leursdits Envoyez, & recourans à nous avec les submissions en tel cas requises, ils y feront benignement reçûs, & obtiendront de nous la remise de cette faute, & des precedentes faites pour l'adherance, qu'ils auront euë avec lesdits rebelles, pourveu qu'à cela ils satisfassent quinze jours aprés la publication de cette nôtre presente Declaration au Parlement du ressort duquel ils feront. Si donnons &c. Donné à Chartres le 29. jour de Janvier, l'an de grace 1593. Et de nôtre Regne le quatriéme, *Signé* HENRI. *Et plus bas.* Par le Roi étant en son Conseil. FORGET. *Et scellée sur double queuë en parchemin de cire jaune.* Leuës, publiées & regiſtrées, ouï & ce requerant le Procureur General du Roy, & ordonné que coppies collationnées feront envoyées aux Bailliages & Seneschaussées de ce ressort, pour y être leuës, publiées & regîtrées, & outre affichées aux Carrefours, Places publiques & principales Portes des Eglises. Enjoinct aux Baillifs & Seneschaux ou leurs Lieutenans Generaux proceder à la publication, & aux Substituts du Procureur General du Roi, faire proceder à l'execution, & informer des contraventions, & certifier la Cour de leurs diligences au mois.

CCXXVIII.

4. Mars. HENRI IV. ET LA LIGUE. *Réponse du Duc de* MAYENNE *Général de l'Etat & Couronne de France, des Princes, des Prélats, des Seigneurs, & des Députez des Provinces, à la Proposition des Princes, Prelats, Officiers de la Couronne, Seigneurs, Gentilshommes & autres, étant du Parti de* HENRI IV. *appellé par les Ligueurs Roi de Navarre. Ecrite un peu après l'Edit précédent.* [Chronologie Novenaire, ou Histoire de la Guerre sous le Régne de HENRI IV. Part. II. Feuill. 130. d'où l'on a tiré cette Piéce, qui se trouve aussi dans les *Memoires d'Etat, recueillis de divers MSS. en suite de ceux de feu Mr. de* VILLEROI, *&c.* Edit. de Paris *in* 12. 1665. Tom. IV. pag. 46. en Date du 4. Mars.]

NOUS avons vû il y déja quelques jours la Lettre qui Nous a été écrite & envoyée, par un Trompette sous vôtre nom. Nous desirons qu'elle vienne de vous & du zele & affection qu'avez fait paroître autrefois & avant cette derniere misere, à conserver la Religion & rendre le respect & l'obeïssance qui est deuë à l'Eglise, à nôtre Saint Pere le Pape, & au Saint Siege. NOUS ferions bientôt d'accord joints & unis ensemble contre les Heretiques. Et n'aurions plus besoin d'autres armes pour rompre & briser ces nouveaux Autels qu'ils ont élevez contre les nôtres: & empêcher l'établissement de l'Heresie, qui pour avoir été soufferte & tollerée ou plûtôt honorée de loyer & recompense, lors qu'on la devoit chastier, ne demande pas seulement aujourd'hui d'être reçûë & approuvée: mais veut devenir maîtresse & commander imperieusement sous l'authorité d'un Prince Heretique. Encor qu'il n'y ait personne denommé en particulier par cette Lettre, & qu'elle ne soit soubscrite par aucuns de ceux dont elle porte le nom, & que nous soyons par ce moyen incertains de qui elle vient, ou plûtôt trop assûrez qu'elle a été proprement faite du mouvement d'autruy: & que les Catholiques n'ont à present au lieu où vous étes, la liberté qui seroit necessaire pour sentir, deliberer, & resoudre avec le conseil & jugement de leurs propres consciences, ce que nôtre mal & le salut commun des Catholiques requiert. NOUS n'eussions pourtant differé si long-temps à y faire response, n'eût été que nous attendions que l'Assemblée fût plus remplie & acruë d'un bon nombre de personnes d'honneur des trois ordres qui étoient en chemin pour s'y trouver, dont la plûpart estans arrivez, de crainte que nôtre trop long silence ne soit calomnié, Nous la faisons aujourd'hui, sans plus user de remise pour attendre les autres qui restent à venir. Et declarons en premier lieu que nous avons tous promis & juré à Dieu, aprés avoir reçû son precieux corps, & la benediction du Saint Siege, par les mains de Monsieur le Legat, que le but de nos conseils, le commencement, le milieu, & la fin de toutes nos actions, sera d'assûrer & conserver la Religion Catholique, Apostolique & Romaine, en laquelle nous voulons vivre & mourir. La verité qui ne peut mentir, nous ayant apris qu'en cherchant avant toutes choses, le Royaume & l'honneur de Dieu, les benedictions temporelles s'y trouveront conjoinctes: entre lesquelles nous mettons au premier lieu aprés nôtre Religion, la conservation de l'Etat en son entier: & que tous autres moyens pour en empêcher la ruïne & dissipation, fondez sur la seule prudence humaine, sentent l'impieté, sont injustes, contraires au devoir & à la profession que nous faisons d'être Catholiques, & sans apparence d'avoir jamais aucun bon & heureux succes. Estans delivrez des accidens & perils que les Gens de bien prevoyent & craignent, à cause du mal que l'Heresie produit, Nous ne rejetterons aucun conseil qui nous puisse aider, pour amoindrir, ou faire finir nos miseres: Car nous recognoissons assez & sentons trop les calamitez que la Guerre civile produit, & n'avons besoin de personne pour nous monstrer nos playes: mais Dieu & les hommes sçavent qui en sont les autheurs. Il nous suffit de dire que nous sommes instruits & enseignez par la doctrine de l'Eglise, que nos esprits & consciences ne peuvent être en tranquilité & repos, ni joüir d'aucun bien, tant que nous serons en crainte & soupçon de perdre nôtre Religion, dont le danger ne se peut dissimuler ni eviter, si on continuë comme on a commencé. C'est pourquoi nous jugeons comme vous, que nôtre reconciliation est trés-necessaire. Nous la desirons aussi de cœur & d'affection: Nous la recherchons avec une charité & bien-veillance vrayement Chrêtienne. Et vous prions & adjurons au nom de Dieu de nous l'octroyer. Ne vous arrêtez point aux reproches & blâmes que les Heretiques nous mettent sus. Quant à l'ambition qu'ils publient être cause de nos armes; Il est en vôtre pouvoir de nous veoir au dedans, & découvrir si la Religion nous sert de cause ou de pretexte. Quittez les Heretiques que vous suivez & detestez tout ensemble. Si nous levons lors les mains au Ciel pour en rendre grace à Dieu, si nous sommes disposez à suivre tous bons conseils, à vous aimer, honnorer, rendre respect & service à qui le devrons, louez nous comme Gens de bien qui ont eu le courage & la resolution de mépriser tous perils, pour conserver leur Religion, & de l'integrité & moderation, pour ne penser à chose qui fût contre leur honneur, & devoir. Si le contraire advient, accusez nôtre dissimulation, & nous condamnez ANNO 1593.

Anno 1593.

damnez comme méchans. Vous mettrez en ce faisant la Terre & le Ciel contre nous, & nous ferez tomber les armes des mains, comme vaincus, ou nous laisserez si foibles que la Victoire sur nous sera sans peril. Blâmez cependant plûtôt le mal qui est en l'Heresie qui vous est cognu, craignez plûtôt ce chancre qui nous devore & gaigne tous les jours Païs, que cette vaine & imaginaire ambition qui n'est pas ou qui se trouvera seule, & mal assistée quand elle sera dépouillée de ce manteau de Religion: c'est aussi une calomnie sans raison de nous accuser que nous introduisons les estrangers dans le Royaume. Il faut souffrir la perte de la Religion, de l'honneur, de la vie & des biens, ou opposer la force aux Heretiques, ausquels rien ne peut plaire que nôtre ruine. Nous sommes contraints nous en servir, puisque vos armes sont contre nous. Ce sont les saints Peres, & le S. Siege qui ont envoyé à nôtre secours. Et encores que plusieurs ayent été appellez à cette souveraine dignité depuis ces derniers mouvemens, il n'y en a un seul qui ait changé d'affection envers nous. Témoignage assûré que nôtre cause est juste. C'est le Roi Catholique, Prince Allié & Confederé de cette Couronne, seul puissant aujourd'hui, pour maintenir & défendre la Religion, qui nous a aussi assisté de ses forces & moyens, sans autre loyer ni recompense, que de la gloire que ce bon œuvre lui a justement acquis. Nos Rois en pareille necessité & contre la rebellion des mêmes Heretiques, avoient eu recours à eux, nous n'avons fait que suivre leur exemple, sans nous engager non plus qu'eux à aucun Traité qui soit prejudiciable à l'Etat ou à nôtre honneur, combien que nôtre necessité ait été beaucoup plus grande que la leur: Representez vous plûtôt que les Anglois qui vous aident à établir l'Heresie, sont les anciens Ennemis du Royaume, qu'ils portent encore le tiltre de cette usurpation, & ont les mains teinctes du sang innocent d'un nombre infini de Catholiques, qui ont constamment enduré la mort & la cruauté de leur Royne, pour servir à Dieu, & à son Eglise. Cessez aussi de nous tenir pour Criminels de Leze-Majesté, pour ce que nous ne voulons obeïr à un Prince Heretique que vous dites être nôtre Roi naturel, & prenez garde qu'en baissant les yeux contre la Terre pour y veoir les Loix humaines, vous ne perdiez la souvenance des Loix qui viennent du Ciel. Ce n'est point la Nature ni le Droit des Gens qui nous apprend à recognoître nos Rois, c'est la Loy de Dieu, & celle de l'Eglise & du Royaume, qui requierent non-seulement la proximité du sang, à laquelle vous vous arrêtez, mais aussi la profession de la Religion Catholique au Prince qui nous doit commander. Et cette derniere qualité a donné nom à la Loy que nous appellons fondamentale de l'Etat, toûjours suivie & gardée par nos majeurs, sans aucune exception : Combien que l'autre pour la proximité du sang ait été quelquefois changée, demourant toutefois le Royaume en son entier & en sa premiere dignité. Pour venir donc à cette si sainte & necessaire reconciliation, Nous acceptons la conference que demandez : pourvû qu'elle soit entre Catholiques seulement, & pour adviser aux moyens de conserver nôtre Religion & l'Estat. Et pour ce que vous desirez qu'elle soit faite entre Paris & Saint Denis. Nous vous prions avoir pour agreable le lieu de Montmartre, de Saint Maur, ou de Chaliot, en la Maison de la Royne, & d'y envoyer s'il vous plaît vos Deputez dans la fin de ce mois, à tel jour qu'adviserez. Dont nous advertissant, ne faudrons d'y faire trouver les nôtres, & d'y apporter une affection sincere & exempte de toute mauvaise passion: avec priere à Dieu que l'issuë en soit si bonne que nous y puissions trouver tous ensemble la conservation de nôtre Religion, celle de l'Etat, & un bon, assûré, & durable repos. En ce desir, Nous le prions aussi de vous conserver & donner son esprit, pour cognoître & embrasser le plus utile & salutaire conseil pour vôtre bien & le nôtre. *Signé*, MARTEAU. DEPILES. CORDIER.

CCXXIX.

29. Mars. HENRI IV. ET LA LIGUE.

Replique des Princes CATHOLIQUES *du Parti de* HENRI IV. *au Duc de* MAYENNE *& à ceux de son Parti, datée de Chartres, le* 29. *Mars*, 1593. [Chronologie Novenaire, ou Histoire de la Guerre sous le Régne de HENRI IV. Part. II. Feuil. 132. d'où l'on a tiré cette Piéce, qui se trouve aussi dans les *Mémoires d'Estat recueillis de divers MSS. en suite de ceux de feu Mr. de* VILLEROI, Tom. IV. pag. 52. Edit. *in* 12. Paris 1665.]

Anno 1593.

APrés l'envoi & reception de ladite Proposition à Paris, le desir que l'on a de cette part, d'en veoir reüssir le fruict, auquel elle tend, retint encores quelques jours en cette Ville de Chartres Sa Majesté, & les Princes & Seigneurs qui avoient assisté à la deliberation d'icelle, pour attendre s'il y seroit fait reponse. Mais ayant passé huict jours sans en être venu aucune nouvelle, les affaires, & les demonstrations dudit Sieur de Mayenne, de vouloir entreprendre quelque chose avec l'armée étrangere, qu'il étoit allé trouver à cette fin, donnerent occasion à Sadite Majesté, & ausdits Princes & Seigneurs, de se departir & separer en divers endroits où les occasions de la Guerre les appelloient : de sorte que lors que ladite response fut apportée & receuë en cette Ville de Chartres, qui fut le huictiéme de ce mois de Mars, il ne s'y trouva que petit nombre desdits Princes & Seigneurs, & ne se sont encor depuis peu rejoindre pour resoudre des personnes, moyens & Lieux de la Conference. Toutesfois ayant ceux d'entre-eux qui étoient demourez ici, adverti où il a été besoin, de la reception de ladite response, l'ordre a été donné de se r'assembler à Mante, où se retrouvera dans peu de jours compagnie suffisante pour entendre à vacquer à cet affaire. Et à fin que le temps qui a couru avant qu'en donner quelque nouvelle à ladicte Assemblée de Paris, ne puisse être tiré en autre argument, que de la vraye cause, qui a apporté cette longueur: Les Princes & Seigneurs qui sont encore à present en cette dite Ville de Chartres, l'ont avec nouvelle permission de Sa Majesté voulu faire entendre par cet Escrit à ladicte Assemblée de Paris, & que dans le quinziéme jour du mois prochain, ils leur feront plus particuliere declaration de ce qui depend d'eux, pour l'acheminement & resolution de ladite Conference, tant en ce qui touche les seuretez, que autres choses qui y escherront. Pendant lequel temps, s'il plaisoit ausdicts Sieurs, qui sont en ladite Assemblée, d'advertir lesdits Princes & Seigneurs, des noms ou de la qualité & nombre des personnes qu'ils voudront à cette fin deputer, cela ayderoit à advancer d'autant plus la conclusion. Laquelle Dieu par sa grace vueille reciproquement addresser au seul but de la conservation de la Religion Catholique, & de l'Etat, comme ç'a été le principal motif, & sera toûjours l'intention des Princes & Seigneurs Catholiques qui recognoissent Sadite Majesté. Faict au Conseil d'icelle, tenu à Chartres, où lesdits Princes & Seigneurs se sont à cette fin assemblez avec sa permission, comme dit est, le 29. de Mars, 1593. *Signé*, REVOL.

Réponse à cette Replique du 5. *Avril* 1593. [Memoires d'Estat recueillis de divers MSS. en suite de ceux de feu Mr. de *Villeroy*, &c. Tom. IV. pag. 54. de ladite Edition.] 5. Avril.

MESSIEURS, par vos Lettres du 29. du mois passé, vous demandez que nostre Conference soit remise jusques au 16. de ce mois. Nous eussions plutost desiré de l'advancer, tant nous l'estimons necessaire pour le bien commun des Catholiques: mais puis qu'il ne se peut faire autrement, nous attendrons vostre commodité, & le temps qu'avez pris: pourveuque ce soit sans plus differer, comme nous vous en prions de toute nostre affection. Nous deputerons douze personnes d'honneur & de qualité, qui ont de l'integrité & du jugement aux affaires, & sont tres desireux de voir la Religion Catholique, Apostolique & Romaine en seureté, & le Royaume en repos. Vous avez choisi le lieu pour la Conference entre cette Ville, & Saint Denis, & nous l'avons accepté, comme nous faisons encor, soit en l'un de ceux qui sont nommez par nos precedentes Lettres, ou tel autre qu'aurez plus agreable. Quant aux seuretez & Passeports, ils seront donnez en blanc, pour les remplir du nom de vos Deputez, s'il vous plaist faire de mesme pour les nostres. Ne languissons plus, Messieurs, en l'attente de ce bien, mais jouïssons en tost, s'il nous doit arriver: ou si le contraire advient, que le blasme en demeure à ceux ausquels il devra estre imputé.

ANNO 1593. imputé. Nous prions Dieu cependant qu'il vous conserve & nous fasse la grace que l'issuë de cette Conference soit telle, que tous les Gens de bien la desirent. Fait en nostre Assemblée tenuë à Paris, le 5. jour d'Avril 1593.

Signé, PERICARD.

DEPILES. CORDIER. THIELEMENT.

4. Mai. *Surséance d'armes accordée pour Paris & quatre lieues à l'entour, entre le Parti Royal de* HENRI IV. *& le Parti de la* LIGUE *en France, pour faciliter les Négociations. Publiée à Paris le* 4. *Mai* 1593. [Memoires d'Estat recueillis &c. Tom. IV. pag. 124. de lad. Edition.]

PRemierement, afin que la Conference fust terminée en toute seureté, & pour oster toute occasion d'inquieter les Sieurs Deputez, en quelque façon que ce fust, qu'il y auroit surseance d'armes & de toute hostilité, non seulement pour leurs personnes, leurs gens, train, suitte, & bagage: mais aussi pour toutes autres personnes de quelque qualité & condition qu'ils fussent, à quatre lieuës à l'entour de Paris, & autant à l'entour dudit Suresne: à sçavoir depuis Paris jusques aux lieux cy apres nommez, l'enclos d'iceux, & l'estenduë du Pays, qui est entre ladite Ville de Paris, Chelle, Vaujour, Aunay, Ville-pinte, Roysly, Gonnesse, Sarcelles, Montmorency, Argentueil: & ayant passé l'eauë, tout ce qui est jusques à Sainct Germain en Laye, Roquencourt, Choisy aux-bœufs, Paloyseau, Lonjumeau, Juvisy, & tout ce qui est au delà la Riviere, qui va de l'une à l'autre, & de là à Ville-neufve Sainct Georges, passant la Riviere de Seine, Sussi, Boissy, Amboille, Noisy, & là passant la Riviere, Nully sur Marne, & de là à Chelles: sans qu'il fust loisible à aucuns d'un party & d'autre entrer dans les Villes & Places où y avoit Garnison, sans avoir Passeport exprés de ceux qui auroient authorité d'y commander: & ce pour le temps de dix jours, à commencer du deuxiesme jour de May, sauf à le renouveller & prolonger, si besoin estoit: Que defense seroit faicte à tous Gens de Guerre de quelque qualité & Nation qu'ils fussent, de faire aucunes courses, ny actes d'hostilité, injures ny outrages, de faict ou de paroles, à quelque personne que ce fust, en l'estenduë des Lieux cy dessus designez, pour ledit temps, sur peine de la vie. Neantmoins, que les droicts & impositions qui se levoient sur les Vivres & Marchandises, seroient payez és Lieux accoustumez, sans abus ny fraude: & toutes fois pour le regard des minotiers estans trouvez dans l'estenduë de la surseance, ne pourroient estre recherchez à faute d'avoir acquitté lesdits droicts: mais si autres que ceux accoustumez faire ledict train de minotiers s'ingeroient d'en user en fraude de l'accord, il y seroit pourveu & donné reglement par lesdits Sieurs Deputez en la susdicte Conference. Et pour le regard des charrettes, combien qu'elles fussent trouvées dans ladicte estenduë de la presente surseance, sans avoir payé, en seroit fait raison en icelle Assemblée, à ceux ausquels seroit faicte la fraude.

Que pour l'observation desdits Articles seroient expediées Lettres Patentes soubs l'authorité des Chefs des deux Partis, & publiées afin qu'on n'en peust pretendre cause d'ignorance.

Ce qui fut fait, & les patentes envoyées aux Gouverneurs, & Capitaines des Places prochaines, à ce qu'ils eussent à l'observer, & faire garder & entretenir, avec injonction à eux, aux Officiers des Lieux, de faire faire punition exemplaire des contrevenans, à peine d'en respondre en leurs propres & privez noms. Lesquelles patentes furent publiées par l'authorité de Monsieur le Duc de Mayenne à Paris, le Mardy quatriesme du mois.

16. Mai. *Promesse faite par les Catholiques du Parti de* HENRI IV. *Roi de France, à ceux de la Religion Réformée, que dans les Négociations qui se traitent avec le Parti de la* LIGUE, *rien ne sera conclu au préjudice des Edits donnés en leur faveur. Fait le* 16. *Mai* 1593. [Memoires d'Estat &c. Tom. IV. pag. 225. de lad. Edition.]

NOUS Princes & Officiers de la Couronne & autres Sieurs du Conseil du Roy susnommez, voulans oster à ceux de la Religion dicte Reformée, toute occasion de douter qu'au Traité qui se fait de present à Suresne entre les Deputez des Princes, Officiers de la Couronne, Catholiques reconnoissans Sa Majesté par sa permission, & les Deputez de l'Assemblée de Paris soit accordé aucune chose au prejudice de ladite Religion dite Reformée, & de ce qui leur avoit esté accordé par les Edits des deffuncts Roys, attendans la resolution qui pourroit estre prise pour le restablissement & entretenement du repos de ce Royaume, avec l'advis des Princes, Seigneurs & autres notables personnages tant de l'une que de l'autre Religion, Sa Majesté a advisé faire venir & assembler en cette Ville de Mante au 20 de Juillet prochain: promettons tous par la permission de Sadite Majesté qu'en attendant ladite resolution, il ne sera rien fait & passé en ladite Assemblée par lesdits Deputez de nostre part au prejudice de la bonne union & amitié qui est entre les Catholiques qui reconnoissent Sadite Majesté, & ceux de ladite Religion, ny desdits Edits. Promettons aussi d'advertir lesdits Deputez estans à Suresne de nostre presente resolution & promesse par nous faite, comme jugée necessaire pour eviter toute alteration entre les bons Subjets de Sadite Majesté, afin que de leur. part ils ayent à leur y conformer, en foy dequoy nous avons signé la presente le 16. jour de May, l'an 1593.

Signé,

FRANÇOIS D'ORLEANS COMTE DE S. PAUL, HURAULT *Chancelier*, CHARLES DE MONTMORANCY, MERU, ROGER DE BELLEGARDE, FRANÇOIS CHABOT, DE BRION, GASPARD DE SCHOMBERG, & JEAN DE LEVIS.

Serment prêté par ceux de la LIGUE *contre* HENRI IV. *Roi de France pour le maintien de leur Union. Dans l'Assemblée générale du Dimanche* 8. *Aoust* 1593. [Memoires d'Estat, recueillis &c. Tom. IV. pag. 253. de lad. Edition.]

CHARLES de Lorraine Duc de Mayenne, Lieutenant General de l'Estat Royal, & Couronne de France, & Princes, Pairs & Officiers de la Couronne, & les Deputez des Provinces, faisans & representans le corps des Estats generaux de France, assemblez à Paris pour aviser aux moyens de defendre & conserver la Religion Catholique, Apostolique & Romaine, & remettre ce Royaume tant affligé en son ancienne dignité & splendeur: Promettons & jurons de demeurer unis ensemble, pour un si bon & sainct effect, & de ne consentir jamais, pour quelque accident ou peril qu'il puisse arriver, qu'aucune chose soit faite à l'advantage de l'Heresie, & au prejudice de nostre Religion: pour la defence de laquelle nous promettons aussi d'obeyr aux Saincts Decrets & Ordonnances de nostre Sainct Pere, & du sainct Siege, sans jamais nous en departir. Et d'autant que nous n'avons encore peu, pour beaucoup de grandes considerations, prendre une entiere & ferme resolution sur les moyens pour parvenir à ce bien: A esté ordonné que lesdits Estats continueront icy ou ailleurs, ainsi qu'il sera par nous advisé. Et neantmoins si aucuns des Deputez demandoient leur congé, pour causes qui soient trouvées legitimes & justes, qu'il leur sera accordé, pourveu qu'ils promettent par Serment, avant leur depart, de retourner ou procurer par effect, que autres soient envoyez & deputez en leur place au lieu de ladite Assemblée dedans la fin du mois d'Octobre prochain, lequel temps passé, sera procedé à la resolution & conclusion entiere des principaux poincts & affaires.

Laquelle lecture faite pour monstrer exemple, ledit Seigneur presta le premier le Serment apres Monsieur le Cardinal de Pelué, Messieurs les Princes, Prelats, Seigneurs, & Deputez des Estats en leur rang & ordre, mettans les mains sur les Evangiles, & baisans le livre: & fut receu acte d'iceux Sermens.

Ce fait, on alla au devant de Monsieur le Legat, qui venoit pour assister & intervenir à la publication du Concile: & fut receu en l'Assemblée, avec les mesmes ceremonies, que le jour qu'il y estoit venu pour bailler la benediction pour sa Sainćteté à l'ouverture des Estats. Lors present ledit Seigneur, Princes & Deputez,

ANNO 1593.

ter, on procéda à la lecture & publication comme s'ensuit.

Déclaration de CHARLES *de Lorraine Duc de* MAYENNE *Chef de la* LIGUE *contre* HENRI IV. *Roi de France, pour la Publication du Concile de* Trente. *Paris au Mois d'Août* 1593. [Memoires d'Estat, recueillis &c. Tom. IV. pag. 254. de lad. Edition.]

CHARLES de Lorraine, Duc de Mayenne, Lieutenant General de l'Estat Royal & Couronne de France, les Princes, Pairs, & Officiers de la Couronne, & les Deputez des Provinces, faisant le corps des Estats Generaux de la France, assemblez à Paris, pour aviser aux moyens de defendre & conserver la Religion Catholique, Apostolique & Romaine, & remettre ce Royaume en son ancienne dignité & splendeur. A tous presens & à venir, salut. Nous reconnoissons assez que les durs fleaux qui ont par plusieurs années si miserablement affligé ce pauvre Royaume, procedent de l'ire de Dieu, irrité contre nous par nos vices & pechez: entre lesquels ceux qui touchent directement contre son honneur, sont ceux qui offencent davantage sa divine bonté, & pour le chastiment desquels il desployе ses verges plus rigoureuses. En ce nombre pouvons nous mettre au premier rang l'Heresie, source de tous malheurs, depuis l'introduction de laquelle nous avons tousjours veu par un juste chastiment de Dieu, nos divisions s'accroistre, & nous avoir à la fin poussé jusques au sommet de toutes miseres & calamitez. Cette offense premiere, en a trainé avec soy une seconde tres-pernicieuse, qui est la corruption des mœurs, & l'aneantissement des bonnes & sainctes ordonnances de l'Eglise, l'observation desquelles venant à estre moins practiquée & mis en usage, par la licence effrenée que l'Heresie y a introduite, le desbordement y a pris peu à peu telle accroissance, que nous nous sommes enfin fort esloignez de cette premiere & ancienne discipline, qui a fait par tant de siecles florir l'Eglise Catholique, & donné tant de reputation à ce Royaume tres-Chrestien. Comme donc ces deux deffaux sont les principales & premieres causes qui ont irrité Dieu à l'encontre de nous: ainsi ne faut-il pas que nous esperions appaiser son courroux, & faire finir nos malheurs, sinon en recherchant & practiquant les moyens d'esteindre l'Heresie, & de rappeller en l'Eglise l'ancienne discipline & pureté des mœurs. Et l'un & l'autre remede, nous ne trouvons ailleurs plus present & efficace qu'en l'observation du sainct Concile universel de Trente: lequel pour le regard de la doctrine a si sainctement determiné ce que les vrays & fideles Catholiques doivent fermement croire, & refuté si vertueusement tous les erreurs que ce miserable siecle avoit produit, qu'on y reconnoist une manifeste assistance de la grace du sainct Esprit: & en ce qui concerne les mœurs, a mis sus en l'Eglise avec tant de prudence les anciennes Loix, & renouvellé si religieusement cette premiere Discipline Ecclesiastique, jadis celebrée en France, que nous ne pouvons attendre autre meilleur moyen pour la y voir luire, comme elle a fait autrefois, que l'observation d'iceluy. A ces causes d'un mesme advis & consentement, Avons dit, statué & ordonné, disons, statuons & ordonnons, que ledit sainct Sacré Concile universel de Trente sera receu, publié & observé purement & simplement en tous Lieux & endroits de ce Royaume: Comme presentement en corps d'Estats Generaux de France, nous le recevons & publions. Et pource exhortons tous Archevesques, Evesques & Prelats, enjoignons à tous autres Ecclesiastiques, d'observer, & faire observer chacun en ce qui depend de soy, les Decrets & Constitutions dudit sainct Concile. Prions toutes Cours souveraines, & mandons à tous autres Juges, tant Ecclesiastiques que Seculiers, de quelque condition & qualité qu'ils soient, de le faire publier & garder en tout son contenu selon sa forme & teneur, & sans restrictions ny modifications quelconques.

ANNO 1593. 31. Juill. HENRI IV. ET LA LIGUE.

CCXXX.

Articles de (1) *la Trêve Générale faite entre* HENRI IV. *& ceux de son Parti d'une part, & le Duc de* MAYENNE *& les autres Chefs de la* LIGUE *d'autre. Fait à la Villette, entre Paris & S. Denis, le* 31. *Juillet*, 1593. [Chronologie Novenaire, ou Histoire de la Guerre sous le Régne de *Henri IV*. Part. II. Feuill. 226. *d'où l'on a tiré cette Pièce, qui se trouve aussi dans l'*Hist. des derniers troubles de France, sous les Regnes de *Henri III.* & de *Henri IV*. Au Recueil des Edits & Articles accordés, pag. 1.]

I. QU'il y aura bonne & loyale Tréve & cessation d'armes generale, par tout le Royaume, Pays, Terres, & Seigneuries d'icelui, & de la protection de la Couronne de France, pour le temps & espace de trois mois, à commencer, à sçavoir, au Gouvernement de l'Isle de France, le jour de la Publication qui s'en fera à Paris & à S. Denis, en même jour, & dés le lendemain que les presens Articles seront arrêtez & signez. Ez Gouvernemens de Champagne, Picardie, Normandie, Chartres, Orleans & Berry, Touraine, Anjou & Maine, huict jours aprés la datte d'iceux. Ez Gouvernemens de Bretagne, Poictou, Angoumois, Xaintonge, Limosin, haute & basse Marche, Bourbonnois, Auvergne, Lyonnois & Bourgongne, quinze jours aprés. Ez Gouvernemens de Guyenne, Languedoc, Provence & Dauphiné, vingt jours aprés la conclusion dudit present Traicté, & neantmoins finira par tout à semblable jour.

II. Toutes personnes Ecclesiastiques, Noblesse, Habitans des Villes, du plat Pays, & autres, pourront durant la presente Tréve recueillir leurs fruits & revenus, & en joüir en quelque part qu'ils soient scituez & assis: & rentreront en leurs Maisons & Châteaux des Champs; que ceux qui les occupent seront tenus leur rendre, & laisser libres de tous empêchemens: A la charge toutesfois qu'ils n'y pourront faire aucune fortification durant ladite Tréve. Et sont aussi exceptées les Maisons & Châteaux où y a Garnisons employées en l'Etat de la Guerre, lesquelles ne seront renduës, neantmoins les Proprietaires joüiront des fruicts & revenus qui en dependent: le tout nonobstant les dons & saisies qui en auroyent été faits, lesquels ne pourront empêcher l'effect du present Accord.

III. Sera loisible à toutes personnes de quelque qualité & condition qu'elles soient, de demeurer librement en leurs Maisons qu'ils tiennent à present avec leurs familles, excepté és Villes & Places fortes, qui sont gardées: esquelles ceux qui sont absens, à l'occasion des presents troubles, ne seront receus pour y demeurer, sans permission du Gouverneur.

IV. Les Laboureurs pourront en toute liberté faire leurs labourages, charois & œuvres accoûtumez, sans qu'ils y puissent être empêchez, ni molestez en quelque façon que ce soit, sur peine de la vie, à ceux qui feront le contraire.

V. Le port & voiture de toutes sortes de Vivres, & le commerce & traficq de toutes Marchandises, fors & excepté les Armes & Munitions de Guerre, sera libre tant par Eau, que par Terre, és Villes de l'un Parti & de l'autre, en payant les Peages & Impositions, comme ils se levent à present és Bureaux qui pour ce sont établis, & suivant les panchartes & tableaux sur ce ci-devant arrêtez: excepté, pour le regard de la Ville de Paris, qu'ils seront payez suivant le Traicté particulier sur ce fait. Le tout sur peine de confiscation, en cas de fraude, & sans que ceux qui les y trouveront puissent être empêchez de prendre & ramener les Marchandises & Chevaux qui les conduiront, au Bureau où ils auront failli d'acquitter. Et où il seroit usé de force & violence contr'eux, leur sera fait Justice, tant de la confiscation que de l'excez, par ceux qui auront commandement sur les personnes qui l'auront commis. Et neantmoins ne pourront être arrêtez lesdites Marchandises, Chevaux & Vivres, ni ceux qui les porteront;

(1) Cette Trêve fut prolongée pour deux mois, & finit le 1. jour de l'an 1594. *Henri IV.* expliqua sur la fin, par une Declaration, les raisons pour lesquelles il ne vouloit pas la continuer.

ANNO 1593. ront, au dedans de la ban-lieuë de Paris, encores qu'ils n'ayent acquitté lesdites Impositions, mais sur la plainte & poursuite en sera fait droict à qui il appartiendra.

VI. Ne pourront être augmentées lesdites Impositions ne autres nouvelles mises sus durant ladite Tresve, ne pareillement dressez autres Bureaux, que ceux qui sont déja établis.

VII. Chacun pourra librement voyager par tout le Royaume sans être adstraint de prendre Passeport: Et neantmoins nul ne pourra entrer és Villes & Places fortes de Parti contraire, avec autres Armes, les Gens de pied que l'Epée, & les Gens de Cheval l'Epée, la Pistole ou Harquebuse, ni sans envoyer auparavant advertir ceux qui y ont commandement, lesquels seront tenus bailler la permission d'entrer, si ce n'est que la qualité & nombre des personnes portât juste jalousie de la sûreté des Places ou ils commandent: ce qui est remis à leur jugement & discretion. Et si aucuns du Parti contraire étoient entrez en aucunes desdites Places, sans s'être declarez tels, & avoir ladite permission, ils seront de bonne prise. Et pour obvier à toutes disputes, qui pourroient sur ce intervenir, ceux qui commandent esdites Places, accordans ladite permission, seront tenus la bailler par écrit sans frais.

VIII. Les Deniers des Tailles & Taillon seront levez, comme ils ont été ci-devant, & suivant les departemens faits, & Commission envoyées d'une part & d'autre au commencement de l'année: fors pour le regard des Places prises depuis l'envoi des Commissions, dont les Gouverneurs & Officiers des Lieux demeureront d'accord par Traité particulier: Et sans préjudice aussi des autres Accords & Traitez particuliers déja faits pour la perception & levée desdites Tailles & Taillon, lesquels seront entretenus & gardez.

IX. Ne pourront toutefois être levez par anticipation des quartiers, mais seulement le quartier courant, & par les Officiers des Elections, lesquels en cas de resistance, auront recours au Gouverneur de la plus prochaine Ville de leur Parti, pour être assistez de forces. Et ne pourra neantmoins à cette occasion être exigé pour les frais qu'à raison d'un sol pour livre, des sommes pour lesquelles les contraintes seront faites.

X. Quant aux arrerages des Tailles & Taillon, n'en pourra être levé de part ni d'autre, outre ledit quartier courant, & durant icelui, si ce n'est un autre quartier sur tout ce qui en est dû du passé.

XI. Ceux qui se trouvent à present Prisonniers de Guerre, & qui n'ont composé de leur rançon, seront delivrez dans quinze jours aprés la publication de ladite Tresve: sçavoir les simples Soldats sans rançon, les autres Gens de Guerre tirans solde d'un Parti ou d'autre moyennant un quartier de leur solde, excepté les Chefs des Gens de Cheval: lesquels ensemble les autres Sieurs & Gentils-hommes qui n'ont charge en seront quittes au plus pour demie année de leur revenu: & toutes autres personnes seront traitées au fait de ladite rançon, le plus gracieusement qu'il sera possible, eu égard à leurs facultez & vacations, & s'il y a des Femmes ou Filles prisonnieres, seront incontinent mises en liberté, sans payer rançon: Ensemble les Enfans au-dessous de seize ans, & les sexagenaires ne faisans la Guerre.

XII. Qu'il ne sera durant le temps de la presente Tresve entrepris ni attenté aucune chose sur les Places les uns des autres, ni fait aucun autre acte d'hostilité: & si aucun s'oublioit de tant, de faire le contraire, les Chefs feront reparer les attentats, punir les contrevenans, comme perturbateurs du repos public, sans ce que neanmoins lesdites contraventions puissent être cause de la rupture de ladite Tresve.

XIII. Si aucun refuse d'obeïr au contenu des presens Articles, le Chef du Parti fera tout le devoir & effort qu'il lui sera possible pour l'y contraindre. Et où dans quinze jours aprés la requisition qui lui en sera faite, l'execution n'en soit ensuivie, sera loisible au Chef de l'autre Parti de faire la Guerre à celui ou ceux qui feroient tels refus, sans qu'ils puissent être secourus ni assistez de l'autre part en quelque sorte que ce soit.

XIV. Ne sera loisible prendre de nouveau aucunes Places durant la presente Tresve, pour les fortifier, encores qu'elles ne fussent occupées de personne.

XV. Tous Gens de Guerre, d'une part & d'autre, seront mis en Garnison, sans qu'il leur soit permis tenir les champs à la foule du Peuple, & ruïne du plat Païs. ANNO 1593.

XVI. Les Prevôts des Maréchaux feront leurs charges & toutes captures aux champs, & en flagrant delit, sans distinction de Partis, à la charge de renvoi aux Juges ausquels la cognoissance en devra appartenir.

XVII. Ne sera permis de se quereller & rechercher par voye de fait, duels, & assemblées d'amis, pour differens advenus à cause des presens troubles, soit pour prinses de personnes, Maisons, Bestail, ou autre occasion quelconque, pendant que la Tresve durera.

XVIII. S'assembleront les Gouverneurs & Lieutenans Generaux des deux Partis en chacune Province, incontinent aprés la publication du present Traité, ou deputeront Commissaires de leur part, pour adviser à ce qui sera necessaire pour l'execution d'icelui, au bien & soulagement de ceux qui sont sous leurs charges: & où il seroit jugé entr'eux utile & necessaire d'y adjoûter, corriger ou diminuer quelque chose, pour le bien particulier de ladite Province, en advertiront les Chefs pour y être pourvû.

XIX. Les presens Articles sont accordez, sans entendre prejudicier aux Accords & Reglemens particuliers faits entre les Gouverneurs & Lieutenans Generaux des Provinces, qui ont été confirmez & approuvez par les Chefs des deux Partis.

XX. Aucunes entreprises ne pourront être faites durant la presente Tresve par l'un ou l'autre Parti, sur les Païs, Biens & Sujets des Princes & Estats qui les ont assisté. Comme au semblable lesdits Princes & Etats ne pourront de leur côté rien entreprendre sur ce Royaume & Païs étant en la protection de la Couronne: ains lesdits Princes retireront hors d'icelui incontinent aprés la conclusion du present Traité leurs forces qui sont en la Campagne, & n'en feront point rentrer durant ledit temps. Et pour le regard de celles qui sont en Bretagne, seront renvoyées, ou separées, & mises en Garnison, en Lieux & Places qui ne puissent apporter aucun juste soupçon: Et quant aux autres Provinces, és Places où y a des estrangers en Garnison, le nombre d'iceux estrangers estans à la solde desdits Princes, n'y pourra être augmenté durant la presente Tresve. Ce que les Chefs des deux Partis promettent respectivement pour lesdits Princes: & y obligent leur foy & honneur. Et neantmoins ladite promesse & obligation ne s'étendra à Monsieur le Duc de Savoye, mais s'il veut être compris au present Traité, envoyant sa Declaration dans un mois, il en sera lors advisé & resolu au bien commun de l'un & de l'autre Parti.

XXI. Les Ambassadeurs, Agents, & Entremetteurs des Princes estrangers, qui ont assisté l'un ou l'autre Parti, ayans Passeport du Chef du Parti qu'ils ont assisté, se pourront retirer librement, & en toute sûreté, sans qu'il leur soit besoin d'autre Passeport que du present Traité: A la charge neantmoins qu'ils ne pourront entrer és Villes & Places fortes du Parti contraire, sinon avec la permission des Gouverneurs d'icelles.

XXII. Que d'une part & d'autre seront baillez Passeports pour ceux qui seront respectivement envoyez porter ladite Tresve en chacune des Provinces & Villes qui de besoin sera.

Fait & accordé à la Villette, entre Paris & S. Denis, le dernier jour de Juillet, 1593. & publié le premier jour d'Août ensuivant esdites Villes de Paris & S. Denis, à son de trompe & cri public és Lieux accoûtumez. *Et est signé en l'Original*, HENRI, & CHARLES DE LORRAINE. *Et plus bas*, RUZE', & BAUDOUÏN.

CCXXXI.

Königs SIGISMUNDI III. in Pohlen Eyd/ welchen Er allen Ständen des Königreichs Schweden in dem Krönungs-actu vor übergebung der Königl. Insignien geleistet und darinnen versprochen/ daß Er die Stände bey ihrer Religion halten/ mit Fürst Carlen und dem Schweidschen Reichs-Rath das Reich Jngebohrne Schweden verwalten/ auch die alten Reichs-Freyheiten behalten wolle. Geben Upsal den 19. Febr. 1594. [*Relationis Historicæ Contin.* 1594. 19. Fevr.

ANNO 1594.

Contin. per JACOB. FRANCUM *facta* pag. 15. *sub anno* 1594. On le trouve aussi dans LOCCENII *Histor. Suecan.* Libr. VII. pag. 421. en Latin, mais seulement par extrait.]

C'est-à-dire,

Serment fait par SIGISMOND III. *Roi de Pologne & de Suede aux* ETATS *du Royaume de* SUEDE *dans le tems de son Couronnement, & avant de recevoir les Marques de la Royauté. Il y promet de conserver la Religion, & les anciennes Libertés du Royaume, comme aussi de le gouverner avec le Prince* CHARLES, *& avec le Senat de Suede, par des Suedois naturels, & non par des Etrangers,* &c. *A Upsal le* 19. *Fevrier* 1594.

WIr Sigismundus von Gottes Gnaden / der Reiche Schweden / Gothen und Wenden König / Großfürst in Finnland / Carelen Watzsky / Pethin und Ingern in Reussenland / des Fürstenthumbs Esten in Liefland Hertzog / rc. Dann auch König in Pohlen / Großfürst in Littawen / rc. Geloben und sagen zu / daß wir wollen hie in unserm Erb-Königreich Schweden alle des Reichs-Stände und Einwohner / hohe und nieder / Geistliche und Weltliche bey ihrer Religion und Gottesdienst halten / wie der ist verfasset in den Schrifften der Propheten und Aposteln / auch in der rechten Augspurgischen Confession, welche Anno 30. dem Käyser Carolo V. von Chur- und Fürsten ist übergeben / rc. und wie dieselbige in unsers seeligen Großvaters / Königs Gustavi letzten / auch Unsers seeligen Herrn Vaters / König Johannis / der vorigen Reiche weyland König ersten Regiments-zeiten im brauch ist gewesen / und nun endlich wiederum von allen Reichs-Ständen / Anno 1593. in Martio, im Concilio zu Upsal bekant und angenommen / rc. auch sie darbey starcken und halten / und niemand daran abzwingen oder drängen / noch mit locken oder jemand daran bewegen lassen / wie die Schrifftliche Versicherung / die wir sonderlich darauf gegeben / klärlich ausweiset.

Darnach wollen wir und sollen alles Recht und Wahrheit stärcken / lieben und bewahren / und alles Unrecht / liegen / rc. unterdrücken mit Recht und Unser Königl. Gewalt.

Zum dritten sollen und wollen wir sein sicher / still und trew allem Schwedischen Volck / also daß wir keinen Armen oder Reichen / hohen oder niedrigen verderben oder Schaden thun wollen an Leib oder Güth / es seyn dann daß er ist mit Recht überwunden und geurtheilet / nach den Schwedischen beschriebnen Rechten / auch keines wegs von jemand sein Guth / fast oder loß / nehmen / oder abhändig machen lassen / ausgenommen nach Recht und Urtheil des Rechts / auch nicht andern zu verdrieß / einen mit gewalt wider Recht und gesatz verfechten.

Zum vierdten sollen und wollen wir mit dem hochgebornen Fürsten und Herren / Herrn Carlen / auch mit des Reichs-Rath / Rath unser Reich Schweden steuren und rathen / mit eingebohrnen Schwedischen Männern / und nicht mit Außländischen / auch keinen Außländischen in unsern Rath in Schweden nehmen / oder sie über häuser oder Landtsassen setzen / auch über alt Kronen güt / welches kein man weiß oder gedencket / wie das erstlich unter die Kron gekommen.

Zum fünfften wollen wir auch verwahren und versorgen Hauß und Land / mit Jährlichen Einkommen und Schatz / und den Gesetzrichtern wehren nach unser eusersten macht / also daß nichts von dem / das die Kron zu Schweden nun innhat / entweder in Liefland / Reußland oder sonst sich verringern soll / vor unser Nachkommen / in einer oder andern maß / ausgenommen / da es mit aller Schwedischen Stände guten willen und Bewilligung geschehen kan / sonst hat der / welcher nach uns kommt / macht und gewalt das mit Recht wider zu nehmen / so Er wil.

Zum sechsten / wolten wir uns und unsern Hoff außhalten mit den Jährlichen Außlegen der Kronen / auch keine neue Beschwerung oder unordnung auf unsere Land legen / außgenommen / da es von nöthen seyn wird / Erstlich / wenn ein Außlandischer Herr / es sey von Heyden oder Christen / unsere Land wil verwüsten / oder daß ein Inländischer auffetzig wird in unserm Königreich / oder ein Sohn oder Tochter sich zur Ehe begibt / oder so wir zu unser Reyß-Strassen etwas bedürffen mögen / oder da wir etwas bey unsern Schlössern in Reich zu bauen hätten / es seyn an welchem Ende es wolle: Alsdenn soll der Gesetz-führer an einem jeglichen Orth mit 6. Reuthern / und sechs von dem gemeinen Mann zwischen sich befragen / und überwegen / was und wie viel das gemeine Volck vermag außzumachen / und darüber wollen wir von keinem mehr beschwehrliche ding begeren oder auflegen.

Zum siebenden sollen und wollen wir Fürsten / Grafen / Freyherren / Ritter und Juncker / Bischoffen und Prälaten / und sonst allem gemeinen Mann / Geistlichen und Weltlichen / all ihr Volck und Güther bey den alten Privilegien und Statuten / so von meinen Vorvättern sind bebriefft und gegeben / stetig und recht halten / und das Schwedische Recht / welches sie mit gutem willen haben angenommen / stercken und wehren / also daß kein Unrecht soll über recht gehen / und sonderlich kein Außländisch Recht allhier soll eingezogen werden / zur beschwehrung dem gemeinen Volck / und keine neue gerechtigkeit soll aufgeboten werden / es seyn dann / daß es mit ja und guten willen von ihnen angenommen werde. So wollen wir auch und sollen dem gemeinen Mann befreyen und bewahren / besonderlich den frommen / und der da mit fromheit und Recht leben wil / so wohl für unsteuerlichen als widerwertigen / Inländischen als Außländischen / und besonderlich wollen wir in bedencken haben und stercken Kirchen-friede / Recht-friede / Frauen-friede und Hauß-friede / und allen fried vermehren / und Unfrieden unterdrücken / so viel uns müglich seyn wird / und wollen auch des gemeinen Manns Klag und begeren selbs hören / und nach unserm Recht urtheilen / wenn es begert und die Sach erfordern wird.

Diesen Eyd loben wir aus trewen Glauben zu halten allen unsern Untergesessenen / Jungen so wohl als den alten / ungebornen als gebornen / feinden als freimden / abwesenden als gegenwertigen / auch in keinerley maß diesen unsern Eyd verbrechen / sondern vielmehr mit allem guten vermehren / und sonderlich mit unser Königlichen Liebe / So seye uns Gott zu Leib und Seel / daß wir dis treulichen halten wollen / und hin wider soll vor uns kein absolution gelten / so auch wir hierinnen etwas uns verbrechen / und uns nicht wolten unterweisen und rathen lassen / so soll der Eyd loß und ledig seyn / welchen alle Reichs Untersassen hohe und niedrige uns gethan haben rc. Diß zu mehrer weise mit eygen händen unterschrieben / und unser Königl. Insiegel mitdrucken lassen. Datum Upsaliæ den 19. Febr. 1594.

CCXXXII.

Abschied zwischen Churfürst Friedrichen zu Pfaltz / Pfaltzgraf Johannsen zu Zweybrücken / Marggraf Georg Friedrichen zu Brandenburg / Hertzog Friedrichen zu Würtemberg / Marggraff Ernst Friedrichen zu Baden-Durlach geschlossen / wodurch Sie sich vergleichen / auf instehenden Reichs-tag in guter zusammen-setzung und Conjunction für einen Mann zu stehen / und bey Ihrer Käyserl. Mayest. um abschaffung der denen Evangelischen Augspurgischen Confessions-verwandten zugefügten Gravaminum anzuhalten / auch ehe und bevor solches geschehen in keine Reichs-Contribution zu willigen. Ferner machen sie eine Eintheilung unter sich / wie Ihro Königl. Würden in Franckreich 400000. Gulden in zweyen Jahren zu Unterhaltung einer anzahl Kriegs-Volcks richtig zu machen und zu erlegen seyen rc. Geben zu Heilbronn den 16. Martii 1594. [LUNIG, Teutsches Reichs-Archiv. Part. Special. Abtheil. II. pag. 257.] 16. Mars.

C'est-à-dire,

Recès conclu entre FRIDERIC IV. *Electeur Palatin,* JEAN *Comte Palatin de Deux-Ponts,* GEORGE FRIDERIC *Marcgrave de Brandebourg, &* ERNEST FRIDERIC *Marcgrave de Bade-Dourlac, par lequel ils conviennent de se tenir étroitement unis à la prochaine Diéte de l'Empire; d'y insister unanimement & conjointement auprès de Sa Majesté Imperiale pour le redressement des Griefs des Evangeliques de la Confession d'Augsbourg, & de ne consentir à aucune Contribution de l'Empire jusques à ce que ce redressement soit fait. Ils y conviennent aussi de ce que chacun devra fournir dans la Somme de* 400. *mille Florins qui devra être payée au Roi de France dans deux ans pour Subside Militaire, & de la maniere dont ce payement devra être fait. A Heilbron le* 16. *Mars* 1594.

ALs die Durchleuchtigste / Durchleuchtige / Hochgebohrne Fürsten und Herren / Herr Friedrich Pfaltz-Grafe bey Rhein / des H. Röm. Reichs Ertz-Truchses und Churfürst / Hertzog in Bayern rc. rc. Herr Johannes Pfaltz-Grafe bey Rhein / Hertzog in Bayern / Grafe zu Veldentz und Spanheim rc. rc. Herr George Friedrich / Marggrafe zu Brandenburg / in Preussen / zu

ANNO 1594. Stetin / Pommern der Cassuben und Wenden / auch in Schlesien zu Jägerndorff Hertzog / Burggraff zu Nurnberg und Fürst zu Rügen / rc. Herr Friedrich Hertzog zu Wirtenberg und Teck / Grafe zu Mumpelgart / und Herr Ernst Friedrich Marggrafe zu Baden und Hochberg / Landgrafe zu Susenberg / Herr zu Röteln und Badenweiler / unsere gnädigste und gnädige Churfürsten und Herrn / sich anjetzo allhier zu Heilbrun / als allerseits nahendte Bluts-Verwandte / um freundlicher Besprechung und Conversation willen in den Persohnen beysammen gefunden haben / zugleich auch ihre Churfürsten und Fürsten gnädigst und gnädig sich erinnert / mit was Verwandnüß sie der Römis. Kayserl. Majestät unserm allergnädigsten Herrn / als dem H. Reich Teutscher Nation zugethan / und derwegen in andern vorkommen nothwendigen Sachen / sich freundlichen unterredet / und verglichen / wie unterschiedlichen hernach folget:

Und erstlichen haben sich ihre Chur- und Fürstliche Gn. erinnert / und zu Gemüth gezogen / was neben den innerlichen je länger je mehr fortbrechenden Mißtrauen / zwischen den Ständen im Reich insgemein / so dann für nachtheilige Beschwerden / Schaden und Verderben / aus dem Niederländischen untern Rheinstrohms- und Lothringischen Kriegen und Ausfällen in Elsaß zuvor und seit jüngst in Anno achtzigk zwey / zu Augspurg gehaltenem Reichs-Tag / den benachbarten Reichs-Ständen auff den Halß gewachsen / insonderheit aber denen Evangelischen Augspurgischen Confession-Verwandten zugleich neben diesem gemeinen Unwesen und Ubelstand des Vaterlands / mehrfältige Gravamina in Religions- und Prophan-Sachen / an Sperrung und Verhinderung ihrer Christlichen Religions-Bekänntnüß Augspurgl. Confession, ungleicher Administration der Justitien / und was dem weiter anhängig / begegnet.

Und ob wohl ihre Chur- und Fürstl. Durchl. und Gnaden zuförderst gegen der Röm. Kayserl. Majestät unserm allergnädigsten Herrn / als dem erwehltem Oberhaupt im Reich / und also auch nachfolgig gegen andern ihren Mit-Gliedern / und Ständen / solcher gehorsamen und freundlichen Affection gesint und zugethan / daß sie nichts liebers wünschen und begehren / dann daß alle solche / dem heil. Reich antrohende Gefährligkeiten und innerliches Unwesen / eingerissene Mängel und Impedimenta, wie auch das schädliche Mißtrauen mit gemeinem Zuthun aller Stände / könten aufgehoben / verbessert und in ein durchgehenden gleichen Wohlstand gericht / damit höchstgedachter Röm. Kayserl. Majestät unserm allergnädigstem Herrn / auff vorstehender Reichs-Versammlung / die hülffliche Hand / wegen des grossen Christen-Feinds / gegen Ihrer Maj. Königreich Hungern / und Oesterreichische Erb-Lande / des Türcken / desto freywilliger und ungehindert könte gebothen und gereicht werden.

Demnach aber die Trennung aus Anstifftung des Pabsts und anderer ausländischen Practiquen / so fern eingerissen / daß eine solch gewünschte Einigkeit anjetzo gleich nicht zu verhoffen / und doch solche Mängel und Gebrechen fürlauffen / die zum Theil der Röm. Kayserlichen Majestät unsers allergnädigsten Herrn als des Oberhaupts Reputation gegen dem Pabst und benachbarten ausländischen Potentaten / dann insonderheit des Vaterlands und der Augspurgl. Confession-verwandter Stände Christliche Religion und deren Posterität belangen: Als haben Ihre Chur- und Fürstl. Durchl. und Gnaden für eine Nothdurfft erachtet / dieselbe bey dieser Gelegenheit præparatoriè zusammen zu tragen / auch in denselben eine Absonderung machen zu lassen / welche Ihre Majest. gleich angehenden Reichs-Tags vorzubringen und sonsten in Rähten / zu des Reichs und der Stände Wohlfarth in acht zu nehmen / und sich darbey mit einander dahin freundlichen verglichen und vereinbahret / daß sie nicht allein auff vorstehenden Reichs-Tag / sondern auch fürter mit Freundschafft / wahren Fürstlichen Treuen und vertraulicher Zusammensetzung / einander meynen / gute Correspondenz und Communication unter Ihnen selbsten / und durch ihre abgeordnete Rähte haben / als für einen Mann stehen / und einander beyräthig seyn / auch mit Rath und That zuspringen / und derwegen ihren Räthen auf gedachten Reichs-Tag gnugsam Befehlich geben wollen. Dergestalt daß sie sich mit andern Augspurgl. Confession-Verwandten / anwesenden Churfürsten / Fürsten / Ständen und Städten / und der abwesenden Bothschafften / in Ubergebung ihrer Gravaminum vergleichen / oder da etliche derselben nicht zu vermögen / mit den übrigen auch wenigen / und da sie keinen Beyfall hätten / auch für sich allein dieselben höchstgedachter Kayserl. Majestät neben kurtzer gewöhnlicher Supplication-Schrifft übergeben / und üm Erledigung und Abschaffung derselben bitten und anhalten / und sich nicht abweisen lassen solten. Wie dann auch Ihre Chur- und Fürstliche Durchl. und Gnaden nicht gemeinet seyn / vor Erledigung deren Puncten / die in facto & Jure directè wieder den Religion-Frieden / Gulden-Bulle, Reichs-Constitutiones, Cammer-Gerichts-Ordnung / auch Ihrer Kayserl. Majestät Capitulation und altem Herkommen zu wieder / in einige Reichs-Contribution zu willigen / sondern sambtlich darbey zu bestehen / und sich von einander durch keinerley Weiß und Sachen / jetzo und fürter trennen und abführen lassen wollen / treulich / sonder Gefehrde.

Was dann die andere Verzeichniß belanget / wollen Ihre Chur- und Fürstl. Durchl. und Gnaden auf solche Mängel und Gebrechen / und was deren noch weiters von andern darzu kommen mögen / und in unterschiedlichen Räthen achtung geben / einander beyräthig erscheinen / und derwegen ihren Räthen euch nothwendigen Befelch auftragen / alles zu dem End / damit Gleichheit / Fried / Ruhe und Einigkeit im Vaterlande erhalten werden mög. ANNO 1594.

Zum andern / als auch ihren Chur- und Fürstl. Gnaden gesambt ein Schreiben / von der Königl. Würden in Franckreich und Navarra, zu Straßburg liegenden Gesandten / Jacoben Bongars von Botry allhier einkommen / haben ihre Chur- und Fürstl. Durchl. und Gnaden dasselbe in Berathschlagung gezogen / und ihme wieder beantwortet / auch der angesetzten Contribution halb dergestalt sich verglichen / Nehmlich / und als auf die gewisse / in gedachtes Frantzösischen Gesandten zu Heilbronn gegebener Abfertigung begriffne Conditiones, der Königl. Würden viermahl hundert tausend Gülden in zweyen Jahren erlegt werden / daß an solchen die drey Chur- und Fürsten des Hauses Brandenburg / das erste Jahr einhundert tausend / so dann höchgedachter Pfaltz-Grafe / Chur-Fürst / und Hertzog Friedrich zu Wirtenberg funfftzig tausend / das ist / jedem unter ihren beyden Chur- und Fürstl. Gnaden fünff und zwantzig tausend Gülden / die übrigen funfftzig tausend Gülden aber Hertzog Johannsen Pfaltz-Grafen / zu Veldentz und Spanheim / und Marggrafen Ernst Friedrichs zu Baden / Fürstl. Gn. / sambt dem erwehlten Herrn Administratorn und dessen Capitularn hoher Stifft zu Straßburg alles vorgedachten ersten Jahrs / zu Ergäntzung der zweymahl hundert tausend Gülden / richtig machen und erlegen sollen.

Was dann die übrigen zweymahl hundert tausend Gülden / die des andern folgenden Jahres und Ziels zu erlegen / betrifft / soll es mit der Austheilung / wie des ersten Jahres gehalten / daß nehmlich von vor höchstgedachtem Chur- und Fürstlichen Hauß Brandenburg wie vor gemeldt / einhundert tausend / von der Churfürstl. Pfaltz und Wirtenberg gesambt / abermahln funfftzig tausend Gülden / in gleicher Division wie berührt / und dann die übrigen funfftzig tausend Gülden von vor hochgemeldten Fürsten / Hertzog Johannsen Pfaltz-Grafen / und Marggraff Ernst Friedrichen zu Baden / sambt dem Administratorn Capitularn, und Stadt zu Straßburg richtig zur Hand geschafft werden sollen / davon der Königl. Würden ein Anzahl Kriegs-Volck zu unterhalten.

Und im Fall auch Ihre Königl. Würden im dritten Jahr noch ferner benöthigt und Hülff-bedürfftig seyn würde / haben ihre Chur- und Fürstl. Gnaden unter- und mit einander dahin sich allerseits zu bemühen / freundlich verglichen / daß Ihren Königl. Würden noch mit einer fernern Geld-Summa, etwa auf zweymahl hundert tausend Gülden / die Hand gebothen werden möge / alles nach Ausweisung vor angeregter dem Königl. Gesandten zugeschickter Resolution-Schrifften / und darbey der Anlage solches dritten Jahrs bey andern / als Dennemarck / Braunschweig / Mechlenburg / Hollstein / Pommern / und andern ichtwas zu erlangen / damit solle dasselbige so wohl dem Hauß Brandenburg als den andern hieraus im Rheinstrohm gesessenen / und also einem jeden obgemelten vereinigten Stand pro sua quota abgehn und eingetheilet werden.

Demnach auch zum dritten jetziger Zeit die Läufft hin und wieder geschwind / allerhand Kriegs-Werbungen und Versamlungen fürgehen / da man noch ungewiß / wie sich dieselben in an-durch- und Abzügen oder sonst verhalten / oder auch der benachbarten Kriegs-Wesens halb / zu befahren haben möchte / dargegen aber die Craiß-Hulffen jetziger Zeit also beschaffen / daß man sich deren langsam oder gar nichts zu behelffen; Als haben sich Ihre Chur- und Fürstl. Durchl. und Gnaden noch ferner einer sonderbahren Lands-Rettung / weß sich ein jeder zu dem andern auf alle zutragende Fälle zu versehen / und für Hand-Bietung / alles zu Erhaltung Fried / Ruhe und Einigkeit im Vaterland und ihren Landen zu getrösten / unter und mit einander freundlich verglichen. Dieweil man aber in der Eyl allhier zur Vollkommenheit und endlichen Ausfertigung derselben Notul nit kommen können / ist verabschiedet / daß Ihre Churfürstl. Durchl. und Gnaden dieselbige anheimbs insonderheit erwegen / und ihr Bedencken auf die Puncten / ob / was / und wie dieselbe zu verbessern / darüber innerhalb vier Wochen dem Pfaltz-Grafen Churfürstl. zuschicken. Auf welches dann seine Churfürstl. Gnaden eine andere Zusammenkunfft der Räthe zu endlicher Abschliessung und Aufrichtung solcher Notul, anhero gen Heilbronn anstellen und bestimmen soll / doch soll es sonsten / bey der fürgelegten obgedachten Notul, so viel die Substanz derselben belanget / bleiben / und keine neue oder andere gemacht / sondern nur verbessert werden.

Als auch vor hochermeldtes Marggrafen Ernst Friedrichs zu Baden / Fürstl. Gnaden weges des jetzigen Standes und Wesens der Obern-Marggraffschafft Baden / in welcher Ihren Fürstl. Gnaden wieder die Statuta und Herkommen des Fürstl. Hauses Baden / allerhand ungereimbtes moviret und zugezogen werden wolle / den andern anwesenden Chur- und Fürsten Bericht gethan / und üm räthlich Bedencken ersucht / als ist gleichwohl von deroselben Räthen ihren Fürstl. Gnaden ein Gutachten angezeiget / welches Ihre Fürstl. Gnaden werden wissen weiter zu bedencken / und sich dessen zu gebrauchen / und haben sich Ihre Chur- und Fürstl. Durchl. und Gnaden erbothen / da Ihre Fürstl. Gnaden in solchen Sachen weitern Raths bedürfftig / daß sie derselben auf ferner Begehren auch weiter beyräthig erscheinen wollen.

So dann / und als der Herr Administrator zu Straßburg / Marggraf Johanns George zu Brandenburg beneben seiner Fürstl. Gnaden Thum-Capitul durch eine Schickung an Ihre Chur- und Fürstliche Durchl. und Gnaden begehrt / dieselben

auch

ANNO 1594. auch in die vor angeregte Lands-Verein- und Rettung zu nehmen/ mit der Anzeig/ daß unwreifflich darfür zu halten/ die Stadt Straßburg sich ebenmäßig in dieselbe zu begeben kein Bedenckens haben werde. Ist denselben mit dieser Antwort für dießmahl begegnet/ daß nicht ohne die anwesende Chur- und Fürsten sich allhier in den Persohnen in ein solche nähere Zusammensetzung und Lands-Verein zu begeben allbereit geschlossen/ aber darbey des Herrn Administratoris und Capituls/ wie auch der Stadt Straßburg und anderer/ so noch darein begehren möchten/ nicht vergessen. Dieweil aber jetzo Enge der Zeit und anderer vorgefallenen Ungelegenheit halben/ die Notul solcher Verein alhier nicht allerdings/ wie seyn solte/ aufgerichtet werden können/ sondern derwegen eine andere Zusammenkunfft der Räthe in kurtzer Zeit anzustellen seyn würde; Als wollen Ihre Chur- und Fürstliche Durchl. und Gnaden ihres Anbringens ingedenck seyn/ und hochermelten Herrn Administratorn, Capitel und Stadt sämbtlich deren Zusammenkunfft gleichergestalt verständigen/ die ihrigen darauf auch desto vollkommlicher wissen abzufertigen. Dargegen auch die Gesandten auf Begehren dasjenige/ so sie zu Verbesserung der Notul dienliches gehabt/ höchstgedachten ihren Chur- und Fürstl. Durchl. und Gnaden in Schrifften zur Nachrichtung communiciret.

Und demnach letzlichen der Durchleuchtige Hochgebohrne Fürst und Herr/ Herr Joachim Friedrich Administrator des Ertz-Stiffts Magdeburg/ Marggraf zu Brandenburg/ in Preussen/ zu Stetin/ Pommern/ der Cassuben und Wenden/ auch in Schlesien zu Crossen Hertzog/ Burggraf zu Nürnberg und Fürst zu Rügen/ ꝛc. ꝛc. in der Persohn bey dieser vor höchstermelten Chur- und Fürsten Versamblung nicht erscheinen können/ aber nicht desto weniger an Ihrer Fürstl. Gnaden statt Dero Rath Caspar Brandtner/ der Rechten Doctorn mit Gewalt abgeordnet/ der auch aller vorgesetzten Puncten Berathschlagung und Schliessung beygewohnt/ und an Ihrer Fürstl. Gnaden statt als Gewalthaber alles mit verrichten müssen. So hat er auch diesen Abschied Krafft habenden und aufgelegten Gewalts von Ihrer Fürstl. Gnaden wegen mit unterschreiben und siegeln helffen.

Dessen zu Uhrkund seynd solcher Abschied sechs gleich lautend/ mit Ihrer Chur- und Fürstl. Durchl. und Gnaden auch des vor angeregten Magdeburgischen Gewalthabers Händen unterschrieben/ und derselben Secreten besiegelt. Geschehen zu Heilbronn den sechzehenden Monats Martii, als man zehlet nach Christi unsers lieben Herrn und Seligmachers Geburth/ tausend fünffhundert Neuntzig und vier.

Friedrich Pfaltz-Graf/ Churfürst.

Johannes Pfaltz-Graf.

GEORGIUS FREDERICUS Friedrich.

Wilhelm Peblis Statthalter Ambts-Verweser zu Carlsburg.

Caspar Brandtner V. J. D.

Locus Sigillorum.

CCXXXIII.

28. Juill. *Traité entre* JAQUES *Roi d'Ecosse, & les Seigneurs Etats Généraux des* PROVINCES-UNIES, *pour le Renouvellement de la Paix perpetuelle concluë le* 15. *Decembre* 1550. *entre* CHARLES V. *Empereur des Romains, &* MARIE *Reine d'Ecosse. Ce Traité consiste en deux Déclarations l'une desdits Etats Generaux du* 26. *Juillet* 1594. *l'autre du Roi d'Ecosse en date du* 14. *Septembre* 1594. [Voyez-les cidevant sous le 15 Decembre 1550. Tom. IV. Part. III. pag. 14. & 22.]

CCXXXIV.

Nov. HENRI IV. ET LA LIGUE. *Edit de* HENRI IV. *Roi de France, sur la réunion du Duc de* GUISE *& de ses Freres, de la Ville de Reims & autres Villes & Châteaux, en l'Obéissance de S. Majesté; donné à S. Germain en Laye, au mois de Novembre,* 1594. [Histoire des derniers troubles de France sous les Regnes de *Henri* III, & de *Henri* IV. au Recueil des Edits, pag. 82.]

HENRY par la grace de Dieu Roy de France & de Navarre, à tous presens & à venir, Salut. Nous recognoissons que si jamais Prince eust occasion de se louer des grandes graces dont il plaist à Dieu bien heurer ceux qu'il veut mettre en sa protection plus favorable, nous avons tres grand subjet de nous attribuer les premiers rangs, pour le soin tres-particulier, que sa divine providence a toujours monstré à l'advancement & prosperité de nôtre Estat: & bien que nous ne pensions avoir rien oublié de ce que nous pouvions par l'effet des armes, pour le recouvrement de nôtre Royaume, & pour la defense, repos & soulagement de nôtre Peuple, ayans sans cesse veillé, assiegé, combattu, & exposé nôtre propre personne à toutes les fatigues & plus dangereuses rencontres de la Guerre: si est-ce qu'il nous faut franchement advouer, que par la seule grace de celuy qui de la force de son bras redoutable combat pour les justes Puissances & Monarchie, nous sommes aujourd'huy eslevez ez grandes prosperitez, que chacun voit, marques tres-veritables de l'assistance du Souverain Protecteur des Royaumes, lesquelles encor par visibles & plus merveilleux effects que devant, nous avons recognu reluire sur nous, depuis la saincte resolution à quoy il a pleu à Dieu nous inspirer, par nostre conversion & réunion au giron de son Eglise, & de la Religion Catholique, Apostolique & Romaine, s'estans peu de jours apres nos grandes & principales Villes & Provinces toutes entieres avec une ardeur & affection plus qu'incroyable, d'elles mesmes venu jetter entre noz bras & ranger sous nôtre obeïssance: Mais entre les faveurs plus signalées qu'il a plu à sa divine liberalité nous eslargir, nous pensons devoir estimer le Serment de fidelité, que nous recevons maintenant de nôtre tres-cher & tres-amé Neveu le Duc de Guise, & le vœu qu'il nous a fait de sa sincere affection & obeïssance: nous rendant ceste sienne action d'autant plus agreable, que la proximité de sang, dont il nous attouche, nous en donne l'occasion, & que sa personne & sa valeur sont recommandables entre les Princes de son aage: Ce qu'ayant consideré en nous mesmes, & particulierement ressenty pour le bon nombre de Noblesse, de Villes, & de Peuples qui portés avec luy & par son exemple se réunissent à nous, & pour les belles & grandes esperances que nous concevons de sa valeur, & de la franchise qu'il faict paroistre à embrasser nôtre service. Pour ces considerations & autres bonnes & justes causes à ce nous mouvans, nous avons par l'advis des Princes de nôtre sang, autres grands & notables Personnages, estans prés de nous, dict, statué, & ordonné, disons, statuons & ordonnons,

I. PREMIEREMENT, qu'és Villes & Fauxbourgs de Rheims, Rocroy, sainct Disier, Guyse, Join-ville, Fismes & Moncornet en Ardenne, il ne se fera aucun exercice de Religion que de la Catholique, Apostolique & Romaine, n'és autres Lieux ez environs d'icelles, defendus par l'Edit de l'an mil cinq cens soixante & dix-sept, & declarations par nous faites pour l'execution d'iceluy, que nous voulons être suivis & observez. Defendons tres-expressément sur les peines portées par nos Ordonnances, de ne molester ne inquieter les Ecclesiastiques en la celebration du Service divin, jouyssance & perception de leurs Benefices. & de tous autres Droicts & devoirs qui leur appartiennent, desquels nous leur faisons pour l'advenir, & apres qu'ils auront satisfait au Serment de fidelité, pleine & entiere main levée, & delivrance. Enjoignons aussi à tous ceux qui depuis les troubles se sont emparez des Eglises, Maisons, Biens & revenus appartenans aux Ecclesiastiques residens au dedans du Diocese de Reims, & autres Villes & Lieux dessusdits, tant de ceux qui y sont assis, que par tout ailleurs de dedans de nostre Royaume, & qui les detiennent & occupent, leur en delaissent desormais & aux charges dessusdictes, l'entiere possession & libre jouyssance, avec tel droit, seureté & liberté qu'ils avoient auparavant qu'ils en fussent dessaisis. Au moyen dequoy ayant eu cy devant toute asseurance de la fidelité de nôtre amé & feal Messire Claude de Guyse Abbé de Clugny, & sur l'instance & supplication qui nous a esté faite par nostredit Nepveu le Duc de Guise, auquel pour la proximité dont il luy attouche, nous sçavons qu'il est fort recommandé, nous voulons & ordonnons que les Articles que nous avons cy-devant accordez audict Sieur de Clugny soient verifiez avec ces presentes, & comme iceux suivis, gardez & observez de point en point selon leur forme & teneur.

II. Et pour oster toute occasion de noise, discord & debat entre tous nos Subjects, & d'ailleurs donner toute l'asseu-

 Yyy 2

ANNO 1594.

l'asseurance à nostredict Nepveu qu'il peut desirer, contre les recherches des choses passées pendant les presens troubles. Nous de nos graces, puissance & auctorité que dessus, avons du tout perpetuellement & à toûjours esteints, supprimez & aboliz, esteignons, supprimons & abolissons par cesdites presentes la memoire de toutes choses qui se sont passées & advenuës, dés & depuis le commencement desdits presens troubles, & à l'occasion d'iceux, tant pour ce qui s'est geré que traité & negotié par nostredict Nepveu le Duc de Guise, que par nos Nepveux ses Freres, & à tous les Seigneurs, Gentils-hommes, Officiers, Habitans, Corps & Communautez des Villes dessusdites, & toutes autres personnes en general & particulier qui les ont aydez, assistez, secourus & favorisez, tant en la prise des armes, entreprises de Villes, forcemens d'icelles, Chasteaux, Maisons & Forteresses, desmolitions & fortifications d'icelles, bruslement & desmolitions d'Eglises & Maisons, entre autres du Chasteau de Tencilieres, & tout ce qui s'est ensuivy à cause de ce fait, & commandé par les Chefs du Party, prise de Deniers des Receptes generales & particulieres, Domaines, Decimes, Gabelles, Ventes de Sel, Impositions mises sur icelles, & toutes autres Impositions & levées de Deniers, à quelques Sommes qu'elles se puissent monter, tant esdites Villes que sur le plat-Pays, soubs l'authorité, & par le commandement & consentement de qui que ce soit, maniement, distribution & disposition desdits Deniers, des Traictes, Impositions, Foraines, Subsides mis sur les Denrées & Marchands, Vivres, fonte d'Artillerie & Boulets, prise d'Artilleries, Vivres & Munitions tant en nos Magasins, que sur nostre Peuple, confection de Poudres, Salpestres, & autres Munitions de Guerre, levée & conduicte de Gens de Guerre, & Exploicts d'iceux, Ligues, Negotiations, Traictez tant dedans que dehors le Royaume, Voyages, Intelligences, Negotiations avec tous Princes & Communautez, faits tant des commandemens & consentemens de nostredit Nepveu, que des Gentilshommes, Communautez ou Particuliers, Gouverneurs & Habitans d'icelles : Specialement ceux desquels se sont entremis les Sieurs Evesque d'Avranche, Abbé d'Orbze, & Vicomte de Savigny, en Flandre, Italie & Espagne, Amendes, Butins, & Rançons des Habitans des Villes, Communautez & Particuliers, Ventes de Biens meubles, Fruicts, Profits, Rentes, Revenus, perception d'iceux, en vertu des dons des Ducs de Mayenne, de Guyse, Joinville, & Sieur de S. Pol, ou par auctorité des Juges, Officiers, Corps & Communautez desdites Villes, Couppe de Bois de Haustefustaye, & Taillis à nous appartenans, ou à quelques Ecclesiastiques & autres personnes quelles qu'elles soient, establissement de Justice, Jugemens & Execution d'iceux, soit en matiere civille ou criminelle, Police, & Reglemens faits entre-eux : & generalement de tout ce qui a esté faict, geré, negotié, proposé & executé, depuis l'année mil cinq cens quatre vingts cinq, tant par nos deffuncts Cousins les Ducs & Cardinal de Guise, & Prince de Joinville, & ses Freres, Seigneurs, Gentilshommes, Officiers de Justice & Finances, Capitaines, Soldatz, Corps & Communautez desdictes Villes, Habitans d'icelles qui leur ont adheré, les ont aussi suivis, assistez & favorisez, combien qu'ils ne soient, ne ce qu'ils ont faict, geré, traicté & negotié, cy par le menu specifié, sans qu'eux, leurs Veufves, Enfans, Heritiers & Successeurs en puissent ores, ne pour l'advenir, en general, ou particulier, être poursuivis, recherchez, molestez, travaillez ou inquietez en quelque sorte & pour quelque cause ou occasion que ce soit, leur ayant par ces presentes, & de nostre puissance & authorité Royal, le tout remis & quitté, leur quittons & remettons, & pour ce du tout & à toûjours les avons deschargez & deschargeons, mesmes ceux qui ont ordonné soubs eux, & ont esté employez & commis à la levée, distribution & employ de tous les Deniers qui ont esté par eux ou de leur consentement, ordonnance & commandement verbaux, ou par escrit, baillez, maniez & dispensez, mesmes par les ordonnances du feu Sieur de sainct Pol, & desdites Villes & Communautez à quelque Somme qu'ils se puissent monter, comme dit est, durant & à l'occasion desdicts troubles, en rendant compte, si ja ne l'ont faict, ou il appartiendra : Esquels Comptes seront passez & alloués, tant en recepte que despence, les Acquits, Mandement & Ordonnances & Certificats du Duc de Mayenne, & de nosdicts Cousin & Nepveu le Duc de Guise, Pere & Fils, Prince de Joinville, feu Sieur de sainct Pol, ou de ceux par eux commis à l'audition & closture de leurs Comptes, ou des Communautez des Villes qui ont eu commandement & charge durant lesdicts presens troubles, nonobstant que nos Ordonnances n'ayent esté suivis : imposant sur tout ce que dessus, silence perpetuel à nos Procureurs Generaux, tant de nos Cours de Parlement, Chambre des Comptes, que de nos autres Cours & Jurisdictions de leurs Substituts.

III. Et par mesme moyen faisons tres-expresses inhibitions & defences à toutes personnes de quelque qualité, estat, & condition qu'ils soient, publiques ou particulieres, en quelque temps, ny pour quelque occasion que ce soit, d'en faire mention, poursuitte, perquisition & recherche, ny mesmes contre la memoire de nosdicts Cousins les Duc & Cardinal de Guise, par Libelles diffamatoires, Predicateurs, Lecteurs ou autres personnes publiques ou autrement, ne s'attaquer, ressentir, injurier ny provoquer l'un l'autre, par injures & reproches : & voulans qu'au contraire ils vivent ensemblement, paisiblement, & amiablement, comme bons Compatriaux, Freres & Amis sont tenus & doivent faire.

IV. Et afin que personne ne revoque en doute nostre saincte intention sur ce que dessus, non plus que celle de nostredit Nepveu le Duc de Guise, Nous les tenons, reputons, & advouons & recognoissons desormais avec nos Nepveux ses Freres, nos bons Parens, fidelles Subjects, & tres-affectionnez Serviteurs : comme aussi tous lesdicts Seigneurs, Gentilshommes, Ecclesiastiques, Officiers & tous Habitans des Villes, Communautez, Bourgs & Bourgades, & autres Lieux qui les ont suivis, secourus & favorisez, pour nos bons & loyaux Subjects & Serviteurs, cassant, revoquant & annullant tous Arrests, Sentences, Informations & Procedures faictes & donnez contre eux à l'occasion desdicts troubles : les declarans nuls & de nul effect, & comme tels, & de choses non advenuës, & qu'ils soient tirez hors des Registres des Greffiers, tant de nosdictes Cours de Parlement, qu'autres Jurisdictions où ils ont esté enregistrez, & que n'en soit faict reserve aucune, ne registre secret.

V. Et d'autant que nous voulons dez à present tesmoigner par les effects nostre bien-vueillance à l'endroict de nos Subjects dessusdicts, tant s'en faut que nous vueillons reserver aucune vengeance ou mauvaise volonté à aucun d'eux.

VI. Premierement, à l'endroict des Ecclesiastiques, ayant esgard aux ruines & incommoditez qu'ils ont souffert. Nous avons ausdicts Ecclesiastiques qui se trouveront ez Villes dessusdites & Faux-bourgs d'icelles, lors que la declaration s'y fera pour la recognoissance de nostre auctorité, ou un mois apres, & qu'satisferont au Serment de fidelité, & autres submissions pour ce requises & necessaires, quitté & remis ce qu'ils peuvent devoir des Decimes à quoy sont taxez leurs Benefices sis esdicts Lieux, depuis le commencement de l'année mil cinq cents quatre vingts & neuf, jusques à la fin du terme & payement escheu au dernier jour d'Octobre : Seront & demeureront pareillement deschargez les Deputez du Clergé esdicts Lieux de toutes levées & departement de Deniers faits pour satisfaire aux frais de la Guerre, payement des Garnisons, Fortifications & autres affaires dudit Clergé : Permettans comme nous permettons ausdicts Deputez, de contraindre & faire contraindre ceux des Beneficiers du Diocese de Reims, qui n'étoient & ne sont en nostre obeïssance, au payement de leurs taxes desdicts departemens, s'ils n'y ont encores satisfaict par les mesmes voyes & contraintes que les autres.

VII. Seront pareillement contraints tous & chacuns les Beneficiers dudit Diocese, pour le payement du principal de leurs taxes, de la subvention par forme d'allienation, accordée & fournie au Sieur de Sardiny en l'acquit du feu Roy dernier decedé, nostre tres-honoré Sieur & Frere, en l'année mil cinq cens quatre vingts & huict, s'ils n'y ont satisfaict, & pour les arrerages & courant de la Rente d'icelle. Que l'Archevesque & Chapitre de l'Eglise Cathedrale de Reims & Abbé de sainct Remy dudit Reims, ont esté contraints d'avancer & emprunter à constitution de Rentes à plusieurs personnes, soubs promesse d'estre desdommagez par le general dudict Clergé, suivant les Instructions & Commissions qui en avoient esté envoyées ausdicts Deputez, dont ils feront apparoistre quand besoin sera. Et pour leur rendre plus grande preuve de nostre bonne volonté en leur endroict, nous avons aggreable de gratifier les Benefices non consistoriaux, estans & dont la function

ANNO 1594.

fonction se fait esdictes Villes & Fauxbourgs d'icelles, vacqués par mort, resignation ou permutation de personnes qui n'estoient en nostre obeyssance, ceux qui les ont obtenus du Pape, son pretendu Legat, ou desdicts Duc de Mayenne, Cardinal de Pellevé, Evesque d'Avranches en son Diocese, & autres au prejudice de nostre authorité, pour la jouyssance desquels nous leur ferons delivrer nos Provisions & Expeditions necessaires, rapportant celles qu'ils ont obtenuës des dessusdicts, lesquelles, comme nulles & abusives, nous voulons estre rompuës & lacerées. Comme seront pareillement celles des Curez, Patronages, & Chapelles estans dans ledit Diocese de Reims, & les pourveux & reçeus en iceux, comme dict est, aussi gratifiez, si jusques à present il n'en a esté disposé par nous ou autres en ayant pouvoir de nous.

VIII. Nous aurons pareillement desormais tel soing de la conservation & soulagement du general desdits Ecclesiastiques, qu'ils ne seront travaillés ny chargés de levées, emprunts & subventions, qu'en nostre grande & urgente necessité, & seront ausdites levées, emprunts & subventions, gardées les formes ordinaires & accoustumées. Nous ne voulons aussi moins favorablement traicter nos autres Subjects desdictes Villes & Fauxbourgs, ains pour les faire ressentir quelque chose de nostre grace & liberalité, de leur donner toute asseurance du soulagement qu'ils doyvent attendre de nostre obeissance, Nous les quittons & deschargeons de ce qu'ils nous doivent de toutes Tailles, Subsides & Impositions, depuis le commencement de l'année mil cinq cens quatre vingts & neuf, jusques au dernier jour de la presente, comme aussi du Taillon, jusques au dernier jour de l'an passé, excepté toutefois la solde des Prevosts des Mareschaux.

IX. Et d'autant que par les convocations par nous faictes durant les presens troubles de nostre Ban & Arriereban, nostredit Nepveu & autres Seigneurs & Gentils-hommes, Gens d'Eglise & Habitans desdits Lieux, sont tenus & ont deu nous rendre le service personnel, ou contribuer au defaut d'iceluy, ainsi qu'il est accoustumé en tel cas, à cause des Fiefs, Arrierefiefs, & Nobles Attenemens qu'ils possedent, dont ils pourroient estre recherchez, nous les avons de nostre grace aussi speciale exemptez & deschargez pour le passé dudit service personnel, & à eux quitté & remis les sommes esquelles au defaut dudit service personnel ils pourroient estre taxez & cottisez, & ou aucuns de leursdicts Fiefs, Terres & Seigneuries & appartenances d'iceux, auroient esté pour ce saisis & arrestez, nous leur en avons fait & faisons pleine & entiere main-levée & delivrance, pourveu qu'ils se trouvent esdits Lieux, lors de la declaration qui s'y fera pour la recognoissance de nostre auctorité, & apres avoir faict le Serment de fidelité, & autres submissions requises par nos Edicts.

X. Et jouyront de mesme grace & exemptions tous ceux que nostredit Nepveu le Duc de Guise amenera à nostre service avec luy, ausquels seront delivrez toutes Lettres pour ladite exemption aux conditions dessusdictes, en rapportant Certificats de nostre-dict Nepveu, signé de sa main sur ce suffisans, & les Actes desdits Sermens sur ce necessaires.

XI. Et outre ce, de nostre mesme grace & puissance, auctorité & liberalité, Nous avons nostredit Nepveu, sesdits Freres, & tous les Ecclesiastiques, Gentils-hommes, Officiers, & autres personnes de quelque estat & qualité qu'ils soient, Habitans refugiez & demeurant dans le Ban, Siege, Prevosté & Ressort desdites Villes qui satisferont au Serment requis par le present Edict, & reviendront actuellement en nostre obeïssance, au mesme temps que nostredit Nepveu, ou plûtôt si bon leur semble, ensemble chacun desdites Villes, Corps, Communautez, Colleges, & Universitez de Reims, & autres Habitans d'icelles, remis, restablis, & reintegrez, remettons, reintegrons, & restablissons pour l'advenir en la pleine, libre, paisible, & entiere possession & disposition de tous leurs Biens meubles & immeubles, Noms, Raisons, & Actions, Droits, Rentes, & Debtes, nonobstant les saisies & Arrests sur iceux, par les Officiers de Justice, & les Donataires, durant & à l'occasion desditz presens troubles, dont nous leur faisons des à present pleine & entiere main-levée, demourans nuls & de nul effect les dons & dispositions que nous en avons faicts à quelques personnes que ce soit, lesquels nous avons cassez & revoquez, cassons & revoquons par cesdites presentes, ensemble les Jugemens ensuyvis pour raison desdicts troubles pour l'advenir.

XII. Et en ce qui reste à executer, & n'a esté loyaument & de faict payé & acquitté en vertu d'iceux, tant au prejudice de feu nostre Cousin le Duc de Guise, que de noz Nepveux & Niepces ses Enfans, mesmes le don faict de ce qui leur est deu par le Sieur Comte de Courtenay, que au prejudice de tous les autres dessusdicts, qui se remettront avec luy soubs nostre obeissance, sans avoir esgard aussi aux promesses & obligations non acquittées, faictes par les Receveurs, Fermiers, & Laboureurs ausdits Officiers, Commissaires & Donataires. Et outre ce, nous les avons pareillement remis & effectuellement restablis en tous & chacuns leurs Privileges, Franchises, Libertez & Immunitez, Exemption, Octroy de Foires, Benefices, Offices & Dignitez, mesmes lesdits Habitans de Reims, ez exemptions de Tailles, & Droicts d'eslire un Lieutenant & autres Officiers de Ville. Comme au semblable ceux de sainct Dizier, ez Droicts & Seigneuries de Bois, Justice, Amendes & Interests, Marteau, Tabellionnage & Seau, & en l'exercice de la Justice & peine par les Eschevins de ladite Ville. Et pareillement en l'exemption des Tailles ordinaires & extraordinaires, creuës, impositions, emprunts mis & à mettre sus, mesmement des Fermes huict & vingtiesme à eux accordées & concedez par nosdicts Predecesseurs, desquels ils jouyssoient bien & deuëment auparavant les presens troubles, lesquels Privileges, Exemptions, Franchises, Libertez & Immunitez, nous avons confirmez & continuez, continuons & confirmons par lesdites presentes à toûjours, ensemble tous & chacuns leurs Octrois pour dix ans à commencer du jour & datte des presentes. Pour la jouyssance desquels chacune desdites Villes, Colleges, & Communautez, Beneficiers, Gentils-hommes, & autres ne seront tenus prendre autres Lettres de confirmation & continuation que cesdites presentes, cassant & revoquant toutes autres expediées par le Duc de Mayenne au prejudice de nostre auctorité, leur quittans & remettant ce qu'ils pourroient avoir receu & perceu desdits Privileges & Octrois, depuis l'expiration desdites precedentes Lettres.

XIII. Comme aussi seront tenus lesdicts Officiers prendre Lettres de confirmation de leurs Offices, Charges & Dignitez en la maniere accoustumée, nonobstant tous dons que nous avons peu faire desdits Offices & Benefices, que nous avons pareillement cassez, revocquez & annullez pour l'advenir, sans que ceux qui ont esté commis en la place des absens, pour la fonction & exercice d'iceux d'une part & d'autre, puissent estre tenus d'aucune restitution & desdommagement, nonobstant aussi toutes Commissions, Oeconomats, Sentences, Jugement & Arrest contre eux donnez, que ne voulons avoir cy aprés aucun lieu, effect, force, ne vertu ne les impetrans s'en pouvoir prevaloir, demeurant à cest effect le tout cassé & annullé.

XIV. Et pour le regard de ceux qui au prejudice de nôtre auctorité, ont obtenu des Offices du Duc de Mayenne, & y ont esté receus, nous avons agreable de les gratifier d'iceux, pourveu que l'exercice s'en face esdites Villes & Fauxbourgs, & qu'ils soient vacquez par mort ou resignation de personnes qui n'estoient en nôtre obeïssance. Pour la jouyssance & fonction desquels Offices, nous leur ferons delivrer nos Provisions necessaires, sans pouvoir payer aucune finance en nos parties casuelles, à la charge de rapporter les Lettres obtenuës dudict Duc de Mayenne, lesquelles comme nulles & abusives nous voulons estre des à present cassées & revoquées quelque part que elles se trouvent.

XV. Et d'autant que nous sçavons pendant lesdits presens troubles, nostre dit Nepveu le Duc de Guise & ses Freres avoir faict de tres-grandes despences, lesquelles ne leur peuvent permettre si promptement l'acquit de leurs debtes, voulans en cela comme en toutes autres choses, les bien & favorablement traitter autant qu'il nous sera possible, nous leur avons liberalement accordé une surseance de payer leurs debtes pour une année seulement, à compter du jour & datte de la verification des presentes, sans que pendant ledit temps, eux ny leurs cautions, respondans, & autres quelsconques qui puissent avoir recours à l'encontre d'eux, en soient inquietez ny poursuivis, ny leurs biens saisis & arrestez, & leurs avons faict main levée des Deniers & Arrests de Deniers jà faits, le tout sans que par le moyen de ladite surseance, ils puissent estre privez ne descheus de la deduction du tiers de l'arrerage des Rentes pendant les cinq années dernieres, & des termes accordez pour le payement des deux autres tiers selon le le reiglement qui en a esté faict par faute de payer dedans les termes portez par icelles, lesquels ne commenceront à courir à l'esgard dessusdict, qu'apres ladite année de surseance faite & expirée, derogeant à cest effect audit Reglement.

XVI. Tous Sieges, Justices & Jurisdictions, tant ordinaires qu'extraordinaires, comme aussi tous Officiers, tant de Judicature que de Finances, qui depuis ces presens troubles peuvent avoir esté transferez hors lesdictes Villes, sont & demeureront d'oresnavant remis & restablis, tenuz & exercez ainsi qu'ils estoient bien & deuëment auparavant lesdits troubles.

XVII. Et d'autant que nosdits Predecesseurs ont en tout temps gratifié particulierement les Habitans de nostredite Ville de Reims, de dons & bienfaicts, nous avons agreable, & ordonnons que pendant trois ans prochains & consecutifs, à commencer du jour & datte des presentes, les Habitans de nostredicte Ville de Reims, & des Fauxbourgs d'icelle, soient affranchis & exempts de tous emprunts & subventions pour quelque occasion que ce soit, excepté de nos Droicts anciens & domaniaux.

XVIII. Toutes Sentences, Jugemens, & Arrests, Decrets & Ordonnances données contre personnes de mesme Party, commission & execution d'iceux, & tous Actes de Justice, donnés entre personnes de mesme Party, & autres qui auroient volontairement contesté, tant de nos Cours souveraines, que Siege Presidial, Jurisdictions desdictes Villes, Justice des Consuls, & es autres qui en ressortissent durant lesdits troubles, auront lieu & seront executez. Et ne sera faict aucune recherche des executions de mort, qui ont esté faictes durant iceux troubles par authorité de Justice, de Droict de Guerre, ou commandement de ceux qui avoient charge & pouvoir esdicts Lieux.

XIX. Et pour le regard des Arrests, Sentences, Decrets, Ordonnances & Jugemens donnez contre les absens & personnes de divers party de Justice criminelle ou civile, desdites Cours souveraines, Sieges & Jurisdictions ressortissans, demeureront nulles & sans effect, pour quelque occasion que ce puisse estre.

XX. Voulons aussi & nous plaist, que tous Comptes rendus en nostre Ville de Paris, pendant lesdicts troubles par aucuns Comptables, par devant les Officiers des Comptes qui y residoient, ne seront subjects à revision, & pour le regard de ceux qui sont encore, & desquels les Acquits sont encores es mains des comptables, ils seront examinés en nostre Chambre des Comptes, & les Parties allouëes en vertu des Estats de nostredit Nepveu le Duc de Guise ou sesdits Freres, & Duc de Mayenne, Mandement, Rescriptions, & Quittances de leurs Thresoriers, Acquits, Patentes, & Ordonnances du feu Sieur de sainct Pol, & Estats des Thresoriers de France residans à Troyes, Villes & Communautez, & autres ayans pouvoir & commandement sous l'authorité dudict Duc de Mayenne, lesquels Acquits, Rescriptions, Mandemens, Ordonnances, Quittances & Estats, nous avons pour ce regard seulement validez, & approuvez.

XXI. Tous Subsides & Impositions qui ont esté créés pour la seule necessité des troubles au dedans desdites Villes & Fauxbourgs, depuis le commencement des presens troubles, sur toutes sortes de Denrées & Marchandises par establissement de Bureaux, tant d'une part que d'autre, seront & les avons dés à present ostés & supprimés.

XXII. Ceux que nostredit Nepveu le Duc de Guise advouëra & seront tenus Prisonniers par authorité de Justice, ou autres à l'occasion des troubles & autre fait de Guerre, seront eslargis & mis en liberté, à la charge de payer la rançon qu'ils avoient accordée & promise auparavant la declaration que fera nostredit Nepveu pour nôtre service.

XXIII. Et pour le regard des autres qui n'auront lors convenu de leur dite rançon, seront leurs rançons limitées & moderées selon & ainsi qu'il est ordonné par le Traicté de la Trêve generale de l'année derniere passée.

XXIV. N'entendons toutesfois comprendre en nôtre present Edit, ce qui s'est faict au prejudice des Tresves, ne les crimes & delicts & malversations commises sans adveu par forme de vollerie, ne pareillement les choses dont la recherche se peut faire entre personnes de mesme Party. Permettant à toutes personnes de se pourvoir pour raison d'iceux par les voyes de Justice, ainsi & où il appartiendra.

XXV. Si donnons en Mandement à noz amez & feaux Conseillers, les Gens tenant nos Cours de Parlement, Chambre de nos Comptes, Cours des Aydes, Presidens & Thresoriers Generaux des Finances au Bureau de nos Finances estably à Baillifs, Seneschaux, Prevost & leurs Lieutenans, & autres nos Officiers, Justiciers & Subjects qu'il appartiendra, Que ces presentes ils ayent chacun endroit soy à faire lire, publier & registrer, icelles verifier & entheriner, executer, garder & observer inviolablement selon leur forme & teneur, contraignant à ce faire, souffrir & obeyr tous ceux qu'il appartiendra, & qui pour ce seront à contraindre, par toutes voyes deuës & raisonnables, nonobstant oppositions ou appellations pour lesquels & sans prejudice d'icelles, ne voulons estre differé, & quelsconques Ordonnances, Mandemens, Deffences, Arrests, Jugemens, Sentences, & autres choses à ce contraires, ausquelles & à la derogatoire des derogatoires y contenues nous avons derogé & derogeons par ces presentes de nostre grace speciale, pleine puissance & authorité Royalle. Car tel est nostre plaisir. Et afin que ce soit chose ferme & stable à toûjours, nous avons fait mettre nostre Séel à cesdites presentes, sauf en autres choses nostre droit, & l'autruy en toutes. Donné à sainct Germain en Laye, au mois de Novembre, l'an de grace, mil cinq cents quatre vingts quatorse. Et de nostre Regne le sixiesme. *Signé*, HENRY. *Et plus bas*, Par le Roy, POTIER. *Et à costé*, Visa. *Et séellées sur lacqs de soye rouge & verte en cire verte, du grand Séel.*

CCXXXV.

16. Nov.

FRANCE ET LORRAINE.

Traité de Paix entre HENRI IV. *Roi de France &* CHARLES III. *Duc de Lorraine. A Saint Germain en Laye, le 16. Novembre 1594.* [FREDER. LEONARD, Tom. II. pag. 642.]

PRemiérement, qu'il y aura, bonne, perdurable, & assurée Paix entre Sa Majesté, & ledit Sieur Duc, leurs Etats, Païs, & Sujets, qui sera dorenavant observée & entretenuë d'une part & d'autre, tout ainsi & en la même forme & maniere, qu'auparavant ladite Guerre.

Qu'il sera fait Justice à Messieurs les Enfans dudit Sieur Duc de Lorraine, pour le regard des biens de la Succession de la feuë (a) Reine, leur grand Mere, sans prejudice des Droits, que ledit Sieur Duc pretend, tant de son Chef que desdits Sieurs ses Enfans, sur les Duchez de Bretagne & Anjou, Comtez de Provence, de Blois, & de Coucy.

(a) Catherine de Medicis.

Que la Ville de (1) Marsal demeurera en propre audit Sieur Duc, & à ses Successeurs Ducs de Lorraine, recompensant l'Evêque de Metz au profit de l'Evêché.

Que Toul & Verdun demeureront en Gouvernement à l'un des Fils dudit Sieur Duc, & advenant le decés dudit Fils, à son Frere, qui le survivra : & sera fait le semblable des Villes & Châteaux de Coiffy, Monteclaire, & Montigny; & seront les Garnisons desdites Places en nombre raisonnable, paiées par S. M. suivant les états qui en seront dressez.

Que chacun des Capitaines desdites Places venant à mourir, il en sera nommé deux autres par ledit Fils Gouverneur, dont le Roi choisira l'un pour en être pourveû par S. M.

Que tous Officiers, qui ont acoûtumé de prendre provision du Roi, étant à present pourvûs par mort ou resignation, dedans lesdites Villes & Places, demeureront en l'exercice & jouïssance de leurs Charges & Offices, en prenant confirmation de S. M. ou bien nouvelle provision.

Que Jamets sera rendu par ledit Sieur Duc, auquel en contrechange Dun & Stenay seront remis, & renduës lesdites Places voides d'Artillerie, Poudres, Harquebuses, Boulets, Vivres, & autres Munitions de Guerre, à la charge que les Droits de feodalité, que ledit

(1) Usurpée, à ce que prétendent les François, par le Duc de Lorraine sur l'Eglise de Metz, de concert avec le Cardinal son Fils, qui en etoit Evêque; au grand prejudice de la Couronne de France, sous la protection de laquelle etoient les Evêchez de Metz, Toul, & Verdun.

ANNO 1594. ledit Sieur Duc maintient avoir sur ladite Place de Jamets, seront jugez par personnes, qui seront deputées d'une part & d'autre, au Jugement desquels les Parties seront tenuës d'aquiescer.

Et neantmoins où ledit Jugement ne pourroit être fait dedans le tems de la Treve, qu'il a été trouvé bon de continuer jusques à la fin de la presente année, avant que de venir à la publication & execution du present Traité & Accord, ladite Place de Jamets sera remise entre les mains de Sa Majesté, attendant ledit Jugement.

Que Villefranche sera renduë & restituée à S. M.

Que pour le fait du Château, Terre, & Seigneurie de Pauges, & ce qui reste à vuider en l'execution du Traité de Nomeny, seront prontement deputez & envoyez Personnages notables de la part de S. M. qui auront pouvoir de traiter amiablement, vuider, & décider avec les Deputez dudit Sieur Duc, ce qui est en diférend touchant ladite Seigneurie de Pauges, & execution dudit Traité de Nomeny.

Que S. M. comme garant de la Dot de feuë Madame la (a) Duchesse de Lorraine, fera bien paier & continuer les Rentes constituées pour icelle Dot, & même par preference à tous autres.

(a) Claude de France.

Sa Majesté promet en outre audit Sieur Duc, de lui faire paier la Somme de neuf-cens mille Ecus, tant à cause de ce qui lui est dû de son Chef, que de feuë Madame la Duchesse de Lorraine, sa Belle-sœur, & ses Enfans des pensions à eux accordées respectivement par les feus Rois ses Predecesseurs; que pour aider audit Sieur Duc à suporter les frais & dépenses, qu'il lui a convenu faire pendant la Guerre. Et dautant que les affaires de S. M. ne lui permettent de paier presentement icelle Somme comptant, S. M. promet de lui faire vente & engagement à faculté de rachat perpetuel, de son Domaine, pour & jusques à la Somme de cinq-cens mille Ecus, à raison du Denier quarante, & lui paier le surplus en bonnes & valables assignations sur les plus clairs Deniers, tant ordinaires qu'extraordinaires, de son Epargne dont elle lui fera dépêcher tous Contrats d'Aquisition, & Lettres necessaires à la premiere instance qu'il lui en fera faire.

Que Monsieur le Cardinal de Lorraine, & tous autres Beneficiers Sujets dudit Sieur Duc, jouïront depuis la Treve accordée entre S. Majesté & ledit Sieur Duc, des Revenus des Benefices, qu'ils possedoient en France, és Terres de l'obeïssance de S. M. avant la presente Guerre; comme aussi reciproquement les Ecclesiastiques François jouïront des Benefices, qu'ils avoient és Duchez de Lorraine & Barrois, avant ladite Guerre.

Que Madame la Duchesse de Brunswic sera remise actuellement en la possession & jouïssance du Comté de Clermont, Seigneurie de Creil, & de tout ce qui en dépend, excepté les Forteresses.

Et pour les fruits qui sont à present en nature audit Comté de Clermont, & Terres dependantes d'icelui, S. M. veut & entend, que ladite Dame en jouïsse, & soit paiée de ce qui en peut être dû par les Fermiers dudit Comté, & Terres en dépendans; auquel effet S. M. acorde à ladite Dame, comme ja elle a fait cidevant, toutes Lettres de main-levée.

Et pource que ladite Dame Duchesse devoit jouïr de trente mille Livres de Rente, & que ledit Comté de Clermont n'a été évalué en la Chambre des Comptes, qu'à dix-neuf mille tant de Livres, & le surplus montant à dix mille cinq-cens tant de Livres, ou environ, lui fut assigné sur la recepte generale d'Orleans, dont par discontinuation de Paiement les Arrerages montent à soixante mille Ecus, S. M. lui pourvoiant sur cela, ordonnera aux Threforiers Generaux de France à Orleans, de verifier ce qui est dû à ladite Dame de l'Assignation à elle donnée sur ladite recepte, & d'où procede le défaut, pour, ce fait, lui être pourvû d'Assignations par Sa Majesté.

Que tous Gentilshommes, & autres François Sujets de S. M. ou des Terres de son obeïssance, qui ont fait service audit Sieur Duc pendant la presente Guerre, par port d'Armes, Negociations, ou autrement, seront compris audit present Traité de Paix, & selon le benefice d'icelui jouïront de leurs Biens & Benefices; comme reciproquement feront tous Gentilshommes, & autres Sujets dudit Sieur Duc, qui ont fait service à Sad. M. durant la Guerre: & toutes pratiques, menées, levées de Gens & de Deniers, & autres semblables faits, remis & abolis par tous les Traitez, qui ont été acordez aux Sujets de S. M. quand ils se sont remis en son obeïssance, seront aussi abolis pour lesdits Gentilshommes, & autres Sujets de Sad. Maj. & dudit Sieur Duc de Lorraine, qui ont servi l'un & l'autre, durant lesdits troubles, & partant toutes Procedures, Jugemens, Sentences, & Arrests donnez contre eux pour les causes susdites, seront & demeureront cassez, & du tout annullez par le present Traité, de quoi seront expediées de part & d'autre, toutes Lettres generales & particulieres pour ce nécessaires. ANNO 1594.

Que ledit Sieur Duc gardera le Château de la Fauche, appartenant à Madame la (b) Duchesse de Joyeuse, en l'obeïssance de Sa Majesté, jusques à ce qu'il en ait été autrement convenu entre Sadite Majeste, & ladite Dame de Joyeuse.

(b) *Marguerite de Lorraine* Veuve d'*Anne de Joyeuse*, Amiral de France, Beaufrere d'*Henri III*.

Que l'execution de la Justice de Bar & Barrois demeurera en l'état qu'elle étoit pendant la presente Guerre, jusques à la Publication du present Traité de Paix.

Que moiennant ce present Traité de Paix, entre S. M. & ledit Sieur Duc, il ne se fera dorénavant de la part de S. M. aucun acte d'hostilité és Terres & Païs de l'obeïssance dudit Sieur Duc; comme aussi de sa part il ne s'en fera au Royaume de France, és Terres de l'obeïssance & protection d'icelui, & retournera & demeurera en ce faisant ledit Sieur Duc, en son ancienne neutralité.

Auquel Traité de Paix seront compris, de la part de S. M. Messieurs les Electeurs & Princes du Saint Empire, & specialement Monsieur l'Electeur Palatin, le Duc de Deux-Ponts, & autres Princes des Maisons Palatine, & de Baviere; Monsieur l'Electeur, & la Maison de Brandebourg; le Marquis (c) d'Anspach; l'Administrateur, & Chapitre de Strasbourg, & autres leurs Alliez & Confederez; le Duc de Wirtemberg, le Marquis de Dourlach, & le Prince d'Anhalt; & pareillement le Seigneur de Sedan, & la Ville, Magistrat, & Bourgeois de Strasbourg.

(c) Fils de l'Electeur de Brandebourg.

Qu'il sera pourveû par les Deputez, que Sa Majesté envoiera en Lorraine, aux contraventions faites & advenuës aux Traitez de Treve entre Sadite Majesté, & ledit Sieur Duc, & toutes choses seront par eux rétablies, selon le contenu des Articles d'icelle Treve.

Et dautant que le Sieur de (d) Bassompierre s'est entremis de grande affection au fait du present Traité, & a voué tout service à Sa Majesté, tel qu'il l'a rendu aux Rois ses Predecesseurs, Sa Majesté a promis de le faire paier des Deniers qui lui seront dûs, & ont été par lui avancez pour le service du feu Roi Henri, son Predecesseur, montant à la Somme de cinquante-quatre mille six cens Ecus, ou environ; & davantage, de le faire rembourser de la Somme de treize mille quatre-cens soixante & quinze Ecus, reçûs & levez és années dernieres par les Receveurs Generaux de Normandie, établis à Caën, ainsi qu'il est aparu par leurs Quitances du Revenu des Terres & Seigneuries de Saint-Sauveur le Vicomte, & Saint-Sauveur-Lendelin, & Baronnie de Nehou; pour le paiement desquelles Sommes, & de celle de trente-six mille cent cinquante huit Ecus, qu'il doit mettre comptant és mains du Tresorier de l'Epargne, S. M. promet de lui engager & vendre, à faculté de rachat perpetuel, la Terre, & Seigneurie de Vaucouleur en Champagne, ensemble tous & chacuns les droits de presentation de Benefices, & provisions d'Offices, avec toutes ses autres apartenances & dépendances, sans aucune reservation, que de la coupe des Bois de haute futaie, ressort, & souveraineté d'icelle Terre; & ce pour la Somme de quarante mille deux-cens Ecus, outre laquelle néanmoins il sera tenu de rembourser, en Deniers comptans, le Sieur de Malpierre, & autres acquereurs des portions & Domaine dudit Vaucouleur, tant de leur principal, que frais, mises, & loiaux coûts: & pour le surplus dudit dû, & desdits treize mille quatre-cens septante-cinq Ecus, & trente six mille cent cinquante-huit Ecus, revenant à la Somme de soixante-quatre mille Ecus, lesdites Terres, & Seigneuries de Saint-Sauveur le Vicomte, & Saint-Sauveur-Lendelin, & Baronnie de Nehou, lui seront & demeureront surengagées, sans qu'il puisse être par ci-aprés dépossedé d'icelles Terres & Seigneuries, qu'il ne soit prealablement remboursé desdites Sommes de quarante mille deux-cens Ecus, desdits soixante-quatre mille Ecus, comme de ce qu'il a premierement paié pour les premieres ventes de Saint-Sauveur, & remboursement des acquereurs de ladite Terre de Vaucouleur, & de ses frais & loiaux coûts: Promettant en outre audit Sieur de Bassompierre, de retirer lesd. Terres de Saint-Sauveur le Vicomte, & Saint-Sauveur-Lendelin, & la Baronnie

(d) Pere du Maréchal de Bassompierre, Colonel General des Suisses.

ANNO 1594. ronnie de Nehou, nouvellement revenduës, en remboursant aussi lesdits acquereurs de leur principal & loiaux coûts; lequel remboursement tiendra pareillement lieu de surengagement desdites Terres audit Sieur de Bassompierre: dequoi Sa Majesté lui fera expedier tels Contrats, Lettres Patentes, & Quitances de ses Officiers comptables, que besoin sera, pour servir audit Sieur de Bassompierre au remboursement desdites Sommes, & remboursement susdit, quand S. M. ou ses Successeurs, voudront racheter lesdites Terres & Seigneuries. Fait à S. Germain en Laye, le seizieme jour de Novembre 1594. *Ainsi signé*, HENRI, *& plus bas*, DE NEUFVILLE.

Ce Traité fut ratifié par le Roi à Fontainebleau, au mois de Decembre 1595. Le Duc de Lorraine aussi le ratifia à Nanci, le douziéme jour de Mars l'an 1596. mais la pluspart des Articles n'y sont inserez, ains en sont rejettez; & à la verification faite par la Cour de Parlement le vingt-quatriéme Decembre 1601. ils ne s'y trouverent non plus, & nommément l'Article 2. Quant à l'Article 12. il est reduit & moderé à deux-cens cinquante mille Ecus, au lieu de neufcens mille.

Ratification du Roi.

HENRI par la grace de Dieu, Roi de France & de Navarre: A tous presens & à venir, salut. La Paix est un don de Dieu, qui fait fleurir les Peuples, les remplit d'abondance & de felicité, duquel les François & Lorrains ont ensemble joui longuement, comme bons voisins, par la prudence de leurs Princes, & la bonne volonté, que les Rois nos Predecesseurs ont portée aux Ducs de Lorraine jusques en l'an mille cinq-cens quatre-vingt neuf, que la violence des Guerres civiles & partialitez de nôtre Roiaume a été si grande & furieuse, qu'elle a violé les Loix, & faussé les bornes de tout bon voisinage, aiant rempli nos voisins, comme nos Sujets, d'un déluge de calamitez publiques & privées. De quoi si-tôt que nôtre très-cher & très-amé Beaufrere, Charles, Duc de Lorraine & de Bar, nous a fait entendre être très-déplaisant, & ne desirer rien tant que d'arrêter le cours d'icelles miseres, Nous avons toûjours eû une grande inclination au repos public, & un même desir de rentrer & vivre en paix, nous qui n'avons été armez que pour défendre & conserver l'Heritage à nous écheû par la grace de Dieu, & la Succession legitime de nos Ancêtres, d'heureuse memoire, sans avoir onques pensé ni eû dessein d'envahir le bien d'autrui: Et ne desirant non plus que de rentrer & vivre en paix avec les Princes Alliez & Confederez de cette Couronne, & specialement avec nôtre Beaufrere le Duc de Lorraine & de Bar, pour la parfaite confiance que nous avons conçûë de son amitié, & probité, & pour l'Alliance & proximité qui est entre nous, avons ci-devant pour le bien de la paix accordé, par le moien de nos Deputez, les Articles ci-aprés declarez, attachez sous le contrescel de nôtre Chancellerie. Et d'autant que nous reconnoissons l'execution & observation d'iceux utile & necessaire pour le bien de nôtre Roiaume, Païs, & Sujets, Nous promettons par ces presentes, signées de nôtre propre main, en foi & parole de Roi, de garder, observer, & entretenir, & faire garder, observer, & entretenir inviolablement le contenu esdits Articles, selon leur forme & teneur, & sans jamais aller ni venir au contraire, directement ou indirectement, ni permettre qu'il y soit contrevenu en quelque sorte & maniere que ce soit, & de faire expedier & délivrer à nôtredit Beaufrere, & autres que besoin sera, toutes les Provisions, Lettres, & Mandemens necessaires pour l'acomplissement de ce que dessus, & le faire joüir de l'effet d'iceux. Car tel est nôtre plaisir. Et afin que ce soit chose ferme & stable à toûjours, nous avons fait mettre nôtre Scel à cesdites presentes, sauf en autre chose nôtre droit, & l'autrui en toutes. Donné à Folembray, au mois de Decembre, l'an de grace mille cinq-cens quatre-vints-quinze, & de nôtre Regne le septieme. *Ainsi signé*, HENRI, *& sur le repli est écrit:* Par le Roi, *contresigné*, DE NEUFVILLE, *& scellé du grand Scel en cire verte.*

Nota, que cette Ratification fut échangée quelques jours aprés à Folembray, & l'adresse faite au Parlement; mais le Traité fut lors de beaucoup changé, & plusieurs Articles furent retranchez ou moderez, ainsi qu'il se voit és Registres de la Cour de 1601. & en la Copie ci-aprés. ANNO 1594.

LE Traité de Paix que dessus de l'an mille cinq-cens quatre-vints-quatorze, au mois de Novembre, fut ratifié par le Roi à Fontainebleau, & à Folembray au mois de Decembre l'an mille cinq-cens quatre-vint quinze; & par le Duc de Lorraine à Nancy, le douzieme du mois de Mars mille cinq-cens quatre-vints-seize, en presence du Comte de Salm, Maréchal de Lorraine; du Sieur de Bassompierre, Grand-Maître en l'Hotel, & Chef des Finances; du Sieur d'Ancerville, Bailli d'Allemagne, & autres.

Depuis il fut verifié au Parlement de Paris, le vint-quatrieme de Decembre l'an mille six-cens un, mais plusieurs Articles en furent lors rejetez, & n'y sont inserez, & nommément le second, comme étant trop prejudiciable au Roi, & aux Droits de la Couronne.

Et l'Article 12. qui est de neuf-cens mille Ecus, fut reduit & moderé à deux-cens cinquante mille Ecus, comme il apert des Lettres du Roi, données à Calais, le quatrieme jour de Septembre l'an mille six-cens un; & de l'Arrest donné sur icelles au Parlement de Paris, le quatorzieme de Decembre au même an, & encore d'un autre Arrest dudit Parlement, audit an, le vint-quatrieme de Decembre.

L'an mille six-cens un, le treizieme Decembre, le Roi en son Conseil aprouve le Contrat d'Echange fait entre le Duc de Lorraine, & l'Evêque de Metz, pour la Ville de Marsal, conformément à l'Article 3. du Traité de Paix fait le seizieme Novembre, mille cinq-cens quatre-vint quatorze, à la charge que les Terres baillées en Echange audit Evêque de Metz demeureront sous la protection de S. M. comme faisoit ledit Marsal.

Lettres du Roi, données à Abbeville, le dix-neuvieme jour de Juin mille cinq-cens quatre-vint seize, par lesquelles, conformément à l'Article XX. du Traité de Paix fait avec le Duc de Lorraine, il acorde audit Duc Lettres de neutralité pour les Duchez de Lorraine & de Bar, le Marquisat de Nomeny, le Ban d'Esme, le Comté de Ligny, mouvant du Duché de Bar; & encore pour la Terre & Seigneurie de Commercy, tant pour la part dudit Duc, que celle des Sieurs de la Rochepot, & la Rocheguyon, pendant la Guerre que S. M. aura contre les Espagnols.

Autres Lettres du Roi, de même date, données à Abbeville, le dix-neuviéme jour de Juin mille cinq-cens quatre-vints seize, par lesquelles en faveur du Duc de Lorraine, & de son Fils le Cardinal de Lorraine, il comprend en ladite neutralité, les Villes, Païs, & Terres des Evêchez & Chapitres de Metz, Toul, & Verdun; comme aussi l'Abbaie souveraine de Gorze, & les Terres en dépendantes. Elles furent publiées à Metz, & à Sainte-Menehou, és mois de Juillet & Aoust suivans.

CCXXXVI.

Declaration de Guerre faite par HENRI IV. *Roi de France à* PHILIPPE II. *Roi d'Espagne. Fait à Paris le* 16. *Janvier*, 1595. [EMANUEL METEREN, Histoire des Pays-Bas. Feuill. 369.] 1595. 16. Janv. FRANCE ET ESPAGNE.

NUl n'est ignorant ni dedans, ni dehors ce Royaume, que le Roy d'Espagne n'ayant peu subjuguer la France par Guerre ouverte, pour avoir esté defendue & maintenue de Dieu, & de ses Roys de haute memoire, avec l'assistance de leurs bons & fideles Subjects, qu'il n'ait taché de susciter & fomenter des divisions au Royaume, pour le pouvoir par ce moyen subjuguer, & c'est ce dont il est encores tourmenté & affligé. Car sa haine, & son desir estant venu si avant, qu'il n'en a pas seulement consumé grande Somme de Deniers, employé & perdu ses principales Armées, jusques à abandonner son propre Pays & ses affaires, mais s'est aussi avancé si avant (sous pretexte de pieté) de tenter ouvertement la fidelité que les François portent à leur Souverain & Prince naturel, laquelle a esté de tout temps merveilleusement renommée & louée parmy toutes Nations, pour aspirer injustement & ouvertement à la Couronne pour luy & les siens. Ce qu'il a commencé à mettre en train, incontinent aprés le

ANNO 1595.

le trespas du feu Roy François II. & depuis a toûjours continué par divers moyens triomphant, & faysant son profit de la minorité de leurs Roys, ce que notamment il a faict paroistre sur la fin du Regne du feu Roy Henry III. d'heureuse memoire, en l'an 1585. lors que les François, par la grace de Dieu, jouïssoyent de la pieté, justice, & bonté de leur Roy, & qu'ils estoyent entierement en repos, ce que Sa Majesté tachoit de confirmer & d'asseurer de plus en plus à leur soulagement. Car il avoit alors sous faulx & legers pretextes, rempli le susdit Royaume de feu & de sang, & reduit à extreme ruyne, mettant les Catholiques en armes les uns contre les autres, & ce contre le plus religieux Prince qui ait oncq regné, dont estoit ensuyvi le meurtre lamentable de sa personne, lequel saingnera pour jamais és cœurs de tous vrais François, avec tous les autres massacres, pilleries, destructions & oppressions, souffertes depuis. La France & les François eussent pour toûjours esté estouffés, sous ceste puissante charge, sans la grace speciale de Dieu, qui ne les avoit jamais abandonnés, mais avoit donné la force & puissance à leur Roy & Souverain Prince, de maintenir & defendre courageusement la justice de leur cause, avec leurs Libertés, Biens, Vie, Familles, & Honneur, & de reduire à neant les injustes entreprinses du susdit Roy, & de ses Confederés, à sa honte, & à leur confusion, en telle sorte que la France a maintenant occasion d'esperer, qu'elle retournera derechef en sa premiere prosperité, à la gloire de Dieu, & sous l'obeïssance de Sa Majesté; pourveu qu'un chacun employe à cela d'oresenavant la mesme fidelité, & Sa Majesté les mesmes moyens & remedes, desquels les Roys ses Predecesseurs se sont servis, pour defendre le Royaume contre leurs anciens Ennemis. Ce que Sa Majesté a aussi entreprins de faire, ayant la conservation de nostre sainte Religion, sa reputation, & la defence de ses Subjects, en plus grande estime, que son propre corps & sa vie, laquelle à ceste fin il a diverses fois exposée liberalement, & est encore prest de l'exposer. Que sa conversion, sa bonté, & patience, depuis cincq ans en ça, ni aussi le danger present dont la Chrestienté est menacée, (qui ne procede comme un chacun sçait, que des débats, discords, & justes arrierepensées, causées par l'ambition du Roy d'Espaigne) n'a peu encores faire cesser sa mauvaise volonté contre son Royaume, contre la Personne de Sa Majesté Tres-Chrestienne, contre ses bons, & fideles Sujects, & contre ceux de Cambray, que Sa Majesté avoit prins en sa protection, contre lesquels luy & les siens, usoyent encores journellement de toutes sortes d'hostilités, continuant de les assaillir de tous costés par force ouverte, de forcer ses Villes, & de les tenir, de prendre ses Sujets, les emmener Prisonniers, les mettre à rançon, tuer, & massacrer, les charger de Contributions, & levées de Deniers, & exerçant toutes autres sortes d'Actes d'hostilité, mesme d'attenter à la vie de Sa Majesté par assassinemens, massacres, & autres vilains & horribles moyens, comme cela s'estoit encores veu ces jours passés, & étoit presque advenu au grand malheur de la France (n'eust que Dieu juste Protecteur & Defenseur des Roys) n'eust miraculeusement destourné ce malheureux coup, donné de la main d'un cruel & vray esprit, Espaignolisé, & entreprenant un faict horrible, contre la Personne de Sa Majesté. Qui sur cela faict entendre à un chacun à qui il appartient, que ne voulant plus long temps faillir à son debvoir, & à defendre ses Sujects, à quoy il est obligé, & ceux de Cambrai, en quoy il faudroit, s'il usoit de plus longue patience & simulation, en la poursuitte & continuation d'un tel desseing: Voyant aussi le peu d'estat que ceux d'Artois & de Haynault, avoyent faict (au grand regret de Sa Majesté) de l'exhortation qu'il leur a faict par Lettres expresses, qu'ils eussent à l'ayder à destourner d'eux la tempeste de la Guerre, laquelle avoit esté émeuë par les Espaignols, non moins à leur ruyne qu'au dommage de ses Sujects. Et partant qu'il avoit arresté, conclud, & resolu, de leur faire d'oresenavant Guerre ouverte, & par Mer, & par Terre, contre le Roy d'Espaigne, ses Sujets, Vassaulx & Pays, pour se venger des torts, injures, & messaicts, que luy & les siens en avoyent reçeus, comme les Roys ses Predecesseurs avoyent faict en pareille occasion, avec ferme fiance en Dieu, (qui cognoist l'interieur de son cœur, & la justice de sa cause) qu'il luy continuera sa divine assistance, qu'il benira & fera prosperer avec l'ayde de ses bons Sujets, ses justes armes. Qu'à ceste fin Sa Majesté commandoit bien expressement à tous ses Sujets, Vassaulx, & Serviteurs, de faire d'oresenavant la Guerre, par Mer, & par Terre, au susdit Roy d'Espaigne, à ses Pays, Sujects, Vassaulx, & Adherans, comme aux Ennemis de sa personne, & de son Royaume. Et pour ce faire il leur commandoit d'entrer par force és susdits Pays, de les assaillir, & surprendre les Villes, & les Places de son obeïssance, de les reduire sous contribution, prendre ses Sujects, & Serviteurs Prisonniers, de les mettre à rançon, & les traicter comme ils font, & feront les siens. Et partant leur avoit deffendu & defendoit par ceste de n'avoir aucune Communication, Commerce, Intelligence & Familiarité, avec le susdit Roy d'Espaigne, ses Adherans, Serviteurs, & Subjects, sur peyne de la vie. Qu'il faysoit revoquer & revoquoit par la presente, toutes Permissions, Passeports, & Sauvegardes, donnés & octroyés, par luy, ses Lieutenans Generaulx, & autres contraires à ceste presente Ordonnance, les declarans de nulle valeur, & defendant de ne les respecter aucunement, & ce en dedans quinze jours apres la Publication de la presente, laquelle il commande estre faicte à ceste fin, au son de Trompette & publicque Proclamation, és Provinces & Frontieres du Royaume, afin que nul n'en pretende cause d'ignorance, mais qu'un chacun l'entretienne, & mette en execution sur peyne de desobeïssance. Faict à Paris le 17. de Janvier 1595. *Soubsigné:* HENRY. *Et plus bas,* DE NEUFVILLE.

ANNO 1595.

CCXXXVII.

23. Janv. CAMBRAI ET MALINES.

Accord passé entre les Députez de l'Eglise Métropolitaine de MALINES, *le Siége vacant, & ceux de l'Archevêque de* CAMBRAI, *touchant l'execution d'un Bref Apostolique concernant l'Armée du Roi d'Espagne dans les Pays-Bas. Fait à Bruxelles, le 23. Janvier, 1595.* [Placards, Ordonnances, Edits, &c. de Brabant, Tom. I. Liv. I. Tit. I. Chap. XIII. pag. 34.]

CUm venerabiles Viri Matthias Hovius Archidiaconus, & Petrus Vinck Ecclesiæ Parochialis Beatæ Catharinæ, hujus Oppidi Bruxellensis Pastor, S. Theologiæ Licentiati, Ecclesiæ Metropolitanæ Mechliniensis Vacantis, Mechliniæ Bruxellensis, respective Vicarii, nonnullas Diœcesis Mechliniensis difficultates, Illustrissimo, & Reverendissimo Ludovico de Barlaymon Archiepiscopo Cameracensi, exposuerint, & repræsentaverint, circa executiones Brevis Apostolici, quo ipsi Archiepiscopo rerum spiritualium directio & Ecclesiasticæ Disciplinæ administratio in Belgico Regiæ Majestatis Catholicæ Exercitu commissa est, idem Archiepiscopus deputavit venerabiles Viros Franciscum Buseretum Decanum, & Vicarium suum Generalem, & Valerianum du Flos, Archidiaconum Brabantiæ Ecclesiæ Metropolitanæ Cameracensis Canonicos, ac cum iisdem Dominis Vicariis, adhibito etiam Domino Protonotario Francisco de Camara, ejusdem Domini Archiepiscopi in dicto Exercitu subdelegato, amicabiliter communicandum, concipiendum, & resolvendum ea, quæ pro salute animarum & meliore Disciplinæ Ecclesiasticæ conservatione, viderentur expedire, quâ communicatione præmissa, unanimi omnium supradictorum consensu concepti, & conclusi fuerunt Articuli, qui sequuntur.

I. Primum quod persona Gubernatoris generalis omnium domesticorum ipsius utriusque sexus, & eorum qui sunt de ejusdem Gubernatoris custodia, tam Pacis tempore quàm Belli, vulgariter *Hallebardiers* & *Archiers* nuncupati, sunt subjecti Ordinario loci, ubi solent habere suum domicilium, sed simul atque egrediuntur ordinarium domicilium, & accedunt Exercitum Regium, tum tanquam pars Exercitus censentur esse subditi Delegato Apostolico.

II. Similiter omnes Nobiles, & alii inferiores, qui cessante Exercitu habent suos Ordinarios in his partibus quando subsistunt iis in locis, ubi est fixum eorum domicilium, censentur subditi eorundem locorum Ordinariis, etiamsi alioquin habeant officia & stipendia ratione dicti Exercitus, qui verò non habent, in hisce partibus suos Ordinarios, & castra sequuntur, habentque officia & stipendia regia ratione ejusdem Exercitus, ii censentur, quamdiu Exercitus consistit, subditi Delegato Apostolico.

Anno 1595. III. Antiqua etiam Præsidia, quæ erant ante Exercitum, ratione cujus emanavit istud Breve Apostolicum, quæque manere & foveri solent sumptibus Regiis, etiam tempore Pacis spectant ad Ordinarios locorum Quoad alia Præsidia, quamvis subdita maneant Delegato Apostolico, tamen favore Ecclesiasticæ Disciplinæ in animadversione delinquentium erit præventioni locus.

IV. Personæ autem castra sectantes & ad Exercitum spectantes, si de Exercitu sese ad tempus negotiorum caussâ ad Urbes & alia loca extra Exercitum recipiant, manent in omnibus subjecti Delegato Apostolico.

V. Quæ tamen omnia suprà dicta sic intelligenda sunt, ut Parochis liberum sit administrare Sacramenta, & Sepulturas omnibus divertentibus ad suas Parochias, & in eis morientibus, salvis Juribus. Judicialia verò exercebuntur per Superiores respectivè eorum, de quibus præscriptum est in præcedentibus Articulis. Actum Bruxellæ in domo quæ dicitur, Curia Cameracensis, sub signaturis dictorum Deputatorum ad annum Domini 1595. mense Januario die 23. & subsignatum erat FRANCISCUS BUSSERET Decanus & Vicarius Generalis, & paulò inferiùs, VALERIANUS DE FLOS Archidiaconus Cameracensis.

CCXXXVIII.

28. Janv. *Fœdus inter Imperatorem* RUDOLPHUM II. *&* *Transylvaniæ Principem* SIGISMUNDUM BATHORY, *quò continuationem Belli sibi invicem promittunt; Principi porrò dicto & Hæredibus Masculis, in linea recta descendentibus* Transylvaniæ *Jurisdictio relinquitur, ità tamen ut Cæsaream Majestatem & suos Hæredes Hungariæ Reges pro ipsorum legitimis Regibus recognoscant, & in casu ejus sinè Hærede decessûs*, Transylvania *in potestatem Imperatoris perveniat. Pragæ die 28. Januar.* 1595. [Corpus Juris Hungarici, Tom. III. pag. 27. *d'où l'on a tiré cette Pièce, qui se trouve aussi en Allemand dans* JAC. FRANCI Histor. Relat. Contin. ac sub anno 1594. pag. 91.]

ARticuli & Conditiones Tractatus, inter Sacratissimam Cæsaream Regiamque Hungariæ & Bohemiæ Majestatem, & Illustrissimum Transylvaniæ Principem Bathory de Somlio, per Reverendissimos Joannem Kutassy, Episcopum Jaurinensem, & Regni Hungariæ Cancellarium, ac Stephanum Zuhay, Episcopum Vaciensem, nec non spectabiles & magnificos Thomam Erdödi, perpetuum Montis Claudii Comitem, & Regnorum Dalmatiæ, Croatiæ & Sclavoniæ Banum, Nicolaum Palffy de Erdöd, Comitem Comitatus & Capitaneum Arcis Posaniensis, nec non Cubiculariorum Regalium Magistrum, & supremum cis Danubianarum Regni Hungariæ Partium Capitaneum, Simonem Forgach de Ghymes, Pincernarum Regalium Magistrum, & Joannem Ivò de Kazahàza, Personalis præsentiæ Regiæ in Judiciis Locumtenentem, Consiliarios sacræ suæ Cæsareæ Regiæque Majestatis, ad id delegatos, ex una: Item per spectabilem & magnificum, Stephanum Bochkay de Kis Maria, Capitaneum Waradiensem, & Comitem Comitatus Bihoriensis, Consiliarium & Oratorem, nec non Generosos & Egregios, Gregorium Châky de Keretszeg, Joannem Sywegh, Judicem Regium Civitatis Cibinien. & Doctorem Alphonsum Carilium, ab Illustrissimo Principe Transylvaniæ cum pleno & sufficienti mandato missos ex altera parte: præsentibus ac mediantibus Reverendissimo & Illustribus Dominis, Nuncio Apostolico Cæsareo Speciano Episcopo Cremonense, & Serenissimi Regis Hispaniarum Catholici Oratore, Guilhelmo de sancto Clemente, & Paulo Sixto Trautson, Libero Barone in Sprechenstain, Schrovenstain & Falckenstain, Comitatus Tyrolis Marschalco Hæreditario, Sacræ Cæsareæ Regiæque Majestatis Camerario, Consiliario secreto & Aulæ Cæsareæ Mareschalco, initi & conclusi Pragæ die vigesima octava Januarii, Anno Domini millesimo, quingentesimo, nonagesimo quinto.

I. Sacra Cæsarea Majestas, pro sua persona & Ordinum Regni Hungariæ promittet, se in Bello contra Hostes suscepto, progressuram. Quod si vero aliquando ad Fœdus & Pacem res deveniret, ne absque præscitu & communicato consilio utriusque Partis, Fœdus aut Concordia cum Hoste transigatur. In Transactione vero tam Transylvania, quam Ditiones illi subjectæ, contineantur, utraque item Walachia, nimirum Moldavia & Transalpina, quæ a Turcarum Societate recesserunt. Illustrissimus autem Princeps Transylvaniæ, vicissim suæ Majestati, suo ac Ordinum Transylvaniæ & subditorum Populorum suorum nomine, promittet, se quoque in Bello contra Turcas progressurum, neque Fœdus ullum tractaturum vel initurum cum Hoste, sine præscitu, consensu & approbatione suæ Majestatis, Regnique sui Hungariæ, idque juramento confirmabit. Anno 1595.

II. Ut Transylvaniæ Jurisdictio, inclusis etiam cunctis iis Hungariæ Partibus & confiniis hactenus per Principem possessis, penes eundem Principem, Dominum Sigismundum Bathory de Somlio, ejusdemque Hæredes Masculini sexus, ex propriis lumbis, in sua linea recta descendentes, cum jure primogenituræ, eo prorsus modo, quo tempore Antecessorum ipsius Principis, fuerunt, nempe Joannis, Stephani, & Christophori Bathory, cum omni proventu, jure & antiquo usu, integra absolutaque ita maneat, ut semper merum mixtumque imperium, liberamque Jurisdictionem in ea habeat. Ita tamen, ut suam Majestatem Cæsaream ac Regiam ejusdemque legitimos Successores Hungariæ Reges, ipse & sui Successores, pro ipsorum legitimis Regibus recognoscant, ac recognitionis & fidelitatis Juramentum semper præstent, citra tamen Jus Feudi: idque Successores quidem tempore mutationis Regiminis, tunc videlicet, quando possessionem Provinciæ acceperint: Modernus autem Princeps, modo. Deinde, ut decedente sine Hæredibus masculis ipso Principe, vel illis superstitibus, ac in hac ejus linea deficientibus, ipsa Transylvania, eique annexæ Ditiones, non in alterius quam in suæ Majestatis, ejusque Successorum Hungariæ Regum, ditionem & potestatem, tanquam verum & inseperabile membrum, absque ulla controversia pervenire debeat. Et super hoc ipse Princeps se suosque Ordines suæ Ditionis Status Juramento fidei obstringat. Cessante autem Hærede in linea masculina moderni Principis, ac ipsa Transylvania juxta præsentes Articulos, ad Coronam Hungariæ devoluta, teneatur tam moderna Cæsarea Regiáque Majestas, quam Successores ejusdem, Jura municipalia, Privilegia & Consuetudines in Transylvania receptas, inviolatas servare nec ulla ex parte immutare. Donationes item omnes & Inscriptiones semper pro ratis & gratis acceptare. Tenebitur præterea Rex Hungariæ, a tempore, quo Transylvania ad Coronam devolvetur, unum pro suo placito ex Ordinibus Transylvaniæ Gubernatorem seu Waywodam illarum Provinciarum creare. Et quia Dei beneficio ipse Princeps Transylvaniæ, non Filios tantum, sed & Filias procreaturus speratur, ideo deficiente (ut dictum est) masculo Hærede, sua Majestas, cuilibet Filiæ de Dote centum millium Florenorum Rhenensium providebit, extra mundum muliebrem & Jocalia. Successor item suæ Majestatis Cæsareæ atque Regiæ tempore depositionis sui Juramenti, quod Regno Hungariæ præstabit, Transylvaniæ quoque particularem specialem in eodem Juramento mentionem faciet, Civitas Nagybania possidebitur a Principe Transylvaniæ, ita ut illa Serenissimo quondam Regi Poloniæ Stephano Bathory, per suam Majestatem collata fuit.

III. Sacra Cæsarea Regiaque Majestas, Principem Transylvaniæ recognoscet pro libero Principe, eique titulum & appellationem Illustrissimi concedet, eamque sua authoritate, (ut moris est) munitam reddet, & peculiare Diplomate confirmabit.

IV. Ut sacra Cæsarea Majestas sua, ex inclyto sanguine Austriaco, Illustrissimo Principi uxorem primo quoque tempore procuret, nihil prætermissura est opportuni officii, apud Serenissimi quondam Archi-Ducis Caroli, Patrui sui Charissimi, Viduam, & apud Serenissimum Archiducem Ferdinandum, ac Bavariæ Ducem, qui una cum sacratissima Majestate sua dicti Serenissimi Archi-Ducis Caroli Filiarum Curatores sunt, ne eorum consensus desit, quin ex Filiabus illis aliqua detur.

V. Ut Illustrissimus Princeps aureo Vellere a Serenissimo Hispaniarum Rege Catholico insigniatur, Sacra Majestas sua procurandum suscipiet.

VI. Ut vero Illustrissimus Princeps adversus communem hostem alacrius & securius peragat, Sacra Cæsarea ac Regia Majestas sua, neque ipsum Principem, neque Transylvaniam, aut Ditiones illi subjectas, ullo tempore, quicumque rerum casus fortunæque mutatio ingruat,

ANNO 1595.

gruat, desertura est. Et jam quidem aliquibus auxiliis, pro præsenti occasione submittendis juvabit, & imposterum si major necessitas ingruat, auxilia majora, sive per Generalem Cassoviensem, sive per alios suppeditabit. Quoniam vero Sacra Majestas sua Copiis militaribus & omni apparatu Bellico necessario; utpote Tormentis, Globis, Pulvere & reliquis omnibus Instrumentis juvare constituit, minus juvare pecunia potest, de qua ante hac nulla mentio facta fuit. Atque hæc Auxiliorum suppeditatio, ultro citroque mutua & reciproca erit, prout necessitas unius vel alterius Partis requisierit, ut ubi major necessitas fuerit, eo majora auxilia convertantur.

VII. Ut Sacrum Romanum Imperium quoque Illustrissimi Principis ac Ditionum ipsi subditarum, tutelam ac defensionem suscipiat, Sacra Majestas sua, quantum in se erit, suo tempore libenter curabit, ipsumque Principem ac Posteritatem ipsius statim Imperii Principes, sine suffragio tamen & sessione, inter Imperii Ordines creabit.

VIII. Quæcunque Arces, Oppida, Civitates, aut alia Loca communibus viribus, quando a Sacra Majestate sua justus Exercitus & apparatus mittetur, capientur aut recuperabuntur, Sacræ suæ Majestati omnino cedent. Quæ autem Illustrissimus Transylvaniæ Princeps, ipse propriis armis, sanguine suorum Subditorum, industria, aut alia diligentia hosti ademerit, Illustrissimo Principi Transylvaniæ cedent, sed Jure Feudi tantum, quod subinde a Sacra Majestate Sua, tam Illustrissimus Princeps, quam ipsius Hæredes accipere teneantur. Quæ denique Illustrissimus Princeps ex bonis olim ad Coronam Hungariæ proprie pertinentibus, tempore quo, a Turca occupata fuerunt, recuperarit, ea Sacræ Majestati suæ statim relinquet, simulatque ipsi Principi æqua in aliis bonis compensatio dabitur.

IX. Pollicetur Sacra Majestas sua, auxilium se liberalitate Illustrissimo Principi suppeditaturum esse, ad munienda & in præsidium redigenda ea loca, quæ judicabuntur e re Christianorum esse, quemadmodum Illustrissimus Princeps vicissim pollicetur se facultatibus & viribus suis non parciturum, ut eadem loca serio muniantur & defendantur, pro obsequio Sacræ Cæsareæ Majestatis & commodo Christianorum.

X. Quoniam sunt dubii Bellorum exitus, multaque præter opinionem possunt evenire repente, si suæ Celsitudini, vel Successoribus ea necessitas imponeretur (quod propitius Deus omen avertat) vel viribus exhaustis tueri amplius Provinciam non possit, sed prævalescentibus ea excedere cogeretur, in hoc ipsius extremo casu Sacra Cæsarea ac Regia Majestas, suo nomine ac Successorum suorum, locum certum in aliis suis Ditionibus, certumque proventum, quo vitam pro dignitate possit honeste sustentare, intra mensis spatium, re cum iis, ad quos illa consultatio pertinet, communicata assignabit. Similiter aliorum præcipuorum, qui fortunas vitamque suam cum salute Illustrissimi Principis conjunctam, Christiani nominis causa, in discrimen adduxerit, Sacra Majestas sua eam rationem benigne habebit, ut paratum in Ditionibus suis, si quid ei adversi accedat, perfugium & aliquam ab ea sublevationem mereantur.

XI. His Conditiones omnes & Articulos, & Instrumento solemni & Juramento Princeps ipse atque Ordines Transilvaniæ ex una, Sacra vero Majestas sua, bona fide atque verbo Cæsareo & Regio, propriæ manus subscriptione, Sigillique appensione una cum Regni Hungariæ Ordinibus ex altera partibus confirmabunt.

XII. Denique cum summa Belli necessitas urgeat, has supra explicatas Conditiones & Articulos quamprimum utrinque concludi, & utramque Partem ad eorum observationem obligari; Placet Majestati suæ, id quidem jam nunc ita fieri, ut si Matrimonium de quo Illustrissimo Principi certa spes facta est, non successerit, neutra Pars obligata maneat, sed tam una, quam altera liberetur.

Nos itaque præmissa supplicatione fidelium Subditorumque nostrorum Dominorum, Prælatorum, Baronum, Magnatum ac Nobilium, aliorumque Statuum & Ordinum dicti Regni nostri Hungariæ & partium ei subjectarum clementer admissa, prædictos universos & singulos, tam Diætæ, quam vero Transylvaniæ Transactionis Articulos, nobis modo præmisso præsentatos, præsentibusque Literis de verbo ad verbum insertos & inscriptos, ac omnia & singula in eis contenta, ratos, gratos & accepta habentes, eisdem nostrum Regium consensum, benevolumque pariter & assensum præbuimus, illosque & quævis in eis contenta, authoritate nostra Regia acceptavimus, approbavimus & confirmavimus. Offeremus clementer, quod præmissa omnia in omnibus Punctis, Clausulis & Articulis tam nos ipsi observabimus, quam per alios omnes fideles Subditos nostros cujuscunque status & conditionis existant, inviolabiliter observari faciemus. Imo acceptamus, approbamus, ratificamus & confirmamus harum nostrarum vigore & testimonio Literarum. Datum in Arce nostra Regia Pragensi quarta die mensis Martii Anno Domini, millesimo, quingentesimo, nonagesimo quinto: Regnorum nostrorum Romani vigesimo, Hungariæ & aliorum vigesimo tertio, Bohemiæ vero anno similiter vigesimo.

ANNO 1595.

CCXXXIX.

7. Mars. FRANCE ET ESPAGNE.

Declaration de Guerre faite par PHILIPPE II. *Roi d'Espagne à* HENRI IV. *Roi de France, qu'il nomme* Prince de Bearn. *Fait à Bruxelles, le 7. de Mars,* 1595. [EMANUEL METEREN, Histoire des Pays-Bas, Feuill. 369.]

DE par le Roy. Quand on est contraint d'entrer en Guerre, laquelle apporte ordinairement avec soy beaucoup de dommages & miseres, comme un chacun sçait, c'est alors une singuliere consolation pour un Prince, quand il s'y trouve incité & necessité, lors qu'il est exempt de coulpe, & qu'il a sa conscience deschargée des malices & malheurs qui en procedent. Or est-il que tout le monde sçait que nous avons de poinct en poinct, & en toute fidelité & sincerité, entretenu la Paix, faicte en l'an 1559. avec le feu Roy de France Henry II. nostre beau Pere: Et on ne peut pas nier, que nous n'ayons à diverses fois, apres son trespas, aydé & assisté nos beaux Freres, ses Enfans, & Heritiers de la Couronne, en leur grande necessité, avec bon nombre de Gens de Guerre, qui au despens de leur sang, & de leur vie, ont aydé à conserver leur Royaume, & en iceluy nostre S. Catholique Apostolique Religion Romaine. Et combien, que depuis (le Royaume de Portugal nous estant legitimement devolu, & les troubles estans survenus en nos Pays-Bas) nous ayons souvent esté assaillis des armes Françoyses, comme nous le sommes encores aujourd'huy, ainsi qu'il appert par la prinse de la Ville de Cambray, & que par ce moyen nous n'ayons eu que trop grande occasion de changer nostre amitié, si est-ce que nous avons supporté un tel tort, & dommage, sans en faire aucune demonstration exterieure, à celle fin d'entretenir la Paix, & faire qu'elle peut estre continuée, & que la Chrestienté ne fut point troublée de nouvelle Guerre: Et notamment, nagueres pour prevenir & empescher la ruyne de la Religion, comme cela estoit en train, nous n'avons pas voulu laisser, (postposant nos propres affaires) d'aider & assister les Catholiques en France, qui nous en ont requis. Qui sont œuvres & actions de telle qualité, que nonobstant la mauvaise interpretation, que le Prince de Bearn en faict, la Couronne de France ne peut nier qu'elle n'en ait esté aydée, assistée, & maintenue en sa grande & extreme necessité, voire en la plus importante occasion, qui se soit jamais presentée.

Outre cela le susdit Prince de Bearn nous a (depuis peu de temps en ça) declaré la Guerre, se fondant sur certaines pretentions, ausquelles nous n'avions jamais pensé, comme toutes nos actions le tesmoignent assez clairement, sans que nous veuillons, ou qu'il soit de besoing d'amener en avant quelque autre justification: mais au contraire, les choses que le susdit Prince a faict dés sa naissance, au prejudice de la Religion, & qu'il faict encores journellement, donnent assez de matiere aux Catholiques de France & à d'autres, pour croire fermement, que son intention est de ruïner & extirper entierement la susdite Religion, en un Royaume où elle a toûjours fleuri, ce qui est la chose la plus lamentable qu'on pourroit imaginer, non seulement pour ledit Royaume, mais aussi pour toute la Chrestienté, comme il estoit à craindre qu'en peu de temps cela fût arrivé, n'estoit l'esperance qu'on a que Dieu par sa grande bonté, aura pitié des Chrestiens, & destournera de la France la misere dont elle est menacée, en reduisant en fumée le desseing de ceux qui y aspirent, dequoy nous, & tous Gens de bien le debvons prier incessamment.

Le faict estant donc venu si avant, qu'il est de besoing

ANNO 1595. soing de desabuser le monde, afin qu'on ne vienne à avoir quelque mauvaise & mal-fondée impression, ou arriere-pensée, nous avons par la presente bien voulu faire entendre aux François, qu'en vertu de la Declaration, publiée par Ordonnance du susdit Prince de Bearn, touchant la Guerre entre nous, & luy, que nous ne pouvons, ni ne voulons permettre la rupture generale de la Paix, que nous avons entretenuë tant d'années avec la Couronne de France. Car puis qu'il n'a point esté declaré Roy dudit Royaume, par nostre Tres-saint Pere le Pape, & que pour ces raysons & autres il ne peut estre Roy legitime, ni par consequent rompre legitimement la susdite Paix. Nous voulons croire fermement, que les Catholiques de France, tant ceux qui sont encores en la Ligue, que ceux qui s'en sont separés, & touts autres, voyans (comme nous voyons) devant leurs portes, que la Religion se va perdre, ne voudront pas laisser d'employer les moyens, pour s'y opposer, qui leur seront aucunement possibles, suivant la grande, & singuliere obligation, qu'ils y ont.

Et de nostre part nous declarons, que nostre intention & volonté est de demeurer Allié & Confederé avec les Catholiques de France, qui sont encores unis pour la manutention de la Religion, de les ayder & assister, par tous les moyens que Dieu nous donnera. Presentant de faire aussi le mesme à ceux qui se sont separés de la Ligue, & à tous autres soit Villes, Communautés, ou Personnes particulieres, qui se viendront declarer deux mois apres la publication de la presente, avec ferme & bonne asseurance, suffisante pour estre reçeu en vertu d'icelle, pourveu qu'ils donnent à cognoistre qu'ils ne sont point Ennemis de la Religion Catholique Romaine, ni de nous.

Commandant bien expressement à tous nos Vassaulx & Subjects, de quelque condition ou qualité qu'ils soyent, de ne les empescher ni endommager en aucune façon, ni d'user de quelque hostilité contre eux. Mais au regard du susdit Prince de Bearn & des François, qui demeureront ou se joindront de l'autre costé, nous voulons, & entendons, qu'ils seront tenus & declarez pour Ennemis publics, & qu'ils soyent traictés comme tels, par Mer & par Terre, sans aucune distinction. Et à ceste fin nous avons ordonné, & ordonnons par ceste, que la publication s'en fasse en tous Lieux où l'on a accoustumé de faire telles Publications, afin que nostre saine & sincere intention puisse estre cognuë par tout, & que tout le monde puisse voir que nous ne sommes pas l'origine & l'autheur de ceste Guerre, mais que nous ne cerchons autre chose, que la gloire de Dieu, la manutention de la Religion Catholique, Apostolique & Romaine, le repos de la Saincte Eglise, & la Paix de tous Gens de bien. Donné en nostre Ville de Brusselles, sous nostre Contreseau, le 7. de Mars 1595. *Au dessous, il y avoit*, de par le Roy en son Conseil. *Et plus bas*, VEREYCKEN.

CCXL.

15. Juill. EMDEN. *Articles accordez entre le Comte d'*EMDEN *& la Ville de même nom. Fait au Fort de Delfziel, le 15. Juillet*, 1595. [EMANUEL METEREN, Histoire des Pays-Bas, Feuill. 376.]

QU'on n'enseignera, & n'exercera publiquement autre Religion, tant en la vielle Ville d'Emden, ou au Falderen, és Faulbourgs, & ailleurs, que celle qui étoit pour lors enseignée en la grande Eglise, & en l'Eglise de l'Hospital, sans toutefois contraindre, ou rechercher quelqu'un en sa conscience: Mais que cependant on laissera au Comte sa predication libre, sur son Château, quand il y tiendra sa Cour.

Que la nomination, vocation, presentation, & collation des Ministres, se fera par l'Eglise, & les Membres: mais la confirmation par le Comte, qu'ils seront confirmés au ministére sans contradiction. Semblablement les Anciens, & Diacres, administreront leurs offices librement, & sans empêchement, suivant les Ordonnances Ecclesiastiques.

On entretiendra pareillement les Assemblées Consistoriales, & Classicales, suivant les Ordonnances que les Eglises en ont faites, à condition, que nul ne sera contraint de se trouver en l'Assemblée qui se fait toutes les sémaines. On ne traitera és susdites Assemblées, que des affaires Ecclesiastiques. Il sera permis au Bourguemaître, & Conseil de la Ville, de deputer quelqu'un de leur College, qui soit Membre de l'Eglise, afin de comparoître és Assemblées Consistoriales. ANNO 1595.

Personne ne pourra tenir Ecole en la vielle Ville, ou au Falderen, que par le consentement du Bourguemaître, & du Conseil, en se reglant selon les Ordonnances de la Ville.

Les Biens ordonnés pour l'entretenement des Enfans, Ministres, Ecoles, & Pauvres, demeureront en leur entier, tant ceux de la grande Eglise, que de l'Eglise de l'Hôpital, & de la Terre de Grasen à Huyta, de laquelle la Mere de Madame la Comtesse a beneficié la grande Eglise, & ce qui en a esté ôté, sera restitué, & le Comte ne se mêlera plus de l'administration des Biens Ecclesiastiques.

Le Comte neantmoins retiendra les Biens des Cloîtres appartenants par ci-devant aux Gandentes.

La Ville d'Emden demeurera à jamais sans aucun empêchement, jouïssante de tous ses Privileges, Franchises, Droits, & anciennes Usances, sans exception quelconque, & notamment aussi des Privileges que Charlemagne, Sigismond, & autres Empereurs ont donné aux Frisons en commun; & singulierement les deux Privileges de l'Empereur Maximilian le premier, l'un du passage par la Riviere de l'Amise daté du 10. de Novembre, 1494. & l'autre des Armoiries de la Ville, daté du 10. d'Août, 1495.

Les Lettres de Marine se donneront par les Bourguemaîtres, & le Conseil, sous le Seau de la Ville, neantmoins il sera libre à un chacun d'en prendre de Monsieur le Comte, avec attestation de la Ville, qu'ils sont Bourgeois: Nul ne pourra être Bourgeois, ou jouïr des Franchises, sinon par le consentement du Bourguemaître, & du Conseil.

Les Rolles de tous les Mestiers, & Confrairies, se donneront par le Bourguemaître, & le Conseil, sous le Seau de la Ville, qui les pourront aussi changer, à condition que le Comte sera preferé de se servir des Confrairies, en les payant.

Les Peages, Impôts, &c. avec le rehaussement d'iceux, de quelque nature, ou nom qu'ils puissent être, qu'on a arrêté d'ôter par les Decrets de l'Empereur, & les executions lesquelles en sont ensuivies, avec le Recés de l'an 1593. demeureront, ou seront ôtés par mondit Seigneur le Comte. Mais il retiendra les anciens, & equitables Peages & Impôts, à condition que les Peages & Impôts de la Ville demeureront au Conseil, & seront reçûs par eux, sans que le Comte s'en mêle.

Quant à l'election des Bourgmaistres, & du Conseil: ceux qui sont à present établis y demeureront, à sçavoir, les trois Bourgmaîtres, & les huict Conseilliers, & ce jusques au premier de Janvier, prochainement venant, & continueront en l'administration de leurs Charges, & Offices, jusques à ce qu'ils en soient deschargés, & lors un des trois Bourgmaistres, & quatre de ceux du Conseil, seront demis en jettant le sort, & on choysira derechef quatre personnages pour estre Bourgmaistres, & huict pour estre du Conseil, qui seront choisis de leur College, comme de tout le corps, par pluralité de voix, qui seront presentés audit Sieur Comte, afin qu'il en choisisse deux des quatre; & quatre des huict, pour estre Conseilliers, qui le 7. de Janvier, feront Serment sur la Mayson de Ville, és mains des Commissaires de Monsieur le Comte, de luy estre fideles, & à la Ville; le tout en conformité du Formulaire &c. Et ceux qui demeurent, seront demis l'année suivante, & ainsi de suitte.

En leur Serment ils suivront ce Formulaire. Nous promettons, & jurons d'estre fideles à Monsieur le Comte Edzart, Comte, & Seigneur d'Oost-Frise, nostre Seigneur Souverain, & à la Ville d'Emden, d'avancer ce qui sera pour son bien, & celuy de la Ville, & d'empescher selon nostre pouvoir le mal qui pourroit arriver, & de nous comporter fidelement, & sans partialité en toutes choses justes lesquelles se pourroient presenter, de faire bon droit, & d'administrer Justice à un chacun, tant pauvres, que riches, & de maintenir, & defendre les Articles de cest Accord.

Tous Actes, Sentences, & Contracts, demeureront en leur entier.

Les Officiers, & Serviteurs du Conseil seront retenus, & continués.

Le Falderen sera, & demeurera incorporé en la vielle

ANNO 1595.

le Ville d'Emden, & comme n'estant qu'un corps, sera tenu & deschargé de tous services de Cour, tellement que sa Seigneurie ne retiendra aucuns Imposts, ou Amendes, sinon en la vielle Ville, seulement ses propres Fonds, il les retiendra comme les autres, de sorte que Falderen sera en toute maniere comme Emden.

Et en recompense de ce que Monsieur le Comte quitte la Jurisdiction, les Peages, Impôts, service de Cour, & Amendes &c. Les Bourgmaistres, & ceux du Conseil, luy donneront annuellement une recognoissance de mille sept cens Rycx-Dalers.

Les Bourgmaistres, & le Conseil d'Emden prendront cognoissance de toutes causes civiles; & és causes criminelles, ils auront la puissance, tant en la vielle Ville, qu'au Falderen, de punir les mal-faicteurs; mais si on trouve qu'ils doivent estre mis à mort, on les mettra au Chasteau, afin que leur Procés soit faict par des Commissaires de part & d'autre.

Pour ôter toutes deffiances, Monsieur le Comte accorde, que sa Maison, ou Cour en la Ville d'Emden, sera au dehors sans porte, pont, ou sortie; & au dedans vers la Ville, sans rampart, ou fossé, & sans Fortification, que le rampart de la Ville sera annexé à la levée, laquelle est derriere ladite Maison, haussé, & fortifié de parapets. Que la Ville y pourra mettre des gardes, & qu'il n'y aura point de Soldats sur le Chasteau, sinon ceux qui seront agreables aux Bourgeois.

Que Monsieur le Comte, ou ses Successeurs, ne feront aucune Forteresse, dedans, ou dehors la Ville, & notamment au haut, ou au bas de la Riviere d'Amise, & qui pourroit aucunement empescher le trafic, ou la Navigation.

Sa Seigneurie pourra emmener toute son Artillerie, hormis les pieces, lesquelles sont à present au lieu appellé le grand Dwenger.

Ils feront tenus de congedier la Gendarmerie qu'on a levé de part & d'autre, tant par Eau, que par Terre, & de la faire sortir hors de la Comté d'Oost-Frise, seulement ceux de la Ville pourront retenir quelques Soldats pour le soulagement de leurs Bourgeois, & la conservation de la Ville, & de Falderen, sans estre reduits sous quelque enseigne, pour garder les portes, & les ramparts.

Les personnes prisonnieres seront relachées sans rançon, & les biens restitués de part & d'autre.

En consideration de tout ce que dessus, les Bourgmaistres, le Conseil, & les Bourgeois, pour tesmoigner leur recognoissance, seront tenus de payer à Monsieur le Comte huictante mille Florins, & en donneront des Lettres, de laquelle somme ils payeront annuellement les Rentes à huict pour cent à condition de payer la somme principale à quatre termes, à chasque terme une quattiesme partie, en le faisant sçavoir trois ou quatre mois auparavant.

Sa Seigneurie retiendra aussi, ce qu'il pourroit estre redevable à la Ville.

Les Bourgmaistres, & le Conseil, feront faire aux despends de la Ville, une muraille, & une belle porte au Chasteau, vers la Ville, avec un Canal, & l'année suivante ils commenceront à edifier une belle Maison, ou s'ils ne la veulent edifier eux mesmes ils donneront à Monsieur le Comte, quand il la fera edifier, vingt mille Florins.

Et pour ôter toute arriere-pensée, & confirmer la reconciliation, Monsieur le Comte promettra, & promet pour luy, & ses Hoirs, en vertu de cest Accord, d'oublier, & pardonner toute rancune, mal-veuillance, & mauvaise affection qu'il pourroit avoir contre les Bourgeois.

Pour confirmer ce Contract & Accord, sa Seigneurie promet (à quoy aussi les Comtes ses Successeurs seront obligez en leur inauguration) de ratifier cest Accord, comme un Privilege special donné à la Ville d'Emden, promettant en foy de Comte de le tenir, & faire entretenir. Le mesme promettront, & jureront les Bourgmaistres, & le Conseil, lors qu'on reçevra leur Serment.

Monsieur le Comte, les Bourgmaistres, & le Conseil, requerront Messeigneurs les Etats Generaux des Provinces-Unies de Gueldre, de Hollande &c. de vouloir aussi soubsigner, & séeler cest Accord, & tenir la bonne main, à ce qu'il puisse estre observé de part & d'autre.

Pour conclusion, on entendra les Articles de telle façon, que Sa Majesté Imperiale, le S. Empire Romain, ou Monsieur le Comte, & les Seigneurs d'Oost-Frise, ne seront interessés en leur Jurisdiction, & en tous autres Droicts: & que pareillement ceux d'Emden és griefs generaulx qui sont encores indecis, ne seront point separés des autres Etats de la Comté d'Oost-Frise; mais seront tenus de les assister de conseil, & de faict.

On fit en tesmoignage de verité deux Instruments, signés de la propre main de Monsieur le Comte, & séelés de son Seau, & que les Bourgmaistres, & le Conseil firent soubsigner par leur Secretaire, & séeler du Seau de la Ville, chascun au Lieu de leur residence, le tout sans aucune fraude, ou tromperie.

Ainsi faict & arresté au Fort de Delfziel, le 15. de Juillet, l'an 1595. *Et étoit subsigné.* C. VANDER EEL, REYNIER CANT, CHRISTOPHLE ARENTSMA, COENRAET DE WESTERHOLT, DOTHIAS, WIARDA, HECTOR FREDERIC, GERARD BELARDUS, PIERRE DE VISSCHER, UBBO REMETS, DIRICK ALBERTS, PIERRE DE CANURA, CASPER MULLER Secretaire.

CCXLI.

Traité entre les Députez de HENRI IV. *Roi de France, de* PHILIPPE II. *Roi d'Espagne, & des* CANTONS SUISSES, *pour le rétablissement de la Neutralité entre le Duché & Comté de Bourgogne. A Lion, le 22. Septembre 1595.* [FREDER. LEONARD, Tom. II. pag. 648.]

22. Sept. FRANCE, ESPAGNE, ET BOURGOGNE.

ARticles convenus, & acordez entre Messire Jean de Vivonne, Marquis de Pisany, Baron de S. Goard, Chevalier des Ordres du Roi Tres-Chretien, Conseiller en son Conseil d'Etat, Capitaine de cinquante Hommes d'armes de ses Ordonnances, & son Senéchal en Xaintonge; Messire Nicolas Brulart, Sieur de Sillery, aussi Conseiller d'Etat, & Ambassadeur pour S. M. aux Ligues des Suisses & Grisons, ordonnez par S. M. T. C. & Messire Nicolas de Varteville, Chevalier, Gentilhomme de la bouche de S. M. Catholique, Baron de Versois, Châtel Villain, Cormieres, Brunaux, Chalezeule; Anatole Guliot, & Guillaume du Moulin, Docteurs és Droits, Conseillers de Sadite Majesté en sa Cour de Parlement de Dole; & Etienne Franché, Sieur de Dompré, Châtelain & Capitaine du Châtel & Maison forte de Joux, deputé par Monsieur le Comte de Champlite, Gouverneur au Comté de Bourgogne & Parlement de Dole: & par l'entremise des Sieurs Conrad Grosman, Bourguemêtre de la Ville de Zurich; Batt. Jacob de Goussetten, Colonel, & du Grand Conseil de la Ville & Canton de Berne; & Gaspar Phiffer, du Conseil de la Ville & Canton de Lucerne; Jean Vasser, Chevalier, & Landaman du Canton d'Undervald; Jean Meyer, Advoier de la Ville & Canton de Fribourg; & Laurent Arregnier, Chevalier, Colonel, Advoier de la Ville & Canton de Soleure, Ambassadeurs ordonnez par Messieurs des Treize Cantons des Ligues de Suisse.

PREMIEREMENT. Le Traité de neutralité fait au mois de Mars mille cinq-cens quatre-vints, sera rétabli entierement, & sincerement observé ci aprés pour le tems qui reste; pendant lequel ne seront envoyez Gens de Guerre par S. M. T. C. pour entreprendre ou endommager ledit Comté de Bourgogne, Païs, & ceux compris en la neutralité; comme au reciproque S. M. Catholique ne pourra emploier ni envoier ses Gens de Guerre dans le Duché de Bourgogne, & autres Païs compris audit Païs de neutralité.

Dans quatre semaines du jour & date de ces presentes, tous Gens de Guerre étrangers seront retirez des Lieux & Places comprises audit Traité de neutralité; & seront lesdites Places renduës de part & d'autre aux Gouverneurs des Provinces, ou leurs Deputez, sans rien reserver, ni emporter de ce qui apartient à leurs Majestez, & aux Habitans d'icelles Places fortes, & du Païs, & pendant lequel tems d'un mois, lesdites Places ne pourront être davantage fortifiées, ni les Garnisons augmentées, & ne sera commis aucun acte d'hostilité, ni fait aucun dommage aux Habitans desdites Places, ou du plat Païs; ains se contenteront les Gens de Guerre étans dans lesdites Places, de vivre doucement le plus que faire se pourra, hormis ceux de Lion-le-Saunier, qui se contenteront de ce qui a été reçû

ANNO 1595.

reçû en argent, ou promesses : & sera le Commerce libre & usé, selon ledit Traité de neutralité.

Trois jours aprés la Ratification desdits Sieurs Gouverneurs, & du Parlement du Comté de Bourgogne, reçûë par le Commissaire, qui sera ordonné par S. M. T. C. publication sera faite par ces presentes, & les Gens de Guerre François étans à present au Comté de Bourgogne seront retirez, & les Places fortes remises en la puissance dudit Sieur Gouverneur, ou de ses Deputez, hormis le Saunier, Jouvelles, Jussay, & Francomieres, qui seront renduës dans quatre semaines, comme a été dit ci dessus.

Tous Prisonniers de part & d'autre seront rendus sans aucune rançon, sinon qu'ils en aient composé, & sur ce qui est pretendu, que le Sieur de Morion, Maire d'Arbois, & le Sieur de Marigny, de Lion le Saunier, auroient été faits Prisonniers au prejudice de ce qui auroit été traité, seront deputez par S. M. T. C. deux Personnages, pour connoître si lesdits Maires d'Arbois & Marigny, seront jugez de bonne prise.

Les Colonels, & Capitaines Suisses, qui ont servi en la Guerre dudit Comté de Bourgogne, ne pourront être molestez, ni recherchez à l'occasion d'icelle.

Et afin de ne laisser le pretexte, qui a servi à plusieurs contraventions ci devant faites, & ôter toutes obscuritez & difficultez, qui pourroient survenir en l'execution dudit Traité, il sera loisible aux uns & aux autres, d'aller, venir, sejourner, & trafiquer de toutes choses permises, dans les Païs compris audit Traité de neutralité: & pour le regard des Armes, Poudres, & autres choses prohibées, étans ailleurs achetées, elles pourront être conduites & passées par ledit Païs en vertu de la neutralité, sans avertir, & sans Passeport, en quantité de deux Chariots, & si la quantité étoit plus grande, ceux qui auront charge de la conduite seront tenus d'avertir les Gouverneurs du Païs, qui en ce faisant seront tenus de les laisser passer.

Et pour mettre fin aux diferends, qui sont de longtems, pour la Souveraineté de la Baronnie de Savigny, seront ordonnez Commissaires de part & d'autre qui s'assembleront dans six mois, ou plûtôt si faire se peut, au Lieu duquel les Commissaires conviendront, pour terminer lesdits diferends.

Et encore que par les particuliers des Provinces, & Païs compris audit Traité de neutralité, il eût été fait quelque entreprise au prejudice d'icelui, on pourra avoir recours aux Gouverneurs & Parlemens desdites Provinces, pour les faire reparer, sans que par tels Actes, commis par les Particuliers, on puisse pretendre infraction à ladite neutralité.

Et pour l'execution de ce que dessus, les presens Articles seront publiez, comme dit est ci-dessus, dans les Villes, & autres ci-dessus acoûtumez desdites Provinces, ensemble le Traité de neutralité, avec défenses tres-expresses à tous d'y contrevenir, à peine d'être châtiez exemplairement.

Les Articles ci-dessus, ont été convenus, & acordez entre lesdits Députez, qui ont promis iceux faire executer, & ratifier, savoir ceux de France par Sad. M. T. C. incontinent & sans délai; & ceux dudit Comté, par S. M. Catholique, dans six mois; & promettent d'envoier ladite Ratification en bonne forme, & dans huit jours celle dudit Comte de Champlite, & Parlement de Dole: aprés lesquelles Ratifications reçûës, seront ordonnez Ambassadeurs de part & d'autre, avec pouvoir suffisant pour aprouver & ratifier ledit Traité en l'Assemblée generale de Messieurs des Ligues. Fait à Lion le vint-deuxieme Septembre mille cinq-cens quatre-vints quinze. *Ainsi signé*, DE VIVONNE. N. BRULARD, *& signé des Députez des Cantons, & cacheté de leurs Scels de cire rouge en forme de Placard.*

Ratification des Articles portant le rétablissement de la neutralité au Comté de Bourgogne.

HENRI par la grace de Dieu Roi de France & de Navarre: A tous ceux qui ces presentes Lettres verront, salut. Aprés avoir fait voir en nôtre Conseil les Articles ci-attachez sous le contrescel de nôtre Chancellerie, convenus & acordez entre Messire Jean de Vivonne, Marquis de Pisany, Baron de Saint-Goard, Chevalier de nos Ordres, Conseiller en nôtre Conseil d'Etat, Capitaine de cinquante Hommes d'armes de nos Ordonnances, & Senéchal de Xaintonge; & Messire Nicolas Brulart, Sieur de Sillery, aussi Conseiller en nôtre Conseil d'Etat, & nôtre Ambassadeur aux Suisses & Grisons, par nous ordonnez, d'une part: Et Messire Nicolas de Vatteville, Chevalier, Gentilhomme de la bouche du Roi d'Espagne, Baron de Versois, Chatel-villain, Cormieres; Anatole Guillot, & Guillaume du Moulin, Docteurs és Droits, Conseillers dudit Roi d'Espagne en sa Cour de Parlement de Dole; & Etienne Franché, Sieur de Dompiel, Châtelain, & Capitaine du Châtel de Maison forte de Joux, Députez par le Sieur Comte de Champlite, Gouverneur au Comté de Bourgogne & Parlement de Dole; & par l'entremise des Sieurs Conrad Grosman, Bourguemaître de la Ville de Zurich; Batt. Jacob de Goustaten, Colonel, & du Grand Conseil de la Ville & Canton de Berne; Gaspar Phiffer, du Conseil de la Ville & Canton de Lucerne; Jean Vasser, Chevalier & Landaman du Canton de Undervald; Jean Meyer, Advoier de la Ville & Canton de Fribourg; & Laurent Arreguier, Chevalier, Colonel, & Advoier de la Ville & Canton de Soleure, Ambassadeurs ordonnez par Messieurs des Treize Cantons des Ligues de Suisse, aussi Députez par le Sieur Comte de Champlite, d'autre part. Par lesquels Articles il est dit, que le Traité fait au mois de Mars mille cinq-cens quatre-vints, sera rétabli entierement, & sincerement observé ci-aprés, pour le tems qui reste, aux causes & conditions plus amplement contenuës & acordées par lesdits Articles, desquels comme nous reconnoissons l'entretenement utile & necessaire pour le bien de nôtre service, Nous avons le contenu en iceux, tant pour nous, que pour nos Heritiers, Successeurs, Roiaumes, Païs, Terres, & Seigneuries, de nôtre grace speciale, pleine puissance, & autorité roiale, loüé, agréé, ratifié, & autorisé, & loüons par ces presentes, promettant en bonne foi & parole de Roi, & sous l'obligation & hipoteque de tous & chacuns nos Biens, presens & à venir, de le garder, observer, & entretenir, & faire garder, observer, & entretenir inviolablement, sans jamais aller ni venir au contraire, directement ou indirectement, en quelque sorte & maniere que ce soit. En témoin de quoi nous avons fait mettre nôtre Scel à cesdites presentes. Donné à Lion le 23. Septembre 1595. & de nôtre Regne le septiéme. *Ainsi signé*, HENRI, *& plus bas*, DE NEUFVILLE, *& scellé.*

Il y a Acte de Ratification & Publication desdits Articles, fait par la Cour de Parlement à Dole, le 3. Octobre 1595.

Acte de Ratification desdits Articles, fait par Claude de Vergy, Comte de Champlite, Gouverneur pour le Roi d'Espagne au Comté de Bourgogne, & ce sous le bon plaisir dudit Roi, le 15. Octobre 1595.

Acte de Publication, & Regîtrement desdits Articles au Parlement de Dijon, le 27. Octobre 1595.

Lettres de Ratification desdits Articles, & confirmation d'iceux, faites par le Roi d'Espagne le 21. Mars 1595.

Arrest d'enregistrement desdites Lettres de Ratification dudit Roi d'Espagne, au Parlement de Dijon, les Chambres assemblées, le 29. Avril 1596. & ce sans aprouver les qualitez, que le Roi d'Espagne s'attribuë de Roi de Navarre, Duc de Bourgogne, & autres prejudiciables à S. M. T. C. & à l'Etat & Couronne de France.

Tout ce que dessus est enregistré au Parlement de Dijon.

CCXLII.

23. Sept.

HENRI IV ET LA LIGUE.

Articles accordez par HENRI IV. *Roi de France, pour la Trêve génerale de son Royaume. Fait à Chaalons, le 23. Septembre, 1595.* [Hist. des derniers troubles de France, sous les Regnes de *Henri* III. & de *Henri* IV. au Recueil des Edits, pag. 94.]

LE Roy estant recherché d'accorder une Tresve & cessation d'armes generale par tout son Royaume, sur l'asseurance qui luy a esté donnée par Monsieur le Duc de Mayenne, de la pouvoir faire recevoir & observer par tous ceux qui sont encores la Guerre en iceluy, tant sous son authorité, que sous le nom du Party de l'Union. Voulant Sa Majesté soulager ses Subjets de l'oppression de la Guerre, a accordé les Articles qui s'ensuivent.

I. Premierement, qu'il y aura bonne & loyale Tresve,

ANNO 1595.

ve, & cessation d'armes par tout le Royaume, Pays, Terres, & Seigneuries d'iceluy, & de la protection de la Couronne de France pour le temps & espace de trois mois, à commencer: à sçavoir, aux Gouvernemens de Lyonnois, Forests, & Beaujaulois où est de present la Majesté, & du Duché de Bourgongne six jours aprés que ces presents Articles seront signez: dedans lesquels la Publication s'en fera aux Villes de Lyon, Dijon, Chaallons, & Sevre. Aux Gouvernemens de Dauphiné, Provence, l'Isle de France, Bourbonnois, Nivernois, Auvergne, Chartres & Orleans, huict jours apres la datte d'iceux. Aux Gouvernemens de Champagne, Picardie, Normandie, Bretagne, Berry, Touraine, & le Mayne, Limoges, haute & basse-Marche, quinze jours apres. Et és Gouvernemens de Guyenne, Languedoc, Poictou, Xaintonge, Angoulmois, Mets, & Pays Messin, vingts jours apres la datte du present Accord: Et neantmoins finira par tout à semblable jour.

II. Toutes personnes Ecclesiastiques, Nobles, Habitans de Villes & du plat Pays & autres, pourront durant la presente Tresve recueillir leurs fruicts & revenus & en jouïr en quelque part qu'ils soient situez & assis, & r'entreront en leurs Maisons & Chasteaux des Champs, que ceux qui les occupent seront tenus de leur rendre & laisser libres de tous empeschemens, à la charge de n'y faire aucune fortification durant ladite Tresve: & sont exceptez les Chasteaux où il y a Garnison employée en l'Estat de la Guerre, lesquels ne seront rendus: neanmoins les Proprietaires jouïront des fruits & revenus qui en dependent. Le tout nonobstant les dons, & saisies qui en avoient esté faites.

III. Les Laboureurs pourront en toute liberté faire leurs Labourages, Charrois, & œuvres accoustumées, sans qu'ils y puissent estre empeschés ny molestés en quelque façon que ce soit, sur peine de la vie à ceux qui feront le contraire.

IV. Chacun pourra librement voyager par tout ce Royaume, sans estre adstraint de prendre Passeport: & neantmoins nul ne pourra entrer és Villes & Places fortes de Party contraire, avec autres armes, les Gens de Pied que l'espée, & les Gens de Cheval l'espée, la Pistolle ou Harquebuse, ny sans envoyer auparavant advertir ceux qui ont commandement: lesquels seront tenus bailler la permission d'entrer, si ce n'est que la qualité & nombre de personnes portast juste jalousie de la seureté des Places où ils commandent: ce qui est remis à leur jugement & discretion. Et si aucuns du Party contraire estoient entrez en aucunes desdites Places sans s'estre declaré tels, & avoir ladicte permission: ils seront de bonne prise. Et pour obvier à toutes disputes qui pourroient sur ce intervenir, ceux qui commandent esdictes Places accordans ladite permission, seront tenus la bailler par escrit sans frais.

V. Les Deniers des Tailles & Taillon, & des Impositions mises sur les Marchandises & Denrées, se leveront durant lesdits trois mois, comme ils sont de present, sans pouvoir estre augmentées qu'en vertu des Commissions de Sa Majesté, & sans prejudice des Accords & Traictez particuliers déja faicts pour la perception & levée desdits Deniers, lesquels seront entretenus & gardez.

VI. Ne pourront toutesfois estre levez par anticipation des Quartiers, mais seulement le Quartier courant, sans la permission de Sa Majesté, & par les Officiers des Elections lesquels en cas de resistance auront recours au Gouverneur de la plus proche Ville, pour estre assistez de forces: & ne pourra neantmoins pour ceste occasion, estre exigé pour les frais qu'a raison d'un sol pour livre des Sommes pour lesquelles les contrainctes seront faictes.

VII. Quant aux arrerages desdictes Tailles & Taillon, n'en pourra estre levé outre ledict Quartier courant & durant iceluy, si ce n'est un autre Quartier sur ce qui est de la presente année, sans la permission aussi de Sa Majesté.

VIII. Qu'il ne sera durant le temps de la presente Tresve entrepris ny attenté aucune chose sur les Places les uns des autres, ny faict aucun Acte d'hostilité & si aucun s'oublioit tant de faire le contraire, Sa Majesté fera reparer de sa part tels attentats, & punir les contrevenans comme perturbateurs du repos public, comme sera tenu de faire la sienne ledit Sieur Duc de Mayenne: & où il n'auroit pouvoir de le faire, les abandonner à Sadicte Majesté pour estre poursuivis & punis comme dessus, sans qu'ils puissent estre secourus ny assistez de luy aucunement.

IX. Pareillement si aucun du Party dudit Sieur Duc refuse d'obeïr au contenu des presens Articles, il fera tout devoir & effort qu'il luy sera possible pour l'y contraindre: & où dedans quinze jours aprés la requisition qui luy en sera faicte il n'y satisfaict, sera loisible à Sadite Majesté de faire la Guerre à celuy ou ceux qui feront tel refus, sans qu'ils puissent estre aussi secourus ny assistez dudict Sieur Duc & de ceux qui dependent de luy en quelque sorte que ce soit.

X. Ne sera loisible prendre de nouveau aucunes Places durant la presente Tresve pour les fortifier, encores qu'elles ne fussent occupées de personne.

XI. Les Prevosts des Mareschaux feront leurs charges, & toutes captures aux Champs & en flagrant delict, sans distinction des Partis, à la charge de renvoy aux Juges ausquels en devra la cognoissance appartenir.

XII. Ne sera permis de se quereller & rechercher par voye de fait, duels, & assemblées d'amis pour different advenu à cause des presens troubles, soit pour prinse de personnes, Maisons, Bestial, ou autres occasions quelconques, pendant que ladite Tresve durera.

XIII. S'assembleront les Gouverneurs & Lieutenans Generaux, & autres Commandans en chacune Province, aprés la publication des presens Articles, ou deputeront Commissaires de leur part, pour adviser à ce que sera necessaire pour l'execution d'iceux, au bien & soulagement de ceux qui sont soubs leur charges: & où il seroit jugé entr'eux utile & necessaire, d'y adjoûter, corriger, ou diminuer quelque chose pour le bien particulier de ladicte Province, en advertiront Sadite Majesté, & ledit Sieur Duc de Mayenne.

XIV. Les presens Articles sont accordez, sans entendre prejudicier aux Accords & Reiglemens particuliers faits entre les Gouverneurs & Lieutenans Generaux des Provinces du commandement de Sadite Majesté, & du consentement dudit Sieur Duc de Mayenne, & autres qui ont pouvoir de ce faire. Fait à Lyon le vingt-troisiéme Septembre, mil cinq-cents quatre-vingts quinze. *Signé*, HENRY. *Et plus bas*, DE NEUFVILLE.

Lesdits Articles ont aussi esté signez à Chaalons, le 23. jour de Septembre 1595.

CHARLES DE LORRAINE.

BAUDOUYN.

CCXLIII.

1596. Janvier. HENRI IV, ET LE DUC DE MAYENNE.

Edit de HENRI IV. *Roi de France, sur les Articles accordez au Duc de* MAYENNE *pour la Paix en France, avec lesdits Articles. Fait à Folambrai, au mois de Janvier*, 1596. [Hist. des derniers troubles de France, sous les Regnes de *Henri* III. & de *Henri* IV. au Recueil des Edits, pag. 96.]

HENRY par la grace de Dieu Roy de France & de Navarre, à tous presens & à venir, Salut. Comme l'Office d'un bon Roy soit d'aymer ses Subjets comme ses Enfans, les traicter comme tels, & croire que leur felicité est la sienne: Dieu & les Hommes sont témoins aussi depuis qu'il luy a pleu nous appeller à ceste Couronne. Nous n'avons eu autre plus grand soin & desir que de nous acquitter de ce devoir. Car ayant trouvé ce Royaume remply de partialitez, Guerres & divisions plus grandes & perilleuses qu'ils n'avoient esté auparavant. Nous n'avons non plus espargné nostre propre sang pour defendre nostre authorité, que nostre clemence, pour oublier & remettre les offences qui nous estoient faictes, afin de delivrer tant plustost nostredit Royaume des oppressions de la Guerre civille, vraye source & mere de tous maux. En quoy nous recognoissons n'avoir esté moins assistez de la grace & benediction de Dieu en l'une qu'en l'autre voye. Car s'il nous a souvent donné des Victoires sur ceux qui combatoient contre nous: il nous a encores plus souvent accreu la volonté, & donné les moyens, de vaincre par douceur ceux qui s'en sont rendus dignes. De sorte que nous pouvons dire n'avoir gueres moins advancé la réunion de nos Subjets, sous nostre

ANNO 1596.

tre obéïssance, telle que nous la voyons acheminée aujourd'huy, par la grace de Dieu : par nostre clemence, que par nos armes. Et comme à ce faire nous avons esté émeus principalement de l'amour extreme que nous portons à nosdicts Subjects, & de la compassion que nous avons de leurs calamitez & miseres, plus que de nostre interests & advantage particulier. Nous avons aussi eu grand égard aux causes qui ont excité & convié plusieurs d'iceux de s'armer, ayant esté fondées sur le soin que chacun doit avoir du salut de son ame, que nous avons jugées d'autant plus dignes de commiseration & d'excuse, que nous recognoissons comme vray Chrestien, ny avoir rien qui ayt tant de puissance sur nous, que cette obligation C'est pourquoy ayant souvent éprouvé par nous mêmes, que la force endurcist plustost qu'elle ne change les courages des Hommes, au faict de la Religion, & que c'est une grace qui est infuse en nous, non par nostre jugement, ny par celuy d'autruy : mais par la seule bonté du Dieu vivant, & l'operation de son S. Esprit: Si tost que nous avons eu quelque relasche de nos plus grands travaux par les advantages que Dieu nous a donnez sur nos adversaires, nous avons voulu aprocher de nous des Prelats & Docteurs de bonne vie, & des mieux versés aux sainctes Lettres pour nous instruire en la verité de la Religion Catholique : de laquelle Dieu nous ayant fait la grace de nous rendre capable, avec ferme propos & resolution d'y perseverer, jusques au dernier soupir de nostre vie: Nous n'avons eu depuis plus grand desir que de participer en toutes choses à l'union & societé de l'Eglise Catholique, Apostolique Romaine, & à nostre reconciliation avec nostre Sainct Pere le Pape, & du sainct Siege comme chacun a peu cognoistre par nos actions, & les continuelles poursuittes & recherches que nous en avons faict: Lesquelles auroient esté tellement traversées par les ruses ordinaires de nos Ennemis, & leur puissance à Rome, que si nostre constance & la raison n'eussent émeu & fortifié la vertu & bonté singuliere de nostredit Sainct Pere, lequel comme Pere commun & vray Successeur & imitateur de S. Pierre n'a eu esgard qu'au seul bien de la Religion Chrestienne. Nous n'eussions jamais acquis le bonheur de sa sainte Benediction, ny de nostredite reconciliation par nous tant desirée pour l'entier repos de nostre ame, & la satisfaction plus grande des consciences de nosdits Subjets, esmeus du seul zele de la Religion: En quoy comme nous avons tresgrande occasion de louer Dieu, & magnifier aussi l'équanimité de sa Sainteté, pour avoir par sa prudence & bonté confondu l'audace & mensonge de nosdits Ennemis, nous ne l'avons pas moindre d'admirer la Providence divine, en ce qu'il luy a pleu faire que le chemin de nostre salut aye aussi esté celuy qui a esté le plus propre pour gaigner & affermir les cœurs de nosdits Subjets, & les attirer à nous recognoistre & obeïr, comme il s'est veu bien-tost apres nostre réunion en l'Eglise, & toûjours depuis continué: Mais ce bon œuvre n'eust esté parfait, ny la Paix entiere, si nostre tres-cher & tres-amé Cousin le Duc de Mayenne, Chef de son Party, n'eust suivy le mesme chemin, comme il s'est resolu de faire si tost qu'il a veu que nostredit S. Pere avoit approuvé nostredite réunion: Ce qui nous a mieux fait sentir qu'auparavant de ses actions, recevoir & prendre en bonne part ce qu'il nous a remonstré du zele qu'il a eu en la Religion, louër & estimer l'affection qu'il a monstré à conserver le Royaume en son entier, duquel il n'a fait ny souffert le desmembrement, lors que la prosperité de ses affaires sembloyent lui en donner quelque moyen comme il n'a fait encores depuis qu'estant affoibly, il a mieux aymé se jetter entre nos bras & nous rendre l'obeïssance, que Dieu, Nature & les Loix luy commandent, que de s'attacher à d'autres remedes qui pouvoient encores faire durer la Guerre longuement, au grand dommage de nosdits Subjets. Ce qui nous a fait desirer de recognoistre sa bonne volonté, l'aymer & traiter à l'advenir comme nostre bon Parent & fidele Subjet: Et afin que luy, & tous les Catholiques qui l'imiteront en ce devoir, y soient de plus en plus confirmez, & les autres excitez de prendre un si salutaire conseil: Et aussi que personne ne puisse plus feindre cy apres de douter de la sincerité de nostredite réunion à l'Eglise Catholique, & sous ce pretexte faire renaistre de nouvelles semences de dissensions pour seduire nos Sujets, & les porter à leurs ruine: Sçavoir faisons, que comme nous declarons & protestons nôtre resolution être de vivre & mourir en la foi & Religion Catholique, Apostolique, & Romaine, de laquelle nous avons fait profession, moyennant la grace de Dieu: nôtre intention est aussi d'en procurer à l'advenir le bien & advancement de tout nôtre pouvoir, & avec le soin & même affection que les Rois trés Chrétiens nos Predecesseurs ont faits: Et par l'advis de nos bons & loyaux Sujets Catholiques, tant de ceux qui nous ont toûjours assisté, que des autres qui se sont depuis remis en nôtre obeïssance: en conservant neantmoins la tranquillité publique de nôtre Royaume.

I. Cependant nous voulons qu'és Villes de Chaalons, Seurre, & Soissons, lesquelles nous avons laissées pour Villes de sûreté à nôtredit Cousin, pour six ans, ni au Bailliage dudit Chaalons, dont nous avons accordé le Gouvernement à l'un de ses Enfans, separé pour ledit temps de celui de Bourgogne, & à deux lieuës aux environs de ladite Ville de Soissons, il n'y ait autre exercice de Religion, que de la Catholique, Apostolique, & Romaine, durant lesdits six ans, ni aucunes personnes admises aux Charges publiques & Offices, qui ne fassent profession de ladite Religion.

II. Et afin que la reünion sous nôtre obeïssance de nôtredit Cousin, & de tous ceux qui l'imiteront en ce devoir soit parfaite & accomplie de toutes ses parties, comme il convient, tant pour nôtre service & l'entier repos de tous nos Sujets, que pour l'honneur & sûreté de nôtredit Cousin, & des autres qui voudront jouïr du present Edit: Nous avons revoqué & revoquons tous Edits, Lettres Patentes, & Declarations faites & publiées en nôtre Cour de Parlement de Paris, & autres Lieux & Jurisdictions, depuis les presens troubles & à l'occasion d'iceux: ensemble tous Jugemens & Arrêts donnez contre nôtredit Cousin le Duc de Mayenne, & autres Princes, & Seigneurs, Gentilshommes, Officiers, Communautez, & Particuliers, de quelque qualité qu'ils soient, qui se voudront aider du benefice dudit Edit: Voulons & entendons que lesdits Edits, Lettres Patentes, & Declarations, soient tirées des Regîtres de nôtredite Cour, & autres Lieux & Jurisdictions, pour en être la memoire du tout éteinte & abolie.

III. Deffendons à tous nos Sujets de quelque qualité qu'ils soient de renouveller la memoire des choses passées durant lesdits troubles, s'attaquer, injurier, ou provoquer l'un l'autre de fait ou de parole, à peine aux contrevenans d'être punis comme Perturbateurs du repos public: A cette fin nous voulons que toutes marques de dissension qui pourroient encores aigrir nosdits Sujets, les uns contre les autres introduites dedans nos Villes ou ailleurs, depuis les presens troubles & à l'occasion d'iceux, soient ôtez & abolis: Enjoignant aux Officiers de nos Villes, Maires, Consuls, & Eschevins, d'y tenir la main.

IV. Voulons aussi & ordonnons que tous Ecclesiastiques, Gentilshommes, Officiers, & tous autres, de quelque qualité & condition qu'ils soient, qui nous voudront recognoître avec nôtredit Cousin le Duc de Mayenne, soient remis en leurs Biens, Benefices, Offices, Charges, & Dignitez, nonobstant tous Edits, Dons de leurs Biens, Rentes & Debtes, & Provisions à d'autres personnes de leursdits Offices, Saisies, Ventes, Confiscations & Declarations qui en pourroient avoir été faites, emologuées & enregîtrées: lesquelles nous avons revoquées & revoquons: entendant que dés à present, sans autre declaration & en vertu du present Edit, main-levée entiere leur en soit faite: A la charge toutefois que nôtredit Cousin, & eux, nous jureront toute fidelité & obeïssance; se departiront des à present de toutes Ligues, Practiques, Associations ou Intelligences faites dedans ou dehors le Royaume: & promettront à l'advenir de n'en faire sous quelque pretexte que ce soit.

V. Ne pourront aussi, tant nôtredit Cousin que les Princes, Seigneurs, Ecclesiastiques, Gentilshommes, Officiers & autres Habitans des Villes, Communautez, & Bourgades, qui ont, en quelque sorte que ce soit, suivi & favorisé son parti, ne nous ayant encores fait le Serment de fidelité, & voulant venir à la recognoissance de ce devoir avec lui, dedans le temps porté par le present Edit être recherchez des choses advenues, & par eux commises durant les presens troubles, & à l'occasion d'iceux pour quelque cause que ce soit: Voulant que les Jugemens & Arrêts qui ont été ou pourroient être donnez contre eux pour ce regard, ensemble toutes Procedures & Informations, demeurent nulles & de nul effet, & soient ôtées & tirées des Regîtres, sans que des cas & choses dessusdites rien soit excepté, fors les crimes & delicts punissables en même parti

ANNO 1596.

parti & l'assassinat du feu Roi nôtre trés-honoré Seigneur & Frere.

VI. Et neantmoins aiant été ce fait mis par plusieurs fois en deliberation, & eu sur l'advis des Princes de nôtre sang, & autres Princes, Officiers de nôtre Couronne, & plusieurs Seigneurs de nôtre Conseil étans lès nous, & depuis vûës par nous, seant à nôtre Conseil, les charges & informations sur ce faites depuis sept ans en ça : par lesquelles il nous a apparu qu'il n'y a aucune charge contre les Princes & Princesses nos Sujets, qui s'étoient separez de l'obeïssance du feu Roi nôtre trés-honoré Seigneur & Frere, & la nôtre: Avons declaré & declarons par ces presentes, que ladite exception ne se pourra étendre envers lesdits Princes & Princesses qui ont recognu & recognoîtront envers nous, suivant le present Edit, ce à quoi le devoir de fidelité les oblige, attendu ce que dessus, plusieurs autres grandes considerations à ce nous mouvans, & le Serment par eux fait n'avoir consenti ni participé audit assassinat: Défendons à nôtre Procureur General present & à venir, & tous autres d'en faire contr'eux aucune recherche ni poursuite, & à nos Cours de Parlement, & à tous nos autres Justiciers & Officiers d'y avoir esgard.

VII. D'avantage, tous ceux qui ont esté mis hors de nos Villes depuis la reduction d'icelles en nostre obeissance, à l'occasion des presens troubles, & pour causes qui doivent estre remises par le present Edit, ou qui lors de ladicte reduction en estoient absens, & le sont encores de present pour mesmes causes, qui voudront jouyr du benefice d'iceluy, pourront entrer esdictes Villes, & se remettre en leurs Maisons, Biens & Dignitez: Nonobstant tous Edicts, Lettres, & Arrests à ce contraires.

VIII. Nostredit Cousin le Duc de Mayenne, & les Seigneurs, Gentilshommes, Gouverneurs, Officiers, Corps de Villes, Communautez & autres Particuliers qui l'ont suivy, demeureront pareillement quittes & deschargez de toutes recherches, pour Deniers publics, ou particuliers qui ont esté levez & pris par eux, leurs Ordonnances, Mandemens & Commissions, durant & à l'occasion des presens troubles, tant des Receptes generales que particulieres, Greniers à Sel saisis, jouyssances des Rentes, Arrerages d'icelles, Revenus, Obligations, Argenteries, Prises & Ventes de Biens meubles, Bagues & Joyaux, soit d'Eglises, de la Couronne, Princes, ou autres des Particuliers, Bois de Haustefustaye & Taillis, Ventes de Sel, prix d'iceluy, tant de Marchans, que de la Gabelle, Decimes, alienations des Biens des Ecclesiastiques, Traictes & Impositions mises sur les Denrées, Vins, Chairs, & autres Vivres, Depossts & Consignations, cottes sur les particuliers, emprisonnemens de leurs personnes, prises de Chevaux, mêmes en nos Harats, & generalement de tous Deniers, Impositions, & autres choses quelconque, ores qu'elles ne soient plus particulierement exprimées, comme aussi ceux qui auront fourny & payé lesdits Deniers en demeureront quittes & deschargez.

IX. Demeureront pareillement deschargez de tous actes d'hostilité, levées & conduites de Gens de Guerre, fabrication de Monnoye, fonte & prise d'Artillerie, & Munitions, tant aux Magasins publics, que Maisons particulieres, confection de Pouldres, Prises, Rançons, Fortifications, Demolitions de Villes, Chasteaux, Bourgs & Bourgades, entreprises sur icelles, bruslemens & demolitions d'Eglises & Faulxbourgs de Villes, establissement de Conseils, Jugemens & executions d'iceux : Commissions à particuliers, soit en matieres ou civiles ou criminelles : Voyages, Intelligences, Negotiations & Traictes dedans & dehors nostredit Royaume.

X. Ceux qui ont exercé les Charges de Commissaires Generaux & Gardes des Vivres, sous l'authorité de nostredit Cousin, & des Seigneurs Commandans aux Provinces particulieres de nostre Royaume, lesquels nous recognoistront suivant le present Edict, & dedans le temps porté par iceluy, seront exempts de toutes recherches pour toutes sortes de Munitions, Vivres, Chevaux, Harnois & autres choses par eux faictes pour l'execution de leurs Charges durant les presens troubles, & à l'occasion d'iceux, sans qu'ils soient responsables du faict de leurs Commis, Clercs & autres Officiers par eux employez, & sans qu'ils soient tenus rendre aucun compte de leur maniement & charges, en rapportant seulement declaration & certification de nostredit Cousin, qu'ils ont bien & fidelement servy en l'exercice de leurs Charges.

XI. Tous Memoires, Lettres & Escrits publiez depuis le premier jour de Janvier, mil cinq cens quatre vingts neuf, pour quelques subjets qu'ils ayent esté faicts, & contre qui que ce soit, demeureront supprimés sans que les autheurs en puissent estre recherchez : Imposant pour ce regard silence, tant à nos Procureurs Generaux, leurs Substituts, qu'à tous autres Particuliers.

XII. Nous n'entendons aussi qu'il soit faict aucune recherche contre le Seigneur de Maigny, Lieutenant, & les Soldats des Gardes de nostredit Cousin, ayant assisté à la mort du feu Marquis de Maignelay, advenuë, contre la volonté & au grand regret de nostredit Cousin, ainsi qu'il a declaré. Et demeurera ledit fait, pour ce regard aboly, sans qu'il leur soit besoin obtenir autres Lettres ny declaration plus ample: Mesmement pour le regard de ceux lesquels sur ce subject ont obtenu Lettres de nostredict Cousin, lesquelles ont esté verifiées par celuy qui exerce l'Office de Grand Prevost à sa suite.

XIII. Toutes Sentences, Jugement & Arrests donnez par les Juges dudict Party, entre personnes d'iceluy Party, ou autres n'estans dudict Party, qui ont procédé volontairement, tiendront & auront lieu, sans qu'ils puissent estre revoquez par nos Cours de Parlement, ou autres Juges, sinon en cas d'appel, ou par autre voye ordinaire: Et ou aucune revocation ou cessation en auroit esté faicte, elle demeure dés à present nulle & de nul effect.

XIV. Le temps qui a couru depuis le premier de Janvier, mil cinq cents quatre vingts neuf, jusques à present, ne pourra servir entre personnes de divers Partis, pour acquerir prescription ou peremption d'instance.

XV. Tout ce qui a esté executé en vertu desdicts Jugemens ou Actes publics du Conseil estably par nostredict Cousin, pour Rançons, Enterinement de Graces, Pardons, remissions & abolition, aura lieu, sans aucune revocation, pour les differens qui regardent les Particuliers.

XVI. Ceux qui ont esté pourveus par nostredict Cousin, d'Offices vacans par mort ou resignation és Villes qui nous recognoistront avec luy, comme aussi des Offices de Receveurs du Sel nouvellement créez esdictes Villes, y seront maintenus en prenant Provision de nous, que nous leur ferons expedier.

XVII. Et pour le regard de ceux qui ont esté par nostredit Cousin pourveus desdits Offices, qui ont vaqué es Villes qui ont cy devant tenu son party, soit par mort, resignation, ou nouvelle création de nous ou de nos Predecesseurs, lesquels ont depuis suivy nostredict Cousin sans nous recognoistre & jurer fidelité suivant nos Edicts, revenans à present à nostre service avec luy, lesquels avec autres sont nommez & declarez en un estat & roolle particulier que nous avons accordé & signé de nostre main, seront pareillement maintenus & conservez esdits Offices, prenant Provision de nous: Le mesme sera fait pour les Benefices declarez audit estat & roolle.

XVIII. S'il y a quelque dispute & Procez sur la Provision desdits Offices estans dedans les Villes qui nous recognoistront avec nostredit Cousin, octroyés par luy entre personnes qui sont encore à present dudict Party, ou l'un d'eux, & nous recognoistront avec luy, ceux qui auront obtenu declaration de l'intention de nostredict Cousin, seront maintenus, pourveu qu'ils apportent ladicte declaration dedans six mois aprés la Publication du present Edict.

XIX. Et d'autant que ceux qui ont esté pourveus d'Offices, soit par mort, resignation, creation nouvelle, ou autrement, & payé Finance pour cest effect és mains de ceux qui ont fait la recepte des Parties casuelles au Party de nostredit Cousin, pourroient pretendre quelque recours contre luy, ou ceux qui ont reçeu lesdits Deniers, comme dict est, soit pour estre maintenus ausdicts Offices ou remboursez de leurs Finances: Nous avons deschargé & deschargeons par ces presentes nostredit Cousin & lesdicts Thresoriers & Receveurs de toutes actions, & demandes que l'on pourroit intenter contr'eux pour ce regard.

XX. Tous ceux qui nous recognoistront avec nostredict Cousin, qui ont jouy des gaiges, droits & proffits d'aucuns Offices, fruicts de Benefices, Revenus de Maisons, Terres & Seigneuries, loyers & usufruicts de Maisons & autres Biens meubles, droicts, noms, rai-

ANNO 1596.

sons & actions de ceux qui estoient du Party contraire, en vertu des Dons, Ordonnances, Mandement, Rescriptions & Quittances de nôtredit Cousin le Duc de Mayenne, ne seront sujets à aucune restitution, ains en demeureront entierement quittes & déchargez: Ils ne pourront aussi rien demander ni repeter des choses susdites prises sur eux par nôtre commandement & autorité & reçûës par nos autres Sujets & Serviteurs, fors & excepté d'une part & d'autre les Meubles qui se trouveront en nature, qui pourront être repetez par ceux ausquels ils appartenoient, en payant le prix pour lequel ils auront été vendus.

XXI. Pareillement les Ecclesiastiques qui nous recognoîtront avec nôtredit Cousin, & ne nous ont encores fait Serment de fidelité, qui ont payé leurs Decimes aux Receveurs ou commis par lui, ensemble les Deniers de l'alienation de leur temporel, n'en pourront être recherchez pour le passé, ains en demeureront aussi entierement quittes & déchargez, ensemble les Receveurs qui en ont fait le payement.

XXII. Toutes les Sommes payées par les Ordonnances de nôtredit Cousin, ou de ceux qui ont eu charge de Finances sous lui, à quelques personnes & pour quelque cause que ce soit, par les Thresoriers, Receveurs, ou autres, qui ont eu maniement des Deniers publics, lesquels nous recognoîtront avec lui, seront passez & allouez en nos Chambres des Comptes, sans que l'on les puisse rayer, superseder, ni tenir en souffrance, pour n'avoir été la forme & l'ordre des Finances tenuë & gardée. Et ne seront tous les Comptes qui ont été rendus sujets à revision sinon en cas de l'Ordonnance. Voulant que pour le rétablissement de toutes Parties rayées, supersedées, ou tenuës en souffrance, toutes Lettres & validations necessaires leur soient expediées. Et quant aux Comptes qui restent à rendre, ils seront oüis & examinez en nôtre Chambre des Comptes à Paris ou ailleurs, où il appartiendra. A quoi toutefois ils ne pourront être contraints d'un an. Et ne sera nôtredit Cousin ni lesdits Thresoriers, Receveurs & Comptables, tenus & responsables en leurs noms, des Mandemens, Rescriptions & Quittances qu'ils ont expediées pour choses dependantes de leur Charge, sinon qu'ils en soient obligez en leurs propres & privez noms.

XXIII. Les Edits & Declarations par nous faites sur la reduction du payement des Rentes constituées auront lieu, pour ceux qui s'aideront du present Edit, sans que l'on puisse pretendre qu'ils soient déchûs & privez du benefice desdits Edits & Declarations, pour n'y avoir satisfait dedans le temps porté par iceux: Et ne courra ledit temps contr'eux, que du jour de la Publication de nôtredit Edit.

XXIV. Et pour ce que les Veufves & Heritiers de ceux qui sont morts au Parti de nôtredit Cousin pourroient être poursuivis & recherchez pour raison des choses faites durant les troubles & à l'occasion d'iceux, par leurs Maris & ceux desquels ils sont Heritiers, Nous voulons & entendons qu'ils joüissent de la même décharge accordée par les Articles precedents, à tous ceux qui nous feront le Serment de fidelité avec nôtredit Cousin.

XXV. Tous ceux qui voudront joüir du present Edit, seront tenus le declarer dedans six sémaines aprés la Publication d'içelui au Parlement de leur ressort, & faire le Serment de fidelité: A sçavoir les Princes, Evêques, Gouverneurs des Provinces, Officiers, & autres ayans Charges publiques, entre nos mains, de nôtre trés-cher & feal Chancelier, ou des Parlemens de leur ressort, & les autres par-devant les Baillifs, Seneschaux & Juges ordinaires dedans ledit temps.

XXVI. Sur la Remonstrance qui nous a été faite par nôtre Cousin le Duc de Mayenne, pour la Ville de Marseille & autres de nôtre Pays de Provence, qui ont tenu jusques à present son Parti, & nous obeïront & recognoîtront avec lui en vertu du present Edit, Nous avons ordonné & promis qu'ils joüiront du contenu és Articles inserez aux Articles secrets par nous accordez à nôtredit Cousin.

XXVII. D'avantage, desirans donner toutes occasions aux Ducs de Mercure & d'Aumalle de revenir à nôtre service, & nous rendre obeïssance, à l'exemple de nôtredit Cousin le Duc de Mayenne, & sur la supplication trés-humble qu'il nous en a faite: Nous avons semblablement declaré que nous verrons bien volontiers leurs demandes quand ils nous les presenteront, & s'acquiteront de leur devoir envers nous, pourvû qu'ils le fassent dedans le temps limité par le present Edit. Et des à present voulons que l'execution de l'Arrêt donné contre ledit Duc d'Aumalle en nôtre Cour de Parlement soit sursis, jusques à ce que nous en ayons autrement ordonné, en intention de revoquer & supprimer ledit Arrêt, si ledit Duc d'Aumalle nous recognoît comme il doit, durant ledit temps.

XXVIII. Recognoissans de quelle affection nôtredit Cousin s'employe pour reduire en nôtre obeïssance ceux qui restent en son Parti, & par ce moyen remettre nôtredit Royaume du tout en repos, Nous avons eu agreable aussi que les Articles qui concernent nôtre trés-cher & amé Cousin le Duc de Joyeuse, les Sieurs Marquis de Villars & de Mont-pezat: Comme aussi le Sieur de l'Estrange qui commande de present en nôtre Ville du Puy, ensemble les Habitans de ladite Ville, les Sieurs de Saint Offrange Gouverneur de Rochefort, du Plessis, Gouverneur de Craon, & de la Severie, Gouverneur de la Grenache, ayant été vûs & resolus en nôtre Conseil, sur les Memoires qu'ils ont envoyez à cest effet, que nôtredit Cousin nous a presentez de leur part; Voulons que ce qui a esté accordé sur iceux, soit effectué & observé de point en point, pourvû que nôtredit Cousin fasse apparoir dedans six semaines qu'ils ayent accepté ce que nous avons accordé, & que dedans le même temps ils nous fassent le Serment de fidelité: Autrement nous n'entendons être tenus & obligez à l'entretenement & observation desdits Articles.

XXIX. Ayans égard que nôtredit Cousin s'est obligé en son nom, & fait obliger aucuns de ses Amis & Serviteurs en plusieurs parties & sommes de Deniers declarées en un état signé de lui, montant à la somme de trois cents cinquante mil Ecus, qu'il nous a remonstré avoir employez aux affaires de la Guerre & autres de son Parti, sans qu'il en soit tourné aucune chose à son profit particulier, ni de ses Amis & Serviteurs coobligez, dequoi le voulant décharger & tenir quitte, afin de lui donner plus de moyen de nous faire service, Nous promettons à nôtredit Cousin d'acquitter lesdites debtes portées par ledit état, jusques à ladite somme de trois cents cinquante mil Ecus, en principal, & vingt sept mil six cens cinquante Ecus, pour les Arrerages d'aucunes parties desdites debtes, portant Rentes, Interêts liquides pour le temps porté par l'état fait & signé de nôtre main, & de celle de nôtredit Cousin, & l'en décharger entierement avec lesdits Amis & Serviteurs coobligez. Et à cette fin lui payer dedans deux ans, en huit payemens, de Quartier en Quartier, le premier Quartier commençant au premier jour du present mois de Janvier, la somme de six vingts un mil cinquante Ecus, que nous avons ordonné être assignez sans aucunes receptes generales de nôtredit Royaume, pour être employé tant en l'acquit desdites Debtes portans Rentes & Interêts, que des arrerages d'icelles, jusques au temps porté par ledit état, signé de nôtre main & de celle de nôtredit Cousin: Et faire aussi payer à l'advenir le courant desdites Rentes & Interêts, jusques à l'entiere extinction & amortissement d'icelle, & des Obligations susdites. Et quant aux autres Debtes contenuës audit état signé de nôtredit Cousin, restans desdits trois cens cinquante mil Ecus: Nous promettons à nôtredit Cousin d'en retirer & lui rendre les Promesses, Contracts & Obligations de lui & de ses Amis & Serviteurs coobligez dedans quatre ans, sans pour ce payer aucuns arrerages & interêts, ou bien lui fournir dedans ledit temps le Jugement valable de l'invalidité desdites Debtes, de sorte que nôtredit Cousin, ses Amis & Serviteurs en seront du tout quittes & déchargez. Et jusques à ce que lesdites Promesses & Obligations lui ayent été renduës, nous voulons & ordonnons qu'il ne puisse être contraint, ni aussi sesdits Amis & Serviteurs coobligez au payement de tout ou partie d'icelle somme de trois cents cinquante mil Ecus, ni des Arrerages & Interêts desdites Rentes. Et que toutes Lettres de surseances, interdiction & evocation en nôtre Conseil d'Etat, en soient expediées toutes & quantesfois que besoin en sera sur l'extraict du present Article.

XXX. D'avantage, voulans mettre nôtredit Cousin le Duc de Mayenne hors de tous Interêts envers les Suisses, Reistres, Lansquenets, Lorrains & autres Estrangers, ausquels il est obligé, tant pour levées de Gens de Guerre que pour le service qu'ils ont fait durant le temps qu'ils ont demeuré en son Parti. Nous promettons de l'acquitter & décharger de toutes les sommes ausquelles se peuvent monter lesdites Obligations par lui faites, tant en son nom privé que comme

Chef

ANNO 1596. Chef de fondit Parti, & les mettre avec les autres Debtes de la Couronne, suivant les verifications qui en ont été faites par le feu Sieur de Videville Intendant des Finances, & par les Elûs dudit Pays de Bourgogne, pour le regard desdits Suisses, Reistres, Lansquenets & Lorrains, depuis lesdites verifications revoquans & annullans dés à present lesdites Obligations, qu'il a contractées en fondit nom, pour ce regard. Et particulierement envers le Comte Collalte, Colonel des Lansquenets, & autres Colonels & Capitaines des Suisses & Reistres, sans qu'il en puisse être poursuivi n'inquieté en vertu d'icelles Obligations, attendu qu'il n'en étoit tourné aucune chose à son profit particulier; dont nous lui ferons expedier toutes Lettres & Provisions necessaires.

XXXI. Les Articles secrets qui ne se trouveront inserez en cedit present Edit, feront entretenus de point en point & inviolablement observez: & sur l'extraict d'iceux ou de l'un desdits Articles, signé de l'un de nos Secretaires d'Etat, toutes Lettres necessaires seront expediées.

Si donnons en Mandement à nos amez & feaux, Conseillers, les Gens tenans nôtre Cour de Parlement, Chambres de nos Comptes, Cours de nos Aides, Thresoriers Generaux de France, & de nos Finances, Baillifs, Seneschaux, Prevosts, Juges, ou leurs Lieutenans, & à tous nos autres Justiciers, Officiers, & à chacun d'eux endroit soi, que ces presentes ils fassent lire, publier & enregitrer, garder, observer & entretenir inviolablement, & sans enfraindre: Et du contenu en icelles jouïr & user tous ceux qu'il appartiendra, cessans & faisans cesser tous troubles & empêchemens au contraire: Car tel est nôtre plaisir. Et afin que ce soit chose ferme & stable à toûjours, Nous avons signé cesdites presentes de nôtre main, & à icelles fait mettre & apposer nôtre Seel. Donné à Folambray au mois de Janvier l'an de grace, mil cinq cens quatre vingts seize. Et de nôtre Regne le septiéme. *Signé* HENRI. *Et à côté*, Visa. *Et plus bas*, Par le Roi, étant en son Conseil, *Signé*, PORTIER. Et seellé du grand Seau de cire verde, sur lacs de soye verde & rouge. ANNO 1596.

Leués, publiées & regitrées, oui le Procureur General du Roi, à Paris en Parlement, le neufiéme Avril, mil cinq cens quatre vingts seize. Signé, VOISIN.

Leués, publiées & regitrées en la Chambre des Comptes, oui le Procureur General du Roi: à la charge que ceux qui ont reçû & manié les Deniers en rendront compte en ladite Chambre dedans le delay porté par lesdites Lettres sans que la despense puisse exceder la recepte: Et sera Sa Majesté suppliée de pourvoir au remplacement des Deniers affectez au payement des Rentes & autres charges. Le septiéme jour de Mai, 1596. Signé, DANES.

Leués, publiées, & regitrées, oui le Procureur General du Roi. A Paris en la Cour des Aides, le vingt-neufiéme jour de Mai, 1596. Signé, BERNARD.

CCXLIV.

26. Fevr. ZELANDE ET BRUGES.

Nader Accoord tusschen de Heeren Staten van ZEELANDT *ende de Magistraet van* BRUGGE *op de openinge van de Haven van* Sluys, *en de Vaert van* Brugge. *Gedaen tot Middelburg den 26. Februarii 1596.* [PIETER BORRE, Nederlandtsche Historie, Tom. IV. pag 385. *d'où l'on a tiré cette Pièce, qui se trouve aussi dans* Deductie ofte Declaratie van de Staten van Hollandt ende West-Vrieslandt, raeckende de Acte van Seclusie van den Prince van Oraigne. Aux Preuves *Num.* XL.]

NAdien dat by de Magistraet der Stede Brugge ernstelijk is aengehouden, en van wegen de Heeren Staten van Zeland, met den Heeren Gedeputeerden van de selve Magistraet gecommuniceert geweest op de continuatie, en renovatie van den voorgaenden Tractate en Accoorde met die van Brugge gemaekt op de openinge van de vreye frequentatie van de Haven van der Sluys, na Brugge voornoemt, om de selve sulks daer in te accommoderen als na gelegentheyt van tijden en saken eenigsins doenlijk en dienstlich is, so ist dat de Gedeputeerde van de voorschreven Staten en Stede van Brugge eyntlijk dien aengaende verdragen zijn op de Conditien, Poincten en Articulen na volgende.

Eerst hebben de voornoemde Gedeputeerde der voorschreven Stede Brugge gelooft, en geloven by desen, dat sy advouerende en renoverende het voorgaende Tractaet, het selve in alle sijne Poincten en Articulen sullen onderhouden, en doen onderhouden daer het selve desen niet en is contrarierende.

En tot effecte van dien dat sy alle voorgaende faulten, infractien en contraventie tot noch toe tegen den voorgaenden Tractate gecommitteert, sullen datelijk repareren, en dien volgende rembourseren de rantsoenen, en andere kosten van vangenisse, by die van deser zijden aen die van de Hof-stede betaelt, of Partyen contenteren ten besten doenlijk wesende.

Dat sy mede sullen besorgen en bekostigen dat met der daed vry ende vrank kosteloos werden gerelaxeert, de Gevangenen van deser zijde, alsnoch binnen der Hof-stede en Blankenberge gedetineert.

Dat

CCXLIV.

26. Fevr. ZELANDE ET BRUGES.

(1) Accord ulterieur entre les Etats de ZELANDE & le Magistrat de BRUGES, au sujet des Havres de l'*Ecluse* &c. Fait à Middelbourg, le 26. Février, 1596. [BOR. *Histoire des Guerres des Pays-Bas*, Tom. IV. pag. 385.]

COmme ainsi soit que quelques propositions & communication ont été faites par le Magistrat de la Ville de Bruge & de la part de Messieurs les Etats de Zelande, avec Messieurs les Deputez dudit Magistrat pour la continuation & le renouvellement des precedens Traitez & Accords faits avec ceux de Bruges, touchant l'ouverture & la libre frequentation des Havres de l'Ecluse à Bruges susdit, pour les accommoder selon que la conjoncture des tems & le service des affaires le requiert, les Deputez des susdits Etats & de la susdite Ville de Bruges ont enfin conclu à cet égard les Conditions, Points, & Articles qui s'ensuivent.

Premierement les susdits Deputez de la susdite Ville de Bruges ont promis & promettent par ces presentes qu'avoüant & renouvellant le precedent Traité, ils l'observeront & le feront observer en tous ses Points, à l'égard des choses qui ne seront point contraires à ces presentes.

Et pour l'effet dequoi que toutes les precedentes fautes, infractions, & contraventions commises jusques à present contre le susdit Traité precedent, seront au plûtôt reparées, & en se faisant seront rembourssées les rançons & autres frais d'emprisonnement payez par ceux de cette part à ceux de Hoffstede, ou les Parties contentées le mieux qu'il sera possible.

Que pareillement ils feront en sorte que les Prisonniers de ce côté qui sont encore detenus dans la Hoffstede, & à Blanckenberge seront relâchez francs & quittes de tous frais.

Que

(1) Voyez un Traité entre les mêmes sur le même sujet, ci-dessus pag. 417. N. CCXX.

Dat van nu voortaen uyt Blankenberge, Hof-stede, Swarte-gat, Kerke-gat, noch Nieuwerhaven, Courssen, Piraterien of Beuterien op de Visschers, Koopvaerders, of andere Schepen en Persoonen van deser sijden, hoedanig die zijn (uytgenomen Oorlogs-schepen) sullen mogen worden gepleecht, en indien anders gedaen werde, dat 't selve by de voorsz. van Brugge kosteloos en schadeloos sal worden gerepareert.

Dat die van Brugge voornoemt (gelijk sy ook by voorgaenden Accoorde waren gehouden) van hunne zijde sullen presteren dat d'ordre van alhier te stellen tot behoedinge van de frauden die by den Koopman of Schipper in 't passeren na der Sluys souden mogen worden gecommitteert, by niemanden van d'ander zijde sal verhindert worden, of andersints yemant by practijke sonder behoorlijk verlof of recherche ingevaren zijnde, 't selve by henluyden (volgende hare presentatie) sal weder gerepareert worden, so by renvoy van Personen, Schepen en Goederen, als andersints na de nature en gelegentheyt van der sake.

Dat de Schepen en Schuyten van deser sijden, 't sy te visschen of Koopvaerdye varende, die door storm en onbequaem weder in de Kusten van Vlaenderen tusschen Blankenberge en Nieuwerhave sullen komen te vervallen, aldaer vry en onbeschadicht sullen mogen blijven, en bequaem weder verwachten in haerlieder cours te vervolgen, en so de selve eenige schade van d'ander sijde aengedaen wierde, dat die van Brugge die sullen repareren.

Daer tegens van wegen de voorschreven Heeren Staten geloofft is, en geloofft wort mits desen te presteren dat het voornoemde voorgaende Contract, en Accoort met die van Brugge gemaekt weder sal ingaen en in alle sijne Poincten van weder zijden onderhouden werden, daer 't selve desen niet is contrarierende.

Voornamentlijk ook dat de binnen Vaert van Brugge af tot Nieupoort toe, gemaekt de Yperleye doorgaens vry en onbekommert met Schepen, Koopmanschappen en redelijk getal van Schippers of Schuytluyden, mitsgaders eenen Koopman of Facteur van de Goederen, sal mogen bevaren en gefrequenteert werden gints, en niet wederkerens, ten ware met ledige Schepen, en Personen daer mede afgevaren wesende.

Dat mede den wech tusschen Brugge en Sluys te lande van weder zijden van de Vaert van Brugge vryelijk by allerhande Personen niet wesende in dienst van Oorloge gaens en komens sal mogen begaen, en gefrequenteert worden.

Dat tusschen Blankenberge en Nieuwerhaven langs de Zee-kusten gene descenten met Chaloupen noch anders van deser zijden sullen mogen gedaen worden, ten sijne om aldaer eenige Vrybuyteryen te plegen.

En dit alles by provisie, en tot wederroepens, 't zy van d'een of d'ander zijde, daer van d'een den anderen gehouden wort te waerschouwen, ten minsten 14 dagen te voren, en tot sekerheyt en vastigheyt van desen is dit Contract van weder zijden onderteekent, en elk een van de Contrahenten gegeven een auctentijk dobbel, des geloven de Gedeputeerden van Brugge, dat sy t'haerder wederkomste tot Brugge, boven desen, dit selve Contract binnen acht dagen na hun arrivement oversenden sullen aen de voorschreven Gecommitteerde Raden van den voorschreven Staten behoorlijk geadvoueert, en geauctoriseert en getekent by den Griffier der voorschreven Steden.

Aldus gedaen in 't Hof van Zeland, tot Middelburg den 24. February 1596. *Wat geparapheert*, J. FLORISZ. Vt. *Onderstont*, Ter Ordonnantie van de Gedeputeerde der voornoemde Heeren Staten, by my, *en geteekent* CHR. ROELS, *noch leger ondertekent*, JAQUES WINKELMAN, PR. DE BLENDE, C. BREYDEL.

Op 't nader ernstich versoek van de Heeren Gedeputeerde van Brugge, dat het retour door de Yperlye van Nieupoort tot Brugge soude een yder toegelaten werden van alle inlandse Goederen, de Gedeputeerde van de Heeren Staten van Zeland nader daer op gelet hebbende, hebben op 't believen en advue van de Heeren Sta-

Que d'ici en avant il ne sera fait aucune course, Piraterie, ou butin de Blanckenberge, Hofstede, Swarte-gat, Kercke-gat ni Nieuwerhaven sur les Vaisseaux des Pêcheurs, Marchands ou autres Personnes de ce côté, quelles qu'elles soient, (horsmis les Vaisseaux de Guerre) & s'il s'y en fait, cela sera reparé entierement par ceux de Bruges.

Que ceux de Bruges susdits, (ainsi qu'ils y étoient aussi obligez par les precedens Traités) se porteront forts que l'ordre qu'on mettra ici à ce qu'aucune fraude ne soit commise en passant à l'Ecluse, ne sera troublé par qui que ce soit, ou autrement que si quelqu'un, par quelque pratique, y entroit, sans permission convenable & sans avoir été visité, cela sera reparé, tant par le renvoi des Personnes, Vaisseaux & Marchandises qu'autrement, suivant la nature & l'exigence des cas.

Que les Vaisseaux & Barques de ce côté, soit de Pêcheurs ou Marchands, qui par tempête ou tems incommode viendront à être poussez sur les Côtes de Flandres entre Blanckenberge & Nieuwerhave, y pourront demeurer librement & sans dommage, & y attendre un temps propre pour continuer leur course, & s'il leur est fait quelque tort de l'autre côté, que ceux de Bruges le repareront.

D'autre part on a promis & on promet par ces presentes, de la part des susdits Sieurs Etats, de faire en sorte que le susdit precedent Contract & Accord fait avec ceux de Bruges rentrera en vigueur & sera observé dans tous ses Points de part & d'autre, en ce qui ne sera point contraire à ces presentes.

Principalement aussi que le Canal de Bruges à Nieuport fait par les Terres d'Ypres pourra être frequenté librement & sans empêchement par les Vaisseaux, Marchandises & nombre raisonnable de Batteliers accompagnés d'un Marchand ou Facteur en allant, & non en retournant, sinon à Vaisseaux vuides & avec les Personnes qui étoient dessus en allant.

Que semblablement le chemin par Terre entre Bruges & l'Ecluse, depuis le Canal de Bruges pourra être frequenté librement de part & d'autre en allant & venant par toute sorte de Personnes qui ne seront point dans le Service Militaire.

Que de ce côté-ci il ne sera fait aucune descente avec des Chaloupes ni autrement sur les côtes d'entre Blanckenberge & Nieuwerhaven, afin d'y commettre quelque pillage.

Et le tout par provision & jusques à revocation, soit d'une ou d'autre part, dont l'un sera tenu d'avertir l'autre, au moins quinze jours auparavant. Et pour sûreté & fermeté des presentes ce Traité a été signé de part & d'autre, & ayant été fait double copie en a été donnée à chacune des Parties. C'est pourquoi lesdits Deputez de Bruges promettent qu'à leur retour audit Bruges, huit jours aprés leur arrivée, ils envoyeront aux susdits Conseillers Deputez des susdits Etats une approbation & autorisation en bonne forme, & signée du Greffier desdites Villes.

Ainsi fait en la Cour de Zelande à Middelbourg le 24. Fevrier 1596. Etoit paraphé J. FLORISZ. *Vt.* Plus bas étoit, *Par Ordonnance des Deputez des susdits Sieurs Etats, par moy,* & signé CHR. ROELS, & plus bas étoit encore signé JAQUES WINKELMAN, PR. DE BLENDE, C. BREYDEL.

Sur une plus pressante instance de Messieurs les Deputez de Bruges que le retour par le Canal de Nieuport à Bruges soit permis à un chacun pour toutes les Marchandises du Païs, les Deputez de Messieurs les Etats de Zelande, ayant examiné l'affaire depuis ont, sous le bon plaisir & l'avis de Mes-

ANNO 1596.

Staten dien voornoemde van Brugge geaccordeert, en accorderen by desen by forme van proeve het retour van alle inlandse Goeden van Nieupoort na Brugge met expressen bespreke, dat alle de Goederen komende uyt der Zee, 't zy van Duynkerken, Grevelingen, Nieupoort of andere Plaetsen in desen vrydom niet sullen wesen begrepen.

Aldus gedaen in 't Hof van Zeland tot Middelburg, den 26. February 1596. *Was geparapheert* J. FLORISZ. Vt. *Onderstont*, Ter Ordonnantie van de Gedeputeerde van de voornoemde Heeren Staten, by my, *en geteekent* CHR. ROELS, *noch leger*, JAQUES WINKELMAN, PR. DE BLENDE, *en* C. BREYDEL.

Messieurs les Etats, accordé, à ceux de Bruges, & accordent par ces presentes par forme d'épreuve, le retour de toutes les Marchandises du Païs de Nieuport à Bruges, sous la promesse expresse que toutes les Marchandises venant par Mer, soit de Dunkerke, Gravelines, Nieuport ou autres Lieux ne seront point comprises dans cette exemption.

Ainsi fait en la Cour de Zelande à Middelbourg le 26. Février 1596. Etoit signé J. FLORISZ. *Vt.* Plus bas étoit, *Par Ordonnance des Deputez desdits Sieurs Etats, par moy*, & signé CHR. ROELS, & plus bas encore JAQUES WINKELMAN, PR. DE BLENDE, & C. BREYDEL.

ANNO 1596.

CCXLV.

14. Mai.

FRANCE, ET ANGLETERRE, CONTRE L'ESPAGNE.

Traité de Confédération & Alliance entre HENRI IV. *Roi de France &* ELISABETH *Reine d'Angleterre, contre* PHILIPPE II. *Roi d'Espagne. A Greenwich, le* 14. *Mai*, 1596. Avec *la* RATIFICATION *de ladite Reine, & le* SERMENT *prêté par le Roi de France.* [FREDER. LEONARD, Tom. II. pag. 652. d'où l'on a tiré le Traité même; mais les deux autres Pieces sont prises des MSS. de la Biblioth. Royale de Berlin.]

ELISABET, Dei gratia, Angliæ, Franciæ, & Hiberniæ Regina, Fidei Defensor, &c. Omnibus ad quos præsentes Litteræ pervenerint, salutem. Cùm inter quosdam Deputatos, tam à nobis, quàm à Christianissimo Rege Henrico, Francorum & Navarræ Rege, Fratre & consanguineo nostro carissimo, respectivè, apud Castellum nostrum de Greenewich, decimo quarto die Maji proximè elapso, secundùm Computationem Ecclesiæ Anglicanæ, quidam Tractatus conclusus fuerit, pro Liga offensiva & defensiva mutua, inter nos, Dominia, Regna, & Subditos nostros, pro conservatione & securitate eorum, contra invasiones, & attentata Regis Hispaniæ, Regna, & Dominia ejus, & pro mutua defensione nostrarum personarum, cujus quidem Tractatûs tenor sequitur.

I. Imprimis, priores Confœderationes & Tractatus, qui nunc in vigore sunt inter præfatos Serenissimos Regem & Reginam, ac eorum Regna, confirmabuntur, & persistent in suo pristino robore & vigore. Neque in aliquo censebitur recessum ab eisdem, nisi quatenus in præsenti Tractatu aliquid in eisdem fuerit derogatum & innovatum.

II. Erit Confœderatio hæc offensiva & defensiva inter dictos Regem & Reginam, eorumque Regna, Status, & Dominia, contra Regem Hispaniarum, & Regna & Dominia ejus.

III. Ad hoc Fœdus à præfatis Principibus contrahentibus invitabuntur, & intrare in idem poterunt omnes alii Principes, & Status, quorum interest sibimetipsis præcavêre ab ambitiosis machinationibus, & invasionibus, quas Rex Hispaniarum molitur contra omnes vicinos suos. Et ad hunc effectum mittentur Nuncii seu Legati à præfatis Rege & Regina, ad tot Principes, & Status, quot dicti Confœderati censuri sunt idoneos, ad eos permovendos, ut intrent in eamdem Confœderationem.

IV. Quanto citiùs commodè fieri poterit, & negotia præfatorum Regis & Reginæ id permittent, conscribetur unus Exercitus de communibus Copiis, tam præfatorum Regis, quàm Reginæ, ac aliorum Principum, & Statuum, qui intraturi sunt in hanc Confœderationem, ad invadendum Regem Hispaniarum, & Dominia quæcumque sua.

V. Nec præfatus Rex, nec Regina, poterunt tractare de aliqua Pace, vel Induciis cum Rege Hispaniarum, vel ejus Locumtenentibus, & Capitaneis, sine consensu alterius. Qui significabitur Litteris signatis propria manu dicti Regis & Reginæ.

VI. Verùm quia Rex Inducias jam concessit in Britannia, Legati promittunt, quòd quando dictæ Induciæ cessabunt, & renovabuntur, tum Rex procurabit, quantùm poterit, quòd tam Hispani, quàm Britanni, obligabuntur, se nihil attentaturos per Terram, vel Mare, contra Regnum Angliæ, vel Subditos Reginæ, durantibus dictis Induciis.

VII. Et præterea quòd Rex nullas generales Inducias cum Provinciis aut Villis ab Hoste possessis faciet sine assensu prædictæ Reginæ; verùm, si necessitas tulerit, ut Gubernatores cogantur particulares Inducias Gubernatoribus locorum ad Hispaniæ Regem pertinentium facere, dictæ Induciæ ultra duos menses, sine expresso consensu dictorum Principum, non prorogabuntur.

VIII. Quoniam Hispaniarum Rex hoc tempore maximis viribus oppugnat Dominia dicti Regis Francorum, quæ vicina sunt Ditionibus Belgicis, præfata Serenissima Regina conscribet & mittet eidem auxilia, quàm citò poterit post signationem istius Confœderationis pro dicto Rege Christianissimo, quatuor millium Peditum Anglorum, quorum stipendia persolventur secundùm calculum & computationem huic Tractatui annexam, & militabunt dicto Regi contra Regem Hispaniarum, in Provinciis Picardiæ & Normanniæ, & locis vicinis & adjacentibus quæ ad dictum Regem Hispaniarum pertinent, modò non distabunt quinquaginta milliaria à Portu Boloniæ.

IX. Dicti quatuor mille Pedites Angli inservient præfato Christianissimo Regi, per spatium sex mensium tantùm hoc præsenti anno, sine aliqua exceptione; & postea annis futuris similia auxilia dabuntur per idem spatium sex mensium, si status rerum in Regno Angliæ id commodè permittere poterit. In quo stabitur assertioni & conscientiæ præfatæ Reginæ, & finitis dictis sex mensibus, licebit eisdem Militibus redire in Angliam, nisi aliud mandatum habuerint à præfata Domina Regina.

X. Cùm seditio, nuper in Hibernia excitata, composita & suppressa fuerit, & præfata Domina Regina, in Regnis & Dominiis suis, nullas turbas aut commotiones habitura sit, stabitur voluntati ejus, an dictum subsidium quatuor mille Peditum augere velit, nec ne.

XI. Præfati quater mille Pedites recipientur in salarium, & stipendium dicti Regis Christianissimi, ab eo tempore, quo appellent in Galliam, usque ad diem discessûs.

XII. Et interea temporis, quo inservient dicto Regi, tenebuntur singulis mensibus lustrationem facere, & præstare Juramentum Commissariis deputatis, vel deputandis à Rege Christianissimo, salva semper fidelitate, & ligeancia, quam debent naturali suo Principi; atque stipendia persolventur secundùm eorum qui lustrabuntur numerum, ac juxta calculum annexum in fine hujus Tractatus.

XIII. Præfata Domina Regina pollicetur, se de tempore in tempus suppleturam & renovaturam numerum, qui deerit præfatorum quater mille Peditum, intra unum mensem post singulas lustrationes, modò per præfatum Regem, vel ejus Locumtenentem, debitè fuerit de defectibus prædictis admonita.

XIV. Stipendia & solutiones iisdem Militibus fient per Officiarios, ex Denariis præfatæ Dominæ Reginæ, singulis mensibus; pro quo stipendio & solutione sic à Domina Regina faciendis, idem Rex Christianissimus tenebitur satisfacere eidem Reginæ plenariè, intra sex menses, postquàm dicti Milites applicabunt in Galliam, ac

ANNO 1596. ac pro securitate ejusdem solutionis, idem Rex Christianissimus tradet præfatæ Dominæ Reginæ, tempore quo præfati quater mille Pedites in Galliam applicabunt, quatuor Obsides, viros idoneos, respectu nobilitatis & bonorum dictorum Obsidum.

XV. Ultra prædictos quater mille Pedites, si præfatus Rex Christianissimus indigebit majore numero Militum, præfata Regina, si per negotia status sui id commodè facere poterit, permittet præfato Regi conscribere in Anglia tria vel quatuor millia Peditum. Sic tamen quòd præfatus Rex persolvet istis stipendium & omnes sumptus, ex Denariis propriis.

XVI. Milites Angli, qui sic Christianissimo Regi militabunt subjecti erunt Officiariis Exercitus Regis Christianissimi, & pro delictis & criminibus per eos commissis justificabuntur, & punientur per Judices & Officiarios dicti Regis. Sic tamen, quòd Centuriones & Capitanei Turmarum Anglicarum vocabuntur à dictis Judicibus & Officiariis Regis, ut iis assistant in dictis Judiciis.

XVII. Si verò acciderit, quod Deus avertat, præfatam Dominam Reginam invadi, & desuper ipsa requiret auxilium Christianissimi Regis, idem tenebitur inter duos menses, postquàm ad hoc faciendum per Litteras à dicta Domina Regina requisitus fuerit, consimiliter apparare quatuor mille Pedites Gallos, qui conscribentur, & mittentur in Angliam, sumptibus dictæ Reginæ, qui inservient dictæ Dominæ Reginæ per spatium sex mensium, singulis annis, modò non tencantur ulteriùs progredi in Angliam, quàm per spatium quinquaginta milliarium Anglicorum, & non amplius. Stipendia eisdem persolventur per dictam Dominam Reginam, à die quo Navem egressi fuerint, & in Angliam appulerint, juxta calculum & computationem infra huic Tractatui annexam.

XVIII. Iidem Milites Gallici justificabuntur & punientur per Officiarios dictæ Reginæ, Capitaneis Turmarum Gallicarum ad talia Judicia vocatis, ut supra

XIX. Rex etiam Christianissimus tenebitur supplere & redintegrare numerum Militum, cùm diminutus fuerit, & id præfata Regina requiret, prout supra.

XX. Promittunt etiam præfati Rex & Regina reciprocè, quòd uter ipsorum indigebit armis, pulvere tormentario, aut aliis Munitionibus Bellicis, licebit utrique Contrahentium, & eorum Commissariis, ea emere, & in Regnum suum transportare, absque aliquo impedimento, modo id commodè fieri poterit absque læsione & præjudicio status sui, in quo stabitur assertioni & conscientiæ, tam præfati Regis, quàm Reginæ.

XXI. Præfati Rex & Regina reciprocè defendent Mercatores Subditos utriusque Principis, ita ut liberè & securè negotiari, ac Commercia sua exercere possint in Regnis & Dominiis alterutrius, eodem modo quo naturales sui Subditi, & non permittent eis fieri aliquod obstaculum, aut impedimentum.

XXII. Reciprocè etiam permittent sublevari & juvari Exercitus & Copias alterutrius in Victualibus, & Provisionibus necessariis, quatenus id commodè fieri per eos poterit.

XXIII. Rex Christianissimus non permittet, neque Successores sui, quemquam Angliæ Reginæ Subditum, ob Religionem nunc in Anglia approbatam, per Inquisitores, aut ullo alio modo vexari, vel in corpore, vel in bonis; sed si quis ulla unquam autoritate illud conabitur facere, dictus Rex prohibebit autoritate Regia, & impediet, quominus id fiat; & damnum factum in integrum restitui curabit.

In quorum omnium & singulorum fidem & testimonium, nos Deputati, Oratores & Commissarii, hunc Tractatum manibus nostris subscriptum, Sigillorum nostrorum appositione muniri fecimus & roborari. Actum Grenewici, decimo quarto die Maji, anno à Nativitate Christi 1596. secundum Computationem Ecclesiæ Anglicanæ, &c. *Signatum*, BURGHLEY. G. HUNSD. HENRI DE LA TOUR. COBHAM. V. BUCKHURST. RO. CECIL. J. FORTESCUE. A. DE HARLAY, SANCY.

ELIZABETHÆ *Angliæ Reginæ Ratificatio.*

NOS autem certiores jam facti per Litteras dicti Christianissimi Regis de bene placito suo, quod dictum Tractatum approbaverit, & ratificaturus sit juramento. Confidentes itaque Regem illud effecturum, consentimus omnibus & singulis Pactis & Articulis superius contentis, & declaratis, ac visis & intellectis eisdem, quoad observationem dictæ Ligæ & Confœderationis contra Regem Hispaniarum, & Regna & Dominia ejus, tàm pro nobis, quàm Hæredibus & Successoribus, Regnis, Dominiis & Subditis nostris acceptamus, approbamus, ratificamus & confirmamus, ac promittimus in fide & verbo Regio sub obligatione omnium & singulorum bonorum, præsentium & futurorum quorumcumque, firmum & stabilem habituros dictum Tractatum, cum omnibus Articulis, & Capitibus suis quoad observationem dictæ Ligæ, ita ut, neque directè, neque indirectè, contra eorum quidquam quomodolibet inposterum veniemus. In cujus rei fidem & testimonium has nostras Literas manus nostræ subscriptione signavimus & Sigilli nostri appensione fecimus muniri. Datum apud Castellum nostrum de Grenewich 29. die Augusti secundum Computationem Ecclesiæ Anglicanæ anno Domini 1596. & Regni nostri 38. *Sic signatum*, ANNO 1596.

ELISABETH.

Et inferius per ipsam Reginam

CAREW.

Erat sigillatum magno Sigillo Regni Angliæ in cera viridi, cum duplici cauda ex auro & bysso subalba.

Acte du SERMENT *fait par le Roi de France, pour l'observation du précedent Traité. A Rouën dans l'Eglise de St. Oüen.*

LE Dix-nœufvieme d'Octobre de l'an mil cinq cent quatre-vingt seize; Tres-haut, Tres-Excellent, & Tres-Puissant Prince Henri par la grace de Dieu, Roi de France & de Navarre, notre Souverain Seigneur, present & assistant tres-Illustre Seigneur Gilbert Talboth Comte de Sherosbury, Chevalier de l'Ordre de la Jarretiere, deputé & envoyé Ambassadeur de la part de tres-Haute & tres-Excellente & tres-Puissante Princesse Elisabeth aussi par la grace de Dieu Reine d'Angleterre, a fait & presté le Serment que Sa Majesté devoit faire, suivant le Traité de mutuelle Confederation Offensive & Defensive contre le Roi d'Espagne, nagueres faite & conclue entre les Deputez de Sa Majesté & ceux de ladite Reine le 24. & 26. Mai dernier passé, duquel Serment la teneur s'ensuit.

Nous Henri par la grace de Dieu tres-Chretien Roi de France & de Navarre, jurons foi & parole de Roi, & promettons, en donnant la main, que nous observerons, & accomplirons tous & chacun les Points & Articles portés par les deux Traitez de mutuelle Confederation, Offensive & Defensive, nagueres faite entre nous & tres-Haute, tres-Excellente, & tres-Puissante Princesse, notre tres-chere & tres-amée Sœur & Cousine, Elisabeth Reine d'Angleterre, nos Royaumes, Estats & Païs, contre le Roi d'Espagne & ses Royaumes, Estats & Païs, en approuvant lesquels Traitez & Articles de mutuelle Confederation, accordés par nos Conseillers & Deputez de part & d'autre les 24. & 26. jour de Mai dernier passé, depuis par nous & notre bonne Sœur ratifiés, nous en presence d'illustre Personne Gilbert Talboth Comte de Sherousbury, Chevalier de l'Ordre de la Jartiere, deputé & envoyé Ambassadeur pour cet effect, de la part de notredite chere Sœur, & jurons devant Dieu la confirmation, nos mains touchant les Saintes Evangiles, & que de notre part nous l'observerons de bonne foi; & promettons a mains jointes, que jamais nous n'y contreviendrons, en aucun Point, & Article, directement ou indirectement, & empecherons de notre pouvoir, qu'ils ne soient aucunement violés. Ainsi Dieu nous soit en aide. En temoignage de quoi nous avons publiquement signé ces presentes, de notre propre main, & à icelles fait mettre & apposer notre Scél, en l'Eglise St. Oüen de Rouen le 19. d'Octobre 1596. A quoi se sont trouvés & ont assisté Messieurs les

Duc de Montpensier, Pair de France, Gouverneur General pour Sa Majesté en Normandie,

Le Comte de Vaudemont,

Le Duc de Nemours Pair de France,

Le Duc de Montmorenci, Pair & Connestable de France, & Lieutenant General pour Sa Majesté en Languedoc,

Le Comte de Chiverny Chancelier de France, Gouverneur & Lieutenant General pour le Roi en ses Païs Char-

ANNO 1596.

Chartrain, Blesois, Dunois, Vendomois, Amboise, & Loudunois.

Le Duc d'Epernon, Pair, & Collonel General de France.

Le Duc de Retz, Pair & Marechal de France.

Le Duc de Joyeuse, Pair & Marechal de France.

Le Sieur de Matignon, Marechal de France, Lieutenant General pour Sa Majesté au Gouvernement de Guienne.

Le Sieur de Laverdin aussi Marechal de France, Gouverneur & Lieutenant General pour Sa Majesté au Païs du Maine.

Le Sieur * . . . .
. . . .

* Le reste de la Piece manque.

CCXLVI.

19. Juin. FRANCE ET LORRAINE.

Lettres de Neutralité ottroyées par HENRI IV. *Roi de France, à* CHARLES *Duc de Lorraine, pour ses Païs, durant la Guerre dudit Roi contre l'Espagne. A Abbeville le* 19. *Juin* 1596. [FREDER. LEONARD, Tom. II. pag. 655.]

HENRI, par la grace de Dieu Roi de France & de Navarre: A tous ceux qui ces presentes Lettres verront, salut. Comme par le Traité & Acord fait avec nôtre tres-cher & tres-amé Beaufrere, le Duc de Lorraine & de Bar, & en consideration de la proximité, dont il nous attouche, nous aions promis, qu'en cas de rupture & ouverture de Guerre contre les Espagnols, & leurs Adherans, nous ferions expedier à nôtredit Beaufrere pareilles Lettres de Neutralité, que les Rois nos Predecesseurs ont, en semblables occasions, acordé aux siens pour les Duchez de Lorraine & de Bar, Païs, Seigneuries & Sujets, Fiefs & Arrierefiefs, qui en dépendent, & y sont enclavez; ensemble pour les anciennes Gardes, Marquisat de Nomeny, Ban d'Esme, & mêmement pour le Comté de Ligny, mouvant & tenu dudit Duché de Bar; encore pour la Ville, Terre, & Seigneurie de Commercy, tant pour ce qui est la part de nôtredit Beaufrere, que pour celle qui est des Sieurs de la Rochepot, & Rocheguyon; à la charge que durant la presente Guerre, nôtredit Beaufrere le Duc de Lorraine, & sesdits Païs de Lorraine & de Bar, ensemble lesdites Gardes anciennes, & toutes autres Terres, Lieux, & Seigneuries susmentionnées, seront & demeureront neutres avec lesdits Espagnols, ainsi qu'en semblable il a été par le passé. Et soit ainsi que pour nous oposer aux entreprises, que lesdits Espagnols faisoient journellement sur nôtre Roiaume, pour l'envahir sous divers pretextes, nous aions été contraints de leur declarer la Guerre ouvertement, pour découvrir & manifester leurs desseins, voulant entretenir & observer à nôtre Beaufrere ce que nous lui avons promis par ledit Traité, avons acordé ladite Neutralité en sa faveur, & pour le commun bien de ses Sujets; à la charge que nôtredit Beaufrere tiendra à la main, que celle qu'il a obtenuë du mois de Janvier de la presente année dudit Parti Espagnol, soit inviolablement gardée & maintenuë; & qu'il ne soufrira passer, mener, & conduire par ledit Païs, compris en la presente Neutralité, directement ou indirectement, à ceux du Parti contraire, aucunes Marchandises ou Danrées, prohibées & défenduës en tems de Guerre: Et sur l'assûrance, qui nous en a été donnée de sa part, avons acordé ladite Neutralité, selon la forme & teneur des Articles qui s'ensuivent.

Premierement nôtredit Beaufrere le Duc de Lorraine, durant ladite Guerre, ne se mêlera d'une part ni d'autre, & ne donnera port, faveur, ni assistance aux uns ni aux autres, ni aussi aucun empêchement à nos Gens de Guerre, Sujets, & autres étans à nôtre service.

Et semblablement nosdits Gens de Guerre, & autres nos Serviteurs & Sujets, ne devront endommager en maniere que ce soit, lesdits Païs & Sujets de nôtredit Beaufrere, Terres, Seigneuries, & Lieux susdits, en passant & repassant par iceux; & ne devront lesdits Gens de Guerre sejourner en chacun lieu desdits Païs, qu'un jour, ou une nuit, si ce n'est du gré ou consentement d'icelui nôtredit Beaufrere, de ses Officiers, ou Commis de par lui és Lieux ou endroits où ils passeront.

ANNO 1596.

Davantage, pour obvier à toutes plaintes & suspicions de part & d'autre, nosdits Gens de Guerre, ni ceux dudit Parti contraire, ne pourront contraindre les Sujets de nôtredit Beaufrere, de leur servir de Guides, ni d'autres aides pour endommager les uns les autres; ni semblablement fournir & faire porter les Vivres en nos Armées, & dudit Parti Espagnol, hors de leur Païs, si bon ne leur semble, ou sans le seû ou vouloir de nôtredit Beaufrere. Et quand nôtredit Beaufrere, ou ses Officiers & Sujets le feront pour l'un, seront aussi tenus de le faire pour l'autre, afin qu'égalité soit gardée.

Ne sera loisible aussi de poursuivre, rechercher, ou inquieter aucunement dans les Païs de nôtredit Beaufrere, les Sujets d'icelui, qui tiendront & posséderont par Fermes, Admodiations, ou autrement, les Biens apartenans aux Sujets d'une part & d'autre, ni les contraindre d'en donner connoissance & declaration, pour s'en saisir ou emparer par les uns, au prejudice des autres, encore que lesd. Biens soient aussi hors desdits Païs; dautant que nous voulons & entendons, que lesdits Païs de nôtredit Beaufrere, & les Terres & Seigneuries comprises en la presente Neutralité, demeurent du tout libres de toutes invasions, & actes d'hostilité.

Ne devront lesdits Gens de Guerre, autant d'un côté que d'autre, entrer, passer, ni repasser en armes, par lesdits Païs, Terres, Seigneuries, & Lieux susdits, pour aller hors iceux faire Courses & Prises les uns sur les autres; ni conduire ou mener, ou faire conduire ou mener par iceux aucuns Prisonniers, Butins, ou autres Prises les uns sur les autres, és Villes & Lieux desdits Païs, ni contraindre les demeurans en iceux, de les recevoir & tenir: & en tout cas ne leur sera loisible autrement d'y entrer qu'en Corps d'Armée, grosses Troupes, ou Compagnies entieres. Et avant que d'y entrer en cette sorte, seront tenus d'en avertir nôtredit Beaufrere, afin de leur être pourveu de commoditez, de passages, & de Vivres, qu'ils seront tenus de paier à prix raisonnable.

Item. Que ceux de nos Sujets & Serviteurs, ou du Parti Espagnol, de nôtredit Beaufrere, ou autres, de quelque Nation qu'ils soient, qui ont été & seront à nôtre service, ou du susdit Parti, & aiant des Maisons, & autres Biens dedans ledit Païs de nôtredit Beaufrere, Terres, Lieux, & Seigneuries susdites, s'y seront retirez, étant sur leursdits Biens & Maisons esdits Païs, seront en toute seûreté & asseûrance, sans qu'il leur soit demandé aucune chose, pourveû toutefois qu'ils ne soient en armes d'un côté ni d'autre, & qu'ils ne fassent entreprises dans lesdits Païs de nôtredit Beaufrere, Terres, & Seigneuries avant dites; & que tant qu'ils demeureront & seront en iceux, ils n'entreprennent rien sur les nôtres, & ceux dudit Parti Espagnol.

Nous entendons & voulons aussi, que tous Marchands, & autres, de quelque Païs, Nations, qualité, état, & condition qu'ils soient, passans & repassans, allans & sejournans avec leurs Marchandises & Biens, par les Païs de nôtredit Beaufrere, Terres, Lieux, & Seigneuries susd. soient en toute seûreté & asseûrance, sans qu'eux, leurs Femmes, Familles, ou Facteurs puissent être rançonnez, courus, ni butinez.

Voulons de plus, que les Marchands, Bourgeois, & Sujets de nôtredit Beaufrere, Terres, Lieux, & Seigneuries susdites, puissent aller, venir, hanter, frequenter, & trafiquer avec leurs Biens & Marchandises, par tous nos Païs, Terres, & Seigneuries, & par celles dudit Parti contraire, & par tout ailleurs, librement & seûrement, sans qu'on leur puisse aucune chose demander, reservé les Tributs, Peages & Aquits, & autres Droits dûs & accoûtumez; à la charge qu'ils ne porteront Marchandises prohibées par la Guerre.

Et s'il étoit fait raport d'aucun, ou d'aucuns Officiers ou Sujets de nôtredit Beaufrere, qui eussent fait ou dit aucune chose contre nous, ou les nôtres, ceux ausquels l'on aura fait ledit raport, devront en avertir les Officiers ou Commis de nôtredit Beaufrere, & en requerir la Justice & punition, pour laquelle faire, où il y auroit contredit par ceux que l'on voudra charger, pourront commettre quelqu'un de leur part avec les Commis de nôtredit Beaufrere, pour en faire faire informations: & la chose connuë, les Officiers de nôtredit Beaufrere en feront la punition selon l'exigence des cas.

Savoir faisons, qu'aprés avoir fait voir en nôtre Conseil lesdits Articles, desirant pour les considerations des-

ANNO 1596. dessusdites, & pour la singuliere affection, que nous portons à nôtredit Beaufrere, & ses Païs & Sujets, & aussi que ladite Neutralité sera cause d'éviter plusieurs maux perilleux, force ravages, & violences, qui se pourroient faire, tant esdits Païs de nôtredit Beaufrere, qu'és nôtres: Pour ces causes, & autres considerations à ce nous mouvans, avons à icelui nôtredit Beaufrere le Duc de Lorraine & de Bar octroié, & octroions de grace speciale, pleine puissance, & autorité Roiale, par ces presentes, voulons & nous plaît, en tant qu'à nous peut competer, apartenir & toucher, que lesdits Païs, Terres, & Seigneuries de Lorraine & Barrois, Terres, Seigneuries, Fiefs, & Arrierefiefs qui en dépendent, ou qui y sont enclavées, Lieux desdites Gardes anciennes, Marquisat de Nomeny, Ban d'Esme, Comté de Ligny, la Ville, Terre, & Seigneurie de Commercy, tant en la part de nôtredit Beaufrere, que celle des Sieurs de la Rochepot, & Rocheguyon, demeurent neutres durant lad. Guerre, ainsi müe & ouverte entre nous, & ce tant & si longuement qu'elle durera, aux conditions susdites, & non autrement; & que d'icelle Neutralité nôtredit Beaufrere, & ses Sujets, jouïssent comme il est acoûtumé en tel cas. Laquelle Neutralité telle que dessus promettons entretenir, garder, & observer, & faire entretenir, garder, & observer inviolablement de nôtre part, sans aller au contraire en forte & maniere que ce soit. Si donnons en Mandement par les mêmes presentes, à tous nos Lieutenans, Gouverneurs, Maréchaux, Capitaines, Chefs & Conducteurs de nos Gens de Guerre, tant de nos Ordonnances, Ban, & Arriereban, & Gens de Pied, & à tous nos autres Justiciers, Officiers, ou leurs Lieutenans, & à chacun d'eux en son regard, que cesdites presentes Neutralitez ils gardent, observent, & entretiennent, fassent garder, observer, & entretenir de nôtre part, par tous ceux qu'il apartiendra & ainsi que dessus est dit, sans aller ni souffrir aller au contraire; & des infracteurs, si aucuns se trouvent, fassent faire telle justice & punition, que les autres y prennent exemple. Et pource que desdites presentes l'on pourra avoir affaire en plusieurs Lieux, Nous voulons qu'au *Vidimus* d'icelles, signé de l'un de nos Conseillers & Secretaires d'Etat, ou autres nos Secretaires, & fait sous Scel Roial & autentique, foi soit ajoûtée comme au present Original. En témoin de ce, nous avons signé ces presentes de nôtre main, & à icelles fait mettre nôtre Scel. Donné à Abbeville, le 19. jour de Juin, l'an de grace 1596. & de nôtre Regne le setiéme. *Signé*, HENRI, *&* *sur le repli:* Par le Roi, DE NEUFVILLE.

CCXLVII.

19. Juin. FRANCE, ET LORRAINE.

Autres Lettres de Neutralité acordées par HENRI IV. *Roi de France à* CHARLES, *Duc de Lorraine, pour son Fils le Cardinal, pour les Evêchez de* Metz, Toul, *&* Verdun, *&* *l'Abbaïe de* Gorze, *pendant la Guerre contre le Roi d'Espagne. A Abbeville, le* 19. *Juin* 1596. [FREDER. LEONARD, Tom. II. pag. 659.]

HENRI, par la grace de Dieu Roi de France & de Navarre: A tous ceux qui ces presentes Lettres verront, salut. Comme suivant la Commission, que nous aurions dés l'année derniere 1595. expediée & adressée à nôtre tres-cher & bien-amé le Sieur de Saucy, Conseiller en nôtre Conseil d'Etat, & par nous commis, ordonné, & deputé, pour se transporter vers nôtre tres-cher, & tres-amé Beaufrere le Duc de Lorraine & de Bar; & y étant, déliberer, & resoudre avec lui, ses Conseillers, & Ministres, des moiens plus propres pour affermir & asseûrer la Paix faite par nous avec nôtredit Beaufrere, nos Païs, Etats, & Sujets, il soit ainsi qu'en procedant par ledit Sieur de Saucy, au fait & execution de nôtredite Commission, il ait, en vertu du Pouvoir à lui attribué, sur plusieurs bonnes considerations, avisé, & jugé necessaire de comprendre en la Neutralité, que nous aurions acordée à nôtre Beaufrere, pour ses Duchez de Lorraine & Barrois, & autres Terres & Seigneuries declarées és Lettres, que nous lui en aurions fait expedier, les Villes, Païs, & Terres des Evêchez & Chapitres de Metz, Toul, & Verdun, comme aussi l'Abbaïe souveraine de Gorze, & les Terres en dépendantes, apartenantes à nôtre tres-cher & trés-amé Neveu le Cardinal de Lorraine, pour être icelles la plus part assises & enclavées dans lesd. Païs de nôtredit Beaufrere; & qu'à cette fin ledit Sieur de Sancy lui en ait baillé & laissé une asseûrance & promesse signée de sa main, sur laquelle nous aurions été supliez de la part de nôtredit Beaufrere, de vouloir declarer nôtre volonté. ANNO 1596.

Savoir faisons, qu'aiant pour bien agreable ce qui a été pour ce regard traité, negocié, & promis par ledit Sieur de Sancy, & pour l'affection que nous portons, tant à nosdits Beaufrere & Neveu, à cause de la proximité, dont ils nous attouchent, que aux Citoiens, Communautez, Manans & Habitans desdits Evêchez, Chapitres, Villes, & Païs de Metz, Toul, & Verdun, & l'inclination que nous savons, qu'ils ont toûjours eüe au bien, conservation, & grandeur de cette Couronne; comme aussi pour la devotion, qu'ils ont fait paroître au service des feus Rois nos Predecesseurs, & laquelle nous esperons qu'ils continueront envers nous; desirant les bien & favorablement traiter, & les garantir & délivrer d'oppression, tant qu'il nous sera possible, comme ont fait nos Predecesseurs: Nous, en autorisant & aprouvant la promesse dudit Sieur de Sancy, disons, voulons, & declarons par ces presentes, signées de nôtre main que nôtre intention est, que lesd. Villes, Païs, & Terres, tant des Evêchez & Chapitres de Metz, Toul, & Verdun, que l'Abbaïe souveraine de Gorze, & Terres en dépendantes, Citoiens, Manans & Habitans d'icelles, & dudit Païs, de quelque ordre, qualité, & condition qu'ils soient, jouïssent, comme par ces presentes nous ordonnons qu'ils fassent, de la même seûreté, liberté, & neutralité par nous acordée à nôtredit Beaufrere, pour lesdits Duchez de Lorraine & de Bar, Terres, & Seigneuries y comprises, sans aucune chose en excepter ni reserver; & qu'elle soit en tous ses points, chefs, & conditions, aussi exactement maintenuë, gardée, & observée, que s'ils étoient ici plus particulierement specifiez & declarez: lesquels nous promettons en bonne foi & parole de Roi, entretenir inviolablement, & sans y contrevenir, ni permettre qu'il y soit contrevenu en sorte & maniere que ce soit, pendant le cours de la Guerre d'entre nous, & ledit Parti d'Espagne; à la charge aussi que nôtredit Beaufrere tiendra la main, que ladite Neutralité soit gardée & observée par ceux du Parti contraire, pour lesdites Villes, Païs & Terres, Communautez, Manans & Habitans des Villes de Metz, Toul, & Verdun, & Abbaïe de Gorze, comme ils l'ont acordé par leurs Lettres du mois de Janvier de la presente année, & que nôtredit Beaufrere l'observe aussi de sa part. Si donnons en mandement par ces mêmes presentes, à tous nos Lieutenans Generaux, Gouverneurs de nos Provinces, Maréchaux, Chefs & Conducteurs de nos Gens de Guerre, tant de Cheval que de Pied, de quelque Langue & Nation qu'ils soient, Gouverneurs de nos Villes, Capitaines de nos Châteaux, Places & Forteresses, Baillifs, Senéchaux, & autres Justiciers, & Officiers & à chacun d'eux endroit soi, si comme à lui apartiendra, que cette presente Declaration de Neutralité, ensemble la Copie d'icelle, ils fassent lire & publier par tout où besoin sera, afin qu'on n'en pretende cause d'ignorance, & du benefice & contenu d'icelle, joüir & user lesdits Païs & Terres des Evêchez de Metz, Toul, & Verdun, & Abbaïe souveraine de Gorze, ensemble ses apartenances & dépendances, & tous & chacuns lesdits Citoiens, Communautez, Manans & Habitans, & entant qu'à eux touche, la maintenir & observer de point en point, sans y contrevenir, ni permettre qu'il y soit contrevenu en quelque sorte & maniere que ce soit, & des infracteurs faire faire justice & punition exemplaire selon l'exigence des cas. Car tel est nôtre plaisir. En témoin dequoi nous avons lesdites presentes signé de nôtre main, & fait mettre nôtre Scel. Donné à Abbeville, le dix neuviéme jour de Juin 1596. & de nôtre Regne le setiéme. *Signé*, HENRI, *&* *sur le repli:* Par le Roi, DE NEUFVILLE.

CCXLVIII.

ANNO 1596.

20. Sept.

HOLLANDE ET ZELANDE.

CCXLVIII.

Naerder Tractaet ende Verdrach, gemaekt tusschen den Heeren Staten van HOLLANT *ende* WEST-VRIESLANT, *ter eenre: Ende den Gedeputeerden van den Heeren Staten van* ZEELANT, *uyten name van den selven Staten, ter andere zyde. Waerby de Poorters ende Inwoonders der Steden ende Jurisdictien van* Zeelant, *eensamentlyck, d'Ingesetenen van de platte Landen aldaer, ende andere den selven Lande frequenterende, van nieuws ghestelt worden onder het ressort ende judicature van den Hoogen Rade in Hollant opgerecht, ende dat by provisie, ter tydt toe anders sal wesen geordonneert, alle onder de conditien, restrictien ende limitatien van 't voorgaende Verdrach, voor soo veele 't selve by desen niet en is ghealtereert, ende andersints onder de bespreecken hier na volgende in date den 20. Septembris 1596.* [Groot Placaet Boeck van de H. M. Heeren Staten Generael der Vereenigde Nederlanden. Tom. II. klo. 845.]

INden eersten, dat de Staten van Zeelandt in den voorschreven Hoogen Rade sullen mogen stellen drie Raedts-Persoonen, gequalificeert volgens het Privilegie van den Landen van den Jare 1557. ende conform d'Instructie van den selven Rade.

II. Dat voorts d'Officiers van den President, Griffier, Fiscael, ende Procureur Generael, van den voorsz. Hoogen Rade voortaen geconfereert sullen worden by nominatie vanden Staten van Hollandt ende Zeelandt ghesamentlijck, die tot dien eynde sullen beschreven worden, ende by de meeste stemme van de presente Leden ende Steden, nomineren totten vacerenden staet drie ghequalificeerde Persoonen, daer uyt een by Syne Excell. sal worden verkooren.

III. Dienvolgende, soo wanneer een der voorsz. Officien sal komen te vaceren, ofte daer een van den Rade uyt Zeelandt overleden sal wesen, ofte sijn staet sal verlaten hebben, sullen die van den voorschreven Raede ghehouden wesen den Staten van Zeelandt daer af terstont mede te verwittigen, ten eynde soodanige plaetse tijdtlijck mach worden voorsien.

IV. De voorsz. President, Raden, ende andere Officieren sullen voortaen hare Commissie ontfangen van den Provincien. Ende worden de geene die jegenwoordelijck in dienste zijn, by desen Accoorde geauthoriseert, omme uyten naem van den Staten van Zeelandt, ende over den selven Lande mede rechtvorderinge te plegen, sonder daer toe andere Commissie ofte Acte van noode te hebben.

V. Die van den Hoogen Rade, boven de saecken in 't vijfde Articule van 't voorsz. eerste Tractaet gementioneert, en sullen geen kennisse hebben van eenige aengeslagene, gheannoteerde, ofte andere Goederen, Geestelijck of Wereltlijck, ter cause van de Oorloge gheconfisqueert. Item, niet van saecken roerende de Domeyne van Zeelandt, de Admiraliteyt, ofte van eenige andere questien van de selve dependerende.

VI. Item, sullen alle saecken raeckende Dijckagie, voor den ordinaris Rechter hebben haer volkomen executie ende effect, niet jegenstaende eenige appellatie, Mandament penael, ofte andere provisie, hoedanich die soude mogen zijn, ter contrarie: Welcke men niet gehouden sal zijn te obedieren, nochte by appellatie, overleggen van grieven, ofte andere diergelijcke oppositie, te debatteren: Maer sal tegens soodanige Vonnissen, alleen verleent mogen worden naeckte reformatie sonder inhibitie, 't zy *ad certum diem*, ofte anders.

VII. Welcke voorsz. Vonnissen in manieren als vooren sullen werden gheexecuteert, 't zy of de selve mochten inhouden condemnatie pecunieel, ofte *ad factum* liquide, ofte illiquide.

ANNO 1596.

20. Sept.

HOLLANDE ET ZELANDE.

CCXLVIII.

Traité & Accord fait entre les Etats de HOLLANDE, & de WEST-FRISE d'une part, & les Députés de ZELANDE au nom des susdits Etats d'autre part, par lequel les Bourgeois & Habitans des Villes & Jurisdictions de *Zélande*, ensemble les Habitans du plat Païs & autres frequentant ladite Province, sont deréchef mis sous le ressort & jurisdiction du Grand Conseil établi en Hollande. Fait le 20. Septembre, 1596. [*Le Grand Recueil des Placards*, Tom. II. Col. 845.]

I. PRemierement, que les Etats de Zelande pourront dans le susdit Grand Conseil établir trois Conseillers qualifiés suivant le Privilege des Païs de l'an 1557, & conformement à l'instruction du susdit Conseil.

II. Qu'en outre les Charges de President, Greffier, Fiscal & Procureur General du susdit Grand Conseil seront dorenavant conferées à la nomination des Etats de Hollande & Zelande ensemblement, qui seront convoquez à cette fin; Et les Membres presens & Villes à la pluralité des voix nommeront trois Personnes qualifiées pour remplir la Place vacante, desquelles Son Excellence en élira une.

III. Suivant quoi, quand quelqu'un desdits Offices viendra à vaquer, ou que quelqu'un des Conseillers de Zelande sera decedé, ou qu'il aura quitté sa Charge, ceux dudit Conseil seront tenus d'en avertir aussi-tôt les Etats de Zelande, afin que la place puisse être remplie à tems.

IV. Les susdits President, Conseillers & autres Officiers recevront dorenavant leur Commission des deux Provinces. Et sont ceux qui sont presentement en service autorisez par ce present Accord d'administrer la Justice au nom des Etats de Zelande, & touchant les affaires du Païs, sans avoir besoin d'autre Acte ou Commission.

V. Ceux du Grand Conseil, outre les affaires mentionnées dans le cinquiéme Article du susdit premier Traité, ne prendront point de connoissance d'aucuns Biens saisis & annotez, ou autres Biens temporels & spirituels confisquez à cause de la Guerre. Item non plus des affaires concernant le Domaine de Zelande, l'Amirauté, ou de quelque autre question en dependante.

VI. Item toutes les affaires concernant les Digues auront leur pleine & entiere execution & effet, pardevant le Juge ordinaire, nonobstant appellation, Mandement penal ou autre provision quels qu'ils puissent être au contraire, auxquels on ne sera obligé d'obeïr ni de fournir de Griefs par appellations, ni debattre autre pareille opposition; mais contre telles Sentences seront seulement accordées reformation nuement sans inhibition ad certum diem, *ou autrement.*

VII. Lesquelles susdites Sentences en matiere comme dessus seront executées, soit qu'elles contiennent condamnation pecuniaire ou liquide ad factum *ou non liquide.*

ANNO 1596.

VIII. Ende gemerckt de Steden van Zeelandt van allen ouden tyden in Criminele saecken ghewesen heb ben by Arrest, sonder te gedoogen eenige appellatien, en sal den voorsz. Hoogen Rade in soodanige saecken niet verleenen provisie van Appel, Reformatie, ofte eenige andere, als hier naer volgt.

IX. Te weten, dat alle Vonnissen, 't zy interlocutoir, ofte diffinitijf, hoedanich die mogen zijn, geen uytgesondert, ghewesen in extraordinaris Proces ofte confessie van den Delinquant, ofte preparatoire informatie van den Officier, sullen worden ende blyven volkomelijck gheexecuteert, sonder dat tegens de selve eenige provocatie sal worden toegelaten.

X. Gelijck mede geensins appellabel ofte provocabel en sullen wesen eenige Vonnissen, gewesen in Processen by den Officier ordinarie beleydt, soo wanneer de selve mede brengen eenige capitale, ofte corporele punitie.

XI. Maer by aldien in een Proces ordinarie beleydt, ende volschreven zynde, de Verweerder niet tot eenige lichamelijcke punitie, dan tot bannissement, ofte in eenige honorable ofte andere amende wiert gecondemneert: Dewyle sulcks somwylen soude mogen ghescheiden in saecken niet wesende geheel Crimineel, de selve Verweerder sal by provisie toegelaten worden van soodanige Vonnisse *gradatim* te mogen appelleren: welverstaande dat 't selve geheel strictelijck ghenomen, ende vorder nochte anders niet en sal worden gepractiseert.

XII. Sullen voorts die van den Hoogen Raede in 't termineren van den Processen van Zeelandt, hen reguleren volgens de Privilegien, Keuren, Costuymen ende Usantien van Zeelandt, Steden ende Leden van dien, mitsgaders conform d'Octroyen, Ordonnantien ende Placaten, by den Staten van Zeelandt ghemaeckt ende verleent, ofte als noch te maecken ende te verleenen, so in cas van Policie, Administratie van Justitie, in reguard van hunne Ingesetenen, als andersins, in aller manieren als sy doen in reguard van Ordonnantien, Resolutien ende Placaten van den Staten van Hollandt ende West-Vrieslandt.

XIII. In materie van revisie ofte propositie van erreur, sullen in saecken uyt Zeelandt voor den Hove geintroduceert, d'Adjuncten versocht ende verworven worden van den Staten van Zeelandt, gelijck in saecken van Hollandt van den Staten van den selven Lande gebruyckt wort.

XIV. Ende omme te verhoeden d'exactien van den Deurwaarders in Zeelandt exploicterende, sullen de selve van nu voortaen, soo menichmael sy eenige Provisie van den voorsz. Hoogen Rade sullen willen exploicteren, ofte andersints haer ten versoecke van Partyen in Zeelant laten gebruycken gehouden wesen haer alvooren, ofte naer het gedaen exploict te vinden in de Secretarie, ofte Griffie der Steden daer sy haer exploicten willen te werk leggen, ofte indien 't selve ten platten Lande geschiet, van de naeste Stadt, ende in Sommers-dyck, in de Secretarye, ende aldaer aen te geven hare name, mitsgaders de name ende woonplaetsen van den Impetrant, ende der geener aen de welcke sy haer exploicten willen dirigeren. Van de welcke sy gheen salaris en sullen vermogen te eysschen, nochte ontfangen, dan op pertinente declaratie ende quitantie.

XV. Ten eynde, ende op dat de Magistraten van de respective Steden, by examinatie van soodanigen Persoonen ende conferentie van den voorsz. declaratien ende quitantien tegens den taux by de Instructie van den Hoogen Rade geordonneert, t'allen tyden mogen werden bericht of de voorschreve Deurwaerders haer metten selven hebben ghecontenteert, om in cas van abuys, den voorsz. Rade, ende den Advocaet Fiscael daer van te adverteren. Ende sullen de voorsz. Deurwaerders anders dan geseyt is exploicterende, voor de eerste reyse verbeuren twintich schellingen Vlaems, voor de tweede reyse boven ghelijcke twintigh schellingen Vlaems sullen gesuspendeert worden den tijdt van ses Maanden van de bedieninge van hunne Officien, ende voor de derde reyse daer van gepriveert.

XVI. Sullen voorts die van den voorsz. Hoogen Rade onverbreeckelijck, ende in allen Poincten observeren ende doen observeren het voorgaende Accoort in den Jare 1587. desen aengaende gemaeckt ende besooten,

VIII. Et vû que les Villes de Zelande de tout tems ont été jugées, en matiere Criminelle par Arrêt, sans permettre aucune appellation, le susdit Grand Conseil en telles affaires n'accordera point de Provision, d'Appel, Reformation ou autres, comme s'ensuit ci-aprés.

ANNO 1596.

IX. Sçavoir que les Sentences, soit interlocutoires ou deffinitives, quelles qu'elles soient, nulles exceptées, rendues en Procez extraordinaires ou confession du Delinquant, ou preparatoire information de l'Officier, seront pleinement executées sans que l'on permette aucun appel d'icelles.

X. Comme aussi ne seront appellables aucunes Sentences rendues en Procez par l'Officier ordinaire, quand elles porteront quelque punition capitale ou corporelle.

XI. Mais si en quelque Procez ordinaire, le Défendeur n'étoit pour punition corporelle condamné qu'à quelque bannissement ou en quelque amende honorable ou autre, comme cela pourroit arriver en causes qui ne seroient pas entierement criminelles, il sera permis par provision au Défendeur d'appeller gradatim *de telles Sentences, bien entendu que cela ne sera pas pris si étroitement qu'il ne puisse être pratiqué le contraire.*

XII. En outre ceux du Grand Conseil dans la decision des Procez de Zelande se regleront suivant les Privileges, Coutumes & Usance de Zelande, Villes & Membres d'icelle, ensemble conformément aux Octrois, Ordonnances & Placcards, faits & accordez par les Etats de Zelande, ou qui pourront encore être faits & accordez, tant en matiere de Police, Administration de la Justice, à l'égard de leurs Habitans ou autrement, en la maniere qu'ils en usent au regard des Ordonnances, Resolutions & Placcards des Etats de Hollande & de West-Frise.

XIII. En matiere de revision ou proposition d'erreur, en affaires de Zelande traduites par devant la Cour, seront requis & obtenus Adjoints, des Etats de Zelande, comme en affaires de Hollande, cela est pratiqué par les Etats dudit Païs.

XIV. Et pour empêcher les exactions que pourroient commettre les Huissiers exploitant en Zelande, toutefois & quant ils voudront exploiter quelque Provision du susdit Grand Conseil, ou qu'à la requisition des Parties ils serviront en Zelande, ils seront obligez avant ou aprés l'exploit fait de se trouver dans la Secretairie ou Greffe des Villes où ils voudront executer leur exploit, ou cela se faisant à la campagne dans la plus prochaine Ville, & à Sommersdyck dans la Secretairie, & d'y donner leur nom, ensemble le nom & la demeure de l'Impetrant, & de ceux à qui ils veulent donner leur exploit. Desquels ils ne pourront demander ni recevoir aucun salaire que sur une declaration & quitance pertinente.

XV. Afin que les Magistrats des Villes respectives par l'examen de telles personnes & confrontation des susdites declarations & quitances avec la taxe ordonnée par l'Instruction du Grand Conseil ils puissent sçavoir en tout tems si lesdits Huissiers se seront contentez de leur droit, afin qu'au cas d'abus, ils en advertissent le susdit Conseil & l'Avocat Fiscal. Et seront lesdits Huissiers qui auront exploitez autrement qu'il n'est requis, condamnez pour la premiere fois à une amende de vingt escalins Flamand, pour la seconde fois outre lesdits vingt escalins ils seront suspendus l'espace de six mois de l'exercice de leur Office, & pour la troisiéme fois, ils en seront privez.

XVI. En outre ceux dudit Grand Conseil observeront inviolablement & dans tous ses Points & feront observer le precedent Accord de l'année 1587, fait

ANNO 1596. flooten, voor so veel 't selve by desen niet en wort ghealtereert, mitsgaders het jegenwoordich. Waer inne by, af, nochte eenige veranderinge ghedaen en sal mogen worden, dan naer voorgaende communicatie, ende onderlinge bewillinge van beyde de Provincien. Gelijck mede niet en sal ghescheiden in de originele Instructie van den voorsz. Rade.

Aldus gheaccordeert ende besloten tusschen den Heeren Staten van Hollandt ende West-Vrieslandt, ende de Gedeputeerden van den Heeren Staten van Zeelandt, die beloost hebben desen by den Heeren Staten van Zeelandt te doen aggreeren, ende benefsens dien van Hollandt met haren Zegel, ende by haren Pensionaris doen zegelen en teeckenen, den twintighsten Septembris anno vijfthien-hondert ses ende tnegentigh. Ende was geparapheert, I. VAN OLDENBARNEVELT, Vt. *Lager stont geschreven*, Ter Ordonnantie van den Staten van Hollandt ende West-Vrieslandt *Ende was onderteyckent*, B. DE RECHTERE. *Aen d'ander zyde*, J. VAN SANTEN, NICOLAES WILLEM SYMONSSOON. *Noch lager stont geschreven:* De Staten van Zeelandt gesien hebbende 't voorsz Tractaet ende Verdrach by hunne Gedeputeerde gemaekt metten Heeren Staten van Hollandt, op de delatie van Jurisdictie van den Hoogen Rade in Hollandt, tot Administratie van Justitie binnen den selven Lande van Zeelandt, hebben 't selve gheadvoyeert ende geaggreert, so doen by desen. Begeerende te dien fine dat de *fatalia* van alle appellatien ende provocatien aen den selven Rade te doen, sullen beginnen loop te hebben op den eersten January 1597. eerstkomende. Binnen welcken tijd een yegelijck gehouden wordt voor deligent, ende langer niet, conform de publicatie daer af gedaen by gedruckte uytgestelde Billetten, den vierden deser loopende maent van November. Aldus gedaen ter gewoonlijcke Vergaderinge van den voorsz. Heeren Staten in 't Hoff van Zeelandt tot Middelburgh, den veertienden Novembris 1596. *Ende was geparapheert*, MEYROS, Vt. *Lager stont geschreven*, Ter Ordonnantie van den Staten van Zeelandt. By my, *Ende was onderteyckent*, C. ROELS. *Ende was besegelt mette Zegelen van den Staten van Hollant ende Zeelant, beyde in rooden wassche, aen dobbelen syden staerten uythangende.*

fait & conclu à cet égard. en ce qui ne sera point alteré par celui-ci, ensemble le présent; auquel il ne sera fait aucun changement qu'aprés une communication préalable, & consentement particulier des deux Provinces. Comme aussi ne se fera en l'Instruction originale du susdit Conseil. ANNO 1596.

Ainsi fait & conclu entre lesdits Sieurs Etats de Hollande & de West-Frise, & les Deputez des Etats de Zelande, qui ont promis de le faire approuver par les Sieurs Etats de Zelande, ensemble ceux de Hollande l'ont scellé de leur Sceau, & fait sceller & signer par leur Pensionaire le vingtiéme Septembre de l'an mil cinq cens quatre-vingt & seize, Et étoit paraphé J. D'OLDENBARNEVELT. Plus bas étoit écrit, *Par Ordonnance des Etats de Hollande & de West-Frise.* Et étoit signé, C. DE RECHTERE, & à l'autre côté, J. VAN SANTEN, NICOLAS WILLEM SYMONSSOON. Et plus bas encore étoit écrit: *Les Etats de Zelande aiant vû le susdit Traité & Accord fait par leurs Deputez avec les Sieurs Etats de Hollande sur la delation de Jurisdiction du Grand Conseil de Hollande pour l'Administration de la Justice dans le susdit Païs de Zelande, l'ont avoué & agréé par ces presentes, desirant à cette fin que les* fatalia *de toutes appellations & provocations au susdit Conseil commenceront d'avoir cours au premier Janvier 1597. prochain, dans lequel tems chaqu'un est reputé pour diligent & non plus long-tems, conformement à la publication de ce faite par Billets imprimez le quatriéme du present mois de Novembre. Ainsi fait à l'Assemblée ordinaire des susdits Etats & Cour de Zelande à Middelbourg le quatorziéme Novembre* 1596. Et étoit paraphé, MEYROS, *Vt.* Plus bas étoit écrit, *Par Ordonnance des Etats de Zelande, par moi*, & étoit signé C. ROELS. Et étoit scellé du Sceau des Etats de Hollande & Zelande, tous deux en cire rouge, & pendant à double queuë de soye.

CCXLIX.

31. Oct. FRANCE, ANGLETERRE ET PROVINCES UNIES.

Tractaet van Offensive en Defensive Alliantie tusschen HENDRICK *de* IV. *Koning van Vranckryck, en* ELISABETH *Koninginne van Engeland en de Heeren Staten der* VEREENIGDE PROVINTIEN *gesloten in den Hage den 31. October* 1596. *Nessens de Insertie van Volmacht van alle de Partyen. Hier op volgen de particuliere Poincten die den Hertog van* BOUILLON *boven de voorschreven generale Alliantie uit de naam van den Koning van Vranckryck metten voorschreven Staten Generael heeft besloten den 31. October* 1596. [PIETER BOR, Oorspronck, Begin, en vervolg des Nederlandsche Oorlog. Tom. IV. pag. 262.]

ALso om te resisteren de entreprinsen en ambitieusdesseyns des Koninks van Hispangien, tegen alle de Princen en Potentaten van Christenrijk, den Alder-Christelijksten Konink van Vrankrijk, en de Doorluchtigste Koninginne van Engeland, onder hen te samen hebben besloten, geaccordeert en besworen, een Ligue Defensijf en Offensijf, tot conservatie van hare Koninkrijken, Landen en Onderdanen, tegen de invasien des voorseyden Koninks van Hispanien, haren gemeynen Vyand, en in dien gevalle Hare Majesteiten hier boven gemelt, hebben geadviseert en geresolveert, in dese Confederatie haer lieve en goede Vrienden mijn Heeren

CCXLIX.

Alliance Offensive & Défensive entre HENRI IV. Roi de France, & ELISABETH Reine d'Angleterre, contre le Roi d'Espagne, ses Royaumes, Terres & Sujets, avec Accession des Seigneurs Etats Generaux des PROVINCES-UNIES du conseil, avis & consentement du Prince d'Orange, leur Gouverneur & Capitaine General. Fait à la Haye le 31. d'Octobre 1596. *Avec* Insertion des PLEINPOUVOIRS de toutes les Parties. *S'ensuivent* les Points particuliers, que le Duc de BOUILLON conclut, au nom du Roi de France, avec les Etats Generaux, outre la susdite Alliance. A la Haye le même jour 31. Octobre 1596. 31. Oct. FRANCE, ANGLETERRE ET PROVINCES-UNIES.

COmme pour resister aux entreprises & desseins ambitieux du Roi d'Espagne contre tous les Princes & Potentats de la Chrêtienté, le Roi très-Chrétien de France & la Serenissime Reine d'Angleterre ont conclu, accordé & juré ensemble une Ligue Offensive & Deffensive, pour la conservation de leurs Royaumes, Païs & Sujets, contre l'invasion du susdit Roy d'Espagne leur Ennemi commun, & que dans cette rencontre Leurs Majestez cy-dessus mentionnées ont avisé & resolu d'associer dans cette Confederation leurs chers & bons Amis Messeigneurs les

ANNO 1596.

Heeren de Staten Generael der Vereenichde Nederlanden te associeren, als de gene die de meeste schade daer door geleden hebben, ja meerder dan alle de Princen en Souveraine Staten: Derhalven zy, als hier mede gemeenschap hebbende, haer Gedeputeerde herwaarts over hebben gesonden aen de selvige, om deser oorsake hebben wy Henrik de la Tour Hertoge van Bouillon, Viconte de Turene, Marefchal de Franche, geassisteert van den Heere Buzanval, ordinaris Edelman van de kamer des Hoog gemelten Koninks, en sijn ordinaris Ambassadeur in de voorseyde Vereenichde Provintien. En wy George Gilpijn Raedt geintroduceert van wegen de Doorluchtigste Koninginne van Engeland, in den Raed van State der voorseyde Vereenichde Provintien, geauthoriseert van wegen haer Hoog gemelte Majest. door Brieven van Credentie, geinsereert, op 't eynde van het tegenwoordig Tractaet ter eenre: En wy de Staten Generael van de voorseyde Vereenichde Nederlandse Provintien ter andere zijden, hebben gemaekt en maken onder ons uyt de voorseyde namen de Accoorden, Tractaten en Conventien hier na volgende. Als te weten, wy Hertoge van Bouillon geassisteert van den gemelten Heere de Buzanval, uyt krachte van de macht, ons door den Hoog gemelten Konink gegeven, die mede op 't eynde van 't tegenwoordig Tractaet geinsereert sal wesen. En wy Georg Gilpijn geauthoriseert als boven, hebben ontfangen en geassocieert, ontfangen en associeren mids desen, in den name en van wegen den Hoog gemelten Konink van Vrankrijk, en de Doorluchtighste Koninginne van Engeland, en hare Successeurs, de Staten Generael der voorseyde Vereenichde Nederlandse Provintien, te weten: Gelderland en Zutphen, Holland en West-Vriesland, Zeland, Utrecht, Vriesland, Over-Yssel, Groeningen en Omlanden, met alle de Leden, Steden, en Inwoonders der selviger. Mitsgaders de Edelen, Steden, en Fortressen van Braband en Vlaenderen, die tegenwoordiglijk met de Hoog gemelte Heeren Staten Generael vereenicht zijn. Insgelijks den Lande van Drent, met de Provintien, Edelen, Leden en Steden van Braband, Luxemburg, Vlaenderen, Arthoys, Henegouwen, en andere Provintien van 't voorseyde Nederland, die haer sullen voegen en wederom begeven tot het lichaem van de Hoog gemelte Heeren Staten Generael, binnen den tijd van twee Jaren, te rekenen van dach en date deses, in de voorseyde Ligue offensive en defensive, tegen den gemelten Konink van Hispangien, een gemeene Vyand van hare Personen, Koninkrijken, Staten, Landen en Onderfaten: Midsgaders alle haer Souverainheden, Rechten, Privilegien en Vryheden, en dat onder de clausulen en conditien van 't voorseyde Tractaet, gemaekt tusschen den Hoog gemelten Koning en Koninginne welkers inhoud hier na volcht.

Voor eerst sullen de vorige Confederatien en Tractaten, die nu ter tijd tusschen de Hoog gemelte Konink en Koninginne in vigeur zijn, bevesticht werden, en blyven, in haer oude kracht en fleur, ook salmen niet meynen dat in eenigen poincte daer van afgeweken is, dan so verre als het Tractaet tegenwoordichlijk in 't selvige yetwes is gederogeert of gerenoveert. Dese Confederatie sal zijn offensijf of defensijf, tusschen den Hoog gemelten Konink en Koninginne: Mitsgaders hare Rijken, Staten en Dominien, tegen den Konink van Hispanien mitsgaders sijne Rijken en Landen. Ook sullen tot dit Verbond van de gemelte Prince contrahenten genodicht werden, en sich tot het selve mogen begeven alle andere Princen en Staten. Welke sullen goed vinden sich te wachten voor de ambitieuse machinatien en invasien, die den Konink van Hispagnien tegens alle sijn naburen soekt in 't werk te stellen, en te dien eynde sullen der Gesanten van den Hoog gemelten Konink en Koninginne werden afgeveerdicht aen so veele Princen en Staten, als de voorseyde Geconfedereerde sullen bequaem vinden, om te vermanen tot intredinge in de selve Confederatie, so haest het met ordre sal konnen geschieden, en de saken des Hoog gemelten Koninks en Koninginnes 't selve toelaten, sal daer een heyr-leger geformeert werden, van het gemeene Krijgsvolk, so des Hoog gemelten Koninks en Koninginnes als der andere Princen en Staten, die hen in dit Verbond begeven hebben, om daer mede den Konink van Hispanien en sijne Landen, hoedanich die ook soude mogen zijn, daer mede te invaderen. Ook sal den Hoog gemelten Konink, noch ook de Doorluchtichste Koninginne, van eenige Vrede of

les Etats Generaux des Provinces-Unies, comme ceux qui plus que tous les Princes & Etats Souverains ont souffert de dommage; C'est pourquoy ayant eu communication de ce, ils nous ont envoyé leurs Deputez de deça, & pour la même raison nous Henri de la Tour, Duc de Bouillon, Vicomte de Turenne, Maréchal de France, assisté du Sieur de Buzanval, Gentilhomme ordinaire de la Chambre du susdit Roy & son Ambassadeur ordinaire és susdittes Provinces-Unies; & nous George Gilpin Conseiller introduit de la part de la Serenissime Reyne d'Angleterre dans le Conseil d'Etat des susdittes Provinces-Unies, autorisé de Saditte Majesté par ses Lettres de Creance, inserées à la fin du present Contract d'une part; Et nous les Etats Generaux des susdittes Provinces-Unies d'autre part, avons fait entre nous és noms susdits les Accord, Traité & Convention qui ensuivent, c'est à sçavoir que nous Duc de Bouillon assisté du susdit Sieur de Buzenval en vertu du Pouvoir à nous donné par le susdit Roi qui aussi sera inseré à la fin de ce present Traité, & nous George de Gilpin authorisé comme dessus, avons reçû & associé, recevons & associons par ces presentes au nom du susdit Roi de France & de la Serenissime Reine d'Angleterre & leurs Successeurs, les Etats Généraux desdites Provinces-Unies, sçavoir, Gueldres & Zutphen, Hollande & West-Frise, Over-Yssel, Groningue, & les Ommelandes avec tous les Membres, Villes & Habitans d'icelles, ensemble les Nobles, Villes, & Forteresses de Brabant & Flandres, qui sont de present réunis aux susdits Etats Généraux. Ensemble le Païs de Drent, avec les Provinces, Nobles, Membres, & Villes de Brabant, Luxembourg, Flandres, Artois, Hainaut, & autres Provinces des susdits Païs-Bas, qui se joindront & se rendront derechef au corps desdits Etats Généraux dans le tems de deux ans, à compter du jour & date des presentes pour la susdite Ligue offensive & défensive contre le susdit Roi d'Espagne Ennemi commun de toutes Personnes, Royaumes, Etats, Païs & Sujets, ensemble de toutes leurs Souverainetez, Droits, Privileges, & Libertez, & cela sous les clauses & conditions du susdit Traité, fait entre lesdits Roi & Reine dont la teneur s'ensuit.

Premiérement seront les precedentes Confederations, & Traitez, qui jusques à present ont été en vigueur entre lesdits Roi & Reine, confirmez, & demeureront en leur force & valeur, & il ne sera pas reputé qu'on s'en soit departi en quelque Point, qu'autant qu'il y sera derogé par le present Traité. Cette Confederation sera offensive & defensive, entre les susdits Roi & Reine, ensemble leurs Royaumes, Etats & Domaines, contre le Roi d'Espagne & ses Royaumes & Païs, & au dit Traité pourront être conviez par les Princes & Princesse contractans, & se joindre à eux tous autres Princes & Etats, lesquels trouveront bon de se garentir contre les ambitieuses machinations & invasions, que le Roi d'Espagne tâche de mettre en œuvre contre tous ses voisins, & à cette fin seront depêchez des Envoyés desdits Roi & Reine à autant de Princes & Etats, que lesdits Confederez le trouveront convenable pour les porter à entrer dans ladite Confederation, aussi-tôt que cela se pourra faire avec ordre, & que les affaires desd. Roi & Reine le pourront permettre: Il sera formé une Armée des Troupes communes, tant des susdits Roi & Reine, que des autres Princes & Etats, qui seront entrez dans ledit Traité pour faire invasion dans les Païs dudit Roi d'Espagne quels qu'ils soient, & pour l'attaquer lui-même. Et ne pourront lesdit Roi & Reine, faire aucune

ANNO 1596.

ANNO 1596.

of Treves mogen handelen met den Konink van Hispanien, sijn Krijgs-Oversten of Vice-Roys, sonder des anders consent, welk verklaert sal werden door Missiven, getekent met de eygen hand des Hoog gemelten Koninks en Koninginnes, doch overmits den Konink nu alreede in 't Hertogdom van Brittanien een Treves heeft toegelaten, so beloven de Gesanten, dat so haest de voorseyde Treves sal cesseren en vernieuwt werden, den Konink alsdan so vele hem mogelijk is sal sorge dragen, dat so wel de Spanjaerts als de Brittoenen verbonden werden, niet tegens het Rijk van Engeland, of de Ondersaten des Koninginnes te attenteren, te Water of te Lande, gedurende den tijd van de voorseyde Treves: En voorts dat den Konink geen generael bestand sal maken met de Provintien, of Steden, staende onder 't gebied des Vyands, sonder consent des Hoog gemelten Koninginnes: Doch so 't de nootwendigheid vereischt, die inder haest te maken met de Gouverneurs van de Plaetsen, staende onder 't gebied des Koninks van Hispanien, sal 't selve bestand sonder expres consent der Hoog gemelte Princen buyten de twee maenden niet uytgestrekt werden. Beloven mede de Hoog gemelte Konink en Koninginne reciproce, dat wie van beyden Wapenen, Boskruit, of andere Krijgs-Instrumenten van node sal hebben, de selve en des selfs Commissarissen sal 't geoorloft zijn, die te kopen en in sijn Rijk te transporteren, sonder eenich beletsel, by aldien het selve kan geschieden sonder quetse en prejuditie van elks sijnen staet, in welken gevalle men sich gedragen sal aen de verklaringe en conscientie, so van den Hoog gemelten Konink als van de Koninginne. Sy sullen reciproce defenderen de Kooplieden, Onderdanen van beyde de Princen, so dat sy veyligh en vryelijk in de Rijken en Landen van weder zijden de traffijke sullen mogen dryven, in sulker voegen als hare naturelle Ingesetenen, en niet toe laten dat hen eenich beletsel of ongemak werde aengedaen. Ook sullen sy reciproce toe laten, lichtinge van Krijgsvolk, en dat de Heyr-legers van weder zijden voorsien werden van Victualie en notelijke Provisie, so verre dat bequamelijk by hen kan geschieden. Den Alder-Christelijksten Konink sal niet toelaten dat yemand van de Ondersaten des Koninginnes van Engeland, om de Religie (die nu ter tijd in Engeland voor goed gehouden en geoeffent wert) door Inquisiteurs of op eenige andere maniere, aen lichaem of goederen gequelt werde. Maer by aldien yemand door wat autoriteit het mochte wesen, 't selve sochte te doen, so sal den Hoog gemelten Konink 't selve door sijn Koninklijke autoriteit beletten en maken, dat de gedane schade wederom volkomentlijk werde gerestitueert. Welke Ligue wy gemelte Staten Generael van de Vereenichde Nederlandse Provintien, hier boven genoemt; na rijpe deliberatie in onse Vergaderinge daer op gehouden, met den Hoog geboren en seer Doorluchtigste Heere Maurits, geboren Prince van Orangien, Grave van Nassau, Marquis vander Veere en Vlissingen, Gouverneur en Capiteyn Generael van Gelderland en Zutphen, Holland en West-Vriesland, Zeland, Utrecht, Over-Yssel, met de Steden en Fortressen van Braband en Vlaenderen, Admirael Generael, te gelijk met den Raed van State der voornoemde Vereenichde Provintien, en bevindende 't selve Verbond en Confederatie te wesen seer honorabel, profijtabel en nodig voor de conservatie der voornoemde Provintien, tegen de ambitie van den gemelten Konink van Hispanien. So ist dat wy de selve Ligue met alle en yegelijken Artijkel en Conventie daer in begrepen, aengenomen hebben, ende aennemen mids desen, door de welke haer Hoog gemelte Majesteyten, hare Successeurs in de voornoemde Rijken, en de Hoog gemelte Heeren Staten Generael der voornoemde Vereenichde Provintien sullen zijn en blijven respectivelijk verbonden en geobligeert tot onderhoudinge en observatie van alle de Poincten en Articulen, begrepen in 't voorseyde Tractaet des Verbonds; Beloven wy Hertoge van Bouillon, geassisteert van den gemelten Heere van Buzanval, en dat uyt kracht van onse macht voornoemt, van te furneren en leveren binnen den tijd van ses naest volgende Maenden, so haest het ons mogelijk sal wesen, in handen der Hoog gemelte Heeren Staten Generael,

aucune Paix ni Tréve avec le susdit Roi d'Espagne, ses Généraux ou Vice-Rois sans le consentement l'un de l'autre, qui sera declaré par Lettres, signées de la propre main desdits Roi & Reine; Mais parce que le Roi a déja permis une Tréve dans le Duché de Bretagne, les Deputez promettent, qu'aussi-tôt que la susdite Tréve cessera & devra être renouvelée, le Roi fera alors en sorte autant qu'en lui sera que tant que les Espagnols & Bretons seront alliez rien ne sera attenté contre le Royaume d'Angleterre, ni les Sujets de ladite Reine, par Mer ou par Terre, pendant tout le tems de la susdite Tréve. Et en outre que le Roi ne fera point de Tréve générale avec les Provinces ou Villes étant sous l'obeïssance de l'Ennemi, qu'avec le consentement de ladite Reine; Mais si la nécessité requeroit de la faire en hâte avec les Gouverneurs des Places étant de l'obeïssance d'Espagne, la susdite Tréve ne s'étendra pas au delà de deux mois, sans le consentement exprés desdits Princes. Promettant ensemble ledit Roi & ladite Reine reciproquement, que celui des deux, qui aura besoin d'Armes, de Poudre ou autres Instruments de Guerre; il lui sera permis & à ses Commissaires de les achetter & les transporter en son Royaume, sans aucun empêchement, pourvû que cela se puisse faire sans dommages, ni préjudice de l'Etat de chaqu'un, auquel cas on se comportera en cela selon la conscience, tant dudit Roi que de ladite Reine. Ils deffendront reciproquement les Marchands, Sujets des deux Prince & Princesse, ensorte qu'ils puissent pousser leur Négoce dans les Royaumes & Païs de part & d'autre de la même maniére que leurs Sujets naturels, & ne permettront pas qu'il leur soit fait aucun obstacle, ni empêchement. Ils permettront aussi reciproquement les levées de Gens de Guerre, & que les Armées de part & d'autre, soient pourveuës de Vivres & Munitions nécessaires, autant que cela se pourra convenablement faire. Le Roi trés-Chrêtien ne permettra point que quelqu'un des Sujets de la Reine d'Angleterre soit tourmenté par les Inquisiteurs ou en quelque maniére que ce soit, en leurs corps ou en leurs biens, à cause de la Religion qui presentement est tenuë pour bonne & exercée en Angleterre; Mais au cas que quelqu'un, par quelque authorité que ce pût être, s'ingerât de le faire, ledit Roi l'empêchera par son authorité Royale, & fera que le dommage souffert soit entiérement reparé. Laquelle Ligue nous susdits Etats Généraux des Provinces-Unies aprés meure deliberation tenuë en nôtre Assemblée avec le Serenissime Seigneur Prince d'Orange, Comte de Nassau, Marquis de ter Vere & de Flessingue, Gouverneur & Capitaine General de Gueldres & de Zutphen, Hollande, & West-Frise, Zelande, Utrecht, Over-Yssel avec les Villes & Forteresses de Brabant & de Flandres, Admiral General, ensemble le Conseil d'Etat des susdites Provinces-Unies, & trouvant ladite Alliance & Confédération être très honorable, profitable & nécessaire pour la conservation des susdites Provinces, contre l'ambition du susdit Roi d'Espagne, c'est pourquoi nous avons accepté & acceptons ladite Ligue avec tous & un chacun Article & Convention y contenuë, par laquelle leurs susdites Majestez, leurs Successeurs aux susdits Royaumes, & les susdits Seigneurs Etats Generaux des susdites Provinces-Unies seront & demeureront respectivement obligez à l'entretenement & observation de tous les Points & Articles contenus au susdit Traitté d'Alliance. Promettant nous Duc de Bouillon, assisté du susdit Sieur de Buzenval, & ce en vertu de nôtre Pouvoir susdit, de livrer & fournir dans le temps de six mois prochains, aussi-tôt qu'il nous sera possible, és mains des Seigneurs Etats Gene-

ANNO 1596.

ANNO 1596.

nerael, Brieven van Ratificatie des selvigen Verbonds, hier boven verhaelt van den Hoog gemelten Konink van Vrankrijk, voor hem en sijne Successeurs in goede en behoorlijke forme. Gelijk mede wy Georg Gilpin geauthoriseert als boven, hebben belooft en beloven mids desen, te procureren dat de Hoog gemelte Koninginne van Engeland haer E. E. furnere en over sende haer Brieven van Confirmatie, ook in goede behoorlijke forme, en dat binnen de voorseyde tijd van ses maenden, of veel eer indien 't mogelijk is. Welke tijd gedurende, sal nochtans het selve Tractaet in 't werk gestelt en vervult werden, door den Hoog gemelten Konink en Koninginne, mitsgaders de Hoog gemelte Heeren Staten Generael, in alle sijne Poincten en Articulen, volgens sijn forme en inhoud, tot conservatie van hare voorseyde Koninkrijken, Landen en Staten, insgelijks van de Staten, Landen en Ondersaten van alle Koningen en Koninkrijken, Princen, en Cheur-Vorsten des H. Rijks, Seigneurijen en Republijken, dewelke hen sullen begeven en ontfangen worden in de selve Ligue, volgende den inhoud van de Credentie-Brief des Hoog gemelten Alder-Christelijksten Koninks.

Generaux des Lettres de Ratification de la susdite Alliance ci-dessus mentionnée de la part du susdit Roi de France, en bonne & deuë forme pour lui & ses Successeurs. Comme aussi nous George Gilpin authorisé comme dessus, avons promis & promettons par ces presentes de faire en sorte & procurer que la susdite Reine d'Angleterre envoyera à leurs N. N. ses Lettres de confirmation aussi en bonne & convenable forme, & ce dans le susdit tems de six mois, ou plûtôt s'il est possible. Lequel tems durant ledit Traité sera cependant mis en execution, & accompli par lesdits Roi & Reine, ensemble lesdits Etats Generaux en tous ses Points & Articles, selon sa forme & teneur, pour la conservation des susdits Royaumes, Païs & Etats, ensemble des Etats, Païs & Sujets, de tous Rois & Royaumes, Princes & Electeurs du St. Empire, Seigneuries & Republiques, qui se seront joints & seront admis en cette Ligue, suivant le contenu des Lettres de Creance du susdit Roi Trés-Chrêtien.

ANNO 1596.

Insertie van den Brief van Credentie van de Konink van Vrankrijk.

SEer lieve en goede Vrienden. Wy zijn al over langen tijd van meyninge geweest, yemand aen u-luyden te senden, daer op wy ons vertrouwen, so om ul. te verklaren hoe seer wy uwe goede officien ter herten nemen, en wenschen na de continuatie van uwen goeden wille, als om ul. te vertonen den staet van onse affairen, en de begeerte die wy hebben, om ons nader met ul. te voegen of vereenigen, tot onderlinge defentie tegen onsen gemenen Vyand. En hebbende daer toe verkoren onsen seer lieven Cousijn den Hertog van Bouillon, Mareschal van Vrankrijk, en eerste Edelman van onse Kamer, so hebben wy hem bevolen na ul. te trekken, en ul. eenige saken van onsen't wegen te proponeren. Derhalven wy ul. bidden hem gelove te geven als ons selfs, en ul. te versekeren, dat also wy de onderhoudinge van onse gemeene Vriendschap voor seer gerecommandeert houden, wy insgelijks seer willigljk omhelsen, alle de openingen die ons zijn gedaen, om die meer en meer te versterken en uyt te breiden, gelijk onsen gemelten Neve den Hertoge van Bouillon, u-luyden veel klaerder sal geven te verstaen, op den welken wy ons t'eenemael verlatende, God biddende, seer lieve en goede Vrienden, dat hy ul. wil nemen in sijn Goddelijke hoede en Vaderlijke bescherminge. Geschreven den 16. Augusti 1596. *Ondertekent* HENRI, *wat lager stond getekent* DE NEUF-VILLE. *De superscriptie was:* Aen onse seer lieve en goede Vrienden, mijn Heeren de Staten Generael der Vereenichde Nederlandse Provintien.

Insertion de la Lettre de Créance du Roi de France.

TRès-chers & bons Amis, nôtre intention a été dés il y a longtems de vous envoyer quelqu'un, en qui nous nous confirions, pour vous declarer combien nous prenons à cœur vos bons offices, & desirons la continuation de vôtre bonne volonté, comme aussi pour vous témoigner l'état de nos affaires & le desir que nous avons de nous unir plus étroitement à vous, pour une deffence particuliere contre nôtre Ennemi commun; Et ayant à cet effet choisi nôtre cher Cousin le Duc de Bouillon Maréchal de France, & premier Gentilhomme de nôtre Chambre, nous lui avons ordonné de s'en aller vers vous, & de vous proposer quelque chose de nôtre part. C'est pourquoi nous vous prions de lui ajoûter foi, & vous assurons qu'ayant pour fort recommandé l'entretenement de nôtre commune Amitié nous voulons aussi embrasser les ouvertures qui nous sont faites, pour la fortifier & augmenter de plus en plus, comme nôtre Cousin le Duc de Bouillon vous le dira plus clairement, nous confiant entierement à lui; Priant Dieu, trés-chers & bons Amis, qu'il vous veuille prendre en sa Divine & Paternelle protection. Ecrit le 16. d'Août 1596. Signé HENRI, un peu plus bas étoit DE NEUF-VILLE. L'Inscription étoit: *A nos chers & bons Amis Messieurs les Etats Généraux des Provinces-Unies.*

Insertie van den Brief van Credentie van de Koninginne van Engeland, aen de Heeren Staten Generael.

MYn Heeren, de vereeniginge die daer langen tijd is geweest tusschen ons en de Vereenigde Provintien, en de vaste verbindinge onser saken, hebben ons goed doen vinden, u-luyden te communiceeren alle 't gene sich by ons heeft toegedragen, belangende onse gemeene interesse. So is het dan dat wy hebben geoordeelt een aengename sake te wesen, u-luyden te doen weten, dat wy, zijnde eenige maenden geleden, eensamentlijk aengesocht van den Alder-Christelijcksten Konink van Vrankrijk, om met hem in handelinge te treden, van een veel particulierder en vaster Verbond tot onderlinge defentie en offentie tegen den gemeenen Vyand den Konink van Hispanien; hoewel de actien en entreprinsen, die wy veele Jaren vervolgens hebben geexploicteert tegen den voorseyden Vyand, en het secours van Krijgs-volk, en verscheyden Garnisoenen gesonden, so aen den Hoog gemelten Konink, als aen u-luyden en andere, hem wel behoorden te doen geloven, dat geen accidentael Verbond hem onsen goeden wille

Insertion de la Lettre de Créance de la Reine d'Angleterre.

MEssieurs, l'union qui a été longtems entre nous & les Provinces-Unies, & l'étroite liaison de nos affaires, nous ont fait trouver bon de vous communiquer tout ce qui s'est passé chez nous concernant nos interêts communs. C'est pourquoi nous avons jugé être une chose trés-agreable de vous faire sçavoir, que nous avons été solicités il y a déja quelques mois par le Roi trés-Chrêtien de France pour entrer en negociation avec lui d'une beaucoup plus particuliere & plus ferme Alliance deffensive & offensive contre l'Ennemi commun le Roi d'Espagne encore que les actions & entreprises, que nous avons executées plusieurs années de suite contre le susdit Ennemi, & le secours de Troupes aussi bien que les diverses Guarnisons que nous avons envoyées, tant audit Roi qu'à vous & autres, leur doit persuader qu'aucune Alliance accidentelle ne peut leur faire paroi-

ANNO 1596.

wille meer konde gemeen maken, als de resolutie die wy al over langen tijd hebben genomen (naer eysch van onsen staet) om daer in te volharden, door alle de wereld blijkende daden, om ons te opponeren tegen de schandelijke ambitie onser Vyanden. So ist, dat wy om des te klaerlijker te doen blijken de vastigheyd van onse resolutie, ons hebben willen begeven tot het voorgestelde Tractaet. En zijnde ons eyndlijk komen besoeken van wegen den Konink, onsen Neve den Hertoge van Bouillon, met volle Commissie, van te handelen en contracteren over dese sake, so is daer een forme van Ligue beraemt, dewelke in geschrifte gestelt zijnde, en geapprobeert van de andere zyde, is daer na mede van onser zyde geratificeert en geconfirmeert met alle de solemniteyten daer toe behorende. Nu also een Artijkel van de Ligue mede brengt, dat de principale Contrahenten, sich sullen employeren door onderlinge concurrentie en aensoeken, om sich in dit Verbond te begeven, andere Princen en Staten, die daer aen gelegen is, dat sy hen wachten voor de Spaense ambitie. En zijnde te desen eynde, van wegen den Alder-Christelijksten Konink van Vrankrijk, den gemelten Hertog van Bouillon na uluyden vertrokken, op sijn afscheyden van hier, sal de selve den inhoud en Articulen van de voorseyde Ligue, so wel aen ul. openen, dat het niet van node sal wesen hier van breder te spreken, en sal op ul. versoeken, dat sy mede hier toe sich willen begeven. So mede wy, om te voldoen de verbintenisse, aen de welke wy door de voorseyde Ligue verbonden zijn, en om de vaste vereeniginge, die daer is tusschen ons, hebben wy ul. 't voorverhaelde willen te kennen geven, met byvoeginge van 't gene ons heeft gedocht ten propooste te komen. So ist dat hoewel, (om de versekeringe die wy so veel ons aengaet, hebben van uwe vriendschap, en die gyluyden met reden van de onse behoort te hebben, aengesien d'effecten of het voordeel, 't welk gyluyden daer door hebt genoten) het niet van node is, dat uwe Alliantie sich grontveste op een ander fondament, als 't gene geleyt is, het ons nochtans redelijk schijnt te wesen ul. te nodigen tot aenneminge van dese Ligue, voornamelijk om de reputatie of grootachtbaerheyd, die gyluyden daer door in uwe affairen sult verkrygen by de Ingesetenen van uwen Lande, siende uluyden onderstut (behalven de versekeringe van ons faveur) van de vriendschap van andere geconfedereerde Princen, en namentlijk van den Alder-Christelijksten Konink van Vrankrijk: Want hoe wel den staet der affairen des Hoog gemelten Konings, voor het tegenwoordige sodanig is, dat het goede of profijt deser Ligue eerst aen hem staet te redonderen, so ist nochtans, dat gyluyden recht oordelende van uwe affairen, niet kont onwetende zijn, dat den Konink so veel meer geweld en middelen hier door sal verkrygen, om sich in soodanigen staet te herstellen, waer door hy de Confederatie sal konnen onderhouden, en ook yetwes attenteren op de Landen des Vyands, so is dan so veel last en moeytens van uwe schouderen af gewent, die de eerste zijt daer op de Spanjaert sijn oog heeft. Derhalven sal het onnodig wesen uluyden door een lang discours aen te porren, om te horen na 't gene dat den Hertoge van Bouillon, van wegen den Alder-Christelijksten Konink van Vrankrijk, op uluyden komt versoeken, want uwe gewoonlijke wijsheid en voorsienigheid, in 't stuk van uwe affairen, uluyden klaerlijk genoeg vertoont wat uluyden in desen sal staen te doen, derhalven sullen wy uluyden niet meer seggen, dan 't gene boven verhaelt is, alleenlijk uytgenomen, dat alle 't gene gylieden sult doen in faveur en satisfactie van den Konink onsen Broeder, ons seer aengenaem sal wesen. Eyndelijk hebbende last gegeven aen den Heere Gilpijn, onsen Raed in den Rade van State, uluyden desen behandigen, en de handelinge te vervolgen, so sal het onnodig zijn hem te autoriseren met een ander gelove, als 't gene hy alreede door een langdurige proeve van sijn verstant, trouwe, en oprechtigheid (ons niet min geprobeert) verkregen sal hebben, uluyden versekerende, dat gy uluyden op hem mogt vertrouwen als op ons selfs. *Was ondertekent*, U. E. E. wel geaffectioneerde ELIZABETH CON. Op de kant stont, den XI. Septemb. 1596. *De superscriptie was:* Aen myne Hee-

paroître davantage nôtre bonne volonté, que la resolution que nous avons prise il y a longtemps, (selon le desir de nôtre état) d'y persister par toutes les marques imaginables, pour nous opposer à la honteuse ambition de nos Ennemis. C'est pourquoi pour mieux faire paroître la fermeté de nôtre résolution, nous avons voulu entrer au Traité proposé. Et enfin nôtre Cousin le Duc de Bouillon nous étant venu rendre visite de la part du Roi, avec pleine commission de negocier & contracter sur ladite affaire il en a été conçû une forme de Ligue, laquelle aiant été mise par écrit, & approuvée de l'autre côté, elle a été da nôtre ratifiée & confirmée avec toutes les solemnitez à ce convenables. Maintenant donc, comme un Article de la Ligue porte, que les principaux Contractans s'employeront à concourir & inviter d'entrer dans cette Alliance d'autres Princes & Etats auxquels il importe de se garantir contre l'ambition Espagnole; Et le susdit Duc de Bouillon vous ayant été trouver à cette fin de la part du Roi Trés-Chrêtien de France, aprés avoir pris congé d'ici, il vous communiquera si bien le contenu & les Articles de cette Ligue qu'il ne sera pas necessaire de nous étendre là-dessus davantage, & il vous priera d'y vouloir entrer aussi. En outre nous voulans satisfaire à l'engagement dans lequel nous sommes entrez par cette Ligue, & à cause de la ferme union qu'il y a entre nous, nous avons voulu vous faire part de ce qui est dit ci-dessus, en y ajoûtant ce que nous avons crû y venir à propos. C'est pourquoi encore que nous soyons assûrez de vôtre amitié en ce qui nous concerne, & que vous devez à juste titre être persuadez de la nôtre, vû les effets & les avantages que vous en avez retirez, & qu'il ne seroit pas necessaire de poser vôtre Alliance sur des fondements plus fermes, il nous a pourtant semblé raisonnable de vous inviter à l'acceptation de cette Ligue, principalement à cause de la reputation & de l'estime que vous en recevrez dans cette affaire auprés des Habitans de vôtre Païs, vous voyant appuyez, outre l'assûrance de nôtre faveur, de l'amitié d'autres Princes confederez & nommément du Roi de France Trés-Chrêtien; car encore que l'état des affaires dudit Roi est tel pour le present qu'il ressentira le premier l'avantage de cette Ligue, cependant si vous faites bien reflexion sur vos affaires, vous ne pouvez pas ignorer que le Roi se mettra par là d'autant plus en pouvoir & en état d'entretenir la Confederation, & même de tenter quelque chose sur le Païs de l'Ennemi, en sorte que ce sera autant de decharge pour vous, qui êtes les premiers en butte à l'Espagnol. Il n'est donc pas necessaire d'un grand discours pour vous porter à entendre à ce dont le Duc de Bouillon va vous requerir de la part du Roi Trés-Chrêtien de France, car votre prudence & sagesse ordinaire en matiere d'affaires, vous montrent assez ce que vous avez à faire dans cette occasion, c'est pourquoi nous ne vous dirons rien davantage que ce que nous avons dit ci-dessus, excepté seulement que tout ce que vous ferez en faveur & pour la satisfaction du Roi notre Frere nous sera fort agreable. Enfin aiant donné charge au Sieur Gilpin notre Conseiller au Conseil d'Etat de vous mettre cette Lettre en main, & de continuer la negociation, il ne sera pas nécessaire de l'autoriser par une autre confiance, que celle qu'il s'est déja acquise par une longue preuve de son esprit, de sa fidelité & de sa sincerité, & que nous avons aussi éprouvée, vous assûrant que vous pouvez vous confier en lui comme en nous même. Etoit signé *V. N. N. vôtre bien affectionnée* ELIZABETH REINE. *A côté étoit le* XI. *Septembre* 1596. L'Inscription étoit: *A Messieurs les*

ANNO 1596.

ANNO 1596.

Heeren de Staten Generael der Vereenigde Nederlandse Provintien.

Insertie van de Autorisatie of Volmacht, by den Konink van Vrankryk gegeven aen den Hertog van Bouillon.

HENRIK by der Gratie Gods, Konink van Vrankrijk en Navarre: Aen onsen seer lieven en beminde Neve, den Hertog van Bouillon, Viconte du Turene, Mareschalk van Vrankrijk, en eerste Edelman van onse Kamer, Saluit. Also wy tot beter resistentie tegen de entreprinsen des Konings van Hispanien, onsen Vyand, die niet alleen dit Koninkrijke wil invaderen, en de trouwe der Francoysen buygen, maer ook meest alle de Princen en Potentaten van Christenrijk, door sijne ambitieuse desseins troubleert en ontroert, hebben voorgenomen de genegentheden der Princen, onse goede Naburen en Vrienden te vereenigen, om met t'samenvoeginge van onse krachten, ons tegen hem te opposeren, en met de Wapenen te bedwingen. Daer toe wy alrede goet avancement hebben gegeven, door het Tractaet van de Ligue Offensive en Defensijf, onlangs gemaekt tusschen ons en de Hooggeboren, Doorluchtige, en Grootmogende Koninginne van Engeland, onse seer lieve Suster en Nichte, tot conservatie van onse Personen, Koninkrijken, Landen en Ondersaten, tegen de invasien des voorseyden Konings van Hispanien, en het also zy, dat onder de Princen, die wy wenschen met ons in dese onderlinge defensie te vereenigen, wy van langer hand groote en merkelijke tekenen hebben gesien, van alle vrindschap en goede genegentheid van onse seer lieve en goede Vrienden, de Heeren Staten Generael der Vereenigde Nederlandse Provintien: En door dese consideratie hebben wy goet gevonden hen eerst aen te soeken, om sich veel vaster met ons in dese Ligue en Confederatie te verbinden en te vereenigen, als de gene die daer so veel of meer aen gelegen is, als yemand van de naburige, en zijnde versocht om met de selve te handelen van een so ernstige en hoogwichtige sake, en den last daer van te geven aen eenige grote en geexperimenteerde Personagie, en Officier van onse Krone, om door de qualiteyt van de verkiesinge, met eenen te vertonen d'importantie der sake: En erkennende dat wy in desen gevalle niemand konden employeren die daer toe weerdiger is, dan gy, so om uwe goede en deugdelijke qualiteyten, als overmits gy selfs in persone van onsen't wegen de voorseyde Ligue en Confederatie hebt getracteert met de Hoog gemelte Vrouwe Koninginne, en het volkomen vertrouwen dat wy op u hebben. Om dese oorsaken, als ook de suffisante versekeringe van u verstant, vromigheid, en goede neerstigheid, hebben wy u gecommitteert, geordonneert, en gedeputeert, committeren, ordonneren, en deputeren mids desen, om u te transporteren na de Provintien van Holland en Zeland, indien 't nodig is, na de voorschreven Heeren Staten Generael: En geassisteert zynde van den Heere van Buzanval, ordinaris Edelman van onse Kamer, en Ambassadeur in Nederland, de selve aen te soeken om sich te begeven in de voorseyde Ligue en Confederatie, met ons en de Hoog gemelte Vrouwe Koninginne, en te tracteren, transigeren, accorderen, en concluderen met hen, of de gene die insgelijks van harent wegen sullen gedeputeert zijn, de nootwendige Articulen: volgende de Memorien en Instructien die wy u sullen doen ter handen stellen, en dat op de voorderlijkst conditien die gy t'onsen dienste sult konnen verkrygen, en van alles welk besloten sal wesen, te geven of te passeren sodanig of sodanige Instrumenten, Transactien, Contracten en beloften, in goede en autentique forme, als de nood vereysschen sal, en te verbinden ons en de Koningen onse Nasaten of Successeurs, insgelijks de Inkomsten, Domainen, en Patrimonie van dese Kroon, in sulke termen als gy sult vinden te behoren, en generalijk te doen als boven, met alle circumstantien en dependentien, in voegen, als wy souden doen, of doen mogen, so wy daer selfs in persone tegenwoordig waren. En hoe wel de sake een veel speciaelder last is ver-

les Etats Generaux des Provinces-Unies des Païs-Bas.

Insertion du Plein-pouvoir donné par le Roi de France au Duc de Bouillon.

HENRI *par la grace de Dieu Roi de France & de Navarre à notre cher & amé Cousin le Duc de Bouillon Vicomte de Turenne, Maréchal de France & premier Gentilhomme de notre Chambre, Salut. Comme pour d'autant mieux resister aux entreprises du Roi d'Espagne notre Ennemi, qui non-seulement veut faire invasion dans ce Royaume, & corrompre la fidelité des François, mais aussi qu'il met en trouble la plus grande partie des Princes & Potentats de la Chrêtienté par ses ambitieux desseins, nous avons entrepris de réunir l'affection de nos Voisins & Amis, afin que par la conjonction de nos forces nous nous opposions à lui, & le forcions par les armes. Nous avons déja bien avancé ce dessein par le Traité de Ligue Offensive & Défensive fait nagueres entre nous & la Serenissime & puissante Reine d'Angleterre, notre chere Sœur & Cousine, pour la conservation de nos Personnes, Royaumes, Païs & Sujets, contre les invasions du susdit Roi d'Espagne, & comme parmi les Princes que nous desirons se joindre en cette défence particuliere avons eu depuis longtems des preuves considerables de toute amitié & bonne inclination de nos trés chers & bons Amis les Seigneurs Etats Generaux des Provinces-Unies; En cette consideration nous avons jugé à propos de les inviter de s'unir plus étroitement avec nous dans cette Ligue & Confederation, comme ceux qui y ont plus d'interêt qu'aucun des Voisins; & étant requis de traiter avec eux sur une si serieuse & importante affaire; & d'en donner la charge à quelque grand & experimenté Personnage, & Officier de notre Couronne, pour par la qualité du choix marquer l'importance de la chose; Et reconnoissant que dans cette occasion on ne pouvoit employer personne qui fût plus digne que vous, tant pour vos bonnes & vertueuses qualitez, qu'à cause que vous avez en personne & & en nôtre nom traité ladite Ligue & Confederation avec lad. Dame Reine, & pour la pleine confiance que nous avons en vous. Pour cette raison, comme aussi pour la suffisante assûrance que nous avons de vôtre esprit, probité & bonne diligence, nous vous avons commis, ordonné & deputé, commettons, ordonnons & deputons par ces presentes pour vous transporter dans les Provinces de Hollande & de Zelande, s'il est besoin, auprés des susdits Seigneurs Etats Generaux, & étant assisté du Sieur de Buzanval Gentilhomme ordinaire de nôtre Chambre, & Ambassadeur aux Païs-Bas & de les inviter à entrer dans la susdite Ligue & Confederation avec nous & la susdite Dame Reine & de traiter, transiger, accorder & conclure avec eux, ou avec ceux qui seront deputez de leur part les Articles necessaires, suivant les Memoires & Instructions que nous vous ferons mettre en main, & cela aux plus avantageuses conditions que vous pourrez obtenir pour notre service, & de tout ce qui sera conclu donner & passer tel Acte, Transaction, Contract, & promesse en bonne & authentique forme, comme besoin sera, & de nous obliger & les Rois nos Successeurs, ensemble les Revenus, Domaines & Patrimoines de cette Couronne, en tels termes que vous le jugerez convenir, & generalement faire comme dessus, avec toutes les circonstances & dependances, & en la même maniere que nous ferions ou pourrions faire si nous y étions presens en personne; Et encore que le cas requit un Pouvoir plus special*

ANNO 1596. vereysschende dan hier in begrepen is, soo beloven wy onder Koninklijke trouwe en woord, insgelijks onder verbintenisse en Hypotheke van alle onse Goederen, tegenwoordige en toekomende, en die van onse Successeurs deser Krone, en recht daer toe hebbende, om altoos voor aengenaem, vast en bondig te houden, alle het gene 't welk by u in desen dele sal gedaen, geprocureert, belooft, besloten, en geaccordeert wesen; En alles te confirmeren, approberen en ratificeren, so dik en menigmael wy daer toe sullen versocht wesen, 't selve te observeren, vervullen, en onderhouden van poinct tot poinct, volgens sijn forme en inhout, dat ongeschent te doen bevestigen, volbrengen, en onderhouden, onverbrekelijk sonder oyt yetwes daer van te veranderen, of te doen dat daer tegen mochte stryden, directelijk of indirectelijk, in wat voegen of manieren het ook soude mogen wesen. Om dit te doen hebben wy u gegeven, en geven mits desen volkomen macht, authoriteyt, commissie, en speciale last. Gegeven tot Amiens den 6. July, in den Jare onses Heeren 1596. en van onsen Ryke het sevende. *Ondertekent* HENRY. *Lager stont*, By den Konink. *Ondertekent* DE NEUFVILLE. *En was gezegelt met een Zegel in roden wassche.* t'Oirconde hebben wy gemelte Hertoge van Bouillon, van Buzanval en gemelte Georg Gilpijn, geautoriseert als boven, dit jegenwoordig Tractaet met onse eygen handen ondertekent, en het Zegel onser Wapenen daer aen gehangen. En wy gemelte Staten Generael der voorseyde Vereenigde Nederlandse Provintien, hebben hier onder aen doen hangen het groote Zegel der voorschreven Staten, en tekenen door onsen Griffier. Aldus gedaen in den Hage in Holland in den Jare onses Heeren 1596. den 31. en laetsten dag Octobris. *En was getekent* HENRY DE LA TOUR, PAULO DE CHOART, BUZANVAL, GEORG GILPIJN, *en gecachetteert met hare Wapenen, aenhangende 't Wapen van de voornoemde Staten in roden wassche, en getekent* C. AERSSEN.

special qu'il n'est ici exprimé; si promettons sous parole & foi Royale, aussi sous l'obligation & Hypotheque de tous nos Biens presens & avenir, & ceux de nos Successeurs à cette Couronne, & droit y appartenant, de tenir pour agreable, ferme & stable à toûjours, tout ce que par vous en cette partie sera fait, procuré, promis, conclu & accordé; & de confirmer, aprouver, & ratifier le tout; toutes & quantes fois que nous en serons requis, & de l'observer, accomplir & entretenir de point en point, selon sa forme & teneur, & de le faire inviolablement confirmer, accomplir & entretenir, sans y rien changer, ou faire quoi que ce soit contraire, directement ou indirectement en quelque sorte ou maniere que ce puisse être. A ce faire nous vous avons donné & donnons par ces Presentes plein pouvoir, authorité, commission & charge spéciale; donné à Amiens le 9. Juillet de l'an de notre Seigneur 1596. & de notre Regne le septiéme. Signé HENRI: Et plus bas, *Par le Roi.* Signé DE NEUFVILLE. Et étoit scellé d'un Sceau en cire rouge. *En témoin dequoi nous susdits Duc de Bouillon, de Buzanval & George Gilpin, authorisés comme dessus, avons signé le present Traité de nos propres mains; & y avons apposé le Sceau de nos Armes. Et nous susmentionnez Etats Generaux des susdites Provinces-Unies des Païs-Bas avons cidessus fait apposer le grand Sceau des susdits Etats, & signer par notre Greffier. Ainsi fait à la Haye en Hollande l'an de notre Seigneur 1596. Le 31. & dernier d'Octobre.* Et étoit signé, HENRI DE LA TOUR, PAUL DE CHOART, BUZANVAL, GEORGE GILPIN, & cachetté de leurs Armes, pendants les Armes des susdits Etats en cire rouge, & signé C. AERSSEN. ANNO 1596.

Volgen de particuliere Poincten die den Hertog van Bouillon boven de voorschreven generale Alliantie, uyt den naem van den Konink metten voorschreven Staten Generael heeft besloten.

ALso op den huydigen 31. en laetsten dag deser maend Octobris des Jaers 1596. den Alder-Christelikster Konink van Vrankrijk en de Doorluchtige Koninginne van Engeland, hebben ontfangen en geassocieert door den Hoog-geboren en Doorluchtigen Heere, mijn Heere Henrik de la Tour, Hertog van Bouillon, Viconte van Tureine, Mareschal van Vrankrijk, en eerste Edelman van de Kamer des Hoog gemelten Konings, en den Heere Georg Gilpijn, Raed, geintroduceert van wegen hare Hoog gemelte Majesteyt van Engeland in den Rade van State der Vereenigde Nederlandse Provintien, haer Gedeputeerde en Ambassadeurs, mijne Heeren de Staten Generael der Vereenigde Nederlandse Provintien in de Ligue en Confederatie offensive en defensive, nieuliks gemaekt, gearresteert en besworen, tusschen de Hoog gemelte Majesteyt en hare Koninkrijken, Staten, Landen, en Ondersaten tegen de invasien en desseins des Konings van Hispanjen haren gemeenen Vyand, sijn Koninkrijken, Staten, Landen en Ondersaten, om 't voorseyde Tractaet van de Ligue en Confederatie, te brengen tot perfectie en aenneminge of associatie in de selve, van de voorseyde Vereenigde Provintien, en tot vervullinge en executie des selfs, ten eynde de voorseyde Ligue en associatie in de selve mach strecken tot eere Godes, ten gemeenen welstand van Christenrijk, en tot versekeringe, defensie, protectie, en onderlinge conservatie van haer voorschreven Majesteyten, hare Koninkrijken, Landen, en Ondersaten van de voorseyde Vereenigde Nederlandse Provintien, en van alle Princen, Seigneuryen en Republijken, die hen namaels sullen begeven in de voorseyde Ligue en Confederatie; So hebben den gemelten Hertoge van Bouillon, uyt krachte van de voorseyde macht, hem verleent door den voornoemden Konink, en geassisteert van den Heere Buzanval, ordinaris Edelman van de Kamer des voor-

S'ensuivent les Points particuliers que le Duc de Bouillon conclut au nom du Roi avec les susdits Etats Generaux, outre la susdite Alliance generale.

COmme ainsi soit que cejourdhui 31. & dernier jour du present mois d'Octobre de l'an 1596. *le Roi Trés-Chrêtien de France, & la Serenissime Reine d'Angleterre, ont, par le Serenissime Seigneur, Monseigneur Henri de la Tour, Duc de Bouillon, Vicomte de Turenne, Maréchal de France, & premier Gentilhomme de la Chambre du susdit Roi, & le Sieur George Gilpin, Conseiller, introduit de la part de sa susdite Majesté d'Angleterre au Conseil d'Etat des Provinces-Unies des Païs-Bas, leurs Deputez & Ambassadeurs, reçû Messeigneurs les Etats Generaux des Provinces-Unies des Païs-Bas en la Ligue & Confederation offensive & défensive nagueres faite, arrêtée & jurée entre leursdites Majestez, & leurs Royaumes, Etats, Pays & Sujets contre les invasions & desseins du Roi d'Espagne leur commun Ennemi, ses Royaumes, Etats, Pays & Sujets, pour amener le susdit Traité de Ligue & Confederation à sa perfection, & recevoir & associer en icelui les susdites Provinces-Unies, & pour l'accomplissement & execution d'icelui, afin que la susdite Ligue & Association puisse servir à l'honneur de Dieu, au bien commun de la Chrêtienté, & la sûreté, défence, protection & conservation particuliere de leurs susdites Majestez, leurs Royaumes, Pays & Sujets, des susdites Provinces-Unies & de tous les Princes, Seigneuries & Republiques, qui entreront ci-aprés dans ladite Ligue & Confederation, lesdits Duc de Bouillon, en vertu du susdit Pouvoir à lui accordé par le susdit Roi, & assisté dudit Sieur de Buzanval, Gentilhomme ordinaire de*

ANNO 1596. voorschreven Konings, en sijn Ambassadeur in de voorseyde Vereenigde Nederlandse Provintien, voor, en in den name, en van wegen den voorschreven Alder-Christelijksten Konink, ter eenre: en de Heeren Staten Generael der voorseyde Vereenigde Nederlandse Provintien, namentlijk: Gelderland en Zutphen, Holland en West-Vriesland, Zeland, Uytrecht, Vriesland, Over-Yssel, Groeningen, en Ommelanden, met alle Leden, Steden, en Ingesetenen der selver, en de Edelen, Steden, en Fortressen van Braband, die jegenwoordiglik met de voorschreven Heeren Staten Generael zijn vereenigt, mitsgaders den Lande van Drent: Na rype deliberatie en neerstig ondersoek, daer op in hare Vergaderinge genomen, met den Hoog geboren en seer Doorluchtigen Heere Maurits, geboren Prince van Orangien, Grave van Nassau, Marquis van der Vere en Vlissingen, Gouverneur en Capitein Generael van Gelderland en Zutphen, Holland en West-Vriesland, Zeeland, Uytrecht, Over-Yssel, de Steden en Fortressen van Braband, Vlaenderen, Admirael Generael, &c. te gelijk met de Rade van State der Vereenigde Provintien ter andere zijden, gemaekt, getroffen, gecontraheert en geaccordeert, in den name des Alder-Christelijkst Koninks van Vrankrijk, soo voor hem, als sijne Successeurs in 't voornoemde Koninkrijk: En de voorseyde Vereenigde Nederlandse Provintien, buyten en boven de Articulen van het voorseyde generale Tractaet, de Capitulatien, Conventien, Voorwaerden, en Articulen, hier na volgende.

I. Voor eerst is beraemt en geaccordeert, dat de Koningen van Schotland en Denemarken, de Cheur-Vorsten, en andere Princen des H. Rijks, mitsgaders alle andere Koningen, Princen, Heeren, Staten, en Republijken, die eenigsints mogten gelegen zijn aen de invasien, entreprinsen, en ambitieuse desseins des Konings van Hispanien, soo haest het mogelijk is, sullen genodigt en versogt werden om sig te begeven in de voorseyde Ligue, en sullen sig daer in mogen begeven, en dat te desen eynde de voorschreven Heeren Staten hare Gedeputeerden en Ambassadeurs mede sullen mogen senden aen de Hoog-gemelte Koningen en Princen, op sulken maniere en tyde, als den voorschreven Konink van Vrankrijk 't selve bequaem oordeelen sal.

II. Dat so haest het gevoeglijk sal konnen geschieden, en dat binnen het toekomende Jaer 1597. een generale Vergaderinge t'samen geroepen en gehouden sal werden by de Gedeputeerden des voorseyde geconfedereerden, en andere Koningen, Princen, Heeren en Staten, die hun in de voorseyde Ligue sullen begeven, op sulk een dag, tijd en plaetse, als den voorschreven Konink van Vrankrijk, en de voornoemde Vrouwe Koninginne van Engeland, bequaem sullen vinden, om te delibereren en resolveren op de middelen die men sal moeten gebruyken om den voorseyden Konink van Hispanien, sijn Rijken en Landen te invaderen op gemene kosten, lasten, krachten, en middelen van de voorseyde geconfedereerden. Insgelijks om te adviseren op de executie en vervullinge van de voorseyde Ligue en Confederatie, met het gene daer aen is dependerende.

III. Is ook van beyde zijden besloten en belooft, dat binnen de tijd van de toekomende maend van Maert d'Armeye of Heyr-leger des Alder-Christelijksten Koninks, sig sal vervoegen op de Frontieren van Picardien en Artois, en dat insgelijks het Heyr-leger der Heeren Staten, welk geformeert sal wesen tusschen seven en acht duysent man te voet, en vijftien hondert Paerden, met sulke toerustinge van Artillerije als daer toe sal behooren, sig sal op de voorseyde tijd, ter plaetse die bestemt is tusschen den voorschreven Heere Hertog van Bouillon en Prince Maurits. En dat daer na van d'eene en d'andere zijde gegeven en genomen sal werden advijs en resolutie, op 't gene beyde de voorsz. Heyr-legers respectivelijk sullen moeten attenteren, om den gemeenen Vyand te offenseren en te beschadigen, en dat, in gevalle den voorsz. Vyand ondertusschen niet en doe eenige entreprinse te Water of te Lande, die oorsaek en occasie soude mogen geven om de voorschreven Heyr-legers te diverteren op andere plaetsen, als de gene, van de welke over een gekomen was, en van de welke van d'eene en d'andere

de la Chambre dudit Roi & son Ambassadeur ès Provinces-Unies susdites, pour, & au nom & de la part dudit Roi Très-Chrétien d'une part, & Messeigneurs les Etats Generaux des susdites Provinces-Unies des Païs-Bas, sçavoir Gueldres, & Zutphen, Hollande & West-Frise, Zelande, Utrecht, Frise, Over-Yssel, Groningue & les Ommelandes; avec tous les Membres, Villes, & Habitans d'icelles, & les Nobles, Villes & Forteresses de Brabant, qui sont presentement réunis avec les susdits Etats Généraux, ensemble le Païs de Drent; Aprés meure deliberation & diligent examen sur ce fait en leur Assemblée avec le Serenissime Seigneur Maurice né Prince d'Orange, Comte de Nassau, Marquis de Tervere & Flessingue, Gouverneur & Capitaine General de Gueldres & Zutphen, Hollande & West-Frise, Zelande, Utrecht, Over-Yssel; des Villes & Forteresses de Brabant, Flandres, Admiral General &c. ensemble le Conseil d'Etat des Provinces-Unies d'autre part, ont fait, arrêté, contracté & accordé au nom de Sa Majesté Très-Chrêtienne de France, tant pour lui que pour ses Successeurs au susdit Royaume; Et les susdites Provinces-Unies des Païs-Bas, outre & par-dessus les Articles du susdit Traité General, les Capitulations, Conventions, Conditions, & Articles qui s'ensuivent. ANNO 1596.

I. Premierement, il a été convenu & accordé que les Rois d'Ecosse & de Dannemarc, les Electeurs & autres Princes du St. Empire, ensemble tous autres Rois, Princes, Seigneurs, Etats & Republiques, qui pourroient être interessez aux invasions, entreprises & ambitieux desseins du Roi d'Espagne, aussi-tôt qu'il sera possible seront invitez d'entrer dans la susdite Ligue, & qu'ils y pourront entrer; & qu'à cette fin les susdits Seigneurs Etats pourront envoyer auxdits Rois & Princes leurs Deputez & Ambassadeurs en telle maniere, & quand le susdit Roi de France le jugera convenable.

II. Qu'aussi-tôt qu'il se pourra convenablement faire, & cela dans l'année prochaine 1597. on assemblera & tiendra un Congrez general par les Deputez des divers Confederez, & autres Rois, Princes, Seigneurs & Etats qui se joindront à la susdite Ligue, à tel jour, tems & lieu que ledit Roi de France & ladite Dame Reine d'Angleterre le trouveront convenir, pour y deliberer & resoudre des moyens qui devront être employez pour attaquer ledit Roi d'Espagne, & faire invasion dans ses Royaumes & Terres à frais, charges, forces & moyens communs desdits Confederez, ensemble pour aviser sur l'execution & accomplissement de ladite Ligue & Confederation, avec tout ce qui en depend.

III. A été aussi de part & d'autre conclu & promis, que dans le mois de Mars prochain l'Armée du Roi Très-Chrêtien se rendra sur les Frontieres de Picardie en Artois, & qu'aussi l'Armée des Seigneurs Etats laquelle sera formée d'environ sept à huit mille Hommes d'Infanterie, & quinze cens Chevaux avec les Equipages & l'Artillerie convenables, se rendra au lieu & temps dont les susdits Ducs de Bouillon & Prince Maurice sont convenus; Et qu'ensuite on deliberera & prendra advis & resolution de part & d'autre sur ce qu'on aura à entreprendre respectivement avec lesdites Armées pour attaquer l'Ennemi commun, & ce en cas que le susdit Ennemi cependant ne fasse quelque entreprise par Mer ou par Terre qui donnât lieu & occasion de divertir lesdites Armées en d'autres lieux que ceux dont on seroit convenu, & dont il sera donné de part

ANNO 1596.

re zijde, en dat in tijds, advijs gegeven sal werden van de gelegentheid der veranderinge die daer voor gevallen sal wesen.

IV. De voorsz. Heeren Staten der voorseyde Vereenigde Provintien, considererende de groote en continuele onkosten, die den Alder-Christelijksten Konink heeft gedaen en gedragen, in het tegenstaen van het grooste geweld des Oorlogs, dat den gemeenen Vyand heeft gevoert, en gecontinueert te voeren, tegen den voorsz. Konink en sijn Rijke, en hier-en-boven de vermeerderinge en toeneminge der selviger lasten en onkosten, die hy heeft moeten doen en dragen t'sedert de laetste verklaringe des Oorlogs, die sijne Majesteyt heeft gedaen tegen den voornoemden Konink van Spangien, so om de continuatie van 't voorseyde Oorlog, als om dat eendrachtig te voeren in de Provintien des Nederlands, die jegenwoordiglijk gehouden en beseten werden van den voorschreven Konink van Hispanien. Insgelijks om de versterkinge van sijn Heyrleger te doen in 't aenstaende Jaer 1597. en d'onderhoudinge van 4000. Man te Voet, te weten: van andere 2000. Gascons, boven en benefens de twee Regimenten, gecommandeert door de Heere de la Noue en Rignac, die jegenwoordiglijk onderhouden werden door de voorsz. Heeren Staten, hebben belooft op te brengen de Somme van 450000. Guldens, voor het voorschreven Jaer 1597. welke Somme by elke maend van den voorsz. Jare 1597. betaelt en gefurneert sal werden door de Commis van de selve Heeren Staten, in dier voegen, en volgende daer in het gene sijn Hooggemelte Majesteyt sal believen dies aengaende te ordonneren, ten eynde het selve Jaer gedurende, 't voorsz. Krijgs-volk mogen werden onderhouden en gesoldoyeert, en sal 't selve Krijgs-volk gehouden wesen, den Luytenant Velt-Marechal, en andere Generale Officiers des voorsz. Konings, over 't Heyr-leger gestelt zijnde, te gehoorsamen.

V. Den voorschreven Heere Hertog van Bouillon heeft belooft, en belooft mitsdesen, in den name des voorschreven Konings van Vrankrijk, dat by aldien, gedurende den voorsz. Jare 1597. den gemeenen Vyand het grootste of blijkelijkste deel van sijn krachten, die hy in de Nederlanden by een sal houden, quame te vervoeren en employeren tegen de voorsz. Vereenigde Provintien, om de selve te invaderen ten geheele of ten deele, of ook om eenige Stad of Plaetse, staende onder haer gebiedt, te belegeren, in sulken gevalle Syne Majesteyt sonder eenige swarigheyd op aenmaninge, die de voorsz. Heeren Staten hem sullen doen, de voorseyde 4000. Man te Voet, by hen luyden gesoldoyeert en onderhouden, wederom te rugge sal sturen.

VI. Heeft van gelijken belooft, en belooft mitsdesen, uyt den voorseyden name, dat Syne Majesteyt den voorsz. tijd gedurende, de Oorloge sal voeren, en met allen vlijt en strengigheyt continueren tegen de voorsz. Provintien van Artoys, Henegouwen, en andere Provintien des Nederlands, gehouden en beseten door den Konink van Hispanien, met alle soorten van invasien, excursien, verwoestingen, en andere vyandlijke actien: En hier-en-boven, dat in den voorsz. gevalle, den voorsz. Konink de Heeren Staten, zijnde daer toe van hen gebeden en versocht, en na dat den nood van sijne affairen sal konnen toe-laten, sal secoureren en bystaen met 1000. Paerden en 4000. Man te Voet, onder het beleyt van eenigen Heere van qualiteyt, om 't selve Krijgs-volk, te samen met de Heyrkrachten der gemelte Heeren Staten, tegen den Spanjaert te employeren, op de Landen, Grond en Domeynen der voorsz. Vereenigde Provintien, onder het Commandement van den Generael en Mareschal de Camp van haer Heyr-leger, en dat sy ook door den voorsz. Heere Konink betaelt en gesoldoyeert sullen werden, gedurende twee, drie, of vier maenden, die sy de voorsz. Heeren Staten sullen hebben te dienen.

VII. Om te mainteneren, conserveren, augmenteren, en te doen toenemen de vriendschap tusschen den voorsz. Konink van Vrankrijk, en de Heeren Staten Generael der Vereenigde Nederlandse Provintien, en om te versekeren de Commercie en de Traffijke, tusschen de Koopluiden des voornoemden Koninkrijks van Vrankrijk, en de Vereenigde Nederlandse Provintien, is geaccordeert, dat de oude Contracten, Tractaten, en Privilegien, gemaekt en geoctroyeert, so in 't ge-

part & d'autre avis à tems de l'occasion du changement qui arrivera.

IV. Et considerant les grandes & continuelles depences que le Roi Très-Chrêtien a fait & portées en resistant à la plus grande violence de la Guerre que l'Ennemi commun a fait & continue de faire contre le susdit Roi & son Royaume; & outre cela l'augmentation desdites charges & depences qu'il a été obligé de faire & de porter depuis la derniere declaration de Guerre que Sa Majesté a faite contre le susdit Roi d'Espagne; tant pour la continuation de la susdite Guerre, qu'afin de la faire unanimement dans les Provinces des Païs-Bas, qui sont presentement possedées par le susdit Roi d'Espagne; ensemble à cause du renforcement de son Armée pour l'année prochaine 1597. & l'entretien de 4000. Hommes d'Infanterie, sçavoir de 2000. autres Gascons, outre & avec les deux Regimens commandez par les Sieurs de la Noüe & Rignac, qui sont presentement entretenus par les susdits Seigneurs Etats, les susdits Seigneurs Etats des Provinces-Unies ont promis de remettre la Somme de 450000. livres pour la susdite année 1597, laquelle Somme par chaque mois de ladite année 1597. sera payée & fournie par les Commis des susdits Seigneurs Etats, suivant en cela ce qu'il plaira à Sadite Majesté d'ordonner à cet égard, afin que pendant toute ladite année lesdites Troupes puissent être entretenuës & payées; & seront lesdites Troupes obligées d'obeïr au Lieutenant Maréchal de Camp & autres Officiers Generaux ordonnez par le susdit Roi pour les commander.

V. Le susdit Sieur Duc de Bouillon a promis & promet par ces Presentes, au nom dudit Roi de France, qu'au cas que durant la susdite année 1597. l'Ennemi commun vint à employer la plus grande & plus notable partie des forces qu'il aura assemblées, dans les Païs-Bas, contre les Provinces-Unies pour y faire invasion & s'en emparer ou en tout ou en partie, ou aussi pour assieger quelque Ville ou Places de leur obeïssance, en ce cas Sa Majesté renvoyera auxdits Seigneurs Etats lesdits 4000. Hommes d'Infanterie qui sont entretenus par eux, sans faire aucune difficulté à la requisition qu'ils en feront.

VI. A semblablement promis & promet par ces Presentes au susdit nom que Sadite Majesté tout ledit tems durant fera la Guerre & la continuera avec toute vigueur & diligence contre lesdites Provinces d'Artois, de Hainaut & autres Provinces des Pays-Bas tenuës & possedées par ledit Roi d'Espagne, par toute sorte d'invasions, excursions, ravages & autres actes d'hostilité; Et outre ce qu'au susdit cas, ledit Roi en étant prié & requis, par lesdits Seigneurs Etats, & suivant que ses affaires le lui permettront, les secourra & assistera de mille Chevaux & de 4000. Hommes d'Infanterie, sous la conduite de quelques Personnes de qualité, pour employer lesdites Troupes avec les forces des susdits Seigneurs Etats contre l'Espagnol sur les Païs, fonds & Domaines des susdites Provinces-Unies, sous le Commandement du General & Maréchal de Camp de leur Armée, & qu'elles seront aussi soldoyées & payées par ledit Seigneur Roi pendant deux, trois ou quatre mois qu'elles auront à servir lesdits Etats.

VII. Pour maintenir, conserver, augmenter, & faire accroître l'Amitié entre ledit Roi de France & les Seigneurs Etats Generaux des Provinces-Unies des Païs-Bas, & pour assûrer le Commerce & le Trafic entre les Marchands du susdit Royaume de France & les Provinces-Unies du Païs-Bas, est accordé que les anciens Contracts, Traitez & Privileges faits & octroyez tant en general qu'aussi en

ANNO 1596.

ANNO 1596.

't generael, als mede in 't particulier, en van de welke niet en is gederogeert door andere expresse en navolgende Contracten, Tractaten, en Ordonnantien, respectivelijk sullen werden onderhouden en na gekomen.

VIII. Den Alder-Christelijksten Konink van Vrankrijk en sijne Successeurs, sullen tot de voorsz. Vereenigde Provintien, Steden, en Ingesetenen van dien, so in 't generael, als mede in 't particulier continueren haer goede gratie, faveur, assistentie, en recommandatien, tegen alle geweld en ongelijk datmen hen soude mogen aendoen, ten eynde de voorsz Provintien, en de Ingesetenen van dien, mogen varen, negotieren, en trafficqueren in alle de Koninkrijken en Landen, met gelijke Vryheyd, Immuniteyten en Privilegien, als de Onderdanen van Sijne Majesteyt.

IX. En alsso wylen den Heere Prince van Orangien hoog-loffelijke memorie de eerste is die de fondamenten heeft geleyt van den wederstant tegen de Spaense ambitie, tot de beschherminge der Vryheid, Rechten en Privilegien van Nederland, en de gemeene sake gehanthaeft met alle sijn vermogen tot sijn overlyden toe, met vele moeyten, arbeyd, swarigheyd, en verlies van Goed en Bloed, waer door den gemeenen Vyand heeft overvallen en ingenomen, besit, en heeft noch in en Heerlijkheden, die hem toebehooren, waer door vele groote Landen sijn Weduwe en Kinderen seer belast zijn gebleven, en dat te dien aensien de Staten van Braband en Vlaenderen, om den voorsz. Prince eenigsins van de voorsz. lasten te verligten, met hem eenige Accoorden en Voorwaerden hebben gemaekt: So sullen syne voorsz. Majesteyt, en syne Successeurs, het Huys van den voorsz. Heere Prince, syne Weduwe, Kinderen, en Nasaten, altijds gunstig zijn en blyven, en de selve assisteren en bystaen tot het wederkrygen van hare Goederen, reparatie van haer verlies, en tot handhavinge en maintenue van hare actien en gerechtigheden, hen toebehorende.

X. De Onderdanen des Alder-Christelijksten Konings van Vrankrijk sullen vryelijk en veyliglijk mogen frequenteren, kopen, verkopen, mangelen, lichten, en transporteren, alle soorten van Waeren en Koopmanschappen, en buyten en in alle Vereenigde Provintien, Steden, en Landen van dien, gelijk mede d'Inwoonders en Onderfaten der voorsz Vereenigde Provintien, vryelijk en veyliglijk sullen mogen frequenteren, kopen, verkopen, mangelen, lichten, en transporteren, uyt en in alle de Provintien, Landen, Steden, en Plaetsen van Vrankrijk, alle soorten van Waren en Koopmanschappen, sonder dat d'eene of d'andere sullen gehouden wesen, van haer voorsz. Koopmanschappen of Waren, te betalen andere Gerechtigheden, Tollen, en Imposten, als de naturele Ingesetenen der Provintien, Steden, en Landen. daer den Handel, Traffijk, of Koophandel gedreven word.

XI. Daer sal ook tegen de Ingesetenen der voorsz. Vereenigde Provintien in genige Steden en Contreyen Vrankrijk werden in 't werk gestelt het regt van d'Aubeyne, maer sal 't selve t'eenemael ophouden, en voortaen geen Plaetse hebben, en insgelijks sal het recht d'Aubeyne in de voorsz. Vereenigde Provintien niet mogen werden in 't werk gestelt tegen de Onderfaten van den voornoemden Konink van Vrankrijk.

XII. Om de Zee te bevreyden van alle Rovers, en beschadinge van de gene die ter Zee zijn en komen sullen, met Commissie des Konings van Hispanien, of van sijnent wegen sullen de Oorlog-schepen, so van Syne Majesteyt, als van de Vereenigde Provintien de Schepen des gemelten Konings van Hispanien, haren gemeenen Vyand, mogen vervolgen: op conditie, dat de pryse den genen toe behoren sal, diese eerst sal hebben geabbordeert en aengeklampt.

XIII. En ten eynde de voorsz. Vereenigde Provintien ook op alle Plaetse mogen continueren en versekeren haer Navigatie, Commercie, en Traffijk, en sich hoeden voor alle Zeerovers, so sal 't hen vry staen en geoorloft wesen te handelen, transigeren, en accorderen te desen eynde in alle Plaetsen, Provintien, en Landen, en insonderheyt met de Westerse Contreyen, en Steden der selviger, gelijk als sy sullen vinden te behoren.

XIV.

en particulier, & auxquels il n'a point été derogé par des Contracts, Traitez & Ordonnances subsequentes, seront respectivement entretenus & observez.

VIII. Le Roi Très-Chrêtien de France & ses Successeurs continueront auxdites Provinces-Unies, Villes & Habitans d'icelles, tant en general qu'en particulier ses graces, faveurs, assistances & recommendations, contre toute violence & tort que l'on pourroit leur faire, afin que lesdites Provinces & les Habitans d'icelles puissent aller, negotier, & trafiquer en tous Royaumes & Païs, avec les mêmes Libertés, Immunitez & Privileges que les Sujets de Sa Majesté.

IX. Et comme feu le Prince d'Orange d'heureuse memoire, est le premier qui a posé les fondements de la resistance à l'ambition Espagnole, pour la défence des Libertés, Droits & Privileges des Païs-Bas, & qu'il a défendu le bien public de tout son pouvoir, & même jusqu'à sa mort avec beaucoup de peine, travaux, difficultez & perte de Biens & de Sang, par le moyen de quoi l'Ennemi commun lui a pris & possede plusieurs Païs & Seigneuries qui lui appartiennent, par où sa Veuve & ses Enfans sont fort lesez; & que pour cette consideration les Etats de Brabant & de Flandres pour soulager en quelque maniere ledit Prince ont fait avec lui quelque accord & conditions; c'est pourquoi Sadite Majesté & ses Successeurs seront & demeureront toûjours affectionnez à la Maison desdits Sieur Prince, Veuve, & Enfans, & même les assisteront & aideront à recuperer leurs Biens, & la reparation de leurs pertes, & à maintenir leurs Actions & Droits qui leur appartiennent.

X. Les Sujets de Sa Majesté Très-Chrêtienne de France pourront librement & sûrement frequenter, acheter, vendre, échanger & transporter toutes sortes de Danrées & Marchandises, dedans & dehors lesdites Provinces-Unies, Villes & Terres d'icelles, comme pareillement les Sujets des susdites Provinces-Unies pourront librement & sûrement frequenter, achetter, vendre, debiter & transporter dehors & dedans les Provinces, Terres, Villes & Places de France toutes sortes de Danrées & de Marchandises, sans que les uns ni les autres soient tenus de payer pour leursdites Marchandises & Danrées autres Droits, Impôts & Peages que les Sujets naturels des Provinces, Villes & Terres où le Negoce, ou Trafic se fait.

XI. Le Droit d'Aubene ne sera non plus mis en execution en nulle Ville & Contrée de France contre les Habitans des susdites Provinces-Unies, mais cessera & n'aura point de lieu, & semblablement celui Droit d'Aubene n'aura non plus lieu és Provinces-Unies contre les Sujets du Roi de France.

XII. Pour nettoyer la Mer de tous Pirates & nuire à ceux qui avec Commission du Roi d'Espagne ou en son nom viendront en Mer, les Vaisseaux de Guerre tant de Sa Majesté que des Provinces-Unies pourront poursuivre les Vaisseaux dudit Roi d'Espagne, à condition que la prise sera pour ceux qui les premiers auront abordé & acroché lesd. Vaisseaux.

XIII. Et afin que lesdites Provinces-Unies puissent par tout continuer & assûrer leur Navigation, Commerce & Trafic, & se garentir de tous Capres, il leur sera libre & permis de negocier, transiger & accorder à cette fin dans tous les Lieux, Provinces & Pays, & principalement dans les Contrées du West & Villes d'icelles, comme ils le trouveront convenir.

XIV.

ANNO 1596.

ANNO 1596.

XIV. Alle Brieven van Represaille, Marque, Arresten, en andere diergelijke, die hier vorens gegeven zijn, sullen noch aen d'eene noch aen d'andere sijde plaetse hebben, maer sullen zijn en blijven nul en van geender weerde vergunt, maer een yeder sal recht gedaen en geadministreert werden, als dat behoort, wel verstaende dat de particuliere Ingesetenen der voorsz. Vereenigde Provintien niet sullen mogen werden geinquieteert of gemolesteert, het zy aen haer Personen of Goederen, ter oorsake van de Schulden, gemaekt door de voorsz. Provintien tot voeringe des Oorlogs.

XV. De Franse Schepen die haer reysen sullen gaen doen om Greynen en alle andere soorten van Waren en Koopmanschappen te laden na Oostland, en elders in de Noorderse Landen, sullen haer cours mogen houden so in 't gaen als in 't komen, sonder gehouden te wesen in de Landen der voorsz. Heeren Staten aen te leggen, of door hen te wer'en gedwongen of geconstringeert, hare Koopmanschappen te ontladen, verkopen, of vermangelen, en so de voorsz. Schepen door tempeest, onweder of andersins, gedwongen sullen sijn aen te leggen in de Havens der voorsz. Vereenighde Provintien, sullen insgelijks niet mogen werden gearresteert of gecontraheert, haer Koopmanschappen te ontladen, te verkopen, of te vermangelen, gelijk het selve mede geobserveert sal werden voor de Schepen der voorsz. Vereenichde Provintien, passerende en repasserende van Oost en West, langs de Kusten van 't Koninkrijk van Vrankrijk.

Welke Conventien, Gedingen, en Articulen hier boven verhaelt, verhandelt, geaccordeert, gepasseert, en gestipuleert zijn tusschen ons boven genoemt in de voorsz. namen. In s'Gravenhage in Holland den 31. en laetsten Octob. 1596. Van welk Tractaet wy Hertoge van Bouillon, Ambassadeur des Alder-Christelijksten Konings van Vrankrijk, beloofd hebben te behandigen, of te doen behandigen, binnen den tijd van ses naest-komende maenden, of eer so 't doenlijk is, aen de Hoog-gemelte Heeren Staten Generael de Vereenigde Nederlandse Provintien, Brieven van Ratificatie van den voorsz. Heere Konink, in suffisante en deugdelijke forme.

t'Oorconde en in getuygenisse van alle welke conditien en Articulen, hebben wy gemelte Hertoge van Bouillon en Buzanval, dit jegenwoordige Tractaet met onse eygen handen ondertekent, en ons pitlier daer op gedrukt, en wy de voorsz. Staten Generael der Vereenigde Nederlandse Provintien, hebben het grote Zegel der voorsz. Staten daer aen doen hangen, en door onsen Griffier doen ondertekenen. Aldus gedaen in 's Gravenhage in Holland, in den Jare onses Heeren 1596 den 31. en laetsten dag October, *en was ondertekent* HENRY DE LA TOUR, PAUL DE CHOART, BUZANVAL. *Onder stont geschreven*, Ter Ordonnantie van de voorseyde Heeren Staten Generael, *en ondertekent*, C. AERSENS, *en gesegelt met het groote Zegel der voorsz. Staten in roden wassche, hangende aen een dubbelen steerte.*

XIV. Toutes Lettres de Represailles, Marque, Arrêt & autres semblables, qui ont été ci-devant données n'auront lieu ni de part ni d'autre, mais feront & demeureront nulles & de nulle valeur, & ne seront accordées à personne quand le cas écherra, mais sera fait droit à chacun comme il apartient, bien entendu que les Habitans particuliers des susdites Provinces-Unies ne pourront être inquietez ni molestez; soit en leurs Personnes ou en leurs Biens, pour raison des Dettes contractées par lesdites Provinces pour pousser la Guerre.

XV. Les Vaisseaux François qui feront leur voyage pour aller chercher des Grains ou autres sortes de Denrées ou Marchandises dans le Pays d'Oostland & ailleurs dans les Païs du Nord, pourront prendre leur chemin soit en allant ou retournant, sans être obligez de s'arrêter dans le Païs desdits Seigneurs Etats, ou sans qu'ils puissent être contraints d'y décharger leurs Marchandises, de les vendre, ou échanger; Et si lesdits Vaisseaux étoient contraints par tempête, gros tems ou autrement d'entrer dans les Havres desdites Provinces-Unies, ils ne pourront non plus être arrêtez ni contraints de decharger leurs Marchandises, de les vendre ou échanger, comme le semblable sera observé pour les Vaisseaux des susdites Provinces-Unies passant & repassant de l'Est à l'Oüest le long des Côtes du Royaume de France.

Lesquelles Conventions, Accords & Articles ci-dessus mentionnez, ont été negociez, accordez, passez & stipulez entre nous susdits és susdits noms, à la Haye en Hollande le 31. dernier jour d'Octobre 1596. Duquel Traité nous Duc de Bouillon Ambassadeur du Roi Trés-Chrétien de France avons promis de faire tenir dans le tems de six mois prochain, ou plûtôt, si faire se peut, Lettres de Ratification en bonne & suffisante forme dudit Seigneur Roi auxdits Etats Géneraux des Provinces-Unies du Pays-Bas.

En témoin de toutes lesquelles Conditions & Articles, nous susdit Duc de Bouillon & Buzenval, avons signé le present Traité de nos propres mains, & y avons apposé nôtre Cachet; Et nous les susdits Etats Generaux des Provinces-Unies y avons fait aposer le grand Sceau desdits Etats, & signer par nôtre Greffier. Ainsi fait à la Haye en Hollande l'an de nôtre Seigneur 1596, le 31. & dernier d'Octobre, & étoit signé HENRI DE LA TOUR, PAUL DE CHOART BUZENVAL; Et plus bas étoit écrit, *Par Ordonnance des susdits Etats Generaux*, & signé, C. AERSSEN, & scellé du grand Sceau des susdits Etats en cire rouge, pendant à double queuë.

CCL.

1598. 27. Janv.

Cessation d'Armes & Neutralité accordée pour la Ville de Vervins, & quatre lieuës aux environs, pendant la durée des Negociations de Paix en cette Ville. Fait à Paris le 22. Janvier 1598. [Memoires de BELLIEVRE & de SILLERY Tom. I. pag. 20.]

LE Roy ayant avisé pour plusieurs considerations, qui importent au bien public de son Royaume, faire une Assemblée & Conference des Deputez de Sa Majesté avec ceux du Roy d'Espagne, en la presence de Monsieur le Cardinal de Florence, Legat de nôtre saint Pere en ce Royaume, en la Ville de Vervins, & les personnes qui doivent assister en ladite Assemblée, que pour les allans & venans en icelles: Fait defenses à tous Capitaines, Soldats, Gens de Guerre, étans à sa solde, & autres personnes sujets à ses Commandemens, de courre, faire la Guerre, prendre Prisonniers, ni faire aucun autre Acte d'Hostilité à quatre lieuës aux environs de ladite Ville de Vervins; & pareillement d'arrêter & retenir Prisonniers ceux qui ayans Passeport du Sieur Cardinal d'Autriche, ou de ses Deputez qu'il envoyera en ladite Assemblée, iront & viendront dudit lieu de Vervins en la Ville de Bruxelles, à la charge que le semblable sera accordé de la part dudit Roy d'Espagne, & dudit Cardinal Archiduc, tant pour la franchise & seureté dudit lieu de Vervins, & des quatre lieuës susdites, aux environs d'iceluy, que pour ceux qui ayans Passeport de Sa Majesté, & de ses Deputez, iront & viendront dudit Vervins à Paris, tant que ladite Assemblée durera, & huit jours après la separation d'icelle. Fait en la Ville de Paris, le 27. jour de Janvier 1598.

ANNO 1598.

Mars.

FRANCE ET LORRAINE.

CCLI.

Edit de HENRI IV. *Roi de France, sur les Articles accordez au Duc de* MERCOEUR *pour sa réduction & des Villes de Nantes & autres de Bretagne à l'obeïssance de Sa Majesté, à Angers au mois de Mars 1598.* [Hist. des derniers troubles de France, sous les Regnes de *Henri III.* & de *Henri IV.* au Recueil des Edits, *fol.* 128. *verso*]

HENRY par la grace de Dieu Roy de France & de Navarre, à tous presens & à venir: Salut. Nous avons toûjours desiré que Dieu nous fist la grace de mettre fin aux troubles de ce Royaume, plustost par l'obeïssance volontaire de tous nos Sujets que par la force & nécessité des armes, afin de faire joüir les derniers venus des mêmes fruits que nostre bonté a produit à l'endroit des autres ci devant retournez à leur devoir: Ce qui nous a heureusement succedé par la reduction de nôtre tres-cher & bien-aimé Cousin le Duc de Mercœur qui s'est trouvé si disposé à nous rendre l'obeïssance qu'il doit ensemble ceux qui étoient en armes avec luy, que nous avons occasion d'être contens & satisfaits d'approuver le zéle qu'ils nous ont remonstré avoir eu en la Religion, & d'excuser nostre Cousin de ce qu'il est demeuré si long-temps en armes aprés nostre reconciliation à nostre saint Pere, & la venuë de nostre tres-cher & bien-amé Cousin le Cardinal de Florence, son Legat en ce Royaume, sur ce qu'il nous a fait entendre qu'il avoit été retenu à faire ladite declaration, pour les considerations qui regardent le bien de ce Royaume, dont il a toûjours desiré la conservation, & craint le démembrement, mêmes pour garantir nostre Province de Bretagne du péril auquel elle se fust trouvée reduite lors que nous estions occupez sur la Frontiere de Picardie, à y repousser nos Ennemis, à cause des intelligences que les plus grands avoient audit Pays, & le moyen d'y entreprendre & faire entrer des forces, au préjudice de nostre service, & grand dommage de cest Etat. Au moyen dequoy voulans recognoistre sa bonne volonté, l'aymer & traiter à l'advenir comme nostre bon Parent & fidelle Subject, inclinans à la tres-humble supplication & requeste qu'il nous a faite, tant pour luy, que pour ceux qui se remettront avec luy soubs nostre obeïssance: Nous avons dit, statué, & ordonné, & par cestuy nostre Edict perpetuel & irrevocable, disons, statuons, & ordonnons, voulons & nous plaist, qu'en la Ville & Faulx-bourgs de Nantes ne soit fait aucun exercice de la Religion prétenduë Reformée, & ne sera ordonné aucun lieu pour lieu de Bailliage pour l'exercice de ladite Religion, à trois lieuës de ladite Ville.

II. Tenons nostredit Cousin le Duc de Mercœur, les Prélats Ecclesiastiques, Presidents, Conseillers, Advocats Généraux, & autres Officiers du Parlement de Rennes, qui ont exercé la Justice à Nantes, ensemble les Magistrats, Gentilshommes, Officiers & autres, qui avec luy se remettent en nostre obeïssance, pour nos bons Subjets & fidelles serviteurs, à la charge de nous prester le Serment de fidelité, & submission requises pour nostredite obeïssance: Voulons & ordonnons que tant nostredit Cousin le Duc de Mercœur, & tous lesdits Ecclesiastiques, Officiers, Gentilshommes, & autres personnes de quelque qualité & condition, Lieux & Villes de nostre obeïssance qu'elles soient, faisans ledit Serment & submissions, soient remis, comme nous les remettons & rétablissons en tous leurs Biens, Offices, Benefices, Charges, & Dignitez, Privileges, & Immunitez: nonobstant tous dons de leursdits Biens meubles, & immeubles, Rentes, Debtes & Revenus, que nous voulons desormais demeurer nuls, & toutes Promesses, Obligations & Cedulles pour ce faites: nonobstant aussi les Provisions obtenues, par toutes personnes desdits Benefices, & Offices saisis, Ventes, & Confiscations d'iceux, & Declarations qui pourroient avoir été expediez, émologuez & enregistrez au contraire: toutes lesquelles choses nous avons revoquées & revoquons, & du tout en vertu de ces presentes, Nous leur avons fait & faisons pleine & entiere main levée & delivrance, mêmes des Maisons desdits Ecclesiastiques, desquelles ceux qui les occupent seront tenus de se departir tout incontinent, & sans aucun delay: sans que pour quelque pretexte que ce soit, ils les puissent retenir: toutesfois ce qui a été pris & actuellement receu en vertu desdits Dons de quelque nature de Deniers que ce soit, comme aussi toute joüissance des fruits, Biens meubles & immeubles, Maisons de Ville, payement des Arrerages, Rentes, Revenus & Emolumens, tant des Benefices des Ecclesiastiques à quelque tiltre que ce soit, que des Offices & Charges, mêmes des Greffiers, encores que lesdits Benefices, Offices & Charges, ne demeurent à ceux qui les detenoient jusques à ceste heure, ne sera subject à aucune restitution de part ni d'autre, & n'en pourra être faite poursuitte, demande au contraire, contre quelques personnes que ce soit, fors & excepté des meubles qui se trouvent en nature, qui seront restituez aux Proprietaires si bon leur semble, en payant par eux le prix de la vente d'iceux faite par authorité de Justice ou autrement, & sans fraude. Seront semblablement restituez, tous Tiltres, Papiers & Enseignemens qui se trouveront en essence, appartenans tant à Nous qu'aux Particuliers trouvées & tombées ez mains de qui que ce soit, sans qu'ils puissent être retenus soubs quelque pretexte, cause ou excuse que ce puisse être.

III. Les Ecclesiastiques de nostredite Province de Bretagne, tant ceux qui recognoissent nostre authorité, que ceux qui s'y submettront, avec nostredit Cousin, qui ont payé leurs Decimes aux Receveurs ou Commis d'une part ou d'autre n'en pourront être recherchez pour le passé: Ains voulons & nous plaist qu'ils soient & demeurent entierement quittes & déchargez de ce qui aura été par eux payé, soit des Deniers desdits Decimes, ou de ceux de l'allienation du temporel du Clergé: Et pour le regard des arrerages qu'ils peuvent devoir, nous pourvoirons à leur décharge & soulagement, aprés qu'il aura été informé de leur non joüissance & spoliation, conformément au Contract dernier fait avec les Deputez du Clergé de nostre Royaume. Et cependant de grace speciale, leur avons donné & donnons surseance pour six mois, à commencer du premier jour de Mars dernier pour le paiement des arrerages, sans retardement toutesfois des Deniers qui escherront depuis ledit jour. Voulons néantmoins particulierement que les Curez des Eglises qui sont aux Champs és Bourgs & Villages, demeurent entierement quittes, comme nous les quittons & déchargeons desdits arrerages jusques audit premier jour de Mars.

IV. Tous ceux qui ont été pourveus & receus, ou presenté leurs Lettres d'Etats de Justice, & Finance lors étoient deuëment pourveus personnes estans soubs le pouvoir de nostredit Cousin, & qui ont vacqué par mort, resignation ou autrement, depuis ces troubles, desquels Offices la fonction se faisoit és Lieux par nostredit Cousin remis en notre obeïssance, sont comme nous les avons par ces Presentes conservez & conservons en iceux, en prenant nos Lettres de Provision qui leur seront expediées & delivrées aprés que celles de nostredit Cousin auront été comme nulles rapportées, sans payer finance ne supplément en nos parties Casuelles. Et pour le regard de ceux qui ont exercé par Commission, estats en la Justice & aux Finances en l'absence ou decés de ceux qui étoient demeurez en nostre service, cesseront leur Commission dés à present, sans restitution toutesfois des Gages, Emolumens & profits par eux perceus, ne qu'il se puisse faire recherche contre eux des Jugements par exploits de Justice faits en l'execution de leursdites Commissions. Et le semblable voulons pour les Greffiers & Commis, lesquels ne seront non plus subjets à la restitution des Gages & Emolumens provenans de l'exercice desdits Greffes.

V. Nostredit Cousin, & les Seigneurs Ecclesiastiques, Gentilshommes, Officiers & autres Habitans de Villes Communautez & Bourgades, Capitaines, Chefs de Gens de Guerre qui l'ont suivi & assisté, & qui viendront à la recognoissance de nostre authorité avec luy, ne seront recherchez des choses advenuës, & par eux commises durant ces troubles & à l'occasion d'iceux, soit de prise des armes, port d'icelles, assemblées de Gens de Guerre & du Peuple en armes dedans les Villes & aux Champs, établissement ou entretenement de Garnison, entreprise, sieges, prises de Villes, Chasteaux & Maisons fortes, Fortifications, desmentellement d'iceux, notamment des Maisons & Chasteau du Coté & Fort Saint George prés Montagu, & des prises de Meubles, bruslemens, & tous autres ex-

ces

ANNO 1598.

cez y survenus & qui s'en sont ensuivis, emprisonnemens d'Officiers & autres, prises de Navire, Vaisseaux ou Marchandises, & autres Biens sur Mer : pareillement de demolitions d'Eglises, Temples, Maisons & édifices des Ecclesiastiques & autres personnes, bruslement d'iceux, commutation de peines, envoy aux Galeres estrangeres, changement de Seels, intitulement des Arrests, & Lettres Patentes, & de tous autres Actes publics, Deniers prins, tant des Receptes ordinaires que autres, des Greniers, des Villes & Communautez & Particuliers, & provenans des Economats & saisies des Benefices, Decimes, alienations du temporel, prise & vente de Biens Meubles, Forests ou Bois, tant appartenans aux publics qu'aux particuliers, amendes, taxes du devoir du Sel, levées de Pionniers, Vivres, Munitions, Magasins ou autre nature de Deniers pris & levez à l'occasion des presens troubles, imposition de nouveaux devoirs, soit sur les Marchandises, ou par forme de Subventions & Contributions accordez par ladite Assemblée en forme d'Estat, continuation des anciens, confiscation des Meubles saisis, Baux à ferme, tant du Domaine que des Terres des Particuliers; ny pareillement des Deniers qui ont été levez & imposez, les formes accoûtumées non gardées, de quelque sorte & nature qu'ils soient, & en quelque maniere qu'ils ayent été levez, fabrications & évaluations de Monnoyes faites au desir de l'Ordonnance des Chefs du Party, prise ou fonte d'Artillerie, & confection de Poudres & Salpestres, Voyages, Intelligences, Traitez & Contracts faits avec les Villes & Communautez de ce Royaume, ou Princes étrangers, introduction d'étrangers en la Province & autres endroits du Royaume, Traficqs, Commerces aux Pays étrangers, Negotiations faites par quelques Personnes que ce soit, avec Princes ou Communautez, tant du commandement de notredit Cousin le Duc de Mercœur, que desdits Gentilshommes, Communautez ou Particuliers, soit en Espagne ou ailleurs, Jugemens & Declarations, de Rançons, Amendes & Butins & generalement tout ce qui a été fait, geré, negotié, parlé, presché ou escrit en Livres, Libelles, Expeditions d'Affaires, & tous Actes d'hostilité, faits en quelque sorte & maniere que ce soit, des Executions de mort faites par le commandement de nostredit Cousin, des Chefs advouez de luy, par la Justice ordinaire, Prevosts des Maréchaux, leurs Lieutenans, les formes non gardées durant & à l'occasion des presens troubles, sans aucunes excepter, encores qu'elles ne soient cy-dessus exprimées : De toutes lesquelles choses susdites & autres de la qualité cy-dessus, encores qu'elles ne soient exprimées au present Edict : Nostre vouloir & intention est que la memoire demeure à jamais éteinte & abolie, comme nous l'esteignons & abolissons de nostre grace speciale, pleine puissance & authorité Royale, & deffendons à toutes personnes quelles qu'elles soient de faire instance ou poursuite en general ou particulier, soit contre nostredit Cousin le Duc de Mercœur, ou autres Personnes susdites, leurs Veufves, Enfans & Héritiers, que nous entendons en être & demeurer pareillement quittes & déchargez : imposans sur ce silence perpetuel à nos Procureurs Generaux, leurs Substituts presens & advenir, & à toutes nos Cours de Parlement, Juges & Officiers, & tous autres, & sans qu'il soit besoin aux Particuliers d'obtenir de nous pour ce qui les concerne autres Lettres que cesdites presentes.

VI. Sont toutesfois, & avons trés-expressément reservé & excepté des remises & décharges susdites, tous crimes & delicts punissables en même parti, & le damnable assassinat commis en la Personne du feu Roi nostre trés-honoré Seigneur & Frere, que Dieu absolve, comme aussi tous attentats ou projets contre nostre Personne.

VII. Demeureront semblablement, & expressement nostredit Cousin & les Seigneurs, Gentilshommes, Villes & Communautez qui l'ont assisté, déchargez de toutes Impositions, levées de Deniers tant pour Magazins, Etapes & autres faites par leurs Ordonnances, Commissions & adveus durant & à l'occasion des presens troubles.

VIII. Et pour plus grande asseurance & effet de nostre intention, Voulons & ordonnons que tous Edicts, Lettres Patentes & Declarations par nous & nostre trés-honoré Seigneur & Frere, faicts & publiez, les Arrests, Sentences, Jugemens & Decrets donnez sur iceux, ou autrement, tant en nostre Cour de Parlement de Paris, qu'en celle de Bretagne, & toutes autres de ce Royaume; Comme aussi és Jurisdictions qui y ressortissent, soit contre nostredit Cousin le Duc de Mercœur, lesdits Presidens, Conseillers, & Officiers du Parlement de Rennes qui ont exercé la Justice à Nantes, & tous autres que l'on assiste, & sont par lui advouez, leurs Veufves & Heritiers pour raison des choses susdites advenuës durant & à l'occasion des Guerres, soient retirez des Registres, pour en demeurer la memoire éteinte & abolie, comme seront aussi des Greffes & des mains de nos Officiers toutes Informations, Procedures, Procez Verbaux, pour être le tout comme nous le déclarons nul & de nul effet, & demeure cassé & revoqué : Deffendant à tous Huissiers d'en rien mettre à execution, ny exploicter en vertu de ce, & à toutes les Parties d'en faire faire aussi instance ne poursuitte quelconque.

IX. Nous faisons deffence à tous nos Subjets généralement quelconques de se reprocher aucuns des faicts susdits, ou se provoquer à querelles par injures, outrages ne convices : ains leur commandons & enjoignons trés-expressément de vivre paisiblement & amiablement, sur peine aux Contrevenants d'estre punis sur le champ, comme Perturbateurs du repos public.

X. L'establissement des Presidents, Conseillers, & autres Officiers qui estoient de nostre Cour de Parlement de Rennes pour l'exercice de la Justice à Nantes, les Jugemens, Sentences & Decrets, Exploicts & Executions d'iceux, tant en matiere Civile que Criminelle, Informations, poursuittes & Procedures, & autres Actes de Justice émanez d'eux, toutes Lettres tant en forme de grace, remission, & autres de Justice qui y ont esté verifiées & enterinées, soit de nostre Cousin le Duc de Mayenne, ou de nostredit Cousin le Duc de Mercœur, sortiront leur plein & entier effet entre personnes qui volontairement ont suby leur authorité & Jurisdiction, & le mesme aura lieu pour ce qui s'est fait, ordonné, jugé & decreté par ceux que nostredict Cousin a establis pour tenir les Jurisdictions de nos Sieges Presidiaux, de Rennes à Dinan, d'Angers à Nantes, & Rochefort & ailleurs, & par tous autres qui ont exercé lesdictes Jurisdictions inferieures.

XI. Seront aussi vallables tous Contracts, Conventions & Pactions faictes esdicts Lieux entre ceux qui volontairement s'y sont submis : comme au contraire ce qui s'est faict & ordonné & decreté entre personnes de part & d'autre, où ils n'ont volontairement suby Jurisdiction, demeurera nul, cassé & revoqué, & les Parties remises en tel estat qu'elles estoient auparavant.

XII. Ne sera faict aucune recherche de l'establissement d'un Conseil fait par nostredict Cousin le Duc de Mercœur, tant pour la direction des Finances, verifications, ne de ce qui s'est faict, passé & traicté en iceluy, pour Dons, Jugemens sur les rabais & levées de Deniers & autres affaires, dont les Ordonnances auront lieu, & sont par nous vallidées seulement pour ce qui a esté faict & executé en vertu d'iceux pour le passé, & entre ceux que nostredict Cousin rameine à nostre service.

XIII. Comme aussi ne se fera aucune recherche des Assemblées par forme d'Estats, faites de l'authorité de nostredit Cousin le Duc de Mercœur, establissement d'Offices, attribution de Gages, reiglement faict par eux, & levées de Deniers par forme de Subvention, Imposition sur les Marchandises, & generalement de tout ce qui a esté fait ausdictes Assemblées, que ne voulons neantmoins avoir lieu plus avant que jusques à ce jour, & valoir seulement pour ce qui est ja faict, & entre ceux, & ez Lieux que nostredict Cousin remet soubs nostre obeissance.

XIV. Cesseront dés à present tous les susdits establissemens des Juges & Jurisdictions ordonnées par nostredit Cousin, mesme dudit Conseil : Comme aussi toutes levées, Impositions sur les Marchandises & Vivres, Subventions, Contributions faites ou à faire en vertu de ses Commissions & Ordonnances, ou de ceux qui sont par luy advouez & authorisez, & ressortiront au surplus tous nos Subjets chacun en leurs Jurisdictions, & ez Lieux où elles estoient establies auparavant ces troubles, où nous voulons qu'elles soient exercées ainsi qu'ils avoient accoustumé.

XV. Et à cest effect, les Officiers de nos Parlemens, Chambre des Comptes, comme aussi ceux de la Generalité, & des Seneschaussées, Sieges Presidiaux, & autres Jurisdictions & Charges de Justice & Finances, r'entreront en l'Exercice de leurs Estats & Offices, d'une part & d'autre : jouyront d'iceux en leurs rangs, seance,

ANNO 1598.

seance, & ordre de reception, comme ils faisoient auparavant lesdits troubles, & avec les Prerogatives, Libertés, Gages attribués à leurs Estats, & sans qu'il soit besoin d'autre Declaration, Lettres, ny Reglement que du present Edict: Et seront les Registres portez aux Greffes, pour y avoir recours quand besoin sera.

XVI. Les Conseillers receus à Nantes en vertu des Provisions du deffunct Roy, Arrest du Conseil du huictiesme Octobre, mil cinq cents quatre-vingts huict, & de nostre Cour de Parlement de Bretagne, sont, & les avons par ces Presentes maintenuz esdicts Estats, & est par nous enjoinct en nostredicte Cour de Parlement, de les y recevoir & admettre, sans qu'ils soyent pour ce tenus payer nouvelle finance, ny prendre autre confirmation, sinon avec le corps de ladicte Cour de Parlement.

XVII. Ceux qui ont faict le maniement des Deniers levez par les Ordonnances desdites Assemblées en forme d'Estats, en compteront en la forme & ainsi qu'il est accoustumé, & les parties seront passées & allouées en leurs comptes sans difficulté, en vertu des Acquits, Etats & Mandemens de nostredit Cousin le Duc de Mercœur, & autres authorisez & advoués de luy: Et pour le regard des comptes qui ont esté rendus par devant les Commissaires deputés ausdictes Assemblées, ne seront subjets à nouveau examen, ains en demeureront quittes & exempts les Comptables pour toûjours, sinon ez cas reservez par les Ordonnances ou Statuts & Coustumes du Pays.

XVIII. Les Comptes qui ont esté rendus, examinez, clos & arrestez à Nantes, par les Officiers de la Chambre des Comptes qui estoient en icelle, ou autres establis & commis de la part de nostredict Cousin, & autres advouez de luy, pour le maniement des Deniers levez, prins & arrestez, ou ordonnez par nostredict Cousin, & ceux de son Conseil, ou de ladite Assemblée en forme d'Estats, & de ceux qu'il advouera, & se remettront avec luy en nostre obeïssance, ne seront subjects à nouvel examen, & toutes Ordonnances & Jugemens donnez, tant sur ligne de Compte que verification de Lettres, tiendront & auront lieu, sans qu'il en puisse estre fait recherche ne reformation, si ce n'est par revision, & en cas des Ordonnances; Et où il se trouvera des parties rayées par lesdits Comptes, pour avoir esté payées contre les Ordonnances & Reiglemens, nous en ferons expedier toutes validations necessaires.

XIX. Et pour le regard des Comptes à rendre, tant par les Receveurs generaux, particuliers, & Thresoriers de l'extraordinaire, qu'autres, ayans esté commis au maniement desdicts Deniers sous nostredict Cousin, seront rendus & examinez, clos & arrestez en nostre Chambre des Comptes dudict Pays, & non ailleurs, ny autrement. Seront toutesfois les parties y employées, passées & allouées purement & simplement, tant en vertu des Estats, Mandemens, Ordonnances & Rescriptions expediées par nostredit Cousin, sondit Conseil, ou par ladite Assemblée en forme d'Estats, ou d'autres advouez d'eux, que des Acquits, Quittances & Descharges, des parties prenantes, lesquelles Ordonnances, Mandemens, Acquits & Quittances, Nous avons seulement vallidées & vallidons pour cest effect, encore que les formes prescriptes par les Ordonnances & Reiglemens n'ayent esté suivis & observez.

XX. Et par ce moyen toutes parties & sommes de Deniers payez de l'Ordonnance de nostredict Cousin, tant pour Estats, gages & Solde de Gens de Guerre, Pensions, Entretenemens, Vivres, Artilleries, Voyages, Gaiges, taxations d'Officiers & Commis, & toutes autres despences, tant de la Guerre qu'autres, mesmes les parties payées comptant ez mains de nostredict Cousin par quelques Comptables que ce soit, seront passées & allouées sans qu'il y ait aucune difficulté, & sans qu'il soit besoin ausdicts Comptables d'obtenir Lettres & validations autres que ces presentes, & les *debentur* des Comptes de ceux qui pour nostredit Cousin ont manié les Deniers de l'extraordinaire de la Guerre de nostre Recepte generale, & Estats, & autres Comptables, tant de ceux qu'ils ont ja rendus, qu'autres qui restent encore à rendre, seront compensez avec ce qu'ils pourront devoir par autre Compte, ores que lesdits *debentur* ne soient clairs, & y eust quelques deports & souffrances esdits Comptes, jusques à l'examen & closture du dernier Compte.

XXI. Les Fermiers, Soubs Fermiers, Commis, establis par nostredit Cousin, sondit Conseil, ladicte Assemblée en forme d'Estats, ou autres advouez d'eux, soit au maniement des Deniers de nos Tailles, Fouages, Imposts, Billots, Ports & Havres, briefs traictes de Bêtes vives, Prevosté de Nantes, & autres qui auront payé le prix de leurs Fermes par leurs Ordonnances, en demeureront quittes vers nous autres, & n'en seront recherchez & contraincts à nouveau payement.

XXII. Voulons aussi & nous plaist, afin que lesdicts Officiers ou Commis par nostredict Cousin audit extraordinaire de la Guerre, nostre Recepte generale & de l'Assemblée susdite par forme d'Estats puissent satisfaire aux charges & assignations qui ont esté ordonnées sur eux, tant ez années precedentes qu'au quartier courant, & se rembourser de ce qu'ils ont payé & advancé en esperance de recouvrer lesdites assignations, qu'ils puissent, comme nous les permettons, chacun d'iceux faire poursuitte & recouvrement des restes de leursdictes assignations, tant desdites années precedentes que dudit Quartier courant, vers les Receveurs, Fermiers, & autres, entre les mains de qui les Deniers en sont encores à present, de quelque nature & qualité que ce soit, au payement desquels ils feront contraindre lesdits Fermiers, Receveurs & autres Commis, comme dit est, par les voyes accoustumées, pour nos Deniers & affaires: Sans toutesfois que le Peuple puisse estre contraint au payement desdits restes, & que nous soyons tenus à aucuns rabais ou descharges que pourroient pretendre lesdicts Fermiers: Ne seront aussi lesdits Comptables contraints en leurs noms par qui que ce soit au payement de ce, dont pour la necessité des affaires ils auroient baillé leurs rescriptions & promesses, sinon à la proportion du fonds qui se trouvera en leurs mains pour y satisfaire.

XXIII. Pendant le temps des presens troubles les prescriptions n'auront cours entre aucunes personnes de part ne d'autre, ne peremptions, le tout jusques à ce jour.

XXIV. Les Habitans de nostre Ville de Nantes sont par nous maintenus, & confirmez en tous & chacuns leurs Privileges à eux concedez, pour en jouyr ainsi qu'ils faisoient bien & deuëment auparavant ces troubles.

XXV. Jouyront nos Subjects que nostredict Cousin le Duc de Mercœur rameine à nostredicte obeissance, de la descharge & remise octroyée à nos autres Subjects.

XXVI. Ayans esgard aux grandes Debtes & depenses que nôtredit Cousin a esté contraint de faire pendant ces Guerres, & recognoissans qu'il luy est impossible de pourvoir si promptement au payement d'icelles: Nous avons à nostredit Cousin donné & donnons temps & terme d'un an pour l'acquit de sesdites Debtes, pendant lequel temps ne pourra estre ou ses Pleiges & Cautions contraints pour quelque cause que ce soit.

XXVII. Ceux qui ont suivy nostredit Cousin ne pourront être contraints au payement des taxes faites sur eux depuis l'an mil cinq cents quatre-vingts neuf, & icelle compris jusques à present, ez Villes desquelles ils ont esté mis hors, nonobstant tous Arrests, Jugemens & condemnations contraires.

XXVIII. Tous Prisonniers de Guerre qui n'ont convenu de leur rançon seront de part & d'autre mis en liberté, en payant moderement les frais de leur nourriture & despence, & pour le regard de ceux qui ont convenu, s'ils sont jugez de bonne ou mauvaise prise, seront tenus de payer: & neantmoins si aucuns pretendent leursdites rançons excessives, se pourvoiront par devant nos tres-Chers Cousins les Connestable & Mareschaux de France, pour en estre ordonné ce que de raison, & pour cest effect nous seront lesdits Prisonniers amenez & representez: Et pour le regard du Sieur de Goust & du Marquis de la Roche ou ses Cautions, seront leurs rançons moderées, à sçavoir celle dudit Sieur du Goust à quatre mil Escus, comprins les despenses qui restent à payer, laquelle Somme ledict du Goust sera tenu de payer dans six mois, & sera eslargy en baillant caution, & quant audict Marquis de la Roche ou sesdites Cautions, ladicte rançon sera moderée à pareille Somme de quatre mil Escus, comprins aussi les despences pour ce qui reste à payer de celle des gardes de ses Cautions, & neantmoins demeureront les Heritiers du feu Sieur de la Sollaye deschargés de la represaille dudit Sieur le Goust, reservant les actions aux Cautions, & la defen-

ANNO 1598.

defence au contraire en ce qui est de la rançon seulement.

XXIX. Les Commissaires & Garde general establis par ledict Sieur Duc aux Vivres & Munitions de ses Armées, leurs Clercs & Commis sont deschargez de leur administration & de ce qui s'est passé, fait & executé en icelle de l'Ordonnance de nostredict Cousin ou de ceux qui ont eu charge & pouvoir de luy, à condition d'en compter par ledit Garde, & n'en seront aucunement recherchez, encores que les formes n'ayent esté observées.

XXX. Toutes contraventions & actes d'hostilité commises pendant les Tresves, & au prejudice des Traitez faits sur icelles demeureront esteintes & abolies, ensemble les Jugemens & Arrests si aucuns auroient esté donnés de part & d'autre, contre qui que ce soit, sans que recherche en puisse estre faicte cyaprés.

XXXI. Pource que celuy qui a eu la charge de l'extraordinaire de la Guerre, a receu quelques Deniers des Tailles & autres publics des Generalitez de Poictiers & Tours qu'il a confusément employez au faict de sa Charge avec ceux de la Province & Generalité de Bretagne: tellement que la despense ne s'en peut separer, le Compte de tous lesdits Deniers ensemblement sera rendu en la Chambre des Comptes à Nantes, & luy deschargé d'en compter à Paris, à la charge qu'il y sera porté un extraict des parties touchées desdictes Generalitez.

XXXII. Ceux qui ont assisté à la prise du President de Ris, ses Fils & Gendre, n'en seront criminellement recherchez: & quant à l'Interest civil, les Parties demeureront respectivement en leurs Droicts, suivant l'Arrest donné en nostre Conseil, entre les Presidens de Riz & de Velix, auquel Sadicte Majesté n'entend prejudicier pour ce regard.

XXXIII. Les Articles secrets qui ne se trouveront inserez en cedict present Edict, seront entretenus de point en poinct & inviolablement observez, & sur l'extraict d'iceux, ou de l'un desdicts Articles, signé de l'un de nos Secretaires d'Etat, toutes Lettres necessaires seront expediées.

XXXIV. Si donnons en Mandement à nos amez & feaux Conseillers les Gens tenans nos Cours de Parlement, Chambres de nos Comptes, Cour de nos Aydes, Thresoriers Generaux de France & de nos Finances, Baillifs, Seneschaux, Prevost, Juges, ou leurs Lieutenans, & tous nos autres Justiciers & Officiers, à chacun d'eux endroit soy que ces Presentes ils fassent lire, publier & enregistrer, garder, observer & entretenir inviolablement, & sans enfraindre, & du contenu en icelles faire jouyr & user tous ceux qu'il appartiendra, cessans & faisans cesser tous troubles & empeschemens au contraire: Car tel est nostre plaisir. Et afin que ce soit chose ferme & stable à toujours, Nous avons signé cesdites Presentes de nostre main, & à icelles faict mettre & apposer nostre Séel. Donné à Angers au mois de Mars, l'an de grace mil cinq cents quatre vingts dixhuict, Et de nostre Regne le neufiesme. *Signé* HENRY. *Et plus bas*, Par le Roy, POTIER. *Et à costé*, Visa. *Et scellé du grand Séel en cire verte, sur lacs de soye rouge & verd.*

Leuës publiées & regitrées, oui le Procureur General du Roi à Paris en Parlement, le 26. jour de Mars mil cinq cens quatre vingts dixhuict. Signé, VOISIN.

Leuës, publiées & regitrées semblablement en la Chambre des Comptes, oui le Procureur General à la charge que le Roi sera supplié de pourvoir au remplacement des Deniers qui estoient affectez au payement des Arrerages des Rentes constituées sur l'Hostel de la Ville de Paris, & sans que la Chambre des Comptes de Nantes puisse pretendre à l'advenir l'audition des Comptes concernans le faict de l'extraordinaire des Guerres. Fait le vint-septiéme jour de Mars, 1598. Signé, DANES.

Leuës, publiées & regitrées, oui sur ce le Procureur General du Roi à Paris en la Cour des Aides, le vingt-huictiesme jour de Mars, 1598. Signé, BERNARD.

CCLII.

Avril.
HENRI IV.

Edit de HENRI IV. *Roi de France pour la Pacification des Troubles de son* ROYAUME, *donné à* NANTES *au mois d'Avril*, 1598. *& publié en Parlement le* 25. *Février*, 1599. *avec les Articles particuliers intervenus sur icelui aussi vérifiez en Parlement.* [BENOÎT, Histoire de l'Edit de Nantes, dans les Preuves du Tom. I. pag. 62.]

ANNO 1598.

ET LES REFORMEZ DE FRANCE.

HENRI par la grace de Dieu Roi de France & de Navarre: A tous presens & à venir, Salut. Entre les graces infinies qu'il a plu à Dieu nous departir, celle est bien des plus insignes & remarquables, de Nous avoir donné la vertu & la force de ne ceder aux effroyables troubles, confusions & desordres qui se trouverent à nôtre avenement à ce Royaume, qui étoit divisé en tant de parts & de factions, que la plus legitime en étoit quasi la moindre; & de Nous être neanmoins tellement roidis contre cette tourmente, que Nous l'ayons enfin surmontée, & touchions maintenant le port de salut & repos de cét Etat. De quoi à lui seul en soit la gloire toute entiere, & à Nous la grace & l'obligation, qu'il se soit voulu servir de nôtre labeur pour faire ce bon œuvre, auquel il a été visible à tous, si Nous avons porté ce qui étoit non seulement de nôtre devoir & pouvoir, mais quelque chose de plus, qui n'eût peut-être pas été en autre tems bien convenable à la Dignité que Nous tenons, que Nous n'avons eu crainte d'y exposer, puis que Nous y avons tant de fois & si librement exposé nôtre propre vie. Et en cette grande concurrence de si grands & perilleux affaires, ne se pouvans tous composer tout à la fois & en même tems, il Nous a fallu tenir cet ordre, d'entreprendre premierement ceux qui ne se pouvoient terminer que par la force, & plûtôt remettre & suspendre pour quelque tems les autres qui se devoient & pouvoient traitter par la raison & la Justice: comme les differens generaux d'entre nos bons Sujets, & les maux particuliers des plus saines parties de l'Etat, que Nous estimions pouvoir bien plus aisément guerir, aprés en avoir ôté la cause principale, qui étoit en la continuation de la Guerre civile. En quoi Nous étant (par la grace de Dieu) bien & heureusement succedé, & les armes & hostilitez étans du tout cessées en tout le dedans du Royaume, Nous esperons qu'il succedera aussi bien aux autres affaires qui restent à y composer, & que par ce moyen Nous parviendrons à l'établissement d'une bonne Paix & tranquile repos, qui a toûjours été le but de tous nos vœux & intentions, & le prix que Nous desirons de tant de peines & travaux, ausquels nous avons passé ce cours de nôtre âge. Entre lesdits affaires, ausquels il a fallu donner patience, & l'un des principaux, ont été les plaintes que nous avons reçuës de plusieurs de nos Provinces & Villes Catholiques, de ce que l'Exercice de la Religion Catholique n'étoit pas universellement retabli, comme il est porté par les Edits ci-devant faits pour la Pacification des troubles à l'occasion de la Religion. Comme aussi les Supplications & Remontrances qui nous ont été faites par nos Sujets de la Religion pretenduë Reformée, tant sur l'inexecution de ce qui leur est accordé par lesdits Edits, que sur ce qu'ils desireroient y être ajoûté, pour l'Exercice de leurdite Religion, la liberté de leurs consciences, & la sûreté de leurs personnes & fortunes: presumans avoir juste sujet d'en avoir nouvelles & plus grandes aprehensions, à cause de ces derniers troubles & mouvemens, dont le principal pretexte & fondement a été sur leur ruïne. A quoi, pour ne nous charger de trop d'affaires tout à la fois, & aussi que la fureur des armes ne compatit point à l'établissement des Loix, pour bonnes qu'elles puissent être, Nous ayons toûjours differé de temps en tems de pourvoir. Mais maintenant qu'il plaît à Dieu commencer à nous faire joüir de quelque meilleur repos, Nous avons estimé ne le pouvoir mieux employer, qu'à vaquer à ce qui peut concerner la gloire de son saint Nom & service, & à pourvoir qu'il puisse être adoré & prié par tous nos Sujets: & s'il ne lui a plû permettre que ce soit pour encores en une même forme de Religion, que ce soit au moins d'une même intention, & avec telle regle, qu'il n'y ait point pour cela de trouble ou de tumulte entr'eux: & que nous & ce Royaume puissions toûjours meriter & conserver le titre glorieux de Très-Chrétien, qui a été par tant de merites & dès si long-tems acquis: & par même moyen ôter la cause du mal & trouble qui peut avenir sur le fait de la Religion, qui est toû-

ANNO 1598.

jours le plus glissant & penetrant de tous les autres. Pour cette occasion, ayant reconnu cet affaire de très-grande importance, & digne de tres-bonne considération, après avoir repris les Cahiers des plaintes de nos Sujets Catholiques, ayant aussi permis à nosdits Sujets de ladite Religion pretenduë Reformée, de s'assembler par Deputez pour dresser les leurs, & mettre ensemble toutes leursdites Remontrances, & sur ce fait conferé avec eux par diverses fois, & revû les Edits precedens, Nous avons jugé necessaire de donner maintenant sur le tout à tous nosdits Sujets une Loy generale, claire, nette & absoluë, par laquelle ils soient reglez sur tous les differens qui sont ci-devant sur ce survenus entr'eux, & y pourront encore survenir ci-après, & dont les uns & les autres ayent sujet de se contenter, selon que la qualité du tems le peut porter. N'étant pour nôtre regard entrez en cette deliberation, que pour le seul zéle que nous avons au service de Dieu, & qu'il se puisse d'orênavant faire & rendre par tous nosdits Sujets, & établir entr'eux une bonne & perdurable Paix. Sur quoi nous implorons & attendons de sa divine bonté la même protection & faveur, qu'il a toûjours visiblement departie à ce Royaume, depuis sa naissance, & pendant tout ce long âge qu'il a atteint, & qu'elle face la grace à nosdits Sujets de bien comprendre, qu'en l'observation de cette nôtre Ordonnance consiste (après ce qui est de leur devoir envers Dieu & envers tous) le principal fondement de leur union, concorde, tranquilité & repos, & du rétablissement de tout cet Etat en sa premiere splendeur, opulence & force. Comme de nôtre part nous promettons de la faire exactement observer, sans souffrir qu'il y soit aucunement contrevenu. POUR CES CAUSES, Ayans avec l'avis des Princes de nôtre Sang, autres Princes & Officiers de la Couronne, & autres grands & notables Personnages de nôtre Conseil d'Etat étans prés de nous, bien & diligemment pesé & consideré tout cet affaire: AVONS par cet Edit perpetuel & irrevocable, dit, declaré & ordonné, disons, declarons & ordonnons:

I. Premierement, que la memoire de toutes choses passées d'une part & d'autre, depuis le commencement du mois de Mars 1585. jusques à nôtre avenement à la Couronne, & durant les autres troubles precedens, & à l'occasion d'iceux, demeurera éteinte & assoupie, comme de chose non avenuë. Et ne sera loisible ni permis à nos Procureurs Generaux, ni autres Personnes quelconques, publiques ni privées, en quelque tems, ni pour quelque occasion que ce soit, en faire mention, Procés ou poursuite en aucunes Cours ou Jurisdictions que ce soit.

II. Defendons à tous nos Sujets, de quelque état & qualité qu'ils soient, d'en renouveller la memoire, s'attaquer, ressentir, injurier, ni provoquer l'un l'autre par reproche de ce qui s'est passé, pour quelque cause & pretexte que ce soit; en disputer, contester, quereller ni s'outrager, ou s'offenser de fait ou de parole: mais se contenir & vivre paisiblement ensemble comme Freres, Amis & Concitoyens, sur peine aux Contrevenans d'être punis comme Infracteurs de Paix, & Perturbateurs du repos public.

III. Ordonnons que la Religion Catholique, Apostolique & Romaine, sera remise & rétablie en tous les Lieux & endroits de cettuy nôtre Royaume & Païs de nôtre obeïssance, où l'Exercice d'icelle a été intermis, pour y être paisiblement & librement exercée, sans aucun trouble ou empêchement. Defendant très-expressément à toutes personnes de quelque état, qualité ou condition qu'elles soient, sur les peines que dessus de ne troubler, molester ni inquieter les Ecclesiastiques en la celebration du divin Service, jouïssance & perception des Dîmes, Fruits & Revenus de leurs Benefices, & tous autres Droits & devoirs qui leur appartiennent: & que tous ceux qui durant les troubles se sont emparez des Eglises, Maisons, Biens & Revenus appartenans ausdits Ecclesiastiques, & qui les detiennent & occupent, leur en delaissent l'entiere possession & paisible jouïssance, en tels Droits, Libertez & suretez qu'ils avoient auparavant qu'ils en fussent dessaisis. Defendans aussi très-expressement à ceux de ladite Religion pretenduë Reformée, de faire Prêches ni aucun Exercice de ladite Religion, és Eglises, Maisons & habitations desdits Ecclesiastiques.

IV. Sera au choix desdits Ecclesiastiques d'acheter les Maisons & Bâtimens construits aux Places profanes sur eux occupées durant les troubles, ou contraindre les Possesseurs desdits Bâtimens d'acheter le fond, le tout suivant l'estimation qui en sera faite par Experts, dont les Parties conviendront; & à faute d'en convenir, leur en sera pourvû par les Juges des Lieux, sauf ausdits Possesseurs leurs recours contre qui il appartiendra. Et où lesdits Ecclesiastiques contraindroient les Possesseurs d'acheter le fond, les Deniers de l'estimation ne seront mis en leurs mains, ains en demeureront lesd. Possesseurs chargez, pour en faire profit à raison du Denier vingt, jusqu'à ce qu'ils ayent été employez au profit de l'Eglise: ce qui se fera dans un an. Et où ledit tems passé, l'Acquereur ne voudroit plus continuer ladite Rente, il en sera dechargé, en consignant les Deniers entre les mains de personne solvable, avec l'autorité de la Justice Et pour les Lieux sacrez, en sera donné avis par les Commissaires qui seront ordonnez pour l'execution du present Edit, pour sur ce y être par nous pourvu.

ANNO 1598.

V. Ne pourront toutefois les fonds & Places occupées pour les reparations & Fortification des Villes & Lieux de nôtre Royaume, & les materiaux y employez, être vendiquez ni repetez par les Ecclesiastiques, ou autres Personnes publiques ou privées, que lors que lesdites reparations & Fortifications seront demolies par nos Ordonnances.

VI. Et pour ne laisser aucune occasion de troubles & differens entre nos Sujets, avons permis & permettons à ceux de ladite Religion pretenduë Reformée, vivre & demeurer par toutes les Villes & Lieux de cettuy nôtre Royaume, & Païs de nôtre obeïssance, sans être enquis, vexez, molestez, ni astraints à faire chose pour le fait de la Religion contre leur conscience, ne pour raison d'icelle être recherchez és Maisons & Lieux où ils voudront habiter, en se comportant au reste selon qu'il est contenu en nôtre present Edit.

VII. Nous avons aussi permis à tous Seigneurs, Gentilhommes & autres Personnes, tant Regnicoles qu'autres, faisans profession de la R. P. R., ayans en nôtre Royaume & Païs de nôtre obeïssance Haute Justice ou plein Fief de Haubert (comme en Normandie) soit en proprieté ou usufruit, en tout ou par moitié, ou pour troisieme partie; avoir en telle de leurs Maisons desdites Hautes Justices, ou Fiefs susdits, qu'ils seront tenus nommer devant à nos Baillifs & Senechaux, chacun en son détroit, pour le principal domicile, l'Exercice de ladite Religion, tant qu'ils y seront residens: & en leur absence, leurs Femmes, ou bien leur Famille, ou partie d'icelle. Et encores que le Droit de Justice ou plein Fief de Haubert soit controversé, neanmoins l'Exercice de ladite Religion y pourra être fait, pourveu que les dessusdits soient en possession actuelle de ladite Haute Justice, encore que nôtre Procureur General soit Partie. Nous leur permettons aussi avoir ledit Exercice en leurs autres Maisons de Haute Justice ou Fiefs susdits de Haubert, tant qu'ils y seront presens, & non autrement: le tout tant pour eux, leur Famille, Sujets, qu'autres qui y voudront aller.

VIII. Es Maisons des Fiefs, où ceux de ladite Religion n'auront ladite Haute Justice, ou Fief de Haubert, ne pourront faire ledit Exercice que pour leur Famille tant seulement. N'entendons toutefois, s'il y survenoit d'autres Personnes, jusques au nombre de trente, outre leur Famille, soit à l'occasion des Batêmes, visites de leurs amis, ou autrement, qu'ils en puissent être recherchez: moyennant aussi que lesdites Maisons ne soient au dedans des Villes, Bourgs ou Villages appartenans aux Seigneurs Hauts Justiciers Catholiques, autres que nous, esquels lesdits Seigneurs Catholiques ont leurs Maisons. Auquel cas ceux de ladite Religion ne pourront dans lesdites Villes, Bourgs ou Villages, faire ledit Exercice, si ce n'est par permission & congé desdits Seigneurs Hauts Justiciers, & non autrement.

IX. Nous permettons aussi à ceux de ladite Religion, faire & continuer l'exercice d'icelle en toutes les Villes & Lieux de nôtre obeïssance, où il étoit par eux établi & fait publiquement par plusieurs & diverses fois, en l'année mil cinq-cens quatre-vingts seize, & en l'année mil cinq-cens quatre-vingts dix-sept, jusques à la fin du mois d'Août, nonobstant tous Arrêts & Jugemens à ce contraires.

X. Pourra semblablement ledit Exercice être établi & rétabli en toutes les Villes & Places où il a été établi, ou dû être par l'Edit de Pacification fait en l'année mil cinq cens soixante & dix-sept, Articles particuliers, & Conferen-

ANNO 1598.

ferences de Nerac & Fleix, sans que ledit établissement puisse être empêché és Lieux & Places du Domaine donnez par ledit Edit, Articles & Conferences pour les Lieux de Bailliages, ou qui seront cy-aprés, encores qu'ils ayent été depuis alienez à personnes Catholiques, ou le seront à l'avenir. N'entendons toutefois que ledit Exercice puisse être retabli és Lieux & Places dudit Domaine qui ont été cy-devant possedez par ceux de la Religion pretenduë Reformée, esquels il auroit été mis en consideration de leurs personnes, ou à cause du Privilege des Fiefs, si lesdits Fiefs se trouvent à present possedez par personnes de ladite Religion Catholique, Apostolique & Romaine.

XI. Davantage, en chacun des anciens Bailliages, Senechaussées & Gouvernemens tenans lieu de Bailliages, ressortissans nuëment & sans moyen és Cours de Parlement, Nous ordonnons qu'és Fauxbourgs d'une Ville, outre celles qui leur ont été accordées par ledit Edit, Articles particuliers & Conferences, & où il n'y auroit des Villes, en un Bourg ou Village, l'Exercice de ladite Religion pretenduë Reformée se pourra faire publiquement par tous ceux qui y voudront aller, encores qu'esdits Bailliages, Senechaussées & Gouvernemens, y ait plusieurs Lieux où ledit Exercice soit à present établi, fors & excepté pour ledit Lieu de Bailliage nouvellement accordé par le present Edit, les Villes esquelles il y a Archevêché & Evêché, sans toutesfois que ceux de ladite Religion pretenduë Reformée soient pour cela privez de pouvoir demander, & nommer pour ledit Lieu dudit Exercice, les Bourgs & Villages proches desdites Villes: excepté aussi les Lieux & Seigneuries appartenant aux Ecclesiastiques, esquelles nous n'entendons que ledit second Lieu de Bailliage puisse être établi, les en ayans de grace speciale exceptez & reservez. Voulons & entendons sous le nom d'anciens Bailliages, parler de ceux qui étoient du tems du feu Roy Henri nostre trés-honoré Seigneur & Beau-pere, tenus pour Bailliages, Senechaussées & Gouvernemens ressortissans sans moyen en nosdites Cours.

XII. N'entendons par le present Edit deroger aux Edits,& Accords ci-devant faits pour la reduction d'aucuns Princes, Seigneurs, Gentilshommes, & Villes Catholiques en nôtre obeïssance, en ce qui concerne l'Exercice de ladite Religion; lesquels Edits & Accords seront entretenus & observez pour ce regard, selon qu'il sera porté par les Instructions des Commissaires, qui seront ordonnez pour l'execution du present Edit.

XIII. Defendons très-expressément à tous ceux de ladite Religion, faire aucun Exercice d'icelle, tant pour le Ministere, Reglement, Discipline ou instruction publique d'Enfans, & autres, en cettuy nôtre Royaume, & Païs de nôtre obeïssance, en ce qui concerne la Religion, fors qu'és Lieux permis & ottroyez par le present Edit.

XIV. Comme aussi de faire aucun Exercice de ladite Religion en nôtre Cour & suite, ny pareillement en nos Terres & Païs qui sont delà les Monts, ny aussi en nôtre Ville de Paris, ni à cinq lieuës de ladite Ville: toutefois ceux de ladite Religion demeurans esdites Terres & Païs delà les Monts,& nôtredite Ville,& cinq lieuës autour d'icelle, ne pourront être recherchez en leurs Maisons, ni astraints à faire chose pour le regard de leur Religion contre leur conscience, en se comportant au reste selon qu'il est contenu en nôtre present Edit.

XV. Ne pourra aussi l'Exercice public de ladite Religion être fait aux Armées, sinon aux Quartiers des Chefs qui en feront profession, autres toutefois que celuy où sera le Logis de nôtre Personne.

XVI. Suivant l'Article deuxiéme de la Conference de Nerac, permettons à ceux de ladite Religion de pouvoir bâtir des Lieux pour l'Exercice d'icelle aux Villes & Places où il leur est accordé; & leur seront rendus ceux qu'ils ont cy-devant bâtis, ou le fond d'iceux, en l'état qu'il est à present, même és Lieux où ledit Exercice ne leur est permis, sinon qu'ils eussent été convertis en autre nature d'édifices. Auquel cas, leur seront baillez par les Possesseurs desdits édifices, des Lieux & Places de même prix & valeur qu'ils étoient avant qu'ils y eussent bâti, ou la juste estimation d'iceux, à dire d'Experts: sauf ausdits Proprietaires & Possesseurs leur recours contre qui il appartiendra.

XVII. Nous defendons à tous Prêcheurs, Lecteurs & autres qui parlent en public, d'user d'aucunes paroles, discours, & propos tendans à exciter le Peuple à sedition: ains leur avons enjoint & enjoignons de se contenir & comporter modestement, & de ne rien dire qui ne soit à l'instruction & édification des Auditeurs, & à maintenir le repos & tranquilité par nous établie en nôtredit Royaume, sur les peines portées par les precedens Edits. Enjoignans trés-expressément à nos Procureurs Generaux & leurs Substituts, d'informer d'office contre ceux qui y contreviendront, à peine d'en repondre en leurs propres & privez noms, & de privation de leurs Offices.

ANNO 1598.

XVIII. Defendons aussi à tous nos Sujets, de quelque qualité & condition qu'ils soient, d'enlever par force ou induction, contre le gré de leurs Parens, les Enfans de ladite Religion, pour les faire bâtiser ou confirmer en l'Eglise Catholique, Apostolique & Romaine: comme aussi mêmes defenses sont faites à ceux de ladite Religion pretenduë Reformée, le tout à peine d'être punis exemplairement.

XIX. Ceux de ladite Religion pretenduë Reformée ne seront aucunement astraints, ni demeureront obligez pour raison des abjurations, promesses & Sermens qu'ils ont cy-devant faits, ou cautions par eux baillées, concernans le fait de ladite Religion, & n'en pourront être molestez ni travaillez en quelque sorte que ce soit.

XX. Seront tenus aussi garder & observer les Fêtes indites en l'Eglise Catholique, Apostolique & Romaine; ne pourront és jours d'icelles besogner, vendre, ni étaller à boutiques ouvertes, ni pareillement les Artisans travailler hors leurs boutiques, & en Chambres & Maisons fermées, esdits jours de Fêtes, & autres jours defendus, en aucun métier, dont le bruit puisse être entendu au dehors des passans ou des Voisins: dont la recherche neanmoins ne pourra être faite que par les Officiers de la Justice.

XXI. Ne pourront les Livres concernans ladite Religion prétenduë Reformée, être imprimez & vendus publiquement, qu'és Villes & Lieux où l'Exercice public de ladite Religion est permis. Et pour les autres Livres qui seront imprimez és autres Villes, seront vus & visitez, tant par nos Officiers que Theologiens, ainsi qu'il est porté par nos Ordonnances. Defendons très-expressément l'impression, publication & vente de tous Livres, Libelles & Ecrits diffamatoires, sur les peines contenuës en nos Ordonnances: enjoignans à tous nos Juges & Officiers d'y tenir la main.

XXII. Ordonnons qu'il ne sera fait difference ne distinction, pour le regard de ladite Religion, à recevoir les Ecoliers pour être instruits és Universitez, Colleges & Ecoles, & les Malades & Pauvres és Hôpitaux, Maladeries & Aumônes publiques.

XXIII. Ceux de ladite Religion pretenduë Reformée seront tenus garder les Loix de l'Eglise Catholique, Apostolique & Romaine, reçues en cettuy nôtre Royaume, pour le fait des Mariages contractez & à contracter és degrez de consanguinité & affinité.

XXIV. Pareillement ceux de ladite Religion payeront les Droits d'entrées, comme il est accoutumé, pour les Charges & Offices dont ils seront pourvus, sans être contraints assister à aucunes Ceremonies contraires à leurdite Religion: & étans appellez par Serment, ne seront tenus d'en faire d'autre que de lever la main, jurer & promettre à Dieu qu'ils diront la verité: ne seront aussi tenus de prendre dispense du Serment par eux prêté en passant les Contracts & Obligations.

XXV. Voulons & ordonnons que tous ceux de ladite Religion pretenduë Reformée, & autres qui ont suivi leur Party, de quelque état, qualité & condition qu'ils soient, soient tenus & contraints par toutes voyes duës & raisonnables, & sous les peines contenuës aux Edits sur ce faits, payer & acquiter les Dîmes aux Curez, & autres Ecclesiastiques, & à tous autres à qui elles appartiennent, selon l'usage & coutume des Lieux.

XXVI. Les exheredations ou privations, soit par disposition d'entre vifs ou testamentaires, faites seulement en haine, ou pour cause de Religion, n'auront lieu tant pour le passé, que pour l'avenir entre nos Sujets.

XXVII. Afin de reünir d'autant mieux les volontez de nos Sujets, comme est nôtre intention, & ôter toutes plaintes à l'avenir, Declarons tous ceux qui font ou feront profession de ladite Religion pretenduë Reformée, capables de tenir & exercer tous Etats, Dignitez, Offices & Charges publiques quelconques, Royales, Seigneuriales, ou des Villes de nôtredit Royaume, Païs, Terres & Seigneuries de nôtre obeïssance, non-

nonobstant tous Sermens à ce contraires, & d'être indifferemment admis & reçus en iceux, & se contenteront nos Cours de Parlement & autres Juges, d'informer & enquerir, sur la vie, mœurs, Religion, & honnête conversation de ceux qui sont ou seront pourvus d'Offices, tant d'une Religion que d'autre, sans prendre d'eux autre Serment, que de bien & fidelement servir le Roy en l'exercice de leurs Charges, & garder les Ordonnances, comme il a été observé de tout tems. Avenant aussi vacation desdits Etats, Charges & Offices, pour le regard de ceux qui seront en nôtre disposition, il y sera par nous pourvu indifferemment, & sans distinction de Personnes capables, comme chose qui regarde l'union de nos Sujets. Entendons aussi que ceux de ladite Religion pretenduë Reformée puissent être admis & reçus en tous Conseils, Deliberations, Assemblées & Fonctions qui dependent des choses dessusdites; sans que pour raison de ladite Religion ils en puissent être rejettez, ou empêchez d'en joüir.

XXVIII. Ordonnons pour l'enterrement des Morts de ceux de ladite Religion, pour toutes les Villes & Lieux de ce Royaûme, qu'il leur sera pourvu promtement en chacun lieu par nos Officiers & Magistrats, & par les Commissaires que nous deputerons à l'execution de nôtre present Edit, d'une place la plus commode que faire se pourra. Et les Cimetieres qu'ils avoient par cy-devant, & dont ils ont été privez à l'occasion des troubles, leur seront rendus, sinon qu'ils se trouvassent à present occupez par édifices & bâtimens, de quelque qualité qu'ils soient, auquel cas leur en sera pourvu d'autres gratuitement.

XXIX. Enjoignons très-expressément à nosdits Officiers de tenir la main, à ce qu'ausdits enterremens il ne se commette aucun scandale: & seront tenus dans quinze jours après la requisition qui en sera faite, pourvoir à ceux de ladite Religion de lieu commode pour lesdites sepultures, sans user de longueurs & remises, à peine de cinq cens Ecus, en leurs propres & privez noms. Sont aussi faites defenses, tant ausdits Officiers, que tous autres, de rien exiger pour la conduite desdits corps morts, sur peine de concussion.

XXX. Afin que la Justice soit renduë & administrée à nos Sujets, sans aucune suspicion, haine ou faveur, comme étant un des principaux moyens pour les maintenir en paix & concorde, Avons ordonné & ordonnons, qu'en nôtre Cour de Parlement de Paris sera établie une Chambre, composée d'un President, & seize Conseillers dudit Parlement, laquelle sera appellée & intitulée la Chambre de l'Edit, & connoîtra non seulement des Causes & Procés de ceux de ladite Religion pretenduë Reformée, qui seront dans l'étenduë de ladite Cour; mais aussi des Ressorts de nos Parlemens de Normandie & Bretagne, selon la Jurisdiction qui luy sera cy-après attribuée par ce present Edit, & ce jusques à tant qu'en chacun desdits Parlemens, ait été établie une Chambre pour rendre la Justice sur les Lieux. Ordonnons aussi que des quatre Offices de Conseillers en nôtredit Parlement, restans de la derniere érection qui en a par nous été faite, en seront presentement pourvus & reçus audit Parlement quatre de ceux de ladite Religion pretenduë Reformée, suffisans & capables, qui seront distribuez, à savoir le premier reçu en ladite Chambre de l'Edit, & les autres trois, à mesure qu'ils seront reçus, en trois des Chambres des Enquêtes. Et outre que des deux premiers Offices de Conseillers Laiz de ladite Cour, qui viendront à vaquer par mort, en seront aussi pourvus deux de ladite Religion pretenduë Reformée; & iceux reçus, distribuez aussi aux deux autres Chambres des Enquêtes.

XXXI. Outre la Chambre cy-devant établie à Castres, pour le Ressort de nôtre Cour de Parlement de Thoulouse, laquelle sera continuée en l'état qu'elle est, Nous avons pour les mêmes considerations ordonné & ordonnons, qu'en chacune de nos Cours de Parlemens de Grenoble & Bourdeaux, sera pareillement établie une Chambre composée de deux Presidens, l'un Catholique, & l'autre de la Religion pretenduë Reformée, & de douze Conseillers, dont les six seront Catholiques, & les autres six de ladite Religion; lesquels Presidens & Conseillers Catholiques, seront par nous pris & choisis des Corps de nosdites Cours. Et quant à ceux de ladite Religion, sera faite Creation nouvelle d'un President & six Conseillers pour le Parlement de Bourdeaux, & d'un President & trois Conseillers pour celuy de Grenoble, lesquels avec les trois Conseillers de ladite Religion, qui sont à present audit Parlement, seront employez en ladite Chambre de Dauphiné. Et seront créez lesdits Offices de nouvelle Creation aux mêmes Gages, Honneurs, Autoritez & Préeminences que les autres desdites Cours. Et sera ladite seance de ladite Chambre de Bourdeaux, audit Bourdeaux ou à Nerac, & celle de Dauphiné, à Grenoble.

XXXII. Ladite Chambre de Dauphiné connoîtra des Causes de ceux de la Religion pretenduë Reformée du Ressort de nôtre Parlement de Provence, sans qu'ils ayent besoin de prendre Lettres d'évocation, ni autres Provisions, qu'en nôtre Chancellerie de Dauphiné: comme aussi ceux de ladite Religion de Normandie & Bretagne, ne seront tenus prendre Lettres d'évocation, ni autres Provisions qu'en nôtre Chancellerie de Paris.

XXXIII. Nos Sujets de la Religion du Parlement de Bourgogne, auront le choix & option de plaider en la Chambre ordonnée au Parlement de Paris, ou en celle de Dauphiné. Et ne seront aussi tenus prendre Lettres d'évocation, ni autres Provisions qu'esdites Chancellerie de Paris, ou Dauphiné, selon l'option qu'ils feront.

XXXIV. Toutes lesdites Chambres composées comme dit est, connoîtront & jugeront en souveraineté & dernier ressort, par Arrêt, privativement à tous autres, des Procés & differens mus & à mouvoir, esquels ceux de ladite Religion pretenduë Reformée seront Parties principales, ou Garans, en demandant ou defendant, en toutes matieres, tant civiles que criminelles, soient lesdits Procés par écrit ou Appellations verbales, & ce si bon semble ausdites Parties, & l'une d'icelles le requiert avant contestation en cause, pour le regard des Procés à mouvoir: excepté toutesfois pour toutes matieres Beneficiales, & les Possessoires des Dîmes non inféodez, les Patronats Ecclesiastiques, & les Causes où il s'agira des Droits & devoirs ou Domaine de l'Eglise, qui seront toutes traittées & jugées és Cours de Parlement, sans que lesdites Chambres de l'Edit en puissent connoître. Comme aussi nous voulons, que pour juger & decider les Procés criminels qui interviendront entre lesdits Ecclesiastiques, & ceux de ladite Religion pretenduë Reformée, si l'Ecclesiastique est Defendeur, en ce cas la connoissance & jugement du Procés criminel appartiendra à nos Cours Souveraines, privativement ausdites Chambres; & où l'Ecclesiastique sera Demandeur, & celuy de ladite Religion Defendeur, la connoissance & jugement du Procés criminel appartiendra par appel & en dernier ressort ausdites Chambres établies. Connoîtront aussi lesdites Chambres en tems de vacations, des matieres attribuées par les Edits & Ordonnances aux Chambres établies en tems de vacation, chacune en son Ressort.

XXXV. Sera ladite Chambre de Grenoble dés à present unie & incorporée au Corps de ladite Cour de Parlement, & les Presidens & Conseillers de ladite Religion pretenduë Reformée, nommez Presidens & Conseillers de ladite Cour, & tenus du rang & nombre d'iceux. Et à ces fins seront premierement distribuez par les autres Chambres, puis extraits & tirez d'icelles, pour être employez, & servir en celle que nous ordonnons de nouveau: à la charge toutefois, qu'ils assisteront & auront voix & seance en toutes les deliberations qui se feront les Chambres assemblées, & joüiront des mêmes gages, autoritez & préeminences que font les autres Presidens, & Conseillers de ladite Cour.

XXXVI. Voulons & entendons que lesdites Chambres de Castres & Bourdeaux soient reünies & incorporées en iceux Parlemens, en la même forme que les autres quand besoin sera, & que les causes qui nous ont mu d'en faire l'établissement cesseront, & n'auront plus de lieu entre nos Sujets: & seront à ces fins les Presidens & Conseillers d'icelles, de ladite Religion, nommez & tenus pour Presidens & Conseillers desdites Cours.

XXXVII. Seront aussi créez & érigez de nouveau en la Chambre ordonnée pour le Parlement de Bourdeaux, deux Substituts de nos Procureur & Avocat Generaux, dont celuy du Procureur sera Catholique, & l'autre de ladite Religion, lesquels seront pourvus desdits Offices, aux gages comptans.

XXXVIII. Ne prendront tous lesdits Substituts autre qualité que de Substituts; & lors que les Chambres ordonnées pour les Parlemens de Thoulouse & Bourdeaux seront unies & incorporées ausdits Parlemens,

ANNO 1598.

mens, feront lesdits Substituts pourvus d'Offices de Conseillers en iceux.

XXXIX. Les expeditions de la Chancellerie de Bourdeaux se feront en presence de deux Conseillers d'icelle Chambre, dont l'un sera Catholique, & l'autre de ladite Religion pretenduë Reformée, en l'absence d'un des Maîtres des Requêtes de nôtre Hôtel; Et l'un des Notaires & Secretaires de ladite Cour de Parlement de Bourdeaux, fera residence au lieu où ladite Chambre sera établie: ou bien l'un des Secretaires ordinaires de la Chancellerie, pour signer les Expeditions de ladite Chancellerie.

XL. Voulons & ordonnons qu'en ladite Chambre de Bourdeaux, il y ait deux Commis du Greffier dudit Parlement, l'un au Civil, & l'autre au Criminel, qui exerceront leurs Charges par nos Commissions, & seront appellez Commis au Greffe Civil & Criminel, & pourtant ne pourront être destituez ni revoquez par lesdits Greffiers du Parlement: toutefois seront tenus rendre l'émolument desdits Greffes ausdits Greffiers, lesquels Commis seront salariez par lesdits Greffiers selon qu'il sera avisé & arbitré par ladite Chambre. Plus y sera ordonné des Huissiers Catholiques, qui seront pris en ladite Cour, ou d'ailleurs, selon nôtre bon plaisir, outre lesquels en sera de nouveau erigé deux de ladite Religion, & pourvus gratuitement, & seront tous lesdits Huissiers reglez par ladite Chambre, tant en l'exercice & departement de leurs Charges, qu'és émolumens qu'ils devront prendre. Sera aussi expediée Commission d'un Payeur des gages, & Receveur des Amendes de ladite Chambre, pour en être pourvu tel qu'il nous plaira, si ladite Chambre est établie ailleurs qu'en ladite Ville: & la Commission cy-devant accordée au Payeur des gages de la Chambre de Castres, sortira son plain & entier effet, & sera jointe à ladite Charge la Commission de la Recepte des Amendes de ladite Chambre.

XLI. Sera pourvu de bonnes & suffisantes Assignations pour les gages des Officiers des Chambres ordonnées par cet Edit.

XLII. Les Presidens, Conseillers, & autres Officiers Catholiques desdites Chambres, seront continuez le plus longuement que faire se pourra, & comme nous verrons être à faire pour nôtre service, & le bien de nos Sujets: Et en licentiant les uns, sera pourvu d'autres en leurs places avant leur partement, sans qu'ils puissent durant le tems de leur service se départir ni absenter desdites Chambres, sans le congé d'icelles, qui sera jugé sur les causes de l'Ordonnance.

XLIII. Seront lesdites Chambres établies dedans six mois, pendant lesquels (si tant l'établissement demeure à être fait) les Procés mus & à mouvoir, où ceux de ladite Religion seront Parties, des Ressorts de nos Parlemens de Paris, Rouën, Dijon, & Rennes, seront évoquez en la Chambre établie presentement à Paris, en vertu de l'Edit de l'an 1577. ou bien au Grand Conseil, au choix & option de ceux de ladite Religion, s'ils le requierent: ceux qui seront du Parlement de Bourdeaux, en la Chambre établie à Castres, ou audit Grand Conseil, à leur choix: & ceux qui seront de Provence, au Parlement de Grenoble. Et si lesdites Chambres ne sont établies dans trois mois, aprés la presentation qui y aura été faite de nôtre present Edit, celuy de nos Parlemens qui en aura fait refus, sera interdit de connoître & juger des Causes de ceux de ladite Religion.

XLIV. Les Procés non encores jugez, pendans esdites Cours de Parlemens & Grand Conseil, de la qualité susdite, seront renvoyez, en quelque état qu'ils soient, esdites Chambres chacun en son Ressort, si l'une des Parties de ladite Religion le requiert, dedans quatre mois aprés l'établissement d'icelles: & quant à ceux qui seront discontinuez, & ne sont en état de juger, lesdits de la Religion seront tenus faire declaration, à la premiere intimation & signification, qui leur sera faite de la poursuitte; & ledit tems passé, ne seront plus reçus à requerir lesdits renvois.

XLV. Lesdites Chambres de Grenoble & Bourdeaux, comme aussi celle de Castres, garderont les formes & stile des Parlemens, au Ressort desquels elles seront établies, & jugeront en nombre égal d'une & d'autre Religion, si les Parties ne consentent au contraire.

XLVI. Tous les Juges ausquels l'adresse sera faite des executions des Arrêts, Commissions desdites Chambres, & Lettres obtenuës és Chancelleries d'icelles, ensemble tous Huissiers & Sergens, seront tenus les mettre à execution, & lesdits Huissiers & Sergens faire tous Exploits par tout nôtre Royaume, sans demander *Placet*, *Visa* ne *Pareatis*, à peine de suspention de leurs Etats, & des dépens, dommages & interêts des Parties, dont la connoissance appartiendra ausdites Parties.

ANNO 1598.

XLVII. Ne seront accordées aucunes évocations des Causes, dont la connoissance est attribuée ausdites Chambres, sinon és cas des Ordonnances, dont le renvoy sera fait à la plus prochaine Chambre établie suivant nôtre Edit. Et les partages des Procés desdites Chambres, seront jugez en la plus proch ine, observant la proportion & formes desdites Chambres, dont les Procés seront procedez: excepté pour la Chambre de l'Edit à nôtre Parlement de Paris, où les Procés partis seront departis en la même Chambre, par les Juges qui seront par nous nommez par nos Lettres particulieres pour cet effet, si mieux les Parties n'aiment attendre le renouvellement de ladite Chambre. Et avenant qu'un même Procés soit parti en toutes les Chambres Miparties, le partage sera renvoyé à ladite Chambre de Paris.

XLVIII. Les recusations qui seront proposées contre les Presidens & Conseillers des Chambres Miparties, pourront être jugées au nombre de six, auquel nombre les Parties seront tenuës de se restraindre, autrement sera passé outre, sans avoir égard aux susdites recusations.

XLIX. L'examen des Presidens & Conseillers nouvellement érigez esdites Chambres Miparties sera fait en nôtre Privé Conseil, ou par lesdites Chambres, chacune en son détroit, quand elles seront en nombre suffisant: & neanmoins le Serment accoutumé sera par eux prêté és Cours où lesdites Chambres seront établies, & à leur refus, en nôtre Conseil Privé: excepté ceux de la Chambre de Languedoc, lesquels prêteront le Serment és mains de nôtre Chancelier, ou en icelle Chambre.

L. Voulons & ordonnons que la reception de nos Officiers de ladite Religion, soit jugée esdites Chambres Miparties par la pluralité des voix; comme il est accoutumé és autres Jugemens, sans qu'il soit besoin que les opinions surpassent des deux tiers, suivant l'Ordonnance, à laquelle pour ce regard est derogé.

LI. Seront faites ausdites Chambres Miparties les propositions, deliberations & resolutions qui appartiendront au repos public, & pour l'état particulier & Police des Villes où icelles Chambres seront.

LII. L'Article de la Jurisdiction desdites Chambres ordonnées par le present Edit, sera suivi & observé selon sa forme & teneur, même en ce qui concerne l'execution & inexecution, ou infraction de nos Edits, quand ceux de ladite Religion seront Parties.

LIII. Les Offices subalternes Royaux ou autres, dont la reception appartient à nos Cours de Parlement, s'ils sont de ladite Religion pretenduë Reformée, pourront être examinez & reçus esdites Chambres: A savoir ceux des Ressorts des Parlements de Paris, Normandie & Bretagne, en ladite Chambre de Paris; ceux de Dauphiné & Provence, en la Chambre de Grenoble; ceux de Bourgogne, en ladite Chambre de Paris ou de Dauphiné, à leur choix; ceux du Ressort de Toulouse, en la Chambre de Castres; & ceux du Parlement de Bourdeaux, en la Chambre de Guyenne; sans qu'autres se puissent opposer à leurs receptions, & rendre Parties, que nos Procureurs Generaux & leurs Substituts, & les pourvus esdits Offices. Et neanmoins le Serment accoutumé sera par eux prêté és Cours de Parlemens, lesquels ne pourront prendre aucune connoissance de leursdites receptions; & au refus desdits Parlemens, lesdits Officiers prêteront le Serment esdites Chambres; aprés lequel ainsi prêté, seront tenus presenter par un Huissier ou Notaire l'Acte de leurs receptions aux Greffiers desdites Cours de Parlemens, & en laisser copie collationnée ausdits Greffiers: ausquels il est enjoint d'enregîtrer lesdits Actes à peine de tous depens, dommages & interêts des Parties; & où lesdits Greffiers seront refusans de ce faire, suffira ausdits Officiers de rapporter l'Acte de ladite Sommation, expedié par lesdits Huissiers ou Notaires, & icelle faire enregîtrer au Greffe de leursdites Jurisdictions, pour y avoir recours quand besoin feroit, à peine de nullité de leurs Procedures & Jugemens. Et quant aux Officiers, dont la reception n'a accoutumé d'être faite en nosdits Parlemens, en cas que ceux à qui elle appartient fissent refus de proceder audit examen

ANNO 1598.

men & reception, ſe retireront leſdits Officiers par devers leſdites Chambres, pour leur être pourveu comme il appartiendra.

LIV. Les Officiers de ladite Religion pretenduë Reformée, qui ſeront pourvus cy-après, pour ſervir dans les Corps de noſdites Cours de Parlemens, Grand Conſeil, Chambres des Comptes, Cours des Aides, Bureaux des Treſoriers Generaux de France, & autres Officiers des Finances, ſeront examinez & reçus és Lieux où ils ont accoutumé de l'être: & en cas de refus, ou deni de Juſtice, leur ſera pourvu en nôtre Conſeil Privé.

LV. Les receptions de nos Officiers faites en la Chambre cy-devant établie à Caſtres, demeureront valables, nonobſtant tous Arrêts & Ordonnances à ce contraires. Seront auſſi valables les receptions des Juges, Conſeillers, Elus, & autres Officiers de ladite Religion, faites en nôtre Privé Conſeil, ou par Commiſſaires par nous ordonnez pour le refus de nos Cours de Parlemens, des Aides & Chambres des Comptes, tout ainſi que ſi elles étoient faites esdites Cours & Chambres, & par les autres Juges à qui la reception appartient. Et ſeront leurs gages allouëz par les Chambres des Comptes, ſans difficulté: & ſi aucuns ont été rayez, ſeront rétablis, ſans qu'il ſoit beſoin d'avoir aucune Juſſion que le preſent Edit, & ſans que leſdits Officiers ſoient tenus de faire apparoir d'autre reception, nonobſtant tous Arrêts donnez au contraire, leſquels demeureront nuls & de nul effet.

LVI. En attendant qu'il y ait moyen de ſuvenir aux frais de Juſtice deſdites Chambres ſur les Deniers des Amendes ſera par nous pourvu d'Aſſignation valable & ſuffiſante pour fournir ausdits frais, ſauf d'en repeter les Deniers ſur les Biens des condamnez.

LVII. Les Preſidens & Conſeillers de ladite Religion pretenduë Reformée, cy-devant reçus en nôtre Cour de Parlement de Dauphiné, & en la Chambre de l'Edit incorporée en icelle, continuëront & auront leurs ſeances & ordres d'icelles; ſavoir eſt les Preſidens, comme ils en ont joüi, & joüiſſent à preſent, & les Conſeillers, ſuivant les Arrêts & Proviſions qu'ils en ont obtenus en nôtre Conſeil Privé.

LVIII. Declarons toutes Sentences, Jugemens, Arrêts, Procedures, Saiſies, Ventes, & Decrets faits & donnez, contre ceux de ladite Religion pretenduë Reformée, tant vivans que morts, depuis le trepas du feu Roy HENRI deuxiéme, nôtre très-honoré Seigneur & Beau-pere, à l'occaſion de ladite Religion, tumultes & troubles depuis avenus, enſemble l'execution d'iceux Jugemens & Decrets, dés à preſent caſſez, revoquez & annullez, & iceux caſſons, revoquons & annullons. Ordonnons qu'ils ſeront rayez & ôtez des Regîtres des Greffes des Cours, tant ſouveraines qu'inferieures. Comme nous voulons auſſi être ôtées & effacées toutes marques, veſtiges & monumens deſdites executions, Livres & Actes diffamatoires contre leurs Perſonnes, memoires & Poſterité: & que les Places eſquelles ont été faites pour cette occaſion demolitions ou raſemens, ſoient renduës en tel état qu'elles ſont aux Proprietaires d'icelles, pour en joüir & diſpoſer à leur volonté. Et generalement avons caſſé, revoqué & annullé toutes Procedures & Informations faites pour entrepriſes quelconques, Crimes de Leze-Majeſté, & autres. Nonobſtant leſquelles Procedures, Arrêts & Jugemens, contenant reünion, incorporation & confiſcation, Voulons que ceux de ladite Religion, & autres qui ont ſuivi leur Party, & leurs Heritiers, rentrent en la poſſeſſion réelle & actuelle de tous & chacuns leurs Biens.

LIX. Toutes Procedures faites, Jugemens & Arrêts donnez durant les troubles, contre ceux de ladite Religion qui ont porté les armes, ou ſe ſont retirez hors de nôtre Royaume, ou dedans iceluy és Villes & Païs par eux tenus, en quelque autre matiere que de la Religion & troubles, enſemble toute peremption d'instances, preſcriptions tant legales, conventionnelles que coutumieres, & ſaiſies féodales échuës pendant leſdits troubles, ou par empêchemens legitimes provenus d'eux & dont la connoiſſance demeurera à nos Juges: ſeront eſtimées comme non faites, données ni avenuës. Et telles les avons declarées & declarons, & icelles miſes & mettons à neant, ſans que les Parties s'en puiſſent aucunement aider, ains ſeront remiſes en l'état qu'elles étoient auparavant, nonobſtant leſdits Arrêts, & l'execution d'iceux; & leur ſera renduë la poſſeſſion en laquelle ils étoient pour ce regard. Ce que deſſus aura pareillement lieu, pour le regard des autres qui ont ſuivi le Party de ceux de ladite Religion, ou qui ont été abſens de nôtre Royaume pour le fait des troubles. Et pour les Enfans mineurs de ceux de la qualité ſusdite, qui ſont morts pendant les troubles, remettons les Parties au même état qu'elles étoient auparavant, ſans refondre les depens, ni être tenus de conſigner les amendes: n'entendans toutefois que les Jugemens donnez par les Juges Preſidiaux, ou autres Juges inferieurs contre ceux de ladite Religion, ou qui ont ſuivi leur Party, demeurent nuls, s'ils ont été donnez par Juges ſeans és Villes par eux tenuës, & qui leur étoient de libre accés.

LX. Les Arrêts donnez en nos Cours de Parlement, és matieres dont la connoiſſance appartient aux Chambres ordonnées par l'Edit de l'an 1577. & Articles de Nerac & Fleix, eſquelles Cours les Parties n'ont procedé volontairement, c'eſt-à-dire, ont allégué & propoſé fins declinatoires, ou qui ont été donnez par defaut ou forcluſion, tant en matiere civile que criminelle, nonobſtant leſquelles fins leſd. Parties ont été contraintes de paſſer outre, ſeront pareillement nuls & de nulle valeur. Et pour le regard des Arrêts donnez contre ceux de ladite Religion qui ont procedé volontairement, & ſans avoir propoſé fins declinatoires, iceux Arrêts demeureront: & neanmoins ſans prejudice de l'execution d'iceux, ſe pourront, ſi bon leur ſemble, pourvoir par Requête civile devant les Chambres ordonnées par le preſent Edit, ſans que le tems porté par les Ordonnances ait couru à leur préjudice: & juſques à ce que leſdites Chambres & Chancelleries d'icelles ſoient établies, les Appellations verbales, ou par écrit interjettées par ceux de ladite Religion, devant les Juges, Greffiers ou Commis, Executeurs des Arrêts & Jugemens, auront pareil effet que ſi elles étoient relevées par Lettres Royaux.

LXI En toutes enquêtes qui ſe feront pour quelque cauſe que ce ſoit, és matieres civiles, ſi l'Enquêteur ou Commiſſaire eſt Catholique, ſeront les Parties tenuës de convenir d'un Ajoint, & où ils n'en conviendroient, en ſera pris d'office par ledit Enquêteur ou Commiſſaire, un qui ſera de ladite Religion pretenduë Reformée: ſera le même pratiqué, quand le Commiſſaire ou Enquêteur ſera de ladite Religion, pour l'Ajoint qui ſera Catholique.

LXII. Voulons & ordonnons que nos Juges puiſſent connoître de la validité des Teſtamens, auſquels ceux de ladite Religion auront interêt, s'ils le requierent: & les Appellations deſdits Jugemens pourront être relevez de ceux de ladite Religion, nonobſtant toutes coutumes à ce contraires, mêmes celles de Bretagne.

LXIII. Pour obvier à tous differens qui pourroient ſurvenir entre nos Cours de Parlemens, & les Chambres d'icelles Cours ordonnées par nôtre preſent Edit, ſera par nous fait un bon & ample Reglement entre leſdites Cours & Chambres, & tel que ceux de ladite Religion pretenduë Reformée joüiront entierement dudit Edit: lequel Reglement ſera verifié en nos Cours de Parlemens, & gardé & obſervé, ſans avoir égard aux precedens.

LXIV. Inhibons & defendons à toutes nos Cours Souveraines, & autres de ce Royaume, de connoître & juger les Procés civils & criminels de ceux de ladite Religion, dont par nôtre Edit eſt attribuée la connoiſſance ausdites Chambres, pourveu que le renvoy en ſoit demandé, comme il eſt dit au XL. Article cy-deſſus.

LXV. Voulons auſſi par maniere de Proviſion, & juſques à ce qu'en ayons autrement ordonné, qu'en tous Procés mus ou à mouvoir, où ceux de ladite Religion ſeront en qualité de Demandeurs ou Defendeurs Parties principales ou Garans, és matieres civiles, eſquelles nos Officiers & Sieges Preſidiaux ont pouvoir de juger en dernier reſſort, leur ſoit permis de requerir, que deux de la Chambre où les Procés ſe devront juger, s'abſtiennent du Jugement d'iceux; leſquels ſans expreſſion de cauſe ſeront tenus s'en abſtenir, nonobſtant l'Ordonnance, par laquelle les Juges ne ſe peuvent tenir pour recuſez ſans cauſe: leur demeurant outre ce les recuſations de Droit contre les autres. Et és matieres criminelles, eſquelles auſſi leſdits Preſidiaux, & autres Juges Royaux Subalternes jugent en dernier reſſort, pourront les Prevenus étans de ladite Religion, requerir que trois deſdits Juges s'abſtiennent du Jugement de leurs Procés, ſans expreſſion de cauſe. Et les Prevôts des Marechaux de France, Vibaillifs, Viſene-

ANNO 1598.

senechaux, Lieutenans de Robbe courte, & autres Officiers de semblable qualité, jugeront suivant les Ordonnances & Reglemens cy-devant donnez pour le regard des Vagabons. Et quant aux domiciliez, chargez & prevenus de cas Prevôtaux, s'ils sont de ladite Religion, pourront requerir que trois desdits Juges qui en peuvent connoître, s'abstiennent du Jugement de leur Procés, & seront tenus s'en abstenir, sans aucune expression de cause, sauf si en la compagnie où lesdits Procés se jugeront, se trouvoient jusques au nombre de deux en matiere civile, & trois en matiere criminelle, de ladite Religion, auquel cas ne sera permis de recuser sans expression de cause : ce qui sera commun & reciproque aux Catholiques en la forme que dessus, pour le regard desdites recusations de Juges, où ceux de ladite Religion pretenduë Reformée seront en plus grand nombre. N'entendons toutefois que lesdits Sieges Presidiaux, Prevôts des Maréchaux, Vicebaillifs, Visenechaux, & autres qui jugent en dernier ressort, prennent en vertu de ce que dit est connoissance des troubles passez. Et quant aux crimes & excés avenus par autre occasion que du fait des troubles, depuis le commencement du mois de Mars de l'année 1585. jusques à la fin de l'année 1597. en cas qu'ils en prennent connoissance, Voulons qu'il y puisse avoir appel de leurs Jugemens par devant les Chambres ordonnées par le present Edit: comme il se pratiquera en semblable pour les Catholiques complices, & où ceux de ladite Religion pretenduë Reformée seront Parties.

LXVI. Voulons aussi & ordonnons, que d'orénavant en toutes instructions, autres qu'information de Procés criminels, és Senechaussées de Toulouse, Carcassonne, Rouergue, Loragais, Beziers, Montpellier & Nîmes, le Magistrat ou Commissaire deputé pour ladite instruction, s'il est Catholique, sera tenu prendre un Ajoint qui soit de ladite Religion pretenduë Reformée, dont les Parties conviendront, & où ils n'en pourroient convenir, en sera pris d'office un de ladite Religion, par le susdit Magistrat ou Commissaire: comme en semblable, si ledit Magistrat ou Commissaire est de ladite Religion, il sera tenu en la même forme dessusdite prendre un Ajoint Catholique.

LXVII. Quand il sera question de faire Procés criminel par les Prevôts des Maréchaux, ou leurs Lieutenans, à quelqu'un de ladite Religion domicilié, qui soit chargé & accusé d'un crime Prevôtal, lesdits Prevôts, ou leurs Lieutenans s'ils sont Catholiques, seront tenus d'appeller à l'instruction desdits Procés un Ajoint de ladite Religion : lequel Ajoint assistera aussi au jugement de la competence, & au jugement definitif dudit Procés: laquelle competence ne pourra être jugée qu'au plus prochain Siege Presidial, en Assemblée, avec les principaux Officiers dudit Siege qui seront trouvez sur les Lieux: à peine de nullité, sinon que les Prevenus requissent que la competence fût jugée esdites Chambres ordonnées par le present Edit. Auquel cas pour le regard des domiciliez és Provinces de Guyenne, Languedoc, Provence & Dauphiné, les Substituts de nos Procureurs Generaux esdites Chambres, feront à la requête d'iceux domiciliez, apporter en icelles les charges & informations faites contre iceux, pour connoître & juger si les Causes sont Prevôtables ou non; pour aprés selon la qualité des crimes être par icelles Chambres renvoyez à l'Ordinaire, ou jugez prevôtablement, ainsi qu'ils verront être à faire par raison, en observant le contenu en nôtre present Edit : & seront tenus les Juges Presidiaux, Prevôts des Maréchaux, Vicebaillifs, Visenechaux, & autres qui jugent en dernier ressort, de respectivement obeïr & satisfaire aux commandemens qui leur seront faits par lesdites Chambres; tout ainsi qu'ils ont accoûtumé faire ausdits Parlemens, à peine de privation de leurs états.

LXVIII. Les Criées, Affiches & subhastations des Heritages dont on poursuit le Decret, seront faites és Lieux & heures accoûtumées, si faire se peut suivant nos Ordonnances, ou bien és Marchez publics, si au Lieu où sont assis lesdits Heritages y a Marché; & où il n'y en auroit point, seront faites au plus prochain Marché du ressort du Siege où l'adjudication se doit faire, & seront les Affiches mises au Pôteau dudit Marché, & à l'entrée de l'Auditoire dudit Lieu, & par ce moyen seront bonnes & valables lesdites criées, & passé outre à l'interposition du Decret, sans s'arrêter aux nullitez qui pourroient être alleguées pour ce regard.

LXIX. Tous Titres, Papiers, Enseignemens, & Documens qui ont été pris, seront rendus & restituez de part & d'autre à ceux à qui ils appartiennent, encores que lesdits Papiers, ou les Châteaux & Maisons esquels ils étoient gardez, ayent été pris & saisis, soit par speciales Commissions du feu Roy dernier decedé, nôtre trés-honoré Seigneur & Beau-frere, ou nôtres, ou par les Mandemens des Gouverneurs & Lieutenans Generaux de nos Provinces, ou de l'autorité des Chefs de l'autre part, ou sous quelque autre pretexte que ce soit

LXX. Les Enfans de ceux qui se sont retirez hors de nôtre Royaume, depuis la mort du feu Roy Henri deuxiéme, nôtre trés-honoré Seigneur & Beau-pere, pour cause de la Religion & troubles, encores que lesdits Enfans soient nez hors le Royaume, seront tenus pour vrais François & Regnicoles, & tels les avons declarez & declarons, sans qu'il leur soit besoin prendre Lettre de naturalité, ou autres Provisions de nous que le present Edit : nonobstant toutes Ordonnances à ce contraires, ausquelles nous avons derogé & derogeons, à la charge que lesdits Enfans nez és Païs étrangers, seront tenus dans dix ans aprés la Publication du present Edit, de venir demeurer dans ce Royaume.

LXXI. Ceux de ladite Religion pretenduë Reformée, & autres qui ont suivi leur Party, lesquels auroient pris à ferme avant les troubles aucuns Greffes, ou autre Domaine, Gabelle, Imposition, Foraine, & autres Droits à nous appartenans, dont ils n'ont pû joüir à cause d'iceux troubles, demeureront dechargez, comme nous les dechargeons de ce qu'ils n'auront reçu desdites Finances, ou qu'ils auront sans fraude payé ailleurs qu'és Receptes de nos Finances, nonobstant toutes Obligations sur ce par eux passées.

LXXII. Toutes Places, Villes & Provinces de nôtre Royaume, Païs, Terres & Seigneuries de nôtre obeïssance, useront & joüiront des mêmes Privileges, Immunitez, Libertez, Franchises, Foires, Marchez, Jurisdictions & Sieges de Justice, qu'elles faisoient auparavant les troubles, commencez au mois de Mars mil cinq cens quatre-vingts & cinq, & autres precedens, nonobstant toutes Lettres à ce contraires, & les translations d'aucuns desdits Sieges: pourveu qu'elles ayent été faites seulement à l'occasion des troubles: lesquels Sieges seront remis & retablis és Villes & Lieux où ils étoient auparavant.

LXXIII. S'il y a quelques Prisonniers qui soient encores tenus par autorité de Justice, ou autrement, mêmes és Galeres, à l'occasion des troubles, ou de ladite Religion, seront élargis & mis en pleine liberté.

LXXIV. Ceux de ladite Religion ne pourront cy-aprés être surchargez & foulez d'aucunes charges ordinaires, ou extraordinaires plus que les Catholiques, & selon la proportion de leurs Biens & facultez: & pourront les Parties qui pretendront être surchargez, se pourvoir par devant des Juges ausquels la connoissance en appartient: & seront tous nos Sujets, tant de la Religion Catholique, que pretenduë Reformée, indifferemment dechargez de toutes charges qui ont été imposées de part & d'autre, durant les troubles, sur ceux qui étoient de contraire Party, & non consentans; ensemble des Debtes créées & non payées, frais faits sans le consentement d'iceux, sans toutefois pouvoir repeter les fruits qui auront été employez au payement desdites charges.

LXXV. N'entendons aussi que ceux de ladite Religion, & autres qui ont suivi leur Party, ni les Catholiques qui étoient demeurez és Villes & Lieux par eux occupées, & detenuës & qui leur ont contribué, soient poursuivis pour le payement de Tailles, Aides, Octrois, Crûe, Taillon, Utenciles, Reparations, & autres Impositions & Subsides échus, & imposez durant les troubles avenus devant & jusques à nôtre avenement à la Couronne, soit par les Edits, Mandemens, des feu Rois nos Predecesseurs, ou par l'avis & deliberation des Gouverneurs & Etats des Provinces, Cours de Parlement & autres, dont nous les avons dechargez & dechargeons; en defendant aux Tresoriers Generaux de France & de nos Finances, Receveurs generaux & particuliers, leurs Commis & Entremetteurs, & autres Intendans & Commissaires de nosdites Finances, les en rechercher, molester ni inquieter directement ou indirectement, en quelque sorte que ce soit.

LXXVI. Demeureront tous Chefs, Seigneurs, Che-

ANNO 1598. Chevaliers, Gentilshommes, Officiers, Corps de Villes, & Communautez, & tous les autres qui les ont aidez & secourus, leurs Veuves, Hoirs & Successeurs, quittes & dechargez de tous Deniers, qui ont été par eux & leurs Ordonnances pris & levez, tant des Deniers Royaux, à quelque Somme qu'ils se puissent monter, que des Villes & Communautez, & Particuliers, des Rentes, Revenus, Argenterie, Ventes des Biens meubles, Ecclesiastiques & autres, Bois de haute Fûtaye, soit du Domaine ou autres, Amendes, Butins, Rançons, ou autre nature de Deniers par eux pris, à l'occasion des troubles commencez au mois de Mars, mil cinq cens quatre-vingt-cinq, & autres troubles precedens jusques à nôtre avenement à la Couronne: sans que ceux qui auront été par eux commis à la levée desdits Deniers, ou qui les ont baillez ou fournis par leurs Ordonnances, en puissent être aucunement recherchez à present, ni pour l'avenir; & demeureront quittes, tant eux que leurs Commis, de tout le maniment & administration desdits Deniers, en rapportant pour toute decharge, dedans quatre mois après la Publication du present Edit, faite en nôtre Cour de Parlement de Paris, acquits dûment expediez des Chefs de ceux de ladite Religion, ou de ceux qui avoient été par eux commis à l'audition & clôture des Comptes, ou des Communautez des Villes qui ont eu commandement & charge durant lesdits troubles. Demeureront pareillement quittes & dechargez de tous actes d'hostilité, levée & conduite de Gens de Guerre, fabrication & evaluation de Monnoye, faite selon l'Ordonnance desdits Chefs, fonte & prise d'Artillerie & Munitions, confections de Poudre & Salpêtres, Prises, Fortifications, demantelemens & demolitions des Villes, Châteaux, Bourgs & Bourgades, entreprises sur icelles, brûlemens & demolitions d'Eglises & Maisons, établissement de Justices, Jugemens & Executions d'iceux, soit en matiere civile ou criminelle, Police & Reglement fait entre eux, Voyages & Intelligence, Negociations, Traitez & Contracts faits avec tous Princes & Communautez étrangeres, & introduction desdits Etrangers és Villes, & autres endroits de nôtre Royaume, & generalement de tout ce qui a été fait, geré & negocié durant lesdits troubles, depuis la mort du feu Roy Henri deuxiéme nôtre très-honoré Seigneur & Beau-pere, par ceux de ladite Religion, & autres qui ont suivi leur Party, encore qu'il dût être particulierement exprimé & specifié.

LXXVII. Demeureront aussi dechargez ceux de ladite Religion, de toutes Assemblées generales & Provinciales par eux faites & tenuës, tant à Mante, que depuis ailleurs jusques à present; ensemble des Conseils par eux établis & ordonnez par les Provinces, Deliberations, Ordonnances & Reglemens faits ausdites Assemblées & Conseils, établissement & augmentation de Garnisons, assemblées de Gens de Guerre, levée & prises de nos Deniers, soit entre les mains des Receveurs Generaux ou particuliers, Collecteurs des Paroisses, ou autrement, en quelque façon que ce soit, arrêts de Sel, continuation ou érection nouvelle de Traites, Peages, & receptes d'iceux, mêmes à Royan, & sur les Rivieres de Charante, Garonne, le Rône & Dordogne, Armemens & combats par Mer, & tous accidens & excés avenus pour faire payer lesdites Traites, Peages & autres Deniers, Fortifications des Villes, Châteaux & Places, Impositions de Deniers & corvées, receptes d'iceux Deniers, destitution de nos Receveurs & Fermiers, & autres Officiers, établissement d'autres en leurs Places, & de toutes unions, Depêches & Negociations faites tant dedans que dehors le Royaume: & generalement de tout ce qui a été fait, deliberé, écrit & ordonné par lesdites Assemblées & Conseil, sans que ceux qui ont donné leurs avis, signé, executé, fait signer & executer lesdites Ordonnances, Reglemens & Deliberations, en puissent être recherchez, ni leurs Veuves, Heritiers & Successeurs, ores ni à l'avenir, encores que les particularitez n'en soient icy amplement declarées. Et sur le tout sera imposé silence perpetuel à nos Procureurs Generaux & leurs Substituts, & tous ceux qui pourroient y pretendre interêt, en quelque façon & maniere que ce soit, nonobstant tous Arrêts, Sentences, Jugemens, Informations, & Procedures faites au contraire.

LXXVIII. Approuvons en outre, validons & autorisons les Comptes qui ont été oüis, clos & examinez par les Deputez de ladite Assemblée. Voulons qu'iceux, ensemble les Acquits & Pieces qui ont été renduës par les Comptables, soient portées en nôtre Chambre des Comptes de Paris, trois mois après la Publication du present Edit, & mises és mains de nôtre Procureur General, pour être delivrez au Garde des Livres & Regîtres de nôtre Chambre, pour y avoir recours toutes fois & quantes que besoin sera, sans que lesdits Comptes puissent être revus, ni les Comptables tenus en aucune comparution, ne correction, sinon en cas d'obmission de Recepte ou faux Acquits; imposant silence à nôtredit Procureur General, pour le surplus que l'on voudroit dire être defectueux, & les formalitez n'avoir été bien gardées. Defendans aux Gens de nos Comptes, tant de Paris que des autres Provinces où ils sont établis, d'en prendre aucune connoissance en quelque sorte ou maniere que ce soit. ANNO 1598.

LXXIX. Et pour le regard des Comptes qui n'auront encore été rendus, Voulons iceux être oüis, clos & examinez par les Commissaires, qui à ce seront par nous deputez, lesquels sans difficulté passeront & alloüeront toutes les parties payées par lesdits Comptables, en vertu des Ordonnances de ladite Assemblée, ou autres ayans pouvoir.

LXXX. Demeureront tous Collecteurs, Receveurs, Fermiers, & tous autres bien & deuement dechargez, de toutes les Sommes de Deniers qu'ils ont payées ausdits Commis de ladite Assemblée, de quelque nature qu'ils soient, jusques au dernier jour de ce mois. Voulons le tout être passé & alloüé aux Comptes qui s'en rendront en nos Chambres des Comptes purement & simplement, en vertu des Quittances qui seront apportées; & si aucunes étoient cy-aprés expediées ou delivrées, elles demeureront nulles, & ceux qui les accepteront ou delivreront, seront condamnez en l'amende de faux employ. Et où il y auroit quelques Comptes jà rendus, sur lesquels seroient intervenuës aucunes radiations ou charges, pour ce regard avons icelles ôtées & levées, rétabli & rétablissons lesdites Parties entierement, en vertu de ces Presentes, sans qu'il soit besoin pour tout ce que dessus de Lettres particulieres, ni autres choses que l'extrait du present Article.

LXXXI. Les Gouverneurs, Capitaines, Consuls, & Personnes commises au recouvrement des Deniers, pour payer les Garnisons des Places tenuës par ceux de ladite Religion; ausquels nos Receveurs & Collecteurs des Paroisses auroient fourni par prêt sur leurs Cedules & Obligations, soit par contrainte, ou pour obéir aux commandemens qui leur ont été faits par les Tresoriers Generaux, les Deniers nécessaires pour l'entretenement desdites Garnisons, jusques à la concurrence de ce qui étoit porté par l'état que nous avons fait expedier au commencement de l'an mil cinq cens nonante-six, & augmentation depuis par nous accordée; seront tenus quittes & dechargez de ce qui a été paié pour l'effet susdit encores que par lesdites Cedules & Obligations n'en soit faite expresse mention, lesquelles leur seront renduës comme nulles. Et pour y satisfaire, les Tresoriers Generaux en chacune Generalité, feront fournir par les Receveurs particuliers de nos Tailles, leurs Quittances ausdits Collecteurs; & par les Receveurs Generaux, leurs Quittances aux Receveurs particuliers: pour la decharge desquels Receveurs Generaux, seront les Sommes dont ils auront tenu compte, ainsi que dit est, dossées sur les Mandemens levez par le Tresorier de l'Epargne, sous les noms des Tresoriers Generaux de l'extraordinaire de nos Guerres, pour le payement desdites Garnisons. Et où lesdits Mandemens ne monteront autant que porte nôtredit état de l'année mil cinq cens nonante-six, & augmentation, Ordonnons que pour y suppléer, seront expediez nouveaux Mandemens de ce qui s'en defaudroit pour la decharge de nos Comptables, restitution desdites Promesses & Obligations, en sorte qu'il n'en soit rien demandé à l'avenir à ceux qui les auront faites, & que toutes Lettres de validations qui seront nécessaires pour la decharge des Comptables, seront expediées en vertu du present Article.

LXXXII. Aussi ceux de ladite Religion se departiront & desisteront dés à present de toutes Pratiques, Negociations & Intelligences, tant dedans que dehors nôtre Royaume; & lesdites Assemblées & Conseils établis dans les Provinces se separeront promtement, & seront toutes Ligues & Associations faites ou à faire, sous quelque pretexte que ce soit, au prejudice de nôtre present Edit, cassées & annullées, comme nous les cassons & annullons; defendant trés-expressément à tous nos Sujets de faire d'orénavant aucunes cottisations & levées de Deniers sans nôtre permission; Fortifica-

Anno 1598.

tifications, Enrôllemens d'Hommes, Congregations & Assemblées, autres que celles qui leur sont permises par nôtre present Edit, & sans armes : ce que nous leur prohibons & defendons, sur peine d'être punis rigoureusement, & comme contempteurs & infracteurs de nos Mandemens & Ordonnances.

LXXXIII. Toutes prises qui ont été faites par Mer durant les troubles, en vertu des Congez & Aveux donnez, & celles qui ont été faites par Terre, sur ceux de contraire Party, & qui ont été jugées par les Juges & Commissaires de l'Amirauté, ou par les Chefs de ceux de ladite Religion, ou leur Conseil, demeureront assoupies sous le benefice de nôtre present Edit, sans qu'il en puisse être fait aucune poursuite; ni les Capitaines & autres qui ont fait lesdites prises, leurs Cautions, & lesdits Juges, Officiers, leurs Veuves & Heritiers, recherchez ni molestez en quelque sorte que ce soit, nonobstant tous Arrêts de nôtre Conseil Privé, & des Parlemens, & toutes Lettres de marques & saisies pendantes & non jugées, dont nous voulons leur être faite pleine & entiere mainlevée.

LXXXIV. Ne pourront semblablement être recherchez ceux de ladite Religion, des oppositions & empêchemens qu'ils ont donnez par ci-devant, mêmes depuis les troubles, à l'execution des Arrêts & Jugemens donnez pour le retablissement de la Religion Catholique, Apostolique & Romaine en divers Lieux de ce Royaume.

LXXXV. Et quant à ce qui a été fait, ou pris durant les troubles hors la voye d'hostilité, ou par hostilité, contre les Reglemens publics ou particuliers des Chefs ou des Communautez des Provinces qui avoient commandement, en pourra être faite poursuite par la voye de Justice.

LXXXVI. D'autant neanmoins, que si ce qui a été fait contre les Reglemens d'une part & d'autre, est indifferemment excepté & reservé de la generale abolition portée par nôtre present Edit, & est sujet à être recherché, il n'y a homme de Guerre qui ne puisse être mis en peine, dont pourroit avenir renouvellement de troubles; A cette cause, Nous voulons & ordonnons, que seulement les cas execrables demeureront exceptez de ladite abolition : comme Ravissemens & Forcemens de Femmes & Filles, Brûlemens, Meurtres, & Voleries faites par prodition, & de guet à pens, hors les voyes d'hostilité, & pour exercer vengeances particulieres, contre le devoir de la Guerre, infractions de Passeports & Sauvegardes, avec Meurtres & Pillages, sans commandement, pour le regard de ceux de ladite Religion, & autres qui ont suivi le Parti des Chefs qui ont eu autorité sur eux, fondées sur particulieres occasions qui les ont mus à le commander & ordonner.

LXXXVII. Ordonnons aussi que punition sera faite des crimes & delits commis entre personnes de même Parti, si ce n'est en Actes commandez par les Chefs d'une part & d'autre, selon la necessité, loy & ordre de la Guerre. Et quant aux levées & exactions de Deniers, ports d'armes, & autres Exploits de Guerre faits d'autorité privée, & sans aveu, en sera faite poursuite par voye de Justice.

LXXXVIII. Es Villes demantelées pendant les troubles, pourront les ruïnes & demantellemens d'icelles être par nôtre permission réédifiées & reparées par les Habitans, à leurs frais & dépens, & les Provisions ottroyées ci-devant pour ce regard, tiendront & auront lieu.

LXXXIX. Ordonnons, voulons & nous plaît, que tous les Seigneurs, Chevaliers, Gentilshommes & autres, de quelque qualité & condition qu'ils soient de ladite Religion pretenduë Reformée, & autres qui ont suivi leur Parti, rentrent, & soient effectuellement conservez en la joüissance de tous & chacuns leurs Biens, Droits, noms, raisons & actions, nonobstant les Jugemens ensuivis durant lesdits troubles, & à raison d'iceux, lesquels Arrêts, Saisies, Jugemens, & tout ce qui s'en seroit ensuivi, nous avons à cette fin declaré, & declarons nuls, & de nul effet & valeur.

XC. Les Acquisitions que ceux de ladite Religion pretenduë Reformée, & autres qui ont suivi leur Parti, auront faites par autorité d'autres que des feu Rois nos Predecesseurs, pour les immeubles appartenans à l'Eglise, n'auront aucun lieu ni effet, ains ordonnons, voulons & nous plaît, que les Ecclesiastiques rentrent incontinent & sans delai, & soient conservez en la possession & joüissance réelle & actuelle desdits Biens ainsi alienez, sans être tenus de rendre le prix desdites ventes; & ce nonobstant lesdits Contracts de vendition, lesquels à cet effet nous avons cassez & revoquez comme nuls : sans toutefois que lesdits Acheteurs puissent avoir aucun recours contre les Chefs, par l'autorité desquels lesdits Biens auront été vendus. Et neanmoins pour le remboursement des Deniers par eux veritablement & sans fraude déboursez, seront expediées nos Lettres Patentes de permission à ceux de ladite Religion, d'imposer & égaler sur eux les Sommes à quoi se monteront lesdites ventes; sans qu'iceux Acquereurs puissent pretendre aucune action pour leurs dommages & interêts à faute de joüissance, ains se contenteront du remboursement des Deniers par eux fournis pour le prix desdites Acquisitions; precomptant sur icelui prix les fruits par eux perçus, en cas que ladite vente se trouvât faite à vil & injuste prix.

XCI. Et afin que tant nos Justiciers, Officiers, qu'autres nos Sujets, soient clairement & avec toute certitude avertis de nos vouloir & intention; & pour ôter toutes ambiguitez & doutes qui pourroient être faits au moyen des precedens Edits, pour la diversité d'iceux; Nous avons declaré & declarons tous autres precedens Edits, Articles secrets, Lettres, Declarations, Modifications, Restrictions, Interpretations, Arrêts & Regîtres, tant secrets qu'autres Deliberations, ci-devant par nous ou les Rois nos Predecesseurs faites en nos Cours de Parlemens, ou ailleurs concernant le fait de ladite Religion, & des troubles avenus en nôtredit Royaume, être de nul effet & valeur; Ausquels, & aux derogatoires y contenuës, nous avons par cettuy nôtre Edit derogé & derogeons, dès à present, comme pour lors, les cassons, revoquons & annullons : Declarans par exprès, que nous voulons que cettuy nôtre Edit soit ferme & inviolable, gardé & observé, tant par nosdits Justiciers, Officiers, qu'autres Sujets, sans s'arrêter ni avoir aucun égard à tout ce qui pourroit être contraire, ou derogeant à icelui.

XCII. Et pour plus grande assûrance de l'entretenement & observation que nous desirons d'icelui, Nous voulons, ordonnons, & nous plaît, que tous les Gouverneurs & Lieutenans Generaux de nos Provinces, Baillifs, Senechaux, & autres Juges ordinaires des Villes de nôtredit Royaume, incontinent aprés la reception d'icelui Edit, jurent de le faire garder & observer chacun en leur Détroit : comme aussi les Maires, Echevins, Capitouls, Consuls, & Jurats des Villes, annuels & perpetuels. Enjoignons aussi à nosdits Baillifs, Senechaux, ou leurs Lieutenans, & autres Juges, faire jurer aux principaux Habitans desdites Villes, tant d'une que d'autre Religion, l'entretenement du present Edit, incontinent après la publication d'icelui. Mettans tous ceux desdites Villes en nôtre protection & Sauvegarde. & les uns à la garde des autres, les chargeans respectivement & par Actes publics, de repondre civilement des contraventions qui seront faites à nôtredit Edit dans lesdites Villes, par les Habitans d'icelles, ou bien representer & mettre és mains de Justice lesdits Contrevenans.

Mandons à nos amez & feaux les Gens tenans nos Cours de Parlemens, Chambres des Comptes, & Cours des Aides, qu'incontinent après le present Edit reçû, ils ayent, toutes choses cessantes, & sur peine de nullité des Actes qu'ils feroient autrement, à faire pareil Serment que dessus, & icelui nôtre Edit faire publier & enregîtrer en nosdites Cours selon la forme & teneur d'icelui, purement & simplement, sans user d'aucunes Modifications, Restrictions, Declarations, ou Regîtres secrets, ni attendre autre Jussion, ni Mandement de Nous; & à nos Procureurs Generaux, en requerir & poursuivre incontinent & sans delai ladite publication.

Si donnons en Mandement ausdits Gens de nosdites Cours de Parlement, Chambres de nos Comptes & Cours de nos Aides, Baillifs, Senechaux, Prevôts, & autres nos Justiciers & Officiers qu'il appartiendra, & à leurs Lieutenans, qu'ils fassent lire, publier & enregîtrer cettuy nôtre present Edit & Ordonnance en leurs Cours & Jurisdictions; & icelui entretenir, garder & observer de point en point, & du contenu en icelui faire joüir & user pleinement & paisiblement tous ceux qu'il appartiendra, cessans & faisans cesser tous troubles & empêchemens au contraire. Car tel est nôtre plaisir. En témoin de quoi nous avons signé les Presentes de nôtre propre main, & à icelles, afin que ce soit chose ferme & stable à toûjours, Nous avons fait

ANNO 1598.

fait mettre & adosser nôtre Seel. Donné à Nantes au mois d'Avril, l'an de grace mil cinq cens quatre-vingts dix-huit; & de nôtre Regne le neuviéme. *Signé*, HENRI. *Et au dessous*, Par le Roi étant en son Conseil, FORGET. *Et à côté*, VISA. *Et seellé du grand Seel de cire verte, sur lacs de soye rouge & verte.*

Leuës, publiées & regitrées, ouï & ce consentant le Procureur General du Roi: à Paris en Parlement le vingt-cinquiéme de Fevrier mil cinq cens quatre-vingts dix-neuf. Signé, VOISIN.

Lu, publié & regitré en la Chambre des Comptes, ouï & ce consentant le Procureur General du Roi, le dernier jour de Mars mil cinq cens quatre-vingts dix-neuf. Signé, DE LA FONTAINE.

Lu, publié & regitré, ouï & ce consentant le Procureur General du Roi, à Paris en la Cour des Aides, le trentiéme & dernier jour d'Avril mil cinq cens quatre-vingts dix-neuf. Signé, BERNARD.

Articles particuliers, extraits des generaux, que le Roi a accordez à ceux de la Religion pretenduë Reformée: lesquels Sa Majesté n'a voulu être compris esdits generaux, ni en l'Edit qui a été fait & dressé sur iceux, donné à Nantes au mois d'Avril dernier: & neanmoins a accordé Sadite Majesté, qu'ils seront entierement accomplis & observez, tout ainsi que le contenu audit Edit. Et à ces fins seront regitrez en ses Cours de Parlement, & ailleurs où besoin sera; & toutes Declarations, Provisions & Lettres necessaires en seront expediées.

ARTICLE PREMIER.

L'Article sixiéme dudit Edit touchant la Liberté de conscience, & permission à tous les Sujets de Sa Majesté de vivre & demeurer en ce Royaume, & Païs de son obeïssance, aura lieu & sera observé selon sa forme & teneur: mêmes pour les Ministres, Pedagogues, & tous autres qui sont ou seront de ladite Religion, soient Regnicoles, ou autres, en se comportant au reste selon qu'il est porté par ledit Edit.

II. Ne pourront être ceux de ladite Religion contraints de contribuer aux reparations & constructions des Eglises, Chapelles & Presbyteres, ni à l'achat des Ornemens Sacerdotaux, Luminaires, fontes de Cloches, Pain beni, Droits de Confrairies, loüages de Maisons pour la demeure des Prêtres & Religieux, & autres choses semblables, sinon qu'ils y fussent obligez par Fondations, Dotations, ou autres Dispositions faites par eux, ou leurs Auteurs & Predecesseurs.

III. Ne seront aussi contraints de tendre & parer le devant de leurs Maisons aux jours de Fêtes ordonnez pour ce faire: mais seulement souffrir qu'il soit tendu & paré par l'autorité des Officiers des Lieux, sans que ceux de ladite Religion contribuent aucune chose pour ce regard.

IV. Ne seront pareillement tenus ceux de ladite Religion de recevoir exhortation, lors qu'ils seront malades ou proches de la mort, soit par condamnation de Justice ou autrement, d'autres que de la même Religion; & pourront être visitez & consolez de leurs Ministres, sans y être troublez: & quant à ceux qui seront condamnez par Justice, lesdits Ministres les pourront pareillement visiter & consoler, sans faire prieres en public, sinon és Lieux où ledit exercice public leur est permis par ledit Edit.

V. Sera loisible à ceux de ladite Religion, de faire l'exercice public d'icelle à Pimpoul: & pour Dieppe, au Faux-bourg du Paulet; & seront lesdits Lieux de Pimpoul & du Paulet ordonnez pour Lieux de Bailliages. Quant à Sancerre, sera ledit exercice continué, comme il est à present, sauf à l'établir dans ladite Ville, faisant apparoir par les Habitans du consentement du Seigneur du lieu, à quoy leur sera pourvu par les Commissaires que Sa Majesté deputera pour l'execution de l'Edit. Sera aussi ledit exercice libre & public retabli dans la Ville de Montagnac en Languedoc.

VI. Sur l'Article faisant mention des Bailliages, a été declaré & accordé ce qui s'ensuit. Premierement, pour l'établissement de l'exercice de ladite Religion és deux Lieux accordez en chacun Bailliage, Senechaussée & Gouvernement, ceux de ladite Religion nommeront deux Villes, és Faux-bourgs desquelles ledit exercice sera établi par les Commissaires que Sa Majesté deputera pour l'execution de l'Edit. Et où il ne seroit jugé à propos par eux, nommeront ceux de ladite Religion deux ou trois Bourgs, ou Villages proches desdites Villes, & pour chacunes d'icelles, dont lesdits Commissaires en choisiront l'un. Et si par hostilité, contagion ou autre legitime empêchement, il ne peut être continué esdits Lieux, leur en seront baillez d'autres pour le tems que durera ledit empêchement. Secondement, qu'au Gouvernement de Picardie, ne sera pourvu que de deux Villes, aux Faux-bourgs desquelles ceux de ladite Religion pourront avoir l'exercice d'icelle pour tous les Bailliages, Senechaussées & Gouvernemens qui en dependent: & où il ne seroit jugé à propos de l'établir esdites Villes, leur seront baillez deux Bourgs ou Villages commodes. Tiercement, pour la grande étenduë de la Senechaussée de Provence, & Bailliage de Viennois, Sa Majesté accorde en chacun desdits Bailliages & Senechaussées un troisiéme lieu, dont le choix & nomination se fera comme dessus, pour y établir l'exercice de ladite Religion, outre les Lieux où il est déja établi.

VII. Ce qui est accordé par ledit Article pour l'exercice de ladite Religion és Bailliages, aura lieu pour les Terres qui appartenoient à la feuë Reine belle Mere de Sa Majesté, & pour le Bailliage de Beaujolois.

VIII. Outre les deux Lieux accordez pour l'exercice de ladite Religion, par les Articles particuliers de l'an 1577. és Isles de Marennes & d'Oleron, leur en seront donnez deux autres, à la commodité desdits Habitans: savoir un pour toutes les Isles de Marennes, & un autre pour l'Isle d'Oleron.

IX. Les Provisions ottroyées par Sa Majesté, pour l'exercice de ladite Religion en la Ville de Mets, sortiront leur plein & entier effet.

X. Sa Majesté veut & entend, que l'Article 27. de son Edit touchant l'admission de ceux de ladite Religion pretenduë Reformée aux Offices & Dignitez, soit observé & entretenu selon sa forme & teneur, nonobstant les Edits & Accords cy-devant faits pour la reduction d'aucuns Princes, Seigneurs, Gentilshommes & Villes Catholiques en son obeïssance, lesquels n'auront lieu au prejudice de ceux de ladite Religion, qu'en ce qui regarde l'exercice d'icelle. Et sera ledit exercice reglé, selon & ainsi qu'il est porté par les Articles qui s'ensuivent, suivant lesquels seront dressées les Instructions des Commissaires que Sa Majesté deputera pour l'execution de son Edit, selon qu'il est porté par iceluy.

XI. Suivant l'Edit fait par Sa Majesté pour la reduction du Sieur Duc de Guise, l'exercice de ladite Religion pretenduë Reformée ne pourra être fait ni établi dans les Villes & Faux-bourgs de Rheims, Rocroy, Saint Disier, Guise, Joinville, Fîmes, & Moncornet és Ardennes.

XII. Ne pourra aussi être fait és autres Lieux, és environs desdites Villes, & Places defenduës par l'Edit de l'an 1577.

XIII. Et pour ôter toute ambiguïté qui pourroit naître sur le mot, *és environs*; Declare Sa Majesté avoir entendu parler des Lieux qui sont dans la Banlieuë desdites Villes, esquels Lieux l'exercice de ladite Religion ne pourra être établi, sinon qu'il y fût permis par l'Edit de 1577.

XIV. Et d'autant que par iceluy ledit exercice étoit permis generalement és Fiefs possedez par ceux de ladite Religion, sans que ladite Banlieuë en fût exceptée: Declare Sadite Majesté, que la même permission aura lieu, mêmes és Fiefs qui seront dedans icelle tenus par ceux de ladite Religion, ainsi qu'il est porté par son Edit donné à Nantes.

XV. Suivant aussi l'Edit fait pour la reduction du Sieur Marechal de la Châtre, en chacun des Bailliages d'Orleans & Bourges, ne sera ordonné qu'un lieu de Bailliage pour l'exercice de ladite Religion, lequel neanmoins pourra être continué és Lieux où il leur est permis de le continuer par ledit Edit de Nantes.

XVI. La concession de prêcher és Fiefs, aura pareillement lieu dans lesdits Bailliages, en la forme portée par ledit Edit de Nantes.

XVII. Sera pareillement observé l'Edit fait pour la reduction du Sieur Marechal de Bois-Dauphin; & ne pourra ledit exercice être fait és Villes, Faux-bourgs & Places amenées par luy au service de Sa Majesté; & quant aux environs ou Banlieuë d'icelles, y sera l'Edit de

ANNO 1598. de 77. observé, mêmes és Maisons de Fiefs, ainsi qu'il est porté par l'Edit de Nantes.

XVIII. Ne se fera aucun exercice de ladite Religion és Villes, Faux bourgs & Château de Morlais, suivant l'Edit fait sur la reduction de ladite Ville, & sera l'Edit de 77. observé au Ressort d'icelle, mêmes pour les Fiefs, selon l'Edit de Nantes.

XIX. En consequence de l'Edit pour la reduction de Quinpercorantin, ne sera fait aucun exercice de ladite Religion en tout l'Evêché de Cornouaille.

XX. Suivant aussi l'Edit fait pour la reduction de Beauvais, l'exercice de ladite Religion ne pourra être fait en ladite Ville de Beauvais, ni trois lieuës à la ronde. Pourra neanmoins être fait & établi au surplus de l'étenduë du Bailliage, aux Lieux permis par l'Edit de 77. mêmes és Maisons des Fiefs, ainsi qu'il est porté par ledit Edit de Nantes.

XXI. Et d'autant que l'Edit fait pour la reduction du feu Sieur Amiral de Villars n'est que provisionnel, & jusqu'à ce que par le Roy en eût autrement été ordonné, Sa Majesté veut & entend, que nonobstant iceluy son Edit de Nantes ait lieu pour les Villes & Ressorts amenez à son obéïssance par ledit Sieur Amiral, comme pour les autres Lieux de son Royaume.

XXII. En suite de l'Edit pour la reduction du Sieur Duc de Joyeuse, l'exercice de ladite Religion ne pourra être fait en la Ville de Thoulouse, Fauxbourgs d'icelle, & quatre lieuës à la ronde, ni plus prés que sont les Villes de Villemur, Carmain & l'Isle en Jourdan.

XXIII. Ne pourra aussi être remis és Villes d'Alet, Fiac, Auriac, & Montesquiou, à la charge toutefois, que si ausdites Villes aucuns de ladite Religion faisoient instance d'avoir un lieu pour l'exercice d'icelle, leur sera par les Commissaires que Sa Majesté deputera pour l'execution de son Edit, ou par les Officiers des Lieux, assigné pour chacune desdites Villes lieu commode & de sûr accés, qui ne sera éloigné desdites Villes de plus d'une lieuë

XXIV. Pourra ledit exercice être établi, selon & ainsi qu'il est porté par ledit Edit de Nantes, au Ressort de la Cour de Parlement de Thoulouse, excepté, toutefois és Bailliages, Senechaussées & leurs Ressorts dont le Siege principal a été ramené à l'obéïssance du Roy par ledit Sieur Duc de Joyeuse, auquel l'Edit de 77. aura lieu: entend toutefois Sadite Majesté, que ledit exercice puisse être continué és endroits desdits Bailliages & Senechaussées, où il étoit du tems de ladite reduction, & que la concession d'iceluy és Maisons des Fiefs, ait lieu dans iceux Bailliages & Senechaussées, selon qu'il est porté par ledit Edit.

XXV. L'Edit fait pour la reduction de la Ville de Dijon sera observé, & suivant iceluy n'y aura autre exercice de Religion, que de la Catholique, Apostolique & Romaine en ladite Ville & Faux-bourgs d'icelle, ny quatre lieuës à la ronde.

XXVI. Sera pareillement observé l'Edit fait pour la reduction du Sieur Duc de Mayenne, suivant lequel ne pourra l'exercice de ladite Religion pretenduë Reformée, être fait és Villes de Châlons, & deux lieuës és environs de Soissons, durant le tems de six ans à commencer au mois de Janvier, an 1596. passé lequel tems y sera l'Edit de Nantes observé, comme aux autres endroits de ce Royaume.

XXVII. Sera permis à ceux de ladite Religion de quelque qualité qu'ils soient d'habiter, aller & venir librement en la Ville de Lyon, & autres Villes & Places du Gouvernement de Lyonnois, nonobstant toutes deffenses faites au contraire par les Syndics & Echevins de ladite Ville de Lyon, & confirmées par Sa Majesté

XXVIII. Ne sera ordonné qu'un lieu de Bailliage pour l'exercice de ladite Religion en toute la Senechaussée de Poitiers, outre ceux où il est à present établi, & quant aux Fiefs sera suivi l'Edit de Nantes. Sera aussi ledit exercice continué dans la Ville de Chauvigny: & ne pourra ledit exercice être rétabli dans les Villes d'Agen, & Perigueux, encores que par l'Edit de 77. il y pût être.

XXIX. N'y aura que deux Lieux de Bailliage pour l'exercice de ladite Religion en tout le Gouvernement de Picardie, comme il a été dit cy-dessus, & ne pourront lesdits deux Lieux être donnez dans les Ressorts des Bailliages & Gouvernemens reservez par les Edits faits sur la reduction d'Amiens, Peronne, & Abbeville. Pourra toutefois ledit exercice être fait és Maisons de Fiefs, par tout le Gouvernement de Picardie, selon & ainsi qu'il est porté par ledit Edit de Nantes. ANNO 1598.

XXX. Ne sera fait aucun exercice de ladite Religion en la Ville & Faux-bourgs de Sens, & ne sera ordonné qu'un lieu de Bailliage pour ledit exercice en tout le Ressort du Bailliage, sans prejudice toutefois de la permission accordée pour les Maisons de Fiefs, laquelle aura lieu selon l'Edit de Nantes.

XXXI. Ne pourra semblablement être fait ledit exercice en la Ville & Faux-bourg de Nantes, & ne sera ordonné aucun lieu de Bailliage pour ledit exercice à trois lieuës à la ronde de ladite Ville: pourra toutefois être fait és Maisons de Fiefs, suivant iceluy Edit de Nantes.

XXXII. Veut & entend Sadite Majesté, que sondit Edit de Nantes soit observé dès à present, en ce qui concerne l'exercice de ladite Religion, és Lieux où par les Edits & Accords faits pour la reduction d'aucuns Princes, Seigneurs, Gentilshommes & Villes Catholiques, il étoit inhibé par provision tant seulement, & jusques à ce qu'autrement fût ordonné. Et quant à ceux où ladite prohibition est limitée à certain tems, passé ledit tems elle n'aura plus de lieu.

XXXIII. Sera baillé à ceux de ladite Religion un Lieu pour la Ville, Prevôté & Vicomté de Paris, à cinq lieuës pour le plus de ladite Ville, auquel ils pourront faire l'exercice public d'icelle.

XXXIV. En tous les Lieux où l'exercice de ladite Religion se fera publiquement, on pourra assembler le Peuple, même à son de Cloches, & faire tous actes & fonctions appartenans tant à l'exercice de ladite Religion, qu'au reglement de la Discipline, comme tenir Consistoires, Colloques, & Synodes Provinciaux & Nationaux par la permission de Sa Majesté.

XXXV. Les Ministres, Anciens & Diacres de ladite Religion, ne pourront être contraints de repondre en Justice en qualité de temoins, pour les choses qui auront été revelées en leurs Consistoires, lors qu'il s'agit de Censures, sinon que ce fût pour chose concernant la Personne du Roy, ou la conservation de son Etat.

XXXVI. Sera loisible à ceux de ladite Religion qui demeurent és Champs, d'aller à l'exercice d'icelle és Villes & Faux-bourgs, & autres Lieux où il sera publiquement établi.

XXXVII. Ne pourront ceux de ladite Religion tenir Ecoles publiques, sinon és Villes & Lieux où l'exercice public d'icelle leur est permis: & les Provisions qui leur ont été cy-devant accordées pour l'erection & entretenement des Colleges, seront verifiées où besoin sera, & sortiront leur plein & entier effet.

XXXVIII. Sera loisible aux Peres faisans profession de ladite Religion, de pourvoir à leurs Enfans de tels Educateurs que bon leur semblera, & en substituer un ou plusieurs par Testament, Codicile ou autre Declaration passée par devant Notaires, ou écrite & signée de leurs mains, demeurans les Loix reçuës en ce Royaume, Ordonnances & Coutumes des Lieux en leur force & vertu, pour les Dations & Provisions de Tuteurs & Curateurs.

XXXIX. Pour le regard des Mariages des Prêtres, & Personnes Religieuses qui ont été cy-devant contractez, Sadite Majesté ne veut ni entend, pour plusieurs bonnes considerations, qu'ils en soient recherchez ni molestez: sera sur ce imposé silence à ses Procureurs Generaux, & autres Officiers d'icelle. Declare neanmoins Sadite Majesté, qu'elle entend que les Enfans issus desdits Mariages pourront succeder seulement és Meubles, Acquêts & Conquêts immeubles de leurs Peres & Meres; & au defaut desdits Enfans, les Parens plus proches & habiles à succeder: & les Testamens, Donations, & autres Dispositions faites ou à faire par Personnes de ladite qualité, desdits Biens meubles, Acquêts, & Conquêts immeubles, sont declarées bonnes & valables. Ne veut toutefois Sadite Majesté que lesdits Religieux & Religieuses profés, puissent venir à aucune Succession directe ni collaterale, ains seulement pourront prendre les Biens qui leur ont été ou seront laissez par Testamens, Donations, ou autres Dispositions, excepté toutefois ceux desdites Successions directes & collaterales: & quant à ceux qui auront fait profession avant l'âge porté par les Ordonnances d'Orleans & Blois, sera suivie & observée en ce qui regarde lesdites Successions, la teneur desdites Ordonnances, chacune pour le tems qu'elles ont eu lieu.

XL. Sadite Majesté ne veut aussi que ceux de ladite Reli-

ANNO 1598.

Religion, qui auront cy-devant contracté ou contracteront cy-après Mariages au tiers & quart degré, en puissent être molestez, ni la validité desdits Mariages revoquée en doute; pareillement la Succession ôtée ni querellée aux Enfans, nez ou à naître d'iceux: & quant aux Mariages qui pourroient être jà contractez en second degré, ou du second au tiers entre ceux de ladite Religion, se retirans devers Sadite Majesté, ceux qui seront de ladite qualité, & auront contracté Mariage en tel degré, leur seront baillées telles Provisions qui leur seront necessaires, afin qu'ils n'en soient recherchez ni molestez, ni la Succession querellée ni debatuë à leurs Enfans.

XLI. Pour juger de la validité des Mariages faits & contractez par ceux de ladite Religion, & decider s'ils sont licites, si celuy de ladite Religion est Defendeur, en ce cas le Juge Royal connoîtra du fait dudit Mariage, & où il seroit Demandeur & le Defendeur Catholique, la connoissance en appartiendra à l'Official & Juge Ecclesiastique; & si les deux Parties sont de ladite Religion, la connoissance appartiendra aux Juges Royaux: voulant Sadite Majesté que pour le regard desdits Mariages, & differens qui surviendront pour iceux, les Juges Ecclesiastiques & Royaux, ensemble les Chambres établies par son Edit, en connoissent respectivement.

XLII. Les Donations & Legats faits & à faire, soit par Disposition de derniere volonté à cause de mort, ou entre vifs, pour l'entretenement des Ministres, Docteurs, Ecoliers & Pauvres de ladite Religion pretenduë Reformée, & autres Causes pies, seront valables & sortiront leur plein & entier effet, nonobstant tous Jugemens, Arrêts & autres choses à ce contraires, sans prejudice toutefois des Droits de Sa Majesté & l'autruy, en cas que lesdits Legats & Donations tombent en main morte: & pourront toutes Actions & poursuites necessaires pour la jouïssance desdits Legats, Causes pies, & autres Droits, tant en jugement que dehors, être faites par Procureur sous le nom du Corps & Communauté de ceux de ladite Religion qui aura interêt; & s'il se trouve qu'il ait été cy-devant disposé desdites Donations & Legats, autrement qu'il n'est porté par ledit Article, ne s'en pourra pretendre aucune restitution, que ce qui se trouvera en nature.

XLIII. Permet Sadite Majesté à ceux de ladite Religion eux assembler par devant le Juge Royal, & par son autorité égaler & lever sur eux telle Somme de Deniers qu'il sera arbitré être necessaire, pour être employez pour les frais de leurs Synodes, & entretenement de ceux qui ont Charges pour l'exercice de leurdite Religion, dont on baillera l'état audit Juge Royal, pour iceluy garder: la Copie duquel état sera envoyée par ledit Juge Royal de six en six mois à Sadite Majesté ou à son Chancelier, & seront les Taxes & Impositions desdits Deniers executoires, nonobstant oppositions ou appellations quelconques.

XLIV. Les Ministres de ladite Religion seront exemts des Gardes & Rondes, & logis de Gens de Guerre, & autres assiettes & cueillettes de Tailles; ensemble des Tutelles, Curatelles & Commissions pour la garde des Biens saisis par autorité de Justice.

XLV. Pour les Enterremens de ceux de ladite Religion, faits par cy-devant aux Cimetieres desdits Catholiques, en quelque lieu ou Ville que ce soit, n'entend Sadite Majesté, qu'il en soit fait aucune recherche, innovation ou poursuite, & sera enjoint à ses Officiers d'y tenir la main. Pour le regard de la Ville de Paris, outre les deux Cimetieres que ceux de ladite Religion y ont presentement; à savoir celuy de la Trinité, & celuy de Saint Germain, leur sera baillé un troisiéme lieu commode pour lesdites Sepultures aux Fauxbourgs Saint Honoré ou S. Denis.

XLVI. Les Presidens & Conseillers Catholiques qui serviront en la Chambre ordonnée au Parlement de Paris, seront choisis par Sa Majesté sur le tableau des Officiers du Parlement.

XLVII. Les Conseillers de ladite Religion pretenduë Reformée qui serviront en ladite Chambre, assisteront si bon leur semble és Procés qui se vuideront par Commissaires, & y auront voix deliberative, sans qu'ils ayent part aux Deniers consignez, sinon lors que par l'ordre & prerogative de leur reception ils y devront assister.

XLVIII. Le plus ancien President des Chambres Miparties presidera en l'Audience, & en son absence le second, & se fera la distribution des Procés par les deux Presidens conjointement, ou alternativement, par mois ou par semaine.

XLIX. Avenant vacation des Offices, dont ceux de ladite Religion sont ou seront pourvus ausdites Chambres de l'Edit, y sera pourvu de Personnes capables, qui auront attestation du Synode ou Colloque dont ils seront, qu'ils sont de ladite Religion & gens de bien.

L. L'abolition accordée à ceux de ladite Religion pretenduë Reformée par le LXXIV. Article dudit Edit, aura lieu pour la prise de tous Deniers Royaux, soit par ruptures de Coffres ou autrement, même pour le regard de ceux qui se levoient sur la Riviere de Charante, ores qu'ils eussent été affectez & assignez à des Particuliers.

LI. L'Article XLIX. des Articles secrets fait en l'année 1577. touchant la Ville & Archevêché d'Avignon & Comté de Venise, ensemble le Traité fait à Nîmes, seront observez, selon leur forme & teneur; & ne seront aucunes Lettres de marque, en vertu desdits Articles & Traitez, données que par Lettres Patentes du Roy scellées de son grand Seau. Pourront neanmoins ceux qui les voudront obtenir se pourvoir en vertu du present Article, & sans autre Commission, par devant les Juges Royaux, lesquels informeront des contraventions, deni de Justice, & iniquité des Jugemens proposée par ceux qui desireront obtenir lesdites Lettres, & les envoyeront avec leur avis clos & scellé à Sa Majesté, pour en être ordonné comme elle verra être à faire par raison.

LII. Sa Majesté accorde & veut que Maître Nicolas Grimoult soit retabli, & maintenu au Titre & Possession des Offices de Lieutenant General Civil ancien, & de Lieutenant General Criminel, au Bailliage d'Alençon, nonobstant la resignation par luy faite à Maître Jean Marguerit, reception d'iceluy, & la Provision obtenuë par Maître Guillaume Bernard de l'Office de Lieutenant General, Civil & Criminel au siege d'Exmes: & les Arrêts donnez contre ledit Marguerit resignataire durant les troubles au Conseil Privé, és années 1586. 1587. 1588. par lesquels Maître Nicolas Barbier est maintenu és Droits & Prerogatives de Lieutenant General ancien audit Bailliage, & ledit Bernard audit Office de Lieutenant à Exmes, lesquels Sa Majesté a cassez, & tous autres à ce contraires. Et outre Sadite Majesté, pour certaines bonnes considerations, a accordé & ordonné que ledit Grimoult remboursera dedans trois mois ledit Barbier de la Finance qu'il a fournie aux Parties casuelles pour l'Office de Lieutenant General, Civil, & Criminel en la Vicomté d'Alençon, & cinquante Ecus pour les frais: commettant à cette fin le Baillif du Perche, ou son Lieutenant à Mortagne. Et le remboursement fait, ou bien que ledit Barbier soit refusant ou dilayant de le recevoir, Sadite Majesté a defendu audit Barbier, comme aussi audit Bernard après la signification du present Article, de plus s'ingerer en l'exercice desdits Offices, à peine de crime de faux, & envoye iceluy Grimoult en la jouïssance d'iceux Offices, & Droits y appartenans: & en ce faisant les Procés qui étoient pendans au Conseil Privé de Sa Majesté, entre lesdits Grimoult, Barbier & Bernard, demeureront terminez & assoupis, defendant Sadite Majesté aux Parlemens & tous autres d'en prendre connoissance, & ausdites Parties d'en faire poursuitte. En outre Sadite Majesté s'est chargée de rembourser ledit Bernard de mil Ecus fournis aux Parties casuelles pour iceluy Office, & de soixante Ecus pour le Marc d'or & frais: ayant pour cet effet presentement ordonné bonne & suffisante Assignation, le recouvrement de laquelle se fera à la diligence & frais dudit Grimoult.

LIII. Sadite Majesté écrira à ses Ambassadeurs de faire instance & poursuite pour tous ses Sujets; mêmes pour ceux de ladite Religion pretenduë Reformée, à ce qu'ils ne soient recherchez en leurs consciences, ni sujets à l'Inquisition; allans, venans, sejournans, negocians & trafiquans par tous les Païs étrangers, Alliez & Confederez de cette Couronne, pourveu qu'ils n'offensent la Police des Païs où ils seront.

LIV. Ne veut Sa Majesté qu'il soit fait aucune recherche de la perception des Impositions qui ont été levées à Royan, en vertu du Contract fait avec le Sieur de Candelay, & autres faits en continuation d'iceluy, validant & approuvant ledit Contract pour le tems qu'il a eu lieu en tout son contenu, jusques au dixhuitiéme jour de Mai prochain.

LV. Les excés avenus en la personne d'Armand Cour-

ANNO 1598.

Courtines dans la Ville de Millaut en l'an 1587. & de Jean Reines & Pierre Seigneuret, ensemble les Procedures faites entre eux par les Consuls dudit Millaut, demeureront abolies & assoupies par le Benefice de l'Edit, sans qu'il soit loisible à leurs Veuves & Heritiers, ni aux Procureurs Generaux de Sa Majesté, leurs Substituts ou autres Personnes quelconques d'en faire mention, recherche, ni poursuite; nonobstant & sans avoir égard à l'Arrêt donné en la Chambre de Castres le dixiéme jour de Mars dernier, lequel demeurera nul & sans effet, ensemble toutes Informations & Procedures faites de part & d'autre.

LVI. Toutes Poursuites, Procedures, Sentences, Jugemens & Arrêts, donnez tant contre le feu Sieur de la Nouë, que contre le Sieur Odet de la Nouë son Fils depuis leurs detentions & prisons en Flandres, avenuës és mois de Mai 1580. & de Novembre 1584. & pendant leur continuelle occupation au fait des Guerres & service de Sa Majesté, demeureront cassez & annullez, & tout ce qui est ensuivi en consequence d'iceux: & seront lesdits de la Nouë reçus en leurs Desenses, & remis en tel état qu'ils étoient auparavant lesdits Jugemens & Arrêts; sans qu'ils soient tenus refondre les dépens, ni consigner les Amendes, si aucunes ils avoient encouru, ni qu'on puisse alleguer contre eux aucune peremption d'instance, ou prescription pendant ledit tems.

Fait par le Roy étant en son Conseil à Nantes, le deuxiéme jour de Mai mil cinq cens quatre-vingts dixhuit. *Signé*, HENRI. *Et plus bas*, FORGET. *Et séellées du grand Seau de cire jaune.*

HENRI par la grace de Dieu, Roy de France & de Navarre. A nos amez & feaux les Gens tenans nôtre Cour de Parlement à Paris, Salut. Nous avons au mois d'Avril dernier fait expedier nos Lettres d'Edit, pour l'établissement d'un bon ordre & repos entre nos Sujets Catholiques, & ceux de ladite Religion pretenduë Reformée: Et outre ce nous avons accordé ausdits de la Religion, certains Articles secrets & particuliers, que nous voulons avoir pareille force & vertu, & être observez & accomplis tout ainsi que nôtre Edit. A ces causes, nous voulons, vous mandons, & très-expressément commandons par ces Presentes, que lesdits Articles signez de nôtre main, cy-attachez sous le contre-Séel de nôtre Chancellerie, vous fassiez regîtrer és Regîtres de nôtredite Cour, & le contenu en iceux garder, entretenir, & observer de point en point, tout de même que celuy de nôtredit Edit: Cessans & faisant cesser tous troubles & empêchemens au contraire. Car tel est nôtre plaisir. Donné à Nantes, le deuxiéme jour de Mai, l'an de grace mil cinq cens nonante-huit. Et de nôtre Regne le neuviéme. *Signé*, Par le Roy, FORGET. *Et séellé sur simple queuë de cire jaune.*

Brevet accordé par HENRI *le Grand, à ses Sujets de la Religion pretenduë Reformée, le 3. Avril*, 1598.

AUjourd'huy troisiéme jour d'Avril 1598. le Roy étant à Nantes, voulant gratifier ses Sujets de la Religion pretenduë Reformée, & leur aider à subvenir à plusieurs grandes depenses, qu'ils ont à supporter, A ordonné & ordonne qu'à l'avenir, à commencer du premier jour du present mois, sera mis entre les mains de Monsieur de Vierse, commis par Sa Majesté à cet effet, par les Tresoriers de son Epargne, chacun en son année, des Rescriptions pour la Somme de quarante-cinq mille Ecus, pour employer à certains affaires secrets qui les concernent, que Sa Majesté ne veut être specifiez ni declarez: laquelle Somme de quarante-cinq mil Ecus sera assignée sur les Recettes generales qui ensuivent: A savoir, Paris, six mille Ecus; Rouën, six mille Ecus: Caen, trois mille Ecus; Orleans, quatre mille Ecus: Tours, quatre mille Ecus; Poitiers, huit mille Ecus; Limoges, six mille Ecus; Bourdeaux, huit mille Ecus. Le tout revenant ensemble à ladite Somme de quarante-cinq mille Ecus; payable par les quatre quartiers de ladite année, des premiers & plus clairs Deniers desdites Recettes generales; sans qu'il en puisse être retranché ni reculé aucune chose pour les non-valeurs, ou autrement. De laquelle Somme de 45000. Ecus sera fournir Acquit de comptant, qui sera mis és mains du Thresorier de sondit Epargne pour lui servir d'Acquit, en baillant lesdites Rescriptions entieres, pour ladite Somme de 45000. Ecus, sur lesdites Generalitez, au commencement de chaque année. Et où pour la commodité des susdits seront requis faire payer en Recettes particulieres établies, partie desdites Assignations; sera mandé aux Tresoriers Generaux de France, & Receveurs Generaux desdites Generalitez, de le faire, en deduction desdites Rescriptions desdits Thresoriers de l'Epargne; lesquelles seront aprés delivrées par ledit Sieur de Vierse, à ceux qui lui seront nommez par ceux de ladite Religion au commencement de l'année, pour faire la Recette & dépense des Deniers qui devront être reçus en vertu d'icelles; dont ils seront tenus rapporter audit Sr. de Vierse à la fin de l'année un état au vrai, avec les Quittances des Parties prenantes, pour informer Sa Majesté de l'emploi desdits Deniers: sans que ledit Sieur de Vierse, ni ceux qui seront mis par ceux de ladite Religion, soient tenus d'en rendre compte en aucune Chambre: dont & de tout ce qui en depend Sadite Majesté a commandé toutes Lettres & Depêches necessaires leur être expediées, en vertu du present Brevet qu'elle a fait signer de sa main, & contresigner par nous Conseiller en son Conseil d'Etat, & Secretaire de ses Commandemens. *Signé*, HENRI. *Et plus bas*, DE NEUFVILLE.

ANNO 1598.

AUjourdhui dernier jour d'Avril 1598. le Roi étant à Nantes, voulant donner tout le contentement qu'il lui est possible à ses Sujets de la Religion pretenduë Reformée, sur les demandes & Requêtes qui lui ont été faites de leur part, pour ce qu'ils ont estimé leur être necessaire, tant pour la Liberté de leurs consciences, que pour l'assurance de leurs Personnes, fortunes & Biens. Et pour l'assurance que S. M. a de leur fidelité, & sincere affection à son Service, avec plusieurs autres considerations importantes au bien & repos de cet Etat; Sadite Majesté outre ce qui est contenu en l'Edit qu'elle a nouvellement resolu, & qui doit être publié pour le reglement de ce qui les concerne; leur a accordé & promis, que toutes les Places, Villes & Châteaux qu'ils tenoient jusqu'à la fin du mois d'Août dernier, esquelles y aura Garnisons, par l'état qui en sera dressé & signé par S. M. demeureront en leur garde sous l'autorité & obeïssance de Sadite M. par l'espace de huit ans, à compter du jour de la Publication dudit Edit. Et pour les autres qu'ils tiennent; où il n'y aura point de Garnisons, n'y sera point alteré ni innové. N'entend toutefois Sadite Majesté, que les Villes & Châteaux de Vendôme & Pontorson soient comprises au nombre desdites Places laissées en garde à ceux de ladite Religion. N'entend aussi comprendre audit nombre la Ville, Château & Citadelle d'Aubenas, de laquelle elle veut disposer à sa volonté, sans que si c'est entre les mains d'un de ladite Religion, que cela fasse consequence qu'elle soit après affectée à un autre de ladite Religion, comme les autres Villes qui leur sont accordées. Et quant à Chauvigny, elle sera renduë à l'Evêque de Poitiers Seigneur dudit lieu, & les nouvelles Fortifications faites en icelle rasées & demolies. Et pour l'entretenement des Garnisons qui devront être entretenuës esd. Villes, Places & Châteaux, leur a Sadite Majesté accordé jusques à la Somme de neuf-vingts mille Ecus, sans y comprendre celles de la Province de Dauphiné, ausquelles sera pourvû d'ailleurs que de ladite Somme de cent quatre-vingts mille Ecus par chacun an; leur promet & assûre en faire bailler les Assignations bonnes & valables sur les plus clairs Deniers, où seront établies lesdites Garnisons. Et où elles n'y suffiroient, & qu'il n'y eût en icelles assez de fonds, leur sera parfourni le surplus sur les autres Recettes plus prochaines, sans que les Deniers puissent être divertis desdites Recettes, que ladite Somme n'ait été entierement fournie & acquitée. Leur a en outre Sadite Majesté promis & accordé, que lors qu'elle fera & arrêtera l'état desdites Garnisons, elle appellera auprès d'elle aucuns de ceux de ladite Religion, pour en prendre leur avis, & entendre sur ce leurs Remontrances, pour après en ordonner; ce qu'elle fera toûjours le plus à leur contentement que faire se pourra. Et si pendant le tems desdites huit années, il y a occasion de faire quelque changement sur ledit état; soit que cela procede du jugement qu'en fera Sadite Majesté, ou que ce soit à leur requisition, elle en usera de même, qu'à le resoudre pour la premiere fois. Et quant aux Garnisons de Dauphiné, Sa Majesté dressant état d'icelles, prendra sur ce l'avis du Sieur de Lesdiguieres. Et avenant vacation d'aucuns Gouverneurs & Capitaines desdites Places, Sadite Majesté

ANNO 1598.

jesté leur promet aussi & accorde, qu'elle n'en pourvoira aucun qui ne soit de ladite R. P. R. & qui n'ait attestation du Colloque où il sera resident, qu'il soit de ladite Religion, & Homme de bien. Se contentera neanmoins, que celui qui en devra être pourvû sur le Brevet qui lui en aura été expedié, soit tenu auparavant que d'en obtenir la Provision, de raporter l'Attestation du Colloque d'où il sera, laquelle aussi ceux dudit Colloque seront tenus de lui bailler promtement, sans le tenir en aucune longueur; ou en cas de refus, feront entendre à Sadite Majesté les causes d'icelui. Et ce terme desdites huit années expiré, combien que S. M. soit quitte de sa promesse pour le regard desdites Villes, & eux obligez de les lui remettre: toutefois elle leur a encore accordé & promis, que si esdites Villes elle continuë après ledit tems d'y tenir Garnisons, ou y laisser un Gouverneur pour commander, qu'elle n'en depossedera point celui qui s'en trouvera pourvû, pour y en mettre un autre. Comme pareillement declare, que son intention est, tant pendant lesdites huit années, qu'après icelles, de gratifier ceux de ladite Religion, & leur faire part des Charges, Gouvernemens & autres Honneurs, qu'elle aura à distribuer, & departir indifferemment & sans aucune exception, selon la qualité & merite des Personnes, comme à ses autres Sujets Catholiques; sans toutefois que les Villes & Places, qui leur pourront ci-après être commises pour y commander, autres que celles qu'ils ont à present, puissent tirer à consequence d'être ci-après particulierement affectées à ceux de ladite Religion. Outre ce Sadite Majesté leur a accordé, que ceux qui ont été commis par ceux de ladite Religion à la garde des Magasins, Munitions, Poudres & Canons d'icelles Villes, & ceux qui leur seront laissez en garde, seront continuez esdites Charges, en prenant Commission du Grand Maître de l'Artillerie, & Commissaire general des Vivres. Lesquelles Lettres seront expediées gratuitement, mettant entre leurs mains les Etats signez en bonne & duë forme desdits Magasins, Munitions, Poudres & Canons; sans que pour raison desdites Commissions, ils puissent pretendre aucunes Immunitez ou Privilege. Seront neanmoins employez sur l'état qui sera fait desdites Garnisons, pour être payez de leurs gages sur les Sommes ci-dessus accordées par Sa Majesté pour l'entretenement de leurs Garnisons, sans que les autres Finances de Sa M. en soient aucunement chargées. Et d'autant que ceux de ladite Religion ont supplié Sa Majesté, de leur vouloir faire entendre ce qu'il lui a plu d'ordonner pour l'exercice d'icelle en la Ville de Metz, d'autant que cela n'est assez donné clairement à entendre, & compris en son Edit & Articles secrets; Declare Sa Majesté, qu'elle a fait expedier Lettres Patentes, par lesquelles il est porté; Que le Temple ci-devant bâti dans ladite Ville par les Habitans d'icelle leur sera rendu, pour en lever les materiaux, ou autrement en disposer, comme ils verront être à faire; sans toutefois qu'il leur soit loisible d'y prêcher, ni faire aucun exercice de ladite Religion; & neanmoins leur sera pourvû d'un Lieu commode dans l'enclos de ladite Ville, où ils pourront faire ledit exercice public, sans qu'il soit necessaire de l'exprimer par son Edit. Accorde aussi Sa Majesté, que nonobstant la defense faite de l'exercice de ladite Religion à la Cour & suite d'icelle; les Ducs, Pairs de France, Officiers de la Couronne, Marquis, Comtes, Gouverneurs & Lieutenans Generaux, Maréchaux de Camp, & Capitaines des Gardes de Sadite Majesté, qui seront à sa suite, ne seront recherchez de ce qu'ils feront à leur Logis, pourvû que ce soit en leur Famille particuliere tant seulement, à portes closes, & sans psalmodier à haute voix, ni rien faire qui puisse donner à connoître, que ce soit exercice public de ladite Religion; & si Sadite Majesté demeure plus de trois jours és Villes & Lieux où l'exercice est permis, pourra ledit tems y être continué comme il étoit avant son arrivée. Declare Sa Majesté, qu'attendu l'état present de ses affaires, elle n'a pû comprendre pour maintenant ses Païs delà les Monts, Bresse, & Barcellone, en la permission par elle accordée de l'exercice de ladite R. P. R. Promet neanmoins Sa Majesté, que lors que sesdits Païs seront en son obeïssance, elle traitera ses Sujets d'iceux pour le regard de la Religion, & autres Points accordez par son Edit, comme ses autres Sujets, nonobstant ce qui est porté par ledit Edit; & cependant seront maintenus en l'état où ils sont à present. Accorde Sa Majesté, que ceux de ladite R. P. R. qui doivent être pourvûs des Offices de Presidens & Conseillers créez pour servir és Chambres ordonnées de nouveau par son Edit, seront pourvus desdits Offices gratuitement, & sans Finance pour la premiere fois, sur l'Etat qui sera presenté à Sa Majesté par les Deputez de l'Assemblée de Châtellerault: comme aussi les Substituts des Procureurs & Avocats Generaux érigez par le même Edit en la Chambre de Bordeaux: & avenant incorporation de ladite Chambre de Bordeaux, & de celle de Thoulouse ausdits Parlemens, lesdits Substituts seront pourvûs d'Offices de Conseillers en iceux aussi gratuitement. Sa Majesté fera aussi pourvoir Messire François Pitou de l'Office de Substitut du Procureur General en la Cour de Parlement de Paris: & à ces fins sera faite érection de nouveau dudit Office; & après le decés dudit Pitou, en sera pourvû d'un de ladite R. P. R. Et avenant vacation par mort de deux Offices de Maîtres des Requêtes de l'Hôtel du Roi, les premiers qui vaqueront, y sera pourvû par Sa Majesté de Personnes de ladite R. P. R. que Sa Majesté verra être propres & capables pour le bien de son service: & pour le prix de la taxe des Parties Casuelles. Et cependant sera ordonné, qu'en chacun quartier il y ait deux Maîtres des Requêtes, qui seront chargez de rapporter les Requêtes de ceux de ladite Religion assemblez en ladite Ville de Châtelleraolt, de demeurer ensemble au nombre de dix en la Ville de Saumur, pour la poursuite de l'execution de son Edit, jusqu'à ce que sondit Edit soit verifié en sa Cour de Parlement de Paris; nonobstant, qu'il leur soit enjoint par ledit Edit, de se separer promptement: sans toutefois qu'ils puissent faire au nom de ladite Assemblée aucunes nouvelles demandes, ni s'entremettre que de la sollicitation de ladite execution, deputation, & acheminement de Commissaires, qui seront pour ce ordonnez. Et de tout ce que dessus, leur a Sa Majesté donné sa foi & parole par le present Brevet, qu'elle a voulu signer de sa propre main, & contre-signer par nous ses Secretaires d'Etat; voulant icelui Brevet leur valoir, & avoir le même effet que si le contenu en icelui étoit compris en un Edit verifié en ses Cours de Parlement: s'étans ceux de ladite Religion contentez, pour s'accommoder à ce qui est de son service, & à l'état de ses affaires, de ne la presser pas de mettre cette Ordonnance en autre forme plus autentique, prenans cette confiance en la parole & bonté de Sa Majesté, qu'elle les en fera jouïr entierement. Ayant à cette fin commandé, que toutes les Expeditions & Depêches qui seront necessaires pour l'execution de ce que dessus, leur en soient expediées. *Ainsi signé*, HENRI. *Et plus bas*, FORGET.

CCLIII.

Accord du GRAND SEIGNEUR *aux* PROVINCES-UNIES *des Pais-Bas, de pouvoir négocier dans ses Etats, donné à Constantinople, au mois d'Avril,* 1598. [EMANUEL METEREN, Histoire des Pays-Bas. Feuil. 419.]

Avril.
LES PROVINCES-UNIES ET LE TURC.

AVec le sainct Seau du hault Estat, & de la puissante demeure de hault, & vrayement divin Conseil, & Auditoire, & avec l'ayde du hault Dieu, soit nôtre Commandement tel que s'ensuit: Comme l'Ambassadeur du Commandeur, ou Roy de France, residant en nôtre haulte Porte, ou Palays, envoyé par supplication à nôtre Imperiale Audience, nous a declaré, qu'il appert par les Registres, Actes, & haults Privileges, tant vieux, que nouveaux, octroyés aux Commandeurs, & Empereurs de France, que toutes Nations, & Peuples, Ennemis de nôtre Porte, peuvent venir sous la Banniere, & sous le nom dudit Roy de France, en toutes les Villes, & Places de nôtre Empire, pour y trafiquer: & d'autant que les Marchands de l'Etat de Flandres, ou du Pays-Bas, ont faict entendre la volonté qu'ils ont, de pouvoir venir avec leurs Navires chargées de Marchandises, és Villes, & Havres des nôtres, pour y trafiquer, tant en la renommée Ville de Constantinople, de Chio, d'Alexandrie, d'Aleppo, qu'és autres Havres, & Places de nôtre Empire, en y venant, (comme a esté dit) sous la Banniere, au nom du Commandeur, ou Roy de France, pour y pouvoir venir, retourner, & demeurer sous un Sauf-conduit libre, & patent, & y faire leur Traffic, sans aucun em-

ANNO 1598. empefchement. Voylà pourquoy le fusdit Ambaffadeur a requis particulier Acte, & Privilege, femblable à celuy qu'ont les François, pour eftre affeuré, & fans crainte de quelque difficulté. Ce qui nous ayant efté declaré, nous avons confenti & octroyé ce nôtre fainct, & hault Signe, ou Seau, & Commandement que d'orefenavant les Marchands de Flandres, venans par Mer, ou par Terre avec leurs Marchandifes, pourront trafficquer és Havres, & Places fusdites de nôtre Empire, & ce en tachant de trafficquer feulement fous la Banniere, & nom du Commandeur, ou Roy de France, & fous la protection de leur Confeil. Que nos Vifirs, Gouverneurs de nos Royaumes, Juges, Receveurs des Tributs, & nos Capitaynes de Marine, ni leurs Gens, & autres qui font fous nôtre obeyffance, ne les violenteront ni molefteront en aucune maniere, ni en leurs Voyages, Chemins, Places, & Hofteleries, tant au regard des Marchands, qu'au regard de leurs Marchandifes, & Navires: ains comme les Marchands François peuvent aller, venir, & trafiquer fous le Saufconduit, la Banniere, & le nom du Gouverneur, ou Roy de France fusdit, fans qu'il leur fera faict aucun empefchement & facherie, és Places & ruës où proprement ils viendront à demeurer, comme cela eft contenu aux Privileges que nous avons octroyé aux François, & partant nous le fayfons fçavoir, & commandons, qu'on ait à obeyr, & à adjoufter foy à noftre Marque, & grand Seau, comme a efté dit cy-deffus, & que cela auffi foit enfuivy. Donné en noftre Ville Imperiale de Conftantinople, fur la fin du mois Ramazan, en l'an de Mahomet M. 6. qui eft au moys d'Avril, en l'an de noftre Seigneur Jefus-Chrift, l'an 1598.

CCLIV.

1. Mai.

FRANCE ET TOSCANE.

Traité fait entre HENRI IV. *Roi de France &* FERDINAND *Grand Duc de Toscane, pour la reftitution du Château & Ifle d'If, & des Forts & Ifle de Pomégues, par l'entremife du Sieur d'Offat, alors Evêque de Rennes, le premier Mai* 1598. [FREDER. LEONARD, Tom. II. d'où l'on a tiré cette Piéce, qui fe trouve auffi dans les *Lettres du Cardinal* d'OSSAT, Tom. I. pag. 617.]

COMME ainfi foit qu'aprés la mort du Tres-Chretien Roi de France HENRI III. le Capitaine Boffet Chaftelain du Château d'If, deftitué de Munitions & Solde neceffaire pour la confervation de cette Forterefle & Rocher, fût en peril par la neceffité forcée de la remettre au pouvoir des Heretiques, avec dommage évident de la Cité de Marfeille, & de toute la Comté de Provence; & partant fachant que Madame la Grand-Ducheffe avoit été élevée en France, eut recours à fa protection, demandant Garnifon du Sereniffime Grand-Duc fon Mari fous deux conditions. La premiere, que ledit Château & Ifle d'If fe maintiendroit & conferveroit pour celui qui feroit declaré Roi de France, receu & admis pour tel, Catholique, & par la fainte Eglife Romaine. L'autre, que ledit Chaftelain ne pourroit être aftraint à délivrer ledit Château & Ifle à aucun autre Prince ou Perfonne qu'à un Roi de France Catholique. Et comme ainfi foit que ladite Dame eût obtenu que le fusdit Sereniffime Grand-Duc mandât avec fes Galeres des Soldats, Vivres & Munitions de Guerre audit Château, comme il a fait plufieurs fois, & amplifié depuis la Forterefle, & païé continuellement la Garnifon qui y a toûjours été maintenuë depuis ledit temps; aiant de plus l'année paffée, pour bonne fin, bafti un nouveau Fort, ou plufieurs, en l'Ifle de Pomegues, & iceux munis & pourveus de Garnifon, & pareillement païé la Garnifon, outre la fabrique faite: Et aiant le Tres-Chretien Roi de France HENRI IV. dernierement par le moyen du Reverendiffime Monfieur d'Offat Evêque de Rennes, fon Confeiller d'Etat, & en ceci fon Procureur, recherché Son Alteffe, qu'elle lui reftituât lesdites Places appartenantes à la Couronne de France, & à Sa Majefté comme Roi Tres-Chretien d'icelle, & conformement à ce qui avoit été promis dés le commencement au Chaftelain Boffet, comme il a été dit ci-deffus. Delà eft qu'entre Sa Majefté, & pour elle ledit Reverendiffime Monfieur d'Offat d'une part, & Son Alteffe pour lui d'autre, ont été arreftez & accordez les fuivans Articles.

ANNO 1598.

PREMIEREMENT. Que Son Alteffe retirera du Château & Ifle d'If dans quatre mois, à commencer de ce jourd'hui 1. Mai, & finir pour tout le mois d'Aouft prochain, les Capitaines & Soldats qu'elle y a, & délivrera ledit Château & Ifle d'If à Sa Majefté fans aucune démolition.

II. Pourra neanmoins Son Alteffe en faire emporter fon Artillerie, Armes, Salpeftre, & autres chofes fiennes, laiffant audit Château d'If l'Artillerie, Armes, & autres chofes du Roi, qui y étoient lors que les Gens de Son Alteffe y entrerent; & auffi les Poudres & Balles qui y ont été portées par ceux de Son Alteffe, puis qu'elles doivent être païées à Son Alteffe, felon qu'il fera contenu en l'Article prochain fuivant.

III. A été calculé & verifié, avec la parole encore & affirmation de Son Alteffe en foi de Prince, & approuvé par ledit Sieur d'Offat & arrêté, que Son Alteffe y ait dépenfé vraiëment & réellement, du jour qu'il y envoïa ladite Garnifon jusques & pour tout le mois d'Avril paffé, pour l'entretenement d'icelle, & pour ladite Fortification, Poudres, & autres Munitions, la Somme & quantité de deux cent vingt-trois mille cinq cent cinq Ecus de Monnoye Florentine, laquelle reduite à Ecus au Soleil, fait cent quatre-vingts quinze mille cinq cent foixante & fept Ecus d'or au Soleil, & la dépenfe qu'il faudra faire pour les quatre mois prochains, a été évaluée à raifon de mille quatre cent foixante & fept Ecus par mois de Monnoye Florentine, à la Somme de cinq mille neuf cent huit Ecus Florentins, lesquels reduits à Ecus au Soleil font cinq mille cent foixante & dix Ecus, qui ajoûtez aux precedens cent quatre-vingts-quinze mille cinq cens foixante & fept Ecus, font deux cens mille fept cens trente-fept Ecus fols.

IV. Et partant ont convenu pour ladite Somme de deux cens mille fept cens trente-fept Ecus, que Sa Majefté, avant que ladite reftitution s'en enfuive, fe reconnoîtra débitrice à Son Alteffe en forme valable, & fera verifier & enteriner ladite reconnoiffance en fa Chambre des Comptes & ailleurs où befoin fera, fans aucune dépenfe de Son Alteffe; & pour toute la fusdite Somme de deux cens mille fept cens trente-fept Ecus d'or fols, Sa Majefté donnera Affignations des meilleurs & plus valables de fon Roiaume, pour en être Son Alteffe rembourfée à raifon de cinquante mille Ecus au Soleil, ou la valeur, par chacun an, jusques à l'entier payement desdits deux cens mille fept cens trente-fept Ecus d'or au Soleil.

V. Et fera le Roi que douze Perfonnages François, que Son Alteffe fera nommer à Sa Majefté pour tout le mois prochain, (de ceux toutefois qui au temps que ladite nomination fe fera feront prés Sa Majefté, ou à vingt lieuës aux environs) s'obligeront eux, & leurs Heritiers & Succeffeurs vers Son Alteffe par Inftrument public avec Serment & autres folemnitez neceffaires, comme principaux & principalement, & chacun pour fa part & portion, en leur propre nom, de paier du leur toutefois & quantes que lesdites Affignations que Sa Majefté donnera, pour n'être fuffifantes, ou pour être converties en autres ufages, quoique ce fût par commandement du Roi, ou pour quelque autre caufe que ce foit, & accident, bien que fortuit & inopiné & non accoûtumé, ne fortiront leur effet, de façon que Son Alteffe fût en tout ou en partie empêchée, on ne pût recevoir lesdits cinquante mille Ecus par chacun an, jusques à l'entier payement de toute la Somme de deux cens mille fept cens trente fept Ecus au Soleil; prenant lesdits Prometteurs fur eux mêmes, & fur leurs Heritiers & Biens tout le peril qui en ceci pourroit advenir pour quelque accident ou caufe que ce foit. Lesquelles Obligations en bonne forme fera tenuë Sa Majefté faire configner dans les fusdits quatre mois à Son Alteffe, ou à fes Agents en la Cour Tres-Chretienne, & avant ladite confignation ne s'enfuivra ladite reftitution.

VI. Son Alteffe retirera auffi dans les quatre mois fusdits de l'Ifle de Pomegues les Capitaines & Soldats qu'elle y a, laiffant ladite Ifle libre au Roi, aprés neantmoins que Sa Majefté de fon côté aura fait ce qui a été convenu pour le regard du Château d'If & de fes dépenfes. Et quant au Fort ou Forts baftis en ladite Ifle de Pomegues depuis l'an paffé en çà, Son Alteffe les pourra démolir dans ledit temps de quatre mois, fans toutefois deteriorer le Port, ny autres Lieux de ladite Ifle. Et pourra auffi Son Alteffe enlever desdits Forts

ANNO 1598.

Forts & Isle de Pomegues librement & sans exception l'Artillerie & Munitions de toutes sortes, & toute autre chose que Son Altesse y a.

VII. Et pource que Son Altesse pretend estre creanciere de la Couronne de France d'une partie de Deniers dont le feu Roi Charles IX. en son vivant fut accommodé par les Princes de Toscane défunts, és Guerres contre les Rebelles, & au besoin tres-urgent de ce Roiaume, comme Son Altesse dit apparoir par Instrumens publics, & par comptes faits & arreitez en ce temps-là, enterinez, & verifiez: Partant a été convenu que sur lesdites choses Sa Majesté lui fera faire raison & justice, si & comme par icelle il sera obligé, sans toutefois qu'à l'occasion de cette vieille dette la restitution du Château & Isle d'If, & de l'Isle de Pomegues, doive ou puisse en aucune façon être retardée, ni que les susdits douze Personnages s'entendent être obligez pour cette dette.

VIII. Et ces Articles seront souscrits par Son Altesse, & par le susdit Sieur d'Ossat avec apposition de leurs Sceaux.

IX. Sa Majesté Tres-Chrestienne ratifiera le contenu des presents Articles dans deux mois, à compter dudit jourd'hui premier Mai: & ne voulant Sadite Majesté ratifier, sera le present Accord & Ecriture entenduë nulle, & de nul effet & valeur de part & d'autre, & en particulier pour la souscription & obligation de Son Altesse. Fait à Florence au Palais de Son Altesse appellé de Pitti, le susdit premier Mai 1598.

(1) *Justification du cinquiéme Article du Traité fait avec le Grand-Duc.*

CET Article est celui qui plaira le moins, & qui envers plusieurs pourra faire perdre à l'Evêque de Rennes tout le gré qu'on lui auroit pû savoir autrement du bon Acord qu'il a procuré & obtenu pour le service du Roi, & pour le repos & la sûreté de son Roiaume. Si-est-ce que c'est celui auquel est principalement deû l'Acord & la restitution des Isles d'If & de Pomegues. Ledit Evêque soûtint durant plusieurs jours que le Grand-Duc ne devoit demander aucun Répondant, & que lui Evêque ne lui en pouvant donner ni prometre, aimoit mieux s'en aler sans rien faire, que d'obliger le Roi à cela. Mais voiant que Son Altesse demeuroit ferme, & se vouloit servir du refus dudit Evêque pour pretexte de retenir les Places; lui, aprés y avoir bien pensé, & considerant l'importance du recouvrement desdites Places, se resolut de lui ôter ce pretexte, & de le mettre encore plus en son tort, & acquerir tant plus de justification au Roi, quelque resolution que Sa Majesté prît aprés le refus de Son Altesse. Aussi fût ledit Evêque à ce enhardi, parce que la dépense faite au Château d'If avoit servi à preserver la Ville de Marseille de l'invasion des Espagnols, & que les autres Sommes pretées par ledit Grand-Duc, avoient pareillement servi à maintenir le Roi en son Etat, & à conserver le Roiaume; & que la voie de r'avoir lesdites Places par Guerre, étoit pour aporter infinis inconveniens, & que pour moindres occasions, & dettes moins favorables on a autres fois veû bailler des ôtages, & les envoier hors du Roiaume.

Vôtre Majesté, dit-il, dans sa Lettre 127 se peut souvenir du grand déplaisir & souci, que lui ont causé ces nouveautez du Château d'If, & de l'Isle de Pomegues; comme advenues au lieu le plus jaloux de tout le Roiaume. Et j'ai pensé qu'en acordant les douze Cautions, V. Majesté se délivreroit de ce souci en tout & par tout, & par même moien ôtoit à la Ville de Marseille, à la Provence, & à la France cette épine du pied, ou pour mieux dire, cette chaîne du cou, & évitoit une Guerre, dont la dépense en peu de jours eût monté à plus que tout ce que j'ai acordé.

Je vous assûre, dit-il à Monsieur de Villeroy, que je n'eûs jamais tant de peine en affaires qui me soient passées par les mains, & que sans ma grande patience, non seulement je n'eusse obtenu de ces gens-ci ce que vous verrez par lesdits Articles, mais je n'eusse pas même pû les faire entrer en Traité avec moi. Je prevois d'un autre côté, que je trouverai par delà peu d'équité és Jugemens de ceux qui feront recherchez d'entrer en Caution pour le Roi, & pour le bien commun du Roiaume, & si j'eusse eû plus de crainte de déplaire à des Particuliers, que de zéle pour le service du Public, je me fusse bien gardé d'acorder cét Article; mais la raison & l'experience m'ont apris, que pour venir à bout d'une grande affaire, & importante à tout un Roiaume, il ne se faut pas arrêter à ce qu'en peuvent dire ou penser ceux qui ne visent point à ce But. *Lettre* 126. J'ai fait tout ce qu'il m'a été possible pour n'acorder point l'Article des Cautions, mais j'estime tant le prom̃t recouvrement de ces Places pour l'importance du lieu où elles sont, que tout ce que j'ai promis ne me semble rien en comparaison. *Lettre* 129. Je vous dirai bien, que la France aiant la Guerre avec l'Espagne, lorsque l'Acord du Château d'If fût fait, & les Places étant de l'importance qu'elles sont, j'eusse encore promis quelque chose de plus pour les avoir, si je ne les eusse pû avoir à moins. Je vous dirai encore davantage (& Dieu sait que je dirai vrai) que j'ai tant de zéle au bien de la France, que si j'eusse eû le moien de paier du mien la Somme entiere, je l'eusse plûtôt paiée tout comptant, que de laisser en tel temps ces Places comme elles étoient. *Lettre* 140.

[1] On trouve cet Article & les suivans aprés le Traité precedent dans l'endroit de Leonard, que nous avons cité.

ANNO 1598.

Sur l'Ecrit separé donné au Grand-Duc par l'Evêque de Rennes.

LE Grand-Duc pour plusieurs causes a voulu que cette (*a*) Ecriture lui fût baillée à part, & que le nom du Seigneur de Gondi y fût emploié, comme en tout le reste qui s'est fait jusques ici, pour le regard des Sommes par lui prêtées. Au demeurant, par cette Ecriture ne lui est promise aucune nouvelle Assignation, mais seulement que le Roi fera valoir celle qui lui a été baillée de cinquante mille Ecus par an. A quoi ledit Evêque n'a deû faire aucune difficulté, puis que le Contract ja fait avec ledit Sieur de Gondi est tel qu'il en peut recevoir encore plus grande Somme, & qu'à cela s'obligeront douze Personnages François, avec la chicane de l'Archevêque de Pise, & dont les Pleges sont garents, en tenant main que le Contract ja passé soit bien gardé & entretenu, comme il est juste & raisonnable.

(*a*) Le Cardinal d'Ossat en parle dans ses Lettres 127. & 129.

Et se faut souvenir qu'encore que cette Promesse soit separée des Articles de l'Acord, ce nonobstant elle en fait partie aussi bien que si elle y étoit inserée. Et partant est besoin, que le Roi ratifie & accomplisse aussi bien cette Promesse que les susdits Articles, & que la Ratification qu'il lui plaira en faire, soit aussi separée de celle que Sa Majesté fera desdits Articles, non seulement pour le contentement du Grand-Duc qui le desire ainsi, mais aussi pour le soin que de nous mêmes nous devons avoir que Son Altesse ne reçoive dommage des Espagnols pour nous avoir aidé contre eux. Fait à Ferrare, le Mardi de la Pentecôte 12. Mai 1598.

La contre-Lettre du Grand-Duc touchant les douze Répondans ou Cautions.

DOm Ferdinand de Medicis Grand-Duc de Toscane. Comme ainsi soit que le premier jour de Mai de la presente année 1598. aient été arrêtez & accordez certains Articles entre Nous & Monsieur l'Evêque de Rennes, Conseiller d'Etat du Roi Trés-Chrétien, au Nom de Sa Majesté Trés-Chrêtienne, sur la restitution du Château & Isle d'If & de l'Isle de Pomegues auprés de Marseille, & sur le remboursement des dépenses par nous faites pour la conservation dudit Château & Isles, & qu'entre lesdits Articles il y en ait un, par lequel est promis que Sa Majesté Trés-Chrêtienne fera que douze Personnages François, que nous lui ferons nommer, s'obligeront eux, & leurs Heritiers & Successeurs envers nous pour les Sommes & en la façon qu'il est contenu au susdit Article, & en une Promesse dudit Sieur Evêque. Et aiant Sa Majesté Trés-Chrêtienne ratifié purement & simplement les susdits Articles par ses Lettres Patentes du 25. Juin dernier passé, & puis fait nous requerir de vouloir pour plusieurs dignes respects le délivrer & quitter de la prestation des susdits douze Fidejusseurs. Nous voulans complaire à Sa Majesté Trés-Chrétienne, declarons par la Presente, que nous n'entendons point & ne voulons nous aider ni servir du susdit Article, & Promesse concernant lesdits douze Fidejusseurs; ains y renonçons, & quittons Sa Majesté Trés-Chrêtienne, & tout autre. En foi de quoi nous avons souscrit la Presente, & y fait apposer nôtre Scel accoustumé. A Florence, en nôtre Palais de Pitti, le quatre d'Aoust 1598.

CCLV.

ANNO 1598.

CCLV.

2\. Mai.

FRANCE, ESPAGNE ET SAVOYE.

Traité de la Paix entre HENRI IV. *Roi de France*, PHILIPPE II. *Roi d'Espagne &* CHARLES-EMANUEL *Duc de Savoye. Fait à Vervin le 2. Mai 1598.* [Recueil des Traitez de Paix entre les Couronnes d'Espagne & de France, imprimé à Anvers in 12 pag. 301. & FREDER. LEONARD, Tom. II. Memoires de BELLIEVRE & de SILLERY, Tom. II. pag. 280.]

AU Nom de Dieu le Createur. A tous presens & avenir soit notoire; Qu'aians le Roiaume de France, & Provinces des Païs-Bas souffert de trés-grandes pertes, ruïnes & desolations, à cause des Guerres civiles & étrangeres, qui depuis plusieurs années ont continué, dont aussi se seroient grandement ressentis les Roiaumes d'Espagne & d'Angleterre & Païs de Savoie, durant lequel temps le commun Ennemi du nom Chrêtien tenant nos maux pour son occasion, & se prévalant de nos divisions, auroit fait de trés-grands & trés-dangereux progrez & usurpations és Provinces de la Chrêtienté: Ce que considerant nôtre trés-Saint Pere le Pape Clement VIII. de ce nom, desirant y apporter remede convenable, & couper le mal à la racine, auroit delegué en France l'Illustrissime & Reverendissime Cardinal de Florence Alexandre de Medicis son Legat, & du Saint Siege Apostolique, pardevant Trés-Haut, Trés-Excellent & Trés-Puissant Prince Henri IV. par la grace de Dieu Roi T. C. de France & de Navarre, pour l'induire & persuader à une bonne Paix, amitié & concorde avec Trés-Haut, Trés-Excellent & Trés-Puissant Prince Philippes II. par la même grace Roi Catholique, de Castille, de Leon, d'Arragon, des deux Siciles, de Hierusalem, de Portugal, de Navarre, des Indes, &c. auquel aussi sa Sainteté auroit fait, & fait faire par son Nonce, & autres semblables Remonstrances & exhortations. Et depuis aiant ledit Saint Pere été averti que ledit Sieur Roi Catholique auroit remis le fait de ladite Paix; & à ces fins donné pouvoir à Trés-Haut & Trés-Puissant Prince Albert Cardinal Archiduc d'Austriche son Neveu, pour la confiance qu'il a en lui, & pour l'avoir toûjours connu trés-affectionné au bien de la Paix, auroit envoié pardevers lui Reverend Pere Frere Bonnaventure Calatagirone General de l'Ordre de Saint François, pour lui faire sur ce entendre son desir, & ce qu'il auroit sceu de l'intention dudit Sieur Roi Catholique, touchant ladite Paix, aiant le tout été representé par ledit Pere General audit Sieur Roi Trés-Chrêtien, suivant la charge qu'il en avoit de sa Sainteté, lesquels Sieurs Rois meus du zele de pieté, de la compassion, & de l'extrême regret qu'ils ont, & sentent en leurs cœurs des longues & griéves oppressions qu'à l'occasion desdites Guerres, leurs Roiaumes, Païs & Sujets ont souffert & souffrent encore à present, ne voulans obmettre chose qui soit au pouvoir de bons Princes, craignans Dieu & aimans leurs Sujets, pour mettre & établir un bon & assuré repos en toute la Chrêtienté, & particulierement és Provinces dont il a plû à Dieu leur commettre la charge; & mettans, comme porte leur devoir, en bonne & grande consideration les trés-sages & paternels admonestemens de nôtre Saint Pere, se conformans à iceux auroient exhorté leurs Amis & Confederez de vouloir entendre avec eux, & se resoudre à une bonne Paix, union & concorde à l'honneur de Dieu, exhaltation de son saint Nom, assurance & tranquilité de toutes les Provinces Chrêtiennes, & au soulagement & repos de leurs Peuples & Sujets: & pour y parvenir, & icelle Paix & Amitié traiter, conclure & arrester, auroient été commis & deputez, c'est à sçavoir de la part dudit Seigneur Roi Trés-Chrêtien, Messire Pompone de Bellievre Chevalier Sieur de Grignon Conseiller en son Conseil d'Etat, & Messire Nicolas Brulart Chevalier Sieur de Silleri, aussi Conseiller dudit Sieur Roi, en son Conseil d'Etat, & President en sa Cour de Parlement de Paris. Et par ledit Sieur Cardinal Archiduc au nom dudit Sieur Roi Catholique, suivant le Pouvoir à lui donné par ledit Sieur Roi, Messire Jean Richardot Chevalier, Chef & President du Conseil Privé dudit Sieur Roi & de son Conseil d'Etat, Messire Jean-Baptiste de Taxis, Chevalier Commandeur de Los Santos de l'Ordre Militaire de Saint Jacques dudit Conseil d'Etat, & du Conseil de Guerre, & Messire Louïs Verreiken aussi Chevalier Audiancier, & premier Secretaire & Tresorier des Chartes dudit Conseil d'Etat, tous garnis de Pouvoirs suffisans, qui seront inserez en la fin des Presentes, lesquels en vertu de leursdits Pouvoirs, en presence dudit Sieur Legat Cardinal, qui a longuement & trés-vertueusement travaillé à promouvoir cette bonne Paix & reconciliation, ont fait, conclu & accordé les Articles qui ensuivent.

ANNO 1598.

I. Est convenu & accordé que le Traité de Paix demeure conclu & resolu entre lesdits Sieurs Roi Henri IV. & Philippes II. conformement & en approbation des Articles contenus au Traité de Paix fait au Château en Cambresis, en l'an 1559. entre feu de trés-haute, & trés-loüable memoire Henri II. Roi de France & ledit Sieur Roi Catholique. Et lequel Traité lesdits Deputez esdits noms ont de nouveau confirmé & approuvé en tous ses Points, comme s'il étoit inseré de mot à autre, & sans innover aucune chose en icelui, ni és autres precedens, qui tous demeurent en leur entier, sinon en ce qui y seroit expressement dérogé par ce present Traité.

II. Et suivant ce que d'oresnavant du jour & datte du present Traité entre lesdits Sieurs Rois, leurs Enfans nais & à naître, Hoirs, Successeurs & Heritiers, leurs Roiaumes, Païs & Sujets, y aura bonne, seure, ferme, & stable Paix, Confederation & perpetuelle Alliance & Amitié, s'entr'aimeront comme Freres, procurans de tout leur pouvoir le bien, l'honneur & la reputation l'un de l'autre, & éviteront tant qu'ils pourront loiaument le dommage l'un de l'autre; ne soûtiendront, ne favoriseront personne quelle qu'elle soit l'un au préjudice de l'autre, & dés maintenant cesseront toutes hostilitez; oublians toutes choses ci-devant mal passées quelles qu'elles soient, qui demeureront abolies, & éteintes, sans que jamais ils en fassent ressentiment quelconque, renonçans par ce present Traité à toutes Pratiques, Ligues & Intelligences qui pourroient en quelque sorte que ce soit redonder au prejudice l'un de l'autre, avec promesse de jamais faire ne pourchasser par l'un chose qui puisse tourner au dommage de l'autre, ni souffrir que leurs Vassaux & Sujets le fassent directement ou indirectement: Et si aucuns d'iceux de quelque qualité ou condition qu'ils soient y contreviennent ci-aprés, pour aller servir par Mer ou par Terre, ou autrement, aider & assister en chose qui en sorte que ce soit, pourroit prejudicier à l'un desdits Sieurs Rois, l'autre sera obligé de s'y opposer & l'empêcher, & les châtier seulement comme Infracteurs de ce Traité, & Perturbateurs du repos public.

III. Et par le moien de cette dite Paix & étroite Amitié, les Sujets des deux côtez quels qu'ils soient; pourront en gardant les Loix & Coûtumes du Païs aller, venir, demeurer, frequenter, converser & retourner és Païs l'un de l'autre marchandement & comme mieux leur semblera, tant par Mer que par Terre, & Eauës douces, traiter & converser ensemble, & seront soûtenus & défendus les Sujets de l'un au Païs de l'autre, comme propres Sujets, en paiant raisonnablement les Droits en tous Lieux accoûtumez, & autres qui par Leurs Majestez, & les Successeurs d'icelles seront imposez.

IV. Et se suspendent toutes Lettres de marques & de represailles qui pourroient avoir esté données à quelque cause que ce soit, & ne s'en donneront d'oresnavant aucunes par l'un desdits Princes au prejudice des Sujets de l'autre, sinon contre les principaux Delinquans, leurs Biens, & de leurs Complices; & ce encore en cas seulement de manifeste dénegation de Justice, de laquelle & des Lettres de sommation & requisition d'icelles, ceux qui poursuivront lesdites Lettres de marque & represailles, devront faire apparoir en la forme & maniere que de droit est requis.

V. Les Villes, Sujets, Manans & Habitans des Comtez de Flandres & Artois, & des autres Provinces des Païs-Bas, ensemble du Roiaume d'Espagne, joüiront des Privileges & Libertez qui leur ont esté accordées par les Rois de France, Predecesseurs dudit Sieur Roi Trés-Chrêtien. Et pareillement les Villes, Manans, Habitans & Sujets du Roiaume de France joüiront aussi des Privileges, Franchises & Libertez qu'ils ont esdits Païs-Bas & Roiaume d'Espagne, tout ainsi qu'un chacun d'eux en ont ci-devant joui, & comme ils en joüissoient en vertu dudit Traité de l'an 1559. & autres Traitez precedens.

VI.

ANNO 1598.

VI. Aussi a esté convenu & accordé, en cas que ledit Sieur Roi Catholique donne ou transfere par Testament, Donnation, Resignation ou autrement à quelque titre que ce soit, à la Serenissime Infante Madame Isabelle sa Fille aînée ou autres, toutes les Provinces de ses Païs-Bas, avec les Comtez de Bourgogne & de Charrolois, que toutes lesdites Provinces & Comtez s'entendent estre comprises en ce present Traité, comme elles estoient en celui de l'an 1559. Ensemble ladite Dame Infante, ou celui en faveur duquel ledit Sieur Roi Catholique en auroit disposé, sans que pour cét effet il soit besoin d'en faire autre nouveau Traité.

VII. Et retourneront les Sujets & Serviteurs d'un côté & d'autre, tant Ecclesiastiques que Seculiers, nonobstant qu'ils aient servi en Parti contraire, en leurs Offices & Benefices, dont ils estoient pourveus avant la fin de Decembre 1588 finon des Cures, dont autres se trouveroient canoniquement pourveus, ensemble en la jouïssance de tous & chacuns leurs Biens, immeubles, Rentes perpetuelles, viageres & à rachapt, saisis & occupez à l'occasion de la Guerre commencée sur la fin de l'an 1588. pour en jouïr dés la Publication de cettedite Paix, & pareillement de ceux qui leur sont depuis advenus, & écheus par Succession ou autrement, sans rien quereller toutesfois, ni demander les fruits perceus dés le saisissement desdits Biens immeubles, jusques au jour de la Publication du present Traité, ni des Dettes qui auront esté confisquées avant ledit jour, & se tiendra pour bon & valable le repartement qu'en aura fait, ou fera faire le Prince, son Lieutenant ou Commis, riere la Jurisdiction duquel ledit Arrest fera fait, & ne pourront jamais les Crediteurs de telles Dettes, ou leurs aians cause, estre receus à en faire poursuite en quelque maniere & par quelque action que ce soit contre ceux ausquels lesdits Dons auront esté faits, ni contre ceux qui par vertu de tels Dons & Confiscations, les auroient payez pour quelque cause que lesdites Dettes en puissent avoir, lesquelles pour l'effet de ladite Confiscation, seront & demeureront par cedit Traité, cassées, adnullées & sans vigueur.

VIII. Et se fera ledit retour desdites Sujets & Serviteurs d'un côté & d'autre à leurs Biens, immeubles & Rentes comme dessus, nonobstant toutes Donations, Concessions, Declarations, Confiscations, Commises & Sentences données par contumaces, & en l'absence des Parties, & icelles non ouïes à l'occasion de cettedite Guerre, comme qu'il soit, lesquelles Sentences & tous Jugemens donnez, tant en civil qu'en criminel, demeureront nuls, & sans aucun effet, & comme non advenus, remettans iceux Sujets, quant à ce pleinement, & cassans tous empêchemens & contredits aux Droits qu'ils avoient au temps de l'ouverture de ladite Guerre, sans qu'aucun puisse estre recherché pour Charges & entremises publiques qu'il auroit eu, soit pour les Vivres, mányement de Deniers ou autrement, pendant le temps & à l'occasion de ladite Guerre, dont il auroit rendu compte pardevant ceux qui avoient lors Pouvoir d'en ordonner, pourveu que lesdits Sujets & Serviteurs ne se trouvent chargez d'autres crimes & délits que d'avoir servi en Parti contraire.

IX. Et ne pourront neanmoins rentrer dans lesdites Terres, Païs & Seigneuries desdits Rois, sans avoir premierement sur ce obtenu permission & Lettres scellées du grand Seel de Leurs Majestez, desquels ils ne seront tenus poursuivre la verification pardevant les Cours & Officiers de Leurs Majestez.

X. Ceux qui auront esté pourveus d'un côté & d'autre des Benefices estans à la Collation, Presentation ou autre Disposition desdits Sieurs Rois ou autres Personnes laïcs, demeureront en la possession & jouïssance desdits Benefices, comme bien & deuëment pourveus.

XI. En faveur & contemplation de cette Paix, & pour donner par lesdits Sieurs Rois contentement l'un à l'autre, est convenu & accordé, qu'ils rendront & restituëront réellement, de fait & de bonne foi l'un à l'autre, ce qui se trouvera avoir esté pris, saisi & occupé par eux ou autres aians charge d'eux, ou en leurs noms és Païs l'un de l'autre. C'est à sçavoir ledit Sieur Roi Tres-Chrétien audit Sieur Roi Catholique la jouïssance & possession du Comté de Charrolois, ses appartenances & dépendances, pour en jouïr par lui & ses Successeurs pleinement & paisiblement, & le tenir sous la Souveraineté des Rois de France, & s'il se trouve d'autres Places occupées depuis ladite Paix de 1559. par ledit Sieur Roi Tres-Chrétien ou par les siens, seront pareillement restituées, & le tout dans deux mois à compter du jour & datte de ces Presentes.

XII. Et pareillement ledit Sieur Roi Catholique rendra & restituëra audit Sieur Roi Tres-Chrétien les Places qui se trouveront avoir esté par lui ou autres aians charge de lui ou en son nom, prises, saisies & occupées depuis ledit Traité de Château en Cambresis.

XIII. A sçavoir Calais, Ardres, Monthulin, Dourlans, la Capelle & le Castelet en Picardie, Blavet en Bretagne, & toutes autres Places que ledit Sieur Roi Catholique y auroit occupées ou ailleurs au Royaume de France depuis ledit Traité, & sont par lui ou par les siens detenuës.

XIV. Pour le regard de Calais, Ardres, Monthulin, Dourlans, la Capelle & le Castelet, seront icelles Places remises & renduës par ledit Sieur Roi Catholique ou ses Ministres, effectuellement, de bonne foi, & sans aucune longueur ni difficulté, pour quelque pretexte ou occasion que ce soit, à celui ou ceux qui seront à ce deputez par ledit Sieur Roi Tres-Chrétien dans deux mois précisement, à compter du jour & datte de ces Presentes; en l'estat qu'elles se trouvent à present, sans y rien démolir, affoiblir ni endommager en aucune sorte, & sans que l'on puisse pretendre ni demander aucun remboursement pour les Fortifications faites esdites Places, ni pour le payement de ce qui pourroit estre deu aux Soldats & Gens de Guerre y estans. Et se fera ladite restitution premierement des Villes de Calais & Ardres, & des autres puis aprés, ensorte que la restitution entiere desdites Places, soit accomplie dans ledit temps de deux mois.

XV. Quant à Blavet, la restitution en sera aussi faite effectuellement & de bonne foi, sans aucune longueur ne difficulté, sous quelque pretexte ou occasion que ce soit, à celui ou à ceux qui à ce seront commis par le Sieur Roi Tres-Chrétien, & ce dans trois mois du jour & datte de ces Presentes; & pourra ledit Sieur Roi Catholique faire démolir les Fortifications par lui faites, ou par les siens audit Blavet & autres Lieux qui seront par lui detenus en Bretagne si aucuns en y a.

XVI. Restituant lesdites Places, pourra ledit Sieur Roi Catholique faire emporter toute l'Artillerie, Poudres, Boulets, Armes, Vivres & autres Munitions de Guerre, qui se trouveront esdites Places au temps de la restitution. Pourront aussi les Soldats, Gens de Guerre, & autres qui sortiront desdites Places faire emporter tous Biens Meubles à eux appartenans, sans qu'il leur soit loisible exiger aucune chose des Habitans d'icelles Places, & du plat-Païs, ni endommager leurs Maisons, ou en emporter aucune chose appartenante ausdits Habitans.

XVII. Et à ce que ces Gens de Guerre estans audit Blavet se puissent plus promptement retirer en Espagne, ledit Sieur Roi Tres-Chrétien les fera accommoder de Vaisseaux & Mariniers, dans lesquels Vaisseaux ils pourront faire charger l'Artillerie, Vivres & autres Munitions de Guerre avec leurs Bagages estans audit Blavet & autres Lieux qui seront restituez en Bretagne, en baillant asseurance de la restitution desdits Vaisseaux, & renvoi des Mariniers dans le temps qui sera accordé.

XVIII. Promettent en outre lesdits Deputez pour asseurance de la restitution desdites Places, aussi-tôt que la Ratification du present Traité faite par ledit Sieur Roi Tres-Chrétien aura esté fournie, de bailler & faire livrer quatre Ostages, tels qu'il voudra choisir, Sujets dudit Sieur Roi Catholique, qui seront bien & honorablement tenus, ainsi qu'il convient à leurs qualitez, laquelle restitution estant faite & réellement accomplie, lesdits Ostages seront rendus & mis en liberté de bonne foi & sans aucun délai, bien entendu qu'estant accomplie la restitution desdites Places de Picardie, deux desdits Ostages seront délivrez, demeurans les autres deux jusques à la restitution dudit Blavet.

XIX. Et pour le regard des choses contenuës audit Traité de l'an 1559. qui n'ont esté executées suivant les Articles d'icelui, l'execution en sera faite & parachevée en ce qui reste à executer, tant pour la teneure feodale du Comté de saint Paul, Limites de Païs des deux Princes, Terres tenuës en surséance, exemption des Gabelles, & Impositions Foraines pretenduës par ceux du Comté de Bourgogne, Evesché de Teroüenne,

ANNO 1598. ne, Abbaye de S. Jan au Mont, Duché de Boüillon, restitution d'aucunes Places pretendues de part & d'autre devoir estre restituées en vertu dudit Traité, & tous autres differens qui n'ont esté vuidez & decidez, ainsi qu'il a esté convenu. Seront pour cét effet nommez Arbitres & Deputez de part & d'autre, suivant ce qui a esté resolu par ledit Traité, lesquels s'assembleront dans six mois és Lieux designez par icelui, si les Parties consentent, sinon s'accorderont d'un autre lieu.

XX. Et d'autant qu'en la division des Terres ordonnées aux Dioceses d'Arras, Amiens, Saint Omer & Boulongne, il se trouve des Villages de France attribuez aux Evêchez d'Arras & de Saint Omer; & autres Villages du Païs d'Artois & Flandres aux Evêchez d'Amiens & Boulongne, d'où avient souvent desordre & confusion: A esté convenu qu'aprés avoir eu le consentement & permission de nôtre Saint Pere le Pape, Commissaires de part & d'autre seront deputez, qui s'assembleront dedans un an, au lieu qui sera avisé, pour resoudre l'échange qui pourroit estre fait desdits Villages, à la commodité des uns & des autres.

XXI. Tous Prisonniers de Guerre estans detenus de part & d'autre seront mis en liberté en payans leurs dépens, & ce qu'ils pourroient justement devoir, sans être tenus de payer aucune rançon, sinon qu'ils en ayent convenu. Et s'il y a plainte de l'excez d'icelle, en sera ordonné par le Prince, au Païs duquel les Prisonniers seront detenus.

XXII. Tous autres Prisonniers Sujets desdits Sieurs Rois, qui pour la calamité des Guerres pourroient estre detenus aux Galeres de Leurs Majestez, seront promptement délivrez & mis en liberté sans aucune longueur, pour quelque pretexte ou occasion que ce soit, & sans qu'on leur puisse demander aucune chose pour leurs rançons ou pour leurs dépens.

XXIII. Et sont reservez audit Sieur Roi Tres-Chrétien de France & de Navarre, ses Successeurs, & aians cause, tous les Droits, actions & pretentions qu'il entend lui appartenir à cause desdits Roiaumes, Païs & Seigneuries, ou autrement ailleurs, pour quelque cause que ce soit, auquel n'auroit esté par lui ou par ses Predecesseurs expressement renoncé, pour en faire poursuite par voye amiable ou de Justice, & non par les armes.

XXIV. Comme en semblable sont reservez audit Sieur Roi Catholique des Espagnes, & à la Serenissime Infante sa Fille aînée, leurs Successeurs, & aians cause, tous les Droits, actions & pretentions qu'ils entendent leur appartenir à cause desdits Roiaumes, Païs ou Seigneuries ou autrement ailleurs, pour quelque cause que ce soit, ausquels n'auroit été par eux ou par leurs Predecesseurs expressement renoncé, pour en faire poursuite par voie amiable, ou de Justice, & non par armes.

Et sur ce qui auroit été remontré par lesdits Deputez dudit Sieur Roi Catholique, que pour parvenir à une bonne Paix, il est très-requis que très-excellent Prince Monsieur le Duc de Savoye soit compris en ce Traité, desirant ledit Sieur Roi Catholique, & affectionnant le bien & conservation dudit Sieur Duc comme la sienne propre, pour la proximité du Sang & d'Alliance, dont il lui appartient. Ce qu'aussi ils ont dit avoir charge expresse de proposer de la part dudit Sieur Cardinal Archiduc. Aiant aussi declaré Messire Gaspard de Genéve Marquis de Lullin, Conseiller d'Etat, Chambellant, & Colonel des Gardes dudit Sieur Duc, son Lieutenant & Gouverneur du Duché d'Aouste & Cité d'Yvré, son Commis & Deputé, comme appert par son Pouvoir & Procuration ci-dessous inserée; Qu'icelui Sieur Duc son Maistre a l'honneur d'estre issu du Frere de la Bis-aieulle dudit Sieur Roi Très-Chrétien, & de la Cousine germaine de la Reine sa Mere. Que son intention est de donner contentement audit Sieur Roi, & comme son très-humble Parent, le reconnoistre de tout l'honneur, service & observance d'Amitié qui lui sera possible pour le rendre à l'avenir plus content de lui & de ses actions, que le temps & les occasions passées ne lui en ont donné le moien. Et qu'il se promet dudit Sieur Roi, que reconnoissant cette sienne bonne affection, il usera envers lui de la même bonté & declaration d'Amitié, dont les quatre Rois derniers ses Predecesseurs ont usé à l'endroit de feu de très-loüable memoire, Monsieur le Duc son Pere.

A été conclu & arresté; Que ledit Sieur Duc sera receu & compris en ce Traité de Paix. Et pour témoigner le desir qu'il a de donner contentement audit Sieur Roi Très-Chrétien, rendra & restituëra la Ville & Château de Berre dedans deux mois, à compter du jour & datte de ces Presentes effectuellement & de bonne foi, sans aucune longueur ne difficulté, sous quelque pretexte que ce soit, & sera icelle Place remise & renduë par ledit Sieur Duc à celui ou à ceux qui seront à ce députez par ledit Sieur Roi, dans ledit temps precisement, en l'état qu'elle se trouve à present sans y rien démolir, affoiblir ni endommager en aucune sorte, & sans que l'on puisse pretendre ne demander aucun remboursement pour les Fortifications faites en ladite Ville & Château, ni aussi pour ce qui pourroit être dû aux Gens de Guerre y étans, & délaissera toute l'Artillerie qui étoit dans ladite Place lors de ladite prise d'icelle, avec les Boulets qui se trouveront de même calibre, & pourra retirer celles que depuis il y aura mis, si aucune en y a. ANNO 1598.

Aussi a été convenu & accordé, que ledit Sieur Duc désavouëra & abandonnera entierement & de bonne foi le Capitaine la Fortune, étant en la Ville de Seurre, Païs de Bourgogne, sans qu'il lui baille ni autre qui usurperoit ladite Ville contre la volonté dudit Sieur Roi Très-Chrétien, directement ou indirectement, aucune aide, support ni faveur.

Et pour le surplus des autres differens qui sont entre ledit Sieur Roi Très-Chrétien, & ledit Sieur Duc, lesdits Deputez ausdits noms, consentent & accordent pour le bien de Paix, qu'ils soient remis au Jugement de nôtre Saint Pere Clement VIII. pour être vuidez & decidez par sa Sainteté dedans un an, à compter du jour & datte de ces Presentes, suivant la Réponse dudit Sieur Roi, baillée par écrit le 4. Juin dernier ci-aprés inserée. Et ce qui sera ordonné par sa Sainteté sera entiérement & de bonne foi accompli & executé de part & d'autre, sans aucune longueur ni difficulté, sous quelque cause ou pretexte que ce soit. Et cependant, & jusques à ce qu'autrement en soit decidé par nôtre-dit Saint Pere, demeureront les choses en l'état qu'elles sont à present, sans y rien changer ni innover, & comme elles sont possedées de part & d'autre, sans qu'il soit loisible de s'étendre plus avant, imposer ou exiger Contributions ni autre chose hors le Territoire des Places qui sont tenuës par les uns ou par les autres.

Et suivant ce a été convenu & accordé que dés-à-present y aura Paix ferme, stable amitié, & bonne voisinance entre lesdits Sieurs Roi & Duc, leurs Enfans nais & à naître, Hoirs, Successeurs & Heritiers, leurs Roiaumes, Païs & Sujets, sans qu'ils puissent faire aucune entreprise sur les Païs & Sujets l'un de l'autre, pour quelque cause ou pretexte que ce soit. Que les Sujets & Serviteurs d'un côté & d'autre, tant Ecclesiastiques que Seculiers, nonobstant qu'ils aient servi en Parti contraire, retourneront pleinement, & en la jouïssance de tous & chacuns leurs Biens, Offices & Benefices, tout ainsi qu'il a été dit ci-dessus pour les Sujets & Serviteurs des deux Rois, sans que cela puisse être entendu des Gouverneurs.

Quant aux Prisonniers de Guerre en sera usé comme il a été convenu entre les deux Rois, ainsi qu'il est contenu ci-dessus. Et sont confirmez en tous leurs Points & Articles, les Traitez faits ci-devant entre les feus Rois Très-Chrétiens HENRI II. en l'an 1559. à Château en Cambresis, CHARLES IX. & HENRI III. & ledit feu Sieur Duc de Savoye, sinon en ce qui auroit été dérogé par le present Traité, ou par autres. Et suivant ce demeurera ledit Sieur de Savoye avec ses Terres, Païs & Sujets, bon Prince neutre & Ami commun desdits Sieurs Rois, & du jour de la Publication du present Traité, sera le Commerce libre & asseuré entre leursdits Païs & Sujets contenu esdits Traitez, & en a été usé en vertu d'iceux, & seront observez les Reglemens y contenus même pour le regard des Officiers qui ont servi lesdits Sieurs Rois, sinon que par autre Traité y eût été dérogé.

En cette Paix, Alliance, Amitié seront compris de commun accord & consentement desdits Sieurs Rois, si compris y veulent être, premierement de la part dudit Sieur Roi Très-Chrétien, nôtre saint Pere le Pape, & le saint Siege Apostolique, l'Empereur, les Electeurs, Princes Ecclesiastiques & Seculiers, Villes, Communautez & Etats dudit saint Empire, & par special Messieurs le Comte Palatin, Electeur Marquis de Brandebourg, Duc de Wittemberg, Lantgrave de Hesse, Le Marquis d'Anspach, les Comtes de Frise Orientale, les

ANNO 1598.

les Villes maritimes felon les anciennes Alliances, le Roi & le Roiaume d'Escoffe, felon les anciens Traitez, Alliances & Confederations qui font entre les Roiaumes de France & d'Escoffe, les Rois de Pologne, Dannemark & Suede, le Duc & Seigneurie de Venize, les treize Cantons des Ligues de Suiffe, les Seigneurs des trois Ligues Grifes, l'Evêque & Seigneurs du Païs de Valais, l'Abbé & Ville de faint Gal, Touckembourg, Milhaufe, Comté de Neufchaftel & autres Alliez & Confederez desdits Sieurs des Ligues, Monfieur le Duc de Lorraine, Monfieur le Grand Duc de Toscane, Monfieur le Duc de Mantouë, la Republique de Luques, les Evêques & Chapitres de Metz, Toul & Verdun, l'Abbé de Gorze, les Seigneurs de Sedan & le Comte de la Mirande, bien entendu toutesfois que le consentement que ledit Roi Catholique donne à la comprehenfion des Comtes de Frise Orientale, soit fans prejudice du Droit que Sa Majesté Catholique pretend fur les Païs d'iceux, comme auffi demeurent refferrez à l'encontre les défenfes, Droits & exceptions desdits Comtes, le tout avec declaration que ledit Sieur Roi Catholique ne pourra directement ou indirectement travailler, par foi ou par autres, aucuns de ceux qui de la part dudit Sieur Roi Très-Chrêtien ont ci-deffus été compris. Et que fi ledit Sieur Roi Catholique pretend aucune chofe à l'encontre d'eux, il les pourra feulement pourfuivre par Droit pardevant les Juges competans, & non par la force en maniere que ce foit. Et de la part dudit Sieur Roi Catholique feront compris en ce Traité, fi compris y veulent être: Premierement nôtre faint Pere le Pape, le faint Siege Apoftolique, l'Empereur des Romains, Meffieurs les Archiducs, fes Freres & Coufins, leurs Roiaumes & Païs, les Electeurs, Princes, Villes & Eftats du faint Empire obéïffans à icelui, le Duc de Bavieres, le Duc de Cleves, Evêque & Païs du Liege, les Villes maritimes, & les Comtes d'Oftfrife. Et renoncent lesdits Princes à toutes Pratiques, promettans de n'en faire ci-après aucune, ni en la Chrêtienté, ni dehors d'icelle, où que ce foit, qui puiffe être prejudiciable, ni audit Sieur Empereur, ni ausdits Membres & Eftats dudit faint Empire. Ains qu'ils procureront de leur pouvoir le bien & le repos d'icelui, pourveu que ledit Sieur Empereur, & lesdits Eftats fe comportent refpectivement, amiablement avec lesdits Sieurs Rois Trés-Chrêtien & Catholique, & ne faffent rien au prejudice d'iceux. Et de même y feront compris Meffieurs des Cantons des Ligues des Hautes-Allemagnes, & les Ligues Grifes, & leurs Alliez, le Roi de Pologne & de Suede, le Roi d'Escoffe, le Roi de Dannemark, le Duc de Lorraine, le Grand Duc de Tofcane, les Republ. de Genes, & de Luques, le Duc de Parme & de Plaifance, le Card. de Farnefe fon Frere, le Duc de Mantouë, le Duc d'Urbin, les Chefs des Maifons Colomne & Urfine, le Duc de Sermonete, le Sieur de Monaco, le Marquis de Final, le Marquis de Moffa, le Sieur de Plombin, le Sieur de Sala, le Comte de Colorno, pour jouïr pareillement du Benefice de cette Paix, avec declaration expreffe que ledit Sieur Roi Trés-Chrêtien ne pourra directement ou indirectement travailler, par foi ou par autres, aucuns d'iceux, & que s'il pretend aucune chofe à l'encontre d'eux, il les pourra feulement pourfuivre par Droit, devant Juges competans, & non par la force en maniere que ce foit.

Et auffi feront compris en ce prefent Traité tous autres, qui de commun confentement desdits Sieurs Rois fe pourront dénommer, pourveu que fix mois aprés la Publication de ce prefent Traité ils donnent leurs Lettres Declaratoires & Obligatoires en tel cas requifes refpectivement.

Et pour plus grande feureté de ce Traité de Paix, & de tous les Points & Articles y contenus, fera icelui Traité verifié, publié & enregiftré en la Cour de Parlement à Paris, & en tous autres Parlemens du Roiaume de France, & Chambre des Comptes de Paris.

Comme au femblable fera verifié, publié & enregiftré au Grand Confeil, autres Confeil & Chambre des Comptes des Païs-Bas dudit Sieur Roi Catholique, & le tout fuivant & en la forme qui eft contenuë audit Traité, l'an 1559 dont feront baillées les Expeditions de part & d'autre dans trois mois aprés la Publication du prefent Traité.

Lesquels Points & Articles ci-deffus compris, enfemble tout le contenu en chacun d'iceux ont efté traitez, accordez, paffez & ftipulez entre lesdits Deputez aux noms que deffus.

ANNO 1598.

Lesquels en vertu de leurs Pouvoirs ont promis & promettent fous l'obligation de tous & chacuns les Biens prefens & à venir de leursdits Maîtres;

Qu'ils feront par iceux inviolablement obfervez & accomplis, & de leur faire ratifier, & en bailler & délivrer les uns aux autres Lettres authentiques fignées & fcellées, où tout le prefent Traité fera inferé de mot à autre, & ce dans un mois du jour & datte de ces Prefentes, pour le regard desdits Sieurs Rois Tres-Chrétien, Cardinal-Archiduc, & Duc de Savoye, lequel Sieur Cardinal promettra de faire fournir dans trois mois aprés femblables Lettres de Ratification dudit Sieur Roi Catholique: & outre ont promis, & promettent lesdits Députez esdits noms, que lesdites Lettres de Ratification desdits Roi Tres-Chrétien, Cardinal Archiduc, & Duc de Savoye jureront folemnellement fur la Croix, faintes Evangiles, Canon de la Meffe, & fur leurs honneurs, en prefence de tels qu'ils leur plaira deputer, d'obferver & accomplir pleinement, réellement, & de bonne foi le Serment contenu esdits Articles, & femblable fera fait par ledit Sieur Roi Catholique dans trois mois aprés, ou lors qu'il en fera requis. En témoin desquelles chofes ont lesdits Deputez fouscrit le prefent Traité de leurs noms, au lieu de Vervins, le deuxiéme jour de Mai 1598.

Responce du Roy Tres-Chreftien du IV. *de Juing 1597, dont eft faict mention au* XXIV. *Art. du Traité.* [Copie manuscrite & ancienne tirée du Regiftre de la Chambre des Comptes de l'Isle.]

LE Roy ayant veu par la responce que Monfieur le Duc de Savoye a faict a celle qui fut baillée de la part de Sa Majefté, au Sieur de Jacob fon Ambaffadeur le dernier jour de Mars daté du VII. du mois de May figné de fa main & contrefigné par fon Secretaire qu'il confent & accord fur l'ouverture que Sa Majefté en at faict que noftre fainct Pere le Pape juge des differens que Sa Majefté a avecq luy comme ce a efté tousjours le defir & intention de Sa Majefté d'en fortir par voye amiable, & mesme par l'advis & Jugement de Sadite Sainctété, ainfy qu'elle a tesmoigné par fa responce a declairé & declaire encore par la Prefente qu'elle accepte volontiers fa Sainctété pour Juge & Arbitre de tous lesdits differents que Sa Majefté a avecq ledit Duc, affin qu'ilz foient jugez & terminez par Sadite Sainctété, enfemblement comme il eft raifonnable & neceffaire de faire pour eftablir une entiere Amitié & bonne Paix entre Sadite Majefté & ledit Duc, leurs Subjects & Pays.

Sadite Majefté n'eftant marri fi non que ledit Duc n'at pluftot prins cefte refolution tant elle defire fortir d'affaires avecq luy comme avecq tous fes Voifins pour le bien univerfelle de la Chreftienneté qui luy eft tres commandée. Faict a Paris le qualtriesme jour de Juing mil cincq cens qualtre vingt dix fept. *Ainfi figné*, HENRY, *& plus bas.*

Enfuit la Teneur du Pouvoir donné par le Roy Tres-Chreftien ausdits Deputez, à Paris le 27. Janvier 1598. [Copie manuscrite & ancienne tirée du Regiftre de la Chambre des Comptes de l'Isle.]

HENRY par la grace de Dieu, Roy de France & de Navarre, A tous ceulx qui ces prefentes Lettres verront Salut. Comme tous Princes Chreftiens & craignant Dieu doibvent avoir en horreur l'effufion du fang humain auffi doibt il éviter de tout fon pouvoir toute occafion de Guerre tant eftrangere que domefticque, ce que nous pouvons dire avoir faict en noz jours, & mesme depuis que Dieu nous at appellez au Regime & Gouvernement de cefte Monarchie Franchoife, encor que nous avons continuellement faict la Guerre mais chacun fcait que noz Armes ont efté forcées, & neceffaires pour la deffence de noftre Perfonne & le recouvrement de l'Heritaige a nous escheu par droicte & legitime Succeffion des Roys noz Predeceffeurs d'heureufe memoire, & foit ainfi que noftre faint Pere le Pape, meu de fon affection, & follicitude Paternelle nous ait faict propofer par noftre chier, chier Coufin

ANNO 1598. Cousin le Cardinal de Florence Legat de sa Sainctetė, en ce Royaume certaine ouverture de reconciliation & accord entre nous & tresHault & tresPuissant Prince le Roy d'Espaigne, & sur ce exhorté & prié de deputer, & commectre aulcuns Personnaiges pour l'aller trouver sur la Frontiere de nostre Royaume où il s'est acheminé longtemps a pour favoriser ladite reconciliation affin de conferer & communicquer avecq les Deputez dud't Roy d'Espaigne commis, & envoye par nostre Cousin le Cardinal Archiducq d'Austrice, Gouverneur des Pays-Bas de Flandres pour iceluy Roy des Points, Articles & moyens propres, & convenables pour cest effect, & sur iceulx arrester, & conclure une bonne Paix, Amitié, & Reconciliation entre nous a la gloire de Dieu & au commun bien, soulagement non seulement de noz Peuples & Subjects, mais aussi a nous Alliez & Confederez, & de tout la Republicque Chrestienne: Scavoir faisons que nous desirans veoir en noz jours la Chrestienneté, jouir d'une bonne & entiere Paix soubz la protextion & faveur de laquelle, chacun puisse estre reintegré & maintenu & conservé, ainsi que luy appertient, inclinant aussi au sainct & louable desir de Sadite Sainctetė, & estant necessaire pour le maniment d'une œuvre sy important au bien de nostre Royaume, & de nostre reputation, d'y employer de nostre part Personnaiges de la probité, loyaulté & experience desquels, nous avons plaine fiance sçachant ne pouvoir faire meilleure ellection pour ce faire que des Personnes de noz amez & feaulx Conseilliers en nostre Conseil d'Estat les Sieurs de Bellievre, & de Sillery en nostre Court des Parlemens de Paris.

Pour ces causes avons iceulx commis, ordonnez & deputez, ordonnons & deputons par ces Presentes, & leurs avons donné & donnons plain Pouvoir & Puissance quicte, & Commission & Mandement especial, d'eulx transporter en nostre Ville de Vervin sur nostre Frontiere de Picardie, où se doibt rendre nostredit Cousin le Cardinal de Florence, Legat susdit de sa Sainctete pour en sa presence, ou aultrement conferer avecq les Deputez dudit Roy d'Espaigne, envoyez par ledit Cardinal Archiducq d'Austrice ayant souffisant Pouvoir de ce faire, des moyens d'accorder & pacifier les differens qui nourrissent la Guerre entre nous & traicter & convenir ensamble, & sur iceulx faire, conclure & arrester une bonne, ferme & fincere Paix entre Nous, noz Royaumes, Pays, Terres, Seigneuries & Subjects, faire le samblables avecq les Deputez de nostre Frere le Duc de Savoye, & aultres Confederez dudit Roy d'Espaigne qui se trouveront à ladite Assamblée, ou pour lesquelz ceulx dudit Roy auront Pouvoir de traicter, comme aussi nous entendons estre faict de la part dudit Roy, & Cardinal Archiducq tant avecq nostre tres-chiere & tres-amée bonne Soeure & Cousinne la Royne d'Angleterre, que aultres noz bons Amis, Alliez & Confederez qui leur seront nommez par nosdits Deputez, & pour faciliter la sceureté de ladite Negociation bailler tels Passeportz & Saulf-conduicts aux Allans & Venans que le besoing, & generallement faire negogier, promectre, & accorder pour l'effect susdit ce qui sera necessaire tout ainsi que nous mesmes ferions & faire pourrions, sy presens en personne y estions, jacoit qu'il y eust chose qui requist Mandement plus especial que n'est contenu en ces Presentes, promectons en bonne foy & parolle de Roy & soubz l'obligation & hipotecque de tous & chacuns noz Biens presens & advenir avoir aggreable, tenir ferme & stable a tousjours tout ce que par nosdits Deputez sera faict, promis, accordé & convenu & iceluy observer, garder & entretenir inviolablement sans l'enfraindre: En tesmoing de ce nous avons signé ces Presentes de nostre propre main & a icelles faict mectre & apposer nostre Seel. Donné à Paris le XXVII. jour de Janvier, l'an de grace mil cincq cens quattre-vingt dix-huict, & de nostre Regne le IX. *Ainsi signé* HENRY, *& sur le reply*, Par le Roy, DE NEUFVILLE, *& séellées en double queue de cire jaulne.*

Copie du Pouvoir des Deputez du Roy d'Espaigne. du 12. *Août* 1597. [Copie manuscrite & ancienne, tirée des Regitres de la Chambre des Comptes de l'Isle.]

ALBERT Cardinal par la grace de Dieu Archiducq d'Austrice, &c. Lieutenant Gouverneur & Capitaine General de Pays de pardecà & de Bourgoingne, &c. A tous ceulx qui ces presentes Lettres verront, Salut. Comme il soit que ayant par nostre St. Pere le Pape Clement VIII esté faict grande instance vers treshault, tresexcellent & trespuissant Prince le Roy Monseigneur, affin de vouloir entrer en Traicté de Paix, avecq aussi treshault, tresexcellent & trespuissant Prince Henry, quatriesme de ce nom; Sa Majesté, comme Prince Catholicque desireux d'icelle, & du repos de toute la Republicque Chrestienne nous at envoyé Pouvoir en Langue Castillanne à cest effect dont la teneur ensuitte de mot à aultre. ANNO 1598.

DON PHELIPE *por la Gratia de Dios Rey de Castilla, y de Leon, d'Arragon, de las dos Cicilias, de Jerusalhem, de Portugal, de Navarra y de las Indias, elles Archiduque de Austria, Duque de Borgona, de Brabantè y de Milan, Conde de Hasburch, de Flandres y de Tirol &c. Por quanto amendose mando Planticas de Pas por su Sanctidad como Padre comun de las Christianidad conformé al santo Zelo que siempre ha tiendo, y biene, entre my y le Rey de Francia, y echose nil por su Nuncio muchas y grandes Instancias de su parte Para que me contente de que se continuen por voia de mis Estados baxos, y que yo embil alla mis poderes, espeniendo que poldra resultar dello servicio de Dio nostro Senor y ensalcamiento de su Yglesia Catolicqua y bien y guiltuade toda la Christianidad que es el blanco a que siempre han tirado mis Intentos, paraque este tan importante se puld allegar a effecto siendo elle Serenissimo Archiducque Alberto my Sobrino Gouvernador y Capitane General de los dhos mis Estados baxos, cuy a anctoridad y medio sera de tanto poulcho para todo confirmando nel con las santas amonestationes y volontad de su Santidad he tiendo por bien de comm. ctir le y meetir le la conclusion del negocio y assy por la presente doy al dho mi Hobrino Poder y Facultad tan complida y bastante como en tel caso se requiere paraque por my y en my nombre poldra tractar, capitular, y assentar una Paz firme y duradera con el dho Rey de Francia o qualquier Tregua y Suspension de armas larga o corta en la forma y manera y con las conditiones que le pareciere, lesperando que seran tales que se consiga el servicio de nostro Senor y bien comun de la recepta Christianna y se ys tablezca entre my el d'ho Rey y nostros Reynos y Subditos muy buena Amistad y Corespondantiay todo los que razon deste el d'ho my Sobrino capitulare y concluyre, prometo y doy my fe y palapra Real de estar y passar por elle y tener lo por firme, estable y valedero y assy complido punctualamente sin falta ny diminution alquena, y para todo ello le doy entera facultad y Poder tan complido y bastando como yo le tingo, y para firmeza dello mande despachar la Presente firmada de muy mano y sellado con my Sello en Sant Laurenco a doze de Augusto de mil quinientos y siete annos.* Soubscript, YO EL REY, Et plus bas, *Por mandado del Rey nostro Señor*, Et signé, DON MARTIN DE YDIAQUES.

Et est ladite Patente seellée du Seel de Sa Majesté en forme de Placcart, & pour aultant que Sa Majesté Tres-Chrestienne nous at presentement envoyé certain Passeport signé de sa propre main pour les Commissaires à comparoir de nostre part avecq ceulx Deputez de la sienne à l'Assamblée accordé en *la Ville de Vervin*; pour la tractation de ladite *Paix*, Sçavoir faisons que nous desirans, ensuitte de la saincte & pieuse intention de Sadite Majesté, satisfaire au bon plaisir d'icelle, & en tout & par tout cercher, & procurer le bien & repos de la Chrestienneté & faire cesser les maulx, & inconveniens qui se commectent à l'occasion de ceste presente Guerre, & pour la bonne cognoissance que avons des sens, vertuz, prudence & longue esperience de noz treschiers, & bien amez Messire Jehan Richardot Chevalier Seigneur de Berly &c. Chef President du Conseil Privé du Roy Monseigneur & de son Conseil d'Estat. Et Messire Jehan de Taxis Chevalier, Commandeur de los Santos de l'Ordre Militaire de St. Jacques de Lespada dudit Conseil d'Estat, & de Guerre de Sa Majesté, nous confians a plain de leurs sens, integritez & bonne diligence, avons iceulx en vertu du Pouvoir de Sadite Majesté cy-dessus inseré, commis & deputez & subleguez, commectons deputons & subleguons par cesdites Presentes, & avec eulx pour y entrevenir samblablement, & les assister Messire Louys Verreyken Chevalier, Audiencier, premier Secretaire, & Tresorier des Chartres, dudit Conseil d'Estat, de la personne duquel nous avons la mesme cognoissauce, & con-

ANNO 1598.

confidence pour se trouver & assambler avecq les Personnaiges deputez ou à deputer par ledit Sieur Roy Tres-Chrestien garniz de Pouvoir souffisant audit Lieu de Vervin, & illecq de la part de Sa Majesté & la nostre traicter, conclure & accorder une bonne, sincere & entiere Paix, entre Sa Majesté, & ledit Sieur Roy & ses Alliez s'ils y envoyent leurs Deputez soubz telz pactions, conditions, & convenances qu'ilz verront estre a faire pour la direction d'icelle Paix, de quel grandeur, poix & importance qu'elles soient, tout ainsy & en la mesme forme & maniere, comme nous mesmes pourrions faire en nostre propre Personne, à quoy nous les authorisons & donnons tout plain Pouvoir & authorité, jaçoit qu'il y eust chose qui requiert Mandement plus especial que és Presentes n'est exprime, s'y promectons de foy & parole de Prince & soubz nostre honneur & obligation de tous & singuliers noz Biens presens & advenir d'avoir agreable, tenir ferme & stable & inviolablement observer, mesme sy besoing est, faire par Sadite Majesté solemnellement confirmer, ratiffier, & approuver tout ce que par nosdits Procureurs sera faict, conclud & traicté sans jamais y aller ni venir allencontre, directement ou indirectement, comme qu'il soit. En tesmoing de ce nous avons signé cestes de nostre main & faict apposer nostre Seel: donné en nostre Ville de Bruxelle, le penultiesme jour de Janvier l'an de grace mil cincq cens qualtre-vingt dix-huict. *Ainsi signé* ALBERT Cardinal, *& plus bas*, par Ordonnance de son Altesse, LE VASSEUR, *& seellé en forme de Placcart.*

Copie du Pouvoir du Deputé de Monsieur de Savoye, en date du 10. *Septembre* 1597. [Copie manuscrite & ancienne, tirée des Registres de la Chambre des Comptes de l'Isle.]

CHARLES EMANUEL par la grace de Dieu Duc de Savoye, Chablais, Aouste, & Genevois; Prince & Vicaire perpetuel du St. Empire Romain, Marquis en Italie, Prince de Piedmont, Comte de Geneve, Baugée, Romont, Nice, &c. Comme ainsi soit qu'il auroit pleu au Roy nostre Beau-pere, & a Monsieur le Cardinal Archiducq d'Austrice nostre Cousin, nous donner advis de certain pourparler de Paix ou Treve d'entre les deux Majestez par l'entremise de quelque tiers, nous invitant à ce y faire entrevenir quelqu'un de nostre part pour noz particuliers Interestz: Nous a ceste cause voullans deputer Personnaiges sur lequel nous ayons totalle confiance, & qu'il soit de qualité, experience & capacité tel que requiert une affaire de sy grande importance de present, & pour l'advenir avons faict choix, & election de vous nostre Treschier, bien amé & feal Conseillier d'Estat, Chambellan Gouverneur de nostredite Duché d'Aouste, & Cité d'Ivrée & Colonel de nostre Garde de Suisse Messire Gaspart de Geneve, Marquis de Lullin pour la grande preuve que nous avons de vostre souffisance, & de l'affection que vous avez demonstré à nostre service en tant d'aultres remarquables affaires, & Legations que vous avez heureusement & prudement conduictes à nostre singuliere satisfaction, & par ce vous avons constitué, & establi & deputé, constituons, establissons & deputons nostre Procureur general, & especial en façon que la generalité ne derogue à la specialité ny au contraire, pour à nostre nom, vous rendre & transporter la part, où se fera la Conference & Pourparler pour l'advanchement de ladite Paix, ou Treve par les Deputez entre les deux Majestez susdit, & en tout aultre part ou besoing fera pour illecq advancher noz raisons, pretentions & icelles debattre, proposer, traicter, resouldre, deliberer, conclure, consentir & souscrire de nostre part à ladite Paix ou Treve, le tout comme ferions ou pourrions faire nous mesme sy presens & assistans y estions sans aulcune reserve ni limitation promectrant en foy & en parole de Prince d'avoir pour tresagreable, & à jamais ferme & stable tout ce que par vous aura esté conclud, consenti, & arresté comme dessus & le tout approuver, & observer sans jamais y contrevenir ny permectre qu'il y soit contrevenu en façon & maniere que ce soit. En tesmoing dequoy nous avons signé ces Presentes, & séellées de nostre Cachet en nostre Armée de Barraulx le X. de Septembre mil cincq cens qualtre vingt dix-sept: *Signé*, C. EMANUEL, *& plus bas* RONCAS, & à costé, *Visa* ROCHETS pour Monsieur le Grand Chancellier, avecq ung Placcart en Seau dudit Seigneur Duc, Armoirie de ses Armes.

ANNO 1598.

Ratification du Traité par le Roi de France, du 5. *Juin* 1598. [Copie manuscrite & ancienne, tirée du Registre de la Chambre des Comptes de l'Isle.]

HENRY par la grace de Dieu Roy de France & de Navarre, a tous ceux qui ces Presentes verront, Salut. Comme il ait nagaires esté faict & conclud entre nous & Treshaut, Tresexcellent & Trespuissant Prince le Roi Catholique des Espaignes notre treschier & tresamé bon Frere & Cousin une bonne Paix, & Reconciliation dont la teneur s'ensuit.

Fiat Insertio.

Nous ayans iceluy Traicté agreable en tous & chacuns les Poincts & Articles qui y sont contenus & declairez, avons iceluy tant pour nous que pour noz Heritiers, Successeurs, Royaulmes, Pays, Terres, Seigneuries & Subjects acceptez, approuvez, ratiffiez, confirmez; acceptons, ratifions & confirmons & le tout promectons en foy, & parole de Roy soubz l'obligation, & Ipothecque de tous & chacuns noz Biens presens & advenir inviolablement observer sans jamais y aller ny venir au contraire, directement ou indirectement, en quelque sorte & maniere que ce soit. En tesmoing dequoy nous avons signé ces Presentes de nostre main & a icelles faict mectre & apposer nostre Seel: donné à Paris le cincquiesme jour du mois de Juing, l'an de grace mil cincq cens qualtre vingt & dix-huict, & de nostre Regne le noeufiesme, *Soubscript* HENRY. *Et plus bas*, Par le Roy, *& signé* DE NOEUFVILLE, du costé est escript *Visa*, & sont lesdites Patentes séellées, du grand Seel du Sieur Roy, *de chire verd pendant a ung ruban de soy blanche.* Ceste Copie a esté collationnée aux Originelles Patentes de Ratiffication & trouvé concorder de mot à aultre par moy, *& signé*, VERREYKEN.

Traité des Particuliers. A Vervins le 2. *Mai* 1598.

AU Nom de Dieu le Createur: A tous soit notoire, comme ce jourd'hui deuxiéme de Mai 1598. ait esté conceu le Traité de Paix, entre Tres-Haut, Tres-Excellent & Tres-Puissant Prince Henri IV. par la grace de Dieu, Roi Tres-Chrétien de France & de Navarre, & Tres-Haut, Tres-Excellent & Tres-Puissant Prince Philippes II. par la même grace Roi Catholique, de Castille, d'Arragon, de Leon, des deux Siciles, de Hierusalem, de Portugal, de Navarre, de Grenade, &c. Par Messire Pompone de Bellievre Sieur de Grignon, du Conseil d'Etat dudit Sieur Roi Tres-Chrétien, & Nicolas Brulart Sieur de Silleri, Conseiller dudit Conseil d'Etat, & President du Parlement de Paris; & Messire Jean Richardot Chevalier, Chef & President du Conseil Privé dudit Sieur Roi Catholique & de son Conseil d'Etat, Jean-Baptiste de Taxis, Chevalier Commandeur de Los Santos, de l'Ordre militaire de Saint Jacques de la Spada dudit Conseil d'Etat, & de Guerre dudit Sieur Roi Catholique, & Louÿs Verreiken aussi Chevalier Audiancier, premier Secretaire & Tresorier des Chartes dudit Conseil d'Etat, iceux Commis & Deputez en vertu de leurs Pouvoirs, outre le contenu audit Traité de Paix, ont accordé les Articles suivans, pour estre un chacun d'iceux observez & inviolablement gardez par lesdits Sieurs Rois, leurs Successeurs & ayans cause, & avec la même force, vigueur & prerogative, comme s'ils estoient expressement inserez audit Traité de Paix.

PREMIEREMENT, que sera fait bonne & briéve Justice à la Veuve & Enfans de feu Messire Pierre de Melun, pour le Droit & Possession par eux pretendu sur les Biens qui appartenoient au feu Sieur Prince d'Espinoi dans les Païs dudit Sieur Roi Catholique.

II. Comme au semblable sur les demandes & pretentions de la Duchesse d'Arscot, lui sera fait bonne & briéve Justice. Le semblable sera fait à la Veuve du Prince d'Orange, estant retirée en France, pour le Doüaire qu'elle pretend sur les Biens du feu Prince d'Orange, ensemble pour la joüissance du Traité de Coligni,

ANNO 1598. Coligni, en ce qui est situé dans les Païs dudit Sieur Roi Catholique.

III. Le Prince d'Orange sera remis en la possession & Souveraineté de la Principauté d'Orange & de toutes autres Terres, dont lui & les siens jouïssoient au Roiaume de France, auparavant la Guerre, & dont il avoit esté dépossedé à l'occasion d'icelle, & pareillement sera remis en tous les autres Droits, noms, raisons & actions qui lui appartenoient auparavant ladite Guerre, pour raison desquels lui sera fait bonne & briéve Justice.

IV. Le Duc d'Arscot sera remis en possession, & jouïssance des choses que lui & le feu Duc son Pere ont possedé au Roiaume de France avant ladite Guerre, & lui sera observé tout ce qui aura esté disposé aux Traitez précedens, en faveur dudit feu Duc son Pere & de ses Predecesseurs, & sur tout ce qu'il aura à pretendre, lui sera administré bonne & briéve Justice. Et si aucunes Sentences ou Jugemens avoient esté donnez au prejudice des precedens Traitez, nonobstant icelles le Droit dudit Duc demeurera en son entier.

V. Que ledit Sieur Roi T. C. fera administrer bonne & briéve Justice au Comte de Champlite & autres Heritiers de la Maison de Vergi, en ce qu'ils pretendent sur S. Dilier, Vitri en Partois, la Seigneurie de Vergi & autres Biens & Droits qu'ils maintiennent leur appartenir, & dont est fait mention par plusieurs precedens Traitez.

VI. Le semblable sera fait du Sieur de Glayon pour tous les Droits qu'il pretend lui appartenir dans le Roiaume de France, sur les pretentions du Comte de Solre, à cause de Madame sa Femme, sur certain quartier des Marests qu'il dit estre des Marests d'Andrum & Bredenarde, lui sera aussi fait bonne & briéve Justice, comme au semblable sera fait pour le Droit pretendu par Madame Marie de Renti, Femme de Dom Gaston Spinola sur la Baronnie d'Andres.

VII. Sera aussi fait bonne & briéve Justice au Comte de Pontdevaux, pour les Biens qu'il pretend lui estre écheus par le trépas de feuë Comtesse de Pontdevaux, & de Cerni sa Grande-Mere, ensemble sur la restitution des Meubles par lui pretendus avoir esté déposez en la Ville de Rheims, par Ordonnance de Justice, & d'autres occupez par qui que ce soit.

VIII. Et sur la plainte par lui faite de sa Prison & rançon, presentant sa Requeste audit Sieur Roi T. C. il en sera ordonné, ensorte qu'il aura occasion de se contenter de la Justice qui lui en sera faite.

IX. Sera aussi faite bonne & briéve Justice au Sieur de Beaurepaire, sur ce qu'il pretend la Terre d'Aix en Boulonnois lui appartenir.

X. L'Abbé de Dammartin jouïra des Biens à lui appartenans dans le Royaume de France, comme avant la Guerre lui & ses Predecesseurs en ont joui.

XI. Et pour terminer & decider les differens qui sont pour les Abbaïes de Vaucelles & de Fesmi, seront deputez Commissaires de part & d'autre, qui s'assembleront dans six mois, au lieu qui sera accordé.

XII. Et generalement tous Sujets de part & d'autre seront remis, & réintegrez en tous leurs Biens, Rentes perpetuelles, viageres & à rachapt, dont ils avoient été dépossedez à l'occasion desdites Guerres, nonobstant qu'ils aient servi en Parti contraire, ainsi qu'il est contenu au Traité de Paix, ce jourd'hui conclu entre lesdits Sieurs Rois.

XIII. Et s'il restoit quelque chose à executer du precedent Traité fait pour les Particuliers à Château en Cambresis 1559. sera executé pleinement & de bonne foi de part & d'autre, lesquels Points & Articles susdits, & tout le contenu en iceux, lesdits Deputez desdits Sieurs Rois en vertu de leurs Pouvoirs ont traité, conclu & accordé, promettans de les faire ratifier, & faire observer entierement & de bonne foi, comme dessus est dit. En témoignage de ce ont signé ces Presentes en ce lieu de Vervins, les jour & an que dessus, *signé*, POMPONNE DE BELLIE'VRE, NICOLAS BRULART, JEAN RICHARDOT, JEAN-BAPTISTE DE TAXIS, LOUÏS VERREIKEN.

Acte de la remise du Traité és mains de Monsieur le Legat.

CE jourd'hui deuxiéme jour du mois de Mai 1598. les Articles de Paix & Reconciliation entre Tres-Haut, Tres-Excellent, Tres-Puissant Prince Henri IV. par la grace de Dieu Roi Tres-Chrétien de France & de Navarre, & Tres-Haut, Tres-Excellent & Tres-Puissant Prince Philippes par la même grace Roi Catholique, des Espagnes, &c. Et encore ledit Sieur Roi T. C.; & Tres-Excellent Prince Charles Emanuël Duc de Savoie, ont été resolus & accordez par leurs Commis & Deputez, suivant les Pouvoirs qui pour ce leur ont été donnez: A sçavoir de la part dudit Sieur Roi Tres-Chrêtien, Messire Pomponne de Belliévre Chevalier Sieur de Grignon, Conseiller en son Conseil d'Etat, & Messire Nicolas Brulart Chevalier Sieur de Silleri, aussi Conseiller au Conseil d'Etat dudit Sieur Roi, & Presid. en sa Cour de Parlem. de Paris: De la part dudit Sieur Roi Cat. Messire Jean Richardot Chevalier Sieur de Barli Chef, Presid. du Conseil Privé dudit Sieur Roi, & de son Conseil d'Etat, Messire Jean-Baptiste de Taxis, Chevalier Commandeur de Los Sanctos de l'Ordre Militaire de S. Jaques dudit Conseil d'Etat, & du Conseil de Guerre, & Messire Louïs Verreiken aussi Chevalier, Audiencier, premier Secretaire, & Tresorier des Chartes dudit Conseil d'Etat, suivant la deputation & charge expresse sur ce à eux donnée par Tres-Haut & Tres-Puissant Prince le Cardinal Albert, Archiduc d'Austriche, en vertu du Pouvoir sur ce à lui donné par ledit Sieur Roi Catholique: Et de la part dudit Duc de Savoie, Messire Gaspard de Geneve Marquis de Lullin, Conseiller d'Etat, Chambellan & Colonnel des Gardes dudit Sieur Duc, Gouverneur & son Lieutenant Général au Duché d'Aouste, & Cité d'Yvrée, lesquels Articles & Traitez souscrits des noms de tous les susdits Commis & Deputez desdits Rois, Cardinal Archiduc, & Duc de Savoie, ont été par eux remis, entre les mains de l'Illustrissime & Reverendissime Cardinal de Florence, Legat de sa Sainteté, & du Saint Siege Apostolique en France, en presence duquel iceux Articles ont été traitez & resolus pour être par ledit Sieur Legat gardez & tenus secrets jusques à la fin du present mois, si plûtost les Parties ne consentent à la Publication d'iceux, & sans que ci-aprés il soit loisible d'y ajoûter ou diminuer; à l'observation desquels Articles lesdits Deputez ont obligé la foi desdits Sieurs Rois, Cardinal Archiduc, & Duc de Savoye, en vertu des Pouvoirs à eux donnez, és mains dudit Sieur Cardinal Legat representant la personne de sa Sainteté en cette Negociation, En témoignage dequoi iceux Deputez ont signé ce present Ecrit, les jours & an que dessus. ANNO 1598.

ARTICLE

Pour la Cessation de Guerre entre le Roi Catholique d'une part, & la Reine d'Angleterre avec les Etats des Provinces-Unies d'autre part, durant deux mois. [Memoires de BELLIEVRE & de SILLERY, Tom. II. pag. 309.]

EN traitant les Articles de Paix entre Très-Haut, Très-Excellent & Très-Puissant Prince Henri IV. par la grace de Dieu Roi Très-Chrêtien de France & de Navarre, & Très-Haut, Très-Excellent & Très-Puissant Prince Philippes II. par la même grace Roi Catholique, des Espagnes, &c. sur ce qui auroit été remontré par les Deputez dudit Sieur Roi Très-Chrêtien, qu'ils ont toûjours declaré, comme ils declarent encore à present, de ne pouvoir passer outre à la conclusion du Traité de Paix, sinon que Très-Haute, Très-Excellente & Très-Puissante Princesse la Reine d'Angleterre, & les Provinces-Unies des Païs-Bas, Confederez de Sa Majesté T. C. soient admis & receus au Traité, à quoi auroit été répondu par les Deputez dudit Sieur Roi Catholique, que dés le commencement de cette Conference ils ont declaré qu'ils étoient prêts & contens de recevoir à traiter avec les Deputez de ladite Reine & Provinces, & qu'ils ont fait assez long séjour en ce lieu, pour leur donner loisir de s'y acheminer, s'ils eussent eu cette volonté, a été conclu & arrêté, que si dans six mois les Deputez de ladite Dame Reine, & Provinces-Unies viennent avec Pouvoirs suffisans, & declarent vouloir traiter de Paix, ils y seront receus, & pour cet effet les Deputez dudit Sieur Roi Catholique se trouveront en ce lieu de Vervins, ou tel autre qui d'un commun consentement des Parties sera avisé. Et sur l'instance expresse faite par les Deputez dudit Sieur Roi T. C. a été convenu & accordé, qu'il y aura Cessation de toutes les entreprises

ANNO 1598.

ses de Guerre, & de tous Actes d'hostilité entre lesdits Roi Catholique, Reine d'Angleterre & Provinces-Unies pour deux mois, à compter du jour des Presentes, bien entendu que ladite Cessation n'aura lieu que du jour que ladite Reine & Provinces auront fait sçavoir à Très-Haut, & Très-Puissant Prince Albert Cardinal Archiduc d'Austriche, qu'ils acceptent ladite Cessation, ou qu'en leurs noms ledit Sieur Roi T. C. ait fait faire ladite Declaration. Fait ce 2. jour de Mai 1598.

ARTICLE

Pour la Cessation de tous Actes d'hostilité, jusques à la Publication du Traité.

EN concluant le Traité de Paix fait ce jourd'hui 2. Mai entre Très-Haut, Très-Excellent & Très-Puissant Prince Henri IV. Roi Très-Chrêtien de France & de Navarre; & Très-Haut, Très-Excellent & Très-Puissant Prince Philippes II. par la même grace Roi Catholique des Espagnes, &c. a été convenu & accordé entre les Deputez desd. Sieurs Rois, encore que la Publication dudit Traité soit differée pour un mois, que neanmoins pendant ledit temps il y aura Cessation de toutes entreprises de Guerre, & de tous Actes d'hostilité, & que s'il y étoit contrevenu de part ou d'autre par prise de Places, Prisonniers, ou d'autres choses en quelque sorte que ce soit, la contravention sera reparée de bonne foi, sans longueur ne difficulté; & pour effectuer ce que dessus, sera écrit par lesdits Deputez où il sera besoin. En foi dequoi ils ont souscrit les Presentes de leurs noms. A Vervins ce 2. jour de Mai 1598.

A été fait un semblable Acte avec le Deputé de Savoye.

ARTICLE

Pour convenir d'autres Arbitres avec Monsieur de Savoye, en cas que le Pape vint à deceder. [Memoires de BELLIEVRE & de SILLERY, Tom. II. pag. 310.]

COmme ainsi soit que ce jourd'hui 2. Mai 1598. en traitant les Articles de Paix entre Tres-Haut, Tres-Excellent, & Tres Puissant Prince Henri IV. par la grace de Dieu Roi Tres-Chrêtien de France & de Navarre, & Tres-Excellent Prince Monsieur le Duc Savoye, entre autres choses auroit été accordé, que les differens qui n'ont été decidez & terminez par le Traité de Paix fait ce jourd'hui, seroient remis au Jugement de nôtre saint Pere le Pape Clement VIII. pour être par sa Sainteté jugez & decidez dans un an, suivant la réponse dudit Sieur Roi, baillée par écrit le 4. jour de Juin 1597. Et d'autant que tout ce qui est nai est sujet à la mort, il a été convenu & accordé entre les Deputez desdits Sieurs Roi, & Duc; Que s'il avenoit, que Dieu ne veüille, que nôtre saint Pere le Pape decedat dans ledit temps, & auparavant que lesdits differens aient été par sa Sainteté terminez, ce néanmoins il n'aviendra aucune rupture à ladite Paix, mais que lesdits Sieurs Roi & Duc conviendront d'autres Arbitres dans trois mois, ou aviseront d'autres moiens pour finir à l'amiable lesdits differends. En témoin dequoi ont lesdits Deputez signé le present Acte le jour & an que dessus. *Signé*, G. DE GENEVE.

(a) *Memoire touchant le Traité de Paix.*

(a) Ce Memoire se trouve à la fin de l'Edition de *Leonard*.

IL est impossible qu'il ne se trouve quelque chose à desirer au Traité de Paix, que suivant le commandement du Roi avons ici resolu avec les Deputez du Roi Catholique, & de Monsieur de Savoye, ce que pour ce regard nous pouvons considerer est:

Qu'en la Preface il se fait mention des progrez que fait le Turc sur les Provinces Chr. avec une expresse declaration que font les deux Rois du desir, & de l'affection qu'ils ont à la conservation desdites Provinces. Si l'on dit que le meilleur eust été de ne mettre par écrit chose qui puisse mettre le Turc en défiance de l'amitié du Roi; On répond que deux choses nous ont meu de mettre en avant cette consideration. L'une qu'és Traitez de Paix de Madrid, de Cambrai, de Crespi, en Laonnois, faits par le feu Roi François I. avec l'Empereur Charles V. non seulement a été fait mention du danger où se trouve la Chr. à cause des entreprises & usurpation des Turcs; mais on se declare ouvertement de la resolution que l'on a prise de s'y opposer, & les repousser par les armes. Le semblable est contenu au Traité de Château en Cambresis, fait par le feu Roi Henri II avec ce Roi Catholique. Et toutesfois ledit feu Sieur Roi François n'a pas laissé aprés lesdits Traitez de demeurer en bonne amitié & intelligence avec le Grand Seigneur, comme ont fait nos Rois Fils & Successeurs dudit Roi Henri II. aprés ledit Traité contenant la declaration de ce que dessus.

ANNO 1598.

L'autre consideration est que qui n'eust fait mention du Turc, comme a été fait, le plus sobrement que l'on a pû, & beaucoup plus qu'aux précedens Traitez, est que la Reine d'Angleterre, le Roi de Dannemark, & autres qui se sont separez de l'Eglise Catholique Romaine entreroient en suspicion, & diroient que cet Accord se fait principalement pour l'execution du Concile de Trente, & que l'on fait dessein de leur faire Guerre, mêmement qu'il appert par ledit Traité que le Pape en est le principal Promoteur, que les Articles ont été traitez & resolus en presence de son Legat.

En ce Traité il y a un autre Point, que peut-être on eust desiré en France qu'il eust été moins exprés. Cet Article qui fait mention de la Reconciliation entre les deux Princes, renonciation à toutes Pratiques & Intelligences qui seroient au préjudice l'un de l'autre. On a tâché de se remettre en ce fait au Traité précedent; voiant que l'on ne s'en contentoit pas, nous avons voulu mettre l'Article avec moins d'expression. Sur ce les Deputez d'Espagne ont dit, que nous devons declarer si nous voulons faire la Paix tout de bon ou non; car s'il étoit question qu'aprés nous avoir rendu un si grand nombre de Places, & si importantes à leurs Etats & aux nôtres, ils r'entrassent en Guerre avec nous, ils seroient tenus pour Gens qui n'ont pas le sens commun s'ils entroient en une telle restitution, disant, que s'ils font la Guerre avec lesdites Places, ils pourront grandement endommager le Païs de France, & peut-être que par le moien d'icelles ils en pourroient acquerir d'autres sur nous, comme leur est advenu que Dourlans leur a donné moien de surprendre Amiens, outre que lesdites Places servent d'une bonne Frontiere à leur Païs, & couvrent fort leurs autres Places. Ils nous ont dit que nous sommes avertis des bruits que les Hollandois font semer parmi eux, & par Lettres supposées, & par autre moien que le Roi T. C. les a asseurez qu'il les aura toûjours en sa protection, & ce qu'il traitoit maintenant, n'étoit seulement que pour recouvrer ses Places, étans bien avertis que telles inventions des Hollandois mettoient l'esprit du Cardinal Albert en un merveilleux soupçon & défiance de nous, à quoi il étoit confirmé par tous les Espagnols qui sont prés de lui, ausquels déplaist grandement de voir ce demembrement des Païs-bas d'avec la Couronne d'Espagne.

Nous resolûmes qu'il étoit trop dangereux d'augmenter ce soupçon par le refus d'une chose que d'ailleurs nous leur accordions, sinon si expressement, pour le moins en telle sorte que sans user de cavillation nous n'eussions pû dire de n'avoir accordé & promis, soit pour nous referer en ce fait au précedent Traité, sans inserer l'Article en cetui-ci, soit pour dresser l'Article en paroles un peu plus couvertes. Et pour cette cause avons jugé que ferions une trop grande faute au service du Roi, de refuser l'expression d'une chose que nous ne pouvions nier avec verité y être comprise & devoir être accordée, n'étant possible que l'on se persuade que l'on fasse Paix avec un Prince, pour souffrir que dans deux mois après il lui renouvelle la Guerre, nous remonstrans sur ce, que s'il faut faire la Guerre, ils sont resolus de la faire, étans & demeurans fortifiez desdites Places, & non pas affoiblis par la restitution d'icelles. Aussi ont remonstré que nous ne devions pas estimer que si le Roi nôtre Maistre aidoit leurs Ennemis contre eux, qu'ils soient deliberez de le laisser en repos, afin qu'il aie plus de moien de secourir de ses forces ceux qui leur font la Guerre.

Ces raisons nous ont fait juger que cette dispute étoit trop dangereuse, & ne pouvoit servir qu'à les mettre en défiance du Roi, & être cause que Sa Majesté demeurât frustrée de la restitution d'un si grand nombre de Places, & leur avons en cela accordé ce qu'avec

ANNO 1598. qu'avec raison on ne pouvoit debattre. Nous eussions desiré de pouvoir satisfaire au desir du Roi d'abreger le temps de la restitution de Blavet & de Calais, mais étans choses traitées & resoluës après longues disputes, les Deputez d'Espagne ne se sont voulus départir de ce qui avoit été écrit, remontrans qu'il seroit fort difficile d'avancer le temps; qu'ils feront volontiers ce qu'ils verront se pouvoir faire pour s'accommoder au desir du Roi, mais qu'ils ne se veulent obliger à chose que peut-être ils ne pourroient. Et pour le regard de Blavet ils se mettent en devoir de contenter Sa Majesté retranchant la Garnison, suivant l'ordre qui sera donné par Monsieur le Cardinal Archiduc, dont le Roi sera averti.

Monsieur le Legat a fait grande instance que Monsieur le Grand Duc de Toscane fut mis au Traité aprés les Venitiens, Sa Majesté nous a fait entendre que son intention est qu'il soit mis en lieu honorable. En cela nous nous sommes trouvez fort empêchez, non de satisfaire à ce qui nous est ordonné par le Roi; car nous ne nous départirons jamais de ses commandemens, mais comme nous pourrions contenter mondit Sieur Legat qui nous en parle & écrit avec beaucoup de passion. Nous avons consideré qu'au Traité de l'an 1559. Monsieur de Lorraine precede Monsieur de Savoye, lequel par Sentence du Pape precede le Grand Duc de Toscane, nous n'avons sceu prendre resolution que de suivre l'ordre du Traité precedent, & avons répondu à Mr. le Legat, que ce n'est pas à nous à donner ni ôter le rang aux Princes, que nous laissons les choses comme nous les avons trouvées, les Deputez d'Espagne en ont usé comme nous.

Nous avons suivi ce qu'il a plû au Roi nous commander, touchant le Seigneur de Sedan, & n'avons specifié la Maison de la Mark. Celui qui se trouvera Seigneur de Sedan sera compris, si ceux de la Maison de la Mark s'en plaignent, il y a une Clause au Traité, en vertu de laquelle, s'il plaira au Roi on les y fera comprendre dans six mois.

Parmi les compris au Traité, nous avions employé la Ville de Geneve avec les autres Confederez des Suisses. Les Deputez d'Espagne ont dit qu'ils ne pourroient ni oseroient signer le Traité, où ladite Ville seroit comprise.

Nous avons remonstré qu'ils ne font difficulté de signer le Traité où sont compris ceux de Zurik, de Berne, de Basle, de Schaffousen, & les Princes Electeurs qui sont de même Religion, ils ont dit qu'eux-mêmes les y comprennent: Mais pour le regard de ladite Ville qu'ils nous prioient de les excuser; car ils ne le pouvoient faire, Monsieur le Legat s'est en cela tellement formalisé que sans doute il se fut départi d'avec nous, plûtôt que d'accepter la garde de ce Traité, comme nous estions d'accord qu'il feroit. Ce fait nous a mis en une peine extrême; car nous demandions chose raisonnable, mais qu'en façon du monde il n'a esté en nôtre pouvoir d'obtenir.

Nous leur avons dit, Qu'estans ceux de Geneve Confederez aux Cantons des Suisses qu'on ne pouvoit nier qu'ils ne fussent compris en la Clause generale, où nous comprenons tous leurs Confederez. A cela ils ne nous ont pas contredits, & avons signé le Traité comme il est, prévoyans assez que Monsieur le Legat qui le devoit avoir entre ses mains, ne faudroit d'en avertir incontinent le Pape, dont pourroit avenir que le Roi se trouveroit de nouveau chargé d'une fâcheuse crierie. Et afin que ceux de Geneve n'estiment que nous n'ayons pensé à eux, nous avons ôté du Traité les noms des autres Confederez, qu'on ne peut douter qu'on ne soit entendu qu'ils soient & doivent estre compris. Monsieur le Legat en recevant ledit Traité nous a mis en une autre peine; car ce bon homme qui est scrupuleux, nous a dit que le Pape intervient en ce Traité, qu'il craint de faire chose dont sa Sainteté soit offensée, si l'on y comprend ceux qui sont separez de l'Eglise. Il a longuement insisté sur ce fait, tellement qu'enfin nous avons esté contraints de lui dire que ce Traité se rompra plûtôt que nous consentions d'en forclorre les anciens Amis de la Couronne, & qu'en aiant de tout temps esté usé de la sorte par nos Rois, & par les Empereurs, qu'il ne falloit pas attendre que pour chose que ce soit nous nous départions des ordres anciens de cette Couronne. Enfin ce bon Seigneur s'est payé de raison, & a receu le Traité pour le garder selon qu'il a esté resolu entre nous. Si ceux de Geneve demanderont à Sa Majesté une Declaration, contenant qu'elle entend qu'en la Clause generale qui comprend tous les Confederez des Suisses, ils soient compris, nous estimons qu'elle la leur pourra accorder, & qu'ils auront occasion de s'en contenter. ANNO 1598.

Article separé touchant l'Artillerie du Château de Berre que le Duc de Savoye pourra garder. [Memoires de BELLIEVRE & de SILLERY. Tom. II. pag. 311.]

CEjourd'hui 2. jour de Mai 1598. en traitant les Articles de Paix entre, &c. A été convenu & accordé outre le contenu esdits Articles, qu'en restituant par le Sieur Duc la Ville & Château de Berre, avec l'Artillerie, qui étoit dans ladite Place, lors de la prise d'icelle, avec les Boulets de même calibre, qu'il pourra faire emporter l'Artillerie, que depuis il y auroit mis, si aucune en y a, ensemble les Armes, Vivres & autres Munitions de Guerre, qui se trouveront en ladite Place lors de la restitution: pourront aussi les Soldats, Gens de Guerre, & autres qui en sortiront, faire emporter tous Biens meubles à eux appartenans, sans qu'il leur soit loisible d'exiger aucune chose des Habitans de ladite Place, & du plat Païs, ni endommager leurs Maisons, ou emporter aucune chose appartenante ausdits Habitans. En témoin dequoi, &c.

Article separé reglant le jour de la Publication de la Paix entre les deux Rois. Le 28. Mai 1598. [Memoires de BELLIEVRE & de SILLERY. Tom. II. pag. 370.]

IL a été arrêté entre les Deputez des deux Rois, que la Publication de la Paix se fera le Dimanche septiéme du prochain mois de Juin, & que les Ratifications & Ostages seront fournis auparavant, à sçavoir que lesdits Ostages s'achemineront à cette fin d'Arras vers Amiens, & entrans en France, seront reçûs par les Deputez du Roi tres-Chrêtien, qui lors fourniront la Ratification dudit Sieur Roi, en recevant celle du Serenissime Cardinal Archiduc.

Il a été aussi arrêté que l'on envoyera un Gentilhomme d'Arras, Jeudi 4. de Juin, pour avertir les Ostages du lieu où ils se doivent rendre pour être reçûs par les Deputez du Roi.

RATIFICATION *du Duc de Savoye.* [Memoires de BELLIEVRE & de SILLERY. Tom. II. pag. 464.]

CHARLES EMANUEL par la grace de Dieu Duc de Savoye, &c. A tous ceux, &c. Sçavoir faisons, que nous ayans vû le Traité fait à Vervins le 2. jour de Mai present mois, duquel la teneur ensuit.

A tous presens & à venir soit notoire, Que ayans les Royaume de France, & Provinces des Païs-Bas souffert, &c. Nous ayans le susdit Traité pour agreable, en tous & chacuns les Points & Articles y contenus, & declarez, avons iceux, en ce qui nous concerne, tant pour nous, que pour nos Heritiers, Successeurs, Païs, Terres, & Seigneuries, & Sujets, accepté, approuvé, ratifié, & confirmé; acceptons, approuvons, ratifions, & confirmons, & le tout promettons en bonne foi & parole de Prince, & sous l'obligation & hypotheque de tous & chacuns nos Biens presens & avenir, garder, observer, & entretenir inviolablement, sans jamais aller, ne venir au contraire, directement, ou directement en quelque sorte & maniere que ce soit: En témoin de quoi nous avons signé ces presentes de nôtre main, & à icelles fait mettre nôtre Séel, & contresigner de nôtre Secretaire d'Etat, & des Finances. Données à Chamberry le 12. jour de Mai 1598. *Ainsi signé*, EMANUEL; *Et plus bas*, Visa, ROCHETTE, pour Monsieur le Grand Chancelier, *ainsi signé* RONCAS, *& scellé de cire rouge en lacs de soye noire.*

ANNO 1598.

RATIFICATION *du Cardinal Archiduc d'Autriche. A Bruxelles le dernier de Mai* 1598. [Memoires de BELLIEVRE & de SILLERY. Tom. II. pag. 389.]

ALBERT Cardinal, par la grace de Dieu Archiduc d'Aûtriche, &c. Lieutenant Gouverneur & Capitaine, & Lieutenant General de par deça, & de Bourgogne, &c. A tous ceux, &c. Comme il soit qu'ayant nôtre Saint Pere le Pape Clement VIII. fait, & par son Nonce Resident à Madrid, & par autres fait faire plusieurs remontrances & exhortations à trés-Haut, trés-Excellent & trés-Puissant Prince le Roi Monseigneur, pour l'induire & persuader à une Paix, Amitié & concorde, avec aussi trés-Haut, trés-Excellent & trés-Puissant Prince le Roi Trés-Chrêtien Henri IV. de ce nom. Sa Majesté, comme Prince Catholique, desireux d'icelle, & du repos de la Chrêtienté, nous ait envoyé ample Pouvoir à cét effet sous la signature & Séel Royal, en suite duquel ont été par nous deputez Commissaires, lesquels conjointement avec ceux deputez de la part dudit Sieur Roi Trés-Chrêtien, se sont trouvez en la Ville de Vervins, comme aussi y est comparu un Deputé de trés-Excellent Prince Monsieur le Duc de Savoye, où aprés plusieurs communications tenuës en presence de nôtre Cousin le Cardinal de Florence Alexandre de Medicis, Legat de sa Sainteté & du Saint Siege Apostolique. Il a plû à Dieu de mener les affaires si avant, que finalement lesdits Deputez ont le 2. jour de ce present mois de Mai conclu entre lesdits Sieurs Rois Catholique, & Trés-Chrêtien, leurs Enfans nais & à naître, Hoirs, Successeurs & Heritiers, leurs Royaumes, Païs & Sujets, une bonne, seure, ferme & stable Paix, Confederation, & perpetuelle Alliance & Amitié. Auquel Traité ledit Sieur Duc de Savoye a été aussi reçû & compris, le tout suivant les Capitulations & Articles en étans, par lequel entr'autres est expressement dit, conditionné & arrêté, que ledit Sieur Roi Trés-Chrêtien, & nous, les devons ratifier & en bailler & delivrer les uns aux autres, Lettres authentiques signées & scellées, où tout ledit Traité sera inseré de mot à autre, & ce dans un mois du jour & date d'icelui, duquel Traité la teneur ensuit, &c.

Sçavoir faisons, que nous tenans, au nom & de la part de Sa Majesté, agreable, ce que par nosdits Deputez a été fait, convenu & conclu comme dessus, avec ceux dudit Sieur Roi Trés-Chrêtien. Avons icelui accordé & traité tel qu'il est ici inseré en tous & chacuns ses Points & Articles, & selon sa forme & teneur au nom & de la part que dessus, accepté, ratifié, approuvé & confirmé; acceptons, approuvons, ratifions & confirmons par ces presentes, & voulons que le tout soit de tel effet, force & valeur, comme si nous mêmes l'avions conclu & accordé. Promettant en bonne foi & parole de Prince & sous nôtre honneur, & obligation de tous & chacuns nos Biens presens & avenir, d'avoir agreable, ferme & stable, & d'inviolablement observer tout ce que par nosdits Deputez & Procureurs a été fait, conclu & traité en cét endroit, sans jamais y aller ni venir à l'encontre, directement ou indirectement, comme qu'il soit, même promettons dans trois mois prochain venans, en fournir semblables Lettres de Ratification de Sa Majesté. En témoin de quoi nous avons signé cette de nôtre main, & y fait apposer nôtre Séel. Donné en la Ville de Bruxelles, le dernier jour de Mai 1598. *Signé* ALBERT, Cardinal. *Et plus bas*, par Ordonnance de son Altesse. LE VASSEUR, *& séellé en Placard de cire rouge, sur lacs d'argent & de soye.*

RATIFICATION *du Roi T. C.* [Memoires de BELLIEVRE & de SILLERY. Tom. II. pag. 375.]

HENRY, &c. A tous ceux, &c. Comme en vertu des Pouvoirs respectivement donnez par Nous, & trés-Haut, trés-Excellent & trés-Puissant Prince le Roi Catholique des Espagnes, nôtre trés-cher & trés-amé bon Frere & Cousin. A nos Commis & Deputez; ils ayent en nôtre Ville de Vervins le 2. jour du mois de Mai dernier passé, conclu & arrêté le Traité de Paix & de reconciliation, duquel la teneur ensuit, &c. Nous ayans icelui Traité agreable en tous & chacuns les Points & Articles qui y sont contenus & declarez. Avons iceux, tant pour nous que pour nos Heritiers, Successeurs, Royaumes, Païs, Terres, Seigneuries & Sujets, acceptez, approuvez, ratifiez & confirmez; acceptons, approuvons, ratifions & confirmons, & le tout promettons en foi & parole de Roi, & sous l'obligation & Hipotecque de tous & chacuns nos Biens presens & avenir, garder, observer & entretenir inviolablement sans jamais aller ne venir au contraire, directement ou indirectement, en quelque sorte & maniere que ce soit. En témoin de quoi nous avons signé ces presentes de nôtre propre main, & à icelles fait mettre & apposer nôtre Seel. Donné à Paris le 6. jour de Juin 1598. Et de nôtre Regne le 9.

ANNO 1598.

RATIFICATION *de* PHILIPPES II. *Roi Catholique. Donnée à St. Laurens le Royal le* 11. *Juillet* 1598.] [Memoires de BELLIEVRE & de SILLERY. Tom. II. pag. 467.]

PHILIPPES par la grace de Dieu Roi de Castille, d'Arragon, de Leon, &c. A tous presens & avenir, &c. comme à la communication & Conference nagueres tenuës au lieu de Vervins, en la Frontiere de Picardie, entre les Deputez y commis en nôtre nom, & de nôtre part, en vertu du Pouvoir qu'en avions donné à Haut & Puissant Prince, nôtre trés-cher & bien amé bon Frere, Neveu & Cousin l'Archiduc d'Aûtriche Albert, & les Deputez semblablement à ce commis, au nom & de la part de trés-Haut, trés-Excellent & trés-Puissant Prince le Roi Trés-Chrêtien de France Henri IV. de ce nom, nôtre trés-cher & trés-amé bon Frere & Cousin soient été convenus, accordez & arrêtez audit lieu de Vervins, le deuxiéme jour du mois de Mai dernierement passé, par exhortation de nôtre Saint Pere le Pape Clement VIII. de ce nom, à l'intervention de son Legat en France, nôtre trés-cher & trés-amé le Cardinal de Florence les Articles de Paix, reconciliation mutuelle, Amitié & bonne intelligence entre nous, & ledit Sieur Roi Trés-Chrêtien, nos Enfans, Successeurs & Heritiers, & nos Royaumes, Païs, Terres & Seigneuries, Vassaux & Sujets, dont suit la teneur de mot à autre, &c.

Et pource que par le Traité ci inseré est expressement dit & conditionné, qu'il devroit être par nous ratifié & approvê, sçavoir faisons que nous pour à ce satisfaire, & ne desirant rien plus qu'une bonne, seure, ferme & stable Paix, Confederation & perpetuelle Alliance, & Amitié entre nôtredit bon Frere & Cousin le Roi Trés-Chrêtien; Avons accepté, agreé, ratifié, approuvé & confirmé; comme par ces presentes acceptons, agreons, ratifions, approuvons & confirmons de point en point tous & chacuns les Articles ci-dessus respectivement inserez, & compris selon leur forme & teneur, & voulons que le tout soit de tel effet, force, valeur, vigueur & efficace, comme si nous mêmes en nôtre propre personne y presens l'eussions conclu, accordé & arrêté. Si promettons en bonne foi & parole de Roi & de Prince avoir pour agreable, & de tenir & faire tenir, & observer ferme & stable en tous Points, & par tous nos Royaumes, Terres & Païs, Seigneuries tout ce que par nosdits Deputez & Commissaires a été fait & conclu és choses sus declarées, & en chacune d'icelles, sans jamais y aller ni venir au contraire, ni souffrir ou permettre qu'il y soit contrevenu en quelque sorte & maniere que ce soit, le tout sans fraude, abus & mal engin. En témoignage de quoi nous avons signé ces presentes de nôtre nom, & à icelles fait mettre nôtre grand Séel pendant en lacs d'or. Donné à Saint Laurens le Royal en Castille, le 11. jour du mois de Juillet en l'an de grace 1598. Et de nos Regnes, à sçavoir de Naples & de Jerusalem, le quarante-cinquiéme; de Castille, Arragon, Sicile, & les autres le quarante-quatriéme; & de Portugal le dix-neuviéme. *Signé* PHILIPPES, *& plus bas*, Par le Roi, A. DE LALOO, *& séellé en lacs d'or de cire rouge.*

Acte de la Publication de la Paix à Paris le 12. *Juin* 1598. [Memoires de BELLIEVRE & de SILLERY. Tom. II. pag. 379.]

ON fait sçavoir à tous, que bonne, ferme & stable & perpetuelle Paix, Amitié & reconciliation être faite & accordée, entre trés-Haut, trés-Excellent, & trés-

ANNO 1598. trés-Puissant Prince Henri par la grace de Dieu, Roi Trés-Chrêtien de France, & de Navarre nôtre Souverain Seigneur, & trés-Haut, & trés-Excellent, & trés-Puissant Prince Philippes Roi Catholique des Espagnes, & tres-Excellent Prince Charles Emmanuël Duc de Savoye, leurs Vassaux, Sujets & Serviteurs, en tous leurs Royaumes, Païs, Terres & Seigneuries de leurs obeïssances; & est ladite Paix generale, & communicative entr'eux, & leursdits Sujets, pour aller, venir, sejourner, retourner, commercer, marchander, communiquer, & negocier les uns & les autres, librement, franchement, & seurement, par Mer & par Terre, & Eauës douces, tant deça que de-là les Monts, & tout ainsi qu'il est accoûtumé de faire en tems de bonne, sincere & amiable Paix, telle qu'il a plû à Dieu par sa bonté envoyer & donner ausdits Seigneurs, Princes, & leurs Peuples & Sujets, defendant & prohibant trés-expressément à tous de quelque qualité & condition qu'ils soient, d'entreprendre, attenter, ne innover aucune chose au contraire, sur peine d'être punis, comme infracteurs de Paix, & Perturbateurs du bien & repos public. Fait à Paris le 12. jour de Juin 1598. *Signé*, HENRI: *Et plus bas*, DE NEUFVILLE.

Acte du Serment solemnellement fait, par HENRI IV. *Roi de France pour l'observation de la Paix. Le* 21. *Juin* 1598. [Memoires de BELLIEVRE & de SILLERY. Tom. II. pag. 408.]

LE 21. jour de Juin 1598. En la presence de Messire Nicolas de Neufville Sieur de Villeroi, & Pierre Forget Sieur de Frênes, Chevaliers, Conseillers au Conseil d'Etat, de trés-Haut, tres-Excellent & trés-Puissant Prince le Roi nôtre Souverain Seigneur, & Secretaires de ses Commandemens, icelui Seigneur étant en l'Eglise Nôtre-Dame de Paris, presens & assistans Illustres Princes & Seigneurs Charles de Croi, Duc d'Arscot, Prince de Chimai, Lieutenant & Capitaine General, & Grand Baillif des Païs & Comté de Hainaut; Dom Francesco de Mendosa, & Cardoña, Admiral d'Arragon, Marquis de Guadaleste, Maître d'Hôtel de trés-Haut, trés-Excellent, & trés-Puissant Prince le Roi Catholique d'Espagne, & de ses Conseils d'Etat, & de Guerre, General de sa Cavallerie legere, & Grand Maître d'Hôtel de trés-Haut & tres-Excellent Prince Albert Cardinal Archiduc d'Autriche; Charles Prince Comte d'Aremberg Chevalier de l'Ordre de la Toison d'Or, Chef des Finances dudit Sieur Roi Catholique; Jean Richardot, Chef President du Conseil Privé dudit Sieur Roi Catholique, & de son Conseil d'Etat; Dom Louis de Velasco Maître de Camp, Commandeur de l'Ordre Militaire de Saint Jacques, du Conseil de Guerre dudit Sieur Roi Catholique; & Louis Verreiken Chevalier Audiencier, premier Secretaire & Tresorier des Chartes de son Conseil d'Etat, Ambassadeurs, commis & deputez par ledit Sieur Cardinal Archiduc, au nom dudit Sieur Roi Catholique, & Gaspard de Geneve Marquis de Lullin, Chevalier de l'Ordre de trés-Excellent Prince Charles Emmanuël Duc de Savoye, Conseiller en son Conseil d'Etat, son Chambellan, Colonel de sa Garde de Suisses, Gouverneur & son Lieutenant au Duché d'Aouste, & Cité d'Ivrée; & Pierre Leonard Roncas Sieur de Chastel-Argent, Conseiller & Secretaire d'Etat, & des Finances dudit Sieur Duc, aussi par lui Deputez, a fait & prêté le Serment, qu'il étoit tenu faire en vertu du Traité de Paix, accordé entre les deputez desdits Sieurs Rois, & Duc de Savoye à Vervins, le 2. jour de Mai dernier passé, duquel Serment la teneur ensuit.

Nous Henri par la grace de Dieu Roi Trés-Chrêtien de France & de Navarre, promettons sur nos foi & honneur, & en parole de Roi & jurons sur la Croix, Saints Evangiles de Dieu, & Canon de la Messe, pour ce par nous touchez; Que nous observerons & accomplirons pleinement, réellement, & de bonne foi, tous & chacuns les Points & Articles portez par le Traité de Paix, reconciliation & Amitié fait & conclu, & arrêté entre nos Deputez & ceux de trés-Haut, trés-Excellent & trés-Puissant Prince Philippes, aussi par la grace de Dieu Roi d'Espagne, &c. nôtre trés-cher ami bon Frere & Cousin, & de trés-Excellent Prince Charles Emmanuël Duc de Savoye nôtre trés-cher Frere, en la Ville de Vervins le 2. jour du mois de Mai dernier passé, & depuis par nous ratifié, & ferons le tout entretenir, garder & observer inviolablement de nôtre part, sans jamais y contrevenir, ni souffrir y contrevenir en aucune sorte ou maniere que ce soit. En foi & témoignage de quoi nous avons signé ces presentes de nôtre propre main, & à icelles fait mettre & apposer nôtre Séel, en l'Eglise Cathedrale de nôtre Dame de Paris, le 21. jour de Juin, l'an de grace 1598. A laquelle prestation de Serment furent presens, & sont intervenus Messieurs le Reverendissime & Illustrissime Cardinal de Medicis Legat *à latere* de nôtre Saint Pere le Pape Clement VIII. en France, tenant le Livre des Saints Evangiles & Canon de la Messe, sur lequel Sa Majesté avoit les mains posées. Henri de Bourbon Duc de Montpensier Pair de France, Gouverneur & Lieutenant General pour Sa Majesté en son Païs, & Duché de Normandie; Henri Duc de Montmorenci, Pair & Connêtable de France; François d'Orleans Comte de Saint Paul, Gouverneur & Lieutenant General pour Sadite Majesté en Picardie; Charles de Gontault de Biron Sieur dudit lieu, Marêchal de France, Gouverneur & Lieutenant General pour Sadite Majesté en ses Païs & Duché de Bourgogne, & plusieurs autres Ducs, Princes, Officiers de la Couronne, Comtes, Barons & Seigneurs. En témoin dequoi lesdits Sieurs Ambassadeurs & Deputez desdits Sieurs Roi Catholique, & Duc de Savoye, nous ont requis le present Acte, que leur avons octroyé, & pour ce signé de nos mains. Fait les an & jour que dessus. ANNO 1598.

Acte du Serment solemnellement fait par ALBERT *Archiduc d'Autriche pour l'observation de la Paix. Du* 21. *Juillet* 1598. [Memoires de BELLIEVRE & de SILLERY. Tom. II. pag. 451.]

LE vingt-uniéme de Juillet 1598. En la presence de moi, François le Vasseur, Sieur de Moreausart, Chevalier Secretaire des Conseils d'Etat & Privé, de trés-Haut, trés-Excellent & trés-Puissant Prince le Roi nôtre Souverain Seigneur, de son Conseil de Guerre, & Greffier de son trés-noble Ordre de la Toison d'or, étant trés-haut & trés-puissant Prince Albert par la grace de Dieu, Archiduc d'Austriche, Lieutenant Gouverneur & Capitaine General des Païs de pardeça, & de Bourgogne, en l'Eglise de Sainte Gudille, en cette Ville de Bruxelles, presens & assistans Illustres Seigneurs les Sieurs Duc de Biron, Pair & Mareschal de France, Gouverneur & Lieutenant General en Bourgogne; de Bellievre Conseiller au Conseil d'Etat du Roi Trés-Chrêtien; & de Silleri, aussi Conseiller audit Conseil, & President de sa Cour de Parlement à Paris, Ambassadeurs, Commis & Deputez; specialement quant à ce par Lettres Patentes de trés-Haut, trés-Excellent & trés-Puissant Prince Henri IV. de ce nom par la grace de Dieu Roi Trés-Chrêtien de France, a fait & prêté le Serment qu'il étoit tenu faire en vertu du Traité de Paix accordé entre les Deputez desdits Sieurs Rois & Archiduc en la Ville de Vervins le 2. jour de Mai dernier passé, duquel Serment la teneur ensuit.

Nous Albert par la grace de Dieu, Archiduc d'Austriche, & Lieutenant Gouverneur & Capitaine General pour le Roi Monseigneur és Païs de pardeça; Promettons au nom de Sa Majesté & le nôtre, sur nos foi & honneur, & en parole de Prince, & jurons sur la Croix, saints Evangiles de Dieu, & Canon de la Messe pour ce par nous touchez; Que nous observerons & accomplirons pleinement, réellement & de bonne foi tous & chacuns les Points & Articles portez par le Traité de Paix, reconciliation & Amitié, fait, conclu & arrêté entre les Deputez qui au nom de Sadite Majesté Catholique, suivant le Pouvoir qu'avons d'icelle, ont été par nous envoyez à Vervins d'une part; & ceux de trés-Haut, trés-Excellent & trés-Puissant Prince le Roi Trés-Chrêtien Henri IV. de ce nom, d'autre, au lieu dudit Vervins le 2. Mai dernier, & depuis par nous ratifié. Et ferons le tout entretenir, garder & observer inviolablement de nôtre part sans jamais y contrevenir ni souffrir y contrevenir en aucune sorte & maniere que ce soit. En foi & témoignage dequoi nous avons signé ces presentes de nôtre propre main, & à icelles fait mettre & apposer nôtre grand Seel en l'Eglise Collegiale de Sainte Gudille de Bruxelles, le 25. jour de Juillet, l'an de grace 1598. A laquelle presta-

ANNO 1598. prestation de Serment furent presens, & sont intervenus Messieurs l'Illustrissime Evêque de Tricarico, Nonce de nôtre Saint Pere le Pape Clement VIII. en ces Païs-Bas, tenant le Livre des saints Evangiles, & Canon de la Messe, sur lequel son Altesse avoit les mains posées. Pierre Ernest, Prince & Comte de Mansfeld, noble Baron de Meldringhen, Chevalier de l'Ordre de la Toison d'Or, du Conseil d'Etat; Gouverneur & Capitaine General du Païs & Duché de Luxembourg, & Comté de Chini, & Marefchal General de l'Hôtel de Sa Majesté Catholique; Guillaume de Nassau Prince d'Orange, Comte de Buren; Charles de Croi Marquis d'Aurec du Conseil d'Etat de Sadite Majesté Catholique, & Gentilhomme de sa Chambre; Philippes de Croi, Comte de Cores aussi dudit Conseil d'Etat, Gouverneur & grand Baillif des Villes & Château de Tournai, & Païs du Tournesis; & plusieurs autres Comtes, Barons & Seigneurs. En témoin de quoi lesdits Seigneurs Ambassadeurs & Deputez d'icelui Sieur Roi Très-Chrêtien m'ont requis le present Acte que leur ai octroyé, & pour ce signé de ma main audit Bruxelles, les jour & an que dessus. *Signé*,

FRANÇOIS LE VASSEUR.

Acte du Serment solemnellement fait par le Duc de Savoye pour l'observation de la Paix le 2. Août 1598. [Memoires de BELLIEVRE & de SILLERY. Tom. II. pag. 465.]

LE 2. jour du mois d'Août 1598. en la presence de nous Pierre Leonard Roncas, Seigneur de Châtel-Argent, & Pierre Boursier, Conseillers de très-Haut, & très-Excellent Prince Monseigneur le Duc de Savoye, nôtre souverain Seigneur, & Secretaires de ses Commandemens & Finances, icelui Seigneur étant en l'Eglise de S. François, Ville de Chamberry, presens & assistans Illustre Seigneur Guillaume de Guadaigne, Seigneur de Botheon, Chevalier des Ordres de très-Haut, & très-Excellent Prince Henri IV. Roi Très-Chrêtien de France & de Navarre, Conseiller en son Conseil d'Etat, Capitaine de cinquante Hommes d'Armes de ses Ordonnances, & son Lieutenant General au Gouvernement de Lyonnois, Forest, & Baujolois, Ambassadeur commis & deputé par Sa Majesté Très-Chrêtienne, a fait & prêté le Serment qu'il étoit tenu faire en vertu du Traité de Paix accordé entre les Deputez de Sadite Majesté, & de son Altesse à Vervins, le 2. jour de Mai dernier passé, duquel Serment la teneur ensuit:

Nous Charles Emanuël par la grace de Dieu Duc de Savoye, &c. Promettons sur nos foi & honneur, & en parole de Prince, & jurons sur la Croix, & Saints Evangiles de Dieu, & Canon de la Messe, pour ce par nous touchez: Que nous observerons & accomplirons pleinement, réellement, & de bonne foi, tous & chacuns les Points & Articles portez par le Traité de Paix, reconciliation, & Amitié, fait, conclu, & arrêté à Vervins le 2. jour du mois de Mai dernier passé, entre les Deputez de très-Haut, très-Excellent, & très-Puissant Prince Henri IV. par la grace de Dieu Roi Très-Chrêtien de France & de Navarre, & les nôtres, & ferons le tout garder, & observer inviolablement de nôtre part, sans jamais y contrevenir, ni souffrir y être contrevenu en aucune sorte ou maniere que ce soit. En foi & témoignage dequoi nous avons signé ces presentes de nôtre propre main, & à icelles fait mettre & apposer nôtre Séel, en l'Eglise de S. François, de nôtre Ville de Chamberry, le 2. jour du mois d'Août 1598.

A laquelle prestation de Serment furent presens, & sont intervenus Messieurs le Reverendissime Evêque de S. Paul, tenant le Livre des Saints Evangiles, & Canon de la Messe, sur lesquels son Altesse avoit les mains posées; Dom amé de Savoye Marquis de S. Rambert, Chevalier de l'Ordre de sadite Altesse, Dom Philippes de Savoye grand Baillif d'Armenie, de la Religion de S. Jean de Jerusalem; Guillaume François de Chabon, Seigneur de Jacob, Conseiller d'Etat, & Chambellan de son Altesse, Grand Maître de son Artillerie, Gouverneur, & son Lieutenant General en Savoye, & Melchior de Montmajeur Comte dudit lieu, Conseiller d'Etat, & Chambellan de sadite Altesse, Maréchal de Camp, General, Gouverneur, & son Lieutenant en Bresse, & plusieurs autres Marquis, Comtes, Barons & Seigneurs. En témoin dequoi ledit Seigneur de Botheon Ambassadeur & Deputé de Sadite Majesté, nous a requis le present Acte, que nous lui avons octroyé, & pour ce signé de nos mains. Fait les an & jour que dessus. *Signé*, RONCAS & BOURSIER. ANNO 1598.

Verification & Enterinement du Traité de Paix, au Parlement de Paris, le dernier d'Août 1598. [Memoires de BELLIEVRE & de SILLERY. Tom. II. pag. 469.]

HENRI, &c. A tous ceux, &c. Sçavoir faisons, que comme par le Traité de Paix fait en nôtre Ville de Vervins par nos Deputez, & ceux de nôtre très-cher & très-amé Frere le Roi des Espagnes, le 2. Mai dernier, par nous ratifié le 21. de ce mois, eût été entr'autres choses convenu, & accordé, que nous le ferions verifier & entheriner en nôtre Cour de Parlement avec l'intervention, & en presence de nôtre Procureur General, auquel baillerions Pouvoir special, & irrevocable, pour en nôtre nom comparoître en nôtredite Cour, consentir à l'enterinement, & soi soûmettre volontairement à l'observation de toutes choses y contenuës. Et pour ce que desirons l'entier accomplissement d'icelui, l'aurions envoyé à nos amez & feaux Conseillers les Gens tenans nôtre Cour de Parlement avec nos Lettres de Ratification, & donné Pouvoir, authorité, commission, & Mandement special & irrevocable à nôtredit Procureur General en consentir, & soi soûmettre à l'observation de tout le contenu, ce qu'il a fait; Et a nôtredite Cour ce jourd'hui procedé à la verification, enterinement & enregistrement dudit Traité, selon qu'il est porté par icelui, & ordonné cét Acte en être expedié par le Greffier d'icelle nôtredite Cour, en témoin de quoi nous avons fait mettre nôtre Séel à ces presentes. Donné à Paris en nôtre Parlement, le dernier Août l'an de grace 1598. & de nôtre Regne, le 9. *Signé*, par la Cour DU TILLET, & *scellé de cire jaune.*

Acte du Serment solemnellement prêté par PHILIPPES III. *Roi d'Espagne pour l'observation de la Paix. A Valladolid le* 27. *Mai* 1601. [Memoires de BELLIEVRE & de SILLERY. Tom. II. pag. 473.]

DON PHELIPE *por la gracia de Dios Rey Catolico de España, por quanto el Rey mi Señor y Padre, que santa gloria aya, no pudo por sus continuas y graves enfermedades jurar la Paz que se concluyo entre su Magestad Catolica, y el muy Alto, muy Excelente, y muy Poderoso Principe Henrique tambien por la gracia de Dios Rey Christianissimo de Francia, mi muy caro y amado Hermano, y primo, y el Serenissimo Principe Duque de Saboya mi muy caro Hermano en la Villa de Berbins, a dos dias del mes de Majo del año passado de mil y quinientos y noventa y ocho por sus Deputados, y haviendo yo sucedido en estos Reynos, y Señorias, y en la obligacion que en este caso tuvo mi Padre, y siendo justo cumplir con ella, he prometido oi dia dela fecha desta, sobre mi fè, y palabra Real, y jurado sobre la Cruz y los Santos Evangelios, y para este efeto tomè con mis manos en las del muy Reverendo in Christo Padre Cardinal de Guevara electo Arcobispo de Sevilla, del mi Consejo de Estado, y Inquisitor General en estos mis Reynos, en la Yglesia Cathedral desta Ciudad, que observarè y cumplirè, y harè observar, y complir realmente, y con efeto todos los Puntos, y Articulos contenidos en el Tratado de la dicha Paz, sin jamas contravenir ni consentir que se contravenga à ello, en ninguna manera; y agora, à pedimiento del Conde de la Rochepot Ambaxador del dicho Rey Christianissimo y de su Consejo de Estado, que se hallo presente en este Acto, en vertud del Poder especial, que para ello le diò su Magestad en Paris, à quinze dias del mes de Abril deste presente año, mandè dar esta firmada de mi mano, sellada con mi Sello, y refrendada del enfra scripto, Secretario en la Ciudad de Valladolid, à veinte y siete dias del mes de Majo del año* 1601. Signé, YO EL REY; & scellé en Placard du Seel de ses Armes, & plus bas est écrit.

Yo Andres de Prado, Cavallero de la Orden de Santiago, Secretario de Estado del Rey mi Señor, fuy presente al dicho Acto, y lo hize escrivir por Mandado de su Magestad Catolica, y doy fè que se hallaron presentes à ello, el Duque de Lerma, Commendador Mayor de Castilla, Sumiller

ANNO 1598. *Sumiller de Corps, y Cavallerizo Mayor de su Magestad; el Conde de Miranda, Presidente del Consejo Real de Castilla, el Condestable de Castilla, Presidente del Consejo supremo de Italia; el Marques de Velada, Mayordomo Mayor de su Magestad; Dom Juan de Tdiaques, Commendador Mayor de Leon, Presidente del Consejo de las Ordenes; y el Padre Fray Gaspar de Cordona, Confessor de su Magestad, y los seis de su Consejo d'Estado; los Marquesses de Cea, Sarria, y san German; Dom Henrique de Guzman, Clavero Mayor de Alcantarà, y Don Pedro de Castro Gentiles-hombres de su Camara, los Condes de Orgas y Villalonzo; y el Marques de la Laguna, Mayordomo, y otros muchos titulados, y Cavalleros de su Real Casa y Corte.*

Signé, ANDRES DE PRADO, le dernier Août 1598.

CCLVI.

6. Mai. L'ARCHIDUC ALBERT, L'INFANTE ET LES PAYS-BAS. (a) Il n'y eut point d'Enfans de ce Mariage.

Conditions sous lesquelles les Pays-Bas sont cedez à ISABELLE-CLAIRE-EUGENIE *d'Autriche, par* PHILIPPE II. *son Pére, & son (a) Mariage avec* ALBERT VI. *Archiduc d'Autriche, qui étoit alors Gouverneur des Pays-Bas. Fait à Madrid, le 6. May 1598.* [GABRIEL CHAPUYS, Histoire Générale de la Guerre de Flandre. Part. 1. pag. 574. EMANUEL METEREN, Histoire des Pays-Bas. Feuill. 425. La Verité défendue des Sophismes de la France, Aux Preuves. pag. 63.]

PHILIPPE par la grace de Dieu, Roy, &c. A tous presens & advenir qui ces presentes Lettres verront, ou lire orront, Salut. D'autant que nous avons trouvé convenable, tant pour le bien general de la Chrestienté, que de nos Pays-Bas; de ne differer plus long-temps le Mariage, de nostre tres-chere, & bien-aymée Fille l'Infante Isabelle Clare Eugene. Mesme y estant enclin tant pour la conservation de nostre Mayson, que pour certains autres bons respects: en consideration aussi de la bonne affection que nous portons à nostre trescher & bienaymé Frere, Cousin, & Nepveu l'Archeduc Albert, de nostre part Gouverneur, & Capitayne General de nos Pays-Bas, & de Bourgongne, ayant aussi jetté l'oeil sur sa personne, & l'eslisant pour futur Mary de nostre Fille aisnée: tant du consentement de nostre sainct Pere le Pape, qui sur ce en a octroyé sa Dispense requise: comme en ayant communiqué avec tres-hault, tres-excellent, & trespuissant Prince, nostre tres-cher, & bien-aymé Frere, Cousin & Nepveu Rodolph deuxiéme, Empereur des Romains; comme aussi avec nôtre tres-chere, & bienaymée bonne Sœur l'Imperatrice sa Mere.

Quoy consideré, & afin que nostredite Fille puisse (comme de rayson) avoir moyen, selon ses graces, vertus & merites: mesme pour de nostre costé faire paroistre la grande amour & affection qu'avons tousjours porté, & portons encores à nosdits Pays-Bas, & de Bourgongne: nous avons resolu de ceder en Don à nostredite Fille, en ayde, & faveur dudit Mariage, nosdits Pays-Bas, & tout ce qui en depend, en la forme & maniere, comme sera dit & specifié cydessous. Et ce par le moyen & intervention, vouloir & consentement de nostre tres-cher, & tres-aymé bon Fils le Prince Philippe, nostre Fils unique & Heritier, suivant les advertences, qui par nous, & nostredit Fils en ont esté faites, aux Chefs, Seigneurs, Chevaliers de nostre Ordre, Consaulx & Estats de nosdits Pays-Bas, estants sous nostre obeïssance, ensemble à ceux de nostre Pays & Comté de Bourgongne; lesquels ont demonstré, & tesmoigné par leur responce, la grande joye, & le contentement qu'ils ont eu de ceste nostre debonnaire resolution, qu'ils cognoissent & confessent estre tant necessaire au bien de nosdits Pays-Bas; & c'est le vray moyen pour parvenir à une bonne Paix & union: pour estre deschargés de cette penible Guerre, dont ils ont esté travaillés par tant d'années, laquelle Paix & repos, nous leur avons toûjours desiré. Considerant aussi, (ce qui est notoire à tout le monde) que le plus grand heur qui puisse advenir à un Pays, est, de se voir gouverner par l'oeil & presence de son Prince, & Seigneur naturel.

Dieu nous est tesmoing du soing, & de la peine, que souvent nous avons eu, que nous n'ayons peu faire en personne, ce que de vray nous eussions bien desiré, si les affaires de grande importance de nos Royaumes d'Espaigne, ne nous eussent pas obligés à nous y tenir, & continuer nostre residence, sans nous en absenter, comme nous y sommes encores obligés pour l'heure. Et combien que par l'aage du Prince nostre Fils, il semble que cela viendroit mieux à propos maintenant, qu'à nôtre premier voyage. Neantmoins la volonté du bon Dieu a esté telle, nous ayant donné tant de Royaumes & Provinces, esquelles ne defaillent jamais affaires de grande importance, à cause desquelles sa presence est icy aussi bien requise.

A rayson dequoy nous avons trouvé expedient de prendre cette bonne resolution, pour ne point laisser nos Pays-Bas aux inconveniens esquels ils ont esté par cy-devant, joinct les raysons du partage que devons faire à nostre Fille l'Infante, selon ses merites, & grandeur de sa naissance. En particulier les luy transferant, veu qu'apres nostredit Fils le Prince (que Dieu conserve longues années, le faysant prosperer à son service) nostredite Fille aisnée est la premiere, & plus prochaine: & que du consentement de nostredit Fils, elle peut dés maintenant y estre admise. Ayans choisi par ce moyen, sous espoir que par iceluy nosdits Pays-Bas reviendront en leur premiere fleur & prosperité, dont ils souloyent joüir.

Faysons partant sçavoir, que desirans maintenant mettre en effect selon son deu, ce que par nous a esté si meurement resolu & arresté: entendans le consentement volontaire, que nostredit Fils le Prince y a si liberalement interposé de son costé, sçachant les submissions ausquelles nosdits Pays auront à se conformer, suivant nostre intention: Avons resolu de ceder, & transporter à nostredite Fille Infante à l'advancement dudit Mariage tous nosdits Pays-Bas, & de Bourgongne, en la forme & maniere, aux pourparlers, & conditions cy-aprés mentionnées.

I. La premiere condition est, & non autrement. Que ladite Infante nostre Fille, se joindra par Mariage avec l'Archeduc Albert, suivant la Dispense qu'en a octroyé nostredit S. Pere le Pape à ces fins. Et que par voye de Donnation, ou comme par Don elle reçoyve nosdits Pays-Bas, & Comté de Bourgongne. Et au cas que ledit Mariage fut empesché pour quelque occasion que ce pourroit estre, ceste presente Donnation sera nulle, & ne sortira aucun effect: comme en ce cas dés maintenant nous la revocquons, & mettons à neant.

II. Item à condition, & non autrement. Que les Enfans & Successeurs de mesme Mariage, soyent masles ou femelles legitimement procréés, & non illegitimes: encore que ce fut par Mariage subsequent, l'aisné precedant le puisné, & le masle la femelle: seront de main en main Heritiers en mesme degré de toutes lesdites Provinces unanimement, sans rien en pouvoir repartir, ni éclipser. Declarant que le Fils ou la Fille aisnée, trespassé du vivant de son Pere, sera preferé aux Oncles, & à chacun autre de Ligne collaterale.

III. Item à condition, & non autrement. Qu'en cas (ce que Dieu ne veuille) qu'il n'y eut ne Fils, ne Fille de ce Mariage, ou qu'ils fussent morts apres la mort de l'un desdits Archeduc Albert, & nostre Fille l'Infante, venans de ce present Mariage: ladite Donnation, Concession, & Transport sera nul, & de nulle valeur. Auquel cas si nostredite Fille Infante demeuroit Vefve, sa portion legitime du costé Paternel, & sa Donnation du costé Maternel, telle qu'elle luy peut competer & appartenir, la suyvra. Par dessus ce que nous, ou nostre Fils le Prince ferons, pour la bonne affection que nous leur portons. Et si ledit Archeduc Albert, nostre bon Cousin, survivoit ladite Infante, il demeurera Gouverneur desdits Pays-Bas, pour, & au nom du Prince proprietaire, auquel ils seront devolus.

IV. Item à condition, & non autrement. Qu'avenant que tous les Descendans vinssent à defaillir, Masles & Femelles procréés de ce Mariage, tellement qu'il n'y restât personne de tous ceux qui sont appellés à ces biens icy. En tel cas ils auront à retourner tous ensemble au Roy d'Espaigne, qui sera descendu de nous. Et suyvant ceste Donnation & Concession, en tel cas nous le faisons dés maintenant Donataire, comme luy estans donnés.

V. Item à condition, & autrement non: Que nostredite Fille Infante, ni nuls autres appellés à ladite Suc-

ANNO 1598. Succession, ne pourra pour nulle cause quelconque partir, ni diviser lesdits Pays, ni donner, ni eschanger sans nostre consentement, & de ceux qui seront nos Heritiers, & Successeurs en ces Royaumes.

VI. Item à condition, & non autrement: Que la mesme qui sera Princesse, ou Dame desdits Païs-Bas, se mariera avec le Roy d'Espaigne, ou avec le Prince son Fils, qui alors sera en vie, avec preallable Dispense entant qu'il sera de besoing. Et si alors elles n'avoyent pas la volonté, ni la puissance de faire tel Mariage pour elles mesmes, ne pourra en tel cas une telle Dame prendre aucun Mari, ni s'inmiscer en nulle Donnation, ni en nulle partie d'icelle, sans nostre advis & consentement, & de nos Heritiers, & Successeurs en nosdits Royaumes d'Espaigne, qui seront issus de nous. Et en cas de contravention, tout ce qui aura esté donné, & octroyé leur retournera, comme si ceste Donnation, Cession, & Transport ne fût jamais esté faicte.

VII. Item à condition, & non autrement: Que tout & chacun Prince & Seigneur desdits Pays, feront tenus de marier leurs Fils & Filles, par nostre advis & consentement, & de ceux qui seront nos Heritiers & Successeurs Roys d'Espaigne.

VIII. Item à condition, & non autrement: Que nostredite Fille Infante, & son Mari, ni nuls de leurs Successeurs, ausquels lesdits Pays escherront, ne pourront en façon quelconque negotier, trafficquer, ou contracter és Indes Orientales, & Occidentales, & n'y envoyeront nulles sortes de Navires, sous quelque tiltre, regrés ou pretexte que ce soit, à peine que lesdits Pays, au cas de contravention feront devolus. Et que si aucuns Subjects desdits Pays s'advançassent d'y aller contre les defences, les Seigneurs desdits Pays auront à les chastier par confiscation de Biens, & autres plus griefves peines, voire de la mort.

IX. Item à condition, & non autrement: Que si ledit Archeduc Albert nostre bon Cousin, survivoit nostredite Fille l'Infante, laissant Fils ou Fille: qu'il aura le Gouvernement de tel Fils ou Fille, Heritier, ou Heritiere, avec le maniment de tous leurs Biens, comme si nostredite Fille l'Infante estoit encores en vie. Et par dessus ce sera nostredit Cousin l'Archeduc en tel cas jouyssant, & usufructuaire sa vie durant de tous lesdits Pays, entretenant lesdits Enfans selon leur qualité, en donnant au Fils ou Fille aisnée le Pays, & Duché de Luxembourgh, & la Comté de Chiny, qui leur appartiendront, pour le posseder, & en jouir durant la vie du Pere. Aprés le trespas duquel, tel Enfant aura tout, comme Heritier universel. Estant icy expressement declaré que ceste Clause d'usufruict, se doibt seulement entendre en faveur de nostredit bon Cousin l'Archeduc Albert, sans pouvoir estre tirée en autre consequence, afin que nul de ses Successeurs n'en puisse alleguer aucun exemple, ni pretendre droict en aucun cas semblable.

X. Item à condition, & non autrement: Comme estant la principale, & plus grande obligation par dessus toutes autres. Que tous les Enfans, & Descendans dudit Mariage, suivent la saincte Religion, qui reluit presentement en eux, & ayent à vivre, & mourir en nostre saincte Foy Catholique, comme la saincte Eglise Romaine l'enseigne, & l'observe: Et que devant que prendre possession desdits Pays-Bas, ils feront le Serment, en la forme qu'il se trouve couché en l'Article suyvant.

En cas (ce que Dieu ne veuille) qu'aucuns desdits Descendans declinassent de ladite Religion, & tombassent en Heresie: Aprés que nostre sainct Pere le Pape les aura declaré pour tels, seront privés de l'administration, possession, & proprieté desdites Provinces: & que les Vassaulx & Subjects ne leur obeïront plus. Mais ils admettront & recevront le plus proche Catholique de la mesme descente, lequel devoit succeder à un tel desvoyé de la Foy. Et un tel Heretique sera reputé, comme s'il estoit vrayement mort, de mort naturelle.

Ego juro ad sancta Dei Evangelia, quod semper ad extremum vitæ meæ spiritum Sacrosanctam Fidem Catholicam, quam tenet, docet, & prædicat sancta Catholica & Apostolica Ecclesia Romana (omnium Ecclesiarum Mater & Magistra) constanter profitebor: Atque eam a meis Subditis teneri, doceri, & prædicari (quantum in me erit) curabo: Sic me Deus adjuvet, & hæc sancta Dei Evangelia. C'est-à-dire: Je jure par le Sainct Evangile de Dieu, que je feray toûjours jusques au dernier souspir de ma vie, constante confession, & que je croyray fidelement & fermement, & entretiendray vrayement, la saincte & Catholique Foy que la Saincte Eglise Catholique, Apostol que & Romaine (comme Mere & Maistresse de toutes les Eglises) tient, enseigne, & presche: & que je porteray soing (entant qu'en moy sera) qu'elle soit tenuë, enseignée, & preschée de mes Subjects: Ainsi m'ayde Dieu, & son Sainct Evangile. ANNO 1598.

XI. Item à condition, & autrement point, que pour plus grande asseurance, & confirmation de la Paix, de l'amour & correspondance, qu'il y doit avoir entre le Roi, & ses Royaumes, nos Descendans & Successeurs, & les Princes & Seigneurs de par de delà, aussi nos Successeurs & Descendans, chacun de ceux qui au temps à venir parviendront à la possession, & Seigneurie desdits Pays-Bas, & de Bourgongne, auront à advouër, approuver, & ratifier de surcroist, ce qui est contenu en cest Article.

XII. Et pour autant que nostre intention & volonté est, que lesdites conditions ayent leur plein & entier effect sous & par le moyen d'iceux, *Nous donnons, cedons, quittons, transportons, renonçons, & accordons, en don de Fief & derriere Fief*, & par la meilleure forme, voye, maniere qu'on peut faire de droict, & qui peut être vallable, sans que l'incompatibilité puisse préjudicier à ce qui est compatible, néceffaire, ou avantageux à ladite Infante Isabelle Clare Eugene, nostre trés-chere & bien-aimée Fille aisnée, *Tous nos Pays-Bas, & chacune Province d'iceux, avec le Pays, & la Comté de Bourgongne, y compris celuy de Charolois, les Duchés, Principautés, Marquisats, & Forteresses*, qui sont en nos Païs-Bas, & Bourgongne, ensemble toutes les Regales, Fiefs, Hommages, Droicts de Patronat, Rentes, Revenus, Domaines, Confiscations, & Amandes, avec toutes sortes de Jurisdictions, Droicts, & Actions, que nous pouvons pretendre à cause de nos Pays-Bas, & de Bourgongne, comme aussi toutes Prééminences, Prerogatives, Privileges, Exemptions, Gardes, Advoeries, Districts, Haulteurs, Ressorts, & toute autre sorte de Souveraineté, comme, & en telle forme, qu'elles sont, & pour quelque raison, & d'où qu'elles puissent être nostres, & nous appartenir, soit en Patrimoine, ou autrement, à quel tiltre, comme que ce soit, ou puisse être, pour en avoir pleine jouïssance, & possession, comme nous les avons eu, & possedé sans aucune exception: à la charge néanmoins qu'on observera inviolablement toutes & chacune les conditions cy-dessus specifiées, & la Pragmatique faicte par feu d'immortelle memoire l'Empereur mon Seigneur & Pere, qui est en gloire, au mois de Novembre, l'an 1594. touchant l'union desdits Pays-Bas, sans consentir ni accorder aucune separation, ni division en iceux, pour quelque cause, ni en aucune maniere que ce soit.

XIII. Et est nostre intention, comme nous le declarons, & ordonnons expressement par ceste; Que moyennant ceste Donnation, Concession & Transport, nostredite Fille Infante, & son futur Mari l'Archeduc Albert feront enchargés, tenus, & obligés, de payer & acquitter toutes & chacune les Debtes, Obligations, ou Contracts faicts par nous, ou en nostre nom, par la defuncte Majesté Imperiale sur nos Patrimoines & Domaines desdits Pays-Bas, & de la Comté de Bourgongne. Et feront pareillement tenus, & obligés de porter toutes & chacune les Rentes, Pensions à vie, & toutes autres Donnations quelconques, mercedes, & recompenses, que Sadite Majesté Imperiale, nous, & nos Predecesseurs ont faicts, donnés, assignés, & accordés, à toutes personnes quelles qu'elles soyent. *Et par ainsi nous faysons, establissons, & denommons par ces presentes nostredite Fille Infante Princesse & Dame desdits Pays-Bas, & Comté de Bourgongne, & de Charolois.*

Octroyons aussi à nostredite Fille, que par dessus les Tiltres particuliers de chacune desdites Provinces du Pays-Bas, & Comté de Bourgongne, elle se puisse escrire, intituler & nommer *Duchesse de Bourgongne*, nonobstant que nous ayons reservé (pour aussi longtemps qu'il nous plaira) pour nous, & ledit Prince nostre Fils, ledit Tiltre de Duc de Bourgongne, avec tous les Droicts qui nous y peuvent competer, conjoinctement à la Hautesse & Souveraineté de nostre Ordre de la Toyson d'Or, dont nous en retenons la faculté d'en pouvoir disposer en temps à venir, comme pour le mieux nous le trouverons couvenir. Si consentons, & accordons, & permettons à nostredite Fille l'Infante, luy donnans Puissance, absoluë, & irrevocable, de

par

ANNO 1598.

par son authorité privée, sans autre requisition de consentement, par elle, ou par ses Deputés vers sondit futur Mary, de prendre & apprehender, la pleine & entiere possession de tous lesdits Pays-Bas, Comté de Bourgongne, & de Charolois, & à ces fins de faire assembler les Estats Generaux desdits Pays, où les Estats particuliers en chacune Province, ou bien d'observer telle autre maniere que par rayson se trouvera plus convenable, pour notifier ceste Donnation, Cession & Transport, & de faire prester le Serment aux Estats, & Subjects desdits Pays, de requerir l'Investiture, & adheritance de chacune Piece & Seigneurie, où que le cas le requerra. Comme aussi de recevoir d'eux le Serment convenable, pour s'obliger en tout à ce à quoy par les Sermens precedens ils estoyent tenus, & reciproquement obligez. Et en attendant que nostredite Fille aura prins, ou faict prendre en son nom la possession reelle desdits Pays-Bas, & Comté de Bourgongne, & de Charolois, en la forme & maniere qu'il est contenu en ces Patentes, Nous nous metrons, & constituons Possesseur d'iceux, au nom, & de la part de ladite Fille.

En tesmoignage dequoy, nous ordonnons, & voulons que les mesmes Lettres Patentes luy soyent delivrées: Consentans, & accordans à nostre Fille l'Infante, de retenir, admettre, & establir esdits Pays-Bas, & de Bourgongne, des Gouverneurs, Juges, & Justiciers, tant pour la conservation & deffence d'iceux, que pour l'Administration de la Justice, & Police, & receptions des Domaynes, ou autrement. Et pardessus ce, de faire tout ce qu'une vraye Princesse Dame naturelle, Proprietaire desdits Païs, peut, & doibt faire de droict, & selon les Coustumes, comme aussi nous avons faict, & eussions encores peu faire: observant tousjours neantmoins les conditions cy-dessus inserées. Auquel effect nous avons quitté, absouls, & deschargé, quittons, absolvons, & deschargeons par cette tous Evesques, Abbez, Prelats, & autres Gens d'Eglise; Ducs, Princes, Marquis, Comtes, Barons, Gouverneurs, Chefs, & Capitaines de Pays, Villes, Courts, Presidens, Gens de nos Conseils, Chancelicrs, ceux de nos Finances, & des Comptes, & autres Justiciers, Capitaynes, Gens de Guerre, & Soldats des Forteresses & Chasteaux, leurs Lieutenans, Chevaliers, Escuyers, & Vassaulx, Magistrats, Bourgeois, Manans, & Habitans des bonnes Villes, Bourgades, Franchises, & Villages, & tous, & chacun les Subjects de nosdits Pays-Bas, & Comté de Bourgongne, & de Charolois, & chacun d'eux respectivement, du Serment de fidelité, foy, & Hommage, Promesse & Obligation, qu'ils nous ont porté comme à leur Prince legitime, & Seigneur Souverain. Voulons, ordonnons, & expressement leur commandons, qu'ils ayent à jurer, & à accepter ladite Infante nostre Fille, pour leur vraye Princesse, & Dame. Et de luy faire, & donner leur Serment requis de fermeté, foy, & Hommage, Promesse & Obligation en la maniere accoustumée, selon la nature du Pays, Places, Fiefs, Seigneuries. Et outre ce qu'ils ayent à luy monstrer, & à son futur Mary tout honneur, reverence, affection, obeïssance, fidelité, & service, comme bons & loyaux Subjects doivent, & sont tenus vers leur Prince legitime, & Seigneur naturel: comme jusques à ce jour ils nous ont faict & demonstré. Et avec satisfaction de tous & un chacun les deffauts & obmissions, tant juridicques que de faict, lesquelles pourroyent entrevenir en cette nostre presente Donnation, & Concession & Transport. Et partant de nostre propre mouvement, entiere cognoissance, & de nostre pleine, & absoluë Puissance Royale; de laquelle nous voulons user, & usons en cecy, avons derogé, & derogeons à toutes & chacunes les Loix, Constitutions, & Coustumes, qui pourroyent contrarier, & contrevenir à ces presentes. Car tel est nostre bon plaisir. Et afin que tout ce que dessus soit à jamais ferme & stable; Nous avons soubsigné la presente de nostre nom, & y faict pendre nostre grand Seau. Voulant, & ordonnant qu'il soit enregistré pour estre tenu de valeur en tous & un chacun de nos Conseils Privé, & Chambre des Comptes. Donné en nostre Ville de Madrid, au Royaume de Castille, le sixiesme jour de May, l'an 1598. De nos Regnes de Naples, & de Jerusalem le 45. de Castille, d'Arragon, de Cicile, & d'autres le 44. & de Portugal le 10. *estoit paraphé* N. D. V. *soubsigné* PHILIPPE. *Et plus bas*, Par le Roy, *signé*, A. DE LA LOO.

Aprés que le Roy eut faict passer ce Transport, le Prince Philippe en ratifia l'Aggreation, & Approbation par Lettres Patentes, & par Serment, comme s'ensuit.

ANNO 1598.

PHILIPPE par la grace de Dieu Prince, Fils & unique Heritier des Royaumes, Pays, & Seigneuries du Roy Philippe second du nom, mon Seigneur & Pere. A tous presens, & à venir Salut. Comme mondit Seigneur & Pere ait prins resolution de marier Madame l'Infante Isabelle Clare Eugene nostre tres-chere, & bien-aymée bonne Sœur à l'Archeduc Albert nostre bon Oncle, & Cousin; & que suivant ce Sa Majesté Catholique a determiné sur nostre communication, & de nostre consentement, y estant induit, pour certaines grandes raysons, & respects du bien commun; mesme pour le repos en general de la Chrestienté, & en particulier de la Paix, & repos du Pays-Bas, & afin que nostredite bonne Sœur soit pourveuë selon sa qualité, & grands merites: de faire Don à nostredite Sœur desdits Pays-Bas, & de la Comté de Bourgongne, en la forme & maniere qui en a esté faicte, & passée: comme appert par les Lettres Patentes, que mondit Seigneur & Pere en a faict despecher, signées de sa main, & selées du grand Seau, dont la teneur s'ensuit de mot à mot.

PHILIPPE &c. Le tout cy-dessus inseré, qu'il n'est besoing de repeter.

SÇAVOIR FAYSONS: Qu'aprés avoir bien particulierement entendu ce que dessus, & chacun Poinct y mentionné. Consideré le bien public qui de là en pourra revenir à la Chrestienté: mesmes à cause de l'amour singulier que nous sommes tenus de porter, & que portons à nostre bonne Sœur l'Infante, pour les graces & grands merites: lotions, approuvons, aggreons, & par ces presentes tenons pour bon, nonobstant quelconque prejudice que de ce à nous, ou de nos Successeurs en en temps à venir nous en pourroit sourdre. Et pour les mesmes raysons, consentons, & sommes contents par ces presentes, que lesdits Pays-Bas, & Comté de Bourgongne, & de Charolois, soient cedez, transportez, & donnez à nostre bonne Sœur l'Infante, comme mondit Seigneur & Pere l'a faict. Et afin que tant mieux il puisse subsister: & pour plus grande asseurance, corroboration, & fermeté de ce que Sa Majesté en a disposé, & ordonné en faveur, & à l'avantage de nostre bonne Sœur: nous disposons & ordonnons, si avant que besoin soit par cette, en faveur d'icelle, en la mesme forme & maniere en tout, & sur tout, de nostre propre & franche volonté, sans qu'il nous soit sur ce intervenu aucune extorsion, contrainte, tromperie, fausseté, ni aucun respect, ni reverence Paternelle, ni crainte, ni par aucun abus ou persuasion quelconque, nostre volonté & intention estant que lesdits Pays soient donnez, & appartenans à nostre bonne Sœur l'Infante Isabelle Claire Eugene, & à ses Successeurs, en conformité de la disposition du Roy Monseigneur & Pere. Et afin que cela puisse avoir, & sortir son plain & entier effect, & demeurer à jamais ferme & stable: avons renoncé, & renonçons par ces presentes, en faveur de nostre Sœur, pour nous, & nos Successeurs à tous Benefices, qui pourroyent escheoir de Droict à nous, ou à eux, pour contracter ou contrevenir à ces presentes: or que ce fut par le Droict de *restitutione in integrum*, auquel nous avons renoncé, & renonçons encore par cette. Car nostre resoluë & determinée volonté est, que chose quelconque ne puisse avoir aucune force, ni vigueur à l'encontre de cette Donnation, Cession, & Transport, lequel a esté faict desdits Pays-Bas, en la forme & maniere que dessus.

Surquoy nous avons faict, & donné nostre foy & Serment sur les Saincts Evangiles, que nous avons touché de la main, de tenir, observer, maintenir, & accomplir punctuellement tout ce qui a esté dit, sans y apporter nulles excuses, ni exceptions, ni permettre qu'aucun des nostres les y apporte. Ce que nous affermons, & promettons en parole de Prince; & que nous employerons nostre pouvoir, & l'assistance requise à l'entier effect, & accomplissement de tout ce que dessus, pour estre (comme nous avons déja declaré) nostre sincere, & determinée volonté. En tesmoignage dequoy, nous avons faict faire ces presentes Lettres Patentes, que nous avons signé de nostre propre main, & faict signer par le Secretaire d'Estat du Roy Monseigneur & Pere és affaires du Pays-Bas, & de Bourgongne: & faict séeller du grand Séel des Armoiries de Sa Majesté y appendant en lacs d'or. A ces presentes se sont trouvés, comme tesmoings à ce appellés, Don Gomez

ANNO 1598. Gomes d'Avila, Marquis de Velada nostre Gouverneur, & Grand Maistre d'Hostel. Don L. H. T. A. P. de Mora Comte del Castel: Roderigo Grand Commandeur d'Alcantara, Gentilhomme de la Chambre de Sa Majesté, & nostre Sommelier de corps: Don Joan d'Idiaques Grand Commandeur de Leon; tous trois du Conseil d'Estat; & Messire Nicolas d'Amant Chevalier, aussi Conseiller d'Estat, & Garde des Seaux de Sa Majesté esdites affaires des Pays-Bas, & de Bourgongne, Chancelier de sa Duché de Brabant. Donné en la Ville de Madrid au Royaume de Castille, le quatriesme de May, l'an de grace 1598. *Paraphé* M. E. R. T. *Signé* PHILIPPE. *Et plus bas*: Par Ordonnance de Monseigneur le Prince A. DE LA LOO. Ces deux Lettres Patentes de Resignation du Roy, & Aggreation du Prince estoient toutes deux séellées d'un mesme Seau, *en cire vermeille*, *à lacs d'or*.

CCLVII.

18. Mai. *Trattato fatto e conchiuso trà il Duca de* FRIAS *Governatore generale del Milanese, in nome di* PHILIPPO II. *Rè di Spagna, e* SFORZA ANDREA DI CARRETO, *Principe dell' Imperio, e Marchese di Final, per il quale il sudetto* ANDREA *cede e transferisce per se e suoi Heredi allà Maestà Cattolica il Marchesato di* Final *e di* Clavesana *con tutte le sue Fortezze, dipendenze ed appendenze, mediante una Ricompensa die 24. mila Ducati per anno moneta di Napoli, la quale li verrà assegnata nel Regno di Napoli in Principati, Contee, Signorie ed altri Beni, e de' quali goderà tutta la sua vita, e una parte di essi potrà passare a suoi Heredi, fino alla concurrenza di undici mila Ducati per anno, restante il resto al profitto del Rè, il tutto con le conditioni più ampiamente espresse nel Trattato. In Milano, li* 16. *e* 18. *di Maggio* 1598. [Tiré d'une Information de Droit publiée à Milan par ordre du Roi d'Espagne en 1633. sous le Titre de *Discussio Quæstionis Salariæ Finariensis.*]

NEl nome del Signore. Essendosi più volte trattato frà li Ministri della Maestà del Rè Cattolico, e li Principi, e Marchesi di Finale di trovar modo, e via, di poter proveder, come si conviene, alla sicurezza delli Stati di S. M. C. per quello, che tocca la Successione del medesimo Stato di Finale, & alla ragione, utilità, e quiete di essi Principi del Finale, e doppo s'esser stati in diversi tempi proposti diversi partiti per il fine sudetto, finalmente perche la sudetta Maestà del Rè resti nelli effetti istessi più che chiara della particolare inclinazione, e devozione, che il Principe d'Imperio, e Marchese di Savona, Finale, e Clavesana Sforza Andrea del Carreto hà sempre portato al suo Real servizio, & all' Augustissima Casa Austriaca. Volendo di presente, che egli si ritrova solo, e senza Prole nell' età di 65. anni, disporre dello Stato di Finale, e Clavesana, & altro, come si dirà quì sotto conforme alla facoltà, che di ragione in virtù delle Investiture, Contratti Feudali, Privileggi, & Indulti concessi à suoi Predecessori, & à lui da Sacri Romani Imperatori li compete, riservato però sempre l'assenso, & il beneplacito della Maestà Cesarea quando siano necessarii, e non in altro modo. Di que nasce, che per provedere à tutto quello, che si è detto di sopra, l'Illustrissimo & Eccellentissimo Signor Duca de Frias Contestabile di Castiglia, Governatore dello Stato di Milano, per la Maestà Cattolica, e suo Capitano Generale in Italia, & in questa parte, come Procuratore speciale di S. M. per Lettere Patenti che saranno descritte nel fine degl' infrascritti Capitoli per una parte, e per l'altra l'Illustrissimo & Eccellentissimo Signor Sforza Andrea del Carreto Principe d'Imperio, e Vicario perpetuo, Marchese di Savona, Finale, Clavesana, spontaneamente, & à mutua stipulatione, interrogatione, & instanza, sono venuti, e vengono alle infrascritte Capitulazioni, stabilimenti, e Patti, del tenor che segue.

I. Che il sudetto Signor Principe Sforza Andrea del Carreto Figlio questo dell' Illustrissimo & Eccellentissimo Signor Giovanni per se, Eredi, e Successori suoi que sia tenuto, & obligato cedere, e renonciare, si come in virtù delli presenti Capitoli hà ceduto, e renonciato, e cede, e renoncia tutte le attioni, e ragioni, che ad' esso Signor Principe competono, ò possono in qualsivoglia modo, e tempo, e per qualsivoglia causa competere nel Marchionato del Finale, e Clavesana, e loro Fortezze, tanto del Castello Govone, e Castel Franco, quanto di qualsivoglia altra pretensione dependente in qualsivoglia modo, e causa; e spettante alli detti Marchionati di Finale, e Clavesana, e loro pertinenze, e così nelli Beni, e ragioni feudali, come nelli allodiali, salvo però come se dirà, e si è convenuto quì sotto, alla Maestà del Rè Cattolico, & al detto Illustrissimo & Eccellentissimo Signor Contestabile di Castiglia, Governatore come sopra, stipulante, & accettante à nome, beneficio, & utilità della sudetta Maestà Cattolica, Eredi, e Successori suoi, riservato però sempre l'assenso, e beneplacito della Maestà Cesarea, quando sia necessario, e non altrimente, ponendolo à detto nome in suo luogo, ragioni, e Stato, con facoltà di entrare, & apprender detti Luoghi, e Beni, e loro Giurisdizzione, ragioni, & emolumenti, nel modo, e forma, che appresso si dirà, e con le sequenti conditioni, e Patti, senza li quali non haverebbe fatta, ne farebbe la presente Cessione.

II. Che esso Signor Principe Sforza Andrea in caso d'alcuna molestia, lite, ò evitione, che seguisse contro le sudette ragioni cedute à S. M. non s'intendi, ne sia obligato ad altro, *nisi pro dato, & facto proprio tantum*; Che si dichiara in questa maniera, cioè che il sudetto Signor Principe non haverà fatto Cessione, ò Contratto delle sudette ragioni à favor d'altri, e como appresso si dirà, volendo, che stabiliti, e formati che saranno dall' una, e l'altra parte li presenti Capitoli, s'intenda, e sia rovocata del tutto quella parte del Testamento solamente fatto per esso Signor Principe sotto il dì ultimo di Genaro del presente Anno 1598. Nella quale haveva disposto delli detti Marchesati di Finale, e Clavesana, e loro pertinenze, come sopra, con le riserve del beneplacito Cesareo, e sodisfazzione della Maestà Cattolica à favor dell' Illustrissimo & Eccellentissimo Signor Principe Doria del Consiglio di Stato di S. Maestà, e suo Generale del Mare, e de suoi Figlivoli.

III. Che in caso di evittione, per la qual S. Maestà giustamente fosse levata dal possesso di detto Marchesato, cioè che l'evittione fosse effettuale *de jure, & de facto simul*, che in tal caso S. Maestà non sia tenuta alla sudetta, & infrascritta ricompensa, la quale perciò sempre debba haver luogo, ne se li possa levare, ne à suoi Eredi, e Successori, per quanto S. Maestà restarà in possesso di detto Marchesato, e salvi sempre gli infrascritti Capitoli.

IV. Che dovendosi fare, come hà fatto, e fà il sudetto Signor Principe la sudetta Cessione con riserva dell' assenso, e beneplacito della Maestà Cesarea, quando sia necessario, e come sopra, resti à carico di S. Maestà, & a sue spese l'impetratione del sudetto assenso. E quando S. Maestà Cesarea non restasse servita di approvare, e confirmare la presente Cessione, e non concedesse detto beneplacito, vivente detto Signor Principe, e suoi Eredi, e Successori possino, e debbino havere, godere, e valersi liberamente, e disporre in tutto, e per tutto di quello gli doverà esser assegnato in virtù della presente Capitulazione, tanto di quello doverà goder in vita sua, quanto di quello, che potrà disporre doppo morte, salvo però come sopra.

V. Che detto Illustrissimo & Eccellentissimo Signor Governatore à nome come sopra sia tenuto, & obligato frà il termine di Mesi 18. prossimi à venire, che si haveranno da computare dal giorno della Data delli presenti Capitoli da firmarsi per mano d'essi Signore Governatore, e Principe, dare, ò far dare, come Procuratore di S. Maestà, che à ciò sia obligata per se, e Successori suoi, il libero possesso di quello, che doverà esser assegnato al sudetto Signor Principe, ò à suoi Eredi, e Successori respettivamente come sopra; Et in caso, che frà il termine sudetto non si facesse la sudetta assignazione, & il detto Signor Principe, ò suoi Eredi come sopra, non havessero il libero possesso di quello, che in virtù della presente Cessione, e Capitoli gli doverà esser assegnato, in tal caso ne S. Maestà, ne suoi Successori come sopra, si possino valere della presente Cessione fatta à favor loro come sopra, ne in virtù di essa entrar in possesso, se prima non sia fatta la sudetta Assignazione, e detto Signor Principi, e suoi Eredi ANNO 1598.

ANNO 1598. Eredi come sopra, posti nel libero possesso di dette entrate como sopra respettivamente, perche così è stato convenuto, e stabilito d'accordo frà li sudetti Signori Governatore, e Principe, anzi si intenda, come si conviene per Patto espresso, che non facendosi nel termine sudetto l'intiera Assignazione, ò pagamento, come appresso si dirà, ne posti detto Signor Principe, ò suoi Eredi, come sopra, il libero possesso di dette Entrate da assignarsi come sopra, in tal caso resti ferma la sudetta Dispositione di detti Marchionati di Finale, e Clavesana, fatta come sopra à favor del Signor Principe Doria, e suoi Figlivoli, salva però la facoltà di rivocare la sudetta Disposizione, quandocunque, e come gli parerà, e la presente Cessione, e Capitoli, e quanto in essi si contiene, sia nullo, e di niun valore, e come se non fossero fatti &c.

VI. Che loco, e scontro delle sudette ragioni cedute come sopra, S. M. C. per se, Eredi, e Successori suoi sia tenuta, & obligata ad assignare, come *ex nunc* dà, & assegna al sudetto Signor Principe stipulante, & accettante per se, Eredi, e Successori suoi, & il detto Signor Governatore à detto nome come di sopra, la Somma 24000. Ducati di Napoli di dieci Carlini l'uno di Entrate per ciascun Anno nel Regno di Napoli, con Privilegio di poter sempre estraer il danaro da quel Regno, & anco altri crediti, che havesse il sudetto Signor Principe del medesimo Regno, in questo modo, cioè, undeci mille Ducati d'Entrata ferma in tanti Stati di Città, ò Terre, ò Luoghi insigni nel medesimo Regno con Titolo di Principe, & in specie il Principato di Rosciano con il detto Titolo di Principe per la Somma dell' entrata, che vale, per il resto fino al complimento di detta Somma di Ducati 11000. in altri Stati, e Vassalli in detto Regno, e quando S. Maestà, ò suoi Successori, come sopra non habbino commodità di dargli, debbano dare Ducati cento milla de contanti per ogni quattro milla Ducati d'entrata ferma di Stato da implicarsi dal sudetto Principe, ò suoi Eredi, e Successori come sopra, à suo maggior beneficio, *ità tamen*, che in ogni caso resti al Signor Principe, ò suoi Eredi, e Successori, come sopra, una Città, ò Terra, ò Luogo insigne con il medesimo Titolo di Principe, con li Privilegii, e Patti in tutto, e per tutto espressi nelli presenti Capitoli, purchè compresa detta Terra, Città, ò Luogo insigne, con l'entrata sua non ecceda i sudetti Ducati 11v. d'Entrata, acciò non perdino il Titolo, che haveriano havuto detto Principe, suoi Eredi, e Successori, come Marchesi di Finale, di Principi d'Imperio, e di Vicarii perpetui, con tanti altri Privilegii, e Gratie, e li altri 13v. Ducati in tante Entrate allodiali, ò burgensatice sicure, & eligibili, ò sopra pagamenti Fiscali, ò non essendovene à satisfazzione del Signor Principe, sopra li quattro per uno fuoco, overo situati in altri fondi d'Entrate burgensatice, ad elezzione di detto Signor Principe nel detto Regno, col medesimo Privilegio da pagarsi alla rata di quattro in quattro Mesi, e questi ultimi 13v. Ducati d'Entrata allodiali come sopra s'habbino d'incominciare à correre à beneficio di detto Signor Principe dal giorno della Data della presente Capitulazione da firmarsi come sopra, e s'habbino da pagar subito seguita la Ratificazione di S. Maestà, e del Serenissimo Principe di Spagna, cioè tutto il decorso dal giorno della Data delli presenti Capitoli da firmarsi come sopra dalli sudetti Signori Governatore, e Principe, sino al giorno della Ratificazione in un sol sborzo, e nell' avvenire s'habbi da pagare nelli tempi sudetti di quattro in quattro Mesi, e similmente l'Entrata delli 11v. Ducati annui d'assegnarsi in tanti Stati come sopra, comincii à correre alli tempi medesimi sudetti, à quali comincia à correre l'altra Entrata delli 13v. Ducati à vita d'esso Signor Principe, & il pagamento dell' Entrata sudetta delli Ducati 11v. annui di Stato s'habbi à far nell' istesso modo, e tempo, come si è detto di sopra, e dell' Entrate à vita, e seguita la Ratificazione in tempo, e nel modo espresso nelli presenti Capitoli, per il tempo, che si potesse tardare, ò si tardasse à fare l'Assegnazione, & à dar il possesso dello Stato, & Entrate di esso, overo à far il pagamento nel modo contenuto nelli presenti Capitoli, quando non fosse commodità d'assegnar Stati, come si è convenuto, debbano pagare dette Entrate decorrende fino al tempo di detta Assegnazione, e possesso dello Stato, Entrata di esso, la qual Assignazione, ò pagamento sudetto non si possi differire, oltre il termine convenuto sotto l'istesse pene contenute nelli presenti Capitoli.

VII. Che esso Signor Principe possa, e debba goder durante la vita sua tutta l'Entrata delli sudetti 24v. Ducati libera, & esente da ogni, e qualsivoglia carico tanto presente, quanto futuro, imposto, ò da imporsi, così reale, come personale, ò mitto adhovo, e rilevo per qualsivoglia causa, & occasione, *etiam impensata*, nissuno esclusa, e tanto ordinaria, quanto straordinaria, etiam che nelli Capitoli presenti se ne dovesse far espressa menzione, *de verbo ad verbum*, qual in tal caso s'habbi per inserto con le opportune derogazioni, e che però in essecuzione del presente Patto S. Maestà per se, e Successori suoi sia tenuta, & obligata dare à suoi Ministri tutti gli ordini, e Commissioni necessarie, & opportune.

VIII. Che sia lecito al sudetto Signor Principe, suoi Eredi, e Successori della sudetta Entrata de 24v. Ducati disporre *tanto in vita, quanto in morte* per la Somma delli 11v. Ducati d'Entrata, che gli doveranno esser assegnati in tanti Feudi, e Stati come sopra, e della ragione di essi in quella Persona, ò Persone nominata, ò nominanda, *& quibus dederit*, & in chi meglio le parerà, ancorche non siano suoi Descendenti *ex corpore*, mà che il nominato, ò nominando succeda, come se fosse Descendente *ex corpore*, e debba haver tutte quelle istesse Immunità, esentioni, e Privilegii, e facoltà, che si danno, come sopra al sudetto Signor Principe, il qual Patto s'intendo solamente posto per alterar la natura delli Feudi di Napoli, li quali secondo le Prematiche, e Constituzioni del Regno, non possono passare, *nisi in Descendentes ex corpore*. E li altri 13v. Ducati, e sue Assignatione s'intendino, e siano estinti, e finiti con la vita del detto Signor Principe.

IX. Che S. Maestà per se, e Successori suoi in virtù delli presenti Capitoli sia obligata à concedere al sudetto Signor Principe, e suoi Eredi, e Successori, come sopra, *tum ex nunc* gli concede nelli detti Stati assegnandi come sopra, oltre li altri Privilegii, la prima, seconda, e terza causa, e la portulania cotta, pese, e misure per Privilegio, e Patto, poichè nello Stato di Finale era Vicario perpetuo dell' Imperio, con assai maggiori Privilegii, Facoltà, e Giurisdizzione.

X. Che havendo altre volte il Principe Alfonso II. sottoposti à Feudi dello Stato di Milano li Beni, e Possessione di Basilica, posti nel Territorio di Pavia di mille ottanta Pertiche di terra, hora affittate per pensione di 650. Scudi, *vel circa*, e sia quanto si voglia, quali Beni sono pervenuti nella Casa Carrera per via di Dote della Signora Bianca Simonetta, Moglie, che fù del Signor Marchese di Finale, Alfonso il primo, come Beni allodiali, S. M. C. per se, Eredi, e Successori suoi, sia tenuta & obligata di liberare, e riporre essi Beni nello Stato di prima, *quantum in se est, & ad sui praejudicium, Successorumque suorum, salvo jure Tertii si quod &c.* Si che al detto Signor Principe, suoi Eredi, e Successori come sopra sia lecito disporre d'essi Beni, senz' altra licenza, o tanto più, quanto che per la parte, che spettava di ragione al sudetto Signor Principe Sforza Andrea, egli non hà mai in questo prestato il suo consenso.

XI. Che S. Maestà, e suoi Eredi, e Successori siano tenuti, & obligati subito firmati li presenti Capitoli dalli sudetti Signore Governatore, e Principe designare, e constituir à detto Signor Principe per sua habitazione uno delli trè Luoghi, Vigevano, Pavia, ò Pighettone in elettione in ogni tempo *toties, quoties* &c. Il quali habbi per questa facoltà di potersi eleggere per sua habitazione li Castelli de sudetti Luoghi, nelli quali sia rispettato, & honorato sopra ogn' altro.

XII. Che S. Maestà, e suoi Successori siano tenuti dare una Guardia di 40. Soldati ne i sudetti Luoghi à spese di detta Maestà, che si eleggerà detto Signor Principe di quella Nazione, che sarà di maggior gusto ad esso Signor Principe, purchè sia confidente, e giuri fedeltà à S. Maestà, e detta Guardia non habbi da stare nel Castello, mà fuori.

XIII. Che quando occorresse al sudetto Signor Principe mettersi in viaggio, e particolarmente nel partirsi dalle Carchere per lo Stato di Milano, S. Maestà, e suoi Successori, come sopra sia tenuta di dar ordine al Signor Governatore per tempo dello Stato di Milano, come *ex nunc* glielo dà, che faccia à spese di S. Maestà accompagnar esso Signor Principe, sua Famiglia, e Robbe da una Compagnia, ò più di Cavalli leggieri, secondo il bisogno.

XIV. Che havendo il Signor Principe da riscuoter molti suoi Crediti del Marchionato di Finale, siano di qualsivoglia sorte, così spettante à lui, come alla Camera

mera Marchionale dal dì della Data delli presenti Capitoli à dietro, di maniera, che S. Maestà, e suoi Successori non possino pretender alcun Credito per qualsivoglia causa, se non che habbi origine dalla Data delli presenti Capitoli innanzi, siano tenuti, & obligati deputare, e constituire nel detto Luogo di Finale un Giudice confidente al detto Signor Principe, e suoi Eredi, e Successori, che gli Ministri Giustizia Sommaria, con Privilegio Fisci, e con quelli Privilegii, che haverebbero, se fossero in possesso dello Stato di Finale.

XV. Che sopra il Castello Govone, & il Castello Franco in Luoghi conspicui si mettino l'Armi della Casa Carreta nella forma usata al presente da esso Signor Principe per la memoria della Casa Carreta, la qual sia l'insegna del Marchesato di Finale.

XVI. Che havendo esso Signor Principe animo di far perdono principale al Popolo di Finale, lo possa detto Signor Principe far in quel tempo, che meglio le parerà, purchè lo facci avanti il possesso di S. M. C.

XVII. Che S. Maestà, e suoi Successori, come sopra diano ordine alli Signori Governatori di Milano, che non lasciano alloggiar Soldati nel Feudo, e Luogo di Ciastegio, e Prada, e suoi Territorii, come in virtù delli presenti Capitoli S. Maestà libera detti Feudi, e Luoghi dal carico di essi alloggiamenti, ò altre contribuzioni, che si dovessero pagare per questo, e quando S. Maestà non restasse servita di liberarli in perpetuo, s'intendino almeno liberati durante la vita d'esso Signor Principe, e dieci Anni doppò.

XVIII. Che S. Maestà, e suoi Successori siano serviti, attesa la perdita di tanti honori, che haveva il Signor Principe nel Marchionato di Finale, favorirlo di Titolo di Primo.

XIX. Che detto Signor Principe, ne anche come Feudatario di S. Maestà, sia obligato à niun carico personale, ò reale, anzi in qualcunque Luogo dello Stato di Milano, dove si trovarà, sia esente da tutti li carichi, Datii, Porti, Pedaggi, Gabelle, ò altre Imposizioni spettanti à S. Maestà, che fosse obligato di pagar per cose necessarie del Vitto, e vestito, e commodità per uso suo, e della sua Famiglia, durante la vita sua.

XX. Che S. Maestà, e suoi Successori, siano obligati haver particolar protezzione dell' honore, robba, e vita del sudetto Signor Principe contra qualsivoglia Persona, come Corpo, Collonello, Università, Ordine, Republica, e Potentato, tanto Ecclesiastico, quanto Secolare, niuno escluso.

21. Che li presenti Capitoli s'habbino da firmar dal Signor Contestabile di Castiglia, come Procuratore di S. Maestà, e da esso Signor Principe, e s'habbino fra il termine d'un' Anno al più da computarsi dal giorno della Data delli presenti Capitoli da firmarsi come sopra, da ratificare da S. M. C. e dall' Altezza Ser[illegible]ssimo Principe, ò suoi Successori, e detto Signor Contestabile s'è obligato in detto termine riportar detta Ratificazione dalli sudetti; e quando non piacesse à S. Maestà da ratificar la presente Capitolazione nel termine sudetto, il tutto sia nullo, e di niun valore, e come se non fosse fatto; li quali Capitoli habbino forza d'Instrumento autentico, e giurato sotto obligo della Parola Reale delle sudette Maestà, & Altezze, e suoi Successori, come sopra, con le Clausule, e cautele necessarie, e da estenderli *toties quoties &c. ad laudem sapientis &c.* e con gli ordini necessarii alli Signori Vice-Rè de Napoli, e Governatore di Milano, per tempo, per l'intiera essecuzione della sudetta Capitulazione protestando sempre, che non possino entrar in possesso delli sudetti Marchionati di Finale, e Clavesana, & altro come sopra, prima dell' Assignazione, e possesso delli sudetti 24V. Ducati, e pagamenti come sopra, e della Ratificazione soprascritta nel termine, e modo, e forma sudetta, e salvi sempre li sopradetti Capitoli. Supplica poi detto Signor Principe, e S. M. C. e l'Altezza Serenissima Principe, che restino serviti di graziare dell' habito di Cavagliere di San Jago con una Pensione, ò provisione ad' arbitrio delle sudette Maestà, & Altezza, e del carico d'una Compagnia d'Huomini d'Arme nello Stato di Milano il Marchese de Oriola, che così hà pregato esso Signor Principe ad interceder per lui Nepote suo, come Marito della Signora Costanza di Sangro Figliola della Signora Hippolita Carreta Sorella carnale d'esso Signor Principe, e che lo riceverà per grazia particolare, e restino parimente serviti confirmar il Privilegio di civilità di tutte le Città dello Stato di Milano concessa già per il Duca Giò Galeazzo Visconte al Marchese Alfonso Principe Avo Paterno d'esso Signor Principe, e confirmato da S. Maestà, e questo à favore d'essa Signora Costanza, e suoi Descendenti *in infinitum*, e concederlo di nuovo, *quatenus opus sit*, *in ampla forma*, restandone esso Signor Principe obligatissimo alla benignità di S. Maestà, la qual Iddio Nostro Signore conservi per molti Anni in beneficio di tutta la Christianità &c.

Segue il Mandato di S. Maestà.

DON PHELIPPE por la gracia de Dios Rey de Castilla, de Leon, de Aragon, de las dos Sicilias, de Hierusalem, de Portugal, de Navarra, y de las Indias, y Archiduque de Austria, Duque de Bravante, y de Milan &c. Conde de Asburg, de Flandes, y de Tirol &c. Por quanto se ha movido platica de que Audrea Carreto Marques de Final por conveniencias del bien publico, y su quietud, y mi servicio se contente de trucarme el dicho su Estado de Final por una buena recompensa, y conveniendo, que haya persona con Poder particolar mio para asentar, y capitolar con el, lo que de mi parte se le huviere de dar por el dicho Estado, por la presente nombro, y deputo para ello al Contestable de Castilla mi Governador, y Capitan General en el nuestro Estado de Milan, y le doy Poder complido, y facultad bastante para tratar, concertar, y concludir con el dicho Marques la recompensa, que se le huviere de dar de mi parte por la dicha raçon, y prometo por mi palabra Real de tener por firme, y rato todo lo que el dicho Contestable asentare con el en raçon desta compra, y que lo mandare cumplir, y executar con efecto, en testimonio de lo qual mandè despachar la presente firmada de mi mano, sellada con mi Sello, y refrendada del infrascritto mi Secretario, dat. en S. Lorenzo à siete de Julio de mil, y quientos, y noventa, y siete Annos. Sottoscritta YO EL REY. Por Mandado del Rey nuestro Señor FRANCISCO DE IDIACHEZ sigillata con Sigillo grande di S. Maestà, in cera rossa. *Laus Deo semper &c.* firmata dall' Illustrissimo & Eccellentissimo Signor, il Signor Contestabile di Castiglia nella Camera sua nel Palazzo della sua abitazione in Milano, come Procuratore, & à nome di S. M. C. e sigillata col Sigillo solito di S. Eccellenza questo dì 16. Maggio 1598.

DON JUAN DE VELASCO Condestable de Castilla como Procurador, y en nombre de S. M. Cattolica de mi propria mano. Sigillata in margine con Sigillo del detto Signor Condestable in cera rossa.

Firmata dall' Illustrissimo & Eccellentissimo Signor Principe Sforza Andrea del Carreto, Marchese di Finale, e Clavesana à nome proprio nel suo Castello delle Carcare nelle Langhe nella Camera sua, e sigillata col solito Sigillo di S. Eccellenza questa dì 18. Maggio 1598.

SFORZA ANDREA DEL CARRETO Principe, e Marchese di Finale manu propria, e sigillata col Sigillo di detto Signor Principe. In calce *Alessandro Guazoni* Cremonese Secretario &c.

PHILIPPI III. *Hispaniarum Regis Ratificatio Contractûs inter* PHILIPPUM II. *ejus Patrem*, & ANDREAM SFORTIAM DE CARRETTO, *super Emtione Marchionatûs Finarii initi. Dat. Valentiæ die* 1. *Maii* 1599.
[Pièce authentique tirée des Archives Royales du Château de Milan]

PHILIPPUS Dei gratia, Rex Castellæ, Legionis, Arragonis, utriusque Siciliæ, Hierusalem, Portugaliæ, Navarræ, & Indiarum, Archidux Austriæ, Dux Burgundiæ, Brabantiæ, & Mediolani, Comes Habspurghi, Flandriæ, & Tirolis &c. Recognoscimus, & notum facimus tenore præsentium Universis. Cum anno superiori 1598. Mediolani die decimo sexto Maii, & in loco nominato delle Carcare decimo octavo ejusdem mensis Maii, inter Illustrissimum Joannem Fernandez de Velasco Comestabilem Castellæ Consanguineum nostrum, ac in nostro Statu, & Dominio Mediolani Gubernatorem, & Capitaneum Generalem nostrum, tanquam Procuratorem, & Commissarium, ad id Deputatum Serenissimi, & Potentissimi Regis Philippi Patris, & Domini mei felicis recordationis, & Illustrissimum Principem Andream Sfortiam del Carretto Marchionem Finarii, & Clavesanæ Consanguineum nostrum nomine proprio, suorumque Heredum, & Successorum deven-

ANNO 1598. deventum fuerit ex utraque parte ad quædam Capitula, Conventiones, & Pacta super Cessionem, & Renunciationem per dictum Principem Andream Marchionem Finarii faciendam dicto Regi, & Patri meo, de dicto Marchionatu Finarii, ejusque Castro, & Fortalitio, & Marchionatu Clavesanæ, aliisque in Instrumento super hoc elaborato, sub diebus præfatis, contentis, reservato semper assensu, & beneplacito Cesareo, ac cum Pactis, Clausulis, & Conditionibus in dicto Instrumento contentis, ad quæ in omnibus, & per omnia habeatur relatio, ac mediante dicto Instrumento præfatus Marchio Andreas Sfortia, cesserit, dederit, & renunciaverit, reservato dicto assensu, præfatum Marchionatum Finarii, & Clavesanæ, & alia in eo contenta, atque inter alia Pacta in dicto Instrumento contenta, sit pactum quoddam de confirmando intra annum dictum Instrumentum, & Capitulationem per dictum Invictissimum Regem, & Patrem meum, & me tanquam ejus Filium unigenitum, & Heredem, ut in eo latius continetur; Id autem cum vivente Invictissimo Genitore nostro præfato per eum ob ipsius obitum adimplere intra dictum tempus nequitet; Ego qui tanquam unicus ejus Filius & universalis Hæres in omnibus suis Regnis, & Dominiis successi, volens ad finem perducere, quæ ab ipso cœpta fuere, & in executionem dicti Instrumenti, & Capitulationis: Tenore præsentium de certa scientia, Regiaque authoritate nostra deliberatè, ac consultò, motuque nostro proprio, & alias omni meliori modo, via, ac jure, quibus melius possumus, & debemus, prædictum Instrumentum Cessionis, Renunciationis, Conventionis, & Capitulationis sicut supra initæ, ejus tenorem pro inserto, & specifice declarato habentes, tanquam si de verbo ad verbum insereretur in omnibus suis Punctis, & Articulis acceptamus, laudamus, approbamus, ratificamus, & confirmamus, eique vim, robur, & auctoritatem nostram Regiam impartimur, & præcipue omnia, quæ à dicto Comestabili nomine Genitoris nostri Serenissimi gesta sunt, tanquam si ea nostro nomine gesta, & capitulata fuissent; Volentesque, & decernentes expressè omnia, quæ in dicto Instrumento continentur in favorem dicti Andreæ Sfortiæ per dictum Comestabilem nomine dicti nostri Genitoris promissa, conventa, & stipulata, valida & firma fore, eisque nullo unquam tempore nos contraventuros, immò ea omnia adimpleturos, suplentes eadem scientia, & authoritate omnes juris, & facti ommissiones, quæ in præmissis, & circa præmissa, intervenisse, allegari aut quoquo modo prætendi possit. In cujus rei testimonium præsentes fieri jussi, manu mea subscriptas, & Sigilli nostri impressione munitas. Datum in Civitate nostra Regia Valentiæ die primo mensis Maii 1599; Regnorum nostrorum verò anno primo. YO EL REY. *De Mandato Regiæ, & Cattolicæ Majestatis proprio.* FRANCISCUS DE IDIAQUEZ, *Sellada con hostia rossa.*

Extracta fuit præsens Copia ab alia existente in Regio Archivio Castri Portæ Jovis Mediolani in papiro scripta. Datum Mediolani die trigesimo mensis Octobris Anni 1719.

Examinavit JOANNES FRANCISCUS STRIGELLIUS *Regii Archivii Officialis.*

28. Mai. *Secondo Trattato fatto e conchiuso tra il Duca di* FRIAS *Governador di Milano in nome, e per parte di* PHILIPPO II. *Re di Spagna, e* SFORZA ANDREA DEL CARRETTO *Marchese del* Finale *per la vendita del Marchesato del* Finale *e sue dipendenze; per lo quale, obligandasi Sua Maestà Cattolica della cura d'ottenere dall' Imperadore l'assenzo necessario, il Marchese le cede e trasporta, oltre li diritti enunciati nel primo Trattato, quelli, che à o pretende di avere contro la Republica di Genova, per causa di Savona, ed altri luoghi da riprendersi sopra la stessa; come ancora contro il Duca di Savoia à motivo di diversi Feudi delle Langhe ditenuti da questo Principe, o da lui donati al Signore* SCIPIONE CARRETO *in pregiudicio degl' Interessati. Il tutto con diverse riserve e sotto diverse condizioni stipulate per parte del sudetto Marchese, Al Castello delle Carcare nelle Langhe il 28. Maggio* 1598. Con *la* PLENIPOTENZA *del Re Cattolico sotto li 7. Luglio* 1597. Le LETTERE *inibitoriali dell' Imperadore* RODOLFO II. *al Marchese del Finale sopra la vendita e alienazione de Feudi Imperiali nominati in esse. A Praga li 20. Luglio* 1597. E la LETTERA *del Contestabile di Castiglia allo stesso Marchese del* Finale *sul medesimo sogetto delli 16. Maggio* 1598. [Tiré d'une *Information de Droit* publiée à Milan par ordre du Roi d'Espagne en 1633, sous le Titre de *Discussio Quæstionis Salariæ Finariensis.*] ANNO 1598.

NEl nome del Signore. L'Illustrissimo & Eccellentissimo Signor Duca di Frias Contestabile di Castiglia, Governatore dello Stato di Milano per Sua Maestà, e suo Capitano Generale in Italia, & in questa parte come Procuratore della medesima Maestà Cattolica per Lettere patenti, che saranno descritte *de verbo ad verbum*, nel fine della presente Capitulazione, per una parte, e per l'altra l'Illustrissimo, & Eccellentissimo Signor Sforza Andrea del Carreto Figlio dell' Illustrissimo, & Eccellentissimo Signor Gio: Principe, e Marchese di Savona, Finale, e Clavesana, Vicario perpetuo del Sacro Romano Imperio, Conte di Chiasteggio, e Signore di Calizano &c. sono venuti à fare, e fanno gl'infrascritti Capitoli dell' effetto, e tenore, che segue.

Primo; che stando l'inhibitione fatta dalla Maestà Cesarea ad esso Signor Principe di non alienare, ò disporre delli Feudi delle Carcare, Pallare, Osilia, Bormida, Ronco di Maglio, Calizano, e Massimino con loro Pertinenze, copia della quale sarà inserta nel fine delli presenti Capitoli, e stando la lite che hà col Serenissimo Duca di Mantova per conto della superiorità, che pretende sopra detti Feudi, in Corte Cesarea; Sua Maestà Cattolica per se, e Successori suoi sia tenuta, & obligata ad impetrare dalla Maestà Cesarea l'opportuna licenza, e la revocazione della sudetta inhibitione, le quali impetrate, e non prima, e non altrimente, ne in altro modo, perchè l'intenzione, e mente del Signor Principe del Finale è di non contravenire in alcun modo à gli ordini di detta Maestà Cesarea, e per conto della sudetta licenza, quando sia necessario, e non altrimente &c. in tal caso sia obligato detto Principe per se, Eredi, e Successori suoi, cedere, e rinunziare, si come in virtù delli presenti Capitoli cede, e rinunzia tutte le azzioni, e ragioni, che li spettano, ò ponno spettare in qualsivoglia modo, e per qualsivoglia causa nelli sudetti Feudi, e loro pertinenze, tanto Feudali, quanto allodiali, salvo, come si dirà qua appresso.

Item il sudetto Signor Principe per se, Eredi, e Successori suoi cede, e rinunzia alla Maestà Cattolica per se, e Successori suoi, tutte le azzioni, e ragioni, e pretensioni, che hà, e può havere contro la Republica di Genova per la Sentenza data contro d'essa da Ferdinando Imperatore di gloriosa memoria, per le spese, danni, & interessi patiti per il Principe Alfonso II. per lo spoglio del Marches. del Finale, & altro, come in detta Sentenza, alla quale s'habbi relazione.

Item detto Signor Principe cede, e rinunzia le azzioni &c. che ad' esso competono, ò ponno in qualsivoglia modo, e causa competere per la ricuperazione della Città di Savona, & altre Città, e Luoghi compresi nelle Investiture concesse alli Predecessori di detto Signor Principe, & à lui spettanti come legitimo Successore d'essi, eccettuate solamente le ragioni della Valle di Stellanello, e Feudi di Novella, quali vuolè che restino al suo Erede, ò Eredi, salva però sempre la facoltà di rivocare il Testamento, & ultima volontà fatta à favore del Signor Principe Doria, e suoi Figlioli sotto il dì ultimo Genaro del presente Anno 1598.

Item detto Signor Principe per se, Eredi, e Successori suoi, cede, e rinunzia alla sudetta Maestà Cattolica per se &c. tutte le azzioni, e ragioni à lui spettanti per la ricuperazione delli infrascritti Feudi, e loro pertinenze, e cose pertinenti, e dependenti da essi occupati, e detenuti dall' Altezza di Savoia, e come l'asserisce concesse al Signor Scipione Carreto, & altri, che sono gl'infrascritti, cioè Bagnasco, Bombasilio, la Nicla, la Torre, parte, ò parti in Perli, e Malpotreno, Lisi nel Marchesato di Ceva, parte, ò parti in S. Michele, parte, ò parti che hà in Ceva, Saliceto, Valle di Mulialdo, ò Paroldo nel Con-

Contado di Aste, dichiarando, che la sudetta Cessione delle sudette partite sia fatta salvo, e riservato l'assenso, e beneplacito della Maestà Cesarea, e d'altri Signori diretti Patroni rispettivamente quanto sia necessario, e non altrimente, e per conto delli Feudi delli Carcare, & altri, come sopra (*sequutâ priùs recitatæ inhibitionis revocatione, & impetratâ, quatenus opus sit, opportunâ facultate de qua supra, & non aliter, neque alio modo*) & alla particolare instanza, e richiesta del sudetto Signor Contestabile, come Procuratore di Sua Maestà, della quale ne appaiono Lettere Missive di S. Eccelenza, descritte in fine delli presenti Capitoli, e con le infrascritte condizioni, e Patti, senza li quali non haverebbe fatta, ne farebbe la presente Cessione.

Primò, che durante la vita sua esso Signor Principe possa tenere, e godere con la medesima libertà, e Privilegii, che hà di presente, li sudetti Feudi delle Carcare, Pallare, Osilia, Bormida, Ronco di Maglio, Calizano, e Massimino, e loro pertinenze come sopra, che li sudetti Feudi debbano esser' esenti in perpetuo, come di presente sono, da ogni, e qualsivoglia carico d'alloggiamenti de Soldati, e quando Sua Maestà, e suoi Successori, non restassero serviti farli esenti in perpetuo, siano almeno tenuti preservarli durante la vita d'esso Signor Principe, e dieci anni doppò.

Che non ostante la presente Cessione sia lecito ad' esso Signor Principe solamente, si come espressamente si riserva, di poter donare à chi meglio gli parerà tanti Beni immobili esistenti ne' Confini delli sudetti Feudi delle Carcare, Pallare, Osilia, Bormida, Ronco di Maglio, Calizano, e Massimino (allodiali però) e che non eccedano la Somma di sessanta Scudi di Spagna d'entrata annui, la qual Donazione, ò Donazioni, sia obligata Sua Maestà Cattolica per se, e Successori suoi, confirmare, & approvare, si come *ex nunc*, salvo però come sopra, in virtù delli presenti Capitoli approva, e conferma, e non solo queste, mà tutte le altre fatte da lui, e da suoi Fratelli; le quali s'abbino quì per espresse, e de quali si darà nota à S. Maestà, di maniera, che li sudetti Donatarii non abbino in qualsivoglia tempo, e per qualsivoglia causa da patire molestia alcuna.

Che Sua Maestà Cattolica per se, Eredi, e Successori suoi, sia tenuta, & obligata preservar esente in vita d'esso Signor Principe dalli alloggiamenti de Soldati, Saliceto, Paroldo, e la Valle di Mulialdo Feudi antichissimi della Casa.

Che Sua Maestà Cattolica per se, Eredi, e Successori suoi, sia tenuta, & obligata sodisfare, e sanare il Credito, che pretende il Marchese di Garressio Don Francesco Spinola, che dice essere di quindeci milla, e seizento trentacinque Scudi *vel circa*, oltre certo interesse, che parimente pretende di detto Capitale, à conto del quale hà havuto di contanti quattro milla Scudi, cioè trè milla di Spagna, e mille d'Italia, & hà nelle mani Argenti, Gioie, conforme alla nota, che si darà à S. Maestà, oltre il Feudo di Bombasilio, che è di Capitale di 10v. Scudi à ragione del cinque per cento, pretendendo d'haverlo havuto dall' Altezza di Savoia à conto de gl' interessi del detto Capitale dato per Dote di sua Sorella à Montù di Centale à ragione di cinquecento Scudi di Entrata l'anno.

Che S. Maestà per se, e Successori suoi sia obligata lasciar libera la terza parte della Valle di Stillanillo, sopra la quale pretende superiorità di maniera, che tutto il Feudo di detta Valle resti Imperiale à favore d'esso Signor Principe Doria, e suoi Eredi, salva però la facoltà di revocare il detto Testamento, & Institutione come sopra.

Che esso Signor Principe non sia tenuto ad altro, *nisi pro dato, & facto proprio tantùm*, anzi Sua Maestà per se, e Successori suoi, sia tenuta, come detto Signor Contestabile à detto nome promette, d'haver protezzione particolare d'esso Signor Principe per tutto quello, che poteva patire di molestia, e danno, per havere fatta la presente Cessione, e cose dependenti da essa.

Che detto Signor Principe non sia obligato à carico, ò pagamento alcuno di qualsivoglia sorte, à che fosse obligato per la presente Cessione, ò cose dependenti da essa, perchè così si è convenuto di maniera, che tutti li Carichi restino à peso, e spesa di Sua Maestà, e suoi Successori.

Dichiarando, e protestando esso Signor Principe, che salvi li sodetti Capitoli non pretende per ricompensa da S. Maestà, e da suoi Successori, altro che la buona grazia di S. Maestà, e del Serenissimo Principe, alli quali si rimette, perchè tanto maggiormente conoschino l'osservanza, che esso Signor Principe in tutte le azzioni sue, e particolarmente in questa, hà mostrata, e mostra verso il loro Real servitio.

Che trà il termine d'un' anno prossimo à venire da computarsi dalla Data delli presenti Capitoli, esso Signor Contestabile sia tenuto riportare la Ratificazione dalla Maestà Cattolica, e dal Serenissimo Principe, ò suoi Successori, della presente Capitolazione, altrimente la presente Cessione, e quanto in essa si contiene, sia nulla, e di nissuna efficacia, e valore.

Segue il Mandato di Sua Maestà &c.

DON PHELIPPE por la gracia de Dios Rey de Castilla, de Leon, de Aragon, de las dos Sicilias, de Hyerusalem, de Portugal, de Navarra, y de las Indias, y Archeduque de Austria, Duque de Borgoña, de Brabante, y de Milan, y Conde de Absburg, de Flandes, y de Tirol &c.

Por quanto se hà movidio platica de que Andrea del Carreto Marques del Final por conveniencias del bien publico, y su quietud, y mi servicio se contente de trocarme el dicho su Estado di Final por una buena recompensa, y conviniendo, que aya persona con Poder particular mio para assentar, y capitular con el lo que de mi parte se le huviere de dar por el dicho Estado. Por la presente nombro, y deputo para ello al Condestable de Castilla mi Governador, y Capitan General en el nuestro Estado de Milan, y le doy Poder cumplido. y facultad bastante para tractar, concertar, y concluyr con el dicho Marques le recompensa, que se le huviere de dar de mi parte por la dicha razon, y prometo por mi palabra Real, de tener por firme, y rato todo lo que el dicho Condestable assentare con el en razon desta compra, y que lo mandare cumplir, y executar con efecto, en testimonio de lo qual mandè despachar la presente firmada de mi mano, sellada con mi Sello y referendada del infrascripto mi Secretario. Dat. in S. Lorenzo à 7. de Julio de 1597. Annos. *Sottoscritt.* YO EL REY. *Por mandado del Rey nuestro Senor.* FRANCISCO DE IDIAQUEZ. *Sigillata col Sigillo di S. Maestà in cera rossa.*

Segue l'Inhibitione della Maestà Cesarea.

RUDULPHUS II. Divinâ favente Clementiâ Electus Romanorum Imperator semper Augustus &c. Illustris, Fidelis, dilecte, Relatum est ad nos ex locis fide haud indignis, te de Feudis Calizani, Maximini, Oxiliæ, Palerarum, Carcherarum, & Ronchi Mallei vendendis, sive alienandis consilia agitare, quod (si ità se haberet) in non leve nostrum, & Sacri Imperii præjuditium vergeret. Cum igitur plurima inde scandala nasci possunt, eaque res ad munus nostrum Cæsareum, maximè spectet, facere equidem haud possumus, quin has istâ de causâ ad te demus Litteras, quibus tibi seriò, adeoque sub gravissimâ indignatione nostrâ Cæsareâ, ac pœnâ privationis omnium Feudorum, & Regalium à Sacro Romano Imperio dependentium inhibemus, ne memorata Feuda Imperalia in quemcunque quovis modo, etiam sub pacto, & reservatione consensus nostri Cæsarei, sive in toto, sive in parte, alienare, aut permutare, vel saltem oppignorare, nec ullam occasione eorum adhærentiam facere præsumas, sed omnia in suo statu, quo hactenus fuerunt, permanere sinas, quod cum abs te benignè expectamus, tum verò omnimodam, & seriam hoc loci voluntatem nostram exequeris. Dat. in Arce nostra Regia Pragæ die 20. Julii, Anno Domini 1597. Regnorum nostrorum Romani XXII Hungarici XXV. & Bohemici itidem XXV. *Sottoscritta.* RUDULPHUS. Jo. VV. FREYMAN. Ad Mandatum Sacræ Cæsareæ Majestatis proprium. A. BERICH. *Sigillata con Sigillo grande in cera rossa. A tergo.* Illustrissimo nostro, & Sacri Imperii fideli dilecto SFORTIÆ ANDREÆ DE CARRETO Marchioni Finarii.

Lettere Missive del Contestabile di Castilla.

ILlustrissimo Señor, haviendo visto, que V. S. no haze mencion en los Capitolos, que me hà embiado de los Castillos ocupados del Senor Duque de Savoya, y otros Lugares suyos, que apunto en Alemania, y se

ANNO 1598. se ha dado siempre firme yntencion al Rey, me hà pa- recido advertirlo à V. S. paraque si por alguna consi- deracion los huviesse reservado en los Capitulos gene- rales, pueda firmallos, y embriarmelos à parte, por- que no nos contravengamos en lo escritto, ni se dexe de cumplir como es justo la palabre à su Magestad co- me mas-particularmente dirà el Secretario Lara, à quien me remito. Y guarde N. Señor la Illustrissima persona de V. S. muchos annos, en Milan à 28. de Abril 1598. *Sottoscritta Servitore di V. S.* JUAN DE VELASCO *Condestable. A tergo.* Al Illustrissimo Se- ñor & Principe y Marques Sforza ANDREA CAR- RETO del Final. *Sigillata col Sigillo solito di S. Ec- cellenza, con bostia rossa.*

Firmata dall' Illustrissimo & Eccellentissimo Signor Contestable di Castilla nella Camera sua, nel Palazzo della sua Habitazione in Milano, come Procuratore, & à nome di S. Maestà, *e sigillata col suo solito Sigillo, questo di 16. di Maggio* 1598.

Lugar del Sigillo.

JUAN DE VELASCO Condestable de Castilla co- mo Procurador, y en nombre de Su Magestad Catho- lica de mi propria mano.

Firmata dall' Illustrissimo & Eccellentissimo Signor Principe Sforza Andrea del Carreto Marchese di Sa- vona, Finale e Clavesana &c. Signor di Calizano &c: à nome proprio nel Castello delle Carcare in le Langhe, in la Camera sua, *e sigillata col suo Sigillo solito, questo di 28. di Maggio* 1598.

SFORZA ANDREA DEL CARRETO Principe, e Marchese di Finale, Signor di Calizano mano propria.

Luogo del Sigillo.

ALESSANDRO GUAZZONI Cremonese Secretario.

CCLVIII.

30. Mai. L'ARCHIDUC ALBERT, L'INFANTE D'ESPAGNE ET LES PAYS-BAS.

Procuration de l'Infante ISABELLE-CLAIRE-EUGENIE, *à* ALBERT VI. *Archiduc d'Au- triche son futur Epoux, pour prendre possession des Pays-Bas, en son nom, &c. Fait à Ma- drid le 30. May* 1598. [EMANUEL ME- TEREN, Histoire des Pays-Bas. Feuill. 427. verso.]

ISABELLE CLARE EUGENE, par la grace de Dieu Infante de tous les Royaumes d'Espaigne, Du- chesse de Bourgongne, de Lorrayne, de Brabant, Limbourg, Luxembourg, Comtesse de Flandres, d'Ar- tois, de Bourgongne, Palatine de Haynault, de Hol- lande, Zelande, Namur, & de Zutphen, Marquise du S. Empire, Dame de Frise, de Salins, & de Ma- lines, des Pays, & Cité d'Utrecht, d'Over-Yssel, & de Groeninge, à tous presens & à venir, qui ces pre- sentes Lettres verront, Salut. Comme, tant pour le bien de la Chrêtienté en general, qu'en particulier des Pays-Bas, & pour autres bonnes considerations il ait pleu au Roy Monseigneur & Pere, à l'avancement de nôtre futur Mariage, par Dispense de nôtre S. Pere le Pape, avec nôtre trés-cher & bien-aimé Cousin l'Archeduc Albert, du gré, accord, & consentement, & à l'assistance de Haut & Puissant Prince, nôtre trés- cher & bien-aimé bon Frere, nous faire Don, Cession, & Transport de tous les Pays-Bas, & de Bourgongne, suivant les Lettres Patentes, qui en ont été depêchées, & signées respectivement de leurs mains propres, le sixiéme du present mois de May, avec autres nos Let- tres Patentes, touchant l'acceptation de ladite Donna- tion, & Transport. Afin que lesdits Pays-Bas, & de Bourgongne fussent par nous, nos Hoirs, & Succes- seurs, tenus & possedez en la forme & maniere, & suivant les conditions particulierement comprinses, & exprimées esdites Lettres Patentes. Par lesquelles Sa- dite Majesté nous a consenti, accordé & promis, avec puissance absoluë & irrevocable de nôtre authorité pri- vée, sans être tenuë en requerir autre aggreation, de prendre, & recevoir par nous, ou par Procuration don- née à nôtre futur Epoux l'Archeduc Albert, la pleine, & entiere Possession de tous les Pays-Bas, & Comté de Bourgongne, & de Charolois: & pour effectuer ce que dessus, faire en particulier, selon la teneur desdites Lettres Patentes. Sçavoir faisons, que nous, pour les raisons ci-dessus mentionnées, & pour ensuivre de poinct en poinct la bonne volonté, & Ordonnance de Sa Majesté; même pour avancer tout ce qu'au regard de ce qui a été dit, pourroit être requis devant nôtre partement vers lesdits Païs. Avons, avec bonne co- gnoissance, & puissance absoluë, authorisé, & donné pleine Puissance & Commission irrevocable, tant gene- rale que speciale à nôtre futur Epoux l'Archeduc Al- bert, pour en nôtre nom, & de nôtre part, par soi ou autres substituez, ou qu'il trouvera requis en vertu de la presente, à une, ou plusieurs & diverses fois, de faire, tant en nôtre nom, & de nôtre part, que de la part des Pays-Bas, & Comté de Bourgongne, & Cha- rolois, & tant en general qu'en particulier, tout ce qui sera requis & nécessaire être faict & passé: pour respec- tivement prendre, accepter, ou retenir en nôtre nom, l'entiere, réelle, & pleine Possession de tous lesdits Pays, & de chacune Province d'iceux, & de tout ce qui en depend, pour en joüir pleinement & paysible- ment, sans aucun contredit, empêchement, ou mo- lestation: Faisant à ces fins convocquer & assembler les Estats desdits Païs, soit en general, ou en particulier, & de faire en nôtre nom les Sermens à ce requis, & par dessus ce être faict par nôtre futur Epoux l'Archeduc Albert, tout ce que nous-mêmes y étant en propre personne pourrions faire, ores qu'il y eust chose, non comprinse, ni exprimée esdites Lettres, laquelle pour- roit requerir Mandement plus special. Promettans en parole de Princesse, & sur nôtre honneur d'avoir pour agreable, ferme & stable à jamais, & d'observer, & faire observer, & accomplir inviolablement, & de bonne foi, tout ce que par ledit Archeduc Albert nôtre futur Epoux, ou par ses Commis & Substituez, en vertu desdites Let- tres aura esté faict, besongné, & passé, au regard de ladite réelle, plainiere, & accomplie Possession desdits Pays- Bas, & de Bourgongne, en la forme & maniere, que par lesdites Lettres Patentes de Donnation, Cession, & Transport est mentionné. A quoi nous nous referons; sans jamais faire chose à l'encontre, ni souffrir être faict au contraire directement, en quelque maniere que ce soit. Car tel est nôtre plaisir. En témoing dequoy nous avons signé les presentes de nôtre main propre, & faict signer par le Secretaire de Monseigneur & Pere és affaires desdits Pays-Bas, & de Bourgongne, & *séelé du grand Seau, armoyé des armoiries* de Sa Ma- jesté, *appendant en lacs d'or.* Donné en la Ville de Madril au Royaume de Castille, le 30. jour de May, l'an de grace 1598. Paraphé N.D.I.V. *soubsigné* Ma- dame ISABELLE, & *sur le repli*, par Ordonnan- ce de Madame l'Infante, A. DE LA LOO.

CCLIX.

13. Juin. FRANCE ET SUISSE.

Lettre de HENRI IV. *Roi de France, aux Li- gues de* SUISSE *sur la Paix de Vervins. A Paris le* 13. *Juin* 1598. [FREDER. LEO- NARD, Tom. IV.]

HENRI par la grace de Dieu Roi de France & de Navarre. Tres-chers & grands Amis, Alliez & Confederez, Dieu qui est Auteur des Monarchies, & qui par une admirable Providence les gouverne & maintient, nous a fait connoître en toutes saisons qu'il avoit le soin special & particulier de ce Royaume, & que son œil qui avoit esté si benignement ouvert sur iceluy, n'en estoit encore destitué; car il nous a donné la Paix publique avec nos Voisins; aussi honorable & avantageuse qu'autre qui ait esté faite auparavant par les Rois nos Predecesseurs, dont nous asseurons que pour l'Alliance & Confederation qui est entre Nous, & l'affection que vous portez au bien de cet Estat, vous recevrez autant de contentement que nous même; Aussi avons nous bien voulu nous en réjouïr avec vous par cette Lettre, & vous dire que nous vous avons fait comprendre & nommer en ladite Paix, comme nos an- ciens & meilleurs Amis, le bien desquels nous sera toûjours aussi cher & recommandable que le nôtre mê- me, esperant que par le moien d'icelle Paix nos affaires venant à prosperer, & nôtre Peuple se remettant peu à peu de tant de calamitez publiques & privées, dont il

ANNO 1598. il a esté si longuement affligé, nous aurons plus de moien de vous contenter & satisfaire de ce qui vous est deu selon le desir que nous en avons, ainsi que vous le connoistrez par effet, & que le Sieur de Mortefontaine, Conseiller en nostre Conseil d'Etat, & nostre Ambassadeur prés de vous, vous fera plus amplement entendre; auquel nous vous prions ajoûter sur ce sujet pareille foi & creance qu'à nous mêmes, priant Dieu tres-grands Amis, Alliez & Confederez, qu'il vous ait en sa sainte & digne aide. Ecrit à Paris le 13. Juin 1598.

CCLX.

8. Juill. FRANCE ET SUISSE. *Proposition du Sieur de Mortefontaine, Ambassadeur de* HENRI IV. *Roi de France vers les* SUISSES, *sur la Paix de Vervins, le* 8. *Juillet* 1598.]

MAGNIFIQUES & PUISSANS SEIGNEURS, Je vous anonce la Paix entre ces deux grands Monarques, & viens m'en réjouïr avec vous au nom du Roi mon Maître, & par son commandement exprès, ainsi que vous verrez par ses Lettres de Creance; ce que j'eusse plutost fait si plutost j'eusse receu ce commandement: Mais c'est assez tost, puisque je vous en apporte la certitude & verité, & que je vous trouve ici tous ensemble & plus à propos, m'asseurant que comme vous avez fait de tout temps paroître vostre affection au bien de la Couronne de France, aussi vous recevrez de cette nouvelle autant de joie & contentement que autres de nos Voisins & Amis. Certes Sa Majesté & son Peuple en font une extraordinaire réjouïssance, comme le merite le sujet, par la grace que Dieu fait à la France, en lui rendant une Paix si heureuse & si honorable, aprés dix ans de Guerre autant cruelle qu'il s'en peut imaginer. Mais si Sa Majesté en ressent du plaisir en son ame pour la pitié de son Peuple, Elle n'est pas moins aise de voir tous les Peuples ses Voisins en faire allegresse, pour l'espoir que chacun a de la liberté du Trafic & ordinaire communication de toutes choses, qui est l'un des principaux moiens de rendre à la France sa premiere splendeur & abondance, & à vous, MAGNIFIQUES SEIGNEURS, l'effet des promesses que Sa Majesté vous a faites, à l'accomplissement desquelles Elle travaille de plus en plus, comme vous verrez par cette autre Lettre qu'Elle vous écrit en réponse à la vostre du mois d'Avril dernier; & en devez avoir tant plus d'asseurance que l'année derniere au milieu des Armes & parmi sa necessité, Elle fit un effort tel que vous l'avez veu, & dont les cent mille Ecus distribuez pour la plûpart aux Colonels & Capitaines des derniers Regimens font partie, afin de vous faire mieux esperer pour l'avenir, à mesure que les affaires de son Etat se rétabliront, & pour vous rendre toûjours plus certains que comme Elle se veut acquerir & conserver le titre de Prince veritable, aussi qu'Elle n'a vice plus à contre cœur que l'ingratitude, m'aiant en outre commandé de vous dire, qu'Elle vous a tous nommez & compris en ce Traité de Paix, ensemble tous vos Alliez: Chose à la verité qu'Elle ne pouvoit obmettre, puisque vous l'avez la plûpart secouru & assisté en la necessité de ses affaires, & qu'Elle vous reconnoist pour ses meilleurs & plus asseurez Amis, comme j'ai dit, aussi aura Elle toûjours un soin special & tres-affectionné de vôtre bien, union, conservation & contentement par les effets d'une sincere volonté, telle que vous la pouvez & devez attendre du plus certain Ami, Voisin & Allié que vous aiez. A quoi j'ajoûterai l'offre de mon service, pour en disposer, s'il vous plaist, quand vous me jugerez utile en chose qui regarde le bien general de vostre Estat, ou le vostre en particulier, & me faire l'honneur de n'en point douter.

CCLXI.

5. Août. FRANCE ET LORRAINE. *Contrat de Mariage d'*HENRI, *Prince de Lorraine, Duc de Bar, avec Madame* CATERINE *de France, Sœur unique de* HENRI IV. *Roi de France. A Monceaux le* 5. *Aoust* 1598. Avec *la Procuration de* CHARLES *Duc de Lorraine, au nom dudit Duc* HENRI, *donnée à Nanci le* 13. *Juillet* 1598. Et *la* RATIFICATION, *donnée à Nanci le* 25. *d'Aoust* 1598. [FREDER. LEONARD. Tom. II.] ANNO 1598.

FURENT presens & comparurent, tres Haut, tres-Excellent & tres-Puissant Prince, Henri, par la grace de Dieu Roi de France & de Navarre, en son nom & comme stipulant en cette partie pour Haute & Puissante Princesse, Madame Caterine de France & de Navarre, sa Sœur unique, d'une part; & les Deputez & Procureurs de tres-Excellent & Puissant Prince, Charles, Duc de Lorraine, de Calabre, de Bar, & de Gueldre, Marchis, Marquis du Pont, Comte de Vaudemont, de Blamont, & de Zutphen, fondez de Lettres de Procuration & nommez en icelles, données à Nancy le treiziéme Juillet 1598. signées CHARLES, & scellées du grand Scel dudit Duc; (desquelles Lettres la teneur sera inserée à la fin de ces presentes) promettans de faire ratifier le contenu en icelles, d'autre: Lesquelles Parties de leur bon gré confesserent & confessent en la presence de Monsieur le Duc de Montmorency, Pair & Connétable de France, de Messieurs le Comte de Chiverny, Chancelier de France; & d'Ornano, Maréchal de France; & autres, avoir fait & font entre elles les Traité, Accord, Convenances, Doüaire, & choses ci-aprés declarées pour raison du Mariage, qui au plaisir de Dieu, sera de brief fait & solennisé en sainte Eglise, de tres-Excellent & Puissant Prince Henri, Prince de Lorraine & Duc de Bar, & de ladite Dame; c'est à savoir, ledit Seigneur Roi avoir promis & promet bailler par nom & Loi de Mariage ladite Dame sa Sœur, à ce presente de son bon gré & consentement, audit Sieur Duc de Bar, lequel assisté de Monsieur le Duc de Mercœur son Cousin, a promis & promet comme Fils-aîné & principal Heritier presomptif dudit Sieur Duc de Lorraine son Pere, & comme tel accordé & reconnu par lesdits Sieurs Procureurs, la prendre à Femme & Epouse le plûtôt que commodement faire se pourra, avec tous les Droits successifs, tant Paternels, Maternels, que collateraux, qui lui peuvent apartenir, desquels Sa Majesté veut & entend lui être fait partage & delivrance dans un an prochainement venant. Et en outre, ledit Seigneur Roi, pour témoigner de plus en plus à ladite Dame sa Sœur, qu'il affectionne son bien comme un bon Frere doit faire celui de sa tres-chere Sœur unique, qu'il veut être mariée comme Fille de France, a promis & promet en faveur dudit Mariage futur, & pour à icelui parvenir, donner de sa pure grace & liberalité à ladite Dame sa Sœur, la Somme de trois-cens mille Ecus d'or Soleil; laquelle Somme ledit Seigneur Roi sera tenu & promet de paier & fournir audit Sieur Duc de Bar futur Epoux, à trois termes également, savoir est cent mille Ecus sol dans un an, à compter du jour que ledit Mariage aura été solennisé; autres cent mille Ecus dans un autre an aprés ensuivant; & autres cent mille Ecus encore dans un an aussi ensuivant; & ce sur les Deniers des Gabelles de Sel, ou des Rentes generales de Caën ou de Rouën, par preference à toutes autres Assignations levées ou à lever. Et dautant que ladite Somme ne se baille comptant, ledit Seigneur Roi veut & lui plaist paier & faire paier par chacun an ausdits futurs Epoux la Somme de quinze mille Ecus Soleil de Rente, qui est à raison de cinq pour cent, jusqu'au paiement desdits trois-cens mille Ecus d'or Soleil, & ce des Deniers provenans desdites Assignations, lesquels il a specialement obligez & hipotequez, & generalement tous & uns chacuns ses autres Biens, au paiement d'icelle Rente de quinze mille Ecus d'or Soleil. Sera diminué par chacun an, au & raison que ladite Somme de trois-cens mille Ecus ou partie d'icelle sera paiée, à savoir de cent mille Ecus cinq mille Ecus d'or sol de Rente; & de laquelle Somme de trois-cens mille Ecus d'or Soleil, ledit Sieur Duc de Bar futur Epoux sera tenu & promet emploier la Somme de deux-cens mille Ecus d'or Soleil en Terres & Seigneuries, qui sortiront nature de propre à ladite future Epouse, pour elle, ses Hoirs, & aians cause; & les autres cent mille Ecus d'or sol, sortiront nature de Meubles, & entreront en la Communauté desdits futurs Conjoints: Et en ce faisant, ledit Sieur Duc futur Epoux a doüé & doüe ladite Dame, sa future Epouse, de la Somme de vint mille Ecus de Rente annuelle, à icelui Doüaire avoir & prendre, si-tôt & incontinent que Doüaire aura lieu, sur ledit Duché & Baillage de Bar, ses Apartenances & Dépendances, tant

ANNO 1598. tant & si avant que ledit Bailliage se comporte; & où ledit Bailliage ne pourroit porter ladite Rente, ce qui s'en defaudra sera pris de proche en proche dudit Duché, ou sur la Saline de Dieuse, au choix & option de ladite future Epouse, qu'il en a chargée, obligée, & hipotequée, charge, oblige, & hipoteque par ces presentes. En faveur duquel futur Mariage a été accordé entre lesdites Parties ce qui s'ensuit.

C'est à savoir, que lesdits futurs Epoux seront du jour de leurs Epousailles uns & communs en tous les Biens meubles qu'ils ont à present, & pourront avoir ci-aprés, & en tous & chacuns les Conquests immeubles, qui seront par eux & chacun d'eux faits durant & constant ledit futur Mariage, fors & excepté és meubles precieux & incorporez par les Etats du Duché de Lorraine, du vouloir tant du feu Duc Antoine, que du Duc à present regnant, selon l'Inventaire qui s'en trouvera fait; lesquels ne seront compris en ladite Communauté. Et si ladite Dame survit ledit Sieur Duc, son futur Epoux, elle jouïra, sa vie durant, du Châtel, Manoir, & Pourpris dudit Bar, qui lui sera laissé suffisamment garni de meubles pour sa demeure, sans qu'il lui en soit aucune chose preconté, & si aura & reprendra par Preciput, pour elle & les siens, tous ses Habits, Bagues, & Joiaux, dont sera fait presentement Inventaire, sauf ceux dont ladite Dame aura disposé, desquels ledit Inventaire sera déchargé.

Item. Si au jour de la dissolution dudit futur Mariage, ledit emploi de ladite Somme de deux-cens mille Ecus d'or sol ne se trouvoit avoir été fait, les Deniers d'icelui seront pris par ladite future Epouse, ou ses Heritiers, si elle étoit decedée; & sera ladite Somme fournie par ledit Sieur Duc de Bar, ou ses Hoirs, s'il étoit decedé, sur les plus clairs & aparens Biens dudit Sieur Duc & futur Epoux, sans aucune confusion de part à ladite Dame future Epouse, ni aux siens, paiables à mêmes & semblables termes, qu'ils auront été reçûs par ledit Sieur Duc. Et en deffaut de ce, ladite Dame, ou ses Heritiers, auront & prendront Rente sur lesdits Biens, à raison de cinq pour cent, jusqu'à l'entier paiement desdits deux-cens mille Ecus.

Item Si ledit futur Epoux predecedoit ladite Dame sa future Epouse, elle pourra, si bon lui semble, renoncer au Droit de Communauté, & en ce faisant reprendre tous & uns chacuns ses Biens propres, Terres, & Seigneuries à elle appartenans: & outre ladite Somme de trois cens mille Ecus d'or sol à elle donnée par ledit Seigneur Roi, y compris ledit emploi de propre, avec tous ses Habits, Bagues, & Joiaux, tant celles qu'elle a à present, que celles qui lui auront été données, dont ladite Dame n'aura disposé, comme dit est, que les Heritiers dudit Sieur futur Epoux audit cas, seront tenus lui rendre & restituer avec sondit Doüaire, & jouïssance de sa demeure audit Château de Bar; reprendra aussi ladite Dame tous les Biens, qui durant & constant ledit futur Mariage lui seront avenus & échûs par Succession, Donation de ses Parens & Amis, ou autrement, le tout franchement & quittement, sans être par elle tenuë à aucunes Dettes de ladite Communauté, encore qu'elle s'y fût obligée durant ledit Mariage; au cas toutefois qu'il n'y eust aucuns Enfans dudit Mariage lors vivans; & s'il y avoit Enfans, demeurera au cas de ladite revocation de ladite Somme de trois-cens mille Ecus, la Somme de cent mille Ecus non sujette à restitution.

Item. Semblablement si ladite future Epouse predecede ledit Sieur Duc de Bar son futur Epoux sans Enfans dudit futur Mariage lors vivans, icelui Sieur Duc ne sera tenu rendre aux Heritiers de ladite Dame: & ne pourront aussi lui demander que les deux-cens mille Ecus de propre, ou le remploi d'iceux: & les cent mille Ecus restans desdits trois-cens mille demeureront audit Sieur Duc futur Epoux pour les frais des Noces, & autres qu'il aura à suporter, en rendant aussi par lui tous les Biens propres apartenans à ladite future Epouse, & ce qui lui sera échû par Succession, Donation, ou autrement; ensemble les Bagues & Joiaux contenus en l'Inventaire susdit, & dont ladite Dame n'aura disposé, le tout franchement & quittement, sans être par lesdits Heritiers tenus en aucunes Dettes de ladite Communauté encore que ladite Dame y eût parlé, comme dit est.

Davantage a été accordé, que si pendant & constant ledit Mariage, ledit Sieur Duc futur Epoux eût vendu, engagé, ou hipotequé aucuns des Biens propres apartenans à ladite Dame sa future Epouse, la juste valeur d'iceux sera reprise sur les Biens propres dudit Sieur Duc de Bar, franchement & quittement, encore que ladite Dame ait prêté consentement ausdites ventes, engagemens, ou alienations. Et d'autant que ledit Sieur Duc de Bar futur Epoux ne jouït à present d'aucuns Biens: a été accordé, qu'il lui sera baillé par Monsieur le Duc de Lorraine son Pere, en attendant sa Succession, avec la qualité de Duc de Bar, pour son entretenement, & de ladite Dame sa future Epouse, constant leur Mariage, la Somme de cinquante mille Ecus par an, à prendre sur les plus clairs Deniers des Rentes & Revenus du Duché de Lorraine. ANNO 1598.

Et à cette fin a été accordé, que les presens Articles de Mariage seront louëz & ratifiez par mondit Sieur le Duc de Lorraine, tant pour l'Article precedent, qu'autres contenus en cedit Contrat; à l'entretenement desquels il obligera tous & chacuns ses Biens presens & à venir, dont les susdits Procureurs seront tenus d'aporter ou envoier dans deux mois audit Seigneur Roi Lettres de Ratification en bonne forme. Car ainsi a été le tout dit, convenu, & expressément accordé en faveur dudit Mariage, qui autrement n'eût été fait, nonobstant les Us, Stile, Coûtumes à ce contraires, à quoi lesdites Parties ont dérogé & dérogent pour ce regard, promettant & obligeant chacun endroit soi, & renonçant &c. Fait & passé au Château de Monceaux en la presence de nous Notaires & Secretaires de la Maison & Couronne de France, Conseillers au Conseil d'Etat dudit Seigneur & Secretaires de ses Commandemens & Finances, le cinquiéme jour d'Aoust 1598. *Ainsi signé en la Minute du present Contrat*, HENRY, CATERINE, HENRY DE LORRAINE, PHILIPPE-EMANUEL DE LORRAINE, J. DE HARLAY-CHANVALON, JAQUES DE LIGNIVILLE, FRANC. BARDIN., N. DE GLEYSENOUE.

Ensuit la teneur de ladite Procuration.

CHARLES, par la grace de Dieu Duc de Calabre, Lorraine, Gueldre, Marchis, Marquis du Pont-à-Mousson, Comte de Vaudemont, Blamont, Zutphen, &c. à nos trés-chers & feaux les Sieurs Jâques de Harlay, Chevalier, Sieur de Chanvalon, Surintendant de nos affaires en France; Jâques de Ligniville Sieur de Vannes, Gouverneur de Toul; François Bardin, Conseiller d'Etat, & Secretaire de nos Commandemens, Salut. Comme sur le Mariage proposé de nôtre trés-cher & trés-aimé Fils Henri, Prince de Lorraine, Marquis du Pont-à-Mousson, &c. avec Madame Caterine de Bourbon, Sœur unique du Roi Trés-Chrêtien, nôtre trés-honoré Seigneur & Frere, les choses soient avenuës à ce point, que d'aviser aux Articles, Pactions, Clauses & Conditions, sous lesquelles il pourra & devra être traité, resous, & accordé, & à nous partant soit requis & besoin d'envoier & deputer personnes notables & pourveuës de qualitez, & parties convenables à cet effet, pour, tant en nôtre nom, que de nôtredit Fils, en conferer, traiter, & resoudre, tant avec Sadite Majesté, que tels Seigneurs, qu'il lui plaira de commettre & deputer de sa part à même effet. Pour ces causes, étant dûëment & de longue main, par beaucoup de bons effets & témoignages, asseurez de vos sens, discretion, integrité, capacité, experience, & suffisance, vous avons pour ce choisi, nommé, commis, deputé, & constitué, choisissons, nommons, commettons, deputons, & constituons nos Procureurs speciaux, pour de notre part conferer avec Sadite Majesté, ou lesdits Sieurs ses Deputez, des moiens propres & convenables, Articles, Pactions, Clauses, & Conditions, sous lesquelles ledit Mariage, Dieu le permettant ainsi, se pourra arrêter, traiter, resoudre, & accorder avec eux & tous autres qu'il écherra en aians de Sadite Majesté charge & Commission, comme vous verrez bon à faire; & du tout dresser & rediger par écrit, & signer Articles, & en passer & accorder, en la forme pour ce requise & accoûtumée pardevant Personnes publiques, tous Contrats & Instrumens autentiques & nécessaires, tout ainsi & avec même valeur, puissance, & autorité, que nous-mêmes ou nôtredit Fils ferions, ou faire pourrions si presens en personne y étions; & pour asseurance de ce, que vous en auriez ainsi promis, traité, & accordé, obliger tous & chacuns nos Biens, Terres, Principautez, & Seigneuries, soit en general, ou hipoteque speciale, selon que par occurrence vous trouverez être requis; dont vous donnons tout Pouvoir, Charge, & Mandement special par cettes: promettant en foi & parole de Prince, d'avoir à toûjours pour agreable, & tenir ferme & stable, tout ce qu'ainsi par vous sera fait, geré, negotié, resous,

ANNO 1598.

sous, arresté & passé par Contrat, sans aller, ni souffrir être allé au contraire; ains l'aprouver & ratifier toutes les fois que besoin sera, sous l'obligation de nosdits Biens, Terres & Seigneuries; lesquelles à ces fins nous soumettons à toutes executions & contraintes de Justice, telles que pour choses connuës & jugées, nonobstant toutes choses qui faire pourroient au contraire, ausquelles nous avons par exprés renoncé & dérogé, renonçons & dérogeons par cettes. En foi & témoignage de quoi, & que telle est nôtre volonté, nous avons à icelles signées de nôtre main, & contresignées par l'un de nos Secretaires d'Etat, fait mettre & apendre nôtre grand Seel. Données à Nancy le 13 jour de Juillet 1598. *Signé*, CHARLES; *&* *sur le reply:* Par son Altesse, M. BONNET. *Et au bout dudit repli est écrit:* Registrata. Idem, avec parafe, *pro* C. BONNET. *Et scellé à double queuë pendante de cire rouge.*

NOUS CHARLES par la grace de Dieu, Duc de Lorraine, Bar, Gueldre, &c. declarons & reconnoissons par cettes, que vû par nous & à plein entendu le contenu au Contrat ci-devant transcrit passé à Monceaux, le cinquiéme du present mois pardevant les Sieurs Ruzé & Potier, Notaire & Secretaires de la Maison & Couronne de France, Conseillers au Conseil d'Etat du Roi Trés-Chrêtien, & Secretaires de sesdits Commandemens & Finances, entre Sa Majesté, tant en son nom, que comme stipulant en cette partie pour Madame Caterine de France & de Navarre sa Sœur, d'une part; & les Sieurs de Chanvalon, de Vannes, Bardin & de Gleysenoue, nos Deputez & Procureurs en vertu de nos Lettres de Procuration à eux à cet effet adressées, desquelles la teneur est inserée au pied dudit Contrat, d'autre part; pour raison dudit Mariage, qui au plaisir de Dieu, se devra de brief solenniser de madite Dame avec le Prince nôtre Fils, avons de nôtre certaine science & plein gré, en avoüant, & agréant ce qui pour cet égard a été geré, traité, negocié, promis, & accordé en nôtre Nom par nosdits Deputez & Procureurs, loüé, aprouvé, & ratifié, loüons, aprouvons, & ratifions ledit Contrat avec toutes & chacunes les Clauses, Pactions, Promesses, Conventions, & Conditions portées & declarées par icelui, selon leur forme & teneur; & tout ainsi que si elles étoient ici inserées & repetées de mot à mot; promettant en foi & parole de Prince, d'avoir à toûjours pour agréable, ferme & stable ledit Contrat, sans contrevenir au contenu d'icelui, en sorte que ce soit, directement ou indirectement, sous l'obligation de tous nos Païs, Terres, Seigneuries, & Biens meubles & immeubles, presens & à venir. En foi de quoi, nous avons les presentes signées de nôtre main, & fait contresigner par l'un de nos Secretaires d'Etat, à Nancy cejourdui vint-cinquiéme jour d'Aoust 1598. *Ainsi signé*, CHARLES; *&* *plus bas*, M. BONNET.

ANNO 1598.

CCLXII.

16. Août. ANGLETERRE ET PROVINCES UNIES.

Tractaet van Vriendschap en continuatie van vorige Alliantie, tusschen ELISABETH *Koninginne van Engeland, en de Heeren Staten Generael der* VEREENIGDE PROVINTIEN, &c. *Gesloten tot Westmunster den 16. Augusti 1598.* [PIETER BOR, Oorspronck, Begin en Vervolg des Nederlandsche Oorlog. *Tom. IV. pag.* 475.]

CCLXII.

Traité d'Accommodement, & de continuation d'Alliance, entre ELISABETH Reine d'Angleterre, & les Seigneurs Etats Generaux des PROVINCES-UNIES; le Traité de l'an 1585. est confirmé & renouvellé, excepté en ce qui regarde le Gouvernement desdites Provinces-Unies, & l'authorité du Gouverneur & Lieutenant General Anglois, Sa Majesté conservant néantmoins le Droit, d'avoir dans le Conseil d'Etat, un Conseiller qualifié de sa part. On y convient que toutes les Pretentions de la Reine à la charge des Provinces-Unies, demeureront limitées & fixées à la Somme de 800. mille Livres Sterling, dont 400. mille seront payés, en certains termes marqués dans le Traité, & les 400. mille autres de la maniere dont on conviendra cy-aprés. Les secours de la Reine en faveur des Estats y sont laissez à sa volonté, mais ceux de Messieurs les Estats en faveur de la Reine, y sont determinés. Fait à Westmunster le 16. d'Aoust 1598. [BOR, *Histoire des Guerres des Païs-Bas.* Tom. IV. pag. 475.]

16. Août. ANGLETERRE ET PROVINCES UNIES.

DE Staten Generael der Vereenigde Nederlandse Provintien, allen den genen die dese tegenwoordige sien of lesen sullen, Saluyt. Also wy op de Propositien in onse Vergaderinge gedaen, van wegen de Doorluchtigste Koninginne van Engeland en Yrland den 29. Juny lestleden, by de Heeren François Veer Ridder, en George Gilpin, Raeds-Heer van wegen haer voorsz. Majesteyt, geintroduceert in de Raed van State der Vereenigde Nederlandse Provintien, in kracht der Credentie-Brieven van deselve Haer Majesteyt gedateert den sevenden van de voornoemde maend, in Engeland gesonden hebben onse Gedeputeerden, te weten, Johan van Duvenvoorde, Heer van Warmond, Woude, &c. Admirael van Holland; Johan van Oldenbarneveld, Heer van den Tempel, Advocaet van de Staten en bewaerder van 't Zegel van Holland en West-Vriesland; Johan van de Werk, Raed en Pensionaris der Stad Middelburg; Johan van Hottinga Escuyer; Andries Hessels, eerste Raeds-Heer in de Raed van Braband, en deselve Heeren gecommitteert, om met

LEs Etats Generaux des Provinces-Unies des Païs-Bas, à tous ceux qui ces presentes Lettres verront ou orront. Comme sur la Proposition faite dans nôtre Assemblée de la part de Serenissime Princesse la Reyne d'Angleterre & d'Irlande du 29. Juin dernier, par les Sieurs François Veer Chevalier & George Gilpin, Conseiller introduit de la part de Sa Majesté dans le Conseil d'Etat des Provinces-Unies des Païs-Bas, en vertu des Lettres de Créance de Sadite Majesté datées le 7. du susdit mois, nous avons envoyé en Angleterre nos Deputez, savoir Jean de Duvenvoorde, Seigneur de Warmond, Woude &c. Amiral de Hollande; Jean de Oldenbarnevelt, Seigneur de Tempel, Advocat Fiscal & Garde du Sceau de Hollande & de West-Frise; Jean de Werk, Conseiller Pensionaire de la Ville de Midelbourg; Jean de Hottinga Escuyer; André Hessels premier Conseiller au Conseil de Brabant, & lesdits Sieurs Deputez, pour de nôtre part conjointement avec

ANNO 1598. met den Heere Noël de Caron, Heer van Schonewal, ons Agent by haer voorsz. Majesteyt, om van onsent wegen met haer te handelen op de voorsz. Poincten, vervat in de voornoemde Propositie der voorsz. Heeren Ridder Veer en Raeds-Heer Gilpin, en eenige andere zwarigheden geresen sedert het Tractaet, gemaekt tusschen haer voorsz. Majest. en ons, in 't Jaer onses Heeren 1585. dewelke Haer Majest. verscheyden mael begeert hadde, dat van beyde zijden geslecht en te niet gedaen souden worden; tot welken eynde sy by Brieven en door haer Dienaers met ons gehandelt hadde: en dat de voorsz. Heeren onse Gedeputeerde, hebbende op alles verscheyden Conferentien en Communicatien gehad met de Heeren van den Rade van haer Majest. hier toe gedeputeert, eyndelijk om te conserveren en continueren de Koninglijke gunsten, vriendschap en gratie van Haer Majesteyt tot dezen staet, en begeerende tot dezen effect Haer Majest. te geven de beste satisfactie die 't hen mogelijk is, over een gekomen en geaccordeert zijn met de voorsz. Heeren van den Rade van Haer Majest. op de voorsz. Poincten en zwarigheden, onder toestemminge, zo van dezelve Haer Majesteyt als van ons respectivelijk, om binnen een maend, na dat den date van 't voorsz. Tractact, by ons gemaekt, en Haer Majesteyt gepresenteert te worden, de aggregatie of eyndelijke verklaringe van dien, en die van Hare Majesteyt binnen tien dagen na de presentatie aen haer gedaen, volgende 't voorsz. Tractaet, gemaekt, geteekent en gezegelt by de voornoemde Heeren van den Rade van Haer Majesteyt, en onze voorsz. Gedeputeerden, den sesten (die gezeyd moet worden den sestienden) Augusti lestleden, waer van den Inhoud volgt van woord tot woord.

AEngesien het so gelegen is, dat in het Jaer onses Heeren 1585. ter instantie, sollicitatie en aensoekinge van mijn Heeren de Staten Generael der Geunieerde Provintien van Nederland, Haer Majesteyt henlieden wilde geven eenig secours, hulp en assistentie, tegens hare Vyanden, waer over een handelinge geintercedeert en geschied is te Nousache, den 10. van Oegstmaent des voorverhaelden Jaers, van de maniere, quantiteyt en qualiteyt, dewelke Hare Majest. als doen condescendeerde en veraccordeerde henlieden te geven, en dat na desen Accoorde eenige difficulteyten en zwarigheden voorgevallen zijnde, haer voorverhaelde Majest. te verscheyden reysen erlang gehad heeft, dat de voornoemde difficulteyten en zwarigheden, so wel van de eene als van de andere zijde, mochten geslichtet en te niete gedaen wesen, en dat men gehandelt heeft met de voornoemde Heeren Staten, so wel door Brieven als door Hare Majest. Dienaren, nochtans heeft men niet verkregen van de voornoemde Heeren Staten, so wel door Hare Majesteyts Dienaren, nochtans heeft men niet verkregen van de voornoemde Heeren Staten, nochte door Brieven, nochte door Gedeputeerde tot dien eynde gesonden, eenig antwoort, waer mede Hare Majesteyt haer geheelijk te vreden hielt; en hebbende nu tegenwoordiglijk de voornoemde Heeren Staten gesonden in Engeland hare Gedeputeerde, om te handelen met Hare Majesteyt so wel aengaende de voorverhaelde Poincten, als die gene die haer geproposeert zijn door den Ridder Veer, en den Raeds-Heere Gilpin, te weten, de voortreffelijke en seer notable Personen, mijn Heeren Johan van Duvenvoorde, Heer van Warmont, Woude, &c. Admirael van Holland, Johan van Oldenbarneveld, Heer van den Tempel, Advocaet van den Lande, en Bewaerder van 't Zegel van Holland en West-Vriesland, Johan van Werk, Raeds-Heer en Pensionaris van de Stad Middelburg, Johan van Hottinga Escuyr, Andries van Hessels, eerste Raeds-Heer voor den Raed van Braband, Noël de Caron, Heer van Schonewalle, Agent van wegen de voornoemde Heeren Staten Generael aen Hare Majesteyt, dewelke gehouden hebbende etlijke Conferentien en Communicatien met de voornoemde Heeren van den Raed van Hare Majesteyt hier toe gedeputeert, so hebben eyndelijk de voorverhaelde Gedeputeerde van de voornoemde Staten Generael, om te behouden en te conserveren, en voortaen te continueren de Koninglijke faveur, vriendschap en goede gratie van Hare Majesteyt, voorgestelt en geproponeert eenige middelen, conditien en presentatien van harentwegen; en zijnde versocht, aengaende eenige andere Poincten, door de voornoemde Heeren van den Rade van Hare Majesteyt, hebben haer verklaert en te verstaen gegeven, dat sy niet

avec le Sieur Noël de Caron, Sieur de Schonewal, nôtre Agent auprés de Sa Majesté, traiter avec Sadite Majesté sur les susdits Points compris dans les susdites Propositions des susdits Sieurs Chevalier de Veer & Conseiller Gilpin, & quelques autres difficultez survenues depuis le Traité fait entre sa susdite Majesté & nous, en l'an de nôtre Seigneur 1585. lesquelles Sadite Majesté à desiré plusieurs fois pouvoir être assoupies & aneanties de part & d'autre aux fins dequoy elle a traité avec nous par Lettres, & par ses Ministres: & que nosdits Sieurs Deputez ayant eu sur le tout diverses Conferences & Communications avec les Seigneurs du Conseil de Sa Majesté à ce deputez, enfin pour conserver l'affection, l'amitié & la faveur de S. M. pour cet Etat, & desirant à cet effet de donner à Sadite Majesté toute la satisfaction possible, ils sont convenus & accordez avec lesd. Seigneurs de son Conseil sur lesdits Points & difficultez, sous l'aprobation tant de Sadite Majesté que de nous respectivement, pour dans un mois, aprés la date du present Traité, la Ratification en être par nous presentée, & celle de Sa Majesté dans dix jours aprés que la presentation lui en aura été faite suivant le susdit Traité, fait, signé & scellé par les susdits Seigneurs du Conseil de Sadite Majesté & par nos susdits Deputez le sixiéme (qui se doit dire le seiziéme) Août; dont la teneur s'ensuit de mot à mot. ANNO 1598.

COmme ainsi soit qu'en l'an de nôtre Seigneur 1585. à l'instance, solicitation & requisition, de Messeigneurs les Etats Generaux des Provinces-Unies des Païs-Bas, Sa Majesté leur vouloit donner quelque secours, aide & assistence contre leurs Ennemis, sur quoi Negotiation est intervenuë à Nousache, le dixiéme d'Août de ladite année de la maniére, quantité & qualité, ce que Sa Majesté leur avoit pour lors consenti & accordé de leur donner, & aprés cet Accord étant survenuës quelques difficultez, sa susdite Majesté a desiré avec empressement que lesdites difficultez fussent terminées & aneanties de part & d'autre, & que l'on a négocié avec les susdits Seigneurs Etats, tant par Lettres, que par les Ministres de Sadite Majesté, cependant on n'a pû obtenir par Lettres ni par les Deputez de Sadite Majesté des susdits Seigneurs Etats aucune réponce sur ce sujet dont Sadite Majesté put être satisfaite, & ayant presentement lesdits Seigneurs Etats envoyé leurs Deputez en Angleterre, pour négocier avec Sadite Majesté, tant à l'égard des susdits Points, que sur ceux qui leur ont été proposez par le Chevalier Veer & le Conseiller Gilpin, à sçavoir les trés-excellens & notables Personnages Messieurs Jean de Duvenvoorde, Seigneur de Warmont, Woude, &c. Amiral de Hollande; Jean de Oldenbarneveld Seigneur de Tempel, Advocat Fiscal & Garde du Sceau de Hollande & de West-Frise; Jean de Werk Conseiller Pensionnaire de la Ville de Middelbourg; Jean de Hottinga Escuyer; André de Hessels premier Conseiller de la Cour de Brabant, Noël de Caron, Sieur de Schonewalle, Agent de la part des susdits Seigneurs Etats Généraux auprés de Sa Majesté, lesquels aprés avoir conferé & communiqué plusieurs fois avec les susdits Seigneurs du Conseil de Sa Majesté à ce deputez, lesdits Deputez des susdits Etats Généraux, pour maintenir & conserver la faveur de Sadite Majesté & continuer dans son amitié & ses bonnes graces, ont proposé quelques moiens, conditions & presentations de leur part: Et étant requis, à l'égard de quelques autres Points par lesdits Seigneurs du Conseil de Sa Majesté, ont declaré & donné à en-

ANNO 1598.

niet hadden volkomen Macht en authoriteyt, om die te accorderen; nochtans begerig om Haer Majesteyt te geven de beste satisfactie, die 't haer mogelijk soude wesen, so zijn de voornoemde Gedeputeerde geconsenteert en te vreden, over een te komen en te accorderen met de voorgemelte Heeren van den Rade van Hare Majesteyt, in maniere als volgt, behoudens en onderworpen alles het consent, so wel van Hare Majesteyt, als van de gemelte Heeren Staten aen beyde zijden, om finale Aggreatie of declaratie gedaen te worden, van de gemelte Heeren Staten Generael, en gepresenteert aen Hare Majesteyt binnen een maend na den date van desen, en van Hare Majesteyt binnen tien dagen na de presentatie aen haer geschiet.

I. In den eersten, dat het voornoemde Tractaet en Handelinge boven gementioneert, van den Jare 1585. altijd sal blijven in sijn eerste staet, wesen, vigeur en kragt, uytgenomen het gene dat concerneert en aengaet den Staet, het Gouvernement, en de Politie van de voornoemde Provintien, so veel aengaet de autoriteyt van den Gouverneur, of Lieutenant Generael van Hare Majesteyt, en uytgenomen die Poincten van den voornoemden Handel, dewelke zullen verandert of vernietigt, of vermindert en gederogneert werden in desen tegenwoordigen Handel. Welverstaende dat Hare Majesteyt dies niettemin sal mogen continueren in den Raed van Staten, gedurende den Oorloge, een Raedsheer, gequalificeert na den inhoud van het voornoemde Tractaet.

II. De voornoemde Heeren Staten, betrouwende haer op de goedertieren affectie en faveur van Haer Majesteyt tot continuatie van de gemeene sake, en tot conservatie van den Staet van de voornoemde Vereenigde Provintien, sullen te vreden zijn van nu voortaen met alsulken secours, als het Haer Majesteyt believen sal haerlieden te geven uyt haer vrye Koninglijke wil, en daer te continueren den Oorlog (met Godes hulp) ten besten dat het haer mogelijk zal zijn.

III. De voornoemde Heeren Staten Generael der Vereenigde Provintien van Nederland, sullen erkennen in goede en legitime forme, en met obligatoire woorden, binnen een maend van den date van desen tegenwoordigen Handel, dat zy schuldig zijn aen Hare Majesteyt de Somme van 800000. ponden Sterling, te betalen gelijk als volgt, te weten, dat, gedurende den tijd en wijle, dat Hare Majesteyt sal blijven in de voornoemde Oorlog tegen den gemeenen Vyand, de voornoemde Heeren Staten jaerlijks sullen betalen aen Hare Majesteyt of hare Dienaers, in de Stad van Londen 30000. ponden Sterlings, beginnende de voor-verhaelde betalinge na drie maenden achter den date en conclusie van desen, op welken dag van haer-lieden betaelt worden vijftien duyzent ponden Sterlings, en na drie andere volgende maenden andere vijftien duysent ponden van de selfde Munte. En van dan voortaen gelijkelijk van jaer tot jaer, in goede betalinge, 't eynde van elken jaer gelijke dertig duysent ponden, tot de voldoeninge, accomplissement en volle betalinge van de voornoemde vier hondert duysent ponden Sterlings.

IV. So veel aengaet de andere vier hondert duysent ponden, die noch te erkennen zijn, sal in desen Accoort in geender manieren yets strecken tot prejuditie van het Recht van haer Majesteyt so veel betreft den tijd van de betalinge, gelimiteert in het eerste Accoort, maer men sal weten, dat veel eer het voornoemde Recht en eysch sal blijven in den staet, daer in dat van te voren was: En indien Haer Majesteyt voor of na de eerste satisfactie aen haer gedaen, van de 400000. ponden, gementioneert in het voorgaende Artijkel, goed vond in haren Rade, te verstaen tot eenige Handelinge van Pays met den Koning van Spangien, sijn Hoiren en Successeurs, tegenwoordig en toekomende, of cause en pretendente hebbende op de Rijken van Spangien, of op de Nederlanden, so sal Haer Majesteyt de voornoemde Heeren Staten adverteren ter behoorlijker tijd, op dat sy haer Gesanten mogen in Engeland senden, om te handelen en te accorderen met Hare Majesteyt over de betalinge en asseurantie van de voornoemde tweede vier hondert duysent ponden Sterlings (na de gelegentheyt, stand en conditie der saken van d'eene en andere Parthye) en over

entendre, qu'ils n'avoient pas plein Pouvoir & authorité de les accorder; mais néantmoins desirant de donner à Sa Majesté la plus grande satisfaction, qu'il leur feroit possible, les susdits Deputez se sont contentez de consentir & accorder avec les susdits Seigneurs du Conseil de Sa Majesté, en la maniére suivante, se reservant & se soumettant en tout au consentement, tant de Sa Majesté, que des susdits Seigneurs Etats reciproquement, pour en être faite l'agreation finale par lesdits Seigneurs Etats Généraux, dans un mois de la date des presentes, & celle de Sa Majesté dix jours aprés que la presentation leur en aura été faite.

I. Premiérement que le susdit Traité ci-dessus mentionné de l'an 1585. demeurera toûjours au même état, être, vigueur & force, excepté ce qui concerne & regarde l'Etat, le Gouvernement & la Police des susdites Provinces, tant à l'égard de l'autorité du Gouverneur & Lieutenant Général de Sa Majesté, & hormis les Points du susdit Traité, auquel il sera derogé & changé par le present Traité. Bien entendu que Sa Majesté nonobstant ce pourra continuer dans le Conseil d'Etat un Conseiller qualifié suivant le contenu du susdit Traité.

II. Les susdits Seigneurs Etats, se confians en la bonne affection & en la faveur de Sa Majesté pour la conservation de l'Etat des susdites Provinces-Unies se contenteront de tels secours qu'il plaira à Sa Majesté de leur donner, & d'y continuer la Guerre, avec l'aide de Dieu, du mieux qu'il leur sera possible.

III. Les susdits Etats Généraux des Provinces des Païs-Bas, reconnoîtront en bonne & légitime forme, & par paroles obligatoires, dans un mois de date du present Traité, qu'ils doivent à Sa Majesté la Somme de 800000. livres Sterling, à payer comme il s'ensuit, à sçavoir, que durant le tems que Sa Majesté demeurera engagée dans la susdite Guerre contre l'Ennemi commun, les susdits Etats payeront annuellement à Sadite Majesté ou à ses Ministres dans la Ville de Londres 30000. livres Sterling, commençant ledit payement trois mois aprés la date & conclusion des presentes, auquel jour sera payé par eux quinze mil livres Sterling, & trois mois aprés ensuivant autres quinze mil livres de la même Monoye; Et de là ensuite également d'année en année en bon payement, à la fin de chaque année pareille Somme de trente mil livres, jusques à la satisfaction & entier payement des susdites quatre cent mil livres Sterling.

IV. Quant aux autres quatre cent mil livres qui sont encore à reconnoitre, rien ne s'estendra dans le present Accord au préjudice du Droit de Sa Majesté, à l'égard du tems du payement limité au premier Accord; mais on sçaura qu'au contraire le susdit Droit & demande demeureront au même état qu'il étoit auparavant, & si Sa Majesté devant ou aprés la premiere satisfaction à elle faite de 400000. livres, mentionnez au precedent Article, trouvoit bon dans son Conseil d'entendre à quelque Traité de Paix avec le Roi d'Espagne, ses Heritiers & Successeurs presens & avenir, ou ayant cause & pretentions sur les Royaumes d'Espagne, ou sur les Provinces-Unies, Sadite Majesté en avertira les susdits Seigneurs Etats en tems convenable, afin qu'ils envoyent leurs Deputez en Angleterre, pour negocier & accorder avec S. M. touchant le paiement & l'assurance de la susdite seconde Somme de quatre cent mil livres Sterlings, suivant la disposition, état & condition des affaires de l'une & de l'autre Partie, & sur la resti-

ANNO 1598.

ANNO 1598.

over de restitutie van de Steden en Plaetsen van verzekeringe, waer in Haer Majesteyt haerlieden beleefdelijk, gratieuselijk en goedertierentlijk handelen zal.

V. Indien het geviel dat er eenige conclusie en Arrest van Pays gemaekt wierd, tusschen Hare Majesteyt en de Vyanden, en dat op den selfden tijd aen de eene helft van de eerste vier hondert duysent ponden, (boven geaccordeert betaelt te worden, met de jaerlijkse Somme van dertig duysent ponden) ten achteren was, of dat Hare Majesteyt haer niet ten vollen betaelt vond, so sal van dan voortaen altijd gecontinueert worden, de betalinge van de t'achterheyd van die Somme, met de betalinge van een jaerlijkse Somme van twintig duysent ponden, te betalen op de selfde dagen en termen, als de voorgaende Sommen betaelt mosten werden, tot de volkomen betalinge en voldoeninge van de voornoemde eerste vier hondert duyzent ponden.

VI. De elf hondert en vijftig Soldaten, verordineert door het Contract, tusschen Hare Majesteyt en de gemelte Heeren Staten, van den jare duysent vijf hondert vijfentachtentigh, als een secours cautioneel, tot bewaringe van de Stad Vlissingen, en het Casteel Rammekens, den Briel en sijn Forten, sullen in dienst gehouden worden, onder den Eed, die sy in conformiteyt van het voorseyde Contract, gedaen hebben aen Hare Majesteyt en aen de Heeren Staten; en sal aen deselve tot de Soldye van een yeder Compagnie van 150. hoofden, door de voorgenoemde Heeren Staten betaelt worden, gedurende dat Hare Majesteyt sal blijven in de voorverhaelde Oorloge, in de handen van een Commijs of Thresorier van Hare Majesteyt in de Stad van Londen, 1700. ponden, na de Rekeninge van de voornoemde Geunieerde Provintien, of 170. pond Sterlings alle maend, welke Somme bedraegt alle drie maenden 5100. Guldens, of 510. ponden Sterlings, te betalen voor een yeder Compagnie van drie maenden te drie maenden, boven het gewoonlijke servijs, of geld in plaets van 't selve (nochtans te betalen het zelve geld van 't servijs ter plaetse van de voornoemde cautionele Steden.) En sal de voornoemde Soldye beginnen in te gaen ten laste van de gemelte Heeren Staten, den 20. dag na de conclusie van de tegenwoordige handelinge; en zoo wanneer Haer Majest. meer Soldaten zal willen houden in de voorgenoemde Plaetzen en Steden van verzekeringe, dat zal geschieden tot koste en last van Hare Majest. en dies niettemin zullen de voorverhaelde Soldaten haren Eed mede doen volgens den voornoemden Handel.

VII. Achter den 20. dag van deze Handelinge, sal Haer Majesteyt ook mogen licentieren de Krijgsliedenden, zo wel te Voet als te Paert, die zy in de voornoemde Vereenigde Provintien, tot secours der zelver gehad heeft, (te weten, die niet zullen wezen van het getal van de voornoemde 1150. Soldaten, in de cautionele Steden, en van de gene die 't Haer Majesteyt believen zal daer meer by te doen, op haren last en kosten, tot Garnisoen van de voornoemde Steden en Plaetzen) en van die Soldaten, zal het geoorloft zijn aen de gewillige, en die de Heeren Staten aengenaem zullen zijn, te mogen aengenomen worden in haerlieder dienst, onder Engelse Capiteynen, die zy daer toe committeren zullen, in de Soldye, Eed, Ordre en Krijgs-discipline van de Vereenigde Nederlanden, gelijk ook daerenboven Haer Majesteyt te vreden zal wezen, ten verzoeke van de gemelte Heeren Staten, toe te laten, na dat den stant van hare zaken vereyschen zal, naderhand te mogen opnemen, en haer te mogen behelpen met de Onderzaten van Hare Majest. in 't stuk van Oorloge, zo wel te Land als anderins, na hare occurrenten en voorvallen, gelijk als zy haer andere Soldaten employeren, en gebruyken te haren diensten: En van nu voortaen zal Hare Majesteyt geheelijk ontslagen wezen van de onkosten, en van het getal van vijf duyzent Soldaten te Voet, en duyzent Ruyters, die Haer Majesteyt, door de Contract van 't Jaer onzes Heeren duyzent vijf hondert en vijfentachtentigh gehouden was, tot secours van de voorverhaelde Vereenigde Provintien te onderhouden.

VIII. Indien het quam te gevallen, dat den gemeenen Vyand, of sijn Adherenten, een Armée van Schepen zond, om gedurende de voorgenoemde Oorloge, te bespringen het Koningrijk van Engeland, of de

restitution des Villes & Places d'assurance, en quoi Sadite Majesté les traitera civilement, gracieusement & benignement.

V. S'il arrivoit que l'on conclût ou arrêtât une Paix entre Sa Majesté & les Ennemis, & que dans ce tems les premieres quatre cens mil livres, (outre les trente mil livres qu'on est convenu de payer annuellement) ne fussent pas payées, ou que Sa Majesté ne fut pas payée entierement, on continuera dès lors de payer des Arrerages qui seront dûs, annuellement la Somme de vingt mil livres, aux mêmes jours & termes, que les susdites Sommes devoient être payées, jusques à l'entier payement desdites premieres quatre cens mil livres.

VI. Les onze cens & cinquante Soldats ordonnez par le Contract d'entre Sa Majesté & les susdits Seigneurs Etats de l'an mil cinq-cens quatre-vingt & cinq, comme un secours cautionel pour la garde de la Ville de Flessingue, & le Château de Ramekens, la Brille & ses Forts, seront tenus au service, sous le Serment, qu'en conformité du Contract susdit, ils ont fait à Sa Majesté & aux Seigneurs Etats, & sera pour Solde de chaque Compagnie de 150. Hommes par les susdits Seigneurs Etats, pendant tout le tems que S. M. demeurera en la Guerre susdite, payée ès mains des Commis & Thresauriers de Sa Majesté la Somme de 1700. livres suivant le Compte desdites Provinces-Unies, ou 170. livres Sterling tous les mois, laquelle Somme fait tous les trois mois 5100. livres ou 510. livres Sterlings, à payer pour chaque Compagnie de trois mois en trois mois, outre le service ordinaire, ou argent en la place d'icelui, (ledit service néanmoins à payer aux Lieux des susdites Villes données pour assurance) & commencera ladite Solde à la charge des susdits Seigneurs Etats, le vingtiéme jour aprés la conclusion du present Traité. Et si Sadite Majesté veut tenir davantage de Soldats dans les susdites Villes & Places de sureté, ce sera aux frais & dépens de Sadite Majesté, & néanmoins lesdits Soldats prêteront leur Serment suivant le susdit Traité.

VII. Aprés les 20. jours du present Traité, pourra Sa Majesté licencier les Gens de Guerre, tant Infanterie que Cavallerie, qu'elle a eu pour le secours desdites Provinces-Unies, (sçavoir ceux qui ne seront pas du nombre des susdits 1150. Soldats qui seront dans les Villes d'assurance, ni de ceux qu'il plaira à Sa Majesté d'y ajoûter à ses frais & dépens pour la Garnison des susdites Villes & Places) & il sera permis à ceux d'entre ces Soldats qui le voudront de prendre parti au service des susdits Etats, s'ils les agréent, sous un Capitaine Anglois qu'ils y commettront sous la Solde, Serment & Discipline des susdites Provinces-Unies, comme aussi, outre ce, Sa Majesté consentira de permettre, à la requisition des susdits Seigneurs Etats, & suivant que leurs affaires le demanderont, de lever des Soldats Sujets de Sa Majesté pour s'en servir en fait de Guerre, tant par Mer que par Terre, selon l'occurrance & les cas y échéant, comme ils employent les autres Soldats & en usent à leur service. Et dès à present comme pour lors sera Sa Majesté entiérement déchargée des frais & du nombre de cinq mil Hommes de pied & de mille de Cavalerie que Sa Majesté, par le Contrat de l'an de notre Seigneur mil cinq-cens quatre-vingt & cinq, étoit obligée d'entretenir pour le secours desdites Provinces-Unies.

VIII. S'il arrivoit que l'Ennemi Commun ou ses Adherans envoyassent une Armée Navale, pour durant la susdite Guerre attaquer le Royaume d'Angleterre

ANNO 1598.

ANNO 1598.

de Eylanden daer onder behorende, viz, de Vicht, Sorlinges, Guerneycy, en dat Hier Majesteyt haer Vlote op ruftede en uytmaekte, om hem het hoofd te bieden; zo zullen de voorgemelte Heeren Staten, tot dienst van Hare Majesteyt en op haren verzoeke, toerusten en uytreden dertig, of, indien het mogelijk is, veertig Oorlogs-schepen, wel verzien; waer van de eene helft zal wezen van twee hondert, en de andere helft tusschen de hondert en twee hondert vaten, om geemployeert te worden, onder het Commandement van den Oversten Generael, of den Admirael van Haer Majesteyts conform en volgens de Conditien van het voornoemde Tractaet van den jare duyzent vijf hondert en vijf-en-tachtentig, in alle de Puncten desselves, zelfs ook concernerende de Conquesten op den Vyand te doen.

IX. En in gelijker voegen, in 'ien den gemeenen Vyand quam bespringen en een inbreuk doen in het Koningrijk van Engeland, of op het Eyland de Vicht, zullen de voorgemelte Heeren Staten gehouden wesen (ten versoeke van Hare Majest.) te fourneren en toe te rusten een getal van vijf duyzent Soldaten te Voet, en vijf hondert Ruyters, om geëmployeert te worden onder 't Commandement van den Generael-Oversten van hare voorgemelte Majesteyt, of ook tot het believen en den goeden wil van haer voorgemelte Majesteyt de gagien en Soudijen van sulken getal op den voet van de gagien gearresteert, in den Handel van den jare duysent vijf hondert vijf-en-tachtentig; de voorgenoemde betalinge beginnende op dien dag, dat den Vyand den inbreuk dede, en continuerende tot dat hy geheelijk verdreven, verslagen en verjaegt waer.

X. So Hare Majest. goet vind, na de voorvallen en gelegentheyd der zaken, yets offensivelijk te beginnen of bestaen tegen den gemeenen Vyand, (gedurende de voornoemde Oorloge) met een Armée, bestaende ten minsten uyt vijftig of sestig Oorlogs-Schepen, doende sulk een aenval ter Zee, als 't haer believt, op de Landen van Spangien, Portugael, de Eylanden, of de Indien; soo zullen de voorgemelte Heeren Staten gehouden wesen te voegen by de Vlote van Hare Majesteyt tot haren kosten, een gelijk getal van Oorlogs-Schepen en van gelijker groote, als in den voorgaenden Artykel begrepen is. Indien het ook gevalt, dat Hare Majesteyt een resolutie neemt, binnen den bovenverhaelden tijd, met een goede Armée, ten minsten van tien duyzend Krijgs-knechten te Voet, en twee duysent te Paerd, te vallen in de Landen van Vlaenderen of Braband, met goede Provisie van Artillerye en Ammunitie, om den boven-verhaelden Vyand de Oorloge aen te doen; so sullen de gemelte Heeren Staten verobligeert en schuldig wezen, om datelijk te voorsien en toe te rusten de helft van de menigte en Troupen der Soldaten, met Artillerye en Ammunitie proportionable, gebruykende de Conquesten na de proportie, als boven.

XI. In consideratie van welke Conditien en overeen-komingen, Hare Majesteyt willende van haer zyde gratifieren de gemelte Heeren Staten Generael van de Vereenigde Nederlandse Provintien, te weten, van Gelderland, Holland en West-Vriesland, Zeland, Utrecht, Vriesland, Over-Yssel, Groeningen en Ommelanden, en andere Landen en Steden die tegenwoordelijk onder de gehoorsaemheyd staen van de voornoemde Geunieerde Provintien, sal te vreden wesen haer-lieden quyt te schelden, door een goedertieren middel en generale transactie, en te houden en declareren voor nul en van geener waerden, gelijk als Hare Majesteyt haer quijtschelt, hout en verklaert voor nul en van geener waerden, alle en een yegelyke t'achterheden, Actien, Obligatien, Pretensien en Beloften, hoedanige die souden mogen wesen, die souden mogen strecken tot last van de voornoemde Geunieerde Provintien, soo in 't generael, als in 't particulier, der Quartieren, Rechten, Streken, Steden en Gelederen der selver, om eenige schulden of Sommen van aengewesene Penningen, door eenige Obligatien, Contracten, over-een-komingen, of stipulatien, hoedanigh die oock mogen zijn, na den date van 't Contract, 't welck dickwils in desen gerepeteert is, gemaeckt in 't Jaer 1585. uytgenomen alleenlijck de 800000. ponden, in desen tegenwoordigen Handel aengenomen te betalen, in forme als boven.

XII. En

terre ou les Iles en dependantes, assavoir, Wicht, Sorlingues, Gernesey; & que Sa Majesté équipât une Flote pour les combattre, les susdits Seigneurs Etats pour le service & à la requisition de Sa Majesté équiperont trente, ou, s'il est possible, quarante Vaisseaux de Guerre bien munis, dont la moitié sera de deux cens, & l'autre moitié de cent à deux cens tonneaux, pour être employez sous le Commandement du Capitaine General ou l'Amiral de Sa Majesté, conformément aux conditions du susdit Traité de l'an mil cinq-cens quatre-vingt & cinq, & en tous ses Points, même pour ce qui concerne les Conquêtes à faire sur l'Ennemi.

ANNO 1598.

IX. Et semblablement si l'Ennemi commun venoit attaquer & faire irruption dans le Royaume d'Angleterre, ou dans l'Ile de Vicht, lesdits Seigneurs Etats seront tenus, à la requisition de Sa Majesté, de fournir & d'équiper cinq mil Hommes de Pié, & cinq-cens de Cavalerie, pour être employez sous le Commandement du Capitaine General de Sadite Majesté, & aussi selon le bon plaisir & bonne volonté de Sadite Majesté, les gages & Solde d'un tel nombre, sur le pié des gages arrêté au Traité de l'an mil cinq-cens quatre vint & cinq, le susdit payement commençant du jour que l'Ennemi fera l'irruption, & continuant jusques à ce qu'il soit entierement défait ou chassé.

X. Si Sa Majesté trouve bon, suivant la situation des affaires, d'entreprendre quelque chose offensivement contre l'Ennemi commun, pendant la susdite Guerre, avec une Armée Navale consistante au moins en cinquante ou soixante Vaisseaux de Guerre, faisant une telle irruption par Mer, comme elle le jugera à propos sur les Païs d'Espagne, Portugal & les autres Iles, ou aux Indes, les susdits Seigneurs Etats, seront obligez de joindre à leurs dépens, à la Flotte de Sa Majesté, un pareil nombre de Vaisseaux de Guerre & de même grandeur, comme il est contenu en l'Article precedent. S'il arrivoit aussi que Sa Majesté prît une resolution dans le susdit tems de faire irruption dans la Flandre, ou dans le Brabant, avec une bonne Armée forte au moins de dix mil Hommes de Pié, & deux mil Chevaux, avec bonne Provision d'Artillerie & de Munitions pour faire la Guerre au susdit Ennemi, lesdits Seigneurs Etats seront tenus & obligez de fournir incessament la moitié de cette quantité de Troupes, avec l'Artillerie & Munitions convenables, jouïssant des Conquêtes à proportion comme dessus.

XI. En consideration desquelles Conditions & Accord, Sa Majeste voulant de son côté gratifier les susdits Seigneurs Etats Generaux des Provinces-Unies des Païs-Bas, assavoir de Gueldres, Hollande, & West-Frise, Zelande, Utrecht, Frise, Over-Issel, Groningue, & les Ommelandes, & autres Païs & Villes qui sont de present sous l'obéissance des susdites Provinces-Unies, sera contente de leur quitter par une bonté speciale, & de tenir & declarer pour nuls & de nulle valeur tous & un chacun les Arrérages, Actions, Obligations, Pretentions & Promesses, quelles qu'elles puissent être, qui pourroient être à la charge des susdites Provinces-Unies, tant en general qu'en particulier, des Quartiers, Droits, Jurisdictions, Villes & Membres d'icelles, pour quelques Dettes ou Sommes de Deniers assignées par quelques Obligations, Contracts, Accords, ou stipulations, qu'ils puissent être, depuis la date du Contract qui souvent est mentionnée dans ces presentes fait en l'an 1585. exceptez seulement les 800000. livres acceptées par le present Traité d'être payées en la maniere que dessus.

XII. Et

ANNO 1598.

XII. En so veel aengaet alle andere Schulden of Sommen van Penningen, die Hare Majesteyt soude mogen pretenderen tegens de voornoemde Vereenigde Provintien, hier boven gementioneert, ter cause van Obligatien, Contracten, of over-een-komingen, geschied en gepasseert in deselve Vereenigde Provintien in 't generael, of in 't particulier, of in eenig deel der selver, of gesamentlijk verhandelt van te vooren, apart of in 't gemeen, met eenige andere Provintien van de Nederlanden, nu tegenwoordiglijk niet wesende van de Unie; Haer Majesteyt in desen tegenwoordigen Verdrach, belooft en verobligeert haer, dat sy voortaen niet meer tegens haerlieden pretenderen sal, nochte in 't generael nochte in 't particulier; maer dat veeleer alle sodanige Schulden en Sommen van Penningen van nu voortaen sullen blyven dood en vergeten, soo veel als de Provintien, Leden, Streken en Steden van die hier boven gementioneert, aengaet, uytgenomen eene Schuld, concernerende Horatio Palancino Genevoys Ridder, dewelke sal blyven in den stant, daer in sy was voor dese tegenwoordige conclusie, soo dat, nochte aen het recht van den Heere Horatio Palancino, nochte van de Heeren Staten, in 't generael of in 't particulier, eenig prejuditie geschiet sal zijn in desen tegenwoordigen Handel. Reserverende nochtans Hare Majesteyt, en verstaende, dat in sijn geheel blijft alle Rechten, Tytulen en Pretensie, die haer competeren tegen de andere Provintien en Steden der Nederlanden, tegenwoordiglijk zijnde van de Unie voorverhaelt, door eenigerhande Obligatien of Contracten, gemaekt met Hare Majesteyt apart, ofte gesamentlijk met de andere boven-genoemde Provintien, begrepen onder de tegenwoordige Unie.

XIII. En insgelyken sullen de voornoemde Heeren Staten van haer zyde afstaen, acquitteren en quijtschelden, gelijk sy afstaen, acquitteren en quijtschelden mitsdesen aen Hare Majesteyt hare Hoiren en Successeurs, door middel van generale Transactie, alle Schulden, Sommen en Penningen, Actien, Obligatien, Pretensien, Eyssen en Beloften, die sy hebben, of die haer souden mogen competeren eenigerhande, ter causc, oorsake, verwe, pretext, hoedanig die ook soude mogen wesen, zijnde begost en aengevangen na den date van desen tegenwoordigen.

XIV. Gedaen, geaccordeert, geconcludeert, en ondertekent door de Heeren van den Raed van Haer Majesteyt aen d'een zyde, en de boven-verhaelde Gedeputeerde van mijn Heeren de Staten Generael van de Vereenigde Provintien, aen de andere zyde, te Westmunster, den sestienden dag van Oegstmaend, in 't Jaer onses Heeren duysent vijf hondert en acht-en-tnegentig. *En was getekent*, THOMAS OGERTON, ESSEX, NOTTINGHAM, G. HAUSDON, R. NORT, R. BUCKHURST, W. KNOLLIJS, R. CECIJLL., J. FORTESCUE, J. VAN DUVENVOORDE, JOHAN VAN OLDENBARNEVELD, JOHAN VAN WERK, JOHAN VAN HOTTINGA, ANDRIES VAN HESSELS, NOEL DE CARON.

XII. Et pour ce qui regarde toutes autres Dettes & Sommes de Deniers que Sa Majesté auroit à pretendre contre les susdites Provinces-Unies, cidessus mentionnées, pour cause d'Obligations, Contracts, ou Accords faits & passés dans les susdites Provinces-Unies en general ou en particulier, ou en quelques parties d'icelles, ou auparavant négociées à part ou en general avec quelques autres Provinces des Païs-Bas, n'étant pas presentement dans l'Union, Sa Majesté s'oblige dans ce present Traité qu'elle ne pretendra rien contre elles à l'avenir comme dès à present, ni en general, ni en particulier; mais plûtôt que telles Dettes & Sommes de Deniers, dès à present comme pour lors, demeureront amorties & remises pour ce qui regarde les Provinces, Villes & Membres d'icelles ici mentionnées, excepté une Dette concernant Horace Palavicino Chevalier Genevois, qui demeurera dans l'état qu'elle étoit avant cette presente conclusion; en sorte que par ce present Traité il ne sera donné aucune atteinte en general ni en particulier au droit du Sieur Horace Palavicino, ni des Seigneurs Etats; Se reservant néantmoins Sa Majesté, & entendant qu'elle demeure en entier pour tous les Droits, Titres & Pretensions, qui lui competent contre les autres Provinces & Villes des Païs-Bas, étant presentement de l'Union susdite, en vertu de quelque Obligation & Contract que ce soit, faits avec Sa Majesté à part ou ensemble avec les susdites autres Provinces comprises dans la presente Union.

XIII. Et semblablement les susdits Seigneurs Etats se deporteront de leur côté, & quitteront, comme ils se deportent & quittent par ces presentes à Sa Majesté, ses Hoirs & Successeurs par maniére de Transaction generale, toutes les Dettes, Sommes de Deniers, Actions, Obligations, Pretensions, Demandes & Promesses, qu'ils ont ou leur pourroit en quelque maniere competer, pour quelque cause, sujet, couleur & pretexte, quels que ce puisse être, étant commencés après la datte de ces presentes.

XIV. Fait, accordé, conclu & signé par les Seigneurs du Conseil de Sa Majesté d'une part, & les Deputez susmentionnez de Messeigneurs les Etats Generaux des Provinces-Unies d'autre part, à Westmunster le seiziéme jour d'Août, l'an de notre Seigneur mil cinq-cens quatre-vingt dix-huit. Et étoit signé, THOMAS OGERTON, ESSEX, NOTTINGHAM, G. HAUSDON, R. NORT, R. BUCKHURST, W. KNOLLIJS, R CECIJL, J. FORTESCUE, J. DE DUVENVOORDE, JEAN DE OLDENBARNEVELT, JEAN DE WERK, JEAN DE HOTTINGA, ANDRE' DE HESSELS, NOEL DE CARON.

CCLXIII.

16. Août. *Traité d'Alliance conclu entre* ELISABETH *Reine d'Angleterre & les Etats Generaux des* PROVINCES-UNIES *des Pays-Bas, pour regler leur assistance reciproque contre l'Espagne. Donné à Westmunster le 16. Août 1598. & ratifié par les Etats à la Haye le 20. Septembre de la même année.* [RYMER, Fœdera, Conventiones, &c. Tom. XVI. pag. 340.]

LES *Estats Generaux des Provinces-Unies des Paiis-Bas*, a tous ceulx qui ces presentes Lettres verront ou orront, Salut.

Comme ainsy soit que le seizieme jour du mois d'Aoust dernier passe *Stilo Veteri*, de l'An present mil cinq cens nonante & huict, ung Traicte a este faict & accorde a Westminster, entre les Seigneurs du Prive Conseil de la Serenissime *Royne d'Angleterre, France & Irlande* &c Defenseur de la Foy &c. a ce par Sa Majeste specialement commis; & les Seigneurs *Jehan de Duvenvoirde* Seigneur de Warmont, Wende &c. Admiral d'Hollande, *Jehan van Oldenbarnevelt* Seigneur de Tempel Advocat d'Estat, & Garde du Seel d'Hollande & Westfrize, *Jehan vander Warch* Conseillier & Penfionaire de la Ville de Middelbourg, *Jehan de Hottinger* Escuyr, *Andre de Hesselz* premier Conseillier au Conseil de Brabant, & *Noel de Caron* Seigneur de Sefoonewalle, noz Deputez; dont la teneur s'ensuit verbalement de mot a aultre.

Comme ainsy soit qu'en l'An de nostre Seignenr mil cincq centz quatre vingtz & cinque, a l'instance, sollicita-

ANNO 1598.

citation & requisition de Messieurs les *Estatz Generaux* des Provinces-Unies des Paiis-Bas, que *Sa Majeste* leur voulsist prester quelque assistence & secours contre leurs Ennemis, un Traicte sur ce fust faict a Nonsuch le dixiesme d'Aoust du dit An, de la maniere, quantite & qualite du secours que *Sa Majeste* alors condescendist leur donner: & que, depuis le dit Accord, quelques difficultez s'estans survenues, Sadite *Majeste* auroit a diverses fois desiree, que lesdites difficultez, tant d'une part comme d'aultre, fussent vuidées & amorties, & en auroit traictee avecq lesditz *Sieurs Estatz* par Lettres & par ses Ministres; toutesfois n'en auroit rapportee, ny par Lettres desditz *Sieurs Estatz*, ny par leurs Deputez envoyez vers icelle, responce, par laquelle *Sa Majeste* se tenoit entierement contentee; Et qu'ayans lesditz *cætera putrescunt*, *nimirùm usque hæc verba* (*viz.*) ayent desditz *Sieurs Estats Generaux* auprez de *Sadicte Majeste*, qui ont eu plusieurs Communications & Conferences avec les Seigneurs du Conseil de *Sa Majeste* a ce deputez: enfin lesditz Deputez desdits *Sieurs Estatz Generaux*, pour soy conserver & continuer les faveurs, amitie & grace Royale de *Sa Majeste*, ont proposez quelques moyens & offices de leur part; Et ayant este requis de quelques aultres Pointz par lesditz Seigneurs du Conseil de *Sa Majeste*, leur ont donne a entendre qu'ilz n'avoient Pouvoir & authorite souffisante pour les accorder; Neantmoins, estans desireux de donner a *Sa Majeste* la meilleure satisfaction que leur est possible, se sont lesditz Deputez contentez de convenir avec lesditz Seigneurs du Conseil de *Sa Majeste* en la maniere ensuyvante, soubz l'adveu tant de *Sa Majeste* que desditz *Sieurs Estats* respectivement, pour en estre faict par lesditz *Sieurs Estatz Generaux*, & presentee a *Sadicte Majeste* dedans un mois depuis la date de cestes l'agreation ou Declaration finale. Et celle de *Sa Majeste* en dedans six jours apres la presentation faicte a icelle.

PREMIEREMENT, *cætera putrescunt*, *nimirum usque hæc verba*, *viz.*

Lesditz *Sieurs Estatz* se confians de la benigne faveur & affection de *Sa Majeste* a la continuation de la commune Cause, & la conservation de l'Estat desdites *Provinces-Unies*, se contenteront doresenavant de tel secours qu'il plaira á *Sa Majeste* leur prester de son franc arbitre Royale & de continuer la dessus la Guerre (a l'ayde de Dieu) au mieux que leur sera possible.

Lesditz *Sieurs Estatz Generaux* des Provinces-Unies des Paiis-Bas recognoistront en bonne & legitime forme & parolles obligatoires, au dedans d'un mois apres la date du present Traicte de debvoir a *Sa Majeste* la Somme de *huict cens mille Livres Sterlins*, solvables ainsy comme ensuit; cest a dire, que tandiz & durant le temps que *Sa Majeste* demeurera en ladite Guerre contre l'Ennemy commun, lesditz *Sieurs Estatz* payeront annuellement a *Sa Majeste*, ou ses Ministres, en sa Ville de Londres, la Somme de *trente mille livres Sterlins*, commencants lesdits payementz au oult du troiziesme mois dez la date & conclusion de cestes: Auquel jour seront payez par eux *quinze mille livres Sterlins*: Et au oult d'autres trois mois ensuyvants aultres *quinze mille livres* de ladite Monoye; & de la en avant d'An en An en un entier payement.

QUANT aux aultres *quatre cents mille livres*, moytie des *huict centz* qu'ilz sont pour recognoiltre, ne sera par cest Accord en rien prejudicie au Droict de *Sa Maieste*, en ce qui concerne le temps du payement limite par le premier Traicte; ains s'entendra ledict Droict & demande demeurer en l'estat qu'il estoit auparavant; & si *Sa Maieste*, devant ou apres la premiere satisfaction a luy faicte des *quatre centz mille livres*, mentionnez en l'Article precedent, trouvast bon en son Conseil d'entendre a quelque Negotiation de Paix avec le *Roi d'Espaigne*, ses Hoirs & Successeurs presens & advenir, ou ayans cause aux Royaulmes d'Espaigne, ou aultres, ou aux Paiis-Bas, *Sa Majeste* en advertera lesditz *Sieurs Estatz* en temps competent, a fin d'envoyer leurs Deputez en Angleterre pour traicter & accorder avec *Sa Majeste* sur le payement & asseurance desdites secondz *quatre centz mille livres Sterlins*, selon l'estat & condition des affaires de part & d'aultre, & sur la restitution des Villes & Places d'asseurance, en quoy *Sa Majeste* les traictera gratieusement & benignement.

ADVENANT que se face quelque conclusion & arrest de Paix entre *Sa Majeste* & ledit Ennemy, & qu'au mesme temps aucune partie des premiers *quatre centz mille livres*, dessus accordez d'estre payez par Somme annuelle de *trente mille livres*, soit en arriere, ou que *Sa Majeste* ne s'en trouve entierement paye, se continuera tousjours le payement des Arrerages

lle Somme par le payement d'une Somme annuelle de *vingt mille livres Sterlins*, payables aux mesmes jours & termes que les *trente mille Livres* precedentes se debvoient payer, jusques au plain payement & concurrence desditz premiers *quatre centz mille livres*.

Les unze centz cincquante Soldatz destinez (par le Contract d'entre *Sa Majeste* & lesditz *Sieurs Estatz* de l'An mil cinq cents quattre vintz & cinque) comme *secours cautionaire* a la Garde des Villes de *Vlissingues & Chasteau de Rammekins*, *la Briele*, *& ses Fortz*, y seront retenuz en service soubz le Serment, qu'en conformite dudit Traicte, ils ont faict a *Sa Majeste* & aux *Estats*, & sera a iceux pour la Soulde de chascune Compaignie de cent cincquante testes, par lesdits *Sieurs Estatz* paye, durant le temps que *Sa Majeste* demeurera en ladite Guerre, es mains d'un Commis ou Tresorier de *Sa Majeste* en sa Ville de Londres, a la raison de *dix & sept cents livres* Monnoye desdites Provinces-Unies, ou *cent septante livres Sterlins* pour le mois, laquelle Somme monte par trois mois, a *cincq mille & cent Florins*, ou cincq centz & diz *livres Sterlins*, payables pour chascune Compagnie de trois mois en trois mois par dessus les services accoustumez ou l'argent pour iceux (payable toutesfois icelluy Argent des services sur les Lieux esdites Villes cautionaires) & commencera la dite Soulde avoir cours a la charge desditz *Sieurs Estatz* des le vingtiesme jour apres la conclusion de ce present Traicte, & la ou *Sa Majeste* vouldroit entretenir plus des Soldatz esdites Villes & Places d'asseurance, se fera aux despens & a la charge de *Sa Majeste*; & feront ce neantmoins lesdits Soldatz aussy Serment ensuyvant ledit Traicte

SA MAJESTE pourra, apres le vingtiesme jour de ce Traicte, licentier tous les Gentz de Guerre de Cheval & de Pied, quelle a entretenuz esdites Provinces-Unies comme Auxiliaires, assavoir, qui ne seront du nombre desditz unze centz cinquante Soldatz es Villes cautionnaires, & de ceulx desquelz *Sa Majeste* vouldra accroistre a ses frais & despens la Garnison desdites Villes & Places; & seront d'iceux Soldats licentiez les Voluntaires, & agreables auxditz *Sieurs Estatz*, prins en leur service, soubz Capitaines Anglois qu'ilz y commettront, & sur la Soulde, Serment, Ordre & Discipline du Paiis, comme aussy par dessus; *Sa Majeste* se contentera, a la requisition desdits *Sieurs Estatz*, leur parmettre selon l'estat de ses affaires d'en lever d'avantage, & se servir des Subjectz de *Sa Majeste* au faict de la Guerre, tant en Campaigne que aultrement, selon les occurrences, ainsy qu'ilz employent aultres Soldatz; & doresenavant *Sa Majeste* entierement des chargee des frais & du nombre de cincq mille Hommes de Pied, & mille Chevaux, que par le Contract de l'An mil cincq cents quatre vintz & cincque, elle a convenu entretenir au secours desdites Provinces-Unies.

CAS advenant que l'Ennemy commun, ou ses Adherens, envoye Armee Navale pour assaillir, durant ladite Guerre, le Royaulme d'Angleterre, ou les Isles appartenantes; viz. de Vicht, Sorlingues, Guernsey & Garzey; & que *Sa Majeste* appreste & mette en ordre la Flotte pour luy faire teste, lesditz *Sieurs Estatz* furniront pour le service de *Sa Majeste* & a sa requisition, trente, ou si faire se poeult, quarante Navires de Guerre bien equippees, dont le moytie sera de deux centz, & l'aultre moytie entre cent & deux centz tonneaux, pour estre employes soubz le Commandement du General Chief ou Admiral de *Sa Majeste*, en conformite & ensuivant les conditions dudit Traicte, de l'An mil cincq cents quatre vintz & cincque, en tous Pointz, & mesmes concernant les Conquestes a faire sur l'Ennemy.

ET semblablement, l'Ennemy venant assaillir & faire descente sur le Royaulme d'Angleterre, ou l'Isle de Vicht, lesditz *Sieurs Estatz* furniront (le requirant *Sa Majeste*) un nombre de cincq mille Hommes de Pied, & cincq centz Chevaux, a estre employez soubz le Commandement du General de *Sa Majeste*, ou bien a l'election & choix de *Sadite Majeste*, les gages & Soulde de tel nombre, sur le pied des gages arreste aux Traictez de l'An mil cincq centz quatre vintz & cincque, ledit payement a commencer dez le jour que l'Ennemy aura faict descente, & de continuer jusques a ce qu'il en soit entierement desfaict, repoulse ou chasse.

Si Sa Majeste trouvera bon, selon les occurrences des affaires, d'entreprendre offensivement, durant ladite Guerre, sur l'Ennemy commun par Armee consistant au moins de cinquante ou soixante Navires de Guerre, se faisant telle entreprinse par Mer sur les Paiis d'Espaigne, Portugal, Isles ou Indes; lesdits *Sieurs Estatz* joindront a la Flotte de *Sa Majeste* a leur despens un pareil nombre de Vaisseaux de Guerre, & de semblable qualite qu'est contenu en l'Article precedent; ou si tant sera que *Sa Majeste* se resouldra dedants ledit temps de jecter une bonne Armee, au moins de dix mille Hommes de Pied, & de deux mille Chevaux es Paiis de Flandres ou Brabant, avec Train & Provisions d'Artillerie & Munitions, pour faire la Guerre a l'Ennemy susdit; se tiendront lesditz *Sieurs Estatz* obleigez d'y fournir a rate de la moytie de Trouppes & Forces de *Sa Majeste*, avecq Artilleries & Munitions proportionnables; usant des Conquestes selon la proportion comme dessus.

En consideration desquelles Conditions & Conventions *Sa Majeste* voulant gratifier de sa part lesditz *Sieurs Estatz Generaux* des Provinces-Unies contractantes; assavoir, de *Gueldres*, *Hollande* avecq *Westfrize*, *Zelande*, *Utrecht*, *Frize*, *Overyssel*, *Groningen* avec *Ommelanet*, & aultres Paiis & Villes qui sont a present soubz l'obeissance desdites Provinces-Unies sera contentee de leur remectre, par voye d'une benigne Transaction generale, & de tenir & declairer pour nulles & de neant, ainsy que *Sa Majeste* les leur remect, tient & declaire pour nulles & de neant, toutes & quelconques les Arrierages, Actions, Obligations, Pretensions & Promesses qu'elles a & luy pourroient competer a la charge desdites Provinces-Unies, tant en general qu'en particulier, les Quartiers, Destroitz, Villes & Membres d'icelles pour aucunes Debtes, ou Sommes de Deniers emergentes par aucunes Obligations, Contractz, Conventions, ou stipulation quelconque, depuis la Date du Contract, souvent en cestuy cy repete faict l'An mil cincq centz quatre vingtz & cincque, saulf tant seullement pour les *huict centz mille Livres* par ce present Traicte solvables en la forme susdite.

Et quant a quelconques aultres Debtes ou Sommes de Deniers, que *Sa Majeste* pourroit pretendre contre lesdites *Provinces-Unies* dessus mentionnees, a raison d'Obligations, Contractz, Conventions faictes ou passees par icelles *Provinces-Unies* en general ou en particulier, ou par aucun Membre d'icelles, ou jointement contractees par cy devant a part ou en Corps, avecq quelques aultres Provinces des Paiis-Bas, n'estants a present de leur Union; *Sa Majeste* par les Presentes convient, promect & s'obleige, que jamais Elle n'en pretendra rien contre eux, n'y les en recerchera en general n'y en particulier; Ains que toutes telles Debtes & Sommes de Deniers demeureront doresenavant amorties & esteintes quant a icelles Provinces, Membres, Destroitz & Villes dessus mentionnees (hormis une Debte concernant le Seigneur *Horatio Palavicino* Genevois, Chevalier, laquelle restera en l'estat ou il estoit auparavant le conclusion presente, tellement que n'y au Droict dudit *Seigneur Palavicino*, n'y desditz *Sieurs Estatz* en general n'y en particulier, ne sera prejudicie par ce Traicte) reservant neantmoins *Sa Majeste*, & entendant que demeure en son entier tout le Droict, Tiltre & Pretension que luy compete envers les aultres Provinces & Villes des Paiis-Bas, n'estans a present de l'Union dessusdites, par aucunes Obligations ou Contractz faictz avecq *Sa Majeste* a part, ou joinctement avec les Provinces dessusdites, comprinses en l'Union presente.

Et semblablement lesditz *Sieurs Estats Generaux* de leur part deschargeront, acquicteront & remectront, ainsy que dez a present ils deschargent, acquictent & remectent a *Sa Majeste* ses Hoirs & Successeurs, par voye de Transaction general, toutes Debtes, Sommes de Deniers, Actions, Obligations, Pretensions, Demandes & Promesses qu'ilz ont, ou quy leur pourront competer pour cause, raison, couleur ou pretexte quelconque, ayant source gine devant la Date du Traicte present.

Faict, accorde, conclud & soubzsigne par les Seigneurs du Conseil de *Sa Majeste* d'une part, & par lesditz Deputez de Messieurs les *Estats Generaux des Provinces-Unies* d'aultre part, a *Westminster*, le seiziesme jour du mois d'Aoust, l'An de nostre Seigneur mil cincq cens nonante huict.

Estoit signé,

Tho. Egerton C.S.
Essex.
Notingham.
G. Hunsdon.
R. North.
T. Buckhurst.
W. Knollys.
Robert Cecyll.
Fortescu.

J.V. Duvenvoirde.
Jehan van Oldenbarnevelt.
Jehan van Warck.
Jehan van Hottinga.
And. d'Hesselz.
Noel de Caron.

Et cachette du Cachet d'Armes desditz Seigneurs du Conseil de Sa Majeste, *& des susditz Deputez des Seigneurs* Estatz Generaulx *respectivement.*

Nous ayans agreables tous & chacun les Pointz & Articles contenuz & declaires en ce dit Traicte, avons icelle Traicte ratifie, approuve & confirme, ratifions, approuvons & confirmons par ces Presentes, promettans eans en bonne foy de l'accomplir & satisfaire tous & chacun les Pointz, pour aultant qu'il nous touche contrevenir directement ou indirectement en quelque sorte ou maniere que ce soit.

En tesmoing de quoy avons faict appendre a ces Presentes nostre Grand Seel, & signer par nostre Greffier a la *Haye en Hollande*, le vingtiesme de Septembre, l'An mil cincq centz quatre vingtz dixhuict.

J. Hottinga.

Par Ordonnance desdictz Seigneurs Estatz Generaulx.

Aerssens.

Sub Sigillo Ordinum Belgii de Cera rubea pendente a filis sericis & argenteis intertextis.

CCLXIV.

Conditions sous lesquelle Albert VI. *Archiduc d'Autriche est reçu Souverain des* Païs-Bas *par les Etats du Pays, le 22. Août* 1598. [Emanuel Meteren, Histoire des Pays-Bas. Feuill. 432. verso.]

22. Août. L'Archiduc et les Païs-Bas.

Le premier faisoit mention de l'aggreation, & du Transport, & Don des Païs-Bas, comme aussi du Mariage.

II. Le second de recevoir les Provinces, & faire le Serment.

III. Que son Altesse en trois mois fera voir l'accomplissement du Mariage.

IV. Que Sa Majesté donnera Acte, que le douziéme Article compris en ce Transport, ne sera pas prejudiciable aux Païs-Bas.

V. Qu'on ostera toutes Contributions, logement de Soldats, & autres charges, & que d'oresenavant son Altesse s'aidera des Domaines, ou Aides.

VI. Que les Etrangers demeureront d'oresenavant à la charge de Sa Majesté, quant à leur paiement; qu'on s'en servira en Campagne, sur les Frontieres de l'Ennemi.

VII. Que tous autres Gens de Guerre, même les Allemands, seront entretenus, & payés des Provinces, autant qu'il leur sera possible, & le reste sera payé par Sa Majesté.

VIII. Tous les Officiers, & Gouverneurs des Provinces, Villes, & Forteresses, seront en un an, pour le plus, restituées derechef és mains du Seigneur naturel du Païs.

IX. Les Conseils extraordinaires seront remis sur leur premier pied. Pareillement on établira au Conseil de Malines; comme aussi au Conseil de Brabant, & au Conseil d'Etat, des Gens du Païs.

X. Que

ANNO 1598. X. Que toutes les Provinces, Païs, & Villes, seront entretenues, & maintenues en leurs anciens Privileges.

XI. Que son Altesse s'obligera de retourner és Païs-Bas, au mois de Mai prochainement venant.

XII. Que son Altesse, durant son absence, établira un Gouverneur de son Sang en sa place qui sera tenu de jurer tout ce que Sa Majesté a juré.

XIII. Qu'il sera permis aux Etats Généraux, par l'intervention de son Altesse, de se joindre ensemble pour entrer en communication avec ceux de Hollande, & Zelande, afin de faire la Paix.

XIV. Et pource que le Païs est bien pourveu de Seigneurs du Païs, on en deputera trois, pour aller avec son Altesse en Espagne, afin de remercier Sa Majesté.

XV. Que son Altesse sera tenu d'entretenir tout ce que dessus: & qu'à son retour avec l'Infante, il sera le Serment accoûtumé en toutes les Provinces.

XVI. Que tous Gouverneurs, Capitaines, & Gens de Guerre, n'attenteront rien, durant l'absence de son Altesse.

XVII. Que son Altesse aprés son retour, sera tenu d'assembler les Etats Généraux, & de besongner par ensemble pour mettre les Affaires du Païs-Bas en bon état.

CCLXV.

10. Oct. Abschied zwischen Johann/ Ertz-Bischoffen zu Trier/ dem Ludwigen von Sayn/ Graffen zu Witgenstein/ von wegen der Eventual-Lehen Sayn und Freußberg aufgerichtet. Worinnen Jener diesem die Lehen bewilliget/ also zwar/ daß/ wann derselbe oder dero Söhne zu der würcklichen possession kommen werden/ sich von wegen des Closters Sayn keiner Jurisdiction anmassen/ sondern dieselbe beym Churfürsten bleiben solle; dagegen sollen die Saynische und Witgensteinische Leibeigene/im fall der Graff Henrich von Sayn ohne Manns Erben abgehen solte/ dem Ertz-Stifft übergeben werden. Geschehen zu Coblentz den 10. Octobris 1598. [LUNIG, Teutsch. Reichs-Archiv. Part. Spec. Continuat. I. Fortsetzung III. pag. 64.]

C'est-à-dire,

Recès entre JEAN *Archevêque de Treves &* LOUÏS DE SEIN *Comte de Witgenstein touchant la Succession éventuelle des Fiefs de Sein & de Freusberg dependants de l'Archevêché, par lequel lesdits Fiefs sont accordés à* LOUÏS *à sa requisition en cas que le Comte* HENRI DE SEIN *vienne à deceder sans Hoirs mâles; à condition néanmoins que ni lui, ni ses Heritiers après lui ne s'arrogeront aucune Jurisdiction sur le Monastere de Sein, & qu'elle demeurera à l'Electeur. On y convient de plus qu'après la mort du même Comte* HENRI, *les Païsans serfs de Sein & de Witgenstein seront remis à l'Electeur. A Coblentz le* 10. *Octobre* 1598.

NAchdeme bey dem Hochwürdigsten in GOtt Vattern/ Fürsten und Herrn/ Herrn Johannesen/ Ertz-Bischoffen zu Trier/ und Churfürsten/ der Wolgebohrne Herr/ Herr Ludwig von Sayn/ Graffe zu Witgenstein/ Herr zu Homburg/ rc. umb Eventual-Belehnung deren Lehnen vom Ertz-Stifft Trier herrührend/ Sayn und Freußpurg/ rc. angehalten/ und derowegen J. Churfürstl. Gnad. und Gnaden sich einer Communication, gegen den fünfften des styli novi, anhero gen Coblentz einzukommen verglichen/ auch neben Ihrer Churfürstl. Gnad. und eines Hochwürdigen Thum-Capituls Abgeordneten/ von wegen Ihrer Gn. Deroselben Herrn Sohn/ Graffe Georg/ rc. erschienen/ ist uff vielfältige gepflogene Handlung und hinc inde vorbrachten Bericht/ und allerseits Ratification, nachfolgender Abschied auffgerichtet worden. Dabey gleichwol im Eingang außtrücklich vorbehalten/ daß solche Eventual-Belehnung dem Wohlgebohrnen Herrn/ Herrn Heinrichen/ Graffen zu Sayn/ rc. weder zu Zeit Ihr. Gnad. Lebens/ noch auch auff dem Fall dieselbe ins künfftig von GOTT dem Allmächtigen mit Leibs-Lehens-Erben beselige werden möchten/ zu keinen præjudicio oder Nachtheil im geringsten verstanden/ viel weniger gereichen/ sondern uff solchen fall/ die Belehnung unkräfftig und unbündig seyn/ und J. Gn. derwegen sich der Gebühr reversiren sollen/ Inmassen auch bey der Churfürstl. Pfaltzischen Belehnung uff obberührten fall beschehen. Darauff und mit solchem Vorbehalt/ ist zum ersten bethädingt und verabschiedt/ daß zur Zeit/ wann Ihre Gnad. oder deroselben Söhne zu würcklicher possession des Schloß Sayn kommen werden/ sie und ihre Erben sich von wegen des Closters Sayn und dessen zugehörigen Gütern und Gefällen/ sie seyen gelegen wo sie wollen/ keiner Jurisdiction, es seye in Religion/ oder temporal Sachen/ anmassen/ sondern dieselbe in allem bey regierenden Churfürsten verbleiben/ auch ihme frey stehen soll/ das Exercitium Religionis, so ietzunder oder ins künfftig im Closter were/ abzuschaffen/ und uber berührtes GOttes-Hauß plenarie zu disponiren und Ordnung zumachen.

Zum andern/ das Closter Marienstatt betreffend/ sollen J. Gnad. vor sich und deroselben Erben dem Abschied zwischen Ihrer Churfürstl. Gnad. und weyland Graff Herman zu Sayn seligen angedenckens/ unterm dato Marienstatt, den letzten Junii, Anno achtzig und zwey uffgerichtet/ endlich nachkommen und geleben/ und sich beyder Closter halben/ angeregter massen/ reversiren/ und darauff die begehrte Eventual-Belehnung erfolgen.

So viel aber Freußberg belangt/ haben Ihre Churfürstl. Gnad. jedoch uff ratification, wie obgenandt/ bewilliget/ daß sie Ihre Gnad. und deroselben Leibs-Lehens-Erben/ damit und allen seinen Zubehörungen belehnen wollen/ jedoch uff vorgehende conditiones, wie folgt/ daß der Baan-Maxsayn/ wie die Graffen zu Sayn bißanhero dessen in possessione vel quasi gewesen/ und sonsten ferners darzu berechtigt seyn möchten/ wann es zum fall kommen/ daß wolermeldter Graff Henrich ohne Manns-Stammen abgehen wurde/ würcklich eingeräumbt werden soll/ nichts außgeschieden/ es seye Lehen oder Eygenthumb. Deßgleichen sollen die Saynische Leibeygene im Heimbacher Kirspel cum omni jure, wie auch die Witgensteinischen Leibeygene/ zu Irlich gleichergestalt dem Ertzstifft zur selben Zeit übergeben werden/ und haben Ihre Gnad. dabeneben vor sich und ihre Erben uff die Collation zu Newmagen uff denselben fall/ dem Ertz-Stifft zu gutem renunciirt/ dabey ferners abgeredt/ daß Ihre Gnad. vor sich und derselben Erben/ des Eygenthumbs halben/ so in diese Cession kommen/ Ihrer Churfürstl. Gnad. und deroselben Ertz-Stifft uff den unverhofften fall/ gebürliche Wehrschafft thun wollen/ welches alles/ wie obstehet/ zu ratification eines Hochwürdigen Thumb-Capituls und Ihrer Gnad. hiemit gestellt wird. In Urkund seynd dieser Abschied zween gleichlautend verfertigt/ und von höchst- und wolgedachten Ihrer Churfürstl. Gnad. und Graffen mit eygen Händen underschrieben/ und deroselben Cantzley-Secret bekräfftigt worden. Geschehen zu Coblentz/ den Zehenden Monats-Tag Octobris, Anno funffzehenhundert und acht und neuntzigsten.

CCLXVI.

Déclaration de HENRI IV. *Roi de France pour faire jouïr Madame* CATERINE *sa Sœur du Titre & qualité de Fille de France. Donné à Paris, le* 27. *Janvier* 1599. [FREDER. LEONARD. Tom. II.] 1599. 27. Janv. FRANCE ET LORRAINE.

HENRI, par la grace de Dieu Roi de France & de Navarre: A tous ceux qui ces presentes Lettres verront, Salut. Nous avons eu de tout tems telle satisfaction de l'amitié & obeïssance, que nôtre trés-chere & trés-amée Sœur unique nous a renduë, que l'affection à quoi la Nature nous oblige envers elle, étant accruë par ses merites, nous a fait desirer de lui en rendre tous les témoignages que nous avons pû: même aiant plû à Dieu nous élever à cette Couronne, nous avons estimé, que le lustre de nôtre Dignité devoit aucunement resplandir en elle, & qu'étant Sœur unique d'un Roi de France, Fille d'un Roi de Navarre, & conjointe par Mariage avec le Fils-aîné d'un Prince Souverain & d'une Fille de France, nous étions obligez de lui conserver à l'avenir le rang éminent & Dignité auguste, auquel elle a vecu depuis nôtre avenement par dessus toutes personnes de nôtredit Royaume: ce que nous avons pensé ne lui pouvoir mieux assurer, que par l'attribution & communication des Privileges & Prerogatives pareils à ceux dont jouïssent les Filles de France. A ces causes, & autres bonnes & grandes considerations à ce nous mouvans, & de l'avis d'aucuns Princes de nôtre Sang, Officiers de la Couronne, & autres grands & notables Personnages de nôtre Conseil: Nous de nôtre propre mouvement, pleine Puissance, & autorité Royale, avons declaré, voulu & ordonné, voulons, declarons & ordonnons, que nôtredite

Anno 1599.

dite Sœur ores & à l'avenir jouïsse des Privileges, Autoritez, & Preéminences, Honneurs, Prerogatives, & Dignitez, dont ont accoûtumé de jouïr les Filles de France, devant, constant, & aprés leur Mariage, tant en son nom & titre, rang, ordre & séance, qu'en toutes autres choses, & à l'égard de toutes personnes telles qu'elles soient, sans qu'elle puisse y être aucunement troublée & empêchée, sous quelque pretexte & couleur que ce soit. Si donnons en Mandement à nos amez & feaux Conseillers les Gens tenans nôtre Cour de Parlement à Paris, que nos presentes Lettres ils fassent enregistrer, & du contenu en icelles pleinement & paisiblement jouïr nôtredite Sœur. Car tel est nôtre plaisir. Donné à Paris le vint-septiéme jour de Janvier, l'an de grace 1599. & de nôtre Regne le dixiéme. *Ainsi signé*, HENRI. *Et sur le repli:* Par le Roi, Ruzé. *Et scellé du grand Sceau de cire jaune à double queuë. Et encore sur le repli desdites Lettres est écrit:* Registrées, ouï & consentant le Procureur Général du Roi, pour jouïr par ladite Dame impetrante de l'effet & contenu en icelles. A Paris en Parlement le seiziéme Fevrier, l'an 1599. *Signé*, Voisin.

CCLXVII.

18.Fevr. Badischer Abschied und Erkandtnuß von den XIII. Orthen Löblicher Eidtgnoßschafft/ daß die Evangelische Toggenburger/ in ihren Spenen sollend baider Orthen Schwytz und Glarus/ gütlicher oder rechtlicher Erkandtnuß/ ohne Ersuchung ander Unterhendler oder Richter/ sich underwerffen. Baden im Ergöw den 18. Februar. 1599. [Tiré d'une *Information de Droit* presentée à l'Empereur de la part du Prince Abbé de St. Gall en 1710. sous le Titre de Rettung der Ehren und Rechten des Fürstl. Stiffts St. Gallen. Aux Preuves Num. 30. Pag. 136.]

C'est-à-dire,

Recès & Jugement des Treize Cantons Helvetiques assemblés à Bade, portant que les Habitans Evangeliques du Comté de Toggenbourg *seront obligés de se soumetre dans toutes leurs Causes, aux Jugemens soit Juridiques, soit amiables, des deux Cantons de Switz, & de Glaris. A Bade en Argauw le 18. Fevrier 1599.*

Wir von Stett und Landen der Dryzechen Ordten gemeiner unser Eidtgnoßschafft / Räth und Sandtbotten / namlich von Zürich / Conradt Großman / Burgermeister / und Johann Kambli Seckelmaister und des Raths: von Bern / Anthoni Gasser Venner / und des Raths: von Lucern / Jost Pfyffer Ritter / Schultheis: von Ury / Walther im Hoff / Ritter Landtamman: von Schwytz / Ulrich uf der Mur Landtamman: von Underwalden / Conrath Wirtz Landtamman / Ob-Andreas Lussi / Ritter Landtamman / und Johann Wasser Ritter / alt Landtamman und Pannerherr / Nid dem Wald: von Zug / Michael Stoub Seckelmaister / und des Raths: von Glaruß Melchior Häßi / und Jost Tschudi / beid nüw und alt Landtamman: von Basell / Melchior Hornlocher / deß Raths: von Fryburg / Jacob Werli Seckelmaister / und des Raths: von Sollothurn / Petterman Suri Seckelmaister / und Hans Jacob von Staal / beid des Raths: von Schafhusen / Johann Conrath Meyer / Burgermaister / und Jörg Mäder Statthalter und des Raths: und von Appenzell / Johannes von Heymen / Landtamman / in innern Roden / und Sebastian Dörig / Landtamman / und Houptman Hans Mertz / deß Raths in Ußroden / uff den Tag zuo Baden im Ergöw versampt / bekhennend offentlich und thuond kundt allermennigklichem mit disem Brieff:

Als dann wir uff diser haltenden Tagleistung / in gesessnen und versambleten / mit grossem mißfallen glaubwirdig bericht worden / wie so gar ungehorsamb / eigensinnig / und widerspännig / die Ersammen / unsere lieben Mitlandts-Lüth / und gute Fründ / Evangelischer Gmeinden in der Graffschafft Dockenburg / jetzo ein Zytharo gegen den Hochwirdigen Fürsten und Herrn zu Sanct Gallen ꝛc. unserem Pundtsgenossen / jrer ordenlichen Oberkeidt / erzeigt haben: Fürnemlich / under andern in dem / das sy sich halsstarrig widersetzend / das sy in den Spännen sich zwüschend jnnen / und Jren Fürstlich Gnaden noch unentscheiden haltend / die beide Ordt Schwytz und Glaruß / weder gütlich noch rechtlich wöllend erkhennen / und handlen lassen / es sye dann Sach / das Jr Fürstlich Gnaden vergonnen wölle / die baide Orth Zürich und Lucern / jnen als gütlich Underhendler oder Rechtsprecher bysitzind / wölches wir aber jren zusammen habenden Glöpten / und geschwornen Landtrechten stracks zuwider sin befunden.

Derhalben wir gemeinlich / an statt unser aller Herren und Obern allen und jden / gemelten Evangelischen Gmeinden / sampt und sonders gantz ernstlichen zugeschriben / und entlich vermant / das sy in jren zusamen habenden Spannen / söllend ob obgemelter beider Ordten Schwytz und Glarus / gütlicher oder rechtlicher Erkhandtnuß / ohne Ersuochung anderer Underhendler oder Richter / zuo Gewün und Verlust sich underwerffen / und dem was von jnnen erkhendt wird / ohne verner Umziechen / geleben / in dem und anderen Artickulen / das Landtrecht / alt und nüw / Spruch und Verträg halten: Und in Summa sich schuldiger Gehorsamme gegen Jr Fürstlich Gnaden jrer Oberkeit beflyssen / wie dann endtgegen obgemeldte beide Ordt / werden bey jnnen jre suogsamme Fryheitten / Landtsfriden / Brieffen und Siglen / schützen und schirmen / und hochgedachter Prälat dieselbigen an jnnen zu halten anerpittig gethon: An dem werde von jnnen erstattet / was sy jrer Oberkeit verpflicht und schuldig sygend / zu jrer Wolfart dienstlich / und zu allgemeinen friden und Ruow furstendig sin werde.

Wenn sy aber wider Unser aller verhoffen / uff jren ainfieren Manungen wurden verharren / so könden Wir jnnen nit verhalten / das unsere Herren und Obern / neben vorgemelten beiden Orthen Schwytz und Glarus / gegen jnnen und sunderlich dem Redlifürern söliche scharffe Insehen thun / und Mittel fürnemmen wurden / die jnnen zu wolverdienten Straff / und andern Rebellischen zu einem abschüchlichen Exempel reichen thäten.

Und deß zu Urkhund / so hat der Erenvest und Wys / unser getrüwer Landtvogt zuo Baden in Ergöw / Melchior Marti / des Raths zuo Glarus / sin Insigel / in Namen unser aller offentlich gehenckht an disen Brieff / der geben ist den achtzehenden Tag Hornung von Christi unsers lieben Herren und Säligmachers Geburt gezelt fünffzechenhundert / nüntzig und nün Jar.

CCLXVIII.

Vergleich zwischen Jhro Kayserl. Majestät Rudolph II. als regierenden Eltisten Ertz-Hertzogen zu Oesterreich eines und Hertzog Friederich zu Würtenberg und Teck andern theils / krafft dessen jener für sich und alle Ertz-Hertzogen zu Oesterreich allen Spruch und Forderung der Oesterreich. Affter-Lehenschafft an das Hertzogthumm Würtemberg und Teck sich begiebt / die Anwardtschafft aber sich und dem Hauß Oesterreich in fall die Hertzogl. Württenberg. Männl. Linie aussterben oder solches Hertzogthumb dem Reich auf andere Weyß Völlig würde / wie auch den Fürstl. Titul und Wappen nebst andern reservirt, im fall der Oesterreichischen Succession die hinterbliebene Fräulein von Württenberg nach Württenberg. Landgebrauch aussteuren / die Religion der Augspurg. Confession darin bleiben zu lassen ꝛc. promittiret; der Hertzog Friederich aber Jhrer Kayserl. Majest. 400000. R. zu zahlen sich obligiret. Jn Königl. Schloß zu Prag den 24. Juny 1599. [Tiré de la Registrature d'Estat de la Chancelerie de la Cour de Sa Majesté Imperiale.] 24. Juin.

C'est-à-dire,

Transaction passée entre Rodolphe II. *Empereur des Romains comme Archiduc aîné & Regent d'Autriche d'une part, &* Frideric *Duc de Wirtemberg & de Teck d'autre part, par laquelle* Rodolphe *renonçant pour lui & ses Successeurs à la Sub-Infeodation Autrichienne des Duchez de Wirtemberg & de Teck, se reserve pour lui & pour eux le Droit de succeder auxdits Duchez, en cas d'extinction de la Ligne masculine de Wirtemberg, ou de Caducité à l'Empire par quelqu'autre voye que ce soit; sous la condition neantmoins de pourvoir, selon la coutume de ce Duché, au Mariage des Princesses restantes, & d'y laisser en liberté ceux de la Confession d'Ausbourg; Le Duc* Frederic *s'obligeant* de

ANNO 1599.

de son côté envers l'Empereur, au payement d'une Somme de 400 mille Rixdalers. A Prague le 24. Juin 1599.

WIr Rudolph der Ander/ ꝛc. Bekennen für Uns Unsere Erben undt Nachkommen/ sament/ undt sonderlich mit diesem Brieff/ undt thun Khundt Meniglichen/ als sich zwischen uns als Regirenten Eltisten Ertz-Hertzogen zu Oesterreich ꝛc. undt unsern geliebten Brudern undt Vettern/ undt dan dem Hochgebörnen unsern Lieben Vettern undt Fürsten Friderichen Hertzogen zu Württenberg undt Teckh/ Graffe zu Mumppelgart ꝛc. als jetzt Regirenten Hertzogen berierter Fürstenthumb Württenberg undt Teckh/ in deme missverstandt undt Irrungen ereignen undt zutragen wollen/ daß S. Ld. der Hertzog auf absterben weilend deroselben Vettern des auch Hochgebornen Fürsten weilend Ludwigen Hertzogen zu Wurttenberg ꝛc. seliger Gedechtnuß/ gentzlich darfür halten wollen/ daß deroselben dero alt Vetterliche Hertzogthumb Württenberg undt Teckh Krafft uhralter Württenbergischer Erb-Vertrag auf darauf erfolgten Keyserl. Erection ane allen Abgang undt beschwerde/ als abgenutlte Reichs-Lehen eröffnet undt angefallen/ undt derowegen sich nicht schuldig zu sein erachtet/ von uns alß Regirenten Ertz-Hertzogen zu Oesterreich berierte Hertzogthumb Vermög der zwischen weilendt Konig Ferdinand undt Hertzog Ulrichen wie auch Hertzog Christophen zu Württenberg in Artickel 34. undt 52zig. der weniger Zahl zu Landaw undt Passaw aufgerichten Verträg undt dardurch eingesierter Affter-Lehenschafft/ zu ainem Oesterr. Affter-Lehen zu empfangen/ sondern vielmehr sich für befuegt geachtet/ bey unß als Regirenden Röm. Keyser unnd Gned. belehnung ermelter Hertzogthumb (wie füreinkommener Affter-Lehenschafft von unsern Hochlöbl. Vorfahren am Heyl. Reich gegen weilend Hertzog Eberhardten dem Eltern undt Hertzog Ulrichen zu Württenberg beschehen) allerunthertänigst anzusuchen. In massen uns dann S. L. in aigner Persohn unter dem Artickel 94. zu Regenspurg gehaltenem Reichstag/ deshalben ain sonderwahre Supplication übergeben.

Da gegen aber wür die sach dahin gar nit verstehen können/ sondern vielmehr darfür gehalten/ daß angeregte beide Verträg so viel/ sonderlich die darinnen eingesierte Affter-Lehenschafft beriehren thut/ nochmals bey Ihrer ungeschwechten würcklicheit bestendig verbleibet/ undt daß derowegen S. Ld. der Hertzog mit empfahung des Affter-Lehens/ denselben unverwaigerte volge zuthun verbunden seye/ undt doch aber wür nichts destoweniger die güetlicheit auß dieser sach zukommen sowohl als S. Ld. der Hertzog uns nit zu wider sein lassen/ damit zwischen beeden häusern/ die nunmehr lang hergebrachte Vertreülicheit undt gute Nachbarschafft führohin gleicher gestalt Continuirt/ besterckt/ undt fort gepflantzt werden mechte/ daß demnach/ nach lang zu beederseits gepflogener Tractation undt aufgehaltne gnugsame Deliberation undt Erwegung wür unß mit S. Ld. undt dieselbig sich mit unß wohl bedächtlich in der güte diß Orths veraint undt verglichen wie von Punct zu Punct hernach volget.

Alß nemblichen haben wür anfangs zugesagt für uns undt all die Ertz-Hertzogen zu Oesterreich/ undt dero gantz posteriter, uns hiemit aller Spruch undt Forderung der Affter-Lehenschafft zu begeben/ unß ainiger Belehnungs Gerechtigkeit bey den Hertzogthumben Württenberg undt Teckh hinfur in ainigen weeg nicht anzumassen/ sondern S. Ld. der zeit Regierenten Hertzog Friederich/ dessen Mannliche Leibs-Erben/ undt derselben Posteriter, so lang Iner Hertzogen von Württenberg sein werden/ solle solche Hertzogthumb allein von als Regirenten undt unserm am heil. Reich nachkommenden Röm. Keisern undt Königen zu einem rechten Fürstlichen Reichs-Lehen (nach Inhalt berierter Hertzogthumb Erection undt darauf gefolgten Ersten Investitur) ohne alle verhinterung zu empfangen befügt sein.

Da gegen so haben wir uns undt unserm gantzen Lobl. Hauß Oesterr. in gemain/ daß ist denen von beeden Herrn Gebrüdern Weilendt Keyser Carl dem fünfften/ undt Keyser Ferdinanden beeder Christ miltesten gedechtnuß Herrührenden Linien die Antwartschafft undt Succession mehr besagter Hertzogthumb Württenberg undt Teckh dergestalt undt lauter undt unverzüglich reservirt undt vorbehalten/ daß wo Göttlichem willen nach der jetzt Regirente Hertzog Friderich zu Württenberg ꝛc. undt dessen gantze Posteriter Mannlichen nahmens undt Stammens geborne Hertzogen zu Württenberg fur den Ertz-Hertzogen zu Oesterreich absterben/ oder aber da berierte Hertzogthumb durch unverhoffte andere den Rechten gemäß bestendige undt von Churfürsten/ Fürsten undt Ständen des heil. Reichs vermittelst ordentlicher erkandtnus approbirte weeg/ wie die sein oder nahmen haben mögen/ dem heil. Römisch. Reich der gestalt Völlig würden/ daß ex parte deß gantzen Mannlichen Nahmens undt Stammens der Hertzogen zu Württenberg khein außsöhung/ Reconciliation oder Restitution mehr zu hoffen/ noch auch mit Recht zuerhalten/ daß alßdann und Ehe nicht der zutritt zu würcklicher Einnamb ermelter Hertzogthumb dem Hauß Oesterreich in Krafft habender Anwortschafft gleichsfals eröffnet sein solle/

Zum dritten sollen unß undt allen den Ertz-Hertzogen zu Oesterr. der Fürstl. Württenbergisch Titel undt Wappen hinführo/ wie bißhero/ jedoch ainig undt allein zu anzaig Khünfftiger Succession undt sonsten zu Khainem ainichen andern effect, Unsers undt Ires thails zu führen undt zu gebrauchen unbenohmen/ sondern außtruckenlich vorbehalten sein.

Desgleichen undt fürs vierte haben wir unß undt unser Lobl. Hauß Oesterreich ebenmessig reservirt undt außbedingt/ daß wie solches seithero Anno 1530. alweeg Ublich also hergebracht worden/ ermeltes Hauß Oesterreich auch noch führohin so wohl die Hertzogthumb Württenberg undt Teckh alß andere Oesterreichische Fürstenthumb undt Lande/ wann undt so offt es vonnöthen/ jedoch allein zu beweisung vorbehaltener unverziegener Anwartschafft von heyl. Reich zu Lehen zuempfahen haben/ wie auch Jetziger undt Khünfftig Hertzogen zu Württenberg/ so lang dieser Stamb werden wirdt/ alles Ehrerbietigen gutten willens/ Correspondentz/ verthreülicher guter Nachbahrschafft undt zusammensetzung gegen dem Hauß Oesterreich sich besleissen undt bestendiglich Continuiren sollen/ Inmassen dann auch wür/ sambt unsern geliebten Brüdern undt Vettern/ undt dero Nachkommenden Ertz-Hertzogen zu Oesterreich/ uns gegen dem Hauß Württenberg hinwidrumben alles Genedigen undt Fürstl. guten willens gleichmessiger Correspondentz verthreülichen guthen Nachbahrschafft undt zusamensetzung bestendiglich erzeigen wöllen/ undt weil zum fünfften des Heil. Reichs Churfürsten Consens hierzue in alweeg vonnöthen/ so haben demnach wir Hertzog Fridrich zu Württenberg bewilligt undt zugesagt zu diessen allen Inder Churfursten Consens, mit undt neben Irer Keyserl. Maiest. zusuchen undt richtig machen zuhelffen/

Eben fals undt nicht weniger soll auch zu desto mehrehrer versicherung der sachen bey unser Hertzogs Friderichs Landtschafft in Württenberg derselben Consens undt die guthabung dieser getroffenen handlung undt vergleichung/ mit allen Iren anhengen/ so viel dieselbige sy die Landtschafft in Württenberg beriert/ durch uns hierzu erhandelt werden/

Entgegen so erbietten wür Keyser Rudolph uns undt sein willig auf solchen fahl/ undt wann Ihr der Landtschafft Consens richtig sein wirdt/ deroselben undt der Universitet zu Tibingen alle ihre von Röm. Keysern undt Königen oder den Hertzogen zu Württenberg/ wie auch vorigen Antecessorn ainem oder mehr/ oder auch von andern Herrschafften erlangt undt bißher in wohlhergebrachter Ubung undt gebrauch gehabte Privilegia, Freyheiten/ Recht/ Gerechtigkeiten undt Gewohnheiten/ jedoch so weit undt ferr dieselbigen dieser vergleichung der Künfftigen Succession undt Antwortschafft nicht zu wider oder entgegen/ in Nahmen unser undt unsers gantzen Löbl: Hauß Oesterreich gnedigst zu Confirmiren undt zu verneüeren/

Zum sechsten/ so haben wir Hertzog Friderich wegen unser geliebten Söhne undt aller Nachkommenden Regirenten Hertzogen zu Württenberg als jetzt Regirenter Hertzog Vatter undt Antecessor in Nahmen undt anstat jetzt ermelter unser Söhne Jure patriæ potestatis zum aller Kresstigsten/ als es von rechts wegen immer geschehen kan/ oder mag/ bey Fürstl. wahren worten undt threwen versprechen/ daß dieselben sambt undt sonders die getroffene vergleichung alles Ires inhalts genambhalten undt würcklich volziehen/ so wohl auch ein jeder Khünfftiger Regirender Hertzog zu Württenberg gleich bey antrettung seiner Regirung/ undt noch vor empfahung der Lehen von dem pro tempore Regirenten Röm. Kayser oder König/ sich deßwegen ebenmessig in bester formb undt nachvolgenter gestalt zu verschreiben schuldig undt verbunden sein sollen/ nemblich daß nach gewöhnlichen Eingang der gantze Inhalt dieser jetzigen zwischen Irer Keyserl. Majest. undt dero gantzen Hauß Oesterreich/ undt dann Unß Hertzog Friderich getroffenen undt geschlossenen vergleichung von wort zu wort inserirt/ undt darauf gesetzt werden solle/ daß derselbige die Regierung antrettende Hertzog zu Württenberg bey Fürstl. waren worten undt threwen zugesagt undt versprochen/ solchem allem fur sich dero Erben undt Nachkommen/ nicht weniger als wir Hertzog Friderich als Principal Contrahent selbsten zuthun bewilligt undt schuldig gewesen/ würcklich nachzusetzen undt unverbrüchlich zugeleben/ mit angehengter renunciation aller undt jeder exceptionen wie man solche imer erdencken kundte oder mechte.

Also sollen fürs siebente alle alte undt newe Verträg sambt denen Declarationen/ Confirmationen undt Ratificationen welche zwischen dem Hauß Oesterreich undt dem Fürstenthumb Württenberg auch dero Landtschafften aufgericht/ undt diß Vergleichung unnd die Affter-Lehenschafft nicht zu wider oder Nachtheilig sein/ in ihren Kreffften undt esse verbleiben.

Verer undt zum achten da auf khünfftigen fahl mehrgemelter Anwortschafft undt des Löbl. Hauß Oesterreich Succession zu diesen Fürstenthumben Württenberg undt Teckh/ sich auf solchen Fürstenthumben guten Leibgeding/ oder erweißliche schulden befinden werden/ solle ermeltes Hauß Oesterreich ohne Kosten undt schaden/ deren so darhinder verschrieben solche außzurichten undt zu bezahlen/ es auch sonsten bey allen der Regirendten Hertzogen zu Württenberg gethanen begnädigungen allerdings verbleiben zulassen/ undt dißfalls dem lautern Innhalt mehr gedachter Erection würckliche volg zuthun schuldig sein.

Deßgleichen undt zum neinten da zu derselbigen zeit des Hauses Oesterreich Succession Unverheirathe Freylin oder Töchter von Württenberg ehelich gebohren/ verhanden sein würden/ solle dem anjetzo befundenen nach Ublichen Würtenbergischen Landtgebrauch nach/ alßdann gemeine Landtschafft in Württenberg einem jeden unberathenen unaußgesteürten Freylin von Württenberg 32000. R. Heyrath-gütt/ das übrige aber der Disposition des Passauischen Vertrags gemeß/ undt also nachbefundner anzal dreyer oder weniger Freylein jeden noch 28000. R. da

aber

ANNO 1599. aber deren vier oder mehr jetwedern noch 8000. zu ergentzung besagtes Heyraths-Guts die succedirende Ertz-Hertzogen zu Oesterreich erstatten undt richtig machen/

Zum zehenten sollen auf mehr besagten fahl Oesterreich. Succession die Hertzogthumb Würtenberg undt Teckh an Landt undt Leuten anderer gestalt nicht dann in solcher qualitet wie dieselbige bey aufrichtung beeder der Khadanischen undt Passauischen Vertrags beschaffen gewest/ an gedachts Hauß Oesterreich fahlen/ das jenige aber so hierzwischen weiter darzu erkhaufft/ oder in ander weeg acquirirt worden/ oder uns Khünfftig acquirirt werden möchte (jedoch wo ferr es nicht von altershero etwo Würtenbergl. Lehen oder sonsten der Camer heimgefallen/ sondern von Newen zum Hertzogthumb gebrachte Güter undt also der Erben Recht aigenthumb sein) sambt allen mobilien (doch ausser des Geschütz undt der Munition) darvon hernach sonderwahre meldung beschicht/ sonsten nichts davon ausgenommen/ in solche Oesterreich. Succession nicht gehören/ sondern an bemelte aigenthumbs Erben ohne alle verhinterung khomen undt fallen/

Zum ailfften undt nachdem auch von uns Hertzog Friderichen das in acht genommen/ daß bey gewerter Affter-Lehenschafft allerley nutzliche meliorationes fürgenommen: undt ins werck gericht worden/ undt dann wür unser Posteritet undt Erben gleichmessige verbesserungen anrichten mechten/ undt derowegen auf unser anregen undt begehren/ für nicht unbillich Erachtet worden/ was seithero des Passauischen Vertrags/ bey gewerter Affter-Lehenschafft undt hernacher biß auf zutragenden fahl Oesterreich. Anwortschafft für nutzliche meliorationes undt Verbesserungen die hievor nicht gewesen in vielberierten Hertzogthumb selbigen zu guthen fürgenommen undt angerichtet worden/ das deren bey Khünfftigen Oesterreich. Succession die aigenthumbs Erben nach billichen dingen undt befinden der beschaffenheit erkhantlich wieder zugeniessen haben mögen/ so sollen demnach auf khünfftigen solchen sich begebenden fahl ex parte des Hauses Oesterreich zween oder drey/ undt wegen des Hauses Würtenberg gleichsfaals so viel ansehenliche unparthevische dieser undt negst hernachvermelter Munitions sachen wohl verstendige Commissarien sambt ainen unparthevischen Obman/ der keinen theil zugethan oder verwandt seye/ erkhiest undt verordnet werden/ die solche meliorationes undt verbesserung ob undt welche nutze undt notwendig sein oder mechte in augenschein nemmen/ die sachen nach billichen dingen æstimiren undt da Sy die Commissarien sich mit einander nicht vergleichen kundten/ alsdann der Obman nach gewissen darumen ein Ausspruch thun/ wie es dann mit dem Geschütz undt der Munition so bey den Haüsern undt Bestungen allenthalben verhanden/ auch also observirt undt gehalten/ undt die refusion derselben auf dergleichen unparthevischen Persohnen æstimation undt erkandtnuß/ was den aigenthumbs Erben darfür vor ein Erstattung zuthun gestelt/ undt als in ainem undt andern/ bey deren willkuhrlichen Ausspruch ohne alle weitere Reduction, Appellation, oder wie das immer nahmen haben mechte/ allerdings zu bederseits gelassen werden solle/ Jedoch mit der lautern bescheidenheit/ daß ermelte aigenthumbs Erben/ nicht eben von dieser zweyen Puncten wegen sich des Juris retentionis als dann zu gefärlicher fürsetzlicher verlengerung zugebrauchen unterstehen/ sondern vielmehr schuldig sein sollen/ das Hertzogthumb auf begebenden fahl dem Hauß Oesterreich allerdings ohne gefährlichen aufzug/ jedoch mit hernachgesetzter maß unverlengt würcklich abzutretten/ das hergegen auch zuverhüttung allerhande ungelegenheit/ ungezimlichen aufhalts oder umbtriebs daß jenige so man dits Orts Jhnen den Aigenthumbs Erben vermög dieser vergleichung zu leisten schuldig/ gleich bey apprehension der possession ins werck gericht undt die sach hierunter bona fide als befürdert undt angestelt/ damit die Einantworttung der Haüßer undt Bestungen undt die Erkandtnus der erkisten Arbitrorum zugleich undt pari passu mit einander fürgenommen undt vollnzogen werden sollen/

Zum zwelfften/ nachdem von uns Hertzog Fridrichen behörrlich begert worden/ daß das jetziger zeit in Kürchen undt Schulen der Hertzogthumb Würtenberg undt Teckh angerichtes Religion weesen/ nach außweisung der Augspurgischen Confession, wie die selbige Weilend Kaiser Carln dem Fünfften Anno 1530. zu Augspurg auf damals gehaltenem Reichstag übergeben worden/ darinn bestendiglich bleiben undt ohne Menniglichs verhinterung exercirt/ auch kein andere Religion in ermelten Hertzogthumben künfftig eingeführt/ deßgleichen das es bey der anjetzo befundenen verordnung der Geistlichen gegen anderer Herrschafften jetziger zeit unstrittigen gefohl ungeandet gelassen werden solle/ so lassen demnach wir Keyser Rudolph für uns undt offtermelts unser Löbl. Hauß Oesterreich es bey solchen begehren allerdings verbleiben/ also daß darwider in dem wenigsten nicht gehandlet werden solle.

Weil auch zum dreyzehenten von nöthen sein wöllen neben uns Keyser Rudolphen als dieser zeit Eltisten undt Regirenden Ertz-Hertzogen zu Oesterreich/ auch von unsern geliebten Brüdern undt Vettern denen Ertz-Hertzogen zu Oesterreich/ dero vollkommenliche Ratificationes undt specificirte Consens hierüber verkündlich zuhaben/ undt deshalber versichert zu sein/ undt aber solche fertigung umb ihrer der Ertz-Hertzogen weit von einander weesenheit undt zumahl aines theils weit entlegenheit willen also in Continenti, undt gleich nach geschloßnem Tractat nicht zu der handt gebracht werden mögen/ als haben wir Kayser Rudolph zugesagt undt versprochen jeder Herrn Interressirten ferner aigne Subscriptiones undt Sigillationes zu des mehrern versicherung mit ehister gelegenheit undt noch vor endung des dritten Termins/ an welchem die Refusions Sa. davon in gleich hernachvolgenten Puncten meldung beschicht völlig erlegt undt Richt gemacht werden solle/ einzubringen/ undt vielgedachten Hertzog Friderichen einhendigen zu lassen/

Beschließlich so haben wir Hertzog Friderich zu Würtenberg von wegen gentzlicher Nachlassung mehrberierter Affter-Lehenschafft undt bestendiger bekrefftigung der andern bey diesen Vertrag einkommenen undt unsere Mannliche Posteritet undt gehorsambe Landtschafft berierente Artickel bewilligt zugesagt undt versprochen/ Jrer Keyserl. Majest. viermahl hundert tausendt Gulden Römischen Müntz jeden derselben zu fünfzehen Patzen oder 60. Kr. gerechnet/ zu denen nachfolgenden dreyen zielen/ nemblichen in den negsten zwo Monathen von dato dieser vergleichung zweymahl hundert tausendt Gulden Reinisch/ volgents in sechs Monathen nach dem Ersten Termin aynmahlhundert tausendt Gulden Reinisch/ den Rest aber in acht Monathen nach dem andern Zühl/ undt also die gantz Summa in sechszehen Monathen zu Augspurg in solchen Müntz-Sorten undt werth/ daß ihre Kayserl. Majest. dabey nichts zu verliehren gewißlich zuerstatten undt richtig zumachen.

Hierauf so geloben undt versprechen wir Keyser Rudolph/ als Regirender Eltister Ertz-Hertzog zu Oesterreich/ für uns undt anstatt wolermelter unser geliebten Brüdern undt Vettern aller der andern Ertz-Hertzogen zu Oesterreich rc. krafft derer von Jnen empfangenen genugsammen Vollmacht/ bey unsern Keyserl. Worthen/ undt wür Friderich Hertzog zu Würtenberg undt Teckh bey unsern Fürstl. Würd. undt threüen solches alles was dieser Vertrag in sich helt undt einem jeden auflegt undt bindet/ für uns unsere Erben undt Nachkommen unverbrüchlich Vest undt stätt zuhalten/ denselben allem zu geleben undt nachzukommen/ undt darwider nicht zuthun/ noch schaffen oder gestatten gethan zu werden in keinerley weis noch weeg.

Gnädiglich/ threulich undt ohngeferde/ zu Urkundt undt Vesten unverbrüchlicher haltung sein dieser vergleichungen drey gleichs lauts Libels weis geschrieben undt aufgericht/ mit unsern Keiser Rudolph/ undt unsern Hertzog Friderichs aignen handen unterschrieben/ undt anhangenden Jnsieglen bekrefftiget/ undt davon uns Keyser Rudolphen die eine/ die andere zwo aber uns Hertzog Friderichen zugestelt undt in handen gelassen werden.

Beschehen undt geben auf unserm Kayser Rudolphs Khönigl. Schloß zu Prag/ den 24. Tag des Monats Januarii nach Christi Jesu unsers lieben Herrn und Seeligmachers geburdt/ im fünfzehenhundert undt neün undt neüntzigsten unserer Reichs des Römischen in drey undt zwantzigsten des Hungarischen in sechs undt zwantzigisten undt Beheimbischen auch in drey undt zwantzigsten Jahren.

RUDOLPH. FRIDERICH.

CCLXIX.

Kaysers RUDOLPHI II. Confirmation aller und Jeder von Kayser Carl dem V. dem Hauß Oesterreich gerichten Privilegien. Prag den letzten Juny 1599. 30. Juin.

C'est-à-dire,

Confirmation de l'Empereur RODOLPHE II *sur tous les Privileges accordés à la Maison Archi-Ducale d'Autriche par l'Empereur* CHARLES V. *Donnée à Prague le dernier jour de Juillet* 1599. [Voyez la ci-devant sous le 8. *Septembre* 1530.]

CCLXX.

Badischer Abschied von den XI. Orthen Löblicher Eydtgnosschafft ußgangen/ in welchen der Receß zu Baaden den 18. Februar. 1599. von den 13. Orthen gemacht/ confirmiret wird/ daß neulich die Evangelischen Toggenburger der Erkandtnuß der beiden Orthen Schwytz und Glarus sich unterwerffen sollen. Baden den 10. Heumonat. 1599. [Tiré d'une *Information de Droit* presentée à l'Empereur de la part du Prince Abbé de St. Gall en 1710. 10. Juill.

ANNO 1599. sous le Titre de Rettung der Ehren und Rechten des Fürstl. Stiffts St. Gallen. Aux Preuves Num. 31. pag. 138.]

C'est-à-dire,

Recès de Bade conclu entre les Onze Cantons Helvetiques y denommés, par lequel le Recès conclu à Bade entre les Treize Cantons le 18. *Fevrier est confirmé. Savoir que les Habitans Evangeliques du Comté de* TOGGENBOURG *seront obligés de se soumettre aux Jugemens des deux Cantons Switz & Glaris. A Bade en Argauw le* 10. *Juillet* 1595.

WIr von Stätt und Landen der Eindliff Ordten unser Eidtgnoßschafft/ Räth und Sandtbotten/ namlich von Zürich/ Conrath Großman/ Burgermeister/ und Heinrich Bräm Statthalter/ Pannerherr und deß Raths: von Bern/ Ruodolff Sager Schuldthes/ und Anthoni Gasser Venner/ und des Raths: von Lucern/ Jost Pfyffer/ Ritter/ Schuldtheiß/ und Houptman Ludwig Schürpf/ Statt-Fendrich/ und des Raths: von Ury/ Emanuel Baßler Landt-Amman: von Underwalden/ Conradt Wirtz Landt-Amman/ Ob- und Caspar Lussi/ Ritter/ Statthalter und des Raths/ Nid dem Wald: von Zug/ Houbtman Marti Brandenberg/ des Raths: von Bassel/ Melchior Hornlocher/ deß Raths: von Fryburg/ Hans Meyer Schuldtheiß: von Sollothurn/ Petterman Sirri/ Seckelmeister/ und Hans Jacob von Staal/ beid des Raths: von Schaffhusen/ Jörg Mäder Burgermeister/ und Heinrich Schwartz Doctor/ Zunfftmeister und deß Raths: Und von Appenzell/ Houptman Jacob Datmer/ Landt-Amman/ in innern Roden/ und Sebastian Döring/ Landt-Amman in Usroden/ diser zyt uß Befelch und vollem gewalt/ unser aller Herren und Obern/ uff dem Tag der Jarrechnung zuo Baden in Ergöuw versampt/ bekhennend und thuond kundt allermengklichen offenbar mit disem Brieff:

Das an hüt dato/ vor uns erschienen sind die Ersamen unserer lieben und guten Fründen Evangelischer Gemeinden in der Grafffschafft Toggenburg/ vollmechtige Anwäldt/ die Ersamen und bescheidnen/ Gorgius Rüdlinger/ Amman zuo Sigwald/ und Jacob Dobler daselbst/ Meister Volrich Schärrer zuo Liechtenstäg/ Thomas Kapp/ genant Fuoß/ uß Haßlen/ und Amman Stejger/ von Flawyll an einem: Und danne deß Hochwürdigen Fürsten und Herren zuo Sanct Gallen &c. unsers gnedigen Herren und Pundtsgnossen/ jrer ordentlichen Oberkeit/ abgeordnete Gesandten/ die Edlen/ Vesten/ Erenvesten und Hochgelerten/ Davidt Studer von Winckelbach/ Hoffmeister/ und Georg Jonas Cantzler zuo Sanct Gallen/ an dem andern Theil.

Und beschwärdten sich gedachte Anwäld Evangelischer Gemeinden in der Grafffschafft Toggenburg/ vor uns/ mit dem vermelden/ das jnen fürkomen/ wie das sie uff jüngst allhie in Hornung gehaltner Tagleistung/ vor unsern Herren und Obern Gesandten/ dargeben und verkleinfügt worden/ das sy als Rebellische Underthannen/ zwischen Inen und Iren Fürstlichen Gnaden/ nach zur Zyt unerörterten haltenden Spennen/ weder gütlich noch rechtlich wellind handlen lassen/ daran jnnen doch ungütlich beschechen syge/ daum sy ihr und allwägen den ufgerichten verträgen und vollkommussen begert nachzuokommen und statt zethun/ da doch hingegen von Ir Fürstlich Gnaden/ Irem ordenlichen Oberherren/ oder derselben Räthen/ das Widerspill gespürt worden. Und habend hieruff uns gantz underthenig gepetten/ Wir wöllend sy deshalben für endtschuldiget und verantwurttet halten/ jnnen verwilligen gestatten und zuolassen/ in diser spenigen Sach/ (als welche den Landtsfriden berühren thüge) beide Ordt Zürich und Lucern nebent und mit sampt Schwytz und Glarus/ gütlichen oder rechtlichen zehandlen/ und sy zu verglichen/ in bedenckhung/ das gemelte beide Ort Zürich und Lucern/ mit sampt den andern bemeldten zweyen Ordten/ in Anno &c. Acht und dreyssig/ den Landtsfrieden auch helffen erlüttern: Das umb uns begerrend sy in Underthenigkeit gantz guotwillig zu verdiennen.

Hingegen aber Ir Fürstlich Gnaden/ Gesandte geantwurtet: Das ir deren von Toggenburg begerren/ jren zu beiden Sydten zusammen habenden gelobten/ und geschworenen Landtrechten/ strackhs zuowider und endtgegen sye/ und darby gepetten/ wyl Ire Fürstlich Gnaden uff nechst im Monat Hornung verschiner Tagleistung/ ein Erkandtnus ertheilt/ und darumben ein Abschiedt zuogestellt worden/ das Wir sy darby wellend verpliben lassen/ und die in der Grafffschafft Toggenburg/ dahin wysen und halten/ das sy denselbigen nachkomend/ und stat thügind/ und disern unerörterten Spän/ durch die beide Ordt Schwytz und Glarus gütlich oder rechtlich/ verglichen und endtschevden lassen/ alldann da werdent Ir Fürstlich Gnaden jnen von Toggenburg/ dermassen ein Antwurt begegnen/ das dieselb für entschuldiget/ jrer unnottwendigen Klagen solle gehalten werden.

Und wann nun Wir sy zu beiden Theillen/ in disem jrem Span und fürbringen/ abermallen vernommen und verstanden: So habend Wir an statt und in Namen unser Herren und Obern/ uns dessen erkhendt und gesprochen/ das die Evangelischen Gmeinden in der Graffschafft Toggenburg/ das Rechte oder die güttigkeit/ by unsern lieben Eydtgnossen/ den beiden Ordten Schwytz und Glarus nemend/ und denselbigen gehorsamen söllend/ in Krafft der Landrechten/ und was beide Ordt/ es syge gütlich oder rechtlich/ sprächen/ welle man beid Theil darby handthaben/ schützen und schirmen/ und das sy friedlich und rügwig gegen einandere sygend/ nützit thättlichs nach syendtlich fürnemind nach anfahind/ sonder gegen einandern ungefecht/ ungschmützt und ungehasset lassind/ und diewill sich ettlich Eher verletzliche Wortt/ zwüschend jnen dem beiden Parthygen verloffen/ sollen dieselbigen ufgehept sin/ und keinem Theil an sinem Glimpf und Ehren nützit schaden sölle.

Und deß zu wahrem Urkhundt/ so hat der Edel/ Vest/ unser getrüwer lieber Landtvogt zuo Baden in Ergöuw/ Anthoni von Erlach/ des Ratts der Stadt Bern/ sin eigen Insigel/ in unser aller Namen/ offentlich hierunder an disen Brieff gehenckht/ der geben ist den 10. Tag Houw-monat/ von Christi unsers einigen Erlösers und Sälligmachers Gepurt gezelt/ fünffzechen hundert/ nüntzig und nün Jar.

CCLXXI.

30. Juill. Recess zwischen Churfürst Fridrichen zu Pfaltz/ Churfürst Joachim Fridrichen zu Brandenburg/ Pfaltz-Graf Philips Ludwigen zu Neuburg/ Marggraf Georg Fridrichen zu Brandenburg/ Heinrich Julio Bischoffen zu Halberstadt und Hertzogen zu Braunschweig/ Philip-Sigmunden Bischoffen zu Oßnabrück und Verden/ Landgraf Moritzen zu Hessen-Cassel/ Landgraf Ludwig den Aeltern und Landgraf Ludwig den Jüngern zu Hessen/ Marggraf Ernst Fridrichen zu Baden-Durlach/ Hertzog Frantzen zu Sachsen-Lauenburg &c. worinnen sie zwar wegen einer engern und bereits zuvor in Franckfurth concipirten Union handeln/ doch aber innerhalb 6. wochen von dato an sich erst gegen Chur-Pfaltz categorice zu erklären entschliesen; in zwischen aber darinnen sich verglichen/ von der zuruckhaltung der Türcken Steuer sich nicht abwendig machen zu lassen/ mit Burgund und Costnitz als öffentl. Feinden auf deputation und andern tägen in keine Tractaten sich einzulassen/ und des Spanischen Kriegs-Volck Ubelhaußen zu wehren/ auch endlich dem Keyser und andern/ die wissen wolten/ was hier tractirt worden/ zu antworten: es sey nichts wider den Käyser/ das Reich und dessen Constitutiones geschehen; in specie aber sich nicht einzulassen. Geschen Friedberg in der Wetterau den 30. July 1599. [LUNIGS, Teutsch. Reichs-Archiv. Part. Spec. Abtheil. II. pag. 260.

C'est-à-dire;

Recès conclu entre FREDERIC *Electeur Palatin*, JOACHIM *Electeur de Brandebourg*, PHILIPPE LOUÏS *Comte Palatin Neubourg*, GEORGE FRIDERIC *Marckgrave de Brandebourg*, HENRI JULES *Evêque d'Halberstadt & Duc de Brunswic*, PHILIPPE-SIGISMOND *Evêque d'Osnabrug & de Verden, & aussi Duc de Brunswich*; LOUÏS *l'ainé &* LOUÏS *le jeune Landgraves de Hesse-Cassel*, ERNEST FRIDERIC *Marckgrave de Bade-Dourlach, &* FRANÇOIS *Duc de Saxe-Lavenbourg, où ils traitent de l'étroite Union déja projetée à Francfort, remetant à declarer là-dessus leur finale resolution à l'Electeur Palatin, dans six semaines à compter du jour des presentes. Ils conviennent cependant par provision, de persister fermement dans le refus des Contributions contre les Turcs; de refuser de même toute sorte de concert, dans les Assemblées de l'Empire, avec Bourgogne & Constance qu'ils regardent comme Ennemis publics, de reprimer la licence des Troupes Espagnoles; & si l'Empereur ou quelques autres s'infor-*

ANNO 1599.

s'informent de ce qui a été traité entr'eux, de leur repondre simplement, que rien n'a été traité qui soit contre l'Empereur ou l'Empire, ou contre les Constitutions Imperiales, sans en rien decouvrir de particulier. A Fridberg en Veteravie le 30. Juillet 1599.

Zu wissen / als der Durchlauchtigst Hochgebohrne Fürst und Herr / Herr Friedrich Pfaltz-Grafe bey Rhein / des heil. Röm. Reichs Ertz-Truchseß und Churfürst / Hertzog in Bayern ꝛc. ꝛc. unlängsten von Magdeburg aus durch etliche fürnehme Evangelische Stände des Reichs freundlichen ersucht und erinnert worden / zu fernerer Continuation, und würcklicher Vollziehung deren hiebevor zu Franckfurt etlicher massen tractirter und zu Pappier gebrachter vertraulichen engern Zusammensetzung eine anderwerts fürderliche Tages-Farth und zu Hauß-Schickung etlicher damahls zugleich angedeuter Evangelischer Churfürsten / Fürsten und Grafen vertrauter Räth / an ein gelegen Evangelischen Ort auszuschreiben. So haben Ihre Churfürstl. Gnaden dießfals an ihr nichts erwinden lassen / sondern weiln sie es auch bey sich selbsten eine Nothdurfft zu seyn erachtet / deme also nachkommen wollen. Und darauf an allerseits Herrschafften geschrieben / und gesucht / ihre vertraute geheimbte Räth auf Sonntag / den 22. gegenwärtigen Monaths / anhero nacher Friedberg abzuordnen / gestalt von obangeregter zu Franckfurt begriffener Notul der Union zu tractiren / wie solche zu verbessern / zu erleutern / und endlich und schließlich zu vollziehen seyn möchte. Ingleichen auch von etlichen andern Puncten sich mit einander zu bereden.

Nachdem nun der mehrer theil der Chur- und Fürstlichen auch Gräfflichen Gesandten erschienen / und zur Proposition und Handlung geschritten / ist man wohl in guter Hoffnung gestanden / das Werck dießmahls zu einem gewissen und vollkommen Schluß zu bringen / darzu dann der mehrer Theil abgefertiget / und gnugsam instruiret und gevollmächtiget zu seyn befunden worden. Es seynd aber wieder Zuversicht solche Verhinderungen für- und eingefallen / daß man für dießmahl darzu füglich nicht gelangen können / sondern den Dingen etwas fernern Innstand geben müssen / und derwegen es dahin gestelt / daß allerseits Churfürsten / Fürsten und Grafen dieses Werck noch gantz in Handen gelassen / und Ihren Chur- und Fürstliche Durchl. und Gnaden von den Räthen und Gesandten / der Verlauff hiesiger fürgangner Handlung mit allem Fleiß und treulich referirt und fürbracht werden soll. Mit dem fernern Anhang und Gestalt / daß Ihre Chur- und Fürstliche Durchl. und Gnaden innerhalb 6. Wochen von dato an zu rechnen / sich gegen höchstgedachten Pfaltz-Grafen Churfürsten ꝛc. ꝛc. categoricè, und mit runden Worten ihres Gemüths / schrifftlich erklären wolten / ob sie ihres theils zu einer solchen engern Zusammensetzung zu verstehen gemeinet / oder ob sie etwas in dem zu Franckfurth begriffenen Concept der Nottel gefunden. Welches / da es darinnen gelassen / sie abhalten thäte / sich in solche Verständtnüß zu begeben / oder was sie sonsten darbey zu erinnern und zu verbessern hätten / damit also des Pfaltz-Grafen Churfürstl. Gnaden eines jeden Meynung klar vernehmen / und sich ferner in Handlung solcher Zusammenkunfft / oder wo Noth / Ausschreibung eines andern Tages desto besser darnach gerichten möge.

Indessen aber haben sich die beysammen gewesene Rähte in Nahmen ihrer gnädigst und gnädigen Herrschafften / deren zu Franckfurth in Decembr. jüngst fürgangner Handlung und auffgerichter Abschiedt erinnert / daß der Scopus und der Zweck derselber fürnehmlich gewesen / daß man gegen das je länger je mehr zunehmend / und fürbrechend Pabsthumb / zu Handhab des Religion- und Land-Friedens für einem Mann stehen / und bey einander halten soll / und es nochmahls (ausserhalb der Fürstliche Neuburgischen / welche ietzt so wohl als zuvor dessen Bedenckens gehabt) dabey also bewenden lassen. Auch derenthalben auffs neue nachfolgender Puncten halber sich verglichen.

Und erstlich was anlangend die Hinterhaltung deren hiebevor zu Regenspurg bewilligten Turckensteuer / und deswegen am Kayserl. Cammer-Gericht erfolgte Fiscalische Process, hat man sich wiederum zu Gedächtnüß geführet / was dieses Punctens halber im Decembr. Anno 98. zu Franckfurth weitläufftig verabschiedet worden / und anietzo wiederum dahin geschlossen / daß man bey demselben nochmahls allerdings verharren / sich darvon nicht abwendig machen / noch ichtwas an solcher Contribution, als welche die Correspondirende Stände zu ihrer eignen Defension nothwendig gebrauchen müssen / erlegen lassen soll.

Fürs andere / demnach obangeregter Franckfurtische Abschiedt unter andern auch dis mit sich bringet / daß man den zu Speyer vorgewesenen Deputation-Tag gleichwohl besuchen / aber doch da ichtwas den Evangelischen Ständen præjudicirliches fürgehen wolte / man contradiciren und darvon ziehen solte. Und dann darauff erfolget / daß solcher Tag für diesmahl zerschlagen / nichts dominder aber von andern es auff eine Prorogation und Reassumtion biß Montag nach Quasimodogeniti des nechstkünfftigen sechzehen hundertesten Jahres gestelt worden / ist hiervon auch unterred mit einander geschehen und darfür gehalten; Alldieweil Burgund und Costnitz sich als Feind erzeigen / und des Reichs Grund und Boden nicht raumen / die zugefügte Schäden auch verursachte und auffgewendete Kriegs-Kosten nicht erstatten / die Commercia nicht freylassen / noch gnugsame Caution de non amplius offendendo leisten / und also mit dem Reich wiederum versöhnet seyen / daß man / salva dignitate imperii, sich mit denselben / als gegen die man offentlich zu Feld lieget / in einige Tractation und Handlung von Reichs-Sachen / auff solchen Deputation- auch andern Tägen und Versamblungen nicht einlassen könne noch solle. Dieweil aber bey diesem letzten Anhang / Burgund und Costnitz betreffend / etliche mit Befehlich nicht versehen gewesen / ist solches allerseits ad referendum gestelt / so haben auch beyder vorgesetzter Puncten der Türckensteuer und Deputation-Tags halber die Herrn Fürstliche Neuburgische und Gräffliche Oettingische Abgesandten keinen Befehl gehabt / sondern so viel die Contribution anbelanget / die Anzeig gethan / daß ihre gnädige Fürsten und Herren / um gewisser Ursachen willen / solche Contribution für voll bewilliget / allbereit die verfallne Ziel erleget hätten / darunben sich zu diesen nicht verbinden können.

Man hat aber darbey in keinen Zweiffel gestelt / wann gedachte Gesandten ihren gnädigen Herrschafften diejenigen Motiven und Ursachen / so bey den Puncten / den Deputation-Tag betreffend / ietzo in Votis vorgelauffen / referiren und vorbringen / es werden Ihre Fürstl. Gnaden daraus abnehmen und spüren können / daß man dieser seits des Fürnehmens gantz wohl befugt / und dahero in deme hinführo Beyfall zu thun / desto weniger Bedenckens tragen.

Zum dritten und letzten / hat man sich deren wieder des Spanischen Kriegs-Volcks Ubelhausen und zu Rettung der Beträngten hiebevor beschloßnen Craiß-Expedition halben / so nunmehr ins Werck gerichtet worden ist / dahin allerseits verglichen / daß es bey demjenigen / was im jüngst abgelauffenen Monath Martio zu Coblentz versamlete fünff Craiß daselbsten verabschiedet / als der Executions-Ordnung gemäß / allerdings verbleiben / und demselben nachgegangen werden soll / dabey es auch noch bewenden thut / und ist die fernere Erklärung geschehen / daß ein jeder Stand an seinem Orthe / es sey auf Craiß-Tägen und sonsten / alle Beförderung thun soll und woll / damit dem obangedeutetem Coblentzischen Schluß gelebt und nachgesetzt / und der gesuchte Zweck erlanget werden möge.

Und obwohl der Verschwiegenheit halber in niemanden einiges Mißtrauen gesetzet wird / hat man doch zum Beschluß nicht unterlassen wollen / einem jeden seiner Zusage wiederum zu erinnern.

Auf dem Fall auch die Röm. Käyserl. Majestät unser allergnädigster Herr / oder jemands ander / was allhier und zu Franckfurt tractiret worden / forschen und zu wissen begehren würde / soll die Antwort simpliciter dahin gerichtet werden / daß nichts wieder Ihre Käyserl. Majestät / das Röm. Reich / und dessen Constitutiones verhandelt worden sey / und sich in specie nichs einlassen.

Weiln man sich dann aller Puncten also verglichen / wie vorstehet / ist darüber dieser Abschied mit der Herrn Gesandten eignen Händen geschrieben und unter deroselben Subscriptionibus und aufgedruckten Pitzschafften einem jeden ein Original zugestellet worden.

Und seynd diß der Churfürsten / Fürsten und Grafen Räth und Gesandten / so der Handlung beygewohnt.

Von wegen Herrn Friedrichs Pfaltz-Grafen bey Rhein und Churfursten ꝛc.

Ludwig Cullirian / der Rechten Doctor, Vice-Cantzler / und Vollradt von Plessen.

Von wegen Herrn Joachim Friedrichs Marggrafen zu Brandenburg und Churfürsten ꝛc.

Joachim Huebener.

Von wegen Herrn Philips Ludewigen Pfaltz-Grafen bey Rhein ꝛc.

Johann Ludewig von Sperbersek / Pfleger zu Gundelfingen / und

Johann Zeschlin / der Rechten Licentiat.

Von wegen Herrn George Friedrichs Marggrafen zu Brandenburg ꝛc.

Simon Eisen / der Rechten Doctor, Vice-Cantzler.

Von wegen Herrn Heinrich Julii Bischoffen zu Halberstadt und Hertzogen zu Braunschweig ꝛc. ꝛc.

Johann Jagemann zu Hardeysen / und Göttingen Cantzler / und

Werner König / beeder der Rechten Doctores.

Von wegen Herrn Philips Sigmunds Bischoffs zu Oßnabrück und Verden / als Hertzogen zu Braunschweig ꝛc. Thum-Herrn.

Johann Jagemann / und Werner König / beede Doctores, nechst vorgemelt.

Von wegen Herrn Moritzen Land-Grafen zu Hessen ꝛc.

Otto Willhelm von Berliph / und
Johann Anwecht / der Rechten Doctor und Vice-Cantzler.

Von wegen Herrn Ludwigen des Aeltern Land-Grafen zu Hessen /

Siegfried Klotz / der Rechten Doctor, Cantzler.

Von wegen Herrn Ludwigen des Jüngern / Land-Grafen zu Hessen ꝛc.

Johann Pistorius, der Rechten Doctor, Cantzler.

Von wegen Herrn Ernst Friedrichs Marggrafen zu Baden.

Wilhelm Peblis / Statthalter / und Carl Paul.

Von wegen Herrn Frantzen Hertzogen zu Sachsen / Engern und Westphalen ꝛc.

Johann Wilhelm Neonobel / der Rechten Doctor.

Von wegen Herrn Johannen / des Aeltern Grafen zu Nassau Dillenberg / für sich und in Nahmen anderer Wetterauischen Grafen ꝛc.

Johann Engelbert von Lautter / Ober-Amptmann zu Hanau / und
Andreas Christiani, der Rechten Doctor.

Von wegen Herrn Gottfrieds / Grafen zu Oettingen ꝛc.

Burckardt von Hertzberg zu Welwart.

Datum & Actum Friedberg in der Wetterau den 30. Monaths-Tag Julii im funffzehen hundert neun und neuntzigsten Jahr.

CCLXXII.

17. Dec.

Henri IV. et Marguerite de France.

Sentence de dissolution du Mariage de HENRI IV. *Roi de France, avec la Reine* MARGUERITE *de France, Duchesse de Valois. A Paris le 17. Décembre* 1599. [FREDER. LEONARD. Tom. II.]

FRANCISCUS tit. sancti Petri ad vincula S. R. E. Presb. Cardin. de Joyosa nuncupatus; Horatius Montanus, Archiep. Arelaten. & Gaspar, Episc Mutinensis, SS. D. N. Clementis divina providentia Papæ VIII. & S. Sedis Apostolicæ in Regno Franc. Nuntius, Judices à SS. D. N. delegati in caussa nullitatis & dissolutionis Matrimonii inter Henricum IV. Franc. & Navarr. Regem Christianiss. ex una; & Sereniss. Reginam Margaretam, à Francia Valesia Ducem, claræ memoriæ Henrici II. Francorum Regis Christianiss. Filiam, respectivè actores, nullitatem, & dicti Matrimonii dissolutionem requirentes; & nobilem & egregium Carolum Faye. Presbyterum, Abbatem Commendatarium Monasterii S. Fusciani in nemore Ambianensis Diœcesis, Canonicum Ecclesiæ Parisiensis, & in supremo Parisiorum Senatu Consiliarium Clericum, reum, quem in hac causa pro Promotore nostro elegimus, partibus ex altera.

Visis per nos & maturè inspectis Litteris Apostolicis super dicti Matrimonii nullitate à SS. D. N. concessis sub datâ Romæ apud S. Marcum 8. Kal. Octobris anno Domini 1599. quibus prædictæ litis seu causæ instructio & certa decisio sub hac Clausula, (ut vos, aut si aliquis vestrûm legitimè impeditus interesse nequiverit, saltem duo ex vobis, ex quibus tu frater Episcope, noster & Apostolicæ Sedis Nuntius, unus semper sis, & esse debeas;) nobis ea lege committitur, ut si per inquisitiones & informationes dictam Reginam Margaretam ab initio per vim & metum, qui saltem in fœminam constantem cadere posset, Matrimonium cum dicto Henrico IV. Rege contraxisse, & posteà dicto metu, ipsius causa adhuc durante, ab eodem Henrico discessisse & per 14. continuos annos seorsum ab ipso mansisse, & ad hunc usque diem manere, vel Dispensationem super tertio consanguinitatis gradu, quo prædicti Henricus & Margareta reperiuntur conjuncti, à Sede Apostolica obtentam ignorasse, illam non acceptasse, nec de novo in dictum Matrimonium consensisse, vel cognationem spiritualem pleniùs ibi enarratam & declaratam inter dictos Henricum & Margaretam intercessisse legitimè constaret, prædictum Matrimonium juxta sacrorum Canonum dispositionem nullum & invalidum fuisse & esse pronunciaremus; & tam Henrico, cum alia Muliere, quam Margaretæ prædictis, cum alio Viro, Matrimonii contrahendi libertatem autoritate Apostolica concederemus: Instrumento diei 15. Octobr. anni prædicti 1599 dictarum Litterarum Apostolicarum præsentationem per prædictorum Henrici & Margaretæ Procuratores, & dictarum Litterarum Apostolicarum comprobationem postulantes & requirentes, nobis factam continente: Decreto nostro sub data 19. Octobris anni prædicti Officiariorum nostrorum ad præsentis litis instructionem necessariorum creationem & provisionem, videlicet nobilium & egregiorum prædicti Caroli Faye, Georgii Loüet, Presbit. Abbatis Commendatarii omnium Sanctorum in Civitate Andegavensi, Canonici & Archidiaconi majoris Ecclesiæ Andegavensis, in supremo Parisiorum Senatu Consiliarii Clerici, pro Promotore & Scriba; Magistri Christophori Rossignol, publici S. Sedis Apostolicæ Curiæque Episcopalis Parisiensis Notarii, pro Notario; Baptistæ Ponart, & Guillelmi Charton, pro Apparitoribus nostris, & Palatii dicti Illustrissimi Dom. Cardinalis pro nostræ Jurisdictionis exercitio electionem, & dictorum Promotoris, Scribæ, Notarii, & Apparitorum, juramenti præstationem continente: Decreto prædictæ diei 19. Octobris, quo prædictos Procuratores Litteris mandare facta seu rationes, positiones seu Articulos ab ipsis positos, & Promotori nostro intra triduum communicare, darique dictis Partium Procuratoribus dictarum Litterarum Apostolicarum Exemplum à Scriba & Notario nostris subsignatum, statuimus; scripturis dictorum Henrici Regis & Margaritæ, factis, positionibus: seu Articulis: interlocutorio nostro Decreto sub data 29. Octobris anni prædicti, quo super, contentis in certis factis, seu Articulis, tam dictis Litteris Apostolicis, quàm dictarum Partium positionibus seu scripturis dependentibus, & qui ex eis per nos desumerentur, pleniùs tam per Litteras & Instrumenta, quàm per Testes idoneos & integræ famæ à Promotore nostro nominandos, ex officio inquirendum fore, dictosque Testes examinari, & super aliis factis, seu Articulis, ex eisdem Litteris Apostolicis & Partium scripturis, seu positionibus, desumendis, Henricum Regem, & Margaretam à Francia prædictos, per nos, aut Judices à nobis in partibus subdelegandos, interrogari debere decrevimus, & ipsos Partium Procuratores simul & Promotorem nostrum producere statuimus: interrogatoriis, seu responsis datis super interrogationibus, tam per nos prædicto Henrico Regi in Castro Regio hujus Civitatis Parisiensis, die 12. mensis Novembris dicti anni, quam per nobilem & egregium Joannem Bertier, Presbiterum Ecclesiæ Tolosæ Canonicum & Archidiaconum, & Cleri Franciæ Syndicum generalem, à nobis in hac parte cum dicto Christophoro Rossignol Notario nostro subdelegatum, Reginæ Margaritæ in Castro Ussonensi, die 17. prædicti mensis Novembris factis: inquisitione ex officio super contentis in dictis Articulis per nos in hac Civitate Parisiensi facta: Instrumento à Scriba & Notario nostris per nos in hac parte subdelegatis confecto, sub data septimæ & octavæ dierum Decembris anni prædicti, quo constat dictam Dispensationem super tertio consanguinitatis gradu concessam, apud Acta Curiæ Episcopalis Parisiensis & Secretariatus Reverendissimi Dom. Episcopi Parisiensis registratam, & in Registris expeditionum, causarum, provisionum & dispensationum consignatam, seu insinuatam, & prædicto Reverendissimo D. Episcopo Parisiensi, aut suis Vicariis generalibus, seu Officialibus, oblatam & præsentatam non fuisse: Partium productionibus: Decreto nostro sub data diei 9. hujus mensis Decembris, quo dictam inquisitionem ipsis Partium Procuratoribus consentientibus & probantibus judicandam recepimus, & dictas Partes ad producendum, contradicendum, & contradicta dissolvendum, intra triduum pro omni & peremptoria dilatione admisimus, ut Testium examinationibus, seu inquisitionibus, & prædictorum Henrici Regis & Margaretæ productionibus Promotori nostro communicatis, quod nobis justum videretur decerneremus, & actum dicto Promotori se pro omni productione conclusiones suas, & Partium Procuratoribus nullas contra prædictas Testium examinationes

ANNO 1599. tiones nullitatis causas producere velle dedimus, diemque tam dicto Promotori, quàm Partium Procuratoribus, ad audiendum jus diximus: Promotoris nostri conclusionibus: Decreto nostro sub data diei 13. præsentis mensis Decembris, quo dicto Promotori, & Partium Procuratoribus, nec contradicere, nec quid suis productionibus addere, nec aliud in præsenti lite peragere velle, sed in causa concludere declarantibus, actum dedimus, & prædictam causam his requirentibus & nobis supplicantibus sic perfecte instructam per nos judicari statuimus: iisque omnibus accuratè & ad amussim consideratis & examinatis: viso denique toto Processu super hoc confecto, & inspectis & maturè consideratis omnibus de jure considerandis, Dei nomine invocato, à quo cuncta recta Judicia prodeunt, per hanc nostram definitivam Sententiam, quam in his Scriptis ferimus autoritate Apostolica vallati, asserimus, pronunciamus, & declaramus Matrimonium aliàs de anno Dom. 1572. contractum ac etiam consummatum inter præfatum Henricum IV. Christianissim. Franc. & Navarr. Regem, & Sereniss. Reginam Margaretam à Francia, Valeliæ Ducem, nullum & invalidum, & ideò de eo nullam rationem haberi debere, utpote non celebratum cum debitis S. R. E. solemnitatibus, ac aliis necessariis de jure requisitis ad validitatem Matrimonii, & propterea licitum esse imposterùm tam prædicto Henrico IV. Christianiss. Franc. & Navarr. Regi, quàm prædictæ Serenissimæ Reginæ Margaretæ, ad alias Nuptias transire, eorumque utrique liberam facultatem esse aliis se in Matrimonium conjungere; servata tamen in reliquis Sacri Concilii Tridentini formâ, & ita meliori modo quo possimus, dicimus, pronunciamus, & sententiamus. FR. CARD. DE JOYEUSE; HORATIUS MONTANUS, *Archiep. Arelaten. & Commiss. Apostol.* GASPAR, *Episc. Mutin. Nunt. & Judex deleg.* ANNO 1599.

FIN DE LA PREMIERE PARTIE DU TOME V.

www.ingramcontent.com/pod-product-compliance
Lightning Source LLC
Chambersburg PA
CBHW060827220326
41599CB00017B/2288